# 重庆经济技术开发区

## Chongqing Economic and Technological Development Zone

VIVO厂区航拍图

重庆经济技术开发区1993年成立，地处重庆市南岸区江南新城核心区域，如今已是高楼林立，城市热土渐次升温。

重庆经开区重点发展以VIVO、百利丰等企业为龙头的电子信息产业，以美的、重庆通用、迪马特种车等企业为代表的高端装备制造业以及以东港集装箱码头、普洛斯物流园为代表的现代服务业三大产业。同时结合区域产业优势，重点发展物联网等战略性新兴产业。此外，根据重庆中长期铁路规划，重庆东站将布局在重庆经开区辖区范围内的迎龙片区，届时以重庆东站为契机打造的迎龙高铁商务区，将成为重庆经开区经济腾飞的又一“助推器”。

在大力发展经济的同时，重庆经开区还致力于打造生态环境良性循环、居住环境清洁舒适、人与自然和谐共处的宜业宜居新城。重庆经开区三面环山一面邻水，区域内森林覆盖率超过50%，毗邻长江内河流域第二大岛——广阳岛的广阳湾滨江城市带，自然环境优美怡人。周边的基础配套设施正上演着日新月异的变化，公共交通、教育资源、医疗配套、生活设施等配套完善，宜居宜业。

Founded in 1993, Chongqing Economic and Technological Development Zone is located in the core area of Jiangnan New Town, Liang'an District, Chongqing. Surrounded by tall buildings, it is now becoming increasingly attractive.

The Zone is focusing on developing three major industries: electronic information industry led by ViVO and Blephone, high-end equipment manufacturing industry led by Midea, Chongqing GM and Dima, and modern services industry led by Donggang Container Wharf and GLP. Meanwhile, with regional industry advantages, the Zone is actively developing strategic emerging industries including IoT. In addition, according to Chongqing's middle and long-term railway planning, Chongqing East Railway Station will be located in Yinglong Area in the Zone, where Yinglong High-speed Railway Business District will be built as an economic growth driver.

While developing the economy, the Zone is also committed to becoming a town suitable for working and living with good ecological environment showing harmony between human and nature. Surrounded by mountains in three directions and water in one direction, the Zone has a forest coverage of over 50% and is adjacent to the Guangyang Coastal City Belt in the Guangyang Island, the second largest island in Yangtze River. With beautiful natural environment, the Zone is witnessing improvement of infrastructure including public transportation, education, healthcare and living facilities, making it a good place for both working and living.

悦地购物中心

东港船舶产业有限公司

踏水公园

# 中国商务年鉴

2017 ·总第三十四期
《中国商务年鉴》编辑委员会

**图书在版编目（CIP）数据**

中国商务年鉴 .2017/ 中国商务年鉴编辑委员会编 . —北京：中国商务出版社，2017.5

ISBN 978-7-5103-1894-8

Ⅰ . ①中… Ⅱ . ①中… Ⅲ . ①商务—中国—2017—年鉴 Ⅳ . ① F72-54

中国版本图书馆 CIP 数据核字（2017）第 113994 号

## 中国商务年鉴 · 2017

主　　管 / 中华人民共和国商务部
主　　办 / 商务部国际贸易经济合作研究院
编　　纂 / 《中国商务年鉴》编辑委员会

编　　辑 / 《中国商务年鉴》社
总 编 辑 / 丹　舟
副总编辑 / 沈炳兴
责任编辑 / 张高平　闫雪莲　张永生
助理编辑 / 张　舒
英文审订 / 闫雪莲　钱建初　刘晓英
责任校对 / 田丽华　张　舒　钱晓红　冯　雪　刘晓英
广告发行 / 钱晓红
网　　址 / www.yearbook.org.cn
电　　话 / 010-64515074
通信地址 / 北京市安定门外大街东后巷 28 号
邮政编码 / 100710

出　　版 / 中国商务出版社
印　　刷 / 北京画中画印刷有限公司
开　　本 / 889 毫米 ×1194 毫米　大 16 开
印　　张 / 50
字　　数 / 2000 千字
版　　别 / 2017 年 9 月第一版
版　　次 / 2017 年 9 月第一次印刷
定　　价 / 490.00 元

ISSN 1673-6834
CN 11-5319/F

ISBN 978-7-5103-1894-8

商务部部长、《中国商务年鉴》编辑委员会主任委员
钟　山

# 序

2016年是全面建成小康社会决胜阶段的开局之年，也是推进结构性改革的攻坚之年。全国商务系统深入学习贯彻习近平总书记系列重要讲话精神和治国理政新理念新思想新战略，统筹国内国际两个大局，深入推进供给侧结构性改革，积极构建全方位开放新格局，壮大发展新动能，培育竞争新优势，商务事业稳中有进、稳中向好，实现了“十三五”良好开局。

2016年，我们采取有效措施提升流通信息化、标准化、集约化水平，降低流通成本。全年社会物流总费用占GDP的14.9%，同比下降1.1个百分点。发展新型流通方式，完善流通基础设施，营造安全便利消费环境，消费拉动经济增长的基础性作用进一步增强。全年社会消费品零售总额33.2万亿元，同比增长10.4%，消费市场规模位居全球第二。其中实物商品网上零售额4.2万亿元，增长25.6%，规模稳居世界第一。最终消费对经济增长的贡献率达64.6%，为新世纪以来最高水平。对外贸易实现回稳向好目标。全年进出口24.3万亿元，下降0.9%，降幅收窄6.1个百分点。民营企业、一般贸易出口占比分别提高0.8个和0.4个百分点，加工贸易国内增值率提高0.6个百分点，增长质量效益提升。全年贸易顺差3.4万亿元，为促进国际收支平衡、防范金融风险发挥了重要作用。利用外资稳定增长，结构进一步优化。全年实际使用外资8 132亿元，增长4.1%，其中高技术服务业956亿元，增长86.1%。积极稳妥发展对外投资，服务实体经济转型升级。全年制造业对外投资2 063亿元，占比18.3%，提高6.2个百分点；信息传输、软件和信息技术等生产性服务业对外投资1 352亿元，占比12%，提高7.1个百分点。把互联互通作为重点，以重大项目和重点工程为引领，推动“一带一路”建设取得积极进展。推动二十国集团杭州峰会批准《二十国集团全球投资指导原则》和《二十国集团全球贸易增长战略》，成功将“中国方案”转变为国际社会共同行动。

2017年是实施“十三五”规划的重要一年，是供给侧结构性改革的深化之年。我们将更加紧密地团结在以习近平同志为核心的党中央周围，进一步增强“四个意识”，围绕统筹推进“五位一体”总体布局和协调推进“四个全面”战略布局，坚持稳中求进工作总基调，牢固树立新发展理念，以推进供给侧结构性改革为主线，以“一带一路”建设统领对外开放，全力做好商务领域稳增长、促改革、调结构、惠民生、防风险工作，推动商务事业新发展新提高新突破，以优异成绩迎接党的十九大胜利召开。

2017年版《中国商务年鉴》全面记述了2016年我国商务发展历程，希望能为各界人士提供有益参考。

# 《中国商务年鉴》编辑委员会

THE EDITORIAL BOARD OF CHINA COMMERCE YEARBOOK

# 《中国商务年鉴》特约撰稿人

# SPECIAL CONTRIBUTORS TO CHINA COMMERCE YEARBOOK

江　林　海关总署
张　洁　海关总署
赵　毅　国家质量监督检验检疫总局
商　辉　交通运输部
王立利　国家税务总局
王　倬　国家旅游局
袁　彦　国家统计局
胡春霖　国家统计局
张　蕾　国家统计局
郑学尧　国家开发银行
杨　静　中国银行
殷　夏　中国商业联合会
周志成　中国物流与采购联合会
刘玉龙　商务部服务贸易司
敬艳辉　商务部服务贸易司
许芳洁　商务部外国投资管理司
陈凯杰　商务部外国投资管理司
陈明霞　商务部对外投资和经济合作司
朱宇星　中国纺织品进出口商会
吕　薇　中国轻工工艺品进出口商会
龚光亚　中国五矿化工进出口商会
张　强　中国食品土畜进出口商会
李　辉　中国医药保健品进出口商会
董　明　中国机电产品进出口商会
张　锴　中国对外承包工程商会
耿　楠　商务部国际贸易经济合作研究院
马林静　商务部国际贸易经济合作研究院
章海源　商务部国际贸易经济合作研究院
张学庆　商务部国际贸易经济合作研究院
金　锐　商务部国际贸易经济合作研究院
姚　帅　商务部国际贸易经济合作研究院
沈晓军　北京市商务委员会
范占杰　天津市商务委员会
张丹雨　河北省商务厅
佟云龙　秦皇岛市商务局
李树勇　山西省商务厅
张振鹏　内蒙古自治区商务厅
张楠希　辽宁省商务厅
陈　超　沈阳市服务业委员会
刘一砂　沈阳市对外贸易经济合作局
蒋晓冰　大连市对外贸易经济合作局
王绍林　吉林省商务厅
赵兴华　长春市商务局
路宝会　黑龙江省商务厅
孙艳梅　哈尔滨市商务局
刘　锐　上海市商务委员会
金玉梅　江苏省商务厅
李　坚　南京市商务局
董　峰　连云港市商务局
张　明　南通市商务局
陈频频　浙江省商务厅
陆鸣鸣　宁波市商务委员会
王晓明　温州市商务局
赵　璠　安徽省商务厅
王淑珍　福建省商务厅
陈慧坚　厦门市商务局
李晓明　福州市商务局
温　立　江西省商务厅
陈爱国　山东省商务厅
陶玉峰　青岛市商务局
王兆鹏　烟台市商务局
周亚丽　河南省商务厅
刘卫华　湖北省商务厅
于淋淋　武汉市商务局
黄颀杨　湖南省商务厅
崔淇玮　广东省商务厅
李国文　广州市商务委员会
赵慧丽　深圳市经济贸易和信息化委员会
贺体斌　珠海市商务局
徐　妍　汕头市商务局
李洪潮　湛江市商务局
刘秀志　广西壮族自治区商务厅
吴　晓　北海市商务局
曾素敏　海南省商务厅
李　娟　重庆市商务委员会
蒋倩云　四川省商务厅
龙秀琪　成都市商务局
郑灵芝　贵州省商务厅
李晓红　云南省商务厅
张　军　西藏自治区商务厅
史治军　陕西省商务厅
刘　军　西安市商务局
于　清　甘肃省商务厅
李玉泉　青海省商务厅
葛　晖　宁夏回族自治区商务厅
曾锁怀　新疆维吾尔自治区商务厅
刘永坤　新疆生产建设兵团商务局

# 编辑说明

# EDITOR'S NOTE

一、《中国商务年鉴》由商务部主持编纂，编委会主任、副主任分别由商务部和海关总署领导担任。

二、本年鉴内容全面系统，资料翔实可靠，是一部具有权威性、指导性和实用性的大型工具书，是海内外各界人士了解、研究中国商务情况的史料性参考书。

三、本年鉴创刊于1984年，每年出版一期，每期用中文、英文两种文字分册出版。

四、本期《年鉴》全面系统地记述了2016年中国商务发展的基本情况。全书共设7个栏目，分别是"年度关键词"、"统计"、"文献"、"专文"、"国别（地区）经贸"、"开发区建设"和"地方商务"栏目。

五、本年鉴提及的"对外贸易"、"进出口"、"出口"、"进口"等，除有特殊标明者外，均为货物贸易。

六、本年鉴所指"限额以上批发贸易业、零售贸易业、住宿业、餐饮业"的划分标准为：批发业，年主营业务收入2 000万元及以上；零售业，年主营业务收入500万元及以上；住宿业，年主营业务收入200万元及以上；餐饮业，年主营业务收入200万元及以上。

七、"地方商务"等栏目里的有关数字，由于统计口径、方法不一致，有些与"统计"栏目中的数字不完全一致，请以"统计"栏目中的数字为准。各省、自治区、直辖市的排列顺序，按照国务院行政区划统一规定排列。计划单列市、沿海开放城市和经济特区等均排在其所属的省、自治区后面。

八、本年鉴所涉及的单位名称、编委会成员和撰稿人职务均以截稿日期为准。

九、多年以来，本年鉴承蒙国家机关各部门、各地方、各公司和广大作者、译者的积极支持和帮助，在此谨表示衷心的感谢！希望各界继续给予关心和支持。对本年鉴的不足之处，诚请提出批评和改进意见，以使《中国商务年鉴》日臻完善。

通信地址：北京市安定门外东后巷28号 商务部《中国商务年鉴》编辑部
邮政编码：100710 联系电话：010-64515074 网址：www.yearbook.org.cn

商务部《中国商务年鉴》编辑部
2017年8月于北京

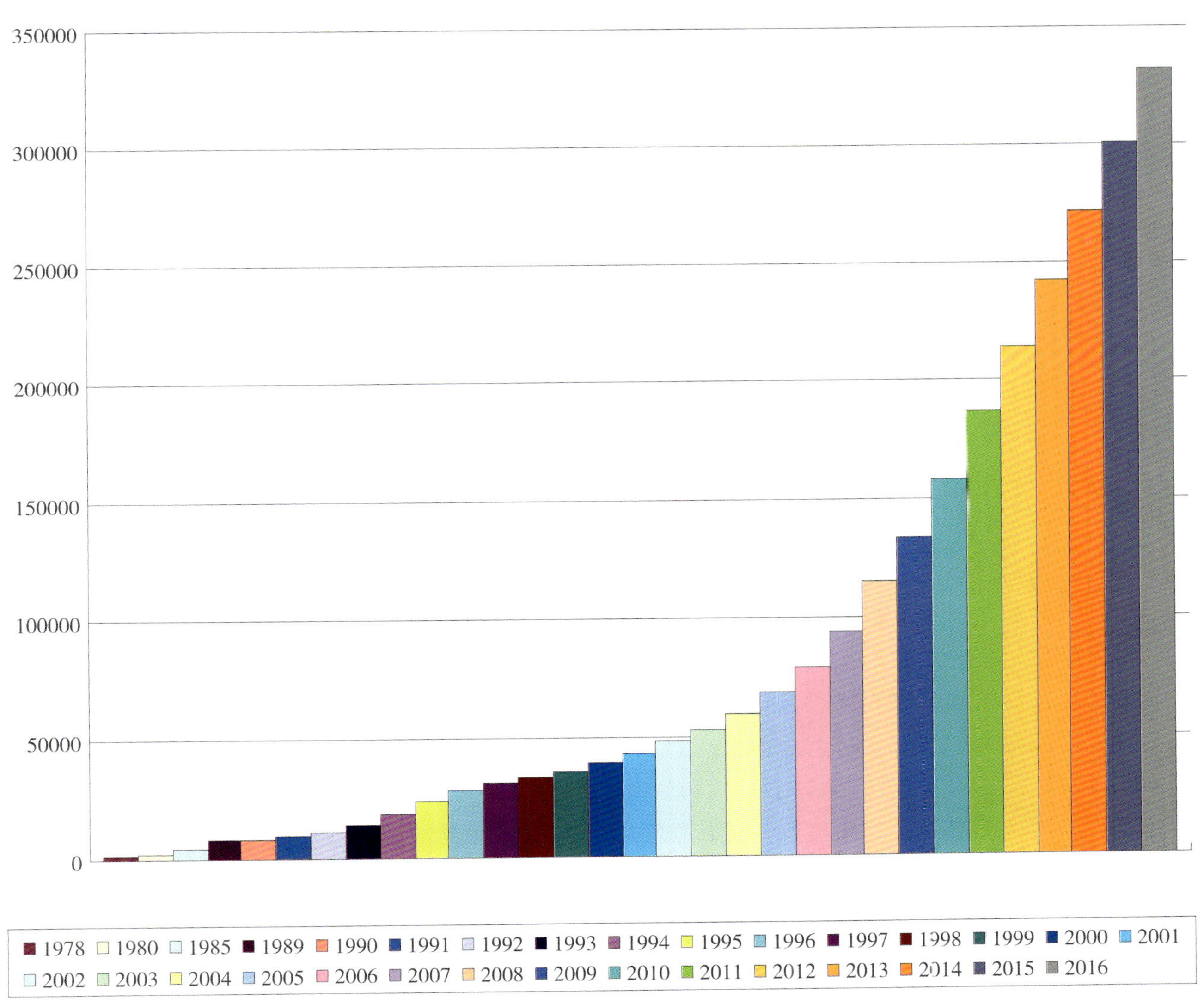


2015 年—2016 年，我国消费市场规模连续位居全球第二。

# 货物贸易
# TRADE IN GOODS

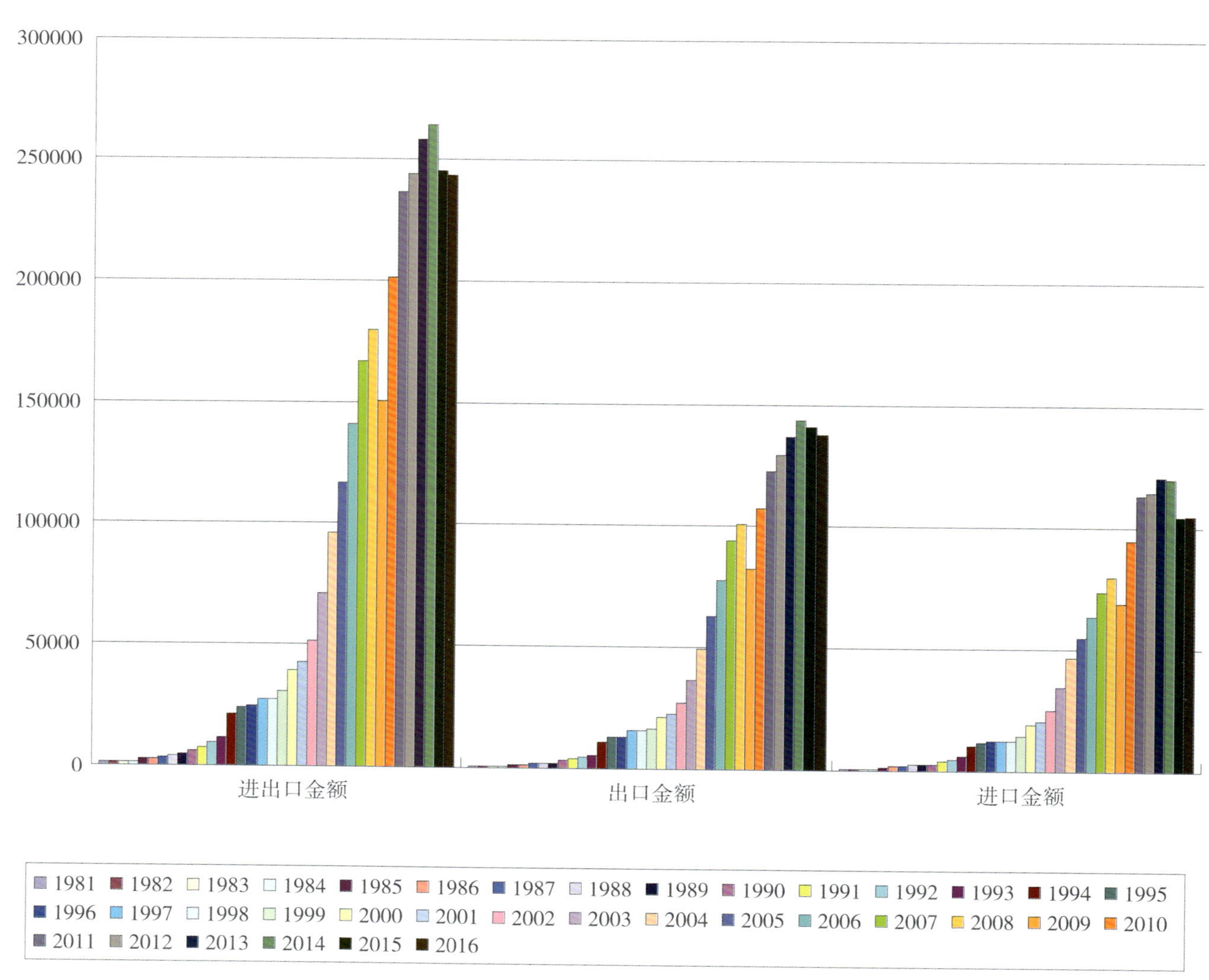


2009 年—2016 年，我国货物出口规模连续 8 年保持世界第一。

# 服务贸易
# TRADE IN SERVICES

金额单位：亿美元

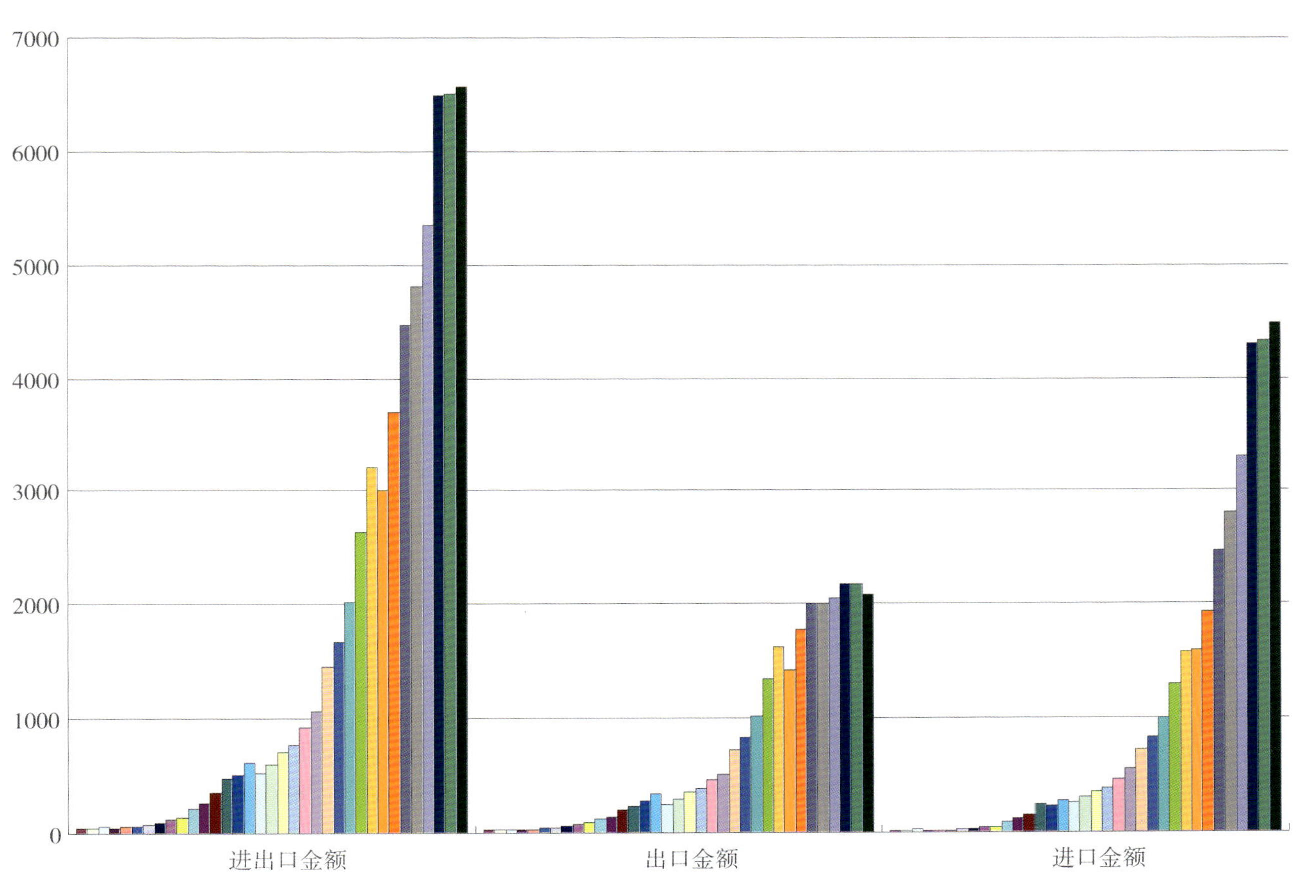


2014 年—2016 年，我国服务进出口规模连续 3 年保持世界第二。

# 利 用 外 资

# ABSORPTION OF FDI

实际使用外资金额

金额单位：亿美元

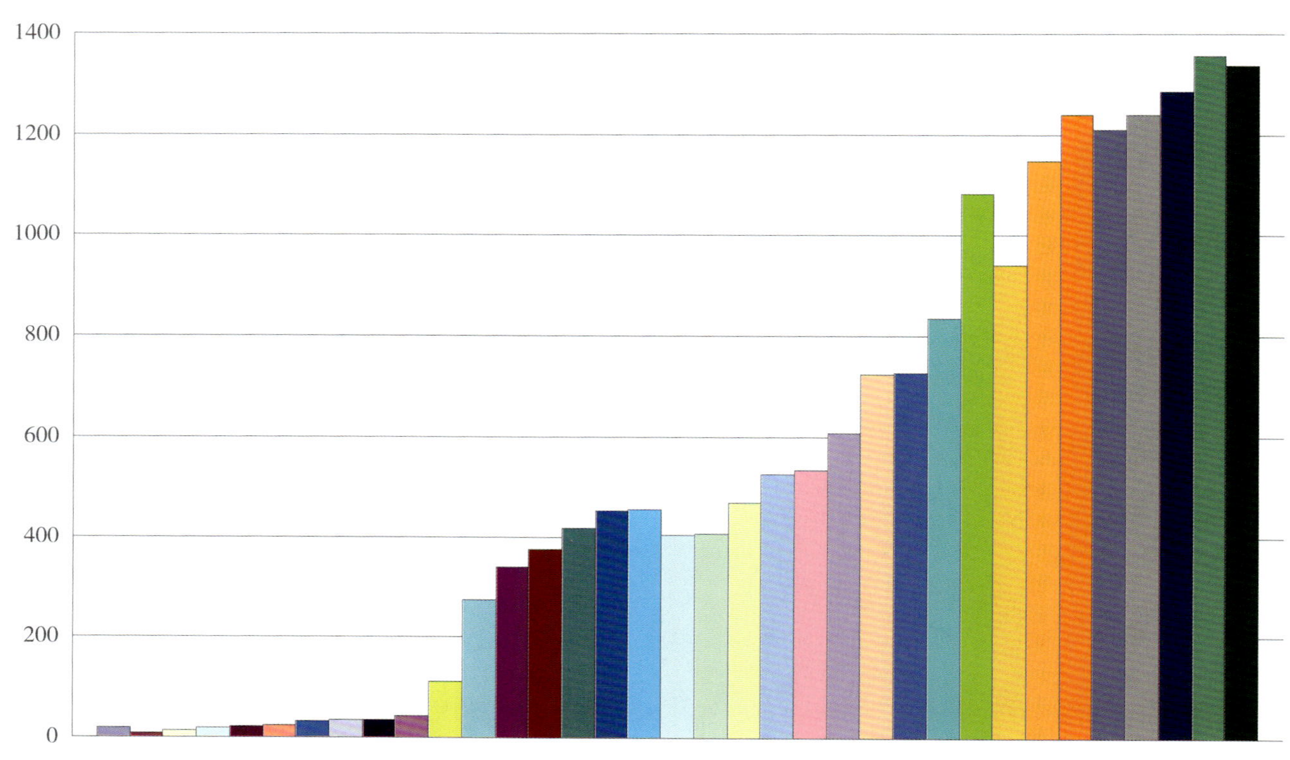


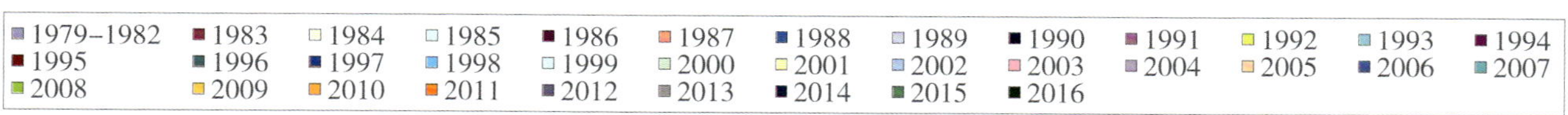


1996 年—2016 年，我国外商投资企业进出口额约占全国进出口总额的五成。

2001 年—2016 年，我国涉外税收约占全国工商税收总额的两成。

# 对外投资

# OUTWARD FDI

金额单位：万美元

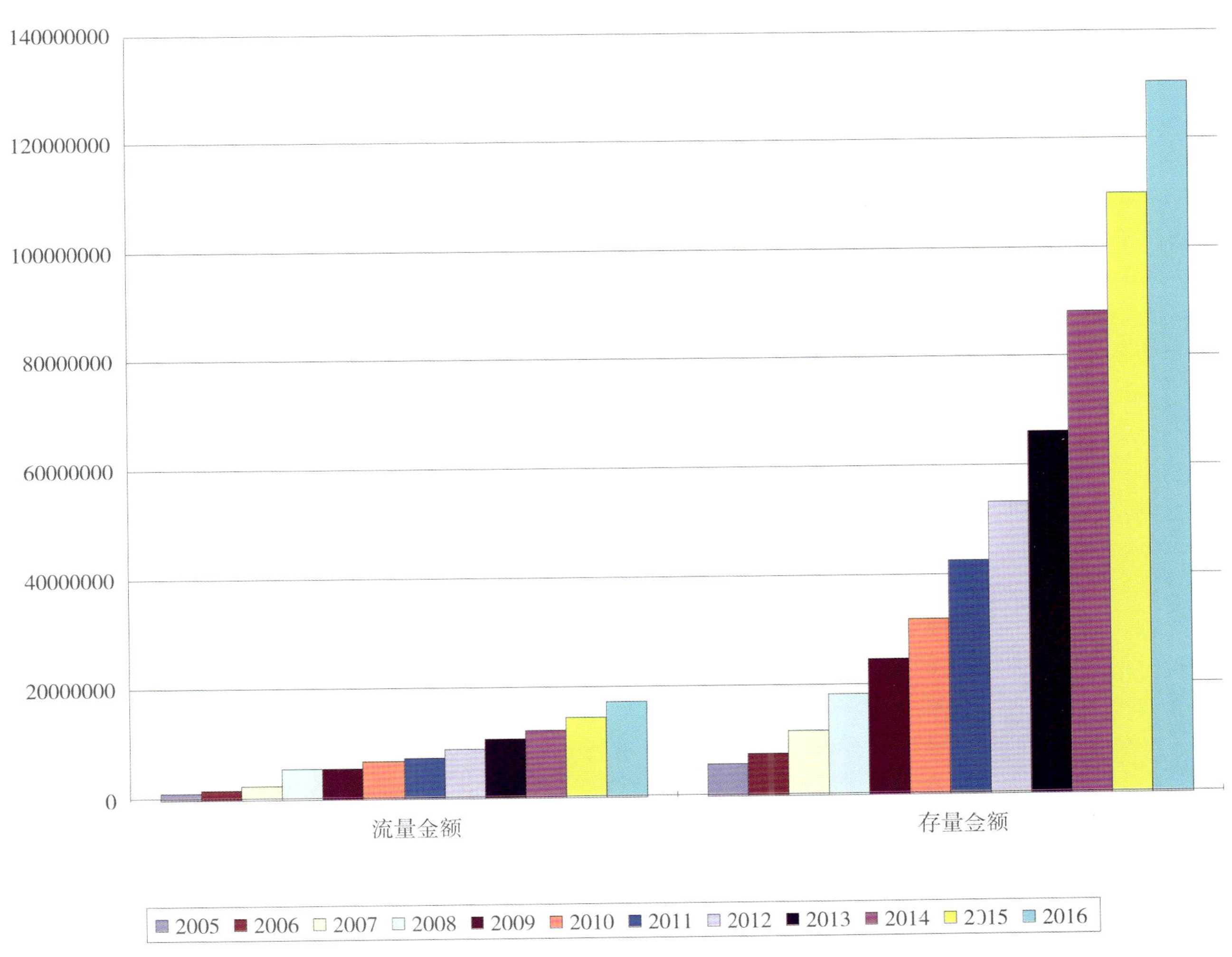


2015 年：我国首次成为世界第二大对外投资国，并超过同期实际使用外资，实现资本项下净输出。

2016 年：我国的全球对外投资大国地位进一步确立。

金额单位：万美元

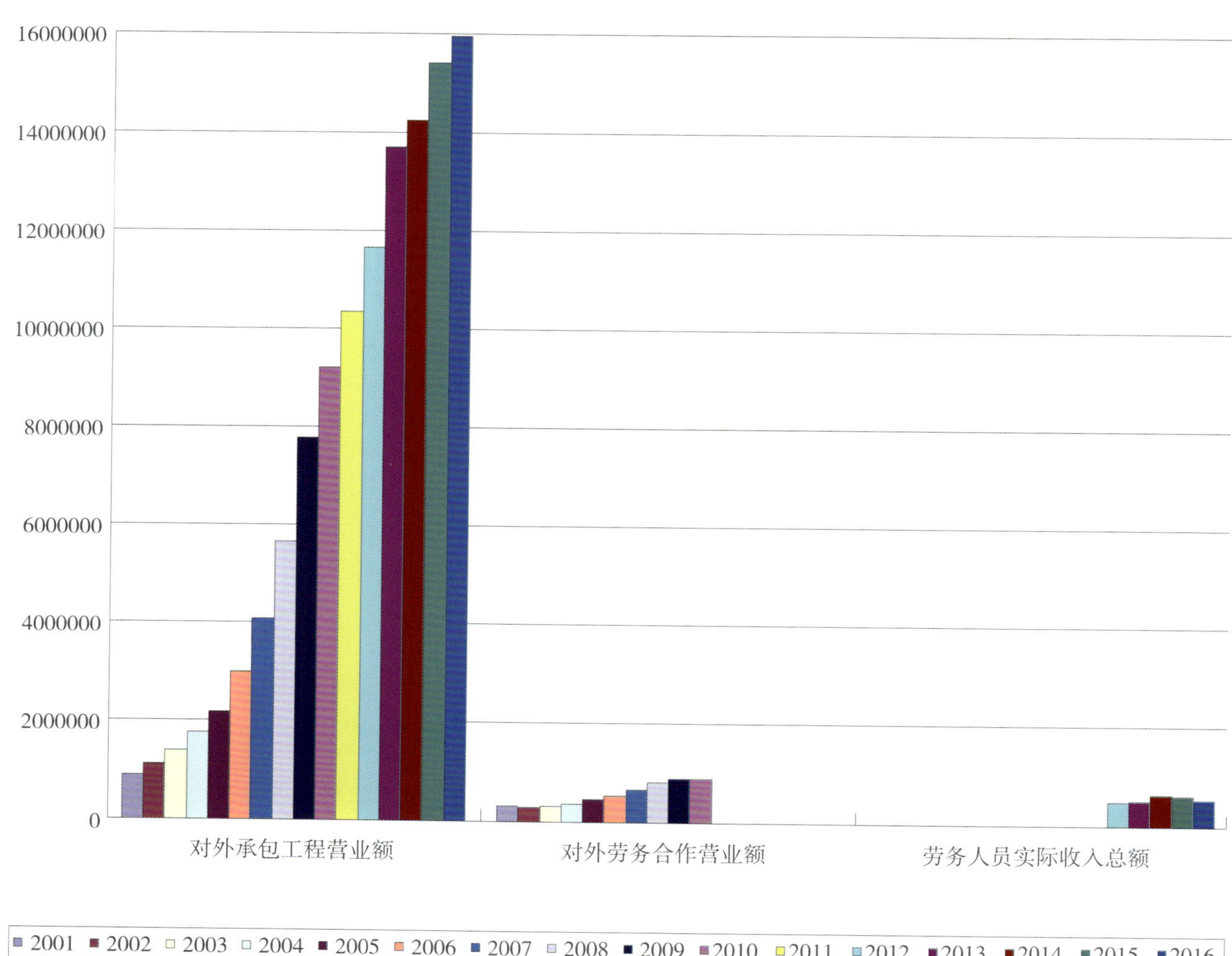


注：对外劳务合作 2011 年之前统计营业额，2012 年之后统计劳务人员实际收入。

# 同中国签有经济贸易协定、投资保护协定和税收协定（安排、协议）的国家和地区简表

（截至 2016 年 12 月 31 日）

“●”表示同我国签有贸易协定或议定书及经济合作协定的国家和地区（156 个）

“▲”表示同我国签有双边投资保护协定的国家和地区（132 个，其中“△”表示协定未生效）

“◆”表示同我国签有税收协定（安排、协议）的国家和地区（106 个，其中“◇”表示协定未生效）

## 亚 洲

| 国家和地区 | 协定 | 国家和地区 | 协定 |
|---|---|---|---|
| 蒙古 | ● ▲ ◆ | 哈萨克斯坦 | ● ▲ ◆ |
| 朝鲜 | ● ▲ | 吉尔吉斯斯坦 | ● ▲ ◆ |
| 韩国 | ● ▲ ◆ | 塔吉克斯坦 | ● ▲ ◆ |
| 日本 | ● ▲ ◆ | 乌兹别克斯坦 | ● ▲ ◆ |
| 越南 | ● ▲ ◆ | 土库曼斯坦 | ● ▲ ◆ |
| 老挝 | ● ▲ ◆ | 格鲁吉亚 | ● ▲ ◆ |
| 柬埔寨 | ● ▲ ◇ | 阿塞拜疆 | ● ▲ ◆ |
| 缅甸 | ● ▲ | 亚美尼亚 | ● ▲ ◆ |
| 泰国 | ● ▲ ◆ | 黎巴嫩 | ● ▲ |
| 马来西亚 | ● ▲ ◆ | 也门 | ● ▲ |
| 新加坡 | ● ▲ ◆ | 以色列 | ● ▲ ◆ |
| 菲律宾 | ● ▲ ◆ | 阿曼 | ● ▲ ◆ |
| 印度尼西亚 | ● ▲ ◆ | 沙特阿拉伯 | ● ▲ ◆ |
| 东帝汶 | ● | 卡塔尔 | ● ▲ ◆ |
| 尼泊尔 | ● ◆ | 伊拉克 | ● |
| 孟加拉国 | ● ▲ ◆ | 叙利亚 | ● ▲ ◆ |
| 印度 | ● ▲ ◆ | 约旦 | ● ▲ |
| 斯里兰卡 | ● ▲ ◆ | 阿联酋 | ● ▲ ◆ |
| 伊朗 | ● ▲ ◆ | 科威特 | ● ▲ ◆ |
| 巴基斯坦 | ● ▲ ◆ | 巴林 | ● ▲ ◆ |
| 文莱 | ▲ ◆ | 土耳其 | ● ▲ ◆ |
| 巴勒斯坦 | ● | 香港特别行政区 | ▲ ◆ |
| 台湾省 | ◇ | 澳门特别行政区 | ▲ ◆ |

## 非 洲

| 国家和地区 | 协定 | 国家和地区 | 协定 |
|---|---|---|---|
| 埃及 | ● ▲ ◆ | 马里 | ● ▲ |
| 利比亚 | ● △ | 佛得角 | ● ▲ |
| 突尼斯 | ● ▲ ◆ | 几内亚 | ● ▲ |
| 阿尔及利亚 | ● ▲ ◆ | 科特迪瓦 | ● ▲ |
| 摩洛哥 | ● ▲ ◆ | 加纳 | ● ▲ |
| 苏丹 | ● ▲ ◆ | 多哥 | ● |
| 埃塞俄比亚 | ● ▲ ◆ | 贝宁 | ● ▲ |
| 吉布提 | ● △ | 尼日尔 | ● |
| 肯尼亚 | ● △ | 尼日利亚 | ● ▲ ◆ |
| 坦桑尼亚 | ● ▲ | 喀麦隆 | ● ▲ |
| 卢旺达 | ● | 赤道几内亚 | ● ▲ |
| 布隆迪 | ● | 中非共和国 | ● |
| 安哥拉 | ● | 刚果（布） | ● ▲ |
| 赞比亚 | ● ▲ ◆ | 刚果（金） | ● ▲ |
| 莫桑比克 | ● ▲ | 加蓬 | ● ▲ |
| 毛里求斯 | ▲ ◆ | 塞拉利昂 | ● ▲ |
| 津巴布韦 | ● ▲ ◆ | 索马里 | ● |
| 博茨瓦纳 | ● △ ◇ | 马达加斯加 | ● ▲ |
| 厄立特里亚 | ● | 塞舌尔 | ▲ ◆ |
| 南非 | ● ▲ ◆ | 乌干达 | ● ▲ ◇ |
| 纳米比亚 | ● △ | 利比里亚 | ● |
| 毛里塔尼亚 | ● | 塞内加尔 | ● |
| 马拉维 | ● | 乍得 | ● △ |
| 几内亚比绍 | ● | 科摩罗 | ● |

## 欧 洲

| 国家和地区 | 协定 | 国家和地区 | 协定 |
|---|---|---|---|
| 冰岛 | ● ▲ ◆ | 欧洲联盟 | ● |
| 丹麦 | ● ▲ ◆ | 比利时 | ● ▲ ◆ |
| 挪威 | ● ▲ ◆ | 荷兰 | ● ▲ ◆ |
| 瑞典 | ● ▲ ◆ | 卢森堡 | ● ▲ ◆ |
| 芬兰 | ● ▲ ◆ | 英国 | ● ▲ ◆ |
| 爱沙尼亚 | ● ▲ ◆ | 爱尔兰 | ● ◆ |
| 拉脱维亚 | ● ▲ ◆ | 西班牙 | ● ▲ ◆ |
| 立陶宛 | ● ▲ ◆ | 葡萄牙 | ● ▲ ◆ |
| 俄罗斯 | ● ▲ ◆ | 瑞士 | ● ▲ ◆ |
| 白俄罗斯 | ● ▲ ◆ | 马耳他 | ● ▲ ◆ |
| 乌克兰 | ● ▲ ◆ | 塞尔维亚 | ● ▲ ◆ |
| 摩尔多瓦 | ● ▲ ◆ | 斯洛文尼亚 | ● ▲ ◆ |
| 波兰 | ● ▲ ◆ | 克罗地亚 | ● ▲ ◆ |
| 捷克 | ● ▲ ◆ | 波黑 | ● ▲ ◆ |
| 斯洛伐克 | ● ▲ ◆ | 马其顿 | ● ▲ ◆ |
| 匈牙利 | ● ▲ ◆ | 罗马尼亚 | ● ▲ ◆ |
| 德国 | ● ▲ ◆ | 保加利亚 | ● ▲ ◆ |
| 法国 | ● ▲ ◆ | 阿尔巴尼亚 | ● ▲ ◆ |
| 意大利 | ● ▲ ◆ | 希腊 | ● ▲ ◆ |
| 奥地利 | ● ▲ ◆ | 黑山 | ● ◆ |
| 圣马力诺 | ● | 塞浦路斯 | ● ▲ ◆ |

## 大 洋 洲

| 国家和地区 | 协定 | 国家和地区 | 协定 |
|---|---|---|---|
| 澳大利亚 | ● ▲ ◆ | 萨摩亚 | ● |
| 新西兰 | ● ▲ ◆ | 库克群岛 | ● |
| 巴布亚新几内亚 | ● ▲ ◆ | 斐济 | ● |
| 瓦努阿图 | ● ▲ | 汤加 | ● |
| 密克罗尼西亚 | ● | | |

## 北 美 洲

| 国家和地区 | 协定 | 国家和地区 | 协定 |
|---|---|---|---|
| 美国 | ● ◆ | 古巴 | ● ▲ ◆ |
| 加拿大 | ● ▲ ◆ | 牙买加 | ● ▲ ◆ |
| 墨西哥 | ● ▲ ◆ | 巴巴多斯 | ▲ ◆ |
| 特立尼达和多巴哥 | ● ▲ ◆ | 巴哈马 | ▲ |

## 南 美 洲

| 国家和地区 | 协定 | 国家和地区 | 协定 |
|---|---|---|---|
| 哥伦比亚 | ● ▲ | 巴西 | ● ◆ |
| 委内瑞拉 | ● ◆ | 玻利维亚 | ● ▲ |
| 苏里南 | ● | 智利 | ● ▲ ◆ |
| 厄瓜多尔 | ● ◆ | 阿根廷 | ● ▲ |
| 秘鲁 | ● ▲ | 乌拉圭 | ● ▲ |
| 圭亚那 | ● ▲ | 哥斯达黎加 | ▲ |

郑州经济技术开发区规划面积158.7平方公里，集聚工商企业近万家，其中世界和国内500强企业78家、规模以上企业503家，是国家新型工业化（装备制造）产业示范基地、国家生态工业示范园区和河南省首个六星产业集聚区。目前，已形成了汽车及零部件、装备制造、现代物流三大主导产业集群。2016年，实现主营业务收入3500亿元、财政总收入完成200亿元。

近年来，郑州经开区大力发展开放创新事业，中欧班列（郑州）、跨境电商领跑全国，郑州国际陆港“四港一体”多式联运物流体系中部领先。中国（郑州）跨境电子商务综合试验区、中国（河南）自由贸易试验区、郑州经开综合保税区、郑洛新国家自主创新示范区和郑州航空港国家双创示范基地相继获批，使郑州经开区形成了“五区叠加”的独特优势，真正从内陆腹地走向开放创新前沿，成为了内陆地区开放创新的高地，为未来发展注入了新的活力、新的动力、新的生机。

With a planned area of 158.7 square kilometers, Zhengzhou Economic and Technological Development Zone has attracted nearly 10,000 industrial and commercial enterprises, including 78 Global 500 enterprises and 503 enterprises above the designated size. It is a demonstration base of the national new-type industrialization (equipment manufacturing), a national ecological demonstration park and one of the first six-star industry clustering zones in Henan Province. Currently, the Zone has formed three major industry clusters: auto & parts, equipment manufacturing and modern logistics. In 2016, the Zone achieved revenues of RMB350bn from core business and total fiscal revenues of RMB20bn.

In recent years, the Zone has been vigorously boosting innovation: the Sino-EU freight train (Zhengzhou) and cross-border e-commerce are in a leading position in China; the Zhengzhou International Inland Port leads the Central and West China with its “4-in-1” multimodal transport logistic system. It has been approved in tandem to become the China (Zhengzhou) Cross-border E-commerce Comprehensive Pilot Zone, the China (Henan) Free Trade Pilot Zone, Zhengzhou Economic and Technological Development Zone’s Comprehensive Bonded Area, Zhenluoxin National Indigenous Innovation Demonstration Zone and Zhengzhou Air Port’s National Innovation & Entrepreneurship Base. As a result, it has had unique advantages and stood at the cutting edge in opening and innovation. It has become a new highland of opening and innovation in the inland area, injecting new energy, new motivation and new vitality into its future development.

# 目　录

CONTENTS

**序**

商务部部长、《中国商务年鉴》编辑委员会主任委员　钟　山 …… 1

**编辑说明**

《中国商务年鉴》编辑部 …… 1

## 年度关键词

中国商务年度关键词·2016 …… 2
世界经济年度关键词·2016 …… 4

## 统　计

**国内贸易**

社会消费品零售总额 …… 8
社会消费品零售总额（2016 年，按月份统计） …… 9
社会消费品零售总额增长率（2016 年，按月份统计） …… 9
各地区社会消费品零售总额 …… 10
按登记注册类型分限额以上批发和零售业、住宿和餐饮业企业基本情况（2016 年）（1） …… 11
按登记注册类型分限额以上批发和零售业、住宿和餐饮业企业基本情况（2016 年）（2） …… 12
按登记注册类型分限额以上批发和零售业、住宿和餐饮业企业基本情况（2016 年）（3） …… 13
各地区限额以上批发和零售业、住宿和餐饮业企业基本情况（2016 年） …… 14
按行业分限额以上批发和零售业企业商品购、销、存总额（2016 年） …… 15
各地区限额以上批发和零售业企业商品购、销、存总额（2016 年） …… 16
各地区限额以上住宿业企业经营情况（2016 年） …… 17
各地区限额以上餐饮业企业经营情况（2016 年） …… 18
按登记注册类型分限额以上批发和零售业企业年末资产及负债（2016 年）（1） …… 19
按登记注册类型分限额以上批发和零售业企业年末资产及负债（2016 年）（2） …… 20
按行业分限额以上批发和零售业企业年末资产及负债（2016 年） …… 21
各地区限额以上批发和零售业企业年末资产及负债（2016 年） …… 22
各地区限额以上批发业企业年末资产及负债（2016 年） …… 23
各地区限额以上零售业企业年末资产及负债（2016 年） …… 24
按登记注册类型和行业分限额以上住宿和餐饮业企业年末资产及负债（2016 年）（1） …… 25
按登记注册类型和行业分限额以上住宿和餐饮业企业年末资产及负债（2016 年）（2） …… 26

CONTENTS


各地区限额以上住宿和餐饮业企业年末资产及负债（2016 年）…… 27
各地区限额以上住宿业企业年末资产及负债（2016 年）…… 28
各地区限额以上餐饮业企业年末资产及负债（2016 年）…… 29
按登记注册类型分限额以上批发和零售业企业主要财务指标（2016 年）（1）…… 30
按登记注册类型分限额以上批发和零售业企业主要财务指标（2016 年）（2）…… 31
按行业分限额以上批发和零售业企业主要财务指标（2016 年）…… 32
各地区限额以上批发和零售业企业主要财务指标（2016 年）…… 33
各地区限额以上批发业企业主要财务指标（2016 年）…… 34
各地区限额以上零售业企业主要财务指标（2016 年）…… 35
按登记注册类型和行业分限额以上住宿和餐饮业企业主要财务指标（2016 年）（1）…… 36
按登记注册类型和行业分限额以上住宿和餐饮业企业主要财务指标（2016 年）（2）…… 37
各地区限额以上住宿和餐饮业企业主要财务指标（2016 年）…… 38
各地区限额以上住宿业企业主要财务指标（2016 年）…… 39
各地区限额以上餐饮业企业主要财务指标（2016 年）…… 40
亿元以上商品交易市场情况（按市场类别分，2016 年）（1）…… 41
亿元以上商品交易市场情况（按市场类别分，2016 年）（2）…… 42
亿元以上商品交易市场情况（按摊位分，2016 年）…… 43
亿元以上商品交易市场情况（按地区分，2016 年）…… 44
连锁零售企业（集团）数（按登记注册类型与业态分，2016 年）…… 45
连锁零售企业（集团）数（按行业与业态分，2016 年）…… 46
连锁零售企业（集团）数（按行业与登记注册类型分，2016 年）…… 47
连锁零售企业（集团）数（按地区与业态分，2016 年）（1）…… 48
连锁零售企业（集团）数（按地区与业态分，2016 年）（2）…… 49
连锁零售企业（集团）数（按地区与登记注册类型分，2016 年）（1）…… 50
连锁零售企业（集团）数（按地区与登记注册类型分，2016 年）（2）…… 51
连锁零售企业（集团）数（按地区与行业分，2016 年）（1）…… 52
连锁零售企业（集团）数（按地区与行业分，2016 年）（2）…… 53
连锁零售企业情况（2016 年）…… 54
连锁零售企业情况（按业态分，2016 年）…… 54
连锁零售企业情况（按登记注册类型分，2016 年）（1）…… 55
连锁零售企业情况（按登记注册类型分，2016 年）（2）…… 56
连锁零售企业情况（按行业分，2016 年）（1）…… 57
连锁零售企业情况（按行业分，2016 年）（2）…… 58
各地区连锁零售企业情况（2016 年）（1）…… 59
各地区连锁零售企业情况（2016 年）（2）…… 60
连锁餐饮企业（集团）数（按登记注册类型和行业分，2016 年）…… 61
连锁餐饮企业（集团）数（按地区与登记注册类型分，2016 年）（1）…… 61
连锁餐饮企业（集团）数（按地区与登记注册类型分，2016 年）（2）…… 62
连锁餐饮企业（集团）数（按地区与行业分，2016 年）…… 63
连锁餐饮企业情况（2016 年）…… 64
连锁餐饮企业情况（按登记注册类型分，2016 年）（1）…… 64

连锁餐饮企业情况（按登记注册类型分，2016 年）（2） …………………………… 65
连锁餐饮企业情况（按行业分，2016 年）……………………………………………… 65
各地区连锁餐饮企业情况（2016 年）（1） …………………………………………… 66
各地区连锁餐饮企业情况（2016 年）（2） …………………………………………… 67
2016 年中国居民消费价格增长率 ……………………………………………………… 68
2016 年中国商品零售价格增长率 ……………………………………………………… 68
2016 年中国 10 种主要生产资料新增资源情况………………………………………… 69
2016 年中国限额以上企业（单位）商品零售类值 …………………………………… 69

## 货物贸易

中国进出口总额（人民币值年度表）（1981—2016 年）……………………………… 70
中国进出口总额（美元值年度表）（1981—2016 年）………………………………… 71
2016 年中国进出口商品国别（地区）总值表 ………………………………………… 72
2016 年中国进出口商品构成表 ………………………………………………………… 79
2016 年中国进出口商品类章总值表 …………………………………………………… 81
2016 年中国进出口商品贸易方式总值表 ……………………………………………… 85
2016 年中国出口商品贸易方式企业性质总值表 ……………………………………… 86
2016 年中国进口商品贸易方式企业性质总值表 ……………………………………… 87
2016 年中国进出口商品收发货人所在地总值表 ……………………………………… 88
2016 年中国进出口商品境内目的地 /货源地总值表 ………………………………… 95
2016 年中国进出口商品关别总值表…………………………………………………… 102
2016 年中国特定地区进出口总值表…………………………………………………… 103
2016 年中国外商投资企业进出口总值表……………………………………………… 108
2016 年中国出口主要商品量值表……………………………………………………… 111
2016 年中国进口主要商品量值表……………………………………………………… 121
2016 年中国对部分国家（地区）出口商品类章金额表 ……………………………… 129
2016 年中国自部分国家（地区）进口商品类章金额表 ……………………………… 151

## 服务贸易

2016 年中国服务进出口额（人民币值） ……………………………………………… 173
2016 年中国服务进出口额（美元值） ………………………………………………… 174
2016 年中国与主要贸易伙伴服务进出口情况表……………………………………… 175
2016 年中国与“一带一路”相关国家服务进出口情况表 …………………………… 175
中国服务进出口额（1982—2016 年）………………………………………………… 176
中国服务进出口额占世界比重（1982—2016 年）…………………………………… 177
2016 年世界服务贸易前 10 位国家（地区） ………………………………………… 178
2016 年世界服务出口和进口前 30 位国家（地区） ………………………………… 178
世界服务进出口额（2005—2016 年）………………………………………………… 179
世界服务进出口额及增长率（1981—2016 年）……………………………………… 180
世界部分国家（地区）服务出口额 …………………………………………………… 181
世界部分国家（地区）服务进口额 …………………………………………………… 186

CONTENTS

2016 年中国承接服务外包按合同类别分类情况表 …… 191
2016 年中国承接服务外包前 20 位省份（自治区、直辖市）…… 192
截至 2016 年中国服务外包企业从业人员情况表 …… 192
2016 年中国承接离岸服务外包按合同类别分类情况表 …… 193
2016 年中国承接离岸服务外包前 20 位省份（自治区、直辖市）…… 194
2016 年中国承接离岸服务外包前 20 位国家（地区）…… 194
2016 年中国软件出口按合同类别分类情况表 …… 195
2016 年中国软件出口前 20 位省份（自治区、直辖市）…… 195
2016 年中国软件出口目的地前 20 位国家（地区）…… 196
中国历年技术进口情况表 …… 196
2016 年中国技术出口按出口方式分类情况表 …… 197
2016 年中国技术进口按进口方式分类情况表 …… 197
2016 年中国技术出口按企业性质分类情况表 …… 197
2016 年中国技术进口按企业性质分类情况表 …… 198
2016 年中国技术出口前 10 大行业情况表 …… 198
2016 年中国技术进口前 10 大行业情况表 …… 198
2016 年中国技术出口目的地前 10 位国家（地区）情况表 …… 199
2016 年中国技术进口来源地前 10 位国家（地区）情况表 …… 199

**利用外资**

中国历年吸收外商直接投资统计 …… 200
2016 年中国吸收外商直接投资分方式统计 …… 200
2016 年中国吸收外商直接投资分产业统计 …… 201
2016 年中国吸收外商直接投资分行业统计 …… 201
2016 年中国吸收外商直接投资分国家（地区）统计 …… 202
截至 2016 年中国吸收外商直接投资分方式统计 …… 203
截至 2016 年中国吸收外商直接投资分产业统计 …… 203
截至 2016 年中国吸收外商直接投资分行业统计 …… 203
截至 2016 年中国吸收外商直接投资分国家（地区）统计 …… 204
中国实际使用外资占全社会固定资产投资比重统计（1992—2016 年）…… 205
中国以外商投资税收为主的涉外税收统计（不包括关税和土地费）（1992—2016 年）…… 206
中国外商投资企业进出口商品总值统计（1986—2016 年）…… 207

**对外投资**

中国对外直接投资流量情况表（分国家地区）（2006—2016 年）…… 208
中国对外直接投资存量情况表（分国家地区）（2006—2016 年）…… 214
中国对外直接投资流量行业分布情况表（2006—2016 年）…… 220
中国对外直接投资存量行业分布情况表（2006—2016 年）…… 221
中国各省市自治区非金融类对外直接投资流量情况表（2006—2016 年）…… 222
中国各省市自治区非金融类对外直接投资存量情况表（2006—2016 年）…… 223

CONTENTS

## 对外经济合作


2016 年中国对外承包工程业务新签合同额前 100 家企业 …… 224

2016 年中国对外承包工程业务完成营业额前 100 家企业 …… 225

2016 年中国对外承包工程和劳务合作业务分省市自治区统计表 …… 226

2016 年中国对外承包工程和劳务合作业务分国家（地区）统计表 …… 228


## 中国经济


中国国民经济与社会发展总量指标（一）…… 236

中国国民经济与社会发展总量指标（二）…… 237

中国国民经济与社会发展速度指标（一）…… 238

中国国民经济与社会发展速度指标（二）…… 239

中国国民总收入和国内生产总值（一）…… 240

中国国民总收入和国内生产总值（二）…… 241

中国国内生产总值构成 …… 242

中国全社会固定资产投资 …… 243

中国一般公共预算收支总额和指数 …… 244

中国金融、证券、保险基本情况 …… 245

中国黄金和外汇储备 …… 245

中国保险业基本情况 …… 246

中国交通运输业基本情况 …… 247

中国民用航空航线及飞机架数 …… 248

中国沿海规模以上主要港口货物吞吐量 …… 248

中国邮电业务基本情况 …… 249

中国旅游人数和收入 …… 250


## 世界经济


2016 年世界主要国家（地区）货物贸易额 …… 251

世界货物贸易额及增长率 …… 252

世界部分国家（地区）货物贸易进口额 …… 254

世界部分国家（地区）货物贸易出口额 …… 257

世界初级产品出口价格指数 …… 260

世界部分国家（地区）工业制成品出口价格指数 …… 261

世界主要国家（地区）国内生产总值 …… 262

世界主要国家（地区）人均国内生产总值 …… 267

世界主要国家（地区）外汇储备 …… 272

世界主要国家（地区）黄金储备 …… 274

国际直接投资流量 …… 275

发达国家向发展中国家和国际多边机构提供的官方发展援助 …… 276

发达国家援助的部门分布 …… 277

发达国家官方发展援助协议额的财政条件 …… 278

非发展援助委员会国家（地区）的官方援助净交付额 …… 279

2016 年世界最大 250 家国际工程承包公司营业额的市场分布 …… 280
2016 年世界最大 225 家国际工程设计咨询公司营业额的市场分布 …… 281
2016 年世界最大 100 家国际工程承包公司名录 …… 282
2016 年世界最大 100 家国际工程设计咨询公司名录 …… 285
2015 年按国外资产排序的世界最大 100 家非金融类跨国公司名录 …… 288
2015 年按国外资产排序的世界最大 50 家发展中国家和转型经济体非金融类跨国公司名录 …… 292

## 文　献

实现商务事业新发展新提高新突破
——深入学习习近平总书记经济外交的重要思想
商务部党组书记、部长　钟　山 …… 296
在中国—中东欧国家合作发展论坛上的致辞
商务部国际贸易谈判代表（正部长级）兼副部长　傅自应 …… 298
在中国—葡语国家企业家金融家大会上的讲话
商务部副部长　高　燕 …… 300
积极支持参与多边贸易体制发展
商务部副部长　王受文 …… 301
共建“一带一路”　促进合作共赢　积极为改善全球治理体系作出更大贡献
——在第三届全球治理高层政策论坛上的演讲
商务部副部长　钱克明 …… 302

## 专　文

建章立制　定纷止争　开创商务法治建设新局面
商务部条约法律司副司长　陈福利 …… 306
积极开展扩消费专项行动　努力建设法治化营商环境
商务部市场秩序司司长　宗长青 …… 307
深化流通供给侧改革　加快现代市场体系建设
商务部市场体系建设司副司长　郑书伟 …… 309
开拓进取　推进流通标准化迈上新台阶
商务部流通业发展司司长　郑　文 …… 310
贯彻五大发展理念　创新做好市场运行和消费促进工作
商务部市场运行和消费促进司司长　陈国凯 …… 312
依法开展反垄断审查　营造法治化营商环境
商务部反垄断局局长兼国务院反垄断委员会办公室主任　吴振国 …… 313
2016 年我国外贸运行情况和形势
商务部对外贸易司 …… 315
2016 年中国服务贸易政策和业务发展情况
商务部服务贸易和商贸服务业司 …… 316

2016 年中国吸收外商直接投资概况和 2017 年前景展望

商务部外国投资管理司司长　唐文弘 …… 317

高举互利共赢旗帜　积极履行国际义务

商务部对外援助司司长　王胜文 …… 318

2016 年中国对外投资合作发展情况及相关政策措施

商务部对外投资和经济合作司司长　周柳军 …… 319

2016 年中国贸易救济工作综述

商务部贸易救济调查局局长　王贺军 …… 321

加快实施自贸区战略　积极参与全球经济治理

商务部国际经贸关系司司长　张少刚 …… 322

开展外宣　增信释疑　依法治国　政策合规

——第六次贸易政策审议和贸易政策合规工作情况

商务部世界贸易组织司司长　任鸿斌 …… 324

坚持挺纪在前必须在日常监督上发力

——2016 年对商务部监督工作概述

中央纪委驻商务部纪检组第一纪检室 …… 325

2016 年全国打击侵权假冒工作情况

全国打击侵权假冒办公室副主任　柴海涛 …… 326

2016 年中国海关工作情况

海关总署党组成员、国家口岸管理办公室主任、海关总署办公厅主任　张广志 …… 328

2016 年国家质量监督检验检疫工作综述

国家质量监督检验检疫总局办公厅主任　林　伟 …… 330

2016 年中国水路交通发展综述

交通运输部水运局局长　李天碧 …… 332

2016 年中国旅游行业发展情况

国家旅游局政策法规司司长　满宏卫 …… 333

国家开发银行 2016 年业务综述

国家开发银行政策研究室主任　李小涛 …… 336

担当社会责任，以行动的力量支持我国对外经贸转型发展

中国银行 …… 337

2016 年中国消费品市场运行情况

中国商业联合会 …… 339

2016 年中国物流业发展综述

中国物流与采购联合会 …… 341

2016 年中国纺织品服装进出口情况

中国纺织品进出口商会 …… 345

2016 年中国轻工产品进出口情况

中国轻工工艺品进出口商会 …… 347

2016 年中国五金矿产化工行业进出口情况

中国五矿化工进出口商会 …… 349

CONTENTS

2016 年中国农产品进出口情况
中国食品土畜进出口商会 …… 351
2016 年中国医药进出口情况
中国医药保健品进出口商会 …… 352
2016 年中国机电产品进出口情况
中国机电产品进出口商会 …… 354
2016 年中国对外承包工程与对外劳务合作发展概况
中国对外承包工程商会 …… 356

## 国别（地区）经贸

2016 年祖国大陆与台湾地区的经济贸易关系 …… 360
2016 年内地与港澳地区的经济贸易关系 …… 361
2016 年中国与亚洲的经济贸易关系 …… 363
2016 年中国与日本的经济贸易关系 …… 365
2016 年中国与韩国的经济贸易关系 …… 366
2016 年中国与东盟国家的经济贸易关系 …… 367
2016 年中国与南亚及部分西亚国家的经济贸易关系 …… 370
2016 年中国与非洲国家的经济贸易关系 …… 372
2016 年中国与阿拉伯国家的经济贸易关系 …… 372
2016 年中国与欧亚地区国家的经济贸易关系 …… 373
2016 年中国与欧洲联盟的经济贸易关系 …… 375
2016 年中国与拉丁美洲国家的经济贸易关系 …… 376
2016 年中国与美国的经济贸易关系 …… 377
2016 年中国与加拿大的经济贸易关系 …… 378
2016 年中国与澳大利亚的经济贸易关系 …… 378
2016 年中国与新西兰的经济贸易关系 …… 379
2016 年中国与加勒比地区的经济贸易关系 …… 379

## 地方商务

2016 年北京市商务发展概况 …… 382
2016 年天津市商务发展概况 …… 389
2016 年河北省商务发展概况 …… 395
2016 年秦皇岛市商务发展概况 …… 400
2016 年山西省商务发展概况 …… 403
2016 年内蒙古自治区商务发展概况 …… 409
2016 年辽宁省商务发展概况 …… 412
2016 年沈阳市商务发展概况 …… 418
2016 年大连市商务发展概况 …… 422

2016 年吉林省商务发展概况 …… 427
2016 年长春市商务发展概况 …… 431
2016 年黑龙江省商务发展概况 …… 434
2016 年哈尔滨市商务发展概况 …… 437
2016 年上海市商务发展概况 …… 441
2016 年江苏省商务发展概况 …… 446
2016 年南京市商务发展概况 …… 449
2016 年连云港市商务发展概况 …… 454
2016 年南通市商务发展概况 …… 457
2016 年浙江省商务发展概况 …… 460
2016 年宁波市商务发展概况 …… 466
2016 年温州市商务发展概况 …… 471
2016 年安徽省商务发展概况 …… 475
2016 年福建省商务发展概况 …… 482
2016 年厦门市商务发展概况 …… 486
2016 年福州市商务发展概况 …… 489
2016 年江西省商务发展概况 …… 493
2016 年山东省商务发展概况 …… 499
2016 年青岛市商务发展概况 …… 504
2016 年烟台市商务发展概况 …… 509
2016 年河南省商务发展概况 …… 514
2016 年湖北省商务发展概况 …… 521
2016 年武汉市商务发展概况 …… 525
2016 年湖南省商务发展概况 …… 529
2016 年广东省商务发展概况 …… 532
2016 年广州市商务发展概况 …… 537
2016 年深圳市商务发展概况 …… 541
2016 年珠海市商务发展概况 …… 546
2016 年汕头市商务发展概况 …… 549
2016 年湛江市商务发展概况 …… 553
2016 年广西壮族自治区商务发展概况 …… 556
2016 年北海市商务发展概况 …… 559
2016 年海南省商务发展概况 …… 561
2016 年重庆市商务发展概况 …… 566
2016 年四川省商务发展概况 …… 569
2016 年成都市商务发展概况 …… 572
2016 年贵州省商务发展概况 …… 575
2016 年云南省商务发展概况 …… 579
2016 年西藏自治区商务发展概况 …… 584
2016 年陕西省商务发展概况 …… 586
2016 年西安市商务发展概况 …… 594

CONTENTS

CONTENTS

2016 年甘肃省商务发展概况 …… 596
2016 年青海省商务发展概况 …… 605
2016 年宁夏回族自治区商务发展概况 …… 610
2016 年新疆维吾尔自治区商务发展概况 …… 615
2016 年新疆生产建设兵团商务发展概况 …… 622
2016 年香港特别行政区商务发展概况 …… 625
2016 年澳门特别行政区商务发展概况 …… 627
2016 年台湾省商务发展概况 …… 630

## 开发区建设

2016 年国家级经济技术开发区发展情况综述 …… 634
2016 年国家级经济技术开发区主要经济指标 …… 636
2016 年 107 家东部国家级经济技术开发区地区生产总值情况表 …… 637
2016 年 63 家中部国家级经济技术开发区地区生产总值情况表 …… 640
2016 年 49 家西部国家级经济技术开发区地区生产总值情况表 …… 642
2016 年 107 家东部国家级经济技术开发区第二产业增加值情况表 …… 643
2016 年 63 家中部国家级经济技术开发区第二产业增加值情况表 …… 646
2016 年 49 家西部国家级经济技术开发区第二产业增加值情况表 …… 648
2016 年 107 家东部国家级经济技术开发区第三产业增加值情况表 …… 649
2016 年 63 家中部国家级经济技术开发区第三产业增加值情况表 …… 652
2016 年 49 家西部国家级经济技术开发区第三产业增加值情况表 …… 654
2016 年 107 家东部国家级经济技术开发区财政收入情况表 …… 655
2016 年 63 家中部国家级经济技术开发区财政收入情况表 …… 658
2016 年 49 家西部国家级经济技术开发区财政收入情况表 …… 660
2016 年 107 家东部国家级经济技术开发区税收收入情况表 …… 661
2016 年 63 家中部国家级经济技术开发区税收收入情况表 …… 664
2016 年 49 家西部国家级经济技术开发区税收收入情况表 …… 666
2016 年 107 家东部国家级经济技术开发区出口总额情况表 …… 667
2016 年 63 家中部国家级经济技术开发区出口总额情况表 …… 670
2016 年 49 家西部国家级经济技术开发区出口总额情况表 …… 672
2016 年 107 家东部国家级经济技术开发区进口总额情况表 …… 673
2016 年 63 家中部国家级经济技术开发区进口总额情况表 …… 676
2016 年 49 家西部国家级经济技术开发区进口总额情况表 …… 678
2016 年 107 家东部国家级经济技术开发区实际利用外资金额情况表 …… 679
2016 年 63 家中部国家级经济技术开发区实际利用外资金额情况表 …… 682
2016 年 49 家西部国家级经济技术开发区实际利用外资金额情况表 …… 684
2016 年国家级经济技术开发区规模以上工业总产值分行业情况表 …… 685
2016 年国家级经济技术开发区重点工业产品产量情况表 …… 687

# 年度关键词

# ANNUAL KEY WORDS ↘

# 中国商务年度关键词 · 2016

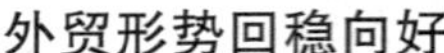

## 外贸形势回稳向好

2016年，外贸形势依然复杂严峻，不确定不稳定因素增多，下行压力不断加大。5月5日，国务院发布《促进外贸回稳向好的若干意见》。得益于稳增长调结构措施落实，全年进出口降幅持续收窄，结构进一步优化，新的发展动能正在积聚并加快转换，实现了回稳向好目标。

回稳表现为降幅收窄。一是降幅比上年收窄。2016年进出口总额24.3万亿元人民币，同比下降0.9%；其中出口13.8万亿元，同比下降2.0%；进口10.5万亿元，同比增长0.6%。进出口降幅比2015年收窄6.1个百分点，特别是进口在2015年大幅度下降（降幅为13.2%）的情况下，实现了正增长。二是季度增速由降转升，逐季回稳。分季度看，1—4季度进出口分别下降8.1%、下降1.1%、增长0.8%和增长3.8%，走势逐季回稳。11月、12月进口、出口连续两个月实现“双升”。

向好表现为结构优化。从产品结构看，大型成套设备出口增长超过5%，工程机械、汽车、家电、机床、发电机出口均实现了正增长；从企业主体看，民营企业出口继续保持第一大出口主体；从贸易方式看，一般贸易出口占比55.1%，提高0.9个百分点；从国际市场看，对“一带一路”相关国家出口增长较快，对俄罗斯、孟加拉国、印度、泰国出口分别增长14.1%、9%、6.5%和2.8%；从新型商业模式看，跨境电商、市场采购贸易、外贸综合服务企业等新业态保持较快增长，成为新的增长点。

## “一带一路”经贸合作成果丰硕

“一带一路”是我国开创世界经济新格局最重要也是最有力的全新开放战略，也是中国深度参与全球经济治理的有效途径，对推进我国新一轮对外开放和沿线国家共同发展具有举足轻重的战略意义。2016年，中国与“一带一路”沿线国家经贸合作取得实质性积极进展。对“一带一路”沿线国家进出口总额62 517亿元，比上年增长0.6%，其中，出口38 319亿元，增长0.7%，进口24 198亿元，增长0.4%。对“一带一路”沿线国家直接投资达145亿美元，占我国对外总投资的8.5%。对“一带一路”沿线国家新签承包工程合同额1 260.3亿美元，增长36%，占同期总额的51.6%；完成营业额759.7亿美元，增长9.7%，占同期总额的47.7%。截至2016年底，我国企业共在“一带一路”沿线20个国家建设56个境外经贸合作区，涉及多个领域，累计投资超过185亿美元，为东道国创造了超过11亿美元的税收和超过18万个就业岗位。

2016年，“一带一路”沿线国家对华直接投资新设立企业2 905家，增长34.1%；对华直接投资金额458亿元（折71亿美元）。

## 对外投资再创历史新高

2016年，我国境内投资者对境外企业投资累计11 299.2亿元人民币，折合1 701.1亿美元，同比增长44.1%，对外投资额再创历史新高。我国企业对制造业，信息传输、软件和信息技术服务业以及科学研究和技术服务业的投资分别为310.6亿美元、203.6亿美元和49.5亿美元，其中对制造业投资占对外投资总额的比重从2015年的12.1%上升为18.3%；对信息传输、软件和信息技术服务业投资占对外投资总额的比重从2015年的4.9%上升为12.0%。长江经济带沿线省市表现活跃，地方企业对外直接投资1 487.2亿美元，占同期对外直接投资总额的比重从2015年的66.7%增至87.4%。

截至2016年，2万余家境内企业在境外设立投资企业3万余家，对外直接投资存量超过1.3万亿美元，境外资产总额近5万亿美元，我国作为全球对外投资大国的地位进一步确立。

## 自贸协定谈判取得新进展

十八大以来，中国加快实施自由贸易区战略，积极构筑立足周边、辐射“一带一路”、面向全球的自贸区网络。2016年，以“一带一路”为引领的高标准自贸区网络建设进入快速启动阶段。年初，中国—海湾阿拉伯国家合作委员会（海合会）自贸区谈判重新启动，至2016年年底双方已进行三轮谈判，在货物贸易、服务贸易、双向投资以及贸易便利化等领域都取得了实质性进展。6月，中国与欧亚经济联盟（以下简称“联盟”）经贸合作协议谈判正式启动。10月，双方在莫斯科举行第一轮谈判，签署了谈判职责文件，并开始文本磋商。同月，中国与格鲁吉亚签署实质性结束谈判的谅解备忘录，经过三轮谈判和三次磋商，达成高水平开放承诺，填补了我国在欧亚地区自贸区网络的空白。11月，中国与毛里求斯启动中国—毛里求斯自贸协定联合可研，为中非关系转型升级注入新动力。12月，中国与地处“丝绸之路经济带”中心区域的摩尔多瓦启动自贸协定联合可行性研究，并于12月22日召开第一次专家组会议。

2016年12月，《区域全面经济伙伴关系协定》（RCEP）已经完成第16轮谈判。RCEP成员包括东盟10国、中国、日本、韩国、澳大利亚、新西兰和印度共16方，是当前亚洲地区规模最大的自由贸易协定谈判，也是我国参与的成员最多、规模最大、影响最广的谈判。在印度尼西亚唐格朗举行的第16轮谈判中，各方就货物、服务、投资三大核心领域市场准入问题展开深入讨论，并继续推进知识产权、竞争、电子商务、法律条款等领域案文磋商。RCEP有望在2017年结束谈判。

## 自由贸易试验区进入试点探索新航程

设立自贸试验区是党中央、国务院在新形势下做出的重大决策。上海、广东、天津、福建自贸试验区建设取得了积极成效，彰显了自贸试验区的试验田作用。2016 年 8 月，党中央、国务院决定，在辽宁省、浙江省、河南省、湖北省、重庆市、四川省、陕西省新设立 7 个自贸试验区。这代表着自贸试验区建设进入了试点探索的新航程。新设的 7 个自贸试验区，将继续依托现有经国务院批准的新区、园区，继续紧扣制度创新这一核心，进一步对接高标准国际经贸规则，在更广领域、更大范围形成各具特色、各有侧重的试点格局，推动全面深化改革扩大开放。2016 年 11 月 10 日，国务院印发《关于做好自由贸易试验区新一批改革试点经验复制推广工作的通知》（以下简称《通知》），对自由贸易试验区新一批改革试点经验在全国范围内的复制推广工作进行部署安排。《通知》指出，广东、天津、福建以及上海自贸试验区扩展区域运行一年多来，在投资、贸易、金融、事中事后监管等多个方面进行了大胆探索，形成了新一批改革创新成果，将在全国范围内进行复制推广。

## 电子商务获得长足发展

2016 年，中国电子商务市场交易规模 20.2 万亿元，增长 23.6%。其中，网络购物增长 23.9%，本地生活 O2O 增长 28.2%。2016 年，跨境电商进出口额为 6.3 万亿元，增长 23.5%。跨境电子商务作为一种新型的国际贸易发展方式，正逐渐成为新常态下稳外贸增长、促经济发展的新动力、新引擎。继设立中国（杭州）跨境电子商务综合试验区后，2016 年 1 月，国务院印发《关于同意在天津等 12 个城市设立跨境电子商务综合试验区的批复》（以下简称《批复》），同意在天津市、上海市、重庆市等 12 个城市设立跨境电子商务综合试验区，将先行试点的中国（杭州）跨境电子商务综合试验区初步探索出的相关政策体系和管理制度，向更大范围推广。《批复》要求，借鉴中国（杭州）跨境电子商务综合试验区建设“六大体系”、“两个平台”的经验和做法，因地制宜，突出本地特色和优势，用新模式为外贸发展提供新支撑。

## G20 中国年开启全球经济治理新篇章

2016 年，G20 主办国的“接力棒”传到了中国手中，9 月 4 日—5 日，二十国集团领导人第十一次峰会在中国杭州召开。此次峰会主题是“构建创新、活力、联动、包容的世界经济”。G20 杭州峰会的举办是中国主导全球经济治理的首轮探索，不仅进一步提升了中国的国际地位和形象，同时也给中国的长远发展带来了积极影响。

G20 杭州峰会成为中国参与国际规则重塑的新契机。在中国的积极推动下，G20 发表了历史上首份贸易部长声明，承诺努力将全球贸易成本降低 15 个百分点；推动批准《G20 全球贸易增长战略》和首份《G20 全球投资指导原则》，为加强全球贸易和投资政策协调作出了历史性贡献。杭州峰会首次将创新纳入 G20 议程并作为第一主题，将“创新增长方式”作为重点议题。峰会上，各成员就制定《G20 创新增长蓝图》达成共识，出台《G20 创新行动计划》，并在新工业革命、数字经济等领域制定了具体行动计划。各国领导人及各界代表通过聆听中国领导人的权威阐释，同中国企业家面对面交流，实地考察中国产业发展现状，见证中国经济蓬勃向上的势头，有力地提振了世界对中国发展的信心。杭州峰会上，中国推动落实 2030 年可持续发展议程，制定系统性行动计划，发起支持非洲和最不发达国家工业化倡议，关注减贫、气候变化等全球性问题，并重启沉寂多年的国际金融架构工作组等，充分彰显了中国的大国责任与担当，提升了中国在全球经济治理中的领导力，将带动更多新兴市场国家和发展中国家实现自主发展，推动国际社会共同发展、共享繁荣。

## 推动内贸流通体制创新改革

内贸流通是国民经济基础性、先导性产业，也是连接生产和消费的桥梁纽带。当前，我国居民消费层次、结构、方式和理念正在发生深刻变化，对生产环节和流通环节的结构性改革都提出了新的要求。要适应新形势、新任务，加快内贸流通创新发展，着力推进供给侧结构性改革，为扩大消费需求和促进经济增长提供有力支撑。

2016 年 11 月 7 日，商务部等 13 部门联合印发了《关于开展加快内贸流通创新推动供给侧结构性改革扩大消费专项行动的意见》，部署开展为期两年的加快内贸流通创新推动供给侧结构性改革扩大消费专项行动。专项行动从当前一些地区和行业存在的内贸流通效率低、成本高、环境差、供需结构错配等问题入手，以推动供给侧结构性改革为工作主线，以加快内贸流通创新为动力，加快推进内贸流通信息化、标准化、集约化，推动消费需求扩大和消费全面升级。

2016 年 11 月 11 日，商务部等 10 部门印发《国内贸易流通“十三五”发展规划》。按照规划要求，“十三五”期间，将突出供给侧结构性改革，实施流通升级发展战略，围绕推进实体商业创新转型、提高流通供给水平、推动消费结构升级等九大任务，从健全管理运行机制、加大财政金融支持、调整优化税费政策、优化土地要素支撑等方面着力。

## 消费连续三年成为经济增长第一驱动力

2016 年，社会消费品零售总额达到 332 316.3 亿元，稳居世界第二，比上年增长 10.4%。消费支出对经济增长的贡献率为 64.6%，高于 2015 年 4.9 个百分点，高于 2014 年 15.8 个百分点，消费对经济增长的贡献率不断提高，自 2014 年开始，已经连续三年成为拉动我国经济增长的第一驱动力。

进入“十三五”，我国消费品的主要特点呈现五个方面的转变：一是消费需求由满足日常需求向追求品质转变，高品质、多功能、智能型的产品日益受到追捧；二是消费方式由单纯的线下向线上和线下融合发展的转变，2016 年网络商业零售额增长 25.6%，占社会消费品零售总额的比重达到12.6%；三是消费品类从商品为主向商品和服务并重转变，餐饮、家政、健康、养老等服务消费快速发展；四是消费行为从千人一面向个性、多元转变，个性化、多品种、定制式的商品和消费越来越多；五是消费理念从讲排场、重攀比向绿色节约转变。

### 商务领域“十三五”发展规划发布

2016年是十三五规划的开局之年，到2020年全面建成小康社会，“十三五”是冲刺的5年。3月16日，两会授权发布了《国民经济和社会发展第十三个五年规划纲要》。按照纲要的总体要求，11月11日，商务部、发展改革委等10部门联合发布《国内贸易流通“十三五”发展规划》。《规划》在全面建成小康社会进入决胜阶段、供给侧结构性改革深入推进的背景下出台，对于完善内贸流通体制机制，建设法治化营商环境，加快构建现代流通体系，推动从流通大国向流通强国转变具有重要意义。11月28日，商务部印发《茧丝绸行业“十三五”发展纲要》，对重点行业的发展具有重要指导意义。12月24日，商务部、中央网信办、发展改革委三部门联合印发《电子商务“十三五”发展规划》。《规划》以适应经济发展新常态壮大电子商务新动能、围绕全面建成小康社会目标创新电子商务民生事业为主线，对于推进我国电子商务领域政策环境创新，指导电子商务健康有序快速发展，引领电子商务全面服务国民经济和社会发展具有重要意义。另外，《居民生活服务业发展“十三五”规划》、《对外贸易发展“十三五”规划》、《商贸物流发展“十三五”规划》和《服务贸易发展“十三五”规划》等将陆续发布。

（商务部国际贸易经济合作研究院对外贸易研究所）

## 世界经济年度关键词·2016

### “亚投行”开业有助于基础设施融资

2016年1月16日，亚洲基础设施投资银行（以下简称“亚投行”）在北京正式开业。截至17日，已有30个意向创始成员国批准《亚洲基础设施投资银行协定》并提交批准书，股份总和占比达到74%。亚投行于2013年由中国提出筹建倡议，2014年10月24日由21个首批意向创始成员国共同决定成立，并于2015年12月25日正式成立。亚投行是全球首家由新兴经济体主导、政府间性质的区域多边开发机构，是现有开发性金融机构的有益补充。亚投行正式开业有助于缓解亚洲地区以及域外的基础设施融资缺口，并可对向其他生产性领域提供资金支持起到积极作用。

### 日本实施负利率加剧金融市场动荡

2016年1月29日，日本央行宣布对超额准备金实行负利率，2月16日日本央行正式实施“负利率”政策，将存款利率下调至负0.1%。自此，日本成为亚洲首个实施负利率的经济体，也是继欧元区、瑞典、瑞士、丹麦之后第五个实施负利率的经济体。日本政府采取负利率的目的是促进资金向实体经济转移，是日本经济复苏不力的无奈之选。但是，负利率政策造成日本长期和超长期利率始料未及的过度下降，也使得全球金融市场和汇市发生动荡。负利率政策是非常规货币政策体系的深化，整体效果有待观察，但负利率政策可能会导致无风险收益率的系统性低估，成为全球金融稳定一个重大隐患。

### 英国脱欧引发强烈冲击

2016年6月23日，英国就是否留在欧盟举行全民公投。结果显示，支持脱欧的投票者占51.89%，支持留欧的投票者占48.11%，英国脱欧成为现实。英国脱欧已经超出了区域性事件的范畴，不仅对英国造成冲击，也波及欧洲大陆和世界其他地区。英国首相卡梅伦随即宣布辞职，欧元区内金融市场动荡。当日，英镑暴跌超过10%，创2009年初以来新低；纽约黄金期货暴涨7.61%，创2008年以来最大涨幅。英国脱欧将持续一个过程，会对全球金融市场和全球经济带来新的不确定性。英国脱离欧盟后将获得相对的政策独立性，但也将失去与欧盟一体化的资源配置优势，是否有利于英国仍存变数，而可以肯定的是，英国脱欧将对欧盟一体化产生深刻影响。

### 人民币加入SDR迈出国际化重要一步

2016年10月1日，人民币正式加入国际货币基金组织（IMF）特别提款权（SDR）货币篮子。在新的SDR篮子中，美元、欧元、人民币、日元和英镑的占比将分别为41.73%、30.93%、10.92%、8.33%和8.09%，而人民币的占比超过了日元与英镑。人民币“入篮”将成为人民币国际化的重要里程碑，是国际机构对中国综合国力、改革开放成效以及中国在世界经济影响力的肯定与认可。这有利于增强市场对人民币的信心，为人民币国际化注入新的动力，也有利于进一步推动中国金融体系改革和市场化发展。另外，人民币“入篮”也将推动国际货币体系的改革和进一步完善，有利于全球金融治理更加公平。

### 《巴黎协定》生效发挥绿色金融作用

2016年11月4日，联合国气候变化《巴黎协定》正式生效。《巴黎协定》于2015年12月12日由《联合国气候变化框架公约》近200个缔约方在巴黎气候变化大会上通过，并于2016年4月22日在纽约签署。《巴黎协定》的生效将对全球绿色经济和绿色金融发展发挥积极作用，促进全球经济长期可持续发展。这一协定在人类气候治理史上具有里程碑意义，它为2020年后全球应对气候变化行动作出安排，显示了人类应对气候变化的决心。中国是《巴黎协定》的推动者和实施者，在G20杭州峰会上，中国积极推动绿色金融，提出中国方案，为《巴黎协定》的达成和全球气候治理大步向前作出了历史性贡献。

## 印度废钞给经济带来阵痛

2016年11月8日，印度政府突然发表声明，为了打击洗黑钱的行为，从11月9号起所有自动提款机将不再使用500卢比和1 000卢比面值的纸币，从9号0点开始500卢比和1 000卢比纸币将不再成为法定货币。在短期内“废钞令”给印度带来了较大阵痛。“废钞令”下达后，印度政府预计新钞会在12月30日前替换被废除的钞票价值，但现实却是印度印新钞的能力严重落后。但是值得庆幸的是，印度自上年以来积极推进结构性改革，经济韧性较强，因此短期阵痛对长期经济造成的影响有限。莫迪认为要解决印度经济70年的痼疾，此举势在必行。“废钞”的长期益处主要包括打击黑钱、增加税基、增加银行存款储备量以及降息。

## 特朗普当选美国总统带来不确定性

2016年11月9日，美国总统大选落下帷幕，共和党候选人唐纳德·特朗普击败民主党候选人希拉里·克林顿取得胜利，当选第58届、第45任美国总统。特朗普在竞选期间和当选后的政策主张给世界带来很大不确定性。特朗普在参选中坚持“美国优先”经济政策，主张实施全面减税，为美国增加就业机会。在贸易政策方面，特朗普反对跨太平洋伙伴关系协定，主张重新谈判北美自贸协定；特朗普主张实行更严厉的贸易保护主义政策，对进行不公平倾销和补贴的国家征收惩罚性关税。在地缘政治方面，特朗普主张战略回撤，将给全球地缘政治形势带来不稳定因素。因此，特朗普将带领美国走向何方，给世界带来什么影响充满不确定。

## OPEC达成减产协议但油价走势仍不明朗

2016年11月30日，石油输出国组织（OPEC）在维也纳召开部长级会议，达成8年来的首次减产协议，每日将减产约120万桶。OPEC协议2017年1月起生效，持续6个月，如有必要可以延长。12月10日，俄罗斯、哈萨克斯坦等非OPEC产油国也宣布减产，承诺减产55.8万桶/天。由于OPEC的减产力度超出市场预期，国际油价大幅反弹。从短期来看，OPEC的减产协议会对国际油价产生刺激作用，但从长期看，如果整体需求水平没有出现大幅提升，减产对油价带来的影响并不会持续。国际油价自2014年大幅下跌，根本原因在于整体经济环境。金融危机以来，世界经济复苏缓慢，难以带动石油需求回升。

## 意大利公投失败欧盟面临重大考验

2016年12月4日，意大利修宪公投开始。12月5日结果显示，反对票超过赞成票，修宪被否决。同日，总理伦齐宣布辞职。意大利此次公投源于总理伦齐提出的宪法改革方案。面对意大利政府的频繁更换导致政令不畅，立法难以通过，经济停滞不前，伦齐提出宪法改革计划，主张对现有的议会两院制进行改革，主要包括削减参议院权力，提高立法效率，加快立法进程。此次改革派进行修宪公投失败，表明既得利益者不希望改变目前的状态。公投结果也被视为欧洲反建制力量和民粹主义的全面爆发的标志，其产生的多米诺骨牌效应使得整个欧洲一体化进程面临更加严峻的考验。

## 美联储加息扰动全球市场

2016年12月15日，随着美国经济逐渐走向充分就业，且逐渐接近通胀目标，美国央行将联邦基金利率目标区间上调了25个基点，达到0.5%—0.75%。这是美联储时隔一年首次加息。这次美联储的加息符合金融市场的普遍预期，是美联储货币政策正常化的表现，也是美国经济相对向好的发展态势的反映。美联储此次加息将给全球金融市场再度造成重大冲击，对各主要经济体货币政策走向产生影响，对于国际金融市场也具有明显的外溢效应。

（商务部国际贸易经济合作研究院世界经济研究所）

# 统　计

# STATISTICS ↘

**社会消费品零售总额**

| 年 份 | 社会消费品零售总额（亿元） | 比上年增长（%） |
|---|---|---|
| 1978 | 1 558.6 | 8.8 |
| 1979 | 1 800.0 | 15.5 |
| 1980 | 2 140.0 | 18.9 |
| **“六五”时期** | **15 450.8** | **15.0** |
| 1981 | 2 350.0 | 9.8 |
| 1982 | 2 570.0 | 9.4 |
| 1983 | 2 849.4 | 10.9 |
| 1984 | 3 376.4 | 18.5 |
| 1985 | 4 305.0 | 27.5 |
| **“七五”时期** | **34 611.5** | **14.0** |
| 1986 | 4 950.0 | 15.0 |
| 1987 | 5 820.0 | 17.6 |
| 1988 | 7 440.0 | 27.8 |
| 1989 | 8 101.4 | 8.9 |
| 1990 | 8 300.1 | 2.5 |
| **“八五”时期** | **76 916.4** | **23.3** |
| 1991 | 9 415.6 | 13.4 |
| 1992 | 10 993.7 | 16.8 |
| 1993 | 14 270.4 | 29.8 |
| 1994 | 18 622.9 | 30.5 |
| 1995 | 23 613.8 | 26.8 |
| **“九五”时期** | **167 744.8** | **10.6** |
| 1996 | 28 360.2 | 20.1 |
| 1997 | 31 252.9 | 10.2 |
| 1998 | 33 378.1 | 6.8 |
| 1999 | 35 647.9 | 6.8 |
| 2000 | 39 105.7 | 9.7 |
| **“十五”时期** | **271 561.2** | **11.8** |
| 2001 | 43 055.4 | 10.1 |
| 2002 | 48 135.9 | 11.8 |
| 2003 | 52 516.3 | 9.1 |
| 2004 | 59 501.0 | 13.3 |
| 2005 | 68 352.6 | 14.9 |
| **“十一五”时期** | **578 603.1** | **18.1** |
| 2006 | 79 145.2 | 15.8 |
| 2007 | 93 571.6 | 18.2 |
| 2008 | 114 830.1 | 22.7 |
| 2009 | 133 048.2 | 15.9 |
| 2010 | 158 008.0 | 18.8 |
| **“十二五”时期** | **1 217 308.2** | **13.8** |
| 2011 | 187 205.8 | 18.5 |
| 2012 | 214 432.7 | 14.5 |
| 2013 | 242 842.8 | 13.2 |
| 2014 | 271 896.1 | 12.0 |
| 2015 | 300 930.8 | 10.7 |
| **“十三五”时期** | | |
| 2016 | 332 316.3 | 10.4 |
| **平均每年增长（%）** | | |
| 1979—2016年 | | 15.2 |
| 1991—2016年 | | 15.2 |
| 2001—2016年 | | 14.3 |

**注：** 1. 本表按当年价格计算（下表同）。

2. 1992年及以前为社会商品零售总额，1997年起社会消费品零售总额不含居民购买住房。

## 社会消费品零售总额（2016年，按月份统计）

单位：亿元

| 月 份 | 社会消费品零售总额 | 按经营地分 | | 按消费形态分 | |
|---|---|---|---|---|---|
| | | 城 镇 | 乡 村 | 商品零售 | 餐饮收入 |
| 1—2月 | 52 910.3 | 45 303.4 | 7 606.9 | 47 259.1 | 5 651.2 |
| 3月 | 25 114.1 | 21 616.1 | 3 498.0 | 22 463.4 | 2 650.7 |
| 4月 | 24 645.8 | 21 274.2 | 3 371.6 | 22 049.4 | 2 596.4 |
| 5月 | 26 610.7 | 22 972.9 | 3 637.8 | 23 733.0 | 2 877.9 |
| 6月 | 26 857.4 | 23 082.1 | 3 775.3 | 23 950.7 | 2 906.7 |
| **1—6月** | **156 138.3** | **134 248.8** | **21 889.5** | **139 455.4** | **16 683.0** |
| 7月 | 26 827.4 | 23 126.1 | 3 701.4 | 23 943.7 | 2 883.7 |
| 8月 | 27 539.6 | 23 807.7 | 3 731.9 | 24 503.5 | 3 036.1 |
| 9月 | 27 976.4 | 23 757.2 | 4 219.2 | 24 965.4 | 3 011.1 |
| 10月 | 31 119.2 | 26 893.1 | 4 226.1 | 27 627.7 | 3 491.5 |
| 11月 | 30 958.5 | 26 748.2 | 4 210.4 | 27 616.9 | 3 341.6 |
| 12月 | 31 757.0 | 27 233.0 | 4 524.0 | 28 405.0 | 3 352.0 |
| **1—12月** | **332 316.0** | **285 814.0** | **46 503.0** | **296 518.0** | **35 799.0** |

## 社会消费品零售总额增长率（2016年，按月份统计）

单位:%

| 月 份 | 社会消费品零售总额 | 按经营地分 | | 按消费形态分 | |
|---|---|---|---|---|---|
| | | 城 镇 | 乡 村 | 商品零售 | 餐饮收入 |
| 1—2月 | 10.2 | 10.1 | 10.9 | 10.1 | 11.3 |
| 3月 | 10.5 | 10.4 | 11.1 | 10.4 | 11.4 |
| 4月 | 10.1 | 10.0 | 10.9 | 9.9 | 11.6 |
| 5月 | 10.0 | 9.9 | 10.7 | 9.9 | 10.9 |
| 6月 | 10.6 | 10.5 | 11.2 | 10.6 | 11.1 |
| **1—6月** | **10.3** | **10.2** | **11.0** | **10.2** | **11.2** |
| 7月 | 10.2 | 10.1 | 10.7 | 10.1 | 10.9 |
| 8月 | 10.6 | 10.6 | 10.9 | 10.7 | 10.3 |
| 9月 | 10.7 | 10.7 | 11.0 | 10.7 | 10.6 |
| 10月 | 10.0 | 10.0 | 10.3 | 10.1 | 10.0 |
| 11月 | 10.8 | 10.8 | 11.0 | 10.9 | 10.1 |
| 12月 | 10.9 | 10.9 | 11.2 | 10.9 | 10.6 |
| **1—12月** | **10.4** | **10.4** | **10.9** | **10.4** | **10.8** |

## 各地区社会消费品零售总额

单位：亿元

| 地 区 | 2011 年 | 2012 年 | 2013 年 | 2014 年 | 2015 年 | 2016 年 |
|---|---|---|---|---|---|---|
| **全 国** | **187 205.8** | **214 432.7** | **242 842.8** | **271 896.1** | **300 930.8** | **332 316.3** |
| 北 京 | 7 222.2 | 8 123.5 | 8 872.1 | 9 638.0 | 10 338.0 | 11 005.1 |
| 天 津 | 3 395.1 | 3 921.4 | 4 470.4 | 4 738.7 | 5 257.3 | 5 635.8 |
| 河 北 | 8 035.5 | 9 254.0 | 10 516.7 | 11 820.5 | 12 990.7 | 14 364.7 |
| 山 西 | 3 903.4 | 4 506.8 | 5 139.3 | 5 717.9 | 6 033.7 | 6 480.5 |
| 内蒙古 | 3 991.7 | 4 572.5 | 5 114.2 | 5 657.6 | 6 107.7 | 6 700.8 |
| 辽 宁 | 8 095.3 | 9 304.2 | 10 581.4 | 11 857.0 | 12 787.2 | 13 414.1 |
| 吉 林 | 4 119.8 | 4 772.9 | 5 426.4 | 6 080.9 | 6 651.9 | 7 310.4 |
| 黑龙江 | 4 750.1 | 5 491.0 | 6 251.2 | 7 015.3 | 7 640.2 | 8 402.5 |
| 上 海 | 7 185.8 | 7 840.4 | 8 557.0 | 9 303.5 | 10 131.5 | 10 946.6 |
| 江 苏 | 16 058.3 | 18 411.1 | 20 878.2 | 23 458.1 | 25 876.8 | 28 707.1 |
| 浙 江 | 12 532.8 | 14 199.6 | 15 970.8 | 17 835.3 | 19 784.7 | 21 970.8 |
| 安 徽 | 5 288.2 | 6 142.8 | 7 044.7 | 7 957.0 | 8 908.0 | 10 000.2 |
| 福 建 | 6 276.2 | 7 256.5 | 8 275.3 | 9 346.7 | 10 505.9 | 11 674.5 |
| 江 西 | 3 560.5 | 4 123.3 | 4 696.1 | 5 292.6 | 5 925.5 | 6 634.6 |
| 山 东 | 17 155.5 | 19 651.9 | 22 294.8 | 25 111.5 | 27 761.4 | 30 645.8 |
| 河 南 | 9 453.6 | 10 915.6 | 12 426.6 | 14 005.0 | 15 740.4 | 17 618.4 |
| 湖 北 | 8 363.3 | 9 682.4 | 11 035.9 | 12 449.3 | 14 003.2 | 15 649.2 |
| 湖 南 | 7 209.0 | 8 318.7 | 9 509.5 | 10 723.5 | 12 024.0 | 13 436.5 |
| 广 东 | 20 297.5 | 22 677.1 | 25 453.9 | 28 471.1 | 31 517.6 | 34 739.1 |
| 广 西 | 3 908.2 | 4 516.6 | 5 133.1 | 5 772.8 | 6 348.1 | 7 027.3 |
| 海 南 | 822.5 | 950.2 | 1 090.9 | 1 224.5 | 1 325.1 | 1 453.7 |
| 重 庆 | 3 782.3 | 4 403.0 | 5 055.8 | 5 710.7 | 6 424.0 | 7 271.4 |
| 四 川 | 8 290.8 | 9 622.0 | 11 001.0 | 12 393.0 | 13 877.7 | 15 601.9 |
| 贵 州 | 1 899.9 | 2 266.3 | 2 601.2 | 2 936.9 | 3 283.0 | 3 709.0 |
| 云 南 | 3 105.9 | 3 597.9 | 4 112.6 | 4 632.9 | 5 103.2 | 5 722.9 |
| 西 藏 | 237.5 | 277.9 | 322.2 | 364.5 | 408.5 | 459.4 |
| 陕 西 | 3 900.6 | 4 581.6 | 5 245.0 | 5 918.7 | 6 578.1 | 7 367.6 |
| 甘 肃 | 1 772.9 | 2 064.4 | 2 368.8 | 2 668.3 | 2 907.2 | 3 184.4 |
| 青 海 | 413.4 | 480.3 | 549.6 | 620.8 | 691.0 | 767.3 |
| 宁 夏 | 515.5 | 590.5 | 668.5 | 737.2 | 789.6 | 850.1 |
| 新 疆 | 1 662.4 | 1 916.1 | 2 179.5 | 2 436.5 | 2 606.0 | 2 825.9 |

按登记注册类型分限额以上批发和零售业、住宿和餐饮业企业基本情况（2016年）（1）

| 指 标 | 法人企业（个） | 年末从业人数（人） |
|---|---|---|
| **总 计** | **239 226** | **16 010 542** |
| **一、批发业合计** | **95 066** | **4 959 341** |
| **内资企业** | **90 507** | **4 232 125** |
| 国有企业 | 2 130 | 337 504 |
| 集体企业 | 592 | 35 598 |
| 股份合作企业 | 126 | 3 712 |
| 联营企业 | 17 | 1 574 |
| 国有联营企业 | 5 | 429 |
| 集体联营企业 | 7 | 619 |
| 国有与集体联营企业 | 3 | 467 |
| 其他联营企业 | 2 | 59 |
| 有限责任公司 | 28 865 | 1 638 414 |
| 国有独资公司 | 1 436 | 189 348 |
| 其他有限责任公司 | 27 429 | 1 449 066 |
| 股份有限公司 | 2 067 | 469 671 |
| 私营企业 | 55 704 | 1 700 674 |
| 私营独资企业 | 577 | 13 160 |
| 私营合伙企业 | 55 | 1 627 |
| 私营有限责任公司 | 53 768 | 1 615 667 |
| 私营股份有限公司 | 1 304 | 70 220 |
| 其他企业 | 1 006 | 44 978 |
| **港、澳、台商投资企业** | **2 071** | **341 529** |
| 合资经营企业 | 319 | 30 958 |
| 合作经营企业 | 23 | 8 297 |
| 独资经营企业 | 1 649 | 290 811 |
| 投资股份有限公司 | 47 | 6 677 |
| 其他港、澳、台商投资企业 | 33 | 4 786 |
| **外商投资企业** | **2 488** | **385 687** |
| 中外合资经营企业 | 355 | 42 564 |
| 中外合作经营企业 | 13 | 900 |
| 外资企业 | 2 020 | 325 966 |
| 外商投资股份有限公司 | 42 | 5 950 |
| 其他外商投资企业 | 58 | 10 307 |
| **二、零售业合计** | **98 305** | **6 976 786** |
| **内资企业** | **95 909** | **6 083 084** |
| 国有企业 | 1 383 | 101 806 |
| 集体企业 | 1 707 | 87 739 |
| 股份合作企业 | 294 | 14 819 |
| 联营企业 | 128 | 5 653 |
| 国有联营企业 | 19 | 1 611 |
| 集体联营企业 | 48 | 2 235 |
| 国有与集体联营企业 | 33 | 909 |
| 其他联营企业 | 28 | 898 |
| 有限责任公司 | 33 317 | 2 690 024 |
| 国有独资公司 | 759 | 71 717 |
| 其他有限责任公司 | 32 558 | 2 618 307 |
| 股份有限公司 | 2 504 | 657 684 |

注：限额以上划分标准：批发业年主营业务收入2 000万元及以上；零售业年主营业务收入500万元及以上；住宿业年主营业务收入200万元及以上；餐饮业年主营业务收入200万元及以上。

按登记注册类型分限额以上批发和零售业、住宿和餐饮业企业基本情况（2016年）（2）

| 指 标 | 法人企业（个） | 从业人数（人） |
|---|---|---|
| 私营企业 | 55 494 | 2 485 214 |
| 私营独资企业 | 5 021 | 104 527 |
| 私营合伙企业 | 476 | 13 154 |
| 私营有限责任公司 | 48 259 | 2 229 076 |
| 私营股份有限公司 | 1 738 | 138 457 |
| 其他企业 | 1 082 | 40 145 |
| **港、澳、台商投资企业** | **1 409** | **464 997** |
| 合资经营企业 | 337 | 113 033 |
| 合作经营企业 | 29 | 5 610 |
| 独资经营企业 | 967 | 333 000 |
| 投资股份有限公司 | 44 | 8 616 |
| 其他港、澳、台商投资企业 | 32 | 4 738 |
| **外商投资企业** | **987** | **428 705** |
| 中外合资经营企业 | 273 | 151 481 |
| 中外合作经营企业 | 22 | 9 244 |
| 外资企业 | 606 | 243 911 |
| 外商投资股份有限公司 | 48 | 12 556 |
| 其他外商投资企业 | 38 | 11 513 |
| **三、住宿业合计** | **19 496** | **1 863 303** |
| **内资企业** | 18 611 | 1 666 152 |
| 国有企业 | 1 732 | 219 198 |
| 集体企业 | 317 | 23 784 |
| 股份合作企业 | 62 | 4 777 |
| 联营企业 | 25 | 2 214 |
| 国有联营企业 | 9 | 1 262 |
| 集体联营企业 | 8 | 540 |
| 国有与集体联营企业 | 5 | 345 |
| 其他联营企业 | 3 | 67 |
| 有限责任公司 | 6 901 | 768 790 |
| 国有独资公司 | 382 | 69 938 |
| 其他有限责任公司 | 6 519 | 698 852 |
| 股份有限公司 | 554 | 61 271 |
| 私营企业 | 8 811 | 573 239 |
| 私营独资企业 | 1 042 | 43 388 |
| 私营合伙企业 | 261 | 13 606 |
| 私营有限责任公司 | 7 115 | 487 331 |
| 私营股份有限公司 | 393 | 28 914 |
| 其他企业 | 209 | 12 879 |
| **港、澳、台商投资企业** | **535** | **127 510** |
| 合资经营企业 | 223 | 56 929 |
| 合作经营企业 | 53 | 12 792 |
| 独资经营企业 | 229 | 52 363 |
| 投资股份有限公司 | 23 | 4 608 |
| 其他港、澳、台商投资企业 | 7 | 818 |
| **外商投资企业** | **350** | **69 641** |
| 中外合资经营企业 | 136 | 28 488 |

**按登记注册类型分限额以上批发和零售业、住宿和餐饮业企业基本情况（2016年）（3）**

| 指 标 | 法人企业（个） | 从业人数（人） |
|---|---|---|
| 中外合作经营企业 | 38 | 11 526 |
| 外资企业 | 149 | 25 677 |
| 外商投资股份有限公司 | 15 | 2 002 |
| 其他外商投资企业 | 12 | 1 948 |
| **四、餐饮业合计** | **26 359** | **2 211 112** |
| **内资企业** | **25 310** | **1 681 275** |
| 国有企业 | 381 | 34 893 |
| 集体企业 | 174 | 8 675 |
| 股份合作企业 | 81 | 6 084 |
| 联营企业 | 7 | 349 |
| 国有联营企业 | | |
| 集体联营企业 | 7 | 349 |
| 国有与集体联营企业 | | |
| 其他联营企业 | | |
| 有限责任公司 | 6 760 | 558 764 |
| 国有独资公司 | 112 | 19 973 |
| 其他有限责任公司 | 6 648 | 538 791 |
| 股份有限公司 | 430 | 61 084 |
| 私营企业 | 17 059 | 992 070 |
| 私营独资企业 | 3 561 | 120 498 |
| 私营合伙企业 | 378 | 16 847 |
| 私营有限责任公司 | 12 602 | 810 511 |
| 私营股份有限公司 | 518 | 44 214 |
| 其他企业 | 418 | 19 356 |
| **港、澳、台商投资企业** | **614** | **206 428** |
| 合资经营企业 | 117 | 44 369 |
| 合作经营企业 | 24 | 6 181 |
| 独资经营企业 | 456 | 154 088 |
| 投资股份有限公司 | 10 | 939 |
| 其他港、澳、台商投资企业 | 7 | 851 |
| **外商投资企业** | **435** | **323 409** |
| 中外合资经营企业 | 99 | 68 939 |
| 中外合作经营企业 | 15 | 3 783 |
| 外资企业 | 290 | 237 849 |
| 外商投资股份有限公司 | 16 | 2 122 |
| 其他外商投资企业 | 15 | 10 716 |

## 各地区限额以上批发和零售业、住宿和餐饮业企业基本情况（2016 年）

| 地 区 | 批发业 | | 零售业 | | 住宿业 | | 餐饮业 | |
|---|---|---|---|---|---|---|---|---|
| | 法人企业（个） | 年末从业人数（人） | 法人企业（个） | 年末从业人数（人） | 法人企业（个） | 年末从业人数（人） | 法人企业（个） | 年末从业人数（人） |
| **全 国** | **95 066** | **4 959 341** | **98 305** | **6 976 786** | **19 496** | **1 863 303** | **26 359** | **2 211 112** |
| 北 京 | 4 106 | 369 002 | 1 923 | 362 653 | 964 | 126 843 | 1 324 | 230 226 |
| 天 津 | 4 135 | 130 429 | 1 185 | 96 928 | 234 | 20 664 | 388 | 42 276 |
| 河 北 | 1 541 | 103 766 | 2 518 | 255 427 | 460 | 49 827 | 423 | 29 894 |
| 山 西 | 898 | 84 755 | 2 083 | 150 341 | 354 | 32 025 | 450 | 42 122 |
| 内蒙古 | 697 | 35 232 | 1 337 | 97 348 | 314 | 26 444 | 369 | 28 336 |
| 辽 宁 | 2 479 | 92 388 | 2 475 | 207 490 | 472 | 42 983 | 387 | 28 807 |
| 吉 林 | 724 | 38 708 | 1 722 | 95 176 | 204 | 17 354 | 226 | 12 802 |
| 黑龙江 | 727 | 44 058 | 1 275 | 96 915 | 224 | 18 221 | 145 | 7 369 |
| 上 海 | 3 814 | 441 969 | 1 874 | 354 300 | 730 | 75 790 | 1 672 | 231 580 |
| 江 苏 | 10 852 | 397 306 | 8 571 | 546 964 | 1 061 | 106 801 | 2 030 | 181 777 |
| 浙 江 | 11 678 | 374 349 | 5 639 | 371 580 | 1 278 | 131 827 | 1 526 | 129 538 |
| 安 徽 | 2 265 | 122 209 | 4 658 | 253 897 | 577 | 46 386 | 1 214 | 78 949 |
| 福 建 | 6 226 | 188 215 | 5 594 | 260 393 | 876 | 85 592 | 957 | 68 436 |
| 江 西 | 927 | 83 952 | 2 331 | 138 838 | 474 | 41 469 | 346 | 23 046 |
| 山 东 | 8 217 | 375 536 | 8 677 | 587 831 | 1 081 | 100 924 | 2 057 | 129 938 |
| 河 南 | 4 350 | 270 925 | 7 867 | 472 310 | 1 454 | 98 416 | 1 416 | 71 621 |
| 湖 北 | 2 949 | 192 853 | 5 081 | 336 743 | 793 | 58 923 | 1 630 | 94 617 |
| 湖 南 | 1 987 | 116 240 | 4 670 | 264 319 | 762 | 80 424 | 800 | 56 952 |
| 广 东 | 15 155 | 803 888 | 8 439 | 696 571 | 2 161 | 256 797 | 2 958 | 321 230 |
| 广 西 | 1 212 | 68 435 | 1 966 | 120 167 | 521 | 45 965 | 320 | 28 323 |
| 海 南 | 163 | 16 309 | 200 | 28 086 | 255 | 52 344 | 51 | 5 395 |
| 重 庆 | 2 423 | 116 553 | 3 460 | 216 866 | 459 | 38 752 | 1 412 | 87 688 |
| 四 川 | 2 331 | 151 524 | 4 489 | 327 746 | 1 008 | 80 209 | 1 538 | 109 291 |
| 贵 州 | 822 | 57 390 | 2 044 | 91 185 | 573 | 34 744 | 511 | 17 334 |
| 云 南 | 1 055 | 76 930 | 2 234 | 147 278 | 593 | 57 067 | 493 | 30 897 |
| 西 藏 | 24 | 4 124 | 85 | 6 187 | 66 | 5 303 | 12 | 484 |
| 陕 西 | 1 047 | 80 573 | 3 354 | 215 834 | 798 | 69 629 | 1 128 | 80 946 |
| 甘 肃 | 599 | 31 821 | 1 119 | 71 998 | 320 | 25 482 | 358 | 21 831 |
| 青 海 | 148 | 11 566 | 229 | 17 771 | 88 | 7 247 | 53 | 4 491 |
| 宁 夏 | 161 | 10 315 | 283 | 28 301 | 73 | 6 569 | 70 | 5 731 |
| 新 疆 | 1 354 | 68 021 | 923 | 59 343 | 269 | 22 282 | 95 | 9 185 |

按行业分限额以上批发和零售业企业商品购、销、存总额（2016 年）

单位：亿元

| 指 标 | 购进总额 | 销售总额 | | | 年末库存总额 |
|---|---|---|---|---|---|
| | | | 批 发 | 零 售 | |
| **总 计** | **506 309.4** | **558 877.6** | **425 042.7** | **133 834.9** | **38 388.6** |
| **批发业合计** | **397 418.9** | **432 265.3** | **411 897.7** | **20 367.6** | **27 295.7** |
| 农、林、牧产品批发 | 8 713.5 | 8 947.1 | 8 414.2 | 533.0 | 2 142.0 |
| 食品、饮料及烟草制品批发 | 35 972.6 | 44 720.6 | 42 050.9 | 2 669.7 | 4 367.2 |
| #米、面制品及食用油批发 | 5 790.5 | 6 118.7 | 5 850.0 | 268.7 | 1 048.8 |
| 烟草制品批发 | 12 064.6 | 17 111.5 | 16 876.5 | 235.0 | 1 460.6 |
| 纺织、服装及家庭用品批发 | 32 875.3 | 36 579.0 | 34 512.2 | 2 066.8 | 3 274.9 |
| #服装批发 | 6 211.4 | 7 850.9 | 7 098.2 | 752.7 | 706.8 |
| 家用电器批发 | 11 423.6 | 10 862.1 | 10 360.7 | 501.4 | 1 289.7 |
| 文化、体育用品及器材批发 | 7 769.3 | 8 709.2 | 8 212.2 | 497.0 | 1 139.2 |
| 医药及医疗器材批发 | 20 172.4 | 23 204.5 | 20 643.6 | 2 560.8 | 2 211.1 |
| 矿产品、建材及化工产品批发 | 217 315.6 | 226 843.4 | 217 179.4 | 9 663.9 | 9 309.8 |
| #煤炭及制品批发 | 23 939.6 | 25 622.8 | 24 881.3 | 741.5 | 909.5 |
| 石油及制品批发 | 54 206.1 | 56 406.4 | 50 009.0 | 6 397.3 | 2 519.5 |
| 金属及金属矿批发 | 88 376.9 | 91 419.5 | 90 185.3 | 1 234.2 | 3 679.2 |
| 建材批发 | 11 907.6 | 12 713.3 | 12 067.2 | 646.1 | 491.8 |
| 化肥批发 | 4 172.8 | 4 471.4 | 4 350.0 | 121.4 | 383.5 |
| 机械设备、五金产品及电子产品批发 | 61 551.3 | 68 869.3 | 66 875.9 | 1 993.4 | 4 159.6 |
| #汽车批发 | 22 248.8 | 25 619.2 | 24 871.1 | 748.0 | 1 328.4 |
| 计算机、软件及辅助设备批发 | 4 853.4 | 5 357.6 | 5 126.3 | 231.3 | 347.1 |
| 贸易经纪与代理 | 5 446.4 | 6 055.4 | 5 965.2 | 90.2 | 205.5 |
| 其他批发业 | 7 602.5 | 8 336.8 | 8 044.1 | 292.8 | 486.4 |
| **零售业合计** | **108 890.5** | **126 612.3** | **13 145.0** | **113 467.3** | **11 092.9** |
| 综合零售 | 22 193.7 | 27 392.6 | 1 886.5 | 25 506.2 | 2 269.1 |
| #百货零售 | 11 302.2 | 15 060.0 | 765.9 | 14 294.1 | 1 095.7 |
| 超级市场零售 | 9 717.9 | 10 957.3 | 987.4 | 9 969.9 | 1 080.6 |
| 食品、饮料及烟草制品专门零售 | 3 523.3 | 4 213.2 | 711.1 | 3 502.1 | 325.9 |
| 纺织、服装及日用品专门零售 | 4 046.6 | 5 670.0 | 608.9 | 5 061.1 | 886.7 |
| #服装零售 | 2 468.7 | 3 537.9 | 333.1 | 3 204.8 | 548.5 |
| 文化、体育用品及器材专门零售 | 2 933.6 | 3 386.7 | 475.0 | 2 911.6 | 578.2 |
| #体育用品及器材零售 | 153.3 | 209.8 | 33.3 | 176.6 | 30.3 |
| 图书、报刊零售 | 1 051.9 | 1 113.3 | 156.9 | 956.4 | 211.7 |
| 医药及医疗器材专门零售 | 6 315.6 | 7 102.0 | 1 563.0 | 5 539.0 | 720.5 |
| #药品零售 | 6 047.4 | 6 772.3 | 1 484.9 | 5 287.4 | 691.3 |
| 汽车、摩托车、燃料及零配件专门零售 | 49 335.3 | 56 030.4 | 4 439.9 | 51 590.5 | 4 495.4 |
| #汽车零售 | 37 682.2 | 40 692.2 | 1 813.6 | 38 878.5 | 4 016.2 |
| 机动车燃料零售 | 10 611.1 | 14 196.2 | 2 492.3 | 11 703.8 | 390.8 |
| 家用电器及电子产品专门零售 | 10 133.2 | 10 644.8 | 1 751.2 | 8 893.5 | 839.6 |
| #日用家电设备零售 | 4 298.9 | 4 580.6 | 694.5 | 3 886.0 | 460.5 |
| 计算机、软件及辅助设备零售 | 2 592.3 | 2 413.4 | 434.5 | 1 978.9 | 107.1 |
| 通讯设备零售 | 1 098.2 | 1 234.1 | 376.8 | 857.3 | 107.3 |
| 五金、家具及室内装饰材料专门零售 | 3 368.9 | 3 989.4 | 566.3 | 3 423.1 | 535.3 |
| 货摊、无店铺及其他零售业 | 7 040.2 | 8 183.3 | 1 143.0 | 7 040.2 | 442.1 |
| #互联网零售 | 5 604.1 | 6 482.8 | 833.5 | 5 649.3 | 352.7 |

## 各地区限额以上批发和零售业企业商品购、销、存总额（2016 年）

单位：亿元

| 地 区 | 购进总额 | 销售总额 | | | 年末库存总额 |
|---|---|---|---|---|---|
| | | | 批 发 | 零 售 | |
| **全 国** | **506 309.4** | **558 877.6** | **425 042.7** | **133 834.9** | **38 388.6** |
| 北 京 | 50 144.7 | 53 396.8 | 46 062.2 | 7 334.6 | 5 412.7 |
| 天 津 | 32 440.1 | 34 970.4 | 31 994.8 | 2 975.6 | 1 528.6 |
| 河 北 | 9 521.9 | 10 362.0 | 6 977.0 | 3 385.0 | 673.5 |
| 山 西 | 8 256.9 | 8 987.9 | 7 016.8 | 1 971.1 | 481.7 |
| 内蒙古 | 3 629.5 | 4 145.6 | 2 260.8 | 1 884.8 | 570.9 |
| 辽 宁 | 12 538.9 | 13 640.6 | 10 126.8 | 3 513.8 | 799.1 |
| 吉 林 | 3 578.9 | 3 840.8 | 1 662.7 | 2 178.1 | 616.5 |
| 黑龙江 | 4 262.3 | 4 893.8 | 2 793.6 | 2 100.2 | 507.6 |
| 上 海 | 68 220.0 | 76 031.6 | 68 344.1 | 7 687.6 | 4 666.8 |
| 江 苏 | 42 937.0 | 46 807.1 | 34 462.1 | 12 345.0 | 2 892.2 |
| 浙 江 | 40 668.7 | 44 594.7 | 35 747.5 | 8 847.2 | 2 399.5 |
| 安 徽 | 9 385.4 | 10 682.4 | 6 238.9 | 4 443.5 | 811.5 |
| 福 建 | 20 947.9 | 23 004.0 | 17 701.1 | 5 302.9 | 1 177.2 |
| 江 西 | 3 739.5 | 4 522.0 | 2 170.4 | 2 351.6 | 555.8 |
| 山 东 | 29 289.7 | 32 129.2 | 20 981.1 | 11 148.1 | 1 686.3 |
| 河 南 | 14 301.2 | 16 121.6 | 10 059.3 | 6 062.3 | 983.2 |
| 湖 北 | 16 566.1 | 18 358.7 | 10 618.7 | 7 740.0 | 1 281.6 |
| 湖 南 | 8 311.4 | 9 271.1 | 4 606.9 | 4 664.1 | 1 113.2 |
| 广 东 | 65 871.3 | 71 691.0 | 58 693.3 | 12 997.7 | 5 350.4 |
| 广 西 | 5 640.0 | 6 403.2 | 4 424.4 | 1 978.8 | 470.8 |
| 海 南 | 2 063.1 | 2 294.5 | 1 861.4 | 433.1 | 109.0 |
| 重 庆 | 10 245.1 | 11 911.5 | 7 956.6 | 3 954.9 | 598.0 |
| 四 川 | 11 883.4 | 13 313.8 | 7 072.2 | 6 241.6 | 851.8 |
| 贵 州 | 3 771.8 | 5 027.2 | 3 152.9 | 1 874.3 | 416.0 |
| 云 南 | 7 468.0 | 8 886.0 | 6 004.3 | 2 881.7 | 765.6 |
| 西 藏 | 175.2 | 227.2 | 119.3 | 107.9 | 76.3 |
| 陕 西 | 7 687.1 | 9 288.5 | 5 162.9 | 4 125.6 | 530.2 |
| 甘 肃 | 4 223.8 | 4 802.3 | 3 346.0 | 1 456.3 | 260.0 |
| 青 海 | 883.9 | 1 136.7 | 833.1 | 303.6 | 59.9 |
| 宁 夏 | 1 107.6 | 1 201.6 | 811.5 | 390.0 | 83.8 |
| 新 疆 | 6 549.0 | 6 933.6 | 5 779.7 | 1 153.9 | 659.1 |

## 各地区限额以上住宿业企业经营情况（2016年）

单位：亿元

| 地 区 | 营业额 | #客房收入 | #餐费收入 | #商品销售额 |
|---|---|---|---|---|
| **全 国** | **3 811.1** | **1 907.2** | **1 405.8** | **106.4** |
| 北 京 | 364.3 | 195.2 | 90.6 | 4.0 |
| 天 津 | 40.1 | 20.6 | 12.7 | 0.4 |
| 河 北 | 65.8 | 27.4 | 31.4 | 1.2 |
| 山 西 | 31.9 | 15.0 | 13.5 | 0.4 |
| 内蒙古 | 36.3 | 17.3 | 16.4 | 0.2 |
| 辽 宁 | 75.7 | 37.3 | 29.3 | 1.4 |
| 吉 林 | 32.0 | 15.7 | 13.4 | 0.7 |
| 黑龙江 | 33.9 | 18.6 | 11.3 | 1.6 |
| 上 海 | 283.8 | 152.9 | 70.8 | 6.0 |
| 江 苏 | 228.2 | 100.9 | 103.1 | 7.3 |
| 浙 江 | 293.0 | 134.9 | 131.5 | 2.4 |
| 安 徽 | 74.9 | 36.0 | 33.2 | 1.7 |
| 福 建 | 176.3 | 75.0 | 77.5 | 13.2 |
| 江 西 | 64.7 | 32.9 | 26.6 | 1.5 |
| 山 东 | 227.8 | 101.7 | 105.9 | 7.6 |
| 河 南 | 177.4 | 90.3 | 71.0 | 7.0 |
| 湖 北 | 118.2 | 60.5 | 45.3 | 5.1 |
| 湖 南 | 155.2 | 73.9 | 64.5 | 7.9 |
| 广 东 | 535.9 | 272.0 | 172.3 | 13.2 |
| 广 西 | 69.4 | 39.4 | 22.3 | 1.5 |
| 海 南 | 102.0 | 63.3 | 30.7 | 0.7 |
| 重 庆 | 99.7 | 48.3 | 40.5 | 4.4 |
| 四 川 | 162.5 | 81.9 | 63.7 | 6.1 |
| 贵 州 | 60.6 | 37.0 | 18.2 | 2.2 |
| 云 南 | 88.7 | 51.1 | 26.1 | 2.7 |
| 西 藏 | 7.8 | 4.9 | 1.9 | 0.1 |
| 陕 西 | 112.3 | 52.5 | 49.0 | 4.7 |
| 甘 肃 | 43.1 | 24.6 | 15.4 | 0.7 |
| 青 海 | 8.1 | 4.8 | 2.4 | 0.1 |
| 宁 夏 | 7.8 | 3.8 | 3.3 | 0.1 |
| 新 疆 | 33.7 | 17.7 | 12.0 | 0.6 |

## 各地区限额以上餐饮业企业经营情况（2016 年）

单位：亿元

| 地 区 | 营业额 | #客房收入 | #餐费收入 | #商品销售收入 |
|---|---|---|---|---|
| **全 国** | **5 127.1** | **308.2** | **4 562.1** | **162.1** |
| 北 京 | 581.4 | 3.9 | 554.9 | 8.6 |
| 天 津 | 97.9 | 4.0 | 88.2 | 1.6 |
| 河 北 | 37.3 | 5.9 | 28.7 | 1.7 |
| 山 西 | 48.7 | 8.3 | 37.6 | 1.9 |
| 内蒙古 | 56.6 | 8.7 | 44.8 | 1.7 |
| 辽 宁 | 96.0 | 4.3 | 88.3 | 1.5 |
| 吉 林 | 29.5 | 4.8 | 23.7 | 0.3 |
| 黑龙江 | 14.6 | 1.3 | 12.1 | 1.1 |
| 上 海 | 668.2 | 6.0 | 638.6 | 14.7 |
| 江 苏 | 381.4 | 36.7 | 324.2 | 14.8 |
| 浙 江 | 313.5 | 24.9 | 274.2 | 6.5 |
| 安 徽 | 140.4 | 14.6 | 113.6 | 9.7 |
| 福 建 | 176.4 | 7.6 | 162.5 | 4.3 |
| 江 西 | 43.5 | 4.9 | 36.0 | 2.3 |
| 山 东 | 333.7 | 36.1 | 275.3 | 16.1 |
| 河 南 | 176.6 | 16.3 | 150.8 | 5.9 |
| 湖 北 | 253.1 | 22.5 | 219.4 | 8.3 |
| 湖 南 | 130.4 | 14.3 | 109.2 | 4.9 |
| 广 东 | 695.1 | 24.2 | 641.7 | 16.4 |
| 广 西 | 38.9 | 2.9 | 34.1 | 1.3 |
| 海 南 | 7.8 | 0.3 | 6.9 | 0.1 |
| 重 庆 | 258.9 | 13.7 | 230.3 | 11.9 |
| 四 川 | 236.0 | 15.6 | 205.1 | 10.1 |
| 贵 州 | 31.6 | 2.9 | 27.0 | 1.1 |
| 云 南 | 56.8 | 2.3 | 49.7 | 2.6 |
| 西 藏 | 0.9 |  | 0.8 |  |
| 陕 西 | 159.4 | 13.8 | 131.0 | 11.7 |
| 甘 肃 | 35.0 | 3.6 | 30.6 | 0.6 |
| 青 海 | 5.4 | 1.0 | 4.2 |  |
| 宁 夏 | 7.2 | 1.0 | 6.0 | 0.1 |
| 新 疆 | 14.9 | 1.8 | 12.7 | 0.3 |

按登记注册类型分限额以上批发和零售业企业年末资产及负债（2016年）（1）

单位：亿元

| 指 标 | 资产总计 | #流动资产合计 | #固定资产合计 | 负债合计 | 所有者权益合计 |
|---|---|---|---|---|---|
| **总 计** | **261 758.9** | **196 290.4** | **17 057.0** | **187 138.1** | **74 561.6** |
| **一、批发业合计** | **201 322.9** | **155 789.0** | **8 672.4** | **145 044.3** | **56 254.0** |
| **内资企业** | **171 674.1** | **131 617.3** | **7 947.6** | **124 627.7** | **47 021.7** |
| 国有企业 | 12 421.3 | 9 991.5 | 842.4 | 6 715.8 | 5 705.5 |
| 集体企业 | 464.6 | 324.3 | 50.5 | 335.3 | 129.3 |
| 股份合作企业 | 72.4 | 57.3 | 7.4 | 56.9 | 15.6 |
| 联营企业 | 28.4 | 25.2 | 1.8 | 22.4 | 6.0 |
| 国有联营企业 | 4.0 | 3.7 | 0.4 | 2.3 | 1.8 |
| 集体联营企业 | 5.6 | 3.1 | 1.4 | 5.0 | 0.7 |
| 国有与集体联营企业 | 16.1 | 16.1 | | 14.5 | 1.6 |
| 其他联营企业 | 2.6 | 2.4 | 0.1 | 0.6 | 1.9 |
| 有限责任公司 | 87 252.7 | 66 830.1 | 3 413.0 | 65 104.4 | 22 147.3 |
| 国有独资公司 | 16 088.0 | 11 082.3 | 932.8 | 11 422.2 | 4 663.8 |
| 其他有限责任公司 | 71 164.7 | 55 747.7 | 2 480.2 | 53 682.2 | 17 483.5 |
| 股份有限公司 | 22 177.2 | 13 739.2 | 1 342.2 | 13 967.0 | 8 186.4 |
| 私营企业 | 49 019.6 | 40 502.8 | 2 234.2 | 38 301.5 | 10 718.3 |
| 私营独资企业 | 168.3 | 125.1 | 29.6 | 108.1 | 60.2 |
| 私营合伙企业 | 14.7 | 12.0 | 1.4 | 9.0 | 5.7 |
| 私营有限责任公司 | 47 125.9 | 39 219.2 | 2 102.4 | 37 238.9 | 9 887.0 |
| 私营股份有限公司 | 1 710.7 | 1 146.5 | 100.8 | 945.5 | 765.3 |
| 其他企业 | 238.0 | 146.8 | 56.2 | 124.5 | 113.4 |
| **港、澳、台商投资企业** | **11 519.6** | **9 303.0** | **352.6** | **8 098.1** | **3 421.6** |
| 合资经营企业 | 2 007.7 | 1 548.7 | 47.0 | 1 411.8 | 595.9 |
| 合作经营企业 | 99.7 | 80.2 | 5.4 | 69.1 | 30.5 |
| 独资经营企业 | 9 114.5 | 7 429.8 | 286.7 | 6 382.4 | 2 732.3 |
| 投资股份有限公司 | 234.1 | 190.5 | 10.2 | 188.5 | 45.7 |
| 其他港、澳、台商投资企业 | 63.5 | 53.8 | 3.3 | 46.4 | 17.1 |
| **外商投资企业** | **18 129.2** | **14 868.7** | **372.1** | **12 318.5** | **5 810.8** |
| 中外合资经营企业 | 3 605.6 | 3 064.7 | 75.0 | 3 024.6 | 581.0 |
| 中外合作经营企业 | 22.8 | 20.9 | 1.1 | 20.4 | 2.4 |
| 外资企业 | 14 123.5 | 11 459.7 | 280.1 | 9 040.4 | 5 083.1 |
| 外商投资股份有限公司 | 126.0 | 87.3 | 10.5 | 77.9 | 48.1 |
| 其他外商投资企业 | 251.3 | 236.1 | 5.4 | 155.1 | 96.2 |

按登记注册类型分限额以上批发和零售业企业年末资产及负债（2016年）（2）

单位：亿元

| 指 标 | 资产总计 | #流动资产合计 | #固定资产合计 | 负债合计 | 所有者权益合计 |
|---|---|---|---|---|---|
| **二、零售业合计** | **60 436.0** | **40 501.4** | **8 384.6** | **42 093.8** | **18 307.5** |
| **内资企业** | **52 790.6** | **35 344.9** | **7 316.6** | **36 852.8** | **15 903.2** |
| 国有企业 | 759.8 | 397.6 | 195.7 | 456.3 | 303.4 |
| 集体企业 | 304.1 | 164.2 | 86.8 | 182.5 | 121.5 |
| 股份合作企业 | 54.2 | 30.5 | 16.2 | 36.5 | 17.8 |
| 联营企业 | 29.5 | 23.0 | 5.1 | 14.2 | 15.3 |
| 国有联营企业 | 1.9 | 1.4 | 0.5 | 1.2 | 0.7 |
| 集体联营企业 | 13.4 | 11.7 | 1.4 | 7.9 | 5.5 |
| 国有与集体联营企业 | 7.4 | 4.6 | 2.2 | 1.2 | 6.2 |
| 其他联营企业 | 6.7 | 5.2 | 1.0 | 4.0 | 2.7 |
| 有限责任公司 | 23 135.8 | 16 055.3 | 3 026.8 | 17 042.0 | 6 093.9 |
| 国有独资公司 | 1 212.0 | 657.4 | 201.0 | 735.0 | 477.0 |
| 其他有限责任公司 | 21 923.8 | 15 397.9 | 2 825.7 | 16 307.0 | 5 616.8 |
| 股份有限公司 | 11 259.6 | 6 547.3 | 1 615.0 | 6 723.3 | 4 490.9 |
| 私营企业 | 17 126.0 | 12 071.9 | 2 327.8 | 12 350.4 | 4 786.3 |
| 私营独资企业 | 340.0 | 178.4 | 116.0 | 136.7 | 203.3 |
| 私营合伙企业 | 41.6 | 22.6 | 11.0 | 21.2 | 20.4 |
| 私营有限责任公司 | 15 882.9 | 11 273.8 | 2 092.7 | 11 637.7 | 4 255.8 |
| 私营股份有限公司 | 861.5 | 597.2 | 108.1 | 554.7 | 306.7 |
| 其他企业 | 121.6 | 55.2 | 43.3 | 47.6 | 74.1 |
| **港、澳、台商投资企业** | **3 980.4** | **2 629.8** | **592.6** | **2 603.2** | **1 377.2** |
| 合资经营企业 | 1 262.1 | 842.0 | 182.6 | 706.4 | 555.7 |
| 合作经营企业 | 42.2 | 18.8 | 9.2 | 20.3 | 22.0 |
| 独资经营企业 | 2 467.9 | 1 653.1 | 373.6 | 1 756.3 | 711.7 |
| 投资股份有限公司 | 179.3 | 102.6 | 18.0 | 95.8 | 83.5 |
| 其他港、澳、台商投资企业 | 28.8 | 13.4 | 9.2 | 24.5 | 4.3 |
| **外商投资企业** | **3 665.0** | **2 526.7** | **475.4** | **2 637.8** | **1 027.2** |
| 中外合资经营企业 | 986.6 | 632.1 | 170.9 | 635.7 | 350.9 |
| 中外合作经营企业 | 98.0 | 60.5 | 7.0 | 59.1 | 38.9 |
| 外资企业 | 2 329.4 | 1 687.8 | 253.2 | 1 750.7 | 578.8 |
| 外商投资股份有限公司 | 156.6 | 70.4 | 33.9 | 114.5 | 42.0 |
| 其他外商投资企业 | 94.4 | 75.9 | 10.3 | 77.8 | 16.6 |

## 按行业分限额以上批发和零售业企业年末资产及负债（2016年）

单位：亿元

| 指 标 | 资产总计 | #流动资产合计 | #固定资产合计 | 负债合计 | 所有者权益合计 |
|---|---|---|---|---|---|
| **总 计** | **261 758.9** | **196 290.4** | **17 057.0** | **187 138.1** | **74 561.5** |
| **批发业合计** | **201 322.9** | **155 789.0** | **8 672.4** | **145 044.3** | **56 254.0** |
| 农、林、牧产品批发 | 8 389.0 | 5 879.2 | 668.1 | 5 874.4 | 2 514.6 |
| 食品、饮料及烟草制品批发 | 21 418.9 | 16 651.5 | 1 659.1 | 11 749.6 | 9 669.3 |
| #米、面制品及食用油批发 | 4 015.1 | 3 062.5 | 260.4 | 3 335.0 | 680.1 |
| 烟草制品批发 | 6 499.1 | 5 303.5 | 594.2 | 1 489.9 | 5 009.2 |
| 纺织、服装及家庭用品批发 | 17 591.5 | 14 431.4 | 549.1 | 12 830.6 | 4 760.9 |
| #服装批发 | 4 981.0 | 3 772.2 | 168.5 | 3 271.2 | 1 709.8 |
| 家用电器批发 | 5 083.5 | 4 480.6 | 78.9 | 4 180.8 | 902.6 |
| 文化、体育用品及器材批发 | 5 385.0 | 4 211.2 | 181.8 | 3 658.6 | 1 726.5 |
| 医药及医疗器材批发 | 12 326.1 | 10 427.4 | 475.7 | 9 104.2 | 3 221.8 |
| 矿产品、建材及化工产品批发 | 94 454.4 | 69 794.5 | 4 074.8 | 70 270.4 | 24 159.4 |
| #煤炭及制品批发 | 15 058.4 | 10 814.0 | 738.9 | 11 458.4 | 3 599.9 |
| 石油及制品批发 | 18 457.2 | 12 601.9 | 1 967.3 | 13 115.7 | 5 317.9 |
| 金属及金属矿批发 | 35 030.1 | 28 154.6 | 599.8 | 28 029.4 | 6 999.4 |
| 建材批发 | 7 752.7 | 5 598.6 | 249.3 | 5 673.1 | 2 079.7 |
| 化肥批发 | 3 206.3 | 2 225.1 | 127.4 | 2 437.6 | 768.7 |
| 机械设备、五金产品及电子产品批发 | 32 626.3 | 26 992.6 | 823.1 | 24 117.5 | 8 508.9 |
| #汽车批发 | 8 563.3 | 7 148.1 | 139.2 | 6 706.5 | 1 856.7 |
| 计算机、软件及辅助设备批发 | 2 298.8 | 2 090.6 | 47.3 | 1 774.4 | 524.4 |
| 贸易经纪与代理 | 4 402.2 | 3 774.8 | 63.8 | 3 678.7 | 723.4 |
| 其他批发业 | 4 729.6 | 3 626.4 | 176.9 | 3 760.3 | 969.3 |
| **零售业合计** | **60 436.0** | **40 501.4** | **8 384.6** | **42 093.8** | **18 307.5** |
| 综合零售 | 15 774.0 | 8 802.8 | 3 206.7 | 11 078.0 | 4 696.1 |
| #百货零售 | 10 322.0 | 5 408.5 | 2 178.6 | 6 745.5 | 3 576.5 |
| 超级市场零售 | 5 080.2 | 3 167.0 | 952.4 | 4 046.2 | 1 034.0 |
| 食品、饮料及烟草制品专门零售 | 2 007.8 | 1 227.4 | 380.0 | 1 051.6 | 956.2 |
| 纺织、服装及日用品专门零售 | 3 547.2 | 2 334.4 | 379.4 | 2 284.8 | 1 262.4 |
| #服装零售 | 2 473.7 | 1 536.5 | 262.0 | 1 576.1 | 897.6 |
| 文化、体育用品及器材专门零售 | 2 552.2 | 1 735.6 | 296.4 | 1 474.8 | 1 077.3 |
| #体育用品及器材零售 | 120.1 | 84.4 | 18.7 | 75.7 | 44.4 |
| 图书、报刊零售 | 1 238.3 | 801.8 | 171.9 | 666.9 | 571.4 |
| 医药及医疗器材专门零售 | 3 835.2 | 3 100.1 | 213.3 | 2 832.9 | 1 002.3 |
| #药品零售 | 3 595.9 | 2 921.8 | 198.5 | 2 681.8 | 914.0 |
| 汽车、摩托车、燃料及零配件专门零售 | 22 362.6 | 15 960.9 | 2 783.0 | 16 239.1 | 6 078.1 |
| #汽车零售 | 15 690.2 | 12 047.3 | 1 638.2 | 12 321.3 | 3 368.9 |
| 机动车燃料零售 | 6 137.0 | 3 514.1 | 1 092.0 | 3 498.1 | 2 593.7 |
| 家用电器及电子产品专门零售 | 5 618.5 | 4 273.4 | 380.5 | 3 724.9 | 1 904.3 |
| #日用家电设备零售 | 3 526.3 | 2 693.6 | 219.4 | 2 399.5 | 1 126.8 |
| 计算机、软件及辅助设备零售 | 629.5 | 494.2 | 40.2 | 331.8 | 297.7 |
| 通讯设备零售 | 441.7 | 352.9 | 23.7 | 331.9 | 109.8 |
| 五金、家具及室内装饰材料专门零售 | 1 934.7 | 1 070.8 | 352.9 | 1 197.8 | 737.0 |
| 货摊、无店铺及其他零售业 | 2 803.8 | 1 996.0 | 392.5 | 2 209.9 | 593.9 |
| #互联网零售 | 1 532.1 | 1 290.2 | 86.9 | 1 377.6 | 154.4 |

## 各地区限额以上批发和零售业企业年末资产及负债（2016 年）

单位：亿元

| 地 区 | 资产总计 | #流动资产合计 | #固定资产合计 | 负债合计 | 所有者权益合计 |
|---|---|---|---|---|---|
| **全 国** | **261 758.9** | **196 290.4** | **17 057.0** | **187 138.1** | **74 561.6** |
| 北 京 | 39 729.3 | 27 420.1 | 968.3 | 26 627.8 | 13 101.5 |
| 天 津 | 14 363.3 | 11 553.1 | 453.1 | 11 508.1 | 2 856.2 |
| 河 北 | 5 321.0 | 4 058.8 | 514.5 | 4 110.8 | 1 210.2 |
| 山 西 | 4 936.8 | 3 319.9 | 569.7 | 3 719.7 | 1 217.1 |
| 内蒙古 | 2 599.9 | 1 785.7 | 339.8 | 1 978.9 | 621.0 |
| 辽 宁 | 5 671.7 | 4 349.7 | 529.7 | 4 575.7 | 1 077.1 |
| 吉 林 | 2 301.0 | 1 722.1 | 334.1 | 1 786.3 | 510.8 |
| 黑龙江 | 3 244.8 | 2 547.3 | 319.9 | 2 675.5 | 561.5 |
| 上 海 | 27 124.1 | 21 030.4 | 919.2 | 19 301.0 | 7 823.1 |
| 江 苏 | 19 990.7 | 15 273.9 | 1 521.6 | 13 997.6 | 5 993.1 |
| 浙 江 | 20 827.3 | 15 960.0 | 1 018.9 | 15 833.6 | 4 993.7 |
| 安 徽 | 5 474.0 | 3 863.2 | 453.3 | 3 664.2 | 1 809.8 |
| 福 建 | 10 703.2 | 8 052.0 | 538.9 | 6 915.2 | 3 788.1 |
| 江 西 | 2 423.3 | 1 805.6 | 324.4 | 1 701.6 | 720.6 |
| 山 东 | 12 649.0 | 9 051.2 | 1 622.2 | 9 197.7 | 3 461.3 |
| 河 南 | 6 143.9 | 4 395.7 | 837.0 | 3 969.5 | 2 174.4 |
| 湖 北 | 6 819.2 | 4 823.6 | 968.8 | 4 883.3 | 1 935.9 |
| 湖 南 | 3 981.3 | 2 608.0 | 590.4 | 2 540.9 | 1 440.4 |
| 广 东 | 32 784.4 | 27 092.0 | 1 439.7 | 24 830.7 | 7 954.0 |
| 广 西 | 3 080.7 | 2 275.5 | 216.8 | 2 176.9 | 903.8 |
| 海 南 | 1 201.3 | 931.5 | 79.8 | 774.7 | 426.6 |
| 重 庆 | 4 206.6 | 3 206.0 | 360.7 | 2 910.7 | 1 295.9 |
| 四 川 | 5 515.6 | 4 138.1 | 510.8 | 3 792.1 | 1 723.5 |
| 贵 州 | 3 713.8 | 3 018.7 | 194.7 | 2 259.4 | 1 465.2 |
| 云 南 | 4 834.9 | 3 185.9 | 385.3 | 2 941.9 | 1 893.0 |
| 西 藏 | 133.3 | 93.3 | 19.3 | 77.9 | 55.5 |
| 陕 西 | 3 675.6 | 2 416.8 | 384.3 | 2 348.4 | 1 329.1 |
| 甘 肃 | 1 613.4 | 1 126.8 | 181.8 | 968.4 | 643.2 |
| 青 海 | 1 880.4 | 1 688.6 | 75.2 | 1 485.2 | 395.2 |
| 宁 夏 | 792.2 | 634.5 | 63.2 | 648.8 | 143.3 |
| 新 疆 | 4 022.7 | 2 862.0 | 321.5 | 2 935.7 | 1 037.6 |

## 各地区限额以上批发业企业年末资产及负债（2016年）

单位：亿元

| 地 区 | 资产总计 | #流动资产合计 | #固定资产合计 | 负债合计 | 所有者权益合计 |
|---|---|---|---|---|---|
| **全 国** | **201 322.9** | **155 789.0** | **8 672.4** | **145 044.3** | **56 254.0** |
| 北 京 | 35 212.4 | 24 040.1 | 659.8 | 23 185.2 | 12 027.2 |
| 天 津 | 13 006.5 | 10 729.8 | 277.9 | 10 506.3 | 2 501.2 |
| 河 北 | 3 653.4 | 2 921.0 | 226.5 | 2 837.0 | 816.4 |
| 山 西 | 3 779.3 | 2 568.2 | 341.3 | 2 832.9 | 946.3 |
| 内蒙古 | 1 755.0 | 1 245.5 | 178.4 | 1 311.9 | 443.1 |
| 辽 宁 | 3 913.4 | 3 255.0 | 205.3 | 3 212.7 | 685.6 |
| 吉 林 | 1 330.2 | 1 146.2 | 87.9 | 1 064.6 | 265.6 |
| 黑龙江 | 2 427.2 | 2 019.4 | 139.6 | 2 055.0 | 364.3 |
| 上 海 | 23 761.7 | 18 650.8 | 517.4 | 16 879.6 | 6 882.2 |
| 江 苏 | 13 112.2 | 10 799.3 | 665.1 | 9 327.9 | 3 784.3 |
| 浙 江 | 16 966.8 | 13 345.8 | 499.9 | 12 903.3 | 4 063.5 |
| 安 徽 | 3 275.2 | 2 558.1 | 169.0 | 2 372.7 | 902.4 |
| 福 建 | 9 003.9 | 6 870.0 | 341.2 | 5 928.1 | 3 075.8 |
| 江 西 | 1 253.0 | 958.3 | 137.2 | 855.5 | 396.4 |
| 山 东 | 8 260.8 | 6 187.8 | 862.8 | 6 020.7 | 2 239.3 |
| 河 南 | 3 842.7 | 2 866.0 | 433.7 | 2 434.9 | 1 407.7 |
| 湖 北 | 3 959.2 | 3 056.8 | 441.2 | 2 844.6 | 1 114.6 |
| 湖 南 | 1 993.0 | 1 447.4 | 179.4 | 1 317.1 | 675.9 |
| 广 东 | 26 785.8 | 22 330.1 | 964.5 | 20 768.2 | 6 018.0 |
| 广 西 | 2 153.6 | 1 564.6 | 132.9 | 1 534.3 | 619.3 |
| 海 南 | 941.6 | 767.8 | 33.6 | 604.2 | 337.4 |
| 重 庆 | 2 721.8 | 2 285.5 | 147.1 | 1 912.5 | 809.3 |
| 四 川 | 3 268.0 | 2 688.9 | 180.0 | 2 332.6 | 935.4 |
| 贵 州 | 2 751.0 | 2 424.3 | 94.5 | 1 552.5 | 1 198.5 |
| 云 南 | 3 619.9 | 2 416.0 | 218.8 | 2 149.8 | 1 470.1 |
| 西 藏 | 76.5 | 61.0 | 6.8 | 41.7 | 34.9 |
| 陕 西 | 1 938.8 | 1 450.3 | 128.6 | 1 364.1 | 576.6 |
| 甘 肃 | 904.2 | 640.0 | 98.7 | 528.0 | 376.1 |
| 青 海 | 1 759.5 | 1 608.6 | 47.0 | 1 400.2 | 359.3 |
| 宁 夏 | 590.8 | 495.4 | 38.0 | 508.0 | 82.8 |
| 新 疆 | 3 305.7 | 2 391.2 | 218.0 | 2 458.2 | 844.5 |

## 各地区限额以上零售业企业年末资产及负债（2016 年）

单位：亿元

| 地 区 | 资产总计 | | | 负债合计 | 所有者权益合计 |
|---|---|---|---|---|---|
| | | #流动资产合计 | #固定资产合计 | | |
| **全 国** | **60 436.0** | **40 501.4** | **8 384.6** | **42 093.8** | **18 307.5** |
| 北 京 | 4 516.9 | 3 380.0 | 308.5 | 3 442.6 | 1 074.3 |
| 天 津 | 1 356.8 | 823.3 | 175.3 | 1 001.9 | 355.0 |
| 河 北 | 1 667.6 | 1 137.8 | 288.0 | 1 273.8 | 393.9 |
| 山 西 | 1 157.5 | 751.8 | 228.4 | 886.8 | 270.7 |
| 内蒙古 | 844.9 | 540.3 | 161.3 | 667.0 | 177.9 |
| 辽 宁 | 1 758.3 | 1 094.7 | 324.3 | 1 363.0 | 391.4 |
| 吉 林 | 970.8 | 575.9 | 246.2 | 721.7 | 245.1 |
| 黑龙江 | 817.6 | 527.9 | 180.3 | 620.5 | 197.1 |
| 上 海 | 3 362.4 | 2 379.6 | 401.8 | 2 421.4 | 941.0 |
| 江 苏 | 6 878.5 | 4 474.6 | 856.5 | 4 669.7 | 2 208.8 |
| 浙 江 | 3 860.5 | 2 614.3 | 519.0 | 2 930.3 | 930.2 |
| 安 徽 | 2 198.8 | 1 305.1 | 284.3 | 1 291.5 | 907.4 |
| 福 建 | 1 699.3 | 1 182.1 | 197.7 | 987.1 | 712.2 |
| 江 西 | 1 170.3 | 847.3 | 187.2 | 846.1 | 324.2 |
| 山 东 | 4 388.3 | 2 863.4 | 759.3 | 3 176.9 | 1 222.0 |
| 河 南 | 2 301.3 | 1 529.7 | 403.3 | 1 534.5 | 766.7 |
| 湖 北 | 2 860.0 | 1 766.8 | 527.5 | 2 038.7 | 821.3 |
| 湖 南 | 1 988.4 | 1 160.7 | 411.0 | 1 223.9 | 764.5 |
| 广 东 | 5 998.6 | 4 761.9 | 475.2 | 4 062.6 | 1 936.1 |
| 广 西 | 927.1 | 710.9 | 83.9 | 642.6 | 284.5 |
| 海 南 | 259.7 | 163.7 | 46.1 | 170.5 | 89.2 |
| 重 庆 | 1 484.9 | 920.5 | 213.6 | 998.3 | 486.6 |
| 四 川 | 2 247.6 | 1 449.2 | 330.8 | 1 459.4 | 788.1 |
| 贵 州 | 962.8 | 594.4 | 100.2 | 706.9 | 266.7 |
| 云 南 | 1 215.0 | 769.9 | 166.6 | 792.1 | 422.9 |
| 西 藏 | 56.8 | 32.3 | 12.4 | 36.2 | 20.6 |
| 陕 西 | 1 736.8 | 966.5 | 255.8 | 984.3 | 752.5 |
| 甘 肃 | 709.2 | 486.9 | 83.0 | 440.4 | 267.1 |
| 青 海 | 120.9 | 79.9 | 28.3 | 85.0 | 35.9 |
| 宁 夏 | 201.4 | 139.1 | 25.2 | 140.8 | 60.6 |
| 新 疆 | 717.0 | 470.8 | 103.5 | 477.5 | 193.1 |

## 按登记注册类型和行业分限额以上住宿和餐饮业企业年末资产及负债（2016年）（1）

单位：亿元

| 指 标 | 资产总计 | #流动资产合计 | #固定资产合计 | 负债合计 | 所有者权益合计 |
|---|---|---|---|---|---|
| **总 计** | **17 155.2** | **6 496.9** | **6 385.5** | **12 338.1** | **4 817.4** |
| **一、住宿业合计** | **12 151.9** | **4 309.3** | **4 812.1** | **8 794.2** | **3 357.7** |
| **（一）按登记注册类型分** | | | | | |
| **内资企业** | **9 859.1** | **3 472.0** | **3 910.0** | **7 157.3** | **2 701.7** |
| 国有企业 | 1 095.0 | 298.4 | 569.8 | 609.9 | 485.0 |
| 集体企业 | 92.0 | 30.8 | 41.8 | 63.8 | 28.1 |
| 股份合作企业 | 19.1 | 7.9 | 6.7 | 15.5 | 3.6 |
| 联营企业 | 19.9 | 4.3 | 3.6 | 15.5 | 4.3 |
| 国有联营企业 | 5.1 | 2.4 | 2.3 | 2.4 | 2.8 |
| 集体联营企业 | 1.6 | 0.3 | 1.1 | 1.5 | 0.1 |
| 国有与集体联营企业 | 13.0 | 1.6 | 0.2 | 11.6 | 1.5 |
| 其他联营企业 | | | | 0.1 | |
| 有限责任公司 | 5 438.5 | 1 884.5 | 2 145.1 | 4 043.5 | 1 395.0 |
| 国有独资公司 | 572.6 | 158.9 | 247.1 | 307.4 | 265.2 |
| 其他有限责任公司 | 4 866.0 | 1 725.6 | 1 898.0 | 3 736.1 | 1 129.8 |
| 股份有限公司 | 452.5 | 174.3 | 166.1 | 302.2 | 150.3 |
| 私营企业 | 2 709.9 | 1 058.6 | 961.6 | 2 085.6 | 624.3 |
| 私营独资企业 | 120.9 | 40.4 | 59.9 | 58.6 | 62.3 |
| 私营合伙企业 | 31.9 | 9.3 | 13.2 | 14.7 | 17.3 |
| 私营有限责任公司 | 2 426.2 | 955.9 | 839.3 | 1 918.8 | 507.4 |
| 私营股份有限公司 | 130.9 | 53.0 | 49.1 | 93.6 | 37.3 |
| 其他企业 | 32.2 | 13.3 | 15.4 | 21.2 | 11.0 |
| **港、澳、台商投资企业** | **1 547.3** | **555.7** | **589.0** | **1 134.0** | **413.3** |
| 合资经营企业 | 603.4 | 226.2 | 210.9 | 487.2 | 116.2 |
| 合作经营企业 | 142.0 | 71.3 | 52.7 | 106.4 | 35.6 |
| 独资经营企业 | 762.7 | 244.9 | 303.7 | 510.8 | 251.9 |
| 投资股份有限公司 | 28.4 | 10.2 | 15.4 | 24.1 | 4.3 |
| 其他港、澳、台商投资企业 | 10.8 | 3.1 | 6.3 | 5.6 | 5.2 |
| **外商投资企业** | **745.6** | **281.5** | **313.1** | **502.8** | **242.7** |
| 中外合资经营企业 | 303.4 | 115.7 | 100.3 | 186.3 | 117.0 |
| 中外合作经营企业 | 112.1 | 43.8 | 63.5 | 99.8 | 12.3 |
| 外资企业 | 283.0 | 113.9 | 117.8 | 173.6 | 109.5 |
| 外商投资股份有限公司 | 37.8 | 5.0 | 25.5 | 45.8 | -8.0 |
| 其他外商投资企业 | 9.3 | 3.0 | 6.0 | -2.7 | 11.9 |
| **（二）按国民经济行业分** | | | | | |
| 旅游饭店 | 10 351.5 | 3 588.3 | 4 230.0 | 7 559.3 | 2 792.2 |
| 一般旅馆 | 1 517.8 | 587.4 | 497.7 | 1 030.0 | 487.8 |
| 其他住宿业 | 282.5 | 133.6 | 84.5 | 204.8 | 77.7 |

## 按登记注册类型和行业分限额以上住宿和餐饮业企业年末资产及负债（2016 年）（2）

单位：亿元

| 指 标 | 资产总计 | #流动资产合计 | #固定资产合计 | 负债合计 | 所有者权益合计 |
|---|---|---|---|---|---|
| **二、餐饮业合计** | **5 003.3** | **2 187.7** | **1 573.3** | **3 543.9** | **1 459.7** |
| **（一）按登记注册类型分** | | | | | |
| **内资企业** | **4 218.3** | **1 858.6** | **1 379.8** | **3 032.5** | **1 186.0** |
| 国有企业 | 104.0 | 30.3 | 49.9 | 56.8 | 47.2 |
| 集体企业 | 15.7 | 8.0 | 5.4 | 10.0 | 5.7 |
| 股份合作企业 | 12.9 | 7.7 | 3.9 | 9.1 | 3.8 |
| 联营企业 | 1.4 | 0.5 | 0.4 | 1.2 | 0.2 |
| 国有联营企业 | | | | | |
| 集体联营企业 | 1.4 | 0.5 | 0.4 | 1.2 | 0.2 |
| 国有与集体联营企业 | | | | | |
| 其他联营企业 | | | | | |
| 有限责任公司 | 1 605.0 | 701.3 | 521.3 | 1 244.5 | 360.5 |
| 国有独资公司 | 56.3 | 24.3 | 22.7 | 45.0 | 11.3 |
| 其他有限责任公司 | 1 548.7 | 677.0 | 498.6 | 1 199.5 | 349.2 |
| 股份有限公司 | 274.4 | 139.3 | 66.3 | 180.5 | 93.9 |
| 私营企业 | 2 180.1 | 961.7 | 721.6 | 1 518.8 | 661.5 |
| 私营独资企业 | 185.3 | 65.8 | 86.4 | 79.5 | 105.8 |
| 私营合伙企业 | 19.1 | 7.5 | 8.4 | 7.4 | 11.6 |
| 私营有限责任公司 | 1 854.9 | 829.9 | 596.7 | 1 359.0 | 496.1 |
| 私营股份有限公司 | 120.8 | 58.5 | 30.1 | 72.9 | 47.9 |
| 其他企业 | 24.8 | 9.8 | 11.1 | 11.6 | 13.1 |
| **港、澳、台商投资企业** | **410.3** | **205.6** | **97.8** | **261.7** | **148.6** |
| 合资经营企业 | 92.7 | 38.3 | 26.1 | 58.9 | 33.9 |
| 合作经营企业 | 10.3 | 4.8 | 2.3 | 12.8 | -2.5 |
| 独资经营企业 | 297.3 | 155.3 | 68.2 | 184.6 | 112.7 |
| 投资股份有限公司 | 9.2 | 6.6 | 1.2 | 4.8 | 4.4 |
| 其他港、澳、台商投资企业 | 0.7 | 0.6 | | 0.7 | |
| **外商投资企业** | **374.8** | **123.4** | **95.8** | **249.7** | **125.1** |
| 中外合资经营企业 | 84.3 | 29.0 | 28.8 | 53.2 | 31.2 |
| 中外合作经营企业 | 3.5 | 2.7 | 0.3 | 2.0 | 1.4 |
| 外资企业 | 264.6 | 84.7 | 63.5 | 181.4 | 83.2 |
| 外商投资股份有限公司 | 8.3 | 1.4 | 0.7 | 3.9 | 4.4 |
| 其他外商投资企业 | 14.1 | 5.6 | 2.5 | 9.2 | 4.9 |
| **（二）按国民经济行业分** | | | | | |
| 正餐服务 | 4 224.8 | 1 822.6 | 1 410.9 | 3 063.9 | 1 161.2 |
| 快餐服务 | 534.7 | 223.9 | 121.5 | 347.9 | 186.9 |
| 饮料及冷饮服务 | 111.0 | 57.5 | 16.7 | 62.3 | 48.7 |
| 其他餐饮业 | 132.8 | 83.7 | 24.2 | 69.8 | 63.0 |

## 各地区限额以上住宿和餐饮业企业年末资产及负债（2016年）

单位：亿元

| 地 区 | 资产总计 | | | 负债合计 | 所有者权益合计 |
|---|---|---|---|---|---|
| | | #流动资产合计 | #固定资产合计 | | |
| **全 国** | **17 155.2** | **6 496.9** | **6 385.5** | **12 338.1** | **4 817.4** |
| 北 京 | 1 773.9 | 736.5 | 567.2 | 1 350.4 | 423.5 |
| 天 津 | 257.3 | 117.0 | 85.1 | 217.4 | 40.0 |
| 河 北 | 369.7 | 152.3 | 144.5 | 306.0 | 63.7 |
| 山 西 | 251.2 | 82.5 | 108.0 | 223.2 | 28.0 |
| 内蒙古 | 246.4 | 86.5 | 106.1 | 178.0 | 68.3 |
| 辽 宁 | 425.4 | 157.6 | 169.3 | 342.0 | 83.4 |
| 吉 林 | 145.3 | 49.5 | 70.7 | 94.6 | 50.7 |
| 黑龙江 | 116.5 | 37.2 | 62.0 | 77.0 | 39.5 |
| 上 海 | 1 235.5 | 533.3 | 371.5 | 767.3 | 468.2 |
| 江 苏 | 1 228.4 | 404.3 | 517.0 | 904.8 | 323.6 |
| 浙 江 | 1 270.6 | 456.4 | 489.6 | 1 001.7 | 268.9 |
| 安 徽 | 519.8 | 167.8 | 201.1 | 371.1 | 148.7 |
| 福 建 | 596.3 | 213.4 | 216.1 | 372.3 | 224.0 |
| 江 西 | 288.8 | 92.9 | 109.7 | 192.0 | 96.9 |
| 山 东 | 857.4 | 317.1 | 369.6 | 609.3 | 248.1 |
| 河 南 | 530.1 | 215.2 | 199.3 | 335.5 | 194.6 |
| 湖 北 | 565.1 | 171.5 | 241.1 | 365.4 | 199.8 |
| 湖 南 | 571.5 | 171.1 | 224.2 | 344.2 | 227.3 |
| 广 东 | 2 199.3 | 940.4 | 697.1 | 1 784.3 | 415.2 |
| 广 西 | 263.3 | 97.0 | 108.0 | 206.0 | 57.3 |
| 海 南 | 519.8 | 247.3 | 154.7 | 349.9 | 169.9 |
| 重 庆 | 393.4 | 153.5 | 141.1 | 274.7 | 118.7 |
| 四 川 | 797.0 | 320.8 | 274.3 | 578.8 | 218.2 |
| 贵 州 | 228.0 | 89.1 | 86.5 | 154.6 | 73.4 |
| 云 南 | 422.4 | 157.9 | 179.9 | 268.6 | 153.7 |
| 西 藏 | 43.7 | 9.7 | 28.7 | 14.9 | 28.9 |
| 陕 西 | 585.4 | 159.5 | 266.2 | 369.3 | 216.2 |
| 甘 肃 | 171.1 | 61.1 | 73.4 | 99.5 | 71.6 |
| 青 海 | 57.7 | 22.0 | 28.6 | 28.4 | 29.4 |
| 宁 夏 | 63.5 | 28.5 | 27.3 | 55.0 | 8.5 |
| 新 疆 | 161.1 | 47.9 | 67.5 | 101.9 | 59.2 |

**各地区限额以上住宿业企业年末资产及负债（2016年）**

单位：亿元

| 地 区 | 资产总计 | #流动资产合计 | #固定资产合计 | 负债合计 | 所有者权益合计 |
|---|---|---|---|---|---|
| **全 国** | **12 151.9** | **4 309.3** | **4 812.1** | **8 794.2** | **3 357.7** |
| 北 京 | 1 375.0 | 489.9 | 518.5 | 1 028.8 | 346.2 |
| 天 津 | 151.9 | 60.6 | 59.1 | 129.6 | 22.3 |
| 河 北 | 296.5 | 122.8 | 123.5 | 240.2 | 56.3 |
| 山 西 | 130.3 | 41.1 | 60.7 | 113.8 | 16.5 |
| 内蒙古 | 121.4 | 37.8 | 60.0 | 83.1 | 38.3 |
| 辽 宁 | 303.3 | 110.7 | 127.6 | 245.2 | 58.1 |
| 吉 林 | 100.2 | 32.4 | 50.4 | 75.2 | 25.1 |
| 黑龙江 | 96.1 | 28.1 | 54.1 | 64.9 | 31.2 |
| 上 海 | 825.6 | 300.4 | 297.3 | 459.6 | 366.0 |
| 江 苏 | 767.3 | 222.6 | 350.2 | 568.5 | 198.9 |
| 浙 江 | 916.2 | 315.7 | 367.5 | 722.9 | 193.3 |
| 安 徽 | 280.4 | 77.3 | 114.4 | 205.1 | 75.3 |
| 福 建 | 492.3 | 163.1 | 190.1 | 309.4 | 182.9 |
| 江 西 | 229.3 | 71.3 | 89.8 | 152.6 | 76.7 |
| 山 东 | 475.9 | 180.3 | 199.6 | 341.1 | 134.8 |
| 河 南 | 381.1 | 155.5 | 146.6 | 259.0 | 122.2 |
| 湖 北 | 325.7 | 90.5 | 141.7 | 204.2 | 121.5 |
| 湖 南 | 452.2 | 130.4 | 173.1 | 280.6 | 171.6 |
| 广 东 | 1 662.7 | 667.0 | 569.9 | 1 396.5 | 266.2 |
| 广 西 | 216.4 | 76.3 | 94.0 | 168.9 | 47.5 |
| 海 南 | 509.4 | 242.5 | 152.1 | 339.6 | 169.7 |
| 重 庆 | 247.5 | 99.7 | 83.7 | 200.4 | 47.1 |
| 四 川 | 480.1 | 192.9 | 182.0 | 366.1 | 114.0 |
| 贵 州 | 187.5 | 70.1 | 73.1 | 129.7 | 57.8 |
| 云 南 | 329.6 | 109.1 | 148.2 | 215.0 | 114.7 |
| 西 藏 | 41.7 | 8.8 | 27.7 | 13.3 | 28.4 |
| 陕 西 | 422.7 | 92.5 | 207.1 | 264.0 | 158.7 |
| 甘 肃 | 124.8 | 46.3 | 53.0 | 78.1 | 46.7 |
| 青 海 | 41.6 | 16.4 | 21.2 | 18.0 | 23.5 |
| 宁 夏 | 44.1 | 19.1 | 21.0 | 38.2 | 5.9 |
| 新 疆 | 123.0 | 38.0 | 54.9 | 82.6 | 40.4 |

## 各地区限额以上餐饮业企业年末资产及负债（2016年）

单位：亿元

| 地 区 | 资产总计 | #流动资产合计 | #固定资产合计 | 负债合计 | 所有者权益合计 |
|---|---|---|---|---|---|
| **全 国** | **5 003.3** | **2 187.7** | **1 573.3** | **3 543.9** | **1 459.7** |
| 北 京 | 398.9 | 246.6 | 48.7 | 321.6 | 77.3 |
| 天 津 | 105.5 | 56.4 | 26.0 | 87.8 | 17.6 |
| 河 北 | 73.2 | 29.6 | 21.0 | 65.8 | 7.4 |
| 山 西 | 120.8 | 41.4 | 47.3 | 109.4 | 11.4 |
| 内蒙古 | 124.9 | 48.7 | 46.1 | 94.9 | 30.0 |
| 辽 宁 | 122.1 | 46.9 | 41.6 | 96.7 | 25.4 |
| 吉 林 | 45.1 | 17.2 | 20.3 | 19.5 | 25.6 |
| 黑龙江 | 20.4 | 9.1 | 7.9 | 12.1 | 8.4 |
| 上 海 | 409.9 | 233.0 | 74.2 | 307.7 | 102.2 |
| 江 苏 | 461.1 | 181.6 | 166.8 | 336.4 | 124.7 |
| 浙 江 | 354.4 | 140.7 | 122.1 | 278.8 | 75.6 |
| 安 徽 | 239.4 | 90.5 | 86.8 | 166.0 | 73.4 |
| 福 建 | 104.0 | 50.3 | 26.0 | 62.9 | 41.1 |
| 江 西 | 59.5 | 21.5 | 19.9 | 39.4 | 20.1 |
| 山 东 | 381.5 | 136.8 | 170.0 | 268.2 | 113.3 |
| 河 南 | 149.0 | 59.8 | 52.7 | 76.6 | 72.4 |
| 湖 北 | 239.5 | 80.9 | 99.4 | 161.2 | 78.2 |
| 湖 南 | 119.4 | 40.7 | 51.1 | 63.7 | 55.7 |
| 广 东 | 536.6 | 273.4 | 127.2 | 387.8 | 149.0 |
| 广 西 | 46.9 | 20.7 | 14.0 | 37.1 | 9.9 |
| 海 南 | 10.5 | 4.8 | 2.6 | 10.3 | 0.2 |
| 重 庆 | 145.9 | 53.8 | 57.4 | 74.2 | 71.6 |
| 四 川 | 316.9 | 127.8 | 92.3 | 212.7 | 104.2 |
| 贵 州 | 40.5 | 19.1 | 13.4 | 24.9 | 15.6 |
| 云 南 | 92.7 | 48.8 | 31.7 | 53.7 | 39.1 |
| 西 藏 | 2.0 | 0.9 | 1.0 | 1.5 | 0.5 |
| 陕 西 | 162.7 | 67.0 | 59.1 | 105.3 | 57.5 |
| 甘 肃 | 46.4 | 14.7 | 20.4 | 21.5 | 24.9 |
| 青 海 | 16.1 | 5.6 | 7.4 | 10.3 | 5.8 |
| 宁 夏 | 19.4 | 9.5 | 6.3 | 16.8 | 2.6 |
| 新 疆 | 38.1 | 9.9 | 12.6 | 19.3 | 18.8 |

## 按登记注册类型分限额以上批发和零售业企业主要财务指标（2016年）（1）

单位：亿元

| 指 标 | 主营业务收入 | 主营业务成本 | 主营业务税金及附加 | 主营业务利润 |
|---|---|---|---|---|
| **总 计** | **495 009.1** | **454 702.5** | **3 011.8** | **37 294.7** |
| **一、批发业合计** | **384 581.0** | **357 285.4** | **2 450.4** | **24 845.1** |
| **内资企业** | **328 798.2** | **308 236.8** | **2 293.2** | **18 268.3** |
| 国有企业 | 19 796.5 | 16 032.2 | 1 393.1 | 2 371.3 |
| 集体企业 | 1 014.0 | 933.9 | 5.2 | 74.8 |
| 股份合作企业 | 200.6 | 189.5 | 0.4 | 10.8 |
| 联营企业 | 34.7 | 30.9 | 0.1 | 3.8 |
| 国有联营企业 | 5.8 | 4.9 | | 0.9 |
| 集体联营企业 | 6.7 | 6.1 | | 0.6 |
| 国有与集体联营企业 | 19.4 | 17.6 | | 1.8 |
| 其他联营企业 | 2.8 | 2.3 | | 0.4 |
| 有限责任公司 | 170 243.9 | 161 481.0 | 589.3 | 8 173.5 |
| 国有独资公司 | 32 609.3 | 31 075.9 | 177.5 | 1 355.9 |
| 其他有限责任公司 | 137 634.6 | 130 405.2 | 411.8 | 6 817.6 |
| 股份有限公司 | 33 056.2 | 31 226.1 | 49.1 | 1 781.0 |
| 私营企业 | 103 620.6 | 97 633.7 | 243.3 | 5 743.6 |
| 私营独资企业 | 512.8 | 438.9 | 7.0 | 66.9 |
| 私营合伙企业 | 68.5 | 60.5 | 0.5 | 7.6 |
| 私营有限责任公司 | 100 228.9 | 94 587.7 | 224.7 | 5 416.4 |
| 私营股份有限公司 | 2 810.4 | 2 546.6 | 11.1 | 252.8 |
| 其他企业 | 831.6 | 709.5 | 12.7 | 109.4 |
| **港、澳、台商投资企业** | **19 141.8** | **16 998.2** | **38.1** | **2 105.6** |
| 合资经营企业 | 3 410.7 | 3 237.3 | 5.4 | 168.0 |
| 合作经营企业 | 180.7 | 159.9 | 0.2 | 20.6 |
| 独资经营企业 | 14 973.1 | 13 055.0 | 31.8 | 1 886.3 |
| 投资股份有限公司 | 445.6 | 426.5 | 0.3 | 18.9 |
| 其他港、澳、台商投资企业 | 131.6 | 119.6 | 0.3 | 11.8 |
| **外商投资企业** | **36 640.9** | **32 050.4** | **119.2** | **4 471.3** |
| 中外合资经营企业 | 10 816.7 | 9 937.7 | 14.9 | 864.0 |
| 中外合作经营企业 | 39.3 | 36.3 | 0.1 | 2.9 |
| 外资企业 | 24 864.1 | 21 271.1 | 102.9 | 3 490.2 |
| 外商投资股份有限公司 | 325.0 | 278.8 | 0.5 | 45.8 |
| 其他外商投资企业 | 595.7 | 526.5 | 0.8 | 68.5 |

## 按登记注册类型分限额以上批发和零售业企业主要财务指标（2016年）（2）

单位：亿元

| 指　标 | 主营业务收入 | 主营业务成本 | 主营业务税金及附加 | 主营业务利润 |
|---|---|---|---|---|
| **二、零售业合计** | **110 428.1** | **97 417.1** | **561.4** | **12 449.6** |
| **内资企业** | **98 022.8** | **87 273.5** | **504.6** | **10 244.7** |
| 国有企业 | 1 386.7 | 1 202.7 | 9.2 | 174.9 |
| 集体企业 | 1 346.6 | 1 185.2 | 13.5 | 147.9 |
| 股份合作企业 | 158.2 | 138.8 | 1.1 | 18.4 |
| 联营企业 | 103.0 | 88.3 | 0.8 | 13.9 |
| 国有联营企业 | 9.5 | 7.7 | 0.1 | 1.7 |
| 集体联营企业 | 37.9 | 33.5 | 0.3 | 4.2 |
| 国有与集体联营企业 | 30.5 | 27.0 | 0.1 | 3.4 |
| 其他联营企业 | 25.0 | 20.0 | 0.4 | 4.7 |
| 有限责任公司 | 44 921.3 | 40 168.3 | 187.3 | 4 565.7 |
| 国有独资公司 | 2 066.3 | 1 872.4 | 6.7 | 187.2 |
| 其他有限责任公司 | 42 854.9 | 38 295.9 | 180.5 | 4 378.5 |
| 股份有限公司 | 13 595.5 | 12 205.0 | 48.0 | 1 342.6 |
| 私营企业 | 36 170.7 | 32 011.1 | 240.1 | 3 919.5 |
| 私营独资企业 | 1 332.4 | 1 101.9 | 20.1 | 210.3 |
| 私营合伙企业 | 133.1 | 111.1 | 2.0 | 20.1 |
| 私营有限责任公司 | 33 161.0 | 29 467.1 | 206.0 | 3 487.9 |
| 私营股份有限公司 | 1 544.2 | 1 331.1 | 12.0 | 201.2 |
| 其他企业 | 340.7 | 274.2 | 4.7 | 61.8 |
| **港、澳、台商投资企业** | **6 082.7** | **4 951.5** | **30.4** | **1 100.7** |
| 合资经营企业 | 1 696.3 | 1 404.0 | 9.5 | 282.9 |
| 合作经营企业 | 75.5 | 63.6 | 0.2 | 11.7 |
| 独资经营企业 | 4 142.3 | 3 347.5 | 19.9 | 774.9 |
| 投资股份有限公司 | 107.3 | 85.6 | 0.6 | 21.1 |
| 其他港、澳、台商投资企业 | 61.2 | 50.8 | 0.2 | 10.1 |
| **外商投资企业** | **6 322.7** | **5 192.1** | **26.3** | **1 104.2** |
| 中外合资经营企业 | 2 353.9 | 2 006.3 | 8.3 | 339.3 |
| 中外合作经营企业 | 137.3 | 117.8 | 0.6 | 18.9 |
| 外资企业 | 3 059.4 | 2 390.0 | 14.7 | 654.6 |
| 外商投资股份有限公司 | 229.5 | 187.0 | 1.4 | 41.1 |
| 其他外商投资企业 | 542.6 | 491.0 | 1.3 | 50.3 |

**按行业分限额以上批发和零售业企业主要财务指标（2016 年）**

单位：亿元

| 指 标 | 主营业务收入 | 主营业务成本 | 主营业务税金及附加 | 主营业务利润 |
|---|---|---|---|---|
| **总 计** | **495 009.1** | **454 702.5** | **3 011.8** | **37 294.7** |
| **批发业合计** | **384 581.0** | **357 285.4** | **2 450.4** | **24 845.1** |
| 农、林、牧产品批发 | 8 346.7 | 7 800.7 | 23.9 | 522.1 |
| 食品、饮料及烟草制品批发 | 39 614.2 | 31 879.2 | 1 802.3 | 5 932.6 |
| #米、面制品及食用油批发 | 5 538.7 | 5 146.6 | 15.4 | 376.8 |
| 烟草制品批发 | 14 806.8 | 10 714.3 | 1 672.7 | 2 419.9 |
| 纺织、服装及家庭用品批发 | 32 257.8 | 28 413.2 | 74.5 | 3 770.1 |
| #服装批发 | 7 062.5 | 5 953.7 | 19.2 | 1 089.6 |
| 家用电器批发 | 9 540.3 | 8 820.2 | 12.9 | 707.2 |
| 文化、体育用品及器材批发 | 7 824.0 | 7 106.1 | 19.3 | 698.7 |
| 医药及医疗器材批发 | 20 595.7 | 18 261.8 | 49.9 | 2 283.9 |
| 矿产品、建材及化工产品批发 | 202 760.4 | 196 244.7 | 270.3 | 6 245.4 |
| #煤炭及制品批发 | 23 044.5 | 22 084.6 | 52.0 | 907.9 |
| 石油及制品批发 | 50 757.6 | 49 007.6 | 52.0 | 1 698.1 |
| 金属及金属矿批发 | 80 948.3 | 79 361.4 | 50.9 | 1 536.0 |
| 建材批发 | 11 588.4 | 10 936.1 | 36.2 | 616.0 |
| 化肥批发 | 4 349.4 | 4 153.2 | 10.7 | 185.4 |
| 机械设备、五金产品及电子产品批发 | 60 119.2 | 55 274.6 | 170.0 | 4 674.6 |
| #汽车批发 | 21 998.2 | 20 119.1 | 90.2 | 1 788.9 |
| 计算机、软件及辅助设备批发 | 4 686.0 | 4 449.8 | 5.0 | 231.3 |
| 贸易经纪与代理 | 5 436.6 | 5 179.3 | 6.4 | 250.9 |
| 其他批发业 | 7 626.4 | 7 125.8 | 33.7 | 466.9 |
| **零售业合计** | **110 428.1** | **97 417.1** | **561.4** | **12 449.6** |
| 综合零售 | 22 648.5 | 19 314.0 | 157.0 | 3 177.6 |
| #百货零售 | 11 946.4 | 10 128.7 | 99.4 | 1 718.3 |
| 超级市场零售 | 9 474.7 | 8 140.5 | 46.0 | 1 288.2 |
| 食品、饮料及烟草制品专门零售 | 3 892.3 | 3 208.2 | 38.5 | 645.6 |
| 纺织、服装及日用品专门零售 | 5 014.1 | 3 647.1 | 45.9 | 1 321.1 |
| #服装零售 | 3 077.8 | 2 166.7 | 28.1 | 882.9 |
| 文化、体育用品及器材专门零售 | 3 081.3 | 2 506.1 | 22.0 | 553.2 |
| #体育用品及器材零售 | 185.8 | 138.8 | 0.9 | 46.1 |
| 图书、报刊零售 | 1 088.9 | 833.3 | 2.9 | 252.7 |
| 医药及医疗器材专门零售 | 6 291.8 | 5 489.1 | 31.9 | 770.8 |
| #药品零售 | 5 993.0 | 5 253.2 | 29.8 | 710.0 |
| 汽车、摩托车、燃料及零配件专门零售 | 50 123.7 | 46 459.6 | 132.6 | 3 531.5 |
| #汽车零售 | 37 175.7 | 34 785.3 | 88.5 | 2 301.9 |
| 机动车燃料零售 | 11 901.4 | 10 749.4 | 35.9 | 1 116.0 |
| 家用电器及电子产品专门零售 | 9 064.7 | 8 065.4 | 51.6 | 947.7 |
| #日用家电设备零售 | 3 537.3 | 3 126.2 | 24.3 | 386.7 |
| 计算机、软件及辅助设备零售 | 2 145.4 | 1 932.4 | 8.7 | 204.3 |
| 通讯设备零售 | 1 116.3 | 1 000.8 | 3.9 | 111.6 |
| 五金、家具及室内装饰材料专门零售 | 3 524.1 | 2 858.4 | 52.7 | 612.9 |
| 货摊、无店铺及其他零售业 | 6 787.6 | 5 869.1 | 29.3 | 889.1 |
| #互联网零售 | 5 199.2 | 4 575.5 | 15.0 | 608.7 |

各地区限额以上批发和零售业企业主要财务指标（2016 年）

单位：亿元

| 地 区 | 主营业务收入 | 主营业务成本 | 主营业务税金及附加 | 主营业务利润 |
|---|---|---|---|---|
| **全 国** | **495 009.1** | **454 702.5** | **3 011.8** | **37 294.7** |
| 北 京 | 45 516.4 | 42 052.6 | 98.2 | 3 365.5 |
| 天 津 | 29 954.0 | 28 570.4 | 164.4 | 1 219.2 |
| 河 北 | 9 850.6 | 9 219.6 | 79.1 | 551.9 |
| 山 西 | 7 743.5 | 7 334.8 | 51.3 | 357.4 |
| 内蒙古 | 3 763.1 | 3 439.9 | 50.5 | 272.6 |
| 辽 宁 | 12 366.1 | 11 732.1 | 66.8 | 567.2 |
| 吉 林 | 3 328.2 | 2 983.1 | 37.8 | 307.2 |
| 黑龙江 | 4 507.2 | 4 088.5 | 51.5 | 367.2 |
| 上 海 | 66 568.5 | 61 002.5 | 123.1 | 5 442.9 |
| 江 苏 | 40 240.2 | 36 801.2 | 199.0 | 3 240.1 |
| 浙 江 | 39 951.4 | 37 552.6 | 177.5 | 2 221.4 |
| 安 徽 | 9 349.3 | 8 464.9 | 94.4 | 790.0 |
| 福 建 | 20 346.4 | 18 956.3 | 102.8 | 1 287.3 |
| 江 西 | 4 228.1 | 3 726.7 | 70.6 | 430.8 |
| 山 东 | 29 950.8 | 27 097.3 | 231.1 | 2 622.3 |
| 河 南 | 14 338.6 | 12 656.3 | 183.7 | 1 498.6 |
| 湖 北 | 15 274.5 | 13 671.6 | 134.9 | 1 468.0 |
| 湖 南 | 8 433.4 | 7 369.0 | 141.0 | 923.3 |
| 广 东 | 64 763.3 | 59 729.9 | 275.6 | 4 757.9 |
| 广 西 | 5 637.3 | 5 222.4 | 55.8 | 359.1 |
| 海 南 | 2 087.5 | 1 883.9 | 21.0 | 182.6 |
| 重 庆 | 11 002.6 | 9 907.1 | 126.8 | 968.6 |
| 四 川 | 12 012.4 | 10 780.4 | 132.9 | 1 099.2 |
| 贵 州 | 4 655.0 | 3 759.2 | 77.9 | 817.9 |
| 云 南 | 7 931.3 | 7 119.6 | 74.5 | 737.3 |
| 西 藏 | 210.5 | 168.5 | 8.5 | 33.5 |
| 陕 西 | 8 274.6 | 7 503.8 | 88.0 | 682.7 |
| 甘 肃 | 4 497.1 | 4 216.2 | 33.1 | 247.8 |
| 青 海 | 1 087.3 | 982.0 | 15.7 | 89.6 |
| 宁 夏 | 1 048.1 | 983.0 | 9.5 | 55.5 |
| 新 疆 | 6 091.8 | 5 727.1 | 34.5 | 330.2 |

## 各地区限额以上批发业企业主要财务指标（2016 年）

单位：亿元

| 地 区 | 主营业务收入 | 主营业务成本 | 主营业务税金及附加 | 主营业务利润 |
|---|---|---|---|---|
| **全 国** | **384 581.0** | **357 285.4** | **2 450.4** | **24 845.1** |
| 北 京 | 38 717.9 | 36 019.4 | 75.9 | 2 622.5 |
| 天 津 | 27 739.3 | 26 582.8 | 156.1 | 1 000.4 |
| 河 北 | 7 047.4 | 6 671.5 | 68.6 | 307.3 |
| 山 西 | 5 967.2 | 5 705.6 | 46.6 | 215.0 |
| 内蒙古 | 2 169.9 | 1 996.4 | 39.6 | 134.0 |
| 辽 宁 | 9 437.6 | 9 089.9 | 54.0 | 293.7 |
| 吉 林 | 1 737.0 | 1 570.3 | 27.5 | 139.2 |
| 黑龙江 | 3 054.0 | 2 793.8 | 41.3 | 218.9 |
| 上 海 | 60 358.5 | 55 900.3 | 98.2 | 4 360.1 |
| 江 苏 | 30 204.6 | 27 923.2 | 159.7 | 2 121.7 |
| 浙 江 | 32 872.2 | 31 209.6 | 156.8 | 1 505.8 |
| 安 徽 | 5 778.2 | 5 261.9 | 81.9 | 434.4 |
| 福 建 | 16 346.6 | 15 422.9 | 83.4 | 840.4 |
| 江 西 | 2 294.3 | 2 002.3 | 54.2 | 237.8 |
| 山 东 | 20 352.1 | 18 672.2 | 168.7 | 1 511.1 |
| 河 南 | 9 313.5 | 8 265.6 | 142.8 | 905.1 |
| 湖 北 | 9 384.0 | 8 500.1 | 89.6 | 794.3 |
| 湖 南 | 4 208.3 | 3 646.7 | 109.4 | 452.3 |
| 广 东 | 53 591.4 | 49 999.8 | 232.4 | 3 359.2 |
| 广 西 | 4 086.6 | 3 818.4 | 51.5 | 216.7 |
| 海 南 | 1 632.1 | 1 495.4 | 18.3 | 118.3 |
| 重 庆 | 7 393.0 | 6 762.4 | 101.3 | 529.3 |
| 四 川 | 6 677.6 | 6 039.5 | 108.3 | 529.8 |
| 贵 州 | 3 053.2 | 2 313.9 | 71.2 | 668.1 |
| 云 南 | 5 659.3 | 5 081.1 | 67.8 | 510.3 |
| 西 藏 | 96.6 | 65.5 | 7.3 | 23.7 |
| 陕 西 | 5 167.7 | 4 788.6 | 57.6 | 321.4 |
| 甘 肃 | 3 433.9 | 3 255.8 | 28.7 | 149.5 |
| 青 海 | 881.2 | 797.2 | 15.2 | 68.8 |
| 宁 夏 | 763.9 | 729.7 | 8.4 | 25.9 |
| 新 疆 | 5 162.2 | 4 903.7 | 28.3 | 230.2 |

## 各地区限额以上零售业企业主要财务指标（2016年）

单位：亿元

| 地 区 | 主营业务收入 | 主营业务成本 | 主营业务税金及附加 | 主营业务利润 |
|---|---|---|---|---|
| **全 国** | **110 428.1** | **97 417.1** | **561.4** | **12 449.6** |
| 北 京 | 6 798.5 | 6 033.2 | 22.3 | 743.0 |
| 天 津 | 2 214.8 | 1 987.6 | 8.4 | 218.8 |
| 河 北 | 2 803.2 | 2 548.1 | 10.5 | 244.6 |
| 山 西 | 1 776.3 | 1 629.2 | 4.7 | 142.4 |
| 内蒙古 | 1 593.2 | 1 443.5 | 11.0 | 138.7 |
| 辽 宁 | 2 928.5 | 2 642.2 | 12.8 | 273.5 |
| 吉 林 | 1 591.2 | 1 412.8 | 10.3 | 168.1 |
| 黑龙江 | 1 453.3 | 1 294.7 | 10.2 | 148.3 |
| 上 海 | 6 210.0 | 5 102.3 | 25.0 | 1 082.8 |
| 江 苏 | 10 035.6 | 8 878.0 | 39.3 | 1 118.3 |
| 浙 江 | 7 079.2 | 6 343.1 | 20.6 | 715.5 |
| 安 徽 | 3 571.1 | 3 203.0 | 12.6 | 355.5 |
| 福 建 | 3 999.7 | 3 533.4 | 19.4 | 446.9 |
| 江 西 | 1 933.8 | 1 724.4 | 16.4 | 193.0 |
| 山 东 | 9 598.7 | 8 425.1 | 62.4 | 1 111.2 |
| 河 南 | 5 025.1 | 4 390.6 | 41.0 | 593.5 |
| 湖 北 | 5 890.5 | 5 171.5 | 45.3 | 673.7 |
| 湖 南 | 4 225.0 | 3 722.4 | 31.6 | 471.0 |
| 广 东 | 11 171.9 | 9 730.1 | 43.1 | 1 398.7 |
| 广 西 | 1 550.7 | 1 404.0 | 4.4 | 142.4 |
| 海 南 | 455.4 | 388.5 | 2.7 | 64.2 |
| 重 庆 | 3 609.6 | 3 144.7 | 25.5 | 439.4 |
| 四 川 | 5 334.8 | 4 740.9 | 24.6 | 569.3 |
| 贵 州 | 1 601.8 | 1 445.3 | 6.6 | 149.9 |
| 云 南 | 2 272.1 | 2 038.4 | 6.6 | 227.0 |
| 西 藏 | 114.0 | 103.0 | 1.2 | 9.8 |
| 陕 西 | 3 106.9 | 2 715.2 | 30.5 | 361.3 |
| 甘 肃 | 1 063.2 | 960.4 | 4.5 | 98.3 |
| 青 海 | 206.1 | 184.8 | 0.5 | 20.8 |
| 宁 夏 | 284.1 | 253.3 | 1.1 | 29.7 |
| 新 疆 | 929.6 | 823.4 | 6.2 | 100.0 |

## 按登记注册类型和行业分限额以上住宿和餐饮业企业主要财务指标（2016年）（1）

单位：亿元

| 项　目 | 主营业务收入 | 主营业务成本 | 主营业务税金及附加 | 主营业务利润 |
|---|---|---|---|---|
| **总　计** | **8 643.3** | **4 054.7** | **224.0** | **4 364.6** |
| **一、住宿业合计** | **3 693.7** | **1 483.4** | **101.7** | **2 108.6** |
| **（一）按登记注册类型分** | | | | |
| **内资企业** | **3 154.5** | **1 306.9** | **86.2** | **1 761.5** |
| 国有企业 | 379.0 | 139.8 | 9.8 | 229.5 |
| 集体企业 | 44.9 | 18.5 | 1.3 | 25.1 |
| 股份合作企业 | 9.0 | 3.4 | 0.2 | 5.3 |
| 联营企业 | 4.2 | 1.3 | 0.1 | 2.9 |
| 国有联营企业 | 2.5 | 0.6 | 0.1 | 1.8 |
| 集体联营企业 | 0.6 | 0.3 | | 0.3 |
| 国有与集体联营企业 | 0.7 | 0.1 | | 0.6 |
| 其他联营企业 | 0.4 | 0.2 | | 0.2 |
| 有限责任公司 | 1 483.8 | 570.7 | 39.4 | 873.8 |
| 国有独资公司 | 133.1 | 50.2 | 3.2 | 79.8 |
| 其他有限责任公司 | 1 350.7 | 520.5 | 36.2 | 794.0 |
| 股份有限公司 | 121.9 | 54.6 | 3.8 | 63.5 |
| 私营企业 | 1 089.8 | 506.6 | 30.9 | 552.2 |
| 私营独资企业 | 96.3 | 59.7 | 3.2 | 33.4 |
| 私营合伙企业 | 25.4 | 14.9 | 0.8 | 9.6 |
| 私营有限责任公司 | 912.2 | 403.4 | 25.2 | 483.5 |
| 私营股份有限公司 | 55.9 | 28.6 | 1.7 | 25.6 |
| 其他企业 | 21.9 | 12.1 | 0.6 | 9.2 |
| **港、澳、台商投资企业** | **351.3** | **119.2** | **10.8** | **221.2** |
| 合资经营企业 | 148.6 | 43.8 | 4.5 | 100.4 |
| 合作经营企业 | 42.8 | 16.1 | 1.4 | 25.2 |
| 独资经营企业 | 145.2 | 53.2 | 4.5 | 87.5 |
| 投资股份有限公司 | 10.0 | 3.5 | 0.3 | 6.2 |
| 其他港、澳、台商投资企业 | 4.7 | 2.6 | 0.2 | 1.9 |
| **外商投资企业** | **187.9** | **57.2** | **4.8** | **125.9** |
| 中外合资经营企业 | 84.1 | 19.4 | 2.5 | 62.2 |
| 中外合作经营企业 | 27.9 | 11.1 | 0.5 | 16.3 |
| 外资企业 | 64.3 | 22.4 | 1.6 | 40.4 |
| 外商投资股份有限公司 | 4.9 | 1.0 | 0.1 | 3.7 |
| 其他外商投资企业 | 6.7 | 3.3 | 0.1 | 3.2 |
| **（二）按国民经济行业分** | | | | |
| 旅游饭店 | 2 909.4 | 1 112.3 | 80.2 | 1 716.9 |
| 一般旅馆 | 701.8 | 334.0 | 19.3 | 348.5 |
| 其他住宿业 | 82.5 | 37.1 | 2.3 | 43.2 |

**按登记注册类型和行业分限额以上住宿和餐饮业企业主要财务指标（2016 年）（2）**

单位：亿元

| 项 目 | 主营业务收入 | 主营业务成本 | 主营业务税金及附加 | 主营业务利润 |
|---|---|---|---|---|
| **二、餐饮业合计** | **4 949.6** | **2 571.3** | **122.3** | **2 256.0** |
| **（一）按登记注册类型分** | | | | |
| **内资企业** | **3 615.4** | **2 019.0** | **95.9** | **1 500.5** |
| 国有企业 | 64.4 | 36.0 | 1.6 | 26.8 |
| 集体企业 | 23.4 | 15.5 | 0.6 | 7.4 |
| 股份合作企业 | 13.2 | 7.3 | 0.3 | 5.6 |
| 联营企业 | 0.8 | 0.5 | | 0.3 |
| 国有联营企业 | | | | |
| 集体联营企业 | 0.8 | 0.5 | | 0.3 |
| 国有与集体联营企业 | | | | |
| 其他联营企业 | | | | |
| 有限责任公司 | 1 119.5 | 576.0 | 28.5 | 515.0 |
| 国有独资公司 | 45.0 | 27.2 | 1.2 | 16.6 |
| 其他有限责任公司 | 1 074.4 | 548.7 | 27.3 | 498.4 |
| 股份有限公司 | 131.9 | 72.9 | 3.4 | 55.6 |
| 私营企业 | 2 216.4 | 1 280.8 | 59.8 | 875.8 |
| 私营独资企业 | 345.0 | 225.4 | 11.1 | 108.4 |
| 私营合伙企业 | 36.6 | 23.0 | 1.0 | 12.5 |
| 私营有限责任公司 | 1 735.9 | 976.9 | 45.2 | 713.8 |
| 私营股份有限公司 | 98.9 | 55.4 | 2.5 | 41.0 |
| 其他企业 | 45.8 | 30.1 | 1.6 | 14.1 |
| **港、澳、台商投资企业** | **508.8** | **182.7** | **9.9** | **316.2** |
| 合资经营企业 | 102.5 | 42.6 | 2.0 | 57.9 |
| 合作经营企业 | 15.2 | 5.7 | 0.3 | 9.2 |
| 独资经营企业 | 386.2 | 132.3 | 7.5 | 246.4 |
| 投资股份有限公司 | 2.9 | 1.5 | 0.1 | 1.3 |
| 其他港、澳、台商投资企业 | 1.9 | 0.5 | | 1.4 |
| **外商投资企业** | **825.4** | **369.5** | **16.6** | **439.3** |
| 中外合资经营企业 | 175.6 | 78.4 | 3.4 | 93.8 |
| 中外合作经营企业 | 6.8 | 4.7 | 0.1 | 2.0 |
| 外资企业 | 612.2 | 274.9 | 12.4 | 325.0 |
| 外商投资股份有限公司 | 4.5 | 1.9 | 0.1 | 2.5 |
| 其他外商投资企业 | 26.3 | 9.7 | 0.6 | 16.0 |
| **（二）按国民经济行业分** | | | | |
| 正餐服务 | 3 580.1 | 1 949.5 | 96.1 | 1 534.4 |
| 快餐服务 | 1 001.6 | 451.5 | 19.2 | 530.9 |
| 饮料及冷饮服务 | 168.0 | 49.0 | 3.2 | 115.7 |
| 其他餐饮业 | 199.9 | 121.2 | 3.7 | 75.0 |

各地区限额以上住宿和餐饮业企业主要财务指标（2016年）

单位：亿元

| 地 区 | 主营业务收入 | 主营业务成本 | 主营业务税金及附加 | 主营业务利润 |
|---|---|---|---|---|
| **全 国** | **8 643.3** | **4 054.7** | **224.0** | **4 364.6** |
| 北 京 | 907.0 | 321.7 | 20.4 | 564.9 |
| 天 津 | 133.6 | 60.7 | 2.8 | 70.1 |
| 河 北 | 100.5 | 46.2 | 2.7 | 51.6 |
| 山 西 | 77.0 | 35.7 | 2.0 | 39.3 |
| 内蒙古 | 91.8 | 48.7 | 2.0 | 41.1 |
| 辽 宁 | 168.7 | 73.2 | 4.1 | 91.4 |
| 吉 林 | 61.1 | 30.6 | 1.6 | 28.9 |
| 黑龙江 | 47.4 | 21.5 | 1.5 | 24.5 |
| 上 海 | 896.1 | 354.4 | 19.8 | 521.9 |
| 江 苏 | 590.5 | 279.3 | 14.4 | 296.8 |
| 浙 江 | 587.5 | 253.2 | 14.2 | 320.2 |
| 安 徽 | 209.6 | 112.9 | 5.7 | 91.1 |
| 福 建 | 342.2 | 181.1 | 8.4 | 152.7 |
| 江 西 | 106.5 | 53.0 | 3.2 | 50.4 |
| 山 东 | 555.2 | 309.4 | 14.6 | 231.1 |
| 河 南 | 340.2 | 198.9 | 10.5 | 130.7 |
| 湖 北 | 357.4 | 194.3 | 11.1 | 152.0 |
| 湖 南 | 276.8 | 148.1 | 9.0 | 119.8 |
| 广 东 | 1 197.6 | 530.7 | 29.5 | 637.4 |
| 广 西 | 103.7 | 42.9 | 2.9 | 57.9 |
| 海 南 | 110.2 | 29.0 | 3.2 | 78.0 |
| 重 庆 | 346.4 | 201.4 | 9.2 | 135.8 |
| 四 川 | 385.5 | 190.4 | 10.6 | 184.4 |
| 贵 州 | 88.7 | 47.5 | 2.5 | 38.6 |
| 云 南 | 137.3 | 67.2 | 4.1 | 66.0 |
| 西 藏 | 8.5 | 2.4 | 0.2 | 5.9 |
| 陕 西 | 264.2 | 144.0 | 9.2 | 111.0 |
| 甘 肃 | 76.6 | 41.6 | 2.7 | 32.3 |
| 青 海 | 13.1 | 6.1 | 0.3 | 6.7 |
| 宁 夏 | 14.8 | 6.6 | 0.4 | 7.7 |
| 新 疆 | 47.6 | 21.9 | 1.1 | 24.5 |

## 各地区限额以上住宿业企业主要财务指标（2016年）

单位：亿元

| 地 区 | 主营业务收入 | 主营业务成本 | 主营业务税金及附加 | 主营业务利润 |
|---|---|---|---|---|
| **全 国** | **3 693.7** | **1 483.4** | **101.7** | **2 108.6** |
| 北 京 | 350.4 | 96.4 | 9.6 | 244.5 |
| 天 津 | 38.5 | 14.5 | 0.8 | 23.2 |
| 河 北 | 64.4 | 26.6 | 1.7 | 36.1 |
| 山 西 | 31.1 | 12.0 | 0.8 | 18.3 |
| 内蒙古 | 35.1 | 15.5 | 0.9 | 18.7 |
| 辽 宁 | 74.4 | 28.1 | 1.8 | 44.5 |
| 吉 林 | 31.6 | 14.8 | 0.8 | 16.0 |
| 黑龙江 | 33.2 | 13.6 | 0.9 | 18.8 |
| 上 海 | 274.0 | 86.1 | 7.1 | 180.7 |
| 江 苏 | 219.6 | 87.5 | 5.2 | 126.9 |
| 浙 江 | 285.5 | 95.8 | 7.4 | 182.3 |
| 安 徽 | 72.9 | 34.6 | 1.9 | 36.3 |
| 福 建 | 171.8 | 75.2 | 4.5 | 92.1 |
| 江 西 | 63.6 | 28.3 | 2.0 | 33.3 |
| 山 东 | 222.7 | 109.1 | 5.9 | 107.7 |
| 河 南 | 170.5 | 92.0 | 5.2 | 73.3 |
| 湖 北 | 115.3 | 56.3 | 3.7 | 55.2 |
| 湖 南 | 149.7 | 74.0 | 4.9 | 70.7 |
| 广 东 | 518.6 | 202.2 | 13.4 | 303.1 |
| 广 西 | 66.6 | 23.8 | 1.9 | 40.9 |
| 海 南 | 102.4 | 25.5 | 3.0 | 73.8 |
| 重 庆 | 97.0 | 44.9 | 2.5 | 49.6 |
| 四 川 | 156.4 | 67.6 | 4.5 | 84.3 |
| 贵 州 | 58.3 | 29.2 | 1.7 | 27.5 |
| 云 南 | 82.7 | 34.8 | 2.4 | 45.5 |
| 西 藏 | 7.7 | 2.0 | 0.2 | 5.4 |
| 陕 西 | 108.6 | 49.6 | 4.1 | 54.9 |
| 甘 肃 | 42.4 | 21.9 | 1.6 | 18.9 |
| 青 海 | 7.9 | 3.5 | 0.2 | 4.2 |
| 宁 夏 | 7.6 | 3.1 | 0.2 | 4.3 |
| 新 疆 | 33.2 | 15.0 | 0.9 | 17.3 |

各地区限额以上餐饮业企业主要财务指标（2016年）

单位：亿元

| 地区 | 主营业务收入 | 主营业务成本 | 主营业务税金及附加 | 主营业务利润 |
|---|---|---|---|---|
| **全国** | **4 949.6** | **2 571.3** | **122.3** | **2 256.0** |
| | | | | |
| 北京 | 556.6 | 225.3 | 10.8 | 320.5 |
| 天津 | 95.2 | 46.2 | 2.0 | 46.9 |
| 河北 | 36.1 | 19.6 | 1.0 | 15.5 |
| 山西 | 46.0 | 23.7 | 1.2 | 21.0 |
| 内蒙古 | 56.7 | 33.2 | 1.0 | 22.4 |
| | | | | |
| 辽宁 | 94.4 | 45.2 | 2.3 | 46.9 |
| 吉林 | 29.5 | 15.8 | 0.8 | 12.9 |
| 黑龙江 | 14.1 | 7.9 | 0.5 | 5.7 |
| | | | | |
| 上海 | 622.1 | 268.2 | 12.7 | 341.2 |
| 江苏 | 370.9 | 191.8 | 9.2 | 169.9 |
| 浙江 | 302.0 | 157.4 | 6.8 | 137.8 |
| 安徽 | 136.7 | 78.2 | 3.8 | 54.7 |
| 福建 | 170.4 | 105.8 | 4.0 | 60.6 |
| 江西 | 42.9 | 24.7 | 1.2 | 17.0 |
| 山东 | 332.5 | 200.3 | 8.7 | 123.4 |
| | | | | |
| 河南 | 169.7 | 106.9 | 5.3 | 57.4 |
| 湖北 | 242.1 | 138.0 | 7.4 | 96.7 |
| 湖南 | 127.1 | 74.0 | 4.1 | 49.0 |
| 广东 | 679.0 | 328.5 | 16.1 | 334.3 |
| 广西 | 37.1 | 19.1 | 1.0 | 17.0 |
| 海南 | 7.8 | 3.4 | 0.2 | 4.2 |
| | | | | |
| 重庆 | 249.3 | 156.5 | 6.6 | 86.2 |
| 四川 | 229.1 | 122.9 | 6.2 | 100.1 |
| 贵州 | 30.4 | 18.4 | 0.8 | 11.2 |
| 云南 | 54.6 | 32.4 | 1.6 | 20.6 |
| 西藏 | 0.8 | 0.4 | | 0.4 |
| | | | | |
| 陕西 | 155.6 | 94.4 | 5.1 | 56.1 |
| 甘肃 | 34.2 | 19.7 | 1.1 | 13.4 |
| 青海 | 5.2 | 2.6 | 0.1 | 2.5 |
| 宁夏 | 7.1 | 3.5 | 0.2 | 3.4 |
| 新疆 | 14.4 | 6.9 | 0.3 | 7.2 |

## 亿元以上商品交易市场情况（按市场类别分，2016 年）（1）

| 市 场 | 市场数量（个） | 摊位数（个） | 营业面积（平方米） | 成交额（万元） | 批 发 | 零 售 |
|---|---|---|---|---|---|---|
| **全 国** | **4 861** | **3 457 899** | **300 233 736** | **1 021 396 989** | **878 593 431** | **142 803 558** |
| 1. 综合市场 | 1 369 | 1 294 553 | 80 099 279 | 255 310 922 | 213 425 139 | 41 885 783 |
| 生产资料综合市场 | 49 | 54 972 | 7 899 751 | 12 641 888 | 12 572 300 | 69 588 |
| 工业消费品综合市场 | 292 | 485 872 | 27 983 322 | 85 941 204 | 71 940 957 | 14 000 247 |
| 农产品综合市场 | 681 | 426 604 | 24 025 059 | 110 997 330 | 91 523 254 | 19 474 076 |
| 其他综合市场 | 347 | 327 105 | 20 191 147 | 45 730 500 | 37 388 628 | 8 341 872 |
| 2. 专业市场 | 3 492 | 2 163 346 | 220 134 457 | 766 086 067 | 665 168 292 | 100 917 775 |
| 生产资料市场 | 655 | 288 206 | 65 533 569 | 261 990 577 | 259 499 055 | 2 491 522 |
| 农业生产用具市场 | 20 | 5 686 | 1 564 891 | 2 323 348 | 2 323 348 | |
| 农用生产资料市场 | 28 | 6 428 | 1 164 209 | 1 627 835 | 1 627 835 | |
| 煤炭市场 | 6 | 3 407 | 3 762 080 | 2 649 934 | 2 649 934 | |
| 木材市场 | 46 | 16 583 | 5 440 978 | 7 462 739 | 7 462 739 | |
| 建材市场 | 218 | 111 227 | 23 092 092 | 19 991 876 | 17 500 354 | 2 491 522 |
| 化工材料及制品市场 | 33 | 22 603 | 2 275 227 | 34 626 995 | 34 626 995 | |
| 金属材料市场 | 219 | 81 253 | 23 081 878 | 164 677 242 | 164 677 242 | |
| 机械设备市场 | 49 | 24 964 | 2 807 314 | 7 035 642 | 7 035 642 | |
| 其他生产资料市场 | 36 | 16 055 | 2 344 900 | 21 594 966 | 21 594 966 | |
| 农产品市场 | 966 | 522 891 | 43 718 321 | 174 665 222 | 165 392 117 | 9 273 105 |
| 粮油市场 | 106 | 29 932 | 3 647 592 | 16 692 071 | 16 023 635 | 668 436 |
| 肉禽蛋市场 | 116 | 41 934 | 2 934 265 | 15 464 209 | 13 529 590 | 1 934 619 |
| 水产品市场 | 141 | 67 230 | 4 285 616 | 32 339 409 | 30 486 138 | 1 853 271 |
| 蔬菜市场 | 293 | 203 548 | 16 876 456 | 42 610 862 | 41 495 435 | 1 115 427 |
| 干鲜果品市场 | 129 | 66 886 | 6 329 336 | 31 026 704 | 30 927 027 | 99 677 |
| 棉麻土畜、烟叶市场 | 18 | 17 577 | 3 972 684 | 6 841 903 | 6 785 203 | 56 700 |
| 其他农产品市场 | 163 | 95 784 | 5 672 372 | 29 690 064 | 26 145 089 | 3 544 975 |
| 食品、饮料及烟酒市场 | 124 | 69 639 | 4 059 773 | 13 451 552 | 11 890 286 | 1 561 266 |
| 食品饮料市场 | 38 | 25 248 | 1 186 638 | 3 429 901 | 2 584 178 | 845 723 |
| 茶叶市场 | 28 | 13 059 | 1 088 365 | 2 790 416 | 2 552 456 | 237 960 |
| 烟酒市场 | 12 | 4 092 | 350 508 | 1 096 748 | 1 047 130 | 49 618 |
| 其他食品饮料及烟酒市场 | 46 | 27 240 | 1 434 262 | 6 134 487 | 5 706 522 | 427 965 |
| 纺织、服装、鞋帽市场 | 541 | 680 422 | 32 108 585 | 146 172 513 | 133 970 590 | 12 201 923 |
| 布料及纺织品市场 | 71 | 108 749 | 9 022 405 | 62 938 560 | 62 776 466 | 162 094 |
| 服装市场 | 340 | 416 724 | 17 956 032 | 57 551 268 | 48 514 684 | 9 036 584 |
| 鞋帽市场 | 38 | 24 758 | 1 287 540 | 4 792 043 | 4 733 972 | 58 071 |
| 其他纺织服装鞋帽市场 | 92 | 130 191 | 3 842 608 | 20 890 642 | 17 945 468 | 2 945 174 |
| 日用品及文化用品市场 | 85 | 55 421 | 2 740 561 | 11 799 762 | 10 855 525 | 944 237 |
| 小商品市场 | 33 | 29 904 | 880 527 | 4 642 779 | 4 330 490 | 312 289 |
| 箱包市场 | 5 | 5 312 | 591 400 | 1 890 734 | 1 890 734 | |
| 玩具市场 | 3 | 1 050 | 119 410 | 239 958 | 239 958 | |

亿元以上商品交易市场情况（按市场类别分，2016 年）（2）

| 市 场 | 市场数量（个） | 摊位数（个） | 营业面积（平方米） | 成交额（万元） | 批 发 | 零 售 |
|---|---|---|---|---|---|---|
| 文具市场 | 5 | 1 762 | 137 204 | 293 409 | 293 409 | |
| 图书、报刊杂志市场 | 8 | 1 428 | 84 756 | 419 543 | 290 288 | 129 255 |
| 音像制品及电子出版物市场 | 3 | 608 | 20 500 | 153 775 | | 153 775 |
| 体育用品市场 | 1 | 230 | 12 800 | 17 500 | 17 500 | |
| 其他日用品及文化用品市场 | 27 | 15 127 | 893 964 | 4 142 064 | 3 793 146 | 348 918 |
| 黄金、珠宝、玉器等首饰市场 | 25 | 14 339 | 1 929 820 | 5 415 120 | 4 869 161 | 545 959 |
| 电器、通讯器材、电子设备市场 | 128 | 51 436 | 3 230 237 | 8 160 828 | 3 916 406 | 4 244 422 |
| 家电市场 | 33 | 10 148 | 1 495 720 | 2 888 789 | 2 432 926 | 455 863 |
| 通讯器材市场 | 20 | 9 673 | 351 876 | 1 101 934 | 693 810 | 408 124 |
| 照相、摄像器材市场 | 3 | 1 012 | 56 800 | 91 484 | 34 793 | 56 691 |
| 计算机及辅助设备市场 | 61 | 26 208 | 1 148 761 | 3 444 322 | 308 457 | 3 135 865 |
| 其他电器、通讯器材、电子设备市场 | 11 | 4 395 | 177 080 | 634 299 | 446 420 | 187 879 |
| 医药、医疗用品及器材市场 | 23 | 49 010 | 2 652 735 | 12 289 933 | 12 069 320 | 220 613 |
| 中药材市场 | 23 | 49 010 | 2 652 735 | 12 289 933 | 12 069 320 | 220 613 |
| 其他医药、医疗用品及器材市场 | | | | | | |
| 家具、五金及装饰材料市场 | 583 | 296 510 | 43 573 319 | 54 678 923 | 34 631 112 | 20 047 811 |
| 家具市场 | 179 | 85 067 | 16 967 232 | 17 468 598 | 9 649 162 | 7 819 436 |
| 装饰材料市场 | 240 | 109 875 | 16 096 260 | 18 554 296 | 10 625 054 | 7 929 242 |
| 灯具市场 | 15 | 6 922 | 1 116 865 | 2 030 669 | 1 779 374 | 251 295 |
| 厨具、盥洗设备市场 | 5 | 2 346 | 373 768 | 259 368 | 233 168 | 26 200 |
| 五金材料市场 | 79 | 47 230 | 4 174 564 | 10 553 052 | 9 690 595 | 862 457 |
| 其他装修市场 | 65 | 45 070 | 4 844 630 | 5 812 940 | 2 653 759 | 3 159 181 |
| 汽车、摩托车及零配件市场 | 269 | 73 761 | 15 129 465 | 66 290 242 | 20 138 574 | 46 151 668 |
| 汽车市场 | 189 | 41 178 | 11 723 668 | 55 196 569 | 10 070 151 | 45 126 418 |
| 摩托车市场 | 10 | 3 502 | 276 930 | 565 480 | 443 815 | 121 665 |
| 机动车零配件市场 | 70 | 29 081 | 3 128 867 | 10 528 193 | 9 624 608 | 903 585 |
| 花、鸟、鱼、虫市场 | 30 | 19 594 | 2 077 773 | 4 436 956 | 3 973 414 | 463 542 |
| 花卉市场 | 25 | 18 075 | 2 016 186 | 4 228 774 | 3 938 014 | 290 760 |
| 鸟市场 | | | | | | |
| 观赏鱼市场 | | | | | | |
| 其他花鸟鱼虫市场 | 5 | 1 519 | 61 587 | 208 182 | 35 400 | 172 782 |
| 旧货市场 | 13 | 6 658 | 255 165 | 333 129 | 75 101 | 258 028 |
| 古玩、古董、字画市场 | 2 | 858 | 27 840 | 22 226 | | 22 226 |
| 邮票、硬币市场 | | | | | | |
| 其他旧货市场 | 11 | 5 800 | 227 325 | 310 903 | 75 101 | 235 802 |
| 其他专业市场 | 50 | 35 459 | 3 125 134 | 6 401 310 | 3 887 631 | 2 513 679 |

亿元以上商品交易市场情况（按摊位分，2016 年）

| 摊 位 | 摊位数（个） | 成交额（万元） | 批 发 | 零 售 |
|---|---|---|---|---|
| **总 计** | **3 457 899** | **1 021 396 989** | **878 593 431** | **142 803 558** |
| 粮油、食品类 | 981 739 | 288 643 773 | 256 749 052 | 31 894 721 |
| #粮油类 | 96 121 | 38 841 361 | 34 951 929 | 3 889 432 |
| 肉禽蛋类 | 138 586 | 40 322 150 | 31 129 858 | 9 192 292 |
| 水产品类 | 140 800 | 55 884 759 | 48 235 100 | 7 649 659 |
| 蔬菜类 | 393 686 | 76 196 380 | 69 436 925 | 6 759 455 |
| 干鲜果品类 | 174 385 | 69 466 501 | 66 336 472 | 3 130 029 |
| 饮料类 | 48 901 | 10 731 781 | 9 518 172 | 1 213 609 |
| 烟酒类 | 41 873 | 10 846 569 | 9 307 244 | 1 539 325 |
| 服装鞋帽、针、纺织品类 | 952 706 | 173 877 438 | 155 436 074 | 18 441 364 |
| 服装类 | 587 696 | 75 881 609 | 62 685 802 | 13 195 807 |
| 鞋帽类 | 138 080 | 17 435 355 | 14 572 790 | 2 862 565 |
| 针、纺织品类 | 226 930 | 80 560 474 | 78 177 482 | 2 382 992 |
| 化妆品类 | 25 178 | 3 157 018 | 2 485 174 | 671 844 |
| 金银珠宝类 | 27 190 | 7 709 989 | 6 815 930 | 894 059 |
| 日用品类 | 179 307 | 30 790 822 | 26 366 525 | 4 424 297 |
| #儿童玩具类 | 28 824 | 4 207 687 | 3 474 278 | 733 409 |
| 五金、电料类 | 117 651 | 24 389 317 | 21 952 103 | 2 437 214 |
| 体育、娱乐用品类 | 13 869 | 2 304 212 | 2 051 477 | 252 735 |
| #照相器材类 | 1 471 | 229 615 | 163 319 | 66 296 |
| 书报杂志类 | 4 882 | 908 957 | 733 049 | 175 908 |
| 电子出版物及音像制品类 | 8 640 | 2 071 397 | 1 736 551 | 334 846 |
| 家用电器和音像器材类 | 33 022 | 7 023 429 | 5 543 600 | 1 479 829 |
| 中西药品类 | 30 195 | 12 090 581 | 11 736 434 | 354 147 |
| #西药类 | 1 085 | 411 928 | 348 141 | 63 787 |
| 中草药及中成药类 | 28 410 | 11 503 545 | 11 251 854 | 251 691 |
| 文化办公用品类 | 59 132 | 10 446 398 | 6 642 617 | 3 803 781 |
| #计算机及其配套产品 | 24 866 | 3 301 035 | 604 994 | 2 696 041 |
| 家具类 | 117 190 | 24 166 880 | 14 242 166 | 9 924 714 |
| 通讯器材类 | 20 372 | 3 060 851 | 2 045 215 | 1 015 636 |
| 煤炭及制品类 | 3 715 | 3 329 565 | 3 310 964 | 18 601 |
| 木材及制品类 | 27 786 | 9 369 892 | 9 035 007 | 334 885 |
| 石油及制品类 | 2 243 | 19 159 820 | 19 139 127 | 20 693 |
| 化工材料及制品类 | 48 235 | 39 875 971 | 39 785 728 | 90 243 |
| #化肥类 | 3 667 | 980 251 | 943 795 | 36 456 |
| 金属材料类 | 89 614 | 167 389 296 | 167 020 415 | 368 881 |
| 建筑及装潢材料类 | 273 565 | 48 594 549 | 36 943 741 | 11 650 808 |
| 机电产品及设备类 | 53 481 | 15 346 756 | 14 954 633 | 392 123 |
| #农机类 | 6 523 | 2 437 834 | 2 371 499 | 66 335 |
| 汽车类 | 72 830 | 67 836 212 | 21 829 687 | 46 006 525 |
| 种子饲料类 | 8 305 | 1 336 888 | 1 275 487 | 61 401 |
| 棉麻类 | 4 346 | 5 163 537 | 5 054 750 | 108 787 |
| 其他类 | 211 932 | 31 775 091 | 26 882 509 | 4 892 582 |

## 亿元以上商品交易市场情况（按地区分，2016 年）

| 地 区 | 市场数量（个） | 摊位数（个） | 营业面积（平方米） | 成交额（万元） | | |
|---|---|---|---|---|---|---|
| | | | | | 批 发 | 零 售 |
| **全 国** | **4 861** | **3 457 899** | **300 233 736** | **1 021 396 989** | **878 593 431** | **142 803 558** |
| 北 京 | 136 | 101 729 | 7 242 024 | 39 996 093 | 26 996 258 | 12 999 835 |
| 天 津 | 55 | 38 238 | 3 594 076 | 14 303 082 | 13 603 670 | 699 412 |
| 河 北 | 225 | 302 160 | 26 566 409 | 55 403 984 | 52 488 704 | 2 915 280 |
| 山 西 | 32 | 24 986 | 2 552 764 | 6 345 511 | 6 124 909 | 220 602 |
| 内蒙古 | 70 | 35 746 | 7 571 097 | 5 703 391 | 3 925 329 | 1 778 062 |
| 辽 宁 | 200 | 167 914 | 8 566 920 | 36 358 533 | 28 988 691 | 7 369 842 |
| 吉 林 | 56 | 48 860 | 3 223 179 | 6 560 707 | 4 252 471 | 2 308 236 |
| 黑龙江 | 81 | 50 925 | 3 650 852 | 10 861 843 | 7 589 344 | 3 272 499 |
| 上 海 | 150 | 57 904 | 5 174 748 | 85 986 025 | 81 142 575 | 4 843 450 |
| 江 苏 | 501 | 344 084 | 32 115 568 | 169 008 101 | 151 218 319 | 17 789 782 |
| 浙 江 | 756 | 446 033 | 31 421 445 | 165 405 467 | 138 234 415 | 27 171 052 |
| 安 徽 | 131 | 122 802 | 12 731 790 | 27 103 505 | 23 712 927 | 3 390 578 |
| 福 建 | 125 | 48 549 | 3 323 888 | 16 122 106 | 12 593 340 | 3 528 766 |
| 江 西 | 101 | 84 173 | 5 939 356 | 20 661 570 | 18 695 670 | 1 965 900 |
| 山 东 | 554 | 384 567 | 39 912 291 | 97 514 748 | 87 715 172 | 9 799 576 |
| 河 南 | 144 | 120 935 | 12 892 616 | 35 730 424 | 31 527 553 | 4 202 871 |
| 湖 北 | 151 | 76 280 | 6 254 594 | 22 104 214 | 16 223 442 | 5 880 772 |
| 湖 南 | 327 | 179 896 | 11 351 649 | 33 464 978 | 25 400 652 | 8 064 326 |
| 广 东 | 336 | 201 205 | 18 829 180 | 55 129 402 | 47 851 524 | 7 277 878 |
| 广 西 | 95 | 79 224 | 4 145 585 | 9 546 780 | 7 761 713 | 1 785 067 |
| 海 南 | 5 | 3 103 | 704 300 | 430 788 | 316 506 | 114 282 |
| 重 庆 | 151 | 99 654 | 8 039 363 | 35 865 293 | 31 282 200 | 4 583 093 |
| 四 川 | 132 | 149 586 | 12 246 656 | 24 267 501 | 21 872 849 | 2 394 652 |
| 贵 州 | 58 | 48 895 | 5 281 229 | 10 261 579 | 8 304 341 | 1 957 238 |
| 云 南 | 47 | 48 118 | 2 869 423 | 5 781 095 | 4 651 353 | 1 129 742 |
| 西 藏 | 3 | 2 617 | 35 400 | 150 926 | 94 754 | 56 172 |
| 陕 西 | 51 | 35 672 | 3 377 062 | 6 518 428 | 4 318 547 | 2 199 881 |
| 甘 肃 | 41 | 30 729 | 1 910 105 | 3 627 286 | 3 380 542 | 246 744 |
| 青 海 | 9 | 7 831 | 543 368 | 657 421 | 452 057 | 205 364 |
| 宁 夏 | 40 | 28 125 | 4 510 715 | 3 134 120 | 2 661 549 | 472 571 |
| 新 疆 | 98 | 87 359 | 13 656 084 | 17 392 088 | 15 212 055 | 2 180 033 |

## 连锁零售企业（集团）数（按登记注册类型与业态分，2016 年）

单位：个

| 注册类型 | 合 计 | 便利店 | 折扣店 | 超 市 | 大型超市 | 仓储会员店 | 百货店 |
|---|---|---|---|---|---|---|---|
| **总 计** | **2 726** | **100** | **3** | **399** | **166** | **5** | **107** |
| **内资企业** | **2 454** | **86** | **2** | **385** | **84** | **3** | **83** |
| 国有企业 | 172 | 4 | | 5 | 1 | | 1 |
| 集体企业 | 22 | | | 5 | | | 7 |
| 股份合作企业 | 7 | | | 3 | | | |
| 联营企业 | 4 | | | 1 | | | |
| 有限责任公司 | 1 062 | 45 | | 155 | 44 | 2 | 39 |
| 股份有限公司 | 273 | 4 | | 20 | 12 | 1 | 23 |
| 私营企业 | 889 | 33 | 2 | 191 | 27 | | 12 |
| 其他企业 | 25 | | | 5 | | | 1 |
| **港澳台商投资企业** | **123** | **7** | | **10** | **23** | | **17** |
| **外商投资企业** | **149** | **7** | **1** | **4** | **59** | **2** | **7** |

| 注册类型 | 专业店 | #加油站 | 专卖店 | 家居建材商店 | 厂家直销中心 | 其 他 |
|---|---|---|---|---|---|---|
| **总 计** | **1 511** | **305** | **352** | **13** | **8** | **62** |
| **内资企业** | **1 456** | **279** | **285** | **6** | **7** | **57** |
| 国有企业 | 143 | 77 | 14 | | | 4 |
| 集体企业 | 8 | | 1 | | | 1 |
| 股份合作企业 | 1 | 1 | 2 | | | 1 |
| 联营企业 | 3 | | | | | |
| 有限责任公司 | 610 | 40 | 138 | 3 | 2 | 24 |
| 股份有限公司 | 201 | 152 | 9 | | 2 | 1 |
| 私营企业 | 478 | 9 | 115 | 3 | 3 | 25 |
| 其他企业 | 12 | | 6 | | | 1 |
| **港澳台商投资企业** | **16** | **1** | **46** | **1** | **1** | **2** |
| **外商投资企业** | **39** | **25** | **21** | **6** | | **3** |

## 连锁零售企业（集团）数（按行业与业态分，2016 年）

单位：个

| 行　业 | 合　计 | 便利店 | 折扣店 | 超　市 | 大型超市 | 仓储会员店 | 百货店 |
|---|---|---|---|---|---|---|---|
| **总　计** | **2 726** | **100** | **3** | **399** | **166** | **5** | **107** |
| **批发业** | **317** | | | **1** | | | **1** |
| 农、林、牧产品批发 | 7 | | | | | | |
| 食品、饮料及烟草制品批发 | 55 | | | 1 | | | |
| 纺织、服装及家庭用品批发 | 16 | | | | | | |
| 文化、体育用品及器材批发 | 9 | | | | | | |
| 医药及医疗器材批发 | 34 | | | | | | |
| 矿产品、建材及化工产品批发 | 175 | | | | | | 1 |
| 机械设备、五金产品及电子产品批发 | 10 | | | | | | |
| 贸易经纪与代理 | | | | | | | |
| 其他批发业 | 11 | | | | | | |
| **零售业** | **2 409** | **100** | **3** | **398** | **166** | **5** | **106** |
| 综合零售 | 820 | 99 | 2 | 397 | 166 | 4 | 105 |
| 食品、饮料及烟草制品专门零售 | 165 | 1 | | | | | |
| 纺织、服装及日用品专门零售 | 176 | | 1 | | | | 1 |
| 文化、体育用品及器材专门零售 | 92 | | | 1 | | | |
| 医药及医疗器材专门零售 | 724 | | | | | | |
| 汽车、摩托车、燃料及零配件专门零售 | 197 | | | | | | |
| 家用电器及电子产品专门零售 | 208 | | | | | | |
| 五金、家具及室内装饰材料专门零售 | 17 | | | | | | |
| 货摊、无店铺及其他零售业 | 10 | | | | | 1 | |

| 行　业 | 专业店 | #加油站 | 专卖店 | 家居建材商店 | 厂家直销中心 | 其　他 |
|---|---|---|---|---|---|---|
| **总　计** | **1 511** | **305** | **352** | **13** | **8** | **62** |
| **批发业** | **242** | **139** | **34** | | **5** | **34** |
| 农、林、牧产品批发 | 5 | | 1 | | 1 | |
| 食品、饮料及烟草制品批发 | 25 | | 16 | | 1 | 12 |
| 纺织、服装及家庭用品批发 | 2 | | 8 | | 1 | 5 |
| 文化、体育用品及器材批发 | 8 | | | | | 1 |
| 医药及医疗器材批发 | 24 | | 3 | | | 7 |
| 矿产品、建材及化工产品批发 | 165 | 139 | 2 | | 2 | 5 |
| 机械设备、五金产品及电子产品批发 | 7 | | 1 | | | 2 |
| 贸易经纪与代理 | | | | | | |
| 其他批发业 | 6 | | 3 | | | 2 |
| **零售业** | **1 269** | **166** | **318** | **13** | **3** | **28** |
| 综合零售 | 31 | | 8 | 2 | | 6 |
| 食品、饮料及烟草制品专门零售 | 65 | | 94 | | 1 | 4 |
| 纺织、服装及日用品专门零售 | 64 | | 107 | | 2 | 1 |
| 文化、体育用品及器材专门零售 | 68 | | 20 | | | 3 |
| 医药及医疗器材专门零售 | 666 | | 46 | | | 12 |
| 汽车、摩托车、燃料及零配件专门零售 | 185 | 166 | 12 | | | |
| 家用电器及电子产品专门零售 | 183 | | 24 | | | 1 |
| 五金、家具及室内装饰材料专门零售 | 2 | | 4 | 11 | | |
| 货摊、无店铺及其他零售业 | 5 | | 3 | | | 1 |

## 连锁零售企业（集团）数（按行业与登记注册类型分，2016 年）

单位：个

| 行 业 | 合 计 | 内资企业 | | | | |
|---|---|---|---|---|---|---|
| | | | 国有企业 | 集体企业 | 股份合作企业 | 联营企业 |
| **总 计** | **2 726** | **2 454** | **172** | **22** | **7** | **4** |
| **批发业** | **317** | **303** | **66** | **3** | **2** | |
| 农畜产品批发 | 7 | 7 | 2 | | | |
| 食品、饮料及烟草制品专门批发 | 55 | 51 | 24 | 1 | 2 | |
| 纺织、服装及日用品批发 | 16 | 13 | | | | |
| 文化、体育用品及器材批发 | 9 | 8 | 1 | | | |
| 医药及医疗器材批发 | 34 | 34 | 2 | | | |
| 矿产品、建材及化工产品批发 | 175 | 172 | 37 | 2 | | |
| 机械设备、五金交电及电子产品批发 | 10 | 10 | | | | |
| 贸易经纪与代理 | | | | | | |
| 其他批发 | 11 | 8 | | | | |
| **零售业** | **2 409** | **2 151** | **106** | **19** | **5** | **4** |
| 综合零售 | 820 | 679 | 11 | 13 | 3 | 1 |
| 食品、饮料及烟草制品专门零售 | 165 | 152 | 8 | 1 | | |
| 纺织、服装及日用品专门零售 | 176 | 121 | 2 | | | |
| 文化、体育用品及器材专门零售 | 92 | 88 | 23 | 2 | | |
| 医药及医疗器材专门零售 | 724 | 716 | 16 | 3 | | 3 |
| 汽车、摩托车、燃料及零配件专门零售 | 197 | 171 | 46 | | 1 | |
| 家用电器及电子产品专门零售 | 208 | 203 | | | | |
| 五金、家具及室内装修材料专门零售 | 17 | 11 | | | | |
| 无店铺及其他零售 | 10 | 10 | | | 1 | |

| 行 业 | 有限责任公司 | 股份有限公司 | 私营企业 | 其他企业 | 港澳台商投资企业 | 外商投资企业 |
|---|---|---|---|---|---|---|
| **合 计** | **1 062** | **273** | **889** | **25** | **123** | **149** |
| **批发业** | **87** | **91** | **52** | **2** | **10** | **4** |
| 农畜产品批发 | 1 | 1 | 3 | | | |
| 食品、饮料及烟草制品专门批发 | 11 | 1 | 12 | | 2 | 2 |
| 纺织、服装及日用品批发 | 5 | 1 | 7 | | 3 | |
| 文化、体育用品及器材批发 | 4 | 2 | 1 | | 1 | |
| 医药及医疗器材批发 | 16 | 2 | 12 | 2 | | |
| 矿产品、建材及化工产品批发 | 40 | 83 | 10 | | 1 | 2 |
| 机械设备、五金交电及电子产品批发 | 6 | | 4 | | | |
| 贸易经纪与代理 | | | | | | |
| 其他批发 | 4 | 1 | 3 | | 3 | |
| **零售业** | **975** | **182** | **837** | **23** | **113** | **145** |
| 综合零售 | 302 | 64 | 277 | 8 | 59 | 82 |
| 食品、饮料及烟草制品专门零售 | 70 | 6 | 65 | 2 | 12 | 1 |
| 纺织、服装及日用品专门零售 | 62 | 4 | 52 | 1 | 34 | 21 |
| 文化、体育用品及器材专门零售 | 32 | 5 | 24 | 2 | 1 | 3 |
| 医药及医疗器材专门零售 | 358 | 19 | 308 | 9 | 6 | 2 |
| 汽车、摩托车、燃料及零配件专门零售 | 29 | 74 | 21 | | | 26 |
| 家用电器及电子产品专门零售 | 111 | 10 | 81 | 1 | | 5 |
| 五金、家具及室内装修材料专门零售 | 6 | | 5 | | 1 | 5 |
| 无店铺及其他零售 | 5 | | 4 | | | |

## 连锁零售企业（集团）数（按地区与业态分，2016 年）（1）

单位：个

| 地 区 | 合 计 | 便利店 | 折扣店 | 超 市 | 大型超市 | 仓储会员店 | 百货店 |
|---|---|---|---|---|---|---|---|
| **全 国** | **2 726** | **100** | **3** | **399** | **166** | **5** | **107** |
| 北 京 | 156 | 10 | 1 | 23 | 14 | 1 | 8 |
| 天 津 | 37 | 2 | | 6 | 4 | | |
| 河 北 | 85 | 4 | | 14 | 4 | | 4 |
| 山 西 | 60 | 2 | | 11 | 3 | | 3 |
| 内蒙古 | 18 | 1 | | 6 | | | 1 |
| 辽 宁 | 92 | 3 | | 12 | 12 | | |
| 吉 林 | 26 | | | 3 | | | 1 |
| 黑龙江 | 36 | 1 | | 4 | 1 | | 1 |
| 上 海 | 107 | 10 | 1 | 10 | 11 | 1 | 4 |
| 江 苏 | 172 | 9 | | 28 | 13 | | 7 |
| 浙 江 | 223 | 10 | | 45 | 10 | | 6 |
| 安 徽 | 68 | | | 23 | 5 | | 4 |
| 福 建 | 148 | 6 | | 21 | 6 | 1 | 3 |
| 江 西 | 84 | | | 6 | 5 | | 6 |
| 山 东 | 149 | 3 | | 30 | 7 | | 12 |
| 河 南 | 127 | 2 | | 24 | 15 | 1 | 2 |
| 湖 北 | 131 | 1 | | 18 | 3 | 1 | 5 |
| 湖 南 | 129 | 4 | | 13 | 8 | | 5 |
| 广 东 | 302 | 9 | 1 | 34 | 18 | | 15 |
| 广 西 | 67 | 1 | | 4 | 3 | | 1 |
| 海 南 | 6 | | | 2 | | | |
| 重 庆 | 98 | 3 | | 18 | 3 | | 5 |
| 四 川 | 128 | 7 | | 23 | 7 | | 6 |
| 贵 州 | 29 | 3 | | 3 | 1 | | 1 |
| 云 南 | 40 | 2 | | 3 | 2 | | 2 |
| 西 藏 | 1 | | | | 1 | | |
| 陕 西 | 61 | 6 | | 6 | 1 | | 2 |
| 甘 肃 | 16 | | | 1 | | | |
| 青 海 | 10 | | | 1 | 2 | | 1 |
| 宁 夏 | 25 | | | 3 | 4 | | |
| 新 疆 | 95 | 1 | | 4 | 3 | | 2 |

连锁零售企业（集团）数（按地区与业态分，2016 年）（2）

单位：个

| 地 区 | 专业店 | #加油站 | 专卖店 | 家居建材商店 | 厂家直销中心 | 其 他 |
|---|---|---|---|---|---|---|
| **全 国** | **1 511** | **305** | **352** | **13** | **8** | **62** |
| 北 京 | 63 | 3 | 33 | 3 | | |
| 天 津 | 15 | 3 | 8 | 1 | | 1 |
| 河 北 | 56 | 23 | 2 | | | 1 |
| 山 西 | 34 | 8 | 4 | | | 3 |
| 内蒙古 | 6 | | 4 | | | |
| 辽 宁 | 55 | 11 | 8 | | 1 | 1 |
| 吉 林 | 17 | 1 | 5 | | | |
| 黑龙江 | 29 | 2 | | | | |
| 上 海 | 35 | 3 | 30 | 4 | | 1 |
| 江 苏 | 99 | 3 | 14 | 2 | | |
| 浙 江 | 128 | 4 | 20 | | 1 | 3 |
| 安 徽 | 31 | 3 | 4 | | | 1 |
| 福 建 | 80 | 26 | 27 | | | 4 |
| 江 西 | 57 | 23 | 10 | | | |
| 山 东 | 84 | 19 | 7 | | | 6 |
| 河 南 | 70 | 19 | 11 | | | 2 |
| 湖 北 | 62 | 13 | 36 | 1 | 1 | 3 |
| 湖 南 | 71 | 25 | 27 | | | 1 |
| 广 东 | 150 | 31 | 51 | 1 | 2 | 21 |
| 广 西 | 55 | 27 | 3 | | | |
| 海 南 | 4 | 2 | | | | |
| 重 庆 | 48 | 5 | 13 | | 2 | 6 |
| 四 川 | 71 | 1 | 11 | 1 | | 2 |
| 贵 州 | 19 | | 1 | | | 1 |
| 云 南 | 25 | 2 | 6 | | | |
| 西 藏 | | | | | | |
| 陕 西 | 41 | 19 | 4 | | | 1 |
| 甘 肃 | 9 | 6 | 6 | | | |
| 青 海 | 5 | | | | | 1 |
| 宁 夏 | 16 | 3 | 1 | | | 1 |
| 新 疆 | 76 | 20 | 6 | | 1 | 2 |

## 连锁零售企业（集团）数（按地区与登记注册类型分，2016 年）(1)

单位：个

| 地 区 | 合 计 | 内资企业 | 国有企业 | 集体企业 | 股份合作企业 | 联营企业 |
|---|---|---|---|---|---|---|
| **全 国** | **2 726** | **2 454** | **172** | **22** | **7** | **4** |
| 北 京 | 156 | 123 | 3 | 1 | | 1 |
| 天 津 | 37 | 29 | 3 | | 1 | |
| 河 北 | 85 | 80 | 3 | 1 | | |
| 山 西 | 60 | 58 | 6 | | | |
| 内蒙古 | 18 | 18 | | | | |
| 辽 宁 | 92 | 83 | 5 | | | |
| 吉 林 | 26 | 24 | | | 1 | |
| 黑龙江 | 36 | 34 | | 1 | | |
| 上 海 | 107 | 70 | 6 | 2 | | 1 |
| 江 苏 | 172 | 151 | 2 | 3 | | 1 |
| 浙 江 | 223 | 213 | 2 | | 1 | |
| 安 徽 | 68 | 65 | 4 | | | |
| 福 建 | 148 | 133 | 6 | 1 | | |
| 江 西 | 84 | 79 | 17 | | | |
| 山 东 | 149 | 143 | 5 | 2 | 2 | |
| 河 南 | 127 | 123 | 8 | 1 | | |
| 湖 北 | 131 | 121 | 11 | 1 | | |
| 湖 南 | 129 | 122 | 8 | 1 | | |
| 广 东 | 302 | 239 | 13 | 3 | 1 | 1 |
| 广 西 | 67 | 65 | | | | |
| 海 南 | 6 | 6 | | | | |
| 重 庆 | 98 | 93 | 7 | 3 | | |
| 四 川 | 128 | 117 | 1 | | | |
| 贵 州 | 29 | 28 | | | | |
| 云 南 | 40 | 34 | 2 | 1 | | |
| 西 藏 | 1 | 1 | | | | |
| 陕 西 | 61 | 57 | 19 | | | |
| 甘 肃 | 16 | 16 | 5 | | | |
| 青 海 | 10 | 10 | | | | |
| 宁 夏 | 25 | 25 | 3 | | 1 | |
| 新 疆 | 95 | 94 | 33 | 1 | | |

## 连锁零售企业（集团）数（按地区与登记注册类型分，2016 年）（2）

单位：个

| 地 区 | 有限责任公司 | 股份有限公司 | 私营企业 | 其他企业 | 港澳台商投资企业 | 外商投资企业 |
|---|---|---|---|---|---|---|
| **全 国** | **1 062** | **273** | **889** | **25** | **123** | **149** |
| 北 京 | 66 | 13 | 39 | | 9 | 24 |
| 天 津 | 17 | 1 | 7 | | 5 | 3 |
| 河 北 | 34 | 20 | 22 | | | 5 |
| 山 西 | 19 | 6 | 27 | | 2 | |
| 内蒙古 | 13 | 1 | 3 | 1 | | |
| 辽 宁 | 29 | 10 | 39 | | 3 | 6 |
| 吉 林 | 12 | 1 | 9 | 1 | 2 | |
| 黑龙江 | 17 | 5 | 11 | | 1 | 1 |
| 上 海 | 35 | 8 | 17 | 1 | 15 | 22 |
| 江 苏 | 63 | 7 | 73 | 2 | 10 | 11 |
| 浙 江 | 92 | 13 | 105 | | 6 | 4 |
| 安 徽 | 23 | 10 | 27 | 1 | 2 | 1 |
| 福 建 | 59 | 11 | 55 | 1 | 4 | 11 |
| 江 西 | 28 | 19 | 15 | | 2 | 3 |
| 山 东 | 57 | 19 | 55 | 3 | 3 | 3 |
| 河 南 | 57 | 21 | 35 | 1 | 3 | 1 |
| 湖 北 | 70 | 7 | 30 | 2 | 5 | 5 |
| 湖 南 | 38 | 21 | 52 | 2 | 5 | 2 |
| 广 东 | 117 | 28 | 76 | | 34 | 29 |
| 广 西 | 32 | 16 | 17 | | 2 | |
| 海 南 | 4 | 1 | | 1 | | |
| 重 庆 | 33 | 4 | 45 | 1 | 4 | 1 |
| 四 川 | 54 | 9 | 50 | 3 | 1 | 10 |
| 贵 州 | 16 | | 10 | 2 | | 1 |
| 云 南 | 18 | | 12 | 1 | 3 | 3 |
| 西 藏 | | | 1 | | | |
| 陕 西 | 22 | 7 | 9 | | 2 | 2 |
| 甘 肃 | 1 | 1 | 8 | 1 | | |
| 青 海 | 9 | 1 | | | | |
| 宁 夏 | 7 | 3 | 11 | | | |
| 新 疆 | 20 | 10 | 29 | 1 | | 1 |

## 连锁零售企业（集团）数（按地区与行业分，2016年）(1)

单位：个

| 地 区 | 合 计 | 批发业 | 农、林、牧产品批发 | 食品饮料及烟草制品批发 | 纺织服装及家庭用品批发 | 文化体育用品及器材批发 | 医药及医疗器材批发 | 矿产品建材及化工产品批发 | 机械设备五金产品及电子产品批发 | 贸易经纪与代理 | 其他批发业 |
|---|---|---|---|---|---|---|---|---|---|---|---|
| **全 国** | **2 726** | **317** | **7** | **55** | **16** | **9** | **34** | **175** | **10** | | **11** |
| 北 京 | 156 | 6 | | 2 | | 1 | | 2 | 1 | | |
| 天 津 | 37 | 2 | | 1 | | | | | 1 | | |
| 河 北 | 85 | 13 | | | | | | 13 | | | |
| 山 西 | 60 | 3 | | 3 | | | | | | | |
| 内蒙古 | 18 | | | | | | | | | | |
| 辽 宁 | 92 | 9 | 1 | | 1 | | 1 | 4 | 1 | | 1 |
| 吉 林 | 26 | 1 | | | | | 1 | | | | |
| 黑龙江 | 36 | 2 | | | | | 1 | 1 | | | |
| 上 海 | 107 | 6 | | 3 | 1 | | | 2 | | | |
| 江 苏 | 172 | 15 | | 2 | 1 | 1 | 1 | 9 | 1 | | |
| 浙 江 | 223 | 22 | | 4 | | 2 | 3 | 12 | 1 | | |
| 安 徽 | 68 | 6 | 1 | | | | | 4 | | | 1 |
| 福 建 | 148 | 8 | | 4 | | | 1 | 2 | 1 | | |
| 江 西 | 84 | 19 | | 8 | 1 | | | 10 | | | |
| 山 东 | 149 | 12 | | 3 | 1 | | 3 | 5 | | | |
| 河 南 | 127 | 15 | | 1 | | | | 13 | 1 | | |
| 湖 北 | 131 | 13 | 1 | 2 | 1 | 1 | 1 | 6 | | | 1 |
| 湖 南 | 129 | 7 | 2 | | 1 | 1 | 2 | | | | 1 |
| 广 东 | 302 | 34 | 1 | 6 | 8 | 3 | 6 | 6 | 2 | | 2 |
| 广 西 | 67 | 29 | | | | | | 28 | 1 | | |
| 海 南 | 6 | | | | | | | | | | |
| 重 庆 | 98 | 18 | | 2 | | | 4 | 10 | | | 2 |
| 四 川 | 128 | 7 | | | 1 | | 5 | 1 | | | |
| 贵 州 | 29 | | | | | | | | | | |
| 云 南 | 40 | 7 | | | | | 3 | 3 | | | 1 |
| 西 藏 | 1 | | | | | | | | | | |
| 陕 西 | 61 | 23 | | 7 | | | | 15 | | | 1 |
| 甘 肃 | 16 | 2 | | | | | | 2 | | | |
| 青 海 | 10 | 1 | | 1 | | | | | | | |
| 宁 夏 | 25 | 7 | | 2 | | | | 4 | | | 1 |
| 新 疆 | 95 | 30 | 1 | 4 | | | 2 | 23 | | | |

## 连锁零售企业（集团）数（按地区与行业分，2016 年）(2)

单位：个

| 地 区 | 零售业 | 综合零售 | 食品饮料及烟草制品专门零售 | 纺织服装及日用品专门零售 | 文化体育用品及器材专门零售 | 医药及医疗器材专门零售 | 汽车摩托车燃料及零配件专门零售 | 家用电器及电子产品专门零售 | 五金家具及室内装饰材料专门零售 | 货摊、无店铺及其他零售业 |
|---|---|---|---|---|---|---|---|---|---|---|
| **全 国** | **2 409** | **820** | **165** | **176** | **92** | **724** | **197** | **208** | **17** | **10** |
| 北 京 | 150 | 55 | 19 | 25 | 5 | 30 | 4 | 9 | 3 | |
| 天 津 | 35 | 13 | 5 | 3 | | 6 | 3 | 4 | 1 | |
| 河 北 | 72 | 26 | 2 | 2 | 1 | 25 | 10 | 6 | | |
| 山 西 | 57 | 20 | 3 | 2 | | 17 | 8 | 7 | | |
| 内蒙古 | 18 | 8 | | | | 7 | | 3 | | |
| 辽 宁 | 83 | 28 | 4 | 6 | 1 | 31 | 8 | 5 | | |
| 吉 林 | 25 | 4 | 2 | 2 | | 10 | 1 | 5 | | 1 |
| 黑龙江 | 34 | 8 | | 1 | 2 | 17 | 1 | 5 | | |
| 上 海 | 101 | 44 | 4 | 16 | 6 | 19 | 1 | 6 | 4 | 1 |
| 江 苏 | 157 | 58 | 22 | 3 | 5 | 52 | 2 | 13 | 1 | 1 |
| 浙 江 | 201 | 70 | 14 | 15 | 1 | 88 | 2 | 9 | 1 | 1 |
| 安 徽 | 62 | 34 | 2 | 1 | 1 | 19 | | 5 | | |
| 福 建 | 140 | 38 | 15 | 5 | 3 | 29 | 30 | 19 | | 1 |
| 江 西 | 65 | 17 | 5 | 4 | 3 | 14 | 16 | 6 | | |
| 山 东 | 137 | 52 | 4 | 4 | 4 | 53 | 14 | 6 | | |
| 河 南 | 112 | 45 | 6 | 5 | 5 | 30 | 6 | 15 | | |
| 湖 北 | 118 | 29 | 14 | 15 | 9 | 33 | 9 | 8 | 1 | |
| 湖 南 | 122 | 37 | 11 | 12 | 4 | 20 | 28 | 9 | 1 | |
| 广 东 | 268 | 88 | 15 | 31 | 15 | 51 | 34 | 28 | 2 | 4 |
| 广 西 | 38 | 9 | | | 1 | 24 | | 3 | | 1 |
| 海 南 | 6 | 2 | | | | 2 | 2 | | | |
| 重 庆 | 80 | 30 | 9 | 8 | 2 | 25 | 3 | 3 | | |
| 四 川 | 121 | 43 | 5 | 8 | 6 | 46 | 2 | 9 | 2 | |
| 贵 州 | 29 | 9 | | | | 18 | | 2 | | |
| 云 南 | 33 | 10 | 1 | 2 | 2 | 8 | 1 | 9 | | |
| 西 藏 | 1 | 1 | | | | | | | | |
| 陕 西 | 38 | 17 | 1 | 4 | 1 | 8 | 5 | 2 | | |
| 甘 肃 | 14 | 2 | | | | 7 | 4 | 1 | | |
| 青 海 | 9 | 4 | | 1 | | 3 | | 1 | | |
| 宁 夏 | 18 | 7 | 1 | | 1 | 8 | | 1 | | |
| 新 疆 | 65 | 12 | 1 | 1 | 14 | 24 | 3 | 9 | 1 | |

## 连锁零售企业情况（2016 年）

| 指 标 | 计量单位 | 合 计 | 直营店 | 加盟店 |
|---|---|---|---|---|
| 门店总数 | 个 | 232 444 | 147 566 | 84 878 |
| 从业人员 | 人 | 2 449 920 | 2 141 094 | 308 826 |
| 零售营业面积 | 平方米 | 179 600 921 | 169 109 723 | 10 491 198 |
| 商品购进总额 | 万元 | 310 368 516 | 294 793 122 | 15 575 393 |
| #统一配送商品购进额 | 万元 | 241 737 371 | 227 844 009 | 13 893 362 |
| #自有配送中心配送商品购进额 | 万元 | 139 891 574 | 133 385 809 | 6 505 765 |
| 非自有配送中心配送商品购进额 | 万元 | 43 423 459 | 41 877 733 | 1 545 726 |
| 商品销售额 | 万元 | 359 228 936 | 342 737 190 | 16 491 746 |
| #零售额 | 万元 | 268 561 584 | 254 847 807 | 13 713 776 |

## 连锁零售企业情况（按业态分，2016 年）

| 业 态 | 门店总数（个） | 从业人员（人） | 营业面积（平方米） | 商品购进总额（万元） | #统一配送商品购进额 | #自有配送中心配送商品购进额 | #非自有配送中心配送商品购进额 | 商品销售额（万元） | #零售额 |
|---|---|---|---|---|---|---|---|---|---|
| **总 计** | **232 444** | **2 449 920** | **179 600 921** | **310 368 516** | **241 737 371** | **139 891 574** | **43 423 459** | **359 228 936** | **268 561 584** |
| 便利店 | 18 588 | 84 208 | 1 622 461 | 3 270 227 | 2 649 420 | 1 209 219 | 656 716 | 4 224 482 | 3 901 902 |
| 折扣店 | 540 | 2 047 | 183 101 | 260 991 | 136 302 | 136 302 | | 298 119 | 298 119 |
| 超市 | 33 372 | 419 808 | 19 180 385 | 27 845 154 | 23 381 057 | 15 408 460 | 3 242 939 | 30 671 519 | 27 431 359 |
| 大型超市 | 8 452 | 535 472 | 37 621 657 | 46 936 504 | 34 670 738 | 20 124 800 | 6 049 459 | 51 080 218 | 45 228 808 |
| 仓储会员店 | 97 | 12 481 | 681 810 | 2 739 554 | 321 549 | 5 142 | 5 859 | 2 593 414 | 2 593 414 |
| 百货店 | 4 987 | 263 279 | 27 378 799 | 32 240 220 | 14 261 754 | 9 271 487 | 1 688 462 | 38 964 970 | 33 050 726 |
| 专业店 | 118 601 | 900 059 | 85 477 601 | 177 439 253 | 153 004 488 | 85 668 890 | 30 357 422 | 205 737 123 | 138 416 677 |
| 其中：加油站 | 35 970 | 278 277 | 56 802 699 | 109 642 299 | 96 646 250 | 50 185 569 | 22 373 976 | 129 569 822 | 92 727 390 |
| 专卖店 | 32 413 | 175 938 | 4 592 806 | 15 361 185 | 10 170 320 | 6 246 566 | 568 526 | 19 921 802 | 14 605 466 |
| 家居建材商店 | 57 | 2 688 | 211 629 | 313 523 | 291 276 | 65 402 | 59 134 | 440 656 | 435 690 |
| 厂家直销中心 | 612 | 3 749 | 156 454 | 546 501 | 541 226 | 61 517 | 450 925 | 598 471 | 76 438 |
| 其他 | 14 725 | 50 191 | 2 494 218 | 3 415 403 | 2 309 242 | 1 693 789 | 344 018 | 4 698 163 | 2 522 985 |

## 连锁零售企业情况（按登记注册类型分，2016 年）（1）

| 注册类型 | 门店总数（个） | 从业人员（人） | 营业面积（平方米） | 商品购进总额（万元） | #统一配送商品购进额 |
|---|---|---|---|---|---|
| **总 计** | **232 444** | **2 449 920** | **179 600 921** | **310 368 516** | **241 737 371** |
| **内资企业** | **213 025** | **1 937 662** | **142 326 546** | **254 609 370** | **204 817 007** |
| 国有企业 | 14 772 | 115 099 | 10 204 135 | 33 223 482 | 30 295 573 |
| 集体企业 | 791 | 9 315 | 520 871 | 834 551 | 145 363 |
| 股份合作企业 | 390 | 4 713 | 557 918 | 1 028 078 | 994 673 |
| 联营企业 | 242 | 1 178 | 30 357 | 77 196 | 77 196 |
| 国有联营企业 | 191 | 751 | 21 563 | 54 026 | 54 026 |
| 集体联营企业 | | | | | |
| 国有与集体联营企业 | 5 | 26 | 928 | 812 | 812 |
| 其他联营企业 | 46 | 401 | 7 866 | 22 357 | 22 357 |
| 有限责任公司 | 76 814 | 644 346 | 36 288 994 | 62 681 187 | 50 639 210 |
| 国有独资公司 | 2 607 | 19 830 | 2 193 085 | 6 635 347 | 6 360 817 |
| 其他有限责任公司 | 74 207 | 624 516 | 34 095 909 | 56 045 841 | 44 278 393 |
| 股份有限公司 | 60 584 | 762 456 | 79 601 853 | 132 753 964 | 101 698 271 |
| 私营企业 | 56 905 | 384 995 | 14 613 349 | 23 474 691 | 20 456 625 |
| 私营独资企业 | 1 027 | 4 835 | 149 444 | 312 547 | 229 335 |
| 私营合伙企业 | 652 | 3 047 | 269 647 | 202 343 | 194 820 |
| 私营有限责任公司 | 46 328 | 310 898 | 12 073 099 | 19 586 557 | 16 984 625 |
| 私营股份有限公司 | 8 898 | 66 215 | 2 121 159 | 3 373 244 | 3 047 845 |
| 其他企业 | 2 527 | 15 560 | 509 069 | 536 221 | 510 098 |
| **港澳台商投资企业** | **9 477** | **245 025** | **20 731 140** | **24 128 440** | **18 273 870** |
| 港澳台合资经营企业 | 3 482 | 38 013 | 2 040 945 | 3 536 691 | 1 846 565 |
| 港澳台合作经营企业 | 229 | 58 742 | 2 944 413 | 4 389 234 | 4 384 177 |
| 港澳台独资经营企业 | 5 072 | 103 959 | 9 615 107 | 10 030 669 | 7 311 666 |
| 港澳台商投资股份有限公司 | 218 | 2 163 | 44 753 | 176 023 | 135 640 |
| 其他港澳台商投资企业 | 476 | 42 148 | 6 085 922 | 5 995 823 | 4 595 822 |
| **外商投资企业** | **9 942** | **267 233** | **16 543 235** | **31 630 705** | **18 646 494** |
| 中外合资经营企业 | 4 956 | 136 436 | 9 969 481 | 15 040 377 | 9 622 086 |
| 中外合作经营企业 | 1 075 | 21 032 | 960 359 | 1 668 357 | 1 111 747 |
| 外资企业 | 3 721 | 106 119 | 5 157 617 | 14 311 480 | 7 516 877 |
| 外商投资股份有限公司 | 190 | 3 646 | 455 748 | 610 492 | 395 784 |
| 其他外商投资企业 | | | | | |

## 连锁零售企业情况（按登记注册类型分，2016年）（2）

| 注册类型 | #自有配送中心配送商品购进额 | #非自有配送中心配送商品购进额 | 商品销售额（万元） | #零售额 |
|---|---|---|---|---|
| **总 计** | **139 891 574** | **43 423 459** | **359 228 936** | **268 561 584** |
| **内资企业** | **120 475 735** | **36 356 761** | **295 146 257** | **211 599 848** |
| 国有企业 | 13 117 770 | 5 804 951 | 39 027 514 | 22 971 139 |
| 集体企业 | 106 925 | 12 453 | 983 494 | 547 779 |
| 股份合作企业 | 980 341 | | 1 135 253 | 873 097 |
| 联营企业 | 13 922 | | 95 039 | 90 616 |
| 国有联营企业 | | | 66 565 | 66 565 |
| 集体联营企业 | | | | |
| 国有与集体联营企业 | | | 932 | 932 |
| 其他联营企业 | 13 922 | | 27 542 | 23 120 |
| 有限责任公司 | 29 098 813 | 6 232 043 | 72 568 255 | 55 976 210 |
| 国有独资公司 | 3 557 829 | 41 749 | 6 903 050 | 3 323 579 |
| 其他有限责任公司 | 25 540 983 | 6 190 294 | 65 665 205 | 52 652 631 |
| 股份有限公司 | 65 293 478 | 21 180 730 | 155 207 489 | 108 351 614 |
| 私营企业 | 11 734 296 | 2 836 488 | 25 586 730 | 22 269 619 |
| 私营独资企业 | 151 743 | 26 294 | 376 447 | 298 155 |
| 私营合伙企业 | 165 999 | | 215 338 | 206 310 |
| 私营有限责任公司 | 8 929 412 | 2 776 598 | 20 791 077 | 18 414 044 |
| 私营股份有限公司 | 2 487 143 | 33 596 | 4 203 869 | 3 351 110 |
| 其他企业 | 130 190 | 290 098 | 542 483 | 519 774 |
| **港澳台商投资企业** | **8 074 274** | **4 341 753** | **26 648 679** | **23 803 874** |
| 港澳台合资经营企业 | 1 455 097 | 137 123 | 4 513 475 | 4 300 316 |
| 港澳台合作经营企业 | 20 958 | | 4 174 723 | 4 174 723 |
| 港澳台独资经营企业 | 4 564 675 | 1 506 711 | 12 812 144 | 10 209 679 |
| 港澳台商投资股份有限公司 | 18 721 | 116 919 | 226 138 | 196 958 |
| 其他港澳台商投资企业 | 2 014 822 | 2 581 000 | 4 922 199 | 4 922 199 |
| **外商投资企业** | **11 341 566** | **2 724 945** | **37 434 000** | **33 157 862** |
| 中外合资经营企业 | 5 886 432 | 1 312 798 | 18 131 951 | 15 499 594 |
| 中外合作经营企业 | 930 542 | 115 743 | 1 731 971 | 1 656 481 |
| 外资企业 | 4 306 249 | 1 118 962 | 16 842 670 | 15 285 358 |
| 外商投资股份有限公司 | 218 343 | 177 441 | 727 408 | 716 430 |
| 其他外商投资企业 | | | | |

**连锁零售企业情况（按行业分，2016 年）（1）**

| 行 业 | 门店总数（个） | 从业人员（人） | 营业面积（平方米） | 商品购进总额（万元） | #统一配送商品购进额 |
|---|---|---|---|---|---|
| **总 计** | **232 444** | **2 449 920** | **179 600 921** | **310 368 516** | **241 737 371** |
| **批发业** | **49 079** | **279 676** | **44 743 929** | **93 838 467** | **84 248 226** |
| 农、林、牧产品批发 | 4 484 | 10 888 | 370 021 | 1 694 841 | 1 650 155 |
| 食品、饮料及烟草制品批发 | 6 146 | 33 104 | 737 462 | 6 737 633 | 5 816 068 |
| 纺织、服装及家庭用品批发 | 1 558 | 18 083 | 1 765 050 | 1 723 821 | 1 057 136 |
| 文化、体育用品及器材批发 | 455 | 16 682 | 797 765 | 3 663 173 | 3 663 173 |
| 医药及医疗器材批发 | 2 664 | 10 145 | 268 441 | 632 787 | 410 295 |
| 矿产品、建材及化工产品批发 | 32 512 | 180 751 | 39 723 406 | 76 767 499 | 69 132 656 |
| 机械设备、五金产品及电子产品批发 | 255 | 1 641 | 42 720 | 572 030 | 496 166 |
| 贸易经纪与代理 | | | | | |
| 其他批发业 | 1 005 | 8 382 | 1 039 064 | 2 046 683 | 2 022 579 |
| **零售业** | **183 365** | **2 170 244** | **134 856 992** | **216 530 049** | **157 489 145** |
| 综合零售 | 70 169 | 1 343 825 | 87 725 524 | 116 063 789 | 77 548 536 |
| 食品、饮料及烟草制品专门零售 | 23 180 | 82 809 | 1 093 006 | 3 486 707 | 2 917 925 |
| 纺织、服装及日用品专门零售 | 14 609 | 79 902 | 2 532 697 | 3 083 971 | 2 055 151 |
| 文化、体育用品及器材专门零售 | 1 957 | 35 187 | 1 234 253 | 5 273 952 | 5 052 405 |
| 医药及医疗器材专门零售 | 51 266 | 272 692 | 6 801 111 | 9 344 676 | 8 635 503 |
| 汽车、摩托车、燃料及零配件专门零售 | 13 901 | 129 463 | 20 015 175 | 41 981 249 | 35 978 793 |
| 家用电器及电子产品专门零售 | 7 401 | 216 531 | 14 994 280 | 36 806 839 | 24 852 962 |
| 五金、家具及室内装饰材料专门零售 | 220 | 6 398 | 402 570 | 398 346 | 381 753 |
| 货摊、无店铺及其他零售业 | 662 | 3 437 | 58 376 | 90 520 | 66 119 |

**连锁零售企业情况（按行业分，2016 年）（2）**

| 行 业 | #自有配送中心配送商品购进额 | #非自有配送中心配送商品购进额 | 商品销售额（万元） | #零售额 |
|---|---|---|---|---|
| **总 计** | **139 891 574** | **43 423 459** | **359 228 936** | **268 561 584** |
| **批发业** | **49 119 394** | **17 303 966** | **107 594 848** | **63 212 613** |
| 农、林、牧产品批发 | 1 644 541 | 1 365 | 1 795 096 | 1 681 071 |
| 食品、饮料及烟草制品批发 | 3 399 264 | 117 535 | 9 174 319 | 1 336 649 |
| 纺织、服装及家庭用品批发 | 960 549 | 6 418 | 2 951 032 | 1 451 323 |
| 文化、体育用品及器材批发 | 3 548 198 | | 3 689 867 | 1 409 641 |
| 医药及医疗器材批发 | 339 306 | 13 074 | 739 630 | 315 178 |
| 矿产品、建材及化工产品批发 | 37 259 610 | 17 162 902 | 86 592 702 | 54 942 685 |
| 机械设备、五金产品及电子产品批发 | 334 463 | 2 671 | 637 813 | 339 587 |
| 贸易经纪与代理 | | | | |
| 其他批发业 | 1 633 463 | | 2 014 389 | 1 736 479 |
| **零售业** | **90 772 180** | **26 119 493** | **251 634 088** | **205 348 971** |
| 综合零售 | 47 642 586 | 12 089 624 | 131 737 116 | 115 396 621 |
| 食品、饮料及烟草制品专门零售 | 1 972 046 | 157 802 | 4 486 815 | 3 789 906 |
| 纺织、服装及日用品专门零售 | 865 262 | 360 106 | 5 205 025 | 4 810 255 |
| 文化、体育用品及器材专门零售 | 4 423 646 | 389 987 | 5 562 211 | 2 942 081 |
| 医药及医疗器材专门零售 | 4 706 733 | 1 610 841 | 11 425 646 | 10 157 160 |
| 汽车、摩托车、燃料及零配件专门零售 | 15 443 786 | 8 839 819 | 52 679 845 | 42 216 194 |
| 家用电器及电子产品专门零售 | 15 464 475 | 2 646 695 | 39 680 497 | 25 227 907 |
| 五金、家具及室内装饰材料专门零售 | 198 828 | 15 304 | 757 228 | 747 294 |
| 货摊、无店铺及其他零售业 | 54 818 | 9 315 | 99 703 | 61 553 |

各地区连锁零售企业情况（2016 年）（1）

| 地　区 | 门店总数（个） | 从业人员（人） | 营业面积（平方米） | 商品购进总额（万元） |
|---|---|---|---|---|
| **全　国** | **232 444** | **2 449 920** | **179 600 921** | **310 368 516** |
| 北　京 | 7 732 | 173 478 | 9 533 809 | 24 121 897 |
| 天　津 | 2 084 | 29 098 | 1 900 580 | 4 198 033 |
| 河　北 | 4 935 | 51 947 | 6 120 325 | 8 684 569 |
| 山　西 | 4 001 | 38 348 | 2 965 720 | 3 131 311 |
| 内蒙古 | 613 | 5 581 | 253 062 | 280 875 |
| 辽　宁 | 6 584 | 60 115 | 4 004 098 | 6 989 959 |
| 吉　林 | 1 572 | 13 065 | 557 315 | 1 409 379 |
| 黑龙江 | 1 978 | 20 055 | 974 796 | 2 040 557 |
| 上　海 | 18 211 | 242 496 | 10 795 669 | 27 931 539 |
| 江　苏 | 18 172 | 318 010 | 23 978 762 | 42 328 931 |
| 浙　江 | 26 359 | 133 131 | 11 513 147 | 18 317 913 |
| 安　徽 | 9 664 | 90 304 | 5 453 092 | 15 287 637 |
| 福　建 | 6 619 | 93 141 | 9 931 220 | 10 625 630 |
| 江　西 | 4 576 | 52 100 | 3 361 785 | 6 990 689 |
| 山　东 | 12 130 | 177 135 | 18 367 636 | 17 914 850 |
| 河　南 | 5 590 | 66 461 | 6 258 664 | 8 088 795 |
| 湖　北 | 8 665 | 130 171 | 7 116 169 | 16 650 696 |
| 湖　南 | 17 446 | 105 250 | 8 378 701 | 8 092 196 |
| 广　东 | 27 716 | 257 344 | 24 678 000 | 44 328 419 |
| 广　西 | 4 426 | 38 715 | 4 290 094 | 7 163 502 |
| 海　南 | 791 | 5 306 | 390 779 | 1 219 941 |
| 重　庆 | 12 714 | 93 796 | 4 336 533 | 7 050 386 |
| 四　川 | 14 209 | 101 810 | 3 975 033 | 7 165 057 |
| 贵　州 | 1 366 | 10 801 | 341 636 | 680 562 |
| 云　南 | 5 388 | 44 922 | 2 050 205 | 2 820 264 |
| 西　藏 | 3 | 820 | 29 955 | 30 552 |
| 陕　西 | 2 531 | 34 564 | 2 583 636 | 7 354 286 |
| 甘　肃 | 938 | 8 035 | 701 537 | 1 474 082 |
| 青　海 | 194 | 6 069 | 209 298 | 190 215 |
| 宁　夏 | 939 | 11 290 | 1 049 159 | 1 823 187 |
| 新　疆 | 4 298 | 36 562 | 3 500 506 | 5 982 611 |

## 各地区连锁零售企业情况（2016 年）（2）

| 地 区 | #统一配送商品购进额 | #自有配送中心配送商品购进额 | #非自有配送中心配送商品购进额 | 商品销售额（万元） | #零售额 |
|---|---|---|---|---|---|
| **全 国** | **241 737 371** | **139 891 574** | **43 423 459** | **359 228 936** | **268 561 584** |
| 北 京 | 16 829 206 | 9 481 899 | 2 997 679 | 28 965 113 | 24 507 299 |
| 天 津 | 2 416 603 | 1 799 591 | 93 588 | 4 998 621 | 4 004 510 |
| 河 北 | 5 416 481 | 3 174 667 | 194 690 | 9 397 528 | 7 000 271 |
| 山 西 | 2 065 663 | 1 289 589 | | 4 427 747 | 3 523 795 |
| 内蒙古 | 164 270 | 112 125 | 2 173 | 359 440 | 260 826 |
| 辽 宁 | 4 983 438 | 736 110 | 1 386 018 | 6 947 735 | 5 732 931 |
| 吉 林 | 1 383 556 | 1 203 284 | 9 650 | 1 593 638 | 1 378 539 |
| 黑龙江 | 1 839 638 | 489 396 | 155 412 | 2 274 480 | 1 736 205 |
| 上 海 | 22 232 359 | 8 850 043 | 2 681 340 | 31 144 443 | 24 065 615 |
| 江 苏 | 36 244 239 | 33 030 528 | 2 443 802 | 46 956 064 | 20 943 822 |
| 浙 江 | 16 967 178 | 15 088 437 | 950 018 | 20 312 075 | 14 944 693 |
| 安 徽 | 10 921 096 | 5 125 523 | 414 552 | 15 617 571 | 12 448 412 |
| 福 建 | 7 314 559 | 2 988 480 | 2 812 696 | 12 368 735 | 11 222 528 |
| 江 西 | 5 966 254 | 3 400 283 | 496 297 | 11 495 459 | 7 669 400 |
| 山 东 | 12 293 664 | 6 973 864 | 1 248 707 | 20 402 259 | 15 687 256 |
| 河 南 | 4 671 637 | 2 671 635 | 263 102 | 8 768 087 | 7 869 077 |
| 湖 北 | 11 687 765 | 9 266 855 | 746 449 | 18 637 993 | 16 153 162 |
| 湖 南 | 6 807 947 | 4 351 397 | 936 538 | 11 429 283 | 9 808 305 |
| 广 东 | 37 335 089 | 13 939 276 | 20 839 944 | 50 763 474 | 43 446 813 |
| 广 西 | 7 089 133 | 2 564 870 | 55 912 | 7 900 143 | 4 703 278 |
| 海 南 | 1 199 080 | 5 707 | | 1 309 071 | 1 199 282 |
| 重 庆 | 4 844 151 | 3 234 952 | 1 128 931 | 9 561 915 | 7 441 719 |
| 四 川 | 5 102 407 | 2 512 487 | 335 070 | 8 212 765 | 7 909 472 |
| 贵 州 | 665 715 | 370 758 | 13 914 | 715 803 | 700 277 |
| 云 南 | 2 422 188 | 740 594 | 310 978 | 5 074 189 | 3 705 271 |
| 西 藏 | 30 552 | | | 35 760 | 35 760 |
| 陕 西 | 5 500 513 | 2 868 318 | 750 037 | 9 180 532 | 3 588 354 |
| 甘 肃 | 1 238 826 | 113 577 | | 1 618 744 | 1 411 033 |
| 青 海 | 71 628 | 5 099 | | 290 858 | 287 689 |
| 宁 夏 | 871 371 | 486 072 | 10 953 | 1 349 814 | 913 546 |
| 新 疆 | 5 161 170 | 3 016 159 | 2 145 011 | 7 119 603 | 4 262 445 |

## 连锁餐饮企业（集团）数（按登记注册类型和行业分，2016年）

单位：个

| 注册类型 | 合 计 | 正餐服务 | 快餐服务 | 饮料及冷饮服务 | 其他餐饮业 |
|---|---|---|---|---|---|
| **总 计** | **459** | **251** | **169** | **21** | **18** |
| **内资企业** | **298** | **215** | **65** | **5** | **13** |
| 国有企业 | 6 | 2 | 3 | 1 | |
| 集体企业 | 2 | 1 | | | 1 |
| 股份合作企业 | 3 | 3 | | | |
| 联营企业 | | | | | |
| 有限责任公司 | 98 | 63 | 30 | | 5 |
| 股份有限公司 | 12 | 9 | 3 | | |
| 私营企业 | 174 | 134 | 29 | 4 | 7 |
| 其他企业 | 3 | 3 | | | |
| **港澳台商投资企业** | **66** | **19** | **34** | **10** | **3** |
| **外商投资企业** | **95** | **17** | **70** | **6** | **2** |

## 连锁餐饮企业（集团）数（按地区与登记注册类型分，2016年）（1）

单位：个

| 地 区 | 合 计 | 内资企业 | 国有企业 | 集体企业 | 股份合作企业 | 联营企业 |
|---|---|---|---|---|---|---|
| **全 国** | **459** | **298** | **6** | **2** | **3** | |
| 北 京 | 81 | 52 | 1 | | 2 | |
| 天 津 | 7 | 4 | 1 | | | |
| 河 北 | 1 | 1 | | | | |
| 山 西 | 5 | 4 | | | | |
| 内蒙古 | 5 | 5 | | | | |
| 辽 宁 | 12 | 2 | | | | |
| 吉 林 | 1 | 1 | | | | |
| 黑龙江 | 7 | 4 | | | | |
| 上 海 | 38 | 16 | 1 | | | |
| 江 苏 | 21 | 11 | | | | |
| 浙 江 | 26 | 20 | 1 | | | |
| 安 徽 | 9 | 8 | | | | |
| 福 建 | 12 | 5 | | | | |
| 江 西 | 6 | 4 | | | | |
| 山 东 | 16 | 13 | 1 | | | |
| 河 南 | 19 | 16 | | | | |
| 湖 北 | 30 | 23 | | | | |
| 湖 南 | 21 | 18 | | | | |
| 广 东 | 70 | 38 | 1 | 2 | 1 | |
| 广 西 | 3 | 2 | | | | |
| 海 南 | 1 | | | | | |
| 重 庆 | 26 | 23 | | | | |
| 四 川 | 13 | 6 | | | | |
| 贵 州 | 2 | 2 | | | | |
| 云 南 | 11 | 9 | | | | |
| 西 藏 | 1 | 1 | | | | |
| 陕 西 | 5 | 3 | | | | |
| 甘 肃 | 3 | 1 | | | | |
| 青 海 | | | | | | |
| 宁 夏 | | | | | | |
| 新 疆 | 7 | 6 | | | | |

**连锁餐饮企业（集团）数（按地区与登记注册类型分，2016 年）（2）**

单位：个

| 地 区 | 有限责任公司 | 股份有限公司 | 私营企业 | 其他企业 | 港澳台商投资企业 | 外商投资企业 |
|---|---|---|---|---|---|---|
| **全 国** | **98** | **12** | **174** | **3** | **66** | **95** |
| 北 京 | 21 | 1 | 27 | | 10 | 19 |
| 天 津 | 1 | | 2 | | 1 | 2 |
| 河 北 | | | 1 | | | |
| 山 西 | | | 4 | | | 1 |
| 内蒙古 | 1 | 1 | 2 | 1 | | |
| 辽 宁 | 2 | | | | 4 | 6 |
| 吉 林 | | | 1 | | | |
| 黑龙江 | | | 4 | | 1 | 2 |
| 上 海 | 5 | | 10 | | 9 | 13 |
| 江 苏 | 1 | | 9 | 1 | 4 | 6 |
| 浙 江 | 6 | 2 | 11 | | 3 | 3 |
| 安 徽 | 1 | | 7 | | 1 | |
| 福 建 | 2 | | 3 | | 3 | 4 |
| 江 西 | 2 | 1 | 1 | | 1 | 1 |
| 山 东 | 7 | 1 | 4 | | 1 | 2 |
| 河 南 | 6 | | 10 | | | 3 |
| 湖 北 | 12 | | 11 | | 4 | 3 |
| 湖 南 | 6 | | 12 | | 1 | 2 |
| 广 东 | 9 | 1 | 24 | | 16 | 16 |
| 广 西 | 2 | | | | | 1 |
| 海 南 | | | | | 1 | |
| 重 庆 | 4 | 2 | 17 | | 1 | 2 |
| 四 川 | 2 | 1 | 2 | 1 | 2 | 5 |
| 贵 州 | 1 | | 1 | | | |
| 云 南 | 3 | 1 | 5 | | 1 | 1 |
| 西 藏 | 1 | | | | | |
| 陕 西 | 2 | | 1 | | 1 | 1 |
| 甘 肃 | 1 | | | | 1 | 1 |
| 青 海 | | | | | | |
| 宁 夏 | | | | | | |
| 新 疆 | | 1 | 5 | | | 1 |

## 连锁餐饮企业（集团）数（按地区与行业分，2016年）

单位：个

| 地　区 | 合　计 | 正餐服务 | 快餐服务 | 饮料及冷饮服务 | 其他餐饮服务 |
|---|---|---|---|---|---|
| **全　国** | **459** | **251** | **169** | **21** | **18** |
| 北　京 | 81 | 45 | 31 | 4 | 1 |
| 天　津 | 7 | 1 | 5 |  | 1 |
| 河　北 | 1 | 1 |  |  |  |
| 山　西 | 5 | 3 | 2 |  |  |
| 内蒙古 | 5 | 5 |  |  |  |
| 辽　宁 | 12 | 2 | 9 | 1 |  |
| 吉　林 | 1 | 1 |  |  |  |
| 黑龙江 | 7 | 6 | 1 |  |  |
| 上　海 | 38 | 22 | 9 | 4 | 3 |
| 江　苏 | 21 | 6 | 10 | 2 | 3 |
| 浙　江 | 26 | 15 | 8 | 1 | 2 |
| 安　徽 | 9 | 6 | 3 |  |  |
| 福　建 | 12 | 5 | 6 |  | 1 |
| 江　西 | 6 | 5 | 1 |  |  |
| 山　东 | 16 | 6 | 9 | 1 |  |
| 河　南 | 19 | 15 | 3 |  | 1 |
| 湖　北 | 30 | 24 | 4 | 1 | 1 |
| 湖　南 | 21 | 14 | 7 |  |  |
| 广　东 | 70 | 28 | 35 | 5 | 2 |
| 广　西 | 3 |  | 3 |  |  |
| 海　南 | 1 |  | 1 |  |  |
| 重　庆 | 26 | 22 | 2 | 1 | 1 |
| 四　川 | 13 | 5 | 5 | 1 | 2 |
| 贵　州 | 2 | 2 |  |  |  |
| 云　南 | 11 | 6 | 5 |  |  |
| 西　藏 | 1 |  | 1 |  |  |
| 陕　西 | 5 | 3 | 2 |  |  |
| 甘　肃 | 3 | 1 | 2 |  |  |
| 青　海 |  |  |  |  |  |
| 宁　夏 |  |  |  |  |  |
| 新　疆 | 7 | 2 | 5 |  |  |

**连锁餐饮企业情况（2016 年）**

| 指标名称 | 计量单位 | 合 计 | 直营店 | 加盟店 |
|---|---|---|---|---|
| 门店总数 | 个 | 25 634 | 21 241 | 4 393 |
| 年末从业人员数 | 人 | 755 936 | 617 946 | 137 990 |
| 年末餐饮营业面积 | 平方米 | 10 369 037 | 8 398 654 | 1 970 383 |
| 餐位数 | 位 | 3 411 245 | 2 632 221 | 779 024 |
| 连锁门店商品购进额 | 万元 | 6 124 272 | 5 489 070 | 635 202 |
| 其中：统一配送商品购进额 | 万元 | 4 941 039 | 4 541 125 | 399 915 |
| 其中：自有配送中心配送商品购进额 | 万元 | 2 026 179 | 1 864 140 | 162 039 |
| 非自有配送中心配送商品购进额 | 万元 | 788 285 | 682 399 | 105 886 |
| 连锁门店商品营业额 | 万元 | 16 351 469 | 14 558 248 | 1 793 221 |
| 其中：餐费及商品销售收入 | 万元 | 16 250 733 | 14 460 731 | 1 790 002 |

**连锁餐饮企业情况（按登记注册类型分，2016 年）（1）**

| 登记注册类型 | 门店总数（个） | 从业人员（人） | 营业面积（平方米） | 餐位数（个） | 商品购进总额（万元） |
|---|---|---|---|---|---|
| **合 计** | **25 634** | **755 936** | **10 369 037** | **3 411 245** | **6 124 272** |
| **内资企业** | **8 339** | **299 234** | **4 972 631** | **1 549 919** | **2 308 884** |
| 国有企业 | 139 | 3 670 | 40 950 | 11 970 | 29 348 |
| 集体企业 | 11 | 703 | 12 589 | 3 225 | 6 477 |
| 股份合作企业 | 9 | 171 | 6 030 | 2 212 | 829 |
| 联营企业 | | | | | |
| 国有联营企业 | | | | | |
| 集体联营企业 | | | | | |
| 国有与集体联营企业 | | | | | |
| 其他联营企业 | | | | | |
| 有限责任公司 | 3 499 | 99 382 | 1 731 801 | 574 519 | 776 553 |
| 国有独资公司 | 47 | 1 518 | 19 279 | 8 802 | 7 032 |
| 其他有限责任公司 | 3 452 | 97 864 | 1 712 522 | 565 717 | 769 522 |
| 股份有限公司 | 1 027 | 72 173 | 1 218 035 | 279 999 | 688 348 |
| 私营企业 | 3 643 | 122 856 | 1 959 240 | 675 758 | 805 895 |
| 私营独资企业 | 83 | 3 513 | 73 037 | 17 232 | 45 799 |
| 私营合伙企业 | | | | | |
| 私营有限责任公司 | 3 523 | 118 517 | 1 853 928 | 651 506 | 755 233 |
| 私营股份有限公司 | 37 | 826 | 32 275 | 7 020 | 4 863 |
| 其他企业 | 11 | 279 | 3 986 | 2 236 | 1 434 |
| **港澳台商投资企业** | **5 005** | **134 844** | **1 353 507** | **490 496** | **939 377** |
| 港澳台合资经营企业 | 1 008 | 32 098 | 362 799 | 109 564 | 309 332 |
| 港澳台合作经营企业 | 4 | 538 | 17 000 | 1 700 | 10 961 |
| 港澳台独资经营企业 | 3 966 | 101 278 | 963 224 | 374 681 | 617 748 |
| 港澳台商投资股份有限公司 | 27 | 930 | 10 484 | 4 551 | 1 336 |
| 其他港澳台商投资企业 | | | | | |
| **外商投资企业** | **12 290** | **321 858** | **4 042 899** | **1 370 830** | **2 876 011** |
| 中外合资经营企业 | 1 995 | 59 409 | 547 307 | 242 302 | 448 794 |
| 中外合作经营企业 | 47 | 900 | 20 000 | 5 500 | 35 099 |
| 外资企业 | 9 869 | 252 493 | 3 201 441 | 1 010 164 | 2 377 396 |
| 外商投资股份有限公司 | 1 | 1 | | | |
| 其他外商投资企业 | 378 | 9 055 | 274 151 | 112 864 | 14 722 |

## 连锁餐饮企业情况（按登记注册类型分，2016 年）（2）

| 登记注册类型 | #统一配送商品购进额 | #自有配送中心配送商品购进额 | #非自有配送中心配送商品购进额 | 营业额（万元） | #餐费及商品销售收入 |
|---|---|---|---|---|---|
| **合 计** | **4 941 039** | **2 026 179** | **788 285** | **16 351 469** | **16 250 733** |
| **内资企业** | **1 592 089** | **664 710** | **236 879** | **5 476 945** | **5 387 466** |
| 国有企业 | 16 123 | 3 537 | 990 | 79 939 | 77 211 |
| 集体企业 | 6 477 | | | 11 551 | 10 807 |
| 股份合作企业 | 740 | | 326 | 3 650 | 3 650 |
| 联营企业 | | | | | |
| 国有联营企业 | | | | | |
| 集体联营企业 | | | | | |
| 国有与集体联营企业 | | | | | |
| 其他联营企业 | | | | | |
| 有限责任公司 | 670 295 | 368 710 | 36 885 | 1 953 422 | 1 946 354 |
| 国有独资公司 | 2 196 | 2 196 | | 22 439 | 22 440 |
| 其他有限责任公司 | 668 100 | 366 514 | 36 885 | 1 930 983 | 1 923 914 |
| 股份有限公司 | 420 496 | 55 959 | 94 397 | 1 696 291 | 1 635 059 |
| 私营企业 | 477 708 | 236 504 | 104 232 | 1 728 855 | 1 712 438 |
| 私营独资企业 | 11 673 | 1 150 | 101 | 79 730 | 77 886 |
| 私营合伙企业 | | | | | |
| 私营有限责任公司 | 462 866 | 233 221 | 103 928 | 1 638 036 | 1 623 504 |
| 私营股份有限公司 | 3 169 | 2 133 | 204 | 11 089 | 11 048 |
| 其他企业 | 250 | | 50 | 3 237 | 1 948 |
| **港澳台商投资企业** | **784 048** | **233 122** | **243 734** | **3 005 861** | **3 003 013** |
| 港澳台合资经营企业 | 289 648 | 35 669 | 153 701 | 772 203 | 769 659 |
| 港澳台合作经营企业 | 10 961 | 10 961 | | 22 214 | 22 214 |
| 港澳台独资经营企业 | 482 541 | 185 595 | 90 034 | 2 199 048 | 2 198 743 |
| 港澳台商投资股份有限公司 | 898 | 898 | | 12 396 | 12 397 |
| 其他港澳台商投资企业 | | | | | |
| **外商投资企业** | **2 564 903** | **1 128 347** | **307 672** | **7 868 663** | **7 860 255** |
| 中外合资经营企业 | 425 156 | 202 923 | 110 979 | 1 572 197 | 1 571 779 |
| 中外合作经营企业 | | | | 35 099 | 35 099 |
| 外资企业 | 2 137 527 | 925 423 | 196 693 | 6 062 788 | 6 057 321 |
| 外商投资股份有限公司 | | | | 23 | |
| 其他外商投资企业 | 2 220 | | | 198 556 | 196 056 |

## 连锁餐饮企业情况（按行业分，2016 年）

| 行 业 | 门店数（个） | 从业人员（人） | 营业面积（平方米） | 餐位数（个） | 商品购进总额（万元） |
|---|---|---|---|---|---|
| **合 计** | **25 634** | **755 936** | **10 369 037** | **3 411 245** | **6 124 272** |
| 正餐服务 | 6 589 | 294 028 | 5 303 794 | 1 596 602 | 2 124 828 |
| 快餐服务 | 15 009 | 414 761 | 4 458 859 | 1 610 265 | 3 574 819 |
| 饮料及冷饮服务 | 3 358 | 38 254 | 521 185 | 156 109 | 343 715 |
| 其他餐饮服务 | 678 | 8 893 | 85 199 | 48 269 | 80 910 |

| 行 业 | 统一配送商品购进额 | #自有配送中心配送商品购进额 | #非自有配送中心配送商品购进额 | 营业额（万元） | #餐费及商品销售收入 |
|---|---|---|---|---|---|
| **合 计** | **4 941 039** | **2 026 179** | **788 285** | **16 351 469** | **16 250 733** |
| 正餐服务 | 1 369 461 | 571 518 | 196 456 | 5 454 877 | 5 372 623 |
| 快餐服务 | 3 262 254 | 1 427 687 | 570 562 | 9 286 617 | 9 270 282 |
| 饮料及冷饮服务 | 249 250 | 756 | 19 524 | 1 380 789 | 1 378 642 |
| 其他餐饮业 | 60 075 | 26 219 | 1 743 | 229 187 | 229 187 |

**各地区连锁餐饮企业情况（2016 年）（1）**

| 地 区 | 门店总数（个） | 从业人员（人） | 营业面积（平方米） | 餐位数（个） | 商品购进总额（万元） |
|---|---|---|---|---|---|
| **全 国** | **25 634** | **755 936** | **10 369 037** | **3 411 245** | **6 124 272** |
| 北 京 | 4 734 | 126 208 | 1 977 740 | 568 208 | 992 656 |
| 天 津 | 517 | 15 708 | 199 042 | 59 195 | 167 785 |
| 河 北 | 6 | 478 | 20 750 | 3 192 | 3 083 |
| 山 西 | 107 | 5 524 | 62 880 | 19 704 | 34 375 |
| 内蒙古 | 130 | 3 335 | 77 968 | 23 622 | 99 113 |
| 辽 宁 | 715 | 10 016 | 260 234 | 81 559 | 525 037 |
| 吉 林 | 18 | 626 | 9 595 | 3 393 | 2 545 |
| 黑龙江 | 66 | 1 905 | 31 152 | 10 597 | 9 131 |
| 上 海 | 3 603 | 74 869 | 1 034 608 | 333 830 | 715 648 |
| 江 苏 | 1 527 | 45 889 | 491 181 | 159 964 | 381 991 |
| 浙 江 | 1 741 | 41 552 | 769 588 | 230 086 | 340 092 |
| 安 徽 | 690 | 12 445 | 405 140 | 67 980 | 70 298 |
| 福 建 | 567 | 21 599 | 159 177 | 46 888 | 119 446 |
| 江 西 | 133 | 7 081 | 64 393 | 20 398 | 39 562 |
| 山 东 | 579 | 19 045 | 369 867 | 88 870 | 155 069 |
| 河 南 | 214 | 6 802 | 75 226 | 31 516 | 43 424 |
| 湖 北 | 906 | 44 287 | 547 748 | 144 696 | 156 392 |
| 湖 南 | 1 101 | 42 451 | 618 825 | 246 749 | 189 270 |
| 广 东 | 3 984 | 105 259 | 1 134 612 | 408 824 | 913 560 |
| 广 西 | 187 | 7 111 | 47 091 | 17 626 | 40 219 |
| 海 南 | 7 | 149 | 2 612 | 879 | 2 075 |
| 重 庆 | 2 411 | 92 014 | 1 313 115 | 513 700 | 575 742 |
| 四 川 | 951 | 42 425 | 442 356 | 155 701 | 357 875 |
| 贵 州 | 13 | 507 | 19 695 | 3 489 | 3 647 |
| 云 南 | 319 | 15 473 | 81 009 | 91 996 | 95 469 |
| 西 藏 | 3 | 35 | 450 | 126 | 79 |
| 陕 西 | 202 | 8 919 | 97 026 | 61 528 | 60 018 |
| 甘 肃 | 36 | 1 649 | 13 496 | 3 856 | 13 724 |
| 青 海 | | | | | |
| 宁 夏 | | | | | |
| 新 疆 | 167 | 2 575 | 42 461 | 13 073 | 16 951 |

各地区连锁餐饮企业情况（2016 年）（2）

| 地 区 | #统一配送商品购进额 | #自有配送中心配送商品购进额 | #非自有配送中心配送商品购进额 | 营业额（万元） | #餐费及商品销售收入 |
|---|---|---|---|---|---|
| **全 国** | **4 941 039** | **2 026 179** | **788 285** | **16 351 469** | **16 250 733** |
| 北 京 | 785 911 | 452 223 | 103 790 | 3 304 202 | 3 285 982 |
| 天 津 | 39 074 | 2 884 | | 389 191 | 389 191 |
| 河 北 | | | | 6 741 | 5 660 |
| 山 西 | 28 070 | 28 070 | | 71 817 | 71 818 |
| 内蒙古 | 2 760 | 1 375 | 260 | 136 890 | 136 890 |
| 辽 宁 | 459 000 | 25 318 | | 571 423 | 571 424 |
| 吉 林 | 2 036 | | 509 | 6 964 | 6 964 |
| 黑龙江 | 8 280 | 898 | 7 331 | 33 300 | 33 300 |
| 上 海 | 584 442 | 84 868 | 176 837 | 2 225 223 | 2 224 888 |
| 江 苏 | 360 673 | 215 584 | 140 378 | 936 687 | 934 630 |
| 浙 江 | 323 977 | 207 106 | 71 709 | 982 448 | 980 671 |
| 安 徽 | 68 895 | 39 697 | 1 941 | 184 926 | 184 882 |
| 福 建 | 114 021 | 37 165 | 13 400 | 270 986 | 270 985 |
| 江 西 | 37 313 | 1 438 | | 85 723 | 85 723 |
| 山 东 | 132 397 | 105 509 | 9 173 | 458 926 | 402 727 |
| 河 南 | 39 033 | | 2 722 | 106 047 | 105 414 |
| 湖 北 | 127 811 | 42 530 | 55 182 | 621 901 | 620 183 |
| 湖 南 | 127 159 | 100 832 | 22 105 | 592 909 | 581 496 |
| 广 东 | 848 339 | 419 285 | 41 888 | 2 598 237 | 2 595 347 |
| 广 西 | 40 219 | 11 295 | 20 792 | 111 712 | 111 712 |
| 海 南 | 2 075 | | 2 075 | 7 804 | 7 804 |
| 重 庆 | 287 022 | 163 336 | 82 516 | 1 257 020 | 1 254 798 |
| 四 川 | 353 121 | 15 344 | 5 617 | 1 023 746 | 1 022 458 |
| 贵 州 | 3 647 | | | 7 271 | 7 271 |
| 云 南 | 78 984 | | 18 041 | 152 068 | 152 068 |
| 西 藏 | | | | 778 | 778 |
| 陕 西 | 57 750 | 50 090 | 4 655 | 125 277 | 125 277 |
| 甘 肃 | 12 636 | 12 304 | | 31 217 | 31 217 |
| 青 海 | | | | | |
| 宁 夏 | | | | | |
| 新 疆 | 16 395 | 9 030 | 7 365 | 50 035 | 49 176 |

**2016 年中国居民消费价格增长率**

（分月，与上年同期比）

| 月 份 | 1 月 | 2 月 | 3 月 | 4 月 | 5 月 | 6 月 | 7 月 | 8 月 | 9 月 | 10 月 | 11 月 | 12 月 | 全年 |
|---|---|---|---|---|---|---|---|---|---|---|---|---|---|
| 居民消费价格增长率（%） | 1. 8 | 2. 3 | 2. 3 | 2. 3 | 2. 0 | 1. 9 | 1. 8 | 1. 3 | 1. 9 | 2. 1 | 2. 3 | 2. 1 | 2. 0 |

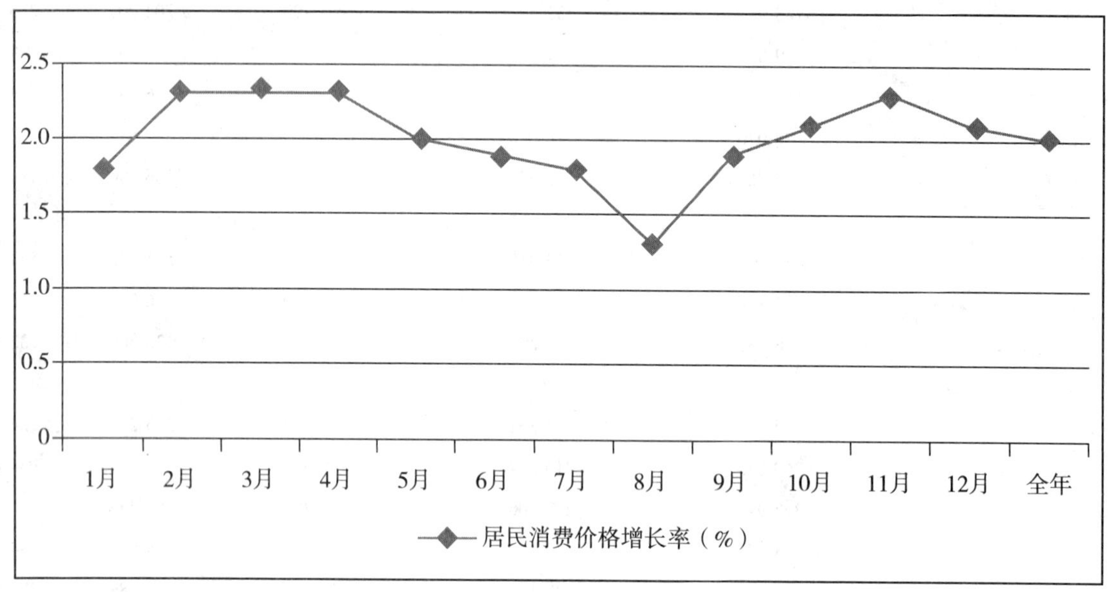


**2016 年中国商品零售价格增长率**

（分月，与上年同期比）

| 月 份 | 1 月 | 2 月 | 3 月 | 4 月 | 5 月 | 6 月 | 7 月 | 8 月 | 9 月 | 10 月 | 11 月 | 12 月 | 全年 |
|---|---|---|---|---|---|---|---|---|---|---|---|---|---|
| 商品零售价格增长率（%） | 0. 2 | 0. 9 | 0. 7 | 0. 7 | 0. 3 | 0. 3 | 0. 4 | 0. 4 | 1. 0 | 1. 1 | 1. 5 | 1. 5 | 0. 7 |

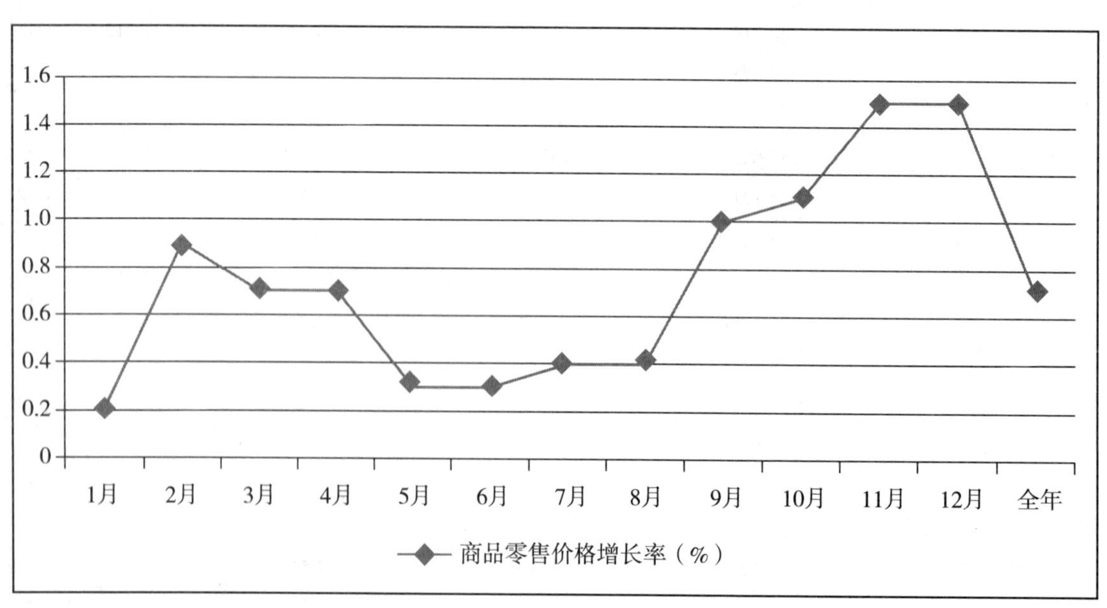

**2016年中国10种主要生产资料新增资源情况**

| 品 种 | 单 位 | 新增资源量 | | | | | |
|---|---|---|---|---|---|---|---|
| | | 总 计 | 同比增长（%） | 其 中 | | | |
| | | | | 产 量 | 同比增长（%） | 进口量 | 同比增长（%） |
| 煤 炭 | 亿吨 | 36.7 | -7.1 | 34.1 | -9.0 | 2.6 | 25.2 |
| 原 油 | 亿吨 | 5.8 | 5.5 | 2.0 | -6.9 | 3.8 | 13.6 |
| 汽 油 | 亿吨 | 1.3 | 8.4 | 1.3 | 6.4 | 0.0 | 22.0 |
| 铁矿石 | 亿吨 | 23.0 | -1.3 | 12.8 | -3.0 | 10.2 | 7.5 |
| 钢 材 | 亿吨 | 11.5 | 1.8 | 11.4 | 1.3 | 0.1 | 3.4 |
| 铜 材 | 万吨 | 2 152.2 | 9.2 | 2 096.0 | 12.5 | 56.2 | -0.2 |
| 铝 材 | 万吨 | 5 835.1 | 10.4 | 5 796.1 | 9.7 | 39.0 | -17.3 |
| 氧化铝 | 万吨 | 6 392.7 | 0.5 | 6 090.1 | 3.4 | 302.6 | -35.0 |
| 塑料原料 | 万吨 | 10 796.7 | 4.8 | 8 226.7 | 6.6 | 2 570.0 | -1.5 |
| 汽 车 | 万辆 | 2 918.9 | 14.0 | 2 811.9 | 14.8 | 107.0 | -2.4 |

**数据来源：**国家统计局，海关总署。

**2016年中国限额以上企业（单位）商品零售类值**

| 类 别 | 绝对数（亿元） | 增长率（%） | 比重（%） |
|---|---|---|---|
| **合 计** | **145 073** | **8.3** | **100.0** |
| 粮油、食品类 | 15 055 | 10.9 | 10.4 |
| 饮料类 | 2 175 | 10.5 | 1.5 |
| 烟酒类 | 4 300 | 9.3 | 3.0 |
| 服装鞋帽、针纺织品 | 14 433 | 7.0 | 9.9 |
| 化妆品 | 2 222 | 8.3 | 1.5 |
| 金银珠宝 | 2 996 | 0.0 | 2.1 |
| 日用品 | 5 467 | 11.4 | 3.8 |
| 家用电器和音像器材 | 9 004 | 8.7 | 6.2 |
| 中西药品 | 8 460 | 12.0 | 5.8 |
| 文化办公用品 | 3 306 | 11.2 | 2.3 |
| 家具 | 2 781 | 12.7 | 1.9 |
| 通讯器材 | 3 894 | 11.9 | 2.7 |
| 石油及制品 | 18 697 | 1.2 | 12.9 |
| 汽车 | 40 372 | 10.1 | 27.8 |
| 建筑及装潢材料 | 3 372 | 14.0 | 2.3 |
| 其他 | 8 539 | | 5.9 |

**中国进出口总额（人民币值年度表）（1981—2016年）**

单位：亿元人民币

| 年 份 | 进出口 | 出 口 | 进 口 | 贸易差额 | 比上年±% | | |
|---|---|---|---|---|---|---|---|
| | | | | | 进出口 | 出 口 | 进 口 |
| 1981 | 735 | 368 | 368 | 0 | — | — | — |
| 1982 | 771 | 414 | 358 | 56 | 4.9 | 12.5 | -2.7 |
| 1983 | 860 | 438 | 422 | 17 | 11.5 | 5.8 | 17.9 |
| 1984 | 1 201 | 581 | 620 | -40 | 39.7 | 32.6 | 46.9 |
| 1985 | 2 067 | 809 | 1 258 | -449 | 72.1 | 39.2 | 102.9 |
| 1986 | 2 580 | 1 082 | 1 498 | -416 | 24.8 | 33.7 | 19.1 |
| 1987 | 3 084 | 1 470 | 1 614 | -144 | 19.5 | 35.9 | 7.7 |
| 1988 | 3 822 | 1 767 | 2 055 | -288 | 23.9 | 20.2 | 27.3 |
| 1989 | 4 156 | 1 956 | 2 200 | -244 | 8.7 | 10.7 | 7.1 |
| 1990 | 5 560 | 2 986 | 2 574 | 412 | 33.8 | 52.7 | 17.0 |
| 1991 | 7 226 | 3 827 | 3 399 | 428 | 30.0 | 28.2 | 32.1 |
| 1992 | 9 120 | 4 676 | 4 443 | 233 | 26.2 | 22.2 | 30.7 |
| 1993 | 11 271 | 5 285 | 5 986 | -701 | 23.6 | 13.0 | 34.7 |
| 1994 | 20 382 | 10 422 | 9 960 | 462 | 80.8 | 97.2 | 66.4 |
| 1995 | 23 500 | 12 452 | 11 048 | 1 404 | 15.3 | 19.5 | 10.9 |
| 1996 | 24 134 | 12 576 | 11 557 | 1 019 | 2.7 | 1.0 | 4.6 |
| 1997 | 26 967 | 15 161 | 11 807 | 3 354 | 11.7 | 20.6 | 2.2 |
| 1998 | 26 850 | 15 224 | 11 626 | 3 597 | -0.4 | 0.4 | -1.5 |
| 1999 | 29 896 | 16 160 | 13 736 | 2 423 | 11.3 | 6.1 | 18.1 |
| 2000 | 39 273 | 20 634 | 18 639 | 1 996 | 31.4 | 27.7 | 35.7 |
| 2001 | 42 184 | 22 024 | 20 159 | 1 865 | 7.4 | 6.7 | 8.2 |
| 2002 | 51 378 | 26 948 | 24 430 | 2 518 | 21.8 | 22.4 | 21.2 |
| 2003 | 70 483 | 36 288 | 34 196 | 2 092 | 37.2 | 34.7 | 40.0 |
| 2004 | 95 539 | 49 103 | 46 436 | 2 668 | 35.5 | 35.3 | 35.8 |
| 2005 | 116 922 | 62 648 | 54 274 | 8 374 | 22.4 | 27.6 | 16.9 |
| 2006 | 140 975 | 77 598 | 63 377 | 14 221 | 20.6 | 23.9 | 16.8 |
| 2007 | 166 924 | 93 627 | 73 297 | 20 330 | 18.4 | 20.7 | 15.7 |
| 2008 | 179 921 | 100 395 | 79 527 | 20 868 | 7.8 | 7.2 | 8.5 |
| 2009 | 150 648 | 82 030 | 68 618 | 13 411 | -16.3 | -18.3 | -13.7 |
| 2010 | 201 722 | 107 023 | 94 700 | 12 323 | 33.9 | 30.5 | 38.0 |
| 2011 | 236 402 | 123 241 | 113 161 | 10 079 | 17.2 | 15.2 | 19.5 |
| 2012 | 244 160 | 129 359 | 114 801 | 14 558 | 3.3 | 5.0 | 1.4 |
| 2013 | 258 169 | 137 131 | 121 037 | 16 094 | 5.7 | 6.0 | 5.4 |
| 2014 | 264 242 | 143 884 | 120 358 | 23 526 | 2.3 | 4.9 | -0.6 |
| 2015 | 245 503 | 141 167 | 104 336 | 36 831 | -7.0 | -1.9 | -13.2 |
| 2016 | 243 386 | 138 419 | 104 967 | 33 452 | -0.9 | -1.9 | 0.6 |

## 中国进出口总额（美元值年度表）（1981—2016 年）

单位：百万美元

| 年 份 | 进出口 | 出 口 | 进 口 | 贸易差额 | 比上年±% | | |
|---|---|---|---|---|---|---|---|
| | | | | | 进出口 | 出 口 | 进 口 |
| 1981 | 44 022 | 22 007 | 22 015 | -8 | — | — | — |
| 1982 | 41 606 | 22 321 | 19 285 | 3 036 | -5.5 | 1.4 | -12.4 |
| 1983 | 43 616 | 22 226 | 21 390 | 836 | 4.8 | -0.4 | 10.9 |
| 1984 | 53 549 | 26 139 | 27 410 | -1 271 | 22.8 | 17.6 | 28.1 |
| 1985 | 69 602 | 27 350 | 42 252 | -14 902 | 30.0 | 4.6 | 54.1 |
| 1986 | 73 846 | 30 942 | 42 904 | -11 962 | 6.1 | 13.1 | 1.5 |
| 1987 | 82 653 | 39 437 | 43 216 | -3 779 | 11.9 | 27.5 | 0.7 |
| 1988 | 102 784 | 47 516 | 55 268 | -7 752 | 24.4 | 20.5 | 27.9 |
| 1989 | 111 678 | 52 538 | 59 140 | -6 602 | 8.7 | 10.6 | 7.0 |
| 1990 | 115 436 | 62 091 | 53 345 | 8 746 | 3.4 | 18.2 | -9.8 |
| 1991 | 135 634 | 71 843 | 63 791 | 8 052 | 17.5 | 15.7 | 19.6 |
| 1992 | 165 525 | 84 940 | 80 585 | 4 355 | 22.0 | 18.2 | 26.3 |
| 1993 | 195 703 | 91 744 | 103 959 | -12 215 | 18.2 | 8.0 | 29.0 |
| 1994 | 236 621 | 121 006 | 115 615 | 5 391 | 20.9 | 31.9 | 11.2 |
| 1995 | 280 864 | 148 780 | 132 084 | 16 696 | 18.7 | 23.0 | 14.2 |
| 1996 | 289 881 | 151 048 | 138 833 | 12 215 | 3.2 | 1.5 | 5.1 |
| 1997 | 325 162 | 182 792 | 142 370 | 40 422 | 12.2 | 21.0 | 2.5 |
| 1998 | 323 949 | 183 712 | 140 237 | 43 475 | -0.4 | 0.5 | -1.5 |
| 1999 | 360 630 | 194 931 | 165 699 | 29 232 | 11.3 | 6.1 | 18.2 |
| 2000 | 474 297 | 249 203 | 225 094 | 24 109 | 31.5 | 27.8 | 35.8 |
| 2001 | 509 651 | 266 098 | 243 553 | 22 545 | 7.5 | 6.8 | 8.2 |
| 2002 | 620 766 | 325 596 | 295 170 | 30 426 | 21.8 | 22.4 | 21.2 |
| 2003 | 850 988 | 438 228 | 412 760 | 25 468 | 37.1 | 34.6 | 39.8 |
| 2004 | 1 154 554 | 593 326 | 561 229 | 32 097 | 35.7 | 35.4 | 36.0 |
| 2005 | 1 421 906 | 761 953 | 659 953 | 102 001 | 23.2 | 28.4 | 17.6 |
| 2006 | 1 760 438 | 968 978 | 791 461 | 177 517 | 23.8 | 27.2 | 19.9 |
| 2007 | 2 176 175 | 1 220 060 | 956 115 | 263 944 | 23.6 | 25.9 | 20.8 |
| 2008 | 2 563 255 | 1 430 693 | 1 132 562 | 298 131 | 17.8 | 17.3 | 18.5 |
| 2009 | 2 207 535 | 1 201 612 | 1 005 923 | 195 689 | -13.9 | -16.0 | -11.2 |
| 2010 | 2 974 001 | 1 577 754 | 1 396 247 | 181 507 | 34.7 | 31.3 | 38.8 |
| 2011 | 3 641 864 | 1 898 381 | 1 743 484 | 154 897 | 22.5 | 20.3 | 24.9 |
| 2012 | 3 867 119 | 2 048 714 | 1 818 405 | 230 309 | 6.2 | 7.9 | 4.3 |
| 2013 | 4 158 993 | 2 209 004 | 1 949 989 | 259 015 | 7.5 | 7.8 | 7.2 |
| 2014 | 4 301 527 | 2 342 293 | 1 959 235 | 383 058 | 3.4 | 6.0 | 0.4 |
| 2015 | 3 953 033 | 2 273 468 | 1 679 564 | 593 904 | -8.0 | -2.9 | -14.1 |
| 2016 | 3 685 557 | 2 097 631 | 1 587 926 | 509 705 | -6.8 | -7.7 | -5.5 |

## 2016年中国进出口商品国别（地区）总值表

单位：千美元

| 进口原产国（地）<br>出口最终目的国（地） | 进出口 | 出 口 | 进 口 | 比上年±% | | |
|---|---|---|---|---|---|---|
| | | | | 进出口 | 出 口 | 进 口 |
| **总 值** | **3 685 557 412** | **2 097 631 193** | **1 587 926 219** | **-6.8** | **-7.7** | **-5.5** |
| 亚洲 | **1 946 910 287** | **1 041 116 851** | **905 793 436** | **-7.0** | **-8.7** | **-5.1** |
| 阿富汗 | 435 827 | 431 293 | 4 534 | 16.7 | 19.2 | -61.5 |
| 巴林 | 854 520 | 790 798 | 63 723 | -23.9 | -21.8 | -42.9 |
| 孟加拉国 | 15 171 626 | 14 302 228 | 869 398 | 3.1 | 2.9 | 6.4 |
| 不丹 | 4 977 | 4 845 | 132 | -41.2 | -40.3 | -62.3 |
| 文莱 | 732 572 | 511 026 | 221 546 | -51.4 | -63.7 | 119.0 |
| 缅甸 | 12 286 389 | 8 188 681 | 4 097 709 | -18.6 | -15.2 | -24.8 |
| 柬埔寨 | 4 760 669 | 3 930 155 | 830 513 | 7.5 | 4.4 | 24.6 |
| 塞浦路斯 | 510 143 | 462 357 | 47 787 | -20.2 | -21.6 | -4.2 |
| 朝鲜 | 5 652 995 | 3 080 540 | 2 572 455 | 2.6 | 4.7 | 0.2 |
| 中国香港 | 303 953 689 | 287 253 021 | 16 700 667 | -11.4 | -13.1 | 31.0 |
| 印度 | 70 179 469 | 58 415 344 | 11 764 125 | -2.0 | 0.3 | -12.0 |
| 印度尼西亚 | 53 540 164 | 32 126 127 | 21 414 036 | -1.3 | -6.5 | 7.7 |
| 伊朗 | 31 245 853 | 16 418 661 | 14 827 192 | -7.6 | -7.6 | -7.7 |
| 伊拉克 | 18 211 447 | 7 548 176 | 10 663 271 | -11.5 | -4.6 | -15.9 |
| 以色列 | 11 353 957 | 8 181 055 | 3 172 903 | -0.6 | -5.0 | 13.2 |
| 日本 | 275 080 691 | 129 410 003 | 145 670 688 | -1.2 | -4.6 | 1.9 |
| 约旦 | 3 165 986 | 2 954 825 | 211 161 | -14.7 | -13.7 | -26.6 |
| 科威特 | 9 372 070 | 3 001 785 | 6 370 284 | -16.8 | -20.4 | -15.0 |
| 老挝 | 2 346 706 | 987 098 | 1 359 608 | -15.4 | -19.5 | -12.1 |
| 黎巴嫩 | 2 118 387 | 2 100 714 | 17 673 | -8.0 | -8.1 | 2.0 |
| 中国澳门 | 3 281 513 | 3 141 175 | 140 338 | -31.3 | -31.6 | -24.3 |
| 马来西亚 | 86 941 411 | 37 671 775 | 49 269 637 | -10.6 | -14.3 | -7.5 |
| 马尔代夫 | 321 179 | 320 940 | 238 | 85.8 | 85.9 | 34.5 |
| 蒙古 | 4 611 238 | 988 637 | 3 622 601 | -14.1 | -37.1 | -4.6 |
| 尼泊尔联邦民主共和国 | 888 675 | 866 269 | 22 406 | 2.8 | 4.0 | -30.0 |
| 阿曼 | 14 189 115 | 2 148 090 | 12 041 024 | -17.3 | 1.5 | -20.0 |
| 巴基斯坦 | 19 147 057 | 17 234 464 | 1 912 593 | 1.2 | 4.8 | -22.7 |
| 巴勒斯坦 | 59 619 | 59 309 | 309 | -14.4 | -14.3 | -30.2 |
| 菲律宾 | 47 238 558 | 29 842 666 | 17 395 891 | 3.5 | 11.9 | -8.3 |
| 卡塔尔 | 5 528 739 | 1 516 365 | 4 012 374 | -19.8 | -33.4 | -13.0 |
| 沙特阿拉伯 | 42 281 301 | 18 655 281 | 23 626 019 | -18.1 | -13.7 | -21.3 |
| 新加坡 | 70 525 916 | 44 511 667 | 26 014 249 | -11.3 | -14.3 | -5.7 |
| 韩国 | 252 703 486 | 93 728 954 | 158 974 531 | -8.4 | -7.5 | -8.9 |

**2016 年中国进出口商品国别（地区）总值表（续）**

单位：千美元

| 进口原产国（地）<br>出口最终目的国（地） | 进出口 | 出 口 | 进 口 | 比上年±% | | |
|---|---|---|---|---|---|---|
| | | | | 进出口 | 出 口 | 进 口 |
| 斯里兰卡 | 4 561 773 | 4 288 329 | 273 444 | 0.0 | -0.4 | 5.8 |
| 叙利亚 | 918 610 | 915 346 | 3 264 | -10.5 | -10.5 | -9.0 |
| 泰国 | 75 727 427 | 37 195 084 | 38 532 343 | 0.4 | -2.9 | 3.7 |
| 土耳其 | 19 474 926 | 16 689 511 | 2 785 415 | -9.6 | -10.3 | -5.4 |
| 阿联酋 | 40 066 889 | 30 072 526 | 9 994 363 | -17.4 | -18.8 | -13.2 |
| 也门 | 1 858 435 | 1 692 407 | 166 028 | -20.2 | 18.4 | -81.5 |
| 越南 | 98 275 732 | 61 104 128 | 37 171 604 | 2.5 | -7.4 | 24.6 |
| 中国 | 128 029 931 | — | 128 029 931 | -10.7 | — | -10.7 |
| 中国台湾省 | 179 088 428 | 40 241 203 | 138 847 225 | -4.8 | -10.4 | -3.0 |
| 东帝汶 | 164 608 | 164 316 | 292 | 56.4 | 57.2 | -59.8 |
| 哈萨克斯坦 | 13 097 667 | 8 292 589 | 4 805 079 | -8.3 | -1.8 | -17.8 |
| 吉尔吉斯斯坦 | 5 676 690 | 5 605 455 | 71 235 | 30.8 | 30.9 | 21.6 |
| 塔吉克斯坦 | 1 756 342 | 1 725 097 | 31 245 | -4.9 | -3.9 | -40.0 |
| 土库曼斯坦 | 5 901 774 | 338 479 | 5 563 295 | -31.7 | -58.5 | -28.9 |
| 乌兹别克斯坦 | 3 614 609 | 2 007 551 | 1 607 058 | 3.4 | -9.9 | 26.8 |
| 亚洲其他国家（地区） | 507 | 506 | 2 | -47.7 | -47.8 | — |
| **非洲** | **148 961 898** | **92 272 001** | **56 689 897** | **-16.7** | **-15.0** | **-19.3** |
| 阿尔及利亚 | 7 979 998 | 7 648 112 | 331 886 | -4.4 | 0.9 | -56.8 |
| 安哥拉 | 15 646 768 | 1 680 651 | 13 966 117 | -20.7 | -54.8 | -12.7 |
| 贝宁 | 2 094 889 | 2 039 497 | 55 392 | -31.7 | -31.8 | -28.8 |
| 博茨瓦纳 | 271 870 | 209 728 | 62 142 | -25.2 | -6.7 | -55.2 |
| 布隆迪 | 47 801 | 45 064 | 2 737 | 11.4 | 12.4 | -2.8 |
| 喀麦隆 | 1 959 480 | 1 557 250 | 402 230 | -25.1 | -15.1 | -48.5 |
| 加那利群岛 | 4 036 | 4 024 | 12 | 17.3 | 17.0 | — |
| 佛得角 | 48 781 | 48 698 | 83 | 12.6 | 12.5 | 268.4 |
| 中非 | 47 038 | 15 473 | 31 565 | 17.4 | 14.5 | 19.0 |
| 塞卜泰（休达） | 987 | 987 | — | 18.5 | 18.5 | — |
| 乍得 | 208 495 | 93 587 | 114 908 | -2.7 | -24.3 | 26.7 |
| 科摩罗 | 48 410 | 48 397 | 13 | 5.9 | 5.9 | -40.8 |
| 刚果（布） | 3 073 685 | 740 682 | 2 333 002 | -16.0 | -28.5 | -11.1 |
| 吉布提 | 2 148 572 | 2 148 438 | 134 | 8.4 | 8.5 | -85.1 |
| 埃及 | 10 990 493 | 10 437 281 | 553 212 | -14.6 | -12.7 | -39.7 |
| 赤道几内亚 | 780 143 | 148 292 | 631 852 | -45.4 | -43.3 | -45.8 |
| 埃塞俄比亚 | 3 634 109 | 3 214 689 | 419 420 | -4.9 | -6.6 | 10.3 |
| 加蓬 | 1 816 319 | 377 240 | 1 439 079 | 2.9 | -43.3 | 30.8 |
| 冈比亚 | 405 201 | 315 106 | 90 095 | 5.0 | -4.5 | 61.5 |
| 加纳 | 5 976 681 | 4 667 031 | 1 309 650 | -9.5 | -12.1 | 1.0 |

## 2016 年中国进出口商品国别（地区）总值表（续）

单位：千美元

| 进口原产国（地）<br>出口最终目的国（地） | 进出口 | 出 口 | 进 口 | 比上年±% | | |
|---|---|---|---|---|---|---|
| | | | | 进出口 | 出 口 | 进 口 |
| 几内亚 | 1 774 555 | 1 144 498 | 630 057 | 36.2 | -10.4 | 2 329.5 |
| 几内亚比绍 | 21 414 | 21 253 | 161 | -39.3 | 21.6 | -99.1 |
| 科特迪瓦 | 1 686 066 | 1 584 685 | 101 381 | -0.7 | 1.9 | -29.7 |
| 肯尼亚 | 5 685 139 | 5 588 003 | 97 135 | -5.5 | -5.5 | -1.6 |
| 利比里亚 | 1 640 864 | 1 592 693 | 48 171 | 7.3 | 17.4 | -72.0 |
| 利比亚 | 1 530 375 | 1 184 755 | 345 620 | -46.2 | -37.4 | -63.7 |
| 马达加斯加 | 1 103 934 | 943 141 | 160 793 | 6.5 | 9.0 | -6.0 |
| 马拉维 | 254 400 | 228 283 | 26 117 | -7.7 | -7.2 | -11.8 |
| 马里 | 465 428 | 366 727 | 98 701 | 28.1 | 35.6 | 6.1 |
| 毛里塔尼亚 | 1 617 298 | 869 739 | 747 559 | 6.4 | 8.5 | 4.1 |
| 毛里求斯 | 778 474 | 758 766 | 19 708 | -9.1 | -9.8 | 28.5 |
| 摩洛哥 | 3 632 637 | 3 079 180 | 553 457 | 6.3 | 6.3 | 6.1 |
| 莫桑比克 | 1 788 068 | 1 308 711 | 479 357 | -25.2 | -32.5 | 5.9 |
| 纳米比亚 | 434 471 | 268 686 | 165 785 | -38.1 | -45.2 | -21.7 |
| 尼日尔 | 225 040 | 100 803 | 124 236 | -28.4 | -41.8 | -11.9 |
| 尼日利亚 | 10 622 336 | 9 715 328 | 907 008 | -28.9 | -29.1 | -26.9 |
| 留尼汪 | 173 023 | 173 017 | 6 | 0.6 | 0.6 | -46.5 |
| 卢旺达 | 141 743 | 108 603 | 33 140 | -14.5 | -11.2 | -23.9 |
| 圣多美和普林西比 | 6 423 | 6 405 | 18 | 7.2 | 7.5 | -46.6 |
| 塞内加尔 | 2 356 087 | 2 194 498 | 161 589 | 2.3 | 0.2 | 44.7 |
| 塞舌尔 | 55 803 | 55 728 | 75 | -3.3 | -3.3 | -24.8 |
| 塞拉利昂 | 481 751 | 242 195 | 239 556 | 9.1 | -12.4 | 45.3 |
| 索马里 | 402 917 | 391 958 | 10 958 | 24.8 | 31.5 | -55.7 |
| 南非 | 35 082 416 | 12 853 522 | 22 228 894 | -23.7 | -18.9 | -26.3 |
| 西撒哈拉 | 189 | 189 | 0 | -52.4 | -52.4 | — |
| 苏丹 | 2 634 548 | 2 129 842 | 504 706 | -15.6 | -11.1 | -30.7 |
| 坦桑尼亚 | 3 882 944 | 3 567 117 | 315 827 | -16.6 | -16.6 | -16.4 |
| 多哥 | 2 024 630 | 1 919 298 | 105 332 | -15.5 | -12.0 | -50.9 |
| 突尼斯 | 1 434 974 | 1 296 127 | 138 847 | 1.0 | 4.7 | -24.5 |
| 乌干达 | 861 519 | 823 901 | 37 617 | 34.8 | 48.9 | -56.0 |
| 布基纳法索 | 155 092 | 141 093 | 13 999 | -7.6 | 13.9 | -68.2 |
| 刚果（金） | 3 077 545 | 992 583 | 2 084 962 | -23.8 | -29.5 | -20.6 |
| 赞比亚 | 2 673 717 | 490 217 | 2 183 501 | 14.3 | -11.2 | 22.2 |
| 津巴布韦 | 1 114 602 | 387 722 | 726 880 | -14.6 | -28.6 | -4.5 |
| 莱索托 | 74 363 | 54 719 | 19 644 | -21.9 | -34.2 | 63.7 |
| 梅利利亚 | 10 519 | 10 519 | 0 | 36.4 | 36.4 | 1 357.1 |
| 斯威士兰 | 42 790 | 42 462 | 328 | 38.7 | 38.9 | 13.5 |

**2016 年中国进出口商品国别（地区）总值表（续）**

单位：千美元

| 进口原产国（地）<br>出口最终目的国（地） | 进出口 | 出 口 | 进 口 | 比上年±% | | |
|---|---|---|---|---|---|---|
| | | | | 进出口 | 出 口 | 进 口 |
| 厄立特里亚 | 244 808 | 69 334 | 175 475 | -21.8 | -48.4 | -1.8 |
| 马约特 | 38 264 | 38 264 | 0 | 0.3 | 0.3 | 218.6 |
| 南苏丹共和国 | 1 506 026 | 46 274 | 1 459 751 | -39.3 | -70.2 | -37.3 |
| 非洲其他国家（地区） | 40 950 | 40 935 | 15 | 1 830.4 | 2 156.3 | -95.1 |
| **欧洲** | **677 763 359** | **389 916 553** | **287 846 806** | **-2.7** | **-3.3** | **-1.8** |
| 比利时 | 21 610 179 | 14 736 124 | 6 874 055 | -6.9 | -9.1 | -1.9 |
| 丹麦 | 9 651 362 | 5 413 208 | 4 238 154 | -5.8 | -12.0 | 3.5 |
| 英国 | 74 402 240 | 55 720 793 | 18 681 447 | -5.2 | -6.5 | -1.3 |
| 德国 | 151 368 078 | 65 259 048 | 86 109 030 | -3.5 | -5.6 | -1.7 |
| 法国 | 47 189 480 | 24 686 156 | 22 503 324 | -8.1 | -7.7 | -8.6 |
| 爱尔兰 | 8 077 350 | 2 780 372 | 5 296 977 | 13.6 | -1.5 | 23.6 |
| 意大利 | 43 101 539 | 26 388 353 | 16 713 185 | -3.5 | -5.2 | -0.6 |
| 卢森堡 | 1 561 226 | 1 255 661 | 305 565 | -40.7 | -46.0 | -1.1 |
| 荷兰 | 67 269 168 | 57 459 370 | 9 809 798 | -1.4 | -3.4 | 11.8 |
| 希腊 | 4 485 796 | 4 202 690 | 283 106 | 13.6 | 14.7 | -0.8 |
| 葡萄牙 | 5 587 101 | 4 004 283 | 1 582 818 | 28.2 | 38.3 | 8.3 |
| 西班牙 | 27 456 181 | 21 320 431 | 6 135 750 | 0.1 | -2.4 | 9.8 |
| 阿尔巴尼亚 | 635 317 | 506 720 | 128 596 | 13.8 | 17.8 | 0.6 |
| 安道尔 | 1 415 | 1 307 | 108 | 9.2 | 1.7 | 913.3 |
| 奥地利 | 7 269 416 | 2 242 873 | 5 026 544 | -2.6 | -10.2 | 1.2 |
| 保加利亚 | 1 646 644 | 1 056 536 | 590 108 | -8.1 | 1.3 | -21.1 |
| 芬兰 | 6 333 628 | 2 878 581 | 3 455 047 | -9.9 | -18.7 | -0.9 |
| 直布罗陀 | 7 228 | 7 226 | 2 | -96.3 | -96.3 | -99.2 |
| 匈牙利 | 8 889 395 | 5 425 165 | 3 464 230 | 10.1 | 4.4 | 20.5 |
| 冰岛 | 229 117 | 134 725 | 94 391 | 19.9 | 7.8 | 42.9 |
| 列支敦士登 | 149 021 | 37 250 | 111 771 | 12.9 | 32.2 | 7.6 |
| 马耳他 | 1 966 148 | 1 566 021 | 400 127 | -30.3 | -34.2 | -9.3 |
| 摩纳哥 | 20 858 | 13 263 | 7 595 | 15.2 | 64.0 | -24.2 |
| 挪威 | 5 836 298 | 2 605 624 | 3 230 674 | -16.7 | -8.8 | -22.1 |
| 波兰 | 17 637 741 | 15 100 019 | 2 537 722 | 3.2 | 5.3 | -7.4 |
| 罗马尼亚 | 4 903 936 | 3 448 715 | 1 455 221 | 10.0 | 9.1 | 12.4 |
| 圣马力诺 | 11 446 | 4 792 | 6 654 | 35.4 | 11.4 | 60.1 |
| 瑞典 | 12 476 971 | 6 319 279 | 6 157 692 | -7.7 | -11.0 | -4.0 |
| 瑞士 | 43 002 967 | 3 169 300 | 39 833 667 | -2.8 | 0.1 | -3.1 |
| 爱沙尼亚 | 1 175 965 | 964 174 | 211 791 | -1.0 | 1.1 | -9.9 |
| 拉脱维亚 | 1 194 928 | 1 062 724 | 132 205 | 2.4 | 3.9 | -8.6 |
| 立陶宛 | 1 455 682 | 1 291 670 | 164 011 | 7.9 | 6.7 | 18.2 |

## 2016年中国进出口商品国别（地区）总值表（续）

单位：千美元

| 进口原产国（地）<br>出口最终目的国（地） | 进出口 | 出 口 | 进 口 | 比上年±% | | |
|---|---|---|---|---|---|---|
| | | | | 进出口 | 出 口 | 进 口 |
| 格鲁吉亚 | 799 001 | 745 437 | 53 564 | -1.7 | -3.0 | 22.3 |
| 亚美尼亚 | 391 813 | 111 194 | 280 618 | 21.9 | -1.1 | 34.3 |
| 阿塞拜疆 | 758 083 | 346 002 | 412 082 | 14.5 | -21.2 | 84.9 |
| 白俄罗斯 | 1 525 362 | 1 090 173 | 435 189 | -13.3 | 45.6 | -56.9 |
| 摩尔多瓦 | 101 184 | 76 812 | 24 372 | -16.7 | -23.2 | 13.5 |
| 俄罗斯联邦 | 69 615 914 | 37 355 767 | 32 260 148 | 2.4 | 7.5 | -3.0 |
| 乌克兰 | 6 711 023 | 4 220 229 | 2 490 795 | -5.1 | 20.0 | -30.0 |
| 斯洛文尼亚 | 2 707 116 | 2 270 258 | 436 858 | 13.7 | 8.5 | 50.9 |
| 克罗地亚 | 1 178 680 | 1 017 239 | 161 440 | 7.4 | 3.2 | 44.4 |
| 捷克 | 11 013 292 | 8 061 749 | 2 951 543 | 0.1 | -2.0 | 6.2 |
| 斯洛伐克 | 5 272 507 | 2 862 340 | 2 410 166 | 4.8 | 2.4 | 7.7 |
| 前南马其顿 | 136 843 | 90 138 | 46 705 | -37.6 | 4.2 | -64.8 |
| 波黑 | 107 678 | 64 132 | 43 546 | -5.3 | 6.9 | -19.0 |
| 梵蒂冈城国 | 313 | 288 | 25 | 16 238.8 | 15 730.0 | 25 791.8 |
| 法罗群岛 | 104 848 | 1 740 | 103 107 | -43.8 | -97.1 | -19.0 |
| 塞尔维亚 | 594 938 | 432 242 | 162 696 | 8.4 | 4.1 | 21.7 |
| 黑山 | 140 933 | 108 350 | 32 582 | -11.0 | -19.2 | 34.2 |
| 欧洲其他国家（地区） | 11 | 10 | 1 | — | — | — |
| **拉丁美洲** | **217 007 364** | **113 936 135** | **103 071 229** | **-8.0** | **-13.7** | **-0.7** |
| 安提瓜和巴布达 | 133 487 | 133 449 | 37 | 151.5 | 151.5 | 460.4 |
| 阿根廷 | 12 321 797 | 7 203 701 | 5 118 096 | -15.2 | -18.2 | -10.5 |
| 阿鲁巴 | 25 670 | 25 292 | 378 | -46.8 | -47.6 | 6 589.8 |
| 巴哈马 | 411 159 | 359 556 | 51 603 | -74.5 | -77.3 | 111.8 |
| 巴巴多斯 | 91 067 | 72 431 | 18 636 | 8.4 | 11.1 | -1.0 |
| 伯利兹 | 90 928 | 89 994 | 935 | 13.3 | 14.6 | -47.7 |
| 玻利维亚 | 936 643 | 610 554 | 326 089 | -7.5 | 7.3 | -26.5 |
| 博内尔 | 669 | 669 | 0 | 92.5 | 92.5 | -92.0 |
| 巴西 | 67 834 318 | 21 979 270 | 45 855 047 | -5.1 | -19.8 | 4.0 |
| 开曼群岛 | 169 123 | 169 105 | 18 | 177.5 | 177.5 | 1 678.9 |
| 智利 | 31 411 705 | 12 806 741 | 18 604 964 | -1.0 | -3.6 | 0.9 |
| 哥伦比亚 | 9 300 748 | 6 756 118 | 2 544 629 | -16.4 | -10.9 | -28.2 |
| 多米尼克 | 34 754 | 33 769 | 985 | 10.6 | 9.8 | 50.6 |
| 哥斯达黎加 | 2 192 710 | 1 495 296 | 697 413 | 1.7 | 12.4 | -15.6 |
| 古巴 | 2 056 857 | 1 783 105 | 273 752 | -7.2 | -5.5 | -17.0 |
| 库腊索岛 | 23 150 | 23 147 | 3 | -16.6 | -16.2 | -97.9 |
| 多米尼加共和国 | 1 697 469 | 1 567 206 | 130 263 | -3.9 | 0.6 | -37.4 |
| 厄瓜多尔 | 3 197 948 | 2 258 026 | 939 922 | -22.6 | -21.9 | -24.1 |

## 2016年中国进出口商品国别（地区）总值表（续）

单位：千美元

| 进口原产国（地）<br>出口最终目的国（地） | 进出口 | 出 口 | 进 口 | 比上年±% | | |
|---|---|---|---|---|---|---|
| | | | | 进出口 | 出 口 | 进 口 |
| 法属圭亚那 | 13 183 | 13 137 | 46 | -8.7 | -9.0 | 879.7 |
| 格林纳达 | 7 350 | 7 341 | 9 | -26.0 | -26.0 | -27.0 |
| 瓜德罗普 | 33 592 | 33 584 | 9 | 1.3 | 1.3 | 1 052.3 |
| 危地马拉 | 1 955 672 | 1 855 606 | 100 066 | -13.2 | -9.6 | -50.2 |
| 圭亚那 | 206 615 | 178 361 | 28 255 | -0.8 | 12.2 | -42.8 |
| 海地 | 460 418 | 454 034 | 6 385 | 3.5 | 4.6 | -39.0 |
| 洪都拉斯 | 748 520 | 720 673 | 27 847 | -15.8 | -15.6 | -21.5 |
| 牙买加 | 521 868 | 506 143 | 15 725 | -20.5 | -19.1 | -49.8 |
| 马提尼克 | 23 661 | 23 638 | 23 | -3.6 | -3.7 | 316.7 |
| 墨西哥 | 42 692 158 | 32 367 422 | 10 324 736 | -2.6 | -4.2 | 3.0 |
| 蒙特塞拉特 | 349 | 340 | 9 | -30.0 | -31.0 | 65.1 |
| 尼加拉瓜 | 642 101 | 624 214 | 17 887 | -8.4 | -6.3 | -48.5 |
| 巴拿马 | 6 381 740 | 6 344 086 | 37 654 | -27.8 | -25.5 | -88.1 |
| 巴拉圭 | 1 192 086 | 1 169 706 | 22 380 | -9.0 | -7.8 | -46.4 |
| 秘鲁 | 15 482 370 | 5 991 563 | 9 490 808 | 8.2 | -5.7 | 19.4 |
| 波多黎各 | 1 271 151 | 596 160 | 674 991 | -22.9 | -22.1 | -23.6 |
| 萨巴 | 55 | 55 | — | -26.4 | -26.4 | — |
| 圣卢西亚 | 16 987 | 16 949 | 38 | -7.5 | -7.3 | -44.3 |
| 圣马丁岛 | 6 817 | 6 817 | 0 | -46.3 | -46.3 | -90.9 |
| 圣文森特和格林纳丁斯 | 17 543 | 17 480 | 62 | -52.8 | -52.9 | 26.7 |
| 萨尔瓦多 | 818 163 | 772 331 | 45 831 | 4.8 | 6.3 | -14.7 |
| 苏里南 | 166 025 | 136 732 | 29 293 | -33.6 | -31.4 | -42.4 |
| 特立尼达和多巴哥 | 521 301 | 346 364 | 174 937 | 0.7 | -27.6 | 346.2 |
| 特克斯和凯科斯群岛 | 910 | 909 | 0 | 21.9 | 22.1 | -91.1 |
| 乌拉圭 | 3 721 355 | 1 773 254 | 1 948 101 | -14.9 | -9.6 | -19.2 |
| 委内瑞拉 | 8 082 355 | 2 519 536 | 5 562 819 | -33.2 | -52.6 | -17.9 |
| 英属维尔京群岛 | 37 140 | 37 131 | 9 | -91.2 | -91.2 | 7.0 |
| 圣基茨和尼维斯 | 4 648 | 4 204 | 444 | -58.5 | -61.3 | 31.4 |
| 圣皮埃尔和密克隆 | 8 | 8 | — | -93.2 | -93.2 | — |
| 荷属安的列斯 | 49 467 | 49 372 | 96 | -22.5 | -22.5 | -39.9 |
| 拉丁美洲其他国家（地区） | 1 556 | 1 556 | 0 | -34.8 | -33.0 | -99.8 |
| **北美洲** | **565 724 222** | **412 840 937** | **152 883 285** | **-7.7** | **-6.0** | **-12.2** |
| 加拿大 | 45 675 682 | 27 338 848 | 18 336 834 | -17.9 | -7.1 | -30.0 |
| 美国 | 519 716 148 | 385 271 005 | 134 445 142 | -6.7 | -5.9 | -9.0 |
| 格陵兰 | 101 770 | 571 | 101 199 | 13.1 | 606.5 | 12.6 |
| 百慕大 | 230 323 | 230 249 | 74 | -36.9 | -36.9 | 4 819.0 |
| 北美洲其他国家（地区） | 299 | 263 | 36 | -47.4 | 5.4 | -88.8 |

**2016年中国进出口商品国别（地区）总值表（续）**

单位：千美元

| 进口原产国（地）<br>出口最终目的国（地） | 进出口 | 出 口 | 进 口 | 比上年±% | | |
|---|---|---|---|---|---|---|
| | | | | 进出口 | 出 口 | 进 口 |
| **大洋洲** | **128 162 278** | **47 548 707** | **80 613 571** | **-3.9** | **-5.8** | **-2.7** |
| 澳大利亚 | 108 222 414 | 37 327 401 | 70 895 013 | -4.9 | -7.4 | -3.6 |
| 库克群岛 | 4 419 | 3 215 | 1 204 | -72.2 | -77.5 | -24.8 |
| 斐济 | 401 234 | 384 053 | 17 181 | 15.3 | 17.5 | -19.7 |
| 盖比群岛 | 4 | 4 | — | -92.7 | -92.3 | — |
| 马克萨斯群岛 | — | — | — | — | — | — |
| 瑙鲁 | 1 421 | 1 405 | 17 | -25.2 | -22.3 | -81.8 |
| 新喀里多尼亚 | 589 189 | 85 655 | 503 534 | 3.7 | -16.8 | 8.2 |
| 瓦努阿图 | 68 751 | 63 739 | 5 012 | -16.5 | -9.3 | -58.3 |
| 新西兰 | 11 908 912 | 4 768 283 | 7 140 629 | 3.5 | -3.1 | 8.5 |
| 诺福克岛 | 2 613 | 2 611 | 3 | 303.4 | 303.0 | — |
| 巴布亚新几内亚 | 2 278 746 | 648 053 | 1 630 694 | -17.5 | -34.3 | -8.1 |
| 社会群岛 | 2 807 | 2 807 | — | -25.2 | -25.2 | — |
| 所罗门群岛 | 462 829 | 86 556 | 376 273 | -14.4 | 7.4 | -18.2 |
| 汤加 | 30 351 | 30 327 | 24 | 12.3 | 12.3 | 3.1 |
| 土阿莫土群岛 | 1 | — | 1 | — | — | — |
| 土布艾群岛 | 0 | — | 0 | — | — | — |
| 萨摩亚 | 70 387 | 69 588 | 799 | 11.3 | 11.8 | -18.8 |
| 基里巴斯 | 34 361 | 24 868 | 9 493 | -26.1 | -41.4 | 137.0 |
| 图瓦卢 | 5 653 | 5 627 | 26 | -56.1 | -52.6 | -97.4 |
| 密克罗尼西亚联邦 | 21 074 | 14 182 | 6 892 | 56.6 | 17.1 | 412.8 |
| 马绍尔群岛 | 3 970 868 | 3 950 783 | 20 084 | 15.8 | 16.1 | -19.6 |
| 帕劳 | 19 216 | 19 178 | 38 | 1.0 | 0.8 | 702.0 |
| 法属波利尼西亚 | 58 404 | 51 752 | 6 653 | -37.6 | -43.1 | 149.2 |
| 瓦利斯和浮图纳 | 772 | 772 | 0 | 2.3 | 2.2 | — |
| 大洋洲其他国家（地区） | 7 850 | 7 849 | 0 | 23.2 | 35.2 | -100.0 |
| **国（地）别不详的** | **1 028 004** | **9** | **1 027 995** | **-11.2** | **—** | **-11.2** |
| **东南亚国家联盟** | **452 375 543** | **256 068 407** | **196 307 136** | **-4.1** | **-7.7** | **0.9** |
| **欧洲联盟** | **547 391 892** | **339 256 188** | **208 135 704** | **-3.0** | **-4.7** | **-0.3** |
| **亚太经济合作组织** | **2 418 842 052** | **1 337 470 737** | **1 081 371 315** | **-6.1** | **-7.6** | **-4.2** |

**注：** 1. 东南亚国家联盟包括：文莱、缅甸、柬埔寨、印度尼西亚、老挝、马来西亚、菲律宾、新加坡、泰国、越南。

2. 欧洲联盟包括：比利时、丹麦、英国、德国、法国、爱尔兰、意大利、卢森堡、荷兰、希腊、葡萄牙、西班牙、奥地利、芬兰、瑞典、塞浦路斯、匈牙利、马耳他、波兰、爱沙尼亚、拉脱维亚、立陶宛、斯洛文尼亚、捷克、斯洛伐克、保加利亚、罗马尼亚、克罗地亚。

3. 亚太经济合作组织包括：文莱、中国香港、印度尼西亚、日本、马来西亚、菲律宾、新加坡、韩国、泰国、越南、中华人民共和国、中国台湾省、俄罗斯、智利、墨西哥、秘鲁、加拿大、美国、澳大利亚、新西兰、巴布亚新几内亚。

## 2016年中国进出口商品构成表

单位：千美元

| 商品构成（按SITC分类） | 出口 | 进口 | 比上年±% | |
|---|---|---|---|---|
| | | | 出口 | 进口 |
| **总 值** | **2 097 631 193** | **1 587 926 219** | **-7.7** | **-5.5** |
| 一、初级产品 | 105 186 792 | 441 054 916 | 1.2 | -6.6 |
| 0类 食品及活动物 | 61 097 646 | 49 156 371 | 5.1 | -2.7 |
| 00章 活动物 | 646 738 | 394 452 | 8.2 | -28.2 |
| 01章 肉及肉制品 | 2 550 962 | 10 133 100 | -9.4 | 49.5 |
| 02章 乳品及蛋品 | 266 286 | 3 432 211 | 2.2 | 5.8 |
| 03章 鱼、甲壳及软体类动物及其制品 | 19 999 551 | 7 086 947 | 2.2 | 8.1 |
| 04章 谷物及其制品 | 1 388 800 | 6 683 393 | 7.7 | -34.8 |
| 05章 蔬菜及水果 | 23 662 363 | 8 834 440 | 7.7 | -8.4 |
| 06章 糖、糖制品及蜂蜜 | 2 231 607 | 1 548 929 | 7.0 | -28.7 |
| 07章 咖啡、茶、可可、调味料及其制品 | 3 943 904 | 1 774 527 | 19.4 | 17.5 |
| 08章 饲料（不包括未碾磨谷物） | 2 770 517 | 3 601 465 | 3.4 | -27.5 |
| 09章 杂项食品 | 3 636 919 | 5 666 906 | 1.4 | 17.6 |
| 1类 饮料及烟类 | 3 539 152 | 6 095 989 | 6.9 | 5.6 |
| 11章 饮料 | 2 161 685 | 4 368 319 | 10.4 | 11.7 |
| 12章 烟草及其制品 | 1 377 467 | 1 727 670 | 1.9 | -7.3 |
| 2类 非食用原料（燃料除外） | 13 101 670 | 202 544 710 | -5.9 | -3.4 |
| 21章 生皮及生毛皮 | 22 984 | 3 015 588 | 3.7 | -24.6 |
| 22章 油籽及含油果实 | 975 130 | 37 047 518 | -4.1 | -3.4 |
| 23章 生橡胶（包括合成橡胶及再生橡胶） | 541 985 | 8 752 540 | -3.6 | 11.7 |
| 24章 软木及木材 | 826 871 | 18 264 602 | -7.8 | 5.1 |
| 25章 纸浆及废纸 | 109 685 | 17 229 611 | -3.0 | -4.5 |
| 26章 纺织纤维及其废料 | 3 086 469 | 6 272 120 | -2.6 | -21.1 |
| 27章 天然肥料及矿物（煤、石油及宝石除外） | 2 574 842 | 4 829 904 | -15.8 | -13.9 |
| 28章 金属矿砂及金属废料 | 280 188 | 105 460 387 | -17.0 | -3.1 |
| 29章 其他动、植物原料 | 4 683 516 | 1 672 439 | -1.2 | -4.2 |
| 3类 矿物燃料、润滑油及有关原料 | 26 873 185 | 176 525 620 | -3.7 | -11.1 |
| 32章 煤、焦炭及煤砖 | 2 130 823 | 14 185 242 | 6.2 | 16.8 |
| 33章 石油、石油产品及有关原料 | 21 776 939 | 139 018 488 | -3.0 | -13.8 |
| 34章 天然气及人造气 | 1 563 095 | 23 002 120 | -23.6 | -7.6 |
| 35章 电流 | 1 402 328 | 319 770 | -0.5 | -5.0 |
| 4类 动植物油、脂及蜡 | 575 138 | 6 732 226 | -10.8 | -10.0 |
| 41章 动物油、脂 | 174 634 | 305 665 | -23.9 | 29.0 |
| 42章 植物油、脂 | 249 111 | 6 228 467 | -11.5 | -11.8 |
| 43章 已加工的动植物油、脂及动植物蜡 | 151 393 | 198 094 | 13.1 | 8.0 |
| 二、工业制品 | 1 992 444 401 | 1 146 871 303 | -8.2 | -5.0 |
| 5类 化学成品及有关产品 | 121 928 761 | 164 116 528 | -5.9 | -4.2 |
| 51章 有机化学品 | 35 999 804 | 44 483 374 | -1.5 | -7.9 |

## 2016年中国进出口商品构成表（续）

单位：千美元

| 商品构成（按SITC分类） | 出 口 | 进 口 | 比上年±% | |
|---|---|---|---|---|
| | | | 出 口 | 进 口 |
| 52章 无机化学品 | 12 070 948 | 8 152 529 | -9.3 | -1.6 |
| 53章 染料、鞣料及着色料 | 5 921 393 | 4 161 844 | -4.1 | 3.4 |
| 54章 医药品 | 13 604 808 | 22 094 915 | 0.8 | 8.6 |
| 55章 精油、香料及盥洗、光洁制品 | 6 590 945 | 7 232 253 | -6.0 | 17.7 |
| 56章 制成肥料 | 6 512 962 | 2 404 724 | -39.9 | -38.7 |
| 57章 初级形状的塑料 | 12 105 546 | 45 061 003 | -2.7 | -8.4 |
| 58章 非初级形状的塑料 | 12 414 758 | 11 255 594 | -4.8 | -4.1 |
| 59章 其他化学原料及产品 | 16 707 597 | 19 270 292 | -0.1 | -0.3 |
| 6类 按原料分类的制成品 | 351 244 676 | 121 919 980 | -10.2 | -8.3 |
| 61章 皮革、皮革制品及已鞣毛皮 | 1 757 004 | 4 030 927 | -19.7 | -20.1 |
| 62章 橡胶制品 | 17 658 418 | 4 818 089 | -8.2 | -22.0 |
| 63章 软木及木制品（家具除外） | 12 741 720 | 1 404 176 | -4.4 | 6.4 |
| 64章 纸及纸板；纸浆、纸及纸板制品 | 16 982 908 | 3 736 594 | -6.1 | -2.1 |
| 65章 纺纱、织物、制成品及有关产品 | 104 637 992 | 16 675 960 | -3.9 | -12.1 |
| 66章 非金属矿物制品 | 43 259 316 | 19 236 600 | -18.5 | -4.3 |
| 67章 钢铁 | 55 336 251 | 18 265 839 | -13.3 | -6.1 |
| 68章 有色金属 | 20 800 707 | 39 400 294 | -10.4 | -8.8 |
| 69章 金属制品 | 78 070 359 | 14 351 502 | -12.4 | -3.8 |
| 7类 机械及运输设备 | 984 212 264 | 657 825 457 | -7.1 | -3.6 |
| 71章 动力机械及设备 | 35 815 925 | 20 612 076 | 0.2 | -1.1 |
| 72章 特种工业专用机械 | 35 895 982 | 34 764 623 | -4.4 | 0.4 |
| 73章 金工机械 | 6 425 956 | 10 605 251 | -8.1 | -13.1 |
| 74章 通用工业机械设备及零件 | 100 052 034 | 42 524 911 | -1.0 | -8.5 |
| 75章 办公用机械及自动数据处理设备 | 171 930 173 | 45 806 362 | -9.5 | -9.3 |
| 76章 电信及声音的录制及重放装置设备 | 279 748 569 | 67 251 447 | -5.4 | -6.1 |
| 77章 电力机械、器具及其电气零件 | 263 083 098 | 339 099 407 | -8.2 | -2.7 |
| 78章 陆路车辆（包括气垫式） | 62 754 792 | 71 379 521 | -8.5 | 2.7 |
| 79章 其他运输设备 | 28 505 735 | 25 781 858 | -22.8 | -8.8 |
| 8类 杂项制品 | 529 488 414 | 126 141 241 | -9.9 | -6.3 |
| 81章 活动房屋；卫生、水道、供热及照明装置 | 36 273 743 | 915 369 | -16.2 | -10.8 |
| 82章 家具及其零件；褥垫及类似填充制品 | 55 520 047 | 2 558 571 | -8.4 | 6.5 |
| 83章 旅行用品、手提包及类似品 | 25 119 638 | 1 886 020 | -11.5 | 6.8 |
| 84章 服装及衣着附件 | 158 194 536 | 6 471 942 | -9.4 | -1.5 |
| 85章 鞋靴 | 47 208 070 | 3 062 800 | -11.8 | 11.4 |
| 87章 专业、科学及控制用仪器和装置 | 53 224 199 | 73 930 219 | -8.8 | -7.9 |
| 88章 摄影器材、光学物品及钟表 | 16 819 035 | 16 042 969 | -9.2 | -7.8 |
| 89章 杂项制品 | 137 129 146 | 21 273 350 | -8.7 | -5.6 |
| 9类 未分类的商品 | 5 570 285 | 76 868 097 | 134.0 | -10.7 |

注：自2012年起，第9类商品统计范围有所调整。

## 2016年中国进出口商品类章总值表

单位：千美元

| 类 章 | 出 口 | 进 口 | 比上年±% 出 口 | 比上年±% 进 口 |
|---|---|---|---|---|
| **总 值** | **2 097 631 193** | **1 587 926 219** | **-7.7** | **-5.5** |
| 第一类 活动物；动物产品 | 17 617 673 | 21 613 594 | 1.5 | 23.9 |
| 01章 活动物 | 646 738 | 394 452 | 8.2 | -28.2 |
| 02章 肉及食用杂碎 | 902 452 | 10 262 578 | -14.7 | 50.9 |
| 03章 鱼、甲壳动物、软体动物及其他水生无脊椎动物 | 13 706 352 | 6 917 637 | 2.9 | 9.3 |
| 04章 乳品；蛋品；天然蜂蜜；其他食用动物产品 | 589 717 | 3 516 726 | -2.7 | 6.5 |
| 05章 其他动物产品 | 1 772 413 | 522 201 | 0.0 | 11.9 |
| 第二类 植物产品 | 24 405 107 | 53 889 651 | 9.8 | -9.7 |
| 06章 活树及其他活植物；鳞茎、根及类似品；插花及装饰用簇叶 | 330 155 | 226 363 | 10.2 | 4.2 |
| 07章 食用蔬菜、根及块茎 | 10 546 712 | 1 864 236 | 16.9 | -28.9 |
| 08章 食用水果及坚果；甜瓜或柑橘属水果的果皮 | 5 499 186 | 5 864 967 | 6.5 | -2.5 |
| 09章 咖啡、茶、马黛茶及调味香料 | 2 982 477 | 666 895 | 17.6 | 67.8 |
| 10章 谷物 | 429 188 | 5 661 089 | 33.4 | -39.4 |
| 11章 制粉工业产品；麦芽；淀粉；菊粉；面筋 | 565 488 | 892 278 | -4.1 | -6.3 |
| 12章 含油子仁及果实；杂项子仁及果实；工业用或药用植物；稻草、秸秆及饲料 | 2 673 698 | 38 295 395 | -7.9 | -3.6 |
| 13章 虫胶；树胶、树脂及其他植物液、汁 | 1 257 519 | 214 138 | -1.2 | -5.8 |
| 14章 编结用植物材料；其他植物产品 | 120 686 | 204 289 | -3.2 | 3.9 |
| 第三类 动、植物油、脂及其分解产品；精制的食用油脂；动、植物蜡 | 599 962 | 7 040 708 | -10.0 | -10.8 |
| 15章 动、植物油、脂及其分解产品；精制的食用油脂；动、植物蜡 | 599 962 | 7 040 708 | -10.0 | -10.8 |
| 第四类 食品；饮料、酒及醋；烟草、烟草及烟草代用品的制品 | 28 546 877 | 19 609 497 | 2.3 | -3.2 |
| 16章 肉、鱼、甲壳动物、软体动物及其他水生无脊椎动物的制品 | 7 941 755 | 182 969 | -0.8 | -23.4 |
| 17章 糖及糖食 | 1 706 940 | 1 460 104 | 9.2 | -29.8 |
| 18章 可可及可可制品 | 426 122 | 685 521 | -3.6 | -21.5 |
| 19章 谷物、粮食粉、淀粉或乳的制品；糕饼点心 | 1 579 089 | 4 559 059 | 3.4 | 18.8 |
| 20章 蔬菜、水果、坚果或植物其他部分的制品 | 7 337 742 | 981 531 | -0.7 | 12.1 |
| 21章 杂项食品 | 3 206 996 | 2 164 101 | 7.7 | 21.2 |
| 22章 饮料、酒及醋 | 2 203 206 | 4 786 505 | 10.5 | 11.8 |
| 23章 食品工业的残渣及废料；配制的动物饲料 | 2 767 559 | 3 062 038 | 3.8 | -30.8 |
| 24章 烟草、烟草及烟草代用品的制品 | 1 377 467 | 1 727 670 | 1.9 | -7.3 |
| 第五类 矿产品 | 30 133 149 | 275 689 703 | -5.0 | -7.4 |
| 25章 盐；硫磺；泥土及石料；石膏料、石灰及水泥 | 2 986 708 | 4 674 375 | 16.4 | -14.6 |
| 26章 矿砂、矿渣及矿灰 | 270 480 | 94 479 438 | 10.9 | 0.8 |
| 27章 矿物燃料、矿物油及其蒸馏产品；沥青物质；矿物蜡 | 26 875 961 | 176 535 890 | -3.7 | -11.1 |

**2016年中国进出口商品类章总值表（续）**

单位：千美元

| 类 章 | 出 口 | 进 口 | 比上年±% | |
|---|---|---|---|---|
| | | | 出 口 | 进 口 |
| 第六类 化学工业及其相关工业的产品 | 99 317 803 | 109 790 766 | -6.5 | -2.9 |
| 28章 无机化学品；贵金属、稀土金属、放射性元素及其同位素的有机及无机化合物 | 12 136 550 | 9 024 583 | -9.7 | -9.0 |
| 29章 有机化学品 | 42 165 325 | 43 905 780 | -1.2 | -8.1 |
| 30章 药品 | 7 011 890 | 20 771 374 | 1.0 | 8.0 |
| 31章 肥料 | 6 556 922 | 2 407 917 | -39.7 | -38.7 |
| 32章 鞣料浸膏及染料浸膏；鞣酸及其衍生物；染料、颜料及其他色料；油漆及清漆；油灰及其他类似胶粘剂；墨水、油墨 | 6 089 866 | 4 235 846 | -3.3 | 3.7 |
| 33章 精油及香膏；芳香料制品及化妆盥洗品 | 4 288 683 | 5 506 877 | -8.6 | 22.1 |
| 34章 肥皂、有机表面活性剂、洗涤剂、润滑剂、人造蜡、调制蜡、光洁剂、蜡烛及类似品、塑型用膏、“牙科用蜡”及牙科用熟石膏制剂 | 3 234 128 | 3 938 751 | -1.3 | 3.4 |
| 35章 蛋白类物质；改性淀粉；胶；酶 | 2 494 362 | 3 088 114 | -5.5 | 1.6 |
| 36章 炸药；烟火制品；火柴；引火合金；易燃材料制品 | 822 122 | 178 187 | -13.2 | 20.3 |
| 37章 照相及电影用品 | 1 070 745 | 2 227 804 | -9.6 | 1.5 |
| 38章 杂项化学产品 | 13 447 210 | 14 505 533 | 1.7 | 0.5 |
| 第七类 塑料及其制品；橡胶及其制品 | 81 107 159 | 74 762 377 | -5.7 | -6.2 |
| 39章 塑料及其制品 | 62 373 665 | 61 048 503 | -5.0 | -6.9 |
| 40章 橡胶及其制品 | 18 733 494 | 13 713 874 | -7.9 | -3.1 |
| 第八类 生皮、皮革、毛皮及其制品；鞍具及挽具；旅行用品、手提包及类似品；动物肠线（蚕胶丝除外）制品 | 31 397 979 | 9 188 657 | -10.4 | -17.3 |
| 41章 生皮（毛皮除外）及皮革 | 626 961 | 5 758 923 | -5.8 | -23.2 |
| 42章 皮革制品；鞍具及挽具；旅行用品、手提包及类似容器；动物肠线（蚕胶丝除外）制品 | 27 368 550 | 2 202 477 | -11.8 | 4.3 |
| 43章 毛皮、人造毛皮及其制品 | 3 402 468 | 1 227 258 | 1.8 | -18.4 |
| 第九类 木及木制品；木炭；软木及软木制品；稻草、秸秆、针茅或其他编结材料制品；篮筐及柳条编结品 | 15 050 195 | 19 681 315 | -5.0 | 5.2 |
| 44章 木及木制品；木炭 | 13 547 309 | 19 627 360 | -4.6 | 5.2 |
| 45章 软木及软木制品 | 21 282 | 41 417 | -5.2 | 1.3 |
| 46章 稻草、秸秆、针茅或其他编结材料制品；篮筐及柳条编结品 | 1 481 604 | 12 538 | -8.2 | -2.3 |
| 第十类 木浆及其他纤维状纤维素浆；纸及纸板的废碎品；纸、纸板及其制品 | 21 339 645 | 22 818 691 | -6.3 | -4.0 |
| 47章 木浆及其他纤维状纤维素浆；纸及纸板的废碎品 | 109 685 | 17 229 611 | -3.0 | -4.5 |
| 48章 纸及纸板；纸浆、纸或纸板制品 | 17 616 975 | 3 947 371 | -6.1 | -2.4 |
| 49章 书籍、报纸、印刷图画及其他印刷品；手稿、打字稿及设计图纸 | 3 612 984 | 1 641 709 | -7.3 | -1.9 |
| 第十一类 纺织原料及纺织制品 | 253 263 036 | 28 396 341 | -7.4 | -12.3 |
| 50章 蚕丝 | 1 158 020 | 57 158 | -8.8 | -4.2 |

## 2016年中国进出口商品类章总值表（续）

单位：千美元

| 类 章 | 出 口 | 进 口 | 比上年±% | |
|---|---|---|---|---|
| | | | 出 口 | 进 口 |
| 51章 羊毛、动物细毛或粗毛；马毛纱线及其机织物 | 2 141 387 | 3 145 878 | -6.1 | -8.0 |
| 52章 棉花 | 14 967 180 | 7 743 516 | -5.3 | -24.5 |
| 53章 其他植物纺织纤维；纸纱线及其机织物 | 1 054 563 | 795 159 | -32.8 | -7.4 |
| 54章 化学纤维长丝 | 16 569 220 | 2 913 084 | 1.2 | -6.8 |
| 55章 化学纤维短纤 | 12 116 066 | 2 039 600 | -6.1 | -21.6 |
| 56章 絮胎、毡呢及无纺织物；特种纱线；线、绳、索、缆及其制品 | 4 910 541 | 1 170 973 | 1.1 | -0.4 |
| 57章 地毯及纺织材料的其他铺地制品 | 2 522 987 | 136 941 | -4.0 | -6.2 |
| 58章 特种机织物；簇绒织物；花边；装饰毯；装饰带；刺绣品 | 4 485 976 | 542 901 | -6.6 | -7.4 |
| 59章 浸渍、涂布、包覆或层压的纺织物；工业用纺织制品 | 6 900 832 | 1 721 413 | -3.2 | -4.4 |
| 60章 针织物及钩编织物 | 14 420 763 | 1 704 356 | -1.4 | -7.7 |
| 61章 针织或钩编的服装及衣着附件 | 74 422 282 | 2 388 621 | -11.2 | 3.4 |
| 62章 非针织或非钩编的服装及衣着附件 | 72 069 166 | 3 587 641 | -8.1 | -3.6 |
| 63章 其他纺织制成品；成套物品；旧衣着及旧纺织品；碎织物 | 25 524 053 | 449 102 | -5.2 | -2.8 |
| 第十二类 鞋、帽、伞、杖、鞭及其零件；已加工的羽毛及其制品；人造花；人发制品 | 59 442 908 | 3 355 627 | -12.9 | 8.7 |
| 64章 鞋靴、护腿和类似品及其零件 | 47 208 070 | 3 062 800 | -11.8 | 11.4 |
| 65章 帽类及其零件 | 4 404 552 | 62 991 | -8.0 | 15.3 |
| 66章 雨伞、阳伞、手杖、鞭子、马鞭及其零件 | 2 717 811 | 12 366 | -12.5 | -12.2 |
| 67章 已加工羽毛、羽绒及其制品；人造花；人发制品 | 5 112 475 | 217 471 | -24.9 | -19.6 |
| 第十三类 石料、石膏、水泥、石棉、云母及类似材料的制品；陶瓷产品；玻璃及其制品 | 44 272 181 | 9 184 317 | -19.3 | 4.2 |
| 68章 石料、石膏、水泥、石棉、云母及类似材料的制品 | 10 738 479 | 1 566 154 | -17.4 | 3.8 |
| 69章 陶瓷产品 | 18 267 623 | 789 658 | -29.8 | 12.1 |
| 70章 玻璃及其制品 | 15 266 079 | 6 828 504 | -3.5 | 3.4 |
| 第十四类 天然或养殖珍珠、宝石或半宝石、贵金属、包贵金属及其制品；仿首饰；硬币 | 21 731 194 | 79 327 271 | -29.2 | -17.9 |
| 71章 天然或养殖珍珠、宝石或半宝石、贵金属、包贵金属及其制品；仿首饰；硬币 | 21 731 194 | 79 327 271 | -29.2 | -17.9 |
| 第十五类 贱金属及其制品 | 154 411 524 | 78 957 547 | -12.5 | -9.4 |
| 72章 钢铁 | 43 256 784 | 16 918 311 | -12.1 | -6.8 |
| 73章 钢铁制品 | 51 901 087 | 9 576 174 | -14.2 | -5.0 |
| 74章 铜及其制品 | 5 795 133 | 33 258 729 | 3.1 | -12.8 |
| 75章 镍及其制品 | 325 479 | 4 956 999 | -57.4 | -3.8 |
| 76章 铝及其制品 | 21 210 455 | 5 946 234 | -10.9 | -14.2 |
| 78章 铅及其制品 | 72 779 | 52 808 | -54.6 | 12.7 |
| 79章 锌及其制品 | 271 937 | 1 171 410 | -48.1 | -18.9 |

## 2016年中国进出口商品类章总值表（续）

单位：千美元

| 类 章 | 出 口 | 进 口 | 比上年±% | |
|---|---|---|---|---|
| | | | 出 口 | 进 口 |
| 80章　锡及其制品 | 66 491 | 307 011 | 10.3 | -5.6 |
| 81章　其他贱金属、金属陶瓷及其制品 | 2 499 830 | 1 804 134 | -11.7 | 1.1 |
| 82章　贱金属工具、器具、利口器、餐匙、餐叉及其零件 | 13 342 169 | 3 210 724 | -8.5 | -6.3 |
| 83章　贱金属杂项制品 | 15 669 379 | 1 755 013 | -15.3 | 3.1 |
| 第十六类　机器、机械器具、电气设备及其零件；录音机及放声机、电视图像、声音的录制和重放设备及其零件、附件 | 896 974 872 | 560 544 778 | -6.4 | -4.3 |
| 84章　核反应堆、锅炉、机械器具及零件 | 343 790 219 | 147 659 933 | -5.6 | -6.0 |
| 85章　电机、电气设备及其零件；录音机及放声机、电视图像、声音的录制和重放设备及其零件、附件 | 553 184 652 | 412 884 845 | -6.9 | -3.7 |
| 第十七类　车辆、航空器、船舶及有关运输设备 | 92 887 205 | 97 333 636 | -13.4 | -0.6 |
| 86章　铁道及电车道机车、车辆及其零件；铁道及电车道轨道固定装置及其零件、附件；各种机械（包括电动机械）交通信号设备 | 6 858 980 | 1 062 881 | -44.4 | -21.2 |
| 87章　车辆及其零件、附件，但铁道及电车道车辆除外 | 60 148 722 | 71 506 000 | -3.9 | 2.7 |
| 88章　航空器、航天器及其零件 | 3 364 512 | 22 840 343 | -3.1 | -12.0 |
| 89章　船舶及浮动结构体 | 22 514 991 | 1 924 412 | -21.9 | 91.8 |
| 第十八类　光学、照相、电影、计量、检验、医疗或外科用仪器及设备、精密仪器及设备；钟表；乐器；上述物品的零件、附件 | 74 389 974 | 96 192 695 | -8.3 | -7.0 |
| 90章　光学、照相、电影、计量、检验、医疗或外科用仪器及设备、精密仪器及设备；上述物品的零件、附件 | 67 488 326 | 92 688 922 | -8.4 | -7.0 |
| 91章　钟表及其零件 | 5 331 184 | 3 127 680 | -7.0 | -10.2 |
| 92章　乐器及其零件、附件 | 1 570 464 | 376 093 | -7.0 | 11.0 |
| 第十九类　武器、弹药及其零件、附件 | 139 259 | 13 461 | -18.2 | 76.0 |
| 93章　武器、弹药及其零件、附件 | 139 259 | 13 461 | -18.2 | 76.0 |
| 第二十类　杂项制品 | 146 061 353 | 7 517 784 | -6.3 | 0.8 |
| 94章　家具；寝具、褥垫、弹簧床垫、软坐垫及类似的填充制品；未列名灯具及照明装置；发光标志、发光名牌及类似品；活动房屋 | 87 514 428 | 3 219 059 | -11.2 | -0.4 |
| 95章　玩具、游戏品、运动用品及其零件、附件 | 43 707 086 | 1 910 039 | 2.5 | 1.7 |
| 96章　杂项制品 | 14 839 839 | 2 388 686 | 1.1 | 1.7 |
| 第二十一类　艺术品、收藏品及古物 | 215 430 | 137 057 | -61.9 | -61.9 |
| 97章　艺术品、收藏品及古物 | 215 430 | 137 057 | -61.9 | -61.9 |
| 第二十二类　特殊交易品及未分类商品 | 4 326 708 | 12 880 746 | 753.9 | 80.5 |
| 98章　特殊交易品及未分类商品 | 4 326 708 | 12 880 746 | 753.9 | 80.5 |

注：自2012年起，第98章商品统计范围有所调整。

**2016 年中国进出口商品贸易方式总值表**

单位：千美元

| 贸易方式 | 进出口 | 出 口 | 进 口 |
|---|---|---|---|
| **总 值** | **3 685 557 412** | **2 097 631 193** | **1 587 926 219** |
| | **-6.8** | **-7.7** | **-5.5** |
| 一般贸易 | 2 032 008 955 | 1 131 368 524 | 900 640 431 |
| | -4.9 | -6.9 | -2.4 |
| 国家间、国际组织无偿援助和赠送的物资 | 491 602 | 472 232 | 19 369 |
| | -3.2 | -4.2 | 28.7 |
| 其他捐赠物资 | 14 543 | 6 159 | 8 384 |
| | -73.3 | -3.7 | -82.5 |
| 补偿贸易 | — | — | — |
| | — | — | — |
| 来料加工装配贸易 | 161 090 399 | 75 904 960 | 85 185 439 |
| | -8.3 | -9.7 | -6.9 |
| 进料加工贸易 | 950 679 033 | 639 426 125 | 311 252 908 |
| | -11.0 | -10.4 | -12.3 |
| 寄售代销贸易 | 238 | 238 | — |
| | 35.6 | 35.6 | — |
| 边境小额贸易 | 33 447 379 | 26 410 568 | 7 036 811 |
| | -11.1 | -13.3 | -1.8 |
| 加工贸易进口设备 | 463 829 | — | 463 829 |
| | -26.9 | — | -26.9 |
| 对外承包工程出口货物 | 13 302 857 | 13 302 857 | — |
| | -17.6 | -17.6 | — |
| 租赁贸易 | 3 052 370 | 191 960 | 2 860 410 |
| | -64.2 | -27.6 | -65.4 |
| 外商投资企业作为投资进口的设备、物品 | 4 085 920 | — | 4 085 920 |
| | -33.6 | — | -33.6 |
| 出料加工贸易 | 485 778 | 220 883 | 264 895 |
| | -3.8 | 7.7 | -11.6 |
| 易货贸易 | 9 718 | 1 793 | 7 925 |
| | 87.8 | -7.0 | 144.1 |
| 免税外汇商品 | 22 496 | — | 22 496 |
| | 54.0 | — | 54.0 |
| 免税品 | 1 727 955 | — | 1 727 955 |
| | 6.7 | — | 6.7 |
| 保税监管场所进出境货物 | 134 692 699 | 38 365 563 | 96 327 136 |
| | -2.3 | -22.1 | 8.7 |
| 海关特殊监管区域物流货物 | 251 584 103 | 93 970 204 | 157 613 899 |
| | -13.6 | -14.1 | -13.3 |
| 海关特殊监管区域进口设备 | 4 893 384 | — | 4 893 384 |
| | -25.2 | — | -25.2 |
| 其他 | 93 504 152 | 77 989 126 | 15 515 026 |
| | 45.4 | 42.0 | 65.6 |

**注：** 1. 深色区域内数字为与上年累计同期比±%。

2. 自 2014 年起，免税品列入海关统计。

## 2016年中国出口商品贸易方式企业性质总值表

单位：千美元

| 企业性质 / 贸易方式 | 合 计 | 国有企业 | 外商投资企业 | | | | 私营企业 | 其 他 |
|---|---|---|---|---|---|---|---|---|
| | | | 小 计 | 中外合作 | 中外合资 | 外商独资 | | |
| | 金额/±% | 金额/±% | 金额/±% | 金额/±% | 金额/±% | 金额/±% | 金额/±% | 金额/±% |
| **总 值** | **2 097 631 193** | **215 477 827** | **916 766 904** | **9 851 420** | **254 166 250** | **652 749 234** | **914 581 702** | **50 804 761** |
| | **-7.7** | **-11.1** | **-8.7** | **-13.4** | **-10.0** | **-8.2** | **-6.0** | **-5.9** |
| 一般贸易 | 1 131 368 524 | 123 805 313 | 266 160 574 | 4 953 803 | 97 514 019 | 163 692 752 | 699 482 587 | 41 920 051 |
| | -6.9 | -13.3 | -4.6 | -12.2 | -7.8 | -2.2 | -6.4 | -8.9 |
| 国家间、国际组织无偿援助和赠送的物资 | 472 232 | 421 470 | 804 | — | 804 | — | 25 530 | 24 430 |
| | -4.2 | -1.9 | -73.9 | — | -73.9 | — | -31.2 | 6.3 |
| 补偿贸易 | — | — | — | — | — | — | — | — |
| | — | — | — | — | — | — | — | — |
| 来料加工装配贸易 | 75 904 960 | 15 423 053 | 47 296 019 | 792 606 | 10 565 601 | 35 937 811 | 12 060 470 | 1 125 418 |
| | -9.7 | 9.6 | -14.4 | 15.2 | -19.8 | -13.2 | -10.0 | -14.7 |
| 进料加工贸易 | 639 426 125 | 29 039 677 | 546 708 794 | 3 787 405 | 128 365 799 | 414 555 590 | 59 742 312 | 3 935 341 |
| | -10.4 | -11.9 | -10.7 | -19.2 | -10.7 | -10.6 | -6.3 | -12.3 |
| 寄售代销贸易 | 238 | — | 217 | — | — | 217 | 22 | — |
| | 35.6 | — | — | — | — | — | — | — |
| 边境小额贸易 | 26 410 568 | 1 180 898 | — | — | — | — | 25 104 150 | 125 521 |
| | -13.3 | -4.5 | — | — | — | — | -13.9 | 103.3 |
| 对外承包工程出口货物 | 13 302 857 | 11 809 219 | 357 725 | 3 379 | 146 750 | 207 597 | 1 004 427 | 131 486 |
| | -17.6 | -20.1 | 32.6 | -58.1 | -17.5 | 147.7 | 2.3 | 29.7 |
| 租赁贸易 | 191 960 | 70 643 | 7 271 | — | 4 753 | 2 518 | 114 027 | 19 |
| | -27.6 | -30.9 | -55.4 | — | -67.6 | 56.1 | -19.8 | -99.6 |
| 出料加工贸易 | 220 883 | 41 414 | 145 909 | — | 95 397 | 50 512 | 33 559 | — |
| | 7.7 | -3.7 | -1.2 | — | -13.1 | 33.2 | 131.0 | — |
| 易货贸易 | 1 793 | 37 | — | — | — | — | 1 757 | — |
| | -7.0 | — | — | — | — | — | -8.9 | — |
| 保税监管场所进出境货物 | 38 365 563 | 16 721 272 | 10 529 555 | 304 039 | 7 706 900 | 2 518 616 | 9 634 959 | 1 479 778 |
| | -22.1 | -7.5 | -14.9 | -11.4 | -10.4 | -26.4 | -44.5 | 3.2 |
| 海关特殊监管区域物流货物 | 93 970 204 | 16 195 391 | 45 051 576 | 9 312 | 9 497 807 | 35 544 457 | 32 682 560 | 40 676 |
| | -14.1 | -6.7 | -0.2 | 5.1 | -11.2 | 3.2 | -30.3 | 22.6 |
| 其他 | 77 989 126 | 763 961 | 508 223 | 876 | 268 183 | 239 163 | 74 695 313 | 2 021 630 |
| | 42.0 | 45.8 | 83.5 | -52.3 | 104.8 | 65.9 | 39.2 | 327.2 |

**注：** 1. 深色区域内数字为与上年累计同期比±%。

2. 自2013年起，“集体企业”不再单列，“私营企业”单独列出，“其他”范围及同比相应调整。

## 2016年中国进口商品贸易方式企业性质总值表

单位：千美元

| 企业性质 / 贸易方式 | 合 计 | 国有企业 | 外商投资企业 | | | | 私营企业 | 其 他 |
|---|---|---|---|---|---|---|---|---|
| | | | 小 计 | 中外合作 | 中外合资 | 外商独资 | | |
| | 金额/±% | 金额/±% | 金额/±% | 金额/±% | 金额/±% | 金额/±% | 金额/±% | 金额/±% |
| **总 值** | **1 587 926 219** | **361 192 219** | **770 769 622** | **4 287 559** | **223 857 849** | **542 624 214** | **417 785 064** | **38 179 314** |
| | **-5.5** | **-11.3** | **-7.0** | **-31.2** | **-8.7** | **-6.0** | **1.7** | **17.3** |
| 一般贸易 | 900 640 431 | 279 021 288 | 333 751 060 | 2 272 296 | 112 800 866 | 218 677 898 | 266 288 654 | 21 579 429 |
| | -2.4 | -11.9 | -1.4 | -37.6 | -4.9 | 1.1 | 8.0 | 5.1 |
| 国家间、国际组织无偿援助和赠送的物资 | 19 369 | 6 298 | — | — | — | — | 3 256 | 9 815 |
| | 28.7 | -45.4 | — | — | — | — | 131.2 | 366.2 |
| 其他捐赠物资 | 8 384 | 1 624 | — | — | — | — | 664 | 6 096 |
| | -82.5 | -96.1 | — | — | — | — | -38.7 | 9.3 |
| 补偿贸易 | — | — | — | — | — | — | — | — |
| | — | — | — | — | — | — | — | — |
| 来料加工装配贸易 | 85 185 439 | 21 576 915 | 53 558 818 | 939 470 | 12 559 526 | 40 059 822 | 9 554 823 | 494 883 |
| | -6.9 | -2.4 | -8.9 | -14.0 | -4.3 | -10.1 | -4.5 | -21.7 |
| 进料加工贸易 | 311 252 908 | 11 960 867 | 267 516 327 | 1 009 539 | 69 026 791 | 197 479 997 | 30 796 339 | 979 375 |
| | -12.3 | -14.1 | -11.9 | -19.5 | -13.5 | -11.2 | -15.4 | -20.8 |
| 寄售代销贸易 | — | — | — | — | — | — | — | — |
| | — | — | — | — | — | — | — | — |
| 边境小额贸易 | 7 036 811 | 135 176 | — | — | — | — | 6 870 969 | 30 667 |
| | -1.8 | -83.4 | — | — | — | — | 9.1 | -44.1 |
| 加工贸易进口设备 | 463 829 | 43 257 | 398 222 | 493 | 145 426 | 252 303 | 19 282 | 3 068 |
| | -26.9 | 40.2 | -29.8 | 30.4 | 54.1 | -46.6 | -45.1 | 77.0 |
| 租赁贸易 | 2 860 410 | 518 476 | 910 710 | 12 407 | 852 744 | 45 559 | 264 485 | 1 166 739 |
| | -65.4 | -90.4 | -29.0 | — | -28.8 | -46.4 | -78.2 | 207.5 |
| 外商投资企业作为投资进口的设备、物品 | 4 085 920 | — | 4 085 920 | 12 711 | 1 418 769 | 2 654 441 | — | — |
| | -33.6 | — | -33.6 | -47.1 | -49.2 | -20.6 | — | — |
| 出料加工贸易 | 264 895 | 61 879 | 157 271 | — | 95 672 | 61 599 | 45 745 | — |
| | -11.6 | -11.5 | -25.9 | — | -45.2 | 63.1 | 161.9 | — |
| 易货贸易 | 7 925 | — | — | — | — | — | 7 925 | — |
| | 144.1 | — | — | — | — | — | 144.2 | — |
| 免税外汇商品 | 22 496 | 22 496 | — | — | — | — | — | — |
| | 54.0 | 54.0 | — | — | — | — | — | — |
| 免税品 | 1 727 955 | 1 328 061 | 398 625 | — | 351 395 | 47 230 | 1 269 | — |
| | 6.7 | 6.7 | 6.2 | — | 9.2 | -11.9 | — | — |
| 保税监管场所进出境货物 | 96 327 136 | 31 946 105 | 18 306 809 | 10 260 | 12 291 970 | 6 004 579 | 44 974 638 | 1 099 585 |
| | 8.7 | 5.2 | -10.0 | -94.0 | -7.8 | -12.2 | 22.7 | -14.3 |
| 海关特殊监管区域物流货物 | 157 613 899 | 14 266 526 | 85 344 223 | 22 130 | 12 911 163 | 72 410 930 | 57 364 658 | 638 493 |
| | -13.3 | -11.9 | -6.6 | -49.0 | -6.4 | -6.6 | -21.3 | -49.6 |
| 海关特殊监管区域进口设备 | 4 893 384 | 26 431 | 4 763 169 | 2 008 | 995 615 | 3 765 546 | 103 710 | 74 |
| | -25.2 | -69.9 | -24.7 | 404.0 | -37.3 | -20.5 | -20.7 | 54.1 |
| 其他 | 15 515 026 | 276 822 | 1 578 468 | 6 244 | 407 914 | 1 164 310 | 1 488 646 | 12 171 090 |
| | 65.6 | 48.0 | 13.9 | -16.7 | 28.8 | 9.6 | 132.3 | 70.2 |

**注：** 1. 深色区域内数字为与上年累计同期比±%。

2. 自2013年起，“集体企业”不再单列，“私营企业”单独列出，“其他”范围及同比相应调整。

3. 自2014年起，免税品列入海关统计。

# 2016年中国进出口商品收发货人所在地总值表

单位：千美元

| 经营单位所在地 | 进出口 | 出 口 | 进 口 | 比上年±% | | |
|---|---|---|---|---|---|---|
| | | | | 进出口 | 出 口 | 进 口 |
| **总 值** | **3 685 557 412** | **2 097 631 193** | **1 587 926 219** | **-6.8** | **-7.7** | **-5.5** |
| 北京市 | 282 348 960 | 52 022 843 | 230 326 117 | -11.6 | -4.8 | -13.0 |
| 中关村国家自主创新示范区 | 5 533 217 | 2 035 836 | 3 497 381 | -6.9 | -1.9 | -9.6 |
| 北京经济技术开发区 | 16 264 629 | 4 955 687 | 11 308 942 | 11.5 | -3.8 | 19.8 |
| 天津市 | 102 655 947 | 44 278 694 | 58 377 253 | -10.2 | -13.5 | -7.5 |
| 天津滨海新区 | 68 662 469 | 25 520 779 | 43 141 690 | -9.8 | -16.1 | -5.7 |
| 天津经济技术开发区 | 34 748 589 | 16 752 275 | 17 996 313 | -17.8 | -23.2 | -12.1 |
| 河北省 | 46 675 380 | 30 575 538 | 16 099 842 | -9.4 | -7.2 | -13.4 |
| 石家庄市 | 11 636 821 | 7 020 926 | 4 615 895 | -4.3 | -4.1 | -4.6 |
| 石家庄高新技术产业开发区 | 15 811 | 6 412 | 9 399 | 9.5 | 1.2 | 15.9 |
| 唐山市 | 10 741 427 | 7 107 866 | 3 633 561 | -22.9 | -16.6 | -32.8 |
| 曹妃甸经济技术开发区 | — | — | — | — | — | — |
| 秦皇岛市 | 4 393 388 | 2 958 345 | 1 435 043 | -4.6 | -0.7 | -11.8 |
| 秦皇岛经济技术开发区 | 3 018 393 | 1 813 868 | 1 204 525 | -1.4 | 3.2 | -7.5 |
| 保定市 | 4 063 774 | 2 937 566 | 1 126 208 | -14.3 | -14.2 | -14.6 |
| 保定高新技术产业开发区 | 347 275 | 266 270 | 81 005 | -52.4 | -52.8 | -51.0 |
| 山西省 | 16 661 411 | 9 932 190 | 6 729 222 | 13.5 | 17.9 | 7.5 |
| 太原市 | 13 317 238 | 8 329 144 | 4 988 094 | 24.8 | 26.4 | 22.3 |
| 太原经济技术开发区 | 9 704 169 | 6 222 761 | 3 481 408 | 52.0 | 55.0 | 46.7 |
| 太原高新技术产业开发区 | 36 339 | 16 375 | 19 965 | -39.0 | -20.3 | -48.9 |
| 大同市 | 357 039 | 292 889 | 64 150 | -14.2 | 2.6 | -51.0 |
| 大同经济技术开发区 | 208 771 | 208 196 | 576 | 4.1 | 4.8 | -67.3 |
| 晋中市 | 210 706 | 181 804 | 28 902 | 2.0 | -5.9 | 116.8 |
| 晋中经济技术开发区 | — | — | — | — | — | — |
| 内蒙古自治区 | 11 640 301 | 4 395 988 | 7 244 313 | -8.6 | -22.2 | 2.3 |
| 呼和浩特市 | 1 309 544 | 682 221 | 627 323 | -36.7 | -45.2 | -23.9 |
| 包头市 | 1 632 378 | 1 145 031 | 487 348 | 5.3 | 29.0 | -26.4 |
| 包头高新技术产业开发区 | 15 604 | 15 597 | 7 | -23.0 | -23.0 | -31.0 |
| 二连浩特市 | 846 926 | 264 704 | 582 222 | -25.2 | -50.3 | -3.0 |
| 满洲里市 | 2 383 839 | 554 906 | 1 828 932 | -14.1 | -48.7 | 8.0 |
| 辽宁省 | 86 556 895 | 43 062 765 | 43 494 130 | -9.8 | -15.1 | -3.9 |
| 沈阳市 | 11 329 983 | 4 246 009 | 7 083 974 | -19.3 | -37.1 | -2.9 |
| 沈阳经济技术开发区 | 2 612 968 | 1 430 128 | 1 182 840 | -10.6 | -17.1 | -1.3 |
| 沈阳高新技术产业开发区 | 1 074 291 | 643 587 | 430 705 | -28.7 | -32.4 | -22.4 |
| 大连市 | 52 374 604 | 24 857 810 | 27 516 793 | -6.5 | -5.7 | -7.3 |
| 大连经济技术开发区 | 12 992 919 | 6 092 835 | 6 900 084 | -29.0 | -9.9 | -40.2 |
| 大连市高新技术产业园区 | 721 061 | 466 373 | 254 689 | -13.0 | -12.3 | -14.3 |
| 鞍山市 | 2 730 631 | 1 752 396 | 978 236 | -4.4 | -18.5 | 38.7 |
| 鞍山高新技术产业开发区 | 121 456 | 109 249 | 12 207 | 54.8 | 86.2 | -38.4 |

**2016 年中国进出口商品收发货人所在地总值表（续）**

单位：千美元

| 经营单位所在地 | 进出口 | 出　口 | 进　口 | 比上年±% | | |
|---|---|---|---|---|---|---|
| | | | | 进出口 | 出　口 | 进　口 |
| 丹东市 | 3 978 929 | 2 494 436 | 1 484 493 | -3.4 | -6.1 | 1.4 |
| 吉林省 | 18 452 886 | 4 202 011 | 14 250 875 | -2.2 | -8.9 | -0.1 |
| 长春市 | 14 157 462 | 1 904 910 | 12 252 552 | 1.4 | -0.7 | 1.7 |
| 长春经济技术开发区 | 1 064 408 | 220 011 | 844 397 | -0.3 | -8.4 | 2.0 |
| 长春高新技术产业开发区 | 964 779 | 282 982 | 681 797 | 16.7 | 13.5 | 18.1 |
| 吉林市 | 739 061 | 427 854 | 311 207 | -28.7 | -28.0 | -29.6 |
| 吉林高新技术产业开发区 | 65 900 | 49 861 | 16 039 | -31.9 | -38.4 | 1.6 |
| 珲春市 | 1 349 977 | 505 430 | 844 547 | 8.4 | -24.8 | 47.2 |
| 黑龙江省 | 16 539 178 | 5 035 529 | 11 503 649 | -21.3 | -37.3 | -11.4 |
| 哈尔滨市 | 3 944 847 | 1 680 482 | 2 264 365 | -17.0 | -28.6 | -5.6 |
| 哈尔滨经济技术开发区 | 1 288 245 | 223 393 | 1 064 853 | -24.9 | -35.9 | -22.2 |
| 哈尔滨高技术开发区 | 131 148 | 80 914 | 50 234 | -41.8 | -42.0 | -41.4 |
| 大庆市 | 5 635 030 | 447 454 | 5 187 576 | -12.5 | -24.1 | -11.3 |
| 大庆高新技术产业开发区 | 137 835 | 57 220 | 80 615 | 31.2 | 31.7 | 30.8 |
| 黑河市 | 610 183 | 288 032 | 322 151 | -23.2 | -37.5 | -3.2 |
| 绥芬河市 | 3 248 537 | 422 720 | 2 825 817 | -7.7 | -34.3 | -1.8 |
| 上海市 | 433 768 191 | 183 352 132 | 250 416 059 | -3.4 | -6.4 | -1.1 |
| 上海漕河泾浦江高科技园区 | 8 276 655 | 5 024 613 | 3 252 042 | -1.0 | -1.2 | -0.7 |
| 上海经济技术开发区 | 5 815 | 1 669 | 4 146 | 38.1 | 14.7 | 50.4 |
| 上海闵行经济技术开发区 | 2 480 656 | 1 300 544 | 1 180 112 | -7.6 | -12.2 | -1.8 |
| 上海浦东新区 | 224 447 410 | 69 920 793 | 154 526 617 | -0.2 | -1.6 | 0.4 |
| 江苏省 | 509 296 406 | 319 053 086 | 190 243 320 | -6.6 | -5.8 | -8.1 |
| 南京市 | 50 167 402 | 29 536 895 | 20 630 507 | -5.7 | -6.2 | -5.0 |
| 南京高新技术外向型开发区 | 532 488 | 442 967 | 89 521 | -57.1 | -51.4 | -73.0 |
| 无锡市 | 46 269 517 | 27 970 105 | 18 299 412 | 4.4 | 4.0 | 4.9 |
| 无锡高新技术产业开发区 | 34 677 471 | 18 486 181 | 16 191 290 | 5.7 | 5.6 | 5.8 |
| 常州市 | 26 999 541 | 20 317 112 | 6 682 429 | -2.0 | -2.4 | -0.8 |
| 常州高新技术产业开发区 | 2 152 354 | 1 248 365 | 903 989 | 4.9 | -1.4 | 15.0 |
| 苏州市 | 273 529 843 | 163 777 616 | 109 752 227 | -10.4 | -9.7 | -11.4 |
| 苏州工业园 | 53 894 676 | 23 258 973 | 30 635 704 | -5.6 | -6.0 | -5.3 |
| 苏州高新技术产业开发区 | 20 307 249 | 13 452 639 | 6 854 610 | -4.3 | -6.1 | -0.7 |
| 南通市 | 30 860 184 | 23 011 804 | 7 848 380 | -2.3 | 0.8 | -10.4 |
| 南通经济技术开发区 | 5 316 076 | 3 073 831 | 2 242 244 | -0.7 | 3.2 | -5.5 |
| 连云港市 | 7 039 770 | 3 683 883 | 3 355 887 | -12.5 | -9.3 | -15.8 |
| 连云港经济技术开发区 | 2 666 727 | 1 152 001 | 1 514 727 | -14.2 | -3.7 | -20.8 |
| 浙江省 | 336 575 909 | 267 863 753 | 68 712 156 | -2.9 | -3.1 | -2.5 |
| 杭州市 | 68 004 834 | 50 256 322 | 17 748 512 | 2.3 | 0.5 | 7.7 |
| 杭州经济技术开发区 | 6 677 216 | 3 785 598 | 2 891 618 | -13.6 | -24.9 | 7.6 |
| 杭州高新技术产业开发区 | 1 198 400 | 946 448 | 251 952 | -21.1 | -25.7 | 3.0 |
| 宁波市 | 94 895 072 | 66 079 351 | 28 815 720 | -5.1 | -7.2 | 0.2 |
| 宁波经济技术开发区 | 15 535 582 | 7 994 306 | 7 541 276 | -4.0 | -5.0 | -2.9 |

**2016 年中国进出口商品收发货人所在地总值表（续）**

单位：千美元

| 经营单位所在地 | 进出口 | 出 口 | 进 口 | 比上年±% 进出口 | 比上年±% 出 口 | 比上年±% 进 口 |
|---|---|---|---|---|---|---|
| 宁波高新技术产业开发区 | 1 296 804 | 886 618 | 410 186 | 11.8 | 12.0 | 11.5 |
| 温州市 | 18 085 722 | 16 076 048 | 2 009 674 | -7.1 | -6.1 | -14.9 |
| 温州经济技术开发区 | 1 168 261 | 1 133 949 | 34 312 | -3.2 | -2.7 | -17.3 |
| 金华市 | 48 313 997 | 47 173 141 | 1 140 857 | -1.5 | -1.0 | -17.7 |
| 金华经济技术开发区 | 371 600 | 356 352 | 15 248 | 82.9 | 81.9 | 109.6 |
| 安徽省 | 44 412 861 | 28 446 682 | 15 966 179 | -7.2 | -11.8 | 2.5 |
| 合肥市 | 18 677 099 | 12 629 045 | 6 048 054 | -8.1 | -7.9 | -8.7 |
| 合肥经济技术开发区 | 5 978 807 | 4 034 012 | 1 944 795 | -15.4 | -9.0 | -26.3 |
| 合肥高新技术产业开发区 | 2 870 531 | 1 853 882 | 1 016 650 | 21.7 | 15.8 | 34.4 |
| 芜湖市 | 5 676 204 | 4 047 502 | 1 628 701 | -14.0 | -24.0 | 28.2 |
| 芜湖经济技术开发区 | 3 135 779 | 2 342 507 | 793 272 | -11.4 | -14.5 | -1.0 |
| 芜湖高新技术产业开发区 | 90 820 | 75 471 | 15 349 | 52.6 | 49.3 | 70.9 |
| 蚌埠市 | 1 761 888 | 1 191 353 | 570 535 | -23.5 | -26.2 | -17.2 |
| 蚌埠高新技术产业开发区 | 316 796 | 279 713 | 37 083 | 89.7 | 132.9 | -20.9 |
| 淮南市 | 270 276 | 234 094 | 36 182 | -18.4 | -17.8 | -22.1 |
| 淮南经济技术开发区 | 32 016 | 31 308 | 708 | 1 854.0 | 1 825.8 | 5 455.2 |
| 马鞍山市 | 3 188 451 | 1 509 017 | 1 679 434 | 14.1 | 1.8 | 28.0 |
| 马鞍山经济技术开发区 | 143 433 | 57 935 | 85 498 | -3.6 | 2.1 | -7.2 |
| 马鞍山慈湖高新技术产业开发区 | 9 978 | 9 714 | 264 | 40.9 | 44.7 | -29.0 |
| 铜陵市 | 4 702 094 | 656 126 | 4 045 968 | 4.8 | 2.0 | 5.3 |
| 铜陵经济技术开发区 | 124 144 | 67 145 | 57 000 | -3.3 | -8.7 | 3.9 |
| 安庆市 | 1 776 982 | 1 463 933 | 313 048 | -16.3 | -21.1 | 17.1 |
| 安庆经济技术开发区 | 42 420 | 34 395 | 8 025 | -55.7 | -54.5 | -60.1 |
| 滁州市 | 2 316 872 | 1 671 200 | 645 672 | 13.4 | 15.9 | 7.4 |
| 滁州经济技术开发区 | 769 177 | 459 020 | 310 157 | 40.4 | 9.3 | 142.3 |
| 六安市 | 536 468 | 508 909 | 27 560 | -13.1 | -4.0 | -68.3 |
| 六安经济技术开发区 | 120 275 | 112 225 | 8 050 | 11.3 | 12.0 | 1.9 |
| 宣城市 | 1 503 824 | 1 377 350 | 126 474 | -18.8 | -21.5 | 29.8 |
| 宁国经济技术开发区 | 256 505 | 231 207 | 25 298 | -0.6 | -0.7 | 0.7 |
| 池州市 | 622 569 | 184 004 | 438 565 | 20.8 | -11.4 | 42.6 |
| 池州经济技术开发区 | 102 114 | 13 178 | 88 936 | -24.7 | -42.9 | -21.0 |
| 福建省 | 156 826 190 | 103 677 985 | 53 148 206 | -7.1 | -8.0 | -5.4 |
| 福州市 | 31 650 643 | 21 420 367 | 10 230 276 | -3.9 | 2.9 | -15.6 |
| 福州经济技术开发区 | 3 581 809 | 2 338 397 | 1 243 412 | -8.3 | -3.7 | -15.9 |
| 福州高新技术产业开发区 | 23 564 | 23 549 | 15 | 22.2 | 22.5 | -76.0 |
| 厦门市 | 77 144 060 | 46 928 807 | 30 215 253 | -7.3 | -12.2 | 1.6 |
| 厦门火炬高技术产业开发区 | 2 451 321 | 1 032 510 | 1 418 811 | 4.7 | 0.9 | 7.7 |
| 平潭 | 443 849 | 113 137 | 330 713 | 53.0 | 62.7 | 49.9 |
| 平潭综合实验区 | 443 579 | 113 137 | 330 442 | 53.4 | 62.7 | 50.5 |
| 江西省 | 40 028 407 | 29 798 398 | 10 230 009 | -5.6 | -10.0 | 10.2 |
| 南昌市 | 9 380 000 | 5 789 762 | 3 590 238 | -17.5 | -31.9 | 25.1 |

**2016 年中国进出口商品收发货人所在地总值表（续）**

单位：千美元

| 经营单位所在地 | 进出口 | 出 口 | 进 口 | 比上年±% | | |
|---|---|---|---|---|---|---|
| | | | | 进出口 | 出 口 | 进 口 |
| 南昌经济技术开发区 | 1 018 344 | 312 933 | 705 411 | -23.2 | -66.3 | 77.1 |
| 南昌高新技术产业开发区 | 3 347 991 | 1 575 214 | 1 772 777 | -13.5 | -34.1 | 19.9 |
| 景德镇市 | 665 994 | 645 284 | 20 710 | -17.0 | -16.7 | -24.1 |
| 景德镇高新技术产业开发区 | 2 958 | 2 958 | 1 | -93.2 | -93.1 | -99.9 |
| 萍乡市 | 1 390 484 | 1 373 744 | 16 740 | 9.8 | 9.6 | 31.8 |
| 萍乡经济技术开发区 | — | — | — | — | — | — |
| 九江市 | 4 890 621 | 3 987 573 | 903 048 | -12.3 | -12.6 | -10.8 |
| 九江经济技术开发区 | 1 015 103 | 622 833 | 392 270 | -34.4 | -32.0 | -37.9 |
| 新余市 | 1 879 548 | 1 271 509 | 608 039 | 4.1 | 1.3 | 10.5 |
| 新余高新技术产业开发区 | 340 496 | 323 321 | 17 175 | 76.7 | 86.3 | -10.2 |
| 鹰潭市 | 3 540 322 | 803 608 | 2 736 714 | -0.8 | -15.4 | 4.5 |
| 鹰潭高新技术产业开发区 | 72 245 | 71 900 | 345 | -41.9 | -39.2 | -94.4 |
| 赣州市 | 4 118 614 | 3 397 275 | 721 339 | -0.7 | 0.3 | -5.4 |
| 赣州经济技术开发区 | 424 056 | 356 512 | 67 544 | 9.6 | 10.4 | 5.4 |
| 宜春市 | 2 627 895 | 2 355 854 | 272 040 | 1.3 | -1.8 | 40.0 |
| 宜春经济技术开发区 | 510 090 | 508 597 | 1 493 | 178.1 | 177.5 | 999.3 |
| 上饶市 | 4 310 565 | 3 832 950 | 477 615 | -0.3 | 0.5 | -6.2 |
| 上饶经济技术开发区 | — | — | — | — | — | — |
| 吉安市 | 5 033 681 | 4 225 299 | 808 382 | 3.8 | 0.7 | 23.3 |
| 井冈山经济技术开发区 | 588 503 | 547 216 | 41 287 | 6.8 | 1.7 | 218.9 |
| 山东省 | 234 355 852 | 137 096 088 | 97 259 763 | -2.6 | -4.7 | 0.6 |
| 济南市 | 10 865 823 | 7 345 615 | 3 520 208 | 19.2 | 22.5 | 12.9 |
| 济南市高技术产业开发区 | 3 061 059 | 1 481 926 | 1 579 133 | 44.5 | -4.9 | 181.8 |
| 青岛市 | 65 580 741 | 42 449 254 | 23 131 488 | -6.5 | -6.3 | -6.8 |
| 青岛经济技术开发区 | 8 984 007 | 5 800 276 | 3 183 731 | -6.4 | 23.6 | -35.2 |
| 青岛高新技术产业开发区 | 20 821 | 5 876 | 14 945 | 4 130.6 | — | 2 936.6 |
| 烟台市 | 43 785 340 | 24 795 782 | 18 989 558 | 11.3 | -11.6 | -10.9 |
| 烟台经济技术开发区 | 14 957 677 | 7 747 813 | 7 209 863 | -0.5 | 10.9 | -10.4 |
| 潍坊市 | 18 838 972 | 12 350 321 | 6 488 651 | -0.4 | -4.8 | 9.5 |
| 潍坊高技术产业开发区 | 1 307 454 | 907 676 | 399 778 | 37.1 | 58.5 | 4.9 |
| 威海市 | 17 793 474 | 11 666 977 | 6 126 497 | 5.1 | -7.6 | 42.3 |
| 威海火炬高技术产业开发区 | 1 677 480 | 1 362 175 | 315 304 | -4.7 | -12.6 | 55.4 |
| 河南省 | 71 213 099 | 42 805 509 | 28 407 590 | -3.5 | -0.6 | -7.5 |
| 郑州市 | 55 025 706 | 31 697 087 | 23 328 619 | -3.5 | 1.4 | -9.5 |
| 郑州航空港经济综合实验区 | 49 224 811 | 27 608 000 | 21 616 811 | -3.1 | 2.6 | -9.5 |
| 郑州高新技术产业开发区 | 540 769 | 455 595 | 85 174 | -5.2 | -8.4 | 16.7 |
| 洛阳市 | 1 754 979 | 1 534 575 | 220 404 | -10.0 | -5.8 | -31.4 |
| 洛阳高新技术产业开发区 | 36 431 | 32 298 | 4 133 | 183.1 | 188.5 | 147.2 |
| 湖北省 | 39 388 773 | 26 039 342 | 13 349 431 | -13.5 | -10.9 | -18.3 |
| 武汉市 | 23 801 904 | 13 722 734 | 10 079 170 | -15.1 | -9.4 | -21.9 |
| 武汉经济技术开发区 | 2 769 881 | 1 248 296 | 1 521 585 | -8.9 | 8.3 | -19.4 |

## 2016年中国进出口商品收发货人所在地总值表（续）

单位：千美元

| 经营单位所在地 | 进出口 | 出 口 | 进 口 | 比上年±% | | |
|---|---|---|---|---|---|---|
| | | | | 进出口 | 出 口 | 进 口 |
| 武汉吴家山经济技术开发区 | 2 769 881 | 1 248 296 | 1 521 585 | -8.9 | 8.3 | -19.4 |
| 武汉东湖新技术开发区 | 14 464 990 | 8 492 112 | 5 972 878 | 2.4 | 9.2 | -6.0 |
| 黄石市 | 2 438 075 | 1 396 452 | 1 041 624 | -19.0 | -17.0 | -21.5 |
| 黄石经济技术开发区 | 46 475 | 32 239 | 14 236 | -45.7 | 17.6 | -75.6 |
| 襄阳市 | 1 872 442 | 1 603 524 | 268 919 | -16.9 | -19.8 | 6.2 |
| 襄阳经济技术开发区 | 21 817 | 11 454 | 10 364 | 75.0 | 40.4 | 140.2 |
| 襄阳高新技术产业开发区 | 454 978 | 264 991 | 189 986 | -1.1 | 1.1 | -4.1 |
| 荆州市 | 2 289 620 | 1 974 737 | 314 883 | -1.1 | -6.9 | 62.4 |
| 荆州经济技术开发区 | 187 148 | 166 244 | 20 904 | 8.4 | 12.3 | -15.2 |
| 湖南省 | 26 243 470 | 17 692 536 | 8 550 934 | -10.4 | -7.5 | -15.9 |
| 长沙市 | 10 351 765 | 6 733 442 | 3 618 323 | -19.3 | -21.1 | -15.5 |
| 长沙经济技术开发区 | 1 142 953 | 408 208 | 734 745 | 262.3 | 482.1 | 199.5 |
| 长沙高新技术产业开发区 | 1 899 407 | 1 461 307 | 438 100 | -24.1 | -2.4 | -56.5 |
| 株洲市 | 1 348 077 | 848 153 | 499 923 | -37.1 | -37.6 | -36.1 |
| 株洲高新技术产业开发区 | 235 293 | 196 206 | 39 087 | -6.3 | 12.2 | -48.7 |
| 湘潭市 | 2 116 128 | 1 335 389 | 780 739 | -0.6 | 21.3 | -24.0 |
| 湘潭经济技术开发区 | 746 637 | 717 899 | 28 738 | 44.7 | 198.3 | -89.6 |
| 湘潭高新技术产业开发区 | 23 302 | 22 927 | 375 | 740.1 | 790.9 | 87.4 |
| 衡阳市 | 2 683 811 | 1 615 683 | 1 068 129 | -14.3 | -19.7 | -4.5 |
| 衡阳高新技术产业开发区 | 43 198 | 43 187 | 11 | -30.5 | -30.6 | — |
| 岳阳市 | 1 365 315 | 1 017 019 | 348 296 | 22.9 | 19.1 | 35.9 |
| 常德市 | 708 070 | 486 103 | 221 967 | -7.6 | -13.7 | 9.4 |
| 常德经济技术开发区 | 708 070 | 486 103 | 221 967 | -7.6 | -13.7 | 9.4 |
| 益阳市 | 638 547 | 541 147 | 97 400 | 5.5 | 4.6 | 10.6 |
| 益阳高新技术产业开发区 | 69 766 | 69 681 | 85 | 149.1 | 148.8 | — |
| 浏阳市 | 589 979 | 574 668 | 15 311 | 365.4 | 377.2 | 141.0 |
| 浏阳经济技术开发区 | 267 194 | 257 137 | 10 056 | 1 360.2 | 1 880.4 | 89.3 |
| 广东省 | 955 298 007 | 598 601 986 | 356 696 021 | -6.6 | -6.9 | -6.0 |
| 广州市 | 129 312 481 | 78 182 403 | 51 130 078 | -3.4 | -3.7 | -3.0 |
| 广州经济技术开发区 | 18 209 737 | 9 036 718 | 9 173 019 | -3.1 | 0.0 | -6.0 |
| 广州高新技术产业开发区 | 14 395 673 | 7 110 322 | 7 285 351 | 1.1 | 8.8 | -5.4 |
| 广州南沙新区 | 25 582 827 | 15 989 307 | 9 593 520 | 3.9 | -3.8 | 19.9 |
| 深圳市 | 398 471 839 | 237 370 562 | 161 101 277 | -9.9 | -10.1 | -9.7 |
| 深圳科技工业园 | 453 447 | 238 277 | 215 170 | -18.5 | -18.4 | -18.7 |
| 珠海市 | 41 730 184 | 27 329 590 | 14 400 594 | -12.4 | -5.1 | -23.5 |
| 珠海横琴新区 | 720 639 | 604 187 | 116 453 | -27.7 | -30.2 | -11.3 |
| 汕头市 | 8 526 839 | 6 425 691 | 2 101 148 | -8.2 | -4.9 | -16.9 |
| 佛山市 | 62 182 895 | 46 979 622 | 15 203 273 | -5.4 | -2.5 | -13.2 |
| 湛江市 | 4 603 870 | 2 947 061 | 1 656 810 | -10.5 | 5.0 | -29.2 |
| 湛江经济技术开发区 | 1 201 770 | 536 751 | 665 018 | 15.4 | -0.6 | 32.7 |
| 惠州市 | 46 144 088 | 29 878 131 | 16 265 957 | -15.1 | -14.1 | -16.9 |

**2016 年中国进出口商品收发货人所在地总值表（续）**

单位：千美元

| 经营单位所在地 | 进出口 | 出 口 | 进 口 | 比上年±% | | |
|---|---|---|---|---|---|---|
| | | | | 进出口 | 出 口 | 进 口 |
| 惠州高新技术产业开发区 | 28 946 391 | 17 628 548 | 11 317 843 | -17.5 | -17.5 | -17.5 |
| 东莞市 | 172 491 989 | 99 014 298 | 73 477 691 | 3.0 | -4.4 | 14.9 |
| 东莞松山湖高新技术产业开发区 | 237 155 | 214 176 | 22 979 | -14.4 | -7.8 | -48.8 |
| 中山市 | 33 848 474 | 26 660 975 | 7 187 499 | -4.9 | -4.8 | -5.4 |
| 中山火炬高技术产业开发区 | 8 314 | 3 646 | 4 668 | 18.9 | 27.9 | 12.8 |
| 广西壮族自治区 | 47 627 431 | 22 926 413 | 24 701 018 | -6.8 | -17.9 | 6.7 |
| 南宁市 | 6 159 862 | 3 067 359 | 3 092 503 | 5.0 | -6.0 | 18.6 |
| 南宁高新技术产业开发区 | 69 268 | 64 450 | 4 818 | 6.4 | 5.8 | 16.2 |
| 桂林市 | 894 907 | 787 236 | 107 671 | -2.2 | -1.8 | -5.0 |
| 桂林新技术产业开发区 | 353 320 | 289 504 | 63 816 | -0.4 | -7.4 | 51.9 |
| 北海市 | 3 107 428 | 1 670 067 | 1 437 361 | -18.0 | -11.7 | -24.2 |
| 崇左市 | 18 383 772 | 10 859 629 | 7 524 143 | -8.5 | -23.5 | 27.5 |
| 防城港市 | 8 780 746 | 1 693 219 | 7 087 527 | 2.9 | -25.7 | 13.4 |
| 海南省 | 11 348 430 | 2 125 799 | 9 222 631 | -18.7 | -43.2 | -9.8 |
| 海口市 | 3 916 561 | 791 148 | 3 125 412 | -9.8 | -17.9 | -7.4 |
| 海南国际科技工业园 | 193 805 | 161 761 | 32 045 | 155.8 | 153.0 | 170.7 |
| 海南洋浦经济开发区 | 5 764 103 | 863 460 | 4 900 643 | -28.1 | -59.5 | -16.7 |
| 重庆市 | 62 753 637 | 40 654 379 | 22 099 258 | -15.7 | -26.3 | 14.6 |
| 重庆高新技术产业开发区 | 157 794 | 82 198 | 75 595 | -81.6 | -89.6 | 9.8 |
| 重庆两江新区 | 23 363 039 | 13 549 225 | 9 813 814 | -25.4 | -37.6 | 2.3 |
| 万州经济技术开发区 | 28 533 | 23 355 | 5 178 | 33.8 | 56.1 | -18.6 |
| 长寿经济技术开发区 | 671 | 671 | 0 | — | — | — |
| 四川省 | 49 306 252 | 27 947 617 | 21 358 634 | -3.7 | -15.5 | 18.0 |
| 成都市 | 40 845 031 | 21 831 921 | 19 013 110 | 4.1 | -8.1 | 22.8 |
| 成都经济技术开发区 | 1 424 507 | 351 536 | 1 072 971 | 7.8 | 13.0 | 6.2 |
| 成都高新技术产业开发区 | 29 724 654 | 14 855 316 | 14 869 338 | 16.3 | 2.3 | 34.7 |
| 绵阳市 | 1 717 868 | 1 031 038 | 686 830 | -34.4 | -46.1 | -2.7 |
| 绵阳经济技术开发区 | 140 731 | 130 730 | 10 001 | 20.5 | 25.0 | -17.8 |
| 绵阳高新技术产业开发区 | 425 053 | 362 775 | 62 278 | -3.0 | -1.2 | -12.3 |
| 广元市 | 22 612 | 18 645 | 3 967 | -67.5 | -71.4 | -8.1 |
| 广元经济技术开发区 | 1 156 | 1 156 | — | -49.3 | -49.3 | — |
| 宜宾市 | 931 278 | 552 262 | 379 016 | -2.1 | -13.1 | 20.0 |
| 宜宾临港经济技术开发区 | 83 754 | 83 326 | 428 | -43.0 | -43.2 | 101.6 |
| 贵州省 | 5 699 617 | 4 742 792 | 956 825 | -53.4 | -52.3 | -57.9 |
| 贵阳市 | 4 000 947 | 3 315 800 | 685 146 | -56.6 | -58.2 | -47.3 |
| 贵阳高新技术产业开发区 | 188 243 | 163 084 | 25 159 | -85.0 | -86.9 | 120.5 |
| 云南省 | 19 902 360 | 11 490 314 | 8 412 046 | -18.7 | -30.8 | 6.8 |
| 昆明市 | 6 616 574 | 4 059 289 | 2 557 286 | -46.3 | 57.0 | 11.4 |
| 昆明经济技术开发区 | 931 318 | 811 958 | 119 360 | -81.8 | -83.6 | -28.4 |
| 昆明嵩明杨林经济技术开发区 | 931 318 | 811 958 | 119 360 | -81.8 | -83.6 | -28.4 |
| 红河州 | 1 084 250 | 439 319 | 644 931 | 41.6 | 45.1 | 39.3 |

**2016年中国进出口商品收发货人所在地总值表（续）**

单位：千美元

| 经营单位所在地 | 进出口 | 出　口 | 进　口 | 比上年±% | | |
|---|---|---|---|---|---|---|
| | | | | 进出口 | 出　口 | 进　口 |
| 蒙自经济技术开发区 | 753 825 | 378 169 | 375 656 | 97.1 | 126.1 | 74.6 |
| 畹町市 | 163 318 | 25 089 | 138 229 | 10.0 | -9.1 | 14.3 |
| 瑞丽县 | 3 307 412 | 1 675 835 | 1 631 577 | -14.4 | -13.7 | -15.2 |
| 河口县 | 899 405 | 513 639 | 385 766 | 73.9 | 57.3 | 102.3 |
| 曲靖市 | 631 755 | 628 659 | 3 095 | 12.9 | 15.6 | -80.1 |
| 曲靖经济技术开发区 | 147 469 | 147 468 | 1 | 486.0 | 487.0 | -98.3 |
| 西藏自治区 | 781 922 | 471 725 | 310 197 | -14.4 | -19.6 | -5.1 |
| 拉萨市 | 625 055 | 427 707 | 197 348 | -6.4 | -15.8 | 23.3 |
| 拉萨经济技术开发区 | 182 662 | 443 | 182 219 | 19.8 | -94.6 | 26.3 |
| 陕西省 | 29 947 223 | 15 837 561 | 14 109 662 | -1.8 | 7.1 | -10.2 |
| 西安市 | 27 729 953 | 14 353 003 | 13 376 950 | -2.2 | 8.7 | -11.7 |
| 陕西航天经济技术开发区 | 848 500 | 442 008 | 406 492 | 30.9 | 11.1 | 62.5 |
| 西安新技术产业开发区 | 2 657 246 | 1 665 578 | 991 668 | -16.4 | -1.5 | -33.2 |
| 宝鸡市 | 964 654 | 692 077 | 272 577 | 11.9 | 5.1 | 33.9 |
| 宝鸡高新技术产业开发区 | — | — | — | — | — | — |
| 汉中市 | 105 780 | 72 635 | 33 145 | 18.4 | 4.0 | 69.9 |
| 汉中经济技术开发区 | — | — | — | — | — | — |
| 甘肃省 | 6 832 980 | 4 062 563 | 2 770 418 | -14.1 | -30.1 | 29.4 |
| 兰州市 | 4 170 751 | 3 336 985 | 833 766 | -26.2 | -34.0 | 39.9 |
| 兰州新技术产业开发区 | 20 475 | 18 752 | 1 723 | -11.7 | -4.1 | -52.5 |
| 青海省 | 1 529 204 | 1 370 061 | 159 143 | -21.0 | -16.6 | -45.6 |
| 西宁市 | 1 295 613 | 1 151 608 | 144 006 | -29.7 | -27.5 | -43.1 |
| 西宁经济技术开发区 | 112 851 | 91 084 | 21 767 | 43.1 | 20.5 | 569.8 |
| 青海高新技术产业开发区 | — | — | — | — | — | — |
| 宁夏回族自治区 | 3 252 489 | 2 486 748 | 765 741 | -13.0 | -16.1 | -1.3 |
| 银川市 | 2 466 849 | 1 974 922 | 491 927 | -18.8 | -21.1 | -7.7 |
| 银川经济技术开发区 | 175 200 | 127 108 | 48 092 | 14.0 | 13.1 | 16.5 |
| 新疆维吾尔自治区 | 17 637 744 | 15 582 165 | 2 055 579 | -10.3 | -10.9 | -5.4 |
| 乌鲁木齐市 | 4 799 172 | 4 098 857 | 700 316 | -17.9 | -14.8 | -32.2 |
| 乌鲁木齐经济技术开发区 | 1 708 144 | 1 542 254 | 165 891 | -13.0 | -12.7 | -15.0 |
| 乌鲁木齐高新技术产业开发区 | 1 084 463 | 1 019 467 | 64 996 | 24.8 | 36.1 | -45.9 |
| 博乐市 | 1 323 924 | 777 879 | 546 045 | -39.1 | -58.8 | 89.4 |
| 伊宁市 | 3 689 495 | 3 591 186 | 98 309 | -18.7 | -18.5 | -23.6 |
| 石河子市 | 373 103 | 355 470 | 17 633 | -68.9 | -69.3 | -58.6 |
| 石河子经济技术开发区 | 358 262 | 342 887 | 15 375 | -69.7 | -69.9 | -63.1 |

注：根据海关总署公告〔2016〕20号，原“经营单位”调整为“收发货人”，本表表名相应调整为“进出口收发货人所在地总值表”，详见海关总署公告〔2016〕20号。

## 2016 年中国进出口商品境内目的地/货源地总值表

单位：千美元

| 境内目的地/货源地 | 进出口 | 出　口 | 进　口 | 比上年±% | | |
|---|---|---|---|---|---|---|
| | | | | 进出口 | 出　口 | 进　口 |
| **总　值** | **3 685 557 412** | **2 097 631 193** | **1 587 926 219** | **-6.8** | **-7.7** | **-5.5** |
| 北京市 | 122 322 321 | 25 455 827 | 96 866 494 | -6.5 | -12.2 | -4.8 |
| 中关村国家自主创新示范区 | 2 278 846 | 614 848 | 1 663 997 | -7.5 | -23.0 | 0.0 |
| 北京经济技术开发区 | 14 728 699 | 4 256 460 | 10 472 239 | 13.6 | -1.3 | 21.0 |
| 天津市 | 106 973 694 | 41 657 015 | 65 316 679 | -10.1 | -13.9 | -7.5 |
| 天津滨海新区 | 66 053 747 | 20 855 995 | 45 197 752 | -9.8 | -18.9 | -4.9 |
| 天津经济技术开发区 | 31 667 134 | 15 315 489 | 16 351 645 | -18.6 | -24.4 | -12.4 |
| 河北省 | 74 991 455 | 43 998 270 | 30 993 185 | -6.6 | -7.7 | -4.9 |
| 石家庄市 | 11 324 601 | 6 486 682 | 4 837 919 | -8.5 | -6.6 | -10.8 |
| 石家庄高新技术产业开发区 | 15 918 | 6 327 | 9 591 | 34.6 | 58.7 | 22.3 |
| 唐山市 | 25 410 637 | 9 759 416 | 15 651 221 | -6.6 | -15.6 | 0.1 |
| 曹妃甸经济技术开发区 | 4 155 | 2 982 | 1 174 | 178.3 | 116.8 | 897.8 |
| 秦皇岛市 | 5 157 699 | 3 152 492 | 2 005 207 | -14.7 | -10.0 | -21.3 |
| 秦皇岛经济技术开发区 | 2 424 549 | 1 254 088 | 1 170 460 | -7.0 | -6.7 | -7.4 |
| 保定市 | 5 295 261 | 4 286 178 | 1 009 084 | -6.4 | -0.8 | -24.5 |
| 保定高新技术产业开发区 | 332 772 | 254 242 | 78 530 | -54.1 | -54.9 | -51.6 |
| 山西省 | 18 839 342 | 12 527 310 | 6 312 032 | 8.0 | 9.5 | 5.1 |
| 太原市 | 12 894 851 | 8 027 510 | 4 867 341 | 27.9 | 28.4 | 27.0 |
| 太原经济技术开发区 | 9 662 658 | 6 188 258 | 3 474 400 | 56.9 | 62.9 | 47.1 |
| 太原高新技术产业开发区 | 10 064 | 2 077 | 7 987 | 3.0 | -49.5 | 41.1 |
| 大同市 | 348 852 | 279 275 | 69 577 | -23.5 | -12.0 | -49.8 |
| 大同经济技术开发区 | — | — | — | — | — | — |
| 晋中市 | 264 558 | 236 508 | 28 050 | -16.8 | -17.4 | -11.8 |
| 晋中经济技术开发区 | — | — | — | — | — | — |
| 内蒙古自治区 | 13 224 718 | 5 195 695 | 8 029 024 | -4.9 | -15.3 | 3.3 |
| 呼和浩特市 | 1 309 833 | 664 826 | 645 007 | -10.4 | -5.8 | -14.8 |
| 包头市 | 1 496 270 | 971 092 | 525 178 | -17.0 | -12.0 | -25.0 |
| 包头高新技术产业开发区 | 34 104 | 15 107 | 18 997 | 85.3 | -17.3 | 14 405.1 |
| 二连浩特市 | 862 924 | 241 506 | 621 418 | -22.0 | -52.9 | 4.5 |
| 满洲里市 | 1 880 731 | 40 648 | 1 840 083 | 0.6 | -76.6 | 8.5 |
| 辽宁省 | 96 128 240 | 44 813 626 | 51 314 614 | -10.2 | -12.3 | -8.3 |
| 沈阳市 | 12 178 872 | 4 797 132 | 7 381 740 | -8.3 | -16.0 | -2.4 |
| 沈阳经济技术开发区 | 2 419 804 | 1 223 471 | 1 196 332 | -9.3 | -11.9 | -6.5 |
| 沈阳高新技术产业开发区 | 826 373 | 493 962 | 332 411 | -26.2 | -28.1 | -23.3 |
| 大连市 | 53 030 055 | 24 056 588 | 28 973 467 | -8.4 | -6.7 | -9.8 |
| 大连经济技术开发区 | 15 728 738 | 5 929 322 | 9 799 416 | -15.9 | -12.5 | -17.7 |
| 大连市高新技术产业园区 | 885 739 | 637 193 | 248 546 | -15.6 | 0.3 | -40.0 |
| 鞍山市 | 2 127 775 | 1 903 931 | 223 844 | -19.7 | -19.1 | -24.4 |
| 鞍山高新技术产业开发区 | 158 674 | 140 555 | 18 119 | 58.6 | 69.1 | 6.7 |

**2016年中国进出口商品境内目的地/货源地总值表（续）**

单位：千美元

| 境内目的地/货源地 | 进出口 | 出 口 | 进 口 | 比上年±% | | |
|---|---|---|---|---|---|---|
| | | | | 进出口 | 出 口 | 进 口 |
| 丹东市 | 4 339 219 | 2 711 766 | 1 627 453 | -12.4 | -14.4 | -8.9 |
| 吉林省 | 19 241 341 | 4 907 255 | 14 334 086 | -3.7 | -8.5 | -1.9 |
| 长春市 | 14 109 157 | 1 785 208 | 12 323 949 | -1.0 | -5.1 | -0.3 |
| 长春经济技术开发区 | 1 006 717 | 185 883 | 820 834 | 2.7 | 2.7 | 2.7 |
| 长春高新技术产业开发区 | 799 809 | 189 467 | 610 342 | 13.9 | 16.4 | 13.1 |
| 吉林市 | 1 112 056 | 678 331 | 433 725 | -20.0 | -15.7 | -26.0 |
| 吉林高新技术产业开发区 | 35 906 | 24 867 | 11 039 | -26.9 | -31.9 | -12.4 |
| 珲春市 | 1 587 896 | 705 484 | 882 412 | 5.2 | -23.7 | 50.7 |
| 黑龙江省 | 13 941 687 | 4 919 552 | 9 022 135 | -14.6 | -22.1 | -9.8 |
| 哈尔滨市 | 3 812 062 | 2 625 338 | 1 186 723 | -17.9 | -25.8 | 7.5 |
| 哈尔滨经济技术开发区 | 226 289 | 103 162 | 123 127 | -9.6 | 4.4 | -18.8 |
| 哈尔滨高技术开发区 | 100 877 | 58 608 | 42 269 | -41.3 | -42.9 | -38.9 |
| 大庆市 | 5 239 349 | 176 601 | 5 062 747 | -19.4 | -25.0 | -19.2 |
| 大庆高新技术产业开发区 | 98 130 | 20 870 | 77 260 | 40.9 | 31.2 | 43.8 |
| 黑河市 | 371 780 | 48 128 | 323 652 | 5.9 | 118.4 | -1.7 |
| 绥芬河市 | 1 591 252 | 164 391 | 1 426 861 | 8.6 | 1.4 | 9.5 |
| 上海市 | 404 613 805 | 166 380 768 | 238 233 037 | -4.4 | -6.9 | -2.5 |
| 上海漕河泾浦江高科技园 | 7 515 035 | 4 427 818 | 3 087 216 | -3.1 | -4.1 | -1.7 |
| 上海经济技术开发区 | 26 570 | 8 686 | 17 884 | 12.2 | -35.5 | 75.0 |
| 上海闵行经济技术开发区 | 2 199 974 | 1 096 093 | 1 103 881 | -8.4 | -16.0 | 0.6 |
| 上海浦东新区 | 176 558 179 | 52 628 644 | 123 929 536 | -3.4 | -0.8 | -4.5 |
| 江苏省 | 547 135 749 | 330 958 749 | 216 177 000 | -5.8 | -5.1 | -6.9 |
| 南京市 | 44 275 525 | 21 210 810 | 23 064 715 | -7.4 | -4.5 | -9.9 |
| 南京高新技术外向型开发区 | 2 664 563 | 957 873 | 1 706 690 | 79.1 | 70.3 | 84.4 |
| 无锡市 | 46 643 891 | 28 357 235 | 18 286 655 | 3.9 | 3.1 | 5.1 |
| 无锡高新技术产业开发区 | 33 247 143 | 17 134 288 | 16 112 854 | 6.6 | 7.4 | 5.8 |
| 常州市 | 28 847 348 | 21 726 943 | 7 120 405 | -3.0 | -3.4 | -1.6 |
| 常州高新技术产业开发区 | 2 043 029 | 1 143 617 | 899 412 | 9.2 | 5.3 | 14.5 |
| 苏州市 | 282 302 601 | 165 969 753 | 116 332 848 | -9.8 | -9.7 | -9.9 |
| 南通市 | 37 679 088 | 25 625 713 | 12 053 374 | 6.1 | 8.1 | 1.9 |
| 南通经济技术开发区 | 4 610 869 | 2 110 805 | 2 500 064 | 2.4 | 0.5 | 4.1 |
| 连云港市 | 11 093 129 | 3 587 966 | 7 505 163 | -9.1 | -1.6 | -12.2 |
| 连云港经济技术开发区 | 1 081 583 | 773 259 | 308 323 | -7.8 | 3.7 | -27.9 |
| 浙江省 | 343 449 195 | 273 449 699 | 69 999 496 | -4.3 | -3.4 | -8.0 |
| 杭州市 | 47 897 827 | 34 812 476 | 13 085 351 | -4.1 | -5.2 | -1.1 |
| 杭州经济技术开发区 | 6 210 780 | 3 323 766 | 2 887 013 | 0.1 | -5.3 | 7.1 |
| 杭州高新技术产业开发区 | 1 306 694 | 1 064 164 | 242 530 | -47.2 | -52.1 | -4.3 |
| 宁波市 | 93 675 517 | 60 832 710 | 32 842 807 | -7.2 | -4.8 | -11.3 |
| 宁波经济技术开发区 | 8 159 366 | 2 295 834 | 5 863 532 | -19.2 | -16.9 | -20.1 |

**2016 年中国进出口商品境内目的地/货源地总值表（续）**

单位：千美元

| 境内目的地/货源地 | 进出口 | 出 口 | 进 口 | 比上年±% | | |
|---|---|---|---|---|---|---|
| | | | | 进出口 | 出 口 | 进 口 |
| 宁波高新技术产业开发区 | 188 | 175 | 13 | -56.3 | -59.4 | — |
| 温州市 | 17 244 565 | 15 930 996 | 1 313 569 | -8.2 | -7.3 | -17.8 |
| 温州经济技术开发区 | 342 871 | 317 925 | 24 946 | 18.0 | 23.7 | -26.0 |
| 金华市 | 53 394 960 | 52 130 859 | 1 264 101 | -4.1 | -3.8 | -14.9 |
| 金华经济技术开发区 | 32 220 | 12 505 | 19 715 | 43.1 | 105.2 | 20.1 |
| 安徽省 | 40 968 837 | 25 966 290 | 15 002 548 | -3.6 | -6.1 | 1.1 |
| 合肥市 | 13 588 176 | 8 822 315 | 4 765 861 | -9.6 | -9.9 | -8.9 |
| 合肥经济技术开发区 | 5 735 819 | 3 747 808 | 1 988 010 | -15.6 | -8.9 | -25.9 |
| 合肥高新技术产业开发区 | 1 557 666 | 879 330 | 678 336 | 4.8 | -5.9 | 23.0 |
| 芜湖市 | 5 626 667 | 4 071 263 | 1 555 404 | 6.1 | 1.3 | 21.1 |
| 芜湖经济技术开发区 | 3 157 719 | 2 307 875 | 849 844 | 4.4 | 4.5 | 3.9 |
| 芜湖高新技术产业开发区 | 68 834 | 53 985 | 14 849 | 27.7 | 18.8 | 75.5 |
| 蚌埠市 | 1 036 746 | 743 761 | 292 985 | -23.4 | -15.8 | -37.8 |
| 蚌埠高新技术产业开发区 | 94 840 | 66 642 | 28 198 | -12.1 | 5.0 | -36.6 |
| 淮南市 | 194 779 | 150 983 | 43 796 | -28.4 | -9.1 | -58.7 |
| 淮南经济技术开发区 | — | — | — | — | — | — |
| 马鞍山市 | 2 768 883 | 1 176 792 | 1 592 091 | 7.6 | -10.9 | 27.2 |
| 马鞍山经济技术开发区 | 65 175 | 7 703 | 57 472 | 2.3 | -40.7 | 13.4 |
| 马鞍山慈湖高新技术产业开发区 | — | — | — | — | — | — |
| 铜陵市 | 4 821 493 | 539 990 | 4 281 503 | -1.7 | -32.1 | 4.2 |
| 铜陵经济技术开发区 | 57 061 | 19 634 | 37 427 | -15.9 | -17.5 | -15.0 |
| 安庆市 | 1 516 164 | 1 187 109 | 329 056 | -5.7 | 1.1 | -24.0 |
| 安庆经济技术开发区 | 15 238 | 8 606 | 6 632 | -42.9 | 7.5 | -64.5 |
| 滁州市 | 2 389 459 | 1 623 345 | 766 114 | 2.8 | -2.5 | 16.0 |
| 滁州经济技术开发区 | 569 356 | 255 335 | 314 022 | 18.7 | -13.5 | 70.3 |
| 六安市 | 714 835 | 663 843 | 50 992 | -6.2 | 1.0 | -51.3 |
| 六安经济技术开发区 | 2 | 0 | 1 | — | — | — |
| 宣城市 | 1 337 999 | 1 183 012 | 154 987 | 1.0 | -2.6 | 41.3 |
| 宁国经济技术开发区 | 27 | 25 | 2 | — | — | — |
| 池州市 | 915 497 | 291 324 | 624 173 | 14.5 | -2.8 | 25.0 |
| 池州经济技术开发区 | 221 806 | 2 456 | 219 350 | 54.8 | -86.8 | 76.0 |
| 福建省 | 136 803 679 | 87 229 746 | 49 573 932 | -7.3 | -7.0 | -7.8 |
| 福州市 | 22 044 051 | 14 429 851 | 7 614 201 | -4.1 | -6.4 | 0.5 |
| 福州经济技术开发区 | 1 578 001 | 909 591 | 668 410 | -27.0 | -27.0 | -26.9 |
| 福州高新技术产业开发区 | 23 564 | 23 549 | 15 | 22.2 | 22.5 | -76.0 |
| 厦门市 | 51 952 316 | 29 658 984 | 22 293 332 | -8.1 | -10.6 | -4.7 |
| 厦门火炬高技术产业开发区 | 2 437 363 | 960 713 | 1 476 650 | 5.3 | -0.5 | 9.5 |
| 平潭 | 171 201 | 18 929 | 152 272 | 6.7 | 29.5 | 4.4 |
| 平潭综合实验区 | 170 946 | 18 791 | 152 154 | 6.9 | 32.3 | 4.4 |

**2016 年中国进出口商品境内目的地/货源地总值表（续）**

单位：千美元

| 境内目的地/货源地 | 进出口 | 出 口 | 进 口 | 比上年±% | | |
|---|---|---|---|---|---|---|
| | | | | 进出口 | 出 口 | 进 口 |
| 江西省 | 35 362 246 | 24 149 472 | 11 212 774 | -13.0 | -19.9 | 6.7 |
| 南昌市 | 7 894 717 | 3 951 891 | 3 942 827 | -5.0 | -25.9 | 32.2 |
| 南昌经济技术开发区 | 1 022 281 | 314 766 | 707 515 | 42.3 | 3.1 | 71.2 |
| 南昌高新技术产业开发区 | 2 848 460 | 1 072 363 | 1 776 097 | -11.1 | -39.0 | 22.7 |
| 景德镇市 | 619 487 | 575 294 | 44 194 | -8.4 | -8.8 | -2.6 |
| 景德镇高新技术产业开发区 | 7 612 | 6 388 | 1 224 | -51.4 | -53.5 | -36.4 |
| 萍乡市 | 383 371 | 338 397 | 44 975 | -45.0 | -20.8 | -83.3 |
| 萍乡经济技术开发区 | 5 417 | 5 003 | 414 | 2 494.6 | 2 296.4 | — |
| 九江市 | 3 655 739 | 2 469 902 | 1 185 837 | -25.2 | -33.3 | -0.2 |
| 九江经济技术开发区 | 966 180 | 586 140 | 380 040 | -33.9 | -29.9 | -39.2 |
| 新余市 | 1 731 066 | 1 109 577 | 621 490 | 2.2 | -2.3 | 11.4 |
| 新余高新技术产业开发区 | 260 055 | 242 693 | 17 362 | 15.8 | 18.2 | -9.9 |
| 鹰潭市 | 3 370 807 | 621 975 | 2 748 831 | 0.7 | -6.1 | 2.4 |
| 鹰潭高新技术产业开发区 | 2 422 | 2 042 | 379 | -91.4 | -82.0 | -97.8 |
| 赣州市 | 3 962 134 | 3 141 760 | 820 374 | -10.0 | -8.9 | -13.8 |
| 赣州经济技术开发区 | 94 296 | 44 373 | 49 923 | -10.3 | -38.5 | 51.6 |
| 宜春市 | 2 660 580 | 2 360 663 | 299 917 | -13.7 | -16.6 | 19.3 |
| 宜春经济技术开发区 | 67 419 | 66 522 | 897 | -36.8 | -37.6 | 332.6 |
| 上饶市 | 2 656 296 | 2 159 272 | 497 024 | -22.9 | -24.2 | -16.9 |
| 上饶经济技术开发区 | 1 882 | 544 | 1 337 | -48.8 | -83.2 | 205.6 |
| 吉安市 | 2 468 426 | 1 616 036 | 852 389 | -19.7 | -32.3 | 23.9 |
| 井冈山经济技术开发区 | 191 750 | 148 711 | 43 039 | 191.3 | 140.4 | 989.2 |
| 山东省 | 273 396 221 | 144 313 261 | 129 082 960 | -1.8 | -2.8 | -0.6 |
| 济南市 | 8 464 323 | 5 293 370 | 3 170 953 | -2.4 | -9.4 | 12.2 |
| 济南市高技术产业开发区 | 2 327 676 | 981 192 | 1 346 484 | 74.8 | 9.7 | 207.8 |
| 青岛市 | 74 383 645 | 38 107 292 | 36 276 353 | -4.2 | -6.4 | -1.7 |
| 青岛经济技术开发区 | 12 695 536 | 5 686 476 | 7 009 060 | 11.1 | 17.1 | 6.6 |
| 青岛高新技术产业开发区 | 28 966 | 13 941 | 15 025 | 103.7 | 56.6 | 182.5 |
| 烟台市 | 43 681 306 | 23 437 121 | 20 244 185 | -8.0 | -9.1 | -6.8 |
| 烟台经济技术开发区 | 14 920 376 | 7 776 201 | 7 144 175 | 1.1 | 14.7 | -10.5 |
| 潍坊市 | 18 403 626 | 12 314 449 | 6 089 177 | 2.7 | 1.7 | 4.7 |
| 潍坊高技术产业开发区 | 1 422 041 | 865 631 | 556 410 | 48.8 | 53.7 | 41.7 |
| 威海市 | 10 896 555 | 7 909 471 | 2 987 084 | -6.1 | -8.4 | 0.6 |
| 威海火炬高技术产业开发区 | 1 496 407 | 1 268 067 | 228 340 | 0.2 | -1.9 | 13.7 |
| 河南省 | 74 113 830 | 45 322 734 | 28 791 097 | -3.7 | -1.0 | -7.7 |
| 郑州市 | 54 192 232 | 30 888 822 | 23 303 410 | -3.7 | 1.6 | -10.0 |
| 郑州航空港经济综合实验区 | 49 159 629 | 27 592 235 | 21 567 395 | -3.6 | 2.5 | -10.5 |
| 郑州高新技术产业开发区 | 394 595 | 331 282 | 63 314 | 15.5 | 9.8 | 58.1 |
| 洛阳市 | 1 815 793 | 1 573 599 | 242 194 | -6.6 | -4.1 | -20.3 |

**2016 年中国进出口商品境内目的地/货源地总值表（续）**

单位：千美元

| 境内目的地/货源地 | 进出口 | 出 口 | 进 口 | 比上年±% | | |
|---|---|---|---|---|---|---|
| | | | | 进出口 | 出 口 | 进 口 |
| 洛阳高新技术产业开发区 | 43 116 | 39 669 | 3 447 | 99.7 | 100.5 | 90.7 |
| 湖北省 | 39 015 438 | 24 763 261 | 14 252 178 | -12.4 | -8.6 | -18.4 |
| 武汉市 | 22 119 039 | 12 486 566 | 9 632 473 | -16.1 | -9.0 | -23.8 |
| 武汉东湖新技术开发区 | 12 794 766 | 7 977 793 | 4 816 972 | -3.4 | 6.9 | -16.6 |
| 黄石市 | 2 436 355 | 1 214 213 | 1 222 141 | -21.9 | -19.8 | -23.8 |
| 黄石经济技术开发区 | 104 764 | 29 414 | 75 350 | 13.1 | 54.9 | 2.3 |
| 襄阳市 | 1 821 205 | 1 087 183 | 734 022 | -4.2 | 3.8 | -14.0 |
| 襄阳经济技术开发区 | 12 815 | 2 449 | 10 366 | 12.0 | -43.7 | 46.3 |
| 襄阳高新技术产业开发区 | 287 917 | 123 061 | 164 856 | -20.1 | -23.5 | -17.4 |
| 荆州市 | 2 462 658 | 1 804 648 | 658 010 | -1.7 | -7.2 | 17.3 |
| 荆州经济技术开发区 | 61 503 | 37 029 | 24 474 | 30.4 | 69.0 | -3.1 |
| 湖南省 | 23 153 962 | 14 274 999 | 8 878 963 | -21.0 | -25.2 | -13.1 |
| 长沙市 | 7 519 402 | 4 161 490 | 3 357 912 | -30.8 | -37.0 | -21.0 |
| 长沙经济技术产业开发区 | 823 659 | 134 484 | 689 175 | 239.1 | 402.5 | 218.9 |
| 长沙高新技术产业开发区 | 598 783 | 225 203 | 373 581 | -68.7 | -76.1 | -61.6 |
| 株洲市 | 1 371 063 | 846 957 | 524 106 | -47.1 | -54.0 | -30.2 |
| 株洲高新技术产业开发区 | 173 541 | 134 940 | 38 601 | 58.9 | 40.6 | 191.9 |
| 湘潭市 | 1 175 872 | 490 880 | 684 992 | -35.5 | -48.9 | -20.6 |
| 湘潭经济技术开发区 | 48 156 | 21 282 | 26 874 | -90.6 | -91.2 | -90.2 |
| 湘潭高新技术产业开发区 | 1 467 | 1 120 | 347 | 106.9 | 360.5 | -25.5 |
| 衡阳市 | 2 753 566 | 1 619 468 | 1 134 098 | -18.8 | -27.1 | -2.9 |
| 衡阳高新技术产业开发区 | 128 | 127 | 1 | 29.4 | 28.4 | — |
| 岳阳市 | 1 365 315 | 1 017 019 | 348 296 | 22.9 | 19.1 | 35.9 |
| 常德市 | 871 621 | 532 013 | 339 608 | 0.3 | -9.4 | 20.5 |
| 常德经济技术开发区 | 52 289 | 5 695 | 46 595 | 6 301.2 | 37 793.6 | 5 711.0 |
| 益阳市 | 606 402 | 531 262 | 75 140 | -8.6 | -11.9 | 23.9 |
| 益阳高新技术产业开发区 | 23 026 | 23 026 | — | -62.2 | -61.9 | — |
| 浏阳市 | 299 895 | 284 957 | 14 938 | 83.9 | 80.3 | 198.6 |
| 浏阳经济技术开发区 | 13 350 | 9 261 | 4 089 | 384.9 | 305.0 | 775.8 |
| 广东省 | 1 060 123 561 | 654 136 517 | 405 987 043 | -9.0 | -10.4 | -6.7 |
| 广州市 | 164 121 342 | 106 920 995 | 57 200 347 | -12.7 | -17.1 | -3.1 |
| 广州经济技术开发区 | 16 276 219 | 7 679 137 | 8 597 083 | -4.6 | -2.5 | -6.4 |
| 广州高新技术产业开发区 | 13 189 451 | 6 049 057 | 7 140 394 | -3.8 | -0.8 | -6.3 |
| 广州南沙新区 | 15 227 822 | 6 996 958 | 8 230 863 | -0.8 | -14.8 | 15.4 |
| 深圳市 | 434 453 731 | 246 597 362 | 187 856 369 | -10.5 | -9.7 | -11.6 |
| 深圳科技工业园 | 44 616 | 13 409 | 31 207 | -20.8 | -58.8 | 31.1 |
| 珠海市 | 33 947 805 | 20 530 554 | 13 417 250 | -7.8 | -8.6 | -6.6 |
| 珠海横琴新区 | 135 365 | 82 443 | 52 921 | -38.3 | -55.0 | 47.4 |
| 汕头市 | 10 331 543 | 8 110 015 | 2 221 528 | -5.1 | 0.9 | -22.0 |

## 2016年中国进出口商品境内目的地/货源地总值表（续）

单位：千美元

| 境内目的地/货源地 | 进出口 | 出 口 | 进 口 | 比上年±% | | |
|---|---|---|---|---|---|---|
| | | | | 进出口 | 出 口 | 进 口 |
| 佛山市 | 56 949 077 | 41 846 572 | 15 102 505 | -10.4 | -9.1 | -13.9 |
| 湛江市 | 8 692 405 | 3 270 489 | 5 421 916 | 3.1 | 13.0 | -2.1 |
| 湛江经济技术开发区 | 539 624 | 409 244 | 130 380 | 17.1 | 62.5 | -37.6 |
| 惠州市 | 53 052 362 | 33 167 467 | 19 884 895 | -11.6 | -12.1 | -10.8 |
| 惠州高新技术产业开发区 | 28 766 785 | 17 226 602 | 11 540 183 | -16.8 | -17.3 | -16.0 |
| 东莞市 | 178 403 944 | 104 607 484 | 73 796 460 | 5.1 | 0.4 | 12.5 |
| 东莞松山湖高新技术产业开发区 | 10 127 | 1 661 | 8 466 | 140.4 | 44.4 | 176.5 |
| 中山市 | 33 848 474 | 26 660 975 | 7 187 499 | -4.9 | -4.8 | -5.4 |
| 中山火炬高技术产业开发区 | 49 277 | 37 382 | 11 895 | 62.1 | 77.8 | 27.0 |
| 广西壮族自治区 | 43 905 059 | 12 626 172 | 31 278 887 | -5.0 | -10.2 | -2.7 |
| 南宁市 | 5 882 834 | 3 348 202 | 2 534 632 | -24.2 | -30.9 | -13.0 |
| 南宁高新技术产业开发区 | 443 077 | 194 810 | 248 266 | -59.8 | -63.5 | -56.3 |
| 桂林市 | 1 154 369 | 1 012 754 | 141 615 | -2.1 | 3.6 | -29.8 |
| 桂林新技术产业开发区 | 164 974 | 112 514 | 52 460 | 8.6 | -1.5 | 39.0 |
| 北海市 | 5 784 993 | 1 662 901 | 4 122 092 | -16.3 | -13.8 | -17.3 |
| 崇左市 | 8 836 150 | 1 661 475 | 7 174 675 | 47.8 | 166.7 | 34.0 |
| 防城港市 | 9 756 409 | 534 360 | 9 222 050 | 6.8 | 14.0 | 6.4 |
| 海南省 | 12 174 435 | 3 468 793 | 8 705 643 | -21.5 | -18.7 | -22.6 |
| 海口市 | 2 458 871 | 578 766 | 1 880 104 | -31.8 | -4.4 | -37.3 |
| 海南国际科技工业园 | 132 928 | 107 842 | 25 086 | 157.1 | 156.1 | 161.7 |
| 海南洋浦经济开发区 | 8 106 461 | 2 298 157 | 5 808 304 | -12.7 | 7.3 | -18.7 |
| 重庆市 | 51 850 663 | 33 555 244 | 18 295 419 | -11.7 | -16.0 | -2.5 |
| 重庆高新技术产业开发区 | 106 631 | 75 103 | 31 529 | -44.7 | -47.8 | -35.7 |
| 重庆两江新区 | 16 804 364 | 9 351 923 | 7 452 441 | -22.7 | -27.0 | -16.5 |
| 万州经济技术开发区 | 7 849 | 2 753 | 5 096 | 0.6 | 71.8 | -17.8 |
| 长寿经济技术开发区 | — | — | — | — | — | — |
| 四川省 | 48 056 738 | 26 201 508 | 21 855 230 | 2.4 | -7.7 | 17.8 |
| 成都市 | 38 349 099 | 19 110 117 | 19 238 982 | 7.8 | -3.9 | 22.5 |
| 成都经济技术开发区 | 1 675 677 | 342 397 | 1 333 280 | 8.0 | 24.3 | 4.5 |
| 成都高新技术产业开发区 | 28 683 483 | 14 351 701 | 14 331 782 | 20.8 | 5.4 | 41.3 |
| 绵阳市 | 1 388 398 | 835 349 | 553 048 | -11.5 | -14.0 | -7.4 |
| 绵阳经济技术开发区 | — | — | — | — | — | — |
| 绵阳高新技术产业开发区 | 271 224 | 205 655 | 65 569 | -15.2 | -19.2 | 0.5 |
| 广元市 | 43 898 | 31 369 | 12 529 | -5.9 | -15.6 | 32.6 |
| 广元经济技术开发区 | — | — | — | — | — | — |
| 宜宾市 | 895 693 | 503 022 | 392 671 | -7.6 | -14.8 | 3.5 |
| 宜宾临港经济技术开发区 | — | — | — | — | — | — |
| 贵州省 | 5 204 057 | 3 992 114 | 1 211 943 | -33.5 | -26.7 | -49.1 |
| 贵阳市 | 3 201 398 | 2 489 711 | 711 686 | -44.2 | -42.0 | -50.8 |

**2016 年中国进出口商品境内目的地/货源地总值表（续）**

单位：千美元

| 境内目的地/货源地 | 进出口 | 出 口 | 进 口 | 比上年±% | | |
|---|---|---|---|---|---|---|
| | | | | 进出口 | 出 口 | 进 口 |
| 贵阳高新技术产业开发区 | 44 102 | 32 261 | 11 841 | -73.0 | -79.2 | 46.7 |
| 云南省 | 17 414 015 | 8 855 170 | 8 558 845 | -8.3 | -17.0 | 2.8 |
| 昆明市 | 7 179 440 | 3 202 792 | 3 976 648 | -26.1 | -35.4 | -16.5 |
| 红河州 | 2 280 830 | 996 380 | 1 284 450 | 21.9 | -14.8 | 83.1 |
| 蒙自经济技术开发区 | 722 407 | 346 751 | 375 656 | 88.9 | 107.3 | 74.6 |
| 畹町市 | 78 350 | 803 | 77 547 | 7.0 | -72.4 | 10.2 |
| 瑞丽县 | 473 189 | 119 035 | 354 154 | -17.4 | -35.8 | -8.5 |
| 河口县 | 314 922 | 4 357 | 310 564 | 82.1 | -48.4 | 88.8 |
| 曲靖市 | 508 658 | 481 329 | 27 329 | 26.3 | 48.7 | -65.4 |
| 曲靖经济技术开发区 | 52 333 | 52 324 | 9 | 131.0 | 131.5 | -80.4 |
| 西藏自治区 | 592 093 | 471 825 | 120 268 | -11.0 | -10.5 | -12.7 |
| 拉萨市 | 534 154 | 429 513 | 104 641 | -4.6 | -3.1 | -10.7 |
| 拉萨经济技术开发区 | 4 637 | 35 | 4 601 | -25.8 | -97.1 | -8.1 |
| 陕西省 | 29 468 674 | 15 803 357 | 13 665 316 | -1.4 | 8.1 | -10.4 |
| 西安市 | 26 013 240 | 13 621 805 | 12 391 435 | -2.1 | 9.4 | -12.3 |
| 西安航天经济技术开发区 | 456 304 | 378 290 | 78 015 | 2.2 | 25.4 | -46.1 |
| 西安新技术产业开发区 | 1 149 217 | 635 048 | 514 169 | -10.4 | -16.1 | -2.2 |
| 宝鸡市 | 1 133 219 | 825 637 | 307 582 | 6.6 | 1.1 | 24.8 |
| 宝鸡高新技术产业开发区 | 7 898 | 7 613 | 285 | 2.2 | 0.8 | 62.8 |
| 汉中市 | 184 929 | 113 312 | 71 617 | -10.7 | -14.7 | -3.4 |
| 汉中经济技术开发区 | — | — | — | — | — | — |
| 甘肃省 | 4 469 599 | 1 915 678 | 2 553 921 | 2.4 | -11.3 | 15.9 |
| 兰州市 | 1 727 499 | 997 541 | 729 958 | -2.5 | -14.0 | 19.1 |
| 兰州新技术产业开发区 | 11 048 | 8 523 | 2 525 | -23.2 | -34.1 | 72.2 |
| 青海省 | 520 478 | 358 394 | 162 084 | -11.9 | -2.3 | -27.8 |
| 西宁市 | 379 015 | 271 921 | 107 095 | -4.9 | 16.0 | -34.8 |
| 西宁经济技术开发区 | 24 588 | 14 812 | 9 775 | 11.1 | 72.0 | -27.7 |
| 青海高新技术产业开发区 | 1 134 | 289 | 846 | -7.7 | -76.2 | 4 977.5 |
| 宁夏回族自治区 | 3 103 413 | 2 052 592 | 1 050 821 | -8.4 | -13.4 | 3.1 |
| 银川市 | 1 431 262 | 711 362 | 719 900 | -12.5 | -31.6 | 21.0 |
| 银川经济技术开发区 | 79 051 | 38 715 | 40 336 | -23.4 | -44.2 | 19.6 |
| 新疆维吾尔自治区 | 24 998 866 | 13 910 298 | 11 088 568 | -7.6 | 11.1 | -23.8 |
| 乌鲁木齐市 | 16 775 545 | 7 372 958 | 9 402 587 | -13.2 | 13.3 | -26.6 |
| 乌鲁木齐经济技术开发区 | 746 770 | 690 702 | 56 068 | -2.3 | 0.1 | -25.1 |
| 乌鲁木齐高新技术产业开发区 | 9 204 767 | 450 143 | 8 754 624 | -25.5 | 5.8 | -26.7 |
| 博乐市 | 730 314 | 75 522 | 654 792 | -27.1 | -89.1 | 113.3 |
| 伊宁市 | 2 851 276 | 2 723 249 | 128 026 | -0.8 | -3.4 | 132.9 |
| 石河子市 | 424 344 | 347 080 | 77 264 | 31.5 | 37.6 | 9.7 |
| 石河子经济技术开发区 | 132 133 | 120 453 | 11 680 | -13.9 | -4.1 | -58.0 |

## 2016年中国进出口商品关别总值表

单位：千美元

| 关 别 | 进出口 | 出 口 | 进 口 | 比上年±% | | |
|---|---|---|---|---|---|---|
| | | | | 进出口 | 出 口 | 进 口 |
| **总 值** | **3 685 557 412** | **2 097 631 193** | **1 587 926 219** | **-6.8** | **-7.7** | **-5.5** |
| 北京海关 | 79 559 666 | 22 538 559 | 57 021 107 | -8.6 | -16.2 | -5.2 |
| 天津海关 | 170 337 084 | 87 427 135 | 82 909 949 | -9.0 | -12.0 | -5.7 |
| 石家庄海关 | 34 955 416 | 7 544 568 | 27 410 848 | -13.4 | -30.6 | -7.0 |
| 太原海关 | 1 916 494 | 24 172 | 1 892 322 | -9.3 | -61.3 | -7.7 |
| 满洲里海关 | 4 834 818 | 1 709 021 | 3 125 797 | -0.2 | 2.5 | -1.6 |
| 呼和浩特海关 | 6 175 132 | 1 009 892 | 5 165 240 | -6.3 | -35.9 | 3.0 |
| 沈阳海关 | 7 444 496 | 1 700 298 | 5 744 198 | -16.6 | -35.6 | -8.6 |
| 大连海关 | 97 029 580 | 48 557 853 | 48 471 727 | -8.8 | -8.9 | -8.7 |
| 长春海关 | 9 437 720 | 1 383 169 | 8 054 551 | 5.1 | 1.6 | 5.7 |
| 哈尔滨海关 | 9 422 594 | 2 248 645 | 7 173 949 | -20.9 | -30.5 | -17.3 |
| 上海海关 | 792 587 519 | 479 760 680 | 312 826 840 | -2.9 | -3.9 | -1.2 |
| 南京海关 | 301 408 970 | 148 578 272 | 152 830 698 | -8.5 | -8.5 | -8.6 |
| 杭州海关 | 88 478 628 | 54 169 186 | 34 309 442 | -4.7 | -5.0 | -4.2 |
| 宁波海关 | 176 960 558 | 133 444 733 | 43 515 825 | -8.3 | -5.4 | -16.1 |
| 合肥海关 | 21 026 778 | 8 438 161 | 12 588 617 | -2.6 | -13.0 | 5.8 |
| 福州海关 | 27 558 476 | 15 859 608 | 11 698 868 | -6.0 | -12.7 | 4.8 |
| 厦门海关 | 113 051 567 | 78 622 793 | 34 428 774 | -4.8 | -0.2 | -13.7 |
| 南昌海关 | 13 311 196 | 4 841 091 | 8 470 105 | 0.4 | -15.5 | 12.6 |
| 青岛海关 | 256 113 261 | 134 180 634 | 121 932 627 | -4.0 | -5.6 | -2.2 |
| 济南海关 | 35 583 360 | 16 866 017 | 18 717 343 | -1.9 | -9.2 | 5.8 |
| 郑州海关 | 61 835 320 | 35 237 471 | 26 597 850 | 1.7 | 9.0 | -6.6 |
| 武汉海关 | 22 228 000 | 11 594 776 | 10 633 225 | -18.1 | -16.6 | -19.7 |
| 长沙海关 | 11 790 753 | 5 573 840 | 6 216 913 | -15.1 | -11.9 | -17.8 |
| 广州海关 | 151 534 307 | 96 255 946 | 55 278 361 | -5.9 | -6.9 | -4.1 |
| 黄埔海关 | 218 688 100 | 112 255 867 | 106 432 234 | -9.0 | -20.4 | 7.2 |
| 深圳海关 | 634 875 502 | 404 424 037 | 230 451 465 | -9.0 | -7.3 | -11.9 |
| 拱北海关 | 59 567 308 | 39 733 897 | 19 833 411 | -17.0 | -20.4 | -9.2 |
| 汕头海关 | 16 063 347 | 11 455 384 | 4 607 963 | -4.7 | -3.2 | -8.0 |
| 海口海关 | 11 813 064 | 3 243 424 | 8 569 640 | -21.8 | -20.8 | -22.1 |
| 湛江海关 | 17 972 633 | 3 456 995 | 14 515 638 | -14.4 | -7.9 | -15.8 |
| 江门海关 | 16 905 952 | 12 099 633 | 4 806 319 | -2.3 | -2.3 | -2.3 |
| 南宁海关 | 51 900 550 | 23 333 467 | 28 567 083 | -14.3 | -26.0 | -1.6 |
| 成都海关 | 37 726 474 | 17 786 524 | 19 939 950 | 13.3 | 3.1 | 24.3 |
| 重庆海关 | 47 576 439 | 30 187 768 | 17 388 671 | -8.2 | -11.1 | -2.6 |
| 贵阳海关 | 2 159 813 | 1 523 358 | 636 455 | -50.7 | -40.0 | -65.4 |
| 昆明海关 | 13 797 775 | 7 080 512 | 6 717 263 | 0.4 | -6.5 | 8.8 |
| 拉萨海关 | 685 588 | 538 991 | 146 597 | 0.5 | 3.1 | -8.0 |
| 西安海关 | 24 594 478 | 11 655 792 | 12 938 686 | -2.2 | 11.7 | -12.1 |
| 乌鲁木齐海关 | 33 570 993 | 20 660 898 | 12 910 095 | -7.1 | 3.3 | -20.0 |
| 兰州海关 | 2 303 454 | 433 293 | 1 870 161 | 37.1 | 114.4 | 26.5 |
| 银川海关 | 662 299 | 182 085 | 480 214 | -15.8 | -2.0 | -20.1 |
| 西宁海关 | 111 948 | 12 749 | 99 199 | 121.4 | 380.9 | 107.1 |

**注：**自2013年起，本表增列济南海关，统计口径为原青岛海关划拨至济南海关的隶属海关和办事处，青岛海关统计口径相应调整。

# 2016年中国特定地区进出口总值表

单位：千美元

| 特定经济地区 | 进出口 | 出 口 | 进 口 | 比上年±% | | |
|---|---|---|---|---|---|---|
| | | | | 进出口 | 出 口 | 进 口 |
| 经济特区 | 537 221 352 | 320 180 450 | 217 040 902 | -9.9 | -10.3 | -9.5 |
| 厦门经济特区 | 77 144 060 | 46 928 807 | 30 215 253 | -7.3 | -12.2 | 1.6 |
| 深圳经济特区 | 398 471 839 | 237 370 562 | 161 101 277 | -9.9 | -10.1 | -9.7 |
| 珠海经济特区 | 41 730 184 | 27 329 590 | 14 400 594 | -12.4 | -5.1 | -23.5 |
| 汕头经济特区 | 8 526 839 | 6 425 691 | 2 101 148 | -8.2 | -4.9 | -16.9 |
| 海南经济特区 | 11 348 430 | 2 125 799 | 9 222 631 | -18.7 | -43.2 | -9.8 |
| 经济技术开发区和特殊开放区 | 292 850 438 | 151 445 958 | 141 404 480 | -10.9 | -12.9 | -8.7 |
| 高新技术产业开发区 | 206 020 730 | 119 151 399 | 86 869 331 | -3.1 | -5.1 | -0.3 |
| 综合实验区 | 50 389 029 | 28 325 323 | 22 063 706 | -3.2 | 1.8 | -8.9 |
| 保税区 | 190 749 385 | 67 252 814 | 123 496 571 | -5.2 | -6.4 | -4.5 |
| 天津港保税区 | 9 104 457 | 1 857 026 | 7 247 431 | -9.8 | -18.1 | -7.4 |
| 大连大窑湾保税区 | 1 840 982 | 430 048 | 1 410 933 | -8.7 | -5.7 | -9.6 |
| 上海外高桥保税区 | 97 117 043 | 26 070 544 | 71 046 499 | 1.2 | 8.1 | -1.1 |
| 江苏张家港保税区 | 3 172 780 | 1 255 829 | 1 916 951 | 5.4 | 31.7 | -6.8 |
| 宁波北仑港保税区 | 5 849 866 | 1 812 665 | 4 037 201 | -32.6 | -54.8 | -13.5 |
| 福州保税区 | 252 524 | 97 699 | 154 825 | -11.6 | 0.6 | -17.8 |
| 厦门象屿保税区 | 4 486 907 | 2 532 773 | 1 954 134 | -13.7 | -12.3 | -15.5 |
| 山东青岛保税区 | 5 820 433 | 1 592 631 | 4 227 803 | 11.5 | -13.1 | 24.9 |
| 广州保税区 | 2 479 450 | 1 096 271 | 1 383 179 | 2.0 | 3.4 | 0.8 |
| 深圳福田、沙头角、盐田保税区 | 58 517 531 | 29 660 284 | 28 857 247 | -11.2 | -9.9 | -12.4 |
| 珠海保税区 | 1 926 813 | 771 454 | 1 155 359 | -8.9 | -25.1 | 6.5 |
| 汕头保税区 | 180 600 | 75 591 | 105 009 | -39.3 | -61.5 | 3.4 |
| 出口加工区 | 96 889 620 | 58 059 997 | 38 829 623 | -19.9 | -20.6 | -18.9 |
| 天津出口加工区 | 223 137 | 117 353 | 105 785 | -17.3 | 51.3 | -45.0 |
| 河北秦皇岛出口加工区 | 54 350 | 33 018 | 21 332 | -8.9 | 1.9 | -21.7 |
| 河北廊坊出口加工区 | 103 653 | 42 325 | 61 328 | 16.6 | 9.1 | 22.4 |
| 内蒙古呼和浩特出口加工区 | 27 152 | 12 253 | 14 898 | 77.2 | 25.9 | 166.7 |
| 辽宁大连出口加工区 | 2 281 445 | 1 360 509 | 920 936 | 218.2 | 162.2 | 364.6 |
| 吉林珲春出口加工区 | 383 839 | 204 813 | 179 026 | -19.7 | -20.3 | -19.0 |
| 上海漕河泾出口加工区 | 5 467 493 | 3 516 984 | 1 950 509 | -1.6 | -2.3 | -0.3 |
| 上海嘉定出口加工区 | 692 106 | 216 439 | 475 668 | 26.3 | 8.9 | 36.1 |
| 上海闵行出口加工区 | 934 545 | 650 613 | 283 932 | -27.3 | -34.2 | -4.4 |
| 上海松江出口加工区 | 27 619 564 | 20 678 720 | 6 940 844 | -16.6 | -19.1 | -8.0 |
| 上海青浦出口加工区 | 876 798 | 380 784 | 496 013 | 0.1 | -5.1 | 4.6 |

**2016年中国特定地区进出口总值表（续）**

单位：千美元

| 特定经济地区 | 进出口 | 出 口 | 进 口 | 比上年±% | | |
|---|---|---|---|---|---|---|
| | | | | 进出口 | 出 口 | 进 口 |
| 上海金桥出口加工区南区 | 695 000 | 309 508 | 385 493 | -20.7 | -14.0 | -25.3 |
| 江苏常州出口加工区 | 302 081 | 201 618 | 100 462 | -5.7 | -16.5 | 27.4 |
| 江苏武进出口加工区 | 1 067 057 | 527 437 | 539 620 | 17.8 | 18.1 | 17.4 |
| 江苏吴中出口加工区 | 405 004 | 227 833 | 177 171 | -89.9 | -89.6 | -90.3 |
| 江苏连云港出口加工区 | 190 083 | 122 467 | 67 616 | -58.0 | -37.2 | -73.7 |
| 江苏扬州出口加工区 | 692 981 | 435 269 | 257 712 | -13.9 | -13.9 | -13.8 |
| 江苏镇江出口加工区 | 267 661 | 61 642 | 206 018 | -41.9 | -55.8 | -35.9 |
| 江苏泰州出口加工区 | 98 413 | 34 174 | 64 239 | -69.1 | -76.0 | -63.6 |
| 江苏常熟出口加工区 | 321 097 | 59 357 | 261 739 | 36.7 | -25.1 | 68.1 |
| 江苏吴江出口加工区 | 2 302 534 | 2 179 825 | 122 709 | 202.5 | 282.6 | -35.9 |
| 浙江杭州出口加工区 | 2 090 042 | 1 245 467 | 844 575 | -0.3 | -9.3 | 16.9 |
| 浙江宁波出口加工区 | 2 222 718 | 900 729 | 1 321 989 | -28.6 | -35.1 | -23.4 |
| 浙江嘉兴出口加工区 | 185 665 | 84 894 | 100 771 | 21.2 | 4.5 | 40.1 |
| 浙江慈溪出口加工区 | 153 728 | 53 255 | 100 473 | -12.5 | -1.5 | -17.4 |
| 安徽合肥出口加工区 | 3 567 884 | 2 323 187 | 1 244 697 | -22.1 | -11.0 | -36.7 |
| 安徽芜湖出口加工区 | 1 103 663 | 669 979 | 433 684 | 26.5 | 18.1 | 42.2 |
| 福建福州出口加工区 | 86 843 | 86 295 | 549 | 9.3 | 9.6 | -18.5 |
| 福建泉州出口加工区 | 1 416 937 | 566 623 | 850 313 | -31.9 | -48.4 | -13.4 |
| 江西南昌出口加工区 | 1 590 734 | 806 052 | 784 681 | -28.7 | -37.8 | -16.0 |
| 江西九江出口加工区 | 830 837 | 466 445 | 364 392 | -40.7 | -41.7 | -39.4 |
| 江西赣州出口加工区 | 436 081 | 218 273 | 217 808 | -14.9 | -16.4 | -13.3 |
| 井冈山出口加工区 | 27 072 | 10 836 | 16 236 | 78.9 | -18.3 | 765.5 |
| 山东青岛出口加工区 | 721 823 | 464 325 | 257 498 | 12.7 | 6.7 | 25.3 |
| 山东青岛西海岸出口加工区 | 544 689 | 272 521 | 272 168 | 11.0 | 25.1 | -0.3 |
| 山东烟台出口加工区 | 11 285 338 | 6 013 066 | 5 272 272 | -19.0 | -24.1 | -12.3 |
| 山东威海出口加工区 | 961 394 | 488 256 | 473 137 | -1.0 | -3.5 | 1.6 |
| 河南郑州出口加工区 | 259 749 | 40 604 | 219 146 | -20.7 | -19.8 | -20.8 |
| 湖北武汉出口加工区 | 10 099 | 9 613 | 487 | -99.7 | -99.4 | -100.0 |
| 湖南郴州出口加工区 | 585 724 | 408 697 | 177 027 | -49.1 | -42.3 | -59.9 |
| 广东广州出口加工区 | 553 816 | 483 529 | 70 287 | -11.1 | -18.4 | 130.3 |
| 广东深圳出口加工区 | 9 428 749 | 5 158 827 | 4 269 922 | -36.2 | -35.5 | -37.2 |
| 广西北海出口加工区 | 868 463 | 401 298 | 467 165 | -24.9 | -28.5 | -21.4 |
| 四川绵阳出口加工区 | 120 136 | 109 927 | 10 209 | -29.8 | -30.7 | -19.2 |
| 云南昆明出口加工区 | 24 163 | 4 490 | 19 672 | -59.0 | -67.0 | -56.6 |

**2016 年中国特定地区进出口总值表（续）**

单位：千美元

| 特定经济地区 | 进出口 | 出 口 | 进 口 | 比上年±% | | |
|---|---|---|---|---|---|---|
| | | | | 进出口 | 出 口 | 进 口 |
| 陕西西安出口加工区 | 13 910 941 | 6 069 846 | 7 841 095 | -7.3 | -10.1 | -5.1 |
| 新疆乌鲁木齐出口加工区 | 23 695 | 22 809 | 887 | -78.2 | -77.5 | -87.6 |
| 珠澳跨境工业园区 | 277 437 | 155 201 | 122 236 | -36.3 | -38.6 | -33.1 |
| 保税物流园区 | 11 648 822 | 6 606 333 | 5 042 488 | -12.7 | -11.8 | -13.8 |
| 天津保税物流园区 | 1 297 608 | 251 355 | 1 046 254 | 97.3 | 19.2 | 134.1 |
| 上海保税物流园区 | 3 544 571 | 1 423 984 | 2 120 586 | -30.9 | -11.6 | -39.8 |
| 厦门象屿保税物流园区 | 1 066 481 | 954 523 | 111 957 | -9.1 | -8.2 | -16.5 |
| 广州保税物流园区 | 1 285 179 | 678 154 | 607 025 | 6.1 | 30.0 | -11.9 |
| 深圳盐田保税物流园区 | 4 454 984 | 3 298 318 | 1 156 666 | -13.8 | -19.7 | 9.2 |
| 保税港区 | 60 750 755 | 25 353 357 | 35 397 398 | -1.7 | -3.7 | -0.3 |
| 天津东疆保税港区 | 13 092 304 | 1 483 482 | 11 608 822 | 6.6 | 26.2 | 4.6 |
| 大连大窑湾保税港区 | 4 504 835 | 905 967 | 3 598 869 | 48.6 | -15.8 | 83.9 |
| 洋山保税港区 | 11 562 956 | 4 828 569 | 6 734 387 | -1.4 | 16.8 | -11.2 |
| 张家港保税港区 | 1 469 114 | 164 483 | 1 304 631 | -58.5 | -36.4 | -60.3 |
| 宁波梅山保税港区 | 335 843 | 193 004 | 142 839 | 17.8 | -4.1 | 70.4 |
| 福州保税港区 | 574 911 | 20 846 | 554 065 | 206.8 | -41.4 | 264.9 |
| 厦门海沧保税港区 | 1 744 796 | 1 361 817 | 382 979 | 14.8 | 21.7 | -4.4 |
| 青岛前湾保税港区 | 1 521 596 | 543 730 | 977 866 | 18.2 | 13.7 | 20.8 |
| 广州南沙保税港区 | 7 231 769 | 4 986 170 | 2 245 599 | 18.6 | -0.2 | 103.8 |
| 深圳前海湾保税港区 | 5 238 426 | 3 177 673 | 2 060 753 | -16.0 | -15.0 | -17.6 |
| 广西钦州保税港区 | 2 555 995 | 1 070 058 | 1 485 937 | -23.8 | -27.9 | -20.6 |
| 海南洋浦保税港区 | 24 186 | — | 24 186 | -79.0 | — | -78.8 |
| 重庆两路寸滩保税港区 | 10 894 023 | 6 617 557 | 4 276 465 | -10.5 | -13.1 | -6.1 |
| 综合保税区 | 229 592 752 | 137 964 661 | 91 628 091 | -4.9 | -3.6 | -6.7 |
| 北京天竺综合保税区 | 5 060 089 | 488 131 | 4 571 957 | 1.3 | -7.3 | 2.3 |
| 天津滨海新区综合保税区 | 2 273 288 | 132 047 | 2 141 242 | -1.2 | -28.9 | 1.2 |
| 曹妃甸综合保税区 | 196 063 | 171 857 | 24 205 | -18.9 | -27.8 | 529.9 |
| 太原武宿综合保税区 | 4 483 | 496 | 3 987 | -85.5 | -97.7 | -56.9 |
| 沈阳综合保税区 | 194 805 | 79 015 | 115 791 | 5.3 | -28.8 | 56.4 |
| 长春兴隆综合保税区 | 180 283 | 119 579 | 60 704 | 369.4 | 5 233.7 | 67.9 |
| 黑龙江绥芬河综合保税区 | 173 895 | 78 101 | 95 794 | 3.4 | 104.1 | -26.3 |
| 上海浦东机场综合保税区 | 6 364 867 | 2 750 978 | 3 613 889 | 1.3 | 2.3 | 0.6 |
| 南京综合保税区 | 4 306 543 | 2 754 609 | 1 551 935 | -12.8 | -18.9 | 0.6 |
| 无锡高新区综合保税区 | 12 665 591 | 7 007 174 | 5 658 417 | 13.2 | 14.4 | 11.7 |

**2016 年中国特定地区进出口总值表（续）**

单位：千美元

| 特定经济地区 | 进出口 | 出 口 | 进 口 | 比上年±% | | |
|---|---|---|---|---|---|---|
| | | | | 进出口 | 出 口 | 进 口 |
| 苏州工业园综合保税区 | 20 356 551 | 14 524 839 | 5 831 713 | -9.5 | -7.8 | -13.5 |
| 苏州高新技术产业开发区综合保税区 | 13 688 900 | 9 307 075 | 4 381 825 | -18.2 | -12.3 | -28.4 |
| 南通综合保税区 | 289 367 | 132 095 | 157 271 | -37.4 | -44.3 | -30.1 |
| 淮安综合保税区 | 442 568 | 243 714 | 198 854 | -59.6 | -53.6 | -65.1 |
| 盐城综合保税区 | 292 676 | 98 820 | 193 856 | -66.3 | -84.8 | -10.8 |
| 昆山综合保税区 | 40 704 578 | 27 401 309 | 13 303 269 | -23.3 | -21.9 | -25.9 |
| 太仓港综合保税区 | 259 007 | 79 475 | 179 532 | 121.2 | 400.9 | 77.4 |
| 舟山港综合保税区 | 196 210 | 82 577 | 113 634 | 1 248.0 | 2 446.6 | 904.4 |
| 合肥综合保税区 | 41 857 | 2 296 | 39 561 | 259.3 | -11.1 | 336.3 |
| 赣州综合保税区 | — | — | — | — | — | — |
| 济南综合保税区 | 136 668 | 59 803 | 76 865 | -3.0 | 10.1 | -11.3 |
| 潍坊综合保税区 | 1 138 986 | 814 569 | 324 418 | 24.4 | 50.9 | -13.7 |
| 临沂综合保税区 | 20 900 | 6 450 | 14 450 | — | — | — |
| 新郑综合保税区 | 47 696 820 | 27 271 600 | 20 425 220 | -4.0 | 1.8 | -10.7 |
| 武汉东湖综合保税区 | 3 090 076 | 2 348 677 | 741 399 | -9.5 | 10.7 | -42.7 |
| 湘潭综合保税区 | 557 672 | 533 968 | 23 704 | 8.8 | 121.8 | -91.3 |
| 衡阳综合保税区 | 22 756 | 16 076 | 6 679 | -97.4 | -96.4 | -98.5 |
| 广州白云机场综合保税区 | 1 949 654 | 887 836 | 1 061 818 | -0.2 | -8.9 | 8.5 |
| 广西凭祥综合保税区 | 2 625 648 | 783 711 | 1 841 937 | 10.5 | 67.8 | -3.6 |
| 海口综合保税区 | 245 626 | 7 824 | 237 802 | -14.8 | 5 727.8 | -17.5 |
| 重庆西永综合保税区 | 22 647 773 | 15 862 202 | 6 785 571 | -3.8 | -7.8 | 7.0 |
| 成都高新综合保税区 | 26 060 534 | 13 025 017 | 13 035 517 | 17.9 | 1.8 | 40.0 |
| 贵阳综合保税区 | 381 010 | 199 857 | 181 152 | -64.4 | -57.6 | -69.8 |
| 云南红河综合保税区 | 723 030 | 347 374 | 375 656 | 89.1 | 107.7 | 74.6 |
| 西安综合保税区 | 138 436 | 12 435 | 126 001 | -2.7 | -69.8 | 24.7 |
| 西安高新综合保税区 | 6 271 110 | 4 238 533 | 2 032 577 | 11.0 | 86.4 | -39.8 |
| 兰州新区综合保税区 | 702 935 | 340 404 | 362 531 | 854.7 | 533.4 | 1 722.6 |
| 银川综合保税区 | 1 131 481 | 1 018 579 | 112 902 | -39.4 | -34.8 | -63.1 |
| 阿拉山口综合保税区 | 300 120 | 38 012 | 262 108 | 200.9 | 932.1 | 172.9 |
| 喀什综合保税区 | 1 137 | 674 | 463 | 61.1 | -3.5 | 5 893.9 |
| 保税物流中心 | 8 545 732 | 3 815 382 | 4 730 350 | 59.0 | 44.9 | 72.5 |
| 北京亦庄保税物流中心 | 540 875 | 3 | 540 872 | 615.7 | -100.0 | 1 203.0 |
| 天津经济技术开发区保税物流中心 | 545 091 | 2 330 | 542 761 | -23.4 | -96.6 | -15.7 |
| 山西方略保税物流中心 | — | — | — | — | — | — |

## 2016年中国特定地区进出口总值表（续）

单位：千美元

| 特定经济地区 | 进出口 | 出 口 | 进 口 | 比上年±% 进出口 | 比上年±% 出 口 | 比上年±% 进 口 |
|---|---|---|---|---|---|---|
| 赤峰保税物流中心 | 4 049 | 901 | 3 149 | 219.3 | 2 508.6 | 155.2 |
| 营口港保税物流中心 | 1 042 145 | 1 015 794 | 26 351 | -48.1 | -48.1 | -46.1 |
| 上海西北物流园区保税物流中心 | 9 561 | 776 | 8 785 | 6 595.9 | — | 6 052.5 |
| 南京龙潭港保税物流中心 | — | — | — | — | — | — |
| 连云港保税物流中心 | 74 979 | 60 | 74 919 | — | — | — |
| 江阴保税物流中心 | 7 927 | 3 350 | 4 577 | -68.7 | -82.9 | -19.0 |
| 宁波栎社保税物流中心 | 139 423 | 13 665 | 125 759 | 30.3 | -25.4 | 41.7 |
| 杭州保税物流中心 | 414 518 | 325 055 | 89 463 | 79.6 | 167.4 | -18.1 |
| 义乌保税物流中心 | 126 889 | 3 807 | 123 082 | 164.1 | 351.2 | 160.8 |
| 蚌埠（皖北）保税物流中心 | 6 617 | — | 6 617 | -75.4 | — | -75.4 |
| 厦门火炬（翔安）保税物流中心 | 794 640 | 222 268 | 572 372 | 51.1 | 639.5 | 15.4 |
| 南昌保税物流中心 | — | — | — | — | — | — |
| 青岛保税物流中心 | 11 225 | 648 | 10 577 | -96.6 | -99.6 | -93.2 |
| 淄博保税物流中心 | — | — | — | — | — | — |
| 日照保税物流中心 | 56 214 | 1 874 | 54 340 | -49.1 | -89.5 | -41.4 |
| 鲁中运达保税物流中心 | — | — | — | — | — | — |
| 河南保税物流中心 | 782 125 | 14 203 | 767 922 | 18.9 | -21.5 | 20.1 |
| 河南德众保税物流中心 | — | — | — | — | — | — |
| 武汉东西湖保税物流中心 | — | — | — | — | — | — |
| 黄石棋盘洲保税物流中心 | — | — | — | — | — | — |
| 长沙金霞保税物流中心 | 245 015 | 242 053 | 2 962 | 1 543.5 | 2 572.2 | -49.4 |
| 深圳机场保税物流中心 | 2 549 073 | 1 725 402 | 823 671 | — | — | — |
| 东莞保税物流中心 | 522 242 | 89 622 | 432 620 | — | — | — |
| 中山保税物流中心 | 546 183 | 135 703 | 410 480 | 30.1 | 39.5 | 27.3 |
| 佛山国通保税物流中心（B型） | 38 357 | 2 783 | 35 574 | 35.4 | -79.8 | 144.5 |
| 南宁保税物流中心 | 8 | 8 | — | -99.6 | — | — |
| 成都空港保税物流中心 | 589 | 4 | 585 | 12 754.0 | — | 12 674.3 |
| 泸州港保税物流中心（B型） | 14 339 | 3 500 | 10 839 | — | — | — |
| 武威保税物流中心 | 11 570 | 11 570 | — | -78.9 | -78.7 | — |
| 奎屯保税物流中心 | 379 | — | 379 | -85.0 | — | 6.9 |
| 国际边境合作中心 | 568 788 | 555 925 | 12 863 | 275.6 | 268.3 | 2 383.0 |
| 中哈霍尔果斯国际边境合作中心 | 568 788 | 555 925 | 12 863 | 275.6 | 268.3 | 2 383.0 |

注：1. 本表只列出全国经济技术开发区和特殊开放区、高新技术产业开发区以及综合实验区的进出口合计数据。

2. 综合实验区包括平潭综合实验区、横琴新区和郑州航空港经济综合实验区。

## 2016年中国外商投资企业进出口总值表

单位：千美元

| 外商投资企业 | 进出口 | 出口 | 进口 | 比上年±% 进出口 | 比上年±% 出口 | 比上年±% 进口 |
|---|---|---|---|---|---|---|
| **合计** | **1 687 536 526** | **916 766 904** | **770 769 622** | **-8.0** | **-8.7** | **-7.0** |
| 中外合作企业 | 14 138 979 | 9 851 420 | 4 287 559 | -19.7 | -13.4 | -31.2 |
| 中外合资企业 | 478 024 099 | 254 166 250 | 223 857 849 | -9.4 | -10.0 | -8.7 |
| 外商独资企业 | 1 195 373 447 | 652 749 234 | 542 624 214 | -7.2 | -8.2 | -6.0 |
| 北京市 | 64 379 739 | 12 333 308 | 52 046 431 | -1.2 | -16.4 | 3.3 |
| 中外合作企业 | 92 941 | 32 262 | 60 679 | -6.8 | -29.4 | 12.3 |
| 中外合资企业 | 15 176 457 | 4 525 091 | 10 651 366 | -9.7 | -32.3 | 5.3 |
| 外商独资企业 | 49 110 341 | 7 775 956 | 41 334 386 | 1.8 | -3.0 | 2.7 |
| 天津市 | 56 485 700 | 26 558 355 | 29 927 346 | -16.0 | -17.3 | -14.8 |
| 中外合作企业 | 237 314 | 54 139 | 183 175 | -0.2 | -29.3 | 13.5 |
| 中外合资企业 | 25 588 414 | 12 070 889 | 13 517 525 | -20.8 | -23.7 | -18.0 |
| 外商独资企业 | 30 659 973 | 14 433 327 | 16 226 646 | -11.6 | -11.1 | -12.1 |
| 河北省 | 11 178 489 | 6 054 482 | 5 124 007 | -20.1 | -21.3 | -18.6 |
| 中外合作企业 | 214 438 | 143 513 | 70 925 | -75.5 | -29.7 | -89.4 |
| 中外合资企业 | 5 788 034 | 2 868 355 | 2 919 679 | -16.6 | -25.6 | -5.2 |
| 外商独资企业 | 5 176 018 | 3 042 614 | 2 133 403 | -16.1 | -16.1 | -16.1 |
| 山西省 | 10 243 769 | 6 509 349 | 3 734 421 | 34.7 | 47.3 | 17.2 |
| 中外合作企业 | 16 167 | 14 982 | 1 186 | -18.8 | -21.1 | 28.8 |
| 中外合资企业 | 10 023 406 | 6 388 224 | 3 635 182 | 36.7 | 50.1 | 18.1 |
| 外商独资企业 | 204 196 | 106 144 | 98 052 | -19.9 | -27.7 | -9.3 |
| 内蒙古自治区 | 1 004 834 | 491 035 | 513 798 | -23.8 | -30.0 | -16.8 |
| 中外合作企业 | 261 | 261 | — | -36.5 | -36.5 | — |
| 中外合资企业 | 547 761 | 163 969 | 383 793 | -19.3 | -23.2 | -17.5 |
| 外商独资企业 | 456 812 | 326 806 | 130 006 | -28.5 | -32.9 | -14.4 |
| 辽宁省 | 38 754 088 | 17 920 559 | 20 833 530 | -6.2 | -4.3 | -7.8 |
| 中外合作企业 | 330 379 | 267 231 | 63 148 | -3.8 | -1.4 | -13.0 |
| 中外合资企业 | 19 681 839 | 7 171 150 | 12 510 689 | -16.8 | -15.3 | -17.7 |
| 外商独资企业 | 18 741 870 | 10 482 177 | 8 259 692 | 8.1 | 4.9 | 12.6 |
| 吉林省 | 9 337 771 | 1 342 400 | 7 995 370 | -0.3 | -4.0 | 0.4 |
| 中外合作企业 | 94 686 | 60 174 | 34 511 | -12.9 | -26.9 | 30.8 |
| 中外合资企业 | 7 466 770 | 432 361 | 7 034 409 | -1.0 | -17.7 | 0.2 |
| 外商独资企业 | 1 776 315 | 849 865 | 926 450 | 3.8 | 7.4 | 0.7 |
| 黑龙江省 | 1 088 953 | 531 903 | 557 050 | -10.4 | -17.3 | -2.6 |
| 中外合作企业 | 126 | 126 | — | 51.0 | 51.0 | — |
| 中外合资企业 | 627 816 | 372 173 | 255 643 | -5.0 | -9.5 | 2.5 |
| 外商独资企业 | 461 011 | 159 604 | 301 407 | -16.8 | -31.1 | -6.5 |
| 上海市 | 286 260 912 | 123 598 738 | 162 662 174 | -4.8 | -5.7 | -4.1 |
| 中外合作企业 | 2 288 217 | 1 470 498 | 817 719 | -11.9 | -14.5 | -6.7 |
| 中外合资企业 | 40 179 998 | 20 256 824 | 19 923 174 | -1.6 | -0.5 | -2.6 |
| 外商独资企业 | 243 792 697 | 101 871 415 | 141 921 281 | -5.2 | -6.5 | -4.3 |
| 江苏省 | 325 958 399 | 186 537 523 | 139 420 876 | -3.4 | -3.8 | -2.8 |
| 中外合作企业 | 2 804 907 | 1 189 845 | 1 615 062 | 5.1 | 17.9 | -2.7 |
| 中外合资企业 | 69 027 090 | 37 755 913 | 31 271 176 | -5.1 | -5.9 | -4.1 |
| 外商独资企业 | 254 126 402 | 147 591 765 | 106 534 638 | -3.0 | -3.4 | -2.4 |
| 浙江省 | 75 285 914 | 50 386 708 | 24 899 206 | -10.5 | -11.1 | -9.4 |
| 中外合作企业 | 435 511 | 290 094 | 145 417 | -32.7 | -27.8 | -40.7 |
| 中外合资企业 | 35 519 561 | 24 355 112 | 11 164 449 | -14.8 | -14.0 | -16.4 |
| 外商独资企业 | 39 330 842 | 25 741 502 | 13 589 340 | -5.9 | -7.8 | -2.1 |

## 2016年中国外商投资企业进出口总值表（续）

单位：千美元

| 外商投资企业 | 进出口 | 出口 | 进口 | 比上年±% 进出口 | 比上年±% 出口 | 比上年±% 进口 |
|---|---|---|---|---|---|---|
| 安徽省 | 13 170 240 | 7 708 916 | 5 461 324 | 3.1 | -5.0 | 17.3 |
| 中外合作企业 | 45 601 | 43 167 | 2 434 | 4.1 | 7.4 | -32.6 |
| 中外合资企业 | 7 144 361 | 3 244 040 | 3 900 321 | 3.5 | -9.8 | 18.0 |
| 外商独资企业 | 5 980 279 | 4 421 709 | 1 558 570 | 2.6 | -1.4 | 15.9 |
| 福建省 | 58 982 109 | 36 326 143 | 22 655 965 | -11.3 | -9.1 | -14.7 |
| 中外合作企业 | 249 585 | 142 873 | 106 712 | -0.9 | 15.3 | -16.5 |
| 中外合资企业 | 16 872 833 | 8 952 005 | 7 920 828 | -14.6 | -9.0 | -20.1 |
| 外商独资企业 | 41 859 691 | 27 231 265 | 14 628 425 | -10.0 | -9.2 | -11.4 |
| 厦门经济特区 | 31 697 354 | 18 948 603 | 12 748 751 | -11.8 | -10.6 | -13.6 |
| 中外合作企业 | 205 868 | 103 916 | 101 952 | -4.3 | 16.3 | -18.9 |
| 中外合资企业 | 7 180 425 | 4 158 295 | 3 022 130 | -6.3 | -2.2 | -11.4 |
| 外商独资企业 | 24 311 061 | 14 686 392 | 9 624 669 | -13.4 | -12.8 | -14.3 |
| 江西省 | 11 639 396 | 6 074 743 | 5 564 653 | -8.8 | -12.9 | -3.9 |
| 中外合作企业 | 37 791 | 35 921 | 1 871 | -23.0 | -11.8 | -77.6 |
| 中外合资企业 | 4 639 103 | 1 257 433 | 3 381 671 | -4.2 | -15.6 | 0.8 |
| 外商独资企业 | 6 962 502 | 4 781 390 | 2 181 112 | -11.6 | -12.1 | -10.2 |
| 山东省 | 82 464 472 | 50 483 873 | 31 980 599 | -11.0 | -10.1 | -12.4 |
| 中外合作企业 | 507 605 | 364 565 | 143 041 | -21.4 | -21.7 | -20.4 |
| 中外合资企业 | 37 229 863 | 22 779 888 | 14 449 975 | -10.8 | -10.1 | -11.9 |
| 外商独资企业 | 44 727 003 | 27 339 420 | 17 387 583 | -11.0 | -9.8 | -12.7 |
| 河南省 | 49 511 022 | 29 441 280 | 20 069 742 | -5.0 | 0.0 | -11.4 |
| 中外合作企业 | 16 368 | 12 761 | 3 608 | -79.8 | -36.5 | -94.1 |
| 中外合资企业 | 47 586 552 | 28 077 136 | 19 509 417 | -5.3 | -0.3 | -11.8 |
| 外商独资企业 | 1 908 101 | 1 351 383 | 556 718 | 9.5 | 6.3 | 18.1 |
| 湖北省 | 10 644 976 | 6 015 938 | 4 629 038 | -13.4 | -10.8 | -16.4 |
| 中外合作企业 | 18 846 | 17 804 | 1 042 | -90.3 | -90.4 | -87.9 |
| 中外合资企业 | 7 596 583 | 4 017 128 | 3 579 455 | -15.4 | -11.2 | -19.6 |
| 外商独资企业 | 3 029 547 | 1 981 006 | 1 048 541 | -2.6 | -2.7 | -2.5 |
| 湖南省 | 6 277 046 | 3 270 021 | 3 007 025 | 0.6 | -8.1 | 12.2 |
| 中外合作企业 | 7 120 | 1 146 | 5 974 | -33.3 | -53.2 | -27.4 |
| 中外合资企业 | 3 979 538 | 1 754 723 | 2 224 815 | 4.1 | -14.5 | 25.8 |
| 外商独资企业 | 2 290 387 | 1 514 151 | 776 236 | -4.8 | 0.8 | -14.0 |
| 广东省 | 470 284 515 | 288 719 608 | 181 564 907 | -13.4 | -13.3 | -13.4 |
| 中外合作企业 | 6 403 650 | 5 478 064 | 925 586 | -23.5 | -14.6 | -52.6 |
| 中外合资企业 | 100 970 129 | 60 442 910 | 40 527 218 | -13.0 | -15.1 | -9.5 |
| 外商独资企业 | 362 910 737 | 222 798 634 | 140 112 103 | -13.3 | -12.7 | -14.0 |
| 深圳经济特区 | 180 332 180 | 106 549 587 | 73 782 593 | -16.8 | -17.5 | -15.9 |
| 中外合作企业 | 3 133 799 | 2 767 870 | 365 929 | -9.0 | -8.9 | -9.8 |
| 中外合资企业 | 32 831 068 | 19 748 516 | 13 082 551 | -13.3 | -13.4 | -13.1 |
| 外商独资企业 | 144 367 313 | 84 033 201 | 60 334 112 | -17.8 | -18.7 | -16.5 |
| 珠海经济特区 | 19 419 483 | 12 574 498 | 6 844 986 | -19.4 | -16.3 | -24.6 |
| 中外合作企业 | 66 033 | 42 944 | 23 089 | -43.0 | -32.8 | -55.5 |
| 中外合资企业 | 2 975 025 | 1 264 681 | 1 710 344 | -14.8 | -25.9 | -4.1 |
| 外商独资企业 | 16 378 425 | 11 266 872 | 5 111 553 | -20.1 | -15.0 | -29.4 |
| 汕头经济特区 | 2 081 802 | 1 339 750 | 742 051 | -11.7 | -11.7 | -11.6 |
| 中外合作企业 | 157 228 | 129 390 | 27 838 | -19.5 | -14.2 | -37.7 |
| 中外合资企业 | 637 568 | 532 558 | 105 009 | -9.9 | -4.1 | -31.0 |
| 外商独资企业 | 1 287 006 | 677 802 | 609 204 | -11.4 | -16.4 | -5.2 |

## 2016年中国外商投资企业进出口总值表（续）

单位：千美元

| 外商投资企业 | 进出口 | 出口 | 进口 | 比上年±% 进出口 | 比上年±% 出口 | 比上年±% 进口 |
|---|---|---|---|---|---|---|
| 广西壮族自治区 | 9 739 518 | 4 293 504 | 5 446 013 | -5.8 | -3.1 | -7.9 |
| 中外合作企业 | 25 326 | 18 926 | 6 400 | -5.7 | 1.5 | -22.1 |
| 中外合资企业 | 5 751 540 | 2 296 944 | 3 454 595 | -1.4 | -4.5 | 0.7 |
| 外商独资企业 | 3 962 652 | 1 977 634 | 1 985 018 | -11.6 | -1.5 | -19.8 |
| 海南省并经济特区 | 7 225 435 | 1 112 606 | 6 112 829 | -31.5 | -54.2 | -24.7 |
| 中外合作企业 | 90 821 | 90 515 | 306 | -26.0 | -25.8 | -59.2 |
| 中外合资企业 | 6 522 234 | 812 006 | 5 710 228 | -23.8 | -13.1 | -25.1 |
| 外商独资企业 | 612 380 | 210 085 | 402 295 | -67.2 | -84.7 | -18.7 |
| 四川省 | 31 227 726 | 15 898 449 | 15 329 277 | 16.8 | 4.0 | 33.8 |
| 中外合作企业 | 44 487 | 13 776 | 30 711 | 56.1 | 31.1 | 70.8 |
| 中外合资企业 | 2 598 948 | 1 211 752 | 1 387 196 | -1.5 | 9.5 | -9.5 |
| 外商独资企业 | 28 584 291 | 14 672 921 | 13 911 370 | 18.8 | 3.6 | 40.4 |
| 重庆市 | 33 332 699 | 23 242 982 | 10 089 717 | -7.6 | -12.0 | 4.3 |
| 中外合作企业 | 62 239 | 61 901 | 338 | 18.2 | 18.5 | -22.5 |
| 中外合资企业 | 4 759 048 | 1 709 550 | 3 049 498 | 3.2 | 10.8 | -0.7 |
| 外商独资企业 | 28 511 412 | 21 471 531 | 7 039 881 | -9.3 | -13.5 | 6.6 |
| 贵州省 | 304 054 | 182 113 | 121 942 | 14.1 | 28.9 | -2.6 |
| 中外合作企业 | 899 | 721 | 177 | -80.2 | -83.4 | -5.2 |
| 中外合资企业 | 147 752 | 81 361 | 66 391 | 93.1 | 125.6 | 64.0 |
| 外商独资企业 | 155 403 | 100 030 | 55 373 | -16.2 | -0.9 | -34.5 |
| 云南省 | 487 441 | 349 594 | 137 847 | -3.2 | 8.6 | -24.2 |
| 中外合作企业 | 63 153 | 42 767 | 20 386 | -30.7 | -5.7 | -55.4 |
| 中外合资企业 | 227 563 | 131 364 | 96 200 | 13.9 | 47.8 | -13.3 |
| 外商独资企业 | 196 724 | 175 463 | 21 261 | -7.6 | -6.5 | -15.5 |
| 西藏自治区 | 92 | 90 | 2 | — | — | — |
| 中外合作企业 | — | — | — | — | — | — |
| 中外合资企业 | 65 | 65 | — | — | — | — |
| 外商独资企业 | 27 | 25 | 2 | — | — | — |
| 陕西省 | 21 594 501 | 11 001 059 | 10 593 442 | 3.2 | 18.5 | -9.0 |
| 中外合作企业 | 2 597 | 2 321 | 275 | -17.0 | -19.1 | 6.9 |
| 中外合资企业 | 2 043 653 | 781 113 | 1 262 540 | 15.3 | -6.2 | 34.4 |
| 外商独资企业 | 19 548 251 | 10 217 624 | 9 330 627 | 2.1 | 21.0 | -12.8 |
| 甘肃省 | 25 655 | 14 045 | 11 611 | -31.5 | -42.1 | -12.0 |
| 中外合作企业 | — | — | — | — | — | — |
| 中外合资企业 | 8 795 | 6 839 | 1 956 | -57.6 | -58.8 | -52.6 |
| 外商独资企业 | 16 860 | 7 205 | 9 655 | 4.8 | 2.6 | 6.6 |
| 青海省 | 4 147 | 2 670 | 1 477 | -68.8 | -11.1 | -85.6 |
| 中外合作企业 | 113 | 97 | 16 | -75.4 | -67.1 | -90.4 |
| 中外合资企业 | 2 764 | 1 320 | 1 444 | -77.9 | -45.5 | -85.7 |
| 外商独资企业 | 1 270 | 1 252 | 17 | 318.2 | 336.0 | 6.0 |
| 宁夏回族自治区 | 447 350 | 297 649 | 149 701 | 19.9 | 14.0 | 33.8 |
| 中外合作企业 | — | — | — | — | — | — |
| 中外合资企业 | 250 510 | 207 025 | 43 486 | 32.1 | 17.8 | 212.8 |
| 外商独资企业 | 196 839 | 90 624 | 106 215 | 7.9 | 7.4 | 8.4 |
| 新疆维吾尔自治区 | 195 566 | 67 262 | 128 303 | -22.2 | -9.4 | -27.6 |
| 中外合资企业 | 47 834 | 971 | 46 862 | 21.9 | 886.0 | 19.7 |
| 中外合作企业 | 65 117 | 41 586 | 23 530 | -53.0 | -9.9 | -74.5 |
| 外商独资企业 | 82 615 | 24 704 | 57 911 | 12.2 | -11.8 | 27.0 |

## 2016 年中国出口主要商品量值表

单位：千美元

| 商品名称 | 计量单位 | 数 量 | 金 额 | 比上年±% | |
|---|---|---|---|---|---|
| | | | | 数 量 | 金 额 |
| 活猪（种猪除外） | 万头 | 155 | 513 026 | -8.4 | 6.3 |
| 活家禽 | 万只 | 440 | 15 320 | 1.8 | -2.4 |
| 肉及杂碎 | 吨 | 390 403 | 1 976 337 | -10.2 | -4.6 |
| 其中： | | | | | |
| 牛肉 | 吨 | 4 143 | 40 259 | -11.9 | -10.0 |
| 猪肉 | 吨 | 48 539 | 253 571 | -32.1 | -21.3 |
| 羊肉 | 吨 | 4 060 | 35 267 | 8.0 | 4.6 |
| 冻鸡 | 吨 | 115 250 | 231 338 | -11.8 | -15.0 |
| 水海产品 | 万吨 | 409 | 19 996 269 | 4.7 | 2.2 |
| 其中： | | | | | |
| 活鱼 | 吨 | 88 755 | 566 503 | -5.3 | 2.4 |
| 冻鱼、冻鱼片 | 万吨 | 198 | 6 590 439 | 6.0 | 1.6 |
| 鲜、冻对虾 | 吨 | 19 000 | 234 230 | 58.7 | 67.1 |
| 冻虾仁 | 吨 | 75 640 | 881 888 | -4.0 | 0.2 |
| 鲜蛋 | 百万个 | 1 303 | 118 775 | 8.0 | -1.8 |
| 粮食 | 万吨 | 199 | 1 709 402 | 21.7 | 10.0 |
| 其中： | | | | | |
| 木薯 | 万吨 | 0 | 12 | 29.0 | -4.6 |
| 谷物及谷物粉 | 万吨 | 67 | 489 212 | 40.2 | 23.8 |
| 其中： | | | | | |
| 稻谷和大米 | 吨 | 484 580 | 378 931 | 68.7 | 41.5 |
| 玉米 | 吨 | 4 071 | 2 881 | -63.4 | -41.2 |
| 高粱 | 吨 | 27 754 | 13 144 | 229.0 | 190.6 |
| 薯类及含有淀粉的块茎 | 万吨 | 56 | 409 052 | 6.2 | 2.7 |
| 豆类 | 万吨 | 76 | 811 139 | 20.6 | 6.7 |
| 蔬菜 | 万吨 | 827 | 12 294 667 | -0.7 | 14.8 |
| 其中： | | | | | |
| 鲜或冷藏蔬菜 | 万吨 | 538 | 5 406 982 | -5.0 | 21.7 |
| 干的食用菌类 | 吨 | 135 746 | 2 250 555 | 11.6 | 3.5 |
| 鲜、干水果及坚果 | 万吨 | 349 | 5 223 416 | 21.7 | 7.0 |
| 其中： | | | | | |
| 橘、橙 | 吨 | 723 683 | 1 036 786 | -3.7 | -2.4 |
| 苹果 | 吨 | 1 339 079 | 1 465 860 | 60.8 | 42.1 |
| 梨 | 吨 | 453 265 | 487 278 | 21.5 | 10.1 |
| 松子仁 | 吨 | 13 771 | 272 162 | 2.5 | 5.5 |

**2016 年中国出口主要商品量值表（续）**

单位：千美元

| 商品名称 | 计量单位 | 数 量 | 金 额 | 比上年±% | |
|---|---|---|---|---|---|
| | | | | 数 量 | 金 额 |
| 乳品 | 吨 | 61 855 | 120 618 | -0.8 | 36.3 |
| 果蔬汁 | 万吨 | 59 | 668 637 | 4.6 | -3.9 |
| 其中： | | | | | |
| 橙汁 | 吨 | 3 980 | 8 452 | -11.3 | -7.8 |
| 苹果汁 | 万吨 | 51 | 546 813 | 6.8 | -2.6 |
| 食用油籽 | 万吨 | 57 | 782 090 | 4.9 | -4.3 |
| 其中： | | | | | |
| 大豆 | 万吨 | 13 | 108 432 | -4.8 | -13.6 |
| 花生、花生仁 | 万吨 | 12 | 191 178 | -5.2 | -11.1 |
| 食用植物油（包括棕榈油） | 吨 | 126 048 | 168 220 | -6.9 | -8.6 |
| 其中： | | | | | |
| 豆油 | 吨 | 93 295 | 104 765 | -10.7 | -15.4 |
| 菜子油和芥子油 | 吨 | 4 794 | 5 307 | 4.0 | -3.7 |
| 花生油 | 吨 | 9 415 | 25 149 | 0.7 | 6.0 |
| 烘焙花生 | 吨 | 200 684 | 411 637 | 5.7 | 3.7 |
| 食糖 | 吨 | 149 052 | 83 181 | 98.8 | 78.6 |
| 天然蜂蜜 | 吨 | 128 330 | 276 556 | -11.3 | -4.2 |
| 茶叶 | 吨 | 328 699 | 1 485 022 | 1.2 | 7.5 |
| 辣椒干 | 吨 | 80 202 | 158 100 | 56.3 | 42.8 |
| 猪肉罐头 | 吨 | 38 963 | 121 682 | -7.3 | -6.6 |
| 制作或保藏的鳗鱼 | 吨 | 35 196 | 749 815 | 1.3 | -9.4 |
| 番茄酱 | 万吨 | 96 | 745 518 | -5.5 | -20.8 |
| 蘑菇罐头 | 吨 | 236 456 | 401 191 | -0.1 | 2.3 |
| 啤酒 | 万升 | 29 158 | 192 728 | 9.8 | 5.2 |
| 肠衣 | 吨 | 96 537 | 1 072 919 | 2.4 | 5.9 |
| 填充用羽毛；羽绒 | 吨 | 43 678 | 431 520 | 11.2 | -16.4 |
| 中药材及中式成药 | 吨 | 151 930 | 1 238 010 | -17.6 | -5.1 |
| 其中： | | | | | |
| 动物性药材 | 吨 | 176 | 15 152 | 6.6 | -5.6 |
| 植物性药材 | 吨 | 140 001 | 997 094 | -18.4 | -2.7 |
| 矿物性药材 | 吨 | 317 | 1 205 | -25.5 | 18.1 |
| 烤烟 | 吨 | 119 950 | 471 771 | 18.8 | 5.1 |
| 纸烟 | 万条 | 13 976 | 634 751 | 7.3 | 10.8 |
| 肥料 | 万吨 | 2 796 | 6 650 144 | -21.3 | -39.4 |
| 其中： | | | | | |

**2016年中国出口主要商品量值表（续）**

单位：千美元

| 商品名称 | 计量单位 | 数 量 | 金 额 | 比上年±% | |
|---|---|---|---|---|---|
| | | | | 数 量 | 金 额 |
| 矿物肥料及化肥 | 万吨 | 2 677 | 6 527 987 | -22.4 | -39.9 |
| 其中： | | | | | |
| 尿素 | 万吨 | 889 | 1 979 752 | -35.3 | -49.8 |
| 氮、磷、钾复合肥 | 吨 | 8 419 | 4 231 | -87.4 | -87.9 |
| 磷酸氢二铵 | 万吨 | 680 | 2 290 181 | -15.2 | -37.6 |
| 氯化钾 | 吨 | 294 462 | 86 576 | 7.6 | -12.7 |
| 硫酸钾 | 吨 | 27 373 | 13 534 | -64.6 | -73.6 |
| 锯材 | 万立方米 | 26 | 193 226 | -3.3 | -5.9 |
| 胶合板及类似多层板 | 万立方米 | 1 111 | 5 277 511 | 3.3 | -3.8 |
| 印刷品 | 吨 | 999 360 | 3 612 984 | -3.7 | -7.3 |
| 生丝 | 吨 | 6 927 | 315 678 | 3.5 | -0.9 |
| 山羊绒 | 吨 | 2 995 | 196 997 | 15.4 | -6.5 |
| 棉花 | 吨 | 7 757 | 15 251 | -73.2 | -68.8 |
| 硫磺 | 吨 | 5 213 | 1 103 | 24.5 | -23.8 |
| 黏土及其他耐火矿物 | 万吨 | 635 | 1 100 150 | -5.5 | -15.4 |
| 其中： | | | | | |
| 天然石墨 | 万吨 | 24 | 228 475 | -4.2 | -7.3 |
| 天然碳酸镁；氧化镁 | 万吨 | 200 | 466 945 | -6.7 | -13.7 |
| 萤石（氟石） | 万吨 | 37 | 88 262 | 11.3 | -1.2 |
| 天然硫酸钡（重晶石） | 万吨 | 160 | 185 593 | -23.0 | -31.9 |
| 滑石 | 万吨 | 76 | 184 713 | 21.6 | 19.2 |
| 钼矿砂及其精矿 | 吨 | 6 177 | 46 010 | 47.4 | 25.7 |
| 煤及褐煤 | 万吨 | 879 | 698 361 | 64.6 | 39.9 |
| 其中： | | | | | |
| 无烟煤 | 万吨 | 369 | 289 199 | 21.7 | 8.8 |
| 炼焦煤 | 万吨 | 120 | 135 070 | 23.6 | 29.4 |
| 其他烟煤 | 万吨 | 368 | 249 550 | 222.0 | 147.1 |
| 褐煤 | 吨 | 4 409 | 312 | 14.3 | -20.3 |
| 焦炭及半焦炭 | 万吨 | 1 012 | 1 432 102 | 4.9 | -5.0 |
| 原油 | 万吨 | 294 | 943 491 | 2.6 | -39.0 |
| 成品油 | 万吨 | 4 831 | 19 395 853 | 33.7 | 1.6 |
| 其中： | | | | | |
| 汽油 | 万吨 | 969 | 4 181 480 | 64.5 | 19.1 |
| 煤油 | 万吨 | 1 310 | 6 074 948 | 6.0 | -20.3 |
| 柴油 | 万吨 | 1 540 | 6 485 774 | 115.0 | 68.4 |

## 2016年中国出口主要商品量值表（续）

单位：千美元

| 商品名称 | 计量单位 | 数 量 | 金 额 | 比上年±% | |
|---|---|---|---|---|---|
| | | | | 数 量 | 金 额 |
| 其他燃料油 | 万吨 | 986 | 2 360 098 | -6.3 | -37.2 |
| 石脑油 | 万吨 | 7 | 30 190 | — | — |
| 天然气 | 万吨 | 245 | 1 011 786 | 4.1 | -20.3 |
| 其中： | | | | | |
| 液态天然气 | 万吨 | — | — | — | — |
| 气态天然气 | 万吨 | — | — | 4.1 | -20.3 |
| 石蜡 | 万吨 | 64 | 588 013 | 3.3 | -10.0 |
| 电流 | 万千瓦时 | 1 890 655 | 1 402 328 | 1.4 | -0.5 |
| 稀土及其制品 | 吨 | 80 842 | 1 817 013 | 24.0 | -5.1 |
| 其中： | | | | | |
| 稀土 | 吨 | 46 669 | 340 092 | 34.0 | -8.8 |
| 氧化铝 | 吨 | 105 517 | 65 602 | -63.9 | -53.0 |
| 钨品 | 吨 | 22 468 | 549 096 | 19.7 | 1.2 |
| 其中： | | | | | |
| 钨矿砂 | 吨 | 139 | 988 | -54.8 | -69.2 |
| 仲钨酸铵 | 吨 | 3 545 | 59 253 | 112.0 | 73.0 |
| 钨及其制品 | 吨 | 3 859 | 173 911 | 15.2 | 4.3 |
| 氧化锌及过氧化锌 | 吨 | 15 751 | 29 142 | 17.4 | 14.7 |
| 碳酸钠（纯碱） | 万吨 | 198 | 385 657 | -9.8 | -16.1 |
| 柠檬酸 | 万吨 | 85 | 616 693 | 3.1 | -3.8 |
| 合成有机染料 | 吨 | 259 114 | 1 439 374 | 2.4 | -9.4 |
| 锌钡白（立德粉） | 吨 | 14 491 | 16 599 | -28.1 | -23.0 |
| 医药品 | 吨 | 945 197 | 13 604 808 | 7.9 | 0.8 |
| 其中： | | | | | |
| 维生素C | 吨 | 131 159 | 431 080 | 6.0 | -0.7 |
| 抗菌素（制剂除外） | 吨 | 88 494 | 3 018 841 | 2.4 | -4.2 |
| 中式成药 | 吨 | 11 435 | 224 560 | -7.6 | -14.6 |
| 医用敷料 | 吨 | 185 370 | 1 295 102 | 5.3 | -3.0 |
| 美容化妆品及护肤品 | 吨 | 153 214 | 1 684 696 | 4.9 | 2.4 |
| 口腔及牙齿清洁剂 | 吨 | 166 289 | 382 181 | 8.5 | 5.2 |
| 洗衣粉 | 吨 | 534 185 | 330 281 | 16.9 | -3.1 |
| 烟花、爆竹 | 吨 | 313 926 | 732 177 | -6.1 | -13.5 |
| 松香及树脂酸 | 吨 | 59 720 | 106 437 | -30.4 | -45.6 |
| 杀虫剂、除草剂及类似品 | 万吨 | 140 | 3 707 769 | 19.1 | 4.6 |
| 初级形状的聚氯乙烯 | 万吨 | 117 | 961 762 | 33.4 | 23.3 |

**2016 年中国出口主要商品量值表（续）**

单位：千美元

| 商品名称 | 计量单位 | 数 量 | 金 额 | 比上年±% | |
|---|---|---|---|---|---|
| | | | | 数 量 | 金 额 |
| 新的充气橡胶轮胎 | 万条 | 46 868 | 12 895 513 | 5.4 | -6.8 |
| 家用或装饰用木制品 | 万吨 | 60 | 2 010 020 | 2.0 | 1.6 |
| 纸及纸板（未切成形的） | 万吨 | 683 | 7 766 880 | 15.1 | 4.4 |
| 其中： | | | | | |
| 新闻纸 | 吨 | 13 127 | 12 766 | -23.4 | -40.4 |
| 牛皮纸 | 吨 | 322 208 | 358 663 | 10.1 | 8.2 |
| 纺织纱线、织物及制品 | — | — | 105 086 505 | — | -4.0 |
| 其中： | | | | | |
| 棉纱线 | 吨 | 355 657 | 1 554 010 | 3.4 | -6.8 |
| 丝织物 | — | — | 644 968 | — | -14.7 |
| 毛纺机织物 | — | — | 523 515 | — | -3.7 |
| 棉机织物 | — | — | 13 812 439 | — | -4.3 |
| 亚麻及苎麻机织物 | 万米 | 24 568 | 751 117 | -22.7 | -36.3 |
| 合成短纤与棉混纺机织物 | 万米 | 195 459 | 2 585 690 | -9.3 | -18.5 |
| 地毯 | 万平方米 | 52 442 | 2 522 987 | 7.0 | -4.0 |
| 塑料编织袋（周转袋除外） | 万条 | 703 791 | 951 134 | 3.9 | -10.5 |
| 水泥及水泥熟料 | 万吨 | 1 785 | 690 441 | 13.3 | -10.9 |
| 花岗岩石材及制品 | 万吨 | 718 | 4 307 902 | 0.3 | -9.7 |
| 平板玻璃 | 万平方米 | 22 661 | 1 546 837 | 5.6 | 31.8 |
| 玻璃制品 | 万吨 | 368 | 6 187 899 | 7.4 | -9.4 |
| 其中： | | | | | |
| 玻璃器皿 | 万吨 | 136 | 2 941 416 | 2.6 | -10.6 |
| 陶瓷产品 | 万吨 | 2 347 | 18 267 623 | 7.1 | 29.8 |
| 其中： | | | | | |
| 家用陶瓷 | 万吨 | 314 | 8 397 916 | -6.3 | -27.5 |
| 建筑用陶瓷 | 万吨 | 1 937 | 7 171 365 | -6.5 | -32.6 |
| 装饰用陶瓷 | 万吨 | 30 | 1 501 685 | -12.5 | -33.2 |
| 珍珠、钻石、宝石及半宝石 | — | — | 2 031 869 | — | -21.2 |
| 生铁及镜铁 | 万吨 | 13 | 27 968 | -21.4 | -40.7 |
| 铁合金 | 万吨 | 35 | 723 665 | -4.6 | -17.0 |
| 钢坯及粗锻件 | 万吨 | 1 | 7 433 | 90.6 | 45.3 |
| 钢材 | 万吨 | 10 853 | 54 488 656 | -3.4 | -13.2 |
| 其中： | | | | | |
| 钢铁棒材 | 万吨 | 4 128 | 13 887 960 | -6.0 | -14.8 |
| 角钢及型钢 | 万吨 | 520 | 2 186 023 | -4.0 | -16.2 |

## 2016年中国出口主要商品量值表（续）

单位：千美元

| 商品名称 | 计量单位 | 数 量 | 金 额 | 比上年±% | |
|---|---|---|---|---|---|
| | | | | 数 量 | 金 额 |
| 钢铁板材 | 万吨 | 4 805 | 24 681 355 | -0.8 | -9.8 |
| 钢铁线材 | 万吨 | 227 | 1 866 249 | -0.9 | -12.5 |
| 钢铁管配件 | 万吨 | 156 | 3 635 227 | 0.3 | -11.3 |
| 废钢 | 吨 | 1 067 | 338 | -6.8 | -21.0 |
| 未锻轧铜及铜材 | 吨 | 880 833 | 5 146 524 | 28.7 | 6.4 |
| 其中： | | | | | |
| 未锻轧铜（包括铜合金） | 吨 | 428 520 | 2 080 761 | 96.2 | 62.8 |
| 铜材 | 吨 | 452 313 | 3 065 764 | -2.9 | -13.9 |
| 未锻轧铝及铝材 | 万吨 | 459 | 12 372 148 | -3.7 | -12.6 |
| 其中： | | | | | |
| 未锻轧铝（包括铝合金） | 吨 | 511 648 | 941 421 | -9.5 | -19.9 |
| 铝材 | 万吨 | 407 | 11 430 728 | -2.9 | -11.9 |
| 未锻轧锌及锌合金 | 吨 | 22 642 | 47 298 | -76.6 | -77.9 |
| 未锻轧锡及锡合金 | 吨 | 736 | 11 544 | 30.9 | 25.8 |
| 未锻轧锑、粉末及废碎料 | 吨 | 5 817 | 35 704 | 41.7 | 19.2 |
| 镁及其制品（包括废碎料） | 吨 | 356 537 | 852 235 | -12.1 | -15.3 |
| 未锻轧锰 | 吨 | 331 115 | 528 413 | 12.2 | -2.0 |
| 钢铁或铜制标准紧固件 | 万吨 | 276 | 4 638 559 | 1.2 | -7.6 |
| 不锈钢厨具、餐具等家用器具 | 吨 | 466 118 | 2 929 021 | -1.1 | -16.0 |
| 餐桌、厨房及其他家用搪瓷器 | 吨 | 111 439 | 330 842 | -3.9 | -9.8 |
| 手用或机用工具 | 万吨 | 152 | 9 214 295 | 0.5 | -5.1 |
| 电扇 | 万台 | 61 584 | 4 658 963 | 8.5 | 3.9 |
| 空气调节器 | 万台 | 4 763 | 9 714 019 | 16.9 | 5.6 |
| 冰箱 | 万台 | 4 432 | 5 639 129 | 11.7 | 3.6 |
| 洗衣机 | 万台 | 2 249 | 3 288 146 | 6.3 | -6.6 |
| 微波炉 | 万个 | 5 625 | 2 590 954 | 4.7 | -2.3 |
| 家用空气净化器 | 万个 | 841 | 376 445 | 12.0 | 13.6 |
| 纺织机械及零件 | — | — | 2 981 111 | — | -3.1 |
| 家用型缝纫机 | 万台 | 781 | 284 310 | -6.0 | -13.7 |
| 工业用缝纫机 | 万台 | 331 | 959 441 | 5.0 | -0.3 |
| 金属加工机床 | 万台 | 831 | 2 951 216 | -1.1 | -6.7 |
| 其中： | | | | | |
| 车床 | 台 | 61 230 | 409 660 | -8.8 | -13.2 |
| 铣床 | 台 | 35 999 | 91 114 | -0.6 | -4.2 |
| 电子计算器（包括具有计算功能的袖珍数据记录重现机） | 万台 | 20 639 | 407 008 | -12.2 | -16.6 |

## 2016 年中国出口主要商品量值表（续）

单位：千美元

| 商品名称 | 计量单位 | 数 量 | 金 额 | 比上年±% | |
|---|---|---|---|---|---|
| | | | | 数 量 | 金 额 |
| 自动数据处理设备及其部件 | 万台 | 159 189 | 137 369 909 | -7.2 | -9.8 |
| 其中： | | | | | |
| 自动数据处理设备 | 万台 | 27 756 | 85 121 322 | -10.7 | -12.5 |
| 其中： | | | | | |
| 平板电脑 | 万台 | 13 594 | 21 245 456 | -16.2 | -17.5 |
| 便携式电脑（平板电脑除外） | 万台 | 13 304 | 58 342 151 | -2.2 | -9.7 |
| 微型电脑 | 万台 | 775 | 4 406 694 | -6.3 | -16.6 |
| 中央处理部件 | 万台 | 3 325 | 12 933 419 | -20.8 | -9.3 |
| 显示器 | 万台 | 2 997 | 2 159 369 | -11.0 | -29.2 |
| 其中： | | | | | |
| 液晶显示器 | 万台 | 2 993 | 2 130 146 | -11.0 | -29.8 |
| 存储部件 | 万台 | 31 975 | 16 677 771 | 6.5 | 12.6 |
| 键盘、鼠标器 | 万个 | 49 525 | 3 123 985 | 2.6 | 2.1 |
| 自动数据处理设备的零件 | 万吨 | 52 | 25 008 969 | -4.1 | -10.8 |
| 打印机（包括多功能一体机） | 万台 | 4 310 | 10 181 948 | -15.4 | -15.4 |
| 液晶显示板 | 万个 | 190 403 | 25 726 040 | -17.0 | -16.9 |
| 轴承 | 万套 | 539 651 | 3 507 908 | 3.9 | -2.2 |
| 电动机及发电机 | 万台 | 290 624 | 10 459 088 | -4.9 | -1.1 |
| 风力发电机组 | 台 | 17 434 | 586 644 | 19.1 | 102.0 |
| 变压器 | 万个 | 259 610 | 2 843 722 | 1.0 | -5.6 |
| 静止式变流器 | 万个 | 516 056 | 16 352 748 | 1.9 | -7.9 |
| 原电池 | 百万个 | 27 855 | 2 003 835 | -1.2 | -11.6 |
| 蓄电池 | 万个 | 227 917 | 9 942 583 | -3.0 | -2.0 |
| 其中： | | | | | |
| 铅酸蓄电池 | 万个 | 19 983 | 2 471 692 | -8.0 | -14.6 |
| 太阳能电池 | 万个 | 77 208 | 11 318 682 | 22.1 | -12.2 |
| 电话机 | 万台 | 136 405 | 117 082 443 | -5.6 | -6.7 |
| 其中： | | | | | |
| 手持或车载无线电话机 | 万台 | 127 183 | 115 535 849 | -5.3 | -6.6 |
| 扬声器 | 万个 | 186 761 | 7 434 977 | -0.1 | 0.8 |
| 激光唱机 | 万台 | 512 | 169 914 | -10.1 | -3.9 |
| 录、放像机 | 万台 | 7 972 | 3 793 223 | -20.7 | -26.0 |
| 其中： | | | | | |
| DVD 播放机 | 万台 | 5 366 | 1 972 920 | -19.7 | -19.6 |
| 声音录制或重放设备 | 万台 | 7 225 | 1 196 876 | 1.7 | -1.2 |

**2016 年中国出口主要商品量值表（续）**

单位：千美元

| 商品名称 | 计量单位 | 数 量 | 金 额 | 比上年±% | |
|---|---|---|---|---|---|
| | | | | 数 量 | 金 额 |
| 收音设备（包括收录音组合机及整套散件） | 万台 | 21 869 | 4 759 899 | -0.5 | -4.7 |
| 彩色电视机 | 万台 | 8 029 | 12 245 742 | 11.8 | -2.1 |
| 其中： | | | | | |
| 液晶电视机 | 万台 | 7 868 | 12 069 284 | 14.1 | -0.6 |
| 录放音、像机及唱机的零附件 | — | — | 1 108 944 | — | -35.3 |
| 电视机、收音机及无线电讯设备的零附件 | 吨 | 531 077 | 11 470 258 | 1.3 | 1.1 |
| 电容器 | — | — | 3 912 752 | — | -48.9 |
| 印刷电路 | 百万块 | 29 113 | 12 810 382 | -4.5 | -8.6 |
| 通断保护电路装置及零件 | 吨 | 23 672 656 | 24 734 571 | -0.8 | 1.2 |
| 二极管及类似半导体器件 | 百万个 | 702 567 | 24 251 465 | -2.7 | -17.6 |
| 集成电路 | 百万个 | 180 649 | 60 884 155 | -1.2 | -11.8 |
| 其中： | | | | | |
| 处理器及控制器 | 百万个 | 72 520 | 26 221 071 | 5.2 | -13.5 |
| 存储器 | 百万个 | 15 821 | 23 014 998 | 6.3 | 6.8 |
| 放大器 | 百万个 | 5 919 | 2 489 665 | -0.9 | -18.5 |
| 电线和电缆 | 万吨 | 224 | 19 617 579 | 3.3 | -2.3 |
| 集装箱 | 万个 | 199 | 4 228 557 | -26.7 | -44.9 |
| 汽车 | 万辆 | 73 | 10 687 468 | 0.3 | -4.8 |
| 其中： | | | | | |
| 小轿车 | 辆 | 334 068 | 2 843 735 | 8.5 | -2.5 |
| 四轮驱动轻型越野车 | 辆 | 2 937 | 112 872 | -2.7 | 32.5 |
| 小客车（九座及以下） | 辆 | 84 510 | 1 346 049 | 42.7 | 208.8 |
| 货车 | 辆 | 185 904 | 2 664 757 | -15.0 | -18.8 |
| 装有引擎的汽车底盘 | 台 | 2 626 | 66 686 | -24.2 | -3.3 |
| 汽车零配件 | — | — | 45 597 213 | — | -2.6 |
| 摩托车 | 万辆 | 1 596 | 5 974 857 | 5.4 | -2.4 |
| 自行车 | 万辆 | 5 757 | 3 094 311 | -0.3 | -10.6 |
| 摩托车及自行车的零配件 | — | — | 6 251 654 | — | -4.1 |
| 船舶 | 艘 | 8 180 | 20 236 143 | 22.1 | -21.6 |
| 其中： | | | | | |
| 液货船（包括成品油船、原油船和液化石油及天然气船） | 艘 | 150 | 5 013 865 | 7.1 | 25.1 |
| 冷藏船 | 艘 | 2 | 3 331 | 100.0 | 369.3 |
| 集装箱船 | 艘 | 61 | 2 176 160 | -31.5 | -50.0 |
| 滚装船 | 艘 | 11 | 635 617 | 10.0 | 77.9 |
| 散货船 | 艘 | 336 | 8 035 955 | -11.3 | -11.7 |

**2016 年中国出口主要商品量值表（续）**

单位：千美元

| 商品名称 | 计量单位 | 数 量 | 金 额 | 比上年±% | |
|---|---|---|---|---|---|
| | | | | 数 量 | 金 额 |
| 照相机 | 万架 | 3 805 | 2 483 155 | -26.2 | -19.9 |
| 其中： | | | | | |
| 数字式相机 | 万台 | 2 669 | 2 246 606 | -30.5 | -21.7 |
| 眼镜及其零件 | — | — | 4 995 198 | — | -1.8 |
| 医疗仪器及器械 | — | — | 9 362 858 | — | -0.2 |
| 手表 | 万只 | 61 148 | 2 543 535 | -10.2 | -11.0 |
| 其中： | | | | | |
| 机械手表 | 万只 | 1 089 | 291 992 | -7.9 | -4.6 |
| 电动手表 | 万只 | 60 059 | 2 251 543 | -10.3 | -11.8 |
| 日用钟 | 万只 | 28 714 | 925 816 | -2.9 | -8.7 |
| 家具及其零件 | — | — | 47 782 186 | — | -9.5 |
| 床垫、寝具及类似品 | — | — | 7 737 860 | — | -1.5 |
| 灯具、照明装置及零件 | — | — | 29 971 857 | — | -16.0 |
| 箱包及类似容器 | 万吨 | 279 | 24 924 141 | -2.0 | -11.6 |
| 体育用品及设备 | — | — | 9 247 176 | — | -12.6 |
| 服装及衣着附件 | — | — | 157 836 025 | — | -9.4 |
| 其中： | | | | | |
| 织物制服装 | — | — | 129 787 778 | — | -10.1 |
| 其中： | | | | | |
| 非针织钩编织物服装 | — | — | 64 762 686 | — | -8.4 |
| 针织或钩编的服装 | — | — | 65 025 092 | — | -11.8 |
| 皮革服装 | 万件 | 619 | 268 426 | -25.3 | -27.3 |
| 裘皮服装 | 吨 | 5 190 | 2 650 704 | 23.1 | 21.2 |
| 裘皮服装 | 万件 | 438 | 2 650 704 | 27.8 | 21.2 |
| 皮革手套 | 万双 | 33 224 | 733 090 | -19.1 | -21.2 |
| 织物制手套 | 万双 | 570 857 | 2 665 454 | 4.2 | -5.6 |
| 织物制袜子 | 百万双 | 13 472 | 5 422 224 | 3.0 | -8.1 |
| 帽类 | 万个 | 1 040 420 | 4 271 095 | 0.2 | -7.9 |
| 鞋类 | 万吨 | 422 | 47 208 070 | -5.6 | -11.8 |
| 其中： | | | | | |
| 鞋 | 万双 | 929 696 | 44 890 636 | -5.8 | -12.1 |
| 其中： | | | | | |
| 外底及鞋面均以橡胶或塑料制的鞋 | 万双 | 555 125 | 22 024 968 | -7.5 | -12.7 |
| 皮面鞋 | 万双 | 69 039 | 9 621 761 | -17.7 | -20.6 |
| 橡胶或塑料底纺织材料为面的鞋 | 万双 | 266 940 | 12 410 475 | 0.3 | -3.5 |

**2016年中国出口主要商品量值表（续）**

单位：千美元

| 商品名称 | 计量单位 | 数 量 | 金 额 | 比上年±% | |
|---|---|---|---|---|---|
| | | | | 数 量 | 金 额 |
| 鞋靴零件；护腿及类似品 | 吨 | 277 193 | 2 317 434 | 1.6 | -4.0 |
| 塑料制品 | 万吨 | 1 041 | 35 687 705 | 7.0 | -5.4 |
| 玩具 | — | — | 18 382 605 | — | 17.4 |
| 游戏机及零附件 | 吨 | 153 786 | 9 695 440 | -11.1 | 6.3 |
| 圣诞用品 | 吨 | 418 155 | 2 975 515 | 2.3 | -17.7 |
| 足球、篮球、排球 | 万个 | 23 044 | 483 961 | -0.3 | -6.9 |
| 打火机 | 百万个 | 5 229 | 454 965 | 11.3 | -0.8 |
| 艺术品、收藏品及古董 | — | — | 215 430 | — | -61.9 |
| 贵金属或包贵金属的首饰 | 千克 | 515 499 | 13 024 270 | -15.7 | -29.8 |
| 伞 | 万把 | 43 716 | 2 455 938 | -4.8 | -12.9 |
| 竹编结品 | 吨 | 25 552 | 141 654 | 3.9 | -6.1 |
| 藤编结品 | 吨 | 8 261 | 62 185 | -5.5 | -17.2 |
| 草编结品 | 吨 | 16 012 | 116 144 | -8.3 | -18.1 |
| 柳编结品 | 吨 | 50 474 | 444 691 | 0.9 | -1.7 |
| 农产品 | — | — | 72 675 133 | — | 3.6 |
| 机电产品 | — | — | 1 209 055 897 | — | -7.7 |
| 金属制品 | 万吨 | 2 988 | 83 630 044 | -0.7 | -12.4 |
| 机械设备 | — | — | 343 790 219 | — | -5.6 |
| 电器及电子产品 | — | — | 553 184 652 | — | -6.9 |
| 运输工具 | — | — | 92 887 205 | — | -13.4 |
| 仪器仪表 | — | — | 67 488 326 | — | -8.4 |
| 其他 | — | — | 68 075 450 | — | -9.4 |
| 高新技术产品 | — | — | 603 573 465 | — | -7.9 |
| 生物技术 | — | — | 638 156 | — | -7.2 |
| 生命科学技术 | — | — | 24 755 508 | — | 0.7 |
| 光电技术 | — | — | 30 614 499 | — | -14.3 |
| 计算机与通信技术 | — | — | 409 076 440 | — | -7.4 |
| 电子技术 | — | — | 110 977 351 | — | -11.5 |
| 计算机集成制造技术 | — | — | 13 261 073 | — | 6.1 |
| 材料技术 | — | 237 232 | 6 285 630 | 18.3 | 0.9 |
| 航空航天技术 | — | — | 7 157 120 | — | -2.2 |
| 其他技术 | — | — | 807 686 | — | 1.3 |

## 2016年中国进口主要商品量值表

单位：千美元

| 商品名称 | 计量单位 | 数　量 | 金　额 | 比上年±% | |
|---|---|---|---|---|---|
| | | | | 数　量 | 金　额 |
| 水海产品 | 万吨 | 265 | 7 075 431 | -2.4 | 8.1 |
| 其中： | | | | | |
| 冻鱼 | 万吨 | 194 | 3 237 720 | 2.5 | 5.2 |
| 肉及杂碎 | 吨 | 4 684 860 | 10 597 578 | 63.9 | 49.9 |
| 其中： | | | | | |
| 牛肉 | 吨 | 579 836 | 2 515 936 | 22.4 | 8.4 |
| 猪肉 | 吨 | 1 620 192 | 3 190 419 | 108.4 | 120.1 |
| 羊肉 | 吨 | 220 063 | 573 885 | -1.3 | -21.4 |
| 冻鸡 | 吨 | 569 132 | 1 229 811 | 44.3 | 36.8 |
| 鲜、干水果及坚果 | 万吨 | 399 | 5 719 320 | -7.1 | -2.6 |
| 其中： | | | | | |
| 香蕉（包括芭蕉） | 吨 | 887 192 | 585 607 | -17.4 | -24.4 |
| 鲜龙眼 | 吨 | 359 066 | 276 457 | 1.4 | -19.1 |
| 乳品 | 吨 | 2 246 337 | 6 807 745 | 21.2 | 12.5 |
| 其中： | | | | | |
| 奶粉 | 吨 | 825 540 | 4 486 954 | 14.2 | 12.9 |
| 粮食 | 万吨 | 11 468 | 41 504 311 | -8.1 | -11.2 |
| 其中： | | | | | |
| 木薯 | 万吨 | 770 | 1 395 075 | -17.8 | -34.2 |
| 谷物及谷物粉 | 万吨 | 2 199 | 5 705 236 | -32.8 | -39.3 |
| 其中： | | | | | |
| 玉米 | 万吨 | 317 | 638 557 | -33.0 | -42.4 |
| 小麦 | 万吨 | 341 | 815 852 | 13.5 | -9.5 |
| 其中： | | | | | |
| 小麦粉 | 吨 | 37 362 | 14 825 | 9.4 | -2.8 |
| 大麦 | 万吨 | 500 | 1 141 938 | -53.4 | -60.1 |
| 稻谷和大米 | 万吨 | 356 | 1 614 281 | 5.5 | 7.7 |
| 高粱 | 万吨 | 665 | 1 428 165 | -37.9 | -51.9 |
| 大豆 | 万吨 | 8 391 | 33 981 149 | 2.7 | -2.3 |
| 食用植物油 | 万吨 | 553 | 4 163 936 | -18.3 | -16.9 |
| 其中： | | | | | |
| 豆油 | 万吨 | 56 | 452 077 | -31.5 | -30.0 |
| 花生油 | 吨 | 106 963 | 150 985 | -16.2 | -11.3 |
| 橄榄油 | 吨 | 45 425 | 195 836 | 17.6 | 10.9 |

**2016 年中国进口主要商品量值表（续）**

单位：千美元

| 商品名称 | 计量单位 | 数 量 | 金 额 | 比上年±% | |
|---|---|---|---|---|---|
| | | | | 数 量 | 金 额 |
| 棕榈油 | 万吨 | 316 | 2 010 527 | -26.8 | -27.3 |
| 菜子油和芥子油 | 万吨 | 70 | 523 903 | -14.1 | -20.3 |
| 食糖 | 万吨 | 306 | 1 170 556 | -36.8 | -34.0 |
| 酒类 | 千升 | 2 234 849 | 4 343 772 | 35.9 | 16.3 |
| 其中： | | | | | |
| 啤酒 | 千升 | 646 379 | 665 671 | 20.1 | 15.7 |
| 葡萄酒 | 千升 | 668 401 | 3 014 878 | 14.7 | 13.0 |
| 饲料用鱼粉 | 万吨 | 104 | 1 613 400 | 1.1 | -9.9 |
| 豆饼、豆粕 | 吨 | 18 077 | 13 494 | -69.7 | -67.6 |
| 纸烟 | 万条 | 7 617 | 562 726 | 3.4 | 3.8 |
| 天然橡胶（包括胶乳） | 万吨 | 250 | 3 354 595 | -8.5 | -14.3 |
| 合成橡胶（包括胶乳） | 万吨 | 331 | 5 356 034 | 66.8 | 37.6 |
| 原木 | 万立方米 | 4 873 | 8 085 187 | 9.4 | 0.3 |
| 锯材 | 万立方米 | 3 150 | 8 137 759 | 19.0 | 8.4 |
| 胶合板及类似多层板 | 万立方米 | 19 | 138 551 | 17.0 | 14.2 |
| 其中： | | | | | |
| 木质薄板制胶合板 | 万立方米 | 17 | 105 434 | 16.6 | 9.8 |
| 纸浆 | 万吨 | 2 107 | 12 240 712 | 6.2 | -4.0 |
| 羊毛 | 吨 | 318 744 | 2 349 199 | -9.8 | -5.3 |
| 毛条 | 吨 | 5 097 | 38 089 | -58.8 | -59.5 |
| 棉花 | 万吨 | 90 | 1 570 084 | -39.1 | -38.9 |
| 二醋酸纤维丝束 | 吨 | 2 454 | 14 604 | -95.8 | -95.5 |
| 纺织用合成纤维 | 万吨 | 32 | 716 280 | -5.6 | -18.6 |
| 其中： | | | | | |
| 聚酯纤维 | 吨 | 123 680 | 168 960 | -2.4 | -11.0 |
| 聚丙烯腈纤维 | 吨 | 138 381 | 300 471 | -12.7 | -29.4 |
| 人造纤维短纤 | 吨 | 196 197 | 464 404 | -8.5 | 0.3 |
| 铁矿砂及其精矿 | 万吨 | 102 395 | 58 032 584 | 7.5 | 1.1 |
| 锰矿砂及其精矿 | 万吨 | 1 705 | 2 074 643 | 8.2 | 4.0 |
| 铜矿砂及其精矿 | 万吨 | 1 696 | 20 888 054 | 28.2 | 11.2 |
| 铬矿砂及其精矿 | 万吨 | 1 058 | 1 618 525 | 1.8 | -9.5 |
| 铅矿砂及其精矿 | 万吨 | 141 | 1 486 850 | -25.4 | -27.0 |
| 氧化铝 | 万吨 | 303 | 872 054 | -35.0 | -46.5 |
| 煤及褐煤 | 万吨 | 25 543 | 14 151 928 | 25.2 | 16.8 |
| 其中： | | | | | |
| 无烟煤 | 万吨 | 2 645 | 1 490 308 | 6.8 | 1.7 |

**2016 年中国进口主要商品量值表（续）**

单位：千美元

| 商品名称 | 计量单位 | 数 量 | 金 额 | 比上年±% | |
|---|---|---|---|---|---|
| | | | | 数 量 | 金 额 |
| 炼焦煤 | 万吨 | 5 923 | 4 703 966 | 23.8 | 23.1 |
| 其他烟煤 | 万吨 | 7 213 | 4 114 533 | 9.4 | 2.5 |
| 褐煤 | 万吨 | 7 210 | 2 641 618 | 49.4 | 33.6 |
| 原油 | 万吨 | 38 101 | 116 660 748 | 13.6 | -13.2 |
| 成品油 | 万吨 | 2 784 | 11 157 369 | -6.5 | -21.6 |
| 其中： | | | | | |
| 汽油 | 吨 | 207 699 | 90 460 | 22.0 | -5.4 |
| 煤油 | 万吨 | 349 | 1 495 420 | 1.0 | -22.6 |
| 柴油 | 万吨 | 92 | 364 625 | 113.9 | 61.0 |
| 其他燃料油 | 万吨 | 1 174 | 2 690 307 | -23.8 | -46.7 |
| 天然气 | 万吨 | 5 403 | 16 488 994 | 22.0 | -10.8 |
| 其中： | | | | | |
| 液化天然气 | 万吨 | 2 606 | 8 935 078 | 32.8 | 1.6 |
| 气态天然气 | 万吨 | 2 797 | 7 553 916 | 13.3 | -22.1 |
| 电流 | 万千瓦时 | 618 506 | 319 770 | -0.4 | -5.0 |
| 甲苯 | 吨 | 763 934 | 472 470 | 1.8 | -9.8 |
| 二甲苯 | 万吨 | 1 267 | 9 927 658 | 5.0 | -2.5 |
| 苯乙烯 | 万吨 | 350 | 3 650 064 | -6.5 | -12.3 |
| 乙二醇 | 万吨 | 752 | 4 850 774 | -13.7 | -29.9 |
| 异氰酸酯 | 吨 | 139 491 | 408 107 | -16.2 | -6.8 |
| 对苯二甲酸 | 万吨 | 50 | 302 426 | -33.2 | -36.8 |
| 己内酰胺 | 吨 | 221 290 | 277 854 | -0.7 | -23.0 |
| 医药品 | 吨 | 124 078 | 22 094 915 | 16.9 | 8.6 |
| 其中： | | | | | |
| 抗菌素（制剂除外） | 吨 | 529 | 443 119 | -10.5 | 31.8 |
| 抗菌素制剂 | 吨 | 8 172 | 1 137 194 | -9.3 | 0.4 |
| 美容化妆品及护肤品 | 吨 | 98 920 | 3 996 928 | 27.0 | 30.4 |
| 肥料 | 万吨 | 832 | 2 404 446 | -25.5 | -38.9 |
| 其中： | | | | | |
| 矿物肥料及化肥 | 万吨 | 832 | 2 400 710 | -25.4 | -38.8 |
| 其中： | | | | | |
| 尿素 | 吨 | 65 794 | 15 948 | 761.2 | 331.9 |
| 氮、磷、钾复合肥 | 万吨 | 113 | 554 261 | -22.6 | -32.9 |
| 磷酸氢二铵 | 万吨 | 3 | 14 259 | -61.4 | -66.5 |
| 氯化钾 | 万吨 | 682 | 1 721 776 | -27.6 | -42.0 |
| 硫酸钾 | 万吨 | 5 | 17 075 | 11.1 | -33.1 |

## 2016年中国进口主要商品量值表（续）

单位：千美元

| 商品名称 | 计量单位 | 数 量 | 金 额 | 比上年±% | |
|---|---|---|---|---|---|
| | | | | 数 量 | 金 额 |
| 合成有机染料 | 吨 | 31 894 | 333 196 | 3.3 | -2.9 |
| 钛白粉 | 吨 | 199 885 | 494 551 | -2.0 | -3.6 |
| 聚合物油漆及清漆 | 吨 | 154 521 | 820 791 | -2.4 | 2.5 |
| 感光材料 | — | — | 795 517 | — | -13.0 |
| 初级形状的塑料 | 万吨 | 2 572 | 41 366 292 | -1.4 | -8.1 |
| 其中： | | | | | |
| 初级形状的聚乙烯 | 万吨 | 733 | 8 511 588 | 0.3 | -8.7 |
| 初级形状的线型低密度聚乙烯 | 万吨 | 261 | 3 140 812 | 1.9 | -4.7 |
| 初级形状的聚丙烯 | 万吨 | 302 | 3 525 937 | -11.1 | -20.6 |
| 初级形状的苯乙烯聚合物 | 万吨 | 291 | 4 639 520 | 1.1 | -8.0 |
| 其中： | | | | | |
| ABS树脂 | 万吨 | 169 | 2 757 328 | 4.1 | -7.8 |
| 初级形状的聚氯乙烯 | 万吨 | 87 | 863 681 | -6.3 | -8.1 |
| 初级形状的聚酯 | 万吨 | 196 | 5 121 450 | -16.9 | -10.7 |
| 其中： | | | | | |
| 聚酯切片（PET） | 万吨 | 18 | 272 129 | 7.4 | 3.5 |
| 聚酰胺切片 | 万吨 | 73 | 1 673 950 | -3.5 | -15.4 |
| 非泡沫塑料的板、片、膜、箔 | 万吨 | 74 | 6 331 629 | -5.1 | -5.0 |
| 废塑料 | 万吨 | 735 | 3 694 711 | -0.1 | -11.7 |
| 杀虫剂、除草剂及类似品 | 吨 | 84 797 | 674 962 | -5.8 | -9.8 |
| 牛皮革及马皮革 | 吨 | 742 681 | 3 045 661 | -10.8 | -19.8 |
| 废纸 | 万吨 | 2 850 | 4 988 900 | -2.7 | -5.6 |
| 纸及纸板（未切成形的） | 万吨 | 297 | 3 280 418 | 3.7 | -2.0 |
| 其中： | | | | | |
| 新闻纸 | 万吨 | 6 | 29 813 | 1.4 | -2.6 |
| 牛皮纸 | 万吨 | 102 | 704 741 | 12.6 | 2.2 |
| 瓦楞原纸 | 万吨 | 8 | 36 281 | -1.8 | -5.9 |
| 涂布纸 | 万吨 | 119 | 1 660 209 | -3.0 | -4.9 |
| 纺织纱线、织物及制品 | — | — | 16 765 959 | — | -12.1 |
| 其中： | | | | | |
| 毛纱线 | 吨 | 11 623 | 180 958 | -27.3 | -25.9 |
| 棉纱线 | 万吨 | 197 | 5 130 744 | -15.9 | -19.5 |
| 合成纤维纱线 | 吨 | 336 985 | 1 514 412 | 0.3 | -7.6 |
| 其中： | | | | | |
| 聚酰胺纤维长丝（缝纫线除外） | 吨 | 123 659 | 580 648 | -3.8 | -5.5 |
| 聚酯纤维长丝（缝纫线除外） | 吨 | 124 445 | 320 386 | 12.4 | 6.3 |

## 2016年中国进口主要商品量值表（续）

单位：千美元

| 商品名称 | 计量单位 | 数 量 | 金 额 | 比上年±% | |
|---|---|---|---|---|---|
| | | | | 数 量 | 金 额 |
| 丝织物 | — | — | 44 025 | — | -12.6 |
| 棉机织物 | — | — | 957 794 | — | -23.3 |
| 合成纤维长丝机织物 | 万米 | 82 217 | 1 392 672 | -7.0 | -10.3 |
| 合成短纤与棉混纺机织物 | 万米 | 5 762 | 106 502 | -8.1 | -8.8 |
| 化纤起绒、绳绒及毛圈机织物 | 万米 | 373 | 19 164 | -26.8 | -19.1 |
| 涂覆浸渍塑料的织物 | 吨 | 80 257 | 910 171 | -11.9 | -9.2 |
| 针织或钩编织物 | 万米 | 93 004 | 1 704 356 | -19.3 | -7.7 |
| 服装及衣着附件 | — | — | 6 467 280 | — | -1.5 |
| 玻璃纤维及其制品 | 吨 | 195 545 | 821 766 | -17.7 | -10.0 |
| 钻石 | 千克 | 2 047 | 7 660 205 | -0.6 | 2.8 |
| 废金属 | 万吨 | 744 | 9 322 005 | -8.1 | -25.4 |
| 其中： | | | | | |
| 废钢 | 万吨 | 216 | 929 832 | -7.2 | -21.8 |
| 废铜 | 万吨 | 335 | 6 175 252 | -8.5 | -26.4 |
| 废铝 | 万吨 | 192 | 2 201 243 | -8.1 | -23.5 |
| 钢坯及粗锻件 | 万吨 | 25 | 170 253 | -1.0 | 0.1 |
| 钢材 | 万吨 | 1 322 | 13 153 123 | 3.4 | -8.2 |
| 其中： | | | | | |
| 钢铁棒材 | 万吨 | 118 | 1 425 695 | 10.1 | -0.8 |
| 角钢及型钢 | 万吨 | 35 | 268 176 | -1.6 | -16.5 |
| 钢铁板材 | 万吨 | 1 108 | 8 885 139 | 2.9 | -9.0 |
| 钢铁管材及空心异形材 | 万吨 | 39 | 1 463 140 | 4.7 | -9.7 |
| 钢铁制标准紧固件 | 吨 | 303 553 | 2 938 040 | 6.0 | 3.2 |
| 未锻轧铜及铜材 | 万吨 | 495 | 26 400 094 | 2.9 | -8.9 |
| 其中： | | | | | |
| 未锻轧铜（包括铜合金） | 万吨 | 439 | 21 584 739 | 3.3 | -9.8 |
| 铜材 | 吨 | 563 022 | 4 815 355 | 0.0 | -4.9 |
| 未锻轧铝及铝材 | 吨 | 646 454 | 2 909 525 | -7.1 | -10.9 |
| 其中： | | | | | |
| 未锻轧铝（包括铝合金） | 吨 | 255 635 | 489 095 | 14.3 | 6.1 |
| 铝材 | 吨 | 390 819 | 2 420 430 | -17.2 | -13.7 |
| 钢铁或铝制结构体及其部件 | 吨 | 182 555 | 604 331 | 7.6 | -36.7 |
| 蒸汽锅炉及过热水锅炉 | 台 | 349 | 41 484 | 59.4 | 65.6 |
| 活塞式内燃机的零件 | 吨 | 199 893 | 3 267 623 | -4.9 | -2.3 |
| 涡轮喷气发动机 | 台 | 517 | 2 529 409 | 14.9 | 19.6 |
| 液泵及液体提升机 | 万台 | 7 563 | 3 288 495 | -21.6 | -4.8 |

**2016年中国进口主要商品量值表（续）**

单位：千美元

| 商品名称 | 计量单位 | 数 量 | 金 额 | 比上年±% | |
|---|---|---|---|---|---|
| | | | | 数 量 | 金 额 |
| 制冷设备用压缩机 | 万台 | 995 | 919 576 | -1.8 | -7.5 |
| 空气调节器 | 台 | 33 980 | 105 822 | -19.2 | -19.4 |
| 冷冻机和制冷设备 | 台 | 322 359 | 838 024 | -19.8 | -21.5 |
| 家用空气净化器 | 个 | 652 289 | 107 323 | 32.4 | 24.0 |
| 非家用型水的过滤、净化机器 | 台 | 359 692 | 261 993 | 19.3 | -27.6 |
| 饮料及液体食品灌装设备 | 台 | 330 | 202 812 | -80.2 | -33.2 |
| 机械提升搬运装卸设备及零件 | — | — | 3 797 927 | — | -27.4 |
| 其中： | | | | | |
| 载客电梯 | 台 | 2 093 | 145 973 | 23.0 | 8.1 |
| 建筑及采矿用机械及零件 | — | — | 2 155 424 | — | -23.2 |
| 食品、饮料工业用加工机械及零件 | — | — | 328 657 | — | -16.8 |
| 制造纸及纸制品用机械及零件 | — | — | 514 077 | — | -13.9 |
| 印刷、装订机械及零件 | — | — | 7 294 107 | — | -12.6 |
| 纺织机械及零件 | — | — | 2 566 355 | — | -13.0 |
| 其中： | | | | | |
| 纺织纱线生产及预处理机 | 台 | 4 001 | 465 905 | 21.1 | -8.1 |
| 织机 | 台 | 8 145 | 340 352 | -2.2 | -9.2 |
| 针织机及缝编机 | 台 | 9 092 | 360 067 | -1.0 | 5.8 |
| 纱线织物等后整理机器 | 台 | 12 235 | 333 589 | 2.1 | -10.9 |
| 工业用缝纫机 | 台 | 31 166 | 107 478 | -11.9 | -7.1 |
| 金属加工机床 | 台 | 69 655 | 7 513 496 | -19.0 | -12.8 |
| 其中： | | | | | |
| 加工中心 | 台 | 21 026 | 2 752 091 | -35.3 | -16.5 |
| 数控机床 | 台 | 11 319 | 2 612 392 | -16.8 | -13.1 |
| 金属轧机及零件 | — | — | 353 580 | — | 14.7 |
| 橡胶或塑料加工机械及零件 | — | — | 2 294 486 | — | -8.2 |
| 型模及金属铸造用型箱 | — | — | 1 194 272 | — | -17.6 |
| 阀门 | 万套 | 85 923 | 5 388 166 | 18.9 | -4.8 |
| 自动数据处理设备及其部件 | 万台 | 55 682 | 27 182 465 | -22.7 | -1.7 |
| 其中： | | | | | |
| 自动数据处理设备 | 万台 | 399 | 1 592 320 | 47.2 | 15.7 |
| 中央处理部件 | 万台 | 1 273 | 2 511 888 | -8.2 | 2.3 |
| 存储部件 | 万台 | 31 421 | 18 135 696 | 1.7 | 4.4 |
| 自动数据处理设备的零件 | 吨 | 84 301 | 12 742 521 | -14.2 | -20.2 |
| 制造单晶柱或晶圆用的机器及装置 | 台 | 2 608 | 643 849 | 16.3 | 49.2 |
| 制造半导体器件或集成电路用的机器及装置 | 台 | — | — | 17.4 | 16.5 |

**2016 年中国进口主要商品量值表（续）**

单位：千美元

| 商品名称 | 计量单位 | 数　量 | 金　额 | 比上年±% | |
|---|---|---|---|---|---|
| | | | | 数　量 | 金　额 |
| 制造平板显示器用的机器及装置 | 台 | 3 864 | 4 253 860 | -20.5 | -1.0 |
| 电动机及发电机 | 万台 | 130 816 | 3 782 009 | -12.3 | -6.6 |
| 发电机组及旋转式变流机 | 台 | 195 005 | 752 885 | 48.4 | -29.9 |
| 其中： | | | | | |
| 风力发电机组 | 台 | 59 | 1 745 | 90.3 | 14.6 |
| 变压、整流、电感器及零件 | — | — | 10 805 256 | — | -8.1 |
| 蓄电池 | 万个 | 184 460 | 3 598 946 | -1.3 | -5.9 |
| 其中： | | | | | |
| 铅酸蓄电池 | 万个 | 919 | 310 030 | 15.3 | -7.4 |
| 电话机 | 万台 | 1 507 | 2 554 871 | -18.5 | -16.5 |
| 数字式程控电话或电报交换机 | 台 | 5 806 | 20 142 | -44.2 | -50.2 |
| 无线电导航雷达及遥控设备 | 万台 | 2 729 | 899 641 | 36.0 | 14.3 |
| 激光视盘放像机 | 台 | 168 489 | 75 833 | 90.9 | 726.9 |
| 电视摄像机、数字照相机及视频摄录一体机 | 万台 | 38 481 | 5 741 603 | -51.1 | -40.6 |
| 声音录制或重放设备 | 万台 | 41 | 38 371 | 44.6 | 37.1 |
| 收音设备（包括收录音组合机及整套散件） | 万台 | 161 | 252 506 | -7.0 | -16.6 |
| 彩色电视机 | 台 | 116 492 | 43 461 | 99.2 | 121.6 |
| 电视机、收音机及无线电讯设备的零附件 | 吨 | 30 702 | 9 376 510 | -10.2 | 26.2 |
| 电容器 | 吨 | 71 950 | 7 953 149 | -6.2 | -21.4 |
| 电阻器 | 吨 | 16 794 | 2 207 848 | 1.7 | -1.9 |
| 印刷电路 | 万块 | 3 980 178 | 10 305 354 | 3.1 | -15.1 |
| 通断保护电路装置及零件 | — | — | 22 872 102 | — | 0.6 |
| 电视显像管 | 只 | — | — | — | — |
| 其中： | | | | | |
| 彩色显像管 | 只 | — | — | — | — |
| 彩色数据/图形显示管 | 只 | 41 901 | 75 | 39.7 | 44.3 |
| 二极管及类似半导体器件 | 百万个 | 483 432 | 20 043 745 | -5.6 | -9.4 |
| 集成电路 | 百万个 | 342 306 | 226 928 833 | 9.0 | -1.3 |
| 电线和电缆 | 吨 | 241 031 | 4 805 163 | -8.3 | -8.8 |
| 铁道电力机车 | 辆 | 13 | 976 | -90.4 | -75.5 |
| 汽车 | 万辆 | 107 | 44 484 130 | -2.4 | -0.4 |
| 其中： | | | | | |
| 小轿车 | 辆 | 377 370 | 13 500 430 | 7.1 | -2.2 |
| 四轮驱动轻型越野车 | 辆 | 465 739 | 22 677 898 | -1.3 | 0.1 |
| 小客车（九座及以下） | 辆 | 206 190 | 6 897 262 | -22.0 | -8.3 |
| 货车 | 辆 | 7 743 | 376 795 | 58.5 | 25.7 |

**2016年中国进口主要商品量值表（续）**

单位：千美元

| 商品名称 | 计量单位 | 数 量 | 金 额 | 比上年±% | |
|---|---|---|---|---|---|
| | | | | 数 量 | 金 额 |
| 非公路用自卸车 | 辆 | 27 | 7 613 | -30.8 | -44.7 |
| 专用汽车 | 辆 | 179 | 75 176 | -15.2 | -39.2 |
| 30座及以上的客车 | 辆 | 14 | 4 436 | -77.8 | -62.0 |
| 10座至29座的客车 | 辆 | 723 | 30 007 | -13.5 | -16.4 |
| 装有引擎的汽车底盘 | 台 | 1 888 | 184 276 | -12.7 | -20.4 |
| 汽车零配件 | — | — | 29 937 742 | — | 8.9 |
| 飞机及其他航空器 | 架 | 7 385 | 20 432 497 | -89.2 | -13.5 |
| 其中： | | | | | |
| 空载重量超过2吨的飞机 | 架 | 430 | 20 145 230 | 0.2 | -13.7 |
| 航空器零件 | 吨 | 4 756 | 2 193 146 | 6.2 | 2.0 |
| 船舶 | 艘 | 3 682 | 943 422 | 7.1 | 18.5 |
| 液晶显示板 | 万个 | 240 494 | 31 759 370 | -15.0 | -20.1 |
| 医疗仪器及器械 | — | — | 8 979 567 | — | 9.9 |
| 计量检测分析自控仪器及器具 | — | — | 30 136 252 | — | 4.4 |
| 手表 | 万只 | 1 348 | 1 845 299 | -11.3 | -8.3 |
| 其中： | | | | | |
| 机械手表 | 万只 | 205 | 1 212 795 | -9.5 | -4.1 |
| 电动手表 | 万只 | 1 143 | 632 504 | -11.6 | -15.5 |
| 已组装的完整表芯 | 万只 | 19 868 | 399 383 | -31.7 | -6.7 |
| 印刷品 | 吨 | 61 129 | 1 641 709 | -8.8 | -1.9 |
| 塑料制品 | 吨 | 443 304 | 4 699 744 | 2.6 | 1.9 |
| 农产品 | — | — | 110 661 852 | — | -4.6 |
| 机电产品 | — | — | 771 385 297 | — | -4.2 |
| 金属制品 | 万吨 | 132 | 15 117 455 | -0.9 | -4.1 |
| 机械设备 | — | — | 147 659 933 | — | -6.0 |
| 电器及电子产品 | — | — | 412 884 845 | — | -3.7 |
| 运输工具 | — | — | 97 333 636 | — | -0.6 |
| 仪器仪表 | — | — | 92 688 922 | — | -7.0 |
| 其他 | — | — | 5 700 506 | — | -4.6 |
| 高新技术产品 | — | — | 523 620 581 | — | -4.3 |
| 生物技术 | — | — | 1 286 034 | — | 14.2 |
| 生命科学技术 | — | — | 28 321 630 | — | 6.1 |
| 光电技术 | — | — | 41 973 379 | — | -15.0 |
| 计算机与通信技术 | — | — | 107 385 709 | — | -8.2 |
| 电子技术 | — | — | 272 281 329 | — | -2.2 |
| 计算机集成制造技术 | — | — | 36 291 012 | — | 1.3 |
| 材料技术 | 吨 | 64 730 | 4 033 258 | -14.6 | -16.1 |
| 航空航天技术 | — | — | 31 143 827 | — | -5.5 |
| 其他技术 | — | — | 904 404 | — | 2.4 |

## 2016年中国对部分国家（地区）出口商品类章金额表

单位：千美元

| 类 章 | 缅 甸 | 中国香港 | 印 度 | 印度尼西亚 |
|---|---|---|---|---|
| **总 值** | **8 188 681** | **287 253 021** | **58 415 344** | **32 126 127** |
| 第1类 活动物；动物产品 | 21 341 | 2 832 038 | 8 276 | 122 325 |
| 01章 活动物 | 0 | 536 717 | — | 78 |
| 02章 肉及食用杂碎 | 33 | 680 272 | — | — |
| 03章 鱼及其他水生无脊椎动物 | 2 | 1 368 890 | 1 699 | 99 860 |
| 04章 乳；蛋；蜂蜜；其他食用动物产品 | 2 250 | 177 075 | 88 | 557 |
| 05章 其他动物产品 | 19 056 | 69 085 | 6 489 | 21 830 |
| 第2类 植物产品 | 224 473 | 2 849 474 | 314 827 | 1 054 260 |
| 06章 活植物；茎、根；插花、簇叶 | 12 267 | 12 825 | 1 574 | 261 |
| 07章 食用蔬菜、根及块茎 | 4 224 | 1 421 010 | 59 563 | 714 944 |
| 08章 食用水果及坚果；甜瓜等水果的果皮 | 145 461 | 479 574 | 173 699 | 251 808 |
| 09章 咖啡、茶、马黛茶及调味香料 | 34 902 | 428 132 | 16 657 | 11 066 |
| 10章 谷物 | 620 | 15 088 | 0 | 5 647 |
| 11章 制粉工业产品；麦芽；淀粉等 | 13 331 | 60 519 | 15 607 | 28 634 |
| 12章 油籽；子仁；工业或药用植物；饲料 | 13 192 | 355 238 | 11 876 | 7 969 |
| 13章 虫胶；树胶、树脂及其他植物液、汁 | 471 | 62 568 | 35 584 | 33 818 |
| 14章 编结用植物材料；其他植物产品 | 5 | 14 520 | 268 | 112 |
| 第3类 动、植物油、脂、蜡；精制食用油脂 | 185 | 65 052 | 4 038 | 7 317 |
| 15章 动、植物油、脂、蜡；精制食用油脂 | 185 | 65 052 | 4 038 | 7 317 |
| 第4类 食品；饮料、酒及醋；烟草及制品 | 128 572 | 4 140 846 | 98 624 | 774 232 |
| 16章 肉、鱼及其他水生无脊椎动物的制品 | 1 124 | 1 002 064 | 751 | 33 159 |
| 17章 糖及糖食 | 7 980 | 49 622 | 11 245 | 187 961 |
| 18章 可可及可可制品 | 78 | 98 449 | 4 741 | 10 791 |
| 19章 谷物粉、淀粉等或乳的制品；糕饼 | 9 101 | 375 008 | 1 134 | 14 537 |
| 20章 蔬菜、水果等或植物其他部分的制品 | 707 | 209 214 | 21 430 | 93 117 |
| 21章 杂项食品 | 53 320 | 613 673 | 25 860 | 143 389 |
| 22章 饮料、酒及醋 | 29 664 | 1 497 599 | 4 645 | 2 040 |
| 23章 食品工业的残渣及废料；配制的饲料 | 5 258 | 8 558 | 23 174 | 98 438 |
| 24章 烟草、烟草及烟草代用品的制品 | 21 341 | 286 659 | 5 643 | 190 800 |
| 第5类 矿产品 | 142 669 | 5 669 201 | 627 828 | 565 902 |
| 25章 盐；硫磺；土及石料；石灰及水泥等 | 10 595 | 182 800 | 83 427 | 80 514 |
| 26章 矿砂、矿渣及矿灰 | 30 | 7 776 | 6 241 | 4 666 |
| 27章 矿物燃料、矿物油及其产品；沥青等 | 132 044 | 5 478 624 | 538 160 | 480 722 |
| 第6类 化学工业及其相关工业的产品 | 372 250 | 2 163 331 | 9 124 614 | 3 213 965 |
| 28章 无机化学品；贵金属等的化合物 | 27 101 | 191 644 | 514 917 | 442 683 |
| 29章 有机化学品 | 75 232 | 225 638 | 5 671 319 | 997 388 |
| 30章 药品 | 36 289 | 327 977 | 276 277 | 71 825 |
| 31章 肥料 | 123 625 | 1 770 | 1 540 321 | 463 736 |
| 32章 鞣料；着色料；涂料；油灰；墨水等 | 6 354 | 189 782 | 381 424 | 403 742 |
| 33章 精油及香膏；香料制品及化妆盥洗品 | 7 649 | 344 655 | 79 021 | 117 171 |
| 34章 洗涤剂、润滑剂、人造蜡、塑型膏等 | 15 080 | 201 728 | 75 048 | 70 502 |
| 35章 蛋白类物质；改性淀粉；胶；酶 | 11 496 | 195 560 | 127 241 | 100 161 |
| 36章 炸药；烟火；引火品；易燃材料制品 | 5 830 | 3 199 | 39 | 33 323 |
| 37章 照相及电影用品 | 7 673 | 100 205 | 62 775 | 40 901 |
| 38章 杂项化学产品 | 55 921 | 381 173 | 396 232 | 472 534 |
| 第7类 塑料及其制品；橡胶及其制品 | 348 552 | 4 713 984 | 2 599 071 | 1 419 463 |
| 39章 塑料及其制品 | 240 895 | 4 425 145 | 2 245 071 | 1 151 870 |
| 40章 橡胶及其制品 | 107 657 | 288 839 | 354 001 | 267 593 |
| 第8类 革、毛皮及制品；箱包；肠线制品 | 36 054 | 2 408 276 | 483 569 | 282 235 |
| 41章 生皮（毛皮除外）及皮革 | 4 272 | 236 712 | 21 122 | 33 147 |
| 42章 皮革制品；旅行箱包；动物肠线制品 | 15 666 | 2 043 391 | 460 623 | 241 482 |
| 43章 毛皮、人造毛皮及其制品 | 16 116 | 128 173 | 1 824 | 7 605 |
| 第9类 木及制品；木炭；软木；编结品 | 29 956 | 289 586 | 228 366 | 88 920 |
| 44章 木及木制品；木炭 | 29 112 | 278 639 | 223 587 | 88 132 |
| 45章 软木及软木制品 | 0 | 269 | 38 | 162 |
| 46章 编结材料制品；篮筐及柳条编结品 | 844 | 10 678 | 4 741 | 625 |
| 第10类 纤维素浆；废纸；纸、纸板及其制品 | 88 527 | 2 086 023 | 550 216 | 293 640 |
| 47章 木浆等纤维状纤维素浆；废纸及纸板 | 428 | 718 | 1 716 | 2 482 |
| 48章 纸及纸板；纸浆、纸或纸板制品 | 77 880 | 1 317 142 | 519 911 | 277 091 |
| 49章 印刷品；手稿、打字稿及设计图纸 | 10 219 | 768 163 | 28 588 | 14 067 |

## 2016年中国对部分国家（地区）出口商品类章金额表（续）

单位：千美元

| 类 章 | 缅 甸 | 中国香港 | 印 度 | 印度尼西亚 |
|---|---|---|---|---|
| 第11类 纺织原料及纺织制品 | 1 222 540 | 14 266 178 | 4 088 676 | 4 028 942 |
| 50章 蚕丝 | 7 784 | 66 359 | 237 311 | 11 357 |
| 51章 羊毛等动物毛；马毛纱线及其机织物 | 17 943 | 341 643 | 38 759 | 74 104 |
| 52章 棉花 | 169 965 | 1 553 102 | 191 601 | 506 264 |
| 53章 其他植物纤维；纸纱线及其机织物 | 13 755 | 135 164 | 105 013 | 27 568 |
| 54章 化学纤维长丝 | 183 393 | 346 487 | 475 976 | 891 920 |
| 55章 化学纤维短纤 | 288 743 | 343 211 | 350 941 | 536 066 |
| 56章 絮胎、毡呢及无纺织物；线绳制品等 | 44 568 | 146 762 | 111 262 | 124 626 |
| 57章 地毯及纺织材料的其他铺地制品 | 16 009 | 54 568 | 47 364 | 31 673 |
| 58章 特种机织物；簇绒织物；刺绣品等 | 48 307 | 592 516 | 123 907 | 134 367 |
| 59章 浸、包或层压织物；工业用纺织制品 | 61 606 | 337 664 | 647 180 | 373 363 |
| 60章 针织物及钩编织物 | 211 777 | 1 600 229 | 510 670 | 633 024 |
| 61章 针织或钩编的服装及衣着附件 | 43 888 | 4 126 052 | 399 909 | 245 267 |
| 62章 非针织或非钩编的服装及衣着附件 | 14 095 | 4 114 208 | 403 661 | 326 364 |
| 63章 其他纺织制品；成套物品；旧纺织品 | 100 708 | 508 211 | 445 121 | 112 981 |
| 第12类 鞋帽伞等；羽毛品；人造花；人发品 | 56 079 | 1 879 545 | 786 623 | 467 706 |
| 64章 鞋靴、护腿和类似品及其零件 | 36 421 | 1 541 017 | 580 151 | 354 291 |
| 65章 帽类及其零件 | 3 633 | 159 406 | 49 534 | 16 174 |
| 66章 伞、手杖、鞭子、马鞭及其零件 | 13 839 | 74 069 | 92 059 | 64 217 |
| 67章 加工羽毛及制品；人造花；人发制品 | 2 187 | 105 052 | 64 879 | 33 024 |
| 第13类 矿物材料制品；陶瓷品；玻璃及制品 | 209 057 | 2 240 128 | 1 501 040 | 774 019 |
| 68章 矿物材料的制品 | 41 078 | 530 475 | 305 598 | 144 707 |
| 69章 陶瓷产品 | 123 913 | 286 694 | 517 046 | 390 024 |
| 70章 玻璃及其制品 | 44 066 | 1 422 959 | 678 396 | 239 288 |
| 第14类 珠宝、贵金属及制品；仿首饰；硬币 | 69 547 | 14 727 020 | 108 594 | 29 179 |
| 71章 珠宝、贵金属及制品；仿首饰；硬币 | 69 547 | 14 727 020 | 108 594 | 29 179 |
| 第15类 贱金属及其制品 | 1 274 495 | 4 699 780 | 4 627 804 | 4 314 747 |
| 72章 钢铁 | 737 094 | 839 199 | 1 496 253 | 2 017 213 |
| 73章 钢铁制品 | 338 601 | 1 493 389 | 1 308 395 | 1 077 489 |
| 74章 铜及其制品 | 6 148 | 363 252 | 152 890 | 174 469 |
| 75章 镍及其制品 | 28 | 40 920 | 18 329 | 2 317 |
| 76章 铝及其制品 | 140 516 | 797 560 | 650 612 | 429 123 |
| 78章 铅及其制品 | 655 | 2 711 | 579 | 10 125 |
| 79章 锌及其制品 | 1 567 | 32 797 | 10 753 | 3 951 |
| 80章 锡及其制品 | 12 | 6 668 | 979 | 183 |
| 81章 其他贱金属、金属陶瓷及其制品 | 224 | 57 647 | 135 954 | 20 923 |
| 82章 贱金属器具、利口器、餐具及零件 | 12 968 | 351 683 | 380 715 | 223 437 |
| 83章 贱金属杂项制品 | 36 682 | 713 954 | 472 346 | 355 517 |
| 第16类 机电、音像设备及其零件、附件 | 2 447 156 | 190 891 711 | 27 270 127 | 11 373 225 |
| 84章 核反应堆、锅炉、机械器具及零件 | 938 642 | 42 670 965 | 10 367 161 | 5 827 160 |
| 85章 电机、电气、音像设备及其零附件 | 1 508 514 | 148 220 745 | 16 902 967 | 5 546 065 |
| 第17类 车辆、航空器、船舶及运输设备 | 1 003 945 | 6 923 471 | 1 660 803 | 1 146 455 |
| 86章 铁道车辆；轨道装置；信号设备 | 29 995 | 1 014 634 | 101 940 | 35 791 |
| 87章 车辆及其零附件，但铁道车辆除外 | 906 113 | 838 586 | 1 165 877 | 884 959 |
| 88章 航空器、航天器及其零件 | 41 | 447 661 | 3 760 | 1 923 |
| 89章 船舶及浮动结构体 | 67 796 | 4 622 590 | 389 226 | 223 782 |
| 第18类 光学、医疗等仪器；钟表；乐器 | 41 448 | 17 411 651 | 1 806 544 | 811 027 |
| 90章 光学、照相、医疗等设备及零附件 | 39 209 | 14 841 419 | 1 691 698 | 719 256 |
| 91章 钟表及其零件 | 2 160 | 2 517 442 | 87 758 | 33 710 |
| 92章 乐器及其零件、附件 | 80 | 52 791 | 27 089 | 58 061 |
| 第19类 武器、弹药及其零件、附件 | — | 10 005 | 168 | 204 |
| 93章 武器、弹药及其零件、附件 | — | 10 005 | 168 | 204 |
| 第20类 杂项制品 | 161 061 | 6 783 870 | 2 492 516 | 1 341 310 |
| 94章 家具；寝具等；灯具；活动房 | 72 719 | 3 675 929 | 1 656 867 | 743 857 |
| 95章 玩具、游戏或运动用品及其零附件 | 12 425 | 2 413 701 | 389 325 | 270 574 |
| 96章 杂项制品 | 75 917 | 694 241 | 446 324 | 326 879 |
| 第21类 艺术品、收藏品及古物 | 27 | 41 017 | 421 | 205 |
| 97章 艺术品、收藏品及古物 | 27 | 41 017 | 421 | 205 |
| 第22类 特殊交易品及未分类商品 | 310 746 | 160 835 | 32 600 | 16 850 |
| 98章 特殊交易品及未分类商品 | 310 746 | 160 835 | 32 600 | 16 850 |

## 2016年中国对部分国家（地区）出口商品类章金额表（续）

单位：千美元

| 类 章 | 伊 朗 | 日 本 | 中国澳门 | 马来西亚 |
|---|---|---|---|---|
| **总 值** | **16 418 661** | **129 410 003** | **3 141 175** | **37 671 775** |
| 第1类 活动物；动物产品 | 103 749 | 2 280 155 | 165 361 | 485 237 |
| 01章 活动物 | — | 5 105 | 57 222 | 46 |
| 02章 肉及食用杂碎 | — | 295 | 41 066 | 30 194 |
| 03章 鱼及其他水生无脊椎动物 | 103 476 | 2 008 043 | 51 278 | 439 429 |
| 04章 乳；蛋；蜂蜜；其他食用动物产品 | 45 | 121 562 | 15 624 | 4 367 |
| 05章 其他动物产品 | 228 | 145 151 | 171 | 11 201 |
| 第2类 植物产品 | 230 604 | 2 312 377 | 37 283 | 1 320 801 |
| 06章 活植物；茎、根；插花、簇叶 | 23 | 98 399 | 4 032 | 5 627 |
| 07章 食用蔬菜、根及块茎 | 6 289 | 1 291 867 | 15 376 | 719 224 |
| 08章 食用水果及坚果；甜瓜等水果的果皮 | 100 | 148 616 | 7 195 | 396 738 |
| 09章 咖啡、茶、马黛茶及调味香料 | 12 387 | 149 991 | 2 020 | 114 691 |
| 10章 谷物 | 56 | 44 855 | 271 | 369 |
| 11章 制粉工业产品；麦芽；淀粉等 | 30 | 32 297 | 3 592 | 7 802 |
| 12章 油籽；子仁；工业或药用植物；饲料 | 206 381 | 352 739 | 2 213 | 59 791 |
| 13章 虫胶；树胶、树脂及其他植物液、汁 | 5 330 | 172 463 | — | 14 498 |
| 14章 编结用植物材料；其他植物产品 | 8 | 21 149 | 2 584 | 2 061 |
| 第3类 动、植物油、脂、蜡；精制食用油脂 | 761 | 29 363 | 3 019 | 8 698 |
| 15章 动、植物油、脂、蜡；精制食用油脂 | 761 | 29 363 | 3 019 | 8 698 |
| 第4类 食品；饮料、酒及醋；烟草及制品 | 80 487 | 5 296 437 | 173 780 | 760 084 |
| 16章 肉、鱼及其他水生无脊椎动物的制品 | 17 | 2 487 154 | 22 374 | 136 881 |
| 17章 糖及糖食 | 7 286 | 12 591 | 6 189 | 77 125 |
| 18章 可可及可可制品 | 17 | 24 434 | 160 | 13 257 |
| 19章 谷物粉、淀粉等或乳的制品；糕饼 | 2 190 | 217 686 | 26 572 | 47 077 |
| 20章 蔬菜、水果等或植物其他部分的制品 | 33 847 | 1 611 970 | 2 361 | 221 217 |
| 21章 杂项食品 | 3 106 | 215 939 | 4 745 | 122 061 |
| 22章 饮料、酒及醋 | 0 | 34 039 | 74 833 | 37 703 |
| 23章 食品工业的残渣及废料；配制的饲料 | 7 083 | 661 765 | 19 | 46 248 |
| 24章 烟草、烟草及烟草代用品的制品 | 26 940 | 30 859 | 36 527 | 58 515 |
| 第5类 矿产品 | 79 625 | 1 612 292 | 638 553 | 1 134 542 |
| 25章 盐；硫磺；土及石料；石灰及水泥等 | 21 228 | 429 194 | 56 647 | 95 400 |
| 26章 矿砂、矿渣及矿灰 | 4 971 | 53 723 | 8 238 | 3 816 |
| 27章 矿物燃料、矿物油及其产品；沥青等 | 53 426 | 1 129 375 | 573 668 | 1 035 326 |
| 第6类 化学工业及其相关工业的产品 | 918 709 | 6 576 317 | 112 115 | 2 473 880 |
| 28章 无机化学品；贵金属等的化合物 | 113 045 | 1 597 790 | 4 486 | 423 882 |
| 29章 有机化学品 | 350 010 | 2 793 628 | 62 306 | 490 944 |
| 30章 药品 | 37 764 | 245 914 | 2 807 | 96 237 |
| 31章 肥料 | 24 197 | 212 232 | 94 | 191 477 |
| 32章 鞣料；着色料；涂料；油灰；墨水等 | 133 290 | 243 172 | 16 726 | 138 007 |
| 33章 精油及香膏；香料制品及化妆盥洗品 | 5 961 | 313 485 | 7 736 | 88 605 |
| 34章 洗涤剂、润滑剂、人造蜡、塑型膏等 | 48 830 | 240 517 | 6 687 | 81 411 |
| 35章 蛋白类物质；改性淀粉；胶；酶 | 35 218 | 143 373 | 2 747 | 77 457 |
| 36章 炸药；烟火；引火品；易燃材料制品 | 0 | 25 917 | 324 | 4 606 |
| 37章 照相及电影用品 | 17 121 | 58 455 | 1 533 | 19 444 |
| 38章 杂项化学产品 | 153 271 | 701 835 | 6 668 | 861 810 |
| 第7类 塑料及其制品；橡胶及其制品 | 926 368 | 4 642 970 | 79 237 | 1 755 418 |
| 39章 塑料及其制品 | 644 126 | 4 022 712 | 75 306 | 1 528 671 |
| 40章 橡胶及其制品 | 282 242 | 620 258 | 3 931 | 226 747 |
| 第8类 革、毛皮及制品；箱包；肠线制品 | 117 145 | 1 931 312 | 54 732 | 659 206 |
| 41章 生皮（毛皮除外）及皮革 | 689 | 15 311 | 158 | 3 729 |
| 42章 皮革制品；旅行箱包；动物肠线制品 | 116 405 | 1 880 666 | 30 749 | 655 236 |
| 43章 毛皮、人造毛皮及其制品 | 51 | 35 335 | 23 824 | 241 |
| 第9类 木及制品；木炭；软木；编结品 | 87 402 | 1 463 488 | 54 899 | 221 375 |
| 44章 木及木制品；木炭 | 85 068 | 1 236 458 | 54 785 | 197 188 |
| 45章 软木及软木制品 | 24 | 2 230 | 0 | 169 |
| 46章 编结材料制品；篮筐及柳条编结品 | 2 310 | 224 800 | 114 | 24 019 |
| 第10类 纤维素浆；废纸；纸、纸板及其制品 | 436 590 | 1 295 207 | 94 794 | 729 630 |
| 47章 木浆等纤维状纤维素浆；废纸及纸板 | 10 657 | 9 731 | — | 348 |
| 48章 纸及纸板；纸浆、纸或纸板制品 | 416 513 | 1 150 693 | 42 375 | 702 543 |
| 49章 印刷品；手稿、打字稿及设计图纸 | 9 419 | 134 783 | 52 419 | 26 739 |

## 2016年中国对部分国家（地区）出口商品类章金额表（续）

单位：千美元

| 类 章 | 伊 朗 | 日 本 | 中国澳门 | 马来西亚 |
|---|---|---|---|---|
| 第11类 纺织原料及纺织制品 | 1 692 322 | 19 652 719 | 223 570 | 3 448 634 |
| 50章 蚕丝 | 2 010 | 78 794 | 1 | 28 018 |
| 51章 羊毛等动物毛；马毛纱线及其机织物 | 2 188 | 241 399 | 1 166 | 4 656 |
| 52章 棉花 | 112 678 | 123 034 | 7 028 | 193 858 |
| 53章 其他植物纤维；纸纱线及其机织物 | 165 | 39 343 | 54 | 783 |
| 54章 化学纤维长丝 | 416 316 | 190 334 | 996 | 336 653 |
| 55章 化学纤维短纤 | 210 819 | 126 127 | 2 790 | 95 928 |
| 56章 絮胎、毡呢及无纺织物；线绳制品等 | 27 190 | 449 175 | 2 706 | 114 529 |
| 57章 地毯及纺织材料的其他铺地制品 | 4 899 | 325 660 | 10 929 | 101 738 |
| 58章 特种机织物；簇绒织物；刺绣品等 | 107 291 | 65 413 | 766 | 54 054 |
| 59章 浸、包或层压织物；工业用纺织制品 | 114 973 | 187 646 | 582 | 103 273 |
| 60章 针织物及钩编织物 | 196 581 | 39 749 | 21 822 | 136 227 |
| 61章 针织或钩编的服装及衣着附件 | 234 480 | 8 149 603 | 28 001 | 901 476 |
| 62章 非针织或非钩编的服装及衣着附件 | 165 546 | 7 213 829 | 131 817 | 1 004 700 |
| 63章 其他纺织制品；成套物品；旧纺织品 | 97 188 | 2 422 612 | 14 912 | 372 742 |
| 第12类 鞋帽伞等；羽毛品；人造花；人发品 | 230 475 | 2 935 810 | 34 956 | 921 695 |
| 64章 鞋靴、护腿和类似品及其零件 | 159 405 | 2 301 386 | 31 184 | 784 862 |
| 65章 帽类及其零件 | 24 137 | 274 664 | 1 792 | 39 865 |
| 66章 伞、手杖、鞭子、马鞭及其零件 | 18 401 | 251 436 | 1 801 | 30 138 |
| 67章 加工羽毛及制品；人造花；人发制品 | 28 533 | 108 323 | 178 | 66 830 |
| 第13类 矿物材料制品；陶瓷品；玻璃及制品 | 519 260 | 1 762 601 | 270 416 | 1 249 755 |
| 68章 矿物材料的制品 | 79 015 | 677 787 | 190 470 | 224 483 |
| 69章 陶瓷产品 | 212 953 | 517 014 | 37 544 | 593 144 |
| 70章 玻璃及其制品 | 227 291 | 567 800 | 42 402 | 432 128 |
| 第14类 珠宝、贵金属及制品；仿首饰；硬币 | 25 950 | 167 103 | 43 238 | 27 672 |
| 71章 珠宝、贵金属及制品；仿首饰；硬币 | 25 950 | 167 103 | 43 238 | 27 672 |
| 第15类 贱金属及其制品 | 1 984 489 | 6 988 379 | 386 598 | 4 341 562 |
| 72章 钢铁 | 537 940 | 789 436 | 41 395 | 1 257 522 |
| 73章 钢铁制品 | 777 399 | 2 994 444 | 242 036 | 1 255 107 |
| 74章 铜及其制品 | 13 650 | 246 956 | 4 813 | 396 384 |
| 75章 镍及其制品 | 7 432 | 19 365 | 3 | 6 143 |
| 76章 铝及其制品 | 213 946 | 1 532 714 | 82 869 | 727 252 |
| 78章 铅及其制品 | 4 068 | 5 046 | 4 | 1 783 |
| 79章 锌及其制品 | 2 359 | 12 478 | 109 | 6 029 |
| 80章 锡及其制品 | 468 | 897 | 685 | 8 800 |
| 81章 其他贱金属、金属陶瓷及其制品 | 6 892 | 297 632 | 1 | 9 361 |
| 82章 贱金属器具、利口器、餐具及零件 | 201 750 | 493 731 | 3 714 | 204 397 |
| 83章 贱金属杂项制品 | 218 585 | 595 681 | 10 969 | 468 785 |
| 第16类 机电、音像设备及其零件、附件 | 5 437 316 | 53 239 571 | 347 232 | 12 689 761 |
| 84章 核反应堆、锅炉、机械器具及零件 | 3 147 227 | 20 568 269 | 122 585 | 4 677 924 |
| 85章 电机、电气、音像设备及其零附件 | 2 290 089 | 32 671 302 | 224 646 | 8 011 837 |
| 第17类 车辆、航空器、船舶及运输设备 | 2 315 515 | 4 306 771 | 74 429 | 1 294 592 |
| 86章 铁道车辆；轨道装置；信号设备 | 96 102 | 227 552 | 418 | 194 223 |
| 87章 车辆及其零附件，但铁道车辆除外 | 2 065 580 | 3 884 457 | 53 804 | 917 682 |
| 88章 航空器、航天器及其零件 | 1 551 | 70 063 | 19 132 | 13 015 |
| 89章 船舶及浮动结构体 | 152 281 | 124 698 | 1 074 | 169 671 |
| 第18类 光学、医疗等仪器；钟表；乐器 | 574 539 | 4 712 024 | 150 751 | 1 480 893 |
| 90章 光学、照相、医疗等设备及零附件 | 537 948 | 4 320 490 | 138 041 | 1 388 189 |
| 91章 钟表及其零件 | 28 370 | 292 828 | 12 016 | 66 392 |
| 92章 乐器及其零件、附件 | 8 221 | 98 705 | 694 | 26 312 |
| 第19类 武器、弹药及其零件、附件 | 496 | 1 140 | 1 | 37 |
| 93章 武器、弹药及其零件、附件 | 496 | 1 140 | 1 | 37 |
| 第20类 杂项制品 | 650 036 | 7 861 635 | 190 159 | 2 577 811 |
| 94章 家具；寝具等；灯具；活动房 | 344 231 | 4 730 590 | 172 009 | 1 835 431 |
| 95章 玩具、游戏或运动用品及其零附件 | 141 251 | 2 405 204 | 6 263 | 499 184 |
| 96章 杂项制品 | 164 554 | 725 841 | 11 887 | 243 197 |
| 第21类 艺术品、收藏品及古物 | 193 | 1 432 | 4 742 | 1 531 |
| 97章 艺术品、收藏品及古物 | 193 | 1 432 | 4 742 | 1 531 |
| 第22类 特殊交易品及未分类商品 | 6 632 | 340 901 | 1 311 | 88 961 |
| 98章 特殊交易品及未分类商品 | 6 632 | 340 901 | 1 311 | 88 961 |

## 2016年中国对部分国家（地区）出口商品类章金额表（续）

单位：千美元

| 类 章 | 阿 曼 | 巴基斯坦 | 菲律宾 | 沙特阿拉伯 |
|---|---|---|---|---|
| **总 值** | **2 148 090** | **17 234 464** | **29 842 666** | **18 655 281** |
| 第1类 活动物；动物产品 | 1 843 | 126 | 512 516 | 11 626 |
| 01章 活动物 | — | 0 | 2 | — |
| 02章 肉及食用杂碎 | — | 44 | — | — |
| 03章 鱼及其他水生无脊椎动物 | 393 | 51 | 510 479 | 6 791 |
| 04章 乳；蛋；蜂蜜；其他食用动物产品 | 1 449 | 11 | 1 042 | 4 833 |
| 05章 其他动物产品 | 1 | 19 | 994 | 2 |
| 第2类 植物产品 | 7 024 | 254 677 | 500 278 | 166 783 |
| 06章 活植物；茎、根；插花、簇叶 | 75 | 1 662 | 2 721 | 626 |
| 07章 食用蔬菜、根及块茎 | 3 781 | 107 461 | 148 721 | 86 085 |
| 08章 食用水果及坚果；甜瓜等水果的果皮 | 678 | 12 149 | 265 396 | 24 480 |
| 09章 咖啡、茶、马黛茶及调味香料 | 2 025 | 72 808 | 6 301 | 35 490 |
| 10章 谷物 | 24 | 32 117 | 25 141 | 41 |
| 11章 制粉工业产品；麦芽；淀粉等 | 14 | 2 199 | 22 236 | 2 526 |
| 12章 油籽；子仁；工业或药用植物；饲料 | 381 | 8 162 | 8 199 | 15 714 |
| 13章 虫胶；树胶、树脂及其他植物液、汁 | 47 | 18 100 | 21 547 | 1 486 |
| 14章 编结用植物材料；其他植物产品 | 0 | 20 | 16 | 334 |
| 第3类 动、植物油、脂、蜡；精制食用油脂 | 63 | 1 003 | 1 077 | 952 |
| 15章 动、植物油、脂、蜡；精制食用油脂 | 63 | 1 003 | 1 077 | 952 |
| 第4类 食品；饮料、酒及醋；烟草及制品 | 16 505 | 69 615 | 903 947 | 121 933 |
| 16章 肉、鱼及其他水生无脊椎动物的制品 | 2 637 | 50 | 71 135 | 5 125 |
| 17章 糖及糖食 | 932 | 11 058 | 389 084 | 21 591 |
| 18章 可可及可可制品 | 241 | 1 203 | 30 592 | 5 226 |
| 19章 谷物粉、淀粉等或乳的制品；糕饼 | 383 | 1 275 | 32 352 | 12 795 |
| 20章 蔬菜、水果等或植物其他部分的制品 | 11 041 | 19 136 | 138 736 | 64 452 |
| 21章 杂项食品 | 1 128 | 18 131 | 149 780 | 10 925 |
| 22章 饮料、酒及醋 | 0 | 28 | 20 397 | 28 |
| 23章 食品工业的残渣及废料；配制的饲料 | 142 | 18 206 | 19 299 | 1 439 |
| 24章 烟草、烟草及烟草代用品的制品 | — | 529 | 52 571 | 352 |
| 第5类 矿产品 | 128 702 | 25 156 | 1 491 669 | 102 316 |
| 25章 盐；硫磺；土及石料；石灰及水泥等 | 9 215 | 7 562 | 64 372 | 56 581 |
| 26章 矿砂、矿渣及矿灰 | 424 | 923 | 534 | 5 877 |
| 27章 矿物燃料、矿物油及其产品；沥青等 | 119 062 | 16 671 | 1 426 762 | 39 857 |
| 第6类 化学工业及其相关工业的产品 | 188 645 | 1 505 349 | 1 344 563 | 482 962 |
| 28章 无机化学品；贵金属等的化合物 | 9 232 | 103 155 | 174 279 | 95 772 |
| 29章 有机化学品 | 154 823 | 638 774 | 246 459 | 165 959 |
| 30章 药品 | 2 677 | 88 334 | 106 532 | 25 220 |
| 31章 肥料 | 1 708 | 259 994 | 222 061 | 6 815 |
| 32章 鞣料；着色料；涂料；油灰；墨水等 | 4 143 | 155 475 | 86 491 | 33 076 |
| 33章 精油及香膏；香料制品及化妆盥洗品 | 1 155 | 18 334 | 77 210 | 27 139 |
| 34章 洗涤剂、润滑剂、人造蜡、塑型膏等 | 5 986 | 53 832 | 76 501 | 41 093 |
| 35章 蛋白类物质；改性淀粉；胶；酶 | 1 984 | 20 980 | 67 408 | 11 179 |
| 36章 炸药；烟火；引火品；易燃材料制品 | 96 | 535 | 3 286 | 364 |
| 37章 照相及电影用品 | 255 | 12 316 | 16 462 | 3 864 |
| 38章 杂项化学产品 | 6 586 | 153 622 | 267 875 | 72 481 |
| 第7类 塑料及其制品；橡胶及其制品 | 112 614 | 826 710 | 1 390 924 | 1 172 706 |
| 39章 塑料及其制品 | 65 108 | 550 108 | 1 131 453 | 733 614 |
| 40章 橡胶及其制品 | 47 506 | 276 602 | 259 471 | 439 092 |
| 第8类 革、毛皮及制品；箱包；肠线制品 | 10 267 | 138 962 | 320 545 | 400 609 |
| 41章 生皮（毛皮除外）及皮革 | — | 812 | 9 479 | 532 |
| 42章 皮革制品；旅行箱包；动物肠线制品 | 10 267 | 137 804 | 310 521 | 398 994 |
| 43章 毛皮、人造毛皮及其制品 | — | 346 | 546 | 1 082 |
| 第9类 木及制品；木炭；软木；编结品 | 35 754 | 50 319 | 361 381 | 267 550 |
| 44章 木及木制品；木炭 | 35 433 | 49 775 | 359 774 | 261 067 |
| 45章 软木及软木制品 | — | 40 | 18 | 121 |
| 46章 编结材料制品；篮筐及柳条编结品 | 321 | 504 | 1 588 | 6 362 |
| 第10类 纤维素浆；废纸；纸、纸板及其制品 | 22 674 | 247 943 | 356 822 | 441 855 |
| 47章 木浆等纤维状纤维素浆；废纸及纸板 | — | 224 | 807 | 27 |
| 48章 纸及纸板；纸浆、纸或纸板制品 | 21 984 | 234 957 | 337 108 | 419 368 |
| 49章 印刷品；手稿、打字稿及设计图纸 | 690 | 12 761 | 18 907 | 22 461 |

## 2016年中国对部分国家（地区）出口商品类章金额表（续）

单位：千美元

| 类 章 | 阿 曼 | 巴基斯坦 | 菲律宾 | 沙特阿拉伯 |
|---|---|---|---|---|
| 第11类 纺织原料及纺织制品 | 138 022 | 2 905 604 | 5 404 120 | 3 707 249 |
| 50章 蚕丝 | 19 | 171 272 | 1 680 | 529 |
| 51章 羊毛等动物毛；马毛纱线及其机织物 | 494 | 13 960 | 10 954 | 3 469 |
| 52章 棉花 | 8 105 | 248 282 | 1 534 515 | 14 324 |
| 53章 其他植物纤维；纸纱线及其机织物 | — | 1 717 | 7 741 | 150 |
| 54章 化学纤维长丝 | 15 348 | 864 437 | 368 228 | 237 369 |
| 55章 化学纤维短纤 | 11 183 | 540 386 | 175 020 | 62 653 |
| 56章 絮胎、毡呢及无纺织物；线绳制品等 | 3 496 | 109 213 | 141 584 | 59 061 |
| 57章 地毯及纺织材料的其他铺地制品 | 3 349 | 9 013 | 25 117 | 71 752 |
| 58章 特种机织物；簇绒织物；刺绣品等 | 4 047 | 93 083 | 200 189 | 55 906 |
| 59章 浸、包或层压织物；工业用纺织制品 | 1 843 | 141 070 | 155 479 | 40 836 |
| 60章 针织物及钩编织物 | 10 390 | 263 400 | 345 569 | 71 308 |
| 61章 针织或钩编的服装及衣着附件 | 39 124 | 180 774 | 1 209 590 | 1 377 802 |
| 62章 非针织或非钩编的服装及衣着附件 | 25 691 | 147 957 | 794 277 | 1 429 610 |
| 63章 其他纺织制品；成套物品；旧纺织品 | 14 935 | 121 041 | 434 177 | 282 479 |
| 第12类 鞋帽伞等；羽毛品；人造花；人发品 | 29 096 | 404 400 | 1 075 450 | 448 954 |
| 64章 鞋靴、护腿和类似品及其零件 | 26 334 | 363 957 | 871 877 | 362 678 |
| 65章 帽类及其零件 | 1 090 | 16 878 | 42 239 | 37 419 |
| 66章 伞、手杖、鞭子、马鞭及其零件 | 472 | 7 844 | 135 584 | 10 771 |
| 67章 加工羽毛及制品；人造花；人发制品 | 1 199 | 15 721 | 25 749 | 38 086 |
| 第13类 矿物材料制品；陶瓷品；玻璃及制品 | 122 565 | 594 269 | 928 309 | 1 186 931 |
| 68章 矿物材料的制品 | 37 653 | 59 919 | 102 389 | 306 812 |
| 69章 陶瓷产品 | 65 379 | 318 872 | 564 949 | 631 910 |
| 70章 玻璃及其制品 | 19 533 | 215 478 | 260 972 | 248 208 |
| 第14类 珠宝、贵金属及制品；仿首饰；硬币 | 519 | 38 489 | 12 706 | 52 560 |
| 71章 珠宝、贵金属及制品；仿首饰；硬币 | 519 | 38 489 | 12 706 | 52 560 |
| 第15类 贱金属及其制品 | 435 720 | 2 296 536 | 4 055 786 | 2 447 242 |
| 72章 钢铁 | 171 606 | 1 046 924 | 2 329 361 | 1 036 974 |
| 73章 钢铁制品 | 223 238 | 771 678 | 918 339 | 781 012 |
| 74章 铜及其制品 | 1 290 | 66 216 | 70 274 | 32 936 |
| 75章 镍及其制品 | 257 | 3 691 | 242 | 1 121 |
| 76章 铝及其制品 | 19 625 | 136 528 | 306 267 | 262 751 |
| 78章 铅及其制品 | — | 877 | 124 | 84 |
| 79章 锌及其制品 | 248 | 2 175 | 4 170 | 4 388 |
| 80章 锡及其制品 | 26 | 563 | 648 | 292 |
| 81章 其他贱金属、金属陶瓷及其制品 | 159 | 7 765 | 7 213 | 7 479 |
| 82章 贱金属器具、利口器、餐具及零件 | 6 268 | 94 862 | 166 962 | 127 752 |
| 83章 贱金属杂项制品 | 13 004 | 165 256 | 252 187 | 192 454 |
| 第16类 机电、音像设备及其零件、附件 | 630 476 | 6 446 957 | 6 926 724 | 4 601 939 |
| 84章 核反应堆、锅炉、机械器具及零件 | 437 239 | 3 126 425 | 2 676 842 | 2 241 299 |
| 85章 电机、电气、音像设备及其零附件 | 193 237 | 3 320 533 | 4 249 882 | 2 360 640 |
| 第17类 车辆、航空器、船舶及运输设备 | 76 141 | 542 981 | 1 493 511 | 773 953 |
| 86章 铁道车辆；轨道装置；信号设备 | 789 | 58 936 | 77 339 | 11 296 |
| 87章 车辆及其零附件，但铁道车辆除外 | 75 224 | 467 013 | 1 329 792 | 691 945 |
| 88章 航空器、航天器及其零件 | — | 16 503 | 11 261 | 170 |
| 89章 船舶及浮动结构体 | 128 | 529 | 75 119 | 70 542 |
| 第18类 光学、医疗等仪器；钟表；乐器 | 27 507 | 303 072 | 583 903 | 244 871 |
| 90章 光学、照相、医疗等设备及零附件 | 26 356 | 280 766 | 540 736 | 174 632 |
| 91章 钟表及其零件 | 859 | 20 556 | 25 726 | 67 053 |
| 92章 乐器及其零件、附件 | 292 | 1 750 | 17 441 | 3 186 |
| 第19类 武器、弹药及其零件、附件 | 216 | 844 | 3 | 27 |
| 93章 武器、弹药及其零件、附件 | 216 | 844 | 3 | 27 |
| 第20类 杂项制品 | 162 726 | 574 707 | 2 154 910 | 2 011 561 |
| 94章 家具；寝具等；灯具；活动房 | 136 812 | 235 421 | 742 295 | 1 548 324 |
| 95章 玩具、游戏或运动用品及其零附件 | 17 011 | 83 263 | 1 084 413 | 266 637 |
| 96章 杂项制品 | 8 903 | 256 023 | 328 202 | 196 600 |
| 第21类 艺术品、收藏品及古物 | 39 | 307 | 419 | 868 |
| 97章 艺术品、收藏品及古物 | 39 | 307 | 419 | 868 |
| 第22类 特殊交易品及未分类商品 | 975 | 6 439 | 23 104 | 9 834 |
| 98章 特殊交易品及未分类商品 | 975 | 6 439 | 23 104 | 9 834 |

**2016年中国对部分国家（地区）出口商品类章金额表（续）**

单位：千美元

| 类 章 | 新加坡 | 韩 国 | 泰 国 | 土耳其 |
|---|---|---|---|---|
| **总 值** | **44 511 667** | **93 728 954** | **37 195 084** | **16 689 511** |
| 第1类 活动物；动物产品 | 144 054 | 1 392 006 | 1 146 904 | 18 580 |
| 01章 活动物 | 245 | 4 498 | 138 | — |
| 02章 肉及食用杂碎 | 6 090 | — | 80 | — |
| 03章 鱼及其他水生无脊椎动物 | 125 594 | 1 346 627 | 909 115 | 9 763 |
| 04章 乳；蛋；蜂蜜；其他食用动物产品 | 12 026 | 15 712 | 19 407 | 674 |
| 05章 其他动物产品 | 99 | 25 168 | 218 164 | 8 143 |
| 第2类 植物产品 | 279 903 | 1 312 667 | 1 645 374 | 65 846 |
| 06章 活植物；茎、根；插花、簇叶 | 9 669 | 53 398 | 12 171 | 507 |
| 07章 食用蔬菜、根及块茎 | 123 047 | 623 642 | 447 117 | 19 836 |
| 08章 食用水果及坚果；甜瓜等水果的果皮 | 66 905 | 32 771 | 953 667 | 5 147 |
| 09章 咖啡、茶、马黛茶及调味香料 | 20 982 | 40 917 | 80 516 | 6 452 |
| 10章 谷物 | 141 | 147 567 | 137 | 1 295 |
| 11章 制粉工业产品；麦芽；淀粉等 | 19 995 | 40 322 | 63 040 | 4 687 |
| 12章 油籽；子仁；工业或药用植物；饲料 | 28 610 | 291 643 | 61 912 | 15 713 |
| 13章 虫胶；树胶、树脂及其他植物液、汁 | 9 531 | 76 048 | 25 842 | 11 556 |
| 14章 编结用植物材料；其他植物产品 | 1 023 | 6 358 | 973 | 653 |
| 第3类 动、植物油、脂、蜡；精制食用油脂 | 14 384 | 32 448 | 10 070 | 3 693 |
| 15章 动、植物油、脂、蜡；精制食用油脂 | 14 384 | 32 448 | 10 070 | 3 693 |
| 第4类 食品；饮料、酒及醋；烟草及制品 | 447 382 | 1 869 308 | 669 392 | 55 821 |
| 16章 肉、鱼及其他水生无脊椎动物的制品 | 194 301 | 305 948 | 161 126 | 1 297 |
| 17章 糖及糖食 | 25 570 | 84 502 | 54 232 | 6 896 |
| 18章 可可及可可制品 | 13 442 | 56 758 | 16 223 | 823 |
| 19章 谷物粉、淀粉等或乳的制品；糕饼 | 24 018 | 136 943 | 38 258 | 1 713 |
| 20章 蔬菜、水果等或植物其他部分的制品 | 44 966 | 766 137 | 227 048 | 16 090 |
| 21章 杂项食品 | 47 269 | 161 564 | 100 074 | 11 442 |
| 22章 饮料、酒及醋 | 44 745 | 98 325 | 10 808 | 669 |
| 23章 食品工业的残渣及废料；配制的饲料 | 7 939 | 243 799 | 56 957 | 11 462 |
| 24章 烟草、烟草及烟草代用品的制品 | 45 130 | 15 333 | 4 667 | 5 430 |
| 第5类 矿产品 | 4 591 413 | 1 873 559 | 321 583 | 86 722 |
| 25章 盐；硫磺；土及石料；石灰及水泥等 | 60 750 | 278 005 | 82 669 | 28 887 |
| 26章 矿砂、矿渣及矿灰 | 962 | 44 803 | 14 141 | 951 |
| 27章 矿物燃料、矿物油及其产品；沥青等 | 4 529 701 | 1 550 751 | 224 773 | 56 884 |
| 第6类 化学工业及其相关工业的产品 | 1 414 015 | 6 653 254 | 3 361 767 | 1 164 354 |
| 28章 无机化学品；贵金属等的化合物 | 103 722 | 1 787 975 | 629 705 | 125 387 |
| 29章 有机化学品 | 656 563 | 2 295 727 | 897 776 | 596 444 |
| 30章 药品 | 55 377 | 449 151 | 239 348 | 46 819 |
| 31章 肥料 | 6 492 | 191 919 | 245 303 | 25 457 |
| 32章 鞣料；着色料；涂料；油灰；墨水等 | 121 073 | 376 149 | 220 669 | 160 124 |
| 33章 精油及香膏；香料制品及化妆盥洗品 | 129 612 | 72 390 | 119 434 | 20 933 |
| 34章 洗涤剂、润滑剂、人造蜡、塑型膏等 | 54 719 | 76 743 | 86 857 | 24 251 |
| 35章 蛋白类物质；改性淀粉；胶；酶 | 30 275 | 83 478 | 116 398 | 34 989 |
| 36章 炸药；烟火；引火品；易燃材料制品 | 1 133 | 6 763 | 34 866 | 887 |
| 37章 照相及电影用品 | 29 622 | 152 562 | 38 319 | 36 400 |
| 38章 杂项化学产品 | 225 427 | 1 160 398 | 733 092 | 92 663 |
| 第7类 塑料及其制品；橡胶及其制品 | 1 011 339 | 2 247 072 | 1 740 099 | 760 632 |
| 39章 塑料及其制品 | 897 769 | 1 882 459 | 1 479 052 | 626 595 |
| 40章 橡胶及其制品 | 113 570 | 364 613 | 261 047 | 134 037 |
| 第8类 革、毛皮及制品；箱包；肠线制品 | 520 269 | 992 422 | 297 616 | 71 756 |
| 41章 生皮（毛皮除外）及皮革 | 2 155 | 15 904 | 18 477 | 1 336 |
| 42章 皮革制品；旅行箱包；动物肠线制品 | 517 659 | 831 111 | 273 594 | 62 383 |
| 43章 毛皮、人造毛皮及其制品 | 455 | 145 407 | 5 545 | 8 037 |
| 第9类 木及制品；木炭；软木；编结品 | 205 932 | 535 303 | 198 125 | 49 561 |
| 44章 木及木制品；木炭 | 185 828 | 498 908 | 179 841 | 40 785 |
| 45章 软木及软木制品 | 393 | 958 | 99 | 15 |
| 46章 编结材料制品；篮筐及柳条编结品 | 19 711 | 35 437 | 18 185 | 8 761 |
| 第10类 纤维素浆；废纸；纸、纸板及其制品 | 706 733 | 548 146 | 392 314 | 342 345 |
| 47章 木浆等纤维状纤维素浆；废纸及纸板 | 21 | 19 524 | 13 088 | 319 |
| 48章 纸及纸板；纸浆、纸或纸板制品 | 677 661 | 497 764 | 365 091 | 334 703 |
| 49章 印刷品，手稿、打字稿及设计图纸 | 29 051 | 30 859 | 14 136 | 7 323 |

## 2016 年中国对部分国家（地区）出口商品类章金额表（续）

单位：千美元

| 类 章 | 新加坡 | 韩 国 | 泰 国 | 土耳其 |
|---|---|---|---|---|
| 第 11 类 纺织原料及纺织制品 | 1 656 267 | 7 548 218 | 2 592 944 | 1 900 199 |
| 50 章 蚕丝 | 4 492 | 60 481 | 5 327 | 24 827 |
| 51 章 羊毛等动物毛；马毛纱线及其机织物 | 5 412 | 137 591 | 40 307 | 52 008 |
| 52 章 棉花 | 41 818 | 339 660 | 231 195 | 122 053 |
| 53 章 其他植物纤维；纸纱线及其机织物 | 862 | 210 191 | 12 570 | 25 580 |
| 54 章 化学纤维长丝 | 51 139 | 538 194 | 368 741 | 459 745 |
| 55 章 化学纤维短纤 | 25 988 | 377 670 | 170 062 | 259 847 |
| 56 章 絮胎、毡呢及无纺织物；线绳制品等 | 39 893 | 340 098 | 87 994 | 44 100 |
| 57 章 地毯及纺织材料的其他铺地制品 | 34 991 | 57 975 | 39 508 | 14 117 |
| 58 章 特种机织物；簇绒织物；刺绣品等 | 16 507 | 49 714 | 44 549 | 102 920 |
| 59 章 浸、包或层压织物；工业用纺织制品 | 40 489 | 160 876 | 277 286 | 160 112 |
| 60 章 针织物及钩编织物 | 36 642 | 117 692 | 191 291 | 203 923 |
| 61 章 针织或钩编的服装及衣着附件 | 708 317 | 2 362 391 | 399 715 | 111 639 |
| 62 章 非针织或非钩编的服装及衣着附件 | 455 182 | 2 280 790 | 211 679 | 247 515 |
| 63 章 其他纺织制品；成套物品；旧纺织品 | 194 534 | 514 897 | 512 720 | 71 812 |
| 第 12 类 鞋帽伞等；羽毛品；人造花；人发品 | 645 077 | 1 369 378 | 442 563 | 222 971 |
| 64 章 鞋靴、护腿和类似品及其零件 | 532 471 | 1 019 408 | 303 426 | 148 323 |
| 65 章 帽类及其零件 | 19 943 | 130 690 | 31 568 | 31 368 |
| 66 章 伞、手杖、鞭子、马鞭及其零件 | 16 375 | 130 362 | 81 182 | 16 859 |
| 67 章 加工羽毛及制品；人造花；人发制品 | 76 289 | 88 917 | 26 387 | 26 420 |
| 第 13 类 矿物材料制品；陶瓷品；玻璃及制品 | 1 369 506 | 3 046 677 | 820 161 | 435 655 |
| 68 章 矿物材料的制品 | 232 058 | 1 397 496 | 158 916 | 52 447 |
| 69 章 陶瓷产品 | 910 745 | 934 947 | 332 532 | 171 681 |
| 70 章 玻璃及其制品 | 226 704 | 714 234 | 328 713 | 211 527 |
| 第 14 类 珠宝、贵金属及制品；仿首饰；硬币 | 108 894 | 98 327 | 41 045 | 30 849 |
| 71 章 珠宝、贵金属及制品；仿首饰；硬币 | 108 894 | 98 327 | 41 045 | 30 849 |
| 第 15 类 贱金属及其制品 | 3 562 725 | 11 081 773 | 4 890 859 | 1 730 577 |
| 72 章 钢铁 | 942 616 | 6 068 664 | 2 389 683 | 797 020 |
| 73 章 钢铁制品 | 1 095 439 | 2 614 946 | 1 166 735 | 558 530 |
| 74 章 铜及其制品 | 559 354 | 959 254 | 286 884 | 22 179 |
| 75 章 镍及其制品 | 2 773 | 33 802 | 3 483 | 3 075 |
| 76 章 铝及其制品 | 381 834 | 580 088 | 564 205 | 139 401 |
| 78 章 铅及其制品 | 31 | 170 | 2 820 | 20 |
| 79 章 锌及其制品 | 5 737 | 2 802 | 14 525 | 1 698 |
| 80 章 锡及其制品 | 1 428 | 651 | 734 | 235 |
| 81 章 其他贱金属、金属陶瓷及其制品 | 5 353 | 271 305 | 18 930 | 24 618 |
| 82 章 贱金属器具、利口器、餐具及零件 | 195 623 | 316 772 | 193 519 | 92 622 |
| 83 章 贱金属杂项制品 | 372 536 | 233 319 | 249 341 | 91 180 |
| 第 16 类 机电、音像设备及其零件、附件 | 18 889 349 | 43 558 929 | 14 759 115 | 7 620 959 |
| 84 章 核反应堆、锅炉、机械器具及零件 | 7 821 152 | 9 838 697 | 6 173 982 | 3 778 789 |
| 85 章 电机、电气、音像设备及其零附件 | 11 068 197 | 33 720 232 | 8 585 133 | 3 842 170 |
| 第 17 类 车辆、航空器、船舶及运输设备 | 4 364 040 | 2 157 157 | 1 540 983 | 742 007 |
| 86 章 铁道车辆；轨道装置；信号设备 | 603 629 | 89 002 | 141 700 | 126 940 |
| 87 章 车辆及其零附件，但铁道车辆除外 | 185 566 | 1 519 637 | 1 290 176 | 510 003 |
| 88 章 航空器、航天器及其零件 | 73 082 | 22 713 | 3 062 | 58 411 |
| 89 章 船舶及浮动结构体 | 3 501 764 | 525 806 | 106 045 | 46 652 |
| 第 18 类 光学、医疗等仪器；钟表；乐器 | 848 635 | 3 749 762 | 975 094 | 757 201 |
| 90 章 光学、照相、医疗等设备及零附件 | 780 954 | 3 659 010 | 929 951 | 721 248 |
| 91 章 钟表及其零件 | 48 142 | 40 597 | 26 500 | 24 624 |
| 92 章 乐器及其零件、附件 | 19 539 | 50 155 | 18 643 | 11 329 |
| 第 19 类 武器、弹药及其零件、附件 | 39 | 387 | 490 | 15 |
| 93 章 武器、弹药及其零件、附件 | 39 | 387 | 490 | 15 |
| 第 20 类 杂项制品 | 3 667 016 | 3 594 239 | 1 325 767 | 620 569 |
| 94 章 家具；寝具等；灯具；活动房 | 2 447 589 | 2 262 618 | 891 771 | 258 273 |
| 95 章 玩具、游戏或运动用品及其零附件 | 1 092 977 | 993 457 | 237 292 | 183 343 |
| 96 章 杂项制品 | 126 450 | 338 164 | 196 705 | 178 954 |
| 第 21 类 艺术品、收藏品及古物 | 4 874 | 8 468 | 161 | 384 |
| 97 章 艺术品、收藏品及古物 | 4 874 | 8 468 | 161 | 384 |
| 第 22 类 特殊交易品及未分类商品 | 59 821 | 59 455 | 22 657 | 8 816 |
| 98 章 特殊交易品及未分类商品 | 59 821 | 59 455 | 22 657 | 8 816 |

## 2016年中国对部分国家（地区）出口商品类章金额表（续）

单位：千美元

| 类 章 | 阿拉伯联合酋长国 | 越 南 | 中国台湾省 | 哈萨克斯坦 |
|---|---|---|---|---|
| **总 值** | **30 072 526** | **61 104 128** | **40 241 203** | **8 292 589** |
| 第1类 活动物；动物产品 | 36 316 | 256 814 | 1 061 283 | 1 843 |
| 01章 活动物 | 7 | 3 525 | 67 | — |
| 02章 肉及食用杂碎 | 2 404 | 14 | — | — |
| 03章 鱼及其他水生无脊椎动物 | 29 909 | 89 541 | 1 000 760 | 1 842 |
| 04章 乳；蛋；蜂蜜；其他食用动物产品 | 3 075 | 68 | 913 | 0 |
| 05章 其他动物产品 | 921 | 163 666 | 59 543 | 0 |
| 第2类 植物产品 | 278 608 | 2 866 274 | 319 902 | 156 578 |
| 06章 活植物；茎、根；插花、簇叶 | 5 076 | 9 880 | 1 411 | 599 |
| 07章 食用蔬菜、根及块茎 | 167 969 | 1 583 740 | 64 624 | 19 145 |
| 08章 食用水果及坚果；甜瓜等水果的果皮 | 41 948 | 879 846 | 32 687 | 132 435 |
| 09章 咖啡、茶、马黛茶及调味香料 | 45 415 | 188 008 | 36 071 | 1 365 |
| 10章 谷物 | 129 | 17 767 | 12 149 | 1 |
| 11章 制粉工业产品；麦芽；淀粉等 | 1 267 | 56 901 | 14 791 | 246 |
| 12章 油籽；子仁；工业或药用植物；饲料 | 16 079 | 119 257 | 132 801 | 2 534 |
| 13章 虫胶；树胶、树脂及其他植物液、汁 | 472 | 10 834 | 18 396 | 94 |
| 14章 编结用植物材料；其他植物产品 | 253 | 41 | 6 972 | 160 |
| 第3类 动、植物油、脂、蜡；精制食用油脂 | 1 350 | 13 366 | 4 954 | 136 |
| 15章 动、植物油、脂、蜡；精制食用油脂 | 1 350 | 13 366 | 4 954 | 136 |
| 第4类 食品；饮料、酒及醋；烟草及制品 | 205 978 | 681 551 | 880 439 | 59 887 |
| 16章 肉、鱼及其他水生无脊椎动物的制品 | 5 473 | 10 470 | 574 737 | 4 352 |
| 17章 糖及糖食 | 23 485 | 55 019 | 13 468 | 1 212 |
| 18章 可可及可可制品 | 3 286 | 2 465 | 5 602 | 757 |
| 19章 谷物粉、淀粉等或乳的制品；糕饼 | 4 663 | 10 755 | 10 412 | 2 745 |
| 20章 蔬菜、水果等或植物其他部分的制品 | 63 171 | 138 637 | 170 309 | 30 027 |
| 21章 杂项食品 | 18 455 | 134 168 | 31 413 | 12 970 |
| 22章 饮料、酒及醋 | 18 713 | 6 931 | 36 426 | 5 994 |
| 23章 食品工业的残渣及废料；配制的饲料 | 1 469 | 273 469 | 25 494 | 783 |
| 24章 烟草、烟草及烟草代用品的制品 | 67 263 | 49 636 | 12 579 | 1 048 |
| 第5类 矿产品 | 487 527 | 1 083 298 | 401 200 | 12 256 |
| 25章 盐；硫磺；土及石料；石灰及水泥等 | 11 443 | 61 790 | 165 646 | 948 |
| 26章 矿砂、矿渣及矿灰 | 21 822 | 6 114 | 21 866 | 90 |
| 27章 矿物燃料、矿物油及其产品；沥青等 | 454 262 | 1 015 393 | 213 688 | 11 218 |
| 第6类 化学工业及其相关工业的产品 | 680 865 | 3 033 123 | 4 063 804 | 176 000 |
| 28章 无机化学品；贵金属等的化合物 | 114 148 | 375 416 | 563 384 | 37 193 |
| 29章 有机化学品 | 188 743 | 923 612 | 1 130 869 | 39 281 |
| 30章 药品 | 20 199 | 73 279 | 31 754 | 4 509 |
| 31章 肥料 | 11 242 | 459 308 | 68 369 | — |
| 32章 鞣料；着色料；涂料；油灰；墨水等 | 59 379 | 289 929 | 259 122 | 11 451 |
| 33章 精油及香膏；香料制品及化妆盥洗品 | 95 676 | 37 532 | 121 625 | 5 971 |
| 34章 洗涤剂、润滑剂、人造蜡、塑型膏等 | 47 025 | 104 004 | 111 483 | 14 848 |
| 35章 蛋白类物质；改性淀粉；胶；酶 | 31 280 | 146 824 | 117 560 | 14 573 |
| 36章 炸药；烟火；引火品；易燃材料制品 | 919 | 279 | 14 422 | 1 002 |
| 37章 照相及电影用品 | 8 853 | 48 121 | 77 044 | 8 618 |
| 38章 杂项化学产品 | 103 402 | 574 817 | 1 568 173 | 38 553 |
| 第7类 塑料及其制品；橡胶及其制品 | 1 278 614 | 2 282 269 | 1 261 142 | 375 470 |
| 39章 塑料及其制品 | 809 545 | 1 969 306 | 1 075 300 | 299 117 |
| 40章 橡胶及其制品 | 469 069 | 312 963 | 185 842 | 76 353 |
| 第8类 革、毛皮及制品；箱包；肠线制品 | 496 059 | 460 985 | 276 513 | 337 482 |
| 41章 生皮（毛皮除外）及皮革 | 95 | 146 223 | 8 701 | 1 |
| 42章 皮革制品；旅行箱包；动物肠线制品 | 493 957 | 177 100 | 266 926 | 309 878 |
| 43章 毛皮、人造毛皮及其制品 | 2 007 | 137 661 | 886 | 27 602 |
| 第9类 木及制品；木炭；软木；编结品 | 383 540 | 304 176 | 245 686 | 8 999 |
| 44章 木及木制品；木炭 | 369 479 | 282 129 | 226 760 | 8 155 |
| 45章 软木及软木制品 | 195 | 76 | 334 | 72 |
| 46章 编结材料制品；篮筐及柳条编结品 | 13 866 | 21 972 | 18 592 | 772 |
| 第10类 纤维素浆；废纸；纸、纸板及其制品 | 308 476 | 738 917 | 422 361 | 43 801 |
| 47章 木浆等纤维状纤维素浆；废纸及纸板 | 152 | 33 | 129 | — |
| 48章 纸及纸板；纸浆、纸或纸板制品 | 293 984 | 700 013 | 399 138 | 37 502 |
| 49章 印刷品；手稿、打字稿及设计图纸 | 14 340 | 38 871 | 23 094 | 6 299 |

**2016年中国对部分国家（地区）出口商品类章金额表（续）**

单位：千美元

| 类 章 | 阿拉伯联合酋长国 | 越 南 | 中国台湾省 | 哈萨克斯坦 |
|---|---|---|---|---|
| 第11类 纺织原料及纺织制品 | 6 067 441 | 12 063 645 | 1 458 250 | 2 062 158 |
| 50章 蚕丝 | 22 612 | 46 025 | 1 514 | — |
| 51章 羊毛等动物毛；马毛纱线及其机织物 | 4 010 | 200 746 | 14 357 | 10 446 |
| 52章 棉花 | 211 006 | 1 694 560 | 27 903 | 92 412 |
| 53章 其他植物纤维；纸纱线及其机织物 | 3 273 | 64 471 | 1 224 | 2 |
| 54章 化学纤维长丝 | 504 947 | 1 541 824 | 95 897 | 36 831 |
| 55章 化学纤维短纤 | 240 426 | 2 311 705 | 52 374 | 41 193 |
| 56章 絮胎、毡呢及无纺织物；线绳制品等 | 42 504 | 395 357 | 70 749 | 30 581 |
| 57章 地毯及纺织材料的其他铺地制品 | 56 942 | 68 628 | 28 257 | 37 244 |
| 58章 特种机织物；簇绒织物；刺绣品等 | 167 022 | 355 167 | 19 183 | 11 555 |
| 59章 浸、包或层压织物；工业用纺织制品 | 72 252 | 623 559 | 61 774 | 14 429 |
| 60章 针织物及钩编织物 | 209 271 | 2 496 092 | 7 599 | 33 970 |
| 61章 针织或钩编的服装及衣着附件 | 2 401 182 | 656 502 | 471 072 | 707 158 |
| 62章 非针织或非钩编的服装及衣着附件 | 1 611 818 | 1 350 832 | 436 186 | 578 220 |
| 63章 其他纺织制品；成套物品；旧纺织品 | 520 178 | 258 176 | 170 160 | 468 116 |
| 第12类 鞋帽伞等；羽毛品；人造花；人发品 | 1 139 887 | 923 076 | 310 782 | 1 280 657 |
| 64章 鞋靴、护腿和类似品及其零件 | 1 013 092 | 860 196 | 233 394 | 1 205 219 |
| 65章 帽类及其零件 | 47 277 | 18 572 | 19 768 | 59 208 |
| 66章 伞、手杖、鞭子、马鞭及其零件 | 18 935 | 21 995 | 50 725 | 10 942 |
| 67章 加工羽毛及制品；人造花；人发制品 | 60 584 | 22 312 | 6 895 | 5 288 |
| 第13类 矿物材料制品；陶瓷品；玻璃及制品 | 926 230 | 2 000 398 | 749 900 | 280 855 |
| 68章 矿物材料的制品 | 187 140 | 565 621 | 240 295 | 55 608 |
| 69章 陶瓷产品 | 457 997 | 877 217 | 186 704 | 147 464 |
| 70章 玻璃及其制品 | 281 093 | 557 561 | 322 901 | 77 783 |
| 第14类 珠宝、贵金属及制品；仿首饰；硬币 | 266 437 | 26 284 | 64 662 | 10 856 |
| 71章 珠宝、贵金属及制品；仿首饰；硬币 | 266 437 | 26 284 | 64 662 | 10 856 |
| 第15类 贱金属及其制品 | 2 478 975 | 9 318 454 | 3 730 610 | 701 270 |
| 72章 钢铁 | 643 482 | 4 531 305 | 1 886 454 | 122 493 |
| 73章 钢铁制品 | 924 894 | 1 238 576 | 489 849 | 307 819 |
| 74章 铜及其制品 | 38 557 | 173 777 | 628 804 | 3 048 |
| 75章 镍及其制品 | 7 665 | 2 387 | 55 159 | 547 |
| 76章 铝及其制品 | 382 820 | 2 321 744 | 215 494 | 39 137 |
| 78章 铅及其制品 | 52 | 14 449 | 12 920 | 488 |
| 79章 锌及其制品 | 9 571 | 9 643 | 11 593 | 20 |
| 80章 锡及其制品 | 316 | 868 | 3 541 | 137 |
| 81章 其他贱金属、金属陶瓷及其制品 | 19 198 | 10 449 | 93 643 | 3 391 |
| 82章 贱金属器具、利口器、餐具及零件 | 182 566 | 422 909 | 173 402 | 77 284 |
| 83章 贱金属杂项制品 | 269 855 | 592 347 | 159 751 | 146 905 |
| 第16类 机电、音像设备及其零件、附件 | 11 351 874 | 18 899 699 | 20 710 049 | 1 804 701 |
| 84章 核反应堆、锅炉、机械器具及零件 | 4 974 859 | 6 882 400 | 5 434 186 | 1 012 507 |
| 85章 电机、电气、音像设备及其零附件 | 6 377 015 | 12 017 299 | 15 275 863 | 792 193 |
| 第17类 车辆、航空器、船舶及运输设备 | 1 088 976 | 1 749 809 | 899 272 | 386 195 |
| 86章 铁道车辆；轨道装置；信号设备 | 14 128 | 34 292 | 47 909 | 1 749 |
| 87章 车辆及其零附件，但铁道车辆除外 | 721 670 | 1 661 948 | 832 125 | 381 697 |
| 88章 航空器、航天器及其零件 | 7 746 | 3 909 | 4 194 | 1 831 |
| 89章 船舶及浮动结构体 | 345 431 | 49 660 | 15 045 | 917 |
| 第18类 光学、医疗等仪器；钟表；乐器 | 333 471 | 1 945 118 | 1 815 798 | 130 751 |
| 90章 光学、照相、医疗等设备及零附件 | 263 549 | 1 886 895 | 1 786 062 | 123 075 |
| 91章 钟表及其零件 | 53 562 | 50 868 | 14 555 | 6 760 |
| 92章 乐器及其零件、附件 | 16 361 | 7 355 | 15 180 | 917 |
| 第19类 武器、弹药及其零件、附件 | 721 | 8 | 340 | 351 |
| 93章 武器、弹药及其零件、附件 | 721 | 8 | 340 | 351 |
| 第20类 杂项制品 | 2 244 120 | 1 307 848 | 1 301 811 | 458 535 |
| 94章 家具；寝具等；灯具；活动房 | 1 387 466 | 802 911 | 888 139 | 228 919 |
| 95章 玩具、游戏或运动用品及其零附件 | 611 752 | 175 185 | 235 546 | 135 813 |
| 96章 杂项制品 | 244 902 | 329 752 | 178 127 | 93 803 |
| 第21类 艺术品、收藏品及古物 | 1 175 | 402 | 4 707 | 72 |
| 97章 艺术品、收藏品及古物 | 1 175 | 402 | 4 707 | 72 |
| 第22类 特殊交易品及未分类商品 | 15 887 | 1 148 615 | 257 736 | 3 737 |
| 98章 特殊交易品及未分类商品 | 15 887 | 1 148 615 | 257 736 | 3 737 |

## 2016年中国对部分国家（地区）出口商品类章金额表（续）

单位：千美元

| 类 章 | 南 非 | 欧洲联盟 | 比利时 | 丹 麦 |
|---|---|---|---|---|
| **总 值** | **12 853 522** | **339 256 188** | **14 736 124** | **5 413 208** |
| 第1类 活动物；动物产品 | 80 237 | 2 717 715 | 118 162 | 21 183 |
| 01章 活动物 | — | 963 | 4 | — |
| 02章 肉及食用杂碎 | — | 17 079 | 6 974 | — |
| 03章 鱼及其他水生无脊椎动物 | 33 321 | 1 940 137 | 69 852 | 10 875 |
| 04章 乳；蛋；蜂蜜；其他食用动物产品 | 6 957 | 150 913 | 30 979 | 928 |
| 05章 其他动物产品 | 39 959 | 608 623 | 10 353 | 9 380 |
| 第2类 植物产品 | 61 641 | 2 355 786 | 111 306 | 29 737 |
| 06章 活植物；茎、根；插花、簇叶 | 287 | 44 803 | 1 078 | 362 |
| 07章 食用蔬菜、根及块茎 | 40 222 | 652 043 | 51 153 | 5 190 |
| 08章 食用水果及坚果；甜瓜等水果的果皮 | 931 | 360 290 | 9 138 | 2 699 |
| 09章 咖啡、茶、马黛茶及调味香料 | 13 996 | 482 068 | 33 574 | 496 |
| 10章 谷物 | 99 | 5 227 | 214 | 18 |
| 11章 制粉工业产品；麦芽；淀粉等 | 1 733 | 50 240 | 47 | — |
| 12章 油籽；子仁；工业或药用植物；饲料 | 1 998 | 476 435 | 5 738 | 9 453 |
| 13章 虫胶；树胶、树脂及其他植物液、汁 | 2 312 | 239 276 | 6 780 | 10 669 |
| 14章 编结用植物材料；其他植物产品 | 63 | 45 405 | 3 584 | 849 |
| 第3类 动、植物油、脂、蜡；精制食用油脂 | 2 155 | 118 902 | 6 118 | 378 |
| 15章 动、植物油、脂、蜡；精制食用油脂 | 2 155 | 118 902 | 6 118 | 378 |
| 第4类 食品；饮料、酒及醋；烟草及制品 | 140 484 | 2 688 769 | 239 034 | 101 128 |
| 16章 肉、鱼及其他水生无脊椎动物的制品 | 18 409 | 413 270 | 26 350 | 46 268 |
| 17章 糖及糖食 | 16 536 | 78 473 | 3 203 | 3 430 |
| 18章 可可及可可制品 | 971 | 58 382 | — | 2 |
| 19章 谷物粉、淀粉等或乳的制品；糕饼 | 6 368 | 158 814 | 4 076 | 4 008 |
| 20章 蔬菜、水果等或植物其他部分的制品 | 66 775 | 861 389 | 35 593 | 11 902 |
| 21章 杂项食品 | 12 581 | 265 756 | 11 871 | 1 988 |
| 22章 饮料、酒及醋 | 1 904 | 105 420 | 4 782 | 2 092 |
| 23章 食品工业的残渣及废料；配制的饲料 | 7 877 | 533 578 | 27 925 | 30 981 |
| 24章 烟草、烟草及烟草代用品的制品 | 9 064 | 213 687 | 125 234 | 457 |
| 第5类 矿产品 | 161 076 | 1 514 645 | 82 122 | 8 796 |
| 25章 盐；硫磺；土及石料；石灰及水泥等 | 24 584 | 321 698 | 20 815 | 1 072 |
| 26章 矿砂、矿渣及矿灰 | 288 | 19 982 | 2 424 | 116 |
| 27章 矿物燃料、矿物油及其产品；沥青等 | 136 204 | 1 172 965 | 58 883 | 7 608 |
| 第6类 化学工业及其相关工业的产品 | 811 990 | 15 698 335 | 1 445 030 | 234 073 |
| 28章 无机化学品；贵金属等的化合物 | 133 127 | 1 301 721 | 108 928 | 12 781 |
| 29章 有机化学品 | 331 208 | 9 225 025 | 969 765 | 89 486 |
| 30章 药品 | 33 922 | 1 362 039 | 67 281 | 68 992 |
| 31章 肥料 | 34 941 | 45 004 | 9 848 | 552 |
| 32章 鞣料；着色料；涂料；油灰；墨水等 | 45 240 | 878 425 | 107 805 | 12 114 |
| 33章 精油及香膏；香料制品及化妆盥洗品 | 36 934 | 834 825 | 41 307 | 2 896 |
| 34章 洗涤剂、润滑剂、人造蜡、塑型膏等 | 26 918 | 416 462 | 27 133 | 12 198 |
| 35章 蛋白类物质；改性淀粉；胶；酶 | 43 339 | 249 164 | 10 068 | 24 746 |
| 36章 炸药；烟火；引火品；易燃材料制品 | 12 590 | 254 339 | 1 620 | 6 772 |
| 37章 照相及电影用品 | 10 321 | 96 318 | 5 305 | 59 |
| 38章 杂项化学产品 | 103 450 | 1 035 012 | 95 970 | 3 478 |
| 第7类 塑料及其制品；橡胶及其制品 | 734 425 | 12 129 658 | 769 946 | 165 679 |
| 39章 塑料及其制品 | 488 606 | 8 728 098 | 553 929 | 132 294 |
| 40章 橡胶及其制品 | 245 819 | 3 401 560 | 216 018 | 33 385 |
| 第8类 革、毛皮及制品；箱包；肠线制品 | 245 905 | 6 676 005 | 396 294 | 67 284 |
| 41章 生皮（毛皮除外）及皮革 | 27 | 26 501 | 1 | 3 |
| 42章 皮革制品；旅行箱包；动物肠线制品 | 245 851 | 6 487 404 | 392 966 | 55 490 |
| 43章 毛皮、人造毛皮及其制品 | 27 | 162 100 | 3 327 | 11 790 |
| 第9类 木及制品；木炭；软木；编结品 | 69 532 | 2 925 780 | 215 292 | 41 832 |
| 44章 木及木制品；木炭 | 60 125 | 2 358 619 | 193 355 | 33 814 |
| 45章 软木及软木制品 | 24 | 5 926 | 337 | 88 |
| 46章 编结材料制品；篮筐及柳条编结品 | 9 384 | 561 235 | 21 601 | 7 931 |
| 第10类 纤维素浆；废纸；纸、纸板及其制品 | 163 337 | 2 796 961 | 134 092 | 37 586 |
| 47章 木浆等纤维状纤维素浆；废纸及纸板 | 1 212 | 37 639 | 5 927 | — |
| 48章 纸及纸板；纸浆、纸或纸板制品 | 149 919 | 2 040 985 | 93 922 | 32 468 |
| 49章 印刷品；手稿、打字稿及设计图纸 | 12 206 | 718 338 | 34 244 | 5 118 |

## 2016年中国对部分国家（地区）出口商品类章金额表（续）

单位：千美元

| 类 章 | 南 非 | 欧洲联盟 | 比利时 | 丹 麦 |
|---|---|---|---|---|
| 第11类 纺织原料及纺织制品 | 2 072 960 | 47 383 578 | 1 997 780 | 1 220 966 |
| 50章 蚕丝 | 55 | 289 859 | 1 480 | 313 |
| 51章 羊毛等动物毛；马毛纱线及其机织物 | 424 | 491 037 | 7 915 | 2 915 |
| 52章 棉花 | 64 737 | 553 682 | 21 578 | 2 997 |
| 53章 其他植物纤维；纸纱线及其机织物 | 4 509 | 161 855 | 6 515 | 424 |
| 54章 化学纤维长丝 | 195 713 | 1 965 662 | 123 239 | 12 548 |
| 55章 化学纤维短纤 | 96 677 | 850 031 | 38 272 | 2 166 |
| 56章 絮胎、毡呢及无纺织物；线绳制品等 | 28 930 | 653 956 | 25 155 | 13 495 |
| 57章 地毯及纺织材料的其他铺地制品 | 10 758 | 420 901 | 22 183 | 3 561 |
| 58章 特种机织物；簇绒织物；刺绣品等 | 27 443 | 497 705 | 28 477 | 3 873 |
| 59章 浸、包或层压织物；工业用纺织制品 | 81 230 | 735 209 | 17 901 | 5 429 |
| 60章 针织物及钩编织物 | 163 439 | 859 769 | 30 893 | 4 738 |
| 61章 针织或钩编的服装及衣着附件 | 629 939 | 16 782 344 | 776 593 | 414 446 |
| 62章 非针织或非钩编的服装及衣着附件 | 632 157 | 18 159 226 | 661 019 | 655 458 |
| 63章 其他纺织制品；成套物品；旧纺织品 | 136 948 | 4 962 340 | 236 561 | 98 605 |
| 第12类 鞋帽伞等；羽毛品；人造花；人发品 | 924 378 | 12 755 609 | 1 023 774 | 126 685 |
| 64章 鞋靴、护腿和类似品及其零件 | 542 749 | 10 219 703 | 884 743 | 98 275 |
| 65章 帽类及其零件 | 73 188 | 1 123 810 | 77 159 | 15 065 |
| 66章 伞、手杖、鞭子、马鞭及其零件 | 17 390 | 596 757 | 24 237 | 7 868 |
| 67章 加工羽毛及制品；人造花；人发制品 | 291 051 | 815 338 | 37 635 | 5 476 |
| 第13类 矿物材料制品；陶瓷品；玻璃及制品 | 368 072 | 5 777 298 | 375 780 | 113 936 |
| 68章 矿物材料的制品 | 50 510 | 1 438 271 | 142 966 | 19 097 |
| 69章 陶瓷产品 | 216 805 | 2 286 519 | 147 197 | 37 116 |
| 70章 玻璃及其制品 | 100 757 | 2 052 508 | 85 616 | 57 723 |
| 第14类 珠宝、贵金属及制品；仿首饰；硬币 | 18 088 | 1 088 784 | 394 615 | 5 008 |
| 71章 珠宝、贵金属及制品；仿首饰；硬币 | 18 088 | 1 088 784 | 394 615 | 5 008 |
| 第15类 贱金属及其制品 | 1 115 946 | 21 117 493 | 1 849 770 | 379 128 |
| 72章 钢铁 | 298 350 | 3 364 762 | 871 705 | 35 375 |
| 73章 钢铁制品 | 377 826 | 7 278 455 | 442 991 | 193 299 |
| 74章 铜及其制品 | 30 600 | 553 962 | 13 854 | 8 490 |
| 75章 镍及其制品 | 716 | 66 533 | 18 218 | 10 |
| 76章 铝及其制品 | 158 486 | 2 962 798 | 197 286 | 70 062 |
| 78章 铅及其制品 | 1 656 | 361 | 11 | 2 |
| 79章 锌及其制品 | 1 530 | 30 142 | 560 | 285 |
| 80章 锡及其制品 | 8 492 | 15 194 | 100 | 2 |
| 81章 其他贱金属、金属陶瓷及其制品 | 23 892 | 827 689 | 46 163 | 723 |
| 82章 贱金属器具、利口器、餐具及零件 | 95 522 | 3 123 260 | 162 069 | 29 520 |
| 83章 贱金属杂项制品 | 118 875 | 2 894 337 | 96 814 | 41 358 |
| 第16类 机电、音像设备及其零件、附件 | 4 344 123 | 141 759 147 | 3 408 896 | 1 428 061 |
| 84章 核反应堆、锅炉、机械器具及零件 | 1 895 837 | 64 687 392 | 1 906 383 | 659 320 |
| 85章 电机、电气、音像设备及其零附件 | 2 448 285 | 77 071 755 | 1 502 513 | 768 741 |
| 第17类 车辆、航空器、船舶及运输设备 | 501 156 | 13 682 629 | 410 892 | 685 784 |
| 86章 铁道车辆；轨道装置；信号设备 | 44 177 | 1 138 084 | 31 214 | 405 460 |
| 87章 车辆及其零附件，但铁道车辆除外 | 452 107 | 8 198 234 | 355 372 | 143 993 |
| 88章 航空器、航天器及其零件 | 3 863 | 819 858 | 15 746 | 10 491 |
| 89章 船舶及浮动结构体 | 1 009 | 3 526 452 | 8 561 | 125 841 |
| 第18类 光学、医疗等仪器；钟表；乐器 | 264 739 | 13 341 030 | 411 209 | 131 144 |
| 90章 光学、照相、医疗等设备及零附件 | 241 816 | 12 349 728 | 369 953 | 125 488 |
| 91章 钟表及其零件 | 16 808 | 613 770 | 20 312 | 3 548 |
| 92章 乐器及其零件、附件 | 6 115 | 377 533 | 20 944 | 2 109 |
| 第19类 武器、弹药及其零件、附件 | 686 | 21 628 | 1 040 | 834 |
| 93章 武器、弹药及其零件、附件 | 686 | 21 628 | 1 040 | 834 |
| 第20类 杂项制品 | 763 964 | 32 108 130 | 1 325 364 | 597 050 |
| 94章 家具；寝具等；灯具；活动房 | 526 727 | 18 901 575 | 753 236 | 439 420 |
| 95章 玩具、游戏或运动用品及其零附件 | 117 802 | 10 810 423 | 476 953 | 126 172 |
| 96章 杂项制品 | 119 434 | 2 396 132 | 95 176 | 31 457 |
| 第21类 艺术品、收藏品及古物 | 530 | 48 855 | 1 671 | 1 080 |
| 97章 艺术品、收藏品及古物 | 530 | 48 855 | 1 671 | 1 080 |
| 第22类 特殊交易品及未分类商品 | 8 100 | 549 452 | 17 936 | 15 856 |
| 98章 特殊交易品及未分类商品 | 8 100 | 549 452 | 17 936 | 15 856 |

**2016 年中国对部分国家（地区）出口商品类章金额表（续）**

单位：千美元

| 类 章 | 英 国 | 德 国 | 法 国 | 意大利 |
|---|---|---|---|---|
| **总 值** | **55 720 793** | **65 259 048** | **24 686 156** | **26 388 353** |
| 第 1 类 活动物；动物产品 | 368 572 | 725 663 | 214 679 | 183 681 |
| 01 章 活动物 | 0 | 191 | 289 | 388 |
| 02 章 肉及食用杂碎 | — | 6 310 | 1 138 | — |
| 03 章 鱼及其他水生无脊椎动物 | 285 886 | 424 996 | 196 110 | 141 703 |
| 04 章 乳；蛋；蜂蜜；其他食用动物产品 | 52 586 | 9 460 | 4 352 | 6 509 |
| 05 章 其他动物产品 | 30 101 | 284 706 | 12 791 | 35 081 |
| 第 2 类 植物产品 | 212 217 | 529 369 | 145 324 | 216 252 |
| 06 章 活植物；茎、根；插花、簇叶 | 852 | 9 849 | 237 | 2 269 |
| 07 章 食用蔬菜、根及块茎 | 75 870 | 107 631 | 57 284 | 114 082 |
| 08 章 食用水果及坚果；甜瓜等水果的果皮 | 35 368 | 113 036 | 14 802 | 20 933 |
| 09 章 咖啡、茶、马黛茶及调味香料 | 37 697 | 134 303 | 30 659 | 8 780 |
| 10 章 谷物 | 977 | 1 446 | 824 | 292 |
| 11 章 制粉工业产品；麦芽；淀粉等 | 1 073 | 4 551 | 115 | 506 |
| 12 章 油籽；子仁；工业或药用植物；饲料 | 41 195 | 93 723 | 20 425 | 39 244 |
| 13 章 虫胶；树胶、树脂及其他植物液、汁 | 15 794 | 58 470 | 18 836 | 26 698 |
| 14 章 编结用植物材料；其他植物产品 | 3 389 | 6 361 | 2 142 | 3 448 |
| 第 3 类 动、植物油、脂、蜡；精制食用油脂 | 17 326 | 22 087 | 6 072 | 3 506 |
| 15 章 动、植物油、脂、蜡；精制食用油脂 | 17 326 | 22 087 | 6 072 | 3 506 |
| 第 4 类 食品；饮料、酒及醋；烟草及制品 | 406 787 | 533 581 | 149 768 | 152 138 |
| 16 章 肉、鱼及其他水生无脊椎动物的制品 | 55 920 | 32 315 | 8 330 | 35 986 |
| 17 章 糖及糖食 | 24 733 | 9 980 | 2 690 | 1 125 |
| 18 章 可可及可可制品 | 6 544 | 30 970 | 1 520 | 11 |
| 19 章 谷物粉、淀粉等或乳的制品；糕饼 | 51 274 | 28 142 | 12 003 | 7 144 |
| 20 章 蔬菜、水果等或植物其他部分的制品 | 107 430 | 224 458 | 48 338 | 70 231 |
| 21 章 杂项食品 | 49 030 | 58 785 | 19 048 | 13 211 |
| 22 章 饮料、酒及醋 | 13 472 | 10 552 | 27 326 | 7 405 |
| 23 章 食品工业的残渣及废料；配制的饲料 | 89 044 | 120 345 | 14 640 | 16 991 |
| 24 章 烟草、烟草及烟草代用品的制品 | 9 340 | 18 034 | 15 872 | 34 |
| 第 5 类 矿产品 | 184 158 | 223 946 | 87 796 | 96 266 |
| 25 章 盐；硫磺；土及石料；石灰及水泥等 | 17 297 | 30 465 | 11 668 | 47 832 |
| 26 章 矿砂、矿渣及矿灰 | 2 229 | 1 524 | 2 | 123 |
| 27 章 矿物燃料、矿物油及其产品；沥青等 | 164 633 | 191 957 | 76 126 | 48 311 |
| 第 6 类 化学工业及其相关工业的产品 | 1 791 975 | 2 917 636 | 1 064 078 | 1 516 359 |
| 28 章 无机化学品；贵金属等的化合物 | 134 093 | 251 891 | 104 201 | 103 494 |
| 29 章 有机化学品 | 701 993 | 1 753 116 | 537 248 | 986 615 |
| 30 章 药品 | 252 633 | 235 783 | 173 047 | 120 121 |
| 31 章 肥料 | 2 065 | 1 847 | 569 | 8 243 |
| 32 章 鞣料；着色料；涂料；油灰；墨水等 | 80 535 | 167 057 | 43 069 | 98 725 |
| 33 章 精油及香膏；香料制品及化妆盥洗品 | 329 025 | 94 319 | 99 326 | 52 352 |
| 34 章 洗涤剂、润滑剂、人造蜡、塑型膏等 | 137 859 | 53 517 | 29 242 | 27 528 |
| 35 章 蛋白类物质；改性淀粉；胶；酶 | 27 123 | 51 074 | 14 067 | 12 592 |
| 36 章 炸药；烟火；引火品；易燃材料制品 | 28 704 | 97 182 | 9 941 | 17 931 |
| 37 章 照相及电影用品 | 3 957 | 10 970 | 1 389 | 8 595 |
| 38 章 杂项化学产品 | 93 988 | 200 880 | 51 981 | 80 161 |
| 第 7 类 塑料及其制品；橡胶及其制品 | 2 370 710 | 2 085 777 | 1 006 634 | 1 086 566 |
| 39 章 塑料及其制品 | 1 689 820 | 1 523 137 | 816 663 | 744 548 |
| 40 章 橡胶及其制品 | 680 890 | 562 640 | 189 971 | 342 018 |
| 第 8 类 革、毛皮及制品；箱包；肠线制品 | 1 262 866 | 1 076 306 | 696 662 | 835 852 |
| 41 章 生皮（毛皮除外）及皮革 | 669 | 1 816 | 279 | 13 872 |
| 42 章 皮革制品；旅行箱包；动物肠线制品 | 1 250 469 | 1 040 830 | 679 007 | 787 209 |
| 43 章 毛皮、人造毛皮及其制品 | 11 727 | 33 660 | 17 377 | 34 771 |
| 第 9 类 木及制品；木炭；软木；编结品 | 822 853 | 490 642 | 219 545 | 201 545 |
| 44 章 木及木制品；木炭 | 719 177 | 397 412 | 167 094 | 138 361 |
| 45 章 软木及软木制品 | 566 | 1 987 | 472 | 652 |
| 46 章 编结材料制品；篮筐及柳条编结品 | 103 111 | 91 242 | 51 979 | 62 532 |
| 第 10 类 纤维素浆；废纸；纸、纸板及其制品 | 941 324 | 350 364 | 242 249 | 196 002 |
| 47 章 木浆等纤维状纤维素浆；废纸及纸板 | 3 808 | 5 216 | 2 317 | 3 262 |
| 48 章 纸及纸板；纸浆、纸或纸板制品 | 572 941 | 253 314 | 170 562 | 171 722 |
| 49 章 印刷品；手稿、打字稿及设计图纸 | 364 575 | 91 835 | 69 370 | 21 018 |

## 2016年中国对部分国家（地区）出口商品类章金额表（续）

单位：千美元

| 类 章 | 英 国 | 德 国 | 法 国 | 意大利 |
|---|---|---|---|---|
| 第11类 纺织原料及纺织制品 | 11 366 753 | 8 181 814 | 4 455 413 | 4 580 503 |
| 50章 蚕丝 | 10 730 | 24 736 | 14 183 | 167 861 |
| 51章 羊毛等动物毛；马毛纱线及其机织物 | 43 250 | 90 168 | 1 513 | 318 828 |
| 52章 棉花 | 31 771 | 90 342 | 9 989 | 198 286 |
| 53章 其他植物纤维；纸纱线及其机织物 | 6 234 | 7 474 | 2 658 | 60 645 |
| 54章 化学纤维长丝 | 181 974 | 345 943 | 56 459 | 349 774 |
| 55章 化学纤维短纤 | 79 597 | 140 292 | 37 538 | 164 167 |
| 56章 絮胎、毡呢及无纺织物；线绳制品等 | 88 676 | 98 534 | 43 005 | 96 885 |
| 57章 地毯及纺织材料的其他铺地制品 | 93 146 | 76 508 | 42 451 | 30 308 |
| 58章 特种机织物；簇绒织物；刺绣品等 | 83 911 | 67 377 | 27 106 | 82 564 |
| 59章 浸、包或层压织物；工业用纺织制品 | 66 547 | 115 628 | 23 903 | 100 559 |
| 60章 针织物及钩编织物 | 137 803 | 105 684 | 35 816 | 156 112 |
| 61章 针织或钩编的服装及衣着附件 | 4 816 863 | 2 779 328 | 1 691 823 | 1 116 157 |
| 62章 非针织或非钩编的服装及衣着附件 | 4 665 437 | 3 158 898 | 2 034 676 | 1 439 566 |
| 63章 其他纺织制品；成套物品；旧纺织品 | 1 060 813 | 1 080 902 | 434 292 | 298 790 |
| 第12类 鞋帽伞等；羽毛品；人造花；人发品 | 3 203 391 | 2 202 458 | 948 459 | 975 923 |
| 64章 鞋靴、护腿和类似品及其零件 | 2 748 797 | 1 778 433 | 707 819 | 721 179 |
| 65章 帽类及其零件 | 206 413 | 196 251 | 116 305 | 110 111 |
| 66章 伞、手杖、鞭子、马鞭及其零件 | 85 844 | 107 803 | 56 284 | 68 942 |
| 67章 加工羽毛及制品；人造花；人发制品 | 162 338 | 119 971 | 68 050 | 75 691 |
| 第13类 矿物材料制品；陶瓷品；玻璃及制品 | 1 036 835 | 1 103 928 | 395 023 | 418 272 |
| 68章 矿物材料的制品 | 230 121 | 314 330 | 78 817 | 64 603 |
| 69章 陶瓷产品 | 439 735 | 389 114 | 154 757 | 180 006 |
| 70章 玻璃及其制品 | 366 979 | 400 484 | 161 449 | 173 663 |
| 第14类 珠宝、贵金属及制品；仿首饰；硬币 | 180 667 | 114 591 | 83 495 | 73 848 |
| 71章 珠宝、贵金属及制品；仿首饰；硬币 | 180 667 | 114 591 | 83 495 | 73 848 |
| 第15类 贱金属及其制品 | 3 195 870 | 3 736 143 | 1 377 426 | 2 546 322 |
| 72章 钢铁 | 223 125 | 148 512 | 42 883 | 1 031 019 |
| 73章 钢铁制品 | 1 227 665 | 1 465 957 | 525 454 | 693 578 |
| 74章 铜及其制品 | 87 604 | 109 591 | 57 805 | 51 447 |
| 75章 镍及其制品 | 5 481 | 3 577 | 6 794 | 11 828 |
| 76章 铝及其制品 | 542 031 | 512 935 | 222 313 | 298 910 |
| 78章 铅及其制品 | 45 | 45 | 4 | 17 |
| 79章 锌及其制品 | 5 018 | 7 700 | 3 161 | 3 280 |
| 80章 锡及其制品 | 565 | 318 | 11 | 98 |
| 81章 其他贱金属、金属陶瓷及其制品 | 76 692 | 104 159 | 20 973 | 39 185 |
| 82章 贱金属器具、利口器、餐具及零件 | 458 852 | 798 671 | 262 114 | 184 112 |
| 83章 贱金属杂项制品 | 568 792 | 584 677 | 235 914 | 232 847 |
| 第16类 机电、音像设备及其零件、附件 | 18 172 482 | 29 795 225 | 9 028 865 | 9 697 960 |
| 84章 核反应堆、锅炉、机械器具及零件 | 7 781 505 | 14 496 969 | 3 869 431 | 4 891 241 |
| 85章 电机、电气、音像设备及其零附件 | 10 390 977 | 15 298 256 | 5 159 435 | 4 806 719 |
| 第17类 车辆、航空器、船舶及运输设备 | 1 762 023 | 2 397 677 | 889 993 | 791 025 |
| 86章 铁道车辆；轨道装置；信号设备 | 155 134 | 187 918 | 114 920 | 27 910 |
| 87章 车辆及其零附件，但铁道车辆除外 | 1 136 997 | 1 903 833 | 537 797 | 720 345 |
| 88章 航空器、航天器及其零件 | 193 912 | 143 530 | 219 235 | 39 309 |
| 89章 船舶及浮动结构体 | 275 980 | 162 395 | 18 042 | 3 461 |
| 第18类 光学、医疗等仪器；钟表；乐器 | 1 173 132 | 3 179 062 | 695 353 | 953 001 |
| 90章 光学、照相、医疗等设备及零附件 | 996 800 | 2 860 577 | 576 846 | 881 906 |
| 91章 钟表及其零件 | 101 878 | 189 888 | 78 186 | 49 992 |
| 92章 乐器及其零件、附件 | 74 454 | 128 598 | 40 321 | 21 103 |
| 第19类 武器、弹药及其零件、附件 | 2 933 | 5 244 | 3 101 | 1 526 |
| 93章 武器、弹药及其零件、附件 | 2 933 | 5 244 | 3 101 | 1 526 |
| 第20类 杂项制品 | 7 130 422 | 5 487 840 | 2 890 634 | 1 796 773 |
| 94章 家具；寝具等；灯具；活动房 | 4 248 215 | 3 657 056 | 1 989 053 | 1 131 234 |
| 95章 玩具、游戏或运动用品及其零附件 | 2 420 348 | 1 365 680 | 675 759 | 492 490 |
| 96章 杂项制品 | 461 859 | 465 104 | 225 822 | 173 050 |
| 第21类 艺术品、收藏品及古物 | 6 405 | 7 031 | 15 450 | 5 146 |
| 97章 艺术品、收藏品及古物 | 6 405 | 7 031 | 15 450 | 5 146 |
| 第22类 特殊交易品及未分类商品 | 111 093 | 92 661 | 70 136 | 59 890 |
| 98章 特殊交易品及未分类商品 | 111 093 | 92 661 | 70 136 | 59 890 |

## 2016年中国对部分国家（地区）出口商品类章金额表（续）

单位：千美元

| 类 章 | 荷 兰 | 西班牙 | 奥地利 | 芬 兰 |
|---|---|---|---|---|
| **总 值** | **57 459 370** | **21 320 431** | **2 242 873** | **2 878 581** |
| 第1类 活动物；动物产品 | 232 505 | 407 336 | 14 417 | 1 615 |
| 01章 活动物 | 1 | 1 | — | — |
| 02章 肉及食用杂碎 | — | — | — | — |
| 03章 鱼及其他水生无脊椎动物 | 116 457 | 361 967 | 122 | 1 603 |
| 04章 乳；蛋；蜂蜜；其他食用动物产品 | 10 209 | 11 373 | 346 | — |
| 05章 其他动物产品 | 105 838 | 33 995 | 13 949 | 12 |
| 第2类 植物产品 | 589 510 | 288 875 | 1 739 | 3 624 |
| 06章 活植物；茎、根；插花、簇叶 | 28 605 | 803 | 32 | 6 |
| 07章 食用蔬菜、根及块茎 | 139 521 | 35 487 | 474 | 786 |
| 08章 食用水果及坚果；甜瓜等水果的果皮 | 125 671 | 6 818 | 149 | 22 |
| 09章 咖啡、茶、马黛茶及调味香料 | 91 609 | 110 457 | 184 | 252 |
| 10章 谷物 | 1 185 | 124 | — | — |
| 11章 制粉工业产品；麦芽；淀粉等 | 43 459 | 34 | — | — |
| 12章 油籽；子仁；工业或药用植物；饲料 | 128 114 | 67 428 | 445 | 2 019 |
| 13章 虫胶；树胶、树脂及其他植物液、汁 | 16 828 | 62 794 | 453 | 526 |
| 14章 编结用植物材料；其他植物产品 | 14 517 | 4 929 | 4 | 13 |
| 第3类 动、植物油、脂、蜡；精制食用油脂 | 47 417 | 7 977 | 364 | 217 |
| 15章 动、植物油、脂、蜡；精制食用油脂 | 47 417 | 7 977 | 364 | 217 |
| 第4类 食品；饮料、酒及醋；烟草及制品 | 504 937 | 214 155 | 7 262 | 21 873 |
| 16章 肉、鱼及其他水生无脊椎动物的制品 | 80 262 | 53 963 | 321 | 459 |
| 17章 糖及糖食 | 14 444 | 6 262 | 70 | 2 265 |
| 18章 可可及可可制品 | 4 495 | 3 879 | — | — |
| 19章 谷物粉、淀粉等或乳的制品；糕饼 | 29 313 | 8 248 | 557 | 866 |
| 20章 蔬菜、水果等或植物其他部分的制品 | 136 173 | 119 533 | 2 785 | 1 807 |
| 21章 杂项食品 | 61 062 | 5 861 | 808 | 1 698 |
| 22章 饮料、酒及醋 | 10 624 | 5 786 | 2 601 | 1 089 |
| 23章 食品工业的残渣及废料；配制的饲料 | 161 610 | 10 310 | 117 | 13 688 |
| 24章 烟草、烟草及烟草代用品的制品 | 6 954 | 312 | 2 | 2 |
| 第5类 矿产品 | 412 023 | 36 913 | 14 869 | 22 075 |
| 25章 盐；硫磺；土及石料；石灰及水泥等 | 127 376 | 21 760 | 663 | 1 776 |
| 26章 矿砂、矿渣及矿灰 | 9 876 | 217 | — | 0 |
| 27章 矿物燃料、矿物油及其产品；沥青等 | 274 771 | 14 936 | 14 207 | 20 299 |
| 第6类 化学工业及其相关工业的产品 | 2 921 899 | 1 516 502 | 66 880 | 75 122 |
| 28章 无机化学品；贵金属等的化合物 | 322 731 | 113 150 | 5 018 | 3 560 |
| 29章 有机化学品 | 1 860 831 | 1 038 126 | 26 404 | 32 049 |
| 30章 药品 | 110 087 | 68 035 | 16 327 | 4 680 |
| 31章 肥料 | 265 | 13 988 | 4 | 75 |
| 32章 鞣料；着色料；涂料；油灰；墨水等 | 187 312 | 104 354 | 3 131 | 4 364 |
| 33章 精油及香膏；香料制品及化妆盥洗品 | 82 435 | 55 470 | 741 | 1 772 |
| 34章 洗涤剂、润滑剂、人造蜡、塑型膏等 | 48 852 | 17 877 | 555 | 2 394 |
| 35章 蛋白类物质；改性淀粉；胶；酶 | 24 863 | 21 204 | 603 | 5 296 |
| 36章 炸药；烟火；引火品；易燃材料制品 | 27 445 | 10 302 | 6 749 | 4 517 |
| 37章 照相及电影用品 | 17 224 | 12 378 | 38 | 2 304 |
| 38章 杂项化学产品 | 239 854 | 61 617 | 7 309 | 14 111 |
| 第7类 塑料及其制品；橡胶及其制品 | 1 446 565 | 913 274 | 46 066 | 141 069 |
| 39章 塑料及其制品 | 1 117 809 | 613 175 | 39 719 | 73 375 |
| 40章 橡胶及其制品 | 328 757 | 300 099 | 6 348 | 67 694 |
| 第8类 革、毛皮及制品；箱包；肠线制品 | 666 966 | 727 362 | 23 331 | 40 326 |
| 41章 生皮（毛皮除外）及皮革 | 1 105 | 5 573 | 11 | 2 |
| 42章 皮革制品；旅行箱包；动物肠线制品 | 658 904 | 705 510 | 22 671 | 37 949 |
| 43章 毛皮、人造毛皮及其制品 | 6 958 | 16 279 | 649 | 2 374 |
| 第9类 木及制品；木炭；软木；编结品 | 370 473 | 177 210 | 6 876 | 11 855 |
| 44章 木及木制品；木炭 | 286 494 | 120 423 | 5 811 | 8 291 |
| 45章 软木及软木制品 | 553 | 299 | 185 | 2 |
| 46章 编结材料制品；篮筐及柳条编结品 | 83 426 | 56 487 | 880 | 3 561 |
| 第10类 纤维素浆；废纸；纸、纸板及其制品 | 282 942 | 170 892 | 12 330 | 18 733 |
| 47章 木浆等纤维状纤维素浆；废纸及纸板 | 13 308 | 42 | — | 1 473 |
| 48章 纸及纸板；纸浆、纸或纸板制品 | 221 035 | 136 715 | 5 143 | 14 729 |
| 49章 印刷品；手稿、打字稿及设计图纸 | 48 599 | 34 135 | 7 187 | 2 530 |

## 2016年中国对部分国家（地区）出口商品类章金额表（续）

单位：千美元

| 类 章 | 荷 兰 | 西班牙 | 奥地利 | 芬 兰 |
|---|---|---|---|---|
| 第11类 纺织原料及纺织制品 | 4 132 416 | 4 578 344 | 177 709 | 533 350 |
| 50章 蚕丝 | 1 434 | 1 831 | 113 | 9 |
| 51章 羊毛等动物毛；马毛纱线及其机织物 | 2 648 | 3 454 | 3 | 234 |
| 52章 棉花 | 32 512 | 55 036 | 987 | 8 028 |
| 53章 其他植物纤维；纸纱线及其机织物 | 15 241 | 5 595 | 85 | 287 |
| 54章 化学纤维长丝 | 148 645 | 189 197 | 1 799 | 35 545 |
| 55章 化学纤维短纤 | 43 343 | 98 630 | 1 028 | 23 601 |
| 56章 絮胎、毡呢及无纺织物；线绳制品等 | 69 875 | 68 558 | 2 473 | 6 043 |
| 57章 地毯及纺织材料的其他铺地制品 | 36 691 | 41 178 | 4 908 | 3 305 |
| 58章 特种机织物；簇绒织物；刺绣品等 | 37 493 | 47 494 | 1 153 | 4 996 |
| 59章 浸、包或层压织物；工业用纺织制品 | 77 623 | 67 118 | 1 274 | 10 701 |
| 60章 针织物及钩编织物 | 68 554 | 86 675 | 797 | 29 041 |
| 61章 针织或钩编的服装及衣着附件 | 1 493 273 | 1 612 905 | 66 234 | 196 906 |
| 62章 非针织或非钩编的服装及衣着附件 | 1 588 145 | 1 897 492 | 72 071 | 182 460 |
| 63章 其他纺织制品；成套物品；旧纺织品 | 516 939 | 403 181 | 24 785 | 32 193 |
| 第12类 鞋帽伞等；羽毛品；人造花；人发品 | 1 226 285 | 1 153 660 | 42 419 | 75 262 |
| 64章 鞋靴、护腿和类似品及其零件 | 922 846 | 917 332 | 20 531 | 52 402 |
| 65章 帽类及其零件 | 110 891 | 123 277 | 9 593 | 11 821 |
| 66章 伞、手杖、鞭子、马鞭及其零件 | 70 301 | 59 105 | 10 796 | 9 333 |
| 67章 加工羽毛及制品；人造花；人发制品 | 122 247 | 53 946 | 1 499 | 1 706 |
| 第13类 矿物材料制品；陶瓷品；玻璃及制品 | 681 864 | 477 633 | 16 732 | 46 751 |
| 68章 矿物材料的制品 | 209 126 | 52 755 | 1 946 | 8 713 |
| 69章 陶瓷产品 | 306 619 | 234 167 | 5 413 | 17 641 |
| 70章 玻璃及其制品 | 166 119 | 190 711 | 9 373 | 20 397 |
| 第14类 珠宝、贵金属及制品；仿首饰；硬币 | 31 696 | 54 832 | 59 002 | 3 147 |
| 71章 珠宝、贵金属及制品；仿首饰；硬币 | 31 696 | 54 832 | 59 002 | 3 147 |
| 第15类 贱金属及其制品 | 2 446 216 | 1 549 606 | 132 934 | 250 772 |
| 72章 钢铁 | 184 149 | 368 375 | 455 | 16 851 |
| 73章 钢铁制品 | 872 889 | 463 575 | 50 909 | 84 550 |
| 74章 铜及其制品 | 38 025 | 56 441 | 3 064 | 22 880 |
| 75章 镍及其制品 | 14 867 | 3 344 | 444 | 15 |
| 76章 铝及其制品 | 295 313 | 200 891 | 19 128 | 42 584 |
| 78章 铅及其制品 | 14 | 156 | 0 | 0 |
| 79章 锌及其制品 | 3 385 | 1 475 | 43 | 114 |
| 80章 锡及其制品 | 13 531 | 54 | 0 | 16 |
| 81章 其他贱金属、金属陶瓷及其制品 | 388 584 | 23 574 | 8 872 | 5 871 |
| 82章 贱金属器具、利口器、餐具及零件 | 390 179 | 187 745 | 34 536 | 48 903 |
| 83章 贱金属杂项制品 | 245 280 | 243 976 | 15 481 | 28 989 |
| 第16类 机电、音像设备及其零件、附件 | 33 360 428 | 5 736 331 | 1 263 689 | 1 185 729 |
| 84章 核反应堆、锅炉、机械器具及零件 | 14 954 931 | 2 385 523 | 534 989 | 502 983 |
| 85章 电机、电气、音像设备及其零附件 | 18 405 497 | 3 350 808 | 728 700 | 682 746 |
| 第17类 车辆、航空器、船舶及运输设备 | 1 509 452 | 618 526 | 62 825 | 70 574 |
| 86章 铁道车辆；轨道装置；信号设备 | 147 507 | 26 826 | 6 600 | 3 711 |
| 87章 车辆及其零附件，但铁道车辆除外 | 898 233 | 554 406 | 53 698 | 63 597 |
| 88章 航空器、航天器及其零件 | 36 669 | 25 653 | 1 978 | 1 364 |
| 89章 船舶及浮动结构体 | 427 043 | 11 640 | 549 | 1 901 |
| 第18类 光学、医疗等仪器；钟表；乐器 | 1 220 085 | 405 865 | 105 776 | 101 217 |
| 90章 光学、照相、医疗等设备及零附件 | 1 134 820 | 338 022 | 103 314 | 95 833 |
| 91章 钟表及其零件 | 43 096 | 54 631 | 1 393 | 2 963 |
| 92章 乐器及其零件、附件 | 42 170 | 13 212 | 1 069 | 2 421 |
| 第19类 武器、弹药及其零件、附件 | 180 | 1 393 | 2 | 294 |
| 93章 武器、弹药及其零件、附件 | 180 | 1 393 | 2 | 294 |
| 第20类 杂项制品 | 5 339 010 | 2 227 557 | 180 430 | 268 126 |
| 94章 家具；寝具等；灯具；活动房 | 1 891 529 | 1 264 349 | 117 083 | 168 486 |
| 95章 玩具、游戏或运动用品及其零附件 | 3 173 914 | 778 237 | 48 874 | 64 913 |
| 96章 杂项制品 | 273 567 | 184 970 | 14 473 | 34 727 |
| 第21类 艺术品、收藏品及古物 | 5 183 | 5 520 | 19 | 30 |
| 97章 艺术品、收藏品及古物 | 5 183 | 5 520 | 19 | 30 |
| 第22类 特殊交易品及未分类商品 | 31 316 | 50 668 | 7 201 | 6 820 |
| 98章 特殊交易品及未分类商品 | 31 316 | 50 668 | 7 201 | 6 820 |

**2016 年中国对部分国家（地区）出口商品类章金额表（续）**

单位：千美元

| 类 章 | 瑞 典 | 罗马尼亚 | 瑞 士 | 俄罗斯联邦 |
|---|---|---|---|---|
| **总 值** | **6 319 279** | **3 448 715** | **3 169 300** | **37 355 767** |
| 第 1 类 活动物；动物产品 | 67 537 | 19 428 | 5 345 | 215 137 |
| 01 章 活动物 | 0 | — | 0 | 52 |
| 02 章 肉及食用杂碎 | — | — | — | 2 587 |
| 03 章 鱼及其他水生无脊椎动物 | 65 807 | 2 023 | 2 767 | 210 557 |
| 04 章 乳；蛋；蜂蜜；其他食用动物产品 | 1 225 | 952 | 219 | 15 |
| 05 章 其他动物产品 | 504 | 16 452 | 2 359 | 1 926 |
| 第 2 类 植物产品 | 20 339 | 19 897 | 14 934 | 902 450 |
| 06 章 活植物；茎、根；插花、簇叶 | 140 | 16 | 104 | 725 |
| 07 章 食用蔬菜、根及块茎 | 6 209 | 3 671 | 3 911 | 367 972 |
| 08 章 食用水果及坚果；甜瓜等水果的果皮 | 1 784 | 8 970 | 1 231 | 401 875 |
| 09 章 咖啡、茶、马黛茶及调味香料 | 6 406 | 2 086 | 3 575 | 56 294 |
| 10 章 谷物 | 17 | — | — | 2 489 |
| 11 章 制粉工业产品；麦芽；淀粉等 | — | — | 2 | 1 044 |
| 12 章 油籽；子仁；工业或药用植物；饲料 | 5 066 | 2 634 | 533 | 24 594 |
| 13 章 虫胶；树胶、树脂及其他植物液、汁 | 602 | 2 465 | 5 493 | 46 684 |
| 14 章 编结用植物材料；其他植物产品 | 114 | 55 | 85 | 773 |
| 第 3 类 动、植物油、脂、蜡；精制食用油脂 | 340 | 341 | 2 062 | 4 063 |
| 15 章 动、植物油、脂、蜡；精制食用油脂 | 340 | 341 | 2 062 | 4 063 |
| 第 4 类 食品；饮料、酒及醋；烟草及制品 | 73 372 | 14 769 | 19 045 | 736 479 |
| 16 章 肉、鱼及其他水生无脊椎动物的制品 | 23 970 | 202 | 796 | 210 094 |
| 17 章 糖及糖食 | 1 327 | 61 | 666 | 31 976 |
| 18 章 可可及可可制品 | 17 | — | — | 3 903 |
| 19 章 谷物粉、淀粉等或乳的制品；糕饼 | 7 358 | 52 | 1 400 | 21 315 |
| 20 章 蔬菜、水果等或植物其他部分的制品 | 17 752 | 8 251 | 5 942 | 336 808 |
| 21 章 杂项食品 | 3 486 | 2 164 | 515 | 70 705 |
| 22 章 饮料、酒及醋 | 3 308 | 1 050 | 3 845 | 6 074 |
| 23 章 食品工业的残渣及废料；配制的饲料 | 15 931 | 481 | 5 866 | 47 411 |
| 24 章 烟草、烟草及烟草代用品的制品 | 223 | 2 507 | 15 | 8 192 |
| 第 5 类 矿产品 | 36 055 | 10 555 | 21 412 | 196 073 |
| 25 章 盐；硫磺；土及石料；石灰及水泥等 | 2 939 | 995 | 26 | 38 012 |
| 26 章 矿砂、矿渣及矿灰 | 3 187 | 4 | — | 100 |
| 27 章 矿物燃料、矿物油及其产品；沥青等 | 29 930 | 9 556 | 21 386 | 157 962 |
| 第 6 类 化学工业及其相关工业的产品 | 128 291 | 91 348 | 709 775 | 1 523 744 |
| 28 章 无机化学品；贵金属等的化合物 | 13 567 | 6 445 | 14 939 | 207 985 |
| 29 章 有机化学品 | 33 074 | 36 404 | 457 017 | 731 221 |
| 30 章 药品 | 23 198 | 14 056 | 195 802 | 39 950 |
| 31 章 肥料 | 22 | 319 | — | 2 586 |
| 32 章 鞣料；着色料；涂料；油灰；墨水等 | 6 839 | 4 303 | 20 941 | 70 876 |
| 33 章 精油及香膏；香料制品及化妆盥洗品 | 4 493 | 2 775 | 4 972 | 80 681 |
| 34 章 洗涤剂、润滑剂、人造蜡、塑型膏等 | 14 548 | 3 038 | 1 720 | 38 315 |
| 35 章 蛋白类物质；改性淀粉；胶；酶 | 839 | 12 519 | 1 273 | 100 957 |
| 36 章 炸药；烟火；引火品；易燃材料制品 | 4 320 | 244 | 669 | 16 386 |
| 37 章 照相及电影用品 | 43 | 655 | 12 | 26 557 |
| 38 章 杂项化学产品 | 27 347 | 10 589 | 12 428 | 208 229 |
| 第 7 类 塑料及其制品；橡胶及其制品 | 272 595 | 142 141 | 67 423 | 1 478 136 |
| 39 章 塑料及其制品 | 201 711 | 101 675 | 59 323 | 1 148 731 |
| 40 章 橡胶及其制品 | 70 885 | 40 467 | 8 100 | 329 405 |
| 第 8 类 革、毛皮及制品；箱包；肠线制品 | 143 549 | 33 723 | 60 283 | 2 933 447 |
| 41 章 生皮（毛皮除外）及皮革 | 17 | 315 | 1 | 3 815 |
| 42 章 皮革制品；旅行箱包；动物肠线制品 | 132 961 | 32 784 | 58 529 | 365 994 |
| 43 章 毛皮、人造毛皮及其制品 | 10 571 | 625 | 1 753 | 2 563 639 |
| 第 9 类 木及制品；木炭；软木；编结品 | 66 470 | 50 329 | 17 166 | 146 129 |
| 44 章 木及木制品；木炭 | 55 616 | 48 884 | 15 135 | 132 479 |
| 45 章 软木及软木制品 | 399 | 21 | 12 | 556 |
| 46 章 编结材料制品；篮筐及柳条编结品 | 10 455 | 1 423 | 2 019 | 13 094 |
| 第 10 类 纤维素浆；废纸；纸、纸板及其制品 | 63 634 | 26 505 | 13 055 | 236 999 |
| 47 章 木浆等纤维状纤维素浆；废纸及纸板 | 200 | — | 26 | 461 |
| 48 章 纸及纸板；纸浆、纸或纸板制品 | 54 622 | 25 257 | 10 818 | 206 606 |
| 49 章 印刷品；手稿、打字稿及设计图纸 | 8 811 | 1 248 | 2 211 | 29 933 |

## 2016年中国对部分国家（地区）出口商品类章金额表（续）

单位：千美元

| 类 章 | 瑞 典 | 罗马尼亚 | 瑞 士 | 俄罗斯联邦 |
|---|---|---|---|---|
| 第11类 纺织原料及纺织制品 | 1 105 751 | 400 317 | 273 013 | 5 723 342 |
| 50章 蚕丝 | 55 | 59 514 | 2 305 | 4 009 |
| 51章 羊毛等动物毛；马毛纱线及其机织物 | 430 | 841 | 263 | 14 567 |
| 52章 棉花 | 481 | 6 976 | 479 | 122 361 |
| 53章 其他植物纤维；纸纱线及其机织物 | 208 | 1 142 | 82 | 2 650 |
| 54章 化学纤维长丝 | 10 057 | 56 386 | 985 | 320 501 |
| 55章 化学纤维短纤 | 1 137 | 17 419 | 3 128 | 192 552 |
| 56章 絮胎、毡呢及无纺织物；线绳制品等 | 19 332 | 8 248 | 1 780 | 74 041 |
| 57章 地毯及纺织材料的其他铺地制品 | 16 563 | 1 868 | 4 567 | 26 010 |
| 58章 特种机织物；簇绒织物；刺绣品等 | 4 170 | 11 287 | 1 687 | 70 174 |
| 59章 浸、包或层压织物；工业用纺织制品 | 8 886 | 20 577 | 1 788 | 238 929 |
| 60章 针织物及钩编织物 | 1 685 | 12 884 | 212 | 185 595 |
| 61章 针织或钩编的服装及衣着附件 | 415 949 | 50 707 | 113 965 | 1 850 474 |
| 62章 非针织或非钩编的服装及衣着附件 | 488 571 | 32 480 | 114 310 | 1 971 660 |
| 63章 其他纺织制品；成套物品；旧纺织品 | 138 227 | 119 990 | 27 464 | 649 820 |
| 第12类 鞋帽伞等；羽毛品；人造花；人发品 | 209 538 | 92 000 | 102 272 | 2 145 931 |
| 64章 鞋靴、护腿和类似品及其零件 | 140 301 | 76 733 | 81 159 | 1 904 269 |
| 65章 帽类及其零件 | 40 785 | 4 820 | 9 581 | 130 084 |
| 66章 伞、手杖、鞭子、马鞭及其零件 | 10 846 | 5 372 | 9 507 | 30 971 |
| 67章 加工羽毛及制品；人造花；人发制品 | 17 606 | 5 076 | 2 025 | 80 607 |
| 第13类 矿物材料制品；陶瓷品；玻璃及制品 | 110 005 | 96 990 | 24 002 | 561 682 |
| 68章 矿物材料的制品 | 19 980 | 37 820 | 4 112 | 206 786 |
| 69章 陶瓷产品 | 36 413 | 31 045 | 9 767 | 158 633 |
| 70章 玻璃及其制品 | 53 612 | 28 125 | 10 123 | 196 263 |
| 第14类 珠宝、贵金属及制品；仿首饰；硬币 | 13 002 | 3 345 | 79 398 | 58 332 |
| 71章 珠宝、贵金属及制品；仿首饰；硬币 | 13 002 | 3 345 | 79 398 | 58 332 |
| 第15类 贱金属及其制品 | 496 547 | 238 853 | 107 893 | 2 722 304 |
| 72章 钢铁 | 12 931 | 37 213 | 517 | 437 949 |
| 73章 钢铁制品 | 223 379 | 76 048 | 44 433 | 1 269 552 |
| 74章 铜及其制品 | 16 570 | 5 514 | 6 235 | 48 440 |
| 75章 镍及其制品 | 377 | 18 | 68 | 1 784 |
| 76章 铝及其制品 | 63 423 | 22 037 | 17 186 | 272 433 |
| 78章 铅及其制品 | 6 | 2 | 0 | 260 |
| 79章 锌及其制品 | 744 | 400 | 183 | 2 301 |
| 80章 锡及其制品 | 67 | 74 | — | 366 |
| 81章 其他贱金属、金属陶瓷及其制品 | 18 504 | 22 020 | 2 508 | 77 689 |
| 82章 贱金属器具、利口器、餐具及零件 | 83 390 | 35 298 | 22 010 | 298 190 |
| 83章 贱金属杂项制品 | 77 157 | 40 229 | 14 753 | 313 340 |
| 第16类 机电、音像设备及其零件、附件 | 2 143 614 | 1 604 658 | 955 384 | 13 202 326 |
| 84章 核反应堆、锅炉、机械器具及零件 | 816 636 | 812 036 | 374 931 | 7 765 805 |
| 85章 电机、电气、音像设备及其零附件 | 1 326 978 | 792 622 | 580 453 | 5 436 521 |
| 第17类 车辆、航空器、船舶及运输设备 | 249 609 | 149 578 | 128 451 | 1 894 691 |
| 86章 铁道车辆；轨道装置；信号设备 | 6 791 | 219 | 35 751 | 28 017 |
| 87章 车辆及其零附件，但铁道车辆除外 | 235 633 | 148 297 | 43 924 | 1 253 128 |
| 88章 航空器、航天器及其零件 | 1 055 | 437 | 19 467 | 16 166 |
| 89章 船舶及浮动结构体 | 6 130 | 626 | 29 309 | 597 379 |
| 第18类 光学、医疗等仪器；钟表；乐器 | 161 238 | 188 754 | 390 991 | 854 784 |
| 90章 光学、照相、医疗等设备及零附件 | 146 984 | 182 695 | 150 692 | 814 799 |
| 91章 钟表及其零件 | 7 419 | 4 844 | 238 545 | 29 256 |
| 92章 乐器及其零件、附件 | 6 835 | 1 216 | 1 754 | 10 729 |
| 第19类 武器、弹药及其零件、附件 | 638 | 30 | 77 | 982 |
| 93章 武器、弹药及其零件、附件 | 638 | 30 | 77 | 982 |
| 第20类 杂项制品 | 935 547 | 262 131 | 145 424 | 1 740 318 |
| 94章 家具；寝具等；灯具；活动房 | 701 603 | 184 556 | 93 466 | 837 330 |
| 95章 玩具、游戏或运动用品及其零附件 | 177 043 | 53 543 | 38 136 | 611 887 |
| 96章 杂项制品 | 56 901 | 24 031 | 13 821 | 291 102 |
| 第21类 艺术品、收藏品及古物 | 311 | 27 | 15 354 | 1 511 |
| 97章 艺术品、收藏品及古物 | 311 | 27 | 15 354 | 1 511 |
| 第22类 特殊交易品及未分类商品 | 21 296 | 2 995 | 16 542 | 76 907 |
| 98章 特殊交易品及未分类商品 | 21 296 | 2 995 | 16 542 | 76 907 |

## 2016年中国对部分国家（地区）出口商品类章金额表（续）

单位：千美元

| 类 章 | 乌克兰 | 阿根廷 | 巴 西 | 智 利 |
|---|---|---|---|---|
| **总 值** | **4 220 229** | **7 203 701** | **21 979 270** | **12 806 741** |
| 第1类 活动物；动物产品 | 18 591 | 1 276 | 195 268 | 48 203 |
| 01章 活动物 | 2 | — | — | — |
| 02章 肉及食用杂碎 | — | — | — | — |
| 03章 鱼及其他水生无脊椎动物 | 13 832 | — | 133 818 | 46 702 |
| 04章 乳；蛋；蜂蜜；其他食用动物产品 | 5 | 125 | 3 | 2 |
| 05章 其他动物产品 | 4 752 | 1 151 | 61 446 | 1 499 |
| 第2类 植物产品 | 25 422 | 13 254 | 337 524 | 53 949 |
| 06章 活植物；茎、根；插花、簇叶 | 9 | 108 | 26 | 164 |
| 07章 食用蔬菜、根及块茎 | 6 867 | 5 514 | 302 463 | 15 100 |
| 08章 食用水果及坚果；甜瓜等水果的果皮 | 2 839 | 240 | 5 416 | 3 418 |
| 09章 咖啡、茶、马黛茶及调味香料 | 7 399 | 1 726 | 4 239 | 3 766 |
| 10章 谷物 | — | — | 515 | — |
| 11章 制粉工业产品；麦芽；淀粉等 | 576 | 1 709 | 10 463 | 21 112 |
| 12章 油籽；子仁；工业或药用植物；饲料 | 937 | 441 | 3 628 | 1 648 |
| 13章 虫胶；树胶、树脂及其他植物液、汁 | 6 516 | 3 426 | 10 702 | 8 663 |
| 14章 编结用植物材料；其他植物产品 | 280 | 91 | 73 | 77 |
| 第3类 动、植物油、脂、蜡；精制食用油脂 | 229 | 46 | 2 384 | 32 928 |
| 15章 动、植物油、脂、蜡；精制食用油脂 | 229 | 46 | 2 384 | 32 928 |
| 第4类 食品；饮料、酒及醋；烟草及制品 | 65 261 | 28 512 | 108 016 | 155 145 |
| 16章 肉、鱼及其他水生无脊椎动物的制品 | 29 169 | — | 4 260 | 66 046 |
| 17章 糖及糖食 | 3 290 | 2 318 | 4 934 | 14 415 |
| 18章 可可及可可制品 | 68 | 303 | 851 | 2 438 |
| 19章 谷物粉、淀粉等或乳的制品；糕饼 | 891 | 51 | 2 683 | 3 701 |
| 20章 蔬菜、水果等或植物其他部分的制品 | 12 349 | 13 234 | 37 103 | 22 772 |
| 21章 杂项食品 | 5 368 | 5 216 | 24 854 | 15 677 |
| 22章 饮料、酒及醋 | 26 | 121 | 2 355 | 4 361 |
| 23章 食品工业的残渣及废料；配制的饲料 | 9 050 | 7 269 | 29 119 | 23 030 |
| 24章 烟草、烟草及烟草代用品的制品 | 5 050 | — | 1 857 | 2 704 |
| 第5类 矿产品 | 17 084 | 16 571 | 189 316 | 16 589 |
| 25章 盐；硫磺；土及石料；石灰及水泥等 | 3 240 | 3 441 | 19 460 | 6 897 |
| 26章 矿砂、矿渣及矿灰 | 196 | 738 | 949 | 685 |
| 27章 矿物燃料、矿物油及其产品；沥青等 | 13 649 | 12 391 | 168 907 | 9 007 |
| 第6类 化学工业及其相关工业的产品 | 314 819 | 1 032 780 | 2 995 339 | 574 761 |
| 28章 无机化学品；贵金属等的化合物 | 23 346 | 54 383 | 190 422 | 57 124 |
| 29章 有机化学品 | 94 976 | 630 188 | 1 681 534 | 166 185 |
| 30章 药品 | 10 764 | 22 954 | 127 516 | 34 100 |
| 31章 肥料 | 466 | 95 556 | 357 109 | 102 565 |
| 32章 鞣料；着色料；涂料；油灰；墨水等 | 12 252 | 30 456 | 194 468 | 26 053 |
| 33章 精油及香膏；香料制品及化妆盥洗品 | 8 313 | 6 531 | 21 797 | 36 628 |
| 34章 洗涤剂、润滑剂、人造蜡、塑型膏等 | 9 428 | 12 559 | 24 274 | 40 685 |
| 35章 蛋白类物质；改性淀粉；胶；酶 | 13 741 | 7 680 | 43 510 | 19 499 |
| 36章 炸药；烟火；引火品；易燃材料制品 | 545 | 12 869 | 1 911 | 6 081 |
| 37章 照相及电影用品 | 7 197 | 5 060 | 14 344 | 2 387 |
| 38章 杂项化学产品 | 133 792 | 154 545 | 338 455 | 83 453 |
| 第7类 塑料及其制品；橡胶及其制品 | 344 441 | 261 985 | 1 065 292 | 750 926 |
| 39章 塑料及其制品 | 253 680 | 194 910 | 757 058 | 519 805 |
| 40章 橡胶及其制品 | 90 761 | 67 074 | 308 233 | 231 121 |
| 第8类 革、毛皮及制品；箱包；肠线制品 | 64 320 | 113 435 | 443 940 | 199 797 |
| 41章 生皮（毛皮除外）及皮革 | 3 285 | 427 | 225 | 783 |
| 42章 皮革制品；旅行箱包；动物肠线制品 | 60 353 | 112 972 | 443 418 | 198 897 |
| 43章 毛皮、人造毛皮及其制品 | 682 | 37 | 297 | 118 |
| 第9类 木及制品；木炭；软木；编结品 | 13 431 | 23 825 | 39 791 | 68 226 |
| 44章 木及木制品；木炭 | 11 989 | 20 424 | 35 496 | 64 871 |
| 45章 软木及软木制品 | 8 | 20 | 42 | 39 |
| 46章 编结材料制品；篮筐及柳条编结品 | 1 434 | 3 381 | 4 252 | 3 315 |
| 第10类 纤维素浆；废纸；纸、纸板及其制品 | 51 159 | 47 602 | 164 599 | 129 684 |
| 47章 木浆等纤维状纤维素浆；废纸及纸板 | 521 | — | 2 593 | — |
| 48章 纸及纸板；纸浆、纸或纸板制品 | 49 315 | 38 848 | 143 486 | 118 122 |
| 49章 印刷品；手稿、打字稿及设计图纸 | 1 323 | 8 754 | 18 519 | 11 562 |

## 2016年中国对部分国家（地区）出口商品类章金额表（续）

单位：千美元

| 类 章 | 乌克兰 | 阿根廷 | 巴 西 | 智 利 |
|---|---|---|---|---|
| 第11类 纺织原料及纺织制品 | 588 777 | 682 577 | 2 588 501 | 2 985 151 |
| 50章 蚕丝 | 47 | 1 340 | 11 703 | 15 |
| 51章 羊毛等动物毛；马毛纱线及其机织物 | 3 073 | 344 | 1 575 | 2 031 |
| 52章 棉花 | 20 072 | 45 049 | 54 340 | 56 272 |
| 53章 其他植物纤维；纸纱线及其机织物 | 699 | 2 251 | 5 123 | 881 |
| 54章 化学纤维长丝 | 102 612 | 77 109 | 557 623 | 96 655 |
| 55章 化学纤维短纤 | 41 684 | 80 651 | 367 216 | 46 293 |
| 56章 絮胎、毡呢及无纺织物；线绳制品等 | 12 282 | 11 685 | 59 539 | 34 638 |
| 57章 地毯及纺织材料的其他铺地制品 | 1 726 | 3 056 | 33 208 | 37 645 |
| 58章 特种机织物；簇绒织物；刺绣品等 | 17 086 | 13 200 | 91 308 | 23 417 |
| 59章 浸、包或层压织物；工业用纺织制品 | 40 396 | 36 306 | 149 115 | 35 169 |
| 60章 针织物及钩编织物 | 75 493 | 130 487 | 252 285 | 87 707 |
| 61章 针织或钩编的服装及衣着附件 | 69 736 | 87 531 | 409 741 | 1 152 593 |
| 62章 非针织或非钩编的服装及衣着附件 | 112 370 | 144 182 | 476 238 | 1 095 152 |
| 63章 其他纺织制品；成套物品；旧纺织品 | 91 501 | 49 387 | 119 488 | 316 684 |
| 第12类 鞋帽伞等；羽毛品；人造花；人发品 | 215 946 | 163 481 | 253 755 | 777 547 |
| 64章 鞋靴、护腿和类似品及其零件 | 194 028 | 116 211 | 55 552 | 704 217 |
| 65章 帽类及其零件 | 7 002 | 22 285 | 48 430 | 43 824 |
| 66章 伞、手杖、鞭子、马鞭及其零件 | 7 079 | 16 621 | 97 548 | 15 553 |
| 67章 加工羽毛及制品；人造花；人发制品 | 7 837 | 8 364 | 52 224 | 13 952 |
| 第13类 矿物材料制品；陶瓷品；玻璃及制品 | 132 618 | 133 962 | 318 836 | 374 237 |
| 68章 矿物材料的制品 | 44 724 | 49 278 | 65 470 | 38 614 |
| 69章 陶瓷产品 | 41 833 | 41 766 | 82 254 | 224 452 |
| 70章 玻璃及其制品 | 46 061 | 42 918 | 171 112 | 111 171 |
| 第14类 珠宝、贵金属及制品；仿首饰；硬币 | 4 817 | 15 445 | 57 095 | 13 008 |
| 71章 珠宝、贵金属及制品；仿首饰；硬币 | 4 817 | 15 445 | 57 095 | 13 008 |
| 第15类 贱金属及其制品 | 441 558 | 340 888 | 1 478 738 | 1 522 488 |
| 72章 钢铁 | 164 034 | 33 829 | 438 128 | 533 224 |
| 73章 钢铁制品 | 114 348 | 130 915 | 435 862 | 553 202 |
| 74章 铜及其制品 | 5 869 | 23 959 | 20 641 | 26 333 |
| 75章 镍及其制品 | 301 | 597 | 1 508 | 28 |
| 76章 铝及其制品 | 59 922 | 46 855 | 171 470 | 208 131 |
| 78章 铅及其制品 | 1 | — | 2 | 384 |
| 79章 锌及其制品 | 115 | 841 | 634 | 1 065 |
| 80章 锡及其制品 | 129 | 2 | 78 | 483 |
| 81章 其他贱金属、金属陶瓷及其制品 | 6 903 | 2 669 | 26 608 | 736 |
| 82章 贱金属器具、利口器、餐具及零件 | 48 147 | 51 184 | 230 444 | 104 062 |
| 83章 贱金属杂项制品 | 41 790 | 50 036 | 153 364 | 94 839 |
| 第16类 机电、音像设备及其零件、附件 | 1 387 483 | 2 790 797 | 8 672 440 | 3 262 293 |
| 84章 核反应堆、锅炉、机械器具及零件 | 593 230 | 1 196 755 | 2 982 234 | 1 209 878 |
| 85章 电机、电气、音像设备及其零附件 | 794 253 | 1 594 042 | 5 690 205 | 2 052 415 |
| 第17类 车辆、航空器、船舶及运输设备 | 134 276 | 805 949 | 832 270 | 588 762 |
| 86章 铁道车辆；轨道装置；信号设备 | 204 | 353 866 | 33 534 | 15 721 |
| 87章 车辆及其零附件，但铁道车辆除外 | 133 213 | 439 908 | 651 964 | 569 355 |
| 88章 航空器、航天器及其零件 | 751 | 109 | 229 | 905 |
| 89章 船舶及浮动结构体 | 109 | 12 066 | 146 543 | 2 780 |
| 第18类 光学、医疗等仪器；钟表；乐器 | 74 441 | 248 613 | 1 182 962 | 165 145 |
| 90章 光学、照相、医疗等设备及零附件 | 69 963 | 220 672 | 1 121 101 | 128 842 |
| 91章 钟表及其零件 | 3 120 | 13 198 | 25 486 | 15 806 |
| 92章 乐器及其零件、附件 | 1 359 | 14 743 | 36 376 | 20 497 |
| 第19类 武器、弹药及其零件、附件 | 192 | 1 493 | 2 511 | 1 405 |
| 93章 武器、弹药及其零件、附件 | 192 | 1 493 | 2 511 | 1 405 |
| 第20类 杂项制品 | 313 772 | 475 490 | 1 032 530 | 1 073 318 |
| 94章 家具；寝具等；灯具；活动房 | 166 141 | 273 607 | 548 357 | 569 212 |
| 95章 玩具、游戏或运动用品及其零附件 | 83 675 | 143 983 | 308 870 | 375 991 |
| 96章 杂项制品 | 63 956 | 57 899 | 175 303 | 128 114 |
| 第21类 艺术品、收藏品及古物 | 17 | 120 | 390 | 322 |
| 97章 艺术品、收藏品及古物 | 17 | 120 | 390 | 322 |
| 第22类 特殊交易品及未分类商品 | 11 574 | 5 600 | 17 775 | 12 857 |
| 98章 特殊交易品及未分类商品 | 11 574 | 5 600 | 17 775 | 12 857 |

## 2016年中国对部分国家（地区）出口商品类章金额表（续）

单位：千美元

| 类 章 | 加拿大 | 美 国 | 澳大利亚 | 新西兰 |
|---|---|---|---|---|
| **总 值** | **27 338 848** | **385 271 005** | **37 327 401** | **4 768 283** |
| 第1类 活动物；动物产品 | 352 874 | 2 006 091 | 195 105 | 29 067 |
| 01章 活动物 | 1 703 | 36 164 | — | — |
| 02章 肉及食用杂碎 | — | 2 293 | 69 | 17 |
| 03章 鱼及其他水生无脊椎动物 | 331 832 | 1 725 207 | 172 974 | 27 162 |
| 04章 乳；蛋；蜂蜜；其他食用动物产品 | 4 438 | 14 527 | 20 395 | 1 639 |
| 05章 其他动物产品 | 14 902 | 227 900 | 1 667 | 250 |
| 第2类 植物产品 | 278 131 | 1 578 489 | 208 132 | 41 776 |
| 06章 活植物；茎、根；插花、簇叶 | 1 676 | 34 617 | 8 308 | 282 |
| 07章 食用蔬菜、根及块茎 | 123 387 | 721 868 | 71 866 | 16 236 |
| 08章 食用水果及坚果；甜瓜等水果的果皮 | 60 810 | 163 270 | 42 619 | 6 454 |
| 09章 咖啡、茶、马黛茶及调味香料 | 24 010 | 218 807 | 25 876 | 2 557 |
| 10章 谷物 | 1 297 | 1 906 | 537 | 154 |
| 11章 制粉工业产品；麦芽；淀粉等 | 9 047 | 7 620 | 15 771 | 3 942 |
| 12章 油籽；子仁；工业或药用植物；饲料 | 36 466 | 164 491 | 20 860 | 7 646 |
| 13章 虫胶；树胶、树脂及其他植物液、汁 | 20 321 | 255 825 | 20 577 | 3 505 |
| 14章 编结用植物材料；其他植物产品 | 1 117 | 10 086 | 1 720 | 1 001 |
| 第3类 动、植物油、脂、蜡；精制食用油脂 | 25 704 | 75 886 | 13 414 | 5 906 |
| 15章 动、植物油、脂、蜡；精制食用油脂 | 25 704 | 75 886 | 13 414 | 5 906 |
| 第4类 食品；饮料、酒及醋；烟草及制品 | 402 299 | 3 571 356 | 531 756 | 107 186 |
| 16章 肉、鱼及其他水生无脊椎动物的制品 | 91 439 | 1 234 254 | 127 662 | 23 770 |
| 17章 糖及糖食 | 23 201 | 177 412 | 60 472 | 10 878 |
| 18章 可可及可可制品 | 4 134 | 27 225 | 6 163 | 4 428 |
| 19章 谷物粉、淀粉等或乳的制品；糕饼 | 55 281 | 185 213 | 64 331 | 14 663 |
| 20章 蔬菜、水果等或植物其他部分的制品 | 135 204 | 1 065 704 | 121 589 | 24 524 |
| 21章 杂项食品 | 34 286 | 385 401 | 79 947 | 16 725 |
| 22章 饮料、酒及醋 | 7 132 | 61 938 | 32 065 | 5 438 |
| 23章 食品工业的残渣及废料；配制的饲料 | 29 425 | 420 793 | 17 452 | 2 561 |
| 24章 烟草、烟草及烟草代用品的制品 | 22 198 | 13 417 | 22 075 | 4 199 |
| 第5类 矿产品 | 198 439 | 1 587 767 | 1 280 106 | 35 992 |
| 25章 盐；硫磺；土及石料；石灰及水泥等 | 5 922 | 314 262 | 51 448 | 7 626 |
| 26章 矿砂、矿渣及矿灰 | 317 | 6 194 | 7 452 | 73 |
| 27章 矿物燃料、矿物油及其产品；沥青等 | 192 200 | 1 267 310 | 1 221 206 | 28 293 |
| 第6类 化学工业及其相关工业的产品 | 734 526 | 11 832 425 | 2 515 057 | 363 979 |
| 28章 无机化学品；贵金属等的化合物 | 90 407 | 1 034 986 | 310 367 | 39 416 |
| 29章 有机化学品 | 350 655 | 5 792 072 | 662 452 | 74 783 |
| 30章 药品 | 87 452 | 1 303 143 | 510 704 | 35 295 |
| 31章 肥料 | 4 943 | 258 793 | 322 860 | 134 669 |
| 32章 鞣料；着色料；涂料；油灰；墨水等 | 42 495 | 521 890 | 58 044 | 6 856 |
| 33章 精油及香膏；香料制品及化妆盥洗品 | 39 114 | 1 069 271 | 103 593 | 14 693 |
| 34章 洗涤剂、润滑剂、人造蜡、塑型膏等 | 36 114 | 314 090 | 122 215 | 22 945 |
| 35章 蛋白类物质；改性淀粉；胶；酶 | 16 980 | 235 450 | 33 311 | 3 005 |
| 36章 炸药；烟火；引火品；易燃材料制品 | 10 649 | 293 980 | 15 711 | 2 914 |
| 37章 照相及电影用品 | 439 | 34 510 | 22 908 | 2 696 |
| 38章 杂项化学产品 | 55 278 | 974 241 | 352 891 | 26 708 |
| 第7类 塑料及其制品；橡胶及其制品 | 1 642 403 | 16 312 590 | 2 221 696 | 331 887 |
| 39章 塑料及其制品 | 1 195 170 | 13 104 187 | 1 668 113 | 251 538 |
| 40章 橡胶及其制品 | 447 232 | 3 208 404 | 553 584 | 80 349 |
| 第8类 革、毛皮及制品；箱包；肠线制品 | 484 171 | 6 491 650 | 514 934 | 50 062 |
| 41章 生皮（毛皮除外）及皮革 | 791 | 23 022 | 365 | 21 |
| 42章 皮革制品；旅行箱包；动物肠线制品 | 472 442 | 6 409 402 | 479 579 | 47 963 |
| 43章 毛皮、人造毛皮及其制品 | 10 938 | 59 226 | 34 989 | 2 077 |
| 第9类 木及制品；木炭；软木；编结品 | 480 005 | 4 115 968 | 405 569 | 41 007 |
| 44章 木及木制品；木炭 | 439 462 | 3 777 434 | 386 423 | 36 776 |
| 45章 软木及软木制品 | 1 077 | 6 890 | 635 | 147 |
| 46章 编结材料制品；篮筐及柳条编结品 | 39 465 | 331 644 | 18 512 | 4 085 |
| 第10类 纤维素浆；废纸；纸、纸板及其制品 | 326 192 | 3 720 130 | 777 152 | 107 577 |
| 47章 木浆等纤维状纤维素浆；废纸及纸板 | 166 | 2 104 | 125 | — |
| 48章 纸及纸板；纸浆、纸或纸板制品 | 272 142 | 2 564 760 | 662 610 | 96 386 |
| 49章 印刷品；手稿、打字稿及设计图纸 | 53 884 | 1 153 265 | 114 417 | 11 191 |

**2016年中国对部分国家（地区）出口商品类章金额表（续）**

单位：千美元

| 类 章 | 加拿大 | 美 国 | 澳大利亚 | 新西兰 |
|---|---|---|---|---|
| 第11类 纺织原料及纺织制品 | 3 483 493 | 42 121 798 | 4 803 192 | 805 157 |
| 50章 蚕丝 | 1 292 | 29 113 | 3 261 | 1 166 |
| 51章 羊毛等动物毛；马毛纱线及其机织物 | 21 380 | 30 918 | 16 362 | 8 114 |
| 52章 棉花 | 12 503 | 261 530 | 21 109 | 3 800 |
| 53章 其他植物纤维；纸纱线及其机织物 | 2 212 | 35 121 | 2 078 | 467 |
| 54章 化学纤维长丝 | 77 088 | 557 056 | 70 504 | 42 692 |
| 55章 化学纤维短纤 | 41 052 | 483 799 | 22 152 | 4 353 |
| 56章 絮胎、毡呢及无纺织物；线绳制品等 | 63 989 | 619 243 | 109 265 | 13 898 |
| 57章 地毯及纺织材料的其他铺地制品 | 42 117 | 527 648 | 122 428 | 20 530 |
| 58章 特种机织物；簇绒织物；刺绣品等 | 32 298 | 369 708 | 19 853 | 3 367 |
| 59章 浸、包或层压织物；工业用纺织制品 | 43 422 | 570 047 | 87 551 | 11 293 |
| 60章 针织物及钩编织物 | 50 091 | 718 703 | 23 699 | 3 448 |
| 61章 针织或钩编的服装及衣着附件 | 1 256 948 | 16 088 202 | 1 866 043 | 301 845 |
| 62章 非针织或非钩编的服装及衣着附件 | 1 269 029 | 14 304 230 | 1 643 728 | 268 610 |
| 63章 其他纺织制品；成套物品；旧纺织品 | 570 072 | 7 526 478 | 795 159 | 121 573 |
| 第12类 鞋帽伞等；羽毛品；人造花；人发品 | 920 726 | 15 818 283 | 903 618 | 123 498 |
| 64章 鞋靴、护腿和类似品及其零件 | 711 589 | 12 137 875 | 707 950 | 92 396 |
| 65章 帽类及其零件 | 103 823 | 1 203 365 | 97 848 | 15 401 |
| 66章 伞、手杖、鞭子、马鞭及其零件 | 37 097 | 462 587 | 29 721 | 7 675 |
| 67章 加工羽毛及制品；人造花；人发制品 | 68 217 | 2 014 455 | 68 098 | 8 026 |
| 第13类 矿物材料制品；陶瓷品；玻璃及制品 | 840 876 | 6 360 867 | 1 096 538 | 158 114 |
| 68章 矿物材料的制品 | 188 495 | 1 464 144 | 239 051 | 33 542 |
| 69章 陶瓷产品 | 322 032 | 2 385 367 | 504 743 | 54 249 |
| 70章 玻璃及其制品 | 330 348 | 2 511 356 | 352 744 | 70 324 |
| 第14类 珠宝、贵金属及制品；仿首饰；硬币 | 75 392 | 3 723 450 | 200 555 | 4 084 |
| 71章 珠宝、贵金属及制品；仿首饰；硬币 | 75 392 | 3 723 450 | 200 555 | 4 084 |
| 第15类 贱金属及其制品 | 2 571 578 | 19 695 264 | 3 257 830 | 447 518 |
| 72章 钢铁 | 300 008 | 535 786 | 206 788 | 26 115 |
| 73章 钢铁制品 | 1 043 820 | 8 959 910 | 1 609 528 | 224 748 |
| 74章 铜及其制品 | 51 843 | 382 538 | 120 308 | 19 128 |
| 75章 镍及其制品 | 4 218 | 29 126 | 301 | 615 |
| 76章 铝及其制品 | 419 922 | 3 089 223 | 723 527 | 91 475 |
| 78章 铅及其制品 | 185 | 1 898 | 91 | 93 |
| 79章 锌及其制品 | 3 063 | 34 068 | 9 167 | 1 657 |
| 80章 锡及其制品 | 41 | 3 084 | 194 | 223 |
| 81章 其他贱金属、金属陶瓷及其制品 | 141 431 | 303 134 | 9 560 | 1 128 |
| 82章 贱金属器具、利口器、餐具及零件 | 296 871 | 3 162 543 | 259 614 | 32 476 |
| 83章 贱金属杂项制品 | 310 177 | 3 193 954 | 318 750 | 49 861 |
| 第16类 机电、音像设备及其零件、附件 | 8 305 731 | 172 445 923 | 12 326 618 | 1 253 398 |
| 84章 核反应堆、锅炉、机械器具及零件 | 3 667 224 | 79 374 139 | 6 188 210 | 618 774 |
| 85章 电机、电气、音像设备及其零附件 | 4 638 506 | 93 071 784 | 6 138 408 | 634 623 |
| 第17类 车辆、航空器、船舶及运输设备 | 1 372 589 | 16 803 503 | 1 367 823 | 226 862 |
| 86章 铁道车辆；轨道装置；信号设备 | 85 200 | 1 478 142 | 219 448 | 42 862 |
| 87章 车辆及其零附件，但铁道车辆除外 | 1 046 016 | 13 895 484 | 899 349 | 139 575 |
| 88章 航空器、航天器及其零件 | 198 796 | 1 111 902 | 21 710 | 1 438 |
| 89章 船舶及浮动结构体 | 42 577 | 317 975 | 227 315 | 42 987 |
| 第18类 光学、医疗等仪器；钟表；乐器 | 464 232 | 10 880 440 | 551 574 | 78 940 |
| 90章 光学、照相、医疗等设备及零附件 | 413 850 | 9 837 077 | 487 476 | 71 454 |
| 91章 钟表及其零件 | 20 772 | 557 437 | 28 548 | 3 422 |
| 92章 乐器及其零件、附件 | 29 610 | 485 927 | 35 549 | 4 064 |
| 第19类 武器、弹药及其零件、附件 | 1 225 | 88 406 | 473 | 508 |
| 93章 武器、弹药及其零件、附件 | 1 225 | 88 406 | 473 | 508 |
| 第20类 杂项制品 | 4 309 621 | 45 360 189 | 4 067 735 | 543 459 |
| 94章 家具；寝具等；灯具；活动房 | 2 490 142 | 27 326 293 | 2 797 185 | 398 609 |
| 95章 玩具、游戏或运动用品及其零附件 | 1 598 793 | 14 759 193 | 1 050 867 | 116 329 |
| 96章 杂项制品 | 220 687 | 3 274 702 | 219 683 | 28 521 |
| 第21类 艺术品、收藏品及古物 | 9 332 | 55 480 | 4 925 | 470 |
| 97章 艺术品、收藏品及古物 | 9 332 | 55 480 | 4 925 | 470 |
| 第22类 特殊交易品及未分类商品 | 59 311 | 625 051 | 83 600 | 11 836 |
| 98章 特殊交易品及未分类商品 | 59 311 | 625 051 | 83 600 | 11 836 |

## 2016年中国自部分国家（地区）进口商品类章金额表

单位：千美元

| 类 章 | 缅 甸 | 中国香港 | 印 度 | 印度尼西亚 |
|---|---|---|---|---|
| **总 值** | 4 097 709 | 16 700 667 | 11 764 125 | 21 414 036 |
| 第1类 活动物；动物产品 | 28 106 | 7 004 | 93 528 | 365 365 |
| 01章 活动物 | — | 281 | 0 | 868 |
| 02章 肉及食用杂碎 | — | — | — | — |
| 03章 鱼及其他水生无脊椎动物 | 27 918 | 6 504 | 92 900 | 320 170 |
| 04章 乳；蛋；蜂蜜；其他食用动物产品 | — | 53 | — | 37 509 |
| 05章 其他动物产品 | 188 | 166 | 628 | 6 818 |
| 第2类 植物产品 | 135 177 | 1 563 | 156 262 | 253 566 |
| 06章 活植物；茎、根；插花、簇叶 | — | — | 438 | 144 |
| 07章 食用蔬菜、根及块茎 | 15 214 | — | 22 410 | 8 531 |
| 08章 食用水果及坚果；甜瓜等水果的果皮 | 19 042 | 19 | 11 094 | 62 849 |
| 09章 咖啡、茶、马黛茶及调味香料 | 231 | 1 187 | 25 552 | 35 228 |
| 10章 谷物 | 50 929 | — | 11 | — |
| 11章 制粉工业产品；麦芽；淀粉等 | — | 68 | 852 | 334 |
| 12章 油籽；子仁；工业或药用植物；饲料 | 49 237 | 33 | 36 477 | 125 509 |
| 13章 虫胶；树胶、树脂及其他植物液、汁 | — | 254 | 14 583 | 16 237 |
| 14章 编结用植物材料；其他植物产品 | 525 | — | 44 845 | 4 734 |
| 第3类 动、植物油、脂、蜡；精制食用油脂 | — | 4 107 | 299 499 | 2 726 627 |
| 15章 动、植物油、脂、蜡；精制食用油脂 | — | 4 107 | 299 499 | 2 726 627 |
| 第4类 食品；饮料、酒及醋；烟草及制品 | 7 591 | 278 723 | 19 690 | 359 890 |
| 16章 肉、鱼及其他水生无脊椎动物的制品 | — | 2 | 308 | 957 |
| 17章 糖及糖食 | 1 967 | 7 922 | 2 433 | 3 245 |
| 18章 可可及可可制品 | — | 537 | 659 | 69 789 |
| 19章 谷物粉、淀粉等或乳的制品；糕饼 | 26 | 122 696 | 169 | 206 070 |
| 20章 蔬菜、水果等或植物其他部分的制品 | 1 | 5 658 | 9 577 | 4 944 |
| 21章 杂项食品 | 14 | 37 895 | 1 954 | 36 398 |
| 22章 饮料、酒及醋 | 359 | 24 321 | 137 | 2 901 |
| 23章 食品工业的残渣及废料；配制的饲料 | 5 187 | 261 | 3 962 | 31 696 |
| 24章 烟草、烟草及烟草代用品的制品 | 36 | 79 431 | 492 | 3 890 |
| 第5类 矿产品 | 2 305 512 | 193 728 | 2 164 963 | 8 521 877 |
| 25章 盐；硫磺；土及石料；石灰及水泥等 | 7 338 | 2 371 | 738 550 | 10 827 |
| 26章 矿砂、矿渣及矿灰 | 927 572 | — | 1 256 856 | 683 984 |
| 27章 矿物燃料、矿物油及其产品；沥青等 | 1 370 601 | 191 358 | 169 556 | 7 827 066 |
| 第6类 化学工业及其相关工业的产品 | 2 985 | 570 316 | 1 416 549 | 1 477 935 |
| 28章 无机化学品；贵金属等的化合物 | 2 639 | 56 718 | 96 963 | 180 066 |
| 29章 有机化学品 | 1 | 989 | 906 593 | 377 816 |
| 30章 药品 | — | 342 405 | 31 240 | 2 773 |
| 31章 肥料 | — | — | 70 | 2 339 |
| 32章 鞣料；着色料；涂料；油灰；墨水等 | 86 | 8 819 | 169 638 | 48 671 |
| 33章 精油及香膏；香料制品及化妆盥洗品 | 3 | 76 744 | 53 465 | 17 227 |
| 34章 洗涤剂、润滑剂、人造蜡、塑型膏等 | 5 | 27 076 | 26 639 | 86 263 |
| 35章 蛋白类物质；改性淀粉；胶；酶 | 0 | 2 743 | 6 729 | 1 008 |
| 36章 炸药；烟火；引火品；易燃材料制品 | — | 52 | — | 24 |
| 37章 照相及电影用品 | — | 2 837 | 1 | — |
| 38章 杂项化学产品 | 251 | 51 932 | 125 211 | 761 750 |
| 第7类 塑料及其制品；橡胶及其制品 | 151 020 | 1 240 271 | 299 888 | 812 127 |
| 39章 塑料及其制品 | 4 457 | 1 227 559 | 269 457 | 272 592 |
| 40章 橡胶及其制品 | 146 563 | 12 712 | 30 431 | 539 534 |
| 第8类 革、毛皮及制品；箱包；肠线制品 | 7 682 | 45 420 | 332 821 | 46 433 |
| 41章 生皮（毛皮除外）及皮革 | — | 27 803 | 273 983 | 28 045 |
| 42章 皮革制品；旅行箱包；动物肠线制品 | 7 682 | 9 203 | 58 339 | 18 368 |
| 43章 毛皮、人造毛皮及其制品 | — | 8 414 | 499 | 20 |
| 第9类 木及制品；木炭；软木；编结品 | 214 003 | 488 | 29 172 | 953 667 |
| 44章 木及木制品；木炭 | 213 921 | 468 | 28 668 | 952 501 |
| 45章 软木及软木制品 | — | 1 | 29 | — |
| 46章 编结材料制品；篮筐及柳条编结品 | 82 | 19 | 474 | 1 166 |
| 第10类 纤维素浆；废纸；纸、纸板及其制品 | 95 | 300 125 | 2 928 | 1 359 709 |
| 47章 木浆等纤维状纤维素浆；废纸及纸板 | 95 | 149 152 | 7 | 1 182 421 |
| 48章 纸及纸板；纸浆、纸或纸板制品 | — | 33 535 | 2 056 | 177 071 |
| 49章 印刷品；手稿、打字稿及设计图纸 | 0 | 117 438 | 866 | 217 |

**2016 年中国自部分国家（地区）进口商品类章金额表（续）**

单位：千美元

| 类 章 | 缅 甸 | 中国香港 | 印 度 | 印度尼西亚 |
|---|---|---|---|---|
| 第 11 类 纺织原料及纺织制品 | 47 370 | 150 269 | 1 628 210 | 729 002 |
| 50 章 蚕丝 | — | 2 379 | 5 625 | 2 |
| 51 章 羊毛等动物毛；马毛纱线及其机织物 | — | 685 | 3 813 | 83 |
| 52 章 棉花 | 1 | 21 807 | 1 271 973 | 313 088 |
| 53 章 其他植物纤维；纸纱线及其机织物 | — | 459 | 76 576 | 6 944 |
| 54 章 化学纤维长丝 | 25 | 9 265 | 9 589 | 23 725 |
| 55 章 化学纤维短纤 | 0 | 5 762 | 51 028 | 77 454 |
| 56 章 絮胎、毡呢及无纺织物；线绳制品等 | 38 | 8 484 | 3 884 | 14 320 |
| 57 章 地毯及纺织材料的其他铺地制品 | — | 135 | 14 942 | 750 |
| 58 章 特种机织物；簇绒织物；刺绣品等 | 1 106 | 21 182 | 2 275 | 1 621 |
| 59 章 浸、包或层压织物；工业用纺织制品 | 2 | 11 259 | 16 918 | 7 970 |
| 60 章 针织物及钩编织物 | 12 | 28 759 | 256 | 7 084 |
| 61 章 针织或钩编的服装及衣着附件 | 9 163 | 17 885 | 48 464 | 118 779 |
| 62 章 非针织或非钩编的服装及衣着附件 | 35 876 | 20 775 | 94 853 | 145 145 |
| 63 章 其他纺织制品；成套物品；旧纺织品 | 1 147 | 1 432 | 28 013 | 12 037 |
| 第 12 类 鞋帽伞等；羽毛品；人造花；人发品 | 3 344 | 15 972 | 186 914 | 466 274 |
| 64 章 鞋靴、护腿和类似品及其零件 | 1 999 | 15 466 | 52 739 | 465 337 |
| 65 章 帽类及其零件 | 216 | 224 | 333 | 411 |
| 66 章 伞、手杖、鞭子、马鞭及其零件 | 7 | 35 | 18 | 2 |
| 67 章 加工羽毛及制品；人造花；人发制品 | 1 121 | 247 | 133 824 | 525 |
| 第 13 类 矿物材料制品；陶瓷品；玻璃及制品 | 650 | 21 279 | 57 851 | 14 236 |
| 68 章 矿物材料的制品 | 638 | 89 | 6 464 | 3 699 |
| 69 章 陶瓷产品 | 11 | 1 080 | 910 | 5 954 |
| 70 章 玻璃及其制品 | 1 | 20 110 | 50 477 | 4 583 |
| 第 14 类 珠宝、贵金属及制品；仿首饰；硬币 | 121 518 | 10 540 599 | 2 495 325 | 1 266 |
| 71 章 珠宝、贵金属及制品；仿首饰；硬币 | 121 518 | 10 540 599 | 2 495 325 | 1 266 |
| 第 15 类 贱金属及其制品 | 280 078 | 1 509 435 | 1 307 998 | 1 349 900 |
| 72 章 钢铁 | 127 610 | 9 070 | 173 875 | 938 158 |
| 73 章 钢铁制品 | 5 | 9 386 | 40 853 | 9 725 |
| 74 章 铜及其制品 | 130 227 | 1 055 450 | 997 011 | 235 681 |
| 75 章 镍及其制品 | — | 367 | 445 | 108 483 |
| 76 章 铝及其制品 | — | 414 091 | 45 952 | 11 700 |
| 78 章 铅及其制品 | — | 23 | 114 | 329 |
| 79 章 锌及其制品 | 9 923 | 2 159 | 26 406 | 62 |
| 80 章 锡及其制品 | 12 313 | 2 813 | 121 | 39 949 |
| 81 章 其他贱金属、金属陶瓷及其制品 | 0 | 7 591 | 1 437 | 354 |
| 82 章 贱金属器具、利口器、餐具及零件 | 0 | 2 115 | 11 172 | 3 566 |
| 83 章 贱金属杂项制品 | 1 | 6 369 | 10 612 | 1 893 |
| 第 16 类 机电、音像设备及其零件、附件 | 30 375 | 1 245 609 | 985 606 | 1 493 270 |
| 84 章 核反应堆、锅炉、机械器具及零件 | 7 552 | 474 190 | 520 396 | 293 165 |
| 85 章 电机、电气、音像设备及其零附件 | 22 823 | 771 418 | 465 210 | 1 200 105 |
| 第 17 类 车辆、航空器、船舶及运输设备 | 1 | 12 537 | 62 042 | 187 072 |
| 86 章 铁道车辆；轨道装置；信号设备 | — | 4 527 | 1 821 | 4 |
| 87 章 车辆及其零附件，但铁道车辆除外 | 1 | 3 156 | 59 468 | 187 068 |
| 88 章 航空器、航天器及其零件 | — | 2 133 | 754 | — |
| 89 章 船舶及浮动结构体 | — | 2 721 | — | — |
| 第 18 类 光学、医疗等仪器；钟表；乐器 | 25 485 | 323 866 | 182 320 | 198 617 |
| 90 章 光学、照相、医疗等设备及零附件 | 23 713 | 151 480 | 177 160 | 96 989 |
| 91 章 钟表及其零件 | 1 772 | 172 283 | 5 060 | 227 |
| 92 章 乐器及其零件、附件 | — | 103 | 100 | 101 401 |
| 第 19 类 武器、弹药及其零件、附件 | — | — | — | — |
| 93 章 武器、弹药及其零件、附件 | — | — | — | — |
| 第 20 类 杂项制品 | 160 | 38 292 | 30 229 | 95 024 |
| 94 章 家具；寝具等；灯具；活动房 | 53 | 6 987 | 21 483 | 51 794 |
| 95 章 玩具、游戏或运动用品及其零附件 | 93 | 2 472 | 3 262 | 23 479 |
| 96 章 杂项制品 | 14 | 28 832 | 5 485 | 19 751 |
| 第 21 类 艺术品、收藏品及古物 | 1 | 3 769 | 857 | 208 |
| 97 章 艺术品、收藏品及古物 | 1 | 3 769 | 857 | 208 |
| 第 22 类 特殊交易品及未分类商品 | 736 556 | 197 296 | 11 475 | 1 969 |
| 98 章 特殊交易品及未分类商品 | 736 556 | 197 296 | 11 475 | 1 969 |

**2016年中国自部分国家（地区）进口商品类章金额表（续）**

单位：千美元

| 类 章 | 伊 朗 | 日 本 | 中国澳门 | 马来西亚 |
|---|---|---|---|---|
| **总 值** | 14 827 192 | 145 670 688 | 140 338 | 49 269 637 |
| 第1类 活动物；动物产品 | 628 | 288 658 | — | 79 566 |
| 01章 活动物 | — | 2 727 | — | 15 |
| 02章 肉及食用杂碎 | — | — | — | — |
| 03章 鱼及其他水生无脊椎动物 | 378 | 277 882 | — | 51 350 |
| 04章 乳；蛋；蜂蜜；其他食用动物产品 | 250 | 548 | — | 27 213 |
| 05章 其他动物产品 | — | 7 501 | — | 987 |
| 第2类 植物产品 | 26 396 | 122 885 | 137 | 151 348 |
| 06章 活植物；茎、根；插花、簇叶 | 44 | 42 012 | — | 121 |
| 07章 食用蔬菜、根及块茎 | — | 257 | — | 63 |
| 08章 食用水果及坚果；甜瓜等水果的果皮 | 22 500 | 8 314 | — | 43 569 |
| 09章 咖啡、茶、马黛茶及调味香料 | 3 610 | 5 010 | 137 | 55 389 |
| 10章 谷物 | — | 1 776 | — | 0 |
| 11章 制粉工业产品；麦芽；淀粉等 | — | 1 934 | — | 1 107 |
| 12章 油籽；子仁；工业或药用植物；饲料 | 221 | 59 518 | — | 1 244 |
| 13章 虫胶；树胶、树脂及其他植物液、汁 | 22 | 4 009 | — | 1 424 |
| 14章 编结用植物材料；其他植物产品 | — | 55 | — | 48 430 |
| 第3类 动、植物油、脂、蜡；精制食用油脂 | — | 6 586 | — | 1 444 166 |
| 15章 动、植物油、脂、蜡；精制食用油脂 | — | 6 586 | — | 1 444 166 |
| 第4类 食品；饮料、酒及醋；烟草及制品 | 875 | 300 919 | 13 886 | 481 872 |
| 16章 肉、鱼及其他水生无脊椎动物的制品 | — | 22 725 | 2 | 2 704 |
| 17章 糖及糖食 | 72 | 12 306 | 367 | 33 549 |
| 18章 可可及可可制品 | 83 | 7 705 | 2 | 94 811 |
| 19章 谷物粉、淀粉等或乳的制品；糕饼 | 150 | 54 604 | 1 047 | 137 215 |
| 20章 蔬菜、水果等或植物其他部分的制品 | 500 | 4 100 | 24 | 11 477 |
| 21章 杂项食品 | 47 | 95 975 | 39 | 121 830 |
| 22章 饮料、酒及醋 | 24 | 47 768 | 3 | 28 369 |
| 23章 食品工业的残渣及废料；配制的饲料 | — | 10 232 | — | 42 633 |
| 24章 烟草、烟草及烟草代用品的制品 | — | 45 504 | 12 402 | 9 285 |
| 第5类 矿产品 | 11 354 626 | 1 469 223 | 28 | 4 619 413 |
| 25章 盐；硫磺；土及石料；石灰及水泥等 | 204 056 | 192 560 | — | 4 588 |
| 26章 矿砂、矿渣及矿灰 | 1 549 501 | 4 571 | — | 559 768 |
| 27章 矿物燃料、矿物油及其产品；沥青等 | 9 601 069 | 1 272 093 | 28 | 4 055 057 |
| 第6类 化学工业及其相关工业的产品 | 1 154 810 | 14 433 945 | 3 701 | 1 963 839 |
| 28章 无机化学品；贵金属等的化合物 | 2 699 | 577 714 | — | 221 816 |
| 29章 有机化学品 | 1 146 985 | 5 832 064 | 3 423 | 986 003 |
| 30章 药品 | 3 | 731 187 | — | 10 |
| 31章 肥料 | — | 6 905 | — | 1 047 |
| 32章 鞣料；着色料；涂料；油灰；墨水等 | 481 | 872 817 | 36 | 66 842 |
| 33章 精油及香膏；香料制品及化妆盥洗品 | 14 | 882 345 | 237 | 3 283 |
| 34章 洗涤剂、润滑剂、人造蜡、塑型膏等 | 3 993 | 903 555 | 2 | 127 412 |
| 35章 蛋白类物质；改性淀粉；胶；酶 | 18 | 815 374 | — | 21 599 |
| 36章 炸药；烟火；引火品；易燃材料制品 | — | 11 472 | — | 44 |
| 37章 照相及电影用品 | — | 961 134 | — | 4 673 |
| 38章 杂项化学产品 | 618 | 2 839 380 | 2 | 531 110 |
| 第7类 塑料及其制品；橡胶及其制品 | 2 094 577 | 10 215 199 | 55 606 | 2 305 035 |
| 39章 塑料及其制品 | 2 084 817 | 8 740 134 | 55 606 | 1 115 884 |
| 40章 橡胶及其制品 | 9 760 | 1 475 064 | 0 | 1 189 151 |
| 第8类 革、毛皮及制品；箱包；肠线制品 | 702 | 54 987 | 10 | 9 531 |
| 41章 生皮（毛皮除外）及皮革 | 701 | 37 860 | — | 2 392 |
| 42章 皮革制品；旅行箱包；动物肠线制品 | 1 | 16 501 | 10 | 1 029 |
| 43章 毛皮、人造毛皮及其制品 | — | 625 | — | 6 110 |
| 第9类 木及制品；木炭；软木；编结品 | 23 | 95 810 | 0 | 216 360 |
| 44章 木及木制品；木炭 | 23 | 95 095 | 0 | 216 360 |
| 45章 软木及软木制品 | — | 566 | — | — |
| 46章 编结材料制品；篮筐及柳条编结品 | — | 149 | — | 0 |
| 第10类 纤维素浆；废纸；纸、纸板及其制品 | 423 | 1 355 582 | 8 851 | 33 540 |
| 47章 木浆等纤维状纤维素浆；废纸及纸板 | 245 | 716 456 | 6 499 | 875 |
| 48章 纸及纸板；纸浆、纸或纸板制品 | 148 | 521 839 | 24 | 18 413 |
| 49章 印刷品；手稿、打字稿及设计图纸 | 30 | 117 286 | 2 329 | 14 252 |

## 2016年中国自部分国家（地区）进口商品类章金额表（续）

单位：千美元

| 类 章 | 伊 朗 | 日 本 | 中国澳门 | 马来西亚 |
|---|---|---|---|---|
| 第11类 纺织原料及纺织制品 | 3 715 | 2 576 657 | 5 594 | 165 103 |
| 50章 蚕丝 | 31 | 5 516 | — | — |
| 51章 羊毛等动物毛；马毛纱线及其机织物 | 334 | 142 466 | 43 | 1 324 |
| 52章 棉花 | 271 | 187 695 | 18 | 82 554 |
| 53章 其他植物纤维；纸纱线及其机织物 | 17 | 11 384 | 45 | 3 527 |
| 54章 化学纤维长丝 | — | 662 560 | 72 | 12 136 |
| 55章 化学纤维短纤 | — | 438 211 | 119 | 13 779 |
| 56章 絮胎、毡呢及无纺织物；线绳制品等 | 12 | 322 801 | 0 | 17 305 |
| 57章 地毯及纺织材料的其他铺地制品 | 2 982 | 7 267 | — | 32 |
| 58章 特种机织物；簇绒织物；刺绣品等 | 4 | 110 459 | 513 | 433 |
| 59章 浸、包或层压织物；工业用纺织制品 | 1 | 279 001 | — | 6 726 |
| 60章 针织物及钩编织物 | — | 278 183 | 22 | 3 753 |
| 61章 针织或钩编的服装及衣着附件 | 12 | 41 668 | 4 245 | 13 194 |
| 62章 非针织或非钩编的服装及衣着附件 | — | 56 841 | 512 | 7 302 |
| 63章 其他纺织制品；成套物品；旧纺织品 | 51 | 32 606 | 4 | 3 037 |
| 第12类 鞋帽伞等；羽毛品；人造花；人发品 | 3 | 48 469 | 7 | 1 786 |
| 64章 鞋靴、护腿和类似品及其零件 | 1 | 13 178 | 6 | 354 |
| 65章 帽类及其零件 | — | 4 227 | 1 | 408 |
| 66章 伞、手杖、鞭子、马鞭及其零件 | 0 | 753 | — | 6 |
| 67章 加工羽毛及制品；人造花；人发制品 | 2 | 30 311 | — | 1 018 |
| 第13类 矿物材料制品；陶瓷品；玻璃及制品 | 285 | 2 140 073 | 908 | 129 581 |
| 68章 矿物材料的制品 | 276 | 508 558 | — | 14 328 |
| 69章 陶瓷产品 | 5 | 198 714 | — | 17 648 |
| 70章 玻璃及其制品 | 4 | 1 432 801 | 908 | 97 605 |
| 第14类 珠宝、贵金属及制品；仿首饰；硬币 | 540 | 827 208 | 10 | 19 448 |
| 71章 珠宝、贵金属及制品；仿首饰；硬币 | 540 | 827 208 | 10 | 19 448 |
| 第15类 贱金属及其制品 | 183 020 | 12 695 047 | 44 917 | 1 000 665 |
| 72章 钢铁 | 5 | 5 139 315 | — | 45 375 |
| 73章 钢铁制品 | 55 | 2 142 955 | 3 | 61 852 |
| 74章 铜及其制品 | 160 186 | 2 938 517 | 42 566 | 430 388 |
| 75章 镍及其制品 | 3 | 191 463 | — | 4 921 |
| 76章 铝及其制品 | 20 592 | 871 616 | 2 331 | 402 920 |
| 78章 铅及其制品 | 1 | 4 746 | — | 34 |
| 79章 锌及其制品 | 2 170 | 61 280 | — | 217 |
| 80章 锡及其制品 | — | 39 599 | — | 26 469 |
| 81章 其他贱金属、金属陶瓷及其制品 | — | 174 994 | — | 3 915 |
| 82章 贱金属器具、利口器、餐具及零件 | 4 | 931 605 | 1 | 6 924 |
| 83章 贱金属杂项制品 | 4 | 198 956 | 17 | 17 651 |
| 第16类 机电、音像设备及其零件、附件 | 1 085 | 67 657 532 | 917 | 34 936 350 |
| 84章 核反应堆、锅炉、机械器具及零件 | 772 | 27 204 849 | 132 | 3 032 732 |
| 85章 电机、电气、音像设备及其零附件 | 312 | 40 452 684 | 786 | 31 903 619 |
| 第17类 车辆、航空器、船舶及运输设备 | 4 886 | 14 276 727 | 0 | 207 001 |
| 86章 铁道车辆；轨道装置；信号设备 | — | 234 401 | — | 1 392 |
| 87章 车辆及其零附件，但铁道车辆除外 | 4 886 | 13 845 620 | 0 | 202 102 |
| 88章 航空器、航天器及其零件 | — | 9 386 | — | 3 507 |
| 89章 船舶及浮动结构体 | — | 187 321 | — | 0 |
| 第18类 光学、医疗等仪器；钟表；乐器 | 362 | 14 840 003 | 496 | 1 365 910 |
| 90章 光学、照相、医疗等设备及零附件 | 362 | 14 287 195 | 496 | 1 309 855 |
| 91章 钟表及其零件 | 0 | 438 606 | — | 51 317 |
| 92章 乐器及其零件、附件 | — | 114 202 | — | 4 738 |
| 第19类 武器、弹药及其零件、附件 | — | 0 | — | 0 |
| 93章 武器、弹药及其零件、附件 | — | 0 | — | 0 |
| 第20类 杂项制品 | 11 | 1 791 145 | 87 | 131 424 |
| 94章 家具；寝具等；灯具；活动房 | 11 | 243 092 | 3 | 64 156 |
| 95章 玩具、游戏或运动用品及其零附件 | 0 | 160 043 | 0 | 23 245 |
| 96章 杂项制品 | 0 | 1 388 010 | 84 | 44 023 |
| 第21类 艺术品、收藏品及古物 | 81 | 1 734 | 3 841 | 10 |
| 97章 艺术品、收藏品及古物 | 81 | 1 734 | 3 841 | 10 |
| 第22类 特殊交易品及未分类商品 | 143 | 472 300 | 1 340 | 7 693 |
| 98章 特殊交易品及未分类商品 | 143 | 472 300 | 1 340 | 7 693 |

## 2016 年中国自部分国家（地区）进口商品类章金额表（续）

单位：千美元

| 类 章 | 阿 曼 | 巴基斯坦 | 菲律宾 | 沙特阿拉伯 |
|---|---|---|---|---|
| **总 值** | 12 041 024 | 1 912 593 | 17 395 891 | 23 626 019 |
| 第 1 类 活动物；动物产品 | 2 000 | 53 241 | 41 705 | 64 |
| 01 章 活动物 | — | — | 399 | — |
| 02 章 肉及食用杂碎 | — | — | — | — |
| 03 章 鱼及其他水生无脊椎动物 | 2 000 | 52 983 | 40 273 | — |
| 04 章 乳；蛋；蜂蜜；其他食用动物产品 | — | — | — | 64 |
| 05 章 其他动物产品 | — | 258 | 1 032 | — |
| 第 2 类 植物产品 | 0 | 296 878 | 501 873 | 723 |
| 06 章 活植物；茎、根；插花、簇叶 | — | 15 | 2 | — |
| 07 章 食用蔬菜、根及块茎 | — | 4 053 | — | — |
| 08 章 食用水果及坚果；甜瓜等水果的果皮 | — | 34 683 | 492 469 | 723 |
| 09 章 咖啡、茶、马黛茶及调味香料 | 0 | 28 | — | — |
| 10 章 谷物 | — | 250 631 | 2 | — |
| 11 章 制粉工业产品；麦芽；淀粉等 | — | — | 11 | — |
| 12 章 油籽；子仁；工业或药用植物；饲料 | — | 1 761 | 3 196 | — |
| 13 章 虫胶；树胶、树脂及其他植物液、汁 | — | 3 983 | 2 636 | — |
| 14 章 编结用植物材料；其他植物产品 | — | 1 723 | 3 558 | — |
| 第 3 类 动、植物油、脂、蜡；精制食用油脂 | — | 35 | 21 618 | 1 |
| 15 章 动、植物油、脂、蜡；精制食用油脂 | — | 35 | 21 618 | 1 |
| 第 4 类 食品；饮料、酒及醋；烟草及制品 | 63 | 36 514 | 52 557 | 1 277 |
| 16 章 肉、鱼及其他水生无脊椎动物的制品 | — | — | 330 | — |
| 17 章 糖及糖食 | 2 | 188 | 1 473 | 97 |
| 18 章 可可及可可制品 | 4 | 44 | 357 | 28 |
| 19 章 谷物粉、淀粉等或乳的制品；糕饼 | 25 | 2 | 6 732 | 567 |
| 20 章 蔬菜、水果等或植物其他部分的制品 | — | 16 094 | 36 749 | 46 |
| 21 章 杂项食品 | 31 | 71 | 4 468 | 120 |
| 22 章 饮料、酒及醋 | — | 8 165 | 1 489 | 418 |
| 23 章 食品工业的残渣及废料；配制的饲料 | — | 11 950 | 679 | — |
| 24 章 烟草、烟草及烟草代用品的制品 | — | — | 281 | — |
| 第 5 类 矿产品 | 11 284 185 | 153 907 | 1 916 784 | 16 707 630 |
| 25 章 盐；硫磺；土及石料；石灰及水泥等 | 4 827 | 43 472 | 8 729 | 274 513 |
| 26 章 矿砂、矿渣及矿灰 | 73 253 | 97 490 | 1 296 544 | 71 596 |
| 27 章 矿物燃料、矿物油及其产品；沥青等 | 11 206 104 | 12 945 | 611 512 | 16 361 520 |
| 第 6 类 化学工业及其相关工业的产品 | 646 441 | 809 | 215 848 | 3 796 186 |
| 28 章 无机化学品；贵金属等的化合物 | 12 869 | 23 | 24 030 | 56 013 |
| 29 章 有机化学品 | 631 954 | 0 | 139 872 | 3 717 883 |
| 30 章 药品 | — | 146 | 16 | — |
| 31 章 肥料 | — | — | 721 | 31 |
| 32 章 鞣料；着色料；涂料；油灰；墨水等 | — | 283 | 979 | 2 772 |
| 33 章 精油及香膏；香料制品及化妆盥洗品 | — | 61 | 4 079 | 201 |
| 34 章 洗涤剂、润滑剂、人造蜡、塑型膏等 | — | 182 | 6 997 | 7 928 |
| 35 章 蛋白类物质；改性淀粉；胶；酶 | — | 26 | 60 | 44 |
| 36 章 炸药；烟火；引火品；易燃材料制品 | — | — | — | — |
| 37 章 照相及电影用品 | — | — | 3 | — |
| 38 章 杂项化学产品 | 1 618 | 88 | 39 091 | 11 315 |
| 第 7 类 塑料及其制品；橡胶及其制品 | 17 048 | 21 613 | 218 662 | 2 992 869 |
| 39 章 塑料及其制品 | 17 047 | 21 537 | 208 996 | 2 983 298 |
| 40 章 橡胶及其制品 | 0 | 76 | 9 666 | 9 572 |
| 第 8 类 革、毛皮及制品；箱包；肠线制品 | 0 | 92 026 | 42 853 | 8 571 |
| 41 章 生皮（毛皮除外）及皮革 | — | 85 669 | 863 | 8 209 |
| 42 章 皮革制品；旅行箱包；动物肠线制品 | 0 | 6 252 | 41 909 | 5 |
| 43 章 毛皮、人造毛皮及其制品 | — | 105 | 81 | 357 |
| 第 9 类 木及制品；木炭；软木；编结品 | 0 | 306 | 54 370 | 19 |
| 44 章 木及木制品；木炭 | 0 | 304 | 54 052 | 19 |
| 45 章 软木及软木制品 | — | — | 144 | — |
| 46 章 编结材料制品；篮筐及柳条编结品 | — | 2 | 173 | — |
| 第 10 类 纤维素浆；废纸；纸、纸板及其制品 | 23 | 373 | 8 115 | 1 681 |
| 47 章 木浆等纤维状纤维素浆；废纸及纸板 | — | — | 5 446 | 1 626 |
| 48 章 纸及纸板；纸浆、纸或纸板制品 | 23 | 337 | 2 622 | 49 |
| 49 章 印刷品；手稿、打字稿及设计图纸 | — | 36 | 47 | 6 |

## 2016年中国自部分国家（地区）进口商品类章金额表（续）

单位：千美元

| 类 章 | 阿 曼 | 巴基斯坦 | 菲律宾 | 沙特阿拉伯 |
|---|---|---|---|---|
| 第11类 纺织原料及纺织制品 | 4 | 1 121 805 | 95 521 | 26 524 |
| 50章 蚕丝 | — | — | — | — |
| 51章 羊毛等动物毛；马毛纱线及其机织物 | — | 931 | 2 | 482 |
| 52章 棉花 | — | 1 034 029 | 36 | 0 |
| 53章 其他植物纤维；纸纱线及其机织物 | — | — | 6 045 | — |
| 54章 化学纤维长丝 | 2 | 1 528 | 39 570 | 2 684 |
| 55章 化学纤维短纤 | — | 5 005 | 111 | 16 |
| 56章 絮胎、毡呢及无纺织物；线绳制品等 | — | 4 | 609 | 23 102 |
| 57章 地毯及纺织材料的其他铺地制品 | — | 843 | 18 | 45 |
| 58章 特种机织物；簇绒织物；刺绣品等 | — | 106 | 15 825 | 20 |
| 59章 浸、包或层压织物；工业用纺织制品 | — | 668 | 47 | — |
| 60章 针织物及钩编织物 | — | 240 | 39 | 1 |
| 61章 针织或钩编的服装及衣着附件 | — | 26 354 | 22 807 | 81 |
| 62章 非针织或非钩编的服装及衣着附件 | 1 | 34 904 | 8 368 | 39 |
| 63章 其他纺织制品；成套物品；旧纺织品 | 1 | 17 193 | 2 044 | 53 |
| 第12类 鞋帽伞等；羽毛品；人造花；人发品 | — | 69 | 1 117 | 13 |
| 64章 鞋靴、护腿和类似品及其零件 | — | 55 | 620 | 9 |
| 65章 帽类及其零件 | — | 14 | 477 | — |
| 66章 伞、手杖、鞭子、马鞭及其零件 | — | — | 16 | — |
| 67章 加工羽毛及制品；人造花；人发制品 | — | — | 5 | 4 |
| 第13类 矿物材料制品；陶瓷品；玻璃及制品 | 232 | 231 | 4 099 | 175 |
| 68章 矿物材料的制品 | 232 | 221 | 791 | 9 |
| 69章 陶瓷产品 | — | 6 | 44 | 12 |
| 70章 玻璃及其制品 | 0 | 5 | 3 265 | 153 |
| 第14类 珠宝、贵金属及制品；仿首饰；硬币 | — | 1 359 | 244 | 3 |
| 71章 珠宝、贵金属及制品；仿首饰；硬币 | — | 1 359 | 244 | 3 |
| 第15类 贱金属及其制品 | 90 913 | 112 534 | 316 419 | 61 974 |
| 72章 钢铁 | 27 223 | 3 | 887 | 2 408 |
| 73章 钢铁制品 | 6 | 121 | 41 506 | 1 434 |
| 74章 铜及其制品 | 15 469 | 106 447 | 258 600 | 18 694 |
| 75章 镍及其制品 | — | — | 95 | — |
| 76章 铝及其制品 | 48 214 | 9 | 5 613 | 39 057 |
| 78章 铅及其制品 | — | — | 880 | 290 |
| 79章 锌及其制品 | — | — | 182 | 1 |
| 80章 锡及其制品 | 0 | 0 | 1 100 | 0 |
| 81章 其他贱金属、金属陶瓷及其制品 | — | 46 | 2 | — |
| 82章 贱金属器具、利口器、餐具及零件 | — | 5 488 | 1 445 | 85 |
| 83章 贱金属杂项制品 | — | 420 | 6 109 | 4 |
| 第16类 机电、音像设备及其零件、附件 | 69 | 438 | 13 266 531 | 27 897 |
| 84章 核反应堆、锅炉、机械器具及零件 | 46 | 413 | 3 804 308 | 27 499 |
| 85章 电机、电气、音像设备及其零附件 | 22 | 25 | 9 462 223 | 398 |
| 第17类 车辆、航空器、船舶及运输设备 | 1 | 5 886 | 57 391 | 22 |
| 86章 铁道车辆；轨道装置；信号设备 | — | — | — | — |
| 87章 车辆及其零附件，但铁道车辆除外 | 1 | 26 | 57 135 | 16 |
| 88章 航空器、航天器及其零件 | — | 5 860 | 225 | 6 |
| 89章 船舶及浮动结构体 | — | — | 32 | — |
| 第18类 光学、医疗等仪器；钟表；乐器 | — | 5 594 | 516 264 | 22 |
| 90章 光学、照相、医疗等设备及零附件 | — | 5 586 | 510 037 | 21 |
| 91章 钟表及其零件 | — | 1 | 6 155 | 1 |
| 92章 乐器及其零件、附件 | — | 7 | 72 | — |
| 第19类 武器、弹药及其零件、附件 | — | — | — | — |
| 93章 武器、弹药及其零件、附件 | — | — | — | — |
| 第20类 杂项制品 | 0 | 7 142 | 61 616 | 61 |
| 94章 家具；寝具等；灯具；活动房 | — | 668 | 11 288 | 18 |
| 95章 玩具、游戏或运动用品及其零附件 | — | 6 473 | 39 466 | — |
| 96章 杂项制品 | 0 | 1 | 10 862 | 42 |
| 第21类 艺术品、收藏品及古物 | — | 282 | 27 | — |
| 97章 艺术品、收藏品及古物 | — | 282 | 27 | — |
| 第22类 特殊交易品及未分类商品 | 47 | 1 551 | 2 278 | 308 |
| 98章 特殊交易品及未分类商品 | 47 | 1 551 | 2 278 | 308 |

## 2016年中国自部分国家（地区）进口商品类章金额表（续）

单位：千美元

| 类 章 | 新加坡 | 韩 国 | 泰 国 | 土耳其 |
|---|---|---|---|---|
| **总 值** | 26 014 249 | 158 974 531 | 38 532 343 | 2 785 415 |
| 第1类 活动物；动物产品 | 8 206 | 163 685 | 167 333 | 3 052 |
| 01章 活动物 | 808 | 20 | 73 | — |
| 02章 肉及食用杂碎 | — | — | 10 | — |
| 03章 鱼及其他水生无脊椎动物 | 3 996 | 140 571 | 162 544 | 2 801 |
| 04章 乳；蛋；蜂蜜；其他食用动物产品 | 3 402 | 18 433 | 3 472 | 251 |
| 05章 其他动物产品 | — | 4 661 | 1 235 | — |
| 第2类 植物产品 | 7 815 | 52 323 | 3 372 523 | 49 113 |
| 06章 活植物；茎、根；插花、簇叶 | 0 | 2 032 | 14 634 | 11 |
| 07章 食用蔬菜、根及块茎 | — | 165 | 1 142 203 | 95 |
| 08章 食用水果及坚果；甜瓜等水果的果皮 | — | 12 749 | 1 153 257 | 36 217 |
| 09章 咖啡、茶、马黛茶及调味香料 | 2 704 | 1 487 | 515 | 600 |
| 10章 谷物 | — | 695 | 462 226 | — |
| 11章 制粉工业产品；麦芽；淀粉等 | 0 | 1 545 | 565 465 | 818 |
| 12章 油籽；子仁；工业或药用植物；饲料 | 6 | 22 645 | 31 819 | 527 |
| 13章 虫胶；树胶、树脂及其他植物液、汁 | 4 269 | 10 955 | 1 787 | 310 |
| 14章 编结用植物材料；其他植物产品 | 836 | 49 | 617 | 10 537 |
| 第3类 动、植物油、脂、蜡；精制食用油脂 | 7 457 | 5 530 | 15 468 | 15 939 |
| 15章 动、植物油、脂、蜡；精制食用油脂 | 7 457 | 5 530 | 15 468 | 15 939 |
| 第4类 食品；饮料、酒及醋；烟草及制品 | 395 717 | 778 851 | 583 829 | 51 664 |
| 16章 肉、鱼及其他水生无脊椎动物的制品 | 863 | 29 356 | 34 695 | 1 845 |
| 17章 糖及糖食 | 2 388 | 120 871 | 113 553 | 2 700 |
| 18章 可可及可可制品 | 57 867 | 9 716 | 1 262 | 5 265 |
| 19章 谷物粉、淀粉等或乳的制品；糕饼 | 207 102 | 220 980 | 42 133 | 10 755 |
| 20章 蔬菜、水果等或植物其他部分的制品 | 1 568 | 118 086 | 97 135 | 25 947 |
| 21章 杂项食品 | 36 722 | 127 307 | 131 621 | 2 996 |
| 22章 饮料、酒及醋 | 1 335 | 126 119 | 35 243 | 2 156 |
| 23章 食品工业的残渣及废料；配制的饲料 | 16 255 | 6 632 | 128 188 | — |
| 24章 烟草、烟草及烟草代用品的制品 | 71 617 | 19 783 | — | — |
| 第5类 矿产品 | 2 594 648 | 6 331 817 | 992 649 | 1 408 033 |
| 25章 盐；硫磺；土及石料；石灰及水泥等 | 1 383 | 127 945 | 13 264 | 840 607 |
| 26章 矿砂、矿渣及矿灰 | 315 | 12 534 | 40 678 | 561 787 |
| 27章 矿物燃料、矿物油及其产品；沥青等 | 2 592 951 | 6 191 338 | 938 707 | 5 639 |
| 第6类 化学工业及其相关工业的产品 | 3 180 613 | 16 364 625 | 1 745 339 | 203 898 |
| 28章 无机化学品；贵金属等的化合物 | 7 795 | 1 675 430 | 20 008 | 157 555 |
| 29章 有机化学品 | 1 933 022 | 10 325 302 | 1 203 521 | 493 |
| 30章 药品 | 50 681 | 160 246 | 15 753 | 692 |
| 31章 肥料 | 0 | 1 016 | 632 | 140 |
| 32章 鞣料；着色料；涂料；油灰；墨水等 | 101 579 | 519 824 | 75 280 | 35 692 |
| 33章 精油及香膏；香料制品及化妆盥洗品 | 62 354 | 1 226 552 | 98 427 | 1 481 |
| 34章 洗涤剂、润滑剂、人造蜡、塑型膏等 | 103 733 | 245 375 | 47 014 | 1 875 |
| 35章 蛋白类物质；改性淀粉；胶；酶 | 32 618 | 333 487 | 140 984 | 152 |
| 36章 炸药；烟火；引火品；易燃材料制品 | 8 068 | 31 | 30 416 | — |
| 37章 照相及电影用品 | 2 912 | 356 816 | 1 074 | 18 |
| 38章 杂项化学产品 | 877 852 | 1 520 546 | 112 230 | 5 800 |
| 第7类 塑料及其制品；橡胶及其制品 | 3 371 761 | 11 073 282 | 6 760 140 | 58 153 |
| 39章 塑料及其制品 | 3 112 515 | 10 162 906 | 2 999 606 | 26 039 |
| 40章 橡胶及其制品 | 259 246 | 910 375 | 3 760 534 | 32 114 |
| 第8类 革、毛皮及制品；箱包；肠线制品 | 4 512 | 404 600 | 239 274 | 60 787 |
| 41章 生皮（毛皮除外）及皮革 | 4 318 | 324 781 | 186 585 | 18 478 |
| 42章 皮革制品；旅行箱包；动物肠线制品 | 194 | 76 616 | 18 277 | 15 501 |
| 43章 毛皮、人造毛皮及其制品 | — | 3 203 | 34 412 | 26 808 |
| 第9类 木及制品；木炭；软木；编结品 | 529 | 5 570 | 1 538 437 | 1 063 |
| 44章 木及木制品；木炭 | 516 | 5 344 | 1 538 371 | 1 062 |
| 45章 软木及软木制品 | 13 | 1 | — | 1 |
| 46章 编结材料制品；篮筐及柳条编结品 | — | 225 | 65 | — |
| 第10类 纤维素浆；废纸；纸、纸板及其制品 | 328 205 | 322 802 | 160 770 | 2 580 |
| 47章 木浆等纤维状纤维素浆；废纸及纸板 | 16 718 | 70 071 | 86 045 | — |
| 48章 纸及纸板；纸浆、纸或纸板制品 | 16 532 | 237 239 | 70 201 | 2 499 |
| 49章 印刷品；手稿、打字稿及设计图纸 | 294 956 | 15 492 | 4 524 | 81 |

## 2016年中国自部分国家（地区）进口商品类章金额表（续）

单位：千美元

| 类 章 | 新加坡 | 韩 国 | 泰 国 | 土耳其 |
|---|---|---|---|---|
| 第11类 纺织原料及纺织制品 | 50 185 | 1 877 383 | 577 665 | 447 555 |
| 50章 蚕丝 | 2 | 8 683 | 718 | 58 |
| 51章 羊毛等动物毛；马毛纱线及其机织物 | 0 | 31 692 | 2 840 | 14 916 |
| 52章 棉花 | 48 | 135 736 | 55 437 | 61 230 |
| 53章 其他植物纤维；纸纱线及其机织物 | 1 | 3 301 | 16 057 | 498 |
| 54章 化学纤维长丝 | 38 117 | 453 824 | 127 689 | 13 618 |
| 55章 化学纤维短纤 | 196 | 237 030 | 98 291 | 27 370 |
| 56章 絮胎、毡呢及无纺织物；线绳制品等 | 3 060 | 114 551 | 47 432 | 761 |
| 57章 地毯及纺织材料的其他铺地制品 | 29 | 26 208 | 1 267 | 18 537 |
| 58章 特种机织物；簇绒织物；刺绣品等 | 562 | 75 151 | 13 977 | 2 848 |
| 59章 浸、包或层压织物；工业用纺织制品 | 937 | 294 106 | 24 390 | 21 532 |
| 60章 针织物及钩编织物 | 31 | 317 204 | 30 110 | 3 664 |
| 61章 针织或钩编的服装及衣着附件 | 163 | 65 326 | 96 986 | 131 948 |
| 62章 非针织或非钩编的服装及衣着附件 | 128 | 78 464 | 49 225 | 137 510 |
| 63章 其他纺织制品；成套物品；旧纺织品 | 6 912 | 36 106 | 13 246 | 13 066 |
| 第12类 鞋帽伞等；羽毛品；人造花；人发品 | 112 | 48 806 | 47 977 | 3 279 |
| 64章 鞋靴、护腿和类似品及其零件 | 90 | 31 484 | 45 440 | 3 028 |
| 65章 帽类及其零件 | 16 | 5 053 | 2 202 | 249 |
| 66章 伞、手杖、鞭子、马鞭及其零件 | 3 | 138 | 6 | 0 |
| 67章 加工羽毛及制品；人造花；人发制品 | 3 | 12 132 | 329 | 2 |
| 第13类 矿物材料制品；陶瓷品；玻璃及制品 | 42 863 | 1 639 346 | 156 982 | 25 943 |
| 68章 矿物材料的制品 | 5 339 | 180 501 | 14 049 | 14 668 |
| 69章 陶瓷产品 | 18 839 | 51 344 | 35 717 | 6 604 |
| 70章 玻璃及其制品 | 18 685 | 1 407 501 | 107 215 | 4 671 |
| 第14类 珠宝、贵金属及制品；仿首饰；硬币 | 2 298 222 | 350 549 | 2 493 023 | 5 224 |
| 71章 珠宝、贵金属及制品；仿首饰；硬币 | 2 298 222 | 350 549 | 2 493 023 | 5 224 |
| 第15类 贱金属及其制品 | 184 137 | 7 959 730 | 449 074 | 122 401 |
| 72章 钢铁 | 25 334 | 3 350 833 | 17 678 | 17 622 |
| 73章 钢铁制品 | 54 762 | 1 155 454 | 118 877 | 68 929 |
| 74章 铜及其制品 | 66 940 | 1 662 519 | 212 090 | 19 458 |
| 75章 镍及其制品 | 505 | 29 876 | 64 | 8 240 |
| 76章 铝及其制品 | 13 420 | 769 977 | 45 840 | 4 300 |
| 78章 铅及其制品 | 16 | 7 230 | 1 457 | — |
| 79章 锌及其制品 | 480 | 243 779 | 1 061 | 62 |
| 80章 锡及其制品 | 5 447 | 20 967 | 11 608 | 6 |
| 81章 其他贱金属、金属陶瓷及其制品 | 606 | 35 551 | 1 235 | 56 |
| 82章 贱金属器具、利口器、餐具及零件 | 6 009 | 413 526 | 17 675 | 960 |
| 83章 贱金属杂项制品 | 10 616 | 270 018 | 21 488 | 2 768 |
| 第16类 机电、音像设备及其零件、附件 | 11 910 502 | 88 936 339 | 15 707 307 | 259 773 |
| 84章 核反应堆、锅炉、机械器具及零件 | 3 734 361 | 15 359 133 | 7 100 664 | 209 720 |
| 85章 电机、电气、音像设备及其零附件 | 8 176 141 | 73 577 206 | 8 606 643 | 50 053 |
| 第17类 车辆、航空器、船舶及运输设备 | 30 645 | 4 605 632 | 742 614 | 44 002 |
| 86章 铁道车辆；轨道装置；信号设备 | 33 | 14 451 | 276 | 99 |
| 87章 车辆及其零附件，但铁道车辆除外 | 7 641 | 4 457 401 | 739 649 | 42 156 |
| 88章 航空器、航天器及其零件 | 18 671 | 41 582 | 117 | 938 |
| 89章 船舶及浮动结构体 | 4 300 | 92 199 | 2 572 | 810 |
| 第18类 光学、医疗等仪器；钟表；乐器 | 1 587 277 | 17 401 713 | 2 598 914 | 11 105 |
| 90章 光学、照相、医疗等设备及零附件 | 1 539 177 | 17 364 163 | 2 497 755 | 10 824 |
| 91章 钟表及其零件 | 48 059 | 5 424 | 99 738 | 5 |
| 92章 乐器及其零件、附件 | 41 | 32 127 | 1 421 | 275 |
| 第19类 武器、弹药及其零件、附件 | — | — | — | 21 |
| 93章 武器、弹药及其零件、附件 | — | — | — | 21 |
| 第20类 杂项制品 | 3 785 | 469 859 | 176 734 | 9 999 |
| 94章 家具；寝具等；灯具；活动房 | 2 872 | 200 682 | 82 558 | 7 547 |
| 95章 玩具、游戏或运动用品及其零附件 | 343 | 30 548 | 37 273 | 1 871 |
| 96章 杂项制品 | 570 | 238 628 | 56 903 | 580 |
| 第21类 艺术品、收藏品及古物 | 51 | 752 | 458 | 91 |
| 97章 艺术品、收藏品及古物 | 51 | 752 | 458 | 91 |
| 第22类 特殊交易品及未分类商品 | 7 007 | 181 338 | 5 836 | 1 738 |
| 98章 特殊交易品及未分类商品 | 7 007 | 181 338 | 5 836 | 1 738 |

## 2016年中国自部分国家（地区）进口商品类章金额表（续）

单位：千美元

| 类 章 | 阿拉伯联合酋长国 | 越 南 | 中国台湾省 | 哈萨克斯坦 |
|---|---|---|---|---|
| **总 值** | 9 994 363 | 37 171 604 | 138 847 225 | 4 805 079 |
| 第1类 活动物；动物产品 | — | 130 100 | 152 423 | 7 059 |
| 01章 活动物 | — | 3 245 | 1 395 | — |
| 02章 肉及食用杂碎 | — | — | — | — |
| 03章 鱼及其他水生无脊椎动物 | — | 126 102 | 118 448 | 2 033 |
| 04章 乳；蛋；蜂蜜；其他食用动物产品 | — | — | 8 032 | — |
| 05章 其他动物产品 | — | 753 | 24 548 | 5 026 |
| 第2类 植物产品 | 2 837 | 2 149 376 | 147 608 | 113 361 |
| 06章 活植物；茎、根；插花、簇叶 | — | 3 590 | 2 413 | — |
| 07章 食用蔬菜、根及块茎 | — | 237 467 | 2 082 | — |
| 08章 食用水果及坚果；甜瓜等水果的果皮 | 458 | 638 409 | 105 272 | — |
| 09章 咖啡、茶、马黛茶及调味香料 | 96 | 347 346 | 29 052 | 37 |
| 10章 谷物 | — | 733 935 | 509 | 53 755 |
| 11章 制粉工业产品；麦芽；淀粉等 | — | 182 034 | 739 | 2 824 |
| 12章 油籽；子仁；工业或药用植物；饲料 | — | 2 061 | 3 798 | 54 603 |
| 13章 虫胶；树胶、树脂及其他植物液、汁 | 2 282 | 3 173 | 2 705 | 98 |
| 14章 编结用植物材料；其他植物产品 | — | 1 361 | 1 037 | 2 044 |
| 第3类 动、植物油、脂、蜡；精制食用油脂 | 3 669 | 14 717 | 6 421 | 19 844 |
| 15章 动、植物油、脂、蜡；精制食用油脂 | 3 669 | 14 717 | 6 421 | 19 844 |
| 第4类 食品；饮料、酒及醋；烟草及制品 | 4 972 | 494 275 | 436 390 | 2 249 |
| 16章 肉、鱼及其他水生无脊椎动物的制品 | — | 2 954 | 9 456 | — |
| 17章 糖及糖食 | 1 513 | 1 342 | 21 636 | 409 |
| 18章 可可及可可制品 | 78 | 1 109 | 2 628 | 937 |
| 19章 谷物粉、淀粉等或乳的制品；糕饼 | 1 091 | 20 377 | 118 986 | 263 |
| 20章 蔬菜、水果等或植物其他部分的制品 | 73 | 38 367 | 15 479 | 15 |
| 21章 杂项食品 | 140 | 238 234 | 131 063 | 6 |
| 22章 饮料、酒及醋 | 466 | 6 560 | 103 344 | 386 |
| 23章 食品工业的残渣及废料；配制的饲料 | 33 | 181 755 | 10 107 | 232 |
| 24章 烟草、烟草及烟草代用品的制品 | 1 577 | 3 576 | 23 691 | — |
| 第5类 矿产品 | 7 396 606 | 1 740 189 | 671 915 | 1 536 782 |
| 25章 盐；硫磺；土及石料；石灰及水泥等 | 180 137 | 31 510 | 21 512 | 50 220 |
| 26章 矿砂、矿渣及矿灰 | 110 881 | 146 942 | 137 044 | 513 119 |
| 27章 矿物燃料、矿物油及其产品；沥青等 | 7 105 588 | 1 561 737 | 513 360 | 973 444 |
| 第6类 化学工业及其相关工业的产品 | 358 676 | 213 785 | 7 786 167 | 1 138 561 |
| 28章 无机化学品；贵金属等的化合物 | 6 076 | 103 926 | 529 915 | 1 133 224 |
| 29章 有机化学品 | 335 034 | 9 312 | 4 748 566 | 1 095 |
| 30章 药品 | 34 | 164 | 132 313 | — |
| 31章 肥料 | 12 894 | 1 046 | 635 | 2 850 |
| 32章 鞣料；着色料；涂料；油灰；墨水等 | 596 | 3 342 | 384 637 | 1 391 |
| 33章 精油及香膏；香料制品及化妆盥洗品 | 265 | 1 782 | 126 292 | — |
| 34章 洗涤剂、润滑剂、人造蜡、塑型膏等 | 3 221 | 12 531 | 180 290 | 0 |
| 35章 蛋白类物质；改性淀粉；胶；酶 | 12 | 16 989 | 200 880 | — |
| 36章 炸药；烟火；引火品；易燃材料制品 | — | — | 0 | — |
| 37章 照相及电影用品 | 14 | 1 371 | 177 681 | — |
| 38章 杂项化学产品 | 530 | 63 322 | 1 304 958 | — |
| 第7类 塑料及其制品；橡胶及其制品 | 1 726 272 | 1 263 403 | 7 833 466 | 5 338 |
| 39章 塑料及其制品 | 1 724 665 | 244 324 | 7 496 909 | 51 |
| 40章 橡胶及其制品 | 1 606 | 1 019 079 | 336 557 | 5 288 |
| 第8类 革、毛皮及制品；箱包；肠线制品 | 33 | 487 384 | 178 086 | 13 740 |
| 41章 生皮（毛皮除外）及皮革 | 2 | 163 567 | 167 533 | 13 669 |
| 42章 皮革制品；旅行箱包；动物肠线制品 | 6 | 218 307 | 10 103 | 2 |
| 43章 毛皮、人造毛皮及其制品 | 25 | 105 509 | 450 | 70 |
| 第9类 木及制品；木炭；软木；编结品 | 53 | 942 401 | 31 049 | 57 |
| 44章 木及木制品；木炭 | 53 | 936 809 | 29 323 | 57 |
| 45章 软木及软木制品 | — | 11 | 137 | — |
| 46章 编结材料制品；篮筐及柳条编结品 | | 5 581 | 1 590 | — |
| 第10类 纤维素浆；废纸；纸、纸板及其制品 | 425 | 11 947 | 376 696 | 20 |
| 47章 木浆等纤维状纤维素浆；废纸及纸板 | 76 | — | 26 851 | — |
| 48章 纸及纸板；纸浆、纸或纸板制品 | 193 | 11 048 | 261 166 | 20 |
| 49章 印刷品；手稿、打字稿及设计图纸 | 155 | 898 | 88 680 | 0 |

## 2016年中国自部分国家（地区）进口商品类章金额表（续）

单位：千美元

| 类 章 | 阿拉伯联合酋长国 | 越 南 | 中国台湾省 | 哈萨克斯坦 |
|---|---|---|---|---|
| 第11类 纺织原料及纺织制品 | 19 265 | 2 987 857 | 2 427 263 | 10 594 |
| 50章 蚕丝 | 13 | 966 | 249 | 45 |
| 51章 羊毛等动物毛；马毛纱线及其机织物 | 2 | 312 | 4 581 | 9 081 |
| 52章 棉花 | 2 360 | 1 717 075 | 306 586 | 1 449 |
| 53章 其他植物纤维；纸纱线及其机织物 | — | 27 841 | 679 | — |
| 54章 化学纤维长丝 | 14 637 | 95 708 | 804 849 | — |
| 55章 化学纤维短纤 | 49 | 83 188 | 210 912 | — |
| 56章 絮胎、毡呢及无纺织物；线绳制品等 | 639 | 15 065 | 132 938 | — |
| 57章 地毯及纺织材料的其他铺地制品 | 198 | 4 | 1 556 | — |
| 58章 特种机织物；簇绒织物；刺绣品等 | 25 | 2 975 | 81 466 | — |
| 59章 浸、包或层压织物；工业用纺织制品 | 61 | 24 100 | 333 069 | 16 |
| 60章 针织物及钩编织物 | 1 | 140 018 | 486 856 | — |
| 61章 针织或钩编的服装及衣着附件 | 209 | 394 061 | 13 327 | — |
| 62章 非针织或非钩编的服装及衣着附件 | 349 | 445 371 | 22 567 | 4 |
| 63章 其他纺织制品；成套物品；旧纺织品 | 722 | 41 174 | 27 630 | 1 |
| 第12类 鞋帽伞等；羽毛品；人造花；人发品 | 8 782 | 1 169 132 | 34 507 | 6 |
| 64章 鞋靴、护腿和类似品及其零件 | 123 | 1 161 965 | 27 009 | 1 |
| 65章 帽类及其零件 | 2 | 6 141 | 3 661 | 6 |
| 66章 伞、手杖、鞭子、马鞭及其零件 | 0 | 702 | 3 340 | — |
| 67章 加工羽毛及制品；人造花；人发制品 | 8 656 | 324 | 496 | — |
| 第13类 矿物材料制品；陶瓷品；玻璃及制品 | 3 947 | 131 780 | 1 404 241 | 0 |
| 68章 矿物材料的制品 | 2 007 | 2 283 | 101 939 | — |
| 69章 陶瓷产品 | 206 | 9 388 | 36 878 | 0 |
| 70章 玻璃及其制品 | 1 734 | 120 109 | 1 265 424 | — |
| 第14类 珠宝、贵金属及制品；仿首饰；硬币 | 212 742 | 18 726 | 356 734 | 7 548 |
| 71章 珠宝、贵金属及制品；仿首饰；硬币 | 212 742 | 18 726 | 356 734 | 7 548 |
| 第15类 贱金属及其制品 | 201 102 | 166 885 | 4 698 872 | 1 943 611 |
| 72章 钢铁 | 12 851 | 9 542 | 1 225 151 | 724 347 |
| 73章 钢铁制品 | 2 852 | 53 875 | 541 935 | 21 |
| 74章 铜及其制品 | 138 741 | 60 747 | 1 962 686 | 1 011 514 |
| 75章 镍及其制品 | 2 | 20 | 52 143 | — |
| 76章 铝及其制品 | 45 126 | 8 897 | 376 023 | 4 668 |
| 78章 铅及其制品 | — | 3 889 | 1 559 | 59 |
| 79章 锌及其制品 | 1 403 | 251 | 11 858 | 198 399 |
| 80章 锡及其制品 | 15 | 135 | 25 159 | — |
| 81章 其他贱金属、金属陶瓷及其制品 | 0 | 38 | 32 080 | 4 605 |
| 82章 贱金属器具、利口器、餐具及零件 | 44 | 18 706 | 322 740 | — |
| 83章 贱金属杂项制品 | 68 | 10 786 | 147 537 | 1 |
| 第16类 机电、音像设备及其零件、附件 | 38 235 | 14 219 366 | 97 485 496 | 133 |
| 84章 核反应堆、锅炉、机械器具及零件 | 9 427 | 1 245 533 | 8 536 753 | 49 |
| 85章 电机、电气、音像设备及其零附件 | 28 808 | 12 973 834 | 88 948 743 | 84 |
| 第17类 车辆、航空器、船舶及运输设备 | 1 617 | 168 898 | 507 729 | 11 |
| 86章 铁道车辆；轨道装置；信号设备 | — | 0 | 1 566 | 1 |
| 87章 车辆及其零附件，但铁道车辆除外 | 1 617 | 167 955 | 499 168 | 9 |
| 88章 航空器、航天器及其零件 | — | 96 | 5 191 | — |
| 89章 船舶及浮动结构体 | — | 847 | 1 803 | — |
| 第18类 光学、医疗等仪器；钟表；乐器 | 7 145 | 654 574 | 13 625 671 | 32 |
| 90章 光学、照相、医疗等设备及零附件 | 7 145 | 648 561 | 13 602 249 | 32 |
| 91章 钟表及其零件 | 0 | 5 751 | 7 145 | 0 |
| 92章 乐器及其零件、附件 | — | 262 | 16 276 | — |
| 第19类 武器、弹药及其零件、附件 | — | — | 2 | — |
| 93章 武器、弹药及其零件、附件 | — | — | 2 | — |
| 第20类 杂项制品 | 6 562 | 270 360 | 492 353 | 13 |
| 94章 家具；寝具等；灯具；活动房 | 6 465 | 219 274 | 137 027 | 13 |
| 95章 玩具、游戏或运动用品及其零附件 | 83 | 36 970 | 257 789 | — |
| 96章 杂项制品 | 14 | 14 116 | 97 537 | — |
| 第21类 艺术品、收藏品及古物 | 4 | 39 | 654 | — |
| 97章 艺术品、收藏品及古物 | 4 | 39 | 654 | — |
| 第22类 特殊交易品及未分类商品 | 1 421 | 9 936 410 | 193 482 | 6 119 |
| 98章 特殊交易品及未分类商品 | 1 421 | 9 936 410 | 193 482 | 6 119 |

## 2016年中国自部分国家（地区）进口商品类章金额表（续）

单位：千美元

| 类 章 | 南 非 | 欧洲联盟 | 比利时 | 丹 麦 |
|---|---|---|---|---|
| **总 值** | 22 228 894 | 208 135 704 | 6 874 055 | 4 238 154 |
| 第1类 活动物；动物产品 | 13 401 | 4 944 952 | 73 127 | 783 541 |
| 01章 活动物 | 3 739 | 56 953 | 2 962 | 5 142 |
| 02章 肉及食用杂碎 | — | 3 609 560 | 49 978 | 684 756 |
| 03章 鱼及其他水生无脊椎动物 | 8 629 | 212 654 | 44 | 18 268 |
| 04章 乳；蛋；蜂蜜；其他食用动物产品 | 109 | 893 166 | 19 845 | 34 376 |
| 05章 其他动物产品 | 924 | 172 620 | 297 | 40 999 |
| 第2类 植物产品 | 170 906 | 688 209 | 19 033 | 50 208 |
| 06章 活植物；茎、根；插花、簇叶 | 3 902 | 116 502 | 523 | 59 |
| 07章 食用蔬菜、根及块茎 | — | 12 518 | 68 | — |
| 08章 食用水果及坚果；甜瓜等水果的果皮 | 162 435 | 110 901 | 3 125 | — |
| 09章 咖啡、茶、马黛茶及调味香料 | 381 | 37 250 | 349 | 121 |
| 10章 谷物 | — | 152 482 | — | 718 |
| 11章 制粉工业产品；麦芽；淀粉等 | 0 | 63 279 | 8 526 | 1 579 |
| 12章 油籽；子仁；工业或药用植物；饲料 | 4 188 | 117 832 | 6 350 | 26 023 |
| 13章 虫胶；树胶、树脂及其他植物液、汁 | — | 76 746 | 92 | 21 674 |
| 14章 编结用植物材料；其他植物产品 | — | 701 | — | 34 |
| 第3类 动、植物油、脂、蜡；精制食用油脂 | 623 | 302 637 | 12 938 | 247 |
| 15章 动、植物油、脂、蜡；精制食用油脂 | 623 | 302 637 | 12 938 | 247 |
| 第4类 食品；饮料、酒及醋；烟草及制品 | 96 601 | 6 316 625 | 151 694 | 283 695 |
| 16章 肉、鱼及其他水生无脊椎动物的制品 | 29 | 8 276 | 47 | 301 |
| 17章 糖及糖食 | 169 | 67 003 | 6 871 | 5 152 |
| 18章 可可及可可制品 | 0 | 233 885 | 44 833 | 1 185 |
| 19章 谷物粉、淀粉等或乳的制品；糕饼 | 338 | 2 587 922 | 8 553 | 212 527 |
| 20章 蔬菜、水果等或植物其他部分的制品 | 18 733 | 118 370 | 16 989 | 2 347 |
| 21章 杂项食品 | 1 150 | 349 769 | 10 446 | 18 570 |
| 22章 饮料、酒及醋 | 40 824 | 2 765 492 | 54 235 | 6 235 |
| 23章 食品工业的残渣及废料；配制的饲料 | 35 359 | 139 483 | 9 640 | 37 008 |
| 24章 烟草、烟草及烟草代用品的制品 | — | 46 425 | 81 | 369 |
| 第5类 矿产品 | 5 103 954 | 6 135 467 | 778 144 | 4 676 |
| 25章 盐；硫磺；土及石料；石灰及水泥等 | 21 303 | 503 486 | 1 955 | 4 415 |
| 26章 矿砂、矿渣及矿灰 | 4 991 700 | 1 060 586 | 42 922 | — |
| 27章 矿物燃料、矿物油及其产品；沥青等 | 90 950 | 4 571 395 | 733 266 | 262 |
| 第6类 化学工业及其相关工业的产品 | 273 492 | 27 927 166 | 1 206 673 | 1 211 625 |
| 28章 无机化学品；贵金属等的化合物 | 16 813 | 1 135 037 | 65 647 | 592 |
| 29章 有机化学品 | 30 405 | 4 664 967 | 362 729 | 497 653 |
| 30章 药品 | 118 270 | 13 863 847 | 353 939 | 540 776 |
| 31章 肥料 | 2 369 | 294 502 | 103 477 | — |
| 32章 鞣料；着色料；涂料；油灰；墨水等 | 11 678 | 1 142 488 | 43 984 | 12 025 |
| 33章 精油及香膏；香料制品及化妆盥洗品 | 4 822 | 1 986 764 | 58 010 | 221 |
| 34章 洗涤剂、润滑剂、人造蜡、塑型膏等 | 876 | 1 183 677 | 37 188 | 16 311 |
| 35章 蛋白类物质；改性淀粉；胶；酶 | 218 | 705 615 | 10 797 | 100 678 |
| 36章 炸药；烟火；引火品；易燃材料制品 | — | 38 189 | — | — |
| 37章 照相及电影用品 | — | 156 394 | 74 370 | — |
| 38章 杂项化学产品 | 88 043 | 2 755 687 | 96 531 | 43 370 |
| 第7类 塑料及其制品；橡胶及其制品 | 58 600 | 9 499 237 | 1 047 979 | 60 344 |
| 39章 塑料及其制品 | 56 980 | 7 371 161 | 940 086 | 42 889 |
| 40章 橡胶及其制品 | 1 620 | 2 128 076 | 107 892 | 17 455 |
| 第8类 革、毛皮及制品；箱包；肠线制品 | 102 131 | 2 983 386 | 17 088 | 451 291 |
| 41章 生皮（毛皮除外）及皮革 | 101 924 | 1 033 571 | 15 105 | 10 189 |
| 42章 皮革制品；旅行箱包；动物肠线制品 | 13 | 1 281 343 | 1 015 | 376 |
| 43章 毛皮、人造毛皮及其制品 | 194 | 668 472 | 968 | 440 726 |
| 第9类 木及制品；木炭；软木；编结品 | 6 309 | 1 335 978 | 39 109 | 34 095 |
| 44章 木及木制品；木炭 | 6 297 | 1 296 180 | 39 075 | 34 094 |
| 45章 软木及软木制品 | — | 38 782 | 10 | 0 |
| 46章 编结材料制品；篮筐及柳条编结品 | 13 | 1 017 | 24 | 0 |
| 第10类 纤维素浆；废纸；纸、纸板及其制品 | 302 502 | 4 361 719 | 107 805 | 12 024 |
| 47章 木浆等纤维状纤维素浆；废纸及纸板 | 298 200 | 2 794 340 | 88 340 | 1 |
| 48章 纸及纸板；纸浆、纸或纸板制品 | 4 251 | 1 177 746 | 16 998 | 10 647 |
| 49章 印刷品；手稿、打字稿及设计图纸 | 51 | 389 633 | 2 467 | 1 376 |

## 2016年中国自部分国家（地区）进口商品类章金额表（续）

单位：千美元

| 类 章 | 南 非 | 欧洲联盟 | 比利时 | 丹 麦 |
|---|---|---|---|---|
| 第11类 纺织原料及纺织制品 | 204 929 | 3 882 179 | 131 416 | 10 323 |
| 50章 蚕丝 | 2 | 9 398 | 6 | — |
| 51章 羊毛等动物毛；马毛纱线及其机织物 | 202 930 | 395 067 | 7 540 | 1 295 |
| 52章 棉花 | 446 | 102 883 | 307 | 258 |
| 53章 其他植物纤维；纸纱线及其机织物 | — | 411 654 | 82 385 | 35 |
| 54章 化学纤维长丝 | 11 | 262 439 | 2 038 | 1 076 |
| 55章 化学纤维短纤 | 86 | 438 641 | 1 851 | 2 861 |
| 56章 絮胎、毡呢及无纺织物；线绳制品等 | 690 | 234 863 | 7 848 | 985 |
| 57章 地毯及纺织材料的其他铺地制品 | 11 | 23 687 | 6 785 | 934 |
| 58章 特种机织物；簇绒织物；刺绣品等 | 2 | 42 913 | 4 215 | 92 |
| 59章 浸、包或层压织物；工业用纺织制品 | 99 | 417 386 | 14 984 | 1 315 |
| 60章 针织物及钩编织物 | 10 | 84 320 | 1 164 | 344 |
| 61章 针织或钩编的服装及衣着附件 | 109 | 463 475 | 467 | 74 |
| 62章 非针织或非钩编的服装及衣着附件 | 436 | 938 494 | 1 124 | 106 |
| 63章 其他纺织制品；成套物品；旧纺织品 | 97 | 56 959 | 701 | 949 |
| 第12类 鞋帽伞等；羽毛品；人造花；人发品 | 342 | 716 725 | 71 | 287 |
| 64章 鞋靴、护腿和类似品及其零件 | 7 | 692 845 | 24 | 256 |
| 65章 帽类及其零件 | 290 | 17 551 | 36 | 25 |
| 66章 伞、手杖、鞭子、马鞭及其零件 | 0 | 2 394 | 8 | 1 |
| 67章 加工羽毛及制品；人造花；人发制品 | 46 | 3 935 | 3 | 5 |
| 第13类 矿物材料制品；陶瓷品；玻璃及制品 | 6 951 | 1 580 148 | 28 096 | 22 117 |
| 68章 矿物材料的制品 | 2 482 | 397 376 | 2 086 | 8 089 |
| 69章 陶瓷产品 | 4 380 | 236 578 | 2 551 | 6 121 |
| 70章 玻璃及其制品 | 89 | 946 194 | 23 459 | 7 907 |
| 第14类 珠宝、贵金属及制品；仿首饰；硬币 | 13 947 383 | 1 860 214 | 896 386 | 1 263 |
| 71章 珠宝、贵金属及制品；仿首饰；硬币 | 13 947 383 | 1 860 214 | 896 386 | 1 263 |
| 第15类 贱金属及其制品 | 1 866 840 | 11 743 888 | 676 060 | 100 401 |
| 72章 钢铁 | 1 427 915 | 1 977 908 | 138 839 | 7 594 |
| 73章 钢铁制品 | 5 370 | 3 300 299 | 33 319 | 38 489 |
| 74章 铜及其制品 | 203 786 | 3 315 386 | 423 880 | 11 161 |
| 75章 镍及其制品 | 184 039 | 369 029 | 2 577 | 8 |
| 76章 铝及其制品 | 9 190 | 887 781 | 52 653 | 12 629 |
| 78章 铅及其制品 | 12 | 10 467 | 3 581 | — |
| 79章 锌及其制品 | — | 55 433 | 5 660 | 138 |
| 80章 锡及其制品 | 0 | 4 945 | 6 | 15 |
| 81章 其他贱金属、金属陶瓷及其制品 | 36 191 | 160 712 | 7 379 | 48 |
| 82章 贱金属器具、利口器、餐具及零件 | 214 | 975 501 | 2 188 | 4 305 |
| 83章 贱金属杂项制品 | 122 | 686 427 | 5 978 | 26 014 |
| 第16类 机电、音像设备及其零件、附件 | 33 178 | 60 993 198 | 1 050 080 | 815 145 |
| 84章 核反应堆、锅炉、机械器具及零件 | 14 870 | 36 954 598 | 551 622 | 589 201 |
| 85章 电机、电气、音像设备及其零附件 | 18 308 | 24 038 600 | 498 458 | 225 944 |
| 第17类 车辆、航空器、船舶及运输设备 | 33 079 | 44 566 305 | 435 916 | 15 576 |
| 86章 铁道车辆；轨道装置；信号设备 | 1 710 | 703 044 | 3 065 | 312 |
| 87章 车辆及其零附件，但铁道车辆除外 | 31 186 | 35 129 689 | 422 482 | 13 770 |
| 88章 航空器、航天器及其零件 | 104 | 8 409 787 | 10 089 | 486 |
| 89章 船舶及浮动结构体 | 79 | 323 786 | 281 | 1 008 |
| 第18类 光学、医疗等仪器；钟表；乐器 | 4 302 | 16 047 990 | 187 555 | 327 969 |
| 90章 光学、照相、医疗等设备及零附件 | 4 282 | 15 930 152 | 187 467 | 327 380 |
| 91章 钟表及其零件 | 18 | 50 074 | 78 | 213 |
| 92章 乐器及其零件、附件 | 3 | 67 763 | 10 | 375 |
| 第19类 武器、弹药及其零件、附件 | — | 10 560 | 0 | — |
| 93章 武器、弹药及其零件、附件 | — | 10 560 | 0 | — |
| 第20类 杂项制品 | 1 204 | 2 052 274 | 11 037 | 49 618 |
| 94章 家具；寝具等；灯具；活动房 | 1 127 | 1 564 509 | 8 582 | 18 860 |
| 95章 玩具、游戏或运动用品及其零附件 | 13 | 290 336 | 2 006 | 28 161 |
| 96章 杂项制品 | 64 | 197 429 | 449 | 2 597 |
| 第21类 艺术品、收藏品及古物 | 1 659 | 59 596 | 2 149 | 1 185 |
| 97章 艺术品、收藏品及古物 | 1 659 | 59 596 | 2 149 | 1 185 |
| 第22类 特殊交易品及未分类商品 | 507 | 127 250 | 1 702 | 2 524 |
| 98章 特殊交易品及未分类商品 | 507 | 127 250 | 1 702 | 2 524 |

## 2016年中国自部分国家（地区）进口商品类章金额表（续）

单位：千美元

| 类 章 | 英 国 | 德 国 | 法 国 | 意大利 |
|---|---|---|---|---|
| **总 值** | 18 681 447 | 86 109 030 | 22 503 324 | 16 713 185 |
| 第1类 活动物；动物产品 | 202 315 | 1 371 426 | 644 668 | 32 563 |
| 01章 活动物 | 504 | 5 825 | 3 138 | 6 |
| 02章 肉及食用杂碎 | 108 078 | 1 066 143 | 313 665 | 1 557 |
| 03章 鱼及其他水生无脊椎动物 | 67 486 | 15 942 | 27 701 | 87 |
| 04章 乳；蛋；蜂蜜；其他食用动物产品 | 25 600 | 243 222 | 290 518 | 29 788 |
| 05章 其他动物产品 | 645 | 40 295 | 9 646 | 1 125 |
| 第2类 植物产品 | 14 567 | 54 519 | 192 603 | 86 286 |
| 06章 活植物；茎、根；插花、簇叶 | 282 | 101 | 1 010 | 3 815 |
| 07章 食用蔬菜、根及块茎 | 5 451 | 122 | 3 176 | 186 |
| 08章 食用水果及坚果；甜瓜等水果的果皮 | 46 | 252 | 5 380 | 33 965 |
| 09章 咖啡、茶、马黛茶及调味香料 | 7 206 | 3 005 | 853 | 19 182 |
| 10章 谷物 | 82 | 2 207 | 147 574 | 4 |
| 11章 制粉工业产品；麦芽；淀粉等 | 289 | 22 495 | 5 277 | 415 |
| 12章 油籽；子仁；工业或药用植物；饲料 | 324 | 18 401 | 6 676 | 17 362 |
| 13章 虫胶；树胶、树脂及其他植物液、汁 | 830 | 7 901 | 22 464 | 11 355 |
| 14章 编结用植物材料；其他植物产品 | 57 | 34 | 193 | 2 |
| 第3类 动、植物油、脂、蜡；精制食用油脂 | 3 790 | 15 898 | 24 020 | 34 963 |
| 15章 动、植物油、脂、蜡；精制食用油脂 | 3 790 | 15 898 | 24 020 | 34 963 |
| 第4类 食品；饮料、酒及醋；烟草及制品 | 252 188 | 820 129 | 2 005 822 | 372 236 |
| 16章 肉、鱼及其他水生无脊椎动物的制品 | 282 | 206 | 752 | 500 |
| 17章 糖及糖食 | 1 019 | 21 534 | 6 791 | 3 283 |
| 18章 可可及可可制品 | 5 273 | 25 635 | 17 805 | 93 640 |
| 19章 谷物粉、淀粉等或乳的制品；糕饼 | 55 824 | 372 489 | 154 642 | 56 075 |
| 20章 蔬菜、水果等或植物其他部分的制品 | 8 673 | 11 948 | 15 964 | 24 885 |
| 21章 杂项食品 | 38 500 | 93 972 | 50 809 | 28 715 |
| 22章 饮料、酒及醋 | 120 520 | 270 365 | 1 718 650 | 155 634 |
| 23章 食品工业的残渣及废料；配制的饲料 | 10 651 | 12 584 | 19 442 | 9 441 |
| 24章 烟草、烟草及烟草代用品的制品 | 11 446 | 11 395 | 20 968 | 64 |
| 第5类 矿产品 | 1 981 487 | 279 357 | 79 194 | 128 396 |
| 25章 盐；硫磺；土及石料；石灰及水泥等 | 13 712 | 33 282 | 21 278 | 112 071 |
| 26章 矿砂、矿渣及矿灰 | 804 | 36 597 | 728 | 21 |
| 27章 矿物燃料、矿物油及其产品；沥青等 | 1 966 971 | 209 478 | 57 188 | 16 304 |
| 第6类 化学工业及其相关工业的产品 | 2 192 555 | 10 550 384 | 4 568 627 | 2 579 348 |
| 28章 无机化学品；贵金属等的化合物 | 93 598 | 853 687 | 30 919 | 15 395 |
| 29章 有机化学品 | 225 196 | 1 211 965 | 684 578 | 246 218 |
| 30章 药品 | 1 046 037 | 5 595 540 | 1 784 671 | 1 704 312 |
| 31章 肥料 | 10 983 | 70 359 | 1 563 | 9 585 |
| 32章 鞣料；着色料；涂料；油灰；墨水等 | 91 994 | 544 865 | 92 561 | 110 321 |
| 33章 精油及香膏；香料制品及化妆盥洗品 | 298 600 | 112 365 | 1 291 728 | 85 442 |
| 34章 洗涤剂、润滑剂、人造蜡、塑型膏等 | 49 061 | 631 543 | 248 490 | 67 671 |
| 35章 蛋白类物质；改性淀粉；胶；酶 | 50 388 | 265 309 | 73 601 | 50 496 |
| 36章 炸药；烟火；引火品；易燃材料制品 | 33 | 12 334 | 316 | 43 |
| 37章 照相及电影用品 | 34 810 | 26 763 | 6 500 | 94 |
| 38章 杂项化学产品 | 291 856 | 1 225 653 | 353 701 | 289 772 |
| 第7类 塑料及其制品；橡胶及其制品 | 637 673 | 3 665 989 | 886 764 | 714 246 |
| 39章 塑料及其制品 | 451 974 | 2 846 198 | 615 550 | 543 448 |
| 40章 橡胶及其制品 | 185 699 | 819 790 | 271 214 | 170 797 |
| 第8类 革、毛皮及制品；箱包；肠线制品 | 97 442 | 62 988 | 416 715 | 1 300 352 |
| 41章 生皮（毛皮除外）及皮革 | 92 574 | 41 550 | 59 365 | 502 710 |
| 42章 皮革制品；旅行箱包；动物肠线制品 | 4 692 | 21 181 | 349 341 | 774 390 |
| 43章 毛皮、人造毛皮及其制品 | 175 | 256 | 8 009 | 23 251 |
| 第9类 木及制品；木炭；软木；编结品 | 4 182 | 262 238 | 138 549 | 45 016 |
| 44章 木及木制品；木炭 | 4 162 | 261 986 | 136 791 | 37 804 |
| 45章 软木及软木制品 | 19 | 197 | 1 035 | 7 085 |
| 46章 编结材料制品；篮筐及柳条编结品 | 1 | 56 | 723 | 127 |
| 第10类 纤维素浆；废纸；纸、纸板及其制品 | 821 454 | 420 463 | 202 156 | 287 114 |
| 47章 木浆等纤维状纤维素浆；废纸及纸板 | 639 875 | 87 496 | 103 864 | 175 671 |
| 48章 纸及纸板；纸浆、纸或纸板制品 | 54 596 | 247 373 | 77 403 | 97 982 |
| 49章 印刷品；手稿、打字稿及设计图纸 | 126 983 | 85 595 | 20 889 | 13 461 |

## 2016年中国自部分国家（地区）进口商品类章金额表（续）

单位：千美元

| 类 章 | 英 国 | 德 国 | 法 国 | 意大利 |
|---|---|---|---|---|
| 第11类 纺织原料及纺织制品 | 282 244 | 460 363 | 494 323 | 1 407 291 |
| 50章 蚕丝 | 269 | 179 | 270 | 8 621 |
| 51章 羊毛等动物毛；马毛纱线及其机织物 | 73 385 | 6 973 | 10 159 | 241 567 |
| 52章 棉花 | 2 505 | 1 708 | 2 921 | 65 872 |
| 53章 其他植物纤维；纸纱线及其机织物 | 1 230 | 170 | 305 671 | 14 489 |
| 54章 化学纤维长丝 | 52 808 | 56 976 | 12 301 | 71 311 |
| 55章 化学纤维短纤 | 46 723 | 67 241 | 11 269 | 22 999 |
| 56章 絮胎、毡呢及无纺织物；线绳制品等 | 19 108 | 78 090 | 23 906 | 20 382 |
| 57章 地毯及纺织材料的其他铺地制品 | 2 360 | 3 401 | 1 316 | 3 029 |
| 58章 特种机织物；簇绒织物；刺绣品等 | 4 170 | 10 401 | 7 153 | 9 827 |
| 59章 浸、包或层压织物；工业用纺织制品 | 28 738 | 194 283 | 28 617 | 81 702 |
| 60章 针织物及钩编织物 | 1 810 | 25 565 | 1 952 | 45 852 |
| 61章 针织或钩编的服装及衣着附件 | 7 786 | 2 698 | 7 874 | 261 516 |
| 62章 非针织或非钩编的服装及衣着附件 | 35 296 | 3 509 | 75 251 | 547 208 |
| 63章 其他纺织制品；成套物品；旧纺织品 | 6 055 | 9 170 | 5 665 | 12 916 |
| 第12类 鞋帽伞等；羽毛品；人造花；人发品 | 7 404 | 12 543 | 7 335 | 541 416 |
| 64章 鞋靴、护腿和类似品及其零件 | 5 133 | 8 971 | 4 157 | 530 097 |
| 65章 帽类及其零件 | 458 | 2 813 | 2 855 | 8 402 |
| 66章 伞、手杖、鞭子、马鞭及其零件 | 367 | 305 | 208 | 1 165 |
| 67章 加工羽毛及制品；人造花；人发制品 | 1 446 | 455 | 115 | 1 752 |
| 第13类 矿物材料制品；陶瓷品；玻璃及制品 | 80 848 | 703 864 | 146 129 | 180 593 |
| 68章 矿物材料的制品 | 36 149 | 124 898 | 16 626 | 72 528 |
| 69章 陶瓷产品 | 5 779 | 74 541 | 14 631 | 64 862 |
| 70章 玻璃及其制品 | 38 920 | 504 424 | 114 872 | 43 204 |
| 第14类 珠宝、贵金属及制品；仿首饰；硬币 | 196 811 | 307 010 | 216 307 | 198 732 |
| 71章 珠宝、贵金属及制品；仿首饰；硬币 | 196 811 | 307 010 | 216 307 | 198 732 |
| 第15类 贱金属及其制品 | 943 753 | 4 393 159 | 948 129 | 797 259 |
| 72章 钢铁 | 46 900 | 739 098 | 252 626 | 90 075 |
| 73章 钢铁制品 | 138 488 | 1 685 422 | 380 424 | 363 763 |
| 74章 铜及其制品 | 407 072 | 657 845 | 114 618 | 130 268 |
| 75章 镍及其制品 | 81 161 | 54 613 | 32 937 | 6 143 |
| 76章 铝及其制品 | 207 366 | 300 636 | 62 517 | 56 134 |
| 78章 铅及其制品 | 533 | 2 867 | 87 | 2 114 |
| 79章 锌及其制品 | 322 | 12 004 | 4 701 | 2 671 |
| 80章 锡及其制品 | 714 | 2 380 | 459 | 93 |
| 81章 其他贱金属、金属陶瓷及其制品 | 12 753 | 63 090 | 28 983 | 4 744 |
| 82章 贱金属器具、利口器、餐具及零件 | 20 303 | 582 751 | 37 968 | 67 214 |
| 83章 贱金属杂项制品 | 28 141 | 292 454 | 32 810 | 74 039 |
| 第16类 机电、音像设备及其零件、附件 | 2 845 445 | 29 057 844 | 5 402 997 | 5 198 040 |
| 84章 核反应堆、锅炉、机械器具及零件 | 1 947 434 | 17 783 599 | 3 661 093 | 4 248 477 |
| 85章 电机、电气、音像设备及其零附件 | 898 011 | 11 274 245 | 1 741 905 | 949 563 |
| 第17类 车辆、航空器、船舶及运输设备 | 6 698 902 | 24 629 671 | 4 804 593 | 1 377 847 |
| 86章 铁道车辆；轨道装置；信号设备 | 8 913 | 383 474 | 29 734 | 114 731 |
| 87章 车辆及其零附件，但铁道车辆除外 | 6 483 065 | 20 117 793 | 831 131 | 1 129 412 |
| 88章 航空器、航天器及其零件 | 202 289 | 4 118 444 | 3 923 962 | 106 305 |
| 89章 船舶及浮动结构体 | 4 634 | 9 960 | 19 766 | 27 399 |
| 第18类 光学、医疗等仪器；钟表；乐器 | 1 248 362 | 8 377 509 | 1 195 269 | 895 119 |
| 90章 光学、照相、医疗等设备及零附件 | 1 247 074 | 8 304 875 | 1 176 230 | 886 552 |
| 91章 钟表及其零件 | 768 | 25 180 | 15 123 | 3 640 |
| 92章 乐器及其零件、附件 | 520 | 47 455 | 3 915 | 4 926 |
| 第19类 武器、弹药及其零件、附件 | 470 | 2 750 | 1 | 7 045 |
| 93章 武器、弹药及其零件、附件 | 470 | 2 750 | 1 | 7 045 |
| 第20类 杂项制品 | 132 954 | 609 979 | 114 243 | 486 933 |
| 94章 家具；寝具等；灯具；活动房 | 104 357 | 457 996 | 79 962 | 396 665 |
| 95章 玩具、游戏或运动用品及其零附件 | 15 965 | 48 374 | 7 660 | 69 681 |
| 96章 杂项制品 | 12 633 | 103 609 | 26 620 | 20 587 |
| 第21类 艺术品、收藏品及古物 | 12 794 | 4 230 | 6 776 | 18 154 |
| 97章 艺术品、收藏品及古物 | 12 794 | 4 230 | 6 776 | 18 154 |
| 第22类 特殊交易品及未分类商品 | 23 809 | 46 718 | 8 107 | 24 238 |
| 98章 特殊交易品及未分类商品 | 23 809 | 46 718 | 8 107 | 24 238 |

## 2016年中国自部分国家（地区）进口商品类章金额表（续）

单位：千美元

| 类 章 | 荷 兰 | 西班牙 | 奥地利 | 芬 兰 |
|---|---|---|---|---|
| **总 值** | 9 809 798 | 6 135 750 | 5 026 544 | 3 455 047 |
| 第1类 活动物；动物产品 | 569 136 | 822 175 | 11 196 | 30 540 |
| 01章 活动物 | 10 368 | 17 966 | 32 | 1 234 |
| 02章 肉及食用杂碎 | 403 654 | 733 492 | — | — |
| 03章 鱼及其他水生无脊椎动物 | 21 290 | 14 959 | — | — |
| 04章 乳；蛋；蜂蜜；其他食用动物产品 | 93 698 | 23 658 | 10 888 | 29 281 |
| 05章 其他动物产品 | 40 126 | 32 098 | 277 | 25 |
| 第2类 植物产品 | 139 266 | 46 117 | 1 305 | 4 946 |
| 06章 活植物；茎、根；插花、簇叶 | 108 806 | 1 255 | — | 8 |
| 07章 食用蔬菜、根及块茎 | 205 | 699 | 41 | — |
| 08章 食用水果及坚果；甜瓜等水果的果皮 | 1 261 | 18 555 | 20 | 3 085 |
| 09章 咖啡、茶、马黛茶及调味香料 | 791 | 1 703 | 1 171 | — |
| 10章 谷物 | — | — | 3 | 1 685 |
| 11章 制粉工业产品；麦芽；淀粉等 | 22 982 | 106 | 68 | 113 |
| 12章 油籽；子仁；工业或药用植物；饲料 | 4 994 | 19 804 | — | — |
| 13章 虫胶；树胶、树脂及其他植物液、汁 | 226 | 3 996 | 3 | 55 |
| 14章 编结用植物材料；其他植物产品 | — | — | — | — |
| 第3类 动、植物油、脂、蜡；精制食用油脂 | 7 196 | 165 366 | 123 | — |
| 15章 动、植物油、脂、蜡；精制食用油脂 | 7 196 | 165 366 | 123 | — |
| 第4类 食品；饮料、酒及醋；烟草及制品 | 1 285 414 | 302 063 | 59 159 | 10 488 |
| 16章 肉、鱼及其他水生无脊椎动物的制品 | 0 | 3 336 | 0 | — |
| 17章 糖及糖食 | 9 028 | 3 028 | 544 | 932 |
| 18章 可可及可可制品 | 18 583 | 4 753 | 8 889 | 187 |
| 19章 谷物粉、淀粉等或乳的制品；糕饼 | 1 065 589 | 19 433 | 30 825 | 1 892 |
| 20章 蔬菜、水果等或植物其他部分的制品 | 5 225 | 16 032 | 1 871 | 174 |
| 21章 杂项食品 | 57 781 | 24 676 | 4 906 | 199 |
| 22章 饮料、酒及醋 | 106 707 | 225 211 | 8 684 | 794 |
| 23章 食品工业的残渣及废料；配制的饲料 | 22 054 | 5 595 | 3 439 | 6 311 |
| 24章 烟草、烟草及烟草代用品的制品 | 447 | — | — | — |
| 第5类 矿产品 | 1 466 397 | 685 960 | 3 981 | 63 234 |
| 25章 盐；硫磺；土及石料；石灰及水泥等 | 9 417 | 90 351 | 3 710 | 24 802 |
| 26章 矿砂、矿渣及矿灰 | 13 975 | 557 032 | — | 27 201 |
| 27章 矿物燃料、矿物油及其产品；沥青等 | 1 443 006 | 38 577 | 271 | 11 231 |
| 第6类 化学工业及其相关工业的产品 | 856 792 | 813 447 | 441 287 | 381 448 |
| 28章 无机化学品；贵金属等的化合物 | 17 930 | 4 954 | 14 809 | 8 649 |
| 29章 有机化学品 | 179 041 | 94 116 | 65 304 | 53 067 |
| 30章 药品 | 284 690 | 411 705 | 298 692 | 170 593 |
| 31章 肥料 | 10 458 | 6 977 | — | 38 322 |
| 32章 鞣料；着色料；涂料；油灰；墨水等 | 83 068 | 119 889 | 10 468 | 12 975 |
| 33章 精油及香膏；香料制品及化妆盥洗品 | 17 203 | 39 001 | 908 | 30 |
| 34章 洗涤剂、润滑剂、人造蜡、塑型膏等 | 46 385 | 43 878 | 11 124 | 1 185 |
| 35章 蛋白类物质；改性淀粉；胶；酶 | 78 147 | 4 602 | 14 434 | 33 048 |
| 36章 炸药；烟火；引火品；易燃材料制品 | — | — | 7 | 2 |
| 37章 照相及电影用品 | 11 296 | 325 | 835 | 127 |
| 38章 杂项化学产品 | 128 574 | 88 000 | 24 706 | 63 450 |
| 第7类 塑料及其制品；橡胶及其制品 | 847 898 | 448 197 | 188 148 | 64 361 |
| 39章 塑料及其制品 | 790 457 | 382 220 | 168 209 | 56 592 |
| 40章 橡胶及其制品 | 57 441 | 65 976 | 19 939 | 7 768 |
| 第8类 革、毛皮及制品；箱包；肠线制品 | 108 372 | 204 579 | 28 087 | 176 604 |
| 41章 生皮（毛皮除外）及皮革 | 107 260 | 95 417 | 26 378 | 5 963 |
| 42章 皮革制品；旅行箱包；动物肠线制品 | 1 105 | 88 316 | 1 701 | 43 |
| 43章 毛皮、人造毛皮及其制品 | 8 | 20 846 | 8 | 170 598 |
| 第9类 木及制品；木炭；软木；编结品 | 6 841 | 20 905 | 34 295 | 241 095 |
| 44章 木及木制品；木炭 | 6 561 | 17 265 | 34 293 | 241 095 |
| 45章 软木及软木制品 | 276 | 3 564 | 2 | — |
| 46章 编结材料制品；篮筐及柳条编结品 | 4 | 76 | — | — |
| 第10类 纤维素浆；废纸；纸、纸板及其制品 | 279 518 | 166 488 | 236 880 | 848 056 |
| 47章 木浆等纤维状纤维素浆；废纸及纸板 | 244 292 | 152 075 | 155 904 | 728 774 |
| 48章 纸及纸板；纸浆、纸或纸板制品 | 25 344 | 13 499 | 75 766 | 118 554 |
| 49章 印刷品；手稿、打字稿及设计图纸 | 9 882 | 914 | 5 210 | 728 |

## 2016年中国自部分国家（地区）进口商品类章金额表（续）

单位：千美元

| 类 章 | 荷 兰 | 西班牙 | 奥地利 | 芬 兰 |
|---|---|---|---|---|
| 第11类 纺织原料及纺织制品 | 100 166 | 108 429 | 265 135 | 11 587 |
| 50章 蚕丝 | — | 42 | 7 | — |
| 51章 羊毛等动物毛；马毛纱线及其机织物 | 5 144 | 31 881 | 107 | — |
| 52章 棉花 | 525 | 4 926 | 520 | 8 |
| 53章 其他植物纤维；纸纱线及其机织物 | 4 943 | 373 | 85 | 4 |
| 54章 化学纤维长丝 | 46 712 | 5 378 | 1 228 | 45 |
| 55章 化学纤维短纤 | 7 930 | 16 725 | 248 291 | 3 |
| 56章 絮胎、毡呢及无纺织物；线绳制品等 | 20 762 | 3 038 | 1 785 | 476 |
| 57章 地毯及纺织材料的其他铺地制品 | 2 103 | 231 | 27 | 9 |
| 58章 特种机织物；簇绒织物；刺绣品等 | 1 077 | 1 852 | 1 457 | 81 |
| 59章 浸、包或层压织物；工业用纺织制品 | 9 240 | 8 709 | 8 527 | 10 706 |
| 60章 针织物及钩编织物 | 307 | 895 | 1 697 | 90 |
| 61章 针织或钩编的服装及衣着附件 | 238 | 2 766 | 290 | 4 |
| 62章 非针织或非钩编的服装及衣着附件 | 558 | 28 899 | 231 | 60 |
| 63章 其他纺织制品；成套物品；旧纺织品 | 627 | 2 712 | 882 | 101 |
| 第12类 鞋帽伞等；羽毛品；人造花；人发品 | 623 | 67 320 | 606 | 66 |
| 64章 鞋靴、护腿和类似品及其零件 | 529 | 67 088 | 147 | 49 |
| 65章 帽类及其零件 | 49 | 106 | 413 | 17 |
| 66章 伞、手杖、鞭子、马鞭及其零件 | 20 | 20 | 25 | 0 |
| 67章 加工羽毛及制品；人造花；人发制品 | 25 | 106 | 21 | — |
| 第13类 矿物材料制品；陶瓷品；玻璃及制品 | 62 188 | 50 732 | 124 344 | 9 390 |
| 68章 矿物材料的制品 | 44 478 | 15 665 | 26 046 | 5 622 |
| 69章 陶瓷产品 | 6 266 | 27 291 | 9 448 | 845 |
| 70章 玻璃及其制品 | 11 444 | 7 776 | 88 850 | 2 924 |
| 第14类 珠宝、贵金属及制品；仿首饰；硬币 | 472 | 12 311 | 16 127 | 82 |
| 71章 珠宝、贵金属及制品；仿首饰；硬币 | 472 | 12 311 | 16 127 | 82 |
| 第15类 贱金属及其制品 | 606 417 | 521 502 | 394 930 | 255 063 |
| 72章 钢铁 | 34 045 | 31 676 | 108 100 | 61 658 |
| 73章 钢铁制品 | 88 537 | 189 759 | 91 808 | 18 269 |
| 74章 铜及其制品 | 365 067 | 192 171 | 7 757 | 36 869 |
| 75章 镍及其制品 | 10 538 | 2 852 | 17 018 | 130 663 |
| 76章 铝及其制品 | 82 441 | 27 843 | 35 164 | 3 827 |
| 78章 铅及其制品 | 250 | 0 | 64 | — |
| 79章 锌及其制品 | 5 436 | 23 296 | 48 | 24 |
| 80章 锡及其制品 | 595 | 49 | 188 | 0 |
| 81章 其他贱金属、金属陶瓷及其制品 | 1 048 | 3 397 | 23 044 | 823 |
| 82章 贱金属器具、利口器、餐具及零件 | 11 144 | 18 653 | 21 099 | 1 611 |
| 83章 贱金属杂项制品 | 7 315 | 31 805 | 90 640 | 1 318 |
| 第16类 机电、音像设备及其零件、附件 | 2 282 478 | 1 165 289 | 2 101 376 | 989 472 |
| 84章 核反应堆、锅炉、机械器具及零件 | 1 835 183 | 764 697 | 1 108 565 | 610 133 |
| 85章 电机、电气、音像设备及其零附件 | 447 295 | 400 592 | 992 810 | 379 339 |
| 第17类 车辆、航空器、船舶及运输设备 | 535 475 | 330 812 | 583 172 | 109 338 |
| 86章 铁道车辆；轨道装置；信号设备 | 3 756 | 10 339 | 62 615 | 194 |
| 87章 车辆及其零附件，但铁道车辆除外 | 331 913 | 306 037 | 511 528 | 107 780 |
| 88章 航空器、航天器及其零件 | 7 541 | 13 591 | 9 029 | 1 |
| 89章 船舶及浮动结构体 | 192 265 | 845 | — | 1 363 |
| 第18类 光学、医疗等仪器；钟表；乐器 | 627 550 | 162 567 | 503 703 | 249 786 |
| 90章 光学、照相、医疗等设备及零附件 | 625 240 | 161 959 | 498 685 | 249 581 |
| 91章 钟表及其零件 | 153 | 173 | 1 970 | 187 |
| 92章 乐器及其零件、附件 | 2 157 | 435 | 3 047 | 18 |
| 第19类 武器、弹药及其零件、附件 | — | 106 | — | — |
| 93章 武器、弹药及其零件、附件 | — | 106 | — | — |
| 第20类 杂项制品 | 23 191 | 26 653 | 30 518 | 8 584 |
| 94章 家具；寝具等；灯具；活动房 | 10 072 | 19 812 | 25 489 | 4 912 |
| 95章 玩具、游戏或运动用品及其零附件 | 11 962 | 2 382 | 3 301 | 2 704 |
| 96章 杂项制品 | 1 157 | 4 459 | 1 728 | 969 |
| 第21类 艺术品、收藏品及古物 | 499 | 10 072 | 429 | 82 |
| 97章 艺术品、收藏品及古物 | 499 | 10 072 | 429 | 82 |
| 第22类 特殊交易品及未分类商品 | 3 909 | 4 659 | 1 742 | 825 |
| 98章 特殊交易品及未分类商品 | 3 909 | 4 659 | 1 742 | 825 |

## 2016年中国自部分国家（地区）进口商品类章金额表（续）

单位：千美元

| 类 章 | 瑞 典 | 罗马尼亚 | 瑞 士 | 俄罗斯联邦 |
|---|---|---|---|---|
| **总 值** | 6 157 692 | 1 455 221 | 39 833 667 | 32 260 148 |
| 第1类 活动物；动物产品 | 9 234 | 14 691 | 6 689 | 1 414 138 |
| 01章 活动物 | 1 | — | 5 | 37 209 |
| 02章 肉及食用杂碎 | — | 14 032 | — | — |
| 03章 鱼及其他水生无脊椎动物 | — | — | — | 1 359 292 |
| 04章 乳；蛋；蜂蜜；其他食用动物产品 | 9 229 | 659 | 6 677 | 1 655 |
| 05章 其他动物产品 | 4 | — | 7 | 15 982 |
| 第2类 植物产品 | 25 892 | 160 | 4 059 | 225 886 |
| 06章 活植物；茎、根；插花、簇叶 | 1 | — | 1 | — |
| 07章 食用蔬菜、根及块茎 | 1 178 | 9 | 3 | 1 283 |
| 08章 食用水果及坚果；甜瓜等水果的果皮 | 24 046 | 140 | — | 38 815 |
| 09章 咖啡、茶、马黛茶及调味香料 | 272 | 10 | 3 033 | 7 |
| 10章 谷物 | 0 | — | — | 11 579 |
| 11章 制粉工业产品；麦芽；淀粉等 | 52 | 0 | 2 | 4 456 |
| 12章 油籽；子仁；工业或药用植物；饲料 | 48 | 1 | — | 167 647 |
| 13章 虫胶；树胶、树脂及其他植物液、汁 | 25 | — | 1 020 | — |
| 14章 编结用植物材料；其他植物产品 | 270 | — | — | 2 100 |
| 第3类 动、植物油、脂、蜡；精制食用油脂 | 23 760 | 1 015 | 2 243 | 194 484 |
| 15章 动、植物油、脂、蜡；精制食用油脂 | 23 760 | 1 015 | 2 243 | 194 484 |
| 第4类 食品；饮料、酒及醋；烟草及制品 | 23 184 | 7 303 | 140 813 | 149 698 |
| 16章 肉、鱼及其他水生无脊椎动物的制品 | 183 | 93 | — | 2 417 |
| 17章 糖及糖食 | 1 586 | 94 | 4 321 | 590 |
| 18章 可可及可可制品 | 889 | 882 | 27 399 | 4 435 |
| 19章 谷物粉、淀粉等或乳的制品；糕饼 | 7 027 | 713 | 74 725 | 5 736 |
| 20章 蔬菜、水果等或植物其他部分的制品 | 1 159 | 13 | 3 966 | 655 |
| 21章 杂项食品 | 7 350 | 2 091 | 25 957 | 2 664 |
| 22章 饮料、酒及醋 | 4 990 | 3 260 | 593 | 15 160 |
| 23章 食品工业的残渣及废料；配制的饲料 | — | — | 1 886 | 102 373 |
| 24章 烟草、烟草及烟草代用品的制品 | — | 157 | 1 966 | 15 669 |
| 第5类 矿产品 | 81 235 | 52 302 | 3 576 | 20 013 525 |
| 25章 盐；硫磺；土及石料；石灰及水泥等 | 2 590 | 17 915 | 607 | 95 739 |
| 26章 矿砂、矿渣及矿灰 | 43 556 | 31 393 | — | 896 600 |
| 27章 矿物燃料、矿物油及其产品；沥青等 | 35 089 | 2 994 | 2 969 | 19 021 186 |
| 第6类 化学工业及其相关工业的产品 | 1 149 154 | 37 271 | 2 026 078 | 1 057 475 |
| 28章 无机化学品；贵金属等的化合物 | 3 376 | 437 | 8 683 | 136 805 |
| 29章 有机化学品 | 165 988 | 3 059 | 490 406 | 159 334 |
| 30章 药品 | 860 429 | 235 | 1 250 525 | 526 |
| 31章 肥料 | 85 | 27 541 | 3 | 742 293 |
| 32章 鞣料；着色料；涂料；油灰；墨水等 | 4 582 | 2 425 | 57 835 | 708 |
| 33章 精油及香膏；香料制品及化妆盥洗品 | 24 136 | 121 | 64 581 | 2 471 |
| 34章 洗涤剂、润滑剂、人造蜡、塑型膏等 | 11 497 | 216 | 31 631 | 456 |
| 35章 蛋白类物质；改性淀粉；胶；酶 | 7 246 | 186 | 28 284 | 42 |
| 36章 炸药；烟火；引火品；易燃材料制品 | 5 | — | 80 | — |
| 37章 照相及电影用品 | 12 | — | 2 671 | 1 |
| 38章 杂项化学产品 | 71 799 | 3 051 | 91 379 | 14 838 |
| 第7类 塑料及其制品；橡胶及其制品 | 212 490 | 79 727 | 235 311 | 382 670 |
| 39章 塑料及其制品 | 183 237 | 13 453 | 215 890 | 182 071 |
| 40章 橡胶及其制品 | 29 253 | 66 273 | 19 422 | 200 598 |
| 第8类 革、毛皮及制品；箱包；肠线制品 | 2 159 | 16 587 | 2 315 | 12 306 |
| 41章 生皮（毛皮除外）及皮革 | 1 231 | 261 | 385 | 10 817 |
| 42章 皮革制品；旅行箱包；动物肠线制品 | 555 | 16 159 | 1 879 | 4 |
| 43章 毛皮、人造毛皮及其制品 | 373 | 168 | 51 | 1 485 |
| 第9类 木及制品；木炭；软木；编结品 | 158 915 | 131 427 | 18 256 | 3 681 242 |
| 44章 木及木制品；木炭 | 158 912 | 131 427 | 18 059 | 3 681 234 |
| 45章 软木及软木制品 | 2 | 0 | 165 | 8 |
| 46章 编结材料制品；篮筐及柳条编结品 | 1 | 0 | 32 | — |
| 第10类 纤维素浆；废纸；纸、纸板及其制品 | 601 525 | 263 | 43 152 | 880 518 |
| 47章 木浆等纤维状纤维素浆；废纸及纸板 | 186 719 | — | — | 784 023 |
| 48章 纸及纸板；纸浆、纸或纸板制品 | 410 107 | 252 | 31 633 | 91 436 |
| 49章 印刷品；手稿、打字稿及设计图纸 | 4 699 | 11 | 11 519 | 5 058 |

## 2016年中国自部分国家（地区）进口商品类章金额表（续）

单位：千美元

| 类 章 | 瑞 典 | 罗马尼亚 | 瑞 士 | 俄罗斯联邦 |
|---|---|---|---|---|
| 第11类 纺织原料及纺织制品 | 12 387 | 181 401 | 72 524 | 8 461 |
| 50章 蚕丝 | — | — | 13 | — |
| 51章 羊毛等动物毛；马毛纱线及其机织物 | 10 | 471 | 34 | 3 073 |
| 52章 棉花 | 82 | 287 | 1 346 | 2 911 |
| 53章 其他植物纤维；纸纱线及其机织物 | 0 | — | 11 | 1 450 |
| 54章 化学纤维长丝 | 253 | 376 | 12 297 | 71 |
| 55章 化学纤维短纤 | 18 | 1 363 | 6 682 | 192 |
| 56章 絮胎、毡呢及无纺织物；线绳制品等 | 718 | 290 | 2 537 | 6 |
| 57章 地毯及纺织材料的其他铺地制品 | 553 | 19 | 1 226 | 2 |
| 58章 特种机织物；簇绒织物；刺绣品等 | 194 | 1 561 | 1 477 | 1 |
| 59章 浸、包或层压织物；工业用纺织制品 | 8 902 | 1 936 | 29 256 | 14 |
| 60章 针织物及钩编织物 | 533 | 17 | 1 745 | — |
| 61章 针织或钩编的服装及衣着附件 | 53 | 40 463 | 737 | 60 |
| 62章 非针织或非钩编的服装及衣着附件 | 256 | 130 844 | 14 655 | 72 |
| 63章 其他纺织制品；成套物品；旧纺织品 | 814 | 3 774 | 507 | 611 |
| 第12类 鞋帽伞等；羽毛品；人造花；人发品 | 1 263 | 18 436 | 4 715 | 27 |
| 64章 鞋靴、护腿和类似品及其零件 | 107 | 18 408 | 4 566 | 9 |
| 65章 帽类及其零件 | 1 143 | 27 | 144 | 11 |
| 66章 伞、手杖、鞭子、马鞭及其零件 | 12 | — | 4 | 0 |
| 67章 加工羽毛及制品；人造花；人发制品 | 2 | — | 0 | 7 |
| 第13类 矿物材料制品；陶瓷品；玻璃及制品 | 21 226 | 3 405 | 57 832 | 10 947 |
| 68章 矿物材料的制品 | 3 908 | 146 | 16 226 | 4 176 |
| 69章 陶瓷产品 | 708 | 878 | 30 511 | 408 |
| 70章 玻璃及其制品 | 16 610 | 2 381 | 11 095 | 6 363 |
| 第14类 珠宝、贵金属及制品；仿首饰；硬币 | 865 | 553 | 31 257 542 | 325 378 |
| 71章 珠宝、贵金属及制品；仿首饰；硬币 | 865 | 553 | 31 257 542 | 325 378 |
| 第15类 贱金属及其制品 | 719 710 | 50 201 | 232 768 | 2 827 811 |
| 72章 钢铁 | 379 508 | 5 047 | 15 765 | 27 950 |
| 73章 钢铁制品 | 79 465 | 11 817 | 98 466 | 124 573 |
| 74章 铜及其制品 | 46 798 | 21 412 | 13 255 | 447 096 |
| 75章 镍及其制品 | 28 422 | — | 3 853 | 2 125 780 |
| 76章 铝及其制品 | 23 267 | 2 349 | 20 640 | 53 369 |
| 78章 铅及其制品 | 53 | 19 | 48 | 2 499 |
| 79章 锌及其制品 | 33 | 0 | 3 521 | 12 606 |
| 80章 锡及其制品 | 1 | 436 | 33 | 0 |
| 81章 其他贱金属、金属陶瓷及其制品 | 3 521 | 0 | 3 222 | 23 881 |
| 82章 贱金属器具、利口器、餐具及零件 | 149 185 | 168 | 68 977 | 856 |
| 83章 贱金属杂项制品 | 9 456 | 8 952 | 4 988 | 9 200 |
| 第16类 机电、音像设备及其零件、附件 | 1 740 529 | 558 589 | 2 781 107 | 539 247 |
| 84章 核反应堆、锅炉、机械器具及零件 | 1 159 195 | 202 856 | 1 876 059 | 421 904 |
| 85章 电机、电气、音像设备及其零附件 | 581 334 | 355 732 | 905 048 | 117 342 |
| 第17类 车辆、航空器、船舶及运输设备 | 881 358 | 128 864 | 89 316 | 149 497 |
| 86章 铁道车辆；轨道装置；信号设备 | 13 917 | — | 11 298 | 2 133 |
| 87章 车辆及其零附件，但铁道车辆除外 | 856 003 | 128 798 | 53 756 | 2 260 |
| 88章 航空器、航天器及其零件 | 5 995 | 66 | 24 262 | 143 591 |
| 89章 船舶及浮动结构体 | 5 443 | — | — | 1 515 |
| 第18类 光学、医疗等仪器；钟表；乐器 | 444 525 | 150 730 | 2 824 222 | 195 079 |
| 90章 光学、照相、医疗等设备及零附件 | 443 084 | 150 681 | 1 193 711 | 194 669 |
| 91章 钟表及其零件 | 1 183 | 2 | 1 630 000 | 386 |
| 92章 乐器及其零件、附件 | 257 | 47 | 511 | 24 |
| 第19类 武器、弹药及其零件、附件 | 3 | — | 1 832 | — |
| 93章 武器、弹药及其零件、附件 | 3 | — | 1 832 | — |
| 第20类 杂项制品 | 45 499 | 20 806 | 24 827 | 7 311 |
| 94章 家具；寝具等；灯具；活动房 | 34 357 | 20 004 | 7 478 | 7 149 |
| 95章 玩具、游戏或运动用品及其零附件 | 5 087 | 650 | 9 202 | 125 |
| 96章 杂项制品 | 6 055 | 152 | 8 147 | 36 |
| 第21类 艺术品、收藏品及古物 | 315 | 1 137 | 1 426 | 372 |
| 97章 艺术品、收藏品及古物 | 315 | 1 137 | 1 426 | 372 |
| 第22类 特殊交易品及未分类商品 | 2 465 | 354 | 3 063 | 184 079 |
| 98章 特殊交易品及未分类商品 | 2 465 | 354 | 3 063 | 184 079 |

## 2016年中国自部分国家（地区）进口商品类章金额表（续）

单位：千美元

| 类 章 | 乌克兰 | 阿根廷 | 巴 西 | 智 利 |
|---|---|---|---|---|
| **总 值** | 2 490 795 | 5 118 096 | 45 855 047 | 18 604 964 |
| 第1类 活动物；动物产品 | 3 793 | 574 191 | 2 015 584 | 520 016 |
| 01章 活动物 | — | 564 | — | 1 337 |
| 02章 肉及食用杂碎 | — | 336 052 | 2 004 662 | 246 484 |
| 03章 鱼及其他水生无脊椎动物 | — | 211 684 | 5 841 | 266 556 |
| 04章 乳；蛋；蜂蜜；其他食用动物产品 | 2 319 | 25 859 | 4 703 | 5 639 |
| 05章 其他动物产品 | 1 474 | 32 | 377 | — |
| 第2类 植物产品 | 575 192 | 3 288 153 | 15 582 901 | 1 318 742 |
| 06章 活植物；茎、根；插花、簇叶 | — | 14 | 52 | 9 954 |
| 07章 食用蔬菜、根及块茎 | — | — | — | 808 |
| 08章 食用水果及坚果；甜瓜等水果的果皮 | 399 | 4 214 | 609 | 1 210 709 |
| 09章 咖啡、茶、马黛茶及调味香料 | — | 857 | 10 724 | — |
| 10章 谷物 | 570 256 | 7 779 | 0 | 38 |
| 11章 制粉工业产品；麦芽；淀粉等 | 399 | — | 769 | 3 948 |
| 12章 油籽；子仁；工业或药用植物；饲料 | 4 138 | 3 274 002 | 15 551 903 | 89 075 |
| 13章 虫胶；树胶、树脂及其他植物液、汁 | — | — | 15 261 | 2 257 |
| 14章 编结用植物材料；其他植物产品 | — | 1 287 | 3 582 | 1 952 |
| 第3类 动、植物油、脂、蜡；精制食用油脂 | 681 154 | 155 069 | 309 810 | 2 557 |
| 15章 动、植物油、脂、蜡；精制食用油脂 | 681 154 | 155 069 | 309 810 | 2 557 |
| 第4类 食品；饮料、酒及醋；烟草及制品 | 8 840 | 117 018 | 1 003 100 | 381 789 |
| 16章 肉、鱼及其他水生无脊椎动物的制品 | — | 466 | — | 5 677 |
| 17章 糖及糖食 | 2 853 | 215 | 705 002 | 4 372 |
| 18章 可可及可可制品 | 2 077 | 11 | 466 | 13 |
| 19章 谷物粉、淀粉等或乳的制品；糕饼 | 1 196 | 18 | 120 | 250 |
| 20章 蔬菜、水果等或植物其他部分的制品 | 131 | 2 332 | 100 904 | 9 445 |
| 21章 杂项食品 | 11 | 26 | 8 124 | 32 |
| 22章 饮料、酒及醋 | 2 573 | 23 610 | 3 252 | 268 265 |
| 23章 食品工业的残渣及废料；配制的饲料 | — | 19 006 | 13 660 | 93 735 |
| 24章 烟草、烟草及烟草代用品的制品 | — | 71 334 | 171 572 | — |
| 第5类 矿产品 | 970 264 | 504 628 | 19 563 374 | 6 780 390 |
| 25章 盐；硫磺；土及石料；石灰及水泥等 | 572 | 268 | 182 559 | 61 757 |
| 26章 矿砂、矿渣及矿灰 | 969 445 | 464 | 13 339 553 | 6 718 633 |
| 27章 矿物燃料、矿物油及其产品；沥青等 | 248 | 503 896 | 6 041 262 | — |
| 第6类 化学工业及其相关工业的产品 | 5 790 | 202 133 | 235 930 | 251 602 |
| 28章 无机化学品；贵金属等的化合物 | 3 284 | 74 301 | 55 761 | 229 849 |
| 29章 有机化学品 | 808 | 40 953 | 100 142 | 34 |
| 30章 药品 | — | 53 692 | 22 696 | — |
| 31章 肥料 | — | — | 52 | 20 041 |
| 32章 鞣料；着色料；涂料；油灰；墨水等 | 30 | 8 615 | 11 747 | 178 |
| 33章 精油及香膏；香料制品及化妆盥洗品 | 28 | 7 878 | 12 751 | 58 |
| 34章 洗涤剂、润滑剂、人造蜡、塑型膏等 | 271 | 175 | 2 664 | — |
| 35章 蛋白类物质；改性淀粉；胶；酶 | 317 | 11 001 | 2 093 | 20 |
| 36章 炸药；烟火；引火品；易燃材料制品 | — | — | — | — |
| 37章 照相及电影用品 | — | 3 | 6 | — |
| 38章 杂项化学产品 | 1 053 | 5 513 | 28 019 | 1 422 |
| 第7类 塑料及其制品；橡胶及其制品 | 8 152 | 16 315 | 193 038 | 5 136 |
| 39章 塑料及其制品 | 8 095 | 15 610 | 175 314 | 5 023 |
| 40章 橡胶及其制品 | 57 | 704 | 17 725 | 113 |
| 第8类 革、毛皮及制品；箱包；肠线制品 | 454 | 150 753 | 678 802 | 13 864 |
| 41章 生皮（毛皮除外）及皮革 | 139 | 149 608 | 677 577 | 13 862 |
| 42章 皮革制品；旅行箱包；动物肠线制品 | 280 | 13 | 424 | 2 |
| 43章 毛皮、人造毛皮及其制品 | 36 | 1 132 | 801 | — |
| 第9类 木及制品；木炭；软木；编结品 | 110 206 | 15 756 | 146 416 | 331 836 |
| 44章 木及木制品；木炭 | 110 206 | 15 756 | 146 416 | 331 836 |
| 45章 软木及软木制品 | — | — | — | — |
| 46章 编结材料制品；篮筐及柳条编结品 | 0 | — | 0 | — |
| 第10类 纤维素浆；废纸；纸、纸板及其制品 | 5 526 | 17 048 | 2 729 813 | 1 180 999 |
| 47章 木浆等纤维状纤维素浆；废纸及纸板 | — | 17 014 | 2 594 377 | 1 180 978 |
| 48章 纸及纸板；纸浆、纸或纸板制品 | 5 276 | 33 | 135 376 | 18 |
| 49章 印刷品；手稿、打字稿及设计图纸 | 250 | 1 | 60 | 3 |

## 2016年中国自部分国家（地区）进口商品类章金额表（续）

单位：千美元

| 类 章 | 乌克兰 | 阿根廷 | 巴 西 | 智 利 |
|---|---|---|---|---|
| 第11类 纺织原料及纺织制品 | 4 919 | 62 177 | 156 112 | 8 628 |
| 50章 蚕丝 | — | — | 647 | — |
| 51章 羊毛等动物毛；马毛纱线及其机织物 | 14 | 58 319 | 139 | 8 344 |
| 52章 棉花 | — | 3 451 | 126 356 | 8 |
| 53章 其他植物纤维；纸纱线及其机织物 | 547 | — | 23 571 | 0 |
| 54章 化学纤维长丝 | — | — | 181 | 73 |
| 55章 化学纤维短纤 | — | — | 10 | 39 |
| 56章 絮胎、毡呢及无纺织物；线绳制品等 | 3 | 61 | 849 | 70 |
| 57章 地毯及纺织材料的其他铺地制品 | — | — | — | — |
| 58章 特种机织物；簇绒织物；刺绣品等 | 0 | 79 | 1 990 | 2 |
| 59章 浸、包或层压织物；工业用纺织制品 | 4 | 42 | 1 921 | 73 |
| 60章 针织物及钩编织物 | 0 | — | 131 | — |
| 61章 针织或钩编的服装及衣着附件 | 516 | 143 | 72 | 9 |
| 62章 非针织或非钩编的服装及衣着附件 | 3 822 | 80 | 184 | 9 |
| 63章 其他纺织制品；成套物品；旧纺织品 | 11 | 2 | 62 | 1 |
| 第12类 鞋帽伞等；羽毛品；人造花；人发品 | 203 | 81 | 13 751 | 4 |
| 64章 鞋靴、护腿和类似品及其零件 | 190 | 71 | 13 749 | 0 |
| 65章 帽类及其零件 | 1 | 1 | 2 | 4 |
| 66章 伞、手杖、鞭子、马鞭及其零件 | 1 | — | 0 | — |
| 67章 加工羽毛及制品；人造花；人发制品 | 11 | 10 | 0 | — |
| 第13类 矿物材料制品；陶瓷品；玻璃及制品 | 587 | 54 | 12 066 | 5 |
| 68章 矿物材料的制品 | 14 | 9 | 8 032 | — |
| 69章 陶瓷产品 | 14 | 34 | 135 | 1 |
| 70章 玻璃及其制品 | 559 | 11 | 3 899 | 4 |
| 第14类 珠宝、贵金属及制品；仿首饰；硬币 | 14 | 16 | 31 981 | 8 |
| 71章 珠宝、贵金属及制品；仿首饰；硬币 | 14 | 16 | 31 981 | 8 |
| 第15类 贱金属及其制品 | 40 234 | 2 774 | 1 169 737 | 7 800 215 |
| 72章 钢铁 | 14 191 | 22 | 539 714 | 52 |
| 73章 钢铁制品 | 175 | 2 670 | 68 923 | 289 |
| 74章 铜及其制品 | 7 642 | 19 | 507 407 | 7 799 047 |
| 75章 镍及其制品 | 127 | — | 10 130 | — |
| 76章 铝及其制品 | 20 | 8 | 2 080 | 747 |
| 78章 铅及其制品 | — | — | — | 33 |
| 79章 锌及其制品 | — | 1 | 15 207 | 31 |
| 80章 锡及其制品 | 0 | 0 | 168 | — |
| 81章 其他贱金属、金属陶瓷及其制品 | 17 806 | — | 19 797 | — |
| 82章 贱金属器具、利口器、餐具及零件 | 121 | 25 | 4 324 | 12 |
| 83章 贱金属杂项制品 | 151 | 28 | 1 985 | 4 |
| 第16类 机电、音像设备及其零件、附件 | 65 127 | 4 561 | 384 903 | 8 090 |
| 84章 核反应堆、锅炉、机械器具及零件 | 43 616 | 3 886 | 230 342 | 2 417 |
| 85章 电机、电气、音像设备及其零附件 | 21 511 | 674 | 154 561 | 5 673 |
| 第17类 车辆、航空器、船舶及运输设备 | 1 294 | 6 464 | 1 587 908 | 15 |
| 86章 铁道车辆；轨道装置；信号设备 | — | 3 | 1 344 | — |
| 87章 车辆及其零附件，但铁道车辆除外 | 48 | 6 304 | 15 266 | 13 |
| 88章 航空器、航天器及其零件 | 1 246 | 157 | 373 091 | 2 |
| 89章 船舶及浮动结构体 | — | — | 1 198 207 | — |
| 第18类 光学、医疗等仪器；钟表；乐器 | 6 794 | 265 | 33 914 | 542 |
| 90章 光学、照相、医疗等设备及零附件 | 6 790 | 262 | 33 904 | 538 |
| 91章 钟表及其零件 | 2 | 0 | — | — |
| 92章 乐器及其零件、附件 | 2 | 3 | 10 | 4 |
| 第19类 武器、弹药及其零件、附件 | — | — | 2 | — |
| 93章 武器、弹药及其零件、附件 | — | — | 2 | — |
| 第20类 杂项制品 | 2 092 | 222 | 2 714 | 44 |
| 94章 家具；寝具等；灯具；活动房 | 485 | 211 | 1 178 | 41 |
| 95章 玩具、游戏或运动用品及其零附件 | 1 606 | 3 | 84 | 2 |
| 96章 杂项制品 | 1 | 9 | 1 451 | 1 |
| 第21类 艺术品、收藏品及古物 | 5 | 9 | 1 708 | — |
| 97章 艺术品、收藏品及古物 | 5 | 9 | 1 708 | — |
| 第22类 特殊交易品及未分类商品 | 154 | 410 | 1 484 | 482 |
| 98章 特殊交易品及未分类商品 | 154 | 410 | 1 484 | 482 |

## 2016年中国自部分国家（地区）进口商品类章金额表（续）

单位：千美元

| 类 章 | 加拿大 | 美 国 | 澳大利亚 | 新西兰 |
|---|---|---|---|---|
| **总 值** | 18 336 834 | 134 445 142 | 70 895 013 | 7 140 629 |
| 第1类 活动物；动物产品 | 1 272 701 | 2 782 238 | 1 337 943 | 3 198 969 |
| 01章 活动物 | 7 163 | 5 271 | 170 093 | 84 253 |
| 02章 肉及食用杂碎 | 626 028 | 1 352 541 | 755 367 | 738 524 |
| 03章 鱼及其他水生无脊椎动物 | 608 752 | 1 027 800 | 77 923 | 426 441 |
| 04章 乳；蛋；蜂蜜；其他食用动物产品 | 2 756 | 268 952 | 297 369 | 1 886 157 |
| 05章 其他动物产品 | 28 002 | 127 674 | 37 190 | 63 593 |
| 第2类 植物产品 | 3 067 168 | 16 647 643 | 1 636 879 | 348 143 |
| 06章 活植物；茎、根；插花、簇叶 | 20 | 4 939 | 1 256 | 4 549 |
| 07章 食用蔬菜、根及块茎 | 322 520 | 45 440 | 14 287 | 9 723 |
| 08章 食用水果及坚果；甜瓜等水果的果皮 | 23 354 | 576 049 | 225 974 | 330 998 |
| 09章 咖啡、茶、马黛茶及调味香料 | 383 | 14 379 | 1 296 | 581 |
| 10章 谷物 | 441 855 | 1 526 242 | 1 252 336 | — |
| 11章 制粉工业产品；麦芽；淀粉等 | 1 119 | 23 377 | 4 630 | 382 |
| 12章 油籽；子仁；工业或药用植物；饲料 | 2 277 649 | 14 430 027 | 136 747 | 1 751 |
| 13章 虫胶；树胶、树脂及其他植物液、汁 | 107 | 22 593 | 355 | 105 |
| 14章 编结用植物材料；其他植物产品 | 160 | 4 597 | — | 54 |
| 第3类 动、植物油、脂、蜡；精制食用油脂 | 447 076 | 149 371 | 68 083 | 34 292 |
| 15章 动、植物油、脂、蜡；精制食用油脂 | 447 076 | 149 371 | 68 083 | 34 292 |
| 第4类 食品；饮料、酒及醋；烟草及制品 | 278 159 | 2 624 432 | 1 132 923 | 513 555 |
| 16章 肉、鱼及其他水生无脊椎动物的制品 | 4 471 | 5 527 | 111 | 228 |
| 17章 糖及糖食 | 3 514 | 60 451 | 81 837 | 9 035 |
| 18章 可可及可可制品 | 1 815 | 34 739 | 10 431 | 1 623 |
| 19章 谷物粉、淀粉等或乳的制品；糕饼 | 3 366 | 120 164 | 197 328 | 404 461 |
| 20章 蔬菜、水果等或植物其他部分的制品 | 24 546 | 267 284 | 5 081 | 6 297 |
| 21章 杂项食品 | 45 938 | 372 543 | 235 468 | 35 124 |
| 22章 饮料、酒及醋 | 18 127 | 498 540 | 583 995 | 31 939 |
| 23章 食品工业的残渣及废料；配制的饲料 | 154 075 | 1 082 853 | 18 671 | 24 847 |
| 24章 烟草、烟草及烟草代用品的制品 | 22 306 | 182 331 | — | — |
| 第5类 矿产品 | 1 938 300 | 3 856 193 | 50 555 717 | 184 117 |
| 25章 盐；硫磺；土及石料；石灰及水泥等 | 88 665 | 226 649 | 270 795 | 431 |
| 26章 矿砂、矿渣及矿灰 | 1 289 442 | 1 228 884 | 39 632 448 | 125 040 |
| 27章 矿物燃料、矿物油及其产品；沥青等 | 560 192 | 2 400 660 | 10 652 474 | 58 646 |
| 第6类 化学工业及其相关工业的产品 | 1 579 362 | 12 535 143 | 1 427 674 | 572 921 |
| 28章 无机化学品；贵金属等的化合物 | 175 614 | 1 106 411 | 594 144 | 969 |
| 29章 有机化学品 | 611 640 | 3 019 489 | 9 549 | 441 570 |
| 30章 药品 | 164 922 | 2 580 036 | 558 577 | 972 |
| 31章 肥料 | 388 924 | 36 444 | 373 | — |
| 32章 鞣料；着色料；涂料；油灰；墨水等 | 10 477 | 484 269 | 105 636 | 1 277 |
| 33章 精油及香膏；香料制品及化妆盥洗品 | 64 657 | 668 479 | 93 516 | 11 878 |
| 34章 洗涤剂、润滑剂、人造蜡、塑型膏等 | 9 340 | 834 933 | 24 867 | 2 873 |
| 35章 蛋白类物质；改性淀粉；胶；酶 | 18 550 | 422 861 | 8 623 | 109 328 |
| 36章 炸药；烟火；引火品；易燃材料制品 | 758 | 87 925 | 919 | — |
| 37章 照相及电影用品 | 59 | 503 602 | 3 | — |
| 38章 杂项化学产品 | 134 421 | 2 790 694 | 31 468 | 4 055 |
| 第7类 塑料及其制品；橡胶及其制品 | 509 178 | 7 156 260 | 251 505 | 14 819 |
| 39章 塑料及其制品 | 424 542 | 6 084 139 | 243 266 | 13 573 |
| 40章 橡胶及其制品 | 84 636 | 1 072 121 | 8 239 | 1 246 |
| 第8类 革、毛皮及制品；箱包；肠线制品 | 301 673 | 1 285 290 | 533 234 | 100 577 |
| 41章 生皮（毛皮除外）及皮革 | 144 684 | 1 178 033 | 529 502 | 99 867 |
| 42章 皮革制品；旅行箱包；动物肠线制品 | 5 487 | 46 965 | 2 672 | 40 |
| 43章 毛皮、人造毛皮及其制品 | 151 501 | 60 291 | 1 059 | 670 |
| 第9类 木及制品；木炭；软木；编结品 | 1 339 539 | 2 516 024 | 1 134 925 | 1 548 373 |
| 44章 木及木制品；木炭 | 1 339 529 | 2 515 601 | 1 134 925 | 1 548 373 |
| 45章 软木及软木制品 | 9 | 198 | 0 | — |
| 46章 编结材料制品；篮筐及柳条编结品 | 0 | 225 | — | — |
| 第10类 纤维素浆；废纸；纸、纸板及其制品 | 2 660 845 | 5 064 193 | 249 504 | 217 157 |
| 47章 木浆等纤维状纤维素浆；废纸及纸板 | 2 615 803 | 3 795 041 | 143 373 | 171 824 |
| 48章 纸及纸板；纸浆、纸或纸板制品 | 42 409 | 798 117 | 99 156 | 43 162 |
| 49章 印刷品；手稿、打字稿及设计图纸 | 2 634 | 471 035 | 6 976 | 2 171 |

**2016年中国自部分国家（地区）进口商品类章金额表（续）**

单位：千美元

| 类 章 | 加拿大 | 美 国 | 澳大利亚 | 新西兰 |
|---|---|---|---|---|
| 第11类 纺织原料及纺织制品 | 22 747 | 1 277 922 | 2 029 443 | 228 447 |
| 50章 蚕丝 | — | 239 | 4 | 18 |
| 51章 羊毛等动物毛；马毛纱线及其机织物 | 511 | 9 109 | 1 630 841 | 226 664 |
| 52章 棉花 | 67 | 622 662 | 382 877 | 14 |
| 53章 其他植物纤维；纸纱线及其机织物 | 16 | 578 | 17 | 4 |
| 54章 化学纤维长丝 | 3 363 | 120 610 | 842 | 33 |
| 55章 化学纤维短纤 | 1 325 | 113 741 | 996 | 52 |
| 56章 絮胎、毡呢及无纺织物；线绳制品等 | 2 924 | 169 050 | 704 | 205 |
| 57章 地毯及纺织材料的其他铺地制品 | 102 | 20 241 | 104 | 398 |
| 58章 特种机织物；簇绒织物；刺绣品等 | 735 | 21 030 | 856 | 111 |
| 59章 浸、包或层压织物；工业用纺织制品 | 9 291 | 98 370 | 7 767 | 335 |
| 60章 针织物及钩编织物 | 164 | 12 842 | 1 772 | 239 |
| 61章 针织或钩编的服装及衣着附件 | 520 | 20 788 | 345 | 68 |
| 62章 非针织或非钩编的服装及衣着附件 | 3 152 | 34 052 | 1 703 | 53 |
| 63章 其他纺织制品；成套物品；旧纺织品 | 577 | 34 611 | 615 | 254 |
| 第12类 鞋帽伞等；羽毛品；人造花；人发品 | 1 287 | 125 661 | 1 614 | 416 |
| 64章 鞋靴、护腿和类似品及其零件 | 350 | 112 301 | 1 489 | 44 |
| 65章 帽类及其零件 | 697 | 3 388 | 121 | 372 |
| 66章 伞、手杖、鞭子、马鞭及其零件 | 1 | 655 | 2 | 0 |
| 67章 加工羽毛及制品；人造花；人发制品 | 239 | 9 316 | 2 | 0 |
| 第13类 矿物材料制品；陶瓷品；玻璃及制品 | 13 446 | 1 290 065 | 10 586 | 9 323 |
| 68章 矿物材料的制品 | 8 914 | 220 668 | 2 441 | 197 |
| 69章 陶瓷产品 | 1 299 | 102 090 | 679 | 15 |
| 70章 玻璃及其制品 | 3 233 | 967 308 | 7 466 | 9 111 |
| 第14类 珠宝、贵金属及制品；仿首饰；硬币 | 846 020 | 2 694 304 | 6 648 583 | 13 |
| 71章 珠宝、贵金属及制品；仿首饰；硬币 | 846 020 | 2 694 304 | 6 648 583 | 13 |
| 第15类 贱金属及其制品 | 983 663 | 4 595 057 | 3 260 353 | 56 602 |
| 72章 钢铁 | 55 065 | 225 091 | 13 906 | 177 |
| 73章 钢铁制品 | 46 027 | 1 040 389 | 11 216 | 1 841 |
| 74章 铜及其制品 | 325 694 | 1 285 566 | 2 016 523 | 12 331 |
| 75章 镍及其制品 | 410 175 | 253 251 | 412 006 | — |
| 76章 铝及其制品 | 64 632 | 1 069 897 | 408 139 | 41 375 |
| 78章 铅及其制品 | 12 433 | 3 256 | 19 | — |
| 79章 锌及其制品 | 17 979 | 25 679 | 377 155 | 560 |
| 80章 锡及其制品 | 189 | 2 863 | 0 | — |
| 81章 其他贱金属、金属陶瓷及其制品 | 18 955 | 286 965 | 16 697 | 2 |
| 82章 贱金属器具、利口器、餐具及零件 | 10 278 | 240 466 | 962 | 111 |
| 83章 贱金属杂项制品 | 22 237 | 161 634 | 3 730 | 206 |
| 第16类 机电、音像设备及其零件、附件 | 1 518 971 | 30 328 515 | 353 892 | 72 877 |
| 84章 核反应堆、锅炉、机械器具及零件 | 661 633 | 14 501 741 | 211 687 | 34 457 |
| 85章 电机、电气、音像设备及其零附件 | 857 339 | 15 826 774 | 142 205 | 38 420 |
| 第17类 车辆、航空器、船舶及运输设备 | 1 014 871 | 27 348 857 | 59 833 | 11 380 |
| 86章 铁道车辆；轨道装置；信号设备 | 1 263 | 48 613 | 9 577 | 46 |
| 87章 车辆及其零附件，但铁道车辆除外 | 529 808 | 13 983 518 | 36 050 | 812 |
| 88章 航空器、航天器及其零件 | 482 979 | 13 285 231 | 3 530 | 10 028 |
| 89章 船舶及浮动结构体 | 822 | 31 495 | 10 677 | 494 |
| 第18类 光学、医疗等仪器；钟表；乐器 | 436 494 | 11 215 049 | 179 831 | 19 828 |
| 90章 光学、照相、医疗等设备及零附件 | 435 004 | 11 185 543 | 179 502 | 19 827 |
| 91章 钟表及其零件 | 17 | 12 218 | 207 | 1 |
| 92章 乐器及其零件、附件 | 1 474 | 17 289 | 123 | 0 |
| 第19类 武器、弹药及其零件、附件 | 1 | 1 005 | — | 34 |
| 93章 武器、弹药及其零件、附件 | 1 | 1 005 | — | 34 |
| 第20类 杂项制品 | 94 568 | 564 944 | 16 940 | 7 942 |
| 94章 家具；寝具等；灯具；活动房 | 24 169 | 299 431 | 15 481 | 6 733 |
| 95章 玩具、游戏或运动用品及其零附件 | 51 711 | 154 029 | 821 | 929 |
| 96章 杂项制品 | 18 688 | 111 484 | 638 | 281 |
| 第21类 艺术品、收藏品及古物 | 1 347 | 20 020 | 212 | 104 |
| 97章 艺术品、收藏品及古物 | 1 347 | 20 020 | 212 | 104 |
| 第22类 特殊交易品及未分类商品 | 9 414 | 366 956 | 5 338 | 737 |
| 98章 特殊交易品及未分类商品 | 9 414 | 366 956 | 5 338 | 737 |

## 2016年中国服务进出口额（人民币值）

金额单位：亿元人民币

| 服务类别 | 进出口 | | 出 口 | | 进 口 | | 贸易差额 |
|---|---|---|---|---|---|---|---|
| | 金 额 | 增长率（%） | 金 额 | 增长率（%） | 金 额 | 增长率（%） | |
| **总 额** | **43 726.6** | **7.9** | **13 853.3** | **2.2** | **29 873.3** | **10.7** | **-16 020.0** |
| 运输 | 7 608.1 | -1.5 | 2 249.5 | -6.4 | 5 358.6 | 0.8 | -3 109.1 |
| 旅行 | 20 319.8 | 10.6 | 2 954.7 | 5.5 | 17 365.1 | 11.6 | -14 410.4 |
| 建筑 | 1 410.1 | -15.7 | 844.6 | -18.6 | 565.5 | -11.0 | 279.0 |
| 保险服务 | 1 128.9 | 31.6 | 270.2 | -12.8 | 858.7 | 56.7 | -588.5 |
| 金融服务 | 346.3 | 11.6 | 211.1 | 45.1 | 135.2 | -17.9 | 75.9 |
| 电信、计算机和信息服务 | 2 600.1 | 12.8 | 1 763.7 | 9.9 | 836.5 | 19.6 | 927.2 |
| 电信服务 | 195.2 | 5.6 | 100.7 | -2.6 | 94.4 | 16.1 | 6.3 |
| 计算机服务 | 2 282.7 | 11.4 | 1 612.5 | 9.8 | 670.2 | 15.3 | 942.4 |
| 信息服务 | 122.3 | 73.9 | 50.4 | 49.8 | 71.9 | 95.9 | -21.4 |
| 技术 | 1 554.4 | 4.6 | 775.3 | 0.3 | 779.2 | 9.4 | -3.9 |
| 专业管理和咨询服务 | 3 032.6 | 13.0 | 2 016.4 | 11.0 | 1 016.2 | 17.0 | 1 000.3 |
| 其中：法律 | 164.4 | 2.4 | 98.8 | -4.3 | 65.6 | 14.4 | 33.2 |
| 会计 | 108.4 | 0.8 | 81.2 | -3.0 | 27.2 | 14.5 | 54.0 |
| 管理咨询和公共关系 | 2 067.8 | 10.6 | 1 412.2 | 8.0 | 655.6 | 16.7 | 756.6 |
| 广告 | 456.6 | 37.6 | 311.3 | 47.5 | 145.3 | 20.5 | 166.0 |
| 展会 | 135.0 | 16.0 | 33.9 | 2.0 | 101.1 | 21.5 | -67.2 |
| 知识产权使用费 | 1 671.9 | 16.1 | 77.2 | 14.3 | 1 594.6 | 16.2 | -1 517.4 |
| 个人、文化和娱乐服务 | 191.7 | 17.2 | 49.4 | 8.3 | 142.3 | 20.6 | -93.0 |
| 维护和维修服务 | 476.5 | 55.3 | 345.9 | 54.0 | 130.5 | 58.8 | 215.4 |
| 其他服务 | 3 386.3 | 5.3 | 2 295.3 | -1.2 | 1 090.9 | 22.2 | 1 204.4 |
| 加工服务 | 1 243.4 | -3.1 | 1 232.9 | -3.2 | 10.5 | 4.9 | 1 222.4 |
| 其他服务 | 3 369.0 | 4.5 | 2 282.0 | -1.6 | 1 087.0 | 22.1 | 1 194.9 |
| 其中：加工服务 | 1 243.0 | -3.0 | 1 232.4 | -3.2 | 10.6 | 5.6 | 1 221.8 |

注：1. 基础数据来源于国家外汇管理局。
2. 分类遵照《国际服务贸易统计监测制度》2016年12月修订版。

## 2016年中国服务进出口额（美元值）

金额单位：亿美元

| 服务类别 | 进出口 | | 出口 | | 进口 | | 贸易差额 |
|---|---|---|---|---|---|---|---|
| | 金额 | 增长率（%） | 金额 | 增长率（%） | 金额 | 增长率（%） | |
| **总额** | **6 575.4** | **1.1** | **2 083.2** | **-4.2** | **4 492.2** | **3.8** | **-2 409.0** |
| 运输 | 1 144.1 | -7.7 | 338.3 | -12.4 | 805.8 | -5.6 | -467.5 |
| 旅行 | 3 055.6 | 3.7 | 444.3 | -1.2 | 2 611.3 | 4.5 | -2 167.0 |
| 建筑 | 212.0 | -21.0 | 127.0 | -23.7 | 85.0 | -16.6 | 42.0 |
| 保险服务 | 169.8 | 23.3 | 40.6 | -18.3 | 129.1 | 46.8 | -88.5 |
| 金融服务 | 52.1 | 4.6 | 31.7 | 36.0 | 20.3 | -23.1 | 11.4 |
| 电信、计算机和信息服务 | 391.0 | 5.7 | 265.2 | 2.9 | 125.8 | 12.0 | 139.4 |
| 电信服务 | 29.3 | -1.0 | 15.1 | -8.7 | 14.2 | 8.7 | 0.9 |
| 计算机服务 | 343.3 | 4.3 | 242.5 | 2.9 | 100.8 | 8.0 | 141.7 |
| 信息服务 | 18.4 | 62.9 | 7.6 | 40.4 | 10.8 | 83.6 | -3.2 |
| 技术 | 233.7 | -2.0 | 116.6 | -6.1 | 117.2 | 2.5 | -0.6 |
| 专业管理和咨询服务 | 456.0 | 5.8 | 303.2 | 4.0 | 152.8 | 9.6 | 150.4 |
| 其中：法律 | 24.7 | -4.1 | 14.9 | -10.4 | 9.9 | 7.1 | 5.0 |
| 会计 | 16.3 | -5.5 | 12.2 | -9.1 | 4.1 | 7.3 | 8.1 |
| 管理咨询和公共关系 | 311.0 | 3.6 | 212.4 | 1.2 | 98.6 | 9.3 | 113.8 |
| 广告 | 68.7 | 29.0 | 46.8 | 38.1 | 21.8 | 12.9 | 25.0 |
| 展会 | 20.3 | 8.6 | 5.1 | -4.4 | 15.2 | 13.9 | -10.1 |
| 知识产权使用费 | 251.4 | 8.8 | 11.6 | 7.1 | 239.8 | 8.9 | -228.2 |
| 个人、文化和娱乐服务 | 28.8 | 9.8 | 7.4 | 1.5 | 21.4 | 13.0 | -14.0 |
| 维护和维修服务 | 71.6 | 45.5 | 52.0 | 44.3 | 19.6 | 48.8 | 32.4 |
| 其他服务 | 509.2 | -1.3 | 345.2 | -7.4 | 164.1 | 14.5 | 181.1 |
| 加工服务 | 187.0 | -9.2 | 185.4 | -9.3 | 1.6 | -1.7 | 183.8 |

注：1. 基础数据来源于国家外汇管理局。
2. 分类遵照《国际服务贸易统计监测制度》2016年12月修订版。

**2016 年中国与主要贸易伙伴服务进出口情况表**

金额单位：亿美元

| 排　名 | 国别（地区） | 进出口 | 出　口 | 进　口 | 贸易差额 |
|---|---|---|---|---|---|
| 1 | 香　港 | 1 479.7 | 600.5 | 879.2 | -278.7 |
| 2 | 美　国 | 1 181.3 | 312.2 | 869.1 | -556.9 |
| 3 | 日　本 | 411.2 | 114.4 | 296.8 | -182.4 |
| 4 | 韩　国 | 301.4 | 106.1 | 195.3 | -89.2 |
| 5 | 英　国 | 289.5 | 70.5 | 219.0 | -148.5 |
| 6 | 加拿大 | 276.2 | 16.9 | 259.2 | -242.3 |
| 7 | 澳大利亚 | 267.0 | 19.3 | 247.8 | -228.5 |
| 8 | 德　国 | 253.5 | 79.5 | 174.0 | -94.5 |
| 9 | 新加坡 | 221.1 | 114.0 | 107.0 | 7.0 |
| 10 | 台湾省 | 177.9 | 66.9 | 111.0 | -44.1 |
|  | 前 10 位伙伴合计 | 4 858.8 | 1 500.3 | 3 358.4 | -1 858.1 |
|  | 服务贸易总额 | 6 575.4 | 2 083.2 | 4 492.2 | -2 409.0 |

**注**：数据来源于国家外汇管理局。

**2016 年中国与“一带一路”相关国家服务进出口情况表**

金额单位：亿美元

| 排　名 | 国别（地区） | 进出口 | 出　口 | 进　口 | 差　额 |
|---|---|---|---|---|---|
| 1 | 新加坡 | 221.1 | 114.0 | 107.0 | 7.0 |
| 2 | 泰　国 | 91.6 | 11.5 | 80.1 | -68.6 |
| 3 | 俄罗斯联邦 | 81.2 | 14.4 | 66.8 | -52.4 |
| 4 | 马来西亚 | 59.8 | 19.1 | 40.7 | -21.6 |
| 5 | 阿拉伯联合酋长国 | 48.5 | 9.6 | 38.9 | -29.3 |
| 6 | 越　南 | 30.9 | 11.0 | 19.9 | -8.9 |
| 7 | 印度尼西亚 | 25.8 | 8.9 | 16.8 | -7.9 |
| 8 | 印　度 | 25.0 | 9.3 | 15.7 | -6.4 |
| 9 | 沙特阿拉伯 | 22.6 | 8.2 | 14.4 | -6.2 |
| 10 | 土耳其 | 20.1 | 10.8 | 9.3 | 1.5 |
| 11 | 其他合计 | 191.7 | 69.9 | 121.8 | -51.8 |
|  | **总　计** | **818.1** | **286.8** | **531.3** | **-244.5** |

**注**：数据来源于国家外汇管理局。

## 中国服务进出口额（1982—2016年）

金额单位：亿美元

| 年 份 | 进出口 | | 出 口 | | 进 口 | | 差 额 |
|---|---|---|---|---|---|---|---|
| | 金额 | 增长率（%） | 金额 | 增长率（%） | 金额 | 增长率（%） | |
| 1982 | 45 | — | 26 | — | 19 | — | 8 |
| 1983 | 46 | 2.1 | 28 | 4.5 | 18 | -1.3 | 9 |
| 1984 | 57 | 24.0 | 31 | 11.2 | 26 | 43.2 | 4 |
| 1985 | 52 | -8.2 | 30 | -3.1 | 23 | -14.2 | 7 |
| 1986 | 57 | 8.5 | 36 | 22.8 | 20 | -10.4 | 16 |
| 1987 | 62 | 9.5 | 39 | 6.3 | 23 | 15.3 | 15 |
| 1988 | 83 | 33.4 | 50 | 28.0 | 33 | 42.5 | 16 |
| 1989 | 96 | 16.1 | 61 | 21.9 | 36 | 7.4 | 25 |
| 1990 | 121 | 25.4 | 80 | 31.5 | 41 | 15.1 | 38 |
| 1991 | 134 | 10.8 | 94 | 18.5 | 39 | -4.3 | 55 |
| 1992 | 216 | 61.9 | 124 | 31.9 | 92 | 133.9 | 32 |
| 1993 | 259 | 19.9 | 144 | 15.6 | 116 | 25.6 | 28 |
| 1994 | 357 | 37.6 | 199 | 38.6 | 158 | 36.5 | 42 |
| 1995 | 484 | 35.4 | 237 | 19.0 | 246 | 56.1 | -9 |
| 1996 | 503 | 4.1 | 279 | 17.8 | 224 | -9.2 | 56 |
| 1997 | 619 | 23.0 | 342 | 22.3 | 277 | 23.9 | 64 |
| 1998 | 517 | -16.5 | 250 | -26.7 | 266 | -3.9 | -16 |
| 1999 | 603 | 16.7 | 293 | 17.0 | 310 | 16.5 | -17 |
| 2000 | 707 | 17.3 | 347 | 18.6 | 360 | 16.0 | -12 |
| 2001 | 778 | 10.0 | 387 | 11.5 | 390 | 8.5 | -3 |
| 2002 | 919 | 18.2 | 459 | 18.4 | 461 | 18.0 | -2 |
| 2003 | 1 058 | 15.1 | 510 | 11.1 | 549 | 19.0 | -39 |
| 2004 | 1 443 | 36.4 | 721 | 41.5 | 722 | 31.6 | -1 |
| 2005 | 1 672 | 15.8 | 838 | 16.2 | 833 | 15.5 | 5 |
| 2006 | 2 027 | 21.3 | 1 024 | 22.2 | 1 003 | 20.4 | 21 |
| 2007 | 2 640 | 30.2 | 1 348 | 31.6 | 1 293 | 28.8 | 55 |
| 2008 | 3 207 | 21.4 | 1 626 | 20.7 | 1 580 | 22.2 | 46 |
| 2009 | 3 007 | -6.2 | 1 426 | -12.3 | 1 581 | 0.0 | -155 |
| 2010 | 3 696 | 22.9 | 1 774 | 24.4 | 1 923 | 21.6 | -149 |
| 2011 | 4 471 | 20.9 | 2 003 | 12.9 | 2 468 | 28.4 | -465 |
| 2012 | 4 808 | 7.6 | 2 006 | 0.1 | 2 803 | 13.6 | -797 |
| 2013 | 5 352 | 11.3 | 2 058 | 2.6 | 3 294 | 17.5 | -1 236 |
| 2014 | 6 489 | 21.3 | 2 181 | 6.0 | 4 309 | 30.8 | -2 128 |
| 2015 | 6 505 | 0.2 | 2 176 | -0.2 | 4 330 | 0.5 | -2 154 |
| 2016 | 6 575 | 1.1 | 2 083 | -4.2 | 4 492 | 3.8 | -2 409 |

**注**：数据来源于国家外汇管理局最新修正数据，但剔除政府服务一项。

## 中国服务进出口额占世界比重（1982—2016 年）

金额单位：亿美元

| 年 份 | 进出口 | | 出 口 | | 进 口 | | 差 额 |
|---|---|---|---|---|---|---|---|
| | 中国进出口金额 | 占世界比重（%） | 中国出口金额 | 占世界比重（%） | 中国进口金额 | 占世界比重（%） | |
| 1982 | 45 | 0. 6 | 26 | 0. 7 | 19 | 0. 5 | 8 |
| 1983 | 46 | 0. 6 | 28 | 0. 8 | 18 | 0. 5 | 9 |
| 1984 | 57 | 0. 7 | 31 | 0. 8 | 26 | 0. 7 | 4 |
| 1985 | 52 | 0. 7 | 30 | 0. 8 | 23 | 0. 6 | 7 |
| 1986 | 57 | 0. 6 | 36 | 0. 8 | 20 | 0. 4 | 16 |
| 1987 | 62 | 0. 6 | 39 | 0. 7 | 23 | 0. 4 | 15 |
| 1988 | 83 | 0. 7 | 50 | 0. 8 | 33 | 0. 5 | 16 |
| 1989 | 96 | 0. 7 | 61 | 0. 9 | 36 | 0. 5 | 25 |
| 1990 | 121 | 0. 7 | 80 | 1. 0 | 41 | 0. 5 | 38 |
| 1991 | 134 | 0. 8 | 94 | 1. 1 | 39 | 0. 5 | 55 |
| 1992 | 216 | 1. 2 | 124 | 1. 3 | 92 | 1. 0 | 32 |
| 1993 | 259 | 1. 4 | 144 | 1. 5 | 116 | 1. 2 | 28 |
| 1994 | 357 | 1. 7 | 199 | 1. 9 | 158 | 1. 5 | 42 |
| 1995 | 484 | 2. 0 | 237 | 2. 0 | 246 | 2. 1 | -9 |
| 1996 | 503 | 2. 0 | 279 | 2. 2 | 224 | 1. 8 | 56 |
| 1997 | 619 | 2. 4 | 342 | 2. 6 | 277 | 2. 1 | 64 |
| 1998 | 517 | 1. 9 | 250 | 1. 9 | 266 | 2. 0 | -16 |
| 1999 | 603 | 2. 2 | 293 | 2. 1 | 310 | 2. 3 | -17 |
| 2000 | 707 | 2. 4 | 347 | 2. 3 | 360 | 2. 5 | -12 |
| 2001 | 778 | 2. 6 | 387 | 2. 6 | 390 | 2. 6 | -3 |
| 2002 | 919 | 2. 9 | 459 | 2. 9 | 461 | 3. 0 | -2 |
| 2003 | 1 058 | 2. 9 | 510 | 2. 8 | 549 | 3. 1 | -39 |
| 2004 | 1 443 | 3. 1 | 721 | 2. 8 | 722 | 3. 4 | -1 |
| 2005 | 1 672 | 3. 3 | 838 | 3. 2 | 833 | 3. 3 | 5 |
| 2006 | 2 027 | 3. 5 | 1 024 | 3. 5 | 1 003 | 3. 6 | 21 |
| 2007 | 2 640 | 3. 9 | 1 348 | 3. 8 | 1 293 | 3. 9 | 55 |
| 2008 | 3 207 | 4. 1 | 1 626 | 4. 1 | 1 580 | 4. 2 | 46 |
| 2009 | 3 007 | 4. 4 | 1 426 | 4. 0 | 1 581 | 4. 7 | -155 |
| 2010 | 3 696 | 4. 9 | 1 774 | 4. 6 | 1 923 | 5. 2 | -149 |
| 2011 | 4 471 | 5. 3 | 2 003 | 4. 6 | 2 468 | 5. 9 | -465 |
| 2012 | 4 808 | 5. 5 | 2 006 | 4. 5 | 2 803 | 6. 5 | -797 |
| 2013 | 5 352 | 5. 7 | 2 058 | 4. 3 | 3 294 | 7. 2 | -1 236 |
| 2014 | 6 489 | 6. 5 | 2 181 | 4. 3 | 4 309 | 8. 8 | -2 128 |
| 2015 | 6 505 | 6. 9 | 2 176 | 4. 6 | 4 330 | 9. 4 | -2 154 |
| 2016 | 6 575 | 7. 0 | 2 083 | 4. 4 | 4 492 | 9. 7 | -2 409 |

**注**：1. 根据国家外汇管理局基础数据整理，剔除其中政府服务一项。

2. 2015 年及以后数据遵循《国际收支手册》第六版（BPM6）统计标准，2014 年及以前数据遵循 BPM5 标准。

**2016年世界服务贸易前10位国家（地区）**

金额单位：亿美元

| 位次 | 进出口排名 | | 出口排名 | | 进口排名 | |
|---|---|---|---|---|---|---|
| | 国别（地区） | 进出口金额 | 国别（地区） | 出口金额 | 国别（地区） | 进口金额 |
| 1 | 美国 | 12 145.0 | 美国 | 7 325.5 | 美国 | 4 819.5 |
| 2 | 中国 | 6 575.4 | 英国 | 3 292.5 | 中国 | 4 492.2 |
| 3 | 德国 | 5 706.8 | 德国 | 2 667.3 | 德国 | 3 039.5 |
| 4 | 英国 | 5 203.8 | 法国 | 2 346.1 | 法国 | 2 352.9 |
| 5 | 法国 | 4 699.0 | 中国 | 2 083.2 | 爱尔兰 | 1 917.2 |
| 6 | 日本 | 3 493.6 | 荷兰 | 1 743.5 | 英国 | 1 911.3 |
| 7 | 荷兰 | 3 394.4 | 日本 | 1 685.6 | 日本 | 1 808.0 |
| 8 | 爱尔兰 | 3 378.0 | 印度 | 1 612.4 | 荷兰 | 1 650.9 |
| 9 | 新加坡 | 3 047.7 | 新加坡 | 1 493.9 | 新加坡 | 1 553.8 |
| 10 | 印度 | 2 942.6 | 爱尔兰 | 1 460.8 | 印度 | 1 330.2 |

注：数据来源于WTO数据库、中国商务部。

**2016年世界服务出口和进口前30位国家（地区）**

金额单位：10亿美元

| 出口 | | | | | 进口 | | | | |
|---|---|---|---|---|---|---|---|---|---|
| 排名 | 国别（地区） | 金额 | 比重（%） | 增长率（%） | 排名 | 国别（地区） | 金额 | 比重（%） | 增长率（%） |
| 1 | 美国 | 733 | 15.4 | 0.3 | 1 | 美国 | 482 | 10.4 | 3.2 |
| 2 | 英国 | 329 | 6.9 | -5.2 | 2 | 中国 | 449 | 9.7 | 3.7 |
| 3 | 德国 | 267 | 5.6 | 2.8 | 3 | 德国 | 304 | 6.5 | 2.2 |
| 4 | 法国 | 235 | 4.9 | -2.5 | 4 | 法国 | 235 | 5.1 | 1.5 |
| 5 | 中国 | 207 | 4.3 | -4.3 | 5 | 爱尔兰 | 192 | 4.1 | 14.6 |
| 6 | 荷兰 | 174 | 3.7 | -1.0 | 6 | 英国 | 191 | 4.1 | -8.9 |
| 7 | 日本 | 169 | 3.5 | 6.5 | 7 | 日本 | 181 | 3.9 | 3.6 |
| 8 | 印度 | 161 | 3.4 | 3.5 | 8 | 荷兰 | 165 | 3.6 | -1.7 |
| 9 | 新加坡 | 149 | 3.1 | 0.6 | 9 | 新加坡 | 155 | 3.3 | 0.5 |
| 10 | 爱尔兰 | 146 | 3.1 | 8.8 | 10 | 印度 | 133 | 2.9 | 8.4 |
| 11 | 西班牙 | 127 | 2.7 | 7.6 | 11 | 韩国 | 109 | 2.3 | -2.0 |
| 12 | 瑞士 | 112 | 2.4 | 1.2 | 12 | 比利时 | 105 | 2.3 | -0.5 |
| 13 | 比利时 | 107 | 2.2 | -3.7 | 13 | 意大利 | 100 | 2.2 | 1.5 |
| 14 | 意大利 | 100 | 2.1 | 2.5 | 14 | 加拿大 | 97 | 2.1 | -1.7 |
| 15 | 香港 | 98 | 2.1 | -5.7 | 15 | 瑞士 | 95 | 2.0 | 1.0 |
| 16 | 卢森堡 | 94 | 2.0 | -1.1 | 16 | 香港 | 74 | 1.6 | 0.5 |
| 17 | 韩国 | 92 | 1.9 | -5.0 | 17 | 俄罗斯 | 73 | 1.6 | -16.4 |
| 18 | 加拿大 | 80 | 1.7 | 1.3 | 18 | 卢森堡 | 72 | 1.5 | -1.7 |
| 19 | 瑞典 | 71 | 1.5 | -1.2 | 19 | 西班牙 | 71 | 1.5 | 9.4 |
| 20 | 泰国 | 66 | 1.4 | 7.7 | 20 | 巴西 | 61 | 1.3 | -10.8 |
| 21 | 奥地利 | 59 | 1.2 | 2.7 | 21 | 瑞典 | 61 | 1.3 | -0.7 |
| 22 | 丹麦 | 58 | 1.2 | -8.2 | 22 | 澳大利亚 | 56 | 1.2 | -1.5 |
| 23 | 澳大利亚 | 52 | 1.1 | 8.6 | 23 | 丹麦 | 55 | 1.2 | -2.1 |
| 24 | 俄罗斯 | 49 | 1.0 | -3.3 | 24 | 台湾省 | 52 | 1.1 | 2.2 |
| 25 | 波兰 | 49 | 1.0 | 7.8 | 25 | 沙特阿拉伯 | 52 | 1.1 | -7.5 |
| 26 | 台湾省 | 41 | 0.9 | 0.7 | 26 | 奥地利 | 48 | 1.0 | 2.9 |
| 27 | 以色列 | 39 | 0.8 | 10.2 | 27 | 挪威 | 47 | 1.0 | -1.2 |
| 28 | 土耳其 | 37 | 0.8 | -19.6 | 28 | 泰国 | 42 | 0.9 | -0.8 |
| 29 | 挪威 | 36 | 0.8 | -10.8 | 29 | 马来西亚 | 39 | 0.8 | -1.7 |
| 30 | 马来西亚 | 34 | 0.7 | -2.2 | 30 | 波兰 | 34 | 0.7 | 2.6 |
| | **以上合计** | **3 972** | **83.3** | **—** | | **以上合计** | **3 829** | **82.5** | **—** |
| | **世界** | **4 770** | **100.0** | **0.1** | | **世界** | **4 645** | **100.0** | **0.5** |

**资料来源**：世界贸易组织《新闻简报》2017年4月12日。

## 世界服务进出口额（2005—2016 年）

金额单位：100 万美元

| 年份 | 进出口额 | | | | 出口额 | | | | 进口额 | | | |
|---|---|---|---|---|---|---|---|---|---|---|---|---|
| | 总 额 | 运输服务 | 旅 游 | 其 他 | 总 额 | 运输服务 | 旅 游 | 其 他 | 总 额 | 运输服务 | 旅 游 | 其 他 |
| 2005 | 5 107 320 | 1 261 590 | 1 340 780 | 2 504 950 | 2 598 700 | 581 240 | 688 010 | 1 329 450 | 2 508 620 | 680 350 | 652 770 | 1 175 500 |
| 2006 | 5 752 230 | 1 405 360 | 1 447 760 | 2 899 110 | 2 941 990 | 648 640 | 751 410 | 1 541 940 | 2 810 240 | 756 720 | 696 350 | 1 357 170 |
| 2007 | 6 851 510 | 1 686 710 | 1 672 730 | 3 492 070 | 3 522 880 | 781 900 | 869 660 | 1 871 320 | 3 328 630 | 904 810 | 803 070 | 1 620 750 |
| 2008 | 7 769 940 | 1 974 670 | 1 840 160 | 3 955 110 | 3 964 040 | 912 750 | 962 080 | 2 089 210 | 3 805 900 | 1 061 920 | 878 080 | 1 865 900 |
| 2009 | 6 909 300 | 1 550 630 | 1 669 680 | 3 688 990 | 3 533 640 | 714 310 | 876 990 | 1 942 340 | 3 375 660 | 836 320 | 792 690 | 1 746 650 |
| 2010 | 7 534 540 | 1 805 830 | 1 819 360 | 3 909 350 | 3 842 010 | 826 520 | 959 010 | 2 056 480 | 3 692 530 | 979 310 | 860 350 | 1 852 870 |
| 2011 | 8 511 880 | 2 015 520 | 2 030 130 | 4 466 230 | 4 349 510 | 902 790 | 1 073 980 | 2 372 740 | 4 162 370 | 1 112 730 | 956 150 | 2 093 490 |
| 2012 | 8 786 950 | 2 068 040 | 2 126 780 | 4 592 130 | 4 467 960 | 916 860 | 1 113 640 | 2 437 460 | 4 318 990 | 1 151 180 | 1 013 140 | 2 154 670 |
| 2013 | 9 328 600 | 2 122 650 | 2 287 050 | 4 918 900 | 4 747 270 | 942 660 | 1 196 180 | 2 608 430 | 4 581 330 | 1 179 990 | 1 090 870 | 2 310 470 |
| 2014 | 9 977 000 | 2 181 710 | 2 536 180 | 5 259 110 | 5 063 820 | 973 670 | 1 294 020 | 2 796 130 | 4 913 180 | 1 208 040 | 1 242 160 | 2 462 980 |
| 2015 | 9 365 710 | 1 966 050 | 2 446 860 | 4 952 800 | 4 754 010 | 876 120 | 1 230 420 | 2 647 470 | 4 611 700 | 1 089 930 | 1 216 440 | 2 305 330 |
| 2016 | 9 412 260 | 1 879 580 | 2 396 850 | 5 135 830 | 4 769 650 | 837 630 | 1 204 800 | 2 727 220 | 4 642 610 | 1 041 950 | 1 192 050 | 2 408 610 |

注：数据来源于 WTO 数据库。

世界服务进出口额及增长率（1981—2016年）

| 年 份 | 贸易额（100万美元） | | | 增减率（%） | | |
|---|---|---|---|---|---|---|
| | 出 口 | 进 口 | 总 额 | 出 口 | 进 口 | 总 额 |
| 1981 | 413 000 | 412 000 | 825 000 | — | — | — |
| 1982 | 405 000 | 400 000 | 805 000 | -1. 9 | -2. 9 | -2. 4 |
| 1983 | 391 000 | 384 000 | 775 000 | -3. 5 | -4. 0 | -3. 7 |
| 1984 | 403 000 | 397 000 | 800 000 | 3. 1 | 3. 4 | 3. 2 |
| 1985 | 380 900 | 401 600 | 782 500 | -5. 5 | 1. 2 | -2. 2 |
| 1986 | 449 600 | 452 700 | 902 300 | 18. 0 | 12. 7 | 15. 3 |
| 1987 | 532 800 | 536 500 | 1 069 300 | 18. 5 | 18. 5 | 18. 5 |
| 1988 | 600 100 | 618 200 | 1 218 300 | 12. 6 | 15. 2 | 13. 9 |
| 1989 | 657 000 | 679 400 | 1 336 400 | 9. 5 | 9. 9 | 9. 7 |
| 1990 | 782 700 | 818 300 | 1 601 000 | 19. 1 | 20. 4 | 19. 8 |
| 1991 | 826 100 | 845 900 | 1 672 000 | 5. 5 | 3. 3 | 4. 4 |
| 1992 | 924 200 | 939 100 | 1 863 300 | 11. 9 | 11. 0 | 11. 4 |
| 1993 | 940 600 | 958 300 | 1 898 900 | 1. 8 | 2. 0 | 1. 9 |
| 1994 | 1 031 100 | 1 041 800 | 2 072 900 | 9. 6 | 8. 7 | 9. 2 |
| 1995 | 1 185 100 | 1 200 700 | 2 385 800 | 14. 9 | 15. 3 | 15. 1 |
| 1996 | 1 270 600 | 1 266 600 | 2 537 200 | 7. 2 | 5. 5 | 6. 3 |
| 1997 | 1 307 100 | 1 282 900 | 2 590 000 | 2. 9 | 1. 3 | 2. 1 |
| 1998 | 1 340 800 | 1 312 500 | 2 653 300 | 2. 5 | 2. 3 | 2. 4 |
| 1999 | 1 394 600 | 1 367 000 | 2 761 600 | 4. 0 | 4. 2 | 4. 1 |
| 2000 | 1 483 000 | 1 457 300 | 2 940 300 | 6. 3 | 6. 6 | 6. 5 |
| 2001 | 1 495 500 | 1 479 400 | 2 974 900 | 0. 2 | 1. 5 | 1. 2 |
| 2002 | 1 609 100 | 1 565 700 | 3 174 800 | 7. 6 | 5. 8 | 6. 7 |
| 2003 | 1 851 400 | 1 792 800 | 3 644 200 | 15. 1 | 14. 5 | 14. 8 |
| 2004 | 2 250 400 | 2 146 000 | 4 396 400 | 21. 6 | 19. 7 | 20. 6 |
| 2005 | 2 614 200 | 2 507 300 | 5 121 500 | 16. 2 | 16. 8 | 16. 5 |
| 2006 | 2 931 560 | 2 831 141 | 5 762 701 | 12. 1 | 12. 9 | 12. 5 |
| 2007 | 3 510 392 | 3 355 338 | 6 865 730 | 19. 7 | 18. 5 | 19. 1 |
| 2008 | 3 948 147 | 3 810 568 | 7 758 715 | 12. 5 | 13. 6 | 13. 0 |
| 2009 | 3 520 995 | 3 376 575 | 6 897 570 | -10. 8 | -11. 4 | -11. 1 |
| 2010 | 3 847 049 | 3 699 303 | 7 546 352 | 9. 3 | 9. 6 | 9. 4 |
| 2011 | 4 328 013 | 4 157 730 | 8 485 743 | 12. 5 | 12. 4 | 12. 4 |
| 2012 | 4 451 274 | 4 321 928 | 8 773 202 | 2. 8 | 3. 9 | 3. 4 |
| 2013 | 4 743 089 | 4 586 567 | 9 329 656 | 6. 6 | 6. 1 | 6. 3 |
| 2014 | 5 078 140 | 4 939 159 | 10 017 299 | 7. 1 | 7. 7 | 7. 4 |
| 2015 | 4 789 649 | 4 642 377 | 9 432 026 | -5. 7 | -6. 0 | -5. 8 |
| 2016 | 4 807 690 | 4 694 086 | 9 501 776 | 0. 4 | 1. 1 | 0. 7 |

**资料来源**：世界贸易组织《国际贸易统计》、《世界贸易统计评论》。

## 世界部分国家（地区）服务出口额

金额单位：100 万美元

| 国别（地区）\年份 | 2000 | 2005 | 2006 | 2007 | 2008 | 2009 | 2010 | 2011 | 2012 | 2013 | 2014 | 2015 | 2016 |
|---|---|---|---|---|---|---|---|---|---|---|---|---|---|
| **世界** | **1 483 000** | **2 614 200** | **2 931 560** | **3 510 392** | **3 948 147** | **3 520 995** | **3 847 049** | **4 328 013** | **4 451 274** | **4 743 089** | **5 078 140** | **4 789 649** | **4 807 690** |
| **北美洲** | **326 400** | **421 600** | **479 777** | **555 582** | **606 301** | **575 354** | **635 420** | **706 229** | **768 816** | **789 164** | **832 398** | **833 471** | **837 658** |
| 美国 | 273 604 | 364 282 | 397 516 | 467 475 | 513 733 | 492 184 | 543 549 | 605 590 | 633 576 | 678 639 | 722 932 | 730 590 | 732 551 |
| 加拿大 | 39 271 | 54 418 | 64 883 | 69 289 | 73 471 | 67 075 | 75 297 | 83 665 | 87 765 | 89 016 | 87 112 | 78 752 | 79 748 |
| 墨西哥 | 13 566 | 15 628 | 15 888 | 17 233 | 17 667 | 14 821 | 15 233 | 15 581 | 16 146 | 20 194 | 21 086 | 22 886 | 24 097 |
| **中南美洲** | **46 600** | **69 900** | **84 424** | **99 252** | **114 255** | **104 899** | **117 884** | **134 549** | **142 657** | **146 164** | **149 564** | **144 002** | **144 062** |
| 巴西 | 8 961 | 14 856 | 16 978 | 22 615 | 28 822 | 26 245 | 29 273 | 35 331 | 37 393 | 36 444 | 39 047 | 32 989 | 32 568 |
| 阿根廷 | 4 775 | 6 519 | 7 713 | 10 007 | 11 689 | 10 542 | 13 173 | 15 088 | 14 813 | 14 369 | 13 531 | 13 735 | 12 501 |
| 巴拿马 | 1 961 | 3 193 | 3 936 | 4 315 | 5 125 | 5 457 | 6 350 | 8 021 | 9 243 | 10 035 | 10 721 | 11 969 | 12 221 |
| 智利 | 3 995 | 7 040 | 7 361 | 9 030 | 10 738 | 8 493 | 11 149 | 13 105 | 12 387 | 12 355 | 11 011 | 9 777 | 9 625 |
| 哥斯达黎加 | 1 911 | 2 585 | 3 549 | 4 088 | 4 574 | 4 128 | 4 990 | 5 757 | 6 179 | 6 923 | 7 024 | 7 429 | 8 268 |
| 多米尼加共和国 | 3 143 | 3 865 | 6 560 | 6 779 | 6 813 | 6 210 | 5 101 | 5 446 | 5 778 | 6 095 | 6 735 | 7 267 | 7 994 |
| 哥伦比亚 | 1 984 | 2 594 | 3 675 | 3 899 | 4 504 | 4 508 | 5 023 | 5 543 | 6 335 | 6 925 | 7 059 | 7 315 | 7 701 |
| 秘鲁 | 1 445 | 2 164 | 2 533 | 3 022 | 3 514 | 3 499 | 3 552 | 4 121 | 4 770 | 5 665 | 5 797 | 6 070 | 6 146 |
| 牙买加 | 1 988 | 2 296 | 2 613 | 2 670 | 2 763 | 2 616 | 2 600 | 2 587 | 2 723 | 2 722 | 2 921 | 3 027 | 3 190 |
| 乌拉圭 | 1 249 | 1 285 | 1 361 | 1 804 | 2 241 | 2 283 | 2 654 | 3 607 | 3 567 | 3 447 | 3 314 | 3 084 | 2 971 |
| 巴哈马 | 1 946 | 2 460 | 2 403 | 2 566 | 2 493 | 2 311 | 2 456 | 2 446 | 2 648 | 2 631 | 2 671 | 2 691 | 2 784 |
| 洪都拉斯 | 487 | 684 | 1 810 | 1 831 | 2 006 | 1 841 | 2 076 | 2 221 | 2 210 | 2 304 | 2 465 | 2 634 | 2 676 |
| 危地马拉 | 702 | 1 221 | 1 410 | 1 619 | 1 977 | 1 982 | 2 168 | 2 123 | 2 318 | 2 417 | 2 687 | 2 703 | 2 597 |
| 萨尔瓦多 | 673 | 915 | 1 477 | 1 516 | 1 506 | 1 263 | 1 466 | 1 578 | 1 805 | 2 019 | 2 186 | 2 271 | 2 417 |
| 阿鲁巴 | 995 | 1 291 | 1 290 | 1 452 | 1 586 | 1 518 | 1 545 | 1 663 | 1 741 | 1 859 | 2 018 | 2 064 | 2 011 |
| 厄瓜多尔 | 793 | 940 | 965 | 1 118 | 1 357 | 1 245 | 1 375 | 1 490 | 1 694 | 1 920 | 2 223 | 2 221 | 1 972 |
| 委内瑞拉 | 1 057 | 1 248 | 1 445 | 1 748 | 2 028 | 1 944 | 1 617 | 1 621 | 1 806 | 1 849 | 1 562 | 1 491 | … |
| 尼加拉瓜 | 187 | 271 | 500 | 625 | 803 | 814 | 848 | 1 048 | 1 157 | 1 237 | 1 302 | 1 342 | 1 485 |

## 世界部分国家（地区）服务出口额（续）

金额单位：100 万美元

| 国别（地区）＼年份 | 2000 | 2005 | 2006 | 2007 | 2008 | 2009 | 2010 | 2011 | 2012 | 2013 | 2014 | 2015 | 2016 |
|---|---|---|---|---|---|---|---|---|---|---|---|---|---|
| 巴巴多斯 | 998 | 1 426 | 1 579 | 1 667 | 1 792 | 1 465 | 1 601 | 1 257 | 1 206 | 1 385 | 1 318 | 1 377 | 1 464 |
| 特立尼达和多巴哥 | 543 | 883 | 802 | 910 | 918 | 758 | 869 | 1 155 | 1 387 | 1 274 | 1 399 | 1 371 | … |
| 玻利维亚 | 207 | 473 | 673 | 676 | 734 | 702 | 688 | 927 | 1 105 | 1 197 | 1 172 | 1 220 | 1 179 |
| 巴拉圭 | 573 | 610 | 277 | 425 | 397 | 451 | 573 | 650 | 667 | 772 | 824 | 777 | 790 |
| 荷属安的列斯 | 1 549 | 1 819 | 1 991 | 2 111 | 2 089 | 2 060 | 1 965 | … | … | … | … | … | … |
| **欧洲** | **720 800** | **1 303 500** | **1 572 207** | **1 886 035** | **2 104 079** | **1 845 388** | **1 888 470** | **2 127 386** | **2 132 785** | **2 302 297** | **2 476 570** | **2 246 487** | **2 249 940** |
| 英国 | 118 567 | 204 063 | 265 054 | 311 582 | 303 039 | 261 415 | 266 715 | 298 961 | 308 179 | 331 768 | 357 540 | 340 493 | 323 661 |
| 德国 | 79 659 | 157 448 | 175 175 | 205 412 | 236 270 | 217 755 | 220 044 | 245 239 | 247 414 | 266 130 | 286 081 | 259 556 | 267 822 |
| 法国 | 82 115 | 121 477 | 164 544 | 195 791 | 223 126 | 192 817 | 201 110 | 235 006 | 233 702 | 253 009 | 273 545 | 240 766 | 235 629 |
| 荷兰 | 48 361 | 90 124 | 94 510 | 109 084 | 123 037 | 111 352 | 159 758 | 173 467 | 166 448 | 177 060 | 194 824 | 176 017 | 177 387 |
| 爱尔兰 | 18 326 | 59 446 | 66 153 | 81 406 | 90 529 | 84 987 | 91 656 | 106 266 | 109 845 | 122 466 | 139 397 | 134 394 | 146 205 |
| 西班牙 | 52 112 | 94 011 | 102 768 | 119 102 | 131 491 | 111 991 | 112 399 | 129 686 | 121 676 | 125 971 | 132 398 | 117 815 | 126 614 |
| 比利时 | … | 54 106 | 59 994 | 74 713 | 94 829 | 90 406 | 96 527 | 103 167 | 104 340 | 111 225 | 123 175 | 111 317 | 109 006 |
| 瑞士 | 29 443 | 48 513 | 69 899 | 83 939 | 94 885 | 90 012 | 92 796 | 105 784 | 107 366 | 112 424 | 119 313 | 110 909 | 112 334 |
| 意大利 | 55 998 | 88 315 | 101 047 | 115 102 | 114 703 | 95 994 | 99 779 | 109 065 | 107 065 | 111 007 | 113 129 | 97 403 | 100 560 |
| 卢森堡 | … | 40 203 | 49 794 | 63 261 | 67 674 | 57 095 | 61 979 | 72 197 | 75 031 | 87 231 | 100 187 | 95 145 | 94 081 |
| 瑞典 | 22 193 | 42 628 | 42 948 | 53 245 | 59 079 | 49 831 | 53 351 | 64 773 | 64 474 | 73 869 | 76 510 | 72 298 | 71 402 |
| 奥地利 | 22 865 | 42 060 | 45 138 | 53 872 | 62 465 | 53 303 | 52 178 | 58 564 | 57 266 | 63 883 | 66 635 | 57 605 | 59 453 |
| 丹麦 | 23 721 | 42 766 | 52 958 | 62 985 | 73 797 | 56 834 | 61 254 | 66 967 | 67 181 | 71 196 | 73 061 | 63 449 | 58 406 |
| 俄罗斯 | 9 565 | 24 741 | 35 482 | 43 563 | 56 531 | 45 357 | 48 644 | 57 345 | 61 465 | 69 111 | 64 818 | 50 890 | 49 679 |
| 波兰 | 10 395 | 16 246 | 22 510 | 31 700 | 38 136 | 31 288 | 35 422 | 40 894 | 41 030 | 44 621 | 48 737 | 45 128 | 49 009 |
| 土耳其 | 19 267 | 27 646 | 25 756 | 29 601 | 36 649 | 35 355 | 35 970 | 40 753 | 42 815 | 47 400 | 51 030 | 46 062 | 37 018 |
| 挪威 | 17 528 | 29 105 | 31 813 | 37 600 | 42 385 | 35 166 | 41 206 | 40 882 | 46 466 | 48 575 | 49 299 | 40 745 | 36 364 |
| 葡萄牙 | 8 905 | 15 041 | 18 190 | 22 985 | 25 792 | 22 383 | 22 573 | 26 677 | 25 502 | 29 043 | 30 987 | 27 948 | 29 154 |
| 希腊 | 19 181 | 34 164 | 35 744 | 43 099 | 50 503 | 37 854 | 37 093 | 39 153 | 34 583 | 37 044 | 40 954 | 30 795 | 27 604 |

## 世界部分国家（地区）服务出口额（续）

金额单位：100 万美元

| 国别（地区）\ 年份 | 2000 | 2005 | 2006 | 2007 | 2008 | 2009 | 2010 | 2011 | 2012 | 2013 | 2014 | 2015 | 2016 |
|---|---|---|---|---|---|---|---|---|---|---|---|---|---|
| 芬兰 | 7 669 | 16 883 | 17 929 | 23 598 | 32 022 | 28 223 | 27 722 | 29 275 | 28 618 | 29 613 | 26 826 | 25 903 | 25 439 |
| 捷克共和国 | 6 751 | 11 821 | 15 517 | 18 970 | 23 695 | 20 570 | 21 892 | 24 881 | 24 198 | 23 953 | 25 071 | 22 697 | 23 736 |
| 匈牙利 | 5 836 | 12 743 | 13 471 | 16 947 | 20 351 | 18 427 | 19 301 | 22 145 | 20 488 | 22 436 | 24 604 | 22 016 | 22 955 |
| 罗马尼亚 | 1 720 | 5 063 | 12 242 | 13 046 | 16 318 | 11 759 | 10 348 | 12 038 | 12 608 | 17 724 | 19 925 | 18 383 | 19 764 |
| 克罗地亚 | 4 056 | 9 966 | 11 170 | 13 012 | 15 771 | 12 626 | 12 003 | 13 154 | 12 400 | 13 029 | 13 622 | 12 450 | 13 490 |
| 乌克兰 | 3 800 | 8 913 | 11 713 | 14 734 | 18 699 | 14 411 | 17 729 | 20 618 | 21 373 | 21 851 | 14 582 | 12 202 | 12 081 |
| 马耳他 | 1 081 | 1 982 | 5 220 | 6 594 | 9 790 | 9 831 | 10 025 | 11 146 | 10 984 | 11 790 | 13 282 | 10 514 | 11 305 |
| 斯洛伐克共和国 | 2 218 | 4 382 | 7 343 | 8 633 | 9 434 | 6 590 | 6 402 | 7 261 | 7 761 | 9 191 | 9 046 | 8 020 | 8 310 |
| 保加利亚 | 2 129 | 4 413 | 5 249 | 8 283 | 9 753 | 8 342 | 6 628 | 7 387 | 7 469 | 7 809 | 8 933 | 7 844 | 8 447 |
| 立陶宛 | 1 052 | 3 085 | 3 590 | 4 198 | 5 008 | 4 042 | 4 477 | 5 508 | 6 102 | 7 098 | 7 699 | 6 598 | 7 275 |
| 斯洛文尼亚 | 1 883 | 3 989 | 4 545 | 5 751 | 7 435 | 6 138 | 6 156 | 6 810 | 6 553 | 7 052 | 7 355 | 6 661 | 7 193 |
| 白俄罗斯 | 989 | 2 055 | 2 657 | 3 522 | 4 553 | 3 683 | 4 761 | 5 573 | 6 276 | 7 466 | 7 844 | 6 606 | 6 787 |
| 爱沙尼亚 | 1 458 | 3 200 | 3 781 | 4 658 | 5 644 | 4 568 | 4 676 | 5 577 | 5 688 | 6 425 | 7 006 | 5 725 | 6 062 |
| 哈萨克斯坦 | 905 | 1 999 | 2 584 | 3 254 | 3 988 | 3 823 | 3 900 | 4 078 | 4 606 | 5 084 | 6 359 | 6 149 | 6 044 |
| 冰岛 | 936 | 1 949 | 2 191 | 3 047 | 2 737 | 2 631 | 2 986 | 3 412 | 3 480 | 3 951 | 4 241 | 4 337 | 5 390 |
| 拉脱维亚 | 1 131 | 2 141 | 3 004 | 4 336 | 5 327 | 4 355 | 4 004 | 4 788 | 4 803 | 5 140 | 5 063 | 4 440 | 4 652 |
| 阿尔巴尼亚 | 429 | 1 154 | 1 623 | 2 083 | 2 674 | 2 587 | 2 537 | 2 776 | 2 384 | 2 242 | 2 455 | 2 208 | 2 611 |
| **非洲** | **31 500** | **55 900** | **65 429** | **77 702** | **87 820** | **80 742** | **90 122** | **91 869** | **99 093** | **94 994** | **99 166** | **95 845** | **90 294** |
| 摩洛哥 | 2 854 | 7 570 | 10 857 | 13 390 | 14 725 | 14 388 | 14 329 | 15 486 | 14 947 | 13 935 | 15 423 | 14 102 | 14 682 |
| 埃及 | 9 687 | 14 449 | 15 834 | 19 660 | 24 668 | 21 302 | 23 618 | 19 031 | 21 336 | 17 881 | 20 262 | 18 092 | 14 008 |
| 南非 | 4 888 | 11 041 | 12 757 | 14 519 | 13 588 | 12 836 | 15 676 | 16 950 | 17 203 | 16 401 | 16 450 | 14 662 | 13 973 |
| 加纳 | 490 | 1 083 | 1 243 | 1 614 | 1 559 | 1 522 | 1 344 | 1 679 | 3 200 | 2 353 | 1 977 | 6 014 | 5 960 |
| 坦桑尼亚 | 575 | 1 215 | 1 467 | 1 836 | 1 966 | 1 795 | 2 001 | 2 256 | 2 753 | 3 169 | 3 380 | 3 710 | 3 693 |
| 阿尔及利亚 | 910 | 2 466 | 2 512 | 2 787 | 3 412 | 2 745 | 3 442 | 3 527 | 3 570 | 3 701 | 3 468 | 3 393 | 3 498 |
| 尼日利亚 | 1 833 | 1 433 | 2 057 | 1 098 | 1 833 | 1 760 | 2 619 | 2 314 | 2 067 | 1 916 | 1 495 | 2 730 | 3 201 |

## 世界部分国家（地区）服务出口额（续）

金额单位：100 万美元

| 国别（地区）＼年份 | 2000 | 2005 | 2006 | 2007 | 2008 | 2009 | 2010 | 2011 | 2012 | 2013 | 2014 | 2015 | 2016 |
|---|---|---|---|---|---|---|---|---|---|---|---|---|---|
| 肯尼亚 | 727 | 1 523 | 1 987 | 2 418 | 2 531 | 2 198 | 3 016 | 3 326 | 3 880 | 4 042 | 4 027 | 3 574 | 3 160 |
| 突尼斯 | 2 680 | 3 901 | 4 020 | 4 620 | 5 649 | 5 076 | 5 298 | 4 286 | 4 754 | 4 577 | 4 555 | 3 124 | 2 965 |
| 毛里求斯 | 1 066 | 1 604 | 1 663 | 2 194 | 2 530 | 2 225 | 2 656 | 3 215 | 3 364 | 2 734 | 3 119 | 2 802 | 2 837 |
| 埃塞俄比亚 | 387 | 789 | 859 | 1 114 | 1 592 | 1 516 | 1 911 | 2 549 | 2 537 | 2 904 | 2 779 | 2 804 | 2 763 |
| 喀麦隆 | 575 | 857 | 900 | 1 239 | 1 355 | 1 141 | 1 240 | 1 809 | 1 548 | 1 860 | 1 941 | 1 441 | … |
| 博茨瓦纳 | 306 | 821 | 764 | 836 | 645 | 841 | 939 | 1 155 | 1 124 | 1 166 | 1 245 | 1 174 | 1 218 |
| 安哥拉 | 267 | 177 | 195 | 311 | 329 | 623 | 857 | 732 | 780 | 1 316 | 1 681 | 1 256 | 1 156 |
| 塞内加尔 | 330 | 690 | 710 | 1 088 | 1 169 | 905 | 936 | 1 029 | 1 080 | 1 177 | 1 162 | 1 035 | 1 067 |
| 马达加斯加 | 314 | 420 | 565 | 846 | 1 102 | 736 | 961 | 1 160 | 1 308 | 1 253 | 1 294 | 1 069 | 975 |
| 塞舌尔 | 273 | 347 | 410 | 456 | 464 | 418 | 440 | 465 | 672 | 818 | 825 | 839 | 879 |
| 科特迪瓦 | 415 | 697 | 815 | 889 | 987 | 1 010 | 1 026 | 870 | 846 | 790 | 753 | 639 | 657 |
| 莫桑比克 | 325 | 316 | 364 | 404 | 489 | 544 | 245 | 366 | 792 | 645 | 725 | 723 | 422 |
| 加蓬 | 171 | 120 | 121 | 138 | 160 | 142 | 163 | 266 | 346 | 395 | 413 | 347 | … |
| **中东** | **33 800** | **64 700** | **78 689** | **90 747** | **98 799** | **96 429** | **105 108** | **112 784** | **116 642** | **124 516** | **165 277** | **172 363** | **178 891** |
| 阿联酋 | … | … | 6 259 | 7 434 | 8 958 | 9 503 | 11 028 | 12 063 | 15 276 | 20 422 | 55 684 | 58 053 | 62 519 |
| 以色列 | 15 319 | 17 394 | 19 020 | 21 372 | 25 009 | 22 516 | 25 356 | 29 426 | 32 884 | 34 463 | 35 358 | 35 306 | 38 885 |
| 沙特阿拉伯 | 4 779 | 11 179 | 13 973 | 16 160 | 9 132 | 9 428 | 10 351 | 11 116 | 10 575 | 11 308 | 11 962 | 13 807 | 15 268 |
| 卡塔尔 | 337 | 2 576 | 3 484 | 3 129 | 2 276 | 1 943 | 2 826 | 5 580 | 8 851 | 10 294 | 12 775 | 14 103 | 14 550 |
| 伊朗 | 1 429 | 4 912 | 5 544 | 6 791 | 7 629 | 7 888 | 8 657 | 8 202 | 8 259 | 8 776 | 9 342 | 9 663 | 9 949 |
| 约旦 | 1 602 | 2 239 | 2 850 | 3 436 | 4 353 | 4 197 | 5 221 | 5 250 | 6 030 | 6 034 | 6 597 | 5 916 | 6 041 |
| 科威特 | 1 571 | 3 840 | 7 495 | 9 104 | 11 362 | 10 891 | 8 429 | 9 503 | 8 250 | 5 594 | 5 684 | 546 | 4 968 |
| 巴林 | 933 | 3 048 | 3 462 | 3 681 | 3 916 | 3 831 | 4 233 | 3 296 | 3 085 | 3 302 | 3 335 | 3 302 | 3 170 |
| 叙利亚 | 1 480 | 2 560 | 2 649 | 3 561 | 4 145 | 4 583 | 7 040 | 2 434 | … | … | … | … | … |
| **亚洲（包括大洋洲）** | **306 300** | **546 400** | **592 801** | **728 371** | **844 416** | **742 067** | **924 445** | **1 054 155** | **1 110 426** | **1 163 347** | **1 243 775** | **1 203 763** | **1 215 168** |

## 世界部分国家（地区）服务出口额（续）

金额单位：100 万美元

| 国别（地区）＼年份 | 2000 | 2005 | 2006 | 2007 | 2008 | 2009 | 2010 | 2011 | 2012 | 2013 | 2014 | 2015 | 2016 |
|---|---|---|---|---|---|---|---|---|---|---|---|---|---|
| 中国 | 30 146 | 73 909 | 93 492 | 124 895 | 144 677 | 121 613 | 177 384 | 200 294 | 200 586 | 205 778 | 218 077 | 216 488 | 207 275 |
| 日本 | 69 430 | 107 981 | 107 229 | 119 439 | 138 696 | 118 447 | 131 833 | 137 871 | 133 838 | 132 650 | 159 338 | 158 335 | 168 734 |
| 印度 | 16 031 | 52 199 | 69 166 | 86 235 | 105 668 | 92 484 | 116 583 | 137 935 | 145 030 | 148 703 | 156 614 | 155 717 | 161 250 |
| 新加坡 | 28 427 | 55 520 | 59 013 | 73 995 | 89 421 | 81 593 | 100 575 | 118 990 | 127 075 | 139 381 | 153 106 | 148 316 | 149 360 |
| 香港 | 40 362 | 63 642 | 54 384 | 64 383 | 69 841 | 64 602 | 80 468 | 91 232 | 98 425 | 104 694 | 106 835 | 104 263 | 98 337 |
| 韩国 | 30 753 | 48 327 | 55 703 | 70 030 | 90 127 | 71 638 | 82 244 | 89 706 | 102 298 | 102 531 | 110 961 | 96 675 | 91 801 |
| 泰国 | 13 785 | 19 740 | 24 425 | 29 881 | 32 797 | 29 941 | 34 099 | 41 252 | 49 386 | 58 386 | 55 182 | 61 395 | 66 128 |
| 澳大利亚 | 19 413 | 30 378 | 32 524 | 39 745 | 42 431 | 39 195 | 45 836 | 51 740 | 52 997 | 52 555 | 53 346 | 48 943 | 53 179 |
| 台湾省 | 19 890 | 25 574 | 18 368 | 21 739 | 23 060 | 20 138 | 26 410 | 30 366 | 34 326 | 36 226 | 41 211 | 40 610 | 41 106 |
| 马来西亚 | 13 812 | 19 463 | 20 971 | 28 988 | 30 714 | 28 249 | 34 588 | 38 751 | 40 498 | 42 005 | 41 972 | 34 582 | 33 837 |
| 澳门 | 3 280 | 8 567 | 9 126 | 12 003 | 14 711 | 15 914 | 23 715 | 32 226 | 37 805 | 45 233 | 45 224 | 33 343 | 32 419 |
| 菲律宾 | 3 377 | 4 525 | 11 064 | 13 502 | 13 055 | 14 084 | 17 770 | 18 866 | 20 425 | 23 321 | 25 483 | 29 047 | 31 340 |
| 印度尼西亚 | 5 061 | 12 571 | 11 157 | 12 148 | 14 885 | 12 691 | 16 331 | 21 316 | 23 070 | 22 334 | 22 920 | 21 589 | 23 473 |
| 新西兰 | 4 352 | 9 850 | 9 697 | 11 521 | 11 449 | 10 079 | 11 433 | 13 140 | 12 962 | 13 291 | 14 241 | 14 181 | 14 717 |
| 越南 | 2 702 | 4 232 | 5 060 | 6 415 | 6 956 | 5 666 | 7 355 | 8 581 | 9 510 | 10 585 | 10 913 | 11 108 | 12 236 |
| 斯里兰卡 | 915 | 1 519 | 1 604 | 1 755 | 1 981 | 1 874 | 2 454 | 3 062 | 3 773 | 4 657 | 5 574 | 6 366 | 7 105 |
| 柬埔寨 | 423 | 1 064 | 1 272 | 1 396 | 1 495 | 1 746 | 1 917 | 2 603 | 3 054 | 3 354 | 3 713 | 3 775 | 3 850 |
| 缅甸 | 459 | 235 | 291 | 313 | 328 | 315 | 337 | 727 | 1 183 | 2 679 | 3 103 | 3 800 | … |
| 巴基斯坦 | 1 284 | 2 043 | 2 214 | 2 185 | 2 517 | 2 522 | 2 931 | 3 457 | 3 205 | 3 309 | 3 558 | 3 344 | 3 563 |
| 马尔代夫 | 345 | 317 | 549 | 1 572 | 1 633 | 1 538 | 1 804 | 2 098 | 2 173 | 2 586 | 3 008 | 2 894 | 2 866 |
| 孟加拉国 | 283 | 474 | 922 | 1 021 | 1 100 | 968 | 1 236 | 1 419 | 1 352 | 1 526 | 1 639 | 1 665 | 1 916 |
| 尼泊尔 | 410 | 271 | 252 | 340 | 494 | 600 | 583 | 775 | 769 | 968 | 1 099 | 1 060 | 993 |
| 瓦努阿图 | 118 | 135 | 140 | 177 | 225 | 241 | 271 | 279 | 295 | 339 | 320 | 277 | 327 |
| 巴布亚新几内亚 | 243 | 288 | 305 | 313 | 318 | 160 | 279 | 387 | 433 | 384 | 177 | 110 | 84 |

**注：**由于服务贸易数据的频繁修订，一些国家和地区的贸易值序列出现多处中断。

**资料来源：**世界贸易组织《国际贸易统计》、《世界贸易统计评论》。

## 世界部分国家（地区）服务进口额

金额单位：100 万美元

| 国别（地区） \ 年份 | 2000 | 2005 | 2006 | 2007 | 2008 | 2009 | 2010 | 2011 | 2012 | 2013 | 2014 | 2015 | 2016 |
|---|---|---|---|---|---|---|---|---|---|---|---|---|---|
| **世界** | **1 457 300** | **2 384 300** | **2 831 141** | **3 355 338** | **3 810 568** | **3 376 575** | **3 699 303** | **4 157 730** | **4 321 928** | **4 586 567** | **4 939 159** | **4 642 377** | **4 694 086** |
| **北美洲** | **263 500** | **359 000** | **409 962** | **450 840** | **494 602** | **461 154** | **498 037** | **537 407** | **561 856** | **576 763** | **597 606** | **595 806** | **608 992** |
| 美国 | 203 168 | 273 814 | 313 812 | 344 315 | 380 172 | 355 341 | 377 353 | 404 468 | 424 152 | 435 746 | 457 028 | 467 142 | 481 957 |
| 加拿大 | 43 597 | 64 906 | 72 185 | 81 384 | 88 317 | 82 024 | 97 239 | 105 957 | 110 621 | 111 773 | 109 254 | 98 174 | 96 474 |
| 墨西哥 | 16 718 | 20 298 | 23 128 | 24 051 | 25 092 | 22 822 | 22 451 | 26 104 | 26 203 | 28 364 | 30 341 | 29 493 | 29 496 |
| **中南美洲** | **54 700** | **71 100** | **81 602** | **103 154** | **124 588** | **117 376** | **143 348** | **173 547** | **184 485** | **195 005** | **197 354** | **175 017** | **166 017** |
| 巴西 | 15 574 | 22 409 | 26 183 | 34 700 | 44 396 | 44 075 | 57 813 | 70 984 | 75 832 | 81 053 | 85 916 | 68 862 | 61 451 |
| 阿根廷 | 8 960 | 7 364 | 8 105 | 10 395 | 12 887 | 11 716 | 14 259 | 17 117 | 17 568 | 17 899 | 16 392 | 17 514 | 19 447 |
| 委内瑞拉 | 4 236 | 5 173 | 5 782 | 10 723 | 12 831 | 12 949 | 13 836 | 16 231 | 18 340 | 18 594 | 16 104 | 13 812 | … |
| 智利 | 4 664 | 7 572 | 8 736 | 10 352 | 11 946 | 10 503 | 13 046 | 16 178 | 15 131 | 16 085 | 14 829 | 13 589 | 13 075 |
| 哥伦比亚 | 3 242 | 4 704 | 5 973 | 6 751 | 7 832 | 7 917 | 9 275 | 10 757 | 12 094 | 12 930 | 13 905 | 11 819 | 10 659 |
| 秘鲁 | 2 165 | 2 996 | 3 277 | 4 224 | 5 577 | 4 671 | 5 893 | 6 359 | 7 183 | 7 458 | 7 519 | 7 794 | 7 787 |
| 巴拿马 | 1 096 | 1 759 | 1 641 | 2 078 | 2 602 | 2 118 | 2 709 | 4 235 | 4 214 | 4 868 | 4 546 | 4 543 | 4 343 |
| 哥斯达黎加 | 1 261 | 1 502 | 1 652 | 1 920 | 1 849 | 1 456 | 1 869 | 1 920 | 2 200 | 2 371 | 2 549 | 2 815 | 3 180 |
| 多米尼加共和国 | 1 340 | 1 431 | 1 510 | 1 691 | 1 895 | 1 741 | 2 457 | 2 763 | 2 804 | 2 621 | 2 625 | 2 994 | 3 150 |
| 厄瓜多尔 | 1 225 | 2 079 | 2 271 | 2 487 | 2 950 | 2 574 | 2 941 | 3 046 | 3 090 | 3 336 | 3 422 | 3 118 | 3 111 |
| 危地马拉 | 786 | 1 429 | 1 756 | 2 017 | 2 010 | 2 106 | 2 388 | 2 498 | 2 525 | 2 739 | 3 006 | 3 104 | 2 930 |
| 玻利维亚 | 450 | 664 | 807 | 880 | 993 | 990 | 1 125 | 1 625 | 1 895 | 2 302 | 2 977 | 2 767 | 2 740 |
| 乌拉圭 | 842 | 901 | 937 | 1 079 | 1 462 | 1 233 | 1 470 | 1 989 | 2 350 | 3 179 | 3 145 | 2 553 | 2 222 |
| 牙买加 | 1 391 | 1 676 | 1 969 | 2 226 | 2 304 | 1 824 | 1 767 | 1 884 | 2 103 | 1 995 | 2 182 | 2 099 | 2 068 |
| 特立尼达和多巴哥 | 363 | 471 | 311 | 327 | 271 | 335 | 371 | 1 808 | 2 144 | 1 837 | 2 014 | 2 232 | … |
| 洪都拉斯 | 688 | 923 | 1 027 | 1 058 | 1 213 | 942 | 1 143 | 1 417 | 1 689 | 1 652 | 1 754 | 1 754 | 1 725 |
| 萨尔瓦多 | 912 | 1 053 | 1 205 | 1 290 | 1 277 | 952 | 1 054 | 1 152 | 1 301 | 1 429 | 1 416 | 1 485 | 1 678 |
| 巴哈马 | 969 | 1 209 | 1 510 | 1 502 | 1 306 | 1 069 | 1 101 | 1 258 | 1 522 | 1 615 | 1 713 | 1 257 | 1 430 |

## 世界部分国家（地区）服务进口额（续）

金额单位：100 万美元

| 国别（地区） \ 年份 | 2000 | 2005 | 2006 | 2007 | 2008 | 2009 | 2010 | 2011 | 2012 | 2013 | 2014 | 2015 | 2016 |
|---|---|---|---|---|---|---|---|---|---|---|---|---|---|
| 巴拉圭 | 390 | 329 | 365 | 443 | 569 | 515 | 700 | 864 | 906 | 1 048 | 1 085 | 1 071 | 1 057 |
| 尼加拉瓜 | 334 | 424 | 509 | 660 | 804 | 696 | 680 | 805 | 851 | 1 024 | 988 | 902 | 1 031 |
| 阿鲁巴 | 620 | 684 | 722 | 751 | 759 | 650 | 641 | 807 | 785 | 842 | 872 | 840 | 823 |
| 巴巴多斯 | 460 | 615 | 643 | 607 | 700 | 652 | 672 | 499 | 487 | 683 | 678 | 725 | 725 |
| 荷属安的列斯 | 664 | 725 | 750 | 789 | 866 | 927 | 911 | … | … | … | … | … | … |
| **欧洲** | **666 300** | **1 144 000** | **1 361 137** | **1 618 281** | **1 817 999** | **1 590 896** | **1 627 065** | **1 801 036** | **1 798 004** | **1 945 737** | **2 090 111** | **1 938 166** | **1 982 025** |
| 德国 | 135 812 | 210 893 | 223 313 | 257 577 | 286 977 | 248 828 | 262 101 | 294 464 | 293 512 | 327 607 | 337 010 | 297 631 | 310 605 |
| 法国 | 64 400 | 106 046 | 145 260 | 168 222 | 193 844 | 175 159 | 180 898 | 202 017 | 202 228 | 227 576 | 251 876 | 231 743 | 235 664 |
| 英国 | 96 893 | 158 431 | 184 702 | 208 022 | 210 099 | 175 949 | 177 635 | 188 222 | 190 139 | 201 916 | 208 013 | 206 406 | 194 565 |
| 比利时 | … | 50 427 | 55 833 | 72 956 | 89 028 | 82 177 | 87 383 | 94 754 | 97 702 | 103 908 | 116 624 | 105 438 | 107 309 |
| 荷兰 | 49 941 | 83 590 | … | … | … | … | 135 650 | 149 982 | 142 570 | 151 233 | 172 714 | 167 872 | 169 173 |
| 爱尔兰 | 31 212 | 71 483 | 81 799 | 98 711 | 114 664 | 107 511 | 109 922 | 119 249 | 118 884 | 123 630 | 147 810 | 167 378 | 191 893 |
| 意大利 | 54 632 | 88 448 | 104 454 | 125 630 | 129 729 | 107 767 | 110 980 | 116 503 | 106 416 | 109 021 | 113 221 | 98 426 | 101 980 |
| 瑞士 | 14 533 | 22 703 | 48 685 | 56 397 | 63 734 | 65 316 | 69 235 | 82 805 | 86 002 | 92 258 | 99 532 | 94 141 | 95 030 |
| 俄罗斯 | 16 230 | 37 795 | 45 237 | 59 201 | 75 704 | 61 209 | 73 226 | 89 388 | 106 717 | 125 742 | 118 909 | 87 083 | 72 872 |
| 卢森堡 | … | 24 213 | 34 377 | 44 098 | 46 072 | 39 594 | 45 526 | 53 491 | 57 071 | 68 134 | 78 566 | 72 971 | 71 710 |
| 西班牙 | 32 837 | 66 775 | 68 928 | 79 952 | 87 608 | 71 024 | 67 827 | 70 949 | 63 992 | 62 634 | 69 257 | 64 797 | 70 585 |
| 瑞典 | 24 127 | 35 217 | 42 303 | 51 665 | 58 083 | 47 912 | 50 448 | 58 519 | 58 293 | 63 934 | 68 973 | 61 459 | 60 704 |
| 丹麦 | 21 063 | 36 192 | 47 020 | 56 503 | 66 314 | 55 423 | 55 012 | 61 983 | 61 788 | 63 927 | 63 951 | 56 449 | 55 269 |
| 奥地利 | 16 383 | 30 686 | 35 109 | 40 922 | 45 142 | 38 923 | 38 643 | 44 363 | 44 044 | 50 884 | 54 667 | 46 898 | 48 674 |
| 挪威 | 14 832 | 28 837 | 31 558 | 41 134 | 47 551 | 36 781 | 44 950 | 47 625 | 52 328 | 56 210 | 57 424 | 47 542 | 46 994 |
| 波兰 | 8 862 | 15 353 | 19 590 | 24 042 | 30 394 | 24 019 | 30 925 | 33 653 | 33 178 | 34 342 | 36 586 | 32 912 | 33 737 |
| 芬兰 | 8 323 | 17 607 | 18 979 | 22 946 | 31 496 | 27 825 | 27 288 | 29 606 | 31 125 | 31 536 | 30 281 | 28 171 | 28 369 |
| 土耳其 | 7 624 | 10 756 | 11 017 | 14 933 | 17 092 | 15 971 | 18 507 | 19 574 | 19 422 | 23 018 | 23 054 | 20 778 | 20 427 |
| 捷克共和国 | 5 364 | 10 168 | 12 700 | 15 249 | 18 333 | 16 175 | 17 728 | 20 232 | 20 192 | 20 327 | 22 344 | 19 620 | 19 728 |

## 世界部分国家（地区）服务进口额（续）

金额单位：100 万美元

| 国别（地区） \ 年份 | 2000 | 2005 | 2006 | 2007 | 2008 | 2009 | 2010 | 2011 | 2012 | 2013 | 2014 | 2015 | 2016 |
|---|---|---|---|---|---|---|---|---|---|---|---|---|---|
| 匈牙利 | 4 708 | 11 182 | 11 953 | 15 602 | 18 328 | 16 780 | 15 800 | 17 627 | 15 583 | 17 442 | 18 066 | 16 017 | 16 165 |
| 葡萄牙 | 6 787 | 10 176 | 10 945 | 13 190 | 15 215 | 13 616 | 14 128 | 15 592 | 13 476 | 14 421 | 15 918 | 14 239 | 14 625 |
| 哈萨克斯坦 | 1 831 | 7 375 | 8 672 | 11 612 | 11 014 | 9 898 | 11 198 | 10 848 | 12 644 | 12 338 | 12 777 | 11 319 | 10 816 |
| 希腊 | 10 918 | 14 301 | 17 623 | 21 843 | 26 662 | 21 274 | 19 819 | 19 082 | 15 659 | 16 145 | 16 779 | 12 043 | 10 575 |
| 罗马尼亚 | 1 948 | 5 425 | 6 934 | 8 887 | 11 941 | 10 379 | 8 260 | 9 657 | 9 386 | 11 418 | 12 070 | 10 789 | 11 286 |
| 乌克兰 | 2 590 | 6 962 | 8 623 | 11 104 | 15 831 | 11 125 | 12 189 | 12 759 | 13 994 | 15 538 | 11 702 | 9 727 | 10 131 |
| 马耳他 | 735 | 1 187 | 4 282 | 5 199 | 7 890 | 8 389 | 8 436 | 9 300 | 9 202 | 9 764 | 10 399 | 8 380 | 8 763 |
| 斯洛伐克共和国 | 1 779 | 4 024 | 6 088 | 7 759 | 9 896 | 7 781 | 7 244 | 7 623 | 7 164 | 8 705 | 8 901 | 7 913 | 7 935 |
| 阿塞拜疆 | 475 | 2 625 | 2 859 | 3 331 | 3 852 | 3 613 | 3 845 | 5 741 | 7 330 | 8 176 | 10 187 | 8 553 | 7 438 |
| 立陶宛 | 655 | 1 995 | 2 485 | 3 315 | 4 119 | 2 954 | 2 933 | 3 712 | 4 239 | 5 213 | 5 458 | 4 657 | 4 982 |
| 斯洛文尼亚 | 1 423 | 2 825 | 3 342 | 4 374 | 5 245 | 4 474 | 4 469 | 4 765 | 4 543 | 4 694 | 5 056 | 4 376 | 4 598 |
| 保加利亚 | 1 660 | 3 389 | … | 5 785 | 6 691 | 5 577 | 3 411 | 3 562 | 4 148 | 4 294 | 5 603 | 4 431 | 4 529 |
| 白俄罗斯 | 524 | 1 057 | 1 691 | 2 063 | 2 735 | 2 208 | 3 000 | 3 347 | 4 038 | 5 245 | 5 726 | 4 365 | 4 244 |
| 爱沙尼亚 | 870 | 2 180 | 2 521 | 3 131 | 3 515 | 2 587 | 2 921 | 3 769 | 3 983 | 4 666 | 4 778 | 3 859 | 4 166 |
| 克罗地亚 | 1 782 | 3 351 | 3 782 | 4 183 | 5 277 | 4 397 | 3 820 | 4 036 | 3 909 | 4 027 | 4 001 | 3 676 | 3 866 |
| 冰岛 | 1 149 | 2 527 | 2 412 | 2 841 | 2 372 | 1 949 | 2 125 | 2 533 | 2 722 | 2 806 | 3 094 | 2 809 | 3 218 |
| 拉脱维亚 | 680 | 1 546 | 2 026 | 2 791 | 3 295 | 2 385 | 2 301 | 2 751 | 2 739 | 2 806 | 2 766 | 2 502 | 2 604 |
| 阿尔巴尼亚 | 413 | 1 318 | 1 541 | 1 892 | 2 354 | 2 214 | 1 990 | 2 235 | 1 861 | 1 921 | 2 029 | 1 644 | 1 711 |
| **非洲** | **38 600** | **71 700** | **85 596** | **108 849** | **141 589** | **126 379** | **140 929** | **159 708** | **163 240** | **163 977** | **173 056** | **150 722** | **135 356** |
| 安哥拉 | 2 271 | 6 191 | 6 860 | 11 997 | 20 451 | 18 210 | 16 028 | 22 415 | 21 177 | 21 485 | 24 260 | 16 581 | 12 041 |
| 埃及 | 7 161 | 9 507 | 10 288 | 13 088 | 16 335 | 12 765 | 12 991 | 13 129 | 15 557 | 14 808 | 16 800 | 16 672 | 16 131 |
| 南非 | 5 657 | 11 833 | 13 803 | 15 890 | 16 552 | 14 980 | 19 158 | 20 430 | 18 438 | 17 599 | 16 625 | 15 111 | 14 546 |
| 尼日利亚 | 3 144 | 6 384 | 12 115 | 15 556 | 22 574 | 16 487 | 19 868 | 22 470 | 22 412 | 20 079 | 23 057 | 18 671 | 11 893 |
| 阿尔及利亚 | 2 360 | 4 502 | 4 533 | 6 358 | 10 484 | 11 159 | 11 489 | 12 034 | 10 470 | 10 276 | 11 243 | 10 559 | 10 317 |
| 摩洛哥 | 1 520 | 3 103 | 3 562 | 4 527 | 5 612 | 5 301 | 5 660 | 6 713 | 6 578 | 6 418 | 7 810 | 6 984 | 7 356 |

## 世界部分国家（地区）服务进口额（续）

金额单位：100 万美元

| 国别（地区） \ 年份 | 2000 | 2005 | 2006 | 2007 | 2008 | 2009 | 2010 | 2011 | 2012 | 2013 | 2014 | 2015 | 2016 |
|---|---|---|---|---|---|---|---|---|---|---|---|---|---|
| 加纳 | 514 | 1 140 | 1 442 | 1 812 | 2 038 | 2 366 | 2 444 | 3 126 | 3 838 | 4 358 | 3 833 | 6 489 | 5 592 |
| 埃塞俄比亚 | 479 | 1 178 | 1 154 | 1 733 | 2 361 | 2 187 | 2 534 | 3 308 | 3 581 | 2 222 | 2 850 | 3 186 | 3 579 |
| 莫桑比克 | 439 | 627 | 720 | 820 | 918 | 987 | 1 176 | 2 209 | 4 448 | 3 857 | 3 624 | 2 983 | 3 174 |
| 科特迪瓦 | 1 142 | 1 982 | 2 239 | 2 423 | 2 666 | 2 608 | 2 740 | 2 635 | 2 773 | 3 056 | 3 112 | 2 843 | 2 920 |
| 肯尼亚 | 665 | 955 | 1 252 | 1 499 | 1 716 | 1 653 | 1 890 | 2 003 | 2 287 | 2 206 | 2 698 | 2 196 | 2 718 |
| 突尼斯 | 1 119 | 2 075 | 2 245 | 2 570 | 3 109 | 2 710 | 3 054 | 3 002 | 2 989 | 3 139 | 3 112 | 2 769 | 2 668 |
| 坦桑尼亚 | 620 | 1 131 | 1 212 | 1 364 | 1 627 | 1 685 | 1 843 | 2 157 | 2 310 | 2 436 | 2 599 | 2 617 | 2 029 |
| 喀麦隆 | 994 | 1 428 | 1 426 | 1 719 | 2 596 | 1 902 | 1 717 | 1 952 | 2 067 | 2 500 | 2 587 | 2 140 | … |
| 毛里求斯 | 748 | 1 193 | 1 312 | 1 562 | 1 910 | 1 586 | 1 951 | 2 428 | 2 382 | 2 143 | 2 426 | 2 188 | 2 039 |
| 加蓬 | 846 | 1 020 | 1 207 | 1 426 | 1 599 | 1 253 | 1 805 | 2 507 | 2 303 | 2 232 | 2 364 | 1 864 | … |
| 塞内加尔 | 396 | 777 | 808 | 1 214 | 1 388 | 1 108 | 1 076 | 1 242 | 1 298 | 1 410 | 1 415 | 1 276 | 1 340 |
| 马达加斯加 | 395 | 462 | 600 | 1 005 | 1 350 | 1 114 | 1 097 | 1 144 | 1 118 | 1 202 | 1 084 | 968 | 909 |
| 博茨瓦纳 | 538 | 847 | 580 | 724 | 550 | 633 | 620 | 950 | 800 | 765 | 677 | 534 | 548 |
| 塞舌尔 | 186 | 231 | 274 | 243 | 241 | 235 | 259 | 262 | 383 | 469 | 500 | 496 | 505 |
| **中东** | **48 800** | **98 200** | **122 503** | **159 953** | **189 369** | **175 122** | **192 629** | **224 527** | **234 966** | **242 622** | **285 847** | **268 514** | **266 573** |
| 阿联酋 | 8 275 | 18 891 | 24 322 | 33 372 | 42 773 | 36 752 | 41 337 | 55 702 | 62 301 | 61 157 | 82 696 | 79 728 | 82 042 |
| 沙特阿拉伯 | 10 928 | 19 684 | 29 488 | 46 331 | 49 571 | 47 039 | 50 996 | 54 954 | 49 889 | 51 745 | 62 683 | 55 690 | 50 966 |
| 科威特 | 4 115 | 7 444 | 8 805 | 10 494 | 14 799 | 12 886 | 14 323 | 17 585 | 20 014 | 19 873 | 22 337 | 22 082 | 25 424 |
| 以色列 | 11 703 | 13 501 | 14 864 | 17 462 | 19 582 | 17 169 | 18 539 | 20 004 | 20 504 | 20 559 | 22 225 | 22 142 | 23 490 |
| 伊朗 | 2 161 | 10 407 | 11 407 | 14 760 | 17 100 | 16 937 | 18 153 | 17 285 | 14 881 | 15 287 | 15 679 | 13 702 | 13 907 |
| 黎巴嫩 | … | 7 879 | 8 716 | 9 968 | 13 440 | 14 023 | 13 156 | 12 943 | 11 430 | 12 918 | 13 107 | 13 330 | … |
| 阿曼 | 1 759 | 3 145 | 3 896 | 5 095 | 5 878 | 5 484 | 6 364 | 7 740 | 8 769 | 9 787 | 9 970 | 10 102 | … |
| 伊拉克 | … | 5 426 | 5 030 | 4 741 | 7 168 | 8 426 | 9 606 | 10 870 | 13 016 | 14 408 | 14 565 | 12 449 | 9 901 |
| 约旦 | 1 463 | 2 465 | 2 854 | 3 356 | 3 926 | 3 672 | 4 312 | 4 357 | 4 465 | 4 499 | 4 553 | 4 408 | 4 335 |
| 也门 | 757 | 1 183 | 1 800 | 1 811 | 2 289 | 2 025 | 2 103 | 2 112 | 2 296 | 2 208 | 2 697 | 1 246 | … |

## 世界部分国家（地区）服务进口额（续）

金额单位：100 万美元

| 国别（地区） \ 年份 | 2000 | 2005 | 2006 | 2007 | 2008 | 2009 | 2010 | 2011 | 2012 | 2013 | 2014 | 2015 | 2016 |
|---|---|---|---|---|---|---|---|---|---|---|---|---|---|
| 叙利亚 | 1 468 | 2 274 | 2 437 | 2 917 | 3 096 | 2 623 | 3 437 | 2 818 | … | … | … | … | … |
| **亚洲（包括大洋洲）** | **361 200** | **581 200** | **698 427** | **820 720** | **925 702** | **810 666** | **986 001** | **1 129 943** | **1 223 109** | **1 282 823** | **1 423 631** | **1 383 340** | **1 420 242** |
| 中国 | 35 858 | 83 344 | 100 332 | 128 269 | 155 477 | 145 139 | 192 245 | 246 779 | 280 260 | 329 419 | 430 796 | 433 286 | 449 833 |
| 日本 | 105 230 | 132 622 | 139 755 | 156 856 | 176 768 | 153 971 | 162 921 | 173 807 | 182 829 | 169 040 | 190 465 | 176 652 | 182 692 |
| 新加坡 | 29 985 | 55 073 | 66 198 | 76 296 | 90 957 | 83 915 | 101 020 | 118 059 | 130 682 | 146 833 | 159 188 | 154 304 | 155 356 |
| 印度 | 18 898 | 46 820 | 74 698 | 90 618 | 87 453 | 79 831 | 114 225 | 124 446 | 129 215 | 125 823 | 127 404 | 122 690 | 133 032 |
| 韩国 | 33 152 | 58 964 | 69 598 | 83 889 | 96 940 | 81 646 | 96 546 | 102 043 | 107 794 | 109 161 | 114 741 | 111 308 | 109 048 |
| 香港 | 24 588 | 33 836 | 63 558 | 68 572 | 72 466 | 60 977 | 70 246 | 74 117 | 76 467 | 75 046 | 73 808 | 73 927 | 74 296 |
| 澳大利亚 | 18 555 | 29 909 | 32 663 | 41 270 | 48 322 | 41 609 | 50 765 | 61 671 | 65 709 | 66 967 | 62 405 | 56 352 | 55 486 |
| 台湾省 | 25 507 | 31 420 | 31 656 | 33 981 | 34 037 | 28 903 | 36 964 | 41 190 | 51 047 | 49 600 | 50 821 | 50 626 | 51 739 |
| 泰国 | 15 329 | 26 615 | 32 439 | 37 819 | 45 791 | 34 215 | 41 078 | 45 926 | 45 452 | 47 109 | 44 934 | 42 208 | 41 882 |
| 马来西亚 | 16 603 | 21 750 | 23 421 | 28 475 | 30 060 | 27 257 | 32 400 | 38 083 | 43 131 | 44 973 | 45 128 | 39 757 | 39 094 |
| 印度尼西亚 | 15 381 | 21 836 | 21 342 | 24 325 | 28 219 | 22 892 | 25 971 | 31 157 | 33 639 | 34 425 | 33 076 | 30 755 | 30 594 |
| 菲律宾 | 5 175 | 5 797 | 6 491 | 7 418 | 10 875 | 8 965 | 11 714 | 12 013 | 13 962 | 16 058 | 20 607 | 23 355 | 23 876 |
| 越南 | 3 252 | 4 420 | 5 082 | 7 137 | 7 881 | 8 046 | 9 771 | 11 707 | 10 883 | 13 635 | 14 805 | 16 300 | 18 296 |
| 新西兰 | 4 404 | 8 155 | 7 996 | 9 487 | 10 282 | 8 471 | 10 109 | 11 984 | 12 288 | 12 522 | 13 024 | 11 582 | 11 834 |
| 孟加拉国 | 1 523 | 2 011 | 2 309 | 2 872 | 3 588 | 3 184 | 4 122 | 4 978 | 5 230 | 6 194 | 7 402 | 7 378 | 8 163 |
| 巴基斯坦 | 2 109 | 7 206 | 8 177 | 8 562 | 9 366 | 5 966 | 6 551 | 7 408 | 7 634 | 7 241 | 7 979 | 7 660 | 7 440 |
| 斯里兰卡 | 1 592 | 2 051 | 3 281 | 3 584 | 4 243 | 3 406 | 4 285 | 5 797 | 4 406 | 5 232 | 5 590 | 5 886 | 6 131 |
| 澳门 | 812 | 2 345 | 1 624 | 2 205 | 2 487 | 1 976 | 2 385 | 2 981 | 3 691 | 3 506 | 3 736 | 3 518 | 3 827 |
| 蒙古 | 158 | 468 | 410 | 456 | 616 | 557 | 765 | 1 355 | 2 062 | 1 980 | 1 874 | 1 385 | 1 924 |
| 尼泊尔 | 193 | 424 | 488 | 716 | 840 | 828 | 845 | 761 | 882 | 971 | 1 173 | 1 183 | 1 238 |
| 马尔代夫 | 108 | 210 | 226 | 326 | 419 | 394 | 446 | 576 | 567 | 692 | 788 | 872 | 989 |
| 巴布亚新几内亚 | 772 | 1 262 | 1 584 | 1 945 | 1 817 | 1 823 | 2 737 | 2 937 | 3 715 | 3 853 | 2 249 | 1 319 | 766 |
| 斐济 | 323 | 503 | 529 | 514 | 619 | 462 | 443 | 533 | 562 | 592 | 589 | 523 | 455 |
| 瓦努阿图 | 62 | 69 | 66 | 70 | 129 | 106 | 123 | 143 | 145 | 148 | 143 | 177 | 154 |

**注**：由于服务贸易数据的频繁修订，一些国家和地区的贸易值序列出现多处中断。

**资料来源**：世界贸易组织《国际贸易统计》、《世界贸易统计评论》。

## 2016年中国承接服务外包按合同类别分类情况表

金额单位：万美元

| 合同类别 | 合同数（份） | 增长率（%） | 协议金额 | 增长率（%） | 执行金额 | 增长率（%） |
|---|---|---|---|---|---|---|
| **总　计** | **253 518** | **15.37** | **14 722 941.80** | **12.45** | **10 646 283.96** | **10.11** |
| **信息技术外包（ITO）** | **118 044** | **8.74** | **7 125 275.56** | **14.28** | **5 315 326.61** | **7.81** |
| 软件研发外包 | 76 238 | 10.12 | 4 671 380.62 | 12.94 | 3 564 244.31 | 7.77 |
| 软件研发及开发服务 | 50 374 | 8.95 | 3 392 087.14 | 18.21 | 2 520 878.64 | 12.15 |
| 软件技术服务 | 25 574 | 12.14 | 1 271 418.08 | 1.32 | 1 036 628.71 | -1.35 |
| 其他软件研发外包业务 | 290 | 53.44 | 7 875.39 | -33.51 | 6 736.96 | -23.22 |
| 信息技术服务外包 | 15 308 | 9.13 | 1 258 612.46 | 15.38 | 902 703.65 | 5.09 |
| 集成电路和电子电路设计 | 5 997 | 4.26 | 649 195.87 | 2.66 | 525 518.72 | -3.74 |
| 电子商务平台服务 | 4 566 | -13.16 | 139 721.81 | 20.81 | 123 321.47 | 33.52 |
| 测试外包服务 | 1 302 | -8.63 | 148 631.61 | -23.01 | 121 391.26 | 2.78 |
| IT咨询服务 | 384 | 58.68 | 13 211.63 | 27.37 | 6 760.81 | -11.49 |
| IT解决方案 | 989 | 131.07 | 35 993.71 | -13.23 | 27 906.18 | 30.56 |
| 其他信息技术服务外包业务 | 2 070 | 124.51 | 271 857.85 | 177.88 | 97 805.21 | 32.93 |
| 运营和维护服务 | 26 483 | 5.42 | 1 187 804.32 | 23.08 | 838 154.78 | 14.83 |
| 信息系统运营和维护服务 | 16 934 | 1.18 | 818 635.42 | 19.13 | 585 151.72 | 15.10 |
| 基础信息技术运营和维护服务 | 8 621 | 6.17 | 335 463.54 | 24.44 | 230 743.50 | 6.68 |
| 其他运营和维护服务 | 928 | 248.87 | 33 705.37 | 303.73 | 22 259.55 | 327.00 |
| **业务流程外包（BPO）** | **39 861** | **21.23** | **3 167 193.64** | **23.98** | **1 950 617.64** | **19.29** |
| 内部管理外包服务 | 6 885 | 33.56 | 281 656.64 | 18.05 | 170 522.32 | -7.37 |
| 人力资源管理服务 | 3 131 | 59.91 | 171 450.58 | 134.14 | 90 432.99 | 127.18 |
| 财务与会计管理服务 | 3 297 | 231.69 | 59 378.69 | 119.56 | 34 985.21 | 134.00 |
| 其他内部管理外包服务 | 409 | -57.04 | 21 597.31 | -52.63 | 21 703.49 | -14.36 |
| 业务运营外包服务 | 18 256 | 31.23 | 1 921 923.85 | 28.07 | 1 042 927.69 | 22.87 |
| 数据处理服务 | 4 487 | 79.77 | 496 974.71 | 63.34 | 213 416.20 | 118.81 |
| 互联网营销推广服务 | 2 322 | 15.01 | 176 822.26 | 216.37 | 117 043.38 | 165.93 |
| 客户服务 | 1 411 | 10.23 | 211 514.23 | -35.55 | 156 074.58 | -28.51 |
| 专业业务外包服务 | 6 473 | 84.21 | 837 265.58 | 207.50 | 407 875.35 | 125.49 |
| 其他业务运营外包服务 | 3 550 | 55.09 | 183 119.71 | 155.70 | 104 924.04 | 79.02 |
| 供应链外包服务 | 14 541 | 23.88 | 940 190.74 | 38.42 | 711 335.24 | 52.74 |
| 供应链管理服务 | 12 020 | 15.65 | 790 740.07 | 27.26 | 585 953.45 | 39.02 |
| 采购外包服务 | 2 214 | 85.43 | 121 359.89 | 134.03 | 104 169.51 | 163.26 |
| 其他供应链管理服务 | 307 | 103.31 | 28 090.78 | 365.65 | 21 212.28 | 356.72 |
| **知识流程外包（KPO）** | **95 611** | **22.09** | **4 430 358.43** | **2.96** | **3 380 339.71** | **8.93** |
| 商务服务外包 | 14 942 | 26.81 | 262 277.45 | 33.34 | 201 593.59 | 62.76 |
| 知识产权外包服务 | 946 | -21.10 | 15 765.17 | 10.20 | 13 694.11 | 18.29 |
| 数据分析服务 | 1 804 | 2.68 | 57 369.48 | -16.44 | 54 075.79 | 13.92 |
| 管理咨询服务 | 809 | 34.83 | 42 237.30 | 2.74 | 31 681.30 | 58.54 |
| 检验检测外包服务 | 9 675 | 47.46 | 129 880.04 | 110.90 | 93 172.24 | 143.72 |
| 法律流程外包服务 | 960 | -20.00 | 1 786.51 | -33.97 | 1 498.19 | -32.17 |
| 其他商务服务外包 | 748 | 60.52 | 15 238.94 | 82.97 | 7 471.97 | 70.21 |
| 技术服务外包 | 57 433 | 38.31 | 2 974 390.12 | 10.94 | 2 200 542.02 | 17.43 |
| 工业设计外包 | 40 107 | 54.68 | 1 460 840.68 | 34.68 | 1 218 787.02 | 45.03 |
| 工程技术外包 | 12 064 | 28.89 | 1 181 878.89 | -1.41 | 736 131.42 | 5.15 |
| 其他技术服务外包 | 5 262 | -15.62 | 331 670.56 | -16.58 | 245 623.57 | -26.35 |
| 研发服务外包 | 23 224 | 2.53 | 1 168 512.81 | -6.95 | 912 583.80 | 0.59 |
| 医药和生物技术研发外包 | 11 050 | 14.86 | 593 497.06 | -19.32 | 457 484.71 | -1.85 |
| 动漫及网游设计研发外包 | 3 828 | -4.75 | 127 174.76 | 27.84 | 95 087.74 | 16.23 |
| 其他研发服务外包 | 8 346 | -7.38 | 447 840.99 | 6.45 | 360 011.35 | 0.19 |

**2016年中国承接服务外包前20位省份（自治区、直辖市）**

金额单位：万美元

| 省（自治区、直辖市） | 合同数（份） | 增长率（%） | 协议金额 | 增长率（%） | 执行金额 | 增长率（%） |
|---|---|---|---|---|---|---|
| **全 国** | **253 519** | **15.37** | **14 722 956.51** | **12.45** | **10 646 283.96** | **10.11** |
| 江苏省 | 69 405 | 9.01 | 4 842 299.36 | 8.59 | 4 080 989.73 | 8.31 |
| 广东省 | 31 249 | 41.13 | 2 317 831.71 | 39.89 | 1 394 684.45 | 22.73 |
| 浙江省 | 64 197 | 13.24 | 1 326 765.02 | 10.42 | 1 148 697.01 | 9.77 |
| 山东省 | 20 660 | 48.15 | 963 498.53 | 16.71 | 801 715.72 | 11.32 |
| 上海市 | 6 542 | 2.49 | 921 385.63 | 17.35 | 673 115.24 | 11.89 |
| 北京市 | 2 845 | -18.27 | 1 194 036.34 | 0.52 | 491 012.16 | 9.05 |
| 福建省 | 7 348 | 62.06 | 322 698.69 | 45.25 | 259 756.30 | 32.52 |
| 黑龙江省 | 5 015 | -1.36 | 376 571.58 | 44.89 | 217 282.97 | 26.95 |
| 天津市 | 2 275 | -29.46 | 269 053.76 | 13.05 | 192 634.06 | 0.83 |
| 重庆市 | 5 281 | 8.48 | 230 136.44 | 39.31 | 187 760.09 | 34.30 |
| 湖南省 | 6 065 | 10.25 | 269 521.61 | -29.58 | 185 600.12 | 31.09 |
| 湖北省 | 7 779 | 31.25 | 221 624.58 | -14.84 | 182 366.65 | 19.36 |
| 辽宁省 | 5 088 | 6.56 | 373 605.08 | 73.34 | 164 790.28 | -6.61 |
| 四川省 | 4 091 | 15.43 | 246 202.54 | 6.70 | 162 974.52 | 4.38 |
| 安徽省 | 4 021 | 23.84 | 279 928.85 | 18.67 | 140 031.90 | 5.25 |
| 江西省 | 3 693 | -5.33 | 157 374.64 | 4.04 | 139 022.45 | 8.21 |
| 陕西省 | 1 692 | 47.13 | 183 370.78 | 22.29 | 104 828.04 | 26.43 |
| 河北省 | 3 577 | -35.46 | 114 881.30 | -51.14 | 56 584.59 | -51.17 |
| 广西壮族自治区 | 1 238 | 66.62 | 42 700.87 | 58.97 | 25 974.32 | 95.73 |
| 河南省 | 799 | -26.29 | 50 611.03 | -72.69 | 23 141.09 | -83.37 |

**截至2016年中国服务外包企业从业人员情况表**

人数单位：万人

| | 从业人数 | 比重（%） |
|---|---|---|
| **合 计** | **855.72** | **100.00** |
| 大学学历 | 551.28 | 64.42 |
| 其中：专科 | 233.92 | 27.34 |
| 本科以上 | 317.36 | 37.09 |
| 其中：本科 | 262.58 | 30.68 |
| 硕士 | 42.54 | 4.97 |
| 博士 | 12.24 | 1.43 |
| 其他 | 304.44 | 35.58 |

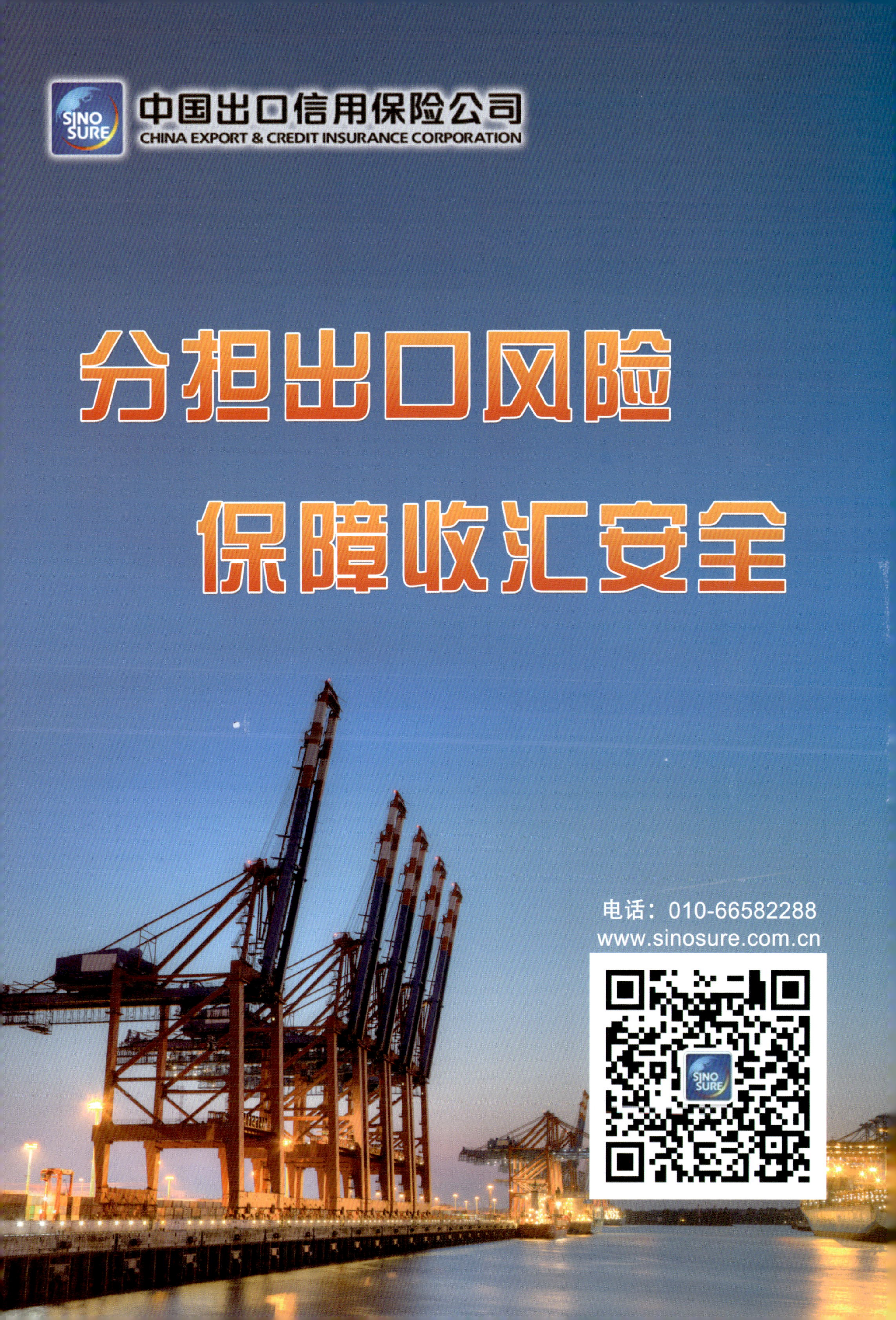

中国出口信用保险公司
CHINA EXPORT & CREDIT INSURANCE CORPORATION
分担出口风险
保障收汇安全
电话：010-66582288
www.sinosure.com.cn

服务京津冀协同发展
打造新时代金融名片
表内外总资产、净资产增长150倍
人均创利、资产质量始终保持在上市银行优秀水平
一级资本排名列入英国《银行家》全球千家大银行百强
打造科技金融、文化金融、绿色金融特色品牌
服务10万小微企业创新创业，为近2000万居民提供医保结算
“更名、引资、改制、上市”，探索中小银行创新发展经典模式
北京银行
BANK OF BEIJING
真诚 所以信赖

机集团

中国机械设备工程股份有限公司
China Machinery Engineering Corporation

# 一带一路

BELT
AND ROAD

欧洲
俄罗斯
中亚
中国
地中海
波斯湾
西亚
南亚
南海
东南亚
印度洋
南太平洋

中国机械设备工程股份有限公司（CMEC）,由中国机械设备进出口总公司通过整体改制更名，于2012年在香港成功上市。公司成立于1978年，是中国第一家大型工贸公司，隶属于中国机械工业集团有限公司。

CMEC是以工程承包为核心业务，以贸易、投资、研发及国际服务为主营业务的大型国际化综合性企业，是国际知名的工程承包商。工程承包业务范围涉及到电力能源、交通运输及电子通讯、房屋建筑、工厂建设、环境保护、采矿以及资源勘探等多个领域。

CMEC承接的国际工程承包业务和一般国际贸易已经遍及世界五大洲150多个国家和地区。

CMEC1980年开始从事国际工程承包业务，是第一批“走出去”的中国承包商。

为践行“一带一路”构想，CMEC积极作为，加强对“一带一路”沿线国家的开发力度。业务范围与“一带一路”国家高度契合，在17个沿线国家拥有分支机构，21个沿线国家拥有完工项目，具有多年深厚的市场基础。从2013年“一带一路”倡议提出至2015年，CMEC在“一带一路”沿线共有400多个重点跟踪项目，涉及50多个“一带一路”沿线国家。目前已经形成了巴基斯坦、白俄、斯里兰卡、缅甸、泰国、伊拉克、土耳其、马来西亚、马尔代夫等十余个核心市场。

## Development Finance for the Belt and Road Initiative

Since the inception of the Belt and Road Initiative, China Development Bank (CDB) has taken responsive measures to bring into full play the unique advantages of its development financing. It restructures international business departments, and strives for promoting policy coordination, improving transportation connectivity, achieving unimpeded trade, facilitating currency circulation, and developing people-to-people bonds and building a community of shared interests, destiny and responsibility and offers generous support to the Belt and Road Initiative. By the end of 2016, CDB has issued loans totaling more than USD 160 billion to countries along the Belt and Road, with the balance of these loans amounting to over USD 110 billion. Specific measures taken by CDB include:

1) Cementing the cooperation between the banking institutions and the government and promoting policy coordination

On the one hand, CDB has played a significant role in assisting in high-level visits, facilitating those cooperation projects, which are important, solidly prepared and well-grounded, to be put on the table for discussions during these high-level visits, and helping develop a bilateral/multilateral mechanism for inter-governmental cooperation. On the other hand, CDB has strengthened planning for cooperative projects and undertaken the planning not only for the bilateral cooperation between China and eight neighboring countries, including Kazakhstan, Laos, Cambodia and Kuwait, but also for three economic corridors (China-Mongolia-Russia, China-Pakistan, and Bangladesh–China–India–Myanmar economic corridors).

2) Supporting major projects and promoting facilities connectivity

CDB has lent a hand in the construction of six major international corridors with a focus on such key fields as oil and gas, nuclear power, high speed rail, port and industrial parks and has financed the implementation of a batch of major projects. It has supported Chinese-funded enterprises to take part in infrastructure construction in China's partner countries.

3) Boosting the international cooperation on production capacity and unimpeded trade

Capitalizing on ample resources locally available, CDB has actively boosted the production capacity cooperation between China and partner countries, such as Indonesia, Laos and Kazakhstan and advanced the development of industrial parks. It has also supported international cooperation in industries such as high-speed rail, power generation, telecommunications and automobile, etc.

4) Reinforcing the financial cooperation and promoting financial integration

CDB has led the development of multilateral financial cooperation mechanism such as Shanghai Cooperation Organization Interbank Association (IBA SCO), China-ASEAN Interbank Association (CAIBA) and BRICS Interbank Cooperation Mechanism and built cooperative relationships with 98 financial institutions at a regional, sub-regional or national level. Besides, CDB has made the most of its financial services portfolio featuring a mixture of "investment, loans, bonds, leasing and securities" and avidly offered businesses such as international settlement, trade financing, financial consultation, offshore assets securitization and syndicated loans, to propel the internationalization of RMB.

5) Supporting livelihood improvement and cultural exchanges and strengthening people-to-people bonds

In the light of the situations in partner countries, CDB has supported local industrial projects and industrial park development and bolstered the development of weak areas such as agriculture, forestry and SMEs. In order to intensify the personnel exchanges and trainings, CDB has offered 20 trainings in countries along the Belt and Road in 2016, attracting 903 participants. In addition, the CDB scholarship has benefited 98 foreign students from 18 countries.

国开行支持的斯里兰卡科伦坡集装箱码头项目

# 靖江经济技术开发区

靖江靖江技术开发区大楼

靖江经济技术开发区为国家经济技术开发区。地处江苏省中部，位于上海至南京长江“黄金水道”中心点北岸，南濒长江下游黄金水道，与苏锡常隔江相望，拥有52.3公里的长江岸线，可建万吨级以上泊位100多个,京沪高速公路、沿江高等级公路、新长铁路穿境而过，水陆交通便利，区位优势明显。

按照“国际性制造业基地、现代化物流基地和宜居化滨江生态城市”的发展定位，构建了“船舶修造、粮油加工、木材加工、汽车配件及装备制造”等产业集群，2016年实现实现地区生产总值615亿元，工业开票545.57亿元，一般公共预算收入17.19亿元。此外，开发区还荣获了国家一类开放口岸、国家船舶出口基地、国家微特电机及控制产业基地、国家中小企业创业基地、省现代服务业集聚区、省重点物流基地、省高新技术创业服务中心等称号，成为长三角地区一颗快速崛起，后来居上的璀璨明珠。

江苏新世纪造船公司

# Jingjiang Economic and Technology Development Zone

Being a state-level economic and technological development zone, Jingjiang Economic and Technological Development Zone is located in the middle of Jiangsu Province and the northern bank to the center of the Yangtze River's "Golden Waterway" from Shanghai to Nanjing. It is also near to the golden waterway of Yangtze River to the south. Sitting at the opposite of Wuxi, the Zone boasts of a 52.3km-long Yangtze River coastal line. It can contain over 100 berths with capacity at the level of 10,000 tons and above. Moreover, the Zone is highly accessible thanks to excellent geological advantages as the Beijing-Shanghai Expressway, the high-level highways along the Yangtze River and the Xinyi-Changxing Railway go through the Zone.

金秋竹集团智能生产线

With the positioning of "an international manufacturing base, a modern logistic base and a livable ecological city", the Zone has established such industry clusters as "vessel manufacturing, grain & oil processing, wood processing, auto parts and equipment manufacturing". In 2016, it realized the regional GDP of RMB61.5bn, industrial sales of RMB54.557bn and general public budget revenues of RMB1.719bn. In addition, the Zone has won such honors as the National First-Class Open Port, National Micro-Motor & Control Base, National SME Entrepreneurship Base, Provincial Modern Service Clustering Zone, Provincial Important Logistic Base and Provincial High-tech Entrepreneurship Service Center. Despite being a late comer, it has become a rising star in the Yangtze River Delta Region.

DALIAN JINPU NEW AREA

2014年6月，经国家批准，由大连市金州区、大连经济技术开发区、保税区、普湾经济区和金石滩国家旅游度假区组合，设立大连金普新区。战略定位是：面向东北亚区域开放合作的战略高地、引领东北地区全面振兴的重要增长极，老工业基地转变发展方式的先导区、体制机制创新与自主创新的示范区、新型城镇化和城乡统筹的先行区。东北亚重要的国际航运中心、物流中心。

大连市地处欧亚大陆东岸，东濒黄海，西邻渤海，南与山东半岛隔海相望，北依辽阔的东北平原，是东北、华北通往世界各地的海上门户，是夏季达沃斯永久主办地和中国国际软交会唯一指定城市，是重要的港口、贸易、工业、旅游城市，是中国北方重要的国际枢纽和国际物流中心。2017年3月，经国家批准设立的中国（辽宁）自由贸易试验区大连片区位于金普新区域内，面积59.96平方公里。

金普新区面积2299平方公里，占大连市18.3%。常住人口158万，占大连市22.6%。金普新区经济总量占大连市三分之一以上。2016年，金普新区被国家确定为跨境电子商务综合试验区、沈大国家自主创新示范区、构建开放型经济新体制综合试点试验区。

金普新区是东北地区对外开放的前沿和窗口。共有来自近70个国家和地区的外资项目近5000个，70多个世界500强企业投资建设的重大产业项目近百个。主导产业有石油化工、装备制造、电子信息以及汽车零部件、生物医药等。战略新兴产业、现代服务业也在蓬勃发展。目前正在创建国家全域旅游示范区。

浪漫大连，魅力金普。这里有您投资的热土，这里有您创业的平台。

In June 2014, Dalian Jin Pu New Area was established after approval, composed of Dalian Jinzhou District, Dalian Economic and Technological Development Zone, Bonded Zone, Puwan Economic Zone and Jinshi Tan National Tourism Resort. It is strategically positioned as a strategic highland of opening and cooperation in Northeast Asia, an important growth source in rejuvenation of Northeast China, a pioneer in transformation of the development way of old industrial bases, a demonstration area of system innovation and independent innovation, a pioneer of new-type urbanization and harmonious urban and rural development, and an important international shipping center and logistics center in Northeast Asia.

Dalian City is located on the east coast of the Eurasian Continent at the southernmost point of the Liaodong Peninsula in Northeast China. It lies between the Yellow Sea to the east, the Bohai Sea to the west, and the Shandong Peninsula to the south across the sea. The vast Northeast China Plain lies to the north of the city. The city serves as a gateway to the sea, linking Northeast China, North China, and the world. It is also the permanent site of the Summer Davos and the sole designated city of China International Software & Information Service Fair. Dalian City is an important city for its port, trade, industry and tourism. In March 2017, China (Liaoning) Free Trade Pilot Zone set its Dalian part in Jin Pu New Area, with an area of 59.96 square kilometers.

Jin Pu New Area has an area of 2,299 square kilometers, accounting for 18.3% of Dalian's total area. The permanent population of the Area was 1.58 million, accounting for 22.6% of that of Dalian. The Area contributed about more than one third to Dalian's economy aggregate. In 2016, it was chosen as the cross-border e-commerce comprehensive pilot zone, Shenda National Independent Innovation Demonstration Zone, and a comprehensive pilot zone for new system of open economy.

The Area serves as the frontier and window of Northeast China's opening and reform. It has nearly 5,000 foreign investment projects from nearly 70 countries and regions, and nearly 100 material industry projects invested by Global 500 enterprises. Leading industries include petrochemicals, equipment manufacturing, electronic information, auto parts and biomedicines. Strategic emerging industries and modern services are also blooming. Now it is striving to build itself into a national tourism demonstration area.

Dalian is a romantic city and Jin Pu is full of charm. Jin Pu New Area is ideal for you to make investment and start business.

# 中国（湖北）自由贸易试验区

China (Hubei) Pilot Free Trade Zone

湖北自贸区新闻发布会现场

设立中国（湖北）自由贸易试验区（以下简称湖北自贸区），是国家在新形势下推进改革开放、加快长江经济带发展、促进中部崛起的重大战略举措。自贸试验区的实施范围119.96平方公里，涵盖三个片区：武汉片区70平方公里（含武汉东湖综合保税区5.41平方公里），襄阳片区21.99平方公里（含襄阳保税物流中心〔B型〕0.281平方公里），宜昌片区27.97平方公里。

湖北省将全面贯彻落实国家领导人关于自贸试验区建设的重要指示精神，严格对照国家关于自贸试验区建设的要求部署，立足中部、辐射全国、走向世界，紧紧围绕制度创新这个核心，主动对接国际高标准投资贸易规则体系，创新理念机制，全面推进贸易便利化、投资自由化、监管法治化，努力把中国（湖北）自贸试验区建设成为改革开放的排头兵、创新发展的先行者，形成更多可复制、可推广的湖北经验。

作为自贸区建设牵头部门，省商务厅将根据省委、省政府统一部署，会同三个片区和相关部门，围绕湖北自贸区战略定位，科学谋划、统筹推进，努力促进改革试验任务落地和各项工作顺利开展。

## 示意图

总面积119.96平方公里

**襄阳片区**

襄阳片区21.99平方公里（含襄阳保税物流中心〔B型〕0.281平方公里），重点发展高端装备制造、新能源汽车、大数据、云计算、商贸物流、检验检测等产业。

**武汉片区**

武汉片区70平方公里（含武汉东湖综合保税区5.41平方公里），重点发展新一代信息技术、生命健康、智能制造等战略性新兴产业和国际商贸、金融服务、现代物流、检验检测、研发设计、信息服务、专业服务等现代服务业。

**宜昌片区**

宜昌片区27.97平方公里，重点发展先进制造、生物医药、电子信息、新材料等高新产业及研发设计、总部经济、电子商务等现代服务业。

十堰市 襄阳市 随州市 荆门市 孝感市 宜昌市 武汉市 鄂州市 黄冈市 黄石市 荆州市 咸宁市 恩施土家族苗族自治州

Establishing the China (Hubei) Free Trade Pilot Zone (FTZ) represents an important strategic measure of China for promoting opening and reform, accelerating the development of Yangtze River Economic Belt and driving the rising of the Central China under new situations. With an area of 119.96 square kilometers, Hubei FTZ consists of three districts: Wuhan District (70 square kilometers, including 5.41 square kilometers for the comprehensive bonded area in Wuhan Donghu), Xiangyang District (21.99 square kilometers, including 0.281 square kilometers for Xiangyang Bonded Logistics Center (Type B)) and Yichang District (27.97 square kilometers).

Hubei Province will fully implement the guidelines from the state leaders on the construction of free trade zones, and strictly follow the deployment requirements of the state regarding the construction of free trade zones. Focusing on the Central China, Hubei FTZ aims to attract investment from the whole China and go global with system innovation as the core. It actively meets with the international high-standard investment and trade practices and innovates concepts and mechanisms to fully promote the trade facilitation, investment liberation and legal regulation, hence building itself into a spearhead of the opening and reform and a pioneer of innovative development and establishing more replicable experience with unique Hubei characteristics.

In accordance with the unified deployment of the CPC Hubei Provincial Committee and the Hubei Provincial Government, the Department of Commerce of Hubei Province, as the leader for the construction of the Free Trade Zone, will work with the three districts and relevant authorities on the basis of the strategic positioning of the FTZ. They'll make plans in a scientific way for harmonious development and strive to promote the implementation of the reform experiment tasks and the smooth progress of all work.

省领导在湖北自贸区新闻发布会上发布湖北自贸区申报、建设情况

省领导实地考察武汉自贸片区拱门施工现场

省领导实地考察武汉自贸片区办事窗口建设

# 苏州浒墅关经济技术开发区

## Suzhou Xushuguan Economic and Technological Development Zone

苏州浒墅关经济技术开发区成立于1992年9月，1993年12月被江苏省政府批准为省经济开发区，2013年3月被批准为国家经济技术开发区。区域面积63.2平方公里，常住人口8万多人，流动人口9万多人。

开发建设以来，开发区引进内外资企业2300多家，形成了电子信息、轨道交通、机械制造、汽车零部件为支柱产业等四大支柱产业。克诺尔车辆设备、阿克苏诺贝尔防护涂料、苏尔寿泵业、川崎精密机械、安弗施射频系统、天猫商超、宇培集团等世界知名龙头企业相继落户。2016年，开发区完成公共财政预算收入27.49亿元；规模以上工业总产值956.34亿元；固定资产投资129.32亿元，其中工业投资53.1亿元；引进内资项目540个、注册资金54.27亿元，引进外资项目30个。

近年来，开发区完善了1所四星级高中，4所初级中学、8所小学和14家幼儿园、阳山街道敬老院、社区服务中心、卫生服务中心等一大批民生服务设施。依托区内丰富的人文旅游资源，投资20多亿元建设大阳山国家森林公园，引进了苏州乐园探险世界、水上世界项目，有效推进了周边及当地旅游业发展。

浒墅关开发区正按照“运河文化商贸区、服务贸易创新区、现代工业集聚区、生态旅游度假区”的规划新格局，向具有丰富文化内涵和产业特色的高标准国家开发区迈进。

Suzhou Xushuguan Economic and Technological Development Zone was established in September 1992. In December 1993, it was officially approved by the People’s Government of Jiangsu Province as a provincial economic development zone. In March 2013, it was upgraded as a state-level economic and technological development zone. It covers an area of 63.2 sq. km with a permanent population of more than 80,000 and a floating population of over 90,000.

Up till now, more than 2,300 domestic and foreign enterprises have been introduced into Xushuguan Development Zone, and four leading industries have emerged in the Zone, including electronic information, rail transit, equipment manufacturing, and auto parts. Many world well-known enterprises have settled down here, such as Knorr-Bremse Rail Vehicle Systems, AkzoNobel Protective Coating, Sulzer Pumps, Kawasaki Precision Machinery, Radio Frequency Systems, Tmall Supermarket, and Yupei Group, etc. In 2016, Xushuguan Development Zone completed the public finance budget income of 2.749 billion RMB, the gross industrial output value above designated size of over 95.634 billion RMB, and the fixed assets investment of 12.932 billion RMB, including the industrial investment of 5.31 billion RMB. In total, 540 domestic projects with the registered capital of 5.427 billion RMB and 30 foreign projects were introduced into the development zone in 2016.

In recent years, Xushuguan Development Zone has improved lots of people's livelihood services facilities, including one four-star senior high school, four junior middle schools, eight primary schools, and 14 kindergartens, Yanshan sub-district retirement home, community service centers and health service centers in total. Depending on rich natural and cultural tourism resources in the area, Xushuguan Development Zone has invested more than two billion RMB to build Dayangshan National Forest Park and has introduced the Adventure World and Water World of Suzhou Amusement Land, effectively promoting the surrounding and local tourism development.

Xushuguan Development Zone is forging ahead to a high standard National Development Zone with rich cultural connotations and industrial characteristics according to the new planning layout of “canal cultural and commercial zone, service trade innovation zone, modern industry integrated zone, and eco-tourism resort area”.

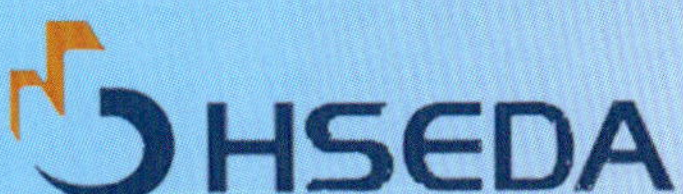

# 杭州湾上虞经济技术开发区

Hangzhou Bay Shangyu Economic and Technological Development Zone

康龙化成医药项目开工仪式

开发区鸟瞰图

杭州湾上虞经济技术开发区地处浙江省杭州湾南岸，位于上海、杭州、宁波三大城市圈中心位置，紧邻嘉绍跨江大桥。开发区创建于1998年，2013年经国家批复升格为国家经济技术开发区，是中国工业示范园区、国家循环化改造重点支持园区、长三角最强中国制造产业集聚区、浙江省先进国家开发区，正在创建国家生态工业示范园区。2016年经济规模迈上“千亿”量级，实现工业总产值1017亿元，财政收入23亿元，固定资产投入160亿元，在全省国家开发区综合考评中名列前茅。

开发区规划面积133平方公里，完成开发40余平方公里，完成投资超过1300亿元，落户企业200余家，引进和培育了上市挂牌企业25家，形成了绿色化工、新材料、新能源汽车及零部件、高端装备制造等产业。今年以来，杭州湾上虞开发区以“五年再造一个千亿级产业基地”为总体目标，大力实施产业集群、创新驱动、开放带动、绿色发展四大战略，积极聚焦现代医药、新材料和汽车及零部件、高端装备“2+2”产业集群，致力打造长三角南翼最具活力的高端制造业产业基地。

Located in the south of Hangzhou Bay of Zhejiang Province and the center of the Shanghai-Hangzhou-Ningbo circle, Hangzhou Bay Shangyu Economic and Technological Development Zone is adjacent to Jiaxing-Shaoxing River-Crossing Bridge. Founded in 1998, the Zone was ratified as a state-level economic and technological zone in 2013 with the state’s approval. It is a China Industrial Demonstration Zone, a Major Park with National Support for Circular Operation, the Strongest Manufacturing Gathering Zone in Yangtze River Delta Region and the Advanced State-level Development Zone of Zhejiang Province. It is building the National Ecological Industry Demonstration Park. In 2016, its economic scale reached over RMB100bn: gross industrial output hit RMB101.7bn, fiscal revenues amounted to RMB2.3bn and fixed asset investment reached RMB16bn. The Zone ranks high among national development zones in Zhejiang Province by comprehensive scores.

With a planned area of 133 square kilometers, the Zone has completed the construction of over 40 square kilometers and investment of over RMB130bn. More than 200 enterprises have settled down in the Zone, and it also introduced and cultivated 25 listed companies. The Zone has shaped such industries as green chemicals, new materials, new energy auto & parts and high-end equipment manufacturing. Since this year, the Zone has been focusing on the overall objective of “creating another industry base worth over RMB100bn within 5 years”, putting great efforts into four strategies: industry clustering, innovation, opening and green development. It focuses on the “2+2” industry cluster: modern medicines, new materials, auto & parts and high-end equipment, hoping to create the most energetic high-end manufacturing base in the south of Yangtze River Delta Region.

科创中心

# 晋中经济技术开发区

## Jinzhong Economic and TechnologicalDevelopment Zone

晋中经济技术开发区于1996年设立省级开发区，2012年3月升级为国家开发区。管辖面积55.8平方公里，地处山西中部交通枢纽，与太原市相邻。坚持科技创新引领战略和生态产城一体化战略，到2016年底，已吸引入区企业3508个，其中规模以上工业企业36户，限额以上商贸物流企业54户，世界、国内500强投资企业14户，高新技术企业31户，形成了以医药食品、装备制造、节能环保、电子信息4个工业主导产业和现代物流产业。2016年，工业总产值完成84亿元，其中高新技术企业工业总产值49亿元，企业主营业务收入463.5亿元，已成为山西中部重要的经济增长极。

抢抓新机遇，积极推进山西省转型综改示范区建设，加快传统产业转型升级，培育壮大新一代信息技术、高端智能制造、新能源、新材料、医药健康、文化数字创意等六大新兴产业，建设战略性新兴产业的集聚区、绿色发展的先行区、智慧低碳的新型城区，引领晋中市创新发展，在经济转型、创新驱动、体制创新、投资环境等方面发挥示范作用。

Jinzhong Economic and Technological Development Zone was established in 1996 as a provincial development zone and upgraded to a state-level development zone in March 2012. It has a jurisdiction area of 55.8 square kilometers, located in central Shanxi traffic hub, adjacent to the city of Taiyuan. Adhering to the strategies of development through scientific and technological innovation and building a zone with good ecological environment and sound production, by the end of 2016, it had attracted 3,508 enterprises, including 36 industrial enterprises above designated size, 54 trade logistics enterprises above designated size, 14 Global and China 500 enterprises, and 31 high-tech enterprises. It has owned four leading industries, such as medicine and food, equipment manufacturing electronic information, energy saving and environmental protection, and modern logistics industry. In 2016, the Zone achieved total industrial output value of 8.4 billion yuan, including 4.9 billion yuan of high-tech industrial output value, and 46.35 billion yuan of companies' main business income. It has become an important economic growth pole in central Shanxi.

The Zone is seizing new opportunities to actively promote the building of comprehensive reform demonstration area in Shanxi Province, accelerate the transformation and upgrading of traditional industries, and foster six emerging industries, such as new generation of information technology, high-end smart manufacturing, new energy, new materials, medicine and health care, and cultural and creative digital sector. It is also building a strategic emerging industry gathering area, a pioneer of green development and a smart low-carbon city area to drive the innovation and development of Jinzhong and play an exemplary role in economic restructuring, innovation-driven development, institutional innovation, and investment environment and so on.

山西省领导在科创城调研

晋中市委领导调研中鼎物流项目

晋中市领导调研天美杉杉奥特莱斯项目

工委领导调研产业研究院项目

管委会主任温振斌（左三）在企业调研

管委会主任温振斌（左二）带队进行安全联合检查

招商咨询热线（Investment hotline）：0354——3368753

网 址（Web site）：http://www.sxjzedz.gov.cn/jzjjkfqwww/

# 新乡经济技术开发区

## Xinxiang Economic and Technological Development Zone

化纤 高级人造丝产量雄踞世界首位　　中兵集团生产现场　　豫飞重工产品图　　新飞集团

新乡地处中原腹地，公路、铁路交通优势明显，是中原城市群核心区和郑洛新国家自主创新示范区重要组成部分，是国家产业集聚集群创新发展综合改革试点城市、国家循环经济示范城市建设地区、全国科技进步先进市。

新乡经济技术开发区是国家经济技术开发区，位于新乡市区东部，辖区总面积40平方公里。规划有工业生产、生活居住、商务办公、职业教育、现代物流五大功能区，入驻企业达到500家，初步形成了以高端装备制造、高科技纺织服装、高成长性服务业为主导的“2+1”产业体系。中兵集团、中航集团、中国机械、中国通用等央企和新乡化纤、佛山照明、浙江康盛、北京双鹭等上市公司均在此投资。

Located in the center of Central China, Xinxiang is highly accessible with convenient highway and railway networks. As a part of the core area of Central China City Cluster and the Zhengzhou-Luoyang New National Indigenous Innovation Demonstration Zone, Xinxiang is also a pilot city for comprehensive reform of innovative development for national industry clusters, a demonstration city of national circulation economy and a national advanced city for scientific and technological progress.

As a national economic and technological development zone, Xinxiang Economic and Technological Development Zone is located in the east of Xinxiang City, governing a gross area of 40 square kilometers. With five planned functional areas, namely industrial production, living, business, vocational education and modern logistics, the Zone has attracted 500 enterprises, preliminarily establishing a “2+1” industry system led by high-end equipment manufacturing, high-tech textile and high-growth service industries. Those having invested here include state-owned enterprises such as China North Industries Group Corporation, Aviation Industry Corporation of China and China General Technology (Group), as well as listed companies such as Xinxiang Chemical Fiber, Foshan Electrical and Lighting, Zhejiang Kasun and Beijing Shuanglu.

# 德阳经济技术开发区

## Deyang Economic and Technological Development Zone

中国二重自主设计、制造、安装的800MN模锻压机

金迪 新能源

东汽大型燃气轮机转子吊装

东锅——首台百万千瓦级核电蒸发器

德阳经济技术开发区于1992年8月成立，2010年6月升级为国家经济技术开发区。幅员面积达68平方公里，规划建设面积51平方公里，建成区面积42平方公里，人口约20万人。是国家授予的“国家新型工业产业化示范基地”、联合国“清洁技术与新能源装备制造业国际示范城市”挂牌园区，国家循环化改造示范试点园区，四川省生态工业示范园区，四川省招商引资承接产业转移优秀园区和重点培育的特色产业园区。

**区位优势明显。**位于成渝经济区核心和成德绵经济带中部，距省会成都42公里。1小时车程可达成都双流国际机场、在建的第二机场和绵阳南郊机场，直达乐山港、泸州港和重庆港。成都青白江西部铁路物流中心距离经开区仅20公里，每周开行的蓉欧快铁12天可直达波兰罗兹，时间为海铁联运时间的三分之一，费用为空运费用的四分之一。

**产业基础雄厚。**园区以装备制造、能源装备、新型材料等为主导产业，以中国二重、东方电机、东方汽轮机、东方锅炉、东方风电等为代表的大型骨干企业，已成为国内最重要的水电、火电、核电、风电、天然气发电、太阳能发电等“六电”并举的装备制造基地，生产了占全国60%以上的核电产品，50%以上的大型轧钢设备、40%的水电机组、30%以上的火电机组、16%的风电产品。建成了全球最大8万吨模锻压机。现有企业2000多家，其中工业企业500余家，规模以上工业企业127家。

**创新氛围浓厚。**园区高新技术企业达到23家，国家知识产权试点示范企业4家，新三版上市企业3家，省级科技企业孵化器1家；建成了银鑫五洲广场现代金融产业园，正在建设中德产业创新合作平台。

**配套设施完善。**园区内“八横八纵”路网交织，拥有一批学校、医院、酒店、住宅等公共服务设施，可满足不同层次的教育、医疗、居住、会议、娱乐等消费需求。

**政务环境优良。**着力打造高品质、低成本、优服务的投资环境，建有一流的政务服务中心、企业服务中心、投资服务中心、招商引资中心。为企业提供“全方位、一站式”服务。德阳海关和国检位于园区内，为企业提供方便快捷的通关服务。

Founded in August 1992, Deyang Economic and Technological Development Zone was ratified as a state-level economic and technological development zone in June 2010. The Zone has a gross area of 68 square kilometers, planned construction area of 51 square kilometers, completed area of 42 square kilometers and population of 200,000. It is the “National Demonstration Base of New-type Industrialization” rated by the Ministry of Industry and Information Technology, the “International Demonstration City of Clean Technology and New Energy Equipment Manufacturing” awarded by the United Nations, and the National Circulation Reform Pilot Park. The Zone is also one of Sichuan Province’s excellent parks in attracting investment and undertaking industrial transferring, and a key growth-oriented featured industrial park cultivated by the Province.

**Significant geological location advantage.** Located in the core of the Chengdu-Chongqing Economic Zone and the center of the Chengdu-Deyang-Mianyang Economic Belt, the Zone is only 42km from Chengdu, the capital of Sichuan Province. It is one-hour drive from Chengdu Shuangliu International Park, the second airport under construction and Mianyang Nanjiao Airport, as well as the Leshan Port, Luzhou Port and Chongqing Port. Chengdu Qingbaijiang West Railway Logistic Center is only 20 km from the Zone, and every week there is one train via the Chengdu-Europe Express Rail to Lodz after 12-day travel, with the time being one third of the ocean-railway transportation and the cost being a quarter of air freight.

**Strong industry base.** The Zone takes equipment manufacturing, energy equipment and new materials as leading industries and is supported by such large backbone enterprises as CNEG, Oriental Motor, Dongfang Turbine, Dongfang Boiler and Dongfang Electric Wind Power. Therefore it has become an equipment manufacturing base for hydropower, coal-fired power, nuclear power, wind power, natural gas-fired power and solar power, producing 60%+ of nuclear power products, 50%+ of large steel-rolling equipment, 40%+ of hydropower generation units, 30%+ of coal-fired generation units and 16%+ of hydropower products nationwide. It has built the world’s largest 80,000-ton hydraulic press forge. Now there are 2,000+ enterprises in the Zone, including over 500 industrial enterprises and 127 industrial enterprises above the designated size.

**Good innovation momentum.** In the Zone, there are 23 high-tech enterprises, 4 national demonstration enterprises for intellectual property pilot, 3 enterprises listed on the New Third Board, and 1 provincial technology enterprise incubator. It has built the Modern Financial Industry Park in Yinxin Wuzhou Plaza and is constructing the Sino-Germany Industry Innovation Cooperation Platform.

**Well-developed auxiliary facilities.** The Zone has built the eight south to north and eight east to west road networks and a batch of public service facilities including schools, hospitals, hotels and residential buildings to meet consumption needs for education, medical treatment, living, meeting and entertainment of different levels.

**Favorable government service environment.** The Zone is focusing on building an investment environment featuring high quality, low cost and quality services. It has built a first-class government service center, an enterprise service center, an investment service center and a merchandizing center. The Zone provides enterprises with “all-round and one-stop” services. Deyang Customs and Deyang Quality Inspection are located in the Zone to provide enterprises with convenient custom clearance services.

德阳经开区全景图

# 南昌经济技术开发区

## Nanchang Economic and Technological Development Zone

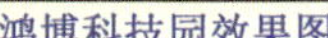
鸿博科技园效果图

猪八戒江西园区

百路佳客车

江铃新能源

南昌欧菲光

鸿利光电

明匠智能制造

南昌经济技术开发区（以下简称南昌经开区）创建于1992年，2000年被批准成为江西省首家国家经济技术开发区,现辖区面积229平方公里，人口40万，下辖一个桑海产业园，一镇三处。2016年，南昌经开区以“强产业”为目标，在“两行动一机制”的指引下，实现园区总收入1839.75亿元，实现工业主营业务收入1108.68亿元，财政收入增幅列全省首位；固定资产投资增幅、实际利用内资总量列全市榜首。

**运用新思维。**南昌经开区坚持“轻资产招商，重资本运作”理念，搭建了国家人力资源服务产业园、中国中医药产业创新科技城、军民科技融合产业园等11大产业承载平台，建设了约300万平方米的标准厂房，让企业“拎包入住、轻装上阵”。

**发展新经济。**南昌经开区紧扣“产业兴区，融城兴区”战略，大力培育3+X产业集群集聚。电子信息及光电产业。龙头欧菲光作为触控面板全球最大供应商，带动了智慧海派、与德通讯、鸿利光电等20余家企业相继落户。新能源汽车产业。随着江铃新能源汽车获得全国第七家、我省首家新建纯电动乘用车生产资质，全区已集聚江铃新能源、格特拉克、百路佳客车、卡耐、恒动等企业40多家。医药食品产业。全区现有医药食品产业企业60余家，形成了以诚志股份、顶津食品、费森尤斯卡比、济生制药等企业为龙头的医药食品产业集群。

**培育新动能。**南昌经开区大力推动理念创新、科技创新、制度创新，使创新成为引领全区发展的第一动力。目前已形成腾讯众创空间、北大科技园众创空间、清华科技园孵化基地、桑海国家生物医药孵化基地、猪八戒网江西省区域总部等六大“双创”基地。

经过25年的开发建设，南昌经开区吸引了来自17个国家和地区的4000余家企业入驻。2016年6月6日，国家批复成立赣江新区，南昌经开区作为赣江新区四个组团之一，又将站在一个新的历史起点上，跨入二次创业腾飞的新时期。

Founded in 1992, Nanchang Economic and Technological Development Zone was ratified as the first state-level economic and technological development zone in Jiangxi Province in 2000. Now it governs an area of 229 square kilometers with a population of 400,000. In the Zone there is the Sanghai Industrial Park, Jiaoqiao Town and three administration offices namely Baishuihu Administration Office, Guanshan Administration Office and Xinqizhou Administration Office. Committed to the goal of "developing industries" under the principle of "Two Actions, One Mechanism", the Zone in 2016 achieved total revenues of RMB183.975bn and industrial revenues of RMB110.868bn from core business; it ranked No.1 in Jiangxi Province by the growth of fiscal revenues, and No.1 in Nanchang City by fixed asset investment growth and actually utilized domestic capital.

**Innovative thinking.** Sticking to the concept of "Prefer Capital Operation To Asset-based Investment", the Zone has built 11 large industrial transition platforms including the National HR Service Industrial Park, China TCM Industry Innovative Technology Town and Military-Civilian Industrial Park. It also built standard workshops with total area of about three million square meters to facilitate the operation of enterprises.

**Emerging sectors.** Focusing on the strategy of "seeking development through industries and urbanization", the Zone has put great efforts to cultivate the 3+X industry cluster. With respect to the electronic information and optoelectronics industries, more than 20 enterprises, led by O-Film Tech, the world's largest supplier of touch panels, have settled in the Zone, including Hipad, Wind and Hongli Tronic. As for new energy autos, JMC New Energy Auto has become China's seventh and Jiangxi Province's first qualified newly-established pure electric passenger vehicle enterprise. Now in the Zone there are more than 40 auto enterprises including JMC New Energy Auto, GETRAG, CENAT and HD Energy. Regarding the pharmaceuticals and food industries, in the Zone now there are over 60 enterprises, forming a pharmaceuticals and food industry cluster led by Chengzhi Shareholding, Dingjin Foods, Fresenius Kabi and Jisheng Medicine.

**Cultivating new drivers.** The Zone is greatly promoting concept innovation, technology innovation and system innovation to make innovation the most important development driver. Now it has established six "entrepreneurship and innovation" bases, including Tencent Mass Innovation Space, Peking University Science Park Mass Innovation Space, Tsinghua University Science Incubation Base, Sanghai National Biomedicine Incubation Base and zubajie.com's regional headquarters in Jiangxi Province.

After 25 years of development, the Zone has attracted over 4,000 enterprises from 17 countries and regions. On June 6, 2016, the central government approved the establishment of Ganjiang New Area. As one of this new area's four components, Nanchang Economic and Technological Development Zone is again standing at a new beginning point to enter a new stage and embracing a second takeoff.

# 杭州余杭经济技术开发区（钱江经济开发区）

Hangzhou Yuhang Economic and Technological Development Zone (Qianjiang Economic Development Zone)

中以国际医疗健康产业园

贝达向深交所赠送礼品

2016年，开发区全年实现规上工业销售产值514.8亿元，工业增加值125.1亿元；财政总收入40.7亿元，经常性财政收入19.1亿元，完成年度任务的114.6%和114.7%；引进市外内资到账资金34.5亿元，浙商回归引进到位资金25.6亿元。全省首个智能制造基地落户开发区。荣获全省优秀国家开发区称号。

**配套建设方面，**开发区全年完成列入政府投资的新建、续建项目44个，累计投资约14.7亿元。市政设施道路推进顺利，生态环境工程建设加快，农居多高层项目全面推进，公共设施项目建设顺利。引进浙江理工大学、五星级酒店、学校等城市公建项目；“三路一环”开工建设、地铁九号线即将开工，星河路隧道等交通项目建成，大配套、大交通逐步完善。

**产业发展方面，**智能制造实现突破，老板电器获国家智能制造示范，春风动力、西奥电梯获浙江省示范，认定两化融合示范项目8个、工厂物联网项目17个、机器换人项目30个。贝达药业、微光电子主板上市，新增新三板挂牌企业6家、省股权交易中心挂牌3家。长江客车获国内第二张纯电动新能源乘用车生产资质。铁流离合器荣获中国驰名商标。西奥电梯等5家企业获“浙江智造精品”。春风动力、长江客车等19家企业产品精彩亮相G20。

**创业创新方面，**引进中以医疗健康产业园、浙江省医科院、航天华东先进技术创新中心、阿里老友会、杭州特殊物品出入境集中查验平台、浙江省医疗器械检验院余杭分院等一批创新创业平台资源，新增“国千”人才1名，“省千”人才3名。新增1家省级孵化器、2家市级孵化器。新增省级企业研究院2家，省级研发中心11家，认定国家重点支持领域高新企业33家，占全区1/3。6个项目列入2016年市重大科技创新项目。贝达药业荣获国家科技进步一等奖和第四届中国工业大奖，并获国家知识产权优势企业。全年授权专利1000余件，新增2家省专利示范企业。

In 2016, Hangzhou Yuhang Economic and Technological Development Zone achieved sales of RMB51.48bn and industrial value added of RMB12.51bn by industrial enterprises above the designated size; total fiscal revenues of RMB4.07bn and regular fiscal revenues of RMB1.91bn, representing 114.6% and 114.7% of the full-year targets, respectively. In the same period, RMB3.45bn of investment introduced inside and outside of Hangzhou City was already in place, while RMB2.56bn of investment already received was from Zhejiang-based enterprises. The first intellectual manufacturing base in Zhejiang Province was settled in the Zone, and the Zone itself won the title of “Outstanding State-level Development Zone in Zhejiang Province”.

**With respect to the construction of auxiliary facilities,** the Zone completed 44 new and renewed projects as parts of the government’s investment, with accumulated investment being about RMB1.47bn in 2016. For public engineering projects, road construction went smoothly and ecological environment construction was accelerated; the multi-story and high-rise building projects in rural areas were in full swing, and public facility projects progressed smoothly. Urban public construction projects like Zhejiang Sci-Tech University, five-star hotels and schools were launched. The project of “Three Roads, One Ring” has been started, while the construction of the Subway Line 9 is to start; such transportation projects as Xinhe Road Tunnel have been completed. As a result, both the auxiliary facilities and the transportation system on a broader sense are being gradually improved.

**For industry development,** breakthroughs have been made in intelligent manufacturing: BOBAM became an intellectual manufacturing model indentified by MIIT; CFMOTO and Hangzhou Xiolift were designated as the intellectual manufacturing models in Zhejiang Province; eight demonstrative projects for integration of urbanization and industrialization, 17 IoT projects for plants and 30 projects for robots to replace human beings have been identified. Betta Pharma and Weiguang Electronics went public on the Main Board, while another six enterprises were listed on the New Third Board and three enterprises were listed on the Equity Exchange Center of Zhejiang Province. Changjiang Bus won China’s second license for battery electric passenger vehicles. Tieliu Clutch was rated as China Well-known Trademark. Five enterprises including Xiolift received the honor of “High-End Intelligent Manufacturing in Zhejiang”. Nineteen enterprises including CFMOTO and Changjiang Bus exhibited their products at the G20 Summit.

**Regarding entrepreneurship and innovation,** a batch of innovation and entrepreneurship platform resources were introduced, including Medical Health Industrial Park, Zhejiang Academy of Medical Science, CASC East China Advanced Technology Innovation Center, Ali Friends, Centralized Inspection Platform of Hangzhou for Exit-Entry of Special Articles and Yuhang Branch of Zhejiang Institute of Medical Device Testing. One talent accepted by the Thousand Talents Plan at the state level and three talents accepted by the Thousands Talents Plan at the provincial level were introduced. One new provincial incubator and two municipal incubators were set up. Two new provincial enterprise research institutes and 11 provincial R&D centers were added. Thirty-three high-tech enterprises were identified in the key fields supported by the state, accounting one third in the total within the district. Six projects were included into the Major Technology Innovation Program in 2016. Betta Pharma received the First Prize of State Scientific and Technological Progress Award and the Fourth China Industry Award as well as the National Advantageous Enterprise in Intellectual Property. In the full year of 2016, more than 1,000 patents were granted, and two new patent demonstration enterprises at the provincial enterprises were identified.

老板电器茅山生产基地

贝达药业新厂区

中德智能传感器小镇

春风摩托亮相G20

中国-新加坡

# 苏州工业园区

Suzhou Industrial Park

苏州工业园区是中国和新加坡两国政府间的重要合作项目，于1994年2月经国家批准设立，同年5月实施启动，行政区划面积278平方公里，包括中新合作区和娄葑、斜塘、唯亭、胜浦4个街道，2016年末，全区常住人口80.78万人。

近年来，苏州工业园区认真贯彻落实党的重要会议精神，坚持以国家领导人系列重要讲话特别是视察江苏重要讲话精神为指引，统筹推进“五位一体”总体布局，协调推进“四个全面”战略布局，坚持稳中求进总基调，经济社会保持健康持续较好发展。

2016年，园区深入开展开放创新综合试验，推进国家境外投资服务示范平台建设，全年新批境外投资额10.5亿美元，增长163.6%。完成60项年度改革事项，形成48项改革创新举措，进一步推广相对集中行政许可权改革、中新跨境人民币创新业务试点等成果。实施大部门制改革，形成“集中高效审批—分类监管与服务—综合行政执法”的现代政府治理架构。全年实现地区生产总值2150.6亿元，比上年增长7.2%；公共财政预算收入288.1亿元，增长12%，税收占比达93.1%；进出口总额4903亿元；城镇居民人均可支配收入6.13万元，增长8.1%；R&D投入占地区生产总值比重达3.36%。综合发展指数、集约发展水平、质量效益指标居全国开发区前列。

As a cooperative project between Chinese and Singapore governments, Suzhou Industrial Park (“SIP”) was approved by the state in February 1994 and started the construction in May 1994 with a planned area of 278 square kilometers. SIP governs the Sino-Singapore Zone and four streets namely Louwei, Xietang, Weiting and Shengpu, with total registered residents of about 807,800 by the end of 2016.

In recent years, SIP has been earnestly carrying out the spirit of CPC’s important meetings and sticking to the spirit promoted by important speeches of national leaders, especially the import speeches during their visit to Jiangsu Province. In this way, SIP promotes the overall pattern of “five-in-one” and the strategic layout of “four comprehensives” from a holistic view. Abiding by the overall tone of “development amid stability”, both the economy and the society maintained healthy and sustainable development.

In 2016, SIP deeply implemented the comprehensive experiment of opening innovation to drive construction of the national demonstration platform for foreign investment services. In the full year of 2016, SIP approved foreign investment of US$1.05bn in total, up 163.6%; completed 60 reform items, introduced 48 measures for reforming and innovation, further promoted the relatively centralized administrative licensing reform and the Sino-Singapore cross-border RMB innovation pilot. The big department reform was implemented to establish a modern governance structure of “centralized effective approval – categorized supervision and services – comprehensive administrative enforcement”. In 2016, SIP achieved regional GDP of RMB215.06bn, up 7.2% from a year ago; public fiscal budget revenues of RMB28.81bn, up 12%, to which tax revenues contributed up to 93.1%; total imports and exports of RMB490.3bn; per capita disposable income of urban residents of RMB61,300, up 8.1%; R&D spending’s percentage in regional GDP reached 3.36%. SIP ranked high among national peers by comprehensive development index, intensive development degree, and quality & profit indicator.

ZETDZ

# 湛江经济技术开发区

## Zhanjiang Economic and Technological Development Zone

宝钢湛江钢铁基地一角

国家循环化改造示范试点园区

中科炼化项目动工仪式

湛江经济技术开发区（以下简称湛江开发区）由建成区及东海岛、硇洲岛、东头山岛和南屏岛等区域组成，面积356平方千米。2016年，辖1个镇、5个街道，年末户籍人口32万人。

湛江开发区以钢铁、石化和造纸“三大产业航母”项目为依托，加快配套产业建设，打造产业集群。随着湛江钢铁项目建成投产，首期4500亩钢铁配套园区建设如火如荼，一大批项目建设相继上马，至2016年底落户的钢铁配套项目59个，计划总投资达74.5亿元，已建成投产32个。规划面积37平方公里的石化产业园区公用工程规划编制取得新进展，供水、供电、道路等设施建设正在筹备动工，已安排一批项目入园建设，投资68亿元的京信电力、投资9亿元的东海岛港区公共码头等重点项目已在石化产业园区动工建设，东海岛港区航道工程已获得省发改委立项。冠豪高新纸业持续扩大生产规模，第二期工程即将建成投产；中国物流集团东海岛物流基地项目、湛化企业集团整体搬迁项目已动工建设；投资150亿元的中纸涂布纸项目已具备全面动工条件。

2016年全区生产总值310亿元，同比增长17%；工业总产值442.9亿元，增长58 %；进出口总额86.6亿元，增长11.5%；社会消费品零售总额150.7亿元，增长11.6%；固定资产投资253.1亿元，增长5.7%。工业产业逆势上扬，规模以上工业总产值完成434.2亿元，同比增长60.3%，增速全市前茅，“星月同辉”的现代化大工业发展格局基本形成。湛江开发区获得了2016中国国际循环经济展览会“最具投资价值园区奖”和“中国循环经济推广先进园区奖”。

With an area of 356 square kilometers, Zhanjiang Economic and Technological Development Zone is composed of Jiancheng District, Donghai Island, Naozhou Island, Dongtoushan Island and Nanping Island. It governs one town and five streets, with registered residents of 320,000 at the end of 2016.

Focusing on iron & steel, petrochemicals and papermaking, the three leading industries, the Zone accelerates the development of supportive industries to create industry clusters. A lot of projects have been initiated, as the iron & steel project in Zhanjiang has been put into operation and the Phase-I iron & steel auxiliary park with an area of 4,500 Mu is under construction. By the end of 2016, 59 iron & steel auxiliary projects, including 32 ones having put into operation, were settled in the Zone, with planned total investment of RMB7.45bn. The public utilities project planning for the petrochemical industrial park with an area of 37km has made new progress, as the construction of water supply facilities, power supply facilities, roads and others are under preparation. A batch of projects have been arranged in the Zone. Key projects including Kingsun Power with investment of RMB6.8bn and public wharf in Donghai Island Port with investment of RMB900mn have been started in the Petrochemical Park. The waterway project in the Donghai Island Port has been approved by the Guangdong Development & Reform Commission. Guanhao Gaoxin Paper continues expanding production with the Phase II project to be completed; the logistic base project of China Logistics Group in Donghai Island and construction of the overall relocation project of Zhanghua Enterprise Group have been started; the conditions for the construction of coated paper project of Zhongzhi Paper with investment of RMB15bn have already been in place.

In 2016, the Zone achieved regional domestic product of RMB31bn, up 17% from a year ago; gross industrial production of RMB44.29bn, representing an increase of 58%; total imports and exports of RMB8.66bn, an increase of 11.5%; total retail sales of consumer goods of RMB15.07bn, up 11.6% year on year; fixed asset investment of RMB25.31bn, an increase of 5.7% from a year ago. The gross production output of industrial enterprises above designated size reached RMB43.42bn, posting a YoY increase of 60.3% and ranking No.1 in the city. A modern big industry layout has been basically shaped. At the China International Circular Economy Exhibition 2016, the Zone won such awards as “Best Investment Value Park Award” and “China’s Advanced Park Award in Circular Economy Promotion”.

宝钢湛江钢铁基地新貌

# 宁波经济技术开发区

NETD Ningbo Economic and Technical Development Area

北仑城区鸟瞰图

码头全景图

港吉码头

吉利汽车北仑生产车间

园区简介

位 置：浙江省宁波市 创建时间：1984年10月

规划面积：29.6KM2 升级时间：1984年10月

园区特色：宁波开发区紧临深水良港北仑港，岸线173公里。作为先进的制造业生产基地，宁波开发区已形成临港产业、装备制造业、高新技术产业、现代服务业共同发展的良好格局。世界500强企业有30余家在宁波开发区投资67余个生产项目和服务机构。下阶段，宁波开发区将依托九大产业功能区，着力谋划实施“四个超千亿”计划，建设临港产业集聚区、打造国家生态工业示范园区。

环境建设：宁波开发区紧邻宁波保税区等四个国家经济功能区，实行ISO9001行政管理体系，ISO14001环境管理体系，对园区入驻企业实行一站式服务。

Brief Introduction

Location: Ningbo City, Zhejiang Province Founding Time: October, 1984

Upgading Time (State-Level): October, 1984 Planning Area: 29.6 KM2

Features of the Zone:NETD is adjacent to the deep seawater port - Beilun Port, with a coastline of 173KM. As a leading manufacturing base in Ningbo Development Zone, it has had four major industries: harbor industry, equipment manufacturing, hi-tech industry and modern services. More than 30 of Fortune 500 companies have invested in more than 50 production projects and service organizations in NETD. In the next period, based on the nine functional industrial zones, NETD will carry out four plans with value of exceeding 100 billion yuan and strive to build the coastal zone with industry clusters and the national-level ecologically industrial pilot park.

Environment construction: NETD is close to Ningbo Free Trade Zone and other there national-level economic zones. ISO 9001 and ISO 14001 are adopted in the zone and one-stop service is provided for enterprises operating here.

联系方式（管委会办公室）

地址：浙江省宁波市北仑区四明山路775号

电话：0574-86780103 传真：0574-86780118

邮箱：hqk@bl.gov.cn 网址：http://www.netd.gov.cn/

Contact Information

Address: Siming shan Road 775, Beilun District, Ningbo City, Zhejaing Province

Tel: 0574-86780103 Fax: 0574-86780118

Email: hqk@bl.gov.cn Website: http://www.netd.gov.cn/

# 石家庄经济技术开发区

## Shijiazhuang Economic-Technological Development Area

河北四方通信设备有限公司

华北制药河北华民药业有限责任公司

石药工业园

河北四方通信设备有限公司光纤连接器生产车间

石家庄经济技术开发区成立于1992年，2012年10月升级为国家开发区，是省委、政府确定承接非首都功能疏解“微中心”之一，2015年入选新华社瞭望周刊“极具投资价值开发区”。规划面积77平方公里，总人口约15万人，建成较大规模项目226家，引进建设了包括华药、石药、石家庄四药、中粮可口可乐、益海粮油、青岛啤酒、苏宁云商等 500强企业，形成了生物医药、装备制造、轻工食品和互联网信息四大产业集群，主导产业占全区经济比重达95%以上，2016年完成地区生产总值248.7亿元，工业产值1166.5亿元，税收58.9亿元，在河北省2016年开发区综合排名中位居第三名，省会经济增长极作用日益凸显。

“十三五”期间，石家庄经济技术开发区将深入贯彻中央决策部署，坚持“四个全面”战略布局，牢固树立“五大”发展理念，抢抓“京津冀协同发展”重大战略机遇，进一步强化“科技引领、产城互动、转型升级、总量倍增”工作思路，全力推进2017年确定的总投资776.9亿元的微软领英、科一重工机器人等48个项目建设，全力打造“产业高端化、环境生态化、园区城市化、人口人才化”的现代化产业新城，力争早日实现“国内一流、国际知名”的发展目标。

Founded in 1992, Shijiazhuang Economic and Technological Development Area was ratified as a national development zone in October 2012. It is one of the “micro centers” approved by Hebei Provincial Party Committee and Hebei Provincial Government for taking non-capital functions. In 2015, the Area was included into the “Development Zones with Great Investment Value” rated by Xinhua News Agency Outlook. With a planned area of 77 square kilometers and total population of about 150,000, the Area has built 226 larger projects and introduced top 500 enterprises at home and abroad, including North China Pharmaceutical, CSPC Pharma, Shijiazhuang No.4 Pharmaceutical, COFCO Coca-Cola, Yihai Kerry, TsingTao Beer and Suning Commerce Group. The Area has formed four industrial clusters including biomedicine, equipment manufacturing, light industry & foods and internet information industries. Major industries contribute over 95% to the Area’s economy. In 2016 the Area realized regional GDP of RMB24.87bn, industrial output of RMB116.65bn and tax revenues of RMB5.89bn, ranking No.3 among Hebei’s development zones and making it an increasingly important growth driver of Shijiazhuang economy.

During the $13^{th}$ Five-Year Plan, the Area will deeply carry out the central government’s deployment, stick to the strategic layout of “four comprehensives” and focus on the development concept of innovation, coordination, green, opening and sharing. By taking advantage of the important strategic opportunities brought by the “harmonious development of Beijing, Tianjin and Hebei Province”, the Area further enhances its working thought of “technology–led growth, interactive industrialization and urbanization, accelerating transformation & upgrading, and multiplying economic aggregate”, and fully propels the construction of 48 projects in 2017 with total investment of RMB77.69bn, including Microsoft LinkedIn and Branch A Heavy Industry’s robotics. The Area will strive to build itself into a modern park with “cutting-edge industries, ecological environment, urbanization, and talents”, and endeavor to realize the development goal of “becoming a top-class zone in China and a well-known zone in the world”.

开发区全景

# 杭州经济技术开发区

## Hangzhou Economic and Technological Development Zone

2016年12月6日，“吉立亚”杭州医药项目签约

杭州经济技术开发区是1993年4月经批准设立的国家经济技术开发区，集工业园区、高教园区、出口加工区于一体，也是杭州副城之一。总面积104.7平方公里，托管两个街道、36个社区，辖区人口50余万。开发区集聚了松下、辉瑞、默沙东、康师傅、史陶比尔等大企业，其中世界500强企业投资设立项目达69个，综合竞争力多年位列浙江省开发区前列、全国国家开发区第一方阵，相继获得中国75个城市开发区投资环境“极佳开发区”、国家生态工业示范园区、“跨国公司极佳投资开发区”等荣誉称号。

开发区根据自身优势，重视产业培育，聚焦高端装备制造、生物医药、信息技术、新能源新材料以及高端服务业等重点产业，努力打造“4+1”产业集群，全面构筑竞争新优势，努力成为杭州“城东智造大走廊”建设的引领区。继续发挥对外开放“主窗口”和工业经济“主平台”作用，坚持“引龙头、强链条、促集聚”，区内年销售产值超亿元企业达到181家，其中5亿元以上企业58家。2016年，辉瑞全球生物技术中心开工奠基，吉立亚在中国唯一的研发和生产基地落户，全球十大药企已有6家进驻。开发区大力推动产业提质增效、优化升级，战略性新兴产业增加值增长11.6%，信息经济增加值增长14.1%，明显高于规上工业产值增幅，特别是生物医药产业发展势头强劲，增速连续多年保持15%以上，产值规模约占全市30%；服务业增加值保持两位数增长，占比达到29.3%；高新技术产业利润增长33.6%，高新技术产业产值占比46.3%，提高4.4个百分点。杭州开发区积极支持企业上市融资，顾家家居等3家企业在国内外主要证券市场上市，11家企业在新三板挂牌，283家企业在浙江股权交易中心挂牌（占比36%），企业利用资本市场的步伐不断加快。

Hangzhou Economic and Technological Development Zone was approved in April 1993 as a state-level economic and technological development zone. It is an integrated zone consisting of an industrial park, a higher-education park, and an export processing park. It is also one of Hangzhou's sub-cities. With a gross area of 104.7 square kilometers, it administers two streets and 36 communities with a population of over 500,000. It has gathered such large enterprises as Panasonic, Pfizer, Merck Sharp & Dohme, Master Kong and Staubli. To be specific, Global 500 enterprises have invested up to 69 projects in the Zone. As a result, the Zone is ranked top among development zones in Zhejiang Province and the first camp of state-level development zones by comprehensive competency. It has won such awards as Excellent Development Zone by Investment Environment among China's 75 urban development zones, National Demonstration Park of Ecological Industry and Excellent Development Zone for Investment of Multinationals.

On the basis of its own unique advantages, the Zone puts emphasis on industry cultivation, focusing on such key industries as high-end equipment manufacturing, biomedicine, IT, new energy & new materials and high-end services. It is striving to build the "4+1" industry cluster, establish new competitive advantages and become a leader for Hangzhou to build the "broad corridor of smart manufacturing in East Hangzhou". It will continue to play its roles as the "main window" of opening up and reforming and the "main platform" of industrial economy. It is committed itself to "introducing leading enterprises, enhancing chains and promoting clustering development". In the Zone there are 181 enterprises whose annual sales revenues each reach over RMB100mn, including 58 ones with annual sales revenues of over RMB500mn. In 2016, Pfizer broke the ground for the development of its Global Biotechnology Centre; Gilead settled down its sole R&D and production base in China. Six of the global top 10 pharm enterprises have arrived. The Zone is making efforts to facilitate industries to enhance the quality and efficiency and realize optimization and upgrade. The value added of strategic emerging industries posted a growth of 14.1%, much higher than that of the industrial enterprises above the designated size. In particular, biomedicine industry presents a robust momentum, maintaining growth of over 15% for several consecutive years and contributing about 30% to the output of the whole city; the value added of the service industry keeps the double-digit growth and accounts for 29.3%; high-tech industry achieves profit growth of 33.6%, while its output accounts for 46.3%, an increase of 4.4 percentage points. The Zone is actively supporting enterprises to go public for fundraising: three enterprises including Kuka Home went public on major exchanges at home and abroad; 11 enterprises were listed on the New Third Board; 283 enterprises were listed on Zhejiang Equity Trading Center (representing a share of 36%). This indicates that enterprises are increasingly accelerating their access to the capital markets.

开发区沿江风景

开发区夜景

新加坡杭州科技园

# 中国天津武清开发区
# China Tianjin Wuqing Development Area

中欧产业园
EU-Park

创业总部基地
Headquarter Base

自贸区武清园区
FTZ Wuqing Park

中国天津武清开发区成立于1991年，是国家经济技术开发区、国家高新技术产业园区和国家自主创新示范区，是武清区对外开放的窗口，引领创新、带动转型、支撑发展的龙头。位于武清城区西北部，近期规划面积50平方公里。区位交通优势明显，自然生态环境良好，基础配套功能完备，科技创新体系完善，享有优惠政策叠加优势。秉承“服务他人就是发展自己”理念，为企业提供优质高效服务。建区以来，累计引资1400亿元，企业2200余家，其中世界500强35家，国内外行业龙头200余家。形成了高端装备制造、生物医药和总部经济三大主导产业。各项主要经济指标保持快速增长，2016年实现税收140亿元，同比增长27%；地区生产总值491亿元，同比增长15%；工业总产值1459亿元，同比增长13%；固定资产投资完成238亿元。围绕京津冀协同发展国家战略，正重点打造中欧产业园、创业总部基地、京津高校武清科技创新园、自贸区武清园等4大载体平台。

区位图 UDA Location

China Tianjin Wuqing Development Area (UDA) was established in 1991. UDA is a state-level economic and technological development area, a state-level high-tech industrial park and a state-level innovation demonstration zone. It serves as a window of opening up of Wuqing district and a core engine for driving transformation and supporting development. It is located in the northwestern of Wuqing district with a planned area of 50 square kilometers. It has tremendous advantages such as convenient transportation, good ecological environment, well-developed functional infrastructures, complete technological innovation system and favorable policies. The Administrative Committee provides quality and efficient service, based on the philosophy “to serve others is to develop ourselves”. Since its establishment, UDA has attracted more than 2,200 enterprises, including 35 Fortune 500 and over 200 domestic and foreign leading enterprises, with total investment of 140 billion yuan. There are three leading industries such as high-end mechanical manufacturing, bio-pharmacy and headquarter economy. Main economic indices remained growing: in 2016, tax revenues reached 14 billion yuan, up 27%; GDP 49.1 billion yuan, up 15%; gross industrial output value 145.9 billion yuan, up 13%; and fixed asset investment 23.8 billion yuan. According to Beijing-Tianjin-Heibei integrated development strategy, UDA focuses on building four platforms such as China-EU industrial park, headquarter bases, Wuqing innovation park of Beijing and Tianjin universities and FTZ Wuqing park.

# 拉萨经济技术开发区

## Lasa Economic and Technological Development Zone

西藏自治区主席齐扎拉视察拉萨经开区

企业集中签约仪式

拉萨经开区综合办公大楼

拉萨经开区于2001年经国家批准，成为全国第47家国家经济技术开发区，也是西藏唯一一家国家经济技术开发区。园区位于拉萨主城区西侧，距市中心9公里、拉萨贡嘎国际机场45公里、拉萨铁路客运站2公里，青藏铁路从园区内穿过，中尼、青藏公路临区而过，规划总用地5.46平方公里。

完成地区生产总值62.51亿元，增长12%；固定资产投资31.2亿元，增长30.4%；税收56亿元，增长5%；公共财政收入23.23亿元，增长20.9%；工业总产值32.42亿元，增长30%；工业增加值12.86亿元，增长21.1%；工业销售产值32.41亿元，增长29%；社会消费品零售总额14.93亿元，增长15.6%；招商引资到位资金23.89亿元，增长55%，新增企业1364家，实体企业达到161家。基本形成了以藏医药业、生物科技、民族手工业、绿色食饮品、民族土特产加工业、新能源及高新技术产业为主的净土健康产业集群。

西藏藏医学院藏药有限公司

西藏藏医学院藏药有限公司车间一角

西藏高原天然水有限公司

西藏天佑德青稞酒业有限责任公司

Lasa Economic and Technological Development Zone, the sole economic and technological development zone in Tibet, became the 47th state-level economic and technological development zone in 2001 after approval. Located to the west of Lasa City, the Zone is 9km from the downtown, 45km from Lasa Gongga International Airport, and 2km from Lasa Railway Passenger Station. Qinghai-Tibet Railway goes through the Zone, while Sino-Nepal and Qinghai-Tibet Railways are near to the Zone. In addition, the Zone has a planned land area of 5.46 square kilometers.

The Zone realized gross regional domestic product of RMB6.251bn, up 12%; fixed asset investment of RMB3.12bn, up 30.4%; tax revenues of RMB5.6bn, up 5%; public fiscal revenues of RMB2.323bn, up 20.9%; gross industrial output value of RMB3.242bn, up 30%; industrial value added of RMB1.286bn, up 21.1%; industrial sales of RMB3.241bn, up 29%; total social consumer goods retail sales of RMB1.493bn, up 15.6%; investment in place of RMB2.389bn, up 55%. Moreover, 1,364 enterprises became new comers to the Zone, including 161 ones in real economy. The Zone has basically had a healthy industry cluster mainly consisting of Tibet medicines, bio-tech, handicraft with the Tibet nationality characteristics, green foods & beverages, processing of local specialties, new energy and high-tech industries.

西藏拉萨国家经济技术开发区招商引资咨询电话：
Hotline of Tibet Economic and Technological Development Zone for investment and consulting: 0891—6283615 0891—6283616

绵阳经济技术开发区全景

# 绵阳经济技术开发区

Mianyang Economic and Technological Development Zone

富临桃花岛

四川长虹电源有限责任公司

四川华丰企业集团有限公司

四川美丰化工科技有限公司

利尔化学全景

绵阳经济技术开发区（简称绵阳经开区）成立于2000年8月，2012年10月升级为国家经济技术开发区，是中国（绵阳）科技城"一城三区"的核心区，位于四川省绵阳市主城区南面，面积近70平方公里，实有人口15万。绵阳经开区享受科技城所享有的中关村政策和国家自主创新示范区4项先行先试政策，是四川省优秀工业园区、四川省"51025"重点产业园区。2016年，辖区实现地区生产总值211.2亿元，同比增长9%；"四上"企业主营业务收入711.4亿元，同比增长8.8%；工业总产值658.6亿元，同比增长10.1%；财政收入21亿元，同比增长7.9%；完成税收15.1亿元，同比增长6.6%。目前，绵阳经开区正紧紧围绕"五位一体"总体布局和"四个全面"战略布局，坚持"负重自强、二次创业"，奋力推进、转型升级、创新发展，深入实施"引进和培育高新技术产业和战略性新兴产业"、"引进和培育电子商务和'互联网+'"两个"一号工程"，积极参与"幸福美丽绵阳"建设，加快建设千亿特色产业园区和现代山水生态新城。

Founded in August 2000, Mianyang Economic and Technological Development Zone was ratified as a state-level economic and technological development zone in October 2012. As the core of the "One Town, Three Districts" of China (Mianyang) Technology Town, the Zone is located in the southern part of Mianyang's downtown, governing an area of 70 square kilometers with a population of 150,000. The Zone enjoys the Zhongguancun-specific policies for China (Mianyang) Technology Town and four first-trial and first-mover policies for the national indigenous innovation pilot zones. It is among the Excellent Industrial Parks of Sichuan Province and the "51025" Key Industrial Parks of Sichuan Province. In 2016, the Zone realized the regional gross domestic production of RMB21.12bn, up 9% year on year; four types of enterprises above the designated size created core business revenues of RMB71.14bn, up 8.8% year on year; gross industrial production hit RMB65.86bn, representing a yoy increase of 10.1%; fiscal revenues amounted to RMB2.1bn, a 7.9% increase from the same period last year; tax revenues were RMB1.51bn, up 6.6% year on year. Currently, the Zone is focusing on the "five-in-one" overall layout and the strategic layout of "four comprehensives". Sticking to "being self-reliant to re-start business", the Zone is putting great efforts into transformation and innovative development. It is working to "introduce and cultivate high-tech industries and strategic emerging industries", "introduce and cultivate e-commerce and two Internet Plus No.1 Projects", and "actively participate the construction of Happy & Beautiful Mianyang City". The Zone is also striving to achieve the goal of becoming an industrial park valued at hundreds of billions of RMB and a modern ecological town surrounded by mountains and water.

绵阳三江大桥

# 萍乡经济技术开发区

## Pingxiang Economic and Technological Development Zone

萍乡经济技术开发区成立于1992年，2010年升级为国家经济技术开发区。辖区总面积57.6面积，人口12万，该区重点发展现代装备制造业、医药食品业、新材料、电子信息等产业，先后荣获“国家中小企业信用体系试验区”、“国家新材料产业化示范基地”、“国家劳动关系和谐工业园区”、“国家知识产权试点园区”、“国家知识产权质押融资试点园区”等国家荣誉，连续多年荣获江西省工业经济崛起奖和先进园区称号。

Founded in 1992, Pingxiang Economic and Technological Development Zone was ratified as a state-level economic and technological development zone in 2010. With a gross area of 57.6 square kilometers, the Zone has a population of 120,000. The Zone is focusing on such industries as modern equipment manufacturing, pharmaceuticals and food, new material and electronic information. It has won many nationals awards including National SME Credit System Pilot Zone, National Demonstration Base of New Material Industrialization, National Industrial Park with Harmonious Labor Relationship, National Pilot Park of Intellectual Property Rights and National Pilot Park of IPR Pledge Financing. In addition, the Zone received the Jiangxi Industrial Economic Rising Award and the Advanced Park Award for several years in a row.

# 萧山经济技术开发区

## Xiaoshan Economic and Technological Development Zone

开发区管委会夜景

重汽集团杭州发动机公司

萧山经济技术开发区创建于1990年5月，1993年5月经国家批准为国家经济技术开发区，区域位置优越,是杭州跨江发展和浙江省大平台建设的重要区域。

开发区总面积110余平方公里，下辖市北、桥南、科技城和益农拓展区块。

目前外商总投资额超过130亿美元，吸引包括美国通用电气、瑞士ABB、意大利菲亚特、德国采埃孚、法国圣戈班、中国移动、广汽集团、中国重汽、娃哈哈、万向等国内外知名公司在区内落户。

Founded in May 1990 and then ratified as a state-level economic and technological development zone in May 1993, Xiaoshan Economic and Technological Development Zone enjoys a favorable location and is an important area for Hangzhou's development across the Qiantang River and Zhejiang Province's big platform construction.

With a gross area of over 110 square kilometers, the Zone governs four districts: Shibei, Qiaonan, Technology Town and Yinong Extension Zone.

Currently, total foreign investment in the Zone has exceeded US$13bn. Lots of well-known domestic and foreign companies have been settled in the Zone, including US-based GE, Switzerland-based ABB, Italy-based Fiat, Germany-based ZF Friedrichshafen, France-based Saint-Gobain, China Mobile, GAC Group, China National Heavy Duty Truck, Wahaha and Wanxiang Group.

# 宁国经济技术开发区

## Ningguo Economic and Technological Development Zone

中鼎集团工业园全景

安徽省领导在中鼎博士后科研工作站与科研人员交谈　首届中国（宁国）橡塑密封件产业发展高峰论坛

宁国经济技术开发区于2000年12月经安徽省政府批准成立，2013年3月经批准升级为国家经济技术开发区。经过多年建设，已形成“一区三园一拓展”发展格局，建成区面积已达20平方公里，中远期规划55.2平方公里。截至2016年底，园区注册企业2017家，其中工业企业823家，规模以上工业企业223家，亿元企业56家，高新技术企业66家，上市（挂牌）企业15家。2016年，开发区完成工业总产值460亿元，工业增加值 114.7 亿元，固定资产投资170.4亿元，财政收入19.6亿元，进出口总额5.3亿美元，实际利用外资2.1亿美元。开发区先后荣获全国百佳科学发展示范园区、国家知识产权试点示范园区、国家增量配电业务改革试点、安徽省投资环境十佳园区、安徽省创新型园区、安徽省新型工业化产业示范基地、安徽省文明单位等荣誉称号。2015年9月，成功入选安徽省第一批14个战略性新兴产业集聚发展基地。

开发区成立以来，大力推进道路桥梁、绿化亮化、水电配套、排水排污等基础设施建设。南山园区八纵九横区间道路已建成，市政设施基本配套，基本实现绿化全覆盖；河沥园区基础设施全面推进，主干道路基本建成；汪溪园区建设方兴未艾，重点项目陆续进驻。同时，开发区投入大量财力，完善园区配套功能。开发区小学、幼儿园、松岭人才社区、农贸市场、南山公园、龙潭公园、开发区展示中心及党群服务中心均已建成投入使用，引进五星级大酒店和第三方现代物流园区等配套项目。开发区已逐步成为一座工业、商业、教育、娱乐休闲等多位一体的工业新城、城市新区。经过十余年发展，开发区产业结构不断优化，目前，已形成汽车零部件、电子元器件、耐磨铸件三大主导产业，同时，积极培育节能建材与新能源应用、现代农业与食品医药和电子信息等战略性新兴产业。实施“百企升级”计划，引导扶持实力雄厚的企业上市融资，推动中小企业与央企、大集团嫁接、重组，中鼎、亚夏、司尔特、凤形、聚隆已成功上市，飞达电子、瑞泰科技、新马耐磨、华普建材等企业先后与央企、大集团合资合作。实施开放发展战略，引导企业境内外并购，近年来，中鼎集团先后将美国库伯、Precix、德国KACO等企业收入旗下，麦特电子收购天津太日电子、凤形公司跨界收购无锡雄伟精工，拓展了境内外市场，提升了国际影响力。

宁国经济技术开发区作为地方经济的增长极，将按照“深化产城融合、强化基地建设、节约集约土地、推进转型升级”的总体思路，以“调结构、转方式、促升级”为主基调，加快建设和发展步伐，加速转变经济发展方式，努力实现持续健康较快发展，在宁国市“领跑安徽、比肩苏浙”、“进军五十强，率先现代化”征程中勇当排头兵。

Established in December 2000 with the approval of the Anhui Provincial Government, Ningguo Economic and Technological Development Zone was ratified as a state-level economic and technological development zone in March 2013. After years of construction, the Zone has formed a development pattern of “One Zone, Three Parks, Expansion Focus”. With a middle-and-long-term planned area of 55.2 square kilometers, the Zone has completed the construction for an area of 20 square kilometers. By the end of 2016, in the Zone there had been 2,017 registered enterprises, including 823 industrial ones, 223 ones above the designated size, 56 ones with value of over RMB100mn, 66 high-tech ones and 15 listed ones. In 2016, the Zone achieved the gross industrial output of RMB46bn, industrial value added of RMB11.47bn, fixed asset investment of RMB17.04bn, fiscal revenues of RMB1.96bn, total imports and exports of US$530mn, and actually utilized foreign investment of US$210mn. Honors it has won include the China Top 100 Demonstration Parks for Scientific Development, National Demonstration Park for IPR, National Pilot for Incremental Power Distribution, Top 10 Parks of Anhui Province in Investment Environment, Innovative Park of Anhui Province, Demonstration Base of Anhui Province for New-type Industrialization and Civilized Organization of Anhui Province. In September 2015, the Zone was successfully included into Anhui Province’s first bases for clustering development of strategic emerging industries.

Since its inception, the Zone has been vigorously propelling the infrastructure construction, including roads, bridges, afforestation, lighting, supportive water & electricity facilities and drainage system. The Nanshan Park has completed the construction of the road network, the basic municipal facilities and the afforestation; the Heli Park is fully pushing up the infrastructure construction, with the trunk roads largely completed; the Wangxi Park is under construction, with key projects having been settled down gradually. Meanwhile, the Zone has spent a great deal on improving the supportive functionalities. What have been put into operation in the Zone includes the primary school, the kindergarten, the Songling talent community, the farmers market, the Nanshan Park, the Longtan Park, the Demonstration Center and the Party-Mass Service Center. Five-star hotel and 3rd-party modern logistic park projects have been introduced. The Zone has gradually grown into a new industrial town and a new urban district with such functionalities as industry, commerce, education and entertainment & leisure. After over 10 years of development, the Zone has been constantly optimizing its industrial structure. Now it has established three leading industries namely auto parts, electronic components and wear-resisting castings. Meanwhile, it actively cultivates strategic emerging industries like energy-saving building material, new energy applications, modern agriculture, food & drug and electronic information. The Zone implements its “Upgrade of 100 Enterprises” initiative to guide and support the listing financing of strong enterprises, drive the combination and reorganization of small and medium-sized businesses with centrally administered enterprises and large groups. Zhongding, Yaxia, Sierte, Fengxing and Julong have successfully went public, while Feida Electronics, Ruitai Technology, Xinma Wear-resistant Material and Huapu Building Materials have established their cooperation with centrally administered enterprises or large groups. The Zone implements the open development strategy to guide the overseas mergers and acquisitions of enterprises. In recent years, Zhongding Group acquired the US-based COOPER, Precix and the Germany-based KACO; Mascotop bought Tianjin Tairi Electronics; Fengxing purchased Wuxi Xiongwei Precision. They expanded markets at home and abroad, hence improving their international influence.

As a growth source of the local economy, the Zone will be committed to the concept of “deepening integration of industrialization and urbanization, strengthening base construction, saving lands and driving transformation & upgrading” and focus on “accelerating transformation of growth model, structural adjustments, and industrial upgrading” to speed up the construction and development, shift the development ways and strive to maintain the sustainable and healthy development. The Zone will play a role of spearhead in Ningguo City’s efforts of “leading the development across Anhui Province and catching up with Jiangsu and Zhejiang” and “becoming one of the Top 50 and pioneering modernization”.

# 沧州临港经济技术开发区

# 京津冀产业转移先行区和示范区

国家沧州临港经济技术开发区地处京津、环渤海经济圈的中心地带，是河北沿海发展新的增长极和隆起带，连续四年被中国石油和化学工业联合会评为“中国化工园区20强”。

开发区已签约京津冀产业转移项目109个，总投资近400亿元人民币。开发区西区的北京·沧州渤海新区生物医药产业园已签约北京生物医药项目50个，总投资120余亿元。20个项目已开工建设。

## 区位和交通优势

开发区紧临黄骅综合大港，是京津产业转移距离适中、交通便捷的重化工产业转移理想承接地。开发区境内及周边有2条国道、6条铁路、6条高速。黄骅综合大港已建成20万吨级深入航道和32个万吨级以上专业泊位，正在加快建设一批5万~20万吨级的原油、液体化工、LNG、煤炭、矿石、散杂货、汽车滚装等专业码头。

智慧园区指挥中心可以为企业提供选地、模拟建设、地下管网走向到产品、能量和副产品交换，以及仪器设备租借等全方位增值服务。还可实现网上报批、安全环保监控和预警等功能。

## 产业和资源优势

沧州市拥有石油和天然气开采、石油加工、化学原料、生物医药、化学纤维、橡胶制品、塑料制品等7大门类、44个种类，近千种产品。拥有石化企业1100多家，占河北省总数的30%以上。境内有华北、大港两大油田，探明的石油储量为15.4亿吨，天然气储量500亿立方米。中石油、中石化、中海油三大国有石化公司在沧州均设有生产基地。中捷石化和鑫海石化、大港石化、浅海石油等地方炼油企业分布在开发区周边，一次原油加工能力超千万吨。

开发区内54万亩建设用地，可直接用于工业建设，适宜布局用地需求量大的大型工业项目。

## 配套和服务优势

开发区基础设施全面实现“九通一平”，建有110kV、220kV、35kV变电站7座，可实现双回路供电；2×350MW热电联产项目可为区内及周边地区的企业提供充足的工业蒸汽和电力。污水处理厂日处理能力5万吨；黄骅港液体化学品码头至开发区间建有工业管廊和专用铁路。位于区内的固体危险废物处理中心，年处理能力6.3万吨；区内建有工业气体中心，能提供CO、$H_2$、氯气、氮气、氧气等工业气体。有日供水10万吨的水厂两座，有两条连接国华电厂海水淡化装置的管线，日供纯水能力3万吨。

开发区秉承“亲商、安商、富商”的服务理念，全程为入区企业提供“管家式”代办服务和“一站式”行政审批。

## 未来发展方向

开发区控制面积360平方千米，一期规划面积26平方千米，分西区和东区。东区18平方千米，以大型石油化工、煤化工、盐化工、合成材料产业为主；西区8平方千米，以精细化工和生物医药产业为主。“十三五”期间，将以相关战略性新兴产业为主线，重点打造石化产业园、新材料产业园、生物医药产业园、新型涂料产业园、保税物流产业园、出口加工区、保税仓库、化工装备产业园、科技创新园和国别产业园等十大“区中园”。

# 成都经济技术开发区

Chengdu Economic and Technological Development Zone

一汽大众成都轿车基地

神龙汽车有限公司成都工厂

成都经济技术开发区于2000年2月批准成立，是国家汽车产业新型工业化示范基地和国家生态工业示范园区创建单位，是四川省和成都市以汽车整车和关键零部件生产为主导的先进制造基地，是天府新区骨干区，正在规划建设“中法成都生态园”和中德汽车及智能制造产业园等国际合作示范园区。

2016年，实现整车产量111.6万辆，占成都市的93%、四川省的77%，汽车产业产值达1520亿元，实现地区生产总值1039亿元。

Chengdu Economic and Technological Development Zone was approved to establish in February 2000. It was the founder of National Automobile Industry New-type Industrialization Demonstration Base and National Ecological Industrialization Demonstration Park. It is also the advanced manufacturing base that gives priority to automobile whole vehicle and key components manufacturing in both the whole Sichuan province and its capital Chengdu. As the the backbone zone of Tianfu New Area, it is planning to build the International Cooperation Demonstration Parks such as Sino-French Ecological Park and Sino-German Intelligent Manufacturing Industry Park.

In 2016, the whole vehicle production output reached 1.116 million units, accounting for 93% of Chengdu's total or 77% of Sichuan's total. The automobile industry output value reached 152 billion yuan, and GDP reached 103.9 billion yuan.

沃尔沃成都轿车基地

招商电话(Tel)：028-84852308
传　真(Fax)：028-84868719
www.cdetdz.gov.cn

# 遵义国家经济技术开发区（汇川区）

# Zunyi National Economic and Technological Development Zone (Huichuan Area)

企业厂房鸟瞰图

凯星液力

成功汽车厂

漕河泾科创绿洲标准化厂房

遵义国家经济技术开发区是全省“1+7”开放创新平台和省列经济强县（区），是遵义市政治、经济、文化中心，规划面积48.93平方公里、全区管辖总面积1515平方公里，辖8个镇6个街道，常住人口56.54万人。

近年来，遵义国家经济技术开发区坚持高起点规划、高标准建设、高品质发展，加快打造了能够支撑百亿级产业集群、千亿级工业园区的硬件基础，形成了“555”发展格局，即，坚持“创新、协调、绿色、开放、共享”五大发展理念引领，建设高坪工业园区、航天高新技术产业园区、外高桥工业园区、上海漕河泾开发区遵义产业园区、田沟产业园区“五大工业园区”，培育军民融合、高端装备制造、大数据电子信息、特色轻工、和现代服务“五大主导产业”。先后获得了国家新型工业化产业示范基地、国家循环化改造示范试点园区、国家低碳工业园区、“国家火炬计划遵义航天军转民（装备制造）产业基地”、全国科技进步先进区、长江经济带国家转型升级示范开发区等10个国家称号。2016年，五大工业园区入驻规模工业企业已达77家。

2016年，完成地区生产总值285.15亿元，500万元以上固定资产投资178.83亿元，2000万元以上规模工业总产值270.13亿元、增加值102.33亿元，全社会消费品零售总额119.17亿元，财政总收入55.93亿元，公共财政预算收入16.26亿元。规划到2020年，五大工业园区全面建设投产后，预计可完成工业总产值1800亿元以上，可新增就业岗位5万个以上，实现全区12532名贫困人口全部脱贫。

Zunyi National Economic and Technological Development Zone is a “1+7” open and innovative platform and an economically strong county (district) in Guizhou Province. Being a political, economic and cultural center of Zunyi City, the Zone has the planned area of 48.93 square kilometers with total governing area of 1,515 square kilometers, covering 8 towns and 6 streets with 565,400 permanent residents.

In recent years, the Zone has been committed to the planning with a high starting point, construction with a high standard and development with high quality. The Zone has created the hardware base in an accelerated way that can support the industry clusters with output of over RMB10bn and industrial parks with outputs of over RMB100bn. As a result, it has established a “555” development layout, namely, development guided by five concepts of “innovation, harmoniousness, green, opening and sharing”; five industrial parks of Gaoping Industrial Park, Aerospace High-tech Industrial Park, Waigaoqiao Industrial Park, Zunyi Industrial Park of Shanghai Caohejing Development Zon and Tiangou Industrial Park; and five leading industrial parks for civil and military integrating industries, high-end equipment manufacturing, big data, distinctive light industry, and modern services. The Zone has won 10 national awards including National Demonstration Base of New-type Industrialization, National Demonstration Park for Circular Reconstruction, National Low-carbon Industrial Park, Zunyi Base of National Torch Program for Military-to-Civil Integration (Equipment Manufacturing), National Advanced Zone for Scientific and Technological Progress and National Demonstration Development Zone for Transformation and Upgrade in Yangtze River Economic Belt. As of 2016, there had been 77 industrial enterprises above the designated size in the five industrial parks.

In 2016, the Zone achieved regional GDP of RMB28.51bn, fixed asset investment of RMB17.88bn; gross output of RMB27.01bn and value added of RMB10.23bn by industrial enterprises above the designated size whose annual revenues reach over RMB20mn; total social retails of RMB11.92bn, total fiscal revenues of RMB5.59bn and public fiscal budgetary revenues of RMB1.63bn. Upon 2020 when the five industrial parks will be fully put into operation, the gross industrial output will be expected to reach over RMB180bn, creating more than 50,000 jobs and helping 12,532 poor persons in the Zone completely get rid of poverty.

# 湖州经济技术开发区

## Huzhou Economic and Technological Development Zone

湖州经济技术开发区位于浙江省湖州市核心区，成立于1992年8月，2010年3月被批准升级为国家经济技术开发区。开发区先后被认定为浙江省首批海外高层次人才创业创新基地、首批国际服务外包示范区、首批现代服务业集聚示范区、首批外商投资新兴产业示范基地，国家技术转移示范机构，湖州市跨境电子商务产业示范园区，湖州市金融产业集聚区。开发区在发展定位上——打造五个区：以建设“一流园区、美丽新城”总体战略目标，努力打造成为“现代产业引领区、产城融合样板区、城乡统筹协调区、生态文明示范区、体制机制创新区”。在产业培育上——做强“3+1”主导产业：围绕浙江省委、省政府七大主导产业，加速新能源汽车、信息经济、生物医药和现代金融服务业集聚发展。在平台拓展上——聚焦四大核心：聚焦“科技城、特色镇、产业园、物流港”核心，全力以赴打造产业大平台。全面加快科技城建设，打造“科研创新高地、人才集聚高地、成果转化高地、产城融合高地”，加快特色小镇创建，重点推进智能电动汽车产业园、电子信息产业园、南太湖金融产业园三大特色园建设，全面提速铁公水现代综合物流园建设。

Located in the core area of Huzhou City, Zhejiang Province, Huzhou Economic and Technological Development Zone was founded in August 1992. The Zone was ratified as a state-level economic and technological development zone in March 2010. It has been recognized in tandem as one of the members of Zhejiang Province's first-batch innovation and entrepreneurship base for talented overseas returnees, the first-batch demonstration zone of international service outsourcing, the first-batch demonstration base for foreign-funded emerging industries, the national demonstration institutions for technology transfer, the demonstration park of Huzhou City for cross-border e-commerce, and the financial industry clustering base of Huzhou City. Regarding the development positioning, the Zone will build itself into five zones: modern industry leadership zone, model zone of industrialization and urbanization integration, harmonious urban-rural development zone, demonstration zone of ecological cultivation and new zone of mechanism innovation by focusing on the overall strategic goal of building “a first-class zone and a beautiful new town”. As to the industry development, it will focus on the “3+1” leading industries: accelerating the development of new energy automotive, biomedicine and electronic information on the basis of the seven major industries defined by the CPC Zhejiang Provincial Committee and Zhejiang Provincial Government. With respect to the platform expansion, it will focus on four cores: building an industry platform by focusing on “technology city, featured town, industrial park and logistic port”. The construction of the technology city will be sped up to create the “highland of technology innovation, highland of talent gathering, highland of commercializing research fruits and a highland of industrialization and urbanization integration”. The construction of the featured towns will be accelerated, with priorities given to the construction of the Intelligent Electric Automobile Industrial Park, Electronic Information Industrial Park and South Taihu Lake Financial Industrial Park. The construction of the modern comprehensive logistics park consisting of railway, highway and waterway will be expedited.

# 潍坊滨海经济技术开发区

## Weifang Binhai Economic and Technological Development Area

潍坊滨海经济技术开发区是国家批准成立的国家经济技术开发区，是潍坊滨海海洋经济新区的核心区，地处潍坊市北部，渤海莱州湾南岸，弥河、白浪河、虞河入海处，陆域面积677平方公里，海域面积510平方公里，海岸线长69公里，辖2个街道，总人口20万。先后被确定为国家科技兴贸创新基地、国家生态工业示范园区、国家职业教育创新发展试验区、国家循环化改造示范试点园区和国家产城融合示范区。"蓝黄"两大国家战略和胶东半岛高端产业聚集区一个省级战略在此融汇叠加，是山东半岛蓝色经济区三个国家海洋经济新区、三个中外合作产业园区和黄河三角洲高效生态经济区"四点四区一带"优先发展区域之一。

近年来，潍坊滨海经济技术开发区突出绿色循环引领，持续引进龙头带动项目和补链强链项目，加快培育以大化工、大智造、大物流、大旅游为主的现代海洋产业体系。截止目前，全区共有企业3000多家，其中，规模以上工业企业200多家。下一步，将以"三中心两基地一园区"建设为重点，以突破中央城区提升为核心，加快滨海海洋经济新区建设进程，努力打造全省沿海开发开放改革的排头兵、全市加快发展新的增长极。

潍坊滨海欢乐海海水浴场
Weifang Binhai Joy Sea Bathing Beach

潍坊港新貌
New Outlook of Weifang Port

Weifang Binhai Economic and Technological Development Area (BEDA) is a national economic and technological development area approved by the state. Located in the northern part of Weifang, to the southern coast of Bohai Laizhou Bay, in the mouth of Mihe River, Bailanghe River and Yuhe River, BEDA is the core area of Weifang Binhai Marine Economy New Area. Covering a land area of 677 square kilometers, sea area of 510 square kilometers and a coastline of 69 kilometers, it administers two towns with a population of 200,000. BEDA has been continuously accredited as National Innovation Base for Rejuvenating through Science and Technology, National Demonstration Eco-Industry Park, National Vocational Education Innovation Zone, the Pilot Park of the State Recycling Model, and National Industry-City-Integration Demonstration Zone. The areas covered by the Blue and Yellow national initiative and the provincial strategy of building high-end industrial clusters of Jiaodong Peninsular overlaps in BEDA, making it one of the priority area of the three National Marine Economy New Areas of Shandong Peninsular Blue Economy Zone, one of the three China-foreign Cooperation Industry Parks and one of the priority areas of "Four Points, Four Zones and One Belt" in Yellow River Delta Highly Efficient Ecoanomy Zone.

In recent years, guided by the idea of green and recycling development, the Area has been introducing leading projects and supportive projects, accelerating the cultivation of modern maritime industries composed of high-end chemical industry, advanced manufacturing, big logistics and big tourism. Up to now, there have been more than 3,000 enterprises in the Area, including more than 200 ones above designated size. In the next period, by focusing on the construction of "three centers, two bases and one park", and extending the central city area, BEDA will make efforts to speed up its new area construction to build itself into a pioneer area of Shandong Provincial Coastal Development and a new developing polar of Weifang city.

循环经济示范厂区
Demonstration Factory of Recycling Economy

# 珠海经济技术开发区

## Zhuhai Economic and Technological Development Zone

左图：珠海经济技术开发区化工产业园

右图：采用滚装装船技术的组块陆地运输

珠海地处粤港澳都市圈中心地带，是珠江口西岸的核心城市和交通枢纽，是“粤港澳大湾区”城市群之一。“粤港澳大湾区”将努力建设为全球创新发展高地、全球经济最具活力区、世界著名优质生活区、世界文明交流互鉴高地和国家深化改革先行示范区。

珠海经济技术开发区（高栏港经济区）是国家经济技术开发区，位于珠海市西南部，总面积380平方公里，是西江及南中国海走向世界的门户，经过20余载的大开发、大建设、大投入，园区基础设施配套不断完善，高栏港发展优势日趋明显，是广东海洋经济最具活力和潜力的地区之一，更是珠海经济发展的引擎和龙头。高栏港成功引进了英国BP、壳牌、美国路博润、中国石油、中国海油、美国福陆、烽火科技、格力机器人、神华集团、华润集团、三一重工等27家世界500强企业落户，是国家新型工业化产业示范基地、国家知名品牌示范区、广东省战略性新兴产业基地、广东省化工产业集群升级示范区。

高栏港已经成为中国沿海产业战略布局的重要节点，倾力打造世界级船舶和海洋工程装备制造基地、国家清洁能源基地、国家的化工及新材料基地和区域性港口物流中心。高栏港经济区加快培育新业态，大力引进光纤光缆、通信设备、精密机械、新材料、新能源、智能制造、新型环保装备产业、互联网+等创新型企业。

Located in the center of Guangdong-HK-Macau metropolitan circle, Zhuhai is the core city and a traffic hub in the west coast of Zhujiang River. It is also one of the city clusters in “Greater Bay Area of Guangdong–Hong Kong–Macau” that will strive to become a global highland of innovative development, the world’s most vigorous economic zone, the world’s famous premium zone, the highland of the world’s culture exchange and the national pioneer zone for reform deepening.

As a state-level economic and technological development zone, the Gaolan Port Economic Zone is located in the southwest of Zhuhai. With a total area of 380 square kilometers, the Zone is a gateway for Xijiang and South China Sea to go to the world. With well-developed infrastructure after more than two decades of development, construction and investment, the Zone has established increasingly significant development advantages and becomes one of the most energetic regions in Guangdong with the greatest potentials in ocean economy. It is even the engine of Zhuhai’s economic development. Gaolan Port successfully introduced 27 Global 500 enterprises including BP, Shell, Lubrizol, CNPC, CNOOC, Fluor, FiberHome, Gree Robotics, Shenhua Group, China Resources Group and Sany Heavy Industry. It is one of the members of the National New-type Industrialization Demonstration Base, National Well-known Brand Effect Demonstration Zone, Strategic Emerging Industry Base of Guangdong Province and Chemical Industry Cluster Upgrade Demonstration Zone of Guangzhou Province.

Golan has become an important link for the industry strategy development in China’s coastal areas. It will be committed to building the world-class vessel and marine engineering equipment manufacturing base, the national clean energy base, the national chemicals and new material base and regional port logistics center. Gaolan Port Zone is accelerating the cultivation of new industries by vigorously introducing innovative enterprises operating in such industries as optical cable, communications equipment, precise machinery, new materials, new energy, smart manufacturing and new environment-friendly equipment, as well as Internet Plus.

太阳鸟游艇公司

中海油珠海LNG接收站航拍全景

联系人（Contacts）：　刘宝骏 Liu Baojun
电话（Tel）：07567268391　15992695153

# 钦州港经济技术开发区

## Qinzhou Harbor Economic and Technological Development Zone

### 南方大港，活力新区

### Large Harbor in South China, New Area with Vitalities

中石油千万吨炼油厂

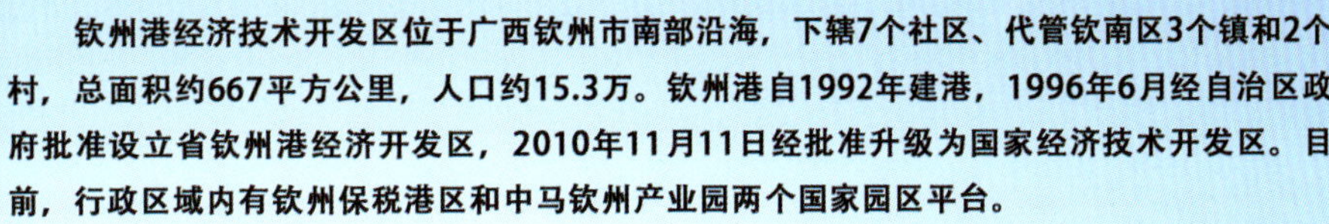

钦州港经济技术开发区位于广西钦州市南部沿海，下辖7个社区、代管钦南区3个镇和2个村，总面积约667平方公里，人口约15.3万。钦州港自1992年建港，1996年6月经自治区政府批准设立省钦州港经济开发区，2010年11月11日经批准升级为国家经济技术开发区。目前，行政区域内有钦州保税港区和中马钦州产业园两个国家园区平台。

——南方亿吨大港已经建成。早在1919年，孙中山先生就在《建国方略》中将钦州港规划为中国“南方第二大港”。

中粮集团钦州港项目

自1992年建港以来，钦州港区以建设南方亿吨大港为目标，共投入资金200多亿元用于港口建设。截止2016年底，已建成30万吨级码头及航道、8个10万吨级集装箱码头、30多个万吨级以上泊位，港口吞吐能力达到1.14亿吨，集装箱吞吐量及增幅连续6年稳居北部湾沿海港口首位。开通了至中国香港、中国台湾、韩国、新加坡、越南、马来西亚、缅甸等26条国内国际班轮航线，面向东盟的集装箱干线港正在加快培育。

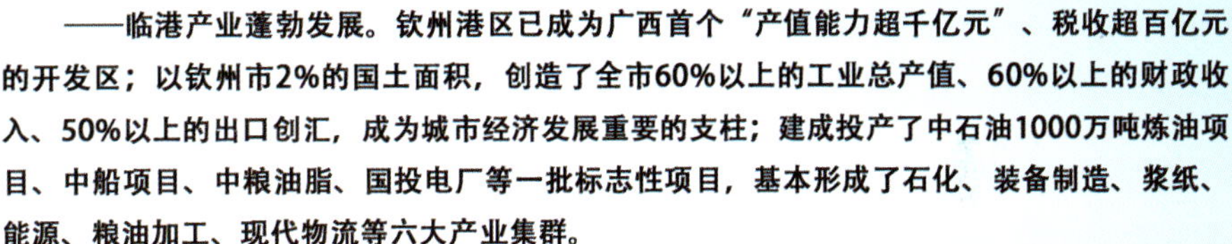

——临港产业蓬勃发展。钦州港区已成为广西首个“产值能力超千亿元”、税收超百亿元的开发区；以钦州市2%的国土面积，创造了全市60%以上的工业总产值、60%以上的财政收入、50%以上的出口创汇，成为城市经济发展重要的支柱；建成投产了中石油1000万吨炼油项目、中船项目、中粮油脂、国投电厂等一批标志性项目，基本形成了石化、装备制造、浆纸、能源、粮油加工、现代物流等六大产业集群。

钦州滨城市建设一景

在“一带一路”的大背景下，钦州港经济技术开发区将以“北部湾集装箱干线港、北部湾临海核心工业区”作为战略定位，全面融入国家“一带一路”发展战略。到2020年努力实现规模以上工业产值1000亿元以上，税收收入达到150亿元，率先实现全面小康三大目标。

Located in the southern coast of Qinzhou City, Guangxi Province, Qinzhou Harbor Economic and Technological Development Zone governs seven communities, three towns and two villages on behalf of Qinnan District. With a gross area of about 667 square kilometers, the Zone has a population of 153,000. Qinzhou Harbor was built in 1992, and the provincial Qinzhou Harbor Economic and Technological Development Zone was established in June 1996 with the approval of the Guangxi Provincial Government. On November 11, 2010, it was ratified as a state-level development zone. Now there are Qinzhou Bonded Zone and China-Malaysia Qinzhou Industrial Park in the administrative area of the Zone.

—— A large harbor with capacity of above 100 tons in South China has been in place. Early in 1919, Mr. Sun Yat-sen proposed in his Plans for National Reconstruction the Qinzhou Harbor as the “Second Largest Harbor in South China”.

Since its establishment in 1992, the Zone has been committed itself to building a 100-ton harbor in South China, with total investment of over RMB20bn. As of the end of 2016, the Zone has built a 300,000-ton terminal and channels, 8 100,000-ton container terminals, 30+ berths with capacity of over 10,000 tons. With the throughput of 114mn tons, the Qinzhou Harbor ranked No.1 among coastal ports in North Bay in terms of container throughput and growth for six straight years. The Zone has opened 26 domestic and international lines to HK, Taiwan, ROK, Singapore, Vietnam, Malaysia and Myanmar, among others. The preparation of the container port for the ASEAN is being accelerated.

——Portside industries are blooming. The Zone has turned into the first of its kind in Guangxi with the “gross output of over RMB100bn” and revenues of over RMB10bn; Though its area accounts for only 2% of Qinzhou, the Zone creates 60%+ of the gross industrial output, 60%+ fiscal revenues and 50%+ export revenues within the Qinzhou City, making it an important pillar for Qinzhou’s economic development. A batch of landmark projects have been put into operation, including PetroChina’s 100bn-ton refining project, the CSSC project, COFCO Oils project and SDIC project, hence basically establishing an industry cluster consisting of six sectors, namely petrochemical industry, equipment manufacturing, pulp & paper, energy, grain & oil processing and modern logistics.

Under the background of the Belt and Road, the Zone is strategically positioned as “Container Port in North Bay, Portside Core Industrial Zone in North Bay” to be fully integrated into the Belt and Road initiative. It makes efforts to achieve three goals: more than RMB100bn of industrial output by enterprises above the designed size, tax revenues of RMB15bn and taking lead in realizing the all-round well-off society.

钦州港码头货船正在装卸集装箱

钦州港码头岸线

近年来，贵阳经济技术开发区按照贵阳市打造创新型中心城市的目标定位，立足于国家开发区的实际，全力加快构建新型产业体系，打造千亿量级园区，奋力建成以大数据骨干企业为导向的经济转型发展先行区。着力发展高端装备制造业、大数据产业、新医药大健康产业及现代服务业的“3+1”产业，着力打造大数据安全产业示范区、数字物流产业园、军民融合产业园、中欧产业园(高端装备制造产业园)、新医药大健康产业园五大特色产业园，以“园中园”的建设模式，促进“3+1”主导产业集聚发展。通过亮出大数据安全、数字物流、军民融合“三面旗帜”，打造三个千亿级产业集群。

In recent years, Guiyang Economic and Technological Development Zone, according to Guiyang City's positioning of building itself into a new-type central city, has been developing itself on the basis of its own advantages as a state-level development zone. It has been making efforts to accelerate the establishment of a new-type industry system and creating a park with a size of RMB100bn. The Zone strives to become a pioneer in economic transformation led by leading big data enterprises. It mainly develops the "3+1" industries, namely high-end equipment manufacturing, big data, new medicine & big health and modern services, and endeavors to build five featured industrial parks, namely big data security industry demonstration zone, digital logistic industry park, military and civilian integration park, Sino-Europe industry park (high-end equipment manufacturing industry park) and new medicine & big health industry park. With the model of "Park in Park", the Zone promotes the clustered development of the "3+1" backbone industries. With three flagships of big data security, digital logistics and military & civilian integration, the Zone is committed to building three industry clusters each valued at least RMB100bn.

贵阳经开区大数据企业货车帮科技有限公司二期规划图

位于贵阳经开区的大数据安全产业园

贵阳经开区企业詹阳动力重工有限公司生产的挖掘机在多地部队发挥重要作用

# 贵阳经济技术开发区

Guiyang Economic and Technological Development Zone

中国—马来西亚钦州产业园区是中外政府合作共建的第三个国际园区，与马来西亚—中国关丹产业园区共同开创“两国双园”国际合作新模式。继2015年完成“三年打基础”目标后，园区从2016年开始进入“五年见成效”阶段全面推进产业和城市项目建设。

园区积极探索发展模式创新，走出欠发达地区建设国际合作产业园区的新路子。一是坚持以创建新一代国际化、创新型园区为目标，致力于建设具有自由贸易功能的中国第四代开发园区。二是加快构建以资本为导向的园区开发体系，通过实施财政资金资本化战略，带动社会资本投入，先后成立了直投基金、产业投资基金、城市建设基金等基金群支持产业发展。三是加快建设科技金融产业发展平台（TFM），加快产业集聚，目前重点布局的平台包括国际医药创新园、中马国际科技园、鑫德利光电产业发展基地、北斗科技产业园等。四是重点培育和发展跨国产业链与服务链，支持中国优势产能项目“走出去”，吸引东盟传统优势产业“走进来”，推动国际产能合作。五是探索并推动实施园区法定机构治理模式，在广西壮族自治区人民政府领导下，自主管理园区事务，实现“园区事园区办”。六是坚持与国内外一流伙伴合作，提升园区发展的层次和水平。

截至2017年4月，入园注册企业122家，建成及在建的产业和城市项目89项，总投资538.8亿元，一座充满机遇的国际产业新城即将崛起。

China-Malaysia Qinzhou Industrial Park is the third international park co-built by Chinese and foreign governments. Together with Malaysia-China Kuantan Industrial Park, China-Malaysia Qinzhou Industrial Park is pioneering a new international cooperation model of “Two Parks in Two Countries”. After realizing the goal of “laying foundations within three years” in 2015, the Park entered the stage of “achieving success within five years” in 2016, fully driving the development of industries and urban construction projects.

The Park is actively exploring new development modes for building international cooperative industrial parks in underdeveloped cities. The first is aiming at the goal of creating a new-generation international and innovative park and building China’s fourth-generation development park with function of free trade. The second is to accelerate the construction of capital-oriented park development system. Though implementing the strategy of capitalizing fiscal funds, the Park will drive the investment of social capital, supporting the industry development through such funds as direct investment funds, industrial development funds and urban construction funds. The third is to speed up the construction of the TFM platform and speed up the industry clustering. Currently major platforms include International Pharmaceutical Innovation Park, China-Malaysia International Technology Park, Xindeli Photo-electronics Industry Development Base and Beidou Technology Park. The fourth is mainly cultivating and developing cross-border industry chain and service chain so as to support the going global of China’s advantageous projects in capacity, attract the ASEAN’s traditional advantageous industries and drive the international capacity cooperation. The fifth is to explore and drive the adoption of governance by statutory boards for parks, meaning that the Park will carry out the governance by itself under the leadership of the Guangxi Government. The sixth is to stick to the cooperation with top-class partners at home and abroad to further improve the Park’s development.

As of April 2017, 122 enterprises had entered the Park; 89 industry and urban projects had been completed or were under construction, with total investment of RMB53.88bn. An international new industry town full of opportunities is ready to rise.

## 中国—马来西亚钦州产业园区 China-Malaysia Qinzhou Industrial Park

中国—马来西亚钦州产业园区管理委员会 China-Malaysia Qinzhou Industrial Park Administrative Committee
地址：广西钦州中马钦州产业园区中马大街1号（535008）
Address:No.1,China-Malaysia Avenue,China-Malaysia Qinzhou Industrial Park,Qinzhou,Guangxi 535008 P.R.China
联系电话（Tel）:+86-777-5988023/5988017 传真（Fax）:+86-777-5988013
网址(Web)：http://www.caexpo.org 电子邮箱（E-mail）:icb@qip.gov.cn

# 嘉善经济技术开发区

## Jiashan Economic and Technological Development Zone

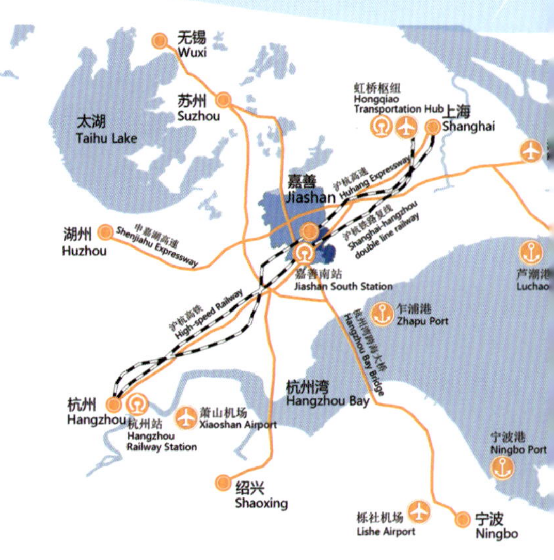


嘉善经济技术开发区辖区面积65.5平方公里，其中核心区面积26.08平方公里，是1993年11月经浙江省政府批准成立的首批省经济开发区。1999年2月，经省政府批准设立全省首个台商投资区。2011年6月，经国家批准嘉善经济开发区升格为国家经济技术开发区。

嘉善经济技术开发区位于浙江省与上海市交界处的长三角经济圈中心区域，恰处于上海、苏州、杭州、宁波四大城市对角线交叉点，交通便捷，区位优势得天独厚，有“接轨浦东第一站”之美誉。

目前，开发区已拥有喜力啤酒、铠嘉电脑（和硕集团）、特易购（华润万家）、阿克苏·诺贝尔等一批世界500强企业，汇聚了晋亿螺丝、斯道拉恩索、众成包装、华瑞赛晶、梦天门业、索菲亚家具等一批行业龙头企业。累计吸引全球30多个国家和地区的400多个外商投资项目落户，合同利用外资超50亿美元、实际利用外资超20亿美元。

着眼“十三五”、立足“国家”，开发区将以“创新、协调、绿色、开放、共享”五大发展理念为引领，致力于打造经济转型、产业升级的示范区，开放合作、接轨上海的先导区，创新驱动、高端要素的集聚区，产城融合、宜居乐业的和谐区。

Jiashan Economic and Technological Development Zone, covering a total area of 65.5 square kilometers (including 26.08 square kilometers for its central area), was among the first provincial economic development zones approved by the Zhejiang Provincial Government in November 1993. Then in February 1999, the Zone was approved to set up a Taiwanese investment zone. In June 2011, it was upgraded to a state-level economic and technological development zone with the state's approval.

The Zone is located in the geological center of the Yangtze River Delta Economic Circle at the border between Zhejiang Province and Shanghai. It is just at the intersection of Shanghai, Hangzhou, Suzhou and Ningbo. With the unique location advantage, the Zone is highly accessible, winning it the title of “First Station” to Pudong District of Shanghai.

Currently the Zone has embraced a batch of Global 500 enterprises including Heineken, Kaijia Computer (Pegatron Corporation), TESCO (CR Vanguard), and Akzo Nobel. It also gathers a batch of industry leaders such as GEM-YEAR Screw, Stora Enso, Zhongcheng Packing, Sunking Electronic, Mengtian Door and SOGAL. It has attracted more than 400 foreign-funded projects from over 30 countries and regions around the world, with contracted utilized foreign capital of over US$5bn and actually utilized foreign capital of over US$2bn.

On the basis of the guidelines of the 13th Five-Year Plan and in line with the overall goals as a state-level zone, the Zone will stick to the development concept of “innovation, collaboration, green, opening and sharing” to build itself into a demonstrative zone of economic transformation and industry upgrading, a pioneering zone of opening & cooperation in connection with Shanghai, a clustering zone driven by innovation and full of high-end elements, and a harmonious development zone featuring integration of urbanization and industrialization and livable and business-friendly conditions.

# 中国（河南）自由贸易试验区

# China (Henan) Pilot Free Trade Zone

省领导察看河南自贸试验区郑州片区综合服务大厅

省领导向河南自贸试验区各片区授牌

省领导向首批入驻的企业代表颁发营业执照

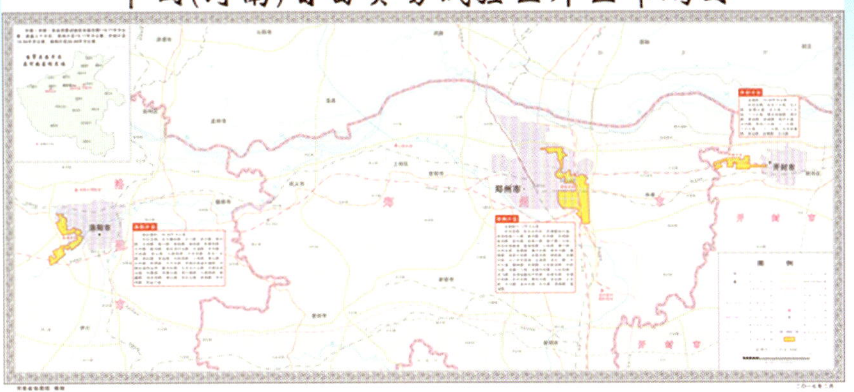


中国（河南）自由贸易试验区（以下简称河南自贸试验区）以制度创新为核心，以可复制可推广为基本要求，主要落实中央关于加快建设贯通南北、连接东西的现代立体交通体系和现代物流体系的要求，着力建设服务于“一带一路”建设的现代综合交通枢纽、全面改革开放试验田和内陆开放型经济示范区。力争经过三至五年改革探索，形成与国际投资贸易通行规则相衔接的制度创新体系，营造法治化、国际化、便利化的营商环境，建设成为投资贸易便利、高端产业集聚、交通物流通达、监管高效便捷、辐射带动作用突出的高水平高标准自由贸易园区，引领内陆经济转型发展，推动构建全方位对外开放新格局。

河南自贸试验区实施范围119.77平方公里，其中郑州片区73.17平方公里，开封片区19.94平方公里，洛阳片区26.66平方公里。郑州片区重点在促进交通物流融合发展和投资贸易便利化方面推进体制机制创新，打造多式联运国际性物流中心，发挥服务“一带一路”建设的现代综合交通枢纽作用；开封片区重点构建国际文化贸易和人文旅游合作平台，打造服务贸易创新发展区和文创产业对外开放先行区，促进国际文化旅游融合发展；洛阳片区重点打造国际智能制造合作示范区，推进华夏历史文明传承创新区建设。

Focusing on system innovation and replicable experience for promotion, China (Henan) Pilot Free Trade Zone (HNFTZ) mainly carries out the central government's requirements for accelerating the construction a modern transportation system and a modern logistic system covering the whole China. It will strive to build a modern transportation hub serving the Belt and Road, a test filed for all-round opening up and reforming and a demonstration zone of open economy in inland areas. With 3-5 years of exploration efforts, HNFTZ will establish an institutional innovation system in accordance with international investment and trade practices, while also creating a legally-compliant and conducive international business environment. Every effort will also be made to develop it into a high-level free trade park, offering first rate investment and trade facilitation services. It will also look to create a cluster of high-end industries, while offering a premium level of accessibility in terms of transport and logistics, as well as efficient and convenient oversight. Additionally, it will set out to provide a model of good practice for the wider business community, while playing a leading role in the transformation and development of the inland economy and fully participating in the country's renewed and enhanced opening up program.

Covering an area of 119.77 square kilometers, the zone is broken down into three sub-zones: Zhengzhou Area (73.17 square kilometers) Kaifeng Area (19.94 square kilometers) and Luoyang Area (26.66 square kilometers). By prioritizing the integrated development of transport and logistics, as well as investment and trade facilitation, Zhengzhou Area will take a lead in creating new and innovative systems and mechanisms, while operating as a multi-modal international logistics center and a transport hub in line with the emerging requirements of the Belt and Road Initiative. The Kaifeng Area will function as a center for international cultural trade activities and co-operative cultural tourism ventures, and hence it will act as a platform for the opening up of China's cultural and creative industries to the rest of the world. This area is expected to promote the integrated development of cultural and tourism initiatives facing the world. The Luoyang Area will act as a platform for collaboration in the field of smart manufacturing. Beyond that, it will be dedicated to showcasing the finest examples of the innovation in inheriting Chinese culture heritages.

**贯通南北连接东西**

**建设现代立体交通体系和物流体系**

**打造服务于一带一路的现代综合交通枢纽**

# 探索内陆地区参与国际市场的新路径

两江晨韵

崛起的重庆金融城

重庆两江新区于2010年6月18日挂牌成立。新区位于重庆主城区长江以北、嘉陵江以东，包括江北区、北碚区、渝北区3个行政区部分区域，规划总面积1200平方公里，可开发面积550平方公里，常住人口240万。

国家赋予了两江新区五大功能定位：统筹城乡综合配套改革试验的先行区，内陆重要的先进制造业和现代服务业基地，长江上游地区的金融中心和创新中心，内陆地区对外开放的重要门户，科学发展的示范窗口。两江新区兼具内陆第一个国家新区、内陆进出口量最大的保税港区、国家水陆空综合交通枢纽、中新（重庆）战略性互联互通示范项目的重要承接地、重庆自贸试验区的核心实施主体、国家自主创新示范区和国家双创示范基地等六大优势。

两江新区优化提升汽车、电子信息、高端装备等3大优势支柱产业，培育壮大新能源及智能汽车、电子核心部件、机器人及智能装备、云计算及物联网、可穿戴设备及智能终端、通用航空、生物医药及医疗器械、能源装备、节能环保、新材料等10大战略性新兴制造业，大力发展新兴金融服务业、软件设计及服务外包、跨境电子商务及结算、保税商品展示及保税贸易、总部贸易及转口贸易等10大战略性新兴服务业。

两江新区以“整机+配套”、“资本+股权”、“资源+项目”、“金融+市场”、“订单+政策”的招商引资模式，将产业发展、金融资本，市场需求巧妙结合，实现产业有效供给。同时，利用“一带一路”和长江经济带联动，发挥“渝新欧”铁路优势、打造果园港等多式联运综合枢纽、构建开放物流体系等，探索陆上贸易新规则。

七年来，两江新区保持着GDP年均增长17.3%，创造了规上工业总产值年均增长22.5%，进出口总额年均增长49.8%的“两江速度”。两江新区将贯彻落实中央、市委市政府的要求，解放思想、勇立潮头，争当改革开放创新排头兵，建设落实新发展理念示范区，全面推动加快发展、率先发展。

重庆江北国际机场

两江新区的重庆造轻轨车

Established on June 18, 2010, Chonqging Liang Jiang New Area is located in the north of Yangtze River in the Chongqing downtown and the east of Jiangling River. It governs Jiangbei District, Beibei District and Yubei District, with total planned area of 1,200 square kilometers, available development area of 550 square kilometers and permanent residents of 2.4mn.

The New Area is designed for five functions: a pioneer for pilot comprehensive reform of harmonious urban and rural development, important advanced manufacturing and modern service base in inland area, financial center and innovation center of upstream Yangtze River, important portal of opening and reform in inland area, and a demonstration window of scientific development. The New Area boasts of six advantages as the first national new area in the inland, the largest bonded port by imports and exports in inland, the national integrated hub of marine, land and air traffic, the important base for Sino-Singapore (Chongqing) strategic interconnection demonstration project, the core implementation entity of Chongqing Free Trade Pilot Zone, the national demonstration zone for indigenous innovation and the national demonstration base for mass entrepreneurship and innovation.

The Area optimizes three pillar industries, namely automobile, electronic information and high-end equipment, and cultivates and grows 10 strategic emerging industries including new energy & intelligent autos, core electronic components, robotics & intelligent devices, cloud computing & IoT, wearable devices and intelligent terminals, universal aviation, biomedicine & medical devices, energy equipment, energy efficiency & environmental protection, and new materials. Meanwhile, the Area is greatly developing 10 strategic emerging service industries including emerging financial services, software design and service outsourcing, cross-border e-commerce and payment, exhibition of bonded goods & bonded trade, as well as headquarters trade & intermediary trade.

美丽如画的生态商务园区

With the investment attraction model of “capital + equity”, “whole machine + auxiliary devices”, “resources + projects”, “finance + markets” and “order + policy”, the Area smartly integrates the industry development, finance and capital into market demands to enable effective supply in the industry. At the same time, it leverages the Belt and Road to drive the Yangtze River Economic Belt, takes use of the advantages of Chongqing-Xinjiang-Europe Railway, builds the multi-modal transport hub including Guoyuan Port and establishes an open logistic system to explore new rules for land-borne trade.

照母山湿地

During the past seven years, the Area had been maintaining the average annual GDP growth of 17.3% and achieved the average annual growth of 22.5% for gross output by industrial enterprises above the designated size and the average annual growth of 49.8% for total imports and exports. The Area will study the guiding thinking of speeches delivered by national government leaders as well as their new ideas, new concepts and new strategies on governance, deeply follow the instructions of national government leaders during their inspection in Chongqing, and abide by the requirements proposed by the Chongqing Municipal Government to liberate the minds and act as the pioneer for opening & reform and innovation. It will strive to become a demonstration area by observing new development concepts, hence realizing accelerated and leading development.

航拍果园港

# 邹平经济技术开发区

Zouping National Economic & Technological Developmeet Zone

▲具有国际先进水平的智能化紧密纺纱生产线

▲世界首条600KA原铝生产线，整体技术达到国际领先水平

邹平经济技术开发区地处山东“省会都市圈”与“半岛城市群”交汇区，济青高速与济青高铁穿区而过，规划面积108平方公里，建成区面积36平方公里，入区企业630余家。2016年完成规模以上工业总产值2526亿元，税收38.8亿元，实现财政总收入40.3亿元，进出口总额23.6亿美元，完成固定资产投资86.7亿元。

目前，邹平经开区已发展成为以纺织服装、涉铝产业、食品医药、新型材料为主导产业，集仓储、物流、研发、商贸于一体的综合性开发区，拥有全球规模宏大的棉纺织生产基地、原铝生产基地，亚洲超大的葡萄糖和玉米油加工生产基地，以及B型保税物流中心。先后荣获“中国棉纺织名城”、“中国糖都”、“中国玉米油城”等称号。

未来，邹平经开区将主动融入“一带一路”建设，全力打造2000亿级世界铝谷，着力加快传统产业转型升级，积极推动绿色发展、创新发展，努力争创国家一流生态工业园区。

Zouping Economic and Technological Development Zone is located in the area where the “Provincial Capital City Circle” and the “Shandong Peninsular City Cluster” are intersected. Jinan-Qingdao Expressway and Jinan-Qingdao High-speed Railway go through the Zone. With a planned area of 108 square kilometers, the Zone has completed the construction of 36 square kilometers. Over 630 enterprises have settled down in the Zone with 145,000 employees.

With textile & fashion, aluminum-related industry, food & pharmacy and new materials as leading industries, the Zone now has developed into a comprehensive development zone with such functionalities as warehousing, logistics, R&D and trade. It has the world’s largest cotton & textile production base, one of the world’s largest raw aluminum production bases, one of Asia’s largest glucose and corn oil processing and production bases and B-type Bonded Logistic Center. Honors it has won include “China Well-known Textile Town”, “China Sugar Town” and “China Corn Oil Town”

In the future, the Zone will actively integrate into the construction of Belt and Road and make efforts to build the world-class aluminum valley with value of RMB200bn at least, focus on accelerating the upgrade of traditional industries, actively drive green development and innovative development and strive to become the first-class ecological industrial park in China.

地址：山东省邹平县会仙二路17号　Address: No.17, Xianer Road, Zouping County, Shandong Province

联系电话（Tel）：0543-2100015

# 惠州大亚湾经济技术开发区

## Huizhou Daya Bay Economic and Technological Development Zone

大亚湾科技创新园

大亚湾开发区于1993年5月经国家批准成立，辖陆地面积293平方公里，海域面积1319平方公里，地处广东省惠州市南部，与深圳东部接壤，与香港隔海相望，位于珠三角“1小时经济圈”，多条高速公路贯穿而过，与香港、深圳、广州、惠州等机场均在2小时通勤圈内，拥有年吞吐能力近1亿吨的国家一类对外开放口岸——惠州港，已建、在建厦深高铁等4条铁路、高铁，区位优势十分明显。

经过20多年的发展，大亚湾已基本形成“1+4”的产业格局。“1”是石化产业作为支柱产业，大亚湾石化区是全国重点发展的七大石化产业基地之一，目前已落户项目共计79宗，总投资1678亿元，至今年年底将形成2200万吨/年炼油、220万吨/万吨乙烯生产能力，2014-2017年已连续四年位列“中国化工园区20强”第二。“4”为电子信息、汽车等装备制造、港口物流和滨海旅游4大主导产业，已吸引比亚迪、光弘科技、东风本田、和记黄埔等一批知名企业进驻落户。

未来，大亚湾将围绕加快建设世界级石化产业基地和产城人融合发展示范区的目标，持续营造国际化营商环境，携手企业实现共赢发展。

Established in May 1993 with the approval of the state, Huizhou Daya Bay Economic and Technological Development Zone governs a land area of 293 square kilometers and a marine area of 1,319 square kilometers. Located in the south of Huizhou City, Guangdong Province, it connects the east of Shenzhen, faces Hong Kong, and is a part of the “1-hour Economic Circle” in the Pearl River Delta Region. Several expressways go through the Zone, and it is within the 2-hour drive from the Zone to the airports in HK, Shenzhen, Guangzhou and Huizhou. It boasts of Huizhou Port, the national first class open port with annual throughput of nearly 100mn tons. There are four railways and high-speed railways that have been completed or are under construction, thus enjoying remarkable location advantages.

After more than two decades of development, the Zone has basically established the “1+4” industry landscape. “1” refers to the petrochemicals as the pillar industry. The petrochemical area in Daya Bay is one of the country’s seven major petrochemical bases, where a total of 79 projects have been settled down by so far with total investment of RMB167.8mn. By the end of 2017, the annual oil refining capacity will have reached 22mn tons while the annual ethylene capacity will have hit 2.2mn tons. It had ranked No.2 among China Top 20 Chemical Industrial Parks for four years consecutively from 2014 to 2017. “4” refers to electronic information, equipment manufacturing including automotive, port logistics and coastal tourism. It has attracted a lot of well-known enterprises including BYD, DBG, Dongfeng Honda and Hutchison Whampoa.

Looking into the future, the Zone will constantly create internationalized business-friendly environment and join hands with enterprises for win-win success by focusing on the goals of accelerating the construction of the world-class petrochemical base and the demonstration zone for integrated development of industrialization, urbanization and people’s livelihood.

# 东营经济技术开发区

## Dongying Economic and Technological Development Zone

东营经济技术开发区是黄河三角洲首家国家开发区，拥有丰富的海洋、土地、淡水、石油、天然气、地热等自然资源，具有机场、港口、铁路、高速公路等便捷的交通网络，具备良好的开发条件和发展基础，是中国东部沿海具有发展潜力的区域。

按照“转型升级先行区、创新驱动引领区、科学发展示范区”目标定位，重点发展有色金属、石油装备、汽车及零部件、新材料等主导产业，以及新能源、智能装备、电子信息、现代服务业等新兴产业，是唯一的国家级铜及铜材产业知名品牌示范区，是国家高新技术产业标准化示范区、循环化经济示范园区，正在创建国家生态工业示范园区。2016年，全区实现生产总值363.7亿元、工业总产值1722.5亿元、进出口总额260.4亿元。

As the first national development zone in the Yellow River Delta Region, Dongying Economic and Technological Development Zone boasts of rich natural resources including ocean, land, fresh water, oil, gas and thermal heat, as well as a convenient transportation network consisting of airport, port, railway and expressway. With good development conditions and basis, the Zone is one of the regions with the greatest development potentials in China's eastern coastal area.

On the basis of the positioning of "a pioneer of transformation, a leader of innovation and a model of scientific development", the Zone is focusing on developing such major industries as nonferrous metal, oil equipment, auto & parts and new materials, as well as such emerging industries as new energy, intelligent equipment, electronic information and modern services. The Zone is China's sole national demonstration zone of well-known brands for copper and copper products. It is also a national demonstration zone of high-tech industry standardization and a demonstration park of circular economy. It is making efforts to become a national demonstration ecological park. In 2016, the Zone realized gross production of RMB36.37bn, gross industrial output of RMB172.25bn and total imports & exports of RMB26.04bn.

全国唯一的民用飞机专用试飞基地

全国唯一的中美清洁能源合作产业园

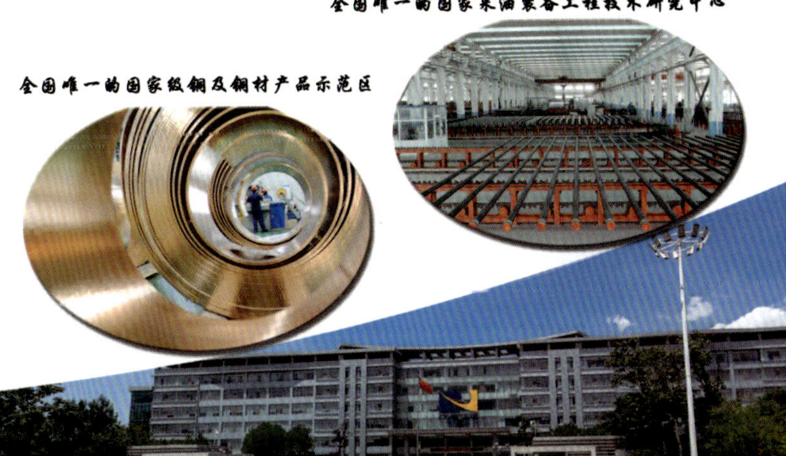

全国唯一的国家采油装备工程技术研究中心

全国唯一的国家级铜及铜材产品示范区

# 广州开发区

Guangzhou Development District

广州开发区成立于1984年，是中国最具竞争力的国家开发区之一，包括广州经济技术开发区、广州高新技术产业开发区、广州出口加工区、广州保税区等4个国家经济功能区和中新广州知识城及生物岛，获批国家自主创新示范区、国家区域双创示范基地，成为我国首批中欧、中以合作试点区。

广州开发区是广州经济的重要增长极，规模以上工业总产值7141亿元，占全市约三分之一，建成了华南最大的孵化器和加速器集群，聚集了高科技企业1000多家，上市企业42家，“新三板”挂牌企业103家，聚集各类研发机构580家，约占广州市1/4，2016年高技术产业产值超过2500亿元，成为工业增长的主要动力。

广州开发区拥有国际一流创新创业投资环境。2017年初，率先发布扶持先进制造业、现代服务业、总部经济和高新技术产业发展的4个产业政策及人才政策、知识产权政策和风投政策。率先创新行政管理方式，企业投资建设项目从立项到动工的审批时间，从原来110个工作日缩短至30个，迈出了“1个月审批、3个月交地、6个月动工”的快节奏。政府政策扶持“真金白银”34个工作日内可“落袋”，为企业打造更加便利的投资环境。

2017年上半年，全区实际利用外资14.57亿美元，同比增长6.02%，稳居全市前茅，占全市比重约40%；新增内资企业5381个，增长103.13%，注册资本332.9亿元，增长168.56%。

一切为了投资者，一切为了企业。广州开发区30多年来，坚持用很好的服务、优质的环境，让投资者获得理想的回报。

http://www.hp.gov.cn/

Founded in 1984, Guangzhou Development District is one of the most competitive national development zones in China. It governs four national economic functional zones, namely Guangzhou Economic and Technological Development Zone, Guangzhou High-tech Industrial Development Zone, Guangzhou Export Processing Zone and Guangzhou Bonded Area, as well as Sino-Singapore Guangzhou Knowledge City and Biological Island. The District is approved as the National Demonstration Zone of Indigenous Innovation and National Regional Demonstration Base of Entrepreneurship and Innovation. It is among China's first-batch Pilot Zones for Sino-Europe and Sino-Israel Cooperation.

As an important economic growth source, the District created the gross output of RMB714.1bn by industrial enterprises above the designated size, accounting for about one third of that of Guangzhou. It has formed the largest incubator and accelerator cluster in South China, gathering 1,000+ high-tech enterprises, 42 listed enterprises, 103 enterprises listed on the New Third Board, and 580 R&D institutions that account for a quarter in Guangzhou. In 2016, the high-tech industry generated the output of over RMB250bn, becoming a major driver to industrial growth.

Guangzhou Development Zone boasts of the world-class investment environment for innovation and entrepreneurship. In early 2017, it took the lead in issuing industry policies, talent policies, intellectual property right policies and venture capital policies to support advanced manufacturing, modern services, headquarters economy and high-tech industries. It pioneered the innovation in administration. From launch to kickoff, the time to approve the construction projects invested by enterprises has been shortened from 110 work days to 30 days, enabling the fast pace of "approval within 1 month, land delivery within 3 months and kickoff within 6 months". The government support funds can be extended within "34 work days", creating more favorable investment environment for enterprises.

In the first half of 2017, the District achieved actually realized foreign investment of US$1.46bn, up 6.02% year-on-year and ranking No.1 in Guangzhou with a percentage of about 40%. Additional 5,381 domestic enterprises were settled down, up 103.15% from a year ago; registered capital amounted to RMB33.29bn, representing an increase of 168.56%.

All efforts are for investors and enterprises. During the past over 30 years, the District has been maximizing the returns for investors with the best services and the best environment.

# 昆明经济技术开发区

## Kunming Economic and Technological Development Zone

昆明经开区 1992 年 5 月成立，2000 年升级为国家经济技术开发区，2005 年获批建设昆明出口加工区，2008 年整体托管阿拉和洛羊两个街道，推行实体化管理。规划控制面积 156.6 平方公里，已建成面积 34.5 平方公里，总人口 26 万。目前，全区注册企业 2.3 万余家，其中引入外资企业 202 家，世界 500 强分支机构和企业 43 家。2016 年全区实现主营业务收入 1481 亿元，地方公共财政预算收入 32.8 亿元。昆明经开区是云南省唯一集国家经济技术开发区、国家综合保税区、国家科技兴贸创新基地、国家新型工业化产业示范基地、国家大众创业万众创新示范基地、长江经济带国家转型升级示范开发区和省级高新技术开发区于一体的多功能、综合性产业园区，也是云南省首批双创区域性示范基地。

Founded in May 1992, Kunming Economic and Technological Development Zone was ratified as a national economic and technological development zone in 2000 and was approved in 2005 to build the Kunming Export Processing Area. In 2008, the Zone began to govern two streets, namely Ala and Luoyang, for physical management. With a population of 260,000, it now governs the area of 156.6 square kilometers including completed area of 34.5 square kilometers. By so far, there hare been 23,000+ registered enterprises in the Zone, including 202 foreign-funded ones and 43 branches and companies of the Global Top 500. In 2016, it earned core business revenues of RMB148.1bn and local public fiscal budgetary revenues of RMB3.28bn. Currently, 23,000 enterprises have registered in the Zone, including 202 foreign-funded ones and 43 branches and companies of the Global Top 500. The Zone is the only multifunctional and comprehensive industrial park in Yunnan Province that serves as the National Economic and Technological Development Zone, National Comprehensive Bonded Area, National Innovation Base for Technology-Driven Trade, National Demonstration Bas of Mass Entrepreneurship and Innovation, National Demonstration Base of New-Type Industrialization, National Demonstration Development Zone for Transformation and Upgrade in Yangtze River Economic Belt and Provincial Hi-tech Development Zone.

# 海南老城经济开发区

Hainan Laocheng Economic Development Zone

◀老城经济开发区全景

▲沃克公园

▲海南生态软件园

海南老城经济开发区创建于1988年，隶属于海南省澄迈县，2006年升格为省开发区，目前正积极申报国家开发区。建区29年来，园区经济社会发展取得了丰硕成果，先后获得“中国50家投资环境诚信安全区”、“中国具有投资价值20强开发区”、“全国精神文明建设工作先进单位”、“中国具有投资潜力十强开发区”等荣誉称号，并于2014年获批第一批国家低碳试点工业园区。近年来，开发区不断调整产业结构，重点发展农副产品加工业、建材与新材料、清洁能源、软件和信息服务业、现代服务业等五大特色产业板块，形成新型工业为主导、互联网产业跨越发展、现代服务业迅猛发展的良好态势。目前全区已引进26家世界500强企业，年产值超亿元的企业有58家。2016年完成生产总值（GDP）154.1亿元，占澄迈县生产总值（GDP）的53.9%，占海南省生产总值（GDP）的3.8%。

Founded in 1988, Hainan Laocheng Economic Development Zone is a part of Chengmai County, Hainan Province, and was ratified as a provincial development zone in 2006. Now it is actively applying for the qualification of a national development zone. Over the past 29 years since its inception, the Zone has made great achievements in economic and social development. It has won a lot of awards, including one of China Top 50 Development Zones by Integrity of Investment Environment, China Top 20 Development Zones with Greatest Investment Value, National Advanced Organization of Spiritual Civilization Construction and China Top 10 Development Zones (Provincial Level) with Greatest Potentials. In 2014, it became one of the first-batch low-carbon pilot industrial parks in China. In recent years, the Zone has been adjusting its industrial structure, focusing on five featured fields: agricultural product processing, building materials & new materials, clean energy, software & information services, and modern services. It has established a promising layout led by new-type industry, plus booming internet industries and modern services. Now the Zone has introduced 26 Global Top 500 enterprises and 58 enterprises with annual output of over RMB100mn. In the full year of 2016, the Zone realized GDP of RMB15.41bn, accounting for 53.9% of Chengmai County's GDP or 3.8% of Hainan Province's GDP.

海南省港口综合物流中心——马村港

# 海安经济技术开发区

Hai'an Economic and Technological Development Zone

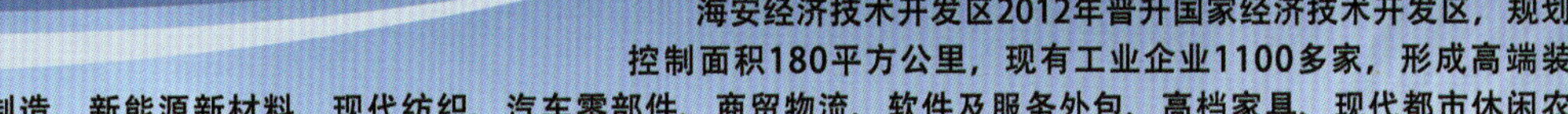

海安经济技术开发区2012年晋升国家经济技术开发区，规划控制面积180平方公里，现有工业企业1100多家，形成高端装备制造、新能源新材料、现代纺织、汽车零部件、商贸物流、软件及服务外包、高档家具、现代都市休闲农业等八大特色产业集群，是国家知识产权试点园区、国家模范劳动关系和谐工业园区，建有电梯零部件、建材装备、磁性材料等3个国家火炬计划特色产业基地。

**区域性交通枢纽。**长三角北翼重要的节点城市，集沪通城际北翼枢纽、苏中地区“公、铁、水”综合枢纽、江淮平原出海通道枢纽“三大枢纽”于一体。随着沪通铁路、盐通高铁的加快建设，海安开发区正从“动车时代”阔步迈向“高铁时代”，全面融入上海、南京1小时经济圈。

**国际化合作平台。**江苏沿海开发、长三角经济一体化在此叠加；丝绸之路经济带、长江经济带、21世纪海上丝绸之路在此聚焦。作为江苏长江以北第一家落户县级城市的国家经济技术开发区，海安开发区先后落户20多个国家和地区的外商投资项目，并于2014年落户由中国和意大利政府合作共建的中意海安生态园。目前，园区设立运行海关办事处、国检办事处，保税物流中心（B型），建有国家苏台两岸产业合作园、中欧产业园、美国底特律汽车产业园等跨境合作园区，已成为江苏沿海对外开放的重要平台。

**创新型现代园区。**累计建成省级以上院士工作站3家、博士后工作站5家和功能性公共技术服务平台32家、研发中心59家，建成孵化器面积78万平方米，落户建设上海交大、苏州大学等6家产业研究院，与全国30多所高校和院所对接合作，实现了规模以上企业产学研合作、研发机构、科技成果转化全覆盖。主动接轨上海，致力打造上海都市区北翼创新城，打造“颜值”和实力兼具的机器人特色小镇。

**园林式生态城市。**坚持高端规划，不断加快特色园区基础设施建设，地上地下、绿化、美化、亮化同步配套。高层次、高品味布局绿化系统，放大生态优势，全区森林覆盖率近30%；坐拥二条运河、两大湖面，升级推进“清水工程”，建成最美景观河道集聚区，获评“江苏水美乡镇”。3A级风景区七星湖已成为城市客厅、生态名片；9.15平方公里上湖新城正加快建设，融水景、时尚、科技、生态、文化等多重元素为一体，全力打造“海安金鸡湖”。

Hai'an Economic and Technological Development Zone was upgraded into a national economic and technological development zone in 2012. It has a planned area of 180 square kilometers and attracted more than 1,100 industrial enterprises. It has established eight featured industry clusters: high-end equipment manufacturing, new energy & new materials, modern textile, auto parts, trade & logistics, software & service outsourcing, high-end furniture and modern urban leisure and agriculture. It is rated as the national IPR pilot park and the national industrial park with exemplary labor relationship. It has also established three featured industry bases included into the Torch Program: elevator parts, building materials & equipment and magnetic materials.

**Regional transportation hub.** As an important link in the north of Yangtze River Delta Region, Hai'an serves as the hub of the north section of Shanghai-Nantong Railway, the hub of "highway, railway and waterway" in the central region of Jiangsu Province, and the hub of Jianghuai Plain's access to the sea. With the accelerated construction of Shanghai-Nantong Railway and Yancheng-Nantong High-Speed Rail, the Zone is moving from the "bullet train era" to "China Railway High-Speed era", becoming a part of the One-Hour Shanghai-Nanjing Economic Circle.

**International cooperation platform.** The Zone is a place where coastal area development of Jiangsu Province and the economic integration of Yangtze River Delta Region converge, and the Silk Road Economic Belt, the Yangtze River Economic Belt and the 21st-century Maritime Silk Road meet. As the first national economic and technological development zone in the north of Yangtze River in Jiangsu Province located in a county-level city, the Zone has carried out more than 20 national and regional foreign-funded investment projects. In 2014, the Sino-Italy Hai'an Ecological Park co-built by Chinese and Italian governments settled down in the Zone. Currently the Zone boasts of Customs Office, Entry-Exit Inspection and Quarantine Office and Bonded Logistic Center (Type B), as well as cross-border cooperation parks including national Jiangsu-Taiwan Industry Cooperation Park, Sino-Europe Industry Park and US Detroit Automobile Industry Park. As a result, it has become an important platform for opening and reforming along coastal areas in Jiangsu Province.

**Innovative modern park.** It has established three academician expert workstations, five post-doctoral stations, 32 functional public technology service platforms and 59 R&D centers. The Zone has completed the incubators of 780,000 square meters and built six industry research institutes sponsored by Shanghai Jiaotong University and Soochow University, among others. It also established cooperation with more than 30 universities and research institutes across China. As a result, the Zone realized the cooperation among industry, academia and the research circle for enterprises above the designated size, forming the alliance with research facilities and ensuring the commercialization of technology findings. The Zone had made active interaction with Shanghai to become an innovative city in the north of Shanghai and build itself into a unique robotic town with strong attractiveness.

**Garden-like ecological city.** Sticking to the high-end planning, Hai'an has been speeding up the infrastructure construction of all featured parks, with ground and underground infrastructure, greenization, beautifying and lighting facilities in place. High-level greenization systems strengthen the ecological advantages. The Zone has the forest coverage rate of nearly 30%, two canals and two lakes. It is implementing the "Clean Water Project" to build beautiful river courses. As a result, it is rated as the "Town of Beautiful Water Scene in Jiangsu Province". Seven-star Lake, an AAA scenic area, has become a living room and the name card of the city; the Shanghu New Town with an area of 9.15 square kilometers is being constructed at a faster pace with the name of "Jinji Lake of Hai'an", which will integrate such elements as waterscape, fashion, technology, ecology and culture.

# 五家渠经济技术开发区

## Wujiaqu Economic and Technological Development Zone

北区中小企业创业园

五家渠经济技术开发区　　新疆梅花集团　　新疆六孚纺织工业园　　烽火通信科技股份有限公司

五家渠经济技术开发区位于新疆五家渠市，地处天山北坡经济带和新疆丝绸之路经济带核心区，乌昌半小时都市圈，总规划面积90.36平方公里。按照"一区两园"布局，东工业园区为优势资源转换区，重点发展有色金属冶炼加工、装备制造业等产业；北工业园区为农副产品加工区，重点发展纺织服装、农副产品加工、生物医药、新材料、节能环保等产业。

开发区产业基础雄厚，招商政策优惠，基础设施完备。经过十年建设发展，信发、梅花、华孚、华春、新业等一批国内知名大型企业集团落地投产，开发区已经形成强劲勃发的协作配套产业集群，已成为新疆及兵团发展速度快、具有成长潜力的开发区。

六师五家渠市具有兵团特殊体制优势，农业和矿产资源丰富，区位交通优势显著，生态环境优美，宜商宜居宜业。伴随着中央领导视察五家渠市，中央召开第二次新疆工作座谈会的春风，开发区发展迎来新的重大历史机遇期。

"长风破浪会有时，直挂云帆济沧海"。选择五家渠经济技术开发区投资兴业，可谓正当其时，必将大有作为。

新疆新业能源化工有限公司

新疆现代石油有限责任公司

新疆金晶玻璃有限公司

新疆昆仑钢铁有限公司

新疆宝隆包装有限公司

新疆六师煤电有限集控中心

Located in Wujiaqu City, Xinjiang, Wujiaqu Economic and Technological Development Zone is located in the core of Tianshan Northern Economic Belt and Xinjiang Silk Road Economic Belt. With a gross planned area of 90.36 square kilometers, it is within the Urumchi-Changji 30-Minute Metropolitan Circle. In accordance with the plan of "One Zone with Two Parks", the eastern industrial park of the Zone is focusing on conversion of advantageous advantages, mainly developing such industries as nonferrous metal smelting & processing and equipment manufacturing; the northern industrial park is for farm produce processing, focusing on such industries as textile, farm produce processing, bio-medicine, new materials and energy efficiency & environmental protection.

With a strong industry base, the Zone provides favorable investment policies and well-established infrastructure. After ten years of development, a batch of well-known large domestic and foreign enterprises have started their operation in the Zone, including Xinfa, Meihua, Huafu, Huachun and Xinye. The Zone has established a strong industry cluster featuring harmonious development, making it one of the fast-growing development zones with the greatest potentials across Xinjiang and Xinjiang Production and Construction Corps.

With the unique corps system advantages and extensive agricultural and mineral resources, Wujiaqu City is highly accessible with beautiful ecological environment, making it a place suitable for both working and living. The Zone is embracing new important historic opportunities as leaders of the country inspected the city and the central government has held the second forum for the work in Xinjiang.

"A time will come to ride the wind and cleave the waves, I will set my cloudlike sail to cross the sea which raves". It's right time now to invest in Wujiaqu Economic and Technological Development Zone, with great things to be expected.

东区中小企业创业园

# 秦皇岛经济技术开发区

QETDZ Qinhuangdao Economic and Technological Development Zone

秦皇岛经济技术开发区（缩写为QETDZ，以下简称开发区）是1984年经国家批准设立的全国首批、河北省首家国家经济技术开发区，地处正在迅速崛起的渤海湾沿岸经济带中心位置，毗邻京津，联结华北和东北两大经济区，距首都北京280公里，距天津220公里，区位优势明显，陆海空交通体系完备，总规划控制面积128平方公里，常住人口约14万。开发区分东、西两区，东区位于万里长城的起点山海关老龙头东侧，西区紧邻著名避暑胜地北戴河，拥有海岸线6公里，海域面积23.81平方公里。

建区以来，在秦皇岛市委、市政府的正确领导下，开发区坚持走“统一规划、分步实施、滚动发展”和“开发一片、建成一片、收益一片”的开发道路，筚路蓝缕，艰苦奋斗，矢志不渝，砥砺前行，用智慧和汗水建成了集国家出口加工区、国家大学科技园、国家创业服务中心于一体的现代化、多功能、综合性、绿色生态产业园区，成为河北省改革开放的窗口，渤海之滨的一颗光彩夺目的明珠，环渤海经济圈最具活力的经济体之一。

2016年，开发区实现地区生产总值266.8亿元，同比增长8%，占全市19.9%；完成规上工业增加值159.5亿元，增长8.1 %，占全市47.6%，实现利润27.3亿元，增长51.9%，占全市80.1%；完成固定资产投资167.99亿元，增长21.9%，占全市18.8%；完成区级公共预算收入15.98亿元，增长10.6%。较好地发挥了“窗口、示范、辐射、带动”作用，成为秦皇岛市最具活力的经济增长极。

开发区先后获得“中国创造力开发区、极佳投资环境开发区、最具发展潜力园区、河北省经济发展先进开发区、全国首批民生改善典范开发区”等多项荣誉称号。2016年8月，被评为河北省开发区综合示范试点园区之一。

Established in 1984, Qinhuangdao Economic & Technological Development Zone (QETDZ) is one of China's first-batch national economic and technological development zones and also Hebei Province's first national economic and technological development zone approved by the state. Located in the center of the rising Bohai Bay Coastal Economic Rim, QETDZ is adjacent to Beijing and Tianjin, connecting North China and Northeast China, two major economic regions in China. It is 280km from Beijing and 220km from Tianjin. With a sound land, sea and air transportation system, QETDZ boasts of remarkable location advantages. It has the gross governing area of 128 square kilometers and about 140,000 permanent residents. It consists of eastern and western sections. The eastern section is located in the east of Laolongtou of Shanhaiguan, the starting point of the Great Wall, while the western section is near to Beidaihe District, a popular beach resort, with coastal line of 6km and sea area of 23.81 square kilometers.

Thanks to the support of the CPC Qinhuangdao Municipal Committee and Qinhuangdao Municipal Government, QETDZ has been sticking to the development road of "unified planning, staged implementation, spiral development" and the combination of "development, construction and returns", making all its efforts to grow into a modernized, multi-functional, integrated and green ecological industrial park consisting of a national export processing park, a national university technology park and a national entrepreneurship service center. It becomes a window of Hebei Province for opening and reforming, a brilliant star in Bohai and one of the most energetic economics in Pan Bohai Economic Circle.

In 2016, QETDZ realized regional GDP of 26.68bn, up 8% year on year and accounting for 19.9% Qinhuangdao city's GDP; value added of RMB15.95bn by industrial enterprises above the designated size, up 8.1% year on year and accounting for 47.6% of the city's total; profits of RMB2.73bn, up 51.9% and accounting for 80.1% of the city's total; fixed asset investment of RMB16.799bn, up 21.9% and accounting for 18.8% of the city's total; public budgetary revenue of RMB1.958bn, up 10.6%. As a result, it has become the strongest economic growth source of Qinhuangdao City, fully playing the roles as windows, exemplary models, bridges and powerhouses.

QETDZ has won a lot of awards, including China Creativity Development Zone, Development Zone with Best Investment Environment, Development Zone with Greatest Potentials, Advanced Development Zone of Hebei Province by Economic Development and National First Demonstration Development Zones for Livelihood Improvement. In August 2016, it was rated as one of the comprehensive pilot demonstration zones in Hebei Province.

2016年8月26日，广汽三菱战略车型欧蓝德下线

2016年9月29日，铁建重工国产首台高铁大直径盾构机、国产首台铁路双线盾构机同时下线

长沙经济技术开发区成立于1992年，地处湖南省会长沙东部开放型经济走廊，2000年升格为国家经济技术开发区，规划面积105平方公里。建区以来，园区始终坚持工业主体地位不动摇，形成了以工程机械、汽车制造及零部件、电子信息产业为主导，新材料、集成电路、电子商务、节能环保、大健康产业、现代服务业等新兴产业竞相发展的产业新格局。

截至2016年底，园区共有规模以上工业企业165家，高新技术企业116家，年产值亿元以上企业85家，过10亿元企业19家，世界500强企业31家。2016年，全区规模工业总产值首次突破2000亿元，达到2111亿元，同比增长16.4%；实现工商税收116.7亿元，同比增长10.1%。

放眼未来，园区将紧紧围绕率先打造国家智能制造示范区、率先建设5000亿国家园区的战略定位，充分发挥工业经济主战场、主阵地、主力军的引领作用，支撑长沙县挺进全国前五强，在长沙市创建国家中心城市、建设富饶美丽幸福新湖南征途中作出重要贡献。

Located in the open economic corridor to the east of Changsha, the capital of Hunan Province, the Changsha Economic and Technical Development Zone ("CETZ") was established in 1992, and was approved as a state-level economic and technical development zone in 2000. It has a planned area of 105 square kilometers. Since its inception, the CETZ has been committed to developing the second industry and has created a new industry landscape mainly led by mechanical machinery, auto & parts and electronic information and supported by blooming emerging industries including new materials, integrated circuit, e-commerce, energy efficiency & environmental protection, big health industry and modern services created a new industry landscape mainly led by mechanical machinery, auto & parts and electronic information and supported by blooming emerging industries including new materials, integrated circuit, e-commerce, energy efficiency & environmental protection, big health industry and modern services.

By the end of 2016, the CETZ had had 165 industrial enterprises above the designated size, 116 high-tech enterprises, 85 enterprises with annual output of over RMB100mn including 19 ones with annual output of over RMB1bn, and 31 Global 500 enterprises. In 2016, the gross output of the industrial enterprise above the designated size in the CETZ exceeded RMB200bn for the first time to RMB211.1bn, representing a year-on-year growth of 16.4%; the tax revenues hit RMB11.67bn, increasing by 10.1% from a year ago.

Looking into the future, the CETZ will focus closely on its strategic positioning of taking lead in building a national demonstration zone of intelligent manufacturing and a national park with value of over RMB500bn. It will play its role as the major battlefield and the main force of industry economy to support Changsha County to become one of top 5 counties in China, and make great contributions in building Changsha into a national center city and creating a new rich, beautiful and happy Hunan Province.

长沙经济技术开发区

Changsha Economic and Technological Development Zone

天津经济技术开发区（Tianjin Economic-Technological Development Area，缩写为TEDA，音译为“泰达”），是1984年由国家批复的全国首批国家开发区之一。泰达，在中国传统文化中具有安泰、通达之意，为全球华人喜爱的吉祥名字。中国改革开放的总设计师在1986年8月视察天津开发区时，亲笔题词“开发区大有希望”，激励了一代代泰达人奋勇拼搏、接续发展、勇攀高峰。这方地如其名的热土，现已包括东区、西区、南港工业区、中区、泰达智能产业区、逸仙科学工业园、微电子工业区、南部新兴产业区以及一汽-大众华北基地等9个区域，致力于构建区域经济发展的引领区、先进制造研发的集聚区、推进创新驱动的活力区、美丽文明宜居的标志区。

多年来，在天津市委、市政府和滨海新区的正确领导下，天津开发区始终站在我国北方对外开放的最前沿，已成为中国经济规模大、外向型程度高、综合投资环境优的国家开发区。自1997年起，天津开发区主要经济指标和综合发展水平在国家开发区中持续保持领先。

同时，天津开发区是联合国工业发展组织确定的中国具有活力的六个城市和地区之一；获评“影响中国”地方创新政府；被《财富》杂志评为中国受赞赏的工业园区；被《福布斯》杂志评为中国京津冀协同发展战略中的一个成功范例；被新加坡盛集团评为中国AAA级工业园区之首；此外，天津开发区还成为国家三部委认定的全国首批三个生态工业园区之一；成为中国具有投资潜力经济园区，国家首批循环经济试点园区，电子、汽车、石化三大产业的国家新型工业化产业示范基地，国家海外高层次人才创新创业基地等。

Tianjin Economic-Technological Development Area (TEDA) was established in 1984 as one of the first national-level development zones in China, upon the approval of the state. It is usually transliterated as Taida (a beloved auspicious name by Chinese around the world, meaning as calm and steady as Mount Tai and as swift as a dart). During a significant inspection to TEDA in August, 1986, Mr. Deng Xiaoping, the chief architect of China's reform and opening-up, was deeply impressed and handwrote such an inscription for the emerging zone, “Development zones are of great promise.” Inspired by the message, TEDA people keep marching ahead to conquer varioius challenges and harvest glories. Over the years, TEDA has never stopped the pursuit for sound and fast growth just as its Chinese name suggests. Today it is comprised of nine subzones, namely, TEDA East, TEDA West, Nangang Industrial Zone, TEDA Middle Zone, TEDA Intelligent Industries Zone, Yat-sen Scientific Industrial Park, Microelectronics Industrial Park, South Emerging Industries Zone, and FAW-VW North China Production Base. TEDA aims at building itself into a leading zone in regional economic development, a gathering zone for advanced manufacturing and R&D, a robust zone driven by innovation, and a landmark zone featuring beautiful and livable environment and rich culture.

Over the years, under the leadership of Tianjin Municipal CPC Committee, Tianjin Municipal Government and Tianjin Binhai New Area, TEDA always stands at the forefront of the opening-up of North China. Among all the national-level development zones, it boasts the largest economic scale, highest opening-up level, and best comprehensive investment environment. It has become the champion among its domestic peers in terms of major economic indicators and comprehensive economic strength since 1997.

TEDA has been successively recognized as one of the six most dynamic cities and regions in China by UNIDO, an innovative local government by the Influencing China Program, the most admirable Chinese industrial park by Fortune, a good example implementing the integrated development strategy of Beijing, Tianjin and Hebei Province by Forbes and the No.1 among China's AAA industrial Parks by China Knowledge. It is also one of the country's first three eco-friendly industrial parks jointly recognized by three ministries, the most promising investment destination in China, one of China's earliest pilot bases for circular economy, a national-level neo-industrialization base for electronics, automobiles and petrochemicals, and a national-level innovation and entrepreneurship base for senior talents returning from overseas.

中国商务年鉴
CHINA COMMERCE YEARBOOK
政府年度出版物　中、英文分册出版
Published in separate Chinese and English editions
www.yearbook.org.cn　电话：(010) 64515074
EVERGREEN
EVERGREEN
EVERGREEN
K LINE
TIR
CHINA
COMMERCE
YEARBOOK
2017
中國商務年鑒
中國商務年鑒編輯委員會
2017　總第三十四期
A MUST-HAVE FOR
INTERNATIONAL BUSINESS
现代商务需要……

## 2016年中国承接离岸服务外包按合同类别分类情况表

金额单位：万美元

| 合同类别 | 合同数（份） | 增长率（%） | 协议金额 | 增长率（%） | 执行金额 | 增长率（%） |
|---|---|---|---|---|---|---|
| **总 计** | **125 434** | **15.04** | **9 526 227.31** | **9.14** | **7 041 191.01** | **8.94** |
| **信息技术外包（ITO）** | **47 764** | **-0.63** | **4 474 683.69** | **12.29** | **3 304 763.32** | **4.30** |
| 软件研发外包 | 36 084 | -2.04 | 3 053 786.61 | 11.51 | 2 280 588.78 | 4.64 |
| 软件研发及开发服务 | 26 150 | 1.20 | 2 252 982.26 | 16.74 | 1 612 010.35 | 7.35 |
| 软件技术服务 | 9 795 | -10.38 | 795 684.09 | -0.83 | 664 477.51 | -1.18 |
| 其他软件研发外包业务 | 139 | 107.46 | 5 120.26 | -19.28 | 4 100.91 | -23.60 |
| 信息技术服务外包 | 5 677 | 5.52 | 875 726.27 | 14.26 | 590 507.09 | -0.75 |
| 集成电路和电子电路设计 | 4 001 | 4.03 | 502 544.19 | 2.22 | 401 906.93 | -3.87 |
| 电子商务平台服务 | 212 | -16.21 | 18 375.81 | -30.59 | 12 826.65 | -33.67 |
| 测试外包服务 | 715 | -16.76 | 130 938.27 | -28.44 | 108 067.81 | -1.46 |
| IT 咨询服务 | 119 | 80.30 | 7 993.02 | -1.89 | 4 032.66 | -32.42 |
| IT 解决方案 | 174 | 31.82 | 8 595.08 | -23.11 | 7 989.27 | 6.15 |
| 其他信息技术服务外包业务 | 456 | 103.57 | 207 279.90 | 349.98 | 55 683.78 | 61.82 |
| 运营和维护服务 | 5 996 | 4.10 | 538 103.21 | 18.93 | 424 807.68 | 13.23 |
| 信息系统运营和维护服务 | 4 467 | 17.09 | 403 541.88 | 33.84 | 311 911.84 | 22.66 |
| 基础信息技术运营和维护服务 | 1 219 | -35.60 | 123 513.28 | -16.58 | 103 747.01 | -12.66 |
| 其他运营和维护服务 | 310 | 496.15 | 11 048.05 | 282.03 | 9 148.83 | 335.52 |
| **业务流程外包（BPO）** | **17 834** | **26.23** | **1 715 579.19** | **20.59** | **1 165 909.28** | **27.21** |
| 内部管理外包服务 | 933 | 0.21 | 87 255.36 | -29.64 | 63 221.04 | -27.44 |
| 人力资源管理服务 | 278 | 124.19 | 21 446.25 | 64.74 | 10 467.47 | 34.93 |
| 财务与会计管理服务 | 479 | 144.39 | 44 373.34 | 109.93 | 26 590.09 | 126.37 |
| 其他内部管理外包服务 | 158 | -4.24 | 14 143.09 | -59.78 | 16 941.21 | 4.50 |
| 业务运营外包服务 | 8 301 | 37.50 | 967 674.48 | 28.66 | 565 885.37 | 29.76 |
| 数据处理服务 | 2 465 | 132.55 | 428 118.31 | 68.25 | 167 326.13 | 171.65 |
| 互联网营销推广服务 | 177 | -25.00 | 17 898.14 | 76.96 | 9 275.91 | 69.52 |
| 客户服务 | 847 | 12.33 | 107 355.45 | 11.55 | 71 116.36 | 47.44 |
| 专业业务外包服务 | 2 562 | 93.80 | 270 310.40 | 64.01 | 217 231.00 | 85.01 |
| 其他业务运营外包服务 | 2 248 | 84.87 | 135 044.88 | 261.38 | 73 880.83 | 137.79 |
| 供应链外包服务 | 8 586 | 31.99 | 648 046.78 | 34.99 | 520 831.68 | 63.35 |
| 供应链管理服务 | 6 721 | 23.07 | 538 210.11 | 24.35 | 426 230.36 | 50.38 |
| 采购外包服务 | 1 775 | 75.05 | 89 591.48 | 107.78 | 76 021.87 | 134.45 |
| 其他供应链管理服务 | 90 | 200.00 | 20 245.19 | 386.08 | 18 579.45 | 523.20 |
| **知识流程外包（KPO）** | **59 836** | **27.75** | **3 335 964.42** | **0.45** | **2 570 518.41** | **8.09** |
| 商务服务外包 | 4 195 | 48.65 | 170 629.10 | 12.89 | 135 225.24 | 51.13 |
| 知识产权外包服务 | 282 | 41.71 | 12 323.91 | -1.71 | 10 517.63 | -0.97 |
| 数据分析服务 | 744 | -2.62 | 49 743.10 | -14.13 | 47 582.59 | 22.64 |
| 管理咨询服务 | 174 | -25.96 | 26 274.62 | -25.11 | 18 209.10 | 17.72 |
| 检验检测外包服务 | 2 845 | 80.52 | 71 325.34 | 76.34 | 53 136.49 | 144.81 |
| 法律流程外包服务 | 7 | 0.00 | 1 031.49 | -21.88 | 818.75 | -36.04 |
| 其他商务服务外包 | 143 | 248.78 | 9 930.63 | 159.35 | 4 960.70 | 209.15 |
| 技术服务外包 | 39 325 | 51.75 | 2 184 145.90 | 11.09 | 1 623 343.05 | 18.92 |
| 工业设计外包 | 33 002 | 66.26 | 1 120 039.88 | 29.28 | 933 630.44 | 38.02 |
| 工程技术外包 | 3 019 | 52.01 | 795 146.32 | 0.94 | 488 372.87 | 16.31 |
| 其他技术服务外包 | 3 304 | -18.98 | 268 959.70 | -13.77 | 201 339.74 | -25.07 |
| 研发服务外包 | 16 311 | -1.98 | 962 008.51 | -9.02 | 758 600.43 | 1.07 |
| 医药和生物技术研发外包 | 6 162 | 6.87 | 471 066.19 | -24.29 | 371 370.66 | -1.13 |
| 动漫及网游设计研发外包 | 2 787 | -7.32 | 92 925.90 | 33.71 | 66 842.11 | 12.17 |
| 其他研发服务外包 | 7 362 | -6.42 | 398 016.42 | 8.83 | 320 387.66 | 1.58 |

## 2016年中国承接离岸服务外包前20位省份（自治区、直辖市）

金额单位：万美元

| 省（自治区、直辖市） | 合同数（份） | 增长率（%） | 协议金额 | 增长率（%） | 执行金额 | 增长率（%） |
|---|---|---|---|---|---|---|
| **全　国** | **125 434** | **15.04** | **9 526 227.31** | **9.14** | **7 041 191.01** | **8.94** |
| 江苏省 | 30 062 | 10.37 | 2 586 572.43 | 2.23 | 2 215 362.70 | 3.46 |
| 广东省 | 10 252 | 15.31 | 1 237 180.93 | 14.07 | 947 769.58 | 19.82 |
| 浙江省 | 38 091 | 30.11 | 931 317.77 | 18.61 | 842 944.39 | 19.01 |
| 山东省 | 16 408 | 36.76 | 814 130.85 | 15.08 | 680 355.27 | 9.57 |
| 上海市 | 6 446 | 2.11 | 920 311.49 | 17.24 | 672 548.63 | 12.36 |
| 北京市 | 2 842 | -17.62 | 1 192 595.35 | 0.42 | 490 592.22 | 9.04 |
| 重庆市 | 5 043 | 3.92 | 227 879.76 | 38.11 | 186 110.70 | 33.16 |
| 福建省 | 2 216 | 25.77 | 196 841.17 | 35.77 | 172 004.71 | 22.88 |
| 黑龙江省 | 339 | -51.22 | 254 507.13 | 32.96 | 149 536.43 | 12.00 |
| 四川省 | 2 142 | -10.53 | 217 753.52 | 8.14 | 148 185.45 | 5.50 |
| 辽宁省 | 4 788 | 4.31 | 346 114.65 | 84.25 | 142 779.73 | -5.08 |
| 天津市 | 1 045 | -44.74 | 161 577.69 | 28.00 | 95 912.19 | 3.74 |
| 湖北省 | 1 628 | 38.91 | 61 110.68 | -62.79 | 87 173.40 | -3.67 |
| 陕西省 | 1 243 | 28.81 | 111 327.65 | 53.17 | 61 280.72 | 7.16 |
| 湖南省 | 633 | -7.99 | 63 238.24 | 11.49 | 46 479.69 | 25.38 |
| 江西省 | 738 | -5.26 | 46 475.40 | -9.82 | 43 201.72 | -8.50 |
| 河北省 | 884 | -35.19 | 71 284.57 | -59.92 | 24 594.74 | -68.68 |
| 安徽省 | 255 | -33.25 | 68 647.85 | -5.85 | 22 758.66 | -39.56 |
| 吉林省 | 236 | 6.31 | 9 902.49 | -35.15 | 8 821.99 | 12.46 |
| 云南省 | 36 | 200.00 | 1 366.66 | 174.32 | 1 202.16 | 261.90 |

## 2016年中国承接离岸服务外包前20位国家（地区）

金额单位：万美元

| 国别（地区） | 合同数（份） | 增长率（%） | 协议金额 | 增长率（%） | 执行金额 | 增长率（%） |
|---|---|---|---|---|---|---|
| **全　球** | **125 434** | **15.04** | **9 526 227.31** | **9.14** | **7 041 191.01** | **8.94** |
| 美　国 | 20 087 | 8.00 | 2 385 016.98 | 25.14 | 1 542 961.75 | 2.48 |
| 香　港 | 18 313 | 26.56 | 1 414 041.48 | 20.89 | 1 167 540.68 | 22.94 |
| 日　本 | 18 740 | -7.39 | 724 561.93 | 11.57 | 577 757.24 | 5.41 |
| 新加坡 | 3 065 | 15.92 | 519 309.88 | 2.96 | 372 048.95 | 12.45 |
| 韩　国 | 5 062 | 30.94 | 444 044.21 | 3.04 | 360 418.00 | 20.22 |
| 台湾省 | 5 320 | 11.02 | 393 599.27 | 17.61 | 308 272.37 | 7.23 |
| 德　国 | 4 558 | 25.91 | 326 382.22 | 13.73 | 288 153.10 | 43.21 |
| 英　国 | 3 474 | 25.82 | 236 654.91 | 20.79 | 163 994.78 | 6.49 |
| 荷　兰 | 1 326 | 17.55 | 175 256.02 | 11.38 | 158 610.13 | 29.90 |
| 瑞　士 | 721 | 21.59 | 136 709.12 | -14.55 | 104 673.14 | 17.84 |
| 法　国 | 2 101 | 18.97 | 111 534.07 | -1.20 | 95 986.05 | 22.46 |
| 印　度 | 2 762 | 14.80 | 108 102.93 | -8.24 | 85 617.64 | -13.17 |
| 爱尔兰 | 312 | 1.30 | 144 145.26 | -52.03 | 75 900.04 | 1.77 |
| 伊拉克 | 180 | -2.17 | 110 329.88 | 125.41 | 73 051.97 | 67.51 |
| 瑞　典 | 660 | 12.44 | 44 898.38 | -55.65 | 70 486.78 | 13.26 |
| 芬　兰 | 355 | 44.31 | 122 869.00 | -8.58 | 67 541.34 | -22.83 |
| 加拿大 | 1 956 | 29.62 | 80 507.85 | 6.88 | 62 938.41 | 18.65 |
| 马来西亚 | 1 470 | 16.57 | 83 772.31 | -11.22 | 60 405.28 | -23.33 |
| 印度尼西亚 | 1 851 | 90.24 | 66 898.44 | -18.75 | 57 903.59 | -8.87 |
| 俄罗斯 | 1 341 | 19.63 | 71 507.94 | 1.06 | 57 434.87 | 6.73 |

## 2016年中国软件出口按合同类别分类情况表

金额单位：万美元

| 合同类别 | 合同数（份） | 同比增长（%） | 协议金额 | 同比增长（%） | 执行金额 | 同比增长（%） |
|---|---|---|---|---|---|---|
| **总　计** | **52 790** | **1.18** | **4 648 936.43** | **9.19** | **3 423 006.69** | **2.51** |
| **软件产品** | **5 026** | **22.41** | **174 252.74** | **-36.11** | **118 243.36** | **-30.78** |
| 系统软件 | 479 | 8.13 | 18 681.94 | -48.58 | 12 289.06 | -63.72 |
| 应用软件 | 4 484 | 23.22 | 154 132.52 | -34.69 | 104 919.79 | -23.09 |
| 支撑软件 | 63 | 162.50 | 1 438.28 | 242.92 | 1 034.51 | 99.93 |
| **信息技术外包（ITO）** | **47 764** | **-0.63** | **4 474 683.69** | **12.29** | **3 304 763.32** | **4.30** |
| 软件研发外包 | 36 084 | -2.04 | 3 053 786.61 | 11.51 | 2 280 588.78 | 4.64 |
| 软件研发及开发服务 | 26 150 | 1.20 | 2 252 982.26 | 16.74 | 1 612 010.35 | 7.35 |
| 软件技术服务 | 9 795 | -10.38 | 795 684.09 | -0.83 | 664 477.51 | -1.18 |
| 其他软件研发外包业务 | 139 | 107.46 | 5 120.26 | -19.28 | 4 100.91 | -23.60 |
| 信息技术服务外包 | 5 677 | 5.52 | 875 726.27 | 14.26 | 590 507.09 | -0.75 |
| 集成电路和电子电路设计 | 4 001 | 4.03 | 502 544.19 | 2.22 | 401 906.93 | -3.87 |
| 电子商务平台服务 | 212 | -16.21 | 18 375.81 | -30.59 | 12 826.65 | -33.67 |
| 测试外包服务 | 715 | -16.76 | 130 938.27 | -28.44 | 108 067.81 | -1.46 |
| IT咨询服务 | 119 | 80.30 | 7 993.02 | -1.89 | 4 032.66 | -32.42 |
| IT解决方案 | 174 | 31.82 | 8 595.08 | -23.11 | 7 989.27 | 6.15 |
| 其他信息技术服务外包业务 | 456 | 103.57 | 207 279.9 | 349.98 | 55 683.78 | 61.82 |
| 运营和维护服务 | 5 996 | 4.10 | 538 103.21 | 18.93 | 424 807.68 | 13.23 |
| 信息系统运营和维护服务 | 4 467 | 17.09 | 403 541.88 | 33.84 | 311 911.84 | 22.66 |
| 基础信息技术运营和维护服务 | 1 219 | -35.60 | 123 513.28 | -16.58 | 103 747.01 | -12.66 |
| 其他运营和维护服务 | 310 | 496.15 | 11 048.05 | 282.03 | 9 148.83 | 335.52 |

## 2016年中国软件出口前20位省份（自治区、直辖市）

金额单位：万美元

| 省（自治区、直辖市） | 合同数（份） | 增长率（%） | 协议金额 | 增长率（%） | 执行金额 | 增长率（%） |
|---|---|---|---|---|---|---|
| **全　国** | **52 790** | **1.18** | **4 648 936.43** | **9.19** | **3 423 006.69** | **2.51** |
| 江苏省 | 16 050 | 6.12 | 1 380 366.09 | -1.50 | 1 195 869.94 | 0.53 |
| 浙江省 | 12 934 | 18.84 | 536 633.01 | 17.57 | 498 644.25 | 14.80 |
| 上海市 | 4 124 | -2.21 | 458 018.75 | 8.53 | 368 567.01 | 3.76 |
| 广东省 | 2 562 | 17.20 | 460 236.97 | 30.42 | 355 203.33 | 18.98 |
| 北京市 | 2 861 | 22.26 | 849 030.06 | 24.68 | 323 682.44 | 2.35 |
| 山东省 | 2 122 | -19.28 | 199 462.53 | -22.41 | 190 429.80 | -17.34 |
| 四川省 | 837 | -14.85 | 195 859.77 | 26.97 | 126 142.12 | 11.35 |
| 辽宁省 | 4 374 | -8.11 | 261 754.99 | 30.76 | 117 407.54 | -31.92 |
| 重庆市 | 708 | 46.89 | 43 903.08 | 95.88 | 40 260.59 | 85.80 |
| 江西省 | 618 | -7.35 | 43 428.81 | -3.67 | 40 208.24 | -2.35 |
| 湖南省 | 526 | 12.39 | 36 967.42 | 48.08 | 30 769.94 | 33.57 |
| 陕西省 | 1 155 | 31.85 | 32 197.99 | -22.53 | 28 360.21 | 0.44 |
| 天津市 | 526 | -59.79 | 38 111.65 | 3.85 | 28 094.82 | 3.14 |
| 福建省 | 1 910 | 13.83 | 30 250.94 | 12.55 | 26 532.86 | 18.57 |
| 湖北省 | 782 | 3.03 | 36 530.10 | 47.92 | 25 445.24 | 27.78 |
| 安徽省 | 105 | -32.69 | 19 629.55 | -72.96 | 11 317.86 | 30.51 |
| 吉林省 | 165 | -0.60 | 7 712.37 | -6.78 | 6 739.59 | 10.76 |
| 黑龙江省 | 117 | -62.86 | 5 841.89 | -74.70 | 3 701.77 | -79.84 |
| 河北省 | 202 | -72.14 | 7 988.81 | 56.19 | 3 052.91 | -26.09 |
| 海南省 | 30 | 650.00 | 1 672.25 | 3 473.19 | 1 664.25 | 28 348.74 |

## 2016年中国软件出口目的地前20位国家（地区）

金额单位：万美元

| 国别（地区） | 合同数（份） | 增长率（%） | 协议金额 | 增长率（%） | 执行金额 | 增长率（%） |
|---|---|---|---|---|---|---|
| **全　球** | **52 790** | **1.18** | **4 648 936.43** | **9.19** | **3 423 006.69** | **2.51** |
| 美　国 | 7 059 | 3.96 | 1 468 240.06 | 35.48 | 832 216.77 | -4.85 |
| 香　港 | 6 731 | 10.42 | 555 324.78 | 15.36 | 465 183.46 | 19.66 |
| 日　本 | 13 703 | -17.65 | 437 599.09 | -13.92 | 358 602.06 | -10.08 |
| 韩　国 | 1 872 | 4.87 | 310 438.35 | 1.33 | 243 248.66 | 25.79 |
| 新加坡 | 1 483 | 0.27 | 310 259.54 | -7.43 | 197 453.06 | -3.93 |
| 台湾省 | 2 570 | -8.64 | 226 267.10 | 8.30 | 181 346.02 | -0.25 |
| 德　国 | 1 617 | 29.88 | 154 902.95 | 107.53 | 142 037.23 | 137.71 |
| 英　国 | 1 338 | 18.62 | 94 420.85 | 21.79 | 74 024.48 | 9.72 |
| 芬　兰 | 115 | -2.54 | 116 185.92 | -8.92 | 62 458.55 | -23.20 |
| 瑞　典 | 214 | 10.88 | 22 433.35 | -61.96 | 46 621.28 | 29.58 |
| 法　国 | 611 | -6.29 | 43 386.61 | -18.62 | 41 345.44 | 10.35 |
| 阿尔及利亚 | 89 | 2.30 | 40 604.49 | 506.41 | 41 097.08 | 676.06 |
| 荷　兰 | 376 | 1.08 | 45 163.22 | -16.14 | 40 913.56 | -2.34 |
| 印　度 | 1 598 | 8.93 | 44 900.39 | -5.41 | 39 082.55 | -7.85 |
| 爱尔兰 | 101 | -22.90 | 35 973.00 | -51.85 | 37 188.17 | 8.35 |
| 俄罗斯 | 425 | -3.41 | 35 143.48 | 7.27 | 32 923.75 | 9.08 |
| 马来西亚 | 609 | -7.31 | 37 717.60 | -24.27 | 29 373.32 | -32.49 |
| 尼日利亚 | 103 | -6.36 | 25 982.76 | -32.10 | 25 853.35 | -31.35 |
| 加拿大 | 531 | -1.30 | 28 373.52 | -16.22 | 24 882.54 | -14.23 |
| 瑞　士 | 252 | 28.57 | 26 773.00 | 67.11 | 23 144.92 | 73.03 |

## 中国历年技术进口情况表

| 年　份 | 合同数（份） | 合同金额（亿美元） | 合同金额增长率（%） |
|---|---|---|---|
| 1997 | 5 984 | 159.2 | 4.4 |
| 1998 | 6 254 | 163.8 | 2.8 |
| 1999 | 6 678 | 171.6 | 4.8 |
| 2000 | 7 353 | 181.8 | 5.9 |
| 2001 | 3 900 | 90.9 | -50.0 |
| 2002 | 6 072 | 173.9 | 91.3 |
| 2003 | 7 130 | 134.5 | -22.6 |
| 2004 | 8 605 | 138.6 | 3.0 |
| 2005 | 9 902 | 190.5 | 37.5 |
| 2006 | 10 538 | 220.0 | 15.6 |
| 2007 | 9 773 | 254.2 | 15.6 |
| 2008 | 10 170 | 271.3 | 6.8 |
| 2009 | 9 964 | 215.7 | -20.5 |
| 2010 | 11 253 | 256.4 | 18.8 |
| 2011 | 12 202 | 321.6 | 25.5 |
| 2012 | 12 988 | 423.2 | 31.6 |
| 2013 | 12 449 | 433.7 | 2.5 |
| 2014 | 9 340 | 314.9 | -27.4 |
| 2015 | 7 664 | 281.1 | -9.6 |
| 2016 | 6 807 | 307.3 | 9.3 |

## 2016年中国技术出口按出口方式分类情况表

| 合同类别 | 合同数（份） | 合同金额（亿美元） | #技术费（亿美元） | 合同金额占比（%） |
|---|---|---|---|---|
| **总 计** | **8 654** | **234.87** | **182.18** | **100.000** |
| 专利技术 | 232 | 6.35 | 5.71 | 2.704 |
| 专有技术 | 388 | 15.26 | 12.42 | 6.497 |
| 技术咨询、技术服务 | 4 088 | 171.06 | 123.35 | 72.832 |
| 计算机软件 | 3 401 | 32.73 | 31.62 | 13.935 |
| 商标许可 | 2 | 0.01 | 0.01 | 0.004 |
| 合资生产、合作生产 | 61 | 1.50 | 1.50 | 0.639 |
| 成套设备、关键设备、生产线 | 2 | 0.01 | 0.01 | 0.004 |
| 其他方式的技术 | 480 | 7.95 | 7.57 | 3.385 |

## 2016年中国技术进口按进口方式分类情况表

| 合同类别 | 合同数（份） | 合同金额（亿美元） | #技术费（亿美元） | 合同金额占比（%） |
|---|---|---|---|---|
| **总 计** | **6 807** | **307.30** | **301.59** | **100.0** |
| 专利技术 | 419 | 29.76 | 29.49 | 9.7 |
| 专有技术 | 2 222 | 164.44 | 163.71 | 53.5 |
| 技术咨询、技术服务 | 3 615 | 84.23 | 82.05 | 27.4 |
| 计算机软件 | 236 | 5.56 | 5.54 | 1.8 |
| 商标许可 | 63 | 1.89 | 1.89 | 0.6 |
| 合资生产、合作生产 | 87 | 13.96 | 13.94 | 4.5 |
| 成套设备、关键设备、生产线 | 45 | 4.10 | 1.64 | 1.3 |
| 其他方式的技术 | 120 | 3.36 | 3.33 | 1.1 |

## 2016年中国技术出口按企业性质分类情况表

| 企业性质 | 合同数（份） | 合同金额（亿美元） | #技术费（亿美元） | 合同金额占比（%） |
|---|---|---|---|---|
| **总 计** | **8 654** | **234.87** | **182.18** | **100.000** |
| 国有企业 | 237 | 50.20 | 13.72 | 21.374 |
| 集体企业 | 3 | 0.01 | 0.00 | 0.004 |
| 外商投资企业 | 5 528 | 149.52 | 136.19 | 63.661 |
| 民营企业 | 2 419 | 27.26 | 26.07 | 11.606 |
| 其他 | 467 | 7.88 | 6.20 | 3.355 |

**2016 年中国技术进口按企业性质分类情况表**

| 企业性质 | 合同数（份） | 合同金额（亿美元） | #技术费（亿美元） | 合同金额占比（%） |
|---|---|---|---|---|
| **总 计** | **6 807** | **307.30** | **301.59** | **100.00** |
| 国有企业 | 968 | 25.24 | 21.65 | 8.21 |
| 集体企业 | 55 | 0.34 | 0.34 | 0.11 |
| 外商投资企业 | 3 713 | 189.05 | 187.84 | 61.52 |
| 民营企业 | 1 186 | 67.73 | 66.91 | 22.04 |
| 其他 | 885 | 24.95 | 24.85 | 8.12 |

**2016 年中国技术出口前 10 大行业情况表**

| 行 业 | 合同数（份） | 合同金额（亿美元） | #技术费（亿美元） | 合同金额占比（%） |
|---|---|---|---|---|
| **总 计** | **8 654** | **234.87** | **182.18** | **100.0** |
| 通信设备、计算机及其他电子设备制造业 | 1 035 | 47.98 | 35.91 | 20.4 |
| 软件业 | 3 271 | 43.07 | 42.88 | 18.3 |
| 专业技术服务业 | 992 | 28.42 | 21.13 | 12.1 |
| 研究与试验发展 | 202 | 22.09 | 22.09 | 9.4 |
| 建筑安装业 | 6 | 18.15 | 3.50 | 7.7 |
| 计算机服务业 | 1 544 | 17.00 | 16.96 | 7.2 |
| 医药制造业 | 351 | 11.51 | 11.48 | 4.9 |
| 电力、热力的生产和供应业 | 25 | 7.73 | 0.51 | 3.3 |
| 化学原料及化学制品制造业 | 114 | 4.91 | 3.53 | 2.1 |

**2016 年中国技术进口前 10 大行业情况表**

| 行 业 | 合同数（份） | 合同金额（亿美元） | #技术费（亿美元） | 合同金额占比（%） |
|---|---|---|---|---|
| **总 计** | **6 807** | **307.30** | **301.58** | **100.00** |
| 通信设备、计算机及其他电子设备制造业 | 1 044 | 93.55 | 92.85 | 30.44 |
| 交通运输设备制造业 | 1 642 | 87.24 | 87.01 | 28.39 |
| 化学原料及化学制品制造业 | 348 | 15.45 | 15.31 | 5.03 |
| 房地产业 | 582 | 11.21 | 11.21 | 3.65 |
| 通用设备制造业 | 241 | 9.86 | 9.84 | 3.21 |
| 专用设备制造业 | 333 | 9.72 | 9.62 | 3.16 |
| 电气机械及器材制造业 | 292 | 8.69 | 8.34 | 2.83 |
| 其他行业 | 171 | 8.45 | 8.29 | 2.75 |
| 医药制造业 | 106 | 5.22 | 5.20 | 1.70 |
| 工艺品及其他制造业 | 116 | 4.95 | 4.95 | 1.61 |

**2016 年中国技术出口目的地前 10 位国家（地区）情况表**

| 序 号 | 国别（地区） | 合同数（份） | 合同金额（亿美元） | #技术费（亿美元） | 合同金额占比（%） |
|---|---|---|---|---|---|
| | **总 计** | **8 654** | **234.87** | **182.18** | **100.0** |
| 1 | 香 港 | 872 | 37.73 | 26.65 | 16.1 |
| 2 | 美 国 | 1 337 | 37.49 | 37.37 | 16.0 |
| 3 | 日 本 | 3 521 | 21.04 | 20.98 | 9.0 |
| 4 | 沙特阿拉伯 | 22 | 19.39 | 6.94 | 8.3 |
| 5 | 越 南 | 31 | 10.73 | 4.14 | 4.6 |
| 6 | 新加坡 | 276 | 10.37 | 10.37 | 4.4 |
| 7 | 德 国 | 260 | 7.67 | 7.65 | 3.3 |
| 8 | 韩 国 | 186 | 6.61 | 6.59 | 2.8 |
| 9 | 芬 兰 | 10 | 6.08 | 5.73 | 2.6 |
| 10 | 印 度 | 138 | 5.93 | 5.29 | 2.5 |

**注：**
1. 2016 年中国对欧盟（28 国）和东盟技术出口合同金额分别为 4.21 亿美元和 2.02 亿美元。
2. 此表按合同金额排名。

**2016 年中国技术进口来源地前 10 位国家（地区）情况表**

| 序 号 | 国 别（地区） | 合同数（份） | 合同金额（亿美元） | #技术费（亿美元） | 合同金额占比（%） |
|---|---|---|---|---|---|
| | **总 计** | **6 807** | **307.30** | **301.58** | **100.0** |
| 1 | 美 国 | 1 189 | 96.38 | 95.82 | 31.4 |
| 2 | 日 本 | 1 754 | 65.34 | 63.28 | 21.3 |
| 3 | 德 国 | 878 | 31.36 | 30.80 | 10.2 |
| 4 | 瑞 典 | 77 | 19.26 | 19.26 | 6.3 |
| 5 | 韩 国 | 452 | 17.50 | 17.46 | 5.7 |
| 6 | 台湾省 | 309 | 12.36 | 12.31 | 4.0 |
| 7 | 香 港 | 371 | 8.79 | 7.98 | 2.9 |
| 8 | 瑞 士 | 107 | 8.04 | 7.91 | 2.6 |
| 9 | 英 国 | 215 | 6.76 | 6.71 | 2.2 |
| 10 | 法 国 | 171 | 6.14 | 5.99 | 2.0 |

**注：** 1. 2016 年中国自欧盟（27 国）和东盟技术进口合同金额分别为 84.7 亿美元和 4.44 亿美元。
2. 此表按合同金额排名。

**中国历年吸收外商直接投资统计**

金额单位：亿美元

| 年 份 | 外商投资企业数（个） | 实际使用外资金额 | 年 份 | 外商投资企业数（个） | 实际使用外资金额 |
|---|---|---|---|---|---|
| **总 计** | **864 503** | **18 746.17** | 1999 | 16 918 | 403.19 |
| 1979—1982 | 920 | 17.69 | 2000 | 22 347 | 407.15 |
| 1983 | 638 | 9.16 | 2001 | 26 140 | 468.78 |
| 1984 | 2 166 | 14.19 | 2002 | 34 171 | 527.43 |
| 1985 | 3 073 | 19.56 | 2003 | 41 081 | 535.05 |
| 1986 | 1 498 | 22.44 | 2004 | 43 664 | 606.30 |
| 1987 | 2 233 | 23.14 | 2005 | 44 019 | 724.06 |
| 1988 | 5 945 | 31.94 | 2006 | 41 496 | 727.15 |
| 1989 | 5 779 | 33.93 | 2007 | 37 892 | 835.21 |
| 1990 | 7 273 | 34.87 | 2008 | 27 537 | 1 083.12 |
| 1991 | 12 978 | 43.66 | 2009 | 23 442 | 940.65 |
| 1992 | 48 764 | 110.08 | 2010 | 27 420 | 1 147.34 |
| 1993 | 83 437 | 275.15 | 2011 | 27 717 | 1 239.85 |
| 1994 | 47 549 | 337.67 | 2012 | 24 934 | 1 210.73 |
| 1995 | 37 011 | 375.21 | 2013 | 22 819 | 1 239.11 |
| 1996 | 24 556 | 417.26 | 2014 | 23 794 | 1 285.02 |
| 1997 | 21 001 | 452.57 | 2015 | 26 584 | 1 355.77 |
| 1998 | 19 799 | 454.63 | 2016 | 27 908 | 1 337.11 |

**2016 年中国吸收外商直接投资分方式统计**

金额单位：亿美元

| 方 式 | 企业数 | | 实际使用外资金额 | |
|---|---|---|---|---|
| | 数量（个） | 比重（%） | 金 额 | 比重（%） |
| **总 计** | **27 908** | **100.00** | **1 337.11** | **100.00** |
| 中外合资企业 | 6 662 | 23.87 | 302.04 | 22.59 |
| 中外合作企业 | 126 | 0.45 | 8.30 | 0.62 |
| 外资企业 | 21 024 | 75.33 | 861.26 | 64.41 |
| 外商投资股份有限公司 | 86 | 0.31 | 88.42 | 6.61 |
| 其他 | 10 | 0.04 | 77.10 | 5.77 |

## 2016年中国吸收外商直接投资分产业统计

金额单位：亿美元

| 行业名称 | 企业数（个） | 比重（%） | 实际使用外资金额 | 比重（%） |
|---|---|---|---|---|
| **总 计** | **27 908** | **100.00** | **1 337.11** | **100.00** |
| 第一产业 | 558 | 2.00 | 18.98 | 1.42 |
| 第二产业 | 4 618 | 16.55 | 402.13 | 30.07 |
| 第三产业 | 22 732 | 81.45 | 916.01 | 68.51 |

## 2016年中国吸收外商直接投资分行业统计

金额单位：亿美元

| 行业名称 | 企业数（个） | 比重（%） | 实际使用外资金额 | 比重（%） |
|---|---|---|---|---|
| **总 计** | **27 908** | **100.00** | **1 337.11** | **100.00** |
| 农、林、牧、渔业 | 558 | 2.00 | 18.98 | 1.42 |
| 采矿业 | 26 | 0.09 | 0.96 | 0.07 |
| 制造业 | 4 013 | 14.38 | 354.92 | 26.54 |
| 电力、燃气及水的生产和供应业 | 311 | 1.11 | 21.47 | 1.61 |
| 建筑业 | 268 | 0.96 | 24.77 | 1.85 |
| 交通运输、仓储和邮政业 | 425 | 1.52 | 50.89 | 3.81 |
| 信息传输、计算机服务和软件业 | 1 463 | 5.24 | 84.42 | 6.31 |
| 批发和零售业 | 9 399 | 33.68 | 158.70 | 11.87 |
| 住宿和餐饮业 | 620 | 2.22 | 3.65 | 0.27 |
| 金融业 | 2 484 | 8.90 | 179.99 | 13.46 |
| 房地产业 | 378 | 1.35 | 196.55 | 14.70 |
| 租赁和商务服务业 | 4 631 | 16.59 | 161.32 | 12.06 |
| 科学研究、技术服务和地质勘查业 | 2 444 | 8.76 | 65.20 | 4.88 |
| 水利、环境和公共设施管理业 | 97 | 0.35 | 4.22 | 0.32 |
| 居民服务和其他服务业 | 245 | 0.88 | 4.90 | 0.37 |
| 教育 | 96 | 0.34 | 0.94 | 0.07 |
| 卫生、社会保障和社会福利业 | 77 | 0.28 | 2.54 | 0.19 |
| 文化、体育和娱乐业 | 371 | 1.33 | 2.67 | 0.20 |

## 2016年中国吸收外商直接投资分国家（地区）统计

金额单位：亿美元

| 国别（地区） | 企业数（个） | 增幅（%） | 比重（%） | 实际使用外资金额 | 增幅（%） | 比重（%） |
|---|---|---|---|---|---|---|
| **总　计** | **27 908** | **4.98** | **100.00** | **1 337.11** | **-1.38** | **100.00** |
| **部分亚洲国家/地区** | **20 607** | **1.02** | **73.84** | **985.58** | **-4.88** | **73.71** |
| 香　港 | 12 753 | -2.99 | 45.70 | 814.65 | -5.70 | 60.93 |
| 印度尼西亚 | 34 | -30.61 | 0.12 | 0.64 | -40.50 | 0.05 |
| 日　本 | 576 | -10.42 | 2.06 | 30.96 | -3.10 | 2.32 |
| 澳　门 | 676 | 19.43 | 2.42 | 8.18 | -7.66 | 0.61 |
| 马来西亚 | 242 | 8.04 | 0.87 | 2.21 | -53.98 | 0.17 |
| 菲律宾 | 33 | 0.00 | 0.12 | 0.78 | 100.67 | 0.06 |
| 新加坡 | 684 | -10.24 | 2.45 | 60.47 | -12.42 | 4.52 |
| 韩　国 | 2 018 | 3.06 | 7.23 | 47.51 | 17.78 | 3.55 |
| 泰　国 | 74 | 32.14 | 0.27 | 0.56 | 26.52 | 0.04 |
| 台湾省 | 3 517 | 18.74 | 12.60 | 19.63 | 27.70 | 1.47 |
| **欧盟主要国家** | **1 596** | **-0.99** | **5.72** | **86.99** | **36.02** | **6.51** |
| 比利时 | 46 | 53.33 | 0.16 | 1.48 | 93.54 | 0.11 |
| 丹　麦 | 37 | -11.90 | 0.13 | 1.63 | 55.56 | 0.12 |
| 英　国 | 345 | 0.88 | 1.24 | 13.54 | 172.66 | 1.01 |
| 德　国 | 392 | -7.76 | 1.40 | 27.10 | 74.15 | 2.03 |
| 法　国 | 200 | -3.85 | 0.72 | 8.70 | -28.94 | 0.65 |
| 爱尔兰 | 28 | 27.27 | 0.10 | 0.33 | -92.67 | 0.02 |
| 意大利 | 185 | -9.31 | 0.66 | 2.23 | -8.98 | 0.17 |
| 卢森堡 | 24 | -7.69 | 0.09 | 13.86 | 120.02 | 1.04 |
| 荷　兰 | 110 | -9.09 | 0.39 | 5.56 | -26.06 | 0.42 |
| 希　腊 | 9 | 200.00 | 0.03 | 0.00 | 28.57 | 0.00 |
| 葡萄牙 | 9 | 12.50 | 0.03 | 0.10 | 415.84 | 0.01 |
| 西班牙 | 89 | 11.25 | 0.32 | 1.98 | 0.45 | 0.15 |
| 奥地利 | 34 | -2.86 | 0.12 | 0.43 | -45.54 | 0.03 |
| 芬　兰 | 32 | 128.57 | 0.11 | 2.58 | 375.04 | 0.19 |
| 瑞　典 | 56 | 7.69 | 0.20 | 7.47 | 41.68 | 0.56 |
| **北美洲** | **1 623** | **0.25** | **5.82** | **26.48** | **14.51** | **1.98** |
| 加拿大 | 385 | 1.85 | 1.38 | 2.62 | 17.18 | 0.20 |
| 美　国 | 1 238 | -0.24 | 4.44 | 23.86 | 14.22 | 1.78 |
| **部分自由港** | **679** | **-20.12** | **2.43** | **138.04** | **23.16** | **10.32** |
| 毛里求斯 | 15 | -37.50 | 0.05 | 8.62 | 149.06 | 0.64 |
| 巴巴多斯 | 3 | 200.00 | 0.01 | 1.79 | 357.73 | 0.13 |
| 开曼群岛 | 113 | 0.89 | 0.40 | 51.51 | 256.63 | 3.85 |
| 英属维尔京群岛 | 274 | -26.54 | 0.98 | 67.40 | -8.77 | 5.04 |
| 萨摩亚 | 274 | -19.41 | 0.98 | 8.72 | -56.18 | 0.65 |
| **其他** | **3 403** | **61.74** | **12.19** | **100.01** | **16.98** | **7.48** |

## 截至2016年中国吸收外商直接投资分方式统计

金额单位：亿美元

| 方 式 | 企业数 | | 实际使用外资金额 | |
|---|---|---|---|---|
| | 数量（个） | 比重（%） | 金 额 | 比重（%） |
| **总 计** | **864 503** | **100.00** | **18 746.17** | **100.00** |
| 中外合资企业 | 323 465 | 37.42 | 4 685.32 | 24.99 |
| 中外合作企业 | 60 788 | 7.03 | 1 108.37 | 5.91 |
| 外资企业 | 479 149 | 55.42 | 11 530.57 | 61.51 |
| 外商投资股份有限公司 | 677 | 0.08 | 274.90 | 1.47 |
| 合作开发 | 191 | 0.02 | 75.07 | 0.40 |
| 其他 | 233 | 0.03 | 1 071.94 | 5.72 |

## 截至2016年中国吸收外商直接投资分产业统计

金额单位：亿美元

| 产业名称 | 企业数（个） | 比重（%） | 合同外资金额 | 比重（%） |
|---|---|---|---|---|
| **总 计** | **864 503** | **100.00** | **40 123.08** | **100.00** |
| 第一产业 | 24 652 | 2.85 | 1 026.82 | 2.56 |
| 第二产业 | 535 018 | 61.89 | 21 164.12 | 52.75 |
| 第三产业 | 304 833 | 35.26 | 17 932.14 | 44.69 |

## 截至2016年中国吸收外商直接投资分行业统计

金额单位：亿美元

| 行业名称 | 企业数（个） | 比重（%） | 合同外资金额 | 比重（%） |
|---|---|---|---|---|
| **总 计** | **864 503** | **100.00** | **40 123.08** | **100.00** |
| 农、林、牧、渔业 | 24 652 | 2.85 | 1 026.82 | 2.56 |
| 采矿业 | 2 119 | 0.25 | 203.26 | 0.51 |
| 制造业 | 514 917 | 59.56 | 19 700.40 | 49.10 |
| 电力、燃气及水的生产和供应业 | 4 378 | 0.51 | 618.99 | 1.54 |
| 建筑业 | 13 604 | 1.57 | 641.48 | 1.60 |
| 交通运输、仓储和邮政业 | 11 705 | 1.35 | 1 138.11 | 2.84 |
| 信息传输、计算机服务和软件业 | 15 768 | 1.82 | 896.85 | 2.24 |
| 批发和零售业 | 104 779 | 12.12 | 2 577.06 | 6.42 |
| 住宿和餐饮业 | 9 345 | 1.08 | 253.65 | 0.63 |
| 金融业 | 6 991 | 0.81 | 2 350.82 | 5.86 |
| 房地产业 | 53 059 | 6.14 | 5 541.56 | 13.81 |
| 租赁和商务服务业 | 60 089 | 6.95 | 3 011.61 | 7.51 |
| 科学研究、技术服务和地质勘查业 | 21 948 | 2.54 | 1 178.27 | 2.94 |
| 水利、环境和公共设施管理业 | 1 713 | 0.20 | 240.25 | 0.60 |
| 居民服务和其他服务业 | 13 261 | 1.53 | 414.41 | 1.03 |
| 教育 | 1 892 | 0.22 | 37.37 | 0.09 |
| 卫生、社会保障和社会福利业 | 1 523 | 0.18 | 108.17 | 0.27 |
| 文化、体育和娱乐业 | 2 739 | 0.32 | 183.33 | 0.46 |

**截至2016年中国吸收外商直接投资分国家（地区）统计**

金额单位：亿美元

| 国别（地区） | 企业数（个） | 比重（%） | 实际使用外资金额 | 比重（%） |
|---|---|---|---|---|
| **总　计** | **864 503** | **100.00** | **18 746.17** | **100.00** |
| **部分亚洲国家/地区** | **663 384** | **76.74** | **12 693.58** | **67.71** |
| 香　港 | 398 966 | 46.15 | 9 147.90 | 48.80 |
| 印度尼西亚 | 1 886 | 0.22 | 25.43 | 0.14 |
| 日　本 | 50 416 | 5.83 | 1 049.21 | 5.60 |
| 澳　门 | 15 074 | 1.74 | 136.03 | 0.73 |
| 马来西亚 | 6 033 | 0.70 | 74.67 | 0.40 |
| 菲律宾 | 2 938 | 0.34 | 33.05 | 0.18 |
| 新加坡 | 23 165 | 2.68 | 852.68 | 4.55 |
| 韩　国 | 61 758 | 7.14 | 686.97 | 3.66 |
| 泰　国 | 4 333 | 0.50 | 41.13 | 0.22 |
| 台湾省 | 98 815 | 11.43 | 646.52 | 3.45 |
| **欧盟主要国家** | **40 414** | **4.67** | **1 103.57** | **5.89** |
| 比利时 | 1 006 | 0.12 | 16.62 | 0.09 |
| 丹　麦 | 935 | 0.11 | 32.20 | 0.17 |
| 英　国 | 8 451 | 0.98 | 210.53 | 1.12 |
| 德　国 | 9 394 | 1.09 | 281.77 | 1.50 |
| 法　国 | 5 197 | 0.60 | 157.29 | 0.84 |
| 爱尔兰 | 352 | 0.04 | 16.85 | 0.09 |
| 意大利 | 5 617 | 0.65 | 68.86 | 0.37 |
| 卢森堡 | 447 | 0.05 | 44.88 | 0.24 |
| 荷　兰 | 3 188 | 0.37 | 160.43 | 0.86 |
| 希　腊 | 142 | 0.02 | 0.96 | 0.01 |
| 葡萄牙 | 222 | 0.03 | 1.99 | 0.01 |
| 西班牙 | 2 292 | 0.27 | 35.18 | 0.19 |
| 奥地利 | 1 217 | 0.14 | 19.00 | 0.10 |
| 芬　兰 | 541 | 0.06 | 13.56 | 0.07 |
| 瑞　典 | 1 413 | 0.16 | 43.45 | 0.23 |
| **北美洲** | **81 008** | **9.37** | **900.03** | **4.80** |
| 加拿大 | 13 923 | 1.61 | 101.47 | 0.54 |
| 美　国 | 67 085 | 7.76 | 798.56 | 4.26 |
| **部分自由港** | **38 282** | **4.43** | **2 361.64** | **12.60** |
| 毛里求斯 | 2 436 | 0.28 | 141.76 | 0.76 |
| 巴巴多斯 | 314 | 0.04 | 45.36 | 0.24 |
| 开曼群岛 | 3 281 | 0.38 | 353.24 | 1.88 |
| 英属维尔京群岛 | 23 857 | 2.76 | 1 559.13 | 8.32 |
| 萨摩亚 | 8 394 | 0.97 | 262.14 | 1.40 |
| **其他** | **41 415** | **4.79** | **1 687.36** | **9.00** |

**中国实际使用外资占全社会固定资产投资比重统计（1992—2016年）**

| 年 度 | 全社会固定资产投资 | | 实际使用外资金额（亿美元） | 占固定资产投资比重（%） |
|---|---|---|---|---|
| | （亿元人民币） | （折合亿美元） | | |
| 1992 | 8 080.1 | 1 465.22 | 110.08 | 7.51 |
| 1993 | 13 072.3 | 2 268.71 | 275.15 | 12.13 |
| 1994 | 17 042.3 | 1 977.34 | 337.67 | 17.08 |
| 1995 | 20 019.3 | 2 397.23 | 375.21 | 15.65 |
| 1996 | 22 974 | 2 763.22 | 417.26 | 15.10 |
| 1997 | 25 300 | 3 059.97 | 452.57 | 14.79 |
| 1998 | 28 457 | 3 437.29 | 454.62 | 13.23 |
| 1999 | 29 876 | 3 608.00 | 403.18 | 11.17 |
| 2000 | 32 619 | 3 944.26 | 407.15 | 10.32 |
| 2001 | 36 898 | 4 458.11 | 468.46 | 10.51 |
| 2002 | 43 202 | 5 223.94 | 527.43 | 10.10 |
| 2003 | 55 118 | 6 664.81 | 535.05 | 8.03 |
| 2004 | 70 073 | 8 466.20 | 606.30 | 7.16 |
| 2005 | 88 604 | 10 816.30 | 724.06 | 6.69 |
| 2006 | 109 870 | 13 782.51 | 727.15 | 5.28 |
| 2007 | 137 239 | 18 048.26 | 835.21 | 4.63 |
| 2008 | 172 291 | 24 811.49 | 1 083.12 | 4.37 |
| 2009 | 224 846 | 32 915.41 | 940.65 | 2.86 |
| 2010 | 278 140 | 41 087.23 | 1 147.34 | 2.79 |
| 2011 | 311 022 | 48 154.80 | 1 239.85 | 2.57 |
| 2012 | 374 676 | 59 354.75 | 1 210.73 | 2.04 |
| 2013 | 447 074 | 72 187.88 | 1 239.11 | 1.72 |
| 2014 | 512 761 | 83 473.50 | 1 285.02 | 1.54 |
| 2015 | 562 000 | 90 231.84 | 1 355.77 | 1.50 |
| 2016 | 596 501 | 89 803.38 | 1 337.11 | 1.49 |

**注：**按当年平均汇率折合亿美元。

## 中国以外商投资税收为主的涉外税收统计（不包括关税和土地费）（1992—2016年）

金额单位：亿元人民币

| 年 份 | 全国工商税收总额 | 增幅（%） | 其中：涉外税收总额 | 增幅（%） | 占全国（%） |
|---|---|---|---|---|---|
| 1992 | 2 876.10 | — | 122.26 | — | 4.25 |
| 1993 | 3 970.52 | 38.05 | 226.56 | 85.31 | 5.71 |
| 1994 | 4 728.74 | 19.10 | 402.64 | 77.72 | 8.51 |
| 1995 | 5 515.51 | 16.64 | 604.46 | 50.12 | 10.96 |
| 1996 | 6 436.02 | 16.69 | 764.06 | 26.40 | 11.87 |
| 1997 | 7 548.00 | 17.28 | 993.00 | 29.96 | 13.16 |
| 1998 | 8 551.74 | 13.30 | 1 230.00 | 23.87 | 14.38 |
| 1999 | 10 311.89 | 20.58 | 1 648.86 | 34.05 | 15.99 |
| 2000 | 12 665.00 | 22.82 | 2 217.00 | 34.46 | 17.50 |
| 2001 | 15 165.00 | 19.74 | 2 883.00 | 30.04 | 19.01 |
| 2002 | 17 004.00 | 12.13 | 3 487.00 | 20.95 | 20.52 |
| 2003 | 20 461.60 | 20.33 | 4 268.00 | 22.40 | 20.86 |
| 2004 | 25 723.00 | 25.71 | 5 355.00 | 25.47 | 20.81 |
| 2005 | 30 866.00 | 19.99 | 6 391.34 | 19.35 | 20.71 |
| 2006 | 37 636.00 | 21.93 | 7 976.94 | 24.81 | 21.19 |
| 2007 | 49 451.80 | 31.39 | 9 972.60 | 25.02 | 20.17 |
| 2008 | 57 861.80 | 17.01 | 12 118.93 | 21.52 | 20.94 |
| 2009 | 63 103.60 | 9.06 | 13 615.22 | 12.35 | 21.58 |
| 2010 | 77 394.44 | 22.65 | 16 389.91 | 20.38 | 21.18 |
| 2011 | 95 729.46 | 23.69 | 19 638.10 | 19.82 | 20.51 |
| 2012 | 100 601.00 | 10.50 | 21 768.81 | 10.85 | 21.64 |
| 2013 | 110 497.00 | 9.80 | 22 574.93 | 3.70 | 20.43 |
| 2014 | 119 158.00 | 7.80 | 24 920.60 | 10.39 | 20.91 |
| 2015 | 124 892.00 | 4.81 | 24 817.20 | −0.40 | 19.87 |
| 2016 | 140 504.00 | 3.30 | 25 659.20 | 3.39 | 18.26 |

**数据来源**：《中国统计年鉴》及相关部门，其中，2016年数据来源于国家税务总局。

**注**：来源于外商投资企业的税收占涉外税收的98%以上。

## 中国外商投资企业进出口商品总值统计（1986—2016年）

金额单位：亿美元

| 年份 | 进出口 | | | 进口 | | | 出口 | | |
|---|---|---|---|---|---|---|---|---|---|
| | 全国 | 外商投资企业 | 比重（%） | 全国 | 外商投资企业 | 比重（%） | 全国 | 外商投资企业 | 比重（%） |
| 1986 | 738.46 | 29.85 | 4.04 | 429.04 | 24.03 | 5.60 | 309.42 | 5.82 | 1.88 |
| 1987 | 826.53 | 45.84 | 5.55 | 432.16 | 33.74 | 7.81 | 394.37 | 12.10 | 3.07 |
| 1988 | 1 027.84 | 83.43 | 8.12 | 552.68 | 58.82 | 10.64 | 475.16 | 24.61 | 5.18 |
| 1989 | 1 116.78 | 137.10 | 12.28 | 591.40 | 87.96 | 14.87 | 525.38 | 49.14 | 9.35 |
| 1990 | 1 154.36 | 201.15 | 17.43 | 533.45 | 123.02 | 23.06 | 620.91 | 78.13 | 12.58 |
| 1991 | 1 357.01 | 289.55 | 21.34 | 637.91 | 169.08 | 26.51 | 719.10 | 120.47 | 16.75 |
| 1992 | 1 655.25 | 437.47 | 26.43 | 805.85 | 263.87 | 32.74 | 849.40 | 173.60 | 20.44 |
| 1993 | 1 957.03 | 670.70 | 34.27 | 1 039.59 | 418.33 | 40.24 | 917.44 | 252.37 | 27.51 |
| 1994 | 2 366.21 | 876.47 | 37.04 | 1 156.15 | 529.34 | 45.78 | 1 210.06 | 347.13 | 28.69 |
| 1995 | 2 808.48 | 1 098.19 | 39.10 | 1 320.78 | 629.43 | 47.66 | 1 487.70 | 468.76 | 31.51 |
| 1996 | 2 899.04 | 1 371.10 | 47.29 | 1 388.38 | 756.04 | 54.45 | 1 510.66 | 615.06 | 40.71 |
| 1997 | 3 250.60 | 1 526.20 | 46.95 | 1 423.60 | 777.20 | 54.59 | 1 827.00 | 749.00 | 41.00 |
| 1998 | 3 239.23 | 1 576.79 | 48.68 | 1 401.66 | 767.17 | 54.73 | 1 837.57 | 809.62 | 44.06 |
| 1999 | 3 606.49 | 1 745.12 | 48.39 | 1 657.18 | 858.84 | 51.83 | 1 949.31 | 886.28 | 45.47 |
| 2000 | 4 743.09 | 2 367.14 | 49.91 | 2 250.97 | 1 172.73 | 52.10 | 2 492.12 | 1 194.41 | 47.93 |
| 2001 | 5 097.68 | 2 590.98 | 50.83 | 2 436.13 | 1 258.63 | 51.67 | 2 661.55 | 1 332.35 | 50.06 |
| 2002 | 6 207.85 | 3 302.23 | 53.19 | 2 952.16 | 1 602.86 | 54.29 | 3 255.69 | 1 699.37 | 52.20 |
| 2003 | 8 512.10 | 4 722.55 | 55.48 | 4 128.36 | 2 319.14 | 56.18 | 4 383.74 | 2 403.41 | 54.83 |
| 2004 | 11 547.93 | 6 631.63 | 57.43 | 5 614.24 | 3 245.57 | 57.81 | 5 933.68 | 3 386.06 | 57.07 |
| 2005 | 14 221.18 | 8 317.22 | 58.48 | 6 601.19 | 3 875.13 | 58.70 | 7 619.99 | 4 442.09 | 58.29 |
| 2006 | 17 606.86 | 10 364.44 | 58.87 | 7 916.14 | 4 726.16 | 59.70 | 9 690.73 | 5 638.28 | 58.18 |
| 2007 | 21 744.35 | 12 568.52 | 57.80 | 9 562.84 | 5 609.54 | 58.66 | 12 181.51 | 6 958.98 | 57.13 |
| 2008 | 25 616.32 | 14 105.76 | 55.08 | 11 330.86 | 6 199.56 | 54.73 | 14 285.46 | 7 906.20 | 55.35 |
| 2009 | 22 072.66 | 12 174.37 | 55.16 | 10 056.03 | 5 452.07 | 54.22 | 12 016.63 | 6 722.30 | 55.94 |
| 2010 | 29 727.62 | 16 003.07 | 53.83 | 13 948.30 | 7 380.01 | 52.91 | 15 779.32 | 8 623.06 | 54.65 |
| 2011 | 36 419.35 | 18 601.56 | 51.08 | 17 460.42 | 8 648.26 | 49.53 | 18 985.97 | 9 953.30 | 52.42 |
| 2012 | 38 675.08 | 18 939.97 | 48.97 | 18 173.98 | 8 712.49 | 47.94 | 20 501.10 | 10 227.48 | 49.89 |
| 2013 | 41 603.31 | 19 190.93 | 46.13 | 19 502.89 | 8 748.20 | 44.86 | 22 100.42 | 10 442.73 | 47.25 |
| 2014 | 43 030.00 | 19 840.00 | 46.11 | 19 603.00 | 9 093.00 | 46.39 | 23 427.00 | 10 747.00 | 45.87 |
| 2015 | 39 586.44 | 18 346.00 | 46.34 | 16 820.70 | 8 299.00 | 49.34 | 22 765.74 | 10 047.00 | 44.13 |
| 2016 | 36 849.25 | 16 871.00 | 45.78 | 15 874.81 | 7 703.00 | 48.52 | 20 974.44 | 9 168.00 | 43.71 |

**数据来源**：海关统计。

## 中国对外直接投资流量情况表（分国家地区）（2006—2016 年）

单位：万美元

| 国别（地区） | 2006 年 | 2007 年 | 2008 年 | 2009 年 | 2010 年 | 2011 年 | 2012 年 | 2013 年 | 2014 年 | 2015 年 | 2016 年 |
|---|---|---|---|---|---|---|---|---|---|---|---|
| **合 计** | **1 763 397** | **2 650 609** | **5 590 717** | **5 652 899** | **6 881 131** | **7 465 404** | **8 780 353** | **10 784 371** | **12 311 986** | **14 566 715** | **19 614 943** |
| **亚洲** | **766 325** | **1 659 315** | **4 354 750** | **4 040 759** | **4 489 046** | **4 549 445** | **6 478 494** | **7 560 426** | **8 498 802** | **10 837 087** | **13 026 769** |
| 阿富汗 | 25 | 10 | 11 391 | 1 639 | 191 | 29 554 | 1 761 | -122 | 2 792 | -326 | 221 |
| 阿拉伯联合酋长国 | 2 812 | 4 915 | 12 738 | 8 890 | 34 883 | 31 458 | 10 511 | 29 458 | 70 534 | 126 868 | -39 138 |
| 阿曼 | 2 668 | 259 | -2 295 | -624 | 1 103 | 951 | 337 | -74 | 1 516 | 1 095 | 462 |
| 巴基斯坦 | -6 207 | 91 063 | 26 537 | 7 675 | 33 135 | 33 328 | 8 893 | 16 357 | 101 426 | 32 074 | 63 294 |
| 巴勒斯坦 | — | — | — | — | — | — | 2 | 2 | — | — | 20 |
| 巴林 | -192 | — | 12 | — | — | — | 508 | -534 | — | — | 3 646 |
| 朝鲜 | 1 106 | 1 840 | 4 123 | 586 | 1 214 | 5 595 | 10 946 | 8 620 | 5 194 | 4 121 | 2 844 |
| 东帝汶 | — | — | — | — | — | — | — | 160 | 973 | 3 381 | 5 533 |
| 菲律宾 | 930 | 450 | 3 369 | 4 024 | 24 409 | 26 719 | 7 490 | 5 440 | 22 495 | -2 759 | 3 221 |
| 哈萨克斯坦 | 4 600 | 27 992 | 49 643 | 6 681 | 3 606 | 58 160 | 299 599 | 81 149 | -4 007 | -251 027 | 48 770 |
| 韩国 | 2 732 | 5 667 | 9 691 | 26 512 | -72 168 | 34 172 | 94 240 | 26 875 | 54 887 | 132 455 | 114 837 |
| 吉尔吉斯斯坦 | 2 764 | 1 499 | 706 | 13 691 | 8 247 | 14 507 | 16 140 | 20 339 | 10 783 | 15 155 | 15 874 |
| 柬埔寨 | 981 | 6 445 | 20 464 | 21 583 | 46 651 | 56 602 | 55 966 | 49 933 | 43 827 | 41 968 | 62 567 |
| 卡塔尔 | 352 | 981 | 1 000 | -374 | 1 114 | 3 859 | 8 446 | 8 747 | 3 579 | 14 085 | 9 613 |
| 科威特 | 406 | -625 | 244 | 292 | 2 286 | 4 200 | -1 188 | -59 | 16 191 | 14 444 | 5 055 |
| 老挝 | 4 804 | 15 435 | 8 700 | 20 324 | 31 355 | 45 852 | 80 882 | 78 148 | 102 690 | 51 721 | 32 758 |
| 黎巴嫩 | — | — | — | — | 42 | — | — | 68 | 9 | — | 0 |
| 马尔代夫 | — | — | — | — | — | — | — | 155 | 72 | — | 3 341 |
| 马来西亚 | 751 | -3 282 | 3 443 | 5 378 | 16 354 | 9 513 | 19 904 | 61 638 | 52 134 | 48 891 | 182 996 |
| 蒙古 | 8 239 | 19 627 | 23 861 | 27 654 | 19 386 | 45 104 | 90 403 | 38 879 | 50 261 | -2 319 | 7 912 |
| 孟加拉国 | 531 | 364 | 450 | 1 075 | 724 | 1 032 | 3 303 | 4 137 | 2 502 | 3 119 | 4 080 |
| 缅甸 | 1 264 | 9 231 | 23 253 | 37 670 | 87 561 | 21 782 | 74 896 | 47 533 | 34 313 | 33 172 | 28 769 |
| 尼泊尔 | 32 | 99 | 1 | 118 | 86 | 858 | 765 | 3 697 | 4 504 | 7 888 | -4 882 |
| 日本 | 3 949 | 3 903 | 5 862 | 8 410 | 33 799 | 14 942 | 21 065 | 43 405 | 39 445 | 24 042 | 34 401 |
| 塞浦路斯 | — | 30 | — | — | — | 8 954 | 348 | 7 634 | — | 176 | 525 |
| 沙特阿拉伯 | 11 720 | 11 796 | 8 839 | 9 023 | 3 648 | 12 256 | 15 367 | 47 882 | 18 430 | 40 479 | 2 390 |
| 斯里兰卡 | 25 | -152 | 904 | -140 | 2 821 | 8 123 | 1 675 | 7 177 | 8 511 | 1 747 | -6 023 |
| 塔吉克斯坦 | 698 | 6 793 | 2 658 | 1 667 | 1 542 | 2 210 | 23 411 | 7 233 | 10 720 | 21 931 | 27 241 |
| 中国台湾省 | -3 | -5 | -6 | 4 | 1 735 | 1 108 | 11 288 | 17 667 | 18 370 | 26 712 | 1 175 |
| 泰国 | 1 584 | 7 641 | 4 547 | 4 977 | 69 987 | 23 011 | 47 860 | 75 519 | 83 946 | 40 724 | 112 169 |
| 土耳其 | 115 | 161 | 910 | 29 326 | 782 | 1 350 | 10 895 | 17 855 | 10 497 | 62 831 | -9 612 |

中国对外直接投资流量情况表（分国家地区）（2006—2016 年）（续）

单位：万美元

| 国别（地区） | 2006 年 | 2007 年 | 2008 年 | 2009 年 | 2010 年 | 2011 年 | 2012 年 | 2013 年 | 2014 年 | 2015 年 | 2016 年 |
|---|---|---|---|---|---|---|---|---|---|---|---|
| 土库曼斯坦 | -4 | 126 | 8 671 | 11 968 | 45 051 | -38 304 | 1 234 | -3 243 | 19 515 | -31 457 | -2 376 |
| 文莱 | — | 118 | 182 | 581 | 1 653 | 2 011 | 99 | 852 | -328 | 392 | 14 210 |
| 乌兹别克斯坦 | 107 | 1 315 | 3 937 | 493 | -463 | 8 825 | -2 679 | 4 417 | 18 059 | 12 789 | 17 887 |
| 新加坡 | 13 215 | 39 773 | 155 095 | 141 425 | 111 850 | 326 896 | 151 875 | 203 267 | 281 363 | 1 045 248 | 317 186 |
| 叙利亚 | 13 | -1 126 | -117 | 343 | 812 | -208 | -607 | -805 | 955 | -356 | -69 |
| 也门 | 761 | 4 347 | 1 881 | 164 | 3 149 | -912 | 1 407 | 33 125 | 596 | -10 216 | -41 315 |
| 伊拉克 | 35 | 36 | -166 | 179 | 4 814 | 12 244 | 14 840 | 2 002 | 8 286 | 1 231 | -5 287 |
| 伊朗 | 6 578 | 1 142 | -3 453 | 12 483 | 51 100 | 61 556 | 70 214 | 74 527 | 59 286 | -54 966 | 39 037 |
| 以色列 | 100 | 222 | -100 | — | 1 050 | 201 | 1 158 | 189 | 5 258 | 22 974 | 184 130 |
| 印度 | 561 | 2 202 | 10 188 | -2 488 | 4 761 | 18 008 | 27 681 | 14 857 | 31 718 | 70 525 | 9 293 |
| 印度尼西亚 | 5 694 | 9 909 | 17 398 | 22 609 | 20 131 | 59 219 | 136 129 | 156 338 | 127 198 | 145 057 | 146 088 |
| 约旦 | -618 | 60 | -163 | 11 | 7 | 18 | 983 | 77 | 674 | 158 | 613 |
| 越南 | 4 352 | 11 088 | 11 984 | 11 239 | 30 513 | 18 919 | 34 943 | 48 050 | 33 289 | 56 017 | 127 904 |
| 中国澳门 | -4 251 | 4 731 | 64 338 | 45 634 | 9 604 | 20 288 | 1 660 | 39 477 | 59 610 | 108 065 | 82 150 |
| 中国香港 | 693 096 | 1 373 235 | 3 864 030 | 3 560 057 | 3 850 521 | 3 565 484 | 5 123 844 | 6 282 378 | 7 086 730 | 8 978 978 | 11 423 259 |
| **非洲** | **51 986** | **157 431** | **549 055** | **143 887** | **211 199** | **317 314** | **251 666** | **337 064** | **320 193** | **297 792** | **239 873** |
| 阿尔及利亚 | 9 893 | 14 592 | 4 225 | 22 876 | 18 600 | 11 434 | 24 588 | 19 130 | 66 571 | 21 057 | -9 989 |
| 埃及 | 885 | 2 498 | 1 457 | 13 386 | 5 165 | 6 645 | 11 941 | 2 322 | 16 287 | 8 081 | 11 983 |
| 埃塞俄比亚 | 2 395 | 1 328 | 971 | 7 429 | 5 853 | 7 230 | 12 156 | 10 246 | 11 959 | 17 529 | 28 214 |
| 安哥拉 | 2 239 | 4 119 | -957 | 831 | 10 111 | 7 272 | 39 208 | 22 405 | -44 857 | 5 774 | 16 449 |
| 贝宁 | — | 632 | 1 456 | 9 | 176 | 75 | 506 | 844 | 744 | 1 476 | 997 |
| 博茨瓦纳 | 276 | 187 | 1 406 | 1 844 | 4 385 | 2 186 | 2 110 | 1 019 | 5 295 | 8 608 | 10 620 |
| 布基纳法索 | — | — | — | — | — | — | — | 434 | 445 | — | 20 |
| 布隆迪 | — | — | — | 69 | — | — | 150 | 109 | 345 | 206 | 239 |
| 赤道几内亚 | 1 019 | 1 282 | -486 | 2 088 | 2 208 | 1 247 | 13 884 | 2 241 | 3 313 | -1 304 | -2 491 |
| 多哥 | 458 | 270 | 420 | 891 | 1 177 | 904 | 2 059 | 2 359 | 699 | -173 | 238 |
| 厄立特里亚 | 1 | 45 | -49 | 23 | 294 | 330 | 196 | 90 | 129 | 991 | 6 842 |
| 佛得角 | 23 | 9 | 48 | — | -46 | — | — | 13 | 10 | — | 5 |
| 冈比亚 | — | — | — | — | — | — | — | — | 5 | — | 228 |
| 刚果（布） | 1 324 | 250 | 979 | 2 807 | 3 438 | 681 | 9 880 | 10 994 | 23 860 | 15 008 | 4 913 |
| 刚果（金） | 3 673 | 5 727 | 2 399 | 22 716 | 23 619 | 7 518 | 34 417 | 12 127 | 15 756 | 21 371 | -7 892 |
| 吉布提 | — | 100 | — | 340 | 423 | 566 | — | 200 | 953 | 2 033 | 6 224 |

**中国对外直接投资流量情况表（分国家地区）（2006—2016 年）（续）**

单位：万美元

| 国别（地区） | 2006 年 | 2007 年 | 2008 年 | 2009 年 | 2010 年 | 2011 年 | 2012 年 | 2013 年 | 2014 年 | 2015 年 | 2016 年 |
|---|---|---|---|---|---|---|---|---|---|---|---|
| 几内亚 | 75 | 1 320 | 832 | 2 698 | 974 | 2 455 | 6 444 | 10 013 | 6 770 | −2 572 | 3 667 |
| 几内亚（比绍） | — | — | — | — | — | — | — | — | 172 | 224 | 61 |
| 加纳 | 50 | 185 | 1 099 | 4 935 | 5 598 | 4 007 | 20 849 | 12 251 | 7 290 | 28 322 | 49 061 |
| 加蓬 | 553 | 331 | 3 205 | 1 188 | 2 344 | 193 | 3 069 | 3 210 | 2 556 | 4 879 | 3 243 |
| 津巴布韦 | 342 | 1 257 | −72 | 1 124 | 3 380 | 44 003 | 28 747 | 51 753 | 10 118 | 4 675 | 4 295 |
| 喀麦隆 | 73 | 205 | 169 | 82 | 1 488 | 187 | 1 765 | 5 720 | 2 974 | 2 467 | 11 423 |
| 科摩罗 | — | — | — | — | −1 | — | 50 | — | — | — | 0 |
| 科特迪瓦 | −291 | 174 | −702 | 151 | −502 | 87 | 361 | −479 | 2 426 | 6 024 | 5 653 |
| 肯尼亚 | 18 | 890 | 2 323 | 2 812 | 10 122 | 6 817 | 7 873 | 23 054 | 27 839 | 28 181 | 2 967 |
| 莱索托 | — | — | 62 | 10 | 56 | 3 | 21 | — | 46 | 8 | 0 |
| 利比里亚 | −703 | — | 256 | 112 | 2 989 | 2 109 | 1 200 | 3 034 | 4 011 | 9 818 | 1 114 |
| 利比亚 | −851 | 4 226 | 1 054 | −3 855 | −1 050 | 4 788 | −668 | 45 | 13 | −4 106 | −1 705 |
| 卢旺达 | 299 | −41 | 1 288 | 862 | 1 272 | 969 | 502 | −594 | 1 494 | 406 | −919 |
| 马达加斯加 | 117 | 1 324 | 6 116 | 4 256 | 3 358 | 2 310 | 843 | 1 551 | 3 676 | 3 384 | −655 |
| 马拉维 | — | 20 | 544 | — | 986 | 120 | 1 033 | 825 | 340 | 5 | 240 |
| 马里 | 260 | 672 | −128 | 799 | 305 | 4 758 | 4 442 | 10 801 | 2 339 | −3 401 | 1 295 |
| 毛里求斯 | 1 659 | 1 558 | 3 444 | 1 412 | 2 201 | 41 946 | 5 783 | 6 107 | 4 943 | 15 477 | 7 233 |
| 毛里塔尼亚 | 478 | −498 | −65 | 653 | 577 | 1 969 | 3 087 | 1 527 | −733 | 216 | 10 879 |
| 摩洛哥 | 178 | 264 | 688 | 1 642 | 175 | 911 | 105 | 774 | 1 144 | 2 603 | 1 016 |
| 莫桑比克 | — | 1 003 | 585 | 1 585 | 28 | 2 026 | 23 052 | 13 189 | 10 251 | 6 843 | 4 425 |
| 纳米比亚 | 85 | 91 | 759 | 1 162 | 551 | 504 | 2 512 | 705 | 802 | 1 785 | 2 168 |
| 南非 | 4 074 | 45 441 | 480 786 | 4 159 | 41 117 | −1 417 | −81 491 | −8 919 | 4 209 | 23 317 | 84 322 |
| 南苏丹 | — | — | — | — | — | 5 | 780 | 1 149 | −682 | 1 308 | 203 |
| 尼日尔 | 794 | 10 083 | −1 | 3 987 | 19 625 | 5 163 | −19 594 | 11 654 | −4 461 | 2 369 | −2 356 |
| 尼日利亚 | 6 779 | 39 035 | 16 256 | 17 186 | 18 489 | 19 742 | 33 305 | 20 913 | 19 977 | 5 058 | 10 850 |
| 塞拉利昂 | 371 | 285 | 1 142 | 90 | — | 1 075 | 769 | 4 003 | 492 | 807 | −180 |
| 塞内加尔 | — | 24 | 360 | 1 104 | 1 896 | 19 | 447 | 1 044 | 706 | −794 | 1 985 |
| 塞舌尔 | 6 | 9 | 5 | 36 | 1 228 | 434 | 5 340 | 1 769 | 756 | 4 958 | 5 041 |
| 圣多美和普林西比 | — | — | — | — | 2 | — | 7 | — | — | — | 0 |
| 苏丹 | 5 079 | 6 540 | −6 314 | 1 930 | 3 096 | 91 186 | −169 | 14 091 | 17 407 | 3 171 | −68 994 |
| 坦桑尼亚 | 1 254 | −382 | 1 822 | 2 158 | 2 572 | 5 312 | 11 970 | 15 064 | 16 661 | 22 632 | 9 457 |
| 突尼斯 | 173 | −34 | — | −130 | −29 | 376 | −65 | 706 | 71 | 564 | −322 |

**中国对外直接投资流量情况表（分国家地区）（2006—2016 年）（续）**

单位：万美元

| 国别（地区） | 2006 年 | 2007 年 | 2008 年 | 2009 年 | 2010 年 | 2011 年 | 2012 年 | 2013 年 | 2014 年 | 2015 年 | 2016 年 |
|---|---|---|---|---|---|---|---|---|---|---|---|
| 乌干达 | 23 | 401 | -670 | 129 | 2 650 | 991 | 979 | 6 060 | 6 050 | 20 534 | 12 151 |
| 赞比亚 | 8 744 | 11 934 | 21 397 | 11 180 | 7 505 | 29 178 | 29 155 | 29 286 | 42 485 | 9 655 | 21 841 |
| 乍得 | 161 | 75 | 947 | 5 121 | 213 | -1 248 | 8 068 | 12 095 | 8 312 | -1 712 | -6 226 |
| 中非 | — | — | — | — | 2 581 | 248 | — | 130 | 18 224 | 30 | 40 |
| **欧洲** | **59 771** | **154 043** | **87 579** | **335 272** | **676 019** | **825 108** | **703 509** | **594 853** | **1 083 791** | **711 843** | **1 069 323** |
| 阿尔巴尼亚 | 1 | — | — | — | 8 | — | 0 | 56 | — | — | 1 |
| 阿塞拜疆 | 394 | -115 | -66 | 173 | 37 | 1 768 | 34 | -443 | 1 683 | 136 | -2 466 |
| 爱尔兰 | 2 529 | 20 | 4 233 | -95 | 3 288 | 1 693 | 4 888 | 11 702 | 3 711 | 1 430 | 33 193 |
| 奥地利 | 4 | 8 | — | — | 46 | 2 022 | 5 343 | 15 | 4 371 | 10 432 | 19 172 |
| 白俄罗斯 | — | — | 210 | 210 | 1 922 | 867 | 4 350 | 2 718 | 6 372 | 5 421 | 16 094 |
| 保加利亚 | — | — | — | -243 | 1 629 | 5 390 | 5 417 | 2 069 | 2 042 | 5 916 | -1 503 |
| 比利时 | 13 | 491 | — | 2 362 | 4 533 | 3 590 | 9 840 | 2 578 | 15 328 | 2 346 | 2 835 |
| 冰岛 | — | — | — | — | -5 | — | — | — | — | — | 0 |
| 波黑 | — | — | — | 151 | 6 | 4 | 6 | — | — | 162 | 85 |
| 波兰 | — | 1 175 | 1 070 | 1 037 | 1 674 | 4 866 | 750 | 1 834 | 4 417 | 2 510 | -2 411 |
| 丹麦 | -5 891 | 27 | 133 | 264 | 161 | 589 | 514 | 2 739 | 5 723 | -2 416 | 12 573 |
| 德国 | 7 672 | 23 866 | 18 341 | 17 921 | 41 235 | 51 238 | 79 933 | 91 081 | 143 892 | 40 963 | 238 058 |
| 俄罗斯联邦 | 45 211 | 47 761 | 39 523 | 34 822 | 56 772 | 71 581 | 78 462 | 102 225 | 63 356 | 296 086 | 129 307 |
| 法国 | 560 | 962 | 3 105 | 4 519 | 2 641 | 348 232 | 15 393 | 26 044 | 40 554 | 32 788 | 149 957 |
| 芬兰 | — | 1 | 266 | 111 | 1 804 | 156 | 136 | 852 | 1 042 | 3 868 | 3 667 |
| 格鲁吉亚 | 994 | 821 | 1 000 | 778 | 4 057 | 80 | 6 874 | 10 962 | 22 435 | 4 398 | 2 077 |
| 荷兰 | 531 | 10 675 | 9 197 | 10 145 | 6 453 | 16 786 | 11 245 | 23 842 | 102 997 | 1 346 284 | 116 972 |
| 捷克 | 910 | 497 | 1 279 | 1 560 | 211 | 884 | 1 802 | 1 784 | 246 | -1 741 | 185 |
| 克罗地亚 | — | 120 | — | 26 | 3 | 5 | 5 | — | 355 | — | 22 |
| 拉脱维亚 | — | -174 | — | -3 | — | — | — | — | — | 45 | 0 |
| 立陶宛 | — | — | — | — | — | — | 100 | 551 | — | — | 225 |
| 列支敦士登 | — | 28 | — | 7 | 355 | — | — | — | 363 | 64 | 370 |
| 卢森堡 | — | 419 | 4 213 | 227 049 | 320 719 | 126 500 | 113 301 | 127 521 | 457 837 | -1 145 317 | 160 188 |
| 罗马尼亚 | 963 | 680 | 1 198 | 529 | 1 084 | 30 | 2 541 | 217 | 4 225 | 6 332 | 1 588 |
| 马耳他 | 10 | -10 | 47 | 22 | -237 | 27 | — | 12 | 193 | 503 | 15 480 |
| 马其顿 | — | — | — | — | — | — | 6 | — | — | -1 | 0 |
| 挪威 | 14 | 360 | 9 | 360 | 13 473 | 1 857 | 849 | 19 629 | 5 860 | -167 589 | -85 123 |

## 中国对外直接投资流量情况表（分国家地区）（2006—2016年）（续）

单位：万美元

| 国别（地区） | 2006年 | 2007年 | 2008年 | 2009年 | 2010年 | 2011年 | 2012年 | 2013年 | 2014年 | 2015年 | 2016年 |
|---|---|---|---|---|---|---|---|---|---|---|---|
| 葡萄牙 | — | — | — | — | — | — | 515 | 1 494 | 387 | 1 072 | 1 137 |
| 瑞典 | 530 | 6 806 | 1 066 | 810 | 136 723 | 4 901 | 28 522 | 17 082 | 13 001 | 31 719 | 12 768 |
| 瑞士 | 101 | 121 | 1 | 2 099 | 2 725 | 1 719 | 864 | 12 826 | 3 364 | 24 677 | 6 806 |
| 塞尔维亚 | — | — | — | — | 210 | 21 | 210 | 1 150 | 1 169 | 763 | 3 079 |
| 斯洛伐克 | — | — | — | 26 | 46 | 594 | 219 | 33 | 4 566 | — | 0 |
| 斯洛文尼亚 | — | — | — | — | — | — | — | — | — | — | 2 186 |
| 乌克兰 | 183 | 565 | 241 | 3 | 150 | 77 | 207 | 1 014 | 472 | -76 | 192 |
| 西班牙 | 730 | 609 | 116 | 5 986 | 2 926 | 13 974 | 4 624 | -14 575 | 9 235 | 14 967 | 12 541 |
| 希腊 | — | 3 | 12 | — | — | 43 | 88 | 190 | — | -137 | 2 939 |
| 匈牙利 | 37 | 863 | 215 | 821 | 37 010 | 1 161 | 4 140 | 2 567 | 3 402 | 2 320 | 5 746 |
| 意大利 | 763 | 810 | 500 | 4 605 | 1 327 | 22 483 | 11 858 | 3 126 | 11 302 | 9 101 | 63 344 |
| 英国 | 3 512 | 56 654 | 1 671 | 19 217 | 33 033 | 141 970 | 277 473 | 141 958 | 149 890 | 184 816 | 148 039 |
| **拉丁美洲** | **846 874** | **490 241** | **367 725** | **732 790** | **1 053 827** | **1 193 582** | **616 974** | **1 435 895** | **1 054 739** | **1 261 036** | **2 722 705** |
| 阿根廷 | 622 | 13 669 | 1 082 | -2 282 | 2 723 | 18 515 | 74 325 | 22 141 | 26 992 | 20 832 | 18 152 |
| 安提瓜和巴布达 | — | — | — | — | — | 101 | — | — | — | — | 40 |
| 巴巴多斯 | 185 | 41 | 82 | 87 | -211 | — | 81 | 92 | -167 | -28 | 1 441 |
| 巴哈马 | 272 | 3 899 | -5 591 | 100 | — | — | — | — | — | — | 658 |
| 巴拉圭 | — | — | 300 | 647 | 2 783 | 557 | 142 | 18 | — | — | 0 |
| 巴拿马 | — | 833 | 652 | 1 369 | 2 606 | 116 | 72 | 18 768 | 481 | 2 382 | 3 738 |
| 巴西 | 1 009 | 5 113 | 2 238 | 11 627 | 48 746 | 12 640 | 19 410 | 31 093 | 73 000 | -6 328 | 12 477 |
| 玻利维亚 | 1 800 | 197 | 414 | 1 801 | 306 | 867 | 4 321 | 1 440 | 2 453 | 3 432 | 5 538 |
| 伯利兹 | — | — | 6 | — | -8 | — | — | 35 | 35 | — | 0 |
| 多米尼加 | — | — | 6 | 6 | — | — | — | — | — | — | 0 |
| 多米尼克 | — | — | — | — | — | 50 | — | 30 | — | — | 0 |
| 厄瓜多尔 | 246 | 358 | -942 | 1 790 | 2 206 | -3 506 | 31 139 | 47 060 | 13 781 | 11 811 | 7 789 |
| 哥伦比亚 | -336 | 22 | 676 | 574 | 694 | 3 325 | 8 351 | 1 793 | 18 310 | 370 | -284 |
| 哥斯达黎加 | — | — | — | — | 8 | 1 | — | 117 | -19 | 384 | 136 |
| 格林纳达 | — | — | 12 | — | — | — | — | — | — | — | 10 |
| 古巴 | 3 037 | 658 | 556 | 1 293 | -1 635 | 7 671 | -557 | -2 437 | -2 222 | 4 243 | 974 |
| 圭亚那 | — | 6 000 | — | — | 2 837 | 20 | 9 884 | 3 500 | 408 | -389 | 651 |
| 洪都拉斯 | — | -438 | -90 | — | — | — | — | — | — | — | 2 771 |
| 开曼群岛 | 783 272 | 260 159 | 152 401 | 536 630 | 349 613 | 493 646 | 82 743 | 925 340 | 419 172 | 1 021 303 | 1 352 283 |

**中国对外直接投资流量情况表（分国家地区）（2006—2016 年）（续）**

单位：万美元

| 国别（地区） | 2006 年 | 2007 年 | 2008 年 | 2009 年 | 2010 年 | 2011 年 | 2012 年 | 2013 年 | 2014 年 | 2015 年 | 2016 年 |
|---|---|---|---|---|---|---|---|---|---|---|---|
| 秘鲁 | 540 | 671 | 2 455 | 5 849 | 13 903 | 21 425 | -4 937 | 11 460 | 4 507 | -17 776 | 6 737 |
| 墨西哥 | -369 | 1 716 | 563 | 82 | 2 673 | 4 154 | 10 042 | 4 973 | 14 057 | -628 | 21 184 |
| 尼加拉瓜 | — | — | — | — | — | — | — | 217 | 101 | 55 | 101 |
| 圣卢西亚 | — | — | — | — | — | — | — | — | — | 15 | 75 |
| 圣文森特和格林纳丁斯 | 291 | 588 | 946 | -946 | 905 | — | — | — | 332 | 303 | -253 |
| 苏里南 | — | 1 757 | 242 | 110 | 635 | — | -3 323 | 2 900 | -1 690 | 2 009 | 343 |
| 特立尼达和多巴哥 | — | — | — | — | — | 10 | 19 | 23 | 3 625 | 915 | 210 |
| 危地马拉 | — | — | — | — | — | — | — | — | 63 | — | 0 |
| 委内瑞拉 | 1 836 | 6 953 | 978 | 11 572 | 9 439 | 8 177 | 154 176 | 42 556 | 11 608 | 28 830 | -9 986 |
| 乌拉圭 | — | 48 | — | 498 | 36 | 36 | 950 | 967 | 108 | 3 615 | 4 927 |
| 牙买加 | — | — | 214 | — | 221 | 3 545 | 3 586 | 474 | 11 132 | — | 41 864 |
| 英属安圭拉 | — | — | — | — | — | — | — | — | — | 100 | 584 |
| 英属维尔京群岛 | 53 811 | 187 614 | 210 433 | 161 205 | 611 976 | 620 833 | 223 928 | 322 156 | 457 043 | 184 900 | 1 228 849 |
| 智利 | 658 | 383 | 93 | 778 | 3 371 | 1 399 | 2 622 | 1 179 | 1 629 | 685 | 21 696 |
| **北美洲** | **25 805** | **112 571** | **36 421** | **152 193** | **262 144** | **248 132** | **488 200** | **490 101** | **920 766** | **1 071 848** | **2 035 096** |
| 百慕大群岛 | 2 494 | -10 259 | -10 484 | 6 | 17 086 | 11 583 | 3 899 | 1 893 | 70 769 | 112 698 | 49 865 |
| 加拿大 | 3 477 | 103 257 | 703 | 61 313 | 114 229 | 55 407 | 79 516 | 100 865 | 90 384 | 156 283 | 287 150 |
| 美国 | 19 834 | 19 573 | 46 203 | 90 874 | 130 829 | 181 142 | 404 785 | 387 343 | 759 613 | 802 867 | 1 698 081 |
| **大洋洲** | **12 636** | **77 008** | **195 187** | **247 998** | **188 896** | **331 823** | **241 510** | **366 032** | **433 695** | **387 109** | **521 177** |
| 澳大利亚 | 8 760 | 53 159 | 189 215 | 243 643 | 170 170 | 316 529 | 217 298 | 345 798 | 404 911 | 340 131 | 418 688 |
| 巴布亚新几内亚 | 2 862 | 19 681 | 2 992 | 480 | 533 | 1 665 | 2 569 | 4 302 | 3 037 | 4 177 | -4 368 |
| 斐济 | 465 | 249 | 797 | 240 | 557 | 1 963 | 6 832 | 5 832 | -3 716 | 1 240 | 4 461 |
| 库克群岛 | — | — | — | — | — | — | 12 | 17 | -27 | — | 0 |
| 马绍尔群岛 | 200 | 3 416 | 800 | 2 670 | 1 318 | -2 743 | — | -1 210 | 0 | -5 682 | 260 |
| 密克罗尼西亚 | — | 625 | -16 | — | — | -289 | 341 | 46 | 339 | 355 | 0 |
| 帕劳 | — | 50 | 752 | — | 50 | 57 | — | — | 51 | 150 | 50 |
| 萨摩亚 | — | -12 | — | 63 | 9 893 | 11 773 | 4 759 | -7 793 | 3 484 | 9 586 | 10 924 |
| 汤加 | — | — | — | — | — | | — | — | 10 | 98 | 35 |
| 瓦努阿图 | — | — | — | — | — | 79 | 293 | — | 604 | 2 245 | 542 |
| 新西兰 | 349 | -160 | 646 | 902 | 6 375 | 2 789 | 9 406 | 19 040 | 25 002 | 34 809 | 90 585 |

**注：**2005—2006 两年流量为非金融类直接投资流量。

## 中国对外直接投资存量情况表（分国家地区）（2006—2016年）

单位：万美元

| 国别（地区） | 2006年 | 2007年 | 2008年 | 2009年 | 2010年 | 2011年 | 2012年 | 2013年 | 2014年 | 2015年 | 2016年 |
|---|---|---|---|---|---|---|---|---|---|---|---|
| **合 计** | **7 502 555** | **11 791 050** | **18 397 071** | **24 575 538** | **31 721 059** | **42 478 067** | **53 194 058** | **66 047 840** | **88 264 242** | **109 786 459** | **135 739 045** |
| **亚洲** | **4 797 804** | **7 921 793** | **13 131 699** | **18 554 720** | **22 814 597** | **30 343 470** | **36 440 706** | **44 740 828** | **60 096 561** | **76 890 132** | **90 944 547** |
| 阿富汗 | 67 | 77 | 11 469 | 18 132 | 16 859 | 46 513 | 48 274 | 48 742 | 51 849 | 41 993 | 44 050 |
| 阿拉伯联合酋长国* | 14 463 | 23 431 | 37 599 | 44 029 | 76 429 | 117 450 | 133 678 | 151 457 | 233 345 | 460 284 | 488 830 |
| 阿曼* | 3 387 | 3 717 | 1 422 | 797 | 2 111 | 2 938 | 3 335 | 17 473 | 18 972 | 20 077 | 8 663 |
| 巴基斯坦* | 14 824 | 106 819 | 132 799 | 145 809 | 182 801 | 216 299 | 223 361 | 234 309 | 373 682 | 403 593 | 475 911 |
| 巴勒斯坦 | — | — | — | — | — | — | 2 | 4 | 4 | 4 | 23 |
| 巴林 | 27 | 75 | 87 | 87 | 87 | 102 | 680 | 146 | 376 | 387 | 3 736 |
| 朝鲜 | 4 555 | 6 713 | 11 863 | 26 152 | 24 010 | 31 261 | 42 236 | 58 551 | 61 157 | 62 500 | 67 915 |
| 东帝汶 | 45 | 45 | 45 | 745 | 745 | 745 | 745 | 905 | 1 578 | 10 028 | 14 794 |
| 菲律宾* | 2 185 | 4 304 | 8 673 | 14 259 | 38 734 | 49 427 | 59 314 | 69 238 | 75 994 | 71 105 | 71 893 |
| 哈萨克斯坦 | 27 624 | 60 993 | 140 230 | 151 621 | 159 054 | 285 845 | 625 139 | 695 669 | 754 107 | 509 546 | 543 227 |
| 韩国 | 94 924 | 121 414 | 85 034 | 121 780 | 63 725 | 158 268 | 308 190 | 196 308 | 277 157 | 369 804 | 423 724 |
| 吉尔吉斯斯坦 | 12 476 | 13 975 | 14 681 | 28 372 | 39 432 | 52 505 | 66 219 | 88 582 | 98 419 | 107 059 | 123 782 |
| 柬埔寨 | 10 366 | 16 811 | 39 066 | 63 326 | 112 977 | 175 744 | 231 768 | 284 857 | 322 228 | 367 586 | 436 858 |
| 卡塔尔 | 848 | 3 979 | 4 979 | 3 628 | 7 705 | 13 018 | 22 066 | 25 402 | 35 387 | 44 993 | 102 565 |
| 科威特* | 631 | 51 | 296 | 588 | 5 087 | 9 286 | 8 284 | 8 939 | 34 591 | 54 362 | 57 810 |
| 老挝 | 9 607 | 30 222 | 30 519 | 53 567 | 84 575 | 127 620 | 192 784 | 277 092 | 449 099 | 484 171 | 550 014 |
| 黎巴嫩 | 44 | 44 | 44 | 157 | 201 | 201 | 301 | 369 | 378 | 378 | 301 |
| 马尔代夫 | — | — | — | — | — | — | — | 165 | 237 | 237 | 3 578 |
| 马来西亚 | 19 696 | 27 463 | 36 120 | 47 989 | 70 880 | 79 762 | 102 613 | 166 818 | 178 563 | 223 137 | 363 396 |
| 蒙古 | 31 467 | 59 217 | 89 556 | 124 166 | 143 552 | 188 662 | 295 403 | 335 396 | 376 246 | 376 006 | 383 859 |
| 孟加拉国 | 3 966 | 4 330 | 4 814 | 6 030 | 6 758 | 7 668 | 11 725 | 15 868 | 16 024 | 18 843 | 22 517 |
| 缅甸 | 16 312 | 26 177 | 49 971 | 92 988 | 194 675 | 218 152 | 309 372 | 356 968 | 392 557 | 425 873 | 462 042 |
| 尼泊尔 | 359 | 866 | 867 | 1 413 | 1 594 | 2 480 | 3 358 | 7 531 | 13 834 | 29 193 | 24 705 |
| 日本 | 22 398 | 55 827 | 50 969 | 69 286 | 110 563 | 136 622 | 161 991 | 189 824 | 254 703 | 303 820 | 318 401 |
| 塞浦路斯 | 106 | 136 | 136 | 136 | 136 | 9 090 | 9 495 | 17 126 | 10 717 | 10 915 | 11 005 |
| 沙特阿拉伯 | 27 284 | 40 403 | 62 068 | 71 089 | 76 056 | 88 314 | 120 586 | 174 706 | 198 743 | 243 439 | 260 729 |
| 斯里兰卡 | 846 | 774 | 1 678 | 1 581 | 7 274 | 16 258 | 17 858 | 29 265 | 36 391 | 77 251 | 72 891 |
| 塔吉克斯坦* | 3 028 | 9 899 | 22 717 | 16 279 | 19 163 | 21 674 | 47 612 | 59 941 | 72 896 | 90 909 | 116 703 |
| 中国台湾省* | 20 | 15 | 9 | 13 | 1 819 | 2 935 | 13 532 | 34 927 | 59 862 | 96 905 | 98 272 |
| 泰国* | 23 267 | 37 862 | 43 716 | 44 788 | 108 000 | 130 726 | 212 693 | 247 243 | 307 947 | 344 012 | 453 348 |
| 土耳其 | 1 038 | 1 199 | 2 236 | 38 617 | 40 363 | 40 648 | 50 251 | 64 231 | 88 181 | 132 884 | 106 138 |
| 土库曼斯坦 | 16 | 142 | 8 813 | 20 797 | 65 848 | 27 648 | 28 777 | 25 323 | 44 760 | 13 304 | 24 908 |

**中国对外直接投资存量情况表（分国家地区）（2006—2016年）（续）**

单位：万美元

| 国别（地区） | 2006年 | 2007年 | 2008年 | 2009年 | 2010年 | 2011年 | 2012年 | 2013年 | 2014年 | 2015年 | 2016年 |
|---|---|---|---|---|---|---|---|---|---|---|---|
| 文莱 | 190 | 438 | 651 | 1 737 | 4 566 | 6 613 | 6 635 | 7 212 | 6 955 | 7 352 | 20 377 |
| 乌兹别克斯坦 | 1 497 | 3 082 | 7 764 | 8 522 | 8 300 | 15 647 | 14 618 | 19 782 | 39 209 | 88 204 | 105 771 |
| 新加坡* | 46 801 | 144 393 | 333 477 | 485 732 | 606 910 | 1 060 269 | 1 238 333 | 1 475 070 | 2 063 995 | 3 198 491 | 3 344 564 |
| 叙利亚 | 1 681 | 555 | 438 | 849 | 1 661 | 1 483 | 1 446 | 641 | 1 455 | 1 100 | 1 031 |
| 也门 | 6 376 | 10 723 | 14 054 | 14 930 | 18 466 | 19 145 | 22 130 | 54 911 | 55 507 | 45 330 | 3 921 |
| 伊拉克 | 43 618 | 2 245 | 2 079 | 2 258 | 48 345 | 60 591 | 75 432 | 31 706 | 37 584 | 38 812 | 55 781 |
| 伊朗 | 11 059 | 12 235 | 9 427 | 21 780 | 71 516 | 135 156 | 207 046 | 285 120 | 348 415 | 294 919 | 333 081 |
| 以色列* | 865 | 1 087 | 987 | 1 137 | 2 187 | 2 388 | 3 846 | 3 405 | 8 665 | 31 718 | 422 988 |
| 印度* | 2 583 | 12 014 | 22 202 | 22 127 | 47 980 | 65 738 | 116 910 | 244 698 | 340 721 | 377 047 | 310 751 |
| 印度尼西亚 | 22 551 | 67 948 | 54 333 | 79 906 | 115 044 | 168 791 | 309 804 | 465 665 | 679 350 | 812 514 | 954 554 |
| 约旦 | 1 106 | 1 195 | 1 032 | 1 054 | 1 263 | 1 281 | 2 254 | 2 343 | 3 098 | 3 255 | 3 949 |
| 越南 | 25 363 | 39 699 | 52 173 | 72 850 | 98 660 | 129 066 | 160 438 | 216 672 | 286 565 | 337 356 | 498 363 |
| 中国澳门 | 61 247 | 91 067 | 156 078 | 183 723 | 222 929 | 267 589 | 292 927 | 340 914 | 393 074 | 573 912 | 678 339 |
| 中国香港* | 4 226 991 | 6 878 132 | 11 584 528 | 16 449 894 | 19 905 557 | 26 151 852 | 30 637 245 | 37 709 314 | 50 991 983 | 65 685 524 | 78 074 489 |
| **非洲** | **255 682** | **446 183** | **780 383** | **933 227** | **1 304 212** | **1 624 432** | **2 172 971** | **2 618 577** | **3 235 006** | **3 469 440** | **3 987 747** |
| 阿尔及利亚* | 24 737 | 39 389 | 50 882 | 75 126 | 93 726 | 105 945 | 130 533 | 149 721 | 245 157 | 253 155 | 255 248 |
| 埃及 | 10 043 | 13 160 | 13 135 | 28 507 | 33 672 | 40 317 | 45 919 | 51 113 | 65 711 | 66 315 | 88 891 |
| 埃塞俄比亚* | 9 560 | 10 888 | 12 645 | 28 344 | 36 806 | 42 679 | 60 655 | 77 184 | 91 462 | 113 013 | 200 065 |
| 安哥拉 | 3 723 | 7 846 | 6 889 | 19 554 | 35 177 | 40 059 | 124 510 | 163 474 | 121 404 | 126 829 | 163 321 |
| 贝宁 | 2 212 | 3 560 | 5 315 | 5 401 | 3 933 | 4 003 | 4 760 | 4 991 | 6 917 | 8 731 | 10 251 |
| 博茨瓦纳 | 2 552 | 4 339 | 6 526 | 11 925 | 17 852 | 20 038 | 22 015 | 23 090 | 26 213 | 32 108 | 43 750 |
| 布基纳法索 | — | — | — | — | — |  | — | 434 | 878 | — | 20 |
| 布隆迪* | 165 | 165 | 165 | 464 | 651 | 720 | 870 | 979 | 1 324 | 1 237 | 1 242 |
| 赤道几内亚 | 3 044 | 4 463 | 4 062 | 6 150 | 8 625 | 9 868 | 40 464 | 26 085 | 20 820 | 23 163 | 23 659 |
| 多哥* | 1 172 | 1 442 | 2 312 | 3 302 | 5 811 | 6 715 | 9 838 | 12 309 | 13 581 | 12 882 | 11 857 |
| 厄立特里亚* | 663 | 722 | 673 | 960 | 1 254 | 1 431 | 10 378 | 10 455 | 10 671 | 11 941 | 37 845 |
| 佛得角 | 165 | 465 | 513 | 504 | 458 | 458 | 1 160 | 1 523 | 1 518 | 1 518 | 1 523 |
| 冈比亚 | 119 | 119 | 119 | 119 | 119 | 119 | 119 | 119 | 124 | 124 | 384 |
| 刚果（布）* | 6 290 | 6 540 | 7 542 | 11 517 | 13 588 | 14 240 | 50 490 | 69 543 | 98 876 | 108 867 | 78 291 |
| 刚果（金） | 3 761 | 10 440 | 13 414 | 39 743 | 63 092 | 70 926 | 97 049 | 109 176 | 216 867 | 323 935 | 351 498 |
| 吉布提 | 60 | 160 | 160 | 703 | 1 247 | 1 813 | 1 799 | 3 055 | 4 008 | 6 046 | 12 540 |
| 几内亚 | 5 463 | 6 997 | 9 637 | 12 932 | 13 641 | 16 843 | 23 467 | 33 858 | 41 907 | 38 272 | 41 774 |
| 几内亚（比绍） | — | — | — | 2 700 | 2 700 | 2 700 | 2 700 | 2 700 | 6 682 | 6 906 | 7 016 |
| 加纳 | 809 | 4 187 | 5 802 | 18 504 | 20 200 | 27 015 | 50 527 | 83 484 | 105 669 | 127 449 | 195 827 |

## 中国对外直接投资存量情况表（分国家地区）（2006—2016 年）（续）

单位：万美元

| 国别（地区） | 2006 年 | 2007 年 | 2008 年 | 2009 年 | 2010 年 | 2011 年 | 2012 年 | 2013 年 | 2014 年 | 2015 年 | 2016 年 |
|---|---|---|---|---|---|---|---|---|---|---|---|
| 加蓬* | 5 128 | 5 559 | 8 814 | 10 005 | 12 534 | 12 710 | 12 847 | 16 848 | 18 041 | 24 442 | 25 683 |
| 津巴布韦 | 4 615 | 5 915 | 6 001 | 9 975 | 13 454 | 57 644 | 87 467 | 152 083 | 169 558 | 179 892 | 183 900 |
| 喀麦隆 | 1 646 | 1 851 | 2 034 | 2 505 | 5 961 | 6 154 | 7 950 | 14 840 | 17 784 | 20 734 | 36 674 |
| 科摩罗 | 405 | 405 | 405 | 405 | 404 | 404 | 454 | 454 | 454 | 453 | 453 |
| 科特迪瓦 | 2 504 | 2 818 | 2 116 | 3 765 | 3 299 | 3 467 | 4 004 | 3 500 | 6 429 | 12 678 | 17 966 |
| 肯尼亚* | 4 623 | 5 513 | 7 836 | 12 036 | 22 158 | 30 883 | 40 273 | 63 590 | 85 371 | 109 904 | 110 270 |
| 莱索托* | 760 | 760 | 822 | 832 | 888 | 891 | 913 | 913 | 1 107 | 1 115 | 663 |
| 利比里亚 | 2 951 | 2 978 | 3 736 | 5 639 | 8 167 | 11 474 | 15 437 | 19 610 | 22 965 | 28 899 | 29 730 |
| 利比亚 | 2 857 | 7 083 | 8 158 | 4 269 | 3 219 | 6 778 | 6 519 | 10 882 | 10 894 | 10 577 | 21 112 |
| 卢旺达* | 771 | 730 | 2 018 | 2 880 | 4 163 | 5 852 | 6 354 | 7 333 | 11 072 | 12 357 | 8 936 |
| 马达加斯加* | 5 434 | 7 601 | 14 652 | 19 622 | 22 987 | 25 363 | 27 455 | 28 610 | 35 261 | 34 770 | 29 763 |
| 马拉维 | 96 | 116 | 659 | 1 454 | 3 240 | 3 007 | 4 930 | 25 382 | 25 762 | 25 815 | 25 905 |
| 马里 | 1 983 | 3 222 | 3 095 | 4 472 | 4 777 | 16 006 | 21 143 | 31 667 | 34 286 | 30 733 | 32 001 |
| 毛里求斯 | 5 116 | 11 590 | 23 007 | 24 284 | 28 329 | 60 594 | 70 080 | 84 959 | 57 971 | 109 658 | 117 620 |
| 毛里塔尼亚* | 2 012 | 1 514 | 2 476 | 3 129 | 4 588 | 7 471 | 10 615 | 10 828 | 10 095 | 10 583 | 19 336 |
| 摩洛哥 | 2 701 | 2 965 | 2 806 | 4 878 | 5 585 | 8 948 | 9 522 | 10 296 | 11 444 | 15 629 | 16 270 |
| 莫桑比克 | 1 468 | 3 424 | 4 300 | 7 496 | 7 524 | 9 807 | 33 691 | 50 809 | 65 386 | 72 452 | 78 226 |
| 纳米比亚 | 643 | 724 | 1 995 | 4 618 | 4 711 | 6 021 | 9 453 | 34 945 | 98 184 | 38 044 | 45 357 |
| 南非 | 16 762 | 70 237 | 304 862 | 230 686 | 415 298 | 405 973 | 477 507 | 440 040 | 595 402 | 472 297 | 650 084 |
| 南苏丹 | — | — | — | — | — | 5 | 1 090 | 2 647 | 1 926 | 3 598 | 3 703 |
| 尼日尔* | 3 299 | 13 453 | 13 650 | 18 420 | 37 936 | 42 957 | 12 533 | 24 187 | 19 808 | 56 544 | 52 530 |
| 尼日利亚* | 21 594 | 63 032 | 79 591 | 102 596 | 121 085 | 141 561 | 194 987 | 214 607 | 232 301 | 237 676 | 254 168 |
| 塞拉利昂 | 1 489 | 3 228 | 4 370 | 5 123 | 4 148 | 5 223 | 5 771 | 10 836 | 14 774 | 19 630 | 18 882 |
| 塞内加尔 | 415 | 439 | 1 061 | 2 607 | 4 503 | 4 520 | 10 222 | 8 325 | 13 001 | 12 602 | 14 959 |
| 塞舌尔 | 646 | 655 | 660 | 700 | 1 936 | 2 380 | 7 719 | 10 347 | 11 440 | 16 011 | 24 665 |
| 圣多美和普林西比 | — | — | — | — | 31 | 31 | 38 | 38 | 38 | 38 | 38 |
| 苏丹 | 49 713 | 57 485 | 52 825 | 56 389 | 61 336 | 152 564 | 123 660 | 150 704 | 174 712 | 180 936 | 110 434 |
| 坦桑尼亚* | 11 193 | 11 092 | 19 022 | 28 179 | 30 751 | 40 707 | 54 080 | 71 646 | 88 518 | 113 887 | 119 199 |
| 突尼斯 | 391 | 357 | 357 | 227 | 253 | 629 | 569 | 1 386 | 1 456 | 2 084 | 1 630 |
| 乌干达 | 1 467 | 1 868 | 1 198 | 5 856 | 11 368 | 12 621 | 14 110 | 38 376 | 46 410 | 72 215 | 100 647 |
| 赞比亚 | 26 786 | 42 936 | 65 133 | 84 397 | 94 373 | 119 984 | 199 811 | 216 432 | 227 199 | 233 802 | 268 716 |
| 乍得 | 1 278 | 1 353 | 2 536 | 7 657 | 8 000 | 10 812 | 19 412 | 32 126 | 40 461 | 42 272 | 39 664 |
| 中非* | 398 | 398 | 398 | 1 671 | 4 654 | 5 102 | 5 102 | 6 038 | 5 708 | 4 622 | 3 561 |

## 中国对外直接投资存量情况表（分国家地区）（2006—2016 年）（续）

单位：万美元

| 国别（地区） | 2006 年 | 2007 年 | 2008 年 | 2009 年 | 2010 年 | 2011 年 | 2012 年 | 2013 年 | 2014 年 | 2015 年 | 2016 年 |
|---|---|---|---|---|---|---|---|---|---|---|---|
| **欧洲** | **226 982** | **445 854** | **513 396** | **867 678** | **1 571 031** | **2 445 003** | **3 697 512** | **5 316 156** | **6 939 987** | **8 367 897** | **8 720 192** |
| 阿尔巴尼亚 | 51 | 51 | 51 | 435 | 443 | 443 | 443 | 703 | 703 | 695 | 727 |
| 阿塞拜疆* | 1 092 | 1 019 | 953 | 1 200 | 1 238 | 3 006 | 3 168 | 3 834 | 5 521 | 6 370 | 2 842 |
| 爱尔兰 | 2 530 | 2 923 | 10 777 | 10 682 | 13 991 | 15 683 | 19 377 | 32 325 | 24 972 | 24 832 | 57 377 |
| 爱沙尼亚 | 126 | 126 | 126 | 750 | 750 | 750 | 350 | 350 | 350 | 350 | 350 |
| 奥地利 | 32 | 404 | 404 | 155 | 201 | 2 454 | 7 946 | 7 666 | 20 170 | 32 799 | 53 051 |
| 白俄罗斯* | 29 | 29 | 239 | 449 | 2 371 | 2 907 | 7 747 | 11 590 | 25 752 | 47 589 | 49 793 |
| 保加利亚* | 474 | 474 | 474 | 231 | 1 860 | 7 256 | 12 674 | 14 985 | 17 027 | 23 597 | 16 607 |
| 比利时 | 267 | 3 398 | 3 330 | 5 691 | 10 101 | 14 050 | 23 069 | 31 501 | 49 347 | 51 953 | 54 403 |
| 冰岛 | 5 | 5 | 5 | 5 | — | — | — | — | — | 110 | 110 |
| 波黑 | 351 | 351 | 351 | 592 | 598 | 601 | 607 | 613 | 613 | 775 | 860 |
| 波兰* | 8 718 | 9 893 | 10 993 | 12 030 | 14 031 | 20 126 | 20 811 | 25 704 | 32 935 | 35 211 | 32 132 |
| 丹麦 | 3 648 | 3 675 | 3 808 | 4 079 | 4 247 | 4 913 | 5 324 | 8 437 | 20 815 | 8 217 | 22 611 |
| 德国 | 47 203 | 84 541 | 84 550 | 108 224 | 150 229 | 240 144 | 310 435 | 397 938 | 578 550 | 588 176 | 784 175 |
| 俄罗斯联邦* | 92 976 | 142 151 | 183 828 | 222 037 | 278 756 | 376 364 | 488 849 | 758 161 | 869 463 | 1 401 963 | 1 297 951 |
| 法国* | 4 488 | 12 681 | 16 713 | 22 103 | 24 362 | 372 389 | 395 077 | 444 794 | 844 488 | 572 355 | 511 617 |
| 芬兰 | 93 | 94 | 359 | 904 | 2 725 | 3 100 | 3 403 | 4 255 | 5 899 | 9 507 | 21 170 |
| 格鲁吉亚 | 3 209 | 4 293 | 6 586 | 7 533 | 13 017 | 10 935 | 17 808 | 33 075 | 54 564 | 53 375 | 55 023 |
| 荷兰 | 2 043 | 13 876 | 23 442 | 33 587 | 48 671 | 66 468 | 110 792 | 319 309 | 419 408 | 2 006 713 | 2 058 774 |
| 黑山 | — | 32 | 32 | 32 | 32 | 32 | 32 | 32 | 32 | 32 | 443 |
| 捷克 | 1 467 | 1 964 | 3 243 | 4 934 | 5 233 | 6 683 | 20 245 | 20 468 | 24 269 | 22 431 | 22 777 |
| 克罗地亚 | 75 | 784 | 784 | 810 | 813 | 818 | 863 | 831 | 1 187 | 1 182 | 1 199 |
| 拉脱维亚 | 231 | 57 | 57 | 54 | 54 | 54 | 54 | 54 | 54 | 94 | 94 |
| 立陶宛 | 393 | 393 | 393 | 393 | 393 | 393 | 697 | 1 248 | 1 248 | 1 248 | 1 529 |
| 列支敦士登 | — | 28 | 28 | 36 | 391 | 391 | 391 | 391 | 1 240 | 1 304 | 1 674 |
| 卢森堡 | — | 6 702 | 12 283 | 248 438 | 578 675 | 708 197 | 897 789 | 1 042 376 | 1 566 677 | 773 988 | 877 660 |
| 罗马尼亚 | 6 563 | 7 288 | 8 566 | 9 334 | 12 495 | 12 583 | 16 109 | 14 513 | 19 137 | 36 480 | 39 150 |
| 马耳他 | 197 | 187 | 481 | 503 | 266 | 337 | 337 | 349 | 542 | 1 045 | 16 364 |
| 马其顿 | 20 | 20 | 20 | 20 | 20 | 20 | 26 | 209 | 211 | 211 | 210 |
| 摩尔多瓦 | 78 | 78 | 78 | 78 | 78 | 78 | 211 | 387 | 387 | 211 | 387 |
| 挪威 | 16 | 375 | 385 | 1 295 | 14 776 | 16 659 | 18 813 | 477 171 | 522 350 | 347 129 | 264 197 |
| 葡萄牙 | 20 | 171 | 171 | 502 | 2 137 | 3 313 | 4 038 | 5 532 | 6 069 | 7 142 | 8 774 |
| 瑞典 | 2 002 | 14 693 | 15 759 | 11 189 | 147 912 | 153 122 | 240 817 | 273 771 | 301 292 | 338 196 | 355 368 |

中国对外直接投资存量情况表（分国家地区）（2006—2016 年）（续）

单位：万美元

| 国别（地区） | 2006 年 | 2007 年 | 2008 年 | 2009 年 | 2010 年 | 2011 年 | 2012 年 | 2013 年 | 2014 年 | 2015 年 | 2016 年 |
|---|---|---|---|---|---|---|---|---|---|---|---|
| 瑞士* | 758 | 888 | 891 | 3 030 | 5 854 | 9 194 | 10 132 | 29 654 | 38 766 | 60 415 | 57 621 |
| 塞尔维亚 | — | 200 | 200 | 268 | 484 | 505 | 647 | 1 854 | 2 971 | 4 979 | 8 268 |
| 塞尔维亚和黑山 | 200 | — | — | — | — | — | — | — | — | — | — |
| 斯洛伐克* | 10 | 510 | 510 | 936 | 982 | 2 578 | 8 601 | 8 277 | 12 779 | 12 779 | 8 277 |
| 斯洛文尼亚 | 140 | 140 | 140 | 500 | 500 | 500 | 500 | 500 | 500 | 500 | 2 686 |
| 乌克兰* | 654 | 1 351 | 1 592 | 2 079 | 2 229 | 2 929 | 3 314 | 5 198 | 6 341 | 6 890 | 6 671 |
| 西班牙 | 13 672 | 14 285 | 14 501 | 20 523 | 24 776 | 38 931 | 43 725 | 31 571 | 42 453 | 60 801 | 73 647 |
| 希腊* | 35 | 38 | 168 | 168 | 423 | 463 | 598 | 11 979 | 12 085 | 11 948 | 4 808 |
| 匈牙利* | 5 365 | 7 817 | 8 875 | 9 741 | 46 570 | 47 535 | 50 741 | 53 235 | 55 635 | 57 111 | 31 370 |
| 亚美尼亚 | 125 | 125 | 125 | 132 | 132 | 132 | 132 | 751 | 751 | 751 | 751 |
| 意大利 | 7 441 | 12 713 | 13 360 | 19 168 | 22 380 | 44 909 | 57 393 | 60 775 | 71 969 | 93 197 | 155 484 |
| 英国* | 20 187 | 95 031 | 83 766 | 102 828 | 135 835 | 253 058 | 893 427 | 1 179 790 | 1 280 465 | 1 663 246 | 1 761 210 |
| **拉丁美洲** | **1 969 437** | **2 470 091** | **3 224 015** | **3 059 548** | **4 387 564** | **5 517 175** | **6 821 163** | **8 609 593** | **10 611 114** | **12 631 893** | **20 715 257** |
| 阿根廷* | 1 134 | 15 719 | 17 336 | 16 905 | 21 899 | 40 525 | 89 719 | 165 820 | 179 152 | 194 892 | 194 366 |
| 安提瓜和巴布达 | 125 | 125 | 125 | 125 | 125 | 484 | 544 | 630 | 630 | 630 | 670 |
| 巴巴多斯 | 201 | 242 | 325 | 600 | 388 | 313 | 395 | 497 | 330 | 289 | 8 772 |
| 巴哈马 | 1 752 | 5 651 | 60 | 160 | 160 | 160 | 60 | 60 | 60 | 60 | 16 060 |
| 巴拉圭 | — | — | 478 | 1 125 | 3 907 | 4 465 | 4 606 | 4 624 | 4 791 | 4 791 | 4 791 |
| 巴拿马 | 3 692 | 5 531 | 6 738 | 8 109 | 23 658 | 33 078 | 19 662 | 47 864 | 20 493 | 22 815 | 26 885 |
| 巴西* | 13 041 | 18 955 | 21 705 | 36 089 | 92 365 | 107 179 | 144 951 | 173 358 | 283 289 | 225 712 | 296 251 |
| 玻利维亚 | 2 106 | 2 303 | 2 862 | 5 565 | 6 485 | 6 632 | 15 619 | 11 892 | 13 217 | 31 746 | 37 068 |
| 伯利兹 | 2 | 2 | 8 | 8 | — | — | — | 35 | 70 | 70 | 70 |
| 多米尼加 | — | — | 6 | 12 | 12 | 12 | 112 | 100 | 101 | 101 | 101 |
| 多米尼克 | 70 | 70 | 70 | 70 | 415 | 815 | 815 | 845 | 315 | 315 | 315 |
| 厄瓜多尔 | 3 904 | 4 918 | 8 860 | 10 660 | 12 958 | 9 524 | 40 763 | 100 879 | 94 460 | 105 635 | 118 012 |
| 哥伦比亚* | 570 | 677 | 1 371 | 2 050 | 2 297 | 5 980 | 34 615 | 36 869 | 54 730 | 55 443 | 36 245 |
| 哥斯达黎加 | — | — | — | 200 | 208 | 209 | 209 | 326 | 398 | 782 | 820 |
| 格林纳达 | 403 | 753 | 765 | 765 | 1 452 | 1 454 | 1 454 | 1 454 | 2 367 | 2 367 | 2 377 |
| 古巴 | 5 991 | 6 649 | 7 205 | 8 532 | 6 898 | 14 637 | 13 569 | 11 134 | 6 255 | 12 062 | 13 150 |
| 圭亚那 | 860 | 6 860 | 6 950 | 14 961 | 18 317 | 13 513 | 15 188 | 22 518 | 24 757 | 25 601 | 25 668 |
| 洪都拉斯 | 528 | 90 | — | — | — | — | — | — | — | — | 2 771 |
| 开曼群岛 | 1 420 919 | 1 681 068 | 2 032 745 | 1 357 707 | 1 725 627 | 2 169 232 | 3 007 200 | 4 232 406 | 4 423 672 | 6 240 408 | 10 420 893 |
| 秘鲁 | 13 040 | 13 711 | 19 434 | 28 454 | 65 449 | 80 224 | 75 287 | 86 778 | 90 798 | 70 549 | 75 978 |

中国对外直接投资存量情况表（分国家地区）（2006—2016 年）（续）

单位：万美元

| 国别（地区） | 2006 年 | 2007 年 | 2008 年 | 2009 年 | 2010 年 | 2011 年 | 2012 年 | 2013 年 | 2014 年 | 2015 年 | 2016 年 |
|---|---|---|---|---|---|---|---|---|---|---|---|
| 墨西哥* | 12 861 | 15 144 | 17 308 | 17 390 | 15 287 | 26 388 | 36 848 | 40 987 | 54 121 | 52 476 | 57 860 |
| 尼加拉瓜 | — | — | — | — | — | — | — | 217 | 318 | 367 | 467 |
| 萨尔瓦多 | — | — | — | — | — | — | — | — | 1 | 1 | 1 |
| 圣卢西亚 | — | — | — | — | — | — | — | — | — | 15 | 144 |
| 圣文森特和格林纳丁斯 | 1 492 | 2 080 | 3 249 | 2 303 | 3 619 | 3 620 | 3 620 | 3 620 | 3 900 | 4 204 | 3 952 |
| 苏里南 | 3 221 | 6 528 | 6 770 | 6 880 | 7 884 | 7 884 | 4 561 | 11 193 | 9 393 | 11 352 | 12 508 |
| 特立尼达和多巴哥 | 80 | 80 | 80 | 80 | 80 | 90 | 109 | 386 | 102 531 | 60 463 | 60 666 |
| 危地马拉 | — | — | — | — | — | — | — | — | 99 | 99 | 112 |
| 委内瑞拉* | 7 158 | 14 388 | 15 596 | 27 196 | 41 652 | 50 100 | 204 276 | 236 338 | 249 323 | 280 029 | 274 171 |
| 乌拉圭 | 163 | 211 | 211 | 715 | 751 | 815 | 1 765 | 2 593 | 21 081 | 18 273 | 22 559 |
| 牙买加* | 2 | 2 | 216 | 216 | 437 | 3 907 | 7 493 | 7 968 | 18 837 | 22 568 | 83 919 |
| 英属安圭拉 | — | — | — | — | — | — | — | — | — | 100 | 684 |
| 英属维尔京群岛 | 475 040 | 662 654 | 1 047 733 | 1 506 069 | 2 324 276 | 2 926 141 | 3 085 095 | 3 390 298 | 4 932 041 | 5 167 214 | 8 876 589 |
| 智利 | 1 084 | 5 680 | 5 809 | 6 602 | 10 958 | 9 794 | 12 628 | 17 904 | 19 583 | 20 464 | 40 362 |
| **北美洲** | **158 702** | **324 089** | **365 978** | **518 470** | **782 926** | **1 347 243** | **2 550 299** | **2 860 974** | **4 795 149** | **5 217 926** | **7 547 246** |
| 百慕大群岛* | 20 843 | 10 584 | 145 | 17 594 | 35 267 | 75 184 | 337 250 | 51 399 | 215 144 | 286 106 | 216 649 |
| 加拿大* | 14 072 | 125 452 | 126 843 | 167 034 | 260 260 | 372 756 | 505 072 | 619 619 | 778 908 | 851 625 | 1 272 599 |
| 美国* | 123 787 | 188 053 | 238 990 | 333 842 | 487 399 | 899 303 | 1 707 977 | 2 189 956 | 3 801 097 | 4 080 195 | 6 057 998 |
| **大洋洲** | **93 948** | **183 040** | **381 600** | **641 895** | **860 729** | **1 200 744** | **1 511 407** | **1 901 712** | **2 586 425** | **3 209 171** | **3 824 056** |
| 澳大利亚 | 79 435 | 144 401 | 335 529 | 586 310 | 786 775 | 1 104 125 | 1 387 305 | 1 744 968 | 2 388 226 | 2 837 385 | 3 335 056 |
| 巴布亚新几内亚 | 6 130 | 25 811 | 28 993 | 31 511 | 32 326 | 34 152 | 36 548 | 42 230 | 46 002 | 191 183 | 186 988 |
| 斐济 | 1 867 | 2 242 | 3 060 | 3 300 | 3 943 | 6 107 | 17 091 | 20 841 | 11 998 | 9 792 | 14 850 |
| 基里巴斯 | — | — | — | — | — | — | — | 82 | 82 | 293 | 293 |
| 库克群岛 | — | — | — | — | — | — | 12 | 29 | 7 | 7 | 7 |
| 马绍尔群岛 | 200 | 3 616 | 4 416 | 8 086 | 7 352 | 10 737 | 11 687 | 11 687 | 11 687 | 6 005 | 6 541 |
| 密克罗尼西亚 | 116 | 741 | 725 | 725 | 725 | 436 | 777 | 823 | 1 162 | 1 517 | 3 466 |
| 帕劳 | — | 50 | 850 | 852 | 902 | 959 | 959 | 959 | 1 010 | 1 160 | 1 210 |
| 萨摩亚 | 90 | 78 | 78 | 240 | 10 133 | 22 979 | 26 601 | 18 808 | 22 308 | 30 691 | 54 685 |
| 汤加 | 711 | 711 | 711 | 711 | 711 | 711 | 711 | 711 | 721 | 819 | 844 |
| 瓦努阿图 | 273 | 273 | 273 | 775 | 1 284 | 1 992 | 2 331 | 6 401 | 6 981 | 9 447 | 9 869 |
| 新西兰 | 5 127 | 5 117 | 6 965 | 9 385 | 15 911 | 18 546 | 27 385 | 54 173 | 96 241 | 120 872 | 210 247 |
| 大洋洲其他国家地区 | — | — | — | — | 667 | — | — | — | — | — | — |

注：1. “*”表示该国家（地区）2016 年末存量数据中包含对以往历史数据进行调整。

2. 2006 年末数据为非金融类直接投资存量。

## 中国对外直接投资流量行业分布情况表（2006—2016 年）

单位：万美元

| | 行业分类 | 2006 年 | 2007 年 | 2008 年 | 2009 年 | 2010 年 | 2011 年 | 2012 年 | 2013 年 | 2014 年 | 2015 年 | 2016 年 |
|---|---|---|---|---|---|---|---|---|---|---|---|---|
| A | 农、林、牧、渔业 | 18 504 | 27 171 | 17 183 | 34 279 | 53 398 | 79 775 | 146 138 | 181 313 | 203 543 | 257 208 | 328 715 |
| B | 采矿业 | 853 951 | 406 277 | 582 351 | 1 334 309 | 571 486 | 1 444 595 | 1 354 380 | 2 480 779 | 1 654 939 | 1 125 261 | 193 020 |
| C | 制造业 | 90 661 | 212 650 | 176 603 | 224 097 | 466 417 | 704 118 | 866 741 | 719 715 | 958 360 | 1 998 629 | 2 904 872 |
| D | 电力、热力、燃气及水的生产和供应业 | 11 874 | 15 138 | 131 349 | 46 807 | 100 643 | 187 543 | 193 534 | 68 043 | 176 463 | 213 507 | 353 599 |
| E | 建筑业 | 3 323 | 32 943 | 73 299 | 36 022 | 162 826 | 164 817 | 324 536 | 436 430 | 339 600 | 373 501 | 439 248 |
| F | 批发和零售业 | 111 391 | 660 418 | 651 413 | 613 575 | 672 878 | 1 032 412 | 1 304 854 | 1 464 682 | 1 829 071 | 1 921 785 | 2 089 417 |
| G | 交通运输、仓储和邮政业 | 137 639 | 406 548 | 265 574 | 206 752 | 565 545 | 256 392 | 298 814 | 330 723 | 417 472 | 272 682 | 167 881 |
| H | 住宿和餐饮业 | 251 | 955 | 2 950 | 7 487 | 21 820 | 11 693 | 13 663 | 8 216 | 24 474 | 72 319 | 162 549 |
| I | 信息传输、软件和信息技术服务业 | 4 802 | 30 384 | 29 875 | 27 813 | 50 612 | 77 646 | 124 014 | 140 088 | 316 965 | 682 037 | 1 866 022 |
| J | 金融业 | 352 999 | 166 780 | 1 404 800 | 873 374 | 862 739 | 607 050 | 1 007 084 | 1 510 532 | 1 591 782 | 2 424 553 | 1 491 809 |
| K | 房地产业 | 38 376 | 90 852 | 33 901 | 93 814 | 161 308 | 197 442 | 201 813 | 395 251 | 660 457 | 778 656 | 1 524 674 |
| L | 租赁和商务服务业 | 452 166 | 560 734 | 2 171 723 | 2 047 378 | 3 028 070 | 2 559 726 | 2 674 080 | 2 705 617 | 3 683 060 | 3 625 788 | 6 578 157 |
| M | 科学研究和技术服务业 | 28 161 | 30 390 | 16 681 | 77 573 | 101 886 | 70 658 | 147 850 | 179 221 | 166 879 | 334 540 | 423 806 |
| N | 水利、环境和公共设施管理业 | 825 | 271 | 14 145 | 434 | 7 198 | 25 529 | 3 357 | 14 489 | 55 139 | 136 773 | 84 705 |
| O | 居民服务、修理和其他服务业 | 11 151 | 7 621 | 16 536 | 26 773 | 32 105 | 32 863 | 89 040 | 112 918 | 165 175 | 159 948 | 542 429 |
| P | 教育 | 228 | 892 | 154 | 245 | 200 | 2 008 | 10 283 | 3 566 | 1 355 | 6 229 | 28 452 |
| Q | 卫生和社会工作 | 18 | 75 | 0 | 191 | 3 352 | 639 | 538 | 1 703 | 15 338 | 8 387 | 48 719 |
| R | 文化、体育和娱乐业 | 76 | 510 | 2 180 | 1 976 | 18 648 | 10 498 | 19 634 | 31 085 | 51 915 | 174 751 | 386 869 |
| S | 公共管理、社会保障和社会组织 | — | — | — | — | — | — | — | — | — | 160 | — |
| | **合 计** | **2 116 396** | **2 650 609** | **5 590 717** | **5 652 899** | **6 881 131** | **7 465 404** | **8 780 353** | **10 784 371** | **12 311 986** | **14 566 715** | **19 614 943** |

## 中国对外直接投资存量行业分布情况表（2006—2016 年）

单位：万美元

| | 行业分类 | 2006 年 | 2007 年 | 2008 年 | 2009 年 | 2010 年 | 2011 年 | 2012 年 | 2013 年 | 2014 年 | 2015 年 | 2016 年 |
|---|---|---|---|---|---|---|---|---|---|---|---|---|
| A | 农、林、牧、渔业 | 81 670 | 120 605 | 146 762 | 202 844 | 261 208 | 341 664 | 496 443 | 717 912 | 969 179 | 1 147 580 | 1 488 502 |
| B | 采矿业 | 1 790 162 | 1 501 381 | 2 286 840 | 4 057 969 | 4 466 064 | 6 699 537 | 7 478 420 | 10 617 092 | 12 372 524 | 14 238 131 | 15 236 959 |
| C | 制造业 | 752 962 | 954 425 | 966 188 | 1 359 155 | 1 780 166 | 2 696 443 | 3 414 007 | 4 197 684 | 5 235 194 | 7 852 826 | 10 811 271 |
| D | 电力、热力、燃气及水的生产和供应业 | 44 554 | 59 539 | 184 676 | 225 561 | 341 068 | 714 056 | 899 210 | 1 119 660 | 1 504 089 | 1 566 310 | 2 282 141 |
| E | 建筑业 | 157 032 | 163 434 | 268 070 | 341 322 | 617 328 | 805 110 | 1 285 604 | 1 944 574 | 2 258 325 | 2 712 412 | 3 241 975 |
| F | 批发和零售业* | 1 295 520 | 2 023 288 | 2 985 866 | 3 569 499 | 4 200 645 | 4 909 363 | 6 821 188 | 8 764 768 | 10 295 680 | 12 194 086 | 16 916 820 |
| G | 交通运输、仓储和邮政业 | 756 819 | 1 205 904 | 1 452 002 | 1 663 133 | 2 318 780 | 2 526 131 | 2 922 653 | 3 222 778 | 3 468 163 | 3 990 552 | 4 142 202 |
| H | 住宿和餐饮业 | 6 118 | 12 067 | 13 669 | 24 329 | 44 986 | 60 386 | 76 327 | 94 743 | 130 704 | 223 334 | 419 407 |
| I | 信息传输、软件和信息技术服务业* | 144 988 | 190 089 | 166 696 | 196 724 | 840 624 | 955 324 | 481 971 | 738 440 | 1 232 599 | 2 092 752 | 6 480 151 |
| J | 金融业 | 1 560 537 | 1 671 991 | 3 669 388 | 4 599 403 | 5 525 321 | 6 739 329 | 9 645 337 | 11 707 983 | 13 762 485 | 15 966 010 | 17 734 245 |
| K | 房地产业* | 201 858 | 451 386 | 409 814 | 534 343 | 726 642 | 898 616 | 958 141 | 1 542 126 | 2 464 903 | 3 349 305 | 4 610 471 |
| L | 租赁和商务服务业 | 1 946 360 | 3 051 503 | 5 458 303 | 7 294 900 | 9 724 605 | 14 229 002 | 17 569 795 | 19 573 354 | 32 244 392 | 40 956 771 | 47 399 432 |
| M | 科学研究和技术服务业 | 112 129 | 152 103 | 198 189 | 287 413 | 396 712 | 438 838 | 679 276 | 866 973 | 1 087 324 | 1 443 083 | 1 972 019 |
| N | 水利、环境和公共设施管理业 | 91 839 | 92 121 | 106 289 | 106 508 | 113 343 | 240 196 | 7 056 | 34 242 | 133 365 | 254 191 | 357 469 |
| O | 居民服务、修理和其他服务业* | 117 420 | 129 885 | 71 468 | 96 137 | 322 974 | 161 558 | 358 124 | 768 855 | 904 271 | 1 427 660 | 1 690 188 |
| P | 教育 | 228 | 1 740 | 1 749 | 2 123 | 2 394 | 6 657 | 16 479 | 20 105 | 18 464 | 28 662 | 72 372 |
| Q | 卫生和社会工作 | 281 | 369 | 369 | 610 | 3 616 | 1 715 | 4 676 | 6 484 | 23 060 | 17 536 | 92 137 |
| R | 文化、体育和娱乐业 | 2 614 | 9 220 | 10 733 | 13 565 | 34 583 | 54 142 | 79 351 | 110 067 | 159 522 | 325 098 | 791 284 |
| S | 公共管理、社会保障和社会组织 | — | — | — | — | — | — | — | — | — | 160 | 0 |
| | **合 计** | **9 063 091** | **11 791 050** | **18 397 071** | **24 575 538** | **31 721 059** | **42 478 067** | **53 194 058** | **66 047 840** | **88 264 242** | **109 786 459** | **135 739 045** |

**注：**带*行数据表示 2016 年末存量中包含对以往历史数据进行调整。

## 中国各省市自治区非金融类对外直接投资流量情况表（2006—2016年）

单位：万美元

| 省、市、自治区 | 2006年 | 2007年 | 2008年 | 2009年 | 2010年 | 2011年 | 2012年 | 2013年 | 2014年 | 2015年 | 2016年 |
|---|---|---|---|---|---|---|---|---|---|---|---|
| **一、中央合计** | **1 523 692** | **1 958 488** | **3 598 284** | **3 819 275** | **4 243 698** | **4 502 314** | **4 352 693** | **5 632 449** | **5 247 617** | **2 781 752** | **3 071 936** |
| **二、地方合计** | **239 705** | **525 341** | **587 633** | **960 250** | **1 774 542** | **2 356 036** | **3 420 576** | **3 641 489** | **5 472 587** | **9 360 410** | **15 051 198** |
| 北京市 | 5 612 | 15 295 | 47 299 | 45 185 | 76 614 | 117 503 | 168 855 | 413 010 | 727 353 | 1 228 033 | 1 557 362 |
| 天津市 | 2 808 | 7 993 | 8 200 | 20 992 | 34 132 | 40 706 | 67 495 | 112 020 | 414 637 | 252 654 | 1 794 146 |
| 河北省 | 4 880 | 5 394 | 5 363 | 21 993 | 53 237 | 46 363 | 57 809 | 92 757 | 121 865 | 94 030 | 301 285 |
| 山西省 | 1 849 | 8 347 | 2 702 | 33 295 | 7 926 | 18 319 | 30 966 | 56 483 | 30 491 | 18 611 | 56 957 |
| 内蒙古自治区 | 2 522 | 4 235 | 6 190 | 15 547 | 8 042 | 12 825 | 51 845 | 40 880 | 110 969 | 40 447 | 175 210 |
| 辽宁省 | 9 701 | 12 833 | 10 600 | 75 786 | 193 566 | 114 384 | 276 260 | 129 499 | 147 902 | 212 204 | 186 291 |
| 其中：大连市 | 6 748 | 6 542 | 4 427 | 46 384 | 163 229 | 74 591 | 203 087 | 104 450 | 57 481 | 134 920 | 105 469 |
| 吉林省 | 2 948 | 8 322 | 10 673 | 29 814 | 21 340 | 20 493 | 29 641 | 75 240 | 33 310 | 65 823 | 20 525 |
| 黑龙江省 | 21 796 | 17 851 | 22 797 | 12 131 | 23 780 | 23 834 | 72 405 | 77 338 | 65 531 | 42 388 | 118 259 |
| 上海市 | 44 863 | 52 266 | 33 714 | 120 869 | 158 468 | 183 802 | 331 618 | 267 524 | 499 225 | 2 318 288 | 2 396 772 |
| 江苏省 | 12 403 | 51 899 | 49 384 | 85 061 | 137 119 | 225 383 | 313 050 | 302 001 | 406 983 | 725 000 | 1 220 196 |
| 浙江省 | 21 528 | 40 346 | 38 768 | 70 226 | 267 915 | 185 287 | 236 023 | 255 276 | 386 170 | 710 816 | 1 231 398 |
| 其中：宁波市 | 3 674 | 5 253 | 22 515 | 21 097 | 39 460 | 75 573 | 63 839 | 84 468 | 103 663 | 251 456 | 569 627 |
| 安徽省 | 3 412 | 5 079 | 6 051 | 5 782 | 81 365 | 53 089 | 71 043 | 91 055 | 38 029 | 206 747 | 103 181 |
| 福建省 | 9 584 | 36 847 | 16 169 | 36 582 | 53 495 | 53 028 | 85 705 | 95 249 | 105 064 | 275 743 | 411 919 |
| 其中：厦门市 | 90 | 19 099 | 4 159 | 12 389 | 22 881 | 15 276 | 23 400 | 26 463 | 26 523 | 99 523 | 186 768 |
| 江西省 | 48 | 1 536 | 2 587 | 2 265 | 9 470 | 18 833 | 37 316 | 38 091 | 73 853 | 100 457 | 96 962 |
| 山东省 | 12 666 | 18 928 | 47 478 | 70 441 | 189 001 | 247 339 | 345 621 | 426 472 | 391 590 | 710 983 | 1 302 379 |
| 其中：青岛市 | 2 237 | 4 898 | 1 547 | 10 472 | 46 197 | 23 466 | 91 985 | 102 267 | 121 749 | 127 774 | 524 943 |
| 河南省 | 763 | 7 036 | 13 128 | 12 075 | 11 864 | 28 251 | 34 117 | 58 971 | 54 692 | 131 284 | 412 543 |
| 湖北省 | 286 | 903 | 350 | 4 116 | 8 061 | 70 903 | 49 687 | 52 011 | 67 161 | 63 596 | 131 896 |
| 湖南省 | 5 921 | 14 088 | 25 446 | 100 568 | 27 477 | 117 628 | 99 499 | 56 970 | 78 449 | 112 370 | 209 601 |
| 广东省 | 62 997 | 114 101 | 124 251 | 92 298 | 159 977 | 363 350 | 528 821 | 594 288 | 1 089 671 | 1 226 250 | 2 296 230 |
| 其中：深圳市 | 45 288 | 92 433 | 76 375 | 41 447 | 60 878 | 113 306 | 336 833 | 300 814 | 598 933 | 645 920 | 1 168 393 |
| 广西壮族自治区 | 390 | 2 620 | 3 844 | 8 169 | 18 682 | 16 714 | 27 240 | 8 134 | 22 864 | 45 091 | 143 087 |
| 海南省 | 343 | 122 | 82 | 6 072 | 22 179 | 121 999 | 32 012 | 81 731 | 88 708 | 120 119 | 47 966 |
| 重庆市 | 1 691 | 8 713 | 10 448 | 4 747 | 36 109 | 40 125 | 52 960 | 34 655 | 76 676 | 149 638 | 181 496 |
| 四川省 | 2 831 | 29 120 | 8 107 | 10 740 | 69 097 | 56 341 | 59 509 | 58 447 | 138 223 | 118 730 | 141 201 |
| 贵州省 | — | 51 | 25 | 522 | 289 | 2 033 | 2 025 | 20 815 | 8 764 | 6 539 | 7 467 |
| 云南省 | 2 907 | 13 641 | 28 467 | 27 008 | 51 339 | 24 845 | 104 046 | 83 036 | 126 195 | 94 648 | 156 211 |
| 西藏自治区 | — | — | — | — | 29 | 216 | 2 | 22 | 385 | 29 681 | 2 314 |
| 陕西省 | 115 | 2 058 | 14 063 | 22 462 | 26 055 | 44 816 | 60 784 | 30 789 | 41 411 | 62 408 | 79 687 |
| 甘肃省 | 2 087 | 15 364 | 35 808 | 1 852 | 10 176 | 64 917 | 138 209 | 43 182 | 27 321 | 12 293 | 77 049 |
| 青海省 | 80 | 110 | 202 | 209 | 138 | 173 | 1 280 | 3 596 | 1 601 | 7 826 | 8 164 |
| 宁夏回族自治区 | 1 818 | 569 | 502 | 1 509 | 711 | 1 295 | 6 421 | 8 626 | 33 883 | 108 959 | 57 750 |
| 新疆维吾尔自治区 | 172 | 8 535 | 6 934 | 18 057 | 4 776 | 31 474 | 43 123 | 31 579 | 54 832 | 61 077 | 117 150 |
| 新疆生产建设兵团 | 684 | 21 139 | 7 999 | 3 877 | 12 111 | 9 768 | 5 189 | 1 742 | 8 780 | 7 679 | 8 544 |
| **合 计** | **1 763 397** | **2 483 829** | **4 185 917** | **4 779 525** | **6 018 240** | **6 858 350** | **7 773 269** | **9 273 938** | **10 720 204** | **12 142 162** | **18 123 134** |

## 中国各省市自治区非金融类对外直接投资存量情况表（2006—2016 年）

单位：万美元

| 省、市、自治区 | 2006 年 | 2007 年 | 2008 年 | 2009 年 | 2010 年 | 2011 年 | 2012 年 | 2013 年 | 2014 年 | 2015 年 | 2016 年 |
|---|---|---|---|---|---|---|---|---|---|---|---|
| **一、中央合计** | **6 162 823** | **7 944 376** | **11 974 085** | **16 014 326** | **20 178 790** | **27 246 046** | **31 142 414** | **37 850 016** | **50 958 051** | **59 372 681** | **65 599 697** |
| **二、地方合计** | **1 339 732** | **2 174 684** | **2 753 598** | **3 961 809** | **6 016 948** | **8 492 697** | **12 406 307** | **16 490 005** | **23 543 706** | **34 447 768** | **52 405 103** |
| 北京市 | 91 873 | 159 195 | 251 019 | 375 865 | 480 882 | 603 380 | 757 792 | 1 276 456 | 2 848 870 | 3 879 895 | 5 438 141 |
| 天津市 | 15 900 | 25 200 | 32 161 | 58 116 | 96 729 | 138 678 | 211 513 | 359 331 | 923 379 | 1 094 193 | 2 622 543 |
| 河北省 | 32 770 | 38 248 | 52 415 | 88 692 | 137 724 | 195 470 | 238 710 | 349 045 | 453 094 | 572 481 | 862 739 |
| 山西省 | 18 702 | 27 200 | 18 159 | 53 339 | 63 654 | 83 021 | 106 047 | 153 865 | 170 579 | 211 051 | 316 180 |
| 内蒙古自治区 | 8 875 | 13 984 | 20 405 | 40 100 | 47 055 | 56 517 | 122 260 | 167 880 | 239 148 | 313 155 | 496 332 |
| 辽宁省 | 27 970 | 44 395 | 60 554 | 149 230 | 340 696 | 435 698 | 695 281 | 773 117 | 925 619 | 1 131 945 | 1 321 896 |
| 其中：大连市 | 16 344 | 25 539 | 34 888 | 83 094 | 247 520 | 296 903 | 480 316 | 529 818 | 589 730 | 709 425 | 813 447 |
| 吉林省 | 10 784 | 21 554 | 37 929 | 70 767 | 89 958 | 111 548 | 145 396 | 213 924 | 243 138 | 313 412 | 338 712 |
| 黑龙江省 | 60 171 | 71 144 | 99 353 | 106 235 | 128 044 | 172 792 | 252 993 | 335 010 | 402 167 | 421 397 | 574 078 |
| 上海市 | 261 273 | 302 538 | 218 611 | 358 937 | 609 433 | 637 473 | 1 395 106 | 1 784 361 | 2 548 479 | 5 836 165 | 8 405 445 |
| 江苏省 | 58 871 | 116 499 | 172 677 | 249 872 | 388 814 | 570 194 | 783 185 | 1 116 311 | 1 560 997 | 2 261 424 | 3 494 674 |
| 浙江省 | 70 268 | 116 259 | 154 716 | 295 923 | 584 528 | 718 913 | 854 864 | 1 098 848 | 1 537 359 | 2 236 478 | 3 268 220 |
| 其中：宁波市 | 14 834 | 23 510 | 46 039 | 65 048 | 106 430 | 187 524 | 212 067 | 323 064 | 451 785 | 674 225 | 1 177 975 |
| 安徽省 | 10 062 | 15 351 | 20 379 | 27 594 | 110 842 | 165 408 | 237 120 | 379 559 | 426 945 | 626 696 | 581 850 |
| 福建省 | 52 371 | 91 608 | 113 231 | 158 800 | 196 773 | 244 754 | 323 701 | 396 778 | 487 290 | 820 253 | 1 113 362 |
| 其中：厦门市 | 5 417 | 21 242 | 31 666 | 38 813 | 60 443 | 80 557 | 99 578 | 109 623 | 133 149 | 243 270 | 424 477 |
| 江西省 | 2 022 | 5 478 | 9 126 | 12 905 | 22 136 | 39 751 | 78 934 | 119 180 | 201 352 | 259 524 | 356 964 |
| 山东省 | 110 340 | 161 360 | 208 025 | 262 255 | 495 823 | 862 620 | 1 197 009 | 1 604 738 | 1 970 097 | 2 730 544 | 4 119 316 |
| 其中：青岛市 | 39 067 | 69 325 | 59 636 | 46 487 | 123 774 | 149 036 | 245 339 | 322 806 | 447 530 | 585 277 | 1 169 864 |
| 河南省 | 8 666 | 21 703 | 33 001 | 57 655 | 70 689 | 97 460 | 144 188 | 195 352 | 249 444 | 399 496 | 869 289 |
| 湖北省 | 4 031 | 4 972 | 5 600 | 9 992 | 17 794 | 88 351 | 137 579 | 173 318 | 228 305 | 286 068 | 418 263 |
| 湖南省 | 10 329 | 29 344 | 67 427 | 204 782 | 271 626 | 329 577 | 413 331 | 454 724 | 551 500 | 810 442 | 1 017 435 |
| 广东省 | 417 318 | 724 311 | 868 514 | 954 523 | 1 162 951 | 1 798 111 | 2 517 617 | 3 423 375 | 4 947 939 | 6 865 495 | 12 504 278 |
| 其中：深圳市 | 212 350 | 400 271 | 480 619 | 473 986 | 615 287 | 832 918 | 1 320 198 | 1 856 799 | 2 966 948 | 3 868 694 | 8 525 620 |
| 广西壮族自治区 | 4 434 | 9 629 | 13 780 | 30 111 | 52 505 | 68 701 | 86 688 | 106 168 | 147 792 | 184 597 | 343 295 |
| 海南省 | 1 383 | 4 342 | 4 423 | 11 260 | 33 566 | 165 262 | 332 820 | 343 423 | 375 642 | 489 395 | 500 865 |
| 重庆市 | 7 419 | 16 071 | 27 674 | 30 323 | 65 565 | 110 572 | 170 951 | 193 959 | 265 660 | 390 825 | 636 560 |
| 四川省 | 14 339 | 44 322 | 39 758 | 53 524 | 125 352 | 192 478 | 224 573 | 265 593 | 352 409 | 465 901 | 584 727 |
| 贵州省 | 194 | 445 | 1 866 | 2 229 | 2 035 | 4 952 | 8 746 | 32 708 | 34 178 | 42 894 | 48 017 |
| 云南省 | 10 329 | 26 113 | 56 996 | 94 784 | 155 504 | 182 914 | 295 805 | 386 567 | 514 204 | 602 619 | 681 510 |
| 西藏自治区 | 160 | 100 | 152 | 152 | 180 | 377 | 1 033 | 1 227 | 1 610 | 31 441 | 7 975 |
| 陕西省 | 2 864 | 5 667 | 19 299 | 41 518 | 69 786 | 113 806 | 179 387 | 200 287 | 246 511 | 285 525 | 361 166 |
| 甘肃省 | 8 175 | 24 550 | 59 291 | 61 085 | 71 158 | 133 950 | 268 562 | 315 985 | 320 403 | 321 156 | 407 739 |
| 青海省 | 283 | 340 | 492 | 751 | 890 | 1 304 | 3 149 | 9 062 | 10 132 | 22 292 | 27 027 |
| 宁夏回族自治区 | 2 934 | 2 645 | 3 729 | 3 979 | 4 672 | 5 956 | 11 934 | 19 624 | 49 733 | 160 026 | 247 420 |
| 新疆维吾尔自治区 | 8 994 | 14 212 | 38 419 | 51 601 | 68 983 | 103 390 | 145 444 | 174 951 | 234 030 | 296 592 | 400 533 |
| 新疆生产建设兵团 | 5 628 | 35 905 | 44 416 | 44 910 | 50 598 | 59 319 | 64 589 | 65 279 | 75 701 | 84 391 | 38 552 |
| **合　计** | **7 502 555** | **10 119 060** | **14 727 683** | **19 976 135** | **26 195 738** | **35 738 743** | **43 548 721** | **54 340 021** | **74 501 757** | **93 820 449** | **118 004 800** |

## 2016年中国对外承包工程业务新签合同额前100家企业

单位：万美元

| 序号 | 企业名称 | 新签合同额 | 序号 | 企业名称 | 新签合同额 |
|---|---|---|---|---|---|
| 1 | 中国建筑工程总公司 | 1 682 546 | 51 | 惠生工程（中国）有限公司 | 92 800 |
| 2 | 华为技术有限公司 | 1 671 344 | 52 | 中国有色金属建设股份有限公司 | 92 253 |
| 3 | 中国水电建设集团国际工程有限公司 | 1 210 099 | 53 | 浙江省建设投资集团股份有限公司 | 92 096 |
| 4 | 中国冶金科工集团有限公司 | 1 171 998 | 54 | 中国能源建设集团浙江火电建设有限公司 | 83 131 |
| 5 | 中国葛洲坝集团股份有限公司 | 1 118 761 | 55 | 中国石油集团渤海钻探工程有限公司 | 79 554 |
| 6 | 中国港湾工程有限责任公司 | 1 103 189 | 56 | 华西能源工业股份有限公司 | 76 420 |
| 7 | 中国交通建设股份有限公司 | 942 022 | 57 | 山东高速尼罗投资发展有限公司 | 75 000 |
| 8 | 中国路桥工程有限责任公司 | 799 600 | 58 | 中铁四局集团有限公司 | 74 007 |
| 9 | 中国土木工程集团有限公司 | 705 029 | 59 | 中国电建集团华东勘测设计研究院有限公司 | 72 589 |
| 10 | 中国寰球工程有限公司 | 508 939 | 60 | 中国能源建设集团东北电力第一工程有限公司 | 71 743 |
| 11 | 中国机械设备工程股份有限公司 | 314 350 | 61 | 中铁七局集团有限公司 | 70 267 |
| 12 | 山东电力建设第三工程公司 | 310 365 | 62 | 中国电建集团成都勘测设计研究院有限公司 | 69 948 |
| 13 | 中国铁建股份有限公司 | 280 621 | 63 | 中国地质工程集团公司 | 67 989 |
| 14 | 中国水电工程顾问集团有限公司 | 275 550 | 64 | 中国能源建设集团广东省电力设计研究院有限公司 | 66 776 |
| 15 | 上海电气集团股份有限公司 | 263 616 | 65 | 江西中煤建设集团有限公司 | 66 719 |
| 16 | 中石化炼化工程（集团）股份有限公司 | 262 984 | 66 | 郑州华路兴公路科技有限公司 | 65 628 |
| 17 | 中铁二局集团有限公司 | 246 988 | 67 | 中铁一局集团有限公司 | 63 479 |
| 18 | 哈尔滨电气国际工程有限责任公司 | 235 000 | 68 | 中国核工业建设集团公司 | 62 573 |
| 19 | 中铁国际集团有限公司 | 206 726 | 69 | 中国中材国际工程股份有限公司 | 61 016 |
| 20 | 中国石油集团长城钻探工程有限公司 | 203 907 | 70 | 中国电建集团中南勘测设计研究院有限公司 | 60 868 |
| 21 | 中国石油天然气管道局 | 200 391 | 71 | 中铁五局集团有限公司 | 57 917 |
| 22 | 中国石油工程建设有限公司 | 197 292 | 72 | 中国能源建设集团天津电力建设有限公司 | 57 217 |
| 23 | 中国石化集团国际石油工程有限公司 | 189 000 | 73 | 上海贝尔股份有限公司 | 56 119 |
| 24 | 中国水利电力对外公司 | 182 047 | 74 | 中铁八局集团有限公司 | 50 846 |
| 25 | 中工国际工程股份有限公司 | 170 549 | 75 | 中国石油集团东方地球物理勘探有限责任公司 | 50 322 |
| 26 | 中兴通讯股份有限公司 | 170 383 | 76 | 中国建材国际工程集团有限公司 | 49 592 |
| 27 | 中国电力技术装备有限公司 | 168 148 | 77 | 中铁大桥局集团有限公司 | 48 663 |
| 28 | 中信建设有限责任公司 | 157 399 | 78 | 北京城建集团有限责任公司 | 48 060 |
| 29 | 中国机械进出口（集团）有限公司 | 153 643 | 79 | 云南能投对外能源开发有限公司 | 47 650 |
| 30 | 中国电建集团核电工程公司 | 153 152 | 80 | 湖南省建筑工程集团总公司 | 46 420 |
| 31 | 北方国际合作股份有限公司 | 150 239 | 81 | 中国江苏国际经济技术合作集团有限公司 | 45 265 |
| 32 | 中国江西国际经济技术合作公司 | 148 612 | 82 | 蚌埠市国际经济技术合作有限公司 | 42 207 |
| 33 | 中国中铁股份有限公司 | 148 200 | 83 | 重庆信威通信技术有限责任公司 | 42 036 |
| 34 | 新疆正通石油天然气股份有限公司 | 146 782 | 84 | 大庆石油管理局 | 41 498 |
| 35 | 中国重型机械有限公司 | 128 499 | 85 | 上海电力建设有限责任公司 | 41 330 |
| 36 | 上海振华重工（集团）股份有限公司 | 128 499 | 86 | 中铁建工集团有限公司 | 40 928 |
| 37 | 中国能源建设集团广东火电工程有限公司 | 125 336 | 87 | 青建集团股份公司 | 40 672 |
| 38 | 中国化学工程第七建设有限公司 | 121 549 | 88 | 中国能源建设股份有限公司 | 40 477 |
| 39 | 中地海外集团有限公司 | 119 706 | 89 | 烟建集团有限公司 | 40 261 |
| 40 | 山东电力工程咨询院有限公司 | 114 406 | 90 | 新疆北新路桥集团股份有限公司 | 38 902 |
| 41 | 成都建筑材料工业设计研究院有限公司 | 109 347 | 91 | 沈阳远大铝业工程有限公司 | 38 805 |
| 42 | 北京建工国际建设工程有限责任公司 | 107 426 | 92 | 江苏永鼎泰富工程有限公司 | 38 480 |
| 43 | 中国电力工程顾问集团西南电力设计院有限公司 | 106 050 | 93 | 江苏苏美达成套设备工程有限公司 | 38 129 |
| 44 | 中钢设备有限公司 | 105 650 | 94 | 上海建工集团股份有限公司 | 37 689 |
| 45 | 中国河南国际合作集团有限公司 | 105 459 | 95 | 中国武夷实业股份有限公司 | 37 582 |
| 46 | 华山国际工程公司 | 104 196 | 96 | 中国甘肃国际经济技术合作总公司 | 37 037 |
| 47 | 中国电力工程有限公司 | 103 382 | 97 | 安徽省外经建设（集团）有限公司 | 36 746 |
| 48 | 神州长城国际工程有限公司 | 102 408 | 98 | 苏州中材建设有限公司 | 36 267 |
| 49 | 威海国际经济技术合作股份有限公司 | 101 647 | 99 | 安徽水安建设集团股份有限公司 | 36 251 |
| 50 | 中国电建集团昆明勘测设计研究院有限公司 | 101 015 | 100 | 中石化中原石油工程有限公司 | 34 826 |

**2016 年中国对外承包工程业务完成营业额前 100 家企业**

单位：万美元

| 序号 | 企业名称 | 完成营业额 | 序号 | 企业名称 | 完成营业额 |
|---|---|---|---|---|---|
| 1 | 华为技术有限公司 | 1 517 679 | 51 | 中国地质工程集团公司 | 51 325 |
| 2 | 中国建筑工程总公司 | 1 032 086 | 52 | 上海建工集团股份有限公司 | 51 269 |
| 3 | 中国交通建设股份有限公司 | 704 539 | 53 | 大庆石油管理局 | 50 844 |
| 4 | 中国水电建设集团国际工程有限公司 | 567 274 | 54 | 上海贝尔股份有限公司 | 50 377 |
| 5 | 中国路桥工程有限责任公司 | 398 976 | 55 | 江苏省建筑工程集团有限公司 | 49 508 |
| 6 | 中国港湾工程有限责任公司 | 395 505 | 56 | 中国水利水电第十工程局有限公司 | 49 044 |
| 7 | 中国铁建股份有限公司 | 277 925 | 57 | 中国石油集团渤海钻探工程有限公司 | 48 656 |
| 8 | 中石化炼化工程（集团）股份有限公司 | 266 640 | 58 | 中钢设备有限公司 | 47 457 |
| 9 | 中国葛洲坝集团股份有限公司 | 263 606 | 59 | 中国水利水电第七工程局有限公司 | 46 932 |
| 10 | 中国冶金科工集团有限公司 | 254 723 | 60 | 中国寰球工程有限公司 | 46 190 |
| 11 | 上海振华重工（集团）股份有限公司 | 220 090 | 61 | 河北建设勘察研究院有限公司 | 45 688 |
| 12 | 中信建设有限责任公司 | 195 118 | 62 | 中铁七局集团有限公司 | 45 132 |
| 13 | 中国天辰工程有限公司 | 187 067 | 63 | 中石化南京工程有限公司 | 45 068 |
| 14 | 中国土木工程集团有限公司 | 171 788 | 64 | 中国山东对外经济技术合作集团有限公司 | 44 048 |
| 15 | 青建集团股份公司 | 164 035 | 65 | 云南能投对外能源开发有限公司 | 43 736 |
| 16 | 哈尔滨电气国际工程有限责任公司 | 149 295 | 66 | 江苏南通三建集团股份有限公司 | 42 878 |
| 17 | 中国机械设备工程股份有限公司 | 143 867 | 67 | 中铁建工集团有限公司 | 42 827 |
| 18 | 山东电力基本建设总公司 | 138 552 | 68 | 烟建集团有限公司 | 42 395 |
| 19 | 中国石油工程建设有限公司 | 130 912 | 69 | 重庆信威通信技术有限责任公司 | 41 356 |
| 20 | 山东电力建设第三工程公司 | 118 702 | 70 | 上海电气集团股份有限公司 | 41 162 |
| 21 | 中国石油集团长城钻探工程有限公司 | 104 950 | 71 | 中国河南国际合作集团有限公司 | 40 484 |
| 22 | 中国水利水电第十三工程局有限公司 | 101 656 | 72 | 中铁四局集团有限公司 | 39 620 |
| 23 | 中工国际工程股份有限公司 | 100 284 | 73 | 海洋石油工程股份有限公司 | 38 291 |
| 24 | 中国水利水电第八工程局有限公司 | 95 222 | 74 | 中国十五冶金建设集团有限公司 | 37 575 |
| 25 | 中国水利电力对外公司 | 93 534 | 75 | 中国核工业建设集团公司 | 37 361 |
| 26 | 特变电工股份有限公司 | 88 941 | 76 | 中国机械进出口（集团）有限公司 | 37 308 |
| 27 | 中国水利水电第十四工程局有限公司 | 88 890 | 77 | 中国能源建设集团广东省电力设计研究院有限公司 | 36 405 |
| 28 | 中国石油天然气管道局 | 87 285 | 78 | 中国水利水电第十六工程局有限公司 | 36 279 |
| 29 | 中国江西国际经济技术合作公司 | 83 032 | 79 | 中铁大桥局集团有限公司 | 36 241 |
| 30 | 中铁国际集团有限公司 | 81 329 | 80 | 沈阳远大铝业工程有限公司 | 36 026 |
| 31 | 威海国际经济技术合作股份有限公司 | 81 216 | 81 | 中国石化工程建设有限公司 | 35 672 |
| 32 | 国家电网公司 | 81 094 | 82 | 云南省建设投资控股集团有限公司 | 34 441 |
| 33 | 浙江省建设投资集团股份有限公司 | 79 963 | 83 | 中国水利水电第五工程局有限公司 | 34 390 |
| 34 | 中国中原对外工程有限公司 | 79 734 | 84 | 中材建设有限公司 | 34 343 |
| 35 | 中国电建集团核电工程公司 | 78 994 | 85 | 中国江苏国际经济技术合作集团有限公司 | 33 918 |
| 36 | 中国电力技术装备有限公司 | 76 084 | 86 | 中国电建集团中南勘测设计研究院有限公司 | 33 794 |
| 37 | 中地海外集团有限公司 | 74 284 | 87 | 上海隧道工程股份有限公司 | 33 612 |
| 38 | 北方国际合作股份有限公司 | 74 095 | 88 | 中铁五局集团有限公司 | 33 543 |
| 39 | 江西中煤建设集团有限公司 | 72 117 | 89 | 中国化学工程第七建设有限公司 | 33 529 |
| 40 | 中国有色金属建设股份有限公司 | 69 464 | 90 | 中国武夷实业股份有限公司 | 33 110 |
| 41 | 中国中材国际工程股份有限公司 | 66 780 | 91 | 中国技术进出口总公司 | 33 096 |
| 42 | 中国石油集团东方地球物理勘探有限责任公司 | 64 903 | 92 | 安徽建工集团有限公司 | 32 975 |
| 43 | 安徽省外经建设（集团）有限公司 | 60 140 | 93 | 天津水泥工业设计研究院有限公司 | 32 942 |
| 44 | 中鼎国际工程有限责任公司 | 60 055 | 94 | 中国能源建设集团天津电力建设有限公司 | 32 725 |
| 45 | 中兴通讯股份有限公司 | 58 835 | 95 | 苏州中材建设有限公司 | 32 707 |
| 46 | 中国建筑第五工程局有限公司 | 58 198 | 96 | 中海油田服务股份有限公司 | 31 873 |
| 47 | 中国电力工程有限公司 | 55 758 | 97 | 浙江省东阳第三建筑工程有限公司 | 31 492 |
| 48 | 中国中铁股份有限公司 | 55 652 | 98 | 中国航空技术国际工程有限公司 | 31 067 |
| 49 | 新疆生产建设兵团建设工程（集团）有限责任公司 | 55 181 | 99 | 东方电气集团国际合作有限公司 | 30 736 |
| 50 | 中石化中原石油工程有限公司 | 53 594 | 100 | 中国水利水电第四工程局有限公司 | 30 556 |

## 2016 年中国对外承包工程和劳务合作业务分省市自治区统计表

单位：份、万美元、人

| 省、市、自治区 | 对外承包工程 | | | | | 对外劳务合作 | | | | 累计派出各类劳务人员数量 | 年末在外各类劳务人员数量 |
|---|---|---|---|---|---|---|---|---|---|---|---|
| | 新签合同份数 | 新签合同额 | 完成营业额 | 派出人数 | 年末在外人数 | 新签劳务人员合同工资总额 | 劳务人员实际收入总额 | 派出人数 | 年末在外人数 | | |
| **合　计** | **19 157** | **24 401 009** | **15 941 749** | **230 246** | **372 880** | **469 826** | **542 555** | **264 009** | **595 976** | **494 255** | **968 856** |
| 中央企业 | 2 146 | 11 919 683 | 5 889 992 | 58 215 | 102 511 | 39 015 | 33 045 | 13 198 | 30 247 | 71 413 | 132 758 |
| 北京市 | 229 | 514 151 | 249 642 | 2 121 | 13 176 | 1 519 | 10 531 | 5 777 | 7 260 | 7 898 | 20 436 |
| 天津市 | 78 | 264 840 | 629 220 | 10 698 | 13 307 | 1 774 | 11 585 | 5 892 | 5 507 | 16 590 | 18 814 |
| 河北省 | 130 | 467 386 | 257 649 | 4 936 | 6 277 | 1 656 | 1 596 | 1 287 | 3 159 | 6 223 | 9 436 |
| 山西省 | 20 | 22 266 | 68 641 | 2 441 | 7 575 | | | | 12 | 2 441 | 7 587 |
| 内蒙古自治区 | 4 | 1 704 | 300 | 22 | 163 | 3 184 | 2 607 | 1 230 | 1 251 | 1 252 | 1 414 |
| 辽宁省 | 165 | 235 243 | 178 127 | 2 018 | 6 605 | 27 367 | 21 157 | 16 066 | 38 335 | 18 084 | 44 940 |
| 其中：大连市 | 48 | 24 750 | 55 603 | 358 | 1 153 | 17 704 | 16 681 | 11 791 | 22 296 | 12 149 | 23 449 |
| 吉林省 | 20 | 37 200 | 38 257 | 620 | 2 708 | 31 110 | 19 511 | 4 902 | 27 533 | 5 522 | 30 241 |
| 黑龙江省 | 101 | 324 124 | 242 900 | 7 023 | 10 767 | 2 793 | 2 213 | 995 | 8 769 | 8 018 | 19 536 |
| 上海市 | 7 341 | 1 184 459 | 665 611 | 6 497 | 12 546 | 7 408 | 26 704 | 15 290 | 21 980 | 21 787 | 34 526 |
| 江苏省 | 1 543 | 728 708 | 911 122 | 12 615 | 32 403 | 45 319 | 69 633 | 23 072 | 55 371 | 35 687 | 87 774 |
| 浙江省 | 3 377 | 542 232 | 667 262 | 15 382 | 27 323 | 11 035 | 16 458 | 5 223 | 6 490 | 20 605 | 33 813 |
| 其中：宁波市 | 650 | 120 820 | 205 081 | 176 | 460 | 24 | 196 | 105 | 107 | 281 | 567 |
| 安徽省 | 63 | 307 609 | 309 408 | 6 579 | 11 220 | 7 149 | 9 063 | 3 465 | 7 977 | 10 044 | 19 197 |
| 福建省 | 36 | 58 143 | 95 014 | 4 874 | 3 967 | 85 110 | 70 457 | 47 299 | 56 392 | 52 173 | 60 359 |
| 其中：厦门市 | 4 | 1 544 | 4 698 | 7 | 146 | 11 888 | 23 679 | 13 246 | 14 585 | 13 253 | 14 731 |
| 江西省 | 198 | 289 082 | 394 256 | 2 131 | 6 859 | 4 242 | 5 784 | 390 | 5 011 | 2 521 | 11 870 |
| 山东省 | 306 | 1 266 500 | 1 093 045 | 24 730 | 30 546 | 88 979 | 102 382 | 43 943 | 89 109 | 68 673 | 119 655 |
| 其中：青岛市 | 55 | 372 492 | 364 214 | 4 424 | 5 909 | 15 535 | 29 418 | 13 304 | 17 490 | 17 728 | 23 399 |

**2016 年中国对外承包工程和劳务合作业务分省市自治区统计表（续）**

单位：份、万美元、人

| 省、市、自治区 | 对外承包工程 | | | | | 对外劳务合作 | | | | 累计派出各类劳务人员数量 | 年末在外各类劳务人员数量 |
|---|---|---|---|---|---|---|---|---|---|---|---|
| | 新签合同份数 | 新签合同额 | 完成营业额 | 派出人数 | 年末在外人数 | 新签劳务人员合同工资总额 | 劳务人员实际收入总额 | 派出人数 | 年末在外人数 | | |
| 河南省 | 151 | 364 720 | 257 122 | 15 182 | 18 151 | 5 015 | 8 076 | 7 786 | 81 404 | 22 968 | 99 555 |
| 湖北省 | 159 | 1 263 523 | 511 109 | 15 354 | 15 429 | 7 141 | 8 550 | 4 920 | 9 345 | 20 274 | 24 774 |
| 湖南省 | 65 | 224 244 | 256 535 | 4 632 | 6 827 | 23 437 | 17 600 | 10 430 | 37 262 | 15 062 | 44 089 |
| 广东省 | 1 503 | 2 198 726 | 1 816 382 | 2 087 | 4 350 | 65 540 | 89 185 | 46 056 | 80 468 | 48 143 | 84 818 |
| 其中：深圳市 | 919 | 1 899 293 | 1 597 955 | 1 006 | 813 | 616 | 4 461 | 1 918 | 1 304 | 2 924 | 2 117 |
| 广西壮族自治区 | 61 | 79 521 | 84 764 | 3 295 | 3 843 | 19 | 351 | 596 | 751 | 3 891 | 4 594 |
| 海南省 | | | | | | | | | | | |
| 重庆市 | 448 | 186 298 | 96 352 | 1 473 | 1 597 | 526 | 1 305 | 376 | 2 473 | 1 849 | 4 070 |
| 四川省 | 489 | 998 205 | 409 403 | 4 942 | 8 888 | 1 376 | 1 431 | 413 | 6 797 | 5 355 | 15 685 |
| 贵州省 | 55 | 59 614 | 68 133 | 2 831 | 2 068 | | 83 | 19 | 48 | 2 850 | 2 116 |
| 云南省 | 48 | 191 875 | 257 525 | 9 409 | 9 351 | 2 128 | 1 534 | 1 514 | 3 208 | 10 923 | 12 559 |
| 西藏自治区 | | | | | | | | | | | |
| 陕西省 | 209 | 353 156 | 242 935 | 5 327 | 7 890 | 4 655 | 8 447 | 1 421 | 4 930 | 6 748 | 12 820 |
| 甘肃省 | 91 | 47 215 | 26 370 | 878 | 1 080 | 1 830 | 2 259 | 2 152 | 4 042 | 3 030 | 5 122 |
| 青海省 | | 20 | 30 931 | 698 | 752 | 40 | 84 | 15 | 40 | 713 | 792 |
| 宁夏回族自治区 | 3 | 5 085 | 2 435 | 50 | 132 | 457 | 922 | 262 | 749 | 312 | 881 |
| 新疆维吾尔自治区 | 98 | 207 698 | 123 886 | 2 499 | 1 485 | | | | | 2 499 | 1 485 |
| 新疆生产建设兵团 | 20 | 57 779 | 66 921 | 687 | 3 084 | 2 | 2 | 20 | 56 | 707 | 3 140 |

## 2016年中国对外承包工程和劳务合作业务分国家（地区）统计表

单位：份、万美元、人

| 国别（地区） | 对外承包工程 | | | | | 对外劳务合作 | | | | 累计派出各类劳务人员数量 | 年末在外各类劳务人员数量 |
|---|---|---|---|---|---|---|---|---|---|---|---|
| | 新签合同份数 | 新签合同额 | 完成营业额 | 派出人数 | 年末在外人数 | 新签劳务人员合同工资总额 | 劳务人员实际收入总额 | 派出人数 | 年末在外人数 | | |
| **合　计** | **19 157** | **24 401 009** | **15 941 749** | **230 246** | **372 880** | **469 826** | **542 555** | **264 009** | **595 976** | **494 255** | **968 856** |
| **亚洲** | **7 668** | **12 266 711** | **7 685 147** | **140 888** | **173 780** | **413 062** | **438 135** | **207 978** | **469 996** | **348 866** | **643 776** |
| 阿富汗 | 14 | 2 721 | 4 058 | 36 | 17 | | | | | 36 | 17 |
| 阿拉伯联合酋长国 | 567 | 504 686 | 224 637 | 984 | 4 682 | 1 859 | 3 217 | 1 263 | 5 393 | 2 247 | 10 075 |
| 阿曼 | 19 | 81 895 | 80 646 | 156 | 585 | | | | 20 | 156 | 605 |
| 巴基斯坦 | 261 | 1 158 425 | 726 809 | 11 830 | 14 582 | 33 | 33 | 33 | 506 | 11 863 | 15 088 |
| 巴勒斯坦 | 9 | 52 | 74 | | | | | 1 | 1 | 1 | 1 |
| 巴林 | 2 | 1 553 | 814 | 174 | 137 | 7 | 1 | 2 | 2 | 176 | 139 |
| 朝鲜 | 1 | 8 | 292 | 28 | 80 | | | | | 28 | 80 |
| 东帝汶 | 6 | 29 475 | 23 805 | 711 | 908 | | | | | 711 | 908 |
| 菲律宾 | 280 | 298 259 | 166 180 | 1 437 | 1 582 | 299 | 289 | 80 | 207 | 1 517 | 1 789 |
| 哈萨克斯坦 | 151 | 341 080 | 275 779 | 9 550 | 7 271 | 202 | 359 | 611 | 961 | 10 161 | 8 232 |
| 韩国 | 223 | 77 482 | 33 612 | 206 | 92 | 7 001 | 6 329 | 3 209 | 11 029 | 3 415 | 11 121 |
| 吉尔吉斯斯坦 | 43 | 46 139 | 55 663 | 1 634 | 2 722 | 74 | 93 | 31 | 205 | 1 665 | 2 927 |
| 柬埔寨 | 443 | 213 348 | 165 598 | 2 715 | 4 732 | 689 | 1 939 | 1 156 | 2 012 | 3 871 | 6 744 |
| 卡塔尔 | 23 | 26 799 | 119 875 | 1 223 | 2 897 | 54 | 516 | 120 | 1 514 | 1 343 | 4 411 |
| 科威特 | 68 | 408 281 | 151 314 | 4 117 | 3 253 | 105 | 205 | 257 | 2 110 | 4 374 | 5 363 |
| 老挝 | 96 | 671 193 | 294 729 | 8 747 | 9 428 | 995 | 1 080 | 836 | 2 060 | 9 583 | 11 488 |
| 黎巴嫩 | 2 | 13 | 13 | | | | | | | | |
| 马尔代夫 | 12 | 85 097 | 24 705 | 240 | 342 | | | | | 240 | 342 |
| 马来西亚 | 666 | 1 123 745 | 474 809 | 9 294 | 12 312 | 9 864 | 7 158 | 3 589 | 6 885 | 12 883 | 19 197 |
| 蒙古 | 83 | 359 428 | 74 583 | 3 448 | 3 589 | 2 460 | 2 006 | 1 000 | 593 | 4 448 | 4 182 |
| 孟加拉国 | 114 | 747 852 | 191 623 | 2 669 | 4 936 | | 152 | 137 | 226 | 2 806 | 5 162 |
| 缅甸 | 157 | 280 751 | 191 713 | 3 639 | 3 362 | 863 | 804 | 765 | 1 271 | 4 404 | 4 633 |
| 尼泊尔 | 39 | 29 792 | 22 279 | 1 129 | 1 028 | 398 | 299 | | 366 | 1 129 | 1 394 |
| 日本 | 74 | 37 867 | 31 249 | 15 | 519 | 148 309 | 128 795 | 36 562 | 145 488 | 36 577 | 146 007 |
| 塞浦路斯 | | | 11 400 | | | 42 | 543 | 287 | 284 | 287 | 284 |

## 2016年中国对外承包工程和劳务合作业务分国家（地区）统计表（续）

单位：份、万美元、人

| 国别（地区） | 对外承包工程 | | | | | 对外劳务合作 | | | | 累计派出各类劳务人员数量 | 年末在外各类劳务人员数量 |
|---|---|---|---|---|---|---|---|---|---|---|---|
| | 新签合同份数 | 新签合同额 | 完成营业额 | 派出人数 | 年末在外人数 | 新签劳务人员合同工资总额 | 劳务人员实际收入总额 | 派出人数 | 年末在外人数 | | |
| 沙特阿拉伯 | 139 | 502 886 | 948 175 | 27 520 | 31 633 | 780 | 2 549 | 1 903 | 10 436 | 29 423 | 42 069 |
| 斯里兰卡 | 68 | 249 915 | 147 677 | 2 648 | 3 775 | 1 181 | 921 | 323 | 586 | 2 971 | 4 361 |
| 塔吉克斯坦 | 67 | 37 541 | 70 787 | 2 194 | 1 327 | 49 | 69 | 9 | 112 | 2 203 | 1 439 |
| 台湾省 | 91 | 4 265 | 11 935 | 15 | 23 | 6 237 | 10 000 | 8 134 | 6 462 | 8 149 | 6 485 |
| 泰国 | 388 | 384 303 | 293 579 | 1 810 | 2 567 | 71 | 574 | 675 | 694 | 2 485 | 3 261 |
| 土耳其 | 112 | 65 524 | 214 547 | 5 750 | 7 917 | 2 | 18 | 1 | 32 | 5 751 | 7 949 |
| 土库曼斯坦 | 27 | 45 012 | 31 916 | 611 | 498 | | | | | 611 | 498 |
| 文莱 | 65 | 3 717 | 54 793 | 303 | 400 | | | | | 303 | 400 |
| 乌兹别克斯坦 | 29 | 106 385 | 49 111 | 630 | 2 010 | | | | 30 | 630 | 2 040 |
| 新加坡 | 381 | 246 808 | 375 551 | 1 809 | 4 075 | 59 695 | 66 627 | 35 915 | 96 537 | 37 724 | 100 612 |
| 叙利亚 | | | 254 | | | | | | | | |
| 也门 | 7 | 2 319 | 1 591 | | 139 | | | | 7 | | 146 |
| 伊拉克 | 211 | 552 858 | 345 464 | 12 140 | 7 822 | 949 | 411 | 401 | 326 | 12 541 | 8 148 |
| 伊朗 | 162 | 861 800 | 224 689 | 1 006 | 1 899 | 1 | 5 | | 227 | 1 006 | 2 126 |
| 以色列 | 14 | 85 074 | 23 162 | 80 | 86 | 479 | 293 | 205 | 299 | 285 | 385 |
| 印度 | 1 154 | 223 727 | 182 435 | 706 | 1 289 | 12 | 9 | 7 | 139 | 713 | 1 428 |
| 印度尼西亚 | 856 | 1 072 546 | 408 870 | 11 252 | 15 433 | 1 006 | 479 | 394 | 1 002 | 11 646 | 16 435 |
| 约旦 | 5 | 933 | 3 813 | 160 | 199 | 2 | 137 | 15 | 246 | 175 | 445 |
| 越南 | 325 | 378 870 | 332 394 | 4 928 | 8 966 | 2 412 | 1 102 | 951 | 3 452 | 5 879 | 12 418 |
| 澳门 | 43 | 110 068 | 181 538 | 410 | 1 427 | 118 116 | 123 310 | 69 307 | 121 209 | 69 717 | 122 636 |
| 香港 | 171 | 792 647 | 423 313 | 230 | 759 | 48 815 | 77 812 | 39 798 | 47 066 | 40 028 | 47 825 |
| 亚洲其他国家（地区） | | 13 572 | 13 297 | 2 704 | 2 480 | 1 | | 1 | 1 | 2 705 | 2 481 |
| **非洲** | **3 969** | **7 952 015** | **5 146 029** | **71 548** | **165 080** | **33 368** | **44 722** | **20 111** | **67 438** | **91 659** | **232 518** |
| 阿尔及利亚 | 212 | 584 815 | 843 421 | 21 783 | 58 630 | 8 328 | 13 262 | 8 148 | 32 966 | 29 931 | 91 596 |
| 埃及 | 31 | 802 220 | 228 114 | 1 783 | 1 545 | 600 | 59 | 336 | 1 | 2 119 | 1 546 |
| 埃塞俄比亚 | 206 | 835 405 | 470 603 | 6 439 | 9 044 | 1 121 | 545 | 565 | 839 | 7 004 | 9 883 |
| 安哥拉 | 215 | 855 759 | 433 194 | 5 542 | 19 398 | 3 667 | 5 046 | 2 509 | 10 030 | 8 051 | 29 428 |

**2016年中国对外承包工程和劳务合作业务分国家（地区）统计表（续）**

单位：份、万美元、人

| 国别（地区） | 对外承包工程 | | | | | 对外劳务合作 | | | | 累计派出各类劳务人员数量 | 年末在外各类劳务人员数量 |
|---|---|---|---|---|---|---|---|---|---|---|---|
| | 新签合同份数 | 新签合同额 | 完成营业额 | 派出人数 | 年末在外人数 | 新签劳务人员合同工资总额 | 劳务人员实际收入总额 | 派出人数 | 年末在外人数 | | |
| 贝宁 | 8 | 1 763 | 9 291 | 143 | 221 | 44 | 7 | 14 | 159 | 157 | 380 |
| 博茨瓦纳 | 16 | 8 860 | 30 017 | 85 | 567 | | 84 | | 29 | 85 | 596 |
| 布基纳法索 | 1 | 12 | 77 | | | | | | | | |
| 布隆迪 | 2 | 1 082 | 6 297 | 82 | 400 | 408 | 298 | 3 | 268 | 85 | 668 |
| 赤道几内亚 | 86 | 169 220 | 118 268 | 2 050 | 4 332 | 1 266 | 1 797 | 832 | 1 376 | 2 882 | 5 708 |
| 多哥 | 10 | 13 477 | 14 424 | 342 | 399 | 44 | 185 | 238 | 255 | 580 | 654 |
| 厄立特里亚 | 16 | 1 553 | 10 191 | 258 | 497 | 9 | 32 | 5 | 125 | 263 | 622 |
| 佛得角 | 6 | 1 162 | 806 | 71 | 307 | | 262 | 3 | 114 | 74 | 421 |
| 冈比亚 | 4 | 161 | 519 | 54 | 68 | 1 | 24 | 45 | 48 | 99 | 116 |
| 刚果（布） | 50 | 357 227 | 216 928 | 2 392 | 4 921 | 3 233 | 1 804 | 964 | 1 372 | 3 356 | 6 293 |
| 刚果（金） | 129 | 94 614 | 117 896 | 1 546 | 3 935 | 805 | 187 | 236 | 1 176 | 1 782 | 5 111 |
| 吉布提 | 12 | 28 431 | 84 088 | 856 | 1 264 | 742 | 62 | 206 | 206 | 1 062 | 1 470 |
| 几内亚 | 35 | 183 716 | 38 617 | 1 957 | 2 074 | 672 | 545 | 10 | 467 | 1 967 | 2 541 |
| 几内亚（比绍） | 2 | 2 134 | 1 631 | 16 | 354 | | 2 | | 1 | 16 | 355 |
| 加纳 | 67 | 251 069 | 114 846 | 874 | 2 094 | 1 250 | 1 567 | 90 | 948 | 964 | 3 042 |
| 加蓬 | 21 | 163 757 | 69 496 | 1 042 | 2 421 | 13 | 13 | 161 | 265 | 1 203 | 2 686 |
| 津巴布韦 | 45 | 217 304 | 44 363 | 366 | 879 | 340 | 133 | 99 | 62 | 465 | 941 |
| 喀麦隆 | 398 | 130 896 | 151 751 | 2 798 | 3 671 | 40 | 4 | 21 | 104 | 2 819 | 3 775 |
| 科摩罗 | 10 | 2 511 | 1 757 | 79 | 303 | | | | | 79 | 303 |
| 科特迪瓦 | 18 | 150 528 | 63 977 | 230 | 583 | 39 | 33 | 8 | 108 | 238 | 691 |
| 肯尼亚 | 110 | 424 789 | 454 772 | 2 700 | 7 937 | 7 | 8 | 58 | 222 | 2 758 | 8 159 |
| 莱索托 | 5 | 2 340 | 7 579 | 162 | 275 | 198 | 114 | 63 | 625 | 225 | 900 |
| 利比里亚 | 63 | 58 148 | 24 981 | 546 | 813 | 2 370 | 2 907 | 1 544 | 2 350 | 2 090 | 3 163 |
| 利比亚 | 5 | 3 643 | 3 205 | 106 | 221 | 6 | 39 | 36 | 28 | 142 | 249 |
| 卢旺达 | 15 | 40 421 | 15 777 | 295 | 466 | 634 | 613 | 224 | 897 | 519 | 1 363 |
| 马达加斯加 | 18 | 7 373 | 5 935 | 21 | 108 | 18 | 20 | 14 | 394 | 35 | 502 |
| 马拉维 | 40 | 11 886 | 8 306 | 41 | 236 | 49 | 46 | 23 | 49 | 64 | 285 |

## 2016年中国对外承包工程和劳务合作业务分国家（地区）统计表（续）

单位：份、万美元、人

| 国别（地区） | 对外承包工程 | | | | | 对外劳务合作 | | | | 累计派出各类劳务人员数量 | 年末在外各类劳务人员数量 |
|---|---|---|---|---|---|---|---|---|---|---|---|
| | 新签合同份数 | 新签合同额 | 完成营业额 | 派出人数 | 年末在外人数 | 新签劳务人员合同工资总额 | 劳务人员实际收入总额 | 派出人数 | 年末在外人数 | | |
| 马里 | 18 | 33 291 | 29 981 | 315 | 658 | 18 | 5 | 11 | 201 | 326 | 859 |
| 毛里求斯 | 22 | 10 582 | 11 051 | 105 | 496 | 6 | 59 | | 687 | 105 | 1 183 |
| 毛里塔尼亚 | 9 | 12 335 | 14 098 | 229 | 763 | 1 007 | 1 033 | 373 | 721 | 602 | 1 484 |
| 摩洛哥 | 42 | 65 383 | 76 666 | 371 | 692 | | 140 | 29 | 172 | 400 | 864 |
| 莫桑比克 | 66 | 40 518 | 133 231 | 1 432 | 3 486 | 560 | 404 | 102 | 710 | 1 534 | 4 196 |
| 纳米比亚 | 47 | 53 721 | 69 823 | 277 | 1 037 | 2 | 23 | 33 | 167 | 310 | 1 204 |
| 南非 | 109 | 54 869 | 42 091 | 200 | 280 | | | | | 200 | 280 |
| 南苏丹 | 33 | 164 845 | 16 015 | 211 | 342 | 25 | 4 | 44 | 78 | 255 | 420 |
| 尼日尔 | 98 | 28 483 | 43 483 | 720 | 1 016 | 60 | 56 | 5 | 118 | 725 | 1 134 |
| 尼日利亚 | 166 | 598 971 | 261 276 | 1 866 | 6 037 | 2 260 | 1 626 | 1 263 | 2 882 | 3 129 | 8 919 |
| 塞拉利昂 | 24 | 34 894 | 12 683 | 354 | 766 | 298 | 904 | 478 | 610 | 832 | 1 376 |
| 塞内加尔 | 842 | 104 114 | 60 022 | 752 | 1 392 | 202 | 195 | 95 | 242 | 847 | 1 634 |
| 塞舌尔 | 5 | 863 | 2 500 | 82 | 228 | 221 | 194 | 39 | 73 | 121 | 301 |
| 圣多美和普林西比 | 4 | 253 | 244 | | 7 | | | | | | 7 |
| 斯威士兰 | 1 | 34 | 34 | | | | | | | | |
| 苏丹 | 230 | 170 250 | 146 050 | 1 637 | 4 825 | 1 161 | 8 959 | 569 | 1 377 | 2 206 | 6 202 |
| 索马里 | 3 | 2 800 | 3 003 | 30 | 30 | | | | | 30 | 30 |
| 坦桑尼亚 | 56 | 135 713 | 152 409 | 2 034 | 3 698 | 161 | 115 | 179 | 736 | 2 213 | 4 434 |
| 突尼斯 | 17 | 27 923 | 13 586 | 101 | 203 | 4 | 3 | | 2 | 101 | 205 |
| 乌干达 | 95 | 160 573 | 188 990 | 2 287 | 3 247 | 1 067 | 897 | 165 | 1 181 | 2 452 | 4 428 |
| 赞比亚 | 145 | 631 253 | 179 045 | 3 090 | 5 482 | 98 | 65 | 109 | 1 098 | 3 199 | 6 580 |
| 乍得 | 76 | 167 930 | 96 547 | 776 | 2 393 | 314 | 344 | 162 | 899 | 938 | 3 292 |
| 中非共和国 | 5 | 46 142 | 1 073 | 20 | 39 | | | | | 20 | 39 |
| 非洲其他国家（地区） | | | 1 000 | | | | | | | | |
| **欧洲** | **4 868** | **1 011 988** | **798 582** | **5 737** | **9 244** | **10 464** | **12 383** | **6 275** | **19 962** | **12 012** | **29 206** |
| 阿尔巴尼亚 | 8 | 915 | 896 | 135 | 76 | | | | | 135 | 76 |
| 阿塞拜疆 | 12 | 522 | 1 392 | | 114 | | | | | | 114 |

## 2016 年中国对外承包工程和劳务合作业务分国家（地区）统计表（续）

单位：份、万美元、人

| 国别（地区） | 对外承包工程 | | | | | 对外劳务合作 | | | | 累计派出各类劳务人员数量 | 年末在外各类劳务人员数量 |
|---|---|---|---|---|---|---|---|---|---|---|---|
| | 新签合同份数 | 新签合同额 | 完成营业额 | 派出人数 | 年末在外人数 | 新签劳务人员合同工资总额 | 劳务人员实际收入总额 | 派出人数 | 年末在外人数 | | |
| 爱沙尼亚 | 16 | 1 633 | 497 | 5 | | | | | | 5 | |
| 奥地利 | 14 | 6 344 | 4 469 | 46 | 36 | | | | | 46 | 36 |
| 白俄罗斯 | 45 | 50 774 | 109 905 | 2 048 | 2 716 | 6 | | 10 | 25 | 2 058 | 2 741 |
| 保加利亚 | 37 | 9 440 | 7 758 | 49 | 152 | | | | | 49 | 152 |
| 比利时 | 7 | 1 117 | 15 389 | | | | | | 2 | | 2 |
| 冰岛 | | | | | | 4 | | 1 | 1 | 1 | 1 |
| 波黑 | | | 1 724 | 12 | 60 | | | | | 12 | 60 |
| 波兰 | 19 | 6 228 | 5 814 | 27 | 100 | 5 | 19 | 3 | 23 | 30 | 123 |
| 丹麦 | | | 100 | | | 128 | 141 | 63 | 62 | 63 | 62 |
| 德国 | 86 | 63 535 | 59 559 | 115 | 115 | 5 407 | 7 167 | 1 752 | 5 090 | 1 867 | 5 205 |
| 俄罗斯联邦 | 255 | 265 909 | 148 599 | 1 688 | 3 624 | 1 438 | 1 414 | 1 040 | 10 916 | 2 728 | 14 540 |
| 法国 | 2 396 | 156 796 | 136 049 | 64 | 59 | 15 | 3 | 3 | 24 | 67 | 83 |
| 芬兰 | 1 | 357 | 357 | | | 75 | 18 | 16 | 18 | 16 | 18 |
| 格鲁吉亚 | 18 | 35 624 | 10 918 | 323 | 564 | | | | 550 | 323 | 1 114 |
| 荷兰 | 963 | 24 479 | 17 588 | 73 | 58 | 234 | 235 | 133 | 284 | 206 | 342 |
| 黑山 | 1 | 791 | 3 696 | 311 | 372 | | | | 100 | 311 | 472 |
| 捷克 | 16 | 9 162 | 5 698 | | | | | | | | |
| 克罗地亚 | 3 | 99 | 471 | 9 | | | 1 | | 2 | 9 | 2 |
| 拉脱维亚 | 3 | 1 002 | | | | | | | | | |
| 立陶宛 | 3 | 256 | 287 | | | 8 | 8 | 2 | 3 | 2 | 3 |
| 卢森堡 | 5 | 677 | 949 | 14 | 20 | | | | | 14 | 20 |
| 罗马尼亚 | 528 | 25 438 | 18 457 | | 54 | | | | | | 54 |
| 马耳他 | | | 31 | 1 | 11 | 828 | 673 | 564 | 580 | 565 | 591 |
| 马其顿共和国 | | | 20 958 | 220 | 497 | | | | | 220 | 497 |
| 摩纳哥 | 1 | 47 | 47 | | | 61 | 19 | 20 | 24 | 20 | 24 |
| 挪威 | 5 | 16 907 | 5 797 | | | 240 | 662 | 819 | 548 | 819 | 548 |
| 葡萄牙 | 13 | 7 463 | 5 645 | | | | 3 | 2 | 1 | 2 | 1 |

## 2016 年中国对外承包工程和劳务合作业务分国家（地区）统计表（续）

单位：份、万美元、人

| 国别（地区） | 对外承包工程 | | | | | 对外劳务合作 | | | | 累计派出各类劳务人员数量 | 年末在外各类劳务人员数量 |
|---|---|---|---|---|---|---|---|---|---|---|---|
| | 新签合同份数 | 新签合同额 | 完成营业额 | 派出人数 | 年末在外人数 | 新签劳务人员合同工资总额 | 劳务人员实际收入总额 | 派出人数 | 年末在外人数 | | |
| 瑞典 | 13 | 8 789 | 10 528 | | 4 | 104 | 86 | 22 | 50 | 22 | 54 |
| 瑞士 | 3 | 318 | 255 | 16 | 14 | | 29 | 49 | 49 | 65 | 63 |
| 塞尔维亚 | 41 | 57 624 | 17 889 | 247 | 254 | | | | 12 | 247 | 266 |
| 斯洛文尼亚 | 9 | 174 | 688 | 28 | 35 | | | | | 28 | 35 |
| 乌克兰 | 32 | 53 133 | 28 915 | 20 | 34 | | | | | 20 | 34 |
| 西班牙 | 77 | 33 828 | 29 689 | 42 | 29 | 1 | 3 | 7 | 7 | 49 | 36 |
| 希腊 | 13 | 7 618 | 29 930 | | 22 | 296 | 329 | 137 | 145 | 137 | 167 |
| 匈牙利 | 11 | 3 487 | 3 883 | | | | | | 4 | | 4 |
| 亚美尼亚 | 5 | 48 240 | 1 750 | 142 | 69 | | | | | 142 | 69 |
| 意大利 | 100 | 6 860 | 20 105 | 21 | 82 | 193 | 329 | 427 | 650 | 448 | 732 |
| 英国 | 109 | 106 401 | 71 896 | 75 | 67 | 1 420 | 1 243 | 1 205 | 785 | 1 280 | 852 |
| 直布罗陀 | | | | | | | | | 7 | | 7 |
| 欧洲其他国家（地区） | | | 3 | 6 | 6 | | | | | 6 | 6 |
| **拉丁美洲** | **1 079** | **1 610 050** | **1 453 965** | **9 398** | **19 115** | **8 577** | **36 718** | **23 048** | **26 473** | **32 446** | **45 588** |
| 阿根廷 | 50 | 159 737 | 112 859 | 1 712 | 1 328 | | 170 | 35 | 112 | 1 747 | 1 440 |
| 安提瓜和巴布达 | 2 | 448 | 1 035 | 3 | 24 | 7 | 24 | 12 | 20 | 15 | 44 |
| 巴巴多斯 | 2 | 702 | 456 | 21 | 19 | 2 | 231 | 15 | 137 | 36 | 156 |
| 巴哈马 | | 16 618 | 33 519 | 149 | 253 | 159 | 659 | 1 169 | 1 608 | 1 318 | 1 861 |
| 巴拉圭 | 3 | 671 | 671 | 2 | | | | | | 2 | |
| 巴拿马 | 35 | 35 242 | 9 343 | 270 | 354 | 4 179 | 30 281 | 18 554 | 19 308 | 18 824 | 19 662 |
| 巴西 | 169 | 166 656 | 196 329 | 287 | 399 | | 3 | | 157 | 287 | 556 |
| 玻利维亚 | 16 | 84 626 | 54 937 | 435 | 820 | | | | 27 | 435 | 847 |
| 伯利兹 | | | | | | 576 | 2 441 | 1 733 | 1 591 | 1 733 | 1 591 |
| 多米尼加共和国 | 8 | 454 | 1 673 | 3 | 12 | 1 | 4 | 11 | 7 | 14 | 19 |
| 多米尼克 | | 346 | 932 | 64 | 140 | 1 | 5 | 5 | 3 | 69 | 143 |
| 厄瓜多尔 | 80 | 209 362 | 286 223 | 2 455 | 3 939 | 755 | 524 | 48 | 702 | 2 503 | 4 641 |
| 哥伦比亚 | 109 | 20 228 | 37 893 | 392 | 685 | | | | 18 | 392 | 703 |

**2016 年中国对外承包工程和劳务合作业务分国家（地区）统计表（续）**

单位：份、万美元、人

| 国别（地区） | 对外承包工程 | | | | | 对外劳务合作 | | | | 累计派出各类劳务人员数量 | 年末在外各类劳务人员数量 |
|---|---|---|---|---|---|---|---|---|---|---|---|
| | 新签合同份数 | 新签合同额 | 完成营业额 | 派出人数 | 年末在外人数 | 新签劳务人员合同工资总额 | 劳务人员实际收入总额 | 派出人数 | 年末在外人数 | | |
| 哥斯达黎加 | 25 | 13 208 | 7 575 | 47 | 262 | | | | 72 | 47 | 334 |
| 格林纳达 | 2 | 205 | 123 | | 21 | | | | | | 21 |
| 古巴 | 20 | 32 213 | 44 691 | 61 | 247 | | | | | 61 | 247 |
| 圭亚那 | | 20 | 17 595 | 5 | 237 | 1 967 | 78 | 13 | 69 | 18 | 306 |
| 海地 | 3 | 274 | 242 | | | | | | | | |
| 洪都拉斯 | 9 | 6 462 | 7 068 | 189 | 164 | 3 | 24 | 9 | 9 | 198 | 173 |
| 开曼群岛 | | | | | | 1 | 5 | 17 | 27 | 17 | 27 |
| 秘鲁 | 113 | 48 817 | 56 907 | 1 696 | 4 959 | 314 | 551 | 24 | 410 | 1 720 | 5 369 |
| 墨西哥 | 83 | 149 543 | 125 078 | 29 | 269 | 150 | 22 | 24 | 31 | 53 | 300 |
| 尼加拉瓜 | 13 | 625 | 2 443 | 67 | 73 | | | | 6 | 67 | 79 |
| 萨尔瓦多 | 7 | | 47 | | | | | | | | |
| 圣基茨和尼维斯 | 1 | 695 | 41 | 23 | 15 | | | | 7 | 23 | 22 |
| 圣文森特和格林纳丁斯 | | | | | | 164 | 1 086 | 728 | 853 | 728 | 853 |
| 苏里南 | 6 | 7 340 | 17 461 | 81 | 153 | | | | | 81 | 153 |
| 特立尼达和多巴哥 | 1 | 1 283 | 11 244 | 33 | 1 102 | | | | | 33 | 1 102 |
| 危地马拉 | 14 | | 1 569 | | 65 | | | | | | 65 |
| 委内瑞拉 | 193 | 493 848 | 369 534 | 1 054 | 3 111 | 63 | 37 | 108 | 502 | 1 162 | 3 613 |
| 乌拉圭 | 61 | 3 504 | 4 246 | | 3 | | | | | | 3 |
| 牙买加 | 13 | 143 237 | 29 681 | 207 | 349 | 227 | 255 | 172 | 320 | 379 | 669 |
| 英属维尔京群岛 | | | 4 560 | | | | 12 | 60 | 108 | 60 | 108 |
| 智利 | 41 | 13 688 | 17 941 | 113 | 112 | 7 | 308 | 311 | 369 | 424 | 481 |
| **北美洲** | **1 341** | **435 005** | **231 590** | **491** | **1 698** | **1 765** | **2 199** | **1 993** | **2 743** | **2 484** | **4 441** |
| 百慕大群岛 | | | | | | 4 | 16 | 18 | 15 | 18 | 15 |
| 加拿大 | 20 | 8 767 | 8 708 | 56 | 91 | 44 | 478 | 502 | 965 | 558 | 1 056 |
| 美国 | 1 319 | 425 738 | 222 280 | 435 | 1 607 | 1 716 | 1 704 | 1 473 | 1 763 | 1 908 | 3 370 |
| 北美洲其他国家（地区） | 2 | 500 | 602 | | | | | | | | |
| **大洋洲** | **232** | **568 562** | **407 936** | **2 184** | **3 963** | **2 483** | **7 322** | **3 994** | **8 461** | **6 178** | **12 424** |

**2016年中国对外承包工程和劳务合作业务分国家（地区）统计表（续）**

单位：份、万美元、人

| 国别（地区） | 对外承包工程 | | | | | 对外劳务合作 | | | | 累计派出各类劳务人员数量 | 年末在外各类劳务人员数量 |
|---|---|---|---|---|---|---|---|---|---|---|---|
| | 新签合同份数 | 新签合同额 | 完成营业额 | 派出人数 | 年末在外人数 | 新签劳务人员合同工资总额 | 劳务人员实际收入总额 | 派出人数 | 年末在外人数 | | |
| 澳大利亚 | 113 | 356 707 | 292 578 | 40 | 157 | 1 157 | 1 451 | 179 | 1 040 | 219 | 1 197 |
| 巴布亚新几内亚 | 58 | 143 134 | 54 491 | 457 | 683 | 372 | 416 | 350 | 386 | 807 | 1 069 |
| 东萨摩亚 | | 31 | 139 | | 38 | | | | | | 38 |
| 斐济 | 13 | 10 305 | 14 171 | 377 | 637 | 3 | 42 | 38 | 1 395 | 415 | 2 032 |
| 基里巴斯 | | | 898 | 56 | 34 | 168 | 1 261 | 698 | 950 | 754 | 984 |
| 库克群岛 | 1 | | 2 150 | 7 | 3 | 2 | 15 | 17 | 16 | 24 | 19 |
| 马绍尔群岛共和国 | | | | | | 503 | 3 259 | 1 954 | 2 551 | 1 954 | 2 551 |
| 密克罗尼西亚联邦 | | | | | | 94 | 381 | 313 | 259 | 313 | 259 |
| 纽埃 | | | | | | 17 | 103 | 51 | 33 | 51 | 33 |
| 帕劳共和国 | 1 | 92 | 17 | | | 24 | 123 | 129 | 73 | 129 | 73 |
| 萨摩亚 | 4 | 1 007 | 3 842 | 323 | 309 | | | | 1 037 | 323 | 1 346 |
| 所罗门群岛 | 1 | 911 | 482 | | 3 | | | | | | 3 |
| 汤加 | 8 | 4 480 | 4 492 | 299 | 431 | | | | 13 | 299 | 444 |
| 图瓦卢 | | | | | | 59 | 243 | 227 | 200 | 227 | 200 |
| 瓦努阿图 | 17 | 3 356 | 14 005 | 403 | 511 | 18 | 9 | 11 | 350 | 414 | 861 |
| 新喀里多尼亚 | | 1 200 | | | 1 131 | 22 | 2 | 15 | 85 | 15 | 1 216 |
| 新西兰 | 16 | 47 339 | 20 671 | 222 | 26 | 44 | 16 | 12 | 73 | 234 | 99 |
| **其他国家** | | **556 678** | **218 500** | | | **107** | **1 076** | **610** | **903** | **610** | **903** |

**中国国民经济与社会发展总量指标（一）**

| 指 标 | 单 位 | 1978 年 | 1990 年 | 2000 年 | 2015 年 | 2016 年 |
|---|---|---|---|---|---|---|
| **人口** | | | | | | |
| 年末总人口 | 万人 | 96 259 | 114 333 | 126 743 | 137 462 | 138 271 |
| 城镇人口 | 万人 | 17 245 | 30 195 | 45 906 | 77 116 | 79 298 |
| 乡村人口 | 万人 | 79 014 | 84 138 | 80 837 | 60 346 | 58 973 |
| **就业和失业** | | | | | | |
| 就业人员 | 万人 | 40 152 | 64 749 | 72 085 | 77 451 | 77 603 |
| #城镇就业人员 | 万人 | 9 514 | 17 041 | 23 151 | 40 410 | 41 428 |
| 城镇登记失业人员 | 万人 | 530 | 383 | 595 | 966 | 982 |
| **国民经济核算** | | | | | | |
| 国内生产总值 | 亿元 | 3 678.7 | 18 872.9 | 100 280.1 | 689 052.1 | 744 127.2 |
| 第一产业 | 亿元 | 1 018.5 | 5 017.2 | 14 717.4 | 60 862.1 | 63 670.7 |
| 第二产业 | 亿元 | 1 755.2 | 7 744.3 | 45 664.8 | 282 040.3 | 296 236.0 |
| 第三产业 | 亿元 | 905.1 | 6 111.4 | 39 897.9 | 346 149.7 | 384 220.5 |
| 人均国内生产总值 | 元 | 385.0 | 1 663.0 | 7 942.0 | 50 251.0 | 53 980.0 |
| 支出法国内生产总值 | 亿元 | 3 634.1 | 19 067.0 | 100 576.8 | 699 109.4 | 746 314.9 |
| 最终消费支出 | 亿元 | 2 232.9 | 12 001.4 | 63 667.7 | 362 266.5 | 400 175.6 |
| 资本形成总额 | 亿元 | 1 412.7 | 6 555.3 | 34 526.1 | 312 835.7 | 329 727.3 |
| 货物和服务净出口 | 亿元 | -11.4 | 510.3 | 2 383.0 | 24 007.2 | 16 412.0 |
| **居民收入** | | | | | | |
| 全国居民人均可支配收入 | 元 | | | | 21 966.0 | 23 821.0 |
| 城镇居民人均可支配收入 | 元 | 343.0 | 1 510.0 | 6 280.0 | 31 195.0 | 33 616.0 |
| 农村居民人均可支配收入 | 元 | 134.0 | 686.0 | 2 253.0 | 11 422.0 | 12 363.0 |
| **财政** | | | | | | |
| 一般公共预算收入 | 亿元 | 1 132.3 | 2 937.1 | 13 395.2 | 152 269.2 | 159 552.1 |
| 一般公共预算支出 | 亿元 | 1 122.1 | 3 083.6 | 15 886.5 | 175 877.8 | 187 841.1 |
| **能源** | | | | | | |
| 能源生产总量 | 万吨标准煤 | 62 770.0 | 103 922.0 | 138 570.0 | 361 476.0 | 346 000.0 |
| 能源消费总量 | 万吨标准煤 | 57 144.0 | 98 703.0 | 146 964.0 | 429 905.0 | 436 000.0 |
| **固定资产投资** | | | | | | |
| 全社会固定资产投资总额 | 亿元 | | 4 517.0 | 32 917.7 | 561 999.8 | 606 465.7 |
| #房地产开发 | 亿元 | | 253.3 | 4 984.1 | 95 978.8 | 102 580.6 |
| **对外贸易和实际利用外资** | | | | | | |
| 货物进出口总额 | 亿美元 | 206.4 | 1 154.4 | 4 742.9 | 39 530.3 | 36 855.7 |
| 出口额 | 亿美元 | 97.5 | 620.9 | 2 492.0 | 22 734.7 | 20 981.5 |
| 进口额 | 亿美元 | 108.9 | 533.5 | 2 250.9 | 16 795.6 | 15 874.2 |
| 外商直接投资 | 亿美元 | | 34.9 | 407.2 | 1 262.7 | 1 260.0 |
| **主要农业、工业产品产量** | | | | | | |
| 粮食 | 万吨 | 30 476.5 | 44 624.3 | 46 217.5 | 62 143.9 | 61 625.0 |
| 油料 | 万吨 | 521.8 | 1 613.2 | 2 954.8 | 3 537.0 | 3 629.5 |
| 棉花 | 万吨 | 216.7 | 450.8 | 441.7 | 560.3 | 530.0 |
| 肉类 | 万吨 | | | 6 013.9 | 8 625.0 | 8 537.8 |
| 原煤 | 亿吨 | 6.2 | 10.8 | 13.8 | 37.5 | 34.1 |
| 原油 | 万吨 | 10 405.0 | 13 831.0 | 16 300.0 | 21 456.0 | 19 969.0 |
| 水泥 | 万吨 | 6 524.0 | 20 971.0 | 59 700.0 | 235 919.0 | 241 353.0 |
| 粗钢 | 万吨 | 3 178.0 | 6 635.0 | 12 850.0 | 80 383.0 | 80 837.0 |
| 发电量 | 亿千瓦小时 | 2 566.0 | 6 212.0 | 13 556.0 | 58 146.0 | 61 425.0 |

**中国国民经济与社会发展总量指标（二）**

| 指 标 | 单 位 | 1978 年 | 1990 年 | 2000 年 | 2015 年 | 2016 年 |
|---|---|---|---|---|---|---|
| **建筑业** | | | | | | |
| 建筑业总产值 | 亿元 | | 1 345.0 | 12 498.0 | 180 757.0 | 193 567.0 |
| **消费品零售和旅游** | | | | | | |
| 社会消费品零售总额 | 亿元 | 1 559.0 | 8 300.0 | 39 106.0 | 300 931.0 | 332 316.0 |
| 入境游客 | 万人次 | 180.9 | 2 746.2 | 8 344.4 | 13 382.0 | 13 844.0 |
| 国际旅游外汇收入 | 亿美元 | 2.6 | 22.2 | 162.2 | 1 136.5 | 1 200.0 |
| **运输和邮电** | | | | | | |
| 沿海主要港口货物吞吐量 | 万吨 | 19 834.0 | 48 321.0 | 125 603.0 | 784 578.0 | 810 932.7 |
| 邮电业务总量 | 亿元 | 34.1 | 155.5 | 4 792.7 | 28 425.0 | 43 345.5 |
| 移动电话用户 | 万户 | | 1.8 | 8 453.3 | 127 139.7 | 132 193.4 |
| 固定电话用户 | 万户 | 192.5 | 685.0 | 14 482.9 | 23 099.6 | 20 662.4 |
| **金融** | | | | | | |
| 金融机构人民币各项存款余额 | 亿元 | 1 155.0 | 13 943.0 | 123 804.0 | 1 357 022.0 | 1 505 864.0 |
| 金融机构人民币各项贷款余额 | 亿元 | 1 890.0 | 17 511.0 | 99 371.0 | 939 540.16.0 | 1 066 040.0 |
| **科技、教育、卫生、文化** | | | | | | |
| 研究与试验发展经费支出 | 亿元 | | | 895.7 | 14 170.0 | 15 500.0 |
| 技术市场成交额 | 亿元 | | | 651.0 | 9 836.0 | 11 407.0 |
| 在校学生数 | | | | | | |
| #普通本科、专科 | 万人 | 85.6 | 206.3 | 556.1 | 2 625.3 | 2 695.8 |
| 普通高中 | 万人 | 1 553.1 | 717.3 | 1 201.3 | 2 374.4 | 2 366.6 |
| 初中 | 万人 | 4 995.2 | 3 916.6 | 6 256.3 | 4 312.0 | 4 329.4 |
| 普通小学 | 万人 | 14 624.0 | 12 241.4 | 13 013.3 | 9 692.2 | 9 913.0 |
| 医院数 | 个 | 9 293.0 | 14 377.0 | 16 318.0 | 27 587.0 | 29 140.0 |
| 医院床位数 | 万张 | 110.0 | 186.9 | 216.7 | 533.1 | 568.9 |
| 执业（助理）医师 | 万人 | 97.8 | 176.3 | 207.6 | 303.9 | 319.1 |
| **社会保障** | | | | | | |
| 参加基本养老保险人数 | 万人 | | 6 166.0 | 13 617.0 | 85 833.0 | 88 709.0 |
| 参加城镇基本医疗保险人数 | 万人 | | | 3 787.0 | 66 582.0 | 74 839.0 |
| 参加失业保险人数 | 万人 | | | 10 408.0 | 17 326.0 | 18 089.0 |
| 参加工伤保险人数 | 万人 | | | 4 350.0 | 21 432.0 | 21 887.0 |
| 参加生育保险人数 | 万人 | | | 3 002.0 | 17 771.0 | 18 443.0 |
| 社会保险基金收入 | 亿元 | | 187.0 | 2 645.0 | 46 012.0 | 52 765.0 |

**注：** 1. 由于计算误差的影响，按支出法计算的国内生产总值不等于按生产法计算的国内生产总值。

2. 本表 2014 年、2015 年居民人均可支配收入为城乡一体化住户收支与生活状况调查数据，与此前分城镇和农村住户调查的统计口径有所不同。

3. 本表价值量指标中，邮电业务总量 2000 年及以前按 1990 年不变价格计算，2001—2010 年按 2000 年不变价格计算，2011 年起按 2010 年不变价格计算。其余指标按当年价格计算。

4. 2016 年社会保障数据为快报数，最终数据以当年公报为准。

**中国国民经济与社会发展速度指标（一）**

| 指 标 | 2016 年为下列各年（%） | | | | 平均每年增长（%） | | |
|---|---|---|---|---|---|---|---|
| | 1978 年 | 1990 年 | 2000 年 | 2015 年 | 1979—2016 年 | 1991—2016 年 | 2001—2016 年 |
| **人口** | | | | | | | |
| 年末总人口 | 143.6 | 120.9 | 109.1 | 100.6 | 1.0 | 0.7 | 0.5 |
| 城镇人口 | 459.8 | 262.6 | 172.7 | 102.8 | 4.1 | 3.8 | 3.5 |
| 乡村人口 | 74.6 | 70.1 | 73.0 | 97.7 | -0.8 | -1.4 | -2.0 |
| **就业和失业** | | | | | | | |
| 就业人员 | 193.3 | 119.9 | 107.7 | 100.2 | 1.7 | 0.7 | 0.5 |
| #城镇就业人员 | 435.4 | 243.1 | 178.9 | 102.5 | 3.9 | 3.5 | 3.7 |
| 城镇登记失业人员 | 185.3 | 256.3 | 165.0 | 101.7 | 1.6 | 3.7 | 3.2 |
| **国民经济核算** | | | | | | | |
| 国内生产总值 | 3 229.7 | 1 145.5 | 424.8 | 106.7 | 9.6 | 9.8 | 9.5 |
| 第一产业 | 517.0 | 271.2 | 187.7 | 103.3 | 4.4 | 3.9 | 4.0 |
| 第二产业 | 5 015.1 | 1 656.5 | 467.6 | 106.1 | 10.9 | 11.4 | 10.1 |
| 第三产业 | 4 481.7 | 1 239.5 | 467.5 | 107.8 | 10.5 | 10.2 | 10.1 |
| **财政收支** | | | | | | | |
| 一般公共预算收入 | 14 091.5 | 5 432.3 | 1 191.1 | 104.5 | 13.8 | 16.5 | 16.5 |
| 一般公共预算支出 | 16 740.3 | 6 091.6 | 1 182.4 | 106.4 | 14.3 | 17.0 | 16.5 |
| **能源** | | | | | | | |
| 能源生产总量 | 551.2 | 332.9 | 249.7 | 95.7 | 4.6 | 4.7 | 5.9 |
| 能源消费总量 | 763.0 | 441.7 | 296.7 | 101.4 | 5.5 | 5.9 | 7.0 |
| **固定资产投资** | | | | | | | |
| 全社会固定资产投资总额 | | 13 426.3 | 1 842.4 | 107.9 | | 21.8 | 21.6 |
| #房地产开发 | | 40 497.7 | 2 058.2 | 106.9 | | 28.4 | 23.3 |
| **对外贸易和实际利用外资** | | | | | | | |
| 货物进出口总额 | 17 856.5 | 3 192.6 | 777.1 | 93.2 | 14.6 | 14.2 | 13.7 |
| 出口额 | 21 519.5 | 3 379.2 | 842.0 | 92.3 | 15.2 | 14.5 | 14.2 |
| 进口额 | 14 576.9 | 2 975.5 | 705.2 | 94.5 | 14.0 | 13.9 | 13.0 |
| 外商直接投资 | | 3 613.4 | 309.4 | 99.8 | | 14.8 | 7.3 |
| **主要农业、工业产品产量** | | | | | | | |
| 粮食 | 202.2 | 138.1 | 133.3 | 99.2 | 1.9 | 1.2 | 1.8 |
| 油料 | 695.6 | 225.0 | 122.8 | 102.6 | 5.2 | 3.2 | 1.3 |
| 棉花 | 244.6 | 117.6 | 120.0 | 94.6 | 2.4 | 0.6 | 1.1 |
| 肉类 | | | 142.0 | 99.0 | | | 2.2 |
| 原煤 | 551.9 | 315.8 | 246.4 | 91.0 | 4.6 | 4.5 | 5.8 |
| 原油 | 191.9 | 144.4 | 122.5 | 93.1 | 1.7 | 1.4 | 1.3 |
| 水泥 | 3 699.5 | 1 150.9 | 404.3 | 102.3 | 10.0 | 9.9 | 9.1 |
| 粗钢 | 2 543.6 | 1 218.3 | 629.1 | 100.6 | 8.9 | 10.1 | 12.2 |
| 发电量 | 2 393.8 | 988.8 | 453.1 | 105.6 | 8.7 | 9.2 | 9.9 |

## 中国国民经济与社会发展速度指标（二）

| 指 标 | 2016年为下列各年（%） | | | | 平均每年增长（%） | | |
|---|---|---|---|---|---|---|---|
| | 1978年 | 1990年 | 2000年 | 2015年 | 1979—2016年 | 1991—2016年 | 2001—2016年 |
| **建筑业** | | | | | | | |
| 建筑业总产值 | | 14 392.0 | 1 548.8 | 107.1 | | 21.1 | 18.7 |
| **消费品零售和旅游** | | | | | | | |
| 社会消费品零售总额 | 21 321.5 | 4 003.8 | 849.8 | 110.4 | 15.2 | 15.2 | 14.3 |
| 入境游客 | 7 651.9 | 504.1 | 165.9 | 103.5 | 12.1 | 6.4 | 3.2 |
| 国际旅游外汇收入 | 45 627.4 | 5 410.3 | 739.6 | 105.6 | 17.5 | 16.6 | 13.3 |
| **运输和邮电** | | | | | | | |
| 沿海主要港口货物吞吐量 | 4 088.6 | 1 678.2 | 645.6 | 103.4 | 10.3 | 11.5 | 12.4 |
| 移动电话用户 | | 7 344 078.0 | 1 563.8 | 104.0 | | 53.9 | 18.8 |
| 固定电话用户 | 10 731.3 | 3 016.3 | 142.7 | 89.4 | 13.1 | 14.0 | 2.2 |
| **科技、教育、卫生、文化** | | | | | | | |
| 研究与试验发展经费支出 | | | 1 730.6 | 109.4 | | | 19.5 |
| 技术市场成交额 | | | 1 752.9 | 116.0 | | | 19.6 |
| 在校学生数 | | | | | | | |
| #普通本科、专科 | 3 149.3 | 1 306.8 | 484.8 | 102.7 | 9.5 | 10.4 | 10.4 |
| 普通高中 | 152.4 | 329.9 | 197.0 | 99.7 | 1.1 | 4.7 | 4.3 |
| 初中 | 86.7 | 110.5 | 69.2 | 100.4 | -0.4 | 0.4 | -2.3 |
| 普通小学 | 67.8 | 81.0 | 76.2 | 102.3 | -1.0 | -0.8 | -1.7 |
| 医院数 | 313.6 | 202.7 | 178.6 | 105.6 | 3.1 | 2.8 | 3.7 |
| 医院床位数 | 517.2 | 304.4 | 262.6 | 106.7 | 4.4 | 4.4 | 6.2 |
| 执业（助理）医师 | 326.2 | 181.0 | 153.7 | 105.0 | 3.2 | 2.3 | 2.7 |

注：国内生产总值按可比价格计算，固定资产投资总额平均每年增长速度按累计法计算，一般公共预算收入和支出按可比口径计算，其他价值量指标按当年价格计算。

## 中国国民总收入和国内生产总值（一）

| 年 份 | 国民总收入（亿元） | 国内生产总值（亿元） | 第一产业 | 第二产业 | 第三产业 |
|---|---|---|---|---|---|
| 1978 | 3 678.7 | 3 678.7 | 1 018.5 | 1 755.2 | 905.1 |
| 1979 | 4 100.5 | 4 100.5 | 1 259.0 | 1 925.4 | 916.1 |
| 1980 | 4 587.6 | 4 587.6 | 1 359.5 | 2 204.7 | 1 023.4 |
| **“六五”时期** | **32 795.8** | **32 707.6** | **10 105.6** | **14 341.1** | **8 260.8** |
| 1981 | 4 933.7 | 4 935.8 | 1 545.7 | 2 269.1 | 1 121.1 |
| 1982 | 5 380.5 | 5 373.4 | 1 761.7 | 2 397.7 | 1 214.0 |
| 1983 | 6 043.8 | 6 020.9 | 1 960.9 | 2 663.0 | 1 397.0 |
| 1984 | 7 314.2 | 7 278.5 | 2 295.6 | 3 124.8 | 1 858.1 |
| 1985 | 9 123.6 | 9 098.9 | 2 541.7 | 3 886.5 | 2 670.7 |
| **“七五”时期** | **73 828.0** | **73 783.7** | **19 045.1** | **31 441.8** | **23 296.9** |
| 1986 | 10 375.4 | 10 376.2 | 2 764.1 | 4 515.2 | 3 096.9 |
| 1987 | 12 166.6 | 12 174.6 | 3 204.5 | 5 274.0 | 3 696.2 |
| 1988 | 15 174.4 | 15 180.4 | 3 831.2 | 6 607.4 | 4 741.8 |
| 1989 | 17 188.4 | 17 179.7 | 4 228.2 | 7 300.9 | 5 650.6 |
| 1990 | 18 923.3 | 18 872.9 | 5 017.2 | 7 744.3 | 6 111.4 |
| **“八五”时期** | **193 762.6** | **194 850.7** | **39 469.0** | **88 458.8** | **66 923.0** |
| 1991 | 22 050.3 | 22 005.6 | 5 288.8 | 9 129.8 | 7 587.0 |
| 1992 | 27 208.2 | 27 194.5 | 5 800.3 | 11 725.3 | 9 668.9 |
| 1993 | 35 599.2 | 35 673.2 | 6 887.6 | 16 473.1 | 12 312.6 |
| 1994 | 48 548.2 | 48 637.5 | 9 471.8 | 22 453.1 | 16 712.5 |
| 1995 | 60 356.6 | 61 339.9 | 12 020.5 | 28 677.5 | 20 641.9 |
| **“九五”时期** | **421 832.6** | **427 568.7** | **72 028.6** | **197 138.4** | **158 401.6** |
| 1996 | 70 779.6 | 71 813.6 | 13 878.3 | 33 828.1 | 24 107.2 |
| 1997 | 78 802.9 | 79 715.0 | 14 265.2 | 37 546.0 | 27 903.8 |
| 1998 | 83 817.6 | 85 195.5 | 14 618.7 | 39 018.5 | 31 558.3 |
| 1999 | 89 366.5 | 90 564.4 | 14 549.0 | 41 080.9 | 34 934.5 |
| 2000 | 99 066.1 | 100 280.1 | 14 717.4 | 45 664.8 | 39 897.9 |
| **“十五”时期** | **713 747.2** | **719 161.6** | **91 374.0** | **328 834.8** | **298 952.8** |
| 2001 | 109 276.2 | 110 863.1 | 15 502.5 | 49 660.7 | 45 700.0 |
| 2002 | 120 480.4 | 121 717.4 | 16 190.2 | 54 105.5 | 51 421.7 |
| 2003 | 136 576.3 | 137 422.0 | 16 970.2 | 62 697.4 | 57 754.4 |
| 2004 | 161 415.4 | 161 840.2 | 20 904.3 | 74 286.9 | 66 648.9 |
| 2005 | 185 998.9 | 187 318.9 | 21 806.7 | 88 084.4 | 77 427.8 |
| **“十一五”时期** | **1 571 136.5** | **1 571 298.0** | **157 382.5** | **732 753.5** | **681 162.0** |
| 2006 | 219 028.5 | 219 438.5 | 23 317.0 | 104 361.8 | 91 759.7 |
| 2007 | 270 844.0 | 270 232.3 | 27 788.0 | 126 633.6 | 115 810.7 |
| 2008 | 321 500.5 | 319 515.5 | 32 753.2 | 149 956.6 | 136 805.8 |
| 2009 | 348 498.5 | 349 081.4 | 34 161.8 | 160 171.7 | 154 747.9 |
| 2010 | 411 265.2 | 413 030.3 | 39 362.6 | 191 629.8 | 182 038.0 |
| **“十二五”时期** | **2 945 532.8** | **2 957 938.5** | **271 600.1** | **1 293 250.3** | **1 393 088.1** |
| 2011 | 484 753.2 | 489 300.6 | 46 163.1 | 227 038.8 | 216 098.6 |
| 2012 | 539 116.5 | 540 367.4 | 50 902.3 | 244 643.3 | 244 821.9 |
| 2013 | 590 422.4 | 595 244.4 | 55 329.1 | 261 956.1 | 277 959.3 |
| 2014 | 644 791.1 | 643 974.0 | 58 343.5 | 277 571.8 | 308 058.6 |
| 2015 | 686 449.6 | 689 052.1 | 60 862.1 | 282 040.3 | 346 149.7 |
| **“十三五”时期** | | | | | |
| 2016 | 741 140.4 | 744 127.2 | 63 670.7 | 296 236.0 | 384 220.5 |

**注：** 1. 本表按当年价格计算。
2. 三次产业分类依据国家统计局 2012 年制定的《三次产业划分规定》（以下相关表同）。
3. 实施研发支出核算方法改革后，对各年度 GDP 数据进行了系统修订（以下相关表同）。

## 中国国民总收入和国内生产总值（二）

| 年 份 | #工业 | #建筑业 | #批发和零售业 | #交通运输、仓储和邮政业 | 人均国内生产总值（元） |
|---|---|---|---|---|---|
| 1978 | 1 621.5 | 138.9 | 242.3 | 182.0 | 385 |
| 1979 | 1 786.5 | 144.6 | 200.9 | 193.7 | 423 |
| 1980 | 2 014.9 | 196.3 | 193.8 | 213.4 | 468 |
| **“六五”时期** | **12 944.0** | **1 438.5** | **1 767.0** | **1 503.2** | **637** |
| 1981 | 2 067.7 | 208.0 | 231.1 | 220.8 | 497 |
| 1982 | 2 183.0 | 221.6 | 171.4 | 246.9 | 533 |
| 1983 | 2 399.1 | 271.7 | 198.7 | 275.0 | 588 |
| 1984 | 2 815.9 | 317.9 | 363.5 | 338.6 | 702 |
| 1985 | 3 478.3 | 419.3 | 802.4 | 421.8 | 866 |
| **“七五”时期** | **27 866.6** | **3 664.4** | **6 200.7** | **3 733.4** | **1 334** |
| 1986 | 4 000.8 | 527.3 | 852.6 | 499.0 | 973 |
| 1987 | 4 621.3 | 667.5 | 1 059.6 | 568.5 | 1 123 |
| 1988 | 5 814.1 | 811.8 | 1 483.4 | 685.9 | 1 378 |
| 1989 | 6 525.7 | 796.1 | 1 536.2 | 812.9 | 1 536 |
| 1990 | 6 904.7 | 861.7 | 1 268.9 | 1 167.2 | 1 663 |
| **“八五”时期** | **77 298.3** | **11 408.1** | **15 608.2** | **11 316.9** | **3 289** |
| 1991 | 8 138.2 | 1 017.7 | 1 834.6 | 1 420.5 | 1 912 |
| 1992 | 10 340.5 | 1 417.9 | 2 405.0 | 1 689.2 | 2 334 |
| 1993 | 14 248.8 | 2 269.9 | 2 816.6 | 2 174.3 | 3 027 |
| 1994 | 19 546.9 | 2 968.8 | 3 773.4 | 2 788.2 | 4 081 |
| 1995 | 25 023.9 | 3 733.7 | 4 778.6 | 3 244.7 | 5 091 |
| **“九五”时期** | **172 963.3** | **24 729.1** | **34 490.0** | **23 930.9** | **6 882** |
| 1996 | 29 529.8 | 4 393.0 | 5 599.7 | 3 782.6 | 5 898 |
| 1997 | 33 023.5 | 4 628.3 | 6 327.4 | 4 149.1 | 6 481 |
| 1998 | 34 134.9 | 4 993.0 | 6 913.2 | 4 661.5 | 6 860 |
| 1999 | 36 015.4 | 5 180.9 | 7 491.1 | 5 175.9 | 7 229 |
| 2000 | 40 259.7 | 5 534.0 | 8 158.6 | 6 161.9 | 7 942 |
| **“十五”时期** | **290 733.0** | **39 059.3** | **56 704.2** | **42 255.6** | **11 149** |
| 2001 | 43 855.6 | 5 945.5 | 9 119.4 | 6 871.3 | 8 717 |
| 2002 | 47 776.3 | 6 482.1 | 9 995.4 | 7 494.3 | 9 506 |
| 2003 | 55 363.8 | 7 510.8 | 11 169.5 | 7 914.8 | 10 666 |
| 2004 | 65 776.8 | 8 720.5 | 12 453.8 | 9 306.5 | 12 487 |
| 2005 | 77 960.5 | 10 400.5 | 13 966.2 | 10 668.8 | 14 368 |
| **“十一五”时期** | **638 881.8** | **96 546.4** | **128 556.8** | **78 464.9** | **23 692** |
| 2006 | 92 238.4 | 12 450.1 | 16 530.7 | 12 186.3 | 16 738 |
| 2007 | 111 693.9 | 15 348.0 | 20 937.8 | 14 605.1 | 20 505 |
| 2008 | 131 727.6 | 18 807.6 | 26 182.3 | 16 367.6 | 24 121 |
| 2009 | 138 095.5 | 22 681.5 | 29 001.5 | 16 522.4 | 26 222 |
| 2010 | 165 126.4 | 27 259.3 | 35 904.4 | 18 783.6 | 30 876 |
| **“十二五”时期** | **1 096 748.7** | **202 226.6** | **278 455.9** | **130 636.6** | **43 543** |
| 2011 | 195 142.8 | 32 926.5 | 43 730.5 | 21 842.0 | 36 403 |
| 2012 | 208 905.6 | 36 896.1 | 49 831.0 | 23 763.2 | 40 007 |
| 2013 | 222 337.6 | 40 896.8 | 56 284.1 | 26 042.7 | 43 852 |
| 2014 | 233 856.4 | 44 880.5 | 62 423.5 | 28 500.9 | 47 203 |
| 2015 | 236 506.3 | 46 626.7 | 66 186.7 | 30 487.8 | 50 251 |
| **“十三五”时期** | | | | | |
| 2016 | 247 860.1 | 49 522.2 | 71 113.4 | 33 355.3 | 53 980 |

**注：** 1. 行业分类采用《国民经济行业分类（GB/T 4754—2011）》，其中工业包括采矿业，制造业，电力、热力、燃气及水生产和供应业（以下相关表同）。

2. 各时期人均国内生产总值为该时期各年的平均数。

## 中国国内生产总值构成

（国内生产总值=100）

| 年 份 | 第一产业 | 第二产业 | 第三产业 | #工 业 | #建筑业 | #批发和零售业 | #交通运输、仓储和邮政业 |
|---|---|---|---|---|---|---|---|
| 1978 | 27.7 | 47.7 | 24.6 | 44.1 | 3.8 | 6.6 | 4.9 |
| 1979 | 30.7 | 47.0 | 22.3 | 43.6 | 3.5 | 4.9 | 4.7 |
| 1980 | 29.6 | 48.1 | 22.3 | 43.9 | 4.3 | 4.2 | 4.7 |
| 1981 | 31.3 | 46.0 | 22.7 | 41.9 | 4.2 | 4.7 | 4.5 |
| 1982 | 32.8 | 44.6 | 22.6 | 40.6 | 4.1 | 3.2 | 4.6 |
| 1983 | 32.6 | 44.2 | 23.2 | 39.8 | 4.5 | 3.3 | 4.6 |
| 1984 | 31.5 | 42.9 | 25.5 | 38.7 | 4.4 | 5.0 | 4.7 |
| 1985 | 27.9 | 42.7 | 29.4 | 38.2 | 4.6 | 8.8 | 4.6 |
| 1986 | 26.6 | 43.5 | 29.8 | 38.6 | 5.1 | 8.2 | 4.8 |
| 1987 | 26.3 | 43.3 | 30.4 | 38.0 | 5.5 | 8.7 | 4.7 |
| 1988 | 25.2 | 43.5 | 31.2 | 38.3 | 5.3 | 9.8 | 4.5 |
| 1989 | 24.6 | 42.5 | 32.9 | 38.0 | 4.6 | 8.9 | 4.7 |
| 1990 | 26.6 | 41.0 | 32.4 | 36.6 | 4.6 | 6.7 | 6.2 |
| 1991 | 24.0 | 41.5 | 34.5 | 37.0 | 4.6 | 8.3 | 6.5 |
| 1992 | 21.3 | 43.1 | 35.6 | 38.0 | 5.2 | 8.8 | 6.2 |
| 1993 | 19.3 | 46.2 | 34.5 | 39.9 | 6.4 | 7.9 | 6.1 |
| 1994 | 19.5 | 46.2 | 34.4 | 40.2 | 6.1 | 7.8 | 5.7 |
| 1995 | 19.6 | 46.8 | 33.7 | 40.8 | 6.1 | 7.8 | 5.3 |
| 1996 | 19.3 | 47.1 | 33.6 | 41.1 | 6.1 | 7.8 | 5.3 |
| 1997 | 17.9 | 47.1 | 35.0 | 41.4 | 5.8 | 7.9 | 5.2 |
| 1998 | 17.2 | 45.8 | 37.0 | 40.1 | 5.9 | 8.1 | 5.5 |
| 1999 | 16.1 | 45.4 | 38.6 | 39.8 | 5.7 | 8.3 | 5.7 |
| 2000 | 14.7 | 45.5 | 39.8 | 40.1 | 5.5 | 8.1 | 6.1 |
| 2001 | 14.0 | 44.8 | 41.2 | 39.6 | 5.4 | 8.2 | 6.2 |
| 2002 | 13.3 | 44.5 | 42.2 | 39.3 | 5.3 | 8.2 | 6.2 |
| 2003 | 12.3 | 45.6 | 42.0 | 40.3 | 5.5 | 8.1 | 5.8 |
| 2004 | 12.9 | 45.9 | 41.2 | 40.6 | 5.4 | 7.7 | 5.8 |
| 2005 | 11.6 | 47.0 | 41.3 | 41.6 | 5.6 | 7.5 | 5.7 |
| 2006 | 10.6 | 47.6 | 41.8 | 42.0 | 5.7 | 7.5 | 5.6 |
| 2007 | 10.3 | 46.9 | 42.9 | 41.3 | 5.7 | 7.7 | 5.4 |
| 2008 | 10.3 | 46.9 | 42.8 | 41.2 | 5.9 | 8.2 | 5.1 |
| 2009 | 9.8 | 45.9 | 44.3 | 39.6 | 6.5 | 8.3 | 4.7 |
| 2010 | 9.5 | 46.4 | 44.1 | 40.0 | 6.6 | 8.7 | 4.5 |
| 2011 | 9.4 | 46.4 | 44.2 | 39.9 | 6.7 | 8.9 | 4.5 |
| 2012 | 9.4 | 45.3 | 45.3 | 38.7 | 6.8 | 9.2 | 4.4 |
| 2013 | 9.3 | 44.0 | 46.7 | 37.4 | 6.9 | 9.5 | 4.4 |
| 2014 | 9.1 | 43.1 | 47.8 | 36.3 | 7.0 | 9.7 | 4.4 |
| 2015 | 8.8 | 40.9 | 50.2 | 34.3 | 6.8 | 9.6 | 4.4 |
| 2016 | 8.6 | 39.8 | 51.6 | 33.3 | 6.7 | 9.6 | 4.5 |

注：本表按当年价格计算。

## 中国全社会固定资产投资

| 年 份 | 全社会固定资产投资（亿元） | #房地产 | 比上年增长（%） |
|---|---|---|---|
| **“六五”时期** | **7 997.6** | | **19.4** |
| 1981 | 961.0 | | 5.5 |
| 1982 | 1 230.4 | | 28.0 |
| 1983 | 1 430.1 | | 16.2 |
| 1984 | 1 832.9 | | 28.2 |
| 1985 | 2 543.2 | | 38.8 |
| **“七五”时期** | **20 593.5** | **1 034.1** | **16.5** |
| 1986 | 3 120.6 | 101.0 | 22.7 |
| 1987 | 3 791.7 | 149.9 | 21.5 |
| 1988 | 4 753.8 | 257.2 | 25.4 |
| 1989 | 4 410.4 | 272.7 | -7.2 |
| 1990 | 4 517.0 | 253.3 | 2.4 |
| **“八五”时期** | **63 808.3** | **8 708.0** | **36.9** |
| 1991 | 5 594.5 | 336.2 | 23.9 |
| 1992 | 8 080.1 | 731.2 | 44.4 |
| 1993 | 13 072.3 | 1 937.5 | 61.8 |
| 1994 | 17 042.1 | 2 554.1 | 30.4 |
| 1995 | 20 019.3 | 3 149.0 | 17.5 |
| **“九五”时期** | **139 033.2** | **19 096.3** | **11.2** |
| 1996 | (22 974.0) | (3 216.4) | 14.8 |
| | 22 913.5 | 3 216.4 | |
| 1997 | 24 941.1 | 3 178.4 | 8.8 |
| 1998 | 28 406.2 | 3 614.2 | 13.9 |
| 1999 | 29 854.7 | 4 103.2 | 5.1 |
| 2000 | 32 917.7 | 4 984.1 | 10.3 |
| **“十五”时期** | **295 531.0** | **53 356.4** | **20.2** |
| 2001 | 37 213.5 | 6 344.1 | 13.0 |
| 2002 | 43 499.9 | 7 790.9 | 16.9 |
| 2003 | 55 566.6 | 10 153.8 | 27.7 |
| 2004 | 70 477.4 | 13 158.3 | 26.6 |
| 2005 | 88 773.6 | 15 909.2 | 26.0 |
| **“十一五”时期** | **922 871.2** | **160 416.1** | **25.5** |
| 2006 | 109 998.2 | 19 422.9 | 23.9 |
| 2007 | 137 323.9 | 25 288.8 | 24.8 |
| 2008 | 172 828.4 | 31 203.2 | 25.9 |
| 2009 | 224 598.8 | 36 241.8 | 30.0 |
| 2010 | (278 121.9) | (48 259.4) | 23.8 |
| | 251 683.8 | 48 259.4 | |
| **“十二五”时期** | **2 206 494.4** | **410 628.5** | **19.3** |
| 2011 | 311 485.1 | 61 796.9 | 23.8 |
| 2012 | 374 694.7 | 71 803.8 | 20.3 |
| 2013 | 446 294.1 | 86 013.4 | 19.1 |
| 2014 | 512 020.7 | 95 035.6 | 15.2 |
| 2015 | 561 999.8 | 95 978.8 | 9.8 |
| **“十三五”时期** | | | |
| 2016 | 606 465.7 | 102 580.6 | 7.9 |
| **平均每年增长（%）** | | | |
| 1982—2016 年 | 20.9 | | |
| 1991—2016 年 | 21.8 | 28.4 | |
| 2001—2016 年 | 21.6 | 23.3 | |

注：1. 1997 年起，除房地产投资、农村集体投资、农村个人投资外，其他固定资产投资的统计起点由 5 万元提高到 50 万元。2011 年，除房地产投资、农村个人投资外，固定资产投资统计起点由 50 万元提高到 500 万元。为便于比较，1996、2010 年数据作了相应调整，括号内为原口径数（以下相关表同），口径变动年份的增速均按可比口径计算。受第三次经济普查的影响，对 2013 年数据进行了调整，2014 年增速为可比口径。

2. 本表增长速度均未扣除价格因素，平均每年增长速度按累计法计算（以下相关表同）。

**中国一般公共预算收支总额和指数**

| 年 份 | 一般公共预算收入（亿元） | 一般公共预算支出（亿元） | 指数（上年=100） | | 一般公共预算收入相当于国内生产总值的比重（%） | 一般公共预算支出相当于国内生产总值的比重（%） |
|---|---|---|---|---|---|---|
| | | | 一般公共预算收入 | 一般公共预算支出 | | |
| 1978 | 1 132.26 | 1 122.09 | 129.5 | 133.0 | 30.8 | 30.5 |
| 1979 | 1 146.38 | 1 281.79 | 101.2 | 114.2 | 28.0 | 31.3 |
| 1980 | 1 159.93 | 1 228.83 | 101.2 | 95.9 | 25.3 | 26.8 |
| **“六五”时期** | **7 402.75** | **7 483.18** | **111.6** | **110.3** | | |
| 1981 | 1 175.79 | 1 138.41 | 101.4 | 92.6 | 23.8 | 23.1 |
| 1982 | 1 212.33 | 1 229.98 | 103.1 | 108.0 | 22.6 | 22.9 |
| 1983 | 1 366.95 | 1 409.52 | 112.8 | 114.6 | 22.7 | 23.4 |
| 1984 | 1 642.86 | 1 701.02 | 120.2 | 120.7 | 22.6 | 23.4 |
| 1985 | 2 004.82 | 2 004.25 | 122.0 | 117.8 | 22.0 | 22.0 |
| **“七五”时期** | **12 280.60** | **12 865.67** | **107.9** | **109.0** | | |
| 1986 | 2 122.01 | 2 204.91 | 105.8 | 110.0 | 20.5 | 21.2 |
| 1987 | 2 199.35 | 2 262.18 | 103.6 | 102.6 | 18.1 | 18.6 |
| 1988 | 2 357.24 | 2 491.21 | 107.2 | 110.1 | 15.5 | 16.4 |
| 1989 | 2 664.90 | 2 823.78 | 113.1 | 113.3 | 15.5 | 16.4 |
| 1990 | 2 937.10 | 3 083.59 | 110.2 | 109.2 | 15.6 | 16.3 |
| **“八五”时期** | **22 442.10** | **24 387.46** | **116.3** | **117.2** | | |
| 1991 | 3 149.48 | 3 386.62 | 107.2 | 109.8 | 14.3 | 15.4 |
| 1992 | 3 483.37 | 3 742.20 | 110.6 | 110.5 | 12.8 | 13.8 |
| 1993 | 4 348.95 | 4 642.30 | 124.8 | 124.1 | 12.2 | 13.0 |
| 1994 | 5 218.10 | 5 792.62 | 120.0 | 124.8 | 12.7 | 11.9 |
| 1995 | 6 242.20 | 6 823.72 | 119.6 | 117.8 | 10.2 | 11.1 |
| **“九五”时期** | **50 774.39** | **57 043.46** | **116.5** | **118.4** | | |
| 1996 | 7 407.99 | 7 937.55 | 118.7 | 116.3 | 10.3 | 11.1 |
| 1997 | 8 651.14 | 9 233.56 | 116.8 | 116.3 | 10.9 | 11.6 |
| 1998 | 9 875.95 | 10 798.18 | 114.2 | 116.9 | 11.6 | 12.7 |
| 1999 | 11 444.08 | 13 187.67 | 115.9 | 122.1 | 12.6 | 14.6 |
| 2000 | 13 395.23 | 15 886.50 | 117.0 | 120.5 | 13.4 | 15.8 |
| **“十五”时期** | **115 050.69** | **128 022.85** | **118.8** | **116.4** | | |
| 2001 | 16 386.04 | 18 902.58 | 122.3 | 119.0 | 14.8 | 17.1 |
| 2002 | 18 903.64 | 22 053.15 | 115.4 | 116.7 | 15.5 | 18.1 |
| 2003 | 21 715.25 | 24 649.95 | 114.9 | 111.8 | 15.8 | 17.9 |
| 2004 | 26 396.47 | 28 486.89 | 121.6 | 115.6 | 16.3 | 17.6 |
| 2005 | 31 649.29 | 33 930.28 | 119.9 | 119.1 | 16.9 | 18.1 |
| **“十一五”时期** | **303 010.95** | **318 672.05** | **121.3** | **121.4** | | |
| 2006 | 38 760.20 | 40 422.73 | 122.5 | 119.1 | 17.7 | 18.4 |
| 2007 | 51 321.78 | 49 781.35 | 132.4 | 123.2 | 19.0 | 18.4 |
| 2008 | 61 330.35 | 62 592.66 | 119.5 | 125.7 | 19.2 | 19.6 |
| 2009 | 68 518.30 | 76 299.93 | 111.7 | 121.9 | 19.6 | 21.9 |
| 2010 | 83 101.51 | 89 874.16 | 121.3 | 117.8 | 20.1 | 21.8 |
| **“十二五”时期** | **642 976.85** | **703 076.19** | **112.3** | **113.9** | | |
| 2011 | 103 874.43 | 109 247.79 | 125.0 | 121.6 | 21.2 | 22.3 |
| 2012 | 117 253.52 | 125 952.97 | 112.9 | 115.3 | 21.7 | 23.3 |
| 2013 | 129 209.64 | 140 212.10 | 110.2 | 111.3 | 21.7 | 23.6 |
| 2014 | 140 370.03 | 151 785.56 | 108.6 | 108.3 | 21.8 | 23.6 |
| 2015 | 152 269.23 | 175 877.77 | 105.8 | 113.2 | 22.1 | 25.5 |
| **“十三五”时期** | | | | | | |
| 2016 | 159 552.08 | 187 841.14 | 104.5 | 106.4 | 21.4 | 25.2 |

注：1. 本表及其他各表有关财政数据由财政部提供。2016 年全国数据为预算执行数，以前各年数据为财政决算数。
2. 各时期指数为该时期年平均发展速度。
3. 表列 2015 年、2016 年一般公共预算收入、支出指数均为按同口径计算。

## 中国金融、证券、保险基本情况

（年底数）

| 项 目 | 单 位 | 2012 年 | 2013 年 | 2014 年 | 2015 年 | 2016 年 |
|---|---|---|---|---|---|---|
| **金 融** | | | | | | |
| 金融机构人民币存款余额 | 亿元 | 917 555 | 1 043 847 | 1 138 645 | 1 357 022 | 1 505 864 |
| 金融机构人民币贷款余额 | 亿元 | 629 910 | 718 961 | 816 770 | 939 540 | 1 066 040 |
| 货币供应量 | | | | | | |
| 货币和准货币（$M_2$） | 亿元 | 974 149 | 1 106 525 | 1 228 375 | 1 392 278 | 1 550 067 |
| 狭义货币（$M_1$） | 亿元 | 308 664 | 337 291 | 348 056 | 400 953 | 486 557 |
| 流通中现金（$M_0$） | 亿元 | 54 660 | 58 574 | 60 260 | 63 217 | 68 304 |
| 黄金储备 | 万盎司 | 3 389 | 3 389 | 3 389 | 5 666 | 5 924 |
| 外汇储备 | 亿美元 | 33 116 | 38 213 | 38 430 | 33 304 | 30 105 |
| **证 券** | | | | | | |
| 境内上市公司（A 股、B 股） | 家 | 2 494 | 2 489 | 2 613 | 2 827 | 3 052 |
| 境外上市公司（H 股） | 家 | 179 | 185 | 205 | 229 | 241 |
| 股票筹资额 | 亿元 | 3 173 | 2 803 | 4 834 | 16 388 | 20 484 |
| **保 险** | | | | | | |
| 保险系统职工人数 | 万人 | 85 | 83 | 90 | 103 | 112 |
| 保险公司业务经济技术指标 | | | | | | |
| 保费 | 亿元 | 15 488 | 17 222 | 20 235 | 24 283 | 30 959 |
| 赔款及给付 | 亿元 | 4 716 | 6 213 | 7 216 | 8 674 | 10 513 |

**注：**股票发行量和股票筹资额仅指 A 股、B 股 IPO 发行量。

## 中国黄金和外汇储备

| 年 份 | 黄金储备（万盎司） | 外汇储备（亿美元） | 年 份 | 黄金储备（万盎司） | 外汇储备（亿美元） |
|---|---|---|---|---|---|
| 1978 | 1 280 | 1.67 | 1998 | 1 267 | 1 449.59 |
| 1979 | 1 280 | 8.40 | 1999 | 1 267 | 1 546.75 |
| 1980 | 1 280 | -12.96 | 2000 | 1 267 | 1 655.74 |
| 1981 | 1 267 | 27.08 | 2001 | 1 608 | 2 121.65 |
| 1982 | 1 267 | 69.86 | 2002 | 1 929 | 2 864.07 |
| 1983 | 1 267 | 89.01 | 2003 | 1 929 | 4 032.51 |
| 1984 | 1 267 | 82.20 | 2004 | 1 929 | 6 099.32 |
| 1985 | 1 267 | 26.44 | 2005 | 1 929 | 8 188.72 |
| 1986 | 1 267 | 20.72 | 2006 | 1 929 | 10 663.40 |
| 1987 | 1 267 | 29.23 | 2007 | 1 929 | 15 282.49 |
| 1988 | 1 267 | 33.72 | 2008 | 1 929 | 19 460.30 |
| 1989 | 1 267 | 55.50 | 2009 | 3 389 | 23 991.52 |
| 1990 | 1 267 | 110.93 | 2010 | 3 389 | 28 473.38 |
| 1991 | 1 267 | 217.12 | 2011 | 3 389 | 31 811.48 |
| 1992 | 1 267 | 194.43 | 2012 | 3 389 | 33 115.89 |
| 1993 | 1 267 | 211.99 | 2013 | 3 389 | 38 213.15 |
| 1994 | 1 267 | 516.20 | 2014 | 3 389 | 38 430.18 |
| 1995 | 1 267 | 735.97 | 2015 | 5 666 | 33 303.62 |
| 1996 | 1 267 | 1 050.29 | 2016 | 5 924 | 30 105.17 |
| 1997 | 1 267 | 1 398.90 | | | |

**注：**本表资料由中国人民银行提供。

中国保险业基本情况

| 年 份 | 机构数（个） | 职工人数（人） | 保 费（亿元） | 财产保险公 司 | 人寿保险公 司 | 赔款及给付（亿元） | 财产保险公 司 | 人寿保险公 司 |
|---|---|---|---|---|---|---|---|---|
| 1994 | | | 376 | | | | | |
| 1995 | | | 453 | | | | | |
| 1996 | | | 538 | | | | | |
| 1997 | | | 773 | 382 | 390 | 247 | 215 | 32 |
| 1998 | | 172 892 | 1 256 | 506 | 750 | 532 | 290 | 242 |
| 1999 | | 171 865 | 1 406 | 527 | 879 | 508 | 280 | 228 |
| 2000 | 33 | 166 602 | 1 598 | 608 | 990 | 526 | 308 | 218 |
| 2001 | 35 | 185 502 | 2 109 | 685 | 1 424 | 597 | 333 | 264 |
| 2002 | 44 | 194 383 | 3 054 | 780 | 2 274 | 707 | 403 | 304 |
| 2003 | 62 | 199 705 | 3 880 | 869 | 3 011 | 841 | 476 | 365 |
| 2004 | 68 | 262 429 | 4 318 | 1 125 | 3 194 | 1 004 | 582 | 422 |
| 2005 | 93 | 366 559 | 4 927 | 1 281 | 3 646 | 1 130 | 691 | 439 |
| 2006 | 107 | 434 001 | 5 641 | 1 580 | 4 061 | 1 438 | 825 | 614 |
| 2007 | 120 | 500 441 | 7 036 | 2 086 | 4 949 | 2 265 | 1 064 | 1 201 |
| 2008 | 130 | 599 344 | 9 784 | 2 446 | 7 338 | 2 971 | 1 475 | 1 496 |
| 2009 | 138 | 630 734 | 11 137 | 2 993 | 8 144 | 3 125 | 1 638 | 1 487 |
| 2010 | 142 | 685 856 | 14 528 | 4 027 | 10 501 | 3 200 | 1 815 | 1 385 |
| 2011 | 152 | 776 258 | 14 339 | 4 779 | 9 560 | 3 929 | 2 249 | 1 680 |
| 2012 | 164 | 846 504 | 15 488 | 5 530 | 9 958 | 4 716 | 2 897 | 1 819 |
| 2013 | 174 | 831 303 | 17 222 | 6 481 | 10 741 | 6 213 | 3 556 | 2 657 |
| 2014 | 180 | 904 253 | 20 235 | 7 544 | 12 690 | 7 216 | 3 968 | 3 248 |
| 2015 | 194 | 1 024 572 | 24 283 | 8 423 | 15 859 | 8 674 | 4 448 | 4 226 |
| 2016 | 203 | 1 123 180 | 30 959 | 9 266 | 21 693 | 10 513 | 5 042 | 5 471 |

注：本表人寿保险公司中包括中华控股寿险业务。

## 中国交通运输业基本情况

| 指 标 | 单 位 | 1990年 | 2000年 | 2010年 | 2015年 | 2016年 |
|---|---|---|---|---|---|---|
| **运输线路长度** | | | | | | |
| 铁路营业里程 | 万公里 | 5.8 | 6.9 | 9.1 | 12.1 | 12.4 |
| 公路里程 | 万公里 | 102.8 | 168.0 | 400.8 | 457.7 | 469.6 |
| 内河航道里程 | 万公里 | 10.9 | 11.9 | 12.4 | 12.7 | 12.7 |
| 民航航线里程 | 万公里 | 50.7 | 150.3 | 276.5 | 531.7 | 634.8 |
| **客运量** | **万人** | **772 682.0** | **1 478 573.0** | **3 269 508.0** | **1 943 271.0** | **1 900 194.0** |
| #铁路 | 万人 | 95 712.0 | 105 073.0 | 167 609.0 | 253 484.0 | 281 405.0 |
| 公路 | 万人 | 648 085.0 | 1 347 392.0 | 3 052 738.0 | 1 619 097.0 | 1 542 759.0 |
| **旅客周转量** | **亿人公里** | **5 628.0** | **12 261.0** | **27 894.0** | **30 059.0** | **31 258.0** |
| #铁路 | 亿人公里 | 2 612.6 | 4 532.6 | 8 762.0 | 11 961.0 | 12 579.0 |
| 公路 | 亿人公里 | 2 620.3 | 6 657.4 | 15 021.0 | 10 743.0 | 10 229.0 |
| **货运量** | **万吨** | **970 602.0** | **1 358 682.0** | **3 241 807.0** | **4 175 886.0** | **4 386 762.0** |
| #铁路 | 万吨 | 150 681.0 | 178 581.0 | 364 271.0 | 335 801.0 | 333 186.0 |
| 公路 | 万吨 | 724 040.0 | 1 038 813.0 | 2 448 052.0 | 3 150 019.0 | 3 341 259.0 |
| 水运 | 万吨 | 80 094.0 | 122 391.0 | 378 949.0 | 613 567.0 | 638 238.0 |
| **货物周转量** | **亿吨公里** | **26 208.0** | **44 321.0** | **141 837.0** | **178 356.0** | **186 629.0** |
| #铁路 | 亿吨公里 | 10 622.0 | 13 770.0 | 27 644.0 | 23 754.0 | 23 792.0 |
| 公路 | 亿吨公里 | 3 358.0 | 6 129.0 | 43 390.0 | 57 956.0 | 61 080.0 |
| 水运 | 亿吨公里 | 11 592.0 | 23 734.0 | 68 428.0 | 91 772.0 | 97 339.0 |
| **民用汽车拥有量** | **万辆** | **551.4** | **1 608.9** | **7 801.8** | **16 284.5** | **19 185.6** |
| #载客汽车 | 万辆 | 162.2 | 853.7 | 6 124.1 | 14 095.9 | 16 278.2 |
| 载货汽车 | 万辆 | 368.5 | 716.3 | 1 597.6 | 2 065.6 | 2 171.9 |
| #私人汽车 | 万辆 | 81.6 | 625.3 | 5 938.7 | 14 099.1 | 16 561.3 |
| **民用运输船舶拥有量** | **艘** | **425 934.0** | **229 676.0** | **178 407.0** | **165 905.0** | **160 144.0** |
| #机动船 | 艘 | 325 888.0 | 185 018.0 | 155 624.0 | 149 659.0 | 144 568.0 |
| 驳船 | 艘 | 82 482.0 | 44 658.0 | 22 783.0 | 16 246.0 | 15 576.0 |
| #私人运输船舶 | 艘 | 231 168.0 | 142 117.0 | 45 786.0 | | 31 345.0 |
| **沿海规模以上港口** | | | | | | |
| **货物吞吐量** | **万吨** | **48 321.0** | **125 603.0** | **548 358.0** | **784 578.0** | **810 933.0** |

## 中国民用航空航线及飞机架数

| 指 标 | 单 位 | 1990年 | 2000年 | 2010年 | 2015年 | 2016年 |
|---|---|---|---|---|---|---|
| **定期航班航线条数** | **条** | **437** | **1 165** | **1 880** | **3 326** | **3 794** |
| 国际航线 | 条 | 44 | 133 | 302 | 660 | 739 |
| 国内航线 | 条 | 385 | 1 032 | 1 578 | 2 666 | 3 055 |
| #港澳地区航线 | 条 | 8 | 42 | 85 | 109 | 109 |
| **定期航班航线里程** | **万公里** | **51** | **150** | **277** | **532** | **635** |
| 国际航线 | 万公里 | 17 | 51 | 107 | 239 | 283 |
| 国内航线 | 万公里 | 33 | 99 | 170 | 292 | 352 |
| #港澳地区航线 | 万公里 | 1 | 6 | 12 | 17 | 17 |
| **定期航班通航机场** | **个** | **94** | **139** | **175** | **206** | **216** |
| **民用飞机架数** | **架** | **503** | **982** | **2 405** | **4 554** | **5 046** |
| 运输飞机 | 架 | 204 | 527 | 1 597 | 2 650 | 2 950 |
| 大中型飞机 | 架 | | 462 | 1 453 | 2 499 | 2 789 |
| 小型飞机 | 架 | | 65 | 144 | 151 | 161 |
| 通用航空飞机 | 架 | 217 | 301 | 606 | 1 904 | 2 096 |

注：1. 1992年以前，民航机场和飞机架数为民航总局直属企业数，1992年起为民航全行业数据。
2. 1997年以前，港澳地区航线与国内航线、国际航线并列统计。1997年起，民航所属至香港航线统计在国内航线中，航线里程及运输量统计口径也做同样调整。1999年起，港澳地区航线为国内航线的其中项，包含民航至香港、澳门航线及运输量。
3. 民航国内通航机场不包含香港、澳门特别行政区。
4. 2011年起民用航空航线条数改为定期航班航线条数，民用航空航线里程改为定期航班航线里程，民航国内通航机场改为定期航班通航机场，统计口径不变。
5. 2015年起通用航空飞机数包含教学校验飞机。

## 中国沿海规模以上主要港口货物吞吐量

单位：万吨

| 港 口 | 1990年 | 2000年 | 2010年 | 2015年 | 2016年 |
|---|---|---|---|---|---|
| **总 计** | **48 321** | **125 603** | **548 358** | **784 578** | **810 933** |
| 大 连 | 4 952 | 9 084 | 31 399 | 41 482 | 43 660 |
| 营 口 | 237 | 2 268 | 22 579 | 33 849 | 35 217 |
| 秦皇岛 | 6 945 | 9 743 | 26 297 | 25 309 | 18 682 |
| 天 津 | 2 063 | 9 566 | 41 325 | 54 051 | 55 056 |
| 烟 台 | 668 | 1 774 | 15 033 | 25 163 | 26 537 |
| 青 岛 | 3 034 | 8 636 | 35 012 | 48 453 | 50 036 |
| 日 照 | 925 | 2 674 | 22 597 | 33 707 | 35 007 |
| 上 海 | 13 959 | 20 440 | 56 320 | 64 906 | 64 482 |
| 连云港 | 1 137 | 2 708 | 12 739 | 19 756 | 20 082 |
| 宁波—舟山 | 2 554 | 11 547 | 63 300 | 88 929 | 92 209 |
| 福 州 | 561 | 2 426 | 7 125 | 13 967 | 14 516 |
| 厦 门 | 529 | 1 965 | 12 728 | 21 023 | 20 911 |
| 深 圳 | 1 258 | 5 697 | 22 098 | 21 706 | 21 410 |
| 广 州 | 4 163 | 11 128 | 41 095 | 50 053 | 52 254 |
| 湛 江 | 1 557 | 2 038 | 13 638 | 22 036 | 25 612 |
| 海 口 | 288 | 808 | 5 700 | 9 204 | 9 952 |
| 八 所 | 431 | 378 | 893 | 1 767 | 1 516 |
| 其他港口 | 3 060 | 22 723 | 118 480 | 209 217 | 223 794 |

注：1. 2006年起，宁波—舟山港统计范围包括原宁波港和舟山港，以往年度数据为原宁波港数据。
2. 2007年起，烟台港统计范围包括原烟台港和龙口港，以往年度数据为原烟台港数据。
3. 2009年起，湛江港和海口港港区范围有调整。
4. 2011年起，厦门港统计范围包括原厦门港和漳州港，以往年度数据为原厦门港数据。
5. 2015年起，沿海规模以上港口增加盐城港。

**中国邮电业务基本情况**

| 指 标 | 单 位 | 1990年 | 2000年 | 2010年 | 2015年 | 2016年 |
|---|---|---|---|---|---|---|
| **邮电业务量** | | | | | | |
| 邮电业务总量 | 亿元 | 155.5 | 4 792.7 | 31 978.5 | 28 425.0 | 43 345.5 |
| 邮政业务总量 | 亿元 | 46.0 | 232.8 | 1 985.3 | 5 078.7 | 7 397.2 |
| 电信业务总量 | 亿元 | 109.6 | 4 559.9 | 29 993.2 | 23 346.3 | 35 948.3 |
| 函件 | 亿件 | 54.9 | 77.7 | 74.0 | 45.8 | 36.2 |
| 快递 | 万件 | 343.0 | 11 031.0 | 233 892.0 | 2 066 637.0 | 3 128 315.0 |
| 报刊期发数 | 万份 | 20 078.0 | 20 090.0 | 17 158.0 | 15 540.0 | 13 618.0 |
| 移动电话用户 | 万户 | 1.8 | 8 453.3 | 85 900.3 | 127 139.7 | 132 193.4 |
| 互联网上网人数 | 万人 | | 2 250.0 | 45 730.0 | 68 826.0 | 73 125.0 |
| 固定电话用户 | 万户 | 685.0 | 14 482.9 | 29 434.2 | 23 099.6 | 20 662.4 |
| 城市电话 | 万户 | 538.4 | 9 311.6 | 19 658.1 | 17 320.8 | 15 619.2 |
| 农村电话 | 万户 | 146.6 | 5 171.3 | 9 776.1 | 5 778.9 | 5 043.3 |
| **邮政局所及邮电通信电路** | | | | | | |
| 营业网点 | 万处 | 5.4 | 5.8 | 7.6 | 18.9 | 21.7 |
| 邮路总长度 | 万公里 | 161.8 | 307.3 | 463.6 | 637.6 | 658.5 |
| 农村投递路线长度 | 万公里 | 336.5 | 336.5 | 369.1 | 375.6 | 376.8 |
| 长途光缆线路长度 | 万公里 | 0.3 | 28.7 | 81.8 | 96.5 | 99.3 |
| 互联网宽带接入端口 | 万个 | | | 18 781.1 | 57 709.4 | 69 028.6 |
| **邮电通信设备拥有量** | | | | | | |
| 固定长途自动交换机容量 | 万路端 | 16.1 | 563.5 | 1 641.5 | 811.1 | 681.1 |
| 局用交换机容量 | 万门 | 1 231.8 | 17 825.6 | 46 537.3 | 26 446.5 | 23 234.7 |
| 移动电话交换机容量 | 万户 | 5.1 | 13 985.6 | 150 284.9 | 218 150.0 | 218 383.5 |
| 邮电通信服务水平 | | | | | | |
| 电话普及率（含移动） | 部/百人 | 1.1 | 19.1 | 86.4 | 109.3 | 111.2 |
| 移动电话普及率 | 部/百人 | 0.0 | 6.7 | 64.4 | 92.5 | 96.2 |

**注：** 1. 邮电业务总量2000年及以前按1990年不变价格计算，2001年起按2000年不变价格计算，2011年起按2010年不变价格计算。
2. 1997年及以前城市电话用户为市内电话用户数。
3. 1998年及以前邮政局所为邮电局所。
4. 2006年及以前邮政业务总量、特快专递和邮政局所统计口径为中国邮政集团，2007年起包括规模以上（年业务收入200万元以上）邮政业法人企业数据。

## 中国旅游人数和收入

| 地 区 | 单 位 | 2010年 | 2013年 | 2014年 | 2015年 | 2016年 |
|---|---|---|---|---|---|---|
| **按国别分外国入境游客** | **万人次** | **2 612.7** | **2 629.0** | **2 636.1** | **2 598.5** | **2 813.0** |
| #日 本 | 万人次 | 373.1 | 287.8 | 271.8 | 249.8 | 259.0 |
| 马来西亚 | 万人次 | 124.5 | 120.7 | 113.0 | 107.5 | 116.5 |
| 蒙 古 | 万人次 | 79.4 | 105.0 | 108.3 | 101.4 | 158.1 |
| 菲律宾 | 万人次 | 82.8 | 99.7 | 96.8 | 100.4 | 113.5 |
| 新加坡 | 万人次 | 100.4 | 96.7 | 97.1 | 90.5 | 92.5 |
| 韩 国 | 万人次 | 407.6 | 396.9 | 418.2 | 444.4 | 477.5 |
| 英 国 | 万人次 | 57.5 | 62.5 | 60.5 | 58.0 | 59.5 |
| 德 国 | 万人次 | 60.9 | 64.9 | 66.3 | 62.3 | 62.5 |
| 法 国 | 万人次 | 51.3 | 53.4 | 51.7 | 48.7 | 50.4 |
| 俄罗斯 | 万人次 | 237.0 | 218.6 | 204.6 | 158.2 | 197.7 |
| 加拿大 | 万人次 | 68.5 | 68.4 | 66.7 | 68.0 | 74.1 |
| 美 国 | 万人次 | 201.0 | 208.5 | 209.3 | 208.6 | 225.0 |
| 澳大利亚 | 万人次 | 66.1 | 72.3 | 67.2 | 63.7 | 67.5 |
| **国内旅游人数** | **亿人次** | **21.0** | **32.6** | **36.1** | **40.0** | **44.4** |
| 城镇居民 | 亿人次 | 10.7 | 21.9 | 24.8 | 28.0 | 32.0 |
| 农村居民 | 亿人次 | 10.4 | 10.8 | 11.3 | 11.9 | 12.4 |
| **旅游收入** | | | | | | |
| 国际旅游外汇收入 | 亿美元 | 458.1 | 516.6 | 1 053.8 | 1 136.5 | 1 200.0 |
| 国内旅游收入 | 亿 元 | 12 579.8 | 26 276.1 | 30 311.9 | 34 195.1 | 39 390.0 |

**注：** 1. 本表数据由国家旅游局提供。
2. 国际旅游（外汇）收入指入境旅游者在中国（大陆）境内旅游过程中用于交通、参观游览、住宿、餐饮、购物、娱乐等全部花费。
3. 从2014年起国家旅游局对国际旅游（外汇）收入数据进行了修订。

## 2016年世界主要国家（地区）货物贸易额

金额单位：10亿美元

| 出口 | | | | | 进口 | | | | |
|---|---|---|---|---|---|---|---|---|---|
| 排名 | 国别（地区） | 出口额 | 比重（%） | 年增长率（%） | 排名 | 国别（地区） | 进口额 | 比重（%） | 年增长率（%） |
| 1 | 中国 | 2 098 | 13.2 | -8.0 | 1 | 美国 | 2 251 | 19.9 | -3.0 |
| 2 | 美国 | 1 455 | 9.1 | -3.0 | 2 | 中国 | 1 587 | 9.8 | -5.0 |
| 3 | 德国 | 1 340 | 8.4 | 1.0 | 3 | 德国 | 1 055 | 6.5 | 0.0 |
| 4 | 日本 | 645 | 4.0 | 3.0 | 4 | 英国 | 636 | 3.9 | 1.0 |
| 5 | 荷兰 | 570 | 3.6 | 0.0 | 5 | 日本 | 607 | 3.7 | -6.0 |
| 6 | 中国香港 | 517 | 3.2 | 1.0 | 6 | 法国 | 573 | 3.5 | 0.0 |
| 7 | 法国 | 501 | 3.1 | -1.0 | 7 | 中国香港 | 547 | 3.4 | -2.0 |
| 8 | 韩国 | 495 | 3.1 | -6.0 | 8 | 荷兰 | 503 | 3.1 | -2.0 |
| 9 | 意大利 | 462 | 2.9 | 1.0 | 9 | 加拿大① | 417 | 2.6 | -5.0 |
| 10 | 英国 | 409 | 2.6 | -11.0 | 10 | 韩国 | 406 | 2.5 | -7.0 |
| 11 | 比利时 | 396 | 2.5 | 0.0 | 11 | 意大利 | 404 | 2.5 | -2.0 |
| 12 | 加拿大 | 390 | 2.4 | -5.0 | 12 | 墨西哥 | 398 | 2.5 | -2.0 |
| 13 | 墨西哥 | 374 | 2.3 | -2.0 | 13 | 比利时 | 367 | 2.3 | -2.0 |
| 14 | 新加坡 | 330 | 2.1 | -5.0 | 14 | 印度 | 359 | 2.2 | -9.0 |
| 15 | 瑞士② | 303 | 1.9 | 5.0 | 15 | 西班牙 | 309 | 1.9 | -1.0 |
| 16 | 西班牙 | 287 | 1.8 | 2.0 | 16 | 新加坡④ | 283 | 1.7 | -5.0 |
| 17 | 俄罗斯 | 282 | 1.8 | -17.0 | 17 | 瑞士② | 269 | 1.7 | 6.0 |
| 18 | 中国台湾省 | 280 | 1.8 | -2.0 | 18 | 中国台湾省 | 231 | 1.4 | -3.0 |
| 19 | 阿联酋③ | 266 | 1.7 | -2.0 | 19 | 阿联酋③ | 225 | 1.4 | -2.0 |
| 20 | 印度 | 264 | 1.7 | -1.0 | 20 | 土耳其 | 199 | 1.2 | -4.0 |
| 21 | 泰国 | 215 | 1.3 | 0.0 | 21 | 波兰 | 197 | 1.2 | 0.0 |
| 22 | 波兰 | 203 | 1.3 | 2.0 | 22 | 澳大利亚③ | 196 | 1.2 | -6.0 |
| 23 | 澳大利亚 | 190 | 1.2 | 1.0 | 23 | 泰国 | 195 | 1.2 | -4.0 |
| 24 | 马来西亚 | 189 | 1.2 | -5.0 | 24 | 俄罗斯① | 191 | 1.2 | 1.0 |
| 25 | 巴西 | 185 | 1.2 | -3.0 | 25 | 越南 | 174 | 1.1 | 5.0 |
| 26 | 越南 | 177 | 1.1 | 9.0 | 26 | 马来西亚 | 168 | 1.0 | -4.0 |
| 27 | 沙特阿拉伯③ | 175 | 1.1 | -14.0 | 27 | 奥地利 | 157 | 1.0 | 1.0 |
| 28 | 捷克共和国 | 163 | 1.0 | 3.0 | 28 | 巴西 | 143 | 0.9 | -20.0 |
| 29 | 奥地利 | 152 | 1.0 | 0.0 | 29 | 捷克共和国 | 142 | 0.9 | 1.0 |
| 30 | 印度尼西亚 | 144 | 0.9 | -4.0 | 30 | 瑞典 | 140 | 0.9 | 1.0 |
| | **以上合计④** | **13 458** | **84.3** | **—** | | **以上合计④** | **13 332** | **82.2** | **—** |
| | **世界④** | **15 955** | **100.0** | **-3.0** | | **世界④** | **16 225** | **100.0** | **-3.0** |

**注：**①离岸价格。
②包括黄金。
③世贸组织估计数字。
④包括转口或进口后再转口。

**资料来源：**世界贸易组织《新闻简报》2017年4月12日。

世界货物贸易额及增长率

| 年 份 | 贸易额（100万美元） | | | 增减率（%） | | |
|---|---|---|---|---|---|---|
| | 出 口 | 进 口 | 总 额 | 出 口 | 进 口 | 总 额 |
| 1950 | 55 400 | 58 000 | 113 400 | — | — | — |
| 1955 | 84 300 | 89 200 | 173 500 | 52. 20 | 53. 80 | 53. 00 |
| 1960 | 113 100 | 119 400 | 232 500 | 34. 20 | 33. 90 | 34. 00 |
| 1961 | 118 300 | 124 500 | 242 800 | 4. 60 | 4. 30 | 4. 40 |
| 1962 | 124 100 | 132 100 | 256 200 | 4. 90 | 6. 10 | 5. 50 |
| 1963 | 135 400 | 143 500 | 278 900 | 9. 10 | 8. 60 | 8. 90 |
| 1964 | 152 200 | 161 000 | 313 200 | 12. 40 | 12. 20 | 12. 30 |
| 1965 | 164 300 | 174 300 | 338 600 | 8. 00 | 8. 30 | 8. 10 |
| 1966 | 180 800 | 192 100 | 372 900 | 10. 00 | 10. 20 | 10. 10 |
| 1967 | 189 800 | 201 500 | 391 300 | 5. 00 | 4. 90 | 4. 90 |
| 1968 | 212 400 | 224 800 | 437 200 | 11. 90 | 11. 60 | 11. 70 |
| 1969 | 243 400 | 256 500 | 499 900 | 14. 60 | 14. 10 | 14. 30 |
| 1970 | 314 581 | 328 921 | 643 502 | — | — | — |
| 1971 | 388 390 | 366 384 | 754 774 | 23. 50 | 11. 40 | 17. 30 |
| 1972 | 415 534 | 434 021 | 849 555 | 7. 00 | 18. 50 | 12. 60 |
| 1973 | 572 967 | 599 935 | 1 172 902 | 37. 90 | 38. 20 | 38. 10 |
| 1974 | 841 757 | 860 716 | 1 702 473 | 46. 90 | 43. 50 | 45. 20 |
| 1975 | 874 599 | 904 512 | 1 779 111 | 3. 90 | 5. 10 | 4. 50 |
| 1976 | 989 495 | 1 013 573 | 2 003 068 | 13. 10 | 12. 10 | 12. 60 |
| 1977 | 1 125 542 | 1 160 520 | 2 286 062 | 13. 70 | 14. 50 | 14. 10 |
| 1978 | 1 297 387 | 1 347 130 | 2 644 517 | 15. 30 | 16. 10 | 15. 70 |
| 1979 | 1 639 050 | 1 686 807 | 3 325 857 | 26. 30 | 25. 20 | 25. 80 |
| 1980 | 1 993 625 | 2 047 425 | 4 041 050 | 21. 60 | 21. 40 | 21. 50 |
| 1981 | 1 976 311 | 2 036 088 | 4 012 399 | -0. 90 | -0. 60 | -0. 70 |
| 1982 | 1 857 550 | 1 922 231 | 3 779 781 | -6. 00 | -5. 60 | -5. 80 |
| 1983 | 1 812 494 | 1 871 842 | 3 684 336 | -2. 40 | -2. 60 | -2. 50 |
| 1984 | 1 909 315 | 1 979 969 | 3 889 284 | 5. 40 | 5. 80 | 5. 60 |
| 1985 | 1 930 005 | 2 000 550 | 3 930 555 | 1. 10 | 1. 00 | 1. 10 |
| 1986 | 2 128 093 | 2 197 905 | 4 325 998 | 10. 30 | 9. 90 | 10. 10 |
| 1987 | 2 490 805 | 2 559 664 | 5 050 469 | 17. 00 | 16. 50 | 16. 70 |

世界货物贸易额及增长率(续)

| 年 份 | 贸易额（100万美元） | | | 增减率（%） | | |
|---|---|---|---|---|---|---|
| | 出 口 | 进 口 | 总 额 | 出 口 | 进 口 | 总 额 |
| 1988 | 2 825 338 | 2 911 879 | 5 737 217 | 13. 40 | 13. 80 | 13. 60 |
| 1989 | 3 021 346 | 3 134 724 | 6 156 070 | 6. 90 | 7. 70 | 7. 30 |
| 1990 | 3 425 043 | 3 556 509 | 6 981 552 | 13. 40 | 13. 50 | 13. 40 |
| 1991 | 3 429 909 | 3 551 742 | 6 981 651 | 0. 10 | -0. 10 | 0. 00 |
| 1992 | 3 685 645 | 3 798 612 | 7 484 257 | 7. 50 | 7. 00 | 7. 20 |
| 1993 | 3 707 921 | 3 755 627 | 7 463 548 | 0. 60 | -1. 10 | -0. 30 |
| 1994 | 4 223 599 | 4 261 522 | 8 485 121 | 13. 90 | 13. 50 | 13. 70 |
| 1995 | 5 051 309 | 5 090 531 | 10 141 840 | 19. 60 | 19. 50 | 19. 50 |
| 1996 | 5 257 103 | 5 327 563 | 10 584 666 | 4. 10 | 4. 70 | 4. 40 |
| 1997 | 5 305 478 | 5 357 622 | 10 663 100 | 0. 90 | 0. 60 | 0. 70 |
| 1998 | 5 213 657 | 5 286 084 | 10 499 741 | -1. 70 | -1. 30 | -1. 30 |
| 1999 | 5 413 365 | 5 503 698 | 10 917 063 | 3. 8 | 4. 1 | 4. 0 |
| 2000 | 6 356 560 | 6 517 703 | 12 874 263 | 17. 4 | 18. 4 | 17. 9 |
| 2001 | 5 752 323 | 5 935 208 | 11 687 531 | -9. 5 | -8. 9 | -9. 2 |
| 2002 | 6 027 748 | 6 153 836 | 12 181 584 | 4. 8 | 3. 7 | 4. 2 |
| 2003 | 7 021 833 | 7 175 117 | 14 196 950 | 16. 5 | 16. 6 | 16. 5 |
| 2004 | 8 550 926 | 8 771 684 | 17 322 610 | 21. 8 | 22. 3 | 22. 0 |
| 2005 | 9 742 273 | 9 982 705 | 19 724 978 | 13. 9 | 13. 8 | 13. 9 |
| 2006 | 11 973 699 | 12 195 963 | 24 169 662 | 22. 9 | 22. 2 | 22. 5 |
| 2007 | 13 793 581 | 14 032 553 | 27 826 134 | 15. 2 | 15. 1 | 15. 1 |
| 2008 | 16 013 161 | 16 221 484 | 32 234 645 | 16. 0 | 15. 6 | 15. 8 |
| 2009 | 12 407 649 | 12 488 612 | 24 896 261 | -22. 3 | -23. 0 | -22. 7 |
| 2010 | 15 099 379 | 15 152 112 | 30 251 491 | 21. 7 | 21. 3 | 21. 3 |
| 2011 | 18 031 287 | 18 084 004 | 36 115 291 | 19. 4 | 19. 3 | 19. 4 |
| 2012 | 18 086 251 | 18 139 226 | 36 225 477 | 0. 3 | 0. 3 | 0. 3 |
| 2013 | 18 461 328 | 18 444 618 | 36 905 946 | 2. 1 | 1. 6 | 1. 9 |
| 2014 | 18 652 979 | 18 619 537 | 37 272 516 | 0. 9 | 0. 9 | 0. 9 |
| 2015 | 16 274 413 | 16 301 409 | 32 575 822 | -12. 7 | -12. 4 | -12. 6 |
| 2016 | 15 767 605 | 15 827 395 | 31 595 000 | -3. 1 | -2. 6 | -2. 9 |

**注**：1970年以前不包括前中央计划经济国家。

**资料来源**：联合国《统计月报》，世界贸易组织《世界贸易统计评论》。

## 世界部分国家（地区）货物贸易进口额

金额单位：100 万美元

| 国别（地区）\年份 | 2000 | 2010 | 2011 | 2012 | 2013 | 2014 | 2015 | 2016 |
|---|---|---|---|---|---|---|---|---|
| **世界** | **6 517 703** | **15 152 112** | **18 084 004** | **18 139 226** | **18 444 618** | **18 619 537** | **16 301 409** | **15 827 395** |
| 发达的市场经济国家 | 4 494 093 | 8 627 296 | 10 095 387 | 9 860 868 | 9 888 460 | 10 047 257 | 8 826 357 | 8 722 535 |
| 发展中的市场经济国家 | 2 023 610 | 6 524 816 | 7 988 617 | 8 278 358 | 8 556 158 | 8 572 280 | 7 475 052 | 7 104 860 |
| 石油输出国组织 | 137 962 | 593 064 | 876 962 | 743 728 | 810 389 | 837 729 | 747 301 | 616 358 |
| **美洲** | **1 875 411** | **3 219 804** | **3 768 573** | **3 879 662** | **3 917 428** | **3 999 397** | **3 678 629** | **3 564 314** |
| 美国 | 1 259 300 | 1 969 180 | 2 265 890 | 2 336 520 | 2 329 060 | 2 412 550 | 2 248 230 | 2 251 350 |
| 加拿大 | 238 812 | 392 119 | 451 246 | 462 423 | 461 925 | 465 958 | 423 776 | 404 433 |
| 墨西哥 | 174 500 | 301 482 | 350 856 | 370 746 | 381 202 | 399 977 | 395 232 | 387 065 |
| 巴西 | 58 631 | 191 537 | 236 946 | 228 377 | 250 557 | 239 156 | 178 832 | 143 632 |
| 智利 | 18 507 | 57 928 | 73 545 | 79 080 | 80 443 | 72 433 | 62 797 | 58 892 |
| 阿根廷 | 25 280 | 48 048 | 74 319 | 68 505 | 74 002 | 65 323 | 59 789 | 55 608 |
| 哥伦比亚 | 11 539 | 40 683 | 54 675 | 58 633 | 59 397 | 64 060 | 54 058 | 44 890 |
| 委内瑞拉 | 16 213 | 33 815 | 38 346 | 43 501 | 46 363 | 44 478 | 40 146 | — |
| 秘鲁 | 7 407 | 28 818 | 37 112 | 41 089 | 42 199 | 40 766 | 37 014 | — |
| 厄瓜多尔 | 3 721 | 20 591 | 24 286 | 25 304 | 27 021 | 27 726 | 21 518 | 16 219 |
| 多米尼加共和国 | 6 416 | 12 885 | 14 522 | 14 939 | 13 876 | 13 838 | 16 865 | 17 484 |
| 危地马拉 | 5 171 | 12 051 | 14 518 | 14 873 | 14 368 | 14 921 | 14 998 | 16 987 |
| 哥斯达黎加 | 6 389 | 13 557 | 16 218 | 17 513 | 17 923 | 17 229 | 15 425 | 15 343 |
| 巴拿马 | 3 379 | 9 145 | 11 340 | 12 494 | 13 024 | 13 705 | 12 136 | 11 697 |
| 萨尔瓦多 | 3 795 | 8 548 | 10 118 | 10 270 | 10 772 | 10 513 | 10 416 | 9 855 |
| 玻利维亚 | 1 830 | 5 590 | 7 927 | 8 578 | 9 338 | 10 421 | 9 480 | 8 374 |
| 洪都拉斯 | 2 855 | 7 079 | 8 953 | 9 464 | 9 169 | 9 311 | 9 424 | — |
| 乌拉圭 | 3 466 | 8 619 | 10 623 | 10 642 | 10 990 | 10 901 | 9 095 | 7 909 |
| 特立尼达和多巴哥 | 3 308 | 6 483 | 9 976 | 9 400 | 8 799 | 8 750 | 6 495 | — |
| 牙买加 | 3 302 | 5 201 | 6 489 | 6 485 | 6 200 | 5 840 | 4 995 | — |
| **欧洲** | **2 533 386** | **5 345 998** | **6 249 719** | **5 885 027** | **5 988 807** | **6 083 051** | **5 265 403** | **5 230 007** |
| 德国 | 495 450 | 1 056 170 | 1 256 168 | 1 164 626 | 1 192 751 | 1 209 307 | 1 052 923 | 1 056 421 |
| 英国 | 334 371 | 562 493 | 638 940 | 654 031 | 663 131 | 684 069 | 622 552 | 588 538 |
| 法国 | 311 029 | 608 652 | 712 906 | 667 207 | 673 520 | 670 113 | 564 571 | 561 164 |
| 荷兰 | 198 882 | 440 024 | 507 759 | 500 643 | 513 108 | 508 207 | 424 883 | 420 969 |
| 意大利 | 238 071 | 486 968 | 558 813 | 489 096 | 477 292 | 470 392 | 407 914 | 401 622 |
| 比利时 | 176 992 | 391 333 | 466 833 | 439 492 | 449 225 | 453 771 | 375 603 | 372 812 |
| 西班牙 | 152 901 | 315 548 | 362 835 | 325 836 | 333 932 | 359 132 | 312 583 | 310 283 |
| 波兰 | 48 970 | 178 149 | 206 844 | 196 198 | 205 174 | 219 859 | 194 134 | 197 394 |
| 俄罗斯 | 33 884 | 229 655 | 305 605 | 314 150 | 314 967 | 286 669 | 182 719 | 182 265 |
| 瑞士 | 76 104 | 166 924 | 196 790 | 188 618 | 191 705 | 195 148 | 172 869 | 175 908 |
| 奥地利 | 68 986 | 150 601 | 182 340 | 169 657 | 172 596 | 171 388 | 147 432 | 149 299 |

## 世界部分国家（地区）货物贸易进口额（续）

金额单位：100 万美元

| 国别（地区） \ 年份 | 2000 | 2010 | 2011 | 2012 | 2013 | 2014 | 2015 | 2016 |
|---|---|---|---|---|---|---|---|---|
| 捷克 | 32 180 | 126 600 | 152 122 | 141 515 | 144 320 | 154 233 | 141 367 | 142 782 |
| 瑞典 | 72 982 | 148 474 | 174 730 | 164 113 | 159 665 | 159 535 | 137 705 | 139 798 |
| 匈牙利 | 31 955 | 87 612 | 100 989 | 94 282 | 99 091 | 103 942 | 90 746 | 92 016 |
| 丹麦 | 44 364 | 83 170 | 96 431 | 92 296 | 98 374 | 99 127 | 84 523 | 85 000 |
| 斯洛伐克 | 13 413 | 66 110 | 81 505 | 79 077 | 83 632 | 83 675 | 75 161 | 77 130 |
| 罗马尼亚 | 13 055 | 61 885 | 76 251 | 70 260 | 73 452 | 77 882 | 69 852 | 74 605 |
| 挪威 | 34 351 | 77 326 | 90 787 | 87 316 | 89 988 | 88 053 | 75 677 | 72 013 |
| 爱尔兰 | 51 444 | 60 686 | 67 173 | 63 230 | 65 996 | 70 770 | 71 468 | 71 424 |
| 葡萄牙 | 38 192 | 75 576 | 82 481 | 72 486 | 75 728 | 78 390 | 66 875 | 67 473 |
| 芬兰 | 33 900 | 68 773 | 84 235 | 76 558 | 77 590 | 76 627 | 60 400 | 60 478 |
| 希腊 | 29 221 | 67 328 | 68 071 | 63 713 | 62 419 | 64 190 | 48 306 | 48 225 |
| 保加利亚 | 6 505 | 25 473 | 32 579 | 32 712 | 34 350 | 34 730 | 28 776 | 28 792 |
| 卢森堡 | 10 718 | 21 738 | 26 312 | 24 180 | 23 912 | 23 545 | 19 307 | 19 171 |
| 马耳他 | 3 400 | 5 735 | 7 415 | 7 923 | 7 479 | 8 122 | 6 442 | 7 029 |
| 冰岛 | 2 591 | 3 920 | 4 833 | 4 772 | 4 787 | 5 240 | 5 307 | 5 600 |
| **非洲** | **125 755** | **452 690** | **545 374** | **563 362** | **590 911** | **597 623** | **527 494** | **464 996** |
| 南非 | 28 980 | 80 132 | 99 713 | 101 415 | 101 262 | 99 924 | 85 715 | 75 101 |
| 埃及 | 14 010 | 52 923 | 58 903 | 65 774 | 59 662 | 61 010 | 65 044 | 57 318 |
| 阿尔及利亚 | 9 172 | 40 228 | 47 279 | 50 352 | 54 965 | 58 367 | 51 763 | 46 734 |
| 尼日利亚 | 8 721 | 44 235 | 64 410 | 35 703 | 44 598 | 46 505 | 34 891 | 34 495 |
| 摩洛哥 | 11 534 | 35 385 | 44 267 | 44 885 | 45 641 | 46 057 | 37 513 | — |
| 安哥拉 | 3 040 | 16 574 | 22 938 | 23 717 | 26 344 | 28 587 | 20 095 | — |
| 突尼斯 | 8 567 | 22 218 | 23 958 | 24 447 | 24 317 | 24 828 | 20 221 | 19 456 |
| 肯尼亚 | 3 105 | 12 074 | 14 783 | 16 288 | 16 358 | 18 397 | 16 097 | 14 122 |
| 利比亚 | 3 731 | 10 506 | 7 999 | 22 996 | 27 010 | 18 994 | 13 000 | — |
| 埃塞俄比亚 | 1 261 | 8 535 | 8 897 | 11 914 | 11 510 | 16 244 | 19 063 | — |
| 坦桑尼亚 | 1 523 | 7 708 | 10 702 | 11 336 | 12 212 | 11 994 | 10 208 | — |
| 科特迪瓦 | 2 395 | 7 863 | 6 714 | 9 774 | 12 628 | 10 722 | 9 877 | 8 380 |
| 喀麦隆 | 1 278 | 4 847 | 6 802 | 6 515 | 6 657 | 7 553 | 6 661 | — |
| 毛里求斯 | 2 091 | 4 387 | 5 149 | 5 355 | 5 399 | 5 610 | 4 794 | — |
| 加蓬 | 996 | 2 984 | 3 666 | 3 630 | 3 886 | 3 105 | 3 033 | — |
| 马达加斯加 | 733 | 2 546 | 2 628 | 2 486 | 3 201 | 3 254 | 3 164 | — |
| 马拉维 | 533 | 2 162 | 2 426 | 2 334 | 2 831 | 2 960 | — | — |
| **亚洲** | **1 414 482** | **4 688 652** | **5 710 819** | **5 941 291** | **6 131 889** | **6 195 745** | **5 448 116** | **5 231 725** |
| 中国 | 225 094 | 1 396 200 | 1 742 850 | 1 818 170 | 1 949 300 | 1 963 110 | 1 680 790 | 1 589 460 |
| 日本 | 379 491 | 692 435 | 854 098 | 885 610 | 832 424 | 811 882 | 648 315 | 606 959 |
| 中国香港 | 212 805 | 433 111 | 483 633 | 504 405 | 523 558 | 544 112 | 521 984 | 516 411 |

## 世界部分国家（地区）货物贸易进口额（续）

金额单位：100 万美元

| 国别（地区） \ 年份 | 2000 | 2010 | 2011 | 2012 | 2013 | 2014 | 2015 | 2016 |
|---|---|---|---|---|---|---|---|---|
| 韩国 | 160 481 | 425 212 | 524 413 | 519 584 | 515 585 | 525 514 | 436 499 | 443 695 |
| 印度 | 51 563 | 350 192 | 464 507 | 489 689 | 465 424 | 462 909 | 393 840 | 362 024 |
| 新加坡 | 134 546 | 310 791 | 365 770 | 379 723 | 373 016 | 366 247 | 296 744 | 291 909 |
| 阿联酋 | 35 009 | 165 000 | 205 000 | 220 000 | 245 000 | 262 000 | 230 000 | — |
| 中国台湾省 | 140 730 | 251 236 | 281 438 | 277 324 | 278 010 | 281 850 | 237 219 | 230 568 |
| 土耳其 | 54 503 | 185 544 | 240 842 | 236 545 | 251 661 | 242 177 | 207 234 | 198 484 |
| 泰国 | 61 923 | 185 121 | 229 137 | 250 587 | 249 652 | 227 997 | 201 900 | 195 666 |
| 越南 | 15 638 | 83 779 | 104 041 | 115 101 | 131 260 | 148 770 | 162 825 | 174 207 |
| 马来西亚 | 81 963 | 164 622 | 187 473 | 196 393 | 205 898 | 208 851 | 176 011 | 168 392 |
| 沙特阿拉伯 | 30 197 | 106 864 | 131 587 | 155 592 | 168 155 | 173 908 | 174 785 | 135 904 |
| 印度尼西亚 | 43 595 | 135 323 | 176 881 | 190 992 | 186 351 | 178 182 | 142 691 | 135 549 |
| 菲律宾 | 36 887 | 58 533 | 64 097 | 65 845 | 65 645 | 68 700 | 74 644 | 85 892 |
| 以色列 | 37 686 | 61 209 | 75 830 | 75 392 | 74 861 | 75 483 | 64 990 | 68 879 |
| 孟加拉国 | 8 358 | 26 071 | 33 978 | 38 411 | 30 467 | 35 249 | 48 049 | 52 624 |
| 伊拉克 | — | 43 915 | 49 000 | 57 000 | 61 000 | 59 000 | 52 000 | — |
| 巴基斯坦 | 10 864 | 37 783 | 43 955 | 44 105 | 44 647 | 47 434 | 43 795 | 46 568 |
| 伊朗 | 14 347 | 65 404 | 61 760 | 53 451 | 49 709 | 53 569 | 42 500 | — |
| 卡塔尔 | 3 252 | 23 240 | 22 333 | 25 223 | 27 038 | 30 471 | 32 611 | 32 058 |
| 科威特 | 7 157 | 22 691 | 25 144 | 27 259 | 29 299 | 31 019 | 30 959 | 30 825 |
| 阿曼 | 5 040 | 19 775 | 23 620 | 29 447 | 34 333 | 29 432 | 29 007 | — |
| 约旦 | 4 597 | 15 085 | 18 463 | 20 691 | 21 701 | 22 952 | 20 016 | 19 479 |
| 斯里兰卡 | 6 281 | 13 512 | 20 268 | 19 102 | 17 973 | 19 652 | 19 039 | — |
| 缅甸 | 2 401 | 4 760 | 9 019 | 9 151 | 12 043 | 16 227 | 16 844 | — |
| 巴林 | 4 634 | 9 800 | 12 730 | 14 900 | 13 000 | 13 910 | 9 700 | — |
| 中国澳门 | 2 255 | 5 513 | 7 769 | 8 877 | 10 141 | 11 262 | 10 603 | 8 925 |
| 尼泊尔 | 1 573 | 5 495 | 5 762 | 6 499 | 6 428 | — | — | — |
| 叙利亚 | 4 055 | 16 950 | 16 400 | 7 800 | 5 800 | — | — | — |
| 塞浦路斯 | 3 846 | 8 647 | 8 791 | 7 379 | 6 419 | 8 828 | 5 667 | 6 604 |
| **大洋洲** | **88 863** | **241 751** | **271 703** | **307 846** | **294 572** | **292 795** | **259 039** | **248 769** |
| 澳大利亚 | 67 704 | 193 201 | 234 357 | 250 560 | 232 596 | 227 648 | 200 229 | 188 950 |
| 新西兰 | 14 235 | 31 819 | 37 346 | 37 818 | 40 354 | 42 542 | 36 616 | 36 603 |
| 巴布亚新几内亚 | 1 151 | 3 950 | 4 887 | 5 500 | — | — | — | — |
| 新喀里多尼亚 | 918 | 3 312 | 3 698 | 3 245 | 3 240 | 3 323 | 2 715 | 2 422 |
| 斐济 | 857 | 1 817 | 2 182 | 2 252 | 2 823 | 2 653 | 2 081 | 2 316 |
| 法属波利尼西亚 | 930 | 1 740 | 1 796 | 1 706 | 1 801 | 1 762 | 1 527 | 1 491 |
| 所罗门 | 98 | 300 | 474 | 497 | 537 | 499 | 467 | — |
| 瓦努阿图 | 87 | 285 | 305 | 296 | 313 | 313 | 367 | 422 |

**资料来源**：联合国《统计月报》，世界贸易组织《世界贸易统计评论》。

## 世界部分国家（地区）货物贸易出口额

金额单位：100 万美元

| 国别（地区）\ 年份 | 2000 | 2010 | 2011 | 2012 | 2013 | 2014 | 2015 | 2016 |
|---|---|---|---|---|---|---|---|---|
| **世界** | **6 356 560** | **15 099 379** | **18 031 287** | **18 086 251** | **18 461 328** | **18 652 979** | **16 274 413** | **15 767 605** |
| 发达的市场经济国家 | 4 131 930 | 7 995 822 | 9 292 855 | 9 072 679 | 9 196 719 | 9 336 909 | 8 233 938 | 8 209 829 |
| 发展中的市场经济国家 | 2 224 630 | 7 103 557 | 8 738 432 | 9 013 572 | 9 264 609 | 9 316 070 | 8 040 475 | 7 557 776 |
| 石油输出国组织 | 298 292 | 1 083 764 | 1 669 255 | 1 572 020 | 1 575 636 | 1 471 222 | 958 140 | 753 529 |
| **美洲** | **1 414 858** | **2 528 437** | **3 007 431** | **3 088 629** | **3 131 414** | **3 155 655** | **2 822 170** | **2 716 474** |
| 美国 | 781 918 | 1 278 490 | 1 480 290 | 1 545 710 | 1 579 050 | 1 623 410 | 1 504 580 | 1 453 830 |
| 加拿大 | 276 645 | 387 481 | 452 132 | 454 834 | 458 397 | 469 980 | 409 003 | 389 397 |
| 墨西哥 | 166 367 | 298 138 | 349 569 | 370 889 | 380 107 | 397 658 | 380 763 | 373 904 |
| 巴西 | 55 086 | 201 915 | 256 040 | 242 580 | 242 179 | 225 101 | 191 134 | 185 280 |
| 智利 | 19 210 | 68 996 | 80 027 | 79 712 | 77 877 | 74 547 | 64 087 | 59 869 |
| 阿根廷 | 26 341 | 64 722 | 84 269 | 75 219 | 83 026 | 71 936 | 59 706 | 57 732 |
| 委内瑞拉 | 31 413 | 65 745 | 92 811 | 97 877 | 88 753 | 74 714 | 37 236 | — |
| 秘鲁 | 6 955 | 35 565 | 46 118 | 45 600 | 41 484 | 37 870 | 34 236 | 36 518 |
| 哥伦比亚 | 13 043 | 39 710 | 56 507 | 59 573 | 58 657 | 54 788 | 35 606 | 30 985 |
| 厄瓜多尔 | 4 927 | 17 415 | 22 345 | 23 765 | 24 751 | 25 724 | 18 331 | 16 798 |
| 危地马拉 | 2 711 | 5 907 | 7 201 | 7 139 | 6 975 | 7 366 | 7 176 | 10 572 |
| 哥斯达黎加 | 5 850 | 9 343 | 10 238 | 11 151 | 11 542 | 11 217 | 9 525 | 9 862 |
| 特立尼达和多巴哥 | 4 274 | 10 188 | 14 842 | 13 100 | 12 700 | 11 600 | 7 285 | — |
| 乌拉圭 | 2 295 | 6 707 | 7 997 | 8 601 | 8 844 | 9 475 | 7 742 | 7 180 |
| 玻利维亚 | 1 230 | 6 179 | 8 107 | 10 312 | 11 189 | 12 266 | 8 261 | 6 969 |
| 萨尔瓦多 | 1 332 | 4 472 | 4 979 | 5 339 | 5 491 | 5 273 | 5 485 | 5 335 |
| 多米尼加共和国 | 966 | 2 711 | 3 678 | 4 129 | 4 474 | 4 677 | 4 011 | 4 366 |
| 洪都拉斯 | 1 297 | 2 712 | 3 892 | 4 427 | 3 923 | 4 063 | 3 911 | — |
| 牙买加 | 1 295 | 1 331 | 1 603 | 1 709 | 1 574 | 1 444 | 1 265 | — |
| 巴拿马 | 859 | 832 | 785 | 822 | 844 | 818 | 696 | 636 |
| **欧洲** | **2 515 996** | **5 314 924** | **6 227 981** | **5 978 722** | **6 149 772** | **6 270 446** | **5 472 773** | **5 495 493** |
| 德国 | 550 222 | 1 261 577 | 1 476 955 | 1 408 370 | 1 451 631 | 1 492 545 | 1 323 686 | 1 335 919 |
| 荷兰 | 213 447 | 492 742 | 569 513 | 554 707 | 567 658 | 574 233 | 471 091 | 511 714 |
| 法国 | 300 083 | 516 955 | 585 319 | 558 558 | 568 559 | 568 544 | 494 516 | 488 960 |
| 意大利 | 239 934 | 446 852 | 523 283 | 501 534 | 517 628 | 528 041 | 458 468 | 455 796 |
| 英国 | 281 525 | 410 006 | 478 460 | 478 114 | 474 197 | 482 354 | 439 589 | 407 329 |
| 比利时 | 187 876 | 407 055 | 475 981 | 446 637 | 467 302 | 473 354 | 397 948 | 399 500 |
| 俄罗斯 | 103 093 | 397 668 | 516 481 | 525 383 | 527 266 | 497 909 | 343 543 | 285 491 |
| 西班牙 | 113 348 | 246 274 | 298 458 | 286 219 | 311 638 | 323 849 | 282 331 | 286 757 |
| 瑞士 | 74 867 | 185 790 | 223 225 | 213 982 | 217 079 | 227 605 | 210 882 | 213 991 |
| 波兰 | 31 684 | 159 829 | 187 151 | 183 523 | 202 107 | 216 666 | 198 232 | 202 635 |
| 捷克 | 29 057 | 133 020 | 162 897 | 157 167 | 162 302 | 175 017 | 157 883 | 162 772 |

**世界部分国家（地区）货物贸易出口额（续）**

金额单位：100 万美元

| 国别（地区） \ 年份 | 2000 | 2010 | 2011 | 2012 | 2013 | 2014 | 2015 | 2016 |
|---|---|---|---|---|---|---|---|---|
| 奥地利 | 64 167 | 144 889 | 169 519 | 158 821 | 166 546 | 169 186 | 145 849 | 145 503 |
| 瑞典 | 86 962 | 158 090 | 187 243 | 172 725 | 167 620 | 162 588 | 140 003 | 139 556 |
| 爱尔兰 | 77 097 | 118 951 | 127 011 | 117 771 | 115 333 | 118 637 | 122 103 | 127 210 |
| 匈牙利 | 28 016 | 94 759 | 110 897 | 103 047 | 108 426 | 112 438 | 100 293 | 103 040 |
| 丹麦 | 50 390 | 95 758 | 111 900 | 106 125 | 111 349 | 110 495 | 94 288 | 94 194 |
| 挪威 | 60 063 | 130 669 | 160 305 | 161 026 | 153 188 | 142 301 | 103 413 | 88 033 |
| 斯洛伐克 | 11 889 | 64 012 | 79 011 | 79 882 | 85 244 | 85 975 | 75 257 | 77 588 |
| 罗马尼亚 | 10 367 | 49 357 | 62 659 | 57 904 | 65 881 | 69 891 | 60 603 | 63 582 |
| 芬兰 | 45 482 | 69 492 | 79 126 | 73 114 | 74 446 | 74 248 | 59 734 | 57 314 |
| 葡萄牙 | 23 279 | 48 738 | 59 608 | 58 114 | 62 798 | 63 833 | 55 260 | 55 662 |
| 希腊 | 10 747 | 27 991 | 33 948 | 35 452 | 36 236 | 36 007 | 28 705 | 28 055 |
| 保加利亚 | 4 809 | 20 571 | 28 222 | 26 670 | 29 492 | 30 930 | 25 756 | 26 075 |
| 卢森堡 | 7 950 | 14 293 | 16 798 | 13 989 | 14 086 | 15 069 | 13 098 | 13 161 |
| 冰岛 | 1 891 | 4 604 | 5 344 | 5 064 | 4 990 | 4 980 | 4 740 | 4 500 |
| 马耳他 | 2 443 | 3 721 | 5 284 | 5 697 | 5 182 | 4 836 | 3 852 | 3 915 |
| **非洲** | **143 358** | **502 729** | **592 918** | **621 067** | **601 168** | **563 803** | **448 589** | **404 611** |
| 尼日利亚 | 20 975 | 84 000 | 114 500 | 114 000 | — | — | — | — |
| 南非 | 29 267 | 81 827 | 96 930 | 87 372 | 83 543 | 91 193 | 81 648 | 76 413 |
| 阿尔及利亚 | 22 019 | 57 786 | 73 661 | 72 857 | 65 555 | 61 413 | 35 278 | 29 668 |
| 安哥拉 | 7 703 | 46 437 | 67 310 | 71 093 | 68 247 | 59 170 | 33 165 | — |
| 埃及 | 4 691 | 26 438 | 30 528 | 29 409 | 28 493 | 24 736 | 19 051 | 21 863 |
| 摩洛哥 | 7 423 | 17 765 | 21 650 | 21 444 | 22 049 | 23 836 | 21 886 | — |
| 突尼斯 | 5 850 | 16 427 | 17 847 | 17 008 | 17 061 | 16 756 | 14 073 | 13 483 |
| 科特迪瓦 | 3 897 | 10 285 | 10 928 | 10 861 | 13 687 | 12 634 | 11 891 | 10 661 |
| 利比亚 | 10 415 | 46 016 | 18 015 | 58 954 | 43 986 | 20 994 | 10 200 | — |
| 肯尼亚 | 1 734 | 5 149 | 5 756 | 6 126 | 5 856 | 6 046 | 5 908 | 5 700 |
| 加蓬 | 2 465 | 8 691 | 9 768 | 7 704 | 9 514 | 8 949 | 5 074 | — |
| 坦桑尼亚 | 663 | 3 522 | 4 392 | 5 106 | 5 035 | 5 045 | 4 886 | — |
| 刚果（布） | 2 477 | 8 200 | 11 500 | 11 000 | 9 800 | 8 614 | 4 650 | — |
| 埃塞俄比亚 | 486 | 2 270 | 2 974 | 3 186 | 3 005 | 3 495 | 3 825 | — |
| 喀麦隆 | 1 534 | 3 896 | 4 523 | 4 585 | 4 521 | 5 153 | 3 760 | — |
| 毛里求斯 | 1 551 | 2 262 | 2 565 | 2 649 | 2 872 | 3 079 | 2 686 | — |
| 马拉维 | 379 | 1 130 | 1 398 | 1 183 | 1 196 | 1 370 | — | — |
| **亚洲** | **1 557 401** | **5 063 535** | **6 181 211** | **6 408 057** | **6 673 986** | **6 826 444** | **6 056 836** | **5 719 983** |
| 中国 | 249 203 | 1 578 270 | 1 899 180 | 2 048 940 | 2 210 250 | 2 343 190 | 2 284 480 | 2 134 520 |
| 日本 | 479 227 | 769 772 | 822 564 | 798 621 | 714 613 | 690 202 | 624 787 | 644 899 |
| 韩国 | 172 267 | 466 384 | 555 216 | 547 870 | 559 632 | 572 665 | 526 757 | 535 739 |

## 世界部分国家（地区）货物贸易出口额（续）

金额单位：100 万美元

| 国别（地区） \ 年份 | 2000 | 2010 | 2011 | 2012 | 2013 | 2014 | 2015 | 2016 |
|---|---|---|---|---|---|---|---|---|
| 中国香港 | 201 860 | 390 143 | 428 732 | 442 799 | 458 959 | 473 659 | 465 077 | 462 284 |
| 新加坡 | 137 806 | 351 867 | 409 503 | 408 393 | 410 250 | 405 295 | 346 638 | 338 082 |
| 阿联酋 | 49 878 | 220 000 | 285 000 | 300 000 | 365 000 | 359 000 | 265 000 | — |
| 中国台湾省 | 148 321 | 274 601 | 308 257 | 306 409 | 311 428 | 320 092 | 285 344 | 280 321 |
| 印度 | 42 378 | 226 334 | 302 892 | 296 827 | 314 802 | 322 477 | 267 800 | 264 452 |
| 泰国 | 68 963 | 193 366 | 220 221 | 227 752 | 224 863 | 225 190 | 211 028 | 213 927 |
| 马来西亚 | 98 230 | 198 612 | 228 086 | 227 538 | 228 331 | 233 928 | 199 158 | 189 414 |
| 沙特阿拉伯 | 77 480 | 251 147 | 364 699 | 388 371 | 375 872 | 342 481 | 203 652 | 182 329 |
| 越南 | 14 447 | 71 658 | 94 518 | 115 458 | 132 478 | 149 565 | 162 061 | 176 411 |
| 印度尼西亚 | 65 403 | 158 074 | 200 587 | 188 516 | 182 659 | 176 341 | 150 358 | 144 291 |
| 土耳其 | 27 775 | 113 883 | 134 907 | 152 462 | 151 803 | 157 614 | 143 839 | 142 790 |
| 伊朗 | 28 461 | 101 316 | 130 500 | 95 500 | 82 000 | 88 800 | 63 000 | — |
| 以色列 | 31 404 | 58 392 | 67 648 | 63 191 | 66 607 | 68 553 | 63 607 | 60 174 |
| 卡塔尔 | 11 594 | 74 800 | 114 448 | 132 985 | 136 855 | 131 261 | 77 290 | 57 254 |
| 菲律宾 | 39 794 | 51 541 | 48 316 | 52 072 | 56 647 | 62 148 | 58 653 | 56 290 |
| 伊拉克 | — | 52 483 | 83 300 | 94 400 | 89 550 | 88 968 | 49 320 | — |
| 科威特 | 19 436 | 66 619 | 102 078 | 114 513 | 114 117 | 100 820 | 54 117 | 46 238 |
| 孟加拉国 | 4 787 | 14 195 | 19 807 | 27 709 | 22 401 | 21 058 | 31 734 | 36 031 |
| 阿曼 | 11 319 | 36 601 | 47 092 | 53 174 | 56 429 | 52 834 | 34 734 | — |
| 巴基斯坦 | 9 028 | 21 410 | 25 383 | 24 567 | 25 121 | 24 706 | 22 089 | 20 524 |
| 缅甸 | 1 647 | 8 661 | 9 238 | 8 877 | 11 233 | 11 299 | 11 432 | — |
| 巴林 | 6 195 | 15 400 | 19 650 | 20 500 | 17 500 | 20 520 | 11 200 | — |
| 斯里兰卡 | 5 433 | 8 307 | 10 553 | 9 784 | 10 397 | 11 199 | 10 464 | — |
| 约旦 | 1 899 | 7 023 | 7 964 | 7 926 | 7 896 | 8 376 | 7 849 | 7 509 |
| 塞浦路斯 | 951 | 1 507 | 1 956 | 1 828 | 2 136 | 1 924 | 1 931 | 1 921 |
| 中国澳门 | 2 539 | 870 | 869 | 1 021 | 1 138 | 1 241 | 1 339 | 1 257 |
| 尼泊尔 | 804 | 950 | 917 | 960 | 926 | — | — | — |
| 叙利亚 | 4 674 | 14 000 | 10 700 | 4 000 | 3 000 | — | — | — |
| **大洋洲** | **82 868** | **255 078** | **321 513** | **305 832** | **305 245** | **296 458** | **236 473** | **238 951** |
| 澳大利亚 | 63 878 | 212 337 | 271 733 | 256 675 | 252 981 | 241 238 | 187 642 | 191 091 |
| 新西兰 | 13 879 | 32 285 | 37 484 | 37 383 | 41 074 | 40 658 | 34 261 | 33 906 |
| 新喀里多尼亚 | 573 | 1 493 | 1 661 | 1 321 | 1 196 | 1 565 | 1 314 | 1 344 |
| 巴布亚新几内亚 | 2 095 | 5 742 | 6 908 | 6 328 | 5 951 | 8 852 | 9 487 | — |
| 斐济 | 537 | 842 | 1 070 | 1 219 | 1 149 | 1 219 | 896 | 926 |
| 所罗门 | 65 | 221 | 411 | 488 | 487 | 458 | 401 | — |
| 法属波利尼西亚 | 197 | 153 | 168 | 139 | 152 | 170 | 130 | 173 |
| 瓦努阿图 | 26 | 49 | 67 | 55 | 39 | 63 | 39 | 50 |

**资料来源**：联合国《统计月报》，世界贸易组织《世界贸易统计评论》。

## 世界初级产品出口价格指数

（2005 年 = 100）

| 产品名称 \ 年份 | 2005 | 2006 | 2007 | 2008 | 2009 | 2010 | 2011 | 2012 | 2013 | 2014 | 2015 |
|---|---|---|---|---|---|---|---|---|---|---|---|
| 食品、饮料 | 100 | 110 | 127 | 157 | 136 | 153 | 182 | 175 | 175 | 171 | 144 |
| 食品 | 100 | 111 | 127 | 157 | 134 | 150 | 180 | 176 | 178 | 170 | 141 |
| 谷物 | 100 | 122 | 159 | 222 | 161 | 166 | 230 | 236 | 218 | 180 | 149 |
| 小麦 | 100 | 126 | 167 | 214 | 147 | 147 | 207 | 206 | 205 | 187 | 143 |
| 玉米 | 100 | 124 | 166 | 227 | 168 | 189 | 297 | 303 | 263 | 196 | 173 |
| 大米 | 100 | 106 | 116 | 243 | 205 | 181 | 192 | 202 | 180 | 148 | 132 |
| 大麦 | 100 | 123 | 181 | 211 | 135 | 167 | 218 | 251 | 217 | 154 | 135 |
| 油籽、油及油脂、油籽饼及粉 | 100 | 103 | 143 | 193 | 154 | 170 | 209 | 216 | 206 | 191 | 154 |
| 肉类 | 100 | 95 | 99 | 103 | 98 | 117 | 134 | 132 | 136 | 159 | 137 |
| 牛肉 | 100 | 97 | 99 | 102 | 101 | 128 | 154 | 158 | 155 | 189 | 169 |
| 羊肉 | 100 | 96 | 101 | 106 | 91 | 91 | 93 | 63 | 66 | 81 | 67 |
| 猪肉 | 100 | 94 | 94 | 96 | 82 | 110 | 132 | 122 | 128 | 152 | 100 |
| 禽肉 | 100 | 94 | 106 | 115 | 116 | 116 | 118 | 128 | 141 | 149 | 155 |
| 海产品 | 100 | 121 | 113 | 113 | 114 | 140 | 139 | 113 | 160 | 162 | 132 |
| 鱼类 | 100 | 125 | 112 | 119 | 121 | 151 | 146 | 117 | 166 | 163 | 131 |
| 虾类 | 100 | 105 | 116 | 91 | 85 | 98 | 115 | 97 | 136 | 160 | 136 |
| 糖 | 100 | 133 | 102 | 117 | 152 | 172 | 211 | 175 | 148 | 146 | 118 |
| 香蕉 | 100 | 118 | 117 | 146 | 147 | 153 | 169 | 171 | 161 | 162 | 166 |
| 橙子 | 100 | 98 | 114 | 132 | 108 | 118 | 102 | 99 | 111 | 90 | 77 |
| 饮料 | 100 | 108 | 123 | 152 | 154 | 176 | 206 | 167 | 147 | 178 | 173 |
| 咖啡 | 100 | 112 | 129 | 150 | 132 | 165 | 231 | 180 | 147 | 185 | 154 |
| 可可豆 | 100 | 103 | 127 | 167 | 187 | 203 | 193 | 154 | 158 | 198 | 203 |
| 茶叶 | 100 | 112 | 98 | 125 | 145 | 146 | 160 | 161 | 123 | 110 | 157 |
| 农业原料 | 100 | 109 | 114 | 113 | 94 | 124 | 153 | 133 | 136 | 139 | 120 |
| 木材 | 100 | 108 | 107 | 109 | 102 | 101 | 111 | 107 | 107 | 109 | 105 |
| 棉花 | 100 | 105 | 115 | 129 | 114 | 188 | 280 | 162 | 164 | 151 | 128 |
| 羊毛 | 100 | 104 | 144 | 138 | 115 | 153 | 234 | 215 | 196 | 178 | 162 |
| 橡胶 | 100 | 140 | 153 | 174 | 128 | 243 | 321 | 225 | 186 | 130 | 104 |
| 皮革及革皮 | 100 | 105 | 110 | 98 | 68 | 110 | 125 | 127 | 144 | 168 | 133 |
| 矿石及有色金属（不包括原油） | 100 | 156 | 183 | 169 | 136 | 202 | 229 | 190 | 182 | 164 | 126 |
| 铜 | 100 | 183 | 194 | 189 | 141 | 205 | 240 | 217 | 199 | 187 | 150 |
| 铝 | 100 | 135 | 139 | 136 | 88 | 114 | 126 | 106 | 97 | 98 | 88 |
| 铁矿砂 | 100 | 119 | 130 | 219 | 285 | 522 | 597 | 457 | 482 | 345 | 196 |
| 锡 | 100 | 119 | 196 | 250 | 184 | 276 | 353 | 286 | 302 | 297 | 218 |
| 镍 | 100 | 163 | 251 | 143 | 99 | 148 | 155 | 119 | 102 | 114 | 80 |
| 锌 | 100 | 237 | 235 | 137 | 120 | 157 | 159 | 141 | 138 | 157 | 140 |
| 铅 | 100 | 132 | 265 | 215 | 177 | 221 | 246 | 212 | 220 | 215 | 184 |
| 铀 | 100 | 171 | 355 | 230 | 167 | 165 | 201 | 175 | 138 | 120 | 132 |
| **以上总计** | **100** | **123** | **140** | **151** | **127** | **161** | **190** | **171** | **169** | **162** | **134** |
| 能源 | 100 | 119 | 132 | 185 | 117 | 147 | 201 | 203 | 196 | 180 | 99 |
| 天然气 | 100 | 115 | 117 | 174 | 110 | 113 | 154 | 171 | 165 | 160 | 107 |
| 原油 | 100 | 121 | 133 | 182 | 116 | 149 | 204 | 208 | 201 | 184 | 97 |
| 煤炭 | 100 | 104 | 138 | 266 | 149 | 206 | 254 | 202 | 177 | 149 | 1212 |
| **初级产品总计** | **100** | **121** | **135** | **172** | **121** | **152** | **197** | **191** | **186** | **173** | **112** |

**注：**按美元平均价格计算的指数。

**资料来源：**世界贸易组织《2016 年世界贸易统计评论》。

## 世界部分国家（地区）工业制成品出口价格指数

（2000 年 = 100）

| 国别（地区） \ 年份 | 2005 | 2008 | 2009 | 2010 | 2011 | 2012 | 2013 | 2014 | 2015 | 2016 |
|---|---|---|---|---|---|---|---|---|---|---|
| **世界** | **111** | **133** | **123** | **125** | **137** | **124** | **131** | **131** | **121** | **118** |
| 市场经济发达国家 | 120 | 142 | 134 | 136 | 149 | 146 | 149 | 148 | 133 | 132 |
| 美洲 | 108 | 118 | 112 | 118 | 127 | 126 | 131 | 127 | 120 | 116 |
| 加拿大 | 119 | — | — | — | — | 149 | 143 | 139 | 127 | 121 |
| 美国 | 104 | 116 | 113 | 117 | 124 | 122 | 128 | 124 | 119 | 115 |
| 欧洲 | 125 | 155 | 143 | 142 | 157 | 152 | 157 | 159 | 140 | 140 |
| 奥地利 | — | — | — | — | — | 164 | 161 | 160 | 140 | 139 |
| 比利时 | 148 | 186 | 173 | 173 | 195 | 185 | 189 | 194 | — | — |
| 丹麦 | 138 | 157 | 144 | 148 | 156 | 144 | 148 | 143 | 122 | 116 |
| 芬兰 | 131 | 178 | 158 | 163 | 185 | 186 | 204 | 213 | 188 | 194 |
| 法国 | 111 | 124 | — | — | 132 | 123 | 127 | 127 | 106 | 104 |
| 德国 | 128 | 155 | 145 | 140 | 149 | 144 | 150 | 152 | 131 | 131 |
| 希腊 | — | — | — | — | — | — | — | — | — | — |
| 冰岛 | — | — | — | — | — | — | — | — | — | — |
| 爱尔兰 | — | — | — | — | — | — | — | — | — | — |
| 意大利 | 118 | 195 | 184 | 183 | 202 | 191 | 198 | 200 | 174 | 175 |
| 荷兰 | 139 | — | — | — | — | — | — | — | — | — |
| 挪威 | 131 | 176 | 148 | 155 | 174 | 164 | 161 | 160 | 137 | 128 |
| 葡萄牙 | — | — | — | — | — | — | — | — | — | — |
| 西班牙 | — | — | — | — | — | — | — | — | — | — |
| 瑞典 | — | — | — | — | — | — | — | — | — | — |
| 瑞士 | — | — | — | — | — | — | — | — | — | — |
| 英国 | 120 | 136 | 124 | 125 | 132 | 132 | 130 | 133 | 124 | 116 |
| 其他市场经济发达国家 | 113 | 128 | 129 | 138 | 151 | 153 | 139 | 133 | 121 | 123 |
| 澳大利亚 | 151 | 223 | 155 | 205 | 235 | 225 | 213 | — | — | — |
| 以色列 | 109 | 126 | 120 | 121 | 129 | 131 | 133 | 125 | 117 | 114 |
| 日本 | 112 | 129 | 133 | 141 | 155 | 158 | 144 | 139 | 128 | 133 |
| 新西兰 | 136 | 163 | 131 | 152 | 171 | 166 | 164 | 164 | 140 | 132 |
| 南非 | — | — | — | — | — | — | — | — | — | — |
| 发展中国家（地区） | 98 | 117 | 103 | 108 | 117 | 96 | 108 | 107 | 103 | 98 |
| 中国香港 | 96 | 99 | 100 | 105 | 110 | 116 | 119 | 117 | 113 | 116 |
| 印度 | — | — | 132 | 166 | — | 188 | — | — | 159 | 157 |
| 韩国 | 96 | 99 | 84 | 90 | 98 | 90 | 89 | 87 | 77 | — |
| 巴基斯坦 | 106 | 108 | 101 | 118 | 150 | 149 | 147 | 142 | 131 | — |
| 新加坡 | 78 | 109 | 77 | 79 | 82 | 81 | 80 | 78 | 74 | 71 |
| 土耳其 | 130 | 171 | — | 153 | 170 | 163 | 165 | 162 | 148 | 142 |

**注**：用美元计价的出口单价指数。
**资料来源**：联合国《统计月报》。

## 世界主要国家（地区）国内生产总值

（估计数字）

金额单位：100 万美元

| 国别（地区）\年份 | 2000 | 2010 | 2011 | 2012 | 2013 | 2014 | 2015 |
|---|---|---|---|---|---|---|---|
| **世界** | **33 509 974** | **65 911 732** | **73 271 695** | **74 796 675** | **76 830 809** | **78 612 132** | **74 176 854** |
| **非洲** | **650 936** | **1 942 476** | **2 164 990** | **2 337 821** | **2 410 732** | **2 502 053** | **2 267 610** |
| 尼日利亚 | 74 591 | 369 062 | 414 095 | 460 952 | 514 966 | 568 499 | 494 583 |
| 南非 | 138 436 | 375 348 | 416 417 | 396 344 | 367 595 | 351 306 | 314 571 |
| 埃及 | 95 684 | 214 630 | 231 100 | 273 539 | 268 367 | 296 979 | 315 917 |
| 阿尔及利亚 | 54 667 | 161 207 | 200 013 | 209 047 | 29 783 | 213 983 | 164 779 |
| 安哥拉 | 12 207 | 83 799 | 111 790 | 128 053 | 136 710 | 145 712 | 117 955 |
| 摩洛哥 | 38 901 | 93 217 | 101 371 | 98 266 | 107 235 | 110 009 | 100 359 |
| 苏丹 | 13 092 | 53 944 | 69 515 | 61 879 | 63 912 | 69 350 | 79 546 |
| 南苏丹 | — | 15 720 | 17 827 | 10 393 | 13 694 | 16 061 | 13 167 |
| 肯尼亚 | 14 465 | 40 000 | 41 953 | 50 410 | 55 101 | 61 395 | 63 399 |
| 埃塞俄比亚 | 8 030 | 26 311 | 30 479 | 42 211 | 46 749 | 54 326 | 59 917 |
| 坦桑尼亚 | 13 017 | 31 105 | 33 562 | 38 809 | 44 333 | 48 197 | 45 628 |
| 突尼斯 | 21 473 | 44 051 | 45 811 | 45 044 | 46 257 | 47 604 | 41 199 |
| 利比亚 | 38 471 | 80 942 | 40 587 | 95 803 | 76 618 | 48 094 | 34 457 |
| 加纳 | 7 986 | 32 174 | 39 565 | 41 939 | 47 806 | 37 418 | 37 156 |
| 刚果（金） | 8 339 | 21 672 | 25 840 | 29 306 | 32 672 | 35 909 | 37 569 |
| 科特迪瓦 | 10 682 | 24 884 | 25 836 | 26 791 | 31 264 | 34 163 | 32 076 |
| 喀麦隆 | 9 287 | 23 622 | 26 587 | 26 472 | 29 568 | 32 051 | 28 416 |
| 乌干达 | 6 776 | 19 803 | 21 858 | 24 809 | 26 138 | 28 321 | 25 282 |
| 赞比亚 | 3 601 | 20 265 | 23 460 | 25 503 | 28 046 | 27 135 | 21 255 |
| 加蓬 | 5 677 | 12 882 | 16 980 | 15 968 | 17 027 | 17 412 | 13 735 |
| 莫桑比克 | 5 016 | 10 154 | 13 131 | 15 265 | 16 019 | 16 961 | 14 806 |
| 博茨瓦纳 | 5 788 | 12 790 | 15 519 | 14 686 | 14 801 | 15 872 | 14 391 |
| 塞内加尔 | 4 680 | 12 926 | 14 374 | 14 217 | 14 828 | 15 309 | 13 633 |
| 津巴布韦 | 7 549 | 9 422 | 10 956 | 12 393 | 13 490 | 14 197 | 13 893 |
| 刚果（布） | 3 220 | 12 281 | 14 798 | 13 656 | 14 022 | 14 077 | 8 493 |
| 纳米比亚 | 3 909 | 11 282 | 12 410 | 13 016 | 12 713 | 12 854 | 11 491 |
| 布基纳法索 | 2 633 | 8 980 | 10 724 | 11 166 | 11 948 | 12 596 | 11 065 |
| 毛里求斯 | 4 663 | 9 718 | 11 263 | 11 446 | 11 932 | 12 613 | 11 511 |
| 马里 | 2 954 | 10 679 | 12 978 | 12 443 | 13 246 | 14 388 | 13 100 |
| 马达加斯加 | 3 878 | 8 730 | 9 893 | 9 920 | 10 602 | 10 674 | 9 739 |

## 世界主要国家（地区）国内生产总值（续）

（估计数字）

金额单位：100 万美元

| 国别（地区）\年份 | 2000 | 2010 | 2011 | 2012 | 2013 | 2014 | 2015 |
|---|---|---|---|---|---|---|---|
| 贝宁 | 2 569 | 6 970 | 7 814 | 8 117 | 9 111 | 9 575 | 8 476 |
| 尼日尔 | 1 727 | 5 719 | 6 409 | 6 942 | 7 668 | 8 245 | 7 143 |
| 卢旺达 | 1 735 | 5 699 | 6 407 | 7 220 | 7 522 | 7 903 | 8 096 |
| 几内亚 | 4 269 | 6 853 | 6 955 | 7 291 | 8 123 | 8 876 | 8 875 |
| 马拉维 | 3 150 | 6 960 | 7 158 | 5 559 | 5 146 | 5 965 | 6 420 |
| 多哥 | 1 294 | 3 173 | 3 688 | 3 897 | 4 180 | 4 576 | 4 086 |
| 斯威士兰 | 1 705 | 4 526 | 4 960 | 4 868 | 4 611 | 4 493 | 4 133 |
| 索马里 | 2 052 | 1 071 | 1 067 | 1 306 | 1 399 | 1 565 | 1 559 |
| **美洲** | **13 274 660** | **21 917 163** | **23 370 462** | **24 129 427** | **24 856 629** | **25 454 584** | **25 000 541** |
| 美国 | 10 284 779 | 14 964 327 | 15 517 926 | 16 155 255 | 16 691 517 | 17 393 103 | 18 036 648 |
| 巴西 | 652 360 | 2 208 838 | 2 614 828 | 2 460 698 | 2 465 786 | 2 417 095 | 1 772 591 |
| 加拿大 | 742 288 | 1 613 463 | 1 788 647 | 1 824 289 | 1 842 627 | 1 792 883 | 1 552 808 |
| 墨西哥 | 648 549 | 1 049 925 | 1 169 360 | 1 184 504 | 1 258 775 | 1 294 695 | 1 140 724 |
| 阿根廷 | 308 148 | 428 792 | 533 195 | 584 577 | 615 685 | 570 723 | 632 343 |
| 委内瑞拉 | 117 146 | 393 806 | 316 483 | 381 286 | 371 338 | 363 266 | 344 331 |
| 哥伦比亚 | 99 876 | 287 018 | 335 415 | 369 660 | 380 192 | 378 416 | 292 080 |
| 智利 | 77 383 | 217 538 | 250 832 | 265 232 | 277 079 | 258 733 | 240 796 |
| 秘鲁 | 51 743 | 147 528 | 171 762 | 192 650 | 201 023 | 202 491 | 190 428 |
| 波多黎各 | 62 569 | 98 381 | 100 352 | 101 565 | 102 450 | 102 089 | 102 906 |
| 厄瓜多尔 | 18 319 | 69 555 | 79 277 | 87 925 | 95 130 | 102 292 | 100 177 |
| 古巴 | 30 566 | 64 328 | 69 511 | 73 141 | 77 148 | 80 656 | 87 206 |
| 多米尼加共和国 | 23 960 | 53 043 | 58 026 | 60 441 | 61 198 | 63 969 | 67 103 |
| 危地马拉 | 17 196 | 41 338 | 47 655 | 50 388 | 53 851 | 58 722 | 63 794 |
| 乌拉圭 | 22 823 | 40 287 | 47 962 | 51 264 | 57 531 | 57 236 | 53 442 |
| 哥斯达黎加 | 14 950 | 37 269 | 42 263 | 46 473 | 49 640 | 49 675 | 52 958 |
| 巴拿马 | 11 621 | 28 917 | 34 374 | 39 955 | 44 856 | 49 166 | 52 132 |
| 玻利维亚 | 8 398 | 19 650 | 23 963 | 27 084 | 30 659 | 32 996 | 32 998 |
| 巴拉圭 | 7 095 | 20 048 | 25 100 | 24 595 | 28 966 | 30 881 | 27 714 |
| 特立尼达和多巴哥 | 8 154 | 22 158 | 25 433 | 25 694 | 26 444 | 27 267 | 25 927 |
| 萨尔瓦多 | 13 134 | 21 418 | 23 139 | 23 814 | 24 351 | 25 054 | 25 650 |
| 洪都拉斯 | 7 187 | 15 839 | 17 710 | 18 529 | 18 511 | 19 497 | 20 365 |

## 世界主要国家（地区）国内生产总值（续）

（估计数字） 金额单位：100万美元

| 国别（地区）＼年份 | 2000 | 2010 | 2011 | 2012 | 2013 | 2014 | 2015 |
|---|---|---|---|---|---|---|---|
| 牙买加 | 9 005 | 13 220 | 14 440 | 14 802 | 14 277 | 13 898 | 14 262 |
| 尼加拉瓜 | 5 110 | 8 741 | 9 756 | 10 439 | 10 875 | 11 790 | 12 693 |
| 海地 | 3 665 | 6 708 | 7 474 | 7 820 | 8 387 | 8 661 | 8 501 |
| 巴哈马 | 6 328 | 7 910 | 7 890 | 8 399 | 8 522 | 8 618 | 8 854 |
| 巴巴多斯 | 3 122 | 4 447 | 4 359 | 4 332 | 4 371 | 4 353 | 4 385 |
| 荷属安的列斯 | 2 857 | — | — | — | — | — | — |
| **亚洲** | **9 437 340** | **20 769 947** | **24 080 167** | **25 563 555** | **25 978 074** | **26 821 657** | **26 514 784** |
| 中国 | 1 214 915 | 6 066 351 | 7 522 103 | 8 570 348 | 9 635 026 | 10 534 527 | 11 158 457 |
| 日本 | 4 887 520 | 5 700 098 | 6 157 460 | 6 203 213 | 5 155 717 | 4 848 733 | 4 383 076 |
| 印度 | 453 578 | 1 650 635 | 1 871 856 | 1 862 249 | 1 923 751 | 2 046 257 | 2 116 239 |
| 韩国 | 561 634 | 1 094 499 | 1 202 464 | 1 222 807 | 1 305 605 | 1 411 334 | 1 377 873 |
| 印度尼西亚 | 175 702 | 755 094 | 892 969 | 917 870 | 912 524 | 890 487 | 861 934 |
| 土耳其 | 266 560 | 731 144 | 774 775 | 788 863 | 823 256 | 798 414 | 717 888 |
| 沙特阿拉伯 | 189 515 | 526 811 | 669 507 | 733 956 | 744 336 | 753 832 | 653 219 |
| 伊朗 | 109 592 | 467 790 | 592 038 | 587 209 | 511 621 | 425 326 | 398 563 |
| 泰国 | 126 148 | 340 923 | 370 608 | 397 291 | 419 889 | 404 320 | 395 168 |
| 阿联酋 | 104 337 | 286 185 | 348 526 | 373 432 | 388 598 | 401 958 | 370 296 |
| 马来西亚 | 93 790 | 255 018 | 297 952 | 314 443 | 323 276 | 338 073 | 296 284 |
| 新加坡 | 95 836 | 236 420 | 275 226 | 289 274 | 300 288 | 306 357 | 292 734 |
| 以色列 | 132 328 | 233 756 | 261 373 | 257 640 | 293 318 | 308 767 | 299 413 |
| 中国香港 | 171 669 | 228 639 | 248 514 | 262 629 | 275 659 | 291 229 | 309 236 |
| 菲律宾 | 81 026 | 199 591 | 224 143 | 250 092 | 271 836 | 284 834 | 292 449 |
| 巴基斯坦 | 76 866 | 174 508 | 211 672 | 214 642 | 220 203 | 247 953 | 266 458 |
| 伊拉克 | 16 898 | 117 138 | 157 454 | 185 918 | 207 124 | 192 772 | 164 234 |
| 哈萨克斯坦 | 18 292 | 148 047 | 192 626 | 207 999 | 236 635 | 221 416 | 181 754 |
| 卡塔尔 | 17 548 | 123 627 | 167 775 | 186 834 | 198 728 | 206 225 | 164 641 |
| 越南 | 31 173 | 115 932 | 135 539 | 155 820 | 171 222 | 186 205 | 193 241 |
| 孟加拉国 | 45 470 | 114 508 | 123 506 | 128 899 | 153 505 | 173 062 | 194 466 |
| 科威特 | 37 718 | 115 416 | 154 041 | 174 047 | 174 168 | 162 656 | 114 054 |
| 阿曼 | 19 450 | 58 641 | 67 937 | 76 689 | 78 939 | 81 034 | 69 832 |
| 阿塞拜疆 | 5 273 | 52 906 | 65 953 | 69 680 | 74 161 | 75 240 | 53 049 |

## 世界主要国家（地区）国内生产总值（续）

（估计数字） 金额单位：100 万美元

| 国别（地区） \ 年份 | 2000 | 2010 | 2011 | 2012 | 2013 | 2014 | 2015 |
|---|---|---|---|---|---|---|---|
| 斯里兰卡 | 19 132 | 56 726 | 65 293 | 68 434 | 74 318 | 80 025 | 82 316 |
| 缅甸 | 7 275 | 41 445 | 57 888 | 61 014 | 62 140 | 66 300 | 62 601 |
| 乌兹别克斯坦 | 13 759 | 39 526 | 46 152 | 52 127 | 57 157 | 63 030 | 69 004 |
| 中国澳门 | 6 720 | 28 124 | 36 710 | 43 029 | 51 549 | 55 523 | 46 178 |
| 黎巴嫩 | 16 679 | 38 420 | 40 076 | 44 100 | 47 221 | 48 688 | 50 149 |
| 土库曼斯坦 | 4 932 | 22 583 | 29 233 | 35 164 | 39 198 | 43 486 | 37 597 |
| 也门 | 10 865 | 30 907 | 31 079 | 32 075 | 34 714 | 34 011 | 29 688 |
| 约旦 | 8 461 | 26 425 | 28 840 | 30 937 | 33 594 | 35 827 | 37 517 |
| 叙利亚 | 19 666 | 60 465 | 55 173 | 40 057 | 31 685 | 34 096 | 28 393 |
| 巴林 | 9 063 | 25 713 | 29 777 | 30 749 | 32 540 | 33 388 | 31 126 |
| 塞浦路斯 | 9 963 | 25 561 | 27 429 | 25 012 | 24 056 | 23 307 | 19 561 |
| 阿富汗 | 3 532 | 16 078 | 19 170 | 21 331 | 21 610 | 21 123 | 20 270 |
| 尼泊尔 | 5 730 | 16 281 | 18 467 | 17 927 | 18 227 | 19 738 | 20 658 |
| 朝鲜 | 10 608 | 13 945 | 15 689 | 15 907 | 16 565 | 17 396 | 16 283 |
| 文莱 | 6 650 | 13 707 | 18 525 | 19 048 | 18 094 | 17 122 | 12 930 |
| 柬埔寨 | 3 667 | 11 242 | 12 830 | 14 054 | 15 269 | 16 703 | 18 050 |
| 格鲁吉亚 | 3 058 | 11 638 | 14 435 | 15 847 | 16 141 | 16 510 | 13 965 |
| 亚美尼亚 | 2 039 | 9 875 | 10 816 | 10 619 | 11 121 | 11 610 | 10 529 |
| **欧洲** | **9 667 880** | **19 805 957** | **21 907 182** | **20 966 165** | **21 820 425** | **22 136 240** | **18 945 444** |
| 德国 | 1 949 952 | 3 417 095 | 3 757 698 | 3 543 984 | 3 752 514 | 3 879 277 | 3 363 600 |
| 英国 | 1 635 365 | 2 429 680 | 2 608 825 | 2 646 003 | 2 719 509 | 2 998 834 | 2 858 003 |
| 法国 | 1 368 437 | 2 646 837 | 2 862 680 | 2 681 416 | 2 808 511 | 2 839 162 | 2 418 946 |
| 意大利 | 1 141 759 | 2 125 058 | 2 276 292 | 2 072 823 | 2 130 491 | 2 149 814 | 1 821 580 |
| 俄罗斯 | 259 718 | 1 524 917 | 2 031 769 | 2 170 144 | 2 230 625 | 2 030 973 | 1 326 016 |
| 西班牙 | 595 402 | 1 431 588 | 1 488 017 | 1 335 946 | 1 361 776 | 1 375 856 | 1 192 955 |
| 荷兰 | 412 807 | 836 390 | 893 757 | 828 947 | 866 680 | 879 635 | 750 318 |
| 瑞士 | 271 653 | 581 209 | 696 279 | 665 054 | 684 835 | 702 706 | 670 790 |
| 瑞典 | 259 801 | 488 378 | 563 110 | 543 881 | 578 742 | 573 818 | 495 694 |
| 波兰 | 171 887 | 479 321 | 528 820 | 500 344 | 524 215 | 545 152 | 477 066 |
| 比利时 | 237 905 | 483 549 | 527 008 | 497 884 | 520 092 | 531 762 | 455 107 |
| 挪威 | 171 315 | 428 527 | 498 157 | 509 705 | 522 746 | 498 340 | 386 578 |

**世界主要国家（地区）国内生产总值（续）**

（估计数字）

金额单位：100 万美元

| 国别（地区） \ 年份 | 2000 | 2010 | 2011 | 2012 | 2013 | 2014 | 2015 |
|---|---|---|---|---|---|---|---|
| 奥地利 | 196 422 | 390 212 | 429 037 | 407 452 | 428 248 | 438 376 | 376 967 |
| 丹麦 | 164 158 | 321 995 | 344 003 | 327 149 | 343 584 | 352 297 | 301 308 |
| 芬兰 | 125 540 | 247 800 | 273 674 | 256 706 | 269 980 | 272 463 | 231 960 |
| 爱尔兰 | 99 855 | 221 343 | 240 591 | 225 818 | 239 271 | 256 271 | 283 716 |
| 希腊 | 131 719 | 299 362 | 287 798 | 245 671 | 239 862 | 236 080 | 194 860 |
| 葡萄牙 | 118 358 | 238 303 | 244 895 | 216 368 | 226 073 | 229 630 | 199 122 |
| 捷克 | 61 470 | 207 016 | 227 948 | 207 376 | 209 402 | 207 818 | 185 156 |
| 罗马尼亚 | 37 439 | 167 998 | 185 362 | 171 665 | 191 548 | 199 326 | 177 956 |
| 匈牙利 | 47 209 | 130 256 | 140 092 | 127 321 | 134 680 | 139 295 | 121 715 |
| 乌克兰 | 32 375 | 141 209 | 169 334 | 182 592 | 190 499 | 133 504 | 90 615 |
| 斯洛伐克 | 20 680 | 89 501 | 98 181 | 93 414 | 98 478 | 100 761 | 87 268 |
| 白俄罗斯 | 10 418 | 55 221 | 59 735 | 63 615 | 73 098 | 76 104 | 54 609 |
| 卢森堡 | 21 375 | 52 906 | 59 576 | 56 412 | 61 544 | 65 372 | 56 802 |
| 克罗地亚 | 21 774 | 59 665 | 62 237 | 56 485 | 57 770 | 57 081 | 48 676 |
| 保加利亚 | 13 148 | 49 939 | 56 952 | 53 575 | 55 628 | 56 718 | 48 953 |
| 斯洛文尼亚 | 20 344 | 48 014 | 51 291 | 46 258 | 47 689 | 49 530 | 42 777 |
| 立陶宛 | 11 539 | 37 130 | 43 524 | 42 864 | 46 465 | 48 586 | 41 402 |
| 拉脱维亚 | 7 938 | 23 765 | 28 421 | 28 078 | 30 234 | 31 321 | 27 004 |
| 爱沙尼亚 | 5 690 | 19 503 | 23 170 | 23 044 | 25 081 | 26 214 | 22 460 |
| 波黑 | 5 694 | 17 164 | 18 629 | 17 207 | 18 155 | 18 522 | 16 251 |
| 冰岛 | 8 946 | 13 255 | 14 675 | 14 219 | 15 479 | 17 180 | 16 780 |
| 阿尔巴尼亚 | 3 488 | 11 927 | 12 891 | 12 320 | 12 781 | 13 278 | 11 541 |
| 马耳他 | 4 053 | 8 741 | 9 557 | 9 262 | 10 185 | 10 737 | 9 747 |
| **大洋洲** | **479 158** | **1 476 189** | **1 748 894** | **1 799 706** | **1 764 948** | **1 697 598** | **1 448 476** |
| 澳大利亚 | 408 865 | 1 293 201 | 1 538 012 | 1 578 361 | 1 529 747 | 1 451 276 | 1 230 859 |
| 新西兰 | 54 444 | 146 584 | 168 462 | 176 617 | 189 541 | 198 734 | 173 417 |
| 巴布亚新几内亚 | 5 258 | 14 205 | 17 953 | 21 268 | 21 144 | 22 207 | 21 315 |
| 新喀里多尼亚 | 3 412 | 9 355 | 10 338 | 9 406 | 9 858 | 10 236 | 8 937 |
| 法属波利尼西亚 | 3 757 | 6 081 | 6 196 | 5 693 | 5 959 | 6 039 | 5 135 |
| 斐济 | 1 708 | 3 141 | 3 775 | 3 972 | 4 190 | 4 470 | 4 391 |

**资料来源**：联合国《国民核算统计年鉴》。

## 世界主要国家（地区）人均国内生产总值

（估计数字）

金额单位：美元

| 国别（地区）\ 年份 | 2000 | 2009 | 2010 | 2011 | 2012 | 2013 | 2014 | 2015 |
|---|---|---|---|---|---|---|---|---|
| **世界** | **5 470** | **8 762** | **9 514** | **10 450** | **10 541** | **10 700** | **10 822** | **10 095** |
| **非洲** | **801** | **1 612** | **1 863** | **2 024** | **2 130** | **2 141** | **2 166** | **1 914** |
| 赤道几内亚 | 2 846 | 16 729 | 22 366 | 28 404 | 28 937 | 27 529 | 26 196 | 16 344 |
| 塞舌尔群岛 | 9 203 | 9 175 | 10 421 | 10 856 | 11 209 | 13 817 | 14 074 | 14 133 |
| 加蓬 | 4 609 | 7 755 | 8 354 | 10 765 | 9 897 | 10 317 | 10 317 | 7 961 |
| 毛里求斯 | 3 935 | 7 108 | 7 787 | 8 988 | 9 096 | 9 443 | 9 943 | 9 041 |
| 博茨瓦纳 | 3 333 | 5 115 | 6 246 | 7 426 | 6 886 | 6 800 | 7 151 | 6 361 |
| 利比亚 | 7 208 | 11 087 | 12 918 | 6 454 | 15 247 | 12 228 | 7 684 | 5 488 |
| 南非 | 3 081 | 5 804 | 7 271 | 7 972 | 7 501 | 6 882 | 6 509 | 5 773 |
| 安哥拉 | 811 | 3 563 | 3 949 | 5 095 | 5 645 | 5 830 | 6 014 | 4 714 |
| 纳米比亚 | 2 059 | 4 142 | 5 143 | 5 540 | 5 680 | 5 418 | 5 349 | 4 674 |
| 阿尔及利亚 | 1 753 | 3 876 | 4 473 | 5 447 | 5 584 | 5 494 | 5 496 | 4 154 |
| 突尼斯 | 2 214 | 4 130 | 4 140 | 4 258 | 4 140 | 4 203 | 4 277 | 3 661 |
| 佛得角 | 1 398 | 2 517 | 3 394 | 3 766 | 3 498 | 3 649 | 3 661 | 3 080 |
| 斯威士兰 | 1 603 | 3 054 | 3 794 | 4 091 | 3 953 | 3 687 | 3 540 | 3 212 |
| 埃及 | 1 400 | 2 337 | 2 616 | 2 758 | 3 193 | 3 063 | 3 315 | 3 452 |
| 摩洛哥 | 1 344 | 2 929 | 2 903 | 3 116 | 2 979 | 3 206 | 3 243 | 2 919 |
| 尼日利亚 | 607 | 1 756 | 2 315 | 2 529 | 2 740 | 2 980 | 3 203 | 2 714 |
| 刚果（布） | 1 036 | 2 364 | 3 020 | 3 542 | 3 186 | 3 191 | 3 125 | 1 838 |
| 苏丹 | 377 | 1 368 | 1 494 | 1 883 | 1 641 | 1 659 | 1 762 | 1 977 |
| 南苏丹 | — | — | 1 563 | 1 696 | 946 | 1 196 | 1 348 | 1 067 |
| 吉布提 | 769 | 1 235 | 1 284 | 1 372 | 1 471 | 1 611 | 1 814 | 1 956 |
| 赞比亚 | 340 | 1 135 | 1 456 | 1 636 | 1 725 | 1 840 | 1 726 | 1 311 |
| 科特迪瓦 | 647 | 1 233 | 1 236 | 1 246 | 1 270 | 1 446 | 1 542 | 1 413 |
| 喀麦隆 | 583 | 1 165 | 1 147 | 1 259 | 1 222 | 1 331 | 1 407 | 1 217 |
| 加纳 | 424 | 1 096 | 1 323 | 1 587 | 1 642 | 1 827 | 1 397 | 1 356 |
| 肯尼亚 | 466 | 943 | 992 | 1 013 | 1 185 | 1 261 | 1 368 | 1 377 |
| 毛里塔尼亚 | 477 | 1 046 | 1 208 | 1 403 | 1 385 | 1 529 | 1 434 | 1 235 |
| 塞内加尔 | 475 | 1 016 | 998 | 1 076 | 1 032 | 1 043 | 1 043 | 901 |
| 莱索托 | 415 | 860 | 1 088 | 1 241 | 1 159 | 1 065 | 1 034 | 941 |
| 津巴布韦 | 604 | 594 | 674 | 769 | 851 | 905 | 931 | 890 |
| 贝宁 | 370 | 768 | 733 | 799 | 808 | 883 | 903 | 779 |
| 多哥 | 265 | 509 | 496 | 562 | 578 | 603 | 643 | 559 |

## 世界主要国家（地区）人均国内生产总值（续）

（估计数字）

金额单位：美元

| 国别（地区）＼年份 | 2000 | 2009 | 2010 | 2011 | 2012 | 2013 | 2014 | 2015 |
|---|---|---|---|---|---|---|---|---|
| 几内亚 | 485 | 430 | 622 | 615 | 627 | 680 | 723 | 704 |
| 冈比亚 | 637 | 550 | 563 | 517 | 505 | 484 | 440 | 473 |
| **美洲** | **15 812** | **21 592** | **23 249** | **24 532** | **25 071** | **25 572** | **25 933** | **25 229** |
| 百慕大 | 54 349 | 92 354 | 91 555 | 88 401 | 88 389 | 89 843 | 90 600 | 94 400 |
| 美国 | 36 355 | 46 931 | 48 291 | 49 675 | 51 319 | 52 632 | 54 447 | 56 054 |
| 加拿大 | 24 177 | 40 622 | 47 297 | 51 845 | 52 320 | 52 302 | 50 379 | 43 205 |
| 英属维尔京群岛 | 36 380 | 33 119 | 32 840 | 32 824 | 31 895 | 31 509 | 30 501 | 30 144 |
| 波多黎各 | 16 479 | 25 921 | 26 520 | 27 107 | 27 482 | 27 760 | 27 692 | 27 939 |
| 巴哈马 | 21 241 | 22 043 | 21 921 | 21 515 | 22 555 | 22 554 | 22 497 | 22 817 |
| 安圭拉 | 13 545 | 20 817 | 19 460 | 20 953 | 19 820 | 19 720 | 21 531 | 21 880 |
| 特立尼达和多巴哥 | 6 431 | 14 509 | 16 684 | 19 054 | 19 152 | 19 614 | 20 131 | 19 063 |
| 乌拉圭 | 6 872 | 9 415 | 11 939 | 14 167 | 15 092 | 16 881 | 16 738 | 15 574 |
| 委内瑞拉 | 4 785 | 11 535 | 13 581 | 10 755 | 12 772 | 12 265 | 11 835 | 11 069 |
| 巴巴多斯 | 11 568 | 16 523 | 15 906 | 15 534 | 15 385 | 15 473 | 15 360 | 15 429 |
| 智利 | 5 101 | 10 217 | 12 785 | 14 582 | 15 253 | 15 765 | 14 566 | 13 416 |
| 安提瓜和巴布达 | 10 630 | 13 979 | 13 159 | 12 953 | 13 653 | 13 290 | 14 019 | 14 764 |
| 巴拿马 | 3 837 | 7 471 | 7 987 | 9 336 | 10 672 | 11 787 | 12 712 | 13 268 |
| 阿根廷 | 8 315 | 9 325 | 10 402 | 12 800 | 13 887 | 14 474 | 13 279 | 14 565 |
| 巴西 | 3 711 | 8 462 | 11 121 | 13 039 | 12 158 | 12 072 | 11 729 | 8 528 |
| 墨西哥 | 6 308 | 7 648 | 8 851 | 9 715 | 9 703 | 10 173 | 10 326 | 8 981 |
| 哥斯达黎加 | 3 808 | 6 547 | 8 199 | 9 187 | 9 985 | 10 547 | 10 437 | 11 015 |
| 苏里南 | 2 406 | 7 562 | 8 431 | 8 448 | 9 422 | 9 646 | 9 737 | 8 985 |
| 格林纳达 | 5 149 | 7 453 | 7 418 | 7 466 | 7 673 | 8 011 | 8 313 | 8 934 |
| 哥伦比亚 | 2 472 | 5 148 | 6 251 | 7 228 | 7 885 | 8 031 | 7 918 | 6 056 |
| 多米尼克 | 4 612 | 7 028 | 6 939 | 7 022 | 6 771 | 7 073 | 7 234 | 7 051 |
| 古巴 | 2 750 | 5 495 | 5 689 | 6 139 | 6 448 | 6 790 | 7 088 | 7 657 |
| 秘鲁 | 1 997 | 4 164 | 5 022 | 5 772 | 6 388 | 6 577 | 6 538 | 6 069 |
| 厄瓜多尔 | 1 451 | 4 256 | 4 657 | 5 223 | 5 702 | 6 074 | 6 432 | 6 205 |
| 多米尼加共和国 | 2 798 | 4 903 | 5 359 | 5 787 | 5 952 | 5 952 | 6 147 | 6 374 |
| 牙买加 | 3 463 | 4 440 | 4 823 | 5 247 | 5 357 | 5 148 | 4 993 | 5 106 |
| 伯利兹 | 3 364 | 4 259 | 4 344 | 4 517 | 4 674 | 4 719 | 4 884 | 4 789 |
| 巴拉圭 | 1 338 | 2 600 | 3 228 | 3 988 | 3 856 | 4 480 | 4 713 | 4 174 |
| 萨尔瓦多 | 2 260 | 3 431 | 3 547 | 3 821 | 3 922 | 3 999 | 4 102 | 4 219 |

## 世界主要国家（地区）人均国内生产总值（续）

（估计数字）

金额单位：美元

| 国别（地区） \ 年份 | 2000 | 2009 | 2010 | 2011 | 2012 | 2013 | 2014 | 2015 |
|---|---|---|---|---|---|---|---|---|
| 圭亚那 | 1 531 | 2 693 | 2 999 | 3 409 | 3 759 | 3 929 | 4 028 | 4 279 |
| 危地马拉 | 1 471 | 2 617 | 2 806 | 3 167 | 3 279 | 3 432 | 3 667 | 3 903 |
| 玻利维亚 | 1 007 | 1 777 | 1 981 | 2 378 | 2 645 | 2 948 | 3 124 | 3 077 |
| 洪都拉斯 | 1 151 | 1 976 | 2 111 | 2 324 | 2 395 | 2 358 | 2 449 | 2 522 |
| 尼加拉瓜 | 1 016 | 1 479 | 1 523 | 1 680 | 1 776 | 1 829 | 1 960 | 2 087 |
| 海地 | 429 | 660 | 671 | 737 | 760 | 804 | 819 | 794 |
| **亚洲** | **2 541** | **4 266** | **4 981** | **5 713** | **6 001** | **6 035** | **6 167** | **6 036** |
| 卡塔尔 | 29 569 | 61 464 | 70 023 | 88 051 | 92 693 | 64 574 | 94 944 | 73 653 |
| 中国澳门 | 15 560 | 40 877 | 52 604 | 67 150 | 77 145 | 90 747 | 96 075 | 78 586 |
| 新加坡 | 24 459 | 38 752 | 46 549 | 53 023 | 54 585 | 55 557 | 55 635 | 52 239 |
| 阿联酋 | 34 208 | 32 906 | 34 358 | 39 901 | 41 712 | 42 987 | 44 239 | 40 439 |
| 科威特 | 19 548 | 36 779 | 37 724 | 47 555 | 50 897 | 48 465 | 43 339 | 29 304 |
| 文莱 | 20 117 | 30 723 | 34 851 | 46 377 | 46 974 | 43 971 | 41 022 | 30 553 |
| 中国香港 | 25 307 | 30 801 | 32 693 | 35 279 | 36 980 | 38 490 | 40 298 | 42 431 |
| 以色列 | 22 004 | 28 648 | 31 502 | 34 558 | 33 484 | 37 519 | 38 890 | 37 129 |
| 日本 | 38 878 | 39 541 | 44 770 | 48 388 | 48 790 | 40 601 | 38 241 | 34 629 |
| 韩国 | 12 155 | 16 480 | 22 296 | 24 363 | 24 649 | 26 192 | 28 185 | 27 397 |
| 塞浦路斯 | 14 364 | 31 775 | 30 817 | 32 236 | 28 951 | 27 543 | 26 408 | 21 942 |
| 巴林 | 13 591 | 19 167 | 20 386 | 22 034 | 23 058 | 24 114 | 24 515 | 22 600 |
| 沙特阿拉伯 | 8 859 | 15 655 | 18 754 | 23 256 | 24 883 | 24 646 | 24 406 | 20 711 |
| 阿曼 | 8 685 | 17 519 | 19 921 | 21 164 | 21 632 | 20 205 | 19 130 | 15 551 |
| 哈萨克斯坦 | 1 223 | 7 163 | 9 077 | 11 636 | 12 365 | 13 839 | 12 746 | 10 312 |
| 马来西亚 | 4 005 | 7 312 | 9 069 | 10 428 | 10 835 | 10 971 | 11 306 | 9 768 |
| 土耳其 | 4 215 | 8 624 | 10 111 | 10 539 | 10 539 | 10 801 | 10 299 | 9 126 |
| 土库曼斯坦 | 1 096 | 4 060 | 4 479 | 5 725 | 6 798 | 7 480 | 8 194 | 6 997 |
| 黎巴嫩 | 5 155 | 8 484 | 8 858 | 8 728 | 8 956 | 8 931 | 8 676 | 8 571 |
| 马尔代夫 | 3 135 | 6 631 | 6 986 | 7 234 | 7 303 | 7 961 | 8 657 | 9 446 |
| 阿塞拜疆 | 650 | 4 932 | 5 814 | 7 147 | 7 443 | 7 808 | 7 813 | 5 439 |
| 中国 | 952 | 3 802 | 4 524 | 5 579 | 6 323 | 7 072 | 7 693 | 8 109 |
| 伊拉克 | 717 | 3 659 | 3 795 | 4 941 | 5 641 | 6 073 | 5 465 | 4 509 |
| 泰国 | 2 012 | 4 231 | 5 112 | 5 539 | 5 915 | 6 225 | 5 970 | 5 815 |
| 伊朗 | 1 664 | 5 438 | 6 300 | 7 874 | 7 711 | 6 631 | 5 443 | 5 038 |
| 蒙古 | 550 | 1 991 | 2 650 | 3 773 | 4 377 | 4 401 | 4 202 | 3 973 |

## 世界主要国家（地区）人均国内生产总值（续）

（估计数字）

金额单位：美元

| 国别（地区）＼年份 | 2000 | 2009 | 2010 | 2011 | 2012 | 2013 | 2014 | 2015 |
|---|---|---|---|---|---|---|---|---|
| 格鲁吉亚 | 645 | 2 505 | 2 738 | 3 440 | 3 829 | 3 953 | 4 092 | 3 491 |
| 斯里兰卡 | 1 019 | 2 095 | 2 808 | 3 214 | 3 351 | 3 621 | 3 881 | 3 974 |
| 亚美尼亚 | 663 | 2 916 | 3 332 | 3 644 | 3 566 | 3 717 | 3 862 | 3 489 |
| 印度尼西亚 | 831 | 2 409 | 3 125 | 3 648 | 3 701 | 3 632 | 3 500 | 3 346 |
| 菲律宾 | 1 040 | 1 837 | 2 145 | 2 372 | 2 605 | 2 786 | 2 873 | 2 904 |
| 乌兹别克斯坦 | 561 | 1 238 | 1 425 | 1 639 | 1 823 | 1 969 | 2 139 | 2 308 |
| 越南 | 388 | 1 212 | 1 312 | 1 517 | 1 725 | 1 874 | 2 015 | 2 068 |
| 叙利亚 | 1 202 | 2 631 | 2 918 | 2 691 | 2 005 | 1 640 | 1 816 | 1 535 |
| 印度 | 431 | 1 080 | 1 341 | 1 501 | 1 474 | 1 504 | 1 580 | 1 614 |
| 巴基斯坦 | 556 | 970 | 1 026 | 1 219 | 1 210 | 1 215 | 1 340 | 1 410 |
| 缅甸 | 153 | 641 | 801 | 1 111 | 1 161 | 1 173 | 1 241 | 1 161 |
| 朝鲜 | 462 | 494 | 570 | 638 | 643 | 666 | 696 | 648 |
| **欧洲** | **13 280** | **26 421** | **26 867** | **29 679** | **28 376** | **29 510** | **29 918** | **25 590** |
| 摩纳哥 | 81 357 | 149 990 | 145 538 | 163 509 | 153 542 | 174 636 | 187 650 | 165 871 |
| 列支敦士登 | 83 385 | 125 108 | 156 533 | 175 517 | 165 693 | 172 562 | 178 723 | 169 492 |
| 卢森堡 | 49 014 | 101 527 | 104 169 | 114 574 | 105 942 | 112 949 | 117 454 | 100 161 |
| 挪威 | 38 141 | 79 990 | 87 611 | 100 558 | 101 568 | 102 833 | 96 803 | 74 186 |
| 瑞士 | 37 911 | 69 728 | 74 223 | 87 850 | 82 897 | 84 353 | 85 577 | 80 831 |
| 丹麦 | 30 751 | 57 889 | 58 007 | 61 687 | 58 409 | 61 089 | 62 388 | 53 149 |
| 瑞典 | 29 282 | 46 183 | 52 053 | 59 511 | 56 990 | 60 134 | 59 137 | 50 687 |
| 圣马力诺 | 41 604 | 77 642 | 69 708 | 66 388 | 57 764 | 59 412 | 58 390 | 49 240 |
| 荷兰 | 25 972 | 51 757 | 50 289 | 53 551 | 49 491 | 51 560 | 52 148 | 44 332 |
| 冰岛 | 31 812 | 40 897 | 41 676 | 45 711 | 43 965 | 47 571 | 52 486 | 50 936 |
| 奥地利 | 24 398 | 47 549 | 46 498 | 50 933 | 48 188 | 50 460 | 51 471 | 44 118 |
| 芬兰 | 24 252 | 47 090 | 46 165 | 50 720 | 47 322 | 49 510 | 49 723 | 42 148 |
| 德国 | 23 810 | 42 447 | 42 483 | 46 723 | 44 037 | 46 577 | 48 102 | 41 686 |
| 比利时 | 23 169 | 44 633 | 44 241 | 47 887 | 44 937 | 46 632 | 47 367 | 40 278 |
| 英国 | 27 781 | 37 198 | 38 741 | 41 302 | 41 621 | 42 522 | 46 615 | 44 162 |
| 安道尔 | 21 933 | 42 701 | 39 748 | 41 813 | 39 899 | 43 237 | 46 034 | 39 896 |
| 法国 | 22 340 | 41 734 | 40 668 | 43 762 | 40 795 | 42 531 | 42 801 | 36 304 |
| 意大利 | 19 979 | 36 762 | 35 663 | 38 142 | 34 699 | 35 644 | 35 957 | 30 462 |
| 西班牙 | 14 611 | 32 379 | 30 720 | 31 858 | 28 731 | 29 314 | 29 742 | 25 865 |
| 马耳他 | 10 469 | 20 826 | 21 212 | 23 080 | 22 287 | 24 440 | 25 704 | 23 281 |

## 世界主要国家（地区）人均国内生产总值（续）

（估计数字）

金额单位：美元

| 国别（地区）\年份 | 2000 | 2009 | 2010 | 2011 | 2012 | 2013 | 2014 | 2015 |
|---|---|---|---|---|---|---|---|---|
| 斯洛文尼亚 | 10 230 | 24 595 | 23 393 | 24 910 | 22 424 | 23 096 | 23 973 | 20 690 |
| 葡萄牙 | 11 515 | 23 015 | 22 514 | 23 193 | 20 577 | 21 614 | 22 075 | 19 239 |
| 希腊 | 12 025 | 29 517 | 26 782 | 25 804 | 22 113 | 21 697 | 21 460 | 17 788 |
| 爱沙尼亚 | 4 067 | 14 716 | 14 641 | 17 447 | 17 404 | 19 000 | 19 916 | 17 112 |
| 捷克 | 5 989 | 19 666 | 19 703 | 21 639 | 19 666 | 19 857 | 19 712 | 17 562 |
| 斯洛伐克 | 3 840 | 16 412 | 16 553 | 18 143 | 17 249 | 18 172 | 18 581 | 16 082 |
| 立陶宛 | 3 310 | 11 801 | 11 890 | 14 174 | 14 210 | 15 677 | 16 657 | 14 384 |
| 拉脱维亚 | 3 347 | 12 349 | 11 368 | 13 772 | 13 783 | 15 028 | 15 744 | 13 704 |
| 波兰 | 4 466 | 11 322 | 12 426 | 13 702 | 12 959 | 13 574 | 14 116 | 12 355 |
| 克罗地亚 | 4 617 | 12 932 | 13 007 | 14 025 | 12 785 | 13 570 | 14 085 | 12 351 |
| 匈牙利 | 4 917 | 14 464 | 13 823 | 14 467 | 13 176 | 13 525 | 13 412 | 11 479 |
| 俄罗斯 | 1 774 | 8 542 | 10 652 | 14 187 | 15 145 | 15 559 | 14 160 | 9 243 |
| 罗马尼亚 | 1 692 | 8 163 | 8 276 | 9 217 | 8 607 | 9 677 | 10 143 | 9 121 |
| 白俄罗斯 | 1 047 | 5 177 | 5 818 | 6 296 | 6 703 | 7 697 | 8 011 | 5 751 |
| 保加利亚 | 1 643 | 6 941 | 6 742 | 7 743 | 7 335 | 7 670 | 7 876 | 6 847 |
| 波黑 | 1 501 | 4 586 | 4 475 | 4 861 | 4 495 | 4 748 | 4 852 | 4 265 |
| 阿尔巴尼亚 | 1 117 | 4 111 | 4 110 | 4 467 | 4 277 | 4 433 | 4 595 | 3 984 |
| 乌克兰 | 664 | 2 652 | 3 093 | 3 723 | 4 029 | 4 218 | 2 967 | 2 022 |
| **大洋洲** | **15 573** | **32 712** | **40 863** | **47 616** | **48 227** | **46 576** | **44 133** | **37 107** |
| 澳大利亚 | 21 398 | 46 418 | 58 350 | 68 228 | 68 890 | 65 738 | 61 437 | 51 352 |
| 新西兰 | 14 111 | 28 029 | 33 551 | 38 248 | 39 815 | 42 448 | 44 207 | 38 294 |
| 新喀里多尼亚 | 16 246 | 35 693 | 37 976 | 41 392 | 37 160 | 38 437 | 39 398 | 33 966 |
| 法属波利尼西亚 | 15 835 | 24 709 | 22 684 | 22 874 | 20 795 | 21 532 | 21 586 | 18 161 |
| 瑙鲁 | 2 163 | 5 409 | 6 234 | 8 551 | 11 966 | 15 100 | 17 857 | 18 469 |
| 库克群岛 | 5 140 | 10 653 | 12 579 | 14 029 | 14 725 | 14 623 | 15 323 | 14 119 |
| 帕劳 | 7 621 | 9 561 | 9 084 | 9 124 | 9 819 | 10 451 | 11 092 | 12 122 |
| 斐济 | 2 105 | 3 488 | 3 652 | 4 352 | 4 544 | 4 759 | 5 042 | 4 922 |
| 汤加 | 1 933 | 3 154 | 3 597 | 4 294 | 4 445 | 4 178 | 4 122 | 3 784 |
| 马绍尔群岛 | 2 127 | 3 159 | 3 124 | 3 290 | 3 502 | 3 603 | 3 530 | 3 453 |
| 图瓦卢 | 1 302 | 2 763 | 3 238 | 3 994 | 4 044 | 3 880 | 3 796 | 3 362 |
| 密克罗尼西亚 | 2 171 | 2 865 | 2 867 | 3 006 | 3 154 | 3 049 | 3 057 | 3 015 |
| 瓦努阿图 | 1 432 | 2 643 | 2 966 | 3 275 | 3 158 | 3 167 | 3 148 | 2 783 |

**资料来源**：联合国《国民核算统计年鉴》。

## 世界主要国家（地区）外汇储备

（期末数）

金额单位：100 万美元

| 国别（地区） \ 年份 | 2000 | 2010 | 2013 | 2014 | 2015 | 2016 |
|---|---|---|---|---|---|---|
| **世界** | **1 967 090** | **9 264 671** | **11 682 966** | **11 600 559** | **10 917 632** | **10 711 559** |
| 中国 | 165 574 | 2 847 340 | 3 821 310 | 3 843 020 | 3 330 360 | 3 010 520 |
| 日本 | 347 212 | 1 036 260 | 1 202 920 | 1 200 160 | 1 179 500 | 1 158 280 |
| 瑞士 | 30 854 | 217 347 | 488 561 | 498 962 | 560 632 | 634 940 |
| 沙特阿拉伯 | 18 036 | 432 094 | 710 485 | 718 921 | 603 986 | 526 064 |
| 中国台湾省 | 106 740 | 382 010 | 416 810 | 418 980 | 426 031 | 434 204 |
| 中国香港 | 107 542 | 268 649 | 311 061 | 328 377 | 358 656 | 386 147 |
| 韩国 | 95 855 | 286 926 | 335 647 | 353 600 | 358 514 | 361 701 |
| 巴西 | 32 434 | 280 570 | 349 028 | 354 807 | 348 861 | 356 795 |
| 印度 | 37 264 | 267 814 | 267 703 | 295 947 | 327 840 | 336 583 |
| 俄罗斯 | 24 263 | 432 949 | 456 447 | 327 727 | 309 387 | 308 031 |
| 新加坡 | 79 723 | 223 678 | 270 484 | 254 562 | 245 721 | 244 366 |
| 墨西哥 | 35 142 | 114 884 | 168 613 | 185 184 | 168 373 | 168 746 |
| 泰国 | 31 933 | 165 656 | 159 022 | 149 064 | 149 291 | 164 148 |
| 阿尔及利亚 | 11 910 | 160 568 | 192 357 | 177 381 | 142 644 | 112 930 |
| 印度尼西亚 | 28 280 | 89 970 | 93 427 | 106 073 | 100 626 | 110 931 |
| 波兰 | 26 320 | 86 317 | 99 337 | 94 064 | 89 421 | 109 503 |
| 英国 | 34 163 | 49 335 | 69 555 | 76 400 | 101 591 | 106 540 |
| 以色列 | 23 163 | 69 265 | 79 591 | 84 342 | 88 942 | 94 275 |
| 马来西亚 | 27 432 | 102 325 | 130 492 | 111 765 | 91 429 | 91 194 |
| 土耳其 | 22 313 | 79 046 | 109 249 | 105 343 | 91 426 | 90 604 |
| 阿联酋 | 13 304 | 31 751 | 66 951 | 77 242 | 92 572 | 84 384 |
| 捷克 | 13 016 | 40 335 | 53 893 | 52 354 | 62 630 | 84 291 |
| 加拿大 | 29 019 | 44 888 | 58 430 | 62 756 | 69 077 | 72 949 |
| 菲律宾 | 12 975 | 53 991 | 73 792 | 70 260 | 72 352 | 71 853 |
| 秘鲁 | 8 373 | 41 653 | 63 247 | 60 068 | 59 400 | 59 767 |
| 丹麦 | 14 469 | 70 334 | 82 417 | 69 674 | 60 103 | 59 452 |
| 挪威 | 26 707 | 49 740 | 54 588 | 61 591 | 54 580 | 57 876 |
| 瑞典 | 13 757 | 37 919 | 55 375 | 53 306 | 49 830 | 51 572 |
| 澳大利亚 | 16 782 | 32 793 | 42 533 | 44 680 | 40 973 | 47 637 |

## 世界主要国家（地区）外汇储备（续）

（期末数）　　　　金额单位：100 万美元

| 国别（地区）＼年份 | 2000 | 2010 | 2013 | 2014 | 2015 | 2016 |
|---|---|---|---|---|---|---|
| 西班牙 | 29 516 | 13 306 | 28 168 | 32 891 | 38 711 | 46 947 |
| 哥伦比亚 | 8 409 | 26 349 | 41 197 | 44 944 | 44 778 | 44 976 |
| 南非 | 5 793 | 35 419 | 41 943 | 41 493 | 38 923 | 39 915 |
| 智利 | 14 686 | 26 318 | 39 296 | 38 869 | 37 213 | 39 542 |
| 法国 | 32 114 | 36 211 | 27 414 | 28 658 | 36 372 | 39 185 |
| 美国 | 31 238 | 52 075 | 47 599 | 41 944 | 39 242 | 39 023 |
| 德国 | 49 667 | 37 356 | 38 725 | 37 207 | 36 387 | 36 886 |
| 罗马尼亚 | 2 469 | 42 303 | 44 773 | 39 145 | 35 155 | 34 805 |
| 意大利 | 22 423 | 35 678 | 35 516 | 33 314 | 34 441 | 34 083 |
| 阿根廷 | 24 414 | 46 619 | 24 981 | 26 042 | 20 571 | 33 563 |
| 科威特 | 6 504 | 18 623 | 26 348 | 29 279 | 25 659 | 28 965 |
| 尼日利亚 | 9 910 | 32 339 | 42 847 | 34 242 | 28 285 | 26 991 |
| 匈牙利 | 10 915 | 43 581 | 46 254 | 41 775 | 32 900 | 25 406 |
| 保加利亚 | 3 028 | 14 428 | 17 340 | 17 641 | 19 889 | 22 737 |
| 埃及 | 12 913 | 32 351 | 12 343 | 10 797 | 12 123 | 19 735 |
| 中国澳门 | 3 323 | 23 727 | 16 146 | 16 444 | 18 891 | 19 489 |
| 新西兰 | 3 619 | 15 133 | 14 409 | 14 070 | 13 104 | 16 523 |
| 乌克兰 | 1 104 | 33 319 | 18 760 | 6 618 | 12 359 | 11 894 |
| 奥地利 | 13 492 | 6 715 | 8 142 | 10 638 | 9 619 | 9 724 |
| 葡萄牙 | 8 539 | 2 013 | 1 138 | 3 370 | 4 980 | 9 553 |
| 比利时 | 7 988 | 7 880 | 8 339 | 7 836 | 8 453 | 8 323 |
| 芬兰 | 7 341 | 4 920 | 6 686 | 6 414 | 6 228 | 6 519 |
| 荷兰 | 7 004 | 8 902 | 11 688 | 9 755 | 8 836 | 5 878 |
| 突尼斯 | 1 781 | 9 000 | 6 832 | 6 876 | 7 080 | 5 695 |
| 委内瑞拉 | 12 633 | 9 192 | 2 064 | 3 718 | 5 075 | — |
| 希腊 | 13 116 | 108 | 194 | 725 | 1 497 | 1 917 |
| 巴布亚新几内亚 | 274 | 3 016 | 2 760 | 2 240 | 1 678 | 1 595 |
| 爱尔兰 | 4 983 | 502 | 4 | 198 | 738 | 1 406 |

**资料来源：**国际货币基金组织《国际金融统计》（月刊和年鉴）、联合国《统计月报》、中国台湾省《统计月报》、英国经济学人智库《国别地区报告》。

## 世界主要国家（地区）黄金储备

（期末数）

单位：100 万盎司

| 国别（地区）＼年份 | 2000 | 2010 | 2013 | 2014 | 2015 | 2016 |
|---|---|---|---|---|---|---|
| **世界** | **952.89** | **991.96** | **1 024.14** | **1 029.82** | **1 052.92** | **1 070.40** |
| 美国 | 261.61 | 261.50 | 261.50 | 261.50 | 261.50 | 261.50 |
| 德国 | 111.52 | 109.34 | 108.90 | 108.81 | 108.70 | 108.60 |
| 意大利 | 78.83 | 78.83 | 78.83 | 78.83 | 78.83 | 78.83 |
| 法国 | 97.25 | 78.30 | 78.30 | 78.30 | 78.31 | 78.32 |
| 中国 | 12.70 | 33.89 | 33.89 | 33.89 | 56.66 | 59.24 |
| 俄罗斯 | 12.36 | 25.36 | 33.28 | 38.84 | 45.48 | 51.93 |
| 瑞士 | 77.79 | 33.44 | 33.44 | 33.44 | 33.44 | 33.44 |
| 日本 | 24.55 | 24.60 | 24.60 | 24.60 | 24.60 | 24.60 |
| 荷兰 | 29.32 | 19.69 | 19.69 | 19.69 | 19.69 | 19.69 |
| 印度 | 11.50 | 17.93 | 17.93 | 17.93 | 17.93 | — |
| 土耳其 | 3.74 | 3.73 | 16.71 | 17.01 | 16.57 | 12.12 |
| 葡萄牙 | 19.51 | 12.30 | 12.30 | 12.30 | 12.30 | 12.30 |
| 沙特阿拉伯 | 4.60 | 10.38 | 10.38 | 10.38 | 10.38 | 10.38 |
| 英国 | 15.67 | 9.98 | 9.98 | 9.98 | 9.98 | 9.98 |
| 黎巴嫩 | 9.22 | 9.22 | 9.22 | 9.22 | 9.22 | — |
| 西班牙 | 16.83 | 9.05 | 9.05 | 9.05 | 9.05 | 9.05 |
| 奥地利 | 12.14 | 9.00 | 9.00 | 9.00 | 9.00 | 9.00 |
| 委内瑞拉 | 10.24 | 11.76 | 11.82 | 11.61 | 8.77 | — |
| 比利时 | 8.30 | 7.31 | 7.31 | 7.31 | 7.31 | 7.31 |
| 哈萨克斯坦 | 1.84 | 2.16 | 4.62 | 6.17 | 7.13 | 8.30 |
| 菲律宾 | 7.23 | 4.95 | 6.22 | 6.28 | 6.30 | 6.31 |
| 阿尔及利亚 | 5.58 | 5.58 | 5.58 | 5.58 | 5.58 | 5.58 |
| 泰国 | 2.37 | 3.20 | 4.90 | 4.90 | 4.90 | 4.90 |
| 瑞典 | 5.96 | 4.04 | 4.04 | 4.04 | 4.04 | 4.04 |
| 南非 | 5.90 | 4.02 | 4.02 | 4.03 | 4.03 | — |
| 利比亚 | 4.62 | 4.62 | 3.75 | 3.75 | 3.75 | — |
| 希腊 | 4.26 | 3.59 | 3.61 | 3.62 | 3.62 | 3.63 |
| 罗马尼亚 | 3.37 | 3.33 | 3.33 | 3.33 | 3.33 | 3.33 |
| 波兰 | 3.31 | 3.31 | 3.31 | 3.31 | 3.31 | 3.31 |
| 澳大利亚 | 2.56 | 2.57 | 2.57 | 2.57 | 2.57 | 2.57 |
| 科威特 | 2.54 | 2.54 | 2.54 | 2.54 | 2.54 | 2.54 |
| 印度尼西亚 | 3.10 | 2.35 | 2.51 | 2.51 | 2.51 | — |
| 埃及 | 2.43 | 2.43 | 2.43 | 2.43 | 2.43 | — |
| 巴西 | 1.89 | 1.08 | 2.16 | 2.16 | 2.16 | 2.16 |
| 丹麦 | 2.14 | 2.14 | 2.14 | 2.14 | 2.14 | 2.14 |
| 巴基斯坦 | 2.09 | 2.07 | 2.07 | 2.07 | 2.07 | 2.07 |
| 阿根廷 | 0.02 | 1.76 | 1.98 | 1.98 | 1.98 | 1.82 |
| 芬兰 | 1.58 | 1.58 | 1.58 | 1.58 | 1.58 | 1.58 |
| 保加利亚 | 1.28 | 1.28 | 1.29 | 1.29 | 1.29 | 1.30 |
| 马来西亚 | 1.17 | 1.17 | 1.17 | 1.15 | 1.23 | 1.23 |
| 秘鲁 | 1.11 | 1.11 | 1.11 | 1.11 | 1.11 | — |
| 斯洛伐克 | 1.29 | 1.02 | 1.02 | 1.02 | 1.02 | 1.02 |
| 乌克兰 | — | 0.89 | 1.36 | 0.76 | 0.88 | 0.82 |
| 加拿大 | 1.18 | 0.11 | 0.10 | 0.10 | 0.05 | — |
| 智利 | 0.07 | 0.01 | 0.01 | 0.01 | 0.01 | 0.01 |
| 乌拉圭 | 1.08 | 0.01 | 0.01 | 0.01 | — | — |

**资料来源：**国际货币基金组织《国际金融统计》（月报和年报）。

国际直接投资流量

| 年　份 | 发达经济体 | | 发展中经济体 | | 所有国家 | |
|---|---|---|---|---|---|---|
| | 流入 | 流出 | 流入 | 流出 | 流入 | 流出 |
| 金额（单位：100万美元） | | | | | | |
| 2000—2009（平均） | 699 973 | 913 903 | 337 827 | 143 943 | 1 080 491 | 1 080 841 |
| 2010 | 699 889 | 983 405 | 625 330 | 240 066 | 1 388 821 | 1 391 918 |
| 2011 | 817 415 | 1 128 047 | 670 149 | 358 029 | 1 566 839 | 1 557 640 |
| 2012 | 787 359 | 917 783 | 658 774 | 373 931 | 1 510 918 | 1 308 820 |
| 2013 | 680 275 | 825 948 | 662 406 | 357 844 | 1 427 181 | 1 310 618 |
| 2014 | 522 043 | 800 727 | 698 494 | 408 886 | 1 276 999 | 1 318 470 |
| 2015 | 962 496 | 1 065 192 | 764 670 | 445 579 | 1 762 155 | 1 474 242 |
| 占世界比重（%） | | | | | | |
| 2000—2009（平均） | 64. 78 | 84. 55 | 31. 27 | 13. 32 | 100 | 100 |
| 2010 | 50. 39 | 70. 65 | 45. 03 | 25. 72 | 100 | 100 |
| 2011 | 52. 17 | 72. 42 | 42. 77 | 24. 01 | 100 | 100 |
| 2012 | 52. 11 | 70. 12 | 43. 60 | 27. 34 | 100 | 100 |
| 2013 | 47. 67 | 63. 02 | 46. 41 | 31. 20 | 100 | 100 |
| 2014 | 40. 88 | 60. 73 | 54. 70 | 33. 80 | 100 | 100 |
| 2015 | 54. 62 | 72. 25 | 43. 39 | 25. 64 | 100 | 100 |
| 增长率（%） | | | | | | |
| 2010 | 6. 96 | 19. 87 | 34. 39 | 49. 14 | 17. 56 | 26. 67 |
| 2011 | 16. 79 | 14. 71 | 7. 17 | 4. 44 | 12. 82 | 11. 91 |
| 2012 | -3. 68 | -18. 64 | -1. 70 | -4. 30 | -3. 57 | -15. 97 |
| 2013 | -13. 60 | -10. 01 | 0. 55 | 14. 26 | -5. 54 | 0. 14 |
| 2014 | -23. 26 | -3. 05 | 5. 45 | 8. 97 | -10. 52 | 0. 60 |
| 2015 | 84. 37 | 33. 03 | 9. 47 | -15. 18 | 37. 99 | 11. 81 |

**资料来源**：联合国贸发会议《世界投资报告》2004—2016年。

## 发达国家向发展中国家和国际多边机构提供的官方发展援助

按当前价格和汇率计算的净交付额

| 国别（地区）\ 年份 | 百万美元 | | | | | | | 占国民总收入的百分比 | | | | | | |
|---|---|---|---|---|---|---|---|---|---|---|---|---|---|---|
| | 1999—2000平均值 | 2004—2005平均值 | 2011 | 2012 | 2013 | 2014 | 2015 | 1999—2000平均值 | 2004—2005平均值 | 2011 | 2012 | 2013 | 2014 | 2015 |
| 澳大利亚 | 985 | 1 570 | 4 983 | 5 403 | 4 846 | 4 382 | 3 494 | 0. 26 | 0. 25 | 0. 34 | 0. 36 | 0. 33 | 0. 31 | 0. 29 |
| 奥地利 | 466 | 1 125 | 1 111 | 1 106 | 1 171 | 1 235 | 1 324 | 0. 24 | 0. 38 | 0. 27 | 0. 28 | 0. 27 | 0. 28 | 0. 35 |
| 比利时 | 790 | 1 713 | 2 807 | 2 315 | 2 300 | 2 448 | 1 905 | 0. 33 | 0. 47 | 0. 54 | 0. 47 | 0. 45 | 0. 46 | 0. 42 |
| 加拿大 | 1 725 | 3 178 | 5 459 | 5 650 | 4 947 | 4 240 | 4 277 | 0. 27 | 0. 31 | 0. 32 | 0. 32 | 0. 27 | 0. 24 | 0. 28 |
| 捷 克 | 15 | 122 | 250 | 220 | 211 | 212 | 199 | 0. 03 | 0. 11 | 0. 12 | 0. 12 | 0. 11 | 0. 11 | 0. 12 |
| 丹 麦 | 1 699 | 2 073 | 2 931 | 2 693 | 2 927 | 3 003 | 2 566 | 1. 03 | 0. 83 | 0. 85 | 0. 83 | 0. 85 | 0. 86 | 0. 85 |
| 芬 兰 | 394 | 791 | 1 406 | 1 320 | 1 435 | 1 635 | 1 288 | 0. 32 | 0. 42 | 0. 53 | 0. 53 | 0. 54 | 0. 59 | 0. 55 |
| 法 国 | 4 872 | 9 249 | 12 997 | 12 028 | 11 339 | 10 620 | 9 039 | 0. 34 | 0. 44 | 0. 46 | 0. 45 | 0. 41 | 0. 37 | 0. 37 |
| 德 国 | 5 273 | 8 808 | 14 093 | 12 939 | 14 228 | 16 566 | 17 940 | 0. 27 | 0. 32 | 0. 39 | 0. 37 | 0. 38 | 0. 42 | 0. 52 |
| 希 腊 | 210 | 353 | 425 | 327 | 239 | 247 | 239 | 0. 18 | 0. 16 | 0. 15 | 0. 13 | 0. 10 | 0. 11 | 0. 12 |
| 冰 岛 | 8 | 24 | 26 | 26 | 35 | 37 | 40 | 0. 10 | 0. 18 | 0. 21 | 0. 22 | 0. 25 | 0. 22 | 0. 24 |
| 爱尔兰 | 240 | 663 | 914 | 808 | 846 | 816 | 718 | 0. 30 | 0. 40 | 0. 51 | 0. 47 | 0. 46 | 0. 38 | 0. 32 |
| 意大利 | 1 591 | 3 776 | 4 326 | 2 737 | 3 430 | 4 009 | 4 004 | 0. 14 | 0. 22 | 0. 20 | 0. 14 | 0. 17 | 0. 19 | 0. 22 |
| 日 本 | 12 835 | 11 024 | 11 086 | 10 605 | 11 469 | 9 483 | 9 203 | 0. 27 | 0. 23 | 0. 18 | 0. 17 | 0. 22 | 0. 20 | 0. 21 |
| 韩 国 | 265 | 588 | 1 325 | 1 597 | 1 755 | 1 857 | 1 915 | 0. 06 | 0. 08 | 0. 12 | 0. 14 | 0. 13 | 0. 13 | 0. 14 |
| 卢森堡 | 121 | 246 | 409 | 399 | 429 | 423 | 363 | 0. 68 | 0. 79 | 0. 97 | 1. 00 | 1. 00 | 1. 06 | 0. 95 |
| 荷 兰 | 3 134 | 4 659 | 6 344 | 5 523 | 5 435 | 5 573 | 5 726 | 0. 81 | 0. 78 | 0. 75 | 0. 71 | 0. 67 | 0. 64 | 0. 75 |
| 新西兰 | 124 | 243 | 424 | 449 | 457 | 506 | 442 | 0. 26 | 0. 25 | 0. 28 | 0. 28 | 0. 26 | 0. 27 | 0. 27 |
| 挪 威 | 1 317 | 2 496 | 4 756 | 4 753 | 5 581 | 5 086 | 4 278 | 0. 82 | 0. 91 | 0. 96 | 0. 93 | 1. 07 | 1. 00 | 1. 05 |
| 波 兰 | 25 | 161 | 417 | 421 | 487 | 452 | 441 | 0. 02 | 0. 06 | 0. 08 | 0. 09 | 0. 10 | 0. 09 | 0. 10 |
| 葡萄牙 | 273 | 704 | 708 | 581 | 488 | 430 | 308 | 0. 26 | 0. 41 | 0. 31 | 0. 28 | 0. 23 | 0. 19 | 0. 16 |
| 斯洛伐克 | — | 43 | 86 | 80 | 86 | 83 | 85 | — | 0. 11 | 0. 09 | 0. 09 | 0. 09 | 0. 09 | 0. 10 |
| 斯洛文尼亚 | — | 35 | 63 | 58 | 62 | 62 | 63 | — | 0. 11 | 0. 13 | 0. 13 | 0. 13 | 0. 12 | 0. 15 |
| 西班牙 | 1 279 | 2 728 | 4 173 | 2 037 | 2 348 | 1 877 | 1 397 | 0. 22 | 0. 26 | 0. 29 | 0. 16 | 0. 17 | 0. 13 | 0. 12 |
| 瑞 典 | 1 714 | 3 042 | 5 603 | 5 240 | 5 827 | 6 233 | 7 089 | 0. 75 | 0. 86 | 1. 02 | 0. 97 | 1. 01 | 1. 09 | 1. 40 |
| 瑞 士 | 937 | 1 659 | 3 051 | 3 052 | 3 200 | 3 522 | 3 562 | 0. 33 | 0. 40 | 0. 46 | 0. 47 | 0. 46 | 0. 50 | 0. 52 |
| 英 国 | 3 964 | 9 338 | 13 832 | 13 891 | 17 871 | 19 306 | 18 545 | 0. 28 | 0. 42 | 0. 56 | 0. 56 | 0. 70 | 0. 70 | 0. 70 |
| 美 国 | 9 550 | 23 820 | 30 966 | 30 652 | 31 267 | 33 096 | 30 986 | 0. 10 | 0. 20 | 0. 20 | 0. 19 | 0. 18 | 0. 19 | 0. 17 |
| **总 计** | **53 811** | **94 230** | **134 971** | **126 911** | **134 719** | **137 439** | **131 433** | **0. 22** | **0. 29** | **0. 31** | **0. 28** | **0. 30** | **0. 30** | **0. 30** |
| 其中：欧盟国家 | 26 059 | 49 629 | 72 897 | 64 724 | 71 161 | 75 230 | 73 238 | 0. 31 | 0. 38 | 0. 43 | 0. 40 | 0. 42 | 0. 42 | 0. 47 |

**资料来源**：经济合作与发展组织发展援助委员会 2016 年 12 月 22 日公布的发展援助统计数据。

发达国家援助的部门分布

| 年份<br>国别 | 社会公共基础设施 | | 经济基础设施 | | 农 业 | | 工业和其他产业 | | 物资援助和方案援助 | | 人道主义援助 | | 其他领域 | | 备注:非政府组织援助额所占比例[①] |
|---|---|---|---|---|---|---|---|---|---|---|---|---|---|---|---|
| | 1994—1995 | 2014—2015 | 1994—1995 | 2014—2015 | 1994—1995 | 2014—2015 | 1994—1995 | 2014—2015 | 1994—1995 | 2014—2015 | 1994—1995 | 2014—2015 | 1994—1995 | 2014—2015 | 2014—2015 |
| 澳大利亚 | 41.5 | 47.4 | 20.9 | 7.4 | 4.7 | 3.4 | 1.3 | 1.6 | 17.9 | 0.8 | 2.2 | 8.4 | 11.5 | 31.0 | 11.0 |
| 奥地利 | 23.5 | 33.4 | 16.0 | 5.2 | 2.0 | 2.6 | 7.5 | 1.3 | 1.0 | 0.2 | 0.7 | 2.9 | 49.3 | 54.3 | 4.6 |
| 比利时 | 30.6 | 31.8 | 7.6 | 8.4 | 12.3 | 7.8 | 5.2 | 1.1 | 6.2 | 0.0 | 3.0 | 10.6 | 35.2 | 40.2 | 12.9 |
| 加拿大 | 21.5 | 38.4 | 13.9 | 4.3 | 2.5 | 7.5 | 3.5 | 4.7 | 10.4 | 1.5 | 4.3 | 18.8 | 43.8 | 24.7 | 17.6 |
| 捷 克 | — | 40.2 | — | 5.2 | — | 7.1 | — | 0.8 | — | 0.0 | — | 11.6 | — | 35.1 | 7.1 |
| 丹 麦 | 25.6 | 35.1 | 20.6 | 6.7 | 6.0 | 6.3 | 3.6 | 1.4 | 1.6 | 2.2 | 0.1 | 12.3 | 42.5 | 36.0 | 16.1 |
| 芬 兰 | 24.6 | 39.4 | 3.8 | 9.6 | 15.9 | 5.9 | 2.2 | 3.0 | 0.2 | 1.4 | 10.3 | 13.2 | 43.0 | 27.5 | 13.1 |
| 法 国 | 37.3 | 34.2 | 7.4 | 24.4 | 5.6 | 4.7 | 0.8 | 1.6 | 9.3 | 2.5 | 1.0 | 0.5 | 38.7 | 32.1 | 2.3 |
| 德 国 | 37.5 | 31.6 | 20.6 | 31.3 | 6.4 | 5.1 | 3.5 | 1.1 | 5.5 | 1.0 | 6.1 | 5.2 | 20.4 | 24.8 | 6.5 |
| 希 腊 | 57.3 | 19.3 | — | 0.0 | 1.6 | — | 0.4 | — | 33.2 | — | 2.4 | 1.0 | 5.1 | 79.7 | 0.9 |
| 冰 岛 | — | 43.1 | — | 12.2 | — | 13.8 | — | — | — | — | — | 9.0 | — | 21.9 | 8.0 |
| 爱尔兰 | 47.5 | 47.8 | 8.8 | 0.9 | 5.0 | 7.6 | 2.5 | 0.3 | 0.5 | 6.9 | 12.9 | 20.1 | 22.7 | 16.4 | 34.9 |
| 意大利 | 10.4 | 20.3 | 11.4 | 4.1 | 2.2 | 3.8 | 0.7 | 0.4 | 12.2 | 0.6 | 7.6 | 5.4 | 55.5 | 65.4 | 4.6 |
| 日 本 | 24.1 | 17.9 | 43.5 | 50.9 | 9.5 | 3.9 | 2.4 | 4.5 | 3.6 | 3.9 | 0.2 | 6.2 | 16.7 | 12.6 | 2.1 |
| 韩 国 | 24.2 | 43.9 | 60.6 | 33.1 | 1.1 | 6.7 | 3.3 | 1.7 | 3.2 | 0.1 | 0.2 | 2.5 | 7.3 | 12.2 | 1.9 |
| 卢森堡 | 41.1 | 46.3 | 5.8 | 7.5 | 5.4 | 4.7 | 0.5 | 1.4 | 1.1 | 1.1 | 16.0 | 16.2 | 30.0 | 22.7 | 19.5 |
| 荷 兰 | 23.6 | 33.7 | 8.9 | 11.6 | 11.8 | 2.7 | 1.2 | 3.8 | 5.9 | 1.3 | 7.4 | 10.2 | 41.2 | 36.7 | 18.7 |
| 新西兰 | 41.6 | 38.2 | 8.6 | 16.2 | 13.2 | 9.6 | 1.0 | 5.1 | 13.1 | 4.0 | 5.5 | 7.0 | 17.0 | 19.9 | 10.8 |
| 挪 威 | 25.6 | 34.9 | 17.0 | 8.5 | 6.2 | 2.8 | 3.0 | 1.3 | 1.7 | 1.4 | 18.5 | 10.5 | 28.0 | 40.6 | 18.6 |
| 波 兰 | — | 62.1 | — | 2.1 | — | 22.8 | — | 0.5 | — | — | — | 5.2 | — | 7.4 | 3.4 |
| 葡萄牙 | 31.9 | 56.2 | 6.6 | 15.0 | 1.1 | 0.2 | 3.8 | 0.3 | 0.2 | 19.6 | 1.9 | 0.9 | 54.5 | 7.7 | 3.7 |
| 斯洛伐克 | — | 53.3 | — | 1.1 | — | 3.7 | — | 0.4 | — | 0.1 | — | 9.3 | — | 32.2 | 3.9 |
| 斯洛文尼亚 | — | 52.5 | — | 0.9 | — | 0.1 | — | 0.2 | — | — | — | 6.9 | — | 39.4 | 4.2 |
| 西班牙 | 33.1 | 39.4 | 15.9 | 2.4 | 11.9 | 8.2 | 7.4 | 0.6 | 0.8 | 1.1 | 1.7 | 9.0 | 29.3 | 39.3 | 12.8 |
| 瑞 典 | 33.3 | 28.4 | 11.2 | 4.3 | 10.3 | 1.9 | 1.9 | 2.3 | 4.5 | 1.2 | 15.2 | 7.5 | 23.7 | 54.5 | 12.9 |
| 瑞 士 | 13.1 | 31.9 | 1.6 | 5.7 | 8.2 | 4.1 | 2.7 | 2.6 | 5.9 | 0.3 | 10.1 | 13.8 | 58.3 | 41.7 | 20.9 |
| 英 国 | 27.7 | 42.4 | 14.2 | 10.3 | 9.4 | 4.3 | 4.1 | 1.5 | 12.6 | 0.6 | 14.5 | 15.0 | 17.4 | 26.0 | 12.2 |
| 美 国 | 31.0 | 48.3 | 13.2 | 4.9 | 5.8 | 4.8 | 6.8 | 1.2 | 12.6 | 3.1 | 5.9 | 23.2 | 24.6 | 14.6 | 21.6 |
| **总 计** | **29.1** | **35.9** | **22.7** | **19.0** | **7.4** | **4.6** | **3.1** | **2.0** | **7.0** | **2.1** | **4.0** | **11.7** | **26.5** | **24.7** | **12.9** |

注：①按净交付额计算。

## 发达国家官方发展援助协议额的财政条件①

（2014—2015 年平均值）

| 国别（地区） | 官方发展援助总额中的赠与成分标准：86%② | | 无偿援助所占比例 | | 官方发展援助贷款中赠与成分所占比例 | 向最不发达国家提供的官方发展援助中赠与成分所占比例③ | 向最不发达国家提供的双边援助中赠与成分所占比例 |
|---|---|---|---|---|---|---|---|
| | 2004—2005 年 | 2014—2015 年 | 双边援助 | 援助总额 | | | |
| 澳大利亚 | 100.0 | 99.9 | 99.4 | 99.6 | 74.7 | 100.0 | 100.0 |
| 奥地利 | 100.0 | 100.0 | 97.1 | 98.4 | — | 100.0 | 100.0 |
| 比利时 | 99.7 | 99.8 | 97.7 | 98.7 | 85.6 | 99.7 | 99.5 |
| 加拿大 | 100.0 | 97.3 | 95.3 | 95.8 | 34.9 | 100.0 | 100.0 |
| 捷克 | — | 100.0 | 100.0 | 100.0 | — | 100.0 | 100.0 |
| 丹麦 | 100.0 | 100.0 | 96.6 | 97.6 | — | 100.0 | 100.0 |
| 芬兰 | 99.9 | 100.0 | 94.0 | 96.7 | — | 100.0 | 100.0 |
| 法国 | 94.6 | 82.8 | 46.2 | 63.0 | 53.5 | 91.0 | 80.9 |
| 德国 | 95.7 | 85.6 | 61.7 | 70.6 | 44.4 | 99.3 | 98.6 |
| 希腊 | 100.0 | 100.0 | 100.0 | 100.0 | — | 100.0 | 100.0 |
| 冰岛 | — | 100.0 | 100.0 | 100.0 | — | 100.0 | 100.0 |
| 爱尔兰 | 100.0 | 100.0 | 100.0 | 100.0 | — | 100.0 | 100.0 |
| 意大利 | 97.3 | 99.7 | 94.1 | 97.6 | 88.6 | 99.8 | 99.0 |
| 日本 | 88.0 | 87.3 | 30.0 | 38.2 | 79.4 | 93.7 | 92.1 |
| 韩国 | 100.0 | 95.2 | 47.5 | 55.6 | 89.2 | 95.4 | 94.6 |
| 卢森堡 | 100.0 | 100.0 | 100.0 | 100.0 | — | 100.0 | 100.0 |
| 荷兰 | 100.0 | 100.0 | 100.0 | 100.0 | — | 100.0 | 100.0 |
| 新西兰 | 100.0 | 100.0 | 100.0 | 100.0 | — | 100.0 | 100.0 |
| 挪威 | 100.0 | 100.0 | 100.0 | 100.0 | — | 100.0 | 100.0 |
| 波兰 | 100.0 | 98.5 | 35.1 | 77.8 | 79.7 | 96.1 | 81.4 |
| 葡萄牙 | 90.7 | 91.5 | 49.8 | 73.7 | 67.5 | 94.6 | 89.7 |
| 斯洛伐克 | 100.0 | 100.0 | 100.0 | 100.0 | — | 100.0 | 100.0 |
| 斯洛文尼亚 | — | 100.0 | 100.0 | 100.0 | — | 100.0 | 100.0 |
| 西班牙 | 97.7 | 100.0 | 98.0 | 99.3 | — | 100.0 | 100.0 |
| 瑞典 | 100.0 | 100.0 | 99.3 | 99.5 | — | 100.0 | 100.0 |
| 瑞士 | 100.0 | 100.0 | 97.9 | 98.5 | — | 100.0 | 100.0 |
| 英国 | 100.0 | 99.5 | 97.5 | 96.4 | 71.9 | 100.0 | 100.0 |
| 美国 | 100.0 | 100.0 | 100.0 | 100.0 | — | 100.0 | 100.0 |
| **总计** | **97.6** | **94.4** | **77.4** | **82.4** | **66.6** | **98.2** | **97.3** |

注：①不包括债务重组，股票虽然含 100%赠与成份，但不列入贷款类别。

②官方援助与国民总收入的比例低于发展援助委员会平均值的国家被认为没有达到财政条件标准。据此，2015 年捷克、希腊、冰岛、韩国、波兰、葡萄牙、斯洛伐克、斯洛文尼亚、西班牙和美国没有达标。

③包括多边援助中的赠与成分。

## 非发展援助委员会国家（地区）的官方援助净交付额

金额单位：100 万美元

| 国别（地区）\年份 | 2011 | 2012 | 2013 | 2014 | 2015 | 备注：2015 年双边援助所占比重（%） | 备注：2015 年 ODA 占 GNI 比重（%） |
|---|---|---|---|---|---|---|---|
| **OECD 非发展援助委员会国家** | | | | | | | |
| 爱沙尼亚 | 24 | 23 | 31 | 38 | 34 | 44 | 0.15 |
| 匈牙利 | 140 | 118 | 128 | 144 | 156 | 30 | 0.13 |
| 以色列[1,2] | 206 | 181 | 202 | 200 | 198 | 90 | 0.07 |
| 土耳其 | 1 273 | 2 533 | 3 308 | 3 591 | 3 919 | 98 | 0.50 |
| **其他国家（地区）** | | | | | | | |
| 保加利亚 | 48 | 40 | 50 | 49 | 41 | 3 | 0.09 |
| 克罗地亚 | — | 21 | 45 | 72 | 51 | 32 | 0.09 |
| 塞浦路斯 | 38 | 25 | 20 | 19 | 18 | 3 | 0.09 |
| 哈萨克斯坦 | — | — | 8 | 33 | 43 | 79 | 0.02 |
| 科威特 | 175 | 180 | 231 | 277 | 304 | 100 | — |
| 拉脱维亚 | 19 | 21 | 24 | 25 | 23 | 10 | 0.09 |
| 列支敦士登 | 31 | 29 | 28 | 27 | 24 | 79 | — |
| 立陶宛 | 52 | 52 | 50 | 46 | 48 | 20 | 0.13 |
| 马耳他 | 20 | 19 | 18 | 20 | 17 | 48 | 0.17 |
| 罗马尼亚 | 164 | 142 | 134 | 214 | 158 | 21 | 0.09 |
| 俄罗斯 | 479 | 465 | 714 | 876 | 1 161 | 78 | 0.09 |
| 沙特阿拉伯[3] | 5 095 | 1 299 | 5 683 | 13 634 | 6 758 | 100 | — |
| 中国台湾省 | 381 | 305 | 272 | 274 | 255 | 79 | 0.05 |
| 泰国 | 23 | 11 | 36 | 69 | 62 | 87 | 0.02 |
| 东帝汶 | — | — | — | 3 | 4 | 100 | — |
| 阿联酋 | 718 | 759 | 5 402 | 5 080 | 4 381 | 99 | 1.18 |
| **总　计** | **8 886** | **6 224** | **16 385** | **24 690** | **17 657** | **—** | **—** |

**注：** 1. 以色列的统计数据由以色列当局提供。根据国际法律条款，经合组织使用这些资料不代表对戈兰高地、东耶路撒冷和以色列在约旦河西岸定居点地位的偏见。

2. 数据包括向来自发展中国家（这些国家大部分都发生了国内战争或局势动荡）的人员，或者是那些由于人道主义或政治原因离开本国的难民提供的第一年的生活费。这些费用 2011 年 4 920 万美元、2012 年 5 600 万美元、2013 年 5 590 万美元、2014 年 5 830 万美元、2015 年 6 350 万美元。

3. 沙特阿拉伯向经合组织提供的统计数据包括其通过区域或多边渠道开展的人道主义和发展类援助总额、对个别项目和组织的捐款、沙特发展基金提供的贷款交付额和偿还额。

4. 以上数据不包括非经合组织援助国的援助数据。

## 2016 年世界最大 250 家国际工程承包公司营业额的市场分布

金额单位：100 万美元

| 承包商国籍 | 公司数量 | 国外营业额 | | 中东 | | 亚洲 | | 非洲 | | 欧洲 | | 美国 | | 加拿大 | | 拉美/加勒比 | |
|---|---|---|---|---|---|---|---|---|---|---|---|---|---|---|---|---|---|
| | | 金额 | % | 金额 | % | 金额 | % | 金额 | % | 金额 | % | 金额 | % | 金额 | % | 金额 | % |
| 美国 | 39 | 47 319.2 | 9.7 | 4 440.1 | 5.8 | 13 844.8 | 11.5 | 889.1 | 1.4 | 7 990.8 | 8.6 | NA | NA | 13 896.8 | 60.6 | 6 257.7 | 11.4 |
| 加拿大 | 1 | 3 172.1 | 0.7 | 918.1 | 1.2 | 1 072.0 | 0.9 | 318.0 | 0.5 | 114.8 | 0.1 | 446.1 | 0.8 | NA | NA | 303.1 | 0.6 |
| 欧洲 | 52 | 212 263.3 | 43.6 | 24 714.2 | 32.3 | 34 477.2 | 28.5 | 16 298.1 | 25.3 | 70 228.0 | 75.2 | 37 919.4 | 71.0 | 6 329.4 | 27.6 | 22 297.1 | 40.7 |
| 英国 | 2 | 7 825.2 | 1.6 | 4 962.6 | 6.5 | 694.0 | 0.6 | 822.4 | 1.3 | 1 176.2 | 1.3 | 23.0 | 0.0 | 0.0 | 0.0 | 147.0 | 0.3 |
| 德国 | 4 | 29 113.3 | 6.0 | 1 423.8 | 1.9 | 11 767.3 | 9.7 | 158.0 | 0.2 | 2 333.9 | 2.5 | 12 005.8 | 22.5 | 1 062.7 | 4.6 | 361.7 | 0.7 |
| 法国 | 5 | 34 556.0 | 7.1 | 666.7 | 0.9 | 4 318.9 | 3.6 | 3 593.4 | 5.6 | 19 315.8 | 20.7 | 2 877.0 | 5.4 | 2 398.4 | 10.5 | 1 385.8 | 2.5 |
| 意大利 | 15 | 25 620.6 | 5.3 | 5 321.3 | 7.0 | 4 132.9 | 3.4 | 6 512.2 | 10.1 | 4 386.4 | 4.7 | 824.5 | 1.5 | 734.9 | 3.2 | 3 708.3 | 6.8 |
| 荷兰 | 3 | 9 749.8 | 2.0 | 900.9 | 1.2 | 1 157.8 | 1.0 | 1 185.7 | 1.8 | 5 775.9 | 6.2 | 0.0 | 0.0 | 1.4 | 0.0 | 728.2 | 1.3 |
| 西班牙 | 11 | 59 797.0 | 12.3 | 3 759.8 | 4.9 | 11 513.5 | 9.5 | 1 560.6 | 2.4 | 11 420.7 | 12.2 | 15 278.0 | 28.6 | 2 049.0 | 8.9 | 14 215.4 | 25.9 |
| 其他 | 12 | 45 601.5 | 9.4 | 7 679.1 | 10.0 | 892.8 | 0.7 | 2 465.8 | 3.8 | 25 819.1 | 27.6 | 6 911.1 | 12.9 | 83.0 | 0.4 | 1 750.7 | 3.2 |
| 澳大利亚 | 3 | 9 931.1 | 2.0 | 882.5 | 1.2 | 3 571.7 | 3.0 | 99.0 | 0.2 | 1 077.0 | 1.2 | 2 763.9 | 5.2 | 1 507.7 | 6.6 | 29.3 | 0.1 |
| 日本 | 14 | 25 167.7 | 5.2 | 1 276.4 | 1.7 | 14 054.1 | 11.6 | 301.6 | 0.5 | 2 685.0 | 2.9 | 5 827.1 | 10.9 | 611.6 | 2.7 | 412.0 | 0.8 |
| 中国 | 65 | 93 674.9 | 19.3 | 13 121.0 | 17.2 | 30 210.3 | 25.0 | 35 375.4 | 54.9 | 3 368.7 | 3.6 | 3 906.3 | 7.3 | 178.8 | 0.8 | 7 514.4 | 13.7 |
| 韩国 | 12 | 40 580.4 | 8.3 | 16 208.6 | 21.2 | 15 547.3 | 12.9 | 3 225.2 | 5.0 | 1 049.0 | 1.1 | 356.4 | 0.7 | 392.9 | 1.7 | 3 800.8 | 6.9 |
| 土耳其 | 39 | 22 591.7 | 4.6 | 6 074.3 | 7.9 | 6 684.8 | 5.5 | 3 008.2 | 4.7 | 6 693.0 | 7.2 | 131.5 | 0.2 | 0.0 | 0.0 | 0.0 | 0.0 |
| 巴西 | 2 | 15 740.7 | 3.2 | 159.2 | 0.2 | 0.0 | 0.0 | 2 075.0 | 3.2 | 11.9 | 0.0 | 86.4 | 0.2 | 0.0 | 0.0 | 13 408.2 | 24.5 |
| 其他国家 | 23 | 15 882.6 | 3.3 | 8 712.6 | 11.4 | 1 377.9 | 1.1 | 2 925.5 | 4.5 | 200.5 | 0.2 | 1 939.8 | 3.6 | 28.7 | 0.1 | 697.6 | 1.3 |
| **全部公司** | 250 | 486 323.6 | 100.0 | 76 507.0 | 100.0 | 120 839.9 | 100.0 | 64 515.1 | 100.0 | 93 418.5 | 100.0 | 53 376.9 | 100.0 | 22 945.8 | 100.0 | 54 720.1 | 100.0 |

**资料来源**：美国《工程新闻记录》，2016 年 8 月。

**注**：表内数据未包括北极/南极及其他地区的 138.194 亿美元。

## 2016年世界最大225家国际工程设计咨询公司营业额的市场分布

金额单位：100万美元

| 设计商国籍 | 公司数量 | 国外营业额 | | 中东 | | 亚洲 | | 非洲 | | 欧洲 | | 美国 | | 加拿大 | | 拉美/加勒比 | |
|---|---|---|---|---|---|---|---|---|---|---|---|---|---|---|---|---|---|
| | | 金额 | % | 金额 | % | 金额 | % | 金额 | % | 金额 | % | 金额 | % | 金额 | % | 金额 | % |
| 美国 | 86 | 20 636.1 | 31.5 | 3 231.7 | 26.9 | 5 485.7 | 39.7 | 721.3 | 17.9 | 4 852.9 | 36.4 | NA | NA | 4 791.4 | 72.3 | 1 553.1 | 33.0 |
| 加拿大 | 6 | 8 232.9 | 12.6 | 555.8 | 4.6 | 1 377.0 | 10.0 | 348.4 | 8.7 | 1 726.9 | 13.0 | 3 872.2 | 35.6 | NA | NA | 352.6 | 7.5 |
| 欧洲 | 49 | 20 859.8 | 31.9 | 4 114.9 | 34.2 | 3 430.4 | 24.8 | 1 531.4 | 38.1 | 5 941.7 | 44.6 | 3 449.7 | 31.7 | 562.0 | 8.5 | 1 829.6 | 38.9 |
| 英国 | 4 | 4 833.1 | 7.4 | 1 208.6 | 10.0 | 1 295.9 | 9.4 | 409.8 | 10.2 | 560.8 | 4.2 | 1 048.4 | 9.6 | 251.1 | 3.8 | 58.4 | 1.2 |
| 德国 | 6 | 662.1 | 1.0 | 62.6 | 0.5 | 179.8 | 1.3 | 89.9 | 2.2 | 179.9 | 1.3 | 124.1 | 1.1 | 0.0 | 0.0 | 25.7 | 0.5 |
| 法国 | 5 | 1 293.9 | 2.0 | 344.8 | 2.9 | 191.0 | 1.4 | 230.3 | 5.7 | 352.2 | 2.6 | 30.0 | 0.3 | 24.0 | 0.4 | 121.7 | 2.6 |
| 荷兰 | 4 | 6 462.3 | 9.9 | 783.4 | 6.5 | 1 163.1 | 8.4 | 244.1 | 6.1 | 1 808.5 | 13.6 | 1 879.2 | 17.3 | 68.4 | 1.0 | 515.6 | 11.0 |
| 意大利 | 6 | 685.3 | 1.0 | 277.4 | 2.3 | 57.0 | 0.4 | 104.3 | 2.6 | 98.3 | 0.7 | 4.2 | 0.0 | 56.7 | 0.9 | 87.4 | 1.9 |
| 西班牙 | 9 | 2 530.6 | 3.9 | 872.4 | 7.3 | 237.2 | 1.7 | 255.5 | 6.4 | 194.7 | 1.5 | 78.7 | 0.7 | 82.7 | 1.2 | 809.6 | 17.2 |
| 其他 | 15 | 4 392.6 | 6.7 | 565.7 | 4.7 | 306.5 | 2.2 | 197.5 | 4.9 | 2 747.4 | 20.6 | 285.1 | 2.6 | 79.1 | 1.2 | 211.3 | 4.5 |
| 澳大利亚 | 6 | 5 895.0 | 9.0 | 597.6 | 5.0 | 691.0 | 5.0 | 406.3 | 10.1 | 442.7 | 3.3 | 2 353.3 | 21.6 | 1 035.8 | 15.6 | 368.3 | 7.8 |
| 日本 | 11 | 685.8 | 1.0 | 102.0 | 0.8 | 341.4 | 2.5 | 99.3 | 2.5 | 14.3 | 0.1 | 86.2 | 0.8 | 0.0 | 0.0 | 42.8 | 0.9 |
| 中国 | 23 | 2 589.6 | 4.0 | 447.5 | 3.7 | 1 324.7 | 9.6 | 421.6 | 10.5 | 61.2 | 0.5 | 206.3 | 1.9 | 11.4 | 0.2 | 109.4 | 2.3 |
| 韩国 | 12 | 1 578.8 | 2.4 | 313.5 | 2.6 | 722.6 | 5.2 | 117.7 | 2.9 | 12.8 | 0.1 | 15.7 | 0.1 | 77.3 | 1.2 | 319.2 | 6.8 |
| 其他国家 | 32 | 4 945.1 | 7.6 | 2 667.4 | 22.2 | 450.2 | 3.3 | 376.6 | 9.4 | 280.3 | 2.1 | 896.1 | 8.2 | 145.1 | 2.2 | 129.3 | 2.7 |
| **全部公司** | **225** | **65 423.0** | **100.0** | **12 030.3** | **100.0** | **13 823.1** | **100.0** | **4 022.6** | **100.0** | **13 332.8** | **100.0** | **10 879.5** | **100.0** | **6 623.0** | **100.0** | **4 704.3** | **100.0** |

**资料来源**：美国《工程新闻记录》，2016年7月。

**注**：表内数据未包括北极/南极及其他地区的5.2万美元。

## 2016 年世界最大 100 家国际工程承包公司名录

金额单位：100 万美元

| 排名 | 公司名称 | 国别（地区） | 国外营业额 | 总营业额 | 新签合同额 |
|---|---|---|---|---|---|
| 1 | 西班牙 ACS 集团 | 西班牙 | 32 071.8 | 38 574.3 | 33 542.0 |
| 2 | 豪赫蒂夫公司 | 德国 | 24 515.0 | 25 598.0 | 23 290.0 |
| 3 | 中国交通建设股份有限公司 | 中国 | 19 264.6 | 68 348.2 | 31 597.7 |
| 4 | 万喜集团 | 法国 | 17 957.6 | 43 448.8 | 16 489.0 |
| 5 | 柏克德公司 | 美国 | 16 881.0 | 23 372.0 | 2 967.0 |
| 6 | 欧德布莱克特公司 | 巴西 | 14 939.7 | 17 107.7 | 9 731.7 |
| 7 | 法国德西尼布集团 | 法国 | 13 436.5 | 13 548.0 | NA |
| 8 | 斯特拉巴格公司 | 奥地利 | 13 377.0 | 15 557.0 | 11 487.0 |
| 9 | 布依格集团 | 法国 | 13 367.0 | 28 221.0 | 14 840.0 |
| 10 | 斯勘斯卡公司 | 瑞典 | 12 688.0 | 16 033.0 | 10 565.0 |
| 11 | 中国电力建设集团有限公司 | 中国 | 11 354.6 | 39 341.6 | 26 641.9 |
| 12 | Saipem | 意大利 | 10 198.5 | 10 341.0 | 10 198.5 |
| 13 | 现代工程建筑公司 | 韩国 | 10 030.8 | 16 471.0 | 8 412.6 |
| 14 | 中国建筑股份有限公司 | 中国 | 8 727.8 | 115 083.2 | 17 674.7 |
| 15 | 福陆集团 | 美国 | 8 045.3 | 14 295.1 | 10 500.0 |
| 16 | 法罗里奥集团 | 西班牙 | 7 576.8 | 10 671.1 | 11 079.2 |
| 17 | 三星集团 | 韩国 | 7 017.0 | 13 089.0 | 6 581.0 |
| 18 | JGC 公司 | 日本 | 6 184.0 | 6 653.0 | 1 439.0 |
| 19 | PETROFAC LTD. | 英国 | 6 146.0 | 6 146.0 | 7 607.0 |
| 20 | 中国中铁股份有限公司 | 中国 | 6 037.2 | 112 670.3 | 10 971.7 |
| 21 | 联合承包商国际公司 | 希腊 | 6 017.0 | 6 017.0 | 5 406.0 |
| 22 | GS 工程建设公司 | 韩国 | 5 306.2 | 9 196.7 | 2 646.2 |
| 23 | 中国机械工业集团有限公司 | 中国 | 5 303.5 | 6 701.4 | 5 901.3 |
| 24 | ROYAL BAM GROUP NV | 荷兰 | 4 948.0 | 7 423.0 | NA |
| 25 | 撒利尼建筑公司 | 意大利 | 4 565.2 | 5 257.9 | 5 234.4 |
| 26 | 特克尼塔斯雷乌尼达斯集团 | 西班牙 | 4 454.0 | 4 559.4 | 7 112.0 |
| 27 | CIMIC 集团公司 | 澳大利亚 | 4 425.8 | 11 264.4 | 3 242.2 |
| 28 | OHL SA（OBRASCON HUARTE LAIN SA） | 西班牙 | 4 413.5 | 5 442.9 | 3 122.2 |
| 29 | 三星工程建设公司 | 韩国 | 4 351.5 | 5 495.8 | 3 086.3 |
| 30 | 千代田株式会社 | 日本 | 4 243.9 | 5 172.3 | 2 624.6 |
| 31 | PCL 建筑公司 | 美国 | 4 069.0 | 6 785.0 | 3 415.2 |
| 32 | 澳大利亚联盛集团 | 澳大利亚 | 3 837.1 | 8 609.6 | 3 847.6 |
| 33 | 大林组株式会社 | 日本 | 3 748.0 | 16 181.0 | 524.0 |
| 34 | ORASCOM CONSTRUCTION LTD. | 埃及 | 3 694.8 | 3 728.7 | 4 841.5 |
| 35 | NCC AB | 瑞典 | 3 601.0 | 7 405.0 | 3 448.0 |

**2016 年世界最大 100 家国际工程承包公司名录（续）**

金额单位：100 万美元

| 排名 | 公司名称 | 国别（地区） | 国外营业额 | 总营业额 | 新签合同额 |
|---|---|---|---|---|---|
| 36 | 芝加哥桥梁钢铁公司 | 美国 | 3 538.8 | 10 446.1 | 4 132.7 |
| 37 | LARSEN & TOUBRO LTD. | 印度 | 3 497.3 | 12 138.4 | 5 546.0 |
| 38 | ABEINSA SA | 西班牙 | 3 368.1 | 3 623.4 | 4 323.5 |
| 39 | SK 工程建设公司 | 韩国 | 3 251.7 | 7 391.2 | 5 890.0 |
| 40 | POLIMEKS INSAAT TAAHHUT VE SAN TIC. AS | 土耳其 | 3 187.2 | 3 187.2 | NA |
| 41 | SNC-LAVALIN INTERNATIONAL INC. | 加拿大 | 3 172.1 | 4 996.0 | 2 071.4 |
| 42 | DAELIM INDUSTRIAL CO.，LTD. | 韩国 | 3 158.8 | 6 776.3 | 1 772.0 |
| 43 | 鹿岛建设株式会社 | 日本 | 3 068.5 | 14 112.3 | 4 347.1 |
| 44 | RENAISSANCE CONSTRUCTION | 土耳其 | 3 041.6 | 3 414.4 | 2 767.9 |
| 45 | 中国葛洲坝集团股份有限公司 | 中国 | 2 929.4 | 10 014.6 | 11 206.0 |
| 46 | 美施威尔集团有限公司 | 德国 | 2 916.0 | 3 032.4 | 2 855.1 |
| 47 | ROYAL BOSKALIS WETSMINSTER NV | 荷兰 | 2 891.0 | 3 603.0 | 2 891.0 |
| 48 | EIFFAGE | 法国 | 2 859.0 | 12 762.0 | 3 000.0 |
| 49 | 中国冶金科工集团有限公司 | 中国 | 2 677.0 | 33 143.2 | 2 986.0 |
| 50 | POSCO ENGINEERING & CONSTRUCTION | 韩国 | 2 658.3 | 6 912.0 | 3 576.2 |
| 51 | 大宇工程集团公司 | 韩国 | 2 650.8 | 8 427.8 | 2 170.0 |
| 52 | JAN DE NUL 集团 | 卢森堡 | 2 492.0 | 2 492.0 | NA |
| 53 | ASTALDI SPA | 意大利 | 2 448.2 | 2 945.6 | 3 719.0 |
| 54 | 雅可伯工程集团公司 | 美国 | 2 420.0 | 4 520.0 | 2 790.0 |
| 55 | 中国铁建股份有限公司 | 中国 | 2 400.0 | 96 011.0 | 8 544.0 |
| 56 | DANIELI & C. OM SPA | 意大利 | 2 329.0 | 2 552.0 | 2 200.0 |
| 57 | 东洋工程公司 | 日本 | 2 219.0 | 2 662.1 | 3 598.8 |
| 58 | 中信建设有限责任公司 | 中国 | 2 105.1 | 2 133.2 | 1 730.0 |
| 59 | MOTA-ENGIL | 葡萄牙 | 2 081.0 | 2 688.0 | 1 900.0 |
| 60 | 中国土木工程集团有限公司 | 中国 | 2 051.4 | 2 310.4 | 7 555.0 |
| 61 | GRUPO ISOLUX CORSAN SA | 西班牙 | 2 045.1 | 2 386.3 | 2 278.1 |
| 62 | 凯洛格布朗路特公司 | 美国 | 1 989.3 | 3 935.5 | NA |
| 63 | ACCIONA INFRAESTRUCTURAS SA | 西班牙 | 1 965.4 | 3 629.3 | 4 347.2 |
| 64 | 凯维特公司 | 美国 | 1 961.5 | 8 718.8 | 2 020.1 |
| 65 | VAN OORD | 荷兰 | 1 910.8 | 2 811.4 | 1 859.8 |
| 66 | PORR AG | 奥地利 | 1 795.0 | 3 827.0 | 2 335.0 |
| 67 | 中国化学工程股份有限公司 | 中国 | 1 749.1 | 9 927.0 | 2 796.4 |
| 68 | 中国石油天然气管道局 | 中国 | 1 720.0 | 4 073.0 | 1 493.5 |

## 2016 年世界最大 100 家国际工程承包公司名录（续）

金额单位：100 万美元

| 排名 | 公司名称 | 国别（地区） | 国外营业额 | 总营业额 | 新签合同额 |
|---|---|---|---|---|---|
| 69 | 乔安诺帕拉斯特维德姆海外公司 | 英国 | 1 679.2 | 1 679.2 | 523.9 |
| 70 | SACYR VALLEHERMOSO | 西班牙 | 1 676.0 | 3 290.0 | 929.0 |
| 71 | WORLEYPARSONS LTD. | 澳大利亚 | 1 668.2 | 1 818.0 | 271.5 |
| 72 | BESIX | 比利时 | 1 574.5 | 2 395.2 | 1 633.6 |
| 73 | 清水建设株式会社 | 日本 | 1 528.7 | 13 450.1 | 1 376.2 |
| 74 | 中国水利电力对外公司 | 中国 | 1 507.6 | 1 508.9 | 1 102.2 |
| 75 | 中石化炼化工程（集团）股份有限公司 | 中国 | 1 459.1 | 7 302.3 | 3 071.8 |
| 76 | SHAPOORJI PALLONJI ENG'G & CONSTR. | 印度 | 1 443.5 | 3 457.1 | 4 000.0 |
| 77 | 青建集团股份公司 | 中国 | 1 405.8 | 7 705.9 | 521.9 |
| 78 | 竹中工务店 | 日本 | 1 399.0 | 9 852.0 | 1 031.0 |
| 79 | ENKA CONSTRUCTION & INDUSTRY CO.，INC. | 土耳其 | 1 317.9 | 1 491.9 | 841.9 |
| 80 | 五洋建设株式会社 | 日本 | 1 296.8 | 3 770.9 | 1 178.6 |
| 81 | TAV CONSTRUCTION | 土耳其 | 1 261.7 | 1 407.3 | NA |
| 82 | AECOM | 美国 | 1 229.6 | 7 011.7 | 603.2 |
| 83 | FCC CONSTRUCCION SA | 西班牙 | 1 199.0 | 2 213.0 | 1 245.0 |
| 84 | 中国石油工程建设公司 | 中国 | 1 184.1 | 2 098.6 | 2 393.3 |
| 85 | HANWHA ENGINEERING & CONSTRUCTION CORP. | 韩国 | 1 104.9 | 2 630.5 | 889.8 |
| 86 | ANT YAPI CONSTRUCTION INDUSTRY & TRADE CO. | 土耳其 | 1 090.0 | 1 246.4 | 846.8 |
| 87 | MAIRE TECNIMONTGROUP | 意大利 | 1 061.9 | 1 351.3 | 2 363.0 |
| 88 | 哈尔滨电气国际工程有限责任公司 | 中国 | 1 017.9 | 1 017.9 | NA |
| 89 | ED. ZUBLIN AG | 德国 | 1 008.0 | 3 718.0 | NA |
| 90 | 阿拉伯建筑有限公司 | 黎巴嫩 | 971.9 | 1 090.4 | 993.8 |
| 91 | 阿拉伯承包商有限公司（OSMAN AHMED OSMAN） | 埃及 | 907.0 | 2 541.0 | 394.0 |
| 92 | 中国通用技术（集团）控股有限责任公司 | 中国 | 905.6 | 3 852.9 | 1 523.4 |
| 93 | Yapi Merkezi Insaat ve Sanayi AS | 土耳其 | 884.9 | 965.4 | 262.3 |
| 94 | Societa Italiana Per Condotte D'Acqua SPA | 意大利 | 843.5 | 1 490.9 | 578.2 |
| 95 | 中国江苏国际经济技术合作公司 | 中国 | 817.3 | 2 122.5 | 522.6 |
| 96 | ANDRADE GUTIERREZ SA | 巴西 | 801.0 | 1 878.0 | 273.0 |
| 97 | 中地海外建设集团有限公司 | 中国 | 794.0 | 808.2 | 630.0 |
| 98 | Nata Construction Tourism Trade & Indus. Co. | 土耳其 | 790.0 | 1 256.0 | 111.0 |
| 99 | BONATTI SPA | 意大利 | 766.0 | 879.0 | 359.0 |
| 100 | 中鼎工程股份有限公司 | 台湾地区 | 735.2 | 1 748.7 | 1 438.6 |

**资料来源**：美国《工程新闻记录》，2016 年 8 月。

## 2016年世界最大100家国际工程设计咨询公司名录

金额单位：100万美元

| 排 名 | 公司名称 | 国别（地区） | 国际市场营业额 |
|---|---|---|---|
| 1 | 科进集团（WSP） | 加拿大 | 4 026.8 |
| 2 | ARCADIS公司 | 荷兰 | 3 466.0 |
| 3 | 沃利派森斯公司 | 澳大利亚 | 3 455.8 |
| 4 | 雅可伯工程集团公司 | 美国 | 2 930.0 |
| 5 | AECOM技术公司 | 美国 | 2 712.4 |
| 6 | 福格勒公司 | 荷兰 | 2 464.0 |
| 7 | 达艾尔汉德莎咨询公司 | 埃及 | 2 412.7 |
| 8 | 福陆公司 | 美国 | 2 119.6 |
| 9 | 莫特麦克唐纳公司 | 英国 | 1 564.4 |
| 10 | 特克尼塔斯雷乌尼达斯集团 | 西班牙 | 1 510.2 |
| 11 | SNC-兰万灵集团公司 | 加拿大 | 1 474.3 |
| 12 | AMEC FOSTER WHEELER公司 | 美国 | 1 453.3 |
| 13 | 西图公司 | 美国 | 1 361.3 |
| 14 | 阿路普公司 | 英国 | 1 292.1 |
| 15 | 阿特金斯集团 | 英国 | 1 278.6 |
| 16 | 斯坦泰克公司 | 加拿大 | 1 202.6 |
| 17 | 柏克德集团公司 | 美国 | 1 168.0 |
| 18 | RAMBOLL集团 | 丹麦 | 1 161.0 |
| 19 | 芝加哥桥梁钢铁公司 | 美国 | 982.1 |
| 20 | 凯洛格布朗路特公司 | 美国 | 915.4 |
| 21 | 现代工程建筑公司 | 韩国 | 835.0 |
| 22 | CARDNO有限公司 | 澳大利亚 | 822.5 |
| 23 | GHD公司 | 澳大利亚 | 813.3 |
| 24 | 赫氏工程咨询有限工程 | 加拿大 | 778.4 |
| 25 | PETROFAC有限公司 | 英国 | 698.0 |
| 26 | SWECO集团 | 瑞典 | 662.0 |
| 27 | 中国电力建设集团有限公司 | 中国 | 651.2 |
| 28 | 利乐科技公司 | 美国 | 622.0 |
| 29 | EGIS集团 | 法国 | 614.1 |
| 30 | PARSONS公司 | 美国 | 586.4 |
| 31 | 伍德集团MUSTANG公司 | 美国 | 573.4 |
| 32 | COWI工程规划咨询公司 | 丹麦 | 543.5 |
| 33 | INTERTEK-PSI公司 | 美国 | 541.3 |
| 34 | 高达集团 | 加拿大 | 530.8 |

**2016 年世界最大 100 家国际工程设计咨询公司名录（续）**

金额单位：100 万美元

| 排 名 | 公司名称 | 国别（地区） | 国际市场营业额 |
|---|---|---|---|
| 35 | 雅可保利集团 | 芬兰 | 511.0 |
| 36 | 美国美华集团 | 美国 | 461.5 |
| 37 | 卓克特贝尔工程公司 | 比利时 | 457.5 |
| 38 | MAIRE TECNIMONT 公司 | 意大利 | 440.3 |
| 39 | KHATIB & ALAMI 公司 | 黎巴嫩 | 435.4 |
| 40 | LARSEN & TOUBRO 有限公司 | 印度 | 432.1 |
| 41 | SK 工程建设公司 | 韩国 | 431.5 |
| 42 | 西斯塔集团 | 法国 | 418.8 |
| 43 | 皇家 HASKONINGDHV 公司 | 荷兰 | 386.4 |
| 44 | 澳昱冠工程咨询公司 | 澳大利亚 | 355.3 |
| 45 | 路易斯伯杰集团公司 | 美国 | 346.5 |
| 46 | 布莱克韦奇公司 | 美国 | 341.8 |
| 47 | 美施威尔集团有限公司 | 德国 | 324.0 |
| 48 | 雪山工程公司 | 澳大利亚 | 322.5 |
| 49 | 中国交通建设集团有限公司 | 中国 | 309.3 |
| 50 | 根斯勒公司 | 美国 | 291.1 |
| 51 | SENER INGENIERIA Y SISTEMAS SA | 西班牙 | 281.0 |
| 52 | AF 公司 | 瑞典 | 275.0 |
| 53 | EXP US SERVICES 股份有限公司 | 美国 | 270.0 |
| 54 | TYPSA | 西班牙 | 225.7 |
| 55 | IBI 集团 | 加拿大 | 220.0 |
| 56 | 凯达建筑设计事务所 | 中国香港 | 216.8 |
| 57 | ILF 工程咨询公司 | 奥地利 | 214.6 |
| 58 | 中国机械工业集团有限公司 | 中国 | 205.2 |
| 59 | FICHTNER GMBH & CO. KG | 德国 | 199.0 |
| 60 | CDI 集团 | 美国 | 196.3 |
| 61 | 千代田株式会社 | 日本 | 194.2 |
| 62 | IDOM | 西班牙 | 194.0 |
| 63 | DORSCH 集团 | 德国 | 192.1 |
| 64 | 中国中铁股份有限公司 | 中国 | 177.4 |
| 65 | NIPPON KOEI 集团 | 日本 | 177.0 |
| 66 | 斯哥德默尔公司 | 美国 | 172.3 |
| 67 | HDR | 美国 | 168.8 |

**2016 年世界最大 100 家国际工程设计咨询公司名录（续）**

金额单位：100 万美元

| 排 名 | 公司名称 | 国别（地区） | 国际市场营业额 |
|---|---|---|---|
| 68 | 中国石油天然气管道工程有限公司 | 中国 | 162.7 |
| 69 | 联合咨询工程公司 | 希腊 | 160.0 |
| 70 | OPUS 国际咨询公司 | 新西兰 | 157.8 |
| 71 | ARTELIA 国际集团 | 法国 | 146.2 |
| 72 | 德泊亭工程设计有限公司 | 荷兰 | 146.0 |
| 73 | CDM 史密斯公司 | 美国 | 145.2 |
| 74 | KOHN PEDERSEN FOX ASSOCIATES PC | 美国 | 143.5 |
| 75 | AEGION 集团 | 美国 | 140.0 |
| 76 | HOK | 美国 | 139.1 |
| 77 | 中国石油工程建设（集团）公司 | 中国 | 137.8 |
| 78 | WOODS BAGOT | 美国 | 136.0 |
| 79 | KEO 国际咨询公司 | 科威特 | 133.5 |
| 80 | 中石化炼化工程（集团）股份有限公司 | 中国 | 126.5 |
| 81 | 奥森科公司 | 澳大利亚 | 125.7 |
| 82 | EHAF CONSULTING ENGINEERS | 埃及 | 124.2 |
| 83 | AYESA | 西班牙 | 118.9 |
| 84 | VEPICA | 委内瑞拉 | 118.8 |
| 85 | PROGER SPA | 意大利 | 117.9 |
| 86 | 中国天辰工程有限公司 | 中国 | 112.0 |
| 87 | NORR | 美国 | 111.7 |
| 88 | PM 集团 | 爱尔兰 | 108.9 |
| 89 | BECA 集团公司 | 新西兰 | 108.4 |
| 90 | 中国石油集团工程设计有限责任公司 | 中国 | 103.0 |
| 91 | ASSYSTEM 公司 | 法国 | 101.5 |
| 92 | 中鼎工程股份有限公司 | 中国台湾省 | 99.6 |
| 93 | MORRISON HERSHFIELD | 美国 | 97.4 |
| 94 | 东方咨询公司 | 日本 | 95.0 |
| 95 | 韩国电力工程建设公司 | 韩国 | 93.9 |
| 96 | SSH | 巴林 | 92.2 |
| 97 | BABCOCK & WILCOX 电力公司 | 美国 | 91.4 |
| 98 | 联合承包商国际公司 | 希腊 | 86.1 |
| 99 | SARGENT & LUNDY LLC | 美国 | 83.3 |
| 100 | ECG 集团 | 埃及 | 83.0 |

**资料来源**：美国《工程新闻记录》，2016 年 7 月。

## 2015 年按国外资产排序的世界最大 100 家非金融类跨国公司名录

（100 万美元和雇员数）

| 排名 | | 公司名称 | 国别/地区 | 行 业 | 资产 | | 销售额 | | 雇员 | | 跨国指数（%） |
|---|---|---|---|---|---|---|---|---|---|---|---|
| 国外资产 | 跨国指数 | | | | 国外 | 总计 | 国外 | 总计 | 国外 | 总计 | |
| 1 | 37 | 皇家壳牌石油公司 | 英国 | 采矿，采石和石油 | 288 283 | 340 157 | 169 737 | 264 960 | 68 000 | 93 000 | 74.0 |
| 2 | 64 | 丰田汽车公司 | 日本 | 汽车行业 | 273 280 | 422 176 | 165 195 | 236 797 | 148 941 | 348 877 | 59.1 |
| 3 | 67 | 通用电气 | 美国 | 电子电气设备 | 257 742 | 492 692 | 64 146 | 117 385 | 208 000 | 333 000 | 56.5 |
| 4 | 19 | 道达尔 | 法国 | 炼油 | 236 719 | 244 856 | 123 995 | 159 162 | 65 773 | 96 019 | 81.0 |
| 5 | 40 | 英国石油公司 | 英国 | 炼油 | 216 698 | 261 832 | 145 640 | 222 894 | 46 700 | 79 800 | 68.9 |
| 6 | 59 | 埃克森美孚 | 美国 | 炼油 | 193 493 | 336 758 | 167 304 | 259 488 | 44 311 | 73 500 | 60.7 |
| 7 | 75 | 雪弗龙 | 美国 | 炼油 | 191 933 | 266 103 | 48 183 | 129 648 | 31 900 | 61 500 | 53.7 |
| 8 | 61 | 大众汽车 | 德国 | 汽车行业 | 181 826 | 416 596 | 189 817 | 236 702 | 334 076 | 610 076 | 59.5 |
| 9 | 18 | 沃达丰 | 英国 | 电讯 | 166 967 | 192 310 | 52 150 | 61 466 | 75 666 | 105 300 | 81.2 |
| 10 | 65 | 苹果公司 | 美国 | 电子设备 | 143 652 | 290 479 | 151 983 | 233 715 | 65 585 | 110 000 | 58.0 |
| 11 | 5 | 百威英博 | 比利时 | 食品，饮料 | 129 640 | 134 635 | 39 592 | 43 604 | 140 572 | 152 321 | 93.1 |
| 12 | 51 | 软银集团 | 日本 | 电讯 | 125 485 | 184 325 | 42 437 | 76 313 | 45 036 | 66 154 | 63.9 |
| 13 | 34 | 本田汽车公司 | 日本 | 汽车行业 | 125 270 | 162 268 | 102 204 | 121 730 | 138 942 | 204 730 | 76.3 |
| 14 | 66 | 意大利国家电力公司 | 意大利 | 多元化（电力，燃气，水资源） | 124 603 | 175 806 | 41 619 | 83 962 | 34 874 | 67 914 | 57.3 |
| 15 | 63 | 戴姆勒股份公司 | 德国 | 汽车行业 | 123 881 | 236 874 | 141 456 | 165 872 | 113 606 | 284 015 | 59.2 |
| 16 | 28 | 埃尼 | 意大利 | 炼油 | 118 319 | 147 024 | 50 354 | 75 175 | 24 666 | 29 053 | 77.5 |
| 17 | 12 | 和记黄埔 | 中国香港 | 零售业 | 118 250 | 133 280 | 17 224 | 21 511 | 239 552 | 270 000 | 85.8 |
| 18 | 29 | 嘉能可斯特拉塔 | 瑞士 | 采矿，采石和石油 | 114 941 | 128 485 | 115 640 | 170 497 | 135 656 | 181 350 | 77.4 |
| 19 | 47 | 西门子 | 德国 | 电子电气设备 | 113 020 | 134 995 | 71 048 | 93 958 | 135 720 | 348 000 | 66.1 |
| 20 | 31 | 西班牙电信 | 西班牙 | 电讯 | 110 879 | 134 134 | 38 192 | 52 402 | 97 719 | 129 890 | 76.9 |
| 21 | 39 | 日产汽车 | 日本 | 汽车行业 | 109 475 | 154 651 | 83 272 | 101 624 | 83 567 | 149 338 | 69.6 |
| 22 | 6 | 雀巢 | 瑞士 | 食品，饮料 | 101 977 | 124 590 | 90 607 | 92 215 | 324 115 | 335 000 | 92.3 |
| 23 | 69 | 德国电信 | 德国 | 电讯 | 100 140 | 156 981 | 48 996 | 76 826 | 90 632 | 225 243 | 55.9 |
| 24 | 60 | 三菱商事 | 日本 | 批发贸易 | 100 095 | 132 777 | 17 381 | 57 739 | 54 273 | 71 994 | 60.3 |

**2015 年按国外资产排序的世界最大 100 家非金融类跨国公司名录（续）**

（100 万美元和雇员数）

| 排名 | | 公司名称 | 国别/地区 | 行 业 | 资产 | | 销售额 | | 雇员 | | 跨国指数（%） |
|---|---|---|---|---|---|---|---|---|---|---|---|
| 国外资产 | 跨国指数 | | | | 国外 | 总计 | 国外 | 总计 | 国外 | 总计 | |
| 25 | 30 | 爱力根 | 爱尔兰 | 制药 | 99 535 | 135 841 | 12 884 | 15 071 | 22 860 | 31 200 | 77.3 |
| 26 | 72 | 宝马 | 德国 | 汽车行业 | 97 843 | 187 799 | 87 428 | 102 292 | 35 206 | 122 244 | 55.5 |
| 27 | 50 | 强生 | 美国 | 制药 | 96 802 | 133 411 | 34 387 | 70 074 | 92 223 | 127 100 | 64.7 |
| 28 | 99 | 法国电力集团 | 法国 | 多元化（电力，燃气，水资源） | 94 538 | 304 255 | 28 497 | 83 238 | 25 750 | 156 312 | 27.3 |
| 29 | 24 | 伊维尔德罗拉公司 | 西班牙 | 多元化（电力，燃气，水资源） | 94 453 | 114 163 | 31 652 | 34 867 | 18 291 | 28 860 | 79.0 |
| 30 | 1 | 力拓 | 英国 | 采矿，采石和石油 | 91 209 | 91 564 | 34 490 | 34 829 | 54 346 | 54 888 | 99.2 |
| 31 | 26 | 菲亚特克莱斯勒汽车公司 | 英国 | 汽车行业 | 90 275 | 114 572 | 114 782 | 122 733 | 146 364 | 238 162 | 77.9 |
| 32 | 70 | ENGIE 集团 | 法国 | 多元化（电力，燃气，水资源） | 89 504 | 175 238 | 49 735 | 77 553 | 80 984 | 154 935 | 55.8 |
| 33 | 85 | 微软公司 | 美国 | 软件行业 | 81 790 | 176 223 | 50 639 | 93 580 | 58 000 | 118 000 | 49.9 |
| 34 | 82 | 辉瑞制药 | 美国 | 制药 | 81 431 | 167 460 | 27 147 | 48 851 | 47 606 | 97 900 | 50.9 |
| 35 | 35 | 三井物产 | 日本 | 采矿，采石和石油 | 81 265 | 97 120 | 23 138 | 39 682 | 36 491 | 43 611 | 75.2 |
| 36 | 76 | E. ON AG 公司 | 德国 | 多元化（电力，燃气，水资源） | 74 746 | 124 011 | 25 992 | 128 973 | 45 025 | 56 490 | 53.4 |
| 37 | 13 | 安塞乐米塔尔公司 | 卢森堡 | 金属和金属产品 | 74 161 | 76 846 | 63 493 | 63 578 | 125 175 | 209 000 | 85.4 |
| 38 | 38 | 赛诺菲 | 法国 | 制药 | 72 545 | 111 607 | 36 169 | 38 687 | 61 256 | 115 631 | 70.5 |
| 39 | 100 | 中国海洋石油 | 中国 | 采矿、采石和石油 | 71 090 | 182 282 | 26 084 | 99 557 | 10 550 | 115 000 | 24.8 |
| 40 | 94 | 福特汽车 | 美国 | 汽车行业 | 68 366 | 224 925 | 56 416 | 149 558 | 96 000 | 199 000 | 38.8 |
| 41 | 2 | Altice NV | 荷兰 | 电讯 | 68 354 | 70 678 | 15 752 | 16 147 | 36 273 | 37 506 | 97.0 |
| 42 | 52 | 空客集团 | 法国 | 飞机行业 | 68 234 | 116 362 | 49 262 | 71 524 | 85 764 | 136 574 | 63.4 |
| 43 | 44 | 诺华制药 | 瑞士 | 制药 | 67 533 | 131 556 | 49 570 | 50 359 | 63 258 | 118 700 | 67.7 |
| 44 | 56 | 宝洁 | 美国 | 化学品及相关产品 | 64 498 | 129 495 | 47 987 | 76 279 | 80 682 | 110 000 | 62.0 |
| 45 | 16 | 鸿海精密 | 中国台湾省 | 电子产品 | 64 040 | 70 244 | 139 633 | 141 070 | 667 318 | 1 061465 | 84.3 |
| 46 | 23 | 罗氏 | 瑞士 | 制药 | 62 791 | 76 128 | 49 489 | 50 005 | 51 559 | 91 747 | 79.2 |
| 47 | 55 | 三星电子公司. | 韩国 | 通讯设备 | 62 294 | 205 860 | 158 756 | 177 143 | 219 822 | 319 208 | 62.9 |
| 48 | 48 | 必和必拓 | 澳大利亚 | 采矿，采石和石油 | 62 274 | 124 580 | 42 431 | 44 636 | 21 415 | 42 829 | 65.0 |
| 49 | 33 | 葛兰素史克 | 英国 | 制药 | 62 004 | 79 285 | 34 425 | 36 557 | 57 654 | 101 192 | 76.4 |

**2015 年按国外资产排序的世界最大 100 家非金融类跨国公司名录（续）**

（100 万美元和雇员数）

| 排名 | | 公司名称 | 国别/地区 | 行业 | 资产 | | 销售额 | | 雇员 | | 跨国指数（%） |
|---|---|---|---|---|---|---|---|---|---|---|---|
| 国外资产 | 跨国指数 | | | | 国外 | 总计 | 国外 | 总计 | 国外 | 总计 | |
| 50 | 97 | 挪威国家石油公司 | 挪威 | 炼油 | 61 854 | 109 596 | 13 835 | 57 647 | 2 604 | 21 581 | 30. 8 |
| 51 | 74 | IBM | 美国 | 计算机与数据处理 | 60 069 | 110 495 | 43 255 | 81 741 | 205 361 | 377 757 | 53. 9 |
| 52 | 36 | 拉法基豪瑞 | 瑞士 | 非金属矿产 | 59 444 | 79 950 | 19 087 | 26 172 | 77 006 | 100 956 | 74. 5 |
| 53 | 98 | 沃尔玛 | 美国 | 零售业 | 58 309 | 199 581 | 124 571 | 482 130 | 800 000 | 2 300 000 | 29. 9 |
| 54 | 89 | Orange 公司 | 法国 | 电讯 | 56 589 | 99 727 | 22 248 | 44 652 | 58 771 | 156 191 | 48. 1 |
| 55 | 77 | 康菲石油 | 美国 | 炼油 | 55 523 | 97 484 | 13 231 | 29 456 | 9 055 | 15 900 | 52. 9 |
| 56 | 58 | 巴斯夫公司 | 德国 | 化学品及相关产品 | 55 115 | 77 264 | 46 854 | 78 181 | 59 598 | 112 435 | 61. 4 |
| 57 | 95 | 通用汽车 | 美国 | 汽车行业 | 52 490 | 194 520 | 47 991 | 152 356 | 118 700 | 215 000 | 37. 9 |
| 58 | 17 | 亿滋国际 | 美国 | 食品，饮料 | 51 753 | 62 843 | 23 334 | 29 636 | 87 000 | 99 000 | 83. 0 |
| 59 | 20 | 英国天然气集团 | 英国 | 多元化（电力，燃气，水资源） | 51 710 | 59 676 | 13 496 | 16 148 | 3 760 | 5 200 | 80. 8 |
| 60 | 42 | 丸红株式会社 | 日本 | 批发贸易 | 50 381 | 63 358 | 27 615 | 60 863 | 30 877 | 38 830 | 68. 1 |
| 61 | 41 | 罗伯特博世公司 | 德国 | 汽车行业 | 50 308 | 84 278 | 62 621 | 78 356 | 243 000 | 374 778 | 68. 1 |
| 62 | 79 | 雷普索尔 | 西班牙 | 炼油 | 50 231 | 68801 | 20 998 | 44 098 | 9 845 | 27 111 | 52. 3 |
| 63 | 4 | 英美资源集团 | 英国 | 采矿，采石和石油 | 50 059 | 52 013 | 18 481 | 20 455 | 89 000 | 91 000 | 94. 8 |
| 64 | 21 | 联合利华公司 | 荷兰/英国 | 食品，饮料 | 49 501 | 57 044 | 44 078 | 59 119 | 136 921 | 168 921 | 80. 8 |
| 65 | 71 | 索尼公司 | 日本 | 电子设备 | 48 942 | 148 418 | 48 258 | 67 578 | 81 700 | 131 700 | 55. 5 |
| 66 | 22 | 克里斯汀·迪奥 | 法国 | 纺织服装业 | 46 543 | 67 170 | 37 932 | 42 353 | 92 398 | 116 446 | 79. 4 |
| 67 | 93 | 马来西亚国家石油 | 马来西亚 | 炼油 | 45 572 | 153 770 | 76 726 | 100 602 | 5 790 | 50 949 | 39. 1 |
| 68 | 25 | 帝国烟草公司 | 英国 | 烟草 | 45 455 | 45 713 | 32 254 | 39 232 | 19 900 | 36 400 | 78. 8 |
| 69 | 49 | 阿斯利康 | 英国 | 制药 | 45 412 | 60 124 | 7 630 | 24 708 | 54 400 | 61 500 | 65. 0 |
| 70 | 86 | 中国远洋运输（集团）总公司 | 中国 | 运输和仓储 | 44 805 | 57 875 | 18 075 | 27 483 | 4 679 | 75 675 | 49. 8 |
| 71 | 54 | 住友集团 | 日本 | 批发贸易 | 44 251 | 69 590 | 20 618 | 33 438 | 47 976 | 75 448 | 62. 9 |
| 72 | 87 | 拜耳公司 | 德国 | 制药 | 44 172 | 80 625 | 21 651 | 51 408 | 60 908 | 116 800 | 49. 7 |
| 73 | 90 | 莱茵集团 | 德国 | 多元化（电力，燃气，水资源） | 43 602 | 86 534 | 22 276 | 51 445 | 24 592 | 59 762 | 44. 9 |
| 74 | 46 | 斯伦贝谢公司 | 美国 | 采矿，采石和石油 | 43 475 | 68 005 | 25 570 | 35 527 | 59 361 | 95 000 | 66. 1 |

**2015 年按国外资产排序的世界最大 100 家非金融类跨国公司名录（续）**

（100 万美元和雇员数）

| 排名 | | 公司名称 | 国别/地区 | 行业 | 资产 | | 销售额 | | 雇员 | | 跨国指数（%） |
|---|---|---|---|---|---|---|---|---|---|---|---|
| 国外资产 | 跨国指数 | | | | 国外 | 总计 | 国外 | 总计 | 国外 | 总计 | |
| 75 | 7 | 施耐德电气 | 法国 | 多元化（电力，燃气，水资源） | 43 241 | 46 441 | 27 665 | 29 564 | 161 411 | 181 361 | 91.9 |
| 76 | 11 | 英国南非米勒酿酒公司 | 英国 | 食品，饮料 | 43 195 | 43 589 | 16 112 | 19 833 | 58 136 | 68 808 | 88.3 |
| 77 | 45 | 自由全球公司 | 英国 | 电讯 | 41 785 | 64 610 | 10 392 | 17 063 | 27 750 | 37 000 | 66.9 |
| 78 | 14 | 思爱普 | 德国 | 软件行业 | 41 522 | 45 146 | 20 000 | 23 075 | 59 280 | 76 986 | 85.2 |
| 79 | 73 | 惠普 | 美国 | 电子设备 | 41 391 | 81 270 | 32 044 | 52 107 | 122 233 | 240 000 | 54.5 |
| 80 | 84 | 伊藤忠商事 | 日本 | 批发贸易 | 41 273 | 71 536 | 15 461 | 42 382 | 63 747 | 110 487 | 50.6 |
| 81 | 9 | 英美烟草公司 | 英国 | 烟草 | 40 868 | 46 751 | 19 734 | 20 024 | 74 932 | 87 577 | 90.5 |
| 82 | 78 | 联合技术公司 | 美国 | 飞机行业 | 39 925 | 87 484 | 25 023 | 56 098 | 133 960 | 197 000 | 52.7 |
| 83 | 3 | 喜力公司 | 荷兰 | 食品，饮料 | 39 911 | 41 137 | 22 372 | 22 762 | 69 714 | 73 767 | 96.6 |
| 84 | 80 | 英国国家电网 | 英国 | 多元化（电力，燃气，水资源） | 39 240 | 84 761 | 11 391 | 22 675 | 14 573 | 24 274 | 52.2 |
| 85 | 83 | 甲骨文公司 | 美国 | 软件行业 | 38 520 | 110 903 | 20 901 | 38 226 | 83 000 | 132 000 | 50.8 |
| 86 | 91 | 安进公司 | 美国 | 制药 | 38 392 | 71 576 | 4 495 | 21 662 | 9 600 | 17 900 | 42.7 |
| 87 | 53 | AP 穆勒-马士基公司 | 丹麦 | 运输和仓储 | 37 924 | 62 408 | 38 694 | 40 308 | 29 516 | 88 355 | 63.4 |
| 88 | 62 | 雷诺汽车公司 | 法国 | 汽车行业 | 37 765 | 98 827 | 39 033 | 50 302 | 74 557 | 120 136 | 59.3 |
| 89 | 10 | WPP 集团 | 英国 | 商业服务 | 37 169 | 42 648 | 16 036 | 18 697 | 166 162 | 179 000 | 88.6 |
| 90 | 8 | 林德集团 | 德国 | 化学品及相关产品 | 36 762 | 38 555 | 18 465 | 19 913 | 56 524 | 64 538 | 91.9 |
| 91 | 32 | 帝亚吉欧公司 | 英国 | 食品，饮料 | 36 686 | 40 585 | 12 362 | 17 109 | 22 364 | 33 362 | 76.6 |
| 92 | 27 | Teva 制药工业有限公司 | 以色列 | 制药 | 36 357 | 54 258 | 16 139 | 19 652 | 35 914 | 42 888 | 77.6 |
| 93 | 43 | Vattenfall 公司 | 瑞典 | 多元化（电力，燃气，水资源） | 36 113 | 58 969 | 14 391 | 19 518 | 19 708 | 28 567 | 68.0 |
| 94 | 15 | 沃尔沃 | 瑞典 | 汽车行业 | 36 105 | 44 445 | 35 994 | 37 078 | 68 052 | 88 464 | 85.1 |
| 95 | 68 | 墨西哥美洲电信公司 | 墨西哥 | 电讯 | 35 790 | 74 624 | 36 666 | 56 298 | 107 672 | 191 156 | 56.5 |
| 96 | 57 | 费森尤斯集团 | 德国 | 医疗服务 | 35 387 | 47 324 | 19 352 | 31 068 | 107 552 | 222 305 | 61.8 |
| 97 | 81 | 卡特彼勒公司 | 美国 | 工业机械 | 35 360 | 78 497 | 25 186 | 47 011 | 58 000 | 105 700 | 51.2 |
| 98 | 88 | 淡水河谷 | 巴西 | 采矿，采石和石油 | 35 338 | 87 251 | 21 688 | 25 605 | 15 268 | 74 098 | 48.6 |
| 99 | 92 | 日立公司 | 日本 | 电子设备 | 35 140 | 111 723 | 40 041 | 83 656 | 143 461 | 336 670 | 40.6 |
| 100 | 96 | Alphabet 公司 | 美国 | 计算机与数据处理 | 35 128 | 147461 | 40179 | 74989 | 14725 | 61814 | 33.7 |

**资料来源**：联合国贸发会议《2016 世界投资报告》。

跨国指数为以下三个比率的平均数：国外资产与总资产比率、国外销量与总销量比率、国外雇员与总雇员比率。

**2015 年按国外资产排序的世界最大 50 家发展中国家和转型经济体非金融类跨国公司名录**

（100 万美元和雇员数）

| 排名 | | 公司名称 | 国别/地区 | 行业 | 资产额 | | 销售额 | | 雇员 | | 跨国指数（%） |
|---|---|---|---|---|---|---|---|---|---|---|---|
| 国外资产 | 跨国指数 | | | | 国外 | 总计 | 国外 | 总计 | 国外 | 总计 | |
| 1 | 18 | 和记黄埔 | 中国香港 | 运输和仓储 | 91 055 | 113 909 | 27 043 | 35 098 | 231 824 | 280 000 | 79.9 |
| 2 | 11 | 鸿海精密 | 中国台湾省 | 电子产品 | 73 010 | 77 803 | 138 023 | 139 018 | 667 318 | 1 061 465 | 85.3 |
| 3 | 86 | 中国海洋石油 | 中国 | 采矿，采石和石油 | 71 090 | 182 282 | 26 084 | 99 557 | 10 550 | 115 000 | 24.8 |
| 4 | 37 | 三星电子公司 | 韩国 | 通讯设备 | 56 164 | 211 205 | 176 534 | 196 263 | 219 822 | 319 208 | 61.8 |
| 5 | 53 | 淡水河谷 | 巴西 | 采矿，采石和石油 | 55 448 | 116 598 | 31 667 | 37 608 | 15 628 | 76 531 | 50.7 |
| 6 | 71 | 马来西亚国家石油 | 马来西亚 | 采矿，采石和石油 | 45 572 | 153 770 | 76 726 | 100 602 | 5 790 | 50 949 | 39.1 |
| 7 | 54 | 中国远洋运输（集团）总公司 | 中国 | 运输和仓储 | 44 805 | 57 875 | 18 075 | 27 483 | 4 679 | 75 675 | 49.8 |
| 8 | 45 | 墨西哥美洲电信公司 | 墨西哥 | 电讯 | 41 627 | 86 795 | 41 547 | 63 793 | 107 672 | 191 156 | 56.5 |
| 9 | 66 | 卢克石油 | 俄罗斯 | 炼油 | 32 907 | 111 800 | 119 932 | 144 167 | 22 623 | 150 000 | 42.6 |
| 10 | 30 | 塔塔汽车有限公司 | 印度 | 汽车工业 | 30 214 | 38 235 | 37 201 | 43 044 | 30 172 | 73 485 | 68.8 |
| 11 | 19 | 西麦斯 | 墨西哥 | 非金属矿产 | 29 763 | 34 964 | 12 320 | 15 795 | 32 829 | 44 241 | 79.1 |
| 12 | 1 | 华润电力控股有限公司 | 中国香港 | 电力，天然气，水资源 | 29 095 | 29 095 | 9 115 | 9 115 | 42 575 | 42 575 | 100.0 |
| 13 | 72 | 现代 | 韩国 | 汽车工业 | 28 516 | 134 946 | 46 976 | 84 953 | 41 838 | 104 731 | 38.8 |
| 14 | 41 | 联想集团 | 中国 | 电子设备 | 26 957 | 47 062 | 29 556 | 47 152 | 34 584 | 60 379 | 59.1 |
| 15 | 61 | 新世界发展有限公司 | 中国香港 | 建筑 | 24 934 | 47 639 | 3 844 | 7 286 | 15 690 | 50 000 | 45.5 |
| 16 | 47 | 怡和集团 | 中国香港 | 多元化 | 24 490 | 66 457 | 27 852 | 39 921 | 259 860 | 430 000 | 55.7 |
| 17 | 89 | 台塑集团 | 中国台湾省 | 化工 | 24 237 | 107 333 | 14 430 | 78 978 | 27 893 | 106 315 | 22.4 |
| 18 | 92 | 韩华集团 | 韩国 | 多元化 | 24 111 | 113 369 | 5 830 | 35 651 | 1 106 | 5 202 | 19.6 |
| 19 | 32 | 新加坡电讯 | 新加坡 | 电讯 | 23 903 | 30 610 | 8 417 | 13 365 | 12 596 | 23 000 | 65.3 |
| 20 | 50 | 沙特基础工业公司 | 沙特阿拉伯 | 化学品及相关产品 | 23 684 | 90 641 | 33 206 | 50 163 | 25 391 | 40 000 | 51.9 |
| 21 | 62 | 丰益国际 | 新加坡 | 食品，饮料 | 23 659 | 43 558 | 33 061 | 43 085 | 3 680 | 92 000 | 45.0 |
| 22 | 100 | 中国石油天然气集团公司 | 中国 | 采矿、采石和石油 | 22 857 | 641 334 | 11 791 | 444 387 | 28 476 | 1 500 200 | 2.7 |
| 23 | 96 | 中国建筑工程总公司 | 中国 | 建筑 | 22 440 | 149 670 | 8 392 | 130 230 | 35 694 | 238 079 | 12.1 |
| 24 | 94 | 中国石油化工集团公司 | 中国 | 炼油 | 21 943 | 362 873 | 127 039 | 470 428 | 51 000 | 927 000 | 12.9 |
| 25 | 14 | 卡塔尔电讯 | 卡塔尔 | 电讯 | 20 573 | 26 923 | 7 176 | 9 123 | 15 934 | 17 551 | 82.0 |
| 26 | 9 | 华润啤酒（控股）有限公司 | 中国香港 | 零售业 | 19 992 | 23 385 | 20 550 | 21 777 | 239 400 | 252 000 | 91.6 |

**2015 年按国外资产排序的世界最大 50 家发展中国家和转型经济体非金融类跨国公司名录（续）**

（100 万美元和雇员数）

| 排名 | | 公司名称 | 国别/地区 | 行业 | 资产额 | | 销售额 | | 雇员 | | 跨国指数（%） |
|---|---|---|---|---|---|---|---|---|---|---|---|
| 国外资产 | 跨国指数 | | | | 国外 | 总计 | 国外 | 总计 | 国外 | 总计 | |
| 27 | 91 | 中国五矿集团公司 | 中国 | 金属和金属制品 | 19 225 | 59 010 | 12 420 | 52 383 | 11 123 | 177 000 | 20.9 |
| 28 | 74 | 阿联酋电信 | 阿联酋 | 电讯 | 19 119 | 35 111 | 5 857 | 13 280 | 7 280 | 42 000 | 38.6 |
| 29 | 69 | 中化集团 | 中国 | 采矿、采石和石油 | 18 706 | 57 867 | 62 497 | 80 875 | 4 792 | 47 920 | 39.9 |
| 30 | 36 | 凯德集团 | 新加坡 | 建筑 | 18 444 | 33 371 | 1 405 | 3 098 | 7 455 | 8 520 | 62.7 |
| 31 | 84 | 印度石油天然气总公司 | 印度 | 采矿、采石和石油 | 18 113 | 54 099 | 3 106 | 26 352 | 11 000 | 33 185 | 26.1 |
| 32 | 23 | 阿布扎比能源公司 | 阿联酋 | 电力，天然气，水资源 | 17 496 | 31 327 | 5 523 | 7 441 | 2 548 | 2 800 | 73.7 |
| 33 | 24 | 云顶集团 | 马来西亚 | 酒店和餐饮 | 17 345 | 20 968 | 3 462 | 5 568 | 45 061 | 60 000 | 73.3 |
| 34 | 88 | 韩国浦项制铁 | 韩国 | 金属和金属制品 | 16 909 | 78 142 | 18 459 | 61 960 | 5 839 | 37 225 | 22.4 |
| 35 | 51 | 联想集团 | 中国 | 电子设备 | 16 791 | 27 081 | 31 595 | 46 296 | 13 900 | 60 000 | 51.1 |
| 36 | 26 | Steinhoff 国际控股有限公司 | 南非 | 零售业 | 16 608 | 19 085 | 8 365 | 11 312 | 31 290 | 55 876 | 72.3 |
| 37 | 87 | 新鸿基地产发展有限公司 | 中国香港 | 建筑 | 16 198 | 71 872 | 1 462 | 9 684 | 11 832 | 37 000 | 23.2 |
| 38 | 3 | 第一太平洋有限公司 | 中国香港 | 食品，饮料 | 15 893 | 16 642 | 6 841 | 6 841 | 94 994 | 95 046 | 98.5 |
| 39 | 21 | 广达电脑股份有限公司 | 中国台湾省 | 电子设备 | 15 874 | 19 202 | 27 320 | 30 565 | 57 443 | 105 360 | 75.5 |
| 40 | 25 | MTN 集团 | 南非 | 电讯 | 15 800 | 21 947 | 9 958 | 13 558 | 16 210 | 22 204 | 72.8 |
| 41 | 85 | 俄罗斯天然气工业公司 | 俄罗斯 | 采矿，采石和石油 | 15 137 | 256 177 | 94 579 | 144 477 | 28 594 | 450 000 | 25.9 |
| 42 | 22 | 杨忠礼集团 | 马来西亚 | 建筑 | 14 984 | 19 019 | 4 278 | 5 950 | 8 540 | 12 000 | 73.9 |
| 43 | 49 | 吉宝集团 | 新加坡 | 其他运输设备 | 14 711 | 21 887 | 2 442 | 8 128 | 25 338 | 43 157 | 52.0 |
| 44 | 1 | 金光农业资源公司 | 新加坡 | 食品，饮料 | 14 667 | 14 667 | 7 619 | 7 619 | 50 000 | 50 000 | 100.0 |
| 45 | 44 | 盖尔道集团 | 巴西 | 金属和金属制品 | 14 523 | 23 756 | 11 127 | 18 126 | 19 892 | 40 061 | 57.4 |
| 46 | 79 | FEMSA 公司 | 墨西哥 | 食品，饮料 | 13 512 | 25 540 | 5 769 | 19 812 | 46 631 | 216 740 | 34.5 |
| 47 | 8 | 香格里拉亚洲有限公司 | 中国香港 | 酒店和餐饮 | 13 245 | 13 740 | 1 788 | 2 112 | 26 976 | 28 100 | 92.4 |
| 48 | 73 | 印度巴帝电信 | 印度 | 电讯 | 13 188 | 31 366 | 4 822 | 15 091 | 10 382 | 24 694 | 38.7 |
| 49 | 97 | 巴西国家石油公司 | 巴西 | 采矿，采石和石油 | 13 021 | 298 969 | 20 022 | 143 686 | 6 997 | 80 908 | 9.0 |
| 50 | 48 | 塔塔钢铁公司 | 印度 | 金属和金属制品 | 12 946 | 25 494 | 15 569 | 22 849 | 37 290 | 79 647 | 55.2 |

**资料来源：**联合国贸发会议《2016 世界投资报告》。

所有数据依据公司 2014 年 4 月 1 日至 2015 年 3 月 31 日的财政年度报告，另有规定除外。

跨国指数为以下三个比率的平均数：国外资产与总资产比率、国外销量与总销量比率、国外雇员与总雇员比率。

记录历史 启迪未来

中国商务年鉴

中国商务年鉴编辑委员会

2017·总第三十四期

# 文　献

# DOCUMENTS ↘

# 实现商务事业新发展新提高新突破
## ——深入学习习近平总书记经济外交的重要思想

商务部党组书记、部长　钟　山

党的十八大以来，以习近平同志为核心的党中央把握时代大势、总揽发展全局，在新的实践基础上大力推进经济外交理论创新，开创了中国特色大国外交新局面。习近平总书记提出一系列新理念新思想新战略，形成系统完整、逻辑严密的经济外交重要思想。商务工作将以此为指引，找准在党和国家工作全局中的职责定位，努力实现商务事业新发展新提高新突破，为实现“两个一百年”奋斗目标和中华民族伟大复兴的中国梦，做出新的更大贡献。

**一、深刻理解习近平总书记经济外交重要思想的丰富内涵**

习近平总书记经济外交重要思想，立意高远、博大精深，深刻阐释了新的发展阶段经济外交的总体要求、价值导向、顶层设计、共同目标等，系统回答了如何发挥自身优势与用好外部条件、立足自身国情与参与国际规则制定、实现自身开放发展与推动世界各国共同发展等一系列重大理论实践问题，是新的发展阶段经济外交工作的科学指引，是中国特色社会主义理论体系的重要组成部分。

**以统筹国内国际两个大局为总体要求。**习近平总书记指出，做好外交工作，胸中要装着国内国际两个大局，国内大局就是“两个一百年”奋斗目标，实现中华民族伟大复兴的中国梦；国际大局就是为我国改革发展稳定争取良好外部条件，维护国家主权、安全、发展利益，维护世界和平稳定、促进共同发展。他还强调，我们观察和规划改革发展，必须统筹考虑和综合运用国际国内两个市场、国际国内两种资源、国际国内两类规则。这是基于我国发展所处历史方位的科学判断，是经济外交工作的基本遵循和出发点。

**以“一带一路”建设为顶层设计。**习近平总书记指出，“一带一路”建设的定位是我国扩大对外开放的重大战略举措和经济外交的顶层设计，是我国今后相当长时期对外开放和对外合作的管总规划，也是我国推动全球治理体系变革的主动作为。作为习近平总书记经济外交思想的具体承载，“一带一路”逐渐从理念转化为行动，从愿景转变为现实，为新的发展阶段经济外交提供了旗帜引领，开创了成功实践。

**以奉行互利共赢的开放战略为基本立足点。**习近平总书记指出，中国坚持对外开放基本国策，奉行互利共赢的开放战略，不断提升发展的内外联动性，在实现自身发展的同时更多惠及其他国家和人民。习近平总书记还强调，做好经济外交工作，要突出发挥比较优势这个重点，善于在国际竞争中扬长补短。这些重要论断，将我国自身发展置于广阔的国际空间来谋划，既着眼于全面推进我国新一轮对外开放，更强调深化同各国的互利合作，具有极强的针对性和指导意义。

**以树立正确义利观为价值导向。**习近平总书记指出，要坚持正确义利观。政治上坚持正义、秉持公道、道义为先，经济上坚持互利共赢、共同发展。从“真、实、亲、诚”的对非政策理念，到“亲、诚、惠、容”的周边外交理念，都贯穿着“讲信义、重情义、扬正义、树道义”的鲜明价值导向，既继承了中华文明优良传统，又具有鲜明的时代特色。

**以构建开放型世界经济为合作愿景。**习近平总书记多次指出，我们应该坚持开放精神，发挥各自比较优势，加强相互经济合作，培育全球大市场，完善全球价值链，做开放型世界经济的建设者；要积极维护开放型世界经济体制，旗帜鲜明反对贸易和投资保护主义。国际金融危机以来，面对全球增长动能不足、经济治理滞后、发展失衡三大矛盾，习近平总书记在达沃斯世界经济论坛、亚太经合组织领导人峰会、二十国集团领导人峰会等国际场合，多次阐述我国对推动经济全球化、构建开放型世界经济的主张，为世界经济发展指明了方向和途径。

**以打造人类命运共同体为共同目标。**习近平总书记指出，实现世界均衡发展，不可能建立在一批国家越来越富裕、另一批国家长期贫穷落后的基础之上。要推动构建以合作共赢为核心的新型国际关系，推动形成人类命运共同体和利益共同体。人类命运共同体理念站在历史文明高度，回答了“人类社会向何处去”这个终极命题，提出了超越民族、宗教、意识形态的全人类共同价值理想。

**二、找准商务工作在党和国家全局中的职责定位**

习近平总书记经济外交重要思想，涵盖商务工作方方面面，丰富了商务发展的时代内涵，明确了商务发展的基本要求，为我们在新形势下找准商务工作在党和国家全局中的职责定位，更好地履职尽责，指明了方向。

**切实增强“四个意识”。**党的领导是做好经济外交工作的根本保证。我们要深刻学习领会习近平总书记经济外交重要思想，把牢政治方向，提高政治站位，始终在思想上政治上行动上同以习近平同志为核心的党中央保持高度一致。坚决维护党中央决策部署的权威性和严肃性，把党中央的大政方针和决策部署不折不扣落实到商务工作中。

**全面落实新发展理念。**新发展理念是“十三五”乃至更长时期我国发展思路、发展方向、发展着力点的集中体现。我们要坚持创新发展，把创新摆在商务发展的核心位置，充分利用全球创新资源，让创新贯穿商务工作始终。坚持协调发展，正确处理商务发展中的重大关系，增强商务发展的整体性、协调性。坚持绿色发展，提高商务持续发展能力，努力打造绿色商务。坚持开放发展，奉行互利共赢的开放战略，发展更高层次的开放型经济。坚持共享发展，认真贯彻党中央“齐心协力打赢脱贫攻坚战”战略部署，深入开展电商扶贫、产业扶贫、家政扶贫、对外劳务合作扶贫和边贸扶贫，让商务发展成果更多更公平惠及全体人民。

**服务经济社会发展大局。**我们要坚持以供给侧结构性改革为主线，推进商务改革任务。认真落实党中央全面深化改革部署，高水平建设自贸试验区，健全对外开放新体制。在更大范围、更宽领域、更深层次、更高水平上发展开放型经济，加快外贸转动力调结构，提升双向投资质量和水平，构建全方位开放新格局，增强商务服务大局的能力。

**服务国家重大战略。**我们要推进“一带一路”建设、京津冀协同发展、长江经济带建设，促进内外联动、区域协调、融合发展。在今年5月召开的“一带一路”国际合作高峰论坛上，习近平总书记宣布了贸易畅通合作倡议、举办中国国际进口博览会等重大举措，赢得国际社会高度赞誉和热烈反响。举办中国国际进口博览会，是党中央着眼于推进新一轮高水平对外开放的一项重大决策，是我国主动向世界开放市场的重大举措。我们要积极落实“一带一路”国际合作高峰论坛经贸成果，将中国国际进口博览会办成国际一流的博览会。此外，还要努力推动京津冀流通业协同发展、市场一体化，增强经济技术开发区等开放平台互动。促进长江上中下游协同发展、东中西部互动合作，引导产业合理布局和有序转移。

**服务对外工作全局。**我们要努力构建以合作共赢为核心的新型国际关系，发挥好经贸合作的压舱石和推进器作用，深化与主要经贸伙伴关系，促进国际经济秩序朝着平等公正、合作共赢的方向发展。推动经济全球化进程更有活力、更加包容、更可持续，坚定不移发展自由贸易和投资，旗帜鲜明反对保护主义。树立和增强利益共享、风险共担意识，寻求合作最大公约数，坚持正确义利观，充分发挥对外援助作用，促进共同发展。

## 三、以习近平总书记经济外交重要思想为指引，实现商务事业新发展新提高新突破

当前，商务发展面临新形势、新要求。我们必须进一步把思想和行动统一到习近平总书记系列重要讲话精神上来，坚定中国特色社会主义道路自信、理论自信、制度自信、文化自信，以钉钉子的精神，把党中央的各项决策部署贯彻好、落实好，为决胜全面建成小康社会做出新贡献。

**全面落实从严治党。**坚持“约法六章”，即对党绝对忠诚，落实政治责任，坚持党管干部，严肃党内生活，始终真抓实干，带头廉洁自律。层层落实管党治党政治责任，建设信念坚定、对党忠诚、敢于担当、风清气正的领导班子，打造政治强、业务精、作风实的经济外交干部队伍，争做对党忠诚、依法行政、敢于担当、廉洁自律的商务人，为商务改革发展提供坚强政治保障。

**重点聚焦基本业务。**围绕统筹推进“五位一体”总体布局和协调推进“四个全面”战略布局，牢固树立新发展理念，系统谋划和聚焦国内贸易、对外贸易、利用外资、对外投资合作、对外援助等五大基本业务。在国内贸易方面，围绕发展流通、促进消费等重点任务，力争成为全球第一商品消费大国。在对外贸易方面，围绕转动力调结构、培育竞争新优势等重点任务，巩固贸易大国地位，推动贸易强国进程。在利用外资方面，围绕营造优良营商环境、优化区域开放布局等重点任务，进一步扩大利用外资规模，提高利用外资质量。在对外投资合作方面，围绕促进平稳健康发展、促进规范安全运行等重点任务，不断提升企业国际化经营水平，增强统筹两个市场、两种资源能力。在对外援助方面，围绕服务国家战略和统筹谋划实施等重点任务，提升援助综合效应。树立“大商务”观念，增强基本业务间的联动性、协调性，促进基本业务和其他工作协调发展。

**做好多双边经贸工作。**贯彻习近平总书记经济外交重要思想，大力发展同世界各国的互利合作。配合大国外交，维护中美经贸关系基本稳定，推动中俄、中欧务实合作取得新进展。落实“亲、诚、惠、容”周边外交理念，积极稳妥发展同周边国家经贸合作。落实“真、实、亲、诚”对非政策理念，推进落实中非“十大合作计划”。稳步推进多边和区域合作，加快建设高标准自贸区网络。

**完善商务发展综合保障。**立足党和国家全局谋划商务工作，加强战略性、前瞻性问题研究，科学研判商务发展形势，积极探索商务发展规律。树立正确选人用人导向，按照习近平总书记提出的好干部5条标准选拔、培养和使用干部，完善商务系统干部上下交流机制。提高政务效率，为中心工作提供更好的服务保障。

**强化商务发展业务支撑。**围绕中心工作，加强对驻外经商机构的领导，提高服务经济外交水平。增强特派员办事处功能，深化与地方工作联系，更好服务商务改革发展。加强横向协作、纵向联动，推动形成政策共商、资源共享、优势互补、整体推进的工作格局，凝聚推动商务改革发展的合力。

新起点开启新征程。我们将更加紧密地团结在以习近平同志为核心的党中央周围，以习近平总书记经济外交重要思想为指引，开拓进取，真抓实干，推动商务事业实现新发展新提高新突破。

（原载《求是》杂志2017年第18期）

## 在中国—中东欧国家合作发展论坛上的致辞

商务部国际贸易谈判代表（正部长级）兼副部长　傅自应

尊敬的各位部长、各位使节，

尊敬的袁家军省长、唐一军书记，

女士们、先生们、朋友们：

大家上午好！

今天，很高兴和各位齐聚在美丽的宁波，参加第二次中国—中东欧国家合作发展论坛，共同规划中国—中东欧国家合作与发展大计。首先请允许我代表中国商务部对远道而来的中东欧各国朋友、中方各界代表表示热烈欢迎，对浙江省和宁波市相关部门为本次论坛及中国—中东欧国家投资贸易博览会所做的精心筹备和周到安排表示衷心感谢！

中国—中东欧国家合作自2012年启动以来，在我们共同努力下，机制逐步完善，经贸成果日益丰硕，有效提升了中国与中东欧国家经贸合作水平，丰富了中欧关系内涵。中国—中东欧国家合作是中欧合作的组成部分和有益补充。

2016年上半年，习近平主席先后访问捷克、塞尔维亚、波兰等中东欧国家，为推动中国与中东欧国家共建“一带一路”和开展“16+1合作”注入了动力，指明了方向。今年是“16+1合作”机制建立五周年，是承上启下、提质升级的关键期，也是双方在“一带一路”框架下落实经贸合作成果的重要节点期，今天的论坛以“深化‘16+1经贸合作’，推进‘一带一路’建设成果”为主题，具有很强的针对性和现实意义。

2013年，习近平主席提出“一带一路”倡议，得到了包括中东欧国家在内的沿线各国的积极响应。中东欧16国占“一带一路”沿线国家总数的四分之一，作为欧洲最具活力和潜力的区域，中东欧已成为“一带一路”建设的枢纽地区之一。四年来，随着“一带一路”建设的稳步发展，中国与中东欧国家经贸合作结出累累硕果：

一是贸易规模不断扩大。据中方统计，中国与中东欧16国进出口贸易额从2012年的521亿美元增至2016年的587亿美元，增长13%，占同期中国与欧洲进出口贸易的比重由7.1%升至9.8%。中东欧有竞争力、有特色的肉制品、乳制品、葡萄酒、水果、机床等产品已进入中国市场，双方贸易平衡状况明显改善，贸易结构更趋优化。

二是双向投资稳步增加。中国企业赴中东欧国家投资兴业的热情不断高涨，国别分布和投资方式日趋多元，股权投资、资产并购、绿地投资等投资活动日益活跃。据不完全统计，截至目前，中国企业在中东欧地区投资超过80亿美元，中国企业投资匈牙利的经贸合作区和商贸物流园，中国企业在捷克、波兰等国收购的制造业项目正在稳步推进；中东欧16国在华投资超过12亿美元，涵盖机械制造、汽车零部件、化工、金融、环保等多个领域。

三是基础设施建设领域合作顺利。中国企业在有关国家承建的电站、高速公路、防洪工程等项目稳步实施；中方倡议并推动的匈塞铁路和中欧陆海快线建设取得积极进展，塞段建设有望于年底开工；比雷埃夫斯港至布达佩斯海陆联运正式开通。亚欧之间运输通道建设步伐加快，2016年统一品牌的中欧班列数量不断增加，中国至匈牙利、捷克、波兰、爱沙尼亚等中东欧国家直达客货运航班陆续开通，中东欧地区在亚欧互联互通中的枢纽作用逐步提升。

双方在“一带一路”倡议下开展经贸合作前景广阔。

女士们，先生们：

当前，世界经济复苏依然乏力，地区热点和局部冲突此起彼伏，恐怖主义、难民问题等安全威胁日益凸显，不确定不稳定性因素增多，给各国的发展带来了严峻挑战。新形势下，更需要我们进一步加强务实合作，挖掘新的增长动力。中方愿与中东欧各国携手努力，不断深化“16+1合作”，丰富“一带一路”建设成果，造福中国和中东欧国家人民。为此，我愿提五点建议：

一是加强发展战略对接。中国正着力推进供给侧改革，扩大对外开放，推动中国经济保持中高速增长；中东欧各国也都制定了各自的经济社会发展战略，欧盟成员国正积极参与欧洲投资计划。双方应按照第五次中国—中东欧国家领导人会晤达成的经贸合作共识和《里加纲要》等合作文件精神，加强沟通交流，积极对接各自国家和区域发展战略，深入挖掘合作潜力，明确合作重点领域，确定合作重点项目，为双方企业开展合作提供指引。

二是夯实交流合作平台。举办中国—中东欧国家投资贸易博览会是中方为推进中国—中东欧国家经贸合作采取的重大举措。各方要加强合作，共同努力，把中国—中东欧国家投资贸易博览会办好办实，使其成为中国与中东欧企业沟通交流、寻求合作的最重要平台。同时，要更好发挥中国—中东欧国家贸易促进部长级会议机制、中国—中东欧国家投资促进机构联系机制的作用，为双方企业开展经贸务实合作提供指导和服务。

三是扩大贸易投资规模。中国与中东欧国家经济互补性强，在扩大双边贸易和双向投资方面合作空间和潜力很大。双方应加强在检疫检验、电子商务、中小企业、跨境物流等方面的合作，扩大中东欧国家产品对华出口，培育双方贸易新的增长点。同时，中方鼓励企业赴中东欧国家开展投资并购，进驻既有工业园区或共建新的经济技术园区。希望中东欧各国继续给予相关政策优惠并充分利用宁波博览会等平台加强宣传推介。此外，中方也欢迎更多中东欧国家企业来华投资兴业，共享发展机遇。

四是抓好重点项目建设。我们应在明确合作重点领域和项目的基础上，积极推动条件成熟的项目尽快实施。中方支持中国企业通过特许经营、承包工程等形式参与中东欧地区公路、铁路、港口、机场、电站、电网等基础设施项目的建设、投资和运营，希望相关国家在工程招投标、工作许可等方面提供必要便利。中方将继续督促中国有关企业加强与当地合作伙伴的沟通协调，认真实施好在波兰、匈牙利、塞尔维亚、马其顿、黑山等国的电力、公路、园区等合作项目，打造精品工程，树立合作典范。

五是发挥金融支撑作用。经贸合作离不开金融业的参与和支持。中方将继续推动中国进出口银行、国家开发银行、中国工商银行等金融机构为双方投资和项目合作提供金融支撑。欢迎中东欧国家积极参与中国—中东欧投资合作基金、中国—中东欧金融控股公司等投融资平台建设，撬动更多社会资本参与双方合作。希望双方金融机构加强合作、勇于创新，为中国与中东欧国家开展经贸合作提供更加及时、有效的支持和服务。

女士们，先生们：

不久前，“一带一路”国际合作高峰论坛在北京成功举办。这是国际社会围绕“一带一路”建设举行的一次高规格盛会，得到了包括中东欧国家在内的各方积极参与和高度赞誉。会议总结了“一带一路”建设成果，凝聚了各方共识，为“一带一路”建设国际合作指明方向、规划路径、明确行动方案。未来中方愿与中东欧各国以此次高峰论坛为新契机，继续秉持开放合作的丝路精神和共商、共建、共享的原则，不断深化“16+1合作”和“一带一路”框架下各领域务实合作，推动中国—中东欧国家经贸关系不断迈向新的历史高度。

中国有句俗语：“人心齐，泰山移”。我相信，在中国与中东欧各国政府经贸部门和双方企业家的共同努力下，中国与中东欧国家的经贸合作一定能够借力“一带一路”建设的强劲东风，焕发出勃勃生机。我们将坚定信心，抢抓机遇，奋发有为，为扩大和提升中国与中东欧国家经贸合作做出不懈努力。

最后，预祝本次论坛及博览会各项活动圆满成功，预祝在座的各位同事、各位企业家在甬逗留愉快，满载而归！

谢谢大家！

（2017年6月9日，宁波）

# 在中国—葡语国家企业家金融家大会上的讲话

商务部副部长 高 燕

尊敬的各位部长、大使阁下，
尊敬的姜增伟会长阁下，
各位企业家朋友，
女士们、先生们：

上午好！非常高兴与各位朋友共同参加中国—葡语国家企业家金融家大会。在此，我代表中国商务部对各位来宾表示热烈欢迎。

问讯濠江秋风，重来又是三年。中葡论坛部长级会议已经连续举办了五届。三年前，就在这里，我们与中国与葡语国家企业家朋友们一起畅谈中国与葡语国家经贸合作的美好前景。今天，我们高兴地看到，在各方的共同努力下，中国与葡语国家经贸合作克服了世界经济需求不足，国际贸易投资低迷的严峻挑战，再次结出累累的硕果。中国与葡语国家贸易联系更加紧密。2013—2015 年，中国与葡语国家累计贸易额超过 3 600 亿美元，中国是葡萄牙、佛得角等多个葡语国家在亚洲的最大贸易伙伴，连续七年成为巴西的最大贸易伙伴。中国与葡语国家投资合作亮点纷呈。截至 2015 年底，中国对葡语国家各类投资累计近 500 亿美元，是葡萄牙、莫桑比克等国最重要的外国投资来源地之一。中国与葡语国家合作方式日趋多元。中国与葡语国家企业在电力、保险等多个领域不断创新合作方式，以三方乃至多方合作途径实现互利共赢。

中国与葡语国家经贸合作，企业是主体。中国与葡语国家合作取得的每一个成果，都离不开你们的努力和付出！在此，我代表中国商务部对你们表示祝贺和感谢！

女士们、先生们：

昨天，中葡论坛第五届部长级会议成功举办。中国国务院总理李克强阁下在开幕式主旨演讲中宣布了中方支持中国与葡语国家经贸合作的十八项新举措，为下一阶段中国与葡语国家经贸关系描绘了新的蓝图。本届部长级会议签署了第五个《经贸合作行动纲领》，明确了未来三年中国与葡语国家经贸合作的方向和重点。接下来，中国商务部将与各有关方一道，坚持“共商、共建、共享”的“一带一路”精神，围绕中方新举措和《经贸合作行动纲领》确定的合作领域抓好落实，力争使会议成果早日惠及有关国家的企业和人民。

在此，我愿意就进一步深化中国与葡语国家经贸合作提三点建议：

一是以企业合作为基础，深化双边贸易投资合作。中国在 2009 年成为世界第一大出口国，2013 年成为世界第一大货物贸易国。随着国内产业发展和企业竞争力提升，中国对外直接投资连续 13 年快速增长。2015 年中国对外直接投资流量创下 1 457 亿美元的历史新高，占全球的 9.9%，位居全球第二位。亚非葡语国家正处在工业化初期，基础设施、能源、农业渔业等领域具有很多商机，巴西和葡萄牙分别是南美共同市场和欧盟成员，市场空间广阔，为中国与葡语国家企业开展全方位、多层次、宽领域贸易投资合作奠定了基础。本届企业家金融家大会将成立“中国—葡语国家企业家联合会”，通过建立企业间合作机制，深化中国与葡语国家贸易投资合作。我们期待着中国与葡语国家各国企业家们借助这一平台，寻找更多合作机遇，为双方贸易投资合作注入新的动力。

二是以产能合作和金融合作为重点，提升经贸合作层次。“产能合作”和“金融合作”是本次企业家大会的两个重要环节，也是下一阶段中国与葡语国家经贸合作的重点领域。当前，亚非葡语国家发展自身经济，提升产业水平、改善基础设施需求强烈，中国装备制造业规模超过 20 万亿元人民币，约占全球的三分之一，许多产品在国内外得到广泛应用，性价比很高，铁路、电力、通讯、基础设施建设等众多领域已处于世界先进水平。加强产能合作，有利于亚非葡语国家加快建立完整的工业体系，融入经济全球化进程。葡萄牙、巴西在环境保护、飞机制造等领域拥有技术优势，可以与中方合作开拓第三方市场。金融是经济的血液，国际金融是国际贸易投资合作的重要保障。目前，澳门是以葡语为官方语言的唯一拥有境外人民币清算市场的城市，正在积极打造以人民币清算、投融资合作为特点的中国与葡语国家金融服务平台，中方设立的中国与葡语国家合作发展基金二期注资已经全部到位。希望各位企业家用好这些金融资源，为中国与葡语国家经贸合作注入新鲜血液。

三是以澳门为平台，继续深化中国与葡语国家各领域合作。在澳门举办中葡论坛，一个重要目的就是充分发挥澳门联系中国与葡语国家的平台作用，促进中国内地、葡语国家和澳门的共同发展。中葡论坛成立 13 年来，澳门不负众望，发挥独特优势，为论坛成功举办作出了重要的、不可替代的贡献。尤其是第四届部长级会议以来，澳门作为中国与葡语国家商贸合作服务平台的作用进一步显现。中国与葡语国家双语人才、企业合作与交流互动信息共享平台、中国与葡语国家中小企业商贸服务中心、中国与葡语国家经贸合作会展中心、葡语国家食品集散中心已初显成效。澳门企业积极为中国内地与葡语国家间的贸易投资和产业合作提供高质量的语言、金融、法律服务，取得明显成效。昨天，李克强总理和葡语国家领导人共同见证中国与葡语国家平台综合体大楼的启动仪式。这一项目将为澳门平台发挥更大作用提供坚实的支撑。我们欢迎有关企业通过澳门平台，进一步密切经贸联系、深挖合作潜力，推进中国与葡语国家经贸合作。

女士们、先生们：

十多年来，中国与葡语国家经贸合作历经风雨，始终蓬勃发展。我相信，只要我们共同努力，中国与葡语国家经贸合作前景将更加光明！澳门的平台作用将进一步展现。

最后，祝本次企业家大会取得圆满成功！

谢谢各位！

（2016 年 10 月 12 日）

# 积极支持参与多边贸易体制发展

商务部副部长 王受文

以世贸组织为代表的多边贸易体制是全球经济治理的重要组成部分，为推进国际贸易自由化和便利化、促进各国经济增长与可持续发展作出了重要贡献。如今，经济全球化进程进入深度调整期，多边贸易体制发展挑战与机遇并存。中国是多边贸易体制的支持者、参与者和建设者。加入世贸组织16年来，中国与多边贸易体制互动更为紧密。习近平主席在联合国日内瓦总部发表演讲时指出："要维护世界贸易组织规则，支持开放、透明、包容、非歧视性的多边贸易体制，构建开放型世界经济。"下一步，中国将积极发挥负责任发展中大国作用，为推进多边贸易体制建设作出力所能及的贡献。

**一、中国是多边贸易体制的坚定支持者**

（一）多边贸易体制最具代表性

世贸组织是规范全球贸易的唯一国际组织，为国际贸易的快速稳定增长提供了重要制度保障。其成立22年来，推动全球货物贸易总额增长了两倍，处理各类贸易争端524起，涵盖成员164个，成员贸易额占全球总量的98%。近年来，逆全球化思潮暗流涌动，区域贸易协定盛行，但多边主义仍是维护和平和促进发展的有效路径，多边贸易体制在全球贸易投资自由化便利化进程中的主渠道地位依然不可撼动。

（二）多边贸易体制在曲折中进取

2008年金融危机以来，发达成员内顾倾向明显，多边贸易谈判出现领导力真空，动能减弱，迟迟无法取得突破。面对各种阻力，世贸组织成员努力弥合分歧，寻求最大公约数，推动谈判收获尽可能多的成果。在2013年第九届部长级会议上，世贸成员通过了"早期收获"协议，达成世贸组织成立以来的第一个多边贸易协定——《贸易便利化协定》（TFA）。该协定已于2017年2月22日生效，据世贸组织研究，协定的实施将大幅降低货物通关成本，世贸成员贸易成本平均减少14.3%，为全球带来约1万亿美元的出口增长，创造2 000多万个就业岗位。在2015年第十届部长级会议上，各方通过了《内罗毕部长宣言》，首次承诺全面取消农产品出口补贴，并就出口融资支持、棉花、国际粮食援助等达成了新的多边纪律。此外，部分世贸成员全面结束《信息技术协定》（ITA）扩围谈判，达成世贸组织成立以来第一份重大关税减让安排，涵盖产品全球贸易额达1.3万亿美元。

（三）支持和维护多边贸易体制符合中国根本利益

加入世贸组织以来，中国利用自身禀赋优势，成功实现内外联动发展，跃居世界第二大经济体，成为全球货物贸易大国和服务贸易大国。维护多边贸易体制健康稳定，增强多边贸易体制的有效性和权威性，促进全球范围内的贸易投资自由化便利化，对维护良好国际贸易环境具有重要战略意义，对中国发展和深化同世界各国（地区）的经贸合作、推动世界和平发展具有重要战略意义。同时，参与和推动新一轮国际经贸规则重构可以为中国改革开放提供新动力，增添新活力，拓展新空间。

**二、中国积极参与多边贸易谈判和贸易政策审议**

在2013年第九届部长级会议和2015年第十届部长级会议上，中国充分发挥核心成员的建设性作用，推动会议取得多哈回合启动以来最为可观的成果。

在第九届部长级会议上，中方多次强调支持就贸易便利化、部分农业议题和发展议题实现"早期收获"，积极弥合各方分歧。在TFA谈判过程中，中方先后提交和参与联署8份提案，为谈判成功做出重要贡献。

在第十届部长级会议上，中国坚持发展中成员地位，充分展现灵活性，与发达成员和发展中成员及最不发达国家广泛沟通，推动将对发展中成员有核心利益的议题纳入成果。中国代表团参加90多场多边、诸边、双边以及小范围磋商，最终推动会议就取消农产品出口补贴等达成协议，为中国农产品参与国际贸易创造了更加有利的环境。

2016年，中国成功接受世贸组织第六次对华贸易政策审议。商务部牵头70多个国内部门，历时14个月精心准备，开展70余场专题会谈，回复世贸成员近2 000个书面问题，全面系统地介绍了中国政府扩大开放的最新举措，展现了中国认真履约的良好形象，进一步助推了国内的改革开放。世贸成员对中国过去两年经贸政策与成效给予充分肯定，认为中国为世贸成员使用审议机制树立了良好典范。

**三、中国建设性推进诸边贸易自由化倡议**

诸边谈判是世贸组织成员在多边框架下推动国际贸易自由化的另一条重要轨道。近年来中国积极发挥建设性作用，参与多项诸边谈判。

一是推动ITA扩围谈判成功结束。2012年5月谈判启动以来，中方参加近20轮磋商，与各方保持密切沟通，充分发挥建设性作用，为谈判成功结束作出重要贡献。协议的达成将进一步助推信息技术发展，为国际贸易注入新活力。

二是深入参与《环境产品协定》（EGA）谈判。在2016年9月二十国集团（G20）杭州峰会前推动各方达成谈判着陆区共识。在2016年底EGA小型部长级会议上，以积极、建设性态度参与磋商，不断呼吁各方相向而行，妥善解决核心关注，为推动谈判做出巨大努力。

三是稳步推进加入《政府采购协定》（GPA）谈判。2015年12月第六次提交出价，纳入了更多行业部门，进一步降低门槛金额，出价水平显著改进，充分显示出中方开放市场、扩大合作的认真态度和意愿。

**四、中国推动多边贸易体制不断完善**

中国深入参与多边贸易体制建设，努力增强多边贸易体制的包容性和代表性，推动国际贸易治理体系不断完善。

一是推动多边贸易体制更加关注发展问题。中方积极支持世贸组织“促贸援助”倡议，于2011年7月在世贸组织内设立“中国项目”。该项目机制下的“最不发达国家加入世贸组织圆桌会”先后在中国、老挝、塔吉克斯坦、肯尼亚和柬埔寨举办五届，推动6个最不发达国家加入世贸组织，受到各方尤其是最不发达国家的高度赞赏。

二是积极参与争端解决。加入世贸组织以来，中国在世贸组织争端解决机制下共起诉15起案件，应诉39起。在胜诉案件中，中国有效地捍卫了作为世贸组织成员的合法权益。对判决不利的案子，中国在积极执行的同时，吸取经验教训，加以整改，推动出台符合自身长远利益的政策，既维护了争端解决机制的权威，也助力我贸易体制完善。

三是为世贸组织输送更多优秀人才。近年来，中国进一步加强世贸组织人才培养和机制建设，积极推动优秀人才参加竞聘，推动多边贸易体制朝着更加公正合理的方向发展。2016年11月，世贸组织争端解决机构召开会议，决定任命中国籍赵宏女士为上诉机构成员。2017年4月，中国籍柴小林女士当选世贸组织秘书处服务贸易与投资司司长。

四是推动贸易政策审议机制改革。2016年，中国与其他主要成员共同努力，进一步完善贸易政策审议机制，成功推动前四大世贸成员的审议周期由“两年一次”改为“三年一次”，为保障贸易政策审议机制更好发挥功能作出重要贡献。

今天，中国经济与全球经济已高度融合，在国际贸易体系中的影响力与日俱增。在新的历史发展阶段，中国需要借助多边贸易体制提升开放型经济水平，多边贸易体制也需要借助中国智慧和力量增添活力。中国将以更加积极主动的姿态参与世贸组织各项活动，发出中国声音，提出中国方案，与世贸组织各成员一道，推动多边贸易体制不断发展完善。

# 共建“一带一路” 促进合作共赢 积极为改善全球治理体系作出更大贡献

## ——在第三届全球治理高层政策论坛上的演讲

商务部副部长 钱克明

尊敬的张平副委员长、特格涅沃克·盖图副秘书长，

尊敬的张晓强副理事长、徐浩良先生，

各位来宾，女士们，先生们：

大家上午好！很高兴出席中国国际经济交流中心和联合国开发计划署举办的2016全球治理高层政策论坛。我代表中国商务部，对论坛的顺利召开表示热烈祝贺！

2013年，习近平主席正式提出“一带一路”重大合作倡议。这一倡议是新时期中国对外开放和经济外交的顶层设计，也是着眼人类和平发展共同梦想、充分体现东方智慧的中国方案，为完善21世纪全球治理体系、促进世界经济可持续增长提供了新的国际公共产品。必须指出的是，这一倡议不是另起炉灶，而是对现有全球治理体系的有益补充和完善，最终目的是合作共赢、共同发展，让更多国家共享合作成果，为世界经济可持续增长提供新动能。

二战后，世界各国携手合作，共同创建了以联合国为核心，以国际货币基金组织、世界银行、世界贸易组织三大机构为主体的全球治理体系，涉及贸易、金融、发展合作等一整套制度安排，全球治理体系建设翻开了新的历史篇章。这是人类文明的又一次巨大进步。70多年来，世界总体保持了和平稳定，人类的发展事业取得了前所未有的进步。

当前，国际金融危机冲击和深层次影响在相当长时期依然存在，世界经济在深度调整中曲折复苏、增长乏力。全球贸易投资持续低迷，国际经贸规则面临重构，多边贸易体制发展坎坷。现有的多边金融机构难以满足全球日益增长的融资需求，难以适应防控区域性和全球性金融风险的需要。

历史证明，任何国际体系的建立都带有鲜明的时代印记，必须随着时代发展不断创新完善，才能保持它的先进性和合理性。目前，世界各国尤其是新兴经济体和发展中国家，希望全球治理体系更加完善、更符合世界生产力发展要求、更有利于共同发展。

中国“一带一路”重大合作倡议正是在这一大背景下提出的。这一倡议坚持不以意识形态和价值观划线，各国都有平等参与全球事务的权利；坚持不搞封闭小圈子，更不具排他性，对所有国家或经济体、国际组织、区域合作机制和民间机构开放；坚持不替代现有地区合作机制，而是与现有机制互为助力、相互补充；坚持在相互尊重的基础上，把文明多样性和各国差异性转化为促进发展的活力与动力。这顺应了世界各国特别是广大发展中国家要求改革国际经济治理机制的呼声与需求，有利于推动现有国际秩序、国际规则朝着更加公正合理的方向发展，促进全球

治理体系更加平衡有序。联合国报告曾经指出，中国提出共建“一带一路”倡议，是中国在国际合作和全球治理新模式上的积极探索。

女士们、先生们、朋友们：

经贸合作是“一带一路”建设的基础和先导。三年来我们秉持亲诚惠容的理念，坚持共商共建共享原则，充分依托双边经贸联委会、混委会等机制，与沿线国家加强沟通交流，深化经贸合作，在贸易投资、经贸合作区、自贸区建设、重大项目合作等方面取得了丰硕成果。前三季度，我国与沿线国家贸易达6 899亿美元，对沿线国家直接投资111亿美元，与沿线国家新签承包工程746亿美元。截至目前，在沿线国家建设了50多个境外经贸合作区，累计投资179亿美元，为东道国创造了近10亿美元税收和16万个就业岗位；中老（挝）铁路、土耳其东西高铁、巴基斯坦瓜达尔港等一大批有影响力的标志性项目逐步落地。

同时，扩大市场相互开放和贸易投资便利化等合作体制机制的创新迈出实质性步伐，有利于促进国际经贸规则制定朝着更加公平公正的方向发展，是区域经济合作理论和实践的重大创新，也为完善全球经济治理提供了新思路和新方案。“一带一路”合作倡议已经得到100多个国家和国际组织的积极响应，30多个国家与中国签署了共建“一带一路”合作协议，进度和成果超出预期。事实证明，“一带一路”倡议的前景十分广阔。

下一步，我们将与各国携手同心、精诚合作，弘扬开放包容、共商共建、共赢共享的理念，聚焦构建互利合作网络、新型合作模式、多元合作平台，共同打造绿色丝绸之路、健康丝绸之路、智力丝绸之路、和平丝绸之路，为完善全球经济治理贡献中国智慧，让“一带一路”建设造福各国人民。

——我们将同沿线国家一道，本着求同存异的原则，通过平等协商，制定推进国家之间或区域合作的发展规划和政策措施，消弥分歧，增进互信，凝聚共识，为区域经济融合发展创造良好的制度环境，共同致力于发挥区域经济增长潜力，重振全球经济。

——我们将继续秉持共商共建共享原则，以沿线各国发展规划对接为基础，以贸易投资自由化便利化为纽带，以互联互通、产能合作、重大项目、人文交流为支柱，以金融互利合作为重要保障，积极开展双边和区域合作。

——我们将同沿线各国共同努力，打造沿线国家多主体、全方位、跨领域互利合作新平台，构建共商共享新机制，坚持市场导向，推动政府、企业、社会机构、民间团体开展形式多样的互利合作。

——我们将与沿线国家共同推进六大国际经济合作走廊建设，开办更多经贸合作区，建设一批能够提升区域整体合作水平的互联互通项目，深入开展教育、科技、文化、体育、旅游和卫生等领域合作，全面打造“一带一路”民心相通的合作网络。

历史赋予重任，实干成就未来。我们愿与各国一道乘势而上、相向而行，全方位推进务实合作，打造利益共同体、责任共同体、命运共同体，早日把“一带一路”倡议的宏伟蓝图变成美好现实，促进世界经济强劲、可持续、平衡、包容增长，为全球治理体系建设作出更大贡献。

谢谢！

（2016年11月10日）

# 专　文

# SPECIAL ARTICLES

# 建章立制　定纷止争　开创商务法治建设新局面

商务部条约法律司副司长　陈福利

2016年，在党的十八大、十八届三中、四中、五中、六中全会精神指引下，在商务部党组的正确领导下，条法司积极进取、努力拼搏，在国内立法、国际规则制定和争端解决、依法行政等工作方面均取得了新的进展，为建设法治化、便利化、国际化营商环境作出了积极贡献。

**一、立法为本，有序推进重点立法工作**

（一）完成外商投资法律专项修改

为了解决上海自贸试验区法律授权到期问题，在全国范围内复制推广准入前国民待遇加负面清单的管理模式，根据党中央、国务院决策部署，我部配合国务院法制办、全国人大法工委完成了对《外资企业法》、《中外合资经营企业法》、《中外合作经营企业法》和《台湾同胞投资保护法》有关行政审批条款的专项修改，将不涉及国家规定实施准入特别管理措施的外商投资企业设立及变更，由审批改为备案管理，进一步推进外资审批改革，深化简政放权。

（二）推动《商品流通法》等四部法律立法进程

针对我国内贸流通存在的流通成本高、流通效率低、流通安全保障不足等体制机制问题，在广泛调研的基础上，酝酿形成了《商品流通法（送审稿）》，于2016年2月报请国务院审议，之后积极配合立法审议工作。为贯彻落实总体国家安全观，做好出口管制工作，加快推进《出口管制法（草案）》起草工作。为推动出台统一的《外国投资法》，继2015年底将草案上报国务院后，就推动立法审议工作开展调研与协调。为规范和促进电子商务的健康发展，配合全国人大财经委完成《电子商务法（草案）》起草工作。

（三）完善法规规章建设

推动《报废汽车回收管理办法》修订工作。颁布《外商投资企业设立及变更备案管理暂行办法》、《机电产品国际招标代理机构监督管理办法》、《对外援助标识使用管理办法（试行）》三部规章。

全面清理我部规章和规范性文件，分两批废止和修改规章近30部，印发《商务部现行有效规章目录》和《商务部现行有效规范性文件目录》。

**二、点面结合，深入参与国际规则制定**

（一）对外谈判取得积极进展

党中央、国务院高度重视的中美、中欧投资协定谈判取得重要进展。中美全年共举行10轮正式谈判和1轮小范围磋商，两次交换了负面清单改进出价。中欧全年共举行4轮正式谈判和4次会间会，双方在协定范围达成一致基础上形成了合并文本，并就核心内容和重点条款进行了深入讨论。

积极推动与哈萨克斯坦等“一带一路”沿线国家及我国对外投资重要目标国的投资协定谈判。

担任自由贸易协定谈判法律顾问，为谈判整体顺利推进发挥积极作用。参与RCEP、中日韩、格鲁吉亚、海合会等自贸谈判，并牵头投资、知识产权、争端解决和法律等议题。稳步推进中欧地理标志协定谈判。

（二）深入参与多边规则制定与发展

积极参与国际规则的解释和发展。探索国际发展法律组织在华设立机构有关事宜。牵头参与联合国贸法会担保权益、破产法、电子商务等工作组会议和联合国贸法会年会，充分发表中方观点。加强与国际统一私法协会交流，参与《移动设备国际利益公约》项下有关议题的讨论。积极参与OECD、APEC等多边平台关于投资、知识产权规则问题的讨论，对未来多边规则的制定提出中国方案。

（三）促进知识产权等多双边交流与合作

成功举办中美、中欧、中日、中俄知识产权工作组会议，以及中韩自贸区知识产权委员会第一次会议。实施中欧、中美知识产权合作项目，赴欧美开展知识产权交流活动，举办中欧互联网知识产权保护研讨会。倡议并成功推动建立金砖国家知识产权合作机制；在京举办“一带一路”知识产权高级别会议，商讨“一带一路”知识产权合作。办好第21届中美法律交流和2016年中美行政法律对话。落实中德市场监管法律政策交流机制。

**三、捍卫权利，充分运用规则处理涉我争端**

（一）利用世贸争端解决程序维护权益

起诉案件取得重要胜利，我诉美反倾销措施案中，专家组在目标倾销归零、拒绝给予中国出口企业分别税率等主要诉点裁决中方胜诉，裁定美方全部13项涉案反倾销措施违反世贸组织规则。我诉欧盟紧固件反倾销措施案在原审和执行之诉均获重大胜利，我核心诉点全部获得支持。

被诉案件应对得当，有力维护了我相关措施的正当性和国内产业利益。在磋商阶段，妥善解决美诉我外贸转型升级示范基地案和美诉我国产支线飞机税收优惠措施案。美诉我粮食补贴案等其他案件亦在有序推进中。

2016年12月11日，《中国加入世贸组织议定书》第15条到期终止。针对美欧等世贸成员继续对我采取反倾销“替代国”做法问题，积极开展世贸诉讼准备工作，于12月12日同时起诉美国、欧盟，敦促美欧等成员认真对待世贸义务，彰显我国坚定维权的态度，回应国内外关注，维护世贸组织规则的严肃性和多边贸易体制的权威性，对其他尚未终止对华反倾销“替代国”做法的世贸组织成员起到警示作用。

（二）首起进入仲裁阶段的涉我国际投资争端胜诉

随着全球外国直接投资流动快速增长，投资者与东道国之间的争端也呈逐年上升的态势。2016 年，我们继续关注和研究投资争端仲裁的相关问题，妥善应对韩国安城公司案。最终因安城公司未满足《中韩投资保护协定》所规定的投资者应在知晓遭受损失后 3 年内提起仲裁的时效要求，仲裁庭当庭裁决驳回安城公司的仲裁请求。

**四、总结经验，进一步提高依法行政水平**

2015 年 5 月修订后的《行政诉讼法》和最高人民法院《关于人民法院推行立案登记制改革的意见》同步实施以来，我部行政复议及诉讼案件数量都有大幅提高。2016 年，我部共处理行政复议案件 33 起、新增行政诉讼案件 25 起（已审结案件 14 起，未审结案件 11 起）。在已审结案件中，我部无一败诉。

在深入总结近两年来我部行政复议、行政应诉工作的经验教训基础上，我们进一步完善了行政复议内部工作程序和行政应诉机制；根据办案经验规范相关行政行为，针对复议和被诉案件中反映出的问题，向有关方面提出改进建议，优化流程、编制模板，管控潜在风险；调动部内外资源积极应诉，聘用律师为我部行政应诉提供年度法律服务；将依法行政作为商务部处级干部任职、主任科员培训、青年能力建设等培训班的必修课，加强干部法治培训，提高依法行政水平。

2017 年，国内供给侧结构性改革仍将面临诸多挑战，国际经贸环境趋紧，美欧不少国家进入新的政治周期，政策内顾倾向严重，做好国内立法、对外谈判、经贸纠纷等方面的工作需要更加冷静的思考和理性的判断，任务更加艰巨。条法司将一如既往地以更加饱满的热情，砥砺前行，不辱使命，为建设法治化营商环境、构建开放型经济新体制作出更大贡献。

## 积极开展扩消费专项行动<br>努力建设法治化营商环境

商务部市场秩序司司长 宗长青

2016 年，市场秩序司在部党组领导下，全面贯彻党的十八大和十八届三中、四中、五中、六中全会精神，按照中央经济工作会议和全国商务工作会议部署，大力整顿规范市场秩序，积极推进商务执法改革，不断深化诚信体系建设，法治化营商环境得到进一步改善。

**一、开展扩消费专项行动，服务稳增长工作大局**

为贯彻落实党中央、国务院关于适度扩大总需求、推进供给侧结构性改革的决策部署，充分发挥内贸流通引导生产、扩大消费的重要作用，牵头制定、实施了《商务部等 13 部门关于开展加快内贸流通创新推动供给侧结构性改革扩大消费专项行动的意见》（商秩发〔2016〕427 号，以下简称“专项行动”）。“专项行动”为期两年，包括强化创新驱动、深化流通改革、调整供给结构和优化消费环境等 4 方面、13 项工作任务。其中，强化创新驱动方面，提出加快流通信息化、网络化和智能化进程，推动流通由经营商品和服务向经营生活方式转变，支持流通与相关产业跨界融合等措施；深化流通改革方面，提出改革流通管理体制、放宽和取消多项经营限制、改进税费政策等措施；调整供给结构方面，提出优化区域布局、协调城乡发展和加强信息引导等措施；优化消费环境方面，提出整顿消费市场秩序、完善标准体系、推进信用建设和倡导绿色消费等措施。“专项行动”部署以来，相关部门和各地商务主管部门积极行动、扎实工作，取得了阶段性成果。2016 年，国内消费品市场持续较快增长，消费对经济增长的贡献明显提升，消费作为经济增长“稳定器”和“压舱石”的作用进一步显现。

**二、整顿规范市场秩序，推进统一市场建设**

（一）发挥牵头作用整治突出问题。围绕规范市场秩序工作目标，制定了《2016 年规范市场秩序工作要点》，指导全国市场秩序工作有序开展。针对扰乱市场秩序的突出问题，充分发挥整顿和规范市场秩序协调机制牵头作用，开展集中整治。规范零售商供应商交易关系，加强日常监管，处理举报投诉，有效缓解了零供矛盾。加强单用途商业预付卡管理，维护当事人合法权益。配合有关部门开展建材市场等专项行动，规范企业经营行为，净化了市场环境。

（二）打破地区封锁构建长效机制。研究修订打破地区封锁相关法律法规，开展法规实施状况评估，探索建立统一市场评价指标体系，推进统一市场长效机制建设。通过打破地区封锁和市场分割，努力营造商品自由流通、企业公平竞争的市场环境，推动流通环节降本增效，建设统一开放、竞争有序的市场体系。

**三、推进“放管服”改革，提高市场监管水平**

（一）不断深化商务执法改革。围绕“放管服”改革，召开全国商务综合执法体制改革试点会议，对改革试点工作进行总结部署。会同中央编办在北京、忻州等 10 个城市开展商务综合执法体制改革试点，重点在报废汽车回收拆解、拍卖、典当、商业特许经营、零售商供应商公平交易、单用途商业预付卡等 6 大领域推行“双随机、一公开”监管方式改革，建立了部门联合、上下联动和跨地区联合执法的工作机制。试点地区围绕改革任务积极探索、大胆实践，形成了一批可复制可推广的典型经验。

（二）商务综合执法体制初步形成。截至2016年底，全国已建立约2 000支商务执法队，拥有执法人员1.8万余人，职责明确、行为规范、边界清晰、保障有力、运转高效的商务综合行政执法体制初步形成。2016年，全国商务执法队共出动执法人员76.7万人次，开展日常检查28.5万次，双随机抽查2.4万次，受理投诉、咨询案件8.7万件，立案1.5万件，结案1.4万件。

**四、培育诚信经营环境，力促信用经济发展**

（一）持续推进信用建设试点。会同财政部、质检总局连续两年支持8省市开展试点，建立商务诚信公共服务平台，完善管理制度、工作机制和服务标准，实现政府信息和市场信息交互共享，形成政府和市场共同发挥作用的信用激励和惩戒机制。试点地区初步形成了有益经验，上海探索建立以信用为核心的流通治理新模式，浙江通过政府和社会资本合作建立了可持续运营机制，江苏与苏宁等企业合作建设消费者信用信息数据库等。

（二）大力促进信用消费。会同中央宣传部、中央文明办等17个部门和80家行业组织，以“诚信促消费”为主题，开展“诚信兴商宣传月”活动。首次举办“诚信网络展”，观展人数达数十万人次。举办首届“信用消费进万家”主题日活动，线上线下商家积极参与，业务量倍增。其中，京东金融信用消费增长4倍，苏宁北京公司信用消费增长2倍。商业保理行业发展迅速，全国注册商业保理企业达5 000多家，业务量近5 000亿元，为近10万家中小企业缓解了融资困难。组织224家全国性行业商协会参与了行业信用评价工作，评出A级以上信用企业2万余家，在推动行业自律、保障行业健康发展方面发挥了积极作用。

**五、提升追本溯源水平，打造放心消费环境**

（一）加快推进追溯体系建设。围绕贯彻落实《国务院办公厅关于加快推进重要产品追溯体系建设的意见》（国办发〔2015〕95号），召开了全国重要产品追溯体系建设工作会议，全面总结近年来追溯体系建设的成就和经验，对下一步工作提出要求。会同有关部门印发了《关于推进重要产品信息化追溯体系建设的指导意见》、《国家重要产品追溯标准化工作方案》等系列文件，推动追溯体系建设从分散的部门探索试点走向集中的统筹规划和示范引领。同时，将追溯体系建设纳入《食品安全法实施条例》、《食品安全工作评议考核办法》等法规制度，发动行业协会开展“共建追溯体系，服务放心消费”倡议活动，推动追溯体系建设由政府主导向政府引导与市场化运作相结合、政府监管与社会共治相结合转变。

（二）初步形成辐射全国网络。肉类、蔬菜、中药材、酒类等重要产品追溯体系建设稳步推进。近年来，商务部累计支持58个城市开展肉菜流通追溯试点，18个省（市）开展中药材流通追溯试点，8家企业开展酒类流通追溯试点。会同财政部支持山东、上海、宁夏、厦门等地开展重要产品追溯体系建设示范工作，鼓励产品质量安全保障模式创新，形成可复制推广的先进经验，助力消费转型升级。截至2016年底，全国共有1.5万家企业建成追溯体系，覆盖30多万户经营商户，中央平台累计汇总追溯数据近32亿条，初步形成了辐射全国、连接城乡的追溯网络。追溯体系建设的经济、社会效益正逐步显现，如北京市建成猪肉流通追溯节点1 241个，生猪定点屠宰企业与猪肉批发市场覆盖率达100%，初步形成覆盖猪肉流通主渠道的追溯网络；上海市肉类追溯体系建成后，“瘦肉精”等问题猪肉事件发生率大大降低，食品安全水平明显提升。

**六、加强重点领域管理，促进行业健康发展**

（一）促进药品流通行业转型升级。认真贯彻实施“健康中国”战略任务，积极参与医药卫生体制改革，发布《全国药品流通行业发展规划（2016—2020年）》，提出健全流通网络、发展现代物流、创新经营模式、提升开放水平、加强基础建设等5项重点任务，引领“十三五”时期药品流通行业发展。2016年全国药品销售总额超过1.8万亿元，同比增长11%，主营业务前100位的批发企业占全国药品市场总规模的70%，行业集中度明显提升，行业总体保持了平稳增长态势。印发《全国中药材物流基地规划建设指引》，按照市场化原则，初步建成九州通等6家集初加工包装、仓储运输、质量检验、追溯管理、电子商务于一体的中药材现代物流中心，中药材流通现代化水平不断提高。

（二）引领直销行业稳步发展。以“放管服”改革为主线，坚持规范管理与鼓励发展，促进直销行业持续发挥“稳增长、扩消费、增就业”的积极作用；通过变产品审批为备案管理，下放产品和培训员备案权限等改革措施，进一步简化办事程序，减轻企业负担；采取扩大直销产品范围、公布《直销产品类别及生产指引》等管理手段，优化产品结构，激发消费潜力；发布《2015年直销行业发展报告》，展示行业经营成效，树立行业良好形象；鼓励直销行业与互联网融合，促进全行业提质增效，推动行业创新发展。

# 深化流通供给侧改革 加快现代市场体系建设

商务部市场体系建设司副司长 郑书伟

2016年，商务部全面贯彻党的十八大和十八届三中、四中、五中、六中全会精神，深入学习贯彻习近平总书记系列讲话精神。主动把握和引领内贸流通发展新常态，深入推进内贸流通领域的供给侧结构性改革，围绕“促改革、提效率、补短板、惠民生”中心目标，以市场载体建设为重要抓手，加快市场流通体制机制创新，各项工作取得积极成效。

**一、发布内贸流通“十三五”规划，促进流通转型升级**

（一）制定内贸流通“十三五”规划。在广泛深入研究的基础上，商务部会同9部门联合发布《国内贸易流通“十三五”发展规划》，勾画出未来内贸流通发展的宏伟蓝图。《规划》以五大发展理念为统领，在全面总结“十二五”期间流通发展成就的基础上，深入分析了“十三五”期间面临的机遇和挑战，明确提出了未来五年流通发展的主要目标。基于对流通发展趋势的科学研判，《规划》提出了流通升级战略，消费促进、流通现代化、智慧供应链3大行动，9项主要任务和17个重点项目，对于完善内贸流通体制机制、建设法治化营商环境、加快构建现代流通体系、推动我国从流通大国向流通强国转变具有重要意义。

（二）推动跨区域合作。指导和推动长江中游及成渝地区跨区域规划编制，从创新内贸流通编制实施机制角度，探讨跨区域内贸流通规划工作思路，推动规划对接、政策联动和资源共享，促进区域互联互通。

**二、着力补齐农村市场短板，提升农村电商发展水平**

（一）深入开展综合示范。近三年，支持在全国27个省区市的496个县开展电子商务进农村综合示范，带动一大批电商企业加快布局农村市场，在全国建成40多万个乡村电商服务点，覆盖一半以上县域，实现快递乡村覆盖率80%，累计培训超过150万人次，带动就业超过300万人。2016年，将中西部23个省份的240个综合示范县纳入支持范围。其中，国家级贫困县158个，占66%。

（二）加强指导地方工作。商务部通过发布政策文件、召开全国农村电商工作推进会、组织专题培训、印发工作指引和服务规范、总结推广典型经验、开展双随机检查和综合示范绩效评价等方式，指导督促各地加快发展农村电商。目前，各地不断创新发展模式，全国农村电商发展呈现出既快又好的局面。例如，安徽启动“电商安徽”，建设“五大体系”；广西制定省级“六有”、县乡“九有”标准，分“八步曲”推进农村电商建设。

（三）积极培育市场主体。2016年，我国农村网络零售额达8 945.4亿元，约占全国网络零售额的17.4%。农村网店超过800万家，占全网25.8%，带动就业超过2 000万人。商务部及各级商务主管部门牵线搭桥，组织电商企业等市场主体，与示范县进行对接，引导建立互利共赢的合作关系。与共青团中央联合举办农村电商创新创业大赛，实施百万英才计划，加强人员培训和人才培养，带动大批青年返乡创业就业，越来越多的农民踏上增收致富道路。

**三、完善农产品流通体系，促进农产品流通提质增效**

针对农产品流通遇到的瓶颈问题，提出“推公益、强冷链、促互联”三位一体思路，大力提升农产品流通现代化水平。

（一）积极推动公益性农产品市场发展。会同11部门印发《关于加强公益性农产品市场体系建设的指导意见》，明确了公益性农产品市场的内涵、发展目标和原则、主要功能和机制建设等，并从土地、税收、信贷、国资考核等方面提出了保障措施，建立从批发到零售的公益性体系，同时指导各地探索开展公益性农产品市场体系建设工作。各地公益性农产品市场在保障民生、稳定价格等方面发挥有效作用，得到党中央领导同志的肯定，受到广大人民群众的欢迎。

（二）强化农产品冷链流通体系建设。开展农产品冷链流通标准化示范，加强标准化和信息化建设，强化标准化冷链流通设施建设和专业技术培训，完善冷链标准体系，提高冷链物流信息化、标准化和集约化水平，降低冷链物流成本，提高流通效率，营造优质优价市场环境。

（三）创新开展农商互联。召开全国农商互联启动会，探索以现代信息技术为支撑的“互联网+农产品流通”新型流通模式，推动农产品生产、流通企业与电子商务企业全面对接。建设农商互联地理信息平台，收集3 000多家企业、产品和冷库信息，共享平台信息，提高产品对接效率和冷链设施利用效率。围绕“联产品、联设施、联标准、联数据、联市场”，以电商为核心，打造上联生产、下联消费的新型农产品供应链条。

（四）拓宽金融支持渠道。会同国家开发银行，利用开发性金融支持全国农产品骨干网建设。2016年全国农产品批发市场实现交易额近4.7万亿元，同比增长8.8%。

**四、创新汽车流通体制机制，努力提振汽车市场消费**

商务部从汽车全生命周期的流通过程入手，加快推进汽车流通体制机制改革，取得重要进展，有效推动扩大汽车消费，促进汽车流通行业健康发展。

（一）积极推动新车销售体制改革。加快规章制定进程，推动出台《汽车销售管理办法》，打破新车品牌授权销售单一模式，建设社会化汽车流通体系。2016年，全国新车销售2 802.8万辆，同比增长13.7%，为经济增长作出积极贡献。

（二）加快平行进口政策落地。会同7部门出台《关于促进汽车平行进口试点的若干意见》，推动出台强制认证、整车保税等实施细则，总结推广“一平台四体系”试点经验，在建立一站式公共服务平台、国际市场采购体系、贸易便利通关体系、售后服务保障体系、政府监管信息体系等方面取得重要进展。批准新增四川等4个试点地区。目前，国内中高端进口汽车降价明显，售后服务体系日趋完善，平行进口车型达135个，更好地满足了多样化、多层次汽车消费需求。2016年，汽车平行进口试点在规模上取得重大突破，试点企业平行进口汽车65 111辆。

（三）促进繁荣二手车市场。推动印发《国务院办公厅关于促进二手车便利交易的若干意见》，会同10部门印发《关于促进二手车便利交易　加快活跃二手车市场的通知》，督促各地取消限迁政策，完善二手车信息平台建设，整合汽车流通信息管理系统，积极推动汽车全生命周期信息体系建设，推动取消二手车鉴定评估机构设立行政许可。2016年，二手车交易量达到1 039万辆，同比增长10.33%。

（四）完善报废汽车回收拆解行业管理。推动修订《报废机动车回收管理办法》并公开征求意见，推动国务院审改办明确报废汽车回收拆解企业资格认定为中央指定地方实施行政许可事项清单，加快修订《报废汽车回收拆解企业技术规范》。目前，全国报废汽车回收拆解企业664家，2016年全国机动车回收数量179.8万辆，其中汽车159.2万辆。

**五、推动商品市场转型，促进区域市场一体化**

（一）指导商品市场创新发展。商务部会同4部门出台《关于推进商品交易市场转型升级指导意见》，明确商品交易市场信息化应用、定制化服务和平台化发展的重点方向，提出具体措施。印发了《商务部办公厅关于建立百家百亿市场信息直报制度的通知》，建立“百家百亿”市场信息直报制度，加强商品交易市场运行动态分析。

（二）推动区域市场协同发展。指导京津冀市场功能疏解和承接，支持北京区域性专业市场适度向河北、天津转移。围绕规则体系共建、创新模式共推、市场监管共治、流通设施互联、市场信息互通、信用体系互认六个重点，推动建立长三角区域市场一体化合作机制。促进全产业、各区域的流通发展全面转型升级。

2017年是全面深化改革的重要一年，也是党的十九大召开之年。我们将认真执行中央经济工作会议及商务工作会议决策部署，落实新发展理念，以内贸流通“十三五”发展规划为引领，努力做大流通格局、做强流通功能、做深城乡市场、做优市场环境，推动各项工作再上新台阶。

## 开拓进取　推进流通标准化迈上新台阶

商务部流通业发展司司长　郑　文

流通标准化是流通业转型创新的技术基础，是推动我国流通业信息化、集约化发展的有效保障。党和国家高度重视标准化工作，习近平总书记强调：谁制定标准，谁就有话语权；谁掌握标准，谁就占据制高点。2016年，商务部认真贯彻落实党的十八大和十八届三中、四中、五中和六中全会精神，围绕商务中心工作，加强流通标准化建设，在各方面的共同努力下，流通标准化工作取得新进展，实现新突破。

**一、统筹规划，全面加强流通标准化制度建设**

（一）编制流通标准化建设“十三五”规划

会同国家标准委联合编制了《国内贸易流通标准化建设“十三五”规划》（以下简称《规划》），该文件是指导今后五年国内贸易流通标准化工作的纲领性文件。根据《规划》，“十三五”期间将加快建立国家标准、行业标准、团体标准、地方标准和企业标准相互配套、相互补充的内贸流通标准体系，在农产品流通、商贸物流、电子商务、居民服务等重点领域制定200项国家标准和行业标准。鼓励发展企业标准和团体标准，继续深化商贸物流、农产品流通标准化试点工作，拓展试点深度和广度，在重要产品追溯体系建设、绿色流通、农产品冷链等领域启动一批标准化示范工程，建立标准实施监督评估机制。

（二）加强重点领域标准化顶层设计

制定了《关于推动国内贸易流通体制改革发展标准化工作方案》，推动上海、成都等9个试点城市成立城市标准化创新联盟，探索标准服务流通发展的新模式，总结形成可复制推广的标准实施经验。在重要产品追溯方面，制定《国家重要产品追溯标准化工作方案》，加强追溯标准体系顶层设计的组织和协调，总结提炼追溯标准化建设规范和核心技术，研制一批重要产品追溯基础共性标准。在会展业方面，会同国家标准委印发《关于加强展览业标准化工作的指导意见》，以“推进‘标准化+展览业’战略，加快展览业标准化与专业化、国际化、品牌化、信息化深入融合”为目标，建立新型展览业标准体系，加大展览业与信息技术融合、展览产业链融合等领域标准化工作力度，强化标准贯彻实施。

（三）提升流通标准信息化水平

完成流通标准化信息管理系统建设并上线试运行，基本实现标准立项、制定、送审、报批、发布等环节的在线管理，同时对有关标委会机构建设、人员调整、绩效考核及日常工作进行动态监督，及时向社会公开标准制修订过程信息，对有关标准进行在线解读，征求社会各界对流通标准化工作意见。截至 2016 年底，平台已归集 1 200 多项流通国家标准和行业标准文本，有 20 多项行业标准送审稿、报批稿通过系统进行审核，有力提升了标准信息化服务能力和水平。

**二、完善体系，扎实推进流通标准化结构性改革**

（一）健全流通标准体系

制定流通标准体系框架，确定内贸流通标准的基本边界，为下一步研究细化各行业（领域）的标准体系，编制标准制修订计划和目录提供依据。抓好标准制修订工作，加大了商贸物流、农产品冷链、绿色流通、中药材流通等重点领域标准的制修订力度。全年共下达行业标准计划 51 项，正式公告行业标准 36 项。推动国家标准立项 5 项，公告 5 项。截至 2016 年底，共有流通标准 1 342 项，其中，国家标准 278 项，行业标准 1 064 项，初步建立了以批发零售、商贸物流、居民生活服务等重点领域标准为主体，覆盖流通领域主要行业的流通标准体系。

（二）优化流通标准结构

按照国务院部署和要求，完成强制性标准和计划项目的整合精简，明确了对超过 50% 的强制性标准予以废止或转化，形成了“废止一批、转化一批、整合一批”的清单，为实现国家、行业、地方三级强制性标准整合为统一的强制性国家标准奠定坚实基础。对 1 700 多项推荐性标准开展复审，一方面优化存量，推动解决标准滞后老化问题；另一方面严控增量标准，加强立项评估，确保增量标准严格界定在政府职责范围内，与流通职能相对应，为团体标准、企业标准留出广阔的发展空间。

**三、服务发展，着力开展流通标准化试点示范**

（一）物流标准化试点工作成效显著

在国办转发的《物流业降本增效专项行动方案》中明确推广 1. 2m×1. 0m 标准托盘，首次以国务院层面的文件统一托盘标准。协调有关部门在《关于加快我国包装产业转型发展的指导意见》中明确推广与标准托盘相匹配的产品包装基本模数。确定了商贸物流标准化专项行动第二批 150 家重点企业和协会，在京津冀、长三角、珠三角及长江经济带地区选择 32 个城市开展试点，对托盘及上下游设施设备标准化改造给予资金支持。通过开展专项行动，重点企业提升装卸货效率 3 倍以上，综合物流成本降低 10%，试点城市租赁标准托盘同比增长 97. 18%，社会物流总费用占 GDP 比重同比下降 0. 3 个百分点。

（二）农产品冷琏、绿色流通试点示范有力推进

会同国家标准委开展农产品冷链流通标准化示范，首批选择了 285 家试点企业和 31 个试点城市，围绕肉类、水产、果树等生鲜农产品，推动《生鲜农产品冷链流通规范》等标准的应用，规范操作运营，强化监督管理，形成可复制、可推广的经验，示范带动农产品冷链流通规范化发展。贯彻实施《绿色商场》行业标准，在购物中心业态开展绿色商场示范创建工作，引导流通企业节能减排，鼓励企业采用节能技术和设备，降低能耗水平，推出了一批绿色商场创建单位。

（三）各地流通标准化工作不断拓展

上海等 9 个内贸流通改革发展试点城市拟定了食品冷链物流、农产品周转筐、智能储物柜 4 项标准，推动跨区域标准共享互认。北京、天津、河北成立京津冀物流标准化联盟，推动物流标准在京津冀地区协同实施，加强供应链上下游企业对接合作。山东发布《食用农产品合格供应商通用规范果树》团体标准，对于提高食用农产品供应商信息化和追溯管理水平、促进食用农产品质量安全具有重要意义。浙江发布《农村电子商务服务站（点）管理与服务》地方标准，规定了农村电子商务服务站的设立要求、服务流程、从业人员要求等，为农村电子商务发展提供技术保障。

**四、互联互通，积极推动标准化国际合作**

（一）推动中国标准“走出去”

推动东非共同体民航管理部门接受了我国民用运输类飞机适航标准，为我国飞机开拓非洲市场创造了有利条件。会同有关部门为我国企业承揽的 12 个大型成套设备出口项目提供融资保险支持，其中，肯尼亚内罗毕至马拉巴标轨铁路、安哥拉卡古路卡巴萨水电站等海外大项目均采用了中国标准。新颁布的《对外援助成套项目管理办法》等文件明确指出，要通过推动重大示范项目落地、开展人力资源培训等方式，将我国具有自主知识产权的技术、产品和服务以标准化手段推向国际，从而系统传播中国标准有关理念和知识，有力提升中国标准的国际化水平。

（二）深化标准化国际合作交流

通过中英经贸联委会项下设立的国家标准化合作委员会机制，英方同意在智慧城市、民用核能等重点领域继续深化标准化合作。在中海（合会）自贸区协议谈判过程中，积极推动将中国标准有关规定纳入协议文本。利用中国—吉尔吉斯斯坦共和国政府间经贸合作委员会会议平台，推动中国国家标准委与吉经济部下属标准化计量中心开展合作，并向吉方提供建材标准英文译本。

# 贯彻五大发展理念 创新做好市场运行和消费促进工作

商务部市场运行和消费促进司司长 陈国凯

2016年，市场运行司全面贯彻党的十八大和十八届三中、四中、五中、六中全会精神，深入学习贯彻习近平总书记系列讲话精神，牢固树立和贯彻落实创新、协调、绿色、开放、共享的发展理念，改革创新统计监测体系，加强市场运行分析，强化应急调控管理，统筹推进扩大消费，加强重要商品流通管理，各项工作取得新的成效。

**一、推进改革创新，统计监测打开新局面**

统计监测改革扎实推进。加强顶层设计，务实推进国内贸易统计监测制度改革。制定下发《商务部关于加强和改进"十三五"时期内贸流通统计监测工作的意见》，明确目标任务。加快信息平台整合，将行业统计信息平台与市场监测平台顺利整合为同一的内贸流通统计监测平台，基本实现了系统平台统一开发建设、统一运行维护。及时修订商贸服务典型企业统计、生活必需品市场监测等报表制度，以适应新业态、新模式和新消费发展升级趋势。

统计监测基层基础得到夯实。狠抓样本结构优化和数据质量提升。截至2016年底，样本企业县级覆盖率达83%，比上年底提高2个百分点。样本企业结构继续优化，数据代表性及报送及时性、准确性稳步提升，全国生活必需品、生产资料、重点流通企业三大直报系统数据保送率超过97%。组织开展统计监测与大数据应用培训，分两期对全部省级及部分地市级商务主管部门进行直接培训，统计监测队伍专业素质得到提高。

统计监测工作在创新中发展。着力推进应用平台创新，分品种逐步汇聚整合农产品产前、产中、产后全链条核心数据，推进农产品流通大数据平台建设，促进农产品供需衔接。加强与统计部门沟通协调，研究服务消费统计制度和方法，推进服务消费统计试点。

信息服务水平进一步提升。积极开展信息服务、新闻宣传和舆论引导，信息发布更加丰富、主动、权威。重点针对生活必需品价格明显波动等情况，及时准确发布市场信息，稳定市场预期，为宏观决策提供依据。拓展信息传播渠道，开通商务预报手机客户端。2016年，累计向社会发布各类市场信息约50万条，统计监测服务经济发展的综合性、基础性作用更加突出。

**二、完善体制机制，应急调控取得新成效**

完善重要商品储备制度。贯彻落实新修订的《缓解生猪市场价格周期性波动调控预案》，完善中央储备猪肉功能定位。稳妥消化储备糖库存，优化边销茶储备规模和品种结构。下发了《进一步加强市场应急调控工作的通知》，指导地方从完善应急商品储备体系、健全突发事件保供预案、增强应急反应能力等方面，进一步创新市场应急调控机制。组织各地进一步健全覆盖29种生活必需品的储备制度。

全力保障市场平稳运行。针对猪肉、食糖等重要商品价格大幅波动，加大市场调控力度，适时组织收储、投放工作。会同有关部门下达了储备活畜入储计划和储备冻牛羊肉补库计划，组织出库12.2万吨中央储备冻猪肉和2.67万吨地方储备肉，抑制猪肉价格过快上涨。会同有关部门下达企业临时储存食糖计划，针对9月份以后食糖价格快速上涨的情况，及时启动2015/2016年度中央储备糖加工投放工作，维护市场稳定。

切实强化应急体系建设。大力完善应急调运体系，建立了由63种应急商品、1 200家骨干企业、640多家应急商品集散地、1.4万多个投放网点组成的应急投放网络，使得骨干企业结构不断优化，投放网点布局更加科学。

提升应急保供能力。针对年初南方地区大范围低温雨雪冰冻天气，指导各地商务主管部门加大蔬菜等生活必需品应急调运力度，有效抑制菜价过快上涨。入夏多地暴雨洪涝灾害发生后，组织召开全国商务系统防汛抗洪保障市场供应暨安全生产视频工作会部署相关工作，着力保障市场供应。

**三、加强统筹协调，消费促进迈出新步伐**

积极做好商务领域消费促进统筹推进工作。组织召开加快内贸流通创新推动供给侧结构性改革电视电话会议，汪洋副总理出席会议并作重要讲话，对加快内贸流通改革创新扩大消费作出全面部署。加强统筹协调，积极推进电视电话会议精神全面贯彻落实，推动各项政策落地。根据"十三五"期间面临的新形势，围绕消费新趋势，充分发挥流通引导生产、扩大消费作用，印发《商务部关于做好"十三五"时期消费促进工作的指导意见》，提出下一步消费促进工作任务。

搭建消费促进平台。2016年继续组织开展全国消费促进月活动，以"增强供给能力，促进消费升级"为主题，指导各地根据消费升级特点、产业发展优势、地方文化风俗特色等，因地制宜地组织开展了一系列富有成效的消费促进活动，如名优商品大集、购物节、美食节、汽车嘉年华等主题促销活动，形成了良好消费集聚效应。

进一步加强对市场形势的研判。深入调研分析消费市场形势，构建社会消费品零售总额预测模型和居民消费价格预测模型，组织开展2016年上、下半年300种主要生产资料和600种主要消费品市场供求调查，实现较高精度预测预警。围绕消费市场新情况、新变化，组织开展消费专题调研，完善消费政策研究与储备。

**四、加快职能转变，重点行业实现新发展**

加强石油流通管理。组织修订《成品油市场管理办法》，制定相关行业标准。积极推进石油成品油行政审批改革，优化流程，提高效率，严格市场准入管理，强化事中事后监管，制定“十三五”成品油分销体系规划，完善网点布局。继续推进石油信息系统建设和信息公开，提升管理能力和服务水平。深入开展成品油市场秩序、自贸区成品油流通政策等行业管理重大问题研究，配合相关部门开展安全生产检查、油品质量升级、地下水及大气污染防治等工作。

加强茧丝绸行业协调管理。编制《茧丝绸行业“十三五”发展纲要》，编写《茧丝绸行业标准汇编》，废止《茧丝流通管理办法》、《鲜茧收购资格认定办法》，印发《关于做好取消鲜茧收购资格认定后续工作的通知》，指导地方做好事中事后监管。强化政策引导，支持茧丝绸行业技术创新、转型升级和开拓国际市场。实施“丝绸中国”和中国丝绸整体宣传项目，组织编印《中国丝绸》特刊。

转变酒类流通管理方式。废止《酒类流通管理办法》，修订酒类批发、零售经营管理规范，制定《进口葡萄酒经营服务规范》等行业标准，加强品牌培育，编制《中国白酒发展指南》，研究制定酒类流通“十三五”指导意见。指导地方开展酒类流通平台建设，支持相关地区举办酒类博览活动，搭建白酒“走出去”国际交流平台，培育知名酒类品牌。

2017 年是实施“十三五”规划的重要一年，是供给侧结构性改革的深化之年。市场运行司将认真贯彻执行中央经济工作会议、全国商务工作会议决策部署，以经济发展新常态的大逻辑为引领，以推动消费供需结构升级、保障市场平稳运行为主线，以改革创新为动力，以依法行政为保障，全面提升统计监测权威性、应急调控精准性、消费促进实效性、商品管理协调性，推动市场运行和消费促进工作再上新台阶，以优异成绩迎接党的十九大胜利召开。

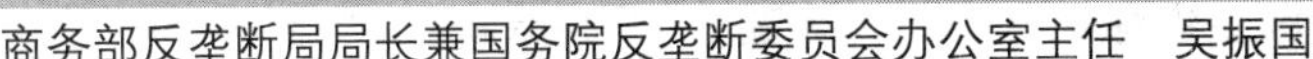

## 依法开展反垄断审查　营造法治化营商环境

商务部反垄断局局长兼国务院反垄断委员会办公室主任　吴振国

2016 年是贯彻落实党的十八大和十八届三中、四中、五中、六中全会精神的重要一年，也是实施“十三五”规划的开局之年。反垄断局围绕商务中心工作，服务改革发展大局，严格依法行政，切实加强市场监管，推动经营者集中反垄断审查工作取得积极进展，有效维护了市场公平竞争，为经济平稳健康发展提供了有效保障。

**一、反垄断工作取得新进展**

（一）严格公正执法，保护市场公平竞争

2016 年，共收到经营者集中申报 378 件，立案 360 件，审结 395 件，同比分别增长 7.4%、6.5%和 19%，均创《反垄断法》实施以来新高。从案件行业分布看，制造业占比最大，达 52.7%，半导体、通信、高端制造业增长较快。从案件类型看，纵向及混合并购显著增长，分别占审结案件的 37%和 34%。在案件数量多、办案人手少的情况下，坚持依法行政，有效维护了市场竞争秩序。

一是查办重大复杂案件。审结案件中，附加限制性条件批准了 2 起具有排除限制竞争效果的案件。第一起是附条件批准“百威英博收购南非萨博米勒案”，要求百威英博剥离华润雪花 49%股权，维护了啤酒市场公平竞争和广大消费者利益。第二起是附条件批准“雅培收购圣犹达案”，维护了中国小腔血管闭合器市场的公平竞争和消费者利益。此外商务部还重点审查了“泛林收购科天案”，要求申报方解决竞争关注，交易方最终放弃交易，避免了对半导体市场竞争产生负面影响。

二是查处未依法申报和做好附条件案件监督执行。依法对“庞巴迪瑞典与新誉集团设立合营企业”、“北京北车与日立制作所设立合营企业”等 5 起未依法申报案件公开作出处罚，提高了企业的守法意识，维护了反垄断法的权威。做好附条件案件监督执行，保证此前附条件批准的 19 起案件（28 起案件中已有 9 起案件监督执行完毕）的审查决定得到切实履行，确保市场竞争得到有效维护。

三是指导海外反垄断应诉取得成效。举办国有企业、民营企业反垄断法培训班，增强企业在海外经营的反垄断法律意识。在美国维生素 C 反垄断案中，指导企业做好应诉工作，华北制药等企业合理运用国外反垄断法维护自身合法权益，2016 年 9 月在美国二审法院胜诉。

（二）完善政策立法，推动审查工作规范化

完善反垄断政策立法，是推进执法工作规范化与制度化的基础。反垄断局积极加强制度建设，已经形成较为完善的经营者集中反垄断法律规则体系，为适应经济发展新常态，根据供给侧结构性改革和依法行政的要求，不断推进立法工作。一是抓紧修订《经营者集中审查办法》。进一步明确控制权、参与集中的经营者、营业额计算等概念，规范审查程序，推进严格公正文明执法。二是开展公平竞争审查工作。推动出台《国务院关于在市场体系建设中建立公平竞争审查制度的意见》，建立商务部部内审查工作机制，对拟出台的相关政策措施进行公平竞争审查。

（三）优化审查机制，提升执法效率和透明度

按照国务院“放管服”和深化行政审批体制改革的要求，紧抓执法效率和透明度两个重点，加强审查机制建设，优化执法服务取得显著成效。一是执法效率大幅提升。推行案件简繁分流，提高简易案件审查效率。2016 年简易案

件占到全部案件的 76%，其中 98.6%在初步审查阶段（30 天）审结。初步审查阶段审结案件 324 件，占全部案件的 82%，同比提高了 8 个百分点。加快立案速度，要求办案人员 5 日内一次书面告知需补充的全部材料，不断提升执法服务水平。二是执法透明度进一步提高。推行政务公开，利用政务信息平台公布禁止和附条件批准案件公告、无条件批准案件基本信息、未依法申报案件处罚决定。加强案件信息沟通，审查过程中及时告知当事人进展，保障当事人的知情权和申辩权，保护企业合法的商业秘密。

（四）深化国际合作，提高国际竞争领域话语权

在经济全球化和企业竞争国际化的背景下，主动适应反垄断国际化新趋势，深化反垄断国际交流与合作。一是深化双边与区域合作。成功举行第三次中美反垄断高层对话，参加中美战略与经济对话、中美商贸联委会等竞争议题谈判，达成积极成果；与金砖其他成员国、日本竞争机构签署反垄断合作备忘录，拓展合作范围；与美国、欧盟、加拿大等竞争机构就 10 余起重大跨国并购案件开展执法合作，共同维护国际市场竞争。二是推进竞争议题谈判。加快推进区域全面经济伙伴关系协定（RCEP）等自贸协定竞争议题谈判，推动各方合作应对国际贸易和投资中的垄断行为，促进区域和双边经贸关系发展。三是加强多边竞争交流。参加世界贸易组织（WTO）、经合组织（OECD）、联合国贸发会（UNCTAD）等国际组织召开的国际竞争会议，了解国际竞争领域新进展，宣传我国执法成果。四是做好对外宣传。与欧美工商界代表务实对话，主动回应企业关注，增信释疑，为我国执法营造良好的外部环境。

（五）加强统筹协调，做好委员会办公室工作

积极落实国务院反垄断委员会工作部署，推进委员会各项工作。一是组织召开国务院反垄断委员会全体会议。汪洋副总理出席会议，充分肯定了反垄断工作成绩，分析了反垄断执法面临的形势，对下一阶段工作任务做出重要部署。二是推进反垄断委员会指南起草工作。推动制订《关于知识产权的反垄断指南》等 6 项指南。三是加强市场竞争状况评估工作。完成电力、互联网等行业市场竞争状况评估研究，在现有 41 个工业行业市场竞争数据基础上，新建钢铁等 6 个行业市场竞争数据，为执法提供数据支持。四是做好宣传培训工作。支持反垄断委员会专家咨询组工作，成功举办第五届中国竞争政策论坛；与国资委与全国工商联举办《反垄断法》培训班，强化竞争倡导，推动全社会树立公平竞争意识。

**二、反垄断工作面临的新形势**

当前，我国经济发展内外环境正在发生深刻复杂变化，反垄断工作面临一些新情况和新问题，需要主动适应经济新常态，推动建设统一开放、竞争有序的市场体系，促进经济平稳健康发展。

（一）全面深化改革要求加强反垄断执法

深入推进供给侧结构性改革，实施创新驱动发展和“一带一路”战略，要求进一步加强反垄断执法，有效制止阻碍市场机制有效发挥作用的垄断行为，建设统一开放、竞争有序的市场体系，发挥市场在资源配置中的决定性作用。

（二）企业并购快速增加要求维护市场竞争秩序

目前我国并购市场快速发展。据汤森路透、投资中国和普华永道统计，2016 年我国并购市场交易总额约 7 700 亿美元，同比增长 11%，占全球市场的 21.4%。反垄断执法需要适应并购市场新形势，防止并购产生排除限制竞争效果，为经济持续健康发展营造公平竞争的市场环境。

（三）企业竞争全球化要求参与制定国际竞争规则

当前全球贸易投资低迷，反垄断可能成为部分国家和地区借重的新保护主义措施。我国企业“走出去”步伐加快，深度参与国际市场竞争，要求我参与国际竞争规则制定，运用竞争规则促进国际贸易便利化和投资自由化，维护公平竞争的市场秩序。

（四）重大复杂案件增多要求加强执法能力建设

反垄断执法专业性和技术性强，目前经营者集中案件数量大幅增长，重大并购交易不断涌现，交易结构和竞争影响更趋复杂，要求进一步加强执法队伍和能力建设，增强审查专业化程度，提高执法质量和水平。

（五）互联网等新经济行业给反垄断执法带来挑战

以互联网为代表的新经济行业具有动态竞争、跨界竞争和创新竞争等新特点，无法照搬传统产业的反垄断评估方法，需要创新审查思路，妥善处理鼓励创新与保护竞争的关系。

**三、扎实推进反垄断执法工作**

2017 年，反垄断局将继续认真贯彻落实党的十八大和十八届三中、四中、五中、六中全会精神，进一步适应经济发展新常态，贯彻新发展理念，围绕商务中心工作，扎实推进反垄断执法工作，营造法治化、便利化和国际化营商环境。

（一）加强配套立法，完善制度体系

尽快完成《经营者集中审查办法》修订工作，推动《反垄断法》研究修订工作，做好修订重点难点问题研究。加强立法透明度，保证立法质量，促进执法工作规范化。

（二）严格规范执法，提高执法服务水平

密切关注国内外并购市场新动向，对具有排除限制竞争影响的并购案件，依法禁止或附加限制性条件；加强附条件案件监督执行，加大力度查处未依法申报行为；坚持执法与服务并重，进一步增强执法透明度，提高执法效率。

（三）加强能力建设，提高执法质量

加强执法队伍专业化建设，提高案件审查的精细化与专业化水平。结合重点案件审查，加强调研分析，综合运用法律经济分析等多种审查手段，为审查工作提供支撑。

（四）促进对外交流，深化国际合作

加强国际执法合作，利用合作机制推动解决我方关切。加强多双边竞争议题磋商，推动制定国际竞争规则，指导

企业做好海外反垄断应诉，保护国际市场公平竞争。

（五）坚持开拓创新，发挥委员会办公室职能

推动《关于知识产权的反垄断指南》等6项指南出台。推进重点行业市场竞争状况评估和数据库建设。支持做好专家咨询组工作。

（六）加强法律宣传，倡导竞争文化

继续加强对各类企业和行业协会的反垄断法宣传培训，提高全社会的反垄断法律意识。加大政务公开力度，利用商务部新闻发布会、政务信息平台等渠道及微博、微信等新媒体，做好反垄断新闻宣传工作。

# 2016 年我国外贸运行情况和形势

商务部对外贸易司

2016年，我国外贸面临的形势严峻复杂，国际市场需求疲弱，国内综合成本上升，产业和订单转移加快，不确定、不稳定因素增加，下行压力加大。党中央、国务院高度重视外贸工作，及时出台促进外贸回稳向好、促进加工贸易创新发展等一系列支持政策，为外贸企业减负助力，支持企业加快转型升级。经过广大企业艰苦努力，进出口降幅持续收窄，结构进一步优化，新的发展动能正在积聚并加快转换，实现了《政府工作报告》回稳向好的目标，成绩来之不易。

回稳表现为降幅收窄。一是降幅比上年收窄。2016 年进出口总值 24.3 万亿元人民币（币种下同），同比下降 0.9%；其中出口 13.8 万亿元，同比下降 2.0%；进口 10.5 万亿元，同比增长 0.6%。进出口降幅比 2015 年收窄 6.1 个百分点，特别是进口在 2015 年大幅度下降的情况下，实现了正增长。二是季度增速由降转升，逐季回稳。分季度看，1—4 季度进出口分别下降 8.1%、下降 1.1%、增长 0.8%和增长 3.8%，走势逐季回稳。11 月、12 月进、出口连续两个月实现“双升”。

向好表现为结构优化。从产品结构看，大型成套设备出口增长超过 5%，工程机械、汽车、家电、机床、发电机出口均实现了正增长，航空航天器、光通信设备增长超过 10%；从企业主体看，民营企业出口继续保持第一大出口主体，占比 46.1%，提高 1.4 个百分点；从贸易方式看，一般贸易出口占比 55.1%，提高 0.9 个百分点，加工贸易国内增值率达 45%，提高 1 个百分点；从国际市场看，对一带一路国家出口增长较快，对俄罗斯、孟加拉国、印度、泰国出口分别增长 14.1%、9%、6.5%和 2.8%；从国内区域布局看，河南、山西、陕西等部分中西部省区保持正增长；从新型商业模式看，跨境电商、市场采购贸易、外贸综合服务企业等新业态保持较快增长，成为新的增长点；从企业创新发展看，一批企业持续加大自主知识产权、自主品牌、自主营销渠道投入，加快培育外贸竞争新优势；从进口质量和效益看，原油、铁矿石、铜精矿等 10 类大宗商品量增价跌，减少付汇约 4 100 亿元，有利于企业降成本、增效益。

当前，我国外贸面临的国际环境和国内条件均发生了深刻变化。从国际需求看，世界经济仍处在深度调整期，长周期繁荣已转变为当前的中低速增长，总体复苏疲弱态势难有明显改观；从产业转移看，跨国公司主导的大规模国际产业转移明显放缓，发达国家转向大力推动“产业回归”和“再工业化”；从国际经贸关系看，贸易保护主义持续升温，贸易摩擦加剧，部分区域局势动荡，对外经贸关系更加复杂；从传统竞争优势看，我劳动力、土地、资源等生产要素成本持续上升，环境承载能力已经达到或接近上限，低成本制造的传统优势明显弱化。我国外贸发展已出现国际产业转移放慢、产业和订单向外转移加快、贸易摩擦增多、企业生产要素成本上升、传统竞争优势下降的“一慢、一快、一多、一升、一降”的态势。外贸发展已经进入新阶段，困难不是短期的。

同时也要看到，我国外贸发展依然存在许多有利条件。一是全球化仍会在曲折中发展，我国综合国力和国际地位持续上升，比以往更有条件为外贸发展营造良好的外部环境。二是我国与发达国家、发展中国家产业具有较强的互补性，世界市场对我国产品仍有巨大需求，随着供给侧结构性改革深入推进，我国产业创新升级步伐明显加快，为外贸发展和结构调整增添新动能。三是我国工业体系较为完整、行业配套能力强、基础设施完善、劳动力素质高，综合竞争优势依然明显，并在较长时期内继续保持。四是我国已培养出一大批有国际竞争力的行业、企业和有国际视野的企业家队伍，积累了开拓市场和国际化经营的宝贵经验，为我国外贸的持续发展奠定了宝贵基础。五是党中央国务院对外贸高度重视，出台多项政策措施，狠抓落实，推动外贸稳定发展、优化贸易结构、转变发展方式，创造了良好的政策环境，自贸区、“一带一路”等战略加快实施，为外贸发展注入强劲动力。总的来看，我国外贸发展的基本面没有根本改变，与发达国家、发展中国家的产业互补优势没有改变，外贸结构调整和动力转换加快的趋势没有改变。

面对新形势，外贸工作要坚决贯彻党中央国务院决策部署，坚持稳中求进的总基调，以深化供给侧改革为主线，坚持创新驱动，夯实持续发展基础，要摆脱“速度情结”、“数字情结”，千方百计稳增长，坚定不移调结构，把工作

着力点从短期的增长快慢转移到长期的结构调整上来，更加注重外贸增长的质量和效益，从外贸供给侧结构性改革发力，提高外贸持续发展新动能；更加注重营造法治化、国际化、便利化的营商环境，推进简政放权、创新政府监管模式，强化事中事后监管，加强外贸企业诚信体系建设；更加注重贸易与产业的结合，强化贸易政策和产业政策协调，推动加工贸易创新发展和转型升级；更加注重发挥双向投资对外贸的促进作用，培育以营商环境为核心的引资新优势，培育自主品牌和国际营销服务网络建设，培育跨国公司；更加注重深化合作共赢的国际经贸关系，积极推进全球治理体系改革，推动引领多边、区域、双边国际经贸规则制订，加快实施自贸区战略；更加注重积极主动应对贸易摩擦，创新思路、讲究策略，坚决维护正当权益，为我国外贸发展创造良好环境。

## 2016 年中国服务贸易政策和业务发展情况

商务部服务贸易和商贸服务业司

2016 年，面对全球经济复苏乏力，服务贸易国际竞争加剧的严峻形势，商务部深入贯彻党的十八届三中、四中、五中、六中全会和中央经济工作会议精神，积极践行五大发展理念，主动适应经济发展新常态，坚持稳中求进工作总基调，着力推进服务贸易供给侧结构性改革，服务贸易延续较好发展势头，实现了“十三五”良好开局。服务贸易正成为对外贸易发展和对外开放深化的新引擎。

**一、2016 年服务贸易发展情况**

（一）服务贸易发展保持良好势头

规模保持平稳增长。2016 年，我国服务贸易总额达到 43 726.6 亿元人民币（币种下同），同比增长 7.9%，增速高于全球服务贸易和货物贸易增速，规模继续保持世界第二位。其中，出口 13 853.3 亿元，同比增长 2.2%，进口 29 873.3 亿元，同比增长 10.7%。服务贸易占对外贸易比重继续攀升，达 15.1%，较 2015 年提高 1 个百分点。

出口结构进一步优化。运输、建筑等传统服务出口占比下降。新兴服务行业占总出口比重达 56.3%，比 2015 年提高 2.4 个百分点。以维护和维修服务、信息服务、广告服务、金融服务等为代表的高附加值服务出口快速增长，增幅分别达到 54%、49.8%、47.5%、45.1%。新兴服务出口的 70%通过服务外包实现。

集聚引领作用不断增强。2016 年，15 个服务贸易创新发展试点地区服务贸易增速普遍超过全国平均水平，全国占比超过一半；31 个服务外包示范城市承接离岸服务外包执行额 4 564 亿元，同比增长 15.9%，占全国的 93.4%。试点地区和示范城市建设调动了各地积极性，推动服务进出口实现快速增长。

国际市场更加多元。中国香港、美国、日本、欧盟等传统市场进一步巩固，其中与中国香港服务贸易额近 1 万亿元，与美国突破 6 600 亿元。新兴市场份额进一步提升，2016 年我国与“一带一路”沿线市场服务进出口 5 440 亿元，占比 12.4%。其中服务出口 1 909 亿元，同比增长 5.5%，占比达 13.8%，比 2015 年提高 3.3 个百分点；服务进口 3 531 亿元，同比增长 1.5%。

（二）重点领域发展成效显著

技术进出口向高技术含量、高附加值方向转变，结构进一步优化。全年技术进出口合同金额 3 605.6 亿元。其中，出口 1 562.1 亿元；技术引进 2 043.5 亿元，同比增长 9.2%。按国民经济行业分类统计，装备制造业技术出口合同金额 382.8 亿元，同比增长 7.4%；装备制造业技术进口合同金额 1 421.3 亿元，同比增长 16.5%。按进出口方式统计，2016 年技术咨询与技术服务出口合同金额 1 137.8 亿元，同比增长 12.2%，是我国技术出口的主要方式；以专有技术许可或转让方式实现的技术进口合同金额为 1 093.3 亿元，同比增长 11.5%，是我国技术引进的主要方式。

文化贸易和投资增长迅速，中华文化的国际影响力持续增强。全年文化产品进出口总额 5 886.6 亿元，其中出口 5 230.9 亿元，实现顺差 4 575.2 亿元；文化服务出口中的文化娱乐和广告服务出口额 361.1 亿元，同比增长 31.8%；文化体育和娱乐业对外直接投资 260.7 亿元，同比增长 188.3%。对外文化贸易结构呈现明显的优化调整趋势，文化内容、核心技术和标准出口比例大幅提高，文化贸易“走出去”的步伐不断加快，图书、影视剧、网络游戏等在国际市场销售良好。

服务外包快速发展，成为新兴服务出口的重要推动力。全年新签服务外包合同额达 10 213 亿元，首次突破 1 万亿元，增长 20.1%；执行额 7 385 亿元，增长 17.6%。其中，离岸服务外包合同额 6 608 亿元，执行额 4 885 亿元，同比分别增长 16.6%和 16.4%，离岸服务外包规模稳居世界第二。技术密集型业务占比提高，全年承接离岸信息技术外包（ITO）、业务流程外包（BPO）和知识流程外包（KPO）执行额分别为 2 293 亿元、809 亿元和 1 783 亿元，占比分别为 46.9%、16.6%和 36.5%，同比增长 11.4%、35.9%和 15.5%，占电信、计算机和信息服务，专业管理和咨询服务等新兴服务出口的 70%。

**二、2016 年开展的主要工作及成效**

（一）全面深化改革，推动服务贸易发展迈出新步伐

服务贸易创新发展试点全面启动并深入推进。2016 年 2

月，国务院批复同意在天津等 15 个省市（区域）开展服务贸易创新发展试点。各试点地区和商务部等有关部门认真组织推进试点，在管理体制、促进机制、政策体系和监管模式方面先行先试，努力形成可复制可推广的经验，着力构建法治化、国际化、便利化的营商环境，打造服务贸易制度高地。

服务外包示范城市有序扩围。经国务院批准，将沈阳等 10 个城市确定为中国服务外包示范城市，享受现有的服务外包示范城市的财税支持政策，示范城市数量从 21 个增加到 31 个。

（二）出台鼓励政策，激发服务贸易增长新动力

贯彻落实《国务院关于加快发展服务贸易的若干意见》（国发〔2015〕8 号），发布《服务贸易发展“十三五”规划》、《服务出口重点领域指导目录》，协调出台财政、税收、金融、基金、便利化等五个方面的政策。在 15 个服务贸易创新发展试点地区推广技术先进型服务企业所得税优惠政策；启动服务贸易创新发展引导基金设立程序；在 15 个试点地区和新增的 10 个服务外包示范城市推行国际服务外包进口货物保税监管便利化政策。

（三）重点领域发力，培育服务贸易发展新优势

健全技术贸易促进体系。修订《禁止进口限制进口技术目录》和《禁止出口限制出口技术目录》。指导地方落实技术出口贴息政策，升级改造技术贸易管理信息系统。举办第四届中国（上海）国际技术进出口交易会，大力发展技术贸易。

加快发展文化贸易。发布 2015—2016 年度国家文化出口重点企业和重点项目目录。编制《对外文化贸易和投资合作重点国别（地区）指南》，实施开拓海外文化市场行动计划，利用中央文化产业发展专项资金对符合条件的国家文化出口重点企业提供资金扶持，积极扩大文化出口。

大力推进服务外包发展。协调出台财政支持、税收优惠、人才培养、贸易便利化等方面支持政策。发布《中国国际服务外包产业发展“十三五”规划》，编制印发《服务外包产业重点发展领域指导目录》，为各地、各部门开展服务外包工作、制订政策提供依据。

完善中医药服务贸易促进体系。研究起草《关于加快发展中医药服务贸易的意见》，发挥国务院中医药工作部际联席会议机制作用，完善中医药服务贸易促进政策。研究构建中医药服务贸易国际标准体系，研究建立中医药服务贸易统计监测体系。利用各种平台多方宣传和推广中医药文化。

（四）深化国际合作，拓展服务贸易国际市场新空间

继续加强与美国、新加坡、印度、英国、爱尔兰等国家的服务贸易交流与合作。签署《中国—巴西服务贸易合作谅解备忘录》。截至目前，我国与 200 多个国家和地区建立了服务贸易往来，与芬兰、德国、澳大利亚、英国、爱尔兰、印度、新加坡、巴西等 8 个国家建立了服务贸易合作促进机制。

（五）统计平台建设加快推进，行业监测与监管实现新功能

建设“服务贸易统计监测管理信息系统”，修订《国际服务贸易统计监测制度》，加快促进服务贸易各业务板块融合，推动逐步实现统计监测分析、政策支持保障、事中事后监管、信用综合评价、公共服务提供等功能。

# 2016 年中国吸收外商直接投资概况和 2017 年前景展望

商务部外国投资管理司司长　唐文弘

## 一、2016 年中国吸收外商直接投资概况

2016 年，在中国政府的大力推动下，外资管理体制实现重大变革，自贸试验区建设全面推进，对外开放领域不断扩大，外商投资环境持续改善，利用外资质量和水平进一步提升。

（一）吸收外资规模保持平稳增长

2016 年，全国新设立外商投资企业 27 900 家，同比增长 5%；实际吸收外资 8 132.2 亿元（人民币下同，折 1 260 亿美元，未含银行、证券、保险领域数据，下同），同比增长 4.1%。截至 2016 年 12 月底，全国累计设立外商投资企业 86.4 万家，实际使用外资金额 1.7 万亿美元（不含银行、证券、保险领域数据，下同）。

按实际投入外资金额顺序，2016 年非金融领域对华投资前十位的国家（地区）依次为：香港、新加坡、韩国、美国、台湾省、澳门、日本、德国、英国和卢森堡，前十位国家（地区）实际投入外资金额占全国实际使用外资金额的 94%〔上述国家（地区）对华投资数据包括这些国家（地区）通过英属维尔京群岛、开曼群岛、萨摩亚、毛里求斯和巴巴多斯等自由港对华投资〕。

2016 年，我国东部地区实际使用外资金额 7 047 亿元，同比增长 4.1%；中部地区实际使用外资金额 458.3 亿元，同比下降 28.9%；西部地区实际使用外资金额 627 亿元，同比增长 1.6%。2016 年，东、中、西部地区占全国吸收外资总量的比重分别为 86.7%、5.6% 和 7.7%。

（二）外资质量持续提升

外资产业结构进一步优化。服务业实际使用外资 5 715.8 亿元，比上年增长 8.3%，在全国总量中的比重攀升至 70.3%。农、林、牧、渔业实际使用外资 107.1 亿元，

比上年增长56%，在全国总量中的比重为1.3%。制造业实际使用外资2 303亿元，比上年下降6.1%，在全国总量中的比重为28.3%。其中，高技术制造业继续增长，实际使用外资598.1亿元，比上年增长2.5%，占制造业实际使用外资总量的26%。

外资并购交易日趋活跃。2016年，以并购方式设立外商投资企业1 099家，实际使用外资金额1 302亿元，同比下降25%和增长14.5%。并购在实际使用外资中所占比重由2015年的14.1%上升到2016年的16%。

（三）各项改革开放措施有序推进

自贸试验区制度创新，外资集聚效应显现。2016年，上海、广东、天津、福建自贸试验区内设立外商投资企业8 400家，同比增长18.7%，实际使用外资879.5亿元，同比增长80.9%。自贸试验区以十万分之五的国土面积吸引了全国十分之一的外资。2016年8月，党中央、国务院决定，在辽宁、浙江、河南、湖北、重庆、四川、陕西等省市新设立7个自贸试验区，区域布局更趋完善。

外资管理体制改革实现重大突破。十二届全国人大常委会审议修订了《外资企业法》等四部法律，自2016年10月起，将不涉及国家规定实施准入特别管理措施的外商投资企业设立及变更事项，由审批改为备案管理。在全国范围内复制推广负面清单管理模式，改变了实行30多年的“逐案审批”制，投资便利化程度明显提高。自备案制实施以来，通过备案设立的外商投资企业占比达95%，办理时限由20多个工作日缩减到3个工作日以内。

扩大开放工作稳步推进。修订《外商投资产业指导目录》和《中西部地区外商投资优势产业目录》，进一步放宽行业准入限制，扩大中西部地区鼓励外商投资范围。内地与港澳基本实现服务贸易自由化。北京市服务业扩大开放综合试点纵深推进，形成了40项重大开放创新措施。

（四）外资企业积极作用不断增强

2016年，外资企业固定资产投资增长15.6%，高于全国平均增速7.5个百分点，规模以上外商投资工业企业利润占比达到25.2%。外资企业数量不到全国各类企业总数的3%，创造了我国近一半的对外贸易和1/5的税收收入，为国民经济稳增长、调结构、促改革、惠民生、防风险作出了积极贡献。

**二、2017年工作前景展望**

从国际看，世界经济形势依然严峻复杂，增长缓慢需求不振，全球生产布局和国际分工体系进入深度调整期，贸易保护主义抬头等，将增加国际贸易投资政策的不确定性和不稳定性。从国内看，中国国内政治稳定，经济发展步入中高速新常态，推动经济增长的新动能和竞争优势正在培育和巩固，有利于外商投资的综合环境有待进一步优化。预计2017年我国吸收外资规模保持稳定。

2017年，中国政府将继续采取措施，构建外资新体制，打造开放新格局，高水平高标准建设11个自由贸易试验区，营造优良营商环境，努力提高吸收外资质量和水平。

一是进一步推动各领域开放。继续放宽外资准入限制，鼓励外资更多投向先进制造、高新技术、节能环保和现代服务业领域，提升技术引进水平，促进引资与引智引技结合。二是完善对外开放区域布局。落实《中西部地区外商投资优势产业目录》政策，促进中西部地区对外开放，支持中西部地区承接产业转移，发展外向型产业集群。积极推动提升边境经济合作区等开放平台发展水平，加快沿边地区开发开放。促进国家级经济技术开发区转型升级创新发展。三是完善法治化、国际化、便利化的营商环境。贯彻落实好《国务院关于扩大对外开放积极利用外资若干措施的通知》（国发〔2017〕5号）。加快《外国投资法》立法进程，建设稳定透明的法律政策环境，增强投资者预期。加大知识产权保护力度，促进公平竞争，做好外资项目落地后的“安商”工作，营造“亲商、扶商”社会氛围，完善外商投诉处理服务体系，积极协助解决各类问题，维护各类投资者合法权益。

## 高举互利共赢旗帜　积极履行国际义务

商务部对外援助司司长　王胜文

2016年，商务部全面贯彻党的十八大和十八届三中、四中、五中、六中全会精神，认真学习贯彻习近平总书记系列讲话精神，按照党中央、国务院的统一部署，深入做好对外援助各项工作。中国对外援助继续高举和平、发展、合作、共赢的旗帜，践行正确义利观，积极履行国际责任和义务，帮助受援国提升自主发展能力，落实联合国2030年可持续发展议程，持续深化我国同广大发展中国家的友好关系和全面合作，推动构建以合作共赢为核心的新型国际关系。全年中国政府援助实施各类工程及物资项目近250个，培训各类人才2.9万名，派出管理技术人员、医疗队员和志愿者等各类援外专家约5 000人次，惠及156个国家和地区及国际组织。

重大援助举措彰显中国担当。习近平总书记等党和国家领导人出席上合组织塔什干峰会、澜—湄合作首次领导人会议、蒙古亚欧峰会、G20杭州峰会、东亚合作领导人系列会议、联大一般性辩论、第71届联大难移民问题高级别会议和难民问题领导人峰会、中葡论坛等一系列重大国际场合相继宣布务实援助举措，在粮食安全、气候变化、疫病防控、安全合作、难移民等全球热点问题上贡献中国智慧、提出中国方案，努力为促进各国共同发展作出更大贡献。

民生援助让受援国切实受益。全面落实2015年习近平主席在联合国发展峰会、中非合作论坛约翰内斯堡峰会等国际场合宣布的设立南南合作援助基金、开展“6个100”项目、实施“中非减贫惠民合作计划”等重大援助举措，扎实开展减贫脱困、农业、教育、卫生、环保等领域民生援助工作，向受援国人民送去“中国温暖”。为加纳、塞内加尔、津巴布韦等国援建医院、学校，实施打井供水项目，有效改善当地百姓尤其是妇女儿童的生活条件。实施东亚乡村减贫合作示范项目，帮助老挝、柬埔寨、缅甸三国建设村级减贫合作示范点，援建防洪工程等基础设施、提供农机具和粮种、培训当地农民和技术人员，受到当地居民热烈欢迎。2016年1月，习近平主席访问阿盟总部期间，宣布将向叙利亚等国家提供人道主义援助，商务部迅速落实，安排向有关国家提供电力设备、医疗用品等援助物资，助力缓解人道主义危机，得到国际社会高度评价。2016年9月，李克强总理出席联合国第71届联大系列活动期间，正式宣布启动南南合作援助基金，专项用于减贫、农业合作、生态保护和应对气候变化等领域民生援助工作。

紧急人道主义援助体现中国道义。全年累计向斐济、苏里南、厄瓜多尔、斯里兰卡等近30个国家和国际组织提供了50余批次紧急人道主义援助，赢得了国际社会的高度赞誉。2016年4月，商务部会同有关部门正式启动对外人道主义紧急援助部际工作机制，有效提高国际救援快速反应能力。4月16日，厄瓜多尔发生7.8级强震，造成重大人员伤亡和财产损失，习近平主席第一时间向厄总统科雷亚致电，表示诚挚慰问。商务部按照党中央、国务院部署，会同有关部门立即安排向厄提供紧急人道主义援助，援助物资由5架包机跨越万里运往灾区，中国是此次救援中反应最快、行动最迅速、救援规模最大的国家。

援外培训提升受援国自主发展能力。2016年4月，“南南合作与发展学院”在北京大学挂牌成立，旨在交流分享中国及其他广大发展中国家的治国理政成功经验，培养政府管理高端人才。9月，南南合作与发展学院招收第一批来自埃塞俄比亚、柬埔寨、牙买加等27个国家共49名博士硕士学员。加大“走出去”培训力度，举办15期海外培训班，培训人数近千人，提升了受援国当地民众尤其是青年和妇女的职业技术技能。

以积极开放的姿态开展国际交流合作。2016年4月，商务部成功举办首次副部级中美发展合作年度会议。2016年9月，G20杭州峰会中美元首会晤期间，中美双方达成一系列发展合作共识，并写入了有关成果文件。与瑞士发展合作署联合完成援老挝农业示范中心项目后评估，并就援外项目评估工作进行深入交流。积极配合参与亚洲太平洋经济合作组织、二十国集团、经济合作与发展组织发展援助委员会、世界贸易组织对华审议等多边和区域性发展机制，以及英国、德国、法国、欧盟、丹麦等双边对话机制。

依法行政深化援外管理体制改革。商务部全面深化援外项目管理体制改革，2016年1月8日起，全面启动运行项目管理新制度体系。完善援外项目立项工作程序，依法实施企业资格认定，推行“项目管理+工程总承包”管理模式，推广“受援方自建”、“建营一体化”方式，落实企业主体责任，加强项目监管和评估。自新制度运行以来，制度体系更加完备，执行效率进一步提高，企业主体责任得到落实，受援国政府参与积极性进一步提升，项目可持续发展能力持续增强。

2017年是实施“十三五”规划的重要一年，是供给侧结构改革的深化之年。商务部将按照党中央、国务院部署，落实中央经济工作会议确定的各项任务，主动适应国内经济发展新常态和复杂多变的国际形势，坚持中国特色对外援助的道路和理念，以新发展理念为指导，坚持深化改革创新，全面加强管理，提升援外质量效益，以优异成绩迎接党的十九大胜利召开。

## 2016年中国对外投资合作发展情况及相关政策措施

商务部对外投资和经济合作司司长 周柳军

2016年，商务部以“一带一路”建设为引领，以提高发展质量和效益为核心，不断创新并完善“走出去”监督管理体系、政策支持体系和服务保障体系，坚持推进对外投资合作便利化和有效防范风险相结合，稳步推进国际产能合作，引导对外投资合作平稳健康、规范有序发展。对外直接投资在快速增长的同时，实体经济和新兴产业对外投资明显增多，境外经贸合作区建设、对外承包工程、基础设施合作等取得新的进展，对促进国内产业转型升级、深化多双边经贸合作、培育企业竞争优势、提升对外开放水平发挥了重要作用。

**一、2016年对外投资合作发展的基本情况和主要特点**

2016年，对外投资合作继续保持快速发展势头，“一带一路”建设、国际产能合作境外重大项目合作取得积极成效，“走出去”呈现国别产业多元化、合作方式多样化、产业链分布高端化、资源配置全球化的显著特点。

（一）对外直接投资快速增长，产业国别布局更趋理性

2016年，非金融类对外直接投资1 701.1亿美元，同比增长44.1%，其中制造业对外投资同比增长116.7%，占比升至18.3%，对外投资服务国内实体经济的作用更加突出。截至2016年底，2万余家境内企业在境外设立投资企业3万余家，对外直接投资存量超过1.3万亿美元，境外资产总额近5万亿美元，我国作为全球对外投资大国的地位进一步确立。2016年，并购类对外直接投资802亿美元，占比47.1%，主要集中在互联网、软件和信息技术、加工制造、电力、资源开发等领域。我对“一带一路”沿线国家直接投资145.3亿美元，占同期我对外投资总额的近10%。地方及民营企业活力不断提高，对外直接投资1 487.2亿美元，是上年同期的1.9倍，占比达87.4%。

（二）境外经贸合作区建设加快推进，投资聚集效应进一步显现

截至2016年底，我国企业在36个国家在建初具规模的合作区77个，累计投资241.9亿美元，入区企业1 522家，总产值702.8亿美元，上缴东道国税费26.7亿美元，为当地创造21.2万个就业岗位。其中，在20个“一带一路”沿线国家建设的56家合作区累计投资185.5亿美元，入区企业1 082家，总产值506.9亿美元，上缴东道国税费10.7亿美元，为当地创造17.7万个就业岗位。合作区日益成为优势产业国际合作的重要载体。

（三）对外承包工程取得新进展，转型升级加快推进

2016年，对外承包工程新签合同额2 440.1亿美元，同比增长16.2%，其中石化、水利、电力领域新签合同额同比分别增长77.1%、72.6%、17.3%；完成营业额1 594.2亿美元，同比增长3.5%。对外承包工程新签合同额上亿美元的大项目共482个，较上年同期增加48个。2016年，我对“一带一路”沿线国家承包工程新签合同额1 260.3亿美元，占同期总额的半数以上，同比增长36%。铁路、电力、通讯等领域“走出去”取得积极进展，周边基础设施互联互通建设稳步推进，一批重大项目顺利推进，有力带动我国装备、技术、标准和服务“走出去”。有关企业积极实施“建营一体化”工程，对外承包工程积极向设计、融资、运营、维护、管理等领域拓展。

（四）对外劳务合作稳步发展，主要市场相对集中

2016年，对外劳务合作共派出各类劳务人员49.4万人，较上年减少3.6万人；年末在外各类劳务人员96.9万人，较上年减少5.8万人。派出劳务人员主要分布在澳门、香港、新加坡、日本、阿尔及利亚、沙特阿拉伯等国家（地区）。

**二、当前对外投资合作发展面临的总体形势和机遇挑战**

当前，“走出去”正处于快速增长、提质增效的转型升级阶段，总的来看，我国企业“走出去”发展机遇和挑战并存。机遇方面，主要是国际贸易和跨国投资有所增长，境外基础设施和制造业投资需求不断增大，“一带一路”关于设施联通、贸易畅通的倡议得到广泛支持，企业实力和“走出去”动力不断加强。挑战方面，主要是我国“走出去”企业在资源整合、项目运营、风险防范等方面的能力和水平有待提升，“走出去”促进、服务、监管和保障力度还需进一步加强，“走出去”外部障碍和安全风险仍然较多。

**三、2016年商务部在对外投资合作领域开展的主要工作和制订出台的相关措施**

2016年，商务部以“一带一路”建设为引领，加快实施“走出去”战略，重点加强规划引导、制度建设、服务保障等措施，主要开展了以下工作：

一是加强规划引导和机制建设。商务部会同有关部门牵头编制推进国际产能合作的指导性文件，积极推进国际产能合作。积极与有关部门建立并完善推进“一带一路”建设和国际产能合作工作机制，进一步加强对企业对外投资的引导。

二是深入推进管理制度改革。研究起草境外投资方面的法规草案，重点研究加强对外投资的促进、服务、监管和保障。持续推进对外投资便利化，完善“备案为主、核准为辅”的管理模式。配合国务院法制办修订《对外承包工程管理条例》，取消对外承包工程资格审批，进一步提升对外承包工程项目投（议）标核准便利化水平。加强对外投资合作事中事后监管，规范企业境外经营行为，引导企业依法合规经营。完善对外投资合作相关统计制度，发布年度对外直接投资统计公报，印发对外承包工程、对外劳务合作业务统计年报。

三是大力实施重大工程。聚焦国际产能合作，着力做好“三个重点专项工程”。第一个重点专项工程是中非工业化伙伴行动计划：以推动非洲工业化进程为切入点，支持企业积极参与非洲高速公路、铁路、港口、机场、物流枢纽中心等基础设施的规划、投资和建设。第二个重点专项工程是境外建营一体化工程：引导企业在海外积极开展投资、建设和运营相结合的建营一体化项目，促进我国装备、技术、服务和标准一体化“走出去”。第三个重点专项工程是境外经贸合作区创新工程：引导企业因地制宜建设境外经贸合作区，突出集聚效应，加快建成一批境外产能合作示范基地。

四是稳步推进重点项目。不断加强协调和支持力度，推动国际产能合作和周边基础设施互联互通建设部分重大项目取得早期收获，如塞尔维亚斯梅代雷沃钢厂、希腊比雷埃夫斯港等境外资产项目已完成收购，印尼雅万高铁、斯里兰卡科伦坡港口城等项目开始施工，土耳其东西高铁、阿尔及利亚中心港等项目积极推进，中白工业园、埃及苏伊士经贸合作区等合作区建设和招商工作顺利开展。

五是不断完善服务保障措施。发布《中国对外投资合作发展报告》，更新《对外投资合作国别（地区）指南》，利用“走出去”公共服务平台为公众用户提供“走出去”公共信息一站式服务。加强双边机制建设，与有关国家签署政府间各类投资合作协议和双边经贸合作规划。利用中国国际投资贸易洽谈会、中国—东盟博览会、中国—东北亚博览会、中葡论坛等平台引导企业开展国际产能合作。加强境外安全风险防控，及时发布境外安全风险预警和提示，协调处置境外涉我突发性事件，维护我海外人员和企业合法权益。

# 2016年中国贸易救济工作综述

商务部贸易救济调查局局长 王贺军

2016年，全球经济增长乏力，贸易保护主义抬头，贸易救济调查及其他各类贸易限制措施高发。在商务部部党组的坚强领导下，在中央各部门、驻外经商机构、地方政府和商务部门、商协会的大力支持下，贸易救济调查局贯彻落实党的十八届三中、四中、五中、六中全会精神，围绕中央经济工作会议部署和商务中心工作安排，妥善化解贸易摩擦、服务外贸回稳向好，依法开展贸易救济调查、助力产业结构调整和转型升级，各项工作稳步推进。

**一、应对贸易摩擦，维护良好的出口环境**

2016年，我国面临的贸易摩擦形势严峻复杂。联合国贸发组织、世贸组织、经合组织联合发布的《G20贸易与投资监督报告》称，全球有三分之一的调查直接针对中国。2016年，我国共遭遇新增贸易救济调查119起，涉案金额143亿美元，同比分别上升37%和76%；钢铁、光伏等产品遭遇多国连锁设限，知识产权纠纷数量激增，贸易摩擦从产品、行业层面上升至规则和体制层面。在此形势下，贸易救济调查局本着“统筹协调、积极应对、多管齐下、分国施策”的原则，重视形势研判、强化个案应对、主动对外交涉，在30余起案件中成功获得无损害或无措施结果，为国内企业保住了约34亿美元的出口，减缓了贸易摩擦对我国对外贸易、企业经营和经济运行造成的冲击和影响，重点开展了以下工作：

（一）全力应对钢铁、铝业贸易摩擦。2016年以来，国际社会对我钢铁产品出口问题的关注持续升温，有关国家对我产品相继采取贸易救济措施且呈扩大态势，西方部分国家和业界要求解决我钢铁、铝等行业产能过剩问题的呼声甚嚣尘上。在我钢铁产业结构调整、化解过剩产能工作开展过程中，面对全年16个国家和地区对我发起的41起钢铁贸易摩擦案件，贸易救济调查局全力应对钢铁个案，力保出口市场。美对华碳钢与合金钢产品337调查案取得阶段性应对成果，美初裁终止有关反垄断和商业秘密指控的调查，初步认定虚构原产地指控缺乏依据；成功应对新西兰螺纹钢和卷板双反案、韩国H型钢案、土耳其无缝钢管反补贴案、哥伦比亚盘条案等18起案件，为我企业缓解国内市场压力、争取时间和空间进行供给侧结构性改革发挥了积极作用。此外，贸易救济调查局制定《钢铁贸易摩擦应对工作方案》、拟定全面对外表态口径，积极参与了围绕产能过剩问题的对外斗争。

在应对美国铝业332调查中，我局有针对性地做国际铝协和俄、欧、美等铝协工作，分化美国“朋友圈”；深度调研全球铝业和贸易发展现状，以专业数据说话，全面反驳美西方不实指责，初步扭转了舆论一边倒的不利局面。彭博、路透、华尔街日报等多家主流媒体不同程度接受了中方的观点，指出美铝业应多从自身寻找经营困难的原因，而不是无端指责中国。

（二）力保重点产品出口市场，成功阻断国际对我优势产业连锁设限。光伏产业代表未来能源行业的发展方向，是美西方遏制我发展的重点领域，我已与其持续较量数年。2016年以来，商务部部领导统筹部署，政府、行业、企业协同应对，迫使澳大利亚调查机关四次推迟立案，两次重新调查，最终无措施结案，保住了我约4亿美元的出口。对欧盟，我局组织行业从其成员国内部做工作，推动欧洲议会议员、英国、荷兰政要和28个欧洲光伏工业组织致函欧委会反对继续对我光伏产品设限，挫败了欧洲企业抬高中欧光伏价格承诺基准价格的企图，我光伏产业保持了42%的欧盟市场份额。在缜密设计谈判方案基础上，与美贸易代表办公室进行了14轮磋商，始终把握谈判主动，使我光伏企业税率一再降低，我光伏产业保持了50%的美国市场份额。

（三）加大对歧视性条款和做法的斗争力度，遏制其扩散和延续。规则层面，密切跟踪美、欧等主要国家就我入世议定书15条到期问题的最新动向，打好抗辩基础。个案层面，每案必争，以政府身份应诉全部16个对华反补贴案件，有效限制了调查机关自由裁量权的滥用。研究层面，分析国外对我歧视性条款和做法的合规性，加大对国外相关政策和制度的研究，打好理论基础。

（四）积极探索和创新应对模式，争取更好的应对效果。在各国调查更趋保护主义、做法日益极端、我抗辩难度增大的背景下，我局结合具体案情，积极探索有效应对模式：强化舆论引导，全年共发表局负责人谈话近40次，第一时间就重点案件、重要事件发声，并就钢铁贸易摩擦等问题接受主流媒体采访，充分利用媒体力量配合应对工作。前移应对关口，促成草甘膦行业在案件预警阶段即采取自律措施规范出口秩序，不仅打消了美方立案申请意图，产品价格还提升了47%。挖掘各利益一致方潜力，联合越南、欧盟、美国，在多边场合对土耳其政府施压，迫使土终止对我最大单项出口产品手机的保障措施调查，保住了我7.1亿美元的出口。利用调查国国内制衡机制，指导中国企业对欧盟光伏玻璃等3起案件提起司法诉讼，挑战欧委会损害威胁、企业市场经济待遇、反倾销计算价格可比性等认定或做法并连续取得胜诉。创新价格承诺监管方式，在墨西哥对华瓷砖反倾销案中，开创了通过原产地证监管价格承诺实施的机制，促成该案和解，并为今后其他案件的处理提供了借鉴。

**二、依法开展贸易救济调查，助力国内改革和产业发展**

围绕中央产业转型升级和创新发展的总体部署，贸易救济调查局紧密跟踪基础性产业和战略性新兴产业、兼顾传统产业，有重点地采取贸易救济措施。全年共对外发起贸易救济调查5起，复审调查12起，作出原审裁决4起，复审裁决12起，涉及进口金额合计108亿美元。

（一）维护农业等基础产业安全。首次对大宗农产品——食糖启动保障措施调查，维护了国内产业和4 000万糖农利益，助力民族、边疆地区脱贫攻坚；对美干玉米酒糟采取临时“双反”措施后，该产品进口量下降48.9%，国内市场价格上涨50%，配合了国家玉米收储制度改革，国内玉米高库存问题得到有效缓解；与农业部建立联合工作机制，加强农产品进口和产业损害预警监测。

（二）发挥贸易救济调查动态保护作用，有效抵御跨国公司对我战略性新兴产业的刻意打压。非晶铁基合金带材是我国具有自主知识产权的高科技环保节能材料。对该产品立案调查后，产业实现扭亏为盈，向高技术、高附加值转型初见成效。腈纶反倾销措施使位于东北老工业基地的行业龙头企业获得重要机遇，加速新产品和高端产品的市场推广，实现研发和生产的良性循环，配合了东北振兴工作。

**三、积极参与多双边谈判和交流，拓展话语权和影响力**

积极参加世贸组织相关会议、首尔贸易救济国际论坛，借多边场合阐明立场、澄清规则，维护我规则利益，树立我尊重规则、负责任大国形象。发挥双边贸易救济合作机制的平台作用，与美、欧、墨、韩等11个国家和地区召开贸易救济机制会议，达成管控贸易摩擦的共识，为案件应对创造良好氛围。稳步推进RCEP、中日韩等7个自贸区谈判中贸易救济章节的谈判工作。

**四、完善机制体制建设，丰富“四体联动”工作内涵**

召开全国贸易救济工作会议、产业发展座谈会，强化“四体联动”工作机制，提升各部门协同应对能力。初步搭建贸易救济预警骨干系统，形成由18个行业协会和12个重点省市参加、外加农业预警合作机制的工作体系。加强信息交流，借助外网子站和贸易救济信息网，加快调查立案、相关进展及摩擦应对成功经验等信息的共享，为各方有针对性地及时开展工作提供信息支撑。提供培训服务，重点在农业、高技术等产业集中省份加大宣传培训力度，提高国内产业利用贸易救济措施维护自身利益的意识和能力，全年举办涉及贸易摩擦应对、贸易救济调查与维护产业安全、贸易壁垒与337调查等主题的境内外培训6期，参训人员500余人。

**五、苦练内功、严明纪律，强化队伍建设**

扎实开展“两学一做”学习教育，认真学习贯彻十八届六中全会精神，切实提高干部政治理论水平和履职能力，推动贸易救济工作创新发展，《国际商报》专门报道了贸易救济调查局学习教育开展情况。鼓励岗位建功，打造政治坚定、业务精良、敢于担当、清正廉洁的干部队伍，局党总支和团支部分别荣获商务部先进基层党组织和商务部红旗团支部称号。加强能力建设，积极开展局内业务学习、基础理论研究和境内外培训。

2017年是实施“十三五”规划的重要一年，是推进供给侧结构性改革的深化之年，贸易救济工作形势严峻、任务艰巨。贸易救济调查局将以习总书记系列重要讲话精神为指导，坚持稳中求进的总基调，围绕商务工作稳增长、调结构、惠民生、防风险的总体目标，坚定信心、主动谋划、积极作为、攻坚克难，以优异的工作成绩向党的十九大献礼！

## 加快实施自贸区战略　积极参与全球经济治理

商务部国际经贸关系司司长　张少刚

2016年，我们按照党中央、国务院及部党组的要求和部署，加快实施自贸区战略，全力办好G20会议，积极参与区域次区域合作，加强与联合国合作，服务改革开放大局，取得明显工作成效。主要情况如下：

**一、构筑高标准自贸区网络，推动高水平对外开放**

我们加快与有关国家和地区的自贸区建设，推进8个自贸区谈判或研究（RCEP、中日韩、海合会、斯里兰卡、马尔代夫、巴基斯坦第二阶段、新加坡升级、斐济可研），启动10个自贸区谈判或研究（以色列谈判，智利、新西兰升级，加拿大、尼泊尔、孟加拉国、巴布亚新几内亚、摩尔多瓦、毛里求斯可研，秘鲁升级研究），完成2个谈判（亚太贸易协定第四轮关税减让谈判、格鲁吉亚自贸区谈判），生效1个协定（中国—东盟升级议定书），形成自贸区全面铺开大发展的良好态势。

（一）周边自贸区建设推向战略纵深

《区域全面经济伙伴关系协定》（RCEP）谈判进入关键阶段，通过2次部长级会议、5轮谈判，推动各方就货物、服务、投资准入和其他规则进一步缩小分歧，为加快完成谈判奠定良好基础；中日韩自贸区谈判就协定领域范围达成一致，货物、服务、投资等谈判均取得进展；中韩自贸协定加快实施，中国—东盟自贸区升级议定书正式生效。

（二）“一带一路”自贸区建设形成势头

2016年1月习近平主席访问沙特阿拉伯为中国—海合会自贸区谈判注入了强大政治动力，双方宣布重启中断7年之久的自贸区谈判并原则上实质性结束货物贸易谈判；2016 年 10 月，与格鲁吉亚实质性结束自贸区谈判，这是与欧亚地区国家商签的第一个自贸协定；启动与以色列自贸区谈判，恢复与斯里兰卡自贸区谈判，积极推进中国—马尔代夫、中国—巴基斯坦自贸区第二阶段等谈判；启动与尼泊尔、孟加拉国、摩尔多瓦、毛里求斯的自贸区联合可行性研究。

（三）自贸区全球布局升级优化

推进与加拿大的自贸区进程，在李克强总理 9 月访加拿大期间启动自贸区联合可行性研究暨探索性讨论；启动与智利、新西兰双边自贸区升级谈判；启动与巴布亚新几内亚自贸区联合可行性研究；启动与秘鲁自贸协定升级联合研究。

（四）自贸区配套工作进一步开展

办好“自贸区战略省部级研讨班”，省部级领导、地方商务部门负责同志等 100 余名代表参加，汪洋副总理出席研讨班座谈会并作重要讲话，加强了各系统、各省市对加快实施自贸区战略的认识。积极推进跨境服务负面清单制订工作。做好已建成自贸区实施、宣传推广工作和自贸区网站建设，会同贸研院、贸发局等单位加强自贸区优惠政策宣介工作。

**二、全面深入参与全球、区域次区域经贸合作，显著提升国际话语权**

（一）成功举办 G20 杭州峰会，全球经济治理留下中国印记

杭州峰会取得重要经贸成果，创建了 G20 贸易投资合作的常设机制，批准了国际上首份投资政策多边纲领性文件《G20 全球投资指导原则》，通过了《G20 全球贸易增长战略》；批准了《G20 落实 2030 年可持续发展议程行动计划》和《G20 支持非洲和最不发达国家工业化倡议》，帮助发展中国家和中小企业融入全球价值链。这些成果巩固了 G20 作为全球经济治理主要平台的地位，有力推动 G20 从危机应对向长效治理机制转变，为全球经济包容和可持续发展注入新动力。在峰会之前，我部于 7 月在上海主持召开 G20 贸易部长会议，为杭州峰会取得上述经贸成果做好了充分准备。

同时，为落实好杭州峰会共识，积极引导全球钢铁论坛的筹建，我们在成功举办 11 月 15 日北京筹备会议的基础上，着力为论坛运行建章立制，推动各方在德国柏林论坛第一次会议上就一份确保 G20 主导地位、符合杭州峰会授权的论坛工作职责达成一致，为论坛合作开好了头，也为今后论坛工作奠定了较好基础。

（二）全面推进金砖国家经贸合作，为 2017 年主办会议打好基础

推动金砖国家第六次贸易部长会议批准了《服务贸易合作框架》、《中小企业合作框架》、《“单一窗口”合作框架》、《标准化合作框架》等成果文件，决定全面推进电子商务、知识产权、贸易促进等新领域合作，为习主席成功出席金砖国家领导人会晤做好经贸方面准备，并为我 2017 年办会形成了重要的先导性成果。

（三）积极推进 APEC 合作，开创亚太区域经济一体化新阶段

通过贸易部长会议、部长级会议的全面准备，APEC 利马领导人会议批准亚太自贸区（FTAAP）集体战略研究报告，并发表《亚太自贸区利马宣言》，完成实质性推动实现亚太自贸区的第一步。作为《北京路线图》的重要延续，各方将在利马宣言指导下，就关税、非关税、服务、投资、原产地、下一代贸易投资议题等领域制订多年期工作规划。同时，以亚太示范电子口岸、绿色供应链网络建设等中方倡议为抓手，制订《亚太供应链互联互通第二期行动计划》，推动亚太贸易互联互通达到新高度。加快贸易增加值统计数据库建设，促进发展中成员参与全球价值链，形成以全球价值链推动 APEC 贸易投资合作的良好局面。

（四）务实推进区域次区域合作，打造周边国家命运共同体

成功推动重启亚欧经济部长会议，促进亚欧成员在贸易便利化、数字互联互通、跨境电子商务等领域开展新合作。稳步推进大图们倡议向独立国际组织法律过渡，引领东北亚贸易投资合作方向，推动贸易便利化、电子商务、投资促进、基础设施投资等领域务实合作。积极参与第八届大湄公河（GMS）经济走廊论坛，推进贸易投资便利化，加强跨境基础设施和电子商务合作，打造跨境产业链和边境经济带。推动中亚区域经济合作，更好地服务“一带一路”倡议和沿边地区对外开发开放战略的实施。

**三、加强与联合国合作，深化多双边发展合作**

（一）建设性参与联合国重大经贸活动

全力配合李克强总理出席第 71 届联合国大会，提出一系列新的务实举措。积极参与人道主义峰会、第 5 届联合国发展合作论坛、联合国贸发会议第 14 届大会、世界出口发展论坛等重要国际会议，阐述我立场主张，维护我在国际事务上的利益和话语权。

（二）继续加强多双边发展合作

积极协调联合国儿童基金会、人口基金和开发计划署在新周期国别合作方案框架下开展合作项目，并与相关机构试点开展三方合作。联合国驻华系统先后在江西赣州、青海海东执行综合扶贫和能力建设项目，帮助当地政府探索精准扶贫的新思路。探索新型双边合作模式，与德国经合部签署《关于成立中德可持续发展中心的谅解备忘录》，与英国国际发展部启动“可持续矿业行动计划”项目，继续开展中日人才培养交流项目。落实给予与我建交最不发达国家 97%税目产品零关税待遇，与柬埔寨签署相关协议。

此外，在联合国亚太经社会框架下，积极参与并引领《亚太跨境无纸贸易便利化框架协定》完成谈判。

# 开展外宣 增信释疑 依法治国 政策合规

## ——第六次贸易政策审议和贸易政策合规工作情况

商务部世界贸易组织司司长 任鸿斌

**一、世贸组织对华第六次贸易政策审议**

2016年7月20日—22日，世界贸易组织（以下简称世贸组织）在瑞士日内瓦对我国进行了第六次贸易政策审议。这是我国经济进入“新常态”和“十三五”开局后的首次审议，国务院领导高度重视此项工作。商务部王受文副部长率由商务部、发展改革委、工业和信息化部、财政部、农业部、卫生计生委、中国人民银行、国资委、海关总署、税务总局、质检总局、新闻出版广电总局、统计局、银监会、贸促会、中国钢铁工业协会有关人员组成的代表团出席会议。我常驻世贸组织俞建华大使参加会议。此次审议倍受世贸组织成员瞩目，共有34个成员向我提交近2 000个书面问题，涉及我经济贸易体制和政策措施的各个方面，提问成员和问题数量再创世贸组织审议之最。

（一）积极展示我贸易政策发展情况，树立开放良好形象

审议会议前，商务部牵头贸易政策审议部际工作组成员单位协作完成《中国政府政策声明》，系统介绍中国政府进一步改革开放的最新举措，对外释放我坚定不移推进改革扩大开放积极信号；对世贸组织秘书处起草的《中国贸易政策报告》初稿进行了深入分析，研提50余万字评论意见，促其予以吸纳；针对34个成员向我提交的近2 000个书面问题，我有关部门加班加点，及时完整提交答复。

审议会议上，王受文副部长作主旨发言，全面阐述上次审议以来中国宏观经济体制和经贸政策的最新进展，我积极参与和支持多边贸易体制以及促进发展中国家发展等有关情况。美国、欧盟、日本、巴西、印度等59个世贸组织成员发言，对审议期内我宏观经济情况和经贸政策进行评价，对我经济贸易体制和政策中具体问题表达了关注。王受文副部长随后作了详细回应。

本次审议气氛平和、基调积极。发言成员对我深化改革、扩大开放、对世界经济增长贡献、参与多边贸易体制、援助支持发展中国家等大国作用给予广泛积极评价与肯定。中国作为世界第二大经济体，政策具有很强的外溢性，在全球经济中的地位举足轻重。各成员对我改革开放和经济发展充满信心，对中国的领导力、责任和贡献充满期待。正如审议会议讨论引导人、澳大利亚驻世贸组织大使麦考米克所说，“中国的体量意味着中国需要意识到自身政策措施对其他成员的重大影响”。此次审议，中国为发挥世贸组织三大支柱功能之一的审议机制作用树立了良好典范，也为更好地参与对其他成员审议奠定了良好基础，彰显我维护多边贸易体制的重要作用。

（二）世贸组织成员广泛赞誉我大国作用和贡献

一是充分肯定我对世界经济增长的引擎作用。美国表示，中国是全球经济增长的关键引擎，2013年以来成为全球最大贸易国。中国参与全球贸易体系获得巨大收益，对中国贸易伙伴和世贸组织也产生了巨大积极影响。欧盟、加拿大强调了中国经济的重要性。澳大利亚、新西兰、俄罗斯、巴西、印度、东盟等成员指出，在世界经济面临困境情况下，中国经济增长正转为依靠内需驱动。尽管中国经济进入新常态，增速有所放慢，但仍位居世界前列，作为全球经济发动机的重要性持续增强。

二是积极评价我全面深化改革扩大开放措施。瑞士、印度、沙特阿拉伯、墨西哥、秘鲁、新加坡等成员欢迎中国在促进创新和绿色发展、扩大私营部门经济参与度、发展服务业、深化国企改革（包括解决过剩产能）、推进汇率机制改革等方面做出的承诺和采取的措施。欧盟赞赏中国在金融、财政政策、自由贸易试验区等方面富有雄心水平的改革开放举措。新加坡、乌克兰、巴基斯坦、格鲁吉亚、吉尔吉斯斯坦和卡塔尔等成员欢迎中国“一带一路”倡议，认为将为沿线国家经济一体化和基础设施合作带来巨大促进和发展机遇，期待参与和分享中国未来经济增长的益处。

三是普遍赞赏我对多边贸易体制的贡献。欧盟、日本、加拿大、新西兰、巴西、印度等30余个世贸组织成员赞赏中国坚定支持多边贸易体制，感谢中国为内罗毕部长级会议达成农业出口竞争方面的成果以及《信息技术协定》（ITA）扩围谈判成功发挥建设性作用。他们指出，为应对不断涌现的各种经济全球化问题，亟需中国建设性参与并发挥领导作用。美国赞赏中国通过高层次对话、专题工作组和其他机制与美方保持沟通接触。欢迎中国尝试成为更加积极的领导者，世贸组织将愈发期待中国发挥领导作用，美国愿意与中国共同持续承担责任。

四是感谢我对发展中国家的援助。最不发达国家集体赞赏中国在约翰内斯堡峰会上的承诺，特别是提议与非洲建立新全面战略合作伙伴关系，加强与非洲在10个领域的合作；赞赏中国给予40个国家零关税特别贸易优惠待遇，期待能够推广至49个最不发达国家。马来西亚、印度、肯尼亚、几内亚、尼泊尔、古巴、黑山等成员赞赏中国零关税特别贸易优惠待遇帮助最不发达国家融入多边贸易体制，认为中国在世贸组织中设立的支持最不发达国家加入世贸组织项目是帮助这些成员融入全球贸易体系的重要机制。其他发展中成员也踊跃发言，通过多边平台对与中国开展的双边经贸合作表达肯定和赞赏。

**二、贸易政策合规工作**

贸易政策合规是我国依法治国、实现以开放促改革、完善法治化国际化营商环境的重大举措，也是展现我负责任大国形象、强化多双边治理的重要基础。2016年，商务

部世贸司继续深入贯彻落实《国务院办公厅关于进一步加强贸易政策合规工作的通知》（国办发〔2014〕29号，以下简称《通知》），扎实开展贸易政策合规工作，加强机制建设和能力建设，指导并推动地方合规工作，妥善应对贸易伙伴关注，取得一定实效。

（一）扎实开展拟定中贸易政策的合规评估

针对中央和地方政府贸易政策出台前的征求意见稿，认真开展合规评估，研提合规意见，力争使我国的贸易政策符合世贸组织规则和我国加入世贸组织承诺，提高政策制定部门的合规意识和合规水平，减少国际贸易摩擦的风险，营造法制化、国际化营商环境。全年共完成合规评估349件，涵盖中央和地方不同层级的法律法规、部门规章、规范性文件和其他政策措施，涉及货物贸易、服务贸易、与贸易有关的知识产权等不同领域。

（二）妥善应对贸易伙伴对已出台贸易政策的关注

针对贸易伙伴通过不同途径提出的贸易政策合规性关注，认真开展合规评估，展现中国负责任大国形象。一是针对世贸组织成员通过有关委员会提出的对我国贸易政策措施的关注，与相关部门共同研究其合规性，做好答疑解惑工作；二是针对我向世贸组织有关委员会提交的贸易政策措施通报，做好通报前合规评估；三是参与世贸组织争端解决案件的诉前评估，协助做好对外磋商工作。

（三）深入研究国外贸易政策的合规性

针对国外贸易政策进行合规性研究，切实维护国家和产业利益。一是利用世贸组织相关委员会等日常机制，对世贸组织成员贸易政策措施的合规性提出关注，包括欧盟信息安全领域“通用准则认证”政策、欧盟内分泌干扰物新政策、美国鲶目鱼类强制检验措施等；二是参与我诉美关税法修订案世贸争端案、诉美可再生能源补贴措施、诉欧盟紧固件反倾销措施案和诉欧盟禽肉关税配额措施案等案件的诉前评估，提出将上述措施提请世贸组织争端解决的合规性建议；三是召开产业通气会，赴企业开展调研，了解我国企业在国外遭遇的歧视性政策，并通过有效渠道反映企业诉求；四是深入研究国外补贴政策，如美国和欧盟大飞机补贴争端和巴西与加拿大支线飞机补贴争端中的补贴政策等，为国内政策制定提供参考。

（四）稳步推进地方合规工作

一是积极推动建立工作机制，提升全国贸易政策合规机制化水平，迄今共有24个省级人民政府出台了贸易政策合规工作具体落实办法；二是地方合规案例明显增多，协助内蒙古、江西、河南、山东等地，对28项具体合规案例进行合规评估；三是赴地方开展调研，推动地方政府出台合规工作落实办法，加强合规工作的经验交流。

（五）大力开展合规工作培训

全年共举办两期全国贸易政策合规工作培训班，为来自国务院各部门和各省级商务主管部门的100余人提供培训，分析典型合规案例，讲授合规工作方法，并对机制建设、队伍建设进行指导。世贸司还多次赴各部门、各地方开展合规培训，更新《贸易政策合规工作手册》，通过具体案例指导贸易政策合规工作。

## 坚持挺纪在前必须在日常监督上发力
### ——2016年对商务部监督工作概述

中央纪委驻商务部纪检组第一纪检室

2016年，我们认真按照中央纪委六次全会部署和实施综合派驻要求，结合商务部实际，与党组密切协作、各负其责，发现什么问题就抓什么问题，查实什么问题就处理什么问题，坚持挺纪在前，持续在日常监督上发力。全年处置问题线索43件；谈话提醒、责令检查、诫勉谈话和通报批评33人（单位）；建议给予党纪政纪处分或免职组织处理8人；收缴违纪所得54万元。2016年移交检察机关两起案件，某司长受贿被判处有期徒刑十年，给予开除党籍、取消退休待遇处分；企业承担援外物资项目贪污贿赂案件已侦结，逮捕5人。此外，对13个驻外经商处（室）廉政巡视，开展5次专项检查和调研，反馈拟提拔司局级干部廉政表现58人，与新任司局级干部和驻外参赞廉政谈话60人。全年工作有以下几点体会：

**一、日常监督必须抓全面重从严管理**

坚决贯彻新纪律处分条例，用“六大纪律”为党员干部划出红线、底线，把纪律挺起来、严起来。某干部瞒报个人事项问题情节较重，违反新的组织纪律规定，纪检组在最初“暂缓提拔”基础上，给予党纪处分；对某副司级干部侵占群众利益、违反群众纪律错误行为诫勉谈话、予以通报。既抓个人也抓班子，某干部被降为正处级后仍享受原副司级待遇，纪检组要求该单位党组织严守工作纪律立即纠正；某单位领导班子在与职工薪酬纠纷中出具伪证被仲裁机构指出，我们对此错误行径提出严肃批评，责令召开专题班子民主生活会反省，进行集体诫勉谈话。通过查处这些“小事”，让新规新纪入心，让铁规铁律生威。

**二、日常监督必须抓关键重正面提醒**

监督领导班子和中管干部是纪检组工作的重点和难点。这个过程既检验高级领导干部是否严于律己，也考验纪检组是否勇于担责。重点就不能放松，难点更需要主动。我们及时向中央纪委报送反映中管干部信访件。纪检组长同党组书记谈话提醒1名领导干部。结合“两学一做”学习教育调研摸底，发出关于严格党组成员过双重组织生活的建议函，要求提高双重组织生活出勤率、实际质量和规范化，得到积极响应。实践证明，只要我们忠诚履职、严格依规，善意出发、正面提醒，就会得到理解认可。

**三、日常监督必须抓责任重层层落实**

纪检组20余次向党组主要负责人和其他班子成员通报分管领域管党治党重要事项。请6位部级领导对6名司局级干部和1个单位班子诫勉谈话。请2名分管部领导出席某商会一反复举报问题的核查通报会，提出纪律要求。要求2位司局长对3名干部诫勉谈话。3次召集部分单位党政负责人会议，督促他们主动对本单位的问题提出处理意见。某司党支部书记落实主体责任不力，隐瞒一名预备党员违纪行为、按期为其办理转正，在取消该干部预备党员资格同时，责令支部书记作出检查并予以通报。某商会领导班子违规发放交通补贴，对落实两个责任不到位的商会领导均给予党纪处分。某局纪委对1名职工私自出租公房问题处理极轻，我们要求机关纪委督促该局纪委纠正，对该职工做出开除处理。结合实际，我们明确处级及以下党员干部违纪均由机关或所在单位纪检和人事部门提出处理意见，把担子压下去。

**四、日常监督必须抓预警重防微杜渐**

任何违纪违法问题都是从小问题演变而来，要通过抓早抓小举一反三，“避免问题小变中、中变大、一变多”。一是加大通报力度。先后以纪检组名义发出监督通报8期，对典型案例在每季度党风廉情通气会上点名道姓，发挥警示作用。二是开展专项检查。深入调研天津、云南等地内贸专项资金违法案件，形成检查报告送有关司局和商务系统纪检机构，督请重视、防患于未然。三是提出工作建议。建议人事司研究报告个人有关事项存在的“易错点”，有针对性指导填报，大幅降低“误伤率”。建议财务司对驻外经商机构普遍存在的存酒较多历史问题，统筹考虑、妥善处理。

**五、日常监督必须抓实效重原则方法**

要实现监督执纪效果最佳化，就必须坚持处分条例基本原则，达到挽救本人、使违纪者心服。我们坚持实事求是，为被诬告的某参赞澄清事实，责令诬告者公开道歉、消除影响；坚持分清主次，对某案件中受到裹挟参与违规行为，但能主动向组织揭发问题、积极配合调查的年轻干部批评教育，免于纪律处分；坚持内外有别，避免炒作造成不良影响；坚持把握节点，处理某干部驻外期间收受礼金问题，综合考虑其行为发生时间较早，且本人主动坦白、积极退赔，给予其留党察看和行政撤职处分，避免沦为“阶下囚”。

回顾全年工作，仍存在自身执纪能力有待提高、问题线索来源有待拓展、监督覆盖有待延伸、部分基层单位“两个责任”意识有待加强等问题，需继续努力改进。

## 2016年全国打击侵权假冒工作情况

全国打击侵权假冒办公室副主任 柴海涛

党中央、国务院高度重视打击侵权假冒工作。习近平总书记多次强调要“加强知识产权保护”，李克强总理提出要“依法严厉打击侵犯知识产权和制假售假行为”。2016年，汪洋副总理主持召开电视电话会议和领导小组全体会议，全面部署了2016年工作，提出了“十三五”期间工作思路。各地区、各成员单位按照全国打击侵权假冒工作领导小组的部署，认真贯彻落实，各项工作取得明显成效。2016年，全国行政执法部门查处案件近18.9万件；公安机关破案1.7万多起，抓获犯罪嫌疑人2.2万人；检察机关批捕9 171人，起诉2.1万多人；审判机关审结刑事案件1.3万多件，判决罪犯近1.8万人。现将有关情况报告如下：

**一、加强统筹协调，深入开展重点领域治理**

2016年，领导小组统一部署，成员单位协调配合，互联网、农村市场、进出口和软件正版化集中整治取得重要阶段性成果。

深化互联网领域治理方面。一是查处网络案件。工商总局开展网络市场监管专项行动，打击网络商标侵权、销售假冒伪劣商品、虚假宣传等违法行为。开展红盾质量维权行动，部署网络交易商品质量专项抽检。质检总局以日用消费品、家装建材等为重点，组织电子商务产品质量国家监督抽查，开展执法打假集中行动，对25类产品进行违法线索排查。新闻出版广电总局牵头开展“剑网2016”专项行动，查处网络文学等侵权盗版案件，加强重点网站版权监管，指导大型视频、音乐、文学网站自查整改。文化部查处违法违规互联网文化产品和经营单位。知识产权局加大电子商务领域执法力度。二是加强基础管理。工业和信息化部强化域名、IP地址等管理，落实网络实名制，规范境内接入服务，处置违法违规网站。网信办处置侵权假冒有害信息，关闭违法违规网站、账号，及时阻断违法信息传播渠道。三是强化寄递监管。邮政局推动落实收寄验视、实名收寄、过机安检“三项制度”，查处违法违规行为。会同公安部、安全部制定发布《禁止寄递物品管理规定》，禁止寄递侵权假冒商品。海关总署开展跨境邮件快件重点执法，严打跨境侵权。四是完善协调机制。国务院同意建立由工商总局牵头的网络市场监管部际联席会议制度。网信办牵头成立了互联网信息内容行政执法部际协调机制。新闻出版广电总局建立网络文学作品版权监管“黑白名单”制度，推动网络服务商建立通知删除和上传审核等机制，进一步规范网络音乐、云存储空间、网络转载新闻作品的版权秩序。

加强农村市场监管方面。一是全程追溯打击。农业部会同有关部门，从生产、流通到使用环节全程溯源打击，查处农资案件2.4万起，查获假劣农资9 000吨，挽回损失5.5亿元。二是强化监督抽检。农业部全面开展监督抽查，抽查种子、农药、肥料等企业和使用单位，取缔无证经营单位。工商总局开展红盾护农行动，查处农资市场违法案件近2.5万件，案值近1.6亿元。林业局对16个省区市开展林木种苗质量监督抽查，通报不合格企业128家。三是完善责任体系。质检总局通过暗访摸排、稽查建议、约谈政府负责人等多种措施，推动农资重点区域整治。

开展“清风”行动方面。一是推进出口商品质量提升。质检总局以输往非洲、中东商品为重点进行检验，查处不合格商品。在132个产业集聚地区建立质量安全示范区的共治机制。二是打击进出口领域侵权行为。海关总署加强重点航线监控，以输往拉美国家的药品、汽车配件、玩具等为重点，强化风险分析研判，提高打击精度。部署8个重点口岸开展出口电动平衡车知识产权保护专项行动。全国海关核准知识产权海关保护备案申请8 673件。三是发挥驻外经商机构作用。驻外使馆经商处结合中国品牌商品展，大力宣传“清风”行动，对诋毁“中国制造”现象进行主动交涉。江苏开展“出口品牌提升”专项行动，宣传扶持315个出口名牌。

推进软件正版化方面。一是督促落实工作责任。新闻出版广电总局会同工业和信息化部、财政部、国资委、国管局等部门，完善长效机制，编制《正版软件管理工作指南》，加强计算机软硬件采购源头管理，推进中央企业软件正版化工作。二是加大督促检查力度。组织13个督查组，抽查了32个中央部门和13个省份。创新督查方式，通过技术手段对江苏、安徽、山东省级政府机关进行全面检查。

**二、围绕民生保障，大力加强日常监管执法**

各地区、各成员单位针对重点商品，聚焦突出矛盾，切实解决群众和社会关心的热点问题。一是严肃查处侵权行为。工商总局部署查处“同仁堂”、“庆丰包子”等商标侵权案件，共立案查处商标侵权假冒案件2.8万余件，涉案金额3.5亿余元，打击商标恶意注册行为。新闻出版广电总局开展“秋风2016”专项行动，收缴侵权盗版出版物420余万件。开展印刷复制发行专项督查和高校及其周边复印店专项治理行动。文化部开展交叉执法检查，抽查文化市场经营单位。知识产权局深入开展“护航”和“闪电”专项行动，快速调处专利纠纷，查处假冒专利行为。二是严格监管重点商品。质检总局以儿童用品、家用电器、钢材等为重点，深入开展“质检利剑”专项行动，查处案件3.6万余起，涉案金额约20亿元。开展消费品质量提升行动，专项抽查空气净化器、智能手机、烟花爆竹等产品，并向社会公布结果。开展强制性认证产品“双随机”抽查。食品药品监管总局针对疫苗、化妆品、中药饮片、医疗器械等重点商品开展专项整治。卫生计生委将消毒产品纳入国家监督抽检范围，监督抽查消毒产品。环境保护部督促开展分类销毁，防止侵权假冒商品再次流入市场。三是大力规范燃油市场。工商总局组织东部11省市开展成品油质量抽检。税务总局开展地方石油炼化企业查补税款专项检查。

**三、适应形势变化，深入推进区域部门合作**

针对侵权假冒新特点新趋势，组织开展跨区域、跨部门协作，加强工作融合，提升监管合力。一是跨区域合作取得积极进展。领导小组办公室召开长三角、京津冀、泛珠三角地区打击侵权假冒工作会议，印发会议纪要，推动开展区域协作，建立信息共享、线索通报、证据移转、案件协查等协作机制。长三角地区五省市开展政企大数据合作，由阿里巴巴电商平台推送违法犯罪线索，联合开展电商领域区域整治“云剑”行动。质检总局开展出口摩托车口岸、采购市场与产地的信息通报与联合打假行动。二是跨部门合作更加紧密。公安部强化与行政执法部门协作，与版权、烟草等部门联合督办重大案件8起。海关会同工商部门开展地理标志商标保护合作，与专利执法部门开展进出口环节专利保护执法合作。邮政局与民航等部门建立信息互通机制，查处寄递侵权假冒商品行为。三是两法衔接取得重大进展。领导小组办公室、高检院牵头推进两法衔接信息共享平台与制度机制建设，编印全国打击侵权假冒两法衔接文件汇编，制定印发《打击侵权假冒行政执法与刑事司法衔接信息共享系统使用管理办法》。海关总署、质检总局加快本部门执法信息系统与全国两法衔接平台对接。公安机关受理行政移送涉嫌犯罪案件占案件总数的17.7%，较2013年提高5.5个百分点。29个省（区、市）建成两法衔接平台，28个省级平台实现与中央平台对接，录入案件信息34万件，协作效能稳步提升。

**四、突出改革创新，不断提升司法保护水平**

贯彻中央全面深化改革精神，积极推动司法保护和改革创新取得新进展。一是严厉打击刑事犯罪。公安部坚持将危害群众健康、威胁公共安全、妨碍创新发展的侵权假冒犯罪作为主攻方向，突出信息化建设主线，构建数据化实战攻坚格局，实现专项行动常态化、常态打击专业化，形成协同侦控、合成围剿的强大声势，侦破侵权假冒案件1.7万多起，抓获犯罪嫌疑人2.2万人，涉案金额46亿元。二是提高司法保护水平。高检院开展危害食品药品安全犯罪专项立案监督活动，发挥刑事检察职能，开展诉讼监督，打击侵权假冒犯罪。严查徇私舞弊、失职渎职行为。高法院积极推进知识产权民事、行政和刑事案件审判“三合一”改革，加强对北京、上海、广州知识产权法院指导。积极发挥司法审判职能，审结知识产权刑事、民事、行政案件合计14.2万件。

**五、服务外交大局，广泛开展国际交流合作**

坚持对外开放，主动加强多双边交流合作，维护我国企业利益和国家形象。一是加强磋商谈判与交流合作。汪洋副总理出席中美战略与经济对话和中美商贸联委会，就加强知识产权保护阐述中方立场，国际社会给予积极评价。

回应欧盟28国大使关注，召开中欧互联网知识产权研讨会，取得良好效果，推动延续中欧知识产权合作项目。商务部推动中欧地理标志协定谈判取得实质性进展，中日韩、区域全面经济伙伴关系（RCEP）等协定中知识产权谈判进展顺利。召开中美、中欧、中俄、中日知识产权工作组会议，参加APEC、WTO、金砖国家等国际组织会议，推动建立合作机制。知识产权局等与世界知识产权组织共同举办“一带一路”高级别会议。二是推进跨境执法协作。海关总署与美、欧、俄、日、韩等开展7次联合执法行动，查获侵权商品数量10万余件，案值212万元。质检总局与沙特阿拉伯签署合作计划，共同打击假冒伪劣。公安部会同国际刑警组织和欧美执法部门，围绕21起重点跨国案件开展线索通报、协查取证、联合行动、司法协助等多层面合作。三是开展知识产权海外维权。商务部提供知识产权保护预警服务，建立海外知识产权服务机构名录和案例库、海外维权案件信息报送平台等，会同贸促会在知名国际展览会上设立中国参展企业知识产权服务站。知识产权局、贸促会联合在国际展会上开展快速维权服务。

**六、注重标本兼治，持续推进法规机制建设**

坚持打建结合，完善打击侵权假冒法规制度体系，进一步夯实依法监管的基础。一是完善相关法律法规。法制办会同有关成员单位，开展《反不正当竞争法》、《专利法》和《著作权法》等法律修订工作。工商总局开展《消费者权益保护法实施条例》立法工作，制定出台《互联网广告管理暂行办法》和《流通领域商品质量监督管理办法》等规章。高法院出台《关于审理侵害专利权纠纷案件应用法律若干问题的解释（二）》。二是推动信用体系建设。发展改革委、人民银行、全国社会信用体系建设部际联席会议成员单位推进全国信用信息共享平台建设，汇集基础信息、行政许可和处罚信息、红黑名单信息7亿多条，“信用中国”网站公开信息6 800多万条。工商总局基本建成并运行国家企业信用信息公示系统，累计访问量达319亿人次。商务部在8省市开展商务诚信体系建设试点。质检总局开展质量诚信体系建设。三是完善绩效考核体系。中央综治办将打击侵权假冒工作作为平安中国建设和暗访检查的重要内容。领导小组办公室牵头对地方绩效考核工作进行改革，完善考核办法，优化考核设计，制定现场考核工作指引。各成员单位联合组成16个考核组，赴各地开展打击侵权假冒工作绩效考核。各地高度重视，精心准备，普遍开展了基层市县考核，充分发挥了考核“指挥棒”作用。

**七、调动各方力量，积极推动社会共治工作**

发挥各方积极性，提高社会意识，努力构建社会共建共治共享新模式。一是大力加强日常宣传。领导小组办公室印发了《关于做好2016年打击侵权假冒宣传工作的通知》，开办互联网领域侵权假冒治理网络专题展。中央宣传部组织中央媒体做好宣传报道，解读政策法规，宣传典型经验，增强全社会知识产权保护意识。司法部将知识产权法规宣传纳入法治宣传教育第七个五年规划和“法律六进”主题宣传活动。农业部开展放心农资下乡进村宣传周，组织技术专家下基层，指导农民识假辨假。二是积极组织集中宣传。各有关成员单位在国际消费者权益日、全国知识产权宣传周、打击和防范经济犯罪宣传日、海关法制宣传日、诚信兴商宣传月、全国“质量月”、全国网络诚信宣传日等关键时点，组织开展销毁侵权盗版及非法出版物等活动，及时曝光典型案例。文化部、海关总署、工商总局、质检总局、知识产权局、高法院、高检院等分别发布了2015年知识产权典型案例、白皮书。三是深入开展政企合作。公安部等部门深化与阿里巴巴等电子商务企业协作，完善网络侵权线索研判查处等机制。海关总署推广知识产权保护联络人制度，对出口加工企业订单知识产权状况提供预确认服务。四是发挥行业自律作用。商务部推动相关行业协会、商会，开展“诚信经营”示范创建活动。质检总局深入开展企业产品质量承诺，将承诺产品范围扩展到6个行业、百余种产品。新闻出版广电总局推动成立中国网络文学版权联盟。五是继续推进信息公开。领导小组办公室提高考核分值，督促各地区加强信息公开。税务总局等完善制度规定，加大信息公开力度，对违法犯罪分子形成了有力震慑。

## 2016年中国海关工作情况

海关总署党组成员、国家口岸管理办公室主任、海关总署办公厅主任 张广志

2016年，在以习近平同志为核心的党中央坚强领导下，全国海关深入贯彻党的十八大和十八届三中、四中、五中、六中全会精神，认真落实党中央、国务院各项决策部署，以中国梦引领海关行动，齐心协力、扎实工作，切实把好国门、做好服务、防好风险、带好队伍，较好完成了各项工作任务。

一是突出全面从严治党，为海关工作提供坚强政治保证。总署党组率先垂范，把深入学习贯彻党的十八届六中全会精神和习近平总书记系列重要讲话精神作为首要政治任务，全面把握重大意义和丰富内涵，抓好学习宣传、贯彻落实各项工作。召开全国海关党的建设工作会议，制定全面从严治党实施意见，着力提升党员领导干部党建责任意识，对基层党组织设置进行集中规范，全面推进“支部建在科上”。扎实开展“两学一做”学习教育，组织“两优一先”评选表彰，引领和带动广大党员争做“四讲四有”合格党员。认真接受中央巡视，配合中央巡视组顺利完成政治巡视任务，79项年度整改任务已基本完成，得到中央巡视办充分肯定。通过整改，进一步强化海关系统党的领导、党的建设，推进全面从严治党，净化党内政治生态，党员干部理想信念更加坚定，“四个意识”特别是核心意识、看齐意识不断增强，自觉在思想上政治上行动上同以习近平同志为核心的党中央保持高度一致。

二是落实国家发展战略，服务大局成效明显。贯彻国家“十三五”规划，先后编制完成国家口岸发展和海关“十三五”规划。落实海关支持“一带一路”战略实施方案，深化与沿线国家通关协作，支持中欧班列发展，畅通国际物流大通道；服务京津冀协同发展、长江经济带建设，落实新一轮东北振兴等区域发展战略。认真落实稳增长调结构部署，全面清理规范进出口环节收费，帮助企业减负增效。创新通关监管服务，支持跨境电商、市场采购、外贸综合服务企业等发展。2016年，我国外贸进出口总值24.33万亿元人民币，下降0.9%。其中，出口13.84万亿元，下降2%；进口10.49万亿元，增长0.6%。进出口逐季回稳，结构继续优化。一季度我国外贸进出口值明显下降，二季度企稳，三、四季度实现正增长。总体来看，全年呈现“前低后高、稳中向好”的走势，尽管外贸增速有所下滑，但降幅较2015年明显收窄6.1个百分点。加强国际海关合作，全年签署25份海关合作文件，其中11份在国家领导人见证下签署；开展AEO互认、安智贸、监管结果互认等机制化合作，参与WCO、WTO、金砖国家、中国—东盟等多边和区域事务，海关国际话语权和影响力增强。口岸国际合作取得新成果。

三是着力夯实基础，强化有效监管。加强实际监管，探索实施“顺势监管”“先期机检”，无纸化通关全面推进。全年监管进出口货运量39.8亿吨、运输工具3 381.9万辆（架艘），分别增长0.8%、5.2%。强化行邮快件监管，加强通关监管环节反恐维稳工作。深刻吸取“8·12”事故教训，严格落实各项管理制度。深入推进监管场所规范管理，开展危化品监管场所专项整治。创新加工贸易监管模式，推动加工贸易行政审批制度改革，简化内销征税模式，试点单耗自核。稳步推进“多查合一”，加大风险分析应用，构建进出口信用管理体系，全面应用社会统一信用代码。

四是深化综合治税，实现税收正增长。面对复杂严峻的外贸形势，全国海关坚定信心、攻坚克难，应收尽收，不征“过头税”，全年实现税收净入库15 388亿元，较上年15 000亿元的税收基数增长2.6%，其中，关税2 603.7亿元，进口环节税12 784.3亿元，分别增长2.3%和2.6%（较2015年15 094亿元的实际征税额增长1.95%，其中，关税和进口环节税分别增长1.7%和2%），超额完成调整后的税收预算目标，在进出口贸易下降的情况下实现海关税收正增长，并且做到依法依规，应收尽收，不征“过头税”，实属不易。加贸、稽查等补税成效显著，尤其稽查补税增长11%，创历史新高。认真落实国家进口税收政策，全年减免税款约480.6亿元。加强税政研究，提出的税政建议占年度同类关税政策调整比例60%。落实自贸协定，牵头推进中国—格鲁吉亚等自贸协定项下原产地规则谈判。

五是加强反走私综合治理，打击走私战果丰硕。深入开展“国门利剑2016”联合专项行动，围绕重点领域、重点渠道、重点商品，全面加大治理力度，侦办了一批走私大案，打掉了一批走私团伙，主要办案指标大幅增长。全年侦办走私犯罪案件2 633起，案值529.3亿元，分别增长17%、4%，特别是查证走私大米等粮食36.6万吨，是上年的4倍，创历史新高。查办毒品、武器弹药走私犯罪案件分别增长33.6%、63.6%，缴获各类毒品4.9吨。从25个国家和地区抓获外逃走私犯罪嫌疑人76名，其中红通人员3名，蓝通人员4名。“缉私战区”改革、“两简案件”办案模式改革落实到位。推进反走私综合治理，部际联席会议作用进一步发挥，地方政府的基础作用进一步加强。加大打私宣传，有力震慑走私违法犯罪。

六是全力推进改革攻坚，监管效能不断提升。“三互”大通关改革迈出坚实步伐，“单一窗口”在沿海口岸全部建成启用，基本实现口岸大通关核心环节信息共享，国务院发展研究中心评估认为成效比较显著。以上海和广州税收征管中心、上海和北京风险防控中心启动运行为标志，全国通关一体化改革落地生根，“一次申报、分步处置”、税收征管方式改革试点范围覆盖全国，隶属海关功能化改造取得初步经验。整合优化海关特殊监管区域取得新进展，自贸试验区监管创新扎实推进，新一批13项改革试点经验在全国复制推广，内销货物选择性征税、货物按状态分类监管、增值税一般纳税人资格等试点顺利开展。推进“放管服”改革，深化“双随机、一公开”，全国海关随机布控率达到94.3%，随机派员查验达到100%，应用的深度、广度逐步扩大。

七是内强素质外树形象，加强准军事化纪律部队建设。规范内务管理，开展岗位练兵和技能比武，树立一批先进典型。教育培训工作的针对性有效性进一步加强。贯彻落实干部任用条例等规定，优化各级领导班子结构，深化重点区域干部交流。加大离任检查、选人用人检查、领导干部报告个人有关事项抽查力度。继续推进专业技术类公务员分类管理试点，总结完善海关专家制度，开展干部平时考核试点，推动事业单位人事制度改革。全年通过深化“瘦上强下”、业务改革、简政放权及装备现代化，基层一线执法力量得到一定加强。离退休干部工作进一步加强。

八是强化监督执纪问责，坚决惩治腐败。各级党组（党委）认真履行主体责任，落实主体责任工作制度初步建立。纪检监察机构切实履行监督责任，深化“三转”，坚持挺纪在前，查处一批违反党规党纪和中央八项规定精神的问题；以零容忍态度惩治腐败，针对中央巡视指出的执法领域窝案串案频发等问题，加大案件查办力度，坚持打私反腐“一案双查”；运用“制度+科技”手段，标本兼治推进源头反腐，制定日常监督办法，扎紧制度笼子，HL2008主动监控风险能力提升。加大巡视力度，完成对7个单位党组织的巡视。

九是坚持依法行政，扎实推进法治海关建设。推动出台《海关稽查条例》，积极参与《关税法》等立法工作，建立规章清理长效机制。简政放权取得阶段性成效，行政审批实行“一个窗口”服务；两级内部核批目录建立，实现“目录之外无核批”。基本完成总署本级和海关系统权责清单编制，行政裁量权进一步规范，执法更加严格规范公正文明。知识产权海关保护“清风行动”取得积极进展，备案申请量增长59.3%。行政复议诉讼的法律监督和救济作用充分发挥。“七五”普法宣传效果明显。

十是加大综合保障力度，着力提升运行效能。值班应急、机要保密、建议提案办理等工作得到加强。新闻宣传、新媒体渠道建设成绩显著。建成全国首家示范数字档案室，政务公开和海关网站在中央国家机关排名前列，12360热线品牌影响力进一步提升。督查督办工作有力，配合国务院督查组完成对海关落实国务院重大决策部署情况督查。政策研究有新进步，有的建议被中央采纳。跟踪分析外贸形势，上报一批有价值的报告和信息；及时发布外贸运行情况，推出中国外贸出口先导指数；严厉管控虚假贸易。

审计监督作用充分发挥。配合完成国家审计工作，大力推进审计发现问题整改，年度整改任务全部落实。审计监督实现全覆盖，全年完成署级审计项目52个。开展联网审计、交叉审计，强化审计结果综合运用，审计决定和整改情况实现双公开。深入推进内控机制建设，内控节点覆盖率达80%。

金关工程二期整体进入试运行和验收阶段，一批应用项目初见成效；新一代智能信息系统建设工作启动。加大装备配备力度，新增一批监管船艇、H986等监管装备设备，新型装备研发试用取得进展。坚持科学理财，资金使用效益进一步提高；预算管理、绩效管理、涉案财物管理更加规范。全国海关综合保障一体化改革全面推开。后勤保障工作扎实有效。

# 2016年国家质量监督检验检疫工作综述

国家质量监督检验检疫总局办公厅主任 林 伟

2016年，全国质检系统认真贯彻落实党中央、国务院决策部署，坚持质量为本、安全第一、改革当先，着力提升质量供给水平，着力提升质量安全监管水平，着力提升服务经济社会发展水平，全面加强自身建设，实现了“十三五”质检事业改革发展的良好开局。

**一、坚持质量为本，质量供给水平不断提升**

着眼提高供给体系质量和效率的大局，从加强质量宏观管理入手，推动“建设质量强国”写入政府工作报告，“实施质量强国战略”纳入国家“十三五”规划纲要，发布《质量品牌提升“十三五”规划》，全国“质量月”活动联合主办单位增加至42个，牵头完成省级政府质量工作考核，推动开展省级以下政府质量专项考核。大力组织开展质量品牌提升行动。着力提升消费品质量，产品质量国家监督抽查合格率提高到91.6%，10类重点消费品总体合格率提升5.2个百分点、达到90.3%，电子商务产品合格率提升11.4个百分点，智能马桶合格率提升22.4个百分点。着力提升出口商品质量，出口工业产品退货批次和金额同比分别下降13.1%和19.4%，出口食品农产品企业内外销“同线同标同质”工程上线企业1 150家，新增订单55.6亿元。着力提升服务业质量，服务业质量监测与提升工作步入制度化常态化轨道，公共服务、旅游服务、物流服务、质量技术基础服务等质量标准体系不断完善。加强品牌建设，正式命名全国知名品牌创建示范区23个，新建国家级出口产品质量安全示范区82个，新批准国家地理标志保护产品180个，食品农产品出口逆势增长4.6%。通过质量品牌提升行动，释放了“质量红利”，增强了人民群众的“质量获得感”。

**二、坚持安全第一，质量安全监管水平不断提升**

认真贯彻习近平总书记“强化安全生产第一意识”的重要指示精神，加强风险防范，突出监管重点，转变监管方式，努力守好质量安全底线。维护消费品安全出重拳，共查处各类质量违法案件3.6万起，召回缺陷消费品618.4万件、汽车1 133.5万辆，同比分别增长8.2倍和103%。国境口岸公共卫生重大疫情检出取得突破，首次发现人体未知病毒，发现并获得我国首例输入性裂谷病例的病毒全基因组测序，首次派出工作组赴安哥拉开展黄热病防疫。国门生物安全查验机制进一步完善，“检疫官——查验CT机——检疫犬”综合查验体系全面推开，截获外来有害生物6 305种、122万种次，其中首次截获检疫性有害生物26种，截获非法携带、邮寄进境的植物种子、种苗2万多批次。进出口食品安全治理能力不断加强，初步建立进口食品安全治理体系，实施进口食品安全放心工程，实现进口食品监督抽检种类全覆盖，检出不合格进口食品1万余批。进出口商品检验监管体系更加完善，检出进口不合格商品9.8万批，目录外进出口商品监督抽查不合格率27.6%，跨境电商进口消费品抽查不合格率40.9%。全面启动特种设备安全监管改革，开展特种设备安全攻坚战，整治隐患电梯3.97万台，104个城市建立电梯应急处置平台，新检验油气输送管道2.8万公里，电梯事故数和死亡人数同比分别下降17.2%和10.9%，特种设备事故和相关事故数同比下降9.3%，万台设备死亡率同比下降8.3%。

**三、坚持改革当先，服务经济社会发展水平不断提升**

围绕坚决贯彻“放管服”改革部署要求，不断推进质检体制机制改革创新。继续取消下放行政审批事项，推进工业产品生产许可证改革，配合国务院审改办制定《行政许可标准化指引（2016版）》，加快推行网上审批。认真推行“双随机、一公开”，完成质检系统“一单、两库、一细则”建设。认真研究基层综合执法中出现的新情况新问题，出台《关于加强基层质监工作的指导意见》，指导督促省级质监部门做好事权划分。中国电子检验检疫（e-CIQ）主干系统全面上线运行，无纸化报检企业覆盖率达98%，检验检疫电子平台申报收费全面取消，“单一窗口”建设持续推进，新推出自贸试验区改革试点经验5项，做好珠海查验机制创新试点工作。推动汽车平行进口试点范围扩大至8个省市。标准化工作改革深入推进，其中企业标准自我声明公开和监督制度全面铺开，6.8万家企业通过平台公开24万项标准，涵盖39.6万种产品，在浙江开展国家标准化综合改革试点。继续做好统一社会信用代码和物品编码工作，初步建成统一代码中央数据库及应用服务平台，物品编码数据量和应用全球领先。事业单位分类改革取得新进展，中央编办批复检验检疫系统所有技术中心、保健中心保留在公益二类。检验检测认证机构整合改革试点不断扩大。实施“互联网+质检”行动计划，开发部署了质检信息资源目录管理系统，启动了质检大数据建设工程。

突出职能和技术优势，打好“技术牌”，念好“服务经”，促进创新、协调、绿色、开放、共享发展。出台实施《关于助推大众创业万众创新的意见》。开展农村综合改革、新型城镇化标准化试点。实施化解产能过剩标准支撑工程、百项能效标准推进工程和绿色制造标准化提升工程，开展重点用能单位能源计量示范和燃煤锅炉节能减排攻坚战。完成新疆监管棉、国储棉公证检验654万吨。加强进口煤炭、粮食等检验检疫监管，有效配合了宏观调控。推动与“一带一路”沿线国家质量技术基础互联互通，建立中欧班列沿线检验检疫区域合作机制，实施技术性贸易措施能力提升工程，国际法制计量组织（OIML）在中国设立全球首个培训中心，国家质量技术基础走出去取得新进展。特别是配合高访，签署了37个协议，取得一批重要成果。建成各类检验检疫进口指定口岸370多个，进口牛羊肉同比增长15.4%，加大了国内资源短缺性食品农产品供应。狠抓国家质量技术基础建设，积极推进“一站式”服务示范，建设国家级产业计量测试中心16个、技术标准创新基地3个、检验检测认证公共服务平台示范区4个、质检中心和检测重点实验室50个。

**四、坚持从严治检，质检自身建设水平不断提升**

总局党组切实加强党的领导，坚决落实“两个责任”，严格机关党建述职评议考核，加强直属机关党的建设和直属系统思想政治工作，组织直属系统处以上干部学习贯彻十八届六中全会精神集中轮训。认真开展“两学一做”学习教育，组织直属系统开展主题联学、“百场支部学习会、千名书记讲党课、万名党员写感言”活动，表彰直属系统优秀共产党员、优秀党务工作者和先进基层党组织。针对中央专项巡视反馈意见，制定并落实巡视整改措施139条、选人用人工作检查整改措施25条，严格开展“三超两乱”“空壳机构”“混编混岗”等专项治理，举一反三、标本兼治，固化了巡视成果。大力支持配合中央纪委驻工商总局纪检组工作。制定党风廉政约谈制度，深入开展对直属单位的巡视。深入推进“三个质检”建设，发布质检事业发展“十三五”规划及系列专项规划，标准化法修订和质量促进立法研究取得重大进展，“立改废”21部规章。“国家质量基础共性技术研究与应用”重点科技专项全面启动，“新一代国家时间频率基准的关键技术与应用”荣获国家科技进步一等奖。计划财务工作有效服务保障质检事业发展，预算绩效考核和决算再次被财政部评为一等奖。“一审双查”进一步深化，工青妇和离退休干部工作、机关内部管理得到加强。总局在中央组织部、国家行政学院支持下举办省部级领导干部全面实施质量强国战略专题研讨班。全系统政策理论研究和信息、宣传工作协同联动，积极主动向中央政研室、中财办、国研室、发展改革委和国务院发展研究中心等建言献策，借助《国家底线》和《标准中国》、质量之光、书香质检等扩大宣传，总局门户网站跻身部委类4家优秀网站。

2017年，全国质检系统将全面贯彻党的十八大、十八届三中、四中、五中、六中全会和中央经济工作会议精神，深入贯彻习近平总书记系列重要讲话精神特别是关于质量发展的重要论述，紧紧围绕“五位一体”总体布局和“四个全面”战略布局，坚持稳中求进工作总基调，坚持以提高发展质量和效益为中心，坚持以推进供给侧结构性改革为主线，加快实施质量强国战略、标准化战略，不断深化“抓质量、保安全、促发展、强质检”工作方针，夯实质量技术基础，下最大气力抓全面提高质量、加强质量安全监管、优化质检技术服务、推进关键性改革，促进经济平稳健康发展和社会和谐稳定，以质检工作的优异成绩迎接和保障党的十九大。

# 2016 年中国水路交通发展综述

交通运输部水运局局长 李天碧

2016 年是“十三五”开局之年，水运行业坚持按照统筹推进“五位一体”总体布局和协调推进“四个全面”战略布局要求，牢固树立新发展理念，积极贯彻落实国家重大战略和海运发展战略，持续推进水运供给侧结构性改革和转型升级发展，统筹谋划好稳增长、促改革、调结构、惠民生、防风险等各项工作。

2016 年，全国完成水路货运量 63.82 亿吨、货物周转量 97 338.80 亿吨公里，同比分别增长 4.0% 和 6.1%；完成水路客运量 2.72 亿人次、旅客周转量 72.33 亿人公里，同比分别增长 0.6% 和下降 1.0%。全国港口完成货物吞吐量 132.01 亿吨，同比增长 3.5%；完成旅客吞吐量 1.85 亿人次，同比下降 0.3%。截至 2016 年底，全国港口拥有生产用码头泊位 30 388 个，比上年底减少 871 个，其中万吨级及以上泊位 2 317 个，比上年底增加 96 个。内河航道通航总里程 12.71 万公里，比上年底增加 0.01 万公里；其中等级航道 6.64 万公里，占总里程的 52.3%，比上年底提高 0.1 个百分点。截至 2016 年底，全国拥有水上运输船舶 16.01 万艘，比上年底减少 3.5%；净载重量 26 622.71 万吨，比上年底下降 2.3%；平均净载重量 1 662.88 吨/艘，比上年底增长 1.3%；载客量 100.21 万客位，比上年底减少 1.5%；集装箱箱位 191.04 万 TEU，比上年底下降 26.6%。

## 一、着力深化水运改革创新

一是进一步推进水运“放管服”改革。研究提出取消一批地方实施的行政许可项目建议；下放部分港澳航线运输审批权限；研究优化部分行政许可事项流程，拓展网上行政许可范围。二是深化区域港口一体化改革试点。江苏南京以下沿江区域港口发展一体化和广西北部湾沿海港口发展一体化改革任务基本完成，取得了明显成效。三是推进珠江航运改革发展。发布了《关于推进珠江水运科学发展的若干意见》，明确重点任务，推动省部、省区间形成珠江水运发展合力。四是积极推进水运管理体制改革。完成了两个工程定额站管理体制改革；协调有关部门明确三峡通航建筑物管理机制；提出了中俄界河航运管理体制改革初步方案。五是积极推进海运改革创新。配合商务部制定新设 7 个自贸区总体方案，完成上海自贸区航运创新政策总结评估，提出复制推广意见。

## 二、着力强化法规政策标准引领作用

一是加快规章制修订。制修订发布了《水路旅客运输实名制管理规定》等 7 部规章，完成了 2 部规章送审稿。二是加强重大政策研究。完成长江江海直达船型标准系列及政策研究等 10 余项重大课题研究，推动出台了船型标准化政策延期、中资“方便旗”船回国登记等政策。三是完善标准体系。发布了《液化天然气码头设计规范》等 11 项水运工程行业标准，完成了 14 本标准的外文翻译工作，推动水运工程标准走出去。四是系统清理了改革开放以来的政策性文件，废止 181 件、保留 158 件、需修订 21 件，完成年度文件修订任务。

## 三、着力服务国家重大战略

一是加强长江干线航道等港航基础设施建管养。长江南京以下 12.5 米深水航道二期工程按期实现初通，工程效益提前发挥，完成了长江中游戴家洲河段航道整治二期、长江中游新洲至九江河段航道整治工程等一批航道整治工程建设；上海国际航运中心洋山深水港区四期工程全面完成 2016 年建设任务。积极配合推进三峡枢纽水运新通道建设前期工作；津冀港口群重点项目建设进展顺利；印发了《全国航道管理与养护发展纲要（2016—2020 年）》，加强长江干线等高等级航道养护管理，做好国家重要航道资源保护工作。二是积极推进海运强国建设，落实中资“方便旗”船回国登记政策，壮大五星旗船队规模，2016 年共受理 13 艘“方便旗”船回国登记税收政策申请；积极推进大型国有航运企业与货主签订原油、铁矿石等长期运输合同，指导中国远洋海运集团、招商局集团与淡水河谷加强合作，签署为期 25 年的矿石包运协议；支持港航企业构建海外支点，中国远洋海运集团完成参与收购希腊比雷艾夫斯港口项目有关工作。三是提升对原油、矿石等国家重点物资运输的保障能力，全年主要港口接卸进口原油 3.27 亿吨、铁矿石 9.17 亿吨、煤炭 1.27 亿吨，同比分别增长 9.3%、4.9% 和 15.2%。四是利用双边海运会谈、中马港口联盟等机制，维护港航企业权益，为企业“走出去”创造良好环境。

## 四、着力促进行业提质增效升级

一是加快船舶运力结构调整，持续推进老旧运输船舶“拆旧建新”和内河船型标准化，全年拆解了老旧运输船舶 690 万载重吨，完成新建船舶 158 万载重吨，超额完成年度任务，实现了国内运输船舶艘数和吨位“双下降”。二是积极推进邮轮经济发展，开展邮轮标准规范制修订，支持地方开展试点示范，全年完成国际邮轮 961 艘次，运输旅客 218 万人，同比分别增长 64.0%、78.6%。三是着力推进港口转型发展，促进港航联动和战略联盟，完善服务功能，延伸港口物流产业链。四是大力推进集装箱铁水联运，推动物流降本增效，召开铁水联运暨多式联运现场推进会，完成了 6 个示范工程建设，6 条示范线和营口港集装箱铁水联运量完成 235.4 万 TEU，同比增长 19.8%。

## 五、着力促进水运安全发展

一是加快构建隐患排查治理和风险分级管控双重预防性工作机制，发布《危险货物港口作业安全治理专项行动

方案（2016—2018年）》，制定出台危险货物港口作业安全监督检查、监管信息化建设指南和重大事故隐患判定指南，强化专项治理和安全监管。二是加强水上客运和危险品运输宏观调控，强化中韩客货班轮运输安全管理，在水路客运重点区域实施实名制。三是印发了《关于加快推动实施重要水运航道安全保障工程的通知》，部署开展重要水运航道安全设施检查。四是按照部应急预案框架体系，率先修订完成《水路交通突发事件应急预案》。五是开展对6个省级港口行政管理部门安全履职情况的专项督查。

**六、着力加强事中事后监管**

一是加强航运市场监管，开展了国内水路运输及其辅助业全面核查以及国际集装箱班轮运价备案检查，对17家国际集装箱班轮公司进行了处罚，规范市场行为，配合做好国际海运附加费收费监管和海运反垄断调查工作，印发《长江等内河航运市场秩序专项治理行动方案》，开展为期一年的专项治理。二是联合国家发展改革委制定实施《港口收费计费办法》，建立实施港口收费目录清单和公示制度，大幅精简港口收费项目和条款，收费项目从原来的45项减并至18项。三是强化水运建设市场监管，继续开展突出问题专项治理，在四川、贵州等5省（市）进行现场检查并印发检查意见，继续推进对水运建设工程围标串标、工程设计违规变更等突出问题专项治理。组织开展内河重点水域港口码头“未批先建”专项整治。加强港口工程试运行管理。印发《关于进一步加强港口工程试运行管理的通知》，对天津港和江苏省相关港口进行现场检查，指导各地开展超试运行期项目的整改。

**七、着力推进水运绿色发展**

一是全面抓好《船舶与港口污染防治专项行动实施方案（2015—2020年）》的贯彻落实，印发了《港口和船舶污染物接收处置设施建设方案编制指南》，部署推进船舶污染物接收处置设施建设。二是牵头开展长江污染防治专项督查，共抓长江大保护。三是推进水运行业应用液化天然气，对首批试点示范项目进行动态调整和总结评估，发布第二批试点示范项目名单。四是推进靠港船舶使用岸电工作，发布示范项目名单，配合出台港口船舶岸电设施建设与改造资金鼓励政策，积极推动建立供售电机制。五是组织发布原油成品油码头油气回收试点项目名单。

## 2016年中国旅游行业发展情况

国家旅游局政策法规司司长　满宏卫

按照党中央、国务院的部署，国家旅游局积极践行五大发展理念，适应大众旅游时代新需求，主动作为，在旅游工作上取得了较好的成绩。2016年，我国旅游总收入4.73万亿元人民币，比上年增长14.9%。其中，国内旅游收入3.94万亿元人民币，比上年增长15.19%；国内旅游人数44.4亿人次，比上年增长11.15%；国际旅游收入1 200亿美元，比上年增长5.6%；入境旅游人数1.38亿人次，比上年增长3.5%。2016年，我国公民出境旅游人数12 203万人次，比上年增长4.4%。

**一、现代旅游治理机制建设取得突破**

召开全国全域旅游创建工作现场会，围绕如何发展全域旅游，形成一整套发展体系。分两批确定全国500个全域旅游示范区创建单位，包括海南、宁夏两省（区），91个市（州），407个县（市），覆盖全国31个省区市和新疆生产建设兵团。20个省区市、155个地（市）设立旅游发展委员会。一大批市县成立了旅游警察、旅游巡回法庭和工商旅游分局，有效缓解综合产业和综合监管需求与原有体制之间的矛盾。

**二、旅游供给侧结构性改革取得突破**

创新政策供给。国务院出台《“十三五”旅游业发展规划》、《关于进一步促进旅游投资和消费的若干意见》等系列重大政策。首次实施旅游休闲重大工程，包括旅游扶贫、旅游创新创业等8大类。同时，会同国土部、住建部出台《关于支持旅游业用地政策的意见》。加快推进国家级旅游业改革创新先行区、跨境旅游合作区、边境旅游试验区建设。推出青岛、武汉、黄山等首批20个国家级旅游业改革创新先行区。协调解决上海、福建等11个自贸试验区涉旅政策。设立深圳、青岛两个中国邮轮旅游实验区。制定跨省区市旅游发展规划。联合发改委制定《全国生态旅游发展规划（2016—2025年）》，提出培育20个生态旅游协作区、建设200个重点生态旅游目的地的发展目标。牵头编制《浙皖闽赣国家生态旅游协作区规划》、《长江国际黄金旅游带发展规划》、《四省藏区旅游协同发展总体规划》和《“重走长征路”国家红色旅游精品线路规划》。加强法治建设。配合全国人大常委会、国务院法制办对《旅游法》和《旅行社条例》进行修订。修订和废止3部规章。通过4项国家标准、9项行业标准。启动导游体制改革。在江浙沪等9省市正式启动导游自由执业改革试点工作。倡导在全国旅游巴士上设导游专座，使导游得以安全、尊严地履职，同时也提高了游客的安全保障，改善了导游与游客的关系。推动“放管服”改革。取消“领队证核发”“临时导游证核发”2项许可项目和1项“导游人员从业健康证明”行政审批中介服务事项。推动中国旅游协会完成换届、脱钩。

**三、旅游主动与其他产业融合，促进产业结构调整、转型升级取得突破**

推进“旅游+互联网”。召开“旅游+互联网”大会，发布《“旅游+互联网”行动计划》。运用PPP模式，建设12301国家智慧旅游公共服务平台。完成了国家旅游产业运行监测与应急指挥平台建设，实现了重点景区、旅游团队、旅游大巴、导游领队等即时监管。推进旅游+农业。与农业部共同推进乡村旅游和休闲农业，共同组织开展国家现代农业庄园创建工作，计划到2020年推出100个现代农业庄园。推进旅游+工业。召开全国工业旅游创新大会，推出首批22家国家工业旅游创新单位，到2025年，将创建1 000个国家工业旅游示范点、100个工业旅游基地、10个工业旅游城市。推进旅游+航空。与发改委、民航局合作，推出首批16个通航旅游试点项目。推进旅游+交通。与发改委、交通部、公安部、国土部等部门共同推动自驾车房车旅游发展，启动了首批514个自驾车房车营地建设，2020年将建成2 000个营地。推进旅游+中医药。与中医药局共同开展国家中医药健康旅游示范创建工作，用3年时间建成10个国家中医药健康旅游示范区、100个示范基地、1 000个示范项目。推进旅游+教育。与教育部共同印发《关于推进中小学生研学旅行的意见》，推出10家中国研学旅游目的地和20家全国研学旅游示范基地。出台首个《港澳青少年内地游学接待与服务规范》全国行业标准。推进旅游+卫生。与卫计委共同开展医疗旅游健康旅游示范区建设。推进旅游+体育。与体育总局共同制定《关于大力发展体育旅游的指导意见》，目标到2020年，在全国建成100个具有重要影响力的体育旅游目的地，建成100家国家级体育旅游示范基地，体育旅游总消费规模突破1万亿元。推进旅游+装备制造业。与工信部、发改委等部门共同推动邮轮游艇、房车、低空飞机等旅游装备制造业发展。

**四、在强化旅游发展的要素保障上取得突破**

加强对旅游项目的金融支持。积极引导社会资本进入旅游业，举办中国旅游投融资促进大会，对投资中国旅游业百亿元以上的部分民营企业家颁发“中国旅游产业杰出贡献奖（飞马奖）”。与国家开发银行等8家金融机构签订战略合作协议，“十三五”期间将为旅游产业发展提供2.1万亿元额度支持。与10家银行联合推出两批共1 397个全国旅游投资优选项目，总投资1.6万亿元。加大中央预算内投资对旅游项目的支持力度。“515战略”实施以来，发改委安排国家专项建设资金690亿元支持旅游基础设施建设。推动设立中国旅游产业基金。该基金总规模500亿元，首期100亿元。各地纷纷响应，湖北、重庆、云南、四川、江西、山东、广东等先后设立了规模在20亿元以上的旅游产业投资基金，浙江省设立了规模为100亿元的旅游投资基金。

**五、狠抓乡村旅游，旅游扶贫和旅游富民取得突破**

政策扶持，汇聚扶贫合力。会同发改委、国土部、农业部等11个部门联合发布《全国乡村旅游扶贫工程行动方案》，实施乡村旅游扶贫八大专项行动。开展资源普查，精确扶贫对象。对全国12.8万个建档立卡贫困村进行旅游资源普查，梳理出具备发展乡村旅游条件的贫困村2.26万个，涉及建档立卡贫困户230万户，贫困人口747万人。设立国家乡村旅游扶贫观测中心，推动乡村旅游精准扶贫、精准脱贫。总结推广旅游扶贫模式。召开乡村旅游与旅游扶贫促进大会，推出乡村旅游“千千万万”品牌，总结推广景区带村、能人带户、企业+农户、合作社+农户等旅游精准扶贫模式，推出500个旅游精准扶贫示范项目。开展旅游扶贫带头人培训。举办乡村旅游扶贫培训班，完成对2 200多名旅游扶贫村村官的培训。创新帮扶模式。开展旅游行业“万企万村”结对帮扶活动。组织全国300家旅游规划机构对560个试点村开展旅游规划公益扶贫行动。推动农业发展银行、中信银行等金融机构加大对乡村旅游和旅游扶贫项目的支持。深入开展乡村旅游创新创业行动。建立60家“中国乡村旅游创客示范基地”，大力发展乡村旅游电商，推出乡村旅游“后备箱”工程。

**六、强力推进厕所革命和公共服务品质提升取得突破**

细化行动方案。出台《厕所建设管理三年行动计划》和《旅游厕所建设管理指南》等系列文件。两年来，全国新建改扩建厕所43 663座，完成厕所革命三年行动计划（5.7万座）的76.6%。加强政策和资金引导。联合国土资源部、住建部推出旅游厕所用地保障的政策措施。加大财政转移支付对革命老区、民族地区、边疆地区、贫困地区厕所建设的支持。通报表扬101个厕所革命先进市。召开大型企业投身厕所革命座谈会。出台厕所建设标准。修订出台《旅游厕所质量等级的划分与评定》标准，科学配置坐蹲位、男女厕位比例，将旅游厕所质量等级标准与A级旅游景区、乡村旅游点、星级旅游饭店、全国旅游休闲示范城市等标准衔接。推动厕所科技应用。与比尔·盖茨基金会联合举办首届全国厕所技术创新大赛，推动解决孤厕、旱厕、冰厕及游客集中高强度使用等技术难点。开展厕所文明提升行动。倡导游客文明如厕行为，举办全国“百城万众厕所文明宣传大行动”“世界厕所日暨中国厕所革命宣传日”“全国旅游厕所革命万里行”等活动。加强厕所革命督导检查。先后赴黑龙江、河北、青海、福建、吉林等地开展暗访督查。

**七、狠抓旅游市场整治，规范旅游秩序取得突破**

重拳出击，严厉打击“不合理低价游”等旅游顽疾。2016年2月，国办出台《关于加强旅游市场综合监管的通知》。联合发改委、公安部、财政部等12部门组成40个工作组，对31个省区市开展专项督查，联合最高人民法院加强旅游景区等游客相对集中区域派出法庭建设和巡回审判工作，联合中央网信办开展“旅游网站严重违规失信”专项整治。实施依法治理旅游市场秩序三年行动计划，开展“不合理低价游”专项整治行动。组成40个工作组，对31个省区市开展旅游市场综合监管专项督查。2016年共查处违法违规案件1 324起，处罚819家旅行社。举办“抵制不合理低价游，明明白白去旅游”线上线下宣传活动，积极引导游客理性消费，下架8 000多条涉嫌“不合理低价游”产品。约谈通报一批整改不力的企业，重点监管一批问题频发的企业。同时，建立中泰、中韩等旅游市场监管合作机制，2016年上半年韩方取缔68家韩国旅行社的接团资格。与港澳台旅游部门共同规范内地（大陆）居民赴港澳台旅游市场秩序。健全旅游投诉机制。开通“我要投诉举报”平台，开发“全国旅游投诉举报和案件办理管理系统”，完善中国旅游诚信网平台，实现12301投诉电话对31个省区市移动、联通、电信三网全覆盖。快速受理处理游客投诉，在有效处理期内实现100%结案。启动景区动态管理机制，彻底打破A级景区终身制。我们对3家问题突出的5A级景区实施摘牌，对19家反映较大的5A级景区提出警告。组织全国31个省区市和新疆生产建设兵团旅游部门对全国A级景区进行专项整治，处理了367家4A级及以下景区，其中包括55家4A级景区在内的107家A级景区被摘牌。与发改委联合开展景区门票价格专项整治，推出1 800多家“全国旅游价格信得过景区”承诺单位，组织2 000多家5A级、4A级景区签订“三年不上涨门票价格”承诺书，旅游与价格部门建立了景区摘牌降级与门票价格调整联动机制。实施《景区最大承载量核定导则》，公布5A级景区最大承载量。大力弘扬文明旅游，推动不文明行为记录“长牙齿”。我们开展“文明旅游背包行”“文明旅游中国公民公约大家定”等系列宣传活动。成立“中国旅游志愿者”队伍。目前全国已有13.5万名志愿者，累计服务2万多小时。同时，加大不文明行为记录惩戒力度，建立健全旅游失信“黑名单”定期发布制度，目前，已公示76件旅游经营服务不良信息记录，25人被记入旅游不文明行为记录。我们还发布假日旅游“红黑榜”，并组织全国6 000家旅行社自愿签订《旅行社诚信经营承诺书》。

**八、狠抓旅游外交，中国旅游国际影响力取得突破**

2015年以旅游为平台创新举办“中日友好交流大会”。习近平主席亲自出席并作重要讲话。2016年由中国政府和联合国世界旅游组织共同成功主办首届世界旅游发展大会，这是党中央、国务院着眼外交全局和旅游业发展作出的重要决定，是“中国倡议、中国创意、中国主导”的一次重大主场旅游外交活动。成功举办“中美旅游年”、“中韩旅游年”、“中印旅游年”、“中墨旅游年”、“中国—中东欧旅游合作促进年”等上千场活动。围绕“一带一路”国家战略，首次建立中俄蒙三国旅游部长会议、丝绸之路旅游部长会议等机制。与一系列国家和地区举办200多场重点旅游交流合作，诸国元首出席，如埃及总统、哥斯达黎加总统、莫桑比克总统、汤加国王、柬埔寨首相。首次开展旅游援外国际合作，增强我国旅游的国际影响力。未来5年中国将对外实施50个国际旅游合作项目，这是中国旅游对世界旅游发展作出的承诺。

**九、狠抓入境旅游，扩大旅游出口取得突破**

创新建立国家——地方——企业——海外四位一体市场推广体系。推动成立长城旅游带等18个区域性旅游市场推广联盟，推出丝绸之路等十大旅游精品线路和世界遗产等13个国际旅游品牌，推出300种具有地域代表性和文化特征的中国旅游金牌小吃。在全球启动“熊猫走世界·美丽中国”旅游营销活动。组织“陆上丝绸之路”、“海上丝绸之路”、“古老长城”、“天下黄河”等系列海外专项推广，组织参加德国柏林展、英国伦敦交易会、香港旅展、台湾旅展等30多场境外展会。在纽约等全球七大国际机场集中投放旅游广告。组织“千名美国游客游长城”等系列请进来活动。推进中国国际旅游交易会改革，更好地发挥地方和企业的积极性。改善入境旅游消费环境。联合财政部、商务部、海关总署、税务总局出台《口岸进境免税店管理暂行办法》，新增设广州白云、成都双流等19个口岸进境免税店。全面落实CEPA涉旅政策，开放港澳独资旅行社经营内地居民出境游业务。首次与澳门建立“促进澳门世界旅游休闲中心建设联合工作委员会”，支持澳门举办世界旅游经济论坛。协调推进横琴国际休闲旅游岛、平潭国际旅游岛建设。加大对港澳台市场开发力度。连续两年实施“港澳台青少年赴内地（大陆）游学工程”。首次举办内地旅游·（港澳）嘉年华。支持举办内地与港澳邮轮旅游合作发展大会，协调推进粤港澳区域邮轮旅游合作。

**十、狠抓红色旅游，红色旅游的国际合作和红色旅游扶贫取得突破**

推动红色旅游国际合作。举办中俄红色旅游合作交流系列活动。推动将中共六大常设展览馆建成中俄红色旅游基地。举办为期一个月的“重走长征路”等红色旅游系列主题活动。开展“铭记历史　圆梦中华”纪念世界反法西斯战争胜利暨抗战胜利70周年等红色旅游主题活动。出台《红色旅游发展三期规划》及《“重走长征路”国家红色旅游精品线路专项规划》。强化红色旅游扶贫功能。着力推动大别山区、中央苏区、陕甘边区等区域合作，支持老区经济发展。加强红色旅游基础设施建设。两年中央财政共安排红色旅游发展资金26.4亿元，其中旅游基础设施和公共服务基础设施建设16.55亿元。涉及红色旅游的航线已达749条，公路、铁路运力进一步加大，红色旅游列车运营线路增至69条。

**十一、狠抓旅游数据中心建设和人才培训，旅游统计和旅游队伍建设取得突破**

国家旅游局数据中心已构建六大核心数据库，初步解决了长期无统计的被动局面。举办第一届旅游业改革发展青年研修班。继续实施“万名旅游英才”计划。两年累计培养6 000多名旅游高级人才。继续实施中高级导游“云课堂”研修项目。目前，注册学员28.4万人，学习总时长4.7万个小时。联合教育部出台《加快发展现代旅游职业教育的指导意见》，完成对中高级导游等级教材、考试大纲修订及导游等级考试工作。继续开展导游援藏、人才援疆工作，实施89个高级导游工作室项目。编撰出版《世界著名旅游丛书》第一辑、第二辑。启动编撰《当代旅游学》和《中外旅游大百科》。

**十二、狠抓新闻宣传，在营造良好的旅游业舆论环境上取得突破**

建立和完善新闻管理平台，拓宽新闻传播渠道。我们改版升级中国旅游网，创办《中国旅游之声》和《旅游外交参考》。建立旅游新媒体宣传推广、中国旅游新闻网络、中国旅游视频资讯传播三大平台。创新推出年度中国十大旅游新闻、十大旅游新闻人物和世界十大旅游新闻。加强旅游重大热点宣传。主动与中央主流媒体对接合作，策划了一批重大新闻题材。2016 年，新闻联播共播出旅游新闻 59 条。提升应对舆情能力。建立 24 小时全领域涉旅舆情监测平台和全国涉旅负面舆情通报制度。在“台湾 719 游览车事故”和“新西兰地震”等突发事件的应急处置中第一时间应对，正面引导，有效消除负面影响。

## 国家开发银行 2016 年业务综述

国家开发银行政策研究室主任　李小涛

截至 2016 年末，国家开发银行全行资产总额 14.04 万亿元，较年初增长 14%；贷款余额 9.7 万亿元，较年初增长 9%；金融债券余额 7.75 万亿元；实现银行净利润 1 048 亿元，集团净利润 1 096 亿元；不良贷款率 0.89%，连续 47 个季度控制在 1%以内；资本充足率 11.5%，拨备覆盖率 482%，可持续发展和抗风险能力进一步增强。

**一、业务发展**

1. 围绕“三去一降一补”精准发力。严控对产能过剩行业的新增授信，同时积极支持优质骨干企业兼并重组、转型升级。推动棚户区改造货币化安置与去库存有效衔接，发放棚改货币化安置贷款 5 435 亿元，消化存量商品房 6 538 万平方米。稳妥推进专项基金业务，助力企业优化融资结构。贯彻减费让利政策，减免中间业务收费 30 亿元，定向债置换 4 206 亿元，降低企业融资成本。加大对扶贫、棚改、科技创新、生态环保、基础设施等短板领域支持力度，夯实经济社会发展基础。

2. 统筹资源着力振兴实体经济。发挥中长期投融资作用，支持国民经济重点领域和薄弱环节，促进实体经济平稳发展。以城市轨道交通、城市地下综合管廊、海绵城市、特色小镇等领域为重点，发放新型城镇化贷款 1.59 万亿元。积极支持铁路、水利项目建设，发放铁路贷款 1 725 亿元、水利贷款 811 亿元。促进区域协调发展，发放援疆贷款 580 亿元、援藏贷款 272 亿元。持续推进绿色发展，发放环保和节能减排贷款 2 391 亿元。实施创新驱动发展战略，启动科创企业投贷联动试点，发放战略性新兴产业贷款 2 368 亿元。

3. 融资融智相结合助力脱贫攻坚。以扶智建制为引领，按照“易地扶贫搬迁到省、基础设施到县、产业发展到村（户）、教育资助到户（人）”的“四到原则”，精准发力，全年发放精准扶贫贷款 3 153 亿元，实现脱贫攻坚业务良好开局。积极构建脱贫攻坚推动机制，成立扶贫金融事业部，强化组织保障，加强与国家有关部委合作，参与扶贫政策制定。完善支持和服务保障体系，派驻 183 名扶贫金融专员深入乡村，专门开展扶贫工作。加大融智服务力度，编制 28 项脱贫攻坚系统性融资规划，举办 9 期脱贫攻坚研讨班，培训 462 个贫困县的 602 名干部，助力地方政府打赢脱贫攻坚战。

4. 发挥棚户区改造融资主渠道作用。紧紧围绕政府发展规划，立足群众迫切需求，鼎力支持各地棚户区改造，全年发放棚改贷款 9 725 亿元。因城施策推动货币化安置，对库存量较大的城市，严控新增安置房比例，促进房地产市场去库存。拓宽棚改资金融资渠道，通过银团贷款、发行棚改专项资产证券化产品等金融产品，引导社会资金支持棚改建设。加强贷款资金与项目对接，严格执行棚改标准，优化资金支付制度流程，加快资金支付，继续保持棚改贷款零不良。

5. 以“一带一路”为重点推进国际合作。以基础设施互联互通、国际产能合作、经贸产业合作区为抓手，深入开展国际规划合作，推进雅万高铁、英国 HPC 核电等重大项目。深化与上合银联体、中国—东盟银联体、金砖国家银行合作机制成员行合作，成功举办“长投俱乐部指导委员会会议和 D20 年会”，与世界银行联合举办“第二届对非投资论坛”。截至 2016 年末国际业务贷款余额折合 2 779 亿美元，支持“一带一路”项目 302 个，贷款余额 1 138 亿美元。

**二、资金筹集**

全年市场化发债 1.5 万亿元。发行外债 65 亿美元，完成首笔境外银团借款 10 亿英镑。发行二级资本债 300 亿元。发行 9 期扶贫专项债，筹集易地扶贫搬迁资金 336 亿元。首批开行债指数基金成功发行，首批开展银行间预发行交易，独家首发英文发债公告。首推绿色企业债及绿色永续票据、金砖银行绿色债及世行 SDR 债等创新。完成银行间市场首笔外币质押式回购交易，大力推进债券借贷及信用违约互换。

**三、综合金融服务**

拓展中间业务，稳健开展票据承兑、理财、保理等业

务创新。“一司一策”推进子公司改革，在投贷联动、债贷结合、租贷协同等方面发挥集团优势，实现协同资金到位2 703亿元。国开金融设立全国首家投贷联动科创平台并实现首个项目落地，国家集成电路产业基金投资300亿元。国开证券成功引入战略投资者，证券承销、资管、投行等主要业务实现逆市发展。国银租赁顺利完成香港联交所上市，成为开行集团第一家上市平台、国内资本规模最大的金融租赁公司，爱尔兰航空租赁专业子公司获批筹建。中非基金完成中非基金三期和中葡基金二期增资，肯尼亚代表处顺利开业，全年投资回收及增值收益均创历史新高。

**四、经营管理**

加强规划研究，以“十三五”系统性融资规划为着力点，做好重大区域、行业和战略客户规划，深入开展缓解企业融资难融资贵、金融支持实体经济等研究。加强财务管理，全面推进降本增效。优化资产负债管理，在负债端降低普通债发行成本，在资产端严控流动性和银行账户市场风险，提高流动性运作收益。提升信息科技支持水平，加强营运管理，严守支付零损失底线。

**五、风险管理**

扎实推进风险文化建设，树立大风险观，把服务战略放在首位，在支持发展中防范风险。完善全面风险管理体系，完善“双名单”管理机制，推进风险管理责任认定机制。加强风险预警管理，建立快速响应机制，提高对各类风险事件的应对和处理能力。加大风险化解力度，坚决守住资产质量底线。推进内审能力建设，着力推进重点业务跟踪审计，维护国有资产安全。

**六、深化改革**

2013年7月，按照国务院关于深化开行改革的部署，开行研究提出了深化改革“三步走”战略路线图，即第一步解决开行长期债信问题，第二步搭建银行控股集团架构，第三步推进开行立法。经过不懈努力，开行深化改革“三步走”战略成功实现。2015年5月，银监会明确开行发行的金融债券风险权重为零，不设到期日，从根本上解决了开行债信问题。开行先后设立住宅金融事业部、扶贫金融事业部等，集团架构日趋完善。2016年11月，国务院批准《国家开发银行章程》，在业务范围、债信政策、治理结构、组织机构、风险管控和监督评价等方面作出针对性安排，为发挥开发性金融作用奠定了制度基础。“三步走”改革战略成功实现，是开行改革发展史上的重要里程碑，为开行助力中国经济社会发展奠定了坚实基础。

**七、社会责任**

开行立足开发性金融机构定位，围绕“增强国力，改善民生”，秉承责任、创新、绿色、稳健、共赢的核心价值观，主动发挥在重点领域、薄弱环节、关键时期的开发性金融功能和作用，积极为服务实体经济、推动区域协调、促进社会公平、扩大国际合作、发展绿色金融提供支持，为更高质量、更有效率、更加公平、更可持续的发展作出贡献。2016年，开行的工作得到社会各界广泛认可，连续11年获人民网“人民社会责任奖”，获新华网“中国社会责任特别贡献奖”，获《金融时报》和中国社会科学院金融研究所“年度最佳服务供给侧改革银行”，中国银行业协会“年度最具社会责任金融机构奖”，联合国全球契约中国网络首届“实现可持续发展目标先锋企业”，中国企业管理研究会和北京融智企业社会责任研究院“最佳社会责任报告奖”、“最佳海外沟通实践奖”等奖项。

## 担当社会责任，以行动的力量支持我国对外经贸转型发展

中国银行

2016年是“十三五规划”的开局之年，也是我国全面深化改革、构建开放型经济新体制的关键之年，中国银行继续秉承“担当社会责任，做最好的银行”的经营理念，勇当国家战略践行者，充分发挥专业优势，持续加大对外贸进出口的全方位金融支持，助力“走出去”客户跨境贸易和投资活动，创新金融服务支持配套政策措施落地和贸易新业态发展，以行动的力量支持我国对外经济贸易转型发展。

**一、发挥主渠道银行作用，为对外贸易发展提供优质服务**

2016年，中国银行继续发挥结算主渠道银行作用，集团全年办理国际结算业务量3.63万亿美元，境内机构办理国际贸易结算业务量1.25万亿美元，市场份额稳居同业首位，为我国近三分之一外贸进出口业务提供结算服务支持。

中国银行积极配合人民币国际化战略，培育境内外市场主体使用人民币进行贸易和投资的需求。2016年，中国银行人民币国际化业务继续领跑全球，全年集团跨境人民币结算量超过4万亿元，清算量达312万亿元，开立人民币清算账户数超过1 500个，继续保持全球同业第一，是全球金融机构、企业及个人客户信赖的人民币业务主要合作银行。在全球人民币清算行中，中国银行占据“半壁江山”，特别是中行纽约分行受任担任美国人民币清算行更是具有重要意义，便利中行为境内外机构提供全方位的跨境金融服务，为人民币国际化的深入推进作出更加积极的贡献。

**二、强化贸易融资支持，助力实体经济健康发展**

中国银行一直以来高度重视贸易融资对实体经济的助

力作用，不断丰富贸易金融服务进出口企业的内涵和外延。在传统贸易金融产品的基础上，中行积极开展产品和服务创新，推出出口退税托管账户质押融资、保理池融资、特险项下信保融资、银行投保项下信保融资等多项融资服务，构建了涵盖进出口企业整个贸易链条的全产品解决方案，并围绕企业个性化需求，为客户设计差异化的产品和产品组合创新方案，帮助企业在跨境贸易中加快资金周转，扩大国际市场购销，全面提升对进出口企业的服务能力。2016年中行境内机构累计投放人民币贸易融资超过5 000亿元，投放外币贸易融资550余亿美元。

同时，中国银行深化全球供应链金融试点，为我国企业提升全球供应链管理能力提供有力支撑。近年来，中国银行大力发展全球供应链金融业务，综合运用订单融资、应收账款融资等产品，为供应链核心企业提供覆盖全球产业链条的金融服务方案，帮助核心企业及其上下游企业在全球范围内获得授信支持，降低财务成本，润滑供应链条，提升全球竞争力。

为支持大宗商品贸易发展，中国银行在新加坡、伦敦、纽约和上海四地设立大宗商品业务中心，分别辐射亚太、欧非、美洲和国内，形成全球覆盖、海内外一体化运营模式，不断完善大宗商品业务体系。2016年，中行深入推动四地大宗商品中心专业化运营发展，加强结构化产品融资创新，为企业在大宗商品领域的交易活动提供集结算、融资、套期保值于一体的金融服务。此外，中行大力支持上海国际能源中心、港交所前海现货交易平台面向国际的商品交易平台建设，积极与全球主流交易所开展业务合作，发挥境内外交易所在帮助企业全球化统筹配置要素资源、促进实体经济稳步增长方面的积极作用。

**三、发挥专业化优势，助推国家战略实施**

中国银行积极发挥对外担保业务优势，为"走出去"企业跨国经营提供信用支持并规避风险，为对外承包企业、高端装备制造企业海外承揽大型工程项目投标、建设、维修等全过程提供相应的保函业务支持，增强企业资信，帮助企业实现项目顺利签约，开拓海外市场，有效带动了国际产能合作重点行业设备、材料和劳务的输出。此外，中行还为企业境外融资提供担保支持，向企业提供"内保外贷"和境外融资服务，支持了企业海外业务扩张和市场开拓。为我国企业境外投资和工程承包企业规避国别地区风险，中行发挥专业优势，结合保函受益人所在国家、当地法律等情况，为企业提出切实可行、风险可控的保函业务方案，保障中资企业的利益。此外，为提升保函服务效率，中国银行为大型企业和"一带一路"重点项目专门开辟了外币保函业务的绿色通道，提高服务效率。

鉴于各个国家或地区在市场环境、监管政策、商业模式方面有所差别，中国银行发挥自身在国际业务领域的专业能力和经验，娴熟运用国际规则帮助企业开展贸易往来，运用资金交易、保值避险等产品服务及风险管理工具，帮助企业规避交易风险。同时，中国银行与亚洲开发银行、劳氏海事调查、伦敦海事调查局等国际组织或专业机构合作，为企业提供市场资讯和风险管理策略，核实交易背景真实性，助推国际贸易顺利开展。

为支持国内中小企业"走出去"和发展跨境贸易，近年来，中行推出中小企业跨境投资与贸易的撮合服务。目前，中行已在全球举办28场中小企业跨境投资与贸易撮合会，发挥金融媒介作用，促进跨境交易撮合，为企业国际贸易全程提供综合化、个性化解决方案。撮合会吸引了15 000余家中外企业参加，企业在"一对一"的洽谈中初步达成合作意向5 000余项，其中，2 000多项已形成实质合作。

**四、强化产品创新驱动，推动贸易转型发展**

自贸区是我国积极主动对外开放的"试验田"和窗口，中国银行紧跟自贸区政策，大力支持自贸区改革试验。改革试点启动以来，中国银行几乎囊括绝大多数自贸区金融首单业务，2016年在上海自贸区率先叙做首批自贸区全功能型跨境人民币双向资金池业务、首批国际贸易再融资等业务，为自贸区金融创新再添新力。中行还积极支持广东、天津、福建自贸区跨境人民币政策细则落地，在三地自贸区均实现跨境双向人民币资金池、个人经常项下跨境人民币、人民币境外放款等业务首发。

随着海关通关一体化改革的深入推进，中国银行继续参与改革进程，成为首家与海关系统成功对接的银行，协助海关总署完成保函业务操作指引制定等工作，支持海关快速投产区域通关一体化保函，为企业提供缴税更便利、通关更快捷的金融服务。推动京津冀协同发展、长江经济带、"一带一路"和东北地区振兴等战略实施，为促进对外贸易稳定发展发挥更大作用。目前，中行区域通关一体化保函业务规模在同业中处于领先地位，关税保函业务创新与业务量引领市场。

近年来，跨境电商、外贸综合服务企业等综合平台已经成为我国对外贸易活动中的重要新兴力量。中国银行主动加强同跨境电商综合平台的合作，为新型贸易业态的发展提供综合金融解决方案，如加强同"一达通"等外贸综合服务企业的合作，为一达通及其服务的中小外贸客户提供结算、融资等在线综合服务，并大力拓展在线供应链金融服务，有力支持了新型贸易形态发展。此外，中国银行积极贯彻落实国务院加快服务贸易发展相关政策，加大服务贸易产业融资支持力度。2016年，中国银行境内机构办理服务贸易结算1 896亿美元，保持同业领先。

**五、强化专业引领，推动惯例规则完善**

中国银行积极支持外汇市场自律发展，担任外汇市场自律机制牵头行，推动外汇市场和人民币国际化新发展。中国银行在2016年成立的全国外汇市场自律机制中担任总体牵头行、外汇和跨境人民币展业工作组牵头行，在人民银行和外汇管理局的指导下，与同业加强交流与合作，共同完善外汇市场自律机制，推动外汇市场和人民币国际化新发展。

中国银行主动参与国际规则和国家政策制定，在国际商会等多个国际专业组织担任重要职位，参与国际经济贸易规则制定，增强我国在全球多边贸易体系中的话语权。同时作为银行业协会贸易金融委员会主任单位、中国国际商会银行业委员会主席单位，中行发挥专业引领作用，推动国内商业环境及监管法规制度的完善，助力我国企业“走出去”。中行参与了最高人民法院《关于审理独立保函纠纷案件若干问题的规定》、人民银行《关于全口径跨境融资宏观审慎管理有关事宜的通知》、外汇管理局《关于便利银行开展贸易单证审核有关工作的通知》等法规制度的拟定和论证工作，代表商业银行提出建议，积极推动监管法规制度最终出台。

立足当下，展望未来，中国银行将继续践行“担当社会责任，做最好的银行”发展战略，坚持金融服务实体经济方向，把自身发展融入到国家深化改革开放、构建开放型经济新机制的整体格局中，把握“一带一路”、人民币国际化、自贸区改革试验等战略机遇，充分发挥贸易金融业务优势，深化产品创新，为客户提供更为优质、高效、便捷的服务，为我国对外经济贸易发展提供更强有力的金融支持。

# 2016 年中国消费品市场运行情况

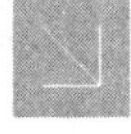

中国商业联合会

## 一、2016 年中国消费品市场运行情况

2016 年，我国消费品市场同比增长 10.4%，增速放缓幅度是 2011 年以来最低的，仅为 0.3 个百分点。消费品市场之所以能保持较快增长，主要原因有以下几点：一是居民消费价格涨幅回升；二是汽车市场在购置税减半的政策刺激下，消费提前释放；三是大宗商品价格上涨，石油市场回暖；四是商品房销售面积增速达到 2010 年以来最高，带动相关商品销售快速增长。

另外，我国消费品市场压力依然较大：扣除价格因素，实际增速已回落至 10% 以下；网上实物零售额增速放缓至 25.6%，电商人口红利逐渐消减；餐饮收入增长 10.8%，增速三年来首次放缓；乡村消费品市场增速放缓幅度大于城镇，两者增速差距缩小至 0.5 个百分点；大型零售企业增速继续下滑。

2016 年，我国消费品市场增速进一步放缓。全年社会消费品零售总额实现 332 316 亿元，同比名义增长 10.4%，增速放缓 0.3 个百分点。扣除价格因素实际增长 9.6%，增速放缓 1 个百分点。从各月增速情况来看，2015 年 10 月至 2016 年 4 月，2016 年 8 月至 2016 年 12 月，这两个时间段商品零售价格指数涨幅较快，在此影响下，社会消费品零售总额的名义增速与实际增速的差距也在不断扩大。

**2006—2016 年中国社会消费品零售总额同比增速**

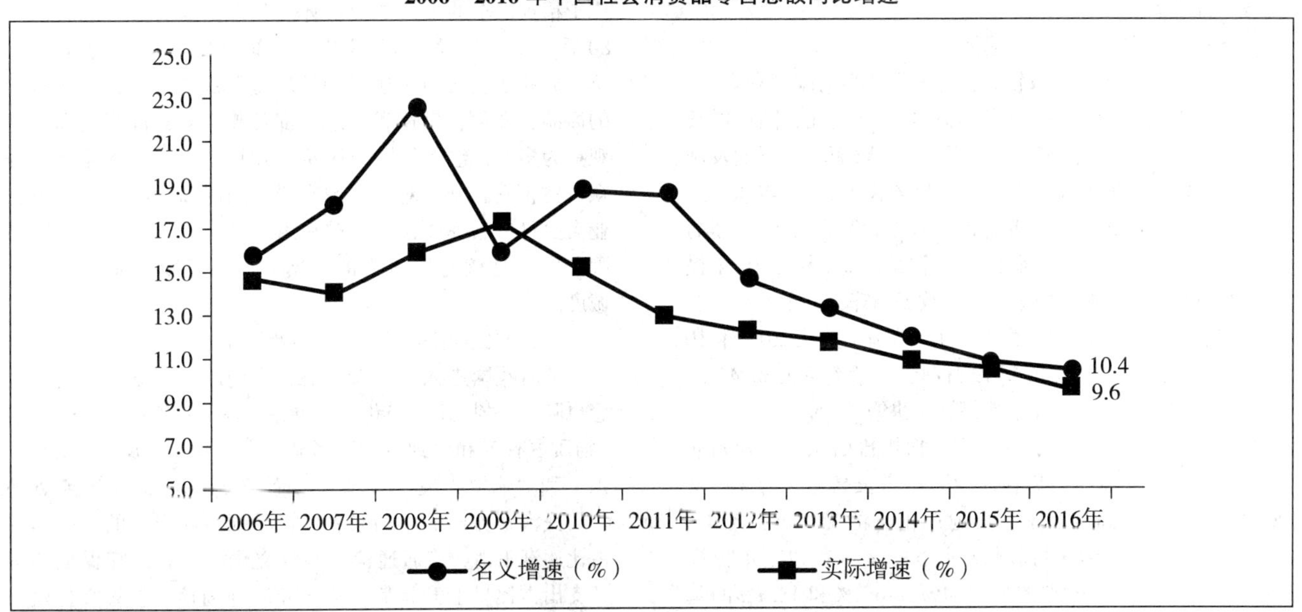


**数据来源**：国家统计局。

（1）网络消费增速持续放缓

2016 年全国网上零售额 51 556 亿元，比上年增长 26.2%，增速较 2015 年放缓 7.1 个百分点。其中，网上实物商品零售额 41 944 亿元，同比增长 25.6%，增速虽较 2015 年放缓 6 个百分点，但仍高于实体店零售额增速 17.1 个百分点。网上实物商品零售额占社会消费品零售总额的 12.6%，该比重较 2015 年提高 1.8 个百分点。

（2）乡村消费品市场增速放缓幅度较大

2016 年，城镇消费品零售额 285 814 亿元，同比名义增长 10.4%，增速较上年放缓 0.1 个百分点；乡村消费品零售额 46 503 亿元，增长 10.9%，增速较上年放缓 0.9 个百分点。扣除价格因素，城镇消费品零售额实际增长 8.1%，增速较上年回落 0.8 个百分点；乡村消费品零售额实际增长 8.8%，增速较上年回落 1.6 个百分点。2016 年，城镇消费品零售额占社会消费品零售总额比重为 86%，较上年略降 0.1 个百分点。

（3）餐饮市场增速三年来首次放缓

2016 年，我国餐饮收入达到 35 799 亿元，同比增长 10.8%，增速较上年放缓 0.9 个百分点。餐饮收入占社会消费品零售额比重上升至 10.8%，较上年提高 0.1 个百分点，基本回到 2012 年的水平。餐饮收入对消费品市场增长的贡献率达到 11.1%，拉动社会消费品零售总额增长 1.2 个百分点。

（4）大型零售企业下半年增速回升

2016 年，我国大型零售企业销售增速持续放缓，下半年市场情况有所好转。根据中华全国商业信息中心的统计数据，2016 年，我国百家重点大型零售企业零售额同比小幅下降 0.5%。其中，4 月份、7 月份、9 月份和 12 月份零售额实现同比正增长，12 月份百家重点大型零售企业零售额增速高达 7%。

（5）汽车和石油消费增速加快

2016 年，在同期基数较低和购置税减半的政策利好下，我国限额以上汽车商品零售额实现 40 372 亿元，同比增长 10.1%，增速较上年提高 4.8 个百分点。限额以上石油及制品商品零售额实现 18 697 亿元，同比增长 1.2%，增速较上年加快 7.8 个百分点。两者合计占社会消费品零售总额的 17.8%，拉动消费品市场增长 1.3 个百分点，较 2015 年提高 1.1 个百分点。根据国家统计局数据测算，汽车和石油及制品对限额以上商品零售额增长的贡献率正是从 2015 年 10 月开始由负转正，到 2016 年 12 月两者贡献率高达 50.4%。

（6）房地产相关商品消费保持较快增长

自 2015 年 6 月份起，我国商品房销售面积增速开始回升，2016 年全年商品房销售面积同比增长高达 22.5%，是 2010 年以来的最高增速。在房地产市场的带动下，家电、家具、装修市场继续保持较快增长，三者限额以上单位商品零售额在 2015 年分别增长 11.4%、16.1%和 18.7%的基础上，实现 8.7%、12.7%和 14%的增长，对限额以上单位商品零售额增长的贡献率持续提升。扣除汽车和石油及制品后，家用电器和音响器材、家具、建筑及装潢材料对限额以上商品零售额增长贡献率分别为 10%、4.4%和 5.8%，较 2015 年分别提高 0.9 个、0.8 个和 0.6 个百分点，贡献率合计超过 20%。

**二、2016 年中国消费品市场主要特点**

2016 年，我国消费品市场主要特征可以概括为“新消费”、“新零售”和“新业态”。从居民消费情况来看，我国消费升级特征明显，服务类消费支出占比进一步提升，网购消费从低价消费向高性价比品牌消费转变。从零售业改变千店一面的情况来看，针对不同收入水平的消费需求，以及多元化的消费特点，零售商逐步实现分层化、圈层化发展。从商业环境来看，零售业态打破了过去追求单一规模效益的发展思路，丰富商品品类，实现多业态协同并进，呈现出生态化的发展特点。

（一）居民消费呈现圈层化特征

一是纵向圈层。我国贫富差距明显，财富主要集中在少部分人手中。根据西南财经大学对我国家庭财富的研究，最富有的 10%家庭拥有社会总财富的 60.6%，前 1%富裕家庭的总资产、净资产、年收入均远高于前 5%富裕家庭。另外，我国财富结构呈金字塔形，金字塔的底端仍有超过 6 亿的农村人口，人均年可支配收入仅为 1.2 万元。正是这种差距悬殊的财富结构，导致了不同阶层人群的消费观差别巨大，同时，相邻阶层的消费群体也会互相影响。

二是横向圈层。从需求层次的角度来看，我国消费圈层呈纺锤型特征，位于两端的生存需求和自我实现需求占比相对较小，安全需求和精神需求占比超过 80%。同时，随着居民收入水平提高，消费升级，精神需求在我国消费需求中逐渐占据主导地位。中产阶层和年轻一代消费者构成了精神需求的主要消费群体。其中，以消费观念超前的 80 后、90 后消费者最为突出。这部分人群是伴随着我国改革开放和物质文明快速发展的环境下成长起来的，接触到的商品、文化、教育和娱乐等都日趋丰富，价值观和消费观更为多元，继而形成“因价值观而聚合，以兴趣点而分众”的消费特征。对于品牌来说，圈层商业时代意味着企业需要打造品牌文化，并对其用户进行取舍，只有认同品牌文化或是核心竞争力的消费者，才可能培养出品牌忠诚度。

（二）服务消费带动商品消费快速增长

随着我国进入经济新常态，人们的消费偏好、消费理念也随之发生新的变化。消费者幸福感的来源从过去的“物质占有”和“地位财富彰显”向“保持健康”“增长见识”和“愉悦心灵”等精神层面转变。从 2013 年到 2016 年居民消费支出的结构来看，食品烟酒和衣着的支出消费占比逐渐下滑，交通通信、教育文化娱乐和医疗保健的消费支出占比呈上升趋势，2016 年交通通信、教育文化娱乐和医疗保健的消费支出占比合计 32.5%，较上年同期提高

0.8 个百分点。限额以上商品零售中，中西药材、文化办公用品和通讯器材均保持着两位数的增长速度，零售业与旅游、文化、体育等热点服务业势必更加融合，共同发展。

（三）体验要求高的商品网购增速相对较慢

从过去情况来看，服装、家电消费占据着我国网购较大份额，食品类份额相对较小。近两年来，“穿”类消费增速放缓至网购平均增速以下，而“吃”类消费随着商品品种的丰富、物流基础不断提高，网购增速远高于“穿”类商品。同时，一些超市里价位较低、消费频次较高的标准化日用品也呈现出网上销售趋势，“用”类消费增速也快于网购平均增速。

值得注意的是，尽管 2016 年生鲜类电商发展迅速，但食品安全问题依然不可忽视。建立惩罚机制、完善仓储物流，保证食品品质才是生鲜类电商实现健康发展的关键。

（四）网购市场呈现出消费升级特征

一是品牌消费占据网购主导地位。随着网购市场的不断成熟，商品品质和服务水平逐渐成为影响消费者网购决策的重要因素，实体店品牌在网购渠道中的品牌优势得以体现。根据艾瑞咨询数据，2016 年 B2C 网购规模占比达到 55.3%，较 2015 年提高 3.2 个百分点。B2C 网购规模增速高达 31.6%，远超 C2C 市场 15.6%的增速。

双十一消费数据也可以反映实体店品牌具有较大的网上发展潜力。2016 年双十一女装排名前五的品牌中有五家来自线下品牌，而在 2013 年仅有一家是线下品牌。特别是优衣库，在 2016 年双十一期间提供“线上线下联动”的购物方式，仅 3 分钟销售额破亿元。

二是网上服务消费增速快于实物消费。2016 年网上服务零售额 9 612 元，同比增长 28.9%，增速快于网上实物 3.3 个百分点，且各月服务零售增速均高于商品零售，这表明商品消费向服务消费转变的趋势同样也发生在网购市场。

（五）零售业呈现出生态化发展特征

一是产品内容生态化。为应对消费者从单一商品需求到高品质生活方式需求的转变，近年来，一些零售商改变了过去品类单一、陈列老套、缺少亮点、价格虚高和过度促销等问题，积极调整自己的经营策略，以呈现独特生活方式为思路，精心组织商品服务，并得到消费者的认可。

二是零售业态生态化。为应对消费需求从物质需求向精神需求的转变，零售商近来减少商品零售比例，拓展餐饮、书店、室内滑冰场、儿童游乐场等多种功能业态和体验业态，利用场景占领消费者心智。

三是商业环境生态化。为提高用户在每一个消费环节的体验质量、提升消费者对品牌的粘性，大型零售商正在改变过去类似农田经济的单一经营策略，通过并购、外包或合作等形式，聚合物流、金融、信息、咨询、品牌孵化等众多生产型服务企业，形成了类似热带雨林的商业生态系统，增强企业对外部环境快速变化的适应能力。

## 2016 年中国物流业发展综述

中国物流与采购联合会

2016 年，我国物流业全面贯彻党中央、国务院决策部署，坚持新发展理念，以推进供给侧结构性改革为主线，总体运行缓中趋稳、稳中向好，各方面呈现一系列新特点，实现了“十三五”良好开局。

**一、物流运行情况**

社会物流需求稳中有升。2016 年，全国社会物流总额 229.7 万亿元，按可比价格计算，比上年增长 6.1%，增速比上年提高 0.3 个百分点。分季度看，一季度 50.7 万亿元，上半年 107.0 万亿元，前三季度 167.4 万亿元，比上年同期分别增长 6.0%、6.2%、6.1%，增速比上年同期分别提高 0.4 个、0.5 个、0.3 个百分点。

社会物流费用保持低速增长。2016 年，社会物流总费用 11.1 万亿元，比上年增长 2.9%，增速虽比上年提高 0.1 个百分点，但明显低于 GDP 增速。其中，运输费用 6.0 万亿元，增长 3.3%，增速比上年提高 0.2 个百分点；保管费用 3.7 万亿元，增长 1.3%，回落 0.3 个百分点；管理费用 1.4 万亿元，增长 5.6%，提高 0.6 个百分点。

社会物流运行质量稳步提升。2016 年社会物流总费用与 GDP 的比率为 14.9%，比上年下降 1.1 个百分点。这表明每万元 GDP 所消耗的社会物流总费用为 1 490 元，比上年下降 6.9%。

物流市场收入规模稳步扩大。2016 年物流业总收入 7.9 万亿元，比上年增长 4.6%。

基础设施投资增速有所放缓。2016 年，交通运输、仓储和邮政业固定资产投资 5.4 万亿元，同比增长 9.5%，增幅较上年降低 4.8 个百分点。

货运总体规模扩大。2016 年，全年货物运输总量 440 亿吨，比上年增长 5.7%。货物运输周转量 185 295 亿吨公里，增长 4.0%。其中，货运量四个季度增速分别为 2.2%、3.8%、5.1%、10.7%，呈现逐季加快的态势。

**二、物流市场经营情况**

物流企业规模化发展。根据国家发展改革委、中国物流与采购联合会《社会物流统计核算与报表制度》的要求，中国物流与采购联合会组织实施了重点物流企业统计调查，根据调查结果，提出了中国物流企业 50 强排名。2015 年 50 强物流企业物流业务收入共达 8 400 亿元，比上年增长

5.9%，收入规模总体有所增加；物流企业50强门槛达到22.5亿元，比上年增加2.1亿元。

兼并重组、联盟合作增多。中国远洋运输总公司与中国海运总公司重组成立中国远洋海运集团有限公司，实现船队综合运力、干散货自有船队运力、油轮运力、杂货特种船队运力等多项世界第一。战略联盟、加盟合作走向深化，铁路总公司与海尔集团战略合作，开行海尔电器特需专列。货运市场加盟模式加快推进，德邦物流签约加盟事业部合伙人突破5 000家。

跨界融合、平台整合，经营模式不断创新。快递、快运、整车等细分物流市场互相渗透，市场边界渐趋模糊。物流园区从物业管理走向仓干配市场运营，传化物流、林安物流相继推出相关货运产品。远成物流进入快递快运、冷链、供应链、地产等领域。各类企业深入推进平台战略，平台型企业整合提升，自营类企业向社会开放仓配网络。一批互联网平台企业加快商业模式迭代，积极向线下延伸，强化货源组织和服务体验，线上线下深度融合。

供应链全链条服务升级。一批物流企业融入制造、商贸企业供应链，开展供应商管理库存、物流仓配一体化、供应链金融等业务，优化供应链协作关系。招商局物流集团计划投资6亿元在无锡建设物流供应链集成服务项目。日日顺物流发布大件物流解决方案，提供仓储配送安装全程无断点服务，制定供应链服务新标杆。

物流企业结缘资本市场。长久物流、宝湾物流、圆通速递、申通快递等一批快递、物流企业相继登陆A股市场；德利得物流、亚风快运、易流科技、安捷供应链等一批创新企业跻身新三板；卡行天下、运满满、货车帮、天地汇等一批新兴企业吸引新一轮融资，各类资本加快进入物流市场。

"互联网+"高效物流深入推进。2016年7月份，国务院总理李克强主持召开国务院常务会议，部署推进"互联网+"高效物流。一年来，以"互联网+"高效物流为标志的"智慧物流"加速起步。在物流市场上出现了一批像互联网+车货匹配、互联网+货运经纪、互联网+甩挂运输、互联网+合同物流等的"互联网+"创新模式，涌现了一批像运满满、货车帮、卡行天下等"互联网+"代表性企业。传统企业积极触网，如，传化物流打造"物流+互联网+金融"的方式，构建中国智能公路物流网络运营系统。

**三、企业物流情况**

工业制造业物流需求增速平稳。2016年，工业品物流总额按可比价格计算，比上年增长6.0%，增速比上年回落0.1个百分点，呈现缓中趋稳的发展态势。工业品物流需求持续优化。采矿业、高耗能行业物流需求增速回落。装备制造业、高技术产业物流需求增速持续加快，分别比上年增长9.5%和10.8%，增速分别高于整个工业物流需求3.5个和4.8个百分点。

制造业物流助力去产能工作。2016年，受去产能影响，制造业库存水平持续降低，原材料和产成品库存降低带动物流成本降低。预计工业企业物流费用率为8.5%左右，继续保持逐步下降态势。工业企业购销比率（企业购进总额与销售总额的比率）预计为70%左右。采购环节更为合理，物流管理水平有所提升。

制造业和物流业深化联动融合。2016年，制造业与物流业两业联动发展出现新局面，在联动范围、联动关系和联动模式上都呈现出新的特点。联动开始由原来单一业务外包开始转向供应链合作。制造企业开始寻求供应链服务的总包商，如华为将整条供应链都外包给DHL和中外运。制造企业和物流企业由原来的契约关系转为战略合作关系。供应链逐步实现全程透明化。

商贸物流需求保持快速增长。2016年，单位与居民物品物流总额同比增长42.8%，增速比上年提高7.3个百分点，比社会物流总额增速高出36.7个百分点。电商、冷链等新业态物流需求持续高速增长。据国家邮政局数据显示，11月份快递业务量完成37.6亿件，日均快递业务量超过1.25亿件，是上年同期的1.4倍。

商贸物流运行效率有所提升。近年来，商贸企业物流费用率呈下降趋势，2016年我国批发零售企业物流费用率预计为7.5%左右。受益于统一配送、共同配送等新模式发展，大型连锁企业物流成本持续降低，配送效率不断提升。2011—2015年，规模以上连锁超市商品统一配送率由63.4%提高到76.6%。适应连锁经营发展需要，形成了供应商直接配送、连锁企业自营配送、社会化配送及共同配送等物流配送模式。

商贸物流服务水平稳步提高。商贸物流服务能力不断增强，"及时送"和"定时达"等个性化服务以及"门到门"等一站式服务更加普及，满足居民消费日益增长的消费物流需求。服务网络加快向中小城市延伸，向农村乡镇下沉，向居民社区拓展。例如，苏宁云商加快物流配送中心建设进度，合计投入运营7个自动化拣选中心、32个区域配送中心。

**四、行业细分市场**

（一）电商物流

电商物流市场保持快速增长。2016年，全国电子商务交易额达到26.1万亿元，比上年增长19.8%；网上零售额51 556亿元，较上年增长26.2%。其中，实物商品网上零售额比上年增长25.6%，比社会消费品零售总额增速高出15.2个百分点，实物商品网上零售额占社会消费品零售总额的比重为12.6%。

电商物流实现高速增长。电商物流跟随电商市场的快速发展保持较高的增长速度，中国物流与采购联合会发布的中国电商物流运行指数显示，2016年总业务量指数平均达到156.1点，反映出全年电商物流业务量增速超过50%。

电商物流服务能力稳步提升。电商物流和快递企业物流时效、履约水平和运作效率都有明显提高。2016年中国电商物流运行指数中，物流时效指数平均为114.8点，比2015年提升16.7点，物流送达时效提高17%，反映出物流时效性明显增强。电商物流服务能力得到了消费者的充分认可，2016年电商物流满意度指数为100.7点，保持100点以上的较高水平。

开放共享成为电商物流发展常态。随着成本的上升和个性化物流需求的增长，资源共建共享以及整合协同将是电商物流发展的基本趋势。2016年，菜鸟网络联合快递企业成立菜鸟联盟，用打造生态的方式形成物流生态平台。

物流供应链服务能力全面提升。电商企业加强全产业链的掌控和服务能力凸显电商物流服务价值。京东物流向社会推出了仓、配、客、售后全供应链一体化服务，为京东平台商家、品牌商、垂直平台等提供线上线下、全渠道的供应链整体解决方案，优化整个供应链效率。

（二）冷链物流

冷链物流市场需求进一步扩大。据中物联冷链委统计预测，2016年全国冷链物流市场需求将达到2 200亿元，同比增长22.3%，继续保持较快增长。

企业自建冷链物流逐步走向开放。2016年全国冷库预计新增305万吨，总量达到4 015万吨（折合10 037万立方米），同比增长8.2%。冷库市场结构趋于合理，冷库扎堆建设情况有所改善。很多商贸企业的内部冷链物流部门被逐步剥离出来成为单独企业，内外服务比例开始倾斜。

行业竞争加剧企业抱团发展。一方面因为行业竞争越来越激烈，另一方面客户需求正在发生变化，客户从单一的服务需求上升到全面的需求，从区域的需求发展到全国性的需求。海航冷链产业基金，以及全可冷链，都是抱团发展方面的实践者。

传统企业跨界冷链物流市场。近几年，顺丰、圆通、中国邮政、中远等相继进入冷链物流市场，铁总和各地铁路局开通多条线路的冷链班列，未来将有更多的传统物流企业分羹冷链市场，必将对冷链物流市场格局产生重要影响。

（三）医药物流

医药物流市场需求平稳增长。2016年，预计全年医药商品零售总额为1.8万亿元，医药流通直报企业主营业务收入为1.4万亿元，保持平稳增长态势。

医药企业向医药物流服务商转型。我国药品流通行业纷纷采用现代化物流设备和先进集成管理系统，实现药品物流信息化、智能化管理，并通过供应链集成、物流延伸项目等，为医药工业企业、医疗机构提供优化库存、规范管理、自动补货一系列增值服务。

第三方医药物流逐步放开。2016年2月，国务院取消从事第三方药品物流业务的行政审批，鼓励拥有完整质量体系的大型医药商业流通企业向供应链各方开放其物流资源，提高医药物流效率。九州通等大型医药流通企业积极开展第三方医药物流业务。同时，社会化第三方物流企业进入医药物流领域的窗口期已经到来。

院内物流外包和供应链管理成为趋势。随着行业的摸索，医院物流外包模式越来越多得到行业认同。据不完全统计，大型药品流通企业已为1 000多家医疗机构搭建院内药品物流信息管理平台，实现药品、耗材、医疗器械等医疗机构日常用品采购、配送、调配、科室使用全程智能化。

（四）汽车物流

汽车物流市场保持高速增长。2016年，我国汽车行业产销量均保持了高速增长态势。据中国汽车工业协会统计数据，2016年，汽车产销分别为2 811.88万辆和2 802.82万辆，同比分别增长14.46%和13.65%，直接影响了汽车物流的快速发展。

整车物流行业逐渐规范运行。2016年8月18日，交通运输部等五部门联合印发了《车辆运输车治理工作方案》（交办运〔2016〕107号），方案中明确了车辆运输车的治理思路、目标及路径，计划利用1年9个月的时间逐步淘汰不合规的车辆。自2016年9月21日治超以来，基本杜绝了“双排车”上路运行，车辆运输装备加快替换，运输组织效率有所提升，运输价格实现合理回归。

汽车物流综合运输体系更加深化。随着治超工作的顺利进行，综合运输体系建设发展迅速。铁路运输在中长距离运输商具有较大优势。2016年中铁特货完成汽车整车运输量291万辆，较上年增长55%，增加3 000辆铁路商品车运输专用车辆。汽车水路运输主要采用滚装运输的模式。2016年，我国滚装运量约为250万辆，汽车滚装运输占比较上年上涨3%。

汽车零部件物流市场备受关注。目前，全球排名前100名的零部件供应商中，80%的供应商都选择在国内开展业务，对我国零部件产业发展起到利好作用，零部件供应商物流需求十分巨大。汽车保有量的不断增加，带来汽车后市场服务需求的进一步提升。以售后服务备件物流为核心的汽车后市场物流具有巨大的发展潜力。

（五）危化品物流

危化品物流市场增速放缓。2016年，我国石油和化工行业产值将达到16.65万亿元，比上年增长至少在7.5%以上。石油和化学工业规模以上企业29 624家，实现主营业务收入13.29万亿元，增长1.7%。

化工园区推进产业集中。随着2015年底工信部印发的《促进化工园区规范发展的指导意见》，化工企业向化工园区搬迁和发展成为重点。据统计，我国目前已建成国家级、省级大型化工园区就达200多个，各类危险化学品生产、储存、运输、使用、废弃处置企业已达30多万家。据中国仓储协会危险品仓储分会对7家国家级化工园区调查统计，化工园区危化品仓储物流企业占入驻企业总量12%以上。

危化品物流运输稳步发展。目前，我国危化品公路运输仍是主要方式。从事危化品货物公路运输的企业已超过1万家，预计到2016年底，运输车辆将超过36万辆。全国危险货物运输驾驶员、押运员和装卸管理员数量分别为64.17万人、59.23万人和8.23万人，共约130万人。我国从事道路危险货物运输业的户数共计约1.16万户。

危化品仓储市场缺口较大。目前，我国约有各种类型的危化品仓储企业共5 000家，危化品仓储面积在1亿平方米的规模，危化品仓储需求在1.3亿平方米左右，供需缺口大约在30%以上，部分区域甚至更高，高端仓储的需求缺口更大。从仓储能力分布看，我国东南沿海、长三角、珠三角、环渤海湾地区占我国危化学仓储业的70%以上，中西部地区不足30%，且大多分布在大中城市和能源产地，地域性集中分布的特点非常明显。

安全和环保要求不断升级。近年来，危化品行业安全和环保发展越来越受到政府重视，多次进行专项整治。交通运输部加大危化品物流安全监管。自2001年全国危险货物道路运输专项整治以来，我国危险货物道路运输企业日益朝着规模化、专业化和集约化方向发展。环保部对危化品仓储企业的环保条件提出了高标准、严要求，已成为危化品仓储企业准入门槛和运营许可的硬道理。

（六）钢铁物流

钢铁物流需求小幅上升。2016年我国钢铁产量呈现小幅上升局面。据国家统计局数据，2016年1月—12月，我国粗钢累计产量80 837万吨，同比增长1.2%；钢材累计产量113 801万吨，同比增长2.3%。钢铁产量小幅上升带动钢铁物流需求稳步增长。

钢铁运输成本出现上涨。2016年9月21日起交通运输部、公安部在全国范围内重点开展三个“专项行动”。通过实施新的运输标准，运输车辆最大载重均有不同程度的下调，直接影响钢铁物流运输的效率，增加运输成本。新的运输标准的实施使得钢铁行业物流运输成本增加30%以上。

钢铁企业向物流领域拓展延伸。钢铁企业纷纷向上下游拓展和延伸，建立自己的物流产业链，发展现代钢铁物流。一方面是钢铁企业新型营销模式服务定位向加工、配送转化，另一方面是钢铁企业新型采购模式向外围资源基地延伸，采购、仓储、运输，三位一体。钢铁企业重视与终端用户企业建立战略伙伴关系，建立具有针对性的加工配送中心，加强增值服务。

钢铁物流园区功能拓展。钢铁物流园区通过对钢铁物流的统一规划，利用多元化服务手段等优势，成为钢铁产业链上、下游之间的桥梁和纽带。在交易方面，通过全方位打造电子商务平台，实现网上选货、网上交易和网上支付，实现钢铁交易的业态升级。像华南物流钢铁交易中心发展的钢铁供应商网络现货资源遍布全国各地，利用其现货交易平台，客户就可以享受现货查询、钢铁超市、竞卖竞买等服务，并能够在国内任何仓库实现货物的交收。

（七）连锁零售物流

连锁零售物流需求小幅下滑。据中国商业联合会、中华全国商业信息中心统计，2016年，全国百家重点大型零售企业零售额同比下降0.5%，降幅相比上年扩大0.4个百分点。

零售门店布局加速分化。百货店闭店潮仍在延续。2016年关店数量有所增加，关店主要集中在一、二线城市，并且出现向三、四线城市扩散的趋势。连锁超市加快门店结构调整。沃尔玛2016年新开门店24家，关店13家，测试新卖场形态。高鑫零售新开38家综合性大卖场，其中，欧尚新开门店5家，大润发新开33家，关店1家。家乐福在中国大陆共关闭3家门店，并计划开设40家小型便利店“Easy家乐福”。

物流配送投入继续加大。截至2016年底，沃尔玛已经在中国开设了8家干仓配送中心和11家鲜食配送中心。2016年，沃尔玛深圳配送中心二期项目正式启用，为广东、福建、云南等地约110家门店提供配送服务。近年来，商务部在22个城市开展了共同配送试点。随着电商和互联网+的快速发展，连锁零售门店、百货店、品牌店的“商圈配送”、O2O统一配送、零担货物集货与末端配送、各类批发市场等，都将是共同配送的重点领域。

线上线下加快深度融合。2016年，沃尔玛增持京东，入股新达达，合作开展O2O业务，将沃尔玛线下需求导入京东平台。京东物流将为沃尔玛山姆会员店提供仓配一体化物流服务。京东入股永辉超市，加大物流末端网点建设。苏宁布局建设改造一批新门店，提升实体门店的休闲、购物、售后、物流等线下综合服务能力，促进苏宁易购与实体门店的虚实互补、虚实结合。

**五、基础设施建设**

物流园区节点加快建设。在公路港方面，通过构建生产生活综合配套、线上线下协同联动的新模式，推进物流业与商贸、金融、互联网多业态融合发展，实现公路港转型升级。2016年，传化物流实现运营公路港26个，在建公路港14个，全国布局92个项目，计划到2022年形成10枢纽以及160基地的全网布局，打造“全国化实体公路港平台网络”。在铁路物流园方面，中国铁路总公司于2015年组织研究编制《铁路物流基地布局规划及2015—2017年建设计划》，初步完成铁路物流节点网络规划顶层设计。2016年各铁路局积极推进铁路物流中心建设工作，年底前33个一级铁路物流中心已全部基本建成投产；二级铁路物流中心基本建成98个，占比56%；三级铁路物流中心基本建成，占比约50%。在物流地产商方面，截至2016年底，普洛斯在中国已运营园区数量达到242个，面积达到2 772万平方米，继续保持高速的增长。

综合运输体系逐步完善。2016年，年末全国公路总里程469.63万公里，比上年增加11.90万公里。公路密度48.92公里/百平方公里，增加1.24公里/百平方公里。2016年，年末全国铁路营业里程达到12.4万公里，比上年增长2.5%，其中，高铁营业里程超过2.2万公里。全国铁路路网密度129.2公里/万平方公里，增加3.2公里/万平方公里。2016年，年末全国内河航道通航里程12.71万公里，比上年增加0.01万公里。等级航道6.64万公里，占总里程52.3%，提高0.1个百分点。2016年，年末全国港口拥有生产用码头泊位30 388个，比上年减少871个。全国港口拥有万吨级及以上泊位2 317个，比上年增加96个。2016年，年末共有颁证民用航空机场218个，比上年增加8个，其中，定期航班通航机场216个，定期航班通航城市214个。

**六、行业基础工作**

2016年，根据《物流企业分类与评估指标》国家标准，中国物流与采购联合会全年新评出A级物流企业649家，复核744家，A级物流企业总数达到3 968家。根据《担保存货第三方管理规范》国家标准和《质押监管企业评估指标》行业标准，完成24家担保存货及质押监管企业评估。目前，已评出93家质押监管企业。根据《物流企业冷链服务要求与能力评估指标》国家标准，完成15家冷链物流企业星级评估。2016年，中国物流与采购联合会开展了第18批、第19批物流企业信用评价工作，评出A级信用企业66家。中国物流与采购联合会共评出中国物流示范基地、中国物流实验基地9家。中国物流与采购联合会进一步完善现行统计调查制度和指数服务体系。在保持原有的PMI、物流景气指数、公路物流运价指数等指数之外，相继发布了中国仓储指数和中国电商物流运行指数。2016年，全国物流标准化技术委员会申请立项国家标准11项、行业标准3项。完成报批行业标准6项，批准发布5项。2016年，中国物流与采购联合会将原物流师、采购师职业资格认证，调整转换为物流、采购从业人员职业能力等级认证。同时，国际注册采购经理（C. P. M.）认证升级为国际注册供应管理专家（CPSM）。

**七、物流行业政策环境**

2016年，国务院及有关部门贯彻落实《物流业发展中长期规划（2014—2020）》，就交通物流融合发展、互联网+高效物流、多式联运、电子商务物流、服务型制造、节能环保、物流业补短板和降本增效等出台了一系列政策措施，各地政府部门贯彻落实国家政策，出台相关配套政策措施。全年对行业影响较大的政策包括：营改增试点全面扩围，无运输工具承运业务和道路通行服务开票资格获得承认。车型标准化工作有序推进，为期一年的新一轮治超工作开展，车辆运输车治理取得成效。无车承运人试点启动，一批试点企业名单发布。商贸物流标准化试点推进，标准化托盘扩大使用范围。快递市场清理整顿工作开展，寄递物流渠道安全要求升级。全国现代物流工作部际联席会议积极发挥协调作用，支持物流业发展的部门间合力有所加强，物流业政策环境持续改善。

## 2016年中国纺织品服装进出口情况

中国纺织品进出口商会

2016年，中国纺织品服装进出口总额达2 906亿美元，比上年下降6.1%。其中出口2 672.5亿美元，下降5.9%；进口233.6亿美元，下降8.8%；累计贸易顺差2 438.9亿美元，下降5.6%。

**一、出口连续两年下降，正式进入拐点**

与预期不同，年终最后一个月，出口再现大幅度下降，降幅又一次超过10%。纺织品服装出口继2015年下降4.9%之后，2016年继续下降，且降幅扩大至5.9%。这是中国纺织品服装出口近20年来，首次出现连续两年下降、且降幅逐年放大的局面，表明中国纺织品服装出口已正式步入拐点，进入调整周期。

2016年出口下降的主要原因包括：主要出口市场经济复苏缓慢，外需疲软；外部环境不稳，影响出口的不确定因素增多；企业生产成本不断提升，传统优势进一步弱化；产业及产品转移导致我产品在主要市场份额逐步缩小；出口商品价格出现较大幅度下跌。

进口持续三年下降，且降幅逐年扩大。主要原因是国内需求减少及进口价格下跌。

**二、贸易方式多元化效果显著，外贸综合服务体迅速扩张**

随着我国外贸政策环境的不断改进和优化，新兴贸易方式发展逐步加快，成为出口中的一抹亮色。2016年，主要贸易方式中：一般贸易出口下降5.2%，优于平均值，加工贸易下降17.2%，边境小额贸易下降18.2%。以旅游贸易、市场采购贸易为主的“其他”贸易方式则逆势增长，且增幅高达30.2%，在出口中所占份额也提升到6%，超过边境小额贸易，对整体出口形成有效正拉动。

进口方面，一般贸易和加工贸易分别下降5.5%和15%。

2016年，出口经营主体方面的主要特点表现为外贸综合服务平台企业出口增长加速，所占份额进一步扩大。全国仅“一达通”（包括浙江、深圳、山东、福建四地）企业的出口额就达到36.8亿美元，同比增长一倍以上，占全国出口额的1.4%。在全国出口企业排名中（非集团公司合码统计），四家“一达通”企业分别居第一、第三、第五和第六位。

民营企业所占份额进一步提升，2016年民营企业出口占比达68.5%，比上年扩大1.9个百分点，出口额下降3.2%，优于平均值；国有企业和三资企业则分别下降9.6%和11.7%。

纺织服装业作为传统劳动密集型产业，具有企业多、分布散、规模差距大的特点。近年来，伴随着产业结构调整、转型升级的加快，出口企业集中度有所提升。从出口数据看，年出口额在5 000万美元以上的大型、超大型企业家数比上年减少70余家，但出口金额占比仍保持在28%，与上年持平。

**三、对主要市场出口全部下降，“一带一路”国家现增长点**

1. 欧盟——政治经济环境恶化导致我对欧盟出口继续下滑。2016年的欧洲进入多事之秋，英国公投“脱欧”、难民危机及恐袭事件频发使欧洲经济雪上加霜，仍处低位徘徊。受此影响，我纺服对欧盟出口连续第二年下降。出口额495亿美元，下降6.8%。主要商品针、梭织服装出口量下降0.4%，单价下跌幅度大，达9.4%，家用纺织品出口额下降1.4%。

2. 美国——对美出口现20年来首降，服装出口量价齐跌。按单独国家统计，美国是我纺织品服装第一大出口市场。1996—2015年，我对美出口规模逐年扩大，连续增长，20年间出口额扩大了14倍。美占我出口份额也扩大到17%，美市场已经成为我纺织品服装出口的“晴雨表”。2016年，对美出口现20年来首降，出口额450.2亿美元，下降5.7%，对整体出口形成负拉动。

纺织品和服装分别下降2.5%和6.8%，主要出口商品中，针、梭织服装合计出口量下降2.2%，单价下跌3.9%，家用纺织品出口额下降1.5%。

3. 东盟——服装出口大幅回落，盟内各国差异化明显。2016年对东盟出口继续回落，出口额333.6亿美元，下降6.9%。其中，纺织品出口增长1.9%，服装下降23.9%。重点出口商品中，纱线、面料的出口数量均保持增长，出口单价下跌，针梭织服装则表现为量、价齐跌。

东盟10国表现不均，对菲律宾、泰国、柬埔寨、缅甸和老挝出口实现较快增长，另5国则出现不同程度的下降。菲律宾取代越南成为我对东盟新的出口增长点，增幅达35.2%，越南则下降18.6%。

4. 日本——对日出口连续第4年下降。日本经济持续低位运行、产业转移导致我对日本出口连续第4年下降，但降幅较前两年稍缓。出口额203.3亿美元，下降6.1%。重点出口商品中，针、梭织服装出口量合计下降1.8%，出口单价下降5%；家用纺织品出口额下降3.7%。

5. 新兴市场表现不佳，“一带一路”国家现出口增长点。传统市场不振，新兴市场表现亦不佳。受经济走低、货币贬值等因素影响，巴西、南非等国的进口需求减弱，我对其出口分别下降29%和16.4%。对俄罗斯下降4.2%，对印度基本持平，微降0.1%。在国家政策推动下，“一带一路”国家正逐步成为外贸新热点。2016年对“一带一路”国家累计出口891.5亿美元，占总出口的比重达33.4%。其中，对一半国家出口实现增长，主要集中在中东欧、西亚北非、东盟，以及乌克兰、白俄罗斯等原苏联国家。其中，吉尔吉斯斯坦在国内经济形势转好的带动下，兼具与新疆毗邻的地理优势，表现最为突出。当年，我对吉出口猛增52.3%，其中服装出口增长76.2%。

进口方面，越南首度居我进口来源国（地区）第一位，占进口份额的比重升至12.6%。近年，东盟占我进口份额逐年快速扩大，5年间提升了10个百分点，中国复进口规模逐年缩小。

6. 中国产品在三大传统市场中所占份额继续下降，且渐有加速之势。2016年，我在三大市场中所占份额均继续下降，且下降速度较前几年有所加快，尤其在欧盟市场和美国市场。

据欧盟海关统计，2016年，欧盟自全球进口纺织品服装1 247.1亿美元，与上年基本持平。其中，自中国进口下降6%，自东盟进口增长6.7%。中国在欧盟市场份额为34.7%，比上年下降2.3个百分点。东盟市场份额为10.4%，较上年扩大了0.6个百分点。孟加拉国、土耳其、印度和巴基斯坦合计占到38.1%的市场份额，扩大1.4个百分点。

据美国海关统计，2016年，美国自全球进口纺织品服装1 159.8亿美元，下降5%。其中，自中国进口下降7.8%，自东盟进口下降3.8%。中国产品在美市场份额为36.9%，比上年下降1.1个百分点。东盟在美市场份额为19.94%，比上年扩大0.3个百分点。

据日本海关统计，2016年，日本进口纺织品服装362.7亿美元，下降1.6%。其中自中国进口下降5.7%，自东盟进口增长7.6%。中国在日本市场所占份额继续缩减至61.8%，比2015年再降近3个百分点。同期东盟所占份额升至23.2%，比2015年提高了2个百分点。

**四、大类商品出口价格普遍下跌**

纺织品和服装分别出口1 062.2亿美元和1 610.3亿美元，分别下降3%和7.7%，服装下降趋势更为明显。从量价指数分析，纺织品出口数量指数为105.2，服装为98.8，纺织品出口价格指数为92.1，服装为93.5。这表明纺织品和服装出口下降的主因均在于价格下跌。

大类商品中，针、梭织服装合计出口量仅下降0.7%，但出口价格下跌7.5%；纱线出口量增长11.7%，出口单价下跌11.7%，其中化纤纱线和棉纱线下跌最快；面料出口量增长5%，单价下跌8.5%。

近年，纺织品服装大类商品的出口价格整体呈现跌势。2012—2016年间，纱线价格累计下跌30%，面料下跌9%，针梭织服装合计下跌6.8%；其中，针织服装下跌7.5%，梭织服装下跌14.1%。

**五、东部地区出口全部下降，新疆实现两位数增长**

全国八成以上省（市、区）出口下降，其中东部地区各省市无一幸免，全部下降，但平均降幅为4.8%，优于平均值；中部地区表现较好，平均降幅3.1%。其中，湖南出口实现35%的快速增长；西部地区下降最快，降幅达19.6%。

主要出口省市中，排名前五位的浙江、广东、江苏、福建和山东分别下降5.9%、3.5%、0.6%、8.2%和1.8%。

作为“一带一路”前沿省份，新疆依托自身的地缘优势和棉花资源优势，建设成为我国最大的棉花生产基地和

重要的纺织生产基地，并在国家支持政策下，积极招商引资，逐步做大服装产业。2016 年新疆纺织品服装出口独树一帜，出口额达到 52.4 亿美元，在全国位居第 8，同比增长 16.2%，其中服装增长 19.5%。

**六、进口数量和价格下降分别导致纺织品和服装进口负增长**

进口连续三年下降，且降幅逐年扩大。2016 年下降 8.8%，其中纺织品下降 12.1%，服装微增 0.9%。从量价指数分析，纺织品进口数量指数为 88.6，服装为 113.1，纺织品进口价格指数为 99.2，服装为 89.2。这表明纺织品进口下降主要由进口量下降所致，服装则主要受价格下跌影响。

主要商品中，纱线、面料的进口量下降幅度较大，其中棉纱线出现 16% 的快速下跌；针、梭织服装进口量增长 5.7%，进口单价下跌 3.9%。

近年，除面料外，其他大类商品的进口价格均出现明显下跌：2012—2016 年间，纱线进口价格累计下跌 18.5%、针梭织服装下跌 34.9%，其中针织服装下跌 18.1%，梭织服装降速更快，达 46%。

**七、棉花进口量大幅缩减，内外棉现货价差扩大**

2016 年，受下游需求减弱、棉纱线进口替代、国内棉库存量大等因素影响，棉花进口继续下行，当年仅进口 89.6 万吨，比上年再度缩减近 40%。美国、澳大利亚和印度分列我棉花进口三大来源地。棉花进口单价在波动中略有上升，年均价为 1 750 美元/吨，微增 0.2%。

据中国棉花协会网站资料，2016 年受经济环境及政策调整影响，国内棉花生产继续萎缩，棉花价格异常波动。纺织工业运行基本平稳，棉花需求趋于改善。棉花产业进入转型升级的关键时期，供给侧结构性改革迈出重要步伐，储备棉轮出成交踊跃，去库存达到预期效果；新疆棉花目标价格改革试点稳步实施，新疆棉农的基本收益得到保障。2016 年中国棉花现货价格震荡上行，波动幅度加大，特别是 6 月—9 月间，国内棉花价格大起大落，形势之复杂多年未遇。中国棉花价格指数标准级（CC Index 3128B）年平均价格为 13 677 元/吨，同比上涨 437 元/吨，年底中国棉花价格指数为 15 798 元/吨，全年上涨 2 876 元，涨幅为 22%。

国际棉花市场的走势与国内大致相同，但波动幅度相对平缓，内外棉现货价差扩大。10 月后，国内外现货棉价差大幅拉大。以中国棉花价格指数（CC Index 3128B）和进口棉价格指数（FC Index M）1% 关税下折人民币为例，二者差价国庆节后突破 2 000 元/吨，截至年末，围绕此价格上下波动。据调查，2 000 元/吨是内外差价的临界点，如突破此价格，外棉进口数量将趋于增加。

**八、2017 年出口形势展望**

目前全球经济仍处低位徘徊，疲弱态势短期内难以得到改善，主要出口市场需求快速回升的可能性较低；国内经济步入 L 型的低速增长区间，GDP 预计增速调低至 6.5%。同时，生产要素成本提升、订单转移加速的现象仍将持续。国际环境波动频仍，不可控因素逐渐增多。新的一年中，政治、经济、社会等各方面的“变动”将成为新常态，对出口增长形成挑战。

尽管面临诸多不利条件，对 2017 年纺织品服装出口仍不必悲观。2017 年是“十三五”各项利好政策得以实施的重要之年，随着供给侧改革的深化和企业转型升级步伐的加快，外贸结构将进一步优化：大型产业集群的优势愈发彰显；鼓励“走出去”等措施逐步落实，提升企业全球布局能力；市场结构优化，更多的“一带一路”沿线国家将成为新增长点。中国的纺织服装业已进入大发展、大调整的时期。

由于基数较低，预计 2017 年中国纺织品服装出口不会出现快速回升，不至于大幅下滑，与 2016 年基本持平或实现小幅增长。

## 2016 年中国轻工产品进出口情况

中国轻工工艺品进出口商会

2016 年，中国轻工产品进出口总额 7 008.4 亿美元，比上年下降 9.0%。其中，出口额 5 687.9 亿美元，比上年下降 10.0%；进口额 1 320.5 亿美元，比上年下降 4.7%。贸易顺差 4 367.4 亿美元，较上年收窄 11.5%。

**一、2016 年我国轻工产品进出口主要特点**

（一）从大类产品看，除玩具保持增长外，大宗商品出口全线下降。玩具出口额 183.9 亿美元，比上年增长 17.4%。鞋类产品出口额 472.2 亿美元，比上年下降 11.8%；家具出口额 484.5 亿美元，比上年下降 9.5%；塑料制品出口额 379.3 亿美元，比上年下降 5.7%；箱包出口额 250.4 亿美元，比上年下降 11.1%；陶瓷出口额 184.2 亿美元，比上年下降 29.2%；珠宝首饰出口额 194.4 亿美元，比上年下降 30.2%；纸张纸浆出口额 177.5 亿美元，比上年下降 6.1%；玻璃制品出口额 153.0 亿美元，比上年下降 3.4%；草柳竹藤出口额 15.7 亿美元，比上年下降 8.0%；发制品出口额 33.7 亿美元，比上年下降 15.8%；抽纱出口额 67.6 亿美元，比上年下降 19.7%。

（二）从出口市场看，对传统市场出口降幅小于新兴市场。对美国出口额 1 411.5 亿美元，比上年下降 8.3%；对欧盟出口额 1 082.4 亿美元，比上年下降 6.1%；对日本出口额 312.1 亿美元，比上年下降 3.4%。而对东盟、非洲、拉丁美洲出口额分别下降 14.2%、21.1%和 14.2%。对“一带一路”国家出口额占比较上年微降 0.4 个百分点，为 25.1%。

（三）从出口省市看，中国东部地区出口降幅小于中西部地区。中国东部地区出口额 4 973.8 亿美元，比上年下降 6.2%。其中，广东省出口额位居全国第一，出口比上年下降 8.2%；浙江省和江苏省分别下降 1.9%和 1.0%。河北省和北京市则分别增长 2.6%和 0.6%。中部地区出口额 403.9 亿美元，比上年下降 14.9%，其中湖南省增长 19.6%。西部地区出口额 310.2 亿美元，比上年下降 42.8%，各省份降幅均较显著。

（四）从贸易方式看，一般贸易出口额比重下降，加工贸易占比基本持平。一般贸易出口额 3 480.0 亿美元，比上年下降 13.1%。占轻工产品出口总额 61.2%，比重较 2015 年下降 2.2 个百分点。加工贸易出口额 1 356.4 亿美元，比上年下降 12.1%，占比 23.9%，较上年微增 0.6 个百分点。

（五）从企业类型看，各类型企业出口比重基本保持稳定。国有企业出口额 400.4 亿美元，比上年下降 11.9%，占比 7.0%，比重下降 0.15 个百分点。民营企业出口额 3 449.9 亿美元，比上年下降 10.7%，占比 60.7%，比重下降 0.5 个百分点。三资企业出口额 1 828.0 亿美元，比上年下降 8.0%，占比 32.1%，比重上升 0.7 个百分点。

（六）从大宗进口看，商品进口额涨跌不一。纸张纸浆进口额 211.7 亿美元，比上年下降 4.1%；珠宝首饰进口额 119.1 亿美元，比上年下降 12.9%；玻璃制品进口额 68.3 亿美元，比上年增长 3.4%；塑料制品进口额 47.3 亿美元，比上年增长 1.7%；鞋类产品进口额 30.6 亿美元，比上年增长 11.4%。

**二、轻工外贸发展面临的问题和挑战**

（一）外贸企业综合成本居高不下。据企业普遍反映，自《劳动合同法》出台后，企业成为弱势一方，员工流动性明显加大，劳动力成本持续上升，年均增幅超过 10%。据人社部统计，2016 年上调最低工资标准的有 9 个省份，平均增幅 14%。上海市月工资调整为 2 190 元，小时工资增至 19 元。如加上“五险一金”，最低月工资将超过 2 700 元。企业税费负担过重，主要体现在增值税征收环节和社会保障费用上。一是随着人工成本占产品成本比重上升，企业实际缴纳增值税比以往增多。二是五险一金费率过高。部分地区开始实行四险一金改革，但费率降低有限，并未真正缓解企业负担。国外技术壁垒及第三方检测机构收费混乱。国外验厂标准不断提高，尤其是在劳工人权方面要求很多且十分苛刻，企业希望规范并控制不合理费用支出。

（二）制约外贸发展的一些体制机制性因素依然存在。各地政府针对融资问题出台了不少政策，但企业普遍反映融资难融资贵问题没有缓解，多数银行对贸易融资从严监控，即使有订单的外贸企业都难以贷款。海关抽检率不定期提高，影响出口企业交货；出口退税函调周期长影响外贸企业资金周转甚至收益；信保覆盖面不广，急需保障的高风险地区却不能投保；一些地方保护行为影响外贸企业跨区域收货、出口等。企业普遍反映，人民币汇率频繁波动是当前外贸企业面临的困扰之一。目前国内的大多数中小企业缺乏应对汇率大幅波动的经验和能力。在订单萎缩的情况下，人民币频繁波动导致企业无法准确判断未来走势，下单时产品定价困难，进一步压缩了企业微薄的利润空间。

（三）轻工产业向国外加快转移，中国产品国际竞争压力增大。从 2010 年开始，越南已经取代中国成为耐克鞋最大的生产基地。据各国海关统计，2016 年前 11 个月，中国箱包、鞋类、玩具、家具、塑料制品等 5 大类轻工产品在欧盟、美国、日本的市场份额为 54.7%、54.7%和 54.5%，分别比 2015 年下降 1.3 个、0.6 个和 2.5 个百分点；同期越南、土耳其同类产品在欧盟的市场份额分别提升 1.7 个和 0.3 个百分点；越南同类产品在美国的市场份额提升 0.7 个百分点；越南、印度尼西亚、韩国在日本的市场份额分别提升 1.4 个、0.3 个和 0.4 个百分点。

（四）去全球化和国际贸易投资保护主义抬头，正在上升为全球经济复苏的重大风险之一。2017 年，全球政局亦面临不确定因素，比如英国脱欧，欧洲主要国家大选等可能给现有政策走向带来变数，或加剧全球范围内贸易保护主义抬头的态势。近年来，国外频繁对自中国进口的轻工产品采取“双反”等贸易救济措施，往往征收高额双反税率。如近年欧盟、巴西、土耳其等对中国日用陶瓷反倾销，严重影响日用陶瓷出口，2016 年中国日用陶瓷对以上地区出口额分别下降 26.0%、33.3%和 35.8%。

**三、轻工外贸行业多措并举加快转型升级**

当然，我们也清楚看到外贸发展存在的有利条件：党中央、国务院高度重视外贸工作，“一带一路”战略、自贸区战略正在加快实施，多项支持实体经济、支持外贸稳定发展、促进外贸便利化的政策措施不断出台和细化并加强督促落实；高新技术产品，以及具有较多自主科技含量、具有价格比较优势的中高端产品的议价能力和市场空间依旧广阔；外贸市场、商品、主体和贸易方式等调整不断加快，结构不断优化，可持续发展的能力正在逐步增强；部分优秀企业出口业绩逆势上扬，转型升级取得初步成效。

（一）积极布局全球供应链，大力实施“走出去”战略。为抢占全球产业链优势，不断延伸和拓宽产业链条，越来越多轻工企业积极拓展国际营销渠道，实施“走出去”战略。选择在东南亚、非洲等地投资建厂，能够降低成本、打开新兴市场，还有助于解决当地就业问题从而获得政府支持；在美国等发达国家投资建厂，使企业快速打入当地中高端消费市场。

（二）拓宽跨维度经营方式，打造产业综合体。一是跨产品。不少轻工企业将不锈钢制品与竹木、塑料产品配套，或者将玻璃制品、陶瓷制品和硅胶制品组合，打造丰富产品线，十分吸引采购商，提高了企业利润空间。二是跨市场。内外贸并举、跨市场经营成为出口企业拓宽国内国际市场的普遍做法。三是跨领域。近年来很多企业尝试跨领域经营，延伸产业链，协同创收。

（三）加强研发创新设计，提高产品核心竞争力。随着市场上产品同质化严重，国际竞争加剧，企业逆势求变，从研发设计方面加强创新，提升自身核心竞争力。一是加大研发投入，创新产品结构，不断推陈出新具有明显市场竞争力的产品，出口连续多年保持增长。二是加快产学研协同，走自主研发路线。主动走自主研发路线已成为个人洗护和日化用品行业的共识，为企业开发拥有独立知识产权的产品、保持行业领先的创新优势奠定了坚实基础。三是研发设计初显成效，成功抢占国际市场。商会积极引导企业参加国际著名设计评奖，如德国红点奖、广交会 CF 奖等，对于企业扩大知名度，引领行业潮流取得较大成效。

（四）加大品牌建设力度，提高国际市场认可度。近年来，轻工企业愈加重视品牌建设，通过品牌授权、产品展示体验厅等多种方式，借力国际大型活动大力推广自有品牌，推动贴牌产品向自有品牌转化；实施品牌并购战略，获取发达经济体高端品牌、核心技术、研发能力和销售渠道，取得较好效果。

# 2016 年中国五金矿产化工行业进出口情况

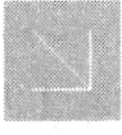

中国五矿化工进出口商会

2016 年以来，外贸形势严峻复杂，主要经济体货币政策出现分化，大宗商品价格持续不旺，贸易保护主义日益严重，我五矿化工行业进出口仍处行业底部，走势基本回稳，但尚未向好。2016 年五矿化工行业进出口总额为 10 138.9 亿美元，占全国进出口总额的 27.5%，比上年下降 8.4%。其中，出口 4 510 亿美元，占全国出口总额的 21.5%，比上年下降 9.5%，降幅较全国平均水平高 1.8 个百分点；进口 5 628.8 亿美元，占全国进口总额的 35.5%，比上年下降 7.5%，降幅较全国平均水平高 2 个百分点。

**一、五矿化工行业出口、进口所占比重均下滑**

行业出口乏力。仅有 2016 年 3 月和 8 月因上年基数较低，实现正增长 8.6% 和 1.0% 外，其他月份均为负增长。其中，2 月份受外需不振及春节长假影响，出口跌幅创 2009 年来新低，同比降低 34.1%。总体来看，行业出口同比基本与全国出口同比同步，差距较 2015 年正逐步缩小。12 月份五矿化工行业出口下降 4.4%，较全国平均水平低 1.7 个百分点。12 月份五矿化工行业出口，占全国出口总额的比重为 21%，较 1 月份下降 1.3 个百分点。

行业进口前低后高，呈量增价跌态势。2016 年前三季度，除 5 月、8 月因低基数效应影响，进口降幅收窄至 2.9% 和 2.4%，其他月度进口同比均以两位数下滑，且行业进口同比下滑幅度均大幅高于全国平均水平，但相比上年差距明显收窄。值得注意的是，受益于大宗商品价格回升，2016 年第四季度行业进口开始回暖，同比增速转负为正。12 月份五矿化工行业进口增长 11%，较全国平均水平高 7.9 个百分点。12 月份五矿化工行业进口，占全国进口的比重为 35.3%，较 1 月份下降 0.2 个百分点。

**二、五矿化工行业出口量价齐跌、进口均呈量增价跌走势**

五矿化工行业出口数量、金额均小幅降低。根据海关 6 位商品代码的出口统计，计算行业价格指数、数量指数。2016 年五矿化工行业出口前 100 位商品，出口数量减少 8.9%，出口金额减少 8.6%，出口呈量价齐跌走势。这说明全球经济依旧低迷，复苏缓慢导致需求持续不旺。

五矿化工行业进口价格继续下跌。根据海关 6 位商品代码的进口统计，计算行业价格指数、数量指数，2016 年五矿化工行业前 100 位进口商品，平均价格下降 15.2%，进口数量增长 8.9%。我行业进口以大宗原材料商品为主，数量增长显示我国经济转型初见呈现，经济逐步企稳，需求逐步回升。但增长幅度较 2015 年有所收窄，与我国经济结构调整、增速放缓导致对大宗原材料商品需求疲弱的情况相符。进口额继续下降，但较 2015 年有所放缓，主要是由于大宗商品价格在经历 2015 年的暴跌后开始逐步触底反弹。

进口价格继续下跌，为我国节约大量外汇。五矿化工行业进口前 5 位商品（4 位代码）价格均大幅下跌。原油（进口 1 165 亿美元，占行业进口总额的 20.7%）进口价格下跌 23.7%；铁矿石（进口 577 亿美元，占 10.3%）进口价格下跌 7.2%；石油气（进口 229.9 亿美元，占 4.1%）进口价格下跌 26.1%；铜矿砂（进口 206.7 亿美元，占 3.7%）进口价格下跌 16%；未锻轧铜（进口 181 亿美元，占 3.2%）进口价格下跌 12.8%。上述五种商品价格下跌共节约外汇 2 508 亿美元，降低了企业的生产成本。

**三、五矿化工行业对“一带一路”沿线国家进出口情况**

“一带一路”相关国家是我五矿化工行业的重要合作伙伴，对我行业进出口影响很大。2016 年 1 月—12 月，五矿化工行业对“一带一路”沿线国家进出口总额为 3 616.4 亿美元，占我国对“一带一路”沿线国家进出口总额的 38%，占我行业进出口总额的 35.7%。其中出口 1 630.7 亿美元，占我国对“一带一路”沿线国家出口总额的 21.5%，占我行业出口总额的 36.2%，出口同比减少 8.6%，降幅较全国平均水平低 0.9 个百分点；进口 1 985.7 亿美元，占我国自“一带一路”沿线国家进口总额的 54.2%，占我行业进口总额的 35.3%，进口同比减少 12.2%，降幅较全国平均水平高4.7个百分点。其中，俄罗斯、沙特阿拉伯、印度是我行业与“一带一路”沿线国家前三大贸易伙伴，其均是我行业前二十大贸易伙伴。

**四、五矿化工行业出口以五金建材、化工产品为主，进口以化工产品、矿产品为主**

五矿化工行业出口中，五金建材出口占半壁江山。2016年1月—12月五金建材出口2 121.6亿美元，占行业出口额的比重为47%，减少10.4%。其中五金制品出口1 016.6亿美元，减少10.0%；建筑材料出口1 105亿美元，减少10.8%。五矿化工行业出口中，化工产品出口占比为三成。2016年1月—12月化工产品出口1 485.5亿美元，占行业出口额的比重为32.9%，减少6.5%。

五矿化工行业进口中，化工产品进口占比超过五成。2016年1月—12月化工产品进口3 087.4亿美元，占行业进口额的比重为54.8%，减少10.3%。其中石油进口1 276.1亿美元，减少14.2%。五矿化工行业进口中，矿产品进口占比超过三成。2016年1月—12月矿产品进口1 928.3亿美元，占行业进口额的比重为34.3%，减少5.1%。

**五、五矿化工行业出口、进口仍集中在东部地区**

2016年五矿化工行业东部11省市出口3 952.1亿美元，占全国五矿化工行业出口总额的87.6%，减少6.5%。其中，广东出口859亿美元，减少7.7%；浙江出口694.7亿美元，减少2.9%；江苏出口618.6亿美元，减少5.3%；山东出口443.6亿美元，减少2.6%；上海出口335.9亿美元，减少8.6%；北京出口228.9亿美元，增长7.6%；福建出口218.6亿美元，减少6.1%；辽宁出口183.6亿美元，减少20.9%。中部8省市出口381.6亿美元，占8.5%，减少24.3%。西部12省市出口176.4亿美元，占3.9%，减少31.7%。

2016年五矿化工行业东部11省市进口4 990.3亿美元，占全国五矿化工行业进口总额的88.7%，减少5.6%。其中，北京进口1 090.6亿美元，减少17.2%；广东进口757.9亿美元，减少8%；上海进口680亿美元，减少2.6%；江苏进口578.9亿美元，减少7.4%；山东进口523亿美元，增加11%；浙江进口430.8亿美元，减少4.4%；辽宁进口238.6亿美元，减少8.3%。中部8省市进口430.8亿美元，占7.6%，减少9.3%。西部12省市进口207.8亿美元，占4.7%，增长3.7%。

**六、前十大出口市场有增有减，前十大进口市场降幅有所收窄**

2016年五矿化工行业出口前十大市场为美国（出口金额为680.7亿美元，所占比重为15.1%）、韩国（260.2亿美元，占5.8%）、日本（247.2亿美元，占5.5%）、香港（230.8亿美元，占5.1%）、印度（180.8亿美元，占4.0%）、越南（177.7亿美元，占3.9%）、新加坡（128.1亿美元，占2.8%）、马来西亚（118.1亿美元，占2.6%）、德国（117.5亿美元，占2.6%）、台湾省（108.7亿美元，占2.4%）。其中，对印度、台湾省出口以两位数下滑，降幅依次为16.8%和10.4%。对美国、香港、马来西亚以8%左右速度下滑，降幅依次为8.5%、8.7%、8.7%。

2016年五矿化工行业进口前十大市场为澳大利亚（进口金额551.3亿美元，所占比重为9.8%）、韩国（427亿美元，占7.6%）、日本（415.4亿美元，占7.4%）、美国（305.4亿美元，占5.4%）、沙特阿拉伯（170.2亿美元，占3.0%）、俄罗斯（280.8亿美元，占5.1%）、台湾省（225.8亿美元，占4.0%）、巴西（211.7亿美元，占4.0%）、德国（170.2亿美元，占3.0%）、智利（149.2亿美元，占2.7%）。由于我国自上述市场进口商品以大宗原材料为主，大宗商品价格暴跌导致自上述市场进口大幅下滑。除了自澳大利亚和巴西进口同比实现正增长外，其余前十大进口国进口同比均呈负增长态势，但降幅较2015年有所收窄，一方面是大宗商品价格逐步企稳回升，另一方面由于中国经济转型初见成效，需求逐步回暖。其中，自俄罗斯进口下滑5.2%，自美国进口下滑6.3%，自德国进口下滑4.8%，自日本进口下滑2.4%，自台湾省进口下滑10.5%。

**七、一般贸易出口所占比重提高，贸易方式逐步优化**

一般贸易是主要出口贸易方式，2016年五矿化工行业出口中，一般贸易出口3 206.1亿美元，所占比重为71.8%，减少10.9%；加工贸易出口808.7亿美元，占17.5%，减少127%。加工贸易出口的大幅萎缩，导致行业出口负增长。相对于加工贸易，一般贸易能够体现一国对外贸易发展的自主性和经济发展实力，贸易增值能力更强。一般贸易所占比重提高2.1个百分点，显示行业贸易方式明显优化。

**八、各类性质企业出口均下滑，私营企业进口逆势增长**

2016年五矿化工行业出口中，私营企业出口2 371.6亿美元，所占比重为52.6%，减少8.9%；三资企业出口1 277.2亿美元，占28.4%，减少14.1%；国有企业出口730.9亿美元，占16.2%，减少11.3%。

2016年五矿化工行业进口中，国有企业进口2 137.1亿美元，所占比重为38%，减少11.6%；三资企业进口1 827.1亿美元，占32.5%，减少23.3%；私营企业进口1 542.4亿美元，占27.1%，增长1.36%。

**九、五矿化工行业仍然是国外贸易救济调查的重灾区**

中国已连续21年成为全球遭遇反倾销调查最多的国家，连续10年成为全球遭遇反补贴调查最多的国家。2016年我国共遭遇来自27个国家（地区）发起的119起贸易救济调查案件，其中近半数案件在五矿化工行业，主要针对中国钢铁产品、化工产品、轮胎和瓷砖等。

（一）钢铁产品频频遭受贸易救济调查

2016年世界各国对我国钢铁产品新发起的贸易案总计49起。其中，亚洲20起，北美7起，欧洲5起，中南美和非洲各4起，大洋洲2起。此外，2016年美国对中国仅出口的两大品种冷卷、涂层薄板也开始征税，合金定尺中厚板面临双反裁决，还对中国 11 家大型钢材生产集团及 9 家钢材贸易公司发起 337 调查，从各方面为中国钢铁产品的对美出口设置障碍。

（二）我国轮胎行业频繁遭受美国贸易救济调查

近年来，中国轮胎行业频频遭受美国双反调查和高税率，严重影响我国轮胎企业的对美出口。

2016 年 1 月 29 日，美国钢铁工人联合会向美国商务部和美国国际贸易委员会提出申请，要求对来自中国的卡车及公共汽车轮胎产品启动反倾销调查和反补贴调查。美国的工会指控中国出口的卡客车轮胎给美国产业造成了损害。这实际是美国申请人罔顾事实、滥用相关法律针对中国产品采取的贸易保护手段，企图阻止中国产品在美国市场的平等竞争。

2017 年 1 月 24 日，美国商务部就对华卡客车轮胎反倾销和反补贴调查作出终裁。其中，反倾销税率为 9% 和 22.57%，反补贴税率为 38.61%、52.04%和 65.46%。

2017 年 2 月 22 日，美国国际贸易委员会 5 位委员就对华卡客车轮胎反倾销反补贴案终裁阶段行业损害问题进行投票，以 3 比 2 的结果认定中国对美出口卡客车轮胎没有对美国产业造成实质性损害及实质性损害威胁。

# 2016 年中国农产品进出口情况

中国食品土畜进出口商会

据海关统计，2016 年我国农产品进出口金额为 1 832.1 亿美元，同比下降 1.6%，比上年增速反弹 1.9 个百分点。其中，我国农产品出口 725.6 亿美元，上升 3.4%，高于全国出口增速 11.1 个百分点；农产品进口 1 106.5 亿美元，下降 4.6%，低于全国进口降幅 0.9 个百分点；贸易逆差为 380.9 亿美元，比上年下降 16.7%。

**一、2016 年我国农产品贸易降幅收窄，出口触底反弹**

（一）出口增速由负转正，进口连续两年负增长

2015 年四季度以来，我国农产品出口增速已连续五个季度保持正增长，出口增速由 2015 年下降 1.6%转为 2016 年增长 3.4%，四个季度出口增速分别为 3.6%、3.3%、7.9%、1.0%。进口虽然呈连续两年负增长的态势，但降幅与上年持平，第四季度进口增速已由负转正，四个季度进口增速分别为-7.1%、-6.0%、-7.7%和 2.6%。总体看，2016 年我农产品进出口情况好于全国进出口情况，特别是出口反弹较为明显。

（二）受人民币汇率贬值、自贸区协定生效等因素影响，我对韩国、俄罗斯、巴西农产品出口大幅增长，对“一带一路”沿线国家出口保持正增长

2016 年，人民币兑日元、欧元、韩元、俄罗斯卢布、巴西雷亚尔等货币有不同幅度的贬值。我对日本、欧盟、韩国、俄罗斯、巴西农产品出口额分别增长-1.6%、0.4%、7.4%、6.7%和 13%。我对“一带一路”沿线国家、东盟、中东农产品出口额同比增速为 3.9%、4.2%和 2.2%。对美国、澳大利亚、印度出口分别增长 0.1%、1.4%和 12.5%。

（三）水产品、蔬菜、水果保持增长，肉类产品出口下降

2016 年，我水产品及制品出口额为 200.2 亿美元，比上年增长 2.2%。受“一带一路”政策利好、水果价格下降等因素影响，我蔬菜出口额为 105.5 亿美元，增长 16.9%；水果出口额为 48.8 亿美元，增长 7.3%。我肉类产品出口 25.3 亿美元，比上年下降 9.5%。其中，禽肉出口 5.4 亿美元，下降 11.9%。禽肉产业受成本上升等因素影响导致产业转移；猪肉价格上涨不利于扩大出口。

（四）大豆、谷物、棉花进口放缓，肉类、乳制品、葡萄酒进口保持增长

2016 年，我国累计进口大豆 8 391 万吨，同比增长 2.7%，进口额 339.8 亿美元，同比下降 2.4%。相比较近几年两位数的增长，大豆进口增速已明显放缓。我国累计进口谷物 2 182.6 万吨，同比下降 32.6%。其中，大米进口 353.1 万吨，同比增长 5.5%；小麦进口 335.7 万吨，增长 13.2%；玉米进口 313 万吨，下降 30.7%。高粱、大麦进口量分别为 661.9 万吨和 499.3 万吨，分别下降 37.5%和 53.5%。

2016 年，我国进口乳制品、酒类产品的金额分别增长 12.4%和 12.9%，消费升级仍然是拉动进口增长的重要因素。

**二、农产品贸易形势依然严峻，外贸发展新动能正在聚集**

（一）全球经济复苏步伐低于预期，全球贸易增长缓慢

2016 年，世界经济发展有喜有忧。国际油价大幅反弹，布伦特油价由 2015 年下降 46%转为 2016 年增长 53%，避免了全球经济出现通缩。新兴市场中，中国和印度仍保持较高增速。随着供给侧改革逐步显效，基建、住房和汽车需求全面回暖，2016 年中国经济的增速达到 6.7%，位居世界第一。同时，美国经济复苏放缓，欧洲经济微弱复苏，日本经济持续低迷，俄罗斯和巴西经济分别下降 0.2%和 3%。全球贸易增长更为缓慢，根据世界贸易组织（WTO）发布的全球贸易预测报告，2014—2016 年全球贸易额增长为 3.1%、4%和 1.7%，远远低于 2008 年金融危机前 10 年平均贸易年增长率 6.7%的水平。

（二）国际农产品技术壁垒不断增加

近年来，部分国家和地区提高检测标准、增加检测项

目、实施扣留检验、实行进口配额制度等贸易保护手段不断增加，输美鮰鱼、输欧禽肉配额、输欧茶叶蒽醌超标等重点案件对我农产品贸易产生了不利影响。欧盟提高多项茶叶农残限量标准，对来自中国的抽检比例提高到10%，导致对欧盟茶叶出口受阻，该问题至今未解决。

印度尼西亚保障措施委员会于2015年7月宣布对进口的葡萄糖发起全球保障措施调查，涉及我近5 000万美元的出口商品。经过政府、行业组织和企业认真应对，2016年6月印度尼西亚政府宣布，调查没有证明此严重损害威胁是由进口产品数量激增所致，最终决定终止调查。这是近年来继我成功应对欧盟浓缩大豆蛋白反倾销案、美国暖水虾反补贴案之后取得的三连胜，我企业保住了全部对印度尼西亚的出口份额。

（三）出口企业面临较大压力

2016年，由于人民币汇率连续两年下跌，农资、饲料、能源等生产成本相对高峰期有所下降，我农产品出口的价格竞争力得到一定恢复，但企业依然面临较大的经营压力：一是水产品、裘皮、羊绒、花卉等产品属于价格需求弹性较高的产品，在国外居民购买力下降的情况下，这些产品需求不旺。二是劳动力成本居高不下，企业适应环保等新政策过程中，技改等投入增加。三是融资难问题从中小企业向中型企业蔓延，导致部分外贸企业转型升级放缓。四是部分供港澳鲜活产品价格倒挂，成本比内地高出15%左右，但价格与内地接近，企业经营难度加大。五是贸易风险增加，国外客户采购量减少的同时，不仅压低成交价格，还提出拖长付款周期的要求，企业资金利息压力和贸易风险加剧，成交难度变大。

（四）外贸发展新动能正在积聚

一是政策利好频出。“一带一路”建设有力地提振了农产品企业的出口信心。财政部宣布，自2016年9月1日起，将玉米淀粉、酒精等玉米深加工产品的增值税出口退税率恢复至13%，有利扩大出口。政府部门梳理出126项进出口环节收费项目，减轻企业负担110多亿元，食品法检项目基本做到了零收费。

二是在严苛的国际农产品技术壁垒的倒逼下，出口基地建设得到巩固和提升。2016年我国出口食品农产品质量安全示范区总数增至291个，比2015年增加了65个，通过EUREPGAP等国际认证和建立全程可追溯体系的食品出口企业的数量不断增加。目前，我国出口食品合格率保持在99.94%以上，处于国际先进水平。

三是企业转型速度加快。通过供给侧改革、利用外贸新业态、“走出去”等措施，部分企业经营重见起色，恢复了生机。

**三、2017年我农产品进出口形势展望**

展望2017年，我们预计，农产品出口形势比较严峻，进口形势相对乐观。一是由于美国经济不能支撑美元持续升值，预计2017年人民币汇率有望保持稳定，对进口更加有利。二是全球大豆、玉米产大于销，大豆、玉米进口将继续放缓；植物油和食糖更早见底，进口有望触底反弹。三是国际大宗商品价格和新兴市场经济增长波动可能加剧，不利于扩大出口。四是“一带一路”和自贸区建设会促进企业“走出去”，建立海外营销网络。综上所述，我们预计2017年农产品出口将继续低速增长，进口增速由负转正。

## 2016年中国医药进出口情况

中国医药保健品进出口商会

2016年，受外部主要经济体需求不振、新兴市场动力不足、价格竞争日趋激烈等诸多因素影响，医药外贸进出口步入低速增长期，面临的困难和挑战不容小觑。同时，我们也看到医药出口结构进一步优化，企业国际化步伐加快，新的发展动能正在积聚，医药外贸总体发展形势依然向好。

**一、2016年我国医药外贸总体情况**

根据中国海关数据统计显示，2016年，我国医药保健品进出口额1 034亿美元（合6 827.3亿元人民币），同比增长0.73%。其中，出口554亿美元（合3 659.5亿元人民币），下降1.82%；进口480亿美元（合3 167.7亿元人民币），增长3.83%；对外贸易顺差74亿美元（合491.8亿元人民币），下降27.3%。若排除汇率的影响，换算成人民币统计，2016年，医药外贸增长7.12%，出口增长4.41%，进口增长10.42%，领跑我国外贸整体水平。

（一）中药类产品出口全线下降

中药类产品包括中药材及饮片、中成药、提取物和保健品出口均陷入负增长，出口量和出口额“双降”。其中，提取物出口额占整个中药类产品出口额的56.2%，2016年，提取物出口量同比下降14.3%，出口额同比下降10.9%，成为中药出口负增长的主要原因。中药类产品进口由于基数小，且2015年出现较大的下滑，2016年，除中药材及饮片外，均呈现大幅度增长。其中，植物药及相关中药类产品进口达到3.21亿美元，同比增长10.57%。

（二）西药出口与2015年基本持平

2016年，我国西药类产品进出口额598.7亿美元，同比增长0.87%。其中，出口314.8亿美元，微降0.05%；进口283.9亿美元，增长1.92%。

从细分子类来看，大宗原料药出口额256.1亿美元，与

2015 年基本持平，占西药外贸出口的 81.34%，占医药整体出口的 46.21%。出口数量虽同比增长 13.04%，但在内耗外压的双重打击下，价格下跌达 11.59%，量增价跌是 2016 年的主基调，中国制造原料药的价格优势已逐渐丧失，加之环保成本和人力成本上升，大宗原料药等低附加值产品的利润空间正在被不断压缩。

制剂出口方面，2016 年，西药制剂出口 31.9 亿美元，微降 0.24%。就出口市场来看，2016 年，我西药制剂对欧盟、美国、日本三大规范市场出口额分别是 4.36 亿美元、2.95 亿美元和 0.65 亿美元。其中，对美市场制剂出口增长超过 40%，实现爆发性增长。

（三）医疗器械类产品进口稳步增长，出口结构进一步优化

我国医疗器械出口尚处于成长期，发展空间相对较大。2016 年，进出口规模 389.1 亿美元，同比增长 1.1%。其中，进口金额 184.0 亿美元，同比增长 6.28%，领跑医药类进口。出口金额 205.0 亿美元，同比下降 3.14%，出口结构调整中更加重视质量方面的转变。医院诊断与治疗设备出口金额位居医疗器械类产品前列，占医疗器械产品的 44%，且出口占比逐年提高。我国中低端医疗设备多为劳动密集型产品具备相对较高的技术含量，一定程度上达到了替代发达国家同类产品的水平，国产断层扫描仪（CT）、分子影像（MI）、磁共振（MR）、X 射线（X-ray）等高端医疗设备正在接近国际水平，与欧美同类产品相比，我医疗器械产品具备价格优势，在国际市场尤其是新兴市场的认可度正逐渐提升。

**二、2016 年医药外贸新特点**

（一）大宗出口品种洗牌加快，出口向规模企业集中

多年来，抗生素、维生素等大宗出口品种国外市场趋于饱和，国内产能过剩，成本不断上升，客户压价严重。小企业经营愈加困难，大企业规模化运作，资金、成本优势明显，大宗出口产品逐渐向规模企业集中。维生素 $B_1$、维生素 $B_2$、泛酸钙等经历洗礼的产品，主要生产企业基本固定在三四家之内，集中度继续提高。

（二）西药产品出口结构进一步优化，制剂出口呈现四大趋势

当前，制剂出口得到更多国内制药企业关注，西药制剂附加值高，净利润率普遍在 30%以上，而大宗原料药出口平均净利润率仅为 2%—5%。制剂国际化成为我国原料药向下游转移、优化出口结构的重要途径。国内医药产业链也从上游中间体、原料药向下游制剂不断延伸。2016 年，本土规模制药企业（前 100 强）制剂出口同比增长 12.3%，我国制剂出口呈现四大趋势：一是本土企业制剂出口表现出色，二是制剂出口重心由非规范市场向规范市场转移，三是制剂出口企业愈加关注打开销售渠道，四是制剂国际化带动传统医药企业向研发创新型医药企业转变。

（三）国产医疗设备、药品进口替代率继续提高，进口增速逐步放缓

2016 年，我国医药产品进口同比增长 3.83%，其中，制剂产品进口同比增长 6.70%，医院诊断治疗设备增长 7.20%，增长速度继续放缓。一是我国药品审批市场准入规则由原研药单独定价改为市场定价机制，地方招标采购系统改进完善推动跨国药企与仿制药进行价格竞争，使得跨国药企原有优势削弱。二是国家对我国医疗产品的相关扶持政策逐步完善，如制定引导医疗机构装备国产医疗设备的规划，建立完善主动使用国产设备的激励机制，推动三级甲等医院使用国产医疗设备等。三是我企业生产的部分国产制剂及医学影像、生化分析类中高端产品已日趋满足国内市场需求。三方面因素促使国内进口替代能力增强，进口增速逐步放缓。

（四）制造业转移趋势加快，加工贸易出口明显下降

数据显示，2016 年，加工贸易出口额 98.31 亿美元，占整体出口额的 17.7%，同比增长 0.43%，而四年前加工贸易增速为现在的近 10 倍。加工贸易企业反映，来自欧美的医药加工订单也在不断减少。一方面，国内劳动力、原材料、环保等多方面成本不断提高；另一方面，越南、印度等国相对低廉的劳动力成本与当地日益完备的医药加工生产能力足以满足欧美客商要求，吸引了更多的加工订单向外转移，挤占了我出口份额。

（五）医药服务贸易呈旺盛增长势头

近年来，我国医药外贸步入低速增长期，而在外贸转型升级中，服务贸易异军突起。2016 年中国医药研发合同外包服务（CRO）市场规模达到 420 亿元人民币，预计 2020 年将超过 870 亿元人民币。一方面，国内 CRO 不断壮大，承担着大量外企药物研发、临床试验项目，中国已成为亚洲最重要的多中心临床试验中心之一。另一方面，中医药服务也在不断地“走出去”。数据显示，我国每年派出中医临床医师约 2 000 人，占外派医疗劳务人员总数的 60%。超过 60 家中医药服务贸易机构在 20 多个国家和地区开办中医医院、中医诊所、中医养生保健机构、中医药研究中心等，年接诊当地居民 25 万人次。

（六）企业参与国际分工合作的形式多样化

面对欧美市场的高技术壁垒、严格的法律规范，新兴市场多变的准入门槛，为打开海外市场，建立销售网络，国内医药企业在加强国际认证的同时，积极与国内外药企开展合作，通过缔结战略联盟等合作关系，共同开拓国际市场。此外，更多有实力的企业加入到对外投资的行列，通过海外建厂、并购等形式在海外市场拓展业务。企业参与国际分工合作的形式多样化，主要表现在三方面：一是企业参与国际认证的积极性进一步增强。二是加强国内外合作，优势互补，合力开拓海内外市场。三是企业对外投资进程显著加快。

（七）对华贸易救济案件频发，企业应诉积极性提高

当前，全球医药市场表现疲软，国际贸易保护主义风潮迭起，中国医药产品依然是国外对华发起贸易救济措施的重点目标。2016 年，我医药产品共遭遇国外贸易救济案 8 起。涉案产品不仅包含葡萄糖酸钠、酒石酸、双氯芬酸钠、阿莫西林、氧氟沙星羧酸、氧氟沙星等优势原料药，也涉

及到医疗训练用人体模型器械、睡眠呼吸障碍治疗系统等我国日益强大的医疗器械领域。涉案案件总体呈现出口金额大、贸易救济手段多样的特点。面对贸易救济案件数目增加，医保商会会同企业积极应对。可喜的是，2016年欧盟对华酒石酸反倾销案的应诉是唯一经过两次日落复审和多次期中复审仍旧保持零税率的案例，已成为应对欧盟贸易救济案件的经典案例。

**三、2017年医药外贸形势基本走向**

未来五年是中国医药产业向全球延伸医药产业链的重要阶段。当前，我国医药企业在国际注册认证能力、研发能力、国际市场营销能力、全球范围内的资源组合能力都在提高，加上国际医药市场刚性需求，中国在国际市场地位不可替代。随着“十三五”原料药产业规划的实施，我国医药产业将向更有序、更高科技含量、环保、资源节约、提高附加值、向下游延伸的方式发展，更有利于出口结构的持续优化升级。

总体上讲，2017年，受国际经济环境影响，我国医药出口将处于小幅调整期，增长区间约为正负2%；全球医药市场刚性需求将支撑我出口不会出现明显下降；我医药出口将随全球市场复苏重回增长轨道；本土医药企业国际化进程加快；制剂、诊疗设备等产品在欧美市场份额将扩大；医药产业处于质变过程，医药出口转型升级将出现明显成效，全年医药外贸稳步发展的基本面将继续保持。

## 2016年中国机电产品进出口情况

中国机电产品进出口商会

2016年，我国机电产品对外贸易面临的下行压力加大，从外部环境看，世界经济在深度调整中曲折复苏，国际市场需求持续疲软，全球贸易增速连续5年低于世界经济增速，贸易保护主义抬头，反全球化趋势加剧；国内方面，以成本要素为主的外贸传统竞争优势削弱，新的增长动能尚在逐步形成之中，机电产品进出口出现多年未有的双降情况。面对复杂严峻的外经贸形势，国家及时出台了一系列促进外贸回稳向好的政策措施并取得积极成效，结构调整、新旧动能转换的步伐不断加快，增长质量和效益持续得到改善，机电产品进出口显现回稳迹象。2017年，机电产品对外贸易面临的不确定因素增加，但持续发展的基本面并没有发生改变，增速有望较2016年进一步回稳。

**一、2016年机电产品对外贸易运行情况**

（一）进出口出现双降，四季度温和回暖

2016年，我国机电产品进出口总额19 796.2亿美元，比上年下降6.4%，占全商品的比重为53.7%。其中，出口12 086.9亿美元，下降7.6%，占全商品出口的比重为57.6%；进口7 709.3亿美元，下降4.5%，占全商品进口的比重为48.6%。以美元计，月度出口仅3月份实现正增长，进口仅8月份实现正增长，全年进出口出现了2009年以来的首次双降，但同时也应看到自9月以来，进出口降幅均有所收窄，呈回稳迹象。

（二）对印度、俄罗斯等新兴市场出口增长，国际市场布局有所优化

2016年，与我国有机电产品贸易的国家和地区达到237个。受主要市场需求低迷及产能转移等因素影响，我对各主要市场进出口均出现不同程度下降。主要出口市场中，对美国、欧盟、东盟和日本分别出口2 349.1亿美元、1 998.0亿美元、1 223.4亿美元和697.9亿美元，降幅分别为4.7%、3.0%、11.4%和4.6%。对部分新兴市场出口实现增长，其中，对印度出口339.0亿美元，增长12.9%；对俄罗斯出口186.0亿美元，增长20.4%。主要进口来源地中，自东盟进口1 006.7亿美元，增长1.5%；自日本进口998.5亿美元，增长3.9%；自欧盟进口1 365.2亿美元，下降2.7%；自美国进口709.3亿美元，下降11.2%。

2016年，我国与“一带一路”沿线国家贸易的机电产品贸易总额达4 071.3亿美元，下降2.3%，占机电产品贸易总额的比重为20.6%，较2015年提高近1个百分点，表现好于机电贸易整体水平。

（三）一般贸易占比继续提升，贸易结构持续优化

2016年，我机电产品以一般贸易方式出口5 002.1亿美元，下降4.8%，占机电产品出口的41.4%，份额增加1.2个百分点；以加工贸易方式出口5 611.9亿美元，下降9.7%，占机电产品出口的46.4%，份额下降1.1个百分点。以一般贸易方式进口3 275.1亿美元，增长5.0%，占机电产品进口的42.5%，份额上升3.9个百分点；以加工贸易方式进口2 754.5亿美元，下降10.2%，占机电产品进口的35.7%，份额下降2.3个百分点；海关特殊监管区出口下降15.1%，进口下降14.1%，占出口和进口的比重分别为6.6%和14.8%。加入世贸组织以来，承接以电子信息产品为主体的全球产业转移带动我国加工贸易高速增长，是这一阶段拉动机电贸易增长的重要力量。而随着近年来我国要素成本的不断攀升，智能手机等产品市场需求的饱和以及国际产业分工的调整，加工贸易增速出现下滑，所占比重不断下降；同时，随着我国制造业的快速发展和产业结构的转型升级，以一般贸易进出口比重逐年提升，贸易结构得到持续优化。

（四）家电出口保持稳定，汽车关键件和零附件进口增长

2016年，我会监测的27大类机电商品中，有23类出口出现下降。其中，自动数据处理设备及其部件、零附件，电子元器件，船舶、船用设备及其零附件和日用机械等8大类产品的出口降幅在10%以上；家用电器及零件出口微增0.8%，在大类产品中的表现较为稳定；航空航天器及其零件、金属及电动玩具4大类产品出口有所增加。

进口大类商品中，汽车及其关键件、零附件进口791.0亿美元，增长3.0%。其中，汽车关键件进口175.8亿美元，增长11.4%；零附件进口167.6亿美元，增长3.9%；仪器仪表（431.3亿美元，0.3%）、船舶（33.3亿美元，8.5%）家用电器及零件（45.1亿美元，3.1%）等进口也实现增长。

（五）东部地区出口占比回升，部分中西部省份实现增长

2016年，东部地区机电产品出口10 073.4亿美元，下降7.1%，占全国机电产品出口总值的83.3%，占比上升0.4个百分点；进口6 422.1亿美元，下降5.3%，占全国机电产品进口总值的83.3%，占比下降0.7个百分点。中、西部地区出口分别为926.4亿美元和879.9亿美元，分别下降3.3%和15.6%。出口前三的省市为广东、江苏和上海。四个实现出口增长的省市全部位于中西部，分别为山西、陕西、湖北和河南。

（六）民营企业进出口占比提升，进口仍以三资企业为主

2016年，三资企业、民营企业、国有企业出口分别为6 906.2亿美元、4 145.9亿美元和1 028.4亿美元，分别下降8.6%、4.9%和10.9%；其中，民营企业出口占比为34.3%，较上年提高0.9个百分点。

三资企业、民营企业、国有企业进口分别为5 078.7亿美元、1 932.9亿美元和695.7亿美元，分别增长-6.5%、3.7%和-10.0%。其中，民营企业进口占比25.1%，提高2.0个百分点；三资企业占比为65.9%，下降1.4个百分点。

**二、2017年机电产品对外贸易面临的形势及趋势分析**

（一）全球经济复苏进程有望加快，世界贸易增长仍存在诸多不确定因素

IMF预计，2017年全球经济增速为3.4%。其中，发达经济体预计增长1.9%，新兴市场和发展中经济体预计为4.5%，均高于2016年水平，显示预期向好，全球经济复苏进程有望加快。但IMF同时也提出，鉴于美国新政府政策态势的不确定性及其可能产生的影响，预测结果可能出现较大差异。WTO对2017全球货物贸易增长的预测为1.8%—3.1%，这是世贸组织首次提出区间预测，表明全球贸易回暖仍存在较大的不确定性因素。在复杂多变的国际环境中，中国经济的持续稳定增长以及“一带一路”倡议等全球贸易增长战略的推动，或将成为拉动全球经济增长和贸易回暖的重要力量。

（二）原材料价格上涨、汇率波动为企业所关注

2016年，原材料价格经过前几年的持续下跌出现触底反弹，10月份以来出现了大幅上涨情况。经初步统计，橡胶、钢铁类、合金类等多种原材料价格较年初上涨约60%以上。企业虽采取一定应对措施，但在外贸形势严峻、市场竞争加剧的背景下，原材料价格的大幅上涨，进一步压缩了企业的利润空间。

2016年以来，人民币兑美元先升后降。短期内人民币贬值对出口增长虽起到了一定的促进作用，但长期利好难以持续。同时，国内非贸易品价格相对于贸易品价格上升，推高了出口商的实际成本，一定程度上抵消了汇率贬值优势并削弱了出口商品的国际竞争力。2017年，在美联储加息和强势美元的压力下，人民币被动贬值的预期仍比较强烈。我企业对中资银行在海外市场提供更加丰富、高效金融产品支持的需求增加，希望中资银行加快在消费贷款、融资租赁以及跨境结算等方面金融“走出去”步伐。

（三）反全球化趋势明显，贸易保护主义抬头

当前，我国占全球货物贸易出口的市场份额在13%以上，机电产品出口额已连续7年位居全球首位，占全球市场份额的近17%。在反全球化趋势更加明显、贸易保护主义抬头的大背景下，我国已成为一些国家采取贸易保护措施的主要对象。2016年，我国共遭遇来自27个国家和地区发起的119起贸易救济调查案件，涉案金额143.4亿美元，案件数量和涉案金额同比分别上升36.8%和76%。机电产品成为贸易摩擦的重要领域，2016年仅机电商会就组织应对反倾销、反补贴、保障措施案件40起，美国337调查案件10起，对外发布产品预警5次。

（四）转型升级压力增加，结构调整步伐加快

当前，我国外贸结构调整和转型升级面临发达国家和发展中国家的双重挤压。一方面，美、欧等发达国家制造业回归加速；另一方面，随着我国近几年环境、土地、人工成本的快速增长，传统竞争优势有所弱化，印度、越南、墨西哥等发展中国家正凭借成本优势承接部分国际产能转移。虽然我国大部分机电产品的生产制造依旧在生产效率、上下游产业配套、基础设施以及劳动力整体素质等方面具有综合性比较优势，此外拥有比其他国家更为稳定的政治经济环境，短期内尚未出现大规模机电产业转移，但部分以加工贸易为主的劳动力密集型企业向成本更低的国家转移产能或将成为趋势。

面对当前严峻的外贸发展环境，我企业积极顺应形势发展，主动开展转型升级。企业普遍加大投入，更加注重核心技术研发、自主品牌打造、产品质量提升和国际营销以及售后服务网络的建设，将“中国制造”向“中国智造”、“中国品牌”和“中国服务”升级。一批企业依托互联网等现代技术创新商业模式，发展跨境电子商务、外贸综合服务、市场采购贸易等新兴业态，形成外贸发展的新亮点。

（五）稳增长政策支持力度加大，外贸发展环境不断改善

为促进外贸回稳向好，国家连续出台了多个支持外贸发展的政策文件并狠抓落实。商务部、海关总署、质检总局等主管部委及各地方政府围绕外经贸领域重点、难点问题，集中开展清理规范进出口环节收费，多措并举，促进加工贸易稳定发展。并优先支持中西部地区承接产能转移，加大金融、保险对大型成套设备的出口支持力度，鼓励外贸新业态创新发展，加大进口支持力度，营造良好营商环境，有效提振了进出口企业的信心，外贸发展的积极因素不断聚集。

目前，中国已签署并实施的自贸协定达到14个，涉及22个国家和地区。同时，中国进一步扩大开放领域，推动辽宁等7个自由贸易试验区建设，不断提高贸易便利化、自由化水平。中国提出的"一带一路"合作倡议得到了100多个国家和国际组织积极响应支持，一系列重大项目取得积极进展。

综上所述，当前我国机电产品对外贸易已经进入新的发展阶段，2017年面临的形势依旧严峻，但新的增长动能正在稳步积累，外贸增长有望进一步回稳向好，全年机电产品出口增速预计可实现正增长。

## 2016年中国对外承包工程与对外劳务合作发展概况

中国对外承包工程商会

2016年是我国"十三五"规划的开局之年，"一带一路"建设和国际产能合作稳步推进，对外承包工程与对外劳务合作行业开始步入发展新常态。具体情况如下：

**一、对外承包工程行业**

2016年，全球经济增长依然缓慢，国际能源价格维持低位，资源型国家财政收入减少，基建投资增长乏力；国际贸易保护主义抬头，市场竞争加剧，国际承包工程市场整体表现低迷。在此大背景下，我国对外承包工程行业攻坚克难，在"一带一路"倡议与国际产能合作规划指引下，加大国际市场投入，取得了喜人的发展成果，行业发展水平稳步攀升。

（一）对外承包工程业务发展再上新台阶，大项目数量明显增加

2016年我国对外承包工程完成营业额1 594.2亿美元，比上年增长3.5%；新签合同额2 440.1亿美元，增长16.2%。截至2016年底，我国对外承包工程已累计完成营业额1.2万亿美元，新签合同额1.7万亿美元。其中，新签合同额在5 000万美元以上的项目815个（上年同期721个，增加94个），占新签合同总额的84.7%；上亿美元项目482个，较上年增加48个。

（二）市场格局深刻变化，"一带一路"沿线地区市场业务快速增长

得益于"一带一路"倡议的推动，2016年我国对外承包工程市场格局发生深刻变化，在保持市场和业务规模稳步上升的同时，亚洲地区成为企业业务增长最快的市场，非洲、拉美及其他区域市场增速有所放缓。具体来看，亚洲市场新签合同额达1 226.7亿美元，比上年增长36.7%，首次突破千亿美元；非洲市场新签合同额820.6亿美元，增长7.6%；拉丁美洲市场新签合同额达191.2亿美元，增长5.3%；欧洲、大洋洲及北美市场新签合同额较上年有所下降。结合"一带一路"倡议落实情况看，2016年我国企业在沿线61个国家新签合同额1 260.3亿美元，占同期我国对外承包工程新签合同额的51.6%，增长36%；完成营业额759.7亿美元，占同期总额的47.7%，增长9.7%。

从国别市场分布看，2016年新签合同额位居前十位的国家（地区）依次为：巴基斯坦、马来西亚、印度尼西亚、伊朗、安哥拉、阿尔及利亚、埃塞俄比亚、埃及、委内瑞拉和香港，合同额共计913.8亿美元，占新签合同总额的37.4%。完成营业额位居前十的国家（地区）依次为：沙特阿拉伯、阿尔及利亚、巴基斯坦、委内瑞拉、马来西亚、埃塞俄比亚、肯尼亚、安哥拉、香港和印度尼西亚，营业额共计577.2亿美元，占完成营业总额的36.2%。

（三）业务增长进一步向交通、电力、房建领域倾斜

在"一带一路"倡议与国际产能合作规划的促进下，2016年我国对外承包工程企业在交通运输建设、电力工程建设和房屋建筑等优势领域的竞争优势更加明显。

具体来看，我国企业广泛参与非洲国家及区域间铁路网互联互通建设，并承接多个国家轻轨项目，交通运输建设领域新签合同额达557.4亿美元，业务占比22.8%，成为2016年度我国对外承包工程行业发展最快的专业领域。电力工程领域稳步发展，新签合同额达535.9亿美元，在上年实现快速增长76.7%的基础上，本年度仍实现了17.3%的增长，企业凭借较强的技术实力和项目实施经验，在火电、风电、清洁能源及核电建设等方面的国际竞争优势进一步加强。房屋建筑领域新签合同额461.7亿美元，同比增长25.3%，我国企业在亚非区域市场承揽的大量非住宅类房建项目为本领域业务发展提供巨大推动力。

**2016年对外承包工程业务各领域新签合同分布情况**

| 领 域 | 比 重（%） |
|---|---|
| 交通运输建设 | 22.8 |
| 电力工程建设 | 22.0 |
| 一般建筑项目 | 18.9 |
| 石油化工项目 | 13.6 |
| 通信工程建设 | 8.3 |
| 其他 | 5.0 |
| 水利建设项目 | 4.2 |
| 工业建设项目 | 3.5 |
| 制造加工设施建设项目 | 1.7 |

（四）“一带一路”倡议促进行业发展模式转型升级

针对国际市场对承包商业务需求的多样化趋势，我国对外承包工程企业围绕“一带一路”倡议与国际产能合作规划积极调整发展战略，行业发展模式转型升级步伐进一步加快。

一是以卡西姆港燃煤应急电站、南欧江流域梯级水电开发、卡洛特水电站、默蒂亚里-拉合尔直流输电、马道斯公路等项目为代表的一系列BOT、PPP等投资运营类业务上马试水，行业发展模式向投建营一体化方向转变。二是以境外园区开发建设为重点的承包工程相关投资和综合开发类项目数量增多，我国企业在吉布提、阿曼、埃塞俄比亚、尼日利亚、马来西亚、缅甸、巴基斯坦等国承建开发的一批园区项目发展成果喜人。三是我国企业海外战略投资及并购业务明显增多，相关企业通过收购并购美国最大环境检测公司TestAmerica、西班牙咨询服务商EPTISA公司、巴西工程设计咨询企业Concremat公司、巴西朱比亚水电站和伊利亚水电站等公司和项目进入目标市场国家，为企业未来发展提供跳板和支撑，实现了企业国际资源布局的整合优化。

**二、对外劳务合作行业**

2016年，在复杂的世界经济形势影响和众多因素叠加作用下，我对外劳务合作业务发展承受一定压力，在保持健康有序发展的基础上，派遣人数和期末在外人数均有一定程度下降，但总体发展仍具一定规模。行业发展呈现如下主要特征：

（一）外派人数规模继续下降，在外人员规模出现首次下降

2016年，我国对外劳务合作企业共派出各类劳务人员49.4万人，较上年同期减少3.6万人；其中承包工程项下23万人，劳务合作项下派出26.4万人。这是自2015年以来连续第二年出现派遣规模下降现象。截至2016年底，在外各类劳务人员96.9万人，较上年同期减少5.8万人，首次出现下降现象，降幅为5.65%。从统计数据看，阿尔及利亚、日本等国市场派遣规模下降明显，对行业发展影响较大。

（二）各地区市场规模互有升降，市场格局保持稳定

从外派人员地区分布看，亚洲、非洲、拉美地区仍为我国对外劳务合作主要市场，其中亚洲外派劳务人员34.9万人，与上年持平；大洋洲增加0.2万人，北美洲增加0.07万人；非洲减少3.2万人，欧洲减少0.4万人，拉丁美洲减少0.3万人。

从期末在外人员分布看，亚洲和非洲作为主要市场，占比为90.5%；其中亚洲64.4万人，非洲23.3万人，拉丁美洲4.6万人，欧洲2.9万人，大洋洲1.3万人，北美洲0.4万人。

**2016年末我国在外劳务人员地区分布情况**

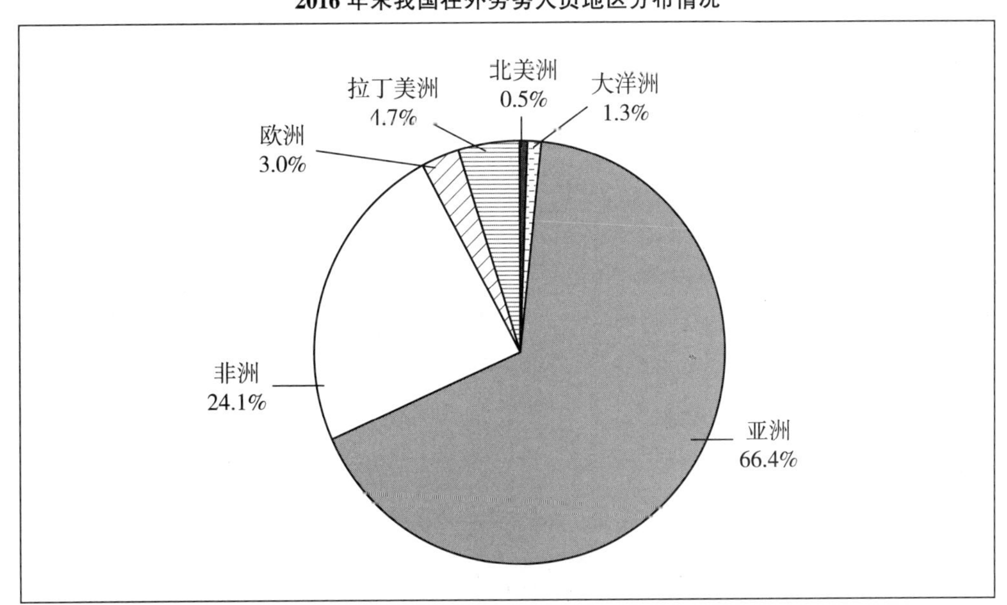

从2016年全年外派劳务人员分布的国家和地区来看，我国外派劳务人员和年末在外人员位居前列的国家和地区主要集中在日本、澳门、新加坡、阿尔及利亚、香港、沙特阿拉伯、安哥拉、巴拿马、马来西亚、印度尼西亚等地。

（三）海外雇佣所在国人员数量连续两年下降

截至2016年12月末，我企业在外共雇佣项目所在国人员70.09万人，连续两年出现下降。除亚洲地区雇佣所在国人员数量同比上升达到28.29万人外，其他地区雇佣人数均有所下降，其中非洲36.22万人、欧洲0.84万人、拉丁美洲3.73万人、北美洲0.12万人、大洋洲0.64万人。

（四）各省市业绩排序基本稳定，行业集中度进一步提高

从2016年我国企业累计派出各类劳务人员的数量看，各省（市、自治区）企业业务发展排序基本稳定。其中，辽宁省较上年增幅明显，北京市外派规模降幅较大，年内外派人数达1万人以上的省份由2015年的15个省份降至13个，行业集中度有所提高。

**2012—2016年对外劳务合作行业集中度变化情况**

| 年度 | 前10省份在外人员数（万人） | 行业集中度（%） |
|---|---|---|
| 2012 | 50.09 | 58.91 |
| 2013 | 51.13 | 59.90 |
| 2014 | 67.63 | 74.70 |
| 2015 | 61.65 | 64.98 |
| 2016 | 60.90 | 72.84 |

# 国别（地区）经贸

# THE ECONOMIC AND TRADE RELATIONS WITH COUNTRIES AND REGIONS

# 2016年祖国大陆与台湾地区的经济贸易关系

商务部台港澳司

2016年，台海形势发生重大变化，由于台湾新执政当局拒不承认“九二共识”或认同其核心意涵，导致两岸制度化协商机制停摆。面对两岸关系复杂局面，商务部坚持对台大政方针不动摇，努力深化两岸经贸交流与合作，保持对台经贸交流活动有序开展，对维护两岸关系和平发展发挥了重要作用。

**一、两岸贸易**

（一）货物贸易

2016年两岸贸易额为1 795.9亿美元，同比下降4.5%。其中，大陆对台出口403.7亿美元，同比下降10.1%；自台进口1 392.2亿美元，同比下降2.8%；大陆对台贸易逆差988.5亿美元。台湾是大陆第七大贸易伙伴和第六大进口来源地。大陆是台湾最大的贸易伙伴和贸易顺差来源地。

2016年两岸贸易呈现以下特点：一是两岸贸易逐渐呈现回暖态势。四个季度两岸贸易增幅同比分别为-10.6%、-8.7%、-1.7%和1.3%。二是两岸贸易结构逐步优化。相比于2015年，2016年一般贸易比重提高3.1个百分点，加工贸易比重下降0.3个百分点。三是中西部地区对台进出口额进一步增长。虽然对台贸易仍集中在东部沿海地区，占进出口总量的84%，但从增幅上看，中西部地区对台进出口增长速度已连续六年超过东部地区，这也是台商投资大陆和两岸产业布局新发展、新变化在两岸贸易方面的集中体现。

（二）服务贸易

据商务部统计，2016年大陆与台湾服务贸易额为177.9亿美元，同比下降7.0%，台湾为大陆第10大服贸伙伴。其中，大陆对台湾出口66.9亿美元，同比增长8.7%，台湾为我第8大服贸出口目的地；自台湾进口111.0亿美元，同比下降14.5%，为我第9大服贸进口来源地。从服务类别上看，对台出口以旅游业、加工服务业为主，出口金额分别占对台出口总额的35.6%、16.9%；自台进口以旅游业、运输业为主，进口金额分别占自台进口金额的42.0%、38.2%。

**二、两岸双向投资**

按投资者注册地统计，2016年大陆共批准台商投资项目3 517个，同比增长18.7%；实际使用台资金额19.6亿美元，同比增长27.7%。大陆仍是台湾最大的投资目的地。截至2016年底，大陆累计批准台资项目9.9万个，占比11.4%。实际使用台资646.5亿美元，台湾是大陆第9大投资来源地，约占我累计实际吸收境外投资总额的3.7%。

2016年，台商对大陆投资呈现以下特点：从地域上看，随着“一带一路”、“长江经济带”等国家战略的深入实施，西部市场对台商的吸引力不断增强，台商向大陆中西部转移的步伐也在不断加快，如四川省和湖北省实际吸收台资金额分别同比增长339.3%和86.9%。从行业上看，一是制造业投资结构不断优化，制造业仍是吸收台资金额最多的行业，实际利用台资金额达12.2亿美元，占实际利用外资金额的62.0%，但呈现出从劳动密集型向技术、资金密集型转变的趋势，很多企业不仅在大陆设立制造基地，同时研发、销售等上下游环节也在向大陆转移；二是台湾对大陆服务业投资大幅增长，其中，租赁和商务服务业、住宿和餐饮业、批发和零售业分别同比增长607.3%、179.6%和97.31%，批发和零售业吸引台资项目达1 377个，占项目总数的39.2%。

自2009年6月30日台湾当局开放陆资入岛起计算，经商务部核准，截至2016年底，大陆已有399家非金融企业赴台设立了公司或代表机构，投资金额21.20亿美元，领域涵盖批发零售、通讯、餐饮、塑胶制品、旅游等多个行业。

**三、ECFA早期收获实施情况**

（一）货物贸易

自台进口方面，据大陆海关统计，2016年，大陆优惠进口ECFA早期收获项下台湾产品货值102.2亿美元，同比增长4.4%，关税减免约50.2亿元人民币，同比增长9.7%，大陆ECFA进口利用率为87.2%。截至2016年底，大陆对台累计减免关税约227.2亿元人民币。

对台出口方面，据台方海关统计，2016年，台湾优惠进口ECFA早期收获项下大陆产品货值18.2亿美元，同比下降7.8%，关税减免7 532万美元，同比下降9.7%。截至2016年底，台对大陆累计减免关税约3.9亿美元。

（二）服务贸易

2016年，据大陆方面统计，共有9家台湾会计师事务所申请获得有效期为1年的“临时执行审计业务许可证”；185家台资企业设立独资或合资企业，合同台资金额20 277.8万美元。1家台资金融机构获得了合格境外机构投资者（QFII）资格，QFII投资额度达4.55亿美元。引进3部台湾影片。据台湾方面统计，共核准陆资赴台投资案件43件，核准投资金额共3 464万美元。另核准进口10部大陆电影片。

自ECFA早期收获实施至2016年底，据大陆方面统计，共14家台湾会计师事务所申请获得“临时执行审计业务许可证”，580家台湾企业获准设立独资或合资企业，合同台资金额约17.49亿美元；另核准引进30部台湾影片，上映26部。5家台资银行经批准筹建、设立分行，7家台资银行获准扩大人民币经营业务，37家台资金融机构获得合格境外机构投资者资格（QFII），获得投资额度总计105.61亿美元；2家台湾保险公司在大陆设立子公司。据台湾方面统计，共有215家大陆非金融企业利用早期收获优惠政策在台湾提供服务，投资金额约2.7亿美元，核准引进60部大陆电影片，上映59部。3家大陆银行在台设立分行，投资金额约2.1亿美元。

**四、两岸民间经贸交流**

一是两岸产业合作稳步推进。2016年，两岸企业在多个产业领域合作进展良好。在两岸冷链物流合作方面，两批五个试点城市（厦门、天津、北京、武汉、昆山）累计开展试点项目58个。商务部研究院与台湾商业发展研究院在吉林长春共同举办第四届两岸现代商业服务业合作发展研讨会，推动两岸在健康养老、连锁加盟、融资租赁、跨境电商、商贸物流等现代商业服务业领域的产业合作。

二是对台交流平台成果显著。第二十届“中国国际投资贸易投洽会”期间，商务部与国台办在厦门共同主办“第十一届两岸经贸合作与发展论坛”，向台湾工商界和学术界解读和宣传“十三五”规划与两岸经贸交流新机遇。海峡两岸经贸交流协会、闽台经济合作促进委员会等单位在福建泉州成功举办第九届海峡两岸（泉州）农产品采购订货会，共设展位800个，达成购销意向金额10.3亿元，为两岸基层民众带来巨大商机。在2016厦门工业博览会暨第20届海峡两岸机械电子商品交易会期间，海峡两岸经贸交流协会与台湾两岸共同市场基金会共同主办“2016海峡两岸经贸论坛”，宣传大陆支持青年创业发展的政策措施，推动两岸青年创业交流与合作。此外，台商踊跃参与“台湾企业大陆行”活动，赴湖南、上海、福建等省市考察交流，积极促进相关省市与台湾的经贸交流。

# 2016年内地与港澳地区的经济贸易关系

商务部台港澳司

2016年，内地与香港、澳门经贸交流与合作日益紧密。2016年6月1日，《〈内地与港澳关于建立更紧密经贸关系的安排〉服务贸易协议》（以下简称《协议》）正式实施，在融资租赁、会议展览、建筑工程、公路运输等62个服务业部门对港澳实现了国民待遇，在金融、法律、会计、医疗等服务业部门进一步扩大了开放。同时，除了《协议》保留的限制性措施及电信、文化领域的公司，金融机构的设立及变更外，港澳服务提供者在内地投资《协议》开放的服务贸易领域，其公司设立及变更的合同、章程审批改为备案管理，以更加便利港澳业者进入内地市场。

**一、内地与港澳贸易情况**

（一）货物贸易

1. 内地与香港

据海关统计，2016年，香港继续保持内地第四大贸易伙伴地位（前三位依次为欧盟、美国、东盟）和第三大出口市场地位（前两位依次为美国、欧盟）。内地与香港货物贸易额3 052.5亿美元，同比下降11.1%，占内地对外货物贸易总额的8.3%。其中，内地对香港出口2 883.7亿美元，同比下降12.7%；自香港进口168.8亿美元，同比上升32.4%；贸易顺差2 714.9亿美元，同比下降14.8%。

从贸易商品类别上看，自香港进口以机电产品、金属及其制品和轻工产品为主，三者的进口金额占自港进口总额的24.9%；对香港出口以机电产品、光学、医疗仪器和纺织服装为主，三者的出口金额达对港出口总额的77.5%。

2. 内地与澳门

据海关统计，2016年，内地与澳门货物贸易额32.9亿美元，同比下降31.1%。其中，内地对澳门出口31.5亿美元，同比下降31.4%；自澳门进口1.4亿美元，同比下降24.3%；贸易顺差30.1亿美元，同比下降31.6%。

从贸易商品类别上看，自澳门进口以轻工产品、金属及其制品为主，二者的进口金额占自澳进口总额的71.4%；对澳门出口以矿产品、金属及其制品、机电产品、纺织产品为主，四者的出口金额达对澳出口总额的48.6%。

（二）服务贸易

1. 内地与香港

据商务部统计，2016年，内地与香港服务贸易额1 479.7亿美元，虽与上年同期相比下降2.7%，香港仍是内地第一大服贸伙伴。其中，内地对香港出口600.5亿美元，同比下降9.6%，香港是内地第一大服贸出口目的地；内地自香港进口879.2亿美元，同比增长2.7%，香港是内地第一大服务进口来源地。从服务类别上看，自港进口以旅游业为主，进口金额占自港进口总额的73.1%；对港出口以旅游业、运输业、专业和管理咨询服务业、加工服务业为主，出口金额分别占对港出口总额的26%、22.2%、14.3%、11.5%。

2. 内地与澳门

据商务部统计，2016年，内地与澳门服务贸易额100.6亿美元，同比下降3.5%，澳门是内地第13大服务贸易伙伴。其中，内地对澳门出口40.7亿美元，同比下降19.6%，澳门是内地第10大服务出口目的地；自澳门进口59.9亿美元，同比增长11.75%，澳门是内地第15大服务进口来源地。从服务类别上看，自澳门进口以旅游业为主，进口金额达自澳门进口总额的92.2%；对澳门出口也以旅游业为主，出口金额占对澳门出口总额的62.9%。

## 二、内地吸收港澳投资情况

（一）内地吸收港资

据商务部统计（投资者注册地口径，下同），2016 年，内地共批准港资项目 12 753 个，同比下降 3.0%；实际使用港资 814.7 亿美元，同比下降 5.7%，占内地利用境外投资总额的 64.7%，香港为内地最大境外投资来源地。截至 2016 年底，内地累计批准港资项目 398 966 个，实际使用港资 9 147.9 亿美元，港资占内地累计吸收境外投资总额的 51.7%。

2016 年，从地域上看，香港企业投资地区仍集中在东部地区，虽与上年同期相比下降 2.4%，但仍占内地实际利用港资总额的 87.9%。从行业上看，香港企业投资行业侧重于房地产业、制造业、租赁和商务服务业，三者分别占内地实际利用港资总额的 20.0%、19.6%和 13.4%。批发零售业成为吸收港资项目最多的行业，香港企业投资项目达到 3 086 个，占项目总数的 24.2%。教育，信息传输、计算机服务和软件业，建筑业，卫生、社会保障和社会福利业成为香港企业投资增长最快的行业，分别增长 7 912.5%、125.4%、80.3%、62.1%。

（二）内地吸收澳门投资

据商务部统计，2016 年，内地共批准澳门投资项目 676 个，同比上升 19.4%，实际使用澳门投资金额 8.2 亿美元，同比下降 7.7%，占内地实际利用境外投资总额的 0.65%。截至 2016 年底，内地累计批准澳门投资项目 15 074 个，实际使用澳门投资 136.0 亿美元。按实际使用外资统计，澳门投资占内地累计吸收境外投资总额的 0.8%。

2016 年，从地域上看，澳门企业投资地区主要集中在东部地区，虽与上年同期相比下降 11.9%，但仍占实际利用澳门投资商金额的 92.7%；对中部地区投资同比大幅上升 442.26%，占实际利用澳门投资金额的 7.0%。从行业上看，澳门企业投资行业侧重于房地产业，建筑业，制造业，科学研究、技术服务和地质勘查业，四者分别占内地实际利用澳门投资的 49.3%、17.6%、7.9%、7.7%；批发零售业、租赁和商务服务业为吸收澳门投资项目数较多的行业，澳门企业投资项目分别为 209 个和 190 个，二者共占项目总数的 59.0%。科学研究、技术服务和地质勘查业，居民服务和其他服务业，农林牧渔业，信息传输、计算机服务和软件业成为澳门企业投资增长最快的行业，分别增长 1 707.7%、1 546.3%、840%、378.2%。

## 三、内地企业赴港澳投资情况

（一）赴港投资

据商务部统计，2016 年，内地对香港非金融类直接投资 862.0 亿美元，同比上升 24.9%，占内地对外投资总额 1 701.2 亿美元的 50.7%，香港为内地最大境外投资目的地。截至 2016 年底，内地对香港非金融类累计直接投资 4 921.6 亿美元，占内地对外直接投资存量的 52.9%。

（二）赴澳投资

据商务部统计，2016 年，内地对澳门非金融类直接投资 4.6 亿美元，同比下降 54.2%。截至 2016 年底，内地累计对澳门非金融类直接投资 21.8 亿美元。

## 四、内地在港澳工程承包与劳务合作情况

（一）内地与香港

据商务部统计，2016 年，内地在香港承包工程合同数 171 份，同比下降 2.8%；金额 79.3 亿美元，同比增长 70.5%；完成营业额 42.3 亿美元，同比增长 5.0%；在港劳务人数 47 825 人，同比下降 10.0%。截至 2016 年底，内地在香港累计完成营业额 621 亿美元。

（二）内地与澳门

据商务部统计，2016 年，内地在澳门承包工程合同数 43 份，同比增长 10.3%；金额 11 亿美元，同比减少 39.9%；完成营业额 18.2 亿美元，同比增长 23.0%；在澳劳务人数 122 636 人，同比增长 0.5%。截至 2016 年底，内地在澳门累计完成营业额 138.8 亿美元。

## 五、《内地与港澳关于建立更紧密经贸关系的安排》实施情况

（一）货物贸易领域

据内地海关统计，2016 年，CEPA 项下内地进口香港零关税货物 8.9 亿美元，同比下降 8.2%；关税优惠 5.1 亿元人民币，同比下降 16.2%。截至 2016 年底，CEPA 项下内地累计进口香港货物 104.1 亿美元，关税优惠 57.9 亿元人民币。截至 2016 年底，香港共签发 146 352 份原产地证书，货物离岸价总值为 818.5 亿港元。

2016 年，CEPA 项下内地进口澳门零关税货物 1 258.0 万美元，同比上升 3.0%；关税优惠 450.3 万元人民币，同比下降 11.9%。截至 2016 年底，CEPA 项下内地累计进口澳门受惠货物 1.08 亿美元，关税优惠 5 379.8 万元人民币。截至 2016 年底，澳门共签发 4 177 份原产地证书，其中 3 681 份使用的证书，总出口额 7.6 亿澳门元。

（二）服务贸易领域

截至 2016 年底，香港工贸署共签发香港服务提供者证明书 3 089 份，主要涉及运输、物流、分销及航空运输等领域，其中运输服务及物流服务共签发证明书 1 378 份，占核发总数的 44.6%。

截至 2016 年底，澳门经济局核发澳门服务提供者证明书 612 份，主要涉及货代、运输、仓储、物流、电信及广告等领域。

（三）金融领域

截至 2016 年底，香港人民币存款总额 5 467 亿元。

截至 2016 年底，澳门人民币存款总额 420.2 亿元。

（四）个体工商户

截至 2016 年底，内地共注册香港个体工商户 8 677 户，从业人员 24 005 人，资金数额 8.5 亿元。

截至 2016 年底，内地共注册澳门个体工商户 1 356 户，从业人员 3 550 人，资金数额 1.1 亿元。

（五）个人游

2016 年，内地赴港“个人游”旅客 2 422.3 万人次，

同比增长5.6%，占内地赴港旅客总数的56.6%。截至2016年底，内地赴港“个人游”旅客累计2.1亿人次，占内地赴港旅客总数的55.4%。

2016年，内地赴澳“个人游”旅客957.9万人次，同比增长0.6%，占内地赴澳门旅客总数的46.8%。截至2016年底，内地赴澳“个人游”旅客累计9 164.2万人次，占内地赴澳门旅客总数的43.6%。

**六、支持港澳参与国家新时期对外开放**

（一）支持港澳参与“一带一路”建设

一是支持香港与“一带一路”部分沿线国家开展自贸协定谈判；二是支持香港顾问咨询企业承担援外工程项目监理服务的试点工作。目前，香港企业参与的援助尼泊尔和柬埔寨2个基建项目进展顺利，试点工作效果逐步显现；三是与香港贸发局共同组织两地企业联合走出去，赴东欧三国开展经贸洽谈，助力香港企业开拓“一带一路”沿线国家市场。

（二）支持港澳参与中国（广东）自贸试验区建设

2016年，商务部支持港澳参与广东自贸试验区建设，深入推进粤港澳服务贸易自由化，着力在金融、贸易和专业服务等方面取得突破，推动实施重点合作项目。

CEPA服务贸易协议中有10条专门适用于广东自贸试验区的开放措施。港资控股的全牌照合资证券、基金公司已获批筹建，首家香港独资船舶管理企业获批，9家内地与香港合作律师事务所获批成立。澳门国际银行已在横琴设立了代表处，粤澳保险机构提供跨境机动车保险服务政策落地；横琴对冲基金产业园建设启动。与香港跨境人民币贷款由前海扩大到南沙、横琴；区内公共服务支付领域向香港开放，粤港合资基金管理公司、证券公司已获批筹建。前海启动了香港优势产业基地建设，南沙粤港澳青年创业工厂、前海深港青年梦工厂正式运作，香港新世界周大福港货中心进入实质性建设阶段。横琴粤澳合作产业园加速推进，12个合作项目正式动工，总投资超过600亿元。横琴—澳门青年创业谷跻身国家级众创空间，吸引124个项目团队入驻，其中93个为澳门项目，企业注册资本超过5 000万元，融资超过1亿元。

**七、中葡论坛第五届部长级会议成功召开**

2016年10月11日—12日，中葡论坛第五届部长级会议在澳门成功召开，成果丰硕。会议以“一带一路”倡议为引领，以“迈向更加坚实的中葡经贸关系：共商合作、共建平台、共享发展”为主题，深化中国与葡语国家经贸合作，积极支持澳门建设中国与葡语国家商贸合作服务平台。国务院总理李克强出席大会开幕式并发表主旨演讲，宣布了中方支持与葡语国家经贸合作的十八项新举措。会议期间，商务部部长高虎城和七个与会葡语国家部长签署了《经贸合作行动纲领》（2017—2019年）、《产能合作谅解备忘录》等一系列多双边协议，明确未来三年中国与葡语国家经贸合作的主要领域和发展方向。本届部长级会议高度重视和支持澳门深化中国与葡语国家商贸合作服务平台建设，在会议成果和活动安排中进一步突出澳门元素，注重发挥澳门平台作用。

## 2016年中国与亚洲的经济贸易关系

商务部亚洲司综合处

2016年，中国与亚洲周边国家的务实互利经贸合作稳步发展。

高层互访，凝聚合作共识。2016年，习近平主席先后对伊朗、柬埔寨和孟加拉国进行国事访问；李克强总理对蒙古、老挝进行正式访问。党和国家领导人先后共访问9个亚洲周边国家，17个亚洲周边国家元首或政府首脑来华访问或出席双边、区域和国际会议、展会和论坛。中国与亚洲周边国家领导人在多双边场合会谈会晤中，就加快“一带一路”合作倡议与各国发展战略对接，加强在贸易、投资、基础设施建设、产能合作、园区开发、能源、金融、区域经济一体化和人力资源等经贸领域的合作达成广泛共识，为中国与亚洲周边国家加强务实经贸合作指明了方向。

经贸磋商，落实合作成果。2016年，中国与印度尼西亚高层经济对话第二次会议、中国与泰国贸易、投资和经济合作联合委员会（副总理级）第五次会议先后成功举行，商务部与蒙古、伊朗、东帝汶、日本、马来西亚、印度尼西亚、文莱、韩国、孟加拉国、泰国、新加坡、斯里兰卡、菲律宾等亚洲周边国家举行40多场各层级双边经贸磋商机制会议和会谈，聚焦落实领导人达成的经贸领域合作共识，具体对接经济发展规划，推进“一带一路”建设合作，统筹各领域的务实经贸合作，共商重点合作项目和事项的落实举措，推动在多个合作领域取得一批务实成果。其中，商务部与东帝汶召开双边经贸联委会首次会议，实现了中国与亚洲周边国家双边经贸联委会机制的全覆盖。

项目推进，展现合作成效。2016年，商务部积极与亚洲周边“一带一路”沿线国家开展发展战略对接，推进重大项目建设。中马（来西亚）召开中马“两国双园”联合合作理事会第三次会议，推动两园建设创新发展，致力于将“两国双园”建设成“中国—东盟合作示范区”；中新（重庆）战略性互联互通示范项目稳步推进，建立了项目三级运行机制，出台一批政策创新举措，推动一批具体合作项目落地实施；中老、中蒙跨境经济合作区取得新进展，在老挝总理通伦访华期间签署中老两国政府《关于加强两国边境地区经贸合作的协定》和《中老磨憨—磨丁跨境经济合作区发展总体规划（纲要）》，在中蒙经贸联委会第十四次会议上签署中蒙二连浩特—扎门乌德跨境经济合作区项目部门间《共同总体方案》。

区域协调，扩展合作领域。2016 年，中国进一步加强与亚洲周边国家的沟通与协调，积极推进东亚合作、澜湄合作等区域多边合作。高虎城部长赴老挝出席东亚合作系列经贸部长会议，与会各方就推进互联互通、加强产能合作、促进贸易投资、加快本地区经济一体化进程等达成广泛共识，为东亚合作领导人系列会议取得务实经贸成果做好准备。李克强总理在老挝出席东亚合作领导人系列会议期间，与东盟领导人共同发表《中国—东盟产能合作联合声明》，并出席《区域全面经济伙伴关系协定》联合声明发布仪式。中方倡议的澜沧江—湄公河合作首次领导人会议在海南三亚举行，李克强总理同柬埔寨、老挝、缅甸、泰国和越南领导人共同与会，会议在推动国际产能合作、加强贸易投资合作、加强经济技术合作和可持续发展等经贸领域取得务实成果。第十一次中日韩经贸部长会议顺利召开，中日韩三方就落实二十国集团峰会经贸成果，开展三国务实经贸合作的新领域、新倡议和区域、多边经贸议题深入交换意见，发表《联合新闻声明》，重申将加快中日韩自贸区和区域全面经济伙伴关系协定（RCEP）谈判，积极推进区域经济一体化。

中国与亚洲国家经贸合作基本情况如下：

**一、双边贸易**

据海关统计，2016 年，中国与亚洲国家（亚洲司主管 25 国，包括韩国、日本、蒙古、朝鲜、新加坡、马来西亚、文莱、菲律宾、泰国、印度尼西亚、柬埔寨、老挝、缅甸、越南、东帝汶、印度、尼泊尔、巴基斯坦、斯里兰卡、阿富汗、孟加拉国、不丹、马尔代夫、伊朗、土耳其。下同）进出口贸易额达 11 510.7 亿美元，同比减少 4.4%，占中国外贸进出口总额的 31.2%。其中，中国出口 6 118.7 亿美元，进口 5 392.1 亿美元，分别同比减少 5.8% 和 2.7%，分别占中国出口总额的 29.2% 和进口总额的 34%。中国对亚洲国家和地区贸易差额为 726.6 亿美元，同比增长 225 亿美元。

在主要贸易伙伴中，2016 年 1 月—12 月，中国—东盟双边进出口额达 4 522.1 亿美元，同比减少 4.1%。其中，中国对东盟出口 2 559.9 亿美元，同比减少 7.7%；中国自东盟进口 1 962.2 亿美元，同比增长 0.9%。中国与日本贸易额为 2 747.9 亿美元，同比下降 1.3%。其中，中国出口 1 292.6 亿美元，同比下降 4.7%，进口 1 455.3 亿美元，同比增长 1.8%。

在中国十大贸易伙伴中，亚洲国家和地区占据 7 席，除中国香港特区（位居第 2）和台湾省（位居第 5）外，日本、韩国、越南、马来西亚和泰国分别列第 3、第 4、第 8、第 9、第 10 位。在中国十大出口市场排名中，亚洲国家和地区占据 6 席，除中国香港特区（位居第 2）外，日本位居第 3、韩国位居第 4、越南位居第 6、印度位居第 7、新加坡位居第 10；在中国十大进口来源排名中，亚洲国家和地区占据 5 席，韩国位居第 1、日本位居第 2、台湾省位居第 3、马来西亚位居第 7、泰国位居第 10 位。

**二、利用外资**

2016 年，中国实际利用亚洲国家直接投资金额 144.7 亿美元，同比减少 3.5%，占同期中国实际利用外资总额的 11.5%。在中国十大外资来源排名中，亚洲国家和地区占据 5 席，即香港特区（位居第 1）、新加坡（位居第 3）、韩国（位居第 5）、日本（位居第 6）、台湾省（位居第 9）。其中，新加坡对华实际投资 60.5 亿美元，同比减少 12.4%；日本对华实际投资达 31 亿美元，同比下降 3.1%；韩国对华实际投资 47.5 亿美元，同比增长 17.8%。

**三、对外投资**

据商务部统计，2016 年，中国对亚洲国家非金融类直接投资额达 130.1 亿美元，同比增长 12.7%，占同期全国对外非金融类直接投资总额的 7.6%。截至 2016 年 12 月底，中国对亚洲国家非金融类直接投资存量为 1 007.1 亿美元，占同期全国境外投资存量的 7.9%。其中，中国对东盟国家投资额达 93.1 亿美元，同比减少 1.5%；对南亚国家投资为 14.6 亿美元，同比大幅增长 227.4%。

**四、工程承包**

据商务部统计，2016 年，中国与亚洲国家工程承包合作新签合同额 860 亿美元，同比增长 34.5%，占同期全国对外新签合同总额的 35.3%；完成营业额 466 亿美元，同比增长 9.1%，占全国对外完成营业额总额的 29.2%。中国与亚洲国家和地区工程承包合作主要领域包括能源和交通基础设施建设等。从国别和地区情况看，中国与东盟、南亚工程承包合作保持快速增长，新签合同额分别为 467.4 亿美元和 249.8 亿美元，分别同比增长 30.3% 和 17.3%；完成营业额分别为 275.8 亿美元和 130 亿美元，分别同比增长 3.3% 和 14.3%。

# 2016 年中国与日本的经济贸易关系

商务部亚洲司一处

2016 年，中日经贸合作呈现企稳态势，双边贸易与日本对华投资降幅进一步收窄，中国企业对日“走出去”快速增长，日本保持我第二大贸易伙伴国和累计利用外资最大来源国地位。

**一、双边贸易情况**

据中国海关统计，2016 年中日贸易总额 2 747.9 亿美元，同比下降 1.3%，占我外贸总额的 7.5%。其中，我对日出口 1 292.6 亿美元，下降 4.7%，占我出口总额比重为 6.2%；我自日进口 1 455.3 亿美元，增长 1.8%，占我进口总额比重的 9.2%。中方逆差 162.7 亿美元。如按人民币计算，2016 年中日贸易总额 18 154.2 亿元，同比增长 5.0%。其中，我对日出口 8 528.6 亿元，增长 1.3%；我自日进口 9 625.6 亿元，增长 8.4%。按国别排名，日本是我第二大贸易伙伴国，进口排在韩国之后，出口排在美国之后。

据日本财务省统计，2016 年日中贸易总额为 29.38 万亿日元，同比下降 10.0%，占日对外贸易总额的 21.6%。其中，日本对中国出口 12.36 万亿日元，下降 6.5%，占日本出口总额的 17.7%；日本自中国进口 17.02 万亿日元，下降 12.4%，占日本进口总额的 25.8%。日方逆差 4.66 万亿日元。如按美元计算，2016 年日中贸易总额为 2 703.0 亿美元，同比增长 0.1%。其中，日本对中国出口 1 138.8 亿美元，增长 4.2%；自中国进口 1 564.2 亿美元，下降 2.7%。中国仍为日本第一大贸易伙伴、最大进口来源地和第二大出口市场。

**二、主要进出口商品情况**

2016 年，我对日货物贸易结构进一步优化。从出口商品类别看，机电产品占我对日出口总额比重升至 54.1%，高新技术产品占比为 26.1%，传统大宗的轻纺类产品、农产品、化工类产品、贱金属及其制品占比分别为 23.3%、7.8%、5.3%和 5.1%。

我对日出口商品主要包括：服装及衣着附件出口 160.4 亿美元，同比下降 7.3%，占比为 12.4%；自动数据处理设备及其部件 75.9 亿美元，下降 10.2%，占比为 5.9%；电话机 74.4 亿美元，增长 12.2%，占比为 5.8%；纺织纱线、织物及制品 42.2 亿美元，下降 2.9%，占比为 3.3%；汽车零配件 38.7 亿美元，增长 5.0%，占比为 3.0%；水海产品 35.6 亿美元，增长 1.1%，占比为 2.8%；二极管及类似半导体器件 31.9 亿美元，下降 25.8%，占比为 2.5%；文化产品 30.5 亿美元，增长 4.4%，占比为 2.4%；家具及其零件 27.5 亿美元，与上年持平，占比为 2.1%；太阳能电池 25.6 亿美元，下降 23.4%，占比为 2.0%。

从进口商品类别看，机电产品占我自日进口总额比重升至 68.6%，高新技术产品占比升至 32.7%，化工产品、贱金属及其制品、塑料及其制品占比分别为 9.9%、8.7%和 6.0%。

我自日进口商品主要包括：集成电路进口 135.5 亿美元，同比增长 7.3%，占比为 9.3%；汽车 76.1 亿美元，增长 10.0%，占比为 5.2%；汽车零配件 72.7 亿美元，增长 14.2%，占比为 5.0%；通断电路保护装置 53.3 亿美元，增长 4.2%，占比为 3.7%；计量检测分析自控仪器及器具 51.3 亿美元，增长 7.8%，占比为 3.5%；钢材 47.5 亿美元，下降 9.1%，占比为 3.3%；初级形状的塑料 39.3 亿美元，下降 2.4%，占比为 2.7%；液晶显示板 39.2 亿美元，下降 12.3%，占比为 2.7%；二极管及类似半导体器件 26.6 亿美元，下降 0.4%，占比为 1.8%。

**三、中日相互投资情况**

（一）日本企业对华直接投资

2016 年，日本对华投资降幅继续收窄。据中国商务部统计，2016 年日本在华新设企业 576 家，同比下降 10.4%，实际使用金额 31.0 亿美元，同比下降 3.1%，占中国实际使用外资总额的 2.5%。在亚洲国家中，日本对华投资排名第三位，仅次于新加坡、韩国。截至 2016 年底，日本累计在华投资设立企业 50 416 家，实际使用金额 1 049.2 亿美元，占中国实际使用外资总额的 6.0%，是累计利用外资最大来源国。

从投资地区分布看，2016 年日本对中国东部、中部和西部地区实际投资额分别为 28.7 亿美元、2.1 亿美元和 0.2 亿美元，比重分别为 92.6%、6.8%和 0.6%。从投资行业分布看，日本对华投资仍主要集中在制造业，实际到位金额为 16.9 亿美元，占比为 54.6%；批发和零售、房地产、租赁和商务服务业分别为 3.7 亿美元、3.3 亿美元和 2.3 亿美元，占比分别为 12.0%、10.7%和 7.3%；农林牧渔业为 0.08 亿美元，占比为 0.3%。

（二）中国企业对日直接投资

2016 年，中国对日本非金融类直接投资额为 47 136 万美元，同比增长 117.0%，主要涉及制造业、进出口贸易和能源矿产等领域。截至 2016 年底，中国对日本直接投资存量为 32.3 亿美元。

目前，中国对日投资总体规模尚小，但增长势头较强，投资领域日趋多元化，从贸易、制造等传统领域逐渐向新能源、信息技术、医疗、文化等领域拓展，如中国天合光能集团在日本山形县等地区建设光伏电站，总装机容量有望提升至 10 万千瓦。此外，中国对日投资的大型并购案件增多，如美的斥资 514 亿日元收购东芝白色家电业务的 80%股份。

**四、中日工程承包和技能实习生合作情况**

2016年，中国企业在日本承包工程新签合同额3.79亿美元，完成营业额3.12亿美元。截至2016年底，中国企业在日本承包工程累计新签合同额37.2亿美元，累计完成营业额38.3亿美元。

日本是中国最大的海外劳务市场。2016年，中国向日新派出技能实习生36 562人，同比下降13.5%。截至2016年底，中国在日技能实习生总数14.5万人，占在外劳务人员总数的24.4%，主要分布在日本的中小企业，涉及制造业、农林牧渔业和建筑业等。

**五、中日主要经贸往来**

1月18日，商务部高燕副部长在日本东京出席中日韩自贸区第九轮谈判首席谈判代表会议。

2月17日，商务部钱克明副部长会见日中产学官交流机构特别顾问福川伸次，就世界经济形势、东亚经济一体化、世界贸易组织等交换意见。

3月2日，商务部与日本经济产业省司局级政策交流会议机制第二次会议在日本东京召开，双方就宏观经济形势、双边经贸合作、区域及多边合作等问题深入交换意见。

3月18日，商务部高虎城部长在北京出席中日双方投资促进机构第20次联席会议，双方就中国宏观经济形势、日本企业对华投资趋势、中日产业合作、中国税制现状及未来政策变化等议题交换意见。

3月23日，第二次中日流通对话在日本东京举行。

3月25日，商务部高燕副部长与日本经济产业省上田隆之经济产业审议官在北京共同主持两部门第十七次副部级定期磋商。

4月11日，商务部高虎城部长在北京会见以河野洋平会长为团长的日本国际贸易促进协会代表团，双方就当前中日两国宏观经济形势、双边经贸合作等问题交换了意见。

4月11日，商务部童道驰部长助理在日本东京与日本公平交易委员会杉本和行委员长签署《中国商务部与日本公平交易委员会反垄断合作备忘录》，就竞争政策和经营者集中立法及执法进展等交换意见，并与日本经济团体联合会、日中经济协会等进行了座谈。

4月12日，商务部钱克明副部长陪同汪洋副总理会见以河野洋平会长为团长的日本国际贸易促进协会代表团，双方就中日关系、中日经贸合作等交换了意见。

5月17日，商务部高燕副部长会见新日铁住金公司社长进藤孝生，双方就中日经贸合作及该公司对华合作等交换意见。

6月27日，商务部王受文副部长在韩国首尔出席中日韩自贸区第十轮谈判首席谈判代表会议。

6月28日，第五次中日知识产权工作组会议在日本东京举行。

7月8日，商务部王受文副部长在上海会见来华出席二十国集团贸易部长会议的日本经济产业省副大臣铃木淳司。

7月27日，商务部高燕副部长会见日本丸红公司社长国分文也，双方就中日经贸合作及该公司对华合作等交换意见。

8月1日，商务部高燕副部长会见以小泽哲会长为团长的日本东海日中贸易中心代表团，双方就加强中日经贸合作等交换意见。

9月21日，商务部高燕副部长陪同张高丽副总理会见日中经济协会会长宗冈正二、日本经济团体联合会会长榊原定征、日本商工会议所会头三村明夫率领的日本经济界代表团。

9月22日，商务部高燕副部长会见日中经济协会会长宗冈正二、日本经济团体联合会会长榊原定征、日本商工会议所会头三村明夫率领的日本经济界代表团并举行座谈。

10月28日，商务部王受文副部长会见日本外务省外务审议官片山庆一。

10月29日，商务部高虎城部长在日本东京与日本经济产业大臣世耕弘成、韩国产业通商资源部部长周亨焕共同主持召开第十一次中日韩经贸部长会议，分别会见世耕弘成大臣、周亨焕部长及日本自民党干事长二阶俊博。

11月26日，商务部高燕副部长在北京出席第十届中日节能环保综合论坛。

12月6日，第二次中日服务合作工作组会议在日本熊本举行。

12月28日，商务部高燕副部长在日本东京与日本外务省外务审议官片山庆一共同主持召开第十一次中日经济伙伴关系磋商，就中日宏观经济形势、双边经济合作问题、区域及多边合作等交换意见；会见日本国际贸易促进协会会长河野洋平、冲绳县知事翁长雄志，并出席福建省商务厅与日本冲绳县商工劳动部经济合作备忘录签字仪式；会见日本自民党干事长二阶俊博，就中日经贸合作有关问题交换意见。

## 2016年中国与韩国的经济贸易关系

商务部亚洲司四处

韩国是东北亚新兴经济体，是中国重要经贸伙伴。1992年8月，中韩两国正式建立外交关系。建交20多年来，双边经贸关系迅速发展，2016年双边贸易额达2 525.8亿美元，双向投资累计近732亿美元。

**一、中韩双边贸易**

据中国海关统计，2016 年，中韩贸易额 2 525.8 亿美元，同比减少 8.4%。其中，中国对韩出口 937.1 亿美元，自韩进口 1 588.7 亿美元，同比减少 7.5%和 9%。中国是韩国第一个贸易伙伴国、进口来源国和出口对象国，韩国是中国第三大贸易伙伴国、第一大进口来源国和第三大出口对象国。

**二、韩对华投资**

2016 年，韩对华投资 2 018 个项目，同比增长 3.1%，中国实际使用韩资 47.5 亿美元，同比增长 17.8%。截至 2016 年底，韩累计对华投资项目数 61 758 个，实际投资额 687 亿美元。韩是中国第二大外资来源国，中国是韩国第二大投资对象国。

**三、对韩投资**

2016 年，中国对韩非金融类直接投资 7.8 亿美元，同比增长 54.3%。截至 2016 年底，中国累计对韩直接投资 44.8 亿美元。

**四、中韩自贸区情况**

2010 年 4 月，中韩正式完成历时 6 年的双边自贸区官产学联合研究，2012 年 5 月双方正式宣布启动自贸区谈判。经过 14 轮谈判，2014 年 11 月，习近平主席与韩国总统朴槿惠在北京共同宣布结束中韩自贸区实质性谈判。2015 年 6 月 1 日，双方签署中韩自贸协定。2015 年 12 月 20 日，中韩自贸协定正式生效并实施第一次降税，2016 年 1 月 1 日实施第二次降税。中韩自贸协定实现了“全面、高水平、利益大体平衡”的目标。协定范围涵盖货物贸易、服务贸易、投资和规则等共 17 个领域，包含了电子商务、竞争政策、环境等新议题。

## 2016 年中国与东盟国家的经济贸易关系

商务部亚洲司二处

**一、东盟保持中国主要贸易伙伴地位**

2016 年，我国与东盟进出口总额 4 522.1 亿美元，占我国对外贸易总额的 12.3%，比上年下降 4.1%。其中，我国出口 2 559.9 亿美元，下降 7.7%，进口 1 962.2 亿美元，增长 0.9%，中方顺差 597.7 亿美元，下降 27.8%。东盟已连续 6 年成为我国第三大贸易伙伴，东盟是我国第四大出口市场和第二大进口来源地。

**二、双向投资累计突破 1 770 亿美元**

中方统计，截至 2016 年底，我国与东盟双向投资额累计达 1 779.6 亿美元，双向投资进一步趋向平衡。我国企业累计在东盟国家非金融投资总额 720.3 亿美元，其中 2016 年新增直接投资 93.1 亿美元，下降 1.5%。东盟国家来华累计实际投资 1 059.3 亿美元，占我国吸引外资的 6.0%，其中 2016 年新增直接投资 65.3 亿美元，下降 14.7%。

**三、工程承包合作蓬勃发展**

东盟国家是我国重要的海外承包工程市场和劳务合作市场。截至 2016 年底，我国企业累计在东盟国家签订承包工程合同总金额 2 817.3 亿美元，完成营业额 1 948.5 亿美元。其中，2016 年新签合同额 467.4 亿美元，增长 30.3%，完成营业额 275.8 亿美元，增长 3.3%。2016 年末，我国在东盟国家各类技术劳务人员共约 17.7 万人。

**四、第十三届中国—东盟博览会成果丰硕**

中国—东盟博览会由商务部、东盟国家经贸主管部门和东盟秘书处共同主办，广西壮族自治区人民政府承办，从 2004 年起每年在中国南宁举办。第十三届中国—东盟博览会于 2016 年 9 月 11 日—14 日举行，以“共建 21 世纪海上丝绸之路，共筑更紧密的中国—东盟命运共同体”为主题，越南是本届博览会主题国。国务院副总理张高丽和 7 位东盟国家领导人出席博览会开幕式。第十三届博览会总展位数 5 800 个，参展参会客商 6.5 万人。

**五、重要经贸往来**

1 月 8 日，高燕副部长在重庆出席市委书记孙政才与新加坡总理公署部长陈振声会见活动以及中新（重庆）战略性互联互通示范项目管理局揭牌暨合作项目签约仪式。之后，高燕副部长出席中新（重庆）战略性互联互通示范项目联合实施委员会第一次会议并作主旨发言。

2 月 4 日，高燕副部长出席杨洁篪国务委员与柬埔寨副首相兼外交国际合作部大臣贺南洪在北京共同主持召开的中柬政府间协调委员会第二次会议。

2 月 18 日，高燕副部长应约出席新加坡驻华大使罗家良举行的工作午宴。双方就中新经贸关系、中国—东盟经贸关系、区域经济合作、中新（重庆）战略性互联互通示范项目合作等问题交换了意见。

3 月 18 日，高燕副部长礼节性会见应邀来访的东帝汶外交与合作部副部长罗伯托·苏亚雷斯一行，与苏亚雷斯共同签署《中华人民共和国政府和东帝汶民主共和国政府关于成立双边经贸合作联合委员会机制的谅解备忘录》并共同主持召开中国—东帝汶经贸联委会首次会议。中国驻东帝汶大使刘洪洋、外交部、农业部、国家林业局、国家旅游局、国家开发银行、进出口银行与东帝汶驻华大使贲迪扎·弗雷塔斯、外交与合作部、财政部、贸工环境部、规划与战略投资部、农业与渔业部等部门的代表出席会议。

3 月 28 日，高燕副部长主持召开中马“两国双园”联合合作理事会中方预备会议。之后，与马来西亚国际贸工部副部长李志亮、广西壮族自治区副主席张晓钦、马来西亚彭亨州秘书长沙菲安共同主持召开中马“两国双园”联合合作理事会第三次会议。

4月8日，高燕副部长会见老挝新任驻华大使万迪，就进一步加强中老经贸合作交换意见。

4月11日，高燕副部长与印度尼西亚经济统筹部副部长理查尔共同主持召开中印尼高层经济对话第二次会议高官会，回顾对话第一次会议主要经贸合作事项落实情况，并就双方下阶段合作及对话第二次会议准备工作交换意见。外交部、发展改革委、财政部、农业部、中国人民银行、国家能源局、国家开发银行、进出口银行、印度尼西亚经济统筹部、工业部、国企部、国家计划发展部、外交部、贸易部、中央统计局、法律人权部、劳工部、公共工程和住房部、国家经济特区委员会、投资协调委员会及驻华使馆代表参加。

4月18日，高燕副部长在文莱与文莱外交贸易部常秘林玉辉共同主持召开中文经贸磋商第四次会议，与驻文莱中资企业部分代表举行座谈，出席文方举办的欢迎晚宴。

4月19日，高燕副部长礼节性会见文莱外交贸易部第二部长林玉成。

4月19日，钱克明副部长在京会见东盟十国常驻东盟代表（大使级）“中国之旅”代表团一行，双方就中国—东盟贸易投资、产能合作、互联互通、自贸区升级等双边重点经贸合作事项交换意见。

5月3日，钟山同志陪同出席习近平总书记、国家主席为老挝人民革命党总书记、国家主席本扬举行的欢迎仪式、会谈和双边合作文件签字仪式。钟山同志与老挝工贸部长、老中合作委员会副主席开玛尼在双方领导人见证下，共同签署中老经济技术合作协定等3项合作文件。

5月4日，钟山同志陪同李克强总理会见老挝人民革命党总书记、国家主席本扬。

5月4日，高燕副部长陪同刘云山同志出席中国—老挝建交55周年招待会。

5月9日，高燕副部长在印度尼西亚雅加达出席杨洁篪国务委员与印度尼西亚经济统筹部长达尔敏·纳苏迪安共同主持召开的中印尼高层经济对话第二次会议，会后，高燕副部长与印度尼西亚经济统筹部副部长理查尔签署了中华人民共和国政府和印度尼西亚共和国政府经济技术无偿援助谅解备忘录以及中印尼高层经济对话第二次会议纪要。中午，高燕副部长陪同杨洁篪国务委员出席印度尼西亚经济统筹部长达尔敏为杨国委代表团举行的午宴。下午，高燕副部长陪同杨洁篪国务委员会见印度尼西亚总统佐科和政治安全统筹部长卢胡特。

5月10日，高燕副部长陪同访问马来西亚的国务委员杨洁篪先后会见马来西亚总理纳吉布、马来西亚外长阿尼法。中午，陪同杨国委出席马来西亚国务部长希沙穆丁举行的午宴。

5月26日，童道驰部长助理在广西南宁出席第九届泛北部湾经济合作论坛暨中国—中南半岛经济发展走廊论坛并发表演讲。

6月3日，高虎城同志先后陪同李克强总理会见来访的柬埔寨国王西哈莫尼，出席习近平国家主席为西哈莫尼举行的欢迎仪式、会谈和欢迎宴会。

6月27日，高燕副部长陪同张高丽副总理与来访的泰国副总理颂奇举行会谈。下午，陪同王勇国务委员会见并宴请颂奇副总理。

6月27日，童道驰部长助理陪同杨洁篪国务委员在越主持召开中越双边合作指导委员会第九次会议，出席签字仪式并代表中方签署《援越南越中友谊宫项目优化设计换文》。下午，陪同杨洁篪国务委员分别会见越共中央总书记阮富仲，国家主席陈大光，陪同出席越南副总理兼外长范平明举行的欢迎宴会。

6月28日，童道驰部长助理在越南河内陪同杨洁篪国务委员瞻仰了胡志明墓。

8月2日，高虎城同志在柬埔寨金边与柬商业部大臣潘索萨举行会谈。之后，会见柬国务兼财经部大臣安蓬莫尼拉。中午，出席潘索萨举行的欢迎午宴。下午，会见柬国务兼公共工程和运输部大臣孙占托。

8月18日，高虎城同志参加李克强总理为缅甸国务资政昂山素季举行的欢迎仪式和会谈。会谈结束后，与缅方代表共同签署两国政府经济技术合作协定、援缅甸滚弄大桥项目可研换文等2份合作文件。之后，出席李克强总理为昂山素季举行的欢迎宴会。

8月19日，高虎城同志陪同习近平主席会见来访的缅甸国务资政昂山素季。之后，参加习主席为昂山素季举行的宴请。

8月24日，高燕副部长在缅甸内比都先后与缅甸商务部长丹敏、计划财政部副部长貌貌温举行工作会谈。

8月25日，高燕副部长在内比都会见缅甸副总统敏瑞，洪亮大使在座。

8月26日，高虎城同志会见并宴请柬埔寨国务兼公共工程与运输部大臣孙占托，双方就加强两国基础设施领域合作深入交换了意见。

9月3日，高燕副部长代表高虎城同志出席在上海举行的印度尼西亚投资论坛并致辞。出席论坛前，高燕副部长与出席论坛的印度尼西亚总统佐科进行简短寒暄。

9月7日，高虎城同志陪同李克强总理在老挝万象出席中国—东盟建立对话关系25周年纪念仪式，之后，陪同出席第19次中国—东盟（10+1）领导人会议暨中国与东盟建立对话关系25周年纪念峰会。下午，陪同出席第19次东盟—中日韩（10+3）领导人会议，之后，陪同李克强总理分别会见柬埔寨首相洪森和马来西亚总理纳吉布；晚上，陪同出席老挝总理通伦为与会领导人举行的欢迎晚宴。

9月8日，高虎城同志陪同李克强总理在老挝万象会见澳大利亚总理特恩布尔，中午，陪同参加第11届东亚峰会和区域全面经济伙伴关系领导人联合声明发布仪式。之后，陪同简短会见俄罗斯总理梅德韦杰夫。

9月8日，高虎城同志陪同李克强总理分别会见老挝人民革命党中央总书记、国家主席本扬和国会主席巴妮，并陪同向老挝无名烈士纪念碑献花圈。之后，陪同出席老挝总理通伦举行的欢迎仪式，会谈和签字仪式，代表中方与老方签署了《中老两国政府经济和技术合作规划补充协议》等5份政府间经贸合作文件。晚上，陪同出席通伦主席举行的欢迎宴会。

9月12日，高虎城同志陪同习近平主席会见了来访的越南总理阮春福。之后，高虎城同志出席了李克强总理为阮春福总理举行的欢迎仪式，陪同李克强总理与阮春福总理会谈，并在两国总理见证下，在会谈后的签字仪式上代表中国政府与越方签署了有关经贸合作文件。晚上，高虎城同志出席了李克强总理为阮春福总理举行的欢迎宴会。

9月12日，高虎城同志应约会见陪同越南政府总理阮春福访华的工贸部长陈俊英。

9月13日，高虎城同志陪同习近平主席会见来华正式访问的越南政府总理阮春福。

9月14日，高虎城同志会见了在华访问的文莱首相府部长兼外交与贸易部第二部长林玉成和首相府能源和工业部长亚斯敏，就双边经贸合作重点事项交换了意见。文莱驻华大使张慈祥、我国驻文莱大使杨健等参加会见。

9月27日，高燕副部长在泰国曼谷出席驻亚洲地区使领馆经商机构负责人会议并讲话。下午，与泰国商业部副部长素威共同主持召开中泰经贸联委会贸易投资分委会会议。

10月13日，高虎城同志陪同习近平主席访问柬埔寨。下午，陪同出席西哈莫尼国王举行的欢迎仪式并会见西哈莫尼国王，陪同向西哈努克太皇纪念雕像献花圈、向独立纪念碑献花圈。之后，陪同出席同洪森首相的大范围会谈、签字仪式和揭牌仪式，并与柬方代表共同签署《中柬两国政府间经济技术合作协定》等九项文件。晚上，陪同出席西哈莫尼国王举行的欢迎宴会并陪同会见驻柬使馆工作人员、中资机构、华侨华人和留学生代表。

10月20日，高虎城同志出席习近平主席为菲律宾总统杜特尔特举行的欢迎仪式，并参加习近平主席与杜特尔特总统的大范围会谈。之后，在两国领导人见证下，高虎城同志与菲方代表共同签署《中菲两国政府经济技术合作协定》等4份经贸合作文件。下午，高虎城同志陪同李克强总理会见杜特尔特总统。晚上，高虎城同志出席习近平主席为杜特尔特总统举行的欢迎宴会。

10月20日，高燕副部长陪同中共中央政治局委员、中央书记处书记刘云山会晤越共中央政治局委员、中央书记处常务书记丁世兄。

10月20日，房爱卿副部长参加张高丽副总理与菲律宾总统杜特尔特的简短会见，并出席中国—菲律宾经贸合作论坛开幕式。

11月1日，高虎城同志参加了李克强总理为来华进行正式访问的马来西亚总理纳吉布举行的欢迎仪式，陪同李克强总理与纳吉布总理会谈。会谈后，高虎城同志与马来西亚贸工部长穆斯塔法在两国总理见证下签署了《中马经贸合作五年规划联合进展报告》。晚上，高虎城同志参加了李克强总理为纳吉布总理举行的欢迎宴会。

11月1日，高燕副部长与马来西亚贸工部长穆斯塔法共同出席马贸工部在华举办的“马来西亚—中国商务论坛”并致辞。

11月3日，钟山同志陪同习近平主席会见了来华访问的马来西亚总理纳吉布。晚上，钟山同志参加了习近平主席夫妇为纳吉布总理夫妇举行的宴会。

11月8日，高燕副部长陪同张德江委员长在越南访问期间先后拜谒胡志明陵、与越南国会主席阮氏金银会谈并出席阮氏金银举行的欢迎宴会。

11月10日，高燕副部长陪同张德江委员长在越南河内先后观摩越南国会第二次会议全体会、视察越中友谊宫项目、接见驻越南使馆工作人员、中资机构和留学生代表并合影。下午，在越南岘港市陪同张德江委员长先后会见岘港市委书记阮春英和广南省委书记阮玉光、出席阮春英书记和阮玉光书记举行的欢迎宴会。

11月11日，高燕副部长陪同张德江委员长在越南考察岘港市行政中心，参观广南省会安市。

11月28日，高虎城同志陪同李克强总理出席为来访的老挝总理通伦举行的欢迎仪式和会谈。之后，在李克强总理和老挝总理通伦见证下，高虎城同志分别与老挝工贸部长开玛妮、计划投资部长苏潘共同签署《中老两国政府关于加强边境地区经贸合作的协定》等3份经贸合作文件。晚上，高虎城同志出席李克强总理为通伦总理举行的欢迎宴会。

11月28日，高燕副部长在新加坡会见新加坡总理公署部长、中新互联互通示范项目联合工作委员会新方主席陈振声，就中新（重庆）战略性互联互通示范项目有关合作事项交换意见。下午，高燕副部长与新加坡贸工部常秘罗锦贤举行双边会谈，就中新经贸合作重点事项进行商谈。之后，与罗锦贤共同主持召开中新互联互通示范项目联合工作委员会高官会第一次会议。

12月1日，高虎城同志陪同习近平主席会见来访的老挝政府总理通伦。

12月9日，高燕副部长参加王勇国务委员与泰国副总理颂奇共同主持召开的中泰经贸联委会第五次会议及签字仪式，并代表商务部与泰方共同签署中泰两国政府《关于经贸合作五年发展规划延期并制定共同行动计划议定书》。之后，参加王勇国务委员为泰方举行的欢迎午宴。

12月9日，王勇国务委员与泰国副总理颂奇在钓鱼台国宾馆共同主持召开中泰贸易、投资和经济合作联合委员会（以下简称联委会）第五次会议。国务院副秘书长江泽林、外交部副部长刘振民、发展改革委副主任王晓涛、科技部副部长阴和俊、商务部副部长高燕、质检总局副局长陈钢、国家旅游局副局长杜江、进出口银行副行长孙平、铁路总公司副总经理黄民、工业和信息化部总工程师张峰、国家能源局副局长李仰哲、国防科工局副局长吴艳华、国家开发银行副行长丁向群、贸促会副会长尹宗华，泰方商业部长阿披拉迪、旅游和体育部长葛甘、交通部长阿空、科技部长披切、商业部副部长素威、外交部副常秘皮里亚、总理顾问武塔玛、商业部长首席顾问松波、副总理副秘书长那威、农产品及食品标准办公室秘书长都端、总理府副部长科比萨可、驻华使馆商务公使游慕贤等参加。

12月12日，高虎城同志陪同李克强总理会见访华的泰国副总理巴威和颂奇。

12月13日，高虎城同志会见并宴请柬埔寨副首相贺南洪，双方就继续积极推动2016年10月习近平主席访问柬埔寨期间两国领导人在经贸领域达成的共识深入交换意见。张骥部长助理参加。

12月13日，高虎城同志在北京会见来华访问的柬埔寨王国副首相贺南洪。双方就共同推进“一带一路”建设合作，努力做好2016年10月习近平主席对柬国事访问经贸领域成果的后续落实工作，力争实现2017年双边贸易额达到50亿美元的目标，推动两国重点合作项目等交换意见。商务部部长助理张骥，柬政府顾问索西潘纳、外交与国际合作部国务秘书龙维萨罗等参加会见。

12月25日，商务部副部长高燕在北京与越南工贸部副部长陈国庆举行会谈。双方就做好2017年1月越共中央总书记阮富仲访华经贸领域准备工作、推动两国经贸合作重点事项进展等交换了意见。

# 2016年中国与南亚及部分西亚国家的经济贸易关系

商务部亚洲司三处

2016年，中国与南亚国家（阿富汗、孟加拉国、不丹、印度、马尔代夫、尼泊尔、巴基斯坦和斯里兰卡）、西亚部分国家（伊朗、土耳其）高层互访频繁，在贸易、投资、工程承包等领域的互利合作稳步发展。

## 一、双边贸易

2016年，中国与南亚八国（阿富汗、孟加拉国、不丹、印度、马尔代夫、尼泊尔、巴基斯坦和斯里兰卡）贸易总额为1 106.6亿美元，较上年同比下降0.5%。其中，中方对南亚国家出口958.3亿美元，同比增长1.7%；中方自南亚国家进口148.3亿美元，同比下降12.6%。我对南亚国家的出口商品主要是机电产品、纺织品、化工产品、医药原料等，从南亚国家进口的主要商品有铁矿砂、农产品、纺织原料、水产品等。

2016年，中国与伊朗双边贸易额312.3亿美元，同比下降7.7%。其中，中方对伊出口164.2亿美元，自伊进口148.2亿美元，同比分别下降7.6%和7.7%。

2016年，中国与土耳其双边贸易额194.7亿美元，同比下降9.7%。其中，中方对土出口166.8亿美元，自土进口27.8亿美元，同比分别下降10.3%和5.4%。中国对土出口商品主要包括钢材、纺织品和机械设备，自土进口商品主要包括矿产品、农产品、纺织品等。

## 二、工程承包合作

南亚和西亚是中国重要的对外工程承包市场。2016年，中国企业在南亚国家新签工程承包合同额249.75亿美元，较上年同比增长17.3%，实际完成营业额129.96亿美元，同比增长14.3%，主要涉及领域包括电站、通讯、公路建设等。其中，对马尔代夫、斯里兰卡和孟加拉国工程承包合作势头尤为强劲，新签合同额同比分别增长87.3%、57.4%和51.1%。截至2016年底，中国企业在南亚国家工程承包合作签署合同额1 757.93亿美元、完成营业额1 184.55亿美元。

2016年，中国企业在伊朗新签工程承包合同额86.18亿美元，同比增长4.6倍，完成营业额22.47亿美元，同比增长41.3%。截至2016年底，中国企业累计在伊新签工程承包合同额537.32亿美元，完成营业额221.38亿美元。

2016年，中国企业在土耳其新签工程承包合同额6.55亿美元，同比下降79.3%，完成营业额21.45亿美元，同比增长60.2%。截至2016年底，中国企业在土耳其累计签订工程承包合同额180.20亿美元，完成营业额126.18亿美元。

## 三、双向投资

近年来，南亚各国外向性明显增强，吸引外资意愿强烈，为中国进一步深化同南亚合作带来新机遇。2016年，中国企业在南亚国家完成非金融类实际投资流量估计14.63亿美元，同比大幅增长2.3倍。截至2016年底，中国累计在南亚国家直接投资约109.45亿美元。2016年，南亚国家在华实际投资5 308万美元，同比下降35.4%。截至2016年底，南亚国家累计在华实际投资9.44亿美元。

2016年，中国企业在伊朗完成非金融类直接投资流量估计6.27亿美元，同比增长45.4%。截至2016年底，中国累计对伊朗投资估计为35.76亿美元。2016年，伊朗对华实际投资382万美元，同比增长55.3%。截至2016年底，伊朗对华实际投资累计达1.15亿美元。

2016年，中国企业在土耳其完成非金融类直接投资流量估计4 611万美元，同比下降75.3%。截至2016年底，中国累计在土耳其直接投资估计13.75亿美元（部分境外

投资并购项目未纳入统计）。2016年，土耳其在华实际投资额0.32亿美元，同比增长18.7%。截至2016年底，土耳其累计在华实际投资额2.62亿美元。

**四、中国—南亚区域经济合作**

自2003年中国同巴基斯坦签署《中巴优惠贸易安排》以来，中巴自贸区建设不断推进、全面深化。《中巴自贸协定》和《中巴自贸区服务贸易协定》分别于2007年和2009年生效实施。2011年，双方启动自贸区第二阶段谈判，迄今已举行了七轮会议。

2014年9月，中国和斯里兰卡启动自由贸易协定谈判，迄今已举行了6轮谈判。2015年9月，中国和马尔代夫启动自由贸易协定谈判，迄今已举行了5轮谈判。2016年3月，中国与尼泊尔启动自由贸易协定联合可行性研究。

中国、印度、斯里兰卡均为《亚太贸易协定》成员国。该协定前身是1975年签订的《曼谷协定》，是亚太发展中国家间的一项重要优惠贸易安排。2016年8月，协定各成员国正式结束第四轮关税减让谈判，2017年1月13日，在泰国举行的第四届部长级理事会上，协定各成员国政府代表共同签署谈判成果文件——《亚太贸易协定》第二修正案。

中国同南亚各国在上海合作组织、东亚峰会、孟中印缅地区经济合作论坛等区域、次区域合作机制下也有良好合作。

**五、中国—南亚博览会**

中国于2005年成为南盟观察员国以来，与南盟国家在经贸领域积极开展务实合作。

为缓解贸易不平衡问题，扩大自南亚的进口，2007年至2012年，商务部在华举办了五届“南亚国家商品展”，为南亚各国提供了宣传推广本国具有比较优势和特色商品的良好平台。2013年，经国务院批准，南亚国家商品展升级为中国—南亚博览会（以下简称南博会），由商务部与云南省人民政府共同主办。第一届、第二届、第三届和第四届南博会分别于2013年、2014年、2015年和2016年在云南昆明举行。南博会分为多个展区，其中南亚国家商品展及相关活动为南博会重要活动之一，主要包括商品展览、主宾国文艺展演等。2016年第四届南博会主题国为马尔代夫。

**六、2016年重要经贸往来**

2015年12月29日—2016年1月1日，商务部副部长高燕作为中国政府特使访问马尔代夫，与马总统亚明等马政府高官共同出席中马友谊大桥开工仪式。

1月19日，商务部国际贸易谈判副代表张向晨会见访华的马尔代夫住房与基础设施部长穆伊兹。

1月22日—23日，商务部长高虎城陪同习近平主席访问伊朗。

1月28日，高燕副部长在京会见印度新任驻华大使顾凯杰。

3月9日，高燕副部长在京会见来华访问的斯里兰卡国家政策和经济事务部国务部长佩雷拉、灌溉与水资源管理部国务部长塞纳纳亚克一行。

3月21日，商务部长高虎城陪同习近平主席会见来访的尼泊尔总理奥利，陪同李克强总理与尼泊尔总理奥利会谈。

4月7日—8日，商务部长高虎城陪同习近平主席会见斯里兰卡总理维克拉马辛哈，陪同李克强总理与斯里兰卡总理维克拉马辛哈会谈。

4月12日，商务部副部长钱克明会见访华的土耳其外交部副次长阿伊谢。

5月16日—17日，商务部长高虎城陪同习近平主席会见来访的阿富汗首席执行官阿卜杜拉，陪同李克强总理与阿富汗首席执行官阿卜杜拉会谈。

5月26日，商务部长高虎城陪同习近平主席与来访的印度总统慕克吉会谈，陪同李克强总理会见印度总统慕克吉。

6月12日，商务部副部长高燕陪同汪洋副总理在中国—南亚博览会期间会见尼泊尔副总理普恩、马尔代夫议长马斯赫。

6月23日，商务部长高虎城陪同习近平主席在上合组织塔什干峰会期间会见巴基斯坦总统侯赛因、印度总理莫迪、阿富汗总统加尼。

7月8日，商务部长高虎城在上海会见来华参加G20贸易部长会议的土耳其经济部部长泽伊贝克奇，商务部副部长王受文会见印度商工部常秘特奥提娅。

8月16日，商务部长高虎城与伊朗财经部长塔布尼亚在京共同主持召开中伊经贸联委会第十六次会议。

8月17日，商务部长高虎城陪同汪洋副总理会见伊朗财经部长塔布尼亚。

8月22日，高燕副部长率团访问孟加拉国，与孟财政部秘书（副部长）梅巴乌丁共同主持召开中孟经贸联委会第14次会议。

10月14日—16日，商务部长高虎城陪同习近平主席访问孟加拉国，在印度果阿举行的金砖国家领导人第八次会晤期间会见印度总理莫迪、尼泊尔总理普拉昌达和斯里兰卡总统西里塞纳。

11月3日—6日，商务部国际贸易谈判副代表张向晨陪同汪洋副总理访问土耳其，并出席中土副总理级政府间合作委员会首次会议。

12月5日，商务部副部长高燕陪同张高丽副总理会见伊朗外长扎夫里。

## 2016年中国与非洲国家的经济贸易关系

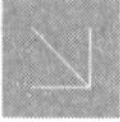

商务部西亚非洲司协调处

2016年，在全球经济延续低增长态势的大背景下，中非双方以共同推进中非“十大合作计划”落实为契机，主动加强发展战略对接，推动中非经贸关系持续健康稳定发展。

**一、中非合作论坛约翰内斯堡峰会经贸新举措稳步落实**

2016年是落实习近平主席在中非合作论坛约翰内斯堡峰会上倡议实施的中非“十大合作计划”和600亿美元资金支持的开局之年。中非双方以“十大合作计划”经贸新举措的落实为经贸合作主线，深度对接发展战略、系统梳理合作项目、设计搭建内外机制，共同推动后续工作取得积极进展。其中，中非工业化、基础设施、农业现代化、贸易投资便利化等合作计划正在全面扎实推进，非洲中小企业发展专项贷款后续50亿美元增资工作已经顺利完成，首批资金100亿美元的中非产能合作基金正式开业。7月，峰会成果落实协调人会议在北京成功举办，来自论坛52个非方成员的104位部长级及以上官员与会，习近平主席向会议发来贺信。会议期间，中方向非方通报经贸新举措落实进展，举办中国金融机构负责人同非方对话会，同非方签署20项政府间经贸合作文件，得到非方高度赞赏。

**二、高层访问为中非经贸合作指明方向**

2016年以来，习近平主席访问埃及和阿拉伯国家联盟总部，全国人大张德江委员长、全国政协俞正声主席等党和国家领导人访问赞比亚、卢旺达、肯尼亚等非洲16国。尼日利亚、多哥、莫桑比克等非洲国家元首访华，南非、乍得、塞内加尔等国元首来华出席G20杭州峰会，贝宁总统来华参加第二届中非投资论坛，莫桑比克、几内亚比绍、佛得角总理出席中国—葡语国家经贸合作论坛第五届部长级会议。

**三、政府间合作机制为中非经贸合作规划路径**

2016年以来，中国同加蓬、尼日利亚、埃塞俄比亚等非洲9国举行新一届双边经贸联委会，召开中国—南非双边委员会第六次会议项下经贸分委会、中国—安哥拉经贸指导委员会第二次会议筹备会、中国—南非联合工作组技术磋商会和中国—埃及产能合作机制部长级及工作组会议，协调推动双边经贸合作中的重大问题和重点项目。在11月召开的中国—毛里求斯经贸联委会第十届会议期间，双方共同签署了关于启动中毛自由贸易协定联合可行性研究的谅解备忘录，这是中国与非洲地区经济体开展的第一个自贸协定联合可行性研究。

**四、中国对非洲投资大幅增长**

2016年，中国企业对非洲非金融类直接投资流量上扬14%，金额超过33亿美元，合作中涌现出不少新亮点：一是对经济增长较快的非资源富集国投资增幅较大，对乌干达、赞比亚等国的非金融类直接投资流量同比增速超过30%；二是工业园区等经贸合作区的平台作用和撬动效应进一步显现，埃及苏伊士经贸合作区扩展区一期建设正式启动；三是产业投资和产能合作加快推进，制造业在对非洲非金融类直接投资中的占比超过10%，北汽南非工厂项目奠基，建成后将成为南非最大汽车制造商。

**五、中非基础设施合作平稳增长**

2016年，中国企业在非洲新签承包工程合同额821亿美元，同比增长7.6%，非洲继续稳居中国对外承包工程第二大市场。同期，中国对外承包工程新签合同额最大的10个国家有4个在非洲，中国对外承包工程新签合同额最大的20个项目有9个在非洲。中国企业对非洲建营一体化合作初见成效，埃塞俄比亚—吉布提铁路项目正式通车，肯尼亚蒙巴萨—内罗毕铁路项目线下工程基本完工，对中非基础设施合作转型升级起到了良好的示范作用。

**六、中非区域航空合作取得新突破**

2016年，商务部同埃及、毛里求斯、几内亚、尼日利亚、莫桑比克和非盟委员会分别签署航空合作备忘录，为非方培训航空人才超过100名。同时，中国航空制造和运营企业加强市场开拓力度，在珠海航展期间举办中非区域航空合作论坛等活动，继续加强和完善在非洲民机营销、客服和维修体系建设工作，并与有关国家就出口民机和合资建立航空公司深入探讨。

## 2016年中国与阿拉伯国家的经济贸易关系

商务部西亚非洲司一处

2016年，西亚北非地区政治安全局势依然复杂。中国和阿拉伯国家在共建“一带一路”合作倡议框架下，本着“共商、共建、共享”的原则，克服地区局势动荡带来的困难，逐步加深发展战略对接，推动中阿经贸合作不断向前发展。2016年初，习近平主席先后访问沙特阿拉伯、埃及、阿拉伯国家联盟总部和海合会秘书处，中国政府发布了《中国对阿拉伯国家政策文件》，为中阿经贸合作指明方向，双方合作领域不断拓宽，合作新格局逐渐显现。

**一、中国继续保持阿拉伯国家主要贸易伙伴的地位**

2016年，中阿贸易总额1 711.4亿美元。其中，我对阿出口额1 008.4亿美元，我自阿进口额703.0亿美元，我继续成为沙特阿拉伯、埃及、伊拉克等国最大的贸易伙伴。阿仍是我进口原油主要来源地，全年我自阿进口原油1.5亿吨，同比增长3.7%，占我进口原油总量的40.5%。

**二、中国在阿承包工程合作业务规模继续扩大**

2016年，我企业在阿新签承包工程合同额403.7亿美元，同比增长40.8%，占我在全球新签合同总额的16%，比2015年底提高2.9个百分点。我企业在阿完成营业额336.0亿美元，同比增长10.6%。我企业主动参与项目投融资、开展建营一体化合作的意愿不断提升，对各类风险的防范意识和应对能力逐步提高。

**三、中国对阿投资快速增长**

2016年，我企业对阿非金融类直接投资流量达11.5亿美元，同比增长74.9%。较同期我企业对外非金融类直接投资流量总额增幅高出30.8个百分点。丝路基金在阿联酋清洁煤电厂项目参股7.4%，成为地区首例。继埃及苏伊士经贸合作区之后，沙特阿拉伯、阿曼等国陆续与我探讨开展工业园区开发合作。由中资企业在阿曼杜库姆经济特区内投资开发的中国产业园已启动基础设施建设工作。

**四、中国对阿合作“1+2+3”格局初步成型**

我与沙特阿拉伯、阿联酋、苏丹等国能源合作逐步深化。在沙特阿拉伯、阿联酋、埃及、阿尔及利亚等国的电力、通讯、交通、工业园区等基础设施领域大项目合作不断涌现，中国—海合会自贸区谈判重启并加快了节奏。我与沙特阿拉伯、阿联酋、埃及、阿尔及利亚等国在核能、航天卫星、新能源等高新领域合作取得突破。

**五、中阿合作新思路、新模式不断涌现**

在金融方面，多家中资银行参与当地项目融资，在阿发行债券，推广人民币业务，中阿（联酋）共同投资基金已启动注资工作。在高新技术方面，双方智慧城市、电子商务、云数据处理等合作项目开始落实。在物流方面，多家企业在地区国家开设网站和展厅，提供网络交易和物流分拨服务。在旅游等商贸服务方面，双方航线不断增多，摩洛哥、阿联酋等国放宽对我公民签证手续，商贸往来更加活跃。

## 2016年中国与欧亚地区国家的经济贸易关系

商务部欧亚司

2016年，中国与欧亚地区国家的经济贸易关系积极发展，高层互访频繁。习近平主席访问乌兹别克斯坦并出席上海合作组织成员国元首理事会第十六次会议，在会议期间与哈萨克斯坦总统纳扎尔巴耶夫、吉尔吉斯斯坦总统阿塔姆巴耶夫、土库曼斯坦总统别尔德穆哈梅多夫、塔吉克斯坦总统拉赫蒙分别举行了双边会晤；李克强总理访问俄罗斯并与梅德韦杰夫总理举行中俄总理第二十一次定期会晤，访吉并出席上海合作组织成员国政府首脑理事会第十五次会议，与塔总理拉苏尔佐达举行会晤，访哈并举行中哈总理第三次定期会晤；张德江委员长、张高丽副总理等与俄方领导人多次会晤；张高丽副总理作为习近平特使赴乌兹别克斯坦出席卡里莫夫总统葬礼，访问阿塞拜疆、格鲁吉亚、亚美尼亚；汪洋副总理与俄罗斯副总理罗戈津先后在黄山、叶卡捷琳堡两次会晤，与罗戈津在莫斯科举行中俄总理定期会晤委员会第二十次会议，与俄副总理兼总统驻远东联邦区全权代表特鲁特涅夫在京共同举行中国东北和俄罗斯远东地方合作理事会第二次会议；孟建柱书记访问白俄罗斯并与白俄罗斯总统办公厅副主任斯诺普科夫共同主持召开中白政府间合作委员会第二次会议。

普京总统来华进行国事访问，与习近平主席举行会晤，两国元首还先后在上合组织、金砖国家、G20、APEC等多边场合四次会晤；哈总统纳扎尔巴耶夫访华并出席G20杭州峰会；白俄罗斯总统卢卡申科访华；吉总理热恩别科夫来华出席夏季达沃斯论坛；塔总理拉苏尔佐达来华参加第五届中国—亚欧博览会；哈时任第一副总理萨金塔耶夫（现任总理）两次访华，出席博鳌亚洲论坛年会并与张高丽副总理举行中哈合作委员会双方主席会晤；哈第一副总理马明访华并与张高丽副总理举行中哈合作委员会双方主席会晤；乌兹别克斯坦时任第一副总理阿济莫夫访华并与中央政法委孟建柱书记举行中乌政府间合作委员会双方主席会晤；土副总理卡卡耶夫访华并与张高丽副总理共同主持召开中土政府间合作委员会第四次会议。

中国与上述国家和欧亚经济联盟间的经贸往来进一步密切。我与欧亚国家举行双边政府间经贸合作委员会（分委会）、常设工作组会议及多边会议21次。上海合作组织成员国经贸部长第十五次会议在吉尔吉斯斯坦首都比什凯克召开。高虎城部长与俄第一副总理舒瓦洛夫、欧亚经济委员会贸易委员尼基申娜举行会谈；访问格鲁吉亚并与格鲁吉亚第一副总理兼经济与可持续发展部部长库姆西什维利签署《关于实质性结束中国—格鲁吉亚自由贸易协定谈判的谅解备忘录》。钟山国际贸易谈判代表访俄，与俄经济发展部第一副部长利哈乔夫共同主持召开第三届中俄博览会组委会会议，与俄远东部第一副部长奥西波夫会谈；与俄经济发展部副部长齐布尔斯基共同主持召开中俄经贸合作分委会第十九次会议；与俄经济发展部副部长格鲁杰夫在京举行中俄总理定期会晤委员会双方秘书长工作磋商；与白经济部长季诺夫斯基共同主持召开两次中白工业园协调工作组（正部长级）会议。举行了中哈经贸合作分委会第九次会议和农产品工作组第三次会议、中白经贸合作分委会第二次会议和地方经贸合作工作组第二次会议、中乌（克兰）经贸合作分委会第四次会议、中阿经贸合作委员会第六次会议、中摩经贸合作委员会第八次会议、中亚经贸合作委员会第九次会议、中吉政府间经贸合作委员会第十二次会议、中塔政府间经贸合作委员会第八次会议、中土经贸合作分委会第四次会议。此外，第三届中国—俄罗斯博览会在俄罗斯叶卡捷琳堡举行。

上述高层互访、会议和活动的成功举行有力推动了中国与欧亚国家和区域经济组织经贸合作的进一步发展。现将中国与欧亚国家经贸合作情况分述如下：

**俄罗斯**

2016年以来，虽然面临世界经济复苏缓慢、全球贸易投资低迷等诸多不利因素，中俄贸易仍然逆势实现回稳向好。据中国海关统计，2016年1月—12月中俄贸易额为695.3亿美元，同比增长2.2%。其中，我对俄出口373亿美元，同比增长7.3%，成为拉动双边贸易增长的主要因素；自俄进口322.3亿美元，同比下降3.1%。我继续保持俄第一大贸易伙伴地位，俄在我主要贸易伙伴中排名第十位，且是我前十位贸易伙伴中唯一实现正增长的国家。

据商务部业务统计，2016年我对俄非金融类直接投资为5.47亿美元，同比下降26.6%，中方实际使用俄直接投资499.3万美元，同比下降61.9%。中俄签署工程承包合同金额26.6亿美元，同比增长28.1%，完成营业额14.9亿美元，同比下降13.3%，期末在外人数14 540人。中方在俄劳务人员主要从事农业种植、建筑、森林采伐、木材加工、制衣、医疗及其他服务行业。

**中亚五国**

据中国海关统计，2016年中国与中亚五国（哈萨克斯坦、土库曼斯坦、乌兹别克斯坦、吉尔吉斯斯坦、塔吉克斯坦）贸易总额为300.4亿美元，同比下降7.9%。其中，中方出口179.6亿美元，同比增长2.2%；中方进口120.8亿美元，同比下降19.8%。据外方统计，2016年我是吉、土第一大贸易伙伴，是哈、乌、塔第二大贸易伙伴。中方主要进口油气、矿产品和金属制品以及农产品等，主要出口机电、高新技术产品以及纺织品、服装、鞋帽等轻工产品。

据商务部业务统计，2016年中国企业与中亚五国新签工程承包合同金额57.6亿美元，同比增长36.5%，完成营业额48.3亿美元，与上年基本持平。2016年中国对中亚五国非金融类直接投资8.4亿美元，同比下降64.7%。主要涉及能源、矿产、交通、电力、通信、建筑、农业和服务等多个领域。据外方统计，中国是乌、吉、塔第一大投资来源国和哈第四大投资来源国。截至2016年底，中亚五国在华投资496个项目，中方实际利用外资1.5亿美元。

中国与中亚五国能源合作继续深化。2016年，中国—中亚天然气管道对华输气超过340亿立方米，占中国天然气进口总量的46%。非资源领域合作取得丰硕成果，实施了一系列大型经济技术合作项目，对当地社会经济发展发挥了重要作用。互联互通水平进一步提升，全年经中亚国家开行的中欧班列同比增长150%。

**乌克兰**

据中国海关统计，2016年中乌贸易额67.1亿美元，同比下降5.2%。其中，中方出口42.2亿美元，同比增长19.9%；中方进口24.9亿美元，同比下降30%。中方主要出口机电产品、纺织品及原料、塑料、家具、钢铁、车辆、化工产品等，主要进口矿产品、农产品、木制品、机电设备等。

据商务部统计，2016年中国对乌非金融类直接投资159万美元。乌在华新增投资项目30个，中方实际使用外资172万美元。中方与乌新签工程承包合同金额5.3亿美元，当年完成营业额2.9亿美元。

**白俄罗斯**

据中国海关统计，2016年中白贸易额15.2亿美元，同比下降13.4%。其中，中方出口10.9亿美元，同比增长45.4%；中方进口4.3亿美元，同比下降56.9%。中方主要出口电器及电子产品、机械设备、钢铁制品等，主要进口钾肥、塑料、纺织品、化工产品等。

据商务部统计，2016年中国对白非金融类直接投资1.15亿美元。白在华新增投资项目9个，中方实际使用外资4万美元。中方与白新签工程承包合同金额5.1亿美元，当年完成营业额11亿美元。

**阿塞拜疆**

据中国海关统计，2016年中阿贸易额7.6亿美元，同比增长14.5%。其中，中方出口3.5亿美元，同比下降21.2%；中方进口4.1亿美元，同比增长84.9%。中方主要出口机械设备、机电产品、服装、电器及电子产品、车辆及零配件等，主要进口原油、成品油、塑料及其制品等。

据商务部统计，2016年中国对阿非金融类直接投资752万美元。阿在华新增投资项目10个，中方实际使用外资8万美元。中方与阿新签工程承包合同金额0.05亿美元，当年完成营业额0.14亿美元。

**格鲁吉亚**

据中国海关统计，2016年中格贸易额8亿美元，同比下降1.7%。其中，中方出口7.5亿美元，同比下降3.1%；中方进口0.5亿美元，同比增长22.3%。中方主要出口机电产品、钢铁及制品、家具灯具等，主要进口铜及制品、矿砂、葡萄酒等。

据商务部统计，2016年中国对格非金融类直接投资1 691万美元。格在华新增投资项目3个。中方与格新签工程承包合同金额3.6亿美元，当年完成营业额1.1亿美元。

**亚美尼亚**

据中国海关统计，2016年中亚贸易额3.9亿美元，同比增长20.7%。其中，中方出口1.1亿美元，同比下降1.2%；中方进口2.8亿美元，同比增长32.6%。中方主要出口机电产品、贱金属及其制品、塑料、橡胶等，主要进口矿产品、纺织原料及制品等。

据商务部统计，2016年摩在华新增投资项目1个。中方与亚新签工程承包合同金额4.8亿美元，当年完成营业额0.2亿美元。

**摩尔多瓦**

据中国海关统计，2016年中摩贸易额1亿美元，同比下降16.8%。其中，中方出口0.8亿美元，同比下降23.3%；中方进口0.2亿美元，同比增长13.5%。中方主要出口矿物燃料、机电产品、服装等，主要进口纺织品、葡萄酒、皮革制品等。

据商务部统计，2016年摩在华新增投资项目1个。

# 2016年中国与欧洲联盟的经济贸易关系

商务部欧洲司

中欧互为重要经贸合作伙伴。2016年以来，尽管全球政治经济形势发生了很多新的变化，中欧双边关系一直稳定发展，在习近平主席提出的和平、增长、改革、文明四大伙伴关系指引下，在中欧领导人会晤和经贸高层对话的指引下，中欧全面战略伙伴关系的内涵不断丰富，水平不断提升。经贸合作一直是双边关系中最活跃、最富有动力的内容，2016年无论在广度还是深度方面都有很大提高。

**一、双边贸易**

据中方统计，欧盟连续多年保持中国第一大货物贸易伙伴、第一大进口来源地。受全球大宗商品价格大幅下降等多种因素影响，2016年，中欧双边贸易额5 470.2亿美元，下降3.1%。其中，我对欧盟出口3 390.5亿美元，下降4.7%；自欧盟进口2 079.7亿美元，下降0.4%；我对欧盟贸易顺差1 310.8亿美元，下降10.9%。德国、英国、荷兰、法国和意大利是中国在欧盟内的主要贸易伙伴，中国与这5个国家的贸易额约占中欧双边贸易总额的71%。

2016年我出口欧盟的主要货物为机电产品、高新技术产品、服装和衣着附件、自动数据处理设备、电话机等商品，我自欧盟进口的主要货物为机电产品、高新技术产品、汽车、农产品、医药品等商品。

**二、双向投资**

中欧互为重要的投资伙伴，双向投资潜力巨大。中欧投资协定谈判于2013年11月正式启动，双方共进行了12轮谈判和五次会间会，并于2015年年底就协定涵盖的议题范围达成一致，形成了合并文本。

（一）欧盟对华投资

据中方统计，截至2016年底，欧盟对华投资项目42 982个，实际投资1 119.4亿美元。2016年，欧盟对华投资项目1 680个，实际投资88.0亿美元，增长35.1%。从国别来看，2016年德国、英国、荷兰、法国、意大利为欧盟在华投资的主要国家。欧盟对华投资以制造业为主，主要集中在化学原料及化学品制造业、通信设备（含电子计算机和电子设备）、通用设备和专用设备制造等领域。

（二）中国对欧盟投资

近年来，我企业对欧盟投资日渐活跃。据中方统计，截至2016年底，我对欧盟累计直接投资716.6亿美元。2016年，我对欧盟非金融类直接投资72.9亿美元，增长1%。从国别看，2016年我对欧盟投资主要分布在荷兰、卢森堡、德国、英国、瑞典等国。

**三、技术引进**

欧盟是我累计最大技术引进来源地。截至2016年底，我累计自欧盟引进技术52 467项，合同金额1 972.1亿美元。2016年，我自欧盟引进技术2 011项，合同金额84.7亿美元。

**四、对话机制**

中欧对话机制健全，交流渠道畅通。1979年中欧建立正部级经贸混委会，下设经贸、环保、能源和信息社会对话4个工作组及科技指导委员会，2016年双方举行了第30次经贸混委会。近年来，双方又相继建立了贸易与投资政策、竞争政策、知识产权等对话机制。

2007年，双方领导人达成共识，建立副总理级中欧经贸高层对话机制，迄今已成功举行6次对话。多层次、宽领域的对话和磋商机制为双方协调立场、处理分歧、促进合作提供了重要平台。

**五、贸易摩擦**

中国是欧盟贸易救济调查的重要目标。2012年以来，欧方对华动用贸易救济措施势头快速上升、影响范围不断扩大。近两年中欧钢铁贸易摩擦加剧，2016年欧盟对中国产品新发起6起反倾销和反补贴调查，全部为钢铁产品或钢铁制品，涉案金额约19.4亿美元。双方将继续加强磋商和对话，妥善管控好贸易摩擦。

**六、其他领域合作**

（一）频繁高层互访为经贸领域发展注入动力

2016年习近平主席、李克强总理以及其他党和国家领导人共访问9个欧洲国家及欧盟总部、欧盟领导人和13个欧洲国家元首或政府首脑访华或出席活动。G20杭州峰会、中欧领导人会晤、中欧经贸高层对话、中国—中东欧国家领导人会晤等多双边活动相继成功举行。在上述访问和机制推动下，中欧政治互信增强，经贸利益加速融合。双方签署50余项商业协议，金额逾110亿美元，涵盖金融、环保、航空、能源、基础设施等诸多领域。

（二）合作领域不断拓宽

2016年，中欧双方积极落实领导人共识，推动“一带一路”倡议与欧洲投资计划深入对接，开拓了不少合作新领域。中欧互联互通平台、中欧共同投资基金、5G、数字经济合作等领域合作取得新发展，经贸合作拓宽到基础设施建设、金融合作、数字经济等领域。

（三）地方合作和第三方市场合作持续深化

2016年，中欧地方合作紧密，形成集群效应。太仓、青岛、沈阳、四川、安徽等10余个中德合作园区全面推进，中英地方经贸合作已选定首批试点城市，中法廊坊养老合作试点取得初步进展。部分中欧企业通过战略合作、股权并购、建立合资企业等形式进行了第三方市场合作的有益尝试。中石化和西班牙联合技术公司中标科威特国家石油公司新炼厂项目、中广核与法国电力集团合资建设英国欣克利角核电站项目等均是该领域的典范。

**七、重要经贸往来**

2016年7月，第18次中欧领导人会晤及第11届中欧工商峰会在北京举行。

2016年7月，第30次中欧经贸混委会在北京召开。

2016年10月，第6次中欧经贸高层对话在布鲁塞尔举行，双方就加强宏观政策协调、增强贸易与投资合作、加速中欧发展战略对接、促进创新可持续增长等达成广泛共识。

## 2016年中国与拉丁美洲国家的经济贸易关系

商务部美洲大洋洲司二处

2016年，在世界经济复苏乏力、大宗商品价格总体未见明显回暖和拉美地区国家自身存在经济结构问题等因素影响下，拉美地区经济面临着持续下行的压力。据联合国拉美经委会统计，2016年拉美经济下降0.8%，连续第六年下行。

2016年，中国与拉美国家的经贸合作在平等互利、共同发展的原则基础上，不断将经贸领域的互补性转化为双方的务实合作，中拉经济贸易关系保持平稳发展。

**一、高层访问推动中拉经贸合作向更高阶段和更宽领域迈进**

11月，习近平主席对厄瓜多尔、秘鲁、智利进行国事访问并出席在秘鲁利马举行的亚太经合组织第二十四次领导人非正式会议。习主席访问拉美期间，提出中拉要在“1+3+6”务实合作新框架内，以贸易拉动新增长，以投资促进新发展，以金融合作提供新支撑，以产业对接催生新动力，以整体合作创造新机遇，坚定推进中拉论坛发展并加强同拉美不同次区域组织的合作。在推动中拉发展战略衔接的同时，将中拉合作同国家和地区合作对接。这些构想将推动中拉双方在更高水平、更宽领域、更深层次实现互利共赢，为中拉在经贸领域的合作未来发展指明了方向。9月，李克强总理访问古巴期间，中古双方在经贸领域达成了一系列共识，推动了中古经贸领域务实合作进一步发展。

**二、中拉贸易额下降，但贸易结构继续优化，中国仍是拉美国家重要的贸易伙伴**

2016年，中拉贸易额2 166.1亿美元，同比下降8.4%。其中，我出口1 139.1亿美元，进口1 027.0亿美元，同比分别下降13.9%和1.6%。尽管贸易额有所下降，但中拉贸易结构持续优化。我对拉机电产品的出口比例持续提高，从拉美进口的主要大宗产品铁矿砂、铜矿砂、纸浆、肉类、原油和金属铜的数量均实现增长，拉美对华农产品出口品种增多。

2016年，我在拉美地区前五大贸易伙伴为巴西、墨西哥、智利、秘鲁和阿根廷。前五大出口市场为墨西哥、巴西、智利、阿根廷和哥伦比亚；前五大进口来源国为巴西、智利、墨西哥、秘鲁和委内瑞拉。

**三、双向投资大幅增长**

截至2015年，我企业在拉美直接投资存量1 263亿美元，占我对外直接投资存量的11.5%。2016年，我对拉美非金融类直接投资298.4亿美元，同比增长39%。我企业对拉美的投资项目金额不断扩大，投资方式和投资主体日趋多元。投资领域从传统的能源矿产、基础设施领域开始向金融、农业、制造业、信息产业、服务业、电子商务、航空运输等诸多领域扩展。

2016年，我共吸引拉美地区外资122.2亿美元，同比增长33.7%。

**四、承包工程合作稳步推进**

2016年，我企业在拉美承包工程新签署合同额191.2亿美元，同比增长5.3%。我企业新签合同额最多的前五个国家分别是委内瑞拉、厄瓜多尔、巴西、阿根廷和墨西哥。我企业在继续巩固传统的EPC模式与拉美国家开展基础设

施领域的合作，同时也开始尝试以 PPP 或 BOT 方式与拉美国家开展合作。

**五、自贸区建设合作取得新进展**

我与智利、秘鲁、哥斯达黎加分别签署的自贸协定实施情况良好。2016 年 11 月，习近平主席访问拉美期间，中方宣布启动开展中智自贸协定升级谈判和中秘自贸协定升级联合研究工作。与哥伦比亚的自贸协定可行性联合可研工作也在积极推进中，乌拉圭也向中方提出开展自贸区合作。

**六、双边经贸磋商机制务实有效**

2016 年以来相继召开了中乌（拉圭）、中阿（根廷）、中古（巴）、中厄（瓜多尔）经贸混委会议和中墨（西哥）第七次高层工作组会议。通过上述经贸交流机制，中国与有关国家就经贸合作中出现的问题以及重点关注进行了探讨和沟通，推动了与拉美国家双边经贸合作的稳定健康发展。

## 2016 年中国与美国的经济贸易关系

商务部美洲大洋洲司三处

中美经贸关系是中美关系的重要组成部分。作为世界上最大的发展中国家和最大的发达国家，中美在资源、市场、资金、技术等方面具有很强的互补性。2016 年，中美经贸关系继续深入发展，两国间高层经贸对话频繁。虽然受国际经济大环境影响，双边贸易略有下降，但贸易结构进一步改善，双向投资出现较大幅度增长，双方合作领域不断拓宽，两国经贸合作沿着互利共赢的方向继续发展。

**一、高层会晤引领中美经贸合作方向**

习近平主席在 3 月华盛顿核安全峰会、9 月 G20 杭州峰会以及 11 月秘鲁 APEC 领导人非正式会议期间三次与奥巴马总统举行会晤。李克强总理在 9 月赴纽约参加联合国大会高级别会议期间会见奥巴马总统。高层会晤有力推动了双边经贸关系不断深化，确保中美经贸合作在正确的轨道上健康稳定发展。

**二、两国贸易规模略有下降**

受全球经济形势和贸易环境影响，2016 年中美货物贸易额出现下降。2016 年，中美贸易额 5 196.1 亿美元，比上年下降 6.7%，占同期中国对外贸易总额的 14.1%。其中，中国自美进口 1 344.1 亿美元，下降 9.1%，占中国进口总额的 8.5%；对美出口 3 852.0 亿美元，下降 5.9%，占中国出口总额的 18.4%。中方顺差 2 507.9 亿美元，下降 3.9%，占中国顺差总额的 49.2%。

据美方统计，2016 年，中美货物贸易额 5 975.5 亿美元，比上年下降 3.6%，占美货物贸易总额的 16.1%。其中，美自华进口额 4 817.8 亿美元，下降 4.4%，占美进口总额的 21.4%；对华出口额 1 157.8 亿美元，下降 0.3%，占美出口总额的 8.0%。美对华贸易逆差额 3 660.0 亿美元，下降 5.7%，占美货物贸易逆差总额的 45.9%，比重较上年下降 1.8 个百分点。

2016 年，中国是美国第一大贸易伙伴、第三大出口市场、第一大进口来源地。美国是中国第二大贸易伙伴、第一大出口市场、第六大进口来源地。

**三、中美双向投资保持增长**

2016 年，中国实际使用美资金额 23.9 亿美元，比上年上升 14.2%。截至 2016 年 12 月底，美对华投资项目累计达 6.7 万个，实际投入 798.6 亿美元。与此同时，中国在美国投资保持快速增长的势头。2016 年，中国企业在美非金融类直接投资 195.0 亿美元，比上年增长 132.4%。截至 2016 年 12 月底，中国企业在美累计非金融类直接投资 499.9 亿美元。

**四、高层对话取得积极成果**

6 月 6 日至 7 日，第八轮中美战略与经济对话在北京举行，习近平主席特别代表国务院副总理汪洋、国务委员杨洁篪与奥巴马总统特别代表美国国务卿约翰·克里、财政部长雅各布·卢共同主持对话。中美经济对话共达成 63 项成果，中美战略对话共达成 120 项成果，有力巩固和推动中美新型大国关系发展。

11 月 21 日至 23 日，第 27 届中美商贸联委会在美国首都华盛顿成功举行。汪洋副总理与美国商务部长普利兹克、贸易代表弗罗曼共同主持会议。中美双方在联委会上就各自关注的重点经贸议题坦诚沟通，双方代表团与工商界深入交流，达成 54 项成果，为年内中美经贸高层对话画上了圆满句号。会议期间，双方举办了中美企业家圆桌会、数字经济研讨会、农业食品伙伴关系研讨会、工商界午餐会等一系列合作活动和战略性议题讨论。中美双方均高度评价联委会为扩大双边经贸合作、维护中美经贸关系稳定发挥了不可替代的重要作用。

**五、中美省州和城市间经贸合作继续深化**

商务部继续积极推进中美省州和城市间经贸合作，已会同 25 个国内省市与美国 7 个州市建立“贸易投资合作联合工作组”。4 月，商务部会同 6 省市与纽约州建立工作组机制。9 月，利用“科博会”平台在绵阳举办中美省州经贸合作活动，与相关企业合作开发中美省州经贸合作网络对接平台。11 月，在第 27 届中美商贸联委会工商界午餐会中纳入省州经贸合作元素，邀请美国州长协会作为主办方，参会人数超过600人。在工作组推动下，双方贸易投资增长、人员往来频繁、大项目不断涌现，合作从传统经贸领域向科技、环保、教育、医疗和文化等新领域拓展。

中美经贸合作取得的巨大成就，是两国顺应历史潮流，加强互利合作的结果。我们期待，新的一年里，中美携手推进更高水平、更高质量的经贸合作，造福于两国人民，为世界经济增长和繁荣做出更大贡献。

## 2016年中国与加拿大的经济贸易关系

商务部美洲大洋洲司五处

2016年，中国和加拿大经贸合作继续稳步发展。

**一、双边贸易**

据中国海关统计，2016年，中加双边贸易额456.7亿美元，同比下降17.9%。其中，我对加出口273.6亿美元，同比下降6.9%；从加进口183.1亿美元，同比下降30.3%。中国对加出口的主要商品为：服务及衣着附件（27.6亿美元，下降8.2%）、家具及其零件（14.3亿美元，下降7.2%）、电话机（13.9亿美元，下降8.6%）、汽气零配件（11.7亿美元，下降6.3%）、电脑及其部件（11.3亿美元，下降32%）等；中国从加进口的主要商品为：纸浆（23.8亿美元，下降12.4%）、油菜籽（14.4亿美元，下降18.7%）、粮食（13.7亿美元，下降0.5%）、锯材（8.9亿美元，下降19.7%）、铜矿砂及其精矿（6.5亿美元，下降9.7%）等。

**二、双向投资**

2016年，加拿大在华投资新设立企业385家，加方实际投入金额2.62亿美元。截至2016年底，加拿大累计在华设立企业13 923家，实际使用外资金额101.5亿美元。

加拿大在华投资的地区分布广泛，既有在沿海发达地区、中部地区的投资项目，也有在西部地区的投资项目。投资的行业主要有：旅游、化工、电子器件制造、药品制造、营养保健品制造、机械制造等。

截至2015年底，我在加直接投资存量85.2亿美元。2016年，我在加非金融类直接投资22.8亿美元，涉及的行业主要有资源开发、金融服务、工业生产、科技文化交流、交通运输、咨询服务等。

## 2016年中国与澳大利亚的经济贸易关系

商务部美洲大洋洲司五处

2016年，中国与澳大利亚的双边经贸关系总体发展良好，两国在贸易和投资等领域的交流与合作日益扩大。2015年6月，中澳两国政府在堪培拉正式签署《中国澳大利亚自由贸易协定》。2015年12月20日，协定正式生效。

**一、双边贸易**

据中国海关统计，2016年，中澳贸易额为1 078.3亿美元，同比下降5.3%。其中，中国对澳出口371.6亿美元，同比下降7.8%；中方进口706.7亿美元，同比下降3.9%。澳是我第八大贸易伙伴、第十大出口市场和第七大进口来源地。

从进口贸易的构成来看，2016年中国对澳出品大项商品主要有：计算机及通信技术产品（53.1亿美元）、服务（36.8亿美元）、家具（17.5亿美元）、电话机（13.2亿美元）和纺织纱线（13亿美元）等。2016年中国从澳进口的主要商品有：铁矿石（354.6亿美元，6.4亿吨）、农产品（67亿美元）、煤炭（55.8亿美元，7 050万吨）、天然气（37.5亿美元，1 198万吨）、羊毛（16.3亿美元）等。

**二、双向投资**

中国澳大利亚已互为重要的投资伙伴。据中方统计，截至2015年底，中国对澳直接投资存量为283.7亿美元。2016年中国企业对澳大利亚非金融类直接投资约为36.8亿美元。中国在澳投资以资源开发为主，如铁矿砂、有色金属和稀有金属等。

澳大利亚是中国重要的外资来源地之一。根据中国统计，2016年，澳大利亚在华设立企业346家，实际投资金额2.6亿美元。截至2016年底，澳大利亚在华设立企业共11 356家，实际投资金额83.2亿美元。投资行业分布在农业、建材、纺织、电子和服务业等领域。

# 2016 年中国与新西兰的经济贸易关系

商务部美洲大洋洲司五处

2016 年，中国与新西兰双边经贸关系稳步发展，两国贸易和投资合作日益深化。中新经济互补性强，农牧业、食品安全、环保技术、生物医药等领域合作潜力巨大。

**一、双边贸易**

据中方统计，2016 年中新贸易额达 119 亿美元，同比增长 3.4%。其中，我自新进口 71.4 亿美元，同比增长 8.4%；我对新出口 47.6 亿美元，同比下降 3.4%。

从贸易结构上看，中国对新出口主要商品为服装（6 亿美元）、家具及其零件（2.3 亿美元）、纺织纱线（2.3 亿美元）等；中国自新进口主要商品为乳品（22.4 亿美元）、原木（14.4 亿美元）、羊肉（3.9 亿美元）、牛肉（3.3 亿美元）等。

**二、相互投资**

据中方统计，截至 2016 年底，新累计在华投资设立企业 1 912 家，累计实际使用新资 14.1 亿美元。新在华投资主要分布在农林、轻工、纺织、冶金、食品加工、医药、计算机等领域。截至 2015 年底，我对新西兰直接投资 12 亿美元。2016 年，我对新西兰非金融类直接投资 6.8 亿美元。

# 2016 年中国与加勒比地区的经济贸易关系

商务部美洲大洋洲司五处

2016 年，中国与加勒比地区各国人员往来频繁，双方继续推动在贸易、投资、金融、农渔业、旅游、基础设施建设、人力资源开发等领域的务实合作，双边经贸合作得到进一步发展。

**一、双边贸易**

据中国海关统计，2016 年，中国同加勒比地区的双边贸易额达 80.6 亿美元，同比下降 22.7%。其中，中国出口 66.6 亿美元，同比下降 24.2%；进口 14.1 亿美元，同比下降 14.9%。

2016 年，中国与加勒比地区 8 个贸易伙伴的双边贸易额超过 2 亿美元，依次为古巴（20.6 亿美元）、多米尼加（17.0 亿美元）、波多黎各（12.7 亿美元）、牙买加（5.2 亿美元）、特立尼达和多巴哥（5.2 亿美元）、海地（4.6 亿美元）、巴哈马（4.1 亿美元）以及圭亚那（2.1 亿美元）。

中国向加勒比地区主要出口机电产品、服装和纺织品、轻工产品、化工和医药原料等；主要进口铜精矿、液化天然气、氧化铝、木材、沥青等产品。

**二、相互投资及经济技术合作**

加勒比地区在华投资继续保持良好发展势头。2016 年，加勒比地区在华新设项目 417 个，实际使用外资金额 119.3 亿美元。截至 2016 年底，加勒比地区在华投资项目共计 2.8 万个，实际投入 1 981.7 亿美元。英属维尔京群岛和开曼群岛是中国吸收外资的重要来源地。

2016 年，中国企业在加勒比地区非金融类直接投资额约 284.8 亿美元。

2016 年，中国企业在加勒比地区新签承包工程和劳务合作合同额 20.4 亿美元，完成营业额 16.3 亿美元。截至 2016 年底，中国企业累计在加勒比地区完成承包工程和劳务合作营业额约 111 亿美元。

2016 年，中国同加勒比国家加强了经济技术合作，增进了彼此的友谊。中国为加勒比国家举办了多期人力资源培训班，并在基础设施建设、农业示范、医疗服务等方面向这些国家提供了力所能及的经济技术援助，给受援国带来了较好的社会和经济效益。

# 地方商务

# LOCAL COMMERCE ↘

# 2016年北京市商务发展概况

北京市商务委员会

闫立刚

北京市商务委员会主任

闫立刚　男，汉族，出生于1962年4月，中共党员，硕士。曾任北京科技大学团委书记、基建处处长，北京市委商贸工委研究室主任，北京市委商贸工委、北京市商委办公室主任，北京市商委委员，北京市商务局助理巡视员，北京市商务局党组成员、副局长，北京奥运会组委会物流部副部长、部长，顺义区委副书记（正局级）。2009年4月任中共北京市顺义区委副书记（正局级），北京天竺综合保税区管理委员会常务副主任。2015年2月任北京市商务委员会党组书记、主任。

## 【国内贸易】

**社会消费品零售总额**　2016年，北京市社会消费品零售额达到11 005.1亿元，比上年增长6.5%，连续第九年成为全国最大的城市消费市场。按商品用途分，吃、穿、用和烧类商品分别实现零售额2 296.7亿元、781.5亿元、7 424.1亿元和502.8亿元，分别增长5.4%、2.1%、7.4%和4.4%。按消费形态分，商品零售实现10 086.9亿元，增长6.7%；餐饮收入918.2亿元，增长4%。北京市限额以上批发零售企业网上零售额2 049亿元，增长20%，占全市社零额的比重达到18.6%，对社零额增量的贡献率为51.2%，拉动社零额增长3.3个百分点。限额以上批发零售企业销售的27类商品中，增速较高的三类商品分别为煤炭及制品类、体育和娱乐用品类、家用电器和音像器材类，分别增长47.2%、21.1%和19.4%；金银珠宝类、机电产品及设备类和服装、鞋帽、针纺织品类等商品零售额减少，增速分别下降11.6%、9.2%和2.8%。

**批发和零售业商品购销总额**　批发和零售业实现商品购销额11 8087.1亿元，比上年增长1.2%。其中，购进额56 349.7亿元，下降0.6%；销售额61 737.4亿元，增长1.7%。

**市场物价**　居民消费价格总水平比上年上涨1.4%，涨幅比上年下降0.4个百分点。其中，食品价格上涨3.3%，非食品价格上涨1.0%；消费品价格上涨0.5%，服务项目价格上涨2.7%。

**市场秩序建设**　推进商业零售企业诚信促销，2016年北京市、区商务部门共出动检查人员1 160多人次，检查商业企业223家，现场纠正不规范促销行为11件。持续保持“双打”高压态势，北京市9家行政执法部门对侵权假冒行为共立案4 773件，增长18%；办结案件4 207件，增长4.7%；涉案金额7 735万元，增长20.9%；捣毁制售假冒伪劣产品窝点113个；移送司法机关涉嫌犯罪案件59件，增长103.4%。公安机关共破获侵权假冒案件725件，抓捕犯罪嫌疑人686人，涉案金额9.3亿元。检察机关共批捕侵权假冒案件154件，涉案犯罪嫌疑人186人；审查起诉案件376件，涉案犯罪嫌疑人443人。审判机关共受理侵权假冒刑事案件368件，审结383件，生效判决人数465人。推进“信息公开”和“两法衔接”，9家行政执法部门全年主动公开打击侵权假冒案件信息3 382件。持续推动北京市打击侵权假冒“两法衔接”信息共享平台的使用运行，强化案件信息采集和案件移交，全年采集行政处罚案件信息6 702件，首次实现案件网上移送。举办2016年商业服务业服务技能大赛，共设置16个竞赛项目，4.5万家企业门店的37万人次参与，人员数量再创新高。

**市场体系建设**　2016年，北京市共新建或规范提升各类便民商业网点1 700个，超额完成全年1 500个目标任务；市政府为民办实事便民商业网点新增550个，提前超额完成为民办实事500个网点任务；城六区基本实现8项基本便民服务社区全覆盖。全市基本便民商业网点连锁化率达到29.5%，较上年提高5.2个百分点；城六区基本便民商业网点连锁化率达35%，较上年提高5.7个百分点。起草“北京市连锁便利店行业规范”和“社区商业便民服务综合体规范”，完善便民商业服务。制定实施《关于2016年度支持新建或规范便民商业网点项目的实施方案》，对便民商业网点的建设内容、标准、进度安排及支持方式等进行细化。建立《北京生活性服务业品牌连锁企业资源库》，第一批确定了173家企业，涉及蔬菜零售、便利店、家政等14个行业（业态），约占北京市生活性服务业网点总数的10%。实施《生活性服务业行业规范制修订及标准规范宣传贯彻活动项目实施方案》，指导相关行业协会完成蔬菜零售、餐饮（早餐）、便利店（超市）、家政服务、洗染、沐浴、美容美发、摄影、家电维修、再生资源回收、社区商业便民服务综合体等11个行业（业态）的24个规范的制修订工作并汇编成册，收录推荐使用的236个标准规范，在全国率先初步建立标准规范体系。

推进农产品流通体系建设，加快推进“菜篮子”双核保障项目建设，推进北京鲜活农产品流通中心项目建设，深入推进规范化、连锁化蔬菜零售网点建设。完成新建和规范提升规范化蔬菜零售网点415个，超额完成全年新建和规范提升300个蔬菜零售网点任务。完善农产品流通产业发展基金管理制度，印发《北京市农产品流通产业发展基金管理办法》，加快基金项目投资。

**流通业发展** 北京市跨境电子商务持续快速发展。2016年，北京市跨境电商零售进口（从北京口岸进口）88.8万票，较2015年增长5.7倍，价值3.37亿元人民币，较2015年增长8.4倍；跨境电商零售出口全年实现8.4亿美元。创新模式优化跨境电商发展环境。制定《推进跨境电子商务创新发展实施意见》和《跨境电子商务监管工作关检合作方案》，提升通关效率。开展跨境电商消费体验季，组织20余家跨境电商企业入驻实体商家，开展体验式促销，吸引回拉境外消费。建设跨境电商O2O体验店，建成林德、聚优澳品、一指遥等15家示范店，扩大品质消费服务供给。

加强对北京老字号非物质文化遗产的保护与宣传。指导老字号协会开展非物质文化遗产日活动；支持老字号协会申报国家级非物质文化遗产；组织老字号企业参与渝洽会、世界旅游经济论坛等展会论坛，开拓国内外市场；加强老字号知识产权等无形资产的保护；在京交会上举办“老字号品牌国际保护论坛”。

加强拍卖、典当行业监管。2016年，北京市拍卖企业增长较快，全年完成新设企业从事拍卖业务许可审批89件，拍卖企业变更审批104件。截至2016年底，北京市典当企业共计358家、分支机构136家，其中，新批准设立典当企业14家。

加强汽车流通行业管理，促进行业稳步发展。截至2016年底，北京市报废汽车回收拆解企业7家、备案二手车交易市场6家。积极推动北京市老旧机动车淘汰更新政策实施，二手车交易量减少6%，报废机动车回收量增长23%。

**市场运行和消费促进** 组织北京市生活必需品保供骨干企业参加河北、内蒙古、新疆等十几省区供京农产品主产地举办的产销对接会15场次，扩大产销合作，增加货源渠道。1月20日至3月20日，市商务委会同市农委、中国蔬菜流通协会与天津、河北、海南、广西等供京蔬菜主产区政府开展了第六次蔬菜保供联合行动。活动期间，累计增加蔬菜供应总量约17.3万吨，日均增加2 836吨，增幅9.6%，其中大白菜、白萝卜、土豆、洋葱等8个居民日常所需大路菜品种增加供应总量约5.3万吨，日均增加868吨，增幅10.2%，保障了首都蔬菜市场供应稳定。圆满完成15项重要会议供应服务保障任务。审批成品油零售经营企业行政许可100件，初审成品油批发、仓储及原油经营资格行政许可事项24件。推动酒类流通备案登记工作，累计完成备案登记9.8万余家。据北京市商务委对55家大中型酒类流通企业的监测，2016年本市酒类商品销售量为185.1万千升，比上年增长0.9%；实现销售额245.2亿元，增长9.5%。围绕“绿色消费、时尚消费、品质消费”三大主题开展促消费活动共11项，既有新能源汽车促销节、暑期节能产品促销节等活动引导绿色消费理念，又有北京城里过大年、北京拍卖季等时尚消费内容，还有商业服务业服务技能大赛、国际美食汇等提升生活性服务业品质的促消费活动，同时依托报纸、电视等宣传媒介进行促消费活动宣传，丰富活跃首都消费市场，营造良好的消费氛围，拉动消费增长。

**【对外贸易】**

**货物贸易** 据北京海关统计，2016年，北京实现货物贸易进出口1.86万亿元人民币，比上年下降6.1%。其中，出口3 418.1亿元，增长0.7%，增幅高于全国平均水平2.7个百分点；进口15 207.1亿元，下降7.5%。出口占全国份额2.5%，高出上年0.1个百分点，货物贸易出口实现规模、占全国份额双增长。“双自主”企业出口占北京出口总额比重18.3%，比上年提高2.3个百分点，超额完成市政府年初确定的目标。

主要进出口商品量增价跌。成品油、汽车出口数量分别增长100.4%和15%，但出口价格分别下跌23.1%和19%。原油、铁矿砂、成品油、未锻轧铜及铜材、集成电路进口数量分别增长3.4%、12.4%、0.6%、22.2%和16.2%，但进口价格分别下跌24.3%、5.8%、21.6%、14.6%和16.8%。出口结构更加优化。一般贸易出口267.5亿美元，占全市出口总额的51.7%。“双自主”企业出口94.9亿美元，占比达18.3%，比上年提高2.3个百分点。小笨鸟、易单网、尚易通等8家外贸综合服务企业实现出口15.8亿美元，增长127.7%。邮政小包出口5.5亿美元。对“一带一路”沿线国家出口超三成。北京与“一带一路”沿线国家双边贸易额达872.8亿美元，占北京进出口总额的31%，与上年持平。其中，出口175.4亿美元，增长1%，占出口总额的33.8%，比上年同期提高2个百分点。民营企业进出口、进口均增长。民营企业进出口增长3.1%，占进出口总额的9.1%，较上年提高1.3个百分点。其中：进口165.9亿美元，增长8%，占进出口总额的7.2%，占比较上年提高1.4个百分点。央企进、出口占比均提高。中央企业进出口增长3.6%，占进出口总额的61.8%，比上年提高0.5个百分点。其中，进口占比64.3%，出口占比50.4%，首次超过地方企业。

**服务贸易** 服务进出口额达到1 508.6亿美元，增长15.8%。其中，出口额532.1亿美元，增长8.4%；进口额976.5亿美元，增长20.2%。进出口完成全年1 450亿美元目标，约占全国服务进出口总额的18.8%，继续保持全国领先地位。从主要领域看，服务进出口排名前三位的领域分别是旅行、运输和电信、计算机和信息，三大领域共占全市服务进出口总额的72.1%。新兴服务领域全国优势明显，其中，电信、保险、法律、金融等新兴领域服务进出口分别占全国同类服务进出口的 70.4%、62.4%、45.8% 和 40.3%。

**服务外包** 离岸服务外包合同执行金额 49.05 亿美元，增长 9.04%。其中，信息技术外包（30.85 亿美元）、业务流程外包（9.07 亿美元）和知识流程外包（9.13 亿美元）执行金额占离岸服务外包执行总额的比重分别为 62.9%、18.5%和 18.6%。发包额居前 5 位的国家为美国、爱尔兰、德国、瑞典与荷兰。

**技术贸易** 技术贸易合同登记 1 299 项，合同金额 80.1 亿美元，下降 24.5%。其中，技术进口合同金额 21.6 亿美元，下降 18.3%；技术出口合同金额 58.5 亿美元，下降 26.6%。技术进口以专有技术进口为主，进口行业主要为制造业，主要进口国家和地区为韩国、美国和德国。技术出口以技术咨询、技术服务及计算机软件的出口为主，出口行业主要为制造业及信息传输、计算机服务和软件业，主要出口国家和地区为香港。

**文化贸易** 文化贸易进出口总额 46.9 亿美元，增长 9.5%。其中，进口 27.5 亿美元，增长 1.9%；出口 19.4 亿美元，增长 22.4%。从具体分类看，核心文化服务进出口 27 亿美元，增长 17.1%。其中，进口 13.8 亿美元，增长 18%；出口 13.2 亿美元，增长 16.2%。核心文化产品进出口总额 20 亿美元，增长 0.6%。其中，进口 13.7 亿美元，下降 10.4%；出口 6.2 亿美元，增长 38.1%。

**北京市 2016 年主要出口商品情况表**

| 商品名称 | 出口金额（万美元） | 增幅（%） | 占出口总额比重（%） |
|---|---|---|---|
| 成品油 | 1 100 816 | 54.2 | 21.4 |
| 手机 | 265 021 | -38.2 | 5.2 |
| 钢材 | 260 802 | -25.0 | 5.1 |
| 集成电路 | 192 850 | 9.4 | 3.8 |
| 服装及衣着附件 | 179 562 | -29.5 | 3.5 |
| 汽车零配件 | 176 635 | -4.4 | 3.4 |
| 通断保护电路装置及零件 | 104 817 | -2.2 | 2.0 |
| 汽车 | 104 354 | -6.8 | 2.0 |
| 农产品 | 96 081 | 2.1 | 1.9 |
| 船舶 | 83 460 | -33.9 | 1.6 |
| 食品 | 72 267 | 2.4 | 1.4 |
| 文化产品 | 65 789 | 25.0 | 1.3 |
| 纺织纱线、织物及制品 | 64 621 | -4.5 | 1.3 |
| 肥料 | 61 254 | -62.9 | 1.2 |
| 医疗仪器及器械 | 55 220 | -10.4 | 1.1 |
| **合 计** | **2 883 549** | **—** | **56.2** |

**北京市 2016 年主要进口商品情况表**

| 商品名称 | 进口金额（万美元） | 增幅（%） | 占进口总额比重（%） |
|---|---|---|---|
| 原油 | 7 362 021 | -21.7 | 32.0 |
| 汽车 | 2 348 938 | 1.7 | 10.2 |
| 农产品 | 1 389 480 | -9.6 | 6.0 |
| 食品 | 1 212 908 | -4.3 | 5.3 |
| 铁矿砂及其精矿 | 752 650 | 5.9 | 3.3 |
| 粮食 | 557 071 | -10.6 | 2.4 |
| 计量检测分析自控仪器及器具 | 499 433 | 3.8 | 2.2 |
| 医药品 | 479 610 | 3.1 | 2.1 |
| 汽车零配件 | 433 782 | 6.8 | 1.9 |
| 成品油 | 341 070 | -21.1 | 1.5 |
| 未锻轧铜及铜材 | 295 779 | 4.4 | 1.3 |
| 集成电路 | 248 259 | -3.3 | 1.1 |
| 医疗仪器及器械 | 204 102 | 4.4 | 0.9 |
| 通断保护电路装置及零件 | 189 226 | 13.5 | 0.8 |
| 飞机及其他航空器 | 153 584 | -43.2 | 0.7 |
| **合 计** | **16 467 913** | **—** | **71.7** |

**北京市 2016 年主要出口市场情况表**

| 排　名 | 国别（地区） | 出口金额（万美元） | 增幅（%） | 占出口总额比重（%） |
|---|---|---|---|---|
| 1 | 美　国 | 488 958 | -1.4 | 9.4 |
| 2 | 香　港 | 433 883 | -10.8 | 8.4 |
| 3 | 日　本 | 398 453 | -11.4 | 7.7 |
| 4 | 新加坡 | 322 048 | 68.7 | 6.2 |
| 5 | 巴基斯坦 | 203 755 | 64.1 | 3.9 |
| 6 | 韩　国 | 196 320 | -5.5 | 3.8 |
| 7 | 越　南 | 173 480 | -9.4 | 3.3 |
| 8 | 澳大利亚 | 141 062 | 18.0 | 2.7 |
| 9 | 菲律宾 | 128 870 | 169.9 | 2.5 |
| 10 | 俄罗斯联邦 | 123 403 | -2.3 | 2.4 |
| 11 | 印　度 | 115 531 | -41.4 | 2.2 |
| 12 | 马来西亚 | 107 386 | 99.3 | 2.1 |
| 13 | 孟加拉国 | 107 028 | 106.5 | 2.1 |
| 14 | 台湾省 | 106 123 | -15.4 | 2.0 |
| 15 | 伊　朗 | 103 755 | -36.1 | 2.0 |
| | **合　计** | **3 150 055** | — | **60.7** |

**北京市 2016 年主要进口市场情况表**

| 排　名 | 国别（地区） | 进口金额（万美元） | 增幅（%） | 占进口总额比重（%） |
|---|---|---|---|---|
| 1 | 美　国 | 2 378 136 | -11.5 | 10.3 |
| 2 | 德　国 | 1 877 782 | -2.0 | 8.2 |
| 3 | 瑞　士 | 1 525 864 | -9.2 | 6.6 |
| 4 | 澳大利亚 | 1 183 673 | 5.7 | 5.1 |
| 5 | 日　本 | 1 158 880 | 21.1 | 5.0 |
| 6 | 沙特阿拉伯 | 1 093 836 | -26.0 | 4.8 |
| 7 | 安哥拉 | 1 012 812 | -26.6 | 4.4 |
| 8 | 伊拉克 | 985 699 | -15.9 | 4.3 |
| 9 | 俄罗斯联邦 | 880 321 | -19.9 | 3.8 |
| 10 | 韩　国 | 780 309 | -15.5 | 3.4 |
| 11 | 巴　西 | 747 380 | 4.5 | 3.2 |
| 12 | 伊　朗 | 731 047 | 23.6 | 3.2 |
| 13 | 香　港 | 631 429 | 242.4 | 2.7 |
| 14 | 阿　曼 | 607 727 | 31.1 | 2.6 |
| 15 | 土库曼斯坦 | 549 039 | -29.0 | 2.4 |
| | **合　计** | **16 143 934** | — | **70.0** |

**北京市2016年服务进出口情况表**

| 项　目 | 出口金额（亿美元） | 进口金额（亿美元） | 进出口总额（亿美元） |
|---|---|---|---|
| **合　计** | **532.13** | **976.47** | **1 508.60** |
| 运输 | 50.33 | 107.48 | 157.81 |
| 旅行 | 176.88 | 585.77 | 762.64 |
| 建筑 | 48.71 | 36.36 | 85.07 |
| 保险 | 25.05 | 73.00 | 98.06 |
| 金融 | 15.57 | 4.39 | 19.96 |
| 电信、计算机和信息 | 63.24 | 56.72 | 119.96 |
| 电信 | 11.02 | 9.64 | 20.67 |
| 计算机 | 50.49 | 44.97 | 95.46 |
| 信息 | 1.73 | 2.11 | 3.84 |
| 技术服务 | 20.27 | 14.66 | 34.93 |
| 专业管理和咨询 | 84.10 | 29.18 | 113.28 |
| 其中：法律 | 8.47 | 2.85 | 11.32 |
| 会计 | 4.29 | 0.80 | 5.09 |
| 管理咨询和公共关系 | 56.09 | 17.04 | 73.13 |
| 广告 | 10.15 | 3.39 | 13.53 |
| 展会 | 1.70 | 4.69 | 6.39 |
| 知识产权使用费 | 1.72 | 31.83 | 33.55 |
| 个人、文化和娱乐服务 | 2.17 | 9.51 | 11.69 |
| 维护和维修 | 8.04 | 3.77 | 11.81 |
| 其他 | 36.02 | 23.81 | 59.83 |
| 其中：加工 | 5.36 | 0.12 | 5.48 |

## 【利用外资】

**外商投资**　2016年，北京市新设外商投资企业1 073家，实际吸收外资首次突破130亿美元，达到130.3亿美元，增长0.3%，连续15年实现增长，占全国份额由上年的10%升至10.3%。其中，批发和零售业占44.9%，科学研究、技术服务和地质勘查业占12.1%，租赁和商务服务业占9.2%，信息传输、计算机服务和软件业占8.7%。截至2016年底，北京市累计批准外商投资企业40 864家，累计实际利用外商直接投资1 135亿美元。

服务业新引进外资项目1 042个，入资123.2亿美元，分别占全市新引进项目数的97.1%和实际外资的94.6%。服务业扩大开放六大重点领域新引进外资项目827个，占全市新引进项目数的77.1%。其中，科学技术、互联网和信息、商务和旅游以及文化教育等重点领域引资快速增长，实际外资分别增长59.3%、130%、89.8%和97.9%。生活性服务业新设外资企业106家，增长27.7%。其中，餐饮业新设外资企业19家，实际入资增长4.5倍；零售业新设外资企业8家，实际入资增长1.4倍；文体娱乐业新设外资企业65家，实际入资增长98.9%。

124个千万美元以上大项目引资119.3亿美元，占全市实际外资的91.6%。新增外资总部企业12家，累计达280家。新增外资研发机构16家，累计达548家。新增世界500强企业投资项目6个，累计有287家世界500强企业在京投资了724个项目。

以央企并购方式引入外资59.7亿美元，占全市实际外资的45.8%。北京市810家存量企业增资达136.2亿美元，占全市合同外资61.7%。以跨境人民币方式投资企业75家，投资额62.5亿元人民币，增长33.6%，占全市实际外资的7.8%。

实际利用外资排名前十位国家和地区投资127.3亿美元，占全市实际外资的97.7%。其中，韩国、新加坡、美国和德国分别增长3.6倍、2.3倍、1.8倍和1.7倍。欧盟28国在京投资增长1.2倍，东盟10国在京投资增长2.3倍，"一带一路"国家和地区在京投资增长2.3倍。

**投资来源**　根据2016年北京市外商投资企业联合年报数据，北京市外资来自140多个国家和地区，其中，香港、日本、英属维尔京群岛、德国等10个国家和地区的企业数和实际外资分别占全市的79.6%和90.8%，香港以5 319家企业和682.2亿美元位居榜首。

## 北京市2016年利用外商直接投资情况表

| 投资方式 | 实际外资（万美元） |
| --- | --- |
| **总 计** | **1 302 858** |
| 中外合资企业 | 792 030 |
| 中外合作企业 | 4 021 |
| 外资企业 | 487 714 |
| 外商投资股份有限公司 | 19 093 |

## 北京市2016年外商直接投资行业情况表

| 行 业 | 实际外资（万美元） |
| --- | --- |
| **总 计** | **1 302 858** |
| 农、林、牧、渔业 | 2 303 |
| 采矿业 | 0 |
| 制造业 | 63 806 |
| 化学原料及化学制品制造业 | 0 |
| 通用设备制造业 | 622 |
| 专用设备制造业 | 494 |
| 交通运输设备制造业 | 50 704 |
| 通信设备、计算机及其他电子设备制造业 | 558 |
| 电力、燃气及水的生产和供应业 | 4 347 |
| 建筑业 | 113 |
| 交通运输、仓储和邮政业 | 89 048 |
| 信息传输、计算机服务和软件业 | 113 490 |
| 批发和零售业 | 584 292 |
| 住宿和餐饮业 | 3 010 |
| 金融业 | 90 406 |
| 房地产业 | 66 160 |
| 租赁和商务服务业 | 120 407 |
| 投资性公司 | 75 314 |
| 科学研究、技术服务和地质勘查业 | 157 508 |
| 水利、环境和公共设施管理业 | 1 754 |
| 居民服务和其他服务业 | 16 |
| 教育 | 0 |
| 卫生、社会保障和社会福利业 | 0 |
| 文化、体育和娱乐业 | 6 198 |
| 公共管理和社会组织 | 0 |

## 北京市2016年外商直接投资主要来源情况表

| 国别（地区） | 实际外资（万美元） | 国别（地区） | 实际外资（万美元） |
| --- | --- | --- | --- |
| 香 港 | 561 687 | 法 国 | 13 446 |
| 开曼群岛 | 269 682 | 日 本 | 12 449 |
| 英属维尔京群岛 | 210 649 | 美 国 | 10 182 |
| 德 国 | 95 500 | 卢森堡 | 7 146 |
| 新加坡 | 54 266 | 百慕大 | 150 |
| 韩 国 | 37 807 | | |

【对外经济合作】

**对外投资** 2016年，北京市境内主体对全球58个国家和地区的529家企业进行了非金融类直接投资，累计投资额155.1亿美元，比上年增长62.3%。境外投资质量和效益不断提高，北京市企业赴境外寻求新技术、新产品、新理念合作的意愿日趋强烈，科技、信息、制造领域境外投资快速发展；区域集聚效应持续积淀，投资主要集中于亚洲，对拉丁美洲和非洲等欠发达地区投资稳步增长；海外并购进军全球产业价值链“高精尖”领域步伐加快，技术、服务、品牌“走出去”发展迅猛；对“一带一路”沿线国家投资平稳增长，投资主要集中于商务服务业、制造业和建筑业等行业，印度、新加坡、柬埔寨位列沿线国家前三位。

**承包工程和劳务合作** 对外承包工程完成营业额24.96亿美元，下降29.7%；新签合同额51.42亿美元，增长10.8%。亚非地区仍是北京市对外承包工程业务的主战场。对外承包工程业务涉及8个行业，其中，完成营业额前三位分别是房屋建设类、交通运输建设类、水利建设类。2016年度ENR（《工程新闻记录》）全球最大250家国际承包商排名，我国65家上榜企业中，北京市占4家，分别为中地海外集团有限公司、北京建工集团有限责任公司、北京城建集团有限责任公司、泛华建设集团有限公司。2016年，北京市全年外派各类劳务人员7 898人，期末在外劳务人员20 436人，实现劳务收入1.05亿美元。

【其他】

**开发区** 2016年，北京经济技术开发区地区生产总值达到1 172.6亿元，增长8.1%。社会消费品零售额完成379.7亿元，增长7.1%。进出口总额完成160.2亿美元，增长6.2%。其中，进口完成108.1亿美元，增长14.8%；出口完成52.1亿美元，下降8%。

**保税区** 天竺综保区工商注册企业实现营业收入199.4亿元，增长12.3%；利润总额27.0亿元，增长24.3%；完成属地税收8.7亿元，增长23.7%；保税功能区实现进出口总值52.0亿美元，增长4.1%；企业资产总计455.1亿元，增长23.6%；从业人员2.3万人，下降2.7%。2016年，天竺综保区批复入区项目40个，注册资本总额5.43亿元，计划投资总额38.54亿元，形成特色产业和新兴产业集聚态势。航空产业方面，引进了北京通用航空有限公司飞机维修等项目8个，园区涉及航材贸易、航空维修、飞机租赁等业态的航空类企业达到23家。医药产业方面，引进了国药集团医药物流北京有限公司等重点企业7家，园区涉及研发、制造、贸易、仓储等相关业态的医药企业达到14家，实现营业收入72.4亿元，占园区总量的36.3%。文化产业方面，成功引进包括首家外商独资演出经纪公司（龙之传奇娱乐有限公司）在内的文化企业10余家，园区涉及文化艺术品展览展示、修复鉴定等新兴业态的文化类企业达到40家。

**展会活动** 组团参加第119届和120届广交会。第119届广交会北京交易团参展企业242家，累计意向成交额达1.76亿美元，增长6.73%。第120届广交会北京交易团参展企业235家，累计成交1.92亿美元。其中，北京通蓝海科技股份有限公司与明亮（北京）国际贸易中心在本届广交会上分别获得出口产品设计奖金银奖。

2016年，共组织三次进口商品购物节。2015年12月31日至2016年1月10日，联合庄胜崇光百货（线下）、京东商城（线上），采取线上电子商务销售与线下实体店销售相融合的方式组织了第一次进口商品购物节，共组织30个国家和地区的75个品类、2 020种商品进行展卖。2016年4月29日至5月3日在燕莎友谊商城燕莎店举办了首届“德国进口商品购物节”，历时5天，展示187个品牌，燕莎店主会场吸引客流量2 200余人次，销售额208万元，燕莎商城三店同步德国品牌销售累计325万元。2016年9月4日至17日在庄胜购物中心举办拉脱维亚进口商品购物节活动，拉脱维亚企业带来上百种食品及手工艺品，所有商品全部售罄。

举办2016侨商北京洽谈会。5月28日，举办“2016侨商北京洽谈会”，来自46个国家和地区的近千名华侨华人参会，打造展示海外侨商优质创新服务的舞台、海外先进服务“引进来”和北京服务“走出去”的平台。此次洽谈会期间，首次举办华商北京论坛，为“一带一路”、京津冀协同发展等建言献策。

组织企业参加境内外展会。2016年，组织北京市125家次企业参加境外16个展会，结识有价值客户7 480人次；签订280份合同近6 700万元人民币；签订346份意向合同近1.46亿元人民币。重点支持“莫斯科服装展”、“德黑兰工业展”、“德国国际医疗展”和“曼谷商品展”等4个展会参展企业展区搭建；组织61家次企业参加境内重点展会，搭建北京展示区，加强内外贸业务横向联合。在“中国—亚欧博览会”期间，首次组织11家采购商企业主要负责人参展对接，拓宽北京企业的销售渠道。

**总部经济** 2016年，北京市总部企业数量较2015年增加70家，达到了4 007家。总部企业资产占全市比重为86.9%，实现营业收入占全市比重为67.8%，实现利润占全市比重为88.7%。总部企业实现一般公共预算收入占全市比重为36.4%。58家总部企业进入世界500强榜单，占中国入围企业比重超过五成（52.7%），比上一年增加6家，连续四年位居世界城市之首；101家总部企业进入中国500强榜单，占中国企业500强企业总数的两成多（20.2%），实现营业收入占比近一半（47%）。新认定跨国公司地区总部6家，累计认定达到161家，来自23个国家和地区，世界500强企业投资的地区总部达67家；引入国外非企业经济组织常驻代表机构4家，累计达到157家。

**商务服务** 租赁和商务服务业实现增加值1 835.2亿元，占全市地区生产总值（GDP）的7.4%。规模以上商务服务业企业3 899家，实现营业收入8 068.3亿元，增长5.3%；从业人员87.5万人，增长2.7%。规模以上高端商务服务业企业快速成长，法律服务营业收入123.4亿元，增长16.7%；咨询与调查营业收入1 035.8亿元，增长11.6%；广告业营业收入1 580.2亿元，增长10.3%；人力资源服务营业收入634.7亿元，增长12.4%，均高于重点服务业企业7.2%的增长速度。

**港口运输** 口岸运行良好，通关客货再创新高。海关监管进出口货物在京津冀通关一体化改革效应拉动下呈现高增长，达5 870.8万吨，比上年增长37.4%；出入境人员在内地居民拉动下稳定增长，达2 430.6万人次，增长4.3%。首都国际机场旅客吞吐量达9 439.4万人次，增长5%；进出境旅客达2 425.2万人次，增长4.4%，占首都国际机场吞吐量的25.7%；72小时过境免签旅客2.6万人次，增长32.2%。北京西站铁路口岸全年运送出入境旅客5.4万人次，下降19.2%，其中外籍人员0.3万人次，下降19.3%。北京丰台货运口岸海关监管进出口货物1.6万吨，下降12.5%；北京朝阳口岸海关监管货物100.7万吨，增长7.4%；北京平谷国际陆港海关监管货物18.5万吨，下降2.7%。

**涉外旅游** 接待国内旅游者2.8亿人次，比上年增长4.7%。国内旅游总收入4 683亿元，增长8.4%。接待入境旅游者416.5万人次，下降0.8%。其中，外国人354.8万人次，下降0.8%；港、澳、台同胞61.8万人次，下降1.0%。旅游外汇收入50.7亿美元，增长10.1%。国内外旅游总收入为5 021亿元，增长9.0%。全年经旅行社组织的出境游人数571.3万人次，增长7.2%。

## 2016年天津市商务发展概况

天津市商务委员会

天津市商务委员会主任

张爱国 男，1961年6月生，汉族，天津人，中共党员，大学学历。2003年10月—2008年1月，任天津港保税区管理委员会副主任，2008年1月—2015年11月，任天津东疆保税港区管理委员会主任、党组书记，2015年11月起，任天津市商务委员会主任、党组书记。

### 【国内贸易】

**社会消费品零售总额** 2016年，天津市社会消费品零售总额5 635.8亿元，比上年的5 245.7亿元增长7.2%，其中限额以上企业3 176.1亿元，限额以下企业2 459.7亿元。

**商业增加值** 批发和零售业、住宿和餐饮业合计完成增加值2 448.3亿元，比上年的2 329.7亿元增长5.1%。其中，批发和零售贸易业2 185.7亿元，比上年的2 046.7亿元增长5.1%；住宿和餐饮业262.6亿元，比上年的250.1亿元增长5.0%。

**批发和零售贸易业企业商品销售总额** 批发和零售贸易业企业商品销售总额45 887.3亿元，比上年的42 624.7亿元增长7.7%。限额以上企业34 420.9亿元，限额以下企业11 466.4亿元。

**住宿和餐饮业营业额** 住宿和餐饮业营业额829.7亿元，比上年的748.8亿元增长10.8%。其中，限额以上企业150.5亿元，限额以下企业679.2亿元。

**市场物价** 商品零售价格指数为100.5（以上年价格为100）；居民消费价格指数为102.1（以上年价格为100）。

**市场秩序建设** 在营造法治化营商环境方面，制定《市商务委2016年商务行政执法工作方案》和《2016市商务委行政执法现场检查工作计划》。牵头做好市商务委机关行政执法检查，2016年全年开展执法检查活动68次，执法履职率100%，行政处罚立案案件2件。按照“双随机一公开”工作要求，2016年全面梳理随机抽查事项，将单用途商业预付费卡、成品油、对外承包工程等18项执法活动全面纳入“双随机”活动，100%覆盖市场监管执法事项。加强12312举报投诉中心日常监管，做好与8890举报投诉中心的对接工作，及时处置举报投诉案件。在提升商业服务质量方面，推进已制定的《超市建设经营服务规范》、《天津市百货零售业服务管理规范》、《天津市餐饮业服务规范要求》等三个服务规范标准落实，联合相关行业协会录制百货、餐饮、住宿、连锁等行业服务标准光盘，在全市商业企业中推广，将规范的行业标准落实到商业企业日常经营管理中。通过开展查看比学活动，在百货、餐饮、连锁等三个行业各评选出10个落实标准“标杆”企业，由行业协会授牌和奖励。在全市26家百货店、38家超市、30家餐饮、40家菜市场继续开展第三方暗访活动。在打击侵权假冒工作方面，落实全国打假办日常工作，完善天津市打击侵权假冒案件月报制度、信息公开两项日常工作制度。目前，已向全国打假办、市政府报送天津市打击侵权假冒工作信息47条，月报表10份。牵头全市28个成员单位完成“全市打击侵权假冒自评报告”和绩效考核支撑材料。

**市场体系建设** 大力推动海河国际商业中心建设，重点打造滨江道—和平路—南京路、老城厢—东马路、大胡同三个核心商圈，重点推进商圈街区外立面改造、街区美化亮化以及业态调整升级等项工作，建设完成海河华鼎环球秀、新世界百货等商业设施美化与环境提升。全年建成开业商业综合体5个，新增商业面积68万平方米。和记黄埔世纪都会轩、洲河湾商业广场、和平大悦城、SM城市广场、万福生活广场·北宁湾等一批设计新颖、业态丰富、突出消费体验的大型商业设施建成开业。

全市交易额亿元以上商品批发市场60家，其中生产资料类18家、综合消费品类17家、农产品类25家，年交易额2 201亿元，比上年增长2.2%。金属材料、农副产品、建筑装饰材料、汽车、五金机电等5大行业交易规模位居前列。

全年新建10个标准化菜市场，总投资1.07亿元，新增菜市场面积3.24万平方米。截至2016年底，全市菜市场总量达到335个，其中市内六区143个，环城四区96个，滨海新区56个，其他区40个。2016年，全年6个涉农区改造提升农村集贸市场17个，改造面积27.1万平方米。

全市二手车交易市场共有9个，年交易量32.47万辆，比上年增长31.83%，交易额120亿元，比上年增长33.57%。报废汽车回收拆解企业4家，拆解量共计15.82万辆，比上年增长63.67%。

**流通业发展** 2016年，天津典当行业共有企业169家，分支机构14家，注册资本金48.15亿元，资产52.35亿元，从业人员1 100多人。全市实现典当总额106.44亿元，比上年下降27.6%；典当余额28.49亿元，比上年下降6.89%；实现净利润2 408.9万元，比上年下降68.6%。从行业数据看，典当总额、纳税额、实现净利润等指标持续走低，行业大环境不容乐观。

2016年，天津市共有拍卖企业120家，分支机构3家，从业人员1 044人，其中注册拍卖师158人。全年成交场次476场，2015年成交场次为443场。

2016年，天津市冷库规模达125万吨，规模以上（4 000吨以上）冷库54座，达120万吨，万吨级以上冷库40座。全市在建冷库7座，库容14.6万吨，规划建设冷库库容24万吨以上。

2016年，天津市再生资源回收总量469.63万吨，销售量480.49万吨，实现销售收入110.58亿元。主要回收物中，废钢铁回收量133.36万吨，废有色金属10.24万吨，废纸300.21万吨。

2016年，天津市97家重点监测的大中型连锁超市销售127.5亿元，和上年持平。其中，大型综合超市销售97.1亿元，比上年增长3%；超级市场销售8.7亿元，比上年降低10.9%；社区超市销售21.7亿元，比上年降低7.9%。华润万家销售45.8亿元，比上年增长13.5%；7-11销售3.7亿元，比上年增长25.2%；劝宝销售6.8亿元，比上年增长19.3%。乐天超市销售1.3亿元，比上年降低20.6%；大方世纪销售4 671万元，比上年降低12.5%；津工超市销售3.07亿元，比上年降低40.3%。

**市场运行和消费促进** 2016年，天津市30家重点监测的大中型百货店销售158.2亿元，比上年降低7%。其中，友谊9家店销售64.2亿元，比上年降低2.4%；金元宝5家店销售29.3亿元，比上年降低5.9%；海信广场销售17亿元，和上年持平；国际商场销售4.3亿元，比上年增长1.6%。相比之下，劝业场、中原百货、滨江商厦、百货大楼等老字号百货商场销售继续下滑，比上年分别降低43.9%、17.9%、9.6%、19.4%。

成品油市场供应平稳。中石化、中石油、等公司共销售成品油359.8万吨，比上年减少27.22%。进一步加强市场运行监测，及时跟踪监测成品油市场供求情况，加强对成品油进、销、存的动态监测。

组织天津老字号企业开展“神州行”“亚洲行”系列活动，为老字号企业搭建了内外贸综合市场平台。4月份在津洽会期间举办了2016中国（天津）中华老字号博览会，展览面积2 600余平方米，展位160个，涵盖食品、轻工、医药、民间工艺品等领域；9月份和11月份组织桂发祥、杨柳青、达仁堂、果仁张、桂顺斋、利民调料等老字号企业分别参加2016中国（上海）中华老字号精品博览会、2016中国（杭州）中华老字号精品博览会；11月份组织本市海鸥手表、京万红、益德成、天立独流老醋、鸵鸟墨水等老字号企业赴台湾参加2016津台观光特产展览会。通过参加一系列以展示展卖为主的宣传推广活动，进一步扩大了天津老字号的影响力，市场占有率和影响力进一步提升。

## 【对外贸易】

**进出口总额** 进出口总额6 775.9亿元，比上年下降4.5%。

**出口总额** 出口总额2 918.1亿元，比上年的3 175.2亿元下降8.1%，占天津市GDP 17 885.39亿元的16.31%，占全国出口额的2.11%，居全国第8位。

**进口总额** 进口总额3 857.8亿元，比上年的3 922.2亿元下降1.6%。

**出口商品结构** 初级产品出口额126.9亿元，占出口总额的4.3%；工业制成品出口额2 780.2亿元，占出口总额的95.3%。

**进口商品结构** 初级产品进口额823.3亿元，占进口总额的21.3%；工业制成品进口额3 029亿元，占进口总额的78.5%。

**出口商品市场** 出口商品销往216个国家和地区。

**进口商品市场** 进口商品来自171个国家和地区。

**服务贸易** 服务进出口总额291亿美元，比上年增长24%。其中，服务出口151亿美元，增长18%；服务进口140亿美元，增长31%。

**天津市2016年出口额30亿元以上商品情况表**

| 金额分类 | 商品名称 | 出口金额（亿元） | 占出口总额比重（%） |
|---|---|---|---|
| 100亿元以上 | 钢材 | 261.38 | 8.96 |
| | 手持或车载无线电话机 | 193.55 | 6.63 |
| | 集成电路 | 103.40 | 3.54 |
| | 二极管及类似半导体器件 | 102.15 | 3.50 |
| 30亿—100亿元 | 纺织纱线、织物及制品 | 73.14 | 2.51 |
| | 服装及衣着附件 | 71.96 | 2.47 |
| | 自行车 | 70.75 | 2.42 |
| | 自动数据处理设备及其部件 | 70.60 | 2.42 |
| | 自动数据处理设备的零件 | 66.09 | 2.26 |
| | 农产品 | 64.44 | 2.21 |
| | 家具及其零件 | 50.08 | 1.72 |
| | 汽车零配件 | 48.90 | 1.68 |
| | 电动机及发电机 | 39.33 | 1.35 |
| | 通断保护电路装置及零件 | 37.96 | 1.30 |
| | 焦炭及半焦炭 | 36.01 | 1.23 |
| **合　计** | | **1 289.74** | **44.20** |

**天津市2016年进口额30亿元以上商品情况表**

| 金额分类 | 商品名称 | 进口金额（亿元） | 占进口总额比重（%） |
|---|---|---|---|
| 70亿元以上 | 飞机及其他航空器 | 585.78 | 15.18 |
| | 汽车 | 333.58 | 8.65 |
| | 铁矿砂及其精矿 | 288.05 | 7.47 |
| | 集成电路 | 246.43 | 6.39 |
| | 未锻轧的铜及铜材 | 87.84 | 2.28 |
| | 医药品 | 72.80 | 1.89 |
| | 钢材 | 72.04 | 1.87 |
| 30亿—70亿元 | 航空器零件 | 67.35 | 1.75 |
| | 汽车零配件 | 67.07 | 1.74 |
| | 涡轮喷气发动机 | 59.51 | 1.54 |
| | 计量检测分析自控仪器及器具 | 57.87 | 1.50 |
| | 初级形状的塑料 | 53.40 | 1.38 |
| | 煤及褐煤 | 51.27 | 1.33 |
| | 通断保护电路装置及零件 | 48.82 | 1.27 |
| | 成品油 | 45.85 | 1.19 |
| | 食用植物油 | 40.88 | 1.06 |
| | 液晶显示板 | 37.36 | 0.97 |
| | 粮食 | 35.79 | 0.93 |
| | 液化石油气及其他烃类气 | 34.65 | 0.90 |
| | 电视机、收音机及电讯设备的零附件 | 32.43 | 0.84 |
| | 废金属 | 31.67 | 0.82 |
| | 二极管及类似半导体器件 | 31.00 | 0.80 |
| **合　计** | | **2 381.46** | **61.70** |

**天津市 2016 年主要出口市场情况表**

| 国别（地区） | 出口金额（亿元） | 占出口总额比重（%） |
|---|---|---|
| 香　港 | 157.60 | 5.40 |
| 日　本 | 199.24 | 6.83 |
| 韩　国 | 210.54 | 7.21 |
| 台湾省 | 58.71 | 2.01 |
| 东　盟 | 509.29 | 17.45 |
| 南　非 | 20.89 | 0.72 |
| 俄罗斯 | 110.04 | 3.77 |
| 欧　盟 | 418.81 | 14.35 |
| 巴　西 | 41.96 | 1.44 |
| 加拿大 | 29.00 | 0.99 |
| 美　国 | 412.91 | 14.15 |
| 澳大利亚 | 60.90 | 2.09 |
| **合　计** | **2 229.88** | **76.42** |

**天津市 2016 年主要进口市场情况表**

| 国别（地区） | 进口金额（亿元） | 占进口总额比重（%） |
|---|---|---|
| 香　港 | 6.73 | 0.17 |
| 日　本 | 423.00 | 10.96 |
| 韩　国 | 611.85 | 15.86 |
| 台湾省 | 117.34 | 3.04 |
| 东　盟 | 281.46 | 7.30 |
| 南　非 | 28.48 | 0.74 |
| 俄罗斯 | 20.38 | 0.53 |
| 欧　盟 | 834.53 | 21.63 |
| 巴　西 | 175.24 | 4.54 |
| 加拿大 | 56.68 | 1.47 |
| 美　国 | 667.88 | 17.31 |
| 澳大利亚 | 299.20 | 7.76 |
| **合　计** | **3 522.77** | **91.31** |

**天津市 2016 年服务进出口情况表**

| 行　业 | 进出口总额（亿美元） | 行　业 | 进出口总额（亿美元） |
|---|---|---|---|
| 运输服务 | 100.81 | 其他商业服务 | 69.24 |
| 旅游服务 | 86.48 | 文化娱乐服务 | 1.50 |
| 加工服务 | 1.77 | 别处未涵盖的维护和维修服务 | 1.07 |
| 建设 | 16.23 | 别处未涵盖的知识产权 | 9.32 |
| 保险服务 | 0.32 | 别处未涵盖的政府货物和服务 | 0.08 |
| 金融服务 | 0.28 | 电信、计算机和信息服务 | 3.89 |
| **合　计** | | | **290.98** |

**服务外包**　签订服务外包合同额 25.4 亿美元，比上年增长 16.6%。其中，离岸合同额 15.0 亿美元，比上年增长 38.6%；执行额 20.5 亿美元，比上年下降 5.0%，其中，离岸执行额 10.2 亿美元，比上年增长 5.1%。全年新增企业 37 家，截至 2016 年底，全市服务外包企业累计 895 家。全年新增从业人员近 5 985 人，截至 2016 年底，全市服务外包企业吸收就业 12.4 万人。2016 年向天津市购买国际服务的国家和地区 72 个，包括 30 个“一带一路”相关国家，承接执行额总值近 2 亿美元，占全球离岸市场的五分之一，比上年增长 11%。其中，来自东盟各国的执行额总值 1.1 亿美元，占全球离岸市场的 10.8%。涵盖软件研发、工程技术和工业设计等技术服务，集中在能源物资、信息技术、交通运输和金融保险等行业。

**技术进出口**　技术进口合同登记 164 份，登记合同金额 8.52 亿美元，比上年下降 22.49%。天津市技术进出口数量在整体上呈下行趋势，引进方式格局固定。

技术出口合同登记 901 份，登记合同金额 5.996 亿美元，比上年增加 8.06%。按出口国别和地区看，香港、韩国、日本等发达国家（地区）是本市技术出口的主要目的地，技术出口的目的国家（地区）达 26 个。技术出口合同变更登记 151 份，登记合同金额 4.2 亿美元，比上年增长 4.52%。从出口方式分类，技术咨询、技术服务出口、计算机软件的出口是天津市技术出口的主要方式。2016 年技术出口总体较上年有所好转，同比金额增长 8.06%。

## 【利用外资】

天津市2016年利用外资情况表

| 利用外资方式 | 新批项目及合同外资 | | | 实际利用外资 | |
|---|---|---|---|---|---|
| | 项目数（个） | 外资金额（亿美元） | 金额比上年增减（%） | 金额（亿美元） | 金额比上年增减（%） |
| **外商直接投资** | **1 106** | **308.26** | **-1.70** | **101.00** | **12.20** |
| 合资企业 | 560 | 90.85 | 30.28 | 29.37 | 3.11 |
| 合作企业 | 1 | 4.01 | 120.96 | 0.49 | -38.20 |
| 外资企业 | 540 | 205.07 | -14.07 | 61.04 | 2.33 |
| 股份有限公司 | 5 | 8.32 | 146.18 | 10.10 | 827.89 |

天津市2016年外商直接投资行业情况表

| 主要行业 | 外商投资企业（家） | 合同外资额（亿美元） | 实际使用外资额（亿美元） |
|---|---|---|---|
| 农业 | 5 | 5.98 | 1.19 |
| 建筑业 | 1 | 0.01 | 0.00 |
| 制造业 | 49 | 16.02 | 32.18 |
| 交通运输及仓储业 | 17 | 7.77 | 5.90 |
| 批发零售及餐饮业 | 169 | 12.10 | 2.92 |
| 房地产业 | 3 | 8.73 | 5.96 |
| 租赁和商务服务业 | 199 | 37.00 | 12.55 |
| 融资租赁 | 509 | 189.68 | 27.95 |
| 其他 | 154 | 30.97 | 12.36 |

天津市2016年外商直接投资主要来源情况表

| 国别（地区） | 合同外资额（亿美元） | 实际使用外资额（亿美元） | 国别（地区） | 合同外资额（亿美元） | 实际使用外资额（亿美元） |
|---|---|---|---|---|---|
| 香　港 | 279.57 | 66.32 | 台湾省 | 0.89 | 3.12 |
| 日　本 | 6.18 | 9.95 | 德　国 | 1.73 | 4.79 |
| 美　国 | 2.27 | 1.60 | 英　国 | 0.48 | 1.33 |
| 韩　国 | 3.41 | 5.11 | 法　国 | 0.10 | 0.43 |
| 新加坡 | 3.48 | 3.95 | 意大利 | 0.20 | 0.19 |

**概况**　2016年，天津市新设外商直接投资项目1 106个；合同外资308.25亿美元，比上年下降1.70%；实际使用外资101亿美元，比上年增长12.20%。截至2016年底，累计批准设立外商直接投资项目26 889个，合同外资2 614.37亿美元，实际使用外资1 620.41亿美元。

**外商直接投资来源**　2016年，外商直接投资来自66个国家和地区。实际使用外资额居前6位的是：香港投资项目781个，合同外资279.57亿美元，实际使用外资66.32亿美元；日本投资项目24个，合同外资6.18亿美元，实际使用外资9.95亿美元；韩国投资项目71个，合同外资3.41亿美元，实际使用外资5.11亿美元；德国投资项目12个，合同外资1.73亿美元，实际使用外资4.79亿美元；新加坡投资项目21个，合同外资3.48亿美元，实际使用外资3.95亿美元；台湾省投资项目46个，合同外资0.89亿美元，实际使用外资3.12亿美元。

**新领域新方式引资情况**　新批外资融资租赁业项目509个，增长38.32%；合同外资189.68亿美元，增长40.87%；实际使用外资27.95亿美元，增长2.14倍。新批外资商业保理项目138个，合同外资19.88亿美元。

**世界500强企业投资情况**　2016年，世界500强企业在津新设和增资项目15个，投资总额14.24亿美元。三星电子、大众汽车、日本永旺、丰田通商、联合技术等一批世界500强企业在津投资增资。

【对外经济合作】

**对外投资** 2016年，天津市全年备案设立境外企业机构219家，中方投资额261.95亿美元，比上年增长2.5倍。截至2016年底，天津市备案核准境外企业机构1 809家，中方投资额433.97亿美元。中方投资额在1亿美元以上（含1亿美元）项目30个，比上年增长87.5%；1 000万美元以上（含1 000万美元）项目98个，是上年的两倍。一批股权收购的高端投资领域项目不断涌现，有力带动境外投资额急速上升，全年上述项目累计中方投资212亿美元，占比总数81%。在219家境外投资企业机构中，189家由民营企业设立，占比86.3%，比上年增长12.2%。截至目前，天津市已在一带一路沿线35个国家开展了境外投资业务，在沿线国家共设立企业机构465家，中方投资额47.4亿美元，其中，矿产开发、农业合作领域分别占到总数的34.2%和12.2%。

**承包工程与劳务合作** 2016年，天津市对外承包工程新签合同份数78个，新签合同额26.48亿美元，比上年减少14.8%；完成营业额62.92亿美元，比上年增加32.1%。对外承包工程项目的主要行业是石油化工、交通运输、电力工程行业等；主要市场是亚洲和非洲。累计派出陆地劳务人员10 785人次，比上年增长1.1%；期末在外13 803人，比上年减少404人次。对外承包工程完成营业额在全国30个省市排名列居第6位，新签合同额列居第15位。

**对外经济援助** 2016年，中国铁建大桥工程局有限公司、天津市建工工程总承包有限公司、中铁十八局集团有限公司3家企业通过商务部援外成套项目总承包企业资格认定，天津经济技术开发区进出口公司通过商务部援外物资项目总承包企业资格认定。天津市承担援外培训项目29期，培训学员626人，来自非洲、亚洲、大洋洲等50个国家，培训主题涉及：开发区建设与管理、自贸区建设与管理、科技园区建设与发展、海水淡化与综合利用、港口与航道规划管理。

**境外经贸合作区** 中国·埃及苏伊士经贸合作区位于亚非欧三大洲金三角地带的埃及苏伊士湾西北经济区。合作区起步区面积1.34平方公里，自2008年启动，已全面建成。截至2016年底，合作区累计投入开发资金1.05亿美元，共有企业65家，吸引协议投资额近10亿美元。形成了以宏华钻机和国际钻井材料制造公司为龙头的石油装备制造，以西电-Egemac高压设备公司为龙头的高低压电器组装，以巨石（埃及）玻璃纤维公司为龙头的新型建材生产以及以牧羊仓储公司为龙头的机械制造等四大主导产业。2016年1月21日，中埃两国元首为中国·埃及苏伊士经贸合作区扩展区项目揭牌。合作区扩展区项目全面启动。年底，扩展区一期两平方公里基础设施基本完成。

中国·印度尼西亚聚龙农业产业合作区按照“一区多园、合作开发、全产业链构建”的模式开展建设，包括中加里曼丹园区、南加里曼丹园区、西加里曼丹园区、北加里曼丹园区与楠榜港园区五大园区。合作区主导产业定位为油棕种植开发、棕榈油初加工、精炼与分提、品牌油包装生产、油脂化工（脂肪酸、甘油及衍生品生产）及生物柴油提炼等，同时配套发展仓储、物流等产业。合作区内水、电、交通运输、厂房、仓储等基础设施建设完备，拥有完整稳定的产业链条，农业资源购销渠道多样，能满足园区的可持续加工和贸易需求。截至2016年底，合作区内已获得工业用地面积3.23平方公里，累计投资1.15亿美元，吸引14家企业入驻。2016年8月，合作区被确认为国家级境外经贸合作区。

【其他】

**开发区** 2016年，天津经济技术开发区地区生产总值3 049.8亿元，实际利用外资32.9亿美元，进出口总额334.71亿美元。西青经济技术开发区地区生产总值421.8亿元，实际利用外资5.47亿美元，进出口总额28.59亿美元。武清经济技术开发区地区生产总值491亿元，实际利用外资5.84亿美元，进出口总额28.77亿美元。天津子牙经济技术开发区地区生产总值41.1亿元，实际利用外资0，进出口总额5.66亿美元。北辰经济技术开发区地区生产总值291.8亿元，实际利用外资3.67亿美元，进出口总额14.41亿美元。东丽经济技术开发区地区生产总值109.9亿元，实际利用外资0.29亿美元，进出口总额5.25亿美元。

**商务洽谈会** 2016年天津共举办大型展览127个，展览总面积191万平方米，其中：万平方米的品牌展览达49个，展览面积151万平方米；国际性展会30个，区域性展会89个；专业展会61个，展览面积118万平方米；商品贸易展销53个，展览面积27.2万平方米。全年在天津举办的大型品牌展会主要有2016中国·天津投资贸易洽谈会暨PECC博览会、2016天津·世界侨商名品博览会、2016国际矿业博览会、中国冰淇淋及冷冻食品产业博览会、第十六届中国北方国际自行车电动车展览会等。4月15日—19日，2016中国·天津投资贸易洽谈会暨PECC博览会在梅江会展中心举办。津洽会已连续成功举办23届，经过多年发展，津洽会已经成为面向国内外招商引资的重要平台，区域经济合作的重要纽带，以及展示交易名特优新产品的重要渠道。2016年展位总数达到2 700个国际标准展位，共有来自22个国家和地区、34个省区市的80多个团组、近8 000家企业、32万人次参展参会，实现引资签约额近200亿元，商品贸易额近10亿元，有300名博士、博士后及230名外籍人才达成在津发展意向。

**港口运输** 全年天津港货物吞吐量5.5亿吨，增长1.9%；集装箱吞吐量1 450万标准箱，增长2.8%。

**涉外旅游** 全年接待入境游客335.01万人次，增长2.8%；旅游外汇收入35.57亿美元，增长7.9%。

# 2016年河北省商务发展概况

河北省商务厅

李 石

河北省商务厅厅长

李 石 男，1960年3月生，辽宁人，大学学历。1997年11月—2001年4月任共青团河北省委书记；2001年4月—2006年4月任中共邯郸市委副书记；2006年4月—2014年1月任河北省教育考试院院长（正地厅级）；2014年1月起，任河北省商务厅党组书记、厅长。

## 【国内贸易】

**社会消费品零售总额** 2016年，河北省社会消费品零售总额14 364.7亿元，比上年的12 934.7亿元增长10.6%。按经营单位所在地统计，城镇11 195.7亿元，增长10.3%，增幅比上年上升1.0个百分点；乡村3 169.0亿元，增长11.4%，增幅比上年上升1.6个百分点。

**批发和零售贸易业企业商品销售总额** 限额以上批发和零售贸易业企业商品销售总额3 628.2亿元，增长7.6%。在限额以上批发和零售业商品零售额中，服装鞋帽针纺织品类增长4.3%，日用品类增长5.5%，粮油食品类增长6.8%，饮料类增长10.5%，汽车类增长10.9%，建筑及装潢材料类增长12.3%，中西药品类增长15.3%，家具类增长20.8%。

**市场物价** 商品零售价格指数为101.2，居民消费价格指数为101.5（以上年价格为100）。

**市场秩序建设** 统筹协调打击侵犯知识产权和制售假冒伪劣商品工作，积极推进肉菜、中药材等重要产品流通追溯体系建设，积极推进国家2016年商务诚信体系建设试点。

**市场体系建设** 实施农村电子商务全覆盖工程，全年建成农村电商服务站47 745个、县级公共服务中心162个、县级公共物流配送中心164个，组织培训5 033批次，培训人员24.3万人次，所有符合要求的农村地区均已完成农村电子商务全覆盖工作，新增网店9 300余个，直接带动就业5万余人，大城县通过农村电商实现“网货下乡”和“农产品进城”、宽城“大槐树”农村电商助力美丽乡村建设的典型经验得到省委领导肯定并在全省推广。

**流通业发展** 深化内贸流通体制改革，制定出台《关于创新流通促进消费的意见》，组织召开加快内贸流通创新推动供给侧结构性改革电视电话会议，部署和推动各项改革任务落实。推动石家庄、唐山物流标准化试点城市建设加快步伐，启动邯郸、承德成功争列新一批试点。继续推进公益性农产品批发市场试点建设，国家冷链物流综合示范试点规范推进，河北省以政府主导推进公益性农产品市场的做法得到商务部肯定并在全国会议上作交流发言。

**市场运行和消费促进** 2016年，河北省社会消费品零售总额增幅高于全国0.2个百分点，消费需求对全省经济增长贡献率达到60.5%，拉动全省经济增长4.1个百分点。电子商务交易额完成18 112亿元，网络零售额1 822亿元，分别增长24.5%和34.8%。

## 【对外贸易】

**进出口总额** 进出口总额3 074.76亿元，比上年下降3.7%。

**出口总额** 出口总额2 014.53亿元，下降1.3%，占全省GDP 31 827.9亿元的6.3%，占全国出口额的1.46%。

**进口总额** 进口总额1 060.23亿元，下降8.0%。

**出口商品市场** 出口商品销往218个国家（地区）。

**进口商品市场** 进口商品来自141个国家（地区）。

**服务贸易** 服务进出口总额568.3亿元，增长4%，占全部进出口的16.8%。其中：出口110.7亿元，下降15%；进口457.6亿元，增长24%。

**服务外包** 签订服务外包合同金额80.9亿元，下降50.4%；执行金额39.6亿元，下降50.6%。其中，离岸服务外包合同金额49.8亿元，下降59.8%；执行金额17.3亿元，下降68.1%。

**技术进出口** 技术进出口总额1.3328亿美元，下降16.15%。签订引进技术和进口设备合同项目42个，减少26个；合同金额1.2 532亿美元，比上年的1.2 814亿美元下降2.2%；签订技术出口合同项目186个，合同金额0.1 075亿美元，比上年的0.3 146亿美元下降67.48%。

### 河北省2016年出口额300亿元以上商品情况表

| 商品名称 | 出口金额（万元） | 占出口总额比重（%） |
|---|---|---|
| 机电产品 | 5 452 815 | 27.1 |
| 钢材（剔除机电部分） | 5 105 644 | 25.3 |
| 纺织服装 | 3 531 467 | 17.5 |
| **合　计** | **14 089 926** | **69.9** |

### 河北省2016年进口额100亿元以上商品情况表

| 商品名称 | 进口金额（万元） | 占进口总额比重（%） |
|---|---|---|
| 铁矿砂及其精矿 | 5 023 251 | 47.4 |
| 机电产品 | 1 962 050 | 18.5 |
| 农产品 | 1 625 982 | 15.3 |
| **合　计** | **8 611 283** | **81.2** |

### 河北省2016年主要出口市场情况表

| 国别（地区） | 出口金额（亿元） | 同比（%） | 比重（%） |
|---|---|---|---|
| 东　盟 | 310.46 | -4.7 | 15.4 |
| 欧　盟 | 289.56 | 3.7 | 14.4 |
| 美　国 | 263.04 | -2.0 | 13.1 |
| 俄罗斯联邦 | 158.12 | 9.0 | 7.8 |
| 韩　国 | 138.85 | 1.5 | 6.9 |
| 日　本 | 97.59 | -4.0 | 4.8 |
| 印　度 | 72.20 | 3.5 | 3.6 |
| 香　港 | 40.14 | -15.6 | 2.0 |
| 沙特阿拉伯 | 39.69 | 4.1 | 2.0 |
| 台湾省 | 38.38 | -3.1 | 1.9 |
| **合　计** | **1448.03** | | **71.9** |

### 河北省2016年主要进口市场情况表

| 国别（地区） | 进口金额（亿元） | 同比（%） | 比重（%） |
|---|---|---|---|
| 澳大利亚 | 368.70 | -17.3 | 34.8 |
| 巴　西 | 140.42 | -14.4 | 13.2 |
| 欧　盟 | 136.92 | 2.8 | 12.9 |
| 美　国 | 96.61 | 16.1 | 9.1 |
| 韩　国 | 78.85 | 23.8 | 7.4 |
| 日　本 | 38.28 | 7.6 | 3.6 |
| 南　非 | 37.30 | -11.0 | 3.5 |
| 东　盟 | 30.65 | 1.5 | 2.9 |
| 印　度 | 23.86 | 38.4 | 2.3 |
| 台湾省 | 17.23 | -11.3 | 1.6 |
| **合　计** | **968.81** | | **91.4** |

河北省 2016 年服务进出口情况表

| 行　业 | 进出口金额（万美元） | 出口金额（万美元） | 进口金额（万美元） |
| --- | --- | --- | --- |
| 运输 | 55 950.6 | 23 003.0 | 32 947.7 |
| 旅行 | 575 343.0 | 544 218.9 | 31 124.2 |
| 建筑 | 28 872.3 | 9 990.5 | 18 881.9 |
| 保险服务 | 1 182.0 | 1 034.9 | 147.1 |
| 金融服务 | 4 590.0 | 1 643.0 | 2 947.0 |
| 电信、计算机和信息 | 3 138.8 | 2 325.3 | 813.6 |
| 电信服务 | 93.8 | 69.0 | 24.7 |
| 计算机服务 | 2 406.4 | 1 751.3 | 655.2 |
| 信息服务 | 638.6 | 505.0 | 133.7 |
| 技术 | 18 503.1 | 11 712.7 | 6 790.5 |
| 专业管理和咨询 | 9 358.6 | 7 183.1 | 2 175.5 |
| 法律 | 1 235.8 | 1 158.0 | 77.9 |
| 会计 | 213.8 | 165.6 | 48.2 |
| 管理咨询和公共关系 | 5 778.0 | 4 421.3 | 1 356.7 |
| 广告 | 841.3 | 403.0 | 438.3 |
| 展会 | 866.6 | 814.4 | 52.2 |
| 知识产权使用费 | 5 456.5 | 5 445.8 | 10.7 |
| 文化和娱乐服务 | 856.2 | 762.5 | 93.7 |
| 维护和维修 | 6 971.7 | 975.8 | 5 995.9 |
| 其他服务 | 26 328.4 | 14 837.1 | 11 491.3 |
| 加工 | 8 544.0 | 223.5 | 8 320.5 |
| **合　计** | **736 551.4** | **623 132.4** | **113 419.0** |

## 【利用外资】

河北省 2016 年利用外资情况表

| 利用外资方式 | 批准签订的合同 | | | 实际利用外资 | |
| --- | --- | --- | --- | --- | --- |
| | 项目数（个） | 外资金额（万美元） | 金额比上年增加（%） | 金额（万美元） | 金额比上年增加（%） |
| **对外借款** | | | | **37 570** | **406.9** |
| **外商直接投资** | **162** | **334 675** | **-41.1** | **735 388** | **19.0** |
| 合资企业 | 73 | 137 968 | -29.6 | 312 595 | 15.1 |
| 合作企业 | 1 | 528 | -98.5 | 25 866 | 178.8 |
| 外资企业 | 86 | 195 500 | -41.7 | 366 932 | 18.9 |
| 股份有限公司 | | | | 28 658 | 9.1 |
| 其他 | 2 | 679 | | 1 337 | -35.8 |
| **合　计** | | | | **814 697** | **10.6** |

**河北省2016年外商直接投资行业情况表**

| 行　　业 | 外商直接投资（万美元） | 同比（%） | 比重（%） |
|---|---|---|---|
| **总　计** | **735 388** | **19.0** | **100.0** |
| 农、林、牧、渔业 | 10 405 | 9.3 | 1.4 |
| 采矿业 | 10 708 | 432.2 | 1.5 |
| 制造业 | 547 061 | 42.3 | 74.4 |
| 汽车制造业 | 55 407 | -15.9 | 7.5 |
| 酒、饮料和精制茶制造业 | 26 286 | 27.2 | 3.6 |
| 化学原料和化学制品制造业 | 38 313 | 32.3 | 5.2 |
| 医药制造业 | 33 208 | 71.8 | 4.5 |
| 非金属矿物制品业 | 15 522 | -31.8 | 2.1 |
| 黑色金属冶炼和压延加工业 | 137 004 | 44.5 | 18.6 |
| 通用设备制造业 | 17 326 | 45.3 | 2.4 |
| 专用设备制造业 | 9 399 | -35.4 | 1.3 |
| 计算机、通信及其他电子设备制造业 | 15 380 | -63.1 | 2.1 |
| 电力、燃气及水的生产和供应业 | 50 529 | 40.0 | 6.9 |
| 建筑业 | 869 | -80.8 | 0.1 |
| 批发和零售业 | 9 050 | 123.0 | 1.2 |
| 交通运输、仓储和邮政业 | 17 647 | -69.8 | 2.4 |
| 住宿和餐饮业 | 1 544 | | 0.2 |
| 信息传输、软件和信息技术服务业 | 4 456 | 57.2 | 0.6 |
| 金融业 | 5 697 | -74.3 | 0.8 |
| 房地产业 | 52 268 | -15.6 | 7.1 |
| 租赁和商务服务业 | 2 108 | -72.4 | 0.3 |
| 科学研究和技术服务业 | 11 324 | 14.9 | 1.5 |
| 水利、环境和公共设施管理业 | 2 501 | -35.1 | 0.3 |
| 文化、体育和娱乐业 | 8 500 | -18.4 | 1.2 |

**河北省2016年外商直接投资来源情况表**

| 国别（地区） | 外商直接投资（万美元） | 同比（%） | 比重（%） | 期末实有企业（家） |
|---|---|---|---|---|
| **总　计** | **735 388** | **19.0** | **100.0** | **3 109** |
| 1. 亚洲 | 476 628 | 14.6 | 64.8 | 986 |
| 其中：香港 | 343 375 | 0.9 | 46.7 | 493 |
| 澳门 | | | | 1 |
| 台湾省 | 3 812 | -20.1 | 0.5 | 79 |
| 印度尼西亚 | 31 | -65.6 | | 3 |
| 日本 | 24 644 | -11.9 | 3.4 | 155 |
| 马来西亚 | 4 192 | -51.1 | 0.6 | 12 |
| 菲律宾 | | | | 4 |
| 新加坡 | 59 245 | 458.4 | 8.1 | 62 |
| 韩国 | 28 459 | 133.4 | 3.9 | 147 |
| 泰国 | 2 149 | -55.2 | 0.3 | 2 |
| 东盟 | 72 135 | 192.5 | 9.8 | 85 |
| 2. 非洲 | 5 154 | 81.2 | 0.7 | 11 |
| 3. 欧洲 | 53 669 | 37.4 | 7.3 | 219 |

河北省2016年外商直接投资来源情况表（续）

| 国别（地区） | 外商直接投资（万美元） | 同比（%） | 比重（%） | 期末实有企业（家） |
|---|---|---|---|---|
| 其中：比利时 | 1 265 | -59.9 | 0.20 | 4 |
| 丹麦 | 135 | -43.8 | 0.02 | 6 |
| 英国 | 15 973 | 127.7 | 2.20 | 31 |
| 德国 | 9 582 | 8.4 | 1.30 | 52 |
| 法国 | 3 643 | 1 114.3 | 0.50 | 10 |
| 爱尔兰 | | | | |
| 意大利 | 111 | -93.6 | 0.02 | 19 |
| 卢森堡 | 348 | | 0.05 | 2 |
| 荷兰 | 2 101 | 1 456.3 | 0.30 | 18 |
| 希腊 | | | | |
| 葡萄牙 | | | | |
| 西班牙 | 258 | | 0.04 | 11 |
| 芬兰 | | | | |
| 瑞士 | 20 | | | 5 |
| 欧盟 | 52 108 | 57.4 | 7.10 | 188 |
| 4. 拉丁美洲 | 130 281 | 2.4 | 17.70 | 131 |
| 其中：开曼群岛 | 39 411 | -11.3 | 5.40 | 15 |
| 英属维尔京群岛 | 90 561 | 10.4 | 12.30 | 112 |
| 5. 北美洲 | 44 421 | 258.2 | 6.00 | 192 |
| 其中：加拿大 | 4 231 | 119.6 | 0.60 | 35 |
| 美国 | 39 390 | 459.0 | 5.40 | 151 |
| 6. 大洋洲 | 24 794 | 31.1 | 3.40 | 58 |
| 其中：澳大利亚 | 10 099 | 74.4 | 1.40 | 38 |

## 【对外经济合作】

**对外投资** 2016年，共备案（核准）非金融类对外投资企业132家，比上年增长0.8%；对外协议投资总额36.3亿美元，增长18.5%；中方对外协议投资额33.5亿美元，增长42.6%；实际对外直接投资额实现31.3亿美元，增长2.5倍。截至2016年，河北省对外投资存量约为84亿美元。

2016年，河北省132家境外投资企业分布在6大洲42个国家和地区，较上年新增塞尔维亚、黑山、白俄罗斯、安提瓜和巴布达等7个国家。其中，亚洲地区投资企业居首，达45家，中方投资额14.1亿美元，同比增长1.3倍，主要集中在香港、印度尼西亚、越南、老挝、柬埔寨、马来西亚、韩国、乌兹别克斯坦、以色列等国家和地区。北美洲位居其次，投资企业达43家，中方投资额5.07亿美元，同比增长45.2%，主要集中在美国、加拿大等国家。在非洲国家投资企业16家，与上年度持平，中方投资额1.26亿美元，同比下降49.1%，主要集中在埃塞俄比亚、南非、坦桑尼亚、乌干达等国家。对欧洲国家投资企业12家，中方投资额11.3亿美元，同比增长17.7%，主要集中在塞尔维亚、俄罗斯、罗马尼亚、黑山、捷克、匈牙利等国家。此外，南美洲的秘鲁、智利和大洋洲的澳大利亚等世界主要经济体，仍为河北省开展对外投资合作的重点区域。

2016年，河钢集团并购塞尔维亚斯梅代雷沃钢铁厂项目于6月份顺利交割，河钢在中东欧拥有了220万吨钢铁产能的生产基地；冀东发展集团在南非投资建设的年产100万吨曼巴水泥项目一期工程正式投产；中信戴卡公司在美国投资建设的年产300万只铝车轮工厂建成投产；新奥集团斥资7.5亿美元收购澳大利亚桑托斯天然气公司11.82%股权，成为这家亚太领先能源企业的第一大股东；河北新大东纺织有限公司投资越南的年产8万锭纱纺织厂二期项目投产运行；长城汽车公司在俄罗斯图拉州投资建设的15万辆SUV整车项目一期工程顺利推进；晶澳太阳能公司继投资马来西亚400MW光伏组件生产厂于2015年10月建成投产后，投资越南的1.5GW光伏硅片生产企业已于2016年11月开工建设；河北福成五丰食品公司积极布局产业链下游，已成功收购澳大利亚4家农牧场。

**承包工程和劳务合作** 对外承包工程新签合同额46.7亿美元，增长20.9%；完成营业额25.8亿美元，下降27.9%，按营业额排序居全国第11位；2016年，全省派出工程项下在外务工人员6 343人，以项目施工管理和技术工人为主，占同期在外劳务人员总数的66.8%，带动了全省劳务输出规模和人员素质提升；当年派出（工程外）劳务人员1 287人，年末在外3 159人，合计年末在外人数9 502人。亚非传统市场占河北省对外承包工程新签合同额、完成营业额比重均超过80%。2016年，河北省对亚洲国家新签合同额28.3亿美元，完成营业额16.6亿美元，分别占全省总量的61%和64%；对非洲国家新签合同额10.2亿美元，完成营业额7.9亿美元，分别占全省总量的22%、31%。在巩固传统市场的同时，新兴市场开拓力度加大，全年对欧洲、拉丁美洲、大洋洲新签合同额合计8.2亿美元，占总量的17%，较上年提高10个百分点。从国别市场看，有22个国家（地区）新签合同额超过3 000万美元，其中17个国家（地区）超过5 000万美元，9个国家（地区）达到上亿美元。2016年，河北省新开拓加拿大、古巴、科特迪瓦、卢旺达等8国市场；对印度尼西亚、伊朗、孟加拉国、菲律宾、索马里等市场完成营业额比上年增加1倍以上，呈现较强发展后劲。

2016年，河北省在"一带一路"沿线31个国家实施对外承包工程业务，比上年新增4个国家；新签合同额总计33.9亿美元，同比增长55%，占全省同期新签合同额总量的72%。此外，各类区域经济组织市场亮点纷呈，其中对亚太经合组织、东南亚国家联盟、20国集团、转型经济体、上海合作组织、加勒比国家联盟及葡语国家等，新签合同额均比上年大幅增长。随着"一带一路"和区域合作战略的深入推进，河北省对外承包工程企业将迎来巨大市场机遇。

**对外经济技术援助**　2016年共承担了国家10项对外援助项目，受援国家主要包括塞尔维亚、南非、肯尼亚、牙买加、布隆迪、老挝、埃塞俄比亚、巴勒斯坦、埃及、赞比亚、乌干达、马拉维、科摩罗等中东欧、亚洲和非洲发展中国家。援外项目涉及工程总承包、物资援助和人力资源培训，各项目均顺利完成。

**【其他】**

**开发区**　2016年，秦皇岛经济技术开发区、廊坊经济技术开发区、沧州临港经济技术开发区、石家庄经济技术开发区、唐山曹妃甸经济技术开发区、邯郸经济技术开发区等6个经国务院批准设立的国家级经济技术开发区完成主营业务收入7 386亿元、实际利用外资11亿美元、外贸进出口62亿美元，同比分别增长11.6%、47.7%和-2.8%，占全省经开区相应指标总量的15.0%、24.4%和23.3%。

**出口加工区**　秦皇岛出口加工区加大招商引资力度，全力推进中信戴卡项目，继续跟进中欧农业项目，建设出口加工区进口食品基地，加快山海关港建设，提高出口加工区承载能力，将出口加工区、山海关临港产业园区、开发区东区统一规划，复制推广自贸区政策，推动通关系列制度改革，营建良好的便商环境。

廊坊出口加工区争取早日完成转型升级综合保税区的批准工作，同时，加快区内项目建设，确保京东垮境电商保税区北方中央仓项目早日建成运营，及早启动出口加工区各项设施升级改造，争取融入北京机场新区的规划，参与新机场综合保税区的建设，承接北京非首都功能的疏解。

**保税区**　曹妃甸综合保税区设立外贸综合服务平台和产业引导基金、出口退税资金池，继续推进"管委会+平台公司"的开发建设模式，撬动社会资本参与园区开发，启动跨境电商产业园建设，出台曹妃甸综合保税区进口商品直营中心政策，实施"百城万店"工程。

石家庄综合保税区着力推进区港一体化大通关基地建设，做大做强航空口岸，关联未来的铁路口岸，加快推进石家庄全口岸型城市进程，设立航空产业园区，建设集成电路保税仓储物流中心和应用产品出口生产基地，支持开展融资租赁业务，在全市外贸发展专项资金中，每年不低于50%拨转给石家庄综合保税区，支持保税区内企业开拓国际市场。

**商务洽谈会**　河北省国际经济贸易洽谈会2016年6月16日—20日在唐山成功举办。此次经洽会，共邀请中东欧16个国家的58位省州长，国内省州长联合会15个成员省（市、区）代表参会，参会客商1 700余人。全省共安排了24场高端论坛、投资洽谈和特色产业对接活动及6大类贸易展览。大会期间，共签约项目35个，其中外资项目12个，协议利用外资3.28亿美元；境外投资项目3个，中方投资1.3亿美元；内资项目20个，协议利用省外境内资金979亿元。

**港口运输**　沿海港口生产性泊位199个，2016年实际完成货物吞吐总量9.5亿吨，增长4.3%，集装箱吞吐量305.3万标箱，增长20.9%。

**涉外旅游**　2016年共接待入境游客147.6万人次，创汇6.7亿美元，分别增长6.8%和7.6%。

## 2016年秦皇岛市商务发展概况

秦皇岛市商务局

**【国内贸易】**

**社会消费品零售总额**　2016年，河北省秦皇岛市社会消费品零售总额实现699.8亿元，比上年增长10.4%，增幅比上年提高1.6个百分点。商贸流通业档次、规模进一步提升，电子商务等新兴消费业态快速发展，万达广场、茂业综合体、居然之家等一批大型商贸项目签约落地、开工建设，城乡农贸市场呈现新面貌，"蔬菜直销进社区"工程、"放心早餐"工程、肉菜追溯体系建设等多项举措惠及民生，全市城乡消费环境日益改善。

**市场体系建设** 市场建设力度不断加大。一是积极推进了进境水果口岸市场建设。投资750万元建设了进境水果口岸查验设施，顺利通过了国家质监总局考核验收，成为省内第一家进境水果指定口岸。加强了与水果客商和航线企业的对接。市领导亲自带队赴大连与客商、赴上海与中国远洋海运集团进行了对接洽谈，取得了较好效果。2016年10月14日，第一批进口香蕉通过秦皇岛市水果口岸完成进港交易。二是谋划、推动了大型市场建设。重点推进了昌黎皮毛市场建设，积极对接北京市场转移，举办了北京雅宝路皮草市场对接会，邀请北京雅宝路30余家重点商户走进昌黎，对昌黎皮毛产业进行了全产业链的参观考察。与昌黎县共同举办了第二届中国·秦皇岛国际皮毛节，推进精品裘皮城等项目按时开业，促进了秦皇岛市皮毛产业加快发展。积极谋划、推进大型水产品市场建设，组织相关企业进行项目可行性研究，协调推进项目选址，与辽渔集团进行了对接洽谈。三是推进了中小商贸流通服务平台建设，为中小企业融资、市场开拓、应用管理提供更全面的服务。

**蔬菜直销进社区工程** 深入开展蔬菜直销进社区活动。经过3年的连续推进，目前已建成社区蔬菜直销店、社区生鲜超市共计58家。

**农超对接工程** 农超对接网建成使用。为充分利用互联网便捷高效的优势，商务局在深入调研的基础上提出了及时转变农超对接模式，委托燕山大学软件设计院建设了秦皇岛农超对接网，目前已完成网站建设，起草了《秦皇岛农超对接网运营管理办法（暂行）》，待征求市农工委、市农业局意见后，拟以三部门名义下发各县区执行。

**电子商务工程** 一是完成了农村电商全覆盖工程。建成了5个县级电子商务服务中心，48个县乡物流配送中心，2 225家村级电子商务服务站，争取上级扶持资金3 170万元。二是推动电子商务科学发展。高质量编制完成了《秦皇岛市"十三五"电子商务发展规划》，成功举办了全国首届"互联网+皮毛"产业发展论坛、秦皇岛市电子商务创新发展峰会、"创优青春"秦皇岛市首届大学生电子商务创业精英赛。三是培育本土电子商务企业发展壮大。重点扶持海运煤炭、晨砻电力、火柴盒等一批本土电子商务企业创新模式、做大做强。建成了宏都生猪电子交易中心，全国首家皮毛现货电子交易平台在昌黎上线运营。苏宁秦皇岛特色馆、京东秦皇岛特色馆上线运营。推动了大学生电子商务孵化园、义乌小商品电商物流园等电子商务园区建设。四是推进跨境电子贸易发展。重点支持了康泰医学、坚石贸易等企业开展跨境电子商务贸易。

**放心早餐工程** 推进了放心早餐工程。支持秦皇岛古城包子餐饮有限公司新建了3 000平方米的主食加工配送中心，完善了兴龙广缘主食加工配送中心生产设施，全年新建改造标准化早餐销售网点11家，目前全市放心早餐网点达到80家。

**肉菜流通追溯体系建设** 肉菜流通追溯体系建设工程全部完成，顺利通过了商务部考核验收。共建成了1个肉菜追溯城市管理平台、8类流通追溯子系统，涵盖生猪屠宰厂、批发市场、大型超市等200多家门店、专卖店、配送中心的企业追溯信息平台，形成了辐射全市、连接城乡的肉菜追溯体系。

**市场秩序建设** 商务执法领域不断拓展。商务执法逐步向预付卡、特许经营、零供公平交易等领域拓展。对全市大型商贸企业的18家门店预付卡发售情况和11家特许经营企业进行了督查。对二手车市场经营秩序进行了规范，加强了酒类流通随附单核销领取管理。组织开展了全市成品油市场专项整治活动。积极配合省大气环保督察，对全市429家加油站点和7个储油库进行了安全管理专项检查，拆除取缔非法加油站点59家，对未按标准供油的32家加油站点进行了停业整改。加强了安全生产管理工作。对辖区内商贸流通企业组织自查、联查28次，开展了商贸行业安全生产培训，加强了安全隐患排查与治理工作。

**促进消费** 在元旦、春节、五一、中秋、国庆等节日期间，组织开展了农副产品惠民直补和"展销年货、增添年味"大集活动。暑期期间，设立了特色门店和旅游商品销售专区，开展了地方特色商品展示展销活动。加强了应急物资供应和市场监测工作。加强了旅游旺季防汛应急保障供应工作，畅通进货渠道，加强重要商品的储备，保障了昌黎森林火灾等应急任务的物资供应。结合文明城市创建工作，开展了"服务上水平，满意在秦皇岛"诚信经营活动，统一了行业管理和环境规范，完善了服务标准，提升了商贸行业的服务质量和水平。加强了社零额入统调度工作，加大了对辖区内纳统企业的督导力度，走访了对190家限上社零额入统企业，注册完成了79家企业入统工作，促进了企业及时、准确上报数据。

**拍卖业** 全市现有拍卖企业11家，分别是：河北价信拍卖有限公司、秦皇岛仕邦拍卖有限公司、河北亿诚拍卖有限公司、秦皇岛金翰拍卖有限公司、河北宝都拍卖有限公司、秦皇岛天诚拍卖有限公司、秦皇岛经纶拍卖有限公司、秦皇岛九策拍卖有限公司、秦皇岛高氏拍卖有限公司、河北振海拍卖有限公司、秦皇岛如意山海拍卖有限公司。2016年，商务局加强对拍卖企业的管理，要求各企业及时、准确、完整的报送统计报表。积极开展对拍卖企业的走访，了解行情和存在的问题，督导企业开展自查自纠，保证了拍卖市场经营秩序。

**典当业** 全市现有典当行19家，分支机构3家。典当行是：融通典当行、建业典当行、汇集典当行、龙信典当行、金鑫典当行、华融典当行、泰顺典当行、金柜典当行、首信典当行、昌兴典当行、华旗典当行、佳成典当行、鼎和典当行、融发典当行、磐鼎典当行、宝通典当行、如意乾元典当行、渤海典当行、融诚典当行。分支机构有：同祥典当行、汇丰源典当行、唐山天益典当行抚宁分公司。2016年，商务局针对是否存在非法集资等违法违规问题开展了全市典当企业督导检查活动，秦皇岛市典当企业未出现违法违规问题。

**二手车交易市场** 全市备案二手车市场共15家，分别是：秦皇岛市市场服务中心机动车交易市场、秦皇岛瑞通发展有限公司旧机动车交易分公司、秦皇岛仁意二手车交易市场有限公司、秦皇岛市众昂二手车交易市场有限公司、秦皇岛飞腾旧机动车交易市场有限公司、秦皇岛瑞翔二手车交易市场有限公司、秦皇岛东环旧机动车交易市场有限公司、抚宁县骊城二手车交易市场有限公司、抚宁国兴二手车市场有限公司、昌黎东环旧机动车交易市场服务有限公司、昌黎县滦昌机动车交易市场有限公司、卢龙县博翔二手车交易市场有限公司、青龙和顺二手车交易市场有限公司、青龙秦龙二手车交易市场有限公司、青龙博润机动车交易市场有限公司。2016年，联合公安、发改、税务等十一个部门联合印发了《秦皇岛市促进二手车便利交易实施方案》，对二手车交易市场进行了规范整治。

**市场物价** 居民消费价格总指数为101.3，其中，城市101.4，农村100.8。

## 【对外贸易】

**概况** 外贸出口实现逆势增长，位居全省前列。全年外贸进出口完成289.8亿元，比上年增长1.5%。其中，出口194.9亿元，增长5.6%，完成省定目标任务的100.6%，出口总额位居全省第三位，增幅居全省第五位；进口94.9亿元，下降6.0%。

**外经贸发展** 一是强化政策支持。面对严峻的外贸出口形势，全力攻坚，先后以市政府名义出台了《奋战五十天，打好外贸出口攻坚战》、《关于促进全市外贸回稳向好的十大行动计划》、《秦皇岛市进一步服务外经贸企业的八项措施》等文件，加大财政支持力度，企业每完成一美元出口，财政给予一分钱补贴。加快出口退税实现，降低通关费用，对企业实施精准帮扶。二是推动出口基地规模不断壮大。推进了粮油食品加工、汽车零部件等10家省级、国家级出口基地和基地企业建设。积极申报了昌黎水产品出口质量安全示范区。重点推进了省级开发区装备制造出口示范基地建设，支持中信戴卡产业园发展壮大，加快山船重工等出口基地企业发展。三是推进了综合保税区建设。结合出口加工区整改，加快了出口加工区二期建设，整合资源，积极申报设立综合保税区。四是实施了市场多元化战略。开展了外贸政策业务培训，组织近百家企业参加了国内外各类展会。骊骅淀粉、康泰医学、戴卡轮毂等企业被评为省级出口品牌优势企业。五是积极推进企业走出去开展经济合作。全市新批境外投资项目8项，总投资2.4亿美元，与上年相比实现了翻番，带动了秦皇岛市相关人员、技术、装备走出去。六是开展了外派劳务市场专项整治行动，外派劳务市场秩序进一步规范。

**服务外包** 一是成功申报了省级服务外包示范城市。加强数据入统，采集汇总了50多项基础数据和十多个部门的相关政策文件，服务外包数据入统规模居全省首位。二是加强与软通动力、华唐集团等服务外包重点企业对接洽谈。与软通动力在生命健康产业、跨境电商、创新空间、服务外包基地等领域签订了战略合作协议。华唐集团呼叫中心服务外包基地项目已完成了选址工作。三是深化与京津服务外包产业合作。组织城安盛邦、光彩科技等重点服务外包企业参加了第四届京交会、第十四届中国软交会及京冀服务贸易和商务服务业合作洽谈会等活动，参会企业数量、项目发布和签约总额均居各地市前列。积极推进了服务外包产业园建设，目前已有38家服务外包企业落户园区。四是编制完成了《秦皇岛市服务外包产业发展规划纲要（2016—2025）》，这是秦皇岛市首个服务外包产业发展规划。

## 【利用外资】

**概况** 实际利用外资再创新高，保持全省领先。全年实际到位外资9.04亿美元，比上年增长5%，完成省定目标任务的104.6%，完成市定目标任务的100.5%，提前1个月完成省定、市定全年目标任务，总量位居全省第四位。在实际到位外资中，外商直接投资6.59亿美元，增长25.3%。

**招商活动** 一是利用各类招商平台积极开展招商活动。组织参加了河北经贸洽谈会、中国—中东欧国家地方领导人会议等大型招商活动，自办了深圳知名企业走进秦皇岛、知名侨商走进秦皇岛、工商联知名民企招商活动、奥科宁克、国金集团等龙头企业招商系列活动，签订投资协议23项，总投资548亿元。二是“走出去”开展了系列小团组招商活动。赴北京、上海、广州、深圳等重点区域开展各类招商活动。与深圳市国资委系统企业进行了深入洽谈，与五洲集团、复星集团、华强集团、林安物流、以岭药业、天山集团等一批重点企业进行了对接，达成了一批合作意向。三是“请进来”组织了系列招商对接活动。对接了世界500强、国内500强企业和重要客商200余人次。目前海大汽车园、华润雪花、华侨城南戴河娱乐中心改造提升项目、隔河头光伏发电等23个签约项目开工建设和投产，华侨城山海关旅游综合开发项目、新奥集团等一批文旅项目取得实质性进展。四是成功举办了第二届中国康养产业发展论坛。我们早谋划、早部署，与民革中央、省政协反复对接，周密组织，开展了市县领导集中招商月活动，保证了论坛取得实效。康养论坛来宾多、层次高、效果好，是秦皇岛市自办招商活动成果最好的一次。乐岛海洋王国二期等36个项目在会上成功签约，总投资475亿元，其中仅投资协议达207亿元。五是以市委市政府名义出台了《秦皇岛市招商引资奖励办法》，对招商引资有功人员实行奖励。

**项目服务** 一是成立了市投资促进和企业服务中心综合协调办公室。组织指导32个办理组全力为招商引资和企业项目服务，共联系企业300多家，帮助企业跑办手续、解决问题370余项。二是对5·18廊坊投洽会和全市产业连招商推介洽谈会上集中签约的54个合作项目，加大督导力度，强力推进项目落地，目前已有43%的项目开工建设和投产。三是选定了30家有增资意向和增资潜力的企业进行了协调服务，力促老企业加快增资步伐。奥科宁克、永顺泰麦芽等老企业增资近1亿美元。

**秦皇岛市2016年利用外资情况表**

| 指标名称 | 金额（万美元） | 增速（%） | 指标名称 | 金额（万美元） | 增速（%） |
|---|---|---|---|---|---|
| 合同外资额 | 3 475 | -95.0 | 其中：第二产业 | 58 638 | 56.3 |
| 实际利用外资额 | 90 438 | 5.0 | 工业 | 58 638 | 56.3 |
| 外商直接投资 | 65 906 | 25.3 | 第三产业 | 7 268 | -51.7 |

**【其他】**

**开发区建设** 一是推动开发区优化整合。按照“一区多园”管理模式，对省级开发区进行了优化整合，整合后的省级以上经济开发区保留9家，使秦皇岛市开发区空间布局进一步优化。二是全力推进了开发区体制、机制、投融资、聘任制四项改革。以市委市政府名义出台了《关于加快开发区改革发展的意见》，全市省级以上开发区全部设立管理机构，探索推行了聘任制，在部分开发区设立了审批局，人员向招商一线充实，审批权限向县区集中。推进了秦皇岛开发区与抚宁开发区、卢龙开发区深度合作。三是强化开发区综合考评。以市委市政府名义出台了《秦皇岛市开发区经济发展水平考核评价办法》，实行末位淘汰制，强化考评结果应用，充分发挥考核奖惩的激励导向作用。四是组织指导开发区开展了系列招商活动。引导园区加大对产业链上下游龙头企业、关联企业的招商力度，培育产业集群板块，促进园区经济加快发展。五是秦皇岛经济技术开发区获批为全省开发区综合示范试点。在河北省开发区发展示范试点评比中，秦皇岛经济技术开发区以总分第一的优异成绩被确定为河北省五家综合示范试点开发区之一，获得1.2亿元的省级专项资金支持。此项资金将为秦皇岛经济技术开发区实施创新驱动、转型发展提供强有力的经济支撑和重要保障。

**港口运输** 港口货物吞吐量18 684万吨，下降26.2%。集装箱运输量515 482箱，增长2.9%。

**涉外旅游** 接待海外游客29.12万人次，增长2.5%。旅游外汇收入21 098万美元，增长16.4%。

# 2016年山西省商务发展概况

山西省商务厅

孙跃进

山西省商务厅厅长

孙跃进　男，生于1957年12月，1984年毕业于山西大学经济系。历任山西省交通厅企管处副处长、办公室主任、助理巡视员，山西省政府副秘书长、应急管理办公室专职副主任、省政府办公厅党组成员。2011年9月，任山西省商务厅党组书记。2011年12月起，任山西省商务厅党组书记、厅长。

**【国内贸易】**

**社会消费品零售总额** 2016年，山西省社会消费品零售总额6 480.5亿元，比上年的6 033.7亿元增长7.4%。按地域分，城镇5 284.5亿元，乡村1 196亿元。按行业分，批发业323.1亿元，零售业5 577.3亿元，住宿业70.3亿元，餐饮业509.9亿元。

**限额以上企业商品销售情况** 限额以上批发业商品销售总额6 775.6亿元，零售业商品销售总额2 178.6亿元，限额以上住宿和餐饮业营业额94.1亿元。

**限额以上企业商品零售类值情况** 服装、鞋帽、针纺织品类283亿元，比上年增长6.9%；粮油、食品类229.4亿元，增长8.9%；烟酒类70.1亿元，下降1.5%；中西药品类115.2亿元，增长16.2%；家用电器和音像器材类108.7亿元，下降0.3%；家具类41亿元，增长2.8%；日用品类41.3亿元，增长2.4%；通讯器材类8.2亿元，下降13.1%；汽车类710.3亿元，增长2.7%；石油及成品类364.9亿元，下降10.2%。

**市场物价** 商品零售价格指数为100.5（以上年价格为100），其中城市100.5，农村100.4；居民消费价格指数为

101.1（以上年价格为100），其中城市101.1，农村101.1。

**市场秩序建设**　一是积极推进商务综合行政执法体制改革，整合组建市县商务综合行政执法队伍，忻州市、晋中市、晋城市完成试点改革任务；取消限制二手车迁入政策，出台促进二手车便利交易政策；单用途商业预付卡管理工作继续领跑全国；对成品油市场、酒类流通进行专项整治。二是明确执法职责依据，建立衔接配合、信息互通、资源共享、协调联动、监督制约的运行机制；建立健全执法事项随机抽查、执法结果及时公开、重大执法决定法制审核等制度；完善市场监测体系，拓宽商务预报发布渠道，全省县级商务预报开通率达到了80%。三是健全联合检查、信息报送等工作机制，强化重点领域的监督管理；加大备案企业业务报告检查和预收资金风险排查力度；加强政务公开，优化审批备案流程，引导企业规范经营，有序发展。四是作为全国商务诚信建设试点省，积极推进试点工作，逐步构建省市县三级商务诚信体系；引导市场化平台企业建立基于交易主体评价和社会综合评价的虚拟信用评价机制；指导行业协会开展行业信用评价和诚信经营示范店、示范街、示范市场创建工作。五是推进中药材流通追溯体系试点建设；推进太原、晋中肉菜流通追溯体系试点项目建设；推进药品流通领域改革，加强药品流通行业管理，推动药品城市配送便利化；加快发展现代医药物流和连锁经营；推动完善食品流通相关制度。

**市场体系建设**　电子商务进农村综合示范工作成效明显。坚持把示范工作作为推动县域经济发展、促进产业转型升级、加快农村流通现代化发展的重要抓手，着力在农村物流配送体系、农产品电子商务发展、电子商务精准扶贫等方面下功夫。出台了《关于促进农村电子商务加快发展的实施意见》。积极争取确定天镇、右玉、平定、和顺、临县、高平、万荣等7个县为国家级电子商务进农村综合示范县，每个县国家财政支持资金1 500万元，共计1.05亿元。强化培训工作，召开了全省电子商务进农村综合示范培训暨现场推进会，同时分批对示范县政府和各市商务主管部门领导及承办工作人员全覆盖培训。组织示范县县长赴甘肃成县、河南博爱、陕西武功等地学习观摩。积极培育出乐村淘、粮易等一批本土农村电商企业，并在全国农村电子商务培训会议上作了模式介绍，山西省成为农村电子商务发展模式输出省份。

跨区域农产品流通基础设施建设不断加强。坚持把农产品市场建设作为重点工作，在创新流通模式、加强顶层设计、建立各项机制等重要环节上积极作为，受到商务部的肯定和表扬，并在全国农产品流通现场会上作了经验介绍。大力开展冷链物流工作，不断加强跨区域农产品流通基础设施建设，6个政府股权投资项目开始发力；创新发展农产品冷链流通标准化示范工作，7个企业被列入商务部试点；积极推进公益性农产品示范市场建设，2个企业被评为商务部首批公益性农产品市场；深入开展农商互联工作，160个企业对接商务部平台，实现与全国市场互联互通。

电子商务进社区示范工作稳步开展。通过提升15分钟便民商圈服务功能，开展电子商务进社区示范工作，创新社区电商发展模式，培育了8个示范龙头企业，推出了考拉之家等社区电商模式。2016年打造4条特色商业街，目前全省共8条特色商业街，城市商业市场体系更趋完善。

**流通业发展**　大力开展商贸物流标准化应用推广工作，推动商贸物流现代化。太原市被列为全国智慧物流试点城市，山西穗华物流园被列为示范基地（园区），美特好、同城商务、顺风速运、唐久超市被列为示范企业。推动企业发展连锁经营，新增连锁加盟店百余家，广誉远、老陈醋、红枣、核桃、特色小吃、工艺品等百余种产品进入当地80余家大型超市及供货系统。长治、朔州两市被列为商务部“中小商贸流通企业服务体系建设试点”并通过了考核。指导企业树立绿色经营理念，建设节能改造、节能产品销售、废弃物回收于一体的绿色商场。2016年首先在购物中心业态进行了示范创建工作，超市、商场等其余业态将持续推进。对全省333家典当经营网点，其中典当法人企业300家，分支机构33家，拍卖企业148家进行了安全检查。省商务厅牵头，联合省相关部门，举办了临汾、吕梁、合肥、济南、长沙、贵阳、沈阳、银川、拉萨、杭州十站山西品牌中华行活动，指导地市举办了西安、石家庄、大连、天津、郑州、宁波六站活动，通过签订单、促销售、扩渠道，不断提高山西品牌产品在全国市场的占有率。现场销售4 305.25万元，签约6.79亿元，数十万人购买山西名优特产品，充分展示了山西品牌的魅力所在，经济社会效益明显。

**市场运行和消费促进**　完善城乡市场监测体系，对全省重点流通企业监测系统、生活必需品监测系统、重点生产资料系统、信息泵系统进行了评估，新增各类样本企业53家。目前全省城乡市场监测系统共有样本企业数量622家，监测内容涉及批发、零售、餐饮等21个流通行业以及超市、百货店、专业店等主要零售业态。组织开展以“增强供给能力，促进消费升级”为主题的2016年全国消费促进月山西活动。在全省范围内组织开展2016第二届山西省购物季活动。积极推进绿色消费。推动“三绿工程”，倡导绿色低碳采购，打造绿色低碳供应链，促进绿色循环消费。目前全省共有19家单位通过了国家绿色市场认证审核，并取得了绿色市场认证证书及铜匾。储备调控方面，落实省级地方猪肉储备3 000吨，并确定了30家承储企业，覆盖全省11个市。茧丝绸管理方面，完成了《2015年度茧丝绸行业统计和年度行业发展报告》，联合省农业厅对全省2016年度桑蚕种、茧、丝生产下发了指导服务工作的通知，对全省春蚕和蚕茧的生产收购情况进行了统计和上报。

**【对外贸易】**

**进出口总额**　进出口总额166.44亿美元，比上年的146.81亿美元增长13.4%。

**出口总额**　出口总额99.32亿美元，比上年的84.21亿美元增长17.9%，占全省GDP 12 928.34亿元（相当于

1 947.04 亿美元）的 5.1%，占全国出口额的 0.47%。

**进口总额** 进口总额 67.12 亿美元，比上年的 62.61 亿美元增长 7.2%。

**出口商品结构** 初级产品出口额 1.93 亿美元，占出口总额的 1.94%；工业制成品出口额 97.35 亿美元，占出口总额的 98.02%。

**进口商品结构** 初级产品进口额 15.75 亿美元，占进口总额的 23.47%；工业制成品进口额 51.33 亿美元，占进口总额的 76.47%。

**出口商品市场** 出口商品销往 175 个国家（地区）。

**进口商品市场** 进口商品来自 88 个国家（地区）。

**服务贸易** 服务进出口总额 31.45 亿美元，比上年的 30.18 亿美元增长 4.2%。其中，出口额 11.19 亿美元，比上年的 10.97 亿美元增长 1.93%；进口额 20.27 亿美元，比上年的 19.20 亿美元增长 5.53%。服务贸易主要集中在旅游、建筑和运输等领域。

**技术进出口** 技术进出口总额 335.94 万美元，比上年的 2 788.3 万美元下降 87.95%。签订引进技术和进口设备合同项目 3 个，比上年减少 13 个；合同金额 335.94 万美元，比上年的 2 788.3 万美元下降 87.95%。

**山西省 2016 年出口额 500 万美元以上商品情况表**

| 金额分类 | 商品名称 | 出口金额（万美元） | 占出口总额比重（%） |
|---|---|---|---|
| 1 亿美元以上（9 种） | 手机、不锈钢、机械设备、医药品、汽车零配件、钢铁管子附件、镁及其制品（包括废碎料）、纺织纱线、织物及制品、化肥 | 809 156 | 81.46 |
| 1 000 万—1 亿美元（17 种） | 工程机械零件（用于品目 8425-8430 所列机械的零件）、农产品、玻璃制品、活性碳、铁路设备、体育用品及设备、黏土及其他耐火矿物、焦炭及半焦炭、通断保护电路装置及零件、陶瓷产品、仪器仪表、钢铁或铜制标准紧固件、电动机及发电机、角钢及型钢、明胶制装药用胶囊、灯具、照明装置及零件、肉及杂碎 | 73 911 | 7.44 |
| 500 万—1 000 万美元（5 种） | 电视机、收音机及电讯设备零附件、服装及衣着附件、铁合金、塑料制品、电线和电缆 | 3 386 | 0.34 |
| **合　计** | **31 种** | **886 453** | **89.24** |

**山西省 2016 年进口额 500 万美元以上商品情况表**

| 金额分类 | 商品名称 | 进口金额（万美元） | 占进口总额比重（%） |
|---|---|---|---|
| 1 亿美元以上（14 种） | 集成电路、铁合金、铁矿砂及其精矿、铜矿砂及其精矿、镍及其制品、机械设备、农产品、铬矿砂及其精矿、锰矿砂及其精矿、摄像机数字照相机及摄录一体机、仪器仪表、计量检测分析自控仪器及器具、运输工具、变压整流电感器及零件 | 489 009 | 72.85 |
| 1 000 万—1 亿美元（13 种） | 煤及褐煤、初级形状的塑料、机械提升搬运装卸设备及零件、通断保护电路装置及零件、未锻轧的铝及铝材、印刷电路、成品油、制造半导体或电路用的机器及装置、医疗仪器及器械、建筑及采矿用机械及零件、废塑料、废纸和废金属、金属加工机床 | 25 201 | 3.75 |
| 500 万—1 000 万美元（5 种） | 阀门、未锻轧的铜及铜材、电动机及发电机、电线和电缆、纸浆 | 4 206 | 0.63 |
| **合　计** | **32 种** | **518 416** | **77.24** |

**山西省 2016 年主要出口市场情况表**

| 国别（地区） | 出口金额（万美元） | 占出口总额比重（%） | 国别（地区） | 出口金额（万美元） | 占出口总额比重（%） |
|---|---|---|---|---|---|
| 欧　盟 | 282 509 | 28.44 | 俄罗斯联邦 | 39 810 | 4.01 |
| 美　国 | 191 174 | 19.25 | 韩　国 | 37 032 | 3.73 |
| 东　盟 | 72 389 | 7.29 | 土耳其 | 30 397 | 3.06 |
| 日　本 | 65 858 | 6.63 | 加拿大 | 28 092 | 2.83 |
| 印　度 | 62 011 | 6.24 | **合　计** | **854 388** | **86.02** |
| 台湾省 | 45 116 | 4.54 | | | |

山西省2016年主要进口市场情况表

| 国别（地区） | 进口金额（万美元） | 占进口总额比重（%） | 国别（地区） | 进口金额（万美元） | 占进口总额比重（%） |
|---|---|---|---|---|---|
| 中华人民共和国 | 114 604 | 17.07 | 欧　盟 | 35 092 | 5.23 |
| 韩　国 | 98 173 | 14.63 | 巴　西 | 30 316 | 4.52 |
| 台湾省 | 63 290 | 9.43 | 哈萨克斯坦 | 27 064 | 4.03 |
| 日　本 | 55 580 | 8.28 | 南　非 | 26 223 | 3.91 |
| 东　盟 | 53 634 | 7.99 | **合　计** | **543 175** | **80.92** |
| 澳大利亚 | 39 199 | 5.84 | | | |

山西省2016年服务进出口情况表

| 行　业 | 进出口 | | 出　口 | | 进　口 | |
|---|---|---|---|---|---|---|
| | 金额（万美元） | 同比（%） | 金额（万美元） | 同比（%） | 金额（万美元） | 同比（%） |
| **总　额** | **314 508.8** | **4.2** | **111 857.3** | **1.93** | **202 651.5** | **5.53** |
| 运输服务 | 33 107.9 | 6.8 | 420.0 | 24.81 | 32 687.9 | 6.63 |
| 旅行 | 187 245.4 | 8.9 | 31 738.5 | 6.83 | 155 506.9 | 9.31 |
| 建筑服务 | 68 951.2 | -7.3 | 68 641.0 | -6.93 | 310.2 | -47.57 |
| 保险 | 6 876.5 | 6.8 | 164.4 | 14.09 | 6 712.1 | 6.63 |
| 金融服务 | 276.1 | -66.6 | 6.6 | -97.84 | 269.5 | -48.12 |
| 电信、计算机和信息服务 | 299.0 | 61.3 | 155.3 | 257.01 | 143.7 | 1.27 |
| 文化和娱乐服务 | 1 506.1 | -20.0 | 1 236.9 | -6.96 | 269.2 | -51.43 |
| 专有权利使用费和特许费 | 430.0 | -83.9 | 94.0 | 5 429.41 | 336.0 | -87.38 |
| 加工服务 | 65.5 | 48.2 | 64.6 | 49.88 | 0.9 | -18.18 |
| 维护和维修服务 | 6 519.8 | 1 469.9 | 6 368.2 | 2 601.82 | 151.6 | -15.59 |
| 其他商业服务 | 9 231.3 | -23.1 | 2 967.8 | -22.66 | 6 263.5 | -23.30 |

## 【利用外资】

**外商直接投资行业**　外商直接投资项目中，生产型项目17个，占56.67%；非生产型项目13个，占43.33%。

**外商直接投资来源**　外商直接投资主要来自香港、美国、台湾省、英国、日本、新加坡、韩国、加纳、尼日利亚、塞舌尔等国家和地区。

**外商直接投资企业生产经营情况**　2016年参加年报的外商投资企业营业收入1 633.15亿元人民币，利润48.72亿元人民币，外商投资企业从业人员18.38万人。

山西省2016年利用外资情况表

| 利用外资方式 | 批准签订的合同 | | | 实际利用外资 | |
|---|---|---|---|---|---|
| | 项目数（个） | 合同外资金额（万美元） | 金额比上年增加（%） | 金额（万美元） | 金额比上年增加（%） |
| 外商直接投资 | | | | | |
| 合资企业 | 15 | 28 141 | 31.07 | 122 877.23 | -25.32 |
| 合作企业 | 1 | 24 990 | 51.91 | | |
| 外资企业 | 14 | 29 899 | -49.81 | 108 079.88 | 11.65 |
| 股份有限公司 | | | | 2 284.48 | |
| **合　计** | **30** | **83 030** | **-15.46** | **233 241.59** | **-18.73** |

## 山西省 2016 年外商直接投资来源情况表

| 国别（地区） | 项目数（个） | 合同外资（万美元） | 实际外资（万美元） |
|---|---|---|---|
| 香港 | 13 | 28 081 | 131 027.9 |
| 美国 | 2 | 9 017 | 17 907.5 |
| 日本 | 1 | 5 | |
| 新加坡 | 1 | 1 124 | 3 085.8 |
| 韩国 | 1 | 19 | |
| 台湾省 | 2 | 337 | 1 254.8 |
| 加纳 | 1 | 0.4 | |
| 尼日利亚 | 1 | 8 | |
| 塞舌尔 | 1 | 737 | 1 777.4 |
| 英国 | 1 | 300 | 152.0 |
| 塞浦路斯 | 0 | -100 | |
| 德国 | 0 | 0 | 5 325.2 |
| 意大利 | 0 | 0 | 1 259.2 |
| 挪威 | 1 | 15 | |
| 英属维尔京群岛 | 1 | 21 240 | 579.3 |
| 加拿大 | 0 | 0 | 50.0 |
| 澳大利亚 | 1 | 60 | 7 965.3 |
| 萨摩亚 | 0 | 350 | 680.0 |
| 投资性公司投资 | 3 | 21 837 | 43 024.8 |
| 巴哈马 | 0 | 0 | 14 921.7 |
| 荷兰 | 0 | 0 | 3 948.2 |
| 捷克 | 0 | 0 | 282.6 |
| **合计** | **30** | **83 030** | **233 241.6** |

## 山西省 2016 年外商直接投资行业情况表

| 行业 | 项目数（个） | 合同外资（万美元） | 实际外资（万美元） |
|---|---|---|---|
| 农、林、牧、渔业 | 1 | 304 | 3 646.0 |
| 制造业 | 8 | 22 624 | 104 490.9 |
| 电力、燃气及水的生产和供应业 | 8 | 36 315 | 83 889.4 |
| 采矿业 | | | 9 130.5 |
| 交通运输、仓储和邮政业 | 0 | 0 | 17 070.0 |
| 信息传输、计算机服务和软件业 | 1 | 5 237 | 4 900.0 |
| 批发和零售业 | 5 | 1 798 | |
| 住宿和餐饮业 | 2 | 5 | 1 956.1 |
| 金融业 | 0 | -2 500 | |
| 租赁和商务服务业 | 2 | 245 | |
| 科学研究、技术服务和地质勘查业 | 1 | 12 | |
| 居民服务和其他服务业 | 1 | 9 990 | 8 158.8 |
| 卫生、社会保障和社会福利业 | 1 | 9 000 | |
| **合计** | **30** | **83 030** | **233 241.6** |

## 【对外经济合作】

**对外投资** 2016年核准非金融类对外直接投资企业37家，协议投资总额5.73亿美元，中方协议投资额4.95亿美元。全年对外实际投资1.95亿美元，同比增长18%，主要投资国家和地区有香港、澳大利亚、土耳其、美国、新加坡、毛里求斯等，涉及批发零售业、采矿、制造业、租赁业、商务服务业等领域。

截至2016年，全省对外投资累计实现21亿美元，分布在全球60多个国家（地区）。其中共备案在“一带一路”沿线国家境外投资企业86家，开展实际投资的84家，累计投资4.64亿美元，分布在俄罗斯、蒙古、哈萨克斯坦、吉尔吉斯斯坦、塔吉克斯坦、新加坡、越南、泰国、马来西亚、菲律宾、印度尼西亚、缅甸、斯里兰卡等24个国家（地区），涉及采矿、建筑、装备制造、化工、批发零售等领域。

**承包工程和劳务合作** 对外承包工程新签合同额22 266万美元，同比下降36.1%，完成营业额68 641万美元，同比下降6.9%。2016年末在外各类劳务人员数量4 970人，派出劳务人员主要分布在日本、新加坡、新西兰、德国、毛里求斯等国家（地区），涉及食品加工、机械制造、电子装配、餐饮服务等领域。

**对外经济技术援助** 2016年承担了喀麦隆“光明行”项目，由山西省眼科医院专家组成的医疗专家组，分两批赴喀麦隆执行“光明行”项目。截至2016年，共承担国家援外人力资源培训班57期，培训来自亚洲、非洲等发展中国家的政府官员和专业技术人员1 403人。

## 【其他】

**开发区** 国家级经济技术开发区4个。太原经济技术开发区2016年实现地区生产总值239.58亿元，工业总产值713.47亿元，公共财政预算收入16.83亿元，固定资产投资147.81亿元，基础设施投资6.32亿元，进出口总额673.79亿元；大同经济技术开发区2016年实现地区生产总值46.32亿元，工业总产值82.83亿元，公共财政预算收入4.44亿元，固定资产投资83.83亿元，基础设施投资6.02亿元，进出口总额14.26亿元；晋中经济技术开发区2016年实现地区生产总值51.55亿元，工业总产值87.77亿元，公共财政预算收入5.54亿元，固定资产投资58.71亿元，基础设施投资28.63亿元，进出口总额2.33亿元；晋城经济技术开发区2016年实现地区生产总值78.2亿元，工业总产值116.9亿元，公共财政预算收入2.85亿元，固定资产投资72.18亿元，基础设施投资6.06亿元，进出口总额21.39亿元。

**保税区** 太原武宿综合保税区2016年进出区货值93亿元，货运量13万吨，共审核报关单及备案清单9 000余票。2016年综保区通关服务中心企业孵化楼A、B座共有入驻企业约80家（其中：进口商品展示体验中心35家，跨境电商产业孵化基地企业45家）。

**商务洽谈会** 3月—5月，先后在北京、南京、厦门、天津、上海、深圳、西安、重庆、济南、香港等地举办十场招商推介对接洽谈活动，共签约项目55个，总投资额797亿元；6月28日在太原举办全国民营企业助推山西转型创新发展大会，签约项目298个，总投资额4 152亿元；9月8日在太原举办2016太原能源低碳发展论坛暨中国（太原）国际能源产业博览会，签约重大合作协议和项目14个；11月18日在杭州举办晋商浙商创新合作交流会，签约项目12个，总投资额101.4亿元。5月11日、9月21日、11月16日分别在韩国首尔、澳大利亚墨尔本、印度孟买举行了山西投资说明会。

**涉外旅游** 2016年接待海外游客63万人次，旅游外汇收入3.2亿美元，比上年的3亿美元增长6.8%。

# 2016年内蒙古自治区商务发展概况

内蒙古自治区商务厅

孙炜东

内蒙古自治区商务厅厅长

孙炜东　男，生于1961年10月，内蒙古赤峰市喀喇沁旗人，中共党员。文学硕士。1976年参加工作，历任内蒙古管理干部学院团委副书记，内蒙古党委办公厅副处级秘书、副处长，内蒙古环境保护局副局长，内蒙古政府办公厅副主任，内蒙古政府副秘书长、办公厅党组成员兼内蒙古政府调查研究室（参事室）主任、党组书记，内蒙古鄂尔多斯市市委副书记，内蒙古党委组织部副部长，内蒙古包头市市委副书记、市长等职。2013年12月，任内蒙古自治区商务厅党组书记，2014年5月至今任内蒙古商务厅党组书记、厅长。

## 【国内贸易】

**社会消费品零售总额**　2016年，内蒙古自治区社会消费品零售总额6 700.8亿元，比上年增长9.7%。按经营地分，城镇消费品零售额6 056.1亿元，增长9.5%；乡村消费品零售额644.6亿元，增长12.0%。按消费形态分，餐饮业收入1 027.3亿元，增长10.6%；商品零售额5 673.4亿元，增长9.5%。

**市场秩序建设**　发挥全区打击侵权假冒领导小组办公室的作用，着力推进互联网领域侵权假冒行为治理、中国制造海外形象维护“清风行动”、打击农村牧区和城乡结合部市场假冒伪劣行为等专项行动，召开了打击侵权假冒“两法衔接”培训班，对各行政执法部门信息公开工作情况进行了全面督查和通报，发布打击侵权假冒信息300余条。努力推动跨区域跨部门协作，牵头会同自治区13个部门建立了《内蒙古自治区打击侵犯知识产权和制售假冒伪劣商品领域行政执法与刑事司法衔接工作机制》，会同相关省市印发了《京津冀晋蒙五省（区、市）打击侵权假冒区域协作共同指引》，全力维护市场秩序、优化营商环境。推进商务领域诚信体系建设，开展了“诚信兴商”宣传活动，建成并启用“自治区商务领域企业信用信息平台”。做好零售商供应商公平交易管理、零售商促销行为管理、单用途商业预付卡管理和商务领域食品安全工作。建立了“双随机一公开”抽查事项清单和机关执法检查人员名录库、市场主体名录库，制定了市场监管执法事项实施细则。全面完成肉菜、中药材追溯体系建设验收工作，开展药品物流基本情况调研，形成了《内蒙古自治区人民政府办公厅关于促进药品物流发展的意见》并提交自治区政府办公厅印发。联合自治区旅游局、工商局、质监局开展旅游纪念品市场专项整治工作。

**市场体系建设**　推进农村电子商务加快发展，组织20个旗县申报国家级电子商务进农村综合示范县并获得4亿元专项资金补贴，开展专项培训和绩效评价，制定印发电子商务扶贫工作方案。积极推进全区市场体系建设项目，对6家项目实施企业进行实地考核和验收。向商务部推荐了285个内蒙古流通设施重点建设项目，上报165个项目进入全国农产品流通骨干网建设项目储备库。创新农产品流通模式，帮助企业拓宽销售渠道，15家企业和2个城市成为开展农产品冷链流通标准化示范试点单位，105家企业纳入“全国农产品流通体系建设管理信息平台——农商互联地理信息平台”，3家企业开展全国公益性农产品示范市场工作。编制完成了自治区农畜产品市场体系“十三五”发展规划。对已实施的农产品现代流通综合试点、大宗农产品产区错峰冷藏设施建设、“农超对接”试点、跨区域农产品流通基础设施建设等项目加强评估和督查。开展产销对接活动，与中国石化内蒙古石油分公司联合召开了内蒙古特色商品推介展销会，自治区37家企业近千种商品参展，达成签约意向金额近1.2亿元。积极帮助解决锡林郭勒盟、呼伦贝尔市由于旱灾引发羊肉市场滞销问题，开展北京社区蔬菜直销店考察活动，对部分盟市马铃薯仓储设施建设资金项目深入调研并针对存在的突出问题提出工作建议。进一步规范二手车、报废汽车、商品现货交易市场行业管理，继续开展“便民连锁超市全覆盖”工程，提前一年完成自治区下达的建设任务。

**流通业发展**　深化流通供给侧结构性改革，牵头制定了推进国内贸易流通现代化、建设法治化营商环境、深入实施“互联网+流通”行动计划、线上线下互动加快商贸流通创新发展转型升级、加快融资租赁业发展等一系列实施意见。在呼和浩特市、包头市开展城市共同配送试点，组织全区绿色流通生态文明展、全区电子商务公共服务体系建设培训班，参加第13届中华老字号博览会、第九届中国绿色食品博览会。继续推进呼和浩特市中小商贸流通企业公共服务平台建设试点，呼和浩特市成功入围国家第二批“小微企业创业创新基地城市示范”，并获得中央财政9亿元奖励支持。继续在呼市、包头开展城市共同配送试点。积极推进“电子商务示范基地提升行动”、“特色农畜产品网销工程”，支持引导包头国家电子商务示范基地、通辽国家级电子商务园区打造电商体系，五原县河套电子商务产业园区在2016年中国县域电商上海峰会上作为经验向全国展现，成为自治区第一个走出去让外地分享经验的园区。开展了2016—2017年度自治区电子商务示范基地和示范企业创建工作。实施农畜产品网销工程，助力呼伦贝尔、锡林郭勒两旱灾地区羊肉销售，授权金桥电子商务示范基地开展“汇聚内蒙”聚划算预热活动，促使内蒙古商家在淘宝零食的排名提高了10%，“双十一”通辽科尔沁牛业生鲜类销售排名全国第一。建设电子商务支撑体系，搭建了可视化电子商务全程质量追溯平台，提升追溯体系综合服务功能。发展社区电子商务，以呼市、包头为重点推动O2O电子商务规模化发展。认真贯彻落实安全生产责任制，统一组织、部署内贸领域安全生产隐患排查、整治工作，确保行业平稳运行，安全生产。

**市场运行和消费促进**　全面提升市场监测水平，生活必需品监测样本县级行政区覆盖率已达到100%。完善市场调控体系，有效保障市场供应，修订了《内蒙古自治区生活必需品市场供应应急预案》，指导各盟市商务部门开展应急预案修订工作，全区设立应急商品集散地73个，应急投放网点183个。完成了8 450吨国家肉类储备、40万吨国家储备糖、7万担边销茶、6 200吨自治区储备肉的储备任务。加强成品油市场监管，共年检批发、仓储企业70家，零售企业3 753家，核准建设加油站27座，油库1座。积极推进油气回收治理工作。累计改造储油库48座，加油站3398座。配合相关部门开展了环境保护督查、油品质量升级、地下水及大气污染防治等工作。

## 【对外贸易】

**进出口总额**　进出口总额117.01亿美元，比上年下降8.1%，其中，进口72.3亿美元，增长2.1%，出口44.71亿美元，下降20.9%。进出口额、出口额在全国排名各前移1位。特别是进口扭转了2015年下降态势，逆势增长2.1%，增幅高于全国平均水平7.6个百分点。

按照人民币口径，进出口总额完成772.78亿元，下降2.1%，高于全国平均降幅1.2个百分点。

边境贸易进出口额31.52亿美元，增长2.2%，主要贸易商品有煤炭、油菜籽、化肥、铁矿石、原木、锯材和铜精矿等。

**服务贸易**　服务进出口总额11.7亿美元，增长7.07%。其中，出口额1.54亿美元，增长1.28%；进口额10.16亿美元，增长8.24%。服务贸易的主要行业：运输、旅游、建设、其他商业服务、文化和娱乐服务、电信计算机和信息服务。

**服务外包**　促进服务外包发展的政策：（1）印发了《内蒙古自治区人民政府关于促进服务外包产业加快发展的实施意见》（内政发［2016］21号），健全协调机制。（2）建立有关部门参加的自治区服务外包产业发展部门联系制度。（3）加大财政支持力度，鼓励开展国际范围外包研发、人才培训，积极承接国际服务外包业务，开展人才培训、资质认证。支持开展申报国家服务外包示范城市工作，支持服务外包企业开拓国际市场，积极参加境外服务外包投资促进活动。支持校企结合的服务外包人才培训项目，鼓励高等院校、职业学校开设服务外包课程。

重点工作：规划建设服务外包产业园区，积极引进和培育服务外包企业，拓展服务外包市场，做好服务外包发展规划，明确“十三五”期间服务外包发展的重点领域、主要任务和保障措施。

**技术进出口**　技术进出口总额3 339.84万美元，下降9.9%。签订引进技术和进口设备合同项目3个，减少2个。

**内蒙古自治区2016年出口额6亿美元以上商品情况表**

| 商品名称 | 出口金额（亿美元） | 占出口总额比重（%） |
| --- | --- | --- |
| 化学工业及其相关工业的产品 | 11.19 | 25.0 |
| 贱金属及其制品 | 7.21 | 16.1 |
| 纺织原料及纺织制品 | 6.63 | 14.6 |
| **合　计** | **25.03** | **55.9** |

**内蒙古自治区2016年进口额8亿美元以上商品情况表**

| 商品名称 | 进口金额（亿美元） | 占进口总额比重（%） |
| --- | --- | --- |
| 矿产品 | 33.52 | 46.4 |
| 木及制品 | 16.23 | 22.4 |
| 机械器具、电器设备及其零件 | 8.72 | 12.1 |
| **合　计** | **58.47** | **80.9** |

**内蒙古自治区2016年主要出口市场情况表**

| 国别（地区） | 出口金额（亿美元） | 占出口总额比重（%） | 国别（地区） | 出口金额（亿美元） | 占出口总额比重（%） |
| --- | --- | --- | --- | --- | --- |
| 俄罗斯 | 6.28 | 14.0 | 美　国 | 2.90 | 6.5 |
| 蒙　古 | 4.09 | 9.1 | 伊　朗 | 2.24 | 5.0 |
| 韩　国 | 3.37 | 7.5 | **合　计** | **18.88** | **42.2** |

## 【利用外资】

**概况** 2016年，全区新批准设立外商投资企业50家，比上年减少2家；实际利用外资39.67亿美元，增长17.8%。

**外商直接投资行业** 主要集中在采矿业、化工业、制造业、农林牧渔业，其中，制造业、采矿业利用外资同比下降，农林牧渔业增长较快，服务业等领域增长明显。

**外商直接投资来源** 利用外资仍主要来自香港，同时，来自美国和一些欧洲国家以及台湾地区的外资金额增长较快。

**外商直接投资区域** 外商投资主要集中在鄂尔多斯市、呼和浩特市、包头市、锡盟、赤峰市，有6个盟市利用外资呈现增长，其中，锡盟、呼和浩特市、阿盟、赤峰市、鄂尔多斯市呈两位数以上增长。

**内蒙古自治区2016年利用外资情况表**

| 利用外资方式 | 批准签订的合同 | | | 实际利用外资 | |
|---|---|---|---|---|---|
| | 项目数（个） | 外资金额（万美元） | 金额比上年增加（%） | 金额（万美元） | 金额比上年增加（%） |
| **外商直接投资** | **50** | **212 619** | **101.55** | **110 311** | **194.15** |
| 合资企业 | 22 | 70 770 | 22.38 | 3 846 | 520.77 |
| 合作企业 | 1 | 29 000 | 80.05 | 0 | — |
| 外资企业 | 26 | 111 986 | 273.11 | 21 113 | 309.26 |
| 股份有限公司 | 1 | 863 | -44.14 | 12 542 | -100.00 |

## 【对外经济合作】

**对外投资** 2016年，全区新备案境外投资企业114家，企业数量同比减少1家；中方协议投资总额22.94亿美元，增长32.3%。投资国别（地区）主要有：俄罗斯（47个项目）、蒙古国（26个项目）、美国（10个项目）、阿联酋（7个项目）、澳大利亚（4个项目）、香港（4个项目）、开曼群岛（2个项目）、韩国（2个项目）、加纳（2个项目）、柬埔寨、新西兰、泰国、哈萨克斯坦、加拿大、格鲁吉亚、吉尔吉斯斯坦、埃及、新加坡、巴西。投资领域主要涉及森林采伐和木材加工、农业种植、畜牧养殖、采矿业、制造业、住宿和餐饮业、批发和零售业、房地产业、商务服务业、电力热力生产供应业、建筑业、运输业、教育、金融业、文化艺术业、仓储业等。

对“一带一路”沿线国家意向投资项目88个，项目数量同比增加9个，占全区新设对外投资项目总数的77.19%；中方协议投资额6.3亿美元，增长31.25%，占全区对外投资中方协议投资总额的27.46%。

**承包工程和劳务合作** 对外承包工程新签合同额1 704万美元，完成营业额300万美元；外派各类劳务人员1 252人。

## 【其他】

**保税区** 2016年9月13日，自治区首个综合保税区满洲里综合保税区顺利通过了由海关总署牵头，国家发改委、财政部、国土资源部、住房和城乡建设部、商务部、国家税务总局、国家工商总局、国家质检总局、国家外汇管理局等十部委组成的联合验收组验收，并获颁验收合格证书，这标志着自治区首个综合保税区正式封关。

**商务洽谈会** 内蒙古—香港重点合作项目推介会2016年11月15日—17日在香港举办，推介重点合作项目45个，涉及基础设施、旅游、绿色农畜产品生产加工、化工、冶金、战略性新兴产业和服务业等七个领域，签约74个重点项目，金额达223.1亿美元，其中意向协议30个，金额为128.6亿美元，签约合同项目44个，实际利用外资金额为94.49亿美元，涉及金融、物流、旅游、城市基础设施、新能源、绿色材料制造、绿色农产品加工、电子商务、进出口贸易、制造业、基础设施建设、产业园区及化工行业等行业和领域。

2016年6月16日至18日，为期3天的中国—东盟博览会越南展在越南首都河内举行，自治区13家公司参加展会，共签订意向订单合计90多万美元。

2016年7月10日—14日，自治区代表团赴俄罗斯联邦叶卡捷琳堡市参加第二届中国—俄罗斯博览会及相关商务活动。期间，自治区参展展位35个，位列国内各参展省区的第二位。5个盟市29家企业参展，对接制造业和高新科技、技术企业80余家，包商银行等中俄金融联盟16家中方城市商业银行与俄罗斯开发与对外经济银行签署了银团贷款协议。

第119届中国进出口商品交易会于2016年4月15日—5月5日在广州举行，内蒙古交易团总体展览格局和展位安排保持稳定，展览总面积为2 358平方米，展位总数255个，组织参展企业162家，其中，品牌展位16个，参展企业3家；一般性展位239个，参展企业159家。本届广交会内蒙古交易团共成交6 379.78万美元，较2015年春交会增长14.59%。

第120届中国进出口商品交易会于2016年10月15日至11月4日在广州举行，内蒙古交易团展位总数262个，组织参展企业168家，其中，品牌展位16个，参展企业3家；一般性展位246个，参展企业165家。本届广交会内蒙古交易团共成交7 501.84万美元，较2015年秋交会增长17.59%。

2016中国食品餐饮博览会9月9日—12日在湖南省长沙国际会展中心举行，自治区组织28家食品餐饮企业参展、21家餐饮企业采购，据初步统计，自治区企业现场成交额103万元，协议合作项目34项，意向金额1 558万元。其中，自治区锡盟东乌珠穆沁旗蒙源肉业有限公司与长沙市臻永食品贸易商行现场达成牛羊肉食品供销合作协议，协议金额1 000万元。自治区商务厅荣获组委会颁发的“最佳组织奖”，自治区企业蒙牛集团荣获“2016食餐会消费者最喜爱的十大品牌”。

第六届中国薯都·乌兰察布马铃薯展洽会10月18日—20日在乌兰察布市举行，共有采购商及供应商300余家企业参会、150多家企业的产品参展，共签订协议52份，协议金额7.78亿元，数量41.75万吨，其中签订冷凉蔬菜协议3份，协议销售1.15万吨，协议金额1.265亿元，其余为马铃薯鲜薯及制成品，数量40.6万吨，协议金额6.52亿元。

**港口运输** 2016年，全区口岸进出境货运量7 887.44万吨，增长19.8%。其中，进境货运量5 552.87万吨，增长35.4%；出境货运量941.43万吨，下降2.9%；转口货运量1 393.14万吨，下降7.8%。

对俄口岸进出境货运量3 084.05万吨，增长1.3%，其中，进境货运量1 364.99万吨，增长8.6%；出境货运量325.92万吨，增长17.9%。

对蒙口岸进出境货运量4 803.39万吨，增长35.7%，其中，进境货运量4 187.88万吨，增长47.2%；出境货运量615.51万吨，下降11.2%。

全区口岸进出境客运量532.2万人次，增长24.2%；进出境交通工具164.27万列辆架次，增长29.6%。

## 2016年辽宁省商务发展概况

辽宁省商务厅

辽宁省商务厅厅长

宋彦麟　男，1964年5月生。哈尔滨工程大学管理学博士。1995年4月至1998年3月任铁岭市清河区委常委、宣传部长；1998年3月至2000年5月任铁岭市清河区委常委、副区长；2000年5月至2001年6月任铁岭市清河区委副书记、区长；2001年6月至2010年6月任铁岭市委常委、宣传部长；2010年6月至2012年2月任辽宁省铁岭市委副书记；2012年2月任辽宁省援疆工作前方指挥部总指挥、辽宁省援疆干部总领队（正厅级），辽宁省发展和改革委员会副主任、党组成员。2016年10月至今任辽宁省商务厅党组书记、厅长，中共辽宁省第十二届委员会委员。

### 【国内贸易】

**社会消费品零售总额** 2016年辽宁省社会消费品零售总额13 414.1亿元，比上年的12 787.2亿元增长4.9%。按地域分，城镇12 112.4亿元，乡村1 301.7亿元。按行业分，批发和零售贸易业11 793亿元，住宿和餐饮业1 621.1亿元。

**限额以上批发和零售贸易业、住宿和餐饮业基本情况** 2016年，共有限额以上批发和零售贸易业、住宿和餐饮业法人企业（单位）8 891个。其中，批发业法人企业（单位）2 924个；零售业法人企业（单位）3 474个；批发零售业从业人员9万余人；住宿业法人企业（单位）646个；餐饮业法人企业（单位）1 847个；住宿及餐饮业从业人员92.3万人。

**批发和零售贸易业企业商品购、销、存总额** 批发和零售贸易业企业商品销售总额33 808.4亿元，比上年的32 183.9亿元增长5%。其中，限额以上企业13 694.6亿元，限额以下企业20 113.8亿元。限额以上批发和零售贸易业企业商品销售总额13 694.6亿元（其中批发10 060亿元、零售3 634.6亿元）。

**市场物价** 居民消费价格指数为1.6%（以上年价格为100），其中城市1.5%，农村1.8%。

**市场秩序建设** 推动市场监管公共服务体系建设。充分发挥12312举报投诉服务中心在流通领域市场监管中的功能和作用，做好商务举报投诉、数据统计、信息报送等日常工作；推动商务诚信建设。一是开展“诚信兴商”宣传月活动。在经济领域大力倡导“诚信兴商”的经营理念，增强市场经营者和公众诚实守信意识。二是深入开展“诚信经营”示范创建活动。在药品流通、家政、人像摄影、洗染、饭店等行业积极推进开展“诚信经营”示范创建活动。2016年各行业共评选出诚信经营示范店205家；推进商贸流通领域食品安全管理。在大连市、沈阳市试点开展商务部肉类蔬菜流通追溯建设的基础上，启动省级肉类蔬菜流通追溯体系建设试点工作，分别确定铁岭、朝阳、盘锦、辽阳为省级试点城市，共补助资金6 000万元；整顿和规范市场经济秩序。一是做好药品流通行业管理工作，二是加强单用途商业预付卡管理，三是加强直销行业管理工作。

**市场体系建设**　着力减少流通环节，降低流通成本。推动批发零售企业与上下游企业和组织建立利益共享机制，形成长期稳定的供销关系。9个重点专业批发市场直接对接生产基地156个，直接对接零售企业176个；68个连锁零售企业，直接对接生产基地777个，直采农产品占销售总额的25%。推动农产品零售市场连锁化经营。支持农产品零售企业通过集中采购、统一配送，实现农产品零售规模化、连锁化经营。截至目前，全省68个农产品连锁零售企业建设直营连锁零售终端1 512个。加快流通基础设施建设。组织辽宁农产品交易中心等26个农产品流通企业建设项目492个，其中，建设改造农产品连锁零售网点384个，新增面积15.1万平方米；冷链仓储项目19个，新增冷库库容37.8万吨、购置冷藏车1 494辆；建设改造分拣加工包装和收货配货专区23个，新增作业面积4.7万平方米；建设改造检验检测中心21个；电子商务平台17个；信息系统21个；展示交易区7个，新增展示面积8.8万平方米。推动公益性农产品市场体系建设。推动沈阳副食集团水产市场、辽阳万隆大市场制定和完善公益性功能实现制度，完善市场公共服务功能。辽宁金社裕农供销集团、辽宁新隆嘉现代农业有限公司两家企业被商务部确定为“首批全国公益性农产品示范市场（零售）”。

**流通业发展**　推动商贸流通业转型升级。加强顶层设计，以省政府名义出台《加快商贸流通创新发展转型升级的实施意见》等多个文件。推动传统批发市场转型升级。推进海城西柳市场内外贸结合试点，推进辽阳佟二堡、沈阳五爱等传统市场逐步实现线上线下融合发展。引导传统百货业向商业综合体转型。全省建成集餐饮、娱乐、购物等多功能于一体的购物中心180个。大力发展社区连锁便利店。全省发展一定规模社区连锁企业20家，连锁店铺1 772个。加快发展电子商务、现代商贸物流等流通新业态。大力实施电子商务“五项工程”。实施企业上网工程，推动28.3万家企业上网经营；实施跨境电商工程，加快大连跨境电商综合试验区建设，全省跨境电商出口额增长1.8倍；实施平台建设工程，建成24个大宗商品现货电子商务运营平台；实施示范创建工程，建设8个全国电子商务进农村综合示范试点县；实施电商服务工程，举办2016辽宁产品网上行、阿里巴巴采购东北行等系列主题活动，为辽宁省企业特别是中小企业服务。加快发展现代商贸物流业。全省重点发展47个商贸物流集聚区，集聚各类企业5 000多家。建成快速消费品、生鲜食品、家电等配送中心289个。推进农产品现代流通体系建设。确立4家省级肉菜流通追溯体系建设试点城市，34家全省农产品现代流通体系建设试点企业。

**市场运行和消费促进**　千方百计扩大消费。一是积极促进消费品进口，满足居民差异化需求。预计全年消费品进口20亿美元，吸引了部分境外消费回流。二是开展主题促销活动。组织开展“消费促进月”活动，410家流通企业参加，销售额同比增长10.3%。做热节日市场，节日商品销售平均增长9.2%。三是持续推进夜晚消费。重点监测的100家餐饮企业夜晚消费同比增长10%以上。四是引导热点消费。4G手机销量增长59%，超高清电视增长49%，变频空调增长48%。五是繁荣会展消费。举办2016辽宁特色产品采购订货会，现场交易额1 394万元，签订采购意向金额6.3亿元。

**【对外贸易】**

**进出口总额**　进出口总额865.2亿美元，比上年的960.8亿美元下降10%。

**出口总额**　出口总额430.7亿美元，比上年的507.1亿美元下降15.1%，占全国出口额的2%，出口额位列全国第九位。

**进口总额**　进口总额434.6亿美元，比上年的452.4亿美元下降3.9%。

**出口商品市场**　对日本、韩国、欧盟、东盟和美国五大传统出口市场出口305.1亿美元，下降14.7%，占全省出口70.9%。其中对日本出口78.2亿美元，下降7.4%；对韩国出口40.4亿美元，下降11%；对欧盟出口56.8亿美元，下降12.9%；对东盟出口82.7亿美元，下降21.3%；对美国出口47.1亿美元，下降18.3%。

**服务贸易**　根据商务部统计，2016年，辽宁省服务贸易进出口总额225.39亿美元。其中，服务出口总额61.96亿美元，服务进口总额163.43亿美元。服务贸易逆差101.47亿美元（由于统计数据修正，加之上年无创新试点城市数据，故数据不与上年做同比）。旅行、运输和建筑等传统服务贸易进出口分别实现145.5亿美元、32.4亿美元、1.64亿美元，三项合计179.54亿美元，占全省服务进出口总额的79.6%。其中旅行服务进出口额占全省服务贸易进出口总额的64.5%，是辽宁省服务贸易进出口的第一大类；运输服务进出口额占全省服务贸易进出口总额的14.4%，是辽宁省服务贸易进出口的第二大类。其他行业依次为：加工等其他服务业13.49亿美元，占比5.98%；知识产权使用费8.26亿美元，占比3.66%；专业管理和咨询7.09亿美元，占比3.15%；电信、计算机和信息6.61亿美元，占比2.93%；技术服务5.46亿美元，占比2.42%；维护和维修1.94亿美元，占比0.86%；金融1.74亿美元，占比

0.77%；建筑1.64，占比0.73%；保险0.87亿美元，占比0.39%；个人、文化和娱乐服务0.32亿美元，占比0.14%。

**服务外包** 离岸服务外包接包合同签约额34.6亿美元，增长84.25%；全省离岸服务外包接包合同执行额14.28亿美元，下降5.08%（扣除汇率影响）。吸纳就业成效显著。截至2016年12月底，全省专业从事服务外包的企业1 205家，从业人数23.4万人。

**技术进出口** 技术进出口合同总额151 411.7万美元，比上年的116 489.04万美元增长29.97%；其中技术费120 235.69万美元，比上年的104 438.83万美元增长15.13%。签订引进技术和进口设备合同项目220个，比上年的157个增加63个；合同金额39 214.83万美元，比上年的53 489.36万美元下降26.7%；签订技术出口合同项目1 479个，比上年的1 407个增加72个；合同金额112 196.87万美元，比上年的62 999.68万美元增长78.1%。

**辽宁省2016年出口额1 000万美元以上商品情况表**

| 金额分类 | 商品名称 | 出口金额（亿美元） | 占出口总额比重（%） |
|---|---|---|---|
| 1亿美元以上（68种） | 钢材、服装及衣着附件、成品油、水海产品、船舶、铝材、镁制品、集成电路、纺织纱线织物及制品、各类仪器、机械提升搬运装卸设备及零件、钢铁结构体、陶瓷产品、通断保护电路装置及零件、钻探平台、汽车零件、印刷装订机械及零件、耐火砖、瓦铝制品、新的充气橡胶轮胎、家具及其零件、汽车（包括整套散件）、石蜡、镁砂、电动机及发电机、阀门及零件、建筑及采矿用机械及零件、变压器、电线和电缆、传动轴、胶合板及类似多层板、豆类、塑料制品、收音设备、电视机、电话、医药品、激光视盘放像机、二极管及类似半导体器件、蔬菜、空气泵、对苯二甲酸、塑料材料灯具、照明装置及类似品、软件、液体泵、金属加工机床、鞋类、轴承、自动数据处理设备及其部件、空调、扬声器、纸制品、活塞式内燃机的零件、手用或机用工具、原油、木制门、报警器、打印机、集装箱、涡轮机钢丝绳索、电视机收音机及无线电讯设备的零附件、电动机零件、电感器、裙带菜制品、豆饼、豆粕、节日用品 | 367.1 | 85.2 |
| 1 000万—1亿美元（84种） | 镍及制品、平板玻璃、初级形状的塑料、轨道车厢、鸡肉制品、铁合金、橡胶或塑料加工机械及零件、蓄电池、冰箱、冻鸡、搅拌机、型模及金属铸造用型箱、饲料用鱼粉、滑石、录放机及唱机的零附件、蔬菜罐头、蜡烛、水果坚果制品、麦芽、地板等木构件、橡胶管、人造花、硅、玻璃制品、肥料、箱包及类似容器、电视摄像机数字照相机及视频摄录一体机、碳电极、圣诞用品、白瓜子、钢铁或铜制标准紧固件、家用或装饰用木制品、苹果、石油焦、橡胶密封垫、中药材、中成药、床垫寝具及类似品、冷冻水果及坚果、发电机组及旋转式变流机、调味品、活性炭、体育用品及设备、鲜蛋、玻璃纤维、乐器、纸及纸板（未切成形的）、印刷电路、锯材、金属餐厨具、金属轧机及零件、膨化食品、液晶显示板、蘑菇罐头、合成有机染料、果蔬汁、即食面、天然蜂蜜、纺织用合成纤维、车用活塞发动机、铜材、单晶硅片、大米、农药、合成橡胶（包括胶乳）、无线电导航雷达及遥控设备、玩具、电磁铁、松子仁、塑料编织袋、铬及制品、制造半导体器件或集成电路用的机器及装置、汽轮机、制造纸及纸制品用机械及零件、种子、自行车、摩托车、肠衣、食品加工机械及零件、烤烟、铝制门窗、摩托车及自行车的零件、碳酸钠（纯碱）、纺织机械及零件、煤和褐煤 | 34.5 | 8.0 |
| **合　计** | **152种** | **401.6** | **93.2** |

### 辽宁省2016年进口额1 000万美元以上商品情况表

| 金额分类 | 商品名称 | 进口金额（亿美元） | 占进口总额比重（%） |
|---|---|---|---|
| 1亿美元以上（51种） | 原油、二甲苯、汽车零件、铁矿砂及其精矿、水海产品、煤和褐煤、大豆、制造半导体器件或集成电路用的机器及装置、液化石油气及其他烃类气、各类仪器、通断保护电路装置及零件、医药品、钢材、汽车（包括整套散件）、纺织纱线织物及制品、初级形状的塑料、鲜干水果及坚果、集成电路、成品油、服装及衣着附件、传动轴、镍及制品、阀门及零件、空气泵、活塞式内燃机的零件、电动机及发电机、金属加工机床、液体泵、塑料材料、塑料制品、食糖、变压器、小麦、钢铁或铜制标准紧固件、电线和电缆、二极管及类似半导体器件、机械提升搬运装卸设备及零件、锌矿砂、氧化铝、牛肉、锯材、橡胶密封垫、合成橡胶（包括胶乳）、未锻造的铜及铜材、手用或机用工具、车用活塞发动机、电视机收音机及无线电讯设备的零附件、自动数据处理设备及其部件、空调、印刷装订机械及零件 | 96.0 | 22.3 |
| 1 000万—1亿美元（67种） | 铜矿砂及其精矿、轴承、硅、天然橡胶（包括胶乳）、猪肉、电话、饲料用鱼粉、乳品、印刷电路、原木、液晶显示板、食用植物油、贵金属矿砂、未锻造的铝及铝材、橡胶或塑料加工机械及零件、电磁铁、铅矿砂、家具及其零件、铝制品、铬矿砂及其精矿、建筑及采矿用机械及零件、甲苯、制造平板显示器用的机器及装置、牛皮、发电机组及旋转式变流机、型模及金属铸造用型箱、纸浆、酒类、纸及纸板(未切成形的)、涡轮机、橡胶管、钢铁结构体、苯乙烯、金属轧机及零件、软件、纸制品、电容器、蓄电池、锰矿砂及其精矿、电动机零件、钢丝绳索、制造单晶柱或晶圆用的机器及装置、新的气橡胶轮胎、电感器、无线电导航雷达及遥控设备、鞋类、扬声器、盐、废铝、镁制品、镁砂、铁合金、钼矿砂及其精矿、陶瓷产品、裙带菜制品、单晶硅片、石油焦、镍矿砂、电视摄像机数字照相机及视频摄录一体机、船用柴油机、玉米、食品加工机械及零件、蔬菜、录放机及唱机的零附件、玻璃制品、报警器、灯具、照明装置及类似品 | 9.8 | 2.3 |
| **合　计** | **118种** | **105.8** | **24.6** |

### 辽宁省2016年主要出口市场情况表

| 国别（地区） | 出口金额（亿美元） | 占出口总额比重（%） |
|---|---|---|
| 日　本 | 78.2 | 18.2 |
| 美　国 | 47.1 | 10.9 |
| 韩　国 | 40.4 | 9.4 |
| 新加坡 | 28.2 | 6.6 |
| 越　南 | 24.7 | 5.7 |
| 香　港 | 15.0 | 3.5 |
| 印　度 | 14.8 | 3.4 |
| 德　国 | 14.6 | 3.4 |
| 台湾省 | 12.7 | 3.0 |
| 荷　兰 | 12.6 | 2.9 |
| **合　计** | **288.3** | **66.9** |

### 辽宁省2016年主要进口市场情况表

| 国别（地区） | 进口金额（亿美元） | 占进口总额比重（%） |
|---|---|---|
| 日　本 | 49.1 | 11.4 |
| 德　国 | 41.6 | 9.7 |
| 韩　国 | 39.8 | 9.2 |
| 美　国 | 31.8 | 7.4 |
| 澳大利亚 | 29.9 | 6.9 |
| 巴　西 | 27.4 | 6.4 |
| 俄罗斯 | 24.6 | 5.7 |
| 沙特阿拉伯 | 10.9 | 2.5 |
| 阿　曼 | 9.6 | 2.2 |
| 英　国 | 8.8 | 2.1 |
| **合　计** | **273.5** | **63.5** |

**辽宁省 2016 年服务进出口情况表**

| 分 项 | 出口（万美元） | 进口（万美元） |
|---|---|---|
| 运输服务业 | 121 135.40 | 202 916.16 |
| 旅行服务业 | 252 081.39 | 1 203 477.15 |
| 建筑服务业 | 7 630.35 | 8 739.59 |
| 保险服务业 | 5 698.85 | 3 020.52 |
| 金融服务业 | 14 810.80 | 2 560.00 |
| 电信、计算机和信息服务业 | 57 993.98 | 8 123.08 |
| 技术服务业 | 21 241.57 | 33 393.57 |
| 专业管理和咨询服务业 | 23 488.43 | 47 455.51 |
| 知识产权使用费服务业 | 172.38 | 82 442.88 |
| 个人、文化和娱乐服务业 | 357.16 | 2 845.98 |
| 维护和维修服务业 | 14 120.27 | 5 324.25 |
| 加工等其他服务业 | 100 879.99 | 33 982.25 |
| **合 计** | **619 610.57** | **1 634 280.94** |

## 【利用外资】

**辽宁省 2016 年利用外资情况表**

| 利用外资方式 | 批准签订的合同 | | | 实际利用外资 | |
|---|---|---|---|---|---|
| | 项目数（个） | 外资金额（万美元） | 金额比上年增加（%） | 金额（万美元） | 金额比上年增加（%） |
| **外商直接投资** | **424** | **922 046** | **34.72** | **299 902** | **-42.16** |
| 合资企业 | 137 | 187 206 | -25.46 | 58 415 | -19.97 |
| 合作企业 | 8 | 75 288 | 276.50 | 250 | -90.19 |
| 外资企业 | 275 | 546 744 | 38.18 | 170 012 | -37.93 |
| 股份有限公司 | 4 | 112 808 | 540.92 | 64 126 | -59.02 |
| 合作开发 | 0 | 0 | — | 7 099 | -43.69 |
| **合 计** | **424** | **922 046** | **34.72** | **299 902** | **-42.16** |

**辽宁省 2016 年外商直接投资行业情况表**

| 行 业 | 项目数（个） | 实际外资金额（万美元） |
|---|---|---|
| 农、林、牧、渔业 | 12 | 166 |
| 采矿业 | 0 | 9 491 |
| 制造业 | 87 | 88 618 |
| 电力、燃气及水的生产和供应业 | 6 | 4 914 |
| 建筑业 | 4 | 0 |
| 交通运输、仓储和邮政业 | 12 | 61 208 |
| 信息传输、计算机服务和软件业 | 22 | 9 837 |
| 批发和零售业 | 144 | 49 146 |
| 住宿和餐饮业 | 18 | 2 778 |
| 金融业 | 14 | 1 723 |
| 房地产业 | 7 | 53 475 |
| 租赁和商务服务业 | 51 | 9 568 |
| 科学研究、技术服务和地质勘查业 | 32 | 1 656 |
| 水利、环境和公共设施管理业 | 2 | 3 703 |
| 居民服务和其他服务业 | 6 | 269 |
| 教育 | 0 | 0 |
| 卫生、社会保障和社会福利业 | 1 | 0 |
| 文化、体育和娱乐业 | 6 | 3 350 |
| **合 计** | **424** | **299 902** |

**辽宁省2016年外商直接投资来源情况表**

| 国别（地区） | 项目数（个） | 实际外资金额（万美元） | 国别（地区） | 项目数（个） | 实际外资金额（万美元） |
|---|---|---|---|---|---|
| 韩　国 | 112 | 6 528 | 开曼群岛 | 1 | 1 294 |
| 香　港 | 93 | 132 389 | 加拿大 | 9 | 996 |
| 日　本 | 62 | 24 643 | 波　兰 | 2 | 284 |
| 台湾省 | 20 | 214 | 奥地利 | 1 | 246 |
| 美　国 | 20 | 3 796 | 西班牙 | 4 | 163 |
| 投资性公司 | 17 | 78 526 | 黎巴嫩 | 0 | 125 |
| 德　国 | 16 | 1 762 | 新西兰 | 1 | 114 |
| 新加坡 | 14 | 12 272 | 丹　麦 | 0 | 92 |
| 瑞　士 | 1 | 14 968 | 马来西亚 | 2 | 72 |
| 英属维尔京群岛 | 3 | 9 363 | 英　国 | 5 | 55 |
| 毛里求斯 | 0 | 7 799 | 科威特 | 0 | 50 |
| 比利时 | 3 | 2 045 | 其　他 | 45 | 164 |
| 萨摩亚 | 1 | 1 942 | **合　计** | **424** | **299 902** |

## 【对外经济合作】

**对外投资**　2016年共核准和备案对外直接投资企业208家，比上年增长16.8%。协议投资总额为45.11亿美元，增长2.04%，中方投资额为40.95亿美元，增长7.29%。其中对“一带一路”沿线国家和地区境外投资项目54个，中方投资额13.79亿美元，占全省同期投资总额的34%。对外投资主要流向装备制造业、商务服务业、房地产业、互联网和信息技术等领域，投资金额依次为：装备制造业10.7亿美元，占比26.12%；房地产业8.9亿美元，占比21.7%；商务服务业7.6亿美元，占比18.55%；互联网和信息技术投资2.47亿美元，占比6.03%。主要投资国别和地区为：香港、俄罗斯、英属维尔京群岛、美国、东盟和非洲。主要投资项目：沈阳联立铜业哈萨克斯坦投资铜资源综合开发及冶炼项目、特变电工乍得和尼日尔电力项目、海城石油机械俄罗斯巴什基尔共和国投资建设石油装备产业园区项目、大连艺高工业控制技术有限公司并购巴基斯坦伊克巴尔电力（私营）有限公司项目投资4亿美元、大连天神娱乐股份有限公司在文莱投资设立艾维邑动项目投资2.25亿美元等。

**承包工程和劳务合作**　2016年，签订对外承包工程和劳务合作项目合同125份，新签合同额14.39亿美元，下降38.40%，完成营业额15.63亿美元，下降14.53%；外派劳务15 904人次，增长46.93%。年末在外人数49 926人。派往主要国家和地区为：日本、韩国和新加坡。工程承包的主要项目有：沈阳远大铝业工程有限公司承揽的英国海港中心公寓项目，签订合同额7 912万美元。中铁九局集团有限公司承揽的厄瓜多尔200所教育单元项目，签订合同额2.2亿美元。北方重工集团有限公司承揽的美国BV越南火电厂项目和马来西亚YTL水泥项目，合同额分别为2 988万美元和1 168万美元。中冶焦耐（大连）工程技术有限公司承揽的印度年产300万吨焦化项目，合同额1.6亿美元。中国大连国际合作（集团）股份有限公司承揽的苏里南共和国70公里道路建设工程项目，签订合同额7 000万美元。中国能源建设集团东北电力第三工程有限公司分包的孟加拉国巴库Barapukuria275MW燃煤火电项目。

## 【其他】

**开发区**　2016年，全省10家国家级经济技术开发区共实现地区生产总值3 310.9亿元，公共财政预算收入307.7亿元，固定资产投资980.9亿元，实际利用外资8.03亿美元，出口129.09亿美元，分别占同期全省省级以上经济开发区同一指标总量的51.7%、57.2%、48.6%、72.8%和75.9%。

**海关特殊监管区**　辽宁省海关特殊监管区4个，分别是：大连保税区、大连出口加工区（A、B区）、大连大窑湾保税港区、沈阳综合保税区；保税物流监管场所3个，分别是：营口港保税物流中心（B型）、盘锦港保税物流中心（B型）、铁岭保税物流中心（B型）。2016年，全省海关特殊监管区和保税物流中心一线进出境货运量295.8万吨，下降13.6%，其中进口210万吨，下降3.6%；出口85.7万吨，下降31.2%。监管进出境货物总值85.2亿美元，增长19.1%，其中进口51.4亿美元，增长58.8%；出口33.8亿美元，下降13.7%。保税库情况如下：辽宁省目前在用保税仓库70个，2016年，全省出口监管仓库和保税仓库入出库货物总量为2 179.3万吨，增长21.7%；入出库货物金额66.3亿美元，下降24.3%。其中：入库货运量1 998.8万吨，货物总值54.2亿美元；出库货运量180.5万吨，货物总值12.1亿美元。

**商务洽谈会**　2016年辽宁省国际进出口采购大会于7月20日在沈阳举行。美国、法国、德国等45个国家的160名外商及辽宁省800余家国际贸易企业参会。境外企业涵盖了亚洲、欧洲、非洲、北美洲、南美洲和大洋洲等6大洲，其中欧美地区占外商总数的近一半，涉及机械设备、新能源、信息通讯、冶金及矿产等多个行业，其中大多数与辽宁省优势产业相匹配。

**港口运输** 2016年全省口岸货物吞吐量108 343万吨，增长4.1%。外贸进出口货运量完成24 663.8万吨，增长2.3%。其中：外贸进口17 706.6万吨，增长3.2%，出口6 957.2万吨，与上年持平。出入境旅客391.2万人次，增长13.6%。其中：海港35.9万人次，增长32.5%；陆路33.3万人次，增长30.5%；空港322万人次，增长10.3%。集装箱运输完成1 879.6万标箱，增长2.3%。其中：外贸538.3万标箱，增长1.8%。口岸进出口货物总值6 939.81亿元，减少3.1%。其中：进口3 583.41亿元，减少2.7%，出口3 356.4亿元，减少3.5%。运输方式完成情况：海运口岸完成24 452.9万吨，占外贸货运量的99.1%，增长2%。陆运口岸完成206.4万吨，增长34.3%。其中：铁路口岸完成13.7万吨，减少22.2%。公路口岸完成192.7万吨，增长41.7%。空运口岸完成4.5万吨，增长9.7%。

## 2016年沈阳市商务发展概况

沈阳市对外贸易经济合作局

**高 航**

沈阳市对外贸易经济合作局局长

高 航 男，1966年7月生，汉族，辽宁阜新人，中共党员，大学学士学位，在职研究生学历。1995年7月至2000年7月任沈阳市皇姑区卫生局副局长、局长；2000年7月至2000年11月任沈阳市皇姑区政府办公室主任；2000年11月至2007年3月任中共沈阳市皇姑区委常委、区委办公室主任、区政府常务副区长；2007年3月至2010年12月任中共新民市委副书记、政府副市长、代市长、市长，沈阳胡台新城管委会主任；2010年12月至2013年12月任中共新民市委书记；2013年12月至今任沈阳市对外贸易经济合作局局长、党组书记。

### 【对外贸易】

**进出口总额** 2016年，辽宁省沈阳市进出口总额113亿美元，比上年的140.9亿美元下降19.8%。

**出口总额** 出口总额42.1亿美元，比上年的67.9亿美元下降38%，占全市GDP 6 712亿元的4.16%，占全省出口额的9.8%。

**进口总额** 进口总额70.9亿美元，比上年的73亿美元下降3%。

**出口商品结构** 初级产品出口额2亿美元，占出口总额的4.8%；工业制成品出口额40.5亿美元，占出口总额的95.2%。

**进口商品结构** 初级产品进口额1.6亿美元，占进口总额的2.3%；工业制成品进口额69.2亿美元，占进口总额的97.7%。

**出口商品市场** 出口商品销往172个国家（地区）。主要出口市场为美国、韩国、日本、伊朗、德国。

**进口商品市场** 进口商品来自86个国家（地区）。主要进口市场为德国、韩国、日本、美国。

**沈阳市2016年出口额100万美元以上商品情况表**

| 金额分类 | 商品名称 | 出口金额（亿美元） | 占出口总额比重（%） |
|---|---|---|---|
| 1 000万美元以上（72种） | 汽油小轿车；液晶显示器彩色数字电视接收机；客车或货运机动车辆用新的充气橡胶轮胎；其他铝制结构体；铝结构体用部件及加工铝材；未列名机动车辆用其他制动器、助力制动器及其零件；其他自动调节或控制仪器及装置；非绝缘的钢铁绞股线、绳、缆；防盗或防火报警器及类似装置的零件；未列名具有独立功能的电气设备及装置；工程机械零件；未列名燃气轮机的零件；涡轮喷气发动机或涡轮螺桨发动机的零件等 | 26.6 | 62.7 |

**沈阳市2016年出口额100万美元以上商品情况表(续)**

| 金额分类 | 商品名称 | 出口金额（亿美元） | 占出口总额比重（%） |
|---|---|---|---|
| 500万—1 000万美元（66种） | 电缆；生产光盘用设备；二氧化锰；内燃发动机小轿车及散件；熔凝镁氧矿；车辆用层压安全玻璃；机动车辆用无线电导航设备；结构上含有非稠合三嗪环的化合物；电力控制或分配盘、板、台等；机动车辆用转向盘、转向柱及转向器；多相交流电动机；绝缘子；8535、8536或8537所列装置的零件；输变电线路绝缘瓷套管；柴油货车；避雷器、电压限幅器及电涌抑制器；散热器（水箱）；硫化橡胶制传动带及带料；中空或真空隔温、隔音玻璃等 | 4.8 | 11.4 |
| 100万—500万美元（229种） | 橡，塑，革外底的皮革鞋面有金属护头鞋靴；医用家具；棉制女式带风帽防寒短上衣、防风衣等；载体催化剂；棉制男衬衫；单独报验的带齿的轮等；84.83货品的零件；材料制人造花、叶等及其零件和制品；8428所列机械的零件；无可锻性铸铁管子附件；连续运送货物的升降机及输送机；剃须刷、发刷、指甲刷、睫毛刷及梳妆刷；热阴极荧光灯；手持（包括车载）式无线电话机；层压安全玻璃等 | 5.3 | 12.6 |
| **合　计** | **367种** | **36.8** | **86.7** |

**沈阳市2016年进口额100万美元以上商品情况表**

| 金额分类 | 商品名称 | 进口金额（亿美元） | 占进口总额比重（%） |
|---|---|---|---|
| 1 000万美元以上（100种） | 小轿车用自动换挡变速箱；车身（包括驾驶室）的零件、附件；电力控制或分配盘、板、台等，V≤1000V；机动车辆用电气照明装置；机动车辆用零件附件；点燃式活塞内燃发动机的零件；机动车辆用转向盘、转向柱及转向器；含有抗菌素的药品；机动车辆用变速箱；3000≥排量>1000ml车用往复式活塞发动机；饲料用鱼粉；锻压或冲压工具；镀或涂锌普通钢铁板材；机动车辆用制动器、助力制动器及其零件等 | 51.2 | 72.3 |
| 500万—1 000万美元（64种） | 品目9027所列的仪器及装置，检镜切片机除外；未装有滚珠或滚子轴承的轴承座；滑动轴承；聚酯高强力纱制帘子布；安全阀或溢流阀；升降、搬运、装卸机械；飞轮及滑轮，包括滑轮组；使用光学射线的仪器及装置；已镶框玻璃镜；测量检验压力的仪器及装置；8428所列机械的零件；火花塞；测量、检验液体流量或液位的仪器及装置；动物的肉骨粉；阀门等 | 4.5 | 6.4 |
| 100万—500万美元（254种） | 8543所列设备及装置的零件；链式连续运送货物或材料的升降机及输送机；使用光学射线的分光仪、分光光度计及摄谱仪；多功能工业机器人；电力控制或分配盘、板、台等，V>1000V；非家用型气体的过滤、净化机器及装置；气动往复式排液泵；紫外线灯管或红外线灯泡；齿轮及变速、传动装置；滚珠螺杆传动轴；电镀或涂锌的合金钢板材，宽≥600mm；铝制钉、螺钉、螺栓、螺母、铆钉等紧固件；聚对苯二甲酸乙二酯非泡沫塑料板、片、膜等 | 5.9 | 8.4 |
| **合　计** | **418种** | **64.6** | **91.3** |

**沈阳市2016年主要出口市场情况表**

| 国别（地区） | 出口金额（亿美元） | 占出口总额比重（%） |
|---|---|---|
| 美　国 | 7.7 | 18.2 |
| 韩　国 | 3.0 | 7.1 |
| 日　本 | 2.8 | 6.6 |
| 伊　朗 | 2.5 | 5.9 |
| 德　国 | 2.1 | 5.0 |
| 加拿大 | 2.0 | 4.7 |
| 香　港 | 1.6 | 3.8 |
| 印度尼西亚 | 1.3 | 3.1 |
| 印　度 | 1.2 | 2.8 |
| 新加坡 | 1.2 | 2.8 |
| **合　计** | **25.4** | **59.9** |

**沈阳市2016年主要进口市场情况表**

| 国别（地区） | 进口金额（亿美元） | 占进口总额比重（%） |
|---|---|---|
| 德　国 | 28.7 | 40.5 |
| 韩　国 | 6.5 | 9.2 |
| 日　本 | 4.8 | 6.8 |
| 美　国 | 4.3 | 6.1 |
| 法　国 | 3.3 | 4.7 |
| 奥地利 | 1.9 | 2.7 |
| 捷　克 | 1.9 | 2.7 |
| 匈牙利 | 1.9 | 2.7 |
| 波　兰 | 1.8 | 2.5 |
| 意大利 | 1.2 | 1.7 |
| **合　计** | **56.3** | **79.4** |

## 【利用外资】

沈阳市 2016 年利用外资情况表

| 利用外资方式 | 新设企业情况 | | | 实际利用外资 | |
|---|---|---|---|---|---|
| | 项目数（个） | 外资金额（万美元） | 金额比上年增加（%） | 金额（万美元） | 金额比上年增加（%） |
| **总 计** | **132** | **68 062** | **-65.1** | **81 606** | **-23.1** |
| 合资企业 | 39 | 16 570 | -32.7 | 29 136 | 54.7 |
| 合作企业 | 0 | -324 | -248.6 | 0 | -100.0 |
| 外资企业 | 91 | 48 376 | -71.5 | 52 470 | -39.3 |
| 股份有限公司 | 2 | 3 440 | 985.2 | 0 | -100.0 |

**概况** 2016 年，沈阳市新批外商投资企业 132 家，比上年下降 3.7%；合同外资额 6.8 亿美元（其中：新批合同外资额 8.3 亿美元，增资额 5.1 亿美元，减资额 6.6 亿美元），下降 65.1%；实际利用外商直接投资 8.2 亿美元，下降 23.1%。

**外商直接投资行业** 外商直接投资项目中，制造业 24 个，租赁和商务服务业 13 个，住宿和餐饮业 6 个，房地产业 3 个，批发和零售业 55 个，科学研究、技术服务和地质勘查业 10 个，信息传输、计算机服务和软件业 5 个，其他行业 16 个。

**外商直接投资来源** 外商直接投资来源于 37 个国家和地区。按实际利用外资额排序位居前五位的国家和地区分别是香港（外资额 21 607 万美元）、瑞士（外资额 14 686 万美元）、韩国（外资额 14 161 万美元）、日本（外资额 12 269 万美元）、英属维尔京群岛（外资额 7 128 万美元）。

**外商直接投资特点** 重点国家和地区利用外资突出。2016 年，香港地区实际投资 2.2 亿美元，占全市总额的 26.5%，位居引资国别和地区之首。排名 2—5 位的国家和地区分别是：瑞士 1.5 亿美元，占 18.2%；韩国 1.4 亿美元，占 17.4%；日本 1.2 亿美元，占 15%；英属维尔京群岛 7 128 万美元，占 8.7%。以上 5 个国家和地区利用外资总额为 7 亿美元，占全市总额的 85.8%。

制造业和房地产业仍是利用外资的重点行业。制造业实际利用外商直接投资 3.6 亿美元，增长 1.6%，占全市总额的 43.5%。房地产业实际利用外商直接投资 3.2 亿美元，下降 32.6%，占全市总额的 38.6%。

大项目支撑作用明显。外商直接投资超 1 000 万美元的大项目 19 个，合计金额 7 亿美元，占全市总额的 85.9%。其中超过 5 000 万美元的项目 5 个，分别是：远大压缩机 1.4 亿美元、东软医疗 8 361 万美元、积水置业 6 614 万美元、乐天荣光 5 600 万美元、泰升房地产 5 000 万美元。

交通运输、仓储和邮政业利用外资增幅较大。新批外商投资交通运输、仓储和邮政业企业 4 家，合同外资额 8 244 万美元，增长 65%，实际利用外资额 4 418 万美元，增长 127.4%。

新兴金融业为利用外资注入新活力。在国家鼓励金融创新政策的推动下，外资融资租赁和商业保理等新兴金融业得以快速发展。自 2013 年沈阳市首家外资融资租赁公司——辽宁开元融资租赁有限公司成立以来，截至 2016 年底，全市累计设立外资融资租赁公司 19 家，合同外资额 3.7 亿美元，实际利用外资 933 万美元。其中 2016 年当年设立 9 家，合同外资额 2 亿美元。2015 年 9 月，沈阳市首家外资商业保理公司——亨汇商业保理（辽宁）有限公司成立，并于 2016 年 12 月调入外资 1 210 万美元。

沈阳市 2016 年外商直接投资主要来源情况表

| 国别（地区） | 新批企业数（个） | 合同外资金额（万美元） | 国别（地区） | 新批企业数（个） | 合同外资金额（万美元） |
|---|---|---|---|---|---|
| 香 港 | 32 | 116 381 | 台湾省 | 7 | 3 970 |
| 瑞 士 | 1 | 13 818 | 澳大利亚 | 2 | 3 507 |
| 英属维尔京群岛 | 0 | 9 702 | 比利时 | 3 | 3 077 |
| 韩 国 | 50 | 7 933 | 新加坡 | 3 | 2 383 |
| 爱尔兰 | 2 | 6 908 | 捷 克 | 2 | 1 625 |

**【对外经济合作】**

**对外投资**　2016年全市新设境外投资企业48家，协议投资额11.97亿美元，比上年增长108.5%。其中，对“一带一路”相关国家投资项目9个，协议投资额1.77亿美元，增长94.5%。对外投资行业由二产向三产扩展，涉及产业逐步从自然资源的开采、运输业、农业相关行业、食品加工业、制造业扩展到国际贸易、金融服务、商业服务和技术服务等行业。2016年，商务服务业领域境外协议投资达3.35亿美元，占协议投资额的28%，比2015年增加2.04亿美元。

**承包工程和劳务合作**　2016年，沈阳市新签对外承包工程项目与劳务合作项目共233个，合同额12.75亿美元，比上年下降23.7%。对外承包工程及劳务合作营业收入9.12亿美元，比上年下降18.3%。

**沈阳市2016年对外投资前5名企业**

| 序号 | 企业名称 | 协议投资额（万美元） |
|---|---|---|
| 1 | 中一集团（美国）有限公司 | 29 000 |
| 2 | 华君（国际）发展有限公司 | 18 000 |
| 3 | 蓝英工业清洗系统及表面处理装备有限公司 | 17 546 |
| 4 | 罗宾斯公司 | 13 380 |
| 5 | 中俄国际尼古拉商贸物流加工保税区有限公司 | 9 091 |

**沈阳市2016年对外承包工程前5名企业**

| 序号 | 企业名称 | 营业额（万美元） |
|---|---|---|
| 1 | 沈阳远大铝业工程有限公司 | 35 805 |
| 2 | 中铁九局集团有限公司 | 18 052 |
| 3 | 北方重工集团有限公司 | 10 089 |
| 4 | 中国沈阳国际经济技术合作公司 | 6 992 |
| 5 | 中国能源建设集团东北电力第一工程有限公司 | 5 470 |

**沈阳市2016年对外劳务合作前5名企业**

| 序号 | 企业名称 | 实际收入额（万美元） |
|---|---|---|
| 1 | 中国沈阳国际经济技术合作公司 | 1 727.6 |
| 2 | 辽宁省国际经济技术合作集团有限责任公司 | 1 231.1 |
| 3 | 沈阳对外经济建设有限公司 | 947.3 |
| 4 | 辽宁恒志经济技术合作有限公司 | 664.6 |
| 5 | 辽宁精英国际合作有限公司 | 476.6 |

# 2016年大连市商务发展概况

大连市对外贸易经济合作局

**王丽英**

**大连市对外贸易经济合作局局长**

王丽英　女，汉族，1961年7月出生，管理学硕士。历任大连市对外经济贸易委员会外资管理处处长、大连市对外贸易经济合作局副局长、大连市市政府副秘书长（正局级）。2015年3月起任大连市对外贸易经济合作局党委书记、局长，大连市沿海经济带开发建设领导小组办公室主任。

## 【对外贸易】

**货物贸易**　2016年，辽宁省大连市自营货物进出口总额达514.69亿美元，比上年下降6.6%，占辽宁省进出口总额的61%。其中，自营进口额270.62亿美元，下降7.6%，占辽宁省进口总额的63%；自营出口额244.07亿美元，下降5.4%，占辽宁省出口总额的57%。

贸易方式更加合理。一般贸易外贸出口额87.59亿美元，比上年下降7.49%，占全市外贸出口额的35.89%；加工贸易外贸出口额143.2亿美元，增长4.26%，占全市外贸出口额的58.69%。其中，来料加工装配贸易外贸出口额35.17亿美元，下降0.43%；进料加工贸易外贸出口额108.03亿美元，增长5.89%；保税仓库进出境货物出口额3.68亿美元，下降74.85%；保税区仓储转口额9.12亿美元，下降16.14%。

出口结构不断优化。从产品结构看，船舶出口额21.94亿美元，比上年增长10.4%；成品油出口额24.48亿美元，增长0.4%；原油出口额1.39亿美元，下降88%。从市场结构看，对日本、韩国、美国、东盟、欧盟、香港六大外贸出口传统市场的出口额有所下降，但对“一带一路”重点区域和沿线国家的出口额增长较快。其中，对日出口额60.69亿美元，下降7%；对韩出口额17.89亿美元，下降16.4%；对欧盟出口额35.6亿美元，增长2.9%；对美国出口额30.77亿美元，下降2.1%；对香港地区出口额9.12亿美元，下降6.4%；对东盟出口额38.36亿美元，下降10%。对南亚出口额10.5亿美元，增长6.8%；对中东出口额5.1美元，下降34.1%；对新加坡出口额21.84亿美元，下降10.4%；对印度出口额8.2亿美元，下降2.8%；对越南出口额3.2亿美元，下降16%；对阿联酋出口额0.96亿美元，下降66.9%。从出口主体看，国有企业出口额34.4亿美元，下降20.2%；民营企业出口额74.4亿美元，下降4.4%；外商投资企业出口额135.2亿美元，下降1.3%。

**服务贸易**　服务进出口额706.3亿元，占辽宁省服务进出口总额的47.1%。其中，服务出口额259.7亿元，占辽宁省服务出口总额的63%；服务进口额446.5亿元，占辽宁省服务进口总额的41.1%。服务贸易逆差186.8亿元。截至2016年末，大连市共有服务外包企业1 125家，从业人员14.5万人。

**重点企业外贸出口**　2016年，大连市对外贸易百强出口企业货物出口额128.61亿美元，比上年下降14.4%，占全市出口总额的53%。从出口额看，出口超10亿美元的企业3家、1亿美元（含）—9亿美元的企业26家、1亿美元以下的企业71家。大连西太平洋石油化工有限公司、东北中石油国际事业有限公司、大连船舶重工集团有限公司出口额占据前3位，分别为12.59亿美元、11.28亿美元和11.10亿美元。从增速看，大连中远船务工程有限公司、逸盛大化石化有限公司、辉瑞制药有限公司占据前3位，分别比上年增长1134.3%、102.5%和57.1%。

**大连市2016年主要进出口商品情况表**

| 商品类别 | 出口 | | 进口 | |
|---|---|---|---|---|
| | 金额（亿美元） | 比上年增长（%） | 金额（亿美元） | 比上年增长（%） |
| **合　计** | **244.07** | **-5.4** | **270.62** | **-7.6** |
| 机械设备 | 25.93 | -12.6 | 28.22 | 29.8 |
| 成品油 | 24.48 | 0.4 | 3.18 | -63.4 |

**大连市2016年主要进出口商品情况表(续)**

| 商品类别 | 出口 | | 进口 | |
|---|---|---|---|---|
| | 金额（亿美元） | 比上年增长（%） | 金额（亿美元） | 比上年增长（%） |
| 服装 | 22.23 | -4.1 | 1.52 | 1.7 |
| 船舶 | 21.94 | 10.4 | 0.06 | -32.0 |
| 水海产品 | 20.52 | 0.5 | 14.52 | 20.9 |
| 金属制品 | 13.64 | -7.3 | 1.96 | -30.1 |
| 集成电路 | 8.99 | 1 263.3 | 3.80 | -4.0 |
| 电器及电子产品 | 8.98 | -1.6 | 3.71 | -15.2 |
| 化学品 | 6.61 | -5.0 | 35.65 | -11.8 |
| 敏感商品 | 3.93 | 9.9 | 3.76 | 37.0 |
| 通断保护电路装置 | 3.80 | 9.2 | 2.39 | -19.8 |
| 家具及其零件 | 3.68 | 2.5 | 0.11 | -12.7 |
| 钢材 | 3.59 | -21.5 | 4.84 | -12.6 |
| 仪器仪表 | 3.50 | 8.0 | 6.28 | 18.4 |
| 纺织品 | 3.5 | -9.6 | 4.12 | 7.0 |
| 粮食 | 2.95 | 7.3 | 5.79 | -32.6 |
| 电动机及发电机 | 2.81 | -5.6 | 1.74 | 22.1 |
| 收音设备 | 2.72 | -38.7 | 0.01 | -53.5 |
| 胶合板 | 2.45 | 6.4 | 0.08 | 188.2 |
| 录放像机 | 2.44 | -7.3 | 0.001 | 440.6 |
| 石蜡 | 2.38 | -22.7 | 0.001 | 94.0 |
| 塑料制品 | 2.36 | -7.9 | 1.56 | 5.7 |
| 汽车零件 | 2.27 | -0.5 | 2.72 | -10.8 |
| 木制品 | 2.20 | 2.7 | 0.05 | 1.8 |

**大连市 2016 年主要进出口市场情况表**

| 国别（地区） | 出口 | | 进口 | |
|---|---|---|---|---|
| | 金额（亿美元） | 比上年增长（%） | 金额（亿美元） | 比上年增长（%） |
| **合　计** | **244.07** | **-5.4** | **270.62** | **-7.6** |
| 亚洲 | 153.97 | -4.6 | 148.13 | -13.3 |
| 其中：香港 | 9.12 | -6.4 | 4.75 | -18.6 |
| 日本 | 60.69 | -7.0 | 43.39 | 13.2 |
| 新加坡 | 21.84 | -10.4 | 6.45 | 15.4 |
| 韩国 | 17.89 | -16.4 | 31.15 | -6.7 |
| 非洲 | 2.97 | -43.2 | 8.55 | 36.5 |
| 欧洲 | 39.49 | -0.4 | 52.60 | -1.6 |
| 其中：德国 | 9.75 | 2.6 | 11.57 | -16.5 |
| 俄罗斯 | 2.92 | -30.2 | 19.22 | 18.8 |
| 拉丁美洲 | 9.51 | -8.0 | 24.01 | 8.9 |
| 其中：巴西 | 3.62 | 38.6 | 10.11 | -29.2 |
| 北美洲 | 33.50 | -1.3 | 23.32 | 9.9 |
| 其中：加拿大 | 2.72 | 7.9 | 4.37 | 15.9 |
| 美国 | 30.77 | -2.1 | 18.95 | 8.6 |
| 大洋洲 | 4.60 | -37.2 | 12.72 | 25.5 |
| 其中：澳大利亚 | 2.94 | -44.3 | 6.85 | 34.1 |
| 其他 | 0.03 | — | 1.29 | — |

**大连市2016年进出口贸易方式情况表**

| 贸易方式 | 出口 | | 进口 | |
|---|---|---|---|---|
| | 金额（亿美元） | 比上年增长（%） | 金额（亿美元） | 比上年增长（%） |
| **总计** | **244.07** | **-5.4** | **270.62** | **-7.6** |
| 一般贸易 | 87.59 | -7.5 | 99.39 | -20.0 |
| 加工贸易 | 143.20 | 4.3 | 77.38 | -9.8 |
| 来料加工装配贸易 | 35.17 | -0.4 | 33.65 | 0.1 |
| 进料加工贸易 | 108.03 | 5.9 | 43.71 | -16.1 |
| 来料加工装配进口的设备 | 0.00 | 0.0 | 0.02 | -22.7 |
| 边境小额贸易（边民互市贸易除外） | 0.000 4 | 435.1 | 0.000 4 | 409.5 |
| 对外承包工程货物 | 0.18 | -32.7 | 0.00 | 0.0 |
| 租赁贸易 | 0.06 | 62 246.8 | 0.001 | -68.7 |
| 外商投资企业作为投资进口的设备、物品 | 0.00 | 0.0 | 0.52 | -4.0 |
| 出料加工贸易 | 0.02 | 8.5 | 0.02 | -13.1 |
| 保税仓库进出境货物 | 3.68 | -74.9 | 45.38 | -18.0 |
| 保税区仓储转口 | 9.12 | -16.1 | 38.66 | 50.6 |
| 出口加工区内企业从境外进口的设备、物资 | 0.00 | 0.0 | 7.43 | 1 040.8 |
| 其他 | 0.21 | 88.9 | 1.83 | 156.7 |

**大连市2016年出口50强企业情况表**

| 企业名称 | 出口额（亿美元） | 企业名称 | 出口额（亿美元） |
|---|---|---|---|
| 大连西太平洋石油化工有限公司 | 12.59 | 东北特钢集团国际贸易有限公司 | 1.27 |
| 东北中石油国际事业有限公司 | 11.28 | 大连现代液晶显示器有限公司 | 1.10 |
| 大连船舶重工集团有限公司 | 11.10 | 大连港股份有限公司 | 1.06 |
| 大连中远船务工程有限公司 | 6.41 | 东芝物流（大连）有限公司 | 1.04 |
| 大连今冈船务工程有限公司 | 4.62 | 大连固特异轮胎有限公司 | 0.94 |
| 大连阿尔派电子有限公司 | 4.01 | 辉瑞制药有限公司 | 0.94 |
| 中国华录·松下电子信息有限公司 | 3.20 | 大连杰迪高电器有限公司 | 0.94 |
| 大连利旺贸易有限公司 | 2.93 | 三菱电机大连机器有限公司 | 0.94 |
| 大连阿尔卑斯电子有限公司 | 2.80 | 大连华联食品有限公司 | 0.91 |
| 中远川崎船舶工程有限公司 | 2.78 | 大连美森木业有限公司 | 0.89 |
| 大连爱丽思生活用品有限公司 | 2.44 | 辽宁冠丰国际贸易有限公司 | 0.84 |
| 大连松下汽车电子系统有限公司 | 2.41 | 大连远东工具有限公司 | 0.83 |
| 佳能大连办公设备有限公司 | 2.22 | 利优比（大连）机器有限公司 | 0.81 |
| 大连日通外运国际物流有限公司 | 2.20 | 淡水河谷镍业（大连）有限公司 | 0.81 |
| 大连华锐重工国际贸易有限公司 | 1.74 | 万宝至马达大连有限公司 | 0.79 |
| 中国船舶燃料供应大连公司 | 1.71 | 大连海青水产有限公司 | 0.79 |
| 欧姆龙（大连）有限公司 | 1.64 | 奥镁（大连）有限公司 | 0.79 |
| 大连天宝绿色食品股份有限公司 | 1.51 | 利勃海尔机械（大连）有限公司 | 0.77 |
| 大连通世泰建材有限公司 | 1.50 | 唯特利管道设备（大连）有限公司 | 0.76 |
| 大连船舶重工集团海洋工程有限公司 | 1.49 | 大连应捷食品有限公司 | 0.73 |
| 逸盛大化石化有限公司 | 1.48 | 大连韩顺石油化工有限公司 | 0.70 |
| 罗姆电子大连有限公司 | 1.47 | TDK大连电子有限公司 | 0.69 |
| 三菱重工叉车（大连）有限公司 | 1.46 | 中粮麦芽（大连）有限公司 | 0.67 |
| 海尔集团大连电器产业有限公司 | 1.42 | 时代万恒（辽宁）民族贸易有限公司 | 0.65 |
| 日本电产（大连）有限公司 | 1.40 | 大连凯美进出口集团有限公司 | 0.64 |

## 【利用外资】

**概况** 2016年，大连市批准外商投资项目206个，注册外资51.74亿美元，实际使用外商直接投资30.02亿美元。至2016年末，全市累计批准外商投资项目18 618个，累计注册外资1 126.22亿美元，累计实际使用外资1 058.58亿美元。

**外商直接投资行业** 现代服务业成为外资重要领域。新批外商投资项目中，现代服务业项目174个，注册外资36.98亿美元，分别占全市总数的84.5%和71.4%，涉及行业主要为融资租赁、房地产、软件及服务外包、仓储、物流、商贸等；新批制造业项目27个，注册外资11.5亿美元，分别占全市总数的13.1%和22.2%，涉及行业主要为汽车零部件、电子信息、装备机械等；新批现代农业项目3项，注册外资3.24亿美元，分别占全市总数的1.5%和6.3%；其他项目2个，注册外资0.02亿美元，分别占全市总数的0.9%和0.1%。

**外商直接投资来源** 传统外资来源地优势显著。从外资来源地看，香港、美国、日本、毛里求斯和新加坡5个传统外资来源地实际使用外资额位居前5位，分别为9.87亿美元、5.48亿美元、1.81亿美元、0.78亿美元和0.51亿美元，总计18.45亿美元，占全市实际使用外资总额的61.5%。

**外商直接投资方式** 独资方式占居首位。新批外商投资项目中，外商独资项目136个，注册外资25.09亿美元，分别占全市总数的66%和48.5%；合资项目68个，注册外资24.01亿美元，分别占全市总数的33%和46.4%。

**外商直接投资项目** 大项目对利用外资作用明显。新批外商投资项目中，投资总额1亿美元（含）以上外商投资项目13个，5 000万美元（含）—1亿美元外商投资项目8个，1 000万美元（含）—5 000万美元外商投资项目20个；新批注册外资1 000万美元以上的项目34个，注册外资合计39.2亿美元，分别占总数的16.5%和75.8%。其中，实际进资1 000万美元以上项目18个，实际利用外资27.9亿美元，分别占总数的8.7%和92.9%。主要项目有英特尔非易失性存储器、松下电器冷机系统、大众汽车自动变速器扩产、固特异轮胎五期、欧力士金融产业投资集团、索尼信息系统中国区总部等。全年新引进世界500强和行业百强投资项目17个。至年末，113家世界500强在大连投资设立企业262家，覆盖先进制造、融资租赁、服务外包、技术研发、物流仓储等行业。

**大连市2016年实际使用外商直接投资情况表**

| 指标 | 项目数（个） | 注册外资（亿美元） | 实际使用外资（亿美元） |
|---|---|---|---|
| **合计** | **206** | **51.74** | **30.02** |
| 1. 按经营方式分 | | | |
| 合资经营 | 68 | 24.01 | 8.48 |
| 合作经营 | 2 | 2.65 | 0.001 5 |
| 外资经营 | 136 | 25.09 | 21.54 |
| 2. 按产业分 | | | |
| 第一产业 | 3 | 3.24 | 0.00 |
| 第二产业 | 29 | 11.52 | 14.40 |
| 其中：制造业 | 27 | 11.50 | 14.40 |
| 第三产业 | 174 | 36.98 | 15.62 |

## 【对外经济合作】

**对外投资** 2016年，大连市对外贸易经济合作局贯彻落实国家“一带一路”战略，进一步推动实施“走出去”战略，保持境外投资的良好发展态势。全年核准境外投资项目144个，协议总投资38.28亿美元，比上年增长12.3%，其中中方协议投资32.78亿美元，下降2%。

境外投资项目中，大连远洋渔业金枪鱼钓有限公司投资3亿美元并购日本瑞株式会社；大连万达商业地产股份有限公司投资9.85亿美元在澳大利亚新设万达悉尼一号有限公司；大连大神娱乐股份有限公司投资2.25亿美元在文莱新建互联网企业；大连海润来集团有限公司投资澳大利亚零售业1.47亿美元；大连和升控股集团有限公司向和升（香港）投资控股有限公司增资5 000万美元；大连海育贸易有限公司投资5 000万美元在香港新设启轩实业有限公司；大连易世达新能源发展股份有限公司投资3 850万美元在美国新设易世达（美国）能源有限公司；大杨集团有限责任公司投资3 000万美元在加拿大参股设立都琪服装有限公司。

**承包工程** 对外承包工程营业额6.43亿美元，比上年增长7%。对外承包工程中，中广核核技术发展股份有限公司签订苏里南70公里道路项目和苏里南四期道路项目，合同金额分别为7 000万美元和2.35亿美元；中国能源建设集团东北电力第二工程公司签约巴基斯坦塔尔至默帝亚里500千伏双回路输电线路项目，合同金额5 818万美元。

**劳务合作** 外派劳务人员6 440人（其中工程项下358人），比上年下降10%。对外劳务合作劳务人员实际收入总额9 165万美元，比上年下降44%。

【其他】

**辽宁省设立自贸试验区**　2016年8月，党中央、国务院决定，在辽宁省、浙江省、河南省、湖北省、重庆市、四川省和陕西省新设立7个自贸试验区。在辽宁省设立自贸试验区，是新形势下全面深化改革、扩大开放和加快推进东北老工业基地振兴的重大举措，将带动东北老工业基地体制机制改革创新和产业结构优化升级。

**辽宁沿海经济带开发建设**　2016年，大连市沿海经济带开发建设领导小组办公室申请大连市政府同意将大连沿海经济带重点园区公共基础设施建设项目补助政策再延续执行2年，促进重点园区发展。开展全市重点园区发展情况调研，形成《大连市经济类开发区发展情况调研报告》。同时，修订《中国开发区审核公告目录》，向国家发展和改革委员会、国土资源部、住房和城乡建设部报送15个开发区纳入新版《中国开发区审核公告目录》的申请。全年全市19个沿海经济带重点园区完成固定资产投资697亿元，占全省45个重点园区的49.6%，占全市的48.5%；实现一般公共预算收入200.6亿元，占全省45个重点园区的64.1%，占全市的32.8%；实际利用外资12.9亿美元，占全省45个重点园区的90.7%，占全市的43%。

**处理外派劳务突发事件应急预案出台**　2016年9月，《大连市外经贸局处理外派劳务突发事件应急预案》出台。该应急预案包括预防、预警、处置程序、应急处置情况通报、处置终止、后期处置表彰与问责等内容。应急预案的出台，对规范大连市对外劳务合作管理，及时控制和妥善处理劳务突发事件，维护社会和谐稳定，保障大连市外派劳务人员的生命财产安全和合法权益具有重要意义。

**支持企业“走出去”政策出台**　2016年10月，根据《财政部　商务部关于2016年度外经贸发展专项资金重点工作的通知》精神，大连市对外贸易经济合作局下发《关于2016年度外经贸发展专项资金——支持对外承包工程和境外投资等业务的工作通知》，政策支持大连市企业“走出去”。

通知中明确，支持交通运输、电力、通信设施、矿产资源、航空航天、海洋工程、农业、林业等行业的对外投资；支持装备制造、绿色石化、集成电路、软件和信息服务、生物制药、新能源、新材料、节能环保、物流、电子商务、文化教育、健康产业等国家鼓励且有利于地方经济发展的其他行业和领域的对外投资；支持在基础设施、基础产业及有利于改善当地民生等领域开展的附加值高、影响力大，具有技术标准优势的境外工程承包项目；支持企业组织劳务人员赴其他国家和地区为境外企业或机构工作的经营性活动；支持对劳务人员开展培训，提高外派劳务素质，推动技能型、高端型劳务输出，建设、运营对外劳务合作服务平台；支持企业参与和承接国家对外援助项目；支持为促进“走出去”事业发展的公共服务项目等。

该通知的下发，对支持企业“走出去”开展国际产能合作，提高企业“走出去”的质量和效果，更好地利用国内外“两个市场”“两种资源”，参与“一带一路”建设具有重要意义。

**开展经贸招商活动**　2016年，大连市对外贸易经济合作局组织6次由市领导带队赴美国、巴西、阿根廷、日本、新加坡、韩国、以色列、香港、俄罗斯、波兰、格鲁吉亚等国家和地区参加重大招商活动。市长肖盛峰率大连市经贸代表团于5月8日—17日赴美国、巴西和阿根廷3国开展为期10天的经贸促进活动。出访期间，代表团拜访企业、政府部门、商会组织等近20家，举办“走进德克萨斯—大连市情推介会”和阿根廷企业家见面会，推进经贸与友好合作项目20项。5月，在新加坡—辽宁经贸理事会第九次会议上，新加坡伊顿国际教育集团、大连高新技术产业园区和香港瑞安集团三方签署了合作协议，将在大连天地软件园河口园区建设大连伊顿国际学校。该项目计划于2018年6月竣工，2018年9月正式开学。市委常委、副市长卢林率大连市经贸代表团于11月20日—27日赴日本、香港地区开展经贸交流活动，向当地工商界宣传辽宁自贸试验区、沈大国家级自主创新示范区、金普新区国家开放型经济新体制综合试点区、大连跨境电子商务综合试点区等一批对外开放战略平台及相关的最新开放政策，介绍大连市的经济和社会发展情况，进一步深化经贸合作关系，推动一批重点合作项目进展。

2016年，大连市对外贸易经济合作局抢抓“一带一路”战略机遇，构建对外开放新格局，多举措促进企业“走出去”。组织30余家企业赴南美举办大连工业品展销博览会，与宁夏、青海等“一带一路”沿线省市开展经贸合作，组织企业参加辽宁—乌干达贸易投资项目推介会、美国科罗拉州投资移民政策与税收政策研讨会、辽宁—普拉霍瓦省贸易投资项目对接会等活动。至年末，组织境内外展会85个，参展企业530家，实现展会成交额16.3亿美元，比上年增长2.8%。

**大连展团参加广交会**　2016年4月15日—5月5日，第119届中国进出口商品交易会（广交会）分3期在广东省广州市举行，大连组团参展，参展企业201家，参展人员2 000余人，3期累计成交额5.69亿元。10月15日—11月4日，第120届中国进出口商品交易会（广交会）分3期在广东省广州市举行，大连组团参展，参展企业208家，参展人员2 100余人，3期累计成交额5.79亿美元。

**大连汽车平行进口试点获批**　2016年10月，商务部、工业和信息化部、环境保护部、交通运输部、海关总署、质量监督检验检疫总局和认证认可监督管理委员会七部门正式批复同意大连市在保税区（含大连国家生态工业示范园区）开展汽车平行进口试点。大连市成为继上海、天津、福建、广东四个自贸区之外，第一批获准开展汽车平行进口的试点城市，也是东北地区唯一开展汽车平行进口试点的城市。平行进口汽车是指除总经销商以外的其他进口商从原产地进口的汽车，与国内授权经销渠道“平行”，由于免去了中间环节，此类汽车市场售价一般较低，有利于打

破行业垄断。平行进口车是合法产品，同样经过3C认证进入国内市场，只是批量较小。大连获批开展汽车平行进口试点将提升大连口岸的影响力、带动力和辐射力，进一步推动大连国际航运中心和贸易中心建设。

**大连跨境电子商务综合试验区获批** 2016年1月，国务院印发《关于同意在天津等12个城市设立跨境电子商务综合试验区的批复》，同意在天津市、上海市、重庆市、合肥市、郑州市、广州市、成都市、大连市、宁波市、青岛市、深圳市和苏州市12个城市设立跨境电子商务综合试验区。4月8日，辽宁省人民政府印发《中国（大连）跨境电子商务综合试验区实施方案》。方案明确提出大连市建设跨境电子商务综合试验区要突出区位、交易和联动特色，搭建"单一窗口"平台、园区综合服务平台、外贸综合服务平台和先进装备制造、粮食、服装、水产品等特色交易平台，建成智能物流体系、金融服务体系、公共服务体系，培育软件服务外包出口的独特优势、本土知名品牌的竞争优势和跨境电商的后发优势，以及打造一批区域性、跨界性、专业性园区的五方面重点目标任务。至年末，大连跨境电子商务综合试验区"单一窗口"平台开通运行，5个线下园区建成挂牌，跨境电商平台增至30余家，跨境电商企业发展至400余家，海运直购业务开通，东北地区唯一的跨境电商空港快件监管中心投入运营。

# 2016年吉林省商务发展概况

吉林省商务厅

丛红霞

吉林省商务厅厅长

丛红霞　女，生于1958年2月，吉林长春人，1976年7月参加工作，1986年6月加入中国共产党，中央党校函授学院经济管理专业函授本科毕业，吉林省委党校经济学专业研究生学历。历任吉林省统计局副处长，吉林省政府办公厅副处长、处长，吉林省政府经济技术协作办公室副主任。2010年4月任吉林省政府副秘书长、办公厅党组成员，吉林东北亚投资贸易博览会执委会副主任、秘书长（兼，正厅长级）。2013年3月任吉林省商务厅厅长。

## 【国内贸易】

**社会消费品零售总额** 2016年，吉林省社会消费品零售总额7 310.42亿元，比上年的6 646.46亿元增长9.9%。按地域分，城镇6 554.51亿元，乡村755.91亿元。按消费形态分，商品零售6 425.5亿元，餐饮收入884.92亿元。

**批发和零售贸易业企业商品购、销、存总额** 限额以上批发和零售业商品销售总额11 202.2亿元（其中，批发4 377.59亿元，零售6 824.61亿元）。

批发业企业商品销售总额4 377.59亿元，比上年的4 068.39亿元增长7.6%。其中，限额以上1 772.23亿元，限额以下2 605.37亿元；

零售业企业商品销售总额6 824.61亿元，比上年的6 012.87亿元增长13.5%。其中，限额以上2 339.18亿元，限额以下4 485.44亿元。

**市场物价** 商品零售价格指数为101.3（以上年价格为100），其中城市101.4，农村100.8；居民消费价格指数为101.6（以上年价格为100），其中城市101.5，农村101.9。

**市场体系建设** 农村电子商务稳步推进。一是稳步推进电子商务进农村综合示范县项目建设，到2016年底，共建成8个县域公共服务中心，1 200个村级服务站点，培训24万人次，新增网店2万个，实现农村网购金额10亿元，农村产品网销金额近4亿元，带动2万人就业。二是举办了首届国家电子商务进农村综合示范县农产品对接采购大会，共有17个省份、141个示范县的542人参会，会议现场线下展示体验产品677款。三是电商镇、电商村的评选广泛深入，2016年共评选出10个电商镇、72个电商村，按电商镇30万元、电商村10万元的标准给予奖补。

进一步强化农产品流通市场主体。起草下发了《吉林省加快商品交易市场转型升级行动计划》等文件。开展了农产品冷链流通标准化示范试点企业调度工作，省内7户企业争取到国家农产品冷链流通标准化示范试点企业。长春海吉星农产品物流中心被商务部评选为首批全国公益性农产品示范市场。

贯彻落实《吉林省交易场所监督管理暂行办法》，监督指导大宗商品中远期交易场所做好清理整顿工作。

**流通业发展** 加快物流城市示范试点建设，扩大城市物流智慧平台覆盖，与国家仓储协会成功举办第八届中国城市物流发展大会。

加快再生资源回收体系建设，全省再生资源回收经营者备案登记率达98%以上，共有再生资源回收企业1 100多家，回收网点4 400个，回收加工点140多个，专职从业人员3万余人。

提升老字号品牌价值，弘扬东北优秀文化。全省共有老字号企业135家，其中，中华老字号20家，吉林老字号115家。

多样化流通服务业取得突破性进展。指导拍卖业发挥作用。省拍卖协会与省政务公开协调办公室共建全省公共资源拍卖中心。对省直机关公车改革取消车辆进行公开拍卖，拍卖车辆453台，总成交额人民币2 482.9万元，成交率为100%，总溢价率为90.26%。融资租赁业、商业保理业发展实现零突破。已有内资融资租赁公司3家，注册资本金都在2亿元以上。3户保理公司相继成立，1户已开展相关业务。

**市场运行和消费促进** 一是基本生活消费快速增长。“吃”类商品销售全年实现431.62亿元，增长11.1%。二是消费升级产品增长较快。通讯器材类商品实现销售33.57亿元，增长13.5%；文化办公用品类商品实现销售35.19亿元，增长6.9%。三是房地产相关商品增速迅猛。2016年全省商品房销售面积和销售额增长较快，房地产市场火热，与住房相关的建筑及装潢材料类、家具类商品销售分别增长13.3%和13.2%，远高于“用”类商品3%的年度增速。四是出行消费呈现较快增长。全省限上汽车企业全年销售实现518.25亿元，增长5.9%，高于2015年同期7.5个百分点。“1.6升及以下排量乘用车实施减半征收车辆购置税”这一优惠政策对提振汽车市场消费作用明显。

**【对外贸易】**

**进出口总额** 进出口总额184.4亿美元，比上年的189.4亿美元下降2.3%。

**出口总额** 出口总额42.1亿美元，比上年的46.5亿美元下降8.8%，占全省国内生产总值14 886亿元的1.9%，占全国出口额的0.2%。

**进口总额** 进口总额142.4亿美元，比上年的142.9亿美元下降0.2%。

**出口商品市场** 出口商品销往161个国家（地区）。

**进口商品市场** 进口商品来自95个国家（地区）。

**服务贸易** 服务进出口总额76.1亿美元，比上年的61亿美元增长24.8%。其中，出口额13.4亿美元，比上年的12.3美元增长8.9%；进口额62.7美元，比上年的48.7美元增长28.7%。服务贸易的主要行业包括旅行、运输、专业管理和咨询、电信计算机和信息服务、建筑服务等。主要贸易伙伴包括欧洲、美国、日本、韩国等。

**服务外包** 服务外包离岸执行金额8 822.0万美元，增长12.5%。

**技术进出口** 技术进出口总额79 034.5万美元，比上年的31 735.1万美元增长149%。签订引进技术和进口设备合同项目186个，比上年增加69个；合同金额71 070万美元，比上年的25 432.7万美元增长179.4%；签订技术出口合同项目96个，比上年增加2个；合同金额7 964.5万美元，比上年的6 302.42万美元增长26.37%。

**吉林省2016年出口额1 000万美元以上商品情况表**

| 序号 | 商品名称 | 出口金额（万美元） | 增长率（%） |
|---|---|---|---|
| 1 | 胶合板及类似多层板 | 29 833 | -11.71 |
| 2 | 服装及衣着附件 | 25 703 | -33.20 |
| 3 | 轨道客车及其零件 | 25 088 | -3.62 |
| 4 | 鲜、干水果及坚果 | 21 270 | 5.34 |
| 5 | 医药品 | 15 959 | 11.02 |
| 6 | 汽车和汽车底盘 | 15 551 | -7.81 |
| 7 | 汽车零件 | 13 468 | 12.42 |
| 8 | 纺织纱线、织物及制品 | 10 656 | -12.44 |
| 9 | 干豆 | 7 339 | 21.22 |
| 10 | 家具及其零件 | 7 324 | -4.29 |
| 11 | 钢材 | 7 263 | -60.91 |
| 12 | 赖氨酸 | 6 299 | 74.56 |
| 13 | 水海产品 | 5 920 | 1.48 |
| 14 | 新的充气橡胶轮胎 | 4 696 | -43.15 |
| 15 | 谷物及谷物粉 | 4 237 | 51.04 |
| 16 | 植物榨油后的剩余物 | 3 802 | 7.36 |
| 17 | 塑料制品 | 3 793 | 13.33 |
| 18 | 手用或机用工具 | 3 664 | 42.64 |

**吉林省 2016 年出口额 1 000 万美元以上商品情况表（续）**

| 序号 | 商品名称 | 出口金额（万美元） | 增长率（%） |
|---|---|---|---|
| 19 | 肥料 | 3 526 | -25.53 |
| 20 | 通断保护电路装置及零件 | 3 430 | 75.78 |
| 21 | 炉用碳电极 | 3 347 | -37.37 |
| 22 | 药材 | 3 134 | -42.01 |
| 23 | 二极管及类似半导体器件 | 3 016 | -27.18 |
| 24 | 蔬菜 | 2 785 | 10.58 |
| 25 | 鸡肉 | 2 337 | -15.37 |
| 26 | 家用或装饰用木制品 | 2 307 | 50.01 |
| 27 | 有线电话机 | 2 118 | 24 418.92 |
| 28 | 录、放像机 | 1 833 | -35.51 |
| 29 | 电线和电缆 | 1 591 | -7.10 |
| 30 | 食用油籽 | 1 422 | 56.96 |
| 31 | 未锻造的铝及铝材 | 1 392 | 46.77 |
| 32 | 摩托车 | 1 348 | -14.68 |
| 33 | 旅行用品及箱包 | 1 257 | -22.78 |
| 34 | 烘焙花生 | 1 191 | 89.90 |
| 35 | 锯材 | 1 141 | -7.34 |
| 36 | 生铁及镜铁 | 1 138 | -22.89 |
| **合 计** | | **250 178** | |

**注**：以上商品出口额占全省出口总额的 64.1%。

**吉林省 2016 年进口额 1 000 万美元以上商品情况表**

| 序号 | 商品名称 | 进口金额（万美元） | 增长率（%） |
|---|---|---|---|
| 1 | 汽车零件 | 372 940 | 1.51 |
| 2 | 汽车和汽车底盘 | 216 794 | -9.33 |
| 3 | 通断保护电路装置及零件 | 37 253 | 0.26 |
| 4 | 计量检测分析自控仪器及器具 | 37 204 | 2.01 |
| 5 | 铜矿砂及其精矿 | 32 575 | 405.63 |
| 6 | 电视机、收音机及无线电讯设备的零附件 | 31 375 | 1.60 |
| 7 | 大豆 | 28 166 | -37.36 |
| 8 | 金属加工机床 | 18 330 | 123.71 |
| 9 | 活塞式内燃机的零件 | 13 459 | 18.96 |
| 10 | 录音机及收录（放）音组合机（包括整套散件） | 12 024 | 8.42 |
| 11 | 鲜、干水果及坚果 | 11 585 | -5.06 |
| 12 | 钢材 | 11 261 | -11.91 |
| 13 | 电动机及发电机 | 9 835 | 18.05 |
| 14 | 煤 | 8 938 | -15.55 |
| 15 | 初级形状的塑料 | 8 328 | -3.36 |
| 16 | 电池 | 6 387 | -7.28 |
| 17 | 制冷设备用压缩机 | 6 120 | 11.43 |
| 18 | 液泵及液体提升机 | 5 784 | 4.18 |
| 19 | 变压、整流、电感器及零件 | 5 586 | -44.89 |
| 20 | 空气调节器 | 5 517 | 7.31 |
| 21 | 塑料制品 | 5 424 | 25.59 |

**吉林省 2016 年进口额 1 000 万美元以上商品情况表（续）**

| 序号 | 商品名称 | 进口金额（万美元） | 增长率（%） |
|---|---|---|---|
| 22 | 钢铁制标准坚固件 | 4 933 | 8.03 |
| 23 | 锯材 | 4 779 | 29.34 |
| 24 | 未锻造的铜及铜材 | 3 445 | |
| 25 | 机械提升搬运装卸设备及零件 | 3 275 | -18.74 |
| 26 | 医疗仪器及器械 | 3 054 | -25.14 |
| 27 | 二极管及类似半导体器件 | 2 745 | 35.63 |
| 28 | 纸浆 | 2 498 | 99.62 |
| 29 | 无线电导航雷达及遥控设备 | 2 394 | 33.79 |
| 30 | 电线和电缆 | 2 167 | -22.15 |
| 31 | 食品加工机械及零件 | 2 059 | 593.69 |
| 32 | 谷物及谷物粉 | 1 711 | -48.77 |
| 33 | 阀门 | 1 626 | -29.14 |
| 34 | 钢坯及粗锻件 | 1 577 | 227.97 |
| 35 | 食用植物油 | 1 473 | 500.90 |
| 36 | 电容器 | 1 409 | 37.32 |
| 37 | 铁矿砂及其精矿 | 1 363 | -38.81 |
| 38 | 天然橡胶（包括胶乳） | 1 286 | 138.78 |
| 39 | 印刷电路 | 1 278 | 12.00 |
| 40 | 原木 | 1 182 | 87.88 |
| 41 | 橡胶或塑料加工机械及零件 | 1 177 | -44.52 |
| 42 | 纺织机械及零件 | 1 115 | 64.28 |
| 43 | 合成橡胶（包括胶乳） | 1 029 | -53.82 |
| 44 | 电阻器 | 1 018 | 5.98 |
| | **合 计** | **933 478** | |

注：以上商品进口额占全省进口总额的 67.7%。

**吉林省 2016 年主要出口市场情况表**

| 国别（地区） | 出口金额（万美元） | 占出口总额比重（%） |
|---|---|---|
| 韩 国 | 45 235 | 11.59 |
| 美 国 | 38 777 | 9.94 |
| 日 本 | 37 626 | 9.64 |
| 德 国 | 26 308 | 6.74 |
| 泰 国 | 16 787 | 4.30 |
| 俄罗斯 | 15 647 | 4.01 |
| 印 度 | 15 274 | 3.91 |
| 荷 兰 | 12 410 | 3.18 |
| 新加坡 | 11 269 | 2.89 |
| 越 南 | 10 442 | 2.68 |
| **合 计** | **229 775** | **58.88** |

**吉林省 2016 年主要进口市场情况表**

| 国别（地区） | 进口金额（万美元） | 占进口总额比重（%） |
|---|---|---|
| 德 国 | 610 868 | 44.34 |
| 日 本 | 135 857 | 9.86 |
| 斯洛伐克 | 92 285 | 6.70 |
| 匈牙利 | 65 150 | 4.73 |
| 捷克共和国 | 51 824 | 3.76 |
| 美 国 | 36 316 | 2.64 |
| 比利时 | 30 982 | 2.25 |
| 俄罗斯 | 27 836 | 2.02 |
| 韩 国 | 25 874 | 1.88 |
| 意大利 | 24 055 | 1.75 |
| **合 计** | **1 101 047** | **79.93** |

**【利用外资】**

2016 年，吉林省实际利用外资 94.31 亿美元，比上年增长 10.0%，其中，外商直接投资 22.74 亿美元，增长 6.9%。全年实际利用外省资金 7 649.36 亿元，增长 12.0%。

**【对外经济合作】**

**对外投资** 2016 年，吉林省备案设立境外企业和机构

105家。其中，境外企业100家，境外机构5家，中方协议投资额349 273.7万美元，比上年增长19.7%。主要投向俄罗斯、蒙古、美国、韩国、香港、日本等国家和地区，涉及煤炭开采和洗选业、房地产、国际贸易、汽车配件、旅游、医药、种养殖等行业。

**承包工程** 对外承包工程新签合同额37 200万美元，完成营业额38 257万美元，比上年增长4%。工程项下新派劳务人数620人，期末在外2 708人。

**劳务合作** 对外劳务合作新派人数4 902人，期末在外人数27 533人，完成营业额38 257万美元。新签劳务人员合同工资总额31 110万美元，劳务人员实际收入总额19 511万美元。全省建立对外劳务合作服务平台38家，其中37家入选商务部服务平台网站，12家服务平台获得国家外经贸资金扶持。

**【其他】**

**运输** 2016年全省各种运输方式完成货物运输周转量1 630.84亿吨公里，比上年增长3.3%；货物发送量4.97亿吨，增长3.8%。全年各种运输方式旅客运输周转量486.51亿人公里，增长0.6%；旅客发送量3.55亿人次，下降3.8%。民航集团全年共保障运输起降航班9.31万架次，完成旅客吞吐量1 158.71万人次。

**旅游** 2016年全省接待国内外游客16 578.77万人次，比上年增长17.3%。其中，接待国内游客16 416.82万人次，增长17.4%；接待入境游客161.95万人次，增长9.4%。在入境游客中，接待外国游客142.17万人次，增长10.0%；港澳台同胞19.78万人次，增长4.7%。全年旅游总收入2 897.37亿元，增长25.2%。其中，国内旅游收入2 845.94亿元，增长25.4%；旅游外汇收入7.91亿美元，增长9.3%。

年末全省有旅行社1 036家，其中，分社303家。星级以上饭店193家，其中，五星级宾馆5家。拥有国家A级旅游景区243家，其中，5A级旅游景区5家。

# 2016年长春市商务发展概况

长春市商务局

长春市商务局局长

高　山　男，1971年出生，硕士研究生，中共党员。历任长春市宽城区委组织部副部长、宽城区团山街道党工委书记、宽城区财政局局长、双阳区宣传部长、长春市委宣传部副部长、长春市工信局（中小企业局）副局长、长春市东北开发办主任（正局级）、长春市奋战150天市容整治领导小组办公室主任、长春市财政局副局长（正局级）。2016年9月任长春市商务局局长。

**【国内贸易】**

**社会消费品零售总额** 2016年，吉林省长春市社会消费品零售总额2 650.3亿元，比上年的2 414.7亿元增长9.8%。按地域分，城镇2 409.1亿元，增长9.3%；乡村241.1亿元，增长14.1%。按行业分，批发和零售业2 374.7亿元，住宿和餐饮业275.5亿元。

**市场秩序建设** 法治商务建设方面。完成全市“双打”专项整治任务，单用途商业预付卡管理更加规范，已有卓展、百货大楼等20家企业备案登记。商务行政服务方面。大力推进“一门式、一张网”行政审批改革。推进容缺服务、预约服务、帮办服务、延伸服务等行政审批服务，不断提高服务企业、服务群众水平。全年完成各类审批、备案登记业务1 957件。商贸领域安全生产方面。编制了《长春市商贸领域安全生产汇编》，为企业培训600余人次。开展“春季行动”“两节两会”“创城评估”等40余次安全生产隐患专项整治行动，共检查400余家企业。对辖区内成品油零售市场进行安全大检查，保证成品油市场安全。

**市场体系建设** 商业网点规划、管理方面。出台《长春市城市商业网点规划（2016—2030年）》。为金天爱心健康医药有限公司等23户外资企业开设销售店铺及经营场所变更等出具网点规划意见。完成广东九极生物科技等7户直销网点的认证工作。市场体系建设方面。“万村千乡市场工程”建设工作不断推进，支持欧亚、远方、新天地等承办企业完善“农家店管理系统”信息平台，提高商品配送率，切实加强对所建“农家店”的经营管理。肉菜流通追溯体系建设顺利推进。共完成各类节点建设283家。

**流通业发展** 商贸物流建设不断加快，旷骅医药物流等3家企业被确定为商贸物流标准化重点推进企业。支持家政服务体系建设，进一步提升家政服务人员从业素质，举办全市家政服务技能大赛，为全市600名家政服务人员提供专业培训。支持餐饮企业升档晋级，成立长春市餐饮行业协会，提升全市餐饮企业自我管理、自我服务、自我组织、自我约束的能力。有6户企业被评为国家四钻级酒家。鼓励企业申报省级老字号，支持并推进东发合茶叶等8户企业为吉林省老字号企业。完成老旧报废汽车更新补贴和“黄标车”报废补贴3 000多万元，为车主二次购车消费提供了资金支持。规范典当、拍卖、二手车、成品油特许经营等特殊行业管理。受理瑞轩二手车鉴定评估有限公司等12家机构的设立申请。完成全市103家典当行年审工作，新增2户典当企业。完成17户公物拍卖企业资格年检，新增吉林长禾等3户拍卖企业。

**市场运行和消费促进** 市场运行监测和分析不断增强。全年共发布信息961篇，原创信息240篇，其中动态分析228篇，专题分析4篇，综合分析8篇。做好肉菜等必需品市场应急管理，适时开展肉菜储备调控。组织15户承储企业，储备土豆、白菜等蔬菜1万吨。春节期间，通过8家承储企业，向全市各大市场、超市投放生猪1万头，保障了市场供应稳定。消费市场持续活跃。市、区（县）联动，突出专业性、节庆式促销，组织开展了“百店联展惠春城”等百余项活动，进一步促进了全市消费，拉动了城乡经济增长。利用展会平台，千方百计拓宽销售渠道，扩大地产品在域外的销路。组织名特优产品参加“国际食品和饮料展览会”“中国国际投资暨全球采购会”“中国食品餐饮博览会”等国内知名展会，扩大地产品在域外的知名度。

## 【对外贸易】

**进出口总额** 进出口总额1 415 433万美元，比上年的1 398 400万美元增长1.22%。

**出口总额** 出口总额190 729万美元，比上年的191 192万美元下降0.24%。

**进口总额** 进口总额1 224 704万美元，比上年的1 207 208万美元增长1.45%。

**出口商品结构** 初级产品出口额26 523万美元，占出口总额的13.91%；工业制成品出口额164 206万美元，占出口总额的86.09%。

**进口商品结构** 初级产品进口额31 367万美元，占进口总额的2.56%；工业制成品进口额1 193 337万美元，占进口总额的97.44%。

**服务外包** 营造良好的产业发展氛围。通过努力，经国务院批准，新增沈阳、青岛、长春等10个城市为“中国服务外包示范城市”，这是长春市继长春新区获批后，获得的又一枚“国家级”城市金字招牌，将进一步加快推进长春市产业优化升级和与国际经济接轨的步伐。编制《长春市“十三五”服务外包业发展规划》，为服务外包产业发展提供科学、可持续支撑。举办“2016年长春国际服务外包产业年会”。用好专项资金，支持企业发展。搭建境内外活动平台，引进高端企业，壮大服务外包主体。组织企业参加北京第四届国际服务贸易交易会、大连第十四届中国国际软件和信息服务交易会、2016中国吉林服务贸易交流洽谈会、南京“2016全球服务外包大会”、日本第十七届世界冬季城市物产展等展会及赴日本、越南、斯里兰卡等国家开展服务外包推介洽谈活动。促成了日本株式会社CSC、M-NET、濑户内设计、横河电机和大连多奥科技、艾克威尔等企业来长意向。目前，服务外包离岸业务执行额占吉林省的70%。

**长春市2016年出口额2 000万美元以上商品情况表**

| 商品名称 | 出口金额（万美元） | 占出口总额比重（%） |
|---|---|---|
| 轨道客车及零件 | 22 537 | 11.82 |
| 汽车及汽车底盘 | 20 495 | 10.75 |
| 汽车零件 | 12 774 | 6.70 |
| 蛋白粉等食品残渣或饲料 | 10321 | 5.41 |
| 复合地板 | 9 341 | 4.90 |
| 服装及衣着附件 | 8 381 | 4.39 |
| 抗菌素 | 7 256 | 3.80 |
| 自动调节或控制仪器及装置 | 6 382 | 3.35 |
| 赖氨酸 | 4 349 | 2.28 |
| 轮胎 | 4 161 | 2.18 |
| 合　计 | **105 997** | **55.57** |

**长春市2016年进口额1亿美元以上商品情况表**

| 商品名称 | 进口金额（万美元） | 占进口总额比重（%） |
|---|---|---|
| 汽车零件 | 372 914 | 30.45 |
| 汽车和汽车底盘 | 216 788 | 17.70 |
| 电机、电气及收录装置 | 188 385 | 15.38 |
| 活塞内燃机 | 48 004 | 3.92 |
| 电器及电子产品 | 37 614 | 3.07 |
| 通断保护电路装置及零件 | 37 201 | 3.04 |
| 自动调节或控制仪器及装置 | 35 931 | 2.93 |
| 计量检测分析自控仪器 | 35 291 | 2.88 |
| 钢铁制品 | 31 680 | 2.59 |
| 大豆 | 26 155 | 2.14 |
| 合　计 | **1 029 963** | **84.10** |

**长春市 2016 年主要出口市场情况表**

| 国别（地区） | 出口金额（万美元） | 占出口总额比重（%） |
|---|---|---|
| 日　本 | 17 312 | 10.72 |
| 泰　国 | 15 157 | 7.95 |
| 美　国 | 14 769 | 7.74 |
| 韩　国 | 12 118 | 6.35 |
| 德　国 | 11 477 | 6.02 |
| 新加坡 | 9 293 | 4.87 |
| 印　度 | 8 264 | 4.33 |
| 爱沙尼亚 | 7 648 | 4.01 |
| 伊　朗 | 7 039 | 3.69 |
| 香　港 | 5 340 | 2.80 |
| **合　计** | **108 417** | **56.84** |

**长春市 2016 年主要进口市场情况表**

| 国别（地区） | 进口金额（万美元） | 占进口总额比重（%） |
|---|---|---|
| 德　国 | 603 202 | 49.25 |
| 日　本 | 128 056 | 10.46 |
| 斯洛伐克 | 92 285 | 7.54 |
| 匈牙利 | 65 146 | 5.23 |
| 捷克共和国 | 51 792 | 4.23 |
| 比利时 | 30 626 | 2.50 |
| 美　国 | 29 573 | 2.41 |
| 意大利 | 22 342 | 1.82 |
| 泰　国 | 20 658 | 1.69 |
| 韩　国 | 16 633 | 1.36 |
| **合　计** | **1 060 313** | **86.58** |

**【利用外资】**

2016 年，全市招商引资工作紧紧围绕“重点产业、重点园区、重点企业”，不断谋划新思路，创新新方式，“走出去”和“请进来”活动成效显著，对全市经济增长贡献率进一步提高。全年实际利用外资 65 亿美元，同比增长 14.7%，其中，直接利用外资 12.9 亿美元，同比增长 8%。新设立外商投资企业 28 户。从产业看，一产 5 户，二产 8 户，三产 15 户。从投资类型看，合资企业 11 户，合作企业 1 户，外资企业 16 户。合同外资前 4 位国家和地区分别是香港、以色列、德国、俄罗斯。

**【对外经济合作】**

**对外投资**　2016 年，境外投资办企业 51 户，中方协议投资总额 24.3 亿美元。

**承包工程和劳务合作**　对外承包工程和对外劳务合作实现营业额 4.4 亿美元，同比下降 3%。

**【其他】**

**开发区**　2016 年，长春新区实际利用外资 197 063 万美元，长春经济技术开发区实际利用外资 211 866 万美元。

**兴隆综合保税区**　各项指标快速增长。2016 年实现报关单证 10 191 票，比上年增长 91.16%。货运量 20.53 万吨，增长 201.1%。货值 43.59 亿元，增长 161.58%。征收税款 1.58 亿元，增长 188.27%。一线进出口货值 12.99 亿元，增长436%。“长满欧”班列承运货物 1 494 标箱，报关货值 5 380 万欧元，进出港集装箱是上年度 3 倍，报关货值是上年度的 1.4 倍。跨境电商出口包裹 2 786 万件，增长 3.1 倍，货值 1.09 亿美元，货运量 2 345.8 吨，增长 2.3 倍，离境航班 135 架次，在海关正规监管系统试点城市中，长春跨境电商出口业务量稳居全国前五名。重大平台及项目建设进展顺利。综保区铁路集装箱场站获批国家级临时口岸对外开放，成为全省内陆地区唯一的国家一类铁路口岸；进口肉类指定查验场通过国家正式验收和并实现运营，成为吉林省唯一的进口肉类指定查验场；国际快件海关监管中心已具备运营使用条件。这些平台和项目建设为综保区全面进入发展“快车道”奠定了重要基础。

# 2016年黑龙江省商务发展概况

黑龙江省商务厅

黑龙江省商务厅厅长

孟祥君　男，1955年出生，1974年参加工作，1976年入党。在职研究生学历。曾任鹤岗市新华造纸厂青年农场副场长，牡丹江商校教员，鹤岗市财贸办秘书，鹤岗市工商局秘书、办公室主任、副局长。1985年9月—1992年8月，任鹤岗市工商局局长、党组书记；1992年8月—2000年1月，先后任团黑龙江省委副书记、党组副书记、省青联主席；2000年1月—2002年10月，任黑龙江省工商局副局长、党组副书记；2002年10月—2012年5月，任黑龙江省工商局局长、党组书记；2012年5月起，任黑龙江省商务厅党组书记、厅长。

## 【国内贸易】

**社会消费品零售总额**　2016年，黑龙江省社会消费品零售总额8 402.5亿元，比上年增长10%，高于年度目标2个百分点，低于全国0.4个百分点。按地域分，城镇社会消费品零售总额7 348.9亿元，增长9.9%，增速比上年提高1.1个百分点；乡村社会消费品零售总额1 053.5亿元，增长10.4%，增速比上年提高1个百分点。批零住餐业增加值占全省第三产业增加值的比重达26.3%，拉动第三产业增长2.3个百分点。

**限额以上批发和零售贸易业**　批发业实现零售额1 269.4亿元，增长9.7%，增速比上年提高1.4个百分点，占全省零售额的15.1%。其中，限额以上企业实现508.9亿元，增长5.0%；限额以下企业实现760.4亿元，增长13.0%。零售业实现零售额6 129.7亿元，增长9.9%，增速比上年提高0.9个百分点，占全省零售额的73%。其中，限额以上企业实现1 993.5亿元，增长6.9%；限额以下企业实现4 163.2亿元，增长11.4%。

**住宿与餐饮业**　住宿业实现零售额93.6亿元，增长5.7%，增速高于上年0.4个百分点；餐饮业实现零售额904.9亿元，增长11.3%，增速高于上年1.3个百分点，占全省社零额的10.8%，比重比上年提高0.2个百分点。

**市场物价**　居民消费价格比上年上涨1.5%，低于全国平均水平0.5个百分点。其中，城市上涨1.2%，农村上涨2.1%。商品零售价格比上年上涨1.1%。

**市场秩序建设**　以完善市场监管体系、规范市场交易行为、倡导诚信兴商为主线，制定印发了《黑龙江省商务诚信体系建设实施工作方案》，拟定了《省商务厅“守信联合激励失信联合惩戒制度”应用试行办法》。组织开展诚信兴商宣传月活动，推行三级九等企业信用认证和信用等级评定制度，建立信用信息公示工作机制，积极构建省市县三级“12312”中心商务投诉举报服务管理平台。

**市场监管**　强化商务执法队伍建设，完善市场监管。严厉打击侵权假冒违法犯罪行为，全年全省行政执法立案2 513件，办结2 296件，涉案金额1 423万元，信息公开1 896件。公安机关共立侵权假冒违法犯罪案件265起，破案244起，抓获嫌疑人378人，涉案金额1.53亿元。检察机关批捕侵权假冒违法犯罪案件46件91人，起诉85件144人。审判机关审结案件122件判决172人。

## 【对外贸易】

**进出口总额**　进出口总额165.4亿美元，比上年下降21.3%。

**出口总额**　出口总额50.4亿美元，下降37.2%。

**进口总额**　进口总额114.9亿美元，下降11.4%。

**对俄罗斯贸易**　对俄贸易完成91.9亿美元，下降15.3%，其中出口17.0亿美元，下降27.7%，占全省出口总额的21.7%；进口74.9亿美元，下降11.9%，占全省进口总额的67.6%。对俄贸易占全省进出口总额和全国对俄贸易总额的比重分别为55.6%和13.2%。

对俄出口商品共计2 160种，比上年减少236种。其中，服装、鞋类、轻纺产品出口占全省对俄出口额的55.9%，农副产品出口占全省对俄出口额比重为20.6%。

自俄进口商品共计268种，主要以能源、原材料商品为主。其中，自俄原油进口1 668.1万吨，进口金额52.68亿美元，占全省自俄进口比重达70.3%；原木、锯材进口813.7万立方米，进口金额11.66亿美元，占全省自俄进口比重达15.6%。

**服务贸易**　服务进出口总额681 033.78万美元，增长11.58%。其中，出口额81 079.12万美元，下降42.29%；进口额599 954.66万美元，增长27.68%。贸易逆差518 875.54万美元。

排在前三位的行业分别为旅游服务、运输服务和建筑服务，合计占服务贸易进出口总额的 92.80%。其中，旅游服务实现进出口 542 010.78 万美元，增长 20.92%，占服务进出口总额的 79.59%；运输服务实现进出口 54 438.57 万美元，下降 20.31%，占服务进出口总额的 7.99%；建筑服务实现进出口 35 572.96 万美元，下降 27.27%，占服务进出口总额的 5.22%。

**黑龙江省 2016 年出口额 4 000 万美元以上商品情况表**

| 商品名称 | 出口金额（万美元） | 占出口总额比重（%） | 商品名称 | 出口金额（万美元） | 占出口总额比重（%） |
|---|---|---|---|---|---|
| 服装及衣着附件 | 60 812.27 | 12.06 | 电线和电缆 | 7 931.90 | 1.56 |
| 成品油 | 32 214.00 | 6.40 | 肥料 | 6 684.89 | 1.32 |
| 鞋类 | 31 423.65 | 6.23 | 变压器 | 5 165.97 | 1.03 |
| 纺织纱线、织物及制品 | 26 933.35 | 5.33 | 蓄电池 | 4 985.00 | 1.00 |
| 蔬菜 | 16 469.00 | 3.30 | 胶合板及类似多层板 | 4 950.95 | 0.99 |
| 家具及其零件 | 11 712.21 | 2.32 | 粮食 | 4 412.00 | 0.90 |
| 钢材 | 9 960.61 | 1.97 | 塑料制品 | 4 103.00 | 0.80 |
| **小　计** | | | | **227 758.80** | **45.19** |

**黑龙江省 2016 年进口额 5 000 万美元以上商品情况表**

| 商品名称 | 进口金额（万美元） | 占进口总额比重（%） | 商品名称 | 进口金额（万美元） | 占进口总额比重（%） |
|---|---|---|---|---|---|
| 原油 | 644 218.57 | 56.06 | 钢材 | 13 956.23 | 1.21 |
| 粮食 | 121 467.14 | 10.57 | 铁矿砂及其精矿 | 11 247.46 | 0.97 |
| 大豆 | 118 914.00 | 10.30 | 金属加工机床 | 8 878.07 | 0.77 |
| 原木 | 69 914.64 | 6.08 | 计量检测分析自控仪器及器具 | 8 466.51 | 0.73 |
| 锯材 | 54 899.92 | 4.77 | 汽轮机零件 | 7 392.54 | 0.64 |
| 纸浆 | 19 829.01 | 1.72 | 煤 | 5 418.00 | 0.50 |
| 肥料 | 19 492.30 | 1.69 | 合成橡胶（包括胶乳） | 5 165.00 | 0.40 |
| **小　计** | | | | **1 109 259.39** | **96.54** |

**黑龙江省 2016 年主要贸易伙伴情况表**

| 国别（地区） | 进出口金额（万美元） | 同比（%） | 占进出口总额比重（%） |
|---|---|---|---|
| 俄罗斯 | 919 213.10 | -15.27 | 55.58 |
| 美　国 | 102 181.18 | -31.32 | 6.18 |
| 巴　西 | 78 055.10 | -2.45 | 4.72 |
| 沙特阿拉伯 | 44 458.95 | -24.37 | 2.69 |
| 日　本 | 37 973.56 | 16.52 | 2.30 |
| 德　国 | 28 146.25 | -0.80 | 1.70 |
| 法　国 | 25 811.20 | 87.18 | 1.56 |
| 伊拉克 | 22 588.68 | -17.82 | 1.37 |
| 阿联酋 | 22 268.11 | 91.86 | 1.35 |
| 土耳其 | 21 919.43 | -41.26 | 1.33 |
| **合　计** | **1 302 615.55** | **-14.50** | **78.77** |

**2016 年黑龙江省对俄出口主要商品情况表**

| 商品名称 | 金额（万美元） | 同比（%） | 占比（%） |
|---|---|---|---|
| **合　计** | **131 717.8** | — | **77.5** |
| 服装 | 53 539.9 | -18.5 | 31.5 |
| 鞋类 | 26 534.9 | -11.0 | 15.6 |
| 纺织品 | 14 506.6 | -20.4 | 8.5 |
| 蔬菜 | 13 436.2 | -14.9 | 7.9 |
| 鲜、干水果及坚果 | 11 467.1 | 10.8 | 6.7 |
| 塑料编织袋 | 5 174.5 | -17.4 | 3.0 |
| 钢材 | 1 906.4 | -35.4 | 1.1 |
| 箱包及类似容器 | 1 808.7 | -87.0 | 1.1 |
| 蘑菇罐头 | 1 683.1 | 455.8 | 1.0 |
| 粮食 | 1 660.4 | -32.9 | 1.0 |

**2016 年黑龙江省自俄进口主要商品情况表**

| 商品名称 | 单位 | 数量 | 同比（%） | 金额（万美元） | 同比（%） |
|---|---|---|---|---|---|
| 原油 | 万吨 | 1 668.1 | 7.8 | 526 832.5 | -17.1 |
| 原木 | 万立方米 | 556.4 | 17.9 | 64 220.1 | 9.9 |
| 锯材 | 万立方米 | 257.3 | 45.6 | 52 385.7 | 41.7 |
| 肥料 | 万吨 | 79.3 | 5.9 | 19 395.3 | -14.9 |
| 纸浆 | 万吨 | 29.4 | 34.3 | 15 689.0 | 21.4 |
| 粮食 | 万吨 | 46.1 | 0.0 | 14 360.7 | -7.9 |
| 铁矿砂 | 万吨 | 144.7 | -53.6 | 7 001.7 | -62.7 |
| 煤 | 万吨 | 122.9 | 53.3 | 5 418.0 | 46.0 |
| 食用植物油 | 万吨 | 2.6 | 88.0 | 2 296.6 | 88.0 |
| 成品油 | 万吨 | 4.3 | -10.4 | 1 961.4 | -22.5 |

**【利用外资】**

2016 年，全省新设立外商投资企业 116 家，比上年增长 45.0%；合同外资 76.96 亿美元，增长 35.29%；实际利用外资 58.18 亿美元，增长 6.78%。从外资来源看，共有 28 个国家和地区的企业来黑龙江省投资兴业。其中，亚洲国家和地区投资 45.3 亿美元（其中香港 43.04 亿美元），占全省实际利用外资总额的 77.9%；北美洲（其中美国 4.39 亿美元）和拉丁美洲分别投资 4.6 亿美元和 2.6 亿美元，分别占 7.8%和 4.4%。

**【对外经济合作】**

**对外投资**　2016 年，省内企业申请在 24 个国家（地区）设立 172 家境外企业，备案中方总投资额 52.54 亿美元，比上年下降 11.14%。全省 100 家企业对 21 个国家（地区）进行了实际投资，投资额 10.54 亿美元，增长 330.2%

**承包工程和劳务合作**　对外承包工程新签合同额 31.5 亿美元，增长 39.4%，完成营业额 19.1 亿美元，下降 13.2%。期末在外各类劳务人员 8 360 人，下降 3.52%。除工程项下外，期末在外劳务人员 2 353 人，增长 10.8%。对外劳务人员新签合同额和实际工资总额分别是 1 945 万美元和 1 470 万美元。

在“一带一路”相关的 7 个国家新签对外承包工程项目合同 91 份，合同金额 31.09 亿美元，占同期全部新签合同额的 95.9%，增长 1.9 个百分点；在“一带一路”相关的 15 个国家完成承包工程营业额 19.40 亿美元，占同期全部营业额的 79.9%，增长 0.3 个百分点。

**【其他】**

**开发区**　截至 2016 年年底，全省共有各类开发区 101 家，其中国家级开发区 16 家，包括经济技术开发区 8 家，高新技术产业开发区 3 家，边境经济合作区 2 家，综合保税区 2 家，互市贸易区 1 家；省级经济开发区 47 家；享受省级开发区政策的工业示范基地（产业园区）38 家。本年度新批准综合保税区和工业示范基地各 1 家，新升级为省级开发区 12 家。

2016 年，全省开发区实现地区生产总值 4 037.53 亿元，比上年增长 6.7%。其中，第二产业增加值 2 518.42 亿元，增长 1.59%；第三产业增加值 1 220.57 亿元，增长 6.6%。在地区生产总值中，国家级开发区为 2 804.26 亿元，占全省开发区的 69%，增长 3.2%；省级开发区为 820.15 亿元，占全省开发区的 21%，增长 2.4%；享受省级开发区政策的产业园区为 413.12 亿元，占全省开发区的 10%，增长 1.1%。

2016 年，全省开发区实现进出口总额 98.5 亿美元，下

降8.1%。其中，国家级开发区完成79.98亿美元，占比81%，下降4.89%；省级开发区完成13.48亿美元，占比14%，下降1.53%。

**商务洽谈会** 第三届中国—俄罗斯博览会于2016年7月11日至14日在俄罗斯叶卡捷琳堡成功举办（第七届俄罗斯叶卡捷琳堡创新工业展与本届中俄博览会同期举行），来自95个国家和地区的700多家企业参展参会，其中，中国企业244家，俄罗斯企业190家，印度企业120家，意大利企业20家，德国、英国、澳大利亚、日本等20多个国家的企业130余家。黑龙江省参展企业达150家，占国内参展企业总数的61%。总展览面积为8 500平方米。吸引专业观众4.8万人次。本届中俄博览会高效务实、成果丰硕，共签署地方间合作文件202份，签订意向性合作协议156份，签订贸易项目117项，总金额9.62亿美元，签订投资合作项目75项，总金额2.45亿美元。

第二十七届哈尔滨国际经济贸易洽谈会于2016年6月15日至19日成功举办（第四届中国国际新材料产业博览会与本届洽谈会同期举行），来自102个国家和地区的5 012名客商到会，国内外参展企业共1 527家，其中境外企业312家，境外企业中，韩国142家，占境外企业总数的45%，俄罗斯45家，占境外企业总数的14%，泰国37家，占境外企业总数的12%。

**口岸运输** 全省口岸进出口货运量完成2 712.3万吨，增长4.1%。其中，进口完成2643.2万吨，增长4.5%；出口完成69.1万吨，下降9.5%。

全省口岸客运量完成337.9万人次，比上年增长9.5%。其中，入境168.2万人次，比上年增长9.6%；出境169.7万人次，比上年增长9.4%。

# 2016年哈尔滨市商务发展概况

哈尔滨市商务局

**季 平**

**哈尔滨市商务局局长**

季 平 男，1963年出生，1984年加入中国共产党，哈尔滨工业大学电子工程专业硕士研究生毕业。1987年参加工作，历任哈工大无线电系电子工程教研室助教，市外经贸委外资处干部，市进出口集团公司计财处计划统计负责人，哈尔滨经济技术开发区管委会招商局主任科员，哈尔滨经济技术开发区管委会招商局北京办事处主任科员，哈尔滨经济技术开发区管委会招商局主任科员，哈尔滨经济技术开发区管委会企业局副局长，哈尔滨经济技术高新技术产业开发区管委会招商一局局长，中共呼兰区委常委、呼兰河工业园开发建设总公司总经理，中共平房区委常委、政法委书记，中共平房区委常委、哈尔滨经济技术开发区管理委员会副主任，哈尔滨市投资促进局党组书记。现任哈尔滨市商务局党组书记、局长。

## 【国内贸易】

**社会消费品零售总额** 2016年，黑龙江省哈尔滨市社会消费品零售总额3 744.2亿元，比上年的3 394.5亿元增长10.3%。按地域分，城镇3 363.8亿元，增长10.1%；乡村380.4亿元，增长11.7%。按行业分，批发业528.6亿元，增长11.1%；零售业2 712.7亿元，增长9.8%；住宿业35.6亿元，增长11.5%；餐饮业467.1亿元，增长12.3%。

**市场物价** 居民消费价格同比上涨1.8%，低于全国0.2个百分点。八大类商品和服务价格呈现"七升一降"格局。其中其他用品和服务类、食品烟酒类、教育文化和娱乐类、衣着类、医疗保健类、生活用品及服务类、居住类分别上涨4.2%、2.9%、2.7%、2.3%、1.7%、1.1%和0.6%，交通和通信类下降0.7%。

**市场秩序建设** 2016年，随着市场秩序整治的加强，市场环境进一步净化。一是持续推进打击侵权假冒工作。充实调整领导小组，制发《哈尔滨市2016年打击侵犯知识产权和制售假冒伪劣商品工作实施方案》、《哈尔滨市加强互联网领域侵权假冒行为治理工作实施方案》等文件，加强市场秩序整治，顺利通过了国家打击侵权假冒专项工作考核。二是加强商务领域诚信建设。加强诚信信息搜集整理工作，逐步完善商务领域诚信监管系统。开展"货真价实满意店""诚信示范单位"等评选活动，选树典型。三是推进商务综合行政执法工作。开展综合行政执法摸底调查，进一步理顺职责规范商务综合行政执法。组织开展对60余家企业单用途商业预付卡专项检查，对存在管理风险隐患企业进行约谈，切实做好风险防范。四是加强药品流通行业管理。按时完成药品流通统计全年及各季度网上直报工作。配合市食药监局和市场监管局开展联合专项整顿，进一步规范药品经营行为。五是切实做好流通领域食品安全工作。制发《哈尔滨市2016年流通领域食品安全重点工作安排》，进一步明确了年度工作目标任务。在主要商务中心和城市广场多次组织开展食品安全宣传活动，扩大商务领域食品安全监管工作的社会影响。

**市场体系建设** 2016年，按照工作计划着重做好城市共同配送、物流标准化和冷链标准化试点等工作。建立了省市区三级联动机制和商贸物流企业项目储备机制。较好完成了城市共同配送试点项目的验收、规范、奖补和总结上报等工作。集中开展了商贸业集聚区小微双创试点推进工作和哈尔滨润恒农副产品批发大市场项目建设督查协调工作。对获得“全国商贸物流标准化专项行动第二批试点重点推进企业”称号的九州通医药、招商局物流、金龙振兴物流三家企业进行多次调研督导，完成“全国商贸物流标准化专项行动第三批试点重点推进企业”推荐上报工作。组织推荐全市战时应急物流体系联合动员保障企业和“互联网+传统商贸业”典型企业，先后完成了全市在建和近3年拟建流通设施重点建设项目征集推荐上报和冷链物流、仓储物流、园区物流、物流供给侧改革、物流标准化等方面的即办件处理及有关调研工作。历经3年编制的《哈尔滨市城市配送体系行业发展专项规划》业经市城乡规划局审核并修改完善，已通过了市政府审批和市财政局规划绩效评审，将在2017年组织实施。

**流通业发展** 全市社区商业发展势头良好，标准化菜市场建设、改造和管理工作取得了一定成效，社区鲜蔬直营店的发展建设进一步提速，社区商业服务业功能得到了加强。在本市中央红集团和联强商业集团进一步优化社区便民网点布局的基础上，家得乐超市公司、闻氏生鲜连锁、印双杰生鲜超市等外阜品牌企业也加大了社区网点的布局建设力度，有力带动了全市标准化菜市场的建设和发展。全市各大型商业购物中心、超市实现了网上银行和微信支持全覆盖，中央红集团小月亮连锁、联强集团生鲜连锁店和佳明佳餐饮早餐连锁网点的冷链配送得到进一步加强。截至2016年12月底，全市共有拍卖企业118户（其中分公司1户，市政府指定的法定公物拍卖企业4户），比上年减少1户。全市共有典当行97户（含5户分支机构），比上年增加2户。

**市场运行和消费促进** 2016年，全市各级商务主管部门把扩大消费作为促增长工作的着力点，积极组织开展丰富多彩的促消活动，助推商贸流通业供给侧改革，促进消费结构升级。一是全力推进促消费稳增长。按照年初指标任务分解，市、区、县（市）制定推进社零额责任目标工作的实施方案，切实抓好落实。全力配合统计部门，加大查遗补漏和清理工作力度，狠抓重点地区、重点商圈、重点行业和重点企业的统计数据上报工作。二是千方百计扩大市场消费。以重大节日、消费热点和潜力商品为重点，精心谋划促销活动，引导促进居民消费。“汽车展会暨汽车下乡巡展”形成常态化。扩大家电商品与汽车销售下乡覆盖面，促进农村市场消费。三是提升市场运行监测水平。贯彻新报表制度，调整优化样本企业，较好完成年、季、月行业统计报表和消费品市场监测。加大协调、督报、检查等市场监测工作力度，加强对内贸流通统计监测经费管理，及时拨付，充分调动监测企业工作积极性。四是不断增强市场调控能力。根据国家和省应对突发事件和市场调控的要求，建立了冬春蔬菜储备制度，当年完成8 850吨冬春蔬菜储备工作任务。落实猪肉储备2 240吨计划指标，调整完善清真牛羊肉储备制度，落实200吨计划指标。进一步加强承储企业的监督、检查和指导，加强制度建设，确保储备任务落实。

**【对外贸易】**

**进出口总额** 进出口总额39.15亿美元，比上年的47.56亿美元下降17.18%。

**出口总额** 出口总额16.23亿美元，比上年的23.22亿美元下降30.08%，占全市GDP 6 101.6亿元（相当于926.28亿美元）的1.75%，占全省出口额的32.18%。

**进口总额** 进口总额22.92亿美元，比上年的24.34亿美元下降5.85%。

**出口商品结构** 初级产品出口额2.14亿美元，占出口总额的13.19%；工业制成品出口额14.09亿美元，占出口总额的86.81%。2016年，哈尔滨市高新技术产品进出口完成4.99亿美元，增长19.24%。其中，出口1.3亿美元，增长19.33%，进口3.6亿美元，增长19.21%。

**进口商品结构** 初级产品进口额1.75亿美元，占进口总额的7.64%；工业制成品进口额21.17亿美元，占进口总额的92.36%。

**出口商品市场** 出口商品销往138个国家（地区）。

**进口商品市场** 进口商品来自80个国家（地区）。

**服务贸易** 服务进出口总额245 286.82万美元，比上年的156 793.25万美元增长56.44%。其中，出口额26 167.94万美元，比上年的16 764.11万美元增长56.10%；进口额222 111.91万美元，比上年的140 029.14万美元增长58.62%。

**服务外包** 服务外包合同金额170 586.26万美元，比上年增长13.17%；执行金额83 089.91万美元，比上年增长3.17%。其中：承接国际服务外包离岸合同金额158 436.37万美元，比上年增长38.31%，执行金额62 713.54万美元，比上年增长1.1%；承接服务外包在岸合同金额25 817.40万美元，比上年下降28.66%，执行金额20 140.3万美元，比上年增长10.07%。

## 哈尔滨市2016年出口额1 000万美元以上商品情况表

| 金额分类 | 商品名称 | 出口金额（亿美元） | 占出口总额比重（%） |
|---|---|---|---|
| 1 000万—5 000万美元 | 烤烟 | 0.11 | 0.68 |
| | 手用或机用工具 | 0.12 | 0.74 |
| | 粮食 | 0.12 | 0.74 |
| | 石蜡 | 0.13 | 0.81 |
| | 未锻造的铝及铝材 | 0.15 | 0.91 |
| | 肥料 | 0.17 | 1.06 |
| | 医药品 | 0.19 | 1.14 |
| | 服装及衣着附件 | 0.20 | 1.24 |
| | 肠衣 | 0.25 | 1.52 |
| | 肉及杂碎 | 0.25 | 1.52 |
| | 钢材 | 0.32 | 2.00 |
| | 家具及其零件 | 0.43 | 2.63 |
| | 蓄电池 | 0.44 | 2.73 |
| | 电线和电缆 | 0.45 | 2.78 |
| | 鞋类 | 0.48 | 2.98 |
| 5 000万美元以上 | 变压器 | 0.51 | 3.13 |
| | 通断及保护电路装置 | 0.57 | 3.50 |
| | 纺织纱线、织物及制品 | 0.70 | 4.31 |
| **合　计** | | **5.58** | **23.38** |

## 哈尔滨市2016年进口额1 000万美元以上商品情况表

| 金额分类 | 商品名称 | 进口金额（亿美元） | 占进口总额比重（%） |
|---|---|---|---|
| 1 000万—5 000万美元 | 航空器零件 | 0.11 | 0.45 |
| | 医疗仪器及器械 | 0.12 | 0.54 |
| | 纺织纱线、织品及制品 | 0.12 | 0.54 |
| | 锯材 | 0.17 | 0.75 |
| | 汽车零件 | 0.18 | 0.77 |
| | 食用植物油 | 0.19 | 0.84 |
| | 木材（原木+锯材） | 0.20 | 0.87 |
| | 飞机 | 0.33 | 1.46 |
| | 阀门 | 0.34 | 1.47 |
| 5 000万美元以上 | 气轮机零件 | 0.74 | 3.23 |
| | 计量检测分析自控仪器及器具 | 0.76 | 3.32 |
| | 金属加工机床 | 0.86 | 3.77 |
| | 钢材 | 1.38 | 6.03 |
| | 粮食 | 10.71 | 46.72 |
| **合　计** | | **16.22** | **70.77** |

**哈尔滨市 2016 年主要出口市场情况表**

| 国别（地区） | 出口金额（亿美元） | 占出口总额比重（%） |
|---|---|---|
| 土耳其 | 1.89 | 11.65 |
| 巴基斯坦 | 1.66 | 10.23 |
| 厄瓜多尔 | 0.96 | 5.91 |
| 孟加拉国 | 0.95 | 5.85 |
| 美　国 | 0.95 | 5.85 |
| 俄罗斯 | 0.88 | 5.42 |
| 印　度 | 0.84 | 5.18 |
| 德　国 | 0.81 | 4.99 |
| 乌兹别克斯坦 | 0.73 | 4.50 |
| 日　本 | 0.68 | 4.19 |
| **合　计** | **10.35** | **63.77** |

**哈尔滨市 2016 年主要进口市场情况表**

| 国别（地区） | 进口金额（亿美元） | 占进口总额比重（%） |
|---|---|---|
| 巴　西 | 6.59 | 28.75 |
| 美　国 | 5.81 | 25.35 |
| 法　国 | 1.83 | 7.98 |
| 日　本 | 1.41 | 6.15 |
| 德　国 | 1.32 | 5.76 |
| 意大利 | 1.00 | 4.36 |
| 西班牙 | 0.61 | 2.66 |
| 英　国 | 0.60 | 2.62 |
| 爱尔兰 | 0.49 | 2.14 |
| 加拿大 | 0.47 | 2.05 |
| **合　计** | **20.13** | **87.83** |

**哈尔滨市 2016 年服务进出口情况表**

| 行　业 | 进出口 | | 出口 | | 进口 | |
|---|---|---|---|---|---|---|
| | 金额（万美元） | 同比（%） | 金额（万美元） | 同比（%） | 金额（万美元） | 同比（%） |
| 运输 | 7 962.47 | 45.85 | 651.07 | -0.10 | 7 311.40 | 52.08 |
| 旅行 | 198 725.94 | 97.21 | 18 832.64 | 519.53 | 179 893.31 | 84.07 |
| 建筑服务 | 30 501.56 | 7.64 | 3 076.78 | 150.43 | 27 424.79 | 1.17 |
| 保险服务 | 528.61 | -92.62 | 9.68 | -99.84 | 518.93 | -58.38 |
| 金融服务 | 1 123.07 | 119.20 | 22.99 | -18.19 | 1 100.07 | 127.17 |
| 电信、计算机和信息服务 | 2 305.03 | -34.33 | 1 613.18 | -39.44 | 691.85 | -18.22 |
| 个人、文化和娱乐服务 | 911.08 | 87.16 | 600.28 | 612.75 | 3 303.82 | 720.66 |
| 其他服务 | 3 229.06 | -69.43 | 1 361.32 | -56.87 | 1 867.74 | -74.78 |
| **合　计** | **245 286.82** | **56.44** | **26 167.94** | **56.10** | **222 111.91** | **58.62** |

## 【利用外资】

**哈尔滨市 2016 年利用外资情况表**

| 利用外资方式 | 批准签订的合同 | | | 实际利用外资 | |
|---|---|---|---|---|---|
| | 项目数（个） | 外资金额（万美元） | 金额比上年增加（%） | 金额（万美元） | 金额比上年增加（%） |
| **外商直接投资** | **69** | **52 116.42** | **31.19** | **320 729.73** | **7.11** |
| 合资企业 | 33 | 8 625.72 | 832.85 | 58 901.21 | -36.27 |
| 外资企业 | 36 | 43 490.70 | 164.28 | 261 828.52 | 65.54 |
| **合　计** | **69** | **52 116.42** | **31.19** | **320 729.73** | **7.11** |

**外商直接投资行业**　新批的 69 户企业中，生产型企业 17 户，非生产型企业 52 户。主要分布在如下行业：制造业 17 户、批发和零售业 25 户、科学研究技术服务和地质勘查业 8 户、租赁和商务服务业 5 户、通信传输和计算机服务 3 户、居民服务和其他服务业 3 户。

**外商直接投资来源**　投资主要来自香港、韩国、俄罗

斯、美国等13个国家和地区。

【其他】

**哈尔滨经济技术开发区** 以发展经济为第一要务，坚持项目牵引、要素保障，优质资源不断集聚，产业结构持续优化，2016年实际利用外资11.25亿美元。以基础设施建设为第一保障，坚持科学规划、精细管理，城市功能不断完善，承载能力持续增强。

**哈尔滨综合保税区** 哈尔滨综合保税区于2016年3月7日正式获得国务院批准，规划区域面积3.29平方公里，一期规划面积1.38平方公里。经过270天的紧张工作，完成基础及监管设施建设，于2016年12月23日顺利通过了省政府联合预验收。截至2016年底，已签约企业28家（国际贸易类项目17个、保税物流类项目3个、保税加工类项目5个、跨境电商类项目3个），其中12家企业已经完成注册。

**中俄博览会（哈洽会）** 第三届中俄博览会于2016年7月11日—14日在俄罗斯叶卡捷琳堡市举行。展会期间共签订和达成合作协议（含合同、框架协议）45个，全部签约协议意向金额约156.5亿元人民币、42.1亿美元。展会期间，哈市代表团以实施国家“一带一路”、“中蒙俄经济走廊”和“龙江丝路带”战略为核心，以全面展示推介哈尔滨对俄合作中心城市为重点，进行多方式、多领域的推介、洽谈、交流，扩大了相互了解，增加了相互信任，达成了新的共识。期间，市、州长共同签署了两地2016—2018年合作计划；与斯维尔德洛夫斯克州政府国际和对外经济联络部部长索勃列夫分别代表双方政府签署了《关于开展中俄“网上丝绸之路”经济合作试验区建设合作促进信息互联互通的谅解备忘录》。

**涉外旅游** 2016年入境的外国人171 248人次，比上年增长0.4%；港澳台同胞43 304人次，增长15.2%。旅游外汇收入12 644.22万美元，比上年的11 420.65万美元增长10.71%。

# 2016年上海市商务发展概况

上海市商务委员会

尚玉英

上海市商务委员会主任

尚玉英　女，1965年1月生，汉族，山西太原人，中共党员，1989年6月参加工作，全日制研究生，工学硕士，高级管理人员工商管理硕士，高级经济师。现任上海市商务委员会党组书记、主任。

曾任上海电力建设局经营计划处处长、局长助理，上海电力建设有限责任公司副总经理，上海电气（集团）总公司副总裁，浦东新区副区长兼张江功能区域党工委书记、管委会主任，张江高科技园区领导小组办公室常务副主任，卢湾区委常委、副区长，上海市经济和信息化委员会副主任、上海市国防科技工业办公室主任等职。

尚玉英同志是中国妇女十一次代表大会代表，十届市纪委委员。

【国内贸易】

**社会消费品零售总额** 2016年，上海市社会消费品零售总额10 947亿元，比上年增长8.0%。其中，批发零售业零售额9 874亿元，增长8.4%，住宿餐饮业零售额1 072亿元，增长4.7%。在拉动经济增长的“三驾马车”中，社会消费品零售总额增速分别超过固定资产投资和货物出口1.7个和8.4个百分点，对全市经济稳增长起到了“压舱石”和“稳定器”的作用。

穿的商品、用的商品引领增长，分别实现零售额1 777亿元和6 205亿元，分别增长11.0%和9.9%；吃的商品实现零售额2 399亿元，增长4.0%；烧的商品略有下降，实现零售额565亿元，下降1.5%。服装鞋帽针纺织品类、汽车、家用电器和音像器材类、中西药品类零售额引领增长，分别增长11.7%、13.2%、11.9%和20.9%。

新兴业态引领消费增长。以网上商店为主的无店铺继续领先增长，达1 584亿元，增长13.8%，其中网上商店零售额1 250亿元，增长15.8%。传统零售业态涨跌各半，便利店、购物中心继续保持增长，增速分别为10.5%和7.5%；大卖场、百货店、标准超市零售额依然处于下降状态，降幅分别为4.9%、12.3%和1.2%。主要餐饮业态增长低迷，快餐增长1.2%，中式餐饮、宾馆餐饮零售额分别下降4.3%和1.1%。

**商品销售总额** 商品销售总额首次突破10万亿元，达100 793亿元，比上年增长7.9%，增速较上年提高1.5个百分点。

生产资料、工业消费品平稳增长，销售额分别为

53 424亿元和35 986亿元，分别增长7.8%和7.9%，占比达53.0%和35.7%，主副食品类销售额增长最快，达13.2%。居民消费类商品销售增长较快。汽车类商品销售额达10 637亿元，增长11.7%，占全市商品销售总额比重为10.6%，为全市最高；粮油食品、文化办公用品、中西药品、家用电器和音像器材类、化妆品类、五金电料类等销售额均增长10%以上，建筑及装潢材料类、饮料类、体育类、娱乐用品类均增长20%以上；通讯器材类商品销售额下降13.4%，拖累商品销售总额0.7个百分点。

电子商务交易额首次突破2万亿元，达到20 049亿元，增长21.9%。其中，B2B交易额14 456亿元，增长17.3%，增速比上半年提高5.5个百分点，在电子商务交易总额中的占比从上半年的70.1%上升至72.1%；网络购物交易额5 604亿元，增长35.4%，其中，商品类交易额2 992亿元，增长32.9%，服务类交易额2 612亿元，增长38.3%。

**【对外贸易】**

**进出口总额** 进出口总额2.87万亿元人民币，比上年增长2.72%。其中，出口1.21万亿元，下降0.48%，进口1.65万亿元，增长5.19%。进出口额占全国份额由上年的11.4%提升为11.8%。出口额列全国城市第二位、省市自治区第四位。

**贸易主体** 民营企业出口占全市外贸出口的19.4%，增长0.77%，增加18亿元。国有企业出口占12.2%，下降5.8%，减少91.5亿元。外资企业出口占67.4%，增长0.3%，增加22亿元。

民营企业进口占全市外贸进口的15.3%，增长13.2%，增加294.5亿元。国有企业进口占10.9%，下降8.3%，减少163.5亿元。外资企业进口占62.7%，增长3.8%，增加378.8亿元。

**贸易方式** 一般贸易出口占全市的43.4%，增长1.1%，增加54.8亿元。加工贸易出口占40.0%，下降6.4%，减少329.9亿元。特殊监管区域出口占14.4%，增长12.9%，增加198.3亿元。

一般贸易进口占全市的53.6%，增长9.5%，增加770.7亿元。加工贸易进口占12.3%，下降5.8%，减少125.9亿元。特殊监管区域进口占8.0%，增长31.5%，增加316.3亿元。

**贸易市场** 美国、东盟出口保持增长，对“一带一路”沿线国家出口增幅高于全市平均水平。全年，出口前五大市场分别为美国、欧盟、东盟、日本和香港，分别占全市出口24.5%、16.4%、12.0%、10.5%和9.9%，出口增量分别为1 573.6亿元、-243.3亿元、85.1亿元、-46.1亿元和-1.5亿元。对“一带一路”沿线64个国家出口2 638.7亿元，占全市出口的21.8%，增长2.42%，高于全市2.9个百分点。出口正增长有37个，其中增量较大的有：越南、泰国、马来西亚、印度尼西亚、阿联酋，分别增加了21.1亿元、20.3亿元、12.8亿元、10.1亿元、9.4亿元。

主要市场进口多数增长，从“一带一路”沿线国家进口占全市的17.6%。全年，进口前五大市场分别为欧盟、东盟、日本、美国和韩国，分别占全市进口的22.5%、12.5%、11.7%、10.8%和6.2%，分别增长6.2%、6.1%、9.7%、2.4%和-14.1%，进口增量分别为218.4亿元、119.4亿元、172.3亿元、42.2亿元和-176.4亿元。从“一带一路”沿线64个国家进口2 910.1亿元，增长3.3%。进口正增长有35个，其中增量较大的有：印度尼西亚、越南、新加坡、泰国、以色列，分别增加72.4亿元、37.1亿元、27.4亿元、22亿元、7.7亿元。

**商品结构** 机电产品出口8 506.8亿元，占全市的70.3%，下降0.1%，其中电器及电子产品出口占43.2%，增长3.4%。高新技术产品出口5 221.2亿元，下降1.4%，其中电子技术产品占28.6%，增长8.4%。前十大类主要商品出口增长的有5个，增加211.24亿元，出口下降的有5个，减少344.74亿元。

机电产品进口8 141.4亿元，占全市的49.2%，增长0.5%。高新技术产品进口5 513.0亿元，下降1.0%，其中生命科学技术产品占14.5%，增长14.5%。前十大类进口主要商品进口增长的有5个，增加228.38亿元，进口下降的有5个，减少279.08亿元。

**上海市2016年出口前10类商品分类情况表**

| 品　名 | 出口金额（亿元人民币） | 同比（%） | 占比（%） |
|---|---|---|---|
| 自动数据处理设备及其部件 | 1 532.76 | -10.78 | 12.7 |
| 集成电路 | 1 130.72 | 8.48 | 9.3 |
| 电话机 | 915.86 | -4.98 | 7.6 |
| 服装及衣着附件 | 730.11 | -8.07 | 6.0 |
| 纺织纱线、织物及制品 | 429.21 | 3.76 | 3.5 |
| 汽车零件 | 293.76 | 13.34 | 2.4 |
| 船舶 | 267.71 | -9.85 | 2.2 |
| 机械提升搬运装卸设备及零件 | 268.59 | 22.22 | 2.2 |
| 通断保护电路装置及零件 | 233.98 | 11.37 | 1.9 |
| 自动数据处理设备的零件 | 216.84 | -7.74 | 1.8 |
| **合　计** | **6 019.54** | **-2.20** | **49.7** |

上海市 2016 年进口前 10 类商品分类情况表

| 品　名 | 进口金额（亿元人民币） | 同比（%） | 占比（%） |
|---|---|---|---|
| 集成电路 | 2 169.95 | -2.15 | 13.1 |
| 汽车（包括整套散件） | 687.15 | -0.05 | 4.1 |
| 医药品 | 579.91 | 21.03 | 3.5 |
| 初级形状的塑料 | 542.93 | 2.67 | 3.3 |
| 计量检测分析自控仪器及器具 | 456.63 | 10.27 | 2.8 |
| 未锻造的铜及铜材 | 450.87 | -23.18 | 2.7 |
| 铁矿砂及其精矿 | 357.99 | 13.74 | 2.2 |
| 通断保护电路装置及零件 | 320.90 | 10.18 | 1.9 |
| 飞机 | 293.36 | -15.03 | 1.8 |
| 自动数据处理设备及其部件 | 305.38 | -19.25 | 1.8 |
| **合　计** | **6 166.54** | **-1.23** | **37.2** |

**服务贸易**　根据国家外汇管理局上海市分局国际收支统计初步数据，2016 年，上海市服务进出口总额 2 018.8 亿美元，比上年增长 2.6%。主要特点表现为：一是服务贸易占外贸比重进一步提升。2016 年，上海市服务贸易占对外贸易的比重约为 32%，比上年提升 1 个百分点。二是出口结构有所改善，高附加值服务出口增长快。2016 年，运输、旅游等传统服务类别出口占比进一步下降，而专业管理和咨询服务（包括法律、会计、咨询、广告、展会等）出口 180.2 亿美元，占服务出口总额的比重提升至 36.1%，电信计算机和信息服务、广告服务、加工维修等高附加值服务增长较快，同比分别增长 12.3%、11.3%和 29.3%。三是服务进口稳中有进，贸易逆差进一步扩大。2016 年，本市服务进口 1 519.7 亿美元，增长 5.4%。其中，旅行进口 1 137.4 亿美元，占全市服务进口的 74.8%，继续成为第一大进口类别，而 1 120.1 亿美元的贸易逆差也是本市服务贸易逆差的主要来源。四是亚洲继续成为主要贸易市场。亚洲占上海市服务贸易总额的 63.0%，其次分别为欧洲、美洲和大洋洲。从国别（地区）情况看，香港继续成为本市服务贸易的最大伙伴，双方服务贸易额 604.2 亿美元，占全市总额的 29.9%，其次为美国和澳门。从出口数据看，美国、香港、日本、新加坡、德国和英国位居前六名，上述市场合计出口占比为 71.2%；从进口数据看，香港、澳门、美国、日本、韩国和台湾省位居前六名，上述市场合计进口占比为 70.0%。

**服务外包**　离岸服务外包合同金额 92.03 亿美元，增长 17.24%；离岸服务外包执行金额 67.25 亿美元，增长 12.36%。其中，业务流程外包（BPO）快速增长，合同金额和执行金额分别增长 115.05%和 67.94%；信息技术外包（ITO）平稳增长，执行金额增长 4.55%。

## 【利用外资】

**概况**　2016 年，上海市新设外资项目 5 153 个，合同利用外资再次突破 500 亿美元，达到 509.78 亿美元，实到外资 185.14 亿美元，增长 0.3%，连续 17 年实现增长，实到外资约占全国的 14.7%。截至 2016 年，累计引进外资项目 8.75 万个，合同外资 3 840.31 亿美元，实际利用外资 2 061.32 亿美元。上海利用外资步入高平台、高基数的成熟稳定期。

**服务业利用外资**　2016 年，服务业实到外资 163.35 亿美元，增长 2.5%，占全市实到外资的 88.2%。以总部项目为主的租赁和商务服务业跃升为本市利用外资第一大领域，实到外资 47.5 亿美元，比上年增加了近 20 亿美元，同比增长 68.6%。金融服务、信息服务、科技研发、医疗卫生领域利用外资实现快速增长，实到外资分别为 26.98 亿美元、15.31 亿美元、6.6 亿美元、1.36 亿美元，分别增长了 27.8%、95.7%、93.1%、332.5%。主要下降领域在房地产业，实到外资 37.81 亿美元，下降 32.6%。

**高技术产业利用外资**　2016 年，制造业实到外资 21.43 亿美元，下降 14%，占全市实到外资的 11.6%；合同外资 35.12 亿美元，增长 85.4%，主要得益于原有项目的增资，增资金额占比超过 80%，投资领域以电子设备、化工、汽车零部件、电气机械、成套设备制造为主。高技术产业利用外资大幅增长，实到外资 12.59 亿美元，增长 60.9%；合同外资 18.07 亿美元，增长 67.3%。新型电子设备、新能源、新材料领域的投资在增多，澜起科技、西门子风力叶片、希悦尔（包装新材料）等项目均有大额资金到位。

**外商直接投资来源**　截至 2016 年年底，在上海投资的国家和地区增至 168 个。前十位国家/地区（以实到外资计）分别为香港、新加坡、开曼群岛、英属维尔京群岛、美国、日本、卢森堡、毛里求斯、法国、韩国，合计实到外资 165.2 亿美元，占全市实到外资的 89.2%。受法国、英国、卢森堡、比利时、瑞典、瑞士等国家投资大幅增长推动，欧洲对沪投资增长了 42.4%，实到外资为 18.64 亿美元。日本对沪投资呈恢复态势，实到外资 4.85 亿美元，微跌 0.9%。香港、新加坡、美国等地对沪投资呈下降态势。受新加坡投资下降影响，“一带一路”沿线国家合计对沪投资实到外资 16.62 亿美元，下降 25.4%。

**外商投资企业运营情况**　根据纳入可比口径的 1.52 万

家外商投资企业运营情况监测结果，2016 年，外商投资企业营业收入增长 5.5%，纳税增长 4.8%，利润增长 12.3%，就业人数下降 2.7%。主要服务业行业营业收入均实现增长，房地产业、信息软件业、交通运输仓储业、租赁和商务服务业营业收入增幅居前，同比分别增长了 19.9%、13.1%、10.8%和 10.6%；制造业营业收入继续实现正增长，增幅上升至 1.9%。2016 年，上海工业、第三产业税收 100 强企业中，外商投资企业分别占到 71 家和 39 家。实现税收总额 1 240.54 亿元，占百强企业税收总额的 35.1%，占比较上年提高 2.7 个百分点。

**上海市利用外资情况表（2011—2016 年）**

| 年　度 | 合同外资（亿美元） | 同比（%） | 实到外资（亿美元） | 同比（%） | 全国实到外资同比（%） |
|---|---|---|---|---|---|
| 2011 年 | 201.03 | 31.3 | 126.01 | 13.3 | 9.7 |
| 2012 年 | 223.38 | 11.1 | 151.85 | 20.5 | -3.7 |
| 2013 年 | 249.36 | 11.6 | 167.80 | 10.5 | 5.3 |
| 2014 年 | 316.09 | 26.8 | 181.66 | 8.3 | 1.7 |
| 2015 年 | 589.43 | 86.5 | 184.59 | 1.6 | 6.4 |
| 2016 年 | 509.78 | -13.5 | 185.14 | 0.3 | 4.1 |

**上海市 2016 年服务业利用外资情况表**

| 产业/行业 | 实际利用外资（亿美元） | 同比（%） | 占比（%） |
|---|---|---|---|
| 服务业 | 163.35 | 2.5 | 88.2 |
| 其中：租赁和商务服务业 | 47.50 | 68.6 | 25.7 |
| 金融服务业 | 26.98 | 27.8 | 14.6 |
| 信息服务业 | 15.31 | 95.7 | 8.3 |
| 科研和技术服务业 | 6.60 | 93.1 | 3.6 |
| 房地产业 | 37.81 | -32.6 | 20.4 |
| 商贸业 | 20.34 | -23.5 | 11.0 |

**上海市 2016 年外商直接投资主要来源情况表**

| 排名 | 国别（地区） | 实到外资（亿美元） | 同比（%） | 占比（%） |
|---|---|---|---|---|
| 1 | 香　港 | 107.35 | -5.0 | 58.0 |
| 2 | 新加坡 | 15.18 | -30.1 | 8.2 |
| 3 | 开曼群岛 | 14.28 | 448.5 | 7.7 |
| 4 | 英属维尔京群岛 | 6.21 | -17.0 | 3.4 |
| 5 | 美　国 | 5.13 | -48.8 | 2.8 |
| 6 | 日　本 | 4.85 | -0.9 | 2.6 |
| 7 | 卢森堡 | 4.26 | 731.8 | 2.3 |
| 8 | 毛里求斯 | 3.52 | 191.8 | 1.9 |
| 9 | 法　国 | 2.36 | 87.6 | 1.3 |
| 10 | 韩　国 | 2.07 | 31.0 | 1.1 |

【对外经济合作】

**对外投资** 2016年，全市对外直接投资备案1 425项，备案中方对外投资总额366.5亿美元，实际对外投资额251亿美元，比上年增长51.7%，位居全国第一。其中，上海企业对“一带一路”沿线20个国家（地区）实际投资20亿美元，占全市实际对外投资总量的8%，新增投资目的国家8个，其中对印度实际投资4.96亿美元，对新加坡实际投资4.71亿美元。

以提升价值链、产业链、创新链、供应链水平为动力，通过海外并购投资，形成对外投资新格局。一批上海企业和私募资本，抓住境外优质资产并购整合的机会，在信息技术、生物医药、互联网、文化娱乐等领域实施一批重大并购项目，实际对外投资额超过1亿美元的境外并购项目达到21个，2016年，共实施境外并购项目161个，实际对外投资额达126.12亿美元，占比达到54.8%。科学研究和技术服务业实际对外投资额14.8亿美元，增长40.9%；信息传输、软件和信息技术服务业实际对外投资额42.9亿美元，增长63%；制造业实际对外投资8亿美元，增长59%。

**承包工程和劳务合作** 对外承包工程新签合同额118.45亿美元，增长6.7%。对外劳务合作派出人数21 787人次，期末在外人数34 526人。上海企业在“一带一路”沿线国家新签对外承包工程合同额89.1亿美元，增长66.5%，占全市总额的75.2%；完成营业额39.9亿美元，占全市总额的60%。

**对外援助** 执行对外援助培训任务32项，培训涉及101个发展中国家的学员共计879人次。

【其他】

**平台经济** 2016年，上海市平台经济交易总额达1.84万亿元，同比增长14.1%。平台整体规模持续扩大，增速比上年提高2.7个百分点，平台经济保持稳步发展。通过互联网实现交易额1.04万亿元，占平台交易总额的57%，线上线下进一步融合。

**2016年上海市平台经济交易情况表**

| 平台名称 | 平台交易额（亿元） | 同比（%） | 占比（%） | 增长贡献率（%） |
|---|---|---|---|---|
| **平台交易总计** | **18 397.56** | **14.1** | **100.0** | **100** |
| 大宗商品交易平台 | 14 377.45 | 10.4 | 78.1 | 60 |
| 消费品、服务平台 | 3 136.55 | 36.8 | 17.0 | 37 |
| 专业配套服务平台 | 606.44 | 7.5 | 3.3 | 2 |
| 跨境电子商务平台 | 277.12 | 11.8 | 1.5 | 1 |

从交易规模上看，上千亿级交易平台5家，交易额占平台交易总额的58%；百亿级交易平台21家，交易额占平台交易总额的96%。

大宗商品交易仍是本市平台经济发展的主要支柱，5家千亿级平台中大宗商品交易平台占4家。平台化发展成为本市传统产业转型升级的重要方式。欧冶云商是宝钢集团旗下以钢材为核心的全产业链生态型服务体系，拥有电商、物流、金融、材料、数据、采购、资源、国际、化工、资讯等11个子平台，2016年，交易额达225.58亿元，同比增长20.9%。新型钢铁电商平台发展良好，上海钢联、找钢网年交易额均近千亿元，分别实现同比58.2%、31.1%的增长。石化领域，上海石油化工交易额翻番，上海化交同比增长18.8%，石化交易形势看好。

**会展业** 2016年，上海市举办各类展会880个，展览总面积达到1 605万平方米，同比分别增长3.14%和6.09%，展会数量和展览面积在世界主要会展城市中位居前列。其中，国际展举办面积超过10万平方米的大型展会38个，展览面积677.5万平方米，占全市展览总面积的42.41%，占比较上年提高了3.47个百分点。

展览业国际化水平进一步提高。全年举办国际展会287个，面积1 177.47万平方米，国际展面积占全市展览总面积的约3/4。目前，国际10大展览公司均在沪设立分支机构，本市已有经国际展览协会（UFI）认证的展览项目26个，经认证会员单位23个。

# 2016年江苏省商务发展概况

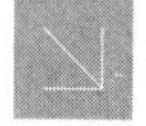

江苏省商务厅

## 马明龙

江苏省商务厅厅长

马明龙　男，1965年11月出生，汉族，江苏苏州人，研究生学历，硕士学位，高级工程师，1988年12月入党，1989年3月参加工作。1982年南京工学院自动控制系学习，1986年东南大学测试技术专业研究生。1989年起历任苏州计算机开发应用研究所技术员，苏州电子计算机厂副厂长、总工程师兼苏州计算机开发应用研究所总工程师，苏州电子控股（集团）有限公司副总经理、党委委员。1998年3月任苏州市政府副秘书长。2000年8月任苏州市科委主任、党组书记。2001年1月任吴江市委副书记、代市长，苏州市科委主任、党组书记，同年2月任吴江市委副书记、市长，苏州市科委主任、党组书记，同年5月任吴江市委副书记、市长。2003年12月任吴江市委副书记、市长，吴江经济开发区党工委副书记、管委会主任（副市级）。2004年8月任苏州工业园区党工委副书记、管委会主任。2008年4月任苏州市委常委、苏州工业园区党工委书记。2012年5月任江苏省商务厅党组书记。2012年7月起任江苏省商务厅党组书记、厅长。

## 【国内贸易】

**社会消费品零售总额**　2016年，江苏省实现社会消费品零售总额28 707.1亿元，比上年增长10.9%。按经营单位所在地分，城镇消费品零售额25 768亿元，增长10.8%；乡村消费品零售额2 939.1亿元，增长12.0%。按消费类型分，商品零售额25 947.6亿元，增长10.6%；餐饮收入额2 759.5亿元，增长14.0%。网上零售保持较快增长，2016年，全省限额以上批发和零售业网上零售额比上年增长44.8%。

**限额以上批发和零售业零售额**　在限额以上企业商品零售额中，粮油、食品类增长12.5%，饮料类增长10.3%，烟酒类增长9.3%，服装、鞋帽、针纺织品类增长9.1%，金银珠宝类增长1.8%，日用品类增长6.5%，五金、电料类增长20.1%，书报杂志类增长10.2%，家用电器和音像器材类增长9.2%，中西药品类增长11.5%，通讯器材类增长16.9%，文化办公用品类增长26.2%，家具类增长14.8%，石油及制品类增长2.4%，建筑及装潢材料类增长15.4%，汽车类增长10.5%。

**市场物价**　消费价格温和上涨。全年居民消费价格比上年上涨2.3%，其中城市上涨2.4%，农村上涨1.8%。分类别看，食品烟酒上涨3.8%，衣着上涨1.8%，居住上涨1.2%，生活用品及服务上涨1.6%，交通和通信下降1.2%，教育文化和娱乐上涨0.9%，医疗保健上涨9.1%，其他用品和服务上涨2.7%。在食品烟酒中，鲜菜上涨11.3%，畜肉类上涨11.1%，水产品上涨6.7%，禽肉类上涨1.2%，食用油上涨0.9%，粮食上涨0.2%，蛋类下降3.7%。工业生产者价格有所回升。全年工业生产者出厂价格同比下降1.9%，降幅较上年收窄2.8个百分点，其中生产资料下降2.2%，生活资料下降0.7%。全年工业生产者购进价格下降2.0%，降幅较上年收窄5.9个百分点。

**江苏省2016年居民消费价格指数情况表**

（以上年为100）

| 指　标 | 全　省 | 城　市 | 农　村 |
|---|---|---|---|
| **居民消费价格** | **102.3** | **102.4** | **101.8** |
| 食品烟酒 | 103.8 | 103.6 | 104.3 |
| #粮食 | 100.2 | 100.3 | 100.0 |
| 衣着 | 101.8 | 101.8 | 102.0 |
| 居住 | 101.2 | 101.5 | 100.3 |
| 生活用品及服务 | 101.6 | 101.7 | 101.0 |
| 交通和通信 | 98.8 | 98.7 | 99.1 |
| 教育文化和娱乐 | 100.9 | 100.9 | 100.7 |
| 医疗保健 | 109.1 | 111.2 | 102.6 |
| 其他用品和服务 | 102.7 | 102.8 | 102.5 |

【对外贸易】

**进出口总额** 进出口总额33 634.8亿元，比上年下降0.7%。

**出口总额** 出口总额21 063.2亿元，增长0.2%。

**进口总额** 进口总额12 571.6亿元，下降2.2%。

**贸易方式** 一般贸易出口额10 253.4亿元，增长6.4%；加工贸易出口额9 165.1亿元，下降0.2%。

**贸易主体** 外商投资企业出口额12 305.7亿元，增长2.3%，占出口总额比重为58.2%；私营企业出口额6 473.2亿元，下降2.4%，占出口总额比重为32.5%。

**出口商品** 机电产品、高新技术产品出口额分别为13 721.1亿元、7 718.0亿元，下降1.7%和5.2%，占出口总额比重为65.2%、36.6%。其中IT产品出口额6 511.3亿元，占高新技术产品出口额比重为84.5%。

**出口市场** 对欧盟、美国、日本、香港特别行政区出口额分别为3 922.6亿元、4 732.5亿元、1 713.8亿元和1 799.5亿元，分别比上年增长4.0%、增长4.7%、下降1.7%、下降16.9%；对东盟、韩国、台湾省出口额分别为2 316.0亿元、1 100.9亿元和657.9亿元，分别增长6.3%、增长6.4%和下降22.9%；对拉丁美洲、非洲出口额分别为1 114.3亿元、507.7亿元，分别下降5.0%、5.9%。

**江苏省2016年进出口情况表**

| 指　标 | 绝对数（亿元） | 比上年增长（%） |
|---|---|---|
| **出口总额** | **21 063.2** | **0.2** |
| #一般贸易 | 10 253.4 | 6.4 |
| 加工贸易 | 9 165.1 | -0.2 |
| #初级产品 | 338.6 | 7.1 |
| 工业制成品 | 20 300.3 | -0.5 |
| #机电产品 | 13 721.1 | -1.7 |
| 高新技术产品 | 7 718.0 | -5.2 |
| #国有企业 | 1 892.7 | -0.8 |
| 外商投资企业 | 12 305.7 | 2.3 |
| 私营企业 | 6 473.2 | -2.4 |
| **进口总额** | **12 571.6** | **-2.2** |
| #一般贸易 | 5 849.9 | 12.7 |
| 加工贸易 | 5 093.5 | 0.4 |
| #初级产品 | 1 541.5 | -1.9 |
| 工业制成品 | 10 518.0 | -3.2 |
| #机电产品 | 7 557.3 | -4.1 |
| 高新技术产品 | 5 199.6 | -7.8 |
| #国有企业 | 830.0 | -6.2 |
| 外商投资企业 | 9 210.2 | 3.5 |
| 私营企业 | 2 346.0 | -17.1 |

**江苏省2016年进出口商品情况表**

| 商品类别 | 出口金额（万元） | 同比（±%） | 进口金额（万元） | 同比（±%） |
|---|---|---|---|---|
| 高新技术产品 | 77 095 924 | -5.3 | 51 987 436 | -7.8 |
| 机电产品 | 137 220 043 | -1.7 | 75 626 772 | -4.1 |
| 纺织服装 | 28 641 865 | 4.8 | 1 732 571 | -0.8 |
| 纺织品 | 13 273 158 | 6.3 | 1 427 478 | -4.9 |
| 服装 | 15 368 707 | 3.5 | 305 093 | 24.6 |
| 农产品 | 2 369 527 | 13.4 | 7 854 352 | 10.3 |

**江苏省 2016 年进出口市场情况表**

| 贸易市场 | 出口金额（万元） | 同比（±%） | 进口金额（万元） | 同比（±%） |
|---|---|---|---|---|
| 亚洲 | 94 824 581 | -3.3 | 87 181 522 | -3.5 |
| #香港 | 17 912 773 | -17.3 | 416 427 | 47.2 |
| 日本 | 17 139 442 | -1.7 | 15 913 610 | 3.6 |
| 台湾省 | 6 580 174 | -22.9 | 18 217 105 | -1.0 |
| 韩国 | 11 014 211 | 6.4 | 24 780 427 | -4.6 |
| 东盟 | 23 165 778 | 6.3 | 15 592 963 | 2.3 |
| 中东 | 9 348 281 | -0.9 | 3 183 348 | -19.3 |
| 非洲 | 5 080 116 | -5.9 | 1 029 588 | 6.9 |
| 欧洲 | 43 191 481 | 5.0 | 16 609 888 | 1.1 |
| #欧盟 | 39 231 026 | 4.0 | 14 959 867 | 0.5 |
| 拉丁美洲 | 11 145 095 | -5.0 | 6 254 070 | 10.9 |
| 北美洲 | 50 789 209 | 4.4 | 9 525 857 | -6.8 |
| #美国 | 47 328 047 | 4.8 | 8 118 154 | -6.2 |
| 大洋洲 | 5 555 452 | 5.1 | 5 103 425 | 5.3 |

**江苏省各地市 2016 年进出口情况表**

| 地市名称 | 进出口（万元） | 同比（±%） | 出　口（万元） | 同比（±%） | 进　口（万元） | 同比（±%） |
|---|---|---|---|---|---|---|
| 南　京 | 33 186 231 | 0.4 | 19 555 469 | 0.0 | 13 630 762 | 1.0 |
| 无　锡 | 46 101 658 | 8.5 | 28 322 610 | 8.1 | 17 779 048 | 9.2 |
| 常　州 | 18 196 645 | 4.6 | 13 745 243 | 4.2 | 4 451 402 | 5.7 |
| 苏　州 | 180 615 112 | -4.7 | 108 076 274 | -4.1 | 72 538 839 | -5.7 |
| 镇　江 | 6 803 894 | 8.9 | 4 580 724 | 7.3 | 2 223 170 | 12.2 |
| 南　通 | 20 355 147 | 3.8 | 15 168 872 | 7.0 | 5 186 275 | -4.5 |
| 扬　州 | 6 289 541 | -1.9 | 4 726 619 | -1.1 | 1 562 922 | -4.2 |
| 泰　州 | 6 846 548 | 7.9 | 4 397 180 | 11.0 | 2 449 368 | 2.7 |
| 徐　州 | 4 137 359 | 23.0 | 3 480 254 | 27.4 | 657 105 | 3.6 |
| 连云港 | 4 643 279 | -7.0 | 2 426 454 | -3.6 | 2 216 825 | -10.5 |
| 淮　安 | 2 274 317 | -11.3 | 1 742 753 | -6.7 | 531 564 | -23.7 |
| 盐　城 | 5 253 603 | 4.3 | 3 129 400 | -1.5 | 2 124 203 | 14.3 |
| 宿　迁 | 1 597 333 | -0.9 | 1 234 083 | 7.5 | 363 250 | -21.6 |

## 【利用外资和对外投资】

**利用外资**　全年新批外商投资企业 2 859 家，新批协议注册外资 431.4 亿美元；实际使用外资 245.4 亿美元，比上年增长 1.1%。新批及净增资 9 000 万美元以上的外商投资大项目 290 个。

**对外投资**　全年新批境外投资项目 1 067 个，增长 21.3%；中方协议投资 142.2 亿美元，增长 38.0%。对外承包工程新签合同额 72.9 亿美元，下降 6.5%；对外承包工程完成营业额 91.1 亿美元，增长 4.0%。

## 【其他】

**开发区**　开发区经济稳定发展。全省开发区实现业务总收入 18.7 万亿元，比上年增长 12%；一般公共预算收入 3 850 亿元，增长 13.5%；进出口总额 4 395 亿美元，占全省总量的 80.6%，其中，出口总额 2 671 亿美元，占全省总量的 78.9%；实际到账注册外资 193 亿美元，占全省总量的 79.5%。

**运输**　全年旅客运输量、货物运输量分别下降 3.3% 和增长 2.3%，旅客周转量、货物周转量分别增长 1.6% 和 5.9%。全省机场飞机起降 39.2 万架次，增长 14.1%；旅客吞吐量 3 726.1 万人次，增长 20.2%，货邮吞吐量 51.6 万吨，比上年增长 6.3%。完成规模以上港口货物吞吐量 21.6 亿吨，增长 3.7%，其中外贸货物吞吐量 4.5 亿吨，增长 12.0%；集装箱吞吐量 1 621.6 万标准集装箱，增长 1.0%。年末全省公路里程 15.7 万公里。其中，高速公路里程 4 657.4 公里，新增 118.3 公里。铁路营业里程 2 721.9 公里，铁路正线延展长度 4 676.7 公里。年末民用汽车保有量

1 435.5 万辆，增长 15.0%；净增 186.7 万辆，增长 29.7%。年末个人汽车保有量 1 252.2 万辆，增长 16.3%；净增 175.3 万辆，增长 24.2%。其中，个人轿车保有量 892.1 万辆，增长 15.3%；净增 118.2 万辆，增长 9.2%。

**江苏省 2016 年完成运输量情况表**

| 运输方式 | 货物周转量 | | 货运量 | | 旅客周转量 | | 客运量 | |
|---|---|---|---|---|---|---|---|---|
| | 绝对数（亿吨公里） | 比上年增长（%） | 绝对数（万吨） | 比上年增长（%） | 绝对数（亿人公里） | 比上年增长（%） | 绝对数（万人） | 比上年增长（%） |
| **总　计** | **7 815.9** | **5.9** | **213 831.6** | **2.3** | **1 591.9** | **1.6** | **134 604.2** | **-3.3** |
| 铁　路 | 282.5 | -7.0 | 5 335.0 | 5.3 | 672.7 | 9.6 | 17 814.2 | 10.5 |
| 公　路 | 2 140.3 | 3.2 | 117 166.0 | 3.4 | 779.9 | -5.5 | 113 493.0 | -5.3 |
| 水　路 | 4 749.8 | 2.5 | 77 495.0 | -1.2 | 2.4 | -11.5 | 2 272.1 | -5.0 |
| 民　航 | 1.1 | 10.4 | 7.6 | 8.6 | 136.9 | 18.9 | 1 024.9 | 1.6 |
| 管　道 | 642.2 | 3.0 | 13 828.0 | 7.4 | — | — | — | — |

**注：**民航运输量数据仅指东航江苏公司完成数。

**旅游**　全年接待境内外游客 68 109.8 万人次，比上年增长 9.4%；实现旅游业总收入 10 263.6 亿元，比上年增长 13.4%。接待入境过夜旅游者 329.8 万人次，比上年增长 8.1%。其中：外国人 218 万人次，比上年增长 8.5%；港澳台同胞 111.8 万人次，比上年增长 7.3%。旅游外汇收入 38 亿美元，比上年增长 7.8%。接待国内游客 67 780 万人次，比上年增长 9.4%，实现国内旅游收入 9 952.5 亿元，比上年增长 13.5%。

# 2016 年南京市商务发展概况

南京市商务局

**南京市商务局局长**

孔秋云　男，生于 1964 年，江苏高淳人。中共党员，硕士。1983 年参加工作，历任江苏农学院助教，南京市委农工部科员、副主任科员、主任科员，南京市经济委员会外经合作处（技改处）副处长、机电进出口办公室副主任，南京市经济委员会副主任，市委工交委委员，南京市投资促进委员会主任等职。2015 年 10 月任南京市商务局局长，中共南京市委商务工作委员会书记。

## 【国内贸易】

**社会消费品零售总额**　2016 年，江苏省南京市社会消费品零售总额 5 088.20 亿元，比上年的 4 590.17 亿元增长 10.9%。按地域分，城市 4 916.93 亿元，农村 171.27 亿元。按行业分，批发和零售贸易业 4 638.45 亿元，住宿和餐饮业 449.74 亿元。

**限额以上批发和零售贸易业、住宿和餐饮业基本情况**　2016年，共有限额以上（年报数）批发和零售贸易业、住宿和餐饮业法人企业 3 170 个，年末从业人数 312 454 人。其中，批发业法人企业 1 354 个，年末从业人数 94 658 人；零售业法人企业 1 239 个，年末从业人数 145 310 人；住宿业法人企业 212 个，年末从业人数 29 903 人；餐饮业法人企业 365 个，年末从业人数 42 583 人。

**批发和零售贸易业企业商品购、销、存总额**　批发和零售贸易业企业商品销售总额 21 198.91 亿元，比上年的 19 172.13 亿元增长 10.6%。其中，限额以上企业 10 490.42 亿元，限额以下企业 10 708.49 亿元。限额以上批发和零售贸易业企业商品销售总额 10 490.42 亿元（其中批发 7 726.48 亿元、零售 2 763.94 亿元），年末库存总额 662.98 亿元。

**市场物价**　商品零售价格指数为 100.5（以上年价格为

100），居民消费价格指数为102.7（以上年价格为100）。

**市场秩序建设** 法治化营商环境不断完善。一是牵头开展打击侵犯知识产权和制售假冒伪劣商品工作，加强重点领域集中整治，推进两法衔接和案件公开，取得显著成效。2016年，立案查处侵权假冒案件724件，案值1.33亿元，打掉制假、售假窝点169个。二是强化单用途商业预付卡管理，加强发卡市场摸底调研，推动发卡企业备案，全市共备案企业65家，其中市本级备案45家，区级备案7家，省级备案报备企业13家。三是推动商务领域信用体系建设，整合南京市商贸流通企业的行政许可、资质认定、行政处罚、法院判决裁定等信用信息，加快与相关部门、行业实现互联互通，逐步开展企业信用分类管理。四是落实商业保理试点，审批2家内资商业保理公司，筹备建设商业保理行业组织。五是规范直销行业发展，对申领商务部直销经营许可证、南京市企业设立外地服务网点、外地企业在南京市设立分支机构和服务网点等业务进行初步核查。六是完善肉类蔬菜流通追溯体系管理，坚持问题导向，以示范创建为引领，狠抓数据数量和运行效率。2016年产生数据8 600多万条上报商务部中央平台，同比增长82.5%；南京肉类批发交易市场排名全国同类市场前3，其中第二季度排名第1；4家农贸市场进入全国前50名。

**市场体系建设** 一是加强规划引导，优化商业网点空间布局。南京市立足城市新的定位和商业发展需要，坚持问题导向、目标导向，顺应“互联网+”发展趋势，编制完成了《南京市商业网点规划（2016—2030年）》，提出规划期内商业发展定位、规模目标、空间布局、业态配置和发展引导等要求，着力形成规模适度、布局合理、业态多元、品质高效、线上线下融合的现代商业网点体系。二是坚持先行先试，加快流通领域立法进程。南京市率先在全国副省级、省会城市以“市长令”形式出台了《南京市商业网点规划建设管理办法》，明确了商业网点规划、建设、监督管理和规划衔接机制相关要求；体现了保障改善民生的要求；建立了事中事后监管的协作机制；明确了政策支持的导向和重点。根据国家政策、行业实际和消费需求，南京市修订完善了原《南京市二手车流通管理实施办法》，放宽市场主体准入条件，积极鼓励流通模式创新，引导二手车经营企业开展线上展示、线下交易业务。三是强化公益属性，推进公益性批发市场建设。坚持“政府主导、民生为先、企业化运作”的原则，大力推进南京农副产品物流中心基础设施建设和功能提升，经商务部审核，该市场成为江苏唯一入选首批全国公益性农产品示范批发市场。

**流通业发展** 流通业发展工作以国内贸易流通体制改革发展综合试点为主线，各项工作稳步推进，成效明显。作为国务院确定的9个国内贸易流通体制改革发展综合试点城市之一，南京市试点工作聚焦流通现代化、国际化、法治化发展目标，形成了“两体系三机制”共5项可复制推广的经验成果，得到了商务部认可。实体零售创新转型积极推进，总结形成了实体商业“融、汇、贯、通”四个转型升级模式，召开了2016中国（南京）实体零售创新转型紫金峰会。区域商贸物流体系建设加快实施，制定了《南京市物流业发展中长期规划（2016—2025年）》，构建了“枢纽引领、环城集配、终端便利”的城市共同配送空间格局，积极推进物流标准化试点，组建了南京都市圈物流标准化联盟。绿色流通发展持续推进，提档升级55个社区再生资源回收示范点，积极推进再生资源智能回收箱布点投放工作，1家企业被认定为第一批全国绿色商场。中小商贸流通企业服务体系建设扎实推进，引进服务机构37家，公共服务平台注册会员4 500家，组织各项活动50余场。商贸流通特殊行业在规范中稳步发展，全市共有典当企业57家、分支机构19家，典当贷款总额29.95亿元，典当余额10.02亿元；共有拍卖企业80家，全年举办拍卖会351场次，拍卖成交额46.79亿元。

**市场运行和消费促进** 消费品市场实现了平稳较快发展，对全市经济增长的拉动作用进一步增强。全市共实现社会消费品零售总额5 088.2亿元，同比增长10.9%，总量占全省比重的17.7%，居第1位，增幅在全国15个副省级城市中排名第一。强化消费促进工作。一是优化政策环境。南京市制定了《南京市发挥新消费引领作用加快培育形成新供给新动力三年行动计划（2016—2018年）》（宁政发〔2016〕221号）实施意见，加快落实房地产、旅游、信息、文化、汽车、电子商务等方面的消费政策。二是组织消费促进活动。组织“南京婚博会”、“南京购物节”、“家居建材展”、“南京美食文化节”等活动，打造具一定影响力的本地购物品牌。“消费促进月”活动期间，共组织950家企业参加了28项主题活动，促销总额达24亿元。加强市场运行监测分析。一是优化市场运行监测体系。目前，南京市网络监测体系监测样本企业数达330家，涵盖全市主要大型超市、购物商场、农贸市场和批发市场。二是提高数据报送质量。全市市场监测数据报送率达99%以上，及时率达95%以上。三是提升成果转化水平。每日采集6家农贸市场菜、肉价，每周采集5家重点批发交易市场重点产品供应信息及价格。

**【对外贸易】**

**进出口总额** 进出口总额502.6亿美元，比上年的532.4亿美元下降5.6%。

**出口总额** 出口总额296.4亿美元，比上年的315.0亿美元下降5.9%，占全市国内生产总值10 503亿元的18.8%，占全省出口额的9.9%。

**进口总额** 进口总额206.2亿美元，比上年的217.4亿美元下降5.1%。

**出口商品结构** 初级产品出口额6.7亿美元，占出口总额的2.3%；工业制成品出口额289.8亿美元，占出口总额的97.7%。

**进口商品结构** 初级产品进口额35.9亿美元，占进口总额的17.4%；工业制成品进口额170.4亿美元，占进口总额的82.6%。

**出口商品市场** 出口商品销往216个国家（地区）。

**进口商品市场** 进口商品来自148个国家（地区）。

**服务贸易** 服务进出口总额77.44亿美元，比上年的72.06亿美元增长7.46%。其中，出口额21.16亿美元，比上年的22.83亿美元下降7.31%；进口额56.28亿美元，比上年的49.23亿美元增长14.31%。规模企业支撑作用明显。全市服务贸易超千万美元以上的企业达51家，实现服务贸易额22亿美元，占全市服务贸易企业（机构）进出口总额的62.3%。

旅行服务进出口总额位列第一。2016年，南京市旅行服务进出口总额达41.1亿美元，同比增长25.4%，占全市进出口总额的53.1%。其中旅行服务进口为40亿美元，同比增长25.9%，占全市进口总额的71.1%。建设服务出口增长较快。2016年，南京市建设服务进出口额为1.6亿美元，同比增长80.4%。其中建设服务出口额为1.2亿美元，同比增长114%。其他商业服务保持平稳增长。2016年，南京市其他商业服务进出口额达13.3亿美元，同比增长4.4%，占全市进出口总额的17.2%。其中法律、会计、广告等专业和管理咨询服务进出口额为5亿美元，同比增长81.5%。

**服务外包** 服务外包执行额971.1亿元，同比增长14.6%，其中，离岸外包执行额398.9亿元，同比增长1.7%。软件出口执行金额为37.5亿美元，涉及合同4 755份，其中软件产品出口执行金额为8 547.3万美元，软件信息技术外包（ITO）出口执行金额为36.7亿美元，占到软件出口总额的97.9%。

**技术进出口** 技术进出口总额79 719.52万美元，比上年的70 571.1万美元增长12.96%。签订引进技术和进口设备合同项目108个，比上年增加20个；合同金额24 881万美元，比上年的26 404美元下降5.77%；签订技术出口合同项目219个，合同金额54 838.52万美元，比上年的44 167.1万美元增长24.16%。

**南京市2016年出口额3亿美元以上商品情况表**

| 商品名称 | 出口金额（亿美元） | 占出口总额比重（%） |
|---|---|---|
| 平板电脑 | 21.0 | 7.1 |
| 液晶显示板 | 10.5 | 3.5 |
| 载重≤15万吨的机动散货船 | 7.0 | 2.3 |
| 其他齿轮及齿轮传动装置 | 3.9 | 1.3 |
| 宽度≥600mm热轧其他合金钢卷材 | 3.8 | 1.3 |
| 车载导航及小尺寸液晶监视器 | 3.8 | 1.3 |
| 15万吨<载重≤30万吨的机动散货船 | 3.6 | 1.2 |
| 笔记本及零件 | 3.6 | 1.2 |
| 干衣量≤10kg的滚筒式全自动洗衣机 | 3.2 | 1.1 |
| **合 计** | **60.3** | **20.3** |

**南京市2016年进口额3亿美元以上商品情况表**

| 商品名称 | 进口金额（亿美元） | 占进口总额比重（%） |
|---|---|---|
| 液晶显示板 | 18.4 | 8.9 |
| 用作处理器及控制器的集成电路 | 7.3 | 3.5 |
| 其他集成电路 | 5.1 | 2.5 |
| 1，2-乙二醇 | 4.4 | 2.2 |
| 未烧结铁矿砂及其精矿（0.8mm<粒度<6.3mm） | 3.9 | 1.9 |
| 对二甲苯 | 3.8 | 1.8 |
| 自动换档变速箱 | 3.7 | 1.8 |
| 片式多层瓷介电容器 | 3.4 | 1.6 |
| 用于光盘生产的生产设备 | 3.2 | 1.5 |
| **合 计** | **53.2** | **25.8** |

**南京市2016年主要出口市场情况表**

| 国别（地区） | 出口金额（亿美元） | 占出口总额比重（%） |
|---|---|---|
| 美　国 | 59.4 | 20.0 |
| 日　本 | 16.7 | 5.7 |
| 韩　国 | 15.6 | 5.3 |
| 香　港 | 13.1 | 4.5 |
| 德　国 | 12.8 | 4.3 |
| 越　南 | 12.1 | 4.1 |
| 印　度 | 11.7 | 4.0 |
| 英　国 | 11.2 | 3.8 |
| **合　计** | **152.7** | **51.5** |

**南京市2016年主要进口市场情况表**

| 国别（地区） | 进口金额（亿美元） | 占进口总额比重（%） |
|---|---|---|
| 韩　国 | 53.7 | 26.1 |
| 日　本 | 28.3 | 13.7 |
| 德　国 | 15.2 | 7.4 |
| 台湾省 | 14.7 | 7.1 |
| 美　国 | 13.2 | 6.4 |
| 澳大利亚 | 7.8 | 3.8 |
| 马来西亚 | 5.6 | 2.7 |
| 亚洲其他国家和地区 | 5.0 | 2.5 |
| **合　计** | **143.7** | **69.7** |

**南京市2016年服务进出口情况表**

| 行　业 | 进出口 | | 出　口 | | 进　口 | |
|---|---|---|---|---|---|---|
| | 金额（万美元） | 同比（%） | 金额（万美元） | 同比（%） | 金额（万美元） | 同比（%） |
| 加工服务 | 57 216.5 | 4.02 | 56 508.3 | 3.23 | 708.2 | 169.69 |
| 运输服务 | 87 807.2 | -17.72 | 46 770.8 | -25.86 | 41 036.4 | -5.94 |
| 旅行 | 410 854.5 | 25.36 | 10 702.8 | 7.70 | 400 151.7 | 25.91 |
| 建设 | 15 525.2 | 80.43 | 11 532.5 | 113.95 | 3 992.7 | 24.22 |
| 保险服务 | 3 781.0 | -33.04 | 2 112.7 | -38.19 | 1 668.3 | -25.15 |
| 金融服务 | 1 047.7 | -37.62 | 33.9 | 175.61 | 1 013.8 | -39.19 |
| 电信、计算机和信息服务 | 35 846.7 | -36.92 | 21 188.8 | -10.44 | 14 657.9 | -55.81 |
| 其他商业服务 | 133 420.3 | 4.36 | 59 920.1 | -7.79 | 73 500.2 | 16.93 |
| 文化和娱乐服务 | 2 725.1 | -27.75 | 566.6 | -33.68 | 2 158.5 | -26.02 |
| 别处未涵盖的维护和维修服务 | 3 422.5 | -11.65 | 1 404.4 | -15.73 | 2 018.1 | -8.56 |
| 别处未涵盖的知识产权使用费 | 22 694.1 | -0.27 | 867.7 | 56.17 | 21 826.4 | -1.69 |
| 别处未涵盖的政府货物和服务 | 47.5 | -73.25 | 5.9 | 51.28 | 41.6 | -76.05 |
| **合　计** | **774 388.3** | **7.46** | **211 614.5** | **-7.31** | **562 773.8** | **14.31** |

## 【利用外资】

**南京市2016年利用外资情况表**

| 利用外资方式 | 批准签订的合同 | | | 实际利用外资 | |
|---|---|---|---|---|---|
| | 项目数（个） | 外资金额（万美元） | 金额比上年增减（%） | 金额（万美元） | 金额比上年增减（%） |
| **外商直接投资** | **346** | **565 456** | **-8.4** | **347 947** | **4.30** |
| 合资企业 | 112 | 167 117 | 120.6 | 70 564 | 11.01 |
| 合作企业 | 1 | 9 | -99.3 | | |
| 外资企业 | 231 | 455 070 | -6.7 | 275 281 | 27.10 |
| 股份有限公司 | 2 | 1 260 | -97.6 | 2 102 | -96.00 |

**外商直接投资行业** 服务业结构优化。2016年，全市服务业实际使用外资22.8亿美元，同比下降10.6%，占比65.6%，其中，批发零售住宿餐饮业、房地产实际使用外资分别为1.3亿美元、7.5亿美元，分别下降58.9%、26.1%。全市现代服务业实际使用外资14.5亿美元，增长34.1%，占全市总额的41.2%，提升8.7个百分点，其中，商务租赁、科研技术、软件信息服务业实际使用外资分别为5.6亿美元、2亿美元、1.4亿美元，分别增长58.8%、80.5%、21.2%，占全市总额分别提升5.5个、0.6个、2.4个百分点。制造业企稳回升。2016年，全市制造业实际使用外资8.9亿美元，增长23.2%，占比25.7%，提升4个百分点。全市先进制造业实际使用外资4.3亿美元，增长61.1%，占制造业的48%，提升11.4个百分点，其中，电子通信、集成电路、化学医药制造业实际使用外资分别为3亿美元、2.2亿美元、1.6亿美元，分别增长34.6%、4 289%、2.5%。

**外商直接投资来源** 2016年，对宁投资前五位的国家或地区为香港、台湾省、新加坡、韩国、英国，合计实际使用外资31.4亿美元，占全市总额的90.2%。亚洲地区主要投资来源地香港、台湾省、新加坡直接投资额分别为23.1亿美元、3亿美元、2.6亿美元，分别增长32.5%、303.2%、172.7%；欧盟主要投资国英国、德国直接投资额分别为1.2亿美元、1亿美元，分别增长25.3%、352.3%；美国直接投资额9 197万美元，增长31.5%。

**外商直接投资企业生产经营情况** 2016年，南京市参加外商投资企业联合年报企业为3 213家，投资总额合计817.77亿美元，实际使用外资合计298.34亿美元。上述企业共实现营业收入5 278.25亿元人民币，纳税总额合计324.72亿元人民币，利润总额合计305.24亿元人民币，出口额107.8亿美元，就业人数40.31万人。

## 【对外经济合作】

**对外投资** 2016年在海外举办企业和机构175个（含增资），中方协议投资额30.1亿美元，同比增长45.85%，境外投资遍布六大洲40个国家和地区，主要分布在美国、香港、缅甸、印度、印度尼西亚、越南、柬埔寨、日本、马来西亚、蒙古、阿曼、巴基斯坦、新加坡、泰国、越南、哈萨克斯坦、埃塞俄比亚、肯尼亚、摩洛哥、莫桑比克、纳米比亚、坦桑尼亚、赞比亚、丹麦、英国、德国、法国、意大利、荷兰、西班牙、芬兰、挪威、瑞典、乌克兰、开曼群岛、英属维尔京群岛、加拿大、澳大利亚、瓦努阿图、新西兰、巴布亚新几内亚。

2016年，南京市共有23个项目赴“一带一路”沿线国家投资，与上年持平，中方协议投资额为2.76亿美元，占总额的9%，同比增长20%。行业主要涉及采矿业、制造业、建筑业、批发业、餐饮业、房地产业、商务服务业等。国别涉及缅甸、柬埔寨、印度、印度尼西亚、马来西亚、蒙古、阿曼、巴基斯坦、新加坡、泰国、哈萨克斯坦、乌克兰、越南等13个国家和地区。

**承包工程和劳务合作** 签订对外承包工程和劳务合作合同项目418个，金额30.7亿美元，比上年的38.1亿美元下降19%；完成营业额37.2亿美元，比上年的33.3亿美元增长11.7%；当年累计派出劳务人员数10 464人次，年末在外人数24 951人。劳务主要派往新加坡、巴拿马、香港地区。承包工程项目主要集中在亚非地区，主要项目包括中石化南京工程的沙特阿拉伯石油炼化项目、中材国际在埃塞俄比亚、赞比亚等国的水泥生产线项目、大地集团在新加坡的三巴旺组屋建设项目等。

## 【其他】

**开发区** 南京高新技术产业开发区2016年实现地区生产总值667.9亿元，同比增长12.2%；公共财政预算收入68.3亿元，增长22.8%；实际利用外资完成2.5亿美元，增长61.8%；完成固定资产投资432.2亿元，外贸进出口8.57亿美元，其中出口7.7亿美元。

南京经济技术开发区2016年实现地区生产总值850.6亿元，同比增长10.0%；公共财政预算收入73.8亿元，增长31.6%；实际使用外资5.0亿美元，增长23.5%；分别完成固定资产投资297.9亿元，外贸进出口92.4亿美元，其中出口36.9亿美元。全年新引进重大项目38个，新开工重点项目21个，新竣工重点项目22个。

江宁经济技术开发区2016年实现地区生产总值1 135.6亿元、增长10.1%；公共财政预算收入152.5亿元，增长11.5%；实际利用外资6.4亿元，平均增长14.7%；完成固定资产投资470.7亿元，外贸进出口94.6亿美元，其中出口61.9亿美元。

**综合保税区** 2016年，南京综保区（龙潭片）实现进出境货值3亿美元，进出区货值60亿美元。南京综保区（江宁片区）实现进口13.78亿美元，同比增长9.51%；出口27.97亿美元，同比下降12.57%；进出口总额41.75亿美元，同比下降6.33%。陆续建成中免德鸿进口商品保税展示交易中心、金鹰商贸集团直营店、跨境电子商务产业园、南京国际商品博览中心和苏商物流、京亚供应链等重点项目。

**商务洽谈会** 2016年2月3日，南京市在德国斯图加特市成功举办了“中国南京新兴产业发展（斯图加特）推介会”。会上，蒂森克虏伯发动机（中国）有限公司增资、LMT集团中国企业大学项目、艾堡私家酿制电子商务项目、弗戈媒体集团等多个项目签约。

2016年3月10日，南京市在英国伦敦成功举办了“中国南京服务业发展（伦敦）推介会”。推介会上共有世界中医药学会联合会中药饮片质量专业委员会“欧洲联络中心”项目、华埠商会引进秦淮灯会项目、哈姆雷斯玩具旗舰店项目、China Link中国公司合作项目、卓越为本文化和教育交流项目、江苏名品英国商超直营项目等6个项目签约。

2016年6月1日，南京市在港举行了中国南京现代服务业发展商机推介会，总投资约39亿美元的一批重点合作项目成功签约。

第27届中国南京金秋经贸洽谈会于2016年9月7日—9月13日在南京成功举办。本届金洽会以“围绕构建现代产业体系，推动制造业高端化发展”为主题，共举办市领导会见洽谈、招商推介、专题论坛、项目签约、开工等各类活动52场，其中，市级重点活动25场（含服务外包活动9场），各部门、区、开发区和功能平台配套的专场重点活动27场。来自美国、加拿大、英国、德国、法国、意大利、俄罗斯、瑞典、瑞士、希腊、西班牙、澳大利亚、韩国、日本、新加坡、香港、台湾省等30多个国家和地区的约5 000余家企业和机构的6 000多名嘉宾参会。发布市级重点招商项目85个；全市纳入统计的签约项目250个，总投资3 995亿元。

**港口运输**　2016年，全市港口货物吞吐量22 768万吨，比上年增长2.5%，其中，外贸货物吞吐量2 369万吨，比上年增长5.2%。集装箱吞吐量308.39万标箱，比上年增长4.9%。

**涉外旅游**　2016年接待入境旅游者63.78万人次，实现国际旅游创汇收入6.76美元，比上年增长5.7%。

## 2016年连云港市商务发展概况

连云港市商务局

**任　瑜**

连云港市商务局局长

任　瑜　男，1975年4月出生，江苏省连云港市人，中共党员。曾任淮海工学院团委副书记，共青团连云港市委副书记、书记，国家东中西区域合作示范区（连云港徐圩新区）党工委副书记、管委会副主任，连云港市委宣传部常务副部长。现任连云港市商务局局长、党委书记。

### 【国内贸易】

**社会消费品零售总额**　2016年，江苏省连云港市实现社会消费品零售总额933.3亿元，比上年增长12.4%。按地域分，城镇消费品零售额777.7亿元，增长13.3%；乡村消费品零售额155.3亿元，增长7.8%。按行业分，零售业745.7亿元，增长8.3%；餐饮业89.8亿元，增长32.7%。在商品零售中，限额以上企业（单位）商品零售额395.4亿元，增长18.2%。其中，汽车类增长10.8%，食品类增长18.2%，金银珠宝类增长17.6%，石油及制品类增长2.4%。

**商贸设施建设**　2016年，连云港市共有15个重点商贸项目，项目总规模237万平方米，总投资136亿元，年内完成投资46亿元。其中商业街区项目4个，商业综合体项目8个，专业市场3个。15个项目中新建项目6个，续建项目9个。万达广场、中国新水晶城、连云老街等3个项目先后竣工开业，民主路二期、利群综合体、洲业汽车城等一批项目建设得到有效推进。

**商业街区**　2016年，连云港市市区共有各类商业街区18条，总营业面积达52万平方米，总长7 000米，共约2 600余个店铺，年营业额65亿元。其中，政府主导开发建设管理的商业街区9条，占总数量的50%，营业面积29.3万平方米，年营业额34.5亿元，分别占总量的56.3%和48.8%；企业自主开发经营的商业街区4条，营业面积11.8万平方米，年营业额23.3亿元；历史自然形成的商业街区5条，营业面积10万平方米，年营业额7.2亿元。陇海步行街和万润商业街人气旺销售好，年营业额分别为23.4亿元和16.2亿元。连云老街、民主路文化街、三禾水晶街、盐河巷历史文化街、新世界文化城美食街区、栖霞路步行街等6个重点推进的特色街区项目运营良好。

**商业综合体**　2016年，连云港市市区万达广场和苏宁广场两个商业综合体项目营业状况良好，集精品百货、生活超市、时尚餐饮、休闲娱乐、酒店商务、金融服务、教育文化等为一体的大型城市综合体，满足城市购物、休闲、娱乐、交际的四大需求。

**电子商务**　2016年，连云港市电子商务产业模式不断创新，服务内容不断丰富，交易规模不断扩大，呈现出稳步推进、进展有序、发展较快的良好态势。全市网络零售额突破100亿元，比2015年增长25%，从业人数达7万余人。

### 【对外贸易】

**概况**　2016年，连云港市完成进出口704 006万美元，比上年下降12.5%，低于江苏省全省平均增幅5.9个百分点，进出口增速列全省第12位。其中，出口368 390万美元，下降9.3%，比全省平均增幅低3.6个百分点，出口增速列全省第4位；进口335 616万美元，下降15.8%，低于全省平均增幅7.8个百分点，进口增速列全省第11位。

全市有进出口实绩企业1 068家，增加52家，其中出口企业88家，增加50家。进出口额超过1亿美元的企业15家，增加1家；出口额超过1亿美元的企业4家，出口过1 000万美元企业78家。出口额100万美元以上的企业344家，减少4家。30家重点企业完成进出口328 270万美元，下降32.7%。

2016年，全市前三大出口市场分别是美国、日本和韩国，出口额分别为58 654万美元、47 632万美元和28 087万美元，分别增长6.1%、-10%、-17%。2016年，全市前三大进口市场分别是巴西、美国和韩国，进口额分别为56 265万美元、45 662万美元和39 973万美元，分别增长0.1%、-8.9%、7%。

全市机电产品出口92 974万美元，增长13.9%，占全市出口总值的25.2%；农产品出口49 597万美元，下降16.5%，占13.5%；高新技术产品出口46 398万美元，增长100.7%，占12.6%；化工医药产品出口98 933万美元，下降15.7%，占25.9%；矿产品出口9 621万美元，下降42.2%，占2.6%；纺织服装制品出口27 447万美元，下降14.9%，占7.5%。

全市一般贸易出口303 968万美元，下降0.9%，占出口总值的82.5%；加工贸易出口52 066万美元，下降23.2%，占出口总值的14.1%；保税贸易等其他贸易方式出口12 356万美元，下降60.9%，占出口总值的3.4%。

**2016年连云港市主要进出口商品一览表**

| 出口商品 | | | 进口商品 | | |
|---|---|---|---|---|---|
| 商品名称 | 金额（万美元） | 增幅（%） | 商品名称 | 金额（万美元） | 增幅（%） |
| 胶合板 | 36 330 | -0.5 | 黄大豆 | 63 104 | -10.0 |
| 尿　素 | 13 076 | -62.2 | 对二甲苯 | 36 247 | 12.7 |
| 风力发电机组 | 11 884 | 7 032 124.3 | 铁矿砂 | 23 341 | 40.8 |
| 太阳能电池 | 11 442 | 181.9 | 铬　铁 | 14 735 | 49.0 |
| 已切片化学元素 | 11 066 | 966.4 | 铅矿砂 | 11 242 | -62.4 |
| 药　品 | 9 487 | 233.5 | 氧化铝 | 10 976 | -64.8 |
| 铝合金轮毂 | 9 292 | -3.6 | 银矿砂 | 10 813 | 4 184.1 |
| 毛　毯 | 6 162 | -13.1 | 硅 | 9 506 | -1.3 |
| 干香菇 | 5 288 | -45.7 | 单羧脂肪酸 | 8 151 | -8.8 |
| 动物玩具 | 5 125 | 4.5 | 镍矿砂 | 7 975 | -68.2 |

**对香港贸易**　2016年，连云港市与香港的贸易总额为14 290万美元，下降46.7%，其中对香港出口13 973万美元，下降47.1%；自香港进口317万美元，减少19.3%。对香港出口的大宗商品为：照相机、投影仪、放大机及缩片机用物镜（出口额3 148万美元）、40英尺集装箱（出口额3 081万美元）、20英尺集装箱（出口额2 007万美元）。自香港进口的大宗商品为：光学仪器（进口额76万美元）、工业用钢铁制品（进口额51万美元）、拉链（进口额46万美元）。

**对台湾省贸易**　2016年，连云港市与台湾省的贸易总额为15 568万美元，下降13.3%，其中对台湾省出口6 031万美元，下降35%；自台湾省进口9 537万美元，增长9.9%。对台湾省出口的大宗商品为：胶合板（出口额783万美元）、手提式风动工具用的零件（出口额295万美元）、碳化硅（出口额278万美元）。自台湾省进口的大宗商品为：对二甲苯（进口额5 541万美元）、硅（进口额712万美元）、1，2-乙二醇（进口额550万美元）。

**对中亚五国贸易**　2016年，连云港市与中亚五国的贸易总额为1 525万美元，增长108.1%，对哈萨克斯坦、吉尔吉斯斯坦、塔吉克斯坦、土库曼斯坦和乌兹别克斯坦的进出口分别为1 272万美元、2万美元、0万美元、110万美元、142万美元，增速分别为138.2%、-93.6%、-100%、115.2%和15.8%。全市对中亚五国出口367万美元，下降34.9%，对哈萨克斯坦、吉尔吉斯斯坦、塔吉克斯坦、土库曼斯坦和乌兹别克斯坦的出口分别为114万美元、2万美元、0万美元、110万美元、142万美元，其中对哈萨克斯坦出口额占对中亚五国出口的31.1%，增速分别为-68.7%、-93.6%、-100%、115.2%和15.8%。全市仅与哈萨克斯坦有进口贸易，进口1 157万美元，与其他四国无进口。目前，全市与中亚五国有贸易往来企业42家，其中连云港华乐合金有限公司占主体地位。对中亚五国出口的大宗商品分别为：胶合板、接收声音和图像的设备、足球篮球排球；自中亚五国进口的大宗商品为铬铁。“一带一路”建设推进了中亚五国与连云港市的贸易往来，未来大宗的中亚产品将经过连云港市的东方桥头堡转口或者进口。

**服务贸易及服务外包**　2016年，连云港市完成服务进出口总额54 622.5万美元，下降16.6%。其中：出口23 779.9万美元，下降15%；进口30 842.6万美元，下降17.8%。服务外包接包合同金额6 580.7万美元，下降5.5%；服务外包合同执行额6 498万美元，增长29%。连云港市技术进出口备案9笔，均为技术进口备案，累计金额14 530.53万美元。

**2016年连云港市服务进出口情况表**

(单位：万美元)

| 项 目 | 进出口 | | | 出 口 | | | 进 口 | | |
|---|---|---|---|---|---|---|---|---|---|
| | 本年累计 | 上年同期 | 增幅（%） | 本年累计 | 上年同期 | 增幅（%） | 本年累计 | 上年同期 | 增幅（%） |
| **合 计** | **54 622.5** | **65 511.4** | **-16.6** | **23 779.9** | **27 972.0** | **-15.0** | **30 842.6** | **37 539.4** | **-17.8** |
| 加工服务 | 2 262.4 | 2 508.1 | -9.8 | 2 215.6 | 2 418.1 | -8.4 | 46.8 | 90.0 | -48.0 |
| 运输服务 | 25 638.0 | 34 536.9 | -25.8 | 18 397.1 | 20 388.3 | -9.8 | 7 240.9 | 14 148.6 | -48.8 |
| 旅行 | 18 363.7 | 17 009.4 | 8.0 | 132.5 | 169.1 | -21.6 | 18 231.2 | 16 840.3 | 8.3 |
| 建设 | 67.5 | 198.5 | -66.0 | 22.2 | 0.5 | 4 340.0 | 45.3 | 198.0 | -77.1 |
| 保险 | 53.3 | 99.8 | -46.6 | 0.0 | 0.0 | — | 53.3 | 99.8 | -46.6 |
| 金融服务 | 46.1 | 11.5 | 300.9 | 0.0 | 4.0 | -100.0 | 46.1 | 7.5 | 514.7 |
| 电信、计算机和信息服务 | 248.0 | 246.9 | 0.4 | 0.0 | 4.3 | -100.0 | 248.0 | 242.6 | 2.2 |
| 其他商业服务 | 5 489.3 | 7 273.0 | -24.5 | 1 617.5 | 2 445.2 | -33.8 | 3 871.8 | 4 827.8 | -19.8 |
| 其中：法律、会计、广告等专业和管理服咨询服务 | 724.7 | 1 090.3 | -33.5 | 53.0 | 79.0 | -32.9 | 671.7 | 1 011.3 | -33.6 |
| 文化和娱乐服务 | 31.3 | 42.1 | -25.7 | 1.1 | 2.9 | -62.1 | 30.2 | 39.2 | -23.0 |
| 别处未涵盖的维护和维修服务 | 567.6 | 131.0 | 333.3 | 43.6 | 38.0 | 14.7 | 524.0 | 93.0 | 463.4 |
| 别处未涵盖的知识产权使用费 | 1 658.3 | 3 315.8 | -50.0 | 1 350.3 | 2 501.6 | -46.0 | 308.0 | 814.2 | -62.2 |
| 别处未涵盖的政府货物和服务 | 197.0 | 138.4 | 42.3 | 0.0 | 0.0 | — | 197.0 | 138.4 | 42.3 |

## 【利用外资】

**概况** 2016年，来连云港市投资的国别（地区）共16个，全市实际利用外资5.5亿美元，比2015年下降31.3%。实际到资项目134个，其中，结转类项目累计78个，实际到资1.85亿美元，占全市的33.6%；新设类项目累计47个，实际到资3.13亿美元，占全市的56.9%；增资扩股类项目累计9个，实际到资5 228万美元，占全市的9.5%；新设外商投资项目112个，投资总额23.5亿美元，协议注册资金13.2亿美元，比2015年分别增长23.1%、70.3%、2.9%。从产业结构看，三产到资超过二产，全市三产新设项目69个，协议注册外资9.26亿美元，实际到资3.28亿美元，占全市比重分别为61.6%、70.1%、59.6%。

**2016年连云港市各县区新设外商投资项目一览表**

| 统计单位 | 项目（个） | 协议注册外资（万美元） | 统计单位 | 项目（个） | 协议注册外资（万美元） |
|---|---|---|---|---|---|
| 东海县 | 31 | 15 693 | 连云区 | 9 | 10 273 |
| 灌云县 | 8 | 7 358 | 开发区 | 20 | 55 884 |
| 灌南县 | 3 | 1 875 | 高新区 | 1 | 4 |
| 赣榆区 | 12 | 8 008 | 徐圩新区 | 3 | 13 063 |
| 海州区 | 23 | 18 714 | 云台山景区 | 2 | 1 200 |
| 合 计 | | | | **112** | **132 072** |

## 【对外经济合作】

**对外投资** 2016年新批境外投资项目24个，比上年增长4.35%；中方协议投资额7.1亿美元，增长39.26%，对外投资中方协议投资额是全市利用外资金额的1.29倍，绝对值列全省第七。

**对外劳务合作** 全年直接新签劳务人员合同工资总额4 610万美元，增长406.04%。劳务人员实际收入总额962万美元，下降14.41%。当年新派出人数1 950人，增长78.08%，新派人数增幅列全省第三。

## 【其他】

**开发区** 2016年，连云港市有国家级经济技术开发区1个，国家级高新区1个，国家级出口加工区1个，省级经济开发区8个，省级以上开发区内设省级特色产业园8个、南北共建园区7个。2016年全市省级以上开发区完成业务总收入5 386.62亿元，比上年增长11.37%；公共财政预算收入194.45亿元，下降5.92%；工业总产值4 136.08亿元，增长11.53%；工业增加值889.01亿元，增长11.24%；固定资产投资1 104.57亿元，增长10.08%，基础设施投资150.93亿元，增长26.04%；实际利用外资4.21亿美元，下降31.67%；新增内资企业注册资本155.6亿元，下降13.54%；进出口总额43.52亿美元，下降16.8%，出口额23.29亿美元，下降16.22%，进口额20.23亿美元，下降22%。

**省级特色产业园** 连云港市共有省级特色产业园8个，分别为江苏东海硅材料产业园、江苏灌云农业机械产业园、江苏灌南金属精加工产业园、江苏灌南现代物流产业园、江苏连云盐业科技产业园、江苏赣榆新能源产业园、江苏海州现代装备产业园、江苏省连云港新医药产业园。连云港新医药产业园、东海硅材料产业园和海州现代装备产业园被评为全省先进特色产业园。全市开发园区形成了新能源、新医药、新材料、高端装备制造等12个百亿特色产业，特色产业实现销售收入占全市省级以上开发园区销售收入的56.3%，园区已发展成为全市产业发展的集聚区。

**商务洽谈会** 第三届中国（连云港）丝绸之路国际物流博览会（连博会）于2016年11月16日—18日，在连云港市工业展览中心成功举办。本届连博会继续由中国国际商会主办，中国国际商会会展部、省商务厅、省外事办公室、省贸促会、市政府共同承办。展会由展览展示和专题活动两部分组成，主题为"共建共享新亚欧大陆桥国际物流通道，携手打造绿色健康智力和平丝绸之路"，展览总面积2.4万平方米。

与会嘉宾方面，重点围绕"一带一路"沿线国家和地区开展嘉宾邀请工作，共邀请了10个国家的大使、11个国家驻沪总领事、19个国家驻华商务机构代表和国内知名企业家、智库专家，出席开幕式和各项活动的嘉宾超过2 000人。

展览展示方面，本届连博会展览展示区域分为国际物流设备与技术展区、服务新亚欧大陆桥经合走廊建设展区、江苏"一带一路"交汇点建设展区等三个展区，充分展示物流专业和国际合作水准。共有223家单位参展，室内标摊814个，室外展览2 400平方米，其中，通过邀请来连参展的境内外企业109家（境外12家，主要来自德国、日本、英国、哈萨克斯坦、立陶宛等8个国家和地区；境内97家，主要来自北京、上海、山东、广东、浙江等11个省市）。参展企业中，物流运输服务、物流设备与器材类等物流企业达到66家，占全部独立参展企业近2/3。连博会期间参观人数超过2万人次，其中专业观众达9 000余人次。

专题活动方面，积极邀请国际权威组织、国家级智库参与合作，共同举办了开幕式暨新亚欧大陆桥经济走廊建设高层论坛、扬子江国际论坛"一带一路"系列峰会、"一带一路"国际产业合作高峰论坛、全省多式联运工作推进会、日本堺市（连云港）产业·观光说明会、全国丝路沿线城市学联融入"一带一路"建设圆桌对话会和大连接时代的智慧物流发展高层论坛，其中"一带一路"国际产业合作高峰论坛细化为医药产业、港航与物流产业、石油化工产业三个分论坛。通过积极邀请国际权威组织、国际国家层面知名学者、智库专家演讲、探讨交流，进一步加强经贸合作，为推动"一带一路"国家和地区港口、物流等建设发展以及深化互利合作等方面出谋划策。

# 2016年南通市商务发展概况

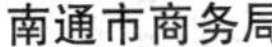

南通市商务局

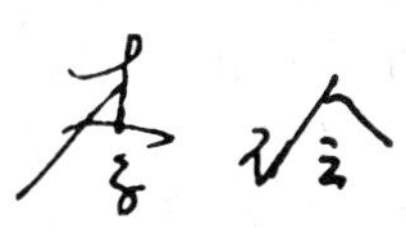

南通市商务局局长

李 玲 女，1968年9月生，汉族，江苏南通人，中央党校研究生学历，2000年12月加入中国共产党，1990年8月参加工作。2016年7月任南通市商务局局长。

## 【国内贸易】

**社会消费品零售总额** 2016年江苏省南通市社会消费品零售总额2 632.87亿元，比上年增长10.7%。按地域分，城区1 363.48亿元，城镇1 942.00亿元，乡村690.88亿元。按行业分，批发和零售贸易业2 406.78亿元，住宿和餐饮业226.09亿元。

**限额以上批发和零售贸易业、住宿和餐饮业基本情况** 2016年，共有限额以上批发和零售贸易业、住宿和餐饮业法人企业2 415个，产业活动单位3 964个，年末从业人数91 261人。其中，批发零售业法人企业2 169个，产业活动单位3 584个，年末从业人数74 633人；住宿餐饮业法人企业246个，产业活动单位380个，年末从业人数1 527人。

**批发和零售贸易业企业商品购、销、存总额** 批发和零售贸易业企业商品销售总额9 955.45亿元，同比增长13%。限额以上批发和零售贸易业企业商品销售总额3 279.68亿元（其中批发2 453.37亿元、零售826.31亿元），年末库存总额150.9亿元。

**市场物价** 商品零售价格指数为101，居民消费价格指数为101.9（以上年价格为100）。

**市场秩序建设** 着力推进市场经济秩序整治，切实加强商贸服务行业运行监测。以进入全省第二批肉菜流通追溯体系建设试点城市为契机，全力推进南通市肉菜流通追溯体系“127”工程建设，完成咨询、监理、集成单位以及通用设备的招标，组织一期工程屠宰场、批发市场、菜市场等流通节点的现场施工，完成7套追溯子系统的开发、部署。肉菜流通追溯体系一期工程覆盖到市区1家生猪定点屠宰场、1家批发市场、10家直营店、15家菜市场、5家超市、5家餐饮单位，基本实现了“来源可追溯、去向可查证、责任可追究”的建设目标。认真履行全市打击侵权假冒的牵头职责，印发《2016年南通市打击侵犯知识产权和制售假冒伪劣商品工作要点》和《2016年南通市打击侵犯知识产权和制售假冒伪劣商品工作任务分解表》。组织专项整治行动，全市行政执法机关共立案2 641件，办结2 276件；公安机关破获侵权假冒犯罪案件93件，抓获犯罪嫌疑人304人；检察机关依法起诉侵权假冒案件78件，起诉犯罪嫌疑人163人；人民法院依法审结侵权假冒案件84件，判决犯罪嫌疑人177人。中国（南通）知识产权维权援助中心与市版权、工商等知识产权相关部门建立了举报投诉案件转接处理机制，全市共接听“12330”咨询电话1 407个，其中受理举报投诉案件50件。中国南通（家纺）知识产权快速维权中心各项工作推进有力，全年受理外观设计申请5 011件、授权3 854件，调处结案外观设计专利侵权纠纷117件。

**市场体系建设** 大力推进城乡流通网络一体化建设，加快实施《南通市城市商业网点布局规划（2012—2020）》，积极优化流通产业布局，加快农产品现代流通体系建设，大力推进南通农副产品物流中心等一批大型市场项目建设，加大市场培育和整合力度。优化现代商业设施布局，打造南大街、新城区和市北新城3个市级商业中心和观音山新城、能达商务区、苏通科技园区、通州城区4个区级商业中心，加快商贸流通集聚发展。有序推进市区城市综合体和商业特色街建设，更好地满足居民多元消费需求。文峰城市广场、圆融广场、狼山三鲜街、五洲国际广场、欧尚港闸区店、万达广场等大中型商业设施相继建成开业。深入推进“鲜活农产品直供社区工程”建设，提高农产品直供店在全市的覆盖率和运营质量，构建以菜市场为支撑、农产品直供店为补充的流通体系。推进社区商业发展，开展省级商业示范社区的申报协调工作。

**流通业发展** 加强对商贸流通重点企业运行监测分析，加大对流通大企业培育力度，全年市区销售30亿元以上企业达到16家，超额完成全年目标；全市10亿元以上市场达32家，市场成交额达到1 991.12亿元，同比增长6.03%。电子商务集聚发展效应逐步显现，南通综合电子商务产业园、南通国际家纺城电子商务产业园等电子商务集聚区（园区）初具规模。加快建设特色市场电子商务平台，中国家纺网、花木大世界等垂直类电商平台特色鲜明。全市商务领域实现电子商务交易额1 465亿元，实现网络零售额305亿元。加强报废车回收拆解两个行业的常态监管，加快淘汰黄标车、老旧车，全年全市报废汽车8 267台。全市拍卖成交额达14.47亿元，同比增长61.32%。典当总额达10.65亿元，同比下降18.76%。

**市场运行和消费促进** 加强市场运行监测分析，认真做好商务部“重点流通企业监测”、春节和国庆“黄金周”运行等监测分析，开展《以供给侧改革引领商贸流通创新发展》课题研究。组织开展全市“消费促进月”、2016“南通大众美食促销季”等活动，有效保障节日市场供应。全面完成成品油批发（仓储）企业、加油站（船、点）的资格证书年检、换证初审。推进蚕丝绸产业发展，指导、做好蚕种、蚕茧、蚕丝生产经营工作，进一步加强蚕茧收购管理，会同市物价、工商等有关部门对春茧收购进行督查，开展茧丝绸专项引导资金申报。做好酒类流通工作，组织各地开展酒类流通备案登记和酒类随附单使用情况专项检查。

**【对外贸易】**

**进出口总额** 进出口总额2 035.3亿元人民币，比上年的1 961.3亿元增长3.8%。

**出口总额** 出口总额1 516.7亿元人民币，比上年的1 418.1亿元增长7%，占全国出口额的1.1%，占全省出口额的7.2%。

**进口总额** 进口总额518.6亿元人民币，比上年的543.2亿元下降4.5%。

**出口商品市场** 出口商品销往201个国家（地区）。

**进口商品市场** 进口商品来自112个国家（地区）。

**服务外包** 2016年5月，南通获批“中国服务外包示范城市”，在10个新增城市中综合评价位列第三。2016全球服务外包大会上，南通被商务部国际贸易经济合作研究院评为中国服务外包最佳新锐城市。2016年，全市新增服务外包企业125家，全市新签服务外包合同金额20.82亿美元，同比增长42.51%；执行金额17.6亿美元，同比增长38.19%。服务外包执行额在全省位列第四位，增幅位列全省5个国家级示范区第一。

**南通市2016年出口额100亿元以上商品情况表**

| 商品名称 | 出口金额（万元） | 占出口总额比重（%） |
| --- | --- | --- |
| 纺织原料及纺织制品 | 4 555 744 | 30.0 |
| 机器、电子产品、电气设备及零件 | 3 110 393 | 20.5 |
| 杂项制品 | 1 504 773 | 9.9 |

**南通市2016年出口额100亿元以上商品情况表(续)**

| 商品名称 | 出口金额（万元） | 占出口总额比重（%） |
|---|---|---|
| 车辆、航空器、船舶及有关运输设备 | 1 459 535 | 9.6 |
| 化学工业及其相关工业的产品 | 1 244 689 | 8.2 |
| 贱金属及其制品 | 1 022 105 | 6.7 |
| **合　计** | **12 897 239** | **84.9** |

**南通市 2016 年进口额 50 亿元以上商品情况表**

| 商品名称 | 进口金额（万元） | 占进口总额比重（%） |
|---|---|---|
| 机电、音像设备及其零件、附件 | 1 231 001 | 23.7 |
| 化学工业及其相关工业的产品 | 932 380 | 18.0 |
| 矿产品 | 893 218 | 17.2 |
| 植物产品 | 508 948 | 9.8 |
| **合　计** | **3 565 547** | **68.7** |

**南通市 2016 年主要出口市场情况表**

| 国别（地区） | 出口金额（万元） | 占出口总额比重（%） |
|---|---|---|
| 日　本 | 2 237 013 | 14.7 |
| 东　盟 | 2 128 127 | 14.0 |
| 美　国 | 2 045 669 | 13.5 |
| 欧　盟 | 1 982 279 | 13.1 |
| 香　港 | 1 271 090 | 8.4 |
| 印　度 | 613 780 | 4.0 |
| 新加坡 | 613 571 | 4.0 |
| **合　计** | **10 891 529** | **71.8** |

**南通市 2016 年主要进口市场情况表**

| 国别（地区） | 进口金额（万元） | 占进口总额比重（%） |
|---|---|---|
| 东　盟 | 848 539 | 16.4 |
| 欧　盟 | 745 847 | 14.4 |
| 美　国 | 623 005 | 12.0 |
| 韩　国 | 422 157 | 8.1 |
| 台湾省 | 389 138 | 7.5 |
| 卡塔尔 | 334 307 | 6.4 |
| **合　计** | **3 362 993** | **64.8** |

## 【利用外资】

**南通市 2016 年利用外资情况表**

| 利用外资方式 | 批准签订的合同 | | | 实际利用外资 | |
|---|---|---|---|---|---|
| | 项目数（个） | 合同外资金额（万美元） | 金额比上年增加（%） | 金额（万美元） | 金额比上年增加（%） |
| **外商直接投资** | **329** | **605 465** | **20.81** | **238 724** | **2.00** |
| 合资企业 | 77 | 88 796 | 95.65 | 23 651 | -30.74 |
| 合作企业 | — | -8 | — | — | — |
| 外资企业 | 252 | 513 753 | 13.59 | 211 893 | 8.12 |
| 股份有限公司 | — | 2 924 | -16.39 | 3 180 | 122.22 |
| **合　计** | **329** | **605 465** | **20.81** | **238 724** | **2.00** |

**外商直接投资行业**　329 个外商直接投资项目中，生产型项目 104 个，占 31.61%；非生产型项目 225 个，占 68.39%。按行业分，主要有：批发业 87 个，农业 17 个，通用设备制造业 21 个，商务服务业 24 个，专用设备制造业 6 个，通信设备、计算机及其他电子设备制造业 7 个，仓储业 3 个。外商实际投入资金主要在制造业，尤其是交通运输设备制造业、化学原料及化学制品制造业、通用设备制造业、电气机械及器材制造业、塑料制品业、纺织业、专用设备制造业等。

**外商直接投资来源**　外商直接投资来自 51 个国家和地区。主要有：香港投资项目数 154 个，实际利用外资金额 153 737 万美元；日本投资项目数 20 个，实际利用外资金额 10 276 万美元；台湾省投资项目数 38 个，实际利用外资金额 10 225 万美元；新加坡投资项目数 10 个，实际利用外资金额 11 702 万美元；英属维尔京群岛投资项目数 7 个，实际利用外资金额 9 261 万美元。

【对外经济合作】

**对外投资** 2016 年，全市新批境外投资项目 112 个，同比增长 43.59%；新批中方协议投资额 12.09 亿美元，同比增长 6.13%。

**承包工程和劳务合作** 新签对外承包劳务合同额 10.49 亿美元，同比减少 9.99%；完成对外承包劳务营业额 20.07 亿美元，比上年的 24.37 亿美元减少 17.64%；全年新派各类劳务 9 149 人，同比减少 35.75%，期末在外 23 948 人，同比减少 5.15%。

【其他】

**国家级南通经济技术开发区** 南通经济技术开发区 2016 年新增工商登记注册外资 8.9 亿美元，实际到账外资 5.21 亿美元。完成地区生产总值 525.26 亿元，比上年增长 9.5%；规模以上工业增加值 409.84 亿元，增长 10.0%；地方公共财政预算收入 45.22 亿元，下降 6%；进出口总额 53.1 亿美元，下降 0.6%；全社会消费品零售总额 155.4 亿元，增长 10.6%；固定资产投资 532.7 亿元，增长 12%；高新技术产业产值 784.5 亿元，增长 12.1%；新兴产业产值 585.8 亿元，增长 3.9%。

截至 2016 年，南通经济技术开发区累计兴办外商投资企业 900 余家，总投资逾 200 亿美元，其中有世界 500 强公司来区设立的外商投资企业 70 多家。

**港口运输** 全年港口吞吐量 2.26 亿吨，比上年增长 3.6%。南通口岸外贸进出口运量 5 039.06 万吨，比上年增长 16.49%。外贸集装箱吞吐量 36.1 万标箱，比上年增长 16.36%。

**涉外旅游** 2016 年入境旅游者 18.02 万人次，比上年增长 4.1%；旅游外汇收入 1.25 亿美元，增长 7%。

# 2016 年浙江省商务发展概况

浙江省商务厅

**孟　刚**

**浙江省商务厅厅长**

孟　刚　男，1964 年 10 月出生，汉族，中共党员。1985 年参加工作。曾任安吉县科技副县长（挂职），浙江省计划与经济委员会技改处副处长，浙江省发展计划委员会产业发展处处长、办公室主任、计财审计处处长，浙江省发展和改革委员会办公室主任，浙江省发展和改革委员会副主任、党组成员，浙江省人民政府办公厅副主任，浙江省人民政府副秘书长、办公厅党组成员等职。现任浙江省商务厅党组书记、厅长。

【国内贸易】

**社会消费品零售总额** 2016 年，浙江省社会消费品零售总额 21 971 亿元，比上年的 19 784.7 亿元增长 11%。按经营地统计，城镇消费品零售额 18 281 亿元，增长 10.7%；乡村消费品零售额 3 690 亿元，增长 13.0%。按消费类型统计，商品零售额 19 723 亿元，增长 10.8%；餐饮收入额 2 248 亿元，增长 13.1%。网络零售额 10 307 亿元，增长 35.4%；省内居民网络消费 5 252 亿元，增长 30.9%。

**限额以上批发零售贸易业基本情况** 限额以上批发零售贸易业零售额中，汽车类零售额比上年增长 9.3%，石油及制品类增长 0.1%，粮油、食品类增长 14.4%，服装、鞋帽、针纺织品类增长 16.7%，中西药品类增长 5.1%，日用品类增长 13.7%，通讯器材类增长 14.5%，家具类增长 13.0%，五金电料类增长 29.7%，建筑及装潢材料类增长 24.3%，金银珠宝类下降 1.4%。年末已登记商品交易实体市场 3 926 家，交易额为 2.05 万亿元，比上年下降 0.1%。

**市场物价** 居民消费价格比上年上涨 1.9%，其中，食品类价格上涨 5.1%。商品零售价格上涨 1.0%，农业生产资料价格下降 0.5%。

**市场秩序建设** 推进互联网打假专项行动深入开展。浙江省组织开展“2016 云剑专项行动”，专项行动期间共立案侵犯知识产权类案件 284 起，破案 257 起；捣毁生产窝点 139 个、仓储窝点 278 个，抓获犯罪嫌疑人 474 名；直接查获现货案值（以正品计算）2.76 亿元，涉案总价值 14.3 亿元。浙江省“双打办”与上海、江苏、安徽、江西“双打办”共同开展长三角区域互联网领域联合打假。

截至 2016 年 12 月底，全省行政机关共立案侵权假冒案件 28 488 起，办结案件 27 304 起，涉案金额 31 363.05 万元，移送司法机关 825 起，捣毁制假售假窝点 356 个。公安机关破获案件 1 573 起，涉案金额 18 239.8 万元，抓获犯罪嫌疑人 1 420 人。检察机关审查起诉案件 1 311 起 2 267 人，批捕案件 401 起 695 人。法院受理案件 1 202 起，审结案件 1 196 起，判决人数 2 116 人。

强化商务信用体系建设。持续抓好示范创建，2016 年评选表彰了 134 家商务诚信示范企业。加强单用途商业预付卡管理。截至 12 月，全省共备案单用途商业预付卡集团、品牌、规模企业 186 家，其中，集团发卡企业 25 家，品牌发卡企业 6 家，规模发卡企业 155 家。出台《浙江省商务厅“双随机”抽查监管实施方案》，指导全省商务行政执法工作；落实 12312 举报投诉处理，截至 2016 年 12 月底，共接收举报咨询 947 件，其中举报投诉 106 件，转办 88 件，办结 106 件。

**市场体系建设** 推进商业网点规划管理，促进商贸流通有效投资。推进重大项目实施。指导市县建立商贸重点项目库，163 个商贸流通项目被省政府列入 2016 年省重点建设项目。商业外资准入从审批制转变为备案制。启动省市场体系建设信息化平台建设。

抓好农产品流通工作，协调推进相关项目建设。出台“十三五”省农批市场发展规划。制订省农产品市场公益性建设试点方案。推进农产品流通项目建设。支持 26 个生态县农产品流通项目建设。组织开展了国家级冷链流通标准化示范市示范企业以及国开行项目申报，推荐 3 家企业为“全国公益性农产品示范市场”。推进农商对接和公共服务平台建设。浙江省商务厅与浙江省农业厅、团省委共同举办了第五届长三角地区农超对接洽谈会，达成合作项目 438 个，意向采购总额 4.13 亿元，项目数和金额比上届分别增长 28.8%和 21.8%。

研究汽车流通产业政策，抓好报废汽车回收拆解。出台了《浙江省人民政府办公厅关于进一步促进二手车市场繁荣发展的意见》（浙政办发〔2016〕164 号）。完善融资租赁支持政策，促进融资租赁业发展。制定出台《浙江省人民政府办公厅关于加快融资租赁业发展的实施意见》（浙政办发〔2016〕112 号），提出了加快行业发展的具体措施。推进制定商贸流通标准，提升流通标准化水平。

**流通业发展** 深化流通改革，充分释放改革红利。义乌内贸流通综合改革试点成效显著，内外贸一体化市场格局初步形成，内外联通现代物流稳步发展，“义新欧”班列等项目顺利投入运营；城乡统筹流通网络逐步完善，流通基础设施建设不断健全。金华现代服务业试点再创佳绩，前三批 184 个试点项目累计完成投资 193.33 亿元，连续两年全国试点城市绩效评价均为优秀等级。深化省级流通改革。在对原省级 6 部门试点城市进行绩效评价基础上，确定长兴、上虞、普陀为省级流通改革试点城市。

加快流通创新，推动实体商业转型升级。实施实体商业转型升级，涵盖商贸企业、再生资源、老字号等领域，确定 12 个试点城市。推动老字号发展模式创新，在知名电商平台建设老字号专区，推动 100 个老字号进驻。实施城市共同配送，湖州、舟山市 12 家企业实现为 1 000 个网点提供共同配送。推进杭州国家级物流标准化，确定第一批 28 个项目，涵盖托盘标准化及循环共用等领域。完善物流景气指数采集发布，样本企业扩容至 400 家，并增设地市分指数。培育省重点流通企业 100 家，创建星级典当行 79 家。

**市场运行和消费促进** 重点流通企业销售业绩稳定增长。据浙江省重点流通企业监测系统显示，2016 年，受监测的 500 多家重点流通样本企业共实现销售（营业）收入 8 206.9 亿元（不含省物产集团，下同），同比增长 3.4%。分行业看，批发、服务业分别增长 8.1%和 0.7%，零售业下降 2.7%。分业态看，除仓储式商场增长 1.2%外，大型综合超市、超级市场、便利店、百货店、专业店和专卖店分别下降 1.1%、7.9%、0.8%、3.9%、3.6%和 1.2%。

大力开拓国内市场。深化“名品进名店”工程，累计 200 个名品进驻名店，创建浙江商品国际采购中心 9 个。举办食博会等品牌展会，组织 20 家老字号企业参加香港浙江文化美食旅游节。

积极促进居民消费。健全消费促进机制，出台商务领域消费促进意见。启动现代商贸特色镇、农产品市场体系公益性建设和智慧商圈试点，推进城乡流通设施建设，投资亿元以上项目 732 个。提升餐饮服务业发展水平，推进杭州国家级餐饮业优化发展环境试点；举办 G20 峰会杭帮菜菜品及服务技能大赛；加大浙菜品牌推广，举办餐饮业博览会暨第六届厨师节，设立杭帮菜英国推广中心。成功举办金秋购物节、消费促进月等促销活动，组织开展活动 700 余场，参与企业 4.2 万家，销售额 250 亿元以上。

**【对外贸易】**

**进出口总额** 进出口总额 22 202.1 亿元，比上年增长 3.1%。

**出口总额** 出口总额 17 666.5 亿元，增长 3%，高于全国 5 个百分点，占全国比重达 12.8%，比上年提高 0.6 个百分点。

**进口总额** 进口总额 4 535.6 亿元，增长 3.7%。

**出口商品结构** 机电产品出口 7 490.5 亿元，增长 3.6%；高新技术产品出口 1 111.7 亿元，增长 6.5%。机电高新产品（剔除重复部分）出口额同比增长 3.8%，占全省出口总额的 44%。八大类轻工产品出口增长 5.5%，纺织服装出口微降 0.1%。

**进口商品结构** 20 大类原材料资源性商品进口 2 035 亿元，增长 1.3%。铁矿砂、煤及褐煤、粮食、羊毛、合成橡胶等均实现两位数增长。机电产品进口 853.5 亿元，增长 4%。高新技术产品进口 528.1 亿元，增长 11.9%。农产品进口 371.4 亿元，增长 12.4%。

**出口商品市场** 对欧盟、东盟、独联体国家出口态势总体良好，分别增长 5%、7.5%和 10.2%，对中东地区出口下降 2.7%。对美国、印度、韩国和伊朗等国家（地区）出口稳定增长，分别增长 6.9%、4.8%、11.3%和 12.4%。对巴西、香港出口持续下降，分别下降 11.8%和 20.9%。对“一带一路”沿线国家出口 5 769.8 亿元，增长 4.2%，占全省出口总额的32.7%。

**贸易方式** 市场采购贸易方式出口1 872.2亿元，增长5.9%，拉动全省出口增长0.6个百分点。一般贸易出口13 936.4亿元，增长4.4%，占全省出口总额的78.9%，比上年上升1个百分点，拉动全省出口增长3.4个百分点。加工贸易出口1 694亿元，下降6.7%。从外贸新业态来看，外贸综合服务平台出口792.2亿元，增长66.8%，拉动全省出口增长1.8个百分点。

**服务贸易** 服务贸易实现进出口总额3 172.8亿元，增长15.2%，占全省外贸总额的12.5%，比上年提高1.2个百分点。其中，出口2 073.6亿元，增长17%；进口1 099.2亿元，增长12%。从各领域看，服务外包、建筑服务、保险、教育、文化等五个领域进出口增幅超过20%。

运输、旅游和建筑三大传统领域进出口平均增长12.1%，低于全省服务贸易进出口平均增幅3.1个百分点。新兴领域占比突破40%大关，同比上升1.7个百分点，平均增幅超20%。其中，离岸服务外包出口比重超过25%，为浙江省第一大出口行业，保险、教育、文化等新兴领域增幅也均在30%以上。全年服务贸易新增国际海事服务和常驻外国人消费两大领域。2016年国际海事服务出口30亿元，主要集中在舟山港。常驻外国人消费领域主要代表有义乌小商品商贸城、柯桥轻纺城等，经不完全统计，2016年常驻外国人消费达14亿元。

亚洲仍为最主要进出口市场，占50.2%，其中，香港、日本、新加坡占到亚洲市场的83%，主要进出口内容为旅游服务和服务外包等。美洲市场占进出口总额的23.9%，其中，美国、加拿大占美洲市场的97%。大洋洲是服务贸易新兴市场，占进出口总额的6%。“一带一路”国家和地区占全省进出口总额的9.5%，占全省服务外包离岸执行额的15%，占全省文化服务出口总额的34%。

**浙江省2016年主要出口商品情况表**

| 商品名称 | 出口金额（万元） | 占出口总额比重（%） | 商品名称 | 出口金额（万元） | 占出口总额比重（%） |
|---|---|---|---|---|---|
| **所有商品** | **176 664 804** | **100.0** | 八大类轻工产品 | 30 467 100 | 17.2 |
| 机电产品 | 74 904 798 | 42.4 | 农副产品 | 6 241 266 | 3.5 |
| 纺织服装 | 42 541 630 | 24.1 | 其中：农产品 | 3 237 182 | 1.8 |
| 高新技术产品 | 11 117 144 | 6.3 | 文化产品 | 2 003 979 | 1.1 |

**浙江省2016年主要进口商品情况表**

| 商品名称 | 进口金额（万元） | 占进口总额比重（%） | 商品名称 | 进口金额（万元） | 占进口总额比重（%） |
|---|---|---|---|---|---|
| **所有商品** | **45 356 004** | **100.0** | 八大类轻工产品 | 330 177 | 0.7 |
| 机电产品 | 8 535 271 | 18.8 | 农副产品 | 5 503 729 | 12.1 |
| 高新技术产品 | 5 280 752 | 11.6 | 其中：农产品 | 3 714 373 | 8.2 |
| 纺织服装 | 1 445 636 | 3.2 | 文化产品 | 30 863 | 0.1 |

**浙江省2016年主要出口市场情况表**

| 国别（地区） | 出口金额（万元） | 占出口总额比重（%） | 国别（地区） | 出口金额（万元） | 占出口总额比重（%） |
|---|---|---|---|---|---|
| **20个主要国别（地区）** | **112 820 294** | **63.9** | 越　南 | 3 622 934 | 2.1 |
| 美　国 | 32 496 267 | 18.4 | 澳大利亚 | 3 395 755 | 1.9 |
| 日　本 | 7 473 988 | 4.2 | 西班牙 | 3 368 147 | 1.9 |
| 德　国 | 7 235 138 | 4.1 | 法　国 | 3 269 476 | 1.9 |
| 英　国 | 7 010 163 | 4.0 | 墨西哥 | 3 254 061 | 1.8 |
| 印　度 | 6 271 134 | 3.5 | 巴　西 | 3 233 054 | 1.8 |
| 韩　国 | 4 454 419 | 2.5 | 印度尼西亚 | 3 168 528 | 1.8 |
| 俄罗斯 | 4 450 017 | 2.5 | 伊　朗 | 3 032 435 | 1.7 |
| 荷　兰 | 3 901 192 | 2.2 | 加拿大 | 2 923 932 | 1.7 |
| 阿拉伯联合酋长国 | 3 853 197 | 2.2 | 香　港 | 2 653 602 | 1.5 |
| 意大利 | 3 752 856 | 2.1 | | | |

浙江省 2016 年主要进口市场情况表

| 国别（地区） | 进口金额（万元） | 占进口总额比重（%） | 国别（地区） | 进口金额（万元） | 占进口总额比重（%） |
|---|---|---|---|---|---|
| **20 个主要国别（地区）** | **36 050 942** | 79.5 | 马来西亚 | 1 052 967 | 2.3 |
| 日　本 | 4 968 122 | 11.0 | 泰　国 | 979 602 | 2.2 |
| 台湾省 | 4 448 614 | 9.8 | 俄罗斯 | 977 444 | 2.2 |
| 韩　国 | 4 049 347 | 8.9 | 新加坡 | 972 249 | 2.1 |
| 美　国 | 3 813 283 | 8.4 | 法　国 | 906 638 | 2.0 |
| 澳大利亚 | 3 009 856 | 6.6 | 越　南 | 889 812 | 2.0 |
| 德　国 | 1 738 776 | 3.8 | 智　利 | 874 559 | 1.9 |
| 巴　西 | 1 587 940 | 3.5 | 加拿大 | 865 108 | 1.9 |
| 印度尼西亚 | 1 329 969 | 2.9 | 英　国 | 620 238 | 1.4 |
| 伊　朗 | 1 226 525 | 2.7 | 南　非 | 594 267 | 1.3 |
| 沙特阿拉伯 | 1 145 624 | 2.5 | | | |

浙江省 2016 年服务进出口情况表

| 项　目 | 进出口 | | 出　口 | | 进　口 | |
|---|---|---|---|---|---|---|
| | 金额（万元） | 同比（%） | 金额（万元） | 同比（%） | 金额（万元） | 同比（%） |
| **总　值** | **31 727 868** | **15.2** | **20 735 985** | **17.0** | **10 991 883** | **12.0** |
| 国际运输与海事服务 | 4 732 800 | 9.5 | 3 825 800 | 11.2 | 907 000 | 2.8 |
| 旅游服务 | 9 920 300 | 12.6 | 5 005 988 | 26.8 | 4 914 312 | 1.1 |
| 建筑及相关工程服务 | 4 666 581 | 21.5 | 4 497 520 | 19.3 | 169 061 | 139.6 |
| 计算机和信息服务（国际服务外包） | 5 753 710 | 23.3 | 5 569 300 | 26.0 | 184 410 | -26.4 |
| 金融服务 | 21 751 | -4.3 | 4 476 | 38.7 | 17 275 | -11.5 |
| 保险服务 | 35 245 | 42.0 | 24 598 | 96.0 | 10 647 | -13.2 |
| 通信服务 | 56 137 | -87.9 | 41 512 | -90.7 | 14 625 | -17.6 |
| 教育服务 | 3 327 092 | 47.3 | 520 568 | 56.3 | 2 806 524 | 45.7 |
| 文化服务 | 430 771 | 37.5 | 146 785 | 140.4 | 283 986 | 12.6 |
| 医疗、保健和社会服务 | 760 | 7.0 | 36 | -3.7 | 724 | 7.6 |
| 分销服务 | 1 068 216 | -17.5 | 648 246 | -25.8 | 419 970 | -0.4 |
| 其他商业服务 | 1 714 505 | 12.1 | 451 156 | 5.3 | 1 263 349 | 14.7 |

注：1. 本表数据由浙江省商务厅、浙江省统计局、国家外汇管理局浙江分局提供的数据综合整理。进出口项目基本遵循商务部、国家统计局 2014 年修订的《国际服务贸易统计制度》和浙江省商务厅、浙江省统计局联合制订的《浙江省国际服务贸易统计方案》。

2. 国际海事与运输服务中海事服务出口为 30 亿元，运输服务为 352.58 亿元。

## 【利用外资】

**外商直接投资行业**　新批外商直接投资项目 2 145 个，比上年增加 367 个；合同外资 281 亿美元，实际利用外资 176 亿美元，分别增长 0.9% 和 3.6%。第二产业合同外资 96.3 亿美元，实际外资 71.6 亿美元，分别下降 6% 和 0.5%。其中，化学原料及化学制品制造业实际外资 11.1 亿美元，增长 186.5%。第三产业合同外资 180.3 亿美元，实际外资 102.9 亿美元，同比分别增长 3.3% 和 6.4%。其中，房地产业实际外资继续下降，金融业、信息传输计算机服务和软件服务业、批发和零售业、居民服务业等实际外资继续保持快速增长。其中，高新技术制造业和服务业累计合同外资 80.9 亿美元，实际外资 37.8 亿美元，分别增长 32.5% 和 10.7%，占全省合同外资总量和实际外资总量的 28.8% 和 21.5%。

**外商直接投资来源**　来自欧盟的实际外资 13.2 亿美元，其中，法国、西班牙、芬兰增长较快。来自美国的实际外资 3.2 亿美元，同比下降 36.1%。日、韩及香港地区投资出现恢复性增长。香港地区仍为第一大投资来源地，实际外资 113.1 亿美元，占总数的 64.4%，比上年提高 1.3 个百分点。来自日本的实际外资 4 亿美元，增长 46%；来自韩国、台湾省的实际外资均为1.7亿美元，分别增长37.3%和200%。来自英属维尔京群岛、开曼群岛的实际外资增长迅速，合计已占实际外资总额的9.6%。

**外商直接投资企业生产经营情况** 2016年，外商投资企业规模以上工业增加值1 577.48亿元，比上年增长6.7%，占全省规模以上工业增加值的11.3%。港澳台商投资企业规模以上工业增加值1 508亿元，比上年增长3.9%。2016年，浙江省外商投资企业进出口额4 964.86亿元，其中，出口总额3 321.97亿元，进口1 642.89亿元，占全省比重分别为22.4%、18.8%和36.2%。

**浙江省2016年外商直接投资行业情况表**

| 行　业 | 合同外资 | | | 实际外资 | | |
|---|---|---|---|---|---|---|
| | 金额（万美元） | 占总数（%） | 同比（%） | 金额（万美元） | 占总数（%） | 同比（%） |
| **总　计** | **2 808 140** | **100.0** | **0.9** | **1 757 748** | **100.0** | **3.6** |
| **第一产业** | **41 703** | **1.5** | **291.3** | **12 886** | **0.7** | **43.1** |
| 农业 | 26 362 | 0.9 | 160.5 | 4 244 | 0.2 | -24.1 |
| **第二产业** | **963 426** | **34.3** | **-6.0** | **715 602** | **40.7** | **-0.5** |
| 工业 | 941 005 | 33.5 | -7.8 | 706 689 | 40.2 | -1.1 |
| 采矿业 | 2 536 | 0.1 | | 315 | 0.0 | -95.6 |
| 制造业 | 919 342 | 32.7 | -3.4 | 678 914 | 38.6 | -2.2 |
| 纺织业 | 12 787 | 0.5 | -64.7 | 21 428 | 1.2 | -8.9 |
| 化学原料及化学制品制造业 | 83 523 | 3.0 | 90.7 | 111 393 | 6.3 | 186.5 |
| 医药制造业 | 19 552 | 0.7 | -53.3 | 11 093 | 0.6 | -66.2 |
| 通用设备制造业 | 96 612 | 3.4 | -2.8 | 43 986 | 2.5 | -9.8 |
| 专用设备制造业 | 29 097 | 1.0 | -19.6 | 27 732 | 1.6 | 53.5 |
| 通信设备、计算机及其他电子设备制造业 | 190 684 | 6.8 | 243.5 | 69 780 | 4.0 | 48.2 |
| 电力、燃气及水的生产和供应业 | 19 127 | 0.7 | -72.2 | 27 460 | 1.6 | 114.3 |
| 建筑业 | 22 421 | 0.8 | 352.4 | 8 913 | 0.5 | 74.0 |
| **第三产业** | **1 803 011** | **64.2** | **3.3** | **1 029 260** | **58.6** | **6.4** |
| 交通运输、仓储和邮政业 | 61 603 | 2.2 | -34.2 | 63 185 | 3.6 | 80.7 |
| 信息传输、计算机服务和软件业 | 179 144 | 6.4 | -15.5 | 123 043 | 7.0 | 10.3 |
| 批发和零售业 | 496 355 | 17.7 | 48.6 | 213 827 | 12.2 | 68.2 |
| 住宿和餐饮业 | 3 806 | 0.1 | -35.2 | 2 352 | 0.1 | -54.5 |
| 旅游饭店 | 1 592 | 0.1 | -34.9 | 1 358 | 0.1 | -54.3 |
| 金融业 | 255 702 | 9.1 | 3.0 | 130 296 | 7.4 | 58.8 |
| 房地产业 | 55 350 | 2.0 | -78.9 | 213 121 | 12.1 | -29.8 |
| 房地产开发经营 | 1 301 | 0.0 | -99.5 | 210 002 | 11.9 | -30.2 |
| 租赁和商务服务业 | 303 985 | 10.8 | 17.8 | 117 777 | 6.7 | -12.1 |
| 科学研究、技术服务和地质勘查业 | 368 000 | 13.1 | 31.0 | 148 221 | 8.4 | 7.0 |
| 水利、环境和公共设施管理业 | 8 884 | 0.3 | -38.4 | 8 101 | 0.5 | -24.8 |
| 居民服务和其他服务业 | 22 754 | 0.8 | -12.9 | 7 989 | 0.5 | 25.0 |
| 教育 | 1 395 | 0.0 | 6 542.9 | 124 | | |
| 卫生、社会保障和社会福利业 | 39 355 | 1.4 | 398.5 | | | |
| 文化、体育和娱乐业 | 6 678 | 0.2 | 164.5 | 1 224 | 0.1 | -56.3 |

**浙江省2016年外商直接投资来源情况表**

| 国别（地区） | 合同外资 | | | 实际外资 | | |
|---|---|---|---|---|---|---|
| | 金额（万美元） | 占总数（%） | 同比（%） | 金额（万美元） | 占总数（%） | 同比（%） |
| **总　计** | **2 808 140** | **100.0** | **0.9** | **1 757 748** | **100.0** | **3.6** |
| 香　港 | 1 976 557 | 70.4 | 6.8 | 1 131 357 | 64.4 | 5.8 |
| 日　本 | 12 467 | 0.4 | -26.0 | 40 337 | 2.3 | 46.0 |
| 卡塔尔 | 40 075 | 1.4 | 250 368.8 | | | |
| 新加坡 | 27 446 | 1.0 | -75.1 | 40 721 | 2.3 | -8.0 |
| 韩　国 | 28 827 | 1.0 | -10.4 | 16 875 | 1.0 | 37.3 |
| 欧　盟 | 151 720 | 5.4 | -34.3 | 132 153 | 7.5 | -33.5 |
| 丹　麦 | 15 475 | 0.6 | -2.7 | 15 495 | 0.9 | 3.5 |
| 英　国 | 22 473 | 0.8 | -56.4 | 5 132 | 0.3 | -84.7 |
| 德　国 | 39 678 | 1.4 | -62.1 | 37 450 | 2.1 | -61.6 |
| 法　国 | 24 763 | 0.9 | 655.7 | 22 122 | 1.3 | 1 822.0 |
| 芬　兰 | 26 327 | 0.9 | 1 914.3 | 20 356 | 1.2 | 1 395.7 |
| 开曼群岛 | 10 190 | 0.4 | -48.5 | 67 665 | 3.8 | 35.2 |
| 英属维尔京群岛 | 111 231 | 4.0 | -26.3 | 102 212 | 5.8 | 61.8 |
| 美　国 | 118 978 | 4.2 | 29.8 | 31 511 | 1.8 | -36.1 |
| 萨摩亚 | 43 391 | 1.5 | 36.6 | 21 244 | 1.2 | -38.2 |

## 【对外经济合作】

**对外投资**　2016年，全省新备案、核准境外企业和机构803家，对外直接投资额1 171.9亿元（168.9亿美元），增长29%（20.8%）；实际投资759亿元（109.4亿美元），增长1.2倍（1倍）。截至2016年12月，经审批核准或备案的境外企业和机构累计8 654家，累计对外直接投资核准、备案额4 233.91亿元（610.34亿美元）。

“一带一路”成为对外投资合作的热点地区。2016年，全省在“一带一路”沿线投资项目144个，对外直接投资备案额74.7亿美元，增长70%，占全省总额的44.4%；完成工程营业额23.5亿美元，增长56.7%，占全省总额的35%。“义新欧”中欧班列实现常态化运行，自2014年11月首趟“义新欧”开行后，截至2016年12月，共发运92次，总计7 610个标箱，开行欧洲回程班列21次，600个标箱；集装箱装载率在中欧系列班列中最高，达到100%，成为全国开通线路最多、运行效率最高、运价下调最快的中欧班列。

**境外营销网络**　备案设立境外营销网络项目732个，涉及对外投资额141.9亿美元。自2008年以来，全省共核准或备案设立境外营销网络5 005家，投资总额为2 258.8亿元（322.7亿美元），主要分布在香港、美国、瑞典、德国和阿联酋等浙江省主要出口目标市场。

**承包工程和劳务合作**　对外承包工程完成营业额463亿元（66.7亿美元），增长15.3%；新签合同额376亿元（53.7亿美元），与上年基本持平；共派出各类劳务人员20 396人次，外派劳务人员实际收入11.2亿元（1.6亿美元）。对外工程承包有效带动省内装备、技术、标准和服务出口。

**境外经贸合作区建设**　截至2016年，浙江省已经拥有泰中罗勇工业园、越南龙江工业园、俄罗斯乌苏里斯克工业园、乌兹别克斯坦鹏盛工业园共四个国家级境外经贸合作区，总数位居全国第一。6个省级以上境外经贸合作区累计吸引入区企业454家，投资金额35.9亿美元，其中，浙江企业99家，投资11.9亿美元，年带动出口额14.5亿美元，解决当地就业17 302人。

## 【其他】

**开发区**　截至2016年底，浙江省有国家级经济技术开发区21个，海关特殊监管区域8个，省级经济开发区57个，浙台经贸合作区4个。

开发区利用外资占全省五成以上。截至2016年，全省经济（技术）开发区实有投产外商投资企业10 805家，累计实际利用外资905亿美元。2016年新批外资项目643个（核心区），合同利用外资139.3亿美元（核心区），实际利用外资91.8亿美元，分别占全省的30.0%、49.6%和52.2%，同比分别增长7.5%、9.3%和1.4%。

开发区进出口实现正增长，占全省比重接近五成。2016年，全省经济（技术）开发区实现进出口总额1 599.1亿美元，其中，出口额1 191.1亿美元，进口额408.0亿美元，分别占全省的47.5%、44.5%和59.4%，同比分别增长2.7%、2.5%和3.4%。

开发区继续扩大有效投资。2016年全省经济（技术）开发区实现限额以上固定资产投资12 484.1亿元，同比增长10.6%，占全省的42.3%，其中，基础设施投资3 180.6亿元，增长31.4%，占全省的34.0%；企业技术改造投入4 719.6亿元，占全省的66.4%，技改投入率为37.8%。

开发区规模以上工业占全省规模以上工业六成半。截至2016年，全省开发区规模以上工业企业2.2万家，占全省的55.0%，2016年实现规模以上工业增加值9 091.2亿元，占全省的65.0%，同比增长12.3%，增幅较上年提高3个百分点，增加值率为21.2%，比上年提高0.9个百分点。有15家开发区规模以上工业总产值超千亿元。

## 2016年宁波市商务发展概况

宁波市商务委员会

宁波市商务委员会主任

陈秀忠　男，1961年11月出生，浙江象山人。大学本科学历。1984年12月加入中国共产党。1982年8月参加工作。历任象山县爵溪镇政府副镇长、镇长、党委副书记，象山县人民政府办公室主任，象山县委、县政府办公室主任，象山县宣传部长、副书记、政法委书记，宁波市江北区委副书记、区长，宁波市海洋与渔业局局长、书记。2015年1月，任宁波市商务委员会主任、书记。

### 【国内贸易】

**社会消费品零售总额**　2016年，浙江省宁波市实现社会消费品零售总额3 667.6亿元，比上年增长10.3%。分城乡看，城镇消费品市场实现零售额2 992.2亿元，增长9.6%；农村消费品市场实现零售额675.4亿元，增长13.5%。

**批发和零售贸易业企业商品购、销、存总额**　批发和零售业完成商品销售总额19 714.1亿元，比上年增长11.4%。其中，批发业销售额15 271.8亿元，增长10.5%，零售业销售额4 442.3亿元，增长14.8%。限额以上批发和零售贸易业企业商品购进总额13 606.1亿元，商品销售总额14 633.3亿元（其中批发12 829.3亿元、零售1 780.6亿元），年末库存总额507.6亿元。

**市场物价**　商品零售价格指数为101.8，居民消费价格指数为102.1（以上年价格为100）。

**市场秩序建设**　开展平安宁波创建活动，组织开展商贸企业专利假冒侵权专项行动；针对突出问题进行专项整治，组织开展“清风”、“云剑”等专项行动。加强单用途预付卡备案管理，推介海曙区保证保险试点和宁波银行资金托管业务，推动各地指导发卡企业采用金融机构资金托管方式防范风险，保障消费者权益。开展省商贸流通业诚信示范企业评选活动，组织宁波市商贸企业开展以诚实守信为主要内容的生产经营和社会实践活动，10家企业被评为“浙江省商贸流通业诚信示范企业”；结合商贸工作实际，通过形式多样、内容丰富的宣传及实践活动，重点抓好商务领域诚信建设，组织开展“信用消费进万家”主题日活动。做好12312商务投诉接收和处理工作，全年共接收处理包括酒类流通、典当拍卖、特许经营、单用途商业预付卡等商务领域举报投诉49件。履行食品安全成员单位职责，按照新修订的《食品安全法》要求，加强商务领域食品安全法宣传，加强对承办的展销会商品质量安全的管理，保障销售商品质量安全。做好商务领域行政执法，对单用途商业预付卡发卡企业、特许经营、洗染业、餐饮最低消费开展执法检查11次。

**市场体系建设**　全面推进“五路两梯两连廊”工程建设，发放月光经济手绘地图10 000份，举办2016中国（浙江宁波）商业品牌大集暨月光经济主题系列活动。出台《关于宁波市农贸市场长效管理的指导意见》，推进农贸市场长效管理及省放心农贸市场创建。推进社区商业邻里中心建设试点，2016年确定鄞州长丰丽江苑等7个试点，完善社区商业配套设施和功能，推动整个城市的综合商业能力的提高和空间的拓展，促进社区服务业实现跨越式发展。开展“市镇商贸中心工程”建设，确定余姚泗门镇、慈溪周巷镇、奉化溪口镇、象山石浦镇、宁海前童镇、海骆驼街道等6个乡镇（街道）为宁波市首批特色商贸小镇建设试点单位，其中，余姚泗门镇为首批省级特色商贸小镇。推进重大商贸工程建设，完成二号桥市场搬迁，推进路林水产品批发市场股权结构调整及二期规划，加快宁波农产品物流中心建设。以全国冷链物流示范区建设试点为契机，确立宁波市农产品冷链物流发展的顶层设计，并建立了宁波市冷链物流发展项目库，充分发挥中央财政支持冷链物流专项资金杠杆作用，着力推动宁波市农产品冷链物流标准化、信息化、网格化发展。加强二手车市场监管，开展二手车市场专项整治，进一步规范二手车市场交易秩序。

**流通业发展** 宁波市流通业发展实现质的提升，创新驱动不断加强，转型路径日渐清晰。出台《关于加快推进商贸流通业健康发展提高现代化水平的若干意见》，推动宁波市商贸流通业创新发展。开展智慧物流配送示范单位创建活动，推荐三江购物俱乐部股份有限公司等4家企业参与创建示范工作，探索并积累商贸物流智慧化转型经验。深入推进标准化托盘和循环共用试点工作，重点龙头企业投用标准化托盘2万片，标准化托盘普及率进一步提高。大力发展连锁经营，培育连锁龙头企业，加强宣传银泰西选超市、华润万家Ole超市等实体超市转型升级典型，开展商业连锁经营专项调查，全市61家重点商业连锁经营企业累计开设门店3 593个，实现零售总额510.60亿元，实现利润6.14亿元，上缴税收12.60亿元，从业人员78 069人。全面加强商贸品牌培育工作创新，全市新增浙江省重点流通企业9个，评定商贸流通贡献先进企业20家，创新企业10家。开展中小商贸流通企业金融服务月主题活动，组织“银企对接会”，协调市金融办、银监、保监等部门及全市36家银行保险企业，面对面为中小企业服务，促进企业发展。培育和评选商贸特种行业十强企业，推进内资融资租赁试点企业发展，全市华诚等8家拍卖企业进入省拍卖企业30强，并包揽前三甲，在11个地市当中名列第一。

**市场运行和消费促进** 千方百计促进消费，落实政策措施，优化消费环境。出台《关于进一步做好扩大消费工作的意见》。鼓励传统商贸企业应用电子商务转型升级；引导传统商贸服务业搭载宁波智慧城市建设便车，拓展服务功能；引导促进大型家电销售企业与金融系统建立深度合作关系，培育发展信用消费等。做好节庆展会，激发市场活力，组织了“全国消费促进月”、浙江金秋购物节、宁波购物节、宁波美食节；中国食品博览会、中东欧博览会、消博会、年货展销会等节庆展会，直接拉动消费超过100亿元。通过国内宁波周、甬港经济合作论坛、山海协作等有关平台开展区域经济合作，开拓国内市场。2016年宁波市累计实现商品销售额19 714.1亿元，增长11.4%。其中，批发业销售额15 271.8亿元，增长10.5%；零售业销售额4 442.3亿元，增长14.8%。社会消费品零售总额3 667.6亿元，增长10.3%；餐饮业营业额413.0亿元，增长15.3%。加强市场运行监测，及时对内贸领域的11个统计样本库的样本企业进行更新。规范发展生活服务业，保障和发展民生。指导成品油、餐饮、家政、美发美容行业加强行业协会建设，做好协会换届选举、会员发展、活动开展等工作。督促行业做好G20等重大活动期间的安全检查。指导行业大力推进标准化建设，研究制定了餐饮具消毒等级企业标准等，开展了家政企业等级评定工作。

**【对外贸易】**

**进出口总额** 进出口总额948.7亿美元，比上年的999.5亿美元下降5.1%。

**出口总额** 出口总额660.9亿美元，比上年的711.8亿美元下降7.2%，占全市GDP 8 541.1亿元（相当于1 285.9亿美元）的51.4%，占全国出口额的3.15%，居全国第8名。

**进口总额** 进口总额287.8亿美元，和上年的287.7亿美元持平。

**出口商品结构** 初级产品出口额14.8亿美元，占出口总额的2.2%；工业制成品出口额646.1亿美元，占出口总额的97.8%。

**进口商品结构** 初级产品进口额102.4亿美元，占进口总额的35.6%；工业制成品进口额185.4亿美元，占进口总额的64.4%。

**出口商品市场** 出口商品销往222个国家（地区）。

**进口商品市场** 进口商品来自159个国家（地区）。

**服务贸易** 服务进出口总额为93.42亿美元，比上年增长14.20%。其中，出口63.28亿美元，增长12.14%；进口30.14亿美元，增长18.60%。从服务贸易进出口领域看，运输服务、旅游服务、建筑及相关工程服务三大类依然占据较大比例，占比达63.04%。其次是计算机和信息服务、教育服务、分销服务和其他商业服务，占比分别达进出口总额的15.56%、8.03%、6.5%和5.27%。

**服务外包** 2016年5月5日，商务部等九部门发布《关于新增中国服务外包示范城市的通知》，宁波市正式成为31个服务外包示范城市之一。9月，宁波市出台《关于加快发展服务贸易的实施意见》。2016年宁波市承接服务外包执行金额34.83亿美元，增长25.2%。其中，承接离岸服务外包执行金额16.45亿美元，增长28.61%。新增服务外包从业企业98家，新增从业人员3 876人。截至2016年底，全市共有服务外包企业1 299家，从业人员5.03万人。

**技术进出口** 技术进出口总额27 077.7万美元，比上年的31 113.4万美元下降12.9%。签订引进技术和进口设备合同项目239个，比上年减少30个；合同金额24 445.1万美元，比上年的30 659.1万美元下降20.2%；签订技术出口合同项目13个，合同金额2 632.6万美元，比上年的454.3万美元增长479.5%。

宁波市2016年出口额5亿美元以上商品情况表

| 金额分类 | 商品名称 | 出口金额（亿美元） | 占出口总额比重（%） |
|---|---|---|---|
| 10亿美元以上（8种） | 服装及衣着附件，纺织纱线、织物及制品，灯具、照明装置及类似品，塑料制品，汽车零配件，家具及其零件，通断保护电路装置及零件，电线和电缆 | 229.2 | 34.7 |
| 5亿—10亿美元（15种） | 鞋类，钢材，轴承，玩具，纸及纸板，水海产品，二极管及类似半导体器件，箱包及类似容器，钢铁或铜制标准紧固件，空气调节器，液晶显示板，体育用品及设备，冷冻机和制冷设备，船舶，手用或机用工具 | 96.4 | 14.6 |
| 合　计 | **23种** | **325.6** | **49.3** |

宁波市2016年进口额5亿美元以上商品情况表

| 金额分类 | 商品名称 | 进口金额（亿美元） | 占进口总额比重（%） |
|---|---|---|---|
| 10亿美元以上（5种） | 初级形状的塑料，铁矿砂及其精矿，废金属，集成电路，二甲苯 | 103.0 | 35.8 |
| 5亿—10亿美元（8种） | 苯乙烯，成品油，液晶显示板，未锻轧铜及铜材，液化石油气及其他烃类气，纺织纱线、织物及制品，粮食，纸浆 | 59.1 | 20.5 |
| 合　计 | **13种** | **162.1** | **56.3** |

宁波市2016年主要出口市场情况表

| 国别（地区） | 出口金额（亿美元） | 占出口总额比重（%） |
|---|---|---|
| 美　国 | 148.9 | 22.5 |
| 德　国 | 35.2 | 5.3 |
| 英　国 | 32.8 | 5.0 |
| 日　本 | 29.8 | 4.5 |
| 澳大利亚 | 19.1 | 2.9 |
| 荷　兰 | 18.9 | 2.9 |
| 韩　国 | 18.1 | 2.7 |
| 印　度 | 16.5 | 2.5 |
| 俄罗斯联邦 | 16.2 | 2.5 |
| 意大利 | 15.6 | 2.4 |
| 合　计 | **351.3** | **53.2** |

宁波市2016年主要进口市场情况表

| 国别（地区） | 进口金额（亿美元） | 占进口总额比重（%） |
|---|---|---|
| 台湾省 | 43.9 | 15.3 |
| 日　本 | 29.1 | 10.1 |
| 韩　国 | 28.5 | 9.9 |
| 美　国 | 24.2 | 8.4 |
| 澳大利亚 | 18.0 | 6.2 |
| 伊　朗 | 15.4 | 5.4 |
| 巴　西 | 9.7 | 3.4 |
| 沙特阿拉伯 | 8.5 | 3.0 |
| 德　国 | 7.7 | 2.7 |
| 泰　国 | 7.1 | 2.5 |
| 合　计 | **192.1** | **66.7** |

宁波市2016年服务进出口情况表

| 行　业 | 进出口 | | 出　口 | | 进　口 | |
|---|---|---|---|---|---|---|
| | 金额（万美元） | 增幅（%） | 金额（万美元） | 增幅（%） | 金额（万美元） | 增幅（%） |
| 运输服务 | 176 686.4 | 0.8 | 121 836.4 | -1.5 | 54 444.7 | 6.5 |
| 旅游服务 | 208 692.1 | 16.6 | 91 385.9 | 21.7 | 117 306.2 | 13.0 |
| 建筑及相关工程服务 | 202 782.2 | 12.6 | 202 205.1 | 12.5 | 577.1 | 40.5 |
| 计算机和信息服务（国际服务外包） | 145 677.9 | 40.9 | 144 653.6 | 41.4 | 1 024.3 | -6.3 |
| 金融服务 | 353.1 | -30.5 | 25.2 | 0.0 | 327.9 | -35.2 |

宁波市2016年服务进出口情况表(续)

| 行 业 | 进出口 | | 出 口 | | 进 口 | |
|---|---|---|---|---|---|---|
| | 金额（万美元） | 增幅（%） | 金额（万美元） | 增幅（%） | 金额（万美元） | 增幅（%） |
| 保险服务 | 429.0 | -19.6 | 197.1 | 0.0 | 231.9 | -23.1 |
| 通信服务 | 3 058.5 | 95.5 | 2 146.3 | 0.0 | 912.1 | -22.2 |
| 教育服务 | 75 160.2 | 47.3 | 11 759.8 | 56.3 | 63 400.4 | 45.7 |
| 文化、娱乐和体育服务 | 11 244.8 | 103.4 | 6 067.1 | 618.5 | 5 177.6 | 10.5 |
| 医疗、保健和社会服务 | 0.0 | 0.0 | 0.0 | 0.0 | 0.0 | 0.0 |
| 分销服务 | 60 830.6 | 17.4 | 40 452.8 | 0.0 | 20 377.9 | 9.4 |
| 其他商业服务 | 49 312.9 | 9.5 | 18 102.8 | 0.0 | 31 210.1 | 24.0 |
| **合 计** | **934 227.7** | **14.2** | **632 808.1** | **12.1** | **301 419.6** | **18.6** |

## 【利用外资】

宁波市2016年利用外资情况表

| 利用外资方式 | 批准签订的合同 | | | 实际使用外资 | |
|---|---|---|---|---|---|
| | 项目数（个） | 外资金额（亿美元） | 金额比上年增加（%） | 金额（亿美元） | 金额比上年增长（%） |
| **外商直接投资** | **458** | **79.9** | **4.4** | **45.13** | **6.6** |
| 合资企业 | 148 | 10.7 | -42.1 | 14.24 | -10.0 |
| 合作企业 | — | 0.0094 | -99.0 | 1.25 | 589.4 |
| 外资企业 | 308 | 66.9 | 26.5 | 27.97 | 8.0 |
| 股份有限公司 | 2 | 2.3 | -45.1 | 1.67 | 286.2 |
| **合 计** | **458** | **79.9** | **4.4** | **45.13** | **6.6** |

**外商直接投资行业** 外商直接投资的458个项目中，生产型项目123个，非生产型项目335个。按行业分，主要有：制造业项目113个，实际使用外资23.37亿美元；批发和零售业项目173个，实际使用外资6.68亿美元；租赁和商务服务业项目46个，实际使用外资1.79亿美元；金融业项目12个，实际使用外资1.13亿美元；科学研究、技术服务和地质勘查业项目30个，实际使用外资1.42亿美元；房地产业项目8个，实际使用外资6.98亿美元等。

**外商直接投资来源** 外商直接投资主要来自50个国家和地区，其中实际使用外资前十位的国家和地区是：香港地区实际使用外资20.89亿美元；开曼群岛实际使用外资5.92亿美元；投资性公司投资实际使用外资4.81亿美元；英属维尔京群岛实际使用外资4.53亿美元，日本实际使用外资2.54亿美元；德国实际使用外资2.41亿美元；韩国实际使用外资0.79亿美元；新加坡实际使用外资0.76亿美元；股权投资公司实际使用外资0.67亿美元；荷兰实际使用外资0.35亿美元。

## 【对外经济合作】

**对外投资** 新增海外设立企业220家，备案中方投资额35.13亿美元，比上年的25.11亿美元增长39.9%；实际中方投资额24.98亿美元，比上年的21.55亿美元增长15.9%。截至2016年，累计核准（备案）境外企业和机构2 477家，核准（备案）中方投资额135.33亿美元，实际中方投资额72.72亿美元，分布在116个国家和地区。

**承包工程和劳务合作** 签订对外承包工程和劳务合作合同金额12.8亿美元，比上年的13.7亿美元下降6.7%；完成营业额20.4亿美元，比上年的19.1亿美元增长6.9%；当年派出劳务人员281人，比上年的423人下降33.6%；年末在外劳务人数576人，比上年的894人下降36.6%，主要派往日本、巴拿马、德国等国家和地区，主要从事的劳务职业有餐厅服务、电子、海员等。

【其他】

**开发区** 宁波经济技术开发区位于宁波市东北部，于1984年10月经国务院批准成立，是中国建区最早、面积最大的国家级开发区之一，在全国国家级开发区综合评比中列前五名。经过二十多年的发展，开发区已形成了良性循环的软硬投资环境，现代化临港大工业体系基本形成：电力、化工、不锈钢、修造船、汽车、现代纸业、机电、轻纺、粮油食品、塑胶、建材等产业群。2016年生产总值769.6亿元，比上年增长8.4%；固定资产投资549.2亿元，增长11.6%；公共财政预算收入98.3亿元，增长10.5%；实际使用外资10.62亿美元，增长6.2%。

宁波保税区位于宁波市东北部，于1992年11月经国务院批准设立，具有进出口加工、国际贸易、仓储物流三大主体功能，是我国对外开放程度最高、政策最优惠的经济区域之一。区内有由国家批准设立的区港联动试点园区——宁波保税物流园区。2016年生产总值97亿元，比上年下降3.9%；固定资产投资4.4亿元，增长21.6%；公共财政预算收入20.5亿元，增长5.5%；实际使用外资0.23亿美元，下降29%。

宁波大榭开发区位于宁波市东北部，于1993年3月批准设立，以港口储运和临港型工业开发为主导，是迄今为止中国唯一由企业自主开发的国家级开发区。2016年生产总值223亿元，比上年增长9.2%；固定资产投资70.1亿元，下降10.2%；公共财政预算收入53.7亿元，增长20.2%；实际使用外资1.29亿美元，增长17.2%。

宁波国家高新技术产业开发区位于宁波市东部，于1999年7月批准设立，是宁波实施科教强市“一号工程”的重要载体和中国科学院高新技术成果产业化的重要基地，也是宁波新一轮城市发展的重点区域和技术创新基地。2007年3月，被授予国家级开发区。2016年生产总值138.3亿元，比上年增长4.2%；固定资产投资104.9亿元，增长13.8%；公共财政预算收入35.3亿元，增长10.2%；实际使用外资0.23亿美元，增长62.9%。

宁波梅山保税港区位于宁波市东南部，于2008年2月24日国务院批准设立，是中国第五个保税港区，是目前我国开放层次最高、政策最优惠、功能最齐全的特殊区域，是国家实施自由贸易区战略的先行区。2010年6月29日，宁波梅山保税港区通过国务院联合验收组的正式验收，并于2010年8月26日开港试运行，目前已有韩国、西非、南美、美东等29条国际航线挂靠梅山保税港区，已建成集装箱泊位2座。2016年生产总值63.5亿元，比上年增长16%；完成固定资产投资80亿元，增长19.5%；公共财政预算收入34.9亿元，增长25%；实际使用外资2.06亿美元，增长140.3%。

宁波石化经济技术开发区位于宁波市东北部，杭州湾南岸，规划面积56.22平方公里，是宁波市唯一的专业石油化学工业园区，园区内有全国最大的镇海液体化工码头，年吞吐能力超500万吨；有全国最大的炼化企业镇海炼化，具有年炼油2 500万吨和乙烯100万生产能力。宁波石化经济技术开发区充分发挥园区得天独厚优势，大力完善基础设施配套，稳步推进产业链招商，全面提高管理服务水平，努力营造一个资源合理配置、上下游一体化、生产与生态均衡协调的国际先进、国内一流的石油化工专业园区。2010年12月30日，经国务院批准正式升格为国家级经济技术开发区，定名为宁波石化经济技术开发区。2016年生产总值314.95亿元，比上年增长6.7%。固定资产投资111.1亿元，比上年增长12.6%。公共财政预算收入16.1亿元，比上年增长10.7%。实际使用外资1.21亿美元，比上年增长8.2%。

**商务洽谈会** 由商务部、浙江省人民政府共同主办的第十五届中国国际日用消费品博览会（简称消博会）、第二届中国—中东欧国家投资贸易博览会（简称中东欧博览会）和由浙江省人民政府主办的第十八届中国浙江投资贸易洽谈会（简称浙洽会）于2016年6月8日—12日在宁波市举行。2万余名境内外嘉宾、客商云集，其中有来自74个国家和地区的境外客商8 000余名。大会共签约重大投资项目29个，总投资698亿元。其中，外资项目19个，总投资168亿元（26亿美元），内资项目9个，总投资530亿元。签订金融合作协议6个；签订特色小镇项目合作协议4个；发布了《2016年度中国和浙江省会展行业发展报告》；推出引智项目446项，达成意向350余项；推出科技成果项目220余项，初步达成合作意向30余项；签约重大旅游项目20个，总投资422.7亿元人民币；西藏那曲共签约合作项目额超过36亿元人民币。

中东欧博览会共推出投资合作项目240余个，与中东欧国家共签约合作项目28个，总金额近3.5亿美元，其中双向投资项目12个，总投资额3.37亿美元；中东欧国家特色产品展共设摊位282个，16个中东欧国家268家企业、690名参展商参展，1 000余名专业采购商到会洽谈、采购，成交和达成意向2 600万美元。

**港口运输** 2016年宁波舟山港货物吞吐量9.2亿吨，居全球第一位，其中，宁波港域完成5.0亿吨。宁波港域全年完成铁矿石吞吐量7 630.5万吨，比上年下降19.6%；完成煤炭吞吐量5 397.4万吨，下降11.5%；完成原油吞吐量6 289.1万吨，下降3.2%。全年口岸进出口贸易总额达到11 666.4亿元人民币，下降2.6%。全年宁波舟山港集装箱吞吐量2 156.1万标箱，增长4.5%，吞吐量居全球第四位、全国第三位。其中，宁波港域完成集装箱吞吐量2 069.6万标箱，增长4.4%。年末宁波港域集装箱航线总数达232条，其中远洋干线111条，近洋支线69条，内支线20条，内贸线32条。宁波港域全年完成海铁联运25万标箱，增长46.9%。杭甬运河宁波段500吨级航道通航效应初显，大宗货物海河联运突破130万吨。

**涉外旅游** 全年接待入境游客173.5万人次，比上年增长10.1%；旅游外汇收入60.90亿元，增长15.8%。

# 2016年温州市商务发展概况

温州市商务局

陈向东

温州市商务局局长

陈向东 男，1968年7月出生，浙江乐清市人。中共党员。研究生学历，硕士学位。历任乐清市副市长；雁荡山世界地质公园管理委员会办公室主任，温州市雁荡山风景旅游管理局局长、党委书记；温州市政府副秘书长（保留正县长级），市政府办公室党组成员；2014年4月至今任温州市商务局局长、党组书记。

## 【国内贸易】

**社会消费品零售总额** 2016年，浙江温州市社会消费品零售总额达3 006.9亿元，比上年的2 674.38亿元增长12.3%。其中，城镇消费品零售额2 558.6亿元，增长12.3%；乡村消费品零售额448.2亿元，增长12.1%。按行业分，批发零售贸易业零售额2 633.4亿元，增长12%；住宿餐饮业零售额373.5亿元，增长14.7%。全市网络零售额1 225.1亿元，增长37.1%。

**限额以上批发和零售贸易业、住宿和餐饮业基本情况** 2016年，共有限额以上批发和零售贸易业、住宿和餐饮业法人企业2 512个，年末从业人数96 121人。其中，批发业法人企业1 423个，年末从业人数28 975人；零售业法人企业718个，年末从业人数36 540人；住宿业法人企业125个，年末从业人数14 604人；餐饮业法人企业246个，年末从业人数16 002人。

**批发和零售贸易业企业商品购、销、存总额** 批发和零售贸易业商品销售总额7 576.68亿元，比上年的6 655.77亿元增长14.1%。其中，限额以上企业3 187.77亿元。限额以上批发和零售贸易业企业商品购进总额2 981.25亿元，商品销售总额3 187.77亿元（其中批发2 261.54亿元、零售926.23亿元），年末库存总额258.28亿元。

**市场物价** 商品零售价格指数为99.9，居民消费价格指数为101.4（以上年价格为100）。

**市场秩序建设** 扎实推进商务诚信体系建设，深入落实“2016—云剑”专项行动，组织开展以打击互联网领域侵权假冒整治、农村和城乡结合部假冒伪劣整治和车用燃油专项整治为重点的专项整治月活动，打击了一批侵权假冒违法行为；突出“诚信促消费”主题，组织开展“信用消费进万家”主题日活动，促进信用消费理性健康发展，成功培育“浙江省商贸流通业诚信示范企业”10家；严格规范单用途商业预付卡管理，做好规模发卡企业备案工作。牵头开展商务领域安全生产工作，全面开展安全隐患排查，抓好隐患整治，顺利完成商务领域“平安护航G20”工作。

**市场体系建设** 编制发布《温州市区成品油分销体系“十三五”规划》和《温州市专业市场布局专项规划（2016—2020年）》，加强温州市区专业市场布局规划管理。推进商业网点规划编制，着重抓好县级商业网点的规划编制指导和推进工作，实现全市县级商业网点规划全覆盖。积极推进市区旧市场整治提升搬迁工作，取得阶段性成果。组织人本超市等十几家商贸企业参加第五届长三角农超对接地区洽谈会。

**流通业发展** 截至2016年底，有5 000平方米以上的大型商业网点38个、商业综合体9家，创建中国著名商业街1条，省级特色商业街5条，市级特色商业街14条；共有商贸流通法人企业约57 596家，其中省级重点流通企业9家；实现限下转限上单位644家（其中企业488家，个体156家）。首次发布2016温州时尚消费指数报告，为企业发展提供时尚消费信息，助推温州时尚影响力。连续三年成功举办瓯菜万人宴，并同步举办2016瓯菜文化成果展、世界瓯菜万人宴、瓯菜人气小吃王评选、瓯菜名厨评选等系列活动，世界瓯菜万人宴由法国、美国、巴西、比利时等国内外30余家酒店以不同形式参与，群众反响强烈。会展业持续健康发展，共举办2016国际时尚消费博览会等各类展会53个、展出面积60.43万平方米，参观人数约156.9万人次。其中，举办二至三万平方米（不含）展会7个，三万平方米以上展会4个。共有典当企业68家，实现典当金额16.8亿元，其中房地产抵押业务额12.4亿元，占73.8%，动产质押典当业务额3.36亿元，占20%，财产权利质押典当业务额1.02亿元，占6.07%。有省批拍卖独立法人企业30家，共组织各类拍卖活动563（场）次，总成交额达101.9亿元，佣金3175万元，营业利润185.06万元，营业税达100.04万元。

**市场运行和消费促进** 消费市场运行稳中向好，消费结构进一步优化。消费品市场中，汽车类、时尚类商品成为增长亮点，全年汽车类零售额488.00亿元，增长14.9%，增幅比上年提高3.6个百分点，汽车类对限上社会消费品零售额的贡献率达到51.1%，拉动增速7.1个百分点；智能手机类、金银珠宝类、文化用品类等时尚类商品消费分别增长70.3%、14.3%、16.2%。中西药品类等保健药品消费继续趋热，限上实现零售额41.91亿元，增长18.3%，比限上消费品零售额增速高出4.5个百分点。餐饮消费稳步增长，全年实现限额以上住宿餐饮业营业额82.83亿元，增长7.8%。其中，限额以上餐饮业单位共实现营业额50.55亿元，增长11.6%，增幅比上年提高1.9个百分点；限上住宿业营业额32.28亿元，增长2.3%，增幅比上年提高0.4个百分点。网络消费快速增长，全年实现网络零售额1 225.14亿元，增长37.1%，高于全省平均水平1.7个百分点。“菜篮子”商品市场供应充足，蔬菜总交易量120万吨，增长11%，平均批发价格2.53元/公斤，增长8.1%；猪肉交易量5.29万吨，下降11.63%，猪肉平均批发价格23.42元/公斤，上升18.76%；市区冰鲜水产品成交量1.77万吨，增长15.17%，平均批发价格20.39元/公斤，上升1.54%。

## 【对外贸易】

**进出口总额** 进出口总额1 228.89亿元，比上年的1 224.67元增长0.3%。

**出口总额** 出口总额1 096.47亿元，比上年的1 078.43元增长1.7%，占全市GDP 5 045.4亿元的21.7%，占全国出口额的7.9‰。

**进口总额** 进口总额132.42亿元，比上年的146.24亿元下降9.5%。

**出口商品结构** 初级产品出口额25.45亿元，占出口总额的2.4%；工业制成品出口额1 034.95亿元，占出口总额的97.6%。

**进口商品结构** 初级产品进口额55.49亿元，占进口总额的41.9%；工业制成品进口额76.94亿元，占进口总额的58.1%。

**出口商品市场** 出口商品销往208个国家（地区）。主要出口市场为美国，出口金额164.51亿元，占出口总额的15.5%。

**进口商品市场** 进口商品来自126个国家（地区）。主要进口市场为南非，金额15.62亿元，占进口总额的11.8%。

**服务贸易** 服务进出口总额252.5亿元，比上年的260.94亿元下降3.2%。其中，出口额90.92亿元，比上年的76.42亿元增长19%；进口额161.59亿元，比上年的184.52亿元下降12.4%。服务出口以旅游服务、运输服务、计算机和信息服务（国际服务外包）为主，分别出口39.93亿元、21.21亿元、8.59亿元；服务进口以旅游服务、教育服务为主，分别进口110.91亿元、42.1亿元。

**服务外包** 国际服务外包离岸合同金额1.64亿美元，增长67.64%。

**温州市2016年出口额3亿元以上主要商品情况表**

| 金额分类 | 商品名称 | 出口金额（万元） | 占出口总额比重（%） |
|---|---|---|---|
| 10亿元以上 | 鞋类 | 2 537 105.23 | 23.14 |
| | 服装及衣着附件 | 965 374.69 | 8.80 |
| | 通断及保护电路装置 | 886 349.13 | 8.08 |
| | 纺织纱线、织物及制品 | 623 239.31 | 5.68 |
| | 眼镜及其零件 | 564 556.00 | 5.15 |
| | 汽车零件 | 401 597.70 | 3.66 |
| | 阀门 | 358 978.75 | 3.27 |
| | 旅行用品及箱包 | 348 966.97 | 3.18 |
| | 钢材 | 155 686.48 | 1.42 |
| | 塑料制品 | 148 381.42 | 1.35 |
| | 医疗仪器及器械 | 109 848.32 | 1.00 |
| | 笔类 | 102 520.47 | 0.94 |
| 3亿元—10亿元 | 灯具、照明装置及类似品 | 81 560.50 | 0.74 |
| | 宠物食品 | 81 467.35 | 0.74 |
| | 锁 | 79 333.83 | 0.72 |
| | 水海产品 | 74 050.83 | 0.68 |
| | 家具及其零件 | 68 557.47 | 0.63 |
| | 静止式变流器 | 64 390.17 | 0.59 |
| | 摩托车及自行车的零件 | 63 787.88 | 0.58 |
| | 手用或机用工具 | 57 015.44 | 0.52 |
| | 电线和电缆 | 48 812.32 | 0.45 |
| | 体育用品及设备 | 47 882.10 | 0.44 |
| | 打火机 | 35 629.15 | 0.32 |
| | 床垫、寝具及类似品 | 32 961.37 | 0.30 |
| | 农药 | 32 077.41 | 0.29 |
| **合 计** | | **7 970 130.29** | **72.69** |

### 温州市2016年进口额6 000万元以上商品情况表

| 金额分类 | 商品名称 | 进口金额（万元） | 占进口总额比重（%） |
|---|---|---|---|
| 3亿元以上 | 铁合金 | 285 349.91 | 21.55 |
| | 牛皮革及马皮革 | 147 026.74 | 11.10 |
| | 原木 | 130 946.18 | 9.89 |
| | 矿产品、镍制品 | 124 743.14 | 9.42 |
| | 初级形状的塑料 | 113 796.03 | 8.59 |
| | 液化石油气及其他烃类气 | 86 378.01 | 6.52 |
| | 酒类 | 41 574.67 | 3.14 |
| | 服装及衣着附件 | 37 043.30 | 2.80 |
| | 纺织纱线、织物及制品 | 33 479.22 | 2.53 |
| 6 000万—3亿元 | 合成橡胶（包括胶乳） | 26 900.06 | 2.03 |
| | 异氰酸酯 | 21 498.79 | 1.62 |
| | 计量检测分析自控仪器及器具 | 7 526.21 | 0.57 |
| | 锯材 | 6 311.25 | 0.48 |
| **合　计** | | **1 062 573.51** | **80.24** |

### 温州市2016年主要出口市场情况表

| 国别（地区） | 出口金额（万元） | 占出口总额比重（%） | 国别（地区） | 出口金额（万元） | 占出口总额比重（%） |
|---|---|---|---|---|---|
| 美　国 | 1 645 093.71 | 15.00 | 印度尼西亚 | 317 702.24 | 2.90 |
| 英　国 | 777 591.72 | 7.09 | 巴　西 | 254 764.46 | 2.32 |
| 俄罗斯 | 651 107.19 | 5.94 | 西班牙 | 249 177.84 | 2.27 |
| 德　国 | 529 182.04 | 4.83 | 墨西哥 | 236 162.12 | 2.15 |
| 意大利 | 325 589.61 | 2.97 | **合　计** | **5 311 601.44** | **48.44** |
| 印　度 | 325 230.51 | 2.97 | | | |

### 温州市2016年主要进口市场情况表

| 国别（地区） | 进口金额（万元） | 占进口总额比重（%） | 国别（地区） | 进口金额（万元） | 占进口总额比重（%） |
|---|---|---|---|---|---|
| 南　非 | 184 494.74 | 13.93 | 德　国 | 45 553.17 | 3.44 |
| 日　本 | 123 243.37 | 9.31 | 澳大利亚 | 40 645.31 | 3.07 |
| 美　国 | 80 808.86 | 6.10 | 菲律宾 | 37 223.91 | 2.81 |
| 赤道几内亚 | 67 608.87 | 5.11 | 加拿大 | 34 008.67 | 2.57 |
| 印度尼西亚 | 63 074.15 | 4.76 | **合　计** | **736 185.10** | **55.59** |
| 意大利 | 59 524.05 | 4.49 | | | |

## 【利用外资】

温州市 2016 年利用外资情况表

| 利用外资方式 | 批准签订的合同 | | | 实际利用外资 | |
|---|---|---|---|---|---|
| | 项目数（个） | 外资金额（万美元） | 金额比上年增加（%） | 金额（万美元） | 金额比上年增加（%） |
| **外商直接投资** | **61** | **54 747** | **85.86** | **18 830** | **-15.87** |
| 合资企业 | 25 | 19 551 | 167.49 | 6 475 | 358.57 |
| 合作企业 | 2 | 8 302 | | 0 | |
| 外资企业 | 33 | 26 261 | 20.00 | 12 035 | -41.88 |
| 股份有限公司 | 1 | 633 | 141.60 | 320 | 22.14 |

**外商直接投资行业** 二产、三产项目实际到资分别为 16 358 万美元、7 974 万美元，占全市总数比重分别为 67.2%、32.8%。

**外商直接投资来源** 香港、投资性公司、德国、荷兰实际外资总额 18 079 万美元，占全市总数的 96%。其中香港实际外资 13 131 万美元、投资性公司实际外资 2 796 万美元、德国实际外资 1 433 万美元、荷兰实际外资 719 万美元，分别占全市总数的 69.7%、14.9%、7.6%、3.8%。

## 【对外经济合作】

**对外投资** 新批境外投资项目 42 个（其中“一带一路”沿线 22 个），中方投资额 6.5 亿美元，其中，并购项目 8 个，中方投资额 2 958 万美元；新建境外生产基地 17 家，中方投资额 5.42 亿美元；新设境外营销网络 17 家，中方投资额 1 648.59 万美元。

**承包工程和劳务合作** 签订对外承包工程和劳务合作项目 3 个，合同金额 24 920 万美元，比上年的 2 450 万美元增长 917%；完成营业额 6 928 万美元，比上年的 7 310 万美元下降 5%；当年派出劳务 1 945 人，年末在外 1 951 人，派往的主要国家和地区有马来西亚、印度尼西亚、老挝、塔吉克斯坦、越南、阿尔巴尼亚；承包工程的主要项目为：马来西亚电力工程、越南顺和水电站工程、老挝金矿工程、塔吉克斯坦金矿工程、印尼不锈钢厂工程、印度尼西亚镍铬合金厂工程、阿尔巴尼亚铬矿工程。

## 【其他】

**开发区** 温州经济技术开发区新批外商投资项目 8 个，合同外资 13 922 万美元，比上年增长 52.1%，实际利用外资 5 710 万美元，增长 19.4%；实现进出口总额 70.7 亿元，增长 8.7%，其中，出口 69 亿元，增长 8.5%，进口 1.75 亿元，增长 16.3%。

**港口运输** 截至 2016 年年末，温州市拥有生产性码头泊位 214 个，货物综合通过能力 7 250 万吨，万吨级以上深水泊位 20 个。2016 年完成货物吞吐量 8 406.08 万吨，下降 1%，其中外贸货物吞吐量 436.93 万吨，增长 5.7%；全港集装箱吐吞量完成 55.92 万标箱，增长 0.1%，其中外贸集装箱吞吐量完成 11.78 万标箱。

**涉外旅游** 2016 年入境的外国人数以及港澳台同胞人数 121 万人次，增长 14.4%，国际旅游外汇收入 6.0 亿美元，比上年的 5.49 亿美元增长 9.9%。

# 2016年安徽省商务发展概况

安徽省商务厅

张 箭

安徽省商务厅厅长

张 箭 男，汉族，1962年7月出生，江苏南京人，1983年8月参加工作，1986年12月入党，大学学历，经济学硕士。历任安徽省外经贸厅副处长、调研员、党组成员、副厅长；2004年2月—2010年4月任省商务厅党组成员、副厅长（其间：2009年10月—2010年10月，在上海世博会挂职任外事指挥部办公室副主任）；2010年4月—2013年3月任省政府外事办公室（省政府侨务办公室、省政府港澳事务办公室）党组书记、主任（其间：2012年8月参加中组部组织的耶鲁大学公共政策与治理赴美专题班学习）；2013年3月—2014年12月任省政府外事办公室（省政府侨务办公室、省政府港澳事务办公室）党组书记、主任，省政协港澳台侨和外事委员会副主任；2014年12月任安徽省商务厅党组书记、厅长。

## 【国内贸易】

**社会消费品零售总额** 2016年，安徽省社会消费品零售总额10 000.2亿元，比上年的8 908亿元增长12.3%。按经营地统计，城镇消费品零售额8 064.7亿元，增长12.2%；乡村消费品零售额1 935.5亿元，增长12.6%。按消费类型统计，商品零售额8 914.2亿元，增长12.2%；餐饮收入1 086.1亿元，增长12.4%。

**限额以上批发和零售贸易业、住宿和餐饮业基本情况** 共有限额以上批发和零售贸易业、住宿和餐饮业法人企业8 714个，年末从业人数50.1万人。其中，批发零售业法人企业6 923个，年末从业人数37.6万人；住宿餐饮业法人企业1 791个，年末从业人数12.5万人。

**批发和零售贸易业企业商品购、销、存总额** 批发和零售贸易业企业商品销售总额10 682.8亿元，比上年的9 454.9亿元增长13%。限额以上批发和零售贸易业企业商品购进总额9 385.7亿元，商品销售总额10 682.8亿元（其中批发6 563.1亿元、零售4 119.7亿元），年末库存总额811.5亿元。

**市场物价** 居民消费价格指数为101.8（以上年价格为100）。

**市场秩序建设** 一是推进商务综合执法体制改革，以蚌埠市承担全国深化商务综合执法体制改革任务为契机，召开全省推进商务综合执法暨试点总结培训会，在体制、能力、方式、效能上提升商务执法队伍能力水平。二是加快重要产品追溯体系建设，牵头拟定《安徽省人民政府关于加快推进重要产品追溯体系建设的实施意见》，加强药品流通行业管理，推行“两票制”落地。三是加快推进商务诚信建设工作，启动全省商务诚信公共服务云平台建设，组织开展“诚信兴商宣传月”活动，积极参与商务部“诚信促消费安徽馆网上展览”活动，开展“信用消费进万家”主题日活动。四是推进打击侵权假冒工作，加大互联网领域侵权假冒行为治理力度，开展以食品药品、农资、儿童用品等为重点的专项整治活动，推行双打领域两法衔接和行政处罚案件公开，编印了《行政处罚案件信息公开文件汇编》。开展全省2015年度诚信示范企业创建活动，认定45家诚信企业，全年双打领域行政执法部门立案6 818件、办结6 160件，捣毁窝点18个，移送司法机关58件。五是强化重点领域监督管理，制定并完善《安徽省单用途商业预付卡管理应急预案》，加强商业保理风险排查，实现非实地监管和隐患排查。推进直销管理简政放权，全年转报2家申报企业。

**市场体系建设** 一是推进电子商务进农村综合示范，21个示范县建成县域综合公共服务中心共21个、配送中心53个，乡村级服务网点6 939个，实现了乡镇网点全覆盖，村级网点覆盖80%以上，21个示范县网上交易额263亿元、农产品网销59亿元；开设各类网店2.7万家。推进农村商品流通体系建设试点，全年建成7个农村商品配送中心、61个乡镇商贸中心、136个农村直营店。二是推进农产品流通体系建设，积极组织或参与农超对接、农校对接、农商互联，继续推进全国农产品骨干流通网络建设试点和农产品流通基础设施建设，逐步形成布局合理、功能完善的城乡菜市场保障供应体系。三是认真做好汽车流通行业监管，积极指导各市做好取消“设立旧机动车鉴定评估机构审批”事项的衔接和2015年老旧汽车报废更新补贴审核工作，贯彻落实《国务院办公厅关于促进二手车便利交易的若干意见》和《二手车流通企业经营管理规范》，并会同有关部门认真研究落实举措，促进二手车流通行业健康发展。督促各地结合实际进行商业网点规划修编，组织开展规划培训。

**流通业发展** 一是积极实施“商贸物流标准化行动计划”。指导芜湖市制定《物流标准化试点方案》，细化《物流标准化试点项目管理办法》，推进标准托盘循环共用、城市共同配送、信息服务等21个试点项目建设。积极争取合肥、马鞍山入选第二批全国物流标准化试点城市，落实试点支持资金1.6亿元，试点城市数居中部首位、全国前列。二是稳步推进质量品牌标准建设。研究制订了“安徽老字号认定规范”和“安徽特色商业街认定规范”两项认定办法，规范了认定主体、标准、程序，并明确实施动态调整，以此督促企业加强品牌运营和保护。积极引导商贸服务企业引入标准、争创行业领先，累计创国家级钻石酒店56家、中国绿色饭店及国家级绿色餐饮企业60家。制订摄影行业省级标准，组织开展省级标准化试点建设。三是大力提升特殊行业服务水平。积极贯彻落实《关于加快融资租赁和典当行业发展的实施意见》（皖政办〔2015〕74号）等文件精神，进一步规范典当、融资租赁等准金融机构发展，引导典当、融资租赁企业创新服务方式，满足中小商贸企业多样化融资需求，全省典当行和融资租赁企业累计发放贷款近400亿元，服务中小微企业超过3.5万户次，已成为全省实体经济融资的重要补充渠道。

**市场运行和消费促进** 一是加强统计监测。优化监测样本结构，新增样本企业36家，删除不符合条件的企业66家。推动监测成果转化，通过商务预报、安徽日报、安徽经济报等网站和媒体发布节假日监测、应急保供、重要生活必需品价格等信息。二是加强消费促进。组织、参与、指导开展“双百”（百家品牌展销，百场消费促进）活动320场，成交额72.8亿元；64个“重点商超五进”（安徽知名品牌、旅游商品进商场超市、进宾馆酒店、进高速服务区、进机场车站、进旅游景区）专区（柜），实现酒类、茶叶、土特产等安徽知名品牌销售额13.5亿元。开展“消费促进月”活动，依托商之都、百大集团等重点流通企业，针对社区居民的生活用品、农副产品开展促销活动。指导安徽省家电协会、酒类流通商会，开展家电消费节、放心酒示范工程等行业促消费活动。三是加强事中事后监管。依托GIS系统完成2015年成品油网上年检和统计工作，建立5175座加油站（点）和41座油库行业基础数据库，办理加油站（点）行政许可和变更办件513件，开展全省油库和加油站安全管理专项检查工作。完善储备商品监管机制，年初一次下达全年计划，承储期间公检发现数量不足的，扣减计划直至取消承储资质。组织开展全省28个茧丝绸主产县（区、市）的全面调研，走访蚕桑大户、家庭农场和蚕业合作社，召开专题座谈会。指导酒类流通商会开展行业培训、讲座、论坛、行业调研和基础数据收集整理等工作，酒类重点流通企业监测数据报送及时率保持98%以上。

**【对外贸易】**

**进出口总额** 进出口总额443.8亿美元，比上年的478.4亿美元下降7.2%。

**出口总额** 出口总额284.8亿美元，比上年的322.7亿美元下降11.7%，占全省GDP 24 117.9亿元（相当于3 631亿美元）的7.8%，占全国出口额的1.4%。

**进口总额** 进口总额159亿美元，比上年的155.7亿美元增长2.1%。

**出口商品结构** 初级产品出口额17.3亿美元，占出口总额的6.1%；工业制成品出口额267.5亿美元，占出口总额的93.9%。

**进口商品结构** 初级产品进口额85.9亿美元，占进口总额的54%；工业制成品进口额73.1亿美元，占进口总额的46%。

**出口商品市场** 出口商品销往217个国家（地区）。

**进口商品市场** 进口商品来自134个国家（地区）。

**服务贸易** 服务进出口总额76.4亿美元，比上年的65.5亿美元增长16.6%。其中，出口额33.4亿美元，比上年的28.1亿美元增长19.8%；进口额43亿美元，比上年的37.4亿美元增长14%。

**服务外包** 签订服务外包合同4 021份，实现外包合同金额28.0亿美元，比上年增长18.7%；执行金额14.0亿美元，比上年增长5.3%。其中，离岸合同金额6.9亿美元，比上年下降5.9%；执行金额2.3亿美元，比上年下降39.6%。新增就业人数31 982人。

**技术进出口** 技术进出口总额12.3亿美元，比上年的12.6亿美元下降2.6%。签订引进技术和进口设备合同项目238个，比上年增加36个；合同金额4.4亿美元，比上年的6.74亿美元下降34.9%；签订技术出口合同项目243个，合同金额7.9亿美元，比上年的5.9亿美元增长34.4%。安徽省技术出口居全国前6位，中部地区第一；技术进口居全国前13位，中部地区第二。

**安徽省2016年出口额1亿美元以上商品情况表**

| 金额分类 | 商品名称 | 出口金额（亿美元） | 占出口总额比重（%） |
|---|---|---|---|
| 10亿美元以上 | 服装 | 19.2 | 6.7 |
| | 便携式数据处理设备 | 17.6 | 6.2 |
| | 纺织品 | 12.3 | 4.3 |
| | 汽车及底盘 | 12.1 | 4.3 |

**安徽省2016年出口额1亿美元以上商品情况表(续)**

| 金额分类 | 商品名称 | 出口金额（亿美元） | 占出口总额比重（%） |
|---|---|---|---|
| 5亿—10亿美元 | 冰箱 | 8.8 | 3.1 |
| | 塑料及制品 | 8.1 | 2.9 |
| | 空调器 | 7.6 | 2.7 |
| | 液晶显示板 | 7.4 | 2.6 |
| | 数据处理设备 | 7.2 | 2.5 |
| | 汽车零部件 | 7.1 | 2.5 |
| | 太阳能电池 | 6.1 | 2.2 |
| | 钢材 | 6.0 | 2.1 |
| 1亿—5亿美元 | 箱包 | 4.5 | 1.6 |
| | 玻璃及制品 | 3.6 | 1.3 |
| | 电视机 | 2.8 | 1.0 |
| | 纸及制品 | 2.8 | 1.0 |
| | 玩具 | 2.5 | 0.9 |
| | 轮胎 | 2.4 | 0.9 |
| | 茶叶 | 2.4 | 0.9 |
| | 变压变流器 | 2.2 | 0.8 |
| | 洗衣机 | 2.2 | 0.8 |
| | 船舶 | 2.0 | 0.7 |
| | 叉车 | 1.9 | 0.7 |
| | 电线电缆 | 1.6 | 0.6 |
| | 化肥 | 1.6 | 0.6 |
| | 家用小电器 | 1.5 | 0.5 |
| | 电视机配件 | 1.4 | 0.5 |
| | 中药材 | 1.3 | 0.5 |
| | 阀门 | 1.2 | 0.4 |
| | 其他工程机械 | 1.2 | 0.4 |
| | 蔬菜 | 1.1 | 0.4 |
| | 渔网渔具 | 1.0 | 0.3 |
| | 草织柳编 | 1.0 | 0.3 |
| | 鞋类 | 1.0 | 0.3 |
| **合　计** | | **163.0** | **57.2** |

**安徽省 2016 年进口额 1 亿美元以上商品情况表**

| 金额分类 | 商品名称 | 进口金额（亿美元） | 占进口总额比重（%） |
|---|---|---|---|
| 10亿美元以上 | 铜矿砂 | 38.8 | 24.4 |
| | 铁矿砂 | 10.8 | 6.8 |
| | 集成电路 | 10.7 | 6.7 |

安徽省2016年进口额1亿美元以上商品情况表(续)

| 金额分类 | 商品名称 | 进口金额（亿美元） | 占进口总额比重（%） |
|---|---|---|---|
| 1亿—5亿美元 | 精炼铜阴极 | 4.3 | 2.7 |
| | 塑料原料及制品 | 4.2 | 2.6 |
| | 木浆 | 2.9 | 1.8 |
| | 废纸及纸板 | 2.7 | 1.7 |
| | 铜及制品 | 2.5 | 1.6 |
| | 芝麻 | 2.4 | 1.5 |
| | 液晶玻璃基板 | 2.3 | 1.5 |
| | 橡胶 | 2.2 | 1.4 |
| | 烟煤 | 2.0 | 1.3 |
| | 计量检测分析仪器 | 1.6 | 1.0 |
| | 机床 | 1.6 | 1.0 |
| | 发动机及零部件 | 1.4 | 0.9 |
| | 木薯干 | 1.2 | 0.8 |
| | 医疗器械 | 1.2 | 0.8 |
| **合　计** | | **92.8** | **58.5** |

安徽省2016年主要出口市场情况表

| 国别（地区） | 出口金额（亿美元） | 占出口总额比重（%） | 国别（地区） | 出口金额（亿美元） | 占出口总额比重（%） |
|---|---|---|---|---|---|
| 美　国 | 53.7 | 18.8 | 德　国 | 8.9 | 3.1 |
| 香　港 | 17.5 | 6.2 | 英　国 | 8.8 | 3.1 |
| 日　本 | 13.5 | 4.8 | 韩　国 | 8.1 | 2.8 |
| 印　度 | 11.1 | 3.9 | 马来西亚 | 6.5 | 2.3 |
| 越　南 | 10.0 | 3.5 | **合　计** | **147.4** | **51.8** |
| 伊　朗 | 9.3 | 3.2 | | | |

安徽省2016年主要进口市场情况表

| 国别（地区） | 进口金额（亿美元） | 占进口总额比重（%） | 国别（地区） | 进口金额（亿美元） | 占进口总额比重（%） |
|---|---|---|---|---|---|
| 智　利 | 20.4 | 12.8 | 韩　国 | 8.7 | 5.5 |
| 美　国 | 16.3 | 10.2 | 德　国 | 6.3 | 3.9 |
| 澳大利亚 | 13.7 | 8.6 | 马来西亚 | 6.1 | 3.8 |
| 台湾省 | 12.4 | 7.8 | 中　国 | 5.1 | 3.2 |
| 秘　鲁 | 11.5 | 7.3 | **合　计** | **110.8** | **69.7** |
| 日　本 | 10.3 | 6.5 | | | |

安徽省 2016 年服务进出口情况表

| 服务类别 | 进出口 | | 出口 | | 进口 | |
|---|---|---|---|---|---|---|
| | 金额（万美元） | 同比（%） | 金额（万美元） | 同比（%） | 金额（万美元） | 同比（%） |
| **总额** | **764 128** | **16.6** | **333 517** | **19.8** | **430 611** | **14.0** |
| 旅行 | 567 447 | 21.1 | 276 633 | 28.1 | 290 814 | 15.2 |
| 运输 | 50 081 | 3.0 | 2 393 | 26.0 | 47 688 | 2.1 |
| 专业管理和咨询 | 7 279 | -30.0 | 115 | 16.1 | 7 164 | -30.4 |
| 电信、计算机和信息 | 16 744 | 48.6 | 3 936 | -10.1 | 12 808 | 85.9 |
| 建筑 | 53 677 | 3.3 | 26 939 | -19.4 | 26 738 | 43.9 |
| 知识产权使用费 | 7 279 | -30.0 | 115 | 16.1 | 7 164 | -30.4 |
| 保险和养老金 | 17 300 | 2.4 | 9 352 | 2.7 | 7 948 | 2.1 |
| 金融 | 518 | 0.0 | 67 | 1 679.0 | 451 | -35.5 |
| 文化和娱乐 | 527 | -24.5 | 60 | 4.0 | 467 | -27.1 |
| 其他 | 43 276 | 17.9 | 13 907 | 4.8 | 29 369 | 25.3 |

## 【利用外资】

安徽省 2016 年利用外资情况表

| 利用外资方式 | 批准签订的合同 | | | 实际利用外资 | |
|---|---|---|---|---|---|
| | 项目数（个） | 外资金额（万美元） | 金额比上年增加（%） | 金额（万美元） | 金额比上年增加（%） |
| **外商直接投资** | **267** | **404 060** | **2.61** | **197 601** | **-5.21** |
| 合资企业 | 129 | 122 632 | -26.02 | 42 296 | -57.67 |
| 合作企业 | 2 | 5 986 | -44.71 | 7 825 | |
| 外资企业 | 134 | 277 888 | 28.77 | 145 396 | 45.56 |
| 股份有限公司 | 2 | -2 446 | — | 2 084 | -75.91 |
| 其他 | 0 | 0 | 2.61 | 0 | -5.21 |

安徽省 2016 年外商直接投资行业情况表

| 行业 | 企业数（个） | 合同外资（万美元） | 实际外资（万美元） |
|---|---|---|---|
| 农、林、牧、渔业 | 12 | 43 374 | 2 985 |
| 采矿业 | 2 | 276 | 36 |
| 制造业 | 111 | 173 411 | 91 134 |
| 电力、燃气及水的生产和供应业 | 18 | 31 811 | 18 649 |
| 建筑业 | 2 | 5 506 | 2 218 |
| 交通运输、仓储和邮政业 | 2 | 668 | 2 911 |

安徽省2016年外商直接投资行业情况表(续)

| 行业 | 企业数(个) | 合同外资(万美元) | 实际外资(万美元) |
|---|---|---|---|
| 信息传输、计算机服务和软件业 | 16 | 11 368 | 2 333 |
| 批发和零售业 | 46 | 64 414 | 7 902 |
| 住宿和餐饮业 | 7 | 7 335 | 58 |
| 金融业 | 4 | 3 041 | 0 |
| 房地产业 | 4 | 13 740 | 22 225 |
| 租赁和商务服务业 | 24 | 43 049 | 39 530 |
| 科学研究、技术服务和地质勘查业 | 13 | 3 830 | 7 166 |
| 水利、环境和公共设施管理业 | 2 | 1 557 | 256 |
| 居民服务和其他服务业 | 1 | 3 | 198 |
| 文化、体育和娱乐业 | 3 | 677 | 0 |

安徽省2016年外商直接投资主要来源情况表

| 国别(地区) | 项目(企业)数(个) | | | 外商直接投资金额(万美元) | | |
|---|---|---|---|---|---|---|
| | 2016年 | 2015年 | 同比(%) | 2016年 | 2015年 | 同比(%) |
| 香港 | 96 | 113 | -15.04 | 73 820 | 90 883 | -18.77 |
| 匈牙利 | 0 | 0 | | 29 999 | 0 | |
| 新加坡 | 6 | 6 | 0.00 | 15 940 | 8 300 | 92.05 |
| 日本 | 6 | 12 | -50.00 | 14 130 | 4 084 | 245.98 |
| 开曼群岛 | 3 | 3 | 0.00 | 8 130 | 0 | |
| 韩国 | 13 | 15 | -13.33 | 5 698 | 444 | 1 183.33 |
| 萨摩亚 | 2 | 8 | -75.00 | 5 167 | 1 240 | 316.69 |
| 台湾省 | 45 | 52 | -13.46 | 3 053 | 1 739 | 75.56 |
| 美国 | 18 | 24 | -25.00 | 1 949 | 1 260 | 54.68 |

**外商直接投资企业生产经营情况** 全省外商投资企业纳税总额267.1亿元,增长2.9%;利润总额185.6亿元,下降16.9%;实现进出口130.2亿美元,占全省进出口的29.3%,增长3%。

## 【对外经济合作】

**对外投资** 2016年,新批境外企业(机构)121家,比上年下降6.9%;协议对外投资38.2亿美元,增长20%;实际对外投资12.4亿美元,增长28%。其中,在“一带一路”国家设立境外企业27家,增长13%;对外实际投资7 327万美元,下降41%。

**承包工程和劳务合作** 签订对外承包工程和劳务合作合同项目82个,合同金额30.8亿美元,比上年的30.7亿美元增长0.2%;完成营业额30.9亿美元,比上年的26.9亿美元增长14.9%;当年派出劳务人员10 044人,年末在外人数19 197人,派往的主要国家和地区为阿尔及利亚、沙特阿拉伯、马来西亚、印度尼西亚、巴拿马;承包工程的主要项目:科威特6.5环市政道路施工和维护工程(3.2亿美元)、赞比亚第八号军营项目(2.6亿美元)、中非共和国班吉姆科国际机场航站楼项目(2.5亿美元)、沙特吉赞分空项目(1.6亿美元)、巴基斯坦旁遮普省安全供水项目(1.4亿美元)、安哥拉罗安达净水厂引水系统扩建项目(1亿美元)。

在“一带一路”国家新签对外承包工程合同11亿美元，下降28.1%；完成营业额9.3亿美元，增长13.4%。

**对外经济技术援助** 承担12个援外建设项目，分别是：非盟总部办公楼项目、白俄罗斯社会住房项目、玻利维亚安全监控系统、古巴猪牛屠宰厂、喀麦隆议会大楼、莱索托首相府、毛里塔尼亚努瓦克肖特城市排水系统、蒙古国残疾儿童发展中心、莫桑比克贝拉中心医院、赞比亚赞比西省卫生厅住宅及办公楼、塞拉利昂小学、坦桑尼亚外交部办公楼。当年建成交付的有：莱索托首相府、塞拉利昂小学。当年派出援外人员540人，年末在外人数465人。

承接援外培训任务8期，涉及建筑、汽车、农业、标准化、环保等领域，全年累计为来自亚、非、拉美27个国家的168名学员进行管理与技术的培训。

## 【其他】

**开发区** 全省12个国家级经济技术开发区地区生产总值4 004亿元，财政收入441亿元，税收378.8亿元，规模以上工业增加值1 884.6亿元，固定资产投资2 323亿元，实际利用外商直接投资25亿美元，实现进出口117亿美元。

**出口加工区** 合肥出口加工区完成进出口额36.2亿美元，下降21.1%，在全国所有出口加工区排第6名。区内主要企业为联宝（合肥）电子科技有限公司。主要生产联想笔记本电脑和一体台式机产品。

**保税区** 芜湖综合保税区实现进出口额11.4亿美元，增长30.5%，在全国综保区中排第13名。区内主要企业为中达电子（芜湖）有限公司，主要产品为电源适配器等电气产品、小家电。

合肥综合保税区实现进出口额3 535万美元，在全国综保区中排第39名。目前入区项目主要有3个：12吋晶圆生产基地项目，总投资130亿元人民币，年产值27亿元人民币；汽车半导体封装项目，总投资50亿元人民币，年产值30亿元人民币；驱动IC封装测试生产基地项目，总投资5亿元人民币，年产值20亿元人民币。

马鞍山综合保税区已于2016年获批，目前正在建设，尚未验收。

蚌埠（皖北）保税物流中心于2014年获批，2016年实现进出口总额1亿美元，主要进出口牛肉、牛皮、光伏、玻璃生产设备等。

**商务洽谈会** 2016年4月8日—10日，第十届中国（河南）国际投资贸易洽谈会在河南郑州举办，期间，安徽省举办了河南安徽商会企业家座谈会，邀请徽商企业家回乡投资创业。

9月8日—11日，第十九届中国国际投资贸易洽谈会在福建厦门举办，期间，安徽省签约外商投资协议类项目1个，投资总额3 000万美元；签约内资项目5个，投资总额44.8亿元人民币。

9月11日—14日，第十三届中国—东盟博览会在广西南宁举办，安徽省企业共签订600万美元订单，中标柬埔寨污水处理项目，与印度尼西亚、印度、俄罗斯、斯里兰卡、非洲等采购商达成采购意向。

9月20日—25日，第五届中国—亚欧博览会在新疆乌鲁木齐举行，安徽省重点组织了奇瑞汽车、蚌埠玻璃设计院等14家企业参展参会，涉及纺织服装、机械设备、农副产品、食品等行业。

10月18日—20日，安徽省在合肥市举办了2016中国国际徽商大会，客商参会规模超1500人，展览展示面积1.2万平方米，签署471个合作项目。

11月16日—21日，第十八届中国国际高新技术成果交易会在深圳市举办，期间，安徽省举办了“徽商回归”（深圳）恳谈会，并组织了14个市28家企业参展，展品包括电子信息、智能制造、汽车及零部件、生物科技等6大行业40种150多件。

**港口运输** 全省口岸进出口货运量3 000.88万吨，增长24.3%，其中，进口2 621.91万吨，增长26%，出口378.97万吨，增长13.7%；进出口货值134.94亿美元，增长4.7%，其中，进口货值81.34亿美元，增长6%，出口货值53.6亿美元，增长2.9%；国际集装箱运量1 015 348标箱，增长19.9%；到港船舶6 060艘，增长9.8%，其中，外籍轮432艘，增长61.2%。全省航空口岸进出境人员56.26万人次，下降7.5%，进出境航班4 454架次，下降2%。

**涉外旅游** 入境旅游人数485.4万人次，增长9.2%，其中，外国人282.9万人次，增长9.2%；港澳台同胞202.5万人次，增长9.2%。旅游外汇收入27.3亿美元，比上年的21.3亿美元增长28.1%。

# 2016年福建省商务发展概况

福建省商务厅

**黄新銮**

**福建省商务厅厅长**
**福建省人民政府口岸工作办公室主任**

黄新銮 男，1963年4月出生，福建闽清人。厦门大学会计学专业毕业，大学学历，高级会计师、注册会计师、注册资产评估师。历任福建省财政厅党组成员、总会计师，福建省人民政府副秘书长、省政府办公厅党组成员，省金融办主任。2013年4月起任福建省对外贸易经济合作厅党组副书记、厅长，福建省人民政府口岸工作办公室主任。2013年11月起任福建省商务厅党组副书记、厅长，福建省人民政府口岸工作办公室主任。2014年7月起任福建省商务厅党组书记、厅长，福建省人民政府口岸工作办公室主任。中共第十届福建省委委员。

## 【国内贸易】

**社会消费品零售总额** 2016年，福建省社会消费品零售总额11 674.54亿元，比上年增长11.1%。按地域分，城镇10 501.75亿元，乡村1 172.79亿元。按消费形态分，商品零售额10 453.40亿元，餐饮收入额1 221.14亿元。

**市场物价** 商品零售价格指数为100.7（以上年价格为100）；居民消费价格指数为101.7（以上年价格为100），其中城市101.8，农村101.5。

**流通业发展** 流通行业平稳增长。全省批发业销售额20 589.70亿元，增长11.6%；零售业销售额11 507.46亿元，增长12.4%；住宿业营业额239.26亿元，增长5.9%；餐饮业营业额1 313.45亿元，增长9.9%。出台推动实体零售创新转型实施方案，推进厦门市内贸流通体制综合改革试点、福州市商务综合行政执法体制改革试点和公益性农产品批发市场试点建设。新增17个品牌信誉高、文化特色浓的福建老字号，《厦门老字号保护发展办法》作为全国第一部促进老字号保护与发展的地方性法规，于2016年12月获福建省人大常委会批准通过。完善中小商贸流通企业服务体系，开展第二届中小商贸流通企业服务节系列活动，全年服务企业1 200家次。推进商贸企业安全生产标准化建设，实现全省应达标商贸企业100%达标。推进了4个商贸物流项目建设发展。新增备案登记的商业特许经营企业15家，累计达140家。将设立拍卖企业及分公司审批等相关事项下放至设区市和平潭综合实验区商务主管部门。经中国拍卖行业协会评定，全省有AAA级拍卖企业10家，AA级32家，A级27家。

**市场体系建设** 完善流通基础设施，提升商品交易市场建设水平，促进冷链物流加快发展。在全国率先编制发布冷链物流发展规划（2016—2020），率先制定促进冷链物流加快发展六条措施。支持城乡菜市场、农产品批发市场等各类商品交易市场项目25个；支持冷链物流建设项目16个；推动福建海峡农副产品物流中心和福建海峡两岸农产品物流城2个国家公益性农产品批发市场试点项目实施。

**电子商务发展** 出台《福建省“互联网+流通”行动计划实施方案》等一系列政策措施，促进电子商务及农村电商、跨境电商等重点领域加快发展。2016年，全省电子商务交易额首次突破万亿元大关，实现10 196亿元，增长43.3%，增幅高于全国20个百分点，连续3年保持40%以上增幅。限额以上网络零售额543.2亿元，增长46.7%，高于全省社会消费品零售总额增幅35.6个百分点。福建省已成为全国三大网货制造基地之一，国家电子商务示范基地数居全国第4位，县域电子商务发展指数居全国第3位，电子商务百佳县数量居全国第3位，网络零售发展综合指数居全国第6位。

**市场运行和消费促进** 强化内贸市场运行监测分析，推进“菜篮子”工程建设，保障市场供应。全省城市副食品调控基地总数为368家，基地产品上市量分别为生猪365万头、蛋品7.2万吨、蔬菜128万吨，具备较强的市场调控保障能力。组织开展“消费促进月”活动，在春节等节庆期间加大消费促进力度，城乡消费供需两旺。支持闽货开拓市场，在北京、上海等5个重点城市，组织5场“闽货华夏行”重点展会活动，闽货进加油站销售范围增加东北三省。出台外贸企业开拓内销市场措施，推动内外贸协同发展。进一步优化监测样本企业，截至2016年底，全省市场运行监测样本企业总数达610家，涉及批发、零售、餐饮、住宿等17个流通行业及超市、百货店、专业店、专卖店等8种零售业态。

**市场秩序建设** 出台《福建省加快推进重要产品追溯体系建设实施方案》，启动“省12312市场秩序（追溯）管理平台”建设，推进福州市肉菜追溯试点建设，继续支持柘荣县政府开展中药材追溯体系项目建设。推进商务综合执法，持续做好打击侵权假冒专项整治工作，开展“诚信兴商宣传月”和“诚信促消费主题日”活动。

【对外贸易】

**进出口总额** 进出口总额1 568.47亿美元，比上年的1 688.46亿美元下降7.1%。

**出口总额** 出口总额1 036.76亿美元，比上年的1 126.80亿美元下降8.0%，占全省GDP 28 519.15亿元（折合约4 293.57亿美元）的24.1%，占全国出口额的4.94%，居全国第6位。

**进口总额** 进口总额531.71亿美元，比上年的561.66亿美元下降5.3%。

**出口商品结构** 初级产品出口额97.72亿美元，占出口总额的9.4%；工业制成品出口额939.04亿美元，占出口总额的90.6%。

**进口商品结构** 初级产品进口额213.73亿美元，占进口总额的40.2%；工业制成品进口额317.98亿美元，占进口总额的59.8%。

**出口商品市场** 出口国别（地区）中，出口额10亿美元以上的国家（地区）15个。其中，美国200.84亿美元，欧盟181.76亿美元，东盟170.97亿美元，香港84.05亿美元，日本56.31亿美元，台湾省38.42亿美元，韩国33.47亿美元，阿联酋22.11亿美元，澳大利亚16.95亿美元，沙特阿拉伯14.72亿美元，墨西哥14.49亿美元，印度14.45亿美元，加拿大12.85亿美元，俄罗斯12.00亿美元，智利10.74亿美元。以上的出口额合计884.13亿美元，占出口总额的85.3%。

**进口商品市场** 进口国别（地区）中，进口额10亿美元以上的国家（地区）12个。其中，东盟76.73亿美元，台湾省60.99亿美元，美国54.76亿美元，欧盟43.22亿美元，澳大利亚36.58亿美元，日本35.57亿美元，韩国31.34亿美元，沙特阿拉伯29.20亿美元，巴西23.18亿美元，南非21.84亿美元，瑞士11.78亿美元，加拿大11.67亿美元。以上的进口额合计436.86亿美元，占进口总额的82.2%。

**服务贸易** 据初步统计，服务进出口总额340.35亿美元，增长28.4%。其中，出口额133.52亿美元，增长11.9%；进口额206.83亿美元，增长42.0%。当年贸易逆差额达73.31亿美元。主要出口行业有旅行、运输、建筑、维护和维修、电信及计算机和信息、专业管理和咨询等。

**服务外包** 全省新增服务外包企业122家，新增从业人数3.08万人，承接国际服务外包合同金额19.68亿美元，增长35.8%；执行金额17.2亿美元，增长22.9%。

**福建省2016年出口额1亿美元以上商品情况表**

| 金额分类 | 商品名称 | 出口金额（亿美元） | 占出口总额比重（%） |
|---|---|---|---|
| 20亿美元以上（11种） | 服装，鞋类，计算机及相关电子元器件，纺织品，石材及制品，家具，灯具，钢材及其制品，箱包，塑料制品，陶瓷制品 | 579.02 | 55.8 |
| 10亿—20亿美元（7种） | 健身器材，汽车及其零件，冻鱼，电视机，电机及其零件，珠宝首饰，伞 | 98.80 | 9.5 |
| 1亿—10亿美元（14种） | 船舶，蔬菜，电线电缆，玩具，变压器，食品罐头，轮胎，钟表，音响设备，烤鳗，茶叶，飞机及其零件，电热烤面包器，集装箱 | 63.83 | 6.2 |
| 合　计 | **32种** | **741.65** | **71.5** |

**福建省2016年进口额1亿美元以上商品情况表**

| 金额分类 | 商品名称 | 进口金额（亿美元） | 占进口总额比重（%） |
|---|---|---|---|
| 20亿美元以上（5种） | 液晶显示板，铁矿砂，原油及成品油，集成电路及微电子组件，塑料及其制品 | 148.17 | 27.9 |
| 10亿—20亿美元（9种） | 大豆，煤及褐煤，有机化学品，木及木制品，木浆、纸及纸板，铜矿砂，计算机部件，发动机，钢铁及制品 | 124.05 | 23.3 |
| 1亿—10亿美元（17种） | 天然气，纺织原料及制品，大理石和石灰华，花岗岩玄武岩砂岩，谷物，铜及制品，飞机及零件，生皮及皮革，饲料用鱼粉，橡胶及其制品，半导体器件，镍矿砂，镍及制品，玻璃及制品，动植物油，铝及制品，电容器 | 90.31 | 17.0 |
| 合　计 | **31种** | **362.53** | **68.2** |

**福建省2016年服务进出口情况表**

| 行业 | 进出口 | | 出口 | | 进口 | |
|---|---|---|---|---|---|---|
| | 金额（亿美元） | 同比（%） | 金额（亿美元） | 同比（%） | 金额（亿美元） | 同比（%） |
| 运输 | 35.70 | -22.7 | 10.87 | -35.8 | 24.83 | -15.1 |
| 旅行 | 250.77 | 34.2 | 85.67 | 0.3 | 165.10 | 62.6 |
| 建筑 | 1.16 | 15.0 | 1.02 | 5.7 | 0.14 | 212.8 |
| 保险 | 0.25 | -26.2 | 0.09 | 64.3 | 0.16 | -43.7 |
| 金融 | 0.82 | 124.0 | 0.52 | 4 997.5 | 0.30 | -16.2 |
| 电信、计算机和信息 | 6.19 | 21.7 | 2.27 | 61.6 | 3.92 | 6.5 |
| 技术服务 | 2.28 | 10.7 | 0.68 | 22.8 | 1.59 | 6.3 |
| 专业管理和咨询 | 4.88 | 15.0 | 1.26 | 10.6 | 3.61 | 16.6 |
| 知识产权使用费 | 2.28 | -11.1 | 0.09 | -25.0 | 2.19 | -10.5 |
| 个人、文化和娱乐服务 | 0.34 | 0.2 | 0.11 | 129.6 | 0.24 | -20.5 |
| 维护和维修 | 9.70 | 1 441.9 | 9.26 | 3 029.2 | 0.44 | 32.1 |
| 其他 | 25.98 | 69.6 | 21.68 | 74.2 | 4.30 | 49.7 |
| **合　计** | **340.35** | **28.4** | **133.52** | **11.9** | **206.83** | **42.0** |

## 【利用外资】

**福建省2016年利用外资情况表**

| 利用外资方式 | 新设外资企业数（个） | 合同外资 | | 实际利用外资 | |
|---|---|---|---|---|---|
| | | 外资金额（万美元） | 金额比上年增加（%） | 金额（万美元） | 金额比上年增加（%） |
| **外商直接投资** | **2 355** | **1 566 337** | **8.3** | **819 465** | **6.7** |
| 合资企业 | 587 | 512 379 | 90.4 | 191 096 | 8.4 |
| 合作企业 | 3 | 1 140 | -43.0 | 307 | -84.7 |
| 外资企业 | 1 759 | 1 015 696 | 4.0 | 515 657 | 2.3 |
| 股份有限公司 | 4 | 37 095 | -80.0 | 111 394 | 30.0 |
| **合　计** | **2 355** | **1 566 337** | **8.3** | **819 465** | **6.7** |

**外商直接投资行业**　外商直接投资生产型项目336个，非生产型项目2 019个。按行业分，农林牧渔业80项，采矿业1项，制造业222项，电力、煤气及水的生产和供应业6项，建筑业27项，交通运输、仓储和邮政业17项，住宿和餐饮业49项，信息传输、软件和信息技术服务业95项，批发和零售业885项，金融业70项，房地产业15项，租赁和商务服务业393项，科学研究和技术服务业361项，水利、环境和公共设施管理业10项，居民服务和其他服务业19项，教育18项，文化、体育和娱乐业81项，卫生、社会保障和社会福利业6项。

**外商直接投资来源**　投资者主要来自港、澳、台、东南亚和欧、美、日等国家和地区。其中香港531项、合同外资金额99.40亿美元，台湾省1 408项、29.28亿美元，澳门23项、1.58亿美元，欧盟50项、7 454万美元，美国51项、2 971万美元，日本8项、1.10亿美元，英属维尔京群岛9项、5.32亿美元，萨摩亚26项、3.65亿美元。

**外商直接投资企业生产经营情况**　全省规模以上外商投资企业实现工业增加值3 814亿元，占全省规模以上工业增加值的34.6%；规模以上工业销售产值14 661亿元，占全省的34%；进出口3 900亿元，其中出口2 401亿元，占全省出口总额的35.1%，进口1 499亿元，占全省进口总额的42.7%。

## 【对外经济合作】

**对外投资**　全省备案和核准对外投资项目607个，中方协议投资额111.55亿美元，比上年增长1.4倍。其中，新设境外企业和分支机构486家，中方协议投资额101.25亿美元，增长1.3倍。对“海上丝绸之路”沿线国家投资项目96个，中方协议投资额22.34亿美元，增长61.6%。国际产能合作项目107个，中方协议投资额42.75亿美元，增长88.1%。

**承包工程和劳务合作** 对外承包工程签订合同36项，合同金额5.81亿美元，增长0.8%；完成营业额9.5亿美元，增长2.6%。对外承包工程业务主要分布在喀麦隆、肯尼亚、赞比亚等37个国家和地区，其中非洲占66.2%，亚洲占28.8%，亚非地区占比高达95%。全年派出各类劳务人员52 173人次，期末在外60 359人。劳务人员实际收入总额7.05亿美元，增长13.0%。劳务人员主要分布在澳门、香港、台湾省、新加坡等68个国家和地区，其中澳门占46.6%，香港占13.7%，台湾省占8.9%，新加坡占6.5%。

**对外援助** 共计承担商务部援外培训班任务82期，共有来自肯尼亚等80多个国家和地区的1 869名学员参加培训，承担中联部政党援外培训任务8期。援卢旺达农业技术示范中心项目进入可持续发展阶段，2015年1月至今，实行自负盈亏的商业化运作。援斐济菌草技术合作项目前期各项任务圆满结束，已于2016年9月通过商务部验收，基建部分已基本完成。援莱索托第四期菌草种植技术合作项目已启动。第三期援助巴布亚新几内亚东高地省发展菌草、旱稻生产项目，专家组已抵达东高地省开展工作，援助物资已办理出口手续并启运。

**【其他】**

**中国（福建）自贸试验区** 对标先进，持续制度创新，加快复制推广，中国（福建）自贸试验区的发展功能和带动作用不断增强。挂牌以来至2016年底，总体方案186项重点试验任务，累计实施172项，推出实施创新举措225项，70项在省内复制推广，一批改革创新成果被全国复制推广或学习借鉴。区内累计新增企业数4.86万户，注册资本9 447.72亿元，分别是挂牌前历年总和的3.2倍和4.3倍。培育发展了物联网、航空维修、跨境电商、融资租赁、保税展示等一批新兴产业，建成了两岸青年创业创新创客基地、整车进口口岸、中国—东盟海产品交易所、邮轮母港等一批新平台。闽台投资、贸易、资金和人员往来更加紧密，全省新设台资企业90%落户在自贸试验区。

**经济技术开发区** 经国务院批准，福建省现有福州、福清融侨、东山、漳州招商局、泉州、龙岩、东侨等7个国家级经济技术开发区。其中，东山经济技术开发区重点推进光伏及玻璃新材料、水产品加工、食品加工等重点产业发展，全年完成固定资产投资45.17亿元（包括基础设施投资32.15亿元）；全年出口8.01亿美元，进口1 018万美元。漳州招商局经济技术开发区全年完成固定资产投资68.16亿元，其中基础设施投资达62.78亿元，重点培育装备制造、冶金铸造、粮油食品等产业；新批外商投资项目1个，实际利用外资5 500万美元；全年出口2.12亿美元，进口1.79亿美元。泉州经济技术开发区完成固定资产投资20.36亿元，其中基础设施投资3.13亿元，继续推动电子信息、纺织鞋服、机械制造等优势产业发展；新批外商投资项目5个，实际利用外资6 342万美元；全年出口5.19亿美元，进口1 220万美元。龙岩经济技术开发区完成固定资产投资134.50亿元，其中基础设施投资48.36亿元，重点推动装备制造（工程机械、环保机械）等优势产业发展，2016年新批外商投资项目2个，实际利用外资2 500万美元；全年出口3.32亿美元，进口477.50万美元。东侨经济技术开发区完成固定资产投资77.17亿元，其中基础设施投资19.43亿元，以装备制造、食品加工、新能源与新材料、生物医药等为优势产业；2016年新批外商投资项目2个，实际利用外资3 206万美元；全年出口8.26亿美元，进口3.11亿美元。

**出口加工区** 全省共有福州、泉州2个出口加工区。其中，泉州出口加工区（2016年1月，国务院批准同意泉州出口加工区整合优化为综合保税区，现为泉州综合保税区）已开业投产企业43家，初步形成航空零部件维修、印刷、机电电子、化工、保税物流等产业；全年完成固定资产投资2.25亿元，基础设施4 880万元，实现规模以上工业产值75.75亿元；进出区货运量5.20万吨、货运值26.10亿美元，其中进出口货运量1.66万吨、货运值19.48亿美元；上缴海关税收3 155万元，地方税收2 033万元。

**商务洽谈会** 第十九届中国国际投资贸易洽谈会于2016年9月8日—11日在厦门市举行。本届洽谈会由商务部主办，福建省人民政府、厦门市人民政府和商务部投资促进事务局承办，共来自100多个国家（地区）近12万名境内外客商参会。会上福建省共签订外商投资项目347项，总投资188.93亿美元，利用外资91.71亿美元。其中签订合同项目298项，总投资160.83亿美元，合同外资77.66亿美元。

**港口运输** 全省沿海港口新增货物通过能力1 801万吨；完成货物吞吐量5.08亿吨，增长1.0%。其中，外贸货物吞吐量2.03亿吨，增长0.8%。国际标准集装箱吞吐量1 440.16万标箱，增长5.6%。

**涉外旅游** 全年接待观光、探亲访友以及洽谈投资贸易的各类入境人士680.79万人次，增长15.1%。其中，外国人254.12万人次，增长18.6%；台湾同胞267.20万人次，增长12.2%；港澳同胞159.47万人次，增长14.7%。国际旅游（外汇）收入66.26亿美元，增长19.1%。

# 2016年厦门市商务发展概况

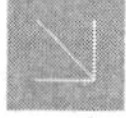

厦门市商务局

厦门市商务局局长

陈李升 男，福建华安人，1962年4月出生，中共党员，大学学历，哲学学士。1983年8月参加工作；1990年12月起历任福建团省委研究室副主任、宣传部部长；1997年12月起任福建团省委常委、宣传部部长（其间1996年5月至1998年5月在福建省长泰县挂职任县委副书记）；1998年8月起历任厦门市杏林区副区长、海沧区副区长、思明区副区长；2007年7月起任思明区委常委、区纪委书记；2011年7月起任厦门市思明区委副书记兼区委教育工委书记、区委党校校长；2012年4月起任厦门市投资促进局局长；2012年8月任厦门市投资促进局党组书记、局长。现任厦门市商务局局长、党组书记，兼任厦门市人民政府口岸工作办公室主任。

## 【国内贸易】

**社会消费品零售总额** 2016年，福建省厦门市社会消费品零售总额1 283.46亿元，比上年增长9.8%。其中商品零售1 143.20亿元，增长10.4%；餐饮收入140.26亿元，增长5.2%。

限额以上企业实现零售额891亿元，增长9.8%，占全市社会消费品零售总额的69.4%；限额以下单位实现零售额392.46亿元，增长9.9%。全年零售额超亿元的批发零售贸易企业有174家，实现零售额727.54亿元，净增99.82亿元，增长15.9%；零售额超千万元的住宿餐饮企业有95家，实现零售额52.54亿元，净增2.66亿元，增长5.3%。

在限额以上批发零售贸易企业商品零售额中，汽车类零售额292.99亿元，增长12.0%；服装、鞋帽、针纺织品类零售额123.98亿元，增长31.1%；石油及制品类零售额96.09亿元，下降3.4%；粮油、食品、烟酒、饮料类零售额94.12亿元，增长7.0%；通讯器材类零售额36.06亿元，增长23.4%；日用品类零售额28.29亿元，下降3.1%；金银珠宝类零售额10.09亿元，下降11.5%；化妆品类零售额6.81亿元，增长12.1%。

**市场物价** 居民消费价格指数为101.7，其中，服务项目价格上涨2.5%，消费品价格上涨1.3%。工业生产者出厂价格指数为97.1，其中，轻工业产品出厂价格上涨0.1%，重工业产品出厂价格下降4.2%。

**食品供应** 主要副食品市场供应总体充足。全年蔬菜交易量176.29万吨，比上年增加6.35%；生猪交易量126.4万头，下降6.54%；水产品8.9万吨，增加9.52%。受年初寒害天气、9月份台风影响，蔬菜、生猪价格区间波动较大，总体仍较平稳。

**拍卖业** 拍卖企业（不包括拍卖分支机构）共完成拍卖成交额388 332万元，其中房地产296 425万元（含土地拍卖成交额133 140万元），机动车1 592万元，农副产品25 492万元，产权和无形资产17 383万元，文化艺术品2 226万元，其他45 214万元。截至2016年，厦门市共有37家拍卖企业和5家拍卖分支机构。

**会展业** 全年举办各类展览活动230场，展览总面积215万平方米，增长12.6%。举办50人以上的商业性会议7 350场，参会总人数162万人。会展经济总体效益365.45亿元，增长14.9%。

## 【对外贸易】

**概况** 外贸进出口总额5 091.55亿元，比上年下降1.5%。其中：出口3 094.22亿元，下降6.7%；进口1 997.33亿元，增长8.0%。与全国、全省相比，厦门出口增幅分别低4.7个和4.5个百分点，进口增幅分别高7.4个和7.3个百分点。

**出口商品结构** 12类传统商品出口1 489.82亿元，下降16.18%。机电产品出口1 400.73亿元，下降1.9%，好于厦门市平均水平4.8个百分点，占厦门市出口总额的45.26%，较上年提升2.2个百分点。高新技术产品出口632.34亿元，下降5.74%，占厦门市出口总额的20.4%，较上年微升0.2个百分点，其中航空航天技术类出口增长幅度高达47.3%。龙头阀门及其零件和农产品出口实现逆势增长，分别增长10.1%和6.0%。

**进口商品结构** 机电产品进口889.17亿元，增长3.39%，占厦门市进口总额的44.5%，较上年回落1.0个百分点。高新技术产品进口728.57亿元，增长5.02%，占厦门市进口总额的36.4%，拉动厦门市进口增长1.9个百分点，其中计算机集成制造技术和生命科学技术类进口增幅分别高达134.4%和52.3%。大宗进口商品中，除镍矿砂下降35.7%外，其他矿产类进口需求大幅提升，铁矿砂及其精矿增长104.0%，煤及褐煤增长117.9%，锰矿砂及其精矿增长 303.8%，铅矿砂及其精矿增长 231.8%，铬矿砂及其精矿增长 19.2%，锆矿砂及其精矿 27.8%。此外，受价格因素影响，粮食进口下降 32.8%，原木下降 2.4%，初级形状的塑料下降 11.2%，钢材下降 31.0%。

**出口商品市场** 出口主要市场分化明显，新兴市场进口增幅大。厦门市前 20 位主要出口市场累计完成出口 2 314.24 亿元，占出口总量的 74.8%，提高 1.58 个百分点。其中欧美主要发达国家市场成为厦门市出口的绝对主力，全年对美国和欧盟分别出口 591.80 亿元和 577.23 亿元，分别占出口总量的 19.1%和 18.7%，两者占厦门市出口比重达到 37.8%，对厦门市出口贡献率为 11.27%。对传统市场和"一带一路"重点国家的出口占厦门市出口比重均有所有提高，占比分别为 75%和 16.7%。前 20 位出口市场中，增长前 5 位的国家依次为：对菲律宾出口 186.56 亿元，增长 26.4%；对沙特阿拉伯出口 39.77 亿元，增长 14.3%；对越南出口 61.25 亿元，增长 12.8%；对意大利出口 39.44 亿元，增长 3.5%；对波兰出口 50.85 亿元，增长 2.0%。

**进口商品市场** 自传统市场进口增长 4.3%，占比下降 2.7 个百分点。其中，第一大进口市场台湾省降幅达 14.5%，第二大进口市场美国降幅为 14.3%，但进口比重仍达 13.4%和 12.8%，总额分别为 267.19 亿元和 255.13 亿元。自新兴市场进口呈现大幅提升态势，进口额 503.08 亿元，增长 20.8%，拉动厦门市进口增长 4.7 个百分点，对厦门市进口增长贡献率为 58.5%。自欧盟进口 162.35 亿元，增长 11.0%，对厦门市进口增长贡献率为 10.88%。

**贸易方式** 一般贸易进出口 3 259.27 亿元，增长 1.46%，占厦门市进出口比重为 64.01%。其中，一般贸易出口 1 982.28 亿元，下降 8.4%；一般贸易进口 1 276.99 亿元，增长 21.8%，拉动厦门市进口增长 12.36%，对厦门市进口增长贡献率为 154.46%。加工贸易进出口 1 219.50 亿元，下降 12.6%。其中，加工贸易出口 788.70 亿元，下降 9.4%；加工贸易进口 430.80 亿美元，下降 17.8%。

保税仓储转口贸易对厦门市外贸贡献作用明显，全年保税仓储进出口 596.36 亿元，增长 10.05%，拉动厦门市进出口增长 1.0 个百分点。其中，出口 322.27 亿元，增长 14.0%，拉动厦门市出口增长 1.2 个百分点；进口 274.09 亿元，增长 5.7%，拉动厦门市进口增长 0.8 个百分点。

**对台贸易** 2016 年，厦门市对台进出口额 358.06 亿元，比上年下降 12.3%，其中，进口额 267.19 亿元，下降 14.5%；出口额 90.86 亿元，下降 5.2%。台湾省为厦门的第二大贸易伙伴、第一大进口市场、第八大出口市场。

主要特点如下：(1) 对台贸易进口、出口双降。受电子产品价格下降、加工订单减少等因素影响，厦门市对台贸易中占 80%以上的加工料件进口持续下降，液晶显示板、集成电路、初级形状的塑料三类商品一直处于进口前三名，但除集成电路增长 9.3%外，液晶显示板、初级形状的塑料均有所下降，降幅分别为 22.8%和 9.0%。出口商品前三位为：二极管及类似半导体器件、服装及衣着附件、自动数据处理设备及其部件，其中二极管及类似半导体器件出口较为稳定，除 8 月、10 月份下降 26.9%和 4.8%外，其他月份均有所增长。(2) 台湾省水果月进口量下跌，但累计进口量保持增长。受菠萝提前上市与台风致使芒果产量降低的影响，自 2016 年 4 月份开始，台湾省水果月进口量有所减少，但 2016 年累计进口台湾省水果货重与上年基本持平，进口额增长 12.6%。进口主要品种为菠萝、番荔枝和莲雾。(3) 台湾省水产品进口快速下滑。受产量影响，2016 年台湾省冻鱿鱼累计进口比上年减少 74.14%，进口台湾省水产品从 4 月开始到 11 月份，单月进口量均减少，跌幅最高达 86.5%。但带鱼进口猛增，进口额 2 232 万元，增幅高达 323 倍，午仔鱼进口增幅也高达 82%。

## 【利用外资】

**概况** 利用外资继续保持较大规模，全年批准新设外商投资企业 1 278 家，比上年增长 76.0%；合同利用外资 75.68 亿美元，完成年度计划 22.6 亿美元的 334.9%，增长 81.8%；实际利用外资 22.24 亿美元，完成年度计划 22.2 亿美元的 100.2%，增长 6.2%。

**主要特点**

1. 外资占全省份额提高。合同利用外资和实际利用外资占全省比重分别达 48.3%和 27.1%，均稳居全省首位，占全省比重也分别较上年提高 19.5 个百分点和 0.1 个百分点。

2. 服务业集聚效应突显。服务业合同利用外资 69.2 亿美元，实际利用外资 13.2 亿美元，比上年分别增长 1.3 倍和 0.2%，占比分别达到 91.4%和 59.2%。

3. 制造业到资步伐加快。制造业实际利用外资 9.1 亿美元，增长 16.5%，高出同期厦门市实际利用外资增幅 10.3 个百分点，较上年增幅提高 17.3 个百分点。实际到资主要集中在先进制造业，其中计算机及其他电子设备制造业增长 1.3 倍，机械设备制造业增长 67.4%，食品制造业增长 3.1 倍，占厦门市实际利用外资比重分别达 17%、7.5%和 2.1%。

4. 自贸片区虹吸效应凸显。厦门自贸片区新设外资企业 862 家，合同利用外资 65.64 亿美元，实际利用外资 4.9 亿美元，占厦门市比重分别达 67.5%、86.7%和 22.1%。联动招商机制彰显优势，其中属于各区联动招商项目 756 个，合同利用外资 62.3 亿美元，分别占自贸片区总量的 87.7%和 94.9%。

5. 利用台资逆势大幅增长。全年新批台资企业（含转第三地）740 个，比上年增长 105%；合同利用台资 16.2 亿美元，增长 84.7%；实际利用台资 4.9 亿美元，增长 30.8%。台资主要投资领域涉及光电、塑料薄膜、投资管理、科技推广服务、批发业、投资咨询等。

## 【对外投资和经济合作】

**概况** 2016 年新批境外投资项目 359 个，比上年增长 172.0%；投资总额 55.35 亿美元，增长 152.4%，其中，中方投资额 53.38 亿美元，增长 149.6%；实际投资额 29.75

亿美元，增长409.9%。新签对外劳务合同额17 239万美元，增长41.3%；实现对外劳务营业额19 122万美元，增长4.7%；新派对外劳务13 032人，增长17.4%；期末在外劳务10 885人，增长1.0%。

截至2016年底，厦门市累计境外投资项目1 137个，分布在65个国家和地区，协议投资总额117.25亿美元，其中中方投资额105.94亿美元。

**主要特点**

1. 投资总量创历史新高，双向投资差距缩小。全年对外投资中方投资额突破50亿美元，达到53.38亿美元，而厦门市合同利用外资为75.68亿美元，双向投资比例达到70.5%，同比大幅提升19个百分点。

2. 投资行业类别丰富，批发零售仍是主流。对外投资涉及17个行业，主要涉及批发零售业、教育、制造业、租赁和商务服务业、房地产、信息传输、卫生医疗、农林牧渔业等行业。较为集中的投资领域为：批发和零售业项目242个，中方投资额达32.29亿美元；农、林、牧、渔业项目7个，投资额2.29亿美元；租赁和商务服务业项目22个，投资额5.17亿美元；制造业项目29个，投资额3.70亿美元；信息传输、软件和信息技术服务业18个，投资额1.84亿美元。厦门眼科中心投资4 700万美元设立斯里兰卡国际眼库，成为厦门市首例卫生医疗境外投资项目。

3. 投资实力明显提升，大项目持续涌现。2016年新增中方投资额1亿美元以上的投资项目9个，总投资额达15亿美元；5 000万美元—1亿美元的项目25个，总投资额达16.51亿美元；1 000万美元—5 000万美元的项目78个，总投资额达20.38亿美元。厦门大学投资1.94亿美元在马来西亚设立厦门大学马来西亚分校，已完成第一年招生，成为我国高等教育“走出去”第一项目。

4. 投资地区分布广泛，对香港投资猛增。投资分布在越南、印度尼西亚、印度、新加坡、香港、泰国、台湾省、斯里兰卡、孟加拉国、蒙古、美国、马来西亚、拉脱维亚、柬埔寨、加拿大、韩国、芬兰、菲律宾、巴基斯坦、澳大利亚等33个国家（地区）。对亚洲投资项目308个，中方投资额43.5亿美元，比上年增长172.7%，占全年对外投资额81.5%，其中，对香港投资项目237个，中方投资额32.74亿美元，增长228.5%，对台湾省投资项目14个，中方投资额0.29亿美元，增长138.0%。对欧美国家投资项目37个，中方投资额6.62亿美元，增长2.2%，占比12.4%。对非洲投资项目8个，中方投资额2.2亿美元，增长1.9%，占比4.1%。对海上丝绸之路沿线国家投资项目53个，中方投资额10.66亿美元，增长133.7%，占比20%。

**【其他】**

**港口运输**　旅客运输量0.96亿人次，比上年增长6.2%；旅客周转量394.88亿人公里，增长9.8%；货物运输量2.78亿吨，增长8.0%；货物周转量1636.44亿吨公里，增长11.4%。至2016年末，厦门港现有生产性泊位164个（含漳州），其中万吨级以上泊位75个；全年港口货物吞吐量2.09亿吨，下降0.5%；港口集装箱吞吐量961.37万标箱，增长4.7%。

厦门空港现开通运营城市航线182条，在厦门机场通航运营的外国（地区）航空公司15家，与26个国际及境外城市（含香港、澳门、台北、高雄）通航。空港旅客吞吐量2273.76万人次，比上年增长4.2%，其中，国际及地区航线旅客吞吐量299.62万人次，增长10.2%；空港货邮吞吐量32.84万吨，增长5.7%。

**涉外旅游**　接待入境游客357.81万人次，增长12.8%；旅游创汇27.69亿美元，增长38.7%。

# 2016年福州市商务发展概况

福州市商务局

范建敏

福州市商务局局长

范建敏　男，生于1963年7月，籍贯江苏省常熟市，出生于福建省福州市。1985年5月加入中国共产党，1981年8月参加工作，任福州市三十四中教师。1988年7月调任福州市台江区团委科员。1991年3月任福州市台江区计委副主任。1996年8月任福州市台江区宁化街道党委副书记、办事处主任。1998年2月任福州市台江区宁化街道党委书记。2000年9月任福州市台江区新港街道党委书记。2001年12月任福州市台江区新港街道党工委书记。2002年3月任福州市台江区政府副区长，期间赴宁夏回族自治区隆德县挂职任县委常委、副县长（2002年6月至2004年6月）。2006年6月任福州市台江区委常委、常务副区长。2009年10月任福州市仓山区委副书记。2012年10月任福州市对外贸易经济合作局党组书记、局长。2014年12月任福州市商务局党组书记、局长并兼任福州市国防动员委员会支前办公室主任。

## 【国内贸易】

**社会消费品零售总额**　2016年，福建省福州市实现社会消费品零售总额3 763.14亿元，比上年增长11.6%，比全省平均增幅高0.5个百分点，总量全省第一，增幅全省第三。2016年，福州市实现第三产业增加值3 106.81亿元，比上年增长10.7%，与全省平均增幅持平，总量全省第一，增幅全省第三。第三产业增加值占GDP比重首次超过50%，达到50.13%，对福州市经济增长贡献率达60.6%。

**市场体系建设**　商贸服务业重点投资项目182项，其中在建项目102项，计划新开工项目48项，预备前期项目32项，年度计划投资总额6 417 908万元，全年累计完成投资7 094 711万元。城乡市场体系建设工作有序推进，全年共完成新建和改造商品交易市场（含超市、农贸市场）17家，其中省级商品交易市场3家、市级农贸市场（超市）14家。

**零售企业**　2016年，福州市有大中型专业批发市场48个，总面积245.54万平方米；5 000平方米以上的零售网点99家；商品交易市场47家。连锁经营企业（五城区）32个、连锁网点992个，其中，百货店16个、专业店59个、超市135个、便利店782个；商业特许经营企业43家。全市共有11家商超企业成为福建省首批指定退税商店。完成2016年第五批“福建老字号”申报工作，全市共有14家企业申报，7家企业通过评审。至2016年底，全市老字号企业共有43家，其中“中华老字号”10家、“福建老字号”企业33家。

**电子商务**　电子商务交易额约1 480亿元，网络零售额约为380亿元。据阿里研究院发布的《2016年中国城市电子商务发展指数报告》，福州市列2016年中国“电商百佳城市”排行榜第25名。

## 【对外贸易】

**进出口总额**　进出口总额2 082.2亿元，比上年增长1.8%。

**出口总额**　出口总额1 406.8亿元，增长8.9%，占福州市GDP的34.42%，占福建省出口总额的20.41%。

**进口总额**　进口总额675.4亿元，下降10.33%。

**进出口商品市场**　出口商品销往215个国家与地区。进口商品来自130个国家与地区。

对台湾省进出口总额17.24亿美元，下降6.6%。其中，出口6.2亿美元，增长16.27%，占全市出口比重的2.90%；进口11.03亿美元，下降15.9%，占全市进口比重的10.74%。对港澳进出口总额14.05亿美元，下降12.02%。其中，出口13.69亿美元，下降4.03%；进口3 599万美元，下降78.87%。

**民营企业对外贸易**　2016年，福州市有出口实绩的民营企业达2 349家。民营企业出口815.94亿元，增长20.94%，占全市出口额的58%。

**服务外包**　据商务部统计，2016年福州市服务外包合同金额4.73亿美元，执行金额3.83亿美元，分别增长47.03%和36.13%；其中，离岸服务外包合同金额1.29亿美元，执行金额1.16亿美元，分别增长47.53%和31.00%。新增服务外包企业16家，注册服务外包管理系统企业数达196家。全市服务外包业务以ITO（信息技术外包）为主，执行金额3.13亿美元，占全市服务外包执行金额的81.75%。承接东盟服务外包执行金额0.40亿美元，占全市国际服务外包执行金额34.25%。

**福州市2016年出口额3 000万美元以上商品情况表**

| 金额分类 | 商品名称 | 出口金额（万美元） | 占出口总额比重（%） |
|---|---|---|---|
| 10亿美元以上（1项） | 电视接收机（包括视频监视器） | 271 671 | 12.7 |
| 1亿美元以上（52项） | 已加工碑石或建筑用石及其制品等，其他家具及其零件，上釉陶瓷贴面砖、铺面砖、马赛克，衣箱、手提包、及类似容器，橡胶或塑料制外底及鞋面的其他鞋，其他已加工花岗岩制品，塑料或纺织材料作面的衣箱、提箱，未列名液晶装置、光学仪器及器具，大理石、石灰华及蜡石碑石或建筑，其他木家具，毡呢或无纺织物制服装，未列名灯具及照明装置，其他电灯及照明装置，干蔬菜、干蘑菇及块菌，针或钩织女西便服套装（上衣、裙），发电机组及旋转式变流机，有线电话、电报设备，橡、塑、皮革或再生革外底，女西或便服套装（上衣、裙、裙裤），绝缘电线、电缆及其他绝缘电导体，拖轮及顶推船，钢化或层压玻璃制的安全玻璃，车身（包括驾驶室）的其他零件，棉布（棉≥85%，平米重≤200g），针或钩织男西或便服套装（上衣），车辆、航空器、船用点火布线组，塑料制的餐具、厨房用具，合成纤维长丝纱线，活鲜冷冻干盐腌渍的软体，活、鲜、冷墨鱼及鱿鱼，车辆、航空器、航天器，男西或便服套装、上衣、长短裤及男大衣，斗蓬、带风帽防寒短上衣，贱金属铃、钟、锣、雕塑像和相框，其他贱金属雕塑像及其他装饰品，冻鱼，压燃式内燃机发电机组，针织或钩编的套头衫、开襟衫，羊毛或动物细毛制针钩织套头开衫，体育运动或户外游戏，坐具（包括能作床用的两用椅），其他木制品，网眼薄纱等网眼织物，电动机及发电机，网眼薄纱及其他网眼织物，卧室用木家具 | 1 283 779 | 60.1 |
| 5 000万—1亿美元（45项） | 化纤制男式带风帽防寒短上衣，其他制品，包括服装裁剪样，其他纺织材料制女式裙子及裙裤，电动机（P≤37.5W），镶嵌木、木珠宝盒及装饰品等，蓄电池，陶瓷洗涤槽、脸盆、浴缸，餐桌、厨房用或其他家用钢铁器具，合成纤维长丝纱线的机织物，电路开关、保护等电气装置和线路，其他玩具（娱乐用模型），一般的体育活动、体操或竞技用品，含氮、磷、钾中二种或三种的矿物，成卷或成张单面或双面涂布无机物，集成电路及微电子组件，水泥、混凝土或人造石制品，棉制男裤，针织或钩编的T恤衫、汗衫及其他，茶（不论是否加香料），天然石料制的长方砌石、路缘石，钢铁结构体及其部件，变压器、静止式变流器，印刷机（包括喷墨印刷机），木制小雕像及装饰品，其他水泥、混凝土或人造石制品，玻璃镜（包括后视镜），已装配光学元件（作为仪器或装置），传动轴及曲柄等传动部件，其他塑料制品，车辆、航空器、航天器及船舶用钢，其他点燃式活塞内燃发动机的零件，未上釉陶瓷贴面砖、铺面砖，女大衣、斗蓬、带风帽防寒短上衣，氢、稀有气体及其他非金属，含硅量不少于99.99%的硅，运动服、滑雪服及游泳服，静止式变流器，帚刷拖把及毛掸等，其他铝制品，成卷成张的涂布浸渍覆盖染面饰面，用蜡、石蜡、硬脂精、油或甘油，其他纺织材料制女式上衣 | 303 734 | 14.2 |
| 3 000万—5 000万美元（59项） | 其他铝制品，节日用品或其他娱乐用品，雨伞及阳伞，弹簧床垫、寝具及类似用品，其他纺织材料制女式便服套装针或钩织女衬裙、短衬裤、睡衣裤，其他纺织材料制针织或钩编的女衬衫，手工锯及各种锯的锯片，狭幅机织物，狭幅起绒机织物及绳绒织物，初级形状的乙烯聚合物，齿轮及其他变速、传动装置，贵金属或包贵金属制的首饰及其零件，其他贵金属制首饰及其零件，塑像及其他装饰用陶瓷制品，针织或钩编的婴儿服装及衣着附件，巡航船、游船、渡船、驳船，用于家具、门窗、箱等的贱金属附件活动房屋，活鱼，鳗鱼，其他抗菌素，电热水器、浸入式液体加热器，矿物氮肥及化学氮肥，化纤制女式带风帽的防寒短上衣，合成纤维短纤，其他非泡沫塑料的板、片、膜、箔，液体比重计、温度计、气压计，其他温度计及高温计，橡、塑或革外底，皮革、再生皮革或漆皮作面的衣箱，其他已加工大理石、石灰华及蜡石，棉制男式带风帽防寒短上衣，纸制包装容器（纸制卷宗盒），木材、软木、骨、硬橡胶等硬质材料，针织或钩编的运动服、滑雪服，其他钢铁制品，自行车或机动车辆电气照明，其他针织物或钩编织物，针织或钩织物（宽>30cm、弹性纱），白炽灯泡、放电灯管、弧光灯，其他已装配的光学元件，不锈钢板材（宽度小于600毫米），已组装的完整表芯，合成纤维制男裤，自动数据处理设备及其部件等，龙头、旋塞、阀门及类似品，鞋靴零件、活动鞋内底、跟垫、护腿，合成纤维短纤纱线，空气泵或真空泵、气体压缩机，聚酯变形纱线，运输或包装货物的塑料制品，收割机、脱粒机等 | 232 595 | 10.9 |
| **合　计** | **156项** | **2 091 779** | **97.9** |

## 福州市2016年进口额3 000万美元以上商品情况表

| 金额分类 | 商品名称 | 进口金额（万美元） | 占进口总额比重（%） |
|---|---|---|---|
| 10亿美元以上（1项） | 金（未锻造、半制成或粉末状） | 176 972 | 17.20 |
| 1亿—10亿美元（17项） | 未列名液晶装置、光学仪器及器具，集成电路及微电子组件，环烃，非食用肉、鱼及其他动物的渣粉，非食用鱼、甲壳及软体动物等，无环醇及其卤化、磺化、硝化，褐煤，煤（煤砖、煤球），铁矿砂及其精矿（包括焙烧黄铁矿），烟煤、铁合金，主要载人的机动车辆，汽油型其他机动车辆（排量>3 000CC），油菜籽 | 438 752 | 42.70 |
| 5 000万—1亿美元（6项） | 机动车辆用变速箱，未列名检测仪器、器具及机器，镍矿砂及其精矿，石油气及其他烃类气，无环烃，车身（包括驾驶室）的其他零件 | 43 758 | 4.26 |
| 3 000万—5 000万美元（22项） | 蒸馏高温煤焦油所得油类，其他非泡沫塑料的板、片、膜、箔，仅含有氮杂原子的杂环化合物，货运机动车辆<br>其他柴油货车（5t<车总重≤20t），压燃式活塞内燃发动机，宽≥600mm冷轧普通钢铁板材，其他动物皮革<br>猪皮革，初级形状的乙烯聚合物，工业用单羧脂肪酸、精炼酸性油，X射线或α射线、β射线、γ射线，表壳用贵金属或包贵金属制成的表，电气控制或电力分配盘、板、台，半导体器件等，光纤、光缆等（偏振片及板），电力控制或分配盘、板、台等 | 85 026 | 8.28 |
| **合　计** | **46项** | **744 508** | **72.49** |

## 福州市2016年主要出口市场情况表

| 国别（地区） | 出口金额（万美元） | 占出口总额比重（%） | 国别（地区） | 出口金额（万美元） | 占出口总额比重（%） |
|---|---|---|---|---|---|
| 美　国 | 496 621 | 22.61 | 澳大利亚 | 40 200 | 1.83 |
| 欧　盟 | 360 611 | 16.42 | 加拿大 | 31 808 | 1.45 |
| 东　盟 | 336 979 | 15.34 | 印　度 | 31 451 | 1.43 |
| 香　港 | 136 490 | 6.21 | 沙特阿拉伯 | 27 915 | 1.27 |
| 中　东 | 126 763 | 5.77 | 墨西哥 | 23 441 | 1.07 |
| 日　本 | 126 472 | 5.76 | 智　利 | 21 217 | 0.97 |
| 韩　国 | 63 543 | 2.89 | 俄罗斯 | 20 536 | 0.93 |
| 台湾省 | 62 018 | 2.82 | 巴　西 | 17 099 | 0.78 |
| 印度尼西亚 | 44 509 | 2.03 | 南　非 | 14 508 | 0.66 |
| 新加坡 | 40 651 | 1.85 | **合　计** | **2 022 832** | **92.09** |

## 福州市2016年主要进口市场情况表

| 国别（地区） | 进口金额（万美元） | 占进口总额比重（%） | 国别（地区） | 进口金额（万美元） | 占进口总额比重（%） |
|---|---|---|---|---|---|
| 韩　国 | 127 118 | 12.38 | 澳大利亚 | 63 945 | 6.23 |
| 台湾省 | 110 332 | 10.74 | 印度尼西亚 | 51 887 | 5.05 |
| 东　盟 | 107 989 | 10.51 | 南　非 | 33 760 | 3.28 |
| 日　本 | 100 086 | 9.74 | 中　东 | 26 442 | 2.57 |
| 欧　盟 | 85 892 | 8.36 | 加拿大 | 26 460 | 1.99 |
| 美　国 | 85 874 | 8.36 | **合　计** | **883 871** | **85.45** |
| 巴　西 | 64 086 | 6.24 | | | |

【利用外资】

**概况** 2016年，福州市新备案或审批外商投资企业483家，合同外资16.3亿美元。实际到资18.14亿美元，同比增长8.1%，排名全省第五，超过全省平均增幅1.4个百分点。全年新批港资企业80家，合同外资9.63亿美元，实际到资11.06亿美元，占全市实际到资总额的61%。全年新批台资项目（不含第三地）319个，投资总额5.3亿美元，合同外资3.82亿美元，实际到资2.66亿美元。

【对外经济合作】

**对外投资** 2016年，福州市企业境外投资项目106个（含增资项目），协议投资总额358 199.57万美元，比上年增长23%。其中，中方投资额299 363.3万美元，增长186.59%。投资行业主要为远洋渔业、制造业、国际航运、国际贸易等，境外投资目的地涉及日本、韩国、香港、印度尼西亚、马来西亚、美国、加拿大、澳大利亚等36个国家和地区。

截至2016年，福州市境外投资项目数累计已达460个，投资国别（地区）达71个。

**劳务合作** 对外劳务合作完成营业额28 963万美元，增长12%，对外劳务合作期末在外人数29 323人，增长8%。主要外派目的地为澳门、香港、台湾省。

【“一带一路”经贸交流】

完善海上通道和跨境物流体系建设。一是加大港口建设投入，港口设施不断完善，港口吞吐量逐年保持增长。持续推进核心、重点港区建设，目前江阴港区6-9#集装箱深水泊位，罗源湾港区作业区14#泊位，江阴港区11#-12#液体化工泊位、罗源湾港区作业区1#-3#等一批深水泊位、将军帽15万吨级散货泊位等一批项目正在加快建设中。二是加快跨境电商物流建设，马尾太古（科乐通）冷链物流、出口加工区跨境电商保税物流仓库、闽台电子商务与现代物流园项目、福州保税港区利嘉国际物流园等一批物流园区顺利开工建设。以长乐空港为依托发展邮政小包业务，并在江阴港和经济开发区出口加工区设立跨境电商特殊监管点，形成立体的跨境电商物流系统。

努力拓展海陆丝绸之路城市联盟载体招商平台功能。福州市紧密对接联合国工业发展组织和海陆丝绸之路城市联盟，成功举办了首届联合国海陆丝绸之路城市联盟城市论坛，全力推动联合国海陆丝绸之路城市联盟项目投资和贸易专业委员会落户福州市，并加入联合国工发组织“一带一路包容及可持续城市服务网络联络点”。

2016年5月18日，第十八届海峡两岸经贸会期间，“首届联合国海陆丝绸之路城市联盟城市论坛”在福州市成功举行。联合国有关机构和境外19个“一带一路”沿线国家的30个城市和国内12个“一带一路”沿线城市的600名代表出席论坛。本次论坛由联合国南南合作办公室、海陆丝绸之路城市联盟主办，福州市人民政府承办，并获得联合国开发计划署、联合国工业发展组织、联合国教科文组织、联合国世界旅游组织和中国国际经济技术交流中心等机构支持，邀请到了联合国五大机构代表、城市联盟荣誉主席龙永图、国内外“一带一路”沿线城市市长和重要经贸组织领导人等重要嘉宾等出席。论坛以“促进城市间投资、贸易与可持续发展”为主题，设置了4个领导致辞、5个主旨演讲、1场开放式对话、3个分论坛和1场10个“一带一路”沿线城市的推介对接会。论坛期间，福州市结合论坛主题，重点围绕福州与海丝沿线重点城市间合作发展的历史沿革、重要成果、瓶颈困难、趋势展望等方面展开一系列专访进行深度挖掘，突出展示了福州“四区叠加”的独特魅力，全方位、多角度地对福州的国际化视野进行综合性报道宣传。通过此次论坛，我们建立了福州与参会“一带一路”沿线城市之间的友好交流与合作，扩大了福州的国际影响力，凸显国际上对福州作为“海丝战略枢纽城市”的期望与认可，取得了丰硕的成果。

主动“走出去”拓展“一带一路”合作渠道。2016年8月，在“5·18”期间的联合国海陆丝绸之路城市联盟城市论坛既有成果的基础上，福州市趁势组团赴伊朗、阿联酋、埃及三国，开展以推动与“一带一路”沿线国家经贸交流合作、进一步宣传推介福州新区和福建自贸试验区福州片区为主题的访问活动，先后举办了八场座谈及会见活动，签署了一批涉及友城、经贸、渔业、会展合作等方面的协议、备忘录，开启了福州与“一带一路”沿线国家和地区交流合作的新篇章。

10月中旬，应联合国工发组织邀请组团赴奥地利维也纳参加“一带一路包容及可持续城市展览与对话”的大型活动，会上进行了三次主题发言，会间接受一次城市专访，举办一个城市风采展览，进行一场茶艺表演，宣传推介福州新区、福建自贸试验区福州片区，同时加入联合国工发组织发起的“一带一路包容及可持续城市服务网络联络点”，寻求与参会城市合作机会。这是福州市政府领导首次在联合国舞台展示和推介福州，提升了福州在国际的城市知名度，也在联合国舞台上奠定福州作为海丝重要城市的地位。

【其他】

**“海交会”和“投洽会”** 在第十八届海峡两岸经贸交易会（海交会）上，福州市签约外资项目161项，投资总额44.62亿美元，利用外资28.61亿美元；其中，合同项目117项，投资总额16.39亿美元，利用外资10.58亿美元。筛选出上台签约外资项目13项，投资总额8.86亿美元，利用外资5.35亿美元。签约外资项目总数及利用外资总额超过上届交易会。

在第十九届中国国际投资贸易洽谈会（投洽会）上，福州市签约项目161项，投资总额57.08亿美元，利用外资36.13亿美元，合同项目128项，投资总额30.89亿美元，利用外资17.7亿美元。其中，总投资1 000万美元以上的合同项目共58项，投资总额29.63亿美元，利用外资16.71亿美元；总投资1亿美元以上的合同项目共9项，投资总额14.13亿美元，利用外资6.4亿美元。签约成果全面超过2015年的水平。

# 2016年江西省商务发展概况

江西省商务厅

王水平

江西省商务厅厅长

王水平　男，汉族，江西莲花县人，中共党员，研究生学历，兼职教授。历任中国人民解放军南昌陆军学院讲师；江西省计划委员会副主任科员、主任科员、副处长、处长，江西省稀土工作办公室主任，江西省昌九工业走廊领导小组办公室副主任，江西省发展和改革委员会工业发展处处长、固定资产投资处处长，江西省对口支援四川省小金县地震灾后重建现场指挥部副总指挥，江西省发改委副主任、党组成员，江西省对口支援新疆工作领导小组办公室副主任；江西省人民政府副秘书长、办公厅党组成员。2013年4月任江西省商务厅党组书记、厅长。

## 【国内贸易】

**社会消费品零售总额**　2016年，江西省社会消费品零售总额6 634.6亿元，比上年的5 925.5亿元增长12.0%。按地域分，城镇5 491.8亿元（其中城区3 536.6亿元），乡村1 142.8亿元。按行业分，批发和零售贸易业5 813.1亿元，住宿和餐饮业821.5亿元。

**限额以上批发和零售贸易业、住宿和餐饮业基本情况**　2016年，共有限额以上批发和零售贸易业、住宿和餐饮业法人企业4 078个，年末从业人数287 305人。其中，批发业法人企业927家，年末从业人数83 952人；零售业法人企业2 331家，年末从业人数138 838人；住宿业法人企业474家，年末从业人数41 469人；餐饮业法人企业346家，年末从业人数23 046人。

**批发和零售贸易业企业商品购、销、存总额**　批发和零售贸易业企业商品销售总额14 001.5亿元，比上年增长12.7%。其中，限额以上单位4 533.5亿元，限额以下单位9 468亿元。限额以上批发和零售贸易业企业商品购进总额3 739.5亿元，商品销售总额4 522.0亿元（其中，批发2 475.1亿元、零售2 047.0亿元），年末库存总额555.8亿元。

**市场物价**　商品零售价格指数为100.6（以上年价格为100），其中，城市100.5，农村100.8；居民消费价格指数为102.0（以上年价格为100），其中，城市102.0，农村101.9。

**市场秩序建设**　一是注重加强打击侵权假冒工作机制建设。制定下发《2016年全省打击侵权假冒工作要点》，积极参与和推动江西、浙江、安徽、江苏、上海等四省一市跨区域跨部门执法协作，开展了打击互联网领域侵权假冒违法行为的“2016—长三角云剑”行动。二是不断完善商务领域信用体系建设。完善江西省商务信用信息平台建设和信用信息查询制度，指导商业联合会开展“江西省商贸流通服务业诚信示范企业创建与评选活动”，深入开展“诚信兴商宣传月”、“百城万店无假货”和“信用消费进万家”主题日等活动。三是有效推进重要产品追溯体系建设工作。印发了《江西省加快推进重要产品追溯体系建设的意见》，并指导南昌市加强肉菜追溯体系试点项目建设和开展运营维护工作；抓好全省中药材流通追溯体系试点项目建设，初步实现了与中央平台系统对接。四是着力深化商务综合执法体制改革。制定印发了《关于江西省商务综合行政执法体制改革试点工作实施意见》。在新余市、瑞金市、信丰县开展商务领域综合行政执法体制改革试点。五是着重强化市场重点领域监管。组织开展了零售商、供应商交易行为的专项检查活动、单用途商业预付卡领域非法集资风险专项排查活动和“双随机一公开”的商务检查。加强鄱阳湖水域成品油市场的执法工作和督查。

**市场体系建设**　一是编制完成了江西省国内贸易发展“十三五”规划、商贸功能区空间布局规划、农产品市场体系发展等规划。二是扎实推进国家电子商务进农村综合示范工作。2016年，江西省新增7个县进入全国电子商务进农村综合示范县，每个示范县获得中央财政支持资金1 500万元。截至2016年，江西省共有29个县（市、区）进入全国电子商务进村综合示范县，累计获得中央财政支持资金5.225亿元，是中部地区综合示范县数量最多的省份。三是全面推进县乡农贸市场建设改造工程。2016年，江西省政府将全省县乡农贸市场建设改造列入了全省50项重点民生工程之一，江西省政府办公厅出台了《全省“十三五”期间县乡农贸市场建设改造总体方案》，省级财政安排县乡农贸市场建设改造专项资金3 500万元。全年全省建设改造县乡农贸市场98个，带动各地投入建设改造农贸市场资金3.58亿元。四是有效推进跨区域农产品流通基础设施建设有效推进。江西省政府批准出台了《江西省跨区域农产品流通基础设施建设实施方案》，组织了项目申报和项目尽职调查。五是积极推进城市商业街区建设。2016年，江西省商务厅会同省文化厅、省旅发委联合出台了《江西省商业旅游文化融合发展示范区认定管理办法》，这是全国首个省级部门联合促进商旅文融合发展文件，中国商业街委员会将江西省的做法在全国予以推广。南昌市绳金塔商业街被评定为2016年度全国5条中国特色商业街之一，也是江西省第三条“国字号”的特色街。六是有效推进汽车流通行业管理工作。推动省政府出台了《关于促进我省二手车便利交易的实施意见》，进一步推进全省汽车消费环境的改善。会同有关部门加大对黄标车淘汰力度，加强对报废汽车回收行业规范管理。七是积极参与区域市场一体化发展。牵头推进长三角区域电子口岸合作机制建设，积极参与长三角物流标准化、农产品流通、市场整治专项行动等各项工作，同时，江西省还与湖北、湖南两省一起共同编制完成了长江中游商贸功能区发展规划。八是积极开展特色商贸小镇培育创建。出台了《关于在全省开展特色商贸小镇培育创建工作的通知》，从2017年开始，在全省开展培育创建特色商贸小镇工作，创新探索农村商贸流通发展工作的新模式。

**流通业发展** 一是流通业标准化有效推进。成功推动南昌市、九江市申报为全国物流标准化试点城市，获得中央扶持资金1.6亿元。继续大力推动江西省《母婴生活护理员（月嫂）服务质量规范》、《中餐前厅服务规范》和《育婴服务质量规范》以及《保洁服务质量规范》等地方标准的宣贯。二是商务领域准金融行业稳步发展。以省政府办公厅名义印发了《关于加快我省融资租赁业发展若干措施的通知》（赣府厅发〔2016〕9号），为融资租赁业发展提供了政策支撑。当年新增14家典当行和2家分支机构，截至2016年底，全省共有212家典当行和6家分支机构，实收资本总额27.33亿元，同比增长8.1%，从业人员1 659人，典当总额35.2亿元，典当余额11.3亿元，上缴税金517.1万元。三是发布《江西省再生资源回收体系建设规划（2016—2020年）》。通过编制规划，明确了主要任务，指明了重点工程，强调了保障措施，夯实了江西省“十三五”再生资源回收体系建设的基础。四是实施“老字号振兴工程”。组建全省老字号企业联盟，被中华老字号精品博览会组委会列为2016年中国老字号十大重大事件之一。9月成功举办了“江西省首届老字号精品博览会”。五是积极探索加快旧货流通发展和“互联网+资源回收”。废弃节能灯绿色回收处置、网优科技的旧货流通信息化平台等两个案例成功入选全国新型回收创新发展案例，入选案例占全国创新案例的10%，并在全国会议上做交流发言。

**市场运行和消费促进** 一是市场统计监测体系日益完善。全省建成生活必需品、重点流通企业等8个市场监测系统，样本企业总数达到909家，涵盖全省11个设区市和100%的县（市、区），其中，重点流通样本企业515家、生活必需品样本企业167家、生产资料样本企业62家、应急商品数据库企业34家、酒类流通样本企业58家、茧丝绸样本企业15家、百县农村市场监测单位14家、信息泵监测企业46家。二是市场应急保供能力稳步提高。2016年，江西省中央储备食糖26 419.41吨。积极督导各地建立市级储备，九江、新余、鹰潭、宜春等4个设区市落实活猪储备815吨。进一步加强省、市、县三级应急骨干队伍和应急商品投放网点建设，健全全省应急网络体系，提高应急能力和水平。三是消费促进工作扎实推进。“赣品行天下”成效不断扩大。在福州、广州成功举办了“2016江西省地方特色商品展销会”，广泛宣传和展示了江西绿色生态品牌。组织全省各地上千家企业参与了“2016年全国消费促进月”活动，开展了以“活跃消费市场、惠及百姓生活”为主题的2016年全省第八届金秋购物消费月活动，有效扩大了居民消费。四是江西百年经典商品顺利出炉。牵头在全省范围开展“江西百年经典商品”评选活动，评选出瓷器、茶叶、大米、中医药、山茶油等五类“江西百年经典商品”和花炮、白酒、麻纺、木雕、竹编等五类“江西传统特色精品”，通过新闻媒体和绿发会设立专区宣传推广，活动影响力进一步扩大。

【对外贸易】

**进出口总额** 进出口总额401.1亿美元，比上年的424亿美元下降5.4%。

**出口总额** 出口总额298.7亿美元，比上年的331.2亿美元下降9.8%，占全省（市）国内生产总值18 364.4亿元的10.7%；占全国（全省）出口额的1.4%。

**进口总额** 进口总额102.4亿美元，比上年的92.8亿美元增长10.3%。

**出口商品结构** 初级产品出口额6.9亿美元，占出口总额的2.3%；工业制成品出口额291.6亿美元，占出口总额的97.3%。

**进口商品结构** 初级产品进口额27.6亿美元，占进口总额的27%；工业制成品进口额74.8亿美元，占进口总额的73%。

**出口商品市场** 出口商品销往221个国家（地区）。主要出口市场的出口金额210.9亿美元，占出口总额的70.7%。

**进口商品市场** 进口商品来自121个国家（地区）。主要进口市场的进口金额77.3亿美元，占进口总额的75.5%。

**服务贸易** 服务进出口总额57.1亿美元，比上年的44.9亿美元增长27.4%。其中，出口额14.3亿美元，比上年的15.8亿美元下降9.3%；进口额42.8亿美元，比上年的29.1亿美元增长47.1%。

服务贸易的主要行业：旅行、运输、建筑、其他、知识产权使用费、技术、专业管理和咨询、电信、计算机和信息、保险、金融、文化和娱乐、维护和维修。

服务贸易主要贸易伙伴：美国、英国、德国、法国、加拿大、澳大利亚、墨西哥、印度、德国、新西兰、智利、澳门等。

**服务外包** 新增服务外包企业229家，比上年的296家下降22.6%，新增从业人员7 665人，比上年的14 637人下降47.6%，接包合同金额15.7亿美元，比上年的15.1亿美元增加4%，接包合同执行金额13.9亿美元，比上年的

12.9亿美元同比增加8.2%。

**技术进出口** 技术进出口总额1.7亿美元，比上年的2.3亿美元下降26.2%。签订引进技术和进口设备合同项目127个，比上年减少6个；合同金额1.4亿美元，比上年的1.8亿美元下降19.2%；签订技术出口合同项目96个，合同金额0.24亿美元，比上年的0.5亿美元下降51.6%。

**江西省2016年出口额1亿美元以上商品情况表**

| 金额分类 | 商品名称 | 出口金额（亿美元） | 占出口总额比重（%） |
|---|---|---|---|
| 10亿美元以上（5种） | 服装及衣着附件、鞋类、光伏产品、二极管及类似半导体器件、纺织纱线织物及制品 | 127.9 | 42.8 |
| 5亿—10亿美元（8种） | 太阳能电池、家具及其零件、灯具照明装置及类似品、钢材、陶瓷产品、塑料制品、箱包及类似容器、自动数据处理设备及其部件 | 64.2 | 21.5 |
| 1亿—5亿美元（35种） | 集成电路、电线和电缆、玩具、医药品、未锻造的铜及铜材、变压整流电感器及零件、蓄电池、汽车（包括整套散件）、汽车零附件、纸及纸板（未切成形的）、烟花爆竹、钢铁或铝制结构体及其部件、体育用具及设备、花岗岩石材及制品、钢铁或铜制标准紧固件、钢铁制标准紧固件、印刷电路、自动数据处理设备的零件、玻璃制品、电话机、圣诞用品、静止式变流器、手用或机用工具、电视机和收音机及无线电讯设备的零附件、印刷装订机械及零件、电视摄像机数字照相机及视频摄录一体机、通断保护电路装置及零件、不锈钢厨具餐具等家用器具、医疗仪器及器械、镁及其制品（包括废碎料）、非泡沫塑料的板片膜箔、摩托车及自行车的零件、计量检测分析自控仪器及器具、玻璃纤维及其制品、钨品 | 71.8 | 24.0 |
| **合 计** | **48种** | **269.7** | **90.2** |

**江西省2016年进口额1亿美元以上商品情况表**

| 金额分类 | 商品名称 | 进口金额（亿美元） | 占进口总额比重（%） |
|---|---|---|---|
| 10亿美元以上（2种） | 集成电路、铜矿砂及其精矿 | 40.7 | 39.7 |
| 5亿—10亿美元（2种） | 未锻造的铜及铜材、铁矿砂及其精矿 | 13.1 | 12.8 |
| 1亿—5亿美元（11种） | 二极管及类似半导体器件、太阳能电池、纸浆、液晶显示板、通断保护电路装置及零件、纺织服装、纺织纱线、织物及制品、计量检测分析自控仪器及器具、金属加工机床、飞机 | 27.8 | 27.1 |
| **合 计** | **15种** | **81.6** | **79.6** |

**江西省2016年主要出口市场情况表**

| 国别（地区） | 出口金额（亿美元） | 占出口总额比重（%） |
|---|---|---|
| 东 盟 | 51.8 | 17.3 |
| 美 国 | 48.8 | 16.4 |
| 香 港 | 36.2 | 12.1 |
| 欧 盟 | 29.8 | 10.0 |
| 韩 国 | 17.2 | 5.7 |
| 日 本 | 9.9 | 3.3 |
| 印 度 | 9.2 | 3.1 |
| 英 国 | 8.1 | 2.7 |
| 阿拉伯联合酋长国 | 5.7 | 1.9 |
| 台湾省 | 5.6 | 1.9 |
| **合 计** | **222.3** | **74.4** |

**江西省2016年主要进口市场情况表**

| 国别（地区） | 进口金额（亿美元） | 占进口总额比重（%） |
|---|---|---|
| 台湾省 | 19.8 | 19.4 |
| 智 利 | 13.8 | 13.4 |
| 韩 国 | 11.4 | 11.2 |
| 东 盟 | 9.9 | 9.6 |
| 日 本 | 7.4 | 7.2 |
| 欧 盟 | 6.2 | 6.1 |
| 澳大利亚 | 5.0 | 4.9 |
| 巴 西 | 3.5 | 3.4 |
| **合 计** | **76.9** | **75.1** |

**江西省 2016 年服务进出口情况表**

| 行　业 | 进出口金额（万美元） | 出口金额（万美元） | 进口金额（万美元） |
|---|---|---|---|
| 运输 | 49 416.7 | 1 512.4 | 47 904.3 |
| 旅游 | 431 002.5 | 87 338.9 | 343 663.5 |
| 通讯服务 | 91.3 | 74.6 | 16.7 |
| 建筑服务 | 34 397.3 | 27 827.7 | 6 569.6 |
| 保险服务 | 1 281.0 | 27.9 | 1 253.0 |
| 金融服务 | 867.3 | 78.0 | 789.3 |
| 计算机和信息服务 | 2 103.1 | 1 449.8 | 653.3 |
| 专有权利使用费和特许费 | 8 309.2 | 7.8 | 8 301.3 |
| 咨询 | 3 742.5 | 587.5 | 3 155.0 |
| 广告、宣传 | 293.5 | 109.4 | 184.1 |
| 电影、音像 | 189.7 | 20.7 | 169.0 |
| 其他商业服务 | 39 617.6 | 24 247.4 | 15 370.2 |
| **合　计** | **571 311.6** | **143 282.2** | **428 029.4** |

**【利用外资】**

**江西省 2016 年利用外资情况表**

| 利用外资方式 | 批准签订的合同 | | | 实际利用外资 | |
|---|---|---|---|---|---|
| | 项目数（个） | 外资金额（万美元） | 金额比上年增减（%） | 金额（万美元） | 金额比上年增减（%） |
| **外商直接投资** | **568** | **748 776** | **1.63** | **1 044 056** | **10.21** |
| 合资企业 | 59 | 67 609 | -18.49 | 104 079 | -14.20 |
| 合作企业 | 2 | 8 271 | 123.42 | 25 | -95.31 |
| 外资企业 | 506 | 663 940 | 2.04 | 871 989 | 10.36 |
| 股份有限公司 | 1 | 8 956 | 1 728.36 | 67 963 | 92.29 |
| **合　计** | **568** | **748 776** | **1.63** | **1 044 056** | **10.21** |

**江西省 2016 年利用外商直接投资行业情况表**

| 行　业 | 新批外商投资企业数 | | 实际使用外资金额 | |
|---|---|---|---|---|
| | 企业数（个） | 比重（%） | 金　额（万美元） | 比重（%） |
| **全省合计** | **568** | **100.00** | **1 044 056** | **100.00** |
| **第一产业** | **43** | **7.57** | **51 916** | **4.97** |
| 农、林、牧、渔业 | 43 | 7.57 | 51 916 | 4.97 |
| **第二产业** | **408** | **71.83** | **711 765** | **68.17** |
| 采矿业 | 2 | 0.35 | 2 011 | 0.19 |
| 制造业 | 395 | 69.54 | 675 828 | 64.73 |
| 电力、燃气及水的生产和供应业 | 7 | 1.23 | 18 198 | 1.74 |
| 建筑业 | 4 | 0.70 | 15 728 | 1.51 |
| **第三产业** | **117** | **20.60** | **280 375** | **26.85** |

江西省 2016 年利用外商直接投资行业情况表（续）

| 行　业 | 新批外商投资企业数 | | 实际使用外资金额 | |
| --- | --- | --- | --- | --- |
| | 企业数（个） | 比重（%） | 金　额（万美元） | 比重（%） |
| 交通运输、仓储和邮政业 | 4 | 0.70 | 14 008 | 1.34 |
| 信息传输、计算机服务和软件业 | 13 | 2.29 | 6 870 | 0.66 |
| 批发和零售业 | 37 | 6.51 | 55 326 | 5.30 |
| 住宿和餐饮业 | 2 | 0.35 | 2 175 | 0.21 |
| 金融业 | | | 9 733 | 0.93 |
| 房地产业 | 10 | 1.76 | 143 424 | 13.74 |
| 租赁和商务服务业 | 28 | 4.93 | 38 355 | 3.67 |
| 科学研究、技术服务和地质勘查业 | 5 | 0.88 | 1 020 | 0.10 |
| 水利、环境和公共设施管理业 | 7 | 1.23 | 2 350 | 0.23 |
| 居民服务和其他服务业 | 5 | 0.88 | 954 | 0.09 |
| 教育 | | | | |
| 卫生、社会保障和社会福利业 | | | 1 221 | 0.12 |
| 文化、体育和娱乐业 | 6 | 1.06 | 4 939 | 0.47 |

江西省 2016 年利用外商直接投资来源情况表

| 国别（地区） | 新批外商投资企业数 | | 实际使用外资金额 | |
| --- | --- | --- | --- | --- |
| | 企业数（个） | 比重（%） | 金额（万美元） | 比重（%） |
| **全省合计** | **568** | **100.00** | **1 044 056** | **100.00** |
| 香　港 | 433 | 76.23 | 862 506 | 82.61 |
| 台湾省 | 73 | 12.85 | 50 190 | 4.81 |
| 英属维尔京群岛 | 5 | 0.88 | 30 085 | 2.88 |
| 英　国 | 2 | 0.35 | 20 340 | 1.95 |
| 澳　门 | 16 | 2.82 | 12 051 | 1.15 |
| 美　国 | 8 | 1.41 | 11 230 | 1.08 |
| 新加坡 | 2 | 0.35 | 10 235 | 0.98 |
| 萨摩亚 | | | 6 705 | 0.64 |
| 法　国 | | | 6 146 | 0.59 |
| 荷　兰 | | | 5 279 | 0.51 |

**外商直接投资企业生产经营情况**　截至 2016 年，全省累计批准外商投资企业 17 708 家。2016 年，全省外商投资企业进出口总额 117.38 亿美元，同比下降 8.1%，占全省进出口总额的 29.3%；出口 60.95 亿美元，同比下降 12.6%，占全省出口总额的 20.4%。

## 【对外经济合作】

**对外投资**　2016 年，江西省企业在全球 42 个国家（地区）进行了非金融类直接投资，中方协议投资额 16.8 亿美元，同比下降 11.9%；累计实现对外投资 12.4 亿美元，同比增长 18%。其中，江西省企业对“一带一路”沿线 23 个国家直接投资 3.14 亿美元，增长 1.4 倍。比较大的投资项目有：江西中煤建设集团有限公司投资 3 亿美元在哈萨克斯坦建设中哈赣江工业园项目、江西益达投资发展有限公司在香港投资 1.63 亿美元设立香港益达投资发展有限公司项目和在美国投资 1.03 亿美元设立美国益达投资发展有限公司项目、江西汪氏直方实业有限公司投资 1.84 亿美元在俄罗斯联邦成立托尔帕尔巴什基尔投资有限公司项目。全年新增境外投资企业 128 家，总数达 670 家，行业涵盖建筑业、制造业、农业、矿业和商贸服务业。

**对外承包工程**　2016 年，江西省完成对外承包工程营业额39.43亿美元，同比增长12.3%，首次跻身全国前十，位居第九位。新签对外承包工程项目198个，新签合同额28.9亿美元，同比下降28.47%。其中，江西省企业在“一带一路”相关的18个沿线国家新签对外承包工程项目23个，完成营业额8.87亿美元，同比增长2.59%。比较大的项目有：中国江西国际经济技术合作公司承揽的4.8亿美元赤道几内亚mbini工业园建设项目、3.41亿美元赞比亚恩都拉地区收费公路项目、2.8亿美元赞比亚国家住房委员会住宅开发项目、1.18亿美元肯尼亚基苏木至维布耶输变电线及输变电站项目，江西中煤建设集团有限公司承揽的2.014亿美元赞比亚陆军第6团军营建设项目、7 340万美元埃塞俄比亚体育馆建设项目，中鼎国际工程有限责任公司承揽的7 000万美元达朗·哈踏拉·海拓达双向四车道134.9公里公路项目，万宝建工集团有限公司承揽的7 000万美元老挝国立大学学生公寓改造工程项目。全年新增对外承包工程企业22家，总数达135家，基本囊括了江西省具有特级和一级资质的建筑企业。

**对外劳务合作** 2016年，江西省对外劳务合作外派人数2 521人次，年末在外各类劳务人员11 870人，外派人次较上年同期下降45%，其中，承包工程项下派出2 131人次，劳务合作项下派出390人次。累计外派各类劳务人员超过16万多人次，已经形成了日本、新加坡、非洲、中东、东南亚等5大劳务市场，行业主要集中在建筑业、制造业、农业等领域。

**对外援助** 2016年，国际商务官员（江西）研修基地成功举办22期援外培训班，为亚非拉等88个发展中国家培训536名政府官员和专业技术人才，2016年是江西省执行援外培训项目最多的一年。截至2016年底，共成功举办79期援外培训班，为亚非拉等118个发展中国家培训1 934名政府官员和专业技术人才，其中赤道几内亚共和国众议长穆哈巴·梅苏两次率团来赣参加培训研讨。

江西省企业还先后承担了援多哥农业示范中心和援赤道几内亚示范农场等农业援外项目，并在亚洲、非洲、大洋洲等地区承建了一大批标志性援外工程，如加纳共和国海岸角体育场、巴布亚新几内亚国际会议中心等。其中，2016年，江西省企业承担了多个重大援外项目，如中国江西国际经济技术合作公司承担的援老挝国家文化中心技术合作项目和援吉布提国家体育场技术合作项目，江西中煤建设集团有限公司承担的援加纳打井供水项目，中鼎国际工程有限责任公司承担的援肯尼亚内罗毕大学孔子学院项目等。

**【其他】**

**开发区** 2016年，全省10家国家级经济技术开发区实现主营业务收入6 819.6亿元，同比增长8.43%。其中，南昌经开区、九江经开区、南昌小蓝经开区超过1 000亿元。实现工业增加值1 642.74亿元，同比增长9.92%。利税总额848.34亿元，同比增长14.26%，比全省工业园区整体增幅高5.4个百分点。完成基础设施投入115.83亿元，同比增长6.92%。其中，赣南原中央苏区国家级经开区基础设施建设进展加快，龙南经开区增幅高于70%，瑞金经开区增幅达31%。全省国家级经开区经济发展保持了稳中有进、稳中向好的发展态势。

全省国家级经济技术开发区实际利用外资21.3亿美元，同比增长15.03%，比全省平均增幅高4.8个百分点，占全省比重20.4%。利用省外项目实际进资1 020.43亿元，同比增长28.81%，比全省平均增幅高15.9个百分点，占全省比重17.3%。

**出口加工区** 九江出口加工区2005年6月3日获国务院批准设立，规划面积为2.81平方公里。其中，一期0.987平方公里，于2006年6月23日通过国家部委验收并封关运行。2016年，九江出口加工区完成外贸进出口额6.9亿美元。

井冈山出口加工区2011年3月14日获国务院批准设立，规划面积2.25平方公里。其中，一期0.63平方公里于2013年4月19日通过国家部委验收并封关运行。2016年，井冈山出口加工区完成外贸进出口额2 053万美元。

**保税区** 赣州综合保税区，以原赣州出口加工区为基础申请设立，2014年1月22日获国务院正式批准设立，规划面积为4平方公里，是江西省第一个综合保税区。其中，一期1.787平方公里于2015年10月20日通过国家部委验收并封关运行。根据国务院批复，赣州综合保税区封关验收后不再保留赣州出口加工区。2016年10月19日，赣州综合保税区正式运营。

南昌综合保税区，以南昌出口加工区为基础申请设立，2016年2月9日获国务院正式批复，规划面积为2平方公里，实行“一园两区”模式，区块一位于南昌出口加工区A区，规划面积0.31平方公里，于2007年9月7日通过国家部委验收并封关运行；区块二为南昌出口加工区B区的迁址拓展区，位于南昌临空经济区，规划面积1.69平方公里。根据国务院批复，南昌综合保税区封关验收后，不再保留南昌出口加工区，南昌出口加工区未纳入综合保税区的区域围网予以撤除。2016年，南昌出口加工区完成外贸进出口额15.3亿美元。2017年2月，南昌综合保税区通过江西省有关部门预验收。

**商务洽谈会** 第四届世界绿色发展投资贸易博览会于2016年11月25日—28日在江西南昌市举办，签约项目共165个，签约合同金额2 428亿元。

**港口运输** 2016年，九江港泊位数307个，货物吞吐量11 327.9万吨，其中，到港6 673.7 405万吨，出港4 654.2 332万吨。当年完成外贸进出口货物吞吐量253.66万吨。其中，进口货物吞吐量113.4 337万吨，出口货物吞吐量140.23万吨。

**涉外旅游** 2016年，江西省入境旅游者181.89万人次，比上年增长2.80%。其中，接待外国人55.59万人次，增长4.32%；香港同胞61.83万人次，增长2.69%；澳门同胞31.48万人次，增长3.38%；台湾同胞33.28万人次，增长0.05%。

# 2016年山东省商务发展概况

山东省商务厅

## 佘春明

山东省商务厅厅长

佘春明 男，1963年3月生，山东潍坊人，文学硕士。历任济宁市市中区团委书记，济宁高新技术产业开发区管委会副主任、党委委员、党工委副书记，济宁高新技术产业开发区管委会常务副主任、党工委副书记，济宁市对外贸易经济合作局局长、党委书记，中国国际贸易促进委员会济宁支会（中国国际商会济宁商会）会长，济宁市市长助理，济宁高新技术产业开发区党工委书记、管委会主任，济宁市副市长，济宁高新技术产业开发区党工委书记、管委会主任，济宁市委常委、济宁高新技术产业开发区党工委书记。2015年2月起任山东省商务厅党组书记、厅长。

## 【国内贸易】

**社会消费品零售总额** 2015年山东省实现社会消费品零售总额30 645.8亿元，比上年增长10.4%，扣除价格因素，实际增长9.0%。按经营单位所在地分，城镇消费品零售额24 447.9亿元，增长10.2%；乡村消费品零售额6 197.9亿元，增长11.0%。按消费形态分，餐饮收入3 244.0亿元，增长13.7%；商品零售27 401.7亿元，增长10.0%。

**限额以上批发和零售企业商品销售额** 限额以上批发和零售企业商品销售额129 467 281.2万元，其中粮油食品销售额16 726 002.5万元，饮料1 968 899.8万元，烟酒4 428 740.4万元，服装鞋帽和针纺织品11 254 264.4万元，化妆品1 379 965.5万元，金银珠宝2 300 401.8万元，日用品4 664 069.4万元，五金电料2 099 725.1万元，体育娱乐用品320 846.9万元，书报杂志532 080万元，电子出版物及音像制品86 795.9万元，家用电器和音像器材10 732 718.1万元，药品6 870 642.8万元，文化办公用品2 673 688万元，家具3 919 962.1万元，通信器材2 167 157.4万元，煤炭及其制品2 908 725.8万元，石油及其制品13 653 939.9万元，建筑及装潢材料4 144 453.4万元，机电产品及设备1 978 525.4万元，汽车32 182 586.1万元，棉麻65 674.4万元。

**市场物价** 居民消费价格总水平上涨2.1%，其中食品烟酒类商品价格上涨3.6%，医疗保健服务及商品价格上涨4.9%。

**物流** 物流总额200 131.6亿元，增长5.2%。其中，农产品物流总额7 711.1亿元，下降0.2%；工业品物流总额154 031.7亿元，增长3.9%；外地货物流入物流总额25 323.9亿元，增长8.1%；单位与居民物流总额（消费用品类）3 619.3亿元，增长70%；再生资源物流总额3 031.3亿元，增长10.9%。

**典当** 山东省（不含青岛市）实有典当企业410家，增长8.5%。典当企业注册资本101.3亿元，增长3.7%。典当总额137亿元，下降32%。营业收入4亿元，下降30%。

**拍卖** 山东省420家拍卖企业开展拍卖活动7 650次，实现成交额476亿元。

**融资租赁** 山东省（不含青岛市）实有内资融资租赁企业15家，注册资金72.4亿元。

**二手车** 交易二手车121.3万辆，实现交易额571.7亿元。

**会展** 举办展览会862个，展览总面积1 033万平方米，分别较上年增长19%和4%。中国寿光国际蔬菜科技博览会展览面积16.5万平方米，是省内展览面积最大的展会。

**电子商务** 电子商务交易额2.65万亿元，增长31.1%，增幅高出全国平均水平8.39个百分点。新增电子商务企业29 655家，企业总数达528 548家。

## 【对外贸易】

**进出口总额** 进出口总额15 466.5亿元，比上年增长3.5%。其中，出口总额9 052.2亿元，增长1.2%；进口总额6 414.3亿元，增长6.8%。进出口、出口、进口增速分别高于全国4.4个、3.2个和6.2个百分点，进出口增速位居全国前十大外贸省市首位。出口额占全国出口总额的6.5%，较上年提高0.2个百分点，出口份额连续两年提升。

**外贸新业态** 2016年，山东省30家外贸综合服务企业出口209.1亿元，增长1.6倍，拉动全省出口增长1.4个百分点。跨境电子商务出口477.6亿元，增长45.3%，拉动全省出口增长1.7个百分点。临沂商城率先在全国第三批市场采购贸易方式试点中完成首单业务，实现出口2 051.2万美元。全省新增有出口实绩的中小微企业7 833家，占3.6万家出口企业的21.5%。

**出口主体** 民营企业出口 4 980.4 亿元，增长 4.1%，出口额占全省出口总额的 55%，高于全国平均水平 9.1 个百分点。外商投资企业出口 3 333.5 亿元，下降 4.3%，出口额占全省出口总额的 36.8%。国有企业出口 738.2 亿元，增长 9.2%，出口额占全省出口总额的 8.2%。

**出口商品** 农产品出口 1 075.3 亿元，增长 13.1%，占全国的近 1/4。纺织服装行业自主品牌、自主知识产权、自主营销渠道出口规模扩大，纺织品和服装出口增长 3.2%。高端机床、工程机械、电力设备等大型成套设备出口分别增长 17.2%、12%和 5.6%。

**进口商品** 日用消费品进口增长较快，医疗保健用品进口增长 72.1%，家具进口增长 23.1%，化妆品进口增长 3.3 倍，乳制品进口增长 21.6%。关键技术设备进口适度增长，电力设备进口增长 5.2%，仪器仪表进口增长 6.4%，运输工具进口增长 18.6%。原油、铁矿石、铜矿石和铜材四大类大宗资源性商品进口量增价跌，合计减少付汇 79.2 亿元。

**出口市场** 对美国、欧盟、东盟、韩国、日本、中东、南亚、香港、俄罗斯和澳大利亚出口 7 561.6 亿元，增长 1.6%，占全省出口总额的 83.5%。对日本出口 918.8 亿元，增长 0.4%。对韩国出口 947 亿元，增长 4.3%。对“一带一路”沿线国家和地区出口 2 504.6 亿元，增长 11%。对俄罗斯出口 296.7 亿元，增长 82.7%。对南亚出口 416.4 亿元，增长 19.2%。对东盟出口 986.9 亿元，增长 5.9%。

**贸易方式** 一般贸易出口 5 709.8 亿元，增长 1.7%，占全省出口总额的 63.1%，高于全国平均水平 9.3 个百分点。加工贸易委托设计+自主品牌出口比重达到 20.2%，国内增值率为 51.7%、比上年提高 3.2 个百分点。

**贸易救济** 2016 年，山东省出口商品遭遇境外 19 个国家或地区发起的贸易救济调查 85 起，其中反倾销调查 63 起，反补贴调查 15 起，保障措施调查 7 起。涉案金额过亿美元的案件 10 起，合计涉案金额 30.3 亿美元，占全省涉案总金额 393 049 万美元的 77.1%。涉案企业 3 478 家，涉案商品主要是化工产品、钢铁及制品、建材产品。

**服务贸易** 服务进出口 3 062.2 亿元，增长 18.0%。其中，服务出口额 1 508.8 亿元，增长 8.2%；服务进口额 1 553.4 亿元，增长 29.4%。

**服务外包** 签订服务外包合同 21 109 个，其中离岸服务外包合同 16 521 个、在岸服务外包合同 4 588 个。登记服务外包合同额 661.9 亿元，增长 1.1%，其中离岸服务外包合同额 542.6 亿元，增长 15.6%，在岸服务外包合同额 119.3 亿元，下降 35.6%。服务外包执行额 550.7 亿元，增长 11.1%，其中离岸服务外包执行额 456.6 亿元，增长 11.0%，在岸服务外包执行额 94.1 亿元，增长 11.6%。

**山东省 2016 年主要出口商品情况表**

| 出口商品 | 出口额（万元） | 增 长（%） | 比 重（%） |
|---|---|---|---|
| 电器及电子产品 | 10 412 705 | -3.4 | 11.5 |
| 机械设备 | 9 650 256 | 1.1 | 10.7 |
| 服装及衣着附件 | 7 386 107 | 0.6 | 8.2 |
| 纺织纱线、织物及制品 | 6 243 436 | 6.5 | 6.9 |
| 运输工具 | 5 969 315 | -9.7 | 6.6 |
| 新的充气橡胶轮胎 | 4 760 281 | 4.6 | 5.3 |
| 钢材 | 3 812 226 | 12.7 | 4.2 |
| 金属制品 | 3 750 984 | -14.6 | 4.1 |
| 水海产品及制品 | 3 023 873 | 9.9 | 3.3 |
| 蔬菜及制品 | 2 980 039 | 29.3 | 3.3 |
| 家具及其零件 | 1 727 512 | -3.2 | 1.9 |
| 仪器仪表 | 1 342 069 | 24.8 | 1.5 |
| 塑料制品 | 1 179 898 | -6.5 | 1.3 |
| 医药品 | 949 980 | 7.2 | 1.1 |
| 胶合板及类似多层板 | 884 105 | 15.7 | 1.0 |
| 水果及制品（鲜干水果及坚果） | 841 794 | 17.3 | 0.9 |
| 鞋类 | 808 914 | -24.2 | 0.9 |
| 未锻轧铝及铝材 | 756 171 | 6.4 | 0.8 |
| 纸及纸板（未切成形的） | 749 158 | 13.0 | 0.8 |
| 未锻轧铜及铜材 | 716 484 | 104.1 | 0.8 |

**山东省2016年主要贸易伙伴情况表**

| 贸易伙伴 | 进出口额（万元） | 增　长（%） | 比　重（%） |
|---|---|---|---|
| 美　国 | 20 743 690 | -5.0 | 13.4 |
| 韩　国 | 19 041 211 | -5.0 | 12.3 |
| 欧　盟 | 18 529 289 | 0.3 | 12.0 |
| 东　盟 | 18 209 965 | -4.0 | 11.8 |
| 日　本 | 12 688 115 | 2.2 | 8.2 |
| 中　东 | 9 386 627 | 13.1 | 6.1 |
| 澳大利亚 | 6 551 395 | -3.6 | 4.2 |
| 俄罗斯 | 5 537 627 | 76.1 | 3.6 |
| 巴　西 | 5 469 232 | 11.5 | 3.5 |
| 南　亚 | 5 034 336 | 7.2 | 3.3 |

**山东省2016年服务进出口情况表**

| 行　业 | 进出口 | | 出　口 | | 进　口 | |
|---|---|---|---|---|---|---|
| | 金额（万元） | 增长（%） | 金额（万元） | 增长（%） | 金额（万元） | 增长（%） |
| 运输服务 | 4 351 778 | -12.3 | 1 425 537 | 2.8 | 2 926 241 | -18.2 |
| 旅游服务 | 12 694 971 | 48.8 | 2 103 232 | 12.7 | 10 591 739 | 59.0 |
| 建筑服务 | 8 626 634 | 15.4 | 8 066 449 | 14.6 | 560 185 | 28.3 |
| 保险服务 | 36 496 | 81.9 | 21 540 | 113.1 | 14 956 | 50.3 |
| 金融服务 | 74 229 | 28.9 | 39 547 | 6.1 | 34 682 | 70.9 |
| 电信、计算机和信息服务 | 1 397 987 | -12.8 | 1 348 309 | -12.2 | 49 678 | -26.6 |
| 专有权利使用费和特许费 | 303 207 | 2.2 | 5 041 | 42.5 | 298 166 | 1.7 |
| 体育、文化和娱乐服务 | 11 698 | -10.8 | 2 693 | 83.2 | 9 005 | -22.7 |
| 其他商业服务 | 3 125 237 | 4.4 | 2 075 558 | 0.3 | 1 049 679 | 13.6 |
| 加工服务 | 1 467 377 | -1.1 | 1 464 501 | -0.9 | 2 876 | -48.8 |
| 维护和维修服务 | 213 505 | 22.9 | 139 198 | 18.1 | 74 307 | 33.0 |
| 其他服务 | 1 444 355 | 8.0 | 471 859 | -0.6 | 972 496 | 12.7 |
| **合　计** | **30 622 237** | **18.0** | **15 087 906** | **8.2** | **15 534 331** | **29.4** |

**【利用外资】**

**总体情况**　2016年，山东省设立外商投资企业1 477家，外商投资签约额1 404.3亿元（折合211.5亿美元），比上年增长12.7%；外商实际投资1 110.7亿元（折合168.3亿美元），增长9.8%。

**投资产业**　外商投资山东省三次产业比重为2：59：39。服务业外商投资项目921个，签约投资额675亿元，外商实际投资428.3亿元，分别增长0.2%、2.6%和14.2%。制造业外商投资465个项目，下降10.2%，签约投资612.4亿元，增长20%，实际投资588.9亿元，增长1.6%。

**投资来源**　香港投资签约额783.1亿元，实际投资额547.7亿元，分别增长9.9%和17%，占全省外商投资签约额和实际投资额的55.8%和49.3%。欧盟投资签约额93.8亿元，实际投资82.2亿元，分别增长140%和76.6%。德国投资签约额67亿元，实际投资额48.1亿元，分别增长4.5倍和2.6倍。韩国、台湾省在山东省的实际投资分别为149.2亿元和33.2亿元，增长16.6%和24%。“一带一路”沿线国家和地区在山东省签约投资89亿元，增长1.2倍，其中新加坡、马来西亚、泰国投资最多。

**投资方式**　外商以并购山东省内企业方式设立投资企业61家，签约投资额61.2亿元，增长37%，实际投资79.1亿元，增长1.8倍。外商以跨境人民币方式投资109.7亿元，增长94%，占外商实际投资总额的9.9%，比上年提高4.3个百分点。投资性公司投资44个项目，增长69.2%，签约投资84.5亿元，增长1.1倍，实际投资60.2亿元，增长24.5%。

**外商投资企业生产经营情况**　山东省参加2015年联合年报的外商投资企业14 347家，年度营业收入16 256.4亿元，实现利润731.3亿元，纳税896亿元，实现进出口934.7亿美元，吸纳就业166万人（其中外籍员工14 010人）。

**山东省 2016 年外商直接投资行业情况表**

| 行业 | 投资项目 | | 合同外资 | | 实际外资 | |
|---|---|---|---|---|---|---|
| | 数量（个） | 增长（%） | 金额（万元） | 增长（%） | 金额（万元） | 增长（%） |
| **总 计** | **1 477** | **-2.1** | **14 043 179** | **12.7** | **11 106 711** | **9.8** |
| **第一产业** | **31** | **-8.8** | **486 155** | **37.3** | **247 405** | **-0.8** |
| 农、林、牧、渔业 | 31 | -8.8 | 486 155 | 37.3 | 247 405 | -0.8 |
| **第二产业** | **525** | **-5.6** | **6 806 883** | **23.1** | **6 576 459** | **7.6** |
| 采矿业 | 1 | | 5850 | 205.2 | 20 529 | -60.9 |
| 制造业 | 465 | -10.2 | 6 124 207 | 20.0 | 5 888 546 | 1.6 |
| 纺织业 | 10 | 66.7 | 28 834 | -43.0 | 65 151 | -47.8 |
| 化学原料及化学制品制造业 | 24 | 26.3 | 129 361 | -33.0 | 436 773 | -4.1 |
| 医药制造业 | 9 | 0.0 | 182 710 | 143.0 | 158 376 | 63.7 |
| 通用设备制造业 | 49 | -26.9 | 915 981 | 28.6 | 864 883 | 20.0 |
| 专用设备制造业 | 65 | -12.7 | 602 576 | -23.0 | 477 929 | -43.4 |
| 通信设备、计算机及其他电子设备制造业 | 47 | 9.3 | 421 299 | 86.0 | 641 021 | 98.5 |
| 其他制造业 | 261 | -13.0 | 3 843 446 | | 3 244 413 | |
| 电力、燃气及水的生产和供应业 | 41 | 36.7 | 501 476 | 65.6 | 594 522 | 156.2 |
| 建筑业 | 18 | 125.0 | 175 350 | 43.1 | 72 862 | 118.9 |
| **第三产业** | **921** | **0.2** | **6 750 141** | **2.6** | **4 282 847** | **14.2** |
| 交通运输、仓储和邮政业 | 20 | 5.3 | 296 226 | -40.2 | 284 613 | -8.5 |
| 信息传输、计算机服务和软件业 | 38 | 22.6 | 409 327 | 150.7 | 27 592 | -82.9 |
| 批发和零售业 | 496 | -9.0 | 1 094 634 | -25.3 | 597 553 | 1.2 |
| 住宿和餐饮业 | 53 | 23.3 | 20 584 | 101.7 | 17 613 | -46.8 |
| 金融业 | 45 | 0.0 | 855 258 | -58.1 | 1 515 843 | 82.7 |
| 房地产业 | 23 | 35.3 | 405 867 | -55.4 | 709 872 | -25.8 |
| 租赁和商务服务业 | 106 | 11.6 | 1 153 520 | 182.0 | 279 922 | 16.7 |
| 科学研究、技术服务和地质勘查业 | 96 | 5.5 | 2 349 183 | 128.2 | 822 760 | 47.4 |
| 水利、环境和公共设施管理业 | 5 | 25.0 | 68 560 | 26.7 | 7 503 | -38.7 |
| 居民服务和其他服务业 | 16 | 33.3 | 11 769 | | 1 252 | 1 887.3 |
| 教育 | 6 | 100.0 | 6 041 | -72.0 | 10 278 | -56.1 |
| 卫生、社会保障和社会福利业 | 6 | 0.0 | 53 467 | 190.5 | 3 769 | -74.6 |
| 文化、体育和娱乐业 | 11 | 37.5 | 25 705 | 318.9 | 4 278 | -77.1 |

## 【对外投资】

**总体情况** 2016 年山东省对外实际投资 129.8 亿美元，比上年增长 1.2 倍，列全国第六位。截至 2016 年底，山东省累计对外实际投资 397.9 亿美元。

**投资领域** 主要领域为产能合作、资源开发、服务业三大领域，合计投资 116.6 亿美元，占全省对外投资总额的 89.8%。

**投资方式** 货币出资为主要出资方式，585 家对外投资企业以货币出资。全省货币出资额 129.1 亿美元，占对外实际投资总额的 99.5%。

**投资主体** 民营企业投资 84.3 亿美元，增长 113.8%，占全省对外投资额的 64.9%。国有企业投资 8.7 亿美元，下降 30.2%，占全省对外投资额的 6.7%。外商投资企业投资 36.8 亿美元，增长 5.2 倍，占全省对外投资额的 28.4%。

**国际产能合作** 省内 137 家企业在国际产能合作和装备制造领域有实际出资，投资额 49.5 亿美元，较上年增长 3 倍。青岛海尔集团股份有限公司通过其在香港设立的海尔（香港）投资有限公司出资 22.4 亿美元收购美国通用电气公司家电业务，成为年内全省最大的对外投资项目。

**境外资源开发** 省内 85 家企业开展境外资源开发业务，投资额 26.9 亿美元，增长 127%。兖州煤业股份有限公司在香港设立的兖煤国际（控股）有限公司投资煤炭开采项目，投资额 17.7 亿美元。

**境外经贸园区** 继山东企业在境外设立巴基斯坦海尔—鲁巴经济区、中俄托木斯克木材工贸合作区、山东帝豪匈牙利中欧商贸物流合作园区之后，山东万华化学集团股份有限公司投资建设的匈牙利宝思德经贸合作区 2016 年通过商务部、财政部确认考核。至此，山东省设立的国家级境外经贸合作区增至4家，数量占全国的1/5，居各省区市首位。

**在“一带一路”沿线国家投资** 2016年在“一带一路”沿线国家实际投资8.3亿美元，下降24.7%。主要投资项目包括：南山集团有限公司在新加坡设立的南山集团新加坡有限公司、山东玲珑轮胎股份有限公司在泰国设立的玲珑国际轮胎（泰国）有限公司、山东恒源石油化工股份有限公司在马来西亚设立的壳牌马来西亚炼油有限公司、鲁泰纺织股份有限公司在越南设立的鲁泰（越南）有限公司、中国山东对外经济技术合作集团有限公司在塞尔维亚投资设立的山东外经集团塞尔维亚分公司。9月29日，在中国国家主席习近平和白俄罗斯总统卢卡申科的见证下，潍柴控股集团有限公司与白俄罗斯工业部签署合作备忘录，共同出资5 000万美元设立合资企业生产柴油发动机，设计年产20 000台。

## 【对外经济合作】

**总体情况** 2016年山东省对外承包工程新签合同额126.7亿美元，增长5.7%；完成营业额109.3亿美元，增长7.5%；派出各类劳务人员68 673人，增长13%。外派人数连续9年居各省区市第一位。新签合同额、完成营业额均居各省区市第二位。

**对外承包工程市场** 在亚洲市场新签合同额和完成营业额分别为75.9亿美元、61.3亿美元，增长33.2%和36%；在大洋洲市场新签合同额和完成营业额分别为1.4亿美元、1.8亿美元，增长40.2%和51.8%；在非洲市场新签合同额43亿美元，增长13.8%，完成营业额40.8亿美元，下降1.1%；在拉美市场新签合同额3.4亿美元，完成营业额2.5亿美元，分别下降81.5%和77.6%。

**对外承包工程领域** 省内对外承包工程企业在电力工程建设、房屋建筑、交通运输、石油化工四个优势领域新签合同额120.2亿美元、完成营业额94.3亿美元，分别增长24.7%和7.4%。新签千万美元以上项目124个，合同额120.1亿美元，增长10.8%，拉动全省对外承包工程业务增长9.8个百分点。其中，电力工程建设领域新签合同额和完成营业额分别为63.1亿美元、30.1亿美元，增长34.5%和13.3%；房屋建筑领域完成营业额40.6亿美元，增长4.5%。

**在“一带一路”沿线国家工程承包业务** 省内工程承包企业在“一带一路”沿线国家和地区签订施工合同额77.3亿美元，增长25.8%，完成营业额64.1亿美元，增长35.7%。

**劳务外派** 对外承包工程项下派出24 730人，增长47%。劳务合作项下派出43 943人，略增0.01%。外派海员、中餐厨师、设计咨询监理人员、护士护理等各类高端劳务人员22 878人，外派建筑劳务（含工程项下建筑劳务）人员28 475人，外派制造业劳务人员14 005人，外派农林牧渔业劳务人员3 315人。向日本劳务需求机构派送劳务人员16 392人，日本继续保持山东省第一外派劳务市场地位。

**对外援助项目** 2016年山东省18家企业获得援外总包企业资格。中铁十四局集团有限公司、烟建集团有限公司等先后中标援多米尼克约克峡谷大桥、援阿富汗职业技术学院、援阿富汗科教中心一期技术合作、援斐济纳务瓦医院技术援助等项目。山东省商务厅承办商务部委托举办的88期援外培训班，培训100多个发展中国家的2 155名学员，首次承办了援加勒比国家部长级研讨班，在埃塞俄比亚、乌干达举办的境外培训班成为商务部“走出去”援外培训试点项目。

## 【其他】

**经济园区** 2016年山东省160个经济园区（含15个国家级经济技术开发区、136个省级经济开发区和9个海关特殊监管区）完成固定资产投资27 160亿元，实现公共财政预算收入2 460.8亿元，实现规模以上工业增加值24 345.1亿元。

实现进出口10 991亿元，增长4.1%，增幅高于全省进出口0.6个百分点。其中，出口6 136亿元、增长2.4%，进口4 855亿元、增长6.9%。进出口额、出口额和进口额分别占全省的58.2%、59.6%和57.5%。

实际到账外资665.1亿元，占全省实际到账外资的56.8%，增长10.4%，增幅高于全省0.6个百分点。

**口岸运输** 截至2016年底，山东省共有国务院批准对外开放的口岸16个，开放泊位501个，其中2016年新增41个，外贸通过能力8.37亿吨，其中2016年新增2 717万吨。

2016年，全省水运（海港）口岸货物吞吐量130 137.14万吨，增长3.9%。外贸进出口货物吞吐量72 787.55万吨，增长8.1%。其中，进口货物吞吐量58 456.08万吨，增长8.4%；出口货物吞吐量14 331.47万吨，增长6.9%。国际集装箱吞吐量2 095.97万标准箱，增长3.8%。其中，入境集装箱吞吐量1 035.63万标准箱，增长2.9%；出境集装箱吞吐量1 060.34万标准箱，增长4.6%。

2016年，山东省内口岸运送入出境旅客640.7万人次，增长19.8%，其中运送入境游客319.68万人次，运送出境游客321.02万人次。航空口岸运送出入境旅客525.53万人次，增长22.4%，其中青岛空港运送331.31万人次、济南空港运送83.71万人次、烟台空港运送61.14万人次、威海空港运送49.38万人次。国际航线入出境飞机40 704架次，增长19.8%。

**涉外旅游** 2016年接待入境游客485.47万人次、增长5.3%，其中外国游客352.67万人次、增长5.0%，香港同胞57.67万人次、增长5.7%，澳门同胞16.76万人次、增长8.2%，台湾同胞58.37万人次、增长6.4%。全省入境游客消费30.63亿美元、增长5.76%，其中外国游客消费22.93亿美元、增长4.3%，香港游客消费3.33亿美元、增长9.5%，澳门游客消费1.09亿美元、增长18.8%，台湾游客消费3.28亿美元、增长8.94%。

# 2016年青岛市商务发展概况

青岛市商务局

青岛市商务局局长

马卫刚　男，1962年2月出生，硕士研究生。1984年12月参加工作，1987年7月加入中国共产党。历任山东省外经贸委综合业务处副处长、国际经济合作贷款处副处长、办公室副主任、调研员、境外投资管理处处长。2003年5月任青岛市委经济技术开发区工委副书记、管委会常务副主任、黄岛区委副书记。2005年1月兼任黄岛区副区长，2006年12月兼任青岛西海岸出口加工区管委主任。2011年12月起任青岛市商务局党委书记、局长。

## 【国内贸易】

**社会消费品零售总额**　2016年，山东省青岛市社会消费品零售总额4 104.9亿元，比上年的3 713.7亿元增长10.5%。按地域分，城镇3 440.5亿元，乡村664.5亿元。按行业分，批发和零售贸易业3 584.0亿元，住宿和餐饮业520.9亿元。

**市场物价**　商品零售价格指数为102，居民消费价格指数为102.5（以上年价格为100）。

**市场秩序建设**　一是启动商务诚信体系建设。对商务信用建设"数据清单、行为清单、应用清单"进行梳理，形成商务信用13项数据清单、12项应用清单；开通了市商务局相关处室（单位）的网上信用信息录入功能，提高了商务公共信用信息录入的时效性。同时，推进信用机制建设，在行政审批、招标采购、政策支持等12个方面建立了信用信息查询制度，为信用信息应用奠定了基础。开展"诚信兴商"宣传月和"9·28信用消费进万家"活动，开展"诚信经营优质服务"承诺，促进了诚信兴商、诚信消费不断深入。二是做好打击侵权假冒工作。修订了《青岛市打击侵犯知识产权和制售假冒伪劣商品工作考评办法》，组织召开新闻发布会，部署开展了打击侵权假冒整治行动。全年各相关执法部门共出动执法人员7 650人次，立案查处各类侵权假冒案件1 675件，办结1 510起，编发简报451期，在全国打击侵权假冒网青岛站发布信息783篇，被全国打击侵权假冒网转发138件，发放宣传资料1.6万份。三是进一步规范单用途商业预付卡管理工作。组织开展单用途商业预付卡专项检查活动，制定下发《关于开展单用途商业预付卡专项检查活动的通知》，对备案重点企业进行专项检查，有效规范了企业发售卡行为。指导各区（市）建立检查排查情况档案和风险预警机制，加强与相关银行协调，督促做好单用途商业预付卡存管资金账户的管理，及时督促问题企业落实整改，提高了区（市）商务执法检查的效能。

**市场体系建设**　全市共有各类商品交易市场950处，年交易额过亿元市场98处，过10亿元市场29处，过百亿元市场6处。编制发布了《青岛市发展商贸流通第十三个五年（2016—2020年）规划纲要》，着手修编《青岛市商业网点规划》，引导培育市场主体，加快商业设施建设，完善商业零售业态，培育打造高端商贸服务集聚区，商业载体、业态、环境转型成效明显，已形成了由5处市级商业中心、9处区级商业中心和商业社区平台、6处商贸集聚区、35条商业街为依托，30.6万处各类网点、122处大中型网点为基础的市场网点网络体系。"万村千乡市场工程"稳步推进，标准化农家店达到4 653家、乡镇商贸中心120余处。推进青岛国际农产品交易中心项目顺利签约。制定出台了全国首部地方综合性商贸流通法规《青岛市商品流通市场建设与管理条例》，经省人大批准已于3月1日正式发布实施。

**流通业发展**　一是品牌商业连锁经营规模不断扩大。商业企业加快发展连锁加盟等新型商业模式，全年共有优格花园、天物坊、甲罗赤唐、百味郭、山东星辉盈联等5家企业获得省商务厅批准开展了特许经营业务。二是融资租赁、典当、拍卖等行业规范发展。积极争取国家政策支持，扩展融资租赁业务。3家内资融资租赁试点企业注册资本8.55亿元，全年融资租赁资产总额12.9亿元。典当行业健康发展。新设立典当行2家，截至目前，全市典当行共有84户、分支机构24户，总数分别占全国、全省的1.0%和20.4%，合计注册资本26.28亿元，资产总额27.21亿元。拍卖行业保持健康平稳的发展势头。全市现有拍卖企业71家，拍卖师107人，从业人员337人。其中具有山东省公物拍卖资质的企业13家、青岛市公物拍卖资质的企业39家、司法拍卖资质的企业24家、青岛海关拍卖资质的企业6家；获得中国拍卖行业协会3A企业1家，2A企业8家。三是城市共同配送试点各项工作有序推进。启动的试点项目共完成实际投资近8亿元，城市共同配送率提高5%。对17个试点项目组织了评审验收，均符合有关要求，达到了试点预期效果。重点支持以农产品为重点的共同配送体系建设，提高农村电子商务发展水平，畅通工业品下乡和农产品进城。

**市场运行和消费促进** 制定了商贸流通业经济运行“调稳抓”工作方案，继续实施“2000振兴计划”，开展走访100家重点纳税企业和2 000家限上商贸企业活动，帮助企业解决问题。建立商贸流通运行考核和督查工作机制，确保全年目标完成。举办2016青岛年货购物节，春节期间在全市各大商场、超市，各大饭店、酒店及有关服务行业，以“欢乐购物、品质生活、促进消费、服务民生”为主题，举办了年货展销、网上年货购物、欢乐团圆年夜饭等七项活动，繁荣了节日消费市场。举办“2016青岛城市购物节”。在全市的100家大中型商场、超市和饭店、酒家举办各种营销促销活动100多项；市区10条商业街、餐饮街、青岛奥帆中心特色展区同时启动，并举办“2016德国商品展”、“2016青岛名优特色小吃美食展”、“迎中秋、乐团圆、百家门店大促销”、“2016青岛老字号精品展”和“迎国庆、惠民生、百家门店大促销”等集中展销、促销活动，据估算，购物节期间新增消费100亿元，拉动三季度消费增长1个百分点。“菜篮子”商品市场保供机制进一步完善。落实“菜篮子”储备投放，完成“菜篮子”商品储备2.35万吨年度目标任务，并适时投放上市。加强“菜篮子”商品储备管理，出台了《青岛市人民政府办公厅关于进一步加强和完善市级“菜篮子”商品政府储备管理的实施意见》。加强“内增外调”货源调度，市区日均上市蔬菜、猪肉分别达到2 000吨、90吨以上。“菜篮子”产销服务平台建设进一步加强，强化“农超对接”机制化和模式创新，全年各种对接成交额达到20多亿元；“阳光食品工程”建设取得积极成效，实施《青岛市集团消费阳光食品工程公共服务平台运行管理办法（试行）》，成功举办了采购招投标，达成采购意向4.77亿元，平均价格比市场价降低约5%，直接受益人群达96万人。集产学研销于一体的“菜篮子”（即墨、平度）产业联盟挂牌运行，发展各类企业盟员200余家。农村及农产品电商加快发展，大力推进实施“515+X工程”，目前全市具有一定规模，专门经营生鲜农产品的网店平台约550家。出台《青岛市生猪食品流通信息追溯管理办法》，健全和完善肉菜流通追溯体系，加强生猪食品入市流通信息追溯管理。

【对外贸易】

**进出口总额** 进出口总额43 506 659万元，比上年的43 573 621万元下降0.2%。

**出口总额** 出口总额28 219 059万元，比上年的28 162 734万元增长0.2%，占全市生产总值10 011.29亿元的28.2%，占全省出口额的31.2%。

**进口总额** 进口总额15 287 600万元，比上年的15 410 887万元下降0.8%。

**出口商品结构** 初级产品出口额324 210万美元，占出口总额的7.6%；工业制成品出口额3 922 339万美元，占出口总额的92.4%。

**进口商品结构** 初级产品进口额1 021 265万美元，占进口总额的44.2%；工业制成品进口额1 290 300万美元，占进口总额的55.8%。

**出口商品市场** 出口商品销往215个国家（地区）。

**进口商品市场** 进口商品来自154个国家（地区）。

**服务贸易** 按商务部统计口径，服务进出口总额849.2亿元，比上年的101.6亿美元增长25.8%。其中，出口额381.1亿元，比上年的43.2亿美元增长32.8%；进口额468.1亿元，比上年的58.4亿美元增长20.7%。2016年，青岛市服务贸易主要行业涉及旅行、运输、建筑、保险及加工等领域；主要贸易伙伴为香港、韩国、美国、日本、丹麦、加拿大、新加坡、澳大利亚、瑞士、英国等。

**服务外包** 2016年，青岛市承接服务外包合同4 337份、合同额38.8亿美元、执行额33.6亿美元，同比分别增长48.8%、17.3%、12.2%。其中，离岸服务外包合同3 558份、合同额30.9亿美元、执行额27.2亿美元，同比分别增长61.3%、17.1%、12.2%；在岸服务外包合同779份、合同额7.9亿美元、执行额6.4亿美元，同比分别增长9.9%、18.1%、12.4%。2016年5月获批“中国服务外包示范城市”，连续4年入选商务部国际贸易经济合作研究院“中国服务外包最具潜力城市”。

根据商务部等九部委《关于新增中国服务外包示范城市的通知》，为加快推进青岛市服务外包示范城市建设工作，充分发挥服务外包产业对现代城市经济转型发展的促进引领作用，2016年10月28日，青岛市政府办公厅印发《青岛市建设中国服务外包示范城市实施方案》，明确提出今后青岛市服务外包产业发展目标、重点领域、主要任务、保障措施等。

根据《实施方案》，青岛市将深入落实国家、省促进服务外包发展系列文件，大力发展服务外包产业，围绕青岛国际城市和“三中心一基地”建设，在国际上对标印度班加罗尔和爱尔兰，充分发挥服务外包再造制造业和提升服务业的拉动作用，使服务外包成为现代城市产业结构调整升级重要引擎。在“十二五”服务外包主体队伍突破900家，服务外包执行额突破29亿美元基础上，实施服务外包“双抓双促”提升工程，认定和培育一批服务外包示范园区、企业和人才实训基地，培育一批服务外包特色骨干企业和培训机构，建设服务外包集聚区，打造一批服务外包知名品牌。力争到2020年，实现全市服务外包执行额翻一番，形成城市服务外包鲜明特色，跨入中国服务外包示范城市先进行列，打造“青岛服务”城市新品牌。

**技术进出口** 技术进出口总额35 949.22万美元，比上年的75 967.67万美元下降52.7%。签订引进技术和进口设备合同79个，比上年减少152个；合同金额12 354万美元，比上年的19 234万美元下降35.77%。签订技术出口合同17个，合同金额5 280.19万美元，比上年的17 850.38万美元下降70.4%。

**青岛市 2016 年出口额 3 亿美元以上商品情况表**

| 金额分类 | 商品名称 | 出口金额（万美元） | 占出口总额比重（%） |
| --- | --- | --- | --- |
| 10 亿美元以上 | 机械设备 | 676 603 | 18.4 |
| | 电器及电子类产品 | 490 791 | 13.4 |
| | 服装 | 444 425 | 12.1 |
| | 计算机与通信技术 | 325 946 | 8.9 |
| | 运输工具 | 286 739 | 7.8 |
| | 纺织品 | 222 097 | 6.0 |
| | 金属制品 | 217 018 | 5.9 |
| | 轮胎 | 139 885 | 3.8 |
| | 水海产品 | 124 838 | 3.4 |
| | 电话机 | 116 852 | 3.2 |
| | 蔬菜 | 104 677 | 2.8 |
| 3 亿—10 亿美元 | 家具及其零件 | 98 743 | 2.7 |
| | 钢材 | 95 264 | 2.6 |
| | 鞋类 | 91 022 | 2.5 |
| | 箱包 | 75 696 | 2.1 |
| | 塑料制品 | 74 575 | 2.0 |
| | 汽车零件 | 54 792 | 1.5 |
| | 空调 | 33 135 | 0.9 |

**青岛市 2016 年进口额 1 亿美元以上商品情况表**

| 金额分类 | 商品名称 | 进口金额（万美元） | 占进口总额比重（%） |
| --- | --- | --- | --- |
| 10 亿美元以上 | 电器及电子产品 | 250 450 | 16.1 |
| | 铁矿砂 | 241 700 | 15.5 |
| | 机械设备 | 161 481 | 10.4 |
| | 仪器仪表 | 126 766 | 8.1 |
| | 粮食 | 112 314 | 7.2 |
| 1 亿—10 亿美元 | 集成电路 | 94 666 | 6.1 |
| | 冻鱼 | 89 420 | 5.7 |
| | 塑料原料 | 75 954 | 4.9 |
| | 天然橡胶 | 68 035 | 4.4 |
| | 液晶显示板 | 64 062 | 4.1 |
| | 合成橡胶 | 62 722 | 4.0 |
| | 运输工具 | 54 267 | 3.5 |
| | 纺织品 | 48 371 | 3.1 |
| | 钢材 | 38 040 | 2.4 |
| | 棉花 | 34 998 | 2.2 |
| | 成品油 | 10 798 | 0.7 |
| | 塑料制品 | 10 422 | 0.7 |

**青岛市2016年主要出口市场情况表**

| 国别（地区） | 出口金额（万美元） | 占出口总额比重（%） |
|---|---|---|
| 美　国 | 779 383 | 18.4 |
| 日　本 | 498 583 | 11.7 |
| 韩　国 | 413 803 | 9.7 |
| 俄罗斯 | 179 042 | 4.2 |
| 香　港 | 150 810 | 3.6 |
| 德　国 | 140 608 | 3.3 |
| 英　国 | 130 107 | 3.1 |
| 澳大利亚 | 97 324 | 2.3 |
| 墨西哥 | 87 339 | 2.1 |
| 荷　兰 | 78 969 | 1.9 |
| **合　计** | **2 555 968** | **60.2** |

**青岛市2016年主要进口市场情况表**

| 国别（地区） | 进口金额（万美元） | 占进口总额比重（%） |
|---|---|---|
| 韩　国 | 313 388 | 13.6 |
| 美　国 | 223 601 | 9.7 |
| 巴　西 | 186 884 | 8.1 |
| 日　本 | 184 015 | 8.0 |
| 澳大利亚 | 172 598 | 7.5 |
| 台湾省 | 102 051 | 4.4 |
| 泰　国 | 84 939 | 3.7 |
| 俄罗斯 | 75 494 | 3.3 |
| 德　国 | 71 111 | 3.1 |
| 委内瑞拉 | 63 765 | 2.8 |
| **合　计** | **1 477 846** | **64.2** |

## 【利用外资】

**青岛市2016年利用外资情况表**

| 利用外资方式 | 项目数（个） | 合同外资 | | 实际到账外资 | |
|---|---|---|---|---|---|
| | | 金额（万美元） | 同比（%） | 金额（万美元） | 同比（%） |
| **总　计** | **680** | **769 101** | **-1.94** | **700 273** | **11.35** |
| 合资企业 | 154 | 207 933 | 87.38 | 171 051 | 90.07 |
| 合作企业 | | 28 | -98.44 | 251 | -98.31 |
| 外资企业 | 523 | 554 073 | -17.12 | 520 052 | -0.62 |
| 股份有限公司 | 3 | 7 067 | 111.68 | 8 918 | 2 797.24 |

注：合同外资已扣减当期减资。

**外商直接投资产业**　外商投资第一产业项目6个，合同外资10 403万美元，实际到账外资3 386万美元；第二产业项目183个，合同外资373 091万美元，实际到账外资390 469万美元；第三产业项目491个，合同外资385 608万美元，实际到账外资306 418万美元。

**外商直接投资来源**　2016年有59个国家（地区）在青岛市投资，到账外资前五位的国家（地区）分别是香港、韩国、德国、美国、台湾省，合计投资项目536个，合同外资588 830万美元，实际到账外资566 003万美元。

**外商投资企业生产经营情况**　截至2015年12月31日，青岛市6 279家申报外商投资企业联合年报的企业投资总额604.13亿美元，吸纳就业人员42.52万人，国内销售（营业）额2 503.74亿元，纳税总额252.56亿元。2016年，外商投资企业出口9 339 218万元，进口4 883 739万元。

## 【对外经济合作】

**对外投资**　2016年青岛市备案对外投资项目189个，总投资133.41亿美元，中方协议投资额126.94亿美元。主要投资对象为美国、加拿大、香港、毛里塔尼亚、印度尼西亚、澳大利亚、南非、柬埔寨、巴基斯坦、越南、缅甸、孟加拉国、塞舌尔、蒙古、英属维尔京群岛等国家和地区。主要投资项目包括青岛海尔股份有限公司收购美国通用GE公司家电项目，中方协议投资额56亿美元；青岛万达影视投资有限公司并购美国传奇影业公司，中方协议投资额28亿美元；西王食品（青岛）有限公司在加拿大设立科尔投资控股公司，中方协议投资额7.3亿美元；青岛青报润海投资有限公司设立毛里塔尼亚青岛工业园发展集团公司，中方协议投资额2.95亿美元；青岛市恒顺众昇集团股份有限公司在南非设立宝巴开采和勘探（控股）有限公司，中方协议投资额1.25亿美元；山东电力建设第三工程公司在孟加拉国设立SS电力第二有限公司，中方协议投资额1.18亿美元。

截至2016年底，青岛市累计核准或备案对外投资项目1 343个，中方投资额214.9亿美元，投资涉及99个国家和地区。

对“一带一路”沿线国家投资保持较快增长。2016年，全市共备案对“一带一路”沿线国家投资项目78个，中方协议投资额19.18亿美元，同比增长11%。

**承包工程和劳务合作** 签订对外承包工程项目55个，合同额37.25亿美元，比上年的36.6亿美元增长1.9%；完成营业额36.42亿美元，比上年的36.4亿美元增长0.1%。2016年派出各类劳务人员17 728人，年末在外各类劳务人员23 399人，派往的主要国家是日本、新加坡。承包工程的主要国别为新加坡、摩洛哥、巴基斯坦、阿曼、孟加拉国、阿尔及利亚、安哥拉、哈萨克斯坦、沙特阿拉伯、赤道几内亚。承包工程的主要项目：青岛建设集团新加坡盛港百丽轩房屋建筑项目，合同额1.7亿美元；山东电力建设第三工程公司摩洛哥NoorII CSP热电联产电厂项目，合同额5.04亿美元；阿曼益贝利独立电站项目，合同额6.26亿美元；巴基斯坦卡西姆港燃煤电站，合同额11.2亿美元；孟加拉国艾萨拉姆2×660MW（S. ALAM）燃煤电站项目，合同额18.7亿美元。

**【其他】**

**开发区** 青岛经济技术开发区2016年实现公共财政预算收入126亿元，增长11.3%；固定资产投资988亿元，增长12.5%；实际到账外资11.41亿美元，同比增长0.8%。重点推进的总投资888亿元的113个市、区重点项目进展顺利，其中，新开工项目49个，竣工项目31个；区域性中心项目51个，创新中心项目19个，海洋中心项目5个，先进制造业基地项目38个。获批成为“山东省生态工业示范园区”、“2016年度中国绿色发展优秀示范园区”。

胶州经济技术开发区2016年开发区启动区完成入库项目53个，其中亿元以上项目20个，亿元以下项目33个，完成投资113亿元，同比增长18.3%。抓住规划、建设、招商、服务四条主线，加速培育高端装备制造、互联网+、航空航天和汽车制造3条千亿级产业链。青岛欧亚经贸合作产业园区是经商务部批准的中国唯一的横跨欧亚大陆、境内外双向投资互动合作园区，其中国园区设在胶州经济技术开发区，先导区占地8.25平方公里，同步在俄罗斯、匈牙利等国家设立互通园区，以贸易、物流、跨境电商为切入点，积极承接欧亚各国优势产能转移。目前成功引进纳吉日达跨境电商产业园、德国智能制造等项目入驻。

**海关特殊监管区** 青岛前湾保税港区借鉴上海自贸区制度创新成果，全面深化复制推广先行先试，围绕转变政府职能、改革投资管理体制、深化金融领域开放、推动贸易转型升级、加快国际航运中心建设、创新监管制度六大领域，推出42项改革创新举措，其中复制推广上海自贸区制度创新22项，结合青岛特色先行先试20项，并取得明显成效。2016年引进内外资项目1 127个，重点培育融资租赁业等产业，共引进融资租赁类项目23个，占全年引进外资项目总数的48.9%。进出口79.02亿美元，实现整车进出口近3万辆。形成进口商品平台集聚效应，2016年新引进贸易商30家。电商平台快速发展，率先在全省范围内开通保税备货业务。文化贸易平台创新发展，“蛙声一片”创客社区成为第三批国家级“众创空间”。

**青岛出口加工区** 累计引进内外资项目110个，其中，外资项目64个，投资总额10.5亿美元，到账外资4亿美元；内资项目46个，总投资12.9亿元。投产企业达到66家，企业用工人数约6 000人。2016年实际到账外资2 465.2万美元，进出口8.7亿美元，其中出口5.4亿美元，同比分别增长16.35%、0.53%。形成了精密机械、电子信息、新型材料、保税物流四大优势产业。

**青岛西海岸出口加工区** 2016年完成固定资产投资5 222万元，实际到账外资1 808万美元，同比增长20.53%，进出口6.6亿美元，其中出口2.81亿美元，同比分别增长4.77%、29.94%。加大招商力度，共注册裕贸通供应链、海诚一家电子商务等10余家电商企业，初步形成跨境电商集聚效应。促成区内北海石油公司与哈萨克斯坦石油公司的业务合作。新版海关信息化管理系统在加工区正式全面运行，是青岛首家正式运行新系统的经济园区。

**港口运输** 全市港口吞吐量5.1亿吨，增长3.4%；外贸吞吐量3.4亿吨，增长4.5%；集装箱吞吐量1 805万标准箱，增长3.5%。

**涉外旅游** 接待入境游客141.1万人次，增长5.4%；实现外汇收入9.8亿美元，增长6.8%。

# 2016年烟台市商务发展概况

烟台市商务局

于東

烟台市商务局局长

于　东　男，生于1960年9月，山东福山人，中共党员。历任烟台市福山区政府办公室副主任、高疃镇党委书记、区委办公室主任、福山高新技术产业开发区管委主任、福山区副区长、福山区常务副区长、烟台出口加工区B区管理局局长、烟台市对外贸易经济合作局局长等职。2010年1月任现职。

【国内贸易】

**社会消费品零售总额**　2016年，山东省烟台市社会消费品零售总额2 976.1亿元，比上年的2 679.5亿元增长11.1%。按地域分，城镇2 360.5亿元，乡村615.6亿元。按行业分，餐饮业253.7亿元，商品零售业2 722.4亿元。

**市场物价**　商品零售价格指数为101.1，居民消费价格指数为101.8（均以上年价格为100）。

**市场秩序建设**　肉类蔬菜流通追溯体系一期项目建成并投入使用，城市管理平台全面启动，生鲜配送中心、大中型连锁超市等5个追溯子系统开通运行，初步实现来源可溯、去向可追、责任可究。烟台苹果被纳入全国重要产品追溯体系，争取省级重要产品追溯体系建设试点资金1 390万元。加强酒类流通管理，以严格酒类流通备案及《酒类流通随附单》申领使用为核心，强化监管力度，截至2016年底，共完成酒类经营者备案2 694家，发放随附单496 051份。扎实推进单用途商业预付卡执法检查，制定印发了《关于开展单用途商业预付卡风险排查工作的通知》，建立新增单用途预付卡发卡企业月报备制度及辖区领导责任制，全市规模以上发卡企业资金存管达标率达到100%。扎实开展打击侵犯知识产权和制售假冒伪劣商品行为工作，制定双打领导小组文件印发制度，建立信息发布及两法衔接平台考核通报机制，全年立案查处侵权假冒案件581起，涉案金额2.1亿元。

**市场体系建设**　加快农村现代商品流通网络建设，烟台农资公司在栖霞市松山镇、唐家泊镇、大庄头镇、官道镇和寨里镇建设5处、总面积8 500多平方米的家友福连锁超市；招远金都百货公司建设的8 000平方米金都百货物流商品配送中心和3 500平方米农产品加工配送中心开业运营。烟台获批全国农产品冷链流通标准化示范试点城市和山东省冷链物流发展示范城市。组织105家农产品电商企业参加了山东农商互联大会，设置展位520个，销售苹果16.5万吨、成交额10.35亿元。栖霞果品拍卖中心有限公司项目正式启动运行，设计年交易能力100万吨，是国内第一家从事产地果品拍卖的专业公司。加快商贸物流配送体系建设，成立烟台市商贸物流与供应链协会，新争取省级专项发展资金200万元，支持烟台顺丰速运有限公司、中国邮政烟台分公司在芝罘区、莱山区集中安装城市共同配送末端网点（智能快件箱）290组。全市商贸流通企业累计使用托盘72 500个，其中标准化托盘21 000多个。振华集团被商务部列为全国第二批流通标准化专项行动重点推进企业。

**特殊行业发展**　强化典当行业管理，7月15日—8月30日，组成专项检查组，集中开展典当行专项检查工作，结合日常监管情况、社会监督举报情况及全国典当行业监督管理信息系统内信息，对全市典当企业进行全面现场检查，进一步做好典当行业风险防控工作。2016年，全市共有典当企业44家，其中，典当公司44家，分公司2家。注册资本14.9亿元，增长2.8%；资产总额16.5亿元，增长3.2%；完成典当额12.2亿元，从业人数285人。强化报废汽车回收拆解和老旧黄标车报废工作，回收拆解老旧车辆3 825辆。规范拍卖行业发展，全市有34家拍卖企业，其中，AA级企业8家，A级企业9家，具有公物拍卖资格的企业21家，通过强化监督管理、开拓新兴市场、引导转型发展等方式，促进企业强强联合、抱团式发展，全年拍卖成交额突破100亿元。

**市场运行与消费**　促进强化市场运行监测，新建考核情况月通报制度，新引入样本企业备份监测人制度，启动短信、微信催报平台，监测样本企业总数达到249家，新增信息泵安装企业6家。与烟台日报、烟台私家车广播新闻早餐节目等平台合作开设专栏，完成烟台商务预报网站改版。强化消费促进制度建设，制定印发了《关于做好春节消费市场保供工作的通知》、《关于做好五一假期市场保供工作的通知》等文件，围绕元旦、端午、国庆等重点节日，组织了2016年消费促进月、金秋佳节购物月等活动，体现商、购、游、娱的相互融合及提升，全市参与商户476

个，实现销售收入24.6亿元。成功举办2016年烟台市经典鲁菜烹饪大赛和烟台市2016烹饪技能竞赛，成立烟台市酒家酒店等级评定委员会，烟台获得国家钻级酒家酒店等级评定授权，成为全省第一个，全国第三个授权城市，全市国家级酒家酒店达到白金五钻级1家、五钻级26家、四钻级2家。

【对外贸易】

**进出口总额**　进出口总额29 042 935万元，比上年的30 690 562万元下降5.4%。

**出口总额**　出口总额16 036 034万元，比上年的17 448 019万元下降5.8%，占全市生产总值的23.2%、全省出口总额的17.7%。

**进口总额**　进口总额12 606 901万元，比上年的13 242 543万元下降4.8%。

**出口市场**　出口商品销往208个国家和地区。对10大主要市场出口14 447 122万元，占出口总额的87.9%。

**进口市场**　进口商品来自132个国家和地区。从10大主要进口来源地进口10 242 980万元，占进口总额的81.2%。

**服务贸易**　服务贸易进出口3 536 931万元，比上年的3 271 907万元增长8.1%。其中，出口1 924 867万元，比上年的1 621 623万元增长18.7%；进口1 612 063万元，比上年的1 649 140万元下降2.3%。服务贸易主要涉及旅游、运输、商业服务、计算机与信息服务、汽车研发检测等。2016年青岛市服务贸易主要出口市场为韩国、香港、新加坡和日本等。

**技术进出口**　技术进出口10 389.1万美元，比上年增长2%。其中，出口7 872.5万美元，比上年增长41.2%；进口2 519.6万美元，比上年下降45.4%。

**烟台市2016年对外贸易情况表**

| 项目 | 进出口 | | 出口 | | 进口 | |
|---|---|---|---|---|---|---|
| | 金额（万元） | 增长（%） | 金额（万元） | 增长（%） | 金额（万元） | 增长（%） |
| **合计** | **29 042 935** | **-5.4** | **16 436 034** | **-5.8** | **12 606 901** | **-4.8** |
| 国有企业 | 966 904 | -10.3 | 460 151 | -8.3 | 506 753 | -12.1 |
| 三资企业 | 19 922 404 | -6.2 | 11 853 309 | -1.6 | 8 069 095 | -12.3 |
| 民营企业 | 8 153 627 | -2.8 | 4 122 574 | -16.2 | 4 031 053 | 16.0 |
| 一般贸易 | 9 882 817 | -1.4 | 6 018 158 | -8.9 | 3 864 659 | 13.2 |
| 加工贸易 | 15 178 285 | -10.5 | 9 376 818 | -4.3 | 5 801 467 | -18.9 |
| 其他贸易 | 3 972 700 | -1.6 | 1 041 058 | -1.6 | 2 931 642 | -1.6 |
| 外商投资企业设备进口 | 9 133 | 17.3 | - | - | 9 133 | 17.3 |
| 纺织服装 | 1 053 828 | -1.8 | 971 922 | -2.7 | 81 906 | 10.5 |
| 农产品 | 3 582 983 | 6.6 | 2 078 512 | 12.4 | 1 504 470 | -0.6 |
| 化工产品 | 2 196 632 | -0.5 | 1 334 079 | -7.3 | 862 553 | 12.1 |
| 机电产品 | 18 438 886 | -9.6 | 10 786 586 | -6.7 | 7 652 300 | -13.3 |
| 高新技术产品 | 9 722 506 | -18.6 | 4 250 628 | -22.9 | 5 471 878 | -15.0 |

**烟台市2016年主要出口商品情况表**

| 品名 | 出口额（万元） | 增长（%） | 占比（%） |
|---|---|---|---|
| 电器及电子产品 | 3 831 234 | -16.2 | 23.3 |
| 运输工具 | 1 882 504 | 8.2 | 11.5 |
| 机械设备 | 1 287 300 | -34.1 | 7.8 |
| 水海产品及制品 | 933 348 | 12.4 | 5.7 |
| 仪器仪表 | 690 179 | 33.9 | 4.2 |
| 服装及衣着附件 | 629 569 | -4.4 | 3.8 |
| 金属制品 | 584 430 | -32.4 | 3.6 |
| 水果及制品 | 385 466 | 24.0 | 2.4 |
| 新的充气橡胶轮胎 | 362 203 | -10.2 | 2.2 |
| 纺织纱线、织物及制品 | 342 352 | 0.5 | 2.1 |
| 未锻压铝及铝材 | 306 527 | 24.3 | 1.9 |
| 蔬菜及制品 | 254 532 | 10.9 | 1.6 |
| 肥料 | 162 501 | -45.9 | 1.0 |
| 塑料制品 | 124 765 | -12.0 | 0.8 |
| 肉食品及制品 | 96 368 | -12.1 | 0.6 |
| 医药品 | 95 890 | 2.0 | 0.6 |
| 钢材 | 80 857 | -18.9 | 0.5 |

## 烟台市2016年主要进口商品情况表

| 品　名 | 进口额（万元） | 增长（%） | 占比（%） |
|---|---|---|---|
| 电器及电子产品 | 4 565 939 | -19.3 | 36.2 |
| 仪器仪表 | 1 405 875 | 13.2 | 11.2 |
| 机械设备 | 1 173 533 | -19.4 | 9.3 |
| 粮食 | 746 828 | -7.6 | 5.9 |
| 水海产品 | 433 110 | 5.2 | 3.4 |
| 铜矿砂及其精矿 | 311 774 | 15.8 | 2.5 |
| 液化石油气及其他烃类气 | 307 012 | 69.1 | 2.4 |
| 钢材 | 243 447 | -23.6 | 1.9 |
| 原油 | 207 489 | 110.5 | 1.7 |
| 初级形状的塑料 | 139 776 | -7.8 | 1.1 |
| 金属制品 | 132 600 | 2.1 | 1.1 |
| 合成橡胶（包括胶乳） | 131 457 | 174.4 | 1.0 |
| 运输工具 | 129 839 | -15.9 | 1.0 |
| 肥料 | 113 976 | 109.8 | 0.9 |
| 铝矿砂及其精矿 | 107 600 | -18.0 | 0.9 |
| 铁矿砂及其精矿 | 96 231 | 182.6 | 0.8 |
| 纺织纱线、织物及制品 | 72 634 | 1.2 | 0.6 |
| 废塑料 | 65 026 | -12.7 | 0.5 |
| 煤及褐煤 | 55 790 | 23.2 | 0.4 |
| 天然橡胶（包括胶乳） | 52 842 | -42.0 | 0.4 |

## 烟台市2016年主要出口市场情况表

| 国别（地区） | 出口额（万元） | 增长（%） | 占出口总额比重（%） |
|---|---|---|---|
| 美　国 | 3 968 188 | 2.2 | 24.2 |
| 欧　盟 | 2 499 336 | -16.4 | 15.2 |
| 日　本 | 2 107 940 | -10.5 | 12.8 |
| 韩　国 | 2 000 167 | 2.9 | 12.2 |
| 香　港 | 1 214 962 | 3.3 | 7.4 |
| 东　盟 | 1 018 622 | -15.1 | 6.2 |
| 俄罗斯 | 579 182 | 137.6 | 3.5 |
| 墨西哥 | 478 281 | -29.2 | 2.9 |
| 加拿大 | 316 036 | 11.8 | 1.9 |
| 澳大利亚 | 264 408 | -6.9 | 1.6 |

## 烟台市2016年主要进口市场情况表

| 国别（地区） | 进口额（万元） | 增长（%） | 占进口总额比重（%） |
|---|---|---|---|
| 韩　国 | 3 843 808 | -22.1 | 30.5 |
| 东　盟 | 1 706 509 | 12.7 | 13.5 |
| 日　本 | 1 222 938 | 2.1 | 9.7 |
| 美　国 | 786 274 | -16.7 | 6.2 |
| 欧　盟 | 695 222 | -13.9 | 5.5 |
| 台湾省 | 581 752 | -15.3 | 4.6 |
| 澳大利亚 | 445 179 | -13.2 | 3.5 |
| 加拿大 | 331 125 | 45.6 | 2.6 |
| 巴　西 | 326 787 | 5.6 | 2.6 |
| 俄罗斯 | 303 386 | 56.3 | 2.4 |

【利用外资】

烟台市 2016 年利用外资情况表

| 利用外资方式 | 签约情况 | | | 实际使用情况 | |
|---|---|---|---|---|---|
| | 项目数（个） | 签约额（万美元） | 增长（%） | 金额（万美元） | 增长（%） |
| 合资企业 | 54 | 82 083 | 63.0 | 88 057 | 32.0 |
| 合作企业 | 4 | 44 342 | 38 458.3 | 97 | — |
| 外资企业 | 174 | 197 989 | -15.8 | 117 651 | -4.2 |
| 股份有限公司 | 0 | 622 | 1.0 | 367 | -72.2 |
| **合　计** | **232** | **325 036** | **13.5** | **206 173** | **7.6** |

**投资产业**　外商投资第一产业项目 7 个，签约额 36 209 万美元，实际投资额 700.1 万美元；第二产业项目 112 个，签约额 151 033 万美元，实际投资额 131 594 万美元；第三产业项目 113 个，签约额 137 794 万美元，实际投资额 67 737 万美元。

**投资来源**　2016 年有 24 个国家和地区在烟台市投资，投资额列前五位的国家和地区分别是香港、新加坡、韩国、英属维尔京群岛、百慕大，合计投资项目 159 个，签约额 209 559 万美元，实际投资额 129 602 万美元。

**外商投资企业生产经营情况**　2016 年烟台市实有外商投资企业 2 500 家，投资总额 2 733 261.8 万美元，外方投资 1 147 185.2 万美元，实现产值 35 039 255.2 万元。盈利企业 881 家，盈利总额 1 710 121.7 万元。亏损企业 1 193 家，亏损总额 673 470.1 万元。外商投资企业进口 8 069 095 万元，出口 11 853 309 万元，吸纳就业人员 29.4 万人。

【对外经济合作】

**对外投资**　烟台市 2016 年兴办境外企业（机构）66 家，总投资 341 034 万美元，中方协议投资 171 816 万美元，实际投资 142 185 万美元。主要投资对象为美国、澳大利亚、香港等国家和地区。主要投资项目包括：绿叶集团投资 2.7 亿美元并购澳大利亚第三大私立医院，是我国目前医疗行业规模最大的海外并购；烟台联宇网络科技在美国并购 3 家网络销售公司，是全市首家从事跨境仓储物流企业；招远金岭金矿在香港增资 1 亿美元扩大金精矿和贵金属进出口业务；业达教育科技在美国设立艺术中心成为全市首个“走出去”文化教育项目。

**承包工程**　烟台市 2016 年签订对外承包工程合同 42 个，签约额 88 968 万美元，增长 26%，完成营业额 87 785 万美元，增长 13.8%。新签约项目涉及房屋建筑、工业建设、交通运输、石油化工、电力工程等行业，主要分布在塔吉克斯坦、加纳、乌干达、斐济等国家和地区。

**劳务合作**　烟台市 2016 年派出劳务人员 6 449 人，年末在外 10 356 人。主要派遣国家和地区是日本和新加坡。

【其他】

**开发区**　烟台经济技术开发区 2016 年实现生产总值 1 256 亿元，工业主营业务收入 4 415 亿元，公共财政预算收入 90.4 亿元，税收收入 210.3 亿元，固定资产投资 543 亿元，社会消费品零售总额 134.3 亿元。新引进内外资项目 83 个，总投资 265 亿元，实际使用外资 39.62 亿元、内资 315 亿元，过亿美元外资项目 5 个，过 5 亿元内资项目 7 个，总投资 5 亿美元的韩美药品全球生产基地及研发中心项目成为全省年度最大的外资项目。新开工各类项目 35 个，在建项目达到 147 个，总投资 2 160 亿元。全区主板和创业板上市企业达到 7 家；新增“新三板”挂牌企业 7 家、区域性股权市场挂牌企业 9 家，总数分别达到 19 家和 20 家。

招远经济技术开发区 2016 年完成生产总值 527 亿元，增长 8.3%；工业主营业务收入 1 237 亿元，增长 7.4%；公共财政预算收入 42 亿元，增长 23.6%；税收收入 45 亿元，增长 11%；固定资产投资 322 亿元，增长 14.6%；进出口 135.4 亿元，增长 6.3%；实际使用外资 10.01 亿元，增长 22.3%。实施市级重点项目 29 个，总投资 177 亿元，年度计划投资 48 亿元，已完成投资 49.4 亿元。

烟台保税港区 2016 年完成外贸进出口 123.4 亿美元，在全国保税港区中位居前列。其中，在全国率先测试成功选择性征税系统，在省内首先完成特殊区域汇总征税、返区维修等创新监管制度。10 月 12 日保税港区二期顺利通过封关验收。跨境电子商务全年审核验放进口电商物品 17 万票，货值 6 000 多万元，通关清单数和货值在青岛关区具备资质的主体中均排名首位。扶持玄祥新材在鲁交所挂牌，实现区内企业上市“零突破”。与海关、检验检疫等部门一起，推出 25 项鼓励扶持区内进出口重点企业发展的优惠措施。

全市省级以上园区 2016 年实际使用外资 91.7 亿元，完成进出口 2 363.8 亿元，分别占全市的 67.4%和 81.4%。在 2015 年全省 134 家省级园区考核评价中，龙口、莱州、蓬莱、莱山经济开发区等 4 家开发区进入全省前 30 强。

**商务洽谈会**　2016 年 10 月 15 日—18 日，第十七届国际果蔬·食品博览会暨第十届烟台国际葡萄酒博览会在烟台国际博览中心举行，来自国内外的 300 多个企业、经销商和农业生产合作社等参会参展。参展展位 529 个，其中，果蔬食品及设备展位 440 个、葡萄酒及设备展位 73 个、媒体及电商平台展位 16 个。参观人数 5.2 万人次，意向贸易成交额1.2亿元。

2016年11月18日，由烟台市人民政府主办，烟台市商务局、烟台市投资促进局承办的“2016跨国公司烟台行”活动成功举行。德国西门子、法国施耐德电气、法液空、美国IBM、日本三菱商事、韩国SK、安永、普华永道、麦肯锡等40多家世界500强及跨国公司68名中国区负责人参加会议，烟台市各县市区、重点产业招商部门、意向企业代表共计200人参加论坛及对口洽谈活动。会上，烟台市政府与韩国保健产业振兴院签署了战略合作协议。

2016年11月25日—26日，由加拿大艾伯塔省经济发展与贸易部、山东省商务厅、烟台市人民政府主办，烟台市商务局、烟台市投资促进局承办的“烟台—加拿大艾伯塔省系列经贸活动”成功举办。来自加拿大艾伯塔省经济、农业等部门负责人和企业代表以及烟台相关产业招商部门负责人、有意向合作的企业代表320多人参加活动。烟台市16家企业与艾伯塔省18家企业（机构）在能源、环境、医药、化工、食品等领域达成18项合作意向。此次艾伯塔省经贸代表团是该省有史以来最大规模的访华经贸代表团，包括42家机构和企业共84人，涵盖能源、环保、高科技、农林业、食品消费品、房地产、旅游、教育、投资等多个领域。

**重大商务举措**　中韩（烟台）产业园被列入山东省“十三五”规划。《中韩（烟台）产业园总体方案》已上报商务部，产业发展规划完成初稿。全市坚持开放发展加快推进中韩（烟台）产业园建设动员大会召开，与韩国新万金开发厅签署《合作共建中韩（韩中）产业园谅解备忘录》。出台《关于复制推广自由贸易试验区改革试点经验加快推进中韩（烟台）产业园建设的实施方案》，中韩合资医院等21条措施得到全面落实。烟台—富川中韩文化创意产业示范园区、中韩留学生创业产业园、绿叶中韩国际健康医学中心等特色载体投入运营。全市新批韩资项目87个，合同韩资4.7亿美元，实际使用韩资2.8亿美元，分别增长17.6%、80.2%和32%，韩美制药全球生产研发销售基地、艾多美中国直销总部等一批优质项目落户。

深化与世界500强战略合作。筛选100家产业契合度高的世界级大企业分包给市直产业部门持续开展大走访活动，成功举办2016烟台—上海跨国公司恳谈会、2016年度跨国公司烟台行高层对话会暨圆桌论坛等活动。年内，市政府与北京首创集团、住友商事（中国）签署三方战略合作协议。全年新批总投资1亿美元以上项目9个，合同外资8.5亿美元，增长158.1%；新批世界500强投（增）资项目12个，合同外资2.8亿美元，增长40.9%，中建集团、高盛资本、大唐集团、光大集团、魏桥创业等5家世界500强首次在烟台投资。

拓宽利用外资渠道。深入开展“优化营商环境，拓展外商投资企业发展空间”活动，对重点外资企业实行服务大使制度，全市75个外资项目增资5.8亿美元。新批外资并购项目13个，并购额1.6亿美元，分别增长30%和3.2倍；新引进外资融资租赁项目4个，合同外资1亿美元，山东通泰国际融资租赁有限公司成为外商投资审批改备案管理之后全国首家以备案方式设立的外商投资企业。

加快发展服务贸易。市政府出台了《关于加快发展服务贸易的实施意见》（烟政发〔2016〕16号），成立全省首家服务贸易协会——烟台市服务贸易协会，杰瑞石油服务集团等5家企业和园区被省商务厅批准为省级服务贸易特色服务出口基地，认定8家单位和企业为第一批烟台市服务贸易公共服务平台、服务外包产业园和特色服务出口基地。全年全市服务贸易进出口353.7亿元，增长8.1%，其中服务出口192.5亿元，增长18.7%。

积极融入“一带一路”战略。21个境外投资合作项目列入省“一带一路”重大项目库。年内，对“一带一路”沿线国家实施投资合作项目33个，其中境外投资项目12个，中方协议投资额2.8亿美元，增长68.1%；对外承包工程项目19个，合同额2.9亿美元。中俄托木斯克木材工贸合作区成为俄联邦五大森工园区之一，中国匈牙利宝思德经贸合作区获批国家级境外经贸合作区，烟台成为全国唯一拥有2个国家级境外经贸合作区的城市。

加快发展电子商务。烟台市获批省级跨境电子商务综合试验区，栖霞、招远获评全省第二批电子商务示范县，烟台电子商务产业园、保税港区跨境电商产业园等5个单位被省商务厅认定为省级外贸新业态主体。中韩EMS跨境直购进口正式开通，市级跨境电商公共服务平台上线运营，全市跨境电商交易额19.36亿美元，增长27.3%，其中海运直购进口业务量居全省第一，空运进口业务量居全省第二。组织开展了“阿里年货节”、“村淘春耕节”、“京东·樱桃节”、“聚划算·聚樱汇”、“淘宝·烟台海参节”和“栖霞苹果网货节”等活动，全年特色农产品网上销售额占全省农产品销售额的21.6%，居全省第一。举办烟台市县域电子商务创新发展研修班，全年累计培训各类电商人才8 740人次，其中电商专业培训4 160人次。2016年，全市电商交易额达到2 775.8亿元，增长30.6%，其中网络零售额509.3亿元，增长40.8%。

# 2016年河南省商务发展概况

河南省商务厅

焦锦淼

河南省商务厅厅长

焦锦淼　男，1958年8月出生，河南尉氏县人，汉族，研究生学历，管理学博士，高级经济师，管理学研究员；河南省优秀专家；省十届、十一届政协常委。1975年10月参加工作，1990年后历任淮阳县副县长、太康县委副书记、项城县委副书记兼副县长等职；1992年调任西平县县长，同年任县委书记；1996年后历任中共信阳地委委员、组织部长，信阳市委常委、组织部长，1998年任中共南阳市委副书记；2001年入华中科技大学管理学院博士研究生班学习，2004年任河南省社会科学院党委书记，2008年任河南省供销合作总社理事会主任、党组书记，2013年3月任河南省商务厅厅长、党组书记。

## 【国内贸易】

**社会消费品零售总额**　据河南省统计局统计，2016年，河南省社会消费品零售总额17 618.4亿元，比上年增长11.9%。其中，限额以上企业实现零售额7 383.4亿元，增长10.9%。城镇市场实现零售额14 399.9亿元，增长11.7%；乡村市场实现零售额3 218.5亿元，增长12.8%。批发、零售、住宿和餐饮四个行业的零售额规模均有所增加，分别增长13.3%、14.7%、12.7%和15.8%。

**市场物价**　居民消费价格比上年上涨1.9%，比全国平均水平低0.1个百分点。

**市场监管**　省市县商务监管执法机构、12312商务举报投诉服务中心覆盖率继续位居全国第一，商务监管执法人员达到3 000余人。扩大试点范围，除鹤壁作为国家试点外，将焦作、济源、永城、汝州、邓州、固始、滑县、禹州、长葛、辉县、武陟等11个市县纳入全省商务综合监管执法体制改革试点范围。下沉执法成效显著，鹤壁、永城、固始、汝州、新县、光山等把商务监管延伸到乡镇。3月份，在商务部召开的全国商务综合行政执法体制改革试点工作会上，河南省作典型发言。商务部对河南省"建立省市县三级综合监管执法体系、相对集中执法权、实行条块加网格化监管执法模式、下移监管执法重心"的"河南模式"给予充分肯定。监管执法工作成效提高明显，全年全省累计接收商务举报投诉事件4 666起、受理4 188起、办结3 775起，提供咨询服务15 465人次；商务监管执法部门出勤20余万人次，检查企业、商户12.6万多户次，发现违法违规案件线索7 733件，行政处理3 992件，涉案金额631.59万元。

**"双打"工作**　2016年，河南省在全国率先单列常设了打击侵权假冒工作领导小组办公室，定岗定编定员，工作经费列入财政预算。省市县三级均成立了领导小组和办公室。按照全国统一部署，2016年，河南省重点开展了互联网领域侵权假冒专项整治、农村和城乡结合部市场假冒伪劣专项整治、软件正版化、中国制造海外形象维护"清风"行动等专项整治行动。同时，全省及有关行政执法部门组织开展了车用燃油市场监管、侵犯知识产权违法行为、涉烟违法犯罪、重点商品和行业监管等50余次专项行动。据统计，全年全省各级相关行政执法部门共立案13 059个，办结案件12 382个，涉案金额7 988.06万元；全省公安机关共破获侵权假冒案件1 091起，抓获犯罪嫌疑人1 314人，涉案金额6.5亿余元，公安部5次发电表彰；全省检察机关共批准逮捕涉嫌侵权假冒犯罪案件236件、349人，提起公诉782件、1 155人；全省法院共受理侵权假冒犯罪案件1 271件，审结1 201件，判决1 540人，侵权假冒违法犯罪行为得到了有效遏制。在全国打击侵权假冒工作领导小组第十次全体会议上，河南省作了专题发言，得到汪洋副总理的充分肯定；在全国打击侵权假冒领导小组办公室主任会议上，河南省又做了典型发言，获得全国各省市同行们的肯定和一致好评。

**农产品流通体系建设**　成立河南省省商务投资公司，采用股权投资方式首批拨付1.2亿元，推进国家跨区域农产品流通基础设施试点，重点支持河南万邦国际农产品物流城等骨干企业，预计年交易额新增600亿元。河南省被确定为中央财政支持冷链物流发展10省份之一，获支持资金2亿元，商务部在河南省召开了全国冷链物流工作现场交流会。协调省财政资金2 800万元，支持26个农批、农贸、超市建设。推动郑州开展城市共同配送体系建设，形成了20余家城市配送联盟体和完整的三级配送网络，一批物流企业、平台、协会被认定为全国物流标准化行动重点推进单位。

**大气污染防治**　全省商务系统开展商务领域大气污染

防治攻坚战，查处违规经营加油站点8 000多个，新批农村及偏远地区加油站1 560个，有效保障了农村生产生活用油需求。回收拆解黄标车、老旧汽车超过10万辆，是2015年的2倍。

**电子商务** 电子商务交易额突破1万亿元，增长30%。出台了关于大力发展电子商务加快培育经济新动力的若干意见，新评定省级电商示范基地32个、示范企业107家，新认定备案电商企业2 746家，全年培训电商人员近4万人次。世界工厂网、鲜易网等本土电商平台位居全国细分行业前列，在资本市场挂牌上市电商企业超过40家。电商进农村深入推进，新增6个国家级电商进农村示范县，中央财政支持9 000万元。全省国家级电子商务示范县达到21个，省级示范县达到27个，走在全国前列。建成各类电子商务运营服务中心17个、镇级服务站237个、村级服务点4 333个，培训人员近20万人，企业和个人开设网店近2万个，农村电商就业人员65 000人，电商交易额突破300亿元，网络零售额近150亿元。

**典当、拍卖行业管理** 2016年新批准设立4家典当企业，撤销19家未通过年审企业的经营资格。全省正常经营典当企业289家，资产总额54.2亿元，增长4.7%，从业人员2 814人；累计发放当金155.5亿元。新批准从事拍卖业务企业10家，变更登记事项拍卖企业21家，注销拍卖经营证书19家。全省共有拍卖企业328户，总成交额134.83亿元，下降6.62%。积极开展典当和融资租赁行业风险排查，未发现从事互联网金融活动以及线下从事金融活动。

**市场运行监测** 2016年，河南省市场监测和调研分析连续12年居全国第一。新增各类样本企业78家，删除42家，全省共有各类样本企业2 309家。全省监测数据报送上报率、及时率均达到99.9%以上。全年共利用多种平台发布各类市场信息9.8万条，发布分析文章近7万篇，被商务部网站采用1 000余篇。储备体系建设逐步完善，全省已建立健全猪肉、牛羊肉、鸡蛋、蔬菜、饮用瓶装水、方便面、畜禽产品、乳制品等品种储备库。春节期间，郑州、洛阳市以低于市场价投放储备蛋菜约4 500吨，洛阳市以低于市场价5%的价格供应生鲜肉品800吨。市场应急工作不断加强，印发了《2016年河南省生活必需品市场供应应急预案》，省、市、县三级初步建立了较为完善的应急组织系统。

**促进消费工作** 2016年新认定22家品牌消费集聚区。新认定19家河南老字号企业，总数达到105家。推荐企业参加全国绿色商场示范创建活动，丹尼斯大卫城入围全国首批15家绿色商场。住宿餐饮业发展规模在全国前移至第4位。举办了第六届郑州精品年货博览会，丰富了春节市场供应、扩大了节日消费；2016年4月份开展了“河南省消费促进月”活动。

**成品油管理** 一是对全省成品油经营企业2015年度资格进行了检查。据统计，至2015年12月底，河南省共有成品油批发经营企业103户（含成品油专项直供企业1户），成品油仓储经营企业7户，成品油零售经营企业9 318个（其中：加油站7 381个，加油点1 936个，加油船1艘）。二是做好成品油分销体系“十三五”发展规划编制工作。全省共计规划油库库容130万立方米，加油站1 127座，与“十二五”时期持平。三是开展成品油市场专项整治活动。全省共出动执法车22 481辆次，抽查油品1 820批次，受理举报408起，下发整改通知书5 859份，全省共打掉黑加油站点8 505个，罚没油品1 518.6吨，收缴加油机980台，处理涉案人员2 849人（其中刑事拘留491人）。四是加快推进农村及偏远地区加油站建设。牵头起草了《关于加快农村及偏远地区加油站建设确保成品油市场供应的实施意见》，预备规划确认新建或升级改造加油站1 518个，涉及全省88个县873个乡镇。

**茧丝绸行业管理** 2016年，全省桑园面积近21.4万亩，增长4.9%；发放蚕种20.3万张，收购鲜蚕茧近7 738吨。柞坡面积1 000万亩，已开发面积290万亩，柞蚕放养13 800公斤，共收购柞蚕茧近5 377吨（不包括种茧）。

**酒类流通管理** 2016年全省新增酒类经营备案登记企业2 547家，《随附单》领用企业1 206家，领用《随附单》15.57万份；全省累计酒类经营备案登记企业10.39万家，《随附单》领用企业1.97万家，领用《随附单》541万余份。

**商务领域食品药品工作** 开展食品安全宣传周商务主题日暨郑州毛庄农产品批发市场追溯机制宣传活动，出动宣传人员1 890余人次，发放宣传材料45 357份，张贴海报761张，展出展板117个，悬挂条幅138条，投放公益广告54次，媒体报道57次，通过移动短信信箱发送短信2 000余条。肉菜流通追溯体系建设工作深入推进，出台了《河南省人民政府办公厅关于加快推进重要产品追溯体系建设的实施意见》，郑州、漯河试点建设工作成效显著，漯河市50个节点全部完成建设，累计上传城市管理平台有效数据近34万余条。拟定了《河南省中药材现代物流体系建设规划（初稿）》，印发了《关于推荐河南省新增药品流通行业统计直报企业的通知》。河南省中药材流通追溯体系建设项目启动。

**商务信用建设** 持续推进商务领域信用体系建设，先后举办了“诚信，河南更加出彩”主题活动暨2016年度河南省诚信建设“红黑榜”发布仪式、河南2016“诚信兴商宣传月”启动仪式暨“信用消费进万家”主题日活动。“诚信兴商宣传月”期间，全省共组织活动6 424次，发布专题新闻、信息约2 000条，报纸、杂志发表专题文章和新闻报道综述600次，播放广播、电视专题节目及新闻报道总数2 365次，制作、播放各类公益广告6 693次，举办研讨会56次，制作、张贴诚信宣传画83 247张，制作、发放诚信宣传册345 776份，发送诚信宣传短信5 824 410条。

**【对外贸易】**

**进出口总额** 进出口总额712.3亿美元，比上年的738.36亿美元下降3.5%。

**出口总额** 出口总额428.3亿美元，比上年的430.66

亿美元下降 0.5%，占全省 GDP 40 160.01 亿元（相当于 6 046.11 亿美元）的 7.08%，占全国出口额的 2.0%。

**进口总额** 进口总额 283.9 亿美元，比上年的 307.69 亿美元下降 7.6%。

**出口商品市场** 出口商品销往 211 个国家和地区。

**进口商品市场** 进口商品来自 134 个国家和地区。

**服务贸易** 据省外汇管理局统计，2016 年，全省服务进出口 69.47 亿美元。其中，出口 14.34 亿美元，进口 55.13 亿美元。服务进出口主要集中在出境旅行、外资企业投资收益、境外职工报酬和建筑等方面。2016 年旅游服务进出口 31.57 亿美元，占全省服务进出口的 45.4%；运输、建筑、保险和养老金、金融、电信计算机和信息等服务类项目呈不同幅度增长，分别增长 28.2%、27.4%、41.2%、92.5%、17.8%。河南省服务出口主要集中在郑州、漯河、洛阳、三门峡、新乡、濮阳、南阳等地。

**技术进出口** 签订引进技术进口合同备案 42 项，合同金额 4 416.56 万美元；签订引进技术出口合同备案 14 项，合同金额 1 662.78 万美元。

**河南省 2016 年出口额 5 000 万美元以上商品情况表**

| 金额分类 | 商品名称 | 出口金额（万美元） | 占出口总额比重（%） |
|---|---|---|---|
| 1 亿美元以上（27 种） | 手机 | 2 702 081 | 63.1 |
| | 人发制品 | 119 107 | 2.78 |
| | 蔬菜 | 97 301 | 2.27 |
| | 铝及铝材 | 83 274 | 1.94 |
| | 服装 | 83 114 | 1.94 |
| | 汽车和底盘 | 71 038 | 1.66 |
| | 轮胎 | 46 896 | 1.09 |
| | 钢材 | 39 391 | 0.92 |
| | 家具 | 30 230 | 0.71 |
| | 鞋 | 28 373 | 0.66 |
| | 陶瓷产品 | 26 498 | 0.62 |
| | 电线电缆 | 21 162 | 0.49 |
| | 汽车零件 | 19 283 | 0.45 |
| | 毛皮制品 | 18 817 | 0.44 |
| | 内燃机及其发动机零件 | 18 434 | 0.43 |
| | 钛白粉 | 18 377 | 0.43 |
| | 棉机织物 | 16 315 | 0.38 |
| | 摩托车及自行车零件 | 15 437 | 0.36 |
| | 二极管 | 15 376 | 0.36 |
| | 药品 | 15 113 | 0.35 |
| | 合成纤维长丝 | 13 801 | 0.32 |
| | 人造纤维长丝 | 13 662 | 0.32 |
| | 纸及纸板 | 12 637 | 0.30 |
| | 珍珠、宝石及半宝石 | 12 331 | 0.29 |
| | 猪 | 11 795 | 0.28 |
| | 塑料制品 | 11 275 | 0.26 |
| | 铜及铜材 | 10 633 | 0.25 |
| 5 000 万—1 亿美元（7 种） | 人造刚玉 | 9 446 | 0.22 |
| | 通断及保护电路装置 | 8 985 | 0.21 |
| | 旅行用品及箱包 | 8 604 | 0.20 |
| | 胶片 | 8 112 | 0.19 |
| | 手用或机用工具 | 7 460 | 0.17 |
| | 制冷设备 | 6 601 | 0.15 |
| | 银及银制品 | 5 093 | 0.12 |
| **合　计** | **34 种** | **3 626 052** | **84.70** |

**河南省2016年进口额3 000万美元以上商品情况表**

| 金额分类 | 商品名称 | 进口金额（万美元） | 占进口总额比重（%） |
| --- | --- | --- | --- |
| 1亿美元以上（19种） | 集成电路及微电子组件 | 1 129 068 | 39.77 |
| | 电视机、收音机零附件 | 172 623 | 6.09 |
| | 铜矿砂 | 96 681 | 3.41 |
| | 铁矿砂 | 92 102 | 3.24 |
| | 大豆 | 75 457 | 2.66 |
| | 美容化妆品 | 51 534 | 1.82 |
| | 铅矿砂 | 40 267 | 1.42 |
| | 贵金属矿砂 | 33 938 | 1.20 |
| | 木浆 | 32 143 | 1.13 |
| | 印刷电路 | 29 814 | 1.05 |
| | 电容器及其零件 | 24 156 | 0.85 |
| | 绵羊或羔羊生皮 | 23 911 | 0.84 |
| | 计量检测分析仪器 | 22 747 | 0.80 |
| | 电感器及零件 | 18 768 | 0.66 |
| | 通断及保护电路装置 | 15 615 | 0.55 |
| | 金属加工机床 | 14 884 | 0.52 |
| | 煤 | 14 373 | 0.51 |
| | 医疗仪器及器械 | 13 845 | 0.49 |
| | 橡胶及其制品 | 12 291 | 0.43 |
| 3 000万—1亿美元（14种） | 经加工的人发 | 9 500 | 0.33 |
| | 初级形状的塑料 | 9 099 | 0.32 |
| | 铜及铜材 | 8 853 | 0.31 |
| | 汽车零件 | 7 399 | 0.26 |
| | 电线及电缆 | 7 027 | 0.25 |
| | 锌矿砂 | 6 642 | 0.23 |
| | 活塞式内燃发动机 | 5 552 | 0.20 |
| | 二极管 | 4 433 | 0.16 |
| | 谷物及谷物粉 | 4 334 | 0.15 |
| | 液体泵 | 4 277 | 0.15 |
| | 钛矿砂 | 4 067 | 0.14 |
| | 铬矿砂 | 3 676 | 0.13 |
| | 锰矿砂 | 3 627 | 0.13 |
| | 铝及铝材 | 3 304 | 0.12 |
| **合　计** | **33种** | **1 996 007** | **70.30** |

河南省 2016 年主要出口市场情况表

| 国别（地区） | 出口金额（万美元） | 占出口总额比重（%） |
|---|---|---|
| 美 国 | 1 198 731 | 27.99 |
| 欧 盟 | 991 647 | 23.15 |
| 日 本 | 373 552 | 8.72 |
| 东 盟 | 323 942 | 7.56 |
| 香 港 | 204 269 | 4.77 |
| 加拿大 | 81 113 | 1.89 |
| 澳大利亚 | 68 678 | 1.60 |
| 韩 国 | 120 345 | 2.81 |
| 印 度 | 96 822 | 2.26 |
| 俄罗斯 | 74 585 | 1.74 |
| **合 计** | **3 533 684** | **82.50** |

河南省 2016 年主要进口市场情况表

| 国别（地区） | 进口金额（万美元） | 占进口总额比重（%） |
|---|---|---|
| 韩 国 | 521 934 | 18.38 |
| 日 本 | 251 008 | 8.84 |
| 东 盟 | 223 078 | 7.86 |
| 欧 盟 | 123 976 | 4.37 |
| 澳大利亚 | 86 554 | 3.05 |
| 台湾省 | 533 608 | 18.79 |
| 美 国 | 105 842 | 3.73 |
| **合 计** | **1 846 000** | **65.02** |

河南省 2016 年服务进出口情况表

| 项 目 | 出 口 | | 进 口 | |
|---|---|---|---|---|
| | 金额（万美元） | 增长率（%） | 金额（万美元） | 增长率（%） |
| **合 计** | **143 416** | **-4.1** | **551 272** | **28.4** |
| 旅行 | 5 505 | 7.5 | 310 196 | 8.7 |
| 运输 | 9 719 | 41.5 | 11 277 | 18.5 |
| 电信、计算机和信息 | 715 | 21.5 | 872 | 15.0 |
| 建筑 | 34 552 | 30.7 | 15 499 | 21.5 |
| 知识产权保护 | 175 | 9.4 | 1 823 | -18.0 |
| 保险和养老金 | 300 | 153.0 | 363 | 4.2 |
| 金融 | 25 | 323.1 | 1 266 | 82.2 |
| 文化和娱乐 | 200 | -37.2 | 588 | -61.0 |
| 别处未涵盖的政府货物和服务 | 0 | -89.5 | 89 | 117.8 |
| 初次收入（收益） | 56 851 | -10.7 | 178 471 | 122.7 |
| 二次收入（经常转移） | 18 270 | -19.2 | 11 647 | 63.6 |

## 【利用外资】

河南省 2016 年利用外资情况表

| 利用外资方式 | 合同利用外资 | | | 实际利用外资 | |
|---|---|---|---|---|---|
| | 项目数（个） | 外资金额（万美元） | 金额比上年增长（%） | 金额（万美元） | 金额比上年增长（%） |
| **外商直接投资** | **196** | **875 349** | **18.7** | **1 699 312** | **5.6** |
| 合资企业 | 88 | 497 211 | 205.7 | 628 254 | 17.1 |
| 合作企业 | 5 | 64 561 | 28.0 | 10 981 | -66.9 |
| 外资企业 | 102 | 319 088 | -39.0 | 989 249 | 2.7 |
| 股份有限公司 | 1 | -5 511 | -468.9 | 70 828 | -6.2 |

**外商直接投资行业** 2016年，全省服务业领域设立外商投资企业95家，占比48.5%；合同外资19.4亿美元，占比22.2%；实际吸收外资33.8亿美元，占比19.9%。第一产业新设外资企业18个，占比9.2%；合同外资10亿美元，占比11.4%；实际吸收外资2.9亿美元，占比1.7%。第二产业新设外资企业83个，占比42.3%；合同外资58.1亿美元，占比66.4%；实际吸收外资133.3亿美元，占比78.4%。

**外商直接投资来源** 2016年，共有41个国家和地区在河南省新增投资，香港等地集中度较高。新批项目方面，26个国家和地区在河南省新设外商投资企业，前五名为：香港93家、台湾省27家、韩国12家、美国8家、新加坡6家，合计146家，占全省的74.5%。32个国家和地区合同外资正增长，前五名为：香港60.8亿美元、萨摩亚11.1亿美元、委内瑞拉2.7亿美元、开曼群岛2.5亿美元、台湾省2亿美元，合计79.1亿美元，占全省的90.4%。实际吸收外资方面，31个国家和地区有资金到位，前五名为：香港99.6亿美元、新加坡11.5亿美元、台湾省8.8亿美元、英属维尔京群岛8.3亿美元、美国7.1亿美元，合计135.3亿美元，占全省的79.6%。2016年，"一带一路"沿线国家在河南省新设外商投资企业10家，新增合同外资1.7亿美元，实际到位资金15亿美元，增长111%。其中，新加坡新设项目6个，合同外资0.5亿美元，实际吸收资金为11.5亿美元。

## 【对外经济合作】

**对外投资** 2016年，河南省对外投资项目新备案188个，其中，新设境外企业121家（含境外机构），变更或增资43家，注销24家，中方协议投资43.4亿美元，比上年增长86.6%，全国排名第9位，在中部六省排名第1位。对"一带一路"沿线国家（地区）协议投资额为4.33亿美元，下降6.7%。河南省对外投资目的地主要集中在香港、美国和非洲。其中在香港设立境外企业28家（含机构），中方协议投资25亿美元，占投资总额的57%；在非洲中方协议投资7.6亿美元，占投资总额的17.5%；在美国，中方协议投资4.5亿美元，占投资总额的10.4%。投资行业主要集中在矿业开发、农林牧渔、地产等领域。其中，在矿业开发领域，中方协议投资额为20.98亿元，占投资总额的48.4%。

推进境外经济贸易合作区建设。河南贵友实业集团有限公司在吉尔吉斯斯坦投资设立的"亚洲之星农业产业合作区"通过了商务部、财政部确认考核，成为全国仅有的20个国家级境外经贸合作区之一。

**承包工程和劳务合作** 对外承包工程及劳务合作新签合同额为44.7亿美元，增长3.1%，在全国排名第9位，在中部六省排名第2位，其中1 000万美元以上项目48个，新签合同额34.2亿美元，占总金额的76.5%，项目主要涉及交通运输建设、石油化工、工业建设以及电力工程建设等；完成营业额为52.7亿美元，增长9.0%，在全国排名第12位，在中部六省排名第3位。

外经业务主要分布在"一带一路"沿线国家和非洲。对"一带一路"沿线国家新签500万美元以上对外承包工程项目18个，新签合同额为10.66亿美元，下降27.5%，完成营业额5.95亿美元，增长4.4%。对外承包工程新签合同额排名前5位的国家和地区为：赞比亚、安哥拉、塞拉利昂、马来西亚、埃塞俄比亚；完成营业额排名前5位的国家和地区为：沙特阿拉伯、刚果（金）、科威特、乌兹别克斯坦、赞比亚；外派劳务实际派出人数排名前5位的国家和地区为：沙特阿拉伯、新加坡、科威特、阿尔及利亚、马来西亚。

**外派劳务** 外派劳务71 718人次，增长2.1%，在全国排名第5位，在中部六省排名第1位。其中，通过本省外经企业直接派出39 886人次，通过外省外经企业间接选派31 832人次。本省直接派出人数前5名的企业分别是：中原石油工程公司7 421人次、中国电建河南工程公司2 043人次、郑州八方人才1 807人次、中安国际1 365人次、十一化建1 116人次，5家企业合计13 752人次，占派出总人数的19.2%。

**对外援助** 举办了发展中国家民间组织能力建设研修班座谈会、"一带一路"沿线国家贸易便利化研修班和2016年发展中国家GMS民间贸易便利化研修班（郑州）座谈会。积极组织河南省援外培训基地河南工业大学开展了发展中国家谷物与薯类技术加工、发展中国家粮油食品加工技术等四个对外援助培训项目，培训了来自28个发展中国家的学员103人次。同时，积极推进河南工业大学进行远程培训，全年共开展远程培训41期，累计培训学员1 036人次，获得商务部肯定和支持。积极推动河南科技学院牵头实施吉尔吉斯斯坦农牧业科技示范园区对外援助项目。

## 【其他】

**开发区** 2016年，国家级开发区共新批外资项目22个，比上年下降37%。开发区合同外资18亿美元，实际到位资金22.9亿美元，完成目标102.8%。国家级开发区、郑东新区、航空港区新增省外资金项目166个，下降14.4%；合同省外资金1 197.0亿元，下降15.6%；实际到位627.1亿元，增长7.7%。188个产业集聚区新增省外资金项目2 133个，合同省外资金9 357.5亿元，实际到位5 007.0亿元，占全省总额的59.3%。

**出口加工区** 郑州出口加工区完成固定资产投资25.4亿元，增长75%。实际利用外资1亿美元。完成工业总产值94.9亿元，增长5%；完成工业增加值23.2亿元，增长4%；完成工业产品销售收入99.5亿元，增长19%。实现进出口26.3亿美元，其中，进口5.8亿美元；出口20.5亿美元，增长22%。

**郑州航空港经济综合实验区** 郑州航空港经济综合实验区生产总值622.5亿元，增长13%；规模以上工业增加值360.4亿元，增长13.6；一般公共预算收入33亿元，增长18.3；全社会固定资产投资626.2亿元，增长20%；实际利用外资5.3亿美元，增长5.7%；出口275.5亿美元，增长2.67%。

**商务洽谈会** 第十届中国（河南）国际投资贸易洽谈会4月7日至10日在郑州举办，共吸引了429个团组、22 100名境内外客商参会，其中，来自86个国家和地区的境外客商3 708名，境内客商18 395名。本届投洽会共签约境内外经贸合作项目651个，总投资额4 734亿元人民币。其中，投资额50亿元以上项目8个，20亿元以上项目17个。此外，大会期间，省政府与中国中铁股份有限公司签署了战略合作协议，在“十三五”期间，中国中铁计划在河南投资不少于2 500亿元，在基础设施建设、工业制造等领域进行全方位战略合作。

第十九届中国国际投资贸易洽谈会9月8日至11日在福建厦门举办。河南省组成省政府代表团及18个省辖市和8个直管县（市）分团近500余人参会。本届厦洽会，河南展区展位面积160平方米，展示内容突出了郑州航空港综合实验区和河南省跨境电商、一带一路，并涉及了河南省高技术服务业、现代制造业、汽车和新能源汽车、高端装备制造等重点优势产业发展情况。河南省收集整理了1 000多个招商项目，同省情介绍、招商引资优惠政策、产业发展规划、综合宣传片等招商引资相关资料汇总制成U盘，在厦洽会网站公布并在河南展区现场分发。各省辖市、省直管县（市）充分利用厦洽会平台积极开展客商拜访和招商推介，取得良好成效。

第十七届中国国际高新技术成果交易会11月16日—21日在深圳举办。河南省组织全省96个单位组成省政府代表团参会参展，其中，5个省直单位、16个省辖市、4个省直管县（市）、13家科研院（所）、16所高等院校、42家高新技术企业，参会人数300多人，参展项目92个，涉及轻工、化工、生物医药、电子信息、新材料、光机电一体化、环境保护、新能源及节能技术等领域。本届高交会，河南省代表团获得了高交会组委会颁发的“优秀组织奖”和“优秀展示奖”，风神轮胎股份有限公司参展项目获得“优秀产品奖”。

2016年豫籍香港企业家春茗活动2月13日至17日在香港举办。活动期间，一是召开了第十届中国（河南）国际投资贸易洽谈会新闻发布会，40多家新闻媒体出席。二是举办了春茗活动，香港特区政府、中联办有关代表、香港知名商协会负责人、香港工商企业界代表、豫籍香港企业家、新闻媒体代表等200余人出席。三是开展了系列拜访活动。先后拜访了中央人民政府驻香港特别行政区联络办公室、香港贸易发展局、香港中国企业协会、香港总商会、招商局集团等多家单位，同恒隆集团、华南城集团、爪哇集团等进行了座谈交流，有力推进了在豫投资工作。

首届香港“一带一路”高峰论坛5月18日在香港举办。河南省组织省发展改革委、河南铁路投资有限公司、河南民航发展投资有限公司和郑州市、新乡市、南阳市、郑州航空港区管委会负责同志及商务（招商）部门负责人组成河南省代表团参会并开展经贸活动。论坛期间，省商务厅厅长焦锦淼率团拜访了香港潮州商会、港区省级政协委员联谊会、中法水务集团、华南城集团等知名商协会和企业，进一步推动河南与香港商界的合作。有关省辖市结合自身实际、产业特点、项目情况，积极开展高层拜访、参观考察、项目对接等经贸交流活动，一批合作项目取得积极进展。

第十三届中国—东盟博览会9月11日至14日在广西南宁举办。河南省组成政府代表团和经贸代表团共1 000余人参会。9月11日下午，河南省举行了河南省情说明会暨项目签约仪式，48个项目集中签约，平均单个项目投资额在3亿元以上。投资领域既有无人机、智能手机等先进制造业项目，商贸市场、产业园、供应链项目，也有风电、余热发电、新型建材、涂料项目，还有一批文化、旅游、医院、学校、商务中心区项目等，对促进河南省经济社会发展具有较强的支撑带动能力。

第五届中国—亚欧博览会9月20日至25日在新疆维吾尔自治区乌鲁木齐市举办。河南省组成省政府代表团、省经贸代表团共500余人参会，其中，46家企业参展。博览会期间，河南省在主展馆精心布置了河南展区，充分利用声、光、电等现代科技手段，采用图文说明、模型陈列、计算机演示、影视互动等形式，生动形象地展示了河南发展成就和发展前景。河南省还举办了河南省融入“一带一路”建设推介会暨经贸合作项目签约仪式，70个项目现场签约，投资（贸易）总额达326亿元。本届博览会组委会向河南省颁发了“最佳组织奖”，成为六家受表彰参会单位之一。

**旅游** 接待海内外游客5.83亿人次，比上年增长12.37%。旅游总收入5 764亿元，比上年增长14.47%。增幅均高于全国平均水平。

# 2016年湖北省商务发展概况

湖北省商务厅

邱丽新

湖北省商务厅厅长

邱丽新　女，1968年10月出生，满族，河北平泉人，1990年8月参加工作，1998年1月加入中国共产党，大学学历，经济学学士、法学硕士，先后毕业于对外经济贸易大学国际贸易专业、国际经济法学专业。历任经贸部、外经贸部外国投资管理司干部，外经贸部办公厅秘书一处主任科员、副处级秘书、正处级秘书，商务部办公厅正处级专职秘书，商务部外资司制造业处处长，商务部外资司副司长，挂职任江苏省苏州市副市长，商务部服务贸易和商贸服务业司司长。现任湖北省商务厅厅长、党组书记。

## 【国内贸易】

**社会消费品零售总额**　2016年，湖北省社会消费品零售总额15 649.2亿元，比上年的13 978.0亿元增长11.8%。按地域分，城镇实现零售额13 149.57亿元，增长11.7%；乡村实现零售额2 499.65亿元，增长12.2%。按行业分，批发和零售贸易业销售额18 301.6亿元，住宿和餐饮业营业额611.5亿元。

**市场物价**　商品零售价格指数为100.8（以上年价格为100），其中城市100.7，农村100.9；居民消费价格指数为102.2（以上年价格为100），其中城市102.1，农村102.2。

**市场秩序建设**　统筹组织全省打击侵权假冒工作。召开全省电视电话会、省领导小组会、工作推进会，全面贯彻落实国务院打击侵权假冒工作决策部署，深入开展农村和城乡结合部市场、互联网领域侵权假冒等专项治理，推进“清风行动”实施计划。推进两法衔接、行政处罚案件信息公开工作，完善考核制度，广泛宣传打击侵权假冒成果。积极推进商务信用体系建设。组织开展形式多样的诚信兴商宣传活动，举办“信用消费进万家”、“百城万店无假货”等主题创建活动。推进商务信用信息汇集系统建设，完成系统部署、培训、数据推送等工作，实现了与全省信用信息平台的数据对接。

**市场体系建设**　利用省级财政资金（6 873万元），对全省52个项目、30个贫困县给予支持，开展跨区域农产品骨干网络建设和公益性市场建设；开展农贸市场（菜市场）的升级改造；加大重点市场联系服务制度，汉口北国际商品交易中心成为商务部首批“百家百亿”重点市场；促进冷链物流企业标准化建设和传统批发市场转型升级；搭建农产品“走出去”平台，分别在四大片区开展“农商互联”活动，在澳门举办湖北农产品澳门行活动。

**流通业发展**　以标准化托盘的应用推广及循环共用为突破口，深入推进商贸物流标准化，引领和带动全省商贸物流行业标准化水平的整体提升。一是积极开展商贸物流标准化培训。2016年9月下旬，组织物流标准化试点企业和省内重点商贸物流企业参加在长春举办的第八届中国城市物流发展大会，与中国商贸物流标准化行动联盟在武汉联合举办了湖北省第二届商贸物流标准化培训暨全国商贸物流标准化宣传贯彻系列培训（湖北站）。二是正式启动国家物流标准化试点工作。省商务厅会同省财政厅、省质监局，完成了物流标准化试点城市组织申报工作，商务部、财政部、国家标准委已正式明确武汉、黄石为国家2016年物流标准化试点城市，武汉、黄石两市分别获得中央财政专项补贴资金8 000万元。三是继续以示范引领商贸物流标准化。以商务部第二批商贸物流标准化重点推进企业和单位及省内30家商贸物流示范企业为龙头，继续引导全省商贸物流企业广泛开展商贸物流标准化推广应用，大力提升行业标准化水平。

**市场运行和消费促进**　2016年，全省社会消费品零售总额达15 649.22亿元，同比增长11.8%，规模位居全国第六位，增幅高于全国1.4个百分点。

大力支持会展消费。在全省范围内，积极支持协助各地举办购物节、展销会、美食节、特色节庆等活动，充分发挥会展消费、节庆消费的带动作用，积极开展消费促进月活动。成功举办了第25届中国（武汉）食品博览会暨交易会、首届中部酒博会，组织参加了贵州酒博会。着力倡导绿色消费。积极开展绿色饭店创建工作，引导住宿、餐饮企业为顾客提供舒适、安全、利于人体健康的绿色客房和绿色餐饮。努力扩大农村消费。完善农村商业网点布局，提升县、乡、村三级服务网络服务水平。发展适合农村特点的连锁超市、便利店，充分挖掘农村消费潜能。加快推进品牌消费。积极培育和宣传“老字号”品牌，支持“老字号”企业发展，推进“老字号”产品消费。

【对外贸易】

**进出口总额** 进出口总额393.98亿美元，比上年的456.05亿美元下降13.5%。

**出口总额** 出口总额260.73亿美元，比上年的292.20亿美元下降10.7%，占全省GDP 32 297.91亿元（相当于4 862.46亿美元）的5.36%，占全国出口额的1.24%。

**进口总额** 进口总额133.25亿美元，比上年的163.85亿美元下降18.5%。

**服务贸易** 服务进出口总额128.1亿美元，比上年的113.6亿美元增长12.8%。其中，出口额35.8亿美元，比上年的30.6亿美元增长16.9%；进口额92.2亿美元，比上年的83.0亿美元增长11%。新兴服务贸易领域增长快于传统服务贸易，所占比重持续上升，专业管理和咨询、技术服务、知识产权使用费等新兴领域增幅均在40%以上。服务出口市场分布在200多个国家和地区，亚洲仍为最主要市场，市场份额占45%，其中，与香港地区贸易总额达23亿美元，占全省服务贸易总额的18%，与日本及台湾省进出口额分别达8亿美元和6亿美元。此外，对美国进出口总额达22亿美元，占全省服务贸易总额的17%。

**服务外包** 服务外包执行额18.2亿美元，增长19.4%。新增服务外包企业89家，增长12.5%。新增从业人员3.5万人，增长255.8%。新增认证数量53项，增长36.8%。

**技术进出口** 技术进出口总额16.19亿美元，比上年的22.73亿美元下降40.39%。签订引进技术和进口设备合同项目211个，比上年减少2个；合同金额11.10亿美元，比上年的9.44亿美元增长17.58%。签订技术出口合同项目43个，合同金额5.09亿美元，比上年的12.72亿美元下降61.70%。

**湖北省2016年出口额2亿美元以上商品情况表**

| 金额分类 | 商品名称 | 出口金额（万美元） | 占出口总额比重（%） |
|---|---|---|---|
| 10亿美元以上（6种） | 手持或车载无线电话机 | 311 733 | 12.0 |
| | 服装及衣着附件 | 237 851 | 9.1 |
| | 农产品 | 169 259 | 6.5 |
| | 食品 | 159 994 | 6.1 |
| | 自动数据处理设备的零件 | 145 690 | 5.6 |
| | 化肥 | 103 186 | 4.0 |
| 5亿—10亿美元（7种） | 钢材 | 93 969 | 3.6 |
| | 平板电脑 | 81 215 | 3.1 |
| | 纺织纱线及其制品 | 69 226 | 2.7 |
| | 船舶 | 67 688 | 2.6 |
| | 集成电路 | 53 075 | 2.0 |
| | 医药品 | 52 896 | 2.0 |
| | 汽车零配件 | 52 606 | 2.0 |
| 2亿—5亿美元（5种） | 鞋类 | 36 564 | 1.4 |
| | 汽车 | 30 885 | 1.2 |
| | 印刷电路 | 21 822 | 0.8 |
| | 蓄电池 | 21 184 | 0.8 |
| | 塑料制品 | 20 998 | 0.8 |
| **合　计** | | **1 729 841** | **66.3** |

**湖北省2016年进口额1亿美元以上商品情况表**

| 金额分类 | 商品名称 | 进口金额（万美元） | 占进口总额比重（%） |
|---|---|---|---|
| 10亿美元以上（2种） | 铁矿砂及其精矿 | 151 044 | 11.3 |
| | 仪器仪表 | 111 424 | 8.4 |
| 2亿—10亿美元（5种） | 铜矿砂及其精矿 | 81 972 | 6.2 |
| | 汽车零配件 | 48 324 | 3.6 |
| | 食品 | 29 900 | 2.2 |
| | 初级形状的塑料 | 24 763 | 1.9 |
| | 通断保护电路装置及零件 | 21 407 | 1.6 |

**湖北省2016年进口额1亿美元以上商品情况表(续)**

| 金额分类 | 商品名称 | 进口金额（万美元） | 占进口总额比重（%） |
|---|---|---|---|
| 1亿—2亿美元（7种） | 纸浆 | 18 117 | 1.4 |
| | 金属加工机床 | 17 388 | 1.3 |
| | 二极管及类似半导体器件 | 16 111 | 1.2 |
| | 大豆 | 15 929 | 1.2 |
| | 纺织纱线及制品 | 12 846 | 1.0 |
| | 钢材 | 12 187 | 0.9 |
| | 印刷电路 | 11 506 | 0.9 |
| **合　计** | | **572 918** | **43.1** |

**湖北省2016年主要出口市场情况表**

| 国别（地区） | 出口金额（万美元） | 占出口总额比重（%） |
|---|---|---|
| 香　港 | 465 082 | 17.8 |
| 美　国 | 339 841 | 13.0 |
| 印　度 | 150 706 | 5.8 |
| 日　本 | 92 424 | 3.5 |
| 越　南 | 79 241 | 3.0 |
| 俄罗斯联邦 | 78 579 | 3.0 |
| 韩　国 | 75 108 | 2.9 |
| 墨西哥 | 72 526 | 2.8 |
| 台湾省 | 68 756 | 2.6 |
| 德　国 | 66 015 | 2.5 |
| **合　计** | **1 488 278** | **57.1** |

**湖北省2016年主要进口市场情况表**

| 国别（地区） | 进口金额（万美元） | 占进口总额比重（%） |
|---|---|---|
| 日　本 | 211 595 | 15.9 |
| 韩　国 | 126 910 | 9.5 |
| 台湾省 | 117 095 | 8.8 |
| 美　国 | 85 572 | 6.4 |
| 澳大利亚 | 79 307 | 6.0 |
| 德　国 | 57 733 | 4.3 |
| 法　国 | 56 654 | 4.3 |
| 泰　国 | 49 027 | 3.7 |
| 南　非 | 46 462 | 3.5 |
| 秘　鲁 | 42 142 | 3.2 |
| **合　计** | **872 497** | **65.6** |

## 【利用外资】

**湖北省2016年利用外资情况表**

| 利用外资方式 | 批准项目数（个） | | | 实际金额（万美元） | | |
|---|---|---|---|---|---|---|
| | 2016年 | 2015年 | 同比（%） | 2016年 | 2015年 | 同比（%） |
| **外商直接投资** | **235** | **274** | **-14.23** | **1 012 889** | **894 801** | **13.20** |
| 合资企业 | 92 | 101 | -8.91 | 359 083 | 329 123 | 9.10 |
| 合作企业 | 1 | 4 | -75.00 | 7 480 | 4 261 | 75.55 |
| 外资企业 | 139 | 168 | -17.26 | 548 867 | 548 452 | 0.08 |
| 股份有限公司 | 3 | 1 | 200.00 | 56 625 | 9 325 | 507.24 |
| 其他 | | | | 40 834 | 3 640 | 1 021.81 |
| **合　计** | **235** | **274** | **-14.23** | **1 012 889** | **894 801** | **13.20** |

**湖北省2016年外商直接投资行业情况表**

| 行　业 | 批准项目 | | 合同外资 | | 实际外资 | |
|---|---|---|---|---|---|---|
| | 数量（个） | 同比（%） | 金额（万美元） | 同比（%） | 金额（万美元） | 同比（%） |
| **总　计** | **235** | **-14.23** | **334 118** | **-19.70** | **1 012 889** | **13.20** |
| 农、林、牧、渔业 | 13 | -23.53 | 113 298 | 0.00 | 9 364 | -43.57 |
| 采矿业 | 1 | -50.00 | 558 | -94.18 | 4 480 | 365.70 |
| 制造业 | 41 | -53.41 | 115 548 | -2.77 | 547 480 | 39.67 |
| 电力、燃气及水的生产和供应业 | 10 | 0.00 | 20 354 | -12.02 | 42 776 | 8.88 |
| 建筑业 | 2 | -33.33 | 1 015 | -93.87 | 1 250 | |

湖北省2016年外商直接投资行业情况表(续)

| 行业 | 批准项目 | | 合同外资 | | 实际外资 | |
|---|---|---|---|---|---|---|
| | 数量（个） | 同比（%） | 金额（万美元） | 同比（%） | 金额（万美元） | 同比（%） |
| 交通运输、仓储和邮政业 | 10 | 42.86 | 25 819 | -33.97 | 42 218 | 39.54 |
| 信息传输、计算机服务和软件业 | 11 | -8.33 | 4 064 | 202.16 | 200 | -93.91 |
| 批发和零售业 | 54 | 22.73 | 22 210 | 47.57 | 76 809 | 65.27 |
| 住宿和餐饮业 | 8 | -33.33 | 1 957 | 0.00 | 19 567 | 322.80 |
| 金融业 | 2 | | 3 333 | | 39 048 | 855.65 |
| 房地产业 | 2 | -71.43 | -23 105 | -121.39 | 164 097 | -45.09 |
| 租赁和商务服务业 | 44 | 4.76 | 31 039 | 24.53 | 46 081 | 185.60 |
| 科学研究、技术服务和地质勘查业 | 27 | 50.00 | 5 274 | -83.51 | 13 029 | -3.85 |
| 水利、环境和公共设施管理业 | 4 | -20.00 | 11 646 | -47.76 | 745 | -97.08 |
| 居民服务和其他服务业 | 2 | 0.00 | 30 | -97.96 | 4 378 | 37.85 |
| 卫生、社会保障和社会福利业 | 1 | -75.00 | 400 | -86.09 | 0 | |
| 文化、体育和娱乐业 | 3 | 200.00 | 678 | -58.53 | 1 367 | 1747.30 |

湖北省 2016 年外商直接投资来源情况表

| 国别（地区） | 项目数（个） | 合同外资 | | 实际外资 | |
|---|---|---|---|---|---|
| | | 金额（万美元） | 同比（%） | 金额（万美元） | 同比（%） |
| **总　计** | **235** | **334 118** | **-19.70** | **1 012 889** | **13.20** |
| 香　港 | 75 | 216 441 | -0.21 | 407 530 | -10.17 |
| 法　国 | 10 | 1 428 | 0.00 | 78 790 | 121.48 |
| 新加坡 | 11 | 5 652 | -79.24 | 62 407 | 92.57 |
| 日　本 | 5 | -5 400 | -170.82 | 61 691 | 14.69 |
| 韩　国 | 9 | 1 058 | -95.28 | 60 754 | 62.14 |
| 台湾省 | 27 | 38 762 | -10.23 | 60 719 | 199.08 |
| 墨西哥 | | | | 23 743 | |
| 德　国 | 1 | 2 780 | 3 815.49 | 18 074 | 54.18 |
| 美　国 | 14 | 8 444 | 880.72 | 17 891 | 34.08 |
| 瑞　典 | 1 | 8 | | 16 836 | -17.56 |

## 【对外经济合作】

**对外投资**　2016 年在海外举办企业 116 家，实际投资总额 13.9 亿美元。地方企业对“一带一路”沿线国家直接投资项目 30 个，实际投资额 2.6 亿美元，占总额的 19%。

**对外承包工程**　对外承包工程完成营业额 51.1 亿美元，比上年的 52.3 亿美元下降 2.3%，新签合同额 126.4 亿美元，比上年的 114.5 亿美元增长 10.3%。在亚非市场完成营业额 42 亿美元，占总额的 83%；新签合同额 116 亿美元，占总额的 92%。新签 5 000 万美元以上大项目 33 个，比上年增加 15 个。

对外劳务合作外派各类劳务人员 20 274 人（次），比上年的 16 406 人（次）增长 23.6%，其中工程项下外派劳务 15 354 人（次），增长 43.9%，劳务合作项下外派 4 920 人（次），下降 14.2%。

## 【其他】

**开发区**　湖北省现有国家级经济技术开发区 7 个，分别是：武汉经济技术开发区，1993 年 4 月经国务院批准为国家级开发区，2000 年 4 月经国务院批准在开发区设立湖北武汉出口加工区，现已形成以汽车及零部件、电子电器产业为主导的多功能综合性区域，聚集了 43 家世界 500 强企业；黄石经济技术开发区，2010 年 3 月升格为国家级开发区，重点发展电子信息、先进装备制造、生物医药产业；襄阳经济技术开发区，2010 年 4 月 25 日被国务院批准为国家级开发区，主要发展装备制造、电子电气、环保节能、机械加工及制鞋服装等五大产业；武汉临空港经济技术开发区，原名武汉吴家山经济技术开发区，2010 年 11 月升格为国家级开发区，总规划面积约 1 100 平方公里，拥有三江航天、凌云科技、武汉航达等多家以飞机维修、航空服务为主的航空企业，现已形成食品、机电、物流三大支柱产业；荆州经济技术开发区，2011 年 7 月 11 日升级为国家级开发区，主导产业是装备制造产业、光电子信息产业、纺织印染服装产业、医药化工产业、新能源新材料产业；葛

店经济技术开发区，2012年7月升级为国家级开发区，重点发展生物医药、电子信息、装备制造、精细化工、现代服务、电子商务六大主导特色产业；十堰经济技术开发区，2012年12月升级为国家级开发区，共有规模以上企业222家，年工业产值达500亿元以上。

湖北省现有国家级高新技术产业开发区4个，分别是：东湖高新技术产业开发区，1991年被国务院批准为首批国家级高新技术产业开发区，是国家光电子信息产业基地，规划面积518平方公里，聚集外资企业700多家，世界500强企业65家，2016年区内企业总收入11 367亿元；襄阳高新技术产业开发区，1992年11月经国务院批准设立，常住人口20万人，是襄阳城市发展总体规划的中心区域，也是我国汽车工业、军工企业的聚集地；宜昌高新技术产业开发区，2010年12月升格为国家级，以生物医药、新材料、轻工食品等为主导产业；孝感高新技术产业开发区，2012年9月升格为国家级，三个主导产业集群是光电子信息、先进装备制造、汽车及零部件，两个传统产业集群是食品加工、纺织服装。

**商务洽谈会** 第二届武汉国际电子商务暨网络商品博览会2016年5月20日—22日在武汉国际会展中心举办，国内外537家企业参展，全国前十大电商全部与会，展览面积达2万多平方米，现场成交17.3亿元人民币，意向成交29亿元人民币。

鄂沪（长三角）经贸合作洽谈会2016年5月10日在上海举行。来自台湾省、上海及长三角地区的130多家企业代表与湖北省参会的16个市州签订投资项目135个，总投资925亿元，涉及航空、汽车、养老、服务贸易等多个领域。

鄂港澳粤经贸合作洽谈活动2016年8月8日—13日在深圳、香港、澳门等地举办。湖北企业与粤港企业共达成合作项目161个，投资金额1 328.4亿元，涉及电子信息、新能源新材料、装备制造、生物科技、高端制造、通用航空、现代服务业等多个产业。

**口岸运输** 2016年，全省口岸进出口货运量2 354.8万吨，下降8.6%；其中，水运口岸进出口货运量2 331.9万吨，下降9.0%，占全省口岸进出口货运量的比重达99.0%；铁路口岸进出口货运量14.2万吨，增长50.6%；航空口岸进出口货运量8.0万吨，增长57.7%。国际集装箱运量40.1万标箱，增长5.5%。航空口岸出入境人数190.4万人次，增长35.3%。

## 2016年武汉市商务发展概况

武汉市商务局

武汉市商务局局长

韩民春　男，1968年10月14日生，汉族，辽宁大连市人。武汉大学研究生毕业，工学博士学位，世界经济博士后。华中科技大学教授，博士生导师。现任武汉市商务局局长（市口岸办、市会展办主任）；民建湖北省委副主委，民建华中科技大学委员会主委；政协湖北省第十一届委员会常委、提案委员会副主任。曾任武汉市东西湖区政府副区长，武汉临空港经济技术开发区管委会副主任，武汉吴家山经济技术开发区管委会副主任，武汉商学院副院长。

### 【国内贸易】

**社会消费品零售总额** 2016年，湖北省武汉市社会消费品零售总额5 610.59亿元，比上年的5 102.24亿元增长10.0%。按行业分，批发和零售贸易业5 077.23亿元，住宿和餐饮业533.36亿元。

**市场物价** 居民消费价格指数为102.4（以上年价格为100）。

**市场秩序建设** 多措并举，严格知识产权保护；突出重点，治理假冒伪劣商品；重拳出击，严厉打击刑事犯罪；市区联动，推动长效机制建设；强化宣传，增强公众意识。2016年，实现了行政处罚案件信息公开，重点推进了互联网领域侵权假冒违法行为治理、农村和城乡结合部市场监管执法、成品油市场专项整治、旅游纪念品市场专项整治、“清风行动”湖北实施计划、软件正版化专项行动等一系列市场秩序整治工作。

**市场体系建设** 商业固定资产投资额590.5亿元，同比增长12.3%。截至2016年底，全市购物中心达52家，营业面积达394.3万平方米。特色商业街提档升级改造提升了城市品位，优化了城市环境，封闭了两年、经过精心改造的新中山大道开街，17家老字号企业已回归和重装开业。

**流通业发展** 2016年，武汉市荣列中国“电商百佳城市”第8位，居中西部城市首位，全年电子商务交易额达

5 193 亿元，增长 26.4%，保持中部第一。2016 年 7 月，武汉市获批为全国物流标准化试点城市，全市共有 A 级以上物流企业 143 家，5A 级 9 家，4A 级 52 家，A 级企业位居全国城市第三位，内陆城市首位。

**市场运行和消费促进** 市商务局、市商业总会联合印发了《2016 全市促进消费活动总体方案》，开展“时尚品质展、农超对接行、网络欢乐购、假日规模展、餐饮美食汇”五大主题活动。开展了“2016 武汉金秋欢乐购物节”、“第 25 届中国食品博览会”等各类促消活动，努力培育新的消费热点，拓宽消费发展空间，发挥消费对经济增长的支撑作用。第 25 届中国食品博览会暨交易会于 2016 年 12 月 15 日至 21 日在武汉国际会展中心举行，参展产品约 2.5 万个。

## 【对外贸易】

**进出口总额** 进出口总额 237.81 亿美元，比上年下降 15.2%。

**出口总额** 出口总额 137.23 亿美元，下降 9.4%。

**进口总额** 进口总额 100.58 亿美元，下降 22%。

**出口商品结构** 初级产品出口额 2.95 亿美元，占出口总额的 2.1%；工业制成品出口额 134.28 亿美元，占出口总额的 97.9%。

**进口商品结构** 初级产品进口额 15.26 亿美元，占进口总额的 15.2%；工业制成品进口额 85.32 亿美元，占进口总额的 84.8%。

**贸易方式** 一般贸易进出口增长，比重提升。2016 年，一般贸易进出口 994.6 亿元，增长 3.2%，占外贸总值的 63.3%，较上年提升 8.2 个百分点。其中出口 462.7 亿元，增长 5%，占出口总值的 51.1%。加工贸易进出口 414.3 亿元，下降 38.4%，占外贸总值的 26.4%，比上年回落 18.3 个百分点。其中出口 356.2 亿元，下降 14.9%，占出口总值的 39.3%。海关特殊监管方式进出口 90.9 亿元，增长 34%。特殊监管区进出口发展迅速，东湖综保区、东西湖保税物流中心等海关特殊监管区的贸易便利化程度和通关效率日益提高，企业活力持续释放。

**贸易市场** 对欧美市场出口复苏，对部分“一带一路”沿线国家出口增长。对欧盟出口 138.2 亿元，增长 1.6%；对美国出口 118.2 亿元，增长 47.5%。对印度、印度尼西亚、越南、波兰、泰国等国出口分别增长 60%、70.7%、38.2%、13.6%和 19.8%。

**服务贸易** 服务进出口总额 107.09 亿美元，增长 52.04%。其中，出口额 30.5 亿美元，增长 87%；进口额 76.6 亿美元，增长 41%。

**服务外包** 研究制定《武汉市促进贸易便利化改革试点试验专项工作方案》，以促进贸易便利化为重点，出台 20 项具体措施。推广实施国际服务外包业务进口货物保税监管模式，探索完善与服务贸易特点相适应的口岸通关模式。服务外包规模稳步提升，2016 年，全市企业服务外包合同执行额 13.6 亿美元，增长 12%，新增服务外包企业 114 家，从业人员规模达 17.73 万人。以技术服务、知识产权、文化娱乐等为代表的高附加值领域出口快速增长。

**武汉市 2012 年—2016 年货物贸易情况表**

单位：万美元

| 年 度 | 进出口 | 出 口 | 进 口 | 同比（±%） | | |
|---|---|---|---|---|---|---|
| | | | | 进出口 | 出 口 | 进 口 |
| 2012 年 | 2 035 218 | 1 074 638 | 960 580 | -11.0 | -8.4 | -13.7 |
| 2013 年 | 2 175 173 | 1 194 283 | 980 891 | 6.9 | 11.1 | 2.1 |
| 2014 年 | 2 642 887 | 1 379 089 | 1 263 798 | 21.4 | 15.5 | 28.7 |
| 2015 年 | 2 805 058 | 1 515 219 | 1 289 839 | 6.2 | 9.9 | 2.1 |
| 2016 年 | 2 378 093 | 1 372 336 | 1 005 757 | -15.2 | -9.4 | -22.0 |

**武汉市 2016 年主要出口商品情况表**

| 商品名称 | 出口金额（万美元） | 同 比（%） | 商品名称 | 出口金额（万美元） | 同 比（%） |
|---|---|---|---|---|---|
| 电子及电器产品 | 605 537.9 | 31.5 | 汽车 | 19 641.4 | -2.4 |
| 机械设备 | 334 475.2 | -3.4 | 汽车零配件 | 18 219.8 | -1.5 |
| 手持或车载无线电话机 | 301 835.7 | 31.6 | 食品 | 17 033.5 | -8.6 |
| 自动数据处理设备的零件 | 145 406.3 | -15.1 | 印刷电路 | 16 575.5 | 8.2 |
| 平板电脑 | 79 673.3 | 11.4 | 纺织纱线及其制品 | 16 077.9 | -5.2 |
| 船舶 | 67 197.9 | -22.7 | 医药品 | 14 245.7 | 12.7 |
| 服装及衣着附件 | 55 945.5 | -10.2 | 液晶显示板 | 13 800.0 | 11.1 |
| 集成电路 | 52 613.0 | 6.5 | 蓄电池 | 13 643.7 | -4.3 |
| 钢材 | 46 514.6 | -12.0 | 液晶显示器 | 12 329.1 | 42.6 |
| 农产品 | 20 807.8 | -8.5 | 成品油 | 7 733.2 | -42.4 |

**武汉市2016年主要进口商品情况表**

| 商品名称 | 进口金额（万美元） | 同比（%） | 商品名称 | 进口金额（万美元） | 同比（%） |
|---|---|---|---|---|---|
| 电器及电子产品 | 433 669.0 | 2.1 | 二极管及类似半导体器件 | 15 184.0 | 9.7 |
| 集成电路 | 230 992.8 | -15.5 | 金属加工机床 | 12 385.5 | -2.2 |
| 机械设备 | 143 932.9 | -12.5 | 印刷电路 | 11 459.8 | 27.4 |
| 铁矿砂及其精矿 | 122 697.5 | -14.0 | 钢材 | 11 244.4 | -4.7 |
| 仪器仪表 | 106 153.1 | 18.6 | 医疗仪器及器械 | 9 432.0 | 1.6 |
| 汽车零配件 | 45 053.7 | -42.3 | 液晶显示板 | 2 831.6 | 21.6 |
| 食品 | 24 893.1 | 0.9 | 酒类 | 1 785.2 | -56.3 |
| 通断保护电路装置及零件 | 19 761.2 | -0.8 | 纺织纱线及制品 | 1 264.0 | -30.5 |
| 大豆 | 15 928.7 | 22.8 | 谷物及谷物粉 | 1 024.3 | 1 181.5 |
| 初级形状的塑料 | 15 701.5 | -5.7 | 乳制品 | 744.3 | -13.9 |

**武汉市2016年服务进出口情况表**

单位：万美元

| 行业 | 进口 | 出口 | 进出口总额 | 进出口总额占比（%） |
|---|---|---|---|---|
| 旅行 | 571 670.67 | 199 991.51 | 771 662.18 | 72.06 |
| 运输服务 | 41 169.00 | 5 777.42 | 46 946.42 | 4.38 |
| 专业和管理咨询服务 | 11 581.00 | 3 420.53 | 15 001.53 | 1.40 |
| 电信、计算机和信息服务 | 4 476.29 | 8 772.99 | 13 249.28 | 1.24 |
| 建筑服务 | 31 552.45 | 47 167.15 | 78 719.60 | 7.35 |
| 技术服务 | 33 230.25 | 8 859.28 | 42 089.53 | 3.93 |
| 知识产权使用费 | 60 954.44 | 6 105.36 | 67 059.80 | 6.26 |
| 保险服务 | 1 215.89 | 9 367.85 | 10 583.74 | 0.99 |
| 金融服务 | 963.65 | 164.90 | 1 128.56 | 0.11 |
| 文化和娱乐服务 | 1 548.19 | 1 776.66 | 3 324.85 | 0.31 |
| 加工服务 | 190.87 | 9 064.46 | 9 255.34 | 0.86 |
| 其他服务 | 7 413.07 | 4 490.62 | 11 903.69 | 1.11 |
| **合计** | **765 965.78** | **304 958.72** | **1 070 924.51** | |

**注：**此数据主要参照外汇管理局的服务进出口数据，并结合武汉市出境入境旅游、出国留学和在汉留学、对外劳务（在汉自然人）、货物出口、境外工程等数据进行综合整理而成。此统计中既包含了企业（机构）的数据，也包含了个人（旅游、留学、劳务）等相关数据。

## 【利用外资】

**概况** 2016年，内外资实际到资总额5 822.6亿元，比上年增长20.9%。其中，实际使用内资5 268.6亿元，增长20.5%；实际利用外资85.2亿美元，增长16.1%。利用外资增幅全国第一，规模位列副省级城市第二位。新引进世界500强企业13家，在汉投资的世界500强企业累计达到243家。

**外商直接投资行业** 新批第二产业项目12个，合同外资2.35亿美元；新批第三产业项目130个，合同外资19.3亿美元。

**武汉市2016年利用外资情况表**

| 利用外资方式 | 批准签订的合同 | | | 实际利用外资 | |
|---|---|---|---|---|---|
| | 项目数（个） | 外资金额（万美元） | 金额比上年增加（%） | 金额（万美元） | 金额比上年增加（%） |
| **外商直接投资** | **142** | **463 148** | **-15.8** | **755 655** | **16.7** |
| 合资企业 | 50 | 46 225 | | 248 279 | |
| 合作企业 | 1 | 3 867 | | 3 000 | |
| 外资企业 | 89 | 165 562 | | 416 537 | |
| 股份有限公司 | 2 | 11 460 | | 44 080 | |
| 其他 | | 236 034 | | 43 759 | |
| **外商其他投资** | | **96 600** | **11.4** | **96 600** | **11.4** |
| 加工贸易 | | 80 250 | | 80 250 | |
| 对外发行股票 | | 16 350 | | 16 350 | |
| **合　计** | **142** | **559 748** | **5.3** | | |

**武汉市2016年外商直接投资来源情况表**

| 国别（地区） | 项目数（个） | 总投资（万美元） | 国别（地区） | 项目数（个） | 总投资（万美元） |
|---|---|---|---|---|---|
| 香　港 | 34 | 60 711 | 澳大利亚 | 4 | 642 |
| 德　国 | 1 | 3 769 | 台湾省 | 19 | 638 |
| 马来西亚 | 5 | 2 030 | 荷　兰 | 1 | 552 |
| 毛里求斯 | 2 | 1 000 | 瑞　士 | 1 | 486 |
| 美　国 | 10 | 755 | 法　国 | 8 | 393 |

注：按投资额排名前十位，不含离岸岛。

## 【对外经济合作】

**对外投资**　2016年境外投资和增资项目44个，投资金额31.66亿美元，比上年增长4.5%。对外投资前3位国家和地区是美国、香港和加拿大，投资主要地区是北美和亚洲地区。对外投资超亿美元项目4个，超千万美元项目17个。

超亿美元项目是：光谷北斗在泰国投资15.45亿美元设立东盟北斗科技城开发投资有限公司、人福医药投资5.5亿美元并购美国埃匹克制药有限公司、阳光凯迪新能源集团有限公司在加拿大投资1.5亿美元设立沃尔塔能源公司（开展离子气化技术可再生及清洁能源转化生产项目）、护生医疗（武汉）发展有限公司投资1.05亿美元在加拿大安大略省设立公司收购美国大湖地区房地产项目。

超千万美元项目有：合众人寿在美国增资投资养老社区开发项目、阳光凯迪新能源集团有限公司在芬兰设立新能源公司、长飞光纤在南非设立分厂并增资印度尼西亚公司、擎动投资收购爱尔兰项目、武汉联凯集团投资新加坡水处理项目、武汉市绿能天然气并购加拿大优势石油公司、武汉天有投资新西兰房地产项目、武汉玉昶房地产、湖北东信资本、新港房地产公司分别投资美国地产项目、武汉俊桦贸易在越南设立生产基地、百创汇生物参股美国生物医疗企业、益基武汉生物科技有限公司在美国开展生物制品研发等。

**承包工程和劳务合作**　对外承包工程及劳务合作完成营业额33.12亿美元，增长18%；外派劳务人员7 635人（次），下降13.1%。“一带一路”工程承包项目亮点突出。在汉央企承揽大项目能力不断增强，海外工程项目亮点显现，其中，新签超亿美元工程项目3个，分别是中交二航局新签3亿美元刚果（布）黑角港项目和1.07亿美元泰国和黄码头项目、华中电力新签1.33亿美元缅甸克钦邦230kV主干网输变电项目；新签超千万美元项目10个，分别是中铁大桥局在澳门8 000万美元特区运动员培训及集训中心项目和坦桑尼亚2 000万美元港口泊位工程项目、五环科技在埃及8 000万美元磷肥项目和乌兹别克斯坦1 000万美元磷肥项目、中交二航局在泰国7 500万美元复线铁路项目、中铁十一局在马来西亚6 300万美元吉兰丹中枢大道项目、中国一冶在孟加拉国达卡5 000万美元供水管网改造项目、中建三局一公司在马来西亚4 475万美元科技园项目、华中电力在尼泊尔1 975万美元220kV变电站项目、凌云建筑在科威特1 400万美元AVENUES四期项目等。

# 2016年湖南省商务发展概况

湖南省商务厅

徐湘平

湖南省商务厅厅长

徐湘平　男，生于1961年1月，1977年7月参加工作，1979年1月加入中国共产党，中央党校研究生班毕业。历任湖南省浏阳市副市长、市长，湖南省宁乡县委书记，湖南省长沙市委常委、副市长，湖南省发改委副主任、湖南省长株潭“两型社会”建设综合配套改革试验区领导协调委员会办公室主任、党组副书记，中共湖南省长株潭“两型社会”建设综合配套改革试验区工作委员会副书记、湖南省长株潭“两型社会”建设管理委员会常务副主任。2013年12月起任湖南省商务厅党组书记、厅长。

## 【国内贸易】

**社会消费品零售总额**　2016年，湖南省社会消费品零售总额13 436.5亿元，比上年增长11.7%。按经营地分，城镇零售额12 146.6亿元，增长11.6%；乡村零售额1 289.9亿元，增长13.1%。按区域分，长株潭地区5 638.3亿元，增长11.6%；湘南地区2 623.0亿元，增长11.8%；大湘西地区2 333.1亿元，增长11.8%；洞庭湖地区2 842.2亿元，增长11.9%。

**限额以上企业商品零售额**　限额以上法人批发和零售业商品零售额4 999.1亿元，比上年增长12.9%。其中，文化娱乐体育健康类零售额增长21.4%。分商品类别看，粮油、食品类零售额增长17.8%，书报杂志类增长64.8%，家用电器和音像器材类增长10.8%，文化办公用品类增长19.2%，通讯器材类增长20.0%，建筑及装潢材料类增长37.3%，汽车类增长15.1%。

**市场物价**　居民消费价格比上年上涨1.9%。其中，城市上涨1.9%，农村上涨1.9%。商品零售价格上涨1.0%。工业生产者出厂价格下跌1.1%，工业生产者购进价格下跌2.0%。固定资产投资价格上涨0.4%。农产品生产者价格上涨4.7%，农业生产资料价格上涨1.7%。

**湖南省2016年社会消费品零售额**

| 指　　标 | 零售额（亿元） | 比上年增长（%） |
|---|---|---|
| **社会消费品零售总额** | **13 436.5** | **11.7** |
| 按经营地分 | | |
| 其中：城镇 | 12 146.6 | 11.6 |
| 　　　乡村 | 1 289.9 | 13.1 |
| 限额以上法人批发和零售业商品零售额 | 4 999.1 | 12.9 |
| 其中：粮油、食品类 | 491.8 | 17.8 |
| 　　　饮料类 | 94.1 | 15.7 |
| 　　　烟酒类 | 144.1 | 18.7 |
| 　　　服装、鞋帽、针纺织品类 | 350.3 | 10.0 |
| 　　　化妆品类 | 50.6 | 0.0 |
| 　　　金银珠宝类 | 76.3 | 3.3 |
| 　　　日用品类 | 159.8 | 17.8 |
| 　　　五金、电料类 | 59.3 | 18.7 |
| 　　　体育、娱乐用品类 | 11.4 | 0.4 |
| 　　　书报杂志类 | 38.6 | 64.8 |
| 　　　电子出版物及音像制品类 | 3.7 | 11.2 |

**湖南省2016年社会消费品零售额(续)**

| 指　　标 | 零售额（亿元） | 比上年增长（%） |
|---|---|---|
| 家用电器和音像器材类 | 340.8 | 10.8 |
| 中西药品类 | 320.1 | 19.1 |
| 文化办公用品类 | 72.6 | 19.2 |
| 家具类 | 39.4 | 54.2 |
| 通讯器材类 | 50.8 | 20.0 |
| 煤炭及制品类 | 65.7 | 12.8 |
| 石油及制品类 | 782.5 | 2.9 |
| 建筑及装潢材料类 | 91.5 | 37.3 |
| 机电产品及设备类 | 47.8 | 13.1 |
| 汽车类 | 1 586.5 | 15.1 |

**湖南省 2016 年居民消费价格**

| 指　　标 | 比上年上涨（%） |
|---|---|
| **居民消费价格** | **1.9** |
| 其中：食品烟酒 | 4.3 |
| 衣着 | 1.5 |
| 居住 | 1.2 |
| 生活用品及服务 | 0.0 |
| 交通和通信 | -1.6 |
| 教育文化及娱乐 | 0.8 |
| 医疗保健 | 3.1 |
| 其他用品和服务 | 1.6 |

## 【对外贸易】

**进出口总额**　进出口总额 1 782.2 亿元，比上年下降 2.1%。

**出口总额**　出口总额 1 205.3 亿元，增长 1.5%。

**进口总额**　进口总额 577.0 亿元，下降 8.9%。

**贸易方式**　从贸易方式看，一般贸易出口 883.0 亿元，增长 21.3%；加工贸易出口 302.6 亿元，下降 22.7%。

**进出口商品**　从重点商品看，机电产品出口 565.3 亿元，下降 8.9%，占出口总额的比重为 46.9%；高新技术产品出口 175.6 亿元，下降 22.0%，占出口总额的比重为 14.6%；农产品出口 69.0 亿美元，增长 5.7%，占出口总额的比重为 5.7%。

**湖南省 2016 年进出口情况表**

| 指　　标 | 绝对数（亿美元） | 比上年增长（%） |
|---|---|---|
| **进出口总额** | **1 782.2** | **-2.1** |
| 出口 | 1 205.3 | 1.5 |
| 按贸易方式分 | | |
| 其中：一般贸易 | 883.0 | 21.3 |
| 加工贸易 | 302.6 | -22.7 |
| 按重点商品分 | | |
| 其中：机电产品 | 565.3 | -8.9 |
| 高新技术产品 | 175.6 | -22.0 |

湖南省2016年进出口情况表(续)

| 指　　标 | 绝对数（亿美元） | 比上年增长（%） |
|---|---|---|
| 农产品 | 69.0 | 5.7 |
| 进口 | 577.0 | -8.9 |
| 按贸易方式分 | | |
| 其中：一般贸易 | 381.3 | 15.2 |
| 加工贸易 | 175.9 | -22.7 |
| 按重点商品分 | | |
| 其中：机电产品 | 268.6 | -15.2 |
| 高新技术产品 | 101.2 | -37.2 |
| 农产品 | 32.5 | 52.2 |

## 【利用外资】

湖南省实际利用外商直接投资128.5亿美元，比上年增长11.1%。其中，第一产业6.2亿美元，下降0.4%；第二产业68.6亿美元，下降4.0%；第三产业53.7亿美元，增长41.5%。实际到位资金3 000万美元以上外资项目10个。年末在湘投资的世界500强企业140家，年内新引进2家。

## 【对外经济合作】

**对外投资**　对外合同投资额47.0亿美元，增长51.7%。其中，中方合同投资额33.5亿美元，增长20.6%。对外实际投资额16.5亿美元，增长11.5%。

**承包工程和劳务合作**　新签对外承包工程、劳务合作和设计咨询合同金额66.0亿美元，比上年增长11.6%；实现营业额63.1亿美元，增长22.0%；外派劳务9.6万人，增长17.8%。

## 【其他】

**运输**　湖南省客货运输换算周转量5 052.5亿吨公里，比上年增长4.1%。货物周转量4 056.8亿吨公里，增长4.0%。其中，铁路周转量735.0亿吨公里，下降2.1%；公路周转量2 686.6亿吨公里，增长5.2%。旅客周转量1 669.3亿人公里，增长1.1%。其中，铁路周转量924.4亿人公里，增长5.0%；公路周转量577.0亿人公里，下降9.2%；民航周转量164.7亿人公里，增长24.5%。

湖南省2016年各种运输方式完成客货运输量

| 指　　标 | 单　位 | 绝对数 | 比上年增长（%） |
|---|---|---|---|
| **货运量** | **万吨** | **207 365.1** | **3.4** |
| 其中：铁路 | 万吨 | 3 925.9 | -5.9 |
| 公路 | 万吨 | 178 967.7 | 3.9 |
| 水运 | 万吨 | 23 444.6 | 1.7 |
| 民航 | 万吨 | 6.4 | 5.4 |
| 管道 | 万吨 | 1 020.4 | 4.0 |
| **客运量** | **万人** | **122 643.3** | **-7.2** |
| 其中：铁路 | 万人 | 11 310.5 | 9.1 |
| 公路 | 万人 | 108 627.4 | -8.9 |
| 水运 | 万人 | 1 614.8 | 5.3 |
| 民航 | 万人 | 1 090.5 | 16.6 |

**旅游**　2016年，湖南省国内游客5.6亿人次，比上年增长19.5%；入境游客240.8万人次，比上年增长6.5%。旅游总收入4 707.4亿元，比上年增长26.8%。其中，国内旅游收入4 640.7亿元，比上年增长26.8%；国际旅游收入10.1亿美元，比上年增长17.1%。

# 2016年广东省商务发展概况

广东省商务厅

**郑建荣**

广东省商务厅厅长

郑建荣　男，1974年11月出生，江西玉山人。1995年9月参加工作，1995年6月入党。研究生学历，工商管理硕士。负责全面工作，分管综合处。

## 【国内贸易】

**社会消费品零售总额**　2016年，广东省社会消费品零售总额34 739.00亿元，比上年的31 333.44亿元增长10.2%。

**批发和零售贸易业企业商品购、销、存总额**　批发和零售贸易业企业商品销售总额31 209.91亿元，比上年的28 065.95亿元增长10.3%。其中，限额以上企业13 879.21亿元。

**市场秩序建设**　加强整顿和规范市场经济秩序。制定了《广东省商务厅关于规范商务领域市场经济秩序的指导意见》和《广东省商务厅开展“双随机一公开”监管工作实施方案》。开展单用途商业预付卡领域非法集资风险专项排查工作，对已备案的集团、品牌发卡企业进行重点检查，强化了对发卡行为的监督管理。加快推进商务综合行政执法体制改革。以提升商务领域综合行政执法能力为切入点，创新体制，厘清职责，突出重点，强化监管，积极推动商务行政综合执法试点工作。指导广州市开展商务综合行政执法体制改革试点，并在商务综合行政执法体制改革试点中期评估中取得优秀。大力推进商务诚信体系建设。广东商务诚信公共服务平台完成第一期建设并投入运行，建立健全行政管理信息共享、市场化综合评价和第三方评价“三项机制”，向社会提供商务领域基本诚信信息服务、专业需求服务，同时为政府提供市场监管服务。继续开展“诚信兴商”宣传月活动。加快推进全省肉菜流通追溯体系建设，印发《加快推进肉类蔬菜流通追溯体系建设工作方案的通知》（粤商务秩字〔2016〕4号），规划肉菜追溯体系建设发展思路，创新肉菜流通追溯体系建设新模式，落实企业主体责任，鼓励社会多元化投入，开展省市两级综合管理平台及相关节点建设，实现信息开放共享。加快推进中药材流通追溯体系建设，完成省级平台建设、完成与中央系统对接和子系统接入。

**市场体系建设**　2016年，省商务厅贯彻落实商务部等10部门工作部署，制订出台《广东省农产品市场体系发展规划（2015—2020）》，规划建成以传统农产品批发市场为基础，以规范化的农产品电子商务为补充，布局合理、流通高效、广惠民生的具有广东特色的农产品市场体系。积极组织向商务部推荐全国公益性农产品示范市场、农产品冷链流通标准化示范单位及区域农产品流通网络重点项目。

**流通业发展**　一是持续推进物流标准化试点工作。以托盘标准化及其循环共用为切入点，加快推进广州、佛山、东莞、中山、肇庆市物流标准化试点工作，加强物流设施设备、信息平台和服务规范标准化体系建设。通过试点城市间和试点企业间的互联互动、资源共享，稳步提高物流标准化服务商跨区域服务能力，提高物流运行效率，降低物流成本；二是加强冷链物流建设，编制《广东省冷链物流发展“十三五”规划》，推动广东冷链物流行业发展。积极争取国家支持，广东省获评为商务部、财政部重点扶持的10个冷链物流发展省份之一，计划用2—3年时间推动广东冷链流通率提高30%，冷链运输率提高10%，流通环节损耗率下降20%。截至2016年年底，广东拍卖企业累计604家，其中，2016年新增拍卖企业14家。2016年全省共举办拍卖会9 861场，成交总额342亿元，拍卖主营业务收入3.11亿元。截至2016年年底，广东（不含深圳）共有典当企业394家，分支机构46户，注册资本总额84亿元人民币，同比增长9.1%，典当企业平均资本金规模达2 100万元。据全国融资租赁企业管理系统统计，截至2016年年底，全省共有内资融资租赁试点企业10家，注册资本合计50.9亿元；全省累计批准设立外商投资融资租赁业项目2 046个，合同外资金额612.6亿美元。

**市场运行和消费促进**　一是广泛开展全省消费促进月活动。制订2016年全省消费促进月活动方案，以“增强供给能力，促进消费升级”为主题，部署开展三轮消费促进月活动，指导各地市持续开展消费促进活动。3月，在广州市举办广东省消费促进月活动启动仪式；4月，在韶关市举办广东省消费促进月（走进农村）启动仪式；9月，在广州市举办2016广州国际购物节，全年全省各地消费促进活动达到3 000场。二是加强消费促进政策制定和实施。与省发展改革委联合制订《广东省促进消费带动转型升级实施方案》，确定了十大扩消费行动，促进城镇商品销售畅通，推动农村消费升级，改善消费环境。积极推进境外旅客购物离境退税政策实施工作，及时向国税部门提出退税商店建议名单，指导各地加强退税商店布局和开发。三是做好消费市场运行监测分析。每月定期召开消费市场运行分析会，分析当前消费形势，把握新消费热点。针对汽车消费回暖等情况，组织各地市、相关行业协会、企业开展专题调研，巩固和促进汽车消费。

**【对外贸易】**

**进出口总额** 进出口总额 9 561.1 亿美元，比上年的 10 225 亿美元下降 6.5%，占全国进出口总额的 25.9%，与上年持平，连续 31 年保持全国首位。

**出口总额** 出口总额 5 988.3 亿美元，比上年的 6 431.7 亿美元下降 6.9%，占全省 GDP 79 512.05 亿元（相当于 11 974.5 亿美元）的 50%，占全国出口额的 28.5%，较上年提高 0.2 个百分点，居各省市第一位。

**进口总额** 进口总额 3 572.8 亿美元，比上年的 3 793.2 亿美元下降 5.8%，占全国进口总额的 22.5%，较上年回落 0.1 个百分点。

**出口商品结构** 初级产品出口额 134.1 亿美元，占出口总额的 2.2%。其中，食品及活动物、矿物燃料润滑油及有关原料分别出口 71.2 亿美元和 36.4 亿美元，分别占初级产品出口额的 53.1%和 27.2%。工业制成品出口额 5 840.2 亿美元，占出口总额的 97.8%。其中，机械及运输设备出口 3 323.8 亿美元，占工业制成品出口额的 56.9%。出口前五位产品为电话机、服装及衣着附件、自动数据处理设备及其部件、家具及其零件、鞋类，合计出口 1 536.4 亿美元，占全省出口的 25.7%。

**进口商品结构** 初级产品进口额 425 亿美元，占进口总额的 11.9%。其中，非食用原料（燃料除外）、食品及活动物、矿物燃料润滑油及有关原料合计进口 400.6 亿美元，占初级产品进口额的 94.3%。工业制成品进口额 3 137.2 亿美元，占进口总额的 87.8%。其中，机械及运输设备进口 2 112.2 亿美元，占工业制成品进口额的 67.3%。进口前五位产品为集成电路、液晶显示板、初级形状的塑料、二极管及类似半导体器件、自动数据处理设备及其部件，合计进口 1 425.2 亿美元，占全省进口的 39.9%。

**出口商品市场** 出口商品销往 240 个国家（地区）。前三大出口市场分别是中国香港、美国、欧盟，出口额均超过 800 亿美元，合计出口总额 3 618.4 亿美元，占出口总额的 60.4%。

**进口商品市场** 进口商品来自 230 个国家（地区）。前三大进口市场分别是东盟、中国台湾省、韩国，进口额均超过 400 亿美元，合计进口总额 1 513.2 亿美元，占进口总额的 42.4%。

**服务贸易** 据商务部通报，2016 年，广东省服务进出口 9 786.9 亿元，继 2015 年跃居全国第二位之后再创新高，首次位居全国第一，同比增长 19.25%，占全国服务进出口总额的 18.3%，占比与 2015 年持平。服务贸易占广东省对外贸易的 13.42%，比 2015 年提高 2.01 个百分点。其中，服务出口 3 847.3 亿元，增长 0.92%；服务进口 5 939.6 亿元，增长 35.15%。

旅行、运输、建筑等传统服务贸易仍占主导，旅行服务进出口额占比 42.3%，运输和建筑两行业服务进出口占比 15.9%，旅行、运输、建筑合计占全省的 58.2%。粤港澳服务贸易平稳增长，香港仍为最大的服务出口目的地和进口来源地。粤港服务进出口 4 349.4 亿元，增长 25.33%，占全省比重达 44.44%。粤澳服务进出口 301 亿元，增长 91.44%，占全省服务进出口的 3.12%。

服务贸易发展区域聚集度高，主要集聚在珠三角地区，珠三角 9 市服务进出口占全省的 98.12%，粤东西北 12 市服务进出口仅占 1.88%。深圳、广州是最主要的服务贸易大市，两市服务进出口额占全省服务进出口额的 77.3%。

**服务外包** 据商务部统计，2016 年全省承接服务外包（含离岸和在岸）合同金额 231.78 亿美元，增长 39.89%，占全国总量的 15.7%；执行金额 139.47 亿美元，增长 22.73%，占全国总量的 13.1%。其中，承接离岸服务外包合同金额 123.37 亿美元，增长 14.07%，占全国总量的 13.0%；离岸服务外包执行金额 94.78 亿美元，增长 19.82%，占全国总量的 13.5%。信息技术外包（ITO）、业务流程外包（BPO）和知识流程外包（KPO）执行金额分别为 30.53 亿美元、30.88 亿美元和 33.36 亿美元，分别增长 25.66%、35.77%和 4.07%。服务外包就业规模稳步扩大，全年新增服务外包从业人员 20.07 万人。截至 2016 年年底，全省登记服务外包企业 3 449 家，从业人员 154.4 万人。

**技术进出口** 技术进出口总额 110.68 亿美元，比上年的 104.08 亿美元增长 6.34%。签订引进技术和进口设备合同项目 786 个，合同金额 91.69 亿美元，比上年的 79.01 亿美元增长 16.04%；签订技术出口合同项目 780 个，合同金额 19 亿美元，比上年的 25.07 亿美元下降 24.22%。

**广东省 2016 年出口额 100 亿美元以上商品情况表**

| 金额分类 | 商品名称 | 出口金额（亿美元） | 占出口总额比重（%） |
|---|---|---|---|
| 200 亿美元以上 | 电话机 | 440.1 | 7.3 |
| | 服装及衣着附件 | 379.7 | 6.3 |
| | 自动数据处理设备及其部件 | 372.9 | 6.2 |

## 广东省2016年出口额100亿美元以上商品情况表(续)

| 金额分类 | 商品名称 | 出口金额（亿美元） | 占出口总额比重（%） |
|---|---|---|---|
| 100亿—200亿美元 | 家具及其零件 | 199.5 | 3.3 |
| | 鞋类 | 144.3 | 2.4 |
| | 灯具、照明装置及零件 | 135.8 | 2.3 |
| | 贵金属或包贵金属的首饰 | 124.4 | 2.1 |
| | 集成电路 | 121.6 | 2.0 |
| | 纺织纱线、织物及制品 | 116.2 | 1.9 |
| | 玩具 | 114.1 | 1.9 |
| | 塑料制品 | 108.3 | 1.8 |
| | 液晶显示板 | 108.2 | 1.8 |
| | 静止式变流器 | 105.0 | 1.8 |
| | 箱包及类似容器 | 100.1 | 1.7 |
| **合　计** | | **2 570.1** | **42.9** |

## 广东省2016年进口额50亿美元以上商品情况表

| 金额分类 | 商品名称 | 进口金额（亿美元） | 占进口总额比重（%） |
|---|---|---|---|
| 100亿美元以上 | 集成电路 | 935.3 | 26.2 |
| | 液晶显示板 | 137.0 | 3.8 |
| | 初级形状的塑料 | 131.4 | 3.7 |
| | 二极管及类似半导体器件 | 112.5 | 3.1 |
| | 自动数据处理设备及其部件 | 108.9 | 3.0 |
| 50亿—100亿美元 | 通断保护电路装置及零件 | 74.1 | 2.1 |
| | 自动数据处理设备的零件 | 60.4 | 1.7 |
| | 纺织纱线、织物及制品 | 54.8 | 1.5 |
| **合　计** | | **1 614.4** | **45.2** |

## 广东省2016年主要出口市场情况表

| 国别（地区） | 出口金额（亿美元） | 占出口总额比重（%） | 国别（地区） | 出口金额（亿美元） | 占出口总额比重（%） |
|---|---|---|---|---|---|
| 香　港 | 1 815.6 | 30.3 | 韩　国 | 205.4 | 3.4 |
| 美　国 | 993.3 | 16.6 | 印　度 | 148.7 | 2.5 |
| 欧　盟 | 809.4 | 13.5 | 墨西哥 | 87.9 | 1.5 |
| 东　盟 | 584.6 | 9.8 | **合　计** | **4 881.1** | **81.5** |
| 日　本 | 236.1 | 3.9 | | | |

## 广东省2016年主要进口市场情况表

| 国别（地区） | 进口金额（亿美元） | 占进口总额比重（%） | 国别（地区） | 进口金额（亿美元） | 占进口总额比重（%） |
|---|---|---|---|---|---|
| 东　盟 | 572.3 | 16.0 | 美　国 | 189.1 | 5.3 |
| 台湾省 | 529.5 | 14.8 | 南　非 | 94.7 | 2.7 |
| 韩　国 | 411.5 | 11.5 | 澳大利亚 | 55.2 | 1.5 |
| 日　本 | 369.4 | 10.3 | **合　计** | **2 450.6** | **68.6** |
| 欧　盟 | 228.9 | 6.4 | | | |

**广东省2016年服务进出口情况表**

| 行业 | 进出口 | | 出口 | | 进口 | |
|---|---|---|---|---|---|---|
| | 金额（万元） | 同比（%） | 金额（万元） | 同比（%） | 金额（万元） | 同比（%） |
| 运输 | 14 882 852.33 | -9.51 | 7 015 578.51 | 67.78 | 7 867 273.82 | -35.86 |
| 旅行 | 41 384 882.07 | 3.98 | 6 075 332.76 | -67.57 | 35 309 549.30 | 67.61 |
| 建筑 | 708 242.98 | 5.11 | 378 915.88 | -2.49 | 329 327.10 | 15.46 |
| 保险 | 2 123 587.90 | 40.56 | 567 970.81 | 101.26 | 1 555 617.09 | 26.61 |
| 金融 | 400 989.80 | 57.16 | 223 346.37 | 2 584.84 | 177 643.43 | -28.03 |
| 电信、计算机和信息 | 7 115 380.82 | 46.53 | 5 156 292.97 | 20.87 | 1 959 087.85 | 232.15 |
| 电信 | 209 821.45 | 5.46 | 120 905.18 | -1.16 | 88 916.27 | 16.01 |
| 计算机 | 6 504 576.57 | 39.68 | 4 807 730.94 | 16.03 | 1 696 845.63 | 230.54 |
| 信息 | 400 982.80 | 309.66 | 227 656.85 | 299.71 | 173 325.95 | 323.52 |
| 技术服务 | 5 217 124.32 | 87.35 | 3 190 262.43 | 124.87 | 2 026 861.89 | 48.39 |
| 专业管理和咨询 | 13 418 140.77 | 264.03 | 10 261 214.48 | 364.98 | 3 156 926.29 | 113.42 |
| **合　计** | **97 869 407.12** | **19.25** | **38 473 137.85** | **0.92** | **59 396 269.27** | **35.15** |

## 【利用外资】

**广东省2016年利用外资情况表**

| 利用外资方式 | 批准签订的合同 | | | 实际利用外资 | |
|---|---|---|---|---|---|
| | 项目数（个） | 外资金额（万美元） | 金额比上年增加（%） | 金　额（万美元） | 金额比上年增加（%） |
| **外商直接投资** | **8 078** | **8 667 477** | **54.47** | **2 334 921** | **-13.12** |
| 合资企业 | 1 373 | 1 144 934 | 47.17 | 447 232 | 5.04 |
| 合作企业 | 17 | 40 328 | -14.70 | 15 901 | -66.47 |
| 外资企业 | 6 671 | 6 833 648 | 44.29 | 1 575 495 | -27.97 |
| 股份有限公司 | 17 | 648 567 | 1205.44 | 296 293 | 999.50 |
| **外商其他投资** | **0** | **5 873** | **64.69** | **5 768** | **-61.46** |
| 加工贸易 | 0 | 5 873 | 64.69 | 5 768 | -61.46 |
| **合　计** | **8 078** | **8 673 350** | **54.48** | **2 340 689** | **-13.39** |

**概况**　2016年，全省新批设立外商直接投资项目（企业）8 078个，比上年增长14.92%；合同外资866.75亿美元，增长54.47%；实际外资233.49亿美元，下降13.12%。

**外商直接投资行业**　第一产业吸收外资项目78个，增长5.41%，合同外资8.88亿美元，增长36.75%，实际外资1.11亿美元，增长41.31%。第二产业吸收外资项目893个，下降24.39%，合同外资148.93亿美元，增长1.17%，实际外资71.5亿美元，下降37.83%。第三产业吸收外资项目7 107个，增长23.09%，合同外资708.94亿美元，增长74.01%，实际外资160.88亿美元，增长5.17%。广东省实际利用外资三次产业比为0.48∶30.62∶68.9。

**外商直接投资来源**　2016年，共有130个国家（地区）对粤投资，吸收外资项目以香港地区为主，其投资项目5 365个，合同外资736.65亿美元，实际外资174.19亿美元，分别占全省的66.41%、84.99%和74.6%。实际外资前十位国家（地区）是：香港、英属维尔京群岛、澳门、英国、日本、新加坡、美国、萨摩亚、开曼群岛、毛里求斯，实际外资占总体的91.54%。

**外商直接投资企业生产经营情况**　2016年，外资企业进出口额31 016亿元人民币，占全省进出口总额的49.2%。其中，出口19 049亿元，占全省出口总额的48.3%；进口11 967亿元，占全省进口总额的50.8%。

【对外经济合作】

**对外投资** 2016年，广东省境外投资新增中方协议投资282.8亿美元，对外实际投资206.8亿美元，同比分别增长-5.66%、94.3%。全年对“一带一路”沿线国家实际投资7.8亿美元，增长126%。其中对马来西亚、缅甸、泰国、越南、阿拉伯联合酋长国实际投资均以倍数增长，对印度尼西亚、新加坡、阿拉伯联合酋长国投资均超过1亿美元，对泰国投资达到2.1亿美元。

正在推进的较大的产能合作项目包括深圳德尔达科技有限公司在巴基斯坦协议投资1.9亿美元建设的水泥厂、佛山市尊贤行不锈钢有限公司在印度尼西亚协议投资建设的镍铁生产基地、中山联祥工业有限公司在柬埔寨协议投资8 900万美元建设的制鞋厂、创意家居股份有限公司在越南协议投资6 000万美元建设的家具厂等。

**承包工程和劳务合作** 承包工程新签合同额219.9亿美元，完成营业额181.6亿美元，分别增长5.8%、-8.5%。新签劳务人员合同工资6.6亿美元，劳务人员实际收入总额8.9亿美元，分别下降52.5%和23.9%。年末在外人数8.4万人。

**对外经济技术援助** 2016年，广东承担商务部援外项目14个。其中，援外监理任务4个，分别是援塞内加尔竞技摔跤场项目施工监理任务、援多哥政府办公楼项目施工监理任务、援毛里塔尼亚奥林匹克体育场维修项目管理任务和援马其顿政府教育网项目实施任务。广东省南方医科大学和华南农业大学共承担援外培训任务10个。

【其他】

**开发区、出口加工区和保税区** 截至2016年年底，全省共有国家级经济技术开发区6家，省级经济技术开发区61家，保税区4家，出口加工区2家，保税港区2家，综合保税区2家，保税物流园区1家，保税物流中心（B型）7家，跨境工业区1家。其中，国家级经开区全年共实现进出口额4 591.7亿元，同比增长5%；实际利用外资额33.7亿美元，同比增长24.7%。

**商务洽谈会** 第十八届中国国际高新技术成果交易会(简称高交会)：11月16日—21日在深圳会展中心举行。商务厅积极会同省发展改革委、经济和信息化委等单位，组织广东省95个单位的164个项目参展，展区面积达800平方米，参展面积、参展企业和项目均居全国各省区展团之首。展会期间广东展团共接待专业观众约3.2万人次、采购商2 791人次、投资商1 668人次。本次展会，广东展团还获得了组委会颁发的“优秀组织奖”和“优秀展示奖”，23家单位的32个参展项目获得了组委会颁发的“优秀产品奖”，为历届高交会广东展团参展项目获奖之最。

进口采购团赴德国、瑞士开展先进设备采购活动：5月29日—6月5日，商务厅组织了95家省内企业组成“广东进口采购团”赴德国、瑞士开展印刷设备采购活动，推进省内企业引进先进的设备及技术。在外期间，采购团已签订采购合约近1.5亿元，还有不少企业和供应商达成了初步意向，回来后将进一步商谈合同细节；同时我们还促成了广州、珠海、东莞三地的印刷行业协会与惠普公司联合签署合作协议，共同发起企业创新学习计划。此次活动采购的均为供应商最新研制的印刷设备，其中不仅增加了许多智能流程提升效率，更有灵活的配置帮助企业满足市场多样化的需求，这些先进设备的引进将有效促进广东省印刷产业的转型升级。

智利、阿根廷、巴西开展系列经贸活动：为推动广东省与南美地区经贸交流与产业合作，加强广东省与阿根廷门多萨等友省的友好往来，进一步扩大自阿根廷、智利等国优质产品进口，深入开拓巴西等新兴国家市场，7月11日至21日，商务厅牵头组织近70家企业（单位），赴智利、阿根廷、巴西三国开展系列经贸活动，取得积极成果。系列活动包括：在智利圣地亚哥举办“中国广东省·智利葡萄酒采购对接洽谈会”；在阿根廷门多萨省首府举办“中国（广东）·阿根廷（门多萨）经贸推介会”；参加“中国品牌商品拉美展暨2016巴西国际消费类电子及家用电器产品展览会”。此外，还组织开展了拜访阿根廷门多萨省省长、拜访智利对外贸易促进局、智利中国商品城实地交流等活动。广东省酒类行业协会与门多萨推广署签订了战略合作协议；外方与广东企业共达成贸易金额1 050万美元。

**口岸运输** 据统计，2016年，全省口岸进出口货运量达42 490.5万吨，增长6.6%，其中进口28 435.7万吨，出口14 054.8万吨；全年进出口集装箱总量2 746.5万标准箱，增长0.3%，其中进口1 292.8万标准箱，出口1 453.7万标准箱。

按运输方式划分，2016年，经水路口岸进出口货运量为39 861.6万吨，经陆路口岸进出口货运量为2 428.1万吨；经水路口岸进出口集装箱为2 449.7万标准箱，经陆路口岸进出口集装箱为296.8万标准箱。

# 2016年广州市商务发展概况

广州市商务委员会

陈 杰

广州市商务委员会主任

陈 杰 男，中共党员，华南师范大学公共管理学院哲学博士。历任华南师范大学外事处副处长；广州市外经贸局对外经济联络处处长、外商投资管理处处长，副局长、党委委员；萝岗区副区长、区政府党组成员、夏港街党工委书记；萝岗区委常委，广州开发区党工委管委会办公室主任，萝岗区委办主任，区政府办公室主任，区侨办、外事办、口岸办主任；广州开发区党工委委员（市正局级）、管委会秘书长（兼工委办公室、管委会办公室主任），萝岗区委常委、区党政办公室主任，兼任中新知识城建设指挥部总指挥；广州市委副秘书长，兼任中共广州市委办公厅机关委员会书记。2016年12月后任广州市商务委员会主任。十一届广州市委委员。

【国内贸易】

**社会消费品零售总额** 2016年，广东省广州市实现社会消费品零售总额8 706.5亿元，比上年的7 933.0亿元增长9.8%，总量稳居全国各大城市第三。按行业分，批发零售业实现零售总额7 625.6亿元，住宿餐饮业实现零售总额1 080.9亿元。按地域分，乡村社会消费品零售总额102.61亿元，同比增长15.9%，高于城镇零售额增速4.9个百分点。

**购物天堂** 推进商旅文融合发展，创新零售实体发展模式。深入推进国内贸易流通体制改革发展综合试点，鼓励天河路商圈对标全球一流商圈，引导正佳广场、天河城等大型购物中心创新零售实体发展模式，通过叠加电子商务、体验消费、文化旅游等新型消费体验服务，实现差异化竞争，改变零售业态“千店一面”现象，促进消费升级。

**电子商务** 2016年，全市电子商务交易额超1.7万亿元，居全国大中城市前列，同比增长12%；推动线上线下互动发展，实现网上商店零售额630.3亿元，增长20.7%，拉动社零额增长1.4个百分点，已经成为实现社零额增长的重要引擎；全市跨境电商进出口总额146.8亿元，增长1.2倍，规模稳居全国城市第一。

**世界先进美食城市** 打造番禺大道等餐饮集聚区，举办广州国际美食节，发展中华广场、万达广场等特色美食广场，培育广州酒家、渔民新村等一批行业龙头企业，评选“十大名点、十大名店、十大名厨”，进一步提升“食在广州”含金量。

**平台经济** 扶持广东塑料交易所、广物钢铁交易中心等大宗商品交易平台建设和发展，促进产业链上下游产品、电商流通服务业、贸易业和金融业深度融合。设立广州钻石交易中心，在南沙自贸区开展毛坯钻石多种贸易方式进出境业务，实现国际商品交易和资源配置。建立专业市场公共服务平台，引导白马服装市场、增城牛仔城等开展网上交易。建设广州国际商品展贸城平台，逐步引导中心城区纺织布料、汽配、家居装饰等市场的商流、物流分离。

**物流快捷化** 以广州珠江啤酒物流标准化作业创新项目、华新商贸分销物流一体化平台等为载体，推广应用现行物流标准，建设托盘标准化和仓库标准化管理体系。组织林安物流、南物国际申报智慧物流配送示范企业、园区，建设物流公共信息平台，推动合捷供应链提升特殊监管区域国际中转、全球物流配送效率，全面降低物流配送成本。

**融资租赁** 制定了《广州市关于进一步加快融资租赁业发展工作方案》，组织企业申报专项资金加大对行业和企业的支持，重点发展飞机、船舶等行业融资租赁。2016年，全市飞机租赁12架，合同金额8.7亿美元，进口额约54亿元人民币。全市融资租赁企业305家，合同余额1 000亿元，南航租赁、天合租赁等一大批具有产业拉动效应的龙头企业相继落户南沙。

**市场秩序建设** 深入推进商务综合行政执法改革，创新全过程执法，推进“双随机一公开”执法，建立了广州市商务诚信数据库，实施“黑名单”管理、“网格化”督管，形成立体综合动态监管体系。2016年，全市开展商务执法检查1 548次，办理执法案件38宗，受理办结商务举报投诉82件。

【对外贸易】

**进出口总额** 进出口总额8 566.9亿元人民币，比上年的8 306.4亿元人民币增长3.2%。

**出口总额** 出口总额5 187亿元人民币，比上年的5 034.7亿元增长3%，占全国出口额的3.8%。

**进口总额** 进口总额3 379.9亿元人民币，比上年的3 271.7亿元增长3.33%。

**出口商品市场** 出口商品销往219个国家（地区）。

**进口商品市场** 进口商品来自182个国家（地区）。

**服务贸易** 服务贸易进出口总额378.1亿美元，比上年的291.7亿美元增长29.6%。其中，出口总额152.6亿美元，下降2.4%；进口总额225.5亿美元，增长66.6%。服务贸易主要行业是旅游、运输服务、电信、计算机和信息服务等。

**服务外包** 服务外包全口径合同额104.7亿美元，比上年的91.1亿美元增长14.9%。其中，离岸合同额57.9亿美元，增长6.8%；离岸执行额45.1亿美元，增长16.5%。全年系统登记服务外包企业1 236家，比上年新增221家。

**技术进出口** 技术出口登记合同23个，技术出口金额5.7亿美元。技术引进合同351个，合同总金额16.5亿美元。

**广州市2016年出口额60亿元人民币以上商品情况表**

| 金额分类 | 商品名称 | 出口金额（万元） | 占出口总额比重（%） |
|---|---|---|---|
| 300亿元以上（6大类） | 电机、电气设备及其零件；录音机及放声机、电视图像、声音的录制和重放设备及其零件、附件 | 9 543 484 | 21.05 |
| | 核反应堆、锅炉、机器、机械器具及零件 | 5 942 770 | 13.11 |
| | 非针织或非钩编的服装及衣着附件 | 4 847 965 | 10.70 |
| | 天然或养殖珍珠、宝石或半宝石、贵金属、包贵金属及其制品；仿首饰；硬币 | 3 238 458 | 7.14 |
| | 家具；寝具、褥垫、弹簧床垫、软坐垫及类似的填充制品；未列名灯具及照明装置；发光标志、发光铭牌及类似品；活动房屋 | 3 227 712 | 7.12 |
| | 光学、照相、电影、计量、检验、医疗或外科用仪器及设备、精密仪器及设备；上述物品的零件、附件 | 3 227 278 | 7.12 |
| 60亿元—300亿元（12大类） | 车辆及其零件、附件，但铁道及电车道车辆除外 | 2 118 619 | 4.67 |
| | 皮革制品；鞍具及挽具；旅行用品、手提包及类似容器；动物肠线（蚕胶丝除外）制品 | 2 078 800 | 4.59 |
| | 塑料及其制品 | 2 043 971 | 4.51 |
| | 针织或钩编的服装及衣着附件 | 1 689 918 | 3.73 |
| | 船舶及浮动结构体 | 1 347 363 | 2.97 |
| | 鞋靴、护腿和类似品及其零件 | 1 240 540 | 2.74 |
| | 钢铁制品 | 1 102 600 | 2.43 |
| | 矿物燃料、矿物油及其蒸馏产品；沥青物质；矿物蜡 | 895 874 | 1.98 |
| | 贱金属杂项制品 | 807 285 | 1.78 |
| | 玩具、游戏品、运动用品及其零件、附件 | 681 668 | 1.50 |
| | 针织物及钩编织物 | 647 613 | 1.43 |
| | 钢铁 | 644 929 | 1.42 |
| **合　计** | | **45 326 847** | **87.39** |

**广州市2016年进口额60亿元人民币以上商品情况表**

| 金额分类 | 商品名称 | 进口金额（万元） | 占进口总额比重（%） |
|---|---|---|---|
| 300亿元以上（3大类） | 电机、电气设备及其零件；录音机及放声机、电视图像、声音的录制和重放设备及其零件、附件 | 4 377 895 | 17.34 |
| | 光学、照相、电影、计量、检验、医疗或外科用仪器及设备、精密仪器及设备；上述物品的零件、附件 | 3 826 019 | 15.15 |
| | 核反应堆、锅炉、机器、机械器具及零件 | 3 636 105 | 14.40 |

**广州市2016年进口额60亿元人民币以上商品情况表(续)**

| 金额分类 | 商品名称 | 进口金额（万元） | 占进口总额比重（%） |
|---|---|---|---|
| 60亿元—300亿元（11大类） | 塑料及其制品 | 2 708 116 | 10.73 |
| | 天然或养殖珍珠、宝石或半宝石、贵金属、包贵金属及其制品；仿首饰；硬币 | 2 155 012 | 8.53 |
| | 矿物燃料、矿物油及其蒸馏产品；沥青物质；矿物蜡 | 1 851 106 | 7.33 |
| | 车辆及其零件、附件，但铁道及电车道车辆除外 | 1 412 832 | 5.60 |
| | 钢铁 | 845 935 | 3.35 |
| | 有机化学品 | 815 602 | 3.23 |
| | 航空器、航天器及其零件 | 803 039 | 3.18 |
| | 药品 | 798 622 | 3.16 |
| | 铜及其制品 | 736 178 | 2.92 |
| | 肉及食用杂碎 | 670 969 | 2.66 |
| | 谷物、粮食粉、淀粉或乳的制品；糕饼点心 | 611 723 | 2.42 |
| 合　计 | | **25 249 153** | **74.70** |

**广州市2016年主要出口市场情况表**

| 国别（地区） | 出口金额（万元） | 占出口总额比重（%） | 国别（地区） | 出口金额（万元） | 占出口总额比重（%） |
|---|---|---|---|---|---|
| 香　港 | 9 616 447 | 18.54 | 泰　国 | 872 507 | 1.68 |
| 美　国 | 7 555 257 | 14.57 | 印度尼西亚 | 862 408 | 1.66 |
| 日　本 | 2 282 007 | 4.40 | 台湾省 | 835 327 | 1.61 |
| 印　度 | 1 482 423 | 2.86 | 沙特阿拉伯 | 824 752 | 1.59 |
| 马来西亚 | 1 461 452 | 2.82 | 菲律宾 | 809 730 | 1.56 |
| 英　国 | 1 335 496 | 2.57 | 荷　兰 | 781 483 | 1.51 |
| 墨西哥 | 1 263 608 | 2.44 | 澳大利亚 | 774 994 | 1.49 |
| 德　国 | 1 229 698 | 2.37 | 波　兰 | 678 580 | 1.31 |
| 越　南 | 1 208 010 | 2.33 | 肯尼亚 | 657 211 | 1.27 |
| 韩　国 | 1 008 174 | 1.94 | 俄罗斯联邦 | 595 451 | 1.15 |
| 阿联酋 | 931 534 | 1.80 | 法　国 | 593 571 | 1.14 |
| 新加坡 | 907 741 | 1.75 | 合　计 | **39 461 198** | **76.08** |
| 尼日利亚 | 893 337 | 1.72 | | | |

**广州市2016年主要进口市场情况表**

| 国别（地区） | 进口金额（万元） | 占进口总额比重（%） | 国别（地区） | 进口金额（万元） | 占进口总额比重（%） |
|---|---|---|---|---|---|
| 日　本 | 6 155 537 | 18.21 | 泰　国 | 825 454 | 2.44 |
| 韩　国 | 4 116 727 | 12.18 | 印度尼西亚 | 744 111 | 2.20 |
| 美　国 | 3 659 856 | 10.83 | 澳大利亚 | 675 043 | 2.00 |
| 中华人民共和国 | 1 876 434 | 5.55 | 法　国 | 670 913 | 1.99 |
| 南　非 | 1 819 336 | 5.38 | 越　南 | 639 468 | 1.89 |
| 台湾省 | 1 743 211 | 5.16 | 荷　兰 | 596 767 | 1.77 |
| 德　国 | 1 600 007 | 4.73 | 阿联酋 | 574 467 | 1.70 |
| 印　度 | 973 903 | 2.88 | 意大利 | 548 028 | 1.62 |
| 马来西亚 | 839 537 | 2.48 | 合　计 | **28 058 799** | **83.01** |

【利用外资】

**利用外资** 2016 年，广州市新批外商直接投资企业 1 757 家，比上年的 1 429 家增长 23%；合同外资 99 亿美元，比上年的 83.6 亿美元增长 18.4%；实际使用外资 57 亿美元，比上年的 54.2 亿美元增长 5.3%。

**广州市 2016 年利用外资情况表**

| | 合同外资 | | | 实际使用外资 | |
|---|---|---|---|---|---|
| | 企业数（家） | 金额（万美元） | 金额比上年增加（%） | 金额（万美元） | 金额比上年增加（%） |
| **外商直接投资** | **1 757** | **990 123** | **18.4** | **570 120** | **5.3** |
| 合资企业 | 216 | 153 084 | −24.7 | 135 135 | 18.4 |
| 合作企业 | 6 | 1 543 | −95.6 | 2 959 | −86.3 |
| 外资企业 | 1 533 | 421 745 | −29.4 | 157 460 | −60.5 |
| 股份有限公司 | 2 | 413 751 | — | 274 566 | — |

**外商直接投资来源** 2016 年，外商直接投资来自 102 个国家和地区。实际投资超亿美元的国家（地区）有：香港 47.82 亿美元，英属维尔京群岛 1.91 亿美元，日本 1.72 亿美元，英国 1.16 亿美元，新加坡 1.14 亿美元。上述 5 个国家（地区）实际投入外资金额为 55.47 亿美元，占全市实际使用外资总额的 97.3%。

**外商投资企业经营情况** 2016 年外商投资企业外商及港澳台投资企业规模以上工业总产值 11 766 亿元，比上年增长 4.6%，占全市规模以上工业总产值的 60.2%；规模以上工业增加值 2 929 亿元，增长 4.6%，占全市规模以上工业增加值的 60%。外资企业进出口 3 956.6 亿元，下降 1.15%，占全市进出口的 46.2%。其中，出口 2 021.9 亿元，下降 5%，占全市出口总额的 39%；进口 1 934.6 亿元，下降 3.2%，占全市出口总额的 57.2%。

【对外经济合作】

**对外投资** 2016 年备案境外投资项目 263 个，中方协议投资额 52.8 亿美元，比上年增长 10.7%，对外直接投资额 22.3 亿美元，增长 58%。

**承包工程和劳务合作** 2016 年新签对外承包工程、对外劳务合作合同额 5.4 亿美元，下降 40.3%，完成营业额 4.6 亿美元，下降 46.7%。

【其他】

**开发区** 广州经济技术开发区 2016 年固定资产投资额 723.5 亿元，比上年增长 7.3%。出口 1 132 亿元人民币，增长 7.3%；进口 1 100 亿元，增长 1.1%。实际利用外资 21.9 亿美元，增长 91%。GDP 2 471 亿元，增长 6%；财税总收入 624 亿元，增长 0.6%。

南沙经济技术开发区 2016 年固定资产投资额 813.2 亿元，增长 31%。外贸出口 1 057.2 亿元人民币，增长 2.6%；进口 637.1 亿元，增长 27.4%。实际利用外资 6.3 亿美元，下降 39%。GDP 1 278.8 亿元，增长 13.8%；财税总收入 487.2 亿元，增长 10.2%。

**主要商务洽谈活动** 1 月 18 日至 24 日，广州市委书记任学锋率广州市代表团赴瑞士达沃斯出席世界经济论坛 2016 年年会，分别与通用电气、思科、西门子、ABB、汇丰、赛默飞世尔、雷诺日产、强生、飞利浦、欣度贾集团、沙特基础工业、默克、汉高、诺华、阿迪达斯、阿克苏诺贝尔、武田药品、万灵科制药、路易达孚、邦吉、波士顿咨询、沃博联、三菱商事、伊藤忠商事、智奥会展、优步、安永等 30 多家知名跨国公司负责人举行一对一会谈，达成多项合作意向，与思科公司签署建设万物互联制造云中心备忘录。3 月 22 日至 23 日，由广州市政府主办，市商务委承办的“2016 中国广州国际投资年会”成功举行，年会主题为“动力源　增长极——国家中心城市与三大战略枢纽”，来自国有、民营、外资企业的高层代表，外国驻穗总领事馆、外国驻穗机构的高层代表，社会贤达、知名人士、投资广州国际顾问，以及高等院校及科研机构负责人等 800 多位嘉宾出席全体大会，1 600 多位嘉宾参加 18 个分论坛或圆桌会议，全方位展示了广州发展战略和投资环境。3 月 23 日至 26 日，广州市委书记任学锋率团出席博鳌亚洲论坛 2016 年年会，分别会见了新加坡荣誉国务资政吴作栋、法国政府和议会关系国务秘书让-马利·勒甘、香港特区行政长官梁振英、清华大学苏世民书院院长李稻葵、以色列科技创业之父瓦迪，以及百度、网易、科大讯飞、冯氏集团、丰田汽车、中国机械工业集团、海航集团等近 10 家知名企业负责人，达成多项合作意向。6 月 26 日至 27 日，广州市委书记任学锋，市委副书记、市长温国辉，市人大常委会主任陈建华率广州市代表团一行 35 人赴天津参加 2016 年夏季达沃斯论坛。代表团密集接触、广泛会晤参会政要、商界领军者、社会知名人士、专家学者，积极宣传广东、广州经济社会发展成就，宣讲推介发展机遇和投资环境，寻求合作商机。

**港口运输** 2016 年港口货物吞吐量 54 356.1 万吨，比上年的 51 992.3 万吨增长 4.3%；机场旅客吞吐量 5 977.7 万人次，比上年的 5 520.9 万人次增长 8.3%；机场货邮吞吐量 215.3 万吨，比上年的 200.2 万吨增长 7.5%。

**涉外旅游** 2016 年接待过夜旅游者人数 5 940.6 万人次，比上年增长 5%。其中接待海外旅游者 861.9 万人次，增长 7.3%。旅游业总收入 3 217.1 亿元，增长 12%。其中，外汇收入 62.7 亿美元，增长 10.1%。

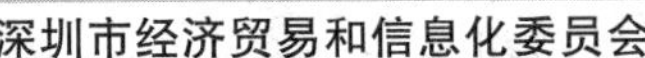

# 2016 年深圳市商务发展概况

深圳市经济贸易和信息化委员会

**郭立民**

**深圳市经济贸易和信息化委员会主任**

郭立民　男，1963 年 3 月生，北京化工大学本科毕业，湖南大学管理科学硕士研究生、香港科技大学 EMBA 毕业，1981 年 9 月参加工作。曾先后任化工部科技局干部、工程师，化工部办公厅主任科员、副处级秘书、正处级秘书，深圳市政府办公厅正处级秘书，深圳市计划发展局副局长、党组成员。2003 年 1 月任深圳机场（集团）有限公司董事长、党委书记；2004 年 4 月任深圳市政府国有资产监督管理委员会主任、党委书记；2009 年 8 月任深业集团有限公司董事长、党委书记；自 2012 年 2 月起，任深圳市经济贸易和信息化委员会党组书记、主任。

## 【国内贸易】

**社会消费品零售总额**　2016 年，广东省深圳市社会消费品零售总额 5 512. 8 亿元，比上年增长 8. 1%，其中批发与零售业零售额 4 879. 3 亿元，增长 8. 2%，住宿餐饮业零售额 633. 4 亿元，增长 7. 6%。全市商品销售总额 24 860. 1 亿元，增长 5. 8%。

**市场物价**　2016 年，深圳市居民消费价格总水平（CPI）同比上涨 2. 4%，涨幅较上年提升 0. 1 个百分点，分别比全国和广东省平均水平高 0. 8 个和 0. 7 个百分点。其中，消费品价格指数上涨 2. 6%，服务项目价格指数上涨 1. 8%。分类别看，八大类价格同比均呈上涨态势，食品烟酒价格上涨 2. 6%，衣着价格上涨 5. 2%，生活用品及服务上涨 1. 7%，交通和通信上涨 0. 7%，教育文化和娱乐上涨 3. 6%，医疗保健上涨 6. 0%，居住上涨 0. 5%，其他用品和服务上涨 3. 9%。

**市场体系建设**　大力推进平行汽车进口试点，平行汽车进口业务有序开展。目前，深圳市有两家商务部备案的试点企业，2016 年全年汽车平行进口超亿元美金。进一步优化商业发展环境，制定发布了《深圳市商业网点规划（2016—2020）》，提出加快构建现代“实体商业+互联网商业”的网点体系，即以“国际商业中心——市级商业中心——区级商业中心——社区商业——特色商业街区”五个层级的实体消费商业体系满足市内外消费者多样化消费需求，以“国际商贸功能区——市级商贸功能区”的商贸批发体系布局满足市内外企业采购需求，以“电子商务平台、跨境电商展示交易平台、电子商务集聚区”组成的互联网商业体系满足新型消费与批发模式需求，并实现线上线下商业的整合发展；出台《培育新型消费热点工作方案》，旨在抓住中央实施供给侧结构性改革和布局新消费发展双重机遇，全面贯彻落实国务院关于促进消费升级的系列部署，聚焦服务消费、信息消费、绿色消费、时尚消费、品质消费等重点领域和方向，带动产业升级，鼓励企业创新、扩大供给满足消费需求，以新需求催生新产业，以新供给激发新需求，以新环境激发新活力。

**商业改革和发展**　2016 年，深圳网络零售额达到 2 294. 45 亿元，比上年增长 37. 3%；天虹等大型商业企业积极创新，运用 O2O 等新型网络销售方式，开展线上线下互动经营，取得了较好的发展；自动收银、移动支付、智能分拣等新技术在商业企业中进一步应用；连锁商业继续成为深圳零售商业的主体，到 2016 年底全市零售商业（包括餐饮）共拥有连锁商号超过 500 个，连锁门店超过 3 万个，连锁门店个数比 2010 年增长了两倍。连锁企业的零售额占本地零售总额的比重保持在 55% 以上，在全国居于领先地位。

## 【对外贸易】

**进出口总额**　进出口总额 3 984. 4 亿美元，比上年的 4 425. 6 亿美元下降 9. 9%。

**出口总额**　出口总额 2 375. 5 亿美元，比上年的 2 640. 8 亿美元下降 10%，占深圳市 GDP 19 492. 6 亿元（相当于 2 953. 4 亿美元）的 80. 4%，占全国出口额的 11. 3%，占广东省出口额的 39. 6%，居全国大中城市首位。

**进口总额**　进口总额 1 608. 9 亿美元，比上年的 1 784. 7 亿美元下降 9. 8%。

**出口商品结构**　初级产品出口额 35. 5 亿美元，占出口总额的 1. 5%；工业制成品出口额 1 063. 5 亿美元，占出口总额的 44. 8%。

**进口商品结构**　初级产品进口额 87. 8 亿美元，占进口总额的 5. 5%；工业制成品进口额 634. 0 亿美元，占进口总额的 39. 2%。

**出口商品市场**　出口商品销往 228 个国家（地区）。主要出口市场的国别（地区）为香港、美国、欧盟、东盟、日本、印度、韩国、澳大利亚、墨西哥、阿联酋，金额共计2 087.1亿美元，占出口总额的87.9%。

**进口商品市场** 进口商品来自220个国家（地区）。主要进口市场的国别（地区）为台湾省、东盟、韩国、日本、欧盟、美国、瑞士、南非、澳大利亚、墨西哥，金额1 074.5亿美元，占进口总额的66.8%。

**深圳市2016年出口额30亿美元以上商品情况表**

| 金额分类 | 商品名称 | 出口金额（亿美元） | 占出口总额比重（%） |
|---|---|---|---|
| 1 000亿美元及以上 | 机电产品（包括本目录已具体列名的机电产品） | 1 868.9 | 81.3 |
| | 高新技术产品 | 1 215.4 | 52.9 |
| 100亿—1 000亿美元 | 自动数据处理设备及其部件 | 265.4 | 11.5 |
| | 电话机 | 225.5 | 9.8 |
| | 文化产品 | 114.8 | 5.0 |
| | 集成电路 | 106.4 | 4.6 |
| 30亿—100亿美元 | 服装及衣着附件 | 78.8 | 3.4 |
| | 静止式变流器 | 53.5 | 2.3 |
| | 家具及其零件 | 44.9 | 2.0 |
| | 灯具、照明装置及零件 | 44.1 | 1.9 |
| | 自动数据处理设备的零件 | 43.8 | 1.9 |
| | 二极管及类似半导体器件 | 41.4 | 1.8 |
| | 玩具 | 38.4 | 1.7 |
| | 电线和电缆 | 38.2 | 1.7 |
| | 液晶显示板 | 36.6 | 1.6 |
| | 通断保护电路装置及零件 | 36.3 | 1.6 |
| | 鞋类 | 34.8 | 1.5 |
| | 塑料制品 | 34.5 | 1.5 |
| | 打印机（包括多功能一体机） | 32.4 | 1.4 |
| | 蓄电池 | 30.7 | 1.3 |

**深圳市2016年进口额30亿美元以上商品情况表**

| 金额分类 | 商品名称 | 进口金额（亿美元） | 占进口总额比重（%） |
|---|---|---|---|
| 100亿美元及以上 | 机电产品（包括本目录已具体列名的机电产品） | 1 280.32 | 86.2 |
| | 高新技术产品 | 1 061.02 | 71.4 |
| | 集成电路 | 552.41 | 37.2 |
| 30亿—100亿美元 | 自动数据处理设备及其部件 | 84.30 | 5.7 |
| | 二极管及类似半导体器件 | 72.64 | 4.9 |
| | 农产品 | 71.37 | 4.8 |
| | 液晶显示板 | 58.75 | 4.0 |
| | 自动数据处理设备的零件 | 43.03 | 2.9 |
| | 初级形状的塑料 | 35.21 | 2.4 |
| | 通断保护电路装置及零件 | 33.33 | 2.2 |

**深圳市 2016 年主要出口市场情况表**

| 国别（地区） | 出口金额（亿美元） | 占出口总额比重（%） |
|---|---|---|
| 香　港 | 1 043.2 | 43.9 |
| 美　国 | 318.2 | 13.4 |
| 欧　盟 | 294.9 | 12.4 |
| 东　盟 | 194.3 | 8.2 |
| 日　本 | 67.3 | 2.8 |
| 印　度 | 51.5 | 2.2 |
| 韩　国 | 33.7 | 1.4 |
| 澳大利亚 | 30.0 | 1.3 |
| 墨西哥 | 27.4 | 1.2 |
| 阿联酋 | 26.5 | 1.1 |

**深圳市 2016 年主要进口市场情况表**

| 国别（地区） | 进口金额（亿美元） | 占进口总额比重（%） |
|---|---|---|
| 台湾省 | 296.0 | 18.4 |
| 东　盟 | 272.7 | 16.9 |
| 韩　国 | 150.5 | 9.4 |
| 日　本 | 134.2 | 8.3 |
| 欧　盟 | 82.2 | 5.1 |
| 美　国 | 61.9 | 3.8 |
| 瑞　士 | 23.8 | 1.5 |
| 南　非 | 23.6 | 1.5 |
| 澳大利亚 | 18.9 | 1.2 |
| 墨西哥 | 10.8 | 0.7 |

## 【利用外资】

**深圳市 2016 年利用外资情况表**

| 利用外资方式 | 企业数（个） | 同比（±%） | 合同外资金额（万美元） | 同比（±%） | 实际外资金额（万美元） | 同比（±%） |
|---|---|---|---|---|---|---|
| **外商直接投资** | **4 132** | **23.01** | **5 219 259** | **103.91** | **673 227** | **3.62** |
| 合资企业 | 877 | 79.71 | 710 746 | 119.40 | 92 018 | 61.33 |
| 合作企业 | 6 | 200.00 | 4 539 | 751.22 | 115 | -93.31 |
| 外资企业 | 3 241 | 13.28 | 4 303 336 | 96.51 | 574 622 | -1.17 |
| 股份有限公司 | 8 | 0.00 | 200 638 | 332.93 | 6 472 | -32.07 |
| **合　计** | **4 132** | **23.01** | **5 219 259** | **103.91** | **673 227** | **3.62** |

**深圳市 2016 年外商直接投资产业情况表**

| 产　　业 | 企业数（个） | 合同外资金额（万美元） | 实际外资金额（万美元） |
|---|---|---|---|
| 第一产业 | 7 | 2582 | 0 |
| 第二产业 | 127 | 363 515 | 50 464 |
| 第三产业 | 3 998 | 4 853 162 | 622 763 |
| **合　计** | **4 132** | **5 219 259** | **673 227** |

**深圳市 2016 年外商直接投资行业情况表**

| 行　业 | 企业数（个） |
|---|---|
| 农、林、牧、渔业 | 7 |
| 农业 | 4 |
| 金融业 | 1 144 |
| 租赁和商务服务业 | 757 |
| 批发和零售业 | 1 242 |
| 房地产业 | 32 |

**深圳市2016年外商直接投资行业情况表（续）**

| 行 业 | 企业数（个） |
|---|---|
| 房地产开发经营 | 3 |
| 电力、燃气及水的生产和供应业 | 1 |
| 制造业 | 108 |
| 专用设备制造业 | 15 |
| 通信设备、计算机及其他电子设备制造业 | 14 |
| 通用设备制造业 | 6 |
| 化学原料及化学制品制造业 | 1 |
| 科学研究、技术服务和地质勘查业 | 295 |
| 信息传输、计算机服务和软件业 | 327 |
| 住宿和餐饮业 | 46 |
| 文化、体育和娱乐业 | 38 |
| 建筑业 | 17 |
| 居民服务和其他服务业 | 52 |
| 交通运输、仓储和邮政业 | 53 |
| 教育 | 8 |
| 卫生、社会保障和社会福利业 | 2 |
| 水利、环境和公共设施管理业 | 2 |
| 采矿业 | 1 |
| **合 计** | **4 132** |

**深圳市2016年外商直接投资来源情况表**

| 国别（地区） | 项目数（个） | 合同外资金额（万美元） | 实际外资金额（万美元） |
|---|---|---|---|
| 香 港 | 3 338 | 4 877 645 | 598 849 |
| 英属维尔京群岛 | 19 | 54 173 | 26 140 |
| 开曼群岛 | 11 | 41 737 | 15 210 |
| 日 本 | 12 | 6 512 | 7 070 |
| 瑞 士 | 4 | 7 829 | 6 334 |
| 新加坡 | 43 | 279 | 4 004 |
| 萨摩亚 | 24 | 11 010 | 3 339 |
| 美 国 | 80 | 7 804 | 1 424 |
| 台湾省 | 186 | 17 212 | 761 |
| 韩 国 | 66 | 12 945 | 427 |
| 其 他 | 349 | 182 113 | 9 669 |
| **合 计** | **4 132** | **5 219 259** | **673 227** |

## 【对外经济合作】

**对外投资** 2016年经核准备案境外直接投资设立755家企业（机构），协议投资总额147.37亿美元，中方协议投资额107.63亿美元，实际对外直接投资额92.94亿美元，同比增长81.26%，占广东省的44.93%，占全国地方的6.25%，在全国各地方城市排名第四位。2016年深圳市在香港、东盟、欧盟、美国、澳大利亚五个国家（地区）设立的境外企业数量合计672家，中方协议投资额100.28亿美元，占全市同期的93.17%，其中香港仍为比重最大的地区，美国次之。

截至2016年，经深圳市核准备案累计境外直接投资设立5 691家企业（机构），境外协议投资总额819.37亿美元，中方协议投资额累计396.99亿美元。

截至2016年，深圳市已在全球135个国家和地区开展境外投资，2016年投资目的地新增吉布提、马达加斯加、莫桑比克、卢森堡、马绍尔群岛共和国、斯洛伐克共和国等6个国家。

**主要项目简要介绍** 大族激光科技产业集团股份有限公司并购Aritex Cading S. A.公司、富创得工程公司、科奥地高新技术公司。2016年初，大族激光与中航航发、中航投资在香港设立SPV，收购西班牙Aritex Cading S. A.公司95%股权，公司出资4 995万欧元（约3.5亿元人民币）占SPV30%股份。Aritex主要提供航空和汽车自动化设备和生产线的设计、制造与集成，其独有专利的柔性工装、机器人、高精度自动钻铆和定位等技术。2016年6月，大族激光以2 035.413 1万美元的对价收购美国专用设备制造业企业富创得工程公司，该公司主营半导体晶片制程自动化设备的研发、生产与销售。2016年11月，大族激光以2 919.987 2万美元的对价收购加拿大企业科奥地高新科技公司，该公司主营光学组件、激光器模块等特种光学光纤的研发、生产，主要应用于工业激光、通讯、传感、医疗、航天、国防领域。

深圳市海普瑞药业股份有限公司在美新设境外企业TPG生物技术合伙企业。海普瑞药业在美新设投资境外企业TPG生物技术合伙企业，中方协议投资额达6 000万美元，该境外公司主要投资于与生物医疗技术和生命科学产业相关的公司，包括与治疗、医疗技术、健康服务相关的公司。

**在“一带一路”国家（地区）的投资情况** 2016年全年，经深圳市核准备案对“一带一路”沿线国家（地区）中的23个国家（地区）直接投资设立了69家企业（机构），同比增长4.55%；境外协议投资总额23.97亿美元，同比增长32.87%，中方协议投资额15.18亿美元，同比增长10%。全年，深圳市在“一带一路”沿线国家（地区）中的36个国家有承包工程项目，新签合同377份，新签合同额88.69亿美元，占总量的46.70%；完成营业额79.98亿美元，占总量的50.05%。深圳市企业在“一带一路”沿线国家的合作区建设稳步推进，深越合作区、中白工业园物流园区正在建设中，印度尼西亚合作区已签订合作框架。

**对外承包工程和劳务合作** 2016年，深圳市签订对外承包工程和劳务合作合同项目919个，金额为189.93亿美元，比上年的190.40亿美元下降了0.25%；完成营业额为159.79亿美元，比上年的179.48亿美元下降了10.97%；派出劳务人员数为2 924人，年末在外人数为2 117人。

在派出劳务人员数中，排名前五位的国家与地区分别是中国香港、越南、巴拿马、马来西亚和中国澳门；对外承包工程中，新签合同额排名前五的国家依次为泰国、埃及、法国、巴西和尼日利亚。新签合同额以通讯工程类项目为主，排名前五的项目企业名称分别为华为公司、中兴通讯、中建南方、宝鹰建设和中国华西企业；完成营业额排名前五的国家分别为泰国、埃及、法国、巴西和墨西哥。完成营业额也以通讯工程类项目为主，排名前五的项目企业名称分别为华为公司、中兴通讯、海能达通信、中建南方、雄帝科技。

**对外经济技术援助** 2016年，深圳市承接完成了非洲英语国家基础软件应用技术培训班等6个援外活动相关工作，援外项目涉及22个亚非国家，通过国家援外项目来深培训的总人数共达90人。此外，协助接待了2批外地约174人次来深参观考察的援外培训外国官员。

深圳市路迪斯达供应链管理有限公司2016年承接了纳米比亚等国三项物资援助项目。

根据商务部《对外援助项目实施企业资格认定办法（试行）》（以下简称《办法》）和《对外援助项目实施企业资格认定服务指南》等一系列相关文件，深圳航天广宇工业有限公司、深圳深远贸易有限公司和深圳市路迪斯达供应链管理有限公司共3家企业获批对外援助物资项目总承包企业资格。同时，华为技术有限公司、深圳华森建筑与工程设计顾问有限公司和格林美股份有限公司共3家企业通过商务部援外项目实施企业资格招标获批对外援助项目专业资质。

**【其他】**

**深圳保税区基本情况** 持续推动保税区域转型升级。深圳首个综保区开关运作。盐田综合保税区（一期）正式开关运作，并成功争取全国特殊监管区域一般纳税人试点政策在盐田综保区首批落地。跨境电商业务全面覆盖深圳市海关特殊监管区域。全年保税区域（福田保税区、盐田综合保税区、坪山出口加工区、前海湾保税港区）实现进出口5 560.7亿元。其中，福田保税区转型升级成效显著，全年实现进出口3 670.5亿元，逆势增长13.3%，苹果零配件全球分拨中心落户，先进制造业占园区工业产值的99.4%，园区以占全市万分之七的面积完成全市14.3%的进出口额。大力发展保税经济新业态。保税区检测维修、国际分拨、研发设计、保税展示等“保税+”新业态蓬勃发展。传统仓储物流企业加快向平台、贸易服务和综合物流方向转型，腾邦跨境购物展示中心项目、富裕仓深港电器直销配送平台先后成立，引进了苹果零配件全球分拨中心。

# 2016 年珠海市商务发展概况

珠海市商务局

王瑞森

珠海市商务局局长

王瑞森　男，1972 年 9 月出生，江西省玉山县人。中共党员。研究生学历，硕士学位。历任珠海市规划国土局办公室主任；珠海市国土资源局副局长；横琴新区规划国土局局长；横琴新区管委会副主任；横琴新区（中国〈广东〉自由贸易试验区珠海横琴新区片区）管委会副主任。2015 年 10 月至今任珠海市商务局局长、党组书记。

【国内贸易】

**社会消费品零售总额**　2016 年，广东省珠海市社会消费品零售总额 1 016.13 亿元，比上年增长 11.0%。其中，批发业零售额 225.70 亿元，增长 12.3%；零售业零售额 675.76 亿元，增长 10.6%；住宿和餐饮业零售额 114.67 亿元，增长 10.9%。

**限额以上批发和零售业商品零售额**　限额以上批发和零售业商品零售额中，石油及制品类零售额 50.30 亿元，下降 1.0%；汽车类零售额 114.46 亿元，增长 12.9%；粮油食品饮料烟酒类零售额 51.50 亿元，增长 15.6%；服装鞋帽针纺织品类零售额 20.35 亿元，增长 27.1%；化妆品类零售额 1.47 亿元，下降 64.9%；金银珠宝类零售额 0.62 亿元，下降 37.0%；日用品类零售额 6.15 亿元，增长 10.7%；体育、娱乐用品类零售额 0.48 亿元，下降 15.8%；电子出版物及音像制品类零售额 0.05 亿元，下降 14.4%；书报杂志类零售额 1.23 亿元，增长 4.6%；家用电器和音像器材类零售额 13.59 亿元，下降 3.2%；中西药品类零售额 5.62 亿元，增长 16.1%；文化办公用品类零售额 4.46 亿元，增长 2.4%；通讯器材类零售额 5.38 亿元，增长 7.5%；建筑及装潢材料类零售额 1.13 亿元，下降 29.0%。

**市场物价**　居民消费价格总水平上涨 1.9%。其中，食品烟酒、衣着、居住、生活用品及服务、教育文化和娱乐、医疗保健、其他用品和服务等七类价格分别上涨 3.7%、1.2%、5.1%、0.3%、0.9%、2.8% 和 1.3%；交通和通信类价格下降 6.2%。工业生产者出厂价格下降 0.6%。

**珠海市 2016 年居民消费价格指数**

| 指　标 | 价格指数（上年价格为 100） | 比上年涨跌幅度（%） |
|---|---|---|
| **居民消费价格总指数** | **101.9** | **1.9** |
| 食品烟酒 | 103.7 | 3.7 |
| 其中：粮食 | 100.4 | 0.4 |
| 鲜菜 | 109.5 | 9.5 |
| 畜肉 | 114.3 | 14.3 |
| 水产品 | 105.3 | 5.3 |
| 蛋 | 97.5 | -2.5 |
| 鲜果 | 98.5 | -1.5 |
| 衣着 | 101.2 | 1.2 |
| 居住 | 105.1 | 5.1 |
| 生活用品和服务 | 100.3 | 0.3 |
| 交通和通信 | 93.8 | -6.2 |
| 教育文化和娱乐 | 100.9 | 0.9 |
| 医疗保健 | 102.8 | 2.8 |
| 其他用品和服务 | 101.3 | 1.3 |
| 在总指数中：服务价格指数 | 102.1 | 2.1 |
| 消费品价格指数 | 101.7 | 1.7 |

## 【对外贸易】

2016年，珠海市完成外贸进出口总额2 753.05亿元，比上年下降7.0%。其中，出口1 802.26亿元，比上年增长0.5%；进口950.80亿元，比上年下降18.6%。进出口差额（出口减进口）851.46亿元，比上年增加225.51亿元。

**珠海市2016年进出口情况表**

| 指　标 | 绝对数（亿元） | 比上年增长（%） |
|---|---|---|
| **进出口总额** | **2 753.05** | **-7.0** |
| 出口额 | 1 802.26 | 0.5 |
| 其中：一般贸易 | 1 015.32 | 11.9 |
| 加工贸易 | 737.24 | -11.6 |
| 其中：机电产品 | 1 278.40 | -0.2 |
| 高新技术产品 | 488.49 | 19.0 |
| 其中：国有企业 | 214.90 | 33.1 |
| 外商投资企业 | 830.77 | -11.2 |
| 其他企业 | 756.58 | 8.7 |
| 进口额 | 950.80 | -18.6 |
| 其中：一般贸易 | 426.80 | -24.1 |
| 加工贸易 | 255.61 | -17.9 |
| 其中：机电产品 | 496.36 | -14.8 |
| 高新技术产品 | 346.10 | -18.3 |
| 其中：国有企业 | 233.16 | -34.5 |
| 外商投资企业 | 452.08 | -19.7 |
| 其他企业 | 265.55 | 7.0 |
| 进出口差额（出口减进口） | 851.46 | 36.0 |

**珠海市2016年主要出口市场情况表**

| 国别（地区） | 出口额（亿元） | 比上年增长（%） |
|---|---|---|
| "一带一路"沿线 | 461.10 | 41.0 |
| 美　国 | 366.68 | -26.8 |
| 香　港 | 328.97 | 2.2 |
| 欧　盟 | 282.18 | -12.2 |
| 东　盟 | 194.55 | 37.8 |
| 日　本 | 80.36 | 3.5 |
| 印　度 | 74.22 | 150.8 |

**珠海市2016年主要进口市场情况表**

| 国别（地区） | 进口额（亿元） | 比上年增长（%） |
|---|---|---|
| "一带一路"沿线 | 378.58 | -25.7 |
| 伊　朗 | 153.54 | -44.4 |
| 东　盟 | 149.29 | -7.9 |
| 台湾省 | 82.54 | -10.9 |
| 美　国 | 77.14 | 6.5 |
| 日　本 | 74.96 | -13.1 |
| 欧　盟 | 70.68 | 3.1 |

## 【利用外资】

2016年，珠海市新设外商投资企业803个，比上年增加23.4%；合同外资金额90.51亿美元，比上年增长150.4%；实际吸收外资金额22.95亿美元，比上年增长5.4%。实际吸收外资金额中，制造业占28.8%，建筑业占19.7%，房地产业占19.7%，租赁和商务服务业占10.3%，科学研究、技术服务和地质勘查业占9.5%，金融业占9.4%。

截至2016年底，全市累计设立外商投资企业13 534个，合同外资金额484.12亿美元，实际吸收外资金额257.40亿美元，工商登记注册的实有外商投资企业5 359家。

**珠海市 2016 年外商直接投资行业情况表**

| 行业 | 企业数（个） | 比上年增长（%） | 合同外资（万美元） | 比上年增长（%） | 实际外资（万美元） | 比上年增长（%） |
|---|---|---|---|---|---|---|
| **总计** | **803** | **23.4** | **905 108** | **150.4** | **229 466** | **5.4** |
| 农、林、牧、渔业 | 9 | 80.0 | 770 | -26.1 | 15 | -59.5 |
| 采矿业 | 1 | — | 554 | — | 0 | — |
| 制造业 | 30 | -46.4 | 44 534 | -61.7 | 66 079 | 4.6 |
| 电力、燃气及水的生产和供应业 | 2 | — | 5 008 | — | 0 | — |
| 建筑业 | 19 | 72.7 | 5 692 | 63.9 | 45 297 | -31.7 |
| 交通运输、仓储和邮政业 | 9 | -10.0 | 1 531 | -79.2 | 360 | -77.6 |
| 信息传输、计算机服务和软件业 | 52 | 0.0 | 24 697 | 393.5 | 895 | 368.6 |
| 批发和零售业 | 232 | 5.5 | 38 126 | 41.1 | 4 300 | -71.4 |
| 住宿和餐饮业 | 11 | -47.6 | 260 | -89.7 | 33 | -93.0 |
| 金融业 | 57 | 216.7 | 640 466 | 1 472.6 | 21 568 | 145.4 |
| 房地产业 | 35 | 25.0 | 37 075 | -55.9 | 45 208 | 10.8 |
| 租赁和商务服务业 | 237 | 50.0 | 58 976 | 21.1 | 23 651 | 170.2 |
| 科学研究、技术服务和地质勘查业 | 83 | 53.7 | 35 321 | 112.5 | 21 743 | 15 320.6 |
| 居民服务和其他服务业 | 8 | 0.0 | 3 367 | -45.7 | 302 | -97.6 |
| 教育 | 6 | 200.0 | 34 | -84.0 | 0 | — |
| 卫生、社会保障和社会福利业 | 1 | -50.0 | 46 | -96.7 | 0 | — |
| 文化、体育和娱乐业 | 11 | 83.3 | 8 651 | 970.7 | 15 | — |

## 【对外投资和经济合作】

全年经核准境外投资新增中方协议投资额 66.9 亿美元；对外劳务合作新签劳务人员合同工资总额 1.22 亿美元，劳务人员实际收入总额 3.98 亿美元；承包工程和劳务合作年末在外人员共 3.5 万人。

## 【其他】

**港口运输** 全年规模以上港口完成货物吞吐量 11 778 万吨，比上年增长 5.1%，其中外贸货物吞吐量 2 523 万吨，比上年增长 21.6%；内贸货物吞吐量 9 255 万吨，比上年增长 1.3%。港口集装箱吞吐量 165 万标准箱，比上年增长 23.6%。

截至 2016 年底，全市共有生产性泊位 152 个，非生产性泊位 6 个，万吨级以上生产性泊位 27 个，设计年通过能力 1.55 亿吨，集装箱吞吐能力 198 万标准箱；干散货泊位 24 个，年吞吐能力 8 107 万吨；油、气、化工品液体散货泊位 40 个，年吞吐能力 4 486 万吨；多用途泊位 26 个，年货物吞吐能力 917 万吨，集装箱 112 万标准箱；集装箱专用泊位 4 个，年吞吐能力 86 万标准箱；什杂货泊位 19 个，年吞吐能力 455 万吨；客运及陆岛交通泊位 39 个，年周转（吞吐）能力旅客 946 万人，货物 2 万吨。

**珠海市 2016 年货物运输情况表**

| 指标 | 单位 | 绝对数 | 比上年增长（%） |
|---|---|---|---|
| 货物运输总量 | 万吨 | 11 395.20 | 5.3 |
| 铁路 | 万吨 | 524.40 | 76.1 |
| 公路 | 万吨 | 9 244.00 | 4.1 |
| 水路 | 万吨 | 1 625.00 | -1.2 |
| 航空 | 万吨 | 1.50 | 21.1 |
| 货物运输周转量 | 亿吨公里 | 159.13 | -3.4 |
| 铁路 | 亿吨公里 | 9.50 | 69.8 |
| 公路 | 亿吨公里 | 50.82 | 3.9 |
| 水路 | 亿吨公里 | 98.56 | -10.5 |
| 航空 | 亿吨公里 | 0.25 | 23.9 |

**珠海市2016年旅客运输情况表**

| 指　标 | 单　位 | 绝对数 | 比上年增长（%） |
|---|---|---|---|
| 旅客运输总量 | 万人 | 5 240 | 2.2 |
| 铁　路 | 万人 | 1 357 | 6.3 |
| 公　路 | 万人 | 3 018 | 0.1 |
| 水　路 | 万人 | 690 | 3.1 |
| 航　空 | 万人 | 176 | 4.8 |
| 旅客运输周转量 | 亿人公里 | 94.55 | 1.2 |
| 铁　路 | 亿人公里 | 5.58 | 6.5 |
| 公　路 | 亿人公里 | 58.20 | -1.4 |
| 水　路 | 亿人公里 | 2.74 | 5.9 |
| 航　空 | 亿人公里 | 28.03 | 5.4 |

**涉外旅游**　全年接待入境旅游人数492.06万人次，比上年增长4.4%。其中，外国人63.7万人次，增长6.2%；香港、澳门和台湾同胞428.36万人次，增长4.2%。在入境旅游人数中，过夜游客317.23万人次，增长2.5%。国际旅游外汇收入10.45亿美元，增长8.5%。接待国内游客3 409.24万人次，增长9.2%，其中过夜游客1 909.18万人次，增长11.7%。国内旅游收入247.71亿元，增长14.0%。酒店平均开房率59.04%，比上年高1.53个百分点。全年各主要旅游景点共接待游客2 111.09万人次，增长5.4%。旅行社组团国内游107.86万人次，增长13.9%；出境游49.44万人次，增长20.6%。实现旅游总收入317.08亿元，增长14.6%。

## 2016年汕头市商务发展概况

汕头市商务局

刘文华

汕头市商务局局长

刘文华　女，1969年1月出生，广东普宁人。中共党员。学历在职研究生。历任汕头市对外贸易经济合作局科员，副科长，科长，副局长、党组成员。2016年3月至今任汕头市商务局局长、党组书记。

### 【国内贸易】

**社会消费品零售总额**　2016年，广东省汕头市社会消费品零售总额1 515.19亿元，比上年增长12.3%。按地域分，城镇消费品零售额1 105.26亿元，增长12.9%；乡村消费品零售额409.93亿元，增长10.7%。按行业分，批发和零售业1 428.57亿元，增长12.5%；餐饮收入86.62亿元，增长8.7%。

**限额以上批发和零售贸易业、住宿和餐饮业基本情况**　2016年，汕头市共有限额以上批发和零售贸易业、住宿和餐饮业法人企业919个，从业人员期末人数31 215人。其中，批发法人企业448个，从业人员期末人数11 800人；零售法人企业317个，从业人员期末人数1 077人；住宿法人企业86个，从业人员期末人数6 485人；餐饮法人企业68个，从业人员期末人数2 753人。

**批发和零售贸易业企业商品购、销、存总额**　限额以上批发和零售贸易业企业商品购进总额123 193亿元，商品销售总额1 440.62亿元（其中：批发业1 146.00亿元，零售业294.62亿元），年末库存总额136.99亿元。

**市场秩序建设**　拟订《汕头家禽“集中屠宰、冷链配送、生鲜上市”试点市场生鲜家禽经营档口建设改造标准（试行）》，统一对限制区内农贸市场家禽经营档口实行升级改造。

### 【对外贸易】

**进出口总额**　进出口总额85.27亿美元，比上年的92.85亿美元下降8.2%。

**出口总额**　出口总额64.26亿美元，比上年的67.55亿美元下降4.9%，占全市国内生产总值2 081亿元（相当于313.4亿美元）的20.5%，占全省出口额的1.1%。

**进口总额** 进口总额21.01亿美元，比上年的25.29亿美元下降16.9%。

**出口商品市场** 出口商品销往177个国家（地区）。

**进口商品市场** 进口商品来自83个国家（地区）。

**服务贸易** 服务贸易进出口总额407 717万元，比上年下降4.83%。其中，出口额109 159万元，增长14.16%；进口额298 557万元，下降10.28%。

**服务外包** 举办服务外包政策宣讲会，介绍国家和省服务贸易的扶持措施，通报服务贸易专项资金申请及核拨情况，讲解促进服务贸易创新发展事项资金申报指南。积极组织符合条件的企业及时申报国家和省服务贸易专项扶持发展资金。2016年，汕头市服务外包新增企业11家，增长266%；接包合同签约金额1 802万美元，增长481%；接包合同执行金额1 349万美元，增长503%。

**技术进出口** 签订引进技术合同项目19个，合同金额4 790.28万美元；签订技术出口合同项目10个，合同金额789.62万美元，其中：技术费156.66万美元，设备费621.44万美元。

**汕头市2016年出口额1 000万美元以上商品情况表**

| 金额分类 | 商品名称 | 出口金额（万美元） | 占出口总额比重（%） |
|---|---|---|---|
| 1亿美元以上（12种） | 第95章 玩具等 | 119 690 | 18.63 |
| | 第61章 针织或钩编的服装及衣着附件 | 105 014 | 16.34 |
| | 第85章 电机、电气设备及其零件等 | 70 826 | 11.02 |
| | 第62章 非针织或非钩编的服装及衣着附件 | 55 781 | 8.68 |
| | 第3章 鱼等 | 39 841 | 6.2 |
| | 第94章 家具等 | 39 078 | 6.08 |
| | 第39章 塑料及其制品 | 34 891 | 5.43 |
| | 第16章 肉、鱼制品等 | 20 474 | 3.19 |
| | 第84章 机器、机械器具及零件等 | 12 662 | 1.97 |
| | 第90章 仪器及设备等 | 11 907 | 1.85 |
| | 第17章 糖及糖食 | 11 588 | 1.80 |
| | 第42章 皮革制品等 | 11 131 | 1.73 |
| 5 000万—1亿美元（6种） | 第33章 精油及香膏等 | 9 431 | 1.47 |
| | 第48章 纸及纸板等 | 8 514 | 1.33 |
| | 第67章 人造花等 | 5 953 | 0.93 |
| | 第71章 贵金属等 | 5 363 | 0.83 |
| | 第54章 化学纤维长丝等 | 5 276 | 0.82 |
| | 第60章 针织物及钩编织物 | 5 052 | 0.79 |
| 1 000万—5 000万美元（21种） | 第69章 陶瓷产品等 | 4 735 | 0.74 |
| | 第64章 鞋靴等 | 4 648 | 0.72 |
| | 第96章 杂项制品 | 4 338 | 0.68 |
| | 第83章 贱金属杂项制品 | 4 167 | 0.65 |
| | 第58章 工业用纺织制品等 | 4 081 | 0.64 |
| | 第20章 蔬菜、水果、坚果等 | 3 401 | 0.53 |
| | 第58章 特种机织物等 | 3 143 | 0.49 |
| | 第56章 絮胎、毡呢及无纺织物等 | 3 132 | 0.49 |
| | 第52章 棉花 | 3 048 | 0.47 |
| | 第21章 杂项食品 | 2 951 | 0.46 |
| | 第44章 木及木制品等 | 2 778 | 0.43 |
| | 第19章 谷物等 | 2 614 | 0.41 |
| | 第82章 贱金属工具等 | 2 493 | 0.39 |
| | 第73章 钢铁制品 | 2 278 | 0.35 |
| | 第63章 其他纺织制成品等 | 2 160 | 0.34 |
| | 第8章 食用水果及坚果等 | 1 973 | 0.31 |
| | 第15章 动、植物油等 | 1 923 | 0.30 |
| | 第18章 可可及可可制品 | 1 456 | 0.23 |
| | 第91章 钟表及其零件 | 1 410 | 0.22 |
| | 第76章 铝及其制品 | 1 377 | 0.21 |
| | 第32章 鞣料等 | 1 357 | 0.21 |
| **合 计** | **39种** | **631 930** | **98.35** |

### 汕头市2016年进口额1 000万美元以上商品情况表

| 金额分类 | 商品名称 | 进口金额（万美元） | 占进口总额比重（%） |
| --- | --- | --- | --- |
| 1亿美元以上（5种） | 第27章　矿物燃料等 | 60 167 | 28.63 |
| | 第39章　塑料及其制品 | 56 935 | 27.09 |
| | 第85章　电机、电气设备及其零件等 | 16 079 | 7.65 |
| | 第84章　机器、机械器具及零件等 | 11 474 | 5.46 |
| | 第29章　有机化学品 | 10 000 | 4.76 |
| 5 000万—1亿美元（3种） | 第52章　棉花 | 7 613 | 3.62 |
| | 第71章　贵金属等 | 5 339 | 2.54 |
| | 第26章　矿砂、矿渣及矿灰 | 5 221 | 2.48 |
| 1 000万—5 000万美元（11种） | 第48章　纸及纸板等 | 3 281 | 1.56 |
| | 第44章　木及木制品等 | 3 215 | 1.53 |
| | 第4章　乳品；蛋品等 | 3 127 | 1.49 |
| | 第54章　化学纤维长丝等 | 2 675 | 1.27 |
| | 第30章　药品 | 2 186 | 1.04 |
| | 第60章　针织物及钩编织物 | 2 059 | 0.98 |
| | 第38章　杂项化学产品 | 1 915 | 0.91 |
| | 第75章　镍及其制品 | 1 844 | 0.88 |
| | 第74章　铜及其制品 | 1 665 | 0.79 |
| | 第40章　橡胶及其制品 | 1 363 | 0.65 |
| | 第34章　肥皂、有机表面活性剂等 | 1 135 | 0.54 |
| **合　计** | **19种** | **199 356** | **93.89** |

### 汕头市2016年主要出口市场情况表

| 国别（地区） | 出口金额（万美元） | 占出口总额比重（%） |
| --- | --- | --- |
| 美国 | 129 388 | 20.14 |
| 香港 | 88 511 | 13.77 |
| 菲律宾 | 33 977 | 5.29 |
| 阿联酋 | 26 794 | 4.17 |
| 新加坡 | 26 741 | 4.16 |
| 英国 | 23 642 | 3.68 |
| 日本 | 22 291 | 3.47 |
| 韩国 | 18 970 | 2.95 |
| 印度尼西亚 | 18 901 | 2.94 |
| 马来西亚 | 18 109 | 2.82 |
| **合　计** | **407 324** | **63.39** |

### 汕头市2016年主要进口市场情况表

| 国别（地区） | 进口金额（万美元） | 占进口总额比重（%） |
| --- | --- | --- |
| 印度尼西亚 | 31 220 | 14.86 |
| 日本 | 16 657 | 7.93 |
| 美国 | 15 553 | 7.40 |
| 阿联酋 | 14 868 | 7.08 |
| 台澎金马关税区 | 13 703 | 6.52 |
| 韩国 | 11 615 | 5.53 |
| 新加坡 | 10 454 | 4.97 |
| 香港 | 9 554 | 4.55 |
| 中国 | 9 322 | 4.44 |
| 泰国 | 9 095 | 4.33 |
| **合　计** | **142 041** | **67.59** |

### 汕头市2016年服务进出口情况表

| 行　业 | 进出口 | | 出　口 | | 进　口 | |
| --- | --- | --- | --- | --- | --- | --- |
| | 金额（万元） | 同比（%） | 金额（万元） | 同比（%） | 金额（万元） | 同比（%） |
| 运输 | 88 606 | -16 | 15 941 | -10 | 72 664 | -17 |
| 旅游 | 273 089 | 3 | 77 147 | 37 | 195 942 | -6 |
| 建筑服务 | 345 | -56 | 4 | -99 | 341 | -10 |
| 保险服务 | 342 | -96 | 1 | -98 | 341 | -96 |

汕头市2016年服务进出口情况表(续)

| 行 业 | 进出口 | | 出 口 | | 进 口 | |
|---|---|---|---|---|---|---|
| | 金额（万元） | 同比（%） | 金额（万元） | 同比（%） | 金额（万元） | 同比（%） |
| 金融服务 | 764 | -49 | 25 | 86 | 739 | -50 |
| 电信、计算机和信息服务 | 957 | -50 | 44 | -95 | 913 | -4 |
| 知识产权使用费 | 9 451 | -11 | 20 | -71 | 9 431 | -10 |
| 专业管理和咨询 | 14 140 | 15 | 226 | -2 | 13 914 | 16 |
| 其他 | 16 696 | -21 | 15 144 | -22 | 1 551 | -11 |
| **合 计** | **407 717** | **-5** | **109 160** | **14** | **298 557** | **-10** |

## 【利用外资】

汕头市 2016 年利用外资情况表

| 利用外资方式 | 批准签订的合同 | | | 实际利用外资 | |
|---|---|---|---|---|---|
| | 项目数（个） | 外资金额（万美元） | 金额比上年增减（%） | 金额（万美元） | 金额比上年增减（%） |
| **外商直接投资** | **21** | **26 936** | **-35.18** | **9 085** | **-58.26** |
| 合资企业 | 4 | 6 844 | 111.30 | 859 | -41.08 |
| 合作企业 | | | -100.00 | 59 | -15.71 |
| 外资企业 | 16 | 18 826 | -50.20 | 7382 | -62.31 |
| 股份有限公司 | 1 | 1 266 | 272.35 | 785 | 20.40 |
| **合 计** | **21** | **26 936** | **-35.18** | **9 085** | **-58.26** |

**外商直接投资行业** 外商直接投资项目中，生产型项目5个，其中：农、林、牧、渔业项目2个，制造业项目2个，电力、燃气及水的生产和供应业项目1个，非生产型项目16个，其中：交通运输、仓储和邮政业项目1个，批发和零售业项目7个，房地产业项目2个，租赁和商务服务业项目5个，科学研究、技术服务和地质勘查业项目1个。实际外资金额，其中：制造业3 544万美元，电力、燃气及水的生产和供应业625万美元，批发和零售业2 692万美元，住宿和餐饮业250万美元，房地产业1 544万美元，租赁和商务服务业300万美元，卫生、社会保障和社会福利业128万美元，文化、体育和娱乐业2万美元。

**外商直接投资来源** 外商直接投资项目主要来源国别（地区）为：香港14个、台湾省4个、泰国1个、英属维尔京群岛1个、开曼群岛1个。实际外资金额，其中：香港8 761万美元、日本24万美元、英属维尔京群岛300万美元。

## 【对外经济合作】

**对外投资** 2016年汕头市境外投资新设项目31个，中方投资总额4.33亿美元，比上年增长1.8倍（其中，新增对“一带一路”国家和地区投资企业6家，中方投资总额3.65亿美元）；增资项目14个，增资总额7.0亿美元，增长7.1倍。主要投资国别（地区）为香港、美国、加拿大、英国、德国、瑞士、西班牙、泰国、孟加拉国等。

截至2016年，汕头市境外投资企业累计164家，中方投资总额27.68亿美元。

2016年主要投资项目为：

（1）宜华集团并购新加坡华达利国际控股有限公司，投资总额3.1亿美元，通过香港理想家居国际有限公司并购了新加坡华达利国际控股有限公司，通过海外并购，促进宜华集团的国际化进程，通过资源的协同配置促进宜华集团全球行业地位的提升。

（2）奥飞娱乐股份有限公司并购美国Baby Trend Inc股权，投资总额9 400万美元。BT在美国运营二十多年，拥有两个独立品牌“Baby Trend”和“MUV”，是北美地区综合排名前两位的婴童出行用品品牌，此次收购将加快奥飞娱乐股份有限公司开拓婴童产品国家市场的步伐。

（3）仙乐健康科技股份有限公司通过并购在欧洲设立重要生产基地，投资总额3 500万美元，本次收购将使仙乐健康科技股份有限公司在欧洲拥有一个重要的生产基地，有助于加快开拓欧洲市场步伐，进一步提升和巩固该公司在欧洲营养保健食品的主流市场的地位。

（4）汕头市泰炬贸易有限公司在泰国设立摩托车、汽车电池生产基地，投资总额519.09万美元。该企业2016年经汕头市商务局推荐已顺利成为BOI会员，目前正在全力推动二期工程并继续扩大投资规模，产品的投产将改变泰国摩托车、汽车等机动车使用电池长期依靠进口的局面。

## 【其他】

**保税区** 汕头保税区积极发挥广东自贸区、华侨试验区和保税区政策叠加功能优势，把握“一带一路”战略机遇，实施创新驱动发展战略，全力推进招商引资，引进一批“互联网+”新能源、新材料项目，推动区域经济健康平稳发展。2016年，保税区分别与美国BASE娱乐体育集团、北京航空航天大学通用航空产业研究中心、中化岩土工程股份有限公司、西安通用航空产业集团有限公司、美中时空（北京）企业管理有限公司、中联通、中电建路桥集团有限公司、石墨烯新材料、领域跨境电商、北京碧水源等大型企业签订合作战略协议，与以色列IAI集团、上海荷福控股（集团）有限公司、上海临港经济发展（集团）有限公司、中交天航南方公司洽谈对接项目，在互联网、娱乐体育、通用航空、石墨烯新材料、人工智能等产业广泛开展合作。保税物流中心（B型）建设进展顺利，该项目总投资3.06亿元，建设工作于2016年正式启动并全面铺开各项施工工程。

2016年，汕头保税区实现工业总产值47亿元，比上年增长9.1%；实现外贸进出口12亿元，比上年增长10.4%；实际使用外资1 690万美元，比上年增长41.5%。

**商务洽谈会** 一是举办汕头传统优势产业行业展会：（1）第十八届中国（澄海）国际玩具礼品博览会于2016年4月28日至30日在汕头市澄海区宝奥国际玩具城举办，本届玩博会超过8成的参展企业、参展产品均为广东企业和广货，协议贸易总额达19.8亿元。（2）2016汕头潮南纺织制衣工业展览会于2016年4月15日至18日在汕头市潮南区峡山美莱顺（国际）内衣城展览中心举办，展会共有来自意大利、香港、台港及国内15个省（市）的知名厂家和经销商，近50个品牌200款纺织制衣设备和技术参展。据统计，成交额达9 720.6万元，意向合同1.61亿元。二是组织企业参加各类重要展会，推动广（汕）货全国行，组织相关行业、协会及企业组团并设专馆参加了第五届中国（乌鲁木齐）—亚欧博览会、第十二届新疆喀什·中亚南亚商品交易会、第十九届中国（重庆）国际投资暨全球采购会和21世纪海上丝绸之路博览会暨第十八届海峡两岸经贸交易会2016中国（福州）国际食品展览会。其中组团参加第五届中国（乌鲁木齐）—亚欧博览会、第十二届新疆喀什·中亚南亚商品交易会均是在省商务厅的直接指导下，代表广东省参展，推动“广（汕）货”全国行的长效机制，成效明显。

**港口运输** 汕头港（包括潮阳港）现有500吨级以上泊位89个，其中，万吨级深水泊位19个。港口实际通过能力4 747万吨，其中，集装箱通过能力76万标箱。2016年港口货物吞吐量4 985万吨，其中，完成外贸进出口货物吞吐量1 158.6万吨，同比减少3.5%（出口236.7万吨，进口921.9万吨）；完成集装箱吞吐量124万标箱。

# 2016年湛江市商务发展概况

湛江市商务局

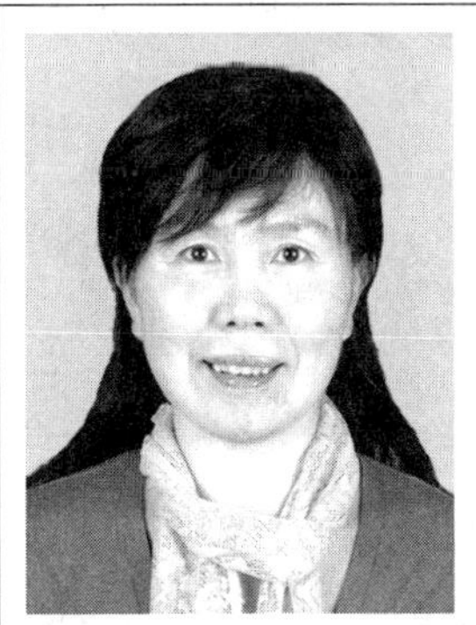

湛江市商务局局长

王小穗 女，生于1963年12月，山东省郓城县人。学历博士研究生。历任解放军南海舰队参谋，湛江市对外经济贸易委员会办公室副主任、科长，湛江市对外贸易经济合作局副局长，湛江市外事局局长，2009年10月任湛江市对外贸易经济合作局局长，2014年11月任湛江市商务局局长。

## 【国内贸易】

**社会消费品零售总额** 2016年，广东省湛江市实现社会消费品零售总额1 432.96亿元，比上年增长9.5%。按地域分，城镇1 165.28亿元，乡村267.68亿元。按行业分，批发和零售业1 270.92亿元，住宿和餐饮业162.04亿元。

**限额以上批发和零售贸易业、住宿和餐饮业基本情况** 限额以上批发和零售贸易业、住宿和餐饮业法人企业766个，产业活动单位（个体户）499个。其中，批发业法人企业322个，产业活动单位（个体户）33个；零售业法人企业309个，产业活动单位（个体户）181个；住宿业法人企业58个，产业活动单位（个体户）44个；餐饮业法人企业77个，产业活动单位（个体户）241个。

**市场物价** 居民消费价格累计上涨1.4%。

**批发零售业商品销售额** 批发零售业商品销售额2 987.59亿元，比上年增长3.6%。其中，限额以上984.01亿元，比上年下降9.0%。

**市场体系建设** 推进家禽“集中屠宰、冷链配送、生鲜上市”工作，完成活禽经营限制区内的活禽批发市场和7

个活禽零售市场升级改造。发展和培育大宗商品交易市场，协调服务企业加快转型升级。建设肉菜流通追溯体系，整体布局，分步实施，阶段推进，到2020年，建成肉类蔬菜流通追溯体系，建立全市追溯数据共享交换机制，实现追溯信息互通。

**流通业发展** 截至2016年底，全市共有11家典当企业及3家典当分支机构，主要涉及房地产、动产质押、民品等业务。实收资产总额20 710.00万元，业务量3 444笔，典当总额11 991.6万元，其中房地产总额7 317.7万元，动产总额4 673.85万元。典当余额5 151.73万元，纳税额36.69万元，税后利润-12.16万元。从业人数85人；拍卖企业16家、拍卖分支机构7家，拍卖成交额64 559万元人民币，举办拍卖271场次，从业人员155人，持有拍卖行业从业证书人数96人，其中拍卖师59人。

## 【对外贸易】

**进出口总额** 进出口总额304.4亿元，比上年的319.0亿元下降4.6%。

**出口总额** 出口总额194.8亿元，比上年的174.3亿元增长11.8%，占全市生产总值2 584.78亿元的7.5%，占全省出口总额的0.49%。

**进口总额** 进口总额109.7亿元，比上年的144.7亿元下降24.2%。

**出口商品结构** 初级产品出口额47.8亿元，占出口总额的24.5%；工业制成品出口额147.0亿元，占出口总额的75.5%。

**进口商品结构** 初级产品进口额91.6亿元，占进口总额的83.5%；工业制成品进口额18.1亿元，占进口总额的16.5%。

**出口商品市场** 出口商品销往171个国家（地区）。主要出口市场：东盟、美国、香港、欧盟、新加坡，金额123.6亿元，占出口总额的63.3%。

**进口商品市场** 进口商品来自77个国家（地区）。主要进口市场：巴西、澳大利亚、美国、欧盟、东盟，金额90.4亿元，占进口总额的82.5%。

**湛江市2016年出口额8亿元以上商品情况表**

| 金额分类 | 商品名称 | 出口金额（亿元） | 占出口总额比重（%） |
|---|---|---|---|
| 8亿元以上 | 家具及其零件 | 61.3 | 31.5 |
| | 水海产品及其深加工制品 | 41.6 | 21.4 |
| | 机电产品 | 39.4 | 20.2 |
| | 钢材 | 9.9 | 5.1 |
| | 纸及其纸板 | 8.8 | 4.5 |
| **合　计** | | **161.0** | **82.7** |

**湛江市2016年进口额5亿元以上商品情况表**

| 金额分类 | 商品名称 | 进口金额（亿元） | 占进口总额比重（%） |
|---|---|---|---|
| 5亿元以上 | 铁矿砂 | 29.8 | 27.2 |
| | 大豆 | 24.0 | 21.9 |
| | 机电产品 | 12.5 | 11.4 |
| | 木片（木粒） | 8.5 | 7.7 |
| **合　计** | | **74.8** | **68.2** |

**湛江市2016年主要出口市场情况表**

| 国别（地区） | 出口金额（亿元） | 占出口总额比重（%） |
|---|---|---|
| 东　盟 | 41.2 | 21.1 |
| 美　国 | 36.3 | 18.6 |
| 香　港 | 16.4 | 8.4 |
| 欧　盟 | 16.1 | 8.2 |
| 新加坡 | 13.6 | 7.0 |
| **合　计** | **123.6** | **63.3** |

**湛江市2016年主要进口市场情况表**

| 国别（地区） | 进口金额（亿元） | 占进口总额比重（%） |
|---|---|---|
| 巴　西 | 31.7 | 28.9 |
| 澳大利亚 | 19.3 | 17.6 |
| 美　国 | 17.4 | 15.9 |
| 欧　盟 | 11.1 | 10.1 |
| 东　盟 | 10.9 | 10.0 |
| **合　计** | **90.4** | **82.5** |

## 【利用外资】

**湛江市 2016 年利用外资情况表**

| 利用外资方式 | 批准签订的合同 | | | 实际利用外资 | |
|---|---|---|---|---|---|
| | 项目数（个） | 外资金额（万美元） | 金额比上年增加（%） | 金额（万美元） | 金额比上年增加（%） |
| **外商直接投资** | **13** | **23 728** | **193.99** | **6 132** | **-60.98** |
| 合资企业 | 5 | 6 579 | 125.69 | 588 | -5.72 |
| 外资企业 | 7 | 11 930 | 131.38 | 2 724 | -19.43 |
| 股份有限公司 | 1 | 5 219 | | 2 820 | |
| **合　计** | **13** | **23 728** | **193.99** | **6 132** | **-60.98** |

**外商直接投资行业**　13 个外商直接投资项目中，生产型项目 3 个，非生产型项目 1 个。其中电力燃气及水的生产和供应业 3 个，信息传输、计算机服务和软件业 2 个，批发和零售业 3 个，房地产业 4 个，水利、环境和公共设施管理业 1 个。

**外商直接投资来源**　外商直接投资主要来源国别（地区）是香港：新批项目 11 个，占总数的 84.6%；合同外资 23 134 万美元，占总额的 97.49%；实际使用外资 3 877 万美元，占总额的 63.22%。

## 【对外经济合作】

**对外投资**　在国（境）外新设立企业 10 家，协议投资总额 23 488 万美元。投资国别（地区）：伊朗、印度尼西亚、澳大利亚、马来西亚、美国、香港。投资主要项目：渔业捕捞、饲料生产和销售、水产品加工、采矿。

## 【其他】

**开发区**　湛江经济技术开发区（简称开发区）2016 年生产总值 309.96 亿元，工业总产值 442.90 亿元，固定资产投入 253.08 亿元，社会消费零售总额 150.73 亿元，公共财政预算收入 9.42 亿元，外贸进出口总额 86.61 亿元，实际利用外资 949 万美元。

商业服务方面，第三产业增加值 122.08 亿元，增长 11.3%；高档酒店 7 家，占全市总数的 20%；大型综合性娱乐服务场所 15 家；接待游客 506 万人次，增长 8.3%；综合旅游收入 44.3 亿元，增长 21%。商贸、商住迅速发展，银地绿洲、恒怡湾、人和春天、澳海城、南国豪苑、锦绣华景九克拉、江南世家、城市高地等房地产项目建成销售，银隆广场、上景中心、恒兴大厦、祺祥大厦、威格大厦万达广场、荣盛中央广场、华都汇、龙海名都、乐华广场、财富汇等高档写字楼和高档商住小区形成集群，商贸流通布局进一步完善、服务业市场活力进一步释放，中央商务区初具规模；世界 500 强企业大润发购物广场、中国 100 大跨国公司万达等企业进驻，填补了湛江高端商业的空白，城市品位进一步提升。大润发购物广场营业面积达 20 000 平方米，配套服务设施齐全，集大型卖场与品牌商店街于一体，是落户开发区的又一个新型商业综合体。成功引进兴业银行，累计 19 家金融保险证券业总部企业落户，建设银行、农业银行等 7 家市级分行汇聚，金融中心聚集效应明显。为提升中心城区综合服务功能，规划建设电子商务集中发展区，培育一批电商平台和电商龙头企业。

金融服务方面，积极建设金融服务平台，区内有中国工商银行、中国银行、中国建设银行、中国农业银行、中国邮政储蓄银行、广东发展银行、广东南粤银行、交通银行、招商银行、光大银行、兴业银行等，能为区内企业提供优质金融服务。

住宿餐饮方面，拥有五星级宾馆 3 家、四星级宾馆 3 家和三星宾馆一批。其中皇冠假日、恒逸酒店、君豪酒店、银海酒店、海滨宾馆、中国城酒店、中南酒店、新溢香国际酒店、华和国际酒店等可为投资者提供优质的住宿餐饮服务。

文化娱乐方面，区内夜总会、保龄球、健身中心、海滨休闲中心等文化娱乐配套设施齐全，如中国城娱乐中心、皇冠汇、谷歌 KTV 等。

贸易服务方面，区内海关、检验检疫、海事、边检、税务管理、外汇管理、对外贸易、金融、银行等现代信息化管理服务体系完善，可提供快捷、优质、便利、低成本的通关、融资等服务。

科技服务方面，区内有湛江检验检疫技术中心、国家桉树中心、质量技术检测中心等科技服务机构，能为企业产品检测、研发提供技术服务。高新区科技创业服务中心（孵化器）是高新区为扶持、服务科技型初创企业而设立的市级孵化器，目前拥有孵化场地 4 000 平方米、一个 1 500 平方米的创客空间和 500 平方米的创客咖啡室、“一桌一公司”的大学牛苗圃，形成形式多样创业平台。入驻及在孵企业（服务机构、团队）33 家，其中大学生初创团队 6 个，吸纳从业人员 200 人，入孵企业主要以电子商务初创企业为主，致力构建电商创业生态圈，建设电商业务链、电商人才培训链、电商资源集聚链。减少科技企业创业成本；为企业提供综合性服务和必要公共服务设施，简化创建高新技术企业办理程序，给予优惠政策扶持；为企业提供创业咨询、培训、管理、法律等中介服务，提高新创企业的存活率；为在孵企业提供创新基金、孵化基金、融资担保等服务。

项目建设方面，建成万达广场、荣盛中央广场、保利天悦湾等 11 个项目，投资总额 92.1 亿元。充分发挥财富中心、祺祥大厦、银隆广场、城市尚品、威格大厦、恒兴大厦等高档写字楼落成的优势，出台优惠政策，吸引大型商贸企业进驻；继续发挥金融街银行众多的洼地聚集效应，吸引更多金融企业进驻，支持金融企业扩大业务范围，提升金融影响力，打造粤西金融中心；加快平乐工业区企业外迁，动工改造龙潮村、平乐下村旧村场，龙海名都、华都汇、乐华广场推进顺利，努力加快实现建成区“三旧”改造建设步伐，实现中心城区“强芯提质”。配合推动海滨船厂迁建改造，争取三星汽车厂区、冠通公司、中交四航局霞海大院、龙潮村整体改造等“三旧”改造项目动工建设。加快脚印城市、海绵城市、循环城市建设步伐，积极发展新型金融产业，加强对消费金融等创新型金融机构的引进，鼓励跨国公司、大型企业集团、行业龙头企业、新兴领军企业在建成区设立总部。突出功能升级，完善空间布局，推动转型升级，提升建成区城市品位，加快推进东海岛宜业宜居宜游现代化大工业新城建设。

**商务洽谈会** 3月组织10家企业参加在美国举办的“波士顿水产品展览会”，签订贸易合同6 000万美元；4月组织50家企业参加“第119届中国进出口商品交易会”，贸易成交额8 300万美元；6月“第三届中国国际水产博览会”在湛江市举办，国内30个省（市、自治区）及港澳台地区、国外20个国家共20 000名客商和采购商参展，贸易成交总额200亿元人民币；7月组织19家小家电企业赴巴西参加“中国品牌商品拉美展暨2016巴西国际消费类电子及家用电器产品展览会”，签订贸易合同金额6 800万美元，新增客户43家；8月组织3家企业参加“2016中国广东产品（巴西圣保罗）展览会”，贸易成交额160万美元；9月在深圳举办“湛江（深圳）投资环境推介会”，来自全国各地的企业家、媒体代表500人参加推介会，签约21个项目，投资总额148.06亿元人民币；9月组织12家企业赴南美参加“巴西圣保罗国际消费电子及家电展览会”，签订贸易合同8 000万美元；10月组织50家企业参加“第120届中国进出口商品交易会”，贸易成交额9 600万美元；10月邀请斯里兰卡28家企业，组织湛江市6家企业和4个县（市、区）参加在东莞举办的“2016广东21世纪海上丝绸之路国际博览会”，签订经贸投资项目8个，贸易成交金额24.2亿元人民币；11月组织3家企业参加“第十四届中国商品（印度孟买）展览会”，贸易成交额320万美元。

**港口运输** 湛江港拥有生产性泊位144个，万吨级以上深水泊位35个，年设计货物通过能力20 867万吨，建成火车汽车客渡、石油、矿石、煤炭、化肥、粮食、木材、集装箱等专业化码头，码头最大靠泊能力30万吨级，是我国沿海主要港口和综合运输体系的重要枢纽。2016年湛江港货物吞吐量2.56亿吨，同比增长16.2%。其中外贸进出口货物吞吐量7 603万吨，同比增长18.9%；集装箱吞吐量72.36万TEU，同比增长20.4%；旅客吞吐量1 329万人，同比增长2.2%。

**涉外旅游** 2016年入境的外国人数18.15万人次、港澳台同胞人数18.91万人次，旅游外汇收入8 512.2万美元，比上年的7 305.63万美元增长16.52%。

# 2016年广西壮族自治区商务发展概况

广西壮族自治区商务厅

蒋连生

广西壮族自治区商务厅厅长

蒋连生 男，汉族，1965年10月出生，广西全州人，1986年5月加入中国共产党，1987年7月参加工作，中南财经政法大学财政专业毕业，在职研究生学历，经济学学士，经济师。现任广西壮族自治区商务厅厅长、党组书记，广西壮族自治区口岸办公室主任。

## 【国内贸易】

**社会消费品零售总额** 2016年，广西壮族自治区社会消费品零售总额7 027.31亿元，比上年增长10.7%。按地域分，城镇消费品零售总额6 193.53亿元，增长10.6%，乡村消费品零售总额833.78亿元，增长11.5%。

**限额以上批发和零售业商品零售额** 限额以上社会消费品零售额同比增长7.5%，21大类商品中有16大类实现增长，5大类出现下滑，呈“16升5降”态势。其中，中西药品类、家具类、通讯器材类、建筑及装潢材料类、汽车类保持较快增长，分别为15.11%、11.82%、11.24%、130.01%和13.93%。饮料类、电子出版物及音像制品类、家用电器和音像器材类、煤炭及制品类、石油及制品类增长缓慢，分别为0.79%、3.09%、1.96%、2.38%和3.47%。而粮油食品类、金银珠宝类、五金电料类、文化办公用品类、机电产品及设备类销售出现下滑，分别为-1.6%、-8.93%、-5.79%、-5.95%和-0.39%。

**电子商务** 实施“电商广西，电商东盟”工程，2016年电子商务交易额6 180亿元，比上年增长39.8%。横县、鹿寨等15个县成功获批国家级电子商务进农村示范县，全自治区此类示范县共达23个；获商务部、财政部4.6亿元专项资金支持，建成农村电子商务服务站点1 880个；32个县与阿里巴巴集团签订正式合作协议（贫困县15个），农村淘宝实现销售额约3亿元。广西举办两届“壮族三月三”国际电商节，打造广西版“双十一”。“党旗领航·电商扶贫”成效显著，拉动贫困地区网络购销5 000万元，推动了精准扶贫进展。全国首创的“互联网+产品二维码（广西）中心”上线运营。

**市场体系建设** 2016年，广西利用商务部2亿元跨区域农产品流通专项资金，以股权投资的形式支持“百色一号”绿色果蔬冷藏集装箱专列、中国—东盟农产品交易中心等七个项目建设，带动社会资本投资38.9亿元，加快推进广西跨区域农产品骨干流通网建设。利用自治区服务业发展专项资金1.07亿元，支持全区500家小微商贸企业上线、开展138场促消费活动、26个商贸服务项目建设，带动社会资本投资142亿元，不断完善全区商品交易市场体系建设。利用自治区本级商业流通事务发展专项资金1 390万元，支持区内11家农贸市场开展“智慧农贸”市场改造，不断完善全区农贸市场体系，提升农贸市场现代化水平。推动“百色一号”果蔬专列和防城港——北京海鲜专列共计运营98趟，运输果蔬18 510吨、水产品8 568吨，有效促进了全区农产品外运工作，不断创新农产品流通方式和渠道。

**市场监管** 2016年广西查处侵权假冒案件7 061起。商务执法队伍基本实现市县全覆盖。南宁市、玉林市分别建成肉菜流通追溯体系、中药材流通追溯体系，并通过商务部验收。初步建成广西商务信用信息平台。围绕海关总署“国门利剑2016”联合专项行动多次部署打击走私专项行动，完成东兴北仑河沿线8公里综合管控围栏项目，广西无害化处理中心项目在防城港市落地建成。规范单用途商业预付卡管理，事中事后监管能力进一步加强。

**广西特产行销全国** 组织广西最具代表性的40多种特产参加外交部面向全球110多家国家驻华使节举办的现场展示推介会，提高广西特产在国际上的知名度和影响力；在上海建立首个400多平方米广西特产展示展销体验中心；分别组织100多家特产企业到长春和西安开展广西特产行销全国巡展活动，成功推动广西特产开辟东北、西北市场；组织开展广西特产行销全国核心品牌评选活动，对评选出来的30个核心品牌进行集中宣传推广，打造成广西特产“名片”；支持各地市走出去举办15场特产行销专题推介会，百色芒果、柳州螺蛳粉成为最畅销的广西特产。其中，百色芒果在区外市场的销售量从2014年的22万吨增长到2016年的43万吨，成为农民增收和企业增效的支柱产业；柳州螺蛳粉2016年销售额突破5亿元，螺蛳粉行业年营业额超过100亿元，是广西特产行销全国活动的成功典范。

**成品油** 成品油市场供应平稳运行。2016年成品油销售共959.9万吨，下降0.15%。其中，汽油销售419.6万吨，增长15.05%；柴油销售540.3万吨，下降9.5%。2016年，广西共有成品油批发企业50家，其中，中石化全资及控股企业32家，中石油全资及控股企业6家，其他社会批发经营企业12家；成品油仓储企业1家；原油仓储企业1家。加油站2 732个，其中中石化广西石油分公司1 239个，中石油广西销售分公司513个，其他社会加油站980个。

**中药材流通** 继续推进重点中药材流通追溯体系建设，共有994个流通节点纳入玉林市中药材流通追溯体系，其中，中药材种植基地8家，中药材和饮片经营企业131家，中药材饮片生产企业13家，中药材饮片使用企业92家，中药材专业市场注册商户750家。全年累计向中央管理平台上传中药材流通数据86.12万条。玉林市中药材流通追溯体系已经建成，中央系统和地方系统连接良好，各节点运行正常，顺利通过商务部组织的项目验收。

**家政服务** 进一步加强家政服务管理规范化建设，编制完成《家庭服务——家政服务员服务质量要求与等级划分》等5项广西地方标准，举办全自治区家政服务企业培训班，宣传推广这5项广西地方标准，推动家庭服务业标准化建设。广西家政服务业电子合同平台正式启用，推广使用商务部制定的家政服务合同范本，家政服务业管理进一步规范化。

**再生资源** 加强再生资源回收备案管理，利用物联网技术创新再生资源回收模式，推动再生资源交易市场向线上线下结合转型升级。重点推进南宁、钦州、梧州市等三个商务部、财政部再生资源回收体系建设试点城市工作，南宁市再生资源体系项目已完成验收，钦州市建设项目完成部分项目验收，梧州市建设项目正在加快推进。

**商品储备** 进一步完善广西区、市两级猪肉储备制度。2016年全区实际入储生猪和冻猪肉储备2万吨，其中，自治区本级4 800吨，市级1.52万吨，储备量与上年相同。

**【对外贸易】**

**进出口总额** 进出口总额3 165.9亿元，与2015年基本持平，在全国排第13位，比2015年提高1位。其中，出口总额1 519.1亿元，下降12.7%；进口总额1 646.8亿元，增长13.9%。

**加工贸易** 加工贸易进出口额653亿元，与2015年基本持平，其中，进口额312.5亿元，增长3%，占广西进口总额的19%，成为拉动进口总额增长的主要因素之一。河池、防城港、来宾、玉林、柳州、百色、桂林、南宁8个市加工贸易进出口额实现正增长。南宁市、钦州市、北海市、梧州市4个国家级加工贸易重点承接地进出口额合计占全自治区加工贸易进出口额的90.3%。

**边境贸易** 边境小额贸易进出口额786.8亿元，占广西进出口总额的24.8%，占全国边境小额贸易进出口总额的36.3%，居全国第一。其中，出口额752.6亿元，占广西出口总额的49.4%；进口额34.2亿元，占广西进口总额的2.1%。边境小额贸易额分别占对越南贸易额和对东盟贸易额的49.5%和42.9%。崇左市边境小额贸易进出口额622.7

亿元，占全自治区边境小额贸易的79.1%。广西边民互市贸易进出口额667亿元，增长88.7%，占全国的70%，占全自治区外贸进出口额的21%。东兴跨境贸易得到国务院办公厅通报表扬。

**出口商品市场** 出口商品销往200多个国家（地区）。前十大出口市场的国别（地区）：越南916.2亿元，香港194.6亿元，美国110.3亿元，新加坡24.5亿元，日本23亿元，澳大利亚22.5亿元，泰国14.6亿元，荷兰12.6亿元，韩国12.5亿元，德国11.6亿元，合计出口金额1 342.3亿元，占出口总额的88.1%。

**进口商品市场** 进口商品来自110多个国家（地区）。前十大进口市场的国别（地区）：越南673.1亿元，巴西111.9亿元，泰国106.7亿元，台湾省817.5亿元，澳大利亚78.5亿元，美国75.1亿元，智利51.1亿元，加拿大50.3亿元，沙特阿拉伯41.5亿元，秘鲁30.9亿元，合计进口金额1 300.8亿元，占进口总额的79%。

## 【利用外资】

**概况** 2016年，广西批准来自34个国家和地区的外商投资项目139个（比上年下降2.11%），其中，合资项目55项，合作项目6项，独资项目78项；合同外资额23.19亿美元，下降30.93%；实际利用外资8.88亿美元，下降48.41%。

**外商直接投资行业** 外资投向三大产业的比例依次为4.93%、26.76%和68.31%。投资领域排前3位的依次为制造业、房地产业、交通运输仓储业，实际利用外资分别占自治区总额的45.95%、13.29%和11.94%。

外商直接投资项目中，生产型企业38个，非生产型企业101个。其中，制造业14个，采矿业3个，农、林、牧、渔业38个，电力、燃气及水的生产和供应业7个，建筑业2个，交通运输、仓储和邮政业3个，信息传输、计算机服务和软件业2个，批发和零售业33个，住宿和餐饮业5个，金融业2个，房地产业5个，租赁和商务服务业16个，科学研究、技术服务和地质勘查业2个，水利、环境和公共设施管理业3个，居民服务和其他服务业2个，文化、体育和娱乐业0个，卫生、社会保障和社会福利业2个。

**外商直接投资来源** 从合同外资金额看，排前5位的分别是：香港、投资性公司、台湾省、英国、加拿大。从实际利用外资看，排前5位的分别是：香港、瑞典、新加坡、投资性公司、英属维尔京群岛。港澳台地区实际投资总额3.68亿美元，占全自治区实际利用外资总额的41.44%，其中香港直接投资3.64亿美元。东盟实际直接投资1.83亿美元。欧盟实际直接投资2.27亿美元。投资性公司实际直接投资0.56亿美元。

## 【对外经济合作】

**对外投资** 2016年，广西壮族自治区备案或核准境外投资企业66家，协议投资总额16.33亿美元，中方协议投资额15.71亿美元，比上年增长15%；实际对外投资完成8.95亿美元，增长50.4%。行业涉及房地产业、交通运输仓储、农林渔牧业、制造业、服务业等多个领域。主要投向柬埔寨、澳大利亚、香港、加拿大、毛里塔尼亚等国家（地区）。

**承包工程和劳务合作** 对外承包工程新签合同61份，新签合同额7.95亿美元，增长21.29%；完成营业额8.47亿美元，下降9.81%。对外劳务合作新签合同总额19.09万美元；期末各类在外劳务人数共计4 594人，市场仍以安哥拉和东盟国家为主。

**对外援助** 继续实施由广西福沃德农业技术国际合作有限公司承担的我国政府援助柬埔寨的农业合作项目——“中柬农业促进中心”项目。承办“中国—东盟经贸关系研修班”等4个援外培训项目，培训来自东盟国家和牙买加的经贸官员和技术人员107人。

## 【其他】

**南宁经济技术开发区** 2016年全部工业总产值达到728.1亿元，比上年增长16.67%，规模以上工业总产值724.91亿元，增长16.73%。固定资产投资236.14亿元，增长16.85%。财政收入34.66亿元，增长6.8%。外贸进出口13.7亿元，下降11.5%，其中，出口10.9亿元，增长4.1%，进口2.8亿元，下降44.1%。

**广西—东盟经济技术开发区** 2016年全部工业总产值280.57亿元，下降5.68%。规模以上工业总产值279.51亿元，下降5.74%。全社会固定资产投资156.59亿元，增长14.77%。财政收入10.5亿元，增长11.77%。全年实现进出口7.69亿元，增长1.78%，其中，出口3.46亿元，增长6.39%，进口4.2亿元，增长0.1%。

**钦州港经济技术开发区** 2016年全部工业总产值456.71亿元，下降6.48%。全社会固定资产投资105.54亿元，增长39.81%。完成财政收入100.27亿元，下降7.83%。外贸进出口完成261.55亿美元，下降24.95%，其中，出口86.99亿元，下降23.22%，进口174.56亿元，下降13.26%。

# 2016年北海市商务发展概况

北海市商务局

**欧阳思飞**

北海市商务局局长

欧阳思飞　男，汉族，1965年6月出生，湖南醴陵人，中共党员，广西师范大学国民经济学专业毕业，在职研究生，经济师。1988年7月参加工作。历任北海市技术进口公司业务员，北海市政府办公室秘书，北海市计委干部、办公室副主任、主任，北海市项目引进局项目管理科科长，北海市出口加工区管理委员会副主任，北海市发展改革委员会党委书记、副主任，北海市北部湾经济区建设管理委员会办公室副主任（兼），广西壮族自治区发改委工业处副处长，北海市政府副秘书长、市政府办公室党组成员，北海市统计局局长、党组书记。2016年8月起任北海市商务局局长、党组书记。

## 【国内贸易】

**社会消费品零售总额**　2016年，广西壮族自治区北海市社会消费品零售总额225.33亿元，比上年的202.99亿元增长11.01%。按地域分，城镇204.21亿元，比上年的185.32亿元增长10.29%；乡村21.13亿元，比上年的17.67亿元增长18.48%。按行业分，批发和零售贸易业204.16亿元，比上年的182.57亿元增长11.11%；住宿和餐饮业21.18亿元，比上年的20.42亿元增长10.02%。

**限额以上批发和零售贸易业、住宿和餐饮业基本情况**　2016年，共有限额以上批发和零售贸易业、住宿和餐饮业法人企业252个，其中，批发业法人企业37个，零售业法人企业118个，住宿业法人企业48个，餐饮业法人企业49个。

**批发和零售贸易业企业商品购、销、存总额**　批发和零售贸易业企业商品销售总额424.6亿元，比上年的365.43亿元增长16.19%。其中，限额以上企业158.17亿元，限额以下企业266.43亿元。

**市场物价**　居民消费价格指数为101.1（以上年价格为100）。

**市场秩序建设**　全面开展打击侵权假冒工作，治理互联网领域侵权假冒，强化农村和城乡结合部市场监管执法，开展“中国制造”海外形象维护“清风”行动，推进软件正版化工作，开展打击食糖假冒伪劣专项整治行动，强化药品医疗器械和车用燃油等行业日常监管，加强部门协同与司法保护。开展春节、五一、国庆等重大节假日安全生产大检查工作，涉及成品油、单用途预付卡等多个领域。进一步完善应急生活必需品应急供应机制，加强与相关重要应急储备企业的信息交流和工作互动。

**市场体系建设**　一是完善主城区专业市场规划布局，深化市场标准化、规范化建设，服务和指导企业申报争取市场改造升级建设资金。二是开展城市综合体建设，进一步修订《北海市商业网点规划》，积极推进红星美凯龙、东盟商贸城、万达、曼哈顿商业广场等城市综合体商业项目的建设。三是启动二手车市场建设，广西北部湾国富汽车市场已正式营业。四是努力推进农产品冷链物流标准化示范城市申报工作，经过努力，北海市被列入国家级农产品冷链物流标准化示范城市。

**流通业发展**　2016年，北海市有典当企业10家，办理典当业务269笔，实现典当金额19 144.19万元，其中房地产抵押业务额17 858.59万元，占93.3%，动产质押典当业务额535.6万元，占2.8%，财产权利质押典当业务额750万元，占3.9%，利息和综合费收入554.65万元，上缴税金52.4万元，税后利润99.23万元。全市有拍卖独立法人企业21家，组织各类拍卖活动106（场）次，成交额26 665.77万元，佣金727.11万元，营业利润-9.1万元，缴纳税费29.91万元。

**市场运行和消费促进**　一是继续抓好市场供应的监测力度，目前，全市共有监测企业49家，其中生活必需品系统10家，重点流通系统18家，商贸流通企业18家，应急管理系统2家，生产资料1家。二是新增了数家监测企业，其中，重要生产资料监测系统新增了合浦县安农农业发展有限公司，填补广西种子监测样本企业空白，重点流通系统新增中国石化销售有限公司广西北海石油分公司、中国石油天然气股份有限公司广西北海销售分公司、北海大润发商业有限公司，成为广西第一个重点流通各业态占比均达考核要求的地市。三是为进一步培育消费、扩大消费、挖掘消费潜力，市商务局组织开展“消费促进月”活动、2016年“百店大促销”活动和“年末大促销”活动，各大商贸企业认真组织、积极参与，累计拉动消费7亿元，切实发挥消费对经济增长的拉动作用。

【对外贸易】

**进出口总额** 进出口总额31.0亿美元，比上年的35亿美元下降18.1%。

**出口总额** 出口总额16.7亿美元，比上年的18.92亿美元下降11.7%。

**进口总额** 进口总额14.3亿美元，比上年的18.98亿美元下降24.5%。

**出口商品结构** 机电产品出口额10.8亿美元，下降19.0%，占出口总额的64.67%；高新技术产品出口额6.3亿美元，下降33.2%，占出口总额的37.72%。

**进口商品结构** 机电产品进口额6.3亿美元，下降41.4%，占进口总额的44.06%；高新技术产品进口额4.8亿美元，下降39.9%，占进口总额的33.57%。

**出口商品市场** 出口商品销往127个国家（地区）。

**进口商品市场** 进口商品来自55个国家（地区）。

**边境贸易** 进出口额773.9万美元，比上年增长0.74%，主要贸易商品为木薯干。

**加工贸易** 加工贸易进出口总额18.0亿美元，下降26.6%，占北海市外贸进出口总额的58.2%，占广西壮族自治区加工贸易进出口总额的18.3%。其中，出口总额10.7亿美元，进口总额7.3亿美元，同比分别下降20.6%和下降33.9%。

**北海市2016年主要出口市场情况表**

| 国别（地区） | 出口金额（亿美元） | 占出口总额比重（%） | 国别（地区） | 出口金额（亿美元） | 占出口总额比重（%） |
|---|---|---|---|---|---|
| 香　港 | 8.71 | 52.16 | 越　南 | 0.44 | 2.63 |
| 美　国 | 1.42 | 8.50 | 马来西亚 | 0.44 | 2.63 |
| 荷　兰 | 0.81 | 4.85 | 印　度 | 0.29 | 1.74 |
| 日　本 | 0.63 | 3.77 | 韩　国 | 0.28 | 1.68 |
| 德　国 | 0.50 | 2.99 | 印度尼西亚 | 0.28 | 1.68 |

**北海市2016年主要进口市场情况表**

| 国别（地区） | 进口金额（亿美元） | 占进口总额比重（%） | 国别（地区） | 进口金额（亿美元） | 占进口总额比重（%） |
|---|---|---|---|---|---|
| 巴　西 | 1.93 | 13.50 | 俄罗斯 | 0.73 | 5.10 |
| 台湾省 | 1.42 | 9.93 | 南　非 | 0.62 | 4.34 |
| 阿根廷 | 0.86 | 6.01 | 菲律宾 | 0.61 | 4.27 |
| 美　国 | 0.80 | 5.59 | 越　南 | 0.60 | 4.20 |
| 加拿大 | 0.74 | 5.17 | 柬埔寨 | 0.48 | 3.36 |

【利用外资】

**北海市2016年利用外资情况表**

| 利用外资方式 | 批准签订的合同 | | | 实际利用外资 | |
|---|---|---|---|---|---|
| | 项目数（个） | 外资金额（万美元） | 金额比上年增加（%） | 金　额（万美元） | 金额比上年增加（%） |
| **外商直接投资** | **8** | **36 102** | **871.79** | **21 000** | **12.84** |
| 合资企业 | 3 | 5 711 | 613.87 | 21 000 | 12.84 |
| 外资企业 | 5 | 30 391 | 942.57 | | |
| **合　计** | **8** | **36 102** | **871.79** | **21 000** | **12.84** |

**概况** 2016年新批外资项目8个，比上年减少27%；合同总额51 410万美元，是上年的6.69倍；合同外资额36 100万美元，是上年的9.91倍；实际利用外资21 000万美元，增长12.84%。

**外商直接投资行业** 新批项目中，服务业项目2个，商贸服务业1个，农业1个，电子信息业2个，房地产业1个，工业制造1个。

**外商直接投资来源** 新批企业来自香港、台湾省、新加坡、澳门。其中，香港投资项目4个，占新批项目数量的50%，合同总额50 354万美元，占新批项目投资总额的97.9%，合同外资额35 595万美元，占新批项目合同外资额的98.6%。

【对外经济合作】

**对外投资** 2016年在海外举办企业和机构的项目共8个，投资总额24 305万美元，中方投资金额22 066万美元，比上年增长20.5%，创历史最好成绩，在全区综合评分中并列第二。

对"一带一路"国家和地区的投资成为投资重点，2016年新批项目5个，中方协议投资总额为14 120万美元，项目数、中方协议总额分别占全市总量的55.56%和63.95%。

主要项目包括：冠德科技（北海）有限公司投资的冠德科技（柬埔寨）电子产业园项目是北海市对外投资中方协议投资总额以及实际到位资金最大的投资项目，分别为17 000万美元和5 000万美元。广西荣冠远洋捕捞有限公司毛里塔尼亚远洋捕捞、海产品加工产业园项目进展顺利，总投资为2 222万美元的18艘远洋渔船船队已经初步成型，计划总投资5 185万美元的岸上基地完成实际投资4 148万美元，计划投资740万美元的自建综合渔港已经完成投资592万美元。

【其他】

**出口加工区** 北海出口加工区属于国务院批准的海关特殊监管区，是广西目前唯一的国家级出口加工区，也是西部地区唯一临海的、最靠近东盟的出口加工区。截至2016年，加工区累计引进企业（项目）95个，产业工人近2万人，主要投资方来自香港、澳门、台湾省、日本、韩国等国家和地区。2016年，加工区完成工业总产值373.14亿元，比上年增长16.43%，占北海市规模以上工业总产值的17.11%，其中规模以上电子信息制造业产值363.18亿元，增长17.32%，占北海市规模以上电子制造业产值的31.16%；完成固定资产投资46.20亿元，增长9.86%；完成外贸进出口9.42亿美元，占北海市外贸进出口总额的30.38%；完成加工贸易进出口8.29亿美元，占北海市加工贸易进出口总额的45.90%；完成税收1.38亿元。

# 2016年海南省商务发展概况

海南省商务厅

海南省商务厅厅长

吕 勇 男，汉族，1963年8月出生，安徽芜湖人，研究生学历，经济学硕士学位，中共党员。1982年8月参加工作，历任海南省财税厅副主任科员、主任科员、专职团委书记（副处级）。海南省财政厅助理调研员兼团委书记、副处长、处长、副厅长（党组成员）。2012年1月任海南省财政监察特派员办公室主任（正厅级）。2013年3月任海南省农垦总局局长，党委副书记。2015年11月起任海南省商务厅厅长、党组书记。六届海南省纪委委员。

【国内贸易】

**社会消费品零售总额** 2016年，海南省社会消费品零售总额1 453.72亿元，比上年的1 325.14亿元增长9.7%。按地域分，城镇1 229.24亿元，农村224.96亿元。按消费形态分，商品零售1 205.75亿元，餐饮收入247.96亿元。

**限额以上批发和零售贸易业、住宿和餐饮业基本情况** 限额以上批发和零售贸易业、住宿和餐饮业法人企业669个，年末从业人数102 134人。其中，批发业法人企业163个，年末从业人数16 309人；零售业法人企业200个，年末从业人数28 086人；住宿业法人企业255个，年末从业人数52 344人；餐饮业法人企业51个，年末从业人数5 395人。

**批发和零售贸易业企业商品购、销、存总额** 批发和零售贸易业企业全年商品销售总额5 833.5亿元（上年5 142.7亿元），增长13.4%。其中，限额以上企业2 782.9亿元，限额以下企业3 050.6亿元。限额以上批发和零售贸易业企业商品购进总额2 062.8亿元，商品销售总额2 782.9亿元（其中批发2 258.7亿元、零售524.2亿元），年末库存总额109亿元。

**市场物价** 商品零售价格指数为101.0，居民消费价格指数为102.8（以上年价格为100）。

**市场秩序建设** 一是加强"双打"工作。开展全省车用燃油、互联网领域等6项专项整治；利用行政执法与刑事司法衔接平台，公开行政处罚案件信息。严厉查处成品油、典当、拍卖、商业特许经营等领域的违法违规行为。建立行政执法“双随机一公开”机制，制定随机抽查事项清单、建立随机抽查对象库、执法检查人员名录库和实施细则。二是推进重要产品追溯体系建设。印发《海南省肉菜流通追溯体系管理暂行办法》、《海南省加快推进重要产品追溯体系建设实施方案》。三是协调推进商务领域诚信建设。开展诚信兴商宣传月和信用消费进万家主题日活动。加强单用途商业预付卡监管工作，备案发卡企业62家。四是做好药品流通管理工作。印发了《海南省药品流通行业“十三五”发展规划》，组织省内30多家医药企业参加了第76届全国药品交易会，举办了2016年全省医药流通企业统计业务培训班。完善了“12312”热线与“12345”热线平台建设，做到随时接受社会和新闻媒体监督。

**市场体系建设** 一是完善农贸市场升级改造相关政策。完善出台了《海南省农贸市场升级改造实施意见》、《海南省农贸市场升级改造资金管理办法》等文件。截至2016年底，全省共完成174家农贸市场升级改造，其中海口市城区升级改造39家。二是大力推进公益性农产品批发市场体系建设。按全省规划在海口建设1个主中心批发市场，在海南南部、东部、中部、西部建设4个上联海口辐射周边的副中心批发市场。主中心批发市场海口大型农产品综合批发市场已于2016年7月份开工建设。三是积极申报汽车平行进口试点。以省政府名义向商务部报送了《关于申报汽车平行进口试点工作的函》和《海南省汽车平行进口试点方案》等文件，组织15个相关监管部门召开座谈会，推进申报准备工作。四是加强二手车市场流通管理和黄标车淘汰工作。落实《国务院办公厅关于促进二手车便利交易的若干意见》及相关文件精神，制定了《海南省关于促进二手车便利交易的实施意见》，将经省政府批准后实施。配合省环保部门开展了黄标车淘汰工作，通过召开现场会指导企业完成2.5万辆黄标车的报废拆解任务。

**流通业发展** 典当行业：截至2016年底，全省典当经营企业共169家（含分支机构4家），从业人员776人。注册资本22.83亿元；资产总额18.67亿元，增长9.2%；负债总额5 034万元，下降41%；所有者权益总额18.17亿元，增长10.4%。营业收入8 529万元，增长4.4%；营业利润2 004万元，下降109.4%；净利润1 419万元，下降106.1%；上缴税金865万元。

拍卖行业：截至2016年年底，全省拍卖经营企业90家，注册资本115.82亿元，其中A级以上拍卖企业44家，拍卖师55人。1月—9月拍卖实现成交额103.27亿元，佣金额4 541万元，主营业务利润4 394.62万元，缴纳税金589万元。从拍卖种类看，房地产成交额65.23亿元；土地使用权成交额36.06亿元；机动车成交额5 425万元；农副产品成交额254.68万元；其他机构委托拍卖成交1.3亿元，成交场次298场。

免税行业：2016年，海口、三亚两家免税店销售离岛免税品740.6万件，增长14.1%；销售金额60.7亿元人民币，增长13.5%；购买人数173.1万人次，增长5.5%。

散装水泥推广：全省完成散装水泥供应量992.4万吨，增加9.8万吨，散装率为44.5%；农村用散量为506.1万吨，占散装水泥供应量的51%。全年预拌混凝土供应量为3 400万方，增加100万方。全年水泥产量2 227.91万吨，与2015年持平。

**市场运行和消费促进** 一是完善市场监测工作。坚持每月撰写生活必需品市场运行分析简报并加强在“台风”、黄金周期间的生活必需品市场运行简报的撰写力度，落实国家下达的临时储存任务。二是加强“菜篮子”建设工作。出台了省政府“菜十条”实施方案，完成2015年度常年“菜篮子”建设考核、考核办法；7月份在南宁举办产销对接会，签署了两地蔬菜流通合作框架协议；落实海南云南两省蔬菜流通合作协议，帮助两省企业协调解决合作中的困难和问题；开展消费促进月活动、美食展销活动，并与中国石化联合举办海南特色商品推介会，现场签约2亿元，235家企业打折促销总额24.9亿元，增长39.9%。三是加强成品油行业监管。编制出台了《海南省加油站行业“十三五”发展规划（2016—2020）》；协调省工商、质监部门对海南省推行国V标准车用汽油柴油后成品油市场进行检查、抽查；开展全省生物柴油生产经营情况的工作调研，协调处理存在的相关问题；完成2015年度的成品油经营企业经营资格年度审核；开展了2次油库及加油站安全监管专项检查。

**【对外贸易】**

**进出口总额** 进出口总额113.3亿美元，比上年的139.6亿美元下降18.8%。

**出口总额** 出口总额21.2亿美元，比上年的37.4亿美元下降43.3%，占全省GDP 4 044.5亿元（相当于608.9亿美元）的3.5%，占全国出口额的0.13%。

**进口总额** 进口总额92.1亿美元，比上年的102.2亿美元下降9.9%。

**服务贸易** 服务进出口总额15.70亿美元，比上年的13.15亿美元增长19.34%。其中，出口额5.09亿美元，比上年的4.50亿美元增长13.21%；进口额10.61亿美元，比上年的8.66亿美元增长22.52%。

海南服务贸易主要集中在商业服务（包括经营性租赁服务、技术服务和法律会计广告咨询服务等）、旅行、运输服务等领域，分别占服务进出口的31.73%、27.08%、24.53%。增速较快的分别为维护和维修服务、建设服务及知识产权使用等领域，增速分别为6.39倍、2.84倍及83.89%。

服务出口主要集中在运输服务、加工服务、商业服务领域，占比分别为43.36%、28.93%、15.31%。增速较快的领域主要是金融服务、知识产权使用费及建设服务，增速分别为4 585倍、19倍和1.36倍。

服务进口主要集中在商业服务、旅行、运输服务领域，占比分别为 39.61%、36.81%、15.50%。增长较快的领域主要是建设服务、维护和维修服务及加工服务，增速分别为 10.45 倍、6.87 倍和 1.31 倍。

**服务外包** 离岸服务外包出口 8 388.76 万美元，增长 7.04%。其中，技术服务（建筑、工程、测量、制图、产品测试和认证技术检验、产品检验检疫等）5 418.14 万美元，增长 7.41%，占 2016 年离岸服务外包额的 64.59%；电信、计算机和信息服务 459.65 万美元，增长 17.26%，占 5.48%；金融、保险服务类 184.54 万美元，增长 4.22%，占 2.2%；其他商业服务（包括研发、会计、咨询、广告、人员安置、安保、笔译和口译、照相服务、出版、建筑物清洁以及房地产评估、房地产经纪、视听和相关服务等）2 326.43 万美元，增长 4.64%，占 27.73%。涉及离岸服务外包业务企业 143 家。

**海南省 2016 年出口额 1 000 万美元以上商品情况表**

| 金额分类 | 商品名称 | 出口金额（万美元） | 占出口总额比重（%） |
|---|---|---|---|
| 1 亿—4 亿美元 | 机电产品 | 32 500 | 15.3 |
| | 原油 | 28 360 | 13.4 |
| | 纸及纸板（未切成形的） | 24 661 | 11.6 |
| 1 亿—1.5 亿美元 | 二极管及类似半导体器件 | 14 786 | 7.0 |
| | 成品油 | 14 573 | 6.9 |
| | 肥料 | 12 989 | 6.1 |
| 5 000 万—1 亿美元 | 天然气 | 5 919 | 2.8 |
| 1 000 万—5 000 万美元 | 纺织纱线、织物及制品 | 4 857 | 2.3 |
| | 汽车 | 4 410 | 2.1 |
| | 变压器 | 3 100 | 1.5 |
| | 太阳能电池 | 2 309 | 1.1 |
| | 家具及其零件 | 2 192 | 1.0 |
| | 钢材 | 1 568 | 0.7 |
| | 灯具、照明装置及零件 | 1 440 | 0.7 |
| | 医药品 | 1 403 | 0.7 |
| | 服装及衣着附件 | 1 400 | 0.7 |

**海南省 2016 年进口额 1 000 万美元以上商品情况表**

| 金额分类 | 商品名称 | 进口金额（万美元） | 占进口总额比重（%） |
|---|---|---|---|
| 5 亿—50 亿美元 | 原油 | 378 707 | 41.1 |
| | 机电产品 | 293 256 | 31.8 |
| | 飞机及其他航空器 | 223 246 | 24.2 |
| 1 亿—5 亿美元 | 成品油 | 33 549 | 3.6 |
| | 美容化妆品及护肤品 | 26 926 | 2.9 |
| | 二甲苯 | 24 623 | 2.7 |
| | 纸浆 | 19 859 | 2.2 |
| | 农产品 | 17 318 | 1.9 |
| | 乙二醇 | 13 109 | 1.4 |
| | 手表 | 11 421 | 1.2 |

**海南省2016年进口额1 000万美元以上商品情况表（续）**

| 金额分类 | 商品名称 | 进口金额（万美元） | 占进口总额比重（%） |
|---|---|---|---|
| 5 000万—1亿美元 | 文化产品 | 8 557 | 0.9 |
| | 鲜、干水果及坚果 | 8 417 | 0.9 |
| | 涡轮喷气发动机 | 7 316 | 0.8 |
| | 计量检测分析自控仪器及器具 | 7 035 | 0.8 |
| | 服装及衣着附件 | 6 683 | 0.7 |
| | 航空器零件 | 5 926 | 0.6 |
| | 煤及褐煤 | 5 709 | 0.6 |
| | 医药品 | 5 062 | 0.5 |
| 1 000万—5 000万美元 | 钢材 | 4 123 | 0.4 |
| | 水海产品 | 3 036 | 0.3 |
| | 汽车零配件 | 1 778 | 0.2 |
| | 天然橡胶（包括胶乳） | 1 394 | 0.2 |
| | 通断保护电路装置及零件 | 1 128 | 0.1 |

**海南省2016年主要出口市场情况表**

| 国别（地区） | 出口额（万美元） | 占出口总额比重（%） |
|---|---|---|
| 日　本 | 35 416 | 16.7 |
| 美　国 | 25 476 | 12.0 |
| 韩　国 | 11 699 | 5.5 |
| 越　南 | 5 685 | 2.7 |
| 德　国 | 2 110 | 1.0 |
| 法　国 | 936 | 0.4 |
| 阿联酋 | 929 | 0.4 |
| 沙特阿拉伯 | 421 | 0.2 |
| 阿　曼 | 42 | 0.02 |
| 安哥拉 | 14 | |
| **合　计** | **82 728** | **39.0** |

**海南省2016年主要进口市场情况表**

| 国别（地区） | 进口额（万美元） | 占进口总额比重（%） |
|---|---|---|
| 美　国 | 147 625 | 16.0 |
| 阿　曼 | 128 758 | 14.0 |
| 法　国 | 72 135 | 7.8 |
| 德　国 | 66 871 | 7.3 |
| 安哥拉 | 57 150 | 6.2 |
| 沙特阿拉伯 | 55 814 | 6.0 |
| 阿联酋 | 44 967 | 4.9 |
| 阿塞拜疆 | 37 539 | 4.0 |
| 越　南 | 32 326 | 3.5 |
| 韩　国 | 29 541 | 3.2 |
| **合　计** | **672 726** | **73.0** |

## 【利用外资】

**海南省2016年利用外资情况表**

| 利用外资方式 | 批准签订的合同 | | | 实际利用外资 | |
|---|---|---|---|---|---|
| | 项目数（个） | 外资金额（万美元） | 金额比上年增加（%） | 外资金额（万美元） | 金额比上年增加（%） |
| **外商直接投资** | **86** | **1 009 463** | **687.14** | **30 912** | **-45.53** |
| 合资企业 | 28 | 42 039 | -35.10 | 1 410 | -67.29 |
| 合作企业 | 4 | 1 218 | 1 773.85 | 26 | |
| 外资企业 | 53 | 965 737 | 1 434.35 | 28 916 | -44.83 |
| 股份有限公司 | 1 | 469 | 1.52 | 560 | |

**外商直接投资行业**　农、林、牧、渔业项目数14个，制造业11个，电力、燃气及水的生产和供应业1个，建筑业1个，交通运输、仓储和邮政业4个，信息传输、计算机服务和软件业3个，批发和零售业18个，住宿和餐饮业12个，租赁和商务服务业10个，科学研究、技术服务和地质勘查业4个，居民服务和其他服务业1个，教育1个，卫生、社会

保障和社会福利业3个，文化、体育和娱乐业3个。

**外商直接投资来源** 外商直接投资主要来源：香港新设项目数48个，实际使用外资25 928万美元；新加坡4个，1 900万美元；英属维尔京群岛2个，1 676万美元；泰国3个，784万美元。

**外商直接投资企业生产经营情况** 海南省参报企业842家，比上年下降7.88%；年报通过率为99.52%，比上年略有提高。参报企业主要特点：一是主要经营指标下降，二是外资企业发展不均衡，三是第三产业创收业绩明显，四是区域分布不平衡，五是纳税主要集中在制造、房地产、交运仓储三个行业，六是就业人数主要集中在制造、交运仓储邮政、住宿餐饮等行业。

**海南省外商直接投资企业2016年度年报主要统计指标**

| 主要指标 | 2015年 | 2016年 | 同比（%） |
|---|---|---|---|
| 投资总额（亿美元） | 228.06 | 228.30 | 0.10 |
| 销售（营业）收入（亿元） | 1 907.05 | 1 021.01 | -46.46 |
| 利润总额（亿元） | 116.11 | 104.57 | -9.84 |
| 净利润（亿元） | 87.43 | 88.07 | 0.73 |
| 纳税总额（亿元） | 180.31 | 114.86 | -36.30 |

## 【对外经济合作】

**对外投资** 2016年新增境外投资项目48个（含增资项目3个），比上年增长37%；备案投资额61亿美元，增长133%；实际对外投资11.4亿美元，增长15.3%。其中，对“一带一路”沿线国家投资项目11个，比上年增加5个，备案投资额达4.51亿美元。

投资额度超过1 000万美元的项目5个，其中：海南启程管理资产股份公司在越南投资达1.96亿美元，海南油泷能源投资有限公司在哈萨克斯坦投资达1亿美元，海南顶益绿洲生态农业有限公司在柬埔寨投资达5 000万美元。

截至2016年底，海南省对外投资存量为60.2亿美元。

**对外经济技术援助** 2016年，海南积极承接国家援外培训任务，实施了“2016年发展中国家岛屿气候变化与经济发展研修班”、“2016年非洲英语国家旅游人才研修班”、“2016年东盟国家农作物病虫害综合防治研修班”等19个援外培训项目，共培训来自非洲、东南亚等56个国家425人，培训内容涵盖经济、外交、农业、医疗卫生、基础设施、环保等20多个领域。

## 【其他】

**洋浦经济技术开发区** 2016年度实现地区生产总值223.2亿元，比上年增长5.5%；工业增加值113.7亿元，增长1.0%；固定资产投资68亿元，增长2.2%，其中社会投资完成54.5亿元，增长47.7%；港口吞吐量4 028.2万吨，增长3.4%；地方一般公共预算收入27.2亿元，同口径下降4.3%。

**海口保税区** 2016年完成营业总收入693.2亿元，增长12.39%；工业总产值134亿元，增长2.31%；固定资产投资32亿元，增长128%；进出口货值4.25亿美元，增长24.63%；税收14.47亿元（不含海关税收2.84亿元），增长11.74%。

**商务洽谈会** 北京综合招商活动。7月29日在北京国家会议中心举办，共签署212个项目，包括战略框架协议10个（含8个省政府战略框架协议）；投资协议191个，协议投资额2 748亿元；融资协议11个，融资额181亿元。

厦门投洽会综合招商活动。9月8日在厦门举办，签署123个项目，协议投资额1 345亿元，其中战略框架协议3个（含1个省政府战略框架协议），投资协议119个，融资协议1个（融资额150亿元）。

深圳高交会综合招商活动。11月16日在深圳高交会期间举办，通过互联网产业、文化体育、海洋产业、热带特色高效农业、高新技术产业等5场专题推介活动，向610多家企业，1 100多名参会嘉宾展示了海南国际旅游岛建设的最新成果和独特魅力。

琼港澳经贸交流活动。4月6日至12日，刘赐贵省长率团赴港澳开展了经贸交流活动，成功签约85个项目。其中，战略合作协议37个；融资意向协议12个，融资总金额993亿元；投资框架协议36个，投资总金额310.49亿元。

琼台经贸交流活动。9月份，在十九届“厦洽会”期间，刘赐贵省长会见了台湾旅游、科技农业等产业的16名台商代表，李国梁副省长还主持召开了琼台商机恳谈会。11月份，海南省商务厅姚磊副厅长率团赴台举行“2016琼台经贸合作交流活动”，为琼台园区和中小企业的长远合作夯实了基础。

与欧洲和澳洲经贸交流活动。5月份，毛超峰常务副省长率团访问欧洲，促成15个经贸、医疗和文体项目成功合作。8月份，李国梁副省长率团赴英国、瑞典和俄罗斯，与三国企业签署协议12个，引进了一批新的境外合作伙伴。9月份，海南省商务厅姚磊副厅长率队赴澳大利亚和新西兰参加了澳大利亚国际食品展，达成了牛肉进口等4项实质性成果。

**港口运输** 港口生产泊位120个（包括万吨级泊位50个），非生产泊位7个。港口吞吐能力1.36亿吨，其中港口离港旅客567.12 万人。港口当年实际完成的货物吞吐总量约1.21亿吨。其中完成外贸进出港货物吞吐量2 214.15万吨（出港535.84万吨，进港1 678.32万吨）。

**涉外旅游** 旅游外汇收入3.5亿美元，比上年的2.48亿美元增长41.3%。

# 2016年重庆市商务发展概况

重庆市商务委员会

重庆市商务委员会主任

熊　雪　男，1962年12月生，重庆渝北人，中共党员，研究生学历。历任共青团四川省重庆市南岸区副书记、书记，四川省重庆市南岸区体委主任，四川省重庆市南岸区委办公室主任，四川省重庆市南岸区政府副区长，重庆市南岸区副区长，重庆江津市委副书记，重庆江津市委副书记、副市长、代理市长，重庆江津市委副书记、市长，重庆市高新区党工委副书记、管委会副主任，重庆北部新区管委会副主任、党工委委员、高新区管委会副主任，重庆两江新区党工委委员、管委会副主任，北部新区党工委副书记、管委会主任，重庆两江新区党工委委员、管委会副主任，北部新区党工委书记、管委会主任，重庆市永川区委书记。现任重庆市商务委员会党组书记、主任，重庆市粮食局局长。

## 【国内贸易】

**社会消费品零售总额**　2016年，重庆市社会消费品零售总额7 271.35亿元，比上年的6 424.02亿元增长13.2%。按地域分，城镇6 905.74亿元，乡村365.61亿元。按消费型态分，餐饮收入1 026.95亿元，商品零售6 244.4亿元。

**限额以上批发和零售贸易业、住宿和餐饮业基本情况**　2016年，共有限额以上批发和零售贸易业、住宿和餐饮业法人企业7 730个。其中，批发业法人企业2 501个，零售业法人企业3 381个，餐饮和住宿业法人企业1 848个。

**批发和零售贸易业企业商品销售总额**　批发和零售贸易业企业商品销售总额23 213.15万元，比上年的19 813.01亿元增长17.2%。其中，限额以上企业12 762.15亿元。

**市场物价**　商品零售价格指数为101.3，居民消费价格指数为101.8（以上年价格为100）。

**市场秩序建设**　完善商务监管服务平台建设，实现全市12312商务举报投诉服务全覆盖。开展商贸行业整顿，联合开展商贸行业“保护知识产权销售正版正货”承诺活动，120余家商品交易市场和大型商场参与，外滩汽摩市场、大足龙水五金市场等10个市场被国家知识产权局认定为“保护知识产权销售正版正货”诚信示范培育市场，加强酒类知识产权保护，支持重庆市酒类商品鉴定中心能力建设，建立鉴定专家和产品数据库。配合市证监局对12家要素交易市场进行风险排查，规范经营行为。完善商务诚信信息系统，推动行政审批、行政处罚“双公示”，全年录入商贸信用信息5万余条。制定出台《重庆市肉菜流通追溯体系建设推进方案》。与市工商局签订信息交换共享合作协议，促进信用信息共享共用。组织开展商务诚信示范创建活动、“放心粮”示范企业创建活动、土猪肉诚信经营示范店创建活动，共创建诚信示范企业200多家，示范门店800多个。开展粮食监督检查，查处违法经营涉粮案件31件；持续开展酒类流通执法检查，查扣涉嫌假冒和侵权酒300多瓶，涉案金额10多万元，现场销毁假冒酒100余瓶，行政处罚11件，罚款24 640元；开展酒类商品鉴定116人次，400余瓶，价值10万余元。

**市场体系建设**　推进产业跨界融合，支持引导一批批发、零售、餐饮住宿及居民服务业企业线上线下一体化发展。编制完成《重庆中央商务区产业发展规划》、《重庆中央商务区产业发展协调工作机制》，引进美国史带集团、工银安盛人寿等世界500强企业93家。推进城市核心商圈功能提升和业态优化，全市100亿级商圈达到12个，纳入统计的22个商圈集聚全市消费总量的46.5%。南坪、观音桥、三峡广场等智慧商圈建成投用。推进夜市经济打造，市级夜市街区达到20条。抓好乡镇、社区商业设施建设，创建商贸强镇12个，新建社区商业设施113处、便民商圈42个、便民超市64个，支持建设110个农产品产地集配中心和23个城区菜市场。优化市场布局，引导富余产能向外环和远郊区县转移，加快都市功能核心区大型商品市场搬迁调整，大都市区二环六大市场集群初具规模，百亿级市场达到13个。促进传统商业场馆转型发展，将艺术展馆、休闲运动、主题咖啡、VR等新兴体验业态引进购物中心、专业卖场、百货店，推动传统商业“一买一卖”模式向体验中心、生活中心、社交平台转型。

**流通业发展**　制定《重庆城市核心商圈建设规范》，成为全国第一个商业街地方建设标准。制定《重庆市公共配送中心建设管理规范》和《重庆市共同配送企业服务质量规范》，出台托盘循环共用体系建设实施方案和标准化仓储建设等文件，引导企业使用标准托盘。发挥试点企业示范带动作用，全市69家企业生产、使用标准托盘88万张，标准托盘化率45.4%，提高了物流效率。编制完成《渝菜标准体系》、《渝菜术语和定义》及回锅肉等44个渝菜烹饪技术规范等地方标准，提升了行业标准化、规范化水平。2016年重庆市拍卖行业拍卖场次4 916次，比上年增长76.4%；拍卖成交额87.9亿元，下降47.2%；佣金额3 424.6万元，下降11.6%；营业税金及附加144.2万元，减少39.5%。典当行业全年累计发放贷款总额24.20亿元，比上年下降22.63%；营业收入0.99亿元，减少17.48%；累计上交税金1 094.3万元，减少40.39%。全面取消收取散装水泥专项资金，切实降低企业运行成本。2016年，重庆市散装水泥供应量2 954.89万吨，比上年减少2.14%。形成了以社区回收站点为基础，分拣中心为纽带，基地（集散市场）为核心，点面结合、三位一体的再生资源回收网络体系，全市已建成"七统一、一规范"的再生资源回收站（点）9 190个，建设分拣中心37个，在建和已营业再生资源交易市场6个，再生资源基地或产业（工业）园区5个，旧货市场13个。2016年再生资源回收641万吨，略有回升，销售593.7万吨，上升8%，就业人数8万人，比上年减少2 000多人。

**市场运行和消费促进** 促销工作成效显著。开展核心商圈、商贸企业、夜市经济等主题活动促进消费，主城十大商圈春季联动促销活动开展各类促销活动50余场次，参与商户上千家，拉动社零增长近100亿元。观音桥、南坪、杨家坪、三峡广场、大坪等商圈社零增长达10%以上，江津、合川、永川、綦江、璧山等商圈社零增长均在20%以上。开展绿色商场示范创建，龙湖时代天街、万州万达广场、巴南万达广场被认定为首批全国绿色商场，创建数量居全国各省市之首。全市备案登记的酒类经营者68 784万户，酒类流通业从业人员约34.5万人，酒类商品销售量约310万千升。全年开展酒类执法检查1 628次，累计出去执法人员4 874人次，累计检查酒类经营户8 565万户，查处不法经营行为为97起，没收272瓶，罚款处罚20 960元，警告和整改81户。成品油消费平稳增长，下放加油站预核准权力，2016年全市销售成品油840.86万吨，比上年增长8.8%。

## 【对外贸易】

**进出口总额** 进出口总额627.3亿美元，比上年的744.7亿美元下降15.76%。

**出口总额** 出口总额406.3亿美元，比上年的551.9亿美元下降26.4%。

**进口总额** 进口总额221亿美元，比上年的192.8亿美元增长14.6%。

**出口商品结构** 农产品、矿产品、金属及其制品出口额37.1亿美元，占出口总额的9.1%；机电产品、轻工产品、化工产品、纺织服装出口额387.8亿美元，占出口总额的95.4%。

**进口商品结构** 农产品、矿产品、金属及其制品进口额24.6亿美元，占进口总额的11.1%；机电产品、轻工产品、化工产品、纺织服装进口额194.8亿美元，占进口总额的88.1%。

**出口商品市场** 出口商品销往213个国家（地区）。主要出口市场为美国、德国、香港、韩国、荷兰、新加坡、日本、印度，金额241.8亿美元，占出口总额的59.5%。

**进口商品市场** 进口商品来自116个国家（地区）。主要进口市场为台湾省、韩国、马来西亚、越南、日本、美国、泰国、菲律宾，金额149.1亿美元，占进口总额的76.8%。

**服务贸易** 服务进出口总额207亿美元，增长22%。其中，出口92亿美元，比上年的76亿美元增长21.1%；进口115亿美元，比上年的94亿美元增长22.3%。三大传统行业服务贸易进出口总额90.4亿美元，占比43.7%，同比增长2%。其中，旅游53.9亿美元，占比26%；运输23.1亿美元，占比11.2%；建筑及相关工程服务13.4亿美元，占比6.5%。通信和计算机、技术贸易、服务外包、知识产权、服务贸易"5+1专项"等新兴服务贸易进出口总额116.6亿美元，占比56.3%，同比增长43.6%。服务进出口排名靠前的国家和地区为美国、香港、韩国、澳大利亚等。

**服务外包** 根据国家政策，与市财政局联合制定了《重庆市国际服务贸易专项资金暂行管理办法》，从人才培训、企业国际资质认证、研发中心、接包中心建设、公共服务平台、技术进出口、国际市场开拓、文化出口等多方面进行支持资助，鼓励企业开展离岸服务外包业务。2016年国际服务外包执行额20.5亿美元，同比增长13.3%。

**技术进出口** 技术进出口总额29.3亿美元，比上年的11.3亿美元增长159.3%。签订引进技术和进口设备合同项目210个，比上年减少70个；合同金额29亿美元，比上年的10.4亿美元增长178.8%；签订技术出口合同项目29个，合同金额2 571万美元，比上年的9 438万美元下降72.8%。

## 【利用外资】

**重庆市2016年利用外资情况表**

| 利用外资方式 | 批准签订的合同 | | | 实际利用外资 | |
|---|---|---|---|---|---|
| | 项目数（个） | 外资金额（万美元） | 金额比上年增减（%） | 金额（万美元） | 金额比上年增减（%） |
| **外商直接投资** | **224** | **401 022** | **-14.06** | **262 630** | **-30.37** |
| 合资企业 | 66 | 169 201 | 4.50 | 81 737 | -22.05 |
| 合作企业 | 0 | 0 | -100.00 | 0 | -100.00 |

重庆市2016年利用外资情况表(续)

| 利用外资方式 | 批准签订的合同 | | | 实际利用外资 | |
|---|---|---|---|---|---|
| | 项目数（个） | 外资金额（万美元） | 金额比上年增减（%） | 金额（万美元） | 金额比上年增减（%） |
| 外资企业 | 156 | 231 492 | -23.85 | 180 894 | -32.87 |
| 股份有限公司 | 2 | 329 | -46.59 | 0 | -100.00 |
| **外商其他投资** | **36** | **8 315** | **-44.93** | **132 839** | **-7.28** |
| 加工贸易 | 36 | 8 315 | -44.93 | 91 775 | -10.01 |
| 对外发行股票 | 0 | 0 | — | 41 064 | -0.54 |
| **合　计** | **260** | **409 337** | **-15.03** | **1 134 184** | **5.42** |

**外商直接投资行业**　合同外资第二、三产业分别为12.59亿美元、24.32亿美元，所占比重分别为31.41%、60.65%。实际外资第二、三产业分别为44.09亿美元、67.83亿美元，所占比重分别为38.87%、59.8%。合同外资主要来源于制造业（11.97亿美元、占比29.85%）、房地产业（8.81亿美元，占比21.98%）、租赁和商务服务业（5.71亿美元、占比14.25%）。实际使用外资主要来源于制造业（42.72亿美元、占比37.67%）、金融业（17.87亿美元、占比15.75%）。

**外商直接投资来源**　2016年共有39个国家（地区）的外商来渝投资。合同外资金额列前三位的分别是：香港、新加坡、马来西亚，占全市总额的84.46%。实际使用外资列前三位的国家（地区）分别是：香港、新加坡、韩国，其到位资金总额占全市总额的82.08%。

## 【对外经济合作】

**对外投资**　对外投资新增合同额76.5亿美元，比上年增长375.4%；对外实际投资24.3亿美元，增长70.5%。其中，民营企业投资合同额、实际投资额分别占全市总额的98.4%和71.0%。新增对外投资合同主要目的国家（地区）共31个。其中，投资合同额排名前三位的国家和地区为美国、香港和卢森堡，其投资合同额分别占全市总额的71.5%、6.5%和5.0%。其他国家还包括以色列、德国、加拿大、巴林、俄罗斯、埃塞俄比亚、意大利、韩国、印度尼西亚、罗马尼亚、泰国、新加坡等。

**承包工程和劳务合作**　对外承包工程业务新签合同额27.5亿美元，比上年增长102.5%；完成营业额13.4亿美元，增长10.5%。在亚洲和非洲两大主要市场新签对外承包工程合同总额占全市总额的90.1%，完成营业总额占全市总额的71.9%。对外承包工程建设领域共6个，主要包括：通信工程建设、交通运输建设、房屋建筑、工业建设、电力工程建设等。其中，新签项目领域前三位为：交通运输建设、工业建设、通信工程建设，其新签合同总额占全市总额的72.6%。对外承包工程完成营业额排名前三位的项目领域为：通信工程建设、交通运输建设和房屋建筑，其完成营业总额占全市总额86.0%。

2016年累计派出各类劳务人员5 301人次，比上年增长68.7%；年末在外各类劳务人员7 168人，下降22.3%；派出劳务人员收入12 326万美元，增长58.5%。其中，工程项下派出各类劳务人员占全市总量的69.4%，增长225.8%；年末在外人员占全市总量的45.9%，增长38.9%；派出各类劳务人员收入占全市总量的59.5%，增长89.8%。外派劳务人员主要派往香港、马尔代夫、阿尔及利亚、文莱、斯里兰卡等63个国家和地区。其中，前五位的国家和地区依次为：香港834人次（15.7%）、马尔代夫703人次（13.3%）、阿尔及利亚512人次（9.7%）、文莱390人次（7.4%）和斯里兰卡374人次（7.1%）。外派劳务人员主要从事建筑业、住宿和餐饮业、制造业和农、林、牧、渔服务业。

## 【其他】

**开发区**　2016年，重庆经济技术开发区进出口总额1 465 869万元，比上年增长64.4%，利用外资66 113万美元，增长375.47%；重庆高新技术产业开发区进出口总额229 922万元，下降56.2%，利用外资16 568万美元，下降52.48%；万州经济技术开发区进出口总额18 812万元，增长42.8%，利用外资1 339万美元，下降52.4%；长寿经济技术开发区进出口总额642 862万元，下降14.9%，利用外资20 032万美元，下降45.5%。

**保税区**　两路寸滩保税港区2016年进出口总额7 251 598万元，下降4.1%；西永综合保税区2016年进出口总额15 008 362万元，增长2.7%。

**商务洽谈会**　2016年5月19日—22日，第19届中国（重庆）国际投资暨全球采购会（渝洽会）在重庆国际博览中心举行，共有16个国家和地区的6 900多家企业（机构）参加展会，其中，世界500强企业253家，央企和大型企业370余家。重庆市共签约86个项目，投资总额1 636亿元人民币。

# 2016年四川省商务发展概况

四川省商务厅

刘 欣

四川省商务厅厅长

刘 欣 男，历任四川社会科学院农村经济所农村经济杂志编辑，四川社会科学院农村经济所助理研究员、副研究员，四川省眉山县委常委、副县长，四川省眉山市对外经济贸易委员会党组书记、主任；四川省眉山市对外贸易经济合作局党组书记、局长；四川省对外贸易经济合作厅党组成员、副厅长；四川省商务厅党组成员、副厅长。现任四川省商务厅党组书记、厅长，主持全面工作，分管办公室、人事处。

## 【国内贸易】

**社会消费品零售总额** 2016年，四川省实现社会消费品零售总额15 501.9亿元，比上年增长11.7%，比全国平均水平高1.3个百分点。从热点商品零售情况看，粮油、食品、饮料、烟酒类增长18.8%，服装、鞋帽、针纺织品类增长4.5%，日用品类增长24%，书报杂志类增长7.9%，家用电器和音像器材类增长12.8%，通用器材类增长24.5%，家具类增长22.2%，汽车类增长6.4%，石油及制品类增长3.6%。

**市场秩序建设** 打击侵权假冒工作取得阶段性明显成效。2016年，全省办结侵权假冒行政案件8 057件，破获涉嫌犯罪案件318件，起诉163件，生效判决195人。5期工作简报被全国工作简报采用，112条工作信息在“中国打击侵权假冒工作网”主站及其微信公众号上刊发。建立查询使用企业信用记录机制，推进在政府采购、财政资金支持项目确定等行政管理事项中使用企业信用信息。牵头推进2016年“诚信兴商宣传月”活动、组织开展首次“信用消费进万家”主题日活动。全省商务系统开展行政执法检查12 617次，通过“12312”热线接收咨询6 207件，德阳、南充、绵阳、遂宁和泸州5市通过“12312”热线接收举报投诉27件。开展单用途卡执法检查1 600次。会同相关市县办理了6户企业的直销申请材料初审、服务网点核查、调整直销产品和直销培训员等工作。指导各地强化零供交易和零售商促销行为执法监管，上半年共检查零供交易1 061次、零售商促销行为595次。

**市场体系建设** 农村电子商务交易额245亿元，其中农产品网络销售额64亿元，乡村旅游网络成交额19亿元。建成县级电商综合服务中心117个，覆盖率达60%，镇（乡）电商服务站1 641个，村级服务点5 881个，覆盖率分别达到65.7%、37.7%和12.4%，物流配送网络覆盖了50%以上的乡村。累计培育涉农电商企业将达到3 980户，累计开设农村网店达2.7万个，农村电商产业链创造就业岗位13.9万个。农产品和特色产品的品牌推广和质量保障体系建设有力推进。农村居民使用互联网的人数已逾100万人。

**市场运行调节** 2016年新增监测样本企业92户；零售、餐饮样本企业销售额占社消零的比重达8.3%，生产资料、生活必需品、重点流通系统报送率和及时报送率在95%以上。完善省级、推进市（州）、拓展县（市、区）级“商务预报”平台建设。市级商务预报网络平台开通率达100%，县级开通率达51.4%，高于商务部考核目标11.4个百分点。加强信息发布，依托商务预报平台，累计发布各类市场信息2.1万条，原创信息13 308条，被商务部主站采用609条。

**服务业** 服务业增加值14 831.7亿元，增幅达9.1%，高于全国服务业增幅1.3个百分点，高于全省GDP增幅1.4个百分点，占GDP比重达到45.4%，首次超过第二产业比重，产业结构由“二三一”调整为“三二一”，标志着全省经济正向着形态更高级、结构更合理的发展阶段演进。

五大新兴先导型服务业实现增加值5 599.9亿元，相当于服务业增加值比例的37.8%，较上年提高0.7个百分点。其中，电子商务实现交易额21 228.6亿元，增长26.1%，增幅高于全国3.4个百分点。批发零售业、交通运输仓储邮政业、住宿餐饮业、金融业、房地产业、其他服务业增加值分别达1 988.5亿元、1 368.4亿元、941.3亿元、2 599.5亿元、1 396.6亿元、6 343.4亿元，分别增长5.4%、5.9%、6.6%、10.6%、8.7%、11.0%，占服务业增加值的比重分别为13.4%、9.2%、6.3%、17.5%、9.4%、42.8%。旅游业实现旅游业总收入7 705.5亿元，增长24.1%。

## 【对外贸易】

**货物贸易** 货物进出口总额493.3亿美元，比上年下降3.6%。其中，出口279.5亿美元，下降15.6%；进口213.9亿美元，增长18.2%。

**贸易结构** 机电产品进出口380.4亿美元，增长6.5%，高新技术产品进出口314.4亿美元，增长17.8%。

**贸易方式** 加工贸易进出口2 731 579万美元，增长17.1%，占全省进出口总额的55.4%，较上年提升9.8个百分点；一般贸易进出口1 637 080万美元，下降21.3%，占全省进出口总额的33.2%，较上年下降7.4个百分点；其他贸易564 485万美元，下降20%。

**贸易市场** 2016年与四川省有贸易往来的国家（地区）达到220个。北美、欧洲在全省进出口总额中的占比分别达到29.4%和16.6%，较上年分别提升4.6个和1.7个百分点。对美国、韩国、欧盟、日本进出口增长11.1%、9%、6.9%和5%，占比均提升2个—6个百分点。对中亚、东盟、俄罗斯、印度等新兴市场进出口普遍呈现下降态势。对“一带一路”沿线市场贸易下降24.4%。

**服务贸易** 服务进出口总额139.8亿美元，增长9.2%。其中，出口43.9亿美元，增长9.8%；进口95.9亿美元，增长1.9%。

**服务外包** 承接服务外包合同额217 754万美元，增长8.1%，执行额148 185万美元，增长5.5%。其中，信息技术外包（ITO）合同额159 428万美元，增长15.6%，执行额118 482万美元，增长6.7%；业务流程外包（BPO）合同额21 900万美元，上升19.0%，执行额14 970万美元，下降0.8%；知识流程外包（KPO）合同额64 875万美元，下降12.9%，执行额29 255万美元，下降1.72%。

主要发包来源地为美国、澳门、新加坡，合同额分别为91 869万美元、14 529万美元、10 138万美元，分别增长3.7%、7.7%和下降10.3%。

2016年新增服务外包企业133家，累计716家；新增从业人员20 168人，累计18.4万人。

**四川省2016年进出口概况**

| 项　目 | 金额（万美元） | 同比（%） | 占比（%） |
|---|---|---|---|
| **进出口总额** | **4 933 144** | **-3.6** | **100.0** |
| 1. 按商品划分 | | | |
| 农产品 | 107 931 | -1.1 | 2.2 |
| 机电产品 | 3 803 830 | 6.5 | 77.1 |
| 高新技术产品 | 3 144 463 | 17.8 | 63.7 |
| 2. 按贸易方式划分 | | | |
| 一般贸易 | 1 637 080 | -21.3 | 33.2 |
| 加工贸易 | 2 731 579 | 17.1 | 55.4 |
| 其他贸易 | 564 485 | -20.0 | 11.4 |
| 3. 按企业性质划分 | | | |
| 国有企业 | 549 824 | -15.1 | 11.1 |
| 外商投资企业 | 3 122 769 | 16.8 | 63.3 |
| 其他企业 | 1 260 551 | -29.9 | 25.6 |
| 4. 主要贸易市场（前5位） | | | |
| 美国 | 1 410 366 | 12.2 | 28.6 |
| 东盟 | 769 575 | 10.5 | 15.6 |
| 欧盟 | 696 306 | -15.1 | 14.1 |
| 香港 | 333 642 | 6.5 | 6.8 |
| 日本 | 307 958 | -20.7 | 6.2 |

**四川省2016年进出口市场情况表**

| 国别（地区） | 出口（万美元） | 占比（%） | 进口（万美元） | 占比（%） |
|---|---|---|---|---|
| **全省总值** | **2 794 558** | **100.0** | **2 138 586** | **100.0** |
| 亚　洲 | 1 210 273 | 43.3 | 1 038 181 | 48.6 |
| 非　洲 | 88 719 | 3.2 | 15 737 | 0.7 |
| 欧　洲 | 505 335 | 18.1 | 318 864 | 14.9 |
| 拉丁美洲 | 87 385 | 3.1 | 45 183 | 2.1 |
| 北美洲 | 840 483 | 30.1 | 596 921 | 27.9 |
| 大洋洲 | 62 363 | 2.2 | 35 724 | 1.7 |

**四川省 2016 年离岸服务外包情况表**

| 指　标 | 合同额（万美元） | 同比（%） | 占比（%） | 执行额（万美元） | 同比（%） | 占比（%） |
|---|---|---|---|---|---|---|
| 信息技术外包（ITO） | 159 428 | 15.6 | 73.2 | 118 482 | 6.7 | 80.0 |
| 业务流程外包（BPO） | 21 900 | 19.0 | 10.1 | 14 970 | -0.8 | 10.1 |
| 知识流程外包（KPO） | 64 875 | -12.9 | 29.8 | 29 522 | -1.7 | 19.9 |
| **合　计** | **217 754** | **8.1** | **100.0** | **148 185** | **5.5** | **100.0** |

## 【利用外资】

**概况**　2016 年，全省外商投资实际到位 80.3 亿美元，比上年下降 20.2%。新批外商投资企业 331 家，比上年增加 12 家。合同外资 43.2 亿美元，增长 18.7%。2016 年共审批（备案）合同净增资 1.54 亿美元。其中：增资金额 11.59 亿美元，下降 20.8%，减资金额为 13.14 亿美元，增长 217.3%。

截至 2016 年，四川省累计共审批（备案）外商投资企业 11 122 家，外商投资合同外资金额 596.66 亿美元，外商投资实际到位金额 781.03 亿美元。

**四川省 2016 年外商投资情况表**

| 外商投资方式 | 新批企业数 | | 合同外资 | | 实际使用外资 | |
|---|---|---|---|---|---|---|
| | 企业数（个） | 同比（%） | 金额（万美元） | 同比（%） | 金额（万美元） | 同比（%） |
| 外商直接投资 | 331 | 3.8 | 425 072 | 19.2 | 143 008 | -35.6 |
| 外商其他投资 | | | | | 554 679 | -14.3 |
| 金融利用外资 | | | | | 100 000 | -23.1 |
| 加工贸易 | | | 6 807 | -6.9 | 5 438 | -22.5 |
| **总　计** | **331** | **3.8** | **431 879** | **18.7** | **803 125** | **-20.2** |

## 【对外经济合作】

**对外投资**　2016 年新批境外投资企业 196 家，比上年增长 36%；对外直接投资额 18.3 亿美元，增长 50.7%。

**承包工程**　2016 年对外承包工程新签合同额 77.40 亿美元，比上年增长 70.8%；完成营业额 44.74 亿美元，下降 18.1%。

**四川省 2016 新批境外投资主要企业**

| 国内投资主体 | 投资地 | 中方核准投资额（万美元） |
|---|---|---|
| 四川路桥矿业投资开发有限公司 | 厄立特里亚 | 39 875 |
| 射洪梦洋文化传播有限公司 | 美　国 | 34 630 |
| 成都天齐锂业有限公司 | 智　利 | 29 900 |
| 成都天翔环境股份有限公司 | 德　国 | 24 277 |
| 四川省铁路产业投资集团 | 香　港 | 20 000 |
| 四川君和环保股份有限公司 | 俄罗斯 | 14 379 |
| 成都天齐锂业有限公司 | 澳大利亚 | 12 500 |
| 四川海特高新技术股份有限公司 | 爱尔兰 | 9 500 |
| 中微小（成都）投资有限公司 | 印　度 | 7 950 |
| 四川西尼可科技有限公司 | 尼日尔 | 5 835 |
| 凉山州矿冶投资控股有限责任公司 | 开曼群岛 | 4 494 |
| 明君集团科技有限公司 | 香　港 | 4 200 |
| 成都康弘药业集团股份有限公司 | 美　国 | 3 650 |
| 鹏博士电信传媒集团股份有限公司 | 加拿大 | 3 200 |
| 四川兴力达集团实业有限公司 | 波多黎各 | 3 000 |
| 四川能泰湘华置业有限公司 | 香　港 | 3 000 |
| 成都西油联合石油天然气工程技术有限公司 | 特立尼达和多巴哥 | 3 000 |
| 成都东方弘泰科技文化投资中心（有限合伙） | 开曼群岛 | 3 000 |

# 2016 年成都市商务发展概况

成都市商务委员会

**郭启舟**

**成都市商务委员会主任**

郭启舟　男，生于 1963 年，四川成都人。大学学历。1982 年参加工作。1986 年加入中国共产党。历任成都市政府办公厅副处长、正处级调研员，成都市外事办公室主任助理，成都市外经委副主任，成都市贸促会常务副会长、党组书记，成都会展业发展办公室主任，成都市商务局局长、党组书记等职。2015 年 3 月任成都市商务委员会主任、党组书记。

## 【国内贸易】

**社会消费品零售总额**　2016 年，四川省成都市实现社会消费品零售总额 5 647.4 亿元，比上年增长 10.4%。按消费形态分，商品零售额 4 949.3 亿元，增长 10.1%；餐饮收入 698.1 亿元，增长 12.4%。按经营地分，城镇零售额 5 420.5 亿元，增长 10.3%；乡村零售额 226.9 亿元，增长 11.7%。近年来，成都市消费带动能力展现出越来越强的势头，社会消费品零售总额占 GDP 比重由 2012 年的 40.76% 增长到 2016 年的 46.4%，年均提高超过 1 个百分点。

**限额以上企业商品零售额**　食品、饮料、烟酒类零售额比上年增长 17.7%，石油及制品类增长 0.7%，服装鞋帽、针纺织品类下降 0.2%，化妆品类增长 13.9%，文化办公用品类增长 18.6%，通讯器材类增长 27.8%，家具类增长 41.0%，汽车类下降 1.1%。限额以上企业通过互联网实现商品零售额 392.7 亿元，增长 30.3%。年成交额上亿元商品交易市场有 43 个，其中，年成交额上 10 亿元市场有 26 个。亿元以上商品交易市场成交额 1 784.5 亿元，比上年下降 16.7%。

**市场体系建设**　2015 年 8 月，成都市获批"国内贸易流通体制改革发展综合试点"。作为国务院确定的 9 座试点城市中唯一入选的西部城市，成都围绕城乡统筹多年探索形成的思路和经验，以"城乡流通一体化"为主线，以市场化改革为方向，以体制机制创新为核心，以创新转型为动力，倾力推进内贸流通体制改革发展，进而牵引城乡一体化改革。具体而言，即在全面推进流通创新发展机制、流通基础设施建设体制、法治化营商环境、流通监管体制各项试点任务的同时，进一步聚焦公益性菜市场建管体制、城乡双向流通机制、城市共同配送体系、流通信用体系、流通发展体制和流通监管执法体制等重点问题，着力补短板、治痛点、破难题。2016 年 4 月 26 日，国务院总理李克强在四川考察期间，对成都内贸流通体制改革发展综合试点项目——公益性菜市场建设予以特别关注，实地考察了益民菜市东苑店。经过一年时间的探索实践，在成都市 51 项试点工作任务中，有明确时限要求的 32 项试点工作全面完成，19 项需持续深化的改革事项取得阶段性成果；形成 6 项可在一定程度和范围复制推广的试点成果。经第三方机构综合评估，成都市试点工作获得 4.8 分（满分 5 分）。

**电子商务**　成功引进亿邦动力等专业服务商在蓉设立区域总部。重视培育本土电商平台，九正建材网、中药材天地网、1919 酒类直供、咕咚网、品胜电子等行业领军企业地位进一步巩固。鼓励支持电子商务创新创业，评审认定 113 家创新型电子商务企业；先后举办第六届中国（成都）移动电子商务年会暨移动电商创客秀、菁蓉汇·电子商务专场活动，促进了人才、技术、创投资本和创新项目等向成都聚集。深入开展农村电商试点示范，重点推进 3 个电子商务示范县和 30 个电子商务试点村建设。电子商务年交易额突破 1 万亿元，网络零售额超过 1 700 亿元，中小企业电子商务应用普及率达到 80%。移动电子商务交易规模逾 1 200 亿元，近六年年均增长超过 300%。

**市场物价**　居民消费价格总水平（CPI）比上年上涨 2.2%。其中，食品烟酒类价格上涨 4.0%，医疗保健和个人用品类上涨 2.7%，衣着类下降 0.8%，交通和通信类下降 1.0%，居住类上涨 1.8%，教育文化和娱乐类上涨 4.1%，其他用品和服务类上涨 4.8%。商品零售价格总指数上涨 0.8%。工业生产者出厂价格（PPI）下降 0.4%。工业生产者购进价格（IPI）下降 1.4%。

## 【对外贸易】

**进出口总额**　2016 年，成都市着力抢抓新一轮对外开放机遇，精准开拓国际市场，重要贸易伙伴延伸到"一带一路"沿线国家和地区。全年实现进出口总额 2 713.4 亿元，同比增长 11%。增速排名副省级城市第 2，分别高于全国（-0.9%）、全省（2.8%）11.9 个、8.2 个百分点。进出口额占全省进出口总额的 83.2%，达"十二五"以来的最高水平。

**外贸主体队伍**　共有进出口实绩企业 2 700 家，较上年增加196家。其中，进出口总额在100亿元以上企业3家（鸿富锦、英特尔、戴尔），10亿元以上企业21家。英特尔"骏马"项目前端预处理产线、富士康电脑代工项目、TCL对欧出口项目、蓉欧联合供应链项目等一批重大项目落户成都。重点龙头企业实现进出口1 707.8亿元，同比增长33.8%。

**出口商品结构** 出口产品结构进一步优化，机电、高新技术产品出口稳定增长，航空设备、汽车整车及零部件出口高速增长。机电产品出口1 156.6亿元，同比增长5.7%，占全市出口的79.7%；高新技术产品出口959.4亿元，增长46.4%，占全市出口的66.1%。航空设备及零部件出口10.2亿元，增长107.1%；汽车整车及零部件出口17.8亿元，增长59.3%。

**重点区域进出口** 成都高新综保区（含双流园区）进出口1 724.6亿元，在全国综保区中位列第3，同比增长25.6%。综保区进出口占全市进出口的63.6%，拉动全市外贸增长13个百分点。园区内重点加工贸易企业鸿富锦进出口646.7亿元，增长22.9%；英特尔进出口626.8亿元，增长56.5%；戴尔进出口202.3亿元，增长3.3%；业成科技进出口76.2亿元，增长199.1%。4家企业累计进出口1 552亿元，占全市进出口的57.2%。

**国际市场拓展** 共组织500家企业参加境内外专业展会59个，成功举办了成都"澳洲周"、成都特色商品南亚行、新丝绸之路国际铁路港等专题活动，新增214家外贸企业与境外客商达成合作协议、建立外销渠道。

**获批国家跨境电子商务综合试验区** 2016年1月，国务院印发《关于同意在天津等12个城市设立跨境电子商务综合试验区的批复》，同意在包括成都在内的12个城市设立跨境电商综合试验区。

成都市随后出台具体实施方案，提出将探索跨境电商新模式，逐步实现"单一窗口，全域互通"，在西部提供与东部沿海城市无差距的跨境电商通关服务；充分发挥西部国际空港优势，整合蓉欧快铁运力资源，激活跨境电商创新创业，形成西部跨境电商动力板块，建成全国电子商务进出国际市场的"西大门"。同年2月，成都跨境贸易电子商务公共服务平台正式上线，标志着跨境电商监管和公共服务进入了新阶段。全年全市新增O2O体验店及进口商品展示中心5万平方米，聚集跨境电商企业超过100家，培育跨境电商园区6个。优化升级公共服务平台2.0版本，并在双流快件中心完成直邮进口、双流综合保税区完成网购保税进口（非通关单商品）实物通关。跨境电子商务交易额突破23亿元，同比增长2.5倍。

**获批平行进口车试点** 2016年10月，商务部、工信部等国家7部委联合发文，同意成都国际铁路港开展汽车平行进口，成都成为国家9个试点口岸之一，也是西部首批入围试点口岸。汽车平行进口有别于传统总经销体系，试点企业可直接与海外经销商对接，由于流通环节缩短，价格有望下降20%—30%，有利于高端进口汽车价格回落，对成都汽车零配件制造企业和汽车物流企业形成实质性利好，消费者也因此获得多样化选择。

**服务贸易** 2016年2月，国务院常务会议决定将成都列入国家服务贸易创新发展试点城市（包括10个省市及5个国家级新区）。成都将以技术贸易、航空保税维修以及文化贸易为重点，依托国家服务贸易创新发展试点建设，全面实施创新驱动发展战略，以改革创新为根本动力，以创业发展为核心路径，以业态创新为重要模式，以国际化发展为主要方式，突出制度创新、管理创新和政策创新，探索适应服务贸易创新发展的体制、机制，尤其是适应服务贸易后发省市特点的服务贸易发展路径，为中西部地区服务贸易发展探索路径、积累经验，进而带动全国服务贸易错位竞争、协同发展。

2016年，成都市完成服务外包离岸执行金额14.92亿美元，建立行业公共服务平台13个，支持服务外包企业开展国际市场拓展项目100个，服务贸易总额达到120亿美元。

**成都市2016年主要进出口市场情况表**

| 国别（地区） | 出口额（万元） | 同比（%） | 国别（地区） | 进口额（万元） | 同比（%） |
|---|---|---|---|---|---|
| 美国 | 4 819 746 | 20.3 | 美国 | 3 754 338 | 24.0 |
| 香港 | 1 525 556 | -6.5 | 日本 | 1 215 097 | 23.5 |
| 荷兰 | 882 859 | -6.2 | 韩国 | 1 048 540 | 60.1 |
| 日本 | 764 270 | 5.5 | 爱尔兰 | 900 916 | 489.5 |
| 越南 | 589 910 | 66.4 | 台湾省 | 770 988 | 13.5 |
| 德国 | 547 462 | 9.3 | 马来西亚 | 666 668 | 7.1 |
| 马来西亚 | 525 342 | -44.4 | 越南 | 444 117 | 28.4 |
| 泰国 | 502 222 | 27.8 | 以色列 | 413 720 | 88.6 |
| 英国 | 460 057 | 16.7 | 德国 | 371 976 | 7.3 |
| 新加坡 | 296 914 | 1.6 | 泰国 | 242 359 | 109.1 |

**成都市2016年主要进出口商品情况表**

| 出口商品类别 | 出口额（万元） | 同比（%） | 进口商品类别 | 进口额（万元） | 同比（%） |
|---|---|---|---|---|---|
| 大中小微型计算机 | 6 606 262 | 9.6 | 集成电路及微电子组件 | 7 152 091 | 56.5 |
| 集成电路及微电子组件 | 1 398 665 | 12.2 | 其他机器及零件 | 1 020 996 | 49.6 |
| 珠宝首饰类 | 632 790 | -26.5 | 珠宝首饰类 | 613 996 | -26.4 |
| 其他机器及零件 | 489 123 | -10.8 | 汽车等机动车辆及其零件 | 487 634 | 27.4 |
| 有线载波通信及有线数字通信设备 | 473 233 | 51.4 | 有线载波通信及有线数字通信设备 | 327 637 | 45.1 |
| 其他电机、电器设备及零件 | 352 673 | -13.4 | 印刷电路 | 298 593 | -13.3 |
| 服装 | 298 111 | -6.4 | 航空设备及零件 | 284 988 | 3.0 |
| 鞋类 | 282 614 | -32.7 | 计量检测分析自控仪器及器具 | 263 443 | 15.3 |
| 光端机、脉冲编码调制设备（PCM） | 192 439 | 67.5 | 其他电机、电器设备及零件 | 204 744 | 17.1 |
| 纺织品 | 180 962 | -19.7 | 矿产品 | 156 756 | -2.2 |

## 【对外经济合作】

**对外投资** 2016年，成都企业对外投资规模持续扩大，投资区域分布广泛，投资结构进一步优化。全年新备案境外投资企业（项目）149个（合资和独资项目102个、增资项目24个、并购项目23个），同比增长39.3%；备案投资总额42.5亿美元，增长124.7%，其中，中方备案投资额24.3亿美元，增长72.7%。涉及35种不同类型行业。目的地在发达国家（地区）项目103个，备案金额27.5亿美元，其中，美国38个4.6亿美元，香港31个1.4亿美元。目的地在“一带一路”沿线国家项目58个，四川路桥矿业投资开发有限公司在厄立特里亚的有色金属开采并购项目备案金额3.9亿美元，是“一带一路”沿线海外并购投资金额最大项目。备案金额1 000万美元及以上项目29个，备案金额40亿美元，占备案投资总额的94%，同比增长124.7%。

**对外承包工程** 新签对外承包工程合同额16.7亿美元，同比增长730.6%，其中，水电五局在贝宁签署的都戈比斯水电站项目，合同额4.7亿美元；成都建材工业设计院与埃及国防部装备局签署的六条日产6 000吨熟料水泥生产线总承包合同项目，合同额10.3亿美元。对外承包工程企业实现营业额21.1亿美元，同比增长0.5%，其中，“一带一路”沿线国家和地区工程项目营业额13.3亿美元，占总营业额的75.1%。

**对外劳务合作** 新签对外劳务合作合同额1 673万美元，同比增长18.1%；实现劳务合作营业额7 600万美元，同比增长53.5%。外派劳务2 549人，同比下降46.6%。外派劳务人员主要分布在日本、新加坡、沙特阿拉伯、孟加拉国、巴基斯坦、老挝、摩洛哥、赞比亚、乌干达等国家（地区）。

**推动企业“走出去”五年行动计划** 2016年9月，《成都市融入“一带一路”国家战略推动企业“走出去”五年（2016—2020年）行动计划》出台，提出了分两个阶段融入“一带一路”国家战略主要目标。第一阶段，用三年时间，到2018年底，初步建立全方位、多领域、高水平“走出去”发展格局，打通一批互联互通对外开放战略通道，培育一批“走出去”企业主体，建成一批重大合作项目和园区，与“一带一路”沿线国家经贸合作取得阶段性成果。建成境外经贸合作园区10个，重大投资合作项目达到100个，境外投资和对外承包工程总额突破100亿美元。第二阶段，用五年时间，到“十三五”末，基本建成国家中西部地区“走出去”门户城市。围绕行动计划确定的目标，将深入实施全球布局、产能合作、跨国成长、丝路开拓、平台构筑、保驾护航六大行动。

**国别投资指南** 2016年12月，成都市首部“一带一路”重点国家《国别投资指南》正式发布。该《指南》涵盖了“一带一路”沿线东南亚、南亚、中亚、中东欧、西欧等地区，着重对印度、巴基斯坦、俄罗斯、德国、法国、哈萨克斯坦等30个国家进行了投资环境分析及实务操作指引。在介绍各国经济、政治、区位、劳动力、贸易、税收、金融、营商环境等基础上，主要分析了投资机遇和风险，介绍了设立企业、注册商标、纳税申报、申请专利、办理签证和解决商务纠纷等方面的具体办法。《指南》信息主要来源于各国政府网站、知名专业机构、各类公开出版物等，权威性强、信息量大、指引性强，旨在为成都企业“走出去”发展、参与“一带一路”建设提供信息指引。

## 【其他】

**开发区** 2016年，成都高新技术产业开发区（总面积130平方公里）实现产业增加值1 436.5亿元，同比增长8.5%（每平方公里GDP达11.05亿元）；完成固定资产投资636.7亿元，增长15.3%；进出口总额1 711.9亿元，增长19.2%；财政总收入376.6亿元，增长5.4%。在国家级高新区综合排名中升至第3位，仅次于中关村和上海张江国家自主创新示范区。

**旅游** 接待国内游客2.0亿人次，比上年增长4.7%；国内旅游收入2 425.6亿元，增长22.1%。组织出境旅游181.6万人次，下降6.6%；接待入境旅游272.3万人次，增长17.8%；旅游外汇收入12.4亿美元，增长15.8%。年末全市有三星级以上饭店97家，旅行社466家。

**会展** 举办重大展会活动逾530个，其中，国际性展会活动115个，同比增长8.2%；展览面积超过340万平方米，增长9.5%；会展业总收入约792亿元，增长11.8%（直接收入约83亿元，增长11.2%，综合收入约709亿元，增长11.9%）；参展（会、节）人数逾9 800万人次；带动临时就业岗位4 600个。

**金融** 年末全部金融机构人民币存款余额31 434亿元，同比增长6.7%。全部金融机构人民币贷款余额25 009亿元，增长13.8%。个人消费贷款余额5 379亿元，增长22.0%，其中，个人住房贷款余额4 653亿元，增长24.6%。资本市场实现融资602.4亿元，增长3.5%。保费收入864.3亿元，增长50.4%。

## 2016年贵州省商务发展概况

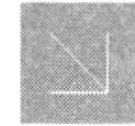

贵州省商务厅

季 泓

贵州省商务厅厅长

季 泓 女，1962年12月生，汉族，四川郫县人，1985年7月加入中国共产党，1978年1月参加工作，中央党校经济管理专业毕业，研究生学历。现任贵州省商务厅党组书记、厅长。

### 【国内贸易】

**社会消费品零售总额** 2016年，贵州省社会消费品零售总额3 708.99亿元，比上年增长13%。按经营单位所在地分，城镇消费品零售额3 030.73亿元，增长12.9%；乡村消费品零售额678.26亿元，增长13.4%。按消费形态分，商品零售额3 390.82亿元，增长13.2%；餐饮收入额318.17亿元，增长10.6%。

**限额以上批发和零售贸易业、住宿和餐饮业零售情况** 全省限额以上批发业零售额317.71亿元，增长13.4%，增速比上年加快6.6个百分点；限额以上零售业零售额1 774.35亿元，增长14.4%，加快3.9个百分点；限额以上住宿业零售额24.74亿元，增长13.3%，加快2.9个百分点；限额以上餐饮业零售额44.60亿元，增长12.3%，加快8.1个百分点。

**市场秩序建设** 出台《贵州省加快推进重要产品追溯体系建设实施方案》，推进重要产品追溯体系建设。推进贵阳、遵义、铜仁肉菜追溯体系建设项目。建成省商务领域信用信息系统，开展“诚信兴商宣传月”活动。深入推进打击侵犯知识产权和制售假冒伪劣商品工作。抓好“12312”商务举报投诉咨询服务工作。指导贵阳做好商务综合行政执法体制改革试点。

**市场体系建设** 持续推进“百千市场工程”，培育省级示范性农贸市场20个，建设改造200个乡镇商贸中心、县乡农贸市场和50个社区生鲜平价直销店。建成10个示范性农产品交易市场和冷链物流设施。通过股权投资方式建成6个跨区域农产品流通基础设施项目，累计投资1.3亿元，撬动社会资本6.9亿元，带动银行信贷支持3亿元，初步构建了跨区域农产品流通骨干网络体系。

**流通业发展** 大力推进商贸物流标准化工作，设立由15个标准化项目组成的商贸物流标准化体系。3家企业被认定为国家3A级物流企业，5家企业（协会）纳入商务部商贸物流标准化专项行动计划，4家企业入选全国农产品冷链流通标准化试点，1家企业纳入国家服务业标准化试点，龙里被评为商务部智慧示范物流园区。支持发展老字号和绿色流通，中华老字号发展到9家，贵州老字号发展到39家，1家企业入选全国首批绿色商场创建单位。加强典当、拍卖、融资租赁、特许经营、再生资源、汽车流通、成品油等流通领域特殊行业管理。

**市场运行和消费促进** 建立健全内贸流通行业统计体系，涵盖农产品批发、工业消费品批发、生产资料批发、沐浴、住宿餐饮等15个行业，共计238家样本企业；配合省发改委、省统计局做好猪肉、白条鸡、鸡蛋、牛奶、西红柿、大白菜、芹菜等10个品种的价格监测统计；出台《贵州省扩大内需促进消费行动计划》，增加有效消费服务供给，实施旅游、会展、假日等12项消费拓展和消费模式改革工程，积极发展消费新兴产业；省市县三级联动，实施“千家限上企业培育工程”，新增限上企业787家。开展北京年货节、“消费进万家”主题日和黔货进京·中信国安助推贵州扶贫活动。开展消费促进月活动，举办促销活动600余场次，实现销售额30亿元，同比增长14%。

【对外贸易】

**进出口总额** 进出口总额57.2亿美元，比上年下降53.2%。

**出口总额** 出口总额47.7亿美元，下降52.1%，占全省GDP 11 734.4亿元（相当于1 767.2美元）的2.7%，占全国出口额的0.2%。

**进口总额** 进口总额9.6亿美元，比上年的22.7亿美元下降57.7%。

**出口商品结构** 初级产品出口额6.4亿美元，占出口总额的13.4%；工业制成品出口额41.3亿美元，占出口总额的86.6%。

**进口商品结构** 初级产品进口额4.3亿美元，占进口总额的44.8%；工业制成品进口额5.3亿美元，占进口总额的55.2%。

**出口商品市场** 出口商品销往196个国家（地区）。主要出口市场的国别（地区）依次为香港、美国、印度、韩国、澳大利亚、泰国、越南、马来西亚、新加坡、印度尼西亚，金额合计293 070万美元，占出口总额的61.5%。

**进口商品市场** 进口商品来自83个国家（地区）。主要进口市场的国别（地区）依次为美国、泰国、澳大利亚、台湾省、马来西亚、沙特阿拉伯、南非、阿联酋、巴西、日本，金额合计71 269万美元，占进口总额的74.5%。

**服务贸易** 服务进出口总额15.66亿美元（不含转口贸易），比上年增长22.26%。其中，出口额8.42亿美元，增长5.10%；进口额7.24亿美元，增长42.19%。服务贸易行业主要有旅行、建筑、运输、技术、专业管理和咨询、电信、计算机和信息技术、文化和娱乐、金融、保险等行业，其中旅行、建筑等传统服务贸易继续保持稳定增长，技术、专业管理和咨询、计算机和信息技术等新兴服务贸易实现较快增长。主要贸易伙伴有港澳地区、欧美、东南亚、非洲等。

**服务外包** 商务部服务外包管理信息系统统计数据显示，2016年贵州省服务外包合同执行金额1 353.99万美元，增长186.75%；其中离岸服务外包（含转包）合同执行金额817.33万美元，增长80.83%。

**技术进出口** 技术进出口总额26 614.86万美元，比上年的1 488.44万美元增长1 688.10%。签订引进技术和进口设备合同项目7个，合同金额26 380.36万美元，比上年增长100%；签订技术出口合同项目7个，合同金额234.50万美元，比上年的1 488.44万美元下降84.25%。

**贵州省2016年出口额1 000万美元以上商品情况表**

| 金额分类 | 商品名称 | 出口金额（万美元） | 占出口总额比重（%） |
|---|---|---|---|
| 1亿美元以上 | 肥料 | 80 962 | 17.0 |
| | 白酒 | 31 657 | 6.6 |
| | 轮胎 | 22 726 | 4.8 |
| | 烤烟 | 10 784 | 2.3 |
| 1 000万—1亿美元 | 磷酸盐 | 8 069 | 1.7 |
| | 重晶石 | 7 906 | 1.7 |
| | 磷酸及多磷酸 | 5 322 | 1.1 |
| | 家具及其零件 | 4 213 | 0.9 |
| | 磷矿石粉 | 3 138 | 0.7 |
| | 氧化锑 | 2 031 | 0.4 |
| | 升降机及其零件 | 1 876 | 0.4 |
| | 碳酸钡 | 1 327 | 0.3 |
| | 人造刚玉 | 1 277 | 0.3 |
| **合　计** | | **181 288** | **38.0** |

**贵州省2016年进口额100万美元以上商品情况表**

| 金额分类 | 商品名称 | 进口金额（万美元） | 占进口总额比重（%） |
|---|---|---|---|
| 1亿美元以上 | 铁矿砂及精矿 | 18 127 | 18.9 |
| | 硫磺 | 14 801 | 15.5 |
| | 橡胶 | 10 409 | 10.9 |
| 100万—1亿美元 | 机械器具及其零件 | 9 098 | 9.5 |
| | 光学、医疗等设备及其零件 | 4 180 | 4.4 |
| | 锰矿砂及其精矿 | 1 320 | 1.4 |
| | 石油除原油外 | 464 | 0.5 |
| | 航空器及其零件 | 237 | 0.2 |
| **合　计** | | **58 636** | **61.3** |

**贵州省2016年主要出口市场情况表**

| 国别（地区） | 出口金额（万美元） | 占出口总额比重（%） |
| --- | --- | --- |
| 香　港 | 94 847 | 19.9 |
| 美　国 | 44 167 | 9.3 |
| 印　度 | 37 434 | 7.9 |
| 韩　国 | 21 222 | 4.5 |
| 澳大利亚 | 20 369 | 4.3 |
| 泰　国 | 16 891 | 3.5 |
| 越　南 | 15 737 | 3.3 |
| 马来西亚 | 15 082 | 3.2 |
| 新加坡 | 14 180 | 3.0 |
| 印度尼西亚 | 13 141 | 2.8 |
| **合　计** | **293 070** | **61.5** |

**贵州省2016年主要进口市场情况表**

| 国别（地区） | 进口金额（万美元） | 占进口总额比重（%） |
| --- | --- | --- |
| 美　国 | 13 108 | 13.7 |
| 泰　国 | 11 181 | 11.7 |
| 澳大利亚 | 9 839 | 10.3 |
| 台湾省 | 8 289 | 8.7 |
| 马来西亚 | 6 104 | 6.4 |
| 沙特阿拉伯 | 5 981 | 6.2 |
| 南　非 | 5 157 | 5.4 |
| 阿联酋 | 4 609 | 4.8 |
| 巴　西 | 3 870 | 4.0 |
| 日　本 | 3 131 | 3.3 |
| **合　计** | **71 269** | **74.5** |

**贵州省2016年服务进出口情况表**

| 行　业 | 进出口 | | 出　口 | | 进　口 | |
| --- | --- | --- | --- | --- | --- | --- |
| | 金额（万美元） | 同比（%） | 金额（万美元） | 同比（%） | 金额（万美元） | 同比（%） |
| 运输 | 527.7 | -54.98 | 32.3 | -69.38 | 495.4 | -53.56 |
| 旅游 | 63 820.4 | 14.45 | 15 269.4 | 25.65 | 48 551.0 | 10.39 |
| 专业管理和咨询 | 1 512.1 | 9.94 | 81.7 | 22.12 | 1 430.4 | 9.32 |
| 建筑服务 | 68 150.1 | 0.56 | 68 100.0 | 0.56 | 50.1 | -66.11 |
| 保险服务 | 54.0 | -17.05 | 28.0 | 14.29 | 26.0 | -35.96 |
| 金融服务 | 84.7 | 1.07 | 1.3 | 100.00 | 83.4 | -0.47 |
| 计算机和信息服务 | 384.4 | 54.88 | 85.6 | 62.43 | 298.8 | 52.84 |
| 知识产权使用费 | 495.3 | 118.29 | 4.8 | 4 700.00 | 490.5 | 116.27 |
| 文化和娱乐 | 213.6 | -39.08 | 23.6 | 12.39 | 190.0 | -42.35 |
| 其他商业服务 | 21 380.9 | | 537.7 | | 20 843.2 | |
| 其中：加工 | 6.9 | 11.29 | 0.0 | -100.00 | 6.9 | 11.29 |
| 　　维护和维修 | 1 378.6 | 221.58 | 0.0 | -100.00 | 1 378.6 | 221.58 |
| **合　计** | **156 627.3** | **22.26** | **84 164.4** | **5.10** | **72 462.9** | **42.19** |

## 【利用外资】

**贵州省2016年利用外资情况表**

| 利用外资方式 | 批准签订的合同 | | | 实际利用外资 | |
| --- | --- | --- | --- | --- | --- |
| | 项目数（个） | 外资金额（万美元） | 金额比上年增加（%） | 金额（万美元） | 金额比上年增加（%） |
| **外商直接投资** | **79** | **277 271** | **53.97** | **96 739** | **130.65** |
| 合资企业 | 38 | 72 503 | 53.55 | 10 701 | 8.25 |
| 合作企业 | 6 | 29 881 | 554.85 | 6 086 | 366.72 |
| 外资企业 | 34 | 153 040 | 19.28 | 57 931 | 88.38 |
| 股份有限公司 | 1 | 21 847 | | 22 021 | |
| **合　计** | **79** | **277 271** | **53.97** | **96 739** | **130.65** |

**外商直接投资行业**　农、林、牧、渔业项目15个，实际外资金额308万美元；采矿业1个，845万美元；制造业24个，34 059万美元；电力、燃气及水的生产和供应业5个，18 870万美元；交通运输、仓储和邮政业3个，8 991

万美元；信息传输、计算机服务和软件业4个，1 232万美元；批发和零售业3个，1 929万美元；住宿和餐饮业2个，3万美元；房地产业1个，302万美元；租赁和商务服务业14个，24 649万美元；科学研究、技术服务和地质勘查业1个，4 955万美元；水利、环境和公共设施管理业4个，572万美元；居民服务和其他服务业1个，24万美元；教育1个，0美元。

**外商直接投资来源** 外商直接投资主要来源：香港，投资项目48个，实际外资金额53 478万美元；新加坡3个，23 800万美元；投资性公司5个，11 126万美元；英属维尔京群岛1个，4 941万美元；马绍尔群岛1个，2 093万美元；萨摩亚0个，1 005万美元；法国0个，166万美元；德国0个，111万美元；台湾省12个，15万美元；美国2个，4万美元；韩国3个，0美元；加纳1个，0美元；塞舌尔1个，0美元；创业投资公司2个，0美元。

## 【对外经济合作】

**对外投资** 2016年在海外设立企业（境外机构）24个，备案投资总额40 389.46万美元，比上年增长118.39%；中方直接对外投资额28 976.20万美元，增长120.37%。投资分布在加拿大、吉尔吉斯斯坦等10个国家和地区。

**承包工程和劳务合作** 对外承包工程累计完成营业额68 133万美元，增长0.56%；新签约合同总额59 614万美元，增长3.48%。项目遍及47个国家和地区。当年累计派出各类劳务人员2 850人。

**对外经济技术援助** 承担施工和技术服务对外援助项目11个，受援国家和地区是赤道几内亚、缅甸、阿塞拜疆、摩尔多瓦、马尔代夫、佛得角、白俄罗斯、马拉维、中非、尼泊尔、柬埔寨。

## 【其他】

**开发区** 国家级经济技术开发区2个，分别为贵阳经济技术开发区、遵义经济技术开发区。

2016年，贵阳经济技术开发区规模以上工业总产值（2 000万元以上）完成600亿元，比上年增长4.3%；规模以上工业增加值（2 000万元以上）完成228亿元，增长7.5%；固定资产投资（500万元以上）完成216亿元，增长6.7%；财政总收入33.96亿元，增长8%；招商引资实际到位资金235亿元，增长1.3%；实际利用外资20 500万美元，增长20%；引进省外到位资金235亿元，增长1.3%；进出口0.9亿美元，下降74.6%。全区18个省市重大工程和重点项目总投资284.85亿元，全年完成投资61亿元；集中开工项目22个，总投资约76亿元，完成工业投资（含园区基础设施）65亿元。劲嘉二期、奇瑞配套产业园、贵州海跃科技、标准厂房三期、贵阳传化智能公路港、水投一期6个产业项目建成投产。贵阳烟叶复烤厂技改、玉蝶电气工业生产基地、中电科、万达广场、忠辉汽车、格力空调、东风特种车等重点项目加速推进。

遵义经济技术开发区规模以上工业总产值（2 000万元以上）完成272.2亿元以上，增长14.45%；规模以上工业增加值（2 000万元以上）完成104.33亿元以上，增长6.4%；固定资产投资（500万元以上）完成179.12亿元，增长21.2%；财政总收入55.7亿元，增长3.2%；引进省外实际到位资金165.27亿元，实际利用外资0.61万美元，完成进出口贸易总额0.82亿美元。

**保税区** 贵阳综合保税区于2013年9月14日获国务院批复设立，2014年9月16日通过国务院相关部门的围网验收，2014年底实现封关运行。贵安综合保税区于2015年1月12日获国务院批复设立，2015年12月23日正式通过国家联合验收组验收，2016年3月30日正式封关运行，总规划面积2.2平方公里，是继贵阳综合保税区后，贵州省第二个获批的综合保税区。

**商务洽谈会** 3月22日，在京举办“中国（贵州）—韩国重点产业对接会”；4月19日—23日，贵州省省委书记陈敏尔率队赴韩开展系列经贸活动，在首尔举办“中国（贵州）—韩国企业家恳谈会”；5月15日—18日，在香港举办“第六届贵州·香港投资贸易活动周”暨“贵州·香港旅游商贸交流活动；6月27日，在贵阳举行2016两岸（贵州）商贸和产业项目对接会开幕式及推介活动；7月8日，在贵阳举办“生态文明贵阳国际论坛中瑞对话子论坛”；7月10日，在贵安新区举行第四届贵州·台湾经贸交流合作恳谈会暨贵州省“1+7”开放创新平台项目对接会；9月9日—12日，在贵阳举办第六届中国（贵州）国际酒类博览会，吸引了来自45个国家和地区的1 904家参展商参展，其中国外参展商1 068家、国内参展商836家、省内参展商241家，采购商约20 000人，共收集境内贸易类项目2 259个、合同金额1 044.45亿元，酒类进出口合同178个、金额71 258.53万美元，展会期间，实现展馆现场贸易成交额90.15亿元，其中现场零售累计8 541万元，现场签约累计89.3亿元；11月10日，在贵安新区举办“2016中国·贵州内陆开放型经济试验区跨境投资贸易洽谈会”；12月6日，在北京举办外交部贵州全球推介活动。

**港口运输** 截至2016年底，贵州省有经国务院批准正式对外开放的空运口岸1个即贵阳空运口岸；临时对外开放空运口岸1个即遵义新舟机场。2016年，贵阳空运口岸出入境人员50.92万人次，比上年增长26.93%。其中，入境25.46万人次，增长26.86%；出境25.46万人次，增长26.99%；出入境旅客47.43万人次，增长27.39%；出入境员工3.49万人次，增长20.93%。出入境航班4 274架次，增长20.7%。其中，入境2 144架次，增长20.99%；出境2 130架次，增长20.41%。查验旅客行李82.3万件，截留禁止进境携带物3 318批次。遵义临时口岸出入境人员1.04万人次，航班168架次。其中，香港133架次，韩国仁川25架次，泰国曼谷10架次。

**涉外旅游** 全年旅游总人数5.31亿人次，比上年增长41.2%。其中，接待国内旅游人数5.30亿人次，增长41.3%；接待入境旅游人数110.19万人次，增长17.1%。

# 2016 年云南省商务发展概况

云南省商务厅

和良辉

云南省商务厅厅长

和良辉　男，1985 年毕业于云南民族学院数学专业。1990 年后历任共青团丽江地区丽江县委书记；丽江县委常委、组织部长、常务副县长、县委副书记、县长；丽江市委常委、古城区委书记；迪庆州委常委、常务副州长；丽江市委副书记、市长。2014 年 5 月，任云南省商务厅厅长、党组书记。中共九届云南省委委员，十二届全国人大代表。

## 【国内贸易】

**社会消费品零售总额**　2016 年，云南省社会消费品零售总额 5 722.9 亿元，比上年增长 12.1%。从地区看，城镇 4 936.7 亿元，增长 12.1%；乡村 786.2 亿元，增长 12.7%。从消费形态看，商品零售 4 886.4 亿元，增长 12.1%；餐饮收入 836.5 亿元，增长 12.6%。

**批发和零售贸易业销售额、住宿和餐饮业营业额**　批发业销售额 10 580.57 亿元，增长 14.8%（其中限额以上企业增长 12.0%）；零售业销售额 5 991.06 亿元，增长 15.3%（其中限额以上企业增长 15.6%）；住宿业营业额 2 412.22 亿元，增长 13.9%（其中限额以上企业增长 9.4%）；餐饮业营业额 1 158.60 亿元，增长 17.0%（其中限额以上企业增长 13.1%）。

**市场秩序建设**　一是深入推进放管结合，改革优化监管和服务方式。根据国务院和省政府有关工作要求，研究建立了“双随机一公开”监管工作的“一单两库一细则”，并下发了《云南省商务厅关于开展“双随机一公开”监管工作的通知》，进一步规范市场监管行为。二是加快推进云南省重要产品追溯体系建设。认真贯彻落实国务院《关于加快推进重要产品追溯体系建设的意见》（国办发〔2015〕95 号）精神，推动出台了《云南省人民政府办公厅关于加快推进重要产品追溯体系建设的实施意见》（云政办发〔2016〕86 号）。指导昆明市抓好肉菜流通追溯体系项目建设，组织全省商务系统在 2016 年全国食品安全宣传周活动期间开展了追溯体系宣传活动。三是深入推进全省打击侵权假冒工作。进一步健全完善工作长效机制，扎实推进打击侵权假冒行政处罚案件信息公开，加强“两法衔接”工作。结合云南省实际创新开展了边境打击侵权假冒、打击“黑心棉”及劣质床上用品违法犯罪行为等专项行动，切实保障人民群众健康安全、维护云南省边境地区出口商品质量和声誉。四是加强直销和单用途商业预付卡管理。切实加强直销行业监督管理工作，对入滇直销企业开展摸底调查，促进云南省直销行业的规范有序发展。推进全省单用途商业预付卡备案管理工作，修订完善了《云南省商务厅单用途商业预付卡专项应急预案》，进一步加大对基层商务部门及企业的指导和监督检查力度，营造良好的消费环境，保障消费者权益。五是推进商务综合行政执法改革工作。组织各级商务系统 70 余人参加了商务部在昆明举办的 2016 年第一期全国商务综合行政执法培训，全面提升了商务执法人员的执法业务水平。年中，组织昆明、德宏等地负责商务执法工作的同志赴安徽、江苏、广东学习调研商务综合行政执法工作，进一步推动云南省商务综合行政执法体制改革。

**市场体系建设**　一是全面启动市场体系建设规划编制工作。启动《云南省农产品流通“十三五”规划》、《云南省市场体系建设“十三五”规划》、《云南省内贸流通“十三五”规划》编制工作，完善全省市场建设的规划体系。二是加快推进乡村新型购物中心试点建设。牵头在全省 15 个州市各建设 1 个乡村新型商业中心，并在 2017 年春节前开业运营，切实补齐云南省农村商贸流通体系短板，完善农村商贸流通公共服务，满足农村居民消费需求，实现农村消费便利化、综合化、统一化、标准化、文化化。三是深入推进电子商务进农村工作。全省 15 个县市被列为 2016 年全国电子商务进农村综合示范县，获得中央财政支持 2.25 亿元；安排 1 000 万元支持曲靖市沾益区开展省级电子商务进农村试点工作；继续实施电子商务兴边富民三年行动计划，按照全省贫困乡镇全覆盖的原则，安排 5 500 万元在 12 个州市、81 个县（市、区）建设 517 个乡镇电子商务服务站点。四是协调推进设立 10 个国际交易中心工作。认真贯彻落实省委省政府关于充分发挥云南特色产业优势，努力提升云南特色产业的品牌竞争力、行业影响力和市场话语权，牵头协调推进玉石珠宝、咖啡、橡胶、茶叶、花卉、中药材、果蔬、食糖、食用菌和水产品等 10 个国际交易中心的建设。

**流通业发展**　一是大力发展绿色流通。按照中共云南省委、云南省人民政府关于开展生态文明建设的决定、商贸流通领域节能降耗工作的要求及国家旅游标准化试点建设需要，继续在住宿行业大力开展绿色饭店创建活动，通过推行《绿色饭店国家标准》（GB/T 21084-2007）规范企业管理，降低企业运营成本、提高企业经济效益，为云南省绿色流通发展作出积极贡献。2016 年新增国家级绿色饭店 10 家，截至 2016 年 12 月 31 日，云南省国家级绿色饭店总数达 153 家，居全国首位。二是着力进行品牌培育和市场推广。2016 年，评审认定“云烟”等 9 个企业（品牌）为第四批云南老字号，目前全省经评审认定的老字号企业已有 89 家。紧盯国内国际市场，充分发挥展会平台对品牌推广的作用，组织云南品牌企业和名牌产品国内国际品牌展会，促进云南品牌走出去，打造云南品牌形象。启动了北上广深等一线城市和香港、澳门地区“云品专卖店”建设试点，稳步提升“云品”市场占有率。三是启动商贸物流标准化试点。2016 年，云南省天驰物流股份有限公司、云南呈达冷冻食品物流有限公司被列为全国商贸物流标准化专项行动重点推进企业，以此为契机，以标准托盘应用推广及循环共用和物流综合信息服务平台建设为切入点，启动云南省商贸物流标准化试点，提高云南省物流装备现代化和标准化水平，降低物流成本，提高物流效率。四是扎实推进“舌尖上的云南”行动计划。成功举办 2016 年第二届云南名特小吃暨民族饮食文化节，赴新加坡、北京开展滇菜美食推广活动。2016 年全省餐饮业营业额完成 1 158 亿元，同比增长 17.0%，高于社零增长 4.9 个百分点。五是拍卖、典当有序发展。截至 2016 年末，全省共有典当企业 185 户（典当行 162 户，分支机构 23 户），全行业实现典当总额 20.87 亿元，同比下降 38.8%。截至 2016 年末，全省共有拍卖企业 169 户，全年拍卖企业累计成交场次 1 563 场，实现成交额 63.6 亿元，同比下降 3.9%。六是设立首批离境退税商店。经财政部、国家税务总局、海关总署审核备案，云南省自 2016 年 4 月 1 日起实施境外旅客购物离境退税政策，离境口岸为昆明长水国际机场和丽江三义国际机场。云南金格百货集团有限公司、昆明国美电器有限公司、昆明百货大楼（集团）超市有限公司、丽江红顺堂生物科技有限公司、孟连椿林商贸有限责任公司等 25 家商店列为云南省首批离境退税商店。

**市场运行和消费促进**　一是挖掘潜力，推动社会消费品零售总额稳步增长。深入贯彻落实国家、省各级各相关部门关于“扩大消费、拉动内需”的政策措施，紧紧围绕省人大年初通过的社会消费品零售总额同比增长 11%、省政府要求力争完成 12% 的目标任务开展工作。积极推动省政府《关于稳增长开好局若干政策措施的意见》（云政发〔2016〕19 号）中 3 800 万元促消费稳增长奖励资金政策的落实，充分调动商贸企业提高消费积极性。创新工作机制，形成工作合力：与各州市政府签订了 2016 年社会消费品零售总额责任书，使责任层层传递；建立横向沟通制度，各级商务、统计部门实行共享数据信息，共同举办统计业务培训，共同分析研判消费市场走势；建立纵向通报制度，各州市数据完成情况和排位快速上传下达；建立精准指导机制，及时对州市进行一对一指导督促。同时，认真指导各州市充分发挥地方特色，牢牢把握元旦、春节、清明、五一、端午、中秋、国庆等消费旺季，按照“政府引导、企业主导、市场运作”的方式，大力开展形式多样的促消费活动，确保社会消费品零售总额实现稳步增长。二是开拓创新，切实开展市场运行监测。经过样本企业进一步优化，全省市场运行监测平台样本企业已达 1 000 余家，累计撰写市场运行分析材料 380 余篇，市场监测信息通过“云南商务预报”、“云南商务手机报”以及报纸、电视台、电台、短信、微信等多种媒体方式发布，成为引导生产、扩大消费的重要桥梁。三是做好商贸流通行业统计工作。完成了 2015 年度商务厅 28 个行业报表平台报送和年度行业分析报告报送工作。四是落实责任，加强重要商品储备监管。继续落实好省级猪肉储备。督促 22 家承储企业认真落实活体 133 400 头、冻肉 2 400 吨、火腿 1 000 吨的储备任务，并要求监管单位加强对承储企业的日常监管，确保储备肉储得进、管得好、调得动、用得上。配合做好中央猪肉储备、边销茶储备相关工作。2016 年云南省云南玉溪凤凰生态食品有限责任公司承担中央冻猪肉储备 4 800 吨，下关沱茶（集团）股份有限公司承担中央储备边销茶 40 000 担（2 000 吨），商务厅配合商务部做好中央储备管理相关工作。积极配合商务部做好中央储备糖的管理。开展储备糖库存检查等相关工作；配合云南省工业和信息化委做好 2015/2016 年国储糖 29 万吨及省储糖 80 万吨计划实施工作。五是规范行业，进一步加强成品油市场管理。制定了《云南省商务厅加油站审批会审小组工作制度》，完善审批体系建设，2016 年以来，共审核办理换证、变更等业务 532 件，审批新建加油站 52 座；科学编制《云南省成品油分销体系“十三五”发展规划》，为“十三五”加油站、仓储批发网络建设提供重要依据。六是促进特色产业发展。茧丝绸产业方面，加强茧丝绸产业发展项目建设，截至目前云南省共有 45 个基地县、60 多万农户发展蚕桑，全省桑园面积达 161 万亩。酒类流通管理方面，认真编制完成《云南省酒类流通“十三五”发展规划》，促进酒类流通管理；组织近 20 家云南知名酒企参加第六届中国（贵州）国际酒类博览会，有效提升云南酒类品牌知名度。

## 【对外贸易】

**进出口总额**　进出口总额 200 亿美元，比上年的 245.3 亿美元下降 18.4%。

**出口总额**　出口总额 115.8 亿美元，比上年的 166.3 亿美元下降 30.3%，占全省 GDP 14 869.95 亿元的 5.2%，占全国出口额的 0.55%。

**进口总额**　进口总额 84.2 亿美元，比上年的 79 亿美元增长 6.7%。

**出口商品市场**　出口商品销往 188 个国家（地区）。

**进口商品市场**　进口商品来自 90 个国家（地区）。

云南省2016年主要出口市场情况表

| 国别（地区） | 出口金额（亿美元） | 占出口总额比重（%） |
|---|---|---|
| 香　港 | 25.0 | 21.6 |
| 缅　甸 | 24.9 | 21.5 |
| 越　南 | 13.9 | 12.0 |
| 泰　国 | 10.0 | 8.6 |
| 印度尼西亚 | 4.3 | 3.7 |
| 马来西亚 | 3.7 | 3.2 |
| 印　度 | 3.5 | 3.0 |
| 美　国 | 3.4 | 2.9 |
| 老　挝 | 2.1 | 1.8 |
| 韩　国 | 2.0 | 1.7 |
| **合　计** | **92.8** | **80.0** |

云南省2016年主要进口市场情况表

| 国别（地区） | 进口金额（亿美元） | 占进口总额比重（%） |
|---|---|---|
| 缅　甸 | 35.8 | 42.5 |
| 越　南 | 12.9 | 15.3 |
| 老　挝 | 6.6 | 7.8 |
| 美　国 | 5.8 | 6.9 |
| 秘　鲁 | 3.1 | 3.7 |
| 智　利 | 2.4 | 2.9 |
| 澳大利亚 | 2.1 | 2.5 |
| 墨西哥 | 1.5 | 1.8 |
| 德　国 | 1.4 | 1.7 |
| 泰　国 | 1.4 | 1.7 |
| **合　计** | **73.0** | **86.8** |

**边境贸易**　边境小额贸易完成29.46亿美元，增长18.3%；边民互市贸易完成160.21亿元人民币，折合24.23亿美元，同比增幅达52.39%。

**服务贸易**　服务进出口总额61.95亿美元，比上年增长16.88%。其中，出口35.84亿美元，增长13.8%；进口26.11亿美元，增长21.38%，顺差9.73亿美元。在贸易规模不断扩大的同时，贸易结构逐步优化。旅游、运输和建筑等传统服务贸易稳步发展，一直为云南省服务贸易主体，通信、计算机、保险、金融、计算机、专有权利、咨询、广告宣传、电影音像等高附加值现代服务贸易快速起步，与现代服务贸易行业相关的服务外包迅速发展，教育、文化、中医药等中国特色服务贸易领域潜力巨大，出口体系初具雏形。云南服务贸易的主要市场是美国、香港、澳大利亚、加拿大、欧盟和南亚、东南亚国家。

**服务外包**　2016年云南省新增服务外包企业7家，新增从业服务外包人员2 430人，新增国际认证2项。共承接36份离岸服务外包，其中信息技术外包（ITO）7份，知识流程外包（KPO）29份。服务外包接包合同签约总金额3 955.73万美元，增长675.01%；执行金额2 547.77万美元，增长639.79%。其中，在岸外包接包合同签约金额2 589.07万美元，增长21 104.5%，执行金额1 345.6万美元，增长10 920.48%。离岸接包合同签约金额1 366.67万美元，增长174.33%，接包合同执行金额1 202.17万美元，增长261.90%。

**技术进出口**　发放《技术进口合同登记证书》23份，合同总金额1 337万美元，减少30.58%。其中，技术咨询服务合同金额610万美元，占云南省技术引进的45.6%；专有技术的许可合同金额411万美元，占30.7%；计算机软件进口合同金额316万美元，占23.6%。国有企业合同金额为326.51万美元，占24.41%；外商投资企业进口技术合同金额为277.25万美元，占20.73%，增量有所下降；其他企业合同金额为721.94万美元，占53.97%，占技术进口主导地位。其他企业的技术进口取代了国有企业和外商投资企业的主导地位。

发放《技术出口合同登记证书》3份，合同金额31.13万美元。其合同金额全部是技术咨询、技术服务。主要出口国为日本、越南等。

## 【利用外资】

云南省2016年利用外资情况表

| 利用外资方式 | 批准签订的合同 | | | 实际利用外资 |
|---|---|---|---|---|
| | 项目数（个） | 外资金额（万美元） | 金额比上年增加（%） | 金额（万美元） |
| **外商直接投资** | | | | |
| 合资企业 | 33 | 82 476 | −2.49 | 27 104 |
| 合作企业 | 2 | 21 400 | 71.09 | 313 |
| 外资企业 | 97 | 127 896 | −0.74 | 34 714 |
| 股份有限公司 | 2 | 33 581 | | 24 609 |
| **合　计** | **134** | **265 353** | **17.52** | **86 740** |

**注：**实际利用外资金额2015年用省口径统计，2016年改为部口径统计，因统计方式不同，所以实际利用外资无法对比。

## 云南省 2016 年外商直接投资行业情况表

| 行　业 | 项目数（个） | 行　业 | 项目数（个） |
|---|---|---|---|
| **总　计** | **134** | 第二产业 | 14 |
| 第一产业 | 11 | 第三产业 | 109 |

## 云南省 2016 年外商直接投资来源情况表

| 国别（地区） | 项目数（个） | 合同外资（万美元） | 实际外资（万美元） |
|---|---|---|---|
| **总　计** | **134** | **265 353** | **86 740** |
| 孟加拉国 | 2 | 108 | 0 |
| 缅　甸 | 30 | 626 | 2 |
| 香　港 | 44 | 176 763 | 24 309 |
| 印　度 | 3 | 14 | 0 |
| 日　本 | 1 | 191 | 565 |
| 老　挝 | 1 | 726 | 0 |
| 马来西亚 | 0 | 0 | 9 |
| 新加坡 | 2 | 702 | 692 |
| 韩　国 | 6 | 16 | 10 |
| 泰　国 | 4 | 1 074 | 57 |
| 台湾省 | 13 | -2 028 | 2 |
| 中　非 | 0 | -12 | 0 |
| 毛里求斯 | 0 | 29 897 | 0 |
| 塞舌尔 | 1 | 151 | 16 |
| 多　哥 | 0 | 24 | 0 |
| 丹　麦 | 0 | 1 | 0 |
| 英　国 | 1 | 15 | 10 178 |
| 德　国 | 1 | 5 | 27 |
| 法　国 | 0 | 25 | 10 |
| 卢森堡 | 0 | 7 | 0 |
| 荷　兰 | 1 | -22 | 5 |
| 西班牙 | 0 | 2 852 | 3 252 |
| 芬　兰 | 1 | 5 | 0 |
| 瑞　典 | 1 | 2 | 0 |
| 瑞　士 | 1 | 2 | 0 |
| 开曼群岛 | 0 | -8 912 | 893 |
| 英属维尔京群岛 | 0 | 37 | 100 |
| 加拿大 | 2 | 3 | 0 |
| 美　国 | 8 | 1 042 | 112 |
| 澳大利亚 | 3 | 1 431 | 313 |
| 新西兰 | 1 | 0 | 0 |
| 创业投资公司 | 2 | 11 400 | 1 870 |
| 投资性公司 | 6 | 49 208 | 44 318 |

【对外经济合作】

**对外投资** 2016年新批境外投资企业86家，对外实际投资16.1亿美元，比上年增长19.8%。2005年至2016年，云南省境外投资企业（机构）已达680家，对外实际投资累计达74亿美元。2016年，云南省企业投资已扩展至法国、瑞士、尼泊尔、加纳、毛里求斯等国。2016年云南省对外投资主要呈现3个特点：一是投资行业分布广泛，覆盖国民经济20个行业大类中的17个。其中，新设对外投资企业分布在15个行业大类中，从传统的农业、矿业向各类服务业、房地产业、文化产业等领域转移，行业布局日趋合理，从对外实际投资来看，租赁和商务服务业等各类服务业有较高速度的增长。二是投资地区高度集中，九成以上流向亚洲地区，其中对中国香港投资8.25亿美元，是上年同期投资额的2.2倍，占全省对外实际投资额51%。三是国有企业表现突出，国有企业新设对外投资企业11家，对外直接投资额为11亿美元，占云南省同期对外投资额的68.2%。

**承包工程和劳务合作** 签订对外承包工程项目合同48份，合同额19.18亿美元，比上年的12.86亿美元增长49.16%，完成营业额25.75亿美元，比上年的23.42亿美元增长9.99%。当年派出劳务人员10 923人，派往的主要国家和地区是缅甸、日本、新加坡。承包工程的主要地区是GMS次区域国家、南亚和东南亚国家、非洲国家。

**对外经济技术援助** 2016年共承担援外项目48个。其中，国家级援外项目18个，包括人力资源培训项目17个，物资援助项目1个；省级援外项目30个，包括人力资源培训项目23个，民生项目7个。受援国家包括34个国家和地区。人力资源培训项目内容包括经贸、文化、农业、科技、教育、卫生、医疗等方面，参加人员995人，既有各层级的政府官员，也有普通民众，取得了良好的效果。物资与民生项目包括卫生、文化、环境等方面，覆盖人数达4万余人。

【其他】

**开发区** （一）抓好国家级经开区综合水平考核，建立评价机制。拟定了云南省《关于完善国家级经济技术开发区考核制度促进创新驱动发展的实施方案》报省政府审定，为云南省经开区的转型升级和深化管理打下坚实基础。牵头组织开展了国家级经开区综合发展水平考核评价工作指标数据的收集整理、分析研判及填报初审工作。通过努力，云南省昆明、曲靖、蒙自、大理、杨林5个国家级经开区均顺利通过了商务部考评。

（二）稳步推进边境经济合作区发展。一是努力完善体制机制。将边境经济合作区的发展主动融入“一带一路”国家战略，牵头起草了《云南省边境经济合作区管理办法（征求意见稿）》，省政府办公厅于2016年11月20日正式印发实施。二是积极开展园区交流，推动招商引资。通过参加商务部在厦门举办的“边合区与东部地区国家级经开区交流对接活动”、中国开发区协会在丹东召开的全国边境经济合作区座谈会等交流活动，主动推介云南省边境经济合作区发展情况，介绍云南省支持边合区发展的政策，寻求园区间合作，推动企业到边合区投资兴业或开展合作，积极拓展发展空间。

（三）全力加快跨境经济合作区建设。一是重点推进中老磨憨—磨丁经济合作区建设。2015年8月31日，中老两国政府签署了《共同总体方案》，2016年3月4日，国务院正式批复同意设立合作区。二是努力推进中缅瑞丽—木姐跨境经济合作区建设。云南省经过与缅方多次会谈，并向商务部作了多次汇报，牵头起草了《关于建设中缅瑞丽—木姐跨合区的谅解备忘录》，2014年通过外交渠道向缅方提交了谅解备忘录（建议稿），请缅方征求相关部门意见。缅甸新政府上台后，云南省又再次向缅方提交了谅解备忘录（建议稿）。同时，省商务厅向商务部汇报，请商务部在国家层面与缅方开展磋商，尽快签署中缅跨合区谅解备忘录。目前，已经正式上报商务部，恳请将中缅跨合区谅解备忘录的签署纳入近期高访成果。三是积极推进中越河口—老街跨境经济合作区建设。目前，中越双方正在积极推动落实2015年11月发表的《中越联合声明》中关于“加紧成立工作组，积极商签跨境经济合作区建设共同总体方案”。商务部于2015年9月向越方提交了《中越跨境经济合作区建设共同总体方案》（中方建议稿），并与越方进行了两轮磋商，越方对中方提交的共同总体方案建议稿尚未正式回复。

（四）探索建设云南沿边自由贸易试验区。积极做好中国（云南）沿边自由贸易试验区申建工作，加强请示汇报和跟踪对接。2016年3月，《中国（云南）自由贸易试验区方案研究报告》在北京原则上通过评审。2016年3月中旬，省商务厅委托中国智库机构之一：中国生产力学会与国务院发展研究中心组成联合课题组开展了《云南建立自由贸易区发展战略研究》，2016年4月，对该研究项目进行了评审，评委们对《研究》高度认可并建议从高层（国务院）推动中国（云南）沿边自贸试验区申报。2016年5月12日，中国生产力学会向李克强总理上报了《关于在云南建立沿边自由贸易试验区的建议》，总理已批示商务部阅研办理。

**保税区** 红河综合保税区围绕“改革的试验田，开放的示范区，辐射南亚东南亚的重要支撑”的定性目标，根据昆明海关、省商务厅和州委、州政府的安排部署，紧紧围绕州第八次党代会提出的“13611”工作思路，认真履职、积极协调、主动服务。2016年，固定资产完成规模以上投资15.86亿元，完成目标任务数15亿元的105.73%。招商引资引进省外到位资金22.51元，完成目标任务22亿元的102.32%；5 000万元以上新开工项目5个，资金到位率38.18%；工业项目省外到位资金15.35亿元，完成目标任务数13亿元人民币的118.08%；总投资3 000万元以上新签约项目6个，完成目标任务数的100%；引进并新开工总投资5亿元以上工业标志性项目2个。据企业提供的海关进出口报关单统计，完成进出口贸易额15.48亿美元，完成目标任务数16亿美元的96.75%。

昆明综合保税区建设自2016年4月6日启动以来，在省委、省政府的高度重视和省级相关部门的支持帮助下，昆明市委、市政府以2016年12月1日完成基础设施建设、2017年2月前通过国家验收为目标，倒排工期、倒逼进度，同步推进征地拆迁、规划设计、行政审批、工程施工、信息化建设和融资招商等各项工作，快速有序推进项目建设。保区建设启动以来，市委、市政府始终坚持规划引领、产业兴区的理念，把招商工作放在重要位置，提出了聚集产业发展，发展临空经济的工作思路。围绕这一思路，着眼开放型经济发展，10月19日，市政府制定出台了《关于昆明综合保税区发展的若干政策（试行）》，为综保区运营发展提供了强有力的政策支撑。10月25日，喜良市长和建彬常务副市长带队到深圳举办昆明综保区专题招商推介会，与55家企业签订合作协议，签约额526亿元，招商引资初见成效。

12月1日，昆明综合保税区项目完成主要建设内容，进入收尾和验收准备阶段。

**口岸** 2016年，云南省口岸进出口额完成138.9亿美元，比上年增长0.9%；口岸货运量达到1 980万吨，增长8.1%；出入境人员3 717万人次，增长6.4%；出入境交通工具782万辆（艘、架、列）次，增长14.3%。

## 2016年西藏自治区商务发展概况

西藏自治区商务厅

**边　巴**

西藏自治区商务厅厅长

边　巴　男，藏族，1963年8月出生，西藏仁布人，1992年3月加入中国共产党，中央党校本科学历。历任西藏自治区外经贸厅边境贸易管理局副局长、局长，西藏自治区阿里地区行署副专员，西藏自治区残联党组书记、理事长（正厅级）。2012年12月至今，任西藏自治区商务厅厅长、党组副书记。

### 【国内贸易】

2016年，西藏自治区实现社会消费品零售总额459.41亿元，比上年增长12.5%，完成年度目标的99.6%，增速高出全国平均水平2.1个百分点，仅次于重庆和贵州。其中，拉萨市229.67亿元，日喀则市83.20亿元，昌都市41.52亿元，山南市44.74亿元，林芝市31.53亿元，那曲地区18.70亿元，阿里地区10.05亿元。按销售地区分，城镇383.67亿元，增长12.7%；乡村75.74亿元，增长11.4%。按销售形态分，商品零售额383.10亿元，增长12.2%；餐饮收入76.31亿元，增长14.0%。

居民消费价格总水平比上年上涨2.5%。其中：城市上涨2.6%，农村上涨2.5%。商品零售价格上涨2.1%。

内贸流通稳步发展。一是流通基础设施得到加强。总投资9.45亿元的拉萨综合物流园区已完成一期工程，年保鲜储存量3 307吨的拉萨亨通物流园区保鲜冷藏库建成并投入使用，青藏铁路那曲物流中心逐步盘活，日喀则综合物流园区建设稳步推进，阿里、林芝快速适应电商和便民利民需求，健全物流分级网络。二是流通市场体系健康发展。落实财政资金5 362万元，实施了2015年度“万村千乡市场工程”，实现商品配送中心100%覆盖，农家店三级全覆盖。拨付专项资金2亿元，以政府股权投资为主的方式，支持农畜产品批发市场、冷链物流、集散中心等21个项目建设。三是流通服务民生不断延伸。集中打造了时代广场、八廓商城等一批城市流通大型商业设施，跨境商品体验店、专卖店等新型业态及品牌商业纷纷入驻。再生资源回收利用、家政服务、大众化早餐在部分地市试点。批发、零售、住宿、餐饮、美容美发等居民生活性服务业快速发展。绿色商城、零售业节能环保等示范工作稳步推进。实施了商品价格和供求状况实时监测和预测预警，全区市场稳定、供应充足、物价得到有效抑制。

消费拉动成效显著。一是利用节假、节庆，组织苏宁易购等企业开展“以旧换新”、“百店让利”系列主题促销活动，拉动消费2.5亿元。首次启动了家电家具补贴政策落实滞后约谈机制，累计兑付补贴资金1.87亿元，直接撬动消费6.7亿元。高质量承办了第三届藏博会产品展销会，成功组织区内130家企业参加广交会等11个区外重点展会，鼓励各地市举办各类展销会、物交会70余场次，实现交易额21.7亿元。二是营造良好消费环境。建立了“两法衔接”平台，开展了车用燃油、互联网领域和农牧区市场侵权假冒专项整治活动，首次通过了国家对西藏自治区侵权假冒工作的现场考核。以“诚信建设网络展”、“信用消费进万家”等主题活动为载体，推进信用建设，在拉萨市进行了肉菜流通追溯试点，企业和公民诚信意识进一步提高。

**【对外贸易】**

外贸工作扎实推进。2016 年西藏自治区外贸进出口 51.67 亿元人民币，比上年下降 8.63%，较“4·25”地震前的 2014 年下降 62.7%。其中，出口 31.24 亿元人民币，比上年下降 13.79%；进口 20.43 亿元人民币，比上年增长 0.65%；顺差 10.79 亿元人民币。全区边境小额贸易实现进出口 29.86 亿元人民币，比上年下降 1.23%，较 2014 年进出口额下降 75.47%。其中，出口 29.61 亿元人民币，比上年下降 1.5%；进口 0.26 亿元人民币，比上年增长 24.93%；顺差 27.03 亿元人民币。

加快推进面向南亚开放重要通道建设。完成了《西藏面向南亚开放重要通道建设规划》与《研究报告》和信保补助带动、边贸运输补助、贸易融资贴息帮扶三项促进外贸回稳措施的研究。以粤藏中南亚班列公铁联运为载体，促进外贸模式创新，实现班列货值 9 900 万元。在拉萨成功召开中国西藏与尼泊尔经贸协调委员会第七次会议，达成多项积极成果。实施“优进优出”战略，支持拉萨“两绒一毛”家纺和日喀则农畜产品外贸转型升级示范基地。印发了《西藏自治区边民互市贸易精准扶贫工作试点方案》，实现边民互市交易额 10.96 亿元，有力助推精准扶贫。主动谋划中尼边境自贸试验区建设，设定了具体工作思路。完成了吉隆口岸联检设施灾后恢复重建，稳步推进国际性公路口岸扩大开放工作，认真研究分析科学恢复樟木口岸货物通道功能，普兰、里孜、陈塘、日屋和拉萨航空口岸基础设施建设进一步加强和完善。电子口岸和国际贸易“单一窗口”建设稳步推进。

外资外经工作迈上新台阶。2016 年合同利用外资 1.03 亿美元，实际利用外资 6 399.11 万美元；备案对外投资企业 17 家、投资金额 13.7 亿美元，分别是 2015 年的 3 倍和 12 倍。

建立了梯队式招商项目库。完成了国家级经济技术开发区综合发展水平考核考评。启动了“西藏自治区百企出国门”课题研究和《部区合作框架下对尼泊尔北部地区援助规划》编制工作。完成了援尼巴拉维、拉特纳两所中学项目招标和梯姆雷边检站项目现场地质详勘。组建了部区合作框架下援尼项目实施企业队伍，并制定了相关配套管理文件。对外援助和政府间多双边合作项目稳步推进。

**【其他】**

项目建设。坚持主动对接，“十三五”项目规模扩大。2016 年西藏自治区商务厅主动积极与区发改委进行“十三五”中央预算内投资项目对接，争取到“十三五”项目投资 15 亿元，是“十二五”投资规模的 3.6 倍。其中，推进农牧区市场体系建设，着力完善物流基础设施项目 4 亿元；积极融入“一带一路”建设，加快重点口岸项目建设 8 亿元；产业发展基础设施建设项目 1 亿元；全区重要商品储备项目 2 亿元。

商务改革。坚持创新先行，商务领域改革不断深化。一是“互联网+”不断创新。探索实施了“互联网+精准扶贫”行动计划，培训群众 2 800 余人次，带动群众就业 150 人，支持帮扶群众开设网店 39 家。推动自治区政府与京东集团签署“互联网+”全面战略合作框架协议，成立了西藏自治区电子商务与商贸物流协会。拉萨京东帮服务店、苏宁易购在西藏自治区成功落户。全区有 9 个县纳入全国电子商务进农村综合示范县，累计争取国家补贴资金 1.49 亿元。二是各项改革有序推进。制定了商务厅政务事项便民服务指南，对行政职权进行了全面梳理。优化了外商投资企业设立及变更管理办法，由“审批”变更为“备案”。研究了外贸备案登记制度改革，将外贸企业备案登记工作权限下放至拉萨、日喀则商务局。完成了第一阶段 12 个供销合作社机构改革和西藏供销合作社特色产品电商平台线上建设及线下展销体验店拉萨示范店建设。以国务院“四改革、四加强、四完善”为引领，从十个方面对盐业体制进行了改革，得到了国家和自治区的充分肯定。

规划和课题研究。编制了《西藏商务发展“十三五”规划》、《西藏自治区口岸发展“十三五”规划》等 7 部专项规划，制定了《西藏自治区供销合作社综合改革实施方案》、《西藏自治区盐业体制改革方案》等 2 项改革方案，提出了《关于积极发挥新消费引领作用加快培育形成新供给新动力的实施意见》、《西藏自治区面向供给侧改革的物流业降成本、补短板战略与对策研究》等 13 项意见办法，确定了未来五年我区商务工作将重点实施“六大商务发展战略”，推进“十类重点项目工程”，实现“以九项指标为支撑的四大目标”。

# 2016年陕西省商务发展概况

陕西省商务厅

陕西省商务厅厅长

赵润民　男，汉族，1962年3月生，大学学历，1984年4月加入中国共产党，1982年8月参加工作，山西财经学院商业经济系商业经济专业毕业。1982年至1992年历任陕西省渭南地区商业局干事、渭南地委组织部干事、渭南地区商业局副科长、科长、地区药材公司经理助理；1992年至1997年历任陕西省合阳县副县长、县委常委、常务副县长；1997年至2005年历任渭南市临渭区委副书记、区长、区委书记；2005年至2006年历任渭南市副市长、临渭区委书记、市发展和改革委员会主任；2006年至2009年历任咸阳市委常委、组织部部长、咸阳市泾渭新区党工委书记（兼）、咸阳市常务副市长、陕西省西咸新区开发建设管理委员会副主任；2013年至2016年任中国国际贸易促进委员会陕西省分会（中国国际商会陕西商会）会长、党组书记；2016年7月至今任陕西省商务厅党组书记、厅长。

## 【国内贸易】

**社会消费品零售总额**　2016年，陕西省社会消费品零售总额7 302.57亿元，比上年的6 578.11亿元增长11%。其中，限额以上企业（单位）消费品零售额4 560.31亿元，比上年增长9.9%。

按经营单位所在地分，城镇消费品零售额6 428.7亿元，比上年的5 794.9亿元增长10.9%；乡村消费品零售额873.86亿元，比上年的618.39亿元增长11.6%。

按消费形态分，商品零售6 546.83亿元，比上年的5 904.77亿元增长10.9%；餐饮收入755.74亿元，比上年的673.34亿元增长12.2%。

在商品零售中，限额以上企业（单位）商品零售额4 338.03亿元，比上年增长9.9%。按用途分，吃类商品零售577.7亿元，增长20.6%；穿类587.21亿元，增长6.9%；用类3 173.12亿元，增长8.8%。

**市场物价**　商品零售价格指数为100.3（以上年价格为100），其中城市100.3，农村100.7；居民消费价格指数为101.3（以上年价格为100），其中，城市100.3，农村101.2。

**市场秩序建设**　打击侵权假冒。省打击侵权假冒工作办公室制定印发了《陕西省2016年打击侵权假冒工作方案》和《陕西省加强互联网领域侵权假冒行为治理方案》，组织完成了绩效考核。加强对药品和医疗器械、车用燃油、建筑材料、汽车配件等重点行业的日常监管，严厉查处侵犯商标、出版物版权、植物新品种、地理标志、集成电路布图设计等知识产权的违法行为。全省各级各部门共组织开展16类专项行动，共出动执法人员近16万人次，检查各类生产经营主体单位10万余户次，检查超市、批发零售市场、集贸市场3 700个次，整治重点区域千余处，查处案件约1.5万个，立案6 000余件，涉案金额近亿元。

商务诚信建设。加强诚信制度化建设，建立健全行业信用管理制度和失信惩戒联动机制，起草了《陕西省商务领域企业诚信“红黑榜”发布工作实施方案》，待《陕西省企业信用监督管理办法》颁布实施后印发执行。归集、整合省商务厅行政管理信息，向信用平台推送企业信息3 446条，公示行政许可信息2 848条。完善和落实信用信息应用制度，进一步推进在行政审批、资金支持等行政管理事项中使用信用信息。开展诚信兴商宣传，举办“信用消费进万家”主题日活动。

单用途商业预付卡管理。规范预付卡发行，落实备案管理，开展执法检查，健全应急机制，有效推进单用途预付卡管理工作。全省有223家发卡企业完成备案工作，其中集团发卡企业4家，品牌发卡企业4家，规模发卡企业115家，其他发卡企业100家，单用途卡管理工作在商务部业务绩效考核中稳居全国前三名。

商业保理业发展。会同省工商局制订了《陕西省商业保理试点方案（试）》，从2016年8月份起，在西安经开区、港务区开展商业保理试点，探索商业保理发展经验和做法。目前，陕西设立内资商业保理企业1户，注册资金10亿元，为省属国资企业，实现了全省商业保理企业的“零突破”。

省级储备管理。完成肉类储备常态管理工作，确保储备商品安全，保证应急供应需要。为稳定猪肉价格和市场供应、保护生产者和消费者利益，4月23日，启动实施了为期一个月的陕西省及西安市储备冷冻猪肉联合投放工作，共投放冷冻猪肉300多吨。9月，在汉中市组织召开了省级储备管理工作现场会，促进了储备企业管理工作水平的提高。

肉类蔬菜流通追溯体系建设。做好商务部试点的督促指导工作，对西安市肉类蔬菜流通追溯体系项目建设情况进行中期评估和考核验收，西安市在商务部考核验收中被评为优秀。印发了《陕西省加快推进重要产品追溯体系建设实施意见》、《加快推进重要产品追溯体系建设有关工作的通知》。

商务执法体系建设。继续发挥市场监管公共服务体系建设项目引导作用，积极协调，争取资金支持。完成了市、县商务行政执法业务管理系统更新，完成“12312商务执法”微信公众号相关人员的添加、注册。完成了全面推行“双随机一公开”工作情况的调研。组织地市商务执法人员参加商务部培训2次。

**市场体系建设** 政策文件。为推进内贸流通体系和法治化营商环境建设，报请省政府印发了《陕西省人民政府关于推进国内贸易流通现代化建设法治化营商环境的实施意见》，出台16条具体措施。

社区蔬菜流通网络建设。宝鸡、汉中、安康和延安等4个设区市实施了社区蔬菜流通网络建设项目，全省共有33个项目完成验收并通过抽检，其中，配送中心1个，社区生鲜超市20个，社区菜店12个。总体看，项目建设质量有所提高，社会效益较好。

农村商品流通网络建设。全省共建成标准化乡镇超市32个，建设面积31 175平方米。支持10个县编制完成商业网点规划。

农产品流通网络项目建设。按照商务部和国开行要求，征集全省农产品流通骨干网建设项目70个，其中2016年开工建设项目63个，上报商务部。全省核准45个建设项目，其中，农贸市场15个，农产品流通企业28个。建设完成、验收合格40个。

公益性农产品批发市场建设（试点）。采用政府优先股方式，完成2016年公益性农产品批发市场（试点）项目2个，各市（区）申报2017年项目7个，经过专家评审，有3个项目列入财政项目库，省金控集团正在对项目进行尽职调查。

“黄标车”治理和老旧汽车回收。3月份在铜川市召开座谈会，对报废汽车回收拆解暨淘汰治理黄标车工作进行安排部署。完成了4个报废汽车回收拆解企业升级改造项目，使全省14家有资质的报废汽车回收拆解企业经营面积达20.3万平方米，年拆解能力达15万余辆。各市（区）设立淘汰黄标车联合服务窗口，确保淘汰车辆及时受理。截至2016年11月30日，2016年共回收拆解老旧报废汽车34 334辆，比上年同期的16 509辆增长108%，其中，淘汰黄标车23 074辆，比上年同期的9 572辆增长141%。

二手车交易。为贯彻落实《国务院办公厅关于促进二手车便利交易的若干意见》的要求，省商务厅与省公安、交通、环保联合下发了《陕西省关于清理限制二手车迁入政策的通知》，报请省政府下发了《陕西省关于促进二手车便利交易的实施方案》。

**流通业发展** 编制了“十三五”内贸流通发展规划，系统谋划内贸流通行业创新发展，重点行业发展取得了新成绩。

电子商务。2016年，全省网上零售额1 016.8亿元，比上年增长36.7%。其中，实物商品零售额913.2亿元，增长46.2%。全省限额以上企业（单位）实现网上零售额192.95亿元，增长63.3%，占全省限额以上企业（单位）消费品零售额的4.2%，占比较上年提高1.6个百分点。2016年，陕西互联网零售企业发展到48家，是2015年的8倍。

拍卖行业。完成了企业年度核查，依法注销了9户不合格企业的业务资格。按照行政公开的要求，完善公开了拍卖行政许可办理的程序。严格拍卖行业业务手续的办理，年内办理拍卖业务资格申请1个，业务变更20多起。制定了全省拍卖行业“十三五”发展规划。指导行业协会脱钩并顺利实现换届工作，支持西安市承办了首届中国拍卖行业年会。

会展行业。出台了陕西省党政机关境内举办展会管理办法，并依规对省市部门举办的展会进行严格审核。依据各地会展活动安排，制定了2016年全省重点会展活动计划，确定重点展会86个。落实会展业扶持政策，对2015年的42个展会项目给予支持，其中涉及19个会展企业、25个特色品牌展会。

商贸流通业。完成了商贸物流大中型项目摸底工作，组织开展了商贸物流标准化试点工作专项培训和基本情况调查，配合省交通厅、公安厅制定《陕西省城市配送运输管理办法》。召开了2016年全省商贸流通业统计工作会，贯彻落实新的《商贸服务典型企业统计报表制度》，完成了2015年度24个行业年度数据的报送审核提交及部分行业典型企业名录调整工作。及时向各设区市商务局和部分设区市会展部门划拨了2016年商贸流通统计专项资金，明确了使用方向和使用要求，为年度各项商贸统计工作的开展提供了保障。

典当行业。以监管信息系统平台为依托，加强核查企业业务经营情况。加强现场检查，规范企业依法依规经营，对宝鸡市光宇典当有限公司等11家典当企业违反典当经营规则行为进行了核查和纠正处理，对涉嫌企业内部违规放款的陕西中泰创展典当有限公司和涉嫌非法集资的西安惠生典当有限公司进行了停业处理。完成了16个新设立典当企业和2个典当分支机构的审核、核准、备案工作，发放了经营许可证书，对新设立典当企业高管和业务人员进行了培训。

再生资源回收利用。开展督促检查，完成宝鸡在建项目的督查和验收，完善了全省再生资源回收利用体系。引导再生资源回收模式创新，提升，行业规范化水平和规模化程度。

**市场运行监测** 2016年，全国市场监测工作绩效考核情况，陕西省商务厅以98.32分在全国31个省、自治区和直辖市考核中排名第4，连续第7年考核排名全国前5名。

市场监测体系建设。陕西省组织开展监测报表制度、新增样本企业、商务预报和信息泵系统业务培训，坚持月度考核制度，市场监测体系建设稳步推进，预测预警能力不断提高，全省监测数据总体报送及时率达到99%，商品市场供应充足，未发生重大供应问题。2016年，新增106家样本监测企业，全省10大类监测样本企业达到956家；新增1家22个门店智能信息泵企业，总数达30家155个门店，监测智能化水平进一步增强。

市场信息服务体系。以商务预报网络平台为核心的信息服务体系初步建成，涵盖电视、广播、报纸、杂志、网站、手机报、微信公众服务平台、微博、社区信息服务牌等9类商务信息服务渠道。其中，省、市级商务预报网站覆盖率100%、县级商务预报网站覆盖率达到84.3%。2016年共发布各类商务市场监测信息19 585条，其中原创率26%，商务部主站采用率达14%，省市县三级商务预报网站点击率超过431万次。陕西省270块LED社区便民服务牌滚动播报商务新闻快讯、市场监测动态、便民措施及惠民政策等商务信息，充分发挥了引导消费、服务居民的功能。

应急储备管理。建立了省级食糖、方便食品、瓶装饮用水、照明用品、卫生清洁用品等商品的长期储备，以及省级冬春蔬菜短期储备。落实应急商品数据库重点联系企业44家，涵盖4大类46个品种的应急商品。省级5大类重要商品储备企业14家，冬春蔬菜承储企业17家。其中，2016年冬春蔬菜储备共3.3万吨。储备总规模为32 800吨。2016年春节前后，为增加供应、稳定菜价，应对降雪降温对蔬菜市场供应的影响，指挥各设区市结合周转轮库，先后组织承储企业集中投放储备菜33 966吨，较上年度储备期增加9 335吨。

**消费促进工作** 2016年，陕西消费市场总体稳中有升，消费结构趋于优化，新业态较快发展，生活必须品消费较旺，商品零售渐趋回升，餐饮收入继续较快增长，全省消费促进工作取得了积极成效，仅元旦、春节、清明节、五一、端午节、国庆节等6个假期就实现商品销售828.1亿元，同比增长11%。

建立消费促进工作制度。省商务厅会同省统计局召开全省促进消费增长工作座谈会，研究建立了“消费品市场运行分析月度报告制度”、“促消费活动月度报告制度”和“限上企业储备库制度”等三项制度，全面加强在库限上企业管理，提高在库企业成长性，初步形成了扩大消费工作的长效机制。

培育限上企业。指导各市区贯彻《陕西省人民政府关于促消费稳增长的若干意见》，争取省级商贸流通专项资金800万元，积极实施“限上企业培育工程”项目，落实“大型市场集中收银”、“个体工商户转企业”、“农家乐”纳入限上消费统计扶持政策，加大企业进限纳统力度，努力推动消费品市场销售额应统尽统。

消费促进和地产品牌推广活动。在全国举办了“陕西名优地产品巡展”等10多场促销活动，组织企业参加国内知名展会30多场，支持各市在省内外开展名优产品展销推介活动近100场。组织开展全省“消费促进月”、“黄金周”等系列促消费活动，繁荣了城乡消费市场。组织开展了2016“全省消费促进月”活动，重点跟进企业139户，销售额同比增长12%以上。省商务厅联合省政府驻京办，举办了“陕西名优地产品牌（北京）巡展暨新春年货大集”活动，搭载“2016青洽会”，举办了“丝绸之路”陕西名优地产品牌巡展（西宁站）活动，参展企业共142户，现场销售额406万元，达成意向签约金额1.35亿元。组织25户企业参加了2016年第九届中国绿色食品博览会。利用2016年省级商贸流通专项资金795万元，在省内外建成“陕西名优地产品牌推广示范店”50个，三年来累计建成135个。

## 【对外贸易】

**进出口总额** 进出口总额1 974.8亿元，比上年的1 895.7亿元增长4.2%。

**出口总额** 出口总额1 044.6亿元，比上年的918.5亿元增长13.7%。

**进口总额** 进口总额930.19亿元，比上年的977.2亿元下降4.8%。

**出口商品市场** 出口商品销往200个国家（地区）。

**进口商品市场** 进口商品来自109个国家（地区）。

**陕西省2016年主要进出口商品情况表**

| 商品名称 | 进出口额（万元） | 增长率（%） | 占全省比重（%） |
|---|---|---|---|
| 用作存储器的集成电路 | 8 189 523 | 19.82 | 41.47 |
| 硬盘驱动器 | 1 765 032 | 63.77 | 8.94 |
| 数据处理设备所列其他机器的零件、附件 | 1 183 511 | -0.73 | 5.99 |
| 直径>15.24cm的单晶硅切片 | 280 774 | 46.45 | 1.42 |
| 平均粒度在0.8毫米及以上，但小于6.3毫米的未烧结铁矿砂及其精矿 | 262 252 | 67.14 | 1.33 |
| 非自推进的钻探或凿井机械 | 212 999 | 60.88 | 1.08 |
| 按重量计铜含量超过99.9935%的精炼铜阴极 | 209 074 | -50.45 | 1.06 |

## 陕西省2016年主要进出口商品情况表（续）

| 商品名称 | 进出口额（万元） | 增长率（%） | 占全省比重（%） |
|---|---|---|---|
| 检验测量仪器所列仪器、器具及机器的零件及附件 | 193 207 | 122.73 | 0.98 |
| 其他含硅量不少于99.99%的硅 | 178 730 | 45.90 | 0.91 |
| 其他集成电路 | 156 635 | -23.93 | 0.79 |
| 太阳能电池 | 152 223 | -9.08 | 0.77 |
| 涡轮喷气发动机或涡轮螺桨发动机的零件 | 151 184 | -6.34 | 0.77 |
| 未列名混合或非混合产品构成的药品 | 149 875 | 22.40 | 0.76 |
| 其他半制的金，非货币用 | 142 393 | 12.37 | 0.72 |
| 其他苹果汁 | 134 786 | -4.12 | 0.68 |
| 锌矿砂及其精矿 | 133 216 | 8.98 | 0.67 |
| 黄大豆，种用除外 | 122 597 | -11.36 | 0.62 |
| 用作处理器及控制器的集成电路 | 120 276 | -62.82 | 0.61 |
| 制造半导体器件或集成电路用化学气相沉积装置 | 113 655 | -62.13 | 0.58 |
| 其他制造半导体器件或集成电路用机器和装置的零件及附件 | 108 387 | 9.71 | 0.55 |
| **合　计** | **13 960 329** | | **70.69** |

## 陕西省2016年出口额2亿元以上商品情况表

| 金额分类 | 商品名称 | 出口额（万元） | 增长率（%） | 占全省比重（%） |
|---|---|---|---|---|
| 100亿元以上（3种） | 用作存储器的集成电路 | 3 543 110 | 31.99 | 33.92 |
| | 硬盘驱动器 | 1 763 971 | 64.00 | 16.89 |
| | 数据处理设备所列其他机器的零件、附件 | 1 160 386 | -0.94 | 11.11 |
| 10亿—100亿元（3种） | 直径>15.24cm的单晶硅切片 | 223 689 | 41.20 | 2.14 |
| | 非自推进的钻探或凿井机械 | 212 999 | 60.88 | 2.04 |
| | 其他苹果汁 | 134 786 | -4.12 | 1.29 |
| 2亿—10亿元（34种） | 涡轮喷气发动机或涡轮螺桨发动机的零件 | 95 972 | -8.44 | 0.92 |
| | 太阳能电池 | 95 707 | -34.57 | 0.92 |
| | 其他柴油货车，车总重>20t | 80 627 | -17.84 | 0.77 |
| | 其他集成电路 | 78 252 | -26.49 | 0.75 |
| | 鲜苹果 | 65 962 | 90.20 | 0.63 |
| | 其他贵金属或包贵金属的非工业或实验室制品 | 61 181 | -42.47 | 0.59 |
| | 其他植物液汁及浸膏 | 50 732 | 7.55 | 0.49 |
| | 机动车辆用带充气系统的安全气囊及其零件 | 46 850 | 36.79 | 0.45 |
| | 耗散功率1瓦及以上的晶体管 | 36 446 | -25.36 | 0.35 |
| | 非家用型自动平缝机 | 35 193 | -14.96 | 0.34 |
| | 客车或货运机动车辆用新的充气橡胶轮胎 | 35 048 | 1.80 | 0.34 |
| | 飞机及直升机的其他零件 | 34 880 | 2.75 | 0.33 |
| | 其他电力控制或分配盘、板、台等，V>1 000V | 34 060 | 50.66 | 0.33 |
| | 其他电感器 | 33 466 | -30.89 | 0.32 |
| | 锂离子蓄电池 | 33 285 | 29.54 | 0.32 |
| | 汽油小轿车，1 000ml<排量≤1 500ml | 31 230 | -12.59 | 0.30 |
| | 其他非工业用钻石 | 29 651 | 34.47 | 0.28 |
| | 其他石油或天然气管道管，D≥406.4mm | 28 743 | 13.66 | 0.28 |

## 陕西省2016年出口额2亿元以上商品情况表（续）

| 金额分类 | 商品名称 | 出口额（万元） | 增长率（%） | 占全省比重（%） |
| --- | --- | --- | --- | --- |
| 2亿—10亿元（34种） | 钛条、杆、型材及异型材 | 28 739 | -7.29 | 0.28 |
| | 半挂车用的公路牵引车 | 28 220 | 49.97 | 0.27 |
| | 钼的氧化物及氢氧化物 | 26 221 | 84.72 | 0.25 |
| | 电力控制分配装置零件 | 25 248 | 7.19 | 0.24 |
| | 其他收录（放）音组合机 | 24 869 | 172.23 | 0.24 |
| | 其他仅含有氧杂原子的杂环化合物 | 24 734 | 9.37 | 0.24 |
| | 焦炭及半焦炭 | 24 530 | 2 573.37 | 0.23 |
| | 无可锻性铸铁管子附件 | 24 449 | -9.12 | 0.23 |
| | 机动小客车用新的充气橡胶轮胎 | 24 192 | 168.32 | 0.23 |
| | 厚度超过0.8毫米的钛板、片、带 | 24 056 | 33.24 | 0.23 |
| | 液体介质变压器，10MVA<额定容量<220MVA | 23 060 | 29.58 | 0.22 |
| | 其他钢铁结构体；钢结构体用部件及加工钢材 | 22 667 | 102.69 | 0.22 |
| | 其他静止式变流器 | 22 111 | 39.96 | 0.21 |
| | 非光通讯以太网络交换机 | 21 765 | 10.73 | 0.21 |
| | 其他黄金制首饰及其零件 | 21 750 | 8.34 | 0.21 |
| | 其他制造半导体器件或集成电路用机器和装置未列名零件及附件 | 20 513 | 19.20 | 0.20 |
| **合　计** | **40种** | **8 333 350** | | **79.77** |

## 陕西省2016年进口额2亿元以上商品情况表

| 金额分类 | 商品名称 | 进口额（万元） | 增长率（%） | 占全省比重（%） |
| --- | --- | --- | --- | --- |
| 100亿元以上（1种） | 用作存储器的集成电路 | 4 646 413 | 11.95 | 49.95 |
| 10亿—100亿元（10种） | 平均粒度在0.8毫米至6.3毫米的未烧结铁矿砂及其精矿 | 262 252 | 67.14 | 2.82 |
| | 按重量计铜含量超过99.9935%的精炼铜阴极 | 209 074 | -50.45 | 2.25 |
| | 9031所列仪器、器具及机器的零件及附件 | 182 651 | 131.23 | 1.96 |
| | 其他含硅量不少于99.99%的硅 | 178 726 | 45.95 | 1.92 |
| | 未列名混合或非混合产品构成的药品 | 147 510 | 23.78 | 1.59 |
| | 其他半制的金，非货币用 | 142 393 | 12.37 | 1.53 |
| | 锌矿砂及其精矿 | 133 216 | 8.98 | 1.43 |
| | 黄大豆，种用除外 | 122 594 | -10.57 | 1.32 |
| | 制造半导体器件或集成电路用化学气相沉积装置 | 113 655 | -62.13 | 1.22 |
| | 用作处理器及控制器的集成电路 | 111 964 | -48.57 | 1.20 |
| 2亿—10亿元（33种） | 其他制造半导体器件或集成电路用机器和装置零件及附件 | 87 874 | 7.70 | 0.94 |
| | 其他集成电路 | 78 383 | -21.18 | 0.84 |
| | 其他未列名测量或检验仪器、器具及机器 | 58 046 | -41.51 | 0.62 |
| | 直径>15.24cm的单晶硅切片 | 57 085 | 71.47 | 0.61 |
| | 太阳能电池 | 56 516 | 167.15 | 0.61 |
| | 平均粒度在6.3毫米及以上的未烧结铁矿砂及其精矿 | 55 598 | 65.37 | 0.60 |
| | 涡轮喷气发动机或涡轮螺桨发动机的零件 | 55 212 | -2.46 | 0.59 |
| | 其他将电路图投影或绘制到感光半导体材料上的装置 | 51 381 | -61.82 | 0.55 |
| | 未列名具有独立功能的机器及机械器具 | 50 817 | 0.42 | 0.55 |
| | 未列名结构上含有一个非稠合吡啶环的化合物 | 48 301 | 136.71 | 0.52 |
| | 制造半导体器件或集成电路用等离子体干法刻蚀机 | 46 943 | -87.54 | 0.50 |

## 陕西省2016年进口额2亿元以上商品情况表（续）

| 金额分类 | 商品名称 | 进口额（万元） | 增长率（%） | 占全省比重（%） |
|---|---|---|---|---|
| 2亿—10亿元（33种） | 四层以上的印刷电路 | 45 222 | 20.99 | 0.49 |
| | 半导体开关元件等 | 39 953 | 0.82 | 0.43 |
| | 其他制造半导体器件或集成电路用机器及装置 | 34 975 | -44.85 | 0.38 |
| | 感光乳液 | 34 555 | 60.64 | 0.37 |
| | 经掺杂用于电子工业的单晶硅棒，直径在7.57厘米及以上 | 34 511 | | 0.37 |
| | 额定功率不超过20瓦的片式固定电阻器 | 32 566 | 171.47 | 0.35 |
| | 电力电气检测仪器和装置的零件及附件 | 31 679 | -35.43 | 0.34 |
| | 测试或检验半导体晶片或元器件用仪器及装置 | 30 249 | -52.13 | 0.33 |
| | 其他制造半导体器件或集成电路用刻蚀及剥离设备 | 27 976 | -54.20 | 0.30 |
| | 其他烟煤 | 27 128 | | 0.29 |
| | 飞机及直升机的其他零件 | 26 207 | -4.95 | 0.28 |
| | 未列名的化学工业及其相关工业的化学产品及配制品 | 25 085 | 35.45 | 0.27 |
| | 立式加工中心 | 23 820 | 176.55 | 0.26 |
| | 数据处理设备的零件、附件 | 23 125 | 11.18 | 0.25 |
| | 未列名处理金属的机械 | 22 716 | 236.21 | 0.24 |
| | 玻璃或金属用的光洁剂及类似制品 | 22 140 | 82.05 | 0.24 |
| | 其他非工业用钻石 | 21 655 | 953.46 | 0.23 |
| | 氧化、扩散、退火及其他热处理设备 | 21 647 | -73.47 | 0.23 |
| | 塑料制机器及仪器用零件 | 21 248 | 58.12 | 0.23 |
| | 其他结构上含有非稠合咪唑环的化合物 | 20 915 | 43.74 | 0.22 |
| | 机动车辆用带充气系统的安全气囊及其零件 | 20 748 | 36.65 | 0.22 |
| | 平均粒度小于0.8毫米的未烧结铁矿砂及其精矿 | 20 701 | 822.39 | 0.22 |
| **合　计** | **44种** | **7 505 425** | | **80.69** |

## 陕西省2016年主要进出口市场情况表

| 国别（地区） | 进出口额（万元） | 增长率（%） | 占全省比重（%） |
|---|---|---|---|
| 台湾省 | 4 163 617 | 13.10 | 21.08 |
| 韩　国 | 3 471 189 | 42.23 | 17.58 |
| 美　国 | 2 699 749 | -25.48 | 13.67 |
| 香　港 | 2 331 621 | 25.72 | 11.81 |
| 日　本 | 1 243 533 | 6.06 | 6.30 |
| 新加坡 | 411 021 | -42.24 | 2.08 |
| 德　国 | 406 867 | 7.23 | 2.06 |
| 澳大利亚 | 386 197 | 23.03 | 1.96 |
| 荷　兰 | 311 280 | -25.17 | 1.58 |
| 法　国 | 286 704 | 0.85 | 1.45 |
| **合　计** | **1 5711 778** | | **79.56** |

**陕西省 2016 年主要出口市场情况表**

| 国别（地区） | 出口额（万元） | 增长率（%） | 占全省比重（%） |
|---|---|---|---|
| 香　港 | 2 320 824 | 26.18 | 22.22 |
| 韩　国 | 1 989 603 | 65.62 | 19.05 |
| 美　国 | 1 824 704 | 5.26 | 17.47 |
| 日　本 | 440 526 | 28.33 | 4.22 |
| 台湾省 | 383 532 | −21.66 | 3.67 |
| 新加坡 | 293 811 | −33.12 | 2.81 |
| 阿拉伯联合酋长国 | 237 667 | 52.56 | 2.28 |
| 法　国 | 233 012 | 3.79 | 2.23 |
| 荷　兰 | 193 243 | −1.83 | 1.85 |
| 英　国 | 179 439 | −22.53 | 1.72 |
| **合　计** | **8 096 361** | | **77.51** |

**陕西省 2016 年主要进口市场情况表**

| 国别（地区） | 进口额（万元） | 增长率（%） | 占全省比重（%） |
|---|---|---|---|
| 台湾省 | 3 780 085 | 18.43 | 40.64 |
| 韩　国 | 1 481 586 | 19.55 | 15.93 |
| 美　国 | 875 045 | −53.68 | 9.41 |
| 日　本 | 803 007 | −3.16 | 8.63 |
| 澳大利亚 | 328 141 | 28.99 | 3.53 |
| 德　国 | 261 404 | 2.32 | 2.81 |
| 南　非 | 199 764 | 34.03 | 2.15 |
| 巴　西 | 143 963 | 24.52 | 1.55 |
| 比利时 | 118 485 | 34.30 | 1.27 |
| 荷　兰 | 118 037 | −46.14 | 1.27 |
| **合　计** | **8 109 517** | | **87.18** |

## 【利用外资】

**陕西省 2016 年利用外资情况表**

| 利用外资方式 | 批准签订的合同 | | | | 实际利用外资 | |
|---|---|---|---|---|---|---|
| | 项目数（个） | 比上年增加（%） | 金额（万美元） | 比上年增加（%） | 金额（万美元） | 比上年增加（%） |
| 合资企业 | 49 | 44.12 | 116 503 | 10.09 | 68 427 | −16.02 |
| 合作企业 | 1 | | 3 950 | 55.15 | 2 492 | 575.34 |
| 外资企业 | 64 | −16.88 | 335 862 | −28.47 | 428 168 | 12.65 |
| 股份有限公司 | 2 | 100.00 | 7 015 | 2 069.96 | 2 091 | 895.71 |
| **合　计** | **116** | **3.57** | **463 330** | **−19.87** | **501 178** | **8.45** |

**外商直接投资行业** 生产性外商投资项目42个，比上年的47个减少5个。其中，农、林、牧、渔业投资项目3个，与上年持平；采矿业0个，下降100%；制造业17个，下降22.73%；电力、燃气及水的生产和供应业6个，增长100%；建筑业2个，与上年持平；交通运输、仓储和邮政业6个，下降50%；信息传输、计算机服务和软件业6个，增长100%；科学研究、技术服务和地质勘查业2个，增长100%。

非生产性外商投资项目74个，比上年的65个减少9个。其中，批发零售业18个，下降28%；住宿和餐饮业7个，与上年持平；金融业30个，增长400%；房地产业2个，下降60%；租赁和商务服务业12个，下降33.3%；水利、环境和公共设施管理业2个，增长100%；居民服务和其他服务业2个，比上年增加2个；卫生、社会保障和社会福利业0个，下降100%；文化、体育和娱乐业1个，下降50%。

**外商直接投资来源** 2016年共有16个国家和地区的企业来陕西投资。其中，实际投资额排在前五位的国家和地区分别是：香港实际外资19.15亿美元，增长290.47%；韩国实际外资16.62亿美元，下降46.29%；开曼群岛实际外资5.48亿美元，增长4 007.5%；美国实际投资3.99亿美元，增长1 648.51%；新加坡实际外资1.43亿美元，下降38.84%。

**外商直接投资企业生产经营情况** 2016年度外商投资企业参加联合年报1 203户，比上年的1 169户增加34户。外商投资企业从业人员202 957人，比上年的184 757人增长9.85%；其中，外籍人员1 530人，比上年的1 485人增长3.03%；投资总额416.53亿美元，比上年的348.7亿美元增长19.45%；营业收入2 083.59亿元，比上年的2 032.41亿元增长2.52%；纳税总额134.81亿元，比上年的119.77亿元增长12.56%。外商投资企业进出口1 425.04亿元，比上年的1 300.13亿元增长9.6%，占同期全省进出口总额的72.2%。其中，出口726.35亿元，增长26%，占同期全省出口总额的69.5%。

## 【对外经济合作】

**对外投资** 2016年，陕西省非金融类对外直接投资70 353万美元（全国排第25位），比上年增长5.53%；全年新设境外企业和机构86家（境外企业75家，境外机构11家），较上年增加17家。截至2016年底，陕西省境内投资主体在境外共设立企业329家和机构112家，累计实现对外投资38亿美元。

2016年，陕西省对外投资项目主要分布在香港、吉尔吉斯斯坦、澳大利亚、美国等国家和地区，投资金额占比分别为58.5%、8.5%、8%和7.2%。投资项目主要涉及批发零售业、商务服务业、制造业、房地产业、采矿业等领域，投资金额占比分别为36.4%、19.8%、12.5%、12.1%和6.9%。民营企业已成为陕西省对外投资主力军，投资金额占比72.1%。

**对外承包工程** 2016年，陕西省对外承包工程完成营业额24.29亿美元（全国排第16位），增长10.21%；新签合同额35.32亿美元（全国排第11位），增长7.39%。在“一带一路”相关国家，陕西省承包工程业务快速增长，营业额12.25亿美元，新签合同额16.4亿美元，占比分别为50.4%和46.6%。从行业分布看，陕西省对外承包工程主要集中在交通运输建设、电力工程和建筑项目三大领域，2016年完成营业额分别为43.10%、20.87%和17.54%。截至2016年底，陕西省共有107家对外承包工程企业，38家企业有海外经营业绩；完成营业额1 000万美元以上的有19家，其中，3 000万美元以上的有12家，上亿美元的有7家。排名前十家企业合计完成营业额占全省总额的90.61%。

**对外劳务合作** 2016年，陕西省派出各类劳务人员6 748人（全国排第16位），下降19.77%；12月末，在外各类劳务人员12 820人，较上年同期减少1 618人；其中，对外承包工程项下派出5 327人，期末在外7 890人；对外劳务项下派出1 420人，期末在外4 930人。

2016年，陕西省对外劳务项下派出人员实际收入总额8 447万美元，下降14.29%；派出人员主要分布在亚洲的日本（809人）和新加坡（392人），共占劳务项下派出人数的84.5%；在外人员主要从事制造业、农林牧渔业、建筑业等行业的工作，人数占比分别为54.1%、6%和6.8%。

## 【其他】

**商务洽谈会** 2016丝绸之路国际博览会暨第20届中国东西部合作与投资贸易洽谈会于2016年5月13日至17日在西安市举办，主题为“共建新平台，共促新发展”。共有87个国家和地区、近1 800名外商参展参会，共举办了34场主要活动及68场各类投资贸易促进活动，设置了28个国家馆。陕西省代表团共签订利用外资项目合同总投资额117.08亿美元；签订国内联合项目合同总投资额6 810.53亿元；高新技术成果交易合同额11.30亿元。

**涉外旅游** 2016年，陕西接待国内外旅游者4.49亿人次，增长16.5%；旅游总收入3 813.43亿元，增长26.9%。其中，入境游客338.2万人次，增长15.4%，比上年增速提高5.4个百分点；国际旅游收入23.38亿美元，增长16.9%，比上年增速提高3.9个百分点。全省旅游业转型升级取得新成效，继续保持快速增长，入境市场高位回升，进一步展现出勃勃生机和活力，呈现效益型快增长的良好态势。

# 2016年西安市商务发展概况

西安市商务局

**吕恒军**

西安市商务局
西安市招商局 局长

吕恒军 男，1963年4月出生，陕西安康人，中共党员。陕西省委党校经济管理专业毕业，研究生学历。现任西安市商务局（西安市招商局）党组书记、局长。1984年7月参加工作，历任西安市第二商业局计划统计信息处副处长；西安市商贸委商办工业处处长；西安市糖业烟酒副食集团公司党委书记、经理；西安市商业贸易委员会党委委员、副主任；西安市商业贸易局党委委员、副局长；西安市商务局（西安市招商局）党委委员、副局长等职务。

## 【国内贸易】

**社会消费品零售总额** 2016年，陕西省西安市实现社会消费品零售总额3 730.70亿元，比上年增长9.6%。其中，限额以上企业（单位）实现消费品零售额2 469.51亿元，增长4.5%。

**市场物价** 商品零售价格指数为100.1，居民消费价格总指数为100.9（均以上年价格为100）。

**流通业发展** 电子商务快速发展，2016年西安市限额以上企业网上零售额155.5亿元，比上年增长65.9%。全市有8个乡镇、11个行政村被评为西安市首批电子商务示范村镇，22家企业被评为西安市电子商务示范企业；连锁经营持续健康发展，全年新增连锁企业37家，连锁门店404个，年度推荐商业特许企业7家，发展加盟门店32个。蔬菜进社区网点107个，百姓消费更加便利、实惠、安全。大力推动商贸物流业发展，全市注册资金1 000万元以上的物流企业超过300家，西安国际港务区被列为全国现代物流实验基地。

**市场体系建设** 2016年举行大型商业网点听证会5次，华夏世纪广场、熙地港购物中心、老城根Gpark、中大国际、鑫苑大都汇购物中心、华润万象城、西安水晶卡芭拉购物中心等项目通过听证，总投资69.75亿元，新增商业面积67万平方米。增强了经开区、大兴新区、高新区大型商业网点聚集，方便群众购物。其中，老城根Gpark成为全国首个中国“一带一路”国际特色商业文化街区。出台《西安市示范商圈、示范特色商业街区评定办法》，大唐西市丝绸之路风情街一期、永兴坊、沙·沙河水街等3条街荣获西安市首批示范特色商业街。

**融资租赁业** 2016年是西安市融资租赁产业蓬勃发展的一年，截至2016年底，全市融资租赁企业45家，资金投放总量200亿元。业务覆盖了装备制造、工程机械、电力设备、能源机械、服装纺织、医疗设备、家用电器、新能源汽车等领域，业务辐射遍及省内外。2016年6月西安市出台了《关于加快融资租赁业发展的实施意见》。西安国际港务区、经开区被列为融资租赁产业聚集区和陕西省融资租赁产业培训基地。中国租赁联盟、中国融资租赁创新服务基地在西安国际港务区设立中国租赁业西部创新服务基地。

**市场运行和消费促进** 日用工业品市场繁荣稳定、供应充足，日用品类销售保持增长。全年限额以上消费品零售额2 469.51亿元，同比增长4.5%。其中，服装、鞋帽、针、纺织品类零售额392.83亿元，增长2.4%；日用品类零售额65.04亿元，增长16.8%；家用电器和音像器材料类零售额135.00亿元，增长13.4%；家具类零售额97.66亿元，增长0.2%；建筑及装潢材料类零售额98.97亿元，增长0.3%；汽车类零售额645.46亿元，增长2.6%。举办了新年购物节、春季婚博会、西部电博会、西安轻工商品交易会、消费促进月等活动。2016西安购物节实现消费金额183.28亿元。第14届西安年货会、西安轻工商品交易会、第三届中国西部（西安）电子商务博览会三个大型消费类展会展销时间40天，展位3 570个，参展商2 862家，商品达14 300多种，总流量222.3万人次，总成交额5.77亿元。

## 【对外贸易】

**进出口总额** 着力引导全市外贸企业转型升级、调整结构、扩大规模，全年实现外贸进出口总额1 828.46亿元，比上年增长3.8%。

**特点** 一是外贸规模不断扩大。结合市情出台了《西安市促进加工贸易创新发展行动计划》，从提升企业推动技术进步、增强创新能力等方面鼓励加工贸易做大做强。征集承接加工贸易转移资金项目64个，总投资54.8亿元，2016年加工贸易进出口总值1 184.95亿元，占全市进出口总值的65%。二是进出口结构不断优化。2016年全市进口881.7亿元，出口946.75亿元，进出口平衡发展。全市机电产品进出口1 521.56亿元，高新技术产品进出口1 370.25亿元，分别占进出口总值的83%和75%，进出口结构进一步优化。三是突出重点做好服务。组织企业参加第119届、第120届中国进出口商品交易会、华东进出口商品交易会、东盟博览会等贸易促进活动。实行"一企一策"、"一业一策"，做好50家重点外贸企业服务工作。组织了5场外经贸政策专题宣讲会，为近2 000家外贸企业进行宣讲答疑和业务培训，落实好相关政策。

**服务外包** 以"服务企业、扶持产业"为宗旨，组织企业参加第4届京交会、第14届软交会、全球服务外包大会等服务外包盛会，到加拿大开展了服务外包投资推介会，扩大西安服务外包影响力，全年实现服务外包合同金额18.46亿美元，同比增长23.63%。目前，西安聚集了微软、美光、施耐德等世界500强企业以及华为、中兴、中软国际、软通动力等众多国内龙头企业。全市拥有软件和服务外包企业1 500余家，从业人员规模达到15.2万人。产业发展已经形成了以研发设计和软件开发为主，以跨国公司和国内知名大企业为龙头，本土企业竞相发展的服务外包产业格局。

## 【利用外资】

**利用外资金额** 实际利用外资45.05亿美元，比上年增长14%，总量占全省的90%。实际引进内资1 857.77亿元，增长4.56%。

**招商引资活动** 着力招强引优，引资质量和效益进一步提升。按照"从外引、向上争、朝内挖"的要求，主动出击，实施精准招商。重点围绕西安市5大主导产业包装策划150场次各类招商及外经贸活动。举办"中国西安·韩国晋州经济合作交流会"、"西安—意大利威尼托大区项目对接会"等多场交流会，加强了西安与各国城市间的交流与合作，扩大了西安国际影响力。2016丝博会暨西洽会西安代表团共签订项目338个，总投资达3 698.89亿元，比上届项目总数增加33个。

**西安市2016年利用外资情况表**

| 利用外资方式 | 批准签订的合同 | | | 实际利用外资 | |
|---|---|---|---|---|---|
| | 项目数（个） | 外资金额（万美元） | 金额比上年增加（%） | 金额（万美元） | 金额比上年增加（%） |
| 合资企业 | 25 | 35 511.3 | -3.7 | 48 730.2 | -45.3 |
| 外资企业 | 47 | 66 592.1 | -56.8 | 401 735.3 | 31.4 |
| **合计** | **72** | **102 103.4** | **-47.3** | **450 465.5** | **14.0** |

## 【对外经济合作】

**对外投资** 积极鼓励企业主动融入"一带一路"战略和国际产能合作。全年累计新设境外投资机构71家，比上年增加21家。协议投资总额6.86亿美元，增长12.8%。涉及装备制造、矿产资源勘查开发、商贸服务等多个领域，民营企业对外投资势头迅猛，爱菊集团在哈萨克斯坦北哈州投资建设的"中哈爱菊农产品加工园区一期工程"于2016年12月正式投产。

**承包工程** 对外承包工程再创佳绩。全年累计完成对外承包工程营业额23.84亿美元，增长10.3%。主要集中在交通运输、电力工程和房屋建设等领域，西电国际、华山国际等龙头企业带动作用明显，"海外西安"品牌效应凸显。

## 【其他】

**口岸建设** 在2016"一带一路"中国（兰州）国际跨境电商物流大会上，西安市获得"跨境电商物流发展创新奖"和"'一带一路'建设突出贡献奖"。

中亚班列（长安号）满载2 000吨油脂首次回程，迈出历史性步伐，中欧班列（长安号）相继开通了华沙、汉堡、莫斯科。"长安号"累计开行276班，运输货物41.9万吨。2016年12月12日，西北地区第一条国际货运航线"长安号"起航，架起了西安与荷兰、中国西部与欧洲的国际货运"空中桥梁"，为加快国际化大都市建设提供了有力支撑。

**自贸区建设** 2016年8月31日，党中央国务院决定在陕西等七个省市实施第三批自贸试验区。按照省委、省政府总体部署，西安市牢固树立"西安担当"意识，解放思想、攻坚克难、先行先试，努力打造具有"一带一路"特色的内陆开放型自贸试验区。10月14日自贸试验区筹备工作由市商务局牵头负责，在市商务局设立了市自贸试验区工作筹备办公室（简称"市自贸筹备办"）。与西安交大、普华永道等智库机构开展自贸试验区研究合作，并开展自贸区专题培训，全市共组织赴上海、广东、福建等地学习调研20余批次，开展针对性培训30余批次。这些基础性的筹备工作为《中国（陕西）自由贸易试验区总体方案》顺利获批和揭牌奠定了扎实基础。

# 2016年甘肃省商务发展概况

甘肃省商务厅

甘肃省商务厅厅长

张应华 男，汉族，1964年2月生，甘肃省白银市会宁县人。1985年2月入党，1988年7月参加工作，研究生学历，甘肃省委党校经济社会发展与党的领导专业毕业。历任天水市委常委、组织部部长，天水市委副书记，金昌市委副书记、市长。2016年9月起任甘肃省商务厅党组书记、厅长。

【国内贸易】

**社会消费品零售总额** 2016年，甘肃省实现社会消费品零售总额3 184.39亿元，比上年增长9.5%。按销售单位所在地统计，城镇实现社会消费品零售总额2 535.9亿元，增长9.5%；乡村实现社会消费品零售总额648.5亿元，增长9.8%。按消费形态分，商品零售额2 679.2亿元，增长9.5%；餐饮收入505.2亿元，增长9.8%。

**市场物价** 市场物价商品零售价格指数为100.9，居民消费价格指数为101.3（以上年价格为100）。

**市场秩序建设** 加强商务行政执法指导，制定印发了《甘肃省2016年规范市场秩序工作要点》，推进商务综合执法体制改革，完善案件受理及转办督办机制和流程，强化重点领域的监督管理。全省12312商务投诉举报热线共受理各类咨询3 030件，受理投诉280余件，办结并反馈举报投诉311件，开展各类执法5 400多次，出动执法人员24 000多次/人，查处酒类、成品油等违法违规案件1 000余起。开展商务领域诚信体系建设工作，掌握各类商务领域基础信用信息65 468条。推动流通追溯体系建设，印发了《甘肃省人民政府办公厅关于加快推进重要产品追溯体系建设的实施意见》，兰州市、天水市肉菜流通追溯体系建设项目和中药材流通追溯体系建设项目基本完成。加强药品流通行业管理，编制《甘肃省药品流通行业“十三五”发展规划》，积极跟进商务部《全国中药材物流基地规划建设指引》，认真做好药品流通行业统计工作，增加了14家药品流通统计直报企业，甘肃省药品流通直报企业共达到29家。加快行政处罚案件信息公开工作和“两法衔接”信息共享平台建设，全省打击侵权假冒行政执法立案6 372件，办结6 134件，捣毁制假售假窝点57个，向司法机关移交案件292件。2016年，甘肃省打击侵权假冒工作绩效考核得分92.78分。

**市场体系建设** 编制完成《甘肃省农产品市场发展规划（2016—2020年）》，明确了以八大商品交易市场及公益性大型批发市场建设为龙头、以农产品产地批发市场建设为骨干、以县乡便民市场等零售市场建设为基础的农产品市场体系建设目标。指导2个国家级试点市场和3个省级试点市场完善建设方案，督促企业加快项目建设进度。配合商务部委托的第三方评估机构对甘肃省公益性市场进行绩效评价，从评价结果看，甘肃省公益性市场试点工作进度处于全国前列。商务部公示了首批全国15个公益性农产品批发市场示范市场名单，甘肃省武山洛门森源蔬菜果品市场被确定为首批全国公益性农产品示范批发市场。指导8大市场建设运营，大市场已完成投资60.36亿元，总体建设进度达到64.29%，已取得阶段性成果。全省100个县乡便民市场完成建设任务，资金总投入8.6亿元，新增商业面积134万平方米。积极向商务部、国家开发银行申报农产品骨干流通网络建设项目，争取国家开发银行的金融支持。

**市场运行调节** 按照“促消费、保增长、重运行、强监测、抓调控”的工作思路，全力促进消费品市场的稳定发展。召开专题电视电话会议，从改进消费供给、加快转型升级、加强基础建设、培育壮大市场主体、改善消费环境等方面明确了内贸流通供给侧结构性改革的任务。多措并举促进消费增长，建立和完善对限上企业“人对点、全覆盖”联系机制，调整优化入库企业结构；商银合作促消费，与人民银行兰州中心支行、银联甘肃分公司共同探索刷银行卡促进消费新的合作模式，商贸企业刷卡消费额较上年同期平均增长29.23%，春节期间餐饮刷卡消费同比增长51%；组织开展春季消费促进月活动，设立300万元促消费稳增长资金，组织活动165场次，参加企业5 396家，商品销售额达56亿元，同比增长9.8%。做好市场调控工作，投放省级储备冻猪肉1 013吨，蔬菜13个品种、3万多吨，满足节日市场需求。完善市场监测及商贸统计体系，优化样本企业，提高报送质量，强化市场分析，刊发消费市场运行周报、专题分析资料70多篇。规范成品油市场管理，对全省1 308家成品油经营企业进行年检，联合相关部门开展成品油市场专项清理整顿行动，检查经营网点226个，查获不合格油品近500吨，关闭无证经营网点70个。做好茧丝绸协调管理，编制《甘肃省茧丝绸行业“十三五”规划（2016—2020）》，加强桑蚕生产指导，维护蚕桑生产稳定发展，有效遏制了蚕桑产业下滑趋势。

**电子商务发展** 2016年全省电子商务交易额达2 080亿元，同比增长30%，网络零售额415亿元，同比增长超30%，增幅均高于全国平均水平。服务体系加速覆盖，省财政配套5 000万元专项资金，全省建成75个县级电商服务中心、1 157个乡级电商服务站、5 289个村级电商服务点，实现了贫困县电商服务中心全覆盖，超额完成30%的贫困乡村建成电商服务站点的目标任务。示范工程引领带动，新增20个国家电子商务进农村综合示范县，中央财政给予每县2 000万元资金补助，共4亿元，是2016年该项目在全国得到支持力度最大的省份。人才培训创新推进，坚持“请进来、走出去、沉下去”相结合，办好省内专业培训机构，打造甘肃省电子商务公共服务平台，开展远程（网上）电商人才培训，全年培训10万人次。品牌培育凸现成效，引导农产品生产企业标准化生产、品牌化经营，岷县中药材，成县山货，会宁刺绣、剪纸和红色旅游产品，庆阳小杂粮等已经成为网上的明星产品，培育了“陇萃堂”、“陇上十三宝”、“琪祥阁”、“百合源”等一批网络知名品牌。聚焦扶贫助农增收，国家电商扶贫试点市陇南通过电子商务带动贫困户人均增收达620元；庆阳环县赵掌沟农民合作社在网上销售向日葵茎髓，带动贫困户年均增收2 800元；临夏广河县发挥皮革、毛纺网上热销优势，在农村就近设厂解决家庭妇女就业，人均月收入达2 000多元。

## 【对外贸易】

**进出口总额** 外贸进出口453.2亿元人民币，比上年下降8.3%。其中，出口268.2亿元，下降25.7%；进口185亿元，增长39.3%（增速全国第一）。一般贸易出口223.92亿元，下降33%；一般贸易进口84.81亿元，增长26%；加工贸易出口36.8亿元，增长111%；加工贸易进口86.27亿元，增长45%。

**出口商品市场** 出口商品销往196个国家（地区）。

**进口商品市场** 进口商品来自68个国家（地区）。

**甘肃省2016年出口额5 000万元以上商品情况表**

| 金额分类 | 商品名称 | 出口金额（万元） | 占出口总额比重（%） |
|---|---|---|---|
| 10亿元以上 | 其他集成电路 | 214 261 | 7.99 |
| 5亿—10亿元 | 鲜苹果 | 61 492 | 2.29 |
| | 未列名塑料制鞋面的鞋靴 | 54 290 | 2.02 |
| 1亿—5亿元 | 炉用碳电极 | 44 049 | 1.64 |
| | 其他自动上弦的手表 | 38 218 | 1.43 |
| | 处理器及控制器，不论是否带有存储器、转换器、逻辑电路、放大器、时钟及其他电路 | 32 247 | 1.20 |
| | 未列名电灯及照明装置 | 28 103 | 1.05 |
| | 纯度≥99.99%未锻造银 | 26 068 | 0.97 |
| | 其他镀或涂锌普通钢铁板材 | 25 603 | 0.95 |
| | 蔬菜种子 | 25 437 | 0.95 |
| | 其他硅 | 23 583 | 0.88 |
| | 未列名塑料制品 | 22 517 | 0.84 |
| | 含镁量至少为99.8%的未锻轧镁 | 21 754 | 0.81 |
| | 塑料或纺织材料作面的提箱、小手袋等 | 19 610 | 0.73 |
| | 其他苹果汁 | 18 438 | 0.69 |
| | 按重量计铜含量超过99.9935%的精练铜阴极 | 18 231 | 0.68 |
| | 橡胶或塑料制外底，纺织材料制鞋面的其他鞋靴 | 17 929 | 0.67 |
| | 枝形吊灯及天花板或墙壁上的电气照明装置 | 17 319 | 0.65 |
| | 其他照相机用物镜 | 16 020 | 0.60 |
| | 塑料片或纺织材料作面的手提包 | 14 869 | 0.55 |
| | 其他瓷制餐具 | 14 055 | 0.52 |
| | 家具用其他贱金属制附件及架座 | 14 038 | 0.52 |
| | 瓷制固定卫生设备 | 13 702 | 0.51 |
| | 棉制女裤 | 13 623 | 0.51 |
| | 锥形滚子轴承，包括锥形滚子组件 | 13 496 | 0.50 |
| | 塑料制小雕塑品及其他装饰品 | 13 381 | 0.50 |

**甘肃省2016年出口额5 000万元以上商品情况表（续）**

| 金额分类 | 商品名称 | 出口金额（万元） | 占出口总额比重（%） |
|---|---|---|---|
| 1亿—5亿元 | 化纤制针织或钩编套头衫、开襟衫、马甲等 | 13 143 | 0.49 |
| | 未列名制作或保藏的未冷冻蔬菜及什锦蔬菜 | 13 042 | 0.49 |
| | 棕刚玉 | 12 487 | 0.47 |
| | 星型轮及碟刹件 | 12 407 | 0.46 |
| | 放大器 | 12 160 | 0.45 |
| | 棉制针织或钩编的T恤衫、汗衫、背心 | 11 935 | 0.45 |
| | 橡胶、塑料、皮革及再生皮革制外底，其他皮革或再生皮革制鞋面的鞋靴 | 11 905 | 0.44 |
| | 棉制其他男裤 | 11 708 | 0.44 |
| | 重量大于5kg的番茄酱罐头 | 11 269 | 0.42 |
| | 化纤制胸罩 | 11 107 | 0.41 |
| | 未列名钢铁制品 | 10 956 | 0.41 |
| | 电气的台灯、床头灯或落地灯 | 10 717 | 0.40 |
| | 塑料片或纺织材料作面的其他类似容器 | 10 559 | 0.39 |
| | 未上釉表面积<7cm×7cm陶瓷砖瓦及类似品 | 10 375 | 0.39 |
| | 建筑用其他贱金属制附件及架座 | 10 337 | 0.39 |
| | 贱金属制其他仿首饰 | 10 229 | 0.38 |
| | 盐渍绵羊肠衣 | 10 095 | 0.38 |
| | 其他金属家具 | 10 059 | 0.38 |
| 5 000万—1亿元 | 棉制针织或钩编的男裤 | 9 943 | 0.37 |
| | 其他橡、塑或再生皮革外底，皮革鞋面的鞋靴 | 9 848 | 0.37 |
| | 其他未锻造银 | 9 512 | 0.35 |
| | 其他钢铁结构体；钢结构体用部件及加工钢材 | 9 195 | 0.34 |
| | 其他厚度大于1毫米小于3毫米，冷轧不锈钢板材 | 9 065 | 0.34 |
| | 其他上釉的陶瓷砖、瓦、块及类似品 | 8 878 | 0.33 |
| | 未列名已加工花岗岩制品 | 8 782 | 0.33 |
| | 白瓜子 | 8 755 | 0.33 |
| | 皮革、再生皮革或漆皮作面的手提包 | 8 199 | 0.31 |
| | 不锈钢制餐桌、厨房或其他家用器具及其零件 | 8 175 | 0.30 |
| | 其他未搪瓷钢铁餐桌、厨房等家用器具及零件 | 7 985 | 0.30 |
| | 热轧、拉拔或挤压普通钢角钢，截面高<80mm | 7 968 | 0.30 |
| | 冷轧不锈钢板材，0.5mm≤厚≤1mm | 7 920 | 0.30 |
| | 杆径大于6毫米的其他螺钉及螺栓（不论是否带有螺母或垫圈，非用于民用航空器维护和修理 | 7 752 | 0.29 |
| | 圣诞节用品 | 7 744 | 0.29 |
| | 耗散功率1瓦及以上的晶体管 | 7 733 | 0.29 |
| | 合成纤维制针织或钩编的女裤 | 7 715 | 0.29 |
| | 棉制针织或钩编的女裤 | 7 602 | 0.28 |
| | 其他纺织材料制针织或钩编的汗衫、背心、T恤 | 7 561 | 0.28 |
| | 其他装软垫的金属框架的坐具 | 7 427 | 0.28 |
| | 塑料制人造花、叶、果实及其零件和制品 | 7 406 | 0.28 |
| | 家具的零件 | 7 299 | 0.27 |
| | 针织帽类及用其他纺织物 | 7 266 | 0.27 |

**甘肃省2016年出口额5 000万元以上商品情况表（续）**

| 金额分类 | 商品名称 | 出口金额（万元） | 占出口总额比重（%） |
|---|---|---|---|
| 5 000万—1亿元 | 塑料制餐具及厨房用具 | 7 198 | 0.27 |
| | 非特殊用途的其他类型电视摄像机 | 7 011 | 0.26 |
| | 塑料或纺织材料面的置于口袋或手提包内物品 | 6 905 | 0.26 |
| | 未锻轧钴 | 6 851 | 0.26 |
| | 棉制针织或钩编的女三角裤及短衬裤 | 6 726 | 0.25 |
| | 其他未锻轧镁 | 6 613 | 0.25 |
| | 塑料制其他家庭用具及盥洗用具 | 6 536 | 0.24 |
| | 其他卧室用木家具 | 6 400 | 0.24 |
| | 鲜或冷藏的蒜头 | 6 328 | 0.24 |
| | 棉制针织或钩编的女式连衣裙 | 6 308 | 0.24 |
| | 其他天然或合成再制的苷（配糖物）及其盐、醚、酯和其他衍生物 | 6 282 | 0.23 |
| | 镀或涂锌的普通钢铁丝 | 6 263 | 0.23 |
| | 未列名的化学工业及其相关工业的化学产品及配制品 | 6 250 | 0.23 |
| | 其他铅酸蓄电池 | 6 173 | 0.23 |
| | 硅铁，按重量计含硅量在55%以上 | 6 147 | 0.23 |
| | 贱金属制铰链（折叶） | 6 059 | 0.23 |
| | 瓷制塑像及其他装饰品 | 6 054 | 0.23 |
| | 棉制针织或钩编的女式上衣 | 6 015 | 0.22 |
| | 未列名化纤女式带风帽防寒短上衣、防风衣等 | 5 962 | 0.22 |
| | 未列名自推进的石油及天然气钻机 | 5 869 | 0.22 |
| | 其他未锻轧非合金镍 | 5 780 | 0.22 |
| | 厚介于3毫米与4.75毫米之间经酸洗的其他热轧不锈钢卷板 | 5 627 | 0.21 |
| | 9405所列货品的其他材料制零件 | 5 586 | 0.21 |
| | 耳机、耳塞及头戴送受话器 | 5 576 | 0.21 |
| | 合成纤维制其他男裤 | 5 494 | 0.20 |
| | 其他静止式变流器 | 5 414 | 0.20 |
| | 合成纤维制女式上衣 | 5 355 | 0.20 |
| | 化纤制未列名地毯及铺地制品 | 5 284 | 0.20 |
| | 未列名水泥、混凝土或人造石制品 | 5 210 | 0.19 |
| | 其他干扁豆 | 5 194 | 0.19 |
| | 钢铁制钉、平头钉、图钉、波纹钉、U形钉等 | 5 053 | 0.19 |
| **合　计** | | **1 404 076** | **52.36** |

**甘肃省2016年进口额5 000万元以上商品情况表**

| 金额分类 | 商品名称 | 进口金额（万元） | 占进口总额比重（%） |
|---|---|---|---|
| 10亿元以上 | 铜矿砂及其精矿 | 648 365 | 35.04 |
| | 其他集成电路 | 231 510 | 12.51 |
| | 镍矿砂及其精矿 | 173 610 | 9.38 |

## 甘肃省2016年进口额5 000万元以上商品情况表（续）

| 金额分类 | 商品名称 | 进口金额（万元） | 占进口总额比重（%） |
|---|---|---|---|
| 5亿—10亿元 | 其他芳烃混合物，T=25℃，蒸馏出芳烃≥65% | 94 933 | 5.13 |
| | 镍锍 | 64 487 | 3.49 |
| | 钴湿法冶炼中间品 | 59 722 | 3.23 |
| | 铬铁，按重量计含碳量在4以上 | 58 885 | 3.18 |
| | 其他蒸馏高温煤焦油所得的焦油及其他产品；其他芳族成分重量超过非芳族成分的类似产品 | 56 393 | 3.05 |
| | 其他未锻轧非合金镍 | 51 325 | 2.77 |
| 1亿—5亿元 | 处理器及控制器，不论是否带有存储器、转换器、逻辑电路、放大器、时钟及其他电路 | 35 073 | 1.90 |
| | 镍铁 | 27 017 | 1.46 |
| | 锌矿砂及其精矿 | 26 605 | 1.44 |
| | 其他照相机用物镜 | 18 315 | 0.99 |
| | 镍湿法冶炼中间品 | 17 363 | 0.94 |
| | 引线键合装置（主要用于或专用于装配与封装半导体器件和集成电路的设备） | 16 098 | 0.87 |
| | 已组装的自动上弦的完整表芯 | 15 440 | 0.83 |
| | 氧化铝，但人造刚玉除外 | 13 829 | 0.75 |
| | 贱金属表壳，不论是否镀金或镀银 | 12 392 | 0.67 |
| | 其他半制的金，非货币用 | 11 341 | 0.61 |
| | 其他主要或专用于装配封装半导体器件和集成电路的设备 | 10 157 | 0.55 |
| 5 000万—1亿元 | 其他精炼铜的阴极（未锻轧的） | 9 643 | 0.52 |
| | 含石油或从沥青矿物提取油类的润滑油添加剂 | 8 238 | 0.45 |
| | 耗散功率1瓦及以上的晶体管 | 7 417 | 0.40 |
| | 其他贵金属矿砂及其精矿 | 7 166 | 0.39 |
| | 其他干豌豆 | 6 828 | 0.37 |
| | 其他材料表带及其零件 | 6 682 | 0.36 |
| | 锰矿砂及其精矿 | 6 451 | 0.35 |
| | 放大器 | 6 218 | 0.34 |
| | 片式多层瓷介电容器 | 5 889 | 0.32 |
| **合　计** | | **1 707 392** | **92.28** |

## 甘肃省2016年主要出口市场情况表

| 国别（地区） | 出口金额（万元） | 占出口总额比重（%） | 国别（地区） | 出口金额（万元） | 占出口总额比重（%） |
|---|---|---|---|---|---|
| 香　港 | 432 340 | 16.12 | 意大利 | 23 147 | 0.86 |
| 韩　国 | 293 897 | 10.96 | 澳大利亚 | 21 403 | 0.80 |
| 美　国 | 185 554 | 6.92 | 缅　甸 | 18 570 | 0.69 |
| 马来西亚 | 128 596 | 4.80 | 埃　及 | 18 311 | 0.68 |
| 吉尔吉斯斯坦 | 84 804 | 3.16 | 法　国 | 17 963 | 0.67 |
| 新加坡 | 83 633 | 3.12 | 西班牙 | 17 951 | 0.67 |
| 印　度 | 71 843 | 2.68 | 土耳其 | 16 564 | 0.62 |
| 泰　国 | 70 676 | 2.64 | 肯尼亚 | 15 370 | 0.57 |
| 朝　鲜 | 59 767 | 2.23 | 巴　西 | 15 096 | 0.56 |
| 哈萨克斯坦 | 58 364 | 2.18 | 墨西哥 | 15 096 | 0.56 |

### 甘肃省2016年主要出口市场情况表(续)

| 国别（地区） | 出口金额（万元） | 占出口总额比重（%） | 国别（地区） | 出口金额（万元） | 占出口总额比重（%） |
|---|---|---|---|---|---|
| 俄罗斯 | 53 847 | 2.01 | 南　非 | 14 970 | 0.56 |
| 日　本 | 53 323 | 1.99 | 比利时 | 14 233 | 0.53 |
| 台湾省 | 50 022 | 1.87 | 尼泊尔 | 13 221 | 0.49 |
| 荷　兰 | 48 993 | 1.83 | 阿尔及利亚 | 12 282 | 0.46 |
| 阿拉伯联合酋长国 | 48 477 | 1.81 | 加　纳 | 11 314 | 0.42 |
| 越　南 | 43 650 | 1.63 | 以色列 | 10 614 | 0.40 |
| 德　国 | 39 425 | 1.47 | 伊拉克 | 10 453 | 0.39 |
| 英　国 | 38 158 | 1.42 | 苏　丹 | 10 269 | 0.38 |
| 菲律宾 | 37 349 | 1.39 | 智　利 | 9 111 | 0.34 |
| 伊　朗 | 33 555 | 1.25 | 坦桑尼亚 | 8 665 | 0.32 |
| 印度尼西亚 | 31 952 | 1.19 | 阿　曼 | 8 407 | 0.31 |
| 沙特阿拉伯 | 30 052 | 1.12 | 波　兰 | 8 342 | 0.31 |
| 巴基斯坦 | 30 010 | 1.12 | 秘　鲁 | 6 913 | 0.26 |
| 塔吉克斯坦 | 27 896 | 1.04 | 约　旦 | 6 712 | 0.25 |
| 乌兹别克斯坦 | 26 902 | 1.00 | 摩洛哥 | 6 667 | 0.25 |
| 孟加拉国 | 26 231 | 0.98 | 安哥拉 | 6 664 | 0.25 |
| 澳　门 | 25 966 | 0.97 | 文　莱 | 6 066 | 0.23 |
| 加拿大 | 24 605 | 0.92 | 吉布提 | 6 050 | 0.23 |
| 尼日利亚 | 24 348 | 0.91 | 也　门 | 5 474 | 0.20 |
| **合　计** | | | | **2 520 133** | **93.97** |

### 甘肃省 2016 年主要进口市场情况表

| 国别（地区） | 进口金额（万元） | 占进口总额比重（%） | 国别（地区） | 进口金额（万元） | 占进口总额比重（%） |
|---|---|---|---|---|---|
| 哈萨克斯坦 | 331 688 | 17.93 | 德　国 | 29 501 | 1.59 |
| 美　国 | 234 122 | 12.65 | 韩　国 | 25 489 | 1.38 |
| 蒙　古 | 174 495 | 9.43 | 中　国 | 19 489 | 1.05 |
| 澳大利亚 | 173 315 | 9.37 | 荷　兰 | 17 755 | 0.96 |
| 台湾省 | 102 051 | 5.52 | 西班牙 | 16 824 | 0.91 |
| 秘　鲁 | 75 793 | 4.10 | 巴　西 | 15 751 | 0.85 |
| 刚果（金） | 69 750 | 3.77 | 厄立特里亚 | 14 577 | 0.79 |
| 日　本 | 58 703 | 3.17 | 加拿大 | 12 279 | 0.66 |
| 智　利 | 57 844 | 3.13 | 哥伦比亚 | 10 505 | 0.57 |
| 印度尼西亚 | 55 190 | 2.98 | 老　挝 | 9 931 | 0.54 |
| 香　港 | 51 563 | 2.79 | 菲律宾 | 9 904 | 0.54 |
| 马来西亚 | 46 367 | 2.51 | 墨西哥 | 8 581 | 0.46 |
| 俄罗斯 | 38 561 | 2.08 | 沙特阿拉伯 | 7 974 | 0.43 |
| 新加坡 | 33 459 | 1.81 | 印　度 | 7 508 | 0.41 |
| 芬　兰 | 31 781 | 1.72 | 阿拉伯联合酋长国 | 6 831 | 0.37 |
| 南　非 | 31 723 | 1.71 | 朝　鲜 | 5 939 | 0.32 |
| 越　南 | 30 838 | 1.67 | 摩洛哥 | 5 888 | 0.32 |
| **合　计** | | | | **1 821 969** | **98.47** |

【利用外资】

甘肃省 2016 年利用外资情况表

| 利用外资方式 | 批准签订的合同 | | | 实际利用外资 | |
|---|---|---|---|---|---|
| | 项目数（个） | 外资金额（万美元） | 金额比上年增加（%） | 金额（万美元） | 金额比上年增加（%） |
| **外商直接投资** | **30** | **1 375 038** | **3 053.54** | **11 588** | **5.00** |
| 合资企业 | 22 | 1 344 336 | 4 592.44 | 5 431 | 579.72 |
| 合作企业 | 0 | 0 | -100.00 | 0 | -100.00 |
| 外资企业 | 7 | 30 702 | 527.98 | 6 157 | -33.70 |
| 股份有限公司 | 1 | 0 | 0 | 0 | 0 |
| **合　计** | **30** | **1 375 038** | **3 053.54** | **11 588** | **5.00** |

甘肃省 2016 年外商直接投资来源情况表

| 国别（地区） | 项目数（个） | 合同外资 | | 实际外资 | |
|---|---|---|---|---|---|
| | | 金额（万美元） | 同比（%） | 金额（万美元） | 同比（%） |
| **总　计** | **30** | **1 375 038** | **3 053.54** | **11 588** | **5.00** |
| 香　港 | 21 | 1 319 295 | 3 305.69 | 1 733 | -57.25 |
| 新加坡 | 0 | 0 | -100.00 | 665 | 100.00 |
| 韩　国 | 1 | 4 859 | 100.00 | 3 786 | 100.00 |
| 泰　国 | 1 | 2 | 100.00 | 0 | 0 |
| 台湾省 | 2 | 353 | -65.29 | 25 | 100.00 |
| 德　国 | 2 | 51 235 | -100.00 | 0 | 0 |
| 荷　兰 | 0 | 0 | -100.00 | 0 | 0 |
| 美　国 | 0 | -1 080 | -194.9 | 55 | 266.67 |
| 澳大利亚 | 1 | 52 | 100.00 | 0 | 0 |
| 投资性公司投资 | 1 | 322 | -78.43 | 5 324 | -23.58 |

**外商直接投资行业**　生产型项目数为 21 个，非生产型项目数为 9 个。分行业的项目数：租赁和商务服务业 2 家，住宿和餐饮业 2 家，制造业 19 家，文化、体育和娱乐业 1 家，农、林、牧、渔业 2 家，科学研究、技术服务和地质勘查业 1 家，教育业 1 家，电力、燃气及水的生产和供应业 2 家。

**外商直接投资企业生产经营情况**　甘肃省参加联合年报的外商投资企业共 174 家，其中：合资企业 85 家，占 48.85%；合作企业 3 家，占 1.72%；独资企业 86 家，占 49.43%。174 家企业投资总额 41.82 亿美元，注册资本 19.11 亿美元，其中：中方认缴注册资本 6.9 亿美元，占 36.12%；外方认缴注册资本 12.2 亿美元，占 63.88%。174 家参报企业中，实现销售（营业）收入 164.36 亿元人民币，其中：国内营业销售额 140.95 亿元人民币；纳税总额 10.24 亿元人民币，其中：关税 352.98 万元人民币；利润总额 7.3 亿元人民币，净利润 5.2 亿元人民币。174 家参报企业职工人数为 19 406 人，其中：合资企业职工 12 619 人，占 65.03%；合作企业职工 524 人，占 2.7%；独资企业职工 6 263 人，占 32.27%。外籍工作人员 69 人，占 0.38%。

【“一带一路”建设】

甘肃省与中西亚、东南亚、南亚等国家经贸合作持续取得新进展，2016 年与“一带一路”沿线主要国家贸易额突破 100 亿元人民币，同比增长 10%。与哈萨克斯坦投资促进局以及塔吉克斯坦、土耳其、尼泊尔等 53 个境外商协会建立了合作机制，先后在白俄罗斯、伊朗、吉尔吉斯斯坦、印度尼西亚、土耳其、哈萨克斯坦、印度、马来西亚等“一带一路”沿线国家相继设立了 9 个驻外商务代表处，形成了向西开放多支点分布的格局。

**开放型经济新体制构建**　印发了《中共甘肃省委甘肃省人民政府关于进一步扩大对外开放的意见》和《关于深入推进招商引资工作的实施方案》（中共甘肃省委甘肃省人民政府贯彻新发展理念“1+19”系列配套文件之十六），推广上海等 4 个自贸试验区可复制改革试点经验，对不涉及国家特别管理措施的外商投资企业的设立和变更，由审批改为备案管理。开放平台建设有了新的突破，兰州铁路集装箱场站获准对外开放，兰州铁路口岸成为甘肃省历史上第一个铁路开放口岸。兰州中川国际机场获准开展口岸签证业务、获批成为进口冰鲜水产品及水果指定口岸，武威保税物流中心获批成为国内第二个内陆进境木材监管区，嘉峪关航空口岸列入国家“十三五”口岸发展规划，兰州国际港务区建设加快推进。新增对外贸易经营者备案企业449家，全省具有对外贸易经营者备案企业3 710家，为64家外贸企业签发一般原产地证1 081份、优惠原产地证41份，组织360家企业参加或举办25个境外专业展会。目前全省贸易伙伴达到180多个国家和地区，新兴市场占比达到40%。

**向西开放通道建设** 开通国内首列南亚公铁联运和兰州新区—明斯克点对点国际货运班列，兰州—迪拜、兰州—达卡国际货运包机出口、澳大利亚—兰州国际货运包机进口开始直航。“兰州号”、“天马号”、“嘉峪关号”国际货运班列实现常态化运营，2016年发运国际货运班列132列，同比增长116%；累计货运16.7万吨，同比增长111%；货值2.42亿美元，同比增长30.8%，为甘肃打造国际陆港、构建兰州国际物流枢纽集散中心奠定了基础。贸易便利化水平快速提升，编制《甘肃电子口岸建设方案》，推进口岸“三互”大通关建设，在兰州新区综合保税区和武威保税物流中心实施“一次查验、一次放行”，率先开展“单一窗口”试点。

**自由贸易试验区改革试点经验复制推广** 甘肃省的复制推广工作取得了阶段性成效。在企业设立实行“单一窗口”方面，省市县三级全面实施了“五证合一、一照一码”。在社会信用体系建设方面，信用制度和省级公共信用信息共享交换平台初步建成，守信激励和失信惩戒机制建设取得初步进展，诚信文化建设取得实效。在信息共享方面，“甘肃政务服务网”已与省级22个部门对接，实现了主要行政部门间的信息归集和实时共享。全省综合执法改革试点启动，嘉峪关市实现了市场监管“五个统一”；定西市综合行政执法向街道社区、乡镇延伸，探索实行相对集中行政审批（许可）制度；兰州新区成立了综合行政执法试点工作领导小组办公室，成立了综合执法局。在企业年度报告公示和经营异常名录制度方面，全面实行市场主体抽查制，制定实施《甘肃省工商局企业经营异常名录管理工作细则（试行）》，“一处违法、处处受限”的协同监管和联合惩戒作用初步显现。社会力量参与市场监督制度方面，建立完善社会组织直接登记管理制度，制定实行了行业协会商会评估评分标准，推进行业协会商会建立健全诚信自律机制。贸易便利化专业监管制度正在全面推进，国家有关部门推广的28项改革事项任务，已按照国家有关部门的要求落实执行。自贸试验区“最佳实践案例”得到借鉴推广，在国际贸易“单一窗口”，推进信用信息应用，加强社会诚信管理，以信用风险分类为依托的市场监管制度三方面进行了有序借鉴推广。

**【对外经济合作】**

**对外投资** 2016年甘肃省新备案（增资）境外企业42家，中方协议投资额247 596万美元；实际开展对外直接投资的境外企业50家，当年实际投资额63 066万美元，同比增长391%。当年对外直接投资流量位列全国第24位。投资涉及有色金属矿采选业、页岩油气开发、清洁能源、计算机元件制造、商务服务业、进出口贸易、房屋建筑业、房地产开发、专业技术服务、餐饮、医药制造、农业等行业。投资主要分布在牙买加、南非、印度尼西亚、美国、澳大利亚、香港、加拿大、肯尼亚、津巴布韦、秘鲁、白俄罗斯、阿联酋等国家（地区）。

截至2016年，甘肃省对外直接投资累计实际投资额384 232万美元。

5个对外直接投资主要项目（中方实际投资额1 000万美元以上的项目）进展顺利。甘肃东兴铝业有限公司（酒钢集团下属全资子公司）牙买加年产165万吨氧化铝厂项目，当年实际投资额31 900万美元；金川集团股份有限公司印度尼西亚WP&RKA红土镍矿开发冶炼项目被国家发改委列入中国—印尼“一带一路”政府间国际产能合作重点项目，计划投资6.58亿美元，当年实际投资额5 793万美元；白银有色集团股份有限公司开曼群岛白银收入流项目，当年实际投资4 000万美元；甘肃天庆房地产集团有限公司在美国投资设立天庆美国投资集团股份有限公司，从事商品房项目开发销售业务，当年实际投资额3 400万美元；甘肃诺客达贸易有限公司通过中国香港全资子公司香港华聚有限公司，从事原油进出口业务，当年实际投资额1 037万美元。

**承包工程和劳务合作** 新签项目81项，新签合同额4.64亿美元，合同额500万美元以上的项目21项。其中，中甘国际新签的加纳宁格—普拉姆普拉姆海防项目和海岸角福苏湖生态恢复项目合同额9 000万美元，中铁二十一局新签的蒙古扎门乌德区域物流开发项目合同额3 300万美元。除传统的房屋建筑、打井架桥等项目外，逐步发展到矿山建设、石油化工及冶炼等行业。在“一带一路”沿线国家执行承包工程18项，完成营业额4 983万美元，累计完成营业额1.69亿美元。对外劳务合作有序发展，新建2个对外劳务合作平台，培育2家对外劳务合作企业，全年派出各类劳务人员3 030人，其中向“一带一路”沿线国家派出1 972人。

**多双边国际援助** 全年执行国际多双边无偿援助项目7项，执行金额174.86万元，包括联合国儿童基金会援助甘肃省的有条件现金转移支付项目、新西兰援助的甘肃省贫困地区农村电子商务技能培训项目、日本援助的年轻行政人员赴日本长期培养项目，伊斯兰国际救援组织援助的永靖县水窖项目、定西食品发放项目、开斋节食品发放项目、宰牲节肉食发放项目等。对外经济技术援助有序开展，结合甘肃省优势产业和科研实用技术，开展发展中国家太阳能风能开发利用部长研讨班、蒙古梭梭栽培及草原沙化防治技术培训班及“一带一路”沿线国家针灸推拿学研究生学历教育等31个对外援助人力资源培训项目。

**【其他】**

**开发区** 兰州经济技术开发区2016年实现生产总值246.04亿元，比上年增长11.%；实现工业总产值516.72

亿元，增长12.38%，实现工业增加值103.81亿元，增长13%。实现工业企业产品销售收入322.44亿元，增长15.8%，工业企业产销率为62.4%，实现主导产业产值496.3亿元，增长22.2%。高新技术企业实现工业增加值13.5亿元。完成固定资产投资376.48亿元（其中，兰州新区机场北园区38.67亿元，安宁园区221.66亿元，西固园区93.80亿元，红古园区16.35亿元，皋兰园区59.98亿元），占年计划340亿元的110.73%。其中，完成基础设施投资82.8亿元。招商引资到位资金46.37亿元，占计划40亿元的115.92%。其中，省外到位资金41.32亿元，占年计划40亿元的103%，引进工业项目资金占引资总额的100%。累计开工项目75个、总投资额607.01亿元，其中，新开工20个，已建成10个，续建45个。

金昌经济技术开发区2016年完成生产总值997 728万元，比上年增长7.83%，占全市的48.01%；完成工业增加值617 205万元，增长6.64%，占全市的84.53%；实现销售收入13 845 792万元，增长0.82%，占全市的56.85%；主导产业产值达6 986 664万元，占开发区的98%；实现主导产业产值684.96亿元，增长4.64%；工业企业产销率为97.1%；高新技术企业实现工业增加值2.41亿元，增长8.99%；完成固定资产投资59.17亿元，增长7.2%，占全市25.82%；2016年招商引资到位资金55.76亿元，减少61.6%。其中，省外到位资金55.76亿元，占年计划25亿元的223.04%，引进工业项目资金占引资总额的71.00%，比全年45%目标任务高出26个百分点。共实施项目113项，其中，续建15项，新建16项，建成24项，前期58项。

天水经济技术开发区2016年实现生产总值99.57亿元，比上年增长9%，占全市的16.9%；实现工业总产值198.4亿元，增长8.97%；实现工业增加值84.7亿元，增长8.3%，占全市工业增加值的81.3%。实现工业企业产品销售收入173.4亿元，较上年增长8.5%，工业企业产销率为87.4%，实现主导产业产值162.2亿元，增长8.68%。高新技术企业实现工业增加值16.5亿元。完成固定资产投资34亿元，其中，完成工业固定资产投资24.9亿元。2016年共签约项目18个，协议引资53亿元，到位引资58.34亿元（含往年签约项目）。累计开工项目57个，总投资额96.6亿元。

酒泉经济技术开发区2016年实现生产总值38.34亿元，比上年增长4.57%，占全市的6.6%；实现工业总产值97.25亿元，下降4%，实现工业增加值21.47亿元，下降2.74%。实现工业企业产品销售收入91.07亿元，较上年增长0.02%，工业企业产销率为93.6%，实现主导产业产值54.8亿元；高新技术企业实现工业增加值10.08亿元。完成固定资产投资30.31亿元，招商引资到位资金29.85亿元，增长4.26%。

张掖经济技术开发区2016年实现生产总值83.5亿元，比上年下降3.2%，占全市地区生产总值的20%；实现工业总产值90亿元，增长2%，实现工业增加值15.2亿元，增长7.3%。实现工业企业产品销售收入82亿元，较上年下降2.4%，工业企业产销率为88%，实现主导产业产值69.9亿元，下降2.3%。高新技术企业实现工业增加值11.7亿元。完成固定资产投资15.8亿元，增长1.3%，占全市固定资产投资的5.1%。全年引进项目21项，协议引进资金19.91亿元，其中开工建设14项，总投资13.7亿元，落实资金7.4亿元，其中投资1亿元以上的项目8个，全年新增规模以上企业6户。

**商务洽谈会**　第二十二届兰洽会于2016年7月8日—11日在兰州成功举办。全国政协副主席王正伟出席兰洽会开幕式暨丝绸之路合作发展高端论坛。泰国作为本届兰洽会主宾国，由泰国副总理特别代表、商务部副部长吴缇财率团参会。国家发展改革委等10个国家部委、北京等25个省区市、俄罗斯等32个国家、联合国工业发展组织等4个国际组织，以及香港、澳门特别行政区和台湾地区的代表团组参会。56家跨国公司高管，中国国际商会、香港中华总商会等34个境内外经贸代表团、商协会以及中国光彩事业庆阳行暨民企陇上行等专项活动代表团参会。围绕培育战略性新兴产业和推进国际产能合作，成功举办了58项主题突出、内容丰富的活动。省领导与国际组织、国外政府代表团开展高层次会见、会谈活动12场次，在相关领域取得了深层次合作共识。泰国等境外代表团推介对接了合作项目、实地考察了相关市州和企业。河北、上海等省区市代表团举办了专题项目推介对接活动。省内各市州结合各自优势产业和投资环境，共组织举办了20项投资促进活动。首次举办了中国西部创客节，为西部地区创业者、投资者提供了宣传推广、沟通合作的独特平台。签约省外引资项目1 435个，投资总额达7 607.59亿元，比上届兰洽会增长9.1%。其中，签约PPP项目59个，投资额801亿元。同时，签约了12个对外投资合作和进口合同项目，总金额23.8亿美元。本届兰洽会展览展销面积8万平方米，主展馆设综合展示馆、专业展览馆，重点突出与“一带一路”国家的交流合作，设置了丝绸之路国际合作展区和5个专业展区，在兰州市家盛酒店用品批发市场设置了酒店用品专业展区。共有1 200多家境内外企业参展，展品包括新材料、机械设备、电工电器、生物医药、轻工食品以及葡萄酒等20多大类、上千种产品，参会参展客商达到5 000多人。展会期间进馆观众累计36万人（次），主展馆商品展销总成交额10.38亿元，其中订货7.09亿元，现货零售3.29亿元。

**出入境人员**　2016年，全省空运口岸共出入境人员达172 597人次，比上年增长22.7%。其中，兰州中川机场空运口岸出入境人员达167 833人次，增长21.5%；敦煌机场空运口岸出入境人员共计4 764人次，增长92.6%。2016年全省空运口岸新开通韩国清州、韩国襄阳、泰国普吉岛等7条航线。截至2016年底，全省共开通兰州至香港、台湾省台北、韩国首尔、泰国曼谷、俄罗斯圣彼得堡、柬埔寨暹粒，敦煌至香港等24条国际和地区航线。

# 2016年青海省商务发展概况

青海省商务厅

青海省商务厅厅长

尚玉龙　男，汉族，1964年10月出生，1985年7月毕业于西北农学院（西北农林科技大学），中央党校在职研究生。历任青海省海北州委副秘书长、政研室主任，青海省政府发展研究中心副主任（正处级），青海省政府发展研究室（发展研究中心）主任（副厅级）。青海省政府副秘书长、办公厅党组成员。2010年11月—2015年5月，青海省政府副秘书长、办公厅党组成员，省政府发展研究室（发展研究中心）主任（正厅级）。2015年5月至今，青海省商务厅党组书记、厅长。

## 【国内贸易】

**社会消费品零售总额**　2016年，青海省实现社会消费品零售总额767.3亿元，比上年的690.98亿元增长11%。按经营地分，城镇666.31亿元，增长11%；乡村100.99亿元，增长11.3%。按消费形态分，商品零售705.34亿元，增长11.1%；餐饮收入61.96亿元，增长9.9%。

**限额以上批发和零售贸易业、住宿和餐饮业基本情况**　2016年，共有限额以上批发和零售贸易业、住宿和餐饮业法人企业430个。其中，批发业法人企业142个，年末从业人数11 636人；零售业法人企业193个，年末从业人数16 553人；住宿和餐饮业法人企业95个。

**批发和零售贸易业企业商品购、销、存总额**　限额以上批发和零售贸易业企业商品销售总额1 029.8亿元，比上年的1 273亿元下降19.1%。限额以上批发和零售贸易业企业商品购进总额884.3亿元，年末库存总额58.7亿元。

**市场物价**　商品零售价格指数为100.4（以上年价格为100），其中，城市100.2，农村101.5；居民消费价格指数为101.8（以上年价格为100），其中，城市101.8，农村101.8。

**市场秩序建设**　制定出台了《青海省加快推进重要产品追溯体系建设实施意见》，全面建设完成了国家第三批试点城市（西宁市）肉类蔬菜流通追溯体系并投入运行。2016年全省各级相关执法部门共出动执法人员6万余人（次），检查食品、药品、农资、农副产品、家用电器、建材、机电、汽配、酒类等各类市场2 000余个，检查生产经营主体4万余个，受理和查处侵权和假冒伪劣商品案件508起，捣毁制假、藏假窝点139处。开展了全省范围卷烟打假（打私）破网专项整治行动和成品油市场专项整治行动，共查处各类涉烟违法案件138起，检查加油站450余家，抽查中石油、中石化油库2家，对非法无证加油点、非法流动加油车、社会加油站、销售不合格油品加油站等依法进行了处理，排查各类安全隐患320余处，当场整改240余条，限期整改61条。稳步推动市场监管公共服务体系建设，将黄南州同仁县和海南州贵德县、同德县列入市场监管公共服务体系建设项目单位。至此，商务部综合行政执法试点单位已涵盖了青海省6州2市20个县。目前，全省打击侵权假冒“两法衔接”信息平台已基本建成。

**市场体系建设**　制定出台了《青海省人民政府关于大力发展电子商务加快培育经济新动力的实施意见》和《青海省促进二手车便利交易实施方案》。继续实施青海省跨区域农产品流通基础设施建设试点。2016年用好用活省级商贸流通服务业发展专项资金3 000万元，采取股权投资的方式，与12家农产品流通重点企业签订投资协议，开展青海省农产品流通基础设施建设，解决就业1 170人，帮助农牧民增收6 541.4万元。参股企业营业收入6.1亿元，实现利润7 682万元，实现税收207.7万元。积极争取省级商贸流通服务业发展专项资金2 000万元，对23个符合条件的农产品交易市场进行建设改造工作，拉动社会投资4.3亿多元，新增就业岗位1 200多个。安排促消费资金250万元，支持省内9家美食广场、餐饮连锁企业进行餐饮基础设施改造建设，推动青海省餐饮企业品牌化、大众化、连锁化发展。将门源、民和、同仁、大通、乌兰、玛沁、贵德7县列入“全国电子商务进农村综合示范县”，下达中央财政专项资金10 500万元，推动农村牧区电商发展，进一步完善青海省农牧区商品流通网络，畅通“工业品下乡”和“农畜产品进城”的双向流通渠道，建成各类农村电子商务综合服务站点2 000余个，社区电子商务综合服务点近120个。全年实现电子商务交易额457.24亿元，同比增长35.9%；实现网络零售额157.64亿元，同比增长48.5%。报废机动车回收、二手车交易量均比上年同期有所增长，全年回收各类报废机动车7 522辆，同比增长14.7%，交易二手车42 624辆，同比增长23.8%，二手车交易额18.8亿元，同比增长 16.8%。

**流通业发展** 出台了《青海省推进国内贸易流通现代化建设法治化营商环境的实施意见》、《青海省关于贯彻实施“互联网+流通”行动计划的实施意见》和《青海省加快融资租赁业发展实施意见》。目前，全省共有融资租赁公司7家，其中，外资融资租赁公司5家，内资融资租赁公司2家，融资租赁额3亿多元。做好流通业统计工作，优化统计数据分析，加强数据信息成果应用，编制完成了《2015年度青海省流通业发展报告》。2016年，青海省被商务部、财政部列为全国10个冷链物流综合示范省份之一，获得中央财政专项资金1亿元，重点支持全省冷链物流设施设备建设改造、标准化、信息化建设。经层层筛选、专家组评审，确定实施项目33个，首批项目于2017年1月正式启动实施。通过项目建设，力争用2年时间，建成冷链物流监控平台，完成牛羊肉全程冷链、农贸批发市场综合冷链两项示范工程，基本解决“最先一公里”、“最后一公里”和“断链”问题，提高全省冷链流通率和运输率，降低流通环节损耗率。同时，向商务部报送14家商贸物流标准化示范备选企业，发挥商贸物流示范企业的带动作用。根据《关于保护和促进“青海老字号”发展的指导意见》和《“青海老字号”认定管理办法（暂行）》，将“青海老字号”纳入青海省品牌建设专项资金支持范围，支持老字号企业发展。目前，已拨付2016年第一批品牌建设发展专项资金100万元，各老字号企业分别获得10万元奖励资金。促进绿色流通发展，推动流通领域节能减排，青海西宁大十字百货商场被评为全国首批绿色商场示范企业。增强商贸领域安全生产意识，全年无重大责任事故。再生资源回收体系建设进一步完善，建设完成分拣加工中心3个、回收网点306个，全省主要再生资源回收量约147万吨，同比增长53%。

加强对典当、拍卖、融资租赁行业的事前审批和事中事后的监管，净化了市场环境，促进行业规范健康发展，注销三家存在违规经营行为的典当行的经营许可证。截至2016年底，青海省共有典当企业44家、分支机构4家。开展业务5 879笔，典当总额23 996万元，利息收入达到2 233万元，典当余额17 234万元，上交税金352.48万元。全省拍卖企业有10家，全年累计拍卖场次128场，年拍卖成交额达3.9亿元，拍卖拥金1 469万元。

**市场运行和消费促进** 一是多措并举促消费。充分发挥促消费资金的示范带动作用，全年下达各地促消费资金4 765万元，组织开展“消费促进月”及“年货大集”、名优特商品展销等系列促消费活动，参与企业400多家，实现销售额达25.29亿元。协调举办中国石化集团青海省名特优生产企业订货会，现场达成签约意向订单近2亿元。引导商贸流通企业利用春节、五一、十一促销旺季，开展打折让利活动，有效扩大市场销售。建立重点监测企业名录库，深入重点批零企业摸底帮扶，跟踪指导，促进限上企业销售增长。二是强化调控保供应。加强产销衔接，加大重要商品调运和直销力度，增加有效供给，完善应急投放网络。指导各地落实牛羊肉等重要商品市州县级储备。相继建立了国家、省级、市州及部分县肉类及蔬菜储备，加大西宁市、格尔木市等重点城市的冬季蔬菜肉类储备调运，市场运行平稳，供应充足。三是夯实监测提水平。加强统计监测基础，优化监测样本结构，样本企业县级覆盖率超过90%，销售额占消费品零售额的比重为18.8%，数据报送及时性和准确性稳步提升，运行分析及预测预警能力得到提高。四是规范行业管理促发展。组织开展了成品油专项整治和加油站安全检查，配合环保、公安开展了全省加油站油气回收治理和散装成品油销售管理工作，完成了成品油经营企业年审和监测工作。加强酒类流通溯源管理，做好全省酒类随付单制度和酒类备案登记工作，配合相关部门开展了酒类市场专项清理整顿，有效规范了全省酒类流通秩序，组织部分酒类企业参加了第六届中国（贵州）国际酒类博览会。

## 【对外贸易】

**进出口总额** 进出口总额152 793.3万美元，比上年193 480万美元下降21.03%。

**出口总额** 出口总额136 917万美元，比上年的164 230万美元下降16.63%。

**进口总额** 进口总额15 876.3万美元，比上年的29 250万美元下降45.72%。

**出口商品市场** 出口商品销往181个国家（地区）。

**进口商品市场** 进口商品来自44个国家（地区）。

**服务贸易** 服务进出口总额14 612.2万美元，增长51.75%。其中，服务出口3 647.6万美元，增长384.8%；服务进口10 964.6万美元，增长23.52%。服务贸易主要为旅游贸易，其进出口总额为8 926.1万美元，占全省服务贸易总额的61.09%。

**青海省2016年出口额1 000万美元以上商品情况表**

| 金额分类 | 商品名称 | 出口金额（万美元） | 占出口总额比重（%） |
|---|---|---|---|
| 1亿美元以上 | 金属制品 | 12 133.0 | 8.87 |
| | 服装及衣着附件 | 24 845.0 | 18.15 |
| | 机电产品 | 34 482.8 | 25.19 |
| | 纺织纱线、织物及制品 | 17 688.1 | 12.92 |
| | 其他 | 10 873.9 | 7.94 |

青海省2016年出口额1 000万美元以上商品情况表（续）

| 金额分类 | 商品名称 | 出口金额（万美元） | 占出口总额比重（%） |
|---|---|---|---|
| 1 000万—1亿美元 | 纸及纸板（未切成型的） | 1 867.6 | 1.36 |
| | 玻璃制品 | 1 270.2 | 0.93 |
| | 家用陶瓷 | 2 553.8 | 1.87 |
| | 铁合金 | 4 627.6 | 3.38 |
| | 钢材 | 2 921.7 | 2.13 |
| | 家具及其零件 | 3 066.1 | 2.24 |
| | 塑料制品 | 4 562.7 | 3.33 |
| | 仪器仪表 | 1 211.1 | 0.88 |
| | 高新技术产品 | 2 592.4 | 1.89 |
| | 农产品 | 1 729.2 | 1.26 |
| **合　计** | | **126 427.2** | **92.34** |

青海省2016年进口额1 000万美元以上商品情况表

| 金额分类 | 商品名称 | 进口金额（万美元） | 占进口总额比重（%） |
|---|---|---|---|
| 1 000万美元以上 | 氧化铝 | 5 683.3 | 35.80 |
| | 煤及褐煤 | 4 512.3 | 28.42 |
| | 机电产品 | 3 948.1 | 24.87 |
| **合　计** | | **14 143.7** | **89.09** |

青海省2016年主要出口市场情况表

| 国别（地区） | 出口金额（万美元） | 占出口总额比重（%） | 国别（地区） | 出口金额（万美元） | 占出口总额比重（%） |
|---|---|---|---|---|---|
| 韩　国 | 17 795.7 | 13.00 | 朝　鲜 | 2 747.5 | 2.00 |
| 美　国 | 12 900.5 | 9.42 | 印　度 | 2 568.8 | 1.88 |
| 巴基斯坦 | 8 415.9 | 6.15 | 德　国 | 2 398.0 | 1.75 |
| 香　港 | 7 469.4 | 5.46 | 澳大利亚 | 1 917.6 | 1.40 |
| 新加坡 | 5 644.7 | 4.12 | 加拿大 | 1 883.8 | 1.38 |
| 日　本 | 4 488.8 | 3.28 | 泰　国 | 1 605.3 | 1.17 |
| 越　南 | 3 566.2 | 2.60 | 荷　兰 | 1 375.5 | 1.00 |
| 沙特阿拉伯 | 3 162.4 | 2.31 | 印度尼西亚 | 1 092.8 | 0.80 |
| 阿联酋 | 3 080.2 | 2.25 | 台湾省 | 1 075.7 | 0.80 |
| 马来西亚 | 3 019.9 | 2.21 | 澳　门 | 1 036.9 | 0.76 |
| 英　国 | 2 808.2 | 2.05 | 巴　西 | 460.0 | 0.33 |
| 俄罗斯 | 2 761.7 | 2.02 | **合　计** | **93 275.5** | **68.13** |

**青海省 2016 年主要进口市场情况表**

| 国别（地区） | 进口金额（万美元） | 占进口总额比重（%） | 国别（地区） | 进口金额（万美元） | 占进口总额比重（%） |
|---|---|---|---|---|---|
| 澳大利亚 | 4 864.8 | 30.64 | 德　国 | 196.2 | 1.20 |
| 印度尼西亚 | 4 562.9 | 28.74 | 挪　威 | 143.5 | 0.90 |
| 韩　国 | 1 673.5 | 10.54 | 瑞　士 | 55.4 | 0.35 |
| 美　国 | 836.7 | 5.27 | 越　南 | 4.5 | 0.03 |
| 日　本 | 566.7 | 3.57 | **合　计** | **13 104.6** | **82.54** |
| 阿富汗 | 200.4 | 1.26 | | | |

**青海省 2016 年服务进出口情况表**

| 行　业 | 进出口 | | 出　口 | | 进　口 | |
|---|---|---|---|---|---|---|
| | 金额（万美元） | 同比（%） | 金额（万美元） | 同比（%） | 金额（万美元） | 同比（%） |
| 加工服务 | 10.3 | 12.0 | 10.3 | 12.0 | 0.0 | 0.0 |
| 运输服务 | 1 025.4 | 1 028.0 | 46.4 | 15 367.0 | 979.0 | 984.2 |
| 旅行 | 8 926.1 | 19.7 | 163.9 | 18.6 | 8 762.2 | 19.7 |
| 建筑服务 | 3 313.2 | 622.1 | 3 284.1 | 1 049.0 | 29.1 | -83.2 |
| 保险服务 | 24.2 | 87.59 | 7.4 | 124.2 | 16.8 | 75.0 |
| 金融服务 | 68.1 | 243.9 | 4.1 | 0.0 | 64.0 | 223.2 |
| 电信计算机和信息服务 | 34.0 | -10.3 | 1.9 | 0.0 | 32.1 | -15.3 |
| 文化和娱乐服务 | 24.0 | 1.7 | 7.0 | 0.0 | 17.0 | -28.0 |
| 别处未涵盖的维护和维修服务 | 14.9 | 0.0 | 14.6 | 0.0 | 0.3 | 0.0 |
| 别处未涵盖的知识产权使用费 | 10.6 | -69.4 | 0.9 | 0.0 | 9.7 | -72.0 |
| 别处未涵盖的政府货物和服务 | 0.2 | 0.0 | 0.0 | 0.0 | 0.2 | 0.0 |
| 其他商业服务 | 1 161.2 | -21.7 | 107.0 | -66.1 | 1 054.2 | -9.7 |
| **合　计** | **14 612.2** | **51.8** | **3 647.6** | **384.8** | **10 964.6** | **23.5** |

## 【利用外资】

**青海省 2016 年利用外资情况表**

| 利用外资方式 | 批准签订的合同 | | |
|---|---|---|---|
| | 项目数（个） | 外资金额（万美元） | 金额比上年增加（%） |
| 合资企业 | 2 | 625.31 | -92.0 |
| 合作企业 | 1 | 900.00 | 100.0 |
| 外资企业 | 3 | 5 222.00 | -35.5 |
| **合　计** | **6** | **6 747.31** | **-57.7** |

**外商直接投资行业**　外商直接投资项目中，生产型项目3个，非生产型项目3个。按行业分，批发和零售业2个，住宿和餐饮业1个，制造业2个。

**外商直接投资来源**　外商直接投资主要来源国别（地

区）为：香港，项目 4 个，合同外资 6 122 万美元；比利时，项目 1 个，合同外资 625 万美元；韩国，项目 1 个，合同外资 0.31 万美元。

**外商直接投资企业生产经营情况** 2016 年应参报企业 117 家，实际参报企业 105 家，投资总额合计 316 894.73 万美元，注册资本 150 572.35 万美元，销售（营业）收入总额 2 108 179.81 万元，纳税总额 46 771.16 万元，实现利润总额 81 070.83 万元。

**【对外经济合作】**

**对外投资** 2016 年在海外设立企业和机构的项目 22 个，中方实际投资金额 1 440 万美元，投资国别涵盖美国、英国、澳大利亚、土耳其、比利时、尼泊尔和马来西亚等国家，主要投资领域包括物流、房地产、贸易、农业种植等。

**承包工程和劳务合作** 对外承包工程完成营业额 3.09 亿美元，承包工程的主要项目包括高速公路、房建、市政、输变电工程等。签订劳务合作合同金额 40 万美元，2016 年全省派出各类劳务人员 713 人，年末在外人数为 792 人，劳务人员主要派往日本、塔吉克斯坦、俄罗斯，劳务人员主要从事工程建设、农业种植等工作。

**对外经济技术援助** 2016 年年初，在国家出台援外新政策之际，编订了《对外援助政策汇编》，主动向省内企业宣传、解读国家最新政策法规，为企业分析开展援外工作的重要性和必要性，协助企业开展援外资质申报工作，最终促成驻青央企中国水利水电第四工程局有限公司顺利取得国家对外援助成套项目总承包资质。

**接受经济援助** 2016 年全省共接受国际多双边无偿援助项目 12 个，受援金额 645 万美元。援助国家和地区有美国、日本、瑞士、香港、俄罗斯等。项目涉及卫生、教育、环境保护、林业、扶贫等领域。

**【其他】**

**开发区** 西宁经济技术开发区 2016 年完成地区生产总值 445.5 亿元，比上年增长 11.4%；工业增加值 358.3 亿元，增长 12.5%；工业销售收入 1 206.8 亿元，增长 11.9%；固定资产投资 360.8 亿元；财政一般预算收入 33.1 亿元，增长 5.6%；地方一般预算收入 16.8 亿元，下降 4.8%；从业人员总数达到 7.8 万人。2016 年开发区完成工业投资 300.2 亿元，规模以上工业企业 189 家，实现进出口总额 2.5 亿美元。

格尔木昆仑经济开发区 2016 年完成固定资产投资 122.5 亿元，基础设施投资 3.3 亿元，地方一般预算收入 38 417 万元，同口径同比增长 7.11%。园区企业新增就业人数 300 人，从业人员总数达到 1.43 万人。

**商务洽谈会** 2016 中国（青海）国际清真食品及民族用品展览会于 2016 年 5 月 19 日至 22 日在青海国际会展中心成功举办。展会期间，共有来自 39 个国家和地区以及国内 28 个省（区、市）的 1 107 家企业参展参会（其中境外企业为 259 家），参展产品达 1 300 余种；展馆现场累计有 20 万人次参观、洽谈、采购。据统计，累计合同订单和意向签约额达 8.55 亿元，其中现场销售和电子商务交易额合计 1 854 万元。本届清真食品展是历史上规模最大、开放度最高、组织化水平最好的一届展览会，并被评为“中国会展业十佳品牌展览会”。

2016 中国（青海）藏毯国际展览会于 2016 年 6 月 2 日至 6 日在青海国际会展中心成功举办。来自巴基斯坦、印度、尼泊尔、伊朗、英国等 22 个国家和地区的 141 家企业 272 人参展，其中，塞尔维亚、不丹和朝鲜属首次参展。国内有青海、山东、河南、新疆、西藏等 29 个省、市、自治区的 279 家企业参展。通过为期 5 天的展示交流和洽谈交易，展会实现合同订单和意向签约额 19 050 万美元，比上届增长 27%；现货交易 8 300 万美元，比上届增长 5.06%。签约额和现货交易额总体比上届增长 19.4%，再创历史新高。电子商务平台运行的“网上藏毯展”历时 11 天，实现 B2C 交易额 60.33 万元，订单量 4 223 单；B2B 交易额 10.57 万元，共计成交 70.9 万元，交易额同比增长 17.2%。本届展会充分显现国际化、专业化、市场化的品牌展会风采，并荣获“中国十佳专业展览会”和“中国会展经济产业贡献奖”大奖。

2016 中国青海国际冬虫夏草暨藏医药展交会于 2016 年 7 月 18 日至 27 日在玉树州会展中心举行。展会期间，共 28 个代表团、250 多家企业和 585 名省内外客商应约参展，参展会上各类人员达到上万人次。本届展交会展区规模 5 000 多平方米，展馆分设冬虫夏草展区和藏医药精品展区、民俗文化旅游展区及特色商品展区、外商物资交流区、文化长廊等 5 个特色展区，206 个展位，展区规模居历届之首，现场交易成果达 1 200 万元。本届展交会集中签约共涉及冬虫夏草购销、能源建设、文化产业等 14 个项目，签约金额达 24.36 亿元。

**口岸建设** 2016 年，青海曹家堡保税物流中心（B 型）封关运营，填补了青藏地区海关保税监管场所的空白。成功开行青藏地区首趟中欧班列（青海西宁—比利时安特卫普），标志着丝绸之路上又一条全新国际物流陆路大通道建成通行。2016 年，新开辟西宁至东京、吉隆坡等国际航线，全年保障国际（地区）航线 728 架次，同比增加 184%，出入境人员同比增加 24%；首次成功开通朝觐包机（青海西宁—麦地那），保障出入境航班 28 架次、出入境朝觐人员 4 902 人次。

**涉外旅游** 2016 年入境旅游人数为 7.008 2 万人次，比 2015 年的 6.56 万人次增长 6.8%。旅游外汇收入 4 415.67 万美元，比上年增长 13.9%。

# 2016年宁夏回族自治区商务发展概况

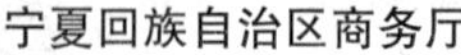

宁夏回族自治区商务厅

宁夏回族自治区商务厅厅长

何正荣 男，回族，1968年11月出生，曾先后在对外经济贸易大学阿拉伯语专业、法学专业学习。在职博士研究生学历。历任华润创进贸易有限公司副总经理，华润建筑有限公司副总经理，华润置地（北京）股份有限公司副总经理、党委副书记、纪委书记，银川市副市长（挂职），宁夏博览局（中国国际贸易促进委员会宁夏分会）副局长（副会长〈驻会〉），宁夏回族自治区商务厅副厅长、党组副书记，宁夏博览局局长等职务。2012年3月任宁夏回族自治区商务厅厅长。

## 【国内贸易】

**社会消费品零售总额** 2016年，宁夏社会消费品零售总额850.1亿元，比上年的789.6亿元增长7.7%。按销售单位所在地分，城镇实现零售额780.9亿元（其中：城区503.2亿元），乡村实现零售额69.2亿元。按行业分，批发和零售贸易业707.3亿元，住宿和餐饮业142.8亿元。

**限额以上批发和零售贸易业基本情况** 2016年，共有限额以上批发和零售贸易业、住宿和餐饮业法人企业586个。其中，批发业法人企业161个，零售业法人企业283个，住宿业法人企业73个，餐饮业法人企业70个。

**批发和零售贸易业企业商品购、销、存总额** 批发和零售贸易企业商品销售总额2 089.1亿元，比上年的1 906.1亿元增长9.6%。

**市场物价** 商品零售价格指数为100.7（以上年价格为100），其中，城市100.7，农村100.0；居民消费价格指数为101.5（以上年价格为100），其中，城市101.6，农村101.2。

**市场秩序建设** （1）积极协调，严打假冒侵权，规范市场秩序。自治区商务厅作为自治区“双打”工作牵头单位，2016年年初，按照自治区“双打”领导小组总体部署和要求，在2015年“双打”绩效考核94.5分、首次进入全国第二方阵的基础上，主动协调全区“双打”工作18个成员单位，结合宁夏区情实际，瞄准假冒侵权重点领域、重点行业，精心组织、认真实施，严厉打击侵权假冒行为，整顿规范全区市场经济秩序。3月组织召开了全区打击侵权假冒工作电视电话会议，贯彻落实汪洋副总理在2016年全国打击侵权假冒工作电视电话会议的讲话精神，安排部署了2016年自治区打击侵权假冒工作任务，每月及时向全国“双打”办报送工作进展情况及有关数据。组织了全区行政执法和刑事司法衔接工作培训，全区“双打”工作成员单位负责人、各市县“双打”办负责人等近200人参加了培训。对2016年度“双打”绩效考核工作进行了安排部署，要求各成员单位对照年初工作任务分工及绩效考核办法，认真总结，及时提供相关资料，对仍未完成的任务及时采取措施，确保年底按时完成，做好准备迎接全国“双打”办实地验收，并争取取得好成绩。在中国打击侵权假冒工作网宁夏地方子站发布消息96条，被中国打击侵权假冒工作网采用22条。

（2）稳步推进，加强商务诚信、追溯体系建设，完善市场监管体系。①在加强商务领域诚信体系建设方面，做好商业企业履行社会责任评价总结工作，在全区范围内评选出了80家重点商贸企业，其中，5A级企业27家，并在商务厅网站公示了《2015年商贸企业履行社会责任评价试点获得5A级企业名单》；进一步完善评价机制，制定有关实施方案，积极探索以政府购买服务方式，引入第三方社会中介组织，参与商贸企业履行社会责任评价试点工作；及时上报信息数据，共上报企业数据432家。②在推进肉菜及中药材流通追溯体系建设方面，指导吴忠市、中宁县认真做好肉菜和中药材流通追溯体系建设试点工作，吴忠市肉菜追溯体系建设项目已通过第三方考核验收；对已建成的银川市肉菜流通追溯体系建设项目，及时跟踪，督促其抓好数据上传、系统维护等工作。③在重要产品追溯体系建设工作方面，起草了《宁夏回族自治区关于加快推进重要产品追溯体系建设实施方案》；积极争取商务部将我区列为全国重要产品追溯体系建设试点地区，并获得2亿元中央专项资金支持；分别赴五市17个县（区）进行了调研，向五市商务主管部门印发了《关于征集重要产品追溯体系建设项目的通知》，督促收集五市重要产品追溯体系建设项目，共收集项目33个，并初步拟制了《全区重要产品追溯体系建设项目实施方案》；积极争取自治区财政支持，将银川市葡萄酒追溯体系建设项目纳入2016年度内贸资金支持范围，拨付300万元资金用于银川市葡萄酒追溯体系建设。

（3）突出重点，加强行业监管，营造良好营商环境。一是加强单用途预付卡行业管理，新增4家规模发卡企业、清退3家规模发卡企业，规范了全区13家发卡企业管理工作；二是加强直销及酒类流通企业管理，为4家企业办理了酒类流通备案登记，为2家酒类流通备案登记证到期企业更换新证，协调做好完美、安利等外资企业直销平台和宁夏特色商品如枸杞、葡萄酒等的联姻嫁接，推动宁夏经济发展；三是加强药品流通行业监管，举办了全区药品流通行业统计工作培训班，对51家药品批发零售企业财务负责人、统计人员进行了培训，组织五市商务主管部门负责药品流通行业监管人员及5家企业参加商务部举办的培训班，认真做好药品流通行业统计工作。

**市场体系建设**　（1）城市商业网点规划。为进一步做好内贸流通基础工作，自治区商务厅以推进内贸流通领域规划编制工作为抓手，《关于加快推进内贸规划的实施意见》（宁商发〔2014〕121号），要尽快制定或修改完善城市商业网点规划。全区五个地级市银川市、石嘴山市、吴忠市、固原市、中卫市均已完成城市商业网点规划（2009—2020年）。截至目前，银川市正在开展规划的修编；灵武市、平罗县、青铜峡市、盐池县、红寺堡区、西吉县6个县市已完成城市商业网点规划。（2）农产品流通体系建设。为进一步推动农产品供给侧结构性改革，提高农产品供给质量和效率，增强政府宏观调控能力，切实保障和改善民生，2016年以来，自治区商务厅积极探索实践公益性农产品市场体系建设。一是加快推进银川、固原一主一副两个公益性农产品批发市场建设；二是首次探索通过国有控股或参股方式支持建设标准化菜市场、菜篮子连锁超市。截至目前，已建成标准化菜市场51个、社区“菜篮子”连锁超市94个。

**流通业发展**　（1）深入实施“51015”商业生活服务圈示范工程，开展特色商业街区创建工作。拨付专项资金900万元，支持银川市瑞信小镇美食一条街、中卫市沙坡头水镇、银川市文化城等9个特色商业街（区）建设。（2）开展特种行业管理工作。对我区35家拍卖企业进行了年检，对12家拍卖企业变更、2家新增申报企业进行了实地核查。对109家典当企业进行了年检，对新增的5家典当企业进行了实地核查。完成了银川市、石嘴山市、吴忠市50余家典当企业的风险评估工作。举办了全区拍卖、典当行业管理、信息系统报送培训班。规范和促进再生资源回收等特殊行业的管理和发展。（3）推进家政服务业发展。制定《宁夏回族自治区规范和发展家庭服务业实施细则》。不断完善全区家政服务网络，整合全区家庭服务业资源，最终实现服务范围覆盖全区的家政服务平台。继续实施家政服务工程培训工作，完成了2016年家政服务人员2 500名培训计划。（4）推动传统商业模式转型升级和实体商业消费模式创新。提请自治区人民政府办公厅出台了《关于推进线上线下互动加快商贸流通创新发展转型升级的实施意见》（宁政办发〔2016〕226号）。推动银川新华百货与飞凡网达成战略合作。引导宁夏市外淘园商业管理公司实施ALL FOR ALL全民服务智慧电商O2O项目，覆盖银川市59家社区，下载APP用户达25万人次，带动商家1 600多户、服务社区居民20万人次。支持固原市银海智慧养老服务平台项目建设，将“百姓e购网”与智慧养老服务体系融合。（5）促进品牌培育和企业发展。支持本地大型商贸流通企业到三四线城市开设连锁店铺，商贸流通企业“走出去”意识增强。支持新华百货在西安、兰州、西宁、榆林、乌海、定边等地开设百货店及超市，支持华润万家宁夏分公司、苏宁云商荣盛超市有限公司等企业在银川市、中卫市、石嘴山市设立连锁店铺。成功引进台湾省大润发超市、永泰世界主题乐园、泰莱世界影城、成龙耀莱影城、泰乐会爱迪尔珠宝、凯迪隆、炎帝生物、克缇、鞋万库、莎莎等10个国际国内商贸、餐饮、休闲、娱乐知名品牌入驻宁夏。协调王府井百货入驻建发东方红、星悦城入驻拉普斯水上购物广场、麦德龙兴庆商场重装开业、星巴克咖啡入驻金凤万达广场。指导宁夏百瑞源枸杞股份有限公司开展商业特许经营工作，在商务部完成备案。组织开展了“2016西北地区地方风味特色小吃美食节暨第六届全国饭店业职业技能竞赛清真专项比赛”，组织区内企业参加了湖南长沙举办的2016中国食品餐饮博览会等创品牌、促消费活动。（6）餐饮业蓬勃发展，清真餐饮业特色凸显。2016年餐饮业实现营业额133.8亿元，同比增长12.1%，住宿业实现营业额9亿元，同比增长0.6%。目前，全区注册登记150平方米以上餐厅17 900余家，其中清真餐饮企业7 000家，规模以上餐饮企业500家，中华餐饮名店26家，全国餐饮业优秀企业5家，自治区名店48家，“中华名小吃”44个品种。德隆楼、老毛手抓、民族饭庄、迎宾楼、同心春等一批清真餐饮名店，旱蒸羊羔肉、烤羊尾、羊杂碎、生汆面、烫面油香等清真名菜名小吃驰名区内外。“塞上江南”、“中阿兰”等一批宁夏清真餐馆走出国门，进军埃及、澳大利亚餐饮市场。（7）编制了《宁夏商业网点布局规划（2016—2020年）》。

**市场运行和消费促进**　加强市场监测，提高信息服务水平。2016年，我区数据及时报送率均为100%，在商务部市场监测综合考核中，宁夏在全国31个省、市、自治区中排名第五。进一步优化监测样本结构，不断提升样本代表性。目前，城乡内贸流通统计监测样本企业总数达到719家，其中，信息泵企业（门店）达到52家，监测地域覆盖全区27个市、县（区），达到100%。2016年6月底举办全区商贸流通行业典型企业和城乡市场监测系统报表制度培训班。强化监测数据为应用分析，提高市场运行分析深度，应用水平显著提高。截至2016年年底，通过宁夏商务预报网站及市、县级子站累计发布各类市场信息发布文章数10 673篇，其中，原创4 898篇，被主站采纳552篇。

不断完善应急商品数据库，加强自治区、市级储备企业重点联系，全区110多家应急商品投放点和70多家骨干流通企业在全区生活必需品市场供应保障中作用发挥日益突出。适时调整自治区储备企业数量及规模，确保了自治区食盐、食糖、白布重要商品储备及活畜储备规模合理、调控有序、管理严格。积极推进市级储备体系建设，指导银川市、石嘴山市、吴忠市建立了城市人口5—7天消费量的政府冬春蔬菜动态库存，储备量分别为10 000吨、1 800吨和3 570吨，固原市、中卫市也相应通过蔬菜流通企业建立了一定量的蔬菜储备。银川市建立了18个品种的生活必需品应急救灾储备。

印发了《关于做好2016年商务领域扩大消费工作的实施意见》，安排专项资金500万元用于鼓励支持各级商务主管部门和企业开展消费促进工作。实施全区“消费促进月活动”，培育各类促消展会节会平台，大力开展消费促进活动，形成消费聚集效应，提振了大众消费需求，活动期间全区参与企业实现销售额达16亿元。坚持突出重点，典型示范引领消费升级，将银川市选定为重点实施地区，与银川市联合举办“2016宁夏（银川）同城百店消费促进月活动”，指导银川市举办“银川欢乐购物季”活动，进一步提升品牌影响力。积极培育各类促消展会节会平台，开拓宁夏特色商品市场销售渠道空间，激活区内消费市场活力。

认真做好成品油市场管理工作。强化行业规划引导，积极推进《宁夏加油加气行业分销体系“十三五”发展规划》的出台实施工作。加大事中事后监管力度，全年先后30余次深入全区有关成品油批发、零售、仓储企业和加油站，开展有关审验及验收工作，先后两次开展成品油市场的安全专项检查，强化安全管理，督促商务主管部门加强对加油站的日常检查、监管力度，保障了全区石油市场平稳运行，进一步规范了全区成品油市场秩序。

**【对外贸易】**

**进出口总额** 进出口总额32.8亿美元，比上年的35亿美元下降6.4%。

**出口总额** 出口总额25.1亿美元，比上年的27.8亿美元下降9.7%，占全省国内生产总值3 150.06亿元（相当于477.3亿美元）的5.3%，占全国出口额的0.1%。

**进口总额** 进口总额7.7亿美元，比上年的7.2亿美元增长6.4%。

**出口商品市场** 出口商品销往173个国家（地区）。

**进口商品市场** 进口商品来自70个国家（地区）。

**宁夏回族自治区2016年出口额1亿美元以上商品情况表**

| 商品名称 | 出口金额（万美元） | 占出口总额比重（%） |
| --- | --- | --- |
| 机电产品 | 51 331 | 20.5 |
| 服装及衣着附件 | 35 880 | 14.3 |
| 织物制服装 | 28 987 | 11.6 |
| 针织或钩编服装 | 23 805 | 9.5 |
| 医药品 | 22 713 | 9.1 |
| 纺织纱线织物 | 17 295 | 6.9 |
| 高新技术产品 | 15 707 | 6.3 |
| 电器及电子产品 | 14 047 | 5.6 |
| 文化产品 | 13 982 | 5.6 |
| 农产品 | 12 558 | 5.0 |
| 机械设备 | 12 191 | 4.9 |
| 金属制品 | 11 711 | 4.7 |
| 高新技术产品 | 11 101 | 4.4 |
| 未锻轧锰 | 10 188 | 4.1 |

**宁夏回族自治区2016年进口额2 000万美元以上商品情况表**

| 商品名称 | 进口金额（万美元） | 占进口总额比重（%） |
| --- | --- | --- |
| 锰矿砂及其精矿 | 17 410.8 | 22.6 |
| 原油 | 15 577.9 | 20.2 |
| 机电产品 | 15 349.5 | 19.9 |
| 机械设备 | 8 812.3 | 11.4 |
| 合成橡胶(包括胶乳) | 4 168.6 | 5.4 |
| 高新技术产品 | 3 615.5 | 4.7 |
| 铬矿砂及其精矿 | 3 210.0 | 4.2 |
| 农产品 | 2 895.2 | 3.8 |
| 计算机集成制造技术 | 2 342.3 | 3.0 |
| 纸浆 | 2 234.1 | 2.9 |
| 仪器仪表 | 2 160.2 | 2.8 |
| 电器及电子产品 | 2 134.1 | 2.8 |
| 纺织机械及零件 | 2 058.0 | 2.7 |
| 金属制品 | 2 054.4 | 2.7 |

**宁夏回族自治区2016年主要出口市场情况表**

| 国别（地区） | 出口金额（万美元） | 占出口总额比重（%） |
| --- | --- | --- |
| 美　国 | 31 659.1 | 12.6 |
| 香　港 | 27 621.1 | 11.0 |
| 日　本 | 18 523.8 | 7.4 |
| 印　度 | 14 156.7 | 5.6 |
| 韩　国 | 13 889.8 | 5.5 |
| 荷　兰 | 9 969.4 | 4.0 |
| 越　南 | 7 655.5 | 3.1 |
| 新加坡 | 7 071.8 | 2.8 |
| 马来西亚 | 6 986.7 | 2.8 |
| 德　国 | 6 763.3 | 2.7 |
| **合　计** | **144 297.2** | **57.5** |

**宁夏回族自治区2016年主要进口市场情况表**

| 国别（地区） | 进口金额（万美元） | 占进口总额比重（%） |
| --- | --- | --- |
| 俄罗斯 | 16 566.1 | 21.5 |
| 南　非 | 7 371.8 | 9.6 |
| 加　纳 | 7 180.9 | 9.3 |
| 日　本 | 5 484.2 | 7.1 |
| 巴　西 | 4 646.1 | 6.0 |
| 香　港 | 4 580.8 | 5.9 |
| 德　国 | 4 294.7 | 5.6 |
| 马来西亚 | 3 942.6 | 5.1 |
| 美　国 | 3 251.2 | 4.2 |
| 阿拉伯联合酋长国 | 2 152.1 | 2.8 |
| **合　计** | **59 470.5** | **77.1** |

宁夏回族自治区 2016 年服务进出口情况表

| 行业 | 进出口 金额（万美元） | 进出口 同比（%） | 出口 金额（万美元） | 出口 同比（%） | 进口 金额（万美元） | 进口 同比（%） |
|---|---|---|---|---|---|---|
| 运输 | | | 41.56 | -66.42 | 44.08 | -27.4 |
| 旅游 | | | 370.26 | 28.61 | 23 578.00 | 35.9 |
| 建筑服务 | | | 431.50 | -95.20 | | |
| 保险服务 | | | 0.45 | -97.96 | | |
| 金融服务 | | | 0.01 | 650.00 | | |
| 计算机和信息服务 | | | 67.68 | -8.91 | | |
| **合计** | **38 664** | **-4.96** | **911.46** | | **23 622.08** | |

【利用外资】

**概况** 全区新设外商投资企业 29 家，合同外资 5.65 亿美元，实际利用外资额 2.53 亿美元，比上年增长 36%。外资主要投向马铃薯种植、污水处理、医疗技术管理、燃气站的建设等领域。其中，英联食品玉米生产项目、辛普劳食品加工项目、施耐德电气银川代表处、星巴克连锁咖啡店落地宁夏，外资结构得到优化。

天元锰业、华夏特钢和旗下子公司引入境外战略投资者增资扩股；香港兴宝莱公司增资宁夏誉景食品有限公司，美国星巴克在银川开设店铺，美国亚马逊科技资源有限公司增资中卫云基地等重点项目；英国联合食品与宁夏农垦集团达成农业合作项目，开展饲料玉米加工、5 万吨压片玉米和建设烘干啤酒糟的现代化饲料加工厂项目。

按照《内地与香港 CEPA 服务贸易协议》，对港澳服务投资者实行准入前国民待遇加负面清单备案管理；按照《外商投资企业设立及变更备案管理暂行办法》，对不涉及国家规定实施准入特别管理措施的外商投资企业的设立及变更，由审批改为备案管理；会同自治区发改委修订了《中西部产业指导目录（2013 年修订）》，从瓜果、蔬菜、煤制油、煤制烯烃以及民用飞机维修拆解等多个领域向国家发改委、商务部提出新增目录 14 条。

**重大事项** 一是复制推广上海自贸区改革试点经验。完成推广了企业设立“单一窗口”模式、健全经营异常名录制度、事中事后监管制度、动员社会力量参与市场监督等七项改革措施，同时将上海自贸区内实施的金融创新政策在全区全面复制推广。二是服务国家级开发区稳步发展。配合两个经开区结合产业发展现状制定了十三五发展规划和有关政策措施；对接商务部外资司和投促局，指导两个经开区开展 2016 年综合发展水平考核评价工作。

**重要成果** 一是积极落实与中民投战略合作协议。积极与自治区发改、国土、林业、旅游、农垦等部门和吴忠市、盐池县、同心县、电网公司等沟通，协调解决项目推进中存在的问题。目前，中民投已在我区累计完成投资 100 亿元。二是主动参与中海自贸区地方经济合作示范区建设。参与中海自贸协定第六、第七轮谈判，提出了与海合会国家从货物贸易、投资和承包工程、旅游和人员签证、金融服务、地方经济合作五个方面二十条谈判建议，被商务部采纳使用。启动了《中海自贸区地方经济合作示范区（宁夏）总体实施方案》编制工作。

【对外投资和经济合作】

**对外投资** 2016 年宁夏回族自治区新增境外投资企业 22 家，境外直接投资总额 9.5 亿美元，比上年下降 37%。投资国别（地区）主要为香港、澳大利亚、美国、意大利、法国、吉尔吉斯斯坦、柬埔寨、西班牙、阿联酋、阿曼、英属维尔京群岛、加拿大、印度等。

重点项目有：宁夏中绒圣达和亿利达公司通过香港子公司斥资 5.06 亿美元收购美国盛大游戏 18%股权，这是我区最大的境外投资项目；宁夏农垦集团有限公司在澳洲新建公司开展牧场养殖项目；宁夏中阿万方投资管理有限公司在阿曼设立万方（阿曼）投资有限公司进驻阿曼杜古姆产业园区；西部（银川）通用航空产业投资控股（集团）在收购英国 ELA 服务有限公司 100%股权和飞机知识产权项目等。

境外产业园区建设和自治区重点项目情况：

1. 中国沙特阿拉伯（吉赞）产业园。2016 年 1 月 19 日，在习近平主席和沙特阿拉伯萨勒曼国王的见证下，银川开发区育成投资公司、广州开发区工业发展集团公司和沙特阿拉伯石油公司共同签署了《关于通过成立沙特阿拉伯—中国产业服务合资公司进一步推动沙特阿拉伯本土产业投资进程的战略合作谅解备忘录》。园区重点开发项目有首个入园项目——广州泛亚聚酯有限公司投资 61 亿美元建设 PTA 及下游产业项目。园区基础设施由沙特阿拉伯阿美石油公司承担，沙方承诺于 2018 年底完成园区所有基础设施建设。

2. 中国阿曼（杜古姆）产业园。2016 年 5 月中国阿曼（杜古姆）产业园项目在阿曼举行签约仪式，国务委员王勇见证签约仪式为产业园揭牌；宁夏顺亿资产管理有限公司、宁夏建工集团、宁夏住宅集团、银川方达电子、银川玉顺石油服务公司、宁夏中小企业协会共同出资 1.6 亿元，组建宁夏中阿万方投资有限公司，作为阿曼产业园区的实施主体，负责园区基础设施建设，并为入驻中国企业提供全方位服务。园区基础设施投资 20 亿元。

3. 中毛海洋综合产业园。2015 年 9 月中阿博览会期间，在毛里塔尼亚伊斯兰共和国总统阿齐兹与宁夏回族自治区主席刘慧的见证下，毛里塔尼亚渔业及海洋经济部部长与企业联合体签订了中国—毛里塔尼亚海洋经济综合产业园合作框架协议。中毛海洋综合产业园项目建设地点位于毛里塔尼亚首都努瓦克肖特向南28公里，总投资约37亿元人民币，规划用地面积1 500亩，配套工业渔港（PK28）卸鱼规模为40万吨（待建），拟通过中国进出口银行向毛里塔尼亚政府提供买方优惠信贷进行融资建设。项目以海洋综合加工产业为主体，配套冷冻、仓储、物流、生活、配套等各类设施。拟在当地建成集水产常规及精深加工、仓储、冷冻、物流、商业、生活、后勤、会议、综合补给为一体的海洋综合产业园区。2016年4月，中国路桥工程有限责任公司牵头组织召开了毛里塔尼亚海洋项目第一次工作会，各方委派人员成立项目联合工作组。

4. 沙特阿拉伯新城建设项目。2016年8月30日举行的中沙高委会首次会议上，在中共中央政治局常委、国务院副总理张高丽和沙特阿拉伯王储继承人兼第二副首相、国防大臣穆罕默德的见证下，宁夏回族自治区政府与沙特阿拉伯住房部共同签署了《关于达雅·阿斯法拉新城开发项目合作备忘录》；项目主要内容为在沙特阿拉伯东部省开发建设阿斯法拉新城。2016年10月，在北京召开了沙特阿拉伯达雅·阿斯法拉新城项目第一次会议，会议确定了由中国电建、北方工业、中国三冶与沙特阿拉伯阿尔卡法控股公司和沙特阿拉伯萨法里集团共同成立合资公司作为项目的实施主体，其中中方三家企业占股60%、沙方两家企业各占股20%。

5. 约旦马铃薯种植基地。固原六盘山薯业有限公司与约旦哈希姆王国欧玛公司合作，在约旦哈希姆王国安曼河谷区新建马铃薯高科技示范园区，项目总投资5 363万元，马铃薯种植基地3 598亩，预计年产马铃薯鲜薯2万吨。

**承包工程和劳务合作** 自治区对外承包工程新签合同额5 085万美元，是上年的31倍；实际完成营业额2 435万美元，增长28%；外派劳务312人，下降29%。涉及国家和地区有日本、巴基斯坦、安哥拉、毛里塔尼亚、乌干达、赞比亚、刚果（金）、巴布亚新几内亚等。

重点项目有：乌干达乳化炸药厂建设项目、恩过拉坦多市100套住宅建设项目、毛里塔尼亚畜牧业基地工程建设项目、500KV开关站EPC工程及变电站扩建工程项目、赞比亚MM双回路线路安装项目。

**对外经济技术援助** 毛里塔尼亚畜牧业技术示范中心项目经过两年多时间建设，已于2016年4月完成竣工验收，中毛双方对此项目给予了高度肯定，商务部将技术合作期任务仍交由我区企业实施，并追加3 000万元技术合作期预算资金。承办了“2016年阿拉伯国家水土保持与荒漠化治理技术与管理研修班”、“2016年阿拉伯国家防沙治沙技术培训班”，共计培训了37名来自巴基斯坦、也门、埃及、伊拉克等国技术人员。全年共接待5期近百名商务部国际商务官员研修班学员来宁考察学习。

## 【其他】

**物流** 2016年，全区社会物流总额完成5 460.07亿元，比上年增长6.5%，增速比上年回升7.7个百分点，物流运行总体呈现稳中趋升的发展态势。其中，工业品物流总额3 912亿元，增长6.7%；农产品物流总额406.7亿元，增长0.6%；批发业物流总额1 075.4亿元，增长7.9%；进口货物物流总额50.80亿元，增长6.2%；民生相关单位与居民物品物流总额15.17亿元，增长12.4%。全区社会物流总费用654亿元，下降3.5%。

2016年，全社会完成货运量44 371.51万吨，增长1.4%；完成货物周转量871.52亿吨公里，增长0.3%。

**口岸** 银川航空口岸高速发展。银川河东国际机场已升级为E级国际机场，已开通13条国际航线，航班通达东北亚、东南亚、中东地区。2016年，宁夏航空口岸出入境旅客16.32万人次，比上年增长72%。

三大陆港功能逐渐完善。惠农、银川经开区、中宁陆港（无水港）已开通了天津港、连云港等地的集装箱五定班列，全面实现了“属地申报，口岸验放”的内陆通关模式，打通了东向出海国际物流大通道。截至2016年底，共发运集装箱超过25万标箱，货重超过600万吨。

专业性口岸建设稳步推进。进口肉类、水果、种苗指定口岸、石嘴山保税物流中心（B型）先后获批筹建，目前工程建设正在稳步推进。专业性口岸建成后将与航空、陆路口岸功能互补，进一步助力我区外向型经济蓬勃发展。

成功开通阿联酋航空迪拜—银川航线。阿联酋航空迪拜—银川—郑州航线自2016年5月3日开通以来，阿航共执行277个航班，运送出入境旅客40 441人次，其中，出境旅客19 390人次，入境旅客21 051人次，居同期银川航空口岸所有出入境航线航班运送旅客第一位，占银川航空口岸全年出入境旅客总数的25%。

顺利开行“中阿号”国际货运班列，为宁夏企业货物出口至中亚提供了便捷服务，节省了时间，降低了成本；为集聚宁夏及陇海线以北、京包—临哈线以南地区货源，发展国际物流提供了低成本物流通道支撑。

**会展** 2016年全区共举办各类展览会87项，展出面积共94.2万平方米，共设展位约24 400个，其中境外参展展位约600个，占2.5%。到会参展商约7.5万人次，其中境外参展商约0.1万人次，占1.3%。境外参展企业约500家，占2.9%。全年展会观众约233万人次。

全区会展业积极打造具有宁夏特色的自主会展品牌，初步培育了以中阿博览会为龙头，房博会、宁交会、绿博会、文博会、各类旅游文化节为补充的宁夏特色会展品牌体系，形成了“月月有节、周周有会、天天有展”的良好态势。活动内容日益丰富的同时，活动规格也显著提高。以2016年1月至9月份为例，仅银川市就先后举办了第十二届中国会展经济国际合作论坛、2016中美旅游高层对话、2016全球（银川）TMF智慧城市峰会、“一带一路”信用论坛等多个高规格的国际级会议。

# 2016 年新疆维吾尔自治区商务发展概况

新疆维吾尔自治区商务厅

**戎 军**

**中共新疆维吾尔自治区**
**商务厅党组书记**
**新疆维吾尔自治区对外开放**
**领导小组办公室主任**

戎 军 男，1962 年 12 月生于北京，在职研究生学历，1986 年 8 月参加工作，1999 年 11 月入党。曾任商业部供销合作管理司国际联络处干部、副处长，全国供销合作总社国际合作部处长、副部长、部长，合作指导部部长兼法治办主任等。2012 年 8 月任新疆维吾尔自治区供销联社党委副书记、理事会主任；2013 年 6 月任新疆维吾尔自治区供销联社党委副书记、理事会主任，新疆供销投资集团党委副书记、副董事长、总经理；2015 年 7 月任新疆维吾尔自治区供销联社党委副书记、理事会主任，新疆供销投资集团党委书记、董事长；2017 年 4 月任新疆维吾尔自治区商务厅党组书记、新疆维吾尔自治区对外开放领导小组办公室主任。

## 【国内贸易】

**社会消费品零售总额** 2016 年，新疆维吾尔自治区实现社会消费品零售总额 2 825.90 亿元，比上年的 2 605.96 亿元增长 8.4%（扣除价格因素实际增长 7.9%），增速比上年提高 1.4 个百分点。其中，限额以上单位实现社会消费品零售总额 1 218.60 亿元，增长 6.0%。按经营单位所在地分，城镇实现消费品零售额 2 569.14 亿元，增长 8.2%；乡村实现社会消费品零售额 256.76 亿元，增长 10.6%。按消费形态分，餐饮收入 366.71 亿元，增长 11.2%；商品零售额 2 459.19 亿元，增长 8.0%。

**市场物价** 居民消费价格上涨 1.4%，涨幅低于全国 0.6 个百分点。其中，城市上涨 1.4%，农村上涨 1.3%。

**市场秩序建设** 一是加强顶层设计，高位推动工作落实。按照自治区人民政府安排，经反复征求自治区相关厅局以及全区地州商务主管部门的意见后，起草《关于推进国内贸易流通现代化建设法治化营商环境的实施意见》（新政发〔2016〕53 号）、《关于 2016 年新疆维吾尔自治区打击侵犯知识产权和制售假冒伪劣商品工作要点的通知》（新政办发〔2016〕128 号）和《加强互联网领域侵权假冒行为治理意见》（新政办发〔2016〕129 号）等文件。二是作为成员单位，积极配合自治区食安办做好有关工作，依据工作职责加强餐饮服务业、酒类流通监管，积极提出工作建议。三是加强宣传工作，营造良好消费环境。积极开展诚信宣传月活动，突出“诚信促销费”主题，指导各地州开展宣传工作。四是落实自治区人民政府办公厅要求，对自治区深化“放管服”、营造法制化营商环境工作提出方案。

**市场体系建设** 2016 年，新疆维吾尔自治区大力推动农产品流通体系建设情况。

一是稳步推动农产品领域股权投资改革，着力发挥农产品流通基础设施公益性功能。深入推进农产品流通领域国有股权投资改革试点，按照一企一策、逐步推进原则，通过国有投资平台逐一开展投资工作，充分发挥公益性流通基础设施的公益性功能，增强政府宏观调控能力。23 家农产品批发市场、冷链物流试点企业项目完成股权投资和贴息建设项目，合计拉动社会投资超过 60 亿元，带动就业近 10 万人。1 个农产品批发市场和 1 个农产品零售市场分别被列入首批全国公益性农产品批发示范市场和零售示范市场。同时，争取到中央财政支持冷链物流发展试点项目，新疆维吾尔自治区被商务部、财政部列为 10 个冷链物流试点省区之一，中央财政安排 2 亿元资金支持冷链物流试点工作。

二是深入推进农产品产销对接工作，着力扩大新疆农产品外销规模。广泛动员各类涉农企业开展农产品营销渠道建设，提高新疆特色农产品外销平台的公信力和知名度。成功举办“中国采购商天山行”阿克苏、巴州、伊犁、博州系列活动，北京新发地农产品批发市场、上海蔬菜集团、永辉超市等国内大型农产品批发市场、连锁超市、电商企业以及疆内 60 余家采购企业，区内 200 多家名优特产品供应企业共计 800 余人先后参加活动，促成 189 对企业现场签约成功，线下签约企业 80 余对，签约金额达 112.59 亿元，产品涉及红枣、核桃、香梨、苹果、葡萄酒、葡萄、枸杞、巴旦木、辣椒酱、粮油等新疆特色农产品。联合家乐福（中国）在吐鲁番、巴州两地举办了农产品流通标准化建设和“农超对接”公益性培训班，来自吐鲁番、巴州两地 280 多名农民专业合作社和农户代表参加培训。推动哈密瓜、香梨两个重点鲜果品种进入家乐福“家优鲜”，家乐福在新疆直采农产品数量达到 40 851 吨，与新疆 41 个农民专业合作社建立直接采购关系，2016 年采购金额达 3.4 亿元，惠及农民 91 020 人，产品销往全国 70 多个城市 200 多间家乐福门店。

三是推动村级流通基础设施建设，扎实推进“访惠聚”项目。组织落实民生工程，支持60个村开展农产品流通基础设施建设工作，3 000万元财政资金全部下拨到位，用于2016年60个行政村的农贸市场、保鲜冷库、便民超市（商店）等村级惠民工程建设项目，其中：农贸市场建设项目42个、保鲜冷库建设项目9个、便民超市（商店）建设项目9个。共涉及9个地（州、市）、34个县（市）、50个乡（镇）。通过项目的实施和带动，创造大量的就业岗位，不断增强对周边农民的辐射带动作用，促进农民增收、农业增效，并取得良好的经济效益和社会效益。据初步统计，2016年通过实施民生工程项目，将新增冷库库容近3 000吨，预计拉动社会投资1 000多万元，带动就业近万人。

四是发挥援疆机制作用，打造常态化新疆农产品外销平台，联合哈密行署在郑州举办了“新疆风情嘉年华（中原站）”活动，集中展示近千种新疆名优特产，探索线上线下交易模式，打造新疆地产品专项销售平台。

**商贸服务管理** 2016年，新疆维吾尔自治区商务厅大力推动商贸服务行业发展。

新疆特色餐饮业发展工作。一是调整新疆特色餐饮业发展领导小组。二是组织召开新疆特色餐饮业发展领导小组会议。三是组织对乌鲁木齐市餐饮业发展情况调研。四是会同乌鲁木齐市主办“第三届丝绸之路国际食品展览交易会暨第六届中国新疆国际餐饮文化博览会”。五是认真做好2016年新疆特色餐饮业发展资金项目这一重要民生工作。

商贸物流业发展工作。一是加强调研，掌握全区商贸物流业发展基本情况。二是加强协调，推动《丝绸之路经济带核心区商贸物流中心建设规划》颁布实施。三是加强指导，推动乌鲁木齐市城市配送体系建设工作。指导乌鲁木齐完成项目承担单位的资金拨付工作，建立分拨中心、配送中心、配送网点三级配送网络体系建设。四是参加自治区物流及寄递业调研工作。对南疆部分地州及东疆地区物流及寄递业情况开展了调研与督查，掌握行业发展基本情况。

再生资源回收工作。一是深入企业一线调研，了解自治区再生资源回收利用情况、急需解决的困难，听取企业在政策措施的制定方面的意见。二是召开行业工作座谈会，组织召开自治区再生资源回收利用行业工作座谈会，邀请再生资源回收利用重点联系企业、行业协会，自治区经信、国税、财政、人行等厅局代表参会。三是召开担保基金论证会，多次召集地州代表、企业代表、担保、银行等机构，召开设立再生资源行业政府性担保基金论证会。四是制定并实施《自治区再生资源回收利用行业担保基金实施方案（试行）》。五是支持南疆四地州再生资源回收利用体系建设。

流通领域节能减排及绿色商场示范创建工作。按照《商务部关于大力发展绿色流通的指导意见》（商流通函〔2014〕792号）要求，进一步推进流通业绿色发展，做好2016年绿色流通工作，一是开展绿色商场示范创建工作，共选出绿色示范商场4家，拟推荐上报商务部。二是开展2016年零售行业节能调查，选取10家零售企业总部参加节能调查。三是征集并制定《流通领域节能环保技术产品推广目录》。四是开展2016年流通领域节能宣传活动，在2016年6月全国节能宣传周期间，全区开展以“绿色产品进商场、绿色消费进社区、绿色回收进校园”为主题的流通领域节能宣传活动。

中小企业促进工作。指导并支持乌鲁木齐市申报创建国家小微企业创业创新基地城市示范工作。自治区商务厅与相关厅局连续两次推荐乌鲁木齐市作为自治区的唯一申报城市。

融资租赁业发展工作。研究制定《关于加快融资租赁业发展的意见》，经自治区人民政府审定并发布实施，努力培育一批优势明显、特色突出、管理规范、专业化经营、竞争力较强的融资租赁龙头企业。

拍卖行业发展情况。2016年，全区拍卖行业经营情况总体呈现稳中上升的趋势。截至2016年年底，新疆拍卖行业拍卖成交总额达22.62亿元，与2015年的20.18亿元相比，同比上升了12.09%；接受政府部门、社会机构、个人等委托额80.86亿元，与2015年的182.52亿元相比，同比下降了55.70%；拍卖行业佣金总收入5 175万元，较2015年相比上升了91.18%。

典当行业管理工作。2016年，新疆典当事业迎来了高速发展期，典当企业的数量、放贷规模不断扩大，行业经营管理水平不断增强，新疆“典当”以其小额、短期、简便、灵活等特点，在满足小微企业、广大百姓融资需求，促进经济社会发展等方面发挥了积极作用。截至2016年底，自治区审批设立典当企业218家，其中首府乌鲁木齐已达106家，全行业资产总额36.8亿元，实收资本33亿元，典当总额39.8亿元，净利润4 875万元，同比下降1.1%，亏损企业88家，占比为40.3%，亏损额2 107.02万元。

**市场运行调节** 2016年，新疆维吾尔自治区商务厅重点监测的批发企业3 963个门店累计实现销售额216.76亿元，同比增长9.31%；零售企业1 096个门店累计实现商品销售额164.41亿元，同比下降5.74%。其中，家具、粮油食品、建筑装潢材料等大类销售额实现增长，涨幅分别为56.12%、6.95%、1.66%；石油及制品、文化办公用品、体育娱乐用品等大类下降明显，降幅分别为34.05%、22.6%、16.72%。

粮油食品类销售额保持涨势。2016年，新疆城乡居民可支配收入为18 354.7元，同比增长8.9%。1月—12月，新疆监测的批零企业共实现粮油食品类销售额224.1亿元，同比增长6.95%，其中水产品类、鲜果类、禽类涨幅位居前三，分别为17.99%、15.38%和13.72%。

家具类和建筑装潢材料类销售额增长明显。2016年，在“商品房去库存”政策的推动下，新疆自治区房地产行业回暖趋势渐显，建筑和装潢材料类商品销售额亦稳步增加。同时，受“二孩政策”的影响，新疆家具市场需求迎来旺季，对家具类销售额的增长起到了推动作用。1月—12月，自治区监测的批零样本企业共实现家具、建筑和装潢材料类销售额1.97亿元，同比增长9.44%。

汽车类销售额持续下滑。2016年，在供应侧改革效果显现、投资增速总体放缓、经济转型升级，以及高铁、新能源汽车快速发展等因素的共同作用，成品油消费增长区间下移。受此影响，新疆石油及制品类监测企业实现销售额765万元，同比下降34.05%。

**【对外贸易】**

**进出口总额** 进出口总额179.63亿美元，比上年下降8.7%。

**出口总额** 出口总额159.12亿美元（1 052.62亿元人民币），下降9.1%，占新疆GDP 9 617.23亿元人民币的10.9%，占全国出口额（20 974.4亿美元）的0.76%。

**进口总额** 进口总额20.51亿美元，下降5.6%。

**出口商品结构** 初级产品出口额8.14亿美元，占出口总额的5.1%；工业制成品出口额150.98亿美元，占出口总额的94.9%。

**进口商品结构** 初级产品进口额9.43亿美元，占进口总额的46%；工业制成品进口额11.08亿美元，占进口总额的54%。

**出口商品市场** 出口商品销往160个国家（地区）。

**进口商品市场** 进口商品来自86个国家（地区）。

**边境贸易** 边境贸易进出口额730.75亿元，增长22.2%。其中：出口712.67亿元，增长22.6%；进口18.07亿元，增长7.8%。旅游购物出口50.25亿元，增长3.9%。主要出口商品：服装、机电产品、鞋类、纺织制品和农产品。主要进口商品：机电产品、农产品、纸浆、纺织机械及零件。

**服务贸易** 服务贸易进出口总额237.3亿元人民币（折合34.2亿美元），增长11%。其中，出口89.7亿元（折合12.9亿美元），下降3.7%；进口147.7亿元（折合21.3亿美元），增长22.4%；逆差58亿元，比2015年扩大30.2亿元。

**技术进出口** 技术进口项目数27个（白俄罗斯1个、德国22个、意大利3个、美国1个），合同金额1 324万美元，下降17.68%，其中，技术费1 318万美元，设备费6万美元。技术出口项目数9个（埃塞俄比亚1个，哈萨克斯坦8个），合同金额23 125.1万美元，增长2 660%。

**新疆维吾尔自治区2016年出口额6 000万美元以上商品情况表**

| 金额分类 | 商品名称 | 出口额（万美元） | 增长率（%） | 占出口总额比重（%） |
|---|---|---|---|---|
| 5亿美元以上 | 服装 | 411 461 | 22.3 | 25.9 |
| | 机电产品 | 374 191 | -25.3 | 23.5 |
| | 鞋类 | 239 110 | -2.9 | 15.0 |
| | 纺织制品 | 122 077 | 7.1 | 7.7 |
| | 农产品 | 75 964 | -12.4 | 4.8 |
| | 灯具、照明装置 | 64 503 | -34.8 | 4.1 |
| 1亿—5亿美元 | 箱包 | 53 419 | 6.9 | 3.4 |
| | 文化产品 | 52 939 | 7.5 | 3.3 |
| | 陶瓷产品 | 48 466 | -52.7 | 3.0 |
| | 汽车零配件 | 45 174 | -12.5 | 2.8 |
| | 钢材 | 34 427 | -19.4 | 2.2 |
| | 番茄酱 | 34 341 | -15.6 | 2.2 |
| | 初级聚氯乙烯 | 32 717 | 30.8 | 2.1 |
| | 高新技术产品 | 29 129 | -9.3 | 1.8 |
| | 鲜、干水果 | 20 419 | -5.5 | 1.3 |
| | 玩具 | 20 150 | 1245.1 | 1.3 |
| | 塑料制品 | 19 274 | -38.0 | 1.2 |
| | 圣诞用品 | 15 623 | -1.3 | 1.0 |
| | 轴承 | 13 694 | 40.5 | 0.9 |
| 6 000万—1亿美元 | 玻璃制品 | 8 830 | -31.2 | 0.6 |
| | 汽车 | 7 300 | -46.8 | 0.5 |

注：机电产品、农产品包括本目录已具体列名的机电产品、农产品。

**新疆维吾尔自治区 2016 年进口额 1 000 万美元以上商品情况表**

| 金额分类 | 商品名称 | 进口额（万美元） | 增长率（%） | 占进口总额比重（%） |
|---|---|---|---|---|
| 1 亿美元以上 | 机电产品 | 52 160 | -29.3 | 25.4 |
| | 农产品 | 37 292 | -3.3 | 18.2 |
| | 纸浆 | 20 830 | 55.1 | 10.2 |
| | 纺织机械 | 19 580 | 36.6 | 9.5 |
| | 铜材 | 13 114 | 4 746.1 | 6.4 |
| 5 000 万美元—1 亿 | 高新技术产品 | 9 098 | -44.1 | 4.4 |
| | 鲜、干水果 | 6 277 | -20.7 | 3.1 |
| | 牛及马皮革 | 5 861 | 10.2 | 2.9 |
| | 铁矿砂 | 5 837 | 64.8 | 2.8 |
| | 粮食 | 5 408 | 69.8 | 2.6 |
| | 计量检测分析自控仪器 | 5 263 | -21.7 | 2.6 |
| | 锯材 | 5 106 | 7.2 | 2.5 |
| 1 000 万—5 000 万美元 | 医疗仪器 | 4 799 | -5.5 | 2.3 |
| | 棉花 | 4 784 | -54.1 | 2.3 |
| | 纺织制品 | 4 181 | -36.6 | 2.0 |
| | 钢材 | 2 717 | -36.0 | 1.3 |
| | 通断保护电路装置 | 2 561 | -8.4 | 1.2 |
| | 建筑机械 | 2 159 | 174.4 | 1.1 |
| | 羊毛 | 2 125 | 34.4 | 1.0 |
| | 食用植物油 | 1 762 | -31.8 | 0.9 |
| | 煤及褐煤 | 1 608 | -5.7 | 0.8 |
| | 汽车 | 1 599 | -26.8 | 0.8 |
| | 氧化铝 | 1 564 | -71.2 | 0.8 |
| | 初级塑料 | 1 053 | -76.3 | 0.5 |
| | 酒类 | 1 021 | 241.5 | 0.5 |

**注：**机电产品、农产品包括本目录已具体列名的机电产品、农产品。

**新疆维吾尔自治区 2016 年主要出口市场情况表**

| 国别（地区） | 出口额（万美元） | 增长率（%） | 占出口总额比重（%） |
|---|---|---|---|
| 哈萨克斯坦 | 574 325 | 9.2 | 36.1 |
| 吉尔吉斯斯坦 | 387 847 | 21.2 | 24.4 |
| 塔吉克斯坦 | 126 142 | -8.5 | 7.9 |
| 俄罗斯联邦 | 119 466 | 46.2 | 7.5 |
| 美 国 | 105 241 | -35.6 | 6.6 |
| 乌兹别克斯坦 | 30 991 | -11.9 | 1.9 |
| 巴基斯坦 | 25 797 | -1.7 | 1.6 |
| 印 度 | 19 943 | 0.7 | 1.3 |
| 英 国 | 13 364 | -41.2 | 0.8 |
| 荷 兰 | 11 717 | -59.4 | 0.7 |
| **合 计** | **1 414 833** | — | **88.8** |

新疆维吾尔自治区 2016 年主要进口市场情况表

| 国别（地区） | 进口额（万美元） | 增长率（%） | 占进口总额比重（%） |
|---|---|---|---|
| 哈萨克斯坦 | 58 531 | 20.2 | 28.5 |
| 德　国 | 19 522 | -16.8 | 9.5 |
| 美　国 | 15 776 | -63.9 | 7.7 |
| 乌兹别克斯坦 | 15 463 | -11.8 | 7.5 |
| 俄罗斯联邦 | 13 815 | 13.7 | 6.7 |
| 日　本 | 6 581 | 9.5 | 3.2 |
| 吉尔吉斯斯坦 | 6 327 | 67.1 | 3.1 |
| 蒙　古 | 5 825 | -0.6 | 2.8 |
| 意大利 | 4 400 | -8.5 | 2.1 |
| 印度尼西亚 | 4 129 | 304.9 | 2.0 |
| **合　计** | **150 369** | **—** | **73.1** |

## 【利用外资】

新疆维吾尔自治区 2016 年利用外资情况表

| 利用外资方式 | 批准签订的合同 | | | 实际利用外资 | |
|---|---|---|---|---|---|
| | 项目数（个） | 外资金额（万美元） | 金额比上年增加（%） | 金额（万美元） | 金额比上年增加（%） |
| **外商直接投资** | **74** | **49 694** | **-41.98** | **40 076** | **-11.43** |
| 合资企业 | 27 | 14 402 | -28.79 | 12 841 | -1.02 |
| 合作企业 | 2 | 1 787 | 162.79 | 3 | -25.00 |
| 外资企业 | 45 | 31 014 | -4.03 | 14 149 | 16.45 |
| 股份有限公司 | 0 | 2 491 | -92.32 | 13 083 | -34.98 |
| **合　计** | **74** | **49 694** | **-41.98** | **40 076** | **-11.43** |

新疆维吾尔自治区 2016 年外商直接投资行业情况表

| 行　业 | 项目数 | | 合同外资 | | 实际外资 | |
|---|---|---|---|---|---|---|
| | 项目数（个） | 增长率（%） | 金额（万美元） | 增长率（%） | 金额（万美元） | 增长率（%） |
| **总　计** | **74** | **48.00** | **49 694** | **-41.98** | **40 076** | **-11.43** |
| 农、林、牧、渔业 | 5 | -16.67 | 7 307 | -26.55 | 1 235 | -5.80 |
| 采矿业 | 0 | | 0 | -100.00 | 106 | -95.89 |
| 制造业 | 5 | -28.57 | 11 703 | -41.30 | 13 152 | -51.32 |
| 电力、燃气及水的生产和供应业 | 1 | -50.00 | 251 | -96.48 | 841 | -75.74 |
| 建筑业 | 0 | | -32 | | 0 | |
| 交通运输、仓储和邮政业 | 3 | 50.00 | 2923 | -83.62 | 13 531 | 152.44 |
| 信息传输、计算机服务和软件业 | 1 | 0.00 | 77 | -1.28 | 0 | |
| 批发和零售业 | 33 | 94.12 | 7 522 | 125.82 | 853 | -74.36 |
| 住宿和餐饮业 | 4 | 33.33 | 16 | 23.08 | 290 | 4 733.33 |
| 金融业 | 2 | -50.00 | 3 831 | -85.27 | 7 650 | |
| 房地产业 | 0 | | 0 | | 490 | 79.49 |
| 租赁和商务服务业 | 16 | 220.00 | 15 938 | 1 967.19 | 1 709 | 717.70 |
| 科学研究、技术服务和地质勘查业 | 2 | 0.00 | 151 | -53.96 | 219 | -86.74 |
| 居民服务和其他服务业 | 1 | 0.00 | 2 | -98.00 | 0 | -100.00 |
| 教育 | 0 | | 0 | -100.00 | 0 | |
| 文化、体育和娱乐业 | 1 | | 5 | | 0 | |

新疆维吾尔自治区2016年外商直接投资来源情况表

| 国别（地区） | 项目数 | | 合同外资 | | 实际外资 | |
|---|---|---|---|---|---|---|
| | 项目数（个） | 增长率（%） | 金额（万美元） | 增长率（%） | 金额（万美元） | 增长率（%） |
| **总　计** | **74** | **48.00** | **49 694** | **-41.98** | **40 076** | **-11.43** |
| 亚　洲 | 50 | 31.58 | 33 188 | -37.40 | 15 927 | -17.61 |
| 阿富汗 | 2 | 100.00 | 6 | -40.00 | 0 | |
| 孟加拉国 | 1 | | 6 | | 0 | |
| 香　港 | 15 | -34.78 | 21 325 | -59.96 | 14 155 | -14.90 |
| 印　度 | 0 | | 0 | | 20 | -80.00 |
| 日　本 | 0 | | 0 | | 0 | -100.00 |
| 马来西亚 | 1 | | 1 600 | | 0 | -100.00 |
| 巴基斯坦 | 3 | 200.00 | 3 394 | 21 112.50 | 0 | |
| 新加坡 | 2 | | 2 400 | | 707 | -12.72 |
| 韩　国 | 4 | 0.00 | 76 | 0.00 | 13 | 62.50 |
| 土耳其 | 9 | 800.00 | 325 | 3 962.50 | 0 | -100.00 |
| 阿联酋 | 1 | | 3 000 | | 1 010 | |
| 台湾省 | 1 | -50.00 | 273 | -29.64 | 18 | 500.00 |
| 哈萨克斯坦 | 7 | 40.00 | 736 | 0.00 | 1 | -99.92 |
| 吉尔吉斯斯坦 | 2 | | 14 | | 3 | |
| 塔吉克斯坦 | 0 | -100.00 | 0 | -100.00 | 0 | |
| 乌兹别克斯坦 | 2 | | 33 | | 0 | |
| 非　洲 | 1 | | 1 | | 61 | -35.79 |
| 塞舌尔 | 0 | | 0 | | 61 | -35.79 |
| 南　非 | 1 | | 1 | | 0 | |
| 欧　洲 | 10 | 42.86 | 8 437 | 320.17 | 10 456 | 299.39 |
| 比利时 | 1 | 0.00 | 128 | -85.71 | 534 | |
| 丹　麦 | 0 | | 6 756 | | 7 455 | |
| 英　国 | 0 | -100.00 | 26 | 766.67 | 0 | -100.00 |
| 德　国 | 0 | -100.00 | 0 | -100.00 | 2 171 | 89.77 |
| 卢森堡 | 0 | | 0 | | 0 | -100.00 |
| 荷　兰 | 3 | 200.00 | 1 076 | 15 271.43 | 136 | -89.99 |
| 罗马尼亚 | 0 | | 1 | | 0 | |
| 格鲁吉亚 | 0 | | 0 | | 0 | -100.00 |
| 阿塞拜疆 | 1 | -50.00 | 16 | -84.31 | 8 | -38.46 |
| 俄罗斯联邦 | 4 | 300.00 | 356 | | 152 | 533.33 |
| 乌克兰 | 1 | | 78 | | 0 | |
| 南美洲 | 1 | -50.00 | -2 | -100.02 | 909 | -91.92 |
| 开曼群岛 | 0 | -100.00 | 194 | -97.76 | 419 | -94.27 |
| 英属维尔京群岛 | 1 | 0.00 | -196 | -112.04 | 490 | -87.57 |
| 北美洲 | 5 | 66.67 | 1 028 | -94.08 | 12 688 | 173.63 |
| 加拿大 | 0 | -100.00 | -1 | -101.04 | 2 | -96.92 |
| 美　国 | 5 | | 1 029 | 4 016.00 | 22 | 340.00 |
| 百慕大 | 0 | | 0 | -100.00 | 12 664 | 177.29 |
| 大洋洲 | 0 | -100.00 | 0 | -100.00 | 35 | -94.70 |
| 澳大利亚 | 0 | -100.00 | 0 | -100.00 | 35 | -94.70 |
| 其　他 | 7 | 250.00 | 7 042 | 144.43 | 0 | -100.00 |
| 投资性公司投资 | 7 | 250.00 | 7 042 | 144.43 | 0 | -100.00 |

**外商直接投资企业生产经营情况** 2016年新疆参加外商投资企业联合年报及存料调查的外商投资企业412家（合资企业171家、合作企业11家、独资企业222家、股份企业8家），参报率为76%。412家参报企业投资总额共计100亿美元，注册资本68.29亿美元，实收资本外方出资金额30.45亿美元；实现营业收入337.35亿元，纳税总额22.58亿元，实现利润总额32.08亿元；安置就业人员40 419人（外籍人员数261人）。2016年外商投资企业进出口总额19 555万美元，进口总额12 830万美元，出口总额6 724万美元。

**【对外经济合作】**

**对外投资** 2016年，新疆维吾尔自治区新批境外投资项目106个（其中，新设立境外企业96个，增资项目10个；独资项目57个，合资项目49个；并购项目17个），境外机构28个。中方协议投资总额194 581万美元，同比下降24.26%。投资国别（地区）为：哈萨克斯坦、美国、塔吉克斯坦、吉尔吉斯斯坦、乌兹别克斯坦、香港、俄罗斯联邦、阿联酋、澳大利亚等30个国家（地区）。

从实际投资情况来看，2016年，新疆企业对美国、澳大利亚、埃及、加纳、乌干达、巴西、阿塞拜疆、俄罗斯联邦、格鲁吉亚、荷兰、阿富汗、哈萨克斯坦、吉尔吉斯斯坦、蒙古、孟加拉国、塔吉克斯坦、土耳其、土库曼斯坦、乌兹别克斯坦和香港20个国家（地区）的72家境外企业进行了直接投资，实际投资额102 379万美元，同比增长22.37%。

**承包工程和劳务合作** 2016年新签对外承包工程合同98份，合同额207 698万美元，增长1.33倍，在全国排第18位；完成营业额123 886万美元，下降21.68%，在全国排第19位。

新疆的对外劳务合作主要是工程项下派出的劳务人员。2016年，工程项下累计派出各类劳务2 499人，减少396人，在全国排第24位；2016年末在外劳务1 485人，减少1 456人。人员派往塔吉克斯坦、哈萨克斯坦、吉尔吉斯斯坦、埃塞俄比亚、伊朗、肯尼亚、沙特阿拉伯、喀麦隆和吉布提等23个国家（地区）。

**对外经济技术援助** 2016年承接援外项目1个，即中建新疆建工（集团）有限公司承接的中国驻吉尔吉斯斯坦使馆馆舍抢修工程项目；承接10期援外培训项目，共培训197人次，其中，多双边经贸、管理官员培训项目4期，多双边反恐、禁毒培训班6期。

**【其他】**

**商务洽谈会** 2016年9月20日—25日第五届中国—亚欧博览会在新疆乌鲁木齐国际会展中心举办，本届博览会由新疆维吾尔自治区人民政府、商务部、外交部、中国国际贸易促进会等单位联合主办。本届博览会以“共商、共建、共享，丝路：机遇与未来”为主题。规划展览面积14万平方米，设置有纺织品服装、农产品食品、智能生活、汽车生活等展区。有6个国际组织、57个国家和地区的嘉宾参展参会，2 192家国内外企业参展。新疆维吾尔自治区内联项目集中签约200个，签约总金额2 412亿元人民币。国内贸易总额1 126亿元。对外经济贸易成交总额49.53亿美元，比上届的48.44亿美元增长2.24%。

2016年5月21日—24日，由商务部、新疆维吾尔自治区人民政府、新疆生产建设兵团共同举办的“第十四届哈萨克斯坦—中国出口商品展览会”（以下简称“哈展会”）在哈萨克斯坦阿拉木图市阿达肯特展览中心举行。本届展会展期4天，包括3个专项展：机械与车辆展、建材与家具展和消费与电子商品类展，共设4个展馆，310个展位，展览面积10 000平方米，来自新疆、陕西、浙江、甘肃、四川等十多个省市区的270余家企业参展。新疆维吾尔自治区商务厅共组织53家企业，申请56个展位，集中展示了农机、五金建材、纺织服装、电子、化工产品等商品。据不完全统计，展会期间，新疆参展企业共接待专业观众4 064人，会见客商791人，合同签约额99.6万美元，意向签约额468.1万美元，展品销售额8万美元。

2016年10月30日，由新疆维吾尔自治区商务厅、妇联、农业厅、国资委、经信委、招商局、工商联、新疆生产建设兵团商务局、喀什地区行署联合主办的第九届塔吉克斯坦—中国新疆出口商品展洽会在杜尚别市隆重举办。新疆维吾尔自治区商务厅组织7个地州市的50余家企业，70余人参会参展。设置展位50个，展示商品主要有日用百货、轻工纺织、家电、工程机械、建材、五金、机电产品等7大类近百种商品，室外展出了大型机械产品。展会期间共接待参观洽谈人员6 000余人次，有11家企业签订各类贸易、投资协议意向2 500万美元。

2016年10月16日至20日，由法国爱博国际展览集团承办的法国国际食品饮料展在巴黎召开。法国SIAL国际食品展每两年一届，是全球食品和饮料行业最大的展会，也是食品行业最具影响力的商贸洽谈平台。新疆维吾尔自治区商务厅组织新疆天仁食品有限公司、新疆阜丰生物科技有限公司、伊利奥意国际贸易等7家企业参展。本届展会，新疆天仁食品意向成交额85万元，新疆阜丰生物科技有限公司意向成交额90万元，伊利奥意国际贸易有限公司意向成交额35万元，其他新疆企业也均达到了30万元以上的意向成交额。

2016年8月3日—5日，由新疆维吾尔自治区商务厅、自治区开发办、农业厅、国资委、经信委、招商局、工商联、新疆生产建设兵团商务局联合主办的2016年俄罗斯车里雅宾斯克州—中国新疆出口商品展洽会，在俄罗斯车里雅宾斯克州举办。新疆维吾尔自治区商务厅组织了来自新疆维吾尔自治区、新疆生产建设兵团的37家企业、70余人参展，设置展位40个。展会期间接待参观洽谈人员9 000余人次，有10家企业签订各类贸易、投资协议意向646万美元。

2016年11月9日—11日，由新疆维吾尔自治区商务厅、白俄罗斯工商会、中国驻白俄罗斯使馆经商参处、乌鲁木齐经济技术开发区管委会共同主办，自治区开发办、白俄罗斯别林杰尔展览公司具体承办的第二届白俄罗斯—中国特色商品展洽会在明斯克市开幕。新疆维吾尔自治区商务厅组织了新疆40余家纺织服装、日用百货、建材、机械电子、食品加工、商贸物流等领域企业近80余名企业家参展。本届展洽会，参观洽谈客商近7 000人次。博乐富兴石业、新疆多维钢结构、新疆野林、奥明新能源科技、创信肥业、哈密惠通、霍尔果斯景翔针织、新疆玉泰驼绒等7家公司与中白工业园及白方企业初步达成合作意向，协议和签约金额超过700万美元。

**港口运输** 截至2016年底，全区已经批准开放的一类口岸17个，其中航空港2个，陆路口岸15个（已经开通使用的边境陆路口岸13个，已经国务院批准但未开放的边境陆路口岸2个），其他（二类）口岸12个。

2016年，乌鲁木齐海关监管进出口货物4 381万吨，比2015年的4 135万吨增长6%。其中：出口387万吨（公路运输195.6万吨、铁路运输176.7万吨、空运0.94万吨）；进口3 994万吨（公路150.6万吨、铁路运输357.5万吨、空运0.32万吨、管道运输3 484.5万吨）。

**涉外旅游** 2016年入境旅游者201万人次，比2015年的168.38万人增长19.6%。入境旅游者消费9.01亿美元，比上年增长23.4%。

# 2016年新疆生产建设兵团商务发展概况

新疆生产建设兵团商务局

段宝新

新疆生产建设兵团
商务局局长

段宝新 男，生于1964年1月，陕西宝鸡人。在职研究生学历。中共党员。历任新疆生产建设兵团农四师工会干部、农四师商业总公司党委书记、农四师71团党委书记、政委、农四师69团党委书记、政委、农二师总经济师、农二师党委常委、副师长。现任新疆生产建设兵团商务局党组书记、局长。

## 【国内贸易】

**社会消费品零售总额** 2016年，新疆生产建设兵团社会消费品零售总额632.29亿元，比上年的552.34亿元增长14.5%。按地域分，城镇564亿元，乡村68.29亿元。按消费形态分，商品零售523.3亿元，餐饮收入108.99亿元。

**限额以上批发和零售贸易业、住宿和餐饮业基本情况** 2016年，共有限额以上批发和零售贸易业、住宿和餐饮业法人企业421个，产业活动单位1 027个，年末从业人数22 295人。其中，批发零售业法人企业379个，产业活动单位1 021个，年末从业人数19 351人；住宿和餐饮业法人企业42个，产业活动单位6个，年末从业人数2 944人。

**批发和零售贸易业企业商品购、销、存总额** 批发和零售贸易业企业商品销售总额3 341.37亿元，比上年的2 926.35亿元增长14.2%。限额以上批发和零售贸易业企业商品购进总额1 141.14亿元，商品销售总额1 150.27亿元（其中，批发1 036.78亿元，零售113.49亿元），年末库存总额151.93亿元。

**市场物价** 商品零售价格指数为100.5（以上年价格为100），其中，城市100.5，农村100.5。

**市场秩序建设** 兵团商务局与兵团财务局联合制定《新疆兵团重要产品追溯体系建设初步方案》（兵财〔2016〕129号）并上报国家，其中，包括《新疆兵团中药材追溯体系建设初步方案》，兵团特色产品红枣生产企业新疆叶河源果业股份有限公司的《红枣产品质量追溯系统实施方案》，新疆天润生物科技股份有限公司的《乳制品追溯系统实施方案》。

认真组织兵团各师和兵直医药流通企业参加全国第三届药品流通行业岗位知识技能竞赛，经过各师初赛及兵团商务局组织的复赛，共选拔出了9名决赛选手，其中，药师6名、中药师3名参加全国的决赛，获得全国第三届药品流通行业岗位知识技能竞赛的优秀组织奖。完成国家对兵团2016年打击侵犯知识产权和制售假冒伪劣商品工作绩效考核工作，并取得88.86分的好成绩。截至2016年年底，八师133团、141团、142团、148团、150团等5家单位获批商务部市场监管公共服务体系试点项目，并得到政策资金支持，每个单位按县级市标准获得50万元，共计250万元。

**市场体系建设** 一是启动第二批“百团万店”工程示范项目30个，总投资44.13亿元。获兵团服务业专项资金1 500万元，支持项目10个，确保示范项目提质增效。二是第三、第六、第八、第十二师被列为国家“电子商务进农村”综合示范单位，获国家补助资金6 000万元。三是成功召开兵团农商对接暨电子商务2016年年会。通过专家演讲、重点企业推介、疆内外客商洽谈、农产品购销签约等多项活动的展示，年会取得了很好的效果。四是引导“西果东送”企业深度开拓农产品销售市场。开展销售、网络建设、项目储备等情况的调查。全年9家农产品龙头企业销售各类果蔬121万吨，实现交易额91亿元，在全国有销售网点1 594个。五是加强农产品流通设施链条项目建设。各师15家企业启动20个项目，总投资17.59亿元，对促进农产品销售起到了积极的作用。联合兵团7部门印发了《兵团关于加强公益性农产品市场体系建设的指导意见》。六是根据商务部安排，编制《兵团冷链物流发展实施方案》，向商务部申报冷链物流项目19个，总投资12.34亿元。加强与商务部、财政部以及自治区商务厅对接，积极争取推荐项目进入全国试点。七是根据商务部《关于推荐全国公益性农产品示范市场的通知》要求，经商务部评审，新疆九鼎农产品批发交易市场被列入首批全国15家公益性农产品批发示范市场名单。八是研究印发《2016年兵团家政服务建设工作方案》。共培训家政人员9 948人，带动就业7 712人，就业率达78%。完成《兵团商务系统如何促进职工多元增收》课题研究。

**流通业发展** 全兵团共有55家典当行、3家分支机构开展年审。2016年度，根据要求，对兵团典当行业开展了年审工作。做好2016年新增典当行及分支机构申报，根据《商务部办公厅关于做好典当行设立工作的通知》（商办流通函〔2016〕911号）文件的要求，结合《兵团典当行业发展规划》，科学、稳步推进兵团新增典当行及分支机构工作。2016年，兵团55家典当企业实收资本11亿元，典当余额8.72亿元，典当总额12.84亿元，主营业务利润4 064万元。兵团两家融资租赁企业2016年经营状况分别是：十一师新疆鼎源融资租赁有限公司，将注册资本金由2.27亿元增加到3亿元，融资租赁资产合同额近7亿元，实现利润4 500万元。十三师天元设备租赁有限公司，注册资金1.87亿元，融资租赁资产合同额1 198万元，实现利润53.83万元。深化流通体制改革，兵团商务局制定出台《兵团商贸流通供给侧结构性改革指导意见（暂行）》（兵商务字〔2016〕112号）。重点从扩大流通有效供给、培育内需增长新动力、提升流通现代化水平、促进创新驱动发展、加大对外开放力度、供需改革协调发展等方面着手，引领和推动兵团商贸流通改革，逐步提升商贸服务业对兵团经济社会发展的贡献率，由此拉开了兵团商贸流通供给侧改革帷幕；在兵团商务局的行业指导下，各师制定出台相关配套政策措施，通过整合各类资源，完善服务设施，积极为兵团企业参与商贸流通供给侧结构性改革提供服务，搭建平台和创造条件。

**市场运行和消费促进** 兵团充分依托国家内贸流通统计监测平台和兵团自建的兵团主要工业品统计监测系统，逐步完善市场监测体系。截至2016年12月31日，共拥有各类样本监测企业216家，样本企业监测范围涉及批发零售、住宿餐饮、融资租赁、工业品信息等17个行业，包括16大类300余种消费品和14大类32种生产资料。以季度发布和适时发布相结合的形式，认真撰写并发布了《兵团消费品市场运行分析报告》、《兵团“消费促进‘6+1’活动”进展情况的报告》和《兵团主要工业品促销活动进展情况的报告》等35篇重大专题分析报告，并及时呈报兵团领导；全年累计在商务预报网站发表各类市场动态信息1 342篇，同比增长72%。

**【对外贸易】**

**进出口总额** 进出口总额70.76亿美元，比上年的102.48亿美元下降30.89%。

**出口总额** 出口总额65.85亿美元，比上年的96.21亿美元下降31.49%，占全国出口额的0.29%。

**进口总额** 进口总额4.91亿美元，比上年的6.27亿美元下降21.8%。

**出口商品结构** 初级产品出口额2.25亿美元，占出口总额的3.4%；工业制成品出口额63.6亿美元，占出口总额的96.6%。

**进口商品结构** 初级产品进口额2.1亿美元，占进口总额的43.8%；工业制成品进口额2.81亿美元，占进口总额的57.2%。

**出口商品市场** 出口商品销往150个国家（地区）。

**进口商品市场** 进口商品来自68个国家（地区）。

**边境贸易** 边境贸易进出口额49.57亿美元，下降1.4%，占兵团进出口总额的70.05%，其中：出口额48.49亿美元，下降1.74%；进口额1.08亿美元，增长16.71%。

**服务贸易** 服务贸易出口额2.2亿美元，比上年的1.38亿美元增长59.4%。服务出口以入境旅游、对外工程承包为主，主要贸易伙伴为中亚5国、俄罗斯等。

**技术进出口** 技术进出口总额13 758.53万美元，比上年的16 334.4万美元下降15.77%。

**新疆生产建设兵团2016年主要出口市场情况表**

| 国别（地区） | 出口额（亿美元） | 增长率（%） | 占出口总额比重（%） |
|---|---|---|---|
| 哈萨克斯坦 | 31.58 | 19.33 | 47.96 |
| 吉尔吉斯斯坦 | 8.30 | -15.86 | 12.60 |
| 俄罗斯联邦 | 7.11 | 16.56 | 10.80 |
| 美国 | 4.78 | -69.06 | 7.26 |
| 塔吉克斯坦 | 4.77 | -32.61 | 7.24 |

新疆生产建设兵团2016年主要出口市场情况表(续)

| 国别（地区） | 出口额（亿美元） | 增长率（%） | 占出口总额比重（%） |
|---|---|---|---|
| 印　度 | 1.40 | 14.13 | 2.13 |
| 巴基斯坦 | 0.91 | -12.17 | 1.38 |
| 乌兹别克斯坦 | 0.78 | -2.36 | 1.18 |
| 荷　兰 | 0.55 | -80.28 | 0.84 |
| 英　国 | 0.48 | -77.51 | 0.73 |
| **合　计** | **60.66** | | **92.12** |

新疆生产建设兵团 2016 年主要进口市场情况表

| 国别（地区） | 进口额（亿美元） | 增长率（%） | 占进口总额比重（%） |
|---|---|---|---|
| 哈萨克斯坦 | 1.34 | 10.25 | 27.29 |
| 乌兹别克斯坦 | 0.71 | -38.13 | 14.46 |
| 美　国 | 0.39 | -70.06 | 7.94 |
| 德　国 | 0.36 | 35.05 | 7.33 |
| 俄罗斯联邦 | 0.35 | -15.54 | 7.13 |
| 蒙　古 | 0.23 | 94.99 | 4.68 |
| 印度尼西亚 | 0.23 | 427.99 | 4.68 |
| 法　国 | 0.20 | 567.96 | 4.07 |
| 巴基斯坦 | 0.13 | -26.24 | 2.65 |
| 日　本 | 0.13 | -24.83 | 2.65 |
| **合　计** | **4.07** | | **82.89** |

新疆生产建设兵团 2016 年服务出口情况表

| 行　业 | 出口金额（万美元） | 增长率（%） |
|---|---|---|
| 旅游 | 13 349.34 | 154.08 |
| 建筑服务 | 8 740.00 | |
| 电影、音像、文化 | 18.38 | 54.45 |
| 留学生及教育，其他 | 5.24 | 253.96 |
| **合　计** | **22 112.96** | |

## 【利用外资】

新疆生产建设兵团 2016 年利用外资情况表

| 利用外资方式 | 批准签订的合同 | | | 实际利用外资 | |
|---|---|---|---|---|---|
| | 项目数（个） | 外资金额（万美元） | 金额比上年增加（%） | 金　额（万美元） | 金额比上年增加（%） |
| **外商直接投资** | **7** | **6 698.3** | **163.3** | **1 998** | **-58.3** |
| 合资企业 | 4 | 1 349.8 | | 852 | |
| 合作企业 | 1 | 2 318.2 | | | |
| 外资企业 | 2 | 3 030.3 | | 1 146 | |
| **合　计** | **7** | **6 698.3** | **163.3** | **1 998** | **-58.3** |

## 【对外经济合作】

**对外投资**　2016 年，兵团新批境外投资企业 16 家，境外机构 7 家，实现对外投资完成额 7 952 万美元。投资涉及工程、农业种植、建材加工、机械设备租赁、农产品加工等领域。投资遍及俄罗斯、哈萨克斯坦、塔吉克斯坦、吉尔吉斯斯坦、德国、澳大利亚等 13 个国家和地区。主要项目：中新建国际农业合作有限责任公司实施的塔吉克斯坦农业纺织产业园区项目，该项目为习近平总书记出访塔吉克斯坦时落实签约，2015 年底正式启动；新疆叶河阳光农业股份有限公司实施的塔吉克农业纺织产业园和蔬菜大棚建设项目，该项目于 2016 年正式启动；新疆中瑞恒远商贸集团有限公司实施的科克托别市场项目，目前该市场已正式开门营业；新疆九鼎农业集团有限公司实施的水果蔬菜销售网点项目，目前该项目已正式落成，并开门营业。

截至 2016 年，兵团对外投资存量为 9.2 亿美元。

**承包工程和劳务合作** 2016 年签订对外承包工程和劳务合作合同项目 20 个，合同金额 5.8 亿美元，比上年的 1.2 亿美元增长 383%；完成营业额 6.7 亿美元，比上年的 6 亿美元增长 11.7%；当年派出劳务人员数 707 人，年末在外人数 3 140 人。主要派遣的国家为塔吉克斯坦、巴基斯坦、安哥拉、阿尔及利亚、委内瑞拉等。

承包工程主要项目为阿尔及利亚泰贝萨省泰贝萨市住宅设计与施工项目；安哥拉纳马省住房项目、万博房建项目；委内瑞拉社会住房项目、阿拉瓜州马拉盖市卡尼亚地块住宅小区工程、泛博办公大楼项目；塔吉克斯坦杜尚别市的立交桥项目。

**对外经济技术援助** 承担援外项目数 3 个，受援国家为塔吉克斯坦、安哥拉、格林纳达，涉及的行业为农业、工程。当年派出援外人数 31 人，年末在外人数 23 人。

**【其他】**

**开发区** 阿拉尔经济技术开发区 2016 年预计实现地区生产总值 28.7 亿元，比上年增长 28.83%，全社会固定资产投资 30 亿元，外贸进出口总额 8 387 万美元。财政收入再创历史新高，实现全口径税收收入 1.1 亿元，增长 10%。社会就业能力进一步增强，新增就业人数 1 241 人。新聚丰气流纺、锦域二期、新农化纤、太泉纺织、纳凯纺织、臻泰纺织等一批重大项目稳步推进。

五家渠经济技术开发区 2016 年预计实现地区生产总值 73 亿元，增长 13%，工业总产值 309 亿元，增长 10.35%，全社会固定资产投资 42 亿元，外贸进出口总额 1.6 亿美元，全口径税收收入 10 亿元。积极搭建投融资平台，通过发行公司债券、出资参股担保公司、成立“新疆股权交易中心五家渠挂牌企业培育基地”等，为企业发展提供金融服务。

石河子经济技术开发区 2016 年预计实现地区生产总值 215.6 亿元，增长 10.5%。经济结构进一步优化，实现三产服务业增加值 61.5 亿元，增长 33.7%。全社会固定资产投资 111.5 亿元，外贸进出口总额 3.61 亿美元。财政收入快速增长，实现全口径税收收入 42 亿元，增长 34.4%。创新招商引资方式取得实效，股权类投资增加明显，全年共引进股权企业 70 家，认缴出资 45 亿元，贡献税收 7 亿元。

**商务洽谈会** 第五届中国—亚欧博览会 2016 年 9 月 20 日至 25 日在乌鲁木齐新疆国际会展中心举办，新疆生产建设兵团共申购展位 153 个，承担 6 个国家、7 个团组共 78 名重要外宾的接待工作，在五家渠市举办“开放兵团，共建丝绸之路经济带”兵团主题日活动，260 多名中外嘉宾参加此次活动。第三届新疆·兵团绿洲产业博览会展览面积 3 万平方米，设 9 大展区。两个博览会期间，兵团共签订外贸合同 19 份、金额 8.87 亿美元，签订外资项目 2 份、金额 4 000 万美元，签订外经项目 1 个、金额 1.08 亿美元。签订内联合作项目 29 个、投资总额 469.85 亿元，签订内贸合同 14 份、金额 61.56 亿元。绿博会期间，兵团共邀请境内外到会客商 5 230 人，其中境外客商（参展商）340 人（副部级以上外宾 13 人），分别比上届增长 45.2%和 70%。绿博会到会观众达 5.6 万人次。

# 2016 年香港特别行政区商务发展概况

商务部国际贸易经济合作研究院

2016 年，世界经济疲弱态势依旧，全球经济同比增长 3.1%，较 2015 年回落 0.3 个百分点。其中，发达经济体增长 1.7%，较 2015 年回落 0.4 个百分点；新兴经济体和发展中国家增长 4.1%，较 2015 年回落 0.1 个百分点。国际贸易复苏再次陷入低谷，据世界贸易组织统计，2016 年世界贸易量增长 1.3%，为 2009 年以来新低，连续第五年低于 3%，并且连续第五年低于世界经济增速。2016 年全球货物出口额 15.5 万亿美元，同比下降 3.3%，进口额为 15.8 万亿美元，同比下降 3.2%。

受全球经济增长乏力影响，2016 年香港经济温和增长，全年经济增长 1.9%，增幅较上年下降 0.5 个百分点。分季度来看，香港经济增长呈现先低后高的态势，第四季度 GDP 增幅达 3.1%。受外需疲软影响，香港的货物出口下跌 0.5%，连续 2 年下滑。与此同时，香港经济运行亦存在诸多亮点：劳工市场全年均维持全民就业状态，第四季度经季节性调整的失业率微跌至 3.3%，总就业人数及劳动人口均进一步增长并齐创年度新高，工资和收入得到实质改善。基本消费物价通胀率由 2015 年的 2.5%下降至 2016 年的 2.3%，连续第五年回落，是 2010 年以来最低。美国“传统基金会”（Heritage Foundation）最新发布《2017 全球经济自由度指数报告》显示，香港连续 23 年在全球 180 个经济体之中排名榜首。世界经济论坛发布的《2016—2017 年全球竞争力报告》显示，香港位列第 9 位。香港特别行政区政府《财政预算案》公布的最新经济预测数据显示，2017 年香港实际 GDP 增幅为 2%—3%，基本通胀率和整体消费物价通胀率分别预测为 2%和 1.8%。

【对外贸易】

2016年，世界经济持续低迷，香港外贸进出口全面下跌。2016年，香港货物贸易总额75 966.31亿港元，较上年的76 516.99亿港元下降0.7%。其中，出口贸易总额35 882.47亿港元，较上年的36 052.79亿港元下降0.5%，进口贸易总额40 083.84亿港元，较上年的40 464.20亿港元下降0.9%。在香港整体出口中，港产品出口总值428.75亿港元，较上年的468.61亿港元下降8.5%，转口贸易总额为35 453.72亿港元，较上年的35 584.18亿港元下降0.4%。

**港产品出口** 随着香港生产商将生产工序迁往中国内地及其他东南亚国家，港产品出口在香港整体出口中的地位不断下滑。2016年港产品出口428.75亿港元，较上年下降8.5%。港产品出口在整体出口额中的比重也由2000年的11.5%下降至2016年的1.2%。在主要贸易伙伴中，2016年，中国内地、美国和新加坡是港产品出口的三大目的地，分别占港产品出口总值的43.3%、8.5%和6.2%。2016年，主要港产品出口均呈现下滑态势，杂项制成品、机械及运输设备、以材料分类的制成品分别下降了17.0%、8.8%和10.2%。受内地经济结构调整，需求疲弱影响，香港对内地港产品出口延续上年下滑势头，下降了9.2%。

据中国海关统计，2016年1月—9月CEPA项下内地进口香港零关税货物货值为45.9亿元人民币，关税优惠额4.1亿元人民币，较上年同期分别下降了9.2%和17.3%。截至2016年9月，内地累计进口香港CEPA项下受惠货物102.1亿美元，关税优惠额56.9亿元人民币。

**2016年港产品五大出口市场**

| 国别（地区） | 金额（亿港元） | | 比上年增长（%） | | 占港产品出口总值比重（%） | |
|---|---|---|---|---|---|---|
| | 2016年 | 2015年 | 2016年 | 2015年 | 2016年 | 2015年 |
| 中国内地 | 185.63 | 204.33 | −9.2 | −11.9 | 43.3 | 43.6 |
| 美　国 | 36.49 | 38.97 | −6.4 | −12.9 | 8.5 | 8.3 |
| 新加坡 | 26.47 | 22.66 | 16.8 | −9.8 | 6.2 | 4.8 |
| 越　南 | 19.53 | 19.48 | 0.3 | −7.8 | 4.6 | 4.2 |
| 中国台湾省 | 18.42 | 20.88 | −11.8 | −30.4 | 4.3 | 4.5 |

**资料来源**：《香港统计月刊》，2017年5月。

**转口贸易** 在香港整体出口贸易中，伴随港产品出口地位的下降，转口贸易的比重持续上升。2016年香港转口贸易额为35 453.72亿港元，较上年的35 584.18亿港元下降0.4%，降幅低于港产品出口降幅。转口贸易在整体出口值中的比重由2000年的88.5%上升至2016年的98.8%。中国内地仍是香港转口贸易最大的来源地和目的地，2016年内地货物经香港转口占其转口总值的58.8%，较上年下降2个百分点。香港的其他主要转口市场（来源地）为：台湾省（占8.6%）增长11.2%，韩国（占5.3%）增长11.8%，日本（占5.1%）下降2.7%，美国（占3.2%）增长4.3%。从转口货物的用途类别来看，资本品所占比重最大，达40.9%，较上年下降2.6%；其次是原料及半制成品（占36.9%），增长5.6%；消费品（占20.4%），下降6.7%。

**2016年香港主要转口来源地**

| 国别（地区） | 金额（亿港元） | 比上年增长（%） | 占转口总值比重（%） | |
|---|---|---|---|---|
| | | | 2016年 | 2015年 |
| 中国内地 | 20 855.04 | −3.6 | 58.8 | 60.8 |
| 中国台湾省 | 3 066.68 | 11.2 | 8.6 | 7.7 |
| 韩　国 | 1 868.22 | 11.8 | 5.3 | 4.7 |
| 日　本 | 1 812.27 | −2.7 | 5.1 | 5.2 |
| 美　国 | 1 143.26 | 4.3 | 3.2 | 3.1 |

**资料来源**：《香港统计月刊》，2017年5月。

**进口** 香港是服务业为主的经济体，2016年，香港服务业增长2.3%，较上年提升0.6个百分点，高于香港整体经济增速0.4个百分点。其中，金融及保险业增长4.8%，专业及商用服务增长2.5%，资讯及通讯业增长3.7%，运输及仓库业增长3.3%，另外，受旅游业不景气影响，香港批发与零售下降6.1%，住宿及膳食服务微增0.1%。2016年，香港服务输出下降5.6%，服务输入增长0.6%。由于本地经济增长乏力，2016年，香港货物贸易进口总额为40 083.84亿港元，较上年下降0.9%。内地仍是香港最大的进口来源地，自内地进口额为19 168.31亿港元，较上年下降3.4%，占香港进口总值的47.8%。台湾省是香港第二大进口市场，2016年自台湾省进口占香港进口总值的

7.3%，金额增长6.4%。

2016年香港进口留用的产品按用途划分，食品和原料及半制成品保持增长态势，同比分别增长7.7%和5.2%，占比较大的资本货品同比下降4.3%。

**2016年香港五大进口来源地**

| 国别（地区） | 金额（亿港元） | 比上年增长（%） | 占进口总值比重（%） | |
|---|---|---|---|---|
| | | | 2016年 | 2015年 |
| 中国内地 | 19 168.31 | −3.4 | 47.8 | 49.0 |
| 中国台湾省 | 2 920.72 | 6.4 | 7.3 | 6.8 |
| 新加坡 | 2 616.94 | 6.4 | 6.5 | 6.1 |
| 日　本 | 2 466.98 | −5.2 | 6.2 | 6.4 |
| 美　国 | 2 066.45 | −2.0 | 5.2 | 5.2 |

资料来源：《香港统计月刊》，2017年5月。

**【旅游】**

2016年，访港旅客为5 665.5万人次，较上年下降4.5%，为连续第二年下跌。从留港时间来看，入境不过夜旅客人次下降7.7%，过夜旅客人次微跌0.5%。受惠于访港过夜旅客占比由2015年的45.0%增至2016年的46.9%，香港酒店及旅店入住率为87%，较上年微增1个百分点。

内地仍是香港最大的客源市场，然而，受“旺角暴乱”、“一周一行”措施、港币升值等因素影响，2016年内地赴港游客4 277.8万人次，占访港旅客总人次的75.5%，较上年下降6.7%。其中，内地过夜旅客比上年同期下降3.5%。2016年1月—9月，内地赴港“个人游”旅客为1 786.1万人次，同比下降16.7%，占内地赴港旅客56.3%（3 172.5万人次）。截至2016年9月底，内地赴港“个人游”旅客累计2.0 628亿人次，占内地赴港旅客的55.2%（同期内地赴港旅客为3.734亿人次）。由于旅游市场低迷，根据香港零售管理协会的数据，香港零售业连续三年下滑，2016年全年零售额同比下跌8.1%至4 366亿港元，是自1998年亚洲金融危机以来最大跌幅。其中，12月总体零售额同比下跌2.9%至424亿港元，连续22个月下滑，服务输出实际跌幅达3.1%，亦为1998年以来首次出现实际跌幅。

2016年，香港国际市场访港旅客整体上升3.1%，其中，过夜旅客升幅达5.7%。其中，欧洲和南亚及东南亚地区访港旅客分别增长了4.1%和4.0%。不过，非洲、中东和澳门的访港旅客分别下降了7.6%、2.3%和2.6%。

# 2016年澳门特别行政区商务发展概况

商务部国际贸易经济合作研究院

2016年以来，世界经济仍然低迷，结构性和周期性问题相互交织，不稳定不确定因素增多，总体呈增长低、通胀低、贸易与投资增速低、负债高的“三低一高”局面。国际货币基金组织（IMF）预计2016年全年世界经济增长3.1%，连续第五年低于3.7%的长期（1990—2007年）均值。发达经济体有效需求不足，复苏步伐放慢，贸易保护、“逆全球化”和民粹主义思潮升温，不仅影响短期经济增长，而且对长期潜在增长率造成损害。发展中国家结构调整艰难，经济下行压力加大，大部分国家增速放缓。

2016年，面对错综复杂的国内外经济形势，中国政府认真贯彻落实新发展理念，适应引领经济发展新常态，坚持稳中求进工作总基调，适度扩大总需求，坚定不移地推进供给侧结构性改革，引导良好发展预期，推动大众创业、万众创新，加快培育发展新动能，国民经济运行总体平稳、稳中有进、稳中提质，好于预期。

2016年澳门经济逐步回稳，外部需求改善，服务出口跌幅收窄，本地生产总值3 582.0亿澳门元，实质收缩2.1%。服务出口2 591.7亿澳门元，比上年下跌2.7%；私人消费开支和政府最终消费支出分别为953.6亿澳门元和367.4亿澳门元，增长0.9%和5.6%；投资774.5亿澳门元，下跌13.2%；而货物出口和货物进口分别为121.3亿澳门元和914.9亿澳门元，下跌22.5%和15.3%；服务进口则达到326.3亿澳门元，上升3.3%。就业市场保持稳定，2016年第四季劳动人口为39.3万人。其中，就业人口38.5万人，劳动参与率为71.8%，失业率与上年同期相同为1.9%，就业不足率则同比微升0.1个百分点至0.6%，总体就业人口每月工作收入中位数为15 000澳门元，同比持平。综合消费物价指数在烟酒、教育及交通带动下，按年率计算上升2.4%。公共财政方面，2016年财政收入为1 024.1亿澳门元，下跌11.8%；财政支出为807.3亿澳门元，同比持平。

【对外贸易】

对外货物贸易方面，2016年货物贸易出口总额为100.5亿澳门元，比上年下跌6.0%，其中，纺织品及成衣的出口值下跌16.8%至6.9亿澳门元。货物贸易进口方面，同比下降15.7%至713.5亿澳门元，进口货品以消费品和资本货物为主。贸易逆差为613.1亿澳门元，同比上升17.1%，主要贸易伙伴包括有中国内地、欧盟、美国和香港等。

**2016年澳门对外贸易主要指标**

| | 2016年（亿澳门元） | 2015年（亿澳门元） | 年增长率（%） |
|---|---|---|---|
| **进出口总额** | **814.0** | **953.6** | **-14.6** |
| 出口 | 100.5 | 106.9 | -6.0 |
| 本地产品出口 | 19.6 | 18.2 | 7.8 |
| 转口 | 80.8 | 88.7 | -8.9 |
| 进口 | 713.5 | 846.6 | -15.7 |
| 贸易差额 | -613.1 | -739.7 | 17.1 |

**资料来源**：澳门统计暨普查局《统计月刊》，2017年3月。

**2016年澳门主要出口商品**

| | 2016年出口额（亿澳门元） | 比重（%） | 2015年出口额（亿澳门元） | 比重（%） | 2016年增长率（%） |
|---|---|---|---|---|---|
| **出口总额** | **100.47** | **100.0** | **106.92** | **100.00** | **-6.0** |
| 纺织品及成衣 | 6.91 | 6.9 | 8.31 | 7.77 | -16.8 |
| 成衣： | 6.39 | 6.4 | 7.49 | 7.01 | -14.7 |
| 针织或钩织 | 2.15 | 2.1 | 2.40 | 2.24 | -10.4 |
| 非针织或非钩织 | 4.24 | 4.2 | 5.08 | 4.75 | -16.5 |
| 机器设备及零件 | 8.25 | 8.2 | 11.59 | 10.84 | -28.8 |
| 香烟及酒 | 8.32 | 8.3 | 6.13 | 5.73 | 35.7 |
| 钟表 | 9.84 | 9.8 | 12.29 | 11.49 | -19.9 |
| 珠宝首饰 | 5.55 | 5.5 | 7.25 | 6.80 | -23.4 |
| 铜及其制品 | 4.66 | 4.6 | 4.35 | 4.07 | 7.1 |
| 电子元器件 | 11.51 | 11.5 | 9.79 | 9.16 | 17.6 |

**资料来源**：澳门统计暨普查局《澳门主要统计指标》，2017年第一季。

**2016年澳门主要进口商品**

| | 2016年进口额（亿澳门元） | 比重（%） | 2015年进口额（亿澳门元） | 比重（%） | 2016年增长率（%） |
|---|---|---|---|---|---|
| **进口总额** | **713.52** | **100.0** | **846.63** | **100.00** | **-15.7** |
| 消费品 | 447.44 | 62.7 | 505.63 | 59.72 | -11.5 |
| 原料及半成品 | 78.42 | 11.0 | 106.03 | 12.52 | -26.0 |
| 燃料及润滑油 | 61.11 | 8.6 | 68.96 | 8.15 | -11.4 |
| 资本货物 | 126.55 | 17.7 | 166.00 | 19.61 | -23.8 |

**资料来源**：澳门统计暨普查局《澳门主要统计指标》，2017年第一季。

**2016 年澳门主要出口市场**

| | 2016 年出口额（亿澳门元） | 比　重（%） | 2015 年出口额（亿澳门元） | 比　重（%） | 2016 年增长率（%） |
|---|---|---|---|---|---|
| **出口总额** | **100.47** | **100.0** | **106.92** | **100.00** | **-6.0** |
| 中国香港 | 55.59 | 55.3 | 63.26 | 59.17 | -12.1 |
| 中国内地 | 17.51 | 17.4 | 18.37 | 17.18 | -4.7 |
| 美　国 | 1.56 | 1.6 | 1.97 | 1.84 | -20.8 |
| 欧　盟 | 1.75 | 1.7 | 2.26 | 2.11 | -22.6 |
| 中国台湾省 | 0.47 | 0.5 | 0.61 | 0.57 | -23.0 |
| 日　本 | 3.11 | 3.1 | 2.36 | 2.21 | 31.8 |
| 越　南 | 0.32 | 0.3 | 0.32 | 0.30 | 0.0 |

**资料来源**：澳门统计暨普查局《澳门主要统计指标》，2017 年第一季。

**2016 年澳门主要进口市场**

| | 2016 年进口额（亿澳门元） | 比　重（%） | 2015 年进口额（亿澳门元） | 比　重（%） | 2016 年增长率（%） |
|---|---|---|---|---|---|
| **进口总额** | **713.52** | **100.0** | **846.63** | **100.0** | **-15.7** |
| 中国内地 | 120.20 | 16.8 | 126.98 | 15.0 | -5.3 |
| 欧　盟 | 9.29 | 1.3 | 12.41 | 1.5 | -25.1 |
| 香　港 | 561.76 | 78.7 | 680.23 | 80.3 | -17.4 |
| 日　本 | 3.50 | 0.5 | 3.90 | 0.5 | -10.3 |
| 美　国 | 5.92 | 0.8 | 8.26 | 1.0 | -28.3 |
| 中国台湾省 | 3.70 | 0.5 | 3.89 | 0.5 | -4.9 |

**资料来源**：澳门统计暨普查局《澳门主要统计指标》，2017 年第一季。

**【旅游业】**

2016 年入境旅客共 30 950 336 人次，较 2015 年微增 0.8%；留宿旅客增加 9.8%至 15 703 616 人次（占总数 50.7%），不过夜旅客有 15 246 720 人次，下跌 7.1%。旅客平均逗留 1.2 日，比上年增加 0.1 日，留宿及不过夜旅客的平均逗留时间与 2015 年比较，同样维持在 2.1 日及 0.2 日。参团旅客共 7 552 148 人次，减少 23.3%，其中随团入境旅客有 7 041 480 人次（占团客总数 93.2%）。

全年旅客总消费达 526.6 亿澳门元，较 2015 年上升 3.0%；留宿旅客消费 421.0 亿澳门元，增幅为 4.8%，不过夜旅客消费则减少 3.6%至 105.6 亿澳门元。另外，旅客人均消费为 1 701 澳门元，上升 2.2%；不过夜旅客消费增加 3.7%至 693 澳门元，留宿旅客人均消费 2 681 澳门元，下跌 4.5%。

2016 年年底有营业的酒店及公寓有 107 间，同比增加 1 间，客房数目亦增加 12.3%至 36 278 间。酒店及公寓住客共 11 999 739 人次，增加 13.5%，其中入住旅客（11 299 923 人次）占留宿旅客 72.0%，上升 2.6 个百分点。全年住客平均留宿 1.4 晚，同比下跌 0.1 晚；酒店及公寓的平均入住率则上升 1.8 个百分点至 83.3%。使用旅行社服务外出的居民有 1 250 826 人次，减少 14.7%，其中随团外游居民下跌 18.7%至 496 343 人次（占总数 39.7%）。

根据入境方式统计，2016 年经陆路入境的旅客达 17 759 572 人次（占总数 57.4%），同比增加 3.2%；取道关闸入境的有 15 477 100 人次，增加 2.0%，经路凼城边检站入境的旅客更上升 12.7%至 2 263 777 人次。从海路入境的旅客同比减少 5.6%至 10 777 447 人次；其中经外港客运码头入境的（6 536 508 人次）下跌 6.5%，而由凼仔临时客运码头入境的旅客（4 228 828 人次）则增加 3.2%。另外，取道空路入境的旅客共 2 413 317 人次，按年上升 15.5%，由机场入境的有 2 404 699 人次，增幅为 15.8%。

中国内地旅客是主要的客源，2016 年共入境 20 454 104 人次（占旅客总数 66.1%），同比微增 0.2%；以个人游签注来澳的内地旅客有 9 579 412 人次（占内地旅客 46.8%），微升 0.6%。内地留宿旅客按年增加 11.0%至 10 250 748 人次（占内地旅客 50.1%）；不过夜的有 10 203 356 人次，减少 8.7%。内地旅客平均逗留 1.2 日，比上年增加 0.1 日；留宿旅客的平均逗留时间增加 0.1 日至 2.2 日，不过夜的维持在 0.2 日。而来自中国内地的参团旅客有 5 978 406 人次（占参团旅客总数 79.2%），较 2015 年减少 26.1%。

**2013—2016 年澳门博彩及旅游业发展情况表**

| | 2013 年 | 2014 年 | 2015 年 | 2016 年 |
|---|---|---|---|---|
| 博彩毛收入（不计赏钱）（百万澳门元） | 361 866.0 | 352 714.0 | 231 811.0 | 224 128.0 |
| 同期变动率（%） | 18.6 | -2.5 | -34.3 | |
| 入境旅客（千人次） | 29 324.8 | 31 525.6 | 30 714.6 | 30 950.0 |
| 旅客平均逗留日数 | 1.0 | 1.0 | 1.1 | 1.2 |
| 旅客人均消费（澳门元） | 2 030.0 | 1 959.0 | 1 665.0 | 1 701.0 |
| 酒店业入住率（%） | 83.1 | 86.5 | 80.5 | 83.8 |

**【博彩业】**

娱乐服务业跌幅收窄，2016 年博彩毛收入同比下跌 3.3%至 2 241.3 亿澳门元，博彩税总收入为 843.8 亿澳门元，同比下跌 5.8%。

**【零售业】**

2016 年零售业销售总额为 575.1 亿澳门元，同比减少 6.6%；其中，皮具、化妆品及卫生用品、成人服装分别上升 6.1%、5.0%及 4.1%至 64.3 亿澳门元、24.8 亿澳门元及 72.5 亿澳门元；汽车销售额则大幅下跌 45.7%至 20.2 亿澳门元，而电单车及零配件、通讯设备、钟表及珠宝的销售额分别下跌 35.2%、19.0%和 14.0%至 2.0 亿澳门元、13.5 亿澳门元和 117.6 亿澳门元。

**【金融业】**

2016 年银行业盈利为 142.4 亿澳门元，同比增长 11.2%。总存款为 9 420.6 亿澳门元，上升 9.6%，总贷款增长 3.1%至 7 843.4 亿澳门元；不良贷款为 16.2 亿澳门元，上升 71.4%；期内新批核的住宅按揭贷款为 454.4 亿澳门元，减少 7.8%。保险业增长迅速，全年毛保费收入大幅增长 45.4%至 205.2 亿澳门元。

**【建筑及房地产业】**

2016 年私人工程新动工楼宇总建筑面积减少 56.2%至 86.8 万平方米，单位数目为 5 122 个，减少 5.2%。期内，私人工程建成楼宇总建筑面积大幅减少 92.5%至 19.2 万平方米，单位数目则减少 88.6%至 498 个，其中，住宅建成总面积减少 92.9%至 4.6 万平方米，单位数目亦减少 90.4%至 404 个。物业市场方面，按缴纳物业转移印花税统计之楼宇买卖单位数目上升 44.4%至 14 108 个，总买卖价值上升 43.5%至 741.3 亿澳门元。其中，住宅单位买卖数目上升 70.2%至 10 170 个，而其买卖价值亦上升 75.6%至 587.6 亿澳门元。

**【会展业】**

会展业稳定发展，2016 年共举办会议及展览活动 1 276 项；其中会议活动 1 195 项，同比增加 32 项，与会者增加 49.2%至 17.6 万人次，平均会期 1.5 天。同期，举办了展览活动 55 项，同比减少 23 项，入场人次减少 37.3%至 150.0 万人次，平均展期为 3.3 天。

**【《安排》】**

《内地与澳门关于建立更紧密经贸关系的安排》（以下简称《安排》）自 2004 年实施，至 2017 年 1 月 1 日可享零关税优惠进口内地的原产澳门货物已合共达 1 500 项（按 2017 年内地税则号列）。2016 年全年《安排》货物出口总额为 9 916.8 万澳门元，免征关税 520.7 万澳门元，自《安排》实施起累计总额为 7.6 亿澳门元，免征关税 5 660.9 万澳门元。

服务贸易方面，《关于内地在广东与澳门基本实现服务贸易自由化的协议》，自 2015 年 3 月 1 日起，由广东先行先试实现粤澳服务贸易自由化；2015 年 11 月 28 日，内地与澳门签署了《〈内地与澳门关于建立更紧密经贸关系的安排〉服务贸易协议》，自 2016 年 6 月 1 日起正式实施，标志着内地与澳门基本实现服务贸易自由化。2016 年全年共发出澳门服务提供商证明书 20 张，累计共发出澳门服务提供商证明书 612 张。

# 2016 年台湾省商务发展概况

商务部国际贸易经济合作研究院

**【经济概况】**

**经济总体仍然低迷** 2016 年，台湾地区经济仍然低迷，上半年深陷“保 1%”危机，下半年在半导体产业全球需求上扬的带动下有所回温。台湾统计部门公布的数据显示，2016 年台湾经济增长率为 1.4%，其中，第四季度经济增长率达 2.58%，虽好于原预测，但成长的速度及强度仍显不足。民进党重新上台后，对岛内外及两岸经贸政策进行了全面调整。因民进党“台独”思维影响，台湾经济转型发展十分不利。加上国际经济形势的复杂影响，预计2017年台湾地区经济难有明显改观。

**外需市场总体疲软** 外需是台湾地区经济发展的关键，但在全球经济低迷的大环境下，台湾经济持续疲软。2016年下半年部分产业（主要是半导体）国际需求大幅上扬，带动岛内出口摆脱衰退。商品贸易方面，第三季度电子零部件产品出口增长12.3%，带动整体出口实现自2015年初以来的首次增长；服务贸易方面，因大陆游客赴台人数减少28.4%，第三季度以旅游和“三角贸易”为主的服务贸易出口增速出现回落。2016年前3季，台湾出口对经济贡献预计分别为-2.51个、0.16个、2.33个百分点，进口对经济贡献分别为-0.69个、-0.27个、2.73个百分点，合计外部需求贡献分别为-1.83个、0.43个、-0.4个百分点，全年外需贡献为-0.29个百分点。

**内需贡献显著提升** 2016年上半年民间消费增长1.88%，民间投资仅增长0.64%，“政府消费”增长3.66%，合计内部需求对GDP增长贡献0.87个百分点。第三季度出口回暖，带动岛内企业特别是电子零部件业厂商扩大资本支出，固定资产投资增长率由前两个季度的-0.12%和0.16%转为3.35%。“政府投资”增长态势明显，由前两季度的-1.7%、-5.09%转为第三季度的4.7%，第四季度增长率提升至8.5%。以上合计，全年内部需求对经济贡献1.63个百分点。

## 【对外贸易】

**总体情况** 按台湾“财政部”初步统计，2016年台湾地区出口共计2 804亿美元，比上年下降1.7%；进口2 309.4亿美元，下降2.6%；贸易顺差494.6亿美元，增长2.8%。台湾地区主要出口产品为：电子零部件928.3亿美元、通讯视听产品301.9亿美元、基本金属及制品245.4亿美元、机械211.5亿美元、塑胶橡胶制品199亿美元。

**海峡两岸贸易** 据中国海关统计，2016年，大陆与台湾贸易额为1 796亿美元，下降4.5%，占大陆对外贸易总额的4.9%。其中，大陆对台湾出口为403.7亿美元，下降10.1%；自台湾进口为1 392.3亿美元，下降2.8%。台湾是大陆第七大贸易伙伴和第六大进口来源地。

**其他贸易伙伴** 据台湾统计，2016年台湾对世界主要贸易伙伴的出口跌幅有所缓解，但总体情况仍处于“全线飘红状态”（出口皆为负增长）。其中，对美国出口跌幅最大，下降了3.0%；民进党实行的“新南向政策”并未对东盟的进出口产生积极影响，出口跌幅为0.6%；欧洲为仅存的出口净增长地区，增幅只有1%。进口方面，来自日本的进口增幅最高，达到4.5%，凸显台日经贸合作有日趋紧密之势。

**2016年台湾五大出口目的地**

| 国别（地区） | 出口金额（亿美元） | 增长率（%） | 贸易差额（亿美元） |
|---|---|---|---|
| 中国（含香港） | 1 123 | -0.2 | 670 |
| 东　盟 | 504 | -0.6 | 244 |
| 美　国 | 335 | -3.0 | 49 |
| 欧　洲 | 262 | 1.0 | -27 |
| 日　本 | 196 | -0.2 | -211 |

**资料来源**：台湾“财政部统计处”。

**2016年台湾五大进口来源地**

| 国别（地区） | 进口金额（亿美元） | 增长率（%） | 贸易差额（亿美元） |
|---|---|---|---|
| 中国（含香港） | 453 | 3.0 | 670 |
| 东　盟 | 269 | -5.9 | 244 |
| 美　国 | 286 | -2.1 | 49 |
| 欧　洲 | 289 | 1.5 | -27 |
| 日　本 | 406 | 4.5 | -211 |

**资料来源**：台湾“财政部统计处”。

## 【对外投资】

**总体情况** 根据台湾“经济部投审会”公布的“2016年台湾对外及对中国投资概况”显示，2016年台湾地区核准（备）对外投资496件，比上年增加7.4%，投（增）资金额121.2亿美元，增长12.8%。然而，同期核准对大陆投资252件，投（增）资金额91.8亿美元，则分别下降21.5%及11.7%。根据“经济部投审会”分析，台商对大陆投资件数及金额大抵呈下降之势，对外投资件数及金额则逐年提高，显示随大陆投资环境改变，台商海外布局已由中国大陆转向其他地区。

**投资类别** 2016年台湾对外投资以电子零组件制造业居首（占42%），其次依序为金融及保险业（28%）、批发及零售业（8%）、专业科学及技术服务业（6%）、化学材料制造业（3%），合计占对外投资总额的87%。对大陆投资部分，则以电脑、电子产品及光学制品制造业为主（22%），其次为电子零组件制造业（16%）、金融及保险业（14%）。

**对大陆投资** 据中国商务部外资统计，2016年，大陆共批准台商投资项目3 517个，增长18.7%，实际使用台资金额19.6亿美元，增长27.7%（若涵盖通过英属维尔京群岛、开曼群岛、萨摩亚、毛里求斯和巴巴多斯等自由港的第三地转投资，大陆实际使用台资金额36.2亿美元，下降18.1%）。截至2016年12月底，大陆累计批准台资项目98 815个，实际使用台资646.5亿美元。按实际使用外资统计，台资占大陆累计实际吸收境外投资总额的3.7%。

**【财政、金融及民生】**

**财政** 2016年台湾税收收入共计2.2万亿元（新台币），比上年增长3.1%。其中，征税增长较多的为：营利事业所得税增加456亿元、地价税增加228亿元、综合所得税增加197亿元、遗产税增加69亿元、赠与税增加67亿元、营业税增加66亿元、房屋税增加35亿元；征税减少较多的为：土地增值税减少301亿元、证券交易税减少112亿元。根据民进党上台后首度提出的预算计划，2017年台湾地区财政收入1.846万亿元，支出达1.998万亿元。其中，公共建设预算增加3.7%，科技预算增加4%，同时大幅度增加文化开支，如给台湾“文化部”增加预算达16.9%。此外，为帮助蔡英文兑现选举支票，台湾当局还专门新增预算900亿元，包括长期照护及社会住宅等社会保障方面167亿元、五大创新产业325亿元、体育政策121亿元、“新南向政策”14.6亿元等。按此，2017年台湾举债规模达1 523亿元。

**金融** 截至2016年底，岛内主要金融机构贷款额增长3.6%，对民营企业、个人、行政机关和公营事业贷款分别增长5%、4.1%、-2.6%和-15.7%，其中约44%流入不动产领域。为刺激经济，台湾“央行”自2015年9月起已连续4季降息，累计贴现率、担保放款融通利率及短期融通利率均调降0.125个百分点，分别降至1.375%、1.75%和3.625%，已接近2008年金融危机时的历史最低水平。

**物价** 国际油价及农工原材料价格逐步回升，加之下半年出口好转对市场需求的带动，2016年台湾地区物价由上年的负增长（通缩风险）转为温和走势。2016年台湾地区CPI指数同比上涨1.4%，批发物价指数（WPI）跌幅收窄至3.01%。房价方面，2015年台湾通过的“房产合一税”改革于2016年正式实施，同时各县市纷纷调高房屋税，此举进一步压低岛内房市需求，台北市、新北市等地房价持续下跌。

**薪资** 2016年台湾工业及服务业受雇员工的平均薪资为48 702元（新台币，下同）。台湾当局已连续5年调升基本工资，月薪由2007年的15 840元升至2015年7月的20 008元，同期时薪由66元升至120元。2016年，新上台的民进党当局为讨好劳工群体，不顾企业经营困难及抗议，再次调升基本工资，10月将时薪涨至126元。从2017年起，月薪和时薪将再次提升至21 009元和133元（涨幅达5%）。

**就业** 2016年台湾地区就业状况表现稳定，全年失业率维持在3.92%，失业者人数为4.6万人。各年龄段中，青年（15—24岁）失业率最高，约为12.3%。老龄化问题日趋严重，据台湾“国发会”估算，台湾将于2018年迈入高龄社会（老年人口占14%以上），2026年成为超高龄地区（老年人口占20%以上）。人口老龄化速度高于美、日、法、英等发达国家和地区，劳动力不足将是台湾经济的重要制约因素。

**【2017年台湾经济展望】**

2017年，全球经济及两岸经济形势的不确定因素增多，岛内改革困境加剧，对台湾经济复苏将形成制约。根据台湾“主计总处”2016年11月预测，2017年台湾地区经济增长率仅为1.87%。

从全球经济因素看，2017年世界经济复苏的基础仍较薄弱，新兴经济体增长虽趋于好转，但发达地区经济增长疲软，同时还面临全球化进程放缓、贸易保护主义抬头、地缘政治紧张局势加剧等不确定因素，使台湾地区出口和经济增长面临较为严峻的外部环境。特别是美国特朗普总统执政后，其对外政策有较大不确定性，若贸易保护主义倾向加剧，对台湾经济增长也十分不利。此外，全球产业结构和贸易结构的变革，可能对产业链及市场供需面带来深远影响，也是长期依赖国际产业分工的台湾经济的一大挑战。

从两岸因素看，大陆作为台湾最大的贸易和投资伙伴，两岸经贸关系走势对台湾经济有重要影响。民进党当局拒不承认“九二共识”，已对两岸经贸关系造成重大冲击，进而影响台湾经济表现。2017年，两岸经济关系走向仍然是影响台湾经济的重要因素，但台湾当局承认“九二共识”使两岸经济关系重回制度化合作轨道的前景并不乐观，不利于台湾经济复苏。

从台湾自身因素看，目前岛内经济虽表面向好，但除半导体产业外缺乏其他亮点，台湾经济的结构性问题未能缓解，反因台湾当局大幅调整经济政策而备受困扰。从当前岛内政经社会形势看，蔡英文推动经济转型及相关制度改革的困难极大。另一方面，蔡英文希望借助美日及东南亚等外部力量推动创新和军工产业发展，以此扩大岛内出口和消费市场的计划，岛内各界也并不看好。综合来看，2017年台湾仍将在低增长中徘徊。

# 开发区建设

# DEVELOPMENT ZONES ↘

# 2016年国家级经济技术开发区发展情况综述

商务部外国投资管理司

经过30多年发展，国家级经济技术开发区（以下简称国家级经开区）作为先进制造业聚集区和区域经济增长极，已成为我国经济发展的重要引擎、对外开放的重要载体和体制机制改革的试验区域，为我国形成全方位、宽领域、多层次的对外开放格局做出了突出贡献。2016年，国务院办公厅印发了《关于完善国家级经济技术开发区考核制度促进创新驱动发展的指导意见》（国办发［2016］14号），这是牢固树立创新、协调、绿色、开放、共享的发展理念，通过考核评价促进国家级经开区创新驱动发展的重要举措。下一步将充分发挥国家级经开区深化改革、对外开放、创新发展大平台作用，按照产城融合、二三并举，创新创业、招商引智，体制优化、精简高效的思路，在培育发展新动力、拓展发展新空间、构建产业新体系和发展新体制等方面，持续发挥国家级经开区窗口示范和辐射带动作用。

## 一、国家级经济技术开发区总体情况

截至2016年底，国家级经开区共计219家，其中东部地区107家，中部地区63家，西部地区49家。

2016年，全国219家国家级经开区实现地区生产总值83 139亿元人民币（如无说明，币种下同），第三产业增加值24 299亿元，财政收入15 371亿元，税收收入14 018亿元，同比分别增长7.0%、18.1%、4.7%和7.2%，增幅分别高于全国（6.7%、7.8%、4.5%和4.8%）0.3个、10.3个、0.2个和2.4个百分点；第二产业增加值57 505亿元，同比增长3.0%，低于全国（6.1%）3.1个百分点；固定资产投资50 532亿元，同比增长1.1%，低于全国（8.1%）7个百分点；实际使用外资和外商投资企业再投资金额3 301亿元，同比下降10.3%；实现进出口总额47 605亿元（其中，出口26 946亿元，进口20 659亿元），同比增长0.53%。国家级经开区地区生产总值、第二产业增加值、第三产业增加值、财政收入、税收收入和进出口总额占全国的比重分别为11.2%、19.4%、6.3%、9.6%、12.1%和19.6%。

## 二、运行情况及主要特点

2016年，随着我国经济发展进入新常态，各国家级经开区也面临很多新情况、新问题、新挑战，经济运行呈现以下特点：

### （一）经济运行总体稳中向好，进出口数据逐步回稳，实际使用外资降幅较大

2016年，219家国家级经开区总体发展态势平稳向好，地区生产总值、第二产业增加值、第三产业增加值、财政收入、税收收入和固定资产投资同比均保持增长，其中，地区生产总值、第三产业增加值、财政收入、税收收入增幅均高于全国平均水平。

2016年，国家级经开区实现进出口总额47 605亿元，同比增长0.5%，同期全国进出口总额同比微降0.9%；实际使用外资和外商投资企业再投资3 301亿元，同比下降10.3%，同期全国实际使用外资同比增长4.1%。

### （二）产业结构进一步优化，集聚效应日益明显

依托已有的产业基础和资源禀赋，国家级经开区产业集聚效应日益明显，形成了汽车、电子信息、装备制造、化工等主导产业，在我国工业化、城市化发展进程中发挥了积极作用。

2016年，全国219家国家级经开区实现规模以上工业总产值21.4万亿元，同比增长5.2%。其中，总产值最高的行业为汽车制造业，计算机、通信和其他电子设备制造业，化学原料和化学制品制造业，电气机械和器材制造业，分别为3.15万亿元、2.76万亿元、1.78万亿元和1.4万亿元，占国家级经开区规模以上工业总产值比重分别为13.6%、11.9%、7.69%和6.05%。

从重点工业产品产量来看，2016年原油加工量完成9 692万吨，化学药品原药125万吨，钢材制品产量9 587万吨，汽车产量1 266万辆，电气机械及器材中电子计算机整机产量8 652万台，移动通讯手机产量4.1亿台。

### （三）促进区域均衡发展，推进产业有序转移

2016年，中、西部地区国家级经济技术开发区的地区生产总值、第三产业增加值、税收收入和固定资产投资增幅均高于东部地区国家级经济技术开发区。

分区域看，东部107家国家级经开区实现地区生产总值53 551亿元，第二产业增加值35 373亿元，第三产业增加值17 328亿元，同比分别增长6.2%、2.6%和14.1%；实现财政收入10 800亿元，税收收入9 922亿元，同比分别增长4.4%和5.5%；进出口总额41 641亿元（其中，出口23 480亿元，进口18 161亿元），同比增长0.3%；实际使用外资和外商投资企业再投资2 036亿元，同比下降11.3%。

中部63家国家级经开区实现地区生产总值18 900亿元，第二产业增加值14 328亿元，第三产业增加值4 331亿元，同比分别增长6.3%、1.2%和26.2%；实现财政收入2 854亿元，税收收入2 483亿元，同比分别增长3.7%和5.9%；进出口总额4 113亿元（其中，出口2 391亿元，进口1 722亿元），同比增长2.5%；实际使用外资和外商投资企业再投资1 014亿元，同比增长1.7%。

西部49家国家级经开区实现地区生产总值10 688亿元，第二产业增加值7 804亿元，第三产业增加值2 640亿元，同比分别增长12.5%、8.3%和34.1%；实现财政收入1 717亿元，税收收入1 613亿元，同比分别增长8.5%和

21.6%；进出口总额1 851亿元（其中，出口1 075亿元，进口776亿元），同比增长1.15%；实际使用外资和外商投资企业再投资251亿元，同比下降35%。

（四）不断提升绿色发展水平

2016年，国家级经开区按照新发展理念的要求，持续提升绿色发展水平，逐步形成土地集约利用和资源能源高效利用的发展模式。2016年8月，36家国家级经开区作为理事单位发起成立国家级经开区绿色发展联盟，搭建交流合作平台，推进国家级经开区转型升级绿色发展，持续发挥引领示范作用。截至2016年底，已有30家国家级经开区被命名为国家生态工业示范园区，21家被批准建设，分别占园区总数的62.5%和46.7%；列入循环化改造试点示范的国家级经开区为32个，占全国示范园区总数的48%；列入低碳工业园区试点的国家级经开区为18个，占试点园区总数的33%。

## 2016年国家级经济技术开发区主要经济指标

| | 经济指标 | 全国 | | 219家经济技术开发区 | | | 107家东部经济技术开发区 | | | 63家中部经济技术开发区 | | | 49家西部经济技术开发区 | | |
|---|---|---|---|---|---|---|---|---|---|---|---|---|---|---|---|
| | | 2016年 | 同比（%） | 2016年 | 2015年 | 同比（%） | 2016年 | 2015年 | 同比（%） | 2016年 | 2015年 | 同比（%） | 2016年 | 2015年 | 同比（%） |
| 总体情况 | 地区生产总值（亿元） | 744 127 | 6.7 | 83 139 | 77 684 | 7.0 | 53 551 | 50 404 | 6.2 | 18 900 | 17 778 | 6.3 | 10 688 | 9 502 | 12.5 |
| | 其中：第二产业（亿元） | 296 236 | 6.1 | 57 505 | 55 853 | 3.0 | 35 373 | 34 488 | 2.6 | 14 328 | 14 158 | 1.2 | 7 804 | 7 207 | 8.3 |
| | 其中：工业（亿元） | | | 53 614 | 52 512 | 2.1 | 33 274 | 32 527 | 2.3 | 13 128 | 13 067 | 0.5 | 7 212 | 6 918 | 4.2 |
| | 第三产业（亿元） | 384 221 | 7.8 | 24 299 | 20 581 | 18.1 | 17 328 | 15 181 | 14.1 | 4 331 | 3 431 | 26.2 | 2 640 | 1 969 | 34.1 |
| | 工业总产值（亿元） | | | 231 544 | 222 931 | 3.9 | 151 992 | 147 859 | 2.8 | 53 556 | 50 641 | 5.8 | 25 996 | 24 431 | 6.4 |
| | 其中：规模以上工业总产值（亿元） | | | 214 127 | 203 564 | 5.2 | 139 530 | 133 464 | 4.5 | 49 798 | 47 041 | 5.9 | 24 799 | 23 059 | 7.5 |
| | 其中：外商及港澳台商投资企业（亿元） | | | 94 842 | 95 718 | -0.9 | 76 339 | 75 658 | 0.9 | 15 539 | 17 117 | -9.2 | 2 964 | 2 943 | 0.7 |
| | 其中：高新技术企业（亿元） | | | 66 922 | 66 078 | 1.3 | 40 747 | 41 671 | -2.2 | 20 405 | 18 795 | 8.6 | 5 770 | 5 612 | 2.8 |
| | 固定资产投资（不含农户）（亿元） | 596 501 | 8.1 | 50 532 | 49 993 | 1.1 | 28 630 | 29 455 | -2.8 | 14 260 | 12 953 | 10.1 | 7 642 | 7 585 | 0.8 |
| | 年末全区从业人员（万人） | | | 2 418 | 2 212 | 9.3 | 1 574 | 1 431 | 10.0 | 522 | 489 | 6.7 | 322 | 292 | 10.3 |
| 财政收入 | 财政收入（亿元） | 159 552 | 4.5 | 15 371 | 14 680 | 4.7 | 10 800 | 10 346 | 4.4 | 2 854 | 2 752 | 3.7 | 1 717 | 1 582 | 8.5 |
| | 其中：公共财政预算收入（亿元） | | | 7 140 | 6 442 | 10.8 | 4 966 | 4 403 | 12.8 | 1 462 | 1 457 | 0.3 | 712 | 582 | 22.3 |
| | 税收收入（亿元） | 115 878 | 4.8 | 14 018 | 13 081 | 7.2 | 9 922 | 9 409 | 5.5 | 2 483 | 2 345 | 5.9 | 1 613 | 1 327 | 21.6 |
| | 其中：外商及港澳台商投资企业（亿元） | | | 5 060 | 4 863 | 4.1 | 4 127 | 3 916 | 5.4 | 812 | 832 | -2.4 | 121 | 115 | 5.2 |
| 进出口 | 出口总额（亿元） | 138 409 | -2.0 | 26 946 | 26 979 | -0.1 | 23 480 | 23 439 | 0.2 | 2 391 | 2 360 | 1.3 | 1 075 | 1 180 | -8.9 |
| | 其中：高新技术产品（亿元） | | | 9 984 | 11 669 | -14.4 | 8 759 | 10 451 | -16.2 | 1 071 | 1 056 | 1.4 | 154 | 162 | -4.9 |
| | 进口总额（亿元） | 104 936 | 0.6 | 20 659 | 20 377 | 1.4 | 18 161 | 18 076 | 0.5 | 1 722 | 1 651 | 4.3 | 776 | 650 | 19.4 |
| | 其中：高新技术产品（亿元） | | | 7 345 | 8 562 | -14.2 | 6 651 | 7 875 | -15.5 | 582 | 544 | 7.0 | 112 | 143 | -21.7 |
| 内外资情况 | 新增外商及港澳台商投资企业数（个） | | | 3 303 | 3 066 | 7.7 | 2 926 | 2 652 | 10.3 | 278 | 321 | -13.4 | 99 | 93 | 6.5 |
| | 合同外资金额（亿元） | | | 3 881 | 4 160 | -6.7 | 2 858 | 3 088 | -7.4 | 713 | 842 | -15.3 | 310 | 230 | 34.8 |
| | 实际利用外资金额（亿元） | 1 260 | 4.1 | 3 301 | 3 679 | -10.3 | 2 036 | 2 296 | -11.3 | 1 014 | 997 | 1.7 | 251 | 386 | -35.0 |
| | 历年累计实际利用外资金额（亿元） | | | 46 072 | 38 414 | 19.9 | 34 542 | 28 080 | 23.0 | 9 030 | 7 901 | 14.3 | 2 500 | 2 433 | 2.8 |
| | 期末实有企业数（个） | | | 1 076 165 | 782 106 | 37.6 | 744 784 | 538 270 | 38.4 | 196 820 | 142 474 | 38.1 | 134 561 | 101 362 | 32.8 |
| | 期末实有内资企业注册资本（亿元） | | | 117 055 | 70 286 | 66.5 | 79 189 | 48 968 | 61.7 | 19 202 | 9 867 | 94.6 | 18 664 | 11 451 | 63.0 |

**注：** 国家级经济技术开发区实际使用外资金额数据中含再投资。

**2016 年 107 家东部国家级经济技术开发区地区生产总值情况表**

单位：亿元

| 序 号 | 开发区 | 2016 年 | 2015 年 | 同比（%） |
|---|---|---|---|---|
| 1 | 北京经济技术开发区 | 1 172.63 | 1 081.43 | 8.43 |
| 2 | 天津经济技术开发区 | 3 049.83 | 2 905.59 | 4.96 |
| 3 | 西青经济技术开发区 | 421.81 | 511.38 | -17.52 |
| 4 | 武清经济技术开发区 | 550.89 | 467.16 | 17.92 |
| 5 | 天津子牙经济技术开发区 | 41.14 | 37.37 | 10.09 |
| 6 | 北辰经济技术开发区 | 291.77 | 264.78 | 10.19 |
| 7 | 东丽经济技术开发区 | 109.85 | 97.26 | 12.94 |
| 8 | 秦皇岛经济技术开发区 | 266.75 | 265.76 | 0.37 |
| 9 | 廊坊经济技术开发区 | 392.29 | 363.23 | 8.00 |
| 10 | 沧州临港经济技术开发区 | 183.18 | 134.96 | 35.73 |
| 11 | 石家庄经济技术开发区 | 248.70 | 220.61 | 12.73 |
| 12 | 唐山曹妃甸经济技术开发区 | 247.53 | 125.00 | 98.02 |
| 13 | 邯郸经济技术开发区 | 247.45 | 238.82 | 3.61 |
| 14 | 大连经济技术开发区 | 1 127.93 | 1 611.27 | -30.00 |
| 15 | 营口经济技术开发区 | 365.08 | 466.88 | -21.80 |
| 16 | 沈阳经济技术开发区 | 774.54 | 963.67 | -19.63 |
| 17 | 大连长兴岛经济技术开发区 | 89.53 | 103.04 | -13.11 |
| 18 | 锦州经济技术开发区 | 62.09 | 118.09 | -47.42 |
| 19 | 盘锦辽滨沿海经济技术开发区 | 128.60 | 152.83 | -15.85 |
| 20 | 沈阳辉山经济技术开发区 | 293.65 | 182.18 | 61.19 |
| 21 | 铁岭经济技术开发区 | 20.68 | 23.99 | -13.80 |
| 22 | 旅顺经济技术开发区 | 98.65 | 0.00 | — |
| 23 | 闵行经济技术开发区 | 199.63 | 197.16 | 1.25 |
| 24 | 虹桥经济技术开发区 | 206.15 | 185.34 | 11.23 |
| 25 | 漕河泾新兴技术开发区 | 955.47 | 975.47 | -2.05 |
| 26 | 上海金桥经济技术开发区 | 0.00 | 0.00 | — |
| 27 | 上海化学工业经济技术开发区 | 0.00 | 0.00 | — |
| 28 | 松江经济技术开发区 | 355.81 | 408.11 | -12.82 |
| 29 | 南通经济技术开发区 | 615.14 | 587.11 | 4.77 |
| 30 | 连云港经济技术开发区 | 348.50 | 538.70 | -35.31 |
| 31 | 昆山经济技术开发区 | 1 451.22 | 1 420.11 | 2.19 |
| 32 | 苏州工业园区 | 2 150.62 | 2 059.95 | 4.40 |
| 33 | 南京经济技术开发区 | 850.59 | 850.10 | 0.06 |
| 34 | 扬州经济技术开发区 | 560.39 | 630.12 | -11.07 |
| 35 | 徐州经济技术开发区 | 675.81 | 622.38 | 8.58 |
| 36 | 镇江经济技术开发区 | 582.13 | 550.52 | 5.74 |

**2016年107家东部国家级经济技术开发区地区生产总值情况表（续）**

单位：亿元

| 序　号 | 开发区 | 2016年 | 2015年 | 同比（%） |
|---|---|---|---|---|
| 37 | 吴江经济技术开发区 | 400.83 | 376.37 | 6.50 |
| 38 | 江宁经济技术开发区 | 1 200.66 | 958.77 | 25.23 |
| 39 | 常熟经济技术开发区 | 828.15 | 814.56 | 1.67 |
| 40 | 淮安经济技术开发区 | 555.27 | 641.16 | -13.40 |
| 41 | 盐城经济技术开发区 | 364.75 | 560.76 | -34.95 |
| 42 | 锡山经济技术开发区 | 521.01 | 489.30 | 6.48 |
| 43 | 太仓港经济技术开发区 | 589.19 | 549.68 | 7.19 |
| 44 | 张家港经济技术开发区 | 777.84 | 752.48 | 3.37 |
| 45 | 海安经济技术开发区 | 550.65 | 603.35 | -8.73 |
| 46 | 靖江经济技术开发区 | 601.32 | 562.02 | 6.99 |
| 47 | 吴中经济技术开发区 | 357.20 | 430.01 | -16.93 |
| 48 | 宿迁经济技术开发区 | 294.67 | 261.62 | 12.63 |
| 49 | 海门经济技术开发区 | 617.97 | 487.60 | 26.74 |
| 50 | 如皋经济技术开发区 | 542.45 | 487.57 | 11.26 |
| 51 | 宜兴经济技术开发区 | 525.06 | 489.12 | 7.35 |
| 52 | 浒墅关经济技术开发区 | 321.64 | 242.44 | 32.67 |
| 53 | 沭阳经济技术开发区 | 222.09 | 186.64 | 18.99 |
| 54 | 相城经济技术开发区 | 499.88 | 463.77 | 7.79 |
| 55 | 宁波经济技术开发区 | 833.13 | 773.02 | 7.78 |
| 56 | 温州经济技术开发区 | 412.66 | 377.77 | 9.24 |
| 57 | 宁波大榭开发区 | 234.97 | 216.70 | 8.43 |
| 58 | 杭州经济技术开发区 | 731.60 | 587.30 | 24.57 |
| 59 | 萧山经济技术开发区 | 346.88 | 195.72 | 77.23 |
| 60 | 嘉兴经济技术开发区 | 1 072.76 | 996.78 | 7.62 |
| 61 | 湖州经济技术开发区 | 305.30 | 282.17 | 8.20 |
| 62 | 绍兴袍江经济技术开发区 | 227.93 | 239.25 | -4.73 |
| 63 | 金华经济技术开发区 | 260.85 | 243.70 | 7.04 |
| 64 | 长兴经济技术开发区 | 232.71 | 212.28 | 9.62 |
| 65 | 宁波石化经济技术开发区 | 487.39 | 430.25 | 13.28 |
| 66 | 嘉善经济技术开发区 | 379.97 | 354.46 | 7.20 |
| 67 | 衢州经济技术开发区 | 226.28 | 206.29 | 9.69 |
| 68 | 义乌经济技术开发区 | 639.51 | 382.81 | 67.06 |
| 69 | 杭州余杭经济技术开发区 | 492.88 | 492.84 | 0.01 |
| 70 | 绍兴柯桥经济技术开发区 | 318.37 | 295.14 | 7.87 |
| 71 | 富阳经济技术开发区 | 481.51 | 452.39 | 6.44 |
| 72 | 平湖经济技术开发区 | 244.49 | 233.36 | 4.77 |

**2016 年 107 家东部国家级经济技术开发区地区生产总值情况表（续）**

单位：亿元

| 序 号 | 开发区 | 2016 年 | 2015 年 | 同比（%） |
|---|---|---|---|---|
| 73 | 杭州湾上虞经济技术开发区 | 375.88 | 358.76 | 4.77 |
| 74 | 慈溪经济技术开发区 | 323.46 | 246.84 | 31.04 |
| 75 | 丽水经济技术开发区 | 140.01 | 0.00 | — |
| 76 | 福州经济技术开发区 | 446.54 | 402.81 | 10.86 |
| 77 | 厦门海沧台商投资区 | 543.66 | 511.70 | 6.25 |
| 78 | 福清融侨经济技术开发区 | 329.94 | 310.09 | 6.40 |
| 79 | 东山经济技术开发区 | 81.16 | 72.40 | 12.10 |
| 80 | 泉州经济技术开发区 | 136.33 | 0.00 | — |
| 81 | 漳州台商投资区 | 232.08 | 207.52 | 11.84 |
| 82 | 漳州招商局经济技术开发区 | 36.85 | 28.16 | 30.86 |
| 83 | 泉州台商投资区 | 231.38 | 212.81 | 8.73 |
| 84 | 龙岩经济技术开发区 | 147.48 | 35.24 | 318.50 |
| 85 | 东侨经济技术开发区 | 142.39 | 93.67 | 52.01 |
| 86 | 青岛经济技术开发区 | 1 930.28 | 1 805.01 | 6.94 |
| 87 | 烟台经济技术开发区 | 1 290.79 | 1 240.03 | 4.09 |
| 88 | 威海经济技术开发区 | 225.24 | 209.90 | 7.31 |
| 89 | 东营经济技术开发区 | 363.15 | 356.41 | 1.89 |
| 90 | 日照经济技术开发区 | 332.87 | 300.05 | 10.94 |
| 91 | 潍坊滨海经济技术开发区 | 585.73 | 504.94 | 16.00 |
| 92 | 邹平经济技术开发区 | 524.56 | 513.15 | 2.22 |
| 93 | 临沂经济技术开发区 | 480.35 | 410.25 | 17.09 |
| 94 | 招远经济技术开发区 | 528.47 | 486.62 | 8.60 |
| 95 | 德州经济技术开发区 | 306.67 | 219.68 | 39.60 |
| 96 | 明水经济技术开发区 | 501.04 | 462.53 | 8.33 |
| 97 | 胶州经济技术开发区 | 618.60 | 597.64 | 3.51 |
| 98 | 聊城经济技术开发区 | 196.16 | 223.01 | -12.04 |
| 99 | 滨州经济技术开发区 | 164.79 | 0.00 | — |
| 100 | 威海临港经济技术开发区 | 155.24 | 0.00 | — |
| 101 | 湛江经济技术开发区 | 377.18 | 324.08 | 16.38 |
| 102 | 广州经济技术开发区 | 2 471.19 | 2 336.82 | 5.75 |
| 103 | 广州南沙经济技术开发区 | 1 278.76 | 1 133.07 | 12.86 |
| 104 | 惠州大亚湾经济技术开发区 | 437.85 | 414.84 | 5.55 |
| 105 | 增城经济技术开发区 | 327.12 | 263.54 | 24.13 |
| 106 | 珠海经济技术开发区 | 233.07 | 220.27 | 5.81 |
| 107 | 海南洋浦经济技术开发区 | 218.85 | 211.84 | 3.31 |
| | **合 计** | **53 550.97** | **50 403.50** | **6.24** |

**注：**唐山曹妃甸经济技术开发区政区合一，优化整合；大连经济技术开发区由于机构调整，上报口径由金州新区调整为开发区；旅顺经济技术开发区 2013 年 11 月 20 日晋升为国家级开发区（国办函［2013］111 号），本年度填报为晋升为国家级开发区的第一年度在线填报。

**2016 年 63 家中部国家级经济技术开发区地区生产总值情况表**

单位：亿元

| 序 号 | 开发区 | 2016 年 | 2015 年 | 同比（%） |
|---|---|---|---|---|
| 1 | 太原经济技术开发区 | 249.58 | 220.57 | 13.15 |
| 2 | 大同经济技术开发区 | 48.52 | 43.73 | 10.95 |
| 3 | 晋中经济技术开发区 | 51.55 | 43.87 | 17.51 |
| 4 | 晋城经济技术开发区 | 78.21 | 72.58 | 7.76 |
| 5 | 长春经济技术开发区 | 675.89 | 666.35 | 1.43 |
| 6 | 吉林经济技术开发区 | 129.49 | 117.62 | 10.09 |
| 7 | 四平红嘴经济技术开发区 | 68.35 | 154.00 | -55.62 |
| 8 | 长春汽车经济技术开发区 | 570.83 | 540.58 | 5.60 |
| 9 | 松原经济技术开发区 | 191.23 | 190.50 | 0.38 |
| 10 | 哈尔滨经济技术开发区 | 950.10 | 910.09 | 4.40 |
| 11 | 宾西经济技术开发区 | 67.49 | 74.83 | -9.81 |
| 12 | 海林经济技术开发区 | 103.34 | 99.71 | 3.64 |
| 13 | 哈尔滨利民经济技术开发区 | 185.80 | 171.48 | 8.35 |
| 14 | 大庆经济技术开发区 | 112.99 | 117.05 | -3.47 |
| 15 | 绥化经济技术开发区 | 101.91 | 86.96 | 17.19 |
| 16 | 牡丹江经济技术开发区 | 110.77 | 104.68 | 5.82 |
| 17 | 双鸭山经济技术开发区 | 96.22 | 218.64 | -55.99 |
| 18 | 芜湖经济技术开发区 | 989.67 | 718.44 | 37.75 |
| 19 | 合肥经济技术开发区 | 1 337.23 | 1 226.44 | 9.03 |
| 20 | 马鞍山经济技术开发区 | 297.86 | 186.55 | 59.67 |
| 21 | 安庆经济技术开发区 | 330.93 | 186.55 | 77.39 |
| 22 | 铜陵经济技术开发区 | 252.57 | 308.12 | -18.03 |
| 23 | 滁州经济技术开发区 | 194.19 | 200.13 | -2.97 |
| 24 | 池州经济技术开发区 | 127.20 | 171.84 | -25.98 |
| 25 | 六安经济技术开发区 | 98.48 | 74.51 | 32.17 |
| 26 | 淮南经济技术开发区 | 108.27 | 62.71 | 72.65 |
| 27 | 宁国经济技术开发区 | 153.83 | 54.59 | 181.79 |
| 28 | 桐城经济技术开发区 | 134.45 | 135.12 | -0.50 |
| 29 | 宣城经济技术开发区 | 126.57 | 92.37 | — |
| 30 | 南昌经济技术开发区 | 357.96 | 327.06 | 9.45 |
| 31 | 九江经济技术开发区 | 399.45 | 363.92 | 9.76 |
| 32 | 赣州经济技术开发区 | 222.01 | 268.08 | -17.19 |
| 33 | 井冈山经济技术开发区 | 195.32 | 282.44 | -30.85 |

**2016 年 63 家中部国家级经济技术开发区地区生产总值情况表（续）**

单位：亿元

| 序 号 | 开发区 | 2016 年 | 2015 年 | 同比（%） |
| --- | --- | --- | --- | --- |
| 34 | 上饶经济技术开发区 | 203.60 | 161.93 | 25.73 |
| 35 | 萍乡经济技术开发区 | 190.80 | 214.23 | -10.94 |
| 36 | 南昌小蓝经济技术开发区 | 376.72 | 214.04 | 76.00 |
| 37 | 宜春经济技术开发区 | 130.52 | 110.97 | 17.62 |
| 38 | 龙南经济技术开发区 | 110.64 | 58.66 | 88.61 |
| 39 | 瑞金经济技术开发区 | 53.81 | 26.98 | 99.44 |
| 40 | 郑州经济技术开发区 | 655.05 | 651.61 | 0.53 |
| 41 | 漯河经济技术开发区 | 189.86 | 186.63 | 1.73 |
| 42 | 鹤壁经济技术开发区 | 163.15 | 134.99 | 20.86 |
| 43 | 开封经济技术开发区 | 165.99 | 162.39 | 2.22 |
| 44 | 许昌经济技术开发区 | 83.49 | 83.84 | -0.42 |
| 45 | 洛阳经济技术开发区 | 67.58 | 61.82 | 9.32 |
| 46 | 新乡经济技术开发区 | 103.13 | 92.51 | 11.48 |
| 47 | 红旗渠经济技术开发区 | 221.26 | 201.21 | 9.96 |
| 48 | 濮阳经济技术开发区 | 177.70 | 154.67 | 14.89 |
| 49 | 武汉经济技术开发区 | 1 289.65 | 1 833.78 | -29.67 |
| 50 | 黄石经济技术开发区 | 433.93 | 420.55 | 3.18 |
| 51 | 襄樊经济技术开发区 | 428.20 | 408.38 | 4.85 |
| 52 | 武汉临空港经济技术开发区 | 655.65 | 628.89 | 4.26 |
| 53 | 荆州经济技术开发区 | 369.60 | 172.61 | 114.12 |
| 54 | 鄂州葛店经济技术开发区 | 325.63 | 283.64 | 14.80 |
| 55 | 十堰经济技术开发区 | 553.88 | 523.87 | 5.73 |
| 56 | 长沙经济技术开发区 | 890.36 | 792.40 | 12.36 |
| 57 | 岳阳经济技术开发区 | 226.35 | 221.54 | 2.17 |
| 58 | 常德经济技术开发区 | 101.46 | 92.61 | 9.56 |
| 59 | 宁乡经济技术开发区 | 340.13 | 310.91 | 9.40 |
| 60 | 湘潭经济技术开发区 | 339.20 | 294.91 | 15.02 |
| 61 | 浏阳经济技术开发区 | 434.59 | 373.50 | 16.36 |
| 62 | 娄底经济技术开发区 | 168.48 | 152.83 | 10.24 |
| 63 | 望城经济技术开发区 | 331.25 | 258.75 | 28.02 |
| | **合 计** | **18 899.92** | **17 777.76** | **6.31** |

**注：**四平红嘴经济技术开发区、宾西经济技术开发区上报的预估数；双鸭山经济技术开发区国家级开发区较省级开发区管辖范围调整较大。

**2016 年 49 家西部国家级经济技术开发区地区生产总值情况表**

单位：亿元

| 序　号 | 开发区 | 2016 年 | 2015 年 | 同比（%） |
|---|---|---|---|---|
| 1 | 呼和浩特经济技术开发区 | 112.23 | 110.72 | 1.36 |
| 2 | 巴彦淖尔经济技术开发区 | 179.57 | 167.12 | 7.45 |
| 3 | 呼伦贝尔经济技术开发区 | 286.12 | 260.10 | 10.00 |
| 4 | 南宁经济技术开发区 | 255.91 | 255.80 | 0.04 |
| 5 | 钦州港经济技术开发区 | 150.50 | 124.03 | 21.34 |
| 6 | 中国—马来西亚钦州产业园区 | 4.51 | 0.00 | — |
| 7 | 广西—东盟经济技术开发区 | 80.13 | 83.29 | -3.79 |
| 8 | 重庆经济技术开发区 | 406.80 | 236.48 | 72.02 |
| 9 | 万州经济技术开发区 | 245.64 | 186.64 | 31.61 |
| 10 | 长寿经济技术开发区 | 326.76 | 293.50 | 11.33 |
| 11 | 成都经济技术开发区 | 1 039.22 | 1 002.13 | 3.70 |
| 12 | 广安经济技术开发区 | 305.99 | 260.59 | 17.42 |
| 13 | 德阳经济技术开发区 | 500.08 | 456.01 | 9.66 |
| 14 | 遂宁经济技术开发区 | 252.17 | 135.11 | 86.64 |
| 15 | 绵阳经济技术开发区 | 211.22 | 193.78 | 9.00 |
| 16 | 广元经济技术开发区 | 225.04 | 205.39 | 9.57 |
| 17 | 宜宾临港经济技术开发区 | 250.49 | 221.00 | 13.34 |
| 18 | 内江经济技术开发区 | 190.11 | 151.69 | 25.33 |
| 19 | 贵阳经济技术开发区 | 213.81 | 0.00 | — |
| 20 | 遵义经济技术开发区 | 285.15 | 243.00 | 17.35 |
| 21 | 昆明经济技术开发区 | 340.29 | 310.50 | 9.59 |
| 22 | 曲靖经济技术开发区 | 329.59 | 405.27 | -18.67 |
| 23 | 蒙自经济技术开发区 | 225.37 | 151.76 | 48.50 |
| 24 | 嵩明杨林经济技术开发区 | 88.26 | 80.48 | 9.67 |
| 25 | 大理经济技术开发区 | 179.80 | 201.55 | -10.79 |
| 26 | 拉萨经济技术开发区 | 63.18 | 56.75 | 11.33 |
| 27 | 西安经济技术开发区 | 1 046.02 | 1 018.29 | 2.72 |
| 28 | 陕西航空经济技术开发区 | 82.32 | 169.48 | -51.43 |
| 29 | 陕西航天经济技术开发区 | 73.08 | 157.45 | -53.59 |
| 30 | 汉中经济技术开发区 | 127.51 | 46.68 | 173.16 |
| 31 | 神府经济技术开发区 | 90.04 | 0.00 | — |
| 32 | 兰州经济技术开发区 | 246.04 | 225.98 | 8.88 |
| 33 | 金昌经济技术开发区 | 104.40 | 120.79 | -13.57 |
| 34 | 天水经济技术开发区 | 99.57 | 91.35 | 9.00 |
| 35 | 酒泉经济技术开发区 | 38.34 | 26.98 | 42.11 |
| 36 | 张掖经济技术开发区 | 83.52 | 90.18 | -7.39 |
| 37 | 西宁经济技术开发区 | 445.46 | 421.49 | 5.69 |
| 38 | 格尔木昆仑经济技术开发区 | 51.69 | 38.70 | 33.57 |
| 39 | 银川经济技术开发区 | 150.72 | 138.63 | 8.72 |
| 40 | 石嘴山经济技术开发区 | 150.90 | 142.00 | 6.27 |
| 41 | 乌鲁木齐经济技术开发区 | 428.17 | 447.51 | -4.32 |
| 42 | 石河子经济技术开发区 | 215.61 | 195.12 | 10.50 |
| 43 | 库尔勒经济技术开发区 | 57.33 | 53.08 | 8.01 |
| 44 | 奎屯经济技术开发区 | 89.94 | 86.58 | 3.88 |
| 45 | 阿拉尔经济技术开发区 | 24.70 | 22.34 | 10.56 |
| 46 | 五家渠经济技术开发区 | 83.49 | 64.41 | 29.62 |
| 47 | 准东经济技术开发区 | 99.57 | 80.30 | 24.00 |
| 48 | 甘泉堡经济技术开发区 | 85.97 | 23.24 | 269.92 |
| 49 | 库车经济技术开发区 | 66.00 | 49.00 | 34.69 |
| | **合　计** | **10 688.33** | **9 502.27** | **12.48** |

**注：** 遂宁经济技术开发区包含新托管区域；宜宾临港经济技术开发区 2015 年综评数 221.94 亿元；贵阳经济技术开发区由于区划调整，已没有行政职能，无法统计该项指标；昆明经济技术开发区 2015 年按调整口径上报的是 304.93 亿元，实际增长 11.59%；陕西航天经济技术开发区本年报表中大部分数据未包含军工企事业单位数据；汉中经济技术开发区 2015 年实际值调整为 122.82 亿元；酒泉经济技术开发区综合评价考核时修改为 36.67 亿元。

**2016年107家东部国家级经济技术开发区第二产业增加值情况表**

单位：亿元

| 序 号 | 开发区 | 2016年 | 2015年 | 同比（%） |
|---|---|---|---|---|
| 1 | 北京经济技术开发区 | 747.26 | 690.67 | 8.19 |
| 2 | 天津经济技术开发区 | 2 160.63 | 2 164.62 | -0.18 |
| 3 | 西青经济技术开发区 | 386.25 | 457.04 | -15.49 |
| 4 | 武清经济技术开发区 | 411.26 | 365.68 | 12.46 |
| 5 | 天津子牙经济技术开发区 | 37.38 | 34.14 | 9.49 |
| 6 | 北辰经济技术开发区 | 258.90 | 228.31 | 13.40 |
| 7 | 东丽经济技术开发区 | 68.51 | 58.95 | 16.22 |
| 8 | 秦皇岛经济技术开发区 | 176.93 | 182.40 | -3.00 |
| 9 | 廊坊经济技术开发区 | 203.25 | 201.32 | 0.96 |
| 10 | 沧州临港经济技术开发区 | 125.30 | 134.96 | -7.16 |
| 11 | 石家庄经济技术开发区 | 228.86 | 203.00 | 12.74 |
| 12 | 唐山曹妃甸经济技术开发区 | 165.45 | 80.00 | 106.81 |
| 13 | 邯郸经济技术开发区 | 107.50 | 103.24 | 4.13 |
| 14 | 大连经济技术开发区 | 694.53 | 978.64 | -29.03 |
| 15 | 营口经济技术开发区 | 162.11 | 221.23 | -26.72 |
| 16 | 沈阳经济技术开发区 | 499.60 | 631.77 | -20.92 |
| 17 | 大连长兴岛经济技术开发区 | 71.53 | 83.43 | -14.26 |
| 18 | 锦州经济技术开发区 | 29.68 | 48.14 | -38.35 |
| 19 | 盘锦辽滨沿海经济技术开发区 | 80.10 | 132.94 | -39.75 |
| 20 | 沈阳辉山经济技术开发区 | 173.99 | 123.48 | 40.91 |
| 21 | 铁岭经济技术开发区 | 12.43 | 13.76 | -9.67 |
| 22 | 旅顺经济技术开发区 | 54.26 | 0.00 | — |
| 23 | 闵行经济技术开发区 | 195.55 | 193.19 | 1.22 |
| 24 | 虹桥经济技术开发区 | 0.00 | 0.00 | — |
| 25 | 漕河泾新兴技术开发区 | 201.32 | 206.48 | -2.50 |
| 26 | 上海金桥经济技术开发区 | 0.00 | 0.00 | — |
| 27 | 上海化学工业经济技术开发区 | 0.00 | 0.00 | — |
| 28 | 松江经济技术开发区 | 304.63 | 352.80 | -13.65 |
| 29 | 南通经济技术开发区 | 433.78 | 424.66 | 2.15 |
| 30 | 连云港经济技术开发区 | 297.30 | 440.81 | -32.56 |
| 31 | 昆山经济技术开发区 | 1 003.85 | 996.99 | 0.69 |
| 32 | 苏州工业园区 | 1 207.38 | 1 180.50 | 2.28 |
| 33 | 南京经济技术开发区 | 752.02 | 749.81 | 0.29 |
| 34 | 扬州经济技术开发区 | 369.91 | 478.92 | -22.76 |
| 35 | 徐州经济技术开发区 | 487.60 | 460.33 | 5.92 |
| 36 | 镇江经济技术开发区 | 381.86 | 363.75 | 4.98 |

**2016年107家东部国家级经济技术开发区第二产业增加值情况表（续）**

单位：亿元

| 序 号 | 开发区 | 2016年 | 2015年 | 同比（%） |
|---|---|---|---|---|
| 37 | 吴江经济技术开发区 | 310.00 | 294.51 | 5.26 |
| 38 | 江宁经济技术开发区 | 809.30 | 681.18 | 18.81 |
| 39 | 常熟经济技术开发区 | 609.60 | 608.20 | 0.23 |
| 40 | 淮安经济技术开发区 | 410.50 | 536.09 | -23.43 |
| 41 | 盐城经济技术开发区 | 346.10 | 497.71 | -30.46 |
| 42 | 锡山经济技术开发区 | 314.91 | 301.19 | 4.56 |
| 43 | 太仓港经济技术开发区 | 382.28 | 357.59 | 6.90 |
| 44 | 张家港经济技术开发区 | 576.58 | 572.43 | 0.72 |
| 45 | 海安经济技术开发区 | 383.24 | 409.95 | -6.52 |
| 46 | 靖江经济技术开发区 | 324.00 | 323.10 | 0.28 |
| 47 | 吴中经济技术开发区 | 192.52 | 248.62 | -22.56 |
| 48 | 宿迁经济技术开发区 | 208.11 | 205.18 | 1.43 |
| 49 | 海门经济技术开发区 | 330.01 | 288.90 | 14.23 |
| 50 | 如皋经济技术开发区 | 346.69 | 317.71 | 9.12 |
| 51 | 宜兴经济技术开发区 | 410.18 | 382.44 | 7.25 |
| 52 | 浒墅关经济技术开发区 | 244.76 | 184.67 | 32.54 |
| 53 | 沭阳经济技术开发区 | 189.90 | 158.83 | 19.56 |
| 54 | 相城经济技术开发区 | 294.91 | 269.45 | 9.45 |
| 55 | 宁波经济技术开发区 | 472.43 | 409.60 | 15.34 |
| 56 | 温州经济技术开发区 | 325.76 | 305.03 | 6.80 |
| 57 | 宁波大榭开发区 | 128.90 | 149.52 | -13.79 |
| 58 | 杭州经济技术开发区 | 558.41 | 443.34 | 25.96 |
| 59 | 萧山经济技术开发区 | 247.13 | 134.97 | 83.10 |
| 60 | 嘉兴经济技术开发区 | 511.74 | 488.98 | 4.65 |
| 61 | 湖州经济技术开发区 | 217.20 | 198.18 | 9.60 |
| 62 | 绍兴袍江经济技术开发区 | 156.51 | 171.87 | -8.94 |
| 63 | 金华经济技术开发区 | 106.74 | 105.20 | 1.46 |
| 64 | 长兴经济技术开发区 | 197.87 | 183.06 | 8.09 |
| 65 | 宁波石化经济技术开发区 | 487.39 | 427.89 | 13.91 |
| 66 | 嘉善经济技术开发区 | 206.67 | 197.64 | 4.57 |
| 67 | 衢州经济技术开发区 | 205.94 | 185.76 | 10.86 |
| 68 | 义乌经济技术开发区 | 341.54 | 284.84 | 19.91 |
| 69 | 杭州余杭经济技术开发区 | 302.19 | 305.27 | -1.01 |
| 70 | 绍兴柯桥经济技术开发区 | 253.79 | 235.18 | 7.91 |
| 71 | 富阳经济技术开发区 | 282.07 | 295.33 | -4.49 |
| 72 | 平湖经济技术开发区 | 162.93 | 160.51 | 1.51 |

**2016 年 107 家东部国家级经济技术开发区第二产业增加值情况表（续）**

单位：亿元

| 序　号 | 开发区 | 2016 年 | 2015 年 | 同比（%） |
|---|---|---|---|---|
| 73 | 杭州湾上虞经济技术开发区 | 257.97 | 249.47 | 3.41 |
| 74 | 慈溪经济技术开发区 | 232.02 | 188.66 | 22.98 |
| 75 | 丽水经济技术开发区 | 86.20 | 0.00 | — |
| 76 | 福州经济技术开发区 | 285.80 | 262.68 | 8.80 |
| 77 | 厦门海沧台商投资区 | 329.02 | 322.76 | 1.94 |
| 78 | 福清融侨经济技术开发区 | 252.00 | 250.78 | 0.49 |
| 79 | 东山经济技术开发区 | 55.18 | 48.22 | 14.43 |
| 80 | 泉州经济技术开发区 | 120.56 | 0.00 | — |
| 81 | 漳州台商投资区 | 156.64 | 140.96 | 11.12 |
| 82 | 漳州招商局经济技术开发区 | 28.35 | 20.13 | 40.83 |
| 83 | 泉州台商投资区 | 171.53 | 160.58 | 6.82 |
| 84 | 龙岩经济技术开发区 | 85.87 | 29.24 | 193.67 |
| 85 | 东侨经济技术开发区 | 113.90 | 65.59 | 73.65 |
| 86 | 青岛经济技术开发区 | 935.40 | 1 115.54 | -16.15 |
| 87 | 烟台经济技术开发区 | 905.85 | 888.61 | 1.94 |
| 88 | 威海经济技术开发区 | 110.32 | 106.57 | 3.52 |
| 89 | 东营经济技术开发区 | 283.75 | 284.09 | -0.12 |
| 90 | 日照经济技术开发区 | 236.82 | 219.12 | 8.08 |
| 91 | 潍坊滨海经济技术开发区 | 463.57 | 392.86 | 18.00 |
| 92 | 邹平经济技术开发区 | 424.08 | 418.12 | 1.43 |
| 93 | 临沂经济技术开发区 | 298.76 | 258.08 | 15.76 |
| 94 | 招远经济技术开发区 | 298.84 | 277.77 | 7.59 |
| 95 | 德州经济技术开发区 | 182.53 | 130.27 | 40.12 |
| 96 | 明水经济技术开发区 | 371.35 | 340.56 | 9.04 |
| 97 | 胶州经济技术升发区 | 389.53 | 369.96 | 5.29 |
| 98 | 聊城经济技术开发区 | 104.24 | 141.38 | -26.27 |
| 99 | 滨州经济技术开发区 | 93.07 | 0.00 | — |
| 100 | 威海临港经济技术开发区 | 119.09 | 0.00 | — |
| 101 | 湛江经济技术开发区 | 222.47 | 194.73 | 14.25 |
| 102 | 广州经济技术开发区 | 1 639.02 | 1 594.47 | 2.79 |
| 103 | 广州南沙经济技术开发区 | 843.22 | 804.02 | 4.88 |
| 104 | 惠州大亚湾经济技术开发区 | 345.20 | 334.16 | 3.30 |
| 105 | 增城经济技术开发区 | 290.78 | 260.32 | 11.70 |
| 106 | 珠海经济技术开发区 | 172.29 | 185.48 | -7.11 |
| 107 | 海南洋浦经济技术开发区 | 127.82 | 126.61 | 0.96 |
| | **合　计** | **35 372.75** | **34 487.67** | **2.57** |

**注**：唐山曹妃甸经济技术开发区政区合一，优化整合；大连经济技术开发区由于机构调整，上报口径由金州新区调整为开发区；珠海经济技术开发区上期值为 172.03 亿元。

**2016年63家中部国家级经济技术开发区第二产业增加值情况表**

单位：亿元

| 序号 | 开发区 | 2016年 | 2015年 | 同比（%） |
| --- | --- | --- | --- | --- |
| 1 | 太原经济技术开发区 | 223.94 | 198.96 | 12.56 |
| 2 | 大同经济技术开发区 | 31.40 | 27.63 | 13.64 |
| 3 | 晋中经济技术开发区 | 30.74 | 25.69 | 19.66 |
| 4 | 晋城经济技术开发区 | 47.57 | 44.59 | 6.68 |
| 5 | 长春经济技术开发区 | 479.52 | 470.59 | 1.90 |
| 6 | 吉林经济技术开发区 | 109.70 | 100.80 | 8.83 |
| 7 | 四平红嘴经济技术开发区 | 41.90 | 130.00 | -67.77 |
| 8 | 长春汽车经济技术开发区 | 478.33 | 453.43 | 5.49 |
| 9 | 松原经济技术开发区 | 154.68 | 156.00 | -0.85 |
| 10 | 哈尔滨经济技术开发区 | 507.94 | 491.10 | 3.43 |
| 11 | 宾西经济技术开发区 | 63.17 | 66.01 | -4.30 |
| 12 | 海林经济技术开发区 | 70.85 | 96.71 | -26.74 |
| 13 | 哈尔滨利民经济技术开发区 | 119.41 | 113.17 | 5.51 |
| 14 | 大庆经济技术开发区 | 103.25 | 106.94 | -3.45 |
| 15 | 绥化经济技术开发区 | 65.19 | 59.99 | 8.67 |
| 16 | 牡丹江经济技术开发区 | 50.58 | 46.61 | 8.52 |
| 17 | 双鸭山经济技术开发区 | 38.71 | 178.82 | -78.35 |
| 18 | 芜湖经济技术开发区 | 792.55 | 598.96 | 32.32 |
| 19 | 合肥经济技术开发区 | 1 111.05 | 1 027.91 | 8.09 |
| 20 | 马鞍山经济技术开发区 | 235.63 | 146.62 | 60.71 |
| 21 | 安庆经济技术开发区 | 222.22 | 146.62 | 51.56 |
| 22 | 铜陵经济技术开发区 | 211.17 | 209.07 | 1.00 |
| 23 | 滁州经济技术开发区 | 163.38 | 166.15 | -1.67 |
| 24 | 池州经济技术开发区 | 87.97 | 143.81 | -38.83 |
| 25 | 六安经济技术开发区 | 74.48 | 59.74 | 24.67 |
| 26 | 淮南经济技术开发区 | 68.94 | 49.90 | 38.16 |
| 27 | 宁国经济技术开发区 | 117.97 | 41.61 | 183.51 |
| 28 | 桐城经济技术开发区 | 102.70 | 105.58 | -2.73 |
| 29 | 宣城经济技术开发区 | 86.03 | 72.49 | — |
| 30 | 南昌经济技术开发区 | 284.09 | 262.84 | 8.08 |
| 31 | 九江经济技术开发区 | 320.50 | 302.05 | 6.11 |
| 32 | 赣州经济技术开发区 | 187.94 | 226.52 | -17.03 |
| 33 | 井冈山经济技术开发区 | 147.02 | 244.28 | -39.81 |

**2016 年 63 家中部国家级经济技术开发区第二产业增加值情况表（续）**

单位：亿元

| 序　号 | 开发区 | 2016 年 | 2015 年 | 同比（%） |
|---|---|---|---|---|
| 34 | 上饶经济技术开发区 | 190.97 | 148.13 | 28.92 |
| 35 | 萍乡经济技术开发区 | 144.46 | 165.18 | -12.54 |
| 36 | 南昌小蓝经济技术开发区 | 283.54 | 202.68 | 39.90 |
| 37 | 宜春经济技术开发区 | 99.28 | 83.31 | 19.17 |
| 38 | 龙南经济技术开发区 | 72.30 | 58.66 | 23.25 |
| 39 | 瑞金经济技术开发区 | 34.97 | 25.06 | — |
| 40 | 郑州经济技术开发区 | 508.15 | 508.45 | -0.06 |
| 41 | 漯河经济技术开发区 | 146.88 | 144.53 | 1.63 |
| 42 | 鹤壁经济技术开发区 | 111.73 | 116.04 | -3.71 |
| 43 | 开封经济技术开发区 | 77.45 | 75.72 | 2.28 |
| 44 | 许昌经济技术开发区 | 72.83 | 73.46 | -0.86 |
| 45 | 洛阳经济技术开发区 | 52.04 | 49.36 | 5.43 |
| 46 | 新乡经济技术开发区 | 97.77 | 87.60 | 11.61 |
| 47 | 红旗渠经济技术开发区 | 207.30 | 193.25 | 7.27 |
| 48 | 濮阳经济技术开发区 | 133.78 | 118.59 | 12.81 |
| 49 | 武汉经济技术开发区 | 952.56 | 1 612.92 | -40.94 |
| 50 | 黄石经济技术开发区 | 328.39 | 325.23 | 0.97 |
| 51 | 襄樊经济技术开发区 | 380.75 | 365.68 | 4.12 |
| 52 | 武汉临空港经济技术开发区 | 489.27 | 476.94 | 2.59 |
| 53 | 荆州经济技术开发区 | 238.09 | 140.02 | 70.04 |
| 54 | 鄂州葛店经济技术开发区 | 229.33 | 235.28 | -2.53 |
| 55 | 十堰经济技术开发区 | 449.34 | 426.36 | 5.39 |
| 56 | 长沙经济技术开发区 | 694.78 | 623.80 | 11.38 |
| 57 | 岳阳经济技术开发区 | 162.55 | 164.30 | -1.07 |
| 58 | 常德经济技术开发区 | 76.24 | 70.40 | 8.30 |
| 59 | 宁乡经济技术开发区 | 293.44 | 272.69 | 7.61 |
| 60 | 湘潭经济技术开发区 | 225.93 | 200.59 | 12.63 |
| 61 | 浏阳经济技术开发区 | 364.12 | 311.09 | 17.05 |
| 62 | 娄底经济技术开发区 | 123.18 | 111.62 | 10.36 |
| 63 | 望城经济技术开发区 | 255.65 | 200.04 | 27.80 |
|  | **合　计** | **14 327.59** | **14 158.17** | **1.20** |

**注：**四平红嘴经济技术开发区、宾西经济技术开发区上报预估数；双鸭山经济技术开发区国家级开发区较省级开发区管辖范围调整较大，2015 年上报的是原省级开发区统计企业户数和经济数据；鄂州葛店经济技术开发区同期 205.28 亿元。

**2016 年 49 家西部国家级经济技术开发区第二产业增加值情况表**

单位：亿元

| 序号 | 开发区 | 2016 年 | 2015 年 | 同比（%） |
|---|---|---|---|---|
| 1 | 呼和浩特经济技术开发区 | 96.63 | 96.53 | 0.10 |
| 2 | 巴彦淖尔经济技术开发区 | 96.86 | 88.92 | 8.93 |
| 3 | 呼伦贝尔经济技术开发区 | 286.12 | 260.10 | 10.00 |
| 4 | 南宁经济技术开发区 | 219.56 | 221.11 | -0.70 |
| 5 | 钦州港经济技术开发区 | 98.67 | 80.45 | 22.65 |
| 6 | 中国—马来西亚钦州产业园区 | 1.23 | 0.00 | — |
| 7 | 广西—东盟经济技术开发区 | 69.50 | 75.09 | -7.44 |
| 8 | 重庆经济技术开发区 | 296.56 | 228.26 | 29.92 |
| 9 | 万州经济技术开发区 | 210.72 | 172.64 | 22.06 |
| 10 | 长寿经济技术开发区 | 213.85 | 194.41 | 10.00 |
| 11 | 成都经济技术开发区 | 798.48 | 786.20 | 1.56 |
| 12 | 广安经济技术开发区 | 259.48 | 199.96 | 29.77 |
| 13 | 德阳经济技术开发区 | 276.14 | 277.36 | -0.44 |
| 14 | 遂宁经济技术开发区 | 166.56 | 108.08 | 54.11 |
| 15 | 绵阳经济技术开发区 | 160.11 | 148.13 | 8.09 |
| 16 | 广元经济技术开发区 | 178.40 | 169.39 | 5.32 |
| 17 | 宜宾临港经济技术开发区 | 228.81 | 209.69 | 9.12 |
| 18 | 内江经济技术开发区 | 124.36 | 115.54 | 7.63 |
| 19 | 贵阳经济技术开发区 | 213.81 | 0.00 | — |
| 20 | 遵义经济技术开发区 | 125.37 | 116.75 | 7.38 |
| 21 | 昆明经济技术开发区 | 187.16 | 211.54 | -11.53 |
| 22 | 曲靖经济技术开发区 | 271.48 | 349.23 | -22.26 |
| 23 | 蒙自经济技术开发区 | 172.30 | 139.17 | 23.81 |
| 24 | 嵩明杨林经济技术开发区 | 51.38 | 69.41 | -25.98 |
| 25 | 大理经济技术开发区 | 113.65 | 118.73 | -4.28 |
| 26 | 拉萨经济技术开发区 | 16.44 | 0.00 | — |
| 27 | 西安经济技术开发区 | 801.95 | 780.98 | 2.69 |
| 28 | 陕西航空经济技术开发区 | 69.65 | 106.66 | -34.70 |
| 29 | 陕西航天经济技术开发区 | 57.21 | 120.95 | -52.70 |
| 30 | 汉中经济技术开发区 | 95.48 | 36.57 | 161.09 |
| 31 | 神府经济技术开发区 | 90.04 | 0.00 | — |
| 32 | 兰州经济技术开发区 | 138.46 | 129.76 | 6.70 |
| 33 | 金昌经济技术开发区 | 89.55 | 111.90 | -19.97 |
| 34 | 天水经济技术开发区 | 84.73 | 78.22 | 8.32 |
| 35 | 酒泉经济技术开发区 | 22.98 | 20.26 | 13.43 |
| 36 | 张掖经济技术开发区 | 25.66 | 31.19 | -17.73 |
| 37 | 西宁经济技术开发区 | 369.91 | 344.90 | 7.25 |
| 38 | 格尔木昆仑经济技术开发区 | 40.31 | 37.50 | 7.49 |
| 39 | 银川经济技术开发区 | 107.66 | 100.03 | 7.63 |
| 40 | 石嘴山经济技术开发区 | 101.30 | 96.60 | 4.87 |
| 41 | 乌鲁木齐经济技术开发区 | 175.16 | 276.47 | -36.64 |
| 42 | 石河子经济技术开发区 | 154.13 | 149.10 | 3.37 |
| 43 | 库尔勒经济技术开发区 | 47.66 | 45.00 | 5.91 |
| 44 | 奎屯经济技术开发区 | 67.97 | 69.16 | -1.72 |
| 45 | 阿拉尔经济技术开发区 | 22.34 | 20.10 | 11.14 |
| 46 | 五家渠经济技术开发区 | 82.25 | 64.41 | 27.70 |
| 47 | 准东经济技术开发区 | 91.03 | 78.80 | 15.52 |
| 48 | 甘泉堡经济技术开发区 | 84.27 | 23.24 | 262.61 |
| 49 | 库车经济技术开发区 | 51.00 | 49.00 | 4.08 |
| | **合　计** | **7 804.33** | **7 207.49** | **8.28** |

**注：** 遂宁经济技术开发区包含新托管区域；宜宾临港经济技术开发区 2015 年综评数为 202.48 亿元；贵阳经济技术开发区由于区划调整，已没有行政职能，无法统计该项指标；昆明经济技术开发区 2015 年按调整口径上报的是 160.08 亿元，实际增长 16.91%；酒泉经济技术开发区综合评价考核时修改为 22.08 亿元；汉中经济技术开发区 2015 年实际值调整为 91.89 亿元。

**2016年107家东部国家级经济技术开发区第三产业增加值情况表**

单位：亿元

| 序 号 | 开发区 | 2016年 | 2015年 | 同比（%） |
|---|---|---|---|---|
| 1 | 北京经济技术开发区 | 425.37 | 390.76 | 8.86 |
| 2 | 天津经济技术开发区 | 889.19 | 740.97 | 20.00 |
| 3 | 西青经济技术开发区 | 35.56 | 54.34 | -34.56 |
| 4 | 武清经济技术开发区 | 139.63 | 101.49 | 37.58 |
| 5 | 天津子牙经济技术开发区 | 3.76 | 3.23 | 16.41 |
| 6 | 北辰经济技术开发区 | 32.87 | 36.47 | -9.87 |
| 7 | 东丽经济技术开发区 | 41.35 | 38.32 | 7.91 |
| 8 | 秦皇岛经济技术开发区 | 88.39 | 82.13 | 7.62 |
| 9 | 廊坊经济技术开发区 | 188.38 | 161.03 | 16.98 |
| 10 | 沧州临港经济技术开发区 | 4.57 | 0.00 | — |
| 11 | 石家庄经济技术开发区 | 14.92 | 13.24 | 12.69 |
| 12 | 唐山曹妃甸经济技术开发区 | 81.14 | 45.00 | 80.31 |
| 13 | 邯郸经济技术开发区 | 139.10 | 135.45 | 2.69 |
| 14 | 大连经济技术开发区 | 388.79 | 583.59 | -33.38 |
| 15 | 营口经济技术开发区 | 191.83 | 235.05 | -18.39 |
| 16 | 沈阳经济技术开发区 | 267.56 | 323.43 | -17.27 |
| 17 | 大连长兴岛经济技术开发区 | 14.55 | 16.18 | -10.07 |
| 18 | 锦州经济技术开发区 | 23.59 | 60.23 | -60.83 |
| 19 | 盘锦辽滨沿海经济技术开发区 | 36.79 | 13.61 | 170.32 |
| 20 | 沈阳辉山经济技术开发区 | 98.88 | 30.65 | 222.61 |
| 21 | 铁岭经济技术开发区 | 6.80 | 7.67 | -11.34 |
| 22 | 旅顺经济技术开发区 | 36.50 | 0.00 | — |
| 23 | 闵行经济技术开发区 | 4.08 | 3.98 | 2.51 |
| 24 | 虹桥经济技术开发区 | 206.15 | 185.34 | 11.23 |
| 25 | 漕河泾新兴技术开发区 | 754.15 | 768.99 | -1.93 |
| 26 | 上海金桥经济技术开发区 | 0.00 | 0.00 | — |
| 27 | 上海化学工业经济技术开发区 | 0.00 | 0.00 | — |
| 28 | 松江经济技术开发区 | 50.80 | 50.58 | 0.43 |
| 29 | 南通经济技术开发区 | 180.12 | 162.45 | 10.88 |
| 30 | 连云港经济技术开发区 | 50.66 | 97.29 | -47.93 |
| 31 | 昆山经济技术开发区 | 444.92 | 420.73 | 5.75 |
| 32 | 苏州工业园区 | 941.97 | 877.54 | 7.34 |
| 33 | 南京经济技术开发区 | 95.03 | 100.29 | -5.24 |
| 34 | 扬州经济技术开发区 | 188.39 | 151.09 | 24.69 |
| 35 | 徐州经济技术开发区 | 181.00 | 159.33 | 13.60 |
| 36 | 镇江经济技术开发区 | 192.39 | 178.90 | 7.54 |

**2016年107家东部国家级经济技术开发区第三产业增加值情况表（续）**

单位：亿元

| 序　号 | 开发区 | 2016年 | 2015年 | 同比（%） |
|---|---|---|---|---|
| 37 | 吴江经济技术开发区 | 86.58 | 77.72 | 11.40 |
| 38 | 江宁经济技术开发区 | 373.57 | 277.59 | 34.58 |
| 39 | 常熟经济技术开发区 | 202.60 | 191.51 | 5.79 |
| 40 | 淮安经济技术开发区 | 142.82 | 103.67 | 37.76 |
| 41 | 盐城经济技术开发区 | 18.65 | 36.20 | -48.48 |
| 42 | 锡山经济技术开发区 | 206.10 | 188.12 | 9.56 |
| 43 | 太仓港经济技术开发区 | 199.56 | 185.06 | 7.84 |
| 44 | 张家港经济技术开发区 | 200.44 | 179.28 | 11.80 |
| 45 | 海安经济技术开发区 | 161.06 | 184.79 | -12.84 |
| 46 | 靖江经济技术开发区 | 273.10 | 234.91 | 16.26 |
| 47 | 吴中经济技术开发区 | 161.45 | 178.16 | -9.38 |
| 48 | 宿迁经济技术开发区 | 72.08 | 52.34 | 37.71 |
| 49 | 海门经济技术开发区 | 281.80 | 193.58 | 45.57 |
| 50 | 如皋经济技术开发区 | 181.86 | 156.55 | 16.17 |
| 51 | 宜兴经济技术开发区 | 102.22 | 94.21 | 8.50 |
| 52 | 浒墅关经济技术开发区 | 76.88 | 57.78 | 33.06 |
| 53 | 沭阳经济技术开发区 | 32.11 | 27.81 | 15.46 |
| 54 | 相城经济技术开发区 | 198.97 | 188.37 | 5.63 |
| 55 | 宁波经济技术开发区 | 353.80 | 355.41 | -0.45 |
| 56 | 温州经济技术开发区 | 81.79 | 72.64 | 12.60 |
| 57 | 宁波大榭开发区 | 106.07 | 67.18 | 57.89 |
| 58 | 杭州经济技术开发区 | 172.80 | 143.06 | 20.79 |
| 59 | 萧山经济技术开发区 | 90.09 | 60.68 | 48.47 |
| 60 | 嘉兴经济技术开发区 | 528.84 | 476.25 | 11.04 |
| 61 | 湖州经济技术开发区 | 86.18 | 82.85 | 4.02 |
| 62 | 绍兴袍江经济技术开发区 | 67.43 | 63.58 | 6.06 |
| 63 | 金华经济技术开发区 | 147.76 | 132.50 | 11.52 |
| 64 | 长兴经济技术开发区 | 33.39 | 27.82 | 20.02 |
| 65 | 宁波石化经济技术开发区 | 0.00 | 2.37 | -100.00 |
| 66 | 嘉善经济技术开发区 | 156.16 | 140.62 | 11.05 |
| 67 | 衢州经济技术开发区 | 20.34 | 20.53 | -0.93 |
| 68 | 义乌经济技术开发区 | 237.97 | 97.97 | 142.90 |
| 69 | 杭州余杭经济技术开发区 | 171.19 | 144.95 | 18.10 |
| 70 | 绍兴柯桥经济技术开发区 | 53.66 | 50.02 | 7.28 |
| 71 | 富阳经济技术开发区 | 168.59 | 119.22 | 41.41 |
| 72 | 平湖经济技术开发区 | 70.74 | 63.41 | 11.56 |

**2016 年 107 家东部国家级经济技术开发区第三产业增加值情况表（续）**

单位：亿元

| 序 号 | 开发区 | 2016 年 | 2015 年 | 同比（%） |
|---|---|---|---|---|
| 73 | 杭州湾上虞经济技术开发区 | 110.21 | 102.08 | 7.96 |
| 74 | 慈溪经济技术开发区 | 85.13 | 51.97 | 63.81 |
| 75 | 丽水经济技术开发区 | 52.83 | 0.00 | — |
| 76 | 福州经济技术开发区 | 154.62 | 134.81 | 14.69 |
| 77 | 厦门海沧台商投资区 | 213.58 | 187.50 | 13.91 |
| 78 | 福清融侨经济技术开发区 | 67.94 | 53.31 | 27.44 |
| 79 | 东山经济技术开发区 | 20.11 | 18.39 | 9.35 |
| 80 | 泉州经济技术开发区 | 15.77 | 0.00 | — |
| 81 | 漳州台商投资区 | 67.25 | 59.22 | 13.56 |
| 82 | 漳州招商局经济技术开发区 | 8.39 | 7.93 | 5.80 |
| 83 | 泉州台商投资区 | 54.36 | 47.79 | 13.75 |
| 84 | 龙岩经济技术开发区 | 50.78 | 6.00 | 746.33 |
| 85 | 东侨经济技术开发区 | 28.48 | 28.07 | 1.46 |
| 86 | 青岛经济技术开发区 | 981.40 | 644.70 | 52.23 |
| 87 | 烟台经济技术开发区 | 372.95 | 338.99 | 10.02 |
| 88 | 威海经济技术开发区 | 107.03 | 95.90 | 11.61 |
| 89 | 东营经济技术开发区 | 79.40 | 72.32 | 9.79 |
| 90 | 日照经济技术开发区 | 87.92 | 73.29 | 19.96 |
| 91 | 潍坊滨海经济技术开发区 | 120.15 | 109.22 | 10.01 |
| 92 | 邹平经济技术开发区 | 99.63 | 94.21 | 5.75 |
| 93 | 临沂经济技术开发区 | 173.25 | 145.01 | 19.47 |
| 94 | 招远经济技术开发区 | 225.38 | 202.62 | 11.23 |
| 95 | 德州经济技术开发区 | 115.90 | 83.26 | 39.20 |
| 96 | 明水经济技术开发区 | 104.79 | 97.90 | 7.04 |
| 97 | 胶州经济技术开发区 | 200.37 | 192.92 | 3.86 |
| 98 | 聊城经济技术开发区 | 82.24 | 68.00 | 20.94 |
| 99 | 滨州经济技术开发区 | 65.33 | 0.00 | — |
| 100 | 威海临港经济技术开发区 | 22.41 | 0.00 | — |
| 101 | 湛江经济技术开发区 | 122.08 | 98.40 | 24.07 |
| 102 | 广州经济技术开发区 | 827.30 | 736.55 | 12.32 |
| 103 | 广州南沙经济技术开发区 | 381.03 | 277.45 | 37.33 |
| 104 | 惠州大亚湾经济技术开发区 | 90.87 | 78.95 | 15.10 |
| 105 | 增城经济技术开发区 | 36.33 | 3.22 | 1 028.26 |
| 106 | 珠海经济技术开发区 | 56.78 | 30.44 | 86.53 |
| 107 | 海南洋浦经济技术开发区 | 88.52 | 82.90 | 6.78 |
| | **合 计** | **17 328.34** | **15 181.38** | **14.14** |

**注：** 唐山曹妃甸经济技术开发区政区合一，优化整合；大连经济技术开发区由于机构调整，上报口径由金州新区调整为开发区；旅顺经济技术开发区 2013 年 11 月 20 日晋升为国家级开发区（国办函［2013］111 号），本年度填报为晋升为国家级开发区的第一年度在线填报；珠海经济技术开发区上期值为 44.01 亿元。

## 2016年63家中部国家级经济技术开发区第三产业增加值情况表

单位：亿元

| 序号 | 开发区 | 2016年 | 2015年 | 同比（%） |
|---|---|---|---|---|
| 1 | 太原经济技术开发区 | 25.64 | 21.62 | 18.59 |
| 2 | 大同经济技术开发区 | 16.98 | 15.95 | 6.46 |
| 3 | 晋中经济技术开发区 | 20.22 | 17.64 | 14.63 |
| 4 | 晋城经济技术开发区 | 29.29 | 25.56 | 14.59 |
| 5 | 长春经济技术开发区 | 195.95 | 195.50 | 0.23 |
| 6 | 吉林经济技术开发区 | 18.22 | 15.22 | 19.71 |
| 7 | 四平红嘴经济技术开发区 | 25.85 | 23.50 | 10.00 |
| 8 | 长春汽车经济技术开发区 | 92.22 | 86.93 | 6.09 |
| 9 | 松原经济技术开发区 | 33.34 | 31.00 | 7.55 |
| 10 | 哈尔滨经济技术开发区 | 442.16 | 418.99 | 5.53 |
| 11 | 宾西经济技术开发区 | 3.87 | 8.16 | -52.57 |
| 12 | 海林经济技术开发区 | 25.38 | 3.00 | 746.00 |
| 13 | 哈尔滨利民经济技术开发区 | 62.63 | 55.30 | 13.25 |
| 14 | 大庆经济技术开发区 | 9.73 | 10.12 | -3.85 |
| 15 | 绥化经济技术开发区 | 9.74 | 6.56 | 48.48 |
| 16 | 牡丹江经济技术开发区 | 59.99 | 57.84 | 3.72 |
| 17 | 双鸭山经济技术开发区 | 56.79 | 39.13 | 45.13 |
| 18 | 芜湖经济技术开发区 | 196.25 | 118.95 | 64.99 |
| 19 | 合肥经济技术开发区 | 226.18 | 198.53 | 13.93 |
| 20 | 马鞍山经济技术开发区 | 55.74 | 39.93 | 39.59 |
| 21 | 安庆经济技术开发区 | 103.32 | 39.93 | 158.75 |
| 22 | 铜陵经济技术开发区 | 41.40 | 94.02 | -55.97 |
| 23 | 滁州经济技术开发区 | 30.54 | 33.99 | -10.15 |
| 24 | 池州经济技术开发区 | 39.14 | 27.76 | 40.99 |
| 25 | 六安经济技术开发区 | 24.00 | 14.70 | 63.27 |
| 26 | 淮南经济技术开发区 | 32.82 | 12.81 | 156.21 |
| 27 | 宁国经济技术开发区 | 35.86 | 12.98 | 176.27 |
| 28 | 桐城经济技术开发区 | 28.36 | 29.54 | -3.99 |
| 29 | 宣城经济技术开发区 | 40.54 | 11.54 | — |
| 30 | 南昌经济技术开发区 | 72.02 | 62.34 | 15.53 |
| 31 | 九江经济技术开发区 | 78.95 | 61.87 | 27.61 |
| 32 | 赣州经济技术开发区 | 31.51 | 36.51 | -13.69 |
| 33 | 井冈山经济技术开发区 | 46.85 | 38.16 | 22.77 |

**2016 年 63 家中部国家级经济技术开发区第三产业增加值情况表（续）**

单位：亿元

| 序　号 | 开发区 | 2016 年 | 2015 年 | 同比（%） |
|---|---|---|---|---|
| 34 | 上饶经济技术开发区 | 7.51 | 6.88 | 9.16 |
| 35 | 萍乡经济技术开发区 | 45.06 | 38.78 | 16.19 |
| 36 | 南昌小蓝经济技术开发区 | 91.98 | 10.99 | 736.94 |
| 37 | 宜春经济技术开发区 | 28.92 | 23.57 | 22.70 |
| 38 | 龙南经济技术开发区 | 37.07 | 0.00 | — |
| 39 | 瑞金经济技术开发区 | 18.84 | 1.92 | — |
| 40 | 郑州经济技术开发区 | 146.89 | 137.88 | 6.53 |
| 41 | 漯河经济技术开发区 | 40.96 | 40.20 | 1.89 |
| 42 | 鹤壁经济技术开发区 | 20.55 | 18.95 | 8.44 |
| 43 | 开封经济技术开发区 | 81.16 | 78.54 | 3.34 |
| 44 | 许昌经济技术开发区 | 8.56 | 7.80 | 9.74 |
| 45 | 洛阳经济技术开发区 | 15.54 | 12.46 | 24.72 |
| 46 | 新乡经济技术开发区 | 5.25 | 4.78 | 9.83 |
| 47 | 红旗渠经济技术开发区 | 11.99 | 7.96 | 50.63 |
| 48 | 濮阳经济技术开发区 | 29.40 | 22.14 | 32.79 |
| 49 | 武汉经济技术开发区 | 323.58 | 220.23 | 46.93 |
| 50 | 黄石经济技术开发区 | 98.56 | 88.64 | 11.19 |
| 51 | 襄樊经济技术开发区 | 35.62 | 31.51 | 13.04 |
| 52 | 武汉临空港经济技术开发区 | 150.61 | 137.20 | 9.77 |
| 53 | 荆州经济技术开发区 | 120.51 | 22.23 | 442.11 |
| 54 | 鄂州葛店经济技术开发区 | 76.79 | 24.06 | 219.16 |
| 55 | 十堰经济技术开发区 | 98.46 | 95.94 | 2.63 |
| 56 | 长沙经济技术开发区 | 195.58 | 168.60 | 16.00 |
| 57 | 岳阳经济技术开发区 | 58.65 | 52.47 | 11.78 |
| 58 | 常德经济技术开发区 | 22.76 | 20.08 | 13.35 |
| 59 | 宁乡经济技术开发区 | 46.69 | 38.22 | 22.16 |
| 60 | 湘潭经济技术开发区 | 111.71 | 92.32 | 21.00 |
| 61 | 浏阳经济技术开发区 | 70.47 | 62.41 | 12.91 |
| 62 | 娄底经济技术开发区 | 44.15 | 40.13 | 10.02 |
| 63 | 望城经济技术开发区 | 75.60 | 58.71 | 28.77 |
|  | **合　计** | **4 330.90** | **3 431.18** | **26.22** |

**注：**四平红嘴经济技术开发区、宾西经济技术开发区为预估数；海林经济技术开发区把过去交通运输、批发零售、餐饮住宿、政府机构、教育、医疗、企业和个体户等从第二产业中剥离，一律纳入第三产业统计；双鸭山经济技术开发区国家级开发区较省级开发区管辖范围调整较大，2015 年上报的是原省级开发区统计企业户数和经济数据。

**2016 年 49 家西部国家级经济技术开发区第三产业增加值情况表**

单位：亿元

| 序　号 | 开发区 | 2016 年 | 2015 年 | 同比（%） |
|---|---|---|---|---|
| 1 | 呼和浩特经济技术开发区 | 15.60 | 14.18 | 10.01 |
| 2 | 巴彦淖尔经济技术开发区 | 40.40 | 37.53 | 7.65 |
| 3 | 呼伦贝尔经济技术开发区 | 0.00 | 0.00 | — |
| 4 | 南宁经济技术开发区 | 28.10 | 26.99 | 4.11 |
| 5 | 钦州港经济技术开发区 | 50.22 | 41.50 | 21.01 |
| 6 | 中国—马来西亚钦州产业园区 | 3.28 | 0.00 | — |
| 7 | 广西—东盟经济技术开发区 | 7.90 | 4.90 | 61.22 |
| 8 | 重庆经济技术开发区 | 110.25 | 8.22 | 1 241.24 |
| 9 | 万州经济技术开发区 | 34.92 | 14.00 | 149.43 |
| 10 | 长寿经济技术开发区 | 102.93 | 93.57 | 10.00 |
| 11 | 成都经济技术开发区 | 213.92 | 190.01 | 12.58 |
| 12 | 广安经济技术开发区 | 35.94 | 13.22 | 171.86 |
| 13 | 德阳经济技术开发区 | 193.81 | 151.31 | 28.09 |
| 14 | 遂宁经济技术开发区 | 80.87 | 22.97 | 252.07 |
| 15 | 绵阳经济技术开发区 | 49.64 | 45.00 | 10.31 |
| 16 | 广元经济技术开发区 | 46.13 | 35.60 | 29.58 |
| 17 | 宜宾临港经济技术开发区 | 20.70 | 8.88 | 133.11 |
| 18 | 内江经济技术开发区 | 65.75 | 36.15 | 81.88 |
| 19 | 贵阳经济技术开发区 | 0.00 | 0.00 | — |
| 20 | 遵义经济技术开发区 | 136.87 | 114.50 | 19.54 |
| 21 | 昆明经济技术开发区 | 152.33 | 98.01 | 55.42 |
| 22 | 曲靖经济技术开发区 | 58.11 | 55.11 | 5.44 |
| 23 | 蒙自经济技术开发区 | 53.07 | 12.57 | 322.20 |
| 24 | 嵩明杨林经济技术开发区 | 34.24 | 9.96 | 243.78 |
| 25 | 大理经济技术开发区 | 61.62 | 70.98 | -13.19 |
| 26 | 拉萨经济技术开发区 | 46.74 | 0.00 | — |
| 27 | 西安经济技术开发区 | 236.60 | 229.35 | 3.16 |
| 28 | 陕西航空经济技术开发区 | 12.67 | 62.82 | -79.83 |
| 29 | 陕西航天经济技术开发区 | 15.87 | 36.50 | -56.52 |
| 30 | 汉中经济技术开发区 | 31.87 | 9.90 | 221.92 |
| 31 | 神府经济技术开发区 | 0.00 | 0.00 | — |
| 32 | 兰州经济技术开发区 | 102.08 | 91.00 | 12.18 |
| 33 | 金昌经济技术开发区 | 10.22 | 8.89 | 14.96 |
| 34 | 天水经济技术开发区 | 14.84 | 13.13 | 13.02 |
| 35 | 酒泉经济技术开发区 | 15.36 | 6.72 | 128.57 |
| 36 | 张掖经济技术开发区 | 47.01 | 37.82 | 24.30 |
| 37 | 西宁经济技术开发区 | 55.00 | 51.27 | 7.28 |
| 38 | 格尔木昆仑经济技术开发区 | 0.28 | 0.72 | -61.11 |
| 39 | 银川经济技术开发区 | 43.06 | 38.59 | 11.58 |
| 40 | 石嘴山经济技术开发区 | 43.80 | 39.62 | 10.55 |
| 41 | 乌鲁木齐经济技术开发区 | 246.08 | 161.90 | 52.00 |
| 42 | 石河子经济技术开发区 | 61.48 | 46.00 | 33.65 |
| 43 | 库尔勒经济技术开发区 | 9.67 | 8.08 | 19.68 |
| 44 | 奎屯经济技术开发区 | 21.97 | 17.42 | 26.12 |
| 45 | 阿拉尔经济技术开发区 | 2.36 | 2.24 | 5.36 |
| 46 | 五家渠经济技术开发区 | 1.02 | 0.00 | — |
| 47 | 准东经济技术开发区 | 8.54 | 1.51 | 465.56 |
| 48 | 甘泉堡经济技术开发区 | 1.70 | 0.00 | — |
| 49 | 库车经济技术开发区 | 15.00 | 0.00 | — |
| | **合　计** | **2 639.82** | **1 968.64** | **34.09** |

注：遂宁经济技术开发区包含新托管区域；贵阳经济技术开发区由于区划调整，已没有行政职能，无法统计该项指标；昆明经济技术开发区 2015 年按调整口径上报的是 143.42 亿元，实际增长 6.2%；汉中经济技术开发区 2015 年实际值调整为 30.70 亿元；酒泉经济技术开发区综合评价考核时修改为 14.59 亿元；格尔木昆仑经济技术开发区 2016 年同期数据录入错误，数据为工业总产值。

**2016年107家东部国家级经济技术开发区财政收入情况表**

单位：亿元

| 序 号 | 开发区 | 2016年 | 2015年 | 同比（%） |
|---|---|---|---|---|
| 1 | 北京经济技术开发区 | 496.07 | 408.34 | 21.48 |
| 2 | 天津经济技术开发区 | 468.08 | 499.84 | -6.35 |
| 3 | 西青经济技术开发区 | 93.27 | 91.24 | 2.22 |
| 4 | 武清经济技术开发区 | 140.86 | 125.71 | 12.05 |
| 5 | 天津子牙经济技术开发区 | 10.08 | 11.68 | -13.70 |
| 6 | 北辰经济技术开发区 | 51.72 | 45.80 | 12.93 |
| 7 | 东丽经济技术开发区 | 14.31 | 18.08 | -20.85 |
| 8 | 秦皇岛经济技术开发区 | 42.28 | 42.51 | -0.54 |
| 9 | 廊坊经济技术开发区 | 72.70 | 64.73 | 12.31 |
| 10 | 沧州临港经济技术开发区 | 39.27 | 40.17 | -2.24 |
| 11 | 石家庄经济技术开发区 | 58.21 | 52.91 | 10.02 |
| 12 | 唐山曹妃甸经济技术开发区 | 87.46 | 64.15 | 36.34 |
| 13 | 邯郸经济技术开发区 | 13.88 | 14.49 | -4.21 |
| 14 | 大连经济技术开发区 | 79.14 | 204.00 | -61.21 |
| 15 | 营口经济技术开发区 | 45.77 | 42.58 | 7.49 |
| 16 | 沈阳经济技术开发区 | 137.97 | 114.36 | 20.65 |
| 17 | 大连长兴岛经济技术开发区 | 37.35 | 31.64 | 18.05 |
| 18 | 锦州经济技术开发区 | 15.75 | 57.20 | -72.47 |
| 19 | 盘锦辽滨沿海经济技术开发区 | 60.00 | 70.70 | -15.13 |
| 20 | 沈阳辉山经济技术开发区 | 38.58 | 17.09 | 125.75 |
| 21 | 铁岭经济技术开发区 | 4.34 | 4.01 | 8.23 |
| 22 | 旅顺经济技术开发区 | 14.41 | 0.00 | — |
| 23 | 闵行经济技术开发区 | 0.00 | 0.00 | — |
| 24 | 虹桥经济技术开发区 | 15.04 | 0.00 | — |
| 25 | 漕河泾新兴技术开发区 | 0.00 | 0.00 | — |
| 26 | 上海金桥经济技术开发区 | 44.37 | 40.93 | — |
| 27 | 上海化学工业经济技术开发区 | 0.00 | 0.00 | — |
| 28 | 松江经济技术开发区 | 45.77 | 36.20 | 26.44 |
| 29 | 南通经济技术开发区 | 93.62 | 108.15 | -13.44 |
| 30 | 连云港经济技术开发区 | 71.63 | 76.68 | -6.59 |
| 31 | 昆山经济技术开发区 | 246.52 | 196.92 | 25.19 |
| 32 | 苏州工业园区 | 659.67 | 605.18 | 9.00 |
| 33 | 南京经济技术开发区 | 250.61 | 218.57 | 14.66 |
| 34 | 扬州经济技术开发区 | 52.66 | 123.68 | -57.42 |
| 35 | 徐州经济技术开发区 | 67.59 | 101.62 | -33.49 |
| 36 | 镇江经济技术开发区 | 82.93 | 129.12 | -35.77 |

**2016 年 107 家东部国家级经济技术开发区财政收入情况表（续）**

单位：亿元

| 序　号 | 开发区 | 2016 年 | 2015 年 | 同比（%） |
|---|---|---|---|---|
| 37 | 吴江经济技术开发区 | 150.59 | 73.48 | 104.94 |
| 38 | 江宁经济技术开发区 | 296.18 | 282.74 | 4.75 |
| 39 | 常熟经济技术开发区 | 145.68 | 137.39 | 6.03 |
| 40 | 淮安经济技术开发区 | 66.70 | 120.51 | -44.65 |
| 41 | 盐城经济技术开发区 | 85.41 | 133.73 | -36.13 |
| 42 | 锡山经济技术开发区 | 84.34 | 82.18 | 2.63 |
| 43 | 太仓港经济技术开发区 | 147.08 | 143.27 | 2.66 |
| 44 | 张家港经济技术开发区 | 142.36 | 126.22 | 12.79 |
| 45 | 海安经济技术开发区 | 110.25 | 135.26 | -18.49 |
| 46 | 靖江经济技术开发区 | 42.75 | 53.18 | -19.61 |
| 47 | 吴中经济技术开发区 | 114.09 | 120.65 | -5.44 |
| 48 | 宿迁经济技术开发区 | 77.93 | 70.07 | 11.22 |
| 49 | 海门经济技术开发区 | 80.49 | 96.08 | -16.23 |
| 50 | 如皋经济技术开发区 | 91.32 | 84.57 | 7.98 |
| 51 | 宜兴经济技术开发区 | 55.86 | 62.20 | -10.19 |
| 52 | 浒墅关经济技术开发区 | 88.22 | 35.87 | 145.94 |
| 53 | 沭阳经济技术开发区 | 40.13 | 34.13 | 17.58 |
| 54 | 相城经济技术开发区 | 76.00 | 74.42 | 2.12 |
| 55 | 宁波经济技术开发区 | 252.25 | 217.06 | 16.21 |
| 56 | 温州经济技术开发区 | 90.47 | 77.31 | 17.02 |
| 57 | 宁波大榭开发区 | 120.90 | 125.03 | -3.30 |
| 58 | 杭州经济技术开发区 | 173.70 | 126.67 | 37.13 |
| 59 | 萧山经济技术开发区 | 76.01 | 51.55 | 47.45 |
| 60 | 嘉兴经济技术开发区 | 208.23 | 174.91 | 19.05 |
| 61 | 湖州经济技术开发区 | 67.26 | 61.03 | 10.21 |
| 62 | 绍兴袍江经济技术开发区 | 51.73 | 41.93 | 23.37 |
| 63 | 金华经济技术开发区 | 75.96 | 49.76 | 52.65 |
| 64 | 长兴经济技术开发区 | 45.79 | 44.01 | 4.04 |
| 65 | 宁波石化经济技术开发区 | 16.12 | 11.30 | 42.65 |
| 66 | 嘉善经济技术开发区 | 104.22 | 79.62 | 30.90 |
| 67 | 衢州经济技术开发区 | 50.94 | 50.94 | 0.00 |
| 68 | 义乌经济技术开发区 | 53.88 | 52.71 | 2.22 |
| 69 | 杭州余杭经济技术开发区 | 124.87 | 104.07 | 19.99 |
| 70 | 绍兴柯桥经济技术开发区 | 47.75 | 43.68 | 9.32 |
| 71 | 富阳经济技术开发区 | 72.70 | 68.26 | 6.50 |
| 72 | 平湖经济技术开发区 | 45.53 | 50.48 | -9.81 |

**2016 年 107 家东部国家级经济技术开发区财政收入情况表（续）**

单位：亿元

| 序 号 | 开发区 | 2016 年 | 2015 年 | 同比（%） |
|---|---|---|---|---|
| 73 | 杭州湾上虞经济技术开发区 | 65.34 | 62.10 | 5.22 |
| 74 | 慈溪经济技术开发区 | 100.13 | 81.36 | 23.07 |
| 75 | 丽水经济技术开发区 | 33.96 | 0.00 | — |
| 76 | 福州经济技术开发区 | 74.70 | 95.64 | -21.89 |
| 77 | 厦门海沧台商投资区 | 164.09 | 154.41 | 6.27 |
| 78 | 福清融侨经济技术开发区 | 35.92 | 20.68 | 73.69 |
| 79 | 东山经济技术开发区 | 7.51 | 6.74 | 11.42 |
| 80 | 泉州经济技术开发区 | 12.67 | 0.00 | — |
| 81 | 漳州台商投资区 | 29.12 | 25.23 | 15.42 |
| 82 | 漳州招商局经济技术开发区 | 21.00 | 14.05 | 49.47 |
| 83 | 泉州台商投资区 | 12.45 | 12.66 | -1.66 |
| 84 | 龙岩经济技术开发区 | 15.85 | 11.97 | 32.41 |
| 85 | 东侨经济技术开发区 | 28.16 | 16.95 | 66.14 |
| 86 | 青岛经济技术开发区 | 372.63 | 372.88 | -0.07 |
| 87 | 烟台经济技术开发区 | 246.46 | 248.71 | -0.90 |
| 88 | 威海经济技术开发区 | 40.73 | 42.62 | -4.43 |
| 89 | 东营经济技术开发区 | 20.41 | 26.83 | -23.93 |
| 90 | 日照经济技术开发区 | 36.83 | 45.29 | -18.68 |
| 91 | 潍坊滨海经济技术开发区 | 99.75 | 83.82 | 19.01 |
| 92 | 邹平经济技术开发区 | 40.32 | 42.19 | -4.43 |
| 93 | 临沂经济技术开发区 | 54.43 | 47.16 | 15.42 |
| 94 | 招远经济技术开发区 | 81.97 | 74.10 | 10.62 |
| 95 | 德州经济技术开发区 | 47.66 | 43.58 | 9.36 |
| 96 | 明水经济技术开发区 | 51.07 | 48.91 | 4.42 |
| 97 | 胶州经济技术开发区 | 71.55 | 69.08 | 3.58 |
| 98 | 聊城经济技术开发区 | 31.79 | 0.00 | — |
| 99 | 滨州经济技术开发区 | 21.00 | 0.00 | — |
| 100 | 威海临港经济技术开发区 | 20.44 | 0.00 | — |
| 101 | 湛江经济技术开发区 | 50.31 | 121.85 | -58.71 |
| 102 | 广州经济技术开发区 | 624.01 | 620.37 | 0.59 |
| 103 | 广州南沙经济技术开发区 | 487.17 | 442.08 | 10.20 |
| 104 | 惠州大亚湾经济技术开发区 | 265.52 | 259.82 | 2.19 |
| 105 | 增城经济技术开发区 | 78.99 | 66.33 | 19.09 |
| 106 | 珠海经济技术开发区 | 56.50 | 52.18 | 8.28 |
| 107 | 海南洋浦经济技术开发区 | 173.50 | 181.96 | -4.65 |
|  | **合　计** | **10 799.54** | **10 346.10** | **4.38** |

注：大连经济技术开发区由于机构调整，上报口径由金州新区调整为开发区，旅顺经济技术开发区 2013 年 11 月 20 日晋升为国家级开发区（国办函［2013］111 号），本年度填报为晋升为国家级开发区的第一年度在线填报；闵行经济技术开发区公司制开发区管理机构，无财政收入；虹桥经济技术开发区不是一级财政，以税收数替代；扬州经济技术开发区上年同期数修改为 61.16 亿元；宿迁经济技术开发区 70.08 亿元；义乌经开区财政收入中包含 2014 年土地出让金；丽水经开区未报送数据；湛江经济技术开发区调整口径，2015 年同期数改为 47.55 亿元。

**2016 年 63 家中部国家级经济技术开发区财政收入情况表**

单位：亿元

| 序 号 | 开发区 | 2016 年 | 2015 年 | 同比（%） |
|---|---|---|---|---|
| 1 | 太原经济技术开发区 | 44.74 | 41.10 | 8.86 |
| 2 | 大同经济技术开发区 | 9.62 | 8.72 | 10.32 |
| 3 | 晋中经济技术开发区 | 19.15 | 18.16 | 5.45 |
| 4 | 晋城经济技术开发区 | 12.06 | 16.68 | -27.70 |
| 5 | 长春经济技术开发区 | 72.22 | 73.94 | -2.33 |
| 6 | 吉林经济技术开发区 | 9.73 | 9.50 | 2.42 |
| 7 | 四平红嘴经济技术开发区 | 21.36 | 20.26 | 5.43 |
| 8 | 长春汽车经济技术开发区 | 111.37 | 122.83 | -9.33 |
| 9 | 松原经济技术开发区 | 11.33 | 9.99 | 13.41 |
| 10 | 哈尔滨经济技术开发区 | 135.30 | 129.06 | 4.83 |
| 11 | 宾西经济技术开发区 | 4.50 | 8.80 | -48.86 |
| 12 | 海林经济技术开发区 | 9.89 | 10.13 | -2.37 |
| 13 | 哈尔滨利民经济技术开发区 | 8.33 | 20.35 | -59.07 |
| 14 | 大庆经济技术开发区 | 16.94 | 17.55 | -3.48 |
| 15 | 绥化经济技术开发区 | 18.59 | 16.68 | 11.45 |
| 16 | 牡丹江经济技术开发区 | 25.72 | 25.51 | 0.82 |
| 17 | 双鸭山经济技术开发区 | 6.52 | 41.04 | -84.11 |
| 18 | 芜湖经济技术开发区 | 149.04 | 134.02 | 11.21 |
| 19 | 合肥经济技术开发区 | 145.11 | 159.10 | -8.79 |
| 20 | 马鞍山经济技术开发区 | 47.76 | 31.80 | 50.19 |
| 21 | 安庆经济技术开发区 | 20.61 | 31.80 | -35.19 |
| 22 | 铜陵经济技术开发区 | 33.76 | 27.38 | 23.30 |
| 23 | 滁州经济技术开发区 | 35.72 | 32.15 | 11.10 |
| 24 | 池州经济技术开发区 | 24.53 | 29.32 | -16.34 |
| 25 | 六安经济技术开发区 | 16.48 | 15.31 | 7.64 |
| 26 | 淮南经济技术开发区 | 17.25 | 13.37 | 29.02 |
| 27 | 宁国经济技术开发区 | 20.49 | 9.98 | 105.31 |
| 28 | 桐城经济技术开发区 | 12.09 | 18.58 | -34.93 |
| 29 | 宣城经济技术开发区 | 18.33 | 8.58 | — |
| 30 | 南昌经济技术开发区 | 53.58 | 50.19 | 6.75 |
| 31 | 九江经济技术开发区 | 60.68 | 50.09 | 21.14 |
| 32 | 赣州经济技术开发区 | 36.36 | 38.70 | -6.05 |
| 33 | 井冈山经济技术开发区 | 17.27 | 14.37 | 20.18 |

**2016 年 63 家中部国家级经济技术开发区财政收入情况表（续）**

单位：亿元

| 序 号 | 开发区 | 2016 年 | 2015 年 | 同比（%） |
|---|---|---|---|---|
| 34 | 上饶经济技术开发区 | 25.57 | 32.13 | -20.42 |
| 35 | 萍乡经济技术开发区 | 21.01 | 20.21 | 3.96 |
| 36 | 南昌小蓝经济技术开发区 | 51.87 | 45.01 | 15.24 |
| 37 | 宜春经济技术开发区 | 20.65 | 17.12 | 20.62 |
| 38 | 龙南经济技术开发区 | 12.56 | 0.00 | — |
| 39 | 瑞金经济技术开发区 | 5.02 | 0.00 | — |
| 40 | 郑州经济技术开发区 | 197.85 | 165.68 | 19.42 |
| 41 | 漯河经济技术开发区 | 9.13 | 29.16 | -68.69 |
| 42 | 鹤壁经济技术开发区 | 18.46 | 15.55 | 18.71 |
| 43 | 开封经济技术开发区 | 59.34 | 53.59 | 10.73 |
| 44 | 许昌经济技术开发区 | 15.33 | 13.98 | 9.66 |
| 45 | 洛阳经济技术开发区 | 15.19 | 13.48 | 12.69 |
| 46 | 新乡经济技术开发区 | 9.29 | 8.50 | 9.29 |
| 47 | 红旗渠经济技术开发区 | 13.63 | 12.62 | 8.00 |
| 48 | 濮阳经济技术开发区 | 8.37 | 7.07 | 18.39 |
| 49 | 武汉经济技术开发区 | 324.14 | 328.48 | -1.32 |
| 50 | 黄石经济技术开发区 | 49.68 | 48.01 | 3.48 |
| 51 | 襄樊经济技术开发区 | 48.20 | 46.24 | 4.24 |
| 52 | 武汉临空港经济技术开发区 | 218.39 | 188.67 | 15.75 |
| 53 | 荆州经济技术开发区 | 51.98 | 63.17 | -17.71 |
| 54 | 鄂州葛店经济技术开发区 | 27.11 | 23.92 | 13.34 |
| 55 | 十堰经济技术开发区 | 54.05 | 48.17 | 12.21 |
| 56 | 长沙经济技术开发区 | 137.86 | 131.53 | 4.81 |
| 57 | 岳阳经济技术开发区 | 34.14 | 30.20 | 13.05 |
| 58 | 常德经济技术开发区 | 17.03 | 14.01 | 21.56 |
| 59 | 宁乡经济技术开发区 | 36.23 | 32.57 | 11.24 |
| 60 | 湘潭经济技术开发区 | 37.61 | 32.03 | 17.42 |
| 61 | 浏阳经济技术开发区 | 35.27 | 30.34 | 16.25 |
| 62 | 娄底经济技术开发区 | 16.53 | 14.74 | 12.14 |
| 63 | 望城经济技术开发区 | 36.42 | 31.11 | 17.07 |
|  | **合 计** | **2 854.34** | **2 752.33** | **3.71** |

**注**：宾西经济技术开发区为预估数；双鸭山经济技术开发区管辖范围调整较大，2015 年上报的是原省级开发区统计企业户数和经济数据。

**2016年49家西部国家级经济技术开发区财政收入情况表**

单位：亿元

| 序　号 | 开发区 | 2016年 | 2015年 | 同比（%） |
|---|---|---|---|---|
| 1 | 呼和浩特经济技术开发区 | 33.80 | 32.68 | 3.43 |
| 2 | 巴彦淖尔经济技术开发区 | 6.56 | 4.59 | 42.92 |
| 3 | 呼伦贝尔经济技术开发区 | 2.80 | 1.28 | 118.75 |
| 4 | 南宁经济技术开发区 | 34.66 | 32.45 | 6.81 |
| 5 | 钦州港经济技术开发区 | 100.27 | 108.79 | -7.83 |
| 6 | 中国—马来西亚钦州产业园区 | 0.73 | 16.08 | -95.46 |
| 7 | 广西—东盟经济技术开发区 | 10.50 | 9.39 | 11.82 |
| 8 | 重庆经济技术开发区 | 74.60 | 22.55 | 230.82 |
| 9 | 万州经济技术开发区 | 21.36 | 23.59 | -9.45 |
| 10 | 长寿经济技术开发区 | 23.38 | 16.11 | 45.13 |
| 11 | 成都经济技术开发区 | 224.50 | 212.64 | 5.58 |
| 12 | 广安经济技术开发区 | 16.95 | 12.94 | 30.99 |
| 13 | 德阳经济技术开发区 | 32.10 | 34.69 | -7.47 |
| 14 | 遂宁经济技术开发区 | 11.13 | 7.40 | 50.41 |
| 15 | 绵阳经济技术开发区 | 21.14 | 19.60 | 7.86 |
| 16 | 广元经济技术开发区 | 24.82 | 23.54 | 5.44 |
| 17 | 宜宾临港经济技术开发区 | 38.08 | 14.43 | 163.89 |
| 18 | 内江经济技术开发区 | 17.49 | 4.53 | 286.09 |
| 19 | 贵阳经济技术开发区 | 34.32 | 31.45 | 9.13 |
| 20 | 遵义经济技术开发区 | 55.93 | 54.08 | 3.42 |
| 21 | 昆明经济技术开发区 | 72.27 | 64.02 | 12.89 |
| 22 | 曲靖经济技术开发区 | 20.35 | 25.25 | -19.41 |
| 23 | 蒙自经济技术开发区 | 3.66 | 2.90 | 26.21 |
| 24 | 嵩明杨林经济技术开发区 | 14.54 | 13.12 | 10.82 |
| 25 | 大理经济技术开发区 | 13.97 | 54.61 | -74.42 |
| 26 | 拉萨经济技术开发区 | 23.12 | 18.66 | 23.90 |
| 27 | 西安经济技术开发区 | 272.65 | 270.63 | 0.75 |
| 28 | 陕西航空经济技术开发区 | 28.02 | 28.10 | -0.28 |
| 29 | 陕西航天经济技术开发区 | 34.76 | 35.02 | -0.74 |
| 30 | 汉中经济技术开发区 | 13.65 | 8.31 | 64.26 |
| 31 | 神府经济技术开发区 | 2.11 | 0.00 | — |
| 32 | 兰州经济技术开发区 | 35.02 | 32.25 | 8.59 |
| 33 | 金昌经济技术开发区 | 27.35 | 28.67 | -4.60 |
| 34 | 天水经济技术开发区 | 19.81 | 18.85 | 5.09 |
| 35 | 酒泉经济技术开发区 | 4.89 | 4.07 | 20.15 |
| 36 | 张掖经济技术开发区 | 5.04 | 5.34 | -5.62 |
| 37 | 西宁经济技术开发区 | 35.84 | 33.60 | 6.67 |
| 38 | 格尔木昆仑经济技术开发区 | 14.54 | 10.52 | 38.21 |
| 39 | 银川经济技术开发区 | 32.34 | 27.80 | 16.33 |
| 40 | 石嘴山经济技术开发区 | 12.42 | 14.96 | -16.98 |
| 41 | 乌鲁木齐经济技术开发区 | 174.22 | 159.49 | 9.24 |
| 42 | 石河子经济技术开发区 | 21.07 | 20.54 | 2.58 |
| 43 | 库尔勒经济技术开发区 | 8.20 | 8.69 | -5.64 |
| 44 | 奎屯经济技术开发区 | 5.82 | 5.29 | 10.02 |
| 45 | 阿拉尔经济技术开发区 | 0.00 | 0.00 | — |
| 46 | 五家渠经济技术开发区 | 10.19 | 4.04 | 152.23 |
| 47 | 准东经济技术开发区 | 14.04 | 4.18 | 235.89 |
| 48 | 甘泉堡经济技术开发区 | 11.34 | 0.00 | — |
| 49 | 库车经济技术开发区 | 0.73 | 0.00 | — |
|  | **合　计** | **1 717.08** | **1 581.72** | **8.56** |

**2016 年 107 家东部国家级经济技术开发区税收收入情况表**

单位：亿元

| 序 号 | 开发区 | 2016 年 | 2015 年 | 同比（%） |
|---|---|---|---|---|
| 1 | 北京经济技术开发区 | 443.48 | 389.18 | 13.95 |
| 2 | 天津经济技术开发区 | 435.40 | 412.67 | 5.51 |
| 3 | 西青经济技术开发区 | 87.77 | 85.08 | 3.16 |
| 4 | 武清经济技术开发区 | 140.04 | 122.13 | 14.66 |
| 5 | 天津子牙经济技术开发区 | 9.97 | 11.47 | -13.08 |
| 6 | 北辰经济技术开发区 | 44.40 | 41.33 | 7.43 |
| 7 | 东丽经济技术开发区 | 13.60 | 16.60 | -18.07 |
| 8 | 秦皇岛经济技术开发区 | 40.22 | 40.99 | -1.88 |
| 9 | 廊坊经济技术开发区 | 70.03 | 62.72 | 11.65 |
| 10 | 沧州临港经济技术开发区 | 38.56 | 39.10 | -1.38 |
| 11 | 石家庄经济技术开发区 | 53.55 | 52.71 | 1.59 |
| 12 | 唐山曹妃甸经济技术开发区 | 51.77 | 41.23 | 25.56 |
| 13 | 邯郸经济技术开发区 | 11.85 | 13.84 | -14.38 |
| 14 | 大连经济技术开发区 | 155.87 | 187.89 | -17.04 |
| 15 | 营口经济技术开发区 | 42.82 | 39.20 | 9.23 |
| 16 | 沈阳经济技术开发区 | 85.18 | 76.77 | 10.95 |
| 17 | 大连长兴岛经济技术开发区 | 20.85 | 19.14 | 8.93 |
| 18 | 锦州经济技术开发区 | 11.79 | 10.95 | 7.67 |
| 19 | 盘锦辽滨沿海经济技术开发区 | 26.98 | 16.53 | 63.22 |
| 20 | 沈阳辉山经济技术开发区 | 25.09 | 13.48 | 86.13 |
| 21 | 铁岭经济技术开发区 | 4.14 | 3.82 | 8.38 |
| 22 | 旅顺经济技术开发区 | 11.79 | 0.00 | — |
| 23 | 闵行经济技术开发区 | 41.82 | 44.56 | -6.15 |
| 24 | 虹桥经济技术开发区 | 15.04 | 15.13 | -0.59 |
| 25 | 漕河泾新兴技术开发区 | 102.32 | 108.43 | -5.63 |
| 26 | 上海金桥经济技术开发区 | 287.19 | 228.32 | 25.78 |
| 27 | 上海化学工业经济技术开发区 | 73.40 | 0.00 | — |
| 28 | 松江经济技术开发区 | 104.94 | 76.02 | 38.04 |
| 29 | 南通经济技术开发区 | 69.26 | 76.91 | -9.95 |
| 30 | 连云港经济技术开发区 | 63.76 | 69.04 | -7.65 |
| 31 | 昆山经济技术开发区 | 223.62 | 186.73 | 19.76 |
| 32 | 苏州工业园区 | 521.53 | 502.86 | 3.71 |
| 33 | 南京经济技术开发区 | 250.31 | 216.93 | 15.39 |
| 34 | 扬州经济技术开发区 | 44.56 | 89.06 | -49.97 |
| 35 | 徐州经济技术开发区 | 62.16 | 92.91 | -33.10 |
| 36 | 镇江经济技术开发区 | 68.35 | 41.20 | 65.90 |

**2016 年 107 家东部国家级经济技术开发区税收收入情况表（续）**

单位：亿元

| 序　号 | 开发区 | 2016 年 | 2015 年 | 同比（%） |
|---|---|---|---|---|
| 37 | 吴江经济技术开发区 | 73.45 | 67.44 | 8.91 |
| 38 | 江宁经济技术开发区 | 276.41 | 271.84 | 1.68 |
| 39 | 常熟经济技术开发区 | 141.14 | 122.88 | 14.86 |
| 40 | 淮安经济技术开发区 | 42.95 | 98.52 | -56.40 |
| 41 | 盐城经济技术开发区 | 77.35 | 126.35 | -38.78 |
| 42 | 锡山经济技术开发区 | 68.86 | 65.20 | 5.61 |
| 43 | 太仓港经济技术开发区 | 146.68 | 139.84 | 4.89 |
| 44 | 张家港经济技术开发区 | 125.71 | 113.61 | 10.65 |
| 45 | 海安经济技术开发区 | 64.66 | 79.85 | -19.02 |
| 46 | 靖江经济技术开发区 | 42.44 | 52.72 | -19.50 |
| 47 | 吴中经济技术开发区 | 90.79 | 80.75 | 12.43 |
| 48 | 宿迁经济技术开发区 | 63.15 | 55.37 | 14.05 |
| 49 | 海门经济技术开发区 | 66.34 | 61.78 | 7.38 |
| 50 | 如皋经济技术开发区 | 84.73 | 77.02 | 10.01 |
| 51 | 宜兴经济技术开发区 | 50.55 | 46.67 | 8.31 |
| 52 | 浒墅关经济技术开发区 | 47.88 | 35.02 | 36.72 |
| 53 | 沭阳经济技术开发区 | 38.13 | 32.40 | 17.69 |
| 54 | 相城经济技术开发区 | 73.38 | 71.98 | 1.94 |
| 55 | 宁波经济技术开发区 | 228.45 | 202.69 | 12.71 |
| 56 | 温州经济技术开发区 | 71.86 | 65.17 | 10.27 |
| 57 | 宁波大榭开发区 | 114.42 | 120.29 | -4.88 |
| 58 | 杭州经济技术开发区 | 168.08 | 122.09 | 37.67 |
| 59 | 萧山经济技术开发区 | 73.09 | 51.55 | 41.78 |
| 60 | 嘉兴经济技术开发区 | 169.03 | 157.84 | 7.09 |
| 61 | 湖州经济技术开发区 | 65.86 | 59.83 | 10.08 |
| 62 | 绍兴袍江经济技术开发区 | 50.85 | 41.09 | 23.75 |
| 63 | 金华经济技术开发区 | 45.82 | 40.16 | 14.09 |
| 64 | 长兴经济技术开发区 | 45.79 | 44.01 | 4.04 |
| 65 | 宁波石化经济技术开发区 | 233.89 | 245.75 | -4.83 |
| 66 | 嘉善经济技术开发区 | 63.02 | 57.06 | 10.45 |
| 67 | 衢州经济技术开发区 | 42.10 | 42.84 | -1.73 |
| 68 | 义乌经济技术开发区 | 42.54 | 41.16 | 3.35 |
| 69 | 杭州余杭经济技术开发区 | 100.65 | 68.56 | 46.81 |
| 70 | 绍兴柯桥经济技术开发区 | 47.75 | 43.64 | 9.42 |
| 71 | 富阳经济技术开发区 | 58.53 | 49.81 | 17.51 |
| 72 | 平湖经济技术开发区 | 45.53 | 45.92 | -0.85 |

**2016 年 107 家东部国家级经济技术开发区税收收入情况表（续）**

单位：亿元

| 序 号 | 开发区 | 2016 年 | 2015 年 | 同比（%） |
|---|---|---|---|---|
| 73 | 杭州湾上虞经济技术开发区 | 54.34 | 50.97 | 6.61 |
| 74 | 慈溪经济技术开发区 | 93.31 | 76.74 | 21.59 |
| 75 | 丽水经济技术开发区 | 33.96 | 0.00 | — |
| 76 | 福州经济技术开发区 | 58.29 | 55.00 | 5.98 |
| 77 | 厦门海沧台商投资区 | 155.29 | 148.30 | 4.71 |
| 78 | 福清融侨经济技术开发区 | 35.92 | 20.68 | 73.69 |
| 79 | 东山经济技术开发区 | 6.26 | 6.08 | 2.96 |
| 80 | 泉州经济技术开发区 | 15.36 | 0.00 | — |
| 81 | 漳州台商投资区 | 27.49 | 22.73 | 20.94 |
| 82 | 漳州招商局经济技术开发区 | 19.36 | 12.91 | 49.96 |
| 83 | 泉州台商投资区 | 11.50 | 10.34 | 11.22 |
| 84 | 龙岩经济技术开发区 | 15.40 | 11.32 | 36.04 |
| 85 | 东侨经济技术开发区 | 27.26 | 13.76 | 98.11 |
| 86 | 青岛经济技术开发区 | 342.51 | 364.33 | -5.99 |
| 87 | 烟台经济技术开发区 | 210.31 | 209.65 | 0.31 |
| 88 | 威海经济技术开发区 | 39.09 | 41.55 | -5.92 |
| 89 | 东营经济技术开发区 | 21.98 | 23.28 | -5.58 |
| 90 | 日照经济技术开发区 | 33.18 | 36.16 | -8.24 |
| 91 | 潍坊滨海经济技术开发区 | 91.42 | 81.15 | 12.66 |
| 92 | 邹平经济技术开发区 | 38.85 | 41.71 | -6.86 |
| 93 | 临沂经济技术开发区 | 48.61 | 41.80 | 16.29 |
| 94 | 招远经济技术开发区 | 44.60 | 40.18 | 11.00 |
| 95 | 德州经济技术开发区 | 44.79 | 42.58 | 5.19 |
| 96 | 明水经济技术开发区 | 41.05 | 38.52 | 6.57 |
| 97 | 胶州经济技术开发区 | 62.53 | 66.90 | -6.53 |
| 98 | 聊城经济技术开发区 | 26.60 | 25.87 | 2.82 |
| 99 | 滨州经济技术开发区 | 20.96 | 0.00 | — |
| 100 | 威海临港经济技术开发区 | 20.14 | 0.00 | — |
| 101 | 湛江经济技术开发区 | 28.09 | 99.36 | -71.73 |
| 102 | 广州经济技术开发区 | 536.75 | 472.23 | 13.66 |
| 103 | 广州南沙经济技术开发区 | 241.33 | 334.71 | -27.90 |
| 104 | 惠州大亚湾经济技术开发区 | 191.72 | 192.33 | -0.32 |
| 105 | 增城经济技术开发区 | 69.39 | 60.44 | 14.81 |
| 106 | 珠海经济技术开发区 | 51.60 | 47.90 | 7.72 |
| 107 | 海南洋浦经济技术开发区 | 167.55 | 175.48 | -4.52 |
|  | **合　计** | **9 922.06** | **9 408.59** | **5.46** |

注：大连经济技术开发区由于机构调整，上报口径由金州新区调整为开发区；旅顺经济技术开发区 2013 年 11 月 20 日晋升为国家级开发区（国办函［2013］111 号），本年度填报为晋升为国家级开发区的第一年度在线填报；宁波石化经开区镇海炼化、利安德化学税收增幅较大；丽水经开区未报送数据；湛江经济技术开发区调整口径，与综评口径一致，上年同期数改为 26.06 亿元；广州南沙经济技术开发区上年同期数应为 227.58 亿元。

**2016年63家中部国家级经济技术开发区税收收入情况表**

单位：亿元

| 序 号 | 开发区 | 2016年 | 2015年 | 同比（%） |
|---|---|---|---|---|
| 1 | 太原经济技术开发区 | 43.25 | 39.37 | 9.86 |
| 2 | 大同经济技术开发区 | 9.23 | 8.39 | 10.01 |
| 3 | 晋中经济技术开发区 | 17.56 | 16.93 | 3.72 |
| 4 | 晋城经济技术开发区 | 11.43 | 15.92 | -28.20 |
| 5 | 长春经济技术开发区 | 66.10 | 72.41 | -8.71 |
| 6 | 吉林经济技术开发区 | 8.79 | 9.18 | -4.25 |
| 7 | 四平红嘴经济技术开发区 | 21.06 | 20.26 | 3.95 |
| 8 | 长春汽车经济技术开发区 | 106.09 | 121.05 | -12.36 |
| 9 | 松原经济技术开发区 | 8.50 | 7.84 | 8.42 |
| 10 | 哈尔滨经济技术开发区 | 111.61 | 104.25 | 7.06 |
| 11 | 宾西经济技术开发区 | 4.40 | 7.05 | -37.59 |
| 12 | 海林经济技术开发区 | 8.58 | 8.98 | -4.45 |
| 13 | 哈尔滨利民经济技术开发区 | 16.40 | 19.79 | -17.13 |
| 14 | 大庆经济技术开发区 | 15.17 | 15.22 | -0.33 |
| 15 | 绥化经济技术开发区 | 17.08 | 16.56 | 3.14 |
| 16 | 牡丹江经济技术开发区 | 24.39 | 24.34 | 0.21 |
| 17 | 双鸭山经济技术开发区 | 6.45 | 6.59 | -2.12 |
| 18 | 芜湖经济技术开发区 | 123.03 | 109.72 | 12.13 |
| 19 | 合肥经济技术开发区 | 132.67 | 127.28 | 4.23 |
| 20 | 马鞍山经济技术开发区 | 41.12 | 30.96 | 32.82 |
| 21 | 安庆经济技术开发区 | 11.20 | 30.96 | -63.82 |
| 22 | 铜陵经济技术开发区 | 31.42 | 11.50 | 173.22 |
| 23 | 滁州经济技术开发区 | 33.23 | 31.06 | 6.99 |
| 24 | 池州经济技术开发区 | 22.00 | 28.84 | -23.72 |
| 25 | 六安经济技术开发区 | 14.94 | 10.69 | 39.76 |
| 26 | 淮南经济技术开发区 | 17.25 | 12.56 | 37.34 |
| 27 | 宁国经济技术开发区 | 19.55 | 9.62 | 103.22 |
| 28 | 桐城经济技术开发区 | 10.25 | 17.79 | -42.38 |
| 29 | 宣城经济技术开发区 | 16.28 | 7.25 | — |
| 30 | 南昌经济技术开发区 | 51.47 | 46.29 | 11.19 |
| 31 | 九江经济技术开发区 | 56.99 | 48.71 | 17.00 |
| 32 | 赣州经济技术开发区 | 31.41 | 34.05 | -7.75 |
| 33 | 井冈山经济技术开发区 | 16.38 | 13.29 | 23.25 |

**2016 年 63 家中部国家级经济技术开发区税收收入情况表（续）**

单位：亿元

| 序 号 | 开发区 | 2016 年 | 2015 年 | 同比（%） |
|---|---|---|---|---|
| 34 | 上饶经济技术开发区 | 19.36 | 26.57 | -27.14 |
| 35 | 萍乡经济技术开发区 | 16.76 | 24.84 | -32.53 |
| 36 | 南昌小蓝经济技术开发区 | 51.80 | 45.01 | 15.09 |
| 37 | 宜春经济技术开发区 | 20.32 | 14.22 | 42.90 |
| 38 | 龙南经济技术开发区 | 8.86 | 5.80 | 52.76 |
| 39 | 瑞金经济技术开发区 | 5.22 | 3.14 | 66.24 |
| 40 | 郑州经济技术开发区 | 180.09 | 159.16 | 13.15 |
| 41 | 漯河经济技术开发区 | 31.89 | 28.76 | 10.88 |
| 42 | 鹤壁经济技术开发区 | 16.85 | 15.05 | 11.96 |
| 43 | 开封经济技术开发区 | 28.68 | 21.14 | 35.67 |
| 44 | 许昌经济技术开发区 | 14.34 | 13.98 | 2.58 |
| 45 | 洛阳经济技术开发区 | 14.76 | 13.01 | 13.45 |
| 46 | 新乡经济技术开发区 | 8.79 | 8.19 | 7.33 |
| 47 | 红旗渠经济技术开发区 | 11.46 | 10.37 | 10.51 |
| 48 | 濮阳经济技术开发区 | 7.87 | 6.82 | 15.40 |
| 49 | 武汉经济技术开发区 | 294.73 | 295.48 | -0.25 |
| 50 | 黄石经济技术开发区 | 39.39 | 37.45 | 5.18 |
| 51 | 襄樊经济技术开发区 | 45.60 | 43.75 | 4.23 |
| 52 | 武汉临空港经济技术开发区 | 160.63 | 137.12 | 17.15 |
| 53 | 荆州经济技术开发区 | 26.96 | 45.14 | -40.27 |
| 54 | 鄂州葛店经济技术开发区 | 21.20 | 11.99 | 76.81 |
| 55 | 十堰经济技术开发区 | 53.68 | 47.85 | 12.18 |
| 56 | 长沙经济技术开发区 | 116.35 | 106.06 | 9.70 |
| 57 | 岳阳经济技术开发区 | 25.33 | 23.57 | 7.47 |
| 58 | 常德经济技术开发区 | 11.25 | 9.56 | 17.68 |
| 59 | 宁乡经济技术开发区 | 30.44 | 27.59 | 10.33 |
| 60 | 湘潭经济技术开发区 | 26.81 | 19.86 | 34.99 |
| 61 | 浏阳经济技术开发区 | 28.80 | 25.01 | 15.15 |
| 62 | 娄底经济技术开发区 | 14.12 | 12.76 | 10.66 |
| 63 | 望城经济技术开发区 | 25.81 | 21.09 | 22.38 |
|  | **合 计** | **2 483.43** | **2 345.04** | **5.90** |

**注：**宾西经济技术开发区预估数；双鸭山经济技术开发区管辖范围调整较大，2015 年上报的是原省级开发区统计企业户数和经济数据。

**2016 年 49 家西部国家级经济技术开发区税收收入情况表**

单位：亿元

| 序 号 | 开发区 | 2016 年 | 2015 年 | 同比（%） |
|---|---|---|---|---|
| 1 | 呼和浩特经济技术开发区 | 17.29 | 31.89 | -45.78 |
| 2 | 巴彦淖尔经济技术开发区 | 5.62 | 4.24 | 32.55 |
| 3 | 呼伦贝尔经济技术开发区 | 2.77 | 0.54 | 412.96 |
| 4 | 南宁经济技术开发区 | 32.03 | 29.02 | 10.37 |
| 5 | 钦州港经济技术开发区 | 94.89 | 103.00 | -7.87 |
| 6 | 中国—马来西亚钦州产业园区 | 0.42 | 0.63 | -33.33 |
| 7 | 广西—东盟经济技术开发区 | 8.71 | 7.93 | 9.84 |
| 8 | 重庆经济技术开发区 | 64.57 | 22.55 | 186.34 |
| 9 | 万州经济技术开发区 | 10.91 | 9.92 | 9.98 |
| 10 | 长寿经济技术开发区 | 33.09 | 21.87 | 51.30 |
| 11 | 成都经济技术开发区 | 217.99 | 201.89 | 7.97 |
| 12 | 广安经济技术开发区 | 8.97 | 8.64 | 3.82 |
| 13 | 德阳经济技术开发区 | 24.77 | 29.49 | -16.01 |
| 14 | 遂宁经济技术开发区 | 20.91 | 3.98 | 425.38 |
| 15 | 绵阳经济技术开发区 | 15.09 | 14.16 | 6.57 |
| 16 | 广元经济技术开发区 | 23.51 | 22.81 | 3.07 |
| 17 | 宜宾临港经济技术开发区 | 79.80 | 11.21 | 611.86 |
| 18 | 内江经济技术开发区 | 16.78 | 1.56 | 975.64 |
| 19 | 贵阳经济技术开发区 | 29.26 | 27.06 | 8.13 |
| 20 | 遵义经济技术开发区 | 52.20 | 52.29 | -0.17 |
| 21 | 昆明经济技术开发区 | 58.65 | 55.92 | 4.88 |
| 22 | 曲靖经济技术开发区 | 15.35 | 17.08 | -10.13 |
| 23 | 蒙自经济技术开发区 | 2.29 | 2.01 | 13.93 |
| 24 | 嵩明杨林经济技术开发区 | 13.52 | 12.62 | 7.13 |
| 25 | 大理经济技术开发区 | 11.32 | 53.43 | -78.81 |
| 26 | 拉萨经济技术开发区 | 58.33 | 52.96 | 10.14 |
| 27 | 西安经济技术开发区 | 210.94 | 210.46 | 0.23 |
| 28 | 陕西航空经济技术开发区 | 9.13 | 10.01 | -8.79 |
| 29 | 陕西航天经济技术开发区 | 11.90 | 11.52 | 3.30 |
| 30 | 汉中经济技术开发区 | 13.04 | 7.83 | 66.54 |
| 31 | 神府经济技术开发区 | 2.11 | 0.00 | — |
| 32 | 兰州经济技术开发区 | 27.91 | 28.97 | -3.66 |
| 33 | 金昌经济技术开发区 | 26.32 | 27.60 | -4.64 |
| 34 | 天水经济技术开发区 | 17.36 | 16.53 | 5.02 |
| 35 | 酒泉经济技术开发区 | 4.77 | 3.92 | 21.68 |
| 36 | 张掖经济技术开发区 | 4.84 | 5.14 | -5.84 |
| 37 | 西宁经济技术开发区 | 32.33 | 31.01 | 4.26 |
| 38 | 格尔木昆仑经济技术开发区 | 14.19 | 4.38 | 223.97 |
| 39 | 银川经济技术开发区 | 27.98 | 24.11 | 16.05 |
| 40 | 石嘴山经济技术开发区 | 11.24 | 12.86 | -12.60 |
| 41 | 乌鲁木齐经济技术开发区 | 128.72 | 105.59 | 21.91 |
| 42 | 石河子经济技术开发区 | 44.57 | 13.76 | 223.91 |
| 43 | 库尔勒经济技术开发区 | 7.86 | 4.98 | 57.83 |
| 44 | 奎屯经济技术开发区 | 5.79 | 4.78 | 21.13 |
| 45 | 阿拉尔经济技术开发区 | 1.60 | 1.04 | 53.85 |
| 46 | 五家渠经济技术开发区 | 10.19 | 4.04 | 152.23 |
| 47 | 准东经济技术开发区 | 7.45 | 0.00 | — |
| 48 | 甘泉堡经济技术开发区 | 11.34 | 0.00 | — |
| 49 | 库车经济技术开发区 | 62.05 | 0.00 | — |
| | **合 计** | **1 612.67** | **1 327.23** | **21.51** |

注：汉中经济技术开发区 2015 年实际值调整为 9.81 亿元；格尔木昆仑经济技术开发区上年同期数口径为地方税收收入、本年为地区口径数据。

**2016 年 107 家东部国家级经济技术开发区出口总额情况表**

单位：亿元

| 序 号 | 开发区 | 2016 年 | 2015 年 | 同比（%） |
|---|---|---|---|---|
| 1 | 北京经济技术开发区 | 281.70 | 339.80 | -17.10 |
| 2 | 天津经济技术开发区 | 1 090.56 | 1 415.62 | -22.96 |
| 3 | 西青经济技术开发区 | 98.97 | 83.78 | 18.13 |
| 4 | 武清经济技术开发区 | 130.48 | 129.56 | 0.71 |
| 5 | 天津子牙经济技术开发区 | 1.30 | 1.26 | 3.17 |
| 6 | 北辰经济技术开发区 | 76.36 | 79.81 | -4.32 |
| 7 | 东丽经济技术开发区 | 18.49 | 21.79 | -15.14 |
| 8 | 秦皇岛经济技术开发区 | 121.18 | 117.54 | 3.10 |
| 9 | 廊坊经济技术开发区 | 51.36 | 48.79 | 5.27 |
| 10 | 沧州临港经济技术开发区 | 9.12 | 9.69 | -5.88 |
| 11 | 石家庄经济技术开发区 | 17.64 | 17.64 | 0.00 |
| 12 | 唐山曹妃甸经济技术开发区 | 36.42 | 40.33 | -9.70 |
| 13 | 邯郸经济技术开发区 | 22.96 | 15.98 | 43.68 |
| 14 | 大连经济技术开发区 | 454.50 | 0.00 | — |
| 15 | 营口经济技术开发区 | 100.03 | 129.54 | -22.78 |
| 16 | 沈阳经济技术开发区 | 88.15 | 123.33 | -28.53 |
| 17 | 大连长兴岛经济技术开发区 | 12.47 | 17.88 | -30.26 |
| 18 | 锦州经济技术开发区 | 19.97 | 33.14 | -39.74 |
| 19 | 盘锦辽滨沿海经济技术开发区 | 9.30 | 5.69 | 63.44 |
| 20 | 沈阳辉山经济技术开发区 | 32.33 | 18.11 | 78.52 |
| 21 | 铁岭经济技术开发区 | 0.90 | 1.06 | -15.09 |
| 22 | 旅顺经济技术开发区 | 56.99 | 0.00 | — |
| 23 | 闵行经济技术开发区 | 72.45 | 82.70 | -12.39 |
| 24 | 虹桥经济技术开发区 | 8.09 | 13.13 | -38.39 |
| 25 | 漕河泾新兴技术开发区 | 320.11 | 300.21 | 6.63 |
| 26 | 上海金桥经济技术开发区 | 263.82 | 275.11 | — |
| 27 | 上海化学工业经济技术开发区 | 79.39 | 0.00 | — |
| 28 | 松江经济技术开发区 | 257.22 | 58.38 | 340.60 |
| 29 | 南通经济技术开发区 | 202.15 | 184.68 | 9.46 |
| 30 | 连云港经济技术开发区 | 61.91 | 84.39 | -26.64 |
| 31 | 昆山经济技术开发区 | 2 343.95 | 2 855.92 | -17.93 |
| 32 | 苏州工业园区 | 2 493.73 | 2 617.58 | -4.73 |
| 33 | 南京经济技术开发区 | 251.86 | 648.20 | -61.14 |
| 34 | 扬州经济技术开发区 | 156.17 | 180.01 | -13.24 |
| 35 | 徐州经济技术开发区 | 123.42 | 105.77 | 16.69 |
| 36 | 镇江经济技术开发区 | 121.18 | 98.65 | 22.84 |

**2016年107家东部国家级经济技术开发区出口总额情况表（续）**

单位：亿元

| 序号 | 开发区 | 2016年 | 2015年 | 同比（%） |
|---|---|---|---|---|
| 37 | 吴江经济技术开发区 | 608.18 | 651.17 | -6.60 |
| 38 | 江宁经济技术开发区 | 428.24 | 412.62 | 3.79 |
| 39 | 常熟经济技术开发区 | 464.24 | 540.32 | -14.08 |
| 40 | 淮安经济技术开发区 | 67.78 | 92.24 | -26.52 |
| 41 | 盐城经济技术开发区 | 48.16 | 14.32 | 236.31 |
| 42 | 锡山经济技术开发区 | 150.93 | 150.42 | 0.34 |
| 43 | 太仓港经济技术开发区 | 273.07 | 316.25 | -13.65 |
| 44 | 张家港经济技术开发区 | 447.68 | 434.44 | 3.05 |
| 45 | 海安经济技术开发区 | 12.50 | 85.04 | -85.30 |
| 46 | 靖江经济技术开发区 | 123.09 | 101.65 | 21.09 |
| 47 | 吴中经济技术开发区 | 187.81 | 315.68 | -40.51 |
| 48 | 宿迁经济技术开发区 | 19.84 | 17.71 | 12.03 |
| 49 | 海门经济技术开发区 | 65.67 | 59.99 | 9.47 |
| 50 | 如皋经济技术开发区 | 86.64 | 85.05 | 1.87 |
| 51 | 宜兴经济技术开发区 | 110.28 | 89.05 | 23.84 |
| 52 | 浒墅关经济技术开发区 | 668.58 | 141.54 | 372.36 |
| 53 | 沭阳经济技术开发区 | 27.27 | 23.30 | 17.04 |
| 54 | 相城经济技术开发区 | 170.58 | 143.17 | 19.15 |
| 55 | 宁波经济技术开发区 | 631.53 | 659.04 | -4.17 |
| 56 | 温州经济技术开发区 | 252.75 | 234.25 | 7.90 |
| 57 | 宁波大榭开发区 | 63.77 | 58.80 | 8.45 |
| 58 | 杭州经济技术开发区 | 377.52 | 383.84 | -1.65 |
| 59 | 萧山经济技术开发区 | 183.91 | 128.69 | 42.91 |
| 60 | 嘉兴经济技术开发区 | 467.95 | 415.12 | 12.73 |
| 61 | 湖州经济技术开发区 | 144.13 | 138.45 | 4.10 |
| 62 | 绍兴袍江经济技术开发区 | 167.09 | 169.97 | -1.69 |
| 63 | 金华经济技术开发区 | 69.82 | 70.19 | -0.53 |
| 64 | 长兴经济技术开发区 | 101.73 | 88.27 | 15.25 |
| 65 | 宁波石化经济技术开发区 | 78.62 | 64.13 | 22.59 |
| 66 | 嘉善经济技术开发区 | 160.69 | 153.35 | 4.79 |
| 67 | 衢州经济技术开发区 | 74.79 | 73.96 | 1.12 |
| 68 | 义乌经济技术开发区 | 219.41 | 190.86 | 14.96 |
| 69 | 杭州余杭经济技术开发区 | 234.85 | 229.85 | 2.18 |
| 70 | 绍兴柯桥经济技术开发区 | 142.61 | 23.86 | 497.69 |
| 71 | 富阳经济技术开发区 | 83.03 | 86.87 | -4.42 |
| 72 | 平湖经济技术开发区 | 203.11 | 203.60 | -0.24 |

## 2016年107家东部国家级经济技术开发区出口总额情况表（续）

单位：亿元

| 序　号 | 开发区 | 2016年 | 2015年 | 同比（%） |
|---|---|---|---|---|
| 73 | 杭州湾上虞经济技术开发区 | 153.19 | 151.96 | 0.81 |
| 74 | 慈溪经济技术开发区 | 84.49 | 80.35 | 5.15 |
| 75 | 丽水经济技术开发区 | 19.45 | 0.00 | — |
| 76 | 福州经济技术开发区 | 184.10 | 182.49 | 0.88 |
| 77 | 厦门海沧台商投资区 | 321.72 | 284.23 | 13.19 |
| 78 | 福清融侨经济技术开发区 | 245.44 | 245.17 | 0.11 |
| 79 | 东山经济技术开发区 | 51.73 | 8.50 | 508.59 |
| 80 | 泉州经济技术开发区 | 33.63 | 0.00 | — |
| 81 | 漳州台商投资区 | 58.69 | 53.34 | 10.03 |
| 82 | 漳州招商局经济技术开发区 | 13.68 | 22.97 | -40.44 |
| 83 | 泉州台商投资区 | 25.97 | 22.37 | 16.09 |
| 84 | 龙岩经济技术开发区 | 22.06 | 22.23 | -0.76 |
| 85 | 东侨经济技术开发区 | 53.26 | 44.53 | 19.60 |
| 86 | 青岛经济技术开发区 | 667.98 | 700.00 | -4.57 |
| 87 | 烟台经济技术开发区 | 874.17 | 915.14 | -4.48 |
| 88 | 威海经济技术开发区 | 114.37 | 162.89 | -29.79 |
| 89 | 东营经济技术开发区 | 24.78 | 26.73 | -7.30 |
| 90 | 日照经济技术开发区 | 51.71 | 65.94 | -21.58 |
| 91 | 潍坊滨海经济技术开发区 | 141.51 | 127.12 | 11.32 |
| 92 | 邹平经济技术开发区 | 38.17 | 32.43 | 17.70 |
| 93 | 临沂经济技术开发区 | 46.59 | 59.87 | -22.18 |
| 94 | 招远经济技术开发区 | 81.24 | 85.55 | -5.04 |
| 95 | 德州经济技术开发区 | 29.26 | 13.70 | 113.58 |
| 96 | 明水经济技术开发区 | 44.22 | 38.95 | 13.53 |
| 97 | 胶州经济技术开发区 | 250.65 | 268.30 | -6.58 |
| 98 | 聊城经济技术开发区 | 30.22 | 5.54 | 445.49 |
| 99 | 滨州经济技术开发区 | 10.03 | 0.00 |  |
| 100 | 威海临港经济技术开发区 | 99.33 | 0.00 | — |
| 101 | 湛江经济技术开发区 | 49.51 | 45.70 | 8.34 |
| 102 | 广州经济技术开发区 | 1 132.40 | 1 061.86 | 6.64 |
| 103 | 广州南沙经济技术开发区 | 1 057.18 | 1 028.28 | 2.81 |
| 104 | 惠州大亚湾经济技术开发区 | 107.81 | 166.97 | -35.43 |
| 105 | 增城经济技术开发区 | 56.83 | 49.76 | 14.21 |
| 106 | 珠海经济技术开发区 | 142.16 | 130.32 | 9.09 |
| 107 | 海南洋浦经济技术开发区 | 58.20 | 133.90 | -56.53 |
|  | **合　计** | **23 480.21** | **23 439.22** | **0.17** |

**注：**旅顺经济技术开发区2013年11月20日晋升为国家级开发区（国办函［2013］111号），本年度填报为晋升为国家级开发区的第一年度在线填报；吴中经济技术开发区海关反馈部分企业出口额下滑；东山经济技术开发区上年同期数单位为万美元；湛江经济技术开发区上年同期数改为50.36亿元。

**2016 年 63 家中部国家级经济技术开发区出口总额情况表**

单位：亿元

| 序 号 | 开发区 | 2016 年 | 2015 年 | 同比（%） |
|---|---|---|---|---|
| 1 | 太原经济技术开发区 | 402.50 | 259.25 | 55.26 |
| 2 | 大同经济技术开发区 | 13.73 | 12.33 | 11.35 |
| 3 | 晋中经济技术开发区 | 2.24 | 1.62 | 38.27 |
| 4 | 晋城经济技术开发区 | 6.99 | 13.46 | -48.07 |
| 5 | 长春经济技术开发区 | 32.46 | 23.90 | 35.82 |
| 6 | 吉林经济技术开发区 | 11.86 | 9.61 | 23.41 |
| 7 | 四平红嘴经济技术开发区 | 0.22 | 0.28 | -21.43 |
| 8 | 长春汽车经济技术开发区 | 18.10 | 27.71 | -34.68 |
| 9 | 松原经济技术开发区 | 6.59 | 5.56 | 18.53 |
| 10 | 哈尔滨经济技术开发区 | 65.10 | 84.82 | -23.25 |
| 11 | 宾西经济技术开发区 | 1.11 | 5.47 | -79.71 |
| 12 | 海林经济技术开发区 | 4.92 | 6.53 | -24.66 |
| 13 | 哈尔滨利民经济技术开发区 | 0.32 | 0.38 | -15.79 |
| 14 | 大庆经济技术开发区 | 2.33 | 2.51 | -7.17 |
| 15 | 绥化经济技术开发区 | 8.81 | 6.15 | 43.25 |
| 16 | 牡丹江经济技术开发区 | 3.84 | 5.61 | -31.55 |
| 17 | 双鸭山经济技术开发区 | 4.08 | 17.69 | -76.94 |
| 18 | 芜湖经济技术开发区 | 152.82 | 168.74 | -9.43 |
| 19 | 合肥经济技术开发区 | 323.08 | 284.19 | 13.68 |
| 20 | 马鞍山经济技术开发区 | 44.81 | 41.99 | 6.72 |
| 21 | 安庆经济技术开发区 | 12.71 | 41.99 | -69.73 |
| 22 | 铜陵经济技术开发区 | 18.39 | 19.80 | -7.12 |
| 23 | 滁州经济技术开发区 | 30.51 | 18.46 | 65.28 |
| 24 | 池州经济技术开发区 | 5.48 | 28.58 | -80.83 |
| 25 | 六安经济技术开发区 | 11.85 | 5.73 | 106.81 |
| 26 | 淮南经济技术开发区 | 10.27 | 6.77 | 51.70 |
| 27 | 宁国经济技术开发区 | 31.78 | 8.98 | 253.90 |
| 28 | 桐城经济技术开发区 | 11.67 | 39.96 | -70.80 |
| 29 | 宣城经济技术开发区 | 15.76 | 13.80 | — |
| 30 | 南昌经济技术开发区 | 29.27 | 66.90 | -56.25 |
| 31 | 九江经济技术开发区 | 78.46 | 79.71 | -1.57 |
| 32 | 赣州经济技术开发区 | 45.80 | 48.61 | -5.78 |
| 33 | 井冈山经济技术开发区 | 45.79 | 58.54 | -21.78 |

**2016年63家中部国家级经济技术开发区出口总额情况表（续）**

单位：亿元

| 序号 | 开发区 | 2016年 | 2015年 | 同比（%） |
|---|---|---|---|---|
| 34 | 上饶经济技术开发区 | 140.73 | 102.02 | 37.94 |
| 35 | 萍乡经济技术开发区 | 36.79 | 72.31 | -49.12 |
| 36 | 南昌小蓝经济技术开发区 | 43.80 | 64.55 | -32.15 |
| 37 | 宜春经济技术开发区 | 41.53 | 39.22 | 5.89 |
| 38 | 龙南经济技术开发区 | 37.85 | 34.07 | 11.09 |
| 39 | 瑞金经济技术开发区 | 17.12 | 5.39 | 217.63 |
| 40 | 郑州经济技术开发区 | 151.93 | 130.50 | 16.42 |
| 41 | 漯河经济技术开发区 | 4.86 | 2.94 | 65.31 |
| 42 | 鹤壁经济技术开发区 | 1.56 | 9.45 | -83.49 |
| 43 | 开封经济技术开发区 | 2.41 | 4.04 | -40.35 |
| 44 | 许昌经济技术开发区 | 12.90 | 1.23 | 948.78 |
| 45 | 洛阳经济技术开发区 | 10.30 | 9.76 | 5.53 |
| 46 | 新乡经济技术开发区 | 10.71 | 10.17 | 5.31 |
| 47 | 红旗渠经济技术开发区 | 2.59 | 1.77 | 46.33 |
| 48 | 濮阳经济技术开发区 | 18.14 | 17.25 | 5.16 |
| 49 | 武汉经济技术开发区 | 64.66 | 103.52 | -37.54 |
| 50 | 黄石经济技术开发区 | 38.57 | 38.06 | 1.34 |
| 51 | 襄樊经济技术开发区 | 12.79 | 12.68 | 0.87 |
| 52 | 武汉临空港经济技术开发区 | 22.69 | 27.32 | -16.95 |
| 53 | 荆州经济技术开发区 | 25.81 | 47.72 | -45.91 |
| 54 | 鄂州葛店经济技术开发区 | 8.07 | 6.06 | 33.17 |
| 55 | 十堰经济技术开发区 | 28.13 | 30.66 | -8.25 |
| 56 | 长沙经济技术开发区 | 66.16 | 84.86 | -22.04 |
| 57 | 岳阳经济技术开发区 | 3.82 | 4.72 | -19.07 |
| 58 | 常德经济技术开发区 | 5.60 | 8.20 | -31.71 |
| 59 | 宁乡经济技术开发区 | 4.69 | 2.16 | 117.13 |
| 60 | 湘潭经济技术开发区 | 54.43 | 21.88 | 148.77 |
| 61 | 浏阳经济技术开发区 | 55.03 | 34.96 | 57.41 |
| 62 | 娄底经济技术开发区 | 3.01 | 8.78 | -65.72 |
| 63 | 望城经济技术开发区 | 10.44 | 7.90 | 32.15 |
|  | **合　计** | **2 390.77** | **2 359.78** | **1.31** |

**注：**宾西经济技术开发区为预估数；双鸭山经济技术开发区管辖范围调整较大，2015年上报的是原省级开发区统计企业户数和经济数据。

**2016年49家西部国家级经济技术开发区出口总额情况表**

单位：亿元

| 序 号 | 开发区 | 2016年 | 2015年 | 同比（%） |
|---|---|---|---|---|
| 1 | 呼和浩特经济技术开发区 | 12.27 | 23.81 | -48.47 |
| 2 | 巴彦淖尔经济技术开发区 | 11.50 | 10.40 | 10.58 |
| 3 | 呼伦贝尔经济技术开发区 | 13.82 | 0.00 | — |
| 4 | 南宁经济技术开发区 | 10.91 | 11.41 | -4.38 |
| 5 | 钦州港经济技术开发区 | 86.99 | 113.30 | -23.22 |
| 6 | 中国—马来西亚钦州产业园区 | 0.00 | 0.00 | — |
| 7 | 广西—东盟经济技术开发区 | 3.46 | 3.26 | 6.13 |
| 8 | 重庆经济技术开发区 | 77.80 | 82.61 | -5.82 |
| 9 | 万州经济技术开发区 | 5.03 | 6.02 | -16.45 |
| 10 | 长寿经济技术开发区 | 60.32 | 60.18 | 0.23 |
| 11 | 成都经济技术开发区 | 30.32 | 26.47 | 14.54 |
| 12 | 广安经济技术开发区 | 8.17 | 19.18 | -57.40 |
| 13 | 德阳经济技术开发区 | 26.37 | 32.02 | -17.65 |
| 14 | 遂宁经济技术开发区 | 9.04 | 11.06 | -18.26 |
| 15 | 绵阳经济技术开发区 | 24.54 | 23.87 | 2.81 |
| 16 | 广元经济技术开发区 | 4.00 | 3.96 | 1.01 |
| 17 | 宜宾临港经济技术开发区 | 275.56 | 25.90 | 963.94 |
| 18 | 内江经济技术开发区 | 2.62 | 3.80 | -31.05 |
| 19 | 贵阳经济技术开发区 | 3.49 | 21.09 | -83.45 |
| 20 | 遵义经济技术开发区 | 3.97 | 1.96 | 102.55 |
| 21 | 昆明经济技术开发区 | 25.77 | 321.31 | -91.98 |
| 22 | 曲靖经济技术开发区 | 22.43 | 19.76 | 13.51 |
| 23 | 蒙自经济技术开发区 | 29.34 | 5.33 | 450.47 |
| 24 | 嵩明杨林经济技术开发区 | 6.94 | 6.82 | 1.76 |
| 25 | 大理经济技术开发区 | 6.34 | 14.98 | -57.68 |
| 26 | 拉萨经济技术开发区 | 0.03 | 0.00 | — |
| 27 | 西安经济技术开发区 | 98.21 | 88.06 | 11.53 |
| 28 | 陕西航空经济技术开发区 | 1.57 | 3.43 | -54.23 |
| 29 | 陕西航天经济技术开发区 | 29.05 | 29.72 | -2.25 |
| 30 | 汉中经济技术开发区 | 3.38 | 4.52 | -25.22 |
| 31 | 神府经济技术开发区 | 0.00 | 0.00 | — |
| 32 | 兰州经济技术开发区 | 0.44 | 0.05 | 780.00 |
| 33 | 金昌经济技术开发区 | 3.49 | 3.95 | -11.65 |
| 34 | 天水经济技术开发区 | 8.95 | 8.67 | 3.23 |
| 35 | 酒泉经济技术开发区 | 1.19 | 1.34 | -11.19 |
| 36 | 张掖经济技术开发区 | 0.15 | 0.22 | -31.82 |
| 37 | 西宁经济技术开发区 | 9.54 | 11.39 | -16.24 |
| 38 | 格尔木昆仑经济技术开发区 | 0.21 | 0.17 | 23.53 |
| 39 | 银川经济技术开发区 | 8.44 | 14.92 | -43.43 |
| 40 | 石嘴山经济技术开发区 | 6.06 | 9.83 | -38.35 |
| 41 | 乌鲁木齐经济技术开发区 | 102.42 | 118.72 | -13.73 |
| 42 | 石河子经济技术开发区 | 22.30 | 16.52 | 34.99 |
| 43 | 库尔勒经济技术开发区 | 3.75 | 4.32 | -13.19 |
| 44 | 奎屯经济技术开发区 | 2.24 | 10.30 | -78.25 |
| 45 | 阿拉尔经济技术开发区 | 1.30 | 0.86 | 51.16 |
| 46 | 五家渠经济技术开发区 | 10.01 | 4.04 | 147.77 |
| 47 | 准东经济技术开发区 | 0.23 | 0.00 | — |
| 48 | 甘泉堡经济技术开发区 | 0.60 | 0.00 | — |
| 49 | 库车经济技术开发区 | 0.21 | 0.02 | 950.00 |
|  | **合　计** | **1 074.77** | **1 179.55** | **-8.88** |

注：昆明经济技术开发区因市场因素，企业出口贸易萎缩；银川经济技术开发区因海关数据库调整，上年同期数有误。

## 2016年107家东部国家级经济技术开发区进口总额情况表

单位：亿元

| 序　号 | 开发区 | 2016年 | 2015年 | 同比（%） |
|---|---|---|---|---|
| 1 | 北京经济技术开发区 | 695.48 | 607.44 | 14.49 |
| 2 | 天津经济技术开发区 | 1 172.94 | 1 335.43 | -12.17 |
| 3 | 西青经济技术开发区 | 98.33 | 117.32 | -16.19 |
| 4 | 武清经济技术开发区 | 56.78 | 56.32 | 0.82 |
| 5 | 天津子牙经济技术开发区 | 35.26 | 50.05 | -29.55 |
| 6 | 北辰经济技术开发区 | 23.08 | 26.13 | -11.67 |
| 7 | 东丽经济技术开发区 | 15.46 | 19.13 | -19.18 |
| 8 | 秦皇岛经济技术开发区 | 81.02 | 87.86 | -7.79 |
| 9 | 廊坊经济技术开发区 | 53.00 | 46.00 | 15.22 |
| 10 | 沧州临港经济技术开发区 | 1.80 | 0.27 | 566.67 |
| 11 | 石家庄经济技术开发区 | 0.83 | 0.83 | 0.00 |
| 12 | 唐山曹妃甸经济技术开发区 | 23.33 | 15.37 | 51.79 |
| 13 | 邯郸经济技术开发区 | 10.37 | 6.71 | 54.55 |
| 14 | 大连经济技术开发区 | 650.89 | 0.00 | — |
| 15 | 营口经济技术开发区 | 46.50 | 47.41 | -1.92 |
| 16 | 沈阳经济技术开发区 | 64.21 | 63.99 | 0.34 |
| 17 | 大连长兴岛经济技术开发区 | 165.86 | 120.93 | 37.15 |
| 18 | 锦州经济技术开发区 | 12.99 | 10.52 | 23.48 |
| 19 | 盘锦辽滨沿海经济技术开发区 | 114.94 | 30.82 | 272.94 |
| 20 | 沈阳辉山经济技术开发区 | 3.17 | 0.82 | 286.59 |
| 21 | 铁岭经济技术开发区 | 0.47 | 0.07 | 571.43 |
| 22 | 旅顺经济技术开发区 | 21.81 | 0.00 | — |
| 23 | 闵行经济技术开发区 | 56.69 | 66.08 | -14.21 |
| 24 | 虹桥经济技术开发区 | 30.49 | 34.48 | -11.57 |
| 25 | 漕河泾新兴技术开发区 | 240.23 | 230.91 | 4.04 |
| 26 | 上海金桥经济技术开发区 | 339.03 | 326.48 | — |
| 27 | 上海化学工业经济技术开发区 | 103.23 | 0.00 | — |
| 28 | 松江经济技术开发区 | 130.73 | 28.58 | 357.42 |
| 29 | 南通经济技术开发区 | 147.90 | 147.14 | 0.52 |
| 30 | 连云港经济技术开发区 | 97.36 | 146.95 | -33.75 |
| 31 | 昆山经济技术开发区 | 1 248.83 | 1 512.83 | -17.45 |
| 32 | 苏州工业园区 | 2 409.27 | 2 525.30 | -4.59 |
| 33 | 南京经济技术开发区 | 387.95 | 750.50 | -48.31 |
| 34 | 扬州经济技术开发区 | 53.82 | 243.74 | -77.92 |
| 35 | 徐州经济技术开发区 | 31.97 | 20.81 | 53.63 |
| 36 | 镇江经济技术开发区 | 142.76 | 140.24 | 1.80 |

**2016年107家东部国家级经济技术开发区进口总额情况表（续）**

单位：亿元

| 序 号 | 开发区 | 2016年 | 2015年 | 同比（%） |
|---|---|---|---|---|
| 37 | 吴江经济技术开发区 | 374.77 | 412.41 | -9.13 |
| 38 | 江宁经济技术开发区 | 229.88 | 227.00 | 1.27 |
| 39 | 常熟经济技术开发区 | 282.52 | 344.46 | -17.98 |
| 40 | 淮安经济技术开发区 | 38.04 | 51.24 | -25.76 |
| 41 | 盐城经济技术开发区 | 124.52 | 13.33 | 834.13 |
| 42 | 锡山经济技术开发区 | 49.35 | 55.24 | -10.66 |
| 43 | 太仓港经济技术开发区 | 284.55 | 355.64 | -19.99 |
| 44 | 张家港经济技术开发区 | 100.11 | 123.72 | -19.08 |
| 45 | 海安经济技术开发区 | 2.37 | 15.79 | -84.99 |
| 46 | 靖江经济技术开发区 | 46.44 | 69.09 | -32.78 |
| 47 | 吴中经济技术开发区 | 116.82 | 217.91 | -46.39 |
| 48 | 宿迁经济技术开发区 | 6.78 | 7.73 | -12.29 |
| 49 | 海门经济技术开发区 | 21.66 | 53.12 | -59.22 |
| 50 | 如皋经济技术开发区 | 29.60 | 13.50 | 119.26 |
| 51 | 宜兴经济技术开发区 | 28.75 | 38.93 | -26.15 |
| 52 | 浒墅关经济技术开发区 | 322.90 | 130.45 | 147.53 |
| 53 | 沭阳经济技术开发区 | 7.91 | 7.01 | 12.84 |
| 54 | 相城经济技术开发区 | 63.38 | 65.61 | -3.40 |
| 55 | 宁波经济技术开发区 | 504.25 | 491.64 | 2.56 |
| 56 | 温州经济技术开发区 | 15.02 | 21.46 | -30.01 |
| 57 | 宁波大榭开发区 | 125.48 | 116.30 | 7.89 |
| 58 | 杭州经济技术开发区 | 257.10 | 206.92 | 24.25 |
| 59 | 萧山经济技术开发区 | 61.99 | 34.76 | 78.34 |
| 60 | 嘉兴经济技术开发区 | 233.17 | 226.81 | 2.80 |
| 61 | 湖州经济技术开发区 | 31.24 | 33.99 | -8.09 |
| 62 | 绍兴袍江经济技术开发区 | 35.90 | 40.94 | -12.31 |
| 63 | 金华经济技术开发区 | 2.34 | 2.01 | 16.42 |
| 64 | 长兴经济技术开发区 | 16.94 | 16.32 | 3.80 |
| 65 | 宁波石化经济技术开发区 | 120.20 | 81.91 | 46.75 |
| 66 | 嘉善经济技术开发区 | 51.20 | 49.02 | 4.45 |
| 67 | 衢州经济技术开发区 | 62.45 | 53.82 | 16.03 |
| 68 | 义乌经济技术开发区 | 26.51 | 22.43 | 18.19 |
| 69 | 杭州余杭经济技术开发区 | 19.79 | 15.73 | 25.81 |
| 70 | 绍兴柯桥经济技术开发区 | 9.39 | 3.94 | 138.32 |
| 71 | 富阳经济技术开发区 | 79.21 | 80.80 | -1.97 |
| 72 | 平湖经济技术开发区 | 79.06 | 79.97 | -1.14 |

## 2016 年 107 家东部国家级经济技术开发区进口总额情况表（续）

单位：亿元

| 序 号 | 开发区 | 2016 年 | 2015 年 | 同比（%） |
|---|---|---|---|---|
| 73 | 杭州湾上虞经济技术开发区 | 19.39 | 18.55 | 4.53 |
| 74 | 慈溪经济技术开发区 | 34.35 | 37.42 | -8.20 |
| 75 | 丽水经济技术开发区 | 7.80 | 0.00 | — |
| 76 | 福州经济技术开发区 | 88.05 | 106.15 | -17.05 |
| 77 | 厦门海沧台商投资区 | 176.18 | 132.20 | 33.27 |
| 78 | 福清融侨经济技术开发区 | 82.26 | 82.23 | 0.04 |
| 79 | 东山经济技术开发区 | 0.66 | 0.04 | 1 550.00 |
| 80 | 泉州经济技术开发区 | 0.79 | 0.00 | — |
| 81 | 漳州台商投资区 | 25.65 | 30.31 | -15.37 |
| 82 | 漳州招商局经济技术开发区 | 11.54 | 8.12 | 42.12 |
| 83 | 泉州台商投资区 | 5.88 | 3.70 | 58.92 |
| 84 | 龙岩经济技术开发区 | 0.31 | 0.02 | 1 450.00 |
| 85 | 东侨经济技术开发区 | 20.31 | 12.53 | 62.09 |
| 86 | 青岛经济技术开发区 | 878.49 | 1 003.98 | -12.50 |
| 87 | 烟台经济技术开发区 | 774.08 | 853.34 | -9.29 |
| 88 | 威海经济技术开发区 | 201.53 | 90.78 | 122.00 |
| 89 | 东营经济技术开发区 | 235.67 | 261.22 | -9.78 |
| 90 | 日照经济技术开发区 | 194.95 | 224.59 | -13.20 |
| 91 | 潍坊滨海经济技术开发区 | 22.56 | 20.28 | 11.24 |
| 92 | 邹平经济技术开发区 | 114.09 | 104.71 | 8.96 |
| 93 | 临沂经济技术开发区 | 38.32 | 48.98 | -21.76 |
| 94 | 招远经济技术开发区 | 50.80 | 46.57 | 9.08 |
| 95 | 德州经济技术开发区 | 16.59 | 3.44 | 382.27 |
| 96 | 明水经济技术开发区 | 13.51 | 20.01 | -32.48 |
| 97 | 胶州经济技术开发区 | 68.77 | 76.11 | -9.64 |
| 98 | 聊城经济技术开发区 | 11.75 | 2.67 | 340.07 |
| 99 | 滨州经济技术开发区 | 5.38 | 0.00 | — |
| 100 | 威海临港经济技术开发区 | 34.33 | 0.00 | — |
| 101 | 湛江经济技术开发区 | 61.07 | 35.06 | 74.19 |
| 102 | 广州经济技术开发区 | 1 099.95 | 1 105.41 | -0.49 |
| 103 | 广州南沙经济技术开发区 | 637.10 | 497.73 | 28.00 |
| 104 | 惠州大亚湾经济技术开发区 | 63.10 | 82.49 | -23.51 |
| 105 | 增城经济技术开发区 | 15.53 | 20.24 | -23.27 |
| 106 | 珠海经济技术开发区 | 169.10 | 148.74 | 13.69 |
| 107 | 海南洋浦经济技术开发区 | 350.40 | 399.70 | -12.33 |
| | **合 计** | **18 160.61** | **18 075.73** | **0.47** |

**注：**旅顺经济技术开发区 2013 年 11 月 20 日晋升为国家级开发区（国办函［2013］111 号），本年度填报为晋升为国家级开发区的第一年度在线填报；吴中经济技术开发区海关反馈部分企业进口额下滑；东山经济技术开发区上年同期数单位为万美元。

**2016年63家中部国家级经济技术开发区进口总额情况表**

单位：亿元

| 序号 | 开发区 | 2016年 | 2015年 | 同比（%） |
|---|---|---|---|---|
| 1 | 太原经济技术开发区 | 224.86 | 154.02 | 45.99 |
| 2 | 大同经济技术开发区 | 0.04 | 0.11 | -63.64 |
| 3 | 晋中经济技术开发区 | 0.08 | 0.06 | 33.33 |
| 4 | 晋城经济技术开发区 | 13.12 | 23.44 | -44.03 |
| 5 | 长春经济技术开发区 | 94.17 | 85.94 | 9.58 |
| 6 | 吉林经济技术开发区 | 3.28 | 2.00 | 64.00 |
| 7 | 四平红嘴经济技术开发区 | 0.03 | 0.00 | — |
| 8 | 长春汽车经济技术开发区 | 230.42 | 227.39 | 1.33 |
| 9 | 松原经济技术开发区 | 0.09 | 0.00 | — |
| 10 | 哈尔滨经济技术开发区 | 120.16 | 118.76 | 1.18 |
| 11 | 宾西经济技术开发区 | 1.78 | 0.82 | 117.07 |
| 12 | 海林经济技术开发区 | 0.59 | 0.79 | -25.32 |
| 13 | 哈尔滨利民经济技术开发区 | 0.02 | 0.02 | 0.00 |
| 14 | 大庆经济技术开发区 | 3.99 | 4.38 | -8.90 |
| 15 | 绥化经济技术开发区 | 1.76 | 4.74 | -62.87 |
| 16 | 牡丹江经济技术开发区 | 7.72 | 7.08 | 9.04 |
| 17 | 双鸭山经济技术开发区 | 2.41 | 7.32 | -67.08 |
| 18 | 芜湖经济技术开发区 | 52.65 | 64.23 | -18.03 |
| 19 | 合肥经济技术开发区 | 194.58 | 186.59 | 4.28 |
| 20 | 马鞍山经济技术开发区 | 80.42 | 43.48 | 84.96 |
| 21 | 安庆经济技术开发区 | 8.05 | 43.48 | -81.49 |
| 22 | 铜陵经济技术开发区 | 16.34 | 7.41 | 120.51 |
| 23 | 滁州经济技术开发区 | 22.90 | 11.30 | 102.65 |
| 24 | 池州经济技术开发区 | 5.73 | 12.31 | -53.45 |
| 25 | 六安经济技术开发区 | 0.60 | 7.54 | -92.04 |
| 26 | 淮南经济技术开发区 | 1.94 | 0.51 | 280.39 |
| 27 | 宁国经济技术开发区 | 2.48 | 2.59 | -4.25 |
| 28 | 桐城经济技术开发区 | 1.26 | 2.50 | -49.60 |
| 29 | 宣城经济技术开发区 | 3.83 | 0.46 | — |
| 30 | 南昌经济技术开发区 | 30.65 | 36.13 | -15.17 |
| 31 | 九江经济技术开发区 | 33.30 | 57.20 | -41.78 |
| 32 | 赣州经济技术开发区 | 21.54 | 20.69 | 4.11 |
| 33 | 井冈山经济技术开发区 | 2.90 | 21.62 | -86.59 |

**2016年63家中部国家级经济技术开发区进口总额情况表（续）**

单位：亿元

| 序 号 | 开发区 | 2016年 | 2015年 | 同比（%） |
|---|---|---|---|---|
| 34 | 上饶经济技术开发区 | 27.79 | 23.42 | 18.66 |
| 35 | 萍乡经济技术开发区 | 0.98 | 7.92 | -87.63 |
| 36 | 南昌小蓝经济技术开发区 | 23.35 | 16.66 | 40.16 |
| 37 | 宜春经济技术开发区 | 2.05 | 1.54 | 33.12 |
| 38 | 龙南经济技术开发区 | 5.62 | 5.21 | 7.87 |
| 39 | 瑞金经济技术开发区 | 0.25 | 0.00 | — |
| 40 | 郑州经济技术开发区 | 75.96 | 57.37 | 32.40 |
| 41 | 漯河经济技术开发区 | 7.22 | 15.80 | -54.30 |
| 42 | 鹤壁经济技术开发区 | 0.67 | 2.50 | -73.20 |
| 43 | 开封经济技术开发区 | 3.67 | 4.59 | -20.04 |
| 44 | 许昌经济技术开发区 | 2.73 | 3.06 | -10.78 |
| 45 | 洛阳经济技术开发区 | 0.55 | 0.91 | -39.56 |
| 46 | 新乡经济技术开发区 | 8.25 | 5.50 | 50.00 |
| 47 | 红旗渠经济技术开发区 | 25.99 | 0.00 | — |
| 48 | 濮阳经济技术开发区 | 4.39 | 4.26 | 3.05 |
| 49 | 武汉经济技术开发区 | 89.39 | 112.18 | -20.32 |
| 50 | 黄石经济技术开发区 | 25.78 | 25.67 | 0.43 |
| 51 | 襄樊经济技术开发区 | 6.24 | 6.16 | 1.30 |
| 52 | 武汉临空港经济技术开发区 | 18.26 | 17.27 | 5.73 |
| 53 | 荆州经济技术开发区 | 4.52 | 7.08 | -36.16 |
| 54 | 鄂州葛店经济技术开发区 | 14.99 | 7.68 | 95.18 |
| 55 | 十堰经济技术开发区 | 0.78 | 1.26 | -38.10 |
| 56 | 长沙经济技术开发区 | 114.39 | 77.37 | 47.85 |
| 57 | 岳阳经济技术开发区 | 2.46 | 13.41 | -81.66 |
| 58 | 常德经济技术开发区 | 13.82 | 12.06 | 14.59 |
| 59 | 宁乡经济技术开发区 | 0.97 | 0.87 | 11.49 |
| 60 | 湘潭经济技术开发区 | 4.40 | 5.63 | -21.85 |
| 61 | 浏阳经济技术开发区 | 22.01 | 19.25 | 14.34 |
| 62 | 娄底经济技术开发区 | 28.79 | 35.44 | -18.76 |
| 63 | 望城经济技术开发区 | 1.94 | 6.33 | -69.35 |
|  | **合　计** | **1 721.90** | **1 651.31** | **4.27** |

**注：**宾西经济技术开发区为预估数；双鸭山经济技术开发区管辖范围调整较大，2015年上报的是原省级开发区统计企业户数和经济数据；开封经济技术开发区为预估数；鄂州葛店经济技术开发区上年同期数为7.67亿元；岳阳经济技术开发区岳阳纸业迁入临港产业新区。

**2016 年 49 家西部国家级经济技术开发区进口总额情况表**

单位：亿元

| 序　号 | 开发区 | 2016 年 | 2015 年 | 同比（%） |
|---|---|---|---|---|
| 1 | 呼和浩特经济技术开发区 | 14.41 | 19.35 | -25.53 |
| 2 | 巴彦淖尔经济技术开发区 | 0.80 | 0.00 | — |
| 3 | 呼伦贝尔经济技术开发区 | 6.46 | 0.00 | — |
| 4 | 南宁经济技术开发区 | 2.80 | 4.72 | -40.68 |
| 5 | 钦州港经济技术开发区 | 174.56 | 201.24 | -13.26 |
| 6 | 中国—马来西亚钦州产业园区 | 15.28 | 0.00 | — |
| 7 | 广西—东盟经济技术开发区 | 4.20 | 4.20 | 0.00 |
| 8 | 重庆经济技术开发区 | 65.96 | 6.96 | 847.70 |
| 9 | 万州经济技术开发区 | 1.57 | 4.41 | -64.40 |
| 10 | 长寿经济技术开发区 | 8.93 | 19.53 | -54.28 |
| 11 | 成都经济技术开发区 | 76.96 | 77.10 | -0.18 |
| 12 | 广安经济技术开发区 | 0.13 | 0.02 | 550.00 |
| 13 | 德阳经济技术开发区 | 12.67 | 13.56 | -6.56 |
| 14 | 遂宁经济技术开发区 | 9.93 | 7.66 | 29.63 |
| 15 | 绵阳经济技术开发区 | 13.23 | 13.47 | -1.78 |
| 16 | 广元经济技术开发区 | 0.26 | 0.25 | 4.00 |
| 17 | 宜宾临港经济技术开发区 | 23.00 | 3.27 | 603.36 |
| 18 | 内江经济技术开发区 | 1.92 | 3.55 | -45.92 |
| 19 | 贵阳经济技术开发区 | 1.53 | 1.81 | -15.47 |
| 20 | 遵义经济技术开发区 | 0.91 | 0.05 | 1 720.00 |
| 21 | 昆明经济技术开发区 | 9.10 | 15.57 | -41.55 |
| 22 | 曲靖经济技术开发区 | 0.91 | 0.89 | 2.25 |
| 23 | 蒙自经济技术开发区 | 33.50 | 4.45 | 652.81 |
| 24 | 嵩明杨林经济技术开发区 | 6.01 | 5.99 | 0.33 |
| 25 | 大理经济技术开发区 | 0.00 | 0.00 | — |
| 26 | 拉萨经济技术开发区 | 11.91 | 0.00 | — |
| 27 | 西安经济技术开发区 | 123.89 | 109.47 | 13.17 |
| 28 | 陕西航空经济技术开发区 | 4.99 | 6.40 | -22.03 |
| 29 | 陕西航天经济技术开发区 | 26.87 | 12.28 | 118.81 |
| 30 | 汉中经济技术开发区 | 0.15 | 2.04 | -92.65 |
| 31 | 神府经济技术开发区 | 0.00 | 0.00 | — |
| 32 | 兰州经济技术开发区 | 0.09 | 0.02 | 350.00 |
| 33 | 金昌经济技术开发区 | 73.35 | 66.09 | 10.99 |
| 34 | 天水经济技术开发区 | 1.25 | 1.23 | 1.63 |
| 35 | 酒泉经济技术开发区 | 1.12 | 0.01 | 11 100.00 |
| 36 | 张掖经济技术开发区 | 0.00 | 0.00 | — |
| 37 | 西宁经济技术开发区 | 3.16 | 9.27 | -65.91 |
| 38 | 格尔木昆仑经济技术开发区 | 1.38 | 0.00 | — |
| 39 | 银川经济技术开发区 | 8.07 | 4.98 | 62.05 |
| 40 | 石嘴山经济技术开发区 | 0.33 | 0.62 | -46.77 |
| 41 | 乌鲁木齐经济技术开发区 | 10.82 | 12.52 | -13.58 |
| 42 | 石河子经济技术开发区 | 0.99 | 2.47 | -59.92 |
| 43 | 库尔勒经济技术开发区 | 13.99 | 12.10 | 15.62 |
| 44 | 奎屯经济技术开发区 | 3.59 | 1.02 | 251.96 |
| 45 | 阿拉尔经济技术开发区 | 4.31 | 0.97 | 344.33 |
| 46 | 五家渠经济技术开发区 | 0.05 | 0.04 | 25.00 |
| 47 | 准东经济技术开发区 | 0.00 | 0.00 | — |
| 48 | 甘泉堡经济技术开发区 | 0.44 | 0.00 | — |
| 49 | 库车经济技术开发区 | 0.00 | 0.00 | — |
| **合　计** | | **775.78** | **649.58** | **19.43** |

注：昆明经济技术开发区因市场因素，企业进口贸易萎缩；西宁经济技术开发区 2015 年进口设备较多；银川经济技术开发区因海关数据库调整，上年同期数有误。

**2016 年 107 家东部国家级经济技术开发区实际利用外资金额情况表**

单位：亿元

| 序　号 | 开发区 | 2016 年 | 2015 年 | 同比（%） |
|---|---|---|---|---|
| 1 | 北京经济技术开发区 | 19.73 | 19.52 | 1.08 |
| 2 | 天津经济技术开发区 | 212.52 | 432.75 | -50.89 |
| 3 | 西青经济技术开发区 | 35.31 | 64.81 | -45.52 |
| 4 | 武清经济技术开发区 | 31.40 | 25.94 | 21.05 |
| 5 | 天津子牙经济技术开发区 | 0.00 | 0.21 | -100.00 |
| 6 | 北辰经济技术开发区 | 23.70 | 31.48 | -24.71 |
| 7 | 东丽经济技术开发区 | 1.84 | 13.75 | -86.62 |
| 8 | 秦皇岛经济技术开发区 | 14.50 | 12.22 | 18.66 |
| 9 | 廊坊经济技术开发区 | 26.98 | 22.23 | 21.37 |
| 10 | 沧州临港经济技术开发区 | 6.25 | 3.11 | 100.96 |
| 11 | 石家庄经济技术开发区 | 9.21 | 6.96 | 32.33 |
| 12 | 唐山曹妃甸经济技术开发区 | 9.86 | 2.86 | 244.76 |
| 13 | 邯郸经济技术开发区 | 5.66 | 0.87 | 550.57 |
| 14 | 大连经济技术开发区 | 23.96 | 0.00 | — |
| 15 | 营口经济技术开发区 | 1.23 | 1.39 | -11.51 |
| 16 | 沈阳经济技术开发区 | 14.96 | 32.21 | -53.55 |
| 17 | 大连长兴岛经济技术开发区 | 0.53 | 6.14 | -91.37 |
| 18 | 锦州经济技术开发区 | 0.84 | 1.04 | -19.23 |
| 19 | 盘锦辽滨沿海经济技术开发区 | 5.59 | 15.18 | -63.18 |
| 20 | 沈阳辉山经济技术开发区 | 3.90 | 3.22 | 21.12 |
| 21 | 铁岭经济技术开发区 | 0.00 | 0.00 | — |
| 22 | 旅顺经济技术开发区 | 1.74 | 0.00 | — |
| 23 | 闵行经济技术开发区 | 0.46 | 7.30 | -93.70 |
| 24 | 虹桥经济技术开发区 | 2.97 | 3.54 | -16.10 |
| 25 | 漕河泾新兴技术开发区 | 20.67 | 14.21 | 45.46 |
| 26 | 上海金桥经济技术开发区 | 37.35 | 32.10 | — |
| 27 | 上海化学工业经济技术开发区 | 12.14 | 0.00 | — |
| 28 | 松江经济技术开发区 | 13.02 | 12.76 | 2.04 |
| 29 | 南通经济技术开发区 | 33.67 | 38.38 | -12.27 |
| 30 | 连云港经济技术开发区 | 8.02 | 22.62 | -64.54 |
| 31 | 昆山经济技术开发区 | 22.94 | 39.85 | -42.43 |
| 32 | 苏州工业园区 | 67.86 | 103.36 | -34.35 |
| 33 | 南京经济技术开发区 | 32.38 | 26.22 | 23.49 |
| 34 | 扬州经济技术开发区 | 29.54 | 24.28 | 21.66 |
| 35 | 徐州经济技术开发区 | 37.70 | 20.01 | 88.41 |
| 36 | 镇江经济技术开发区 | 29.15 | 20.60 | 41.50 |

**2016 年 107 家东部国家级经济技术开发区实际利用外资金额情况表（续）**

单位：亿元

| 序 号 | 开发区 | 2016 年 | 2015 年 | 同比（%） |
| --- | --- | --- | --- | --- |
| 37 | 吴江经济技术开发区 | 20.20 | 22.60 | -10.62 |
| 38 | 江宁经济技术开发区 | 42.21 | 35.97 | 17.35 |
| 39 | 常熟经济技术开发区 | 29.76 | 33.15 | -10.23 |
| 40 | 淮安经济技术开发区 | 16.11 | 35.87 | -55.09 |
| 41 | 盐城经济技术开发区 | 9.40 | 16.64 | -43.51 |
| 42 | 锡山经济技术开发区 | 20.60 | 20.56 | 0.19 |
| 43 | 太仓港经济技术开发区 | 28.91 | 21.92 | 31.89 |
| 44 | 张家港经济技术开发区 | 6.74 | 18.05 | -62.66 |
| 45 | 海安经济技术开发区 | 10.95 | 15.33 | -28.57 |
| 46 | 靖江经济技术开发区 | 0.88 | 12.81 | -93.13 |
| 47 | 吴中经济技术开发区 | 8.95 | 12.19 | -26.58 |
| 48 | 宿迁经济技术开发区 | 5.19 | 0.15 | 3 360.00 |
| 49 | 海门经济技术开发区 | 18.38 | 7.81 | 135.34 |
| 50 | 如皋经济技术开发区 | 13.48 | 12.01 | 12.24 |
| 51 | 宜兴经济技术开发区 | 5.78 | 7.21 | -19.83 |
| 52 | 浒墅关经济技术开发区 | 9.38 | 16.58 | -43.43 |
| 53 | 沭阳经济技术开发区 | 8.09 | 4.21 | 92.16 |
| 54 | 相城经济技术开发区 | 6.19 | 1.98 | 212.63 |
| 55 | 宁波经济技术开发区 | 81.90 | 70.13 | 16.78 |
| 56 | 温州经济技术开发区 | 4.77 | 3.09 | 54.37 |
| 57 | 宁波大榭开发区 | 8.33 | 7.10 | 17.32 |
| 58 | 杭州经济技术开发区 | 63.92 | 37.72 | 69.46 |
| 59 | 萧山经济技术开发区 | 31.40 | 25.85 | 21.47 |
| 60 | 嘉兴经济技术开发区 | 58.90 | 61.04 | -3.51 |
| 61 | 湖州经济技术开发区 | 12.62 | 13.94 | -9.47 |
| 62 | 绍兴袍江经济技术开发区 | 3.41 | 6.30 | -45.87 |
| 63 | 金华经济技术开发区 | 4.72 | 3.95 | 19.49 |
| 64 | 长兴经济技术开发区 | 6.34 | 6.35 | -0.16 |
| 65 | 宁波石化经济技术开发区 | 7.82 | 7.23 | 8.16 |
| 66 | 嘉善经济技术开发区 | 31.16 | 27.35 | 13.93 |
| 67 | 衢州经济技术开发区 | 1.49 | 1.85 | -19.46 |
| 68 | 义乌经济技术开发区 | 0.14 | 1.14 | -87.72 |
| 69 | 杭州余杭经济技术开发区 | 33.22 | 33.13 | 0.27 |
| 70 | 绍兴柯桥经济技术开发区 | 11.77 | 9.97 | 18.05 |
| 71 | 富阳经济技术开发区 | 17.56 | 17.04 | 3.05 |
| 72 | 平湖经济技术开发区 | 22.51 | 21.47 | 4.84 |

**2016 年 107 家东部国家级经济技术开发区实际利用外资金额情况表（续）**

单位：亿元

| 序 号 | 开发区 | 2016 年 | 2015 年 | 同比（%） |
|---|---|---|---|---|
| 73 | 杭州湾上虞经济技术开发区 | 6.10 | 11.41 | -46.54 |
| 74 | 慈溪经济技术开发区 | 15.78 | 25.01 | -36.91 |
| 75 | 丽水经济技术开发区 | 3.73 | 16.89 | — |
| 76 | 福州经济技术开发区 | 18.95 | 16.89 | 12.20 |
| 77 | 厦门海沧台商投资区 | 17.48 | 16.15 | 8.24 |
| 78 | 福清融侨经济技术开发区 | 7.39 | 5.24 | 41.03 |
| 79 | 东山经济技术开发区 | 0.14 | 0.62 | -77.42 |
| 80 | 泉州经济技术开发区 | 4.10 | 0.00 | — |
| 81 | 漳州台商投资区 | 9.37 | 8.80 | 6.48 |
| 82 | 漳州招商局经济技术开发区 | 3.55 | 3.36 | 5.65 |
| 83 | 泉州台商投资区 | 1.86 | 5.57 | -66.61 |
| 84 | 龙岩经济技术开发区 | 1.61 | 0.28 | 475.00 |
| 85 | 东侨经济技术开发区 | 9.11 | 1.94 | 369.59 |
| 86 | 青岛经济技术开发区 | 73.70 | 125.19 | -41.13 |
| 87 | 烟台经济技术开发区 | 38.79 | 55.22 | -29.75 |
| 88 | 威海经济技术开发区 | 10.72 | 11.03 | -2.81 |
| 89 | 东营经济技术开发区 | 0.00 | 1.44 | -100.00 |
| 90 | 日照经济技术开发区 | 20.46 | 19.21 | 6.51 |
| 91 | 潍坊滨海经济技术开发区 | 13.24 | 12.28 | 7.82 |
| 92 | 邹平经济技术开发区 | 11.73 | 21.31 | -44.96 |
| 93 | 临沂经济技术开发区 | 2.39 | 5.44 | -56.07 |
| 94 | 招远经济技术开发区 | 9.88 | 8.50 | 16.24 |
| 95 | 德州经济技术开发区 | 1.84 | 1.51 | 21.85 |
| 96 | 明水经济技术开发区 | 14.91 | 14.05 | 6.12 |
| 97 | 胶州经济技术开发区 | 33.68 | 35.19 | -4.29 |
| 98 | 聊城经济技术开发区 | 4.98 | 0.01 | 49 700.00 |
| 99 | 滨州经济技术开发区 | 3.28 | 0.00 | — |
| 100 | 威海临港经济技术开发区 | 16.24 | 0.00 | — |
| 101 | 湛江经济技术开发区 | 0.61 | 0.01 | 6 000.00 |
| 102 | 广州经济技术开发区 | 133.05 | 70.15 | 89.67 |
| 103 | 广州南沙经济技术开发区 | 40.37 | 66.07 | -38.90 |
| 104 | 惠州大亚湾经济技术开发区 | 12.92 | 6.47 | 99.69 |
| 105 | 增城经济技术开发区 | 1.88 | 3.00 | -37.33 |
| 106 | 珠海经济技术开发区 | 29.11 | 29.07 | 0.14 |
| 107 | 海南洋浦经济技术开发区 | 2.74 | 4.47 | -38.70 |
| | **合 计** | **2 036.45** | **2 312.59** | **-11.94** |

注：唐山曹妃甸经济技术开发区优化整合；旅顺经济技术开发区 2013 年 11 月 20 日晋升为国家级开发区（国办函［2013］111 号），本年度填报为晋升为国家级开发区的第一年度在线填报；东营经济技术开发区 2016 年外资企业进驻较少，外资引进力度有所减弱。

**2016年63家中部国家级经济技术开发区实际利用外资金额情况表**

单位：亿元

| 序　号 | 开发区 | 2016年 | 2015年 | 同比（%） |
|---|---|---|---|---|
| 1 | 太原经济技术开发区 | 24.46 | 26.37 | -7.24 |
| 2 | 大同经济技术开发区 | 0.00 | 1.33 | -100.00 |
| 3 | 晋中经济技术开发区 | 2.47 | 2.00 | 23.50 |
| 4 | 晋城经济技术开发区 | 12.93 | 16.57 | -21.97 |
| 5 | 长春经济技术开发区 | 136.84 | 121.47 | 12.65 |
| 6 | 吉林经济技术开发区 | 7.30 | 6.52 | 11.96 |
| 7 | 四平红嘴经济技术开发区 | 0.97 | 0.00 | — |
| 8 | 长春汽车经济技术开发区 | 54.35 | 49.40 | 10.02 |
| 9 | 松原经济技术开发区 | 8.12 | 8.05 | 0.87 |
| 10 | 哈尔滨经济技术开发区 | 72.72 | 74.62 | -2.55 |
| 11 | 宾西经济技术开发区 | 11.11 | 6.82 | 62.90 |
| 12 | 海林经济技术开发区 | 5.14 | 4.51 | 13.97 |
| 13 | 哈尔滨利民经济技术开发区 | 9.10 | 8.51 | 6.93 |
| 14 | 大庆经济技术开发区 | 1.92 | 2.03 | -5.42 |
| 15 | 绥化经济技术开发区 | 3.38 | 3.10 | 9.03 |
| 16 | 牡丹江经济技术开发区 | 3.69 | 2.88 | 28.13 |
| 17 | 双鸭山经济技术开发区 | 0.78 | 11.77 | -93.37 |
| 18 | 芜湖经济技术开发区 | 41.34 | 44.60 | -7.31 |
| 19 | 合肥经济技术开发区 | 31.47 | 30.43 | 3.42 |
| 20 | 马鞍山经济技术开发区 | 55.84 | 30.12 | 85.39 |
| 21 | 安庆经济技术开发区 | 2.16 | 30.12 | -92.83 |
| 22 | 铜陵经济技术开发区 | 5.83 | 2.51 | 132.27 |
| 23 | 滁州经济技术开发区 | 19.46 | 6.81 | 185.76 |
| 24 | 池州经济技术开发区 | 9.11 | 18.01 | -49.42 |
| 25 | 六安经济技术开发区 | 3.25 | 5.46 | -40.48 |
| 26 | 淮南经济技术开发区 | 3.98 | 2.87 | 38.68 |
| 27 | 宁国经济技术开发区 | 13.72 | 3.68 | 272.83 |
| 28 | 桐城经济技术开发区 | 0.68 | 12.61 | -94.61 |
| 29 | 宣城经济技术开发区 | 13.46 | 0.12 | — |
| 30 | 南昌经济技术开发区 | 36.43 | 33.11 | 10.03 |
| 31 | 九江经济技术开发区 | 15.38 | 13.75 | 11.85 |
| 32 | 赣州经济技术开发区 | 11.35 | 18.83 | -39.72 |
| 33 | 井冈山经济技术开发区 | 12.82 | 22.97 | -44.19 |

**2016年63家中部国家级经济技术开发区实际利用外资金额情况表（续）**

单位：亿元

| 序号 | 开发区 | 2016年 | 2015年 | 同比（%） |
|---|---|---|---|---|
| 34 | 上饶经济技术开发区 | 25.85 | 13.48 | 91.77 |
| 35 | 萍乡经济技术开发区 | 4.29 | 26.32 | -83.70 |
| 36 | 南昌小蓝经济技术开发区 | 28.56 | 24.49 | 16.62 |
| 37 | 宜春经济技术开发区 | 5.50 | 5.01 | 9.78 |
| 38 | 龙南经济技术开发区 | 6.66 | 6.00 | 11.00 |
| 39 | 瑞金经济技术开发区 | 3.35 | 3.94 | -14.97 |
| 40 | 郑州经济技术开发区 | 35.61 | 33.91 | 5.01 |
| 41 | 漯河经济技术开发区 | 14.36 | 11.84 | 21.28 |
| 42 | 鹤壁经济技术开发区 | 15.47 | 12.99 | 19.09 |
| 43 | 开封经济技术开发区 | 10.93 | 10.77 | 1.49 |
| 44 | 许昌经济技术开发区 | 1.13 | 1.05 | 7.62 |
| 45 | 洛阳经济技术开发区 | 3.65 | 4.26 | -14.32 |
| 46 | 新乡经济技术开发区 | 7.87 | 6.73 | 16.94 |
| 47 | 红旗渠经济技术开发区 | 3.57 | 3.27 | 9.17 |
| 48 | 濮阳经济技术开发区 | 6.12 | 5.45 | 12.29 |
| 49 | 武汉经济技术开发区 | 20.52 | 17.49 | 17.32 |
| 50 | 黄石经济技术开发区 | 49.30 | 64.62 | -23.71 |
| 51 | 襄樊经济技术开发区 | 4.86 | 4.79 | 1.46 |
| 52 | 武汉临空港经济技术开发区 | 6.58 | 4.70 | 40.00 |
| 53 | 荆州经济技术开发区 | 2.28 | 2.66 | -14.29 |
| 54 | 鄂州葛店经济技术开发区 | 7.26 | 4.20 | 72.86 |
| 55 | 十堰经济技术开发区 | 13.33 | 12.06 | 10.53 |
| 56 | 长沙经济技术开发区 | 33.30 | 28.55 | 16.64 |
| 57 | 岳阳经济技术开发区 | 6.20 | 5.85 | 5.98 |
| 58 | 常德经济技术开发区 | 9.21 | 7.98 | 15.41 |
| 59 | 宁乡经济技术开发区 | 10.43 | 9.01 | 15.76 |
| 60 | 湘潭经济技术开发区 | 21.91 | 18.55 | 18.11 |
| 61 | 浏阳经济技术开发区 | 8.55 | 7.36 | 16.17 |
| 62 | 娄底经济技术开发区 | 6.15 | 9.34 | -34.15 |
| 63 | 望城经济技术开发区 | 9.30 | 8.08 | 15.10 |
|  | **合　计** | **1 013.66** | **996.70** | **1.70** |

注：宾西经济技术开发区为预估数；双鸭山经济技术开发区管辖范围调整较大，2015年上报的是原省级开发区统计企业户数和经济数据。

**2016年49家西部国家级经济技术开发区实际利用外资金额情况表**

单位：亿元

| 序　号 | 开发区 | 2016年 | 2015年 | 同比（%） |
| --- | --- | --- | --- | --- |
| 1 | 呼和浩特经济技术开发区 | 0.12 | 1.75 | -93.14 |
| 2 | 巴彦淖尔经济技术开发区 | 1.28 | 4.25 | -69.88 |
| 3 | 呼伦贝尔经济技术开发区 | 0.00 | 0.00 | — |
| 4 | 南宁经济技术开发区 | 0.92 | 4.85 | -81.03 |
| 5 | 钦州港经济技术开发区 | 1.54 | 0.00 | — |
| 6 | 中国—马来西亚钦州产业园区 | 0.00 | 2.04 | — |
| 7 | 广西—东盟经济技术开发区 | 0.13 | 3.20 | -95.94 |
| 8 | 重庆经济技术开发区 | 42.70 | 8.98 | 375.50 |
| 9 | 万州经济技术开发区 | 0.86 | 1.82 | -52.75 |
| 10 | 长寿经济技术开发区 | 12.94 | 152.92 | -91.54 |
| 11 | 成都经济技术开发区 | 42.84 | 34.98 | 22.47 |
| 12 | 广安经济技术开发区 | 2.18 | 2.46 | -11.38 |
| 13 | 德阳经济技术开发区 | 3.29 | 4.17 | -21.10 |
| 14 | 遂宁经济技术开发区 | 2.90 | 2.26 | 28.32 |
| 15 | 绵阳经济技术开发区 | 6.92 | 7.77 | -10.94 |
| 16 | 广元经济技术开发区 | 0.85 | 0.84 | 1.19 |
| 17 | 宜宾临港经济技术开发区 | 1.05 | 1.94 | -45.88 |
| 18 | 内江经济技术开发区 | 1.94 | 0.26 | 646.15 |
| 19 | 贵阳经济技术开发区 | 6.74 | 5.58 | 20.79 |
| 20 | 遵义经济技术开发区 | 3.93 | 2.85 | 37.89 |
| 21 | 昆明经济技术开发区 | 5.18 | 17.30 | -70.06 |
| 22 | 曲靖经济技术开发区 | 0.00 | 2.13 | -100.00 |
| 23 | 蒙自经济技术开发区 | 0.19 | 0.19 | 0.00 |
| 24 | 嵩明杨林经济技术开发区 | 13.27 | 13.25 | 0.15 |
| 25 | 大理经济技术开发区 | 1.94 | 1.94 | 0.00 |
| 26 | 拉萨经济技术开发区 | 0.00 | 0.00 | — |
| 27 | 西安经济技术开发区 | 83.44 | 73.98 | 12.79 |
| 28 | 陕西航空经济技术开发区 | 2.70 | 2.34 | 15.38 |
| 29 | 陕西航天经济技术开发区 | 2.95 | 2.57 | 14.79 |
| 30 | 汉中经济技术开发区 | 0.60 | 0.00 | — |
| 31 | 神府经济技术开发区 | 0.00 | 0.00 | — |
| 32 | 兰州经济技术开发区 | 0.00 | 0.00 | — |
| 33 | 金昌经济技术开发区 | 0.00 | 0.00 | — |
| 34 | 天水经济技术开发区 | 0.00 | 0.00 | — |
| 35 | 酒泉经济技术开发区 | 0.15 | 0.00 | — |
| 36 | 张掖经济技术开发区 | 0.00 | 0.00 | — |
| 37 | 西宁经济技术开发区 | 0.00 | 22.37 | -100.00 |
| 38 | 格尔木昆仑经济技术开发区 | 4.34 | 0.31 | 1 300.00 |
| 39 | 银川经济技术开发区 | 1.08 | 1.45 | -25.52 |
| 40 | 石嘴山经济技术开发区 | 0.26 | 0.00 | — |
| 41 | 乌鲁木齐经济技术开发区 | 2.08 | 0.00 | — |
| 42 | 石河子经济技术开发区 | 0.11 | 0.06 | 83.33 |
| 43 | 库尔勒经济技术开发区 | 0.00 | 5.68 | -100.00 |
| 44 | 奎屯经济技术开发区 | 0.00 | 0.00 | — |
| 45 | 阿拉尔经济技术开发区 | 0.00 | 0.00 | — |
| 46 | 五家渠经济技术开发区 | 0.00 | 0.00 | — |
| 47 | 准东经济技术开发区 | 0.00 | 0.00 | — |
| 48 | 甘泉堡经济技术开发区 | 0.00 | 0.00 | — |
| 49 | 库车经济技术开发区 | 0.00 | 0.00 | — |
|  | **合　计** | **251.42** | **386.49** | **-34.95** |

**注：**格尔木昆仑经济技术开发区内的昆仑能源、昆仑山矿泉水2016年度实际使用外资金额为4 922万美元；石嘴山经济技术开发区为预估数；准东经济技术开发区无使用外资企业。

**2016年国家级经济技术开发区规模以上工业总产值分行业情况表**

单位：亿元

| 行业代码 | 行业 | 219家经济技术开发区 | | 107家东部经济技术开发区 | | 63家中部经济技术开发区 | | 49家西部经济技术开发区 | |
|---|---|---|---|---|---|---|---|---|---|
| | | 产值 | 比重（%） | 产值 | 比重（%） | 产值 | 比重（%） | 产值 | 比重（%） |
| **B** | **采矿业** | **4 552.60** | **2.24** | **2 806.77** | **2.10** | **443.29** | **0.94** | **1 302.54** | **5.60** |
| 6 | 煤炭开采和洗选业 | 1 297.21 | 0.64 | 858.82 | 0.65 | 202.85 | 0.43 | 235.54 | 1.01 |
| 7 | 石油和天然气开采业 | 1 052.18 | 0.52 | 158.29 | 0.12 | 19.42 | 0.04 | 874.47 | 3.76 |
| 8 | 黑色金属矿采选业 | 581.41 | 0.29 | 531.25 | 0.40 | 26.67 | 0.06 | 23.49 | 0.10 |
| 9 | 有色金属矿采选业 | 963.45 | 0.47 | 827.11 | 0.62 | 133.96 | 0.28 | 2.38 | 0.01 |
| 10 | 非金属矿采选业 | 264.78 | 0.13 | 158.54 | 0.12 | 43.07 | 0.09 | 63.17 | 0.27 |
| 11 | 开采辅助活动 | 327.89 | 0.16 | 272.37 | 0.20 | 17.32 | 0.04 | 38.20 | 0.16 |
| 12 | 其他采矿业 | 65.68 | 0.03 | 0.39 | 0.00 | 0.00 | 0.00 | 65.29 | 0.28 |
| **C** | **制造业** | **192 425.42** | **94.67** | **126 337.01** | **95.01** | **45 450.80** | **96.62** | **20 637.61** | **88.78** |
| 13 | 农副食品加工业 | 6 782.39 | 3.34 | 3 208.48 | 2.41 | 2 524.74 | 5.37 | 1 049.17 | 4.51 |
| 14 | 食品制造业 | 3 752.96 | 1.85 | 2 178.45 | 1.64 | 780.61 | 1.66 | 793.90 | 3.42 |
| 15 | 酒、饮料和精制茶制造业 | 2 403.66 | 1.18 | 1 092.46 | 0.82 | 632.87 | 1.35 | 678.33 | 2.92 |
| 16 | 烟草制品业 | 1 695.25 | 0.83 | 459.34 | 0.35 | 490.16 | 1.04 | 745.75 | 3.21 |
| 17 | 纺织业 | 6 109.53 | 3.01 | 5 319.55 | 4.00 | 395.52 | 0.84 | 394.46 | 1.70 |
| 18 | 纺织服装、服饰业 | 2 515.40 | 1.24 | 2 039.32 | 1.53 | 357.25 | 0.76 | 118.79 | 0.51 |
| 19 | 皮革、毛皮、羽毛及其制品和制鞋业 | 1 517.00 | 0.75 | 965.48 | 0.73 | 518.85 | 1.10 | 32.68 | 0.14 |
| 20 | 木材加工和木、竹、藤、棕、草制品业 | 677.93 | 0.33 | 298.19 | 0.22 | 245.95 | 0.52 | 133.79 | 0.58 |
| 21 | 家具制造业 | 910.68 | 0.45 | 720.12 | 0.54 | 160.62 | 0.34 | 29.94 | 0.13 |
| 22 | 造纸和纸制品业 | 3 003.68 | 1.48 | 2 250.64 | 1.69 | 452.60 | 0.96 | 300.44 | 1.29 |
| 23 | 印刷和记录媒介复制业 | 907.24 | 0.45 | 461.46 | 0.35 | 328.03 | 0.70 | 117.75 | 0.51 |
| 24 | 文教、工美、体育和娱乐用品制造业 | 1 058.90 | 0.52 | 774.50 | 0.58 | 199.72 | 0.42 | 84.68 | 0.36 |
| 25 | 石油加工、炼焦和核燃料加工业 | 7 881.99 | 3.88 | 5 937.67 | 4.47 | 1 266.88 | 2.69 | 677.44 | 2.91 |
| 26 | 化学原料和化学制品制造业 | 17 821.85 | 8.77 | 14 220.38 | 10.69 | 2 051.74 | 4.36 | 1 549.73 | 6.67 |
| 27 | 医药制造业 | 6 868.55 | 3.38 | 4 878.08 | 3.67 | 1 430.43 | 3.04 | 560.04 | 2.41 |

## 2016年国家级经济技术开发区规模以上工业总产值分行业情况表（续）

单位：亿元

| 行业代码 | 行业 | 219家经济技术开发区 | | 107家东部经济技术开发区 | | 63家中部经济技术开发区 | | 49家西部经济技术开发区 | |
|---|---|---|---|---|---|---|---|---|---|
| | | 产值 | 比重（%） | 产值 | 比重（%） | 产值 | 比重（%） | 产值 | 比重（%） |
| 28 | 化学纤维制造业 | 1 493.43 | 0.73 | 1 134.29 | 0.85 | 241.56 | 0.51 | 117.58 | 0.51 |
| 29 | 橡胶和塑料制品业 | 4 813.60 | 2.37 | 3 269.50 | 2.46 | 1 093.93 | 2.33 | 450.14 | 1.94 |
| 30 | 非金属矿物制品业 | 4 329.47 | 2.13 | 2 016.94 | 1.52 | 1 299.18 | 2.76 | 1 013.35 | 4.36 |
| 31 | 黑色金属冶炼和压延加工业 | 7 453.91 | 3.67 | 4 982.96 | 3.75 | 1 586.24 | 3.37 | 884.71 | 3.81 |
| 32 | 有色金属冶炼和压延加工业 | 9 432.20 | 4.64 | 4 867.33 | 3.66 | 2 468.26 | 5.25 | 2 096.58 | 9.02 |
| 33 | 金属制品业 | 5 068.30 | 2.49 | 3 888.27 | 2.92 | 833.15 | 1.77 | 346.83 | 1.49 |
| 34 | 通用设备制造业 | 9 270.00 | 4.56 | 6 619.84 | 4.98 | 2 023.02 | 4.30 | 627.20 | 2.70 |
| 35 | 专用设备制造业 | 7 747.00 | 3.81 | 4 563.04 | 3.43 | 2 637.99 | 5.61 | 545.62 | 2.35 |
| 36 | 汽车制造业 | 31 520.85 | 15.51 | 14 703.39 | 11.06 | 13 931.53 | 29.62 | 2 885.93 | 12.41 |
| 37 | 铁路、船舶、航空航天和其他运输设备制造业 | 3 118.77 | 1.53 | 2 014.44 | 1.51 | 387.80 | 0.82 | 716.53 | 3.08 |
| 38 | 电气机械和器材制造业 | 13 958.24 | 6.87 | 9 768.64 | 7.35 | 3 075.55 | 6.54 | 1 114.05 | 4.79 |
| 39 | 计算机、通信和其他电子设备制造业 | 27 571.81 | 13.56 | 21 789.70 | 16.39 | 3 980.62 | 8.46 | 1 801.49 | 7.75 |
| 391 | 其中：计算机制造 | 6 260.84 | 3.08 | 6 160.64 | 4.63 | 60.21 | 0.13 | 39.99 | 0.17 |
| 392 | 通信设备制造 | 4 836.93 | 2.38 | 2 672.77 | 2.01 | 1 148.79 | 2.44 | 1 015.37 | 4.37 |
| 395 | 视听设备制造 | 1 763.63 | 0.87 | 1 609.62 | 1.21 | 64.11 | 0.14 | 89.90 | 0.39 |
| 396 | 电子器件制造 | 7 097.22 | 3.49 | 6 377.05 | 4.80 | 512.35 | 1.09 | 207.82 | 0.89 |
| 397 | 电子元件制造 | 3 644.40 | 1.79 | 3 015.19 | 2.27 | 457.24 | 0.97 | 171.97 | 0.74 |
| 40 | 仪器仪表制造业 | 1 432.03 | 0.70 | 1 078.97 | 0.81 | 257.61 | 0.55 | 95.45 | 0.41 |
| 41 | 其他制造业 | 2 296.34 | 1.13 | 632.77 | 0.48 | 301.89 | 0.64 | 1 361.68 | 5.86 |
| 42 | 废弃资源综合利用业 | 417.10 | 0.21 | 275.34 | 0.21 | 91.52 | 0.19 | 50.24 | 0.22 |
| 43 | 金属制品、机械和设备修理业 | 126.10 | 0.06 | 27.13 | 0.02 | 71.62 | 0.15 | 27.36 | 0.12 |
| **D** | **电力、热力、燃气及水的生产和供应业** | **6 279.57** | **3.09** | **3 825.53** | **2.88** | **1 148.04** | **0.86** | **1 306.00** | **0.98** |
| 44 | 电力、热力生产和供应业 | 4 807.03 | 2.36 | 2 898.68 | 2.18 | 970.27 | 2.06 | 938.08 | 4.04 |
| 45 | 燃气生产和供应业 | 1 056.48 | 0.52 | 747.84 | 0.56 | 124.03 | 0.26 | 184.61 | 0.79 |
| 46 | 水的生产和供应业 | 304.70 | 0.15 | 179.01 | 0.13 | 53.74 | 0.11 | 71.95 | 0.31 |

**2016年国家级经济技术开发区重点工业产品产量情况表**

| 代码 | 经济指标 | 单位 | 219家经济技术开发区 | | 107家东部经济技术开发区 | | 63家中部经济技术开发区 | | 49家西部经济技术开发区 | |
|---|---|---|---|---|---|---|---|---|---|---|
| | | | 2016年 | 2015年 | 2016年 | 2015年 | 2016年 | 2015年 | 2016年 | 2015年 |
| 2511010 | 原油加工量 | 吨 | 95 928 685 | 107 789 257 | 74 626 449 | 80 300 725 | 9 937 453 | 13 304 839 | 12 364 782 | 14 183 693 |
| 2614020 | 乙烯 | 吨 | 4 689 566 | 5 674 689 | 4 397 566 | 2 814 689 | 292 000 | 2 860 000 | 0 | 0 |
| 2664010 | 单晶硅 | 千克 | 22 250 619 | 16 060 544 | 479 546 | 621 010 | 216 085 | 485 241 | 21 554 988 | 14 954 292 |
| 2664020 | 多晶硅 | 千克 | 233 123 835 | 438 348 994 | 174 923 373 | 286 981 314 | 18 545 128 | 124 759 821 | 39 655 334 | 26 607 859 |
| 2710010 | 化学药品原药 | 吨 | 1 246 327 | 1 590 044 | 122 795 | 123 766 | 571 021 | 922 358 | 552 512 | 543 920 |
| 2740010 | 中成药 | 吨 | 2 817 439 | 3 546 877 | 84 808 | 78 205 | 2 639 969 | 3 389 637 | 92 663 | 79 035 |
| 3140010 | 钢材 | 吨 | 95 872 326 | 93 846 052 | 64 593 511 | 57 197 225 | 12 648 956 | 14 916 660 | 18 629 860 | 21 732 167 |
| 3412040 | 汽车用发动机 | 千瓦 | 512 635 358 | 494 462 289 | 290 925 103 | 283 538 059 | 116 463 862 | 125 117 722 | 105 246 393 | 85 806 508 |
| 3610010 | 汽车 | 辆 | 12 657 172 | 13 610 710 | 5 405 749 | 5 001 111 | 5 743 991 | 7 368 105 | 1 507 432 | 1 241 494 |
| 3610030,<br>3610110,<br>3610120 | 其中：乘用车（轿车、MPV、SUV） | 辆 | 10 246 214 | 10 254 329 | 4 457 262 | 3 458 836 | 4 670 956 | 5 897 732 | 1 117 996 | 897 761 |
| 3849100 | 太阳能电池 | 千瓦 | 10 874 728 | 8 765 778 | 7 490 997 | 5 947 261 | 1 019 001 | 621 966 | 2 364 729 | 2 196 551 |
| 3911010 | 电子计算机整机 | 台 | 86 523 052 | 73 234 849 | 69 849 036 | 55 133 540 | 16 674 016 | 18 101 309 | 0 | 0 |
| 3911050 | 其中：笔记本计算机 | 台 | 68 305 119 | 79 116 243 | 53 321 917 | 61 033 955 | 14 983 202 | 18 082 288 | 0 | 0 |
| 3911090 | 服务器 | 台 | 9 485 | 4 528 | 9 485 | 4 528 | 0 | 0 | 0 | 0 |
| 3922020 | 移动通信基站设备 | 信道 | 3 292 749 | 3 800 754 | 3 292 749 | 3 800 754 | 0 | 0 | 0 | 0 |
| 3922040 | 移动通信手持机（手机） | 台 | 414 981 235 | 320 112 312 | 170 418 904 | 180 739 698 | 78 526 758 | 32 789 114 | 166 035 573 | 106 583 500 |
| 3963010 | 集成电路 | 万块 | 910 833 | 832 653 | 905 544 | 759 355 | 5 284 | 5 279 | 5 | 68 019 |
| 3963020 | 集成电路圆片 | 万片 | 393 | 1 677 | 393 | 1 675 | 0 | 2 | 0 | 0 |
| 3969050 | 液晶显示屏 | 万片 | 167 669 | 151 939 | 73 732 | 69 127 | 76 337 | 68 885 | 17 600 | 13 927 |
| 3969060 | 液晶显示模组 | 万套 | 44 744 | 41 077 | 44 744 | 41 077 | 0 | 0 | 0 | 0 |
| 3972010 | 印制电路板 | 平方米 | 100 837 246 | 82 814 033 | 84 438 061 | 68 931 477 | 15 018 680 | 12 533 007 | 1 380 504 | 1 349 549 |

## 宾西经济技术开发区
## Binxi Economic and Technological Development Zone

宾西开发区 2010 年 6 月经国家批准晋升为国家经济技术开发区，距哈尔滨市区 29 公里，是哈尔滨综合保税区和"哈东现代物流产业带"建设的关键节点。宾西开发区先后被评为国家循环化改造示范试点园区、东北地区现代包装产业生产基地、"美丽中国-极佳投资环境园区"、国家农业化示范基地、"中国创新力开发区"。2016 年，入区项目达到 147 个，形成了农副产品精加基地、现代包装产业之都、哈东对俄物流枢纽、新材料研发加工新区的发展格局。

Being 29km away from the Harbin center, Binxi Economic and Technological Development Zone was approved as a state-level economic and technological development zone in June 2010. It plays a critical role in the Comprehensive Bonded Zone of Harbin and the Hadong Modern Logistics Industry Belt. The honors it has won include the National Pilot Park for Recycling Upgrade, the Largest Modern Packaging Production Base in Northeast China, "Beautiful China-Best Parks by Investment Environment", National Agricultural Demonstration Base and "China Development Zone with Strong Innovation". In 2016, there were 147 projects in the Zone, establishing a development layout featuring the fine processing base of agricultural products, the modern packaging town, the Hadong Logistics Hub connecting Russia, and the new zone for new material research, development and processing.

## 合肥经济技术开发区
## Hefei Economic and Technological Development Zone

合肥经济技术开发区成立于 1993 年，内设合肥出口加工区、合肥空港经济示范区，是"国家新型工业化示范基地（家电）"，全国首个政府引导型"国家住宅产业化基地"、国家低碳工业园区、国家生态工业示范区。"十二五"期间，合肥经开区综合发展水平在全国国家经济技术开发区中排名前位，多年蝉联中西部榜首。2015 年，GDP、规模以上工业增加值和规模以上工业总产值三项经济指标进入国家开发区前十强。

Founded in 1993, Hefei Economic and Technological Development Zone consists of the Hefei Export Processing Zone and Hefei Air Port Economic Demonstration Zone. It isa "national demonstration base of new-type industrialization (home appliance) ", the China's first government-guided "national residential building industrialization base", a national low-carbon industrial park and a national demonstration park of ecological industry. During the 12th Five-Year Plan, the Zone ranked top among the state-level economic and technological development zones by comprehensive development level and was in the first place among peers for several consecutive years in Central and West China. In 2015, it was one of the top 10 state-level development zones in terms of GDP, value added of industrial enterprises above designated size and gross output of industrial enterprises above designated size.

2016 年，该区完成 GDP1337.23 亿元，实现规模以上工业产值 3836.01 亿元，全社会固定资产投资 590.3 亿元，工业投资 327.7 亿元，战新产值 1015.2 亿元；进出口 60.4 亿美元。全年产值超亿元工业企业 130 户，新增 13 户；超 10 亿元工业企业 53 户，新增 5 户；产值超 50 亿元工业企业 14 户，新增 1 户；产值超百亿元企业 7 户。形成汽车及零部件、装备制造、家电电子、快速消费品、电子信息、新材料、生物医药、住宅产业化等八大产业。

In 2016, the Zone achieved GDP of RMB133.72bn, industrial output of RMB383.60bn by enterprises abovethe designated size, total fixed asset investment of RMB59.03bn, industrial investment of RMB32.77bn, output of RMB101.52bn by strategic emerging industries, and imports and exports of US $6.04bn. In 2016, there were 130 industrial enterprises each with full-year output of over RMB100mn, increasing by 13 ones; 53 industrial enterprises with full-year output of over RMB1bn, increasing by 5 ones; 14 industrial enterprises with full-year output of over RMB5bn, increasing by 1; 7 enterprises with output of over RMB10bn. The Zone has shaped eight pillar industries consisting of automobile & parts, equipment manufacturing, home appliance, fast-moving consumer goods, electronic information, new materials, biomedicine and residential building industrialization.

## 内江经济技术开发区
## Neijiang Economic and Technological Development Zone

内江经济技术开发区地处成渝经济区中心，是 1992 年批准成立的四川省首批省开发区之一，2013 年 11 月升级为国家经济技术开发区。

Located in the center of the Chengdu-Chongqing economic zone, Neijiang Economic and Technological Development Zone was founded in 1992 as one of the first-batch provincial development zones approved by the Sichuan Provincial Government. In November 2013, it was ratified as anational economic and technological development zone.

内江经开区发展定位为"转型发展先行区、高端产业集聚区、产城融合示范区、创新创业试验区、辐射引领核心区"，已形成机械汽配、电子信息、生物医药和现代服务业"3+1"特色产业，正加快发展新能源汽车、新一代信息技术等战略性新兴产业，先后获"中国汽车（摩托车）零部件制造基地、成渝经济区电子信息产业配套基地、四川省'51025'重点产业园区、四川省特色高新技术产业化基地、四川省信息安全产业示范园区、四川省台商工业园、四川省科技企业孵化器、四川省'园保贷'试点园区、四川省电子商务聚集区、四川省新型工业化示范基地"等殊荣。

The Zone is positioned as "the pioneering zone of transformational development, a clustering zone of high-end industries, a demonstration zone of industrialization and urbanization integration, an experimental zone of innovation and entrepreneurship and a core zone of radiation". It has established featured industries with a "3+1" structure, consisting of machinery & auto parts, electronic information, biomedicine and modern logistics. Moreover, the Zone is accelerating the development of such strategic emerging industries as new energy auto and new-generation information technology. It has won such awards as "China Auto (Motorcycle) Parts Manufacturing Base", "Supporting Electronic Information Base in Chengdu-Chongqing Economic Zone", Key Industrial Park of Sichuan Province's "51025" Program, Sichuan Provincial High-tech Featured Industry Base, Sichuan Provincial Demonstration Park of Information Security, Sichuan Provincial Industrial Park for Taiwan-funded Enterprises, Sichuan Provincial Technology Enterprise Incubator, Sichuan Provincial Pilot Park for Park-guaranteeing Loans, Sichuan Provincial Cluster Zone of E-commerce and Sichuan Provincial Demonstration Base of New-type Industrialization.

## 海林经济技术开发区
## Hailin Economic and Technological Development Zone

海林经济技术开发区于 2002 年启动建设，2010 年晋升国家开发区，是国家循环化改造示范试点园区、国家新型工业化示范基地、"全国十大诚信开发区"、重点对俄进出口加工园区，经过多年发展，已构建起食品医药、机械制造主导产业格局。经开区规划面积 15 平方公里，完成了 12.9 平方公里"七通一平"，建成了"四横十纵"道路、4190 延长米铁路专用线、供气管线 15 公里、供热管道 16 公里、11 万千伏变电所、通讯光缆等基础设施建设，44 万平方米物流园区、国家二级综合人民医院、牡丹江大学海林分校等配套服务项目建成投用。

Hailin Economic and Technological Development Zonewas under construction in 2002 and was ratified as a national development zone in 2010. It is a national demonstration pilot park for circular transformation, a national demonstration base for new-type industrialization, one of "China Top 10 Development Zones of Integrity" and an important import & export processing park for trade with Russia. After years of development, it has established two pillar industries: food & medicine, and mechanical manufacturing. With a planned area of 15 square kilometers, including 12.9 square kilometers with well-developed infrastructure. It has been equipped with four east to west and ten south to north roads network, 4,190 linear meters of railways, 15km of gas pipeline, 16km of heat supply pipeline, 110,000KV substation and communications cables. Some auxiliary service projects have been put into use, including the logistic park of 440,000 square meters, the national tier-II comprehensive people's hospital and Hailin School of Mudanjiang University.

## 中国—东盟博览会
## China-ASEAN Expo

中国—东盟博览会是由中国政府和东盟10国经贸主管部门及东盟秘书处共同主办的，具有特殊国际影响力的国家级重点展会，是建设中国—东盟命运共同体、有机衔接“一带一路”和推动中国—东盟自由贸易区升级版建设的重要平台，内容从商品贸易、投资、服务贸易向国际产能合作、园区合作、金融、通关便利化等领域延伸。展会每年在广西南宁举办。

详情请查询官网：www. caexpo. org

China-ASEAN Expo, which is co-sponsored by the Ministry of Commerce of China and its counterparts in the 10 ASEAN countries as well as the ASEAN Secretariat, isan event that features special international influence and full support of governments of 11 countries. It serves as an important platform for building the China-ASEAN community of common destiny, the Belt and Road, and an upgraded version of China-ASEAN FTA. Covering from commodity trade, investment and trade in services to international industrial cooperation, industrial parks developing, finance and customs clearance, the CAEXPO is annually held in Nanning, Guangxi, China.

For more details, please visitwww. caexpo. org, the CAEXPO official website.

## 井冈山经济技术开发区
## Jinggangshan Economic and Technological Development Zone

2016年井冈山经开区深入贯彻党中央对江西工作提出的新希望和“三个着力、四个坚持”总体要求，大力弘扬井冈山精神、坚持改革创新，主动适应和把握经济发展新常态，坚持稳中求进工作总基调，积极落实供给侧结构性改革“三去一降一补”重点任务，统筹抓好稳增长、促改革、调结构、优生态、惠民生等各项工作，推动了经济社会持续健康发展，实现了“十三五”良好开局。具体表现在：一是增长稳。全年主营业务收入突破600亿元，达603.2亿元，增长10.1%，在全省排名再进1位，居第11位；工业增加值125亿元，增长11.6%；固定资产投资80亿元，增长17.8%；引进内资109亿元，增长15%；实际利用外资1.98亿美元，增长10.1%；外贸出口7.1亿美元，增长2.45%；实现财政总收入17.2亿元，增长19.9%。二是结构优。战略性新兴产业加速聚集，2016年生产总值占园区比重达70%。其中，电子信息产业首位度进一步彰显，其生产总值占全区的40%。规模以上工业增加值完成120亿元，增长11%。三是机制活。教育卫生体制改革大力推进，引进社会资本建设外国语实验学校、职业学院等配套设施。设立区不动产登记中心，承接市本级下放的管理职能。启动建设环境数字化在线监控平台，实施建设项目环境保护验收、环境监测向社会购买服务，提升了环境保护的管控能力。坚持深化投融资体制改革，通过拓宽投融资渠道、撬动财政资金杠杆、搭建对接资本市场平台等举措，全年融资43.5亿元。具体表现在：一是增长稳。全年主营业务收入突破600亿元，达603.2亿元，增长10.1%，在全省排名再进1位，居第11位；工业增加值125亿元，增长11.6%；固定资产投资80亿元，增长17.8%；引进内资109亿元，增长15%；实际利用外资1.98亿美元，增长10.1%；外贸出口7.1亿美元，增长2.45%；实现财政总收入17.2亿元，增长19.9%。二是结构优。战略性新兴产业加速聚集，2016年生产总值占园区比重达70%。其中，电子信息产业首位度进一步彰显，其生产总值占全区的40%。规模以上工业增加值完成120亿元，增长11%。三是机制活。教育卫生体制改革大力推进，引进社会资本建设外国语实验学校、职业学院等配套设施。设立区不动产登记中心，承接市本级下放的管理职能。启动建设环境数字化在线监控平台，实施建设项目环境保护验收、环境监测向社会购买服务，提升了环境保护的管控能力。坚持深化投融资体制改革，通过拓宽投融资渠道、撬动财政资金杠杆、搭建对接资本市场平台等举措，全年融资43.5亿元。

In 2016, Jinggangshan Economic and Technological Development Zone, according to the general requirements for Jiangxi Province of "three focuses and four commitments" put forward by the central government, upheld the Jinggangshan Spirit, put efforts into reforming and innovation, actively adapted to and mastered New Normal in the economic development, and make progress while maintaining stability. It actively carried out the key priorities of "three cuts, one reduction, one strengthening" for the supply-side structural reform. By focusing on stabilizing growth, promoting reform, adjusting structure, optimizing ecology and imporving people's livelihood, the Zone successfully drove the sustainable and healthy social and economic development, creating a good start for the 13th Five-Year Plan. To be specific, the first is maintaining steady growth. The full-year core business revenue exceeded RMB60bn to RMB60. 32bn, up 10. 1% and making it moving upward by one place to No. 11 in the province; industrial value added reached RMB12. 5bn, up 11. 6%; fixed asset investment hit RMB8bn, up 17. 8%; domestic investment amounted to RMB10. 9bn, up 15%; actually utilized foreign investment grew 10. 1% to US $ 198mn; exports climbed 2. 45% to US $ 710mn; total fiscal revenues went up by 19. 9% to RMB1. 72bn. The second is realizing a more optimized structure. Strategic emerging industries clustered at a faster pace, contributing up to 70% to the Zone's gross production. To be specific, electronic information industry further consolidated its No. 1 position as its total output value accounted for 40% of the Zone's GDP. Industrial value added created by enterprises above designated size jumped by 11% to RMB12bn. The third is the building of flexible mechanisms. The reform on education and health mechanism was greatly advanced by introducing social capital to build supportive facilities including the foreign language pilot school and the vocational college. The district-level real estate registration center was set up to carry the functionality delegated by the municipal government. The digital online environment monitoring platform was put into development; the examination for project-specific environmental protection was implemented; services for environment monitoring were widely provided. All these have improved the monitoring capability in environment protection. Sticking to the financing system reform, the Zone raised RMB4. 35 in the year by expanding investment and financing channels, levering the fiscal funds and building the capital market platform.

记录历史　启迪未来

中国商务年鉴

中国商务年鉴编辑委员会

2017 · 总第三十四期